PROCESSO CONSTITUCIONAL

O GEN | Grupo Editorial Nacional reúne as editoras Guanabara Koogan, Santos, Roca, AC Farmacêutica, Forense, Método, LTC, E.P.U. e Forense Universitária, que publicam nas áreas científica, técnica e profissional.

Essas empresas, respeitadas no mercado editorial, construíram catálogos inigualáveis, com obras que têm sido decisivas na formação acadêmica e no aperfeiçoamento de várias gerações de profissionais e de estudantes de Administração, Direito, Enfermagem, Engenharia, Fisioterapia, Medicina, Odontologia, Educação Física e muitas outras ciências, tendo se tornado sinônimo de seriedade e respeito.

Nossa missão é prover o melhor conteúdo científico e distribuí-lo de maneira flexível e conveniente, a preços justos, gerando benefícios e servindo a autores, docentes, livreiros, funcionários, colaboradores e acionistas.

Nosso comportamento ético incondicional e nossa responsabilidade social e ambiental são reforçados pela natureza educacional de nossa atividade, sem comprometer o crescimento contínuo e a rentabilidade do grupo.

Coordenador
LUIZ FUX

PROCESSO CONSTITUCIONAL

■ A EDITORA FORENSE se responsabiliza pelos vícios do produto no que concerne à sua edição, aí compreendidas a impressão e a apresentação, a fim de possibilitar ao consumidor bem manuseá-lo e lê-lo. Os vícios relacionados à atualização da obra, aos conceitos doutrinários, às concepções ideológicas e referências indevidas são de responsabilidade do autor e/ou atualizador.

As reclamações devem ser feitas até noventa dias a partir da compra e venda com nota fiscal (interpretação do art. 26 da Lei n. 8.078, de 11.09.1990).

■ Direitos exclusivos para o Brasil na língua portuguesa
Copyright © 2013 *by*
EDITORA FORENSE LTDA.
Uma editora integrante do GEN | Grupo Editorial Nacional
Travessa do Ouvidor, 11 – Térreo e 6º andar – 20040-040 – Rio de Janeiro – RJ
Tel.: (0XX21) 3543-0770 – Fax: (0XX21) 3543-0896
forense@grupogen.com.br | www.grupogen.com.br

■ O titular cuja obra seja fraudulentamente reproduzida, divulgada ou de qualquer forma utilizada poderá requerer a apreensão dos exemplares reproduzidos ou a suspensão da divulgação, sem prejuízo da indenização cabível (art. 102 da Lei n. 9.610, de 19.02.1998).

Quem vender, expuser à venda, ocultar, adquirir, distribuir, tiver em depósito ou utilizar obra ou fonograma reproduzidos com fraude, com a finalidade de vender, obter ganho, vantagem, proveito, lucro direto ou indireto, para si ou para outrem, será solidariamente responsável com o contrafator, nos termos dos artigos precedentes, respondendo como contrafatores o importador e o distribuidor em caso de reprodução no exterior (art. 104 da Lei n. 9.610/98).

■ Capa: Danilo Oliveira

■ CIP – Brasil. Catalogação na fonte.
Sindicato Nacional dos Editores de Livros, RJ.

P956

Processo constitucional / Ana Carolina Squadri Santanna ... [et al.] ; coordenação Luiz Fux. - 1. ed. - Rio de Janeiro : Forense, 2013.

Inclui Bibliografia
ISBN 978-85-309-4848-1

1. Direito Constitucional. I. Santanna, Ana Carolina Squadri. II. Fux, Luiz.

13-02229

CDU: 342(81)

SOBRE OS AUTORES

Coordenador

Luiz Fux

Doutor em Direito Processual. Professor Catedrático de Processo Civil – UERJ.

Autores

Ana Carolina Squadri Santanna

Pós-Graduada em Direito Público pelo Instituto Brasiliense de Direito Público (IDP). Mestranda em Direito Processual pela Universidade Estadual do Rio de Janeiro (UERJ). Procuradora Federal.

Andre Vasconcelos Roque

Doutorando e mestre em Direito Processual (UERJ). Professor de Direito Processual Civil. Membro do IBDP e do CBAr. Advogado no Rio de Janeiro. Contato: andreroque@uerj.br

Antônio Veloso Peleja Júnior

Juiz de Direito no Estado de Mato Grosso. Mestrando em Direito Processual pela Universidade do Estado do Rio de Janeiro (UERJ).

Bruno Vinícius Da Rós Bodart

Mestrando em Direito Processual pela Universidade do Estado do Rio de Janeiro (UERJ). Membro do Instituto Brasileiro de Direito Processual (IBDP).

Carolina Tupinambá

Doutora em Direito Processual. Professora Adjunta de Processo do Trabalho – UERJ.

Claudio Roberto Pieruccetti Marques

Procurador do Estado do Rio de Janeiro. Mestrando em Direito Processual pela Universidade do Estado do Rio de Janeiro (UERJ). Graduado em Direito pela Universidade do Estado do Rio de Janeiro (UERJ).

Cristiane Rodrigues Iwakura

Mestre em Direito Processual pela Universidade do Estado do Rio de Janeiro. Pós-graduada em Direito Público pela Universidade Federal de Brasília. Procuradora Federal.

Denise Maria Rodríguez Moraes

Advogada. Mestranda em Direito Processual pela Universidade do Estado do Rio de Janeiro – UERJ.

Diego Martinez Fervenza Cantoario

Mestre em Direito Processual Civil pela UERJ. Membro do Instituto Brasileiro de Direito Processual. Advogado.

Filipe Guimarães

Bacharel e mestrando em Direito Processual pela Faculdade de Direito da Universidade do Estado do Rio de Janeiro. Advogado.

Francesco Conte

Procurador do Estado do Rio de Janeiro. Mestrando em Direito Processual pela Universidade do Estado do Rio de Janeiro (UERJ).

Franklyn Roger Alves Silva

Mestre em Direito Processual pela Universidade do Estado do Rio de Janeiro – UERJ. Defensor Público do Estado do Rio de Janeiro. Professor da Universidade Candido Mendes.

Guilherme Kronemberg Hartmann

Mestre em Direito Processual pela UERJ. Pós-graduado em Direito Público e Privado pela EMERJ/UNESA. Professor da EMERJ, da AMPERJ, da ESA, da UNESA (graduação e pós-graduação), da UCAM (pós-graduação), dentre outros cursos jurídicos.

SOBRE OS AUTORES

Gustavo Quintanilha Telles de Menezes

Juiz de Direito do Estado do Rio de Janeiro. Ex-Defensor Público do Estado do Rio de Janeiro. Mestre em Direito Processual pela Universidade do Estado do Rio de Janeiro (UERJ).

Henrique Guelber de Mendonça

Mestre e Doutorando em Direito Processual pela UERJ. Defensor Público do Estado do Rio de Janeiro.

Humberto Santarosa

Pós-Graduado em Direito Processual pela Universidade Federal de Juiz de Fora (UFJF). Mestrando em Direito Processual pela Universidade Estadual do Rio de Janeiro (UERJ). Advogado e Consultor Jurídico.

José Aurélio de Araújo

Defensor Público no Estado do Rio de Janeiro. Mestre e Doutorando em Direito Processual pela Universidade do Estado do Rio de Janeiro (UERJ). Professor da Universidade Cândido Mendes (UCAM).

Luiz Fux

Doutor em Direito Processual. Professor Catedrático de Processo Civil – UERJ.

Marcela Kohlbach de Faria

Graduada em Direito pela Universidade do Estado do Rio de Janeiro (UERJ). Mestranda em Direito Processual pela Universidade do Estado do Rio de Janeiro (UERJ). Advogada.

Márcio Carvalho Faria

Doutorando e Mestre em Direito Processual pela Universidade Estadual do Rio de Janeiro (UERJ). Professor Assistente de Direito Processual Civil na Universidade Federal de Juiz de Fora (UFJF). Vice-Presidente do Instituto dos Advogados de Minas Gerais, seção Juiz de Fora (IAMG/JF). Advogado e Consultor Jurídico.

Marco Antonio dos Santos Rodrigues

Procurador do Estado do Rio de Janeiro. Professor Assistente de Direito Processual Civil da Faculdade de Direito da Universidade do Estado do Rio de Janeiro. Mestre em Direito Público e Doutorando em Direito Processual pela Universidade do Estado do Rio de Janeiro. Professor de cursos de pós-graduação em Direito.

Mauricio Vasconcelos Galvão Filho

Mestre em Direito Processual pela Universidade Estadual do Rio de Janeiro (UERJ). Especialista em Direito Público e Privado pela UNESA/EMERJ. Professor Universitário. Advogado concursado do Banco Nacional de Desenvolvimento Econômico e Social – BNDES. Fundador da Revista Eletrônica de Direito Processual da UERJ – www.redp.com.br.

Taísa Bittencourt Leal Queiroz

Mestranda do Programa de Pós-Graduação em Direito Constitucional da Universidade Federal Fluminense.

Trícia Navarro Xavier Cabral

Doutoranda em Direito Processual na UERJ. Mestre em Direito pela UFES. Juíza Estadual no Espírito Santo.

APRESENTAÇÃO

Com imensa satisfação, aceitei o convite do Ministro Luiz Fux, do Supremo Tribunal Federal, para elaborar a apresentação de sua mais recente obra. A empreitada é, a um só tempo, prazerosa e desafiadora. *Prazerosa* pelo privilégio de acesso em primeira mão a um rico, substancioso e bastante alentado conjunto de ideias desenvolvido pelo Ministro e por seus alunos e ex-alunos dos cursos de Pós-Graduação em Direito Processual da Universidade do Estado do Rio de Janeiro (UERJ). E é justamente a riqueza da obra que justifica o *desafio* de, em poucas linhas, tentar traçar-lhe as características mais marcantes, por meio da presente apresentação.

O Segundo Pós-Guerra impôs uma substancial mudança de paradigma no modo de pensar e de aplicar o Direito, a partir do primado da dignidade humana e dos direitos fundamentais. Trata-se, a rigor, de um fenômeno complexo e multifacetado, mas que, apesar disso, apresenta alguns elementos comuns, dentre os quais se destacam: *(i)* a atribuição de normatividade aos princípios, que passaram a incidir diretamente sobre as relações jurídicas, *(ii)* a superação do positivismo normativista, em especial de matriz kelseniana, ancorado no legalismo estrito, sem imiscuir-se em fórmulas e concepções metafísicas do jusnaturalismo, incompatíveis com o pluralismo existente nas sociedades contemporâneas, *(iii)* a reaproximação entre Direito e Moral, naquilo que se convencionou denominar de *virada kantiana*, em que a dignidade da pessoa humana ocupa o eixo axiológico a partir do qual se irradiam os demais valores do sistema jurídico, e *(iv)* a constitucionalização do Direito, fenômeno que se notabiliza menos por incorporar, no corpo da Lei Maior, normas tradicionalmente atreladas a outros ramos do Direito, e mais por proceder à releitura de todo o ordenamento jurídico à luz dos valores e normas constitucionais, em especial dos direitos fundamentais. Essa evolução humanizadora tem também os seus riscos, que tive a oportunidade de apontar[1] e que precisam ser evitados,

---

[1] Daniel Mitidiero e Guilherme Rizzo Amaral (coords.), *Processo Civil – estudos em homenagem ao Professor Doutor Carlos Alberto Alvaro de Oliveira*, São Paulo, 2012, pp. 273-308.

representados pela decadência da autoridade da lei, favorecedora da insegurança jurídica e do decisionismo judicial. É justamente dentro desse novo modelo e do seu necessário limite que se situa a presente coletânea.

Os diversos artigos que compõem a obra exploram, cada qual à sua maneira, a incidência desse ideário sobre o direito processual. Na primeira parte do trabalho, intitulada *Direito Processual Constitucional*, fica evidente a tentativa – bem-sucedida, diga-se de passagem – de estabelecer uma conexão dialógica entre o Direito Processual e o Direito Constitucional. Neste diapasão, os artigos não se limitam a correlacionar os processos civil e trabalhista com os princípios e valores encampados pela Constituição, enveredando, também, na problematização de aspectos mais pontuais da matéria, como a reinterpretação, à luz das garantias constitucionais, das prerrogativas processuais da Fazenda Pública, e a discussão acerca das recentes reformas processuais. Na segunda parte, cognominada *Jurisdição e Processo*, a coletânea se dedica a examinar a temática da jurisdição constitucional. Nela, os autores revisitam, com habilidade, temas espinhosos da jurisdição constitucional (*e.g.*, eficácia vinculante, repercussão geral das controvérsias, modulação temporal dos efeitos, segurança jurídica etc.), procurado estabelecer novos critérios a partir dos quais as discussões devam ser travadas. Ademais, enfrentam, com invulgar felicidade, os novos institutos empregados nas decisões tomadas pelo Supremo Tribunal Federal, notadamente a prolação de sentenças de caráter aditivo, a mudança de jurisprudência, notadamente por intermédio da *prospective overruling*, e o processo de *objetivação* do controle incidental de constitucionalidade. A terceira parte da coletânea, *Processo e Democracia*, examina o processo e a tomada de decisões judiciais por um *viés sociológico*, na medida em que busca conferir maior efetividade na tutela de direitos através da lógica discursiva e legitimadora inerente à Democracia, sem perder a essência da dogmática processual. Por fim, na quarta e última parte, *Cognição Processual à luz da Constituição Federal de 1988*, os autores, com o pioneirismo que acompanha toda a obra, propõem uma reflexão sobre a *cognição judicial*, agora norteada por um viés epistemológico.

Ao mérito pela escolha desta temática soma-se a excelência dos autores em promover uma pesquisa extensa, profunda e com elevado rigor analítico em cada um de seus artigos. Trata-se, à evidência, de pesquisa singular e verdadeiramente inspiradora para novos trabalhos acadêmicos na área, de leitura agradável, permanentemente reveladora do diálogo inspirador que o Ministro Luiz Fux trava com os seus alunos nas suas aulas de mestrado e de doutorado.

Parabenizo o Ministro Luiz Fux pela coordenação de todos esses estudos e pela sua publicação, que robustece a inserção do Direito Processual brasileiro nesta nova era de constitucionalização do Direito, tal qual já aconteceu, e vem acontecendo, em outros domínios, como o Direito Civil, o Direito Administrativo e o Direito do Trabalho. Na atual quadra, essa convergência teórica se revela especialmente necessária na reconstrução estrutural da dogmática processual consubstanciada na elaboração de um novo Código de Processo Civil. Além disso, e em segundo lugar, merece o mais entusiástico louvor a dedicação do mestre, que a par das suas elevadas responsabilidades como integrante da nossa Corte Suprema e com o sacrifício dos poucos momentos de descanso e lazer de que dispõe, propicia a estes jovens talentos, no limiar de suas carreiras acadêmicas, a oportunidade ímpar de serem co-autores de uma obra seminal, que lança novas e fecundas proposições no debate sobre uma pauta de questões das quais dependem a efetividade do processo e a qualidade da administração da justiça civil no Brasil.

Não posso deixar de registrar que a confecção deste livro representa a melhor tradição da Escola de Direito Processual da Universidade do Estado do Rio de Janeiro (UERJ), constituindo a garantia da sua continuidade pelas mãos dos seus competentes coautores.

Rio de Janeiro, 18 de junho de 2013

LEONARDO GRECO

SUMÁRIO

PARTE I
Direito Processual Constitucional

1 PROCESSO E CONSTITUIÇÃO 3
Luiz Fux

2 PREMISSAS TEÓRICAS PARA A CONSTITUCIONALIZAÇÃO DO PROCESSO DO TRABALHO 45
Carolina Tupinambá

3 PROCESSO PÚBLICO E CONSTITUIÇÃO: UMA ANÁLISE DAS PRERROGATIVAS PROCESSUAIS DA FAZENDA PÚBLICA À LUZ DAS GARANTIAS CONSTITUCIONAIS DO PROCESSO 103
Marco Antonio dos Santos Rodrigues

4 AS RECENTES REFORMAS PROCESSUAIS CIVIS CONTEMPORÂNEAS. SINTONIA DO DIREITO PROCESSUAL E DIREITO CONSTITUCIONAL 139
Mauricio Vasconcelos Galvão Filho

PARTE II
Jurisdição e Processo

5 AS SENTENÇAS ADITIVAS NA JURISDIÇÃO CONSTITUCIONAL 169
Antônio Veloso Peleja Júnior

6 A MODERNA JURISDIÇÃO CONSTITUCIONAL E O PRINCÍPIO DO DEVIDO PROCESSO LEGAL 223
Claudio Roberto Pieruccetti Marques

PROCESSO CONSTITUCIONAL

7 COOPERAÇÃO INTERJURISDICIONAL E EFETIVIDADE DO PROCESSO 281
  Henrique Guelber de Mendonça

8 O SUPREMO TRIBUNAL FEDERAL E A EFICÁCIA VINCULANTE DE SUAS DECISÕES 303
  Denise Maria Rodríguez Moraes

9 REPERCUSSÃO GERAL DO RECURSO EXTRAORDINÁRIO..................... 353
  Ana Carolina Squadri Santanna

10 DA "OBJETIVAÇÃO DO RECURSO EXTRAORDINÁRIO" À VALORIZAÇÃO DA JURISPRUDÊNCIA: *COMMON LAW* À BRASILEIRA? 405
  Andre Vasconcelos Roque

11 O PROCESSO ENQUANTO INSTRUMENTO PARA CONTROLE DE CONSTITUCIONALIDADE 465
  Guilherme Kronemberg Hartmann

12 A MUDANÇA DA JURISPRUDÊNCIA E A MODULAÇÃO DE SEUS EFEITOS TEMPORAIS 517
  Franklyn Roger Alves Silva

PARTE III
Processo e Democracia

13 JURISDIÇÃO CRIATIVA E A MOTIVAÇÃO DAS DECISÕES JUDICIAIS COMO SEU ASPECTO LEGITIMADOR 559
  Humberto Santarosa

14 CONTRADITÓRIO COMO DEVER E A BOA-FÉ PROCESSUAL – OS FINS SOCIAIS DO PROCESSO 633
  Francesco Conte

15 O PRINCÍPIO DO CONTRADITÓRIO, A BOA-FÉ PROCESSUAL, AS MATÉRIAS COGNOSCÍVEIS DE OFÍCIO E AS DECISÕES JUDICIAIS DE FIXAÇÃO DE HONORÁRIOS DE SUCUMBÊNCIA 729
  Márcio Carvalho Faria

16 A JUSTICIABILIDADE DOS DIREITOS SOCIAIS NA PERSPECTIVA PROCESSUAL COLETIVA: APONTAMENTOS SOBRE A AÇÃO CIVIL PÚBLICA E O INCIDENTE DE RESOLUÇÃO DE DEMANDAS REPETITIVAS........................... 771
  Taísa Bittencourt Leal Queiroz

SUMÁRIO

17 MEIOS ALTERNATIVOS DE SOLUÇÃO DE CONFLITOS: MAIS UM CAMINHO PARA A EFETIVIDADE DE DIREITOS CONSTITUCIONAIS 811

Marcela Kohlbach de Faria

18 SEGURANÇA JURÍDICA E CONFIANÇA LEGÍTIMA: REFLEXOS E EXPECTATIVAS PROCESSUAIS.. 847

Trícia Navarro Xavier Cabral

19 O PROCESSO CIVIL PARTICIPATIVO: A EFETIVIDADE CONSTITUCIONAL E O PROJETO DO NOVO CPC... 897

Bruno Vinícius Da Rós Bodart

20 DURAÇÃO RAZOÁVEL: UM MANDAMENTO CONSTITUCIONAL PARA A EXECUÇÃO POR QUANTIA CERTA CONTRA OS ENTES PÚBLICOS 909

Diego Martinez Fervenza Cantoario

21 IGUALDADE NO PROCESSO E FAZENDA PÚBLICA EM JUÍZO................. 963

Cristiane Rodrigues Iwakura

PARTE IV
Cognição Processual à Luz da Constituição Federal de 1988

22 A PRIVACIDADE COMO UMA LIMITAÇÃO DO DIREITO DE PROVA 1003

Gustavo Quintanilha Telles de Menezes

23 A COGNIÇÃO SUMÁRIA E A COISA JULGADA NO PROCESSO JUSTO.......... 1073

José Aurélio de Araújo

24 PROCESSO, PROVA E VERDADE.. 1135

Filipe Guimarães

Parte I
DIREITO PROCESSUAL CONSTITUCIONAL

PROCESSO E CONSTITUIÇÃO 1

Luiz Fux

Sumário: 1. Generalidades – 2. Processo e democracia – 3. Princípios processuais constitucionais – 4. Jurisdição constitucional e processo.

1. GENERALIDADES

O binômio *processo* e *Constituição* está presente nas Cartas nacionais de há muito, bem como nas Constituições estrangeiras.

A contemplação de regras e princípios constitucionais processuais é secular e se deve, em uma visão mais remota, à doutrina kelseniana fundada na denominada *Teoria Pura do Direito*, segundo a qual as regras materiais e processuais ostentam a gênese de sua validade na Constituição Federal. Neste passo, a paradigmática Constituição austríaca concebeu regras da mesma natureza por obra de *Hans Kelsen*.[1]

O Brasil, seguindo esse modelo, contemplou, em todas as suas Constituições, regras processuais como, *v.g.*, a *Carta Imperial*, que previa vários dispositivos de cunho processual, como o cabimento da ação popular para suborno dos juízes e a conciliação antecedente ao exercício da *jurisdictio* e considerada uma forma

---

[1] KELSEN, Hans. *Teoria pura do direito*. Trad. João Baptista Machado. 6. ed. Coimbra: Armenio Amado, 1984.

de equivalente jurisdicional, mercê de sob o ângulo sociológico ser de extrema valia, posto otimizar o relacionamento social.[2]

A *Constituição Republicana de 1891*,[3] por seu turno, trazia em seu bojo a garantia processual penal do Tribunal do Júri, a de *1934*[4] consagrou o Mandado de Segurança e a *Carta de 1946*,[5] considerado o documento estrutural da nação

---

[2] Nesse sentido, MARINONI, Luiz Guilherme; ARENHART, Sérgio Cruz. *Curso de processo civil*: processo de conhecimento. 7. ed. São Paulo: RT, 2008. v. 2, p. 247. GRECO, Leonardo. *Instituições de processo civil*: processo de conhecimento. Rio de Janeiro: Forense, 2010. v. 2, p. 98.

[3] CF de 1891: "Art. 72. A Constituição assegura a brasileiros e a estrangeiros residentes no País a inviolabilidade dos direitos concernentes à liberdade, à segurança individual e à propriedade, nos termos seguintes: (...) § 31. É mantida a instituição do júri".

[4] Constituição da República de 1934: "Art. 113. A Constituição assegura a brasileiros e a estrangeiros residentes no País a inviolabilidade dos direitos concernentes à liberdade, à subsistência, à segurança individual e à propriedade, nos termos seguintes:
33) Dar-se-á mandado de segurança para defesa do direito, certo e incontestável, ameaçado ou violado por ato manifestamente inconstitucional ou ilegal de qualquer autoridade. O processo será o mesmo do *habeas corpus*, devendo ser sempre ouvida a pessoa de direito público interessada. O mandado não prejudica as ações petitórias competentes".

[5] Constituição de 1946, Capítulo II (Dos Direitos e das Garantias Individuais): "Art. 141. A Constituição assegura aos brasileiros e aos estrangeiros residentes no País a inviolabilidade dos direitos concernentes à vida, à liberdade, à segurança individual e à propriedade, nos termos seguintes:
§ 1.º Todos são iguais perante a lei.
§ 2.º Ninguém pode ser obrigado a fazer ou deixar de fazer alguma coisa senão em virtude de lei.
§ 3.º A lei não prejudicará o direito adquirido, o ato jurídico perfeito e a coisa julgada.
§ 4.º A lei não poderá excluir da apreciação do Poder Judiciário qualquer lesão de direito individual.
§ 5.º É livre a manifestação do pensamento, sem que dependa de censura, salvo quanto a espetáculos e diversões públicas, respondendo cada um, nos casos e na forma que a lei preceituar pelos abusos que cometer. Não é permitido o anonimato. É assegurado o direito de resposta. A publicação de livros e periódicos não dependerá de licença do Poder Público. Não será, porém, tolerada propaganda de guerra, de processos violentos para subverter a ordem política e social, ou de preconceitos de raça ou de classe.
§ 6.º É inviolável o sigilo da correspondência.
§ 7.º É inviolável a liberdade de consciência e de crença e assegurado o livre exercício dos cultos religiosos, salvo o dos que contrariem a ordem pública ou os bons costumes. As associações religiosas adquirirão personalidade jurídica na forma da lei civil.
§ 8.º Por motivo de convicção religiosa, filosófica ou política, ninguém será privado de nenhum dos seus direitos, salvo se a invocar para se eximir de obrigação, encargo ou serviço impostos pela lei aos brasileiros em geral, ou recusar os que ela estabelecer em substituição daqueles deveres, a fim de atender escusa de consciência.
§ 9.º Sem constrangimento dos favorecidos, será prestada por brasileiro (art. 129, ns. I e II) assistência religiosa às forças armadas e, quando solicitada pelos interessados ou seus representantes legais, também nos estabelecimentos de internação coletiva.
§ 10. Os cemitérios terão caráter secular e serão administrados pela autoridade municipal. É permitido a todas as confissões religiosas praticar neles os seus ritos. As associações religiosas poderão, na forma da lei, manter cemitérios particulares.

Cap. 1 - PROCESSO E CONSTITUIÇÃO

mais democrático de todos os tempos, consubstanciou todas as garantias inerentes ao devido processo legal, sendo certo que daí em diante todas as demais passaram a minudenciar a estrutura do Poder Judiciário e exacerbaram as de-

§ 11. Todos podem reunir-se, sem armas, não intervindo a polícia senão para assegurar a ordem pública. Com esse intuito, poderá a polícia designar o local para a reunião, contanto que, assim procedendo, não a frustre ou impossibilite.

§ 12. É garantida a liberdade de associação para fins lícitos. Nenhuma associação poderá ser compulsoriamente dissolvida senão em virtude de sentença judiciária.

§ 13. É vedada a organização, o registro ou o funcionamento de qualquer Partido Político ou associação, cujo programa ou ação contrarie o regime democrático, baseado na pluralidade dos Partidos e na garantia dos direitos fundamentais do homem.

§ 14. É livre o exercício de qualquer profissão, observadas as condições de capacidade que a lei estabelecer.

§ 15. A casa é o asilo inviolável do indivíduo. Ninguém poderá nela penetrar à noite, sem consentimento do morador, a não ser para acudir a vítimas de crime ou desastre, nem durante o dia, fora dos casos e pela forma que a lei estabelecer.

§ 16. É garantido o direito de propriedade, salvo o caso de desapropriação por necessidade ou utilidade pública, ou por interesse social, mediante prévia e justa indenização em dinheiro. Em caso de perigo iminente, como guerra ou comoção intestina, as autoridades competentes poderão usar da propriedade particular, se assim o exigir o bem público, ficando, todavia, assegurado o direito a indenização ulterior.

§ 17. Os inventos industriais pertencem aos seus autores, aos quais a lei garantirá privilégio temporário ou, se a vulgarização convier à coletividade, concederá justo prêmio.

§ 18. É assegurada a propriedade das marcas de indústria e comércio, bem como a exclusividade do uso do nome comercial.

§ 19. Aos autores de obras literárias artísticas ou científicas pertence o direito exclusivo de reproduzi-las. Os herdeiros dos autores gozarão desse direito pelo tempo que a lei fixar.

§ 20. Ninguém será preso senão em flagrante delito ou, por ordem escrita da autoridade competente, nos casos expressos em lei.

§ 21. Ninguém será levado à prisão ou nela detido se prestar fiança permitida em lei.

§ 22. A prisão ou detenção de qualquer pessoa será imediatamente comunicada ao Juiz competente, que a relaxará, se não for legal, e, nos casos previstos em lei, promoverá a responsabilidade da autoridade coatora.

§ 23. Dar-se-á *habeas corpus* sempre que alguém sofrer ou se achar ameaçado de sofrer violência ou coação em sua liberdade de locomoção, por ilegalidade ou abuso de poder. Nas transgressões disciplinares, não cabe o *habeas corpus*.

§ 24. Para proteger direito líquido e certo não amparado por *habeas corpus*, conceder-se-á mandado de segurança, seja qual for a autoridade responsável pela ilegalidade ou abuso de poder.

§ 25. É assegurada aos acusados plena defesa, com todos os meios e recursos essenciais a ela, desde a nota de culpa, que, assinada pela autoridade competente, com os nomes do acusador e das testemunhas, será entregue ao preso dentro em vinte e quatro horas. A instrução criminal será contraditória.

§ 26. Não haverá foro privilegiado nem Juízes e Tribunais de exceção.

§ 27. Ninguém será processado nem sentenciado senão pela autoridade competente e na forma de lei anterior.

§ 28. É mantida a instituição do júri, com a organização que lhe der a lei, contanto que seja sempre ímpar o número dos seus membros e garantido o sigilo das votações, a plenitude da defesa do réu e a soberania dos veredictos. Será obrigatoriamente da sua competência o julgamento dos crimes dolosos contra a vida.

nominadas garantias processuais, como *v.g.*, o mandado de segurança individual e coletivo, o *habeas corpus*, as garantias do juiz natural, do devido processo, da ampla defesa, do contraditório, da motivação das decisões judiciais etc.

Hodiernamente, a *Constituição de 1988* é pródiga em regras e princípios processuais, de tal sorte que se cogita, na atualidade, um novo ramo da ciência jurídica, qual seja, o *Direito Processual Constitucional*.[6]

---

§ 29. A lei penal regulará a individualização da pena e só retroagirá quando beneficiar o réu.
§ 30. Nenhuma pena passará da pessoa do delinquente.
§ 31. Não haverá pena de morte, de banimento, de confisco nem de caráter perpétuo. São ressalvadas, quanto à pena de morte, as disposições da legislação militar em tempo de guerra com país estrangeiro. A lei disporá sobre o sequestro e o perdimento de bens, no caso de enriquecimento ilícito, por influência ou com abuso de cargo ou função pública, ou de emprego em entidade autárquica.
§ 32. Não haverá prisão civil por dívida, multa ou custas, salvo o caso do depositário infiel e o de inadimplemento de obrigação alimentar, na forma da lei.
§ 33. Não será concedida a extradição de estrangeiro por crime político ou de opinião e, em caso nenhum, a de brasileiro.
§ 34. Nenhum tributo será exigido ou aumentado sem que a lei o estabeleça; nenhum será cobrado em cada exercício sem prévia autorização orçamentária, ressalvada, porém, a tarifa aduaneira e o imposto lançado por motivo de guerra.
§ 35. O Poder Público, na forma que a lei estabelecer, concederá assistência judiciária aos necessitados.
§ 36. A lei assegurará:
I – o rápido andamento dos processos nas repartições públicas;
II – a ciência aos interessados dos despachos e das informações a que eles se refiram;
III – a expedição das certidões requeridas para defesa de direito;
IV – a expedição das certidões requeridas para esclarecimento de negócios administrativos, salvo se o interesse público impuser sigilo.
§ 37. É assegurado a quem quer que seja o direito de representar, mediante petição dirigida aos Poderes Públicos, contra abusos de autoridades, e promover a responsabilidade delas.
§ 38. Qualquer cidadão será parte legítima para pleitear a anulação ou a declaração de nulidade de atos lesivos do patrimônio da União, dos Estados, dos Municípios, das entidades autárquicas e das sociedades de economia mista.
Art. 142. Em tempo de paz, qualquer pessoa poderá com os seus bens entrar no território nacional, nele permanecer ou dele sair, respeitados os preceitos da lei.
Art. 143. O Governo federal poderá expulsar do território nacional o estrangeiro nocivo à ordem pública, salvo se o seu cônjuge for brasileiro, e se tiver filho brasileiro (art. 129, ns. I e II) dependente da economia paterna.
Art. 144. A especificação dos direitos e garantias expressas nesta Constituição não exclui outros direitos e garantias decorrentes do regime e dos princípios que ela adota".

6 Dentre outras regras e princípios de natureza processual espalhados pela atual Carta Constitucional:
"Art. 5.º Todos são iguais perante a lei, sem distinção de qualquer natureza, garantindo-se aos brasileiros e aos estrangeiros residentes no País a inviolabilidade do direito à vida, à liberdade, à igualdade, à segurança e à propriedade, nos termos seguintes:
(...)
XXXV – a lei não excluirá da apreciação do Poder Judiciário lesão ou ameaça a direito;
XXXVI – a lei não prejudicará o direito adquirido, o ato jurídico perfeito e a coisa julgada;

O panorama mundial não é diferente, por isso que *ad exemplum* poder-se-ia mencionar a 5.ª emenda da *Constituição americana de 1791*, que consagrou o *Due Process of Law*; a *Constituição mexicana de 1917*, instituidora do denominado

XXXVII – não haverá juízo ou tribunal de exceção;
XXXVIII – é reconhecida a instituição do júri, com a organização que lhe der a lei, assegurados:
a) a plenitude de defesa;
b) o sigilo das votações;
c) a soberania dos veredictos;
d) a competência para o julgamento dos crimes dolosos contra a vida;
XL – a lei penal não retroagirá, salvo para beneficiar o réu;
LIII – ninguém será processado nem sentenciado senão pela autoridade competente;
LIV – ninguém será privado da liberdade ou de seus bens sem o devido processo legal;
LV – aos litigantes, em processo judicial ou administrativo, e aos acusados em geral são assegurados o contraditório e ampla defesa, com os meios e recursos a ela inerentes;
LVI – são inadmissíveis, no processo, as provas obtidas por meios ilícitos;
LVII – ninguém será considerado culpado até o trânsito em julgado de sentença penal condenatória;
LX – a lei só poderá restringir a publicidade dos atos processuais quando a defesa da intimidade ou o interesse social o exigirem;
LXI – ninguém será preso senão em flagrante delito ou por ordem escrita e fundamentada de autoridade judiciária competente, salvo nos casos de transgressão militar ou crime propriamente militar, definidos em lei;
LXII – a prisão de qualquer pessoa e o local onde se encontre serão comunicados imediatamente ao juiz competente e à família do preso ou à pessoa por ele indicada;
LXIII – o preso será informado de seus direitos, entre os quais o de permanecer calado, sendo-lhe assegurada a assistência da família e de advogado;
LXIV – o preso tem direito à identificação dos responsáveis por sua prisão ou por seu interrogatório policial;
LXV – a prisão ilegal será imediatamente relaxada pela autoridade judiciária;
LXVI – ninguém será levado à prisão ou nela mantido, quando a lei admitir a liberdade provisória, com ou sem fiança;
LXVIII – conceder-se-á "habeas-corpus" sempre que alguém sofrer ou se achar ameaçado de sofrer violência ou coação em sua liberdade de locomoção, por ilegalidade ou abuso de poder;
LXIX – conceder-se-á mandado de segurança para proteger direito líquido e certo, não amparado por "habeas-corpus" ou "habeas-data", quando o responsável pela ilegalidade ou abuso de poder for autoridade pública ou agente de pessoa jurídica no exercício de atribuições do Poder Público;
LXXI – conceder-se-á mandado de injunção sempre que a falta de norma regulamentadora torne inviável o exercício dos direitos e liberdades constitucionais e das prerrogativas inerentes à nacionalidade, à soberania e à cidadania;
LXXII – conceder-se-á "habeas-data":
a) para assegurar o conhecimento de informações relativas à pessoa do impetrante, constantes de registros ou bancos de dados de entidades governamentais ou de caráter público;
b) para a retificação de dados, quando não se prefira fazê-lo por processo sigiloso, judicial ou administrativo;
LXXIII – qualquer cidadão é parte legítima para propor ação popular que vise a anular ato lesivo ao patrimônio público ou de entidade de que o Estado participe, à moralidade administrativa,

juicio de amparo, que é a fonte imediata do nosso Mandado de Segurança;[7] a *Constituição italiana* prevê o dever de motivar as decisões; na *Lei Fundamental Alemã*, como é conhecida a carta germânica inspirada em *Friedrich Muller*, é também extensiva ao Poder Judiciário a máxima de que "todo poder emana do povo e em seu nome é exercido"; *a Constituição portuguesa*, adotando uma linha de vanguarda, alinha como garantia precedente ao acesso à justiça o denominado "direito de informação" na justa percepção de que quem não sabe os direitos que ostenta não pode exercê-los em juízo; a *Carta da Costa Rica* reclama como garantia do jurisdicionado uma Justiça pronta e plena, tal como a atual brasileira quando alude à duração razoável dos processos; a *Constituição espanhola* preconiza um processo oral etc.

Essa enunciação resta suficiente para revelar a imbricação entre o *Processo* e a *Constituição* aqui e alhures.

Outro fenômeno mais atual é a *Constitucionalização do direito*, que insere a carta maior como *centro de gravidade de toda a ordem jurídica*, estabelecendo premissas metodológicas inafastáveis na aplicação da legislação infraconstitucional.

A *supremacia da Constituição Federal na atividade hermenêutica* é tônica da moderna constitucionalização do processo, tanto que a proposta de criação do novel Código de Processo Civil estrutura-se com uma parte geral na qual se inserem os princípios que devem nortear a atividade judicante.[8]

---

ao meio ambiente e ao patrimônio histórico e cultural, ficando o autor, salvo comprovada má-fé, isento de custas judiciais e do ônus da sucumbência".

[7] Hely Lopes Meirelles doutrina que: "Nosso Mandado de Segurança inspirou-se no *juicio de amparo*, do direito mexicano, que vigora desde 1841, para a defesa de direito individual, líquido e certo, contra atos de autoridade" (*Mandado de segurança*. São Paulo: Malheiros, 2004. p. 22).

[8] No anteprojeto do novel Código de Processo Civil:
"CAPÍTULO I – DOS PRINCÍPIOS E DAS GARANTIAS FUNDAMENTAIS DO PROCESSO CIVIL:
Art. 1.º O processo civil será ordenado, disciplinado e interpretado conforme os valores e os princípios fundamentais estabelecidos na Constituição da República Federativa do Brasil, observando-se as disposições deste Código.
Art. 2.º O processo começa por iniciativa da parte, nos casos e nas formas legais, salvo exceções previstas em lei, e se desenvolve por impulso oficial.
Art. 3.º Não se excluirá da apreciação jurisdicional ameaça ou lesão a direito, ressalvados os litígios voluntariamente submetidos à solução arbitral, na forma da lei.
Art. 4.º As partes têm direito de obter em prazo razoável a solução integral da lide, incluída a atividade satisfativa.
Art. 5.º As partes têm direito de participar ativamente do processo, cooperando com o juiz e fornecendo-lhe subsídios para que profira decisões, realize atos executivos ou determine a prática de medidas de urgência.
Art. 6.º Ao aplicar a lei, o juiz atenderá aos fins sociais a que ela se dirige e às exigências do bem comum, observando sempre os princípios da dignidade da pessoa humana, da razoabilidade, da legalidade, da impessoalidade, da moralidade, da publicidade e da eficiência.

Deveras, considerando os processos objetivos cuja finalidade mediata é a confrontação de leis e sua exegese em face da Constituição, como "sói" ocorrer com as Ações de Declaração de Inconstitucionalidade, Ação Declaratória de Constitucionalidade e Ação de Descumprimento de Preceito Fundamental, tem-se nesses casos inequívoca demonstração do fenômeno da *constitucionalização do processo civil.*[9]

Art. 7.º É assegurada às partes paridade de tratamento em relação ao exercício de direitos e faculdades processuais, aos meios de defesa, aos ônus, aos deveres e à aplicação de sanções processuais, competindo ao juiz velar pelo efetivo contraditório.

Art. 8.º As partes e seus procuradores têm o dever de contribuir para a rápida solução da lide, colaborando com o juiz para a identificação das questões de fato e de direito e abstendo-se de provocar incidentes desnecessários e procrastinatórios.

Art. 9.º Não se proferirá sentença ou decisão contra uma das partes sem que esta seja previamente ouvida, salvo se se tratar de medida de urgência ou concedida a fim de evitar o perecimento de direito.

Art. 10. O juiz não pode decidir, em grau algum de jurisdição, com base em fundamento a respeito do qual não se tenha dado às partes oportunidade de se manifestar, ainda que se trate de matéria sobre a qual tenha que decidir de ofício.

Parágrafo único. O disposto no *caput* não se aplica aos casos de tutela de urgência e nas hipóteses do art. 307.

Art. 11. Todos os julgamentos dos órgãos do Poder Judiciário serão públicos, e fundamentadas todas as decisões, sob pena de nulidade.

Parágrafo único. Nos casos de segredo de justiça, pode ser autorizada somente a presença das partes, de seus advogados ou defensores públicos, ou ainda, quando for o caso, do Ministério Público.

Art. 12. Os juízes deverão proferir sentença e os tribunais deverão decidir os recursos obedecendo à ordem cronológica de conclusão.

§ 1.º A lista de processos aptos a julgamento deverá ser permanentemente disponibilizada em cartório, para consulta pública.

§ 2.º Estão excluídos da regra do *caput*:

I – as sentenças proferidas em audiência, homologatórias de acordo ou de improcedência liminar do pedido;

II – o julgamento de processos em bloco para aplicação da tese jurídica firmada em incidente de resolução de demandas repetitivas ou em recurso repetitivo;

III – a apreciação de pedido de efeito suspensivo ou de antecipação da tutela recursal;

IV – o julgamento de recursos repetitivos ou de incidente de resolução de demandas repetitivas;

V – as preferências legais".

[9] Algumas constituições revelam esse aspecto analítico no sentido da inserção de regras e princípios nos diversos ramos da ciência jurídica, em geral, como anota BARROSO, Luís Roberto. Curso de direito constitucional contemporâneo calcado na doutrina de Pierre Bon. Table ronde: Le cas de Espagne. In: VERPEAUX, Michel (org.). *Code Civil et Constitution(s)*. Paris, 2005 com a seguinte citação do autor francês: "Como se sabe, a Constituição espanhola de 1978 é um perfeito exemplo do traço característico do constitucionalismo contemporâneo, no qual a Constituição não se limita mais, como no passado, a dispor sobre os princípios fundamentais do Estado, a elaborar um catálogo de direitos fundamentais, a definir as competências das instituições públicas mais importantes e a prever o modo de sua revisão. Ela vem reger praticamente todos os aspectos da vida jurídica, dando lugar ao sentimento de que não há fronteiras à extensão do seu

2. PROCESSO E DEMOCRACIA

O processo é um instrumento a serviço de uma das mais importantes funções populares, que é a *prestação da justiça*.

A esse respeito e por influência do código austríaco inspirado em *Franz Klein*, a exposição de motivos do ordenamento de 1939[10] aduzia a jurisdição como uma *função voltada para o povo*, por isso que, como instrumento de realização da justiça material, o processo deveria ser acessível a partir das suas normas revestidas de simplicidade.

Destarte, o processo como "substitutivo da vingança privada", na elegante versão de *Eduardo Couture*, nos seus memoráveis *Fundamentos de Direito Processual Civil*,[11] otimiza o relacionamento social e contribui para a consecução dos fins da democracia. A democracia é, aqui, entrevista como o regime político cujas soluções constitucionais para inúmeras questões vêm previstas em documento representativo da *vox populi*, a Constituição.

As garantias processuais constitucionais, quer sob a forma de princípios, quer sob a configuração de regras, eclipsam anseios populares, como, *v.g.*, a que estabelece que ninguém será privado de sua liberdade ou de seus bens senão obedecido o devido processo legal. Essa cláusula pétrea, assim como os demais aspectos que destacaremos, revelam quão interligados estão os institutos do *processo* e da *democracia*.[12]

---

domínio: tudo (ou quase) pode ser objeto de normas constitucionais; já não há um conteúdo material (e quase imutável) das Constituições" (tradução livre, texto ligeiramente editado). No mesmo sentido, FAVOREU, Louis. La constitutionnalisation du Droit. In: MATHIEU, Bertrand; VERPEAUX, Michel. *La constitutionnalisation des branches du Droit*. Paris: Econômica, 1998. p. 191. GUASTINI, Ricardo. La "constitucionalización" del ordenamiento jurídico: el caso italiano. In: CARBONNEL, Miguel. *Neoconstitucionalismo(s)*. 2003. p. 49, quanto ao aspecto específico do direito processual ao concluir: "Por 'constitucionalización del ordenamiento jurídico' propongo entender un proceso de transformación de un ordenamiento al término del qual el ordenamiento en cuestión resulta totalmente 'impregnado' por las normas constitucionales. Un ordenamiento jurídico constitucionalizado se caracteriza por una Constitución extremamente invasora, entrometida (*pervasiva, invadente*), capaz de condicionar tanto la legislación como la jurisprudencia y el estilo doctrinal, la acción de los actores políticos, así como las relaciones sociales".

[10] Conforme a exposição de motivos do CPC de 39: "A transformação social elevou, porém, a Justiça à categoria de um bem geral, e isso não apenas no sentido de que ela se acha à disposição de todos, mas no de que a comunidade inteira está interessada na sua boa distribuição, a ponto de tomar sobre si mesma, através dos seus órgãos de governo, o encargo de torná-la segura, pronta e acessível a cada um".

[11] COUTURE, Eduardo Juan. *Fundamentos del derecho procesal civil*. 2. ed. Buenos Aires: Depalma, 1951.

[12] "O processo não é mais visto, há séculos, pela sociedade humana, como mera fórmula mágica ou fruto obtido de sacrifícios e oferendas às divindades, onde a justiça era concedida como dádiva aos mortais, sem nenhuma interferência ou participação destes; ao contrário, o processo é fruto

Cap. 1 – PROCESSO E CONSTITUIÇÃO

Outrossim, a denominada "Constituição Cidadã", de 1988, versa a democracia como o regime político que assegura a liberdade e a igualdade no exercício dos direitos individuais e sociais, sobrelevando-se como valores supremos a justiça, a soberania, a dignidade da pessoa humana, cânones meios para cumprir o desígnio maior de uma sociedade solidária e fraterna.

A igualdade formal, plasmada como letra morta no papel, ganha vida no processo na sua versão autêntica e aristotélica, transmutando-se em instrumento por meio do qual o juiz trata desigualmente os desiguais, na medida em que se desigualam. Ele, o juiz, tem o dever de manter a igualdade das partes no processo.[13]

As desigualdades técnicas e econômicas são supridas, a primeira pela desmistificação da neutralidade judicial e a segunda pela concessão de assistência jurídica integral aos necessitados.[14]

---

da vida humana em sociedade e, como criação social, não pode encastelar em seu conhecimento e em sua técnica, mas deve estar aberto às influências da sociedade que o originou, adotando as que forem positivas para todos (ou em uma democracia, aquelas influências que foram eleitas como boas para a maioria, sem nunca desconsiderar a opinião da minoria)" (SANTOS, Guilherme Luis Quaresma Batista. Algumas notas sobre o contraditório no processo civil. *Revista de Processo*, São Paulo: RT, ano 36, vol. 194, abril 2011, p. 73).

[13] CPC de 73: "Art. 125. O juiz dirigirá o processo conforme as disposições deste Código, competindo-lhe:
I – assegurar às partes igualdade de tratamento;
Portanto, o papel do juiz moderno no processo não é de mero expectador ou um 'mero convidado de pedra'; na democracia participativa, deve se preocupar em dar rumo ao processo de modo que todos devam dele participar com as mesmas oportunidades. É certo que o processo não é um jogo onde vence o mais forte, o mais poderoso, o mais esperto, o processo é um instrumento de justiça através do qual se espera entregar o direito a quem de direito, de modo que a inércia do julgador certamente poderá comprometer a pacificação social pretendida pela atividade jurisdicional. Assim, é indispensável, para que se observe o devido processo legal, que as partes sejam tratadas com igualdade e admitidas a participar do processo, não se omitindo dessa participação o próprio juiz, a quem incumbe a condução do processo e o correto julgamento da causa" (SILVA, Nelson Finotti. Paridade de armas no processo civil. *Revista Jurídica*, São Paulo, n. 327, p. 02, jan. 2005).

[14] Em relação à neutralidade, Cappelletti defende que o "juiz não pode mais se ocultar, tão facilmente, detrás da frágil defesa da concepção do direito como norma preestabelecida, clara e objetiva, na qual pode basear sua decisão de forma 'neutra'. É envolvida sua responsabilidade pessoal, moral e política, tanto quanto jurídica, sempre que haja no direito abertura para escolha. E a experiência ensina que tal abertura sempre ou quase sempre está presente" (CAPPELLETTI, Mauro. *Juízes legisladores?* Porto Alegre: Fabris, 1993. p. 33).
Por sua vez, a assistência jurídica integral aos necessitados é garantida pela Constituição de 1988: "Art. 5.º Todos são iguais perante a lei, sem distinção de qualquer natureza, garantindo-se aos brasileiros e aos estrangeiros residentes no País a inviolabilidade do direito à vida, à liberdade, à igualdade, à segurança e à propriedade, nos termos seguintes:
LXXIV – o Estado prestará assistência jurídica integral e gratuita aos que comprovarem insuficiência de recursos;".

O cânone da isonomia, nessa imbricação constituição e processo, fundamenta a existência das "ações afirmativas" voltadas, desde a sua gênese, para a proteção das minorias populares.[15]

A igualdade como valor da democracia vem acompanhada da liberdade, um dos principais pilares desse regime político.

A liberdade encontra na Constituição um rol de direitos inatos e absolutos que a caracterizam e se fazem presentes em todos os ramos da ciência jurídica.[16]

As garantias constitucionais sob a forma de acesso à justiça encerram as hipóteses deste novo binômio – liberdade e processo.

É cediço que na luta entre o forte e o fraco é a justiça que liberta. E assim o é no exercício do direito de agir em juízo, porquanto a propositura de uma ação que deflagra o processo de surgimento de uma resposta judicial gera a liberdade sob o pálio da autoridade da justiça. O *Habeas Corpus* e o Mandado de Segurança, acompanhados pela possibilidade de concessão de liminares, representam instrumental imprescindível para a efetivação da garantia da liberdade.

Relevante aspecto contemporâneo da simbiose entre o processo e a democracia reside na própria prestação da justiça em si. É que a festejada exacerbação da consciência cívica conduz o povo a aferir a legitimação democrática da própria essência da resposta judicial.

O Poder Judiciário deve decidir, sempre que possível, consoante as vozes sociais, conferindo, assim, legitimação democrática às suas decisões, notadamente nos processos objetivos nos quais são debatidas e resolvidas questões atinentes aos valores de uma sociedade, como, por exemplo, a descriminalização do aborto de feto anencefálico e a marcha da maconha.

O ponto deve ser compreendido à luz da cláusula *mater* da democracia, no sentido de que "todo poder emana do povo e em seu nome deve ser exercido". Isso significa dizer que, entre duas soluções possíveis de serem adotadas, ambas com fundamento jurídico razoável, deve o magistrado optar por aquela que atenda às expectativas populares, sem que com isso abdique a função jurisdicional que lhe foi confiada.[17]

---

[15] Nesse sentido, o STF, por meio da ADPF 186/DF, de relatoria do Ministro Ricardo Lewandowski, julgou a constitucionalidade do sistema de cotas raciais nas universidades públicas (Informativo 663 STF).

[16] "Art. 5.º Todos são iguais perante a lei, sem distinção de qualquer natureza, garantindo-se aos brasileiros e aos estrangeiros residentes no País a inviolabilidade do direito à vida, à liberdade, à igualdade, à segurança e à propriedade..."

[17] "A verdade é que a jurisprudência do STF nesta matéria vem gerando fenômeno similar ao que os juristas norte-americanos Robert Post e Reva Siegel (Roe Rage: *Democratic Constitutionalism and Backlash*. Disponível em: < http://papers.ssrn.com/abstract=990968>.) identificam como *backlash*, expressão que se traduz como um forte sentimento de um grupo de pessoas em reação a eventos sociais ou políticos.

A democracia sob o ângulo processual pressupõe uma participação popular por meio do processo. Esse fenômeno reflete-se nas ações em que as pretensões populares são veiculadas ao Judiciário.

Salvante os processos objetivos nos quais valores sociais são submetidos ao crivo do Judiciário, com o fim de direcionar juízes e tribunais para um determinado sentido de pré-compreensão da Constituição e, por vezes, para retirar do cenário jurídico lei que contrarie a vontade popular externada também na Constituição, há lugar para processos subjetivos com a participação da sociedade.

O paradigma desses processos é a ação civil pública por meio da qual interesses de toda ou de parte da sociedade são submetidos à apreciação do Judiciário, como soem ser os interesses difusos e os individuais homogêneos.

Outrossim, o processo participativo encontra o seu clímax na participação do *amicus curiae* no processo das partes. É a figura do especialista extraprocessual, retirado do seio do povo, que, como amigo da corte, auxilia o Judiciário na solução de temas específicos de notável repercussão social.[18]

A sociedade também interfere não só no processo, mas também nas ocorrentes mazelas do Poder Judiciário, quando aciona o mecanismo do controle social externo da magistratura, por intermédio do recém-criado Conselho Nacional de Justiça.[19]

Post e Siegel, debruçados sobre a experiência dos EUA – mas tecendo considerações aplicáveis à realidade brasileira – sugerem a adesão a um constitucionalismo democrático, em que a Corte Constitucional esteja atenta à divergência e à contestação que exsurgem do contexto social quanto às suas decisões.

Se a Suprema Corte é o último *player* nas sucessivas rodadas de interpretação da Constituição pelos diversos integrantes de uma sociedade aberta de intérpretes (cf. Häberle), é certo que tem o privilégio de, observando os movimentos realizados pelos demais, poder ponderar as diversas razões antes expostas para, ao final, proferir sua decisão.

Assim, não cabe a este Tribunal desconsiderar a existência de um descompasso entre a sua jurisprudência e a hoje fortíssima opinião popular a respeito do tema 'ficha limpa'" (FUX, Luiz. *Jurisdição constitucional*. Belo Horizonte: Fórum, 2012. p. 383 e ss.).

[18] Por todos, ver: TUPINAMBÁ, Carolina. Novas tendências de participação processual – O *amicus curiae* no anteprojeto do novo CPC. *O novo processo civil brasileiro – direito em expectativa*. FUX, Luiz (Coord.). Rio de Janeiro: Forense, 2011.

No anteprojeto do Novo Código de Processo Civil o *amicus curiae* encontra guarida no art. 322: "O juiz ou o relator, considerando a relevância da matéria, a especificidade do tema objeto da demanda ou a repercussão social da controvérsia, poderá, de ofício ou a requerimento das partes, solicitar ou admitir a manifestação de pessoa natural ou jurídica, órgão ou entidade especializada, com representatividade adequada, no prazo de quinze dias da sua intimação.

Parágrafo único. A intervenção de que trata o *caput* não importa alteração de competência, nem autoriza a interposição de recursos".

[19] Na CF de 1988: "Art. 103-B. O Conselho Nacional de Justiça compõe-se de 15 (quinze) membros com mandato de 2 (dois) anos, admitida 1 (uma) recondução, sendo:

§ 7.º A União, inclusive no Distrito Federal e nos Territórios, criará ouvidorias de justiça, competentes para receber reclamações e denúncias de qualquer interessado contra membros

3. PRINCÍPIOS PROCESSUAIS CONSTITUCIONAIS

A *constitucionalização do direito processual*, mercê de caracterizar-se pela inserção de regras processuais no bojo da Carta Maior, também se consubstancia pelos princípios que enuncia como fontes de hermenêutica de toda a legislação infraconstitucional.[20] Assim, *v.g.*, ao analisar-se uma situação concreta acerca da necessidade de oitiva de uma parte do processo diante de um fato processual superveniente e não previsto em lei, como, *v.g.*, uma intervenção de outrem noticiando algo de interesse no desate da lide, imprescindível é a oitiva dos interessados, por força do *Princípio do Devido Processo Legal*, encartado como garantia processual de natureza pétrea.

Outrossim, na moderna ciência do direito, que perpassou várias escolas, como a *positivista* e a *jusnaturalista*, o momento é o da ciência dos princípios; do estado principiológico, por força da normatização constitucional dos princípios, que revelam uma visão político-jurídica do sistema.

A esse respeito tivemos a oportunidade de destacar:

> Os princípios fundamentais do processo, assim como os das demais ciências, caracterizam o sistema processual adotado por um determinado país, revelando-lhe a linha juspolítica e filosófica. Esses princípios são extraídos das regras processuais como um todo e seus cânones influenciam na solução de inúmeras questões legisladas ou não, quer na exegese emprestada a dado dispositivo, quer na supressão de uma lacuna legal. Em doutrina aponta-se a obra de Robert Wyness Millar – *Los Principios Informativos del Procedimiento Civil*, 1945 – como a que melhor sistematizou os princípios "gerais", a par da diversidade de sistema dos países, cujas fontes não são as mesmas. Entre nós, os princípios do processo, como, *v.g.*, o da igualdade das partes, o do contraditório, o do devido processo legal, seguem o espírito democrático que norteia a nossa lei maior e são diretrizes para a interpretação das normas processuais.[21]

Os *Princípios Constitucionais*, como de regra, deixam de ser fontes do direito e passam a ocupar o *centro do ordenamento jurídico*, informando as atividades de interpretação e concreção do direito e permitindo uma leitura moral de toda a legislação.

---

ou órgãos do Poder Judiciário, ou contra seus serviços auxiliares, representando diretamente ao Conselho Nacional de Justiça".

[20] "A expressão constitucionalização do processo comporta dois significados distintos: (a) criação de nova disciplina, na grade curricular, denominada direito constitucional processual ou direito processual constitucional; (b) novo método ou modo de estudar o processo com os olhos voltados para a Constituição" (LOPES, João Batista. Princípio da proporcionalidade e efetividade do processo civil. In: MARINONI, Luiz Guilherme (Coord.). *Estudos de direito processual civil*: homenagem ao Professor Egas Dirceu Moniz de Aragão. São Paulo: RT, 2005. p. 134).

[21] FUX, Luiz. *Curso de direito processual civil*. Rio de Janeiro: Forense, 2008. v. 1, p. 240.

A ordem jurídica, tal como hoje concebida pela Constituição Federal, engloba as *regras* e os *princípios*, subespécies do gênero *norma jurídica*.[22]

Os princípios processuais vêm plasmados no art. 5.º da Constituição Federal, revelando essa notável imbricação *processo* e *Constituição*.

A finalidade da obra é destacar esse *novel processo constitucional*, servindo o espaço doutrinário à abordagem de alguns princípios e suas irradiações no campo processual.

O primeiro deles é o da "Inafastabilidade da jurisdição", no sentido de que, vedada a autotutela e a *fortiori* o exercício arbitrário das próprias razões, nenhuma lesão ou ameaça de lesão deve escapar à apreciação do Poder Judiciário.[23]

Cumpre destacar que esse princípio é considerado secular e um marco civilizatório a partir do qual o processo como instrumento de realização da justiça material passa a ser, na visão de *Couture*, o "substitutivo civilizado da vingança privada".[24]

O *Princípio da inafastabilidade* encontra exceções vetustas e modernas. Acerca da superação desse princípio, hoje considerado cláusula pétrea, sempre se admitiu o exercício privado na legítima defesa *incontinenti* da posse e o penhor legal.[25]

---

[22] Os estudos inaugurais de Ronald Dworkin e Robert Alexy são apontados como os propulsores do estudo da principiologia do direito. Veja-se a seguinte passagem (Ronald Dworkin): "A leitura moral propõe que todos nós – juízes, advogados, cidadãos – interpretemos e apliquemos estas cláusulas abstratas (da Constituição) na compreensão de que elas invocam princípios de decência política e de justiça". In: *Freedom's law: the moral reading of the American constitution*. Cambridge: Harvard University Press, 1996. p. 2. ALEXY, Robert. *Teoria de los derechos fundamentales*. Madri: Centro de Estudios Constitucionales, 1993. AVILA, Humberto Bergman. *Teoria dos princípios*. São Paulo: Malheiros, 2004.

[23] Art. 5.º, XXXV, CF/1988 – "a lei não excluirá da apreciação do Poder Judiciário lesão ou ameaça a direito;".
"Sempre que se verificar a ameaça ou o efetivo desrespeito a uma posição jurídica subjetiva de vantagem ou a aflição de qualquer ofensa a interesses legalmente protegidos, é precisamente o acesso aos tribunais, através do processo equitativo, que vai garantir, por intermédio do exercício da jurisdição, a proteção da esfera jurídica do indivíduo" (DUARTE, Ronnie Preuss. *Garantia de acesso à justiça*: os direitos processuais fundamentais. Coimbra: Ed. Coimbra, 2007. p. 15).

[24] COUTURE, Eduardo. *Introdução ao estudo do processo civil*. 1. ed. Belo Horizonte: Líder, 2008.

[25] Os arts. 1.210 e 1.467, ambos do CC de 2002, tratam, respectivamente, das hipóteses de legítima defesa da posse e do penhor legal, conforme:
"Art. 1.210. "O possuidor tem direito a ser mantido na posse em caso de turbação, restituído no de esbulho, e segurado de violência iminente, se tiver justo receio de ser molestado.
§ 1.º O possuidor turbado, ou esbulhado, poderá manter-se ou restituir-se por sua própria força, contanto que o faça logo; os atos de defesa, ou de desforço, não podem ir além do indispensável à manutenção, ou restituição da posse.
Art. 1.467. São credores pignoratícios, independentemente de convenção:

Hodiernamente, questão elegante que se suscita é a efetividade desse *Princípio da inafastabilidade* e a solução de questões políticas, que cabem às demais instâncias correspondentes à tripartição das funções estatais.

A matéria tem tratamento de outra *cláusula constitucional pétrea*, qual seja, a da *independência e harmonia entre os poderes*.[26] Assim, *v.g.*, não cabe ao Poder Judiciário evitar a votação de matérias de exclusiva competência do parlamento, salvo, evidentemente, se houver violação a direito individual ou coletivo manifesta. Assim, por exemplo, é lícito o parlamentar recorrer ao Judiciário, visando a não ser instado a votar em processo legislativo viciado.[27]

I – os hospedeiros, ou fornecedores de pousada ou alimento, sobre as bagagens, móveis, joias ou dinheiro que os seus consumidores ou fregueses tiverem consigo nas respectivas casas ou estabelecimentos, pelas despesas ou consumo que aí tiverem feito;

II – o dono do prédio rústico ou urbano, sobre os bens móveis que o rendeiro ou inquilino tiver guarnecendo o mesmo prédio, pelos aluguéis ou rendas.

Art. 1.470. Os credores, compreendidos no art. 1.467, podem fazer efetivo o penhor, antes de recorrerem à autoridade judiciária, sempre que haja perigo na demora, dando aos devedores comprovante dos bens de que se apossarem".

"O direito como produto de cultura, é disciplina de institutos e somente declara legítima a defesa privada quando, afeiçoada à vida social, representa um meio de oportuna e adequada proteção de bens ou interesses jurídicos arbitrariamente atacados ou ameaçados. Desde que adaptada, assim, à própria finalidade da ordem jurídica, a defesa privada, a defesa privada relegada a posto secundário, o que ela tem de instintivo, não pode deixar de ser consentida pela lei do Estado" (ALMADA, Célio de Melo. *Legítima defesa*. São Paulo: José Bushatski, 1958. p. 35-36).

[26] Art. 2.º da CF/1988: "São Poderes da União, independentes e harmônicos entre si, o Legislativo, o Executivo e o Judiciário". Conforme ensina a melhor doutrina, "cada função não é compartimental ou estanque no relacionamento com as outras, pelo que não se pode dizer que sejam funções soberanas, pois todas têm, acima de si, a Constituição, fonte de sua legitimidade e de sua atividade.

Soberano é o povo brasileiro que expressou a sua vontade através da Constituição; os poderes constituídos pelo povo são autônomos, pois somente atuam nos limites que lhes foi concedido pela Lei Maior.

As funções estatais são interdependentes, dispondo de autonomia na realização da atividade que a Constituição lhe defere, mutuamente se controlando, pois vale o brocardo de que somente o poder segura o poder: Le Pouvoir arrête Le Pouvoir" (FILHO, Nagib Slaibi. *Direito constitucional*. 2. ed. Rio de Janeiro: Forense, 2006. p. 479-480).

[27] MS 23.452/RJ, rel. Min. Celso de Mello: "O sistema constitucional brasileiro, ao consagrar o princípio da limitação de poderes, teve por objetivo instituir modelo destinado a impedir a formação de instâncias hegemônicas de poder no âmbito do Estado, em ordem a neutralizar, no plano político-jurídico, a possibilidade de dominação institucional de qualquer dos Poderes da República sobre os demais órgãos da soberania nacional".

Os exemplos jurisprudenciais esclarecem o alcance da exceção do princípio, como *v.g.*, viola o princípio da separação de Poderes norma da Constituição estadual que prevê a convocação do Governador do Estado pela Assembleia Legislativa, para o fim de prestar informações pessoalmente, sob pena de crime de responsabilidade (*DJU* 24.11.1989, ADInMC 111/BA, rel. Min. Carlos Madeira), ou que cria Conselho Estadual de Justiça, integrado por membros externos à magistratura e destinado à fiscalização dos órgãos do Poder Judiciário (*DJU* 03.10.1997, ADIn 1.056/DF, rel. Min. Marco Aurélio).

Cap. 1 – PROCESSO E CONSTITUIÇÃO

A mesma aversão à intervenção judicial impede a tutela jurisdicional de tornar exigível em juízo pretensão calcada em norma programática, mas, não assim, naqueles casos em que a regra constitucional tem *normatividade suficiente*, apta a embasar pretensões judicializáveis, *v.g.*, como ocorre com a imposição do dever de prestar saúde tal como concebido na Constituição.

Nessas hipóteses de *normatividade suficiente* é possível exigir a condenação do Poder Executivo pelo Poder Judiciário para o cumprimento da promessa constitucional.

A *inafastabilidade da jurisdição* também esbarra na discricionariedade dos atos do administrador, porquanto conveniência e oportunidade se encartam na função exclusiva do administrador.[28] Entretanto, a realidade atual é que a inclusão dos *Princípios da Razoabilidade e da Moralidade* na atividade administrativa dificilmente faz escapar da apreciação do Judiciário atos administrativos lindeiros à legalidade.

O *Princípio da Inafastabilidade da Jurisdição*, diferentemente da previsão de outrora, não reclama somente lesão a direito, mas antes, entende que a ameaça de lesão já é suficiente para o atuar "preventivo" da função jurisdicional. É como *v.g.*, sempre ocorreu com o interdito proibitório, por meio do mandado de segurança preventivo e com as ações cautelares antecedentes, em geral.

Contudo, essa novel redação do art. 21 do Código Civil de 2002 vem consagrar a tutela jurisdicional de não fazer e de cunho satisfativo, cognominada "tutela inibitória".

A respeito do tema tivemos oportunidade de destacar:[29]

A tutela inibitória induz à ideia de uma espécie de tutela necessária a determinadas pretensões para as quais não são adequadas as formas tradicionais de prestação de justiça. É que há direitos que necessitam de uma forma especial de intervenção do Estado-juiz. Assim, *v.g.*, se presumimos com dados objetivos a possibilidade da prática

---

[28] Art. 37 da CF/1988 – "A administração pública direta e indireta de qualquer dos Poderes da União, dos Estados, do Distrito Federal e dos Municípios obedecerá aos princípios de legalidade, impessoalidade, moralidade, publicidade e eficiência..."
"Este proceder do Judiciário não elimina a discricionariedade e nem pode fazê-lo, pena de agravo à própria lei. Deveras: à perquirição judicial nunca assistirá ir além dos limites de significação objetivamente desentranháveis da norma legal, conquanto valendo-se desassombradamente das vias mencionadas.
O campo de apreciação meramente subjetiva – seja por conter-se no interior das significações efetivamente possíveis de um conceito fluido e impreciso, seja por dizer com a simples conveniência ou oportunidade de um ato – permanece exclusivo do administrador e indevassável pelo juiz, sem o que haveria substituição de um pelo outro, a dizer, invasão de funções que se poria às testilhas com o próprio princípio da independência dos Poderes, consagrado no art. 2.º da Lei Maior" (MELLO, Celso Antônio Bandeira de. *Curso de direito administrativo*. 27. ed. São Paulo: Malheiros, 2010. p. 992).

[29] FUX, Luiz. *Curso de direito processual civil* cit., p. 97-103.

de "concorrência desleal", faz-se mister uma espécie de defesa judicial desta expectativa que não se enquadra na moldura das tutelas de declaração, constituição ou condenação, porquanto o que pretendemos é evitar que a lesão ao direito se opere.

O tema, como se pode depreender desde logo, suscita uma adequação da tutela às necessidades práticas do autor que maneja a ação. Aduz-se, neste passo, à expressão "tutela jurisdicional de direitos" para revelar a premente intimidade entre o processo e o direito que lhe serve de objeto, concretizando o preceito de que "a todo direito corresponde uma ação específica que o assegura" numa explicitação infraconstitucional da regra maior de que "nenhuma lesão ou ameaça a direito deve escapar à apreciação do Poder Judiciário". A garantia constitucional do art. 5.º, inciso XXXV da Constituição Federal encontra seu correspondente na legislação ordinária, no art. 75 do Código Civil, que realiza a promessa legal da "tutela adequada".

É que de há muito assentou Chiovenda que "o processo deve dar a quem tem direito tudo aquilo e precisamente aquilo que ele tem o direito de obter"; slogan repetido modernamente por Vittorio Denti sob outro enfoque, no sentido de que "la durata del processo non deve andare a danno dal attore che há ragione".

A relação imanente entre o direito e o processo, antes de revolver e nulificar a superada doutrina concreta do direito de agir, revela, apenas, quão prejudicial restou para o processo em geral esse *apartheid* entre a relação substancial e a forma processual, porquanto a ideologia da ordinariedade, dentre outras causas, acarretou a insuficiência das espécies tradicionais de tutela, fazendo exsurgir o movimento de busca das tutelas diferenciadas, tão bem evidenciado por Proto Pisani através de seus apontamentos sobre a Justiça civil, onde peremptoriamente deixou claro não existir uma única forma de tutela para todas as situações subsumíveis ao crivo jurisdicional.

Esta moderna preocupação marca o fim da neutralidade da ciência processual em relação ao direito material carente de prestação jurisdicional, sob forte inspiração do "Princípio da Efetividade" cujo escopo maior é observar a experiência jurídico-processual sob a ótica da utilidade social do processo, assim compreendido como instrumento que possibilita conferir-se ao jurisdicionado uma tutela tempestiva e justa.

A análise da tutela jurisdicional à luz do objeto imediato do pedido ou em confronto com os resultados alcançados não deixa a menor dúvida de que a tutela condenatória é a mais imperfeita de todas as espécies de resposta judicial. Em primeiro lugar porque voltada para fatos pretéritos e por isso comprometida, apenas, com o escopo ressarcitório, revelando-se ineficiente para com o desígnio preventivo. Por outro lado, inadequada à defesa de interesses não imediatamente patrimoniais, como, *v.g.*, de impedir a divulgação da imagem alheia.

Destarte, sobressai a sua impotência em atuar a suposta ordem que seu *nomen juris* insinua, porquanto a condenação é mera exortação e, nesse comando, passa ao largo a ideia central da "ordenação" ou "determinação". Quem resulta condenado não se submete a um rigor maior do que ser exortado a cumprir a decisão, sob pena de se iniciar uma execução forçada, hoje tão delongada quanto a relação de cognição anterior, quiçá mais frustrante. Positivamente o juiz que "condena" não "ordena", deduzindo a condenação a uma mera "declaração".

Por outro lado, o legislador Constitucional não se preocupou somente com as efetivas lesões aos interesses juridicamente protegidos, mas também com as "ameaças de lesão a direitos" por isso, juntamente com a promessa da "inafastabilidade" fez acoplar a de que a vedação à autodefesa encontraria no ordenamento remédios capazes de oferecer a solução "adequada" ao caso concreto, o que não é senão a resposta judicial específica e efetiva.

O legislador maior, ao adicionar ao novel dispositivo constitucional a tutela jurisdicional para as hipóteses de "ameaça a direito", considerou nessa possibilidade por si só, "uma lesão", fazendo coro com a moderna doutrina que subdivide o ilícito em "ilícito de lesão" e "ilícito de perigo".

O primeiro, comprometido com a ideia de dano, e, o segundo, com a de transgressão pura e simples, cobrindo a importante área dos direitos não patrimoniais que, embora compensados pecuniariamente nos momentos posteriores da lesão, contentam-se mais com a prevenção do que com a reparação. Resta evidente, por exemplo, que a parte prefere que o ordenamento seja munido de instrumentos capazes de impedir a violação de sua privacidade do que se reembolsar após dos danos acarretados com aquela invasão à sua esfera íntima. Em resumo, os "novos direitos absolutos" não se contentam com a simples tutela ressarcitória, tanto mais que provocam deveres continuativos que, se descumpridos, devem cessar, como, *v.g.*, as violações ao meio ambiente, a difusão de notícias etc., hipóteses em que não faz sentido relegar à ultimação das violações o ressarcimento, sem prejuízo de considerarmos que a reparação nesse campo nem sempre é efetiva, variando o *quantum* da indenização segundo o Princípio relativo da Razoabilidade.

A iniciativa inibitória imediata cumpre o escopo da efetividade da jurisdição com muito mais eficiência que uma condenação *ex post facto*.

A esta altura já ressalta cristalina a ineficiência da tutela condenatória para atingir esse escopo preventivo diante do mecanismo da execução posterior que se baseia, exatamente, na inaptidão de a condenação evitar a lesão. A tutela inibitória, ao revés, para se efetivar reclama pronta atuação apoiada por enérgicas medidas de coerção pessoal ou patrimonial capazes de convencer o obrigado a adimplir a sua obrigação de não violar, não repetir ou não continuar. Neste particular, é inocultável a inadaptação das medidas de apoio às sentenças condenatórias, iluminadas pela ideia de que o próprio descumprimento, quando muito, implica na conversibilidade em perdas e danos nas hipóteses de prestações de fazer infungíveis e de não fazer. Não é essa, positivamente, a aspiração da tutela inibitória.[30]

A tutela inibitória tem por finalidade impedir a prática de um ilícito, não importando, num primeiro plano, a eventualidade de ocorrência de dano, mas antes, do ato contra o direito. Revela, assim, a proposta da inibição um veto para que o ato não ocorra, não prossiga ou não se repita. A probabilidade de que um ato venha a ser praticado contra uma conduta legal sancionada é o bastante para surgir o interesse processual no manejo da tutela de inibição. No direito italiano, a lei de direito autoral torna clara a possibilidade jurídica da pretensão inibitória a todo

---

[30] Consulte-se, por todos, a recentíssima obra de MARINONI, Luiz Guilherme. *Tutela inibitória.* São Paulo: RT, 1998.

aquele "che há ragione di temere una violazione di un diritto" (art. 156 da citada lei). Assim também se contempla em sede laboral proibições sob pena de prisão contra atividades antissindicais.

A tutela inibitória cumpre, assim, os postulados da efetividade, posto preventiva, e da especificidade, haja vista conferir a utilidade esperada. Evita o ilícito ao invés de propor-lhe a reparação, garantindo o exercício integral da aspiração do jurisdicionado, rompendo o dogma de que o ressarcimento revela a única forma de tutela contra o ilícito.

Objetivando inibir a prática, a repetição ou a continuação do ilícito, exsurge como "pressuposto material" da tutela inibitória o "perigo" de que as atividades acima ocorram. Basta ao autor, assim, demonstrar a verossimilhança do perigo de que o ilícito possa ocorrer, se repetir ou continuar para que faça jus à tutela em exame. É evidente, neste passo, que se a inibição é admissível para impedir a repetição e a continuação, imperioso chancelá-la, primeiramente, para a hipótese em que o ilícito sequer ocorreu. A produção da prova, entretanto, se apresenta mais complexa quando o ilícito está ainda em "potência" e se quer evitá-lo do que nas hipóteses de perigo de repetição ou continuação, porquanto os antecedentes militam como indícios. A criatividade da doutrina indica que se um comerciante impedido de usar determinada marca, encomenda embalagens a outrem, determinando estampar a marca interditada, estará criando a situação de perigo suficiente ao deferimento da tutela inibitória. Conclui-se, pois, que a comprovação da simples "probabilidade do ilícito de perigo", isto é, de que o ato *contra legem* poderá ser praticado, resulta suficiente para o êxito do demandante à inibição.

Destarte, repita-se, o dano não entra na esfera de cogitação da inibitória, razão pela qual, ao autor se requer a prova do perigo e da antijuridicidade do ato que se quer evitar, pouco importando se da transgressão resultará prejuízo material ou não. Assim, *v.g.*, se determinado fabricante de produto farmacêutico teme que outro laboratório vá colocar no mercado produto com denominação que acarretará perplexidade junto aos consumidores gerando ilícita concorrência, detém o direito à tutela inibitória, sem necessitar quantificar qualquer prejuízo senão investir em defesa de sua propriedade imaterial, comprovando tão somente a titularidade da referida marca.

A inibição se contenta com a possibilidade de violação *in re ipsa*, dispensando o autor da comprovação de dolo ou culpa do demandado, uma vez que é contra a potencialidade de violação que a tutela se dirige.

Ao ângulo dos fundamentos Constitucionais e infraconstitucionais da inibição jurisdicional, a tutela em exame, em nosso sistema, mercê de se fundar na garantia constitucional da efetiva e adequada jurisdição, coadjuvada pelo *due process of law*, encontra ressonância infraconstitucional pioneira no Código de Defesa do Consumidor (CDC) que, nos seus arts. 83 e 84, viabiliza a inibição antecipatória ou final acompanhada de medida de apoio consistente na "multa diária".

Não obstante, recente reforma processual civil fez inserir nas normas procedimentais a serem seguidas pelo juiz quando da prolação de decisão, a autorização para o deferimento de antecipação nas obrigações de fazer e não fazer coadjuvadas por prestações instrumentais e servis à inibição imposta a outrem. Assim é que dispõe o novel dispositivo:

"Art. 461. Na ação que tenha por objeto o cumprimento de obrigação de fazer ou não fazer, o juiz concederá a tutela específica da obrigação ou, se procedente o pedido, determinará providências que assegurem o resultado prático equivalente ao do adimplemento.

§ 1.º A obrigação somente se converterá em perdas e danos se o autor o requerer ou se impossível a tutela específica ou a obtenção do resultado prático correspondente.

§ 2.º A indenização por perdas e danos dar-se-á sem prejuízo da multa (art. 287).

§ 3.º Sendo relevante o fundamento da demanda e havendo justificado receio de ineficácia do provimento final, é lícito ao juiz conceder a tutela liminarmente ou mediante justificação prévia, citado o réu. A medida liminar poderá ser revogada ou modificada, a qualquer tempo, em decisão fundamentada.

§ 4.º O juiz poderá, na hipótese do parágrafo anterior ou na sentença, impor multa diária ao réu, independentemente de pedido do autor, se for suficiente ou compatível com a obrigação, fixando-lhe prazo razoável para o cumprimento do preceito.

§ 5.º Para a efetivação da tutela específica ou para obtenção do resultado prático equivalente, poderá o juiz, de ofício ou a requerimento, determinar as medidas necessárias, tais como a busca e apreensão, remoção de pessoas e coisas, desfazimento de obras, impedimento de atividade nociva, além de requisição de força policial".

Considerando-se a tutela inibitória como uma espécie de tutela de índole satisfativa, afasta-se a inspiração do art. 798 do Código de Processo Civil, cujo argumento provém inequivocamente da corrente italiana que também filiava a inibição ao tão decantado art. 700 do CPC peninsular.

No direito alienígena a tutela inibitória é encontrada como espécie incidente a determinados direitos, como, *v.g.*, na interdição à concorrência desleal no direito italiano e admitida como tutela atípica e do princípio da tutela adequada decorrente do poder geral de prevenção do juiz.

Destarte, o art. 287 do Código de Processo Civil brasileiro não se mostra servil à inibição, tanto mais que sua aplicação supõe descumprimento da sentença e, portanto, a consumação da lesão após transgressão da exortação de inibição constante da decisão.

A tutela inibitória tem cunho autônomo e satisfativo posto dirigir-se-á prevenção de um ilícito, por isso não se confunde com a inibição cautelar do art. 798 do CPC, que visa impor a interdição de uma atividade com o fim de preservar a utilidade prática de um processo principal. Não obstante, é possível distinguir-se a tutela inibitória satisfativa ou autônoma da tutela inibitória cautelar.

Assim, *v.g.*, a interdição cautelar da venda de bens pode visar a preservação da utilidade de um futuro processo de dissolução de sociedade, ao passo que a inibição de uso de imagem objetiva proteger o direito correspondente.

Por seu turno, a inibição pode ser antecipada ou conferida ao final do processo de cognição.

A possibilidade de antecipação dos efeitos práticos do provimento de inibição, tal como concebido pelo art. 461 do CPC faz exsurgir uma nova dicotomia em "tutela inibitória antecipada ou provisória" e "tutela inibitória principal" encontradiça em nosso matiz italiano. Entretanto, esta possibilidade não faz confundir antecipação com inibição, tanto mais que, como norma *in procedendo* a antecipação de tutela serve também à condenação, à declaração e à constituição.

A inibição é da essência da tutela de urgência porquanto o transgressor não costuma aguardar...

Aplica-se, em princípio à antecipação da tutela inibitória os mesmos pressupostos materiais e processuais reclamados para a tutela antecipada em geral, vale dizer, requerimento da parte, direito em estado de periclitação, direito evidente e prova inequívoca, reservando-lhe a característica da fungibilidade inerente às antecipações.

No que pertine à prova, mister se repisar que os elementos de convicção devem gravitar em torno da probabilidade da prática do ilícito e não do dano e da consequente ineficácia do provimento final. Assim, *v.g.*, na tutela inibitória contra a divulgação da imagem o requerente há de demonstrar que se ocorrente a violação temida, não receberá da justiça a resposta adequada em face dos desastrosos efeitos da aparição pública, passível de impedimento apenas pela inibição judicial.

Em suma, nessa hipótese, é mister comprovar a ilicitude da divulgação da imagem e a inoperância do provimento final.

Forçoso reconhecer deveras árdua a missão do juiz na concessão da tutela inibitória, que de ordinário exibirá o confronto entre dois interesses relevantes, como, *v.g.*, o direito à informação e o direito à privacidade ou à imagem, momento em que, guiado pela regra da proporcionalidade tão bem evidenciada por Karl Larenz, deverá optar pela solução mais justa, atento à advertência de Fernando Pessoa de que: "Não se pode servir à sua época e a todas as épocas ao mesmo tempo; Nem escrever para homens e deuses o mesmo poema".

Como bem ressaltado em magnífica sede doutrinária, não se pode categorizar como tutela de inibição aquela que se limita a ordenar uma abstenção e não se presta a uma atuação imediata através de medidas de apoio. Desta sorte, a decisão inibitória quer antecipada quer final deve ser de execução completa e imediata, ditada de inseparável mandamentalidade.

Esta atuação varia conforme a tutela inibitória seja "preventiva ou continuativa".

A tutela inibitória pode servir a não realização de uma atividade ilícita ainda não ocorrente, como impedir a repetição ou a continuação. Nas duas primeiras hipóteses, a interdição deve ser suficientemente persuasória para impedir a prática ou a reincidência, acompanhada de medidas de apoio que objetivem fazer entrar em cena os meios coercitivos. Assim, *v.g.*, se o Estado puder se antecipar e retirar de circulação os produtos infratores do direito de exclusividade de fabrico de outrem deve fazê-lo, ao invés da intimidação de incidência de multa diária enquanto não posto aquele fora do comércio. Ocorrente a violação, mister a execução da inibição mediante a atuação de um desfazer mandamental e executivo *lato sensu*.

Na tutela inibitória continuativa, vale dizer, aquela voltada a impedir a continuação, sem prejuízo do restabelecimento do estado anterior, a mesma técnica deve ser utilizada tanto para recompor como para impedir a continuidade, incidindo a

Cap. 1 – PROCESSO E CONSTITUIÇÃO

coerção no malogro dos meios de sub-rogação para fazer cessar o ato interdito. Isto significa dizer que o Estado deve se utilizar de todos os meios necessários à consecução do resultado específico, valendo-se apenas dos meios de coerção caso se frustrem os meios de sub-rogação e, quanto aos coercitivos, nos casos limites em que a infungibilidade da conduta permita ao devedor invocar o *nemo potest cogi ad factum* frustrando sobremodo as expectativas da parte e da justiça. É preciso adotar em nosso sistema a postura do magistrado do *common law*, como único meio capaz de resgatar o prestígio do Poder Judiciário, relegado a níveis alarmantes de insatisfação popular, por influência de um Legislativo tão déspota quanto aquele idealizado por Montesquieu, que preferia ao juiz dotado de *imperium judicis*, aquele a quem limitadamente se conferia a função de ser apenas *la bouche de loi*.

O novel Código Civil trouxe a lume inequívoca hipótese de tutela de inibição ao dispor, *in verbis*: "Art. 21. A vida privada da pessoa natural é inviolável, e o juiz, a requerimento do interessado, adotará as providências necessárias para impedir ou fazer cessar ato contrário a esta norma".

O *Princípio Democrático da Igualdade ou da Isonomia* é outro dogma a vincular o processo à Constituição.

A igualdade de todos perante a lei impõe que o juiz conceda às partes igualdade de tratamento no processo.

Em primeiro lugar, as oportunidades processuais devem se equânimes, permitindo a contradição das partes às alegações e às provas anexadas pela outra.

Outra vertente, hodiernamente detectada à luz da imparcialidade do juiz, é a *derrocada do mito da neutralidade judicial*. É que o processo não pode ter seu resultado determinado pela inabilidade de um dos interessados no manejo da técnica processual. Aliás, não é por outra razão que o juiz pode determinar provas sequer aventadas pelas partes dês que necessárias ao esclarecimento do litígio.

Esse poder de iniciativa é instrumento de extrema valia na equalização das partes no debate processual, velando o magistrado para que a hipossuficiência de um dos interessados não impeça que se carreie para o processo valioso elemento de convicção.[31]

Outrossim, a questão atinente ao grau de conhecimento acerca do instrumental jurídico posto à disposição dos cidadãos é outro aspecto antecedente *ao acesso à justiça igualitário*.[32]

---

[31] O professor Mauro Cappelletti, na sua obra *Acesso à justiça*, indica a existência no processo de litigantes débeis e litigantes habituais, espécies de debatedores processuais que impõem a intermediação do juiz para que o resultado do processo não seja fruto dessa desigualdade.

[32] Declaração Universal dos Direitos Humanos:
CONSIDERANDO que o reconhecimento da dignidade inerente a todos os membros da família humana e seus direitos iguais e inalienáveis é o fundamento da liberdade, da justiça e da paz no

Essas percepções representam, sem qualquer dúvida, a amálgama entre o *processo* e a *Constituição*.

A leitura moral do *Princípio da Igualdade*, além de derruir o mito da neutralidade judicial diante da inabilidade técnica de um dos litigantes, caminha para que nesses casos de expressiva diferença entre as partes entreveja-se uma *sui generis* incapacidade processual capaz de legitimar a intervenção do Ministério Público como instrumento equalizador no debate processual.[33]

A igualdade ou isonomia interfere também no *ônus da duração razoável do processo*. É que é cediço que a parte que recorre ao Judiciário não pode sofrer ônus pelo fato de ter adotado essa postura, em vez de exercer arbitrariamente as próprias razões, uma vez que o monopólio da jurisdição nas mãos do Estado criminalizou a autodefesa dos direitos determinando aos cidadãos que, diante da lesão ou ameaça de lesão ao seu próprio direito, recorram ao Poder Judiciário.

Sucede que o processo como método de debate provoca a prática de uma série de atos tendentes à demonstração da verdade de uma das partes até que advenha a resposta judicial. E é exatamente sobre esse aspecto que o *Princípio*

---

mundo, CONSIDERANDO que o desprezo e o desrespeito pelos direitos do homem resultaram em atos bárbaros que ultrajaram a consciência da humanidade, e que o advento de um mundo em que os homens gozem de liberdade de palavra, de crença e da liberdade de viverem a salvo do temor e da necessidade,

CONSIDERANDO ser essencial que os direitos do homem sejam protegidos pelo império da lei, para que o homem não seja compelido, como último recurso, à rebelião contra a tirania e a opressão, CONSIDERANDO ser essencial promover o desenvolvimento de relações amistosas entre as nações, CONSIDERANDO que os povos das Nações Unidas reafirmaram, na Carta, sua fé nos direitos do homem e da mulher, e que decidiram promover o progresso social e melhores condições de vida em uma liberdade mais ampla, CONSIDERANDO que os Estados Membros se comprometeram a promover, em cooperação com as Nações Unidas, o respeito universal aos direitos e liberdades fundamentais do homem e a observância desses direitos e liberdades, CONSIDERANDO que uma compreensão comum desses direitos e liberdades é da mais alta importância para o pleno cumprimento desse compromisso, A Assembleia Geral das Nações Unidas proclama a presente "Declaração Universal dos Direitos do Homem" como o ideal comum a ser atingido por todos os povos e todas as nações, com o objetivo de que cada indivíduo e cada órgão da sociedade, tendo sempre em mente esta Declaração, se esforce, através do ensino e da educação, por promover o respeito a esses direitos e liberdades, e, pela adoção de medidas progressivas de caráter nacional e internacional, por assegurar o seu reconhecimento e a sua observância universais e efetivos, tanto entre os povos dos próprios Estados Membros, quanto entre os povos dos territórios sob sua jurisdição:

"Art. 10. Todo o homem tem direito, em plena igualdade, a uma justa e pública audiência por parte de um tribunal independente e imparcial, para decidir de seus direitos e deveres ou do fundamento de qualquer acusação criminal contra ele".

[33] Acerca do ponto defendemos essa tese no bojo do trabalho de livre-docência para a Faculdade de Direito da Universidade do Estado do Rio de Janeiro (UERJ) e no capítulo sobre a capacidade processual das partes, no Curso, cit., v. 1.

da Isonomia deve interferir diante da seguinte indagação: o autor que tem razão *prima facie* demonstrável deve aguardar a demora do processo diante do réu que resiste à sua legítima pretensão, valendo dessa natural dilargação do tempo?

O processo, em priscas eras, foi insensível a essa indagação, notadamente calcado na versão do direito potestativo de agir que fazia do réu sujeito do processo e sujeito ao processo, ainda que assim não pretendesse, pelo simples fato de o autor tê-lo escolhido como demandado.

Entretanto, o surgimento da *tutela de urgência* no direito brasileiro conjurou essa anomalia, permitindo ao juiz o deferimento da denominada *tutela antecipada dos direitos evidentes*.

Característica marcante da tutela antecipatória é a sua provisoriedade, tendo em vista a impossibilidade de se concedê-la com caráter irreversível. Conforme clássica lição de *Calamandrei*, na sua *Introdução ao Estudo Sistemático das Providências Cautelares*, provisório é aquilo que aguarda o definitivo. *Lopes da Costa* ilustra, ainda, essa ideia com o exemplo dos andaimes como instrumentos temporários e a barraca do desbravador dos sertões, provisória de uma habitação melhor.[34]

Acerca do tema tivemos a oportunidade de assim nos pronunciarmos:[35]

Tutela antecipada – generalidades

A tutela satisfativa imediata compatibiliza-se com aquilo que denominamos "situação de segurança" e "situação de evidência". Em ambos os casos o processo, para cumprir o seu desígnio, deve instrumentalizar-se de tal forma que torne rápida e efetiva a proteção requerida.

Cumprindo essa finalidade maior da prestação jurisdicional, o legislador processual brasileiro fez exsurgir no cenário do processo uma salutar regra *in procedendo*, segundo a qual, cumpridos determinados requisitos, é lícito ao juiz antecipar os efeitos práticos do provimento futuro aguardado pelo demandante".

A regra é inovadora, posto que prevista no livro das disposições aplicáveis a todos os processos e procedimentos; por isso, a "tutela liminar" não se restringe mais àqueles procedimentos onde a medida vem textualmente prevista.

Observa-se, de início, o caráter discricionário da regra do art. 273 do CPC, tanto que a lei utiliza-se da dicção "poderá", no sentido de que o juiz dispõe desse poder avaliatório da situação de segurança e da situação de evidência.

Mantendo-se fiel ao anacronismo de nosso sistema, consoante crítica precedentemente traçada, o legislador condicionou a concessão da tutela antecipada ao requerimento da parte, excluindo a possibilidade da iniciativa do juiz. A regra parece aceitável em termos de tutela dos direitos evidentes, máxime naqueles casos

---

[34] COSTA, Alfredo de Araújo Lopes da. *Medidas preventivas*. 3. ed. São Paulo: Sugestões Literárias, 1966. p. 10.

[35] FUX, Luiz. *Curso de direito processual civil* cit., p. 72-84.

de interesses disponíveis. Contudo, ao ângulo das situações de perigo, o preceito revela-se acanhado, posto que o malogro do direito material da parte se avizinha com esvaziamento da função jurisdicional substitutiva. Lavrou-se, neste passo, fundo voto de desconfiança no Judiciário, mercê de manter-se em diploma tão atual uma velha postura homenageadora do vetusto e ultrapassado princípio da "inércia processual".

O ativismo judicial, que hoje se apregoa, faz da lei nova, nessa parte, um diploma recheado de vetustez e covardia, sem prejuízo de afastar-se dos mais modernos postulados da efetividade do processo e dos direitos. Esse acanhamento do legislador foi tão longe que retirou praticamente com a outra mão a sedutora ideia da tutela antecipada, ao dispor no § 2.º do art. 273, que: "Não se concederá a antecipação da tutela quando houver perigo de irreversibilidade do provimento antecipado".

Não se atentou para o fato de que, na grande maioria dos casos da prática judiciária, as situações de urgência que reclamam a antecipação da tutela geram, inexoravelmente, situações irreversíveis, porque encerram casos em que a satisfação deve ser imediata, como, *v.g.*, aquela em que é autorizada uma viagem, uma cirurgia, ou uma inscrição imediata em concurso etc.

A regra ora in foco melhor disporia se, obedecendo à mesma margem de discricionariedade que inseriu para a concessão, a mantivesse mesmo nos casos de irreversibilidade, que representam grande parte das demandas de urgência.

Por outro lado, subjaz a certeza de que, não obstante textual a discricionariedade do magistrado, advirá a interpretação dos tribunais no sentido de que, preenchidos os pressupostos, é "direito da parte" a obtenção da tutela antecipada, tal como ocorre, *v.g.*, nas possessórias e demais procedimentos onde vem prevista a concessão das liminares antecipatórias dos efeitos do provimento final.

Na sua essência, a tutela antecipada é regra *in procedendo* que se concilia com o poder-dever que tem o magistrado de velar pela rápida e adequada solução dos litígios. Dentre os imperativos jurídico-processuais, caracteriza-se como um "poder", razão pela qual a lei utiliza-se da expressão "poderá".

Seguindo a regra de que ao juiz é lícito julgar total ou parcialmente procedente o pedido, dispõe o novo diploma que a antecipação da tutela também pode ser parcial ou total, mas sempre nos limites qualitativos e quantitativos do pedido. O legislador fez questão de assentar a congruência necessária entre o pedido e a possibilidade de antecipação, de tal sorte que qualquer atividade fugidia do juízo incorrerá em *error in procedendo* pela concessão *ultra petita*. Esse exagerado apego ao Princípio Dispositivo exclui, *a priori*, a aplicação da regra da fungibilidade dos provimentos de urgência de franca utilização nos sistemas alienígenas.

Desta sorte, não caberá ao juízo, ao antecipar a tutela, escolher a "providência adequada", senão acolher parcial ou totalmente o pedido do autor, quer na sentença final, quer na decisão liminar.

É de se observar que um dos casos de tutela antecipada é o relativo aos direitos em estado de periclitação; por isso, se o juiz verificar que uma outra medida diversa daquela pleiteada revela-se suficiente a conjurar o perigo de dano, não poderá adotá-la se estiver fora da órbita do pedido. A lei sinaliza, nessas hipóteses, com a

Cap. 1 – PROCESSO E CONSTITUIÇÃO

adstrição do juiz aos elementos da demanda, restando ao magistrado a improcedência do pedido, malgrado o estado de periclitação do direito veiculado na ação, o que demonstra do grave equívoco legislativo.

Perseveramos, assim, no entendimento de que, nos casos de tutela de segurança, é amplíssima a margem de arbítrio do juiz na escolha do provimento "sob medida", considerando a medida adequada como implícita no pedido de tutela antecipatória. Para esse fim, o juiz deverá atentar apenas para o princípio de que não pode conceder a título de antecipação aquilo que não concederia como provimento final.

Objetivamente, à luz do dispositivo, uma odiosa interpretação literal implicaria afirmar, *v.g.*, que o juiz, diante de um pedido de arresto que alcançasse vários bens, não poderia reduzi-lo à quantidade "que reputasse suficiente" para garantia do crédito exequendo, ou, em face de um pedido de interdição de vários estabelecimentos, não poderia conceder a medida apenas de nomeação de um administrador para os mesmos, em razão de não constar referida providência do pedido de tutela antecipada.

Destarte, a tutela antecipada torna desnecessária a instauração de processo antecedente para obtenção de medida prévia antes da instauração do feito principal.

É que o legislador inseriu-a como uma fase do processo principal, estendendo a qualquer processo de conhecimento a possibilidade de concessão de liminar antecipatória dos efeitos da providência definitiva. Entretanto, não se podem excluir as hipóteses em que a relação jurídica digna de proteção apresenta formação gradual e complexa e que numa dessas fases já se faça necessária a tutela de segurança, sem prejuízo de outra que porventura se imponha ao final da constituição completa da relação.

Assim, *v.g.*, uma deliberação assemblear pode ser impugnada através de ação com tutela antecipada, sem prejuízo da continuação desse ato societário onde outras manifestações em continuação podem ser também objeto de demandas futuras. Nessa hipótese, a parte não é obrigada a aguardar o desenrolar da "lesão" ao seu direito para pleitear a tutela principal com pedido de antecipação. É lícito requerer a tutela de segurança de seu direito material antecipadamente, através de processo sumário, passível, inclusive, de ser revista, posteriormente, quando posta em juízo a pretensão final. Não obstante ocorrência mais rara, não se pode excluir essa tutela antecipada antecedente sem cunho cautelar.

Entretanto, integrado completamente na esfera jurídica de seu titular o direito para o qual pede a proteção judicial, poderá o mesmo, existentes os pressupostos da antecipação, pedir o adiantamento da tutela no bojo do próprio processo principal, sem a necessidade de duplicação de feitos, como ocorria outrora com a utilização promíscua do processo cautelar antecedente ao processo principal, onde se pleiteava a defesa de interesses substanciais a pretexto de "cautelares inominadas".

Pressupostos da tutela antecipada

A tutela antecipada reclama pressupostos substanciais e pressupostos processuais. Genericamente, poder-se-ia assentar que são pressupostos substanciais a "evidência" e a "periclitação potencial do direito objeto da ação" e, "processuais", a "prova inequívoca conducente à comprovação da verossimilhança da alegação" e o "requerimento da parte".

O art. 273 do CPC, com a sua nova redação, permite a tutela antecipada toda vez que a prova inequívoca convença o juízo da verossimilhança da alegação de que o direito objeto do *judicium* submete-se a risco de dano irreparável ou de difícil reparação. Ambos os conceitos devem ser analisados à luz da pretensão de direito material e do princípio da especificidade, segundo o qual o ordenamento deve dar ao credor aquilo que ele obteria se a conduta devida fosse voluntariamente cumprida pelo devedor. Em prol do prestígio do Judiciário como atuante substitutivo do comportamento devido pelas partes, deve o mesmo evitar que o credor sinta os efeitos do inadimplemento, aqui considerado como qualquer "lesão" *in genere* do direito do autor.

Desta sorte, é sempre irreparável, para o vencedor não obter através da justiça aquilo que ele obteria se houvesse cumprimento espontâneo do direito. Assim, a primeira preocupação do magistrado não é verificar se a conduta devida pode ser substituída por prestação pecuniária, mas antes o alcance da frustração do credor em razão do descumprimento da obrigação específica.

O dano irreparável, nesse sentido, manifesta-se na impossibilidade de cumprimento da obrigação noutra oportunidade ou na própria inutilidade da concessão da vitória, salvo se antecipadamente. O esvaziamento da utilidade da decisão de êxito revela um "dano irreparável" que deve ser analisado em plano muito anterior ao da visualização da possibilidade de se converter em perdas e danos a não satisfação voluntária pelo devedor.

Assim, *v.g.*, a entrega de um imóvel pode ser premente para aquele adquirente que comprou um bem desfazendo-se dos demais que lhe pertenciam e não tem onde residir com a sua família. Entretanto, um determinado credor pode aguardar o pagamento de direitos autorais diante da inegável solvabilidade do devedor e de sua própria resistência econômico-financeira. No primeiro caso, há potencialidade de dano irreparável e, no segundo, não.

O dano pode ser também de difícil reparação pela insolvabilidade do sucumbente ou porque este se mostre incapaz de recompor o patrimônio do vencedor diante da lesão ao seu direito. A entrega imediata de determinada coisa que pode vir a perecer resulta em utilidade maior para o credor do que a conversão em perdas e danos pelo seu mais alto valor. A tutela antecipada, nesse caso, é fruto da avaliação do juiz quanto à "dificuldade de reparação".

Tendo em vista o sistema restritivo utilizado pela lei, tornando a tutela antecipada excepcional, tanto que não pode ser concedida se gerar efeitos irreversíveis, a prova inequívoca há de se referir, também, a esse risco de dano, sem prejuízo de engendrá-la o demandante quanto à verossimilhança de suas alegações.

Em resumo, para fazer jus à tutela antecipada, o requerente há de demonstrar de forma inequívoca o seu direito e o risco de dano irreparável ou de difícil reparação.

A evidência do direito

A tutela antecipada reclama prova inequívoca da verossimilhança da alegação e "periclitação do direito" ou "direito evidente", caracterizado pelo "abuso do direito de defesa" ou "manifesto propósito protelatório do réu".

Conforme se verifica, a ideia central da lei é demonstrar a expressiva evidência do direito do autor, de tal maneira que a defesa resta abusiva ou protelatória, com o único escopo de postergar a satisfação dos interesses do titular do direito líquido e certo.

Observa-se que, em princípio, nessa hipótese de tutela antecipada do direito evidente, o juízo necessitará conhecer a defesa do réu para concluir pela inconsistência desta frente ao direito do autor. Entretanto não se pode afastar a possibilidade de o juiz verificar a ausência de oposição séria à luz de comunicações formais trocadas entre os contendores, como cartas, notificações etc., possibilitando a concessão da antecipação *initio litis*.

A defesa abusiva é a inconsistente, bem como a que não enfrenta com objeções, defesa direta ou exceções materiais a pretensão deduzida, limitando-se à articulação de preliminares infundadas. Assente-se, ainda, por oportuno, que não é preciso ao juízo aguardar a defesa para considerá-la abusiva, haja vista que nos casos de evidência é lícito atender o requerimento de tutela antecipada, tal como se faz quando se analisa o pedido liminar no mandado de segurança, na proteção possessória etc.

A "inconsistência da defesa" exercitável ou exercitada configura em resumo, para a lei, caso de direito evidente, passível de receber a antecipação dos efeitos da sentença, porque injustificável a espera da decisão final após longo e oneroso procedimento.

Uma última observação impõe-se quanto a considerar-se repetitiva a lei ao referir-se a abuso do direito de defesa e intuito protelatório do réu; por isso, essa segunda modalidade de conduta processual encaixa-se no gênero da primeira, na medida em que os incidentes processuais suscitáveis nessa fase do procedimento encontram-se englobados na expressão "defesa do réu".

Prova inequívoca

Não é de se estranhar que o legislador, acanhado como o foi na instituição da tutela antecipada, tenha exigido para sua concessão uma "prova inequívoca" capaz de reduzir a zero a margem de erro que gravita em torno da tutela imediata. Em princípio, há mesmo *contraditio in terminis* na utilização dos termos "prova inequívoca" e "verossimilhança", na medida em que aquela conduz à certeza. Entretanto, o legislador adaptou-se à moderna concepção de que o juiz trabalha com a "lógica do razoável", na expressão de renomado filósofo.

A prova, via de regra, demonstra o "provável", a "verossimilhança", nunca a "verdade plena" que compõe o mundo da realidade fenomênica. Os fatos em si não mudam, porque a prova realiza-se num sentido diverso daquele que a realidade indica. Ora, se assim o é e se o legislador não se utiliza inutilmente de expressões, a exegese imposta é a de que "prova inequívoca" para a concessão da tutela antecipada é alma gêmea da prova do direito líquido e certo para a concessão do *mandamus*. É a prova estreme de dúvidas, aquela cuja produção não deixa ao juízo outra alternativa senão a concessão da tutela antecipada.

Essa prova há de ser pré-constituída se o autor desejar obter a antecipação *initio litis*, ou constituída no curso do processo através de justificação etc. A lei não estabelece o momento de concessão dessa tutela, decerto deferível antes da sentença final, para que possa ser considerada antecipatória. É possível a formulação superveniente de pedido em face do surgimento ulterior do *periculum in mora*. Ademais, a correta exegese é a de que o juízo aguarde a iniciativa da parte, que pode dar-se inicialmente com a própria apresentação da petição inicial em juízo ou incidentemente.

No que pertine à evidência, o raciocínio, à luz do texto legal, é claro. A parte deve comprovar de plano o seu direito evidente na inicial e pleitear a antecipação da tutela, de sorte que, muito embora a prova plena possa ser encetada mais adiante, a concessão da antecipação decorre do pedido inicial.

Realizada a prova plena ulteriormente, torna-se possível a tutela antecipada, ainda que não pleiteada na inicial, considerando esse pedido como embutido na postulação de uma decisão justa e adequada para a causa. Essa é uma das razões pelas quais essa tutela antecipada deveria compor a atividade *ex officio* do juiz.

Considere-se, ainda, que se revela em prova inequívoca a alegação calcada em fatos notórios, incontroversos ou confessados noutro feito entre as partes, bem como aquela fundada em presunção *jure et de jure*, haja vista que a presunção relativa admite, em princípio, prova em contrário.

Caberá ao juízo avaliar a prova inequívoca em confronto com a urgência requerida, compondo um juízo de probabilidade que o autorize a conceder a antecipação. Na tutela da evidência, permite-se o exame, sem maiores percalços, porque não se trata de direito em estado de periclitação, senão direito evidente. Ressalte-se, por fim, que qualquer meio de prova moralmente legítimo pode ser utilizado para a comprovação da verossimilhança da alegação apta a ensejar a tutela antecipada.

Tutela antecipada – natureza jurídica e irreversibilidade da decisão

A antecipação da tutela significa que, sob o ângulo cronológico, em princípio, a decisão antecede a sentença final, caracterizando-se, portanto, como interlocutória, passível de agravo. A concessão fica a critério do juízo, segundo a averiguação da comprovação dos requisitos substanciais e processuais, ao passo que a denegação é obrigatória quando irreversíveis os efeitos do deferimento. Trata-se de uma impossibilidade jurídica odiosa criada pela lei, uma vez que, em grande parte dos casos da prática judiciária, a tutela urgente é irreversível sob o ângulo da realizabilidade prática do provimento.

A irreversibilidade significa a impossibilidade de restabelecimento da situação anterior caso a decisão antecipada seja reformada. Essa literal percepção da irreversibilidade pode aniquilar com o novo instituto. É verdade que algumas determinações judiciais podem ser desfeitas, restabelecendo-se as coisas ao estado anterior, como, *v.g.*, a devolução antecipada ou a revisão de um cargo ocupado por força de decisão liminar de um bem determinado. Entretanto, há providências urgentes cujos resultados são irreversíveis e precisam ser deferidas. Nessas hipóteses, o juízo, desincumbindo-se de seu poder-dever, há que responder de tal maneira que, malgrado irreversível o estado de coisas, a decisão não cause prejuízo irreparável ao demandado. Em essência, é a contrapartida da regra que não permite ao juízo, para conjurar um perigo, criar outro de maior densidade. De toda sorte, mercê de ser casuística essa análise, deverá balizar-se o juízo à luz da urgência, da necessidade

Cap. 1 – PROCESSO E CONSTITUIÇÃO

e da inexistência de dano irreparável para o demandado pela irreversibilidade do provimento.

A tutela, não obstante antecipatória, não exclui a necessidade de motivação para a sua concessão. Aliás, com o advento da Carta de 1988 instituindo a motivação de toda e qualquer decisão judicial, lavrou-se certa discussão sobre se a concessão das liminares deveria ou não ser antecedida de farta fundamentação comprometedora da decisão final. O novel diploma não deixa a menor margem a dúvidas, tanto que o § 1.º do art. 273 determina, sob pena de *error in procedendo*, que o juiz indique de forma clara e precisa as razões de seu convencimento quanto à verossimilhança da alegação do requerente da tutela. Desaparece, assim, a chancela da prática judiciária admitindo a concessão de liminares sem motivação, devendo, agora, a justiça esclarecer por que razão o demandante foi acolhido ou rejeitado na sua pretensão antecipada.

A decisão de antecipação, por seu turno, pode ser, segundo a lei, revogada ou modificada a qualquer tempo, em decisão fundamentada.

Revogação e modificação da tutela antecipada

A revogação implica a eliminação da medida anteriormente concedida e a modificação uma alteração que pode ser quantitativa ou qualitativa. Advirta-se, entretanto, que o sistema da lei é informado pelo princípio dispositivo, haja vista que a antecipação pressupõe pedido e adstrição do juízo à inicial. Disto decorre que tanto a revogação quanto a modificação devem ser "requeridas", vedando-se em princípio a atividade *ex officio*.

Entretanto, no campo da tutela de segurança, à luz do dever geral de segurança que tem todo o magistrado a partir da instauração da relação processual, não se pode duvidar da necessidade de uma atuação independente da iniciativa da parte.

Consoante afirmamos anteriormente, não se pode conceber que o juiz assista impassível à periclitação de um direito cuja satisfação depende da resposta judicial em razão da impossibilidade de autotutela.

Assim, verificando o juízo através de provas inequívocas que a tutela requerida merece, *v.g.*, uma ampliação, sob pena de frustrar aquela anteriormente concedida, deve atuar de ofício, para equilibrar as posições das partes no processo.

A questão não resolvida pela lei diz respeito à extensão desse poder de o juiz "modificar a decisão".

O art. 273, do CPC, parece limitar o magistrado àquilo que foi pedido na inicial. No sistema rigidamente dispositivo não há lugar para a criatividade do juiz. Ademais, a lei não repisou, na tutela antecipada, a regra do art. 799 do Código de Processo Civil, que confere ao magistrado o poder de prover "sob medida". Ao revés, ele deve conferir a providência dentro do "pretendido no pedido inicial", conforme a expressão do art. 273, *caput*. Logo, essa modificação também fica balizada pelo pedido, encarcerando o juiz aos seus limites, fazendo com que qualquer modificação da tutela *in itinere* seja requerida e empreendida nos limites do pedido inicial. Em nosso entender, entretanto, esta não é a melhor solução, tampouco a melhor exegese.

A modificação da tutela antecipada em sede de tutela de segurança deve atender, especificamente, às necessidades do caso concreto. A situação de periclitação é mutável e pode exigir algo proporcional que não esteja incluído no pedido, até porque superveniente a nova exigência.

Por outro lado, nesse mister de adaptação da medida às necessidades supervenientes, preconiza-se a fungibilidade constante do provimento, posto que ao juiz cabe dar solução adequada ao litígio.

A modificação e a revogação obedecem à regra da "necessidade de motivação", que se exige, também, para a concessão. Proferida a decisão no curso do procedimento, a mesma comportará o agravo pela natureza incidente da decisão.

A sentença final que dispõe sobre o litígio deve cassar a tutela antecipada, prevalecendo sobre esta. Inocorre, nesta sede, a controvérsia acerca da prevalência da liminar sobre a decisão final suspensa por recurso recebido no duplo efeito.

A tutela antecipada, como o próprio nome sugere, é antecipação do resultado final e sobre este não pode prevalecer, máxime porque o último é adotado após cognição plena. É certo que dificilmente a tutela antecipada merecerá revogação na sentença final, haja vista o requisito probatório exigido para a sua concessão, que praticamente é o mesmo que se reclama para o julgamento da causa. Que espécie de prova mais robusta pode a parte produzir para o acolhimento de seu pedido senão uma "prova inequívoca convincente da verossimilhança de sua alegação"? E essa prova é a exigível para a concessão da tutela antecipada, de sorte que o panorama probatório, numa causa em que se deferiu a tutela antecipada, dificilmente se modificará do início ao fim do processo.

Entretanto, não se podem olvidar hipóteses excepcionais, nas quais a liminar deva prevalecer sobre a decisão final em razão do estado de periclitação do direito não reconhecido na sentença, mas possível de sê-lo em sede de recurso.

Nestes casos, a permanência do provimento até o trânsito em julgado da decisão encontra amparo em algumas vozes da doutrina.

"Indeferida a tutela antecipada *initio litis*", impõe-se saber se ao juiz é lícito, ao decidir a causa, antecipar esses efeitos pendente a decisão de recurso. Entendemos que sim, porque a própria lei dispõe que "concedida a tutela o processo prosseguirá até final julgamento". Desta forma, ainda que o juiz não tenha deferido no curso do processo a tutela antecipada, nada obsta a que o faça quando da sentença porque, para ele, a prova inequívoca pode ter sido apresentada apenas na fase de julgamento, revelando-se injusto fazer a parte aguardar o julgamento do recurso recebido no duplo efeito.

A mesma providência pode ser requerida ao órgão superior, caso o ofício jurisdicional de primeiro grau não mais permita ao juiz intervir no processo. Afinal, as expressões "juiz" e "final julgamento" contempladas no art. 273, do CPC, também pertinem ao tribunal.

Ademais, a própria lei prevê a modificação e a revogação da antecipação a qualquer tempo, o que significa que o órgão *ad quem* investe-se também da cognição da medida sem prejuízo da análise do recurso contra a sentença final, exegese que se reforça na medida em que um dos casos de tutela antecipada é o de periclitação do direito e, nesses casos, sempre foi da tradição do nosso sistema admitir a competência do relator diante do *periculum in mora* e em face do término do ofício jurisdicional de primeiro grau (art. 800 do Código de Processo Civil).

Execução da tutela antecipada

Mantendo a coerência com a proibição de tutela antecipada de efeitos irreversíveis, a nova lei instituiu, como meio para "efetivar-se" a antecipação, os princípios que regem a execução provisória. Nesta, como é sabido, a satisfação do direito não pode alcançar estágio irreversível característico da execução definitiva. Há apenas atos de execução, antecipados. Nesse sentido, a lei determina que a efetivação da medida antecipada não importe alienação de domínio, levantamento de dinheiro sem caução idônea, sem prejuízo de implementar-se de uma maneira que, sobrevindo decisão contrária, as "coisas retornem ao estado anterior". Mais uma vez, aqui, o legislador esbarrou na falta de ousadia, tornando inócua a inovação. Inúmeros são os casos em que a medida antecipada ou é deferível naquele momento ou não mais revela qualquer utilidade para a parte. Ademais, é fenomênico o grau de irreversibilidade prática dos efeitos da decisão. Assim, *v.g.*, uma viagem autorizada, uma cirurgia, a determinação de apresentação de um espetáculo ou a divulgação de um documento, chancelados por tutela antecipada, apresentam efeitos irreversíveis. Nesses casos, é de todo impossível aplicar-se os princípios da execução provisória, sob pena de inviabilizar-se a antecipação, com notável denegação de justiça. Não há a menor dúvida de que a melhor técnica seria a "duplicidade das ações" onde se verifica a tutela antecipada, permitindo-se ao juiz conferir perdas e danos à parte lesada pela efetivação da antecipação da tutela, como contrapartida ao deferimento daquela, inclusive garantido por caução.

Contudo, a lei utilizou-se de técnica diametralmente oposta. O executante da tutela antecipada, em princípio, está isento da caução, até porque esta não pode ser irreversível. Por outro lado, revelando-se irreversível o provimento, a tutela não pode sequer ser concedida, pouco importando a "prova inequívoca" exigida que, como já vimos, dificilmente é alterada no curso do processo.

O § 3.º do art. 273 do Código de Processo Civil determina a aplicação, no que couber, das regras da execução provisória. Na verdade, não se trata de processo de execução autônoma. É execução sem intervalo, na mesma relação processual, ou melhor dizendo, "efetivação", "implementação do provimento" no mesmo processo. Ressoa evidente que não teria sentido que o legislador instituísse uma antecipação no curso do processo de conhecimento visando à agilização da tutela e a submetesse às delongas da execução.

A lei não distinguiu a tutela antecipada da evidência da tutela antecipada nos casos de periclitação. Em ambas, a execução deve ser provisória e reversível. Entretanto, de nada adiantaria a previsão de tutela antecipada se o cumprimento da medida fosse postergado, tornando letra morta o instrumento de agilização jurisdicional.

Obedecendo à regra da reversibilidade, amplos devem ser os poderes do juiz no afã de efetivar a antecipação, aplicando-se analogicamente, para esse fim, o § 5.º do art. 461 do Código de Processo Civil, alterado pela mesma lei, que previu a utilização de todos os meios necessários pelo juiz para a implementação da tutela específica, tal como busca e apreensão, remoção de pessoas, requisição de força policial etc.

(...)

Ainda sob esse ângulo e mantida a reversibilidade, caracteriza desobediência o descumprimento da ordem contida no provimento antecipado, porque é da essência deste a mandamentalidade.

Assim, *v.g.*, a realização de uma assembleia desautorizada em tutela antecipada ou a recusa à entrega imediata de um bem podem gerar, no primeiro caso, o impedimento de realização do ato pela força policial, sem prejuízo da sanção criminal pela desobediência e, no segundo, uma imissão de posse judicial.

Trata-se, na verdade, de fusão admirável de instrumentos de origem romano--germânica e de matiz anglo-saxônica, reclamados de há muito pela eficiência que essa execução por coação e sem intervalo representa.

Subjaz sempre a preocupação com relação a essa vedação da tutela antecipada em casos de irreversibilidade, porque a interdição, em alguns casos, desprotege os direitos e torna impossível a execução do provimento.

O *Princípio do Devido Processo Legal*, inspirado na Constituição americana (*due process of law*), é concebido como princípio gênero, admitindo subespécies que se espraiem por todos os ramos da ciência jurídica para além do processo. Assim, é que dele deriva também o denominado *substantive due process*, como *v.g.*, a legalidade no âmbito penal e administrativo, a irretroatividade da lei material etc.

O devido processo legal, em essência, significa que, instaurada uma lide, o *iter* do procedimento, com vistas ao alcance da solução judicial, não pode suprimir nenhuma das garantias processuais constitucionais, como o contraditório, a ampla defesa e a motivação das decisões, tampouco as etapas processuais estabelecidas pela legislação federal competente, como *v.g.*, reduzir prazos processuais peremptórios, impedir o direito de defesa ou mesmo permitir ao juízo em algumas circunstâncias o *non liquet*.[36]

Modernamente, o *devido processo legal* é o equivalente ao denominado *giusto processo*, do direito italiano, que corresponde àquele instrumento presidido por um juiz imparcial que se empenhe em conceder à parte uma resposta judicial tempestiva e específica. Tempestiva, posto lavrada em prazo razoável. Específica, na medida em que concede à parte *quello e tutto quello chi egla há dirittto di conseguire*, na visão percuciente de *Chiovenda*.[37]

---

[36] "Assim, sob o ângulo de visão procedimental, o devido processo legal concretiza-se por meio de garantias processuais oferecidas no ordenamento, visando ordenar o procedimento e diminuir ao máximo o risco de intromissões errôneas nos bens tutelados" (LIMA, Maria Rosynete Oliveira. *Devido processo legal*. Porto Alegre: Sergio Antonio Fabris Editor, 1999. p. 200).

"Não pode o juiz, sob alegação de que a aplicação do texto da lei à hipótese não se harmoniza com o seu sentimento de justiça ou equidade, substituir-se ao legislador para formular ele próprio a regra de direito aplicável. Mitigue o juiz o rigor da lei, aplique-a com equidade e equanimidade, mas não a substitua pelo seu critério" (STF – RBDP, 50/159 e Amagis, 8/363).

[37] CHIOVENDA, Giuseppe. *Instituições de direito processual civil*. 2. ed. Campinas: Bookseller, 2000. v. 1.

O *devido processo legal*, na sua subespecialização processual, encarta o contraditório, a igualdade de chances ou paridade de armas, a motivação da decisão,[38] o juiz natural, a bilateralidade da prova etc.

Destarte, o *devido processo legal* não se coaduna com "trunfos guardados", na lúcida expressão do professor *Machado Guimarães*. A surpresa viola a segurança dos jurisdicionados que é consectária do devido processo legal.

Por sua vez, a preclusão é fórmula processual suficiente para manter no trilho o *devido processo legal*.

O princípio do devido processo legal é aplicável ao processo de sentença ou de satisfação, e a todo e qualquer procedimento, inclusive administrativo, e suscitável por tantos quantos participem da relação processual como autores, réus, assistentes, opoentes ou interessados.

A contemplação dos provimentos urgentes (cautelares ou satisfativos) não infirma o *due process of law*, tanto mais que haverá contraditório postecipado. O mesmo ocorrendo com as manifestações monocráticas dos relatores dos recursos como porta-vozes do colegiado, porquanto a colegialidade superveniente supre a ausência da bilateralidade prévia.

Aspecto interessante do *devido processo legal* é o que vem de ser consagrado na parte geral do projeto do Código de Processo Civil, admitindo-se o contraditório ainda que o juiz possa extinguir o processo sem análise do mérito, tendo em vista que o réu pode pretender que a resolução atinja a questão material de fundo para que não mais seja molestado acerca daquele tema *sub judice*.

O *Princípio da ampla defesa* como consectário do *devido processo legal* abrange ambas as partes, autor e réu, porquanto a expressão *in casu* refere-se à tutela das pretensões deduzidas.

Essa ampla defesa inibe a parte de produzir prova contra si mesma, na forma das declarações fundamentais da pessoa humana, sob o título genérico do direito ao silêncio.

Deveras, a defesa ampla há de ser técnica, por isso que sem habilitação a parte faz jus a um advogado.

Além disso, é a *ampla defesa* que informa as necessidades das comunicações processuais, como as intimações, sob pena de nulidade.

A *Fazenda Pública*, pelos interesses da comunidade que vela, faz jus ao *duplo grau de jurisdição, sobretudo nos casos em que a decisão é contra ela proferida, hipótese esta a qual o legislador condicionou a eficácia da sentença ao seu reexame necessário.* Consoante tivemos a oportunidade de destacar, a Fazenda

---

[38] A motivação das decisões, posto exigência do vetusto Regulamento 737, veio a ser consagrada na carta de 1988 no art. 93, IX, como postulado do Estado Democrático de Direito. A motivação, ao indicar o itinerário do raciocínio lógico do juiz, afasta qualquer dúvida sobre o arbítrio judicial.

Pública caracteriza-se por velar pelo interesse coletivo, sendo vetusta a ideia de supremacia do interesse público sobre o privado.[39]

A ampla defesa é a última *ratio* do sistema de recursos pelos quais se reapura a juridicidade da decisão. É cediço que carreia tranquilidade para a opinião pública o fato de que a causa submetida a um primeiro crivo judicial passará por outra aferição empreendida por órgão colegiado cujos integrantes, em regra, ostentam maior experiência.[40]

Nada obstante, a moderna concepção recursal conjura a ideia de prodigalidade dos meios de impugnação, tanto mais que a isso corresponde uma duração irrazoável do processo, exatamente na contramão da promessa constitucional.

O novel projeto do Código de Processo Civil, atento a essa concepção minimalista da ampla defesa, eliminou os embargos infringentes calcados num só voto vencido, ao mesmo tempo em que instituiu recurso único ao final da causa, no bojo do qual a parte poderá irresignar-se contra as decisões interlocutórias proferidas no curso do processo, salvante as decisões incidentes de mérito e de urgência, estas últimas quando não cautelares, isto é, satisfativas admitirão recurso imediato, até mesmo com sustentação oral.

A garantia do *Juiz natural*[41] consiste na vedação da criação *ex post facto* de juiz ou tribunal constituído especificamente para julgar determinada causa.

---

[39] "Com efeito, a Fazenda Pública revela-se como fautriz do interesse público, devendo atender à finalidade da lei de consecução do bem comum, a fim de alcançar as metas de manter a boa convivência dos indivíduos que compõem a sociedade. Não que a Fazenda Pública seja titular do interesse público, mas se apresenta como o ente destinado a preservá-lo" (CUNHA, Leonardo José da. *A Fazenda Pública em juízo*. 6. ed. São Paulo: Dialética, 2008. p. 33).

[40] Conforme defendemos em outra oportunidade, a previsão de recursos inibe "os equívocos judiciais, atuando como freio junto aos julgadores, no sentido de que reapurem os seus conceitos de juridicidade e os empreste à decisão, visando a evitar a reforma do julgado, com prejuízo para a boa fama, *interna corporis*, do julgador. Pertence à convicção popular que a segunda apreciação da causa é melhor do que a primeira, porque mais amadurecida. O sistema de recursos vem, assim, ao encontro do anseio popular de justiça e adequação da decisão à realidade dos fatos. Não se trata de um voto de desconfiança frente aos juízes, de desprestígio dos mesmos, tampouco uma ditadura dos tribunais, senão uma necessidade sociojurídica de reapuração da juridicidade da decisão, saciando o sentimento de justiça do jurisdicionado que, malgrado pretenda uma solução rápida, admite esse confronto entre a celeridade e a segurança, optando por esta última, no balanceamento dos interesses em jogo" (FUX, Luiz. *Curso de direito processual civil*. 4. ed. Rio de Janeiro: Forense, 2008. v. 1, p. 723).

[41] "Art. 5.º Todos são iguais perante a lei, sem distinção de qualquer natureza, garantindo-se aos brasileiros e aos estrangeiros residentes no País a inviolabilidade do direito à vida, à liberdade, à igualdade, à segurança e à propriedade, nos termos seguintes:
XXXVII – não haverá juízo ou tribunal de exceção;"
Insta salientar que ao lado dessa garantia aduz-se também ao Promotor Natural, tese pioneira do professor Paulo Cezar Pinheiro Carneiro: "O princípio do Promotor Natural pressupõe que cada órgão da instituição tenha, de um lado, as suas atribuições fixadas em lei e de outro, que o agente, que ocupa legalmente o cargo correspondente ao seu órgão de atuação, seja aquele que irá oficiar no processo correspondente, salvo as exceções previstas em lei, vedado em qualquer

Cap. 1 – PROCESSO E CONSTITUIÇÃO

É que, nesse caso, o vício da neutralidade restaria inoculado *ab initio* com a só criação do órgão judiciário. Assim, *v.g.*, na atualidade, não há mais tênue dúvida de que o grande exemplo hodierno de tribunal de exceção é a *Corte Marcial de Guantánamo*.

A doutrina costuma alinhar a essa garantia a do *julgamento por juiz competente*, sendo esta a razão pela qual se argui com frequência a garantia do *juiz natural* nos casos em que não se remete ao júri popular crimes contra a vida, notadamente aqueles conexos com outros praticados por pessoas com prerrogativa de foro.[42]

A exegese dessa garantia não exclui a competência em razão da matéria ou da pessoa estabelecida pelos tribunais por iniciativa da lei de organização judiciária, tampouco influi na competência fixada pela ordem constitucional e a legislação infraconstitucional em relação à justiça estadual e federal, aos juizados especiais, à arbitragem e aos juízos novos criados para determinada matéria que acarretam o deslocamento da competência sem afrontar a *perpetuatio jurisdictionis*.[43]

A garantia constitucional da *Licitude das Provas* garante ao jurisdicionado, em qualquer processo e procedimento, que o litígio submetido à jurisdição, conquanto função estatal, somente poderá ser dirimido por meio de elementos de convicção moralmente legítimos ou legalmente previstos.

A prova, como de sabença, é a fonte de onde o juiz extrai elementos para a reconstituição fenomênica dos fatos, finalizando, ao compreender a realidade, com a aplicação do direito à espécie submetida a sua apreciação e dando razão a quem a tem. O resultado da atividade probatória carreia para o processo a verdade suficiente para que o juiz possa decidir em paz.

---

hipótese, o exercício das funções por pessoas estranhas aos quadros do *parquet*" (CARNEIRO, Paulo Cezar Pinheiro. *O Ministério Público no processo civil e penal. Promotor natural. Atribuição e conflito*. 6. ed. Rio de Janeiro: Forense, 2001. p. 48).

[42] Art. 53, CF/1988: "Os Deputados e Senadores são invioláveis, civil e penalmente, por quaisquer de suas opiniões, palavras e votos.
§ 1.º Os Deputados e Senadores, desde a expedição do diploma, serão submetidos a julgamento perante o Supremo Tribunal Federal".
Nos termos da Súmula 721 do STF: "A competência Constitucional do tribunal do júri prevalece sobre o foro por prerrogativa de função estabelecido exclusivamente pela Constituição Estadual". A *contrario sensu*, pode-se inferir que a prerrogativa de função com fundamento na Constituição Federal prevalece sobre a competência do tribunal do júri.

[43] "Art. 87 CPC: Determina-se a competência no momento em que a ação é proposta. São irrelevantes as modificações do estado de fato ou de direito ocorridas posteriormente, salvo quando suprimirem o órgão judiciário ou alterarem a competência em razão da matéria ou da hierarquia."
Conforme outrora afirmamos: "Entretanto, tratando-se de competência absoluta, a regra da *perpetuatio jurisdictionis* cede à alteração da atribuição *ratione materiae* do órgão perante o qual a ação foi proposta, determinando-se a remessa àquele competente por força de novel disposição legal, salvo se ressalvada a competência pretérita na mesma lei que a alterou" (FUX, Luiz. *Curso de direito processual civil* cit., 4. ed. v. 1, p. 136).

O processo, consoante se afiançou em bela sede doutrinária, é um instrumento técnico e ético, por isso que a busca da verdade esclarecedora do litígio não pode ser alcançada a qualquer preço.

A Constituição Federal, na parte em que interessa ao processo, veda a obtenção da prova por *meios ilícitos*.[44]

Essa conquista processual é epílogo de uma luta secular que ultrapassou a produção de provas corporais, como o duelo, o soro da verdade, o sistema da prova tarifada ou prova legal até o moderno *sistema da persuasão racional*.

A questão da obtenção da prova por meios ilícitos surgiu mais propriamente com a tutela dos direitos da personalidade, notadamente a *intimidade* e a *reserva*. Em todos os países do mundo que passaram por um momento de supressão das liberdades e a violação de correspondências escritas ou orais observou-se, no momento seguinte de democratização, a criminalização dos meios ilícitos de obtenção de provas.

Entendeu-se que essa não é a melhor forma de alcançar a justiça.

O processo civil convive com as formas modernas de correspondência eletrônica e telefônica, mas veda as interceptações clandestinas, nas quais uma das partes passa a figurar como protagonista inconsciente de seu próprio drama.

As interceptações telefônicas colocam em choque os valores da verdade real e do *direito à intimidade*, o qual, na praxe forense, tem se saído vitorioso na ponderação axiológica à luz do *Princípio Constitucional da Razoabilidade*.[45]

Diversamente, a gravação telefônica entre as próprias partes interessadas não sofre a pecha da ilicitude, máxime quando o teor do diálogo revela a *legítima defesa do interesse de um dos litigantes*.

---

[44] Art. 5.º, XVI, CF de 1988: "LVI – são inadmissíveis, no processo, as provas obtidas por meios ilícitos;".

[45] "INTERCEPTAÇÃO TELEFÔNICA. AUTORIZAÇÕES SUCESSIVAS. Trata-se de *habeas corpus* em que se pugna pela nulidade *ab initio* do processo penal, visto que sua instauração deu-se com base em provas ilícitas, ou seja, decorrentes de interceptação telefônica cuja autorização foi sucessivamente renovada e os investigados, ora pacientes, foram assim monitorados por um prazo superior a dois anos. A Turma entendeu que, no caso, houve sim violação do princípio da razoabilidade, uma vez que a Lei 9.296/1996, no seu art. 5.º, prevê o prazo de 15 dias para a interceptação telefônica, renovável por mais 15, caso seja comprovada a indispensabilidade desse meio de prova. Assim, mesmo que fosse o caso de não haver explícita ou implícita violação desse dispositivo legal, não é razoável que a referida interceptação seja prorrogada por tanto tempo, isto é, por mais de dois anos. Ressaltou-se que, no caso da referida lei, embora não esteja clara a hipótese de ilimitadas prorrogações, cabe ao juiz interpretar tal possibilidade. Contudo, dada a natureza da norma que alude à restrição da liberdade, o que está ali previsto é uma exceção à regra. Se o texto legal parece estar indeterminado ou dúbio, cabe a esta Corte dar à norma interpretação estrita, face a sua natureza limitadora do direito à intimidade, de modo a atender ao verdadeiro espírito da lei. Com isso, concedeu-se a ordem de *habeas corpus* a fim de reputar ilícita a prova resultante de tantos dias de interceptações telefônicas e, consequentemente, declarar nulos os atos processuais pertinentes e retornar os autos ao juiz originário para determinações de direito" (HC 76.686-PR, rel. Min. Nilson Naves, j. 09.09.2008) – *Informativo* 367 do STJ.

A prova em si, como um documento, um depoimento ou uma gravação, é legalmente prevista, mas o que se pune é o meio de obtê-la, razão pela qual se aduz à ilegalidade de sua origem. Tema esse que se inseriu na teoria da prova por meio da doutrina norte-americana denominada *fruit of the poisnous tree doctrine (fruto da árvore proibida)*.

A *prova emprestada* é aquela trasladada de um processo ou procedimento para outro; restando configurada como "ilegal" e não "ilícita", toda vez que encartada em autos diversos não é submetida ao contraditório.

É possível que a prova obtida por meio ilícito seja reproduzida licitamente, como, *v.g.*, a reiteração de declarações de determinada pessoa, captadas anteriormente por interceptação ilegal. Aduz-se, nesse caso, a uma "fonte independente" ainda que a espécie de prova, *in casu* oral, seja a mesma.

No mesmo sentido, se um documento foi apreendido irregularmente e, com base no seu conteúdo, verifica-se a ocorrência de uma infração, uma nova prova documental pode reafirmar o fato e ser aproveitada. É a denominada *prova independente (independent source* ou *inevitable discovery)*, admissível no processo, malgrado reitere fatos comprovados por anterior prova ilícita.

O tema está distante da pacificação doutrinária e jurisprudencial, máxime porque o importante para o processo é a reconstituição fiel da realidade fenomênica, de sorte que o alcance da maior coincidência possível entre os fatos da vida e a versão judicial não se contenta com essa contenção probatória.

Sob esse ângulo, vozes doutrinárias propõem a mitigação da ilicitude da prova quando o fato só possa ser provado tal como o foi, nos casos de interesses litigiosos de menores (*the best interest of the child*), bem como nos casos de boa-fé da parte que obteve a prova (*good faith exception*), como no caso de uma busca e apreensão que culmine na descoberta de fato importante não cogitado como objeto mediato da medida constritiva.[46]

4. JURISDIÇÃO CONSTITUCIONAL E PROCESSO

A Constituição Federal é a norma que confere validade ao sistema infralegal, característica suficiente para revelar a sua relação com os demais ramos da ciência jurídica.[47]

---

[46] NUVOLONE, Pietro. Le prove vietate nel processo penale di diritto latino. *Rivista di Diritto Processuale*, v. 21, 1966, p. 470 e ss.; NERY, Nelson. *Constituição Federal comentada*. São Paulo: RT, 2009. p. 187 e ss.

[47] A expressão deve ser entendida *cum granu salis*, para não se entrever a Carta como um *genoma jurídico*, capaz de ser impermeável a soluções democráticas eleitas pelo legislador ordinário. V. ALEXY, Robert. Posfácio. *Teoria dos direitos fundamentais*, com alusão às ponderações de Ernst Forsthof.

O direito processual,[48] como segmento destinado a regular o instrumento por meio do qual o Estado presta justiça, recebe tratamento privilegiado na Constituição, quer por força de princípios ou de regras.[49]

As ações constitucionais previstas na Carta de 1988 são inúmeras, de tal sorte que se cogita hodiernamente de uma subespécie cognominada direito processual constitucional.[50]

As normas processuais gravitam, assim, acerca dos institutos da *ação*, da *jurisdição* e do *processo* e seus consectários. Nesse sentido, quando se analisa a *jurisdição*, enfoca-se a competência, que é a repartição daquela função, e a coisa

---

[48] Consoante assentamos (FUX, Luiz. *Curso de direito processual civil*. Capítulo I), o direito processual é o ramo do direito público composto de complexo de princípios e normas que regulam a *jurisdição* – como atividade estatal de aplicação do direito aos casos submetidos à apreciação do Judiciário –,a *ação* — como o direito de acesso amplo à justiça, seus pressupostos e consequências de seu exercício – e o *processo* – como instrumento por meio do qual a parte pede justiça e o Estado dela se desincumbe.

[49] Consulte-se, por todos, no direito nacional, ÁVILA, Humberto Bergman. *Teoria dos princípios*. São Paulo: Malheiros, 2003; e, no direito estrangeiro, DWORKIN, Ronald. *A Matter of Principle*. Cambridge: Harvard University Press, 1985.

[50] NERY JUNIOR, Nelson. *Princípios do processo civil na Constituição Federal*. 3. ed. São Paulo: RT, 1996; PORTANOVA, Rui. *Princípios do processo civil*. Porto Alegre: Livraria do Advogado, 1997; TUCCI, Rogério Lauria; CRUZ E TUCCI, José Rogério. *Constituição de 1988 e processo*. São Paulo: Saraiva, 1989; CAPPELLETTI, Mauro. Las garantias constitucionales de las partes en el proceso civil italiano. *Proceso, ideologías, sociedad*. Buenos Aires: Europa-América, 1974. p. 525-70; PICÓ Y JUNOY, Joan. *Las garantías constitucionales del proceso*. Barcelona: Bosch, 1997; TROCKER, Nicolò. *Processo civile e costituzione*: problemi di diritto tedesco e italiano. Milano: Giuffrè, 1974; ANDOLINA, Italo; VIGNERA, Giuseppe. *Il modello costituzionale del processo civile italiano*. Torino: Giappichelli, 1988; COMOGLIO, Luigi Paolo. *Etica e tecnica del "giusto processo"*. Torino: Giappichelli, 2004; TARUFFO, Michele. Las garantías fundamentales de la justicia civil en el mundo globalizado. *In*: TARUFFO, Michele. *Páginas sobre justicia civil*. Madrid: Marcial Pons, 2009. p. 63-75; MONTERO AROCA, Juan. *Proceso (civil y penal) y garantía*: el proceso como garantía de libertad y de responsabilidad. Valencia: Tirant lo Blanch, 2006; BUERGENTHAL, Thomas. Comparative Study of Certain Due Process Requirements of the European Human Rights Convention. *Buffalo Law Review*, v. 16, p. 18-54, 1966; COUTURE, Eduardo J. Las garantías constitucionales del proceso civil. *Estudios de derecho procesal civil*. Buenos Aires: Depalma, 1989. t. 1, p. 17-95; RINCÓN, Jorge Carreras del. *Comentarios a la doctrina procesal civil del tribunal constitucional y del tribunal supremo*. Madrid: Marcial Pons, 2002; MONTERO AROCA, Juan; FLORS MAT ÍES, José. *Amparo constitucional y proceso civil*. Valencia: Tirant lo Blanch, 2008. p. 62-168; LLOBREGAT, José Garberí. *Constitución y derecho procesal*: los fundamentos constitucionales del derecho procesal. Navarra: Civitas/Thomson Reuters, 2009; NAVARARRETE, Antonio María Lorca. *Estudios sobre garantismo procesal*: el derecho conceptuado a través de la metodología del garantismo procesal: el denominado "derecho de la garantía de la función jurisdiccional". San Sebastián: Instituto Vasco de Derecho, 2009; FIX-ZAMUDIO, Héctor. *Constitución y proceso civil en Latinoamérica*. México: Instituto de Investigaciones Jurídicas, 1974. Uma visão do direito comparado pode ser conferida em: MILLAR, Robert Wyness. *Los princípios informativos del procedimiento civil*. Trad. Catalina Grossman. Buenos Aires: Ediar, 1945. p. 43.

Cap. 1 – PROCESSO E CONSTITUIÇÃO

julgada, que retrata a imutabilidade do seu resultado. As normas que versam sobre a competência e a coisa julgada são, portanto, normas processuais.

A *ação*, por seu turno, implica a análise de sua bilateralidade mediante a defesa, a existência de sujeitos que a exerçam, os requisitos necessários para manejá-la utilmente e obter a decisão de mérito etc. As regras que tratam desses temas são normas integrantes do direito processual, vale dizer: defesa, contestação, pluralidade de sujeitos, litisconsórcio, partes, capacidades das partes etc.

Por fim, o instrumento veiculador da pretensão das partes e da solução judicial, que é o *processo*, e, assim como a vida humana, que tem início, meio e fim, forma-se, pode suspender-se e extingue-se. Os fatos constitutivos, suspensivos e extintivos do processo, como a demanda, a convenção das partes e a decisão antecipada ou não, terminativa ou de mérito, são institutos do processo e, como tais, regulados pelo direito processual.

Destarte, o processo em si se apresenta num sentido genérico, mas o seu objeto é dividido em três grandes grupos: o penal, o civil e o especial.

Anotamos, outrossim, que a denominação "direito processual" marca a emancipação científica desse ramo da ciência, porquanto entrevisto outrora como um apêndice do direito material ou um corpo de regras meramente procedimentais. Assim, *Aubry* e *Rau* denominavam-no de *droit civil pratique*.[51] *Rudolf Stammler* já afirmara que todo ramo do direito encontra a sua expressão sob a forma de "normas jurídicas".[52]

A matéria é enfocada diversamente pelos denominados "unitaristas", para os quais o processo é um só, quer tenha por pressuposto uma lide penal ou não penal, como afirmam os teóricos da *Teoria Geral do Processo*.

Assim como por detrás de todas as funções estatais está sempre o Estado, ao fundo, na jurisdição de qualquer natureza está o processo, como instrumento de sua veiculação e que apresenta, quanto a todos os seus sub-ramos, as mesmas linhas mestras e postulados. Como evidenciou *Vicenzo Miceli*: "Tutto ciò revela l'intima conessione fra le due forme di procedimento, interese entrambe al conseguimento del medemismo fine, che è l'applicazione della norma".[53] Relembre-se que *Carnelutti* pugnava pela unidade como meta do direito processual.[54]

A tendência de unificação dos processos apresenta belíssimos dados histórico-comparativos, como, *v.g.*, no direito antigo o Código Canônico, *Codex Iuris Canonici*, num só livro cuidava de ambos os processos (*De Processibus*). A Suécia, em 1942, promulgou código único para todo o direito processual. No Brasil, à época da "Dualidade" da legislação processual, Santa Catarina, Rio de Janeiro

---

[51] AUBRY; RAU. *Cours de droit civil*. 1935, § 24.
[52] STAMMLER, Rudolf. *Tratado de filosofía del derecho*. 1930. p. 322.
[53] MICELI, Vicenzo. *Principi di filosofia del diritto*. 2. ed. p. 341.
[54] CARNELUTTI, Francesco. *Sistema di diritto processuale civile*. v. 1, p. 267.

e Bahia tinham código único, apontando-se este último como "modelar", fruto da genialidade de *Eduardo Espínola*. Consoante a lição de *Frederico Marques*, "as leis que regulam o processo e, consequentemente, os atos que o integram, agrupam-se em torno de institutos e relações jurídicas formando-se assim um sistema normativo coerente e lógico, como ocorre com as demais ciências do direito".[55]

O caráter residual do processo civil foi entrevisto por *Liebman* em confronto com a jurisdição, por isso que afirmava o fundador da *Escola Processual Brasileira*: "A Jurisdição Civil é tutta quella che non è penale".[56]

Destarte, ações inúmeras têm a sua fonte na própria Carta Maior, como soem ser as ações ditas constitucionais, como, *v.g.*, as Ações de Controle Abstrato de Constitucionalidade,[57] a Ação de Descumprimento de Preceito Fundamental e o Mandado de Injunção.

A *Defesa da Constituição* como consectário da Supremacia da Constituição encontra nas ações constitucionais seu mais expressivo instrumento.

A *Ação Declaratória de Inconstitucionalidade* revela o sistema concentrado ou também cognominado austríaco, cujo libelo é a denúncia de confronto normativo entre o ato atacado e a *Constituição Federal*, quer sob o ângulo formal, quer sob o ângulo material, e o objetivo é o afastamento da lei em tese ou do ato normativo do cenário jurídico.

A *Ação Declaratória de Inconstitucionalidade por Omissão* revela uma injunção *erga omnes*, porquanto o seu escopo é declarar a omissão do legislador

---

[55] MARQUES, Frederico. *Instituições de direito processual civil*. Rio de Janeiro: Forense, 1971. v. 1, p. 40.

[56] LIEBMAN, Enrico Tullio. *Corso di diritto processuale civile*. 1952. p. 15. Também nesse sentido, o memorável estudo de Hans Sperl, de 1927, em homenagem a Chiovenda: *Il processo civile nel sistema del diritto. Studi di diritto processuale in onore di Chiovenda*. p. 812.

[57] O direito brasileiro é riquíssimo em sede de bibliografia acerca das referidas ações constitucionais, destacando-se, dentre outros, BARROSO, Luís Roberto. *O controle da constitucionalidade no direito brasileiro*. São Paulo: Saraiva, 2004; MENDES, Gilmar. *Controle de constitucionalidade*: aspectos jurídicos e políticos. São Paulo: Saraiva, 1990 e, do mesmo autor, *Jurisdição constitucional*. 5. ed.; BINENBOJM, Gustavo. *A nova jurisdição constitucional brasileira*: legitimidade democrática e instrumentos de realização. 3. ed. Rio de Janeiro: Renovar, 2010; CLÈVE, Clèmerson Merlin. *A fiscalização abstrata da constitucionalidade no direito brasileiro*. 2. ed.; TAVARES, André Ramos. *Tribunal e jurisdição constitucional*. São Paulo: Celso Bastos, 1998; SARMENTO, Daniel. Eficácia temporal do controle de constitucionalidade. *Revista de Direito Administrativo*, Rio de Janeiro: Renovar, v. 212; BASTOS, Celso Ribeiro. *Curso de direito constitucional*. São Paulo: Celso Bastos, 2002; BONAVIDES, Paulo. *Curso de direito constitucional*. São Paulo: Malheiros, 1996. Ainda no vernáculo, v. ALEXY, Robert. Direito constitucional e direito ordinário: jurisdição constitucional e jurisdição especializada. *Revista de Direito Administrativo*, Rio de Janeiro: Renovar, v. 217; HESSE, Konrad. *A força normativa da Constituição*. Porto Alegre: Sergio Antonio Fabris, 1991; KELSEN, Hans. *Jurisdição constitucional*. São Paulo: Martins Fontes, 2003; HÄRBELE, Peter. *Hermenêutica constitucional*. Porto Alegre: Sergio Antonio Fabris, 1997.

Cap. 1 - PROCESSO E CONSTITUIÇÃO

na regulação de direito constitucionalmente consagrado e impassível de ser exercido por ausência de regulação.

Já no *Mandado de Injunção* particular, cabe ao Judiciário prover, no caso concreto, conferindo a providência prática que adviria da regulação do direito constitucionalmente previsto. A *Inconstitucionalidade por Omissão* decorre da inação em legislar como dever inferido da própria *Constituição*. A criação da referida ação perpassou a perplexidade da independência dos poderes, na medida em que o Judiciário impõe um *facere* ao Legislativo, que é algo que se insere na sua capacidade institucional, mas que encontra abrigo na função da Suprema Corte de guardião dos direitos e deveres consagrados na Carta Maior.

A *Ação Declaratória de Constitucionalidade*, em face da *presunção de constitucionalidade das leis*, como um dos métodos de interpretação constitucional, assume nítido caráter preventivo em relação às controvérsias que a ordem normativa pode gerar no momento de sua aplicação por múltiplas fontes de concreção, como soem ser os judiciários locais. O escopo dessa novel ação de fiscalização abstrata surgiu com a Emenda 03/1993 e tem como escopo afastar dúvidas sobre a legitimidade da norma.

A *Ação de Descumprimento de Preceito Fundamental* veio completar o sistema de controle, por isso o seu caráter residual e consequente descabimento diante da possibilidade jurídica de manejo das demais formas de controle da constitucionalidade.

A ação *in foco* tem como objeto precípuo o descumprimento de preceito fundamental, cuja conceituação enseja largueza interpretativa, por isso que a práxis tem revelado a utilização "em branco" desse novo instrumento processual constitucional. A ação é servil à tutela interpretativa de questões que envolvem os valores constitucionais, notadamente as respectivas garantias aos *direitos fundamentais*.

A utilidade da ação de descumprimento de preceito fundamental tem sido verificada nos efeitos do julgamento, evitando inúmeras controvérsias jurídicas que de certo somente acudiriam ao Supremo Tribunal Federal de forma repetitiva por meio de inúmeros recursos, ora constatados desnecessários.

Destarte, o mandado de segurança (individual e coletivo), a ação popular, a ação de improbidade, o controle difuso da constitucionalidade via recurso extraordinário, mercê de a própria organização do Poder Judiciário fundar-se em regras e princípios constitucionais, completam esses instrumentos de simbiose do processo com a Constituição.

Destaque-se que institutos caros ao direito processual têm suscitado questões constitucionais relevantes, como, *v.g.*, ocorreu quando da apreciação da denominada "relativização da coisa julgada" nas ações de investigação de paternidade julgadas improcedentes, antes do surgimento da prova inequívoca consubstanciada no exame do genoma humano (DNA). O tema vem abordado no voto que se encontra encartado, timbrando mais uma vez a relação do processo e da Constituição,[58] à semelhança de tantas obras importantes lavradas em torno desse binômio.

---

[58] "EMENTA RECURSO EXTRAORDINÁRIO. DIREITO PROCESSUAL CIVIL E CONSTITU-CIONAL. REPERCUSSÃO GERAL RECONHECIDA. AÇÃO DE INVESTIGAÇÃO DE PA-TERNIDADE DECLARADA EXTINTA, COM FUNDAMENTO EM COISA JULGADA, EM RAZÃO DA EXISTÊNCIA DE ANTERIOR DEMANDA EM QUE NÃO FOI POSSÍVEL A REALIZAÇÃO DE EXAME DE DNA, POR SER O AUTOR BENEFICIÁRIO DA JUSTIÇA GRATUITA E POR NÃO TER O ESTADO PROVIDENCIADO A SUA REALIZAÇÃO. RE-PROPOSITURA DA AÇÃO. POSSIBILIDADE, EM RESPEITO À PREVALÊNCIA DO DIREITO FUNDAMENTAL À BUSCA DA IDENTIDADE GENÉTICA DO SER, COMO EMANAÇÃO DE SEU DIREITO DE PERSONALIDADE. 1. É dotada de repercussão geral a matéria atinente à possibilidade da repropositura de ação de investigação de paternidade, quando anterior demanda idêntica, entre as mesmas partes, foi julgada improcedente, por falta de provas, em razão da parte interessada não dispor de condições econômicas para realizar o exame de DNA e o Estado não ter custeado a produção dessa prova. 2. Deve ser relativizada a coisa julgada estabelecida em ações de investigação de paternidade em que não foi possível determinar-se a efetiva existência de vínculo genético a unir as partes, em decorrência da não realização do exame de DNA, meio de prova que pode fornecer segurança quase absoluta quanto à existência de tal vínculo. 3. Não devem ser impostos óbices de natureza processual ao exercício do direito fundamental à busca da identidade genética, como natural emanação do direito de personalidade de um ser, de forma a tornar-se igualmente efetivo o direito à igualdade entre os filhos, inclusive de qualificações, bem assim o princípio da paternidade responsável. 4. Hipótese em que não há disputa de paternidade de cunho biológico, em confronto com outra, de cunho afetivo. Busca-se o reconhecimento de paternidade com relação a pessoa identificada. 5. Recursos extraordinários conhecidos e providos" (STF, Tribunal Pleno, RE 363.889/DF, rel. Min. Dias Toffoli, j. 02.06.2011, *DJe* 16.11.2011).

PREMISSAS TEÓRICAS PARA A CONSTITUCIONALIZAÇÃO DO PROCESSO DO TRABALHO

2

Carolina Tupinambá

Sumário: 1. O atual estágio e a proposta do processo do trabalho. O distanciamento constitucional – 2. Os novos paradigmas – 3. A teoria geral do processo do trabalho – Os princípios do processo do trabalho: 3.1. A relevância e a incidência dos princípios do processo trabalhista; 3.2. Princípios do processo do trabalho; 3.3. Crítica à sistematização dos princípios do processo trabalhista pelos diversos autores examinados; 3.4. A sintética teorização dos princípios do justo processo do trabalho – 4. As garantias do processo do trabalho: 4.1. A incorporação dos tratados internacionais de direitos humanos; 4.2. A constitucionalização do Direito Processual; 4.3. O processo justo nas constituições contemporâneas; 4.4. As garantias de um justo processo trabalhista. Premissas e bases de um estudo futuro; 4.5. O processo do trabalho e suas restrições garantísticas: uma proposta de análise – 5. Referências bibliográficas.

1. O ATUAL ESTÁGIO E A PROPOSTA DO PROCESSO DO TRABALHO. O DISTANCIAMENTO CONSTITUCIONAL

Em todas as civilizações da história, as relações de trabalho sempre movimentaram e promoveram a evolução do mundo. Em quaisquer épocas registradas da humanidade, a superação de ciclos e fases da realidade histórica deu-se pelo trabalho do homem, ou seja, pela capacidade da energia humana em transformar o meio em que vive.[1]

---

[1] Sobre esta constatação, *O manifesto comunista* (em alemão: *Manifest der Kommunistischen Partei*), publicado pela primeira vez em 21 de fevereiro de 1848, é historicamente um dos

Assim, não é exagero afirmar que as relações de trabalho configuram alavancas propulsoras de estágios políticos, sociais, enfim, civilizatórios da experiência humanitária. Essas relações, no entanto, dificilmente se apresentam equilibradas e justas, sendo comum que a equação energia despendida *versus* retribuição social expresse resultados positivos e negativos, distanciados de uma média que revelaria um contrapeso ótimo e um aproveitamento perfeito do trabalho do homem em prol do amadurecimento da sociedade e vice-versa.

O constante descompasso derivado das insatisfações provenientes das relações de trabalho pode ser minimizado ou até corrigido (i) pelo equilíbrio das forças envolvidas, (ii) pelo diálogo humano e (iii) pela supervisão estatal dos esforços de reparação dos efeitos deletérios das recíprocas violações de direitos sociais. Esse tripé de valores deve estar apoiado em uma compreensão madura, utilitária e revolucionária do direito processual do trabalho.

Assim, um flanco da teoria geral do processo deve estar atento e voltado para a solução dos conflitos de interesses que pairam sobre homens que dedicam suas irrecuperáveis energias para a transformação do meio, direcionando força, inteligência, beleza, técnica, tempo e, por vezes, até amor, bem como sobre instituições, pessoas ou entidades que se diferenciam pela capacidade de cooptar esforços alheios em prol da geração de riquezas e recursos, para si e/ou de volta para a própria sociedade, que sempre caminhou embalada pelas mãos e audácia do empreendedorismo daqueles que têm o dom de canalizar o trabalho em direção ao avanço civilizatório.

Trabalhadores e tomadores de serviços, em uma perspectiva macro, são os responsáveis pelo atual estágio social em que nos encontramos, assim como o foco atento de nossas esperanças em um mundo mais digno.

---

tratados políticos de maior influência mundial. O clássico escrito pelos teóricos fundadores do socialismo científico, Karl Marx e Friedrich Engels, reconhecia expressamente que "a história de toda sociedade existente até hoje tem sido a história das lutas de classes.

Homem livre e escravo, patrício e plebeu, senhor e servo, mestre de corporação e companheiro, numa palavra, o opressor e o oprimido permaneceram em constante oposição um ao outro, levada a efeito numa guerra ininterrupta, ora disfarçada, ora aberta, que terminou, cada vez, ou pela reconstituição revolucionária de toda a sociedade ou pela destruição das classes em conflito.

Desde as épocas mais remotas da história, encontramos, em praticamente toda parte, uma complexa divisão da sociedade em classes diferentes, uma gradação múltipla das condições sociais. Na Roma Antiga, temos os patrícios, os guerreiros, os plebeus, os escravos; na Idade Média, os senhores, os vassalos, os mestres, os companheiros, os aprendizes, os servos; e, em quase todas essas classes, outras camadas subordinadas.

A sociedade moderna burguesa, surgida das ruínas da sociedade feudal, não aboliu os antagonismos de classes. Apenas estabeleceu novas classes, novas condições de opressão, novas formas de luta em lugar das velhas" (MARX, Karl; ENGELS, Friedrich. *O manifesto comunista*. 6. ed. São Paulo: Ridendo Castigat Moraes, 1999).

Nesse quadro de personagens com interesses potencialmente conflitantes, ao contrário do que vem sendo divulgado nos bancos universitários, não se deve, aprioristicamente, tomar um desses grupos simplesmente como algoz de outro. Ao revés, solidariamente, cada um terá importante papel a ser desempenhado na sociedade e na história. Um não nasce refém de outro. É possível, na atual concepção democrática e capitalista em que vivemos, inclusive, que agentes de um grupo passem a habitar outro, sendo certo que a recíproca também é verdadeira. Tanto para trabalhadores como para tomadores de serviços apresentam-se desafios a serem superados. É preciso coragem para angariar homens com fôlego para promover a transformação de talentos em riqueza, assim como é preciso bravura para abdicar da energia própria em prol de outrem, sabendo que o esforço despendido não terá volta, o que importa na venda da própria força em garantia da autossobrevivência. Enfim, é preciso coragem e bravura para viver em quaisquer das circunstâncias que se apresentem.

O processo do trabalho deve ser um instrumento solidário e apaziguador, que incite o diálogo aberto entre as antagônicas razões diversamente legitimadas a depender do papel que se ocupe na sociedade, se de trabalhador ou de tomador de trabalho. É que a paz nas relações de trabalho é condição primordial para o desenvolvimento social.

O processo trabalhista, definitivamente, não tem consciência de seu latente potencial positivo e tampouco noção do papel negativo que tem representado para o desenvolvimento de uma sociedade melhor, mais segura e mais justa.

Empresas, negócios, ou mesmo meras tentativas de empreendimentos, ao se depararem com um processo do trabalho automático, preconceituoso e negligente, muitas vezes não resistem às suas descompromissadas conclusões. A falta de compromisso com as repercussões sociais das demandas, a inexistência de um espaço aberto ao diálogo franco, enfim, a ausência de garantias mínimas faz do processo do trabalho um antro de razões ocultas, as quais justificam uma espécie de "justiça-justiceira", que pretende redistribuir as riquezas da nação, tirando dos que imagina ricos e dando aos que supõe pobres.

O outro lado da moeda também tem sofrido bastante com esse processo trabalhista descompensado. O próprio temor da Justiça do Trabalho muitas vezes inibe os índices de empregabilidade e os níveis de remuneração no mercado, apenas para citar um exemplo corriqueiro dos efeitos indiretos ou sociais do processo trabalhista.

Em suma, para ambos os destinatários, o processo do trabalho não tem se mostrado um instrumento eficiente. Empregadores e tomadores de serviços apostam em sua morosidade, enquanto trabalhadores agradecem com a cabeça baixa a sua índole protecionista. Fato é que o processo trabalhista não se mostra aderente à realidade social subjacente e prefere soluções desapegadas de seu objeto, tocando em frente uma tutela jurisdicional abstrata, pueril e estéril de valores. Uma tutela a serviço de uma medíocre pretensão, surda, muda e de olhos vendados, de se corrigir supostas diferenças sociais.

Todavia, essa usual e nefasta prostração do processo trabalhista não sobreviverá à sua exuberante função e tampouco à verdadeira consciência de seus desígnios.

A contaminação do sistema jurídico por valores constitucionais, máxime o da dignidade da pessoa humana como conceito central a que se voltam os mecanismos jurídicos contemporâneos, combinada com o hodierno prestígio conferido por diversos sistemas supranacionais às garantias fundamentais de um processo justo, motivaram o desenvolvimento dos estudos que levaram a este trabalho.

Doravante procura-se reavaliar os escopos de processo trabalhista, questionando-se alguns de seus institutos, desconstruindo seus mitos, bem como erguendo bases principiológicas e garantísticas que possam torná-lo instrumento de justiça social. Neste momento, nossa modesta pretensão é compartilhar reflexões iniciais que possam inaugurar projetos mais profundos e audaciosos que se proponham a construir um processo trabalhista prenhe de garantias constitucionais e servil a instrumentalizar a construção de um mundo melhor.

2. OS NOVOS PARADIGMAS

O dia a dia dos fóruns trabalhistas revela que o processo do trabalho tornou-se um emaranhado de regras obsoletas e assistemáticas operadas sem um propósito consciente. É interessante pensar no paradoxo modernidade/caducidade do processo do trabalho. Quando nada existia sobre a compreensão jurídica e a consciência amadurecida acerca da desigualdade substancial dos indivíduos e a natural necessidade do Estado participativo e não mero espectador da luta entre desiguais, surgem, heroicos e revolucionários, o Direito do Trabalho e sua respectiva teoria processual. Letras jurídicas que finalmente concediam vantagens a uma das partes da relação a pretexto de compensar a hipossuficiência presumida do trabalhador. Um avanço na concepção liberal vivenciada até então.

Mas a tartaruga venceu a corrida contra a lebre, que, acomodada, adormeceu à sombra de uma árvore. Enquanto direito material e processual do trabalho dormiam, certo de serem os representantes da humanização do Direito, a hermenêutica jurídica seria amadurecida e a ordem seria rompida por novos paradigmas. Hoje, espelham prática, forma e conteúdo obsoletos.

Os fatores que levaram ao estrangulamento de valores e ao rompimento da relação instrumental objeto de naturais expectativas dirigidas ao processo do trabalho podem ser identificados em três aspectos, conforme veremos a seguir:

Cap. 2 – PREMISSAS TEÓRICAS PARA A CONSTITUCIONALIZAÇÃO DO PROCESSO DO TRABALHO

- Flexibilização da premissa dicotômica sobre a qual foi erigido o processo do trabalho, qual seja, "empregado pobre *versus* empregador rico".

O incremento do número de variantes tornou a fórmula motora do processo trabalhista completamente arcaica.

Assim, o primeiro fator a desafiar a lógica supostamente vivenciada pelo processo do trabalho certamente é a abstração de que a dicotomia simplista "empregado explorado *versus* empregador explorador" desmembrou-se em leque infinito de outras possíveis fórmulas, características e circunstâncias incidentes que clamam por um referencial jurídico mais elaborado para exercitar a Justiça quando conflitantes os interesses sociais incrustados na Constituição Federal. Altos prestadores de serviços, empregados altamente qualificados detentores de amplo poder de barganha, micro e pequenas empresas etc. são exemplos de novos sujeitos que vieram colorir o cenário outrora montado em preto e branco.

Na tradicional pirâmide kelseniana, e de acordo com os valores pós-positivistas, a ordem constitucional prevalece sobre as regras infraconstitucionais.

É preciso assimilar de uma vez por todas que é fundamento do Estado Democrático de Direito, segundo o art. 1.º, IV, da Constituição Federal, o prestígio tanto **ao trabalho** como **à livre iniciativa**. Ambos alocados no mesmo inciso quarto do primeiro artigo do texto constitucional, sem qualquer indício de predileção de um valor sobre o outro. Assim, a reinvenção do processo do trabalho e da operacionalidade da Justiça do Trabalho, constitucionalizados e maduros, deverão efetivar a Justiça Social objetivada pelo Estado brasileiro.[2]

A mudança paradigmática, neste aspecto, revela-se, portanto, em par de elementos que imprimiram alterações substanciais nos alicerces em que está erigido o processo trabalhista.

O primeiro elemento consiste na determinação constitucional motivadora de um equilíbrio de forças entre a mão de obra e o tomador do serviço. Ambos passam a ocupar o mesmo *locus* constitucional na condição de fundamentos do Estado.

O segundo elemento é de fonte material de Direito, ou seja, é a própria realidade. Não mais existe a dicotomia de outrora e a cada dia torna-se mais difícil classificar os personagens como vilões ou mocinhos da história. O binômio empregado-vítima-pobre-desprovido contra empregador-vilão-rico-bem--sucedido não mais representa a única possibilidade de visualização de interesses conflitantes.

---

[2] O art. 3.º da Constituição de 1988, por exemplo, explicita o contraste entre a realidade social injusta e a necessidade de eliminá-la. Desse modo, reforça o que ainda está por se realizar, implicando a obrigação do Estado em promover a transformação da estrutura econômico-social. Sua concretização não significa a imediata exigência de prestação estatal concreta, mas uma atitude positiva, constante e diligente do Estado.

A questão central é que o protecionismo característico do processo do trabalho, que implica facilitação da prestação jurisdicional em favor do trabalhador, não obstante, aparentemente, tenha uma boa índole, em verdade, consiste em um conjunto de regras obsoletas, jamais um princípio propriamente dito. Como regra que verdadeiramente é, o protecionismo não tem aberto espaço para a ponderação de valores, traduzindo-se em normas subsuntivas que, em um cenário plural, importam no engessamento de oportunidades anti-isonômicas em prol de determinada parte processual.

Isso porque o viés humanitário do que se entende por "protecionismo", sem querer simplificar uma questão de larga complexidade, mas apenas para contextualizarmos o objeto do presente trabalho, não decorreu propriamente de uma conquista natural, inteiramente genuína, nem mesmo do amadurecimento da sensibilidade judicial. As normas que induzem a um protecionismo processual, geralmente, refletem um direito material do trabalho protecionista em favor do empregado. Como é cediço, esse mesmo direito do trabalho, como um todo, não decorreu de conquista derivada tão somente de lutas da classe trabalhadora, como o foi alhures. Ao revés, os direitos trabalhistas domésticos foram concedidos pelos detentores do poder como estratégia de controle da classe operária, em outras palavras, de antecipação e prevenção de luta de classes que objetivasse reconhecimento de direitos populares.

Dizem que o que se ganha facilmente não se valoriza. Vamos além, o que se ganha sem esforço, o que se decora sem entender, o que se pratica sem saber o porquê dificilmente evolui. É dizer, as regras protecionistas do processo trabalhista jamais retrataram de fato uma humanização do processo.

Tal constatação torna-se cada vez mais evidente na medida em que sobressaltada a disfunção social do processo trabalhista incapaz de adaptar-se à nova realidade. As regras protecionistas, simplesmente, "taparam o sol com a peneira" durante determinado tempo em que as relações trabalhistas eram travadas entre personagens pouco ou nada complexos e facilmente enquadrados em uma ou outra categoria. Elas não ensinaram o magistrado a avaliar a situação concreta e, a partir de então, ter uma postura positiva de tentar garantir a paridade de armas entre litigantes. Ao revés, ilustraram um mecanismo automático, mimetismo que se compraz em favorecer sempre uma parte, o trabalhador, em detrimento da outra, o tomador de serviços *lato sensu*, sem prévia reflexão ou ponderação.

Nesse arsenal de regras e valores inflexíveis sem qualquer compromisso de realização de justiça concreta, o processo trabalhista evidenciou-se sem sentido, ou seja, um sistema reprodutor de injustiça absolutamente irrefletido. Um leque de efeitos sem causa, um rol de ações sem objetivos. Tudo isso porque os objetivos e as causas do processo trabalhista jamais foram fruto de um processo consciente de sua função intrumentalizadora. Assim, a alteração da realidade – constitucional e afeita à vida prática – chamou a atenção para o quadro de total alienação do processo do trabalho dos conflitos que lhe são subjacentes.

Cap. 2 – PREMISSAS TEÓRICAS PARA A CONSTITUCIONALIZAÇÃO DO PROCESSO DO TRABALHO

O mundo mudou e o processo do trabalho continua absolutamente o mesmo, amarrado em uma bivalência que já não tem mais lugar.

- A evolução da compreensão dos meios de acesso a direitos e a construção de um sistema garantístico.

Outro giro paradigmático diz respeito à atual acepção garantística do processo. Não mais se justifica existir um processo que não represente garantias mínimas de contraditório efetivo, de participação real no processo decisório ou de função realizadora de direitos.

O Direito Processual é uma ideia praticamente ínsita ao sentido de sociedade, de convivência ordenada de atuação humana. Desde sempre o conceito de processo, julgamento e lide, enquanto meios de acesso a direitos, ocupa o imaginário das pessoas como forma de legitimar conquistas e superar resistências injustas. Assim, para se comprovar pelo mais simples e universal dos textos conhecidos, a própria narrativa bíblica faz referência ao processo que resultou na expulsão de Adão e Eva do paraíso, bem como aquele cujo resultado condenou à morte Jesus Cristo. Em seu último livro, o texto bíblico promete a todos, ainda, um julgamento final, para vivos e mortos.

Diante de impasses ou decisões mais drásticas, a ideia de ponderação prévia, ou de uma sequência de argumentos considerados, ou mesmo de respeito a uma evolução de pensamento por silogismo ou escolhas motivadas tem gerado confiança, segurança e credibilidade às conclusões e julgamentos humanos.

Ao exercer a tutela jurisdicional, o Estado objetiva realizar os seus escopos, a saber: (i) social; (ii) político; e (iii) jurídico. Em outras palavras, a jurisdição do Estado, paulatinamente, mais se aproxima de um papel a desempenhar do que propriamente de uma simples função a exercer. As expectativas sociais diante do novo quadro aumentam vorazmente, o que também tem contribuído para destacar a inaptidão do direito processual do trabalho.

Ademais, a função jurisdicional, ainda neste contexto, pouco a pouco, seja no que tange ao processo civil ou ao trabalhista, vem assumindo *status* de garantia dos particulares em face da função administrativa do Estado. O Estado, como responsável pela manutenção da paz social, chamou para si a solução monopolizada dos conflitos intersubjetivos pela transgressão à ordem jurídica, limitando o âmbito da autotutela. Para tanto, dotou um de seus Poderes, o Judiciário, da atribuição de solucionar os conflitos supramencionados mediante a aplicação do direito objetivo ao caso concreto. Assim, o Estado-Juiz se substitui aos titulares dos interesses conflitantes para, de modo imparcial, pacificar a relação social, com justiça.[3] A jurisdição é uma função essencial-

---

[3] Frise-se que a jurisdição deve ser exercida por órgãos independentes e imparciais, mas não necessariamente juízes. Nos Estados Unidos e na Inglaterra, por exemplo, a jurisdição foi con-

mente estatal,[4] sendo, simultaneamente, poder, função e atividade, evidenciadas por um devido processo legal.[5]

O elemento Ação, por sua vez, é ainda mais afeito à evolução do pensamento científico, sendo certo que, na visão moderna, a ação é direito incondicionado,[6] traduzindo-se no direito ao instrumento utilizado para prestação da jurisdição.[7] Neste ponto, não é preciso muito esforço para concluir que o processo trabalhista pouco ou nada tem instrumentalizado, ao menos sob ótica consciente e compromissada com um conceito equilibrado de Justiça.

O elemento processo, por sua vez, é o instrumento da jurisdição. Independentemente da evolução e da diversidade de teorias sobre a natureza jurídica do processo, pode-se afirmar que o século XX foi marcado pela fase instrumental do Direito Processual e do processo em si.

O processo, enquanto via de prestação de tutela jurisdicional por meio do exercício do direito de ação, deve ser efetivo e estar prenhe de garantias aos participantes. Isso porque, no Estado Democrático contemporâneo, a eficácia

---

ferida a órgãos não compostos de juízes. Deve ser exercida por um órgão imparcial, *lato sensu*, dotado de duas características essenciais: independência e imparcialidade *strictu sensu*. Nesse sentido, a Convenção Americana de Direitos Humanos menciona a jurisdição como uma função desempenhada por um Tribunal Imparcial.

A justa composição da lide é a solução do conflito de acordo com o direito, ou seja, respeitando as normas criadas pelo Estado e que devem ser observadas por todos (GRECO, Leonardo. *Instituições de processo civil*. 3. ed. Rio de Janeiro: Forense, 2011. v. 1, p. 56, 59-60).

[4] Trata-se de característica histórica da jurisdição e não essencial, que já apresenta sinais de desgaste, começando a ser ultrapassada (GRECO, Leonardo. *Instituições de processo civil* cit., p. 56).

[5] Leonardo Greco afirma que a jurisdição continua umbilicalmente ligada ao Estado, apesar de a tentativa de diversos países, inclusive o Brasil, de criar órgãos não estatais para solucionar conflitos ou tutelar interesses particulares ter sido ineficaz, visto que esses órgãos não possuem poder de coerção, ou seja, poder de impor pela sua própria atuação o respeito às suas decisões. A jurisdição é um conceito em evolução, pois é evidente a tentativa de alguns sistemas jurídicos de desentranhá-la do Estado, pelo menos parcialmente (idem, p. 55-56).

[6] Nas palavras de Leonardo Greco, "a ação como direito cívico, relacionada à garantia fundamental do amplo acesso à justiça, é o direito de requerer e de defender-se perante o Poder Judiciário, dele recebendo uma resposta sobre determinada postulação. Essa compreensão do direito de ação tem maior relevância no âmbito do direito constitucional, ainda que mencionada por alguns processualistas" (GRECO, Leonardo. *Instituições de processo civil* cit., p. 163).

[7] Todavia, a ação, ou o direito ao processo, mais do que nunca, independentemente de sua relação com o direito material, tem sido compreendida em forte simbiose com valores éticos e regradores de seus objetivos. Nesse sentido, é de ver que, para além das condições da ação, pesa sobre seu exercício uma evidente carga moral e democrática que lhe exige seja pertinente, justa e ética. Essa tendência se frustra diante do sistema trabalhista, cuja ação, ou melhor, a reclamação trabalhista, instituto absolutamente desprovido de riscos de sucumbência, vivencia um negativo clima de condescendência com aventuras processuais e exercício ilegítimo de ações.

Cap. 2 – PREMISSAS TEÓRICAS PARA A CONSTITUCIONALIZAÇÃO DO PROCESSO DO TRABALHO   53

concreta dos direitos fundamentais depende da garantia da tutela jurisdicional efetiva.[8]

A tutela jurisdicional efetiva é uma garantia[9] e um direito fundamental.

Essa novel e paradigmática visão garantística do processo é derivada de dois movimentos avassaladores, que serão destrinchados mais adiante: (i) a constitucionalização do processo garantístico e (ii) a internacionalização dos direitos fundamentais, particularmente desenvolvidas a partir do conteúdo e da interpretação jurisprudencial dos tribunais constitucionais e das instâncias supranacionais de Direitos Humanos acerca dos textos normativos que consagram garantias fundamentais do processo, universalmente acolhidas nos países que absorveram a dignidade da pessoa humana[10] como valor essencial do Estado Democrático de Direito.

---

[8] Sobre o tema, vale a leitura de Morello: "No puede haber democracia párticipativa y capitalismo responsable, que se desentiendan de la efectividad continua de las garantías. Pensar en ello nos estimula porque las garantías, en su espontánea y genuina libertad de acción, no expresan otra cosa que la dignidad del hombre, al asegurarla en concreto y con efectividad.

Lo cual significa, básicamente, tener fidelidad al sistema de principios y valores con los que, en la necessidad aprendemos a interiozarlas. Por lo que siempre resultará penoso quebrar o interrumpir esa lealtad, desarraigar la vigorización constante de las garantías, que es el mejor síntoma de la salud del sistema democrático.

Estamos convencidos de que la adecuada comprensión de la trancedencia de las garantías es el índice más confiable para medir la mayoría de edad del Estado de Derecho" (MORELLO, Augusto M. *Constitución y processo*. La nueva edad de las garantias jurisdicionales. Buenos Aires: Abeledo-Perrot, 1998. p. 134).

[9] Nesse aspecto, interessante a observação constante do texto de Luigi Paolo Comoglio, para quem "garantia" é não só um direito reconhecido ou atribuído *in abstrato* pela norma, senão um direito efetivamente protegido em concreto, suscetível de plena atuação ou reintegração quando resulte violado. "As garantias processuais não são, assim, apenas garantias no sentido formal ou estático, mas garantias em sentido atuativo e dinâmico que assegurem condições efetivas de fruição de qualquer direito atribuído ou reconhecido" (COMOGLIO, Luigi Paolo. Garanzie costituzionali e giusto processo. REPRO, n. 90, São Paulo: RT, 1998, p.100).

[10] De fato, a palavra "dignidade" é empregada (I) seja como uma forma de comportar-se, (II) seja como atributo intrínseco da pessoa humana; neste último caso, como um valor de todo ser racional, independentemente da forma como a pessoa se comporte. É esta segunda signi-ficação que a Constituição tutela a dignidade da pessoa humana como fundamento do Estado Democrático de Direito, de modo que nem mesmo um comportamento indigno priva a pessoa dos direitos fundamentais que lhe são inerentes, ressalvada a incidência de penalidades cons-titucionalmente autorizadas. "Como declarou o Tribunal Constitucional da República Federal da Alemanha, 'à norma da dignidade da pessoa humana subjaz a concepção da pessoa como um ser ético-espiritual que aspira a determinar-se e a desenvolver-se a si mesma em liberdade'. Aliás, Kant já afirmava que a autonomia (liberdade) é o princípio da dignidade da natureza humana e de toda natureza racional, considerada por ele um valor incondicionado, incompa-rável, que traduz a palavra respeito, única que fornece a expressão conveniente da estima que um ser racional deve fazer dela. Não basta, porém, a liberdade formalmente reconhecida, pois a dignidade da pessoa humana, como fundamento do Estado Democrático de Direito, reclama condições mínimas de existência, existência digna conforme os ditames da justiça social como

As garantias que pretendemos pensar serão apresentadas mais à frente. Por ora, basta se ter por certo que, hoje, aqui e alhures, por conta de textos constitucionais e supranacionais, o entendimento sobre a Teoria Geral do Processo se transformou e passa a ser direcionado para um grande sistema de garantias em prol da efetividade concreta de direitos, lógica que, certamente, não se coaduna com a atual concepção e estrutura do processo do trabalho.[11]

Em suma, (i) a jurisdição enquanto possibilidade de transformação positiva da realidade; (ii) a ação inteligida como mecanismo ético de cobrança de direitos; e (iii) o processo se confundindo com um sistema próprio de garantias ilustram paradigmas bastante salutares acerca do moderno papel do Direito Processual que, todavia, vão de encontro com a concepção atual do processo trabalhista.

- Necessidade de um juiz trabalhista com compromisso de efetivação da ordem social.

O liberalismo combinava com o juiz inerte. Todos eram indivíduos, o que já seria o bastante para que fossem considerados iguais. Diferenças de sexo, idade, condição econômica e social eram relevadas diante da generalidade e abstração da Lei, que, precisamente por não ser dirigida a ninguém em especial ou a reger qualquer situação específica, promoveria, *sponte propria*, a igualdade.

A atuação do magistrado na condução do processo estava restrita a reproduzir, a partir de simples processo de subsunção, o conteúdo normativo ao caso concreto. O juiz, como sujeito da relação jurídica processual representativo do Estado, deveria manter-se afastado, isolado das partes, sendo-lhe absolutamente defeso movimentar o processo de ofício, sob pena de se violar a autonomia da vontade. Sob sua jurisdição, litigavam homens presumidamente iguais, pelo que a atuação espontânea do magistrado em favor de um desequilibraria, prejudicialmente, a relação processual.[12]

---

fim da ordem econômica" (SILVA, José Afonso da. *Poder constituinte e poder popular*. 1. ed. 2. tir. São Paulo: Malheiros, 2002. p. 148).

[11] Coloca Morello: "Las sociedades de Occidente, *dispuestas y atentas*, han terminado por comprender que si garantías operan enérgicamente y hay voluntad ciudadana en que ello sea de verdad así los resultados serán muy distintos: conviveremos en una sociedad habitable, *humanamente más justa y solidaria*.
En síntesis: las garantías jurisdiccionales, muchas de ellas constitucionalizadas y otras consagradas en tratados de igual jerarquía, no están hoy 'contenidas', ni significan una protección sólo virtual o tibia; se las ve como un formidable andamiaje a funcionar a pleno y de modo *continuo y real*, modificándose el pensamiento político que ha privado en largos períodos de la centuria y en países que eran – o parecían serlo – del Tercer Mundo". (MORELLO, Augusto M. *Constitución y proceso*. La nueva edad de las garantias jurisdicionales. cit., p. 116).

[12] "Entre outras demonstrações deste 'entulho' individualista, lugar de destaque pertence às posições que defendiam dever ser reduzida a participação e os poderes do juiz, ficando o processo (e principalmente seus resultados) totalmente entregue à sorte decorrente da iniciativa (ou falta de

A atividade jurisdicional não poderia em hipótese alguma ser contaminada pelas influências externas, de caráter sociológico e humanístico. A sentença deveria concretizar o esquema normativo hipotético, subsumindo ao caso concreto (premissa menor) a regra jurídica aplicável (premissa maior). Supunha-se conter a Lei a solução para todas as questões que eram submetidas à apreciação do magistrado, que deveria julgar com neutralidade, o que, em outros termos, significaria julgar despido de sensibilidade. Alheio, portanto, à realidade e à desigualdade social perversa.

A brusca inversão da compreensão do conceito isonômico, iniciada com o reconhecimento da existência de desigualdades entre os homens, ampliou enormemente o rol de incumbências do Estado, que teve seu papel social profundamente remodelado. De ente alheio ao cidadão, assume para si o desiderato fundamental de promover a realização plena dos valores humanos.

A mão estatal passa a regular a balança da Justiça, de modo a equiparar indivíduos notadamente desiguais.. Nesse aspecto, foi o processo trabalhista quem deu o primeiro "pontapé", ainda que motivado por duvidosa espontaneidade.

Procedeu-se, então, à reconstrução do conceito de igualdade nas mesas de audiências, basicamente, pela aplicação do "princípio" protecionista. Reconheceu-se que despender tratamento equânime a partes processuais substancialmente diferenciadas significaria reproduzir, com a chancela e carimbo da Justiça, o massacre diário verificado no interior da fábrica. Ocorre que, ao que parece, o processo do trabalho não se estruturou em uma ação judicial capaz de equilibrar a balança, mas simplesmente de jogar mais peso para um lado predeterminado, como já se sugeriu ao explanarmos críticas ao protecionismo. Esse erro essencial passou a ser desvendado em razão da complexidade da vida moderna que pressupõe a impossibilidade de determinação *a priori* de um lado que invariavelmente deva ser o mais fraco. Foi então que se tornou evidente que o suposto equilíbrio auferido com a atuação judicial permitida pelo processo do trabalho nada mais era do que um mecanismo automático e invariável, comprometido mais com um dos pesos do que propriamente com a balança em si.

Outrossim, a incapacidade do Estado em concretizar direitos fundamentais tem exigido, cada vez mais, uma atuação mais operosa do Poder Judiciário, que tem ganhado espaço por meio de um fenômeno que vem sendo apelidado pela doutrina como "judicialização" da política. Nesse contexto, tem-se experimentado

---

iniciativa) das partes. Esta concepção, hoje ultrapassada, de repúdio ao juiz ativo e participativo, era corolário da filosofia preponderantemente liberal e individualista que dominava o pensamento do século passado e baseava sua visão de mundo nos conceitos de liberdade, igualdade formal e propriedade, os quais eram estudados sob o enfoque do indivíduo, ou seja, sem que houvesse uma maior preocupação com a repercussão que o exercício de tais direitos pudesse ter em relação à coletividade. Neste contexto, era deixada para o Estado uma função secundária que vinha sintetizada pelo ideal do Estado Mínimo". (PUOLI, José Carlos Baptista. *Os poderes do juiz e as reformas do processo civil*. 1. ed. São Paulo: Juarez de Oliveira, 2002. p. 22).

um alargamento progressivo dos poderes judiciais no processo, não obstante infindáveis críticas da doutrina.

Sem adentrar propriamente os limites, causas e consequências desse fenômeno, fato é que os poderes judiciais admitidos no processo do trabalho, inicialmente tidos como um elemento de referência acerca da suposta sensibilidade mais apurada da norma processual trabalhista, hoje se revelam aquém das possibilidades vivenciadas em outros ramos do Direito Processual. Em outras palavras, é cada vez mais evidente a necessária presença no processo do trabalho de um juiz meio-termo entre o juiz do Estado Liberal e o juiz "pai do empregado" que chama para si a função de operar um processo invariavelmente a seu favor. O "juiz bonzinho" deve ceder lugar para o "juiz justo", proativo, realizador.

Assim, o Estado deve equilibrar os agentes a uma situação patamar mínima, respeitando coloridos das vantagens e desvantagens que os indivíduos conquistem, na condição de responsáveis pelo próprio destino. Ou seja, a igualdade absoluta de índole comunista na acepção do termo não ilustra um fim perseguido pela Constituição. Ao contrário, a Carta respeita os méritos, o livre-arbítrio e a alteridade de cada ator social. Qual seria o limite de atuação do Estado equilibrista?

Tem-se firmado como ponto de convergência a consciência de que o Judiciário deverá intervir sempre que um direito fundamental estiver sendo descumprido, especialmente se vulnerado o mínimo existencial de qualquer pessoa. No processo judicial essa consciência deve gerar um juiz ativo e comprometido com a efetivação da Justiça, que esteja à frente de um processo garantista, em que as partes possam livremente participar da construção de um resultado justo.

Destarte, é preciso adaptar o modelo de atuação do Estado Juiz, admitindo-se a evolução das relações econômicas e de trabalho. Ou seja, é necessário transportar o mecanismo automático protetor, enxugando o protecionismo para dentro de um limite que não o inquine de inconstitucional nem o faça a qualquer preço, em desrespeito às garantias de um processo justo. Em suma, o Judiciário como oráculo para soluções dos problemas sociais deve respeitar os limites naturais de seu *deficit* de legitimidade democrática para criar leis ou instituir políticas sociais.

Assim, o processo do trabalho deve engendrar possibilidades e conferir margem de atuação ao juiz servil para equilíbrio das partes até determinado patamar que as coloque quites perante os direitos fundamentais, máxime a garantia a um processo justo. A diferença não passível de correção pelo Judiciário é resultado da liberdade de escolha de cada homem sobre seu próprio desígnio e, caso seja considerada excessivamente desequilibrada, deverá ser alvo de projetos dos Poderes legitimados.

Um juiz consciente de seu dever e participativo implicará a mutação da justiça de *Robin Hood*[13] para a conscientização da responsabilidade do juiz

---

[13] A expressão é perfeita e não é minha. Confesso que não sei dizer ao certo de quem seja. Lembro tê-la ouvido, pela primeira vez, de meu orientador, Leonardo Greco.

Cap. 2 – PREMISSAS TEÓRICAS PARA A CONSTITUCIONALIZAÇÃO DO PROCESSO DO TRABALHO

trabalhista. Isso porque o atual processo do trabalho e respectivos poderes conferidos aos juízes têm produzido efeitos nefastos nas relações humanas entre polos interdependentes, na medida em que espraiam a insegurança jurídica derivada da inexistência de parâmetros e limites, máxime do que se entende por protecionismo.

A sociedade acaba refém do Judiciário, que se reconhece responsável por um fictício equilíbrio absoluto dos atores sociais e é ineficiente nas medidas assistemáticas de correção. A reação da sociedade, em contrapartida, tem sido a transferência dos riscos suportados pela ditadura de um Judiciário que exerce o poder orientado por concepções políticas a despeito da técnica. A consciência dos estragos na ordem econômica que supostamente pretenderia otimizar deve fazer com que a atuação judicial migre do preconceito[14] para a compreensão dos fundamentos que justifiquem sua intervenção.

O pretendido avanço do papel do juiz trabalhista implicará inevitável aumento de seu ônus argumentativo. É preciso que a fundamentação de suas decisões englobe uma construção que justifique as premissas que irradiaram para um julgamento equitativo. Essa moderna postura proposta confortará as expectativas sociais e criará um ambiente de previsibilidade, importante para a evolução do diálogo entre Capital e Trabalho.

Em suma, o processo do trabalho não serve aos seus fins, que, aliás, sequer são conhecidos com exatidão.

Tendências contemporâneas, pouco ou sequer sindicadas por operadores do processo do trabalho, aumentam o abismo existente entre as expectativas dos que litigam na Justiça do Trabalho e as decisões produzidas sob escopos do processo trabalhista; são estas as principais: (i) a pluralidade de arranjos de possíveis interesses contrapostos, que gera a superação do "princípio" protecionista nos termos em que inteligido; (ii) a evolução da processualística rumo a um necessário sistema de garantias assegurado pela Constituição e textos normativos internacionais aplicáveis à ordem democrática brasileira, que provoca tensão com institutos processuais infralegais estabelecidos na Consolidação das Leis do Trabalho; (iii) e, por fim, a nova postura do Poder Judiciário, que não se coaduna com a prática averiguada por juízes do trabalho.

Enfim, o direito processual do trabalho possui uma série de características residuais do Estado patrimonial e autoritário, incompatíveis com o estágio de desenvolvimento humanitário alcançado pela sociedade ocidental na segunda

---

[14] Por oportuno, Dalmo de Abreu Dallari: "É muito raro que alguém reconheça que tem posição preconceituosa em relação a alguma coisa. Muitas vezes, o preconceituoso não percebe que age dessa forma, pois, como adverte o professor Goffredo Teles Junior, o preconceito geralmente atua de forma sutil, sinuosa, levando uma pessoa a tomar como premissa, como ponto de partida, aquilo que deseja que seja a conclusão" (DALLARI, Dalmo de Abreu. Policiais, juízes e igualdade de direitos. In: CARDOSO, Ruth. *O preconceito*. São Paulo: IMESP, 1997. p. 89).

metade do século XX. Será preciso repensá-lo e reescrevê-lo a fim de promover uma justiça de qualidade posta à disposição do cidadão e ao cumprimento efetivo do seu escopo social, que é a restauração da convivência harmônica, pacífica e solidária entre Capital e Trabalho, sujeitos reconhecidamente interdependentes.

A reordenação será calcada a partir da aferição da autonomia e necessidade desse campo específico do Direito Processual, bem como da definição de seus princípios e garantias mínimas.

Assim, quer-se desenvolver uma reflexão crítica do processo judicial trabalhista sob as perspectivas da efetividade e das garantias fundamentais de um processo justo, como tal entendido um processo formado e desenvolvido com a mais completa oportunidade para as partes de influírem eficazmente na decisão, fruto do mais intenso diálogo humano entre o juiz e os cidadãos, apto a revelar a verdade dos fatos com a maior segurança possível e a gerar decisões aceitas como justas por toda a sociedade.

3. A TEORIA GERAL DO PROCESSO DO TRABALHO – OS PRINCÍPIOS DO PROCESSO DO TRABALHO

A conformação dos princípios como espécies do gênero norma jurídica é relativamente recente, pois, como assevera Luís Roberto Barroso, os princípios tiveram de "conquistar o *status* de norma jurídica, superando a crença de que teriam uma dimensão puramente axiológica, ética, sem eficácia jurídica ou aplicabilidade direta e imediata".[15] Nesse contexto, é correto afirmar que restou ultrapassado o entendimento minimalista que se limitava a atribuir aos princípios um caráter meramente supletivo das regras, limitando sua incidência às hipóteses de lacuna.[16]

Para Dworkin, entre regras e princípios há, em primeiro lugar, uma distinção lógica, pois regras são normas que se aplicam de forma absoluta, em uma modalidade nomeada pelo autor de "tudo ou nada" (*all-or-nothing*), isto é, se os pressupostos fáticos de incidência da norma se fizerem presentes, a regra, desde que válida, deve ser obrigatoriamente aplicada.[17] Os princípios, por seu turno, atuam de forma diversa, eis que "não apresentam consequências jurídicas que

---

[15] BARROSO, Luís Roberto; BARCELLOS, Ana Paula de. O começo da história; A nova interpretação constitucional e o papel dos princípios no direito brasileiro. In: BARROSO, Luís Roberto (Org.). *A nova interpretação constitucional*: ponderação, direitos fundamentais e relações privadas. Rio de Janeiro: Renovar, 2003. p 337.

[16] SARMENTO, Daniel. *A ponderação de interesses na Constituição Federal*. Rio de Janeiro: Lumen Juris, 2003. p. 41.

[17] DWORKIN, Ronald. *Levando os direitos a sério*. Trad. Nelson Boeira. São Paulo: Martins Fontes, 2002. p. 39.

se seguem automaticamente quando as condições são dadas".[18] Para o autor, as regras são de aplicação imperativa, comportando exceções que, contudo, devem ser arroladas no seu próprio enunciado para dar maior completude e precisão ao seu sentido. Dessa forma, nas palavras de Dworkin, "dados os fatos que uma regra estipula, então ou a regra é válida, e neste caso a resposta que ela fornece deve ser aceita, ou não é válida, e neste caso em nada contribui para a decisão".[19] Os princípios, ao revés, não possuem aplicação absoluta e irrestrita, podendo conviver uns com outros nos mesmos casos concretos.

Dworkin apresenta, ainda, outra distinção marcante entre as duas modalidades de norma jurídica, qual seja, a dimensão de atuação. Assim, os princípios podem ser aplicados de forma parcial justamente por possuírem dimensão em que é permitida a avaliação de suas respectivas relevâncias. As regras não teriam essa dimensão. Se duas regras entram em real conflito, uma delas não seria válida. Em suma, os princípios possuiriam maior capacidade expansiva do que as regras, incidindo em hipóteses muito mais abrangentes.

Sobre o tema, dentre múltiplos critérios distintivos possíveis entre regras e princípios, Luís Roberto Barroso e Ana Paula de Barcellos destacam três, quais sejam, (i) o conteúdo, (ii) a estrutura normativa e (iii) as particularidades da aplicação.[20]

Quanto ao conteúdo, os princípios identificam valores a serem preservados ou fins a serem alcançados, trazendo em si, em geral, um conteúdo axiológico ou uma decisão política. A questão relativa a valores ou a fins públicos não se insere no conteúdo das regras, pois sua delimitação já foi previamente efetuada pelo legislador. Nesses termos, regras seriam apenas descritivas de conduta, enquanto os princípios seriam valorativos ou finalísticos. No que se refere à estrutura normativa, enquanto as regras dispõem em seu conteúdo os atos a serem praticados para o cumprimento adequado de suas disposições, os princípios indicam fins e estados ideais a serem alcançados. Por conta dessa diferença estrutural, a atividade do intérprete será muito mais complexa ao interpretar os primeiros. Finalmente, quanto às particularidades de aplicação, os autores salientam que as regras se expressam na forma "tudo ou nada" pregada por Dworkin, enquanto os princípios admitem a possibilidade de ponderação, decorrente de sua ampla carga valorativa.[21]

---

[18] Idem, p. 40.

[19] Idem, p. 39.

[20] BARROSO, Luís Roberto; BARCELLOS, Ana Paula de. O começo da história; A nova interpretação constitucional e o papel dos princípios no direito brasileiro. In: BARROSO, Luís Roberto (Org.). *A nova interpretação constitucional* cit., p. 340.

[21] Aliás, em estudo posterior mais direcionado ao tema, Ana Paula de Barcellos apresenta um verdadeiro elenco dos critérios distintivos entre regras e princípios já cogitados pela doutrina reconhecida. A autora cita os critérios da seguinte forma: a) quanto ao conteúdo: princípios estão mais próximos da ideia de valor e de direito e regras contêm conteúdo diversificado e

A partir de características próprias outrora apresentadas, as quais fundamentam a admissão dos princípios enquanto normas jurídicas, obviamente, é de intuitiva conclusão que eles colidem uns com os outros, dado o amplo espectro de alcance e possibilidades de repercussão.

Aliás, se assim não fosse, o princípio da ampla defesa, extraído do inciso LV, do art. 5.º da Constituição Federal de 1988, por exemplo, garantiria a total e irrestrita possibilidade de discussão, a qualquer tempo e grau de jurisdição, de todas as questões que possam surgir nos processos judiciais, o que configuraria sua aplicação em expansão máxima e processos verdadeiramente intermináveis. Para que se possa garantir a convivência harmônica do princípio da ampla defesa com o princípio da duração razoável dos processos, ambos devem ceder em determinada intensidade, de acordo com as limitações jurídicas e fáticas do caso concreto. Em outras palavras, ambos deverão conviver, sem se excluírem por completo. Esse fenômeno tem sido concebido pela doutrina como preservação de uma espécie de "mínimo essencial" de cada princípio que não admitiria sua restrição por outro, uma vez não haver hierarquia constitucional entre eles.[22]

---

não necessariamente moral; b) quanto à origem e validade: a validade dos princípios decorre de seu próprio conteúdo, enquanto as regras derivam de outras regras ou dos princípios; c) quanto ao compromisso histórico: os princípios são universais, absolutos, objetivos e permanentes, ao passo que as regras caracterizam-se de forma bastante evidente pela contingência e relatividade de seu conteúdo, dependendo do tempo e do lugar; d) quanto à função no ordenamento: os princípios têm função explicadora e justificadora em relação às regras, sintetizando uma grande quantidade de informação de um setor ou de todo o ordenamento jurídico, conferindo-lhe unidade e ordenação; e) quanto à estrutura linguística: os princípios são mais abstratos que as regras e, em geral, não descrevem as condições necessárias para sua aplicação. Por isso, aplicam-se a um número indeterminado de situações. Quanto às regras, diferentemente, é possível identificar, com maior ou menor trabalho, suas hipóteses de aplicação; f) quanto ao esforço interpretativo exigido: os princípios exigem uma atividade argumentativa mais intensa, não apenas para precisar seu sentido, como também para inferir a solução que ele se propõe para o caso, enquanto as regras demandam apenas uma aplicabilidade técnica; g) quanto à aplicação: as regras têm estrutura biunívoca, aplicando-se de acordo com o modelo "tudo ou nada", popularizado por Ronald Dworkin. Os princípios, ao contrário, determinam que algo seja realizado na maior medida possível, admitindo uma aplicação mais ou menos ampla de acordo com as possibilidades físicas e jurídicas existentes; h) quanto aos efeitos pós-aplicação, os princípios são indeterminados a partir de certo ponto, ao contrário das regras; i) quanto aos meios para atingir os efeitos pretendidos, os princípios, ao contrário das regras, permitem caminhos múltiplos (BARCELLOS, Ana Paula de. *A eficácia jurídica dos princípios constitucionais*: o princípio da dignidade da pessoa humana. Rio de Janeiro: Renovar, 2002. p. 46-51).

[22] Sobre o tema, ver: Idem, 2002; BARROSO, Luís Roberto. *O direito constitucional e a efetividade de suas normas*. Rio de Janeiro: Renovar, 2000; DWORKIN, Ronald. *Uma questão de princípio*. São Paulo: Martins Fontes, 2000; GUERRA, Sidney; MERÇON, Gustavo. *Direito constitucional aplicado à função legislativa*. Rio de Janeiro: América Jurídica, 2002; RAWLS, John. *Uma teoria da justiça*. São Paulo: Martins Fontes, 2000. SARLET, Ingo Wolfgang. *A eficácia dos direitos fundamentais*. 5. ed. Porto Alegre: Livraria do Advogado, 2009.

Cap. 2 – PREMISSAS TEÓRICAS PARA A CONSTITUCIONALIZAÇÃO DO PROCESSO DO TRABALHO

Assim, quanto mais afastado de seu núcleo, maior a possibilidade de restrição a ser imposta ao princípio e, de forma inversa, quanto mais próximo de seu núcleo essencial, mais difícil se tornará sua ponderação.

Alexy cita a aludida impossibilidade de restrição do núcleo essencial dos princípios ao versar sobre o conceito do princípio da dignidade da pessoa humana, asseverando que a norma jurídica da dignidade da pessoa comporta: a) um princípio, que pode ser aplicado em diferentes graus; e b) uma regra, que seria aplicada de forma absoluta, sem ponderação.[23] A regra a que se refere Alexy é correspondente ao núcleo duro do princípio, na medida em que sua aplicabilidade não comporta ponderação; e o princípio, conforme referido pelo autor, seria correspondente a todas as irradiações derivadas do seu núcleo essencial, que podem sofrer limitação de acordo com as circunstâncias jurídicas e fáticas apresentadas.

3.1. A relevância e a incidência dos princípios do processo trabalhista

A importância da análise das garantias fundamentais processuais no processo do trabalho é notória, pois, na comum ausência de previsão legislativa,[24] os princípios incidirão diretamente no caso concreto, projetando a abrangência e demarcando os limites de atuação jurisdicional na busca pela efetivação de direitos trabalhistas.

Certamente, a ausência de regras específicas não pode justificar a negativa de apreciação de uma questão submetida aos tribunais. Tal sorte de atitude violaria a norma contida no art. 4.º da Lei de Introdução às Normas do Direito Brasileiro[25] (Decreto-Lei 4.657/1942), que também é uma das formas de concreção do princípio da inafastabilidade do controle jurisdicional.

Ademais, o art. 8.º da CLT elenca rol de fontes de direito, dentre as quais a analogia, o direito comparado, a equidade, assim como os princípios e normas gerais de direito. Para completar, o art. 769 da Consolidação aduz que "nos casos omissos, o direito processual comum será fonte subsidiária do direito processual do trabalho, exceto naquilo em que for incompatível com as normas deste Título".

---

[23] O autor indica que o caráter de *regra* do *princípio* se dessume das hipóteses em que a relevância de sua aplicação é tal, que não se indaga se seria possível restringi-lo (em ponderação), mas somente se há violação ou não de seu conteúdo (ALEXY, Robert. *Teoria de los derechos fundamentales*. Trad. Ernesto Garzon Valdés. Madrid: Centro de Estudios Constitucionales, 2001. p. 105-109).

[24] A CLT, que se imaginaria a fonte natural do processo do trabalho, tem apenas cerca de 140 (arts. 763 a 902) dispositivos de ordem processual.

[25] "Art. 4.º. Quando a lei for omissa, o juiz decidirá o caso de acordo com a analogia, os costumes e os princípios gerais de direito."

O intérprete ou operador do processo trabalhista, portanto, ao buscar auxílio hermenêutico não poderá se furtar de defender os valores emanados dos princípios, que poderão se concretizar diretamente pela atividade de integração de lacunas para preservar sua essência nas hipóteses não previstas na legislação específica, que, diga-se de passagem, no que diz respeito à regulação do processo de efetivação de direitos trabalhistas, são muitas. Observa-se, dessa forma, que a ausência de regras processuais próprias na CLT não é óbice para que o intérprete supra naturais lacunas processuais. Assim, aplicando-se diretamente os princípios que consagram direitos e garantias fundamentais de natureza processual, o Poder Judiciário pode legitimamente construir um modelo processual apto a melhor solucionar os conflitos entre Capital e Trabalho.

Em suma, o processo do trabalho não é refém de um procedimento singular apenas. Aliás, se sua observância levar a um resultado que interfira na essência das garantias processuais fundamentais, deverá ser, fundamentadamente, afastado ou adaptado. Porém, não existindo forma específica de tutela de determinado direito, caberá ao julgador a missão de contornar os óbices e buscar a solução em outros tipos de tutela, nem que para isso tenha de fazer uso de instrumentos processuais não previstos ou mesmo estender a conceituação de institutos já existentes do Direito Processual para o campo trabalhista. São premissas relevantes para que possamos avançar com segurança.

3.2. Princípios do processo do trabalho

A partir dos escopos do processo do trabalho é possível determinar os princípios que devam por ele ser perseguidos na maior medida possível.

Assim, dados o papel e a relevância nos princípios para a delimitação de um processo do trabalho que diga a que veio, ou seja, que seja capaz de promover solução mais eficiente nos conflitos de interesse que envolvam tensão entre capital ou setor público e trabalho, será possível apresentar princípios próprios ao processo trabalhista que certamente não diminuam nem excluam os princípios ditos do gênero Direito Processual.

O direito material do trabalho fora erigido – em poucas palavras e sem contextualizar as circunstâncias nacionais – da crise no modelo do Estado Mínimo, engendrando profundas alterações na temática constitucional mundial. O '*laissez-faire, laissez-passer*' cedeu lugar ao dirigismo contratual.[26]

---

[26] Ao tecer comentários, em 1959, à Consolidação das Leis Trabalhistas, Arnaldo Sussekind referiu-se da seguinte forma ao tema ora em tela: "Na verdade, a concepção estatal individualista e liberal é incapaz de ensejar a realização dos ideais de Justiça Social, de segurança econômica e de respeito à dignidade humana proclamados pela Declaração de Filadélfia de 1944 e pela Declaração Universal dos Direitos do Homem de 1948. Já a encíclica 'Rerum Novarum', de Sua Santidade o Papa LEÃO XIII, ao condenar a exploração do homem pelo homem, propiciada pelo liberal individualismo, defendia, em 1891, a intervenção do Estado nas relações de trabalho

Cap. 2 – PREMISSAS TEÓRICAS PARA A CONSTITUCIONALIZAÇÃO DO PROCESSO DO TRABALHO

Contudo, de nada adiantaria positivar, em Cartas Políticas, direitos trabalhistas, se não fossem garantidos ao operariado meios de fazer valer tais direitos, ou, em sentido mais técnico, meios de efetivá-los. Na esteira da igualdade formal, a estrutura clássica do processo civil havia sido forjada para compor conflitos intersubjetivos, ou seja, para solucionar lides em que eram partes indivíduos substantivos, despidos de qualquer adjetivação. Perpetuava, pois, a desigualdade material ao desconsiderar as distinções reais existentes entre os litigantes, ao conferir tratamento indiferenciado a desiguais.

Flagrante a limitação do processo comum ao fechar os olhos para as diferenças existentes entre proprietários dos meios de produção e proletariado. A venda da igualdade jurídico-política e da consequente atitude absenteísta estatal lograram cegar a Justiça. A positivação dos direitos de segunda geração nas Cartas Políticas de quase todos os Estados evidenciava a insuficiência do processo civil, voltado exclusivamente à tutela das liberdades negativas.[27]

Assim, como muito bem observa Ada Pellegrini:

> O processo do trabalho veio romper com determinados esquemas processuais, inadequados não só para a solução das lides trabalhistas, mas também para a solução de lides das mais diversas espécies. Correspondendo às exigências específicas dos trabalhadores, o processo do trabalho abriu caminho para a socialização do processo, operando as modificações que se tornaram necessárias, na sociedade

---

'e isto em todo o rigor do seu direito, e sem temer a censura da ingerência indébita, pois que, em virtude mesmo do seu ofício, o Estado deve servir ao interesse comum'. (...) O Direito, que, na fase de predomínio do liberal individualismo, subordinava a ordem jurídica exclusivamente na tutela do patrimônio, garantindo a cada um o que lhe pertencia, passou a ter como fundamento correlato o trabalho. E intervindo nas relações de trabalho, ao estatuir normas de caráter cogente, procura evitar que da desigualdade econômica dos contratantes resulte um estado de exploração do mais fraco pelo mais poderoso. Por isto mesmo, tendo como escopo a Justiça Social, deve a Lei assegurar o direito de viver com dignidade, não se limitando a 'dar a cada um o que lhe pertence', mas, na medida em que a ordem social o permitir, 'a dar a cada um o que necessita'. O trabalho, na atualidade, como afirmou Adolfo Posada, 'tem idêntica hierarquia que a liberdade; se, antes, no Direito constitucional, o problema máximo consistia em realizar um regime de garantias jurídicas das liberdades, o problema de agora para um constitucionalista ajustado ao ritmo acelerado dos tempos, consiste em tornar possível um regime jurídico e social em que o trabalho seja uma exigência moral – não só econômica – de tal modo que se erija em condição para a dignidade humana. (...) as novas Constituições, tal como a vigente em nosso país, não mais se limitam a dispor sobre a organização do Estado e a enumerar os direitos e garantias individuais dos cidadãos. Ao lado de tais capítulos – característicos das Constituições meramente políticas – foram introduzidos novos princípios atinentes à ordem socioeconômica, possibilitando a intervenção do Estado, a fim de conciliar a liberdade de iniciativa com a valorização do trabalho humano e a organização da economia nacional, que têm como fundamento o próprio interesse coletivo" (sic). (SUSSEKIND, Arnaldo. *Comentários à Consolidação das Leis do Trabalho e à Legislação complementar*. Rio de Janeiro: Freitas Bastos, 1960).

[27] TUPINAMBÁ, Carolina. *Competência da Justiça do trabalho à luz da reforma constitucional*. Rio de Janeiro: Forense, 2006.

contemporânea, com relação a todo e qualquer litigante. A tentativa de forjar um processo civil simples, acessível, rápido e econômico; a tendência para um processo permeado de maior publicidade, de maior oralidade, de maior democratização, de maior moralidade, é fenômeno frequentemente encontrado, mas que só pode ter possibilidade de êxito sob certas condições. E a principal dessas condições, notou Cappelletti, reside na circunstância de o esforço corresponder a uma efetiva exigência de classes sociais ou de grupos de pressão, que saibam impor a sua vontade quer a nível de direito material, quer a nível de direito processual. Com efeito, o processo civil ainda corresponde, em muitos países, às preferências ideológicas e às exigências materiais de grupos já firmemente consolidados no poder, e por isso mesmo conservadores, que tendem mais a frear do que a acelerar; que visam mais ao formalismo do que à simplificação; que preferem exceder em garantias a permitir o dinamismo renovador do juiz.[28]

Inicialmente aplaudido, o Processo do Trabalho singularizou-se por se orientar por princípios definidos que, inclusive, autorizariam a carência de leis processuais e os maiores poderes do juiz na direção do processo. A doutrina apresenta, conforme seu respectivo autor, listagem principiológica bastante diversificada. Façamos um giro superficial sobre autores com atual número de seguidores mais expressivo.

Renato Saraiva, em manual de direito processual trabalhista frequentemente consultado por alunos de graduação e operadores do ramo,[29] por exemplo, enuncia serem princípios próprios do processo do trabalho os seguintes: (i) o princípio dispositivo, também chamado de princípio da inércia da jurisdição (art. 2.º do CPC), que informa que nenhum juiz prestará a tutela jurisdicional senão quando a parte ou o interessado a requerer. Nesse aspecto, o art. 856 da CLT contemplaria uma exceção ao referido princípio, visto possibilitar ao presidente do Tribunal, *ex officio*, em caso de suspensão do trabalho, instaurar dissídio coletivo, hipótese que o Autor não reputa válida; (ii) o princípio inquisitório, a conferir ao magistrado a função de impulsionar o processo na busca da solução do litígio, estando contemplado nos arts. 765, 852-d e 878, todos da CLT, assim como no art. 4.º da Lei 5.584/1970; (iii) o princípio da concentração dos atos processuais, que objetiva que a tutela jurisdicional seja prestada no menor tempo possível, concentrando os atos processuais em uma única audiência, o que ocorreria no procedimento sumaríssimo, em que as demandas são instruídas e julgadas em audiência única; (iv) o princípio da oralidade, que se consubstancia, segundo o Autor, na realização de atos processuais pelas partes e pelo próprio magistrado na audiência, de forma verbal, oral. No processo do trabalho, o princípio da oralidade estaria vivo

---

[28] GRINOVER, Ada Pellegrini. *O processo em sua unidade*-II. São Paulo: Forense, 2007. p.125-126.

[29] SARAIVA, Renato. *Curso de direito processual do trabalho*. 8. ed. São Paulo: Método, 2011.

na leitura da reclamação (art. 847 da CLT), defesa oral em 20 minutos (art. 847 da CLT), tentativas de conciliação (arts. 846 e 850 da CLT), interrogatório das partes (art. 848 da CLT), oitiva das testemunhas (art. 848, § 2.º, da CLT), razões finais em 10 minutos (art. 850 da CLT) e protesto em audiência (art. 795 da CLT);[30] (v) o princípio da identidade física do juiz, que, depois da extinção dos juízes classistas, sobreviveria à Súmula 136 do STF, a determinar que o juiz que tenha colhido a prova seja o mesmo a proferir a sentença; (vi) o princípio da imediação ou da imediatidade, valor apto a permitir um contato direto do juiz com as partes, testemunhas, peritos, terceiros e com a própria coisa litigiosa, objetivando firmar o seu convencimento, mediante a busca da verdade real;[31] (vii) o princípio da irrecorribilidade imediata das decisões interlocutórias,[32] contemplado no dispositivo 893, § 1.º, da CLT, cujo conteúdo dispõe que as decisões interlocutórias não são recorríveis de imediato, somente permitindo-se a apreciação do seu merecimento em recurso

---

[30] Em verdade não existe disposição legal expressa a determinar se consigne o inconformismo da parte para com a decisão interlocutória, por intermédio de protestos nos autos. Todavia, os pretórios trabalhistas firmaram entendimento de que a manifestação da insatisfação relativa ao *decisum* incidental configura-se como pressuposto procedimental indispensável à interposição de recurso, no que toca, obviamente, à matéria objeto da interlocutória. A inércia, o silêncio da parte implicaria, por conseguinte, a convalidação, a anuência tácita para com a decisão incidental prolatada. A prática é tão sedimentada na Justiça do Trabalho que, em casos, por exemplo, em que o Tribunal Regional altere decisão de primeira instância, reconhecendo vínculo empregatício ou decretando a prescrição com o natural retorno dos autos à vara de origem, incabível o Recurso de Revista contra o acórdão regional. O Superior Tribunal do Trabalho, nestes casos, em oportunos despachos de inadmissibilidade desses recursos, didaticamente sói esclarecer que, nestas hipóteses, cabível apenas o protesto formal nos autos para registro do inconformismo quanto à decisão, uma vez que o acórdão regional não fora "terminativo do feito". Nesta situação, portanto, deve a parte prejudicada aguardar a nova sentença e, possivelmente, o outro acórdão regional, para, então, aí sim, recorrer de revista e renovar na peça recursal o inconformismo acerca do conteúdo protestado.

Diante deste contexto, reconhece-se que a experiência do Processo Trabalhista tem sido bem sucedida, uma vez que em homenagem a essa regra, a prestação jurisdicional tem sido notoriamente mais célere e ágil.

[31] "Art. 820 CLT- As partes e testemunhas serão inquiridas pelo juiz ou presidente, podendo ser reinquiridas, por seu intermédio, a requerimento dos vogais, das partes, seus representantes ou advogados."

[32] Leia-se, acerca do tema, Manuel Antonio Teixeira Filho: "(...) a CLT atribuiu caráter de interlocutórias às decisões resolutivas das exceções de impedimento ou de suspeição (CLT, art. 799, § 2.º); a 'sentença' de liquidação (CLT, art. 884, § 3.º); a que decidir o incidente de falsidade documental (CPC, art. 395). Das decisões sobre exceção de incompetência (relativa) como vimos, não se admitirá recurso. Recurso poderá haver da sentença que acolher preliminarmente de incompetência absoluta, uma vez que, nesta hipótese, a causa estará sendo subtraída da competência da Justiça do Trabalho, vale dizer, a sentença será 'terminativa' da jurisdição trabalhista" (TEIXEIRA FILHO, Manoel Antonio. *Sistema dos recursos trabalhistas*. 10. ed. São Paulo: LTr, 2003. p. 112).

de decisão definitiva;[33] apresenta, outrossim, como princípios, (viii) o contraditório e ampla defesa, com os meios e recursos inerentes; (ix) o princípio da imparcialidade do juiz, contemplado no art. 10 da Declaração Universal dos Direitos Humanos, que assegura a igualdade de tratamento das partes e a garantia de justiça; (x) o princípio do juiz natural, que determina que não haverá juízo ou tribunal de exceção (art. 5.º, XXXVII, da CRFB/1988) e que ninguém será processado nem sentenciado senão pela autoridade competente (art. 5.º, LIII, da CRFB/1988); (xi) o princípio da motivação das decisões, anunciado pelo art. 93, IX, da CRFB/1988 e 832 da CLT; (xii) o princípio da conciliação, contemplado no art. 764 da CLT, que determina que os dissídios individuais ou coletivos submetidos à apreciação da Justiça do Trabalho serão sempre sujeitos à conciliação; (xiii) o princípio do *jus postulandi* da parte estaria consubstanciado no art. 791 da CLT, o qual estabelece que os empregados e os empregadores poderão reclamar pessoalmente perante a Justiça do Trabalho e acompanhar as suas reclamações até o final, possibilidade já restringida para segundo e terceiro grau de jurisdição;[34] (xiv) o princípio do devido processo legal; (xv) o princípio da lealdade e boa-fé, pregado no art. 14, II, do CPC expressa ser deveres das partes e de todos aqueles que de qualquer forma participam do processo agir com probidade;[35] (xvi) o princípio da eventualidade, que determina que as partes aduzam, de uma só vez, todas as matérias de ataque e defesa, objetivando resguardar seu próprio interesse, sob pena de operar-se a denominada preclusão; (xvii) o princípio da preclusão, a consistir na perda da possibilidade da prática de um ato processual pelo seu não exercício no momento oportuno, encontrado, por exemplo, na figura da perempção provisória, prevista nos arts. 731 e 732 da CLT; (xviii) o princípio da impugnação especificada, que sugere ao reclamado manifestar-se, precisa e especificamente, sobre os fatos narrados na petição inicial, não se admitindo a defesa por negação geral; (xix) o princípio da proteção, a garantir o caráter tutelar, protecionista, evidenciado no direito material do trabalho, que também seria aplicável no âmbito do processo do trabalho; (xx) o princípio da busca da verdade real, constante do art. 765 da CLT, ao dispor que os juízos e tribunais do trabalho terão ampla liberdade na direção do processo e velarão

---

[33] O Tribunal Superior do Trabalho, por meio da Súmula 214, dispôs que na Justiça do Trabalho, nos termos do art. 893, § 1.º, da CLT, as decisões interlocutórias não ensejam recurso imediato, salvo nas hipóteses de decisão: a) de Tribunal Regional do Trabalho contrária a Súmula ou Orientação Jurisprudencial do Tribunal Superior do Trabalho; b) suscetível de impugnação mediante recurso para o mesmo Tribunal; c) que acolhe exceção de incompetência territorial, com a remessa dos autos para Tribunal Regional distinto daquele a que se vincula o juízo excepcionado, consoante o disposto no art. 799, § 2.º, da CLT.

[34] Ver TST E-AIRR; RR 85.581/03-900.02.00-5. (Disponível em: <www.tst.gov.br>. Acesso em: 25 jan. 2013).

[35] Outrossim, o art. 125 do Código de Processo Civil elenca uma série de princípios da processualística civil, dentre os quais o da boa-fé das partes processuais.

Cap. 2 – PREMISSAS TEÓRICAS PARA A CONSTITUCIONALIZAÇÃO DO PROCESSO DO TRABALHO

pelo andamento rápido das causas, podendo determinar qualquer diligência necessária ao esclarecimento delas; (xxi) o princípio da normatização coletiva, consubstanciado no § 2.º do art. 114 da Carta; (xxii) o princípio da extra-petição, que autorizaria o julgador a conceder mais do que o pleiteado, ou mesmo vantagem diversa da que foi requerida, conforme o art. 293 do CPC, os arts. 137[36] e 467[37] da CLT e a Súmula 211 do TST;[38] (xxiii) o princípio da *non reformatio in pejus*; (xxiv) o princípio da instrumentalidade; (xxv) o princípio da inafastabilidade da jurisdição, também conhecido como princípio da tutela jurisdicional ou sistema de jurisdição única, previsto na CRFB/1988 no art. 5.º, XXXV, ao determinar que a Lei não excluirá da apreciação do Poder Judiciário lesão ou ameaça a direito; (xxvi) o princípio da *perpetuatio jurisdictionis*; (xxvii) o princípio da estabilidade da lide, a possibilitar que o autor, antes da citação e no processo do trabalho, até a primeira audiência, possa aditar o pedido.

Manoel Antonio Teixeira, da mesma forma, elenca vários princípios comuns, constitucionais e infraconstitucionais, do processo. Todavia, aponta como princípios específicos unicamente ao processo do trabalho apenas dois, quais sejam: (i) a correção da desigualdade e (ii) a jurisdição normativa.[39]

Outro autor específico, Mauro Schiavi,[40] após apontar vários princípios comuns constitucionais e infraconstitucionais, desenvolve os seguintes conceitos como princípios específicos do processo do trabalho: (i) protecionismo temperado ao trabalhador no intuito de facilitar o acesso à Justiça, sem alterar a paridade de armas; (ii) informalidade; (iii) celeridade; (iv) simplicidade; (v) oralidade; (vi) majoração dos poderes do juiz na direção do processo; e (vii)

---

[36] "Art. 137. Sempre que as férias forem concedidas após o prazo de que trata o art. 134, o empregador pagará em dobro a respectiva remuneração.
§ 1.º Vencido o mencionado prazo sem que o empregador tenha concedido as férias, o empregado poderá ajuizar reclamação pedindo a fixação, por sentença, da época de gozo das mesmas.
§ 2.º A sentença cominará pena diária de 5% (cinco por cento) do salário mínimo da região, devida ao empregado até que seja cumprida."

[37] "Art. 467. Em caso de rescisão de contrato de trabalho, havendo controvérsia sobre o montante das verbas rescisórias, o empregador é obrigado a pagar ao trabalhador, à data do comparecimento à Justiça do Trabalho, a parte incontroversa dessas verbas, sob pena de pagá-las acrescidas de cinquenta por cento.
Parágrafo único. O disposto no *caput* não se aplica à União, aos Estados, ao Distrito Federal, aos Municípios e as suas autarquias e fundações públicas."

[38] JUROS DE MORA E CORREÇÃO MONETÁRIA. INDEPENDÊNCIA DO PEDIDO INICIAL E DO TÍTULO EXECUTIVO JUDICIAL (mantida) – Res. 121/2003, *DJ* 19, 20-21.11.2003. Os juros de mora e a correção monetária incluem-se na liquidação, ainda que omisso o pedido inicial ou a condenação.
Súmula 211 do TST.

[39] TEIXEIRA FILHO, Manoel Antonio. *Curso de direito processual do trabalho*. Processo de conhecimento. São Paulo: LTr, 2009. v. 1, p. 89.

[40] SCHIAVI, Mauro. *Manual de direito processual do trabalho*. São Paulo: LTr, 2008. p. 81.

subsidiariedade como combinação de normas do Código de Processo Civil e Lei de Execuções Fiscais.

Outro autor dedicado ao processo trabalhista, este mais clássico, Wagner Giglio,[41] elenca como princípios exclusivos do processo do trabalho: (i) protecionismo; (ii) jurisdição normativa; (iii) despersonalização do empregador; e (iv) simplificação procedimental.

Amauri Mascaro do Nascimento exalta a (i) celeridade; (ii) concentração e oralidade; (iii) gratuidade; (iv) equidade; (v) revogabilidade da coisa julgada nas sentenças normativas; (vi) conciliação; e (vii) proteção.[42]

Para prosseguir com as resenhas, Carlos Henrique Bezerra Leite admite princípios gerais do Direito Processual e princípios comuns do processo civil e trabalhista.[43] Defende que os princípios da simplicidade, despersonalização do empregador e extrapetição, dentre outros, são comuns também ao processo civil e cita como princípios peculiares exclusivos do processo do trabalho os seguintes: (i) da proteção; (ii) da finalidade social que permite que o juiz tenha uma atuação mais ativa; (iii) da busca da verdade real que derivaria da primazia da realidade; (iv) da indisponibilidade; (v) da conciliação; e (vi) da normatização coletiva.

Para Rodrigues Pinto,[44] seriam princípios peculiares consolidados a modelarem especificamente o sistema processual trabalhista (i) a conciliabilidade, concentrando o esforço do processo de trabalho em priorizar a negociação acima do conflito, e (ii) a representação das partes nos órgãos de julgamento, que, embora enfraquecida no Brasil com a Emenda Constitucional 24/1999, subsistiria nas comissões de conciliação prévia e na presença obrigatória das associações sindicais na negociação coletiva. O mesmo autor ainda cita "princípios peculiares em formação", ou seja, preceitos estruturais do processo em vias de formação para uma próxima inserção no rol de seus princípios: (i) interpretação restrita da inépcia, daí uma tendência para a informalidade, criando maior margem de tolerância com os erros técnicos das partes, dotadas de capacidade postulatória sem formação jurídica; (ii) julgamento extrapetição, a recomendar que nada mais seja exigido das partes do que a exposição dos fatos da lide com clareza, cabendo ao juízo, por meio do contraditório estabelecido, discernir o direito atribuível a cada qual; e (iii) a pluralização dos dissídios individuais, consistente na franquia

---

[41] GIGLIO, Wagner D.; CORRÊA, Claudia Giglio V. *Direito processual do trabalho*. 16. ed. São Paulo: Saraiva, 2007.

[42] NASCIMENTO, Amauri Mascaro. *Curso de direito processual do trabalho*. 24. ed. São Paulo: Saraiva, 2008.

[43] LEITE, Carlos Henrique Bezerra. *Curso de direito processual do trabalho*. 5. ed. São Paulo: LTr, 2007. p. 72.

[44] PINTO, José Augusto Rodrigues. *Curso de direito individual do trabalho*. São Paulo: LTr, 2008.

Cap. 2 – PREMISSAS TEÓRICAS PARA A CONSTITUCIONALIZAÇÃO DO PROCESSO DO TRABALHO

aberta ao juízo de, uma vez verificado que a ação proposta por um empregado afeta direito idêntico de outros, chamá-los todos a integrar a lide, a fim de dar solução imediata e unitária aos interesses considerados em conjunto.

Para Sérgio Pinto Martins, o princípio protetor é o único verdadeiramente identificador do processo trabalhista, sendo certo que dele deflagrariam outros consectários principiológicos da disciplina.[45]

Em comentários ao processo do trabalho italiano, Piero Sandulli e Angelo Matteo Socci enumeram os seguintes princípios como pertinentes à disciplina: (i) a tentativa de conciliação antes do ingresso com a demanda; (ii) preclusão; (iii) decadência; (iv) contraditório; e (v) ampla defesa.[46]

No Código de Processo do Trabalho português, é possível entrever como princípios inerentes ao processo do trabalho: (i) inquisitório, conferindo poderes ao juiz em prol da celeridade necessária ao andamento da causa; (ii) ampla defesa; (iii) concentração; e (iv) acesso à justiça, não podendo o Judiciário se esquivar de analisar demandas nem de suprimir instâncias.

Na Espanha, doutrinadores[47] dedicados ao processo do trabalho, como Alfredo Montoya Melgar, Jesús M. Galiana Moreno, Antonio V. Sempere Navarro e Bartolomé Ríos Salmerón[48] citam como princípios do processo especializado: (i) *principio de inmediación*; (ii) *principio de oralidad*; (iii) *principio de concentración*; (iv) *principio de celeridad*; (v) *principio de gratuidad*; (vi) *principio de igualdad*.

Segundo a doutrina de Couture, o primeiro princípio fundamental do processo trabalhista seria relativo ao fim a que se propõe, como (i) "procedimento lógico de corrigir as desigualdades". O Direito Processual do Trabalho foi criado com o escopo de não permitir ao litigante mais poderoso desviar e entorpecer os fins da Justiça. O segundo princípio seria (ii) a subtração do litígio da esfera dos juízes de direito comum, "pela sua complexidade, por sua sutileza, por suas próprias necessidades", exigindo "juízes mais ágeis, mais sensíveis e mais dispostos a abandonar as formas normais de garantia, para buscar um modo especial de justiça, que dê satisfação ao grave problema" que se lhe proponha. "A especialização do juiz resulta, nesse caso, numa exigência imposta pela mesma natureza do conflito que é necessário resolver". Consequência dessa fórmula é a "ampla margem de equidade", porque o

---

[45] MARTINS, Sérgio Pinto. *Direito processual do trabalho*. 16. ed. São Paulo: Atlas, 2001.

[46] SOCCI, Angelo Matteo; SANDULLI, Piero. *Il processo del lavoro*. Dopo la riforma del processo civile e la privatizzazione del pubblico impiego. Milão: Giuffrè, 2000.

[47] Na legislação espanhola, mais especificamente na *Ley de procedimiento laboral*, o art. 74 elenca os princípios inerentes ao processo do trabalho, assim posto: "Os juízes e Tribunais jurisdicionais interpretarão e aplicarão as normas reguladoras do processo do trabalho ordinário segundo os princípios de imediação, oralidade, concentração e celeridade" (livre tradução).

[48] MELGAR, Alfredo Montoya; MORENO, Jesús M. Galiana; NAVARRO, Antonio V. Sempere; SALMERÓN, Bartolomé Ríos. *Curso de procedimiento laboral*. 7. ed. Madrid: Pandova, 2005. p. 77-80.

juiz do trabalho atua frequentemente "com uma espécie de carta branca, dada pelo legislador". O terceiro princípio seria (iii) a "extensão dos resultados naturais do processo", diferindo do direito comum, de fundo romanístico, no qual a sentença obriga apenas as partes litigantes, não se projetando sobre terceiros. Por último, (iv) a possibilidade de revisão das sentenças, toda vez que se operar modificação nas circunstâncias de fato que lhe deram nascimento, seria outro princípio do processo trabalhista. Uma decisão, "num conflito individual ou coletivo, é sempre revisável e revogável, diante da modificação de algumas premissas. O princípio da imutabilidade da sentença, que pertence à raiz mesma do sistema jurisdicional, aparece aqui abandonado. A coisa julgada, o suporte mais poderoso de todo o sistema do juízo civil ordinário, perde sua entidade diante da necessidade de que a justiça, como "en el lecho de Procusto, se acorte o se alargue a medida de las necessidades surgidas momento a momento".[49]

Também no Uruguai, o juiz Nelson Nicoliello aponta dois princípios próprios do processo trabalhista. Ao primeiro, que denomina (i) "ultrapetição das sentenças", significando maior liberdade do juiz diante da matéria em debate, implicaria a negação do procedimento formulário romano. Segundo o autor, o juiz do trabalho deve agir sobre um processo permissivo. Para o direito tradicional, em contraponto, quando as partes se ponham de acordo, para fixar a matéria do pleito, estabelecem um verdadeiro contrato pessoal, a *litis contestatio*. Ao juiz cabe apenas aceitar ou rejeitar uma das proposições das partes, delas não podendo afastar-se. O segundo princípio seria (ii) o do foro de eleição para o trabalhador, limitando à competência territorial, entendendo Nicoliello ser preciso facilitar ao máximo o processo para o trabalhador, não sendo razoável submetê-lo a obstáculos. Assim, o trabalhador deve mover o processo na circunscrição territorial por ele escolhida.[50]

Para Trueba Urbina os princípios devem ter por objetivo converter o processo em um instrumento de luta dos trabalhadores, aptos a evitar as desigualdades sociais que existem nas relações empregado *versus* empregador.[51]

Este, portanto, o panorama encontrado em manuais e cursos de direito processual do trabalho bastante consultados.

3.3. Crítica à sistematização dos princípios do processo trabalhista pelos diversos autores examinados

Diante da doutrina outrora apresentada acerca dos princípios e sua respectiva dinâmica de atuação, tem-se que muitos dos valores apresentados, talvez

---

[49] COUTURE, apud NASCIMENTO, Amauri Mascaro. *Curso de direito processual do trabalho.* 24. ed. São Paulo: Saraiva, 2008. p. 61.

[50] Idem, p. 64.

[51] URBINA, Alberto Trueba. *Nuevo derecho procesal del trabajo.* 3. ed. México: Porrúa, 1975. p. 421.

em avalassadora maioria, elaborados como eventuais princípios, não passam, em verdade, de regras consolidadas no ordenamento jurídico. Portanto, não são mandados de otimização, mas ordens dispositivas. Não se realizam em maior ou menor grau ou medida. Em verdade, ou se observam, ou não.

A legislação trabalhista brasileira tem sido fértil em imaginar soluções processuais próprias que muito simplificam e agilizam o processo do trabalho, a ponto de formar um núcleo de preceitos por vezes equivocadamente confundidos com verdadeiros princípios processuais. Este é o caso da grande maioria dos preceitos erroneamente supracitados na doutrina como "princípios".

Assim, com respeito pelas opiniões em contrário, não se mostra muito racional, por exemplo, apresentar o conteúdo do art. 732 da CLT como "princípio da preclusão". Tampouco faz sentido a reunião de determinado número de dispositivos legais para defender a existência de um suposto princípio protecionista.

Valeria, entretanto, o cuidado de excepcionar, talvez, as colocações de Rodrigues Pinto, autor cuja narrativa se aproxima, de fato, de uma concha principiológica que encobriria o direito processual do trabalho. Mesmo ao se referir a algumas regras, o autor esclarece que a interpretação delas deverá tomar forma de alocação de princípio, espraiando a vontade da norma para limites menos contornados.

Ainda assim, a sistematização dos princípios do processo do trabalho, salvo melhor juízo, ainda pode ser arquitetada de forma mais simples e em compasso com os escopos de um processo justo.

Nesse particular, de mais valia, talvez, seja envidar esforços para destacar valores capazes de racionalizar e otimizar a eficiência do processo do trabalho tomado como ramo processual com peculiaridades distintas. A partir dessa premissa os arts. 1.º, IV, e 170 da Constituição Federal estabelecem princípios que devem ser equilibrados entre si na busca pela realização do direito material. Sendo o processo do trabalho um instrumento dedicado à entrega de direitos decorrentes de relações de trabalho, possível extrair, destarte, como princípios próprios desse ramo processual os seguintes: (i) **equilíbrio de armas processuais**, eficaz tanto para a valorização do trabalho humano como para o estímulo à livre iniciativa; (ii) **valorização do diálogo**, com decorrente adaptabilidade de procedimentos, ampliação de acesso, preferências conciliatórias, simplificação e julgamento por equidade, máxime nas extensas omissões legais; e (iii) **estabilidade da ordem socioeconômica**, a ser galgada pela segurança jurídica a partir da aceleração dos procedimentos e valorização de precedentes como fatores essenciais à previsibilidade, planejamento e pacificação social.

a) Princípio do equilíbrio de armas processuais

O princípio protetor não existe na seara laboral.[52]

---

[52] Américo Plá Rodriguez defende a incidência do protecionismo inclusive no que tange ao direito probatório: "Entendemos que as mesmas razões de desigualdade compensatória que

O processo do trabalho não deve proteger o trabalhador pela singela razão de que inexiste autorização legal ou principiológica para tanto, muito pelo contrário. O texto constitucional preza pelo equilíbrio de forças, pelo desenvolvimento social e econômico do país sobre uma ordem jurídica justa.

Nesse contexto, algumas regras que prestigiem gratuitamente um litigante em favor de outro se reputarão contrárias ao texto constitucional e, portanto, inválidas ou inconstitucionais.[53]

Deve informar o processo do trabalho uma sensível isonomia, a tratar desigualmente os desiguais, possibilitando uma luta civilizada, *fair*, leal, com igualdade de armas.[54] A predileção pelo trabalhador deverá ceder lugar a uma gestão inteligente do processo em que a parte que realmente sinta dificuldades de fazer valer seus direitos possa ter voz ativa e oportunidade de influência no julgamento em condições de igualdade.

b) Princípio da valorização do diálogo

O processo do trabalho lida com a efetivação de direitos sociais – por parte de trabalhadores – e econômicos – por parte da livre iniciativa ou do setor público, quando sustentem direitos derivados de relações de trabalho –, detendo, portanto, um germe de interesses coletivos especialmente destacados.[55] Nesse

---

deram origem à aplicação deste princípio justificam que se estenda à análise dos fatos, já que, em geral, o trabalhador tem muito maior dificuldade do que o empregador para provar certos fatos ou trazer dados ou obter certas informações ou documentos" (RODRIGUEZ, Américo Plá. *Princípios de direito do trabalho*. 3. ed. atual. São Paulo: LTr, 2002. p. 115). Assim também pensam Alfredo J. Ruprecht e Russomano. Ver: RUPRECHT, Alfredo J. *Os princípios do direito do trabalho*. São Paulo: LTr, 1995. p. 18. RUSSOMANO, Mozart Victor. *Comentários à CLT*. 14. ed. Rio de Janeiro: Forense, 1992. p. 44.

[53] Aparentemente afasta o protecionismo do espaço processual Júlio César Bebber, para quem "tal princípio está adstrito ao campo da interpretação das normas legais, não transpondo assim as fronteiras da apreciação das provas, de forma a interferir no direito processual, onde vige o princípio da isonomia".
Da mesma forma, Manoel Antonio Teixeira e Campos Batalha. Respectivamente em: BEBBER, Júlio César. *Princípios do processo do trabalho*. São Paulo: LTr, 1997. p. 80; TEIXEIRA FILHO, Manoel Antonio. *A sentença no processo do trabalho*. São Paulo: LTr, 1994. p. 100. BATALHA, Wilson de Souza Campos. *Tratado de direito judiciário do trabalho*. 3. ed. São Paulo: LTr, 1995. v. 2, p. 150.

[54] Neste sentido, Cappelletti coloca que "uma vez mais demonstrou a igualdade burguesa representar um progresso importante, porém imparcial. Todos os cidadãos adquirem uma igualdade formal frente a lei; porém é bem claro que 'tratar como iguais' a sujeitos que econômica e socialmente estão em desvantagens, não é outra coisa que uma ulterior forma de desigualdade e de injustiça" (livre tradução) (CAPPELLETTI, Mauro. *Proceso, ideologias y sociedad*. Trad. Santiago Sentís Melendo y Tomás A. Banzhaf. Buenos Aires: Ediciones Europa-America, 1984. p. 67).

[55] Por oportuno, traz-se a lume a transcrição de parte da obra de Evaristo de Moraes Filho acerca do tema, o qual expõe: "Mas, ainda nos conflitos individuais, não existe causa propriamente só individual no processo trabalhista. Na mais despretensiosa questão desta natureza pode estar em jogo todo o ordenamento jurídico que rege a categoria envolvida (à qual pertence o em-

Cap. 2 – PREMISSAS TEÓRICAS PARA A CONSTITUCIONALIZAÇÃO DO PROCESSO DO TRABALHO

contexto, o processo, além de via instrumental, percebe-se, também importante canal de diálogo construtivo entre interesses do capital ou do setor público e do trabalho. Daí, evidencia-se em singular oportunidade de, concomitantemente, ser um meio de realização de Justiça e um fim equivalente à compreensão e construção evolutiva de direitos econômicos e sociais.

Sendo um caminho e um objetivo a ser alcançado, o processo do trabalho deve realizar-se na maior medida possível pela oralidade, pelo confronto direto e aberto dos interesses opostos, sempre prestigiando a solução derivada do diálogo participativo. Deve ter sua luta travada perante uma Justiça verdadeiramente apaziguadora, solidária e que interaja francamente com os jurisdicionados, ampliando o debate e dialogando com atores sociais potencialmente domesticados a partir de diagnósticos verbalizados pelo Estado-juiz.

Para se comprometer com expectativas tão audaciosas, o processo do trabalho requer simplicidade e espaço para o amadurecimento da gestão processual pelo Estado julgador. Nesse objetivo, o processo trabalhista (i) deve se mostrar eminentemente inquisitorial, não obstante temperos de cunho adversarial,[56] e (ii) deve apresentar amplas possibilidades de adaptação procedimental, inclusive pela escassez de regras processuais expressamente a ele dirigidas.

Nesse primeiro aspecto destaca-se a relevância de que, malgrado o clima inquisitorial, o processo trabalhista desenvolve-se com retinta observação das garantias processuais asseguradas pela Constituição e pela ordem internacional. O desvio desse entendimento é fatal, ou seja, retrata um processo que varia a depender do juiz, que segue regras "da cabeça de cada um", sem segurança alguma, enfim, um canal em que os juízes, segundo percepções pessoais, fazem justiça com suas próprias mãos. Este não é o processo trabalhista almejado aberto pelo diálogo.

A valorização do diálogo implica repercussões diversas. Assim, além de inquisitorial, pela evidente contaminação do interesse público adjacente, o processo do trabalho deve ser maleável.[57] Deve permitir a evolução do debate,

---

pregado) ou mesmo todo o mundo do trabalho. Daí os amplos poderes de que devem gozar os sindicatos, em qualquer modalidade de conflito, desde que esteja ou possa vir a estar em jogo o interesse abstrato da categoria. Sempre defendi o direito de poder estar em justiça o sindicato, como substituto processual, ainda nas ações individuais, desde que prove o seu legítimo (da categoria) interesse" (MORAES FILHO, Evaristo. *Direito do trabalho, páginas de história e outros ensaios*. São Paulo: LTr, 1982. p. 282).

[56] A influência recíproca dos sistemas acabou fazendo com que os ordenamentos adversariais e inquisitoriais se aproveitassem das experiências um do outro. Já se reconhece certo ativismo ao juiz dos ordenamentos filiados ao sistema adversarial, enquanto se introduzem nos ordenamentos inquisitoriais, ainda que no plano normativo, maior poder das partes no controle dos procedimentos. Em contrapartida, os poderes do juiz e das partes passam a ser limitados por normas escritas no primeiro sistema, enquanto ganham força os precedentes judiciais e os poderes sancionatórios do juiz no segundo.

[57] Como explana Barbosa Moreira: "A tendência a dar maior realce ao papel do juiz corresponde, como bem se compreende, a uma acentuação mais forte do caráter *publicístico* do processo civil.

prestigiando o mais profundo entendimento do embate de forças a culminar com a lide. Assim, no processo do trabalho, o procedimento deve ser não só uma garantia contra o arbítrio, mas também uma técnica para coordenar o andamento da causa e os debates em torno do conflito, de modo que acabe se adequando a ele conforme as partes o conduzam.

O procedimento mais maleável e aderente à realidade das partes, do direito material, da própria unidade judiciária em que tem curso a demanda é extremamente salutar. Em suma, nos embates que desafiam o processo trabalhista, a valorização do diálogo importa, muitas vezes, na superação do fim pelo meio, ou seja, o curso processual tem latente capacidade de evidenciar fatores sociais e econômicos relevantes para a solução da lide em si, bem como seus eventuais efeitos multiplicadores.

Interessante, nesse aspecto, narrar a experiência vivida no ordenamento português.[58] O art. 265-A do CPC português, que atualmente encerra o denominado princípio da adequação formal, veio romper com o apertado regime da legalidade das formas processuais de outrora.[59] Hodiernamente o ordenamento confere poderes ao juiz para adaptar a sequência processual às especificidades da causa apresentada em juízo, reordenando os atos processuais a serem praticados no *iter*, inclusive, com a determinação da prática de ato não previsto, dispensa de ato inútil previsto ou, ainda, alteração da ordem dos atos abstratamente disciplinados em lei.[60]

O direito comparado tem vivenciado algumas outras interessantes experiências que sugerem alta variabilidade procedimental.[61-62] Em suma, as tendências

---

O interesse do Estado na atuação correta do ordenamento, através do aparelho judiciário, sobrepõe-se ao interesse privado do litigante, que aspira acima de tudo a ver atendidas e satisfeitas as suas pretensões. É a antiga visão do 'duelo' entre as partes, ao qual assistia o juiz como espectador distante e impassível, que cede o passo a uma concepção do processo como atividade ordenada, ao menos tendencialmente, à realização da justiça" (BARBOSA MOREIRA, José Carlos. *Temas de direito processual*. As bases do direito processual civil. 1. Série. São Paulo: Saraiva, 1977. p. 11).

[58] Ver: GAJARDONI, Fernando da Fonseca. Direito comparado: o princípio da adequação formal do direito processual civil português. *Revista de Processo*, São Paulo: RT, 2008, Re-Pro, n. 164.

[59] REGO, Carlos Francisco de Oliveira Lopes do. *Comentários ao Código de Processo Civil*. Coimbra: Almedina, 1999. p. 261.

[60] Cf. BRITO, Pedro Madeira de. *O novo princípio da adequação formal*. Lisboa: Lex, 1997. p. 36-51; BATISTA, J. Pereira. *Reforma do processo civil*: princípios fundamentais. Lisboa: Lex, 1997. p. 66.

[61] Na França, por exemplo, é cediço que os processos que decorrem perante o *Tribunal de Grande Instance* podem seguir ritos diversos. O chamado *circuit ultracourt* com envio imediato do processo para a audiência, constante do art. 760 do *Code de Procédure Civil*; o *circuit court* ou *moyen* pelo envio do processo para audiência depois de uma troca de conclusões ou de comunicação de documentos regrado no art. 761 do *Code de Procédure Civil*; ou um *circuit long* com o envio ao *juge de la mise en état*, para instrução após os trâmites de praxe, como estabelecido no art. 762 do *Code de Procédure Civile*.

[62] Na Inglaterra e no País de Gales, as Rules 26.1 e 26.6 das *Civil Procedure Rules* distinguem entre um *small claims track*, um *fast track* e um *multi-track*, cabendo ao juiz escolher uma dessas tramitações em função do valor da causa e da sua complexidade.

Cap. 2 – PREMISSAS TEÓRICAS PARA A CONSTITUCIONALIZAÇÃO DO PROCESSO DO TRABALHO

recentes se orientam no sentido de se preferir a adequação à "pré-formatação" do procedimento.

Defendemos que o processo trabalhista estará mais bem servido diante da possibilidade de escolha pelo juiz, em diálogo com partes, do procedimento que melhor lhes convier para a efetivação do direito discutido.[63]

Também esta conotação do princípio ora inteligido encontra arremates essenciais nas garantias processuais, conforme será adiante desenvolvido. Em outras palavras, é direito das partes serem cientificadas previamente a respeito do procedimento a que se submeterão em igualdade de condições até a pacificação do conflito, sob pena de a sua adaptabilidade ao caso concreto ser fator de insegurança das partes e precariedade das técnicas.

Em suma, o princípio da valorização do diálogo direciona o processo trabalhista para um clima informal, com espaço para a condução procedimental moldada para o conflito subjacente sem que isso implique o afastamento de garantias processuais.

c) Princípio da estabilidade da ordem socioeconômica

A consciência dos escopos sociais e políticos do processo é característica das duas últimas décadas do século passado, servindo como alavanca propulsora da visão crítica de suas estruturas, bem como do seu modo de operar.

O **escopo social** basilar do processo é a pacificação social.[64] Trata-se de escopo fundamental, visto que é a razão precípua pela qual o processo existe e se legitima socialmente, estando erigido na necessidade de pacificar pessoas mediante a eliminação de conflitos com justiça. O segundo escopo social pode ser apontado como a educação:[65] trata-se da necessidade de informar às pessoas sobre os limites de seus direitos e dos outros quanto ao exercício. Ademais, a demora na obtenção da tutela jurisdicional, a insensibilidade de alguns quanto aos valores e ao compromisso com a justiça acabam privando diversos jurisdicionados

---

[63] "Se o direito material é dependente, em nível de efetividade, do direito processual, é evidente que uma sociedade plural e democrática não pode conviver com o mito da uniformidade procedimental e com um processo civil que contemple apenas algumas posições sociais" (MARINONI, Luiz Guilherme. *Técnica processual e tutela dos direitos*. São Paulo: RT, 2004. p. 92-93).

[64] "A realização do direito objetivo e a pacificação social são escopos da jurisdição em si mesma, não das partes" (CINTRA, Antonio Carlos de Araújo; GRINOVER, Ada Pellegrini; DINAMARCO, Cândido Rangel. *Teoria geral do processo*. 24. ed. São Paulo: Malheiros, 2007. p. 134).

[65] Cândido Rangel Dinamarco define: "Tal é o segundo importante escopo do processo: educação para a defesa de direitos próprios e respeito aos alheios" (DINAMARCO, Cândido Rangel. *Teoria geral do processo*. cit., 2009. p. 129).

da tutela jurisdicional efetiva.[66-67] Essas características negativas podem e devem ser combatidas por meio da educação escolar básica, de campanhas publicitárias ou mesmo pelo resultado eficaz do processo como parâmetro exemplar.

No que se refere aos **escopos políticos**, cumpre, ainda, ao processo defender a estabilidade das instituições, bem como garantir a participação dos cidadãos na vida e nos destinos do Estado.[68] Começam a ter destaque no direito pátrio os valores da cidadania, pela implantação e o estímulo a certos remédios constitucionais, como a ação popular e a legitimidade de entidades representativas para a propositura de ação direta de inconstitucionalidade. Generalizar o respeito à Lei fortalece o Estado Democrático de Direito, do mesmo modo que este se enfraquece com a generalização da transgressão às normas jurídicas. Valoriza-se a ideia do processo como meio de culto à liberdade, contra os abusos do Estado, que não pode invadir a esfera de liberdade do indivíduo.

Especificamente, devem ser considerados escopos sociais e políticos do processo que tenha como base as relações de trabalho: (i) ampliar a forma de representação dos trabalhadores e dos tomadores de trabalho, de acordo com a tendência associativa; (ii) garantir a informação, máxime por decisões com viés didático, aos trabalhadores e tomadores de serviços públicos e privados, de modo que tenham ciência de seus direitos, pois informação significa jurisdicionado exigente e com poder de efetivar melhoria na realidade social; (iii) promover equilíbrio de forças e continuidade de recíproca convivência pacífica de classes econômicas e sociais; (iv) efetivar valores sociais ligados a relações de trabalho; e, por fim, (v) difundir amplo acesso e reconhecimento de legitimidade a trabalhadores e tomadores de serviços públicos e privados para demandarem direitos derivados de relações de trabalho.[69]

Além dos escopos político e social, é escopo jurídico do processo garantir o respeito ao ordenamento como um todo.[70] Contudo, a afirmação de que a

---

[66] Embora não privativa das camadas sociais mais carentes e menos informadas, é a elas que mais prejudicam a atitude de descrença e o temor reverencial. Portanto, a criação dos Juizados Especiais e a divulgação de seus bons resultados constituem força positiva, no sentido de educar para a litigiosidade racional civilizada (*Teoria geral do processo*. cit., 2009. p. 129).

[67] Cândido Dinamarco defende que "onde a justiça funciona mal, transgressores não a temem e lesados pouco esperam dela" (DINAMARCO, Cândido Rangel. *Teoria geral do processo*. cit., p. 129).

[68] Cândido Rangel trata do tema: "Daí porque se justifica a inclusão, entre os objetivos que norteiam o sistema processual, desses escopos políticos assim descritos e que são aptos a servir de parâmetro para aferir sua eficiência, a saber: a) a estabilidade das instituições políticas; b) o exercício da cidadania como tal e c) a preservação do valor da liberdade" (DINAMARCO, Cândido Rangel. *Teoria geral do processo*. cit., p. 131).

[69] "Não há processo que interesse exclusivamente às partes e não ecoe na paisagem da sociedade" (BARBOSA MOREIRA, José Carlos. O processo, as partes e a sociedade. *Revista de Processo*, São Paulo: RT, v. 30, n. 125, jul. 2005, p. 124).

[70] Antonio Carlos de Araújo, Ada Pellegrini e Cândido Rangel Dinamarco definem: "Em outras palavras, o escopo jurídico da jurisdição é a atuação (cumprimento, realização) das normas de

Cap. 2 – PREMISSAS TEÓRICAS PARA A CONSTITUCIONALIZAÇÃO DO PROCESSO DO TRABALHO

jurisdição do Estado visa realizar o direito material (escopo jurídico do processo) deve ser conjugada com a ideia superior de que os objetivos são, antes de tudo, objetivos sociais: o mais importante interesse na prestação da jurisdição é o interesse da sociedade.

O princípio da estabilidade da ordem econômica deve voltar o processo trabalhista para a realização concreta de seu escopo político e social.

M. Damaska considera que os processos judiciais podem ser organizados em torno de duas perspectivas: (i) uma, em que seja orientado para a resolução dos conflitos, concepção que atribui às partes o domínio do processo e que é própria de uma justiça "reactiva", e (ii) outra, em que o processo deve ser orientado para implementar, na resolução dos litígios, políticas estaduais, formato este que, de certa forma, cerceia o domínio das partes sobre o processo e é característica de uma justiça "activa".[71] Em verdade, essas diferentes orientações traduzem-se em uma concepção pragmática e outra programática do processo, cada uma delas acompanhada por uma diferente visão sobre o papel da instrumentalidade processual.

Para a concepção pragmática, a função instrumental esgota-se no momento da garantia de acesso à justiça, sem compromisso com a solução da lide. Essa visão pragmática é própria, aliás, de um ponto de vista liberal do processo.

Em contrapartida, para a concepção programática, a instrumentalidade processual abrange os momentos do *input* e do *output*, ou seja, o legislador preocupa-se em garantir não só que os litígios possam "entrar" nos tribunais, mas também que "saiam" deles mediante decisões justas e adequadas ao caso; a concepção programática é própria de uma visão social do processo, tendo fortes pontos de contato no dissídio econômico trabalhista.[72] Essa compreensão social do processo[73] é que informa o princípio da estabilidade da ordem econômica e social no processo do trabalho.

O princípio da estabilidade da ordem socioeconômica deve, ainda, implicar a valorização dos precedentes no processo trabalhista, como forma de assegurar previsibilidade e segurança nos conflitos entre capital/setor público e trabalho.[74]

---

direito substancial" (CINTRA, Antonio Carlos de Araújo; GRINOVER, Ada Pellegrini; DINAMARCO, Cândido Rangel. *Teoria geral do processo.* cit., p. 133).

[71] Ver DAMASKA, M. *The faces of justice and state authority* – a comparative approach to the legal process. London: New Haven, 1986; TARUFFO, Michelle. *Legal cultures and models of civil justice.* Tokyo: FS Hideo Nakamura, 1996. p. 624 e ss.

[72] SOUSA, Miguel Teixeira de. Um novo processo civil português: à la recherche du temps perdu?. *Revista de Processo*, São Paulo: RT, 2008, p. 161.

[73] Como coloca Marinoni: "O processo, como técnica indiferente ao direito material, é fechado em si mesmo, e, portanto, algo inservível" (MARINONI, Luiz Guilherme. *Técnica processual e tutela dos direitos* cit., p. 28).

[74] Os precedentes nascem de um caso concreto levado à esfera judicial cujo destino tornar-se-á regra de uma série de casos análogos. Nos países da *commom law* os precedentes ganham efeito

Nesse contexto, as decisões devem explorar ao máximo o ônus persuasivo da fundamentação, produzindo efeitos didáticos em todo o setor em que habite aquele conflito social.

Em suma: o processo trabalhista do futuro deve estar subordinado a uma orientação social, pelo que ganha relevo a função do juiz,[75] a cooperação das partes e a observação detida do diálogo de forças travado.

Ainda derivado do compromisso com os escopos do processo trabalhista, resta anotar que uma melhor compreensão do conflito incita, outrossim, soluções mais criativas e apaziguadoras. Ciente das repercussões sociais da lide e do efeito multiplicador das demandas, o processo trabalhista encontra margem para o desenvolvimento de julgamentos por equidade.[76]

3.4. A sintética teorização dos princípios do justo processo do trabalho

São linhas de atuação, critérios de ponderação ou princípios do processo trabalhista os seguintes:

---

vinculante aos casos posteriores, diferentemente do que ocorre nos países que tiveram seu direito codificado, onde os precedentes têm eficácia meramente persuasiva.

[75] A crítica é perspicaz: o "método de recrutamento dos juízes, a inocorrência até pouco tempo atrás, de cursos de aperfeiçoamento e especialização para os membros do Judiciário, o distanciamento dos julgadores, que tem reflexos até mesmo na linguagem, tudo isto tem levado, no curso dos tempos, ao excessivo corporativismo dos juízes, encastelados em posições de gabinete que pouco ou nada têm a ver com a realidade de uma sociedade em transformação. Eis a razão pela qual nem todos os magistrados têm se demonstrado sensíveis aos desafios criados pelos novos tempos e nem todos têm sabido dar as necessárias respostas a conflitos diversos dos tradicionais, a serem solucionados por instrumentos processuais antes inexistentes, esboçados pela Constituição de 1988 e, em alguns casos, por leis ainda recentes. Acresça-se a isto a dificuldade de adaptação a uma ordem jurídica profundamente inovadora, traçada pela Constituição, a demandar do juiz a postura de árbitro de controvérsias de dimensões sociais e políticas; e ter-se-á a medida da grande dificuldade de entrosamento entre a mentalidade do juiz brasileiro e as novas funções que institucionalmente se lhe demandam. (...) Por sua vez, a mentalidade conservadora, bastante difusa, também resulta em tendência ao imobilismo. E a preguiça mental, que leva a interpretar princípios e regras como se nada de fundamental houvesse mudado, constitui-se em outra circunstância que embaraça a plena eficácia das disposições constitucionais" (GRINOVER, Ada Pellegrini. *O processo em evolução*. 2. ed. São Paulo: Forense Universitária, 1998. p. 25).

[76] Além de ser um processo equitativo, o processo trabalhista admite julgamento por equidade. Os conceitos não se confundem. Nesse particular, acerca da relevância do processo ser equânime, o filósofo norte-americano J. Rawls utiliza os processos judiciais como exemplo do que designa por "justiça processual imperfeita": sabe-se qual é o resultado desejado, mas, ainda que seja seguido e observado um processo equitativo, não há qualquer certeza de que aquele resultado venha a ser atingido. Portanto, a observância do meio (processo equitativo) não é garantia da obtenção do fim (decisão justa). (RAWLS, John. *Uma teoria da justiça*. São Paulo: Martins Fontes, 2000. p. 86).

Cap. 2 – PREMISSAS TEÓRICAS PARA A CONSTITUCIONALIZAÇÃO DO PROCESSO DO TRABALHO

a) Princípio do equilíbrio de armas processuais, que importa no dever do juiz de equilibrar as oportunidades de participação das partes no processo.

b) Princípio da valorização do diálogo, que admite uma visão transcendental do processo, voltada propriamente para compreensão e construção evolutiva de direitos econômicos e sociais, valorizando a simplicidade, oralidade, adaptação procedimental com ampliação de poderes do juiz no processo.

c) Princípio da estabilidade da ordem econômica, com vocação para incremento dos escopos sociais e políticos do processo a efetivar uma justiça pragmática-reativa e programática-ativa com instituições de normas nos dissídios coletivos, a valorização dos precedentes nos dissídios individuais e o relevante papel da fundamentação das decisões em quaisquer espécies de lides.

4. AS GARANTIAS DO PROCESSO DO TRABALHO

A compreensão do Direito no último século tem evidenciado o ser humano no epicentro da razão e da lógica jurídica contemporâneas. Em um só tempo, o homem é o destinatário e o remetente do conteúdo do Direito. A promoção e a garantia dos direitos humanos – máxime o direito à vida, às liberdades fundamentais e os direitos sociais – têm se apresentado como verdadeiros trampolins para saltos qualitativos na vivência da História da humanidade.

Em verdade, o movimento de internacionalização e valorização dos direitos humanos constitui uma tendência extremamente recente na história que vem ganhando contornos a partir do Pós-Guerra como resposta às atrocidades e aos horrores cometidos durante o nazismo. A era Hitler foi marcada pela lógica da destruição e da descartabilidade da pessoa humana, que resultou no extermínio de milhões de pessoas e na degradação moral da sociedade.

Foi a partir desse vergonhoso cenário que se desenhou um real esforço de reconstrução dos direitos humanos, como paradigma e referencial ético a orientar a ordem internacional contemporânea. Se a Segunda Guerra significou a ruptura com os direitos humanos, o Pós-Guerra deveria significar a sua reconstrução, tendo marco inicial em 10 de dezembro de 1948, quando foi aprovada a Declaração Universal dos Direitos Humanos, primeiro documento a conjugar direitos civis e políticos com direitos econômicos, sociais e culturais.

Nesse particular, a Declaração Universal também avançou na concepção dos direitos humanos na medida em que trouxe a ideia da indivisibilidade e da inter-relação entre os valores de liberdade e igualdade: não há igualdade sem liberdade, não há liberdade sem igualdade.

Nesse contexto, o atual panorama revela-se resultante do galgar paulatino da expressão jurídica e não mais admite o singelo tratamento dos direitos humanos como um tema restrito à jurisdição doméstica de um Estado. Os direitos humanos passam, portanto, a se estruturar como um sistema internacionalmente reconhecido.

Não obstante a universalidade abstratamente admitida, é deveras nítido um grande bloco de excluídos desse sistema de garantias. Párias fora do mercado formal de emprego, pessoas sem acesso a condições mínimas de dignidade, que vivem para além das fronteiras do Estado Democrático de Direito, nas rasteiras do estado primitivo de natureza. Essa realidade é especialmente significativa em terras tupiniquins e importa no emagrecimento dos contornos das garantias mínimas. No Brasil tem-se verificado verdadeiro o esvaziamento dos direitos sociais, o que amplia o universo de excluídos.

A consciência dessa problemática deve aumentar o compromisso ideológico com o direito fundamental eleito como objeto deste trabalho, qual seja, o direito a um processo justo, porta de entrada a possibilitar o acesso aos demais direitos essenciais.

4.1. A incorporação dos tratados internacionais de direitos humanos

A Constituição da República Federativa do Brasil, no seu art. 5.º, § 2.º, determina, após extensa enumeração dos direitos e garantias fundamentais, que esses não excluam outros decorrentes dos tratados internacionais de que o Brasil seja parte.

Em resumo, existem quatro correntes sobre a hierarquia dos tratados que versam sobre direitos humanos: (i) a hierarquia supraconstitucional de tais tratados;[77] (ii) hierarquia constitucional; (iii) hierarquia infraconstitucional, mas supralegal;[78] e a que defende (iv) a paridade entre tratado e lei federal. A terceira ilustra o entendimento atual do STF.

---

[77] Os doutrinadores GORDILLO, Agustin. *Derechos humanos*: doctrina, casos y materiales – parte general. Buenos Aires: Fundación de Derecho Administrativo, 1990. p. 53-55; ACCIOLY, Hildebrando. *Manual de direito internacional público*. São Paulo: Saraiva, 1998. p. 5-6; RANGEL, Vicente Marotta. *Os conflitos entre o direito interno e os tratados internacionais*. Rio de Janeiro: Boletim da Sociedade Brasileira de Direito Internacional, 1967. p. 54-55 defendem que o tratado é superior às normas de Direito Interno, adotando, portanto, a primeira corrente.

[78] O Ministro Sepúlveda Pertence, no seu voto no julgamento do RHC 79.785-RJ adotou o posicionamento segundo o qual os tratados de direitos humanos possuem hierarquia infraconstitucional, contudo supralegal: "Desde logo, participo do entendimento unânime do Tribunal que recusa a prevalência sobre a Constituição de qualquer convenção internacional. (...) Na ordem interna, direitos e garantias o são, com grande frequência, precisamente porque – alçados ao texto constitucional – se erigem em limitações positivas ou negativas ao conteúdo das leis futuras, assim como à recepção das anteriores à Constituição (...). Ainda sem certezas suficiente amadurecidas, tendo assim – aproximando-me, creio, da linha desenvolvida no Brasil por Cançado Trindade (Memorial em prol de um nova mentalidade quanto à proteção de direitos humanos nos planos internacional e nacional em arquivos de *Direitos humanos*, 2000, 1/3, 43)

Cap. 2 – PREMISSAS TEÓRICAS PARA A CONSTITUCIONALIZAÇÃO DO PROCESSO DO TRABALHO

Com efeito, com o escopo de resolver a divergência doutrinária e jurisprudencial ou, quem sabe, disseminar ainda mais as reflexões, o constituinte derivado pela Reforma do Judiciário acrescentou ao art. 5.º da CRFB o § 3.º, dispondo: "Os tratados e convenções internacionais sobre direitos humanos que forem aprovados, em cada Casa do Congresso Nacional, em dois turnos, por três quintos dos votos dos respectivos membros, serão equivalentes às Emendas à Constituição". A despeito de divergências, o *quorum* qualificado de três quintos (o mesmo exigido para aprovação de Emendas à Constituição) é servil apenas para gerar a constitucionalização formal dessas normas no âmbito do direito interno.[79-80-81] Frise-se: com a Emenda 45, passaram a existir duas espécies de tratados de direitos humanos, a saber, (i) os materialmente constitucionais e (ii) os material e formalmente constitucionais. Os tratados materialmente constitucionais (que, em verdade, pelo STF, têm *status* supralegal) podem ser denunciados com base nas normas de Direito Internacional Público. Contudo, os tratados material e formalmente constitucionais não poderão ser denunciados, sob pena de violação do art. 60, § 4.º, que proíbe Emenda à Constituição que elimine ou tenda a eliminar direito e garantia individual.

---

e pela ilustrada Flávia Piovesan (*A Constituição brasileira de 1988 e os Tratados internacionais de proteção dos direitos humanos*, em E. Boucault e N. Araújo (Org.). *Os direitos humanos e o direito interno*) – a aceitar a outorga de força supralegal às convenções de direitos humanos, de modo a dar aplicação direta às suas normas – até se necessário, contra a Lei Ordinária – sempre que, sem ferir a Constituição, a complementem, especificando ou ampliando os direitos e garantias dela constantes."

[79] Celso Lafer destaca que "o novo parágrafo 3.º do art. 5.º pode ser considerado uma lei interpretativa destinada a encerrar as controvérsias jurisprudenciais e doutrinárias suscitadas pelo parágrafo 2.º do art. 5.º. De acordo com a opinião doutrinária tradicional, uma lei interpretativa nada mais faz do que declarar o que preexiste, ao clarificar a lei existente" (LAFER, Celso. *A internacionalização dos direitos humanos*: Constituição, racismo e relações internacionais. São Paulo: Manole, 2005. p. 16).

[80] Flávia Piovesan: "Uma vez mais, corrobora-se o entendimento de que os tratados internacionais de direitos humanos ratificados anteriormente ao mencionado parágrafo, ou seja, anteriormente à Emenda Constitucional n. 45/2004, têm hierarquia constitucional, situando-se como normas material e formalmente constitucionais. Esse entendimento decorre de quatro argumentos: a) a interpretação sistemática da Constituição, de forma a dialogar os §§ 2.º e 3.º do art. 5.º, já que o último não revogou o primeiro, mas deve ao revés, ser interpretado à luz do sistema constitucional; b) a lógica e racionalidade material que devem orientar a hermenêutica dos direitos humanos; c) a necessidade de evitar interpretações que apontem a agudos anacronismos da ordem jurídica; d) a teoria geral da recepção do Direito brasileiro. Sustenta-se que essa interpretação conforme a Constituição. Isto é, se a interpretação do § 3.º do art. 5.º aponta a uma abertura envolvendo várias possibilidades interpretativas, acredita-se que a interpretação mais consonante e harmoniosa com a racionalidade e teologia constitucional é a que confere ao § 3.º do art. 5.º, fruto da atividade do Poder Constituinte Reformador, o efeito de permitir a 'constitucionalização formal' dos tratados de proteção dos direitos humanos ratificados pelo Brasil" (PIOVESAN, Flávia. *Direitos humanos e o direito constitucional internacional*. 11. ed. rev. e atual. São Paulo: LTr, 2006. p. 73).

[81] No julgamento do HC 87.585-8, o Ministro Celso de Mello reviu seu entendimento para passar a defender a existência de um sistema misto, baseado na distinção entre os tratados tradicionais

Toda a explanação para sustentar que, com base no princípio da aplicabilidade imediata dos direitos e garantias fundamentais, é possível invocar diretamente os tratados e convenções de direitos humanos, dos quais o Brasil seja parte, sem a necessidade da edição de ato com força de lei para dar vigência interna aos acordos internacionais.

Assim, após a entrada em vigor do instrumento internacional que promova a garantia a um processo justo, toda norma anterior e com este incompatível perderá automaticamente sua vigência.

No que se refere propriamente ao processo trabalhista, restará claro e evidente que muitas regras consideradas vigentes, em verdade, por ferirem as garantias internacionais de um justo processo, deverão ser consideradas superadas, revogadas ou simplesmente inaplicáveis.

O sistema americano de proteção aos direitos humanos é composto por quatro principais instrumentos normativos, quais sejam, (i) a Declaração Americana dos Direitos e Deveres do Homem, (ii) a Carta das Organizações dos Estados Americanos, (iii) a Convenção Americana de Direitos Humanos e (iv) o Protocolo de San Salvador.[82]

Em verdade, foi com a Convenção Americana de Direitos Humanos que tal sistema passou a ser reconhecido junto à comunidade internacional, em especial pela atuação da Comissão e da Corte Interamericana de Direitos Humanos.[83] A referida convenção foi aprovada em 22 de novembro de 1969, sendo também conhecida como Pacto de São José da Costa Rica, nome do local em que realizado o encontro que lhe deu origem.

No que tange às garantias judiciais, a Convenção Americana de Direitos Humanos assegura que toda pessoa tem o direito de acesso a uma prestação jurisdicional dentro de um prazo razoável, feita por um juiz competente, independente e imparcial, bem como a um ordenamento jurídico cujas normas

---

e os tratados de direitos humanos: "Após longa reflexão sobre o tema (...) julguei necessário reavaliar certas formulações e premissas teóricas que me conduziram a conferir aos tratados internacionais em geral (qualquer que fosse a matéria neles veiculadas), posição juridicamente equivalente à das Leis Ordinárias. As razões invocadas, neste julgamento, no entanto, convencem -me da necessidade de se distinguir, para efeito de definição de sua posição hierárquica em face do ordenamento positivo interno, entre as convenções internacionais sobre direitos humanos (revestidas de supralegalidade, como sustenta o eminente Ministro Gilmar Mendes, ou impregnadas de natureza constitucional, como me inclino a reconhecer) e tratados internacionais sobre as demais matérias (compreendidos estes numa estrita perspectiva de paridade normativa com as Leis Ordinárias) (...)". Disponível em: <www.stf.gov.br>. Acesso em: 1.º mar. 2011.

[82] Sobre o tema: GOMES, Luiz Flávio; PIOVESAN, Flávia. *O sistema interamericano de proteção dos direitos humanos e o direito brasileiro.* São Paulo: RT, 2000.

[83] ANNONI, Danielle. *O direito humano de acesso à justiça no Brasil.* Porto Alegre: Sergio Antonio Fabris Editor, 2008. p. 101.

Cap. 2 – PREMISSAS TEÓRICAS PARA A CONSTITUCIONALIZAÇÃO DO PROCESSO DO TRABALHO

sejam previamente estabelecidas, de forma que o sujeito tenha ciência prévia de seus direitos e obrigações.[84]

O Brasil subscreveu a Convenção Americana de Direitos Humanos por meio do Decreto Legislativo 27, de 26 de maio de 1992, que deu legitimação ao aludido instrumento junto ao direito interno. Assim, para o Brasil, a Convenção entrou em vigor a partir do Decreto presidencial 678, de 06 de novembro de 1992, que determinou integral cumprimento dos direitos disciplinados no Pacto de São José da Costa Rica.[85]

---

[84] Em suma, a convenção enumera diversas garantias processuais mínimas em seu art. 8.º, nos seguintes termos:

"Art. 8.º Garantias judiciais

1. Toda pessoa tem direito a ser ouvida, com as devidas garantias e dentro de um prazo razoável, por um juiz ou tribunal competente, independente e imparcial, estabelecido anteriormente por lei, na apuração de qualquer acusação penal formulada contra ela, ou para que se determinem seus direitos ou obrigações de natureza civil, trabalhista, fiscal ou de qualquer outra natureza.

2. Toda pessoa acusada de delito tem direito a que se presuma sua inocência enquanto não se comprove legalmente sua culpa. Durante o processo, toda pessoa tem direito, em plena igualdade, às seguintes garantias mínimas:

a. direito do acusado de ser assistido gratuitamente por tradutor ou intérprete, se não compreender ou não falar o idioma do juízo ou tribunal;

b. comunicação prévia e pormenorizada ao acusado da acusação formulada;

c. concessão ao acusado do tempo e dos meios adequados para a preparação de sua defesa;

d. direito do acusado de defender-se pessoalmente ou de ser assistido por um defensor de sua escolha e de comunicar-se, livremente e em particular, com seu defensor;

e. direito irrenunciável de ser assistido por um defensor proporcionado pelo Estado, remunerado ou não, segundo a legislação interna, se o acusado não se defender ele próprio nem nomear defensor dentro do prazo estabelecido pela lei;

f. direito da defesa de inquirir as testemunhas presentes no tribunal e de obter o comparecimento, como testemunhas ou peritos, de outras pessoas que possam lançar luz sobre os fatos;

g. direito de não ser obrigado a depor contra si mesma, nem a declarar-se culpada; e

h. direito de recorrer da sentença a juiz ou tribunal superior.

3. A confissão do acusado só é válida se feita sem coação de nenhuma natureza.

4. O acusado absolvido por sentença transitada em julgado não poderá ser submetido a novo processo pelos mesmos fatos.

5. O processo penal deve ser público, salvo no que for necessário para preservar os interesses da justiça. Convenção Americana de Direitos Humanos (CADH) Pacto de San Jose. Op. cit."

[85] É importante salientar, ainda, que, no sistema americano, é competência da Comissão Interamericana de Direitos Humanos receber e processar as consultas e denúncias de violação de direitos humanos, de modo a aceitar petições de indivíduos, grupos ou coletividades, assim como dos Estados-membros, conforme dispõe o art. 44 da Convenção Americana de Direitos Humanos. Neste aspecto, as condições de admissibilidade das petições suprarreferidas se encontram descritas no art. 46 da norma e se resumem em quatro princípios basilares, que são (I) esgotamento dos recursos internos, (II) ausência do decurso do prazo de seis meses para a representação, (III) ausência de litispendência internacional e (IV) ausência de coisa julgada internacional.

As demais fontes do sistema americano não registram elenco detalhado de prerrogativas que possam assegurar um processo justo.

A Carta da Organização dos Estados Americanos, neste particular, apenas tem o mérito de criar a Comissão Interamericana de Direitos Humanos com a principal função de promover o respeito e a defesa dos direitos humanos, servindo como órgão consultivo da Organização em tal matéria. A referida Carta, em verdade, prometia envidar esforços para a elaboração de uma convenção interamericana sobre direitos humanos – posteriormente uma realidade.

A Declaração Americana dos Direitos e Deveres do Homem, Resolução XXX, com ata final aprovada na IX Conferência Internacional Americana, em Bogotá, em abril de 1948, por sua vez, no art. XVIII assegura que toda pessoa possa recorrer aos tribunais para fazer respeitar os seus direitos, devendo contar, outrossim, com processo simples e breve, mediante o qual a justiça a proteja contra atos de autoridade que violem, em seu prejuízo, quaisquer dos direitos fundamentais consagrados constitucionalmente.

Por fim, o "Protocolo de San Salvador" foi um instrumento adicional à Convenção Americana sobre Direitos Humanos em Matéria de Direitos Econômicos, Sociais e Culturais, sem registro de garantias processuais expressas.

4.2. A constitucionalização do Direito Processual

O constitucionalismo do Pós-Guerra pode ser considerado fator marcante revelador do crescimento da importância constitucional, tanto no modo de vida como nas crenças e expectativas sociais. A partir dos textos de vanguarda insculpidos nas Constituições Europeias do século passado, o Direito passou a ser compreendido eminentemente pelos textos constitucionais.

O Brasil viveu, desde sua independência até o advento da Carta Magna de 1988, uma era de múltiplas violações da legalidade constitucional. A inefetividade das Leis Supremas ocorreu pela falta de vontade política em aplicá-las de forma direta e imediata. Além disso, a falta de reconhecimento de força normativa aos textos da Constituição permitiu que esta, por diversas vezes, fosse sobreposta pela força bruta. Foi assim com o golpe do Estado Novo, com o golpe militar, com os Atos Institucionais. Essa insignificância constitucional, ao que tudo indica, jamais terá lugar novamente em nossas realidades.

A Constituição de 1988 pode ser considerada o marco zero de uma nova trajetória política brasileira, marcada pela formação de uma opinião pública mais consciente, que, por intermédio dos movimentos sociais, disseminou a ideia de igualdade jurídica.

Atualmente, ainda que a atual Constituição detenha um elevado número de emendas a seu texto original, e que muitos sejam os questionamentos em relação às normas originárias do legislador derivado, a legalidade constitucional vive um

Cap. 2 – PREMISSAS TEÓRICAS PARA A CONSTITUCIONALIZAÇÃO DO PROCESSO DO TRABALHO

momento de triunfo com mais de duas décadas sem rupturas. Este fortalecimento da Carta Fundamental fez com que a Constituição passasse a ser a lente através da qual se leem e se interpretam todas as normas infraconstitucionais, o que importa dizer que toda forma de interpretação é constitucional.[86] Este festejado fenômeno, que implica verdadeira força centrípeta constitucional, tem sido referido pela doutrina como Neoconstitucionalismo e opera-se em paralelo ao pós-positivismo, tendência filosófica que pretende destacar a superioridade axiológica dos direitos fundamentais e o retorno à observação dos valores, marcada por uma concepção mais humana e social do que seja jurídico. A identidade temporal desta concepção tem correlação com o declínio do liberalismo e a ascensão de um Estado mais comprometido eticamente com a realização de direitos.[87]

Neste contexto, todos os ramos do Direito,[88-89] máxime o direito processual, constitucionalizaram-se.[90] É preciso constitucionalizar também o Direito Processual do Trabalho e aproveitar esta onda renovatória que informa o moderno Estado Democrático de Direito.

A Constituição e suas normas equacionam destacada relação com o processo. A Carta de 88 prevê diversos preceitos fundamentais sobre o sistema processual, inclusive suas garantias e a organização judiciária.

---

[86] Sobre o tema, por todos: BARROSO, Luís Roberto. *Vinte anos da Constituição de 1988*: a reconstrução democrática do Brasil. Disponível em: <http://bdjur.stj.jus.br>. Acesso em: 2 mar. 2011; BARROSO, Luís Roberto. *Fundamentos teóricos e filosóficos do novo direito constitucional brasileiro* (pós-modernidade, teoria crítica e pós-positivismo). Rio de Janeiro: Renovar, 2003. t. II; BARROSO, Luís Roberto. *Interpretação e aplicação da constituição*. 5. ed. São Paulo: Saraiva, 2003.

[87] "Nos estados liberais 'burgueses' dos séculos dezoito e dezenove, os procedimentos adotados para solução dos litígios civis refletiam a filosofia essencialmente individualista dos direitos, então vigorante. Direito ao acesso à proteção judicial significava essencialmente o direito formal do indivíduo agravado de propor ou contestar uma ação" (CAPPELLETTI, Mauro. GARTH, Bryant. *Acesso à justiça*. Trad. Ellen Gracie Northfleet. Porto Alegre: Fabris, reimpressão, 2002. p. 9).

[88] No Direito Civil, sobre o caso italiano, vide Pietro Perlingieri: "O Código Civil certamente perdeu a centralidade de outrora. O papel unificador do sistema, tanto nos seus aspectos mais tradicionais civilísticos quanto naqueles de relevância publicista é desempenhado de maneira cada vez mais incisiva pelo Texto Constitucional" (PERLINGIERI, Pietro. *Perfis do direito civil*. São Paulo: Martins Fontes, 1997. p. 6).

[89] Sobre o caso brasileiro, dentre outros: MORAES, Maria Celina B.; TEPEDINO, Gustavo. A caminho de um direito civil constitucional. *Revista de Direito Civil*, São Paulo, p. 65:21; TEPEDINO, Gustavo. O Código Civil, os chamados microssistemas e a Constituição: Premissas para uma reforma legislativa. In: Gustavo Tepedino (Org.). *Problemas de direito civil-constitucional*. Rio de Janeiro: Renovar, 2001.

[90] (...) "a expressão constitucionalização do processo comporta dois significados distintos: (a) criação de nova disciplina, na grade curricular, denominada direito constitucional processual ou direito processual constitucional; (b) novo método ou modo de estudar o processo com os olhos voltados para a Constituição" (LOPES, João Batista. *Princípio da proporcionalidade e efetividade do processo civil*. In: MARINONI, Luiz Guilherme (Coord.). *Estudos de direito processual civil*: homenagem ao Professor Egas Dirceu Moniz de Aragão. São Paulo: RT, 2005. p. 134).

Assim, o mesmo constituinte que concedeu especial destaque à proteção dos direitos fundamentais disciplinou os direitos e garantias fundamentais na seara processual. Hodiernamente, a Constituição tutela o processo por meio de princípios e garantias dedicados à efetividade do instrumento. Reciprocamente, o processo se realiza ao tutelar a efetividade das normas constitucionais.

Destacado o significado da constitucionalização do processo, vejamos as garantias de um processo justo tal qual elencadas nos textos constitucionais, inclusive o nosso, para, então – a partir da observação doméstica e internacional dos textos constitucionais e supralegais – extrairmos o conclusivo elenco de direitos processuais,[91] os quais serão operados em favor de uma nova leitura do direito processual trabalhista.

4.3. O processo justo nas constituições contemporâneas

As garantias de um processo justo, além de consubstanciadas nos principais documentos internacionais, habitam as principais constituições contemporâneas, o que reafirma a global preocupação com um sistema processual minimamente justo, que equacione possibilidades legítimas de um cidadão fazer valer seus direitos resistidos perante o Poder Judiciário.

A revolucionária Constituição mexicana de 1917, primeira[92] a reconhecer expressamente uma série de direitos, dentre eles os direitos sociais, trabalhistas e previdenciários como direitos humanos fundamentais, também teria sido a precursora em garantir expressamente, dentre outros: (i) o direito à justiça gratuita

---

[91] Oportuna a leitura de Serge Guinchard: "Pode-se mesmo falar de direito processual horizontal, para todas as regras que cobrem todo o campo do direito processual, qualquer que seja a sua natureza e sua qualificação, o espectro desse direito abrange todo o horizonte do estudo, de todos os julgamentos, estas são as fontes internacionais, europeias e constitucionais comuns aos diferentes litígios, que promovem o surgimento do direito processual horizontal, um bloco real de direitos processuais fundamentais, de garantias de uma boa justiça. (...) alguns princípios fundamentais: equidade, justiça, liberdade de acesso à justiça, liberdade de defesa etc., a partir dos ideais do Iluminismo, foram transpostos para os nossos compromissos internacionais, especialmente europeus e na jurisprudência constitucional. (...) Aos poucos, se criou um procedimento comum, essencialmente europeu, que marca o retorno a uma *jus comunidade*" (GUINCHARD, Serge. *Droit processuel droit commun et droit compare du proces equitable*. Paris: Dalloz, 2007. v. 1, p. 31).

[92] Todavia, somente com a Declaração Universal dos Direitos Humanos da ONU, de 1948, que se universalizam os direitos humanos, dentre eles as garantias processuais, podendo-se afirmar que se constituem em verdadeiras garantias processuais internacionais: (I) a garantia à igualdade das partes (art. 7.º); (II) a garantia de ação – recurso efetivo aos tribunais nacionais (art. 8.º); (III) a garantia ao devido processo legal (arts. 9.º e 10); (IV) a garantia de ser julgado por um tribunal imparcial e independente (art. 10); (V) a garantia de ser presumido inocente (art. 11.1); (VI) a garantia a um julgamento público (art. 11.1); (VII) a garantia à ampla defesa (art. 11.1); e (VIII) a garantia à proporção entre o delito e a pena, ao tempo do fato delituoso (art. 11.2).

Cap. 2 – PREMISSAS TEÓRICAS PARA A CONSTITUCIONALIZAÇÃO DO PROCESSO DO TRABALHO

e a proibição de custas judiciais;[93] (ii) a relação entre a aplicação da justiça e os prazos previamente fixados pela lei; e (iii) a instituição de uma Junta de Conciliação e Arbitragem,[94] para mediar as relações entre empregados e empregadores. Como fonte de inspiração, a Constituição mexicana guarda muitas similaridades com a Constituição brasileira. Assim como a nossa, a Constituição mexicana garante proteção e direitos, ao mesmo tempo que limita o poder de atuação do Estado. Noutro giro, a Constituição mexicana vela por um processo célere, justo e imparcial, na medida em que prevê a garantia de forma expressa, bem como a coloca no capítulo reservado aos direitos e garantias dos indivíduos. Dessa forma, pode-se dizer que a aludida Carta ganhou papel peculiar às constituições modernas, qual seja, o de norma jurídica hábil a oferecer proteção aos cidadãos limitando o poder do Estado.

Mais remotamente, é possível apontar como verdadeiro marco zero da evolução do constitucionalismo o documento jurídico concebido como um dos alicerces do sistema inglês. Como é cediço, a carta que o rei João-Sem-Terra foi forçado a assinar, intitulada Carta Magna das Liberdades, não era propriamente uma declaração de direitos, evidenciando-se em rol de reivindicações da aristocracia local e do clero por isenções e privilégios especiais diante do poder monárquico. Ainda assim, a Carta inglesa de 1215 é considerada o primeiro documento[95] a consagrar garantias processuais ao indivíduo. A grande inovação da Carta Magna, e de onde se extrai sua relevância, consiste, justamente, na limitação do poder do rei em face dos direitos consagrados no documento. Daí sua importância no desencadeamento do pressuposto basilar do Estado de Direito, qual seja, a submissão também do governante às leis que cria e

---

[93] "Art. 17. Ninguém pode ser preso por dívidas de caráter puramente civil. Ninguém poderá fazer justiça por si mesmo nem exercer violência para reclamar seu direito. Os tribunais estarão prontos para ministrar justiça nos prazos e termos que fixe a lei; seu serviço será gratuito, ficando, em consequência, proibidas as custas judiciais" (COMPARATO, Fábio Konder. *A afirmação histórica dos direitos humanos*. 5. ed. rev. e ampl. São Paulo: Saraiva, 2005. p. 188).

[94] "Art. 123. O Congresso da União e as legislaturas dos Estados deverão editar leis sobre o trabalho, fundadas nas necessidades de cada região, sem contrariar as seguintes bases, que regerão o trabalho dos operários, diaristas, empregados domésticos e artesãos e, de maneira geral, todo contrato de trabalho: (...) XIX – O fechamento temporário de estabelecimentos será lícito, unicamente quando o excesso de produção torne necessário suspender o trabalho para manter os preços num limite suportável, mediante prévia aprovação da Junta de Conciliação e Arbitragem" (conforme COMPARATO, Fábio Konder. *A afirmação histórica dos direitos humanos* cit., p. 19-192).

[95] Embora se tenha notícia de que na Antiga Grécia, em especial nas Cidades-Estado de Atenas e Espanha, e no Império Romano havia leis jurídicas a tratar do Direito Judiciário seu processo e procedimento, apenas a partir da Idade Média a ideia de indivíduo, de igualdade e de direitos humanos oriunda do cristianismo passa a influenciar o Direito Processual, na medida em que o distancia do mero direito burocrático de organização e de aplicação da Justiça pelo Rei ou Imperador para tornar-se garantia individual. Sobre a evolução do direito dos povos, ver: ALTAVILA, Jayme. *Origem dos direitos dos povos*. 9. ed. São Paulo: Ícone, 2001.

faz cumprir. Dentre suas disposições, as mais significativas são justamente as que tratam das garantias processuais, em especial a menção ao princípio do devido processo legal[96] e do acesso à justiça. A Inglaterra editou sua primeira Declaração de Direitos em 1689 (*Bill of Rights*), reconhecida como a primeira Constituição do Estado cujo mérito principal revela-se pela consagração de princípios caros ao Estado de Direito, bem como pelo princípio da separação dos poderes. No campo do Direito Processual, foi o primeiro documento a consagrar o direito de petição como garantia individual de todo e qualquer cidadão.

Na ex-colônia inglesa, Estados Unidos da América, a Constituição ilustra fruto da revolução ocorrida em 1809-1817, sendo a primeira Constituição escrita do mundo moderno a conferir um poder central presidencialista e dotar de autonomia os Estados federados. A Carta Constitucional, que atualmente conta com 27 Emendas, consagrou a separação entre os Poderes, modelo preconizado por Montesquieu, e quanto ao sistema jurídico, em sua 14.ª Emenda, na seção 1, datada de 09 de julho de 1868, dispôs sobre o devido processo legal.

A atual Constituição portuguesa, de 2 de abril de 1976, prevê no item 5.º do art. 20[97] um processo marcado pela celeridade e prioridade, de modo a obter uma tutela efetiva e em tempo útil contra a ameaça e as violações desse direito. Decisões do Tribunal Constitucional de Portugal exprimem a concepção da Corte Suprema portuguesa a respeito do tema. O princípio da efetividade articula-se, segundo a Corte, como uma compreensão unitária da relação entre direitos materiais e processuais. De modo a se ter uma tutela efetiva, repousa sobre o legislador o dever de levá-la em consideração na organização dos tribunais e no recorte dos instrumentos processuais, não devendo criar dificuldades excessivas e materialmente injustificadas ao acesso aos tribunais. Em outras palavras, a Constituição da República de Portugal traz expressamente em seu bojo o acesso à

---

[96] "(48) Ninguém será detido, preso ou despojado dos seus bens, costumes e liberdades, senão em virtude de julgamento por seus Pares segundo as leis do país" (ALTAVILA, Jayme. *Origem dos direitos dos povos* cit., p. 283).

[97] "Art. 20: Acesso ao direito e tutela jurisdicional efectiva
1. A todos é assegurado o acesso ao direito e aos tribunais para defesa dos seus direitos e interesses legalmente protegidos, não podendo a justiça ser denegada por insuficiência de meios econômicos.
2. Todos têm direito, nos termos da lei, à informação e consulta jurídicas, ao patrocínio judiciário e a fazer-se acompanhar por advogado perante qualquer autoridade.
3. A lei define e assegura a adequada protecção do segredo de justiça.
4. Todos têm direito a que uma causa em que intervenham seja objecto de decisão em prazo razoável e mediante processo equitativo.
5. Para defesa dos direitos, liberdades e garantias pessoais, a lei assegura aos cidadãos procedimentos judiciais caracterizados pela celeridade e prioridade, de modo a obter tutela efectiva e em tempo útil contra ameaças ou violações desses direitos."

Cap. 2 – PREMISSAS TEÓRICAS PARA A CONSTITUCIONALIZAÇÃO DO PROCESSO DO TRABALHO

tutela jurisdicional efetiva, como garantia imprescindível da proteção dos direitos fundamentais, inerente à ideia de um Estado Democrático de Direito.[98]

Na Espanha, com relação aos valores de um justo processo, os dispositivos 24[99] e 53[100] da Constituição de 1978 dedicam-se à garantia de tutela efetiva, vertical dos direitos fundamentais e procedimento específico de proteção de direitos fundamentais. Justamente neste contexto, o Real Decreto Legislativo 2/1995 pretendeu, sob o pálio da Carta espanhola, desenvolver procedimento específico, fundado nos princípios da preferência e da sumariedade para a tutela dos direitos fundamentais trabalhistas, instituindo a *Ley de Procedimiento Laboral* (LPL).

Desde a década de 90 do século passado a Itália vem realizando alterações importantes no Código de Processo Civil, no intuito de tornar mais célere e efetivo o processo civil. Esse objetivo legítimo motivou alteração no texto da

---

[98] Além da Constituição portuguesa, o Código de Processo Civil português expressamente se reporta ao acesso à Justiça tendo como viga-mestra de seu embasamento o art. 2.º, que consigna a proteção jurídica pelos tribunais como o direito de obter, em prazo razoável, uma decisão judicial transitada em julgado, bem como a viabilidade de a fazer executar. Ademais, o diploma processual civil português estabelece como garantia dos jurisdicionados o dever do magistrado em fundamentar as decisões (art. 158, n. 1), discriminando os fatos tomados como provados, apontando as normas aplicáveis e elencando razões que embasam a decisão final (art. 659, n. 2), sob pena de nulidade da decisão.

[99] "Artículo 24.
1. Todas las personas tienen derecho a obtener la *tutela efectiva de los jueces y tribunales en el ejercicio de sus derechos e intereses legítimos, sin que, en ningún caso, pueda producirse indefensión.*
2. Asimismo, todos tienen derecho al juez ordinario predeterminado por la ley, a la defensa ya la asistencia de letrado, a ser informados de la acusación formulada contra ellos, *a un proceso público sin dilaciones indebidas y con todas las garantías, a utilizar los medios de prueba pertinentes para su defensa,* a no declarar contra sí mismos, a no confesarse culpables ya la presunción de inocencia" (Disponível em: <http://constitucion.rediris.es/legis/1978/ce1978.html#t1c1>. Acesso em: 28 fev. 2011).

[100] "Artículo 53.
1. Los derechos y libertades reconocidos en el Capítulo segundo del presente Titulo vinculan a todos los poderes públicos. Sólo por ley, que en todo caso deberá respetar su contenido esencial, podrá regularse el ejercicio de tales derechos y libertades que se tutelarán de acuerdo con lo previsto en el artículo 161, 1, a).
2. Cualquier ciudadano podrá recabar la tutela de las libertades y derechos reconocidos en el artículo 14 y la Sección 1.ª del Capítulo Segundo ante los Tribunales ordinarios por un procedimiento basado en los principios de preferencia y sumariedad y, en su caso, a través del recurso de amparo ante el Tribunal Constitucional. Este último recurso será aplicable a la objeción de conciencia reconocida en el artículo 30.
3. El reconocimiento, el respeto y la protección de los principios reconocidos en el Capítulo Tercero, informará la legislación positiva, la práctica judicial y la actuación de los poderes públicos. Sólo podrán ser alegados ante la Jurisdicción ordinaria de acuerdo con lo que dispongan las leyes que los desarrollen" (Disponível em: <http://constitucion.rediris.es>. Acesso em: 28 fev. 2011).

própria Constituição daquele país, especificamente do art. 111, o qual passou a assegurar o direito a um justo processo.[101] Outrossim, o art. 24 da Constituição italiana, antes mesmo da supracitada reforma, já previa o direito subjetivo de todo cidadão fazer valer seus direitos e legítimos interesses em juízo, assegurando-lhe todos os meios para agir e defender-se.

A Constituição brasileira de 1988 é marco jurídico da institucionalização dos direitos humanos e da transição democrática no país. Ineditamente, consagrou o primado do respeito aos direitos humanos como paradigma propugnado para a ordem internacional. Mais recentemente, conforme observado, a Emenda Constitucional 45/2004 ainda rompe com as constituições anteriores ao estabelecer um regime jurídico diferenciado aplicável aos tratados internacionais de proteção dos direitos humanos.

Genuinamente e, portanto, a serem somadas com o rol a que apelidamos "sistema internacional", em nosso texto constitucional são apresentadas as seguintes garantias processuais, ao longo do art. 5.º: (i) inafastabilidade da jurisdição; (ii) devido processo legal com contraditório e ampla defesa; (iii) acesso à justiça; (iv) publicidade; (v) duração razoável do processo; (vi) repúdio às provas obtidas ilicitamente; e (vii) tribunal competente.

Tais garantias consignadas na Carta são plenamente exigíveis, máxime após a compreensão do que os teóricos vêm chamando de "doutrina da efetividade",[102] segundo a qual as normas constitucionais definidoras de direitos instituem posições jurídicas de vantagem potencialmente judicializáveis. A concepção de norma constitucional efetiva, em suma, significa dizer a realização do Direito, o desempenho concreto de sua função social. Assim, representa a materialização, no mundo dos fatos, dos preceitos legais e simboliza a aproximação, tão íntima quanto possível, entre o dever-ser normativo e o ser da realidade social. Desse modo, hodiernamente, a Constituição Federal "sai do papel" para acontecer de verdade na vida das pessoas.

4.4. As garantias de um justo processo trabalhista. Premissas e bases de um estudo futuro

Várias obras, aqui e alhures, têm se dedicado ao tema do detalhamento e identificação de quais seriam as garantias mínimas reveladoras de um processo

---

[101] No original: "Art. 111. La giurisdizione si attua mediante il giusto processo regolato dalla legge.
Ogni processo si svolge nel contraddittorio tra le parte, *in* condizione di paritá, davanti a giudice terzo e imparziale. La legge ne assicura la ragionevole durata".

[102] Ver por todos: SARLET, Ingo Wolfgang. *A eficácia dos direitos fundamentais*. 8. ed. Porto Alegre: Livraria do Advogado, 2007; BARROSO, Luís Roberto. *O direito constitucional e a efetividade de suas normas*. 8. ed. Rio de Janeiro: Renovar, 2006.

Cap. 2 – PREMISSAS TEÓRICAS PARA A CONSTITUCIONALIZAÇÃO DO PROCESSO DO TRABALHO

justo, conceito revelado como grande resultante de todo o processo evolutivo dos elementos de Jurisdição, Ação e Processo.

Em trabalho orientado por Maria Victoria Berzosa Francos, Joan Picó y Junoy desenvolve seu projeto como docente universitário, o qual intitulou "Las Garantias Constitucionales Del Proceso", elencando o que imagina corresponder ao conteúdo mínimo do conjunto das garantias para um processo justo, consoante os termos do art. 24 da Constituição espanhola. O doutrinador elenca treze garantias distintas, a começar pelo que chama de "Direito à tutela jurisdicional efetiva", que, de certa forma, seria a matéria-prima de desenvolvimento de todas as demais garantias minudenciadas pelo referido autor.[103]

Luigi Paolo Comoglio tem dedicado grande parte dos seus estudos às garantias fundamentais do processo. Em obra escrita com Corrado Ferri e Michele Taruffo, propõe a sistematização das garantias fundamentais do processo em individuais e estruturais, conforme se refiram à proteção dos direitos subjetivos das partes ou às condições prévias de que se deve revestir a organização judiciária. Nesse contexto, os autores apresentam como garantias individuais: (i) o acesso amplo à Justiça por todos os cidadãos; (iii) a imparcialidade do juiz; (iii) a ampla defesa; (iv) os direitos do pobre; (v) o juiz natural; (vi) a inércia da jurisdição; (vii) o contraditório; (viii) a oralidade; (ix) a coisa julgada; (x) a renunciabilidade da tutela jurisdicional. Como garantias estruturais elencam: (i) a impessoalidade da jurisdição; (ii) a permanência da jurisdição; (iii) a independência dos juízes; (iv) a motivação das decisões; (v) a igualdade concreta; (vi) a inexistência de obstáculos ilegítimos; (vii) a efetividade qualitativa; (viii) um procedimento legal, flexível e previsível; (ix) a publicidade dos atos processuais; (x) a legalidade estrita no exercício do poder de coerção; (xi) a duração razoável do processo; (xii) o duplo grau de jurisdição; e (xiii) o respeito à dignidade humana.[104]

Em paradigmático trabalho exposto na obra *Etica e tecnica del "giusto processo"*, estruturada em cinco partes, Luigi Comoglio trata dos valores e garantias de um justo processo.

Na primeira parte, situa a atual dimensão constitucional do processo, trazendo elementos comparatísticos, contornos e conteúdo do então novo art. 111 da Constituição italiana, cuja norma consagra o direito a um "processo justo". Na segunda parte apresenta a visão europeia do processo, bem como a construção e evolução do modelo garantístico, segundo os principais tratados e convenções da Europa, para, em seguida, proceder à comparação das contemporâneas concepções acerca das garantias processuais nos principais sistemas jurídicos, máxime da *Civil Law* e *Common Law*. Ato seguinte, já na quarta parte da recomendada

---

[103] PICÓ Y JUNOY, Joan. *Las garantías constitucionales del proceso*. Barcelona: Jose Maria Bosch Editor, 2003.

[104] COMOGLIO, Luigi Paolo. *Lezioni sul processo civile*. 2. ed. Bologna: Il Mulino, 1998.

obra, o autor explora o papel do juiz no justo processo, abordando expectativas quanto à discricionariedade e à imparcialidade jurisdicional. Na última parte, Luigi Comoglio explana a necessidade de haver uma codificação uniforme a sedimentar valores e garantias fundamentais de um processo isonômico, imparcial e participativo. Nesse contexto, o apêndice da referida obra traz o que seria uma sugestão das bases constitucionais mínimas para a elaboração de um processo civil justo para a América Latina. O projeto é assinado pelo próprio Luigi Comoglio e por Augusto M. Morello.

O trabalho, que se apresenta como uma espécie de "código-modelo", enumera direitos fundamentais mínimos de índole processual, quais sejam: (i) acesso à justiça e aos Tribunais; (ii) ampla possibilidade de ação contra a administração pública; (iii) tutela jurisdicional efetiva; (iv) contraditório, em processo público, com duração razoável, julgado por juiz imparcial, independente e pré-constituído por Lei; (v) ampla defesa exercida em condições de paridade e veiculada por advogado; (vi) quaisquer meios de prova admissíveis; (vii) assistência aos pobres; (viii) à independência e imparcialidade do juiz.

Ademais, o projeto colaciona princípios e garantias que toma como "estruturais", dentre os quais: oralidade, inércia da jurisdição, necessária motivação dos atos jurisdicionais, não aceitabilidade de provas obtidas por meios ilícitos; motivação das decisões; publicidade das audiências, duplo grau de jurisdição, dentre outros mecanismos, segundo os autores, aptos a garantir a viabilização de um processo justo.[105] Nesse aspecto, indicam a jurisdição constitucional, máxime o controle de constitucionalidade das leis como via de contenção a eventuais restrições garantísticas ilegítimas.

Augusto M. Morello, coautor do referido projeto, cuja produção ganhou *status* de expressão internacional, já na apresentação de obra focada no tema ora analisado, na qual figura como único autor, *Constitución y Proceso – la nueva edad de las garantías jurisdiccionales*,[106] justifica o temário proposto como questão medular da ciência processual. Antes de apresentar o rol do que entende pelo conteúdo mínimo de um processo justo, anota que (i) os juízes também são sujeitos de direitos mínimos no processo justo, qual seja, o respeito a sua independência, (ii) o processo justo deve ser pensado em um clima que transborda para momentos antes, durante e depois da sentença de mérito, (iii) diante do novo conceito social, econômico e comunitário, as garantias processuais também se dirigem a terceiros que não façam parte do processo, mas que potencialmente podem ter sua esfera de direitos comprometida pelo resultado e, por fim, que (iv) é preciso manter equilíbrio entre a razoabilidade e as garantias instrumentais.[107]

---

[105] COMOGLIO, Luigi Paolo. *Etica e tecnica del "giusto processo"*. Torino: G. Giappichelli, 2000. p. 409.

[106] MORELLO, Augusto M. *Constitución y processo* cit.

[107] Idem, p. 170 e ss.

Cap. 2 – PREMISSAS TEÓRICAS PARA A CONSTITUCIONALIZAÇÃO DO PROCESSO DO TRABALHO

Após essas ponderações, o autor elenca e discorre sobre o que classifica como mínimo de garantias fundamentais para o processo justo: (i) acesso à Justiça; (ii) direito a litigar sem gastos; (iii) duração razoável do processo; (iv) ampla defesa: defesa técnica e possibilidade de produção de prova; (v) motivação das sentenças; (vi) devido processo legal; e (vii) duplo grau de jurisdição.

Além das obras consultadas, serviram como premissas teóricas para desenvolvimento de fórmula própria de garantias mínimas para um processo do trabalho justo: (i) as normas constitucionais e (ii) as diversas fontes internacionais temáticas, na medida em que os Direitos Humanos constituem um rol de direitos fundamentais consagrados em tratados em vigor em quase todos os países do mundo, entre os quais o Brasil, mas também pela estruturação de sistemas supranacionais de controle de sua eficácia, como a Corte Europeia de Direitos Humanos e a Corte Interamericana de Direitos Humanos, baseados num conteúdo mínimo uniforme desses direitos.

As garantias fundamentais pinçadas como conteúdo mínimo poderão, certamente, ser úteis ou até integrarem os demais ramos do Direito Processual que não o Trabalhista; todavia, foram objeto de reflexão precipuamente sob esse aspecto.

Nesse particular, dentre as inúmeras possibilidades de sistematização, optou-se pelo critério da cadência de etapas naturais a serem disponibilizadas ao cidadão para que se opere um processo justo. Não obstante o termo "etapas" conferir uma sensação de superação temporal, em verdade, as garantias reveladas se sobrepõem cronologicamente, razão pela qual só garantem a justiça processual quando operadas conjuntamente.

a) Assim, primeiramente, o sujeito deve ter garantido um **tribunal competente** a sua disposição, situação fática que lhe proporcione segurança na medida em que possa confiar nos poderes constituídos para a eventualidade de impasses ou resistências que possam ocorrer em sua esfera de direitos.

b) A latência de um tribunal competente deve ser somada à **real possibilidade de o cidadão acessá-lo**, ou seja, ter superados eventuais entraves sociais, econômicos, geográficos e técnicos para obtenção da tutela jurisdicional.

c) Ao acessar o tribunal competente, a prece que se faz é que o jurisdicionado encontre um **juiz imparcial e independente**.

d) Em paralelo, que o órgão imparcial confira às partes o **direito de participar ativamente do resultado**, atacando, defendendo, trazendo argumentos pertinentes e produzindo as provas necessárias.

e) Em seguida, que o resultado aferido pela participação mútua seja proferido em um **prazo razoável**.

f) Por fim, que o **resultado se concretize, seja efetivo e real**, ou seja, em toda a extensão da possibilidade prática, o resultado do processo há de ser tal que assegure à parte vitoriosa o gozo pleno da específica utilidade a que faz jus segundo o ordenamento.

Em suma, em um Estado de Direito, a afetação das posições jurídicas individuais fica condicionada à possibilidade de participação do titular em processo regulado por Lei. Assim também deverá ser concebido o processo trabalhista.

Nesse enfoque, a não instrumentalização da via jurisdicional equivale, em última análise, à negação do próprio direito material em jogo. Em contrapartida, um processo justo e consciente, portanto, das garantias processuais, legitima todo um ordenamento jurídico. Sob esse ângulo, enquanto espécie integrante do gênero direitos fundamentais, as garantias constitucionais do processo se submetem ao mesmo regime daqueles.

4.5. O processo do trabalho e suas restrições garantísticas: uma proposta de análise

A ideia deste trabalho é apenas estabelecer os primeiros parâmetros que, sedimentados, deverão contribuir com reflexões posteriores a varrer a atual concepção do processo do trabalho para denunciar institutos nele praticados que porventura não atendam às garantias de um processo justo. As garantias apresentadas são reais, reconhecidas no sistema internacional contemporâneo, assim na nossa Constituição. Resta saber se vêm sendo vivenciadas na prática trabalhista, bem como se eventuais restrições são válidas ou não.

As restrições ilegítimas deverão ser superadas pelo desenho de um novo processo do trabalho, garantístico e constitucionalizado.

Em verdade, assim como os restantes direitos fundamentais, também os direitos processuais fundamentais devem ser preservados ao máximo possível, devendo a sua restrição se dar na medida do necessário para a preservação de outros direitos fundamentais (sejam processuais ou não), bem como de valores e princípios de dignidade constitucional. Assim, a verificação da conformidade constitucional de eventual entrave ao acesso à justiça, por exemplo, passa, inafastavelmente, pela identificação dos valores em conflito e da justificação da solução adotada. À margem de liberdade do cumprimento das funções estatais, eventuais restrições à garantia devem se dar dentro de um quadro contextual em que sejam preservados os direitos processuais fundamentais conflitantes, que poderão ser afetados apenas na medida do estritamente necessário para a salvaguarda de outros.

Cap. 2 – PREMISSAS TEÓRICAS PARA A CONSTITUCIONALIZAÇÃO DO PROCESSO DO TRABALHO

A questão é saber quando a restrição de um princípio fundamental processual se justifica.

É que o processo do trabalho deve ser instrumento de efetivação de uma ordem social e econômica mais justa, deve perseguir a realização dos direitos decorrentes de relações de trabalho *lato sensu*, direitos esses, aliás, que podem pertencer a ambas as partes e não somente ao trabalhador. Deve harmonizar e apaziguar as relações derivadas do esforço de alcance da dignidade humana, cujo conteúdo mínimo pode ser acessado pelo trabalho. Todavia, certo é que o processo trabalhista não se presta a ser um canal ou instrumento de políticas públicas.

Esta observação mostra-se deveras relevante na medida em que a contaminação do processo pela dimensão social das relações humanas subjacentes, por vezes, pode se colocar a serviço de uma ou de outra crença do julgador que passa a, transvestido de gestor processual, desenhar um procedimento dado a favorecer uma das partes tida supostamente por "injustiçada" pela realidade social. Essa postura, comumente verificada, tem feito do processo do trabalho um caminho tortuoso e imprevisível a serviço da implementação de sensações pessoais de Justiça.

Assim, é preciso ter em mente o dever do magistrado na estrita observação das garantias ora organizadas. Não sendo possível a convivência delas, os poderes autorizadores das respectivas restrições devem ser controláveis.

Os *standards* de controle serão de duas espécies.

Primeiramente, os abstratos, que seriam (i) respeito às escolhas do legislador; (ii) hierarquia abstrata de princípios; e (iii) ampla justificação de preferências.

Outrossim, essencial para a aferição da legitimidade das restrições em sentido estrito e das intervenções restritivas será o princípio da proporcionalidade, que se desdobra na aferição da adequação, necessidade e proporcionalidade em sentido estrito, prestando-se, sem pretender ser a panaceia de todos os males, a limitar a possibilidade de restrição dos direitos fundamentais, evitando tanto o arbítrio quanto o excesso, protegendo o indivíduo de uma injustificada e inaceitável subtração, total ou parcial, das garantias constitucionais.

Assim, confessadamente, dentro de um contexto dos direitos processuais fundamentais, pode-se enunciar alguns direitos passíveis de serem considerados em um juízo de ponderação abstrato ou concreto, a exemplo: (i) direito de acesso aos tribunais em sentido estrito; (ii) direito à publicidade do processo; (iii) direito à fundamentação das decisões; (iv) direito ao contraditório; (v) direito à prolação e execução de uma decisão dentro de um prazo razoável; (vi) direito à estabilidade da decisão judicial, dentre outros.

Nesta trabalhosa convivência deve o operador do direito preferir sempre, na dúvida, uma solução que se mostre mais garantística. Também há incidência do princípio hermenêutico da concordância prática, que impõe uma coordenação e combinação dos direitos em conflito, de modo que seja assegurada uma harmonização entre eles, evitando-se o desnecessário sacrifício total de qualquer direito. É obrigação do intérprete velar pela coexistência, sempre que isso for possível, de todos os direitos processuais fundamentais, os quais hão de ser garantidos em uma medida ótima.

Ainda sobre as possibilidades de restrição, os direitos processuais fundamentais também servem de parâmetro para a perquirição da constitucionalidade das leis processuais. Ou seja, existindo qualquer regra a contender com qualquer das garantias constitucionais do processo, ela será reputada inconstitucional. Outrossim, a violação ao princípio da proporcionalidade nas intervenções restritivas de direitos processuais fundamentais serve de justificativa para o reconhecimento da inconstitucionalidade de um dispositivo de lei. Em regra, não sendo possível uma interpretação conformadora, a proclamação da inconstitucionalidade de determinada norma acarretará a nulidade dos atos processuais praticados com base nela.

É preciso cautela para abraçar o discurso de que o conflito de princípios é unicamente superado por juízo de ponderação, pretexto de aplicação irrestrita do postulado da proporcionalidade, como uma ponte sobre a qual tudo passará após um árduo ou mais sutil exercício de hermenêutica. Não é bem assim.

Em primeiro lugar, a regra processual prevalece sobre o princípio processual. Assim o será pelas seguintes razões: (i) a regra é derivada de Poder legitimamente constituído; (ii) o Direito Processual deve conferir segurança às partes, previamente cientes sobre as "regras do jogo"; (iii) a índole do processo enquanto função jurisdicional é de regras cogentes, de Direito Público, somente cabendo falar em privatismo processual[108] nas hipóteses em que presente interesse das partes, jamais do julgador.

Em segundo lugar, em caso de choque entre os núcleos duros dos princípios garantísticos, é preciso que se tenha uma hierarquia, é dizer, uma escolha abstrata sobre aquele que deverá prevalecer.

Para que essa escolha se dê de modo razoável e racional, um critério inteligível e justo pode ser o de relacionar as garantias direcionadas à ação, à jurisdição em si e ao processo. Assim, sendo o homem o centro valorativo do ordenamento jurídico, sendo a ação um direito subjetivo, hão de ser prestigiadas as garantias mais fortemente ligadas ao direito de ação.

O elemento jurisdição viria, em seguida, como espaço dialético de convívio entre o homem e o Estado. O processo estaria mais afastado do elemento humano, na medida em que mais voltado aos contornos institucionais da ação estatal.

---

[108] Sobre o belo tema, que foge aos objetivos deste trabalho, ver GRECO, Leonardo. *Os atos de disposição processual*. Disponível em: <http://br.vlex.com/vid/atos-ccedil-processual-primeiras-reflex-198369325>. Acesso em: 14 mar. 2011.

Dizem respeito ao direito de ação a garantia do contraditório e da imparcialidade. À jurisdição se prendem os princípios do tribunal competente e do acesso à Justiça. Finalmente, ao processo se relacionam as garantias de celeridade e da efetividade.

Seguindo esse raciocínio, em caso de impasse ou necessidade de escolha entre os núcleos-regras garantísticas, contraditório e imparcialidade prevalecem sobre tribunal competente e acesso à Justiça, que, por sua vez, estariam acima da celeridade e efetividade.

Essa opção hierárquica não afasta do dever de ampla justificação das preferências o julgador que eventualmente tenha de limitar o espaço de atuação de uma regra em detrimento de outra, sendo peculiar ao caso concreto que amolde e ajuste os pontos de estrangulamento das garantias.

Não sendo suficientes os critérios abstratos, a restrição poderá ser controlada em concreto pelo postulado da proporcionalidade.[109]

A premissa deverá sempre ser a mesma: todas as garantias servis à configuração de um processo justo devem ser realizadas na maior medida possível, devendo ser eventualmente ponderadas entre si no caso concreto. Nesse contexto, o postulado da proporcionalidade revela-se em mais uma possível ferramenta para avaliar a validade ou não de eventuais restrições à garantia. A utilização do princípio da proporcionalidade deve ser dinamizada. Cabe, assim, averiguar se as medidas fixadas para alcançar determinada finalidade servem, são necessárias ou simplesmente desproporcionais em sentido estrito. Em suma, o princípio da proporcionalidade serve a situações de conflito entre interesses ou princípios, para evitar que o excesso de obediência a um princípio acabe por destruir o outro, buscando-se o respeito aos direitos fundamentais em questão, da melhor maneira possível, de forma mais lógica e faticamente razoável. Dessa forma, é instrumento a homenagear o princípio da dignidade da pessoa humana, norteador de toda a *ratio* do ordenamento jurídico, na medida em que sua dinâmica busque sempre uma solução que não fira a essencialidade dos direitos fundamentais em conflito, mas possa consagrá-los dentro de uma hipótese concreta balanceada.

A utilização da ferramenta da proporcionalidade proposta como critério para averiguação de atendimento real do processo do trabalho às garantias de um justo processo se coaduna com os princípios da unidade da Constituição e da concordância prática,[110] visto que harmoniza o conflito de interesses de acordo com os objetivos e valores embutidos no sistema constitucional.

---

[109] "Pelo juízo da proporcionalidade, ingressa no processo a prudência do julgador e bem assim tantos conceitos de teoria do direito, no momento em que trabalha os conceitos de justiça" (PORTO, Sérgio Gilberto; USTÁROZ, Daniel. *Lições de direitos fundamentais no processo civil*. Porto Alegre: Livraria do Advogado, 2009. p. 27).

[110] O princípio da unidade da Constituição visa a considerar a norma analisada dentro da lógica e estrutura do sistema constitucional, de acordo com os princípios e diretrizes humanísticas do

A reflexão sobre a legitimidade de institutos típicos do processo trabalhista que eventualmente restrinjam em parte garantias de um processo justo constitui futura etapa essencial para a evolução da compreensão de um processo do trabalho finalmente constitucionalizado.

5. REFERÊNCIAS BIBLIOGRÁFICAS

ACCIOLY, Hildebrando. *Manual de direito internacional público*. São Paulo: Saraiva, 1998.

ALEXY, Robert. *Teoria de los derechos fundamentales*. Trad. Ernesto Garzon Valdés. Madrid: Centro de Estudios Constitucionales, 2001.

ALTAVILA, Jayme. *Origem dos direitos dos povos*. 9. ed. São Paulo: Ícone, 2001.

_____. _____. 9. ed. São Paulo: Ícone, 2004.

ANNONI, Danielle. *O direito humano de acesso à justiça no Brasil*. Porto Alegre: Sergio Antonio Fabris Editor, 2008.

BARBOSA MOREIRA, José Carlos. O processo, as partes e a sociedade. *Revista de Processo*, São Paulo: RT, v. 30, n. 125, jul. 2005.

_____. Temas de direito processual. *As bases do direito processual civil*. 1. Série. São Paulo: Saraiva, 1977.

BARCELLOS, Ana Paula de. *A eficácia jurídica dos princípios constitucionais*: o princípio da dignidade da pessoa humana. Rio de Janeiro: Renovar, 2002.

BARROSO, Luís Roberto (Org.). *A nova interpretação constitucional*: ponderação, direitos fundamentais e relações privadas. Rio de Janeiro: Renovar, 2003.

---

ordenamento jurídico; assim, deve-se proceder à ponderação entre os bens tutelados pelas normas do sistema, a fim de que coexistam de maneira harmônica. "(...) el principio de la unidad de la Constitución. La relación e interdependencia existentes entre los distintos elementos de la Constitución obligan a no contemplar en ningún caso sólo la norma aislada sino siempre además en el conjunto en el que debe ser situada; todas las normas constitucionales han de ser interpretadas de tal manera que se eviten contradicciones con otras normas constitucionales. La única solución del problema coherente con este principio es la que se encuentre en consonancia con las decisiones basicas de la Constitución y evite su limitación unilateral a aspectos parciales. (..) En intima relación con el anterior se encuentra el principio de la concordancia práctica: los bienes jurídicos constitucionalmente protegidos deben ser coordinados de tal modo en la solución del problema que todos ellos conservem su entidad. Allí donde se produzcan colisiones no se debe, através de una precipitada 'ponderación de bienes' o incluso abstracta 'ponderación de valores', realizar el uno a costa del otro. Por el contrario, el principio de la unidad de la Constitución exige un labor de 'optimación': se hace preciso establecer los limites de ambos bienes a fin de que ambos alcancen una efectividad óptima. La fijación de limites debe responder en cada caso concreto al princípio de proporcionalidad – no debe ir más allá de lo que venga exigido por la realización de la concordancia entre ambos bienes jurídicos" (HESSE, Konrad. *Escritos de derecho constitucional*. Madrid: Centro de Estudos Constitucionales, 1983. p. 48-49).

Cap. 2 – PREMISSAS TEÓRICAS PARA A CONSTITUCIONALIZAÇÃO DO PROCESSO DO TRABALHO

_____. *Fundamentos teóricos e filosóficos do novo direito constitucional brasileiro (pós-modernidade, teoria crítica e pós-positivismo)*. Rio de Janeiro: Renovar, 2003. t. II.

_____. *Interpretação e aplicação da Constituição*. 5. ed. São Paulo: Saraiva, 2003.

_____. *O direito constitucional e a efetividade de suas normas*. Rio de Janeiro: Renovar, 2000.

_____. _____. 8. ed. Rio de Janeiro: Renovar, 2006.

_____. *Vinte anos da Constituição de 1988*: a reconstrução democrática do Brasil. Disponível em: <http://bdjur.stj.jus.br>. Acesso em: 02 mar. 2011

_____; BARCELLOS, Ana Paula de. O começo da história; A nova interpretação constitucional e o papel dos princípios no direito brasileiro. In: BARROSO, Luís Roberto (Org.). *A nova interpretação constitucional*: ponderação, direitos fundamentais e relações privadas. Rio de Janeiro: Renovar, 2003.

BATALHA, Wilson de Souza Campos. *Tratado de direito judiciário do trabalho*. 3. ed. São Paulo: LTr, 1995. v. 2.

BATISTA, J. Pereira. *Reforma do processo civil*: princípios fundamentais. Lisboa: Lex, 1997.

BEBBER, Júlio César. *Princípios do processo do trabalho*. São Paulo: LTr, 1997.

BRITO, Pedro Madeira de. *O novo princípio da adequação formal*. Lisboa: Lex, 1997.

CAPPELLETTI, Mauro; GARTH, Bryant. *Acesso à justiça*. Trad. Ellen Gracie Northfleet. Porto Alegre: Fabris, reimpressão, 2002.

_____. *Proceso, ideologias y sociedad*. Trad. Santiago Sentís Melendo y Tomás A. Banzhaf. Buenos Aires: Ediciones Europa-America, 1984.

CINTRA, Antonio Carlos de Araújo; GRINOVER, Ada Pellegrini; DINAMARCO, Cândido Rangel. *Teoria geral do processo*. 24. ed. São Paulo: Malheiros, 2007.

COMOGLIO, Luigi Paolo. *Etica e tecnica del "giusto processo"*. Torino: G. Giappichelli, 2000.

_____.*Garanzie constituzionali e giusto processo*. REPRO n. 90. São Paulo: RT, 1998.

_____. *Lezioni sul processo civile*. 2. ed. Bologna: Il Mulino, 1998.

COMPARATO, Fábio Konder. *A afirmação histórica dos direitos humanos*. 5. ed. rev. e ampl. São Paulo: Saraiva, 2005.

DALLARI, Dalmo de Abreu. Policiais, juízes e igualdade de direitos. In: CARDOSO, Ruth. *O preconceito*. São Paulo: IMESP, 1997.

DAMASKA. *The faces of justice and state authority* – A comparative approach to the legal process. London: New Haven, 1986.

DINAMARCO, Cândido Rangel. *Teoria geral do processo*. 24. ed. São Paulo: Malheiros, 2007.

DWORKIN, Ronald. *Levando os direitos a sério*. Trad. Nelson Boeira. São Paulo: Martins Fontes, 2002.

_____. *Uma questão de princípio*. São Paulo: Martins Fontes, 2000.

TEIXEIRA FILHO, Manoel Antonio. *Curso de direito processual do trabalho. Processo de conhecimento*. São Paulo: LTr, 2009. v. 1.

GAJARDONI, Fernando da Fonseca. Direito comparado: o princípio da adequação formal do direito processual civil português. *Revista de Processo*, São Paulo: RT, 2008, n. 164.

GIGLIO, Wagner D.; CORRÊA, Claudia Giglio V. *Direito processual do trabalho*. 16. ed. São Paulo: Saraiva, 2007.

GOMES, Luiz Flávio; PIOVESAN, Flávia. *O sistema interamericano de proteção dos direitos humanos e o direito brasileiro*. São Paulo: RT, 2000.

GORDILLO, Agustin. *Derechos humanos*: doctrina, casos y materiales – parte general. Buenos Aires: Fundación de Derecho Administrativo, 1990.

GRECO, Leonardo. *Instituições de processo civil*. 3. ed. Rio de Janeiro: Forense, 2011. v. 1.

_____. *Os atos de disposição processual*. Disponível em: <http://br.vlex.com/vid/atos-ccedil-processual-primeiras-reflex-198369325>. Acesso em: 14 mar. 2011.

GRINOVER, Ada Pellegrini. *O processo em evolução*. 2. ed. São Paulo: Forense Universitária, 1998.

_____. *O processo em sua Unidade-II*. São Paulo: Forense, 2007.

GUERRA, Sidney; MERÇON, Gustavo. *Direito constitucional aplicado à função legislativa*. Rio de Janeiro: América Jurídica, 2002.

GUINCHARD, Serge. *Droit processuel droit commun et droit comparé du procès équitable*. Paris: Dalloz, 2007. v. 1.

HESSE, Konrad. *Escritos de derecho constitucional*. Madrid: Centro de Estudos Constitucionales, 1983.

LAFER, Celso. *A internacionalização dos direitos humanos*: Constituição, racismo e relações internacionais. São Paulo: Manole, 2005.

LEITE, Carlos Henrique Bezerra. *Curso de direito processual do trabalho*. 5. ed. São Paulo: LTr, 2007.

LOPES, João Batista. *Princípio da proporcionalidade e efetividade do processo civil*. In: MARINONI, Luiz Guilherme (Coord.). *Estudos de direito processual civil*: homenagem ao Professor Egas Dirceu Moniz de Aragão. São Paulo: RT, 2005.

MARINONI, Luiz Guilherme. *Técnica processual e tutela dos direitos*. São Paulo: RT, 2004.

MARTINS, Sérgio Pinto. *Direito processual do trabalho*. 16. ed. São Paulo: Atlas, 2001.

MARX, Karl; ENGELS, Friedrich. *O manifesto comunista*. 6. ed. São Paulo: Ridendo Castigat Moraes, 1999.

MELGAR, Alfredo Montoya; MORENO, Jesús M. Galiana; NAVARRO, Antonio V. Sempere; SALMERÓN, Bartolomé Ríos. *Curso de procedimiento laboral.* 7. ed. Madrid: Pandova, 2005.

MORAES FILHO, Evaristo. *Direito do trabalho, páginas de história e outros ensaios.* São Paulo: LTr, 1982.

MORAES, Maria Celina B.; TEPEDINO, Gustavo. A Caminho de um Direito Civil Constitucional. *Revista de Direito Civil,* São Paulo.

MORELLO, Augusto M. *Constitución y proceso.* La nueva edad de las garantías jurisdiccionales. La Plata-Buenos Aires: Abeledo-Perrot, 1998.

NASCIMENTO, Amauri Mascaro. *Curso de direito processual do trabalho.* 24. ed. São Paulo: Saraiva, 2008.

PERLINGIERI, Pietro. *Perfis do direito civil.* São Paulo: Martins Fontes, 1997.

PICÓ Y JUNOY, Joan. *Las garantías constitucionales del proceso.* Barcelona: Jose Maria Bosch Editor, 2003.

PINTO, José Augusto Rodrigues. *Curso de direito individual do trabalho.* São Paulo: LTr, 2008.

PIOVESAN, Flávia. *Direitos humanos e o direito constitucional internacional.* 11. ed. rev. e atual. São Paulo: LTr, 2006.

PORTO, Sérgio Gilberto; USTÁROZ, Daniel. *Lições de direitos fundamentais no processo civil.* Porto Alegre: Livraria do Advogado, 2009.

PUOLI, José Carlos Baptista. *Os poderes do juiz e as reformas do processo civil.* 1. ed. São Paulo: Juarez de Oliveira, 2002.

RANGEL, Vicente Marotta. *Os conflitos entre o direito interno e os tratados internacionais.* Rio de Janeiro: Boletim da Sociedade Brasileira de Direito Internacional, 1967.

RAWLS, John. *Uma teoria da justiça.* São Paulo: Martins Fontes, 2000.

REGO, Carlos Francisco de Oliveira Lopes do. *Comentários ao Código de Processo Civil.* Coimbra: Almedina, 1999.

RODRIGUEZ, Américo Plá. *Princípios de direito do trabalho.* 3. ed. atual. São Paulo: LTr, 2002.

RUPRECHT, Alfredo J. *Os princípios do direito do trabalho.* São Paulo: LTr, 1995.

RUSSOMANO, Mozart Victor. *Comentários à CLT.* 14. ed. Rio de Janeiro: Forense, 1992.

SARAIVA, Renato. *Curso de direito processual do trabalho.* 8. ed. São Paulo: Método, 2011.

SARLET, Ingo Wolfgang. *A eficácia dos direitos fundamentais.* 5. ed. Porto Alegre: Livraria do Advogado, 2009.

_____. _____. 8. ed. Porto Alegre: Livraria do Advogado, 2007.

SARMENTO, Daniel. *A ponderação de interesses na Constituição Federal.* Rio de Janeiro: Lumen Juris, 2003.

SCHIAVI, Mauro. *Manual de direito processual do trabalho*. São Paulo: LTr, 2008.

SILVA, José Afonso da. *Poder constituinte e poder popular*. 1. ed. 2. tir. São Paulo: Malheiros, 2002.

SOCCI, Angelo Matteo; SANDULLI, Piero. *Il Processo del Lavoro*. Dopo lariformadel processo civile e la privatizzazione del pubblico impiego. Milão: Giuffrè, 2000.

SOUSA, Miguel Teixeira de. Um novo processo civil português: à la recherche du temps perdu?. *Revista de Processo*, São Paulo: RT, 2008.

SUSSEKIND, Arnaldo. *Comentários à Consolidação das Leis do Trabalho e à Legislação Complementar*. Rio de Janeiro: Freitas Bastos, 1960.

TARUFFO, Michelle. *Legal cultures and models of civil justice*. Tokyo: FS Hideo Nakamura, 1996.

TEIXEIRA FILHO, Manoel Antonio. *A sentença no processo do trabalho*. São Paulo: LTr, 1994.

_____. *Curso de direito processual do trabalho*. Processo de conhecimento. São Paulo: LTr, 2009. v. 1.

_____. *Sistema dos recursos trabalhistas*. 10. ed. São Paulo: LTr, 2003.

_____. *A sentença no processo do trabalho*. São Paulo: LTr, 1994.

TEPEDINO, Gustavo. O Código Civil, os chamados microssistemas e a Constituição: premissas para uma reforma legislativa. In: Gustavo Tepedino (Org.). *Problemas de direito civil-constitucional*. Rio de Janeiro: Renovar, 2001.

TUPINAMBÁ, Carolina. *Competência da justiça do trabalho à luz da reforma constitucional*. Rio de Janeiro: Forense, 2006.

URBINA, Alberto Trueba. *Nuevo derecho procesal del trabajo*. 3. ed. México: Porrúa, 1975.

PROCESSO PÚBLICO E CONSTITUIÇÃO

3

UMA ANÁLISE DAS PRERROGATIVAS PROCESSUAIS DA FAZENDA PÚBLICA À LUZ DAS GARANTIAS CONSTITUCIONAIS DO PROCESSO

Marco Antonio dos Santos Rodrigues

> **Sumário:** 1. A existência de prerrogativas processuais da Fazenda Pública e sua legitimidade à luz do sistema jurídico vigente – 2. O princípio da supremacia do interesse público legitima regras processuais diferenciadas à Fazenda Pública? – 3. A constitucionalização do processo civil e as garantias constitucionais do processo: 3.1. A igualdade processual; 3.2. O acesso à Justiça; 3.3. O contraditório e a ampla defesa – 4. Analisando algumas prerrogativas da Fazenda Pública: 4.1. Prazos diferenciados para contestar e recorrer; 4.2. Prazo diferenciado para embargos à execução; 4.3. Vedações à concessão de liminares; 4.4. Reexame necessário – 5. Conclusões – 6. Referências bibliográficas.

1. A EXISTÊNCIA DE PRERROGATIVAS PROCESSUAIS DA FAZENDA PÚBLICA E SUA LEGITIMIDADE À LUZ DO SISTEMA JURÍDICO VIGENTE

Apesar de o Código de Processo Civil regular de forma genérica os institutos do processo e também trazer previsões procedimentais quanto a diversos tipos de pretensão, é possível afirmar que no Direito Processual Civil pátrio há uma verdadeira subespécie, dentre as diversas apontadas na doutrina: é o chamado Direito Processual da Fazenda Pública, ou o Direito Processual Público, destinado ao estudo dos procedimentos e situações em que um dos sujeitos da relação processual é pessoa jurídica de direito público ou pessoa privada sujeita em grande parte a um regime de direito privado.[1]

Note-se que a própria Constituição da República foi sensível ao fato de que é necessário regular de forma especial a atuação da Fazenda Pública em juízo, inclusive como forma de proteção à coletividade. É que se pode verificar no seu art. 100, que institui a sistemática do precatório e da requisição de pequeno valor, como forma de satisfação às execuções de quantia em face das pessoas jurídicas de direito público. Trata-se de sistemática que procura proteger a impessoalidade e a moralidade na satisfação de credores do Poder Público, trazendo critérios objetivos e evitando que alguns sejam privilegiados em detrimento de outros, seja por predileções de agentes públicos, seja em razão de favorecimento indevido destes últimos.

Vê-se, portanto, que o próprio constituinte procurou estabelecer regras próprias em favor das pessoas jurídicas de direito público, o que também é realizado pelo legislador infraconstitucional.

Com efeito, pode-se encontrar tanto no Código de Processo Civil como em leis extravagantes uma série de normas processuais que cuidam especificamente da atuação da Fazenda Pública em juízo. Há, de um lado, dispositivos criando para a Fazenda Pública regras peculiares que incidem nos processos em que podem ser partes quaisquer pessoas, bem como, de outro lado, diversos procedimentos foram criados com o escopo fundamental de uma prestação de tutela em face das pessoas jurídicas de direito público, ainda que excepcionalmente se apliquem a outras pessoas.

Como exemplo do primeiro grupo de hipóteses, tem-se a previsão do art. 188 do Código de Processo Civil, que institui prazo em quádruplo para a Fazenda Pública contestar demandas e em dobro para ofertar recursos, norma também aplicável ao Ministério Público, e que se opõe ao regime incidente sobre os particulares, que em geral gozam de prazo simples para a prática de tais atos processuais. Já exemplificando o segundo tipo de previsões diferenciadas, pode-se elencar a previsão de procedimentos especiais típicos da Fazenda Pública em juízo, instituídos por leis específicas, como é o caso do procedimento do mandado de segurança, regulado pela Lei 12.016/2009, e o da ação popular, estabelecido pela Lei 4.717/1965.

No presente estudo, interessam as regras processuais que criam previsões especiais aos processos em que sejam partes as pessoas jurídicas de direito público. Diante do Estado de Direito contemporâneo e da Constituição que o rege, tais normas encontram fundamento que as justifique?

---

[1] BUENO, Cassio Scarpinella. *Curso sistematizado de direito processual civil*: direito processual coletivo e direito processual público. São Paulo: Saraiva, 2010. v. 2, t. III, p. 25.

Cap. 3 – PROCESSO PÚBLICO E CONSTITUIÇÃO

Nesse sentido, é preciso buscar, à luz do sistema constitucional vigente, qual ou quais fundamentos embasam o estabelecimento de regras especiais para a proteção da Fazenda Pública.

Ademais, a partir desses fundamentos, faz-se mister verificar se alguns dos principais benefícios processuais das pessoas jurídicas de direito público em juízo respeitam os fundamentos para sua legitimidade no Estado de Direito brasileiro e em sua Constituição.

2. O PRINCÍPIO DA SUPREMACIA DO INTERESSE PÚBLICO LEGITIMA REGRAS PROCESSUAIS DIFERENCIADAS À FAZENDA PÚBLICA?

Um primeiro fundamento justificador das regras processuais especiais que beneficiam as pessoas jurídicas de direito público é o princípio da supremacia do interesse público, pois este embasa a edição de normas especiais em favor do Poder Público. No entanto, esse princípio precisa ter seu sentido definido no presente estudo, a fim de verificar se realmente legitima as prerrogativas da Fazenda Pública no processo.

Especialmente no âmbito do direito administrativo, o princípio da supremacia do interesse público de longa data é visto como basilar à atuação do Estado.[2] Seguindo sua concepção tradicional, a Administração Pública deve atuar buscando a consecução do interesse público, não podendo os interesses puramente pessoais prevalecerem em face do primeiro.[3]

Apesar da importância dada à supremacia do interesse público, há autores que vêm questionando a aplicação de tal princípio no direito público pátrio. Nesse sentido, pode-se mencionar Daniel Sarmento, para quem há uma absoluta inadequação desse princípio à ordem jurídica brasileira, pois se baseia numa errônea análise da relação entre a pessoa humana e o Estado, bem como ignora o sistema constitucional vigente, em que há uma relevância destacada aos direitos fundamentais.[4]

Ademais, cumpre destacar o entendimento de Humberto Ávila, que entende que a supremacia do interesse público sequer pode ser considerada princípio,

---

[2] Celso Antônio Bandeira de Mello, acentuando a importância da supremacia do interesse público, afirma ser ela "verdadeiro axioma reconhecível no moderno Direito Público" (MELLO, Celso Antônio Bandeira de. *Curso de direito administrativo*. 22. ed. São Paulo: Malheiros, 2007. p. 66).

[3] "Proclama a superioridade do interesse da coletividade, firmando a prevalência dele sobre o do particular, como condição, até mesmo, da sobrevivência e asseguramento deste último" (MELLO, Celso Antônio Bandeira de. *Curso de direito administrativo* cit., p. 66).

[4] SARMENTO, Daniel. Interesses públicos *vs.* interesses privados na perspectiva da teoria e da filosofia constitucional. In: SARMENTO, Daniel (Org.). *Interesses públicos* versus *interesses privados*: desconstruindo o princípio de supremacia do interesse público. Rio de Janeiro: Lumen Juris, 2005. p. 27; 89.

tendo em vista que sua concretização se dá por meio de uma regra abstrata de prevalência do interesse público, impedindo até mesmo a aplicação de métodos de ponderação a fim de definir o interesse a prevalecer.[5] Além disso, para o referido autor faltam elementos jurídico-positivos de validade ao suposto princípio, já que não decorre de uma interpretação sistemática do Direito. Ao contrário, da análise das normas constitucionais vê-se uma importância tamanha aos direitos fundamentais, que Ávila sustenta que, se houvesse alguma regra abstrata de prevalência, essa seria em favor dos interesses privados.[6]

Destaque-se que de plano surge uma dificuldade na compreensão de tal princípio: não há uma definição normativa do que seja interesse público.[7] Anota Odete Medauar que a noção de interesse público começou a ser utilizada após a Revolução Francesa, como forma de explicação pelos revolucionários da finalidade de sua ação, justificando seus atos.[8]

Note-se, outrossim, que a concepção tradicional vê o interesse público se dividindo em primário e secundário.[9] O interesse público primário seria o interesse da coletividade, que deve ser perseguido pelo Estado, por dizer respeito ao bem de todos. É o caso, por exemplo, da promoção da saúde e da segurança públicas. Já o interesse secundário seria o titularizado apenas pela própria pessoa jurídica de direito público, como uma questão puramente patrimonial ou arrecadatória daquele ente.

A partir de tal distinção, Celso Antônio Bandeira de Mello configura a supremacia do interesse público com base na satisfação dos interesses primários, pois as prerrogativas decorrentes da supremacia não podem satisfazer interesses puramente do aparelho estatal.[10]

No entanto, a divisão do interesse público em primário e secundário não se afigura adequada, tendo em vista que interesses patrimoniais do Estado não

---

[5] ÁVILA, Humberto. Repensando o "princípio da supremacia do interesse público sobre o particular". In: SARMENTO, Daniel (Org.). *Interesses públicos* versus *interesses privados* cit., p. 184-185.

[6] Idem, p. 186.

[7] Odete Medauar também vê dificuldade na conceituação do interesse público (MEDAUAR, Odete. *Direito administrativo em evolução*. 2. ed. São Paulo: Malheiros, 2003. p. 188). Na mesma linha, Marçal Justen Filho menciona não ser fácil definir o interesse público, entendendo tratar-se este de conceito jurídico indeterminado (JUSTEN FILHO, Marçal. *Curso de direito administrativo*. São Paulo: Saraiva, 2005. p. 36).

[8] MEDAUAR, Odete. *Direito administrativo em evolução* cit., p. 189.

[9] Trata-se de discrímen realizado pela doutrina italiana, especialmente por Renato Alessi (*Sistema Istituzionale Del Diritto Amministrativo Italiano*. 3. ed. Milão: Giuffrè, 1960. p. 197 apud MELLO, Celso Antônio Bandeira de. *Curso de direito administrativo* cit., p. 63), e exposta no Brasil, dentre outros, por Celso Antônio Bandeira de Mello (Idem, p. 62-63).

[10] "Por isso os interesses secundários não são atendíveis senão quando coincidirem com interesses primários, únicos que podem ser perseguidos por quem axiomaticamente os encarna e representa" (MELLO, Celso Antônio Bandeira de. *Curso de direito administrativo* cit., p. 69).

parecem poder ser dissociados dos interesses da coletividade, como se realmente fossem categorias estanques. Ambos atuam em conjunto, no sentido de que a proteção a um também promove o outro. Assim, a satisfação de um interesse arrecadatório estatal, por exemplo, não é apenas de relevância da própria pessoa jurídica de direito público; tal benefício acaba por se reverter em prol da própria coletividade, já que tais valores poderão ser utilizados para a promoção de políticas públicas que devem ser empreendidas pela Administração como interesses primários.[11]

Ao nosso sentir, porém, é preciso primeiro chegar a alguma conclusão quanto ao que configura o interesse público, para constatar se o princípio da supremacia do interesse público ainda persiste como fundamento de normas ou atuações estatais, à luz do sistema constitucional pátrio.

Nesse sentido, é preciso recordar que a Constituição brasileira de 1988 veio inaugurar um Estado que rompeu com período de autoritarismo e de cerceamento de direitos e liberdades individuais e coletivas. Assim, o constituinte claramente buscou proteger os cidadãos, trazendo logo de plano, no Preâmbulo do texto, que a Carta Fundamental procura "instituir um Estado Democrático, destinado a assegurar o exercício dos direitos sociais e individuais". Como consequência, há um extenso rol de direitos e garantias ao longo de todo o seu texto, mas especialmente foram indicados aqueles fundamentais no seu art. 5.º.

Ademais, importante notar que o art. 1.º, III, ao cuidar dos fundamentos da República, institui dentre eles a dignidade da pessoa humana. Com efeito, este é o grande axioma da civilização ocidental,[12] e traz ao Estado o dever de assegurar condições mínimas de uma vida digna a todos.

De outro lado, cumpre salientar que, ao tratar dos Poderes estatais e em especial da Administração Pública, a Constituição não arrolou expressamente a supremacia do interesse público sobre o privado como uma característica com *status* constitucional.

No entanto, isso não significa que o interesse público não foi tutelado pelo constituinte. Esse tipo de interesse configura, na realidade, um conceito jurídico indeterminado, que deve ser concretizado pelos agentes públicos a partir das exigências previstas em primeiro lugar na própria Lei Maior, mas também em outras normas.

Constata-se, portanto, que o interesse público deve ser identificado a partir das ponderações feitas pelo próprio constituinte, tendo em vista que já efetuou opções de proteção a interesses, bem como pelas realizadas pelo legislador infraconstitucional.

---

[11] Nessa linha, BARROSO, Luís Roberto. *Curso de direito constitucional contemporâneo*: os conceitos fundamentais e a construção do novo modelo. 2. ed. São Paulo: Saraiva, 2010. p. 71.

[12] BARCELLOS, Ana Paula de. *A eficácia jurídica dos princípios constitucionais*. O princípio da dignidade da pessoa humana. Rio de Janeiro: Renovar, 2002. p. 103-104.

Por isso, pode-se afirmar que o interesse público não pode ser tido *a priori* abstratamente como um sinônimo de razões de Estado, ou de interesse coletivo, porque isso seria até mesmo um conceito vazio. Com efeito, o interesse público corresponde às tarefas constitucionais e infraconstitucionais atribuídas ao Estado, não só em favor da coletividade, mas também aos membros do todo individualmente.

Sendo assim, é mais adequado falar em interesses públicos, tendo em vista que se está diante de diversos objetivos a serem cumpridos.[13] Tome-se como exemplo a saúde, assegurada pelo art. 196 da Constituição como dever estatal. Esse interesse pode ser promovido seja, por exemplo, pela instalação de infraestrutura de saneamento básico a toda uma comunidade, seja pela concessão de medicamento a indivíduo determinado.

Ademais, cumpre notar que pode ser que nas situações concretas pode até mesmo haver interesses públicos conflitantes a atingir,[14] como interesses de grupos sociais distintos.

Dessa forma, apesar de o Estado ter de perseguir o interesse público, esse dificilmente pode ser definido estaticamente, pois deve ser buscado em primeiro lugar na Constituição, e eventualmente precisará de uma ponderação dos direitos previstos, a fim de verificar qual ou quais interesses representam aquilo que deve ser perseguido pelo Poder Público.[15] Nessa atividade de estabelecimento do equilíbrio dos direitos envolvidos, destaque-se que há um parâmetro que deve desde logo ser fixado: em função da primazia dada pela Lei Maior, a dignidade da pessoa humana possui superioridade *prima facie* na ponderação a ser efetuada.[16]

---

[13] Também Odete Medauar levanta a concreta existência de uma multiplicidade de interesses públicos (MEDAUAR, Odete. *Direito administrativo em evolução* cit., p. 189).

[14] JUSTEN FILHO, Marçal. *Curso de direito administrativo* cit., p. 42.

[15] Gustavo Binenbojm também defende que o melhor interesse público somente pode ser definido a partir de um procedimento racional, com juízos de ponderação entre direitos individuais e coletivos (BINENBOJM, Gustavo. Da supremacia do interesse público ao dever de proporcionalidade: um novo paradigma para o direito administrativo. In: SARMENTO, Daniel (Org.). *Interesses públicos* versus *interesses privados* cit., p. 167).

[16] Nesse sentido, BARROSO, Luís Roberto. *Curso de direito constitucional contemporâneo* cit., p. 73. De outro lado, cumpre registrar que muitos autores usam como parâmetro de superioridade os direitos fundamentais, sem fazer a restrição aqui efetuada à dignidade da pessoa humana. É o caso de Diogo de Figueiredo Moreira Neto: "Mas é a própria ordem jurídica que estabelece uma hierarquia axiológica fundamental, ao reconhecer a precedência natural, que, apenas expressada no texto constitucional, das liberdades, direitos e garantias fundamentais, excepcionalmente são temperadas pela definição legal de um específico interesse público que justifique limitá-las ou condicioná-las. (...) Revertendo enfaticamente os termos: os direitos e garantias fundamentais só cedem ante uma expressa preceituação constitucional e, assim mesmo, restritamente, quando, como e onde essa supremacia se impuser" (MOREIRA NETO, Diogo de Figueiredo. *Curso de direito administrativo*: parte introdutória, parte geral e parte especial. 14. ed. Rio de Janeiro: Forense, 2005. p. 87). Nessa mesma linha, Ana Paula de Barcellos também sustenta que, na

Da mesma maneira, se na situação concreta os eventuais interesses em jogo não tiverem *status* constitucional, também é preciso sopesá-los, a fim de estabelecer a atividade estatal a ser efetuada. Assim, vê-se que a atividade ponderativa tem importante papel na definição do interesse público que deve prevalecer, e que pode ser mesmo um interesse de um único indivíduo, e não da coletividade ou arrecadatório do Estado. Ressalve-se, porém, que pode o próprio legislador ter efetuado uma prévia ponderação de interesses, na edição de lei, devendo ser respeitada a definição realizada pelo Poder Legislativo, se conforme à Constituição,[17] o que caracteriza respeito à própria separação dos Poderes.

Diante disso, fica evidente que o princípio da supremacia do interesse público não significa que os interesses estatais devem sempre prevalecer sobre os dos administrados, mas que o interesse público, definido a partir da ponderação, deve prevalecer em certa atividade concreta sobre interesses isolados – sejam particulares, sejam estatais. Assim, sugere-se falar não em supremacia do interesse público sobre o privado, mas simplesmente em supremacia do interesse público, já que este pode representar a proteção a um interesse de um ou alguns administrados apenas.[18]

Aplicando-se, então, a supremacia do interesse público às prerrogativas processuais da Fazenda Pública, vê-se que aquela é fundamento à criação de regime diferenciado em favor do Poder Público, em virtude de ponderação efetuada pelo legislador. Contudo, a supremacia não pode ser considerada o único fator de legitimação de tais benefícios, uma vez que o interesse público não necessariamente se confundirá com a defesa de interesses fazendários.[19]

Sendo assim, é preciso continuar perquirindo onde fundamentar tais regras especiais em favor do Poder Público, passando-se, então, à busca na própria

---

ponderação de normas, aquelas que promovem diretamente os direitos fundamentais dos indivíduos devem ter preferência sobre aquelas que apenas o fazem indiretamente (BARCELLOS, Ana Paula de. *Ponderação, racionalidade e atividade jurisdicional*. Rio de Janeiro: Renovar, 2005. p. 235-236). Também Marçal Justen Filho: "A atividade administrativa do Estado Democrático de Direito subordina-se, então, a um critério fundamental que é anterior à supremacia do interesse público. Trata-se da supremacia e indisponibilidade dos direitos fundamentais" (JUSTEN FILHO, Marçal. *Curso de direito administrativo* cit., p. 45).

[17] ARAGÃO, Alexandre Santos de. A "Supremacia do interesse público" no advento do Estado de Direito e na hermenêutica do direito público contemporâneo. In: SARMENTO, Daniel (Org.). *Interesses públicos versus interesses privados* cit., p. 5.

[18] Em sentido parcialmente semelhante, Marçal Justen Filho defende o interesse público como resultado do processo de produção e aplicação do direito. Em cada caso, então, será verificado como se configura o interesse público, sendo para o autor intangíveis os valores relacionados aos direitos fundamentais (JUSTEN FILHO, Marçal. *Curso de direito administrativo* cit., p. 45-46).

[19] Saliente-se, porém, que o interesse público não é conceito estranho ao processo civil. Tradicional classificação das nulidades processuais define as nulidades absolutas como aquelas em que determinado ato ofendeu norma cogente que protege interesse público. A esse título, confira-se LACERDA, Galeno. *Despacho saneador*. Porto Alegre: La Salle, 1953. p. 72.

Constituição, tendo em vista sua supremacia sobre todas as demais normas do ordenamento jurídico, atuando como verdadeiro fundamento de validade destas últimas.

3. A CONSTITUCIONALIZAÇÃO DO PROCESSO CIVIL E AS GARANTIAS CONSTITUCIONAIS DO PROCESSO

Durante muito tempo o direito como um todo, especialmente aqui interessando os ramos do direito constitucional e do processual civil, sofreu forte influência do positivismo na interpretação e aplicação das normas jurídicas, que via na ciência o único conhecimento verdadeiro, sendo que o método científico deveria atuar de forma semelhante às ciências exatas e naturais, baseando-se na observação e na experimentação, como forma de construir uma ciência jurídica.[20] Com efeito, trata-se de forma de pensar que rompeu com o direito natural, uma vez que, diferentemente deste, identificava quase plenamente direito e normas.

Nos dias atuais, contudo, vivem-se tempos de pós-positivismo, desenvolvido sobretudo após os horrores ocorridos em meados do século passado diante de regimes que, com base na aproximação praticamente total de direito e norma, atuavam em franco desrespeito a direitos fundamentais dos indivíduos. O pós-positivismo teve o mérito tanto de impedir o ressurgimento desarrazoado do direito natural como o de suprimir as falhas do positivismo jurídico,[21] buscando analisar a aplicabilidade das normas jurídicas com base nos valores do ordenamento, e não puramente legitimando-as a partir da regularidade de seu modo de produção.

A Constituição, na qualidade de norma jurídica fundamental da comunidade, é formada por um sistema de princípios e regras jurídicas. As normas constitucionais, entretanto, não se operam da mesma forma que as demais normas jurídicas. A Constituição, por se tratar do diploma situado no grau mais elevado do ordenamento jurídico de um Estado, não possui um sistema de garantias que lhe seja superior hierarquicamente, ou que lhe imponha uma coercitividade

---

[20] BARROSO, Luís Roberto. *Curso de direito constitucional contemporâneo* cit., p. 239. Quanto às características do positivismo, são elas arroladas por Norberto Bobbio em obra clássica sobre o tema: BOBBIO, Norberto. *O positivismo jurídico*: lições de filosofia do direito. Compiladas por Nello Morra. Trad. e notas Márcio Pugliesi, Edson Bini, Carlos E. Rodrigues. São Paulo: Ícone, 2006. p. 131-133.

[21] Luis Pietro Sanchis (Neoconstitucionalismo y ponderación judicial. In: CARBONELL, Miguel (Org.). *Neoconstitucionalismo[s]*. Madrid: Trotta, 2003. p. 131) aponta a crítica desse pensamento ao positivismo tradicional: "En suma, la ley ha dejado de ser la única, suprema y racional fuente del Derecho que pretendió ser en otra época, y tal vez éste sea el sintoma más visible de la crisis de la teoría del Derecho positivista, forjada en torno a los dogmas de la estatalidad y de la legalidad del Derecho".

supraestatal.[22] Ao contrário, a grande influência de fatores metajurídicos sobre o cumprimento das normas constitucionais – como os custos de implementação, a influência política, econômica ou social de pessoas ou grupos, ou mesmo a impossibilidade material de realização da norma – impõe-lhes um grande desafio de realização prática.[23]

Com o pós-positivismo, cresce enormemente a importância das normas constitucionais, que passam a ter papel fundamental na atuação de todo o ordenamento jurídico, deixando de ser meras diretivas, sem grande efetividade.[24] No Brasil, alguns estudos foram realizados nas últimas décadas do século XX, tentando alterar essa concepção de baixa autoridade normativa. Destaque-se José Afonso da Silva, que partiu de premissa fundamental: todas as normas constitucionais possuem eficácia, ou seja, capacidade de produção de efeitos concretos, ainda que a tenham em graus diferentes, havendo classificado tais previsões com base em sua eficácia em normas constitucionais de eficácia plena, de eficácia contida e de eficácia limitada.[25]

Em um segundo estágio na busca da dignidade das normas constitucionais, que se pode observar a partir da década de oitenta passada, viu-se que é insuficiente apontar a simples capacidade de produção de efeitos por um dispositivo. É fundamental que as normas produzam efeitos reais, sendo insuficiente a pos-

---

[22] "Las funciones ordenadora y pacificadora del Derecho ordinario dependen en gran medida de que, si resulta necesario, se impongan por vía ejecutiva, mediante la coerción estatal. Su observancia, pues, siempre resulta garantizada desde fuera. Todo lo contrario ocurre con las normas de la Constitución. Su observancia no se garantiza ni por un ordenamiento jurídico existente por encima de ella ni por una coactividad supraestatal; la Constitución no depende sino de su propia fuerza y de las propias garantías. Lo que intenta es tener en cuenta tales supuestos con una configuración que, mediante la división y el concurso de poderes públicos, procure de forma natural la observancia del Derecho Constitucional: por así decirlo, tiene que crear un sistema que gravite sobre sí mismo y conlleve los presupuestos necesarios para prevalecer" (HESSE, Konrad. Constitución y derecho constitucional. In: BENDA, Ernesto; MAIHOFER, Werner; VOGEL, Juan J.; HESSE, Konrad; HEIDE, Wolfgang. *Manual de derecho constitucional*. Trad. Antonio López Pina. Madrid: Marcial Pons, 1996. p. 8).

[23] "O constitucionalismo material procura mesmo romper o paradigma da alternância entre norma e realidade, procurando integrar os dois momentos do fenômeno normativo. A normatividade da Constituição encerra o produto da interação entre: I) a pretensão de eficácia das normas constitucionais (elemento normativo), expressão da obrigatoriedade da Constituição, II) as condições históricas de sua realização (elemento fático), expressão da força condicionante da realidade. Assim, a pretensão de eficácia de uma norma constitucional associa-se às condições fáticas de sua realização como elemento autônomo" (SILVA, Anabelle Macedo. *Concretizando a Constituição*. Rio de Janeiro: Lumen Juris, 2005. p. 85).

[24] Cuidando da efetividade das normas constitucionais e da constitucionalização do Direito, e contextualizando-as na moderna evolução do direito constitucional, confira-se o nosso RODRIGUES, Marco Antonio dos Santos. *Constituição e administração pública*: definindo novos contornos à legalidade administrativa e ao poder regulamentar. Rio de Janeiro: GZ, 2012.

[25] SILVA, José Afonso da. *Aplicabilidade das normas constitucionais*. 6. ed. São Paulo: Malheiros, 2003. p. 81-166.

sibilidade teórica de realização concreta. Tem-se, aqui, a busca da efetividade da Constituição.[26]

Sendo assim, um dos desafios atuais da teoria constitucional contemporânea é garantir a efetividade das normas das Leis Fundamentais. Nesse ensejo, deve-se ter como ponto de partida que a interpretação das normas constitucionais deve ser concretizadora, isto é, a tarefa do intérprete da Lei Maior é incorporar a realidade à norma analisada, conferindo-lhe conteúdo concreto, já que da própria vida real também advém sua força normativa. Há na Constituição, portanto, um caráter transformador, não sendo meramente um instrumento para manutenção do *status quo*, mas também transformador do direito, para a maior efetivação possível dos direitos fundamentais da coletividade.[27]

Portanto, da mesma forma que as normas constitucionais, todas as normas jurídicas devem passar por interpretação concretizadora, a fim de que se moldem de forma adequada à situação concreta que visam a regular, bem como observando os valores e direitos fundamentais constitucionalmente assegurados. A interpretação não pode ser, pois, simples atividade de subsunção, de mera declaração do sentido da norma jurídica.

Nesse contexto pós-positivista e de busca da concretização das normas, emerge o neoconstitucionalismo, que a partir de diversos fenômenos levou à constitucionalização do Direito como um todo.[28]

O legislador constituinte de 1988 estabeleceu no texto da Lei Maior uma série de dispositivos que preveem normas jurídicas até então trazidas em sede ordinária, que, em conjunto com os direitos fundamentais e valores constitucionais, atuarão na adequada aplicação das normas infraconstitucionais. Conferir efetividade às normas constitucionais exige que os aplicadores do Direito bus-

---

[26] Nesse sentido, Luís Roberto Barroso buscou delimitar a efetividade das normas constitucionais: BARROSO, Luís Roberto. *O direito constitucional e a efetividade de suas normas*: limites e possibilidades da Constituição brasileira. 6. ed. Rio de Janeiro: Renovar, 2002.

[27] Nessa linha, CAMBI, Eduardo. *Neoconstitucionalismo e neoprocessualismo*: direitos fundamentais, políticas públicas e protagonismo judiciário. 2. ed. São Paulo: RT, 2011. p. 28-29.

[28] "Em suma: o neoconstitucionalismo ou novo direito constitucional, na acepção aqui desenvolvida, identifica um conjunto amplo de transformações ocorridas no Estado e no direito constitucional, em meio às quais podem ser assinalados, (I) como marco histórico, a formação do Estado constitucional de direito, cuja consolidação se deu ao longo das décadas finais do século XX; (II) como marco filosófico, o pós-positivismo, com a centralidade dos direitos fundamentais e a reaproximação entre Direito e ética; e (III) como marco teórico, o conjunto de mudanças que incluem a força normativa da Constituição, a expansão da jurisdição constitucional e o desenvolvimento de uma nova dogmática da interpretação constitucional. Desse conjunto de fenômenos resultou um processo extenso e profundo de constitucionalização do Direito" (BARROSO, Luís Roberto. Neoconstitucionalismo e constitucionalização do direito. O triunfo tardio do direito constitucional no Brasil. *Jus Navigandi*, Teresina, ano 10, n. 851, 1. nov. 2005. Disponível em: <http://jus.com.br/revista/texto/7547>. Acesso em: 28 jul. 2012).

quem a máxima consecução dos valores instituídos na Constituição, inclusive no que se refere à interpretação da legislação infraconstitucional.

Assim, a constitucionalização do direito exige a chamada filtragem constitucional, que propõe que as normas infraconstitucionais sejam interpretadas a partir dos valores consagrados pela Lei Fundamental. A Constituição atua, portanto, como um verdadeiro filtro, orientando a interpretação e a própria aplicabilidade de outras normas.[29] Trata-se de uma tábua axiológica a partir da qual devem ser analisadas as previsões legais.

Nessa linha, cumpre recordar que a Constituição e suas normas possuem uma relação muito evidente com o direito processual, tendo em vista que aquela prevê uma série de preceitos fundamental sobre o processo, como direitos fundamentais, garantias e a organização judiciária, ao passo que o direito processual será responsável, por meio da atuação dos juízes, pela efetividade das normas constitucionais, em proteção de toda a coletividade.[30]

No que toca ao processo, o legislador constituinte não se ocupou apenas da organização judiciária e das funções essenciais à Justiça, mas trouxe também direitos e garantias fundamentais no âmbito processual. Quanto a estes, cumpre destacar que em certas situações o direito fundamental é decorrente de norma que consagre garantia, o que faz com que o direito seja extraído da garantia fundamental.[31] Assim é o que se vê, por exemplo, com as garantias do contraditório, da ampla defesa, que, procurando trazer proteções basilares aos litigantes no processo, consagram implicitamente o direito constitucional de defesa.

Pode-se afirmar, então, que os direitos e garantias fundamentais da Lei Maior no âmbito processual, como é o caso da igualdade, do acesso à Justiça, do contraditório e da ampla defesa, assegurados no art. 5.º da Constituição da

---

[29] SCHIER, Paulo Ricardo. *Filtragem constitucional*: construindo uma nova dogmática jurídica. Porto Alegre: Sergio Antonio Fabris, 1999. p. 104: "Utiliza-se a expressão 'Filtragem constitucional' em virtude de que ela denota a ideia de um processo em que toda a ordem jurídica, sob a perspectiva formal e material, e assim os seus procedimentos e valores, devem passar sempre e necessariamente pelo filtro axiológico da Constituição Federal, impondo, a cada momento de aplicação do Direito, uma releitura e atualização de suas normas". No direito civil, cuidando da dimensão do direito civil constitucionalizado, e defendendo a filtragem das normas civis à luz da Lei Maior, TEPEDINO, Gustavo. Premissas metodológicas para a constitucionalização do direito civil. In: TEPEDINO, Gustavo. *Temas de direito civil.* 4. ed. Rio de Janeiro: Renovar, 2008. p. 1-23.

[30] DINAMARCO, Cândido Rangel. *Instrumentalidade do processo.* 10. ed. São Paulo: Malheiros, 2002. p. 46. Também lembra o mesmo autor que a Constituição realiza uma tutela do processo por meio de princípios e garantias aplicáveis a este. Simultaneamente, de outro lado, o processo também tutela a Constituição, já que cumpre papel na obtenção da efetividade das normas constitucionais (DINAMARCO, Cândido Rangel. *Instituições de direito processual civil.* 5. ed. São Paulo: Malheiros, 2005. v. 1, p. 208-209).

[31] Nesse sentido, SILVA, José Afonso da. *Curso de direito constitucional positivo.* 17. ed. São Paulo: Malheiros, 2000. p. 414.

República, gozam das eficácias próprias dos direitos fundamentais, especialmente interessando a eficácia objetiva desses direitos, que lhes confere caráter de opções valorativas do constituinte, com aplicação sobre todos os Poderes estatais e sobre todo o ordenamento jurídico.[32]

Nesse sentido, cumpre recordar que os direitos fundamentais se caracterizam inequivocamente como direitos subjetivos dos indivíduos. No entanto, também configuram elementos objetivos basilares do Estado.[33]

A perspectiva objetivo-valorativa dos direitos fundamentais, por seu turno, gera sobretudo duas formas de eficácia dela decorrentes. A primeira é a dirigente em relação aos órgãos estatais: esses direitos trazem uma ordem dirigida ao Estado, para cumprimento da obrigação permanente de concretizá-los e realizá-los. A segunda é a irradiante, faz com que os direitos fundamentais impulsionem e direcionem a interpretação e aplicação do direito infraconstitucional, impondo seja realizada uma interpretação conforme esses direitos.[34]

Sendo assim, o direito processual civil deve atuar buscando atribuir a maior efetividade possível aos direitos fundamentais, tanto aos relativos ao processo como aos protegidos por meio deste, e aos valores constitucionalmente assegurados. Os institutos do direito processual devem, então, ser analisados e interpretados visando a realizar esses direitos e valores, o que, em última análise, promove o Estado Democrático de Direito instituído pela Constituição.

Diante disso, vê-se que, além de as normas processuais infraconstitucionais deverem necessariamente observar a Constituição, não a contrariando, também é preciso que sua aplicação seja informada pelos direitos fundamentais e valores constitucionais.[35]

Nesse sentido, será necessário analisar no presente trabalho as previsões legais que instituem prerrogativas processuais da Fazenda Pública, a fim de verificar sua compatibilidade com a Lei Maior, seus direitos e valores, já que, para que sejam legítimos, é preciso que a Carta Magna seja a origem justificadora desses benefícios conferidos às pessoas jurídicas de direito público.

---

[32] Ingo Sarlet, cuidando da eficácia objetiva dos direitos fundamentais, afirma que "(...) não se limitam à função precípua de serem direitos subjetivos de defesa do indivíduo contra atos do poder público, mas que, além disso, constituem decisões valorativas de natureza jurídico-objetiva da Constituição, com eficácia em todo o ordenamento jurídico e que fornecem diretrizes para os órgãos legislativos, judiciários e executivos" (SARLET, Ingo Wolfgang. *A eficácia dos direitos fundamentais*. 3. ed. Porto Alegre: Livraria do Advogado, 2003. p. 147).

[33] Idem, p. 145.

[34] Idem, p. 151-152.

[35] "Aqui não se trata mais, bem entendido, de apenas conformar o processo às normas constitucionais, mas de empregá-las no próprio exercício da função jurisdicional, com reflexo direto no seu conteúdo, naquilo que é decidido pelo órgão judicial e na maneira como o processo é por ele conduzido" (OLIVEIRA, Carlos Alberto Alvaro de. O processo civil na perspectiva dos direitos fundamentais. *AJURIS*, Porto Alegre, v. 29, n. 87, p. 37-49, set. 2002, p. 38).

Cap. 3 – PROCESSO PÚBLICO E CONSTITUIÇÃO

Quatro direitos fundamentais em matéria processual assumem grande importância na avaliação da legitimidade das prerrogativas do Poder Público em juízo. São a igualdade, o acesso à Justiça, o contraditório e a ampla defesa, e que devem ser analisados à luz da criação de regras especiais em favor de algum dos sujeitos do processo.

3.1. A igualdade processual

O art. 5.º, *caput*, da Constituição da República consagrou o princípio da igualdade, erigindo-o ao *status* de garantia fundamental. Trata-se de previsão que determina seja dado tratamento igual a todos.

Nesse caso, é preciso verificar o sentido da igualdade constitucionalmente assegurada. Não se está aqui diante de uma previsão puramente formal de isonomia, que impõe um mesmo tratamento a todos, independentemente de suas condições pessoais. Trata-se também de garantia de igualdade material, no sentido de que seja dado tratamento igual aos iguais e desigual aos desiguais.[36] A igualdade olha, portanto, para as circunstâncias concretas nas relações entre os sujeitos.

A partir da eficácia objetiva dos direitos fundamentais, que também lhe é aplicável, a igualdade acarreta, pois, que os Poderes estatais devem assegurar um tratamento isonômico a todos, no sentido substancial. Assim, sua aplicação não fica limitada a algum tipo específico de relação jurídica, o que significa dizer que incide diretamente ao direito processual, estando expressamente consagrada no âmbito processual no art. 125, I, do Código de Processo Civil.

Diante desse dispositivo, pode-se afirmar que o legislador expressamente consagrou ao Poder Judiciário um dever de atuar em equidistância às partes da demanda, o que determina sejam-lhes dadas as mesmas oportunidades, a fim de que uma não se beneficie indevidamente em relação à outra. Dessa forma, deve o magistrado conferir às partes que tenham as mesmas condições um tratamento paritário, ao passo que, havendo uma disparidade entre elas, a isonomia material justifica um atuar distinto pelo órgão julgador.

Nesse sentido, é de ver que o próprio legislador conferiu, em alguns casos, a possibilidade de que o juiz aplique tratamento diferenciado em favor de algum dos sujeitos do processo, em detrimento do outro. É o que se vê, exemplificativamente, no art. 6.º, VIII, do Código de Defesa do Consumidor, que consagra, como direito básico do consumidor, a inversão do ônus da prova, quando as alegações deste último forem verossímeis, ou ele for hipossuficiente. Trata-se de norma que parece claramente prestigiar a isonomia, procurando dar igualdade de tratamento a sujeitos que podem muitas vezes estar em situação de desi-

---

[36] NERY JUNIOR, Nelson. *Princípios do processo na Constituição Federal*: processo civil, penal e administrativo. 10. ed. São Paulo: RT, 2010. p. 99.

gualdade na relação de direito material discutida em juízo, gerando reflexos no processo.[37]

Na realidade, o direito fundamental à igualdade, que também se dirige ao Poder Legislativo, muitas vezes pode entrar em situação de evidente tensão com a atividade basilar desse Poder. Isso porque a produção de normas é naturalmente um ato de classificação, de distinção entre sujeitos.[38]

Há um grupo de normas que geram distinções de tratamento e que especialmente interessam no presente trabalho: aquelas que criam benefícios processuais à Fazenda Pública. As regras que criam tais previsões especiais sobrevivem ao controle de constitucionalidade com base no direito fundamental à igualdade?

Considerando que legislar é distinguir, nem todo tratamento desigual pode ser considerado atentatório à isonomia, pois essa diferenciação pode se justificar na igualdade material, como forma de dar regime distinto a sujeitos com características diferentes.

Na realidade, é preciso que cada regra especial criada em favor das pessoas jurídicas de direito público passe por uma análise de sua razão de ser, a fim de verificar se promove a igualdade material ou não. Para tanto, é preciso verificar o benefício criado à luz do elemento que gera diferenciação em favor do Poder Público,[39] inquirindo sobre a razoabilidade da distinção efetuada.[40] A razoabilidade é, portanto, parâmetro de grande valia ao controle da constitucionalidade das leis que criam desigualdade entre sujeitos.[41]

---

[37] Sobre a distribuição do ônus da prova e sua redefinição à luz da igualdade, remete-se o leitor ao nosso RODRIGUES, Marco Antonio dos Santos. Apontamentos sobre a distribuição do ônus da prova e a teoria das cargas probatórias dinâmicas. *Revista da Faculdade de Direito Candido Mendes*, ano 12, n. 12, Rio de Janeiro: UCAM, 2007.

[38] "O princípio da igualdade interdita tratamento desuniforme às pessoas. Sem embargo, consoante se observou, o próprio da lei, sua função precípua, reside exata e precisamente em dispensar tratamentos desiguais. Isto é, as normas legais nada mais fazem que discriminar situações, à moda que as pessoas compreendidas em umas ou em outras vêm a ser colhidas por regimes diferentes. Donde, a algumas são deferidos determinados direitos e obrigações que não assistem a outras, por abrigadas em diversa categoria, regulada por diferente plexo de obrigações e direitos" (MELLO, Celso Antônio Bandeira de. *Conteúdo jurídico do princípio da igualdade*. 3. ed. 17. tir. São Paulo: Malheiros, 2009. p. 12-13). No mesmo sentido, entendendo que legislar significa classificar, CASTRO, Carlos Roberto Siqueira. *O devido processo legal e os princípios da razoabilidade e da proporcionalidade*. 4. ed. Rio de Janeiro: Forense, 2006. p. 144.

[39] "Em suma: importa que exista mais que uma correlação lógica abstrata entre o fator diferencial e a diferenciação consequente. Exige-se, ainda, haja uma correlação lógica concreta, ou seja, aferida em função dos interesses abrigados no direito positivo constitucional. E isto se traduz na consonância ou dissonância dela com as finalidades reconhecidas como valiosas na Constituição" (MELLO, Celso Antônio Bandeira de. *Conteúdo jurídico do princípio da igualdade* cit., p. 22).

[40] Nessa linha, PEREIRA, Hélio do Valle. *Manual da fazenda pública em juízo*. Rio de Janeiro: Renovar, 2003. p. 30-31.

[41] "Atenta a essa forçosa contingência do legislador, a moderna teoria constitucional tende a exigir que as diferenciações normativas sejam razoáveis e racionais. Isto quer dizer que a norma clas-

Cap. 3 - PROCESSO PÚBLICO E CONSTITUIÇÃO

Sendo assim, não é possível genérica e abstratamente afirmar que a instituição de benefícios processuais à Fazenda Pública é constitucional ou não. Faz-se imprescindível a verificação de cada previsão, para controlar sua constitucionalidade no que se refere à observância da igualdade.

Quando um benefício processual das pessoas jurídicas de direito público se encontra justificado à luz da igualdade material, diz-se que tal regra constitui prerrogativa da Fazenda. De outro lado, quando a previsão em questão não é razoável diante da igualdade, tem-se instituído um privilégio.[42] Enquanto as prerrogativas são constitucionais e devem ser aplicadas nos processos, os privilégios são inconstitucionais e devem ser expurgados do ordenamento jurídico.

Um bom exemplo de benefício processual ao Poder Público que não se justificou na igualdade foi a ampliação do prazo para a propositura de ação rescisória, previsto de forma geral no art. 495 do Código de Processo Civil em dois anos. A Medida Provisória 1.577 inicialmente estabeleceu prazo de quatro anos para o ajuizamento de tal ação pela Fazenda Pública, tendo em posteriores reedições ampliado para cinco anos. A par do questionável cabimento de medida provisória para dispor sobre direito processual,[43] cumpre salientar que essa majoração do prazo não se justifica na igualdade. Não há fundamento para a realização de distinção genérica entre as pessoas jurídicas de direito público e os particulares quanto ao prazo para a utilização de ação excepcional, para impugnação de decisão de mérito transitada em julgado.

Nesse sentido, destaque-se que o Supremo Tribunal Federal teve de analisar a questão, em virtude da propositura da Ação Direta de Inconstitucionalidade 1.753. Apesar de, no julgamento final, a demanda ter sido extinta sem resolução de mérito, em razão de ter sido considerada prejudicada pela mudança, nas reedições, da redação da Medida Provisória que ensejou sua propositura,[44] no

---

sificatória não deve ser arbitrária, implausível ou caprichosa, devendo, ao revés, operar como meio idôneo, hábil e necessário ao atingimento de finalidades constitucionalmente válidas" (CASTRO, Carlos Roberto Siqueira. *O devido processo legal e os princípios da razoabilidade e da proporcionalidade* cit., p. 145).

[42] CUNHA, Leonardo Carneiro da. *A Fazenda Pública em juízo*. 10. ed. São Paulo: Dialética, 2012. p. 33.

[43] Ressalte-se que tal medida provisória foi editada antes da Emenda Constitucional 32/2001, que alterou o art. 62 da Constituição, vedando medidas provisórias em matéria processual.

[44] "Ação direta de inconstitucionalidade e reedição de medidas provisórias – Evolução da jurisprudência – Aditamento da petição inicial – Pressuposto de identidade substancial das normas. A possibilidade do aditamento da ação direta de inconstitucionalidade de modo a que continue, contra a medida provisória reeditada, o processo instaurado contra a sua edição original, pressupõe necessariamente a identidade substancial de ambas: se a norma reeditada é, não apenas formal, mas também substancialmente distinta da originalmente impugnada, impõe-se a propositura de nova ação direta" (ADI 1753 QO, rel. Min. Sepúlveda Pertence, Tribunal Pleno, j. 17.09.1998, *DJ* 23.10.1998, PP-00002 EMENT VOL-01928-01 PP-00036. Disponível em: <www.stf.jus.br>. Acesso em: 22 jul. 2012).

curso do processo houve a concessão de medida cautelar, suspendendo a eficácia do dispositivo em questão, por ofensa à igualdade, dada a falta de justificativa para a diferenciação. Confira-se a ementa do julgamento cautelar:

> Ação rescisória: MProv. 1577-6/97, art. 4.º e parágrafo único: a) ampliação do prazo de decadência de dois para cinco anos, quando proposta a ação rescisória pela União, os Estados, o DF ou os Municípios e suas respectivas autarquias e fundações públicas (art. 4.º) e b) criação, em favor das mesmas entidades públicas, de uma nova hipótese de rescindibilidade das sentenças – indenizações expropriatórias ou similares flagrantemente superior ao preço de mercado (art. 4.º, parágrafo único): arguição plausível de afronta aos arts. 62 e 5.º, I e LIV, da Constituição: conveniência da suspensão cautelar: medida liminar deferida. 1. Medida provisória: excepcionalidade da censura jurisdicional da ausência dos pressupostos de relevância e urgência à sua edição: raia, no entanto, pela irrisão a afirmação de urgência para as alterações questionadas à disciplina legal da ação rescisória, quando, segundo a doutrina e a jurisprudência, sua aplicação à rescisão de sentenças já transitadas em julgado, quanto a uma delas – a criação de novo caso de rescindibilidade – é pacificamente inadmissível e quanto à outra – a ampliação do prazo de decadência – é pelo menos duvidosa. 2. A igualdade das partes é imanente ao *procedural due process of law*; quando uma das partes é o Estado, a jurisprudência tem transigido com alguns favores legais que, além da vetustez, tem sido reputados não arbitrários por visarem a compensar dificuldades da defesa em juízo das entidades públicas; se, ao contrário, desafiam a medida da razoabilidade ou da proporcionalidade, caracterizam privilégios inconstitucionais: parece ser esse o caso das inovações discutidas, de favorecimento unilateral aparentemente não explicável por diferenças reais entre as partes e que, somadas a outras vantagens processuais da Fazenda Pública, agravam a consequência perversa de retardar sem limites a satisfação do direito do particular já reconhecido em juízo. 3. Razões de conveniência da suspensão cautelar até em favor do interesse público.[45]

Saliente-se, outrossim, que tempos depois foi editada a Medida Provisória 1703, que novamente dobrou o prazo para o ajuizamento de ação rescisória pela Fazenda Pública. Foi ajuizada a Ação Direta de Inconstitucionalidade 1910, em que novamente o Supremo Tribunal Federal entendeu pela concessão de medida cautelar,[46] para suspensão do dispositivo, em razão da existência

---

[45] ADI 1753 MC, rel. Min. Sepúlveda Pertence, Tribunal Pleno, j. 16.04.1998, *DJ* 12.06.1998, PP-00051 EMENT VOL-01914-01 PP-00040 RTJ VOL-00172-01 PP-00032. Disponível em: <www.stf.jus.br>. Acesso em: 22 jul. 2012.

[46] "Ação rescisória: arguição de inconstitucionalidade de medidas provisórias (MPr 1.703/98 a MPr 1798-3/99) editadas e reeditadas para a) alterar o art. 188, I, CPC, a fim de duplicar o prazo para ajuizar ação rescisória, quando proposta pela União, os Estados, o DF, os Municípios ou o Ministério Público; b) acrescentar o inciso X no art. 485 CPC, de modo a tornar rescindível a sentença, quando 'a indenização fixada em ação de desapropriação direta ou indireta for flagrantemente superior ou manifestamente inferior ao preço de mercado objeto da ação judicial': preceitos que adoçam a pílula do edito anterior sem lhe extrair, contudo, o veneno da essência:

Cap. 3 – PROCESSO PÚBLICO E CONSTITUIÇÃO

de *fumus boni iuris* quanto à inconstitucionalidade por ofensa à garantia da igualdade.[47]

Ainda no âmbito do prazo para ajuizar a ação rescisória, tem-se, de outro lado, o art. 8.º-C da Lei 6.739/1979,[48] que estabeleceu oito anos, a contar do trânsito em julgado, para a propositura dessa espécie de demanda, quando a ação originária tratar da transferência de terras públicas rurais.

Nessa hipótese, em que pese a criação de um benefício processual à Fazenda Pública ainda maior que o instituído pelas Medidas Provisórias 1.577 e 1.703, não parece ter ocorrido ofensa ao direito fundamental à isonomia. Isso porque a

---

medida cautelar deferida. 1. Medida provisória: excepcionalidade da censura jurisdicional da ausência dos pressupostos de relevância e urgência à sua edição: raia, no entanto, pela irrisão a afirmação de urgência para as alterações questionadas à disciplina legal da ação rescisória, quando, segundo a doutrina e a jurisprudência, sua aplicação à rescisão de sentenças já transitadas em julgado, quanto a uma delas – a criação de novo caso de rescindibilidade – é pacificamente inadmissível e quanto à outra – a ampliação do prazo de decadência – é pelo menos duvidosa: razões da medida cautelar na ADIn 1753, que persistem na presente. 2. Plausibilidade, ademais, da impugnação da utilização de medidas provisórias para alterar a disciplina legal do processo, à vista da definitividade dos atos nele praticados, em particular, de sentença coberta pela coisa julgada. 3. A igualdade das partes é imanente ao *procedural due process of law*; quando uma das partes é o Estado, a jurisprudência tem transigido com alguns favores legais que, além da vetustez, tem sido reputados não arbitrários por visarem a compensar dificuldades da defesa em juízo das entidades públicas; se, ao contrário, desafiam a medida da razoabilidade ou da proporcionalidade, caracterizam privilégios inconstitucionais: parece ser esse o caso na parte em que a nova medida provisória insiste, quanto ao prazo de decadência da ação rescisória, no favorecimento unilateral das entidades estatais, aparentemente não explicável por diferenças reais entre as partes e que, somadas a outras vantagens processuais da Fazenda Pública, agravam a consequência perversa de retardar sem limites a satisfação do direito do particular já reconhecido em juízo. 4. No caminho da efetivação do *due process of law* – que tem particular relevo na construção sempre inacabada do Estado de direito democrático – a tendência há de ser a da gradativa superação dos privilégios processuais do Estado, à custa da melhoria de suas instituições de defesa em juízo, e nunca a da ampliação deles ou a da criação de outros, como – é preciso dizê-lo – se tem observado neste decênio no Brasil" (ADI 1910 MC, rel. Min. Sepúlveda Pertence, Tribunal Pleno, j. 22.04.2004, *DJ* 27.02.2004, PP-00019 EMENT VOL-02141-02 PP-00408. Disponível em: <www.stf.jus.br>. Acesso em: 22 jul. 2012).

[47] Registre-se que, em 22.07.2012, o processo em questão ainda se encontrava suspenso, em virtude do julgamento de questão de ordem, que teve a seguinte ementa: "I. Ação direta de inconstitucionalidade: revogação da norma da medida provisória impugnada não prejudicada de logo a ação direta, que se suspende, até que o Congresso Nacional converta ou não em lei o edito revogatório e, acaso não convertido este, restabeleça ou não a vigência do dispositivo revogado. II. Ação direta de inconstitucionalidade: não são de exigir-se sucessivos aditamentos da petição inicial, enquanto, em consequência da revogação, posto resolúvel, da norma impugnada de medida provisória, estiver suspenso o processo" (ADI 1910 QO, rel. Min. Sepúlveda Pertence, Tribunal Pleno, j. 21.06.2001, *DJ* 27.02.2004, PP-00019 EMENT VOL-02141-03 PP-00470. Disponível em: <www.stf.jus.br>. Acesso em: 22 jul. 2012).

[48] "Art. 8.º C. É de oito anos, contados do trânsito em julgado da decisão, o prazo para ajuizamento de ação rescisória relativa a processos que digam respeito a transferência de terras públicas rurais."

norma ora em questão trouxe distinção de tratamento em matéria de propositura de ação rescisória que possui fundamento razoável: a transferência irregular de terras rurais muitas vezes pode ser de difícil verificação, demandando muito tempo para que se encontrem elementos suficientes a ensejar a propositura da ação impugnativa à sentença transitada em julgado.

Sendo assim, no que se refere à última norma analisada, a distinção efetuada em relação ao regime geral do art. 495 do Código de Processo Civil se situa na própria igualdade material, já que o fundamento de diferenciação é razoável,[49] uma vez que não configura aumento indiscriminado do prazo. Cuida-se de situação que atenta para a circunstância da realidade concreta, em que é possível a ocorrência de grilagem de terras rurais, evitando, então, que a constatação da falsidade da titularidade gere um prejuízo eterno à coletividade, caso passados já dois anos do trânsito em julgado da decisão final.

Dessa forma, ao lado da razoabilidade na distinção, a demonstrar sua consonância com a igualdade material, pode-se afirmar, em última análise, que houve aqui uma ponderação legítima do legislador, ao prever o prazo em questão, uma vez que optou por preservar o interesse público na conservação da verdadeira titularidade das terras públicas rurais, em detrimento do interesse particular de pessoas que indevidamente tenham afirmado sua propriedade sobre tais terrenos.

Conclui-se, portanto, que o direito fundamental à igualdade é importante critério na verificação da constitucionalidade de normas que criem benefícios processuais às pessoas jurídicas de direito público, devendo, porém, ser acompanhado da razoabilidade, que deve estar presente na diferenciação efetuada pelo legislador em favor dessas pessoas.

3.2. O acesso à Justiça

Outro direito fundamental no âmbito processual e que pode gerar tensões na análise de prerrogativas processuais da Fazenda Pública é o acesso à Justiça ou inafastabilidade do controle jurisdicional, consagrado no art. 5.º, XXXV, da Constituição da República.

Desse dispositivo pode-se extrair o direito de ação, ou seja, um direito subjetivo à jurisdição, a uma prestação jurisdicional. No entanto, importante advertir que não é admissível, no atual estágio de desenvolvimento do Direito Processual, que o conceito de direito de ação seja tido unicamente como um direito de ingresso no Poder Judiciário.

Com efeito, a Constituição consagra, como visto, diversos direitos, fundamentais ou não. No entanto, a efetividade dos comandos constitucionais,

---

[49] Nessa mesma linha, CUNHA, Leonardo Carneiro da. *A Fazenda Pública em juízo* cit., p. 68.

Cap. 3 – PROCESSO PÚBLICO E CONSTITUIÇÃO

especialmente dos direitos fundamentais, exige que haja mecanismos aptos a tutelar eventuais violações às normas jurídicas.

Sendo assim, a previsão do art. 5.º, XXXV, da Lei Maior, ao vedar que a lei impeça a apreciação de lesão ou ameaça de lesão a direito, não configura apenas um direito de propositura de ação.[50] Mais do que isso, a garantia constitucional em tela é mecanismo de proteção a direitos conferidos pelo ordenamento jurídico e especialmente a direitos fundamentais. Diante disso, pelo seu papel protetivo ao próprio núcleo fundamental dos direitos, o acesso à Justiça acaba por integrar o mínimo existencial, componente essencial da dignidade da pessoa humana, sendo imprescindível, pois, a uma vida digna.[51]

Dessa forma, o inciso XXXV do art. 5.º da Constituição deve significar não uma mera garantia de possibilidade de ajuizamento de ações, mas um direito de acesso à Justiça, a uma prestação jurisdicional justa. Trata-se, portanto, de direito titularizado tanto pelo autor como pelo réu. Mesmo aquele que não propôs a demanda, mas, ao contrário, foi acionado, faz jus a uma prestação jurisdicional justa, ao final do desenvolvimento da relação processual.

Ressalte-se, entretanto, que nem a Constituição nem lei infraconstitucional se ocupam de definir o que significa a prestação justa, objetivo do acesso à Justiça. Nesse sentido, recorre-se a Michele Taruffo, que se utiliza de três critérios para a verificação de uma prestação justa. São eles: (a) a correta escolha e interpretação da regra jurídica aplicável ao caso; (b) a avaliação confiável dos fatos relevantes da demanda; e (c) o emprego de um procedimento válido e justo para atingir a decisão.[52] Sem a presença desses três elementos, então, a garantia do acesso à Justiça não fica totalmente configurada.

Entre esses três critérios, o terceiro interessa particularmente para os fins do presente trabalho. O acesso à Justiça, como garantia de uma prestação justa, exige o emprego de um procedimento válido e justo para a formação da decisão final, sendo que fundamentalmente é o legislador o responsável pela definição dos procedimentos aplicáveis às demandas. Na realidade, o direito fundamental de acesso à Justiça depende muito do legislador, já que caberá a este em primeiro lugar estabelecer as normas que irão reger a atuação das partes e do juiz no desenvolvimento da relação processual.

---

[50] Note-se, porém, como ressaltam Cappelletti e Garth, que nos Estados liberais de inspiração burguesa o direito de ação era visto de maneira formal, significando a possibilidade de propositura ou contestação de uma ação (CAPPELLETTI, Mauro; GARTH, Bryant. *Acesso à justiça*. Trad. Ellen Gracie Northfleet. reimp. Porto Alegre: Sergio Antonio Fabris, 2002. p. 9).

[51] "Em um Estado de direito, como já se referiu, não basta a mera consagração normativa: é preciso existir uma autoridade que seja capaz de impor coativamente a obediência aos comandos jurídicos. Dizer que o acesso à Justiça é um dos componentes do núcleo da dignidade humana significa dizer que todas as pessoas devem ter acesso a tal autoridade: o Judiciário" (BARCELLOS, Ana Paula de. *A eficácia jurídica dos princípios constitucionais* cit., p. 293).

[52] TARUFFO, Michele. *Sui confini. Scritti sulla giustizia civile*. Bologna: Il Mulino, 2002. p. 224.

Nessa linha, cumpre salientar que é o próprio art. 5.º, XXXV, da Constituição da República que dirige diretamente esse direito ao legislador, demonstrando que não é apenas o Poder Judiciário que deve respeitá-lo, mas também o Poder Legislativo.

No que se refere à sua eficácia objetiva perante o Poder Legislativo, o acesso à Justiça possui, então, uma negativa e outra positiva. A atividade legislativa sofre um limite negativo do direito fundamental de acesso à Justiça, tendo em vista que aquela não pode editar leis que impeçam de forma irrazoável o acesso aos órgãos jurisdicionais, para a apresentação e a apreciação de pretensões.[53] Assim, não é possível ao legislador criar norma que impeça ao jurisdicionado levar determinado tipo de pretensão ao crivo do Poder Judiciário.

De outro lado, o acesso à Justiça gera, outrossim, uma eficácia positiva ao legislador. Em virtude de tal direito fundamental, o legislador tem o dever de implementar normas que melhor desenvolvam a atividade processual, dando ao processo as ferramentas necessárias e adequadas à proteção aos direitos que estejam em jogo. Assim, o acesso à Justiça determina ao legislador que, no exercício de suas funções, estabeleça técnicas processuais adequadas à tutela dos direitos.[54]

Diante da eficácia perante o legislador do direito fundamental de acesso à Justiça, fica clara a importância de tal garantia na verificação da legitimidade constitucional das regras que impõem benefícios processuais à Fazenda Pública.

À luz de tal garantia constitucional, é preciso que cada benefício processual criado às pessoas jurídicas de direito público seja analisado, verificando-se se a norma que o institui impede ou promove o acesso a um procedimento válido e justo para a formação da decisão final.

Caso o benefício prejudique a obtenção da prestação jurisdicional justa, configurada está a ofensa ao direito de acesso à Justiça e, consequentemente, à própria Constituição.

3.3. O contraditório e a ampla defesa

Os benefícios processuais conferidos à Fazenda Pública também devem ser analisados à luz dos direitos fundamentais ao contraditório e à ampla defesa, consagrados no art. 5.º, LV, da Constituição da República.

Saliente-se que, apesar da previsão em conjunto no mesmo dispositivo, contraditório e ampla defesa não podem ser tidos como sinônimos – se fossem, isso tornaria desnecessário enunciar ambos na previsão constitucional. Com

---

[53] Nesse sentido, LLOBREGAT, José Garberí. *Constitución y derecho procesal. Los fundamentos constitucionales del derecho procesal.* Navarra: Civitas, 2009. p. 137-138.

[54] MARINONI, Luiz Guilherme. *Teoria geral do processo.* 2. ed. São Paulo: RT, 2007. p. 214.

efeito, a ampla defesa configura um elemento do contraditório,[55] pois aquela significa permitir às partes que apresentem adequadamente as alegações que embasem sua pretensão ou defesa, com a consequente possibilidade de provar seus argumentos, bem como interpor os recursos cabíveis em face das decisões proferidas.[56]

Já o contraditório, por seu turno, é tradicionalmente definido por meio do binômio informação-reação.[57] Decompondo a expressão, tem-se primeiramente o direito de informação, que determina que todos os interessados sejam cientificados de uma demanda ou de atos dentro dela que possam ter aptidão de lhe causar prejuízos.

O contraditório é composto, ademais, pelo direito de reação, isto é, um direito de manifestação, para a defesa de seus interesses, todas as vezes que alguém vem a ser informado da demanda ou de um ato da relação processual. O elemento reação gera, por consequência, diversos direitos às partes, ligados ao exercício da ampla defesa no processo.

Verifica-se, pois, que o contraditório, ao reunir a informação e a reação, acaba por expressar um direito de participação das partes no processo, ainda que estas não queiram exercer tal possibilidade de manifestação.

No estágio atual dos estudos do contraditório, porém, o direito fundamental em questão passou por uma remodelagem, dando-lhe configuração mais efetiva. O contraditório não fica satisfeito com a mera comunicação às partes e outros interessados de atos que possam afetar suas esferas de interesse e a simples possibilidade de manifestação.

Com efeito, em um Estado Democrático de Direito, marcado pela participação dos indivíduos na construção dos destinos estatais, o contraditório exige não apenas a informação-reação, mas também um direito de influência das partes na formação da decisão final.[58] O juiz deve travar um diálogo com as partes, ouvindo-as e dando-lhes oportunidades de expor e demonstrar seus pontos de vista, para que a tomada de decisão seja a mais justa possível.

---

[55] GRECO, Leonardo. O princípio do contraditório. In: GRECO, Leonardo. *Estudos de direito processual*. Campos dos Goytacazes: Faculdade de Direito de Campos, 2005. p. 548.

[56] NERY JUNIOR, Nelson. *Princípios do processo na Constituição Federal* cit., p. 248-249.

[57] CABRAL, Antonio do Passo. *Nulidades do processo moderno*: contraditório, proteção da confiança e validade *prima facie* dos atos processuais. Rio de Janeiro: Forense, 2009. p. 110; CÂMARA, Alexandre Freitas. *Lições de direito processual civil*. 15. ed. Rio de Janeiro: Lumen Juris, 2006. v. 1, p. 50-51.

[58] GRECO, Leonardo. O princípio do contraditório. In: GRECO, Leonardo. *Estudos de direito processual* cit., p. 545; CABRAL, Antonio do Passo. *Nulidades do processo moderno* cit., p. 111-112; THEODORO JÚNIOR, Humberto; NUNES, Dierle José Coelho. Uma dimensão que urge reconhecer ao contraditório no direito brasileiro: sua aplicação como garantia de influência, de não surpresa e de aproveitamento da atividade processual. *Revista de Processo*, São Paulo: RT, v. 34, n. 168, p. 107-141, fev. 2009, p. 109.

Sendo assim, o contraditório, ao mesmo tempo em que cria direitos às partes, gera ao juiz um dever de ouvir as primeiras, porém com toda a sorte de meios para que construam a decisão justa.[59]

Diante desses componentes do contraditório, pode-se afirmar que esse direito fundamental promove outro princípio também erigido ao *status* de direito fundamental: a igualdade.[60] Isso porque a informação e a possibilidade de reação, e mesmo o direito de influência, permitem que as partes tenham as mesmas condições de atuação no processo, vedando que uma tenha melhores oportunidades em relação à outra, o que violaria a isonomia.

No entanto, a eficácia objetiva do direito fundamental ao contraditório, ao configurar opção fundamental da comunidade, também gera o dever ao Legislativo de que observe tal direito na produção de normas.

Por isso, caso a norma que cria um benefício processual à Fazenda Pública gere um prejuízo ao direito de influência das partes na formação da solução final, por proteger excessivamente a pessoa jurídica de direito público em relação a seu adversário no processo, dando à primeira maiores chances de influir, em prejuízo deste último, há uma ofensa ao contraditório, não podendo subsistir a regra em questão.

Dessa forma, é preciso que a regra que institui prerrogativa processual à Fazenda passe pelo crivo do contraditório, a fim de se analisar se o benefício criado gera um desequilíbrio injustificado entre as partes na demanda na possibilidade de influenciar a formação do julgado.

4. ANALISANDO ALGUMAS PRERROGATIVAS DA FAZENDA PÚBLICA

Uma vez verificado o sentido de certos direitos fundamentais que possuem importância basilar no processo, é preciso enfrentar algumas prerrogativas processuais instituídas às pessoas jurídicas de direito público, a fim de avaliar se estão justificadas nas garantias constitucionais analisadas ou se não resistem à sua filtragem pelo texto da Carta Fundamental.

Vê-se, portanto, que se recorrerá ao controle da constitucionalidade de tais benefícios, bem como à filtragem constitucional, a fim de concluir pela legitimidade ou não da previsão legal em favor do Poder Público.

---

[59] Nesse sentido, hoje diversos autores seguem a linha de que não só as partes, mas também o magistrado é destinatário do contraditório, já que esse direito fundamental gera deveres a este último. A título exemplificativo, confira-se DINAMARCO, Cândido Rangel. *Instituições de direito processual civil* cit., p. 234.

[60] LUISO, Francesco P. *Principio del contraddittorio ed efficacia della sentenza verso terzi*. Milano: Giuffrè, 1981. p. 10, 17-18.

4.1. Prazos diferenciados para contestar e recorrer

O primeiro benefício processual que deve ser analisado é o constante do art. 188 do Código de Processo Civil, que confere à Fazenda Pública e ao Ministério Público prazo em quádruplo para contestar e em dobro para recorrer.

Note-se que a regra em questão cria uma diferenciação em favor das pessoas jurídicas de direito público, dando-lhes prazos muito maiores para responder e para impugnar decisões judiciais.[61] Assim, é preciso verificar se a previsão é legítima, à luz das garantias constitucionais do processo supra-analisadas.

Com efeito, o art. 188 do Código de Processo Civil não dá tratamento idêntico aos sujeitos da relação processual. No entanto, trata-se de regra que protege a igualdade material, na medida em que confere distinção a pessoas que possuem condições diferentes.

Nesse sentido, cumpre lembrar que a Fazenda Pública possui uma série de elementos reais que acabam por gerar uma maior dificuldade para a prática dos atos processuais, em relação aos particulares. Em primeiro lugar, pode-se mencionar a dificuldade material na obtenção de informações, que afeta diretamente o ônus de responder a demanda. As pessoas jurídicas de direito público, sobretudo a União e os Estados, possuem muitas vezes uma estrutura administrativa enorme, o que acarreta uma dificuldade grande na verificação de dados que permitam a construção das teses de resposta a serem adotadas. O Poder Público, apesar de ter evoluído muito em favor da promoção do princípio da eficiência, é dotado de formalidades que são necessárias para a proteção aos próprios princípios e regras constitucionais ou infraconstitucionais regentes da Administração.

Dessa forma, na obtenção de informações, essencial especialmente ao preparo das respostas do réu, mas também de grande valia à interposição de recursos, não há uma igualdade de oportunidades entre as pessoas jurídicas de direito público e os particulares em geral, o que justifica seja dado um tratamento diferenciado às primeiras.

Além disso, outro elemento que deve ser destacado é a ausência de escolha pelo Procurador do ente público quanto às ações que irá patrocinar,[62] o que acarreta que tenha frequentemente um volume incomum de prazos processuais a cumprir e uma maior dificuldade para atuar em causas que não lhe sejam tão convenientes.

Diante disso, pode-se afirmar que a previsão de prazo em quádruplo para responder e em dobro para recorrer é norma que não ofende a isonomia. Ao

---

[61] Ressalte-se que o dispositivo foi expresso em conceder o benefício de prazo para recorrer, e não para responder a impugnações a decisões, que terão, portanto, prazo simples.

[62] CUNHA, Leonardo Carneiro da. *A Fazenda Pública em juízo* cit., p. 33.

contrário, protege a igualdade material, estando justificada na própria razoabilidade da distinção.

Ademais, o art. 188 do Código de Processo Civil não ofende o direito de acesso à Justiça, mas acaba por protegê-lo, na medida em que, ao equiparar sujeitos que não tinham igualdade de condições, promove a busca de uma prestação jurisdicional justa.

Saliente-se, outrossim, que a norma em questão também protege o direito ao contraditório e à ampla defesa, pois, conforme analisado, o contraditório representa o direito de influência dos sujeitos do processo na formação da decisão da demanda. Nesse sentido, ao conferir prazos diferenciados à Fazenda Pública para a prática de certos atos processuais, o legislador está lhe concedendo melhor oportunidade de atuação, o que a coloca em igualdade de condições em relação aos particulares para influenciar o magistrado na construção da solução do conflito.

Portanto, o contraditório e a ampla defesa não ficam prejudicados, mas protegidos pela diferenciação de prazos para responder e recorrer, já que a regra do art. 188 do diploma processual civil, ao promover a igualdade material, confere maior efetividade aos direitos consagrados no art. 5.º, LV, da Constituição da República.

No entanto, cumpre salientar que pode vir a ocorrer alguma aplicação do dispositivo em análise que excepcionalmente não se coadune com as garantias constitucionais do processo. Nessa linha, pode-se exemplificar com o entendimento do Superior Tribunal de Justiça acerca da aplicação conjunta do art. 188 com o art. 191, também do Código de Processo Civil, que institui prazo em dobro para que litisconsortes com patronos distintos se manifestem no processo.

Imagine-se, por exemplo, que determinada pessoa jurídica de direito público é ré, em litisconsórcio com particular, em demanda que tramita sob o procedimento ordinário. Aplicando-se o art. 188 do Código de Processo Civil, a Fazenda Pública terá prazo de 60 dias para contestar, em razão da multiplicação por quatro dos 15 dias previstos no art. 297 do mesmo diploma. Já o particular, também réu, gozará de 30 dias, em razão da dobra prevista no art. 191. Caso incidam simultaneamente em favor do Poder Público os arts. 188 e 191, o prazo para contestar da Fazenda será multiplicado por oito, chegando a 120 dias.

Nessa hipótese, o Superior Tribunal de Justiça já teve de se manifestar, entendendo que não é possível aplicar simultaneamente sobre um mesmo prazo os dois dispositivos em favor da Fazenda Pública, pois isso geraria uma vantagem excessiva em relação aos particulares. Trata-se, portanto, de proteção ao próprio direito à igualdade. Confira-se a ementa de um dos julgados nessa linha:

PROCESSUAL CIVIL. AGRAVO REGIMENTAL NO AGRAVO EM RECURSO ESPECIAL. SERVIDOR PÚBLICO. CONCURSO. CANDIDATO PORTADOR DE

DEFICIÊNCIA FÍSICA. NOMEAÇÃO. EXTEMPORANEIDADE DO AGRAVO EM RECURSO ESPECIAL.

1. Hipótese em que a autarquia previdenciária pretende o reconhecimento da tempestividade do agravo em recurso especial, utilizando-se, para tanto, da cumulação das prerrogativas contidas nos arts. 188 e 191 do Código de Processo Civil, para fins de contagem em quádruplo para recorrer.

2. A cumulação das disposições contidas nas aludidas normas mostra-se inviável, tendo em vista que o art. 188 do Código de Processo Civil é específico em conferir à Fazenda Pública e ao Ministério Público as prerrogativas de prazo em quádruplo para contestar e em dobro para recorrer, os quais não podem ser, mais uma vez, ampliados mediante a cumulação com o art. 191 do mesmo Codex.

3. Soma-se a isso o fato de que, em princípio, quem se beneficia do prazo em dobro, previsto no art. 191 do CPC, são os particulares, desde que, obviamente, esteja presente a diversidade de procuradores em razão da formação de litisconsórcio.

4. Isto implica dizer que, quando a Fazenda Pública e/ou Ministério Público forem litisconsortes, terão prazo em quádruplo para contestar e em dobro para recorrer (art. 188 do CPC), fazendo jus ao benefício do art. 191 do CPC tão somente para os demais atos processuais, não contemplados pelo art. 188 do CPC, ou seja, para, de modo geral, falar nos autos.

5. Entender de modo diverso seria conferir aos referidos entes públicos (Fazenda Pública e Ministério Público) uma benesse ainda maior, o que colocaria os particulares em extrema desvantagem processual, já que, de um modo geral, estes se sujeitam ao disposto no art. 191 do CPC, isto é, dispõem da prerrogativa da contagem do prazo em dobro tão somente nas hipóteses em que houver litisconsórcio com procuradores distintos.

6. O agravo em recurso especial é extemporâneo, tendo em vista que a juntada do mandado de intimação da decisão que não admitiu o apelo nobre em razão de sua intempestividade ocorreu em 21.01.2011 (sexta-feira), iniciando-se o prazo recursal em 24.01.2011 (segunda-feira). Contando-se em dobro o prazo para a interposição do agravo em recurso especial (art. 188 do CPC), tem-se como escoado o prazo recursal em 14.02.2011, sendo intempestivo o agravo protocolizado em 15.02.2010.

7. Agravo regimental não provido.[63]

4.2. Prazo diferenciado para embargos à execução

Uma segunda regra a analisar é o art. 1.º-B da Lei 9.494/1997, acrescentado pela Medida Provisória 2.180-35/2001. No que se refere ao processo civil, a norma em questão ampliou o prazo para embargos à execução de quantia em face da Fazenda Pública para trinta dias. Assim, apesar da ausência de modificação expressa no texto do art. 730 do Código de Processo Civil, tal dispositivo foi

---

[63] STJ, AgRg no AREsp 8.510/ES, rel. Min. Benedito Gonçalves, 1.ª T., j. 27.09.2011, *DJe* 30.09.2011. Disponível em: <www.stj.jus.br>. Acesso em: 25 jul. 2012.

revogado no que tange ao prazo para apresentação dos embargos do executado, uma vez que previa que esse interregno seria de dez dias.

Diante da previsão do art. 1.º-B da Lei 9.494/1997, é preciso verificar se tal norma se justifica a partir das garantias constitucionais do processo. Nesse sentido, cumpre salientar que a regra sob análise promove a igualdade, já que o prazo de dez dias é deveras exíguo para que as pessoas jurídicas de direito público possam obter todas as informações e cálculos necessários à avaliação do cabimento dos embargos à execução.

Como analisado no item 4.1, o tamanho e as dificuldades da estrutura administrativa tornam necessário um prazo diferenciado para a obtenção dos dados indispensáveis à proteção do interesse público em juízo, ainda que seja ao menos do interesse patrimonial do Estado em não ter de arcar com valores indevidos.

Nesse sentido, cumpre notar que até mesmo o prazo para embargos do executado por outras pessoas é superior a dez dias. O art. 738 do estatuto processual civil traz a regra geral de quinze dias para a oferta dessa ação de resposta à execução, e na fase de execução de quantia, o art. 475-J, § 1.º, do mesmo diploma prevê quinze dias para a apresentação de impugnação. Assim, a previsão do art. 730 não é razoável, ao trazer um período de tempo inferior ao geral, para incidência sobre pessoas que naturalmente possuem maiores dificuldades de defesa em juízo.

Destaque-se, ademais, que em matéria de execução fiscal – ou seja, um tipo de execução em que a Fazenda Pública é tipicamente exequente –, o legislador instituiu, no art. 16 da Lei 6.830/1980, trinta dias para a propositura dos embargos pelo executado. Assim, a isonomia é promovida quando se aumenta o prazo para a Fazenda Pública apresentar essa ação de impugnação à execução, igualando-o ao previsto na Lei 6.830/1980, em favor do contribuinte.

O Supremo Tribunal Federal, por sua vez, teve de analisar a constitucionalidade do art. 1.º-B da Lei 9.494/1997 em sede cautelar,[64] entendendo pela plausibilidade de que a norma em questão não ofende a Constituição da República, como se verifica na ementa que segue:

FAZENDA PÚBLICA. Prazo processual. Embargos à execução. Prazos previstos no art. 730 do CPC e no art. 884 da CLT. Ampliação pela Medida Provisória 2.180-35/2001, que acrescentou o art. 1.º-B à Lei federal n. 9.494/1997. Limites constitucionais de urgência e relevância não ultrapassados. Dissídio jurisprudencial sobre a norma. Ação direta de constitucionalidade. Liminar deferida. Aplicação do art. 21,

---

[64] Destaque-se que, até a presente data, a referida ação declaratória de constitucionalidade ainda não havia passado pelo julgamento de seu mérito.

caput, da Lei 9.868/1999. Ficam suspensos todos os processos em que se discuta a constitucionalidade do art. 1.º-B da Medida Provisória 2.180-35.[65]

Saliente-se, na análise do voto prolatado, que o Pretório Excelso entendeu pela relevância e urgência da providência criada por medida provisória,[66] considerando a insuficiência da estrutura administrativa de patrocínio dos interesses do Estado, em conjunto com o aumento das execuções em face da Fazenda Pública. Ademais, entendeu, na linha do que se defende no presente estudo, que a distinção realizada não ofende a razoabilidade ou a proporcionalidade, o que significa, em última análise, que o benefício processual não viola o direito fundamental à igualdade.[67]

No que diz respeito ao direito de acesso à Justiça, a ampliação do prazo para a propositura da ação de embargos permite que a Fazenda Pública possa levar ao Poder Judiciário eventual pretensão que lhe pareça justa, tendo em vista que possui período maior de tempo para verificar se há o efetivo cabimento dos embargos, o que diminui o risco de dano ao Erário, pela maior possibilidade de reunião de elementos que autorizem a propositura da demanda.

Finalmente, pode-se afirmar que a regra do art. 1.º-B da Lei 9.494/1997 também protege o direito fundamental ao contraditório, pois a concessão de prazo maior para a apresentação dos embargos permite que o Poder Público atue com melhores condições para influenciar a tomada de decisão quanto à pretensão executiva.

4.3. Vedações à concessão de liminares

Outro benefício processual típico do direito processual público é a vedação à concessão de medidas liminares, antecipatórias da tutela ou não, quando estiverem em jogo certas pretensões.

Nessa linha, no estágio atual do processo civil dois diplomas se destacam quanto ao tema. O primeiro, a Lei 12.016/2009, que em seu art. 7.º, § 2.º,[68] consolidou diversas vedações à concessão de medidas liminares, até então esparsas

---

[65] STF, ADC 11 MC, rel. Min. Cezar Peluso, Tribunal Pleno, j. 28.03.2007, *DJe*-047 DIVULG 28-06-2007 PUBLIC 29.06.2007, *DJ* 29.06.2007, PP-00020 EMENT VOL-02282-01 PP-00001 RTJ VOL-00202-02 PP-00463 LEXSTF, v. 29, n. 343, 2007, p. 110-123, *REVJMG*, v. 58, n. 180, 2007, p. 505-511. Disponível em: <www.stf.jus.br>. Acesso em: 25 jul. 2012.

[66] Ressalte-se que a medida provisória que acresceu o art. 1.º-B à Lei 9.494/1997 é anterior à Emenda Constitucional 32/2001.

[67] Em sentido contrário, entendendo pela ausência de relevância e urgência na previsão, bem como pela sua falta de razoabilidade, BUENO, Cassio Scarpinella. *O poder público em juízo*. 5. ed. São Paulo: Saraiva, 2009. p. 277-279.

[68] "§ 2.º Não será concedida medida liminar que tenha por objeto a compensação de créditos tributários, a entrega de mercadorias e bens provenientes do exterior, a reclassificação ou

por diferentes leis, e em seu § 5.º[69] estendeu tais proibições à tutela antecipada, seja à previsão genérica desta, no art. 273 do Código de Processo Civil, seja à antecipação da tutela nas ações que buscam prestações de fazer e não fazer, reguladas no art. 461 desse último diploma.

Outro diploma que se destaca no assunto é a Lei 8.437/1992, que dispõe sobre a concessão de medidas cautelares em face do Poder Público, e em seu *caput* e §§ 1.º e 3.º veda a concessão de providências liminares em certos casos.[70]

Os benefícios processuais mencionados, ao vedarem medidas liminares em face do Poder Público, podem levar a uma aparente tensão de tais regras com relação à igualdade e ao acesso à Justiça. No entanto, uma análise mais detida demonstra que, ao menos abstratamente, não há ofensa a tais direitos fundamentais processuais, em razão da proibição de concessão de providências de urgência.

Tome-se a previsão do art. 7.º, § 2.º, da Lei 12.016/2009 como paradigma à demonstração do que se afirma. Essa regra veda a concessão de liminares para compensação de créditos tributários, entrega de mercadorias e bens provenientes do exterior, reclassificação ou equiparação de servidores públicos e concessão de aumento ou a extensão de vantagens ou pagamento de qualquer natureza. Tal previsão parece ter o claro objetivo de evitar prejuízos financeiros ao Poder Público antes da prolação da sentença final da demanda.

Dessa forma, pode-se afirmar que tal regra consagra ponderação legislativa que procura proteger as pessoas jurídicas de direito público de prejuízos financeiros em razão de mera cognição sumária, o que poderia afetar a realização de políticas públicas essenciais à comunidade.

Passando-se, então, ao confronto do dispositivo legal em questão com os direitos fundamentais no âmbito processual, vê-se que as proibições efetuadas por aquele artigo não parecem ofender a igualdade. As limitações aqui efetuadas

---

equiparação de servidores públicos e a concessão de aumento ou a extensão de vantagens ou pagamento de qualquer natureza."

[69] "§ 5.º As vedações relacionadas com a concessão de liminares previstas neste artigo se estendem à tutela antecipada a que se referem os arts. 273 e 461 da Lei 5.869, de 11 jan. 1973 – Código de Processo Civil".

[70] "Art. 1.º Não será cabível medida liminar contra atos do Poder Público, no procedimento cautelar ou em quaisquer outras ações de natureza cautelar ou preventiva, toda vez que providência semelhante não puder ser concedida em ações de mandado de segurança, em virtude de vedação legal.

§ 1.º Não será cabível, no juízo de primeiro grau, medida cautelar inominada ou a sua liminar, quando impugnado ato de autoridade sujeita, na via de mandado de segurança, à competência originária de tribunal.

§ 2.º O disposto no parágrafo anterior não se aplica aos processos de ação popular e de ação civil pública.

§ 3.º Não será cabível medida liminar que esgote, no todo ou em qualquer parte, o objeto da ação".

Cap. 3 – PROCESSO PÚBLICO E CONSTITUIÇÃO

pelo legislador não se fundam em mero capricho, mas possuem justificativa razoável, promovendo a igualdade material, já que uma medida de cognição sumária que gere prejuízos à Fazenda Pública pode trazer consequências à efetivação de políticas públicas, diante da necessidade de dispêndio de recursos que poderiam ser utilizados com estas últimas.[71]

Ademais, não se pode afirmar que a vedação à concessão de liminares acarreta uma ofensa ao direito de acesso à Justiça, pois esta configura o direito de acesso a uma prestação jurisdicional justa, e a mera impossibilidade de concessão de medida de urgência não impede, em tese, a obtenção dessa prestação.

Nesse sentido, cumpre notar que o Supremo Tribunal Federal já teve de analisar vedações a concessão de liminares em face da Fazenda Pública instituídas pela Medida Provisória 173, de 1990, reconhecendo sua constitucionalidade. Confira-se a decisão do pedido de cautelar:

> Ação direta de inconstitucionalidade contra a Medida Provisória 173, de 18.03.1990, que veda a concessão de "medida liminar em mandado de segurança e em ações ordinárias e cautelares decorrentes das Medidas Provisórias 151, 154, 158, 160, 162, 165, 167 e 168": indeferimento do pedido de suspensão cautelar da vigência do diploma impugnado: razões dos votos vencedores. Sentido da inovadora alusão constitucional à plenitude da garantia da jurisdição contra a ameaça a direito: ênfase à função preventiva de jurisdição, na qual se insere a função cautelar e, quando necessário, o poder de cautela liminar. Implicações da plenitude da jurisdição cautelar, enquanto instrumento de proteção ao processo e de salvaguarda da plenitude das funções do Poder Judiciário. Admissibilidade, não obstante, de condições e limitações legais ao poder cautelar do juiz. A tutela cautelar e o risco do constrangimento precipitado a direitos da parte contrária, com violação da garantia do devido processo legal. Consequente necessidade de controle da razoabilidade das leis restritivas ao poder cautelar. Antecedentes legislativos de vedação de liminares de determinado conteúdo. Critério de razoabilidade das restrições, a partir do caráter essencialmente provisório de todo provimento cautelar, liminar ou não. Generalidade, diversidade e imprecisão de limites do âmbito de vedação de liminar da MP 173, que, se lhe podem vir, a final, a comprometer a validade, dificultam demarcar, em tese, no juízo de delibação sobre o pedido de sua suspensão cautelar, até onde são razoáveis as proibições nela impostas, enquanto contenção ao abuso do poder cautelar, e onde se inicia, inversamente, o abuso das limitações e a consequente afronta à plenitude da jurisdição e ao Poder Judiciário. Indeferimento da suspensão liminar da MP 173, que não prejudica, segundo o relator do acórdão, o exame judicial em cada caso concreto da constitucionalidade, incluída a razoabilidade, da aplicação da norma

---

[71] Em sentido semelhante, Leonardo Carneiro da Cunha defende que são situações em que o legislador previamente já descartou a possibilidade de concessão de liminar, porque ausente o risco de dano de grave lesão ou de difícil reparação (CUNHA, Leonardo Carneiro da. *A Fazenda Pública em juízo* cit., p. 239).

PROCESSO CONSTITUCIONAL

proibitiva da liminar. Considerações, em diversos votos, dos riscos da suspensão cautelar da medida impugnada.[72]

Vê-se, portanto, que o Supremo Tribunal Federal não entendeu pela ofensa ao acesso à Justiça em razão da previsão abstrata de impossibilidade de concessão de medidas liminares. Contudo, à luz do caso concreto, entendeu que pode haver uma incidência inconstitucional de tais vedações, a justificar o afastamento da aplicação de tal benefício processual do Poder Público.[73]

Ademais, cumpre destacar que a Corte Suprema também analisou em sede cautelar a constitucionalidade do art. 1.º, da Lei 9.494/1997, que regulava antes do art. 7.º, § 5.º, da Lei 12.016/2009 muitas proibições à antecipação da tutela em face das pessoas jurídicas de direito público. Da mesma forma que no primeiro julgado, o Tribunal Pleno viu plausibilidade na tese de que a norma em questão é constitucional:

AÇÃO DIRETA DE CONSTITUCIONALIDADE DO ART. 1.º DA LEI 9.494, DE 10.09.1997, QUE DISCIPLINA A APLICAÇÃO DA TUTELA ANTECIPADA CONTRA A FAZENDA PÚBLICA. MEDIDA CAUTELAR: CABIMENTO E ESPÉCIE, NA A.D.C. REQUISITOS PARA SUA CONCESSÃO. 1. Dispõe o art. 1.º da Lei 9.494, de 10.09.1997: "Art. 1.º. Aplica-se à tutela antecipada prevista nos arts. 273 e 461 do Código de Processo Civil, o disposto no art. 5.º e seu parágrafo único e art. 7.º da Lei 4.348, de 26 de junho de 1964, no art. 1.º e seu § 4.º da Lei 5.021, de 09 de junho de 1966, e nos arts. 1.º, 3.º e 4.º da Lei 8.437, de 30 de junho de 1992." 2. Algumas instâncias ordinárias da Justiça Federal têm deferido tutela antecipada contra a Fazenda Pública, argumentando com a inconstitucionalidade de tal norma. Outras instâncias igualmente ordinárias e até uma Superior – o S.T.J. – a têm indeferido, reputando constitucional o dispositivo em questão. 3. Diante desse quadro, é admissível Ação Direta de Constitucionalidade, de que trata a 2.ª parte do inciso I do art. 102 da CF, para que o Supremo Tribunal Federal dirima a controvérsia sobre a questão prejudicial constitucional. Precedente: A.D.C. n 1. Art. 265, IV, do Código de Processo Civil. 4. As decisões definitivas de mérito, proferidas pelo Supremo Tribunal Federal, nas Ações Declaratórias de Constitucionalidade de lei ou ato normativo federal, produzem eficácia contra todos e até efeito vinculante, relativamente aos demais órgãos do Poder Judiciário e ao Poder Executivo, nos termos do art. 102, § 2.º, da CF. 5. Em Ação dessa natureza, pode a Corte conceder medida cautelar que assegure, temporariamente, tal força e eficácia à futura decisão de mérito. E assim é, mesmo sem expressa previsão constitucional de medida cautelar na ADC, pois o poder de acautelar é imanente ao de julgar. Precedente do STF: *RTJ* 76/342. 6. Há plausibilidade jurídica na arguição de consti-

---

[72] ADI 223 MC, rel. Min. Paulo Brossard, rel. p/ Ac Min. Sepúlveda Pertence, Tribunal Pleno, j. 05.04.1990, *DJ* 29.06.1990, PP-06218 EMENT VOL-01587-01 PP-00001. Disponível em: <www.stf.jus.br>. Acesso em: 25 jul. 2012.

[73] Nessa linha, ZANETI JUNIOR, Hermes. *Mandado de segurança coletivo*: aspectos processuais controversos. Porto Alegre: Sergio Antonio Fabris, 2001. p. 154.

tucionalidade, constante da inicial (*fumus boni iuris*). Precedente: ADIMC – 1.576-1. 7. Está igualmente atendido o requisito do *periculum in mora*, em face da alta conveniência da Administração Pública, pressionada por liminares que, apesar do disposto na norma impugnada, determinam a incorporação imediata de acréscimos de vencimentos, na folha de pagamento de grande número de servidores e até o pagamento imediato de diferenças atrasadas. E tudo sem o precatório exigido pelo art. 100 da Constituição Federal, e, ainda, sob as ameaças noticiadas na inicial e demonstradas com os documentos que a instruíram. 8. Medida cautelar deferida, em parte, por maioria de votos, para se suspender, *ex nunc*, e com efeito vinculante, até o julgamento final da ação, a concessão de tutela antecipada contra a Fazenda Pública, que tenha por pressuposto a constitucionalidade ou inconstitucionalidade do art. 1.º da Lei 9.494, de 10.09.1997, sustando-se, igualmente *ex nunc*, os efeitos futuros das decisões já proferidas, nesse sentido.[74]

Dessa forma, conclui-se que a simples previsão abstrata de proibição ao deferimento de medidas liminares não representa ofensa à igualdade, caso haja fundamento razoável à distinção de tratamento, ou ao acesso à Justiça, se isso não impedir a obtenção de uma prestação jurisdicional justa.

4.4. Reexame necessário

Outro benefício processual instituído em favor da Fazenda Pública é o duplo grau obrigatório de jurisdição, também chamado de reexame necessário, previsto no art. 475 do Código de Processo Civil. Trata-se de exigência de que certas sentenças proferidas em desfavor das pessoas jurídicas de direito público sejam revistas, para que produzam efeitos.

Com efeito, o legislador elegeu hipóteses em que as sentenças contrárias ao Poder Público precisam ser objeto de reexame pelo Tribunal ao qual vinculado o juízo, a fim de que sejam objeto de efetivação. Nesse sentido, no inciso I do dispositivo em questão, foi estabelecida hipótese geral de duplo grau obrigatório, em casos de sentenças contrárias ao Poder Público, ao passo que o inciso II institui a revisão de ofício quando houver a procedência do pedido de embargos à execução de dívida ativa, o que também é situação em que a decisão é prejudicial à Fazenda Pública.

Apesar de entendimento minoritário se afigurar no sentido de que o reexame possui natureza jurídica de recurso,[75] na realidade trata-se de uma condição de eficácia da sentença contrária às pessoas jurídicas de direito público.[76] Não é

---

[74] STF, ADC 4 MC, rel. Min. Sydney Sanches, Tribunal Pleno, j. 11.02.1998, *DJ* 21.05.1999, PP-00002 EMENT VOL-01951-01 PP-00001. Disponível em: <www.stf.jus.br>. Acesso em: 25 jul. 2012.

[75] BERMUDES, Sergio. *Introdução ao processo civil*. 4. ed. Rio de Janeiro: Forense, 2006. p. 174.

[76] NERY JUNIOR, Nelson. *Princípios do processo na Constituição Federal* cit., p. 120.

possível enquadrar o duplo grau obrigatório como recurso, já que aquele não atende a princípios basilares dos recursos, como é o caso da voluntariedade e da discursividade.

Dessa forma, sendo o reexame uma condição de eficácia da sentença, a sua não ocorrência determina a própria inexigibilidade da decisão enquanto título executivo, em virtude da falta de cumprimento de uma exigência legal. Ademais, por se tratar de proteção processual à Fazenda Pública, não pode o duplo grau obrigatório piorar a situação do Poder Público, mas apenas mantê-la ou melhorá-la.[77]

Diante das características desse instituto, cumpre analisar se ele se legitima nos direitos fundamentais inerentes ao processo.

Cândido Dinamarco entende que esse benefício processual não se justifica na isonomia, configurando um aberrante favorecimento estatal e colocando em situação manifestamente mais cômoda que os particulares.[78]

Nelson Nery Junior, por seu turno, defende que o duplo grau obrigatório somente é legítimo como manifestação de efeito translativo, ou seja, deve ele transferir totalmente a matéria julgada pela sentença ao tribunal, sendo possível, portanto, que melhore a situação jurídica tanto da Fazenda Pública como de seu adversário em juízo.[79] Seguindo essa linha, contudo, o reexame de ofício deixaria de ser uma garantia em prol das pessoas jurídicas de direito público, como previsto no Código de Processo Civil, passando a se efetivar em favor de qualquer sujeito do processo.

Com todo o respeito a tais entendimentos, cumpre salientar que o art. 475 do Código de Processo Civil não afronta a igualdade. Apesar de atualmente grande parte das pessoas jurídicas de direito público contar com corpo de procuradores qualificado e selecionado mediante concurso público de provas e títulos, a Fazenda Pública se encontra em situação peculiar, pois se depara com dificuldades em sua estrutura administrativa, o que se alia à impossibilidade de escolha de ações a patrocinar pelos advogados públicos. Portanto, a situação real do Poder Público o torna diferente em relação aos particulares, justificando um tratamento diferenciado dado pelo legislador.

Nesse sentido, vale destacar que o próprio Poder Legislativo cuidou de estabelecer ponderações no reexame necessário, dispensando-o em dois tipos de situações, previstas nos §§ 2.º e 3.º do próprio art. 475. A primeira delas se refere ao valor da condenação ou do direito em jogo, que sendo equivalente a até sessenta salários mínimos, afasta essa exigência legal. A segunda cuida de

---

[77] "No reexame necessário, é defeso, ao tribunal, agravar a condenação imposta à Fazenda Pública" (Súmula 45, 1.ª S., j. 16.06.1992, DJ 26.06.1992, p. 10.156).

[78] DINAMARCO, Cândido Rangel. *Instituições de direito processual civil* cit., p. 232.

[79] NERY JUNIOR, Nelson. *Princípios do processo na Constituição Federal* cit., p. 120.

Cap. 3 – PROCESSO PÚBLICO E CONSTITUIÇÃO

uma baixa probabilidade de reforma da decisão, por haver súmula do Supremo Tribunal Federal ou de Tribunal Superior competente, ou jurisprudência dominante daquele primeiro tribunal. Sendo assim, vê-se que o próprio legislador não teve o duplo grau obrigatório como absoluto, afastando-o em hipóteses em que efetuou ponderações, em prol da celeridade do processo e da eficiência do Poder Judiciário.

Portanto, não há uma ofensa à isonomia, mas uma promoção da igualdade material, por meio do tratamento diferenciado a sujeitos com características diferentes.[80]

Ademais, saliente-se que não se configura ofensa ao direito de acesso à Justiça. O reexame necessário, ao permitir a revisão da sentença, promove a busca de uma prestação jurisdicional mais justa, porque objeto de duplo exame, e que se justifica por condições peculiares de um dos sujeitos da relação processual.

Finalmente, cumpre notar que a remessa *ex officio* não prejudica o contraditório. Na realidade, trata-se de instituto que apenas atua no âmbito da nova análise das decisões judiciais, já tendo sido propiciado às partes o contraditório ao longo da fase de conhecimento em primeiro grau. Assim, o duplo grau é apenas uma revisão do que foi estatuído na sentença, sem criar a uma das partes melhores condições de influência no resultado em prejuízo do seu adversário.

5. CONCLUSÕES

Os benefícios processuais conferidos à Fazenda Pública não podem ser vistos como fins em si mesmos. Dessa forma, é preciso atualmente fixar o olhar sobre os benefícios processuais das pessoas jurídicas de direito público a partir da constitucionalização do Direito Processual. Apesar de o interesse público ser a base para a instituição de regras que protegem o Poder Público em juízo, esse interesse muitas vezes pode se identificar com um direito de um particular, e não com um objetivo estatal. Ademais, o valor dado pela Constituição aos direitos fundamentais demonstra que estes devem ser um limite e um filtro para a legitimação desses benefícios.

Ao se analisar as regras diferenciadas de prazo para contestar, recorrer e ofertar embargos à execução, além das normas que vedam a concessão de liminares ou que instituem o reexame necessário, conclui-se que, em princípio, não há uma ofensa aos direitos fundamentais relativos ao processo em virtude da criação desses benefícios pelo legislador.

Sendo assim, pode-se afirmar que os benefícios processuais do processo público podem se justificar nos direitos fundamentais dos sujeitos do processo,

---

[80] BARBOSA MOREIRA, José Carlos. Em defesa da revisão obrigatória das sentenças contrárias à Fazenda Pública. *Revista de Direito Renovar*, v. 30, p. 23-32, set.-dez. 2004, p. 27.

o que demonstra sua legitimidade, tal como ocorre nas regras analisadas ao longo desse estudo.

6. REFERÊNCIAS BIBLIOGRÁFICAS

ALESSI, Renato. *Sistema Istituzionale Del Diritto Amministrativo Italiano*. 3. ed. Milão: Giuffrè, 1960. p. 197 apud MELLO, Celso Antônio Bandeira de. *Curso de direito administrativo*. 22. ed. São Paulo: Malheiros, 2007.

ARAGÃO, Alexandre Santos de. A Supremacia do interesse público no advento do Estado de Direito e na hermenêutica do direito público contemporâneo. In: SARMENTO, Daniel (Org.). *Interesses públicos* versus *interesses privados*: desconstruindo o princípio de supremacia do interesse público. Rio de Janeiro: Lumen Juris, 2005.

ÁVILA, Humberto. Repensando o princípio da supremacia do interesse público sobre o particular. In: SARMENTO, Daniel (Org.). *Interesses públicos* versus *interesses privados*: desconstruindo o princípio de supremacia do interesse público. Rio de Janeiro: Lumen Juris, 2005.

BARBOSA MOREIRA, José Carlos. Em defesa da revisão obrigatória das sentenças contrárias à Fazenda Pública. *Revista de Direito Renovar*, v. 30, p. 23-32, set.-dez. 2004.

BARCELLOS, Ana Paula de. *A eficácia jurídica dos princípios constitucionais*. O princípio da dignidade da pessoa humana. Rio de Janeiro: Renovar, 2002.

_____. *Ponderação, racionalidade e atividade jurisdicional*. Rio de Janeiro: Renovar, 2005.

BARROSO, Luís Roberto. *Curso de direito constitucional contemporâneo*: os conceitos fundamentais e a construção do novo modelo. 2. ed. São Paulo: Saraiva, 2010.

_____. Neoconstitucionalismo e constitucionalização do Direito. O triunfo tardio do Direito Constitucional no Brasil. *Jus Navigandi*, Teresina, ano 10, n. 851, 1. nov. 2005. Disponível em: <http://jus.com.br/revista/texto/7547>. Acesso em: 28 jul. 2012.

_____. *O direito constitucional e a efetividade de suas normas*: limites e possibilidades da Constituição brasileira. 6. ed. Rio de Janeiro: Renovar, 2002.

BENDA, Ernesto; MAIHOFER, Werner; VOGEL, Juan J.; HESSE, Conrado; HEIDE, Wolfgang. *Manual de derecho constitucional*. Trad. de Antonio López Pina. Madrid: Marcial Pons, 1996.

BERMUDES, Sergio. *Introdução ao processo civil*. 4. ed. Rio de Janeiro: Forense, 2006.

BINENBOJM, Gustavo. Da supremacia do interesse público ao dever de proporcionalidade: um novo paradigma para o direito administrativo. In: SARMENTO, Daniel (Org.). *Interesses públicos* versus *interesses privados*: desconstruindo o princípio de supremacia do interesse público. Rio de Janeiro: Lumen Juris, 2005.

BOBBIO, Norberto. *O positivismo jurídico*: lições de filosofia do direito. Compiladas por Nello Morra. Trad. e notas Márcio Pugliesi, Edson Bini, Carlos E. Rodrigues. São Paulo: Ícone, 2006.

BUENO, Cassio Scarpinella. *Curso sistematizado de direito processual civil*: direito processual coletivo e direito processual público. São Paulo: Saraiva, 2010. v. 2, t. III.

_____. *O poder público em juízo*. 5. ed. São Paulo: Saraiva, 2009.

CABRAL, Antonio do Passo. *Nulidades do processo moderno*: contraditório, proteção da confiança e validade *prima facie* dos atos processuais. Rio de Janeiro: Forense, 2009.

CÂMARA, Alexandre Freitas. *Lições de direito processual civil*. 15. ed. Rio de Janeiro: Lumen Juris, 2006. v. 1.

CAMBI, Eduardo. *Neoconstitucionalismo e neoprocessualismo*: direitos fundamentais, políticas públicas e protagonismo judiciário. 2. ed. São Paulo: RT, 2011.

CAPPELLETTI, Mauro; GARTH, Bryant. *Acesso à justiça*. Trad. Ellen Gracie Northfleet. reimp. Porto Alegre: Sergio Antonio Fabris, 2002.

CARBONELL, Miguel (Org.). *Neoconstitucionalismo(s)*. Madrid: Trotta, 2003.

CASTRO, Carlos Roberto Siqueira. *O devido processo legal e os princípios da razoabilidade e da proporcionalidade*. 4. ed. Rio de Janeiro: Forense, 2006.

CUNHA, Leonardo Carneiro da. *A Fazenda Pública em juízo*. 10. ed. São Paulo: Dialética, 2012.

DINAMARCO, Cândido Rangel. *Instituições de direito processual civil*. 5. ed. São Paulo: Malheiros, 2005. v. 1.

_____. *Instrumentalidade do processo*. 10. ed. São Paulo: Malheiros, 2002.

GRECO, Leonardo. *Estudos de direito processual*. Campos dos Goytacazes: Faculdade de Direito de Campos, 2005.

_____. O princípio do contraditório. In: GRECO, Leonardo. *Estudos de direito processual*. Campos dos Goytacazes: Faculdade de Direito de Campos, 2005.

HESSE, Konrad. *Constitución y derecho constitucional*. In: BENDA, Ernesto; MAIHOFER, Werner; VOGEL, Juan J.; HESSE, Conrado; HEIDE, Wolfgang. *Manual de derecho constitucional*. Trad. Antonio López Pina. Madrid: Marcial Pons, 1996.

JUSTEN FILHO, Marçal. *Curso de direito administrativo*. São Paulo: Saraiva, 2005.

LACERDA, Galeno. *Despacho saneador*. Porto Alegre: La Salle, 1953.

LLOBREGAT, José Garberí. *Constitución y derecho procesal*. Los fundamentos constitucionales del derecho procesal. Navarra: Civitas, 2009.

LUISO, Francesco P. *Principio del contraddittorio ed efficacia della sentenza verso terzi*. Milano: Giuffrè, 1981.

MARINONI, Luiz Guilherme. *Teoria geral do processo*. 2. ed. São Paulo: RT, 2007.

MEDAUAR, Odete. *Direito administrativo em evolução*. 2. ed. São Paulo: Malheiros, 2003.

MELLO, Celso Antônio Bandeira de. *Conteúdo jurídico do princípio da igualdade*. 3. ed. 17. tir. São Paulo: Malheiros, 2009.

_____. *Curso de direito administrativo*. 22. ed. São Paulo: Malheiros, 2007.

MOREIRA NETO, Diogo de Figueiredo. *Curso de direito administrativo*: parte introdutória, parte geral e parte especial. 14. ed. Rio de Janeiro: Forense, 2005.

NERY JUNIOR, Nelson. *Princípios do processo na Constituição Federal*: processo civil, penal e administrativo. 10. ed. São Paulo: RT, 2010.

OLIVEIRA, Carlos Alberto Alvaro de. O processo civil na perspectiva dos direitos fundamentais. *AJURIS*, Porto Alegre, v. 29, n. 87, p. 37-49, set. 2002.

PEREIRA, Hélio do Valle. *Manual da fazenda pública em juízo*. Rio de Janeiro: Renovar, 2003.

RODRIGUES, Marco Antonio dos Santos. Apontamentos sobre a distribuição do ônus da prova e a teoria das cargas probatórias dinâmicas. *Revista da Faculdade de Direito Candido Mendes*, ano 12, n. 12, Rio de Janeiro: UCAM, 2007.

_____. *Constituição e administração pública*: definindo novos contornos à legalidade administrativa e ao poder regulamentar. Rio de Janeiro: GZ, 2012.

SANCHIS, Luis Pietro. Neoconstitucionalismo y ponderación judicial. In: CARBONELL, Miguel (Org.). *Neoconstitucionalismo(s)*. Madrid: Trotta, 2003.

SARLET, Ingo Wolfgang. *A eficácia dos direitos fundamentais*. 3. ed. Porto Alegre: Livraria do Advogado, 2003.

SARMENTO, Daniel (Org.). *Interesses públicos* versus *interesses privados*: desconstruindo o princípio de supremacia do interesse público. Rio de Janeiro: Lumen Juris, 2005.

SCHIER, Paulo Ricardo. *Filtragem constitucional*: construindo uma nova dogmática jurídica. Porto Alegre: Sergio Antonio Fabris, 1999.

SILVA, Anabelle Macedo. *Concretizando a Constituição*. Rio de Janeiro: Lumen Juris, 2005.

SILVA, José Afonso da. *Aplicabilidade das normas constitucionais*. 6. ed. São Paulo: Malheiros, 2003.

_____. *Curso de direito constitucional positivo*. 17. ed. São Paulo: Malheiros, 2000.

TARUFFO, Michele. *Sui confini*. Scritti sulla giustizia civile. Bologna: Il Mulino, 2002.

TEPEDINO, Gustavo. *Temas de direito civil*. 4. ed. Rio de Janeiro: Renovar, 2008.

THEODORO JÚNIOR, Humberto; NUNES, Dierle José Coelho. Uma dimensão que urge reconhecer ao contraditório no direito brasileiro: sua aplicação como garantia de influência, de não surpresa e de aproveitamento da atividade processual. *Revista de Processo*, São Paulo: RT, v. 34, n. 168, p. 107-141, fev. 2009.

ZANETI JUNIOR, Hermes. *Mandado de segurança coletivo*: aspectos processuais controversos. Porto Alegre: Sergio Antonio Fabris, 2001.

AS RECENTES REFORMAS PROCESSUAIS CIVIS CONTEMPORÂNEAS

4

SINTONIA DO DIREITO PROCESSUAL E DIREITO CONSTITUCIONAL

Mauricio Vasconcelos Galvão Filho

Sumário: 1. Introdução – 2. Da legislação alteradora do Código de Processo Civil após a promulgação da Constituição Federal de 1988 – 3. Da legislação relacionada ao sistema processual civil após a Constituição de 1988 – 4. Da Emenda Constitucional 45/2004 e a "Reforma do Poder Judiciário" – 5. Uma breve visão sobre alguns fenômenos processuais brasileiros após a Constituição Federal de 1988 – 6. Do projeto de Código de Processo Civil e a reordenação do processo civil brasileiro – 7. Considerações finais – 8. Referências bibliográficas.

1. INTRODUÇÃO

Desde a entrada em vigor do Código de Processo Civil de 1973,[1] uma série de modificações legislativas foram implementadas ao processo civil por diversas legislações, seja por alteração direta do texto do Código, seja por apresentarem inovações processuais que não tenham alterado a redação do Código, mas alteraram o sistema processual civil brasileiro.

---

[1] O Código de Processo Civil vigente foi publicado no *Diário Oficial da União* de 17.01.1973.

O ponto de reflexão se refere às reformas processuais civis contemporâneas na perspectiva de sua sintonia do Direito Processual Civil com o Direito Constitucional.

Não se pretende exaurir as questões existentes, mas, antes de tudo, apresentar uma visão geral da inter-relação dos diversos ciclos de legislativo posteriores à promulgação e vigência do texto constitucional brasileiro de 1988, bem como quanto à organização sistemática atual da matéria, sem deixar de ponderar quanto ao projeto de novo Código de Processo Civil brasileiro neste contexto.

2. DA LEGISLAÇÃO ALTERADORA DO CÓDIGO DE PROCESSO CIVIL APÓS A PROMULGAÇÃO DA CONSTITUIÇÃO FEDERAL DE 1988

Diante da proposta de limitação temporal da pesquisa, é valioso observar, mesmo que de forma abreviada, quais foram as legislações que alteraram o Código de Processo Civil brasileiro após a promulgação da Constituição da República Federativa do Brasil de 1988.

Conforme informação legislativa[2] apresentada pelo Governo Federal, tem-se as seguintes leis que alteraram ou acrescentaram normas ao CPC de 1973:

1. Lei 8.038, de 25.05.1990, que alterou os arts. 496, 497, 498, 500 e 508, revogando os arts. 541 a 546 do Código de Processo Civil;

2. Lei 8.079, de 13.09.1990, que alterou o § 2.º do art. 184 e acrescentou o parágrafo único ao art. 240 do Código de Processo Civil;

3. Lei 8.455, de 24.08.1993, que alterou os arts. 138, 146, 421 a 424, 427, 433, revogando os arts. 430, 431 e o parágrafo único do art. 432 do Código de Processo Civil;

4. Lei 8.637, de 31.03.1993, que alterou o art. 132 do Código de Processo Civil;

5. Lei 8.710, de 27.09.1993, que alterou o arts. 222, 223, 224, 230, 238, 239, 241 e 412 do Código de Processo Civil;

6. Lei 8.718, de 14.10.1993, que alterou o art. 294 do Código de Processo Civil;

7. Lei 8.898, de 29.06.1994, que alterou os arts. 603, 604, 605 e 609 do Código de Processo Civil;

8. Lei 8.950, de 13.12.1994, que alterou os arts. 496, 500, 506, 508, 511, 516, 518, 519, 520, 531, 532, 533, 535, 536, 537, 538, 539, 540, 551, 563; revigorou com alterações os arts. 541 a 546, revogados pela Lei

---

[2] Disponível em: < http://legislacao.planalto.gov.br/legisla/legislacao.nsf/Viw_Identificacao/lei%20 5.869-1973?OpenDocument>. Acesso em: 10 ago. 2012, às 08:24.

Cap. 4 – AS RECENTES REFORMAS PROCESSUAIS CIVIS CONTEMPORÂNEAS

8.038/1990; e revogou os arts. 464 e 465 e o parágrafo único dos arts. 514 e 531 do Código de Processo Civil;

9. Lei 8.951, de 13.12.1994, que alterou os arts. 890, 893, 896, 897, 899, 942 e 943 do Código de Processo Civil;

10. Lei 8.952, de 13.12.1994, que alterou os arts. 10, 18, 20, 33, 38, 45, 46, 125, 162, 170, 172, 219, 239, 272, 273, 296, 331, 417, 434, 460, 461, 800 e 805, revogou o inciso I do art. 217 e o § 2.º do art. 242, renumerando os incisos remanescentes, do Código de Processo Civil;

11. Lei 8.953, de 13.12.1994, que alterou os arts. 569, 584, 585, 601, 614, 621, 623, 632, 644, 645, 655, 659, 669, 680, 683, 686, 687, 692, 738, 739, 741, 747, 791 e 792 do Código de Processo Civil;

12. Lei 9.028, de 12.04.1995, que acrescentou os §§ 1.º e 2.º ao art. 36 do Código de Processo Civil;

13. Lei 9.040, de 09.05.1995, que acrescentou a alínea "n" ao inciso II do art. 275 do Código de Processo Civil;

14. Lei 9.079, de 14.07.1995, que acrescentou o Capítulo XV ao Título I (DA AÇÃO MONITÓRIA), por meio dos novos arts. 1.102-A, 1.102-B e 1.102-C do Código de Processo Civil;

15. Lei 9.139, de 30.11.1995, que alterou os arts. 522, 523, 524, 525, 526, 527, 528, 529, 557 e 558 do Código de Processo Civil;

16. Lei 9.245, de 26.12.1995, que alterou os arts. 275 a 281, revogando o § 2.º do art. 315 do Código de Processo Civil;

17. Lei 9.280, de 30.05.1996, que acrescentou o § 2.º ao art. 1.031, renumerando o parágrafo único em § 1.º, do Código de Processo Civil;

18. Lei 9.307, de 23.09.1996, que alterou os arts. 267, inciso VII; 301, inciso IX; 584, inciso III, e art. 520, além de revogar os arts. 101 e 1.072 a 1.102 do Código de Processo Civil;

19. Lei 9.415, de 23.12.1996, que alterou o inciso III do art. 83 do Código de Processo Civil;

20. Lei 9.462, de 19.06.1997, que acrescentou o art. 786-A ao Código de Processo Civil;

21. Lei 9.649, de 27.05.1998, que revogou os §§ 1.º e 2.º do art. 36 do Código de Processo Civil;

22. Lei 9.668, de 23.06.1998, que alterou os arts. 17 e 18 do Código de Processo Civil;

23. Lei 9.756, de 17.12.1998, que alterou os arts. 120, parágrafo único; 481, parágrafo único; 511, §§ 1.º e 2.º; 542, § 3.º; 545; 557, §§ 1.º-A, 1.º e 2.º, do Código de Processo Civil;

24. Lei 9.868, de 10.11.1999, que acrescentou os §§ 1.º, 2.º e 3.º ao art. 482 do Código de Processo Civil;

25. Medida Provisória 1.997-37, de 11.04.2000, que acrescentou o parágrafo único ao art. 741, do Código de Processo Civil;

26. Medida Provisória 2.180-35, de 24.08.2001, que acrescentou o parágrafo único ao art. 741 e alterou o prazo do *caput* do art. 730, referente aos Embargos do Devedor, no Código de Processo Civil;

27. Lei 10.173, de 09.01.2001, que acrescentou os arts. 1.211-A, 1.211-B e 1.211-C ao Código de Processo Civil;

28. Lei 10.352, de 26.12.2001, que alterou os arts. 475, 498, 515, 520, 523, 526, 527, 530, 531, 533, 534, 542, 544, 547 e 555, com entrada em vigor a partir de 27.03.2002, no Código de Processo Civil;

29. Lei 10.358, de 27.12.2001, que alterou os arts. 14, 253, 407, 433, 575, 584; acrescentou os arts. 431-A, 431-B; e revogou o inciso III do art. 575, do Código de Processo Civil;

30. Lei 10.444, de 07.05.2002, que alterou os arts. 273, 275, 280, 287, 331, 461, 588, 604, 621, 624, 627, 644, 659, 744, 814, a Seção III do Capítulo V do Título VIII do Livro I, a qual passou a se denominar "DA AUDIÊNCIA PRELIMINAR", além de acrescentar o art. 461-A ao Código de Processo Civil;

31. a decisão proferida pelo Supremo Tribunal Federal no âmbito da Ação Direta de Inconstitucionalidade (ADIN) 2.652-6, publicada no *DOU* de 20.05.2003 e republicada no *DOU* de 03.12.2003, no que se refere ao § 1.º do art. 14 do Código de Processo Civil;

32. Lei 11.112, de 13.05.2005, que alterou o inciso II e acrescentou o § 2.º, renumerando o atual parágrafo único para § 1.º do art. 1.121 do Código de Processo Civil;

33. Lei 11.187, de 19.10.2005, que alterou os arts. 522, 523 e 527 e revogou o § 4.º do art. 523 do Código de Processo Civil;

34. Lei 11.232, de 22.12.2005, que alterou os arts. 162, 267, 269 e 463; acrescentou os arts. 475-A, 475-B, 475-C, 475-D, 475-E, 475-F, 475-G, 475-H, 475-I, 475-J, 475-L, 475-M, 475-N, 475-O, 475-P, 475-Q e 475-R; alterou a denominação do Capítulo II do Título III do Livro II para "DOS EMBARGOS À EXECUÇÃO CONTRA A FAZENDA PÚBLICA"; alterou os arts. 741 e 1.102-C; revogou o inciso III do art. 520, e os arts. 570, 584, 588, 589, 590, 602, 603, 604, 605, 606, 607, 608, 609, 610, 611, 639, 640 e 641, e o Capítulo VI do Título I do Livro II, do Código de Processo Civil;

35. Lei 11.276, de 07.02.2006, que alterou os arts. 504, 505, 515 e 518 do Código de Processo Civil;

36. Lei 11.277, de 07.02.2006, acrescentando o art. 285-A ao Código de Processo Civil;

37. Lei 11.280, de 16.02.2006, que alterou os arts. 112, 114, 154, 219, 253, 305, 322, 338, 489 e 555 do Código de Processo Civil;

38. Lei 11.341, de 07.08.2006, que alterou o parágrafo único do art. 541 do Código de Processo Civil;

39. Lei 11.382, de 06/12/2006, que alterou os arts. 143, 238, 365, 411, 493, 580, 585, 586, 587, 592, 600, 614, 615-A, 618, 634, 637, 647, 649, 650, 651, 652, 655, 656, 657, 659, 666, 668, 680, 681, 683, 684, 685, 686, 687, 690, 693, 694, 695, 698, 703, 704, 706, 707, 713, 716, 717, 718, 720, 722, 724, 736, 738, 739, 740, 745, 746 e 791; acrescentou ao Livro II, a Subseção VI-A – DA ADJUDICAÇÃO, arts. 685-A, 685-B e Subseção VI-B – DA ALIENAÇÃO POR INICIATIVA PARTICULAR, art. 685-C; alterou os artigos do Livro II, capítulo III, do Título III "DOS EMBARGOS À EXECUÇÃO"; a Seção I do Capítulo IV do Título II "DA PENHORA, DA AVALIAÇÃO E DA EXPROPRIAÇÃO DE BENS"; a Subseção II da Seção I do Capítulo IV do Título II "DA CITAÇÃO DO DEVEDOR E DA INDICAÇÃO DE BENS"; a Subseção VII da Seção I do capítulo IV do Título II "DA ALIENAÇÃO EM HASTA PÚBLICA"; e Subseção IV da Seção IV da Seção II do Capítulo IV do Título II "DO USUFRUTO DE MÓVEL OU IMÓVEL"; transferiu o art. 746 para o Capítulo III do Título III do Livro II, renumerando-se o Capítulo V como Capítulo IV; acrescentou os arts. 615-A, 652-A, 655-A, 655-B, 689-A, 690-A, 739-A, 739-B E 745-A; e, por fim, revogou os arts. 714 e 715 da Subseção III da Seção II do Capítulo IV do Título II do Livro II e a referida Subseção; os arts. 787, 788, 789 e 790 do Título V do Livro II e o referido Título; o parágrafo único do art. 580, os §§ 1.º e 2.º do art. 586; os §§ 1.º, 2.º, 3.º, 4.º, 5.º, 6.º e 7.º do art. 634, o inciso III do art. 684, os incisos I, II e III do § 1.º do art. 690, os §§ 1C, 2.º e 3.º do art. 695, o inciso IV do art. 703, os incisos I a II do *caput* e o § 3.º do art. 722, os incisos I, II, III e IV do art. 738, os §§ 1C, 2.º e 3.º do art. 739; os arts. 583, 669, 697, 699, 700, 725, 725, 726, 727, 728, 729, 737 e 744 do Código de Processo Civil;

40. Lei 11.418, de 19.12.2006, que acrescentou os arts. 543-A e 543-B;

41. Lei 11.419, de 19.12.2006, que alterou os arts. 38, 154, 264, 269, 202, 221, 237, 365, 399, 417, 457 e 556 do Código de Processo Civil;

42. Lei 11.441, de 04.01.2007, que alterou os arts. 982, 983 e 1.031, acrescentando o art. 1.124-A e revogando o parágrafo único do art. 983 do Código de Processo Civil;

43. Lei 11.672, de 08.05.2008, que acrescentou o art. 543-C ao Código de Processo Civil;

44. Lei 11.694, de 12.06.2008, que acrescentou o inciso XI ao *caput* e o § 4.º ao art. 655-A do Código de Processo Civil;

45. Lei 11.695, de 03.07.2009, que alterou os arts. 982 e 1.124-A do Código de Processo Civil;

46. Lei 11.969, de 06.07.2009, que alterou o § 2.º do art. 40 do Código de Processo Civil;

47. Lei 12.008, de 29.07.2009, que alterou os arts. 1.211-A (com veto ao parágrafo único), 1.121-B (com vetos aos §§ 2.º e 3.º) e 1.121-C do Código de Processo Civil;

48. Lei 12.122, de 15.12.2009, que alterou o art. 275 do Código de Processo Civil;

49. Lei 12.125, de 16.12.2009, que acrescentou o § 3.º do art. 1.050 do Código de Processo Civil;

50. Lei 12.195, de 14.01.2010, que alterou a redação do art. 990 do Código de Processo Civil;

51. Lei 12.322, de 03.09.2010, que alterou o inciso II do § 2.º e o § 3.º do art. 475-O; os arts. 544, 545 e o parágrafo único do art. 736 do Código de Processo Civil;

52. Lei 12.398, de 28.03.2011, que alterou o inciso VII do art. 888 do Código de Processo Civil.

Pode-se, para fins de ponderação quanto às reformas no tempo pós-Constituição de 1988, observar que:

DÉCADA	QUANTIDADE DE LEIS
1988/1989	0
1990/1999	24
2000/2009	25
2010/2012	3 e o projeto de Código de Processo Civil

Portanto, quanto à legislação alteradora do Código de Processo Civil após 1988, pode-se concluir quanto à existência de 3 (três) movimentos reformadores, sendo o 1.º período na década de 1990, o 2.º período na década de 2000 e o terceiro na década de 2010, o qual abrange o esforço para a elaboração do projeto de novo Código de Processo Civil brasileiro.

3. DA LEGISLAÇÃO RELACIONADA AO SISTEMA PROCESSUAL CIVIL APÓS A CONSTITUIÇÃO DE 1988

Por outro lado, como destacado no início, é fácil observar a existência de uma grande quantidade de legislação que, embora não tenha modificado normas do Código de Processo Civil ou alterado algumas normas, possui um conteúdo que provocou alterações no sistema processual civil brasileiro após a promulgação da Carta Constitucional de 1988.

Merecem destaque por sua repercussão imediata no sistema processual civil brasileiro as seguintes legislações pós-Constituição Federal de 1988:

1. Lei 8.038, de 28.05.1990, processos perante o STF e o STJ;

2. Lei 8.076, de 23.08.1990, previsão de situação de suspensão de medidas liminares e dá outras providências;

3. Lei 8.078/1990, Código Brasileiro de Defesa do Consumidor;

4. Lei 8.245/1991, Lei de Locações;

5. Lei 8.429/1992, Lei de Improbidade Administrativa;

6. Decreto 678/1992, promulgação da Convenção Americana sobre Direitos Humanos (Pacto de São José da Costa Rica);

7. Lei 8.560/1992, Lei de Investigação de Paternidade;

8. Lei 8.884/1994, Lei do CADE;

9. Lei 8.934/1994, Registro Público de Empresas;

10. Lei 8.971/1994, União Estável;

11. Lei 9.099/1995, que dispõe sobre os Juizados Especiais Cíveis Estaduais;

12. Lei 9.279/1996, Propriedade Industrial;

13. Lei 9.307/1996, Arbitragem;

14. Lei 9.492/1997, Protesto de Títulos;

15. Lei 9.494/1997, Tutela Antecipada contra a Fazenda Pública;

16. Lei 9.469, de 10.07.1997, que se refere ao precatório no art. 6.º;

17. Lei 9.507/1997, *Habeas Data*;

18. Lei 9.609/1998, Propriedade Intelectual;

19. Lei 9.610/1998, Direitos Autorais;

20. Lei 9.636/1998, Bens Imóveis da União, especialmente quanto aos direitos dos ocupantes;

21. Lei 9.800/1999, Sistema de Transmissão de Dados por meio eletrônico ou Lei do Fax;

22. Lei Complementar 105/2001, Sigilo Bancário;

23. Lei 10.259/2001, que dispõe sobre os Juizados Especiais Cíveis na Justiça Federal;

24. Lei 10.819/2003, Depósitos Judiciais;

25. Lei 11.101/2005, Lei de Falências e Recuperação de Empresas;

26. Lei 11.419/2006, Lei da Informatização do Processo Judicial ou Lei do Processo Eletrônico;

27. Lei 11.429/2006, Depósitos Judiciais;

28. Lei 12.016/2009, Mandado de Segurança individual e coletivo;

29. Lei 12.153, de 22.12.2009, que "Dispõe sobre os Juizados Especiais da Fazenda Pública no âmbito dos Estados, do Distrito Federal, dos Territórios e dos Municípios;

30. Lei 12.529/2011, Sistema Brasileiro de Defesa da Concorrência.

4. DA EMENDA CONSTITUCIONAL 45/2004 E A "REFORMA DO PODER JUDICIÁRIO"

Muito já foi escrito pela doutrina sobre a Emenda Constitucional 45, de 30 de dezembro de 2004, publicada no *Diário Oficial da União* em 31.12.2004, a qual teve por objeto, como reconhecido por muitos, a "Reforma do Poder Judiciário".

Entretanto, a referida reforma constitucional parece ter provocado muito mais do que uma mera reforma estrutural do Poder Judiciário brasileiro, pois realizou mudanças que repercutiram de forma direta e com grande impacto no sistema processual civil, como se observou desde o início de 2005, inclusive no âmbito do "processo justo" e das garantias fundamentais do processo civil.

No tocante às reformas processuais, poderiam se dividir as normas da referida Emenda Constitucional em duas espécies. A primeira espécie de normas se refere à organização do Poder Judiciário e a competência dos seus órgãos. A segunda espécie se refere às normas processuais ou normas de garantias de direitos e interesses de repercussão processual.

Em relação às normas sobre a organização do Poder Judiciário e a competência dos seus órgãos é importante recordar que a Emenda Constitucional 45/2004 provocou grandes modificações na estrutura do Poder Judiciário brasileiro, seja pela modificação de competências jurisdicionais, seja pela criação de um novo órgão destinado à disciplina e controle dos órgãos infraconstitucionais do Judiciário, qual seja, o Conselho Nacional de Justiça – CNJ.

No que tange ao direito processual e normas de direito material com repercussão sobre o direito processual, a referida Emenda trouxe grandes inovações à normatividade constitucional pátria.

A Emenda Constitucional 45/2004 foi publicada no dia 31 de dezembro de 2012, data na qual teve início sua vigência nos termos do art. 10, com a modificação imediata do texto constitucional e vigorando novas perspectivas para o direito processual constitucional e infraconstitucional brasileiro.

5. UMA BREVE VISÃO SOBRE ALGUNS FENÔMENOS PROCESSUAIS BRASILEIROS APÓS A CONSTITUIÇÃO FEDERAL DE 1988

Com a nova ordem constitucional foram observadas mudanças tanto na organização do Poder Judiciário (p. ex., a criação do Superior Tribunal de Justiça, a extinção do antigo Tribunal Federal de Recursos etc.) quanto na relação do povo e dos usuários dos serviços judiciais com a Justiça.

Em virtude da nova organização do Judiciário brasileiro, o Superior Tribunal de Justiça, ao longo de duas décadas, vem atuando no controle e harmonização do direito infraconstitucional, em conjunto com o Tribunal Superior do Trabalho (especializado nas causas de natureza trabalhista), o Tribunal Superior Eleitoral (causas do direito eleitoral) e o Superior Tribunal Militar (causas de natureza militar), permitindo ao Supremo Tribunal Federal a sua afirmação como Corte Constitucional.

Com a Emenda Constitucional 45/2004 a atuação do Superior Tribunal de Justiça restou ainda mais destacada, com as competências que lhe foram outorgadas pela reforma constitucional de funções que anteriormente eram do Supremo Tribunal Federal.

A organização da Justiça Federal acabou reformulada, com a extinção do Tribunal Federal de Recursos (TFR) e a sua substituição pelo Superior Tribunal de Justiça (STJ).

Mas as mudanças mais relevantes dos fenômenos processuais observadas na nova era constitucional brasileira se relacionam com a mudança de relacionamento dos jurisdicionados com os serviços da Justiça.

Tal mudança pode ser observada no desenvolvimento do acesso à Justiça, o desenvolvimento da ideia de que esse acesso deve garantir o acesso à ordem jurídica justa, a explosão da litigiosidade (especialmente nas matérias de consumo) e a busca do Poder Judiciário como implementador de políticas públicas diante das omissões legislativas e administrativas reiteradas dos demais Poderes da República.[3]

---

[3] P. ex., as questões vinculadas à saúde, as questões quanto aos medicamentos aos necessitados, a garantia dos direitos aos portadores de necessidades especiais, a proteção dos direitos difusos especialmente quanto ao meio ambiente, a proteção dos direitos indígenas, o controle dos procedimentos administrativos de privatização de sociedades públicas na década de 1990 e 2000, dentre outras.

A mudança da relação com o Judiciário, a busca pelos serviços jurisdicionais e a explosão da litigiosidade acarretou diversos problemas de ordem prática ao Poder Judiciário, como, por exemplo:

– a necessidade de aumento da estrutura física, de pessoal e orçamentária para atendimento dos cidadãos, das pessoas jurídicas e das entidades para apreciação de suas demandas;

– a reflexão quanto à adequação dos procedimentos existentes às novas demandas que desaguaram nas portas do Judiciário, inclusive com questionamentos quanto à adequação dos procedimentos, o controle dos procedimentos, a sumarização do processo, o dilema entre a adoção do procedimento de natureza oral ou escrita;

– a necessidade de conhecimento de causas que historicamente eram denominadas como inerentes ao mérito administrativo e vinculadas à implementação de políticas públicas, conduzindo o Poder Judiciário a posições (por vezes denominadas de) ativas, pois é questionado diante de omissões rotineiras e reiteradas do Executivo e Legislativo;

– a reflexão quanto ao sistema de recursos cíveis e a estrutura dos órgãos jurisdicionais competentes para o processo e julgamento dos recursos, com a recorrente crítica (com poucas reflexões mais aprofundadas) sobre o sistema e a quantidade de recursos existentes em relação às decisões judiciais;

– o desenvolvimento das técnicas de tutela antecipada de direitos, visando à efetividade da tutela jurisdicional, mas acarretando a necessidade da existência de instrumentos de controle como os recursos (especialmente o agravo de instrumento) e de ações autônomas para eventual questionamento de ilegalidade ou violação de direitos líquidos e certos de terceiros prejudicados;

– a multiplicação das ações judiciais;

– a verificação da importância e do valor dos órgãos jurisdicionais de "pequenas causas", com a sua denominação de Juizados Especiais, primeiro com a sua organização no âmbito estadual (Lei 9.099/1995), a posterior sistematização na seara federal (Lei 10.259/2001) e a recente proposta de implantação dos Juizados Especiais da Fazenda Pública dos Estados, Territórios, Distrito Federal e dos Municípios;

– a explosão das reformas legislativas das matérias processuais, sendo mais de 50 (cinquenta) alterações somente no âmbito do Código de Processo Civil de 1973, além da vasta gama de legislação especial que regulamentou matérias afetas ao Sistema Processual Civil brasileiro;

– a constatação da necessidade de reforma integral do texto do Código de Processo Civil, para o restabelecimento, cristalizada com o desenvolvimento do anteprojeto do novo CPC e o encaminhamento do projeto já aprovado pelo Senado Federal e agora na Câmara dos Deputados;

– a busca do "processo justo" com a garantia dos direitos processuais fundamentais das partes no processo, inclusive com a previsão no texto constitucional da recepção com *status* constitucional de matérias inerentes à defesa de direitos fundamentais, por meio de procedimento especial de recepção legislativa.

6. DO PROJETO DE CÓDIGO DE PROCESSO CIVIL E A REORDENAÇÃO DO PROCESSO CIVIL BRASILEIRO

Diante das inúmeras reformas que o Código de Processo Civil de 1973 vem sofrendo desde a década de 1970, especialmente com a nova ordem constitucional implementada pela Carta Constitucional de 1988 e a reforma constitucional realizada pela Emenda Constitucional 45 de 2004, demonstra-se imprescindível uma reforma integral do Código Processual, visando à homogeneização de toda a evolução legislativa, jurisprudencial e doutrinária de quase 4 (quatro) décadas de atuação das normas do Código de Processo Civil de 1973.

Além disso, há quem defenda a necessidade de uma reforma de Códigos para que se resolva a questão da "colcha de retalhos" em que se transformou o Código Processual brasileiro, já que desde a vigência da Constituição Federal de 1988 mais de 50 (cinquenta) diplomas normativos alteraram, acrescentaram, revigoraram ou revogaram normas do Código ora vigente, além das mais de 30 (trinta) legislações extravagantes que, de forma direta, provocam repercussões no cotidiano processual.

Nessa perspectiva se apresenta como razoável e necessária a busca de um novo Código de Processo Civil elaborado por uma Comissão de notáveis processualistas presidida pelo Ministro Luiz Fux, não apenas para se rotular como uma novidade, mas com a ambição de que o novo Código Processual dê fim a um ciclo reformador imposto em mais de três décadas ao Código vigente, elaborado pelo Professor e Ministro Alfredo Buzaid, tendo o direito processual brasileiro um Código que responda aos ensaios da sociedade contemporânea e assegure o acesso à Justiça nas suas diversas dimensões, seja na garantia do acesso à ordem jurídica justa, seja pela efetividade da tutela jurisdicional.

A Constituição Federal de 1988 apresenta diversos matizes democráticos, voltados à defesa e garantia dos direitos e interesses fundamentais, demonstrando-se necessário a existência de um diploma que seja um meio técnico adequado para o acesso ao processo justo e para a garantia dos direitos e deveres processuais fundamentais num Estado Democrático e Social de Direito.

7. CONSIDERAÇÕES FINAIS

Diante das breves considerações apresentadas, a recordação da legislação reformadora do CPC/1973 e da legislação extravagante que rege matérias correlacionadas ao sistema processual civil brasileiro, pode-se concluir que:

- o Código de Processo Civil brasileiro de 1973 já foi alterado por mais de 50 (cinquenta) legislações após a vigência da Constituição da República Federativa do Brasil de 1988;

- desde 1988, mais de 30 diplomas legislativos extravagantes tratam de matérias relacionadas ao sistema processual civil brasileiro, inclusive com necessidades de adaptações ou modificações de entendimentos quanto a institutos processuais ou sua aplicação em determinadas hipóteses regidas pela referida legislação;

- o Direito Processual Civil brasileiro, após a vigência da Carta Constitucional de 1988, vem se defrontando com uma grande quantidade de desafios, destacando-se o incremento exponencial da busca do acesso à Justiça, o questionamento quanto à duração do processo (inclusive com a elaboração da ideia de "duração razoável do processo"), a explosão quantitativa da litigiosidade e a recorrente busca do Poder Judiciário como meio de solução das omissões dos demais poderes republicanos, especialmente quanto à implementação de direitos e garantias fundamentais;

- um novo Código de Processo Civil, especialmente sob a perspectiva de uma atualização e consolidação harmônica da integralidade do texto do diploma e pela necessidade de concatenação entre os institutos processuais e a nova ordem constitucional pós-1988, mais do que um desejo, apresenta-se como uma necessidade para o melhor funcionamento dos serviços judiciários, para o acesso, a efetivação e a realização da Justiça no Brasil;

- o Direito Processual Civil brasileiro precisa, na medida do que lhe for pertinente, absorver (após a devida filtragem tanto constitucional quanto de pertinência) os institutos, as inovações e as reformas implementadas no Direito Comparado e no Direito Transnacional, especialmente no que se refere à efetividade da tutela dos direitos por meio do sistema processual civil contemporâneo.

8. REFERÊNCIAS BIBLIOGRÁFICAS

A EXECUÇÃO FISCAL NO BRASIL E O IMPACTO NO JUDICIÁRIO. Disponível em: <http://www.cnj.jus.br/images/pesquisas-judiciarias/Publicacoes/pesq_sintese_exec_fiscal_dpj.pdf>. Acesso em: 25 jun. 2012, às 21:51.

ALI / UNIDROIT PRINCIPLES OF TRANSNATIONAL CIVIL PROCEDURE. Disponível em: <http://www.unidroit.org/english/principles/civilprocedure/ali-unidroitprinciples-e.pdf>.

ALMEIDA, Diogo Assumpção Rezende de. Jurisdição e tutela específica. *Revista Dialética de Direito Processual*. São Paulo: Dialética, 2007. v. 48, p. 18-19.

ALMEIDA, Gregório Assagra; GOMES JUNIOR, Luiz Manoel. *Um novo Código de Processo Civil para o Brasil*. Análise teórica e prática da proposta apresentada pelo Senado Federal. Rio de Janeiro: GZ, 2010.

ANDREWS, Neil. *English civil procedure*: fundamentals of the new civil justice system. Oxford: Oxford University Press, 2003.

_____. *The three paths of Justice*. Court proceedings, arbitration and mediation in England. London: Springer, 2012.

_____. Complex civil litigation in England. *RePro* 153/87, nov. 2007. In: WAMBIER, Luiz Rodrigues; WAMBIER, Teresa Arruda Alvim. Doutrinas essenciais processo civil. Processo coletivo e processo civil estrangeiro e comparado. São Paulo: RT, 2011. v. 9, p. 1085-1099.

_____. Global perspectives on commercial arbitration – parte 1. *Revista de Processo*, ano 36, v. 201, nov. 2011, São Paulo: RT, 2011, p. 249-300.

_____. Global perspectives on commercial arbitration – parte 2. *Revista de Processo*, ano 36, v. 202, dez. 2011, São Paulo: RT, 2011, p. 293-338.

_____. *Contracts and english dispute resolution* – Nagoya University Comparative Study of Civil Justice. Nagoya: Jigakusha Publishing Corporation, 2010. v. 5.

ARAGÃO, Egas D. Moniz de. Procedimento: formalismo e burocracia. *Revista do TST*, São Paulo, ano 67, n. 1, p. 114-125, jan.-mar. 2001.

_____. O Código de Processo Civil e a crise processual. *Revista Forense Comemorativa* – 100 anos, BARBOSA MOREIRA, José Carlos (Coord.). *Direito processual civil*. Rio de Janeiro: Forense, 2006. t. 5, p. 523-536.

_____. Reforma Processual: 10 anos. *Revista Forense Comemorativa* – 100 anos, BARBOSA MOREIRA, José Carlos (Coord.). *Direito processual civil*. Rio de Janeiro: Forense, 2006. t. 5, p. 899-914.

ARAÚJO CINTRA, Antonio Carlos; GRINOVER, Ada Pellegrini; DINAMARCO, Cândido Rangel. *Teoria geral do processo*. São Paulo: Malheiros.

ASSIS, Araken de. *Manual da execução*. 9. ed. rev. atual. e ampl. do livro *Manual do processo de execução*. São Paulo: RT, 2004.

_____. *Execução civil nos juizados especiais*. 3. ed. rev. atual. e ampl. São Paulo: RT, 2002.

_____. *Eficácia civil da sentença penal*. 2. ed. rev. atual. e ampl. São Paulo: RT, 2000.

_____. *Doutrina e prática do processo civil contemporâneo*. São Paulo: RT, 2001.

_____. *Do processo de execução* – arts. 646 a 735. Comentários ao Código de Processo Civil. São Paulo: RT, 2001.

_____. *Da execução de alimentos e prisão do devedor*. 5. ed. rev. e atual. São Paulo: RT, 2001.

_____; MOLINARO, Carlos Alberto; GOMES JUNIOR, Luiz Manoel; MILHORANZA, Mariângela Guerreiro (Org.). *Processo coletivo e outros temas de direito processual* – Homenagem 50 anos de docência do professor José Maria Rosa Tesheiner 30 anos de docência do professor Sérgio Gilberto Porto. Porto Alegre: Livraria do Advogado, 2012.

BARBI, Celso Agrícola. Os poderes do juiz e a reforma do Código de Processo Civil. *Revista Forense Comemorativa* – 100 anos, BARBOSA MOREIRA, José Carlos (Coord.). *Direito processual civil*. Rio de Janeiro: Forense, 2006. t. 5, p. 99-136.

BARBOSA MOREIRA, José Carlos. *O novo processo civil brasileiro*. Exposição sistemática do procedimento. 25. ed. Rio de Janeiro: Forense, 2007.

_____. *Revista Forense Comemorativa* – 100 anos, BARBOSA MOREIRA, José Carlos (Coord.). *Direito processual civil*. Rio de Janeiro: Forense, 2006. t. 5.

_____. Relações entre processos instaurados, sobre a mesma lide civil, no Brasil e em país estrangeiro. *Revista de Processo*, ano 02, v. 7-8, jul.-dez. 1977, São Paulo: RT, 1977, p. 51-58.

_____. Breve notícia sobre a reforma do Processo Civil alemão. *RePro* 111/103, jul.-set. 2003. In: WAMBIER, Luiz Rodrigues; WAMBIER, Teresa Arruda Alvim. *Doutrinas essenciais processo civil*. Processo coletivo e processo civil estrangeiro e comparado. São Paulo: RT, 2011. v. 9, p. 1023-1034.

_____. A revolução processual inglesa. *RePro* 118/75, nov.-dez. 2004. In: WAMBIER, Luiz Rodrigues; WAMBIER, Teresa Arruda Alvim. *Doutrinas essenciais processo civil*. Processo coletivo e processo civil estrangeiro e comparado. São Paulo: RT, 2011. v. 9, p. 1055-1070.

_____. *Neoprivatismo no processo civil*. Temas de direito processual. Nona Série. São Paulo: Saraiva, 2007.

_____. *O processo civil contemporâneo*: um enfoque comparativo. Temas de direito processual. Nona Série. São Paulo: Saraiva, 2007.

_____. *Uma novidade*. O Código de Processo Civil inglês. Temas de direito processual. Sétima Série. São Paulo: Saraiva, 2001.

_____. *Notas sobre a extinção da execução*. O processo de execução. Estudos em homenagem ao professor Alcides Mendonça Lima. Porto Alegre: Sérgio Fabris, 1997.

_____. Efetividade do processo e técnica processual. *Revista Forense Comemorativa* – 100 anos, BARBOSA MOREIRA, José Carlos (Coord.). *Direito processual civil*. Rio de Janeiro: Forense, 2006. t. 5, p. 577-590.

BARROS, Flaviane de Magalhães; BOLZAN DE MORAIS, José Luiz (Coord.). *Reforma do processo civil*. Perspectivas constitucionais. Belo Horizonte: Fórum, 2010.

BATISTA, J. Pereira. *Reforma do processo civil*: princípios fundamentais. Lisboa: Lex, 1997.

BEDAQUE, José Roberto dos Santos. *Efetividade do processo e técnica processual*. 2. ed. São Paulo: Malheiros, 2007.

_____. *Direito e processo* – influência do direito material sobre o processo. São Paulo: Malheiros, 1995.

_____. *Tutela cautelar e tutela antecipada*: tutelas sumárias e de urgência (tentativa de sistematização). 3. ed. São Paulo: Malheiros, 2003.

BERGER, Peter Klaus. *The international arbitrator´s dilemma: transnational procedures versus Home Jurisdiction – A German perspective in Arbitration International Journal*. 2. Issue. v. 25. Disponível em: <http://www.arbitration-adr.org/resou rces/?p=article&a=show&id=1863>.

BERIZONCE, Roberto Omar. Armonización progressiva de los sistemas de justicia en America Latina. *RePro* 99/135, jul.-set. 2000. In: WAMBIER, Luiz Rodrigues; WAMBIER, Teresa Arruda Alvim. *Doutrinas essenciais processo civil*. Processo coletivo e processo civil estrangeiro e comparado. São Paulo: RT, 2011. v. 9, p. 941-948.

BERMANN, George A; PICARD, Etienne. *Introdução ao direito francês*. Trad. Teresa Dias Carneiro. 1. ed. brasileira. Rio de Janeiro: Forense, 2011.

BERMUDES, Sérgio. *A reforma do Código de Processo Civil*. Rio de Janeiro: Freitas Bastos, 1995.

_____. *Introdução ao processo civil*. 4. ed. rev. e atual. Rio de Janeiro: Forense, 2006.

BERTOLINO, Pedro J. *El exceso ritual manifesto*. La Plata: Platense, 1979.

BIAVATI, Paolo. I procedimenti civili semplificati e accelerati: il quadro europeo e i riflessi italiani. *Rivista Trimestrale di Diritto e Procedura Civile*, Milano: Giuffrè, p. 751-775, 2002.

BIDART, Adolfo Gelsi. La humanización del proceso. *Revista de Processo*, ano 03, v. 9, jan.-mar. 1978. São Paulo: RT, 1978, p. 105-152.

BISNETO, Luiz Machado. O sistema de organização judiciária inglês. *Revista de Processo*, ano 36, v. 200, out. 2011, São Paulo: RT, 2011, p. 195-202.

BONTÀ, Silvana Dalla. II XIV Mondiale dell´Associazione Internazionale di Diritto Processuale Civile. *Revista de Processo*, ano 36, v. 201, nov. 2011, São Paulo: RT, 2011, p. 241-248.

BUZAID, Alfredo. Exposição de motivos do projeto do Código de Processo Civil. *Revista Forense Comemorativa* – 100 anos, BARBOSA MOREIRA, José Carlos (Coord.). *Direito processual civil*. Rio de Janeiro: Forense, 2006. t. 5, p. 231-260.

CADIET, Loic. 14th World Congress of the International Association of Procedural Law. *Revista de Processo*, ano 36, v. 200, out. 2011, São Paulo: RT, 2011, p. 519-526.

CÂMARA, Alexandre Freitas. *Lições de direito processual civil*. 15. ed. Rio de Janeiro: Lumen Juris, 2008. v. 2.

CAMPOS, Francisco. A reforma do processo civil. *Revista Forense Comemorativa* – 100 anos, BARBOSA MOREIRA, José Carlos (Coord.). *Direito processual civil*. Rio de Janeiro: Forense, 2006. t. 5, p. 15-20.

CANOTILHO, José Joaquim Gomes. *Direito constitucional*. Coimbra: Almedina, 1993.

_____. *Direito constitucional e teoria da Constituição*. 6. ed. Coimbra: Almedina, 2002.

CAPONI, Remo. Modelo europeu de tutela coletiva no processo civil: comparação entre a experiência alemã e italiana. *Revista de Processo*, ano 36, v. 200, out. 2011, São Paulo: RT, 2011, p. 235-272.

CAPPELLETTI, Mauro. *Dictamen iconoclastico sobre la reforma del processo civil italiano*. Dimensioni della gisutizia nella società contemporanee. Bologna: Il Mulino, 1994.

_____. Formações sociais e interesses coletivos diante da Justiça civil. *Revista de Processo*, ano 02, v. 5, jan.-mar. 1977, São Paulo: RT, 1977, p. 241-248.

_____; GARTH, Bryan. *Acesso à justiça*. Trad. Ellen Gracie Northfleet. Porto Alegre: Sérgio Antônio Fabris, 1998.

_____; PERILLO, J. M. *Civil Procedure in Italy*. The Hague: Martinus Nijhoff Publishers, 1965.

CAPPONI, B. L'intervento dei creditori dopo le tre riforme della XIV legislature. *Rivista dell Esecuzioneforzata*, 2006, p. 22-35.

_____. *Lineamenti del processo esecutivo*. Bologna: Zanichelli, 2008.

CARMONA, Carlos Alberto. *Arbitragem e processo*: um comentário à Lei 9.307/1996. 2. ed. São Paulo: Atlas, 2004.

CARNEIRO, Athos Gusmão. *Cumprimento da sentença civil*. Rio de Janeiro: Forense, 2007.

_____. Considerações sobre o processo e os Juizados de Pequenas Causas. *Revista de Processo*, São Paulo: RT, ano 13, n. 51, p. 23, jul.-set. 1998.

_____; CALMON, Petrônio (Org.). *Bases científicas para um renovado direito processual*. 2. ed. Salvador: JusPodivm, 2009.

CARNEIRO, Paulo Cezar Pinheiro. *Acesso à justiça*. Juizados Especiais Cíveis e ação civil pública: uma nova sistematização da teoria geral do processo. 2. ed. Rio de Janeiro: Forense, 2000.

Cap. 4 – AS RECENTES REFORMAS PROCESSUAIS CIVIS CONTEMPORÂNEAS

CARNELUTTI, Francesco. *Sistema del diritto processuale civile*. Padova: Cedam, 1936. v. 1.

_____. *Studi di diritto processuale civile*. 1929. Padova: Cedam, 1930. v. 4.

CARPI, Federico; TARUFFO, Michele. *Direttori*. Commentario breve al Codice di Procedura Civile. 7. ed. Milano: CEDAM, 2012.

_____. Alcune osservazioni sulla riforma dell'esecuzione per espropriazione forzata. *Rivista Trimestrale di Diritto e Procedura Civile*, 2006, p. 215-224.

CASTRO, Carlos Roberto Siqueira. *O devido processo legal e os princípios da razoabilidade e da proporcionalidade*. 5. ed. Rio de Janeiro: Forense, 2010.

CHIOVENDA, Guiseppe. *Instituições de direito processual civil*. 2. ed. São Paulo: Saraiva, 1965. v. 1.

_____. *Principios de derecho procesal civil*. 3. ed. Madrid: Reus, 2000.

CIPRIANI, Franco. Ricordo di Francesco Carnelutti nel quarantesimo anniversario della scomparsa. *Rivista di Diritto Processuale*, Padova: CEDAM, v. 60, n. 4, p. 1253-1268, ott.-dic. 2005.

CLÈVE, Clèmerson Merlin. *O Direito e os direitos*. Elementos para uma crítica do direito contemporâneo. 3. ed. Belo Horizonte: Fórum, 2011.

_____. *Para uma dogmática constitucional emancipatória*. Belo Horizonte: Fórum, 2012.

COMISSÃO INTERAMERICANA DE DIREITOS HUMANOS. Disponível em: <http://www.cidh.oas.org/comissao.htm>. Acesso em: 08 jul. 2012, às 15:33.

COMOGLIO, Luigi Paolo. *Etica e tecnica del "giusto processo"*. Torino: G. Giappichelli, 2004.

_____. Garanzie minime del giusto proceso civile negli Ordinamenti ispano-latinoamericani. *RePro* 112/159, out.-dez. 2003. In: WAMBIER, Luiz Rodrigues; WAMBIER, Teresa Arruda Alvim. *Doutrinas essenciais processo civil*. Processo coletivo e processo civil estrangeiro e comparado. São Paulo: RT, 2011. v. 9, p. 1035-1053.

COMOGLIO, Luigi Paolo, FERRI, Corrado; TARUFFO, Michele. *Lezioni sul processo civile*. 2. ed. Bologna: Il Mulino, 1998.

CONVENÇÃO AMERICANA SOBRE DIREITOS HUMANOS. Disponível em: <http://www.cidh.oas.org/Basicos/Portugues/c.Convencao_Americana.htm>. Acesso em: 08 jul. 2012, às 15:36.

COOTER, Robert; ULEN, Thomas. *Direito e economia*. 5. ed. Porto Alegre : Bookman, 2010.

CORTE INTERAMERICANA DE DERECHOS HUMANOS. Disponível em: <http://www.corteidh.or.cr/>. Acesso em: 08 jul. 2012, às 22:38.

CORTÉS DOMÍNGUEZ, V.; MORENO CATENA, V. *Derecho procesal civil.* 2. ed. Valencia: Tirant lo Blanch, 2005.

COSTA E SILVA, Paula; GRADI, Marco. XIV Congresso Mondiale di Diritto Processuale. *Revista de Processo,* ano 36, v. 201, nov. 2011, São Paulo: RT, 2011, p. 237-240.

COUTURE, Eduardo. *Estudios de derecho procesal civil.* Buenos Aires: Depalma, 1989. v. 1.

_____. *Fundamentos del derecho procesal.* Buenos Aires: Depalma, 1981.

CRISTOFARO, Marco De; TROCKER, Nicolò. *Civil Justice in Italy edited by Marco de Cristofaro and Nicolò Trocker* – Nagoya University Comparative Study of Civil Justice. Nagoya: Jigakusha Publishing Corporation, 2010. v. 8.

CRUZ E TUCCI, José Rogério. *Tempo e processo.* São Paulo: RT, 1997.

_____. Garantia da prestação jurisdicional sem dilações indevidas como corolário do devido processo legal. *RePro,* v. 66, São Paulo: RT, abr.-jun. 1992.

DAMASKA, Mirjan R. *The faces of justice and state authority.* Yale: University Press, 1986.

DEMANDAS REPETITIVAS E A MOROSIDADE DA JUSTIÇA CÍVEL BRASILEIRA. Disponível em: <www.cnj.jus.br/images/pesquisas-judiciarias/Publicacoes/pesq_sintese_morosidade_dpj.pdf>. Acesso em: 25 jun. 2012, às 21:35.

DE FREITAS, José Lebre. Os paradigmas da ação executiva na Europa. *Revista de Processo,* ano 36, v. 201, nov. 2011, São Paulo: RT, 2011, p. 129-143.

DE PINHO, Humberto Dalla Bernardina. *Direito processual civil contemporâneo 1.* São Paulo: Saraiva, 2012.

_____. *Direito processual civil contemporâneo 2.* São Paulo: Saraiva, 2012.

DECLARAÇÃO AMERICANA DOS DIREITOS E DEVERES DO HOMEM. Disponível em: <http://www.cidh.oas.org/Basicos/Portugues/b.Declaracao_Americana.htm>. Acesso em: 08 jul. 2012, às 15:35.

DENTI, Vittorio. Il processo di cognizione nella storia delle riforme. *Rivista Trimestrale di Diritto e Procedura Civile,* 1993.

DI MAJO, Adolfo. *La tutela civile dei diritti.* 4. ed. Milano: Giuffrè, 2003.

DIDIER JUNIOR, Fredie; DA CUNHA, Leonardo José Carneiro; BRAGA, Paula Sarno; OLIVEIRA, Rafael. *Curso de direito processual civil.* 4. ed. Salvador: JusPodivm, 2012. v. 5.

DIGESTO DE PROCESSO. Rio de Janeiro: Forense, 1980.

DINAMARCO, Cândido Rangel. *Instituições de direito processual.* 3. ed. São Paulo: Malheiros, 2009. v. 4.

_____. *Instituições de direito processual civil.* 6. ed. São Paulo: Malheiros, 2009. v. 1.

_____. *Instituições de direito processual civil.* 6. ed. São Paulo: Malheiros, 2009. v. 2.

_____. *A instrumentalidade do processo.* 11. ed. São Paulo: Malheiros, 2003.

_____. *Execução civil.* 8. ed. São Paulo: Malheiros, 2002.

_____. *Capítulos de sentença.* 4. ed. São Paulo: Malheiros, 2009.

_____. *Nova era do processo civil.* 3. ed. São Paulo: Malheiros, 2009.

_____. Os institutos fundamentais do direito processual. *Revista Forense Comemorativa* – 100 anos, BARBOSA MOREIRA, José Carlos (Coord.). *Direito processual civil.* Rio de Janeiro: Forense, 2006. t. 5, p. 453 e ss.

_____. Tutela jurisdicional. *Revista Forense Comemorativa* – 100 anos, BARBOSA MOREIRA, José Carlos (Coord.). *Direito processual civil.* Rio de Janeiro: Forense. 2006, t. 5, p. 637-678.

ESCRIBANO MORA, F. *El proceso civil* – J. Escribano Mora (Ed.). Valencia: Tirat lo Blanch, 2001. v. 8.

ESPLUGUES-MOTA, Carlos; BARONA-VILAR, Silvia. *Civil Justice in Spain edited by Carlos Esplugues-Mota and Silvia Barona-Vilar* – Nagoya University Comparative Study of Civil Justice. Nagoya: Jigakusha Publishing Corporation, 2009. v. 3.

ESTUDO COMPARADO SOBRE RECURSOS, LITIGIOSIDADE E PRODUTIVIDADE: A PRESTAÇÃO JURISDICIONAL NO CONTEXTO INTERNACIONAL. Disponível em: <http://www.cnj.jus.br/images/pesquisas-judiciarias/relat_estudo_comp_inter.pdf>. Acesso em: 25 jun. 2012, às 21:49.

ERVO, Laura. *Civil Justice in Finland* – Nagoya University Comparative Study of Civil Justice. Nagoya: Jigakusha Publishing Corporation, 2009. v. 2.

EUROPEAN COURT OF HUMAN RIGHTS. Disponível em: <http://www.echr.coe.int/ECHR/Homepage_En/>. Acesso em: 08 jul. 2012, às 18:25.

FAGUNDES, M. Seabra. Contribuição da jurisprudência à evolução do direito brasileiro. *Revista Forense Comemorativa* – 100 anos, BARBOSA MOREIRA, José Carlos (Coord.). *Direito processual civil.* Rio de Janeiro: Forense, 2006. t. 5, p. 47-62.

FARO, Julio Pinheiro. The challenge of multilevel democratic dialogue for shaping the rule of law. *Revista de Processo*, ano 36, v. 198, ago. 2011, São Paulo: RT, 2011, p. 193-212.

FASCHING, Hans W. O desenvolvimento do Código de Processo Civil austríaco nos últimos 75 anos. *Revista de Processo*, ano 02, v. 5, jan.-mar. 1977, São Paulo: RT, 1977, p. 241-248.

FERNANDEZ-BALLESTEROS LOPEZ, M. A.; RIFÁ SOLER, J. M.; VALLS GOMBAU, J. F. (Ed.). *Comentarios a la nueva Ley de Enjuiciamento Civil*. Barcelona: Iurgium, 2000. v. 4.

FREITAS, José Lebre de. *Código de Processo Civil anotado*. Coimbra: Ed. Coimbra, 1999. v. 1.

FRENCH NATIONAL CHAMBER. Disponível em: <www.huissier-justice.fr>.

FRENCH NATIONAL SCHOOL OF PROCEDURE. Disponível em: <www.enepp.org>.

FURNO, Carlo. *La sospensione del processo executivo*. Milano: Giuffrè, 1954.

FUX, Luiz. *Curso de direito processual civil*. 2. ed. Rio de Janeiro: Forense, 2004.

_____. *A reforma do processo civil*. Comentários e análise crítica da Reforma Infraconstitucional do Poder Judiciário e da Reforma do CPC. Niterói: Impetus, 2006.

_____ (Coord.). *O novo processo civil brasileiro* – Direito em expectativa (Reflexões acerca do novo Código de Processo Civil). Rio de Janeiro: Forense, 2011.

GAJARDONI, Fernando da Fonseca. Princípios da adequação formal do direito processual civil português. *Revista de Processo*, São Paulo: RT, n. 164, ano 33.

GARNER, Bryan A. *Black´s Law Dictionary*. 8. ed. St. Paul: Thomson Business – West, 2004.

GELSI BIDART A. *La ineficacia del proceso y América Latina, en De derechos, deberes y garantias del hombre común*. Montevideo: FCU, 1987. p. 356-357.

GIL-ROBLES, Álvaro. *Los nuevos límites de la tutela judicial efectiva*. Madrid: Centro de Estudios Constitucionales, 1996.

GIORGIANNI, Michele. Tutela del creditore e tutela "reale". *Rivista Trimestrale di Diritto e Procedura Civile*, 1975.

GORDO, Adolfo Perez. *La ejecución provisional en el proceso civil*. Barcelona: Bosch, 1973.

GOTTWALD, Peter. The new German procedure in family matters. *Revista de Processo*, ano 36, v. 198, ago. 2011, São Paulo: RT, 2011, p. 165-192.

GRECO, Leonardo. O princípio do contraditório. *Revista Dialética de Direito Processual*, São Paulo: Dialética, n. 24, p. 71-79, mar. 2005.

_____. Os atos de disposição processual: primeiras reflexões. In: MEDINA, José Miguel Garcia et al. *Os poderes do juiz e o controle das decisões judiciais*: estudos em homenagem à professora Teresa Arruda Alvim Wambier. São Paulo: RT, 2008.

_____. Publicismo e privatismo no processo civil. *Revista de Processo*, São Paulo: RT, 164, ano 33, p. 29-56, 2008.

Cap. 4 – AS RECENTES REFORMAS PROCESSUAIS CIVIS CONTEMPORÂNEAS

_____. Garantias fundamentais do processo: o processo justo. *Revista Jurídica*, São Paulo: Notadez, ano 51, n. 305, p. 61-99, p. 86, 2003.

_____. A execução e a efetividade do processo. *RePro* 95, São Paulo: RT, 1999.

_____. Execução nas ações civis públicas. *RDDP* 2, São Paulo: Oliveira Rocha, 2003.

_____. *O processo de execução*. Rio de Janeiro: Renovar, 1999. v. 1.

_____. _____. Rio de Janeiro: Renovar, 2001. v. 2.

_____. A reforma do processo de execução. *Revista Forense Comemorativa* – 100 anos, BARBOSA MOREIRA, José Carlos (Coord.). *Direito processual civil*. Rio de Janeiro: Forense, 2006. t. 5, p. 769-822.

GRECO, Leonardo; MIRANDA NETTO, Fernando Gama de (Org.). *Direito processual e direitos fundamentais*. Rio de Janeiro: Lumen Juris, 2005.

GRINOVER, Ada Pellegrini; CALMON, Petrônio (Org.). *Direito processual comparado* – XIII Congresso Mundial de Direito Processual, 2007. Rio de Janeiro: Forense, 2008.

_____; WATANABE, Kazuo. Recepção e transmissão de institutos processuais civis. *RePro* 140/143, out. 2006. In: WAMBIER, Luiz Rodrigues; WAMBIER, Teresa Arruda Alvim. *Doutrinas essenciais processo civil*. Processo coletivo e processo civil estrangeiro e comparado. São Paulo: RT, 2011. p. 1071-1083.

GUASP, J.; ARAGONESES, P. *Derecho procesal civil*. 7. ed. Madrid: Civitas, 2005. t. I.

_____. *Derecho procesal civil*. 6. ed. Madrid: Civitas, 2006. t. II.

GUEDES, Jefferson Carús; DALL´ALBA, Felipe Camilo; AZEM, Guilherme Beux Nassif; BATISTA, Liliane Maria Busato (Org.). *Novo Código de Processo Civil*. Comparativo entre o projeto do novo CPC e o CPC de 1973. Belo Horizonte: Fórum, 2010.

GUERRA, Marcelo Lima. *Direitos fundamentais e a proteção do credor na execução civil*. São Paulo: RT, 2003.

_____. *Execução indireta*. São Paulo: RT, 1999.

_____. *Execução forçada*: controle de admissibilidade. São Paulo: RT, 1995.

_____. *Título executivo como representação documental típica do crédito*: resposta a José Miguel Garcia Medina – Teoria do processo – panorama doutrinário mundial. DIDIER JR., Fredie; JORDÃO, Eduardo Ferreira (Coord.). Salvador: JusPodivm, 2008.

HÄMÄLÄINEN, Merva. *Court system*. In: ERVO, Laura. *Civil Justice in Finland* – Nagoya University Comparative Study of Civil Justice. Nagoya: Jigakusha Publishing Corporation, 2009. v. 2, p. 17-32.

HAZARD, Geoffrey C.; TARUFFO, Michelle. *American Civil Procedure* – an introduction. New Haven: Yale University, 1993.

HAZARD JR. Geoffrey; TARUFFO, Michele; STURNER, Rolf; GIDI, Antonio. Principles and rules of transnational civil procedure: introduction to the principles and rules of Transnational Civil Procedure. *Journal of International Law and Politics*, New York: New York School of Law, Spring, 2001.

INTERNATIONAL ASSOCIATION OF JUDICIAL OFFICERS. Disponível em: <www.uihj.com>.

INTERNATIONAL INSTITUTE FOR THE UNIFICATION OF PRIVATE LAW. Disponível em: <http://www.unidroit.org>.

JOLOWICZ, J. A. A reforma do processo civil inglês: uma derrogação do adversary system?. *Revista Forense*, Rio de Janeiro: Forense, v. 328, 1994.

JUSTIÇA EM NÚMEROS – 2003. Disponível em: <http://www.cnj.jus.br/images/stories/docs_cnj/relatorios/justica_numeros_2003.pdf>. Acesso em: 25 jun. 2012, às 22:15.

JUSTIÇA EM NÚMEROS – 2004. Disponível em: <http://www.cnj.jus.br/images/stories/docs_cnj/relatorios/justica_numeros_2004.pdf>. Acesso em: 25 jun. 2012, às 22:12.

JUSTIÇA EM NÚMEROS – 2005. Disponível em: <http://www.cnj.jus.br/images/programas/justica-em-numeros/justica_numeros_2005.pdf>. Acesso em: 25 jun. 2012, às 22:08.

JUSTIÇA EM NÚMEROS – 2006. Disponível em: <http://www.cnj.jus.br/images/programas/justica-em-numeros/justica_numeros_2006.pdf>. Acesso em: 25 jun. 2012, às 22:05.

JUSTIÇA EM NÚMEROS – 2007. Disponível em: <http://www.cnj.jus.br/images/stories/docs_cnj/relatorios/justica_em_numeros_2007.pdf>. Acesso em: 25 jun. 2012, às 21:59.

JUSTIÇA EM NÚMEROS – 2008 – RELATÓRIO, Disponível em: <http://www.cnj.jus.br/images/stories/docs_cnj/relatorios/justica_em_numeros_2008.pdf>. Acesso em: 25 jun. 2012, às 21:57.

JUSTIÇA EM NÚMEROS – 2009 – SUMÁRIO EXECUTIVO. Disponível em: <http://www.cnj.jus.br/images/programas/justica-em-numeros/rel_sumario_exec_jn2009.pdf>. Acesso em: 25 jun. 2012, às 21:55.

JUSTIÇA EM NÚMEROS – 2010. Disponível em: <http://www.cnj.jus.br/images/programas/justica-em-numeros/2010/rel_justica_numeros_2010.pdf>. Acesso em: 25 jun. 2012, às 21:54.

JUSTICE (UK). Disponível em: <http://www.justice.gov.uk/>. Acesso em: 08 jul. 2012, às 23:00.

KAPLAN, Benjamin; VON MEHREN, Arthur T.; SCHAEFER, Rudolf. *Phases of German Civil Procedure I in Harvard Law Review*. 71 Harv. L. Rev. 1193. Harvard Law Review, May, 1958.

KAUFMANN, Arthur. *Filosofia do direito*. 4. ed. Trad. António Ulisses Cortês. Lisboa: Fundação Calouste Gulbenkian, 2010.

KENGYEL, Miklós; HARSÁGI, Viktória. *Civil Justice in Hungary* – Nagoya University Comparative Study of Civil Justice. Nagoya: Jigakusha Publishing Corporation, 2010. v. 4.

KUBINSZKY, Luiz. O novo Código de Processo Civil húngaro, Lei III de 1952 e algumas reflexões suas sobre o antigo Código de Processo Civil húngaro, Lei I de 1911. *Revista de Processo*, ano 02, v. 7-8, jul.-dez. 1977, São Paulo: RT, 1977, p. 119-130.

LACERDA, Galeno. *O novo direito processual civil e os feitos pendentes*. Rio de Janeiro: Forense, 1974.

LARENZ, Karl. *Metodologia da ciência do direito*. 3. ed. Trad. José Lamego. Lisboa: Fundação Calouste Gulbenkian, 1997.

LIEBMAN, Enrico Tullio. *Manuale di diritto processuale civile*. 7. ed. Milano: Giuffrè, 2007.

_____. *Manual de direito processual civil*. 3. ed. Trad. e notas de Cândido Rangel Dinamarco. São Paulo: Malheiros, 2005. v. 1.

LINDFORS, Heidi. *Enforcement of judgment*. ERVO, Laura. *Civil Justice in Finland* – Nagoya University Comparative Study of Civil Justice. Nagoya: Jigakusha Publishing Corporation, 2009. v. 2, p. 210-231.

LUPOI, Michele Angelo. *Chapter 13: enforcemen of civilclaims in. Civil Justice in Italy edited by Marco de Cristofaro and Nicolò Trocker* – Nagoya University Comparative Study of Civil Justice. Nagoya: Jigakusha Publishing Corporation, 2010. v. 8, p. 262-277.

MARINONI, Luiz Guilherme. *Técnica processual e tutela dos direitos*. São Paulo: RT, 2004.

_____. A reforma do Código de Processo Civil e a efetividade do processo (tutela antecipatória, tutela monitória e tutela das obrigações de fazer e de não fazer). *Revista Forense Comemorativa* – 100 anos, BARBOSA MOREIRA, José Carlos (Coord.). *Direito processual civil*. Rio de Janeiro: Forense, 2006. t. 5, p. 679-698.

_____; MITIDIERO, Daniel. *O projeto do CPC*. Críticas e propostas. 1. ed. 2. tir. São Paulo: RT, 2010.

MANIOTIS, Dimitris; TSANTINIS, Spyros. *Civil Justice in Greece* – Nagoya University Comparative Study of Civil Justice. Nagoya: Jigakusha Publishing Corporation, 2010. v. 6.

MARCUS, Richard L. *Modes of procedural reform in direito processual comparado* – XIII Congresso Mundial de Direito Processual – 2007. 1. ed. 2. tir. Rio de Janeiro: Forense, 2008. p. 799-825.

MESQUITA, José Ignácio Botelho de. As novas tendências do direito processual: uma contribuição para o seu reexame. *Revista Forense Comemorativa* – 100 anos, BARBOSA MOREIRA, José Carlos (Coord.). *Direito processual civil*. Rio de Janeiro: Forense, 2006. t. 5, p. 853-898.

METAS DO CONSELHO NACIONAL DE JUSTIÇA – 2009. Disponível em: <http://www.cnj.jus.br/gestao-e-planejamento/metas/metas-de-nivelamento-2009/meta-2/metas-de-nivelamento-2009>. Acesso em: 25 jun. 2012, às 18:19.

METAS DO CONSELHO NACIONAL DE JUSTIÇA – 2010. Disponível em: <http://www.cnj.jus.br/gestao-e-planejamento/metas/metas-prioritarias-de-2010>. Acesso em: 25 jun. 2012, às 18:22.

METAS DO CONSELHO NACIONAL DE JUSTIÇA – 2011. Disponível em: <http://www.cnj.jus.br/gestao-e-planejamento/metas/metas-2011>. Acesso em: 25 jun. 2012, às 18:25.

METAS DO CONSELHO NACIONAL DE JUSTIÇA – 2012. Disponível em: <http://www.cnj.jus.br/evento/eventos-realizados/v-encontro-nacional-do-judiciario/metas-2012>. Acesso em: 25 jun. 2012, às 18:29.

METAS DO CONSELHO NACIONAL DE JUSTIÇA – 2013. Disponível em: <http://www.cnj.jus.br/gestao-e-planejamento/metas/metas-2013>. Acesso em: 25 jun. 2012, às 18:32.

MITIDIERO, Daniel. Por uma reforma da Justiça Civil no Brasil: um diálogo entre Mauro Cappelletti, Vittorio Denti, Ovídio Baptista e Luiz Guilherme Marinoni. *Revista de Processo*, ano 36, v. 199, set. 2011, São Paulo: RT, 2011, p. 83-100.

MONIZ DE ARAGÃO, Egas Dirceu. Efetividade do processo de execução. *RePro* 72, São Paulo: RT, 1993.

_____. Novas tendências da execução provisória. *RePro* 90, São Paulo: RT, 1998.

MONTERO AROCA, Juan (Coord.) *Proceso civil e ideología*. Valencia: Tirant lo Blanch, 2006.

_____; GÓMEZ COLOMER, J. L.; MONTÓN REDONDO, A.; BARONA VILAR, S. *El nuevo proceso civil* (Ley 1/2000). 2. ed. Valencia: Tirant lo Blach, 2001.

_____. *Derecho jurisdiccional*. 17. ed. Valencia: Tirant lo Blach, 2009. v. 3.

NERY JUNIOR, Nelson. *Princípios do processo na Constituição Federal* (processo civil, penal e administrativo). 10. ed. São Paulo: RT, 2010.

OLIVEIRA, Carlos Alberto Alvaro de. *Do formalismo no processo civil*. 2. ed. São Paulo: Saraiva, 2003.

Cap. 4 – AS RECENTES REFORMAS PROCESSUAIS CIVIS CONTEMPORÂNEAS

_____. O formalismo-valorativo no confronto com o formalismo excessivo. *Revista Forense*, Rio de Janeiro: Forense, n. 388, 2006.

OTEIZA, Eduardo. Abuso de los derechos procesales en América Latina. *RePro* 95/152, set./1999. In: WAMBIER, Luiz Rodrigues; WAMBIER, Teresa Arruda Alvim. *Doutrinas essenciais processo civil*. Processo coletivo e processo civil estrangeiro e comparado. São Paulo: RT, 2011. v. 9, p. 913-940.

PEREZ, David Callespín. *El modelo constitucional de juicio justo en el ámbito del proceso civil*. Barcelona: Atelier, 2002.

PICÓ Y JUNOY, Joan. Il Diritto Processuale tra il Garantismo y L´efficacia – Un bibattito mal impostato. *RePro* 197/193, jul. 2011. In: WAMBIER, Luiz Rodrigues; WAMBIER, Teresa Arruda Alvim. *Doutrinas essenciais processo civil*. Processo coletivo e processo civil estrangeiro e comparado. São Paulo: RT, 2011. v. 9, p. 1341-1356.

PINTO, Bilac. Aspectos da reforma processual brasileira. *Revista Forense Comemorativa* – 100 anos, BARBOSA MOREIRA, José Carlos (Coord.). *Direito processual civil*. Rio de Janeiro: Forense, 2006. t. 5, p. 3-14.

PIOVESAN, Flávia. *Direitos humanos e o direito constitucional internacional*. 5. ed. rev. ampl. e atual. São Paulo: Max Limonad, 2002

PORTANOVA, Rui. *Princípios do processo civil*. 6. ed. Porto Alegre: Livraria do Advogado, 2005.

PORTO, Sérgio Gilberto. A crise de eficiência do processo: a necessária adequação processual à natureza do direito posto em causa, como pressuposto de efetividade. In: FUX, Luiz; NERY Jr., Nelson; WAMBIER, Teresa Arruda Alvim. *Processo e Constituição*: estudos em homenagem ao professor José Carlos Barbosa Moreira. São Paulo: RT, 2006.

PROTO PISANI, Andrea. *Lezioni di diritto processuale civile*. 5. ed. Napoli: Jovene, 2006.

_____. *Appunti sulla giustizia civile*. Bari: Caccucci, 1982.

PROTOCOLO ADICIONAL À CONVENÇÃO AMERICANA SOBRE DIREITOS HUMANOS EM MATÉRIA DE DIREITOS ECONÔMICOS, SOCIAIS E CULTURAIS "PROTOCOLO DE SAN SALVADOR". Disponível em: <http://www.cidh.oas.org/Basicos/Portugues/e.Protocolo_de_San_Salvador.htm>. Acesso em: 08 jul. 2012, às 15:38.

RAMOS, Rui Manuel Moura. *A reforma do direito processual civil internacional*. Portugal: Coimbra, 1998.

ROSAS, Roberto. *Direito sumular*. São Paulo: Malheiros, 2000.

ROSENBERG, Leo; SCHWAB, Karl Heinz; GOTTWALD, Peter. *Zivilprozessrecht.* 15. ed. München: Verlag C. H. Beck, 1993.

SCHMIDT, Stephanie. *Civil Justice in France* – Nagoya University Comparative Study of Civil Justice. Nagoya: Jigakusha Publishing Corporation, 2010. v. 7.

SCHWAB, Karl Henz. Introdução (ao direito processual civil). *Revista de Processo,* ano 01, v. 2, abr.-jun. 1976, São Paulo: RT, 1976, p. 169-172.

_____. Introdução ao direito processual civil alemão. *Revista de Processo,* ano 01, v. 3, jul.-set. 1976, São Paulo: RT, 1976, p. 55-61.

SIERRA, Humberto Brineño. Los anteproyectos del Código de Procedimientos Civiles y Ley Orgánica del Poder Judicial del Estado de México. *Revista de Processo,* ano 01, v. 3, jul.-set. 1976, São Paulo: RT, 1976, p. 62-82.

SILVA, Ovídio A. Batista da. *Processo e ideologia*: o paradigma racionalista. 2. ed. Rio de Janeiro: Forense, 2006.

STRECK, Lenio Luiz. *Jurisdição constitucional e hermenêutica.* Uma nova crítica do Direito. 2. ed. rev. e ampl. Rio de Janeiro: Forense, 2004.

STÜRNER, Rolf. Sobre as reformas recentes no direito alemão e alguns pontos em comum com o projeto brasileiro para um novo Código de Processo Civil. *RePro* 193/355, mar. 2011. In: WAMBIER, Luiz Rodrigues; WAMBIER, Teresa Arruda Alvim. *Doutrinas essenciais processo civil.* Processo coletivo e processo civil estrangeiro e comparado. Trad. Márcio F. Maffra Leal. São Paulo: RT, 2011. v. 9, p. 1283-1299.

TARUFFO, Michele. Observações sobre os modelos processuais de *civil law* e de *common law. RePro* 110/141, abr.-jun. 2003. Trad. José Carlos Barbosa Moreira. In: WAMBIER, Luiz Rodrigues; WAMBIER, Teresa Arruda Alvim. *Doutrinas essenciais processo civil.* Processo coletivo e processo civil estrangeiro e comparado. São Paulo: RT, 2011. v. 9, p. 1001-1021.

_____. Cultura e processo. *Rivista Trimestrale di Diritto e Procedura Civile,* Milano: Giuffrè, anno LXIII, n. 01, p. 63-92, 2009.

_____. Note sul diritto all condanna e all´esecuzione. *Rivista Critica del Diritto Privato,* 1986.

TARZIA, Giuseppe. *L´oggetto del processo di espropriazione.* Milano: Giuffrè, 1961.

_____. *Il processo civile riformato* – Michele Taruffo (diretto). Torino: Zanichelli, 2010.

_____. Problemas atuais da execução forçada. *RePro* 90, São Paulo: RT, 1998.

THE UNIDROIT LIBRARY. Disponível em: <http://www.uniformlaw.org/is-library. php>.

TROCKER, Nicolò. *Processo civile e costituzione.* Milano: Giuffrè, 1974.

Cap. 4 – AS RECENTES REFORMAS PROCESSUAIS CIVIS CONTEMPORÂNEAS

_____. Il nuovo art. 111 della Costituizione e il giusto processo in materia civile: profili generali. *Rivista Trimestrale di Diritto e Procedura Civile*, Milano: Giuffrè, jun. 2001.

_____; VARANO, Vincenzo (Ed.). *The Reforms of Civil Procedure in Comparative Perspective*. Torino: G. Giappichelli, 2005.

UNIÃO EUROPEIA (Português). Disponível em: <http://europa.eu/index_pt.htm>. Acesso em: 08 jul. 2012, às 22:52.

VESCOVI E. *La reforma de la justicia civil en Lationamérica*. Bogotá: Temis, 1996.

_____; GELSI BIDARTI A. *Bases para orientar en Latinoamérica la unificación legislativa en materia procesal civil*. Rev. Fac. Cs. Jur. Y Soc. Guatemala, 1982.

WAMBIER, Luiz Rodrigues; WAMBIER, Teresa Arruda Alvim (Org.). *Doutrinas essenciais processo civil*. Processo coletivo e processo civil estrangeiro e comparado. São Paulo: RT, 2011. v. 9.

_____; MEDINA, José Miguel Garcia. *Breves comentários à nova sistemática processual civil 2*. São Paulo: RT, 2006.

WAMBIER, Teresa Arruda Alvim (Coord.). *Aspectos polêmicos da nova execução 3 de títulos judiciais* – Lei 11.232/2005. São Paulo: RT, 2006.

WATANABE, Kazuo. *Da cognição no processo civil*. 3. ed. São Paulo: Dpj, 2005.

Parte II
JURISDIÇÃO E PROCESSO

AS SENTENÇAS ADITIVAS NA JURISDIÇÃO CONSTITUCIONAL

5

Antônio Veloso Peleja Júnior

Sumário: 1. O tema – 2. O exercício da atividade interpretativa das Cortes Constitucionais: 2.1. Interpretação e ativismo judicial; 2.2. Ativismo judicial – 3. A reconstrução do dogma da separação "absoluta" dos poderes – 4. A superação do dogma do "legislador negativo"– 5. O STF como legislador positivo – 6. As sentenças aditivas na jurisdição constitucional: 6.1. Introdução; 6.2. Classificação das sentenças modificativas ou manipulativas (ou de caráter intermédio) no direito italiano; 6.3. Sentenças aditivas (espécies de manipuladoras ou modulatórias); 6.4. Interpretação conforme em sentido estrito e sentenças manipulativas; 6.5. Sentenças aditivas sob as vestes da interpretação conforme; 6.6. A declaração de constitucionalidade das leis e a "lei ainda constitucional"; 6.7. Decisões aditivas além da jurisdição constitucional – 7. Bibliografia.

1. O TEMA

O termo "sentenças aditivas" desperta interesse na comunidade jurídica porque representa uma função atípica e diferenciada por parte do Judiciário, notadamente das Cortes Supremas.

As fronteiras existentes entre o legislar e o julgar não são rígidas, ao contrário, são redesenhadas consoante as necessidades fático-históricas. Dogmas seculares vêm sendo reconfigurados, como a separação de poderes.

A averiguação dos limites dessa atividade a cargo dos Tribunais Constitucionais é necessária para que melhor se compreenda a própria jurisdição constitucional em seus novos contornos no panorama mundial.

O tema é denso, mas o presente trabalho tem por escopo apresentá-lo em suas nuances fundamentais e demonstrar o impacto das "novas" atuações das Cortes Supremas na vida dos cidadãos, destinatários primeiros dos questionamentos formulados. Por isso, serão analisados alguns "cases" reputados fundamentais à compreensão do tema.

2. O EXERCÍCIO DA ATIVIDADE INTERPRETATIVA DAS CORTES CONSTITUCIONAIS

2.1. Interpretação e ativismo judicial

As Cortes Constitucionais têm papel fundamental na interpretação das normas jurídicas. O precípuo é verificar a parametricidade das normas com a Constituição, o que fazem principalmente via manejo do controle de constitucionalidade.

No mister da atividade interpretativa, pode haver a criação de uma norma, o que se convencionou chamar de *ativismo judicial* – uma das nuances do termo, o que tem sido objeto de críticas frequentes:

> No âmbito da jurisdição constitucional, o exercício dessa criatividade, a rigor, não conhece limites, não só porque as cortes constitucionais estão situadas fora e acima da tradicional tripartição dos poderes estatais, mas também porque a sua atividade interpretativa desenvolve-se quase exclusivamente sobre enunciados abertos, polissêmicos e indeterminados, como são os preceitos que veiculam a chamada matéria constitucional.
>
> Intérpretes finais da Constituição e juízes últimos de sua própria autoridade, esses tribunais – aliás com ampla aceitação nas sociedades democráticas – acabaram virando legislaturas sem mandato e, por isso, batizadas criticamente pelos seus adversários com expressões do tipo quarto poder, gabinete na sombra, variante do poder legislativo, legislador complementar, parlamento de notáveis, legislador positivo, juiz soberano, contracapitão, instância suprema de revisão ou, ainda, constituinte de plantão.[1]

Ocorre que há justificativa para essa atividade criadora porque à "luz da experiência jurídica, verificamos que isso ocorre em razão das mudanças que se operam, continuamente, no prisma histórico-social de aplicação do direito, exigindo soluções novas e imediatas que não podem aguardar as sempre demoradas decisões legislativas".[2]

---

[1] SIMON, Helmut. La jurisdicción constitucional. In: BENDA, Ernesto et al. *Manual de derecho constitucional*. p. 838. In: COELHO, Inocêncio Mártires. *Interpretação constitucional*. 3. ed. São Paulo: Saraiva, 2007. p. 20.

[2] REALE, Miguel. Gênese e vida dos modelos jurídicos – problemas de semântica jurídica. *O direito como experiência*. p. 209-218. In: COELHO, Inocêncio Mártires. *Interpretação constitucional* cit., p. 21.

2.2. Ativismo judicial

2.2.1. O ativismo judicial e os "Estados" deficitários

A História se encarrega de desenhar Estados e fronteiras. A derrocada dos grandes impérios, como o romano, e a consequente formação dos feudos traçaram a linha evolutiva entre a Idade Antiga e a Idade Média.

Os senhores feudais passaram a perder poder, paulatinamente, para a Igreja e para os reis, que monopolizaram as funções de administrar, legislar e julgar.

A tripartição dos poderes, já idealizada por Platão e Aristóteles e aperfeiçoada por Montesquieu, tornou-se realidade porque a concentração de poderes nas mãos de uma pessoa levou ao despotismo.

A partir do momento que a Revolução Francesa se encarregou de derrubar grande parte das monarquias europeias, desenhou-se um cenário de repartição de poderes, mais ou menos como o conhecemos hoje.

Forjaram-se concepções de Estado com a finalidade de desenhar suas atribuições e regular a vida do cidadão. Dentre elas, as mais importantes foram a do Estado Liberal e a do Estado Social. A primeira é assim chamada em alusão ao Liberalismo de Adam Smith e pregava a participação minimalista do Estado. A grande preocupação era com a liberdade. Nasce a primeira dimensão de direitos humanos: direito à liberdade religiosa, de manifestação, de expressão, ao voto, direitos processuais, dentre outros.

A quadra histórica era a da Revolução Industrial. Como concepção estatal, o Estado Liberal, apesar de firmar os direitos da liberdade, ruiu porque produziu miséria, grandes aglomerações de trabalhadores em centros urbanos sem qualquer assistência. A forte inação estatal deixava o cidadão refém da miséria, do capitalismo agressivo e da produção em massa – trabalhadores órfãos dos mínimos direitos.

Advém o Estado Social (Bem-Estar Social) para dar maior proteção ao cidadão, relegado, até então, ao segundo plano. No plano supranacional são exemplos a Constituição de Weimar (1919), russa (1918) e mexicana (1917).

Desse modo, à primeira dimensão de direitos humanos acresceram-se os de segunda dimensão – os direitos sociais –, chamados de prestacionais ou positivos, porque dependem da atuação estatal para sua efetivação. Buscou-se garantir os direitos sociais como educação, saúde, trabalhistas e previdência social.

A concepção do Estado Social também não vingou porque as promessas não saíram do papel. É necessário positivá-las, mesmo porque continuam insertas em Cartas que se sucedem na História: é muita positivação para pouca concretização. É a situação brasileira atual.

No plano interno, a Constituição de 1988 é emblemática quanto ao tema proposto. Escrita após um período ditatorial, buscou garantir inúmeros direitos e foi essencialmente descritiva e progressivamente analítica. Direitos sem lastro orçamentário ou mesmo a preocupação de que se necessita de dinheiro para positivá-los passaram a promessas, em face da impossibilidade orçamentária.[3] Muitos direitos e pouco dinheiro não combinam, daí a expressão de Flávio Galdino, ao abordar acerca da Teoria Econômica do Direito, segundo a qual "direitos não nascem em árvores".[4]

Além do mais, mudou-se o eixo das questões debatidas. Para além dos direitos tradicionais – à saúde, à educação, à segurança, à moradia, acresceram-se outros como à união homoafetiva, ao manejo de células tronco, *v.g.*, que são novas modalidades que estão cotidianamente no cenário do Judiciário. Pode-se dizer que houve um novo viés de questões a serem discutidas.

No Brasil, o Legislativo teve diminuída a importância de sua atividade capital e passou a ser mais referendário, financeiro e fiscalizador. O naco perdido da atividade legislativa foi abocanhado pelo Executivo, principalmente via medidas provisórias e pelo Judiciário, canalizador das demandas sociais não resolvidas pelo Poder Legislativo.

Neste contexto, exponencializou-se o ativismo judicial e a denominada "judicialização da política",[5] expressão que retrata intervenção do Poder Judiciário em tarefas legadas aos outros poderes – principalmente com a missão da concretização dos direitos constitucionais fundamentais.

2.2.2. Ativismo judicial

A expansão do protagonismo político dos tribunais nas democracias contemporâneas constitui um fenômeno característico deste início de século, não só no Brasil, mas em diversos países do mundo.

O termo ativismo judicial é utilizado sob uma perspectiva crítica de uma "nova atuação" do Judiciário. A certidão de nascimento do termo foi um artigo publicado na revista norte-americana Fortune, intitulado *"The Supreme Court:*

---

[3] BOCZAR, Sonia. Sentenças modulatórias: manipulação dos efeitos das decisões do Supremo Tribunal Federal e as sentenças aditivas. *Revista dos Tribunais*, São Paulo: RT, ano 99, v. 897, jun. 2010, p. 1-800, p. 49-50, p. 49.

[4] GALDINO, Flávio. *Introdução à teoria dos custos dos direitos* – direitos não nascem em árvores. Rio de Janeiro: Lumen Juris, 2005.

[5] "A judicialização, no contexto brasileiro, é um fato, uma circunstância que decorre do modelo constitucional que se adotou, e não um exercício deliberado de vontade política. Em todos os casos referidos acima, o Judiciário decidiu porque era o que lhe cabia fazer, sem alternativa. Se uma norma constitucional permite que dela se deduza uma pretensão subjetiva ou objetiva, ao juiz cabe dela conhecer, decidindo a matéria" (BARROSO, Luís Roberto. Judicialização, ativismo judicial e legitimidade democrática. p. 241-254. In: SILVA, Oliveira Peter da; CARNEIRO, Gustavo Ferraz Sales (Coord.). *Controle de constitucionalidade e direitos fundamentais, estudos em homenagem ao professor Gilmar Mendes.* Rio de Janeiro: Lumen Juris, 2010. p. 245).

1947", do jornalista Arthur Schlesinger Jr., no qual este pontuou a atuação dos juízes da Suprema Corte, dividindo-os entre *ativistas judiciais* e tutores *da autolimitação*, identificando, ainda, um grupo de *centro*.[6]

A expressão – *ativismo judicial* – passou a ser utilizada pelos constitucionalistas norte-americanos sob uma perspectiva crítica, direcionada aos juízes que julgavam em desconformidade com a corrente dominante.

No Brasil, ao mencionar ativismo judicial, referimos à ultrapassagem das linhas demarcatórias da função jurisdicional, quer em detrimento do Legislativo, quer do próprio Executivo. Em circunstâncias delimitadas, é normal e admissível o manejo do exercício da função jurisdicional pelo Judiciário, mas o excesso repercute no núcleo essencial dos outros poderes.[7]

O ativismo judicial,está conectado

a uma participação mais ampla e intensa do Judiciário na concretização dos valores e fins constitucionais, com maior interferência no espaço de atuação dos outros poderes. A postura ativista se manifesta por meio de diferentes condutas, que incluem: (i) a aplicação direta da Constituição a situações não expressamente contempladas em seu texto e independentemente de manifestação do legislador ordinário; (ii) declaração de inconstitucionalidade de atos normativos emanados do legislador, com base em critérios menos rígidos que os de patente e ostensiva violação da Constituição; e (iii) a imposição de condutas ou de abstenções ao Poder Público, notadamente em matéria de políticas públicas.[8]

3. A RECONSTRUÇÃO DO DOGMA DA SEPARAÇÃO "ABSOLUTA" DOS PODERES

A separação dos poderes é construção antiga. Platão, ainda que em uma concepção incipiente, já idealizava a separação das funções estatais nas cidades -estados gregas.

Aristóteles, na obra *A Política*, concebia a concepção tripartida, contudo não com a característica da *independência entre si*, mas como "atividades de governo".[9]

---

[6] VALLE, Vanice Regina Lírio do (Org.). *Ativismo jurisdicional e o Supremo Tribunal Federal*: Laboratório de Análise Jurisprudencial do STF. Curitiba: Juruá, 2009. p. 18-19.

[7] RAMOS, Elival da Silva. *Ativismo judicial, parâmetros dogmáticos*. São Paulo: Saraiva, 2010. p. 16.

[8] BARROSO, Luís Roberto. *Judicialização, ativismo judicial e legitimidade democrática*. p. 241-254. In: SILVA, Oliveira Peter da; CARNEIRO, Gustavo Ferraz Sales (Coord.). *Controle de constitucionalidade e direitos fundamentais, estudos em homenagem ao professor Gilmar Mendes* cit., p. 245-246.

[9] TEMER, Michel. *Elementos de direito constitucional*. 10. ed. São Paulo: Malheiros, 1993. p. 113. PELEJA JÚNIOR, Antônio Veloso. *Conselho Nacional de Justiça e a Magistratura brasileira*. 2. ed. Curitiba: Juruá.

De acordo com John Locke, a separação das funções estatais era inconteste, mas sob a proeminência do Legislativo.[10]

A concepção da separação dos poderes – Executivo, Legislativo e Judiciário –, com funções preponderantes, foi delineada por Montesquieu na obra *O Espírito das Leis*.

Destaca-se que o poder é uno. As funções é que são tripartidas. Além do mais, menciona-se em exercício preponderante da função, no sentido de que os poderes do Estado exercem também, em menor escala, as funções destinadas aos outros.

Tal elaboração está ultrapassada em face das atuais exigências. Isso porque, no cenário mundial, exige-se cada vez mais do Poder Judiciário, o que impõe a necessidade de mudança de paradigmas. Um juiz menos isolado e mais proativo era necessário para garantir os direitos gravados nas Cartas Magnas. Estruturas como a separação dos poderes, a inércia, a imparcialidade absoluta e o dogma do legislador negativo necessitaram ser revisitados, sob pena de se terem direitos de fachada e um Judiciário fantoche, todos meramente formais, justificados como meras figuras emblemáticas. O dogma do "legislador negativo" de Kelsen, nesse contexto, também ficou ultrapassado.

> Desde o fim do século passado, reconheceu-se que estava ultrapassado o princípio da separação rígida de poderes e tanto os tribunais como a doutrina foram admitindo, progressivamente, que os textos legais deviam sofrer o tratamento construtivo do magistrado, cabendo-lhe a difícil tarefa de adaptar as normas e os princípios às novas condições fáticas não previstas inicialmente pelo legislador.[11]

A situação retratada é a mesma do Brasil pós-constituição de 1988. No âmbito interno, a Justiça constitucional exponencializou-se e sofreu uma mutação qualificativa, com forte influência do direito americano, italiano e tedesco: surgiram institutos para fazer face à missão de concretização dos valores, princípios e direitos das Cartas constitucionais.

Embora não seja adequado mencionar um *governo de juízes*, a evolução da sociedade ditou ao Judiciário a necessária implementação de novas técnicas aptas a resolver novos conflitos.[12]

---

[10] Segundo Locke, as funções estatais eram entregues a órgãos independentes, mas com preponderância do Poder Legislativo. Segundo ele, são órgãos estatais: a) *Poder Federativo*, ao qual cabia tudo o que dissesse respeito às relações exteriores do Estado; b) *Poder Legislativo*, editor de leis com o principal objetivo de especificar a forma pela qual o Estado protegeria seus integrantes; c) *Poder Executivo*, que executava o disposto na lei, no interior do Estado (TEMER, Michel. *Elementos de direito constitucional* cit., p. 113-114).

[11] WALD, Arnold. O novo Supremo Tribunal Federal. p. 40. In: SILVA, Christine Oliveira Peter da; CARNEIRO, Gustavo Ferraz Sales (Coord.). *Controle de constitucionalidade e direitos fundamentais, estudos em homenagem ao professor Gilmar Mendes* cit. Rio de Janeiro: Lumen Juris, 2010.

[12] Idem, p. 41.

Cap. 5 – AS SENTENÇAS ADITIVAS NA JURISDIÇÃO CONSTITUCIONAL

A carência de normas em assuntos relevantes, que gera um vácuo normativo muitas vezes em decorrência de uma omissão pretendida pelo legislador, traz premente a necessidade de reconfiguração do dogma tradicional da "separação dos poderes".

A explicação histórica é que no passado recente havia a possibilidade de o legislador prever grande parte das situações que ocorreriam na vida real. O que faltasse poderia ser colmatado pelos métodos tradicionais de interpretação (lógico, gramatical, sistemático e histórico). Isso explica a contundência dos grandes Códigos Napoleônico (civil) e o Civil Alemão. No Brasil foi o caso de nossos Códigos Civil e Comercial.

Contudo, a "aceleração do ritmo" da História trouxe a mudança do viés para que o juiz resolvesse questões que transbordassem os limites positivados nos textos legais, de maneira que aos poucos o magistrado foi obrigado a sair de sua mera função de aplicador do direito e intérprete dos textos legais.[13]

Com efeito, não se pode dizer que a separação, nos moldes tradicionais, tem vigência. Ora, a hiperinflação de medidas provisórias é um claro sinal disso. A súmula vinculante, as técnicas de interpretação conforme e as sentenças modulatórias (aditivas) são outros exemplos. O Judiciário vem assumindo papel de destaque via jurisdição constitucional.

Por tal motivo, as fronteiras caracterizadoras da separação dos poderes têm sido cada vez mais maleáveis, não por uma afronta direta e desejada, mas por uma imposição do quadro histórico atual, que exige uma pronta intervenção do Judiciário em casos órfãos de legislação, cujo *status quo* representa claro ferimento aos direitos fundamentais do cidadão.

Ao analisar a criação jurisprudencial do direito, Lenio Streck pondera que "a morte tradicional da tese da separação de poderes implica, a toda evidência, o abandono da tese do juiz como o 'exegeta-boca-da-lei' e dos tribunais constitucionais como legisladores negativos".[14]

4. A SUPERAÇÃO DO DOGMA DO "LEGISLADOR NEGATIVO"

O nascimento da justiça constitucional como legislador especializado remonta à Kelsen, que, em 1920, qualificou o controle de constitucionalidade como legislação negativa. Segundo ele, a Corte Constitucional, como Guardiã da Constituição, atua como *legislador negativo*, retirando do cenário jurídico normas que não se coadunam com a Lei Maior, numa escala piramidal.

---

[13] Idem.

[14] STRECK, Lenio Luiz. *Jurisdição constitucional e hermenêutica*. 2. ed. Rio de Janeiro: Forense, 2004. p. 596-597.

Um Tribunal ou Corte Constitucional com competência para abolir leis – de modo individual ou geral – funciona como legislador negativo.[15]

O mestre de Viena centrava-se na dicotomia produção da norma (elaboração) e anulação das leis. O legislador produz a norma e a Corte Constitucional elimina aquelas inconstitucionais, ou seja, em sentido inverso à produção jurídica legislativa.

Entretanto, não se pode dizer que Kelsen tinha primazia sobre a ideia porque ela não foi formulada originalmente por ele. Jeremy Bentham, em 1776, no trabalho *A fragment of government*, já havia desenhado a concepção, embora afastando do Judiciário o poder de "rejeitar leis":

> No calor do debate talvez devam ser ditas algumas coisas sobre a proposta de transferir a suprema autoridade do Poder Legislativo para o Judiciário. Mas nesse caso cairíamos no exagero oposto. Pois há grande diferença entre a parte positiva e a parte negativa da legislação. Há também grande diferença entre a rejeição justificada de uma lei e sua rejeição sem justificativa. O poder de rejeitar leis mesmo com justificativa é um grande poder, muito grande para juízes. Mas é muito diferente e muito inferior ao poder de criar leis.[16]

O "ovo de Colombo" de Kelsen foi justamente utilizar o dogma do legislador negativo como fator limitador da atuação do Judiciário: não pode ultrapassar tal fronteira sob pena de ferir a separação de poderes, daí a qualificação de "legislador negativo".

Deixa-se claro que, na concepção de Kelsen, a revogação de uma norma fazia parte da atividade legislativa ante o estabelecimento de uma nova norma, geral e abstrata, contrária à anterior revogada.[17]

O legislador negativo não mais se sustenta em face das atuais exigências. De acordo com tal concepção, a função do Judiciário é tão somente extirpar do mundo jurídico as normas inconstitucionais. Daí por que funciona como um "legislador às avessas", deconstruindo as normas: um iconoclasta das normas que reputa inconstitucionais.

O mundo em transformação não mais admite um Judiciário estático, ultrapassado e obsoleto. A redemocratização e o novo papel do Judiciário redesenhado

---

[15] SAMPAIO, José Adércio Leite. *Hermenêutica e jurisdição constitucional*. Belo Horizonte: Del Rey, 2001. p. 161.

[16] BENTHAM, Jeremy. *A fragment of Government*. London: Payne, 1776. In: DIMOULIS, Dimitri; LUNARDI, Soraya Gasparetto; TAVARES, André Ramos. O "legislador negativo" no controle judicial de constitucionalidade: reflexões sobre a inaptidão teórica. *Revista Brasileira de Estudos Constitucionais – RBEC*, ano 4, n. 15, jul.-set. 2010, p. 161-181, Belo Horizonte, p. 168.

[17] Idem, p. 168.

pós-Constituição de 1988 exigiram uma reestruturação de normas, tecnologias (obsoletas), equipamentos e, principalmente, cabeças.

A multiplicidade de direitos, a escassez de orçamentos e as ações movidas contra o Poder Público forçaram o Judiciário ao ingresso em seara alheia, em função atípica: antes de forma contida e tímida, fortaleceu-se em progressão geométrica o ativismo judicial, que passou a ser o assunto do dia na pauta dos operadores do direito.

Nasceram novos termos: interpretação conforme, nulidade parcial sem redução de texto, ativismo judicial, *amicus curiae*, "overruling", enfim, exponencializou-se o papel da Corte Suprema.

Desse modo, a realidade impôs a reconstrução de conceitos e a superação de outros.

No cenário atual, não se lutam guerras com mosquetões ou aviões da Primeira Grande Guerra, mas com máquinas de avançada tecnologia. No Direito, a situação é a mesma e a evolução deve ser constante.

É necessário mergulhar o Judiciário-Aquiles nas águas do Estige, como o fez Tétis, para adequá-lo ao cenário atual e muni-lo de poderes aptos a fazer face às grandes exigências atuais: de concretização de direitos, de melhor atuação estatal, de garantia dos direitos das minorias ante as maiorias.

Não se pode esquecer, todavia, que assim como Aquiles tem o seu ponto vulnerável – o calcanhar, pelo qual Tétis o segurava, não foi imerso – o Judiciário deve se precaver com os seus: alegações de usurpação de poderes, uso desmedido do ativismo, juízos de conveniência e oportunidade, desrespeito à vontade do legislador quando esta é razoável e vai ao encontro da vontade da maioria, ataques dos outros Poderes em face das novas funções exercidos por decorrência do constitucionalismo moderno.

O juiz liberal deve ceder espaço ao juiz concretizador da vontade constitucional. O mito de Kelsen, tão adequado à situação fático-histórica do período, deve abrir passagem ao legislador positivo. Contudo, mesmo neste caso, há de haver limites e ponderações, para que não haja a usurpação de poderes.

A reconfiguração de institutos seculares não pode ser revolucionária. Institutos não podem ser guilhotinados como na Revolução Francesa para a ascensão de uma nova ordem, mas readequados ao sabor da necessidade exteriorizada pelo tempo, discussões e experiências necessárias. Ela tem de ser pensada e repensada. Os operadores devem ter a qualificação que se exige a tal tarefa reconstrutiva, sob pena de pecar pelo excesso e tornar o remédio em veneno.

É necessário boa compreensão das novas técnicas, porque não se trata de uma atuação totalmente livre na seara da justiça constitucional, transformando-se o jurídico em política:

É preciso assimilar esta premissa para bem compreender essas técnicas, sem que isto importe em reconhecer uma área de atuação totalmente livre para a Justiça Constitucional, quer dizer, ainda que se pretenda falar de "legislador positivo", não se deve pretender, com isso, tomar a função como exclusivamente política, de mero juízo de conveniência e oportunidade nas decisões assim proferidas.[18]

5. O STF COMO LEGISLADOR POSITIVO

O Supremo Tribunal Federal de há pouco pontuava a sua atuação como legislador negativo, sob o argumento de que o controle da constitucionalidade não atribui ao Poder Judiciário funções de legislador positivo. Destacavam-se as seguintes premissas: sua função é meramente a de preservar a integridade jurídica da ordem constitucional vigente; a ação direta é um instrumento formal viabilizador do controle abstrato na defesa objetiva da Constituição e de preservação da ordem normativa nela consubstanciada; a atuação no controle abstrato significava sua atuação como verdadeiro legislador negativo.[19]

Um dos pontos fundamentais destacados pelos originalistas, ou pelos cultores da teoria declaratória, é o de que ao STF falta legitimidade para praticar a atividade legislativa, reservada aos que exercem cargos eletivos – escolhidos como verdadeiros representantes do povo.[20]

A função do STF é criativa, mas condicionada à existência do vácuo deixado pelo Legislativo, causador de chagas aos direitos constitucionais. Em casos difíceis ("hard cases") o legislador se abstém de julgar, como, *v.g.*, no caso da greve dos servidores públicos, no caso Mira Estrela, na fidelidade partidária, no aborto de anencéfalos e no reconhecimento de união estável de homossexuais. Nessas situações, o Judiciário, e com mais proeminência a Suprema Corte, é chamado a se manifestar e tem de fazê-lo, sob pena do *non liquet*. Ao contrário da Corte norte-americana, que pode se abster de julgar quando entende que a sociedade ainda não está amadurecida para a decisão, a nossa é obrigada a decidir.

Vanice Regina Lírio do Vale nomina de *entrincheiramento constitucional de direitos* a utilização da estratégia de transferência de poderes, por parte do Legislativo e do Executivo, ao Judiciário, indiretamente, para a resolução de temas controvertidos que, se analisados por eles, reduziriam seus bônus eleitorais ou políticos.

---

[18] TAVARES, André Ramos. A inconsistência do Tribunal Constitucional como "legislador negativo" em face de técnicas avançadas de decisão da Justiça Constitucional. *Revista Brasileira de Estudos Constitucionais – RBEC*, ano 4, n. 15, jul.-set., p. 117-130, 2010, Belo Horizonte, p. 120.

[19] Recurso Extraordinário 370.590/RJ, j. 21/09/2005.

[20] MARTINS, Ricardo Muciato. A atuação do Supremo Tribunal Federal no controle de constitucionalidade como legislador positivo e o princípio da proporcionalidade. *Revista Ciências Jurídicas e Sociais da Unipar*, v. 11, n. 1, p. 25-44, jan.-jun. 2008, p. 25.

Cap. 5 – AS SENTENÇAS ADITIVAS NA JURISDIÇÃO CONSTITUCIONAL

Segundo tal concepção, os ônus eleitorais justificam situações de letargia em questões sociais polêmicas, em alguns casos de até vinte anos, como o direito de greve dos servidores públicos, recentemente "regulamentado" pelo STF, a reforma política, dentre outros já citados.

Mas há outro paradoxal aspecto que impulsionou uma maior atuação da Corte Suprema. Principalmente após a segunda geração dos direitos fundamentais, a exigência social se dimensionou exigindo, em contrapartida, um aumento da produção legislativa. Legislativo e Executivo – este via medidas provisórias utilizadas de forma distorcida e exagerada, como uma panaceia para todos os males – se revezam em tal atividade.

Por consequência, a *hipertrofia legiferante*, a par de não resolver os problemas de nossa sociedade, acaba por sobrecarregar a atuação da Corte Constitucional, porque torna-se frequente o número de diplomas eivados de inconstitucionalidade, e não menos frequente o acesso à Corte Excelsa, tanto na via abstrata quanto na via difusa.

Acrescem-se os conceitos indeterminados e a excessiva imprecisão impregnada no texto da Constituição que eleva sobremaneira "o grau de liberdade e de criatividade dos órgãos incumbidos de fazer cumprir seus ditames".[21]

É certo, todavia, que a expansão da jurisdição constitucional para outras áreas a fortalece.

A situação contraposta à hipertrofia legislativa, a *anomia*, ocasiona esvaziamento da própria Lei Maior, possibilitando uma ausência de efeitos jurídicos, um vazio normativo, e também propicia, consoante HÄBERLE, a invasão da esfera de atuação do Poder Legislativo.

> A expansão institucional da jurisdição constitucional e a sua consequente politização são realidades incontestáveis dos sistemas políticos atuais. A autoridade de suas decisões perante os demais poderes e a sociedade atrai por essa razão, a apreensão de organizações não governamentais, partidos políticos, sindicatos e especialistas no sentido de tomarem parte nos processos que ocorrem perante os órgãos de jurisdição constitucional. O direito processual adotado vem, assim, admitindo cada vez mais a participação dos atores sociais e políticos dos mais diversos matizes nas questões suscitadas em sede de controle de constitucionalidade. Aos poucos, constrói-se um ambiente de legitimação política de algum modo semelhante ao processo legislativo. Politizam-se as práticas e os procedimentos. A abertura do processo constitucional atual é, segundo Häberle, exatamente onde o Parlamento falhou.[22]

---

[21] LEAL, Roger Stiefelmann. *O efeito vinculante na jurisdição constitucional*. São Paulo: Saraiva, 2006. p. 78-79.

[22] Idem, p. 100-101.

Em face de tal situação, atua a Corte Constitucional na função supressora da lacuna normativa com o fito de ceifar a inconstitucionalidade. Ela é praticamente impulsionada a isso pela inação dos poderes Legislativo e Executivo e pela provocação via controle difuso ou concentrado. Ademais, a derradeira possibilidade de o cidadão ver a proteção efetiva dos seus direitos é via a atuação do Judiciário, o último bastião do cidadão.

6. AS SENTENÇAS ADITIVAS NA JURISDIÇÃO CONSTITUCIONAL

6.1. Introdução

Os "efeitos colaterais" das decisões de inconstitucionalidade, oriundos da nulidade *in totum* dos atos impugnados, inspirou a criação das sentenças manipulativas.

É paradoxal porque o próprio dogma do juiz legislador negativo (Kelsen) – que impunha a tarefa das Cortes Constitucionais de retirar do ordenamento jurídico normas que não guardassem parametricidade com a Constituição – forçou, devido aos seus efeitos, muitas vezes nocivos à ordem jurídica, a atuação mais proativa da jurisdição constitucional, via técnicas que se foram aprimorando ao longo dos anos, notadamente na matriz europeia.

O princípio do aproveitamento dos atos aliado às exigências de proporcionalidade instigou os Tribunais Constitucionais a utilizarem um programa interpretativo criativo, com o fito de salvar a disposição normativa objeto da impugnação e a reduzir o espectro da inconstitucionalidade.[23]

6.2. Classificação das sentenças modificativas ou manipulativas (ou de caráter intermédio) no direito italiano

As sentenças modificativas são o gênero da qual as aditivas são espécies.

No direito italiano, as sentenças modificativas ou manipulativas (ou de caráter intermédio) se distinguem em:

- *sentenças exortativas* (*sentenze comandamento*): são aquelas nas quais há a declaração da inconstitucionalidade da lei impugnada, mas a lei mantém sua eficácia enquanto o texto inconstitucional não for alterado pelo legislador;

- *sentenças interpretativas* (*sentenze interpretative*): nas quais a Corte Constitucional não reforma o texto da lei, mas declara nulas as interpretações que não guardam conformidade com a Constituição;

---

[23] MORAIS, Carlos Blanco de. *Justiça constitucional*: o contencioso constitucional português entre o modelo misto e a tentação do sistema de reenvio. Coimbra: Ed. Coimbra, 2005. p. 22-24.

Cap. 5 – AS SENTENÇAS ADITIVAS NA JURISDIÇÃO CONSTITUCIONAL

- *sentenças aditivas* (*sentenze additive*): a omissão parcial do legislador ocasiona uma inconstitucionalidade, que é reparada pela atuação da Corte (para evitar a inconstitucionalidade total), que supre a omissão e cria regras para garantir a adequação da norma à Constituição.

Na decisão aditiva há uma disposição e uma omissão, a qual é colmatada via dispositivo criado pela sentença legislativa. Já na decisão substitutiva, a Corte não se limita a censurar uma omissão e, por consequência, estender uma norma preexistente, mas, antes disso, cria uma norma em substituição a outra inconstitucional. Assim, as decisões manipulativas

> São as decisões com as quais a Corte declara a ilegitimidade duma disposição legislativa "na parte em que prevê X ao invés de Y". Com aquelas a Corte "substitui" uma locução da disposição, incompatível com a Constituição, com outra, constitucionalmente correta;[24]

- *sentenças substitutivas* (*sentenze sostitutive*): são aquelas proferidas nos casos em que a declaração de inconstitucionalidade cria um vácuo legislativo que se torna uma ameaça à segurança jurídica. Para evitar tal situação a Corte pode: manter temporariamente a lei impugnada em vigor até o momento apropriado para suprimi-la ou, alternativamente, criar a regra que supera o vácuo legislativo deixado pela norma afastada, até que o Legislativo edite novo dispositivo.[25]

No plano interno, exemplo do primeiro caso é o da "lei ainda constitucional", retratado no julgamento do HC 70.514 (23.03.1994), consoante adiante se verá.[26]

6.3. Sentenças aditivas (espécies de manipuladoras ou modulatórias)

6.3.1. Origem

As sentenças aditivas são originárias do direito italiano e do alemão. É uma técnica interpretativa utilizada pelas principais Cortes Constitucionais europeias.

---

[24] BIN, Roberto; PITRUZZELA, Giovanni. *Diritto costituzionale*. 2002. p. 425. NOBRE JUNIOR, Edilson Pereira. *Jurisdição constitucional*. 1. ed. Curitiba: Juruá, 2010. p. 105 e ss.

[25] BONSAGLIA, Alexandre Antonucci. *Sentenças aditivas na jurisprudência do Supremo Tribunal Federal*. Monografia apresentada à banca examinadora da Sociedade Brasileira de Direito Público (SBPDP). São Paulo, 2010. p. 18.

[26] MENDES, Gilmar Ferreira; COELHO, Inocêncio Mártires; BRANCO, Paulo Gustavo Gonet. *Curso de direito constitucional*. São Paulo: Saraiva, 2009. IDP – Instituto Brasiliense de Direito Público. p. 1194.

Ante a total exclusão da norma inconstitucional, via modelo de Kelsen, e seus inconvenientes, razões de segurança jurídica prevalecem para que se possam resguardar os efeitos póstumos e, se necessário, os efeitos futuros da norma inconstitucional, principalmente se se tratar de normas que regulam situações de trato sucessivo.

Em face da necessidade de preservação da coisa julgada de outras situações já estáveis e consolidadas, passou-se a avultar de importância o problema da modelação constitutiva dos efeitos temporais da declaração de inconstitucionalidade, "centrado predominantemente na restrição à eficácia retroactiva da declaração e mais circunscrita e controversamente, no deferimento dessa eficácia para o futuro".[27]

Contra a lógica da adaga das sentenças de inconstitucionalidade tradicionais, que a tudo decepavam em face da inconstitucionalidade total, passou a florescer um "raciocínio favorável à redutibilidade do preceito afectado pela inconstitucionalidade".[28]

O Tribunal Constitucional não se contenta em sancionar a inconstitucionalidade e a esperar uma incerta reparação de um legislador lento, mas objetiva, mesmo perante o princípio do aproveitamento dos atos, não apenas declarar a inconstitucionalidade, mas consertá-la mediante a prolação de uma sentença (decisão) aditiva.[29]

Tal situação, de ordinário, ocorre quando se objetiva censurar silêncios inconstitucionais do *decisor normativo* que cria desigualdades intoleráveis ou quando se objetiva eliminar "certas onerações inadmissíveis e desproporcionais a direitos e garantias fundamentais".[30]

Às clássicas funções de valoração, pacificação e ordenação acresce-se a função de reparação ou de restauração corretiva da ordem jurídica afetada pela decisão de inconstitucionalidade.[31]

Desse modo, as sentenças aditivas nasceram da necessidade de dar respostas ou fixar critérios de preenchimento de omissões relativas ou de lacunas geradas pela própria decisão de inconstitucionalidade.

---

[27] MORAIS, Carlos Blanco de (Coord.). *As sentenças com efeitos aditivos*. As sentenças intermédias da justiça constitucional. Estudos luso-brasileiros de direito público. Autores Diversos. Lisboa: AAFDL, 2009. p. 22.

[28] "Redutibilidade, não apenas traduzida na inconstitucionalidade parcial quantitativa (que supõe a eliminação de uma parcela de disposição que contém uma norma ou um fragmento de norma), mas, fundamentalmente, na realização de operações interpretativas das quais decorra a redutibilidade das opções normativas que emanam do enunciado". MORAIS, Carlos Blanco de (Coord.). *As sentenças com efeitos aditivos* cit., p. 24-25.

[29] Idem, p. 25.

[30] Ibidem.

[31] MORAIS, Carlos Blanco de. *Justiça constitucional* cit., p. 26.

São dois os aspectos: (a) vácuo gerado pela decisão inconstitucional e (b) silêncio omissivo referente à inclusão no mesmo regime, de outra categoria de pessoas situadas em situações iguais ou idênticas.

6.3.2. Nomenclatura e compreensão do termo

A nomenclatura e o conceito de sentenças aditivas variam.

De ordinário, no Brasil, quando se menciona *sentença aditiva*, a ideia que vem à mente é uma sentença que acresce, que cria, em nítida atividade legislativa que se dá, de ordinário, na interpretação conforme.

As sentenças aditivas, entretanto, não se esgotam em tal classificação. Ademais, o termo é polissêmico e as espécies de sentenças aditivas são várias. À guisa de exemplificação, Jorge Pereira da Silva distingue as (a) *sentenças aditivas* como aquelas sentenças de acolhimento que contêm uma parte ablativa e outra parte reconstrutiva, das (b) *sentenças interpretativas de efeito aditivo*, que são decisões de rejeição que contêm uma interpretação conforme à Constituição e, finalmente, as (c) sentenças de mero efeito aditivo, que são as sentenças demolitórias.[32]

Assim, as sentenças aditivas não se esgotam nas *sentenças aditivas em sentido estrito*.

Os italianos a chamam de manipuladoras. Os portugueses excluem as redutivas e chamam as duas restantes de modificativas ou aditivas. No Brasil, é chamada de manipulativa, em consonância com a doutrina italiana, ou mesmo de sentença aditiva – quando acresce, espécie de manipulativa.[33]

6.3.3. Conceito

Sentenças aditivas são aquelas que possuem dois preceitos: um que declara a inconstitucionalidade de uma omissão – dito ablativo – e outro reconstrutivo,

---

[32] SILVA, Jorge Pereira da. *Dever de legislar e protecção jurisdicional contra omissões legislativas.* Lisboa, 2003. p. 122 e ss. MORAIS, Carlos Blanco de (Coord.). *As sentenças com efeitos aditivos* cit., p. 33.

[33] "Aqui, contudo, optou-se pela posição italiana e pela denominação manipulativa, recursando qualquer conotação pejorativa que esse termo possa conter. Como as três sentenças manipulativas não surgem a partir de uma simples operação de escolha entre interpretações alternativas extraídas do texto, apenas podem ser de inconstitucionalidade. É nesse âmbito que se encontra a sentença de inconstitucionalidade parcial sem redução de texto, que reduz o conteúdo normativo complexo do preceito legal, também é conhecida por redutiva ou por inconstitucionalidade parcial qualitativa (é inconstitucional na parte em que... ou enquanto prevê ou inclui algo contrário a...), em contraposição à inconstitucionalidade parcial quantitativa, que reduz o próprio texto do preceito" (BRUST, Leo. A interpretação conforme a Constituição e as sentenças manipulativas. *Revista de Direito GV*, São Paulo, p. 502-507, I, jul.-dez. 2009, p. 509).

pelo qual o Tribunal Constitucional extrai do ordenamento jurídico constitucional uma parcela que restava para dar constitucionalidade ao preceito omisso.

Conforme Carlos Blanco de Morais, sentenças com efeitos aditivos "são decisões positivas de inconstitucionalidade de cujo conteúdo resulte, tanto um juízo de invalidade, como a indicação de uma norma ou de um princípio normativo que assegurem a criação de condições para que o direito que conformou objeto da mesma sentença se compatibilize ou harmonize futuramente com a Constituição".[34]

A seguir, adverte o autor que tal sentença pode coincidir com as sentenças aditivas em sentido próprio, que são aquelas nas quais a norma estende um benefício em relação a certa categoria de pessoas e não a outra que, na verdade, está na mesma situação fática, ocasião em que é estendida a situação benéfica à categoria excluída.[35]

Assim, sentenças aditivas são aquelas nas quais a Corte Constitucional declara a inconstitucionalidade de uma disposição, na parte que não expressa determinada norma, que deveria conter para ser compatível com a Constituição.

De acordo com Jorge Miranda,

Nas decisões aditivas (também chamadas modificativas ou manipulativas) a inconstitucionalidade detectada não reside tanto naquilo que a norma preceitua quanto naquilo que ela não preceitua; ou, por outras palavras, a inconstitucionalidade acha-se na norma na medida em que não contém tudo aquilo que deveria conter para responder aos imperativos da Constituição. E então, o órgão de fiscalização acrescenta (e, acrescentando, modifica) esse elemento que falta.

Uma lei, ao atribuir um direito ou uma vantagem (*v.g.*, uma pensão) ou ao adstringir a um dever ou ônus (*v.g.* uma incompatibilidade), contempla certa categoria de pessoas e não prevê todas as que se encontrem na mesma situação, ou acolhe

---

[34] MORAIS, Carlos Blanco de (Coord.). *As sentenças com efeitos aditivos* cit., p. 34.

[35] "É o exemplo clássico da Lei x que concede abono à família e aos filhos dos casais constituídos em regime matrimonial (categoria y) mas não prevê a extensão do regime aos filhos de casais em regime de união de facto (categoria z), violando o princípio da igualdade, nomeadamente a disposição constitucional que proíbe discriminações entre filhos nascidos dentro ou fora do casamento (repudiando a distinção tradicional entre filhos legítimos e ilegítimos.
A sentença declara a inconstitucionalidade da Lei x *na parte ideal da norma em que esta criou uma discriminação omitindo a categoria z daqui decorrendo que a norma recomposta deve ser interpretada de forma a incluir z para que possa ser tida como constitucional*, podendo essa interpretação operar imediatamente por aplicação do princípio da não discriminação entre filhos, a qual se sedia em norma constitucional preceptiva e exequível por si própria.
Só que, tal como desenvolveremos mais adiante, as sentenças com efeitos aditivos não se esgotam nas '*sentenças aditivas*' *em sentido estrito* acabadas de aludir, pontificando outras espécies de decisões cujos pressupostos e regime são algo diversos mas que produzem, todavia, efeitos simultaneamente ablativos e reconstrutivos" (MORAIS, Carlos Blanco de (Coord.). *As sentenças com efeitos aditivos* cit., p. 34-35).

Cap. 5 – AS SENTENÇAS ADITIVAS NA JURISDIÇÃO CONSTITUCIONAL

diferenciações infundadas. Que fazer: eliminar os preceitos que, qualitativa ou quantitativamente, violem o princípio da igualdade? Ou, pelo contrário, invocando os valores e interesses constitucionais que se projectam nessas situações, restabelecer a igualdade? Decisões aditivas são, em especial, as que adoptam o segundo termo da alternativa.[36]

A sentença aditiva, a um só tempo, declara a inconstitucionalidade parcial de uma norma e faz cessar o silêncio ensurdecedor da desigualdade, colmatando a lacuna criada via sentença aditiva.

A ideia-força que emerge destas sentenças é a de que se trata de decisões que censuram normas parcialmente inconstitucionais, mas que têm a preocupação simultânea de reconstruir, de forma directa, o sentido da "pars sana" da disposição sindicada, orientando-a em conformidade com a Constituição.[37]

A inconstitucionalidade declarada centra-se na parte em que a norma não disse algo, após o que se ingressa um conteúdo normativo via Tribunal Constitucional.

6.3.4. Natureza jurídica

A sentença aditiva é inata à jurisdição constitucional, no controle concentrado e difuso. É subespécie de decisão manipuladora e agrega um *plus* onde só havia vácuo normativo nocivo à planificação constitucional de direitos.[38]

Frisa-se que pode ocorrer quando da interpretação conforme, mas não se esgota em tal modalidade de decisão no controle de normas.

6.3.5. Função e finalidade da sentença aditiva

A função da sentença aditiva é colmatar a norma inconstitucional e sua finalidade é evitar a declaração de inconstitucionalidade e fazer valer o princípio da preservação da Constituição e da presunção de constitucionalidade das normas.

A função de coesão sistemática do arcabouço piramidal normativo realça-se por si só em face dos resultados da sentença normativa integradora.

---

[36] MIRANDA, Jorge. *Manual de direito constitucional*: inconstitucionalidade e garantia da Constituição. Coimbra: Ed. Coimbra, 2008. t. VI, p. 88-89.

[37] MORAIS, Carlos Blanco de. *Justiça constitucional* cit., p. 380-381.

[38] MENDES, Gilmar Ferreira; COELHO, Inocêncio Mártires; BRANCO, Paulo Gustavo Gonet. *Curso de direito constitucional* cit., p. 146.

6.3.6. Componentes da sentença aditiva

As sentenças aditivas são compostas de duas partes: uma componente ablativa e outra reconstrutiva. Pela primeira há a eliminação ou a "desaplicação", em regra parcial, de uma norma jurídica inconstitucional. Já pela parte reconstrutiva, há a identificação de um critério jurídico a ser acrescido na norma para que guarde parametricidade com a Constituição.

Salienta a doutrina portuguesa que, em sede de controle abstrato, a criatividade – parte adjuntiva da sentença – é limitada e "não deve constituir uma norma inovatoriamente criada 'ex nihilo' pelo Tribunal Constitucional".[39]

O que se quer dizer é que não se cria pura e simplesmente como se o julgador fosse o legislador, mas deverá ser um critério de decisão já existente no ordenamento jurídico e que o "tribunal se deve limitar a revelar ou a individualizar no caso 'sub iuditio' através de uma sentença que julga a inconstitucionalidade de um preceito".[40]

Muitos tribunais têm uma atuação bastante comedida quanto ao manejo das sentenças aditivas, como o português, o italiano e o alemão. Entendemos que o limite de atuação do julgador (Corte Constitucional) no manejo da sentença aditiva é evitar a criação de algo novo, mas buscar sempre a concretização de valores constitucionais – princípios, fundamentos – ainda que não sejam expressamente positivados.

6.3.7. Previsão legal

A sentença aditiva não tem previsão legal na legislação nacional. Isso ocorre também em outros países. Como ela é subespécie de decisão manipuladora, e pode se realizar na interpretação conforme, há previsão no art. 28 da Lei 9.868/1999. Entretanto, o referido artigo não se refere expressamente às sentenças manipulativas, o que não impede o seu manejo pelos tribunais.

Na seara da interpretação conforme, deixa claro que o Poder Legislativo aderiu à possibilidade de o Judiciário "exercer uma atividade de adaptação e adição/adjudicação de sentido aos textos legislativos, reconhecendo, ademais, que a função do Poder Judiciário, no plano do controle de constitucionalidade, não mais se reduz – repita-se à clássica concepção de legislador negativo".[41]

6.3.8. A "legitimidade" das sentenças aditivas

A sentença aditiva será aceitável como regra normativa oriunda do Poder Judiciário em sua função atípica quando objetivar à efetivação dos direitos fundamentais e concretização dos princípios-vetores insertos em nossa Carta Maior.

---

[39] MORAIS, Carlos Blanco de (Coord.). *As sentenças com efeitos aditivos* cit., p. 36.
[40] Idem, p. 37.
[41] STRECK, Lenio Luiz. *Jurisdição constitucional e hermenêutica* cit., p. 574.

Cap. 5 – AS SENTENÇAS ADITIVAS NA JURISDIÇÃO CONSTITUCIONAL

Quando tiver por escopo garantir o princípio da igualdade e estender a determinadas pessoas um princípio ou norma constitucional, tal norte restará seguido, o que lhe conferirá uma "legitimidade" no mundo jurídico-normativo.

Parte da doutrina entende que não é dado à Corte Constitucional proferir sentenças manipulativas na espécie aditiva. Isso porque têm as Cortes Constitucionais (STF no Brasil) a função de legislador negativo e não pode "adicionar" sob pena de usurpação de poderes (do Poder Legislativo).[42]

Tal concepção negativa encontra-se extremamente arraigada ao dogma do legislador negativo. Isso se depreende da afirmação de que as Cortes são contralegisladores e não legisladores.

Realmente é um tema árido e de vivas controvérsias, no qual nada é pacífico. Entretanto, em nosso caso, a própria Lei 9.868/1999, ao permitir a interpretação conforme, passa a dar uma "autorização", obviamente dentro dos limites pertinentes – concretização da norma constitucional, *v.g.* –, para que o Judiciário, sempre mais próximo das mutações fáticas inerentes às relações sociais, possa "emendar" uma norma que porventura o fator de *discrimem* não se justifique.

6.3.9. Classificação das sentenças aditivas segundo Carlos Blanco de Morais

Carlos Blanco de Morais traz a seguinte classificação de sentenças aditivas:

a) sentenças de complementação constitucional

Sentenças de complementação constitucional são aquelas nas quais são mais bem explicitados princípios jurídicos e conceitos indeterminados, de critérios

---

[42] "No exercício da sua função de fiscalização da constitucionalidade (ou legalidade), o Tribunal Constitucional só declara (ou não declara) a inconstitucionalidade (ou ilegalidade) da norma em causa, mas não pode substituí-la por outra norma por ele criada. Ele pode declarar nulas as normas submetidas à sua apreciação, mas não pode substituir-se ao poder normativo, decretando ele mesmo as normas que, ao contrário das apreciadas, não seriam inconstitucionais (ou ilegais). Seguramente que, ao declarar a inconstitucionalidade (ou ilegalidade de certa norma), o TC tem de dizer o que a torna inconstitucional (ou ilegal), sendo frequentemente fácil deduzir que normas alternativas é que no entendimento do Tribunal deixaram de ser inconstitucionais (ou ilegais). Mas, sob pena de usurpação de poder e de violação da regra de separação das funções constitucionais, o TC deve abster-se de quaisquer indicações precisas que não sejam necessárias, pela justificação da inconstitucionalidade (ou ilegalidade declarada). A função do TC é uma função de controlo, de caráter essencialmente negativo; cabe-lhe dizer o que é inconstitucional (ou ilegal) ... Ele é um contralegislador e não outro legislador. Problemáticas são também as sentenças manipulativas (aditivas ou substitutivas) em que o TC alarga o âmbito normativo de um preceito, declarando inconstitucional a disposição na parte em que não prevê certas situações que deveria prever ou declara a inconstitucionalidade de uma norma, na parte ou na medida em que contém uma prescrição em vez de outra" (CANOTILHO, J. J. Gomes; MOREIRA, Vital. *Constituição da República portuguesa anotada*. 3. ed. Coimbra: Ed. Coimbra, 1993. p. 1.045).

de decisão com valor constitucional. Elas assumem natureza aditiva em um sentido referencial e não dogmático, já que a sua componente normativa opera de forma diversa das restantes espécies de decisão.[43]

b) Sentenças de acolhimento com efeitos aditivos com caráter próprio

b.1) sentenças demolitórias

São chamadas de *sentenças redutivas com efeitos aditivos*. Eliminam norma inconstitucional que restringe indevidamente um direito ou uma garantia, ou que discrimina um grupo de pessoas no exercício de direitos ou obrigações, expandindo o conteúdo regulatório às situações e pessoas que se lhe encontravam subtraídas.

A componente aditiva não é decorrência de uma "regra adicionada criativamente pelo Tribunal, mas sim uma consequência directa da ampliação automática do âmbito de aplicação de uma norma, como efeito da eliminação do preceito inconstitucional que a restringia ou a excepcionava".[44]

Ela não é uma sentença de natureza necessariamente interpretativa,

> já que a regra de direito que passa a ser aplicada a um grupo de destinatários que dela se encontravam subtraídos não resulta, muitas vezes, de uma operação hermenêutica "criadora' ou "integrativa" do Tribunal Constitucional, mas sim da dilatação lógica do campo aplicativo de uma norma que deixou de estar limitada no seu potencial de alcance.[45]

Seu efeito aditivo é decorrência necessária do efeito ablativo, este sim portador de efeitos *erga omnes*.[46]

Como exemplo, cita-se o Acórdão 962/96, de 11-7, pelo qual o Tribunal Constitucional Português declarou inconstitucionais duas normas na parte em que elas "condicionavam a concessão de assistência judiciária em caso de insuficiência económica a estrangeiros e apátridas aos quais tivessem sido concedido asilo ou estatuto de refugiado".[47]

Desse exemplo infere-se que a ablação de parte da norma teve o condão de ampliar automaticamente o âmbito de aplicação do dispositivo.

---

[43] MORAIS, Carlos Blanco de (Coord.). *As sentenças com efeitos aditivos* cit., p. 37.
[44] Idem, p. 42.
[45] Idem, p. 42-43.
[46] Idem, p. 43.
[47] Idem, p. 44.

b.2) sentenças aditivas em sentido estrito

Sentenças aditivas em sentido estrito são aquelas que, ao julgar a inconstitucionalidade parcial de uma norma, reparam a omissão que causa a invalidade ou "a lacuna criada pela componente ablativa da sentença".[48]

São decisões que "censuram normas parcialmente inconstitucionais mas que têm a preocupação simultânea de reconstruir, de forma directa, o sentido da '*pars sana*' da disposição sindicada, orientando-a em conformidade com a Constituição".[49]

Tal espécie é aquela na qual a tão só demolição não basta, porque há a necessidade de preencher a omissão relativa ocasionada pela ablação (corte) da inconstitucionalidade. Há evidente necessidade de se integrar uma lacuna técnica gerada pelos efeitos ablativos para que se evite prejuízos de ordem grave.[50]

Elas podem classificar-se em:

- *sentenças aditivas de garantias*: são as que julgam e reparam a inconstitucionalidade parcial violadora de situações protegidas, como liberdades e garantias institucionais. Inclui-se um componente decisivo para suprir a vontade restritiva ou omissiva do legislador. Na grande maioria das vezes busca-se a planificação do princípio da igualdade;[51]

- *sentenças aditivas de prestação*: são aquelas nas quais os princípios constitucionais condicionam o exercício de direitos econômicos, sociais e culturais. Nelas, a sentença aditiva, além do reconhecimento do direito

---

[48] MORAIS, Carlos Blanco de. *Justiça constitucional*. Coimbra: Almedina, 2005. t. II. Apud BOCZAR, Sonia. Sentenças modulatórias: manipulação dos efeitos das decisões do Supremo Tribunal Federal e as sentenças aditivas. *Revista dos Tribunais*, São Paulo: RT, ano 99, v. 897, jun. 2010, p. 1-800, p. 49-50, p. 58.

[49] MORAIS, Carlos Blanco de (Coord.). *As sentenças com efeitos aditivos* cit., p. 46.

[50] Idem, p. 47.

[51] "É, por exemplo, na ordem jurídica portuguesa, o caso do Ac. N. 103/87, de 24-3, o qual declara a inconstitucionalidade de um artigo da Lei de Defesa Nacional 'na parte e na medida' em que a mesma restringe o direito de queixa por parte de agentes militares ao Provedor de Justiça, à exclusiva finalidade da tutela dos direitos, liberdades e garantias, em caso de violação ou prejuízo que os afectasse.

O segmento da norma sindicada foi julgado inconstitucional pois vedava outras dimensões desse direito fundamental, nomeadamente aquela que respeitava à faculdade de apresentação de queixa por acções e omissões dos poderes públicos, que o art. 23 da CRP reconhece à generalidade dos cidadãos. Aos referidos agentes passaram a ser aplicáveis, na sua plenitude, as garantias constitucionais previstas sobre essa matéria para todos os cidadãos, constituindo a componente aditiva da sentença uma aplicação directa aos destinatários de uma norma prevista na Constituição e dotada de conteúdo autoaplicativo" (MORAIS, Carlos Blanco de (Coord.). *As sentenças com efeitos aditivos* cit., p. 49).

ou a sua proteção, impõe a realização de uma tarefa a favor de um titular ou a outorga de um benefício patrimonial;[52]

- *sentenças aditivas sem redução de texto*: eliminam determinado *sentido* e não o texto literal, que torna a norma inconstitucional e indica uma regulação que não se encontra na norma;[53]

- *sentenças aditivas com redução de texto*: distinguem-se das primeiras em face do caráter ablativo porque ela decepa não uma norma implícita de conteúdo inconstitucional, mas uma norma ou parcela de uma norma de caráter explícito. Apesar de se assemelharem com as decisões demolitórias de efeitos aditivos porque eliminam uma norma restritiva, distinguem-se delas porque "não pressupõem a automaticidade na aplicação de um novo regime, com carácter geral, aos destinatários da norma restritiva julgada inconstitucional, dado que é a componente reconstrutiva da decisão que indica, por via interpretativa, a norma a aplicar aos referidos destinatários";[54]

- *sentenças aditivas de caráter corretivo*: ocorrem sempre que a sua componente *reconstrutiva* intenta transformar o sentido originário do preceito julgado parcialmente inconstitucional, de forma a compatibilizá-la com a Constituição. Podem também qualificar-se como *integrativa* sempre que o Tribunal Constitucional decida suprir uma lacuna técnica ocasionada pelo efeito ablativo da decisão e, para isso, indique na própria decisão uma norma aplicável e já existente no ordenamento;[55]

- *sentenças aditivas de conteúdo integrativo*, que se subdividem em sentenças discricionárias e sentenças constitucionalmente obrigatórias.[56]

b.3) sentenças aditivas de princípio, "de mecanismo" ou "sentenças--delegação"

São as que julgam inconstitucional a omissão que pode ser sanada por mais de uma solução conforme a Constituição e, por isso, limita-se a indicar um princípio jurídico que vincule o legislador ou o operador jurídico na atividade integrativa. Constituem uma discricionariedade legislativa no preenchimento de um vazio normativo e reservam a faculdade de orientar o legislador na operação integrativa que deve levar a cabo.[57] Foram forjadas pelo Tribunal Constitucional

---

[52] Idem, p. 49-50.

[53] Idem, p. 50.

[54] Idem, p. 56.

[55] Idem, p. 43.

[56] Idem, p. 56-57.

[57] MORAIS, Carlos Blanco de. *Justiça constitucional*. Coimbra: Almedina, 2005. t. II. In: BOCZAR, Sonia. Sentenças modulatórias: manipulação dos efeitos das decisões do Supremo Tribunal

italiano em um retrocesso na aplicação das sentenças aditivas em meados de 1980, ocasião em que se esquivou ao fixar limites às sentenças aditivas e adotar a figura da sentença aditiva de princípio, "sempre que uma omissão ou uma lacuna técnica implicassem uma pluralidade de opções correctivas ou integrativas. Nesta última situação, o Tribunal Constitucional opta por declarar a inconstitucionalidade da norma e enunciar um princípio constitucional que deve ser respeitado na operação de integração normativa, a qual ficará a cargo do juiz comum ou do legislador".[58]

Elas destinam-se a "corrigir" as omissões do legislador e por intermédio delas

> declara-se inconstitucional a disciplina legislativa denunciada, individualizando apenas a diretriz da norma ou princípio que deve ser introduzido em sua substituição e assinalando ao legislador a tarefa de aprovar a nova disciplina, via de regra, dentro de um tempo prefixado, embora possa o juiz, em algumas das hipóteses, fazer referência àquela diretriz na solução de alguns casos concretos.[59]

b.4) sentenças substitutivas

Entende Carlos Blanco de Morais que são juridicamente inadmissíveis. Elas "declaram a inconstitucionalidade de um preceito na parte em que dispõe algo, ao invés de dispor outra coisa, realizando a própria sentença a junção, explícita ou implícita, da norma em falta que o preceito não acolheu. Por implicarem uma clara usurpação de função legislativa devem ser tidas como juridicamente inexistentes".[60]

c) Sentenças de efeitos aditivos de caráter impuro ou misto

São aquelas em cujo conteúdo figuram simultaneamente características de duas ou mais categorias de decisões "típicas" já elencadas.

d) Sentenças aditivas de caráter impróprio ou aparente

São aquelas que, mediante a decodificação de princípios jurídicos e conceitos indeterminados, densificam com maior ou menor novidade critérios de decisão com valor constitucional.[61]

Federal e as sentenças aditivas cit., p. 1-800, p. 49-50, p. 58.

[58] MORAIS, Carlos Blanco de (Coord.). *As sentenças com efeitos aditivos* cit., p. 30.

[59] SAMPAIO, José Adércio Leite. *Hermenêutica e jurisdição constitucional* cit., p. 170.

[60] MORAIS, Carlos Blanco de. *Justiça constitucional.* Coimbra: Almedina, 2005. t. II. In: BOCZAR, Sonia. Sentenças modulatórias: manipulação dos efeitos das decisões do Supremo Tribunal Federal e as sentenças aditivas cit., p. 1-800, p. 49-50, p. 58.

[61] MORAIS, Carlos Blanco de (Coord.). *As sentenças com efeitos aditivos* cit., p. 38.

Há duas modalidades: (a) uma com caráter puramente referencial, já que são as decisões concretizadoras de princípios e conceitos jurídicos indeterminados e (b) decisões de revisão constitucional que apresentam natureza controversa quanto à sua admissibilidade.

Ambas as modalidades integram uma variante meramente *aparente* e não dogmática de decisões de conteúdo aditivo, encontrando-se, portanto, posicionada fora de alguns atributos que integram a caracterização desse tipo de sentença.[62]

Entretanto, por projetarem efeito adjuntivo de indiscutível força persuasiva no ordenamento jurídico, têm algumas semelhanças no plano da respectiva consequencialidade com as sentenças tipicamente aditivas. Elas têm um caráter materialmente aditivo, portanto têm natureza aparente porque embora se assemelhem em alguns dos efeitos, diferem significativamente em alguns dos pressupostos:

1.º resultam da função interpretativa comum que é reconhecida ao Tribunal Constitucional na elucidação de conceitos abertos;

2.º a atividade hermenêutica desenvolvida não é exclusiva das decisões de acolhimento, ao contrário das sentenças típicas de efeitos aditivos;

3.º no caso das decisões de acolhimento, a inconstitucionalidade declarada não tem de ser parcial, bem como a decisão adjuntiva não tem de ter por objeto a disposição impugnada, mas o parâmetro normativo que é objeto de aclaramento, precisão e concretização;

4.º são orientações interpretativas que assumem, em sentido próprio, um conteúdo materialmente constitucional.[63]

Depreende-se dessa classificação que o autor português não aceita todas as categorias de sentenças aditivas. Sua concordância dirige-se àquelas com conteúdo reparador e corretivo e a discordância refere-se àquelas que esbarram na separação dos poderes, em relação às quais há de haver uma contenção como imperativo elementar do bom senso. Isto resta claro de suas palavras:

---

[62] Idem, p. 38-39.

[63] "18. A hipertrofia patológica das sentenças de complementação constitucional pode gerar as chamadas 'decisões de revisão constitucional', as quais têm estado até agora ausentes no ordenamento português.
Trata-se das sentenças que alargam, por força de uma operação interpretativa, o objeto da norma constitucional existente, à margem do texto e da vontade expressa ou implícita do legislador constitucional acabando por gerar, de facto, 'novas' normas, com pretenso valor constitucional". Certos autores italianos as chamam de 'sentenças manipulativas de revisão constitucional ou sentenças criativas de novas normas constitucionais'" (Idem, p. 40).

Um raciocínio interpretativo objectivista e respeitador do Direito positivado se mostra compatível com a admissibilidade ou legitimidade jurídica de certas categorias de sentenças aditivas, cujo conteúdo reparador e correctivo opera como um elemento vivificador da constituição e garante a realização dos imperativos da justiça material. Em qualquer caso, a contenção da jurisprudência constitucional mais aditiva nos contrafortes do princípio da separação de poderes constitui um imperativo de elementar bom senso, maturidade e temperança das jurisdições constitucionais, já que o Direito pretoriano altera inovatoriamente o ordenamento num sentido diverso do que foi democraticamente decidido. No meu entender, isso não é Direito e o legislador constituinte terá sempre, em caso de conflito, a última palavra.[64]

Necessário ponderar que as sentenças aditivas em sentido amplo são aquelas nas quais o juiz pode produzir sentenças que afetam o conteúdo da norma, procedendo-se à sua redução, aumento ou substituição. De tal argumentação depreende-se que a partir da interpretação conforme em sentido amplo o juiz pode chegar à sentença aditiva.[65]

6.3.10. Sentença aditiva abstrata e difusa

De acordo com Rui Medeiros, podem as sentenças modificativas ser proferidas por todos os órgãos de fiscalização da constitucionalidade. Nesse sentido, pondera que o manejo da decisão modificativa é excepcional, mas não há fundamento para reservar o manejo ao Tribunal Constitucional.[66]

Assim, segundo tal parâmetro, não apenas o STF pode manejar as sentenças aditivas. Todos os juízes e tribunais do país podem fazê-lo em prol da planificação do princípio da igualdade no manejo dos controles difuso e concentrado de constitucionalidade.

6.3.11. Efeito integrativo

O efeito integrativo ínsito à sentença aditiva tem por finalidade preencher a insuficiência dos textos normativos.[67] Nesse contexto, a função da sentença normativa é acolher a impugnação à norma sem, contudo, invalidá-la.

---

[64] BOCZAR, Sonia. Sentenças modulatórias: manipulação dos efeitos das decisões do Supremo Tribunal Federal e as sentenças aditivas cit., p. 58.

[65] BONSAGLIA, Alexandre Antonucci. *Sentenças aditivas na jurisprudência do Supremo Tribunal Federal* cit., p. 28.

[66] MEDEIROS, Rui. *A decisão de inconstitucionalidade*: os autores, o conteúdo e os efeitos da decisão de inconstitucionalidade da lei. Lisboa: Universidade Católica, 1999. p. 511.

[67] NOBRE JUNIOR, Edilson Pereira. *Jurisdição constitucional* cit., p. 99.

A sua ocorrência coincide com as hipóteses em que o tribunal reconhece a existência de omissão parcial, justamente porque permitem o acréscimo do necessário para tornar a norma impugnada concordante com os mandamentos constitucionais.

O foco da fiscalização da inconstitucionalidade não recai naquilo que a norma prescreve, mas, contrariamente, no fato de esta não prever aquilo que deveria tratar para satisfazer ao reclamado pela Lei Máxima.[68]

Na verdade, a norma possui carga normativa inferior àquela que deveria possuir. E, por isso, a Corte Constitucional declara inconstitucional a disposição na parte na qual não prevê algo e integra a norma.

6.3.12. Fundamento de admissibilidade da sentença aditiva: a preservação do princípio da igualdade

O princípio da igualdade proíbe diferenciações arbitrárias e irrazoáveis. Entretanto, o princípio não visa apenas a erradicar as diferenciações. Possibilita-se a diferenciação desde que para amainar a própria desigualdade e que o critério de discrímen seja razoável.[69]

A sentença aditiva visa a planificar o princípio da igualdade, concretizando-o. A omissão parcial ocorre, no mais das vezes, no contexto da violação do princípio da igualdade, quando certa lei não contempla, em seu bojo, "grupos de pessoas que por identidade de razão aí deveriam ser incluídos".[70]

Ante a omissão ou restrição que se traduz em discriminação ou privilégios, busca-se efetivar o princípio da igualdade, o que a extensão do benefício via sentença aditiva remedia. Há supressão do vácuo normativo que deixava órfãos os indivíduos excluídos via extensão do benefício a que também têm direito.

6.3.13. Posicionamento contrário à sentença aditiva

Os principais contra-argumentos à adoção das sentenças aditivas são que elas ferem o princípio democrático, o da separação dos poderes, além da excessiva discricionariedade do julgador.

Em síntese: a não outorga ao julgador da faculdade de legislar, o que equivale à usurpação das funções via exercício de atividade atípica, e a concessão de um

---

[68] Idem, p. 117 e ss.

[69] De acordo com Celso Antônio Bandeira de Mello, "é agredida a igualdade quando o fator diferencial adotado para qualificar os atingidos pela regra não guarda relação de pertinência lógica com a inclusão ou exclusão no benefício deferido ou com a inserção ou arredamento do gravame imposto" (MELLO, Celso Antônio Bandeira de. *Conteúdo jurídico do princípio da igualdade*. 1994. p. 49).

[70] MORAIS, Carlos Blanco de. *Justiça constitucional* cit., p. 28-29.

Cap. 5 – AS SENTENÇAS ADITIVAS NA JURISDIÇÃO CONSTITUCIONAL

livre e irrefreado poder interpretativo da Constituição ao juiz podem redundar em aplicação de sua própria ideologia e das suas convicções subjetivas.

De acordo com tal concepção, contrária à adoção das sentenças aditivas, elas invadem a esfera do legislador e usurpam a função legislativa. Entretanto, comenta Crisafulli que mediante as sentenças aditivas não se cria livremente uma norma jurídica nos mesmos moldes em que faz o legislador, mas limita-se "a individualizar aquela norma que, presente no ordenamento, ou suscetível de extração dos princípios constitucionais, é capaz de preencher o vazio que deriva da omissão reconhecida pela decisão".[71]

Desse modo, não se pode equiparar a atividade exercida via sentença aditiva à legislação, pois são questões diversas, sendo a primeira oriunda da necessidade da planificação do princípio da igualdade e da necessidade de evitar a inconstitucionalidade *in totum* da norma.

Ora, quando Kelsen elaborou sua teoria, não teria como prever as diversas nuances e fatores históricos que ocasionariam verdadeira mutação histórica e imporiam o consentâneo desenvolvimento do direito.

6.3.14. Posicionamento favorável às sentenças aditivas

Jorge Miranda pondera não ser possível ante discriminações ou diferenciações infundadas deixar de aplicar decisão aditiva. Pondera que há imperativos materiais que se sobrepõem a considerações orgânico-funcionais. Ademais, o órgão de controle não se comporta como legislador porque não age por iniciativa própria ou com critérios políticos. Age diante da provocação via processo instaurado por outrem e "vinculado aos critérios de interpretação e construção jurídica inerentes à hermenêutica constitucional".[72]

6.3.15. As sentenças modificativas (gênero do qual é espécie a sentença aditiva) e a força persuasiva no sistema português

Rui Medeiros, ao analisar o sistema português, pondera que o Tribunal Constitucional não pode impor força persuasiva na parte reconstrutiva da sentença, inata à solução conforme à Constituição, que decorre da interpretação (*lato sensu*) dos preceitos legais que resistiram à decisão de inconstitucionalidade.

A decisão do Tribunal Constitucional não vincula o órgão aplicador do direito e não anula a liberdade interpretativa dos tribunais em geral. Com isso, o fim é o respeito pelas competências constitucionais do legislador e mesmo às demais instâncias do Judiciário. Assim:

---

[71] NOBRE JUNIOR, Edilson Pereira. *Jurisdição constitucional* cit., p. 107.

[72] MIRANDA, Jorge. *Teoria do Estado e da Constituição*. Rio de Janeiro: Forense, 2002. p. 515.

Ora, da mesma forma que o Tribunal Constitucional não pode impor aos demais tribunais uma determinada interpretação conforme à Constituição, também não lhe é permitido fixar com eficácia vinculativa a solução que resulta da interpretação actualista da parte remanescente da lei.

A parte aditiva da sentença vale, portanto, como proposta hermenêutica com valor apenas persuasivo, não havendo fundamento constitucional para admitir uma posição aristocrática do Tribunal Constitucional nessa matéria.

...

O reconhecimento de que a modificação da lei proposta pelo Tribunal Constitucional não é vinculativa para os tribunais não significa, no entanto, que se possa menosprezar o significado das decisões modificativas.[73]

Pondera o autor, entretanto, que, apesar da ausência da força vinculativa, isso não significa que se possa menosprezar o significado das decisões modificativas. Ademais, nem é necessária a imposição da eficácia vinculante à decisão. O Tribunal Constitucional, para garantir a efetividade da decisão modificativa, pode opor-se à aplicação da parte subsistente da lei com um sentido diferente daquele por ele sugerido.

Por um lado, não se deve exagerar o significado da distinção entre a parte ablativa e parte reconstrutiva da decisão. A conclusão torna-se sobretudo clara nos casos em que a parte ablatória dos dispositivos modificativos esteja incindivelmente conexa, no plano lógico e jurídico, à parte reconstrutiva. É o que sucede quando o efeito modificativo resulta da supressão de uma norma de exclusão. A decisão de inconstitucionalidade da norma que exclui certos particulares de um determinado regime não deixa, normalmente, grande margem de liberdade aos tribunais e aos órgãos aplicadores do Direito em geral. Se, por exemplo, a lei que atribui uma pensão contiver uma disposição final a excluir do direito os indivíduos do sexo masculino, o juízo de inconstitucionalidade de uma tal disposição envolverá, inevitavelmente, o alargamento do âmbito de aplicação da lei. Naturalmente, como sucede com qualquer disposição e inclusivamente com qualquer lei interpretativa, o preceito legal modificado carece de interpretação. Mas é indiscutível que a liberdade de decisão do juiz é aqui fortemente restringida, visto que a *"extensio* automática do *tertium*, como momento final da operação levada a cabo pelo juiz, está toda dentro, por assim dizer, da complexa decisão do juiz *ad quem"*. Numa palavra, a decisão de inconstitucionalidade parcial é frequentemente inseparável da indicação da nova regulamentação da matéria. O mesmo é dizer que a decisão contém simultaneamente a supressão de certa disciplina legislativa e a enunciação da nova regulamentação que a vai substituir e, nessa medida, restringe inevitavelmente a liberdade interpretativa do juiz ordinário.

Por outro lado, para garantir a efetividade da decisão modificativa, nem sequer é indispensável estabelecer a obrigatoriedade para os juízes da parte paralegislativa

---

[73] MEDEIROS, Rui. *A decisão de inconstitucionalidade* cit., p. 479.

da sentença. O Tribunal Constitucional, devido à sua competência para controlar a constitucionalidade das normas que se retiram por via interpretativa do ordenamento legal, pode sempre opor-se à aplicação da parte subsistente da lei com um sentido diferente daquele por ele sugerido. O Tribunal Constitucional tem assim a faca e o queijo na mão.[74]

Ressalta por fim quão complexa é a questão:

A questão afigura-se, no entanto, bastante mais complexa. A circunstância de a modificação da lei realizada em processo de fiscalização abstracta não dispor de *força afim da de lei* não anula o problema do respeito pelas competências constitucionais do legislador. A vasta problemática dos limites ao desenvolvimento judicial do direito é disso testemunha, demonstrando que a mera eficácia *inter partes* de uma decisão jurisdicional *contra legem* não a torna legítima. Importa, pois, verificar em que medida uma decisão modificativa é compatível com a proibição constitucional de exercício de funções legislativas pelo órgão fiscalizador.[75]

Em nosso sistema, ao contrário do português, desde que a sentença aditiva seja prolatada no controle abstrato, elas passam a ter força vinculante e efeitos *erga omnes*. Destaca-se que, ante a causa de pedir aberta ínsita ao controle abstrato, a questão pode ser trazida à discussão mesmo que não tenha sido invocada pelas partes.

6.3.16. Limites às sentenças aditivas

As sentenças aditivas possuem os seguintes limites, que se traduzem em monopólio da atuação do Legislativo:

- matéria penal, quando haja possibilidade de agravamento da posição do imputado: matéria de reserva de lei. Nesse sentido, o Tribunal Constitucional italiano considera, numa posição intermédia, que esse princípio não lhe permite intervenções modificativas na medida da pena ou da fatispécie incriminadora que agravem a posição dos arguidos.[76]
- na seara tributária em casos nos quais pode haver a criação e a majoração de tributos: matéria de reserva de lei;
- criação de benefícios restritos a determinados administrados e que implicam a criação de despesas a serem cobertas com respaldo orçamentá-

---

[74] Idem, p. 480.
[75] Idem, p. 481.
[76] Idem, p. 482.

rio.[77] Ressalte-se que a doutrina italiana "não reconhece a possibilidade de aplicação dos princípios diretamente pelo juiz se a extensão da norma puder comportar um significativo aumento da despesa pública, mas a admite com certa frequência na ocorrência de 'microconflitualidade' (microconflitualità), vale dizer, questões repetidas que demandam uma nova extensão, análoga à precedente, todavia, dela distinta (Agro, 1993; cfe. Cerri. 1997: 123)".[78]

Todas essas hipóteses foram lançadas por Edilson Pereira Nobre Júnior. Quanto às duas primeiras, concordamos. Quanto à última, a sua aplicação de forma a impedir todos os casos, entendemos que poderia redundar em injustiça. Se a regra é a não criação de norma que crie impacto orçamentário não previsto, exceções podem ocorrer para remediar situações em que resta ferido o princípio da igualdade.

Sustenta Rui Medeiros que a criação das decisões aditivas *di principio* pelo Tribunal Constitucional italiano se deveu a um leve recuo do órgão, que passou em alguns casos a evitar realizar uma adição *di remedi specifici* e introduziu como *quid novi*, um princípio em vez de uma regra:

> De resto, mesmo em Itália, país das decisões modificativas, a jurisprudência mais recente da *Corte Costituzionale* prefere realçar o papel dos tribunais ordinários neste domínio. São disso testemunha o surgimento das chamadas decisões aditivas *di principio - specifici* e introduz, como *quid novi*, um princípio em vez de uma regra – ou a recente exigência, feita pelo *Palazzo della Consulta*, de que o próprio *juiz a quo* que pretenda obter uma decisão modificativa indique expressamente a solução constitucionalmente devida.[79]

6.3.17. Exemplos de sentença aditiva nas Cortes estrangeiras

No início dos anos 70, o ordenamento jurídico italiano destacou-se no manejo das sentenças aditivas via Tribunal Constitucional, não obstante a ausência de previsão na Constituição.

As omissões relativas inconstitucionais violadoras de direitos fundamentais, associadas à ausência de previsão normativa para lidar com esse tipo de situação, levaram à reflexão doutrinária para a solução do problema via criação das sentenças manipulativas com efeitos aditivos.[80]

---

[77] NOBRE JUNIOR, Edilson Pereira. *Jurisdição constitucional* cit., p. 118-122.

[78] SAMPAIO, José Adércio Leite. *Hermenêutica e jurisdição constitucional* cit., p. 170.

[79] MEDEIROS, Rui. *A decisão de inconstitucionalidade* cit., p. 479.

[80] MORAIS, Carlos Blanco de (Coord.). *As sentenças com efeitos aditivos* cit., p. 28.

Cap. 5 – AS SENTENÇAS ADITIVAS NA JURISDIÇÃO CONSTITUCIONAL

O escopo é a reparação das omissões de caráter relativo que, diversamente daquelas omissões de caráter absoluto, implicam que uma norma viole, mediante um "silêncio redutor ou não inclusivo", princípios reitores do sistema de direitos fundamentais.[81]

De regra, as sentenças aditivas ocorrem no contexto da violação ao princípio da igualdade, quando certa lei não contempla certos grupos de pessoas que, por identidade de razão, deveriam ser incluídos.[82]

Mas nem tudo foi "céu de brigadeiro". Em um primeiro momento houve forte resistência na doutrina e nos tribunais quanto à aceitação das sentenças aditivas.

Em 1970 a Corte Constitucional italiana inovou ao aplicar uma sentença aditiva para "estender" os efeitos de um próprio dispositivo. Com efeito, via Sentença 190/1970, o Tribunal, em face do princípio do contraditório ou da "paridade de armas", reconheceu a inconstitucionalidade de um dispositivo que previa apenas a presença do Ministério Público no interrogatório do acusado, sem dispor igualmente sobre a presença do defensor do arguido. Em sua parte adjuntiva impôs a obrigatoriedade dessa presença (Sentença 190/1970).[83]

Entretanto, devido à falta de vinculatividade, a sentença foi rechaçada em parte pelos tribunais italianos, que reconheceram apenas a vinculatividade (*erga omens*) à parte *ablativa* – parte extraída da sentença –, mas não à parcela *adjuntiva* – aditiva.[84]

Tal situação levou o Tribunal Constitucional a reafirmar sua posição na sentença 67 de 1971 (e depois na 63, de 1972), "especificando que negar efeitos 'erga omnes' à componente 'aditiva' seria reconhecer a falta de operatividade directa da Constituição".[85]

As sentenças aditivas passaram a fazer parte do regime constitucional italiano. Contudo, a partir da segunda metade dos anos oitenta, o Tribunal Constitucional fixou um limite às sentenças aditivas por ele proferidas via adoção das sentenças aditivas de princípio "sempre que uma omissão ou lacuna técnica implicassem uma pluralidade de opções corretivas ou integrativas".[86]

Nessas situações o tribunal declara a inconstitucionalidade e enuncia um princípio constitucional que deve ser respeitado na operação de integração normativa, que ficará a cargo do juiz comum ou do legislador. São as sentenças aditivas de princípio.

---

[81] Idem, p. 28.

[82] Idem, p. 28-29.

[83] SAMPAIO, José Adércio Leite. *Hermenêutica e jurisdição constitucional* cit., p. 168.

[84] MORAIS, Carlos Blanco de (Coord.). *As sentenças com efeitos aditivos* cit., p. 29.

[85] Ibidem.

[86] MORAIS, Carlos Blanco de (Coord.). *As sentenças com efeitos aditivos* cit., p. 30.

Na Sentenza 220, de 08.06.2004, na qual se discutiam as garantias da magistratura, consistente na possibilidade de, no procedimento disciplinar ante o Conselho Superior da Magistratura, apresentar-se a defesa pelo indiciado ou por outro magistrado, consoante previsto na norma, entendeu a Corte, em face do art. 24 da Constituição, que a norma era inconstitucional se o magistrado indicado recusasse o encargo, caso em que o CSM deveria designar um magistrado para atuar como defensor de ofício.[87]

Na Espanha estava em discussão uma norma da Previdência Social, a qual previa que o viúvo somente perceberia o benefício se se encontrasse, à época do falecimento da consorte, incapacitado para o trabalho, requisito este não exigível para a viúva. O Tribunal Constitucional entendeu discriminatória a exigência e ofensiva ao princípio da igualdade, assegurando, via sentença aditiva, que os viúvos tivessem o mesmo direito.[88]

Na Sentença 222, de 11.12.1992 (Espanha), que tinha por objeto a Lei de Arrendamentos Urbanos, cujo art. 58 previa a possibilidade de sub-rogação em favor do cônjuge, tão somente não contemplando as relações concubinárias, mas apenas as matrimoniais, a sentença aditiva reconheceu a inconstitucionalidade e com a adição da sub-rogação também em prol do sobrevivente que resultasse de união diversa do matrimônio regularizou a situação. Depreende-se a nítida vontade de garantir o princípio da igualdade.[89]

Os portugueses evitam a nomenclatura "sentenças aditivas" e preferem utilizar o termo inconstitucionalidade parcial.[90] O Tribunal Constitucional, via acórdão 545/99, 2.ª seção, proferiu sentença aditiva ao analisar, via recurso, decisão do Supremo Tribunal Administrativo, que houvera indeferido o pedido porque não havia previsão na lei (art. 24, n. 1.º, da Lei 04/85) de contagem do período exercido como Secretário Adjunto do Governo de Macau, para fins de subvenção mensal devida ao titular de cargo político. O TC então entendeu inconstitucional o preceito legal, "enquanto não considerar, para contagem do respectivo tempo de serviço, o exercício das funções de Secretário Adjunto do Governo de Macau, reformulando-se a decisão recorrida, com deferimento do pedido".[91]

No direito alienígena, caso peculiar é o do Tribunal Constitucional alemão, que seguiu no mesmo passo e procede à colmatação de espaços vazios normativos via sentenças manipulativas aditivas, sem substituir o legislador, porque se mostra mais comedido no manejo, principalmente quando isso implique uma escolha discricionária.[92]

---

[87] NOBRE JUNIOR, Edilson Pereira. *Jurisdição constitucional* cit., p. 110.

[88] Idem, p. 111.

[89] Ibidem.

[90] SAMPAIO, José Adércio Leite. *Hermenêutica e jurisdição constitucional* cit., p. 168.

[91] NOBRE JUNIOR, Edilson Pereira. *Jurisdição constitucional* cit., p. 110 e ss.

[92] MORAIS, Carlos Blanco de (Coord.). *As sentenças com efeitos aditivos* cit., p. 30.

Cap. 5 – AS SENTENÇAS ADITIVAS NA JURISDIÇÃO CONSTITUCIONAL

Nos casos de omissão que cria a discriminação infundada, concede o órgão ao legislador uma oportunidade para corrigir a situação, mas mantendo-se, até lá, a norma a ordem jurídica, podendo proibir sua aplicação pelos tribunais. Entretanto, em caráter excepcional, elabora uma subespécie de decisão de caráter cautelar e eficácia positiva, de acordo com o qual o Tribunal edita "medidas de necessidade", com caráter provisório, que substituem transitoriamente as normas julgadas inconstitucionais, com o fito de evitar um grave vazio normativo.[93] É o que dispõe o § 32, alínea 1, da Lei do Tribunal Constitucional alemão:

> Em caso de controvérsia, o Tribunal Constitucional Federal pode regular transitoriamente uma situação mediante medida provisória, quando tal seja requerido com urgência, tendo por fim evitar graves prejuízos, fazer face a um perigo iminente ou em razão de outros factores importantes respeitantes ao bem comum.

Há uma regulamentação transitória, por um período de seis meses, que pode, todavia, ser renovada ante a deliberação da maioria de dois terços dos votos, conforme o § 32, alínea 6, da citada lei. Entretanto, a particularidade consiste no fato de que é o legislador o "competente para revogar substitutivamente as referidas medidas, as quais são emitidas tão só com o objetivo de evitar vazios causadores de efeitos prejudiciais, na sequência de uma decisão de inconstitucionalidade".[94]

Entende Carlos Blanco de Morais que tal instituto representa uma subversão do princípio da separação de poderes. Contudo, é de ponderar que se o próprio Tribunal Constitucional alemão evita a prolação das sentenças aditivas, o que faz somente via medidas provisórias, com amparo no § 32, alínea 1, da Lei do TC, não se depreende o impacto de tal medida no âmbito interno.[95]

Ora, o Tribunal Constitucional alemão é tímido em suas atuações e evita as sentenças aditivas, isto com a razão – depreende-se – de respeitar a separação dos poderes. Em outros países, como Espanha e Brasil, também não há a regulamentação, mas as Cortes não se eximem de dar a aplicabilidade prática a trechos omissos e que firam o princípio da igualdade – caso mais comum da sentença aditiva.

Entretanto, o Tribunal Constitucional alemão, via interpretação conforme, estendeu aos filhos nascidos fora de casamento, que não foram abrangidos na norma, determinados direitos.[96] Nota-se que na grande maioria dos casos busca-se a concreção do princípio da igualdade.

---

[93] Idem, p. 31.

[94] Idem, p. 32.

[95] Ibidem.

[96] STRECK, Lenio Luiz. *Jurisdição constitucional e hermenêutica* cit., p. 601-602.

Na Áustria, o Tribunal Constitucional evita a prolação das sentenças aditivas. Da mesma forma que ocorria na teoria não concretista referente a Mandado de Injunção no Brasil, o TC austríaco comunica ao legislador a omissão incentivando-o a editar uma norma em falta.

Pode, ainda, o órgão, com fulcro no art. 140.5 da Constituição, diferir para o futuro os efeitos repressivos de uma declaração de inconstitucionalidade, estabelecendo prazo de 18 (dezoito) meses para que haja a eliminação da norma inconstitucional via atuação legislativa.[97] Nesse ponto, o paralelismo com o nosso direito é a inconstitucionalidade progressiva, cujo exemplo concreto é o caso paradigma do município de Luis Eduardo Magalhães – criado por lei ordinária e não por lei complementar, consoante exige a CRFB/88, art. 18, § 4.º.

Não obstante a escassez de sentenças aditivas, citam-se as Sentenças 10.705 – relativa à ausência de proibição de candidatura do Partido Nacional Socialista na legislação eleitoral austríaca, "omissão preenchida com a aplicação de uma lei de valor constitucional que determinava essa proibição" – e 9.903 – que criou uma norma complementar à lei de telecomunicações.[98]

6.3.18. Sentenças aditivas de despesa (ou oneratórias)

Sentenças aditivas de despesa (ou oneratórias) são aquelas que ocasionam um *plus* financeiro, que extrapola o orçamento previsto para sua concreção.

Em uma perspectiva bastante crítica, Roger Stiefelmann afirma que o manejo da técnica da interpretação conforme em tais moldes e as sentenças aditivas também propiciam a atuação do STF como Corte Constitucional e[99]

> modifica radicalmente o cenário político-institucional para conceber, no seio do regime democrático, um *legislador paralelo*. Não raro, tais provimentos, além de invadir a esfera de competência do Poder Legislativo, produzem efeitos financeiro-orçamentários de monta, notadamente as *sentenças aditivas* prolatadas em face da aplicação extensiva do princípio da igualdade. São as *sentenças aditivas de despesa*. Há, na doutrina italiana, quem pretenda considerar inconstitucionais as decisões normativas com efeitos orçamentários, em face do disposto no art. 81 da Constituição, que impõe à lei instituidora de novos gastos o dever de indicar os recursos para fazer-lhes frente.[100]

A questão é polêmica. No âmbito interno, precisa ser bem compreendida, pois em dadas situações negar a aplicação das sentenças aditivas sob o argumento

---

[97] MORAIS, Carlos Blanco de (Coord.). *As sentenças com efeitos aditivos* cit., p. 33.

[98] Ibidem.

[99] LEAL, Roger Stiefelmann. *O efeito vinculante na jurisdição constitucional* cit., p. 87-88.

[100] Idem, p. 100.

Cap. 5 – AS SENTENÇAS ADITIVAS NA JURISDIÇÃO CONSTITUCIONAL

da exaustão orçamentária é realizar injustiças. Algumas soluções se põem para remediar tal situação, como, por exemplo, a reserva orçamentária.

6.3.19. A posição inicial do STF

Não é pacífico o manejo das decisões aditivas. No Supremo Tribunal Federal a questão é tormentosa, apesar de, atualmente, ser uma técnica utilizada com maior frequência.

Há pouco tempo, a voz do STF era diametralmente oposta a sua atuação como legislador positivo, conforme posicionou-se o Ministro Moreira Alves, para quem era inviável que a declaração da inconstitucionalidade parcial mudasse o sentido e o alcance da norma impugnada, sob pena de a Corte se transformar em legislador positivo, e "o controle de constitucionalidade dos atos normativos pelo Poder Judiciário só lhe permite agir como legislador negativo" (ADIN 896-MC/DF).

Nos casos, levados à Corte Suprema, nos quais não era possível apreciar a inconstitucionalidade sem resultar em modificação da concepção originária do legislador, haveria a carência da ação por impossibilidade jurídica do pedido.

Assim, o STF entendia inviável que a inconstitucionalidade parcial mudasse o sentido e alcance da norma impugnada, sob pena de se transformar em legislador positivo, porque, com a supressão de parte da norma, estaria modificando o sentido e o alcance, e o controle de constitucionalidade não lhe permite agir como legislador positivo.

Sempre que a interpretação pudesse descambar para uma postura mais ativa, pendia o STF a uma postura *self restraint*.

Na ADIN 1.822/DF, o STF assim refutou a possibilidade de atuar como legislador positivo:

> A declaração de inconstitucionalidade, se acolhida como foi requerida, modificará o sistema da Lei pela alteração do seu sentido, o que importa sua impossibilidade jurídica, uma vez que o Poder Judiciário, no controle de constitucionalidade dos atos normativos, só atua como legislador negativo e não como legislador positivo.

Pela análise dos julgados do STF, pode-se sustentar que atualmente a Corte admite o manejo das sentenças aditivas. Os casos mais comuns são os decorrentes de *benefícios incompatíveis com o princípio da igualdade*. Nesses casos, ante a concessão de benefícios a apenas uma categoria de pessoas e a exclusão de outras em situação idêntica, o Tribunal estende o tratamento normativo benéfico a todos e, com isso, restabelece a igualdade.

6.3.19.1. Alguns casos na "literatura" jurisprudencial do STF

O STF, nos seguintes julgamentos, com forte na prática da Corte Constitucional italiana, utilizou as denominadas *decisões manipulativas de efeitos aditivos*:

- MS 26.602, Rel. Min Eros Grau, 26.603, Rel. Min. Celso de Mello;
- MI 708 (direito fundamental de greve dos servidores públicos), 670 e 712, Rel. Min. Eros Grau;
- ADI 1.351 e 1.354, Rel. Min. Marco Aurélio (cláusula de barreira instituída pelo art. 13 da Lei 9.096).

Além desses, os principais casos são a seguir retratados.

a) ADPF 54

No julgamento da ADPF 54, Rel. Min. Marco Aurélio, que discute a constitucionalidade da criminalização dos abortos de fetos anencéfalos, o STF proferiu decisão de caráter nitidamente aditiva, ao utilizar a técnica da interpretação conforme, e proferiu uma típica decisão manipulativa com eficácia aditiva, ao acrescer uma nova hipótese aos arts. 124 a 128 do Código Penal e acrescentar mais uma excludente de punibilidade – no caso de o feto padecer de anencefalia – ao crime de aborto.

Esclarece o ministro que a atuação positiva da Corte poderá ser a solução para antigos problemas relacionados à inconstitucionalidade por omissão, que muitas vezes causa entraves para a efetivação de direitos e garantias fundamentais assegurados pelo texto constitucional. Necessárias novas soluções no sentido de que se dê uma *função reparadora* à ordem jurídica afetada pela decisão de inconstitucionalidade.

O STF, ao julgar a ADPF 54, decidiu, com nítidos efeitos aditivos e incontestável ativismo judicial, pela possibilidade da interrupção terapêutica da gestação de anencéfalos (aborto de anencéfalos), criando mais uma possibilidade de aborto terapêutico.

O relator foi o Ministro Marco Aurélio, que votou favoravelmente. Além dele, votaram a favor da prática os Ministros Rosa Weber, Joaquim Barbosa, Luiz Fux, Cármen Lúcia, Ayres Britto, Gilmar Mendes e Celso de Mello. Divergiram da maioria dos ministros Ricardo Lewandowski e o presidente do STF, Cézar Peluso.

b) ADI 1.923 – Qualificação de entidades como organizações sociais

Na ADI 1.923, que versava sobre a declaração de inconstitucionalidade da Lei 9.637/1998 e do inciso XXIV do art. 24 da Lei 8.666/1993, o STF fez menção

Cap. 5 – AS SENTENÇAS ADITIVAS NA JURISDIÇÃO CONSTITUCIONAL

à sentença aditiva. Tratava-se de questão envolvendo a qualificação de entidades privadas como Organizações Sociais, e quando da apreciação do caráter liminar deixou-se claro como a luz do sol a aceitação da sentença aditiva, que poderia ser manejada no mérito do julgamento do pleito. *In verbis*:

Ementa

MEDIDA CAUTELAR EM AÇÃO DIRETA DE INCONSTITUCIONALIDADE. LEI 9.637, DE 15 DE MAIO DE 1.998. QUALIFICAÇÃO DE ENTIDADES COMO ORGANIZAÇÕES SOCIAIS. INCISO XXIV DO art. 24 DA LEI 8.666, DE 21 DE JUNHO DE 1.993, COM A REDAÇÃO CONFERIDA PELA LEI 9.648, DE 27 DE MAIO DE 1.998. DISPENSA DE LICITAÇÃO. ALEGAÇÃO DE AFRONTA AO DISPOSTO NOS arts. 5.º; 22; 23; 37; 40; 49; 70; 71; 74, §§ 1.º E 2.º; 129; 169, § 1.º; 175, CAPUT; 194; 196; 197; 199, § 1.º; 205; 206; 208, §§ 1.º E 2.º; 211, § 1.º; 213; 215, CAPUT; 216; 218, § § 1.º, 2.º, 3.º E 5.º; 225, § 1.º, E 209.

INDEFERIMENTO DA MEDIDA CAUTELAR EM RAZÃO DE DESCARACTE-RIZAÇÃO DO

PERICULUM IN MORA.

1. Organizações Sociais – pessoas jurídicas de direito privado, sem fins lucrativos, direcionadas ao exercício de atividades referentes a ensino, pesquisa científica, desenvolvimento tecnológico, proteção e preservação do meio ambiente, cultura e saúde.

2. Afastamento, no caso, em sede de medida cautelar, do exame das razões atinentes ao *fumus boni iuris*. O *periculum in mora* não resulta no caso caracterizado, seja mercê do transcurso do tempo – os atos normativos impugnados foram publicados em 1.998 – seja porque no exame do mérito **poder-se-á modular efeitos do que vier a ser decidido, inclusive com a definição de sentença aditiva**.

3. Circunstâncias que não justificariam a concessão do pedido liminar.

4. Medida cautelar indeferida.

Foi o então Ministro Eros Grau que mencionou a sentença de perfil aditivo, *en passant*, em uma breve menção, nos seguintes termos:

Em suma, são essas circunstâncias, associadas à impossibilidade de nesse momento processual separarmos o joio do trigo, fazem-me reconsiderar meu voto. Sem aderir, de modo nenhum, a qualquer das razões de mérito do Ministro Gilmar Mendes – a que muito respeito –, eu diria que, na oportunidade de examinarmos o mérito, poderemos pensar numa sentença aditiva para encontrar, efetivamente, o bom rumo. Então decidiremos com a prudência que deve nos caracterizar, a fronesis. Com a serenidade suficiente para não criarmos um impasse no que tange ao trigo.

c) ADI 3.510 – Pesquisas com células-tronco embrionárias

Na ADI 3.510, relator Ministro Carlos Britto, envolvendo a possibilidade de utilização de células-tronco, a dicção do STF afastou a técnica da "interpretação conforme" para a feitura da sentença de caráter aditivo.

Destacou-se no voto do julgamento que a lei brasileira era assaz lacônica na regulamentação do tema. Versava-se sobre o manejo de células-tronco do tecido epitelial e do cordão umbilical, mesmo as de indivíduos adultos, em cotejo com as de embriões humanos.

Um dos objetos de análise era o art. 5.º da Lei 11.105/2005. Entendeu-se que ele era deficiente, em diversos aspectos, na regulamentação do tema das pesquisas com células-tronco.

Atento à presunção de constitucionalidade da lei e do manejo das técnicas constitucionais, entendeu o ministro que a declaração de sua inconstitucionalidade, com a consequente pronúncia de sua nulidade total, poderia causar "um indesejado vácuo normativo mais danoso à ordem jurídica e social do que a manutenção de sua vigência".

Nesse momento, ao tecer a ponderação de afastamento à declaração total de inconstitucionalidade, ingressa na interpretação conforme e na sentença de perfil aditivo:

> ... ademais, pois é possível preservar o texto do dispositivo, desde que seja interpretado em conformidade com a Constituição, ainda que isso implique numa típica sentença de perfil aditivo.
>
> Nesse sentido, a técnica da interpretação conforme a Constituição pode oferecer uma alternativa viável.
>
> Há muito se vale o Supremo Tribunal Federal da interpretação conforme à Constituição. Consoante a prática vigente, limita-se o Tribunal a declarar a legitimidade do ato questionado desde que interpretado em conformidade com a Constituição. O resultado da interpretação, normalmente, é incorporado, de forma resumida, na parte dispositiva da decisão.
>
> Segundo a jurisprudência do Supremo Tribunal Federal, porém, a interpretação conforme à Constituição conhece limites. Eles resultam tanto da expressão literal da lei quanto da chamada *vontade do legislador*. A interpretação conforme à Constituição é, por isso, apenas admissível se não configurar violência contra a expressão literal do texto e não alterar o significado do texto normativo, com mudança radical da própria concepção original do legislador.

No tema, defende a preservação da expressão literal e da manutenção do significado normativo, no sentido de que a "interpretação conforme à Constituição é, por isso, apenas admissível se não configurar violência contra a expressão literal do texto e não alterar o significado do texto normativo, com mudança radical da própria concepção original do legislador".

Pondera o ministro, todavia, que a imprecisão dos limites da expressão literal do texto pode levar a diversas interpretações. Nesse sentido, a eliminação ou mesmo a adição pela Corte de determinados sentidos normativos pode ter o condão de modificar o sentido normativo original traçado pelo legislador, de

Cap. 5 – AS SENTENÇAS ADITIVAS NA JURISDIÇÃO CONSTITUCIONAL

maneira que, muitas vezes, a interpretação conforme levada a efeito pelo Tribunal pode transformar-se em uma decisão modificativa dos sentidos originais do texto:

> Assim, a prática demonstra que o Tribunal não confere maior significado à chamada *intenção do legislador*, ou evita investigá-la, se a interpretação conforme à Constituição se mostra possível dentro dos limites da expressão literal do texto. Muitas vezes, porém, esses limites não se apresentam claros e são difíceis de definir. Como todo tipo de linguagem, os textos normativos normalmente padecem de certa indeterminação semântica, sendo passíveis de múltiplas interpretações. Assim, é possível entender, como o faz Rui Medeiros, que "a problemática dos limites da interpretação conforme à Constituição está indissociavelmente ligada ao tema dos limites da interpretação em geral".
>
> A eliminação ou fixação, pelo Tribunal, de determinados sentidos normativos do texto, quase sempre tem o condão de alterar, ainda que minimamente, o sentido normativo original determinado pelo legislador. Por isso, muitas vezes a interpretação conforme levada a efeito pelo Tribunal pode transformar-se numa decisão modificativa dos sentidos originais do texto.

De acordo com o Ministro Eros Grau, a sentença aditiva é aquela na qual a Corte adiciona um sentido à norma, que passa, assim, a guardar parametricidade com a Constituição.[101]

Ao tocar no tema "sentenças aditivas", invoca a Corte Constitucional italiana, que maneja as decisões interpretativas com efeitos modificativos e corretivos da norma como a única forma de "enfrentar a inconstitucionalidade existente no caso concreto, sem ter que recorrer a subterfúgios indesejáveis e soluções simplistas como a declaração de inconstitucionalidade total ou, no caso de esta trazer consequências drásticas para a segurança jurídica e o interesse social, a opção pelo mero não conhecimento da ação".[102]

De acordo com Joaquim Brage Camazano, chamado em apoio do relator, o uso das sentenças atípicas aditivas é praticamente inevitável, mesmo que

---

[101] "Note-se bem que a decisão aditiva acrescenta novo sentido normativo à lei, a fim de que determinado preceito legal seja depurado, adequado aos padrões da constitucionalidade. A esta Corte não cabe acrescentar nada à Constituição, como já se fez, indevidamente – digo-o com as vênias de estilo, ainda que não espontâneas, ainda que não partam do meu íntimo – como indevidamente foi feito no julgamento do MS 26.602. A decisão aditiva incorpora preceito novo à legislação infraconstitucional para, salvando-a de inconstitucionalidade, mantê-la em coerência com o bloco de constitucionalidade. Algo é acrescentado ao preceito legal, a Constituição permanecendo intocada, intocável. Ao contrário, porque a decisão aditiva como que captura o preceito legal, trazendo-a para o âmbito da constitucionalidade, a força normativa da Constituição é afirmada nessas decisões" (STF, ADI 3.510, rel. Min. Ayres Brito, j. 20.05.2008, p. 459).

[102] ADI 3.510.

com outra denominação ou outra particularidade, por qualquer outro órgão jurisdicional que goze de ampla jurisdição. Atualmente encontra-se superada a concepção de Kelsen acerca do Tribunal Constitucional como legislador negativo. Isso em face do rico "arsenal sentenciador" que possuem para fiscalizar a constitucionalidade das normas. Assim:

> La raíz esencialmente pragmática de estas modalidades atípicas de sentencias de la constitucionalidad hace suponer que su uso es prácticamente inevitable, con una u otra denominación y con unas u otras particularidades, por cualquier órgano de la constitucionalidad consolidado que goce de una amplia jurisdicción, en especial si no seguimos condicionados inercialmente por la majestuosa, pero hoy ampliamente superada, concepción de Kelsen del TC como una suerte de 'legislador negativo'. Si alguna vez los tribunales constitucionales fueron legisladores negativos, sea como sea, hoy es obvio que ya no lo son; y justamente el rico 'arsenal' sentenciador de que disponen para fiscalizar la constitucionalidad de la Ley, más Allá del planteamiento demasiado simple 'constitucionalidad/inconstitucionalidad', es un elemento más, y de importancia, que viene a poner de relieve hasta qué punto es así. Y es que, como Fernández Segado destaca, 'la praxis de los tribunales constitucionales no ha hecho sino avanzar en esta dirección' de la superación de la idea de los mismos como legisladores negativos, "certificando [así] la quiebra del modelo kelseniano del legislador negativo".

As sentenças atípicas, de acordo com tal argumento, decorrem de uma necessidade prática da jurisdição constitucional. De igual forma, com foco no direito comparado, o manejo de técnicas inovadoras de controle da constitucionalidade das leis e dos atos normativos em geral tem sido cada vez mais comum, em uma realidade na qual os tribunais não estão mais afeitos às soluções ortodoxas da declaração de nulidade total ou de mera decisão de improcedência da ação com a consequente declaração de constitucionalidade.[103]

d) MI 708, 670 e 712, Rel. Min. Eros Grau

Esses mandados de injunção – pedido individual de proteção contra a mora legislativa – versam sobre o direito fundamental de greve dos servidores públicos, direito constitucionalmente assegurado no art. 37, VII, da CF, com a condicionante nele disposta da regulamentação via específica – norma de eficácia limitada ou reduzida, o que nunca ocorreu desde a edição da Constituição.

No âmbito privado, a regulamentação ocorre via Lei 7.783/1989, que não abrange os servidores públicos. Tal situação permitiu que se recorresse ao mandado de injunção, ante a configuração da mora legislativa, no bojo do qual se

---

[103] ADI 3.510, rel. Min. Carlos Britto.

Cap. 5 – AS SENTENÇAS ADITIVAS NA JURISDIÇÃO CONSTITUCIONAL

pediu a aplicação da norma referente ao setor privado, para regulamentar o direito de greve dos servidores públicos.

No Mandado de Injunção 708, a Corte Maior dele conheceu e determinou a aplicação da Lei 7.783/1989 para os casos de omissão e fixou o prazo de 60 dias para que o Congresso legislasse sobre a matéria.

A pontuação acerca da sentença aditiva adveio do Ministro Gilmar Mendes, que a fundamenta na *teoria da solução constitucional obrigatória*, que consiste no fato de que a decisão criativa do juiz deve integrar ou completar um regime previamente adotado pelo legislador. Acresce-se a tal critério o da *vontade hipotética do legislador*:

> Além do critério da "solução constitucional obrigatória" o magistrado deve observar, para decidir com efeitos aditivos, o critério da vontade hipotética do legislador que consiste em um exercício de previsão do julgado em relação a qual teria sido a atitude do legislador se houvesse previsto a inconstitucionalidade da lei. Levando em consideração sua vontade de produzir normas em harmonia com a Constituição, teria ele aumentado ou diminuído o escopo da norma?[104]

Entende o STF, notadamente Gilmar Mendes, que ante o vácuo constitucional deve o STF conceder (MI 670) plena efetividade às normas constitucionais via mitigação da separação dos poderes.

Entendemos que tal sentença não é a sentença aditiva (em sentido estrito), na exata concepção do termo, pois ela tem lugar quando, em uma norma infraconstitucional, há uma lacuna. Então se pressupõe uma norma defeituosa, uma inconstitucionalidade omissiva e uma colmatação do julgador. A diferença entre ambas as situações é considerável: na sentença aditiva não há uma previsão constitucional, tratando-se mais de um remédio para evitar a declaração de inconstitucionalidade e, no mais das vezes, acontece em sede de interpretação conforme; já no mandado de injunção há a descrição constitucional de tal "writ".

No caso do Mandado de Injunção, notadamente o direito de greve, não há norma que discipline a questão. Então, reafirma-se, não se pode dizer que se trata de sentença aditiva, mas de ativismo judicial, em que pese a forte atuação da Corte Suprema no caso. O Ministro Lewandowski, por exemplo, elencou dezesseis condições para o direito de greve.[105]

É equivocado dizer que toda atuação do STF em sede de Mandado de Injunção ou mesmo de Ação de Inconstitucionalidade por Omissão caracteriza-se uma sentença aditiva, mas sim um ativismo judicial. Caracteriza-se, isto sim, uma sentença normativa.

---

[104] BONSAGLIA, Alexandre Antonucci. *Sentenças aditivas na jurisprudência do Supremo Tribunal Federal* cit., p. 54.

[105] MI 670, voto Min. Ricardo Lewandowski, p. 287-290.

Ao tecer comentários acerca do MI 758, que estendeu via aplicação analógica o art. 57, § 1.º, da Lei 8.213/1991, para regular o art. 40, § 4.º, da CF/88, afirma o Ministro Gilmar Ferreira Mendes que a Corte "aceitou a possibilidade de uma regulação provisória pelo próprio Judiciário, uma espécie de sentença aditiva, caso se utilize a denominação do direito italiano".[106] Veja-se o teor da ementa objeto da consideração:

> Mandado de injunção – Natureza. Conforme disposto no inciso LXXI do art. 5.º da Constituição Federal, conceder-se-á mandado de injunção quando necessário ao exercício dos direitos e liberdades constitucionais e das prerrogativas inerentes à nacionalidade, à soberania e à cidadania. Há ação mandamental e não simplesmente declaratória de omissão. A carga de declaração não é objeto da impetração, mas premissa da ordem a ser formalizada. Mandado de injunção – Decisão – Balizas. Tratando-se de processo subjetivo, a decisão possui eficácia considerada a relação jurídica nele revelada. Aposentadoria – Trabalho em condições especiais – Prejuízo à saúde do trabalhador – Inexistência de lei complementar – art. 40, § 4.º, da Constituição Federal. Inexistente a disciplina específica da aposentadoria especial do servidor impõe-se a adoção, via pronunciamento judicial, daquela própria aos trabalhadores em geral – art. 57, § 1.º, da Lei 8.213/91.

Parece-nos que essa não é a melhor caracterização da sentença aditiva. O fato de se admitir a construção da norma no mandado de injunção para concretizar direitos fundamentais órfãos de regulamentação não se traduz em sentença aditiva em sentido estrito, salvo melhor juízo. Os institutos, no caso, são bem próximos, mas não propriamente idênticos, mesmo ante a diferenciação dos regimes jurídicos das categorias apontadas.

A sentença aditiva possui características próprias e requisitos para se configurar como tal, de maneira que não se pode confundi-la com institutos próximos, mas distintos na essência.

e) ADIn 1.351 e 1.354, Rel. Min. Marco Aurélio (cláusula de barreira)

As ações abstratas tratam da cláusula de barreira instituída pelo art. 13 da Lei 9.096/1995, que restringiu o funcionamento parlamentar dos partidos que não obtivessem ao menos 5% dos votos válidos, distribuídos em, pelo menos, um terço dos Estados, com um mínimo de 2% do total de eleitores de cada um deles.

As ADIns pleiteiam a inconstitucionalidade do dispositivo. A Corte Suprema decidiu, via interpretação conforme, pela inconstitucionalidade do referido art. 13

---

[106] MENDES, Gilmar Ferreira. O mandado de injunção e a necessidade de sua regulação legislativa. *Observatório da Jurisdição Constitucional* – IDP, ISSN 1982-4564, ano 3, 2009-2010, p. 8. Disponível em: <www.portaldeperiodicos.idp.edu.br/index.php/observatorio/article/viewFile/363/246>.

Cap. 5 – AS SENTENÇAS ADITIVAS NA JURISDIÇÃO CONSTITUCIONAL

na expressão "obedecendo aos seguintes critérios": a contida no *caput* do art. 41, I e II; art. 48, a expressão "que atenda ao disposto no art. 13", contida no *caput* do art. 49, com redução de texto; *caput* dos arts. 56 e 57, com interpretação que elimina de tais dispositivos as limitações temporais neles constantes, até que sobrevenha disposição legislativa a respeito; e a expressão "no art. 13", constante no inciso II do art. 57. Por unanimidade a improcedência do art. 56, II.

Ao proceder à interpretação conforme o efeito aditivo foi inegável, pois possibilitou aos chamados "partidos nanicos" a sobrevivência em um jogo no qual somente os partidos mais estruturados teriam chance. Assim, nivelou-se a questão pelo prisma do princípio da igualdade.

Interessante o voto do Ministro Gilmar Mendes, no teor da referida ADIN, no qual aborda o tema da sentença aditiva e a interpretação conforme:

> VII. A necessidade de uma solução diferenciada: a interpretação das disposições transitórias (art. 57) com efeitos aditivos
>
> O Ministro Marco Aurélio, Relator, votou no sentido da declaração de inconstitucionalidade/nulidade total dos dispositivos impugnados: o art. 13; expressão contida no art. 41, inciso II; o art. 48; expressão contida no *caput* do art. 49; e os arts. 56 e 57, todos da Lei 9.096, de 19 de setembro de 1997 (Lei dos Partidos Políticos). Essa conclusão me preocupa, pois temos, no caso, os arts. 56 e 57, que trazem normas de transição e que regeram o tema desde a publicação da lei, em 20.9.1995. A declaração de nulidade total dessas normas, com eficácia *ex tunc*, resultará, invariavelmente, num vácuo legislativo.
>
> Por isso, o Tribunal deve encontrar uma solução que, ao declarar a inconstitucionalidade da regra do art. 13 e do sistema normativo dele decorrente, preserve as normas de transição do art. 57 que regem a questão atualmente, pelo menos até que o legislador elabore novas regras para disciplinar a matéria.
>
> Nesse sentido, a técnica da interpretação conforme à Constituição pode oferecer uma alternativa viável.
>
> Há muito se vale o Supremo Tribunal Federal da interpretação conforme à Constituição.[107] Consoante a prática vigente, limita-se o Tribunal a declarar a legitimidade do ato questionado desde que interpretado em conformidade com a Constituição.[108] O resultado da interpretação, normalmente, é incorporado, de forma resumida, na parte dispositiva da decisão.[109]
>
> Segundo a jurisprudência do Supremo Tribunal Federal, porém, a interpretação conforme à Constituição conhece limites. Eles resultam tanto da expressão literal da lei quanto da chamada *vontade do legislador*. A interpretação conforme à Constituição é, por isso, apenas admissível se não configurar violência contra a expressão literal

---

[107] Rp. 948, rel. Min. Moreira Alves, *RTJ* 82:55-6; Rp. 1.100, *RTJ* 115:993 e ss.

[108] Cf., a propósito, Rp. 1.454, rel. Min. Octavio Gallotti, *RTJ* 125:997.

[109] Cf., a propósito, Rp. 1.389, rel. Min. Oscar Corrêa, *RTJ* 126:514; Rp. 1.454, rel. Min. Octavio Gallotti, *RTJ* 125:997; Rp. 1.399, rel. Min. Aldir Passarinho, *DJ* 09.09.1988.

do texto[110] e não alterar o significado do texto normativo, com mudança radical da própria concepção original do legislador.[111]

Assim, a prática demonstra que o Tribunal não confere maior significado à chamada *intenção do legislador*, ou evita investigá-la, se a interpretação conforme à Constituição se mostra possível dentro dos limites da expressão literal do texto.[112]

Muitas vezes, porém, esses limites não se apresentam claros e são difíceis de definir. Como todo tipo de linguagem, os textos normativos normalmente padecem de certa indeterminação semântica, sendo passíveis de múltiplas interpretações.

Entende o ministro que a única solução viável para a resolução da questão é a utilização da técnica da decisão com efeitos aditivos, como há muito tempo já faz a Corte Constitucional italiana.

Após a exposição, decide em efeitos aditivos para julgar procedente o pedido em relação ao art. 57 da Lei 9.096/1995, mas estender a eficácia do dispositivo até que o Congresso legisle sobre o tema.

O art. 57 da Lei 9.096/1995 é declarado inconstitucional, mas ficará em vigor até o disciplinamento pelo legislador, caracteriza-se como sentença aditiva. Entretanto, apesar do peso da ponderação, a nosso sentir, trata-se de decisão modificativa exortativa, na qual a Corte Constitucional declara a inconstitucionalidade prospectiva ou eficácia *pro futuro*, na qual há a declaração dos efeitos de inconstitucionalidade a partir de determinado fato. É sentença manipulativa, mas, na concepção pura, não se trata de sentença aditiva.

Consoante ressalta a doutrina,[113] o Ministro Gilmar Mendes iguala as sentenças manipulativas às aditivas, mas, em realidade, elas têm relação de gênero e espécie.

6.3.20. Sentenças aditivas e declaração de inconstitucionalidade sem redução de texto

As sentenças aditivas[114] diferenciam-se da declaração de inconstitucionalidade parcial sem redução de texto porque enquanto nesta verifica-se uma

---

[110] BITTENCOURT. *O controle jurisdicional* cit., p. 95.

[111] ADIn 2.405-RS, rel. Min. Carlos Britto, *DJ* 17.02.2006; ADIn 1.344-ES, rel. Min. Joaquim Barbosa, *DJ* 19.04.2006; Rp 1.417-DF, rel. Min. Moreira Alves, *DJ* 15.04.1988; ADIn 3.046-SP, rel. Min. Sepúlveda Pertence, *DJ* 28.05.2004.

[112] Rp. 1.454, rel. Min. Octavio Gallotti, *RTJ* 125:997; Rp. 1.389, rel. Min. Oscar Corrêa, *RTJ* 126:514; Rp. 1.399, rel. Min. Aldir Passarinho, *DJ* 09.09.1988.

[113] BONSAGLIA, Alexandre Antonucci. *Sentenças aditivas na jurisprudência do Supremo Tribunal Federal* cit., p. 28.

[114] Nas sentenças aditivas, a "disposição é conservada em sua totalidade mas passa a significar também o sentido omitido (norma) que a tornava ilegítima. Isto é, o Tribunal produz uma nova norma e a adiciona à disposição para convertê-la em constitucional, porque esse tipo de sentença

Cap. 5 – AS SENTENÇAS ADITIVAS NA JURISDIÇÃO CONSTITUCIONAL

violação por ação pelo autor da norma, que dispõe o que não deveria, naquela a norma diz menos o que deveria dizer.[115]

6.3.21. As necessidades fundantes da sentença aditiva (Carlos Blanco de Morais): para além do princípio da igualdade

Carlos Blanco de Morais pondera que a sentença aditiva não fica limitada à salvaguarda do princípio da igualdade e pode fundar-se, inicialmente, em três ordens justificantes:

- a necessidade de preencher a omissão relativa censurada pela componente ablativa da decisão de inconstitucionalidade mediante a identificação da norma ou do segmento normativo em falta;

- a necessidade de integrar uma lacuna técnica gerada pelos próprios efeitos ablativos da decisão de inconstitucionalidade, atenta à impossibilidade ou inadequação de uma operação repristinatória e a necessidade de se evitarem prejuízos de ordem mais grave, resultantes da subsistência da mesma lacuna;

- a necessidade de reconstruir o sentido de um preceito afetado por uma decisão inconstitucional parcial que reprimiu uma norma inconstitucional compreensiva de direitos e garantias fundamentais.[116]

A seguir, elenca mais quatro ordens justificantes:

- necessidade de concretizar a Constituição tendo em vista a reparação imediata de omissões e lacunas cuja subsistência se revele ofensiva para a esfera dos direitos e garantias fundamentais;

- conservação relativa dos atos;

- preenchimento de vazios e lacunas técnicas e axiológicas mediante soluções integrativas lógicas ou critérios obrigatoriamente determinados pela Constituição;

- consolidação pela prática jurisprudencial.[117]

---

tem sua causa numa omissão da lei" (BRUST, Leo. A interpretação conforme a Constituição e as sentenças manipulativas cit., p. 519).

[115] CANAS, V. Introdução às decisões de provimento do Tribunal Constitucional. 2. ed. Lisboa: Associação Acadêmica da Faculdade de Direito de Lisboa, 1994. p. 90-93. BRUST, Leo. A interpretação conforme a Constituição e as sentenças manipulativas cit., p. 519.

[116] MORAIS, Carlos Blanco de. Justiça constitucional cit., p. 382.

[117] Idem, p. 410-413.

6.4. Interpretação conforme em sentido estrito e sentenças manipulativas

6.4.1. Diferenças

Sentenças redutivas, aditivas e substitutivas são espécies de manipulativas. A sentença aditiva é o oposto da redutiva, porque agrega conteúdo normativo ao preceito.[118] Já as substitutivas substituem parte do conteúdo do preceito por outro.[119]

Nesse contexto, não se pode confundir a interpretação conforme em sentido estrito (escolha entre interpretações alternativas) e sentenças manipulativas (redutivas, aditivas e substitutivas), nas quais se dá a modificação no conteúdo da norma.

A interpretação conforme nem sempre ocasiona uma adição de sentido, a menos que veicule uma sentença manipulativa aditiva. No caso da interpretação conforme está-se diante de uma sentença de rejeição de inconstitucionalidade parcial qualitativa: ante duas possibilidades interpretativas escolhe-se a que está em consonância com a Constituição.[120] Enfim:

> De todos os modos, uma coisa é certa: com a interpretação conforme a Constituição tomada em seu sentido estrito ou originário, o Tribunal não adiciona sentido ao texto legal. Limita-se a escolher as opções constitucionais entre as interpretações alternativas emergentes do texto legal, dando origem à sentença interpretativa de improcedência (no Brasil, de constitucionalidade). Quando o Tribunal, com base na Constituição, adiciona sentido ao texto legal (ou o reduz ou substitui) está em realidade ditando uma sentença manipulativa. Essa sentença também parte da interpretação conforme (*lato sensu*), mas vai mais além, porque modifica o próprio conteúdo normativo complexo do preceito. E isso pode se refletir, eventualmente, numa indevida invasão da competência de outro órgão de soberania, mais especificamente, do Poder Legislativo.[121]

---

[118] "Por exemplo, é inconstitucional *enquanto não estabelece...*, ou *não prevê...*, ou *omite...*, ou *não exclui...*, *algo* que deveria incluir..." (BRUST, Leo. A interpretação conforme a Constituição e as sentenças manipulativas cit., p. 509).

[119] "... é inconstitucional *enquanto prevê...*, ou *sinala algo, em lugar de* outra coisa que deveria prever..." (Ibidem).

[120] "Ou seja, a interpretação conforme possibilita recolher do texto legal um sentido constitucional, conservando a integridade da lei, mas não contém 'uma delegação ao Tribunal para que proceda à melhoria ou ao aperfeiçoamento da lei' (MENDES, 2007: 290). Está limitada pela expressão literal (*Wortlaut*) do texto normativo, porque 'sua plurissignificatividade constitui a base que permite separar interpretações compatíveis com a Constituição daquelas que se mostram com ela incompatíveis' (GUSY apud MENDES, 2007: 290) e igualmente pelas 'decisões fundamentais do legislador', isto é, suas valorações e objetivos" (BRUST, Leo. A interpretação conforme a Constituição e as sentenças manipulativas cit., p. 512).

[121] BRUST, Leo. A interpretação conforme a Constituição e as sentenças manipulativas cit., p. 513.

Cap. 5 - AS SENTENÇAS ADITIVAS NA JURISDIÇÃO CONSTITUCIONAL

6.4.2. A interpretação conforme e as sentenças aditivas

A interpretação conforme é um mecanismo de alinhamento da norma infraconstitucional à vontade constitucional, uma técnica de hermenêutica constitucional pela qual se atribui a uma norma infraconstitucional algumas interpretações – favoráveis ou contrárias à Constituição.

A "sentença normativa aditiva" manipula a norma considerada inconstitucional acrescendo-lhe um sentido que já estava subjacente na norma para vertê-la à constitucionalidade. Conclui-se que o magistrado não pode inovar no ordenamento jurídico, ele apenas adiciona à norma um preceito já existente.

Ao se referir à interpretação conforme, Lenio Streck a considera um princípio imanente à Constituição e cita, em seu apoio, Konrad Hesse:

> Segundo esse princípio, uma lei não deve ser declarada nula quando pode ser interpretada em consonância com a Constituição. Essa consonância existe não só então, quando a lei, sem a consideração de pontos de vista jurídico-constitucionais, admite uma interpretação que é compatível com a Constituição. No quadro da interpretação conforme a Constituição, normas constitucionais são, portanto, não só normas de exame, mas também normas materiais para a determinação do conteúdo das leis ordinárias.[122]

A fixação e consequente observância de tais limites é bastante difícil, de forma que a eliminação ou a fixação de determinados sentidos no texto pode alterar, mesmo que de forma mínima, o sentido original do texto construído pelo legislador.[123]

A interpretação conforme é um ponto de partida para o julgador modificar a norma, *podendo* ainda acrescer-lhe uma regra nova, e por isso a sentença é chamada de manipulativa e, no último caso, uma subespécie: a sentença aditiva.[124] Ressalte-se que não é impositivo que isso se dê motivo por que é uma falácia o argumento de que a sentença aditiva ocorre inflexivelmente na interpretação conforme.

Contudo, diversas vezes isso ocorre, como salienta Gilmar Mendes: "Muitas vezes a interpretação conforme levada a efeito pelo tribunal pode transformar-se numa decisão modificativa dos sentidos originais do texto".[125]

---

[122] STRECK, Lenio Luiz. *Jurisdição constitucional e hermenêutica* cit., p. 573.

[123] MENDES, Gilmar Ferreira; COELHO, Inocêncio Mártires; BRANCO, Paulo Gustavo Gonet. *Curso de direito constitucional* cit., p. 1.192.

[124] BONSAGLIA, Alexandre Antonucci. *Sentenças aditivas na jurisprudência do Supremo Tribunal Federal* cit., p. 28.

[125] MENDES, Gilmar Ferreira; COELHO, Inocêncio Mártires; BRANCO, Paulo Gustavo Gonet. *Curso de direito constitucional* cit., p. 1.192.

Nas ADIs 1.105 e 1.127 (relator Ministro Marco Aurélio), o tribunal, ao conferir interpretação conforme a diversos dispositivos do Estatuto da Advocacia (Lei 8.906/1994), proferiu decisão de conteúdo aditivo.[126]

A técnica hermenêutica denominada interpretação conforme a Constituição consiste na opção por uma das interpretações possíveis da norma, quando os julgadores, tendo diante de si mais de uma possibilidade de interpretação da lei, escolhem aquela que melhor amolda a norma à Constituição Federal, julgando inconstitucionais as demais interpretações. Com isso, fica a salvo da ablação do ordenamento jurídico um dispositivo legal que, a rigor, seria julgado inconstitucional, não fosse a possibilidade de interpretação conforme, resguardando essa técnica a preservação do ordenamento jurídico e a autoridade do legislador.

6.5. Sentenças aditivas sob as vestes da interpretação conforme

Em outros casos, nas ADIs 3.324, 3.046, 2.652, 2.209, 2.596, 1.797,[127] o STF, ao manejar a interpretação conforme, acabou por proferir sentenças aditivas, ou sentenças manipulativas de efeitos aditivos. É uma verdadeira interpretação corretiva da lei perante a interpretação modificativa dos sentidos originais postos pelo legislador.

A ADI 2.652, que impugnava a Lei 10.358/2001, deu nova redação ao art. 14 do CPC, excluindo os advogados do pagamento de multa devida em face do descumprimento dos provimentos judiciais, "ressalvando os advogados que se sujeitam exclusivamente aos estatutos da OAB". A Anape – Associação Nacional dos Procuradores do Estado pleiteou a isonomia no sentido de que a norma fosse extensiva também aos advogados cuja vinculação ao Poder Público decorresse de lei, porque não sujeitos exclusivamente à observância dos estatutos da OAB. Assim decidiu o STF em nítida sentença aditiva isonômica:

AÇÃO DIRETA DE INCONSTITUCIONALIDADE. IMPUGNAÇÃO AO PARÁGRAFO ÚNICO DO art. 14 DO CÓDIGO DE PROCESSO CIVIL, REDAÇÃO DADA PELA LEI 10.358/2001. PROCEDÊNCIA DO PEDIDO. 1. Impugnação ao parágrafo único do art. 14 do Código de Processo Civil, na parte em que ressalva "os advogados que se sujeitam exclusivamente aos estatutos da OAB" da imposição de multa por obstrução à Justiça. Discriminação em relação aos advogados vinculados a entes estatais, que estão submetidos a regime estatutário próprio da entidade. Violação ao princípio da isonomia e ao da inviolabilidade no exercício da profissão. Interpretação adequada, para afastar o injustificado discrímen. 2. Ação Direta de Inconstitucionalidade julgada procedente para, sem redução de texto, dar

---

[126] Ibidem.
[127] Nota de rodapé 57, p. 1.193, MENDES, Gilmar Ferreira; COELHO, Inocêncio Mártires; BRANCO, Paulo Gustavo Gonet. *Curso de direito constitucional* cit.

interpretação ao parágrafo único do artigo14 do Código de Processo Civil conforme a Constituição Federal e declarar que a ressalva contida na parte inicial desse artigo alcança todos os advogados, com esse título atuando em juízo, independentemente de estarem sujeitos também a outros regimes jurídicos.

6.6. A declaração de constitucionalidade das leis e a "lei ainda constitucional"

Caso emblemático da declaração de constitucionalidade das leis e a "lei ainda constitucional" foi o julgamento do HC 70.514 (23/03/1994), segundo o qual entendeu a Corte que o prazo em dobro dado pela Lei 1.060/1950, art. 5.º, § 5.º, era inconstitucional, mas tal inconstitucionalidade não deveria ser reconhecida até que a organização das Defensorias Públicas nos Estados alcance o mesmo nível do Ministério Público:

> Assim, a lei em causa será constitucional enquanto a Defensoria Pública, concretamente, não estiver organizada com a estrutura que possibilite atuar em posição de igualdade com o Ministério Público, tornando-se inconstitucional, porém, quando essa circunstância de fato não mais se verificar.[128]

Ressalvou-se a possibilidade de vir a ser declarada a inconstitucionalidade da disposição uma vez que a circunstância de fato se modifique.

No mesmo sentido o direito alemão, as chamadas decisões apelativas (Appelentscheidugen), "pelas quais se declara uma lei ou uma situação jurídica como 'ainda' não inconstitucional, portanto, ainda aceitável, fazendo simultaneamente um apelo ao legislador, eventualmente dentro de um prazo expressamente determinado pelo Tribunal Constitucional".[129]

Pontual é a questão das sentenças modulatórias temporais, aquelas que fogem à regra da eficácia *ex tunc* dos atos inconstitucionais para evitar relações jurídicas constituídas mediante boa-fé ou mesmo para evitar prejuízos.

Pela normatização no art. 27, Lei 9.868/1999, o STF pode restringir os efeitos da decisão (*quorum* de 08 ministros) se estiverem presentes motivos de segurança jurídica ou de excepcional interesse social, conferindo à norma interpretada eficácia *ex nunc* ou a partir de data fixada na decisão. Trata-se da técnica da modulação temporal dos efeitos da declaração de inconstitucionalidade e pertence à classe das sentenças manipulativas ou aditivas.

Sob prisma similar, o caso da Ação Direta de Inconstitucionalidade 2.240 – que versou sobre a criação do Município de Luis Eduardo Magalhães, mediante

---

[128] Idem, p. 1.194.

[129] STRECK, Lenio Luiz. *Jurisdição constitucional e hermenêutica* cit., p. 602.

a divisão do município de Barreiras-BA –, a *inconstitucionalidade prospectiva*, exemplo de modulatória temporal.

O Ministro Gilmar Mendes propôs a vigência da Lei 7.619/2000 (que pretendia criar o referido município) por um período de 24 (vinte e quatro meses). O STF entendeu a norma contrária ao art. 18, § 4.º,[130] mas manteve-a para que o Legislativo pudesse aprovar a lei com *quorum* qualificado (lei complementar) exigida pelo dispositivo constitucional. Ocorre o que se chama de inconstitucionalidade prospectiva ou *pro futuro*, na qual os efeitos da inconstitucionalidade são a partir de determinado fato. Consoante Enterría: "É, justamente, a relação estreita entre ambos os conceitos (nulidade = catástrofe) que motivou a busca no ordenamento constitucional de outra solução, sendo crível já ter sido encontrada na adoção do critério da inconstitucionalidade prospectiva, hoje estabelecida e admitida pelos mais importantes sistemas de justiça constitucional e internacional do mundo inteiro".[131]

6.7. Decisões aditivas além da jurisdição constitucional

Segundo Lenio Streck, fora do âmbito do controle de constitucionalidade há a possibilidade de decisões construtivas, aditivas, redutivas ou manipulativas.

São exemplos súmulas do STF e do STJ. A Súmula 554 do STF criou forma de extinção de punibilidade de crime,[132] porque possibilitou a extinção da punibilidade se o pagamento do cheque for efetuado antes da denúncia, o que contraria o art. 16 do Código Penal. A Súmula 07 do STJ estabelece que a "pretensão de simples reexame de prova não enseja recurso especial", o que não está constando na lei.[133]

Pontua Streck que é necessário acabar com a ilusão de que os tribunais agem como legislador negativo, na mais estrita concepção kelseniana.[134]

Contudo, analisando a questão *cuum grano salis*, não podemos classificar tais expedientes como sentenças aditivas, cuja origem é a Justiça Constitucional

---

[130] "Art. 18 (...)

§ 4.º A criação, a incorporação, a fusão e o desmembramento de Municípios, far-se-ão por lei estadual, dentro do período determinado por Lei Complementar Federal, e dependerão de consulta prévia, mediante plebiscito, às populações dos Municípios envolvidos, após divulgação dos Estudos de Viabilidade Municipal, apresentados e publicados na forma da lei."

[131] GARCÍA DE ENTERRIA, Eduardo. Justicia constitucional: la doctrina prospectiva en la declaración de ineficácia de las leyes inconstitucionales. *Revista de Direito Público*, n. 92, out.-dez. 1989.

[132] Súmula 544 do STF: "O pagamento de cheque emitido sem provisão de fundos, após o recebimento da denúncia, não obsta ao prosseguimento da ação penal".

[133] STRECK, Lenio Luiz. *Jurisdição constitucional e hermenêutica* cit., p. 602.

[134] Idem, p. 609.

Cap. 5 – AS SENTENÇAS ADITIVAS NA JURISDIÇÃO CONSTITUCIONAL

– via controle de constitucionalidade. Temos de verificar a origem do instituto para qualificá-lo. No caso, temos o exercício de um ativismo judicial externado via súmulas.

Em que pese ser institutos similares – escopo modificativo, retificativo ou aditivo –, não podem ser equiparados, pois o ponto nodal é a jurisdição constitucional, no intuito de evitar a nulidade decorrente da retirada *in totum* da norma do ordenamento jurídico, além de – na maioria dos casos – planificar o princípio da igualdade.

Assim, salvo melhor juízo, tais expedientes não se adaptam ao modelo normativo inato à jurisdição constitucional.

Se, como salienta o autor, mesmo na prática dos tribunais inferiores é são bastante comuns os efeitos legislativos das decisões, na essência não se confundem.

7. BIBLIOGRAFIA

BARROSO, Luís Roberto. *Interpretação e aplicação da Constituição* – Fundamentos de uma dogmática constitucional transformadora. 6. ed. 4. tir. São Paulo: Saraiva, 2008.

_____. Judicialização, ativismo judicial e legitimidade democrática. p. 241-254. In: SILVA, Oliveira Peter da; CARNEIRO, Gustavo Ferraz Sales (Coord.). *Controle de constitucionalidade e direitos fundamentais, estudos em homenagem ao professor Gilmar Mendes.* Rio de Janeiro: Lumen Juris, 2010. p. 245-246.

_____. Princípios constitucionais brasileiros. *Revista Jurídica THEMIS*, Curitiba, n. 7, out. 1991, p. 17-39.

_____. *O direito constitucional e a efetividade de suas normas* – limites e possibilidades da Constituição brasileira. 8. ed. Rio de Janeiro: Renovar, 2006.

BENTHAM, Jeremy. *A fragment of Government.* London: Payne, 1776. In: DIMOULIS, Dimitri; LUNARDI, Soraya Gasparetto; TAVARES, André Ramos. O "legislador negativo" no controle judicial de constitucionalidade: reflexões sobre a inaptidão teórica. *Revista Brasileira de Estudos Constitucionais – RBEC*, ano 4, n. 15, jul.-set. 2010, p. 161-181, Belo Horizonte.

BIN, Roberto; PITRUZZELA, Giovanni. Diritto costituzionale. 2002. p. 425. In: NOBRE JUNIOR, Edilson Pereira. *Jurisdição constitucional.* Curitiba: Juruá, 2010. p. 105 e ss.

BOCZAR, Sonia. Sentenças modulatórias: manipulação dos efeitos das decisões do Supremo Tribunal Federal e as sentenças aditivas. *Revista dos Tribunais*, São Paulo: RT, ano 99, v. 897, jun. 2010.

BONSAGLIA, Alexandre Antonucci. *Sentenças aditivas na jurisprudência do Supremo Tribunal Federal*. Monografia apresentada à banca examinadora da Sociedade Brasileira de Direito Público (SBPDP) como requisito de conclusão do curso da Escola de Formação. São Paulo, 2010.

BRUST, Leo. A interpretação conforme a Constituição e as sentenças manipulativas. *Revista de Direito GV*, São Paulo, p. 502-507, I, jul.-dez. 2009.

CANAS, V. *Introdução às decisões de provimento do Tribunal Constitucional*. 2. ed. Lisboa: Associação Acadêmica da Faculdade de Direito de Lisboa, 1994.

CANOTILHO, J. J. Gomes. *Direito constitucional e teoria da Constituição*. 6. ed. Portugal: Almedina, Gráfica de Coimbra.

_____; MOREIRA, Vital. *CRP Constituição da República portuguesa*, arts. 1.º a 107. 1. ed. brasileira. 4. ed. portuguesa rev. anotada. São Paulo; Coimbra: Revista dos Tribunais, 2007. v. 1.

_____; _____. *Constituição da República portuguesa anotada*. 3. ed. Coimbra: Ed. Coimbra, 1993. p. 1.045.

COELHO, Inocêncio Mártires. *Interpretação constitucional*. 3. ed. São Paulo: Saraiva, 2007.

GALDINO, Flávio. *Introdução à teoria dos custos dos direitos* – direitos não nascem em árvores. Rio de Janeiro: Lumen Juris, 2005.

GARCÍA DE ENTERRIA, Eduardo. Justicia constitucional: la doctrina prospectiva en la declaración de ineficácia de las leyes inconstitucionales. *Revista de Direito Público*, n. 92, out.-dez. 1989.

LEAL, Roger Stiefelmann. *O efeito vinculante na jurisdição constitucional*. São Paulo: Saraiva, 2006.

MARTINS, Ricardo Muciato. A atuação do Supremo Tribunal Federal no controle de constitucionalidade como legislador positivo e o princípio da proporcionalidade. *Revista Ciências Jurídicas e Sociais da Unipar*, v. 11, n. 1, p. 25-44, jan.-jun. 2008, p. 25.

MEDEIROS, Rui. *A decisão de inconstitucionalidade*: os autores, o conteúdo e os efeitos da decisão de inconstitucionalidade da lei. Lisboa: Universidade Católica, 1999.

MELLO, Celso Antônio Bandeira de. *Conteúdo jurídico do princípio da igualdade*. São Paulo: Malheiros, 1994.

MENDES, Gilmar Ferreira; COELHO, Inocêncio Mártires; BRANCO, Paulo Gustavo Gonet. *Curso de direito constitucional*. São Paulo: Saraiva, 2009. IDP – Instituto Brasiliense de Direito Público.

_____. O mandado de injunção e a necessidade de sua regulação legislativa. *Observatório da Jurisdição Constitucional* – IDP, ISSN 1982-4564, ano 3,

Cap. 5 – AS SENTENÇAS ADITIVAS NA JURISDIÇÃO CONSTITUCIONAL

2009-2010, p. 08. Disponível em: <www.portaldeperiodicos.idp.edu.br/index. php/observatorio/article/viewFile/363/246>.

MIRANDA, Jorge. *Manual de direito constitucional*: inconstitucionalidade e garantia da Constituição. Coimbra: Ed. Coimbra, 2008. t. VI.

_____. *Teoria do Estado e da Constituição*. Rio de Janeiro: Forense, 2002.

MORAIS, Carlos Blanco de. *Justiça constitucional*: o contencioso constitucional português entre o modelo misto e a tentação do sistema de reenvio. Coimbra: Ed. Coimbra, 2005.

_____ (Coord.). *As sentenças com efeitos aditivos*. Estudos luso-brasileiros de direito público. Autores Diversos. Lisboa: AAFDL, 2009.

NOBRE JUNIOR, Edilson Pereira. *Jurisdição constitucional*. Curitiba: Juruá, 2010.

PELEJA JÚNIOR, Antônio Veloso. *Conselho Nacional de Justiça e a Magistratura brasileira*. 2. ed. Curitiba: Juruá, 2011.

PEREIRA, Edilson. *Jurisdição constitucional*. Curitiba: Juruá, 2010.

RAMOS, Elival da Silva. *Ativismo judicial, parâmetros dogmáticos*. São Paulo: Saraiva, 2010.

REALE, Miguel. Gênese e vida dos modelos jurídicos – problemas de semântica jurídica. *O direito como experiência*. p. 209-218. In: COELHO, Inocêncio Mártires. *Interpretação constitucional*. 3. ed. São Paulo: Saraiva, 2007.

SAMPAIO, José Adércio Leite. *Hermenêutica e jurisdição constitucional*. Belo Horizonte: Del Rey, 2001.

SILVA, José Afonso da. *Curso de direito constitucional positivo*. 11. ed. São Paulo: Malheiros, 1996.

SILVA, Christine Oliveira Peter da; CARNEIRO, Gustavo Ferraz Sales (Coord.). *Controle de constitucionalidade e direitos fundamentais, estudos em homenagem ao professor Gilmar Mendes*. Rio de Janeiro: Lumen Juris, 2010.

SILVA, Jorge Pereira da. *Dever de legislar e protecção jurisdicional contra omissões legislativas*. Lisboa, 2003.

SIMON, Helmut. La jurisdicción constitucional. In: BENDA, Ernesto et al. *Manual de derecho constitucional*. p. 838. In: COELHO, Inocêncio Mártires. *Interpretação constitucional*. 3. ed. São Paulo: Saraiva, 2007.

STRECK, Lenio Luiz. *Jurisdição constitucional e hermenêutica*. 2. ed. Rio de Janeiro: Forense, 2004.

TAVARES, André Ramos. A inconsistência do Tribunal Constitucional como "legislador negativo" em face de técnicas avançadas de decisão da Justiça Constitucional. *Revista Brasileira de Estudos Constitucionais – RBEC*, ano 4, n. 15, jul.-set., p. 117-130, 2010, Belo Horizonte.

TEMER, Michel. *Elementos de direito constitucional*. 10. ed. São Paulo: Malheiros, 1993.

VALLE, Vanice Regina Lírio do (Org.). *Ativismo jurisdicional e o Supremo Tribunal Federal*: Laboratório de Análise Jurisprudencial do STF. Curitiba: Juruá, 2009.

WALD, Arnold. O novo Supremo Tribunal Federal. p. 40. In: SILVA, Christine Oliveira Peter da; CARNEIRO, Gustavo Ferraz Sales (Coord.). *Controle de constitucionalidade e direitos fundamentais, estudos em homenagem ao professor Gilmar Mendes*. Rio de Janeiro: Lumen Juris, 2010.

A MODERNA JURISDIÇÃO CONSTITUCIONAL E O PRINCÍPIO DO DEVIDO PROCESSO LEGAL

6

Claudio Roberto Pieruccetti Marques

> **Sumário:** 1. Introito – 2. Jurisdição constitucional: uma nova visão – 3. O processo, aquele que deve ser constitucional – 4. O devido processo: do legal ao constitucional – 5. Conclusão – 6. Bibliografia.

"Deste modo, antes de se investigar sobre que tipo de jurisdição ou de processo se pretende para uma determinada sociedade, inevitável observar qual o perfil do Estado. Isso implica dizer que o direito, para além do simples texto de lei, tem sua substância moldada pela Constituição e que o juiz, para além de um funcionário público e do objetivo de resolução de um conflito intersubjetivo, é um agente de poder que, através da interpretação/hermenêutica da lei e do controle de constitucionalidade, faz valer os princípios constitucionais e da implementação de direitos fundamentais, exercendo, o Judiciário, papel de extrema importância para a consolidação dos valores inscritos na Constituição."[1]

1. INTROITO

Os grandes eventos que assolaram a humanidade levaram as sociedades, pouco a pouco, a exigir dos Estados que as governam uma proteção cada vez maior contra os abusos perpetrados ao longo do tempo contra os direitos fundamentais do homem. A figura do Estado unitário, opressor, e no qual o homem

---

[1] SALDANHA, Jânia Maria Lopes; ESPINDOLA, Angela Araújo da Silveira. Jurisdição constitucional e o caso da ADI 3.510: do modelo individualista e liberal ao modelo coletivo e democrático de processo. *Revista de Processo*, n. 154, dez. 2007, São Paulo: RT, p. 270.

tinha quase que exclusivamente obrigações, foi paulatinamente substituída por um modelo em que o Estado não só prescreve genericamente direitos, mas também possui a obrigação de zelar pela sua concreção.

Principalmente após a Segunda Grande Guerra, que teve como sua marca maior o regime totalitário da Alemanha, um Estado de Direito, de direito "positivo puro", sobressaiu a preocupação com os direitos fundamentais, tendo sido, inclusive, editada a Declaração Universal de Direitos Humanos (1948), ao que se seguiu também a edição da **Convenção para a Proteção dos Direitos do Homem e das Liberdades Fundamentais** (1950) e da Convenção Americana de Direitos Humanos – Pacto de San José da Costa Rica (1969).

Nesse cenário do pós-guerra, então, praticamente não havia mais espaço para Estados exclusivamente de Direito, tendo em vista que o "positivismo puro" poderia legitimar regimes totalitários como o da Alemanha de Adolf Hitler e o da Itália de Benito Mussolini. A exigência passou a ser a de um Estado norteado por um ordenamento constitucional que zelasse pela efetiva garantia dos direitos fundamentais.

Exatamente nesse sentido estão as palavras de Diogo de Figueiredo Moreira Neto,[2] para quem "a terceira e decisiva conquista, e a mais demandante, ainda está por ser alcançada", e é aquela em que se logrará "a subordinação do estado à moral: o princípio da licitude, ao assegurar o primado da moralidade na vida pública, é o aperfeiçoamento que falta para, sintetizado com os demais, realizar o Estado de Justiça", "aspiração mais ambiciosa do que a realização do Estado Democrático de Direito, que naquela se contém e com ela se supera".[3]-[4]

Pois bem, o legislador constitucional de 1988 parece ter dado este salto de qualidade quanto ao Estado brasileiro. Em diversos dispositivos da Constituição Federal de 1988 verifica-se a menção expressa à justiça, bem como a valores impregnados de conceitos morais, podendo-se destacar os arts. 1.º, inciso III,[5] 3.º, inciso I,[6] 4.º, inciso II,[7] dentre

---

[2] NETO, Diogo de Figueiredo Moreira. As funções essenciais à Justiça e as Procuraturas Constitucionais. *Revista de Direito da Procuradoria-Geral do Estado do Rio de Janeiro*, n. 45, 1992, p. 41.

[3] Idem, p. 48.

[4] Os vocábulos "naquela" e "ela" contidos no excerto referem-se à licitude que conduz ao Estado de Justiça.

[5] "Art. 1.º. omissis.
(...)
III – a dignidade da pessoa humana;"

[6] "Art. 3.º. Constituem objetivos fundamentais da República Federativa do Brasil:
I – constituir uma sociedade livre, justa e solidária;"

[7] "Art. 4.º. A República Federativa do Brasil rege-se nas suas relações internacionais pelos seguintes princípios:
(...)
II – prevalência dos direitos humanos;"

Cap. 6 – A MODERNA JURISDIÇÃO CONSTITUCIONAL E O PRINCÍPIO DO DEVIDO PROCESSO LEGAL   225

outros.[8] Não por outro motivo a vigente *Charta Magna* é comumente denominada de Constituição Cidadã.

Mas, além disso, o Texto Maior promulgado após o fim da ditadura militar que assolou o Brasil também previu meios de assegurar a concreção dos direitos fundamentais garantidos no extenso rol descrito em seu art. 5.º. Com efeito, dentre as garantias fundamentais do cidadão, está a de acesso à Justiça, contida no inciso XXXV do aludido dispositivo legal, garantia esta que foi qualitativamente graduada após a edição da Emenda Constitucional 45/2004, que, inserindo o inciso LXXVIII no rol do art. 5.º, "adjetivou" o acesso à Justiça, impondo "a razoável duração do processo".[9]

Nesta nova modelagem de Estado surge, como decorrência, uma nova visão da função jurisdicional e, por conseguinte, de todos os institutos que são dela derivados ou que com ela guardem relação, o que justifica o foco do presente estudo na jurisdição constitucional dentro dessa nova modelagem de Estado proposta pela Constituição Federal de 1988[10] e um dos princípios que lhe são correlatos, o devido processo legal.[11]

---

[8] Importante destacar que o próprio preâmbulo do Texto Maior menciona a justiça como um dos valores a serem assegurados pelo Estado brasileiro, *in verbis*: "Nós, representantes do povo brasileiro, reunidos em Assembleia Nacional Constituinte para instituir um Estado Democrático, destinado a assegurar o exercício dos direitos sociais e individuais, a liberdade, a segurança, o bem-estar, o desenvolvimento, a igualdade e a justiça como valores supremos de uma sociedade fraterna, pluralista e sem preconceitos, fundada na harmonia social e comprometida, na ordem interna e internacional, com a solução pacífica das controvérsias, promulgamos, sob a proteção de Deus, a seguinte CONSTITUIÇÃO DA REPÚBLICA FEDERATIVA DO BRASIL."

[9] Não se pode olvidar também que além de garantir o amplo acesso à Justiça dos cidadãos, a Constituição Federal de 1988 disponibilizou diversos outros instrumentos processuais que visam a garantir a concreção de direitos fundamentais, dentre eles a Ação Popular (art. 5.º, LXXIII), o Habeas Data (art. 5.º, LXXII) e o Mandado de Segurança (art.5.º, LXIX).

[10] Sobre isso, muito bem destaca Cândido Rangel Dinamarco que "na determinação dos fins do Estado e (consequentemente) dos escopos da jurisdição é indispensável, por isso, ter em vista as necessidades e aspirações do seu povo, no tempo presente. Entra aí, dessa forma, o elemento cultural, a determinar concretamente os conceitos de bem comum, de justiça e, particularmente de justiça social" (*A instrumentalidade do processo*. 6. ed. São Paulo: Malheiros, 1998. p. 156-157).

[11] José Herval Sampaio Júnior chama a atenção para a necessidade de se, diante da impregnação do direito processual pelos valores protegidos constitucionalmente e, por conseguinte, da mudança que isso acarretou em institutos que são a base da Teoria geral do processo, construir uma nova Teoria do processo: "Além do mais o que verdadeiramente importa não é a forma de se ver e analisar essa indiscutível contaminação dos valores constitucionais em todos os ramos processuais, mas exatamente a sua observação por todos que lidam com o processo, pois como expusemos houve uma verdadeira revolução em todos os conceitos básicos, de modo que a trilogia ação, processo e jurisdição fora toda modificada, sendo indiscutivelmente necessário uma nova Teoria Geral do Processo, afastada das concepções científicas e formais e totalmente alinhada com os direitos e garantias fundamentais do cidadão e com o processo atrelado ao direito material" (A influência da constitucionalização do direito no ramo processual: Neopro-

2. JURISDIÇÃO CONSTITUCIONAL: UMA NOVA VISÃO

Literalmente, o vocábulo "jurisdição", originário do latim, pode ser entendido como "a ação de dizer o direito".[12] Isso significa, numa abordagem inicial, que o exercício da jurisdição implica dizer no caso concreto posto à apreciação do órgão competente o direito a ele aplicável. Se, em priscas eras, os conflitos individuais eram solucionados mediante a autotutela, em que invariavelmente prevalecia a vontade do mais forte, esta solução foi paulatinamente sendo substituída, na medida em que a figura formal do Estado ganhou força e espaço na sociedade. Hoje, havendo um dissenso de vontades, vale dizer, não sendo possível obter a autocomposição de um litígio, recorre-se a um terceiro, o Estado-Juiz, que irá pronunciar a vontade da lei para solucionar o impasse.

Essa visão de jurisdição como atuação da vontade concreta da lei é partilhada por Giuseppe Chiovenda,[13] ao assinalar "que a função pública desenvolvida no processo consiste na atuação da vontade concreta da lei, relativamente a um bem da vida que o autor pretende garantido por ela. Objetivo dos órgãos jurisdicionais é afirmar e atuar aquela vontade da lei que eles estimam existente como vontade concreta, à vista dos fatos que consideram como existentes. A atividade dos juízes dirige-se, pois, necessariamente a dois distintos objetivos: exame da norma como vontade abstrata de lei (questão de direito), exame dos fatos que transformam em concreta a vontade da lei (questão de fato)".

A par de ser possível traduzir o vocábulo "jurisdição" de modo simplista como a função exercida pelo Estado-Juiz, e por meio da qual ele manifesta o direito a prevalecer no caso posto à apreciação,[14] não se pode descuidar que

---

cessualismo ou processo constitucional? Independente da nomenclatura adotada, uma realidade inquestionável. In: DIDIER JR., Fredie. *Teoria do processo*: panorama doutrinário mundial. Salvador: JusPodivm, 2010. v. 2, p. 451-452).

[12] SILVA, De Plácido e. *Vocabulário jurídico*. 27. ed. atual. Nagib Slaibi Filho e Gláucia Carvalho. Rio de Janeiro: Forense, 2006. p. 802.

[13] CHIOVENDA, Giuseppe. *Instituições de direito processual civil*. 1. ed. Trad. Paolo Capitano. Campinas: Bookseller, 1998. v. 1, p. 59-60.

[14] Estefânia Maria de Queiroz Barboza relaciona esta visão da jurisdição com a figura do Estado Liberal, *in verbis*: "É nesse panorama histórico que se deve visualizar o papel do Poder Judiciário, enquanto intérprete das normas constitucionais, cujos pilares da neutralidade e imparcialidade eram compatíveis com o Estado Constitucional Liberal, mesmo porque o Estado não tinha papel ativo na sociedade, apenas intervinha para garantia dos direitos dos cidadãos, quando estes fossem violados, sendo que quem representava a vontade do povo era o Poder Legislativo, que não podia de nenhuma forma ter seu exercício limitado pelo Poder Judiciário.
Nas palavras de Tércio Sampaio Ferraz Júnior, o apego do Estado Liberal à lei como fonte única do direito e, portanto, reforçando a ideia de que o ato jurisdicional nada mais era do que o processo de subsunção do fato à norma, fez com que o juiz neutralizasse para o 'jogo dos interesses concretos na formação legislativa do direito'. Dessa forma, não importava ao Judiciário se os interesses da sociedade eram atendidos ou não por suas decisões, o que interessava era que se aplicasse a lei, de forma mecânica, ao caso concreto. Nessa concepção, a jurisdição não era

Cap. 6 – A MODERNA JURISDIÇÃO CONSTITUCIONAL E O PRINCÍPIO DO DEVIDO PROCESSO LEGAL

se está a viver dentro de um modelo de Estado que é democrático de direito. Aliás, não só isso, vive-se sob a égide de uma ordem constitucional que intenta alcançar um Estado de Justiça. Assim, mais do que a função de dizer o direito ao caso concreto, a principal função da jurisdição passou a ser a de verdadeiramente pacificar os conflitos individuais, de estabelecer a paz social. Comungam de tal entendimento Antonio Carlos de Araújo Cintra, Ada Pellegrini Grinover e Cândido Rangel Dinamarco,[15] *in verbis*:

> A pacificação é o escopo magno da jurisdição e, por consequência, de todo o sistema processual (uma vez que todo ele pode ser definido como a disciplina jurídica da jurisdição e seu exercício). É um escopo social, uma vez que se relaciona com o resultado do exercício da jurisdição perante a sociedade e sobre a vida gregária dos seus membros e felicidade pessoal de cada um.
>
> (...)
>
> E hoje, prevalecendo as ideias do Estado social, em que ao Estado se reconhece a função fundamental de promover a plena realização dos valores humanos, isso deve servir, de um lado, para pôr em destaque a função jurisdicional pacificadora como fator de eliminação dos conflitos que afligem as pessoas e lhes trazem angústia; de outro, para advertir os encarregados do sistema, quanto à necessidade de fazer do processo um meio efetivo para a realização da justiça. Afirma-se que o objetivo-síntese do Estado contemporâneo é o bem-comum, e quando se passa ao estudo da jurisdição, é lícito dizer que a projeção particularizada do bem comum nessa área é a pacificação com justiça.[16]

Pois bem, na busca pela realização da pacificação social, a jurisdição é a um só tempo poder, função e atividade. Ela é poder na medida em que implica a manifestação soberana, imperativa da vontade estatal, seja no momento da manifestação da decisão, seja mesmo quando de sua efetiva imposição. Ela também é função, ao representar a incumbência de os órgãos do Estado atuarem no sentido de pacificar os conflitos. E, por fim, é atividade se se considerar o feixe de atos praticados pelo magistrado na condução do processo.[17]

---

vista como um ato decorrente e aplicador da justiça, mas apenas, aplicador da lei" (*Jurisdição constitucional*. Belo Horizonte: Fórum, p. 139).

[15] CINTRA, Antonio Carlos de Araújo; GRINOVER, Ada Pellegrini; DINAMARCO, Cândido Rangel. *Teoria geral do processo*. 25. ed. São Paulo: Malheiros. p. 30-31.

[16] Na mesma obra, Antonio Carlos de Araújo Cintra, Ada Pellegrini Grinover e Cândido Rangel Dinamarco fazem referência a 3 (três) escopos perseguidos pelo Estado no exercício da jurisdição: "A doutrina processual moderna aponta outros escopos do processo, a saber: a) educação para o exercício dos próprios direitos e respeito aos direitos alheios (escopo social); b) preservação do valor liberdade, a oferta de meios de participação nos destinos da nação e do Estado e a preservação do ordenamento jurídico e da própria autoridade deste (escopos políticos); c) a atuação da vontade concreta do direito (escopo jurídico)" (*Teoria geral do processo* cit., p. 30).

[17] Segundo Antonio Carlos de Araújo Cintra, Ada Pellegrini Grinover e Cândido Rangel Dinamarco, que muito bem expõem essas 3 funções da jurisdição, elas somente se legitimam quando atuam dentro do contexto de um processo corretamente estruturado, que, ao cabo, representa o

Em qualquer dessas 3 (três) facetas que a jurisdição pode ser encarada, vê-se que há sempre a obrigatoriedade de o operador do direito, *in casu*, o magistrado, buscar exercê-la em conformidade com a modelagem proposta para esse moderno modelo de Estado,[18] que, repita-se uma vez mais, almeja ser um Estado de Justiça.[19] Nesse sentido, e atentando para a observação de Mauro Cappelletti de que a materialização da atividade jurisdicional, sendo decorrente de uma atividade interpretativa, acaba por resultar na criação de um direito novo,[20] não se pode mais admitir a antiga figura do juiz *bouche de la loi* (o juiz boca da lei), aquela que se limita a aplicar a lei tal qual ela se encontra posta no ordenamento jurídico.

É absolutamente imprescindível, nessa conjuntura, que o juiz exerça o seu mister preocupado efetivamente em pacificar o conflito social posto à apreciação, ainda que tal tarefa demande dele um esforço maior, consubstanciado na interpretação do direito positivo em conformidade com os valores que norteiam determinada sociedade em determinado momento histórico. Como bem alerta Luiz Guilherme Marinoni,[21] "diante da transformação da concepção de direito,

---

devido processo legal, senão vejamos: "O poder, a função e a atividade somente transparecem legitimamente através do processo devidamente estruturado (devido processo legal)" (*Teoria geral do processo* cit., p. 147).

[18] Nos dizeres de Jânia Maria Lopes Saldanha e Angela Araújo da Silveira Espindola: "Uma nova forma de atuar o direito exige uma nova forma de atuar (e compreender) a jurisdição e novas atitudes dos juristas. Assim, a passagem do Estado absoluto para o Estado liberal, com a formação de um Estado de Direito, significou não só uma profunda alteração na roupagem do Estado, mas também implicou transformações nas concepções de direito e de jurisdição. A matriz individualista precisa ceder ante as exigências de solidariedade e democracia participativa e a atuação jurisdicional não pode manter-se alheia a esse novo palco" (Jurisdição constitucional e o caso da ADI 3.510: do modelo individualista e liberal ao modelo coletivo e democrático de processo cit., p. 281-282).

[19] Não se desconhece a infindável discussão jusfilosófica acerca do conceito de "justiça". E não se pretende aqui, por não ser este o escopo do presente estudo, elaborar, em parcas linhas, um conceito para algo de inigualável fluidez. De outro lado, parece ser possível chegar a um consenso sobre aquilo que não é justo ou não está em conformidade com o ideal de justiça. E, por consequência, vale dizer, por exclusão, talvez algumas situações específicas possam ser identificadas com tal ideal. A meu sentir, uma delas é aquela delineada por Humberto Theodoro Júnior, para quem a justiça pode ser entendida como "a convivência social desenvolvida na mais ampla observância dos princípios e garantias ditados pela Constituição" (Direito processual constitucional. *Revista Trabalhista: Direito e Processo*, n. 27, São Paulo: LTr, p. 35). Em semelhante raciocínio, Cândido Rangel Dinamarco diz que o "escopo-síntese da jurisdição no plano social, pode-se então indicar a justiça, que é afinal expressão do próprio bem comum, no sentido de que não se concebe o desenvolvimento integral da personalidade humana, senão em clima de liberdade e igualdade" (*Instrumentalidade do processo* cit., p. 156).

[20] CAPPELLETTI, Mauro. *Juízes legisladores?*. Trad. Carlos Alberto Alvaro de Oliveira. Porto Alegre: Sérgio Antonio Fabris, 1993.

[21] MARINONI, Luiz Guilherme. A jurisdição no Estado contemporâneo. *Estudos de direito processual civil*. São Paulo: RT, 2005. p. 65.

Cap. 6 – A MODERNA JURISDIÇÃO CONSTITUCIONAL E O PRINCÍPIO DO DEVIDO PROCESSO LEGAL

não há mais como sustentar as antigas teorias da jurisdição, que reservavam ao juiz a função de declarar o direito ou de criar a norma individual, submetidas que eram ao princípio da supremacia da lei e ao positivismo acrítico".

E, para a consecução dessa finalidade, por óbvio que não pode o juiz fundar-se em quaisquer valores reinantes na sociedade. Seu dever é preconizar pela preponderância dos valores eleitos pelo legislador como aqueles representativos dos interesses da sociedade, que foram propositalmente inseridos no texto da Constituição.[22] Isto é, o juiz há de se basear nos princípios que dão norte ao próprio Estado (igualdade, justiça etc.), bem como naqueles valores que, uma vez implantados no âmago do Texto Maior, ganharam "vida própria" e se transformaram em direitos fundamentais. Mais uma vez elucidativas são as palavras de Luiz Guilherme Marinoni:[23]

> O Estado constitucional inverteu os papéis da lei e da Constituição, deixando claro que a legislação deve ser compreendida a partir dos princípios constitucionais de justiça e dos direitos fundamentais. Expressão concreta disso são os deveres de o juiz interpretar a lei de acordo com a Constituição, de controlar a constitucionalidade da lei, especialmente atribuindo-lhe novo sentido para evitar a declaração de inconstitucionalidade, e de suprir a omissão legal que impede a proteção de um direito fundamental. Isso para não falar do dever também atribuído à jurisdição pelo constitucionalismo contemporâneo, de tutelar os direitos fundamentais que se chocam no caso concreto. (...)
>
> O direito fundamental à tutela jurisdicional, além de ter como corolário o direito ao meio executivo adequado, exige que os procedimentos e a técnica processual sejam estruturados pelo legislador segundo as necessidades do direito material e compreendidos pelo juiz de acordo com o modo como essas necessidades se revelam no caso concreto.
>
> (...)
>
> O juiz tem o dever de encontrar na legislação processual o procedimento e a técnica idônea à efetiva tutela do direito material. Para isso deve interpretar a regra processual de acordo, tratá-la com base nas técnicas da interpretação conforme e da declaração parcial de nulidade sem redução de texto e suprir a omissão legal que, ao inviabilizar a tutela das necessidades concretas, impede a realização do direito fundamental à tutela jurisdicional.

---

[22] Mesmo considerando que, segundo Eduardo Couture, "o intérprete é um intermediário entre o texto e a realidade" (*Interpretação das Leis processuais*. Rio de Janeiro: Forense, 2001. p. 201), é de ressaltar que não se está a tratar de qualquer realidade. Em nosso país, tal realidade somente pode ser a de um Estado de Justiça. Assim, estamos com Dhenis Cruz Madeira, ao atestar que "nesse pano de fundo paradigmático, não se pode admitir a interpretação solitária de uma autoridade supostamente sábia e justa, haja vista que o resultado dessa atividade interpretativa (o provimento) deve ser fruto de uma processualidade dialógica constitucionalizada" (Teoria do processo e discurso normativo: digressões democráticas. In: DIDIER JR., Fredie. *Teoria do processo* cit., p. 150).

[23] MARINONI, Luiz Guilherme. A jurisdição no Estado contemporâneo. *Estudos de direito processual civil* cit., p. 65.

No mesmo diapasão a opinião de Owen Fiss[24] ao asseverar que "a função do juiz não é falar pela minoria ou aumentar sua expressividade, mas dotar os valores constitucionais de significado, o que é feito por meio do trabalho com o texto constitucional, história e ideais sociais. Ele procura o que é verdadeiro, correto ou justo, não se tornando um participante nos interesses das políticas de grupo".

Sob essa nova ótica, em que a jurisdição não se limita exclusivamente a solucionar determinada controvérsia, mas busca implementar os valores insertos no Texto Constitucional, ressaltam Jânia Maria Lopes Saldanha e Angela Araújo da Silveira Espindola[25] que isso significa "refutar o modelo do normativismo-legalista, bem como o modelo do funcionalismo jurídico, em nome de uma perspectiva polarizada no homem-pessoa, sujeito da prática emblemática-judicanda e assumindo como a reafirmação/recuperação do sentido da prática jurídica como iuris-prudentia. Daí, falar-se da importância do papel e da atuação do juiz para a concretização dos valores constitucionais".

O que se dessume do que foi dito anteriormente, portanto, é que hodiernamente a Constituição, enquanto norma fundamental de convivência harmoniosa da coletividade precisa cumprir 3 (três) missões. A primeira é a de servir como instrumento de integração, promovendo a unidade política do respectivo Estado, inclusive assegurando um ordenamento jurídico que seja apto a solucionar os conflitos surgidos em seu interior. A segunda função se consubstancia na organização dos órgãos estatais, regulando a atuação deles de acordo com os fundamentos utilizados para criar a unidade política. Já a terceira missão é a de direção jurídica, que se presta a dotar os direitos fundamentais de efetividade.[26]

Ao assumir todos esses papéis, a Constituição não é mais apenas a norma jurídica primária que conduz a formação e o desenvolvimento das atividades do Estado. Ela é também a norma fundamental na qual se encontram os ditames para a formação e o desenvolvimento da sociedade inserida dentro de um Estado, sendo por tal razão considerada como uma Constituição Dirigente.[27]

---

[24] FISS, Owen. *Um novo processo civil*: estudos norte-americanos sobre jurisdição, constituição e sociedade. Trad. Daniel Porto Godinho da Silva e Melina de Medeiros Rós. São Paulo: RT, 2004. p. 36.

[25] SALDANHA, Jânia Maria Lopes; ESPINDOLA, Angela Araújo da Silveira. Jurisdição constitucional e o caso da ADI 3.510: do modelo individualista e liberal ao modelo coletivo e democrático de processo cit., p. 272.

[26] NERY JR., Nelson. *Princípios do processo na Constituição Federal*. 9. ed. São Paulo: RT, 2009. p. 38.

[27] Na opinião de Nelson Nery Junior, "o dirigismo constitucional significa, isto sim, que os textos constitucionais devem estabelecer as premissas materiais fundante das políticas públicas num Estado e numa sociedade que se pretendem continuar a chamar de direito, democráticos e sociais" (Idem, p. 39).

Cap. 6 – A MODERNA JURISDIÇÃO CONSTITUCIONAL E O PRINCÍPIO DO DEVIDO PROCESSO LEGAL

Nessa espécie de Constituição (Constituição Dirigente), sobressaem os direitos fundamentais, posto que passam a ser diretamente aplicáveis. Os direitos fundamentais expressados no Texto Constitucional não se apresentam mais como belas molduras sem uma pintura a adornar. Não se pode mais compreendê-los como enunciados vazios de conteúdo. São eles – ou ao menos devem ser – dotados de conteúdo e impositividade. Todavia, vale o alerta feito por Nelson Nery Junior de que isso "não significava nem significa que as normas consagradoras de direitos fundamentais excluam a necessidade de uma maior densificação operada sobretudo através da lei".[28]

Diante disso, duas conclusões podem ser inferidas. A primeira é a de que se a Constituição é a norma matriz, todos os demais ramos do direito,[29] inclusive o direito processual, a ela se vinculam. De acordo com expressão utilizada pela doutrina que se debruça sobre o estudo do direito processual constitucional, "se o ordenamento jurídico fosse uma árvore, o direito constitucional seria o tronco e o processo civil seria um ramo ou galho dessa árvore".[30] E a segunda é a de que a legislação infraconstitucional processual deverá ser formatada de modo a garantir a concreção dos direitos fundamentais consagrados na Constituição, sem contudo tomar algum desvio que possa desnaturar as diretrizes do sistema.

Dito isso, conclui-se que, modernamente, a "jurisdição constitucional é a função exercida para a proteção e para a manutenção da supremacia constitucional. A tutela é dirigida fundamentalmente contra as ações consideradas como contrárias à Constituição e que se qualificam como inconstitucionais",[31] nas quais tem lugar, inclusive, a criatividade do juiz, desde que direcionada à concreção dos valores protegidos constitucionalmente. Vale aqui destacar as palavras de Fabio Vieira Heerdt[32] a respeito da atividade do juiz nessa nova visão da jurisdição constitucional:

O juiz do Século XXI, deve priorizar a desenvolver uma visão focada sempre nos princípios e normas constitucionais, criando e utilizando instrumentos processuais

---

[28] Ibidem.

[29] Nelson Nery Junior é taxativo sobre isso: "Daí a razão pela qual todos os ramos do direito, notadamente o do direito processual, vinculam-se à Constituição, de sorte que é a Carta Política que fixa os princípios, os contornos e as bases sobre as quais deve erguer-se o edifício normativo brasileiro" (NERY JR., Nelson. *Princípios do processo na Constituição Federal* cit., p. 39).

[30] PINHO, Humberto Dalla Bernardina. *Direito processual civil contemporâneo*. 4. ed. São Paulo: Saraiva, 2012. v. 1, p. 162.

[31] BARACHO, José de Alfredo. *Direito processual constitucional – aspectos contemporâneos*. Belo Horizonte: Fórum, 2008. p. 50.

[32] HEERDT, Fabio Vieira. Processo civil no limiar do Século XXI – A nova visão do juiz constitucional. *Revista da Associação dos Juízes do Rio Grande do Sul – Ajuris*, n. 113, mar. 2009, publicada pela Associação dos Juízes do Rio Grande do Sul, p. 191.

inovadores e eficazes, que o levarão a entregar a prestação jurisdicional da forma mais célere possível, com o máximo de eficiência.

A visão da jurisdição constitucional moderna, especialmente o poder – talvez fosse melhor dizer dever – de criação do magistrado, faz com que Nelson Nery Junior defenda interessante ponto de vista sobre a legitimidade para propositura de Ação de Descumprimento de Preceito Fundamental – ADPF. Prevista no art. 102, § 1.º, da Constituição Federal,[33] a ADPF foi regulamentada pela Lei 9.882/1999, que em seu art. 2.º declina o rol de legitimados para a sua propositura e o restringe àqueles autorizados a ajuizar Ação Direta de Inconstitucionalidade.[34] Isso porque, quando submetido à sanção presidencial, o inciso II, que permitia a qualquer interessado ajuizar a ADPF, foi vetado pelo então Presidente da República.[35] Mesmo diante do veto aposto ao dispositivo que permitia a qualquer interessado manejar a ADPF, entende o citado jurista que

---

[33] "Art. 102 Compete ao Supremo Tribunal Federal, precipuamente, a guarda da Constituição, cabendo-lhe:
(...)
§ 1.º. A arguição de descumprimento de preceito fundamental, decorrente desta Constituição, será apreciada pelo Supremo Tribunal Federal, na forma da lei."

[34] "Art. 2.º. Podem propor arguição de descumprimento de preceito fundamental:
I – os legitimados para a ação direta de inconstitucionalidade."

[35] As razões do veto presidencial foram as seguintes: "A disposição insere um mecanismo de acesso direto, irrestrito e individual ao Supremo Tribunal Federal sob a alegação de descumprimento de preceito fundamental por 'qualquer pessoa lesada ou ameaçada por ato do Poder Público'. A admissão de um acesso individual e irrestrito é incompatível com o controle concentrado de legitimidade dos atos estatais – modalidade em que se insere o instituto regulado pelo projeto de lei sob exame. A inexistência de qualquer requisito específico a ser ostentado pelo proponente da arguição e a generalidade do objeto da impugnação fazem presumir a elevação excessiva do número de feitos a reclamar apreciação pelo Supremo Tribunal Federal, sem a correlata exigência de relevância social e consistência jurídica das arguições propostas. Dúvida não há de que a viabilidade funcional do Supremo Tribunal Federal consubstancia um objetivo ou princípio implícito da ordem constitucional, para cuja máxima eficácia devem zelar os demais poderes e as normas infraconstitucionais. De resto, o amplo rol de entes legitimados para a promoção do controle abstrato de normas inscrito no art. 103 da Constituição Federal assegura a veiculação e a seleção qualificada das questões constitucionais de maior relevância e consistência, atuando como verdadeiros agentes de representação social e de assistência à cidadania. Cabe igualmente ao Procurador-Geral da República, em sua função precípua de Advogado da Constituição, a formalização das questões constitucionais carentes de decisão e socialmente relevantes. Afigura-se correto supor, portanto, que a existência de uma pluralidade de entes social e juridicamente legitimados para a promoção de controle de constitucionalidade – sem prejuízo do acesso individual ao controle difuso – torna desnecessário e pouco eficiente admitir-se o excesso de feitos a processar e julgar certamente decorrentes de um acesso irrestrito e individual ao Supremo Tribunal Federal. Na medida em que se multiplicam os feitos a examinar sem que se assegure sua relevância e transcendência social, o comprometimento adicional da capacidade funcional do Supremo Tribunal Federal constitui inequívoca ofensa ao interesse público. Impõe-se, portanto, seja vetada a disposição em comento". Disponível em: <http://www.planalto.gov.br/ccivil_03/Leis/Mensagem_Veto/1999/Mv1807-99.htm>. Acesso em: 02 maio 2012.

Cap. 6 – A MODERNA JURISDIÇÃO CONSTITUCIONAL E O PRINCÍPIO DO DEVIDO PROCESSO LEGAL

é possível a utilização desse instrumento processual. Em sua opinião, o art. 2.º da Lei 9.882/1999 está eivado de vício de inconstitucionalidade, uma vez que estaria em desacordo com a razão de ser do instituto. Com efeito, sustenta que se a ADPF foi instituída com o objetivo de "proteção não só de direito objetivo, mas de direito subjetivo constitucional fundamental",[36] as razões deduzidas no veto presidencial, que restringem o acesso ao Supremo Tribunal Federal, somente fariam sentido caso a ADPF fosse um instrumento hábil, apenas e tão somente, à defesa de direitos objetivos. Se o próprio instrumento é direcionado à defesa de direitos subjetivos – de larga importância, tanto que protegidos como garantias fundamentais na Constituição Federal –, é incongruente vedar o acesso daquele que teve direito fundamental seu violado.[37]

Com base nesse fundamento, afirma que a decisão singular proferida pelo Min. Carlos Velloso na ADPF 11/SP,[38] ao não reconhecer a legitimidade de qualquer interessado para ajuizar Ação de Descumprimento de Preceito Fundamental,[39] pôs-se em "desacordo com o sistema constitucional brasileiro".[40] Arremata ele que somente a posição diametralmente oposta é que seria capaz de fazer prevalecer "a *mens legis* sobre a *mens legislatoris*, e quem ganha com isso é a cidadania brasileira".[41] Pelo excerto extraído da obra de Nelson Nery Junior, não é difícil presumir que no seu entendimento o julgamento da ADPF 11/SP seria uma oportunidade para que o juiz levasse a efeito seu poder/dever de criação para conformar a legislação ordinária com os valores protegidos pela Constituição.

É aqui, segundo Nelson Nery Junior, que deveria prevalecer o entendimento manifestado por Flávio Luís de Oliveira,[42] no sentido de que, se a Constituição de um Estado Democrático de Direito – ou, no caso brasileiro, de um Estado de Justiça – tem como meta emprestar efetividade aos valores nela consagrados, "o

---

[36] NERY JR., Nelson. *Princípios do processo na Constituição Federal* cit., p. 43.

[37] Nesse particular, vale ressaltar, por pertinência ao que foi dito, a opinião de Marcelo Andrade Cattoni de Oliveira sobre o papel da jurisdição constitucional, que é o de "garantir as condições processuais para o exercício da autonomia pública e da autonomia privada dos cidadãos" (Contribuições para uma teoria discursiva da Constituição e do processo constitucional a partir do caso brasileiro. In: DIDIER JR., Fredie. *Teoria do processo*: panorama doutrinário mundial. Segunda série. Salvador: JusPodivm, 2010. p. 633).

[38] O inteiro teor do acórdão está disponível em: <http://redir.stf.jus.br/paginadorpub/paginador. jsp?docTP=AC&docID=347922>. Acesso em: 27 jul. 2012.

[39] Nesse mesmo sentido ainda se encontram: ADPF 226 AgR, Pleno, rel. Min. Marco Aurélio, j. 09.06.2011, *DJe* 27.06.2011; ADPF 148 AgR, Pleno, rel. Min. Cezar Peluso, j. 03.12.2008, *DJe* 06.02.2009.

[40] NERY JR., Nelson. *Princípios do processo na Constituição Federal* cit., p. 43.

[41] Ibidem.

[42] OLIVEIRA, Flávio Luís de. Princípio do acesso à justiça. In: OLIVEIRA NETO, Olavo de; LOPES, Maria Elizabeth de Castro (Coord.). *Princípios processuais civis na Constituição*. Rio de Janeiro: Elsevier, 2008. p. 91-92.

Poder Judiciário não pode assumir uma postura passiva diante da sociedade, visto dever ele transcender as funções de *check and balances*, mediante uma atuação que leve em conta a perspectiva de que os valores constitucionais têm precedência mesmo contra textos legislativos produzidos, por maioria, eventuais".[43]

Seguindo a mesma trilha, adverte Luís Roberto Barroso[44] que para superar as questões difíceis "ao jurista cabe formular estruturas lógicas e prover mecanismos técnicos aptos a dar efetividade às normas jurídicas", já que, prossegue ele, "o Direito existe para realizar-se". Tal assertiva ganha inclusive mais força quando se atenta para o fato de que, sendo a "Constituição a própria ordenação suprema do Estado, não pode existir uma norma ulterior, de grau superior, que a proteja". E, "por conseguinte, ela deve encontrar em si mesma a própria tutela e garantia".

Em outra obra, o professor Luís Roberto Barroso[45] parece complementar a ideia antes exposta, alertando que, sendo o legislador constitucional considerado de vanguarda em relação ao legislador ordinário, o único meio de se depreender o real significado do Texto Constitucional é explorar todas as alternativas que ele oferece, o que, contudo, não se mostra tarefa fácil. Eis o trecho em que a advertência é feita:

> Cabe, por fim, destacar uma peculiaridade que envolve a Constituição. O legislador constitucional é invariavelmente mais progressista que o legislador ordinário. Daí que, em uma perspectiva de avanço social, devem-se esgotar todas as potencialidades interpretativas do Texto Constitucional, o que inclui a aplicação direta das normas constitucionais no máximo do possível, sem condicioná-las ao legislador infraconstitucional.
>
> Essa tarefa exige boa dogmática constitucional e capacidade de trabalhar o direito positivo. Para fugir do discurso vazio, é necessário ir à norma, interpretá-la, dissecá-la e aplicá-la. Em matéria constitucional, é fundamental que se diga, o apego ao texto positivado não importa em reduzir o direito à norma, mas, ao contrário, em elevá-lo à condição de norma, pois ele tem sido menos que isso. O resgate da imperatividade do Texto Constitucional e sua interpretação à luz de boa

---

[43] Marcelo Andrade Cattoni de Oliveira realça o fato de que a jurisdição constitucional deve ser exercida por todo o Poder Judiciário, *verbis*: "No Brasil, se todo órgão do Poder Judiciário não só pode, mas deve, como atividade típica e função intrínseca à jurisdição brasileira, apreciar alegações que explicitamente se referem à Constituição, podemos dizer que todo o Judiciário brasileiro é competente para exercer jurisdição em matéria constitucional, toda a jurisdição é jurisdição constitucional, conforme os processos constitucional e legalmente previstos" (Contribuições para uma teoria discursiva da Constituição e do processo constitucional a partir do caso brasileiro. In: DIDIER JR., Fredie. *Teoria do processo* cit., p. 629).

[44] BARROSO, Luís Roberto. *O direito constitucional e a efetividade de suas normas*: limites e possibilidades da Constituição brasileira. 9. ed. Rio de Janeiro: Renovar, 2009. p. 84.

[45] BARROSO, Luís Roberto. *Interpretação e aplicação da Constituição*. 6. ed. São Paulo: Saraiva, 2008. p. 292.

Cap. 6 – A MODERNA JURISDIÇÃO CONSTITUCIONAL E O PRINCÍPIO DO DEVIDO PROCESSO LEGAL

dogmática jurídica, por óbvio que possa parecer, é uma instigante novidade neste país acostumado a maltratar suas instituições.

Ainda em Luís Roberto Barroso[46] identifica-se outra observação que merece destaque, qual seja, a de que para exercer esse papel mais ativo preconizado pela moderna jurisdição constitucional, faz-se necessário que o Poder Judiciário se liberte "de certas noções arraigadas", superando "uma das patologias crônicas da hermenêutica constitucional no Brasil: a interpretação retrospectiva, pela qual se procura interpretar o texto novo de maneira que ele não inove nada, mas, ao revés, fique tão parecido quanto possível com o antigo".

Essa linha de atuação da moderna jurisdição constitucional não fica restrita a embates entre correntes doutrinárias antagônicas. Na prática, é possível encontrar exemplos de conduta proativa do Poder Judiciário como forma de emprestar efetividade a garantias fundamentais. Citem-se, a título de ilustração, as modificações no entendimento a respeito do alcance do Mandado de Injunção. No julgamento do Mandado de Injunção 107-3/DF, em que figurou como relator o Min. Moreira Alves,[47] decidiu o E. Supremo Tribunal Federal que este remédio constitucional somente permite que se dê ciência ao Poder ou órgão que se encontra em mora, a fim de que este adote as medidas necessárias a sanar a omissão. Isto é, o que fez o E. Supremo Tribunal Federal naquele momento foi equiparar o Mandado de Injunção à Ação Direta de Inconstitucionalidade por Omissão. Na prática, portanto, passaram os cidadãos a deter dois meios de cientificar o órgão ou Poder da sua mora, mas, em contrapartida, nenhum para efetivamente suprir a lacuna.[48]

Em percuciente artigo de jornal, José Carlos Barbosa Moreira[49] chamou a atenção para o atentado que então se cometia contra essa garantia fundamental, valendo aqui transcrever, por sua representatividade, trecho do citado comentário:

> Conceber o mandado de injunção como simples meio de apurar a inexistência da "norma reguladora" e comunicá-la ao órgão competente para a edição (o qual, digase entre parênteses, presumivelmente conhece mais do que ninguém suas próprias omissões...) é reduzir a inovação a um sino sem badalo. Afinal, para dar ciência de algo a quem quer que seja, servia – e bastava a boa e velha notificação.

---

[46] Idem, p. 257.

[47] O inteiro teor do acórdão está disponível em: <http://redir.stf.jus.br/paginadorpub/paginador. jsp?docTP=AC&docID=81745>. Acesso em: 27 jul. 2012.

[48] Esse entendimento foi reiterado quando do julgamento do Mandado de Injunção 168-5/RS, Rel. Min. Sepúlveda Pertence. O inteiro teor do acórdão está disponível em: <http://redir.stf.jus.br/ paginadorpub/paginador.jsp?docTP=AC&docID=81753>. Acesso em: 27 jul. 2012.

[49] BARBOSA MOREIRA, José Carlos. S.O.S. para o mandado de injunção. *Jornal do Brasil*, 11 set. 1990, 1.º caderno, p. 11.

Talvez sopesando melhor o seu papel dentro do que se espera da moderna jurisdição constitucional, o Pretório Excelso, ainda no ano de 1991, alterou seu entendimento, passando a admitir, a partir do julgamento do Mandado de Injunção 283-5 (Rel. Min Sepúlveda Pertence),[50] que este importante instrumento de garantia de direito fundamental fosse hábil não apenas para *(i)* permitir a constituição em mora do órgão ou Poder que tivesse incorrido em omissão, mas também para assinalar prazo para o preenchimento da lacuna existente, *(ii)* acaso ultrapassado o prazo assinalado, reconhecer, a partir de então, a possibilidade de o interessado pleitear indenização e *(iii)* declarar que, transitada em julgado a decisão proferida em sede de Mandado de Injunção, em nada lhe prejudica a lei posteriormente editada pelo Poder ou órgão moroso. Neste último caso a Corte Constitucional ainda admitiu que o interessado gozasse dos benefícios mais favoráveis eventualmente concedidos na lei ulterior.

Em um terceiro momento, no julgamento do Mandado de Injunção 284-3 (Rel. Min Marco Aurélio),[51] dirigido contra a mesma omissão objeto do Mandado de Injunção supracitado (MI 283-5), o E. Supremo Tribunal Federal reconheceu a dispensabilidade de uma nova comunicação ao Congresso Nacional a fim de permitir o ajuizamento de demanda indenizatória por parte dos interessados.[52] Como se vê, a atuação do E. Supremo Tribunal Federal é emblemática quanto ao que se preconiza de uma moderna jurisdição constitucional, pelo que não há razão para que os demais órgãos do Poder Judiciário se abstenham de realizar a mesma prática no exercício da respectiva atividade.

Por fim, no julgamento do Mandado de Injunção 712-8 (Rel. Min. Eros Grau),[53] o Pretório Excelso alterou mais uma vez o seu entendimento quanto

---

[50] O inteiro teor do acórdão está disponível em: <http://redir.stf.jus.br/paginadorpub/paginador. jsp?docTP=AC&docID=81766>. Acesso em: 27 jul. 2012.

[51] O inteiro teor do acórdão está disponível em: <http://redir.stf.jus.br/paginadorpub/paginador. jsp?docTP=AC&docID=81767>. Acesso em: 27 jul. 2012.

[52] O entendimento mais abrangente manifestado pelo Pretório Excelso foi reafirmado quando do julgamento do Mandado de Injunção 232-1/RJ (rel. Min. Moreira Alves), quando, ultrapassado o prazo fixado para preenchimento da lacuna, considerou-se autoaplicável norma que condicionava o exercício de um direito à observância de requisitos que iriam ser veiculados em norma regulamentadora. O inteiro teor do acórdão está disponível em: <http://redir.stf.jus.br/paginadorpub/paginador.jsp?docTP=AC&docID=81759>. Acesso em: 27 jul. 2012.

[53] Veja-se um ilustrativo trecho da ementa:
"Mandado de Injunção. Art. 5.º, inciso LXXI, da Constituição do Brasil. Concessão de efetividade à norma veiculada pelo art. 37, inciso VII, da Constituição do Brasil. Legitimidade ativa de Entidade Sindical. Greve dos trabalhadores em geral [Art. 9.º da Constituição do Brasil]. Aplicação da Lei Federal 7.783/1989 à greve no serviço público até que sobrevenha lei regulamentadora. Parâmetros concernentes ao exercício do direito de greve pelos servidores públicos definidos por esta Corte. Continuidade do serviço público. Greve no serviço público. Alteração de entendimento anterior quanto à substância do Mandado de Injunção. Prevalência do interesse social. Insubsistência do argumento segundo o qual dar-se-ia ofensa à independência e harmonia entre os Poderes [Art. 20 da Constituição do Brasil] e à separação dos Poderes [art. 60, § 4.º,

Cap. 6 - A MODERNA JURISDIÇÃO CONSTITUCIONAL E O PRINCÍPIO DO DEVIDO PROCESSO LEGAL

à substância desse instrumento constitucional. Com efeito, o E. Supremo Tribunal Federal decidiu que, diante de inércia legislativa na elaboração de lei regulamentadora do direito consagrado no art. 37, VII, da Constituição Federal, cumpria ao Poder Judiciário suprir a omissão, de modo que a enunciação do texto normativo que faltava era, mais do que um poder, um poder-dever, visto que a omissão do Estado, segundo dito, desrespeita a Constituição, uma vez que impede a própria aplicabilidade dos postulados e princípios da Lei Maior. Dessa forma, o julgamento tornou viável, no caso concreto, o exercício do direito de greve dos servidores públicos até que a lei regulamentadora em questão fosse criada.

Sem nenhum demérito às alterações de entendimento promovidas pelo Supremo Tribunal Federal na sua jurisprudência, mormente quando direcionada a alcançar a efetividade das garantias fundamentais, este não foi o primeiro – e talvez nem mesmo o mais emblemático – caso em que o Poder Judiciário retirou da bainha a espada na luta para desempenhar o seu papel de intérprete da Constituição.

Com efeito, desde há muito a Suprema Corte norte-americana deu sinais de que este, de fato, era o caminho mais adequado a ser seguido. O art. 6.º, cláusula segunda, da Constituição dos Estados Unidos de 1787 previa que "esta Constituição e as leis complementares e todos os tratados já celebrados ou por celebrar sob a autoridade dos Estados Unidos constituirão a lei suprema do país; os juízes de todos os Estados serão sujeitos a ela, ficando sem efeito qualquer disposição em contrário na Constituição ou nas leis de qualquer dos Estados".

III, da Constituição do Brasil]. Incumbe ao Poder Judiciário produzir a norma suficiente para tornar viável o exercício do direito de greve dos servidores públicos, consagrado no art. 37, VII, da Constituição do Brasil.
(...)
4. Reconhecimento, por esta Corte, em diversas oportunidades, de omissão do Congresso Nacional no que respeita ao dever, que lhe incumbe, de dar concreção ao preceito constitucional. Precedentes.
5. Diante de mora legislativa, cumpre ao Supremo Tribunal Federal decidir no sentido de suprir omissão dessa ordem. Esta Corte não se presta, quando se trate da apreciação de mandados de injunção, a emitir decisões desnutridas de eficácia.
(...)
14. O Poder Judiciário está vinculado pelo dever-poder de, no mandado de injunção, formular supletivamente a norma regulamentadora de que carece o ordenamento jurídico.
15. No mandado de injunção o Poder Judiciário não define norma de decisão, mas enuncia o texto normativo que faltava para, no caso, tornar viável o exercício do direito de greve dos servidores públicos.
16. Mandado de injunção julgado procedente, para remover o obstáculo decorrente da omissão legislativa e, supletivamente, tornar viável o exercício do direito consagrado no art. 37, VII, da Constituição do Brasil". O inteiro teor do Acórdão está disponível em: <http://redir.stf.jus.br/paginadorpub/paginador.jsp?docTP=AC&docID=558553>. Acesso em: 27 jul. 2012.

Pelo que se vê, não há no texto do aludido dispositivo constitucional a previsão expressa para que o Poder Judiciário efetue o controle de constitucionalidade das normas editadas pelo Poder Legislativo. Tal fato, todavia, não impediu que no tantas vezes citado caso *Marbury vs Madison* fosse fixado pela Suprema Corte norte-americana o *leading case* do *judicial review*. No julgamento deste histórico precedente, a Suprema Corte entendeu que o *Judiciary Act* de 1789, diploma legal que atribuía ao órgão a competência para processar e julgar *writ of mandamus* contra ato praticado por autoridade federal, *in casu* o então Secretário do Governo, era inconstitucional perante o Texto de 1787, tendo em vista que uma lei ordinária não poderia ampliar a competência originária da Suprema Corte.[54]

Sem emitir aqui qualquer juízo de valor sobre a correção, ou não, do posicionamento adotado pelo Juiz *Marshall*, cumpre uma vez mais frisar que cabe ao magistrado inferir no texto da lei "o juízo axiológico que razoavelmente se pode considerar como instalado no texto legal".[55] É que, mesmo não sendo ele o próprio legislador, incumbe-lhe "postar-se como canal de comunicação entre a carga axiológica atual da sociedade em que vive e os textos, de modo que estes fiquem iluminados pelos valores reconhecidos e assim possa transparecer a realidade da norma que contêm no momento presente".[56] Se essa atividade já seria absolutamente obrigatória dentro do panorama da moderna jurisdição constitucional, ela ganha contornos ainda mais nítidos quando se atenta para o fato de que "as leis envelhecem e também podem ter sido mal feitas. Em ambas as hipóteses carecem de legitimidade as decisões que as considerem isoladamente e imponham o comando emergente da mera interpretação gramatical. Nunca é dispensável a interpretação dos textos legais no sistema da própria ordem jurídica positiva em consonância com os princípios e garantias constitucionais (interpretação sistemática) e sobretudo à luz dos valores aceitos (interpretação sociológica, axiológica)".[57]

Diante dessa margem de atuação que se confere ao Poder Judiciário nessa nova jurisdição constitucional, em que é possível, e por que não dizer aconselhável, que se proceda à "interpretação construtivista" por parte dos magistrados, Gisele Cittadino[58] chega mesmo a afirmar que já é "possível falar em um 'direito judicial' em contraposição a um 'direito legal'".

---

[54] BARBOZA, Estefânia Maria de Queiroz. *Jurisdição constitucional* cit., p. 89-93.

[55] DINAMARCO, Cândido Rangel. *A instrumentalidade do processo* cit., p. 294.

[56] Ibidem.

[57] DINAMARCO, Cândido Rangel. *A instrumentalidade do processo* cit., p. 294-295.

[58] CITTADINO, Gisele. *Pluralismo, direito e justiça distributiva*: elementos da filosofia constitucional contemporânea. 3. ed. Rio de Janeiro: Lumen Juris, 2004. p. 232.

Cap. 6 – A MODERNA JURISDIÇÃO CONSTITUCIONAL E O PRINCÍPIO DO DEVIDO PROCESSO LEGAL

O arremate fica por conta de que, sendo uma prática que remonta há aproximadamente 2 (dois) séculos, não se deve, agora, dificultá-la ou evitá-la ao argumento de que, sendo novidade no cenário jurídico, pode trazer surpresas.

3. O PROCESSO, AQUELE QUE DEVE SER CONSTITUCIONAL

Dissecada, ao menos em suas linhas mestras, a moderna jurisdição constitucional, segue-se agora adiante para debruçar-se sobre o instrumento utilizado pela jurisdição para materializar a sua atividade,[59] a saber, o processo.[60] Porquanto tenha se verificado na Europa do século XIX e no Brasil de meados do século XX uma forte influência romana na concepção de processo, isto é, como um negócio das partes (concepção privatística do processo), acabou prevalecendo após este período a concepção publicística,[61] quando, então, o instrumento de realização da jurisdição passou a ser entendido como um meio "do exercício de uma das funções do Estado e, por isso, regido por normas e princípios de interesse público".[62] Ele não é mais, assim, um negócio bilateral, mas multilateral, posto que também envolve o Estado-Juiz enquanto substituto da vontade das partes.[63]

Diversas foram as teorias que, ao longo do tempo, buscaram alcançar uma definição para a natureza jurídica do processo.[64] Mas, em resumo, elas representam as visões preponderantemente privatísticas ou publicísticas pelas quais se encarou o instituto jurídico denominado "processo". Contudo, essa alteração

---

[59] Nas palavras de Antonio Carlos de Araújo Cintra, Ada Pellegrini Grinover e Cândido Rangel Dinamarco, o processo "é, por definição, o instrumento através do qual a jurisdição opera (instrumento para a positivação do poder)" (*Teoria geral do processo* cit., p. 298).

[60] Esse conceito de processo parece ser razoavelmente consenso na doutrina, como se depreende da lição de Sergio Bermudes: "A soma de todos esses atos constitui o processo judicial, que é, como nitidamente se vê, o meio ou método pelo qual o Estado exerce a jurisdição, administrando a justiça. Consequentemente, o processo é, invariavelmente, instrumento da jurisdição" (*Introdução ao processo civil.* 5. ed. Rio de Janeiro: Forense, 2010. p. 79-80).

[61] CINTRA, Antonio Carlos de Araújo; GRINOVER, Ada Pellegrini; DINAMARCO, Cândido Rangel. *Teoria geral do processo* cit., p. 298.

[62] BERMUDES, Sergio. *Introdução ao processo civil* cit., p. 81.

[63] Minuciosa análise sobre as visões privatísticas e publicísticas do processo é feita por Leonardo Greco (Publicismo e privatismo no processo civil. *Revista de Processo*, n. 164, out. 2008, ano 33, São Paulo: RT, p. 29-56).

[64] O processo como contrato, quase contrato, relação jurídica, situação jurídica, instituição, procedimento em contraditório, categoria complexa e categoria jurídica autônoma é muito bem esmiuçado por Antonio Carlos de Araújo Cintra, Ada Pellegrini Grinover e Cândido Rangel Dinamarco (*Teoria geral do processo* cit., p. 297-308), Humberto Dalla Bernardina de Pinho (*Direito processual civil contemporâneo* cit., p. 355-366); Helena Abdo (As situações jurídicas processuais e o processo civil contemporâneo. In: DIDIER JR., Fredie. *Teoria do processo* cit., p. 340-344).

do foco central do processo como consecução da vontade das partes para a de instrumento de uma jurisdição que tem por princípio e missão a realização da justiça traz à tona "a relação entre Constituição e processo, no sentido da superação tanto do formalismo processual liberal, quanto da materialização processual de bem-estar social. Pois se do ponto de vista do formalismo liberal, o processo é insensível aos desafios do Direito Contemporâneo, na perspectiva do processo materializado o pré-direcionamento do processo a partir de uma eticização duvidosa da atividade jurisdicional pode levar a um paternalismo judicial que desconsidera de plano a capacidade das partes e, no fundo, termina por duvidar da própria democracia".[65]

E essa tarefa não é de fácil solução. Vive-se hodiernamente em uma sociedade muito complexa e globalizada, em que convivem, ou ao menos precisam conviver harmoniosamente, inúmeras culturas, detentoras de valores os mais diversos. Nesse contexto, possuindo o Direito um papel relevante, que é o de funcionar como elemento catalisador no processo de integração das diversidades,[66] também o terá o processo, que é o instrumento utilizado para realizá-lo. É por essa razão que alguns chegam a afirmar que "o processo é uma entidade complexa, podendo ser encarado sob o aspecto dos atos que lhe dão corpo e da relação entre eles (procedimento) e igualmente sob o aspecto das relações entre os seus sujeitos (relação processual)".[67]

Inobstante as abalizadas vozes que defendem ser o processo uma categoria jurídica complexa[68] – e não se está aqui contestando o adjetivo utilizado, tendo em vista que, de fato, não se podem negar os inúmeros feixes que dentro dele se entrelaçam –, desponta pertinente a observação de que é em vão tentar enquadrar o processo em alguma categoria perviamente existente, devendo ele, sim, ser entendido como categoria jurídica autônoma.[69] Todavia, admitir esta

---

[65] OLIVEIRA, Marcelo Andrade Cattoni de. Contribuições para uma teoria discursiva da Constituição e do processo constitucional a partir do caso brasileiro. In: DIDIER JR., Fredie. *Teoria do processo* cit., p. 618.

[66] Idem, p. 620.

[67] Antonio Carlos de Araújo Cintra, Ada Pellegrini Grinover e Cândido Rangel Dinamarco complementam esta assertiva dizendo que "a observação do fenômeno processo mostra que, se ele não pode ser confundido com o mero procedimento (como fazia a doutrina antiga), também não se exaure no conceito puro e simples de relação processual" (*Teoria geral do processo* cit., p. 303-304).

[68] Ressalte-se apenas que tal teoria não é imune a críticas. Vozes igualmente abalizadas sustentam que não os aspectos extrínsecos e intrínsecos devem ter uma única essência, não podendo ser mais de uma coisa a depender do ponto de vista que se examine. Essa ressalva é feita por Afrânio Silva Jardim (*Da publicização do processo civil*. Dissertação de Mestrado em Direito. Rio de Janeiro: Universidade Gama Filho, 1981. p. 53).

[69] Defendem-na Afrânio Silva Jardim, ao dizer que "o processo não pode ser incluído em nenhuma das categorias jurídicas conhecidas pela doutrina, não sendo espécie de nenhuma delas" (*Direito processual penal*. 4. ed. Rio de Janeiro: Forense, 1991. p. 32-33), bem como Humberto

Cap. 6 – A MODERNA JURISDIÇÃO CONSTITUCIONAL E O PRINCÍPIO DO DEVIDO PROCESSO LEGAL

preconizada autonomia significa reconhecer também que o processo congrega em si dois objetivos que são aparentemente díspares, o exercício da jurisdição e a garantia de direitos, o que, na opinião de Marcelo Andrade Cattoni de Oliveira,[70] acaba por refletir em um conflito entre "a pretensão de legitimidade e a positividade do Direito". De um lado, deseja-se alcançar a "melhor" decisão possível, e, de outro, o de fazê-lo segundo as normas postas no ordenamento positivo. Aliás, mais do que refletir um conflito, essa autonomia demanda uma solução para conciliar ambos os objetivos.

E tal solução, claro, passa pela reconstrução das circunstâncias fáticas que adornam o caso posto à apreciação do Poder Judiciário, bem como pela indicação de qual norma jurídica será aplicável ao caso concreto,[71] o que poderá se dar mediante o diálogo participativo dos interessados.[72] Destaque-se, quanto ao particular, trecho extraído da obra de Aroldo Plínio Gonçalves:[73]

> A estrutura do processo assim concebido permite que os jurisdicionados, os membros da sociedade que nela comparecem, como destinatários do provimento jurisdicional, interfiram na sua preparação e conheçam, tenham consciência de como e por que nasce o ato estatal que irá interferir em sua liberdade; permite que saibam como e por que uma condenação lhes é imposta, um direito lhes é assegurado ou um pretenso direito lhes é negado (...).

Ora, se o processo exige a participação dos interessados na consecução do resultado final a ser praticado por um terceiro,[74] o Estado-Juiz, e se essa partici-

---

Dalla Bernardina de Pinho, para quem, "quanto à natureza jurídica, isto é, o gênero ao qual pertence o instituto em análise, trata-se de categoria jurídica autônoma" (*Direito processual civil contemporâneo* cit., p. 366).

[70] OLIVEIRA, Marcelo Andrade Cattoni de. Contribuições para uma teoria discursiva da Constituição e do processo constitucional a partir do caso brasileiro. In: DIDIER JR., Fredie. *Teoria do processo* cit., p. 623.

[71] Neste caso está-se a tratar dos sistemas da Civil Law, em que o Poder Judiciário atua segundo as normas de direito positivo, e não com base em precedentes judiciais.

[72] A participação dos interessados na formação do provimento foi utilizado por alguns para estabelecer a diferença entre processo e procedimento. Eis as palavras de Marcelo Andrade Cattoni de Oliveira: "Visando à preparação do provimento, o procedimento possui sua específica estrutura constituída da sequência de normas, atos, situações jurídicas e posições subjetivas, em uma determinada conexão, em que o cumprimento de uma norma da sequência é pressuposto de incidência de outra norma e da validade do ato nela previsto. Já o processo caracteriza-se como uma espécie de procedimento pela participação na atividade de preparação do provimento dos interessados, juntamente com o autor do próprio provimento, como no caso do processo jurisdicional (...)" (Contribuições para uma teoria discursiva da Constituição e do processo constitucional a partir do caso brasileiro. In: DIDIER JR., Fredie. *Teoria do processo* cit., p. 623).

[73] GONÇALVES, Aroldo Plínio. *Técnica processual e teoria do processo*. Rio de Janeiro: Aide, 1992. p. 171.

[74] Sustentando a necessidade de garantir a participação popular no processo, ato que confere legitimidade a ele e a decisão a ser tomada pelo Estado-Juiz, Dhenis Cruz Madeira acaba por

pação, no modelo de Estado proposto pela Constituição Federal de 1988, não se pode admitir seja desigual para todos os envolvidos, veem-se nitidamente traços característicos que o aproximam do valor de justiça que é objeto da moderna jurisdição constitucional.[75]

Logo, a conclusão a que se chega é a de que a posição comumente aceita de que o processo é um instrumento de realização da jurisdição mostra-se insuficiente para delimitar esta figura na aurora do século XXI. O processo jurisdicional não é mais "mero instrumento a serviço da Jurisdição, quer das partes. O processo jurisdicional é constitutivo do exercício da Jurisdição ao mesmo tempo em que se garantem direitos de participação, condições procedimentais que possibilitam a geração legítima do provimento jurisdicional".[76]

Seguindo a mesma trilha, Humberto Dalla Bernardina de Pinho[77] faz essa leitura mais elástica do instituto do "processo", tal como ele deve ser visto modernamente. Inserindo na sua conceituação o valor "justiça",[78] que correlaciona

---

denominar a teoria justificativa do processo de Neoinstitucionalista (Teoria do processo e discurso normativo: digressões democráticas. In: DIDIER JR., Fredie. *Teoria do processo* cit., p. 153).

[75] Analisando a questão sob o ponto de vista do confronto entre privatismo e publicismo, Leonardo Greco manifesta-se de maneira bastante interessante sobre o "conteúdo" do processo, *in verbis*: "A força desse fundamento não se concilia com um juiz ou um processo autoritário. Ao contrário, é preciso explorar com mais argúcia os espaços de liberdade que as partes devem poder exercer na relação processual e que foram tão intensamente sufocados pela prevalência de uma sistemática concepção publicista, da qual ainda temos muita dificuldade de nos emancipar, pois somos herdeiros de uma tradição cultural de paternalismo estatal e as deficientes condições de vida e da educação básica da maioria da população brasileira infelizmente não contribuem para que os indivíduos se tornem capazes de dirigir o seu próprio destino, sem necessidade da proteção da autoridade estatal.

Entretanto, o liberalismo pelo qual precisamos lutar não é mais o do Estado absenteísta do século XIX, mas o do Estado Democrático de Direito do 2.º Pós-Guerra, ou seja, o que não apenas respeita o livre arbítrio dos cidadãos na tomada de decisões relativas à sua esfera privada, mas que, no momento em que estes recorrem ao Estado para a tutela dos seus direitos, este, através dos juízes, controla vigilantemente se aqueles estão em condições de se autotutelarem e, em caso negativo, supra moderada e parcimoniosamente as suas insuficiências para, sem comprometer a sua imparcialidade, assegurar-lhes o acesso efetivo ao gozo dos seus direitos, tendo em vista que as posições de dominação que prevalecem na sociedade precisam ser neutralizadas, sob pena de entregarem os mais fracos ao jugo dos mais fortes, em total desrespeito às promessas de construção de uma sociedade erigida sob a égide da dignidade humana e do pleno respeito aos direitos fundamentais" (Publicismo e privatismo no processo civil cit., p. 55).

[76] OLIVEIRA, Marcelo Andrade Cattoni de. Contribuições para uma teoria discursiva da Constituição e do processo constitucional a partir do caso brasileiro. In: DIDIER JR., Fredie. *Teoria do processo* cit., p. 625.

[77] PINHO, Humberto Dalla Bernardina. *Direito processual civil contemporâneo* cit., p. 367.

[78] Marcelo José Magalhães Bonicio também se manifesta no sentido de que o processo "é um instrumento público de realização da justiça" (Estudo sobre a tutela constitucional do processo civil brasileiro. *Revista Dialética de Direito Processual*, n. 45, dez. 2006, São Paulo: Dialética, p. 74).

Cap. 6 – A MODERNA JURISDIÇÃO CONSTITUCIONAL E O PRINCÍPIO DO DEVIDO PROCESSO LEGAL

o instrumento com a jurisdição constitucional, acrescenta o autor que é no seu desenrolar que as partes poderão, equilibradamente, participar da formação da vontade do Estado-Juiz, tudo isso sob a batuta da garantia do devido processo legal, *verbis*:

> Visto isso, é preciso visualizar o processo como garantia para a realização da justiça e efetivação dos direitos, já que somente através deste instrumento as partes poderão garantir sua participação equilibrada e protegida pelas garantias do devido processo legal na formação da decisão.

Vê-se aqui, então, a estreita ligação entre Constituição e Processo, ligação esta que, segundo se narra,[79] teve seu marco inicial na doutrina processual italiana, primeiramente com Piero Calamandrei, seguido de Mauro Cappelletti, Luigi Paolo Comoglio, Enrico Tulio Liebman e Nicolò Trocker. Segundo Humberto Theodoro Júnior, esse fenômeno ganhou ainda mais força dentro da moderna concepção de Estado Democrático de Direito,[80] em que a relação passou a ser muito maior que a existência de um ramo processual específico dentro do Texto Maior, vale dizer, em que a função do Poder Judiciário passou a ser a de resguardar a Constituição.[81]

Sendo assim, pode-se até mesmo dizer que ocorreu uma fusão entre o processo e a ordem imposta pela Constituição, o que obrigou as "normas procedimentais, por sua vez", "a conviver, no dia a dia do foro, com a supremacia dos preceitos e garantias da Lei Maior".[82] Em verdade, parece que a visão deve ir além. Não se trata apenas da necessidade de convivência harmônica entre as normas procedimentais e os preceitos insculpidos na Constituição. O processo constitucional, enquanto instrumento de concretização da Constituição, está umbilicalmente relacionado com o modo de desenvolvimento da jurisdição constitucional.[83]

---

[79] Idem, p. 66-67.

[80] Jânia Maria Lopes Saldanha e Angela Araújo da Silveira Espindola destacam que a constitucionalização do processo é um marco na transição do processo liberal, típico de um Estado onde não preponderam as preocupações com o ideal de Justiça, para o modelo social, que, ao revés, está justamente vocacionado à defesa dos ideais democráticos e republicanos: "O movimento à abertura que a constitucionalização do processo imprime, pode bem mostrar o deslocamento importante do modelo de processo de perfil liberal para o modelo social, comprometido com os valores democráticos e republicanos" (SALDANHA, Jânia Maria Lopes; ESPINDOLA, Angela Araújo da Silveira. Jurisdição constitucional e o caso da ADI 3.510: do modelo individualista e liberal ao modelo coletivo e democrático de processo cit., p. 267).

[81] THEODORO JÚNIOR, Humberto. Direito processual constitucional cit., p. 35.

[82] Idem, p. 36.

[83] Willis Santiago Guerra Filho muito bem expressou o conteúdo do processo constitucional, *in verbis*: "Hoje em dia temos uma estreita associação entre constituição e processo, quando um torna-se instrumento imprescindível na consecução daquela. Colocamo-nos, assim, diante de

Ao tratar do direito processual constitucional, José Joaquim Gomes Canotilho[84] diz que ele é "o complexo de actos e formalidades tendentes à prolacção de uma decisão judicial relativa à conformidade ou desconformidade constitucional de actos normativos públicos", o que implica reconhecer até mesmo certo grau de autonomia de suas regras em relação ao "ordenamento processual geral".[85] Andre Pires Gontijo[86] também ressalta que o direito processual constitucional serve, ao cabo, para concretizar o direito constitucional, o que é feito mediante a composição de procedimento apto a permitir a apreciação das questões constitucionais envolvidas em cada caso concreto.[87]

É daí que se diz que a ideia de processo constitucional está intrinsecamente ligada à de princípios gerais,[88] justamente aqueles que vão orientar, ou melhor,

---

um duplo movimento em sentidos opostos, nomeadamente, uma materialização do direito processual, ao condicioná-lo às determinações constitucionais, e, ao mesmo tempo, uma procedimentalização ou desmaterialização do direito constitucional, na medida em que o processo se mostre indispensável para a realização da Lei Maior e, logo, também das menores ou ordinárias. (...) a Constituição possui natureza (também) de uma lei processual, assim como institutos fundamentais do direito processual possuem estatuto constitucional e, logo, são (também) de natureza material. (...) Estamos, na verdade, diante de noções relacionais, que se conceituam uma em fundação da outra, e se exigem mutuamente. Materiais são as normas, quando fornecem parâmetros para se realizar o controle da ordenação da conduta intersubjetiva pelo Direito, enquanto normas processuais se ocupam diretamente com essa realização, ou seja, com a determinação das condições para que esses parâmetros venham a ser aplicados corretamente" (*Teoria processual da Constituição*. São Paulo: Instituto Brasileiro de Direito Constitucional, 2000. p. 27-28).

[84] CANOTILHO, José Joaquim Gomes. *Direito constitucional e teoria da Constituição*. 7. ed. Coimbra: Almedina, 2003. p. 965.

[85] Ibidem.

[86] Eis o excerto em que a ideia é manifestada: "O direito processual constitucional serve para garantir a realização do direito constitucional por meio de regras constitutivas de uma cadeia procedimental adequada ao exame e controle das questões jurídico-constitucionais. Dessa forma, o objeto e o fim do processo constitucional encontram-se associados aos da própria Justiça Constitucional" (A construção do processo constitucional no âmbito do Supremo Tribunal Federal. *Anuario de Derecho Constitucional Latinoamericano*, 2008, Konrad Adenauer Stiftung, p. 194).

[87] Valiosas são as palavras de J. J. Gomes Canotilho sobre o tema: "O direito constitucional processual conforma também o direito processual constitucional. A pluralidade de processos jurisdicionais (penais, civis, administrativos, fiscais) não perturba a existência de um paradigma constitucional processual informado pelos princípios que se acabam de referir. A existência de um paradigma processual na Constituição portuguesa obriga a estudar e a analisar os diferentes processos não apenas na sua configuração concreta da lei ordinária (os códigos processuais ordinários), mas também sob o ângulo da sua conformidade com as normas constitucionais respeitantes às dimensões processuais das várias jurisdições" (*Direito constitucional e teoria da Constituição* cit., p. 967).

[88] Álvaro Ricardo de Souza Cruz e Frederico Barbosa Gomes asseveram não ser possível pensar em direitos fundamentais (princípios gerais) "sem que haja um modelo constitucionalmente adequado e efetivo de processo constitucional", e que sem este "não há como garantir direitos

Cap. 6 – A MODERNA JURISDIÇÃO CONSTITUCIONAL E O PRINCÍPIO DO DEVIDO PROCESSO LEGAL

ordenar a procedimentalização, atividade que tem por objetivo assegurar ao indivíduo a materialização dos seus direitos fundamentais. Interessante notar que, ao tratar dessa procedimentalização, a doutrina chega mesmo a preconizar um *status* de que goza o indivíduo nesta realidade, o *status activus processualis*.[89] Portanto, o processo constitucional não se limita ao julgamento de demandas (subjetivas ou objetivas) por parte de um Tribunal que tenha por atribuição, tal como ressaltado pelo art. 102, *caput*, da Constituição Federal, a guarda da Constituição.[90] "Ele se inicia com a necessidade de determinado direito fundamental ser exercido pelo cidadão",[91] residindo aí, segundo Humberto Theodoro Júnior, a sua ligação com a ideia de processo:[92]

> É dramaticamente indispensável que cada processo produza os resultados substanciais que melhor atendam à justiça do caso concreto. Que ele forneça soluções que se imponham praticamente e façam valer os valores consagrados na consciência da sociedade, valores que, no Estado Democrático, se confundem basicamente com as garantias e direitos fundamentais tutelados na Constituição.

Assim, se considerado dentro de sua alteração ao longo do tempo, o processo passou a ser visto não mais como mero instrumento de realização da vontade das partes, mas sim como meio de atingir um objetivo maior, que é o da pacificação social.[93] Isto é, se em sua trajetória o processo passou a servir como uma ferramenta de concretização da jurisdição, e se, ademais, a moderna concepção de jurisdição tem como objetivo promover a justiça, não há mais como se negar que o processo necessita ser entendido sob a ótica constitucional, mais precisamente de defesa de direitos fundamentais.[94]

---

fundamentais" (Processo constitucional e direitos fundamentais: ensaio sobre uma relação indispensável à configuração do Estado Democrático de Direito. *Revista do Tribunal de Contas do Estado de Minas Gerais*, v. 71, n. 2, ano XXVII, abr.-jun. 2009, p. 63).

[89] "Nesse sentido, há uma procedimentalização e processualização de todas as atividades relacionadas ao direito público no contexto do Estado Democrático de Direito, cuja relevância consiste em assegurar ao cidadão um status activus processualis para conseguir garantias efetivas de realização e proteção de seus interesses e dos direitos fundamentais" (GONTIJO, Andre Pires. A construção do processo constitucional no âmbito do Supremo Tribunal Federal cit., p. 195-196).

[90] Nesse sentido o entendimento de NUNES, Dierle et alii. *Curso de direito processual civil*: fundamentação e aplicação. Belo Horizonte: Fórum, 2011. p. 62.

[91] GONTIJO, Andre Pires. A construção do processo constitucional no âmbito do Supremo Tribunal Federal cit., p. 196.

[92] THEODORO JÚNIOR, Humberto. Direito processual constitucional cit., p. 37-38.

[93] Essa visão pode ser lida em Carlos Alberto Alvaro de Oliveira (*Do formalismo ao processo civil*. Proposta de um formalismo-valorativo. São Paulo: Saraiva, 2009. p. 74-75).

[94] Esse fenômeno segundo o qual os valores protegidos pela Constituição devem permear todo o processo, orientando-o inclusive na revisão das categorias processuais, recebe, por vezes, o nome de neoprocessualismo (DIDIER JR., Fredie. Teoria do processo e teoria do direito: o

Isso quer dizer que, mesmo sendo uma ferramenta posta à disposição da jurisdição para a consecução de sua finalidade maior, que é a obtenção da justiça, não deve ele – melhor seria mesmo dizer não pode – buscar alcançar essa finalidade a qualquer custo. Será sua obrigação, *pari passu*, perseguir os valores consagrados no Texto Constitucional, que, como bem lembrado por José Herval Sampaio Junior,[95] "são o ponto de equilíbrio que deve ter toda atuação do processo nesse cotejo com a realidade e com as ações do legislador".

Insta repisar, mesmo na caminhada rumo ao seu objetivo supremo não se pode permitir que o processo ultrapasse as barreiras impostas pelos valores protegidos pela Constituição.[96] Até porque, admitir tal hipótese resultaria num contrassenso, em que a ferramenta, para realizar a missão, violaria os valores que formam o conceito – fluido – de justiça.[97] Logo, torna-se imperiosa "a interpretação e implementação do processo a partir de uma visão da Constituição como processo de aprendizado social e a partir de um policentrismo processual", "de modo a entender o processo como uma garantia e não como um entrave".[98]

Diante da necessidade de se manter coerência, no processo, entre a consecução do ideal de justiça e os demais valores protegidos constitucionalmente, Marcelo José Magalhães Bonicio[99] elenca as premissas que dimensionam a tutela constitucional do processo, quais sejam, "a) a Constituição pressupõe a existência de um processo como garantia da pessoa humana; b) a lei deve instituir este processo; c) porém, a lei não pode instituir formas que transformem em ilusão a concepção de processo consagrada na Constituição; d) se a lei instituir uma forma de processo que privar o indivíduo de uma razoável oportunidade para fazer valer seu direito, será inconstitucional; e) nestas condições deve entrar em

---

Neoprocessualismo. In: _____. *Teoria do processo* cit., p. 262) e, por outras, de formalismo-valorativo (OLIVEIRA, Carlos Alberto Alvaro de. O formalismo-valorativo no confronto com o formalismo excessivo. *Revista Forense*, n. 388, nov.-dez. 2006, Rio de Janeiro: Forense).

[95] SAMPAIO JR., José Herval. A influência da constitucionalização do direito no ramo processual: Neoprocessualismo ou processo constitucional? Independente da nomenclatura adotada, uma realidade inquestionável. In: DIDIER JR., Fredie. *Teoria do processo* cit., p. 449.

[96] Curioso notar advertência feita por José Herval Sampaio Junior, no sentido de que o fato de que a obrigatoriedade de todos os ramos do Direito estarem centrados na defesa dos direitos fundamentais acaba por torná-los não tão autônomos assim, já que todos seguirão o mesmo norte (Idem, p. 430).

[97] Corrobora essa ideia Marcelo José Magalhães Bonicio: "Todas as garantias previstas na Constituição da República, específicas ou não, apontam num único sentido, que é a síntese da tutela constitucional do processo: o repúdio à ideia de que é aceitável a realização da justiça a qualquer preço, de qualquer forma, e, ao mesmo tempo, a proclamação de que a justiça deve ser realizada equilibradamente, de forma a corresponder aos anseios de uma determinada sociedade, num determinado momento de sua história" (BONICIO, Marcelo José Magalhães. Estudo sobre a tutela constitucional do processo civil brasileiro cit., p. 69).

[98] NUNES, Dierle et al. *Curso de direito processual civil* cit., p. 59.

[99] BONICIO, Marcelo José Magalhães. Estudo sobre a tutela constitucional do processo civil brasileiro cit., p. 67.

Cap. 6 – A MODERNA JURISDIÇÃO CONSTITUCIONAL E O PRINCÍPIO DO DEVIDO PROCESSO LEGAL

jogo os meios de impugnação que a ordem jurídica local institua para tornar efetivo o controle de constitucionalidade das leis".

De todas as premissas elencadas para o correto balizamento do processo constitucional, uma merece especial destaque por guardar relação mais próxima com o presente estudo: a existência de um processo como garantia da pessoa humana, posto que resume[100] em que deve consubstanciar-se o processo constitucional, a defesa da pessoa humana, que somente será resguardada se todos os seus direitos fundamentais restarem preservados pelo processo constitucional.[101]

Sendo um instrumento de preservação dos direitos fundamentais e, em última análise, como destacado anteriormente, da própria pessoa humana, é importante repisar que serão de observação obrigatória as diretrizes políticas inseridas na *Charta Magna*,[102] dentre as quais há de ressaltar a proteção da liberdade do indivíduo, bem que, por seu valor inigualável, goza de maior proteção em sede constitucional. Não por outra razão, Ada Pellegrini Grinover,[103] apoiada nas lições de Eduardo Couture e Enrico Tulio Liebman, eleva o processo a instrumento de garantia da liberdade, *in verbis*:

> O traço mais original da obra de Couture é a relação entre os institutos processuais e seus pressupostos políticos e constitucionais: a ação, como figura particular do direito cívico de petição; a exceção como direito cívico paralelo à ação; o princípio da igualdade das partes, a garantia constitucional do juiz competente e etc.
>
> Hoje, acentua-se a ligação entre Constituição e processo, no estudo concreto dos institutos processuais, não mais colhidos na esfera fechada do processo, mas no sistema unitário do ordenamento jurídico: é esse o caminho, ensina Liebman, que transformará o processo, de simples instrumento de justiça, em garantia de liberdade.

Atentando-se para essa finalidade suprema do processo constitucional, infere-se a importância do seu papel no Estado, que se pretende seja de justiça.

---

[100] As demais premissas parecem ser uma decorrência lógica da primeira, por tratarem de situações concretas em que, por um lado, visa a impedir a edição de norma ou a prática de ato tendente a violar direito fundamental ou, de outro lado, indica a solução para a hipótese de a violação já haver ocorrido.

[101] Ainda que no processo estejam em jogo dois direitos fundamentais aparentemente conflitantes, é missão do processo constitucional trilhar um caminho que, em maior ou menor grau, resguarde ambos.

[102] José Carlos Barbosa Moreira é absolutamente enfático ao afirmar que "um aspecto importante das relações entre regime político e ordenamento processual" é o de que "a disciplina legal do processo (e não só do processo) sofre a influência das características do regime político sob o qual é editada" (O Neoprivatismo no processo civil. In: DIDIER JR., Fredie. *Teoria do processo* cit., p. 394).

[103] GRINOVER, Ada Pellegrini. *Os princípios constitucionais e o Código de Processo Civil*. São Paulo: Bushatsky, 1975. p. 4.

É que somente preservando a liberdade do indivíduo[104] – insista-se, o bem individual maior tutelado pela Constituição – o processo vai conseguir exercer a correta fiscalização da aplicação da Lei Maior e, por conseguinte, garantir a legitimidade na aplicação das normas postas no ordenamento jurídico.[105]

É em razão disso que se afasta, agora, a ideia de um processo que se limite a prescrever formas a serem observadas até que se alcance a decisão a ser proferida pelo Estado-Juiz. Não há mais como negar que a sua razão de ser é a concretização dos valores constitucionais. Frise-se bem, "o processo constitucional não é apenas um direito instrumental, mas uma metodologia de garantia dos direitos fundamentais. Suas instituições estruturais (jurisdição, ação e processo) remetem-nos à efetivação dos direitos essenciais".[106]

Diz-se isso, até mesmo porque[107] se nem "mesmo as mais profundas ondas renovatórias, ou as mais drásticas revoluções de que temos notícia, não conseguiram modificar as estruturas processuais e chegar a um nível de justiça satisfatório", isto é, "na medida em que o sistema processual falha em sua missão, é

---

[104] No entender de José Alfredo de Oliveira Baracho, "as garantias individuais, coletivas e processuais tornam possível o exercício da cidadania plena, através do processo constitucional" (*Direito processual constitucional – aspectos contemporâneos* cit., p. 49).

[105] Esta observação é muito bem exposta por Álvaro Ricardo de Souza Cruz e Frederico Barbosa Gomes em excerto que segue transcrito: "Ao se dar esse passo rumo a uma nova percepção do que vem a ser democracia e constituição, assumindo toda essa problematização como um tema que requer constante reflexão, está-se, na verdade, lançando as bases de um novo Estado de Direito, que agora será democrático de direito. Este, então, não centrará mais as suas preocupações apenas na liberdade e na segurança dos indivíduos, nem tampouco assumirá função de ser o provedor de todas as necessidades dos seus clientes, mas terá por função o respeito simultâneo à autonomia pública e privada de todos os envolvidos, os quais, assumindo o papel de cidadãos dentro de uma sociedade civil ativa e organizada, assentada em uma rede de fluxos comunicativos, estabelecerão os mecanismos sociais de inclusão social e criarão, através de procedimentos constitucionalmente previstos, o Direito ao qual se submeterão, concretizando, assim, a função de autolegisladores.
(...)
É portanto, neste compasso que o processo constitucional assume papel importantíssimo não apenas como garantia da supremacia constitucional, mas, e principalmente, como um instrumento que tem por escopo a fiscalização da gênese democrática das leis, o respeito ao código binário do Direito e a preservação de sua constitucional aplicação ao caso concreto, segundo procedimentos constitucionalmente estabelecidos para tanto, buscando, com isso, a garantia da legitimidade do ordenamento jurídico" (Processo constitucional e direitos fundamentais: ensaio sobre uma relação indispensável à configuração do Estado Democrático de Direito cit., p. 83-84).

[106] BARACHO, José de Alfredo. *Direito processual constitucional – aspectos contemporâneos* cit., p. 47.

[107] O processualismo constitucional democrático também é apontado por Dierle Nunes, Alexandre Bahia, Bernardo Ribeiro Câmara e Carlos Henrique Soares como uma solução para os problemas de eficiência e de legitimidade dos sistemas modernos (*Curso de direito processual civil* cit., p. 58).

Cap. 6 – A MODERNA JURISDIÇÃO CONSTITUCIONAL E O PRINCÍPIO DO DEVIDO PROCESSO LEGAL 249

inevitável que todos se socorram das regras fundamentais, previstas ou não na Constituição de determinado país, para conseguir valer a justiça desejada, ou 'possível', em um determinado momento da vida de uma sociedade".[108]

Nesse particular, ressalte-se que o ato de se recorrer aos valores constitucionais ganha ainda mais importância quando se atenta para o fato de que, sem uma diretriz única, não seria nem mesmo possível identificar quais valores devem ser perseguidos, uma vez que, em um universo cada vez mais pluralista, são facilmente identificáveis em uma mesma sociedade de determinada época diferentes valores, razão pela qual a Constituição funciona nesse cenário como uma aglutinadora daqueles eleitos por determinada sociedade como passíveis de proteção pelo Estado. E mais, a própria Constituição estabeleceu como deve se dar o *iter* procedimental, o *medium* linguístico[109] para alcançar a proteção deles.[110]

É aqui que exsurge a importância da tutela constitucional do processo, "composta de diretrizes elementares, que estão no centro dos modernos estudos sobre o processo, onde são tratadas como caminhos democráticos para se chegar ao 'giusto processo'".[111]

4. O DEVIDO PROCESSO: DO LEGAL AO CONSTITUCIONAL

A primeira notícia que se tem da inserção, no ordenamento jurídico escrito, do princípio do devido processo legal remonta ao ano de 1215, quando da edição da *Magna Charta* de João-Sem-Terra. Ainda sem utilizar especificamente

---

[108] BONICIO, Marcelo José Magalhães. Estudo sobre a tutela constitucional do processo civil brasileiro cit., p. 64-65.

[109] O ato de recorrer aos valores constitucionais ganha ainda maior importância quando se atenta para o fato de que "ausente o norte constitucional, o pensar jurídico tornar-se-ia extremamente penoso numa sociedade 'sem centro', ou seja, numa sociedade pluralista em que há diversas noções de moral, ética, felicidade e bem-estar. O Texto constitucional é, justamente, o articulador (não mítico dos objetivos comuns (falseáveis e abertos a crítica), inconstitucionalizando os procedimentos comunicativos de construção das decisões, o que torna o discurso jurídico linguisticamente viável" (MADEIRA, Dhenis Cruz. Teoria do processo e discurso normativo: digressões democráticas. In: DIDIER JR., Fredie. *Teoria do processo* cit., p. 146).

[110] Dhenis Cruz Madeira utiliza a expressão *medium* linguístico para denominar o processo por meio do qual deve ser feita a interpretação constitucional, *in verbis*: "Diante de uma sociedade pluralista, não se nega que o texto constitucional pode abrigar várias interpretações. Em vista disso, a própria Constituição cuidou de delimitar um médium linguístico para que se realize a interpretação constitucional, instituindo, assim, procedimentos que demarcam o discurso jurídico, possibilitando o intercâmbio entre o mundo jurídico e as instâncias políticas e econômicas" (Teoria do processo e discurso normativo: digressões democráticas. In: DIDIER JR., Fredie. *Teoria do processo* cit., p. 150).

[111] BONICIO, Marcelo José Magalhães. Estudo sobre a tutela constitucional do processo civil brasileiro cit., p. 64-65.

a expressão "devido processo legal", tal documento fez expressa referência, em seu art. 39,[112] à *law of the land*. A referida locução somente foi mencionada explicitamente pela primeira vez no ano de 1354, quando, no reinado de Eduardo III, editou-se o *Statute of Westminster of the Liberties of London*.[113]

Colhe-se na obra de Humberto Dalla Bernardina de Pinho, inclusive, que "teria sido o art. 39 da Magna Carta a primeira manifestação histórica, assegurando, primeiramente aos barões e depois ao povo, que ninguém poderia ser julgado senão por seus pares, com base numa lei razoável que emanasse da sociedade".[114] Essa cláusula, então, significou a proeminência, à época, do direito de liberdade individual em face dos atos praticados pelo Estado.[115]

Nos Estados Unidos, o princípio do devido processo legal foi primeiramente inserido em algumas Constituições estaduais, como as dos Estados de Virgínia e Delaware, que basicamente reproduziram o conteúdo dos diplomas legais que lhes deram origem. Um pouco depois, coube à Constituição do Estado de Maryland, em 1776, inovar na conceituação, fazendo pela primeira vez referência ao trinômio que hoje consta na Constituição norte-americana, qual seja, vida-liberdade-propriedade. Ainda no ano de 1776, sobreveio a Declaração de Direitos da Carolina do Norte, que relacionou os valores constantes do trinômio como aqueles protegidos pela lei da terra, o que igualmente foi feito pelas constituições das colônias de Vermont, Massachussets e New Hampshire, bem como pelo Estado da Filadélfia.

Após o julgamento do caso envolvendo o escravo *Dred Scott*,[116] que teve repercussão negativa perante a população ao negar-lhe legitimidade para pleitear a sua liberdade perante o direito de propriedade do seu senhorio,[117] o princípio do devido processo legal foi finalmente incorporado à Constituição norte-americana

---

[112] Na tradução livre: "Nenhum homem livre será detido ou preso, nem privado de seus bens, banido ou exilado ou, de algum modo, prejudicado, nem agiremos ou mandaremos agir contra ele, senão mediante um juízo legal de seus pares ou segundo a lei da terra". Tratando desse texto normativo, Frederico Wildson da Silva Dantas diz que ao mencionar a tal *law of the land*, estava se referindo ao sistema jurídico então vigente, que se baseava na jurisprudência (O princípio constitucional da inafastabilidade: estudo com enfoque no ativismo judicial. *Revista ESMAFE – Escola de Magistratura Federal da 5. Região*, n. 17, 2008, Recife, p. 95).

[113] NERY JR., Nelson. *Princípios do processo na Constituição Federal* cit., p. 78; PINHO, Humberto Dalla Bernardina de. *Direito processual civil contemporâneo* cit., p. 91.

[114] Idem, p. 91, nota 5.

[115] BÉZE, Patrícia Mothé Glioche. Devido processo legal (princípio do -). *Dicionário de princípios jurídicos*. Rio de Janeiro: Elsevier, 2011. p. 245.

[116] Após fugir para o Estado do Missouri, o escravo pretendeu obter a sua liberdade perante a Suprema Corte norte-americana com base na seção 8. da *Missouri Compromise Act* de 1850.

[117] DIAS, Jefferson Aparecido. *Princípio do devido processo legal*. Princípios processuais na Constituição. Rio de Janeiro: Campus Jurídico, 2008. p. 28.

Cap. 6 – A MODERNA JURISDIÇÃO CONSTITUCIONAL E O PRINCÍPIO DO DEVIDO PROCESSO LEGAL

por meio das V[118] e XIV Emendas,[119] com esse conteúdo genérico de proteção, de tutela ao trinômio vida-propriedade-liberdade, valendo aqui mencionar que os casos em que a Suprema Corte norte-americana teve entendimento mais progressivo foram aqueles em que estava em jogo a privacidade do indivíduo e nos quais ela foi compreendida dentro do conceito maior de liberdade.[120]

Na América Latina, o princípio foi primeiramente introduzido nas Constituições da Argentina (1853) e do México (1857),[121] sendo certo que no Brasil a cláusula do devido processo legal foi inserida na Constituição Federal de 1988, no rol de direitos fundamentais inscritos no art. 5.º da Constituição Cidadã, mais precisamente em seu inciso LIV.[122] E, no entender de Nelson Nery Junior,[123] "foi neste sentido genérico, amplo, que a locução" foi empregada no Texto Maior, vale dizer, "com nítida inspiração nas Emendas 5.ª e 14.ª à Constituição dos Estados Unidos", interpretação que soa assaz razoável, na medida em que consta expressamente do *caput* do dispositivo os valores "vida", "liberdade" e "propriedade", sendo que estes dois últimos precedem a expressão "devido processo legal" na redação do inciso LIV.[124]

Num primeiro momento, o princípio do devido processo legal teve a sua ideia ligada apenas e tão somente ao seu aspecto processual, procedimental (*procedural due process of law*). Contudo, esse conceito foi posteriormente alargado pela Suprema Corte norte-americana, que passou a entendê-lo também em seu aspecto material (*substantive due process of law*).

---

[118] Tradução livre: "Ninguém será privado de sua vida, liberdade, ou bens sem o devido processo legal".

[119] NUNES, Dierle et alii. *Curso de direito processual civil* cit., p. 75.

[120] Após traçar o histórico, Nelson Nery Junior aponta, por exemplo, o caso *Loving*, em que foi invalidada uma lei do Estado da Virgínia que impedia o casamento de pessoas de raças diferentes, o caso Griswold, no qual a Suprema Corte invalidou lei que vedava o uso de contraceptivos por pessoas casadas, além do caso *Eisenstadt*, oportunidade na qual se declarou a inconstitucionalidade de lei que vedava a distribuição de contraceptivos a pessoas não casadas (*Princípios do processo na Constituição Federal* cit., p. 79-80).

[121] DIAS, Jefferson Aparecido. *Princípio do devido processo legal*. Princípios processuais na Constituição cit., p. 28.

[122] "Art. 5.º Todos são iguais perante a lei, sem distinção de qualquer natureza, garantindo-se aos brasileiros e aos estrangeiros residentes no País a inviolabilidade do direito à vida, à liberdade, à igualdade, à segurança e à propriedade, nos termos seguintes:
(...)
LIV – ninguém será privado da liberdade ou de seus bens sem o devido processo legal;"

[123] NERY JR., Nelson. *Princípios do processo na Constituição Federal* cit., p. 80.

[124] Penso que a menção aos valores que constam do *caput* possuem relevância para a compreensão da extensão da cláusula do devido processo legal, tendo em vista que não se pode conceber a interpretação do inciso LIV fora do contexto em que ele está inserido, que é o do rol de garantias fundamentais, e cujo enunciado é primeiramente feito no *caput* do art. 5.º.

Nesse último sentido, fruto de uma interpretação elástica que se fez em prol dos direitos fundamentais, o princípio incide sobre o direito material,[125] significando que, além de um processo regular sob o aspecto formal, é necessário que a própria decisão nele proferida seja *"substancialmente razoável"*.[126] Na opinião de Patrícia Mothé Glioche Béze,[127] segundo essa concepção do princípio do devido processo legal, "é possível ao Poder Judiciário buscar a justiça do conteúdo ou da matéria tratada na lei ou no ato administrativo, a fim de verificar se a sua substância está de acordo com os princípios basilares que informam o devido processo como cláusula constitucional, defendendo o indivíduo de eventual tirania estatal".

A notícia que se tem é que o alargamento do entendimento da Suprema Corte norte-americana se deu a partir de 1890, sendo um dos casos emblemáticos aquele em que se considerou inconstitucional, por ferir a liberdade de contratar, uma lei do Estado de Nova York que fixava a jornada de trabalho diária de padeiros em 10 (dez) horas e a semanal em 60 (sessenta) horas.[128] Sobre este desdobramento do princípio do devido processo legal, Nelson Nery Junior,[129] identificando as suas raízes, chama a atenção para o fato de que:

> A origem do substantive *due process* teve lugar justamente com o exame da questão dos limites do poder governamental, submetida à apreciação da Suprema Corte norte-americana no final do século XVIII. Decorre daí a imperatividade de o Legislativo produzir leis que satisfaçam o interesse público, traduzindo-se essa tarefa no princípio da razoabilidade das leis. Toda lei que não for razoável, isto é, que não seja a *law of the land*, é contrária ao direito e deve ser controlada pelo Poder Judiciário.

Ainda sobre o caráter substantivo do princípio do *due process*, Dierle Nunes realça que é dele que parcela da doutrina,[130] bem como o E. Supremo Tribunal

---

[125] Idem, p. 81.

[126] PINHO, Humberto Dalla Bernardina de. *Direito processual civil contemporâneo* cit., p. 91.

[127] BÉZE, Patrícia Mothé Glioche. Devido processo legal (princípio do -). *Dicionário de princípios jurídicos* cit., p. 247.

[128] CASTRO, Carlos Roberto Siqueira. *O devido processo legal e a razoabilidade das leis na nova Constituição do Brasil*. 2. ed. Rio de Janeiro: Forense, 1989. p. 65.

[129] NERY JR., Nelson. *Princípios do processo na Constituição Federal* cit., p. 83.

[130] Esta, por exemplo, é a posição adotada por Patrícia Mothé Glioche Béze, para quem, "nesta perspectiva, abriu-se para o Poder Judiciário a possibilidade de verificar o exame de mérito dos atos do Poder Público, ou seja, a compatibilidade entre o meio empregado pelo legislador e os fins visados, bem como a aferição de legitimidade destes fins, vindo a dar amparo aos princípios da proporcionalidade e razoabilidade" (Devido processo legal [princípio do -]. *Dicionário de princípios jurídicos* cit., p. 247-248); Frederico Wildson da Silva Dantas, segundo o qual a faceta substantiva do *due process* "deriva na proibição da irrazoabilidade e na máxima proporcionalidade, com seus subprincípios da adequação (utilidade), necessidade e proporcionalidade em

Federal, extrai o fundamento para a aplicação do princípio da proporcionalidade.[131] Segundo afirma,[132] "tal princípio traria uma fórmula de controle do conteúdo das decisões (em geral), quando os princípios (vistos como bens ou valores) estivessem em conflito, buscando respeitar ao máximo o mais adequado e desrespeitando o mínimo o(s) outro(s) princípio(s) confrontante(s)".

Em seu sentido mais restrito, a cláusula do devido processo legal, "entendido como garantia do pleno acesso à Justiça",[133] implica apenas o direito de o indivíduo processar e ser processado de acordo com as normas constantes do ordenamento. No entender de Rui Portanova,[134] "o devido processo legal é uma garantia do cidadão. Garantia constitucionalmente prevista que assegura tanto o exercício do direito de acesso ao Poder Judiciário como o desenvolvimento processual de acordo com as normas previamente estabelecidas".

Dito de outra forma, o princípio do devido processo legal em seu caráter processual "é um conjunto de procedimentos que obrigatoriamente devem ser observados para que o Estado possa retirar de alguém alguma liberdade conquistada. É considerado como uma garantia não somente das partes, mas também de um justo processo".[135] A bem da verdade, essa observância de um procedimento regular sob o ponto de vista formal inclui também o direito ao contraditório e à ampla defesa, dentre outras garantias. Veja-se a ilustrativa lição de Frederico Wildson da Silva Dantas,[136] *in verbis*:

---

sentido estrito" (O princípio constitucional da inafastabilidade: estudo com enfoque no ativismo judicial cit., p. 96). Além desses, Luís Roberto Barroso faz minuciosa digressão sobre o princípio do devido processo legal, destacando serem dele derivados os princípios da razoabilidade e da proporcionalidade (*Interpretação e aplicação da Constituição* cit., p. 218 e ss).

[131] Cite-se, apenas a título de ilustração, três decisões arestos proferidas pelo E. Supremo Tribunal Federal em que se fez menção à razoabilidade ou à proporcionalidade, de onde se extrai a proporcionalidade (parâmetro para a verificação da constitucionalidade. São eles o acórdão proferido na ADI 1.158-8, Pleno, rel. Min. Celso de Mello, j. 19.12.1994. Disponível em: <http://redir.stf.jus.br/paginadorpub/paginador.jsp?docTP=AC&docID=346863>. Acesso em: 20 maio 2012; o acórdão proferido no AGRG no RE 200.844-3/PR, 2.ª T., rel. Min. Celso de Mello, j. 25 jun. 2002. Disponível em: <http://www.stf.jus.br/portal/jurisprudencia/listarJurisprudencia.asp?s1=%28200844%2ENUME%2E+OU+200844%2EACMS%2E%29&base=baseAcordaos>. Acesso em: 20 maio 2012; a decisão monocrática exarada no RE 653.115, rel. Min. Celso de Mello, j. 22.02.2012. Disponível em: <http://www.stf.jus.br/portal/jurisprudencia/listarJurisprudencia.asp?s1=%28%28653115%2ENUME%2E+OU+653115%2EDMS%2E%29%29+NAO+S%2EPRES%2E&base=baseMonocraticas>. Acesso em: 20 maio 2012.

[132] NUNES, Dierle et alii. *Curso de direito processual civil* cit., p. 76.

[133] PINHO, Humberto Dalla Bernardina de. *Direito processual civil contemporâneo* cit., p. 91.

[134] PORTANOVA, Rui. *Princípio do processo civil*. 5. ed. Porto Alegre: Livraria do Advogado, 2003. p. 145.

[135] BÉZE, Patrícia Mothé Glioche. Devido processo legal (princípio do -). *Dicionário de princípios jurídicos* cit., p. 246.

[136] DANTAS, Frederico Wildson da Silva. O princípio constitucional da inafastabilidade: estudo com enfoque no ativismo judicial cit., p. 96.

Por sua vez, o sentido procedimental do devido processo legal diz respeito ao direito a um procedimento previsto em lei que assegure ao litigante, entre outras garantias, o contraditório e a ampla defesa. O contraditório, definido pela doutrina como direito à informação necessária e à reação possível, implica o direito de informação geral sobre o processo, a bilateralidade de audiência e a motivação das decisões judiciais. A ampla defesa, concebida como o direito à adequada resistência às pretensões adversárias, implica o caráter prévio da defesa, do duplo grau de jurisdição, o direito a uma defesa técnica, o direito de ser notificado do processo, de produzir provas e contraditar as provas produzidas pela outra parte.

O E. Supremo Tribunal Federal já teve a oportunidade de apreciar questões que envolviam o princípio do devido processo legal em seu aspecto processual, tendo, por diversas vezes, se manifestado no sentido de abraçá-lo. Dentre diversos julgados encontrados na jurisprudência do referido Tribunal Superior, pode-se citar, por sua representatividade, três arestos que muito bem denotam o entendimento mencionado. O primeiro deles é o acórdão proferido quando do julgamento da Ação Direta de Inconstitucionalidade 3.685/DF, em que funcionou como relatora a Min. Ellen Gracie.[137] Naquela oportunidade, afastou-se a aplicação, nas eleições gerais de 2006, as regras eleitorais introduzidas pela

---

[137] "Ação Direta de Inconstitucionalidade. Art. 2.º da EC 52, de 08.03.2006. Aplicação imediata da nova regra sobre coligações partidárias eleitorais, introduzida no texto do art. 17, § 1.º, da CF. Alegação de violação ao princípio da anterioridade da lei eleitoral (CF, art. 16) e às garantias individuais da segurança jurídica e do devido processo legal (CF, art. 5.º, caput, e LIV). Limites materiais à atividade do legislador constituinte reformador. Arts. 60, § 4.º, IV, e 5.º, § 2.º, da CF.
(...)
3. Todavia, a utilização da nova regra às eleições gerais que se realizarão a menos de sete meses colide com o princípio da anterioridade eleitoral, disposto no art. 16 da CF, que busca evitar a utilização abusiva ou casuística do processo legislativo como instrumento de manipulação e de deformação do processo eleitoral. (ADI n. 354, rel. Min. Octavio Gallotti, DJ 12.02.1993).
(...)
4. Enquanto o art. 150, III, b, da CF encerra garantia individual do contribuinte (ADI 939, rel. Min. Sydney Sanches, DJ 18.03.1994), o art. 16 representa garantia individual do cidadão-eleitor, detentor originário do poder exercido pelos representantes eleitos e 'a quem assiste o direito de receber, do Estado, o necessário grau de segurança e de certeza jurídicas contra alterações abruptas das regras inerentes à disputa eleitoral'. (ADI 3.345, rel. Min. Celso de Mello).
5. Além de o referido princípio conter, em si mesmo, elementos que o caracterizam como uma garantia fundamental oponível até mesmo à atividade do legislador constituinte derivado, nos termos dos arts. 5.º, § 2.º, e 60, § 4.º, IV, a burla ao que contido no art. 16 ainda afronta os direitos individuais da segurança jurídica (CF, art. 5.º, caput) e do devido processo legal (CF, art. 5.º, LIV).
(...)
7. Pedido que se julga procedente para dar interpretação conforme no sentido de que a inovação trazida no art. 1.º da EC 52/2006 somente seja aplicada após decorrido um ano da data de sua vigência" (ADI 3.685/DF, Pleno, rel. Min. Ellen Gracie, j. 22.03.2006). Disponível em: <http://www.stf.jus.br/portal/jurisprudencia/listarJurisprudencia.asp?s1=%283685%2ENUME%2E+OU+3685%2EACMS%2E%29&base=baseAcordaos>. Acesso em: 16 maio 2012.

Cap. 6 - A MODERNA JURISDIÇÃO CONSTITUCIONAL E O PRINCÍPIO DO DEVIDO PROCESSO LEGAL

Emenda Constitucional 52/2006, a serem realizadas 7 (sete) meses após a sua edição, decisão que teve por fundamento a violação de uma norma, o art. 16 da *Charta Magna*,[138] que, regulamentando o procedimento eleitoral, veda a alteração das regras a ele pertinentes no interregno de um ano que antecede o pleito. Isto é, respeitou-se o princípio do devido processo legal, mencionado expressamente na ementa do *decisum*.

Recentemente, o Pretório Excelso, também em matéria eleitoral, privilegiou, uma vez mais, o princípio do devido processo legal em seu aspecto processual. No julgamento do Recurso Extraordinário 633.703, da relatoria do Min. Gilmar Mendes, caso que ficou conhecido como "Ficha Limpa", impediu-se a incidência, já no ano de 2011, das disposições contidas na Lei Complementar 135/2010, que alterou diversos dispositivos da Lei Complementar 64/90, modificando e acrescentando hipóteses de inelegibilidade, o que também foi feito em homenagem ao devido processo legal, ali denominado de devido processo eleitoral, consubstanciado no respeito à anterioridade anual. Veja-se elucidativo trecho da ementa:

> Lei Complementar 135/2010, denominada Lei da Ficha Limpa. Inaplicabilidade às eleições gerais 2010. Princípio da anterioridade eleitoral (art. 16 da Constituição da República).
>
> I. O Princípio da anterioridade eleitoral como garantia do devido processo legal eleitoral. O pleno exercício de direitos políticos por seus titulares (eleitores, candidatos e partidos) é assegurado pela Constituição por meio de um sistema de normas que conformam o que se poderia denominar de devido processo legal eleitoral. Na medida em que estabelecem as garantias fundamentais para a efetividade dos direitos políticos, essas regras também compõem o rol das normas denominadas cláusulas pétreas e, por isso, estão imunes a qualquer reforma que vise a aboli-las. O art. 16 da Constituição, ao submeter a alteração legal do processo eleitoral à regra da anualidade, constitui uma garantia fundamental para o pleno exercício de direitos políticos. Precedente: ADI 3.685, Rel. Min. Ellen Gracie, julg. em 22.3.2006. A LC 135/2010 interferiu numa fase específica do processo eleitoral, qualificada na jurisprudência como a fase pré-eleitoral, que se inicia com a escolha e a apresentação das candidaturas pelos partidos políticos e vai até o registro das candidaturas na Justiça Eleitoral. Essa fase não pode ser delimitada temporalmente entre os dias 10 e 30 de junho, no qual ocorrem as convenções partidárias, pois o processo político de escolha de candidaturas é muito mais complexo e tem início com a própria filiação partidária do candidato, em outubro do ano anterior. A fase pré-eleitoral de que trata a jurisprudência desta Corte não coincide com as datas de realização das convenções partidárias. Ela começa muito antes, com a própria filiação partidária e a fixação de domicílio eleitoral dos candidatos, assim como o registro dos partidos no Tribunal Superior Eleitoral. A competição eleitoral se

---

[138] "Art. 16. A lei que alterar o processo eleitoral entrará em vigor na data de sua publicação, não se aplicando à eleição que ocorra até 1 (um) ano da data de sua vigência."

inicia exatamente um ano antes da data das eleições e, nesse interregno, o art. 16 da Constituição exige que qualquer modificação nas regras do jogo não terá eficácia imediata para o pleito em curso.

(...)

IV. Recurso Extraordinário conhecido e provido. Recurso extraordinário conhecido para: a) reconhecer a repercussão geral da questão constitucional atinente à aplicabilidade da LC 135/2010 às eleições de 2010, em face do princípio da anterioridade eleitoral (art. 16 da Constituição), de modo a permitir aos Tribunais e Turmas Recursais do país a adoção dos procedimentos relacionados ao exercício de retratação ou declaração de inadmissibilidade dos recursos repetitivos, sempre que as decisões recorridas contrariarem ou se pautarem pela orientação ora firmada. b) dar provimento ao recurso, fixando a não aplicabilidade da Lei Complementar n. 135/2010 às eleições gerais de 2010.[139]

O terceiro caso, fora do âmbito do direito eleitoral, cuidou da delicada questão envolvendo a demarcação de terras – diz-se delicada, uma vez que o direito de propriedade é direito fundamental protegido pela Constituição Federal. Mais especificamente, a Ação Direta de Inconstitucionalidade 4.264/PE (Rel. Min. Ricardo Lewandowski) tinha por objeto a apreciação da constitucionalidade do art. 11 do Decreto-Lei 9.760,[140] com a redação que lhe deu a Lei 11.841/2007.[141] Apreciando a matéria, os integrantes do E. Supremo Tribunal Federal dividiram-se em duas correntes. De um lado, aqueles que preconizavam a validade da alteração, tendo em vista a necessidade de se conferir celeridade ao procedimento de demarcação, e de outro, os que entendiam que a alteração, em verdade, impedia o exercício amplo do contraditório e da ampla defesa por parte dos ocupantes de terrenos de marinha, corrente esta que acabou prevalecendo.[142]

---

[139] RE 633.703/MG, Pleno, rel. Min. Gilmar Mendes, j. 23.03.2011. Disponível em: <http://www.stf.jus.br/portal/jurisprudencia/listarJurisprudencia.asp?s1=%28633703%2ENUME%2E+OU+633703%2EACMS%2E%29&base=baseAcordaos>. Acesso em: 16 maio 2012.

[140] A redação original do dispositivo legal era a seguinte: "Art. 11. Para a realização do trabalho, a SPU convidará os interessados, certos e incertos, pessoalmente ou por edital, para que no prazo de 60 (sessenta) dias ofereçam a estudo, se assim lhes convier, plantas, documentos e outros esclarecimentos concernentes aos terrenos compreendidos no trecho demarcando".

[141] "Art. 11. Para a realização da demarcação, a SPU convidará os interessados, por edital, para que no prazo de 60 (sessenta) dias ofereçam a estudo plantas, documentos e outros esclarecimentos concernentes aos terrenos compreendidos no trecho demarcando."

[142] Neste acórdão várias remissões são feitas ao princípio do devido processo legal, havendo, contudo, no voto proferido pelo Min. Luiz Fux, especial referência ao aludido princípio e, inclusive, aos seus consectários, o contraditório e a ampla defesa. O inteiro teor do acórdão está disponível em: <http://www.stf.jus.br/portal/jurisprudencia/listarJurisprudencia.asp?s1=%284264%2ENUME%2E+OU+4264%2EACMS%2E%29&base=baseAcordaos>. Acesso em: 16 maio 2012. A abordagem do tema em conformidade com o princípio do devido processo legal pode ser muito bem percebida na análise de Valter Shuenquener de Araújo (ADI n. 2.464-MS: observância do devido processo legal na demarcação de terrenos de marinha.

Cap. 6 – A MODERNA JURISDIÇÃO CONSTITUCIONAL E O PRINCÍPIO DO DEVIDO PROCESSO LEGAL

Em que pese o devido processo legal procedimental ser aquele comumente sustentado pela doutrina,[143] não se pode perder de vista que o princípio do *due process of law* é originário do direito anglo-saxão, sendo de bom alvitre que não se olvide do sentido em que ele é empregado lá. É absolutamente indispensável à sua correta compreensão – e aplicação – que se identifique, na origem, o seu significado mais puro, de modo que seja possível compatibilizá-lo com o ordenamento pátrio. Por tal razão, traz-se à baila a anotação feita por Nelson Nery Junior[144] acerca da amplitude do devido processo legal, em que são identificadas, além das vertentes que rotineiramente são mencionadas pela doutrina nacional, outras facetas existentes no direito norte-americano, *verbis*:

> Além desses elementos essenciais, o princípio do devido processo legal no direito processual americano possui outras consequências adicionais, *verbis*: a) o direito a processo com a necessidade de haver provas; b) o direito de publicar-se e estabelecer-se conferência preliminar sobre as provas que serão produzidas; c) o direito a uma audiência pública; d) o direito à transcrição dos atos processuais; e) julgamento pelo tribunal do júri (civil); f) o ônus da prova, que o governo deve suportar mais acentuadamente do que o litigante individual.

Ao que foi dito sobre as duas facetas mais conhecidas do princípio do devido processo legal some-se uma acurada observação que ainda identificou nas decisões da Suprema Corte norte-americana um passo adiante que se deu na leitura do aludido princípio. Ainda na linha do devido processo legal substantivo, este vértice não estava mais relacionado apenas aos casos de cunho eminentemente econômico, e que almejavam proferir a decisão mais justa possível. Acompanhando a própria alteração do modelo de Estado, o *substantive due process* sofreu uma transformação no sentido da concretização dos direitos fundamentais. Nas palavras de Gisele Santos Fernandes Góes,[145] este princípio, "também de caráter substantivo", não era "mais atinente apenas à preocupação econômica, gravitando em torno dos direitos individuais, pois o Estado – agora dito Social – tenciona possibilitar a maximização dos direitos e garantias fundamentais do indivíduo, elevando-se a autonomia individual".

In: FUX, Luiz (Coord.). *Jurisdição constitucional*: democracia e direitos fundamentais. Belo Horizonte: Fórum, 2012. p. 47-69).

[143] Ilustrativa, para finalizar, a lição de Jefferson Aparecido Dias, senão vejamos: "Por essa concepção formal, mencionado princípio representa uma garantia de acesso à justiça e, também, de que, ao ser parte em um processo, seja ele criminal, civil ou administrativo, a pessoa não sofrerá qualquer restrição em sua vida, liberdade ou patrimônio sem que seja observado um procedimento previamente estabelecido na lei, no qual se respeite a igualdade das partes e se permita a mais ampla defesa de seus interesses" (*Princípio do devido processo legal*. Princípios processuais na Constituição cit., p. 34)

[144] NERY JR., Nelson. *Princípios do processo na Constituição Federal* cit., p. 84.

[145] GÓES, Gisele Santos Fernandes. *Princípio da proporcionalidade no processo civil*. São Paulo: Saraiva, 2004. p. 57-58.

Diga-se, aliás, que o entendimento supramencionado não se mostrou voz isolada na doutrina, valendo aqui transcrever a opinião de Augusto do Amaral Dergint[146] a respeito dessa terceira faceta do princípio do devido processo legal, que segundo ele originou-se com a consolidação do Estado dito Social e se mantém até os dias atuais:

> Com a consagração do Estado Social e a retratação da ingerência judicial nos domínios econômico e social, o "devido processo legal'" numa terceira fase (que se estende até os dias atuais), trilha novos caminhos exegéticos, restringindo-se sua aplicação, cada vez mais, a *non economic matters* (matérias não econômicas).
>
> O "devido processo legal" passa a servir, então, como instrumento de controle das invasões estatais nas faculdades essenciais ao exercício da personalidade humana e da cidadania: liberdade de pensamento e de opinião, direito à informação, liberdade de imprensa, de religião, direito das minorias, liberdade de participação política, direito de votar e de ser votado, direito de representar e fiscalizar os atos do Poder Público etc.

O que se vê, portanto, é que mesmo tendo a sua redação original inalterada desde a sua inserção na Constituição americana, o princípio do devido processo legal teve o seu alcance em muito aumentado, ao que parece em sintonia com a alteração do modelo de Estado adotado e, claro, com os anseios manifestados pela sociedade, cada vez mais ávida pela materialização de seus direitos, principalmente se de índole fundamental.[147] Nesse sentido, anota Humberto Dalla Bernardina de Pinho que, sendo um conjunto de garantias constitucionais, o princípio do devido processo legal destina-se a conferir "legitimidade do exercício da jurisdição".[148]

Mesmo sem fazer expressa referência à fértil jurisprudência da Suprema Corte norte-americana que deu origem a essa terceira vertente do princípio do

---

[146] DERGINT, Augusto do Amaral. Aspecto material do devido processo legal. *Revista dos Tribunais*, n. 709, 1994, São Paulo: RT, p. 249-255.

[147] A julgar pelas palavras de Marcelo José Magalhães Bonicio, essa mudança no pensamento da Suprema Corte norte-americana veio em boa hora, eis que, sofrendo os direitos fundamentais constantes mudanças para se adequar à realidade da sociedade, que igualmente se encontra em contínuo processo evolutivo, é também indispensável que as garantias a eles correlacionados sejam atualizadas. Eis o elucidativo trecho em que tal ideia é colocada: "Em geral, nos sistemas jurídicos modernos, os valores mais elevados de uma sociedade encontram-se protegidos pela Constituição, não de maneira taxativa, porque nem mesmo o mais criativo dos juristas poderia prever quantas e quais são as garantias necessárias para proteger estes valores, mas, sim, de maneira a garantir o necessário respeito aos direitos humanos fundamentais.
Estes direitos fundamentais sofrem uma natural evolução ao longo do tempo, conforme progridem as ciências, a cultura, e a política de uma determinada sociedade, exigindo que as proteções também evoluam e permaneçam ativas" (Estudo sobre a tutela constitucional do processo civil brasileiro cit., p. 63).

[148] PINHO, Humberto Dalla Bernardina de. *Direito processual civil contemporâneo* cit., p. 91.

Cap. 6 - A MODERNA JURISDIÇÃO CONSTITUCIONAL E O PRINCÍPIO DO DEVIDO PROCESSO LEGAL

devido processo legal, Patrícia Mothé Glioche Béze[149] estabelece a sua relação com a proteção dos direitos fundamentais, destacando também que o caráter substantivo serve de instrumento para a equalização entre direito e justiça, *in verbis*:

> Pela dimensão substancial do devido processo legal a lei deve ser considerada sob um aspecto negativo, ou seja, o governo não pode gerar atos normativos que interfiram em determinadas áreas do direito, como no caso dos direitos fundamentais, sem que haja uma razoabilidade comprovada desta situação. Esta é a ideia que remonta à Magna Carta, onde ficou determinado que nenhuma pessoa, por mais poderosa que fosse, poderia afetar os direitos que hodiernamente são considerados fundamentais.
>
> Desta forma, a dimensão substancial do devido processo legal harmoniza o direito e a justiça, dentro de parâmetros que garantem não somente o direito à vida, à liberdade ou patrimônio, mas também a todos os direitos fundamentais, tornando-se um instrumento de proteção dos direitos individuais e liberdades públicas, além de impedir a existência de leis arbitrárias.

Pelo que se vê, nesta terceira vertente o princípio do devido processo legal não se destina a proteger o trinômio vida-liberdade-propriedade, seja garantindo a regularidade formal do procedimento, seja mesmo orientando a busca pela solução mais justa. A dimensão agora é a de proteção de todos os outros direitos fundamentais,[150] funcionando como verdadeiro fiel da balança no "conflito" entre direito e justiça.

Neste ponto, há manifestação do Pretório Excelso que não pode deixar de ser aqui destacada por fazer expressa referência ao princípio do devido processo legal como instrumento de proteção das liberdades individuais. Leia-se a seguir trecho da ementa do acórdão proferido nos autos da ADI 1.063-8/DF, Rel. Min. Celso de Mello, *verbis*:

> A essência do substantive *due process of Law* reside na necessidade de proteger os direitos e as liberdades das pessoas contra qualquer modalidade de legislação que se revele opressiva ou destituída do necessário coeficiente de razoabilidade.
>
> Isso significa, dentro da perspectiva da extensão da teoria do desvio de poder ao plano das atividades legislativas do Estado, que este não dispõe de competência para legislar ilimitadamente, de forma imoderada e irresponsável, gerando com

---

[149] BÉZE, Patrícia Mothé Glioche. Devido processo legal (princípio do -). *Dicionário de princípios jurídicos* cit., p. 248.

[150] Assim pensa Luiz Guilherme Marinoni: "Note-se que os direitos fundamentais materiais, além de servirem para iluminar a compreensão do juiz sobre o direito material, conferem à jurisdição o dever de protegê-los (ainda que o legislador tenha se omitido) (...)" (MARINONI, Luiz Guilherme. A jurisdição no Estado contemporâneo. *Estudos de direito processual civil* cit., p. 66).

o seu comportamento institucional, situações normativas de absoluta distorção e, até mesmo, de subversão dos fins que regem o desempenho da função estatal. O magistério doutrinário de CAIO TÁCITO.[151]

Essa relação entre direito e justiça foi reafirmada, *rectius*, dilargada pela própria doutrina, que estendeu a abrangência para nele inserir parâmetros de ordem ética. Naquela oportunidade, foi reafirmada ainda a abrangência do princípio do devido processo legal, que, por tal fato, restou até mesmo considerado como de difícil conceituação, senão vejamos:

> Por outro lado, quando se fala em devido processo legal, é preciso pensar que esta garantia, cujas raízes históricas remontam ao famoso art. 39 da Magna Carta de 1215, traduz uma ideia extremamente importante: a de 'boa justiça', realizada segundo os parâmetros éticos e razoáveis do processo, preocupada em fornecer uma justa solução ao litígio submetido ao Poder Judiciário, em tempo hábil.

> Não é possível conceituar, em termos precisos, o conteúdo do devido processo legal, mas é possível compreender que, em determinada circunstância, se algo comprometeu a realização da boa justiça, tanto formal, quanto materialmente, deve ser observada esta garantia constitucional, sempre em prol da justiça das decisões.[152]

Em que pese a dificuldade na conceituação ser capaz de trazer um sentimento de incerteza quanto ao alcance e, quiçá, de vulgarização do princípio do devido processo legal, certo é que tal característica vai permitir que, analisado e interpretado juntamente com as normas positivadas no ordenamento jurídico, o princípio do devido processo legal oriente que se extraia da Constituição – texto que, como cediço, é incapaz de conter a previsão clara, expressa, específica de todo o elenco de direitos que podem e devem ser conferidos aos indivíduos[153] –, o seu real significado,[154] o seu concreto dizer.[155]

---

[151] A íntegra do acórdão. Disponível em: <http://redir.stf.jus.br/paginadorpub/paginador.jsp?docTP=AC&docID=346801>. Acesso em: 20 maio 2012.

[152] BONICIO, Marcelo José Magalhães. Estudo sobre a tutela constitucional do processo civil brasileiro cit., p. 74.

[153] Lembre-se que em razão da constante evolução da sociedade a Constituição não pode ser vista como idêntica, mesmo passado algum tempo desde a sua edição. "Deve-se vê-la, além disso, como um projeto de contínua aprendizagem de uma sociedade aberta e plural, que busca, a todo momento, a inclusão de todos por meio de procedimentos da gênese democrática do Direito, fundada na ideia de igual consideração de todos os envolvidos e na busca da mais ampla liberdade de participação de todos os interessados nas tomadas públicas de decisão" (CRUZ, Álvaro Ricardo de Souza; GOMES, Frederico Barbosa. Processo constitucional e direitos fundamentais: ensaio sobre uma relação indispensável à configuração do Estado Democrático de Direito cit., p. 83).

[154] Fábio Vieira Heerdt muito bem resumiu que "a coexistência de regras e princípios permite a descodificação, isto é, permite a compreensão da Constituição como sistema aberto de regras e princípios" (Processo civil no limiar do Século XXI – A nova visão do juiz constitucional cit., p. 184).

[155] Bastante elucidativo é o acórdão prolatado quando do julgamento da ADI/MC 1.5117/DF (rel. Min. Carlos Velloso, j. 16.10.1996), uma vez que narra a história das três fases do entendimento

Cap. 6 – A MODERNA JURISDIÇÃO CONSTITUCIONAL E O PRINCÍPIO DO DEVIDO PROCESSO LEGAL

Em outro giro, a incerteza quanto a um conceito fixo do princípio do devido processo legal vai permitir que se identifiquem nas normas processuais infraconstitucionais o sentido em que devem ser aplicadas em cada caso concreto. Isso porque, "se há aspectos que são absolutamente indiscutíveis", "outros há, que podem aparecer".[156] Se a uma primeira vista tal fato pode parecer desabonador do princípio, um olhar um pouco mais detido deixa outra impressão, absolutamente distinta, uma vez que:

> Em realidade, há normas que somente cumprem a sua finalidade, sendo, em parte configuradoras de conceitos vagos, dado que se fosse definir o princípio, certamente estar-se-iam excluindo hipóteses que virão a se revelar como suscetíveis de serem avaliadas à luz do princípio e seu respectivo conceito vago, mas que, com a definição, certamente, estariam descartadas, ou, pior, teriam sido descartadas pelo legislador infraconstitucional. Com isto haveria o evidente risco de definições infraconstitucionais, contrárias ao tamanho constitucional da regra.[157]

A diversidade de significados em que pode ser entendido, o alcance emprestado ao princípio do devido processo legal e, ainda, o fato de que dele decorrem todos os demais princípios que servem de norte para o exercício da jurisdição, orientando a leitura de todos os institutos que lhe são afetos, levaram alguns autores a considerá-lo como um superprincípio.[158] Lançando mão das bem empregadas palavras de Odete Novais Carneiro Queiroz,[159] "poderíamos cognominá-lo de 'o princípio', uma vez que dele derivam os demais princípios constitucionais. É o alicerce de todos os demais princípios que dele decorrem".

Na prática, o que se tem visto é que o E. Supremo Tribunal Federal tem se filiado à corrente mais progressiva de interpretação quanto ao princípio do devido processo legal, entendendo-o em seu caráter substantivo e, mais do que isso, fazendo dele o fiel da balança na conformação de normas infraconstitucionais com o Texto Maior. Dois exemplos recentes são exemplos disso.

O primeiro deles é o recente julgamento envolvendo a questão do aborto de fetos acoimados de anencefalia (ADPF 54, Rel. Min. Marco Aurélio). Um dos

---

acerca do princípio do devido processo legal, além de traçar um panorama do tema dentro da jurisprudência do E. Supremo Tribunal Federal. O inteiro teor está disponível em: <http://redir.stf.jus.br/paginadorpub/paginador.jsp?docTP=AC&docID=347105>. Acesso em: 20 maio 2012.

[156] ARRUDA ALVIM, Angélica. *Princípios constitucionais do processo. Revista de Processo*, n. 74, ano 19, abr.-jun. 1994, São Paulo: RT, p. 21.

[157] Idem, p. 2.

[158] DIAS, Jefferson Aparecido. *Princípio do devido processo legal*. Princípios processuais na Constituição cit., p. 26.

[159] QUEIROZ, Odete Novais Carneiro. O devido processo legal. *Revista dos Tribunais*, n. 748, 1998, São Paulo: RT, p. 48.

temas que se debateram no julgamento desse precedente histórico foi a validade de normas insertas no Código Penal brasileiro (arts. 124, 126 e 128, incisos I e II) que tipificam como crime contra a vida a prática do aborto, diante dos valores que possuem guarida constitucional nas hipóteses em que se identificar a anencefalia do feto. Estavam em jogo, de um lado, os direitos fundamentais da gestante em ver resguardada a sua integridade física e moral, a sua dignidade humana e, de outro, o direito à vida do feto.[160] E, quando do julgamento, mesmo diante de texto legal expresso que tipificava a antecipação do parto como crime contra a vida, o Pretório Excelso, mesmo não considerando os aludidos dispositivos legais inconstitucionais, conferiu interpretação a eles, de modo a não considerar conduta típica os fatos descritos nos artigos supramencionados quando a hipótese for de anencefalia do feto.

Ainda não se tem notícia da publicação do acórdão, mas, ao que tudo indica, o substantive *due process of law* parece ter sido a base de tal julgamento. Assim se diz, pois se colhe do Informativo semanal de jurisprudência do Supremo Tribunal Federal, ao se referir ao voto do Min. Marco Aurélio, relator do processo, que "não se coadunaria com o princípio da proporcionalidade proteger apenas um dos seres da relação, de modo a privilegiar aquele que, no caso da anencefalia, não deteria sequer expectativa de vida fora do útero e aniquilar-se, em contrapartida, os direitos da mulher ao lhe impingir sacrifício desarrazoado".[161]

A questão da (des)proporcionalidade ainda encontrou pelo menos mais uma referência, desta feita pelo Min. Luiz Fux. O excerto constante do Informativo de jurisprudência 661 dá conta de que o Min. Fux "reforçou que o bem jurídico em eminência seria exatamente a saúde física e mental da mulher, confrontada em face da desproporcionalidade da criminalização do aborto levado a efeito pela gestante de feto anencefálico. Asseverou que essa ponderação de preceitos denominar-se-ia 'estado de necessidade justificante', consectariamente, o art. 128 do CP deveria receber leitura moral".[162]

Como se vê, mesmo que o princípio do devido processo legal não tenha sido expressamente mencionado nos dados contidos no Informativo de juris-

---

[160] Consta do Informativo 661, de 18 abr. 2012, sob o título ADPF e interrupção de gravidez de feto anencéfalo – 1, que "aduziu inescapável o confronto entre, de um lado, os interesses legítimos da mulher em ver respeitada sua dignidade e, de outro, os de parte da sociedade que desejasse proteger todos os que a integrariam, independentemente da condição física ou viabilidade de sobrevivência". Disponível em: <http://www.stf.jus.br//arquivo/informativo/documento/informativo661.htm>. Acesso em: 20 maio 2012.

[161] Excerto extraído do Informativo 661, no trecho que identificado pelo título ADPF e interrupção de gravidez de feto anencéfalo – 10. Disponível em: <http://www.stf.jus.br//arquivo/informativo/documento/informativo661.htm>. Acesso em: 20 maio 2012.

[162] Transcrição extraída do Informativo 661, da parte intitulada ADPF e interrupção de gravidez de feto anencefálico – 16. Disponível em: <http://www.stf.jus.br//arquivo/informativo/documento/informativo661.htm>. Acesso em: 20 maio 2012.

Cap. 6 – A MODERNA JURISDIÇÃO CONSTITUCIONAL E O PRINCÍPIO DO DEVIDO PROCESSO LEGAL

prudência, a proporcionalidade o foi. Dessa forma, levando em consideração que, como mencionado, ela é comumente utilizada pelo Pretório Excelso para se referir ao *substantive due process*, pode-se inferir que tal princípio foi um dos fundamentos utilizados no julgamento em questão.

O segundo exemplo que pode ser citado também é referente a outro julgamento histórico levado a efeito pelo Supremo Tribunal Federal. Está-se a tratar da possibilidade de reconhecimento de uniões homoafetivas. Tendo sido ajuizada Ação de Descumprimento de Preceito Fundamental (ADPF 132/RJ, Rel. Min. Ayres Britto), e vindo esta a perder parcialmente o seu objeto, o remanescente foi julgado em conjunto com a Ação Direta de Inconstitucionalidade (ADI 4.227/DF, Rel. Min. Ayres Britto). Neste caso emblemático, a questão centrou-se na interpretação a ser dada ao **(i)** § 3.º do art. 226 ante o teor do *caput* do mesmo dispositivo,[163] bem como ao **(ii)** art. 1.723 do Código Civil,[164] também diante de um valor protegido constitucionalmente, a família.

Relativamente à primeira questão, considerando que a família é o bem maior que o art. 226 da *Charta Magna* pretende proteger, concluiu-se que "a referência constitucional à dualidade básica homem/mulher, no § 3.º do seu art. 226, deve-se ao centrado intuito de não se perder a menor oportunidade para favorecer relações jurídicas horizontais ou sem hierarquia no âmbito das sociedades domésticas. Reforço normativo a um mais eficiente combate à renitência patriarcal dos costumes brasileiros".[165] Partindo dessa premissa, e observando-se ainda outros valores protegidos constitucionalmente, tais como a intimidade, a vida privada (art. 5.º, X), além da vedação à conduta preconceituosa e discriminatória (art. 5.º, *caput*, I), acolheu-se o entendimento de que era necessário realizar uma leitura conforme à Constituição do art. 1.723 do Código Civil, excluindo-se de tal interpretação qualquer leitura que pudesse compreender vedação ao reconhecimento de uniões homoafetivas.

Nesse acórdão, em que pese não estarem expressamente consignados o princípio do *substantive due process*, e nem mesmo os subprincípios da razoabilidade e da proporcionalidade, verifica-se a inequívoca intenção de o Supremo Tribunal Federal realizar, no caso concreto, e com a maior amplitude possível, os valores realçados pelo legislador constitucional. Buscou-se, nesse julgamento,

---

[163] "Art. 226 A família, base da sociedade, tem especial proteção do Estado.

(...)

§ 3.º. Para efeito da proteção do Estado, é reconhecida a união estável entre o homem e a mulher como entidade familiar, devendo a lei facilitar sua conversão em casamento."

[164] "Art. 1.723 É reconhecida como entidade familiar a união estável entre o homem e a mulher, configurada na convivência pública, contínua e duradoura e estabelecida com o objetivo de constituição de família."

[165] Excerto extraído da ementa do acórdão proferido na ADPF 132/RJ. O inteiro teor está disponível em: <http://redir.stf.jus.br/paginadorpub/paginador.jsp?docTP=AC&docID=628633>. Acesso em: 20 maio 2012.

materializar direitos materiais – fundamentais – daqueles que pretendem ver reconhecida uma união homoafetiva. E é daí que se depreende a aplicação do princípio do devido processo legal substancial, aqui já na sua terceira faceta, a de fiel da balança na proteção dos direitos fundamentais.

Nessa linha, pode-se, para reforçar, recorrer perfeitamente ao que disse Frederico Wildson da Silva Dantas[166] ao asseverar que "o devido processo legal constitui o núcleo axiológico dos princípios constitucionais processuais, representando para o sistema de direitos e garantias processuais o mesmo que o princípio da dignidade da pessoa humana representa para o sistema de direitos e garantias fundamentais em geral. Em outras palavras, o devido processo legal é a base de sustentação dos princípios processuais da Constituição (...)".[167]

O que se conclui a partir dessa nova conotação do princípio do devido processo legal é que a sua grande meta é ser uma ferramenta, uma verdadeira "arma na defesa dos direitos fundamentais",[168] devendo se "mostrar idôneo a uma adequada atuação da garantia constitucional de justiça".[169] Partindo dessa premissa, que hoje é consenso na doutrina processual que se dedica ao estudo do tema, e considerando que, como dito anteriormente, o objetivo maior da jurisdição é concretizar os valores constitucionais, é mais conveniente, hoje, não mais falar em devido processo legal, mas em devido processo constitucional. Eis os termos em que essa situação é posta por Humberto Theodoro Júnior:[170]

> O aprimoramento das técnicas processuais deu-se, portanto, no rumo de torná-las, cada vez mais, instrumentos utilizáveis sempre para condicionar a atuação dos órgãos judiciais em conformidade com a Constituição. O que hoje se espera da Justiça Pública é que esteja, sobretudo, preocupada com a eficácia das normas constitucionais por meio de instrumentos processuais específicos e adequados, dentre os quais se destaca o devido processo constitucional, visto como metodologia de garantia dos direitos fundamentais.

Ultrapassando os limites da mera formalidade para se dirigir à garantia dos valores protegidos constitucionalmente, os direitos fundamentais, o princípio do

---

[166] DANTAS, Frederico Wildson da Silva. O princípio constitucional da inafastabilidade: estudo com enfoque no ativismo judicial cit., p. 96-97.

[167] Ivo Dantas é partidário da mesma ideia quando diz que "sob o ângulo do Direito Constitucional Processual, caso desejássemos tratar de apenas um só princípio, poderíamos ficar limitados ao Devido Processo Legal, isto porque, em última análise, todos os demais são dele decorrentes" (*Constituição & Processo*. Curitiba: Juruá, 2003. v. 1, p. 165).

[168] DIAS, Jefferson Aparecido. *Princípio do devido processo legal*. Princípios processuais na Constituição cit., p. 43.

[169] THEODORO JÚNIOR, Humberto. A garantia fundamental do devido processo legal e o exercício do poder de cautela no direito processual civil. *Revista dos Tribunais*, n. 665, 1991, São Paulo: RT, p. 12.

[170] THEODORO JÚNIOR, Humberto. Direito processual constitucional cit., p. 36-37.

Cap. 6 – A MODERNA JURISDIÇÃO CONSTITUCIONAL E O PRINCÍPIO DO DEVIDO PROCESSO LEGAL

devido processo, agora constitucional, foi identificado com o processo justo. É o que faz, por exemplo, José Roberto dos Santos Bedaque:[171]

> Mas processo não é, e nem poderia ser, somente forma. Toda a organização e a estrutura desse mecanismo encontram sua razão de ser nos valores e princípios constitucionais por ele incorporados. A técnica processual, em última análise, destina-se a assegurar o justo processo, ou seja, aquele desejado pelo legislador ao estabelecer o modelo constitucional ou devido processo constitucional.

Analisando o papel desempenhado modernamente pela Constituição (Constituição Dirigente), bem como a missão a ser cumprida pela jurisdição constitucional no Estado, que se espera seja de justiça, Humberto Theodoro Júnior[172] perfilha de tal pensamento, inclusive mencionando que tal postulado é amplo, atingindo até mesmo as relações com a Administração Pública e o Legislativo, *in verbis*:

> Da posição operante e positiva assumida pela Constituição, e pelo papel confiado à jurisdição no Estado Democrático de Direito, pode-se reconhecer a figura do devido processo constitucional (processo justo de que falam os italianos) como garantia, ele mesmo, de natureza fundamental. E nessa categoria compreendem-se as garantias processuais estabelecidas na própria Constituição (processo constitucional), indispensáveis à formação de um essencial sistema de proteção aos direitos fundamentais, tecnicamente apto a lhes assegurar efetividade.
>
> (...)
>
> Enfim, vista a tutela jurisdicional dentro do prisma da Constituição, a ideia de devido processo constitucional (ou processo justo) é instituição ampla, de regência de todo e qualquer procedimento, incluindo até mesmo o desenvolvimento perante a administração e o legislativo.[173]

Como lembrado pelo autor na transcrição supra, o processo justo[174] teve origem na Itália, no momento em que se alterou a redação do art. 111 da Constituição daquele país.[175] Com base nesse dispositivo de índole constitucional

---

[171] BEDAQUE, José Roberto dos Santos. *Efetividade do processo e técnica processual*. 3. ed. São Paulo: Malheiros, 2010. p. 26.

[172] THEODORO JÚNIOR, Humberto. Direito processual constitucional cit., p. 37.

[173] Este raciocínio pode ser lido também em Frederico Wildson da Silva Dantas (O princípio constitucional da inafastabilidade: estudo com enfoque no ativismo judicial cit., p. 97).

[174] Ao tratar da alteração do papel do processo a partir de meados do século XX, Humberto Theodoro Júnior diz que restou reforçado o caráter instrumental "na realização e tutela dos direitos subjetivos substanciais, já então permeados de valores humanos e éticos, dando origem ao chamado processo justo" (Direito processual constitucional cit., p. 36).

[175] "Sezione II
Norme sulla giurisdizione
Art. 111

muito alvoroço se criou em torno da efetividade do processo, que, levada ao extremo – vale dizer, com o seu real significado distorcido –, acabou confundida com celeridade processual. Ou mais, com celeridade processual a qualquer custo. Muito embora a celeridade seja um valor protegido pelas Constituições contemporâneas, inclusive pela Constituição Federal de 1988, que teve esta cláusula acrescida ao texto original com o advento da Emenda Constitucional 45/94, ela "não é a única, devendo, por isso mesmo, conviver e harmonizar-se com outras que igualmente merecem igual prestígio constitucional".[176]

Cuidando-se, neste momento histórico, de um processo que não é mais estático, mas sim dinâmico, que, como se viu, é ao mesmo tempo garantidor de direitos fundamentais e informado pelos mesmos direitos fundamentais, descarta-se a ideia do devido processo legal encarado exclusivamente sob a ótica do *procedural due process*, e adota-se a do processo justo, em que todos os institutos e categorias devem passar por uma releitura, de modo a conformar-se com o Texto Constitucional.[177] Nessa dinâmica, reafirma-se aqui que o processo justo não pode se limitar a prezar pela observância da razoável duração do pro-

---

La giurisdizione si attua mediante il giusto processo regolato dalla legge.

Ogni processo si svolge nel contraddittorio tra le parti, in condizioni di parità, davanti a giudice terzo e imparziale. La legge ne assicura la ragionevole durata.

Nel processo penale, la legge assicura che la persona accusata di un reato sia, nel più breve tempo possibile, informata riservatamente della natura e dei motivi dell'accusa elevata a suo carico; disponga del tempo e delle condizioni necessari per preparare la sua difesa; abbia la facoltà, davanti al giudice, di interrogare o di far interrogare le persone che rendono dichiarazioni a suo carico, di ottenere la convocazione e l'interrogatorio di persone a sua difesa nelle stesse condizioni dell'accusa e l'acquisizione di ogni altro mezzo di prova a suo favore; sia assistita da un interprete se non comprende o non parla la lingua impiegata nel processo.

Il processo penale è regolato dal principio del contraddittorio nella formazione della prova. La colpevolezza dell'imputato non può essere provata sulla base di dichiarazioni rese da chi, per libera scelta, si è sempre volontariamente sottratto all'interrogatorio da parte dell'imputato o del suo difensore.

La legge regola i casi in cui la formazione della prova non ha luogo in contraddittorio per consenso dell'imputato o per accertata impossibilità di natura oggettiva o per effetto di provata condotta illecita.

Tutti i provvedimenti giurisdizionali devono essere motivati.

Contro le sentenze e contro i provvedimenti sulla libertà personale, pronunciati dagli organi giurisdizionali ordinari o speciali, è sempre ammesso ricorso in Cassazione per violazione di legge.

Si può derogare a tale norma soltanto per le sentenze dei tribunali militari in tempo di guerra.

Contro le decisioni del Consiglio di Stato e della Corte dei conti il ricorso in Cassazione è ammesso per i soli motivi inerenti alla giurisdizione."

[176] THEODORO JÚNIOR, Humberto. Direito processual constitucional cit., p.40.

[177] A doutrina, com fundamento em François Ost, afirma que "se a jurisdição decide por meio do direito processual, é vital reconhecer que esse requer uma nova programação para adequar-se às exigências contemporâneas, o que perpassa minimamente: a) por uma revisão dos princípios da demanda e dispositivo;" (SALDANHA, Jânia Maria Lopes; ESPINDOLA, Angela Araújo da

Cap. 6 – A MODERNA JURISDIÇÃO CONSTITUCIONAL E O PRINCÍPIO DO DEVIDO PROCESSO LEGAL

cesso, ele impõe a implementação de "outros direitos principiológicos também fundamentais contidos na Constituição, sem os quais não se alcança uma tutela jurisdicional afinada com os anseios de justiça e efetividade".[178]

Carlos Alberto Alvaro de Oliveira[179] teve a correta percepção dessa nova realidade. Tanto assim que, partindo da premissa da proeminência, em sede processual, dos direitos fundamentais, sustenta não só a aplicação daqueles que se encontram expressos no Texto Constitucional, mas reconhece a possibilidade – talvez fosse melhor falar em obrigatoriedade – de se criar normas a partir dos valores constitucionalmente previstos, desde que tal seja necessário para se fazer a justiça no caso concreto. É lapidar o seguinte trecho destacado:

> Além disso, a visão principiológica, ao contrário da puramente estática e garantística, não se limita aos direitos fundamentais expressos e pode elaborar normas a partir de outros direitos fundamentais principiológicos, contidos na Constituição, com vistas à concretização de um processo justo e uma tutela jurisdicional efetiva. Um exemplo emblemático é o princípio da igualdade (art. 5.º, *caput*), que permite estabelecer a noção de processo equitativo, e em consequência a norma de princípio ou o direito fundamental da paridade de armas.

Esse entendimento mostra-se de suma importância na compreensão da sistemática processual moderna, eis que justifica, por exemplo, o reconhecimento, por parte de alguns, do princípio do duplo grau de jurisdição no ordenamento jurídico pátrio, ainda que tal garantia não se encontre expressamente prevista na Carta Republicana.[180] Sem esforço interpretativo, o mesmo se pode dizer da tão propagada efetividade processual, que, apesar de não escrita, considera-se compreendida na garantia insculpida no art. 5.º, XXXV, da Constituição Federal de 1988.[181]

No que concerne à questão da equalização a que se fez referência, esta ganhou contornos especiais quando analisada por Humberto Theodoro Júnior,[182]

Silveira. Jurisdição constitucional e o caso da ADI 3.510: do modelo individualista e liberal ao modelo coletivo e democrático de processo cit., p. 272).

[178] THEODORO JÚNIOR, Humberto. Direito processual constitucional cit., p. 39.

[179] OLIVEIRA, Carlos Alberto Alvaro de. Os direitos fundamentais à efetividade e à segurança em perspectiva dinâmica. *Revista de Processo*, n. 155, jan. 2008, São Paulo: RT, p. 22.

[180] Cite-se, a título de ilustração, a posição de Ada Pellegrini Grinover (*O processo em evolução*. 2. ed. Rio de Janeiro: Forense Universitária, 1998. p. 66); Ana Cândida Menezes Marcato (Considerações sobre o princípio do duplo grau. In: DIDIER JR., Fredie. *Teoria do processo* cit., p. 59 e ss.).

[181] No que diz respeito à efetividade, é bom lembrar que a Constituição Federal somente faz menção à razoável duração do processo (*ex vi* art. 5.º, LXXVIII), o que é menos do que a doutrina comumente entende por efetividade da prestação jurisdicional.

[182] THEODORO JÚNIOR, Humberto. A garantia fundamental do devido processo legal e o exercício do poder de cautela no direito processual civil cit., p. 12.

que identificou a possibilidade de um desequilíbrio em um dos pilares de sustentação do sistema processual, o direito de ação. Sendo mais um adepto da tese de que o processo deve ser um instrumento "adequado da garantia constitucional da justiça", afirma que "é inconstitucional a lei, substancial ou processual, cujo efeito prático seja criar uma situação, que mesmo não impedindo o exercício do direito de ação (direito de acesso ao tribunal), cria tal desequilíbrio jurídico entre as partes (...)".

A observação feita pela doutrina importa inevitavelmente na concordância com a assertiva feita por Rogério Lauria Tucci e José Rogério Cruz e Tucci[183] no sentido de que "a garantia do devido processo legal deve ser uma realidade em todas as etapas do processo", a começar, claro, pelo instituto que dá o primeiro impulso para o início do exercício da atividade jurisdicional, que é o direito de ação.

O direito à inafastabilidade do controle jurisdicional está contido no ordenamento brasileiro no art. 5.º, XXXV, da Constituição Federal.[184] Mesmo tendo sido concebido em uma época em que o país atravessava momento de regime de exceção, quando, então, tinha um viés de defesa do indivíduo contra os atos do Estado, fato é que, hoje, esse mesmo dispositivo constitucional possui duas características que o singularizam. O primeiro é o de acesso à Justiça, que permite ao cidadão levar ao conhecimento do Poder Judiciário toda lesão ou mesmo ameaça de lesão a direito, ao passo que a segunda lhe garante o direito de obter desse mesmo Poder Judiciário uma resposta que seja efetiva à proteção do seu patrimônio jurídico.[185]

Com base nessa visão do direito de acesso à Justiça encontram-se na doutrina nacional inúmeras vozes incentivando uma atuação proativa dos magistrados na efetivação de direitos, mormente de direitos sociais. Essa corrente ganhou tamanha dimensão que a atividade de promoção/efetivação de tais direitos recebeu inclusive uma alcunha, "ativismo judicial".[186]

---

[183] TUCCI, Rogério Lauria; CRUZ E TUCCI, José Rogério. *Devido processo legal e tutela jurisdicional.* São Paulo: RT, 1993. p. 107.

[184] "Art. 5.º. *Omissis*
(...)
XXXV – a lei não excluirá da apreciação do Poder Judiciário lesão ou ameaça a direito;"

[185] Pode-se dizer com tranquilidade que esse entendimento é um consenso na doutrina processual brasileira. Mas, por todos, cite-se Luiz Guilherme Marinoni: "Se a Constituição afirma determinados direitos – como direito à honra, o direito à imagem, o direito à higidez do meio ambiente e etc. – e estes, por sua natureza, não podem ser violados, o legislador infraconstitucional está obrigado a predispor uma tutela jurisdicional capaz de impedir a prática do ilícito" (o trecho pode ser encontrado em: DANTAS, Frederico Wildson da Silva. O princípio constitucional da inafastabilidade: estudo com enfoque no ativismo judicial cit., p. 102).

[186] "Diante da expectativa social gerada pela constitucionalização do direito de acesso a uma ordem jurídica justa, os juízes brasileiros são convidados – senão desafiados – a assumirem uma responsabilidade política e social muito grande que, muita vez, implica necessariamente uma

Cap. 6 – A MODERNA JURISDIÇÃO CONSTITUCIONAL E O PRINCÍPIO DO DEVIDO PROCESSO LEGAL

Afora a questão do ativismo, a ânsia pela efetividade do processo, que, como dito, muitas vezes tem sido confundida com celeridade a qualquer custo, vem provocando, no caso brasileiro, a edição de uma série de alterações na legislação processual infraconstitucional, grande parte delas direcionada para o fortalecimento da jurisprudência. Sem estabelecer aqui qualquer juízo de valor a respeito desse fato, identifica-se uma crítica bastante contundente, calcada principalmente em que "o processo democrático requer um aparelhamento judicial independente e eficaz, espalhado pelo território nacional e apto à solução ordenada dos litígios", razão pela qual "o enfraquecimento da linha de frente do poder Judiciário, da sua base, o primeiro grau de jurisdição, e a concentração desmedida de poderes na segunda instância e nos tribunais superiores implicam um retorno ao absolutismo, à justiça das cortes e, em consequência, à fragilidade do sistema como um todo".[187]

Até aqui, portanto, somente vislumbra-se o acesso à Justiça sob o prisma daquele que busca o abrigo do Poder Judiciário para resguardar uma lesão a direito seu ou uma ameaça de lesão a bem, inclusive de ordem jurídica, integrante de seu patrimônio. Olvida-se, entretanto, que o direito à tutela jurisdicional não é privilégio do autor de uma demanda. Aliás, nem poderia sê-lo em razão da necessidade de observância da isonomia, valor também protegido constitucionalmente. Mais do que o direito de se defender, tem o réu o mesmo direito de ação. Ao menos, este é o entendimento de Francisco Wildo Lacerda Dantas,[188] *verbis*:

> Considero que a visão correta da defesa é a de que ela corresponde ao mesmo direito de ação, com a diferença fundamental de que enquanto esta – a ação – é proposta pelo autor, a defesa é exercida pelo réu. Uma – a defesa – é consequência da outra – a ação –, mas têm ambas a mesma natureza de direito cívico reconhecido a todos de exigir do Estado a prestação jurisdicional.

Mas não é só isso. Além de o direito de acesso à Justiça ser também um direito fundamental do réu, não se pode esquecer a abalizada lição de Leonardo Greco,[189] que insere nessa complexa dialética outro direito fundamental que assiste ao réu – ou ao pretenso réu –, que é o de não ser molestado por

---

postura ativista" (DANTAS, Frederico Wildson da Silva. O princípio constitucional da inafastabilidade: estudo com enfoque no ativismo judicial cit., p. 102).

[187] O excerto foi extraído de artigo publicado por Frederico Wildson da Silva Dantas (O princípio constitucional da inafastabilidade: estudo com enfoque no ativismo judicial cit., p. 102), mas é originário de: GUIMARÃES, José Alfredo Lázaro. *Tutela efetiva*: garantia constitucional de justiça eficiente. Recife: Ed. do Autor, 2006. p. 38-39).

[188] DANTAS, Francisco Wildo Lacerda. *Teoria geral do processo*: jurisdição, ação (defesa), processo. 2. ed. São Paulo: Método, 2007. p. 295-296.

[189] GRECO, Leonardo. *A teoria da ação no processo civil*. São Paulo: Dialética, 2003. p. 14-15.

demandas manifestamente infundadas. Por sua representatividade, traz-se à colação elucidativo excerto:

> (...) Mas se ele é um direito fundamental de um cidadão a que se contrapõe o direito igualmente fundamental do adversário de não ser molestado por um processo inviável, porque isto reduz ou dificulta o pleno gozo do seu direito material, quer o Estado de Direito se comprometeu a tornar efetivo, então é preciso definir com clareza as limitações a esse direito impostas pela necessidade de conciliá-lo com os direitos fundamentais do seu adversário, de tal modo que, sem cercear o amplo acesso à Justiça em benefício daquele que se afirma titular de uma situação jurídica protegida e da paz social, o direito à jurisdição não se torne para quem tem razão um meio de suprimir ou limitar o pleno gozo dos seus direitos.

Nesse particular, faça-se apenas um brevíssimo parêntese para dizer que o reconhecimento de outro direito fundamental não expressamente previsto no texto da Carta Política, afora estar em perfeita sintonia com tudo o que se expendeu até aqui, encontra inclusive respaldo no próprio Texto Constitucional, conforme se infere de uma simples leitura do art. 5.º, § 2.º.[190]

Buscando enunciar dois princípios que as leis processuais sempre deveriam observar, Wilhem Von Humboldt,[191] ao cuidar do que ele entende ser o segundo deles, caminha no mesmo sentido ao dizer que, estando o magistrado, no momento de decidir, em uma posição equidistante de ambas as partes, "deve ele evitar que alguma delas, por culpa da outra, seja atrasada **ou muito molestada na obtenção de seu intento**. É aí que se origina o segundo princípio de toda a lei processual – tão importante quanto o primeiro: supervisionar com cuidado o comportamento das partes durante o processo e não permitir que o comportamento delas, ao invés de tornar próximo o objetivo final do processo, acabe por deixá-lo ainda mais distante" (destacou-se).

Essas constatações de que o direito de acesso à Justiça não pode ser entendido de forma simplista induzem à conclusão de que alguma medida há de ser tomada em prol da defesa dos direitos fundamentais do réu, que é tão cidadão quanto o autor e goza de direito fundamental, de igual estatura. Nesse particular, arguta é a observação de Norberto Bobbio,[192] que ao tratar dos direitos fun-

---

[190] *"Art. 5.º. omissis*
(...)
§ 2.º. Os direitos e garantias expressos nesta Constituição não excluem outros decorrentes do regime e dos princípios por ela adotados, ou dos tratados internacionais em que a República Federativa do Brasil seja parte."

[191] HUMBOLDT, Wilhem Von. Princípio das leis processuais. *Revista de Processo*, n. 189, nov. 2010, São Paulo: RT, p. 125.

[192] BOBBIO, Norberto. *A era dos direitos*. Trad. Carlos Nelson Coutinho. Rio de Janeiro: Elsevier, 2004. p. 25.

damentais destacou que "o problema que temos diante de nós não é filosófico, mas jurídico e, num sentido mais amplo, político. Não se trata de saber quais e quantos são esses direitos, qual é a sua natureza e seu fundamento, se são direitos naturais ou históricos, absolutos ou relativos, mas sim qual é o modo mais seguro para garanti-los, para impedir que, apesar das solenes declarações, eles sejam continuamente violados (...)".

E que tal medida não seja unicamente remediar o dano após a sua consumação. Não se mostra consentâneo com todos os valores protegidos pela Constituição Cidadã permitir que uma demanda manifestamente infundada tenha o condão de permitir a citação do réu para comparecer em juízo, já que a partir deste momento tem ele o seu patrimônio, jurídico e moral, ambos com proteção constitucional, violado. É preciso, então, que, tal como previsto no art. 5.º, XXXV, da Constituição Federal, aja-se preventivamente e evite-se o dano. Insista-se uma vez mais, também aqui se mostra pertinente a assunção de medidas que sejam aptas a cessar a ameaça de lesão, assim como o são as tutelas inibitórias, que encontram guarida no mesmo dispositivo constitucional.

Mais ainda, que não se aguarde as tão demoradas inovações legislativas, uma vez que, por uma correta leitura do princípio do devido processo – hoje não mais meramente processual, mas constitucional –, "basta aplicar o processo existente sob o influxo exegético dos princípios constitucionais para que o juízo se desenvolva de maneira a obter a otimização do processo".[193]

Pode-se ir até mesmo além. Fixada a premissa de que o grande ideal que permeia o Estado de Justiça e a sua jurisdição constitucional é o de conferir efetividade, concreção aos direitos e garantias fundamentais, preservando "a incolumidade da esfera jurídica dos cidadãos (estado ideal com vetor pluridirecional, com pretensão de abarcância dos estados ideais vetoriais unidirecionais da controlabilidade, da imparcialidade, da igualdade, da defensabilidade, da publicidade, da legitimidade, da confiabilidade e da celeridade), mesmo que as regras procedimentais não estejam previstas expressamente pelo ordenamento jurídico", é de concluir que "se há regra procedimental expressa, incapaz de garantir a proteção, deve ser reinterpretada ou afastada; se não há, deve ser criada diante do caso concreto".[194-195]

---

[193] THEODORO JÚNIOR, Humberto. A garantia fundamental do devido processo legal e o exercício do poder de cautela no direito processual civil cit., p. 42.

[194] PINTAÚDE, Gabriel. Eficácia sobreprincipal do devido processo procedimental: perspectiva analítica-funcional. In: DIDIER JR., Fredie. *Teoria do processo* cit., p. 284-285.

[195] Nesse mesmo sentido o entendimento de Humberto Ávila, *verbis*: "Sendo o 'devido processo legal procedimental' um princípio que exige a realização de um estado ideal de protetividade de direitos, sem, no entanto, indicar os comportamentos cuja adoção irá contribuir para a promoção gradual desse ideal, tem a função de criar os elementos necessários à promoção do ideal de protetividade (função integrativa), interpretar as regras que já preveem elementos necessários à promoção do ideal de protetividade (função interpretativa) e bloquear a eficácia das regras que preveem ele-

É que, se diante de tudo o que foi exposto linhas atrás, o conteúdo do princípio do devido processo sofreu constantes alterações para se adaptar às novas relações sociais que circundam o Estado Contemporâneo – lembre-se, de Justiça –, e se toda a orientação é no sentido de que o referido princípio é "aberto", de modo que sofre os influxos de todos os valores salvaguardados pela Constituição, penso ser limitada a compreensão de que esse sobreprincípio, por alguns denominado inclusive de "O Princípio", orienta somente o desenvolvimento de um processo com respeito às garantias fundamentais.

Se não é nenhuma novidade a realidade de que a retirada das barreiras inconstitucionais que se opunham ao acesso à Justiça e o maior nível de informação a respeito da possibilidade de se recorrer ao Poder Judiciário levaram a uma utilização indiscriminada do direito de ação,[196] fato que, como alertado, acaba por violar direito fundamental do indivíduo que ocupa o polo oposto da relação, deve-se extrair desse princípio-mãe o substrato que permita a sua aplicação já no ato que deflagra a atividade jurisdicional, que é a "manifestação" do direito de ação.

Mostra-se indispensável que, movido por outros valores constitucionais, como, por exemplo, o da equidade, o princípio do devido processo legal, na sua terceira faceta, sirva também como um filtro, desta feita legítimo, ao exercício do direito de ação, impedindo o prosseguimento e, quiçá, a instauração de demandas manifestamente infundadas.[197] Para além do *procedural due process*, que servirá como um balizamento mediante as regras postas no ordenamento positivo, é essencial que não se olvide do alcance maior do *substantive due process*, que agirá no atuar dos operadores do direito não só na interpretação das normas postas no ordenamento positivo, mas até mesmo na criação de normas que se prestem a servir de fator de equilíbrio na relação autor-réu.

Diga-se, inclusive, que somente esse entendimento do princípio do devido processo legal é que permitirá uma leitura que esteja, ao menos na realidade

---

mentos que são incompatíveis com a promoção do ideal de protetividade (função bloqueadora)" (O que é "devido processo legal"? In: DIDIER JR., Fredie. *Teoria do processo* cit., p. 360).

[196] Sobre esse tema, Rodolfo de Camargo Mancuso adverte que "a excessiva facilidade para um certo tipo de litigante ou o estímulo a litigiosidade podem transformar a Justiça em Justiça não apenas seletiva, mas sobretudo inchada. Isto é, repleta de demandas que pouco têm a ver com a garantia de direitos – esta sim uma condição indispensável ao Estado Democrático de Direito e às liberdades individuais" (*Acesso à justiça*: condicionantes legítimas e ilegítimas. São Paulo: RT, 2011. p. 248-249.

[197] Vale aqui lembrar as palavras de Humberto Ávila ao dizer que os princípios "estabelecem um fim a ser atingido", razão pela qual "o importante é que, se o estado de coisas deve ser buscado, e se ele só se realiza com determinados comportamentos, esses comportamentos passam a constituir necessidades práticas sem cujos efeitos a progressiva promoção do fim não se realiza. (...) em outras palavras, a positivação de princípios implica a obrigatoriedade de adoção dos comportamentos necessários à sua realização (...)" (*Teoria dos princípios*. 13. ed. São Paulo: Malheiros, 2012. p. 85-87).

Cap. 6 - A MODERNA JURISDIÇÃO CONSTITUCIONAL E O PRINCÍPIO DO DEVIDO PROCESSO LEGAL

brasileira, em conformidade com o valor da "justiça", finalidade precípua da atividade jurisdicional. Nesse particular, ressalte-se que o E. Supremo Tribunal Federal, apreciando regra processual inserta no ordenamento jurídico pátrio (art. 636, § 1.º, da Consolidação das Leis do Trabalho), entendeu-a incompatível com a Constituição Federal de 1988, por violação, dentre outros, do princípio do devido processo. Ora, se a regra processual foi retirada do ordenamento e houve a invocação do princípio do devido processo legal, somente pode tê-lo sido em seu aspecto substancial, já que o seu aspecto processual determinaria, ao menos em tese, a sua aplicação.

Mas o que se entendeu quando do julgamento da Ação de Descumprimento de Preceito Fundamental 156/DF[198] (Rel. Min. Cármen Lúcia) foi que a referida norma, que obrigava a realização de depósito do valor da multa como condição de admissibilidade de recurso administrativo, violava direitos fundamentais dos interessados, atraindo a aplicação do *substantive due process* como forma de "controle". Assim, da mesma forma como é possível superar o princípio do *procedural due process* pelo *substantive due process* para a fase recursal, defende-se sê-lo no marco inicial de um processo, no momento da manifestação do direito de ação.

É exatamente nesse momento que o princípio do devido processo legal deve resguardar o direito fundamental que assiste ao apontado réu de não ter o seu patrimônio jurídico e sua intimidade violada por uma demanda manifestamente infundada. Dito de outra forma, comungar de entendimento diverso implicará um ato irrazoável e desproporcional, que, portanto, viola o princípio do *substantive due process*, tal como o enxerga o E. Supremo Tribunal Federal.

Insista-se, a atuação proativa dos magistrados, que tem sido em muito incentivada no sentido de conferir efetividade aos direitos sociais, precisa igualmente preocupar-se – e aqui com fundamento na terceira faceta do *substantive due process* – em evitar o prosseguimento de demandas manifestamente infundadas. Do mesmo modo como tomam a frente de processos e adotam medidas que concretizam direitos fundamentais – ativismo judicial –, devem os magistrados ajustar a sua conduta para, aplicando na prática o princípio do devido processo legal tal como acabou de se expor, impedir, desde o seu nascedouro, demandas manifestamente infundadas, sob pena de, não o fazendo, ter-se por violado, a um só tempo e numa só tacada, os princípios da isonomia e da justiça.

5. CONCLUSÃO

A Constituição Federal de 1988, editada após a derrocada do regime militar e, por isso mesmo, vasta ao elencar o rol de direitos e garantias fundamentais,

---

[198] Inteiro teor disponível em: <http://redir.stf.jus.br/paginadorpub/paginador.jsp?docTP=AC&docID=629193>. Acesso em: 24 maio 2012.

consagrou em diversos de seus dispositivos os valores da "justiça" e da "igualdade". A Constituição Cidadã não se contentou mais em garantir o império da lei como forma de impedir o arbítrio e a participação popular como forma de legitimar o poder do Estado. O seu real intento foi promover, para usar uma expressão propositadamente vaga, o bem-estar social. Impregnada de dispositivos axiológicos que caminham nessa direção, intenta-se construir no Brasil o Estado de Justiça, na expressão utilizada por Diogo de Figueiredo Moreira Neto.

Nesse Estado de Justiça, norteado por uma Constituição recheada de valores a serem perseguidos, a jurisdição constitucional ganha especial relevo. Ela não mais se limita a desempenhar o papel de pronunciar o direito a ser aplicado no caso concreto. Sua finalidade agora é a de realizar a justiça no caso posto à apreciação, alcançando, com isso, a verdadeira pacificação social do conflito (jurisdição constitucional). Nessa mesma toada, o instrumento do qual ela se utiliza para se manifestar, o processo, não pode mais ser visto sob a ótica privatística, de solucionar um problema das partes envolvidas. Prepondera hoje a sua visão publicística, no sentido de que a sua missão é a de servir de meio idôneo para alcançar o objetivo da jurisdição.

Dessa forma, esse também não pode ser um instrumento qualquer. Inserido dentro de um contexto da jurisdição constitucional, o meio precisa ser justo, significando com isso que precisa, sobretudo, respeitar os valores protegidos pela Constituição, os direitos fundamentais.

Se esse "novo" processo necessita buscar sua validade nos valores inseridos na Constituição, possuem especial relevância para sua compreensão os princípios (normas axiológicas por definição) por ela resguardados, dentre os quais sobressai o do devido processo. Esse princípio, que originariamente detinha uma conotação estritamente processual, também foi "vítima" da evolução da sociedade e das alterações dos modelos de Estado que se sucederam ao longo do tempo, passando a ter um significado substantivo, que é o de orientar a busca pela realização da justiça no caso concreto.

Indo ainda um pouco além na compreensão do princípio, é necessário, então, compreendê-lo na realidade de um Estado de Justiça e, claro, do modelo de jurisdição que ele busca implementar. Nesse sentido, o princípio do devido processo não é mais somente legal, e nem só substancial, é constitucional, posto que permeado por todos os valores que encontram, de alguma forma, proteção constitucional. Isso não significa que o princípio do devido processo constitucional deva apenas preocupar-se com aqueles valores que se encontram expressamente previstos no Texto Constitucional. Ao revés, deve ele implementar todo e qualquer valor que possa ser inferido do Texto Maior. Somente assim estará ele em consonância com os objetivos do Estado de Justiça.

Por conta disso, o que se propõe é que o princípio do devido processo não seja aplicado apenas a partir do momento em que o réu é chamado a integrar o polo passivo da relação processual. Entende-se que ele deve incidir em todas as fases do processo, inclusive no momento inaugural da atividade jurisdicional, que é aquele em que o autor exerce o direito de ação.

É que se, de um lado, ele deve servir como instrumento de garantia do mais amplo acesso à Justiça, de outro ele não pode se furtar de proteger outro direito, de igual estatura, pertencente ao réu – ou ao pretenso réu –, de não ser molestado, de não ter o seu patrimônio moral e jurídico violado por uma demanda manifestamente infundada.

O que se está a dizer, em resumo, é que somente **(i)** a compreensão do princípio do devido processo como devido processo constitucional e **(ii)** sua aplicação em todas as fase do processo, inclusive naquela em que se manifesta o direito de ação, serão capazes de implementar os valores protegidos pela Constituição, dentre eles o da igualdade e, por conseguinte, de realizar o valor maior que é a justiça.

6. BIBLIOGRAFIA

ABDO, Helena. As situações jurídicas processuais e o processo civil contemporâneo. In: DIDIER JR., Fredie. *Teoria do processo:* panorama doutrinário mundial. Salvador: JusPodivm, 2010. v. 2.

ARAÚJO, Valter Shuenquener de. ADI n. 2.464-MS: observância do devido processo legal na demarcação de terrenos de marinha. In: FUX, Luiz (Coord.). *Jurisdição constitucional:* democracia e direitos fundamentais. Belo Horizonte: Fórum, 2012.

ARRUDA ALVIM, Angélica. Princípios constitucionais do processo. *Revista de Processo,* n. 74, ano 19, São Paulo: RT, abr.-jun. 1994.

ÁVILA, Humberto. O que é "devido processo legal"? In: DIDIER JR., Fredie. *Teoria do processo:* panorama doutrinário mundial. Salvador: JusPodivm, 2010. v. 2.

_____. *Teoria dos princípios.* 13. ed. São Paulo: Malheiros, 2012.

BARACHO, José de Alfredo. *Direito processual constitucional – aspectos contemporâneos.* Belo Horizonte: Fórum, 2008.

BARBOSA MOREIRA, José Carlos. O Neoprivatismo no processo civil. In: DIDIER JR., Fredie. *Teoria do processo:* panorama doutrinário mundial. Salvador: JusPodivm, 2010. v. 2.

_____. S.O.S. para o mandado de injunção. *Jornal do Brasil,* 11 set. 1990, 1.º caderno, p. 11.

BARBOZA, Estefânia Maria de Queiroz. *Jurisdição constitucional.* Belo Horizonte: Fórum, 2007.

BARROSO, Luís Roberto. *O direito constitucional e a efetividade de suas normas:* limites e possibilidades da Constituição brasileira. 9. ed. Rio de Janeiro: Renovar, 2009.

_____. *Interpretação e aplicação da Constituição*. 6. ed. São Paulo: Saraiva, 2004.

BEDAQUE, José Roberto dos Santos. *Efetividade do processo e técnica processual*. 3. ed. São Paulo: Malheiros, 2010.

BERMUDES, Sergio. *Introdução ao processo civil*. 5. ed. Rio de Janeiro: Forense, 2010.

BÉZE, Patrícia Mothé Glioche. Devido processo legal (princípio do). *Dicionário de princípios jurídicos*. Rio de Janeiro: Elsevier, 2011.

BITTAR, Eduardo C. B.; ALEMIDA, Guilherme Assis. *Curso de filosofia do direito*. 9. ed. São Paulo: Atlas, 2011.

BOBBIO, Norberto. *A era dos direitos*. Trad. Carlos Nelson Coutinho. Rio de Janeiro: Elsevier, 2004.

BONAVIDES, Paulo. *Do Estado liberal ao Estado social*. 7. ed. São Paulo: Malheiros, 1996.

BONICIO, Marcelo José Magalhães. Estudo sobre a tutela constitucional do processo civil brasileiro. *Revista Dialética de Direito Processual*, n. 45, São Paulo: Dialética, dez. 2006.

CALAMANDREI, Piero. *Instituições de direito processual civil*. 2. ed. Trad. Douglas Dias Ferreira. Campinas: Bookseller, 2003. v. 1.

CANOTILHO, José Joaquim Gomes. *Direito constitucional e teoria da Constituição*. 7. ed. Coimbra: Almedina, 2003.

CAPPELLETTI, Mauro. *Juízes legisladores?*. Trad. Carlos Alberto Alvaro de Oliveira. Porto Alegre: Sérgio Antonio Fabris, 1993.

CASTRO, Carlos Roberto Siqueira. *O devido processo legal e a razoabilidade das leis na nova Constituição do Brasil*. 2. ed. Rio de Janeiro: Forense, 1989.

CHIOVENDA, Giuseppe. *Instituições de direito processual civil*. 1. ed. Trad. Paolo Capitano. Campinas: Bookseller, 1998. v. 1.

CINTRA, Antonio Carlos de Araújo; GRINOVER, Ada Pellegrini; DINAMARCO, Cândido Rangel. *Teoria geral do processo*. 25. ed. São Paulo: Malheiros.

CITTADINO, Gisele. *Pluralismo, direito e justiça distributiva*: elementos da filosofia constitucional contemporânea. 3. ed. Rio de Janeiro: Lumen Juris, 2004.

COUTURE, Eduardo. *Interpretação das leis processuais*. Rio de Janeiro: Forense, 2001.

CRUZ, Álvaro Ricardo de Souza; GOMES, Frederico Barbosa. Processo constitucional e direitos fundamentais: ensaio sobre uma relação indispensável à configuração do Estado Democrático de Direito. *Revista do Tribunal de Contas do Estado de Minas Gerais*, v. 71, n. 2, ano XXVII, abr.-jun. 2009.

DANTAS, Francisco Wildo Lacerda. *Teoria geral do processo*: jurisdição, ação (defesa), processo. 2. ed. São Paulo: Método, 2001.

DANTAS, Frederico Wildson da Silva. O princípio constitucional da inafastabilidade: estudo com enfoque no ativismo judicial. *Revista ESMAFE – Escola de Magistratura Federal da 5. Região*, n. 17, 2008, Recife.

DANTAS, Ivo. *Constituição & Processo*. Curitiba: Juruá, 2003. v. 1.

DERGINT, Augusto do Amaral. Aspecto material do devido processo legal. *Revista dos Tribunais*, n. 709, São Paulo: RT, 1994.

DIAS, Jefferson Aparecido. *Princípio do devido processo legal*. Princípios processuais na Constituição. Rio de Janeiro: Campus Jurídico, 2008.

DIDIER JR., Fredie. Teoria do processo e teoria do direito: o Neoprocessualismo. In: _____. *Teoria do processo*: panorama doutrinário mundial. Salvador: JusPodivm, 2010. v. 2.

DINAMARCO, Cândido Rangel. *A instrumentalidade do processo*. 6. ed. São Paulo: Malheiros, 1998.

FERRAZ JUNIOR, Tercio Sampaio. *Estudos de filosofia do direito*: reflexões sobre o poder, a liberdade, a justiça e o direito. 2. ed. São Paulo: Atlas, 2003.

FISS, Owen. *Um novo processo civil*: estudos norte-americanos sobre jurisdição, constituição e sociedade. Trad. Daniel Porto Godinho da Silva e Melina de Medeiros Rós. São Paulo: RT, 2004.

GÓES, Gisele Santos Fernandes. *Princípio da proporcionalidade no processo civil*. São Paulo: Saraiva, 2004.

GONÇALVES, Aroldo Plínio. *Técnica processual e teoria do processo*. Rio de Janeiro: Aide, 1992.

GONTIJO, Andre Pires. A construção do processo constitucional no âmbito do Supremo Tribunal Federal. *Anuario de Derecho Constitucional Latinoamericano*, 2008, Konrad Adenauer Stiftung.

GRECO, Leonardo. *A teoria da ação no processo civil*. São Paulo: Dialética, 2003.

_____. Publicismo e privatismo no processo civil. *Revista de Processo*, n. 164, São Paulo: RT, out. 2008, ano 33.

GRINOVER, Ada Pellegrini. *Os princípios constitucionais e o Código de Processo Civil*. São Paulo: Bushatsky, 1975.

GUERRA FILHO, Willis Santiago. *Teoria processual da Constituição*. São Paulo: Instituto Brasileiro de Direito Constitucional, 2000.

GUIMARÃES, José Alfredo Lázaro. *Tutela efetiva*: garantia constitucional de justiça eficiente. Recife: Ed. do Autor, 2006.

HEERDT, Fábio Vieira. Processo civil no limiar do Século XXI – A nova visão do juiz constitucional. *Revista da AJURIS – Associação dos Juízes do Rio Grande do Sul*, n. 113, mar. 2009.

HUMBOLDT, Wilhem Von. Princípio das Leis processuais. *Revista de Processo*, n. 189, São Paulo: RT, nov. 2010.

JARDIM, Afrânio Silva. *Da publicização do processo civil*. Dissertação de Mestrado em Direito. Rio de Janeiro: Universidade Gama Filho, 1981.

_____. *Direito processual penal*. 4. ed. Rio de Janeiro: Forense, 1991.

MADEIRA, Dhenis Cruz. Teoria do processo e discurso normativo: digressões democráticas. In: DIDIER JR., Fredie. *Teoria do processo*: panorama doutrinário mundial. Salvador: JusPodivm, 2010. v. 2.

MANCUSO, Rodolfo de Camargo. *Acesso à justiça*: condicionantes legítimas e ilegítimas. São Paulo: RT, 2011.

MARCATO, Ana Cândida Menezes. Considerações sobre o princípio do duplo grau. In: DIDIER JR., Fredie. *Teoria do processo*: panorama doutrinário mundial. Salvador: JusPodivm, 2010. v. 2.

MARINONI, Luiz Guilherme. *A jurisdição no Estado contemporâneo*. Estudos de direito processual civil. São Paulo: RT, 2005.

_____. *Curso de processo civil*. 5. ed. São Paulo: RT, 2011. v. 1.

NERY JUNIOR, Nelson. *Princípios do processo na Constituição Federal*. 9. ed. São Paulo: RT, 2009.

NETO, Diogo de Figueiredo Moreira. As funções essenciais à Justiça e as Procuraturas Constitucionais. *Revista de Direito da Procuradoria-Geral do Estado do Rio de Janeiro*, n. 45, 1992.

NUNES, Dierle et alii. *Curso de direito processual civil*: fundamentação e aplicação. Belo Horizonte: Fórum, 2011.

OLIVEIRA, Carlos Alberto Alvaro de. O formalimo-valorativo no confronto com o formalismo excessivo. *Revista Forense*, n. 388, Rio de Janeiro: Forense, nov.-dez. 2006.

_____. Os direitos fundamentais à efetividade e à segurança em perspectiva dinâmica. *Revista de Processo*, n. 155, São Paulo: RT, jan. 2008.

_____. *Do formalismo ao processo civil*: proposta de um formalismo-valorativo. São Paulo: Saraiva, 2009.

OLIVEIRA, Flávio Luis de. Princípio do acesso à justiça. In: NETO, Olavo de Oliveira; LOPES, Maria Elizabeth de Castro (Coord.). *Princípios processuais civis na Constituição*. Rio de Janeiro: Elsevier, 2008.

OLIVEIRA, Marcelo Andrade Cattoni de. Contribuições para uma teoria discursiva da Constituição e do processo constitucional a partir do caso brasileiro. In:

Cap. 6 – A MODERNA JURISDIÇÃO CONSTITUCIONAL E O PRINCÍPIO DO DEVIDO PROCESSO LEGAL

DIDIER JR., Fredie. *Teoria do processo*: panorama doutrinário mundial. Segunda série. Salvador: JusPodivm, 2010.

PINHO, Humberto Dalla Bernardina. *Direito processual civil contemporâneo*. 4. ed. São Paulo: Saraiva, 2012. v. 1.

PINTAÚDE, Gabriel. Eficácia sobreprincipal do devido processo procedimental: perspectiva analítica-funcional. In: DIDIER JR., Fredie. *Teoria do processo*: panorama doutrinário mundial. Salvador: JusPodivm, 2010. v. 2.

PORTANOVA, Rui. *Princípio do processo civil*. 5. ed. Porto Alegre: Livraria do Advogado, 2003.

QUEIROZ, Odete Novais Carneiro. O devido processo legal. *Revista dos Tribunais*, n. 748, São Paulo: RT, 1998.

SALDANHA, Jânia Maria Lopes; ESPINDOLA, Angela Araújo da Silveira. Jurisdição constitucional e o caso da ADin 3.510: do modelo individualista e liberal ao modelo coletivo e democrático de processo. *Revista de Processo*, n. 154, São Paulo: RT, dez. 2007.

SAMPAIO JR., José Herval. A influência da constitucionalização do direito no ramo processual: Neoprocessualismo ou processo constitucional? Independente da nomenclatura adotada, uma realidade inquestionável. In: DIDIER JR., Fredie. *Teoria do processo*: panorama doutrinário mundial. Salvador: JusPodivm, 2010. v. 2.

SILVA, De Plácido e. *Vocabulário jurídico*. 27. ed. atual. Nagib Slaibi Filho e Gláucia Carvalho. Rio de Janeiro: Forense, 2006.

THEODORO JÚNIOR, Humberto. A garantia fundamental do devido processo legal e o exercício do poder de cautela no direito processual civil. *Revista dos Tribunais*, n. 665, São Paulo: RT, 1991.

_____. Direito processual constitucional. *Revista Trabalhista: Direito e Processo*, n. 27, São Paulo: LTr.

TUCCI, Rogério Lauria; CRUZ E TUCCI, José Rogério. *Devido processo legal e tutela jurisdicional*. São Paulo: RT, 1993.

COOPERAÇÃO INTERJURISDICIONAL E EFETIVIDADE DO PROCESSO

7

Henrique Guelber de Mendonça

Sumário: 1. Considerações iniciais – 2. A ideia da cooperação interjurisdicional no Brasil – 3. A cooperação interjurisdicional em sistemas do Direito Comparado – 4. A cooperação interjurisdicional no projeto do novo Código de Processo Civil – 5. Conclusão – 6. Referências bibliográficas.

1. CONSIDERAÇÕES INICIAIS

É com os olhos voltados para a ciência processual que se busca realizar o presente estudo, que por muitas vezes parte da caneta de autores dedicados ao direito internacional público e privado. Trabalhar a efetividade do processo com as relações internacionais nada mais é, em simplificada forma, que lidar com aspectos transnacionais e sinérgicos na realização daquilo que se torna proposto e determinado com o desempenho da atividade jurisdicional.

Com a presente abordagem almeja-se discutir linhas gerais sobre a *cooperação*[1] *interjurisdicional* no Brasil, propondo o enfrentamento do tema como

---

[1] Sabe-se que *cooperação*, no próprio âmbito da ciência processual, é um termo polissêmico. O processo não atinge seus objetivos se não conta com a *cooperação* de todos os seus personagens, ou seja, das partes, do juiz, dos advogados, dos defensores públicos, do Ministério Público, bem como dos sujeitos auxiliares e dos sujeitos instrutórios do processo. Trata-se, nessa perspectiva, de uma derivação da boa-fé processual e da lealdade, em que todos devem zelar e proteger a boa prestação da atividade jurisdicional. Sobre o assunto, recomenda-se leitura do princípio da

verdadeiro instituto e microssistema, que tem como objetivo mais do que prever formas de interação com jurisdições estrangeiras, mas de viabilizar o compromisso de todos com a efetividade do processo.

Existe um modelo processual no âmbito internacional hoje debatido que é aquele das Cortes Internacionais, e existe um modelo que depende da cooperação internacional[2] para evitar que jurisdições internas caiam no vazio, mormente nas hipóteses em que para sua boa realização seja preciso a colaboração da jurisdição de outro Estado soberano. Melhor explico.

Tem-se hodiernamente despontado alguns estudos[3] e até mesmo manuais a respeito da tutela dos Direitos Humanos por conta de Tribunais Transnacionais, como a Corte Europeia e a Corte Interamericana de Direitos Humanos. Nesse cenário, que ainda se apresenta de forma inóspita para a grande maioria dos processualistas e estudiosos do direito brasileiro, não se está diante de uma *justiça estrangeira*, mas de uma *justiça internacional*. Em regra, essa *justiça internacional* provém de mecanismos convencionais[4] de tutela dos Direitos Humanos, reluzindo normas oriundas de tratados, pactos e convenções internacionais.

---

operosidade *in* CARNEIRO, Paulo Cézar Pinheiro. *Acesso à Justiça: juizados especiais cíveis e ação civil pública* – Uma nova sistematização da teoria geral do processo. 2. ed. Rio de Janeiro: Forense, 2000. A ideia de *cooperação* trazida neste estudo não se distancia dessa lógica, mas a especializa e a contextualiza em um ambiente de cooperação entre jurisdições estrangeiras soberanas. Nesta ordem, PERLINGEIRO, Ricardo. *Cooperação jurídica internacional e auxílio direto*. Disponível em: <www2.cjf.jus.br/ojs2/index.php/cej/article/viewFile/701/881>. Acesso em: 9 jul. 2012.

[2] Por opção metodológica, o presente artigo não tratará da cooperação nacional, terminologia também trazida pelo projeto do Novo Código de Processo Civil, encampada em todas as suas versões. No entanto, o combate à morosidade judicial e a busca pela efetividade do processo, indiscutivelmente, passam também por um olhar compreensivo a respeito da necessidade de se desburocratizar a cooperação entre juízes brasileiros, o que certamente será agilizado e terá como aliado a informatização dos processos principiada no Judiciário nacional. Por sua vez, não parece conveniente defender ou esperar a informatização do processo como argumento de reforço para a diminuição do tempo do processo na seara internacional por razões bastante óbvias, uma vez que esse estágio de informatização nem sequer se iniciou em alguns países. Sobre o tema, recomenda-se GUILLES, Peter. *Eletronic civil procedure:* some remarks to general aspects in concern of civil court proceedings, teletechnology and "e-procedural law". Catania, 2007.

[3] Como exemplo, cite-se: LEÃO, Renato Zerbini Ribeiro. *La construcción jurisprudencial de los sistemas europeo e interamericano de protección de los derechos humanos en materia de derechos económicos, sociales e culturales*. Porto Alegre: Nubia Fabris, 2009. CANÇADO TRINDADE, Antonio Augusto. *A proteção internacional dos direitos humanos e o Brasil*. Brasília: Fundação da Universidade de Brasília, 1998. HITTERS, Juan Carlos. El proceso supranacional (el derecho procesal supranacional). In: Liber Amicorum, Héctor Fix-Zamudio. *Corte Interamericana de Derechos Humanos*. apresentado por César Gaviria. San José, Costa Rica: Corte Interamericana de Derechos Humanos, Unión Europea, 1998. v. 2. LAMBERT-ABDELGAWAD, Elisabeth. *The execution of Judgements of the European Court of Human Rights*. 2. ed. Strasbourg: Council of Europe Publisher, 2008. RAMOS, André de Carvalho. *Direitos humanos em juízo*. São Paulo: Max Limonad, 2001.

[4] GARCIA, Emerson. *Proteção Internacional dos Direitos Humanos*. Breves reflexões sobre os sistemas convencional e não convencional. Rio de Janeiro: Lumen Juris, 2005.

Cap. 7 – COOPERAÇÃO INTERJURISDICIONAL E EFETIVIDADE DO PROCESSO

Assim contextualizando, uma condenação do Estado brasileiro exsurge de uma relação verticalizada, contraditoriamente, por entonação da própria liberdade e espontaneidade do condenado, que em dado momento anterior, no exercício de sua soberania, deliberadamente submeteu-se à jurisdição de um Tribunal Internacional sobre Direitos Humanos.[5] Nesses casos, e aí a percepção e distinção são água e óleo, ninguém ousaria dizer que o Brasil, quando condenado pela Corte Interamericana de Direitos Humanos no caso Escher x República Federativa do Brasil,[6] estaria sofrendo imposição alienígena como comparada e símile a eventual sentença de um tribunal argentino que titulasse matéria a ser conhecida por tribunal brasileiro e o condenasse. São pontos assaz distintos.

Na outra ponta da lança, existem situações em que para a boa realização da justiça interna depende-se da contribuição de uma jurisdição estrangeira, ambas soberanas e independentes. Dessa contribuição prestada pela justiça estrangeira, quando a trazemos para o âmbito doméstico, ecoam expressões familiares, como cartas rogatórias[7] e homologação de sentença estrangeira.[8] Se formos um pouco adiante e começarmos a trabalhar com a ideia do *auxílio direto*, veremos que a Resolução 09 do Superior Tribunal de Justiça, na antessala da regulamentação legislativa da *cooperação interjurisdicional* no Brasil, tratou de prever e dimensionar esse importante instrumento.

Nestas bandas, ao se trabalhar com a ideia de *cooperação*, tem-se nitidamente pré-concebido que não há imposição ou condenação, mas comunicações e solicitações horizontais. Ou seja, busca-se a criação e solidificação de uma verdadeira teia interjurisdicional que diga respeito não a um só país entretido em sua solidão no mundo, mas em uma organização processual internacional interligada por valores e regras de maior ou menor eficácia que permitam a realização de jurisdições nacionais afora dos lindes geográficos de cada país.

Quando se mencionam regras de maior ou menor eficácia, vem a calhar o esclarecimento no sentido de que, em matéria de *cooperação interjurisdicional*, a

---

[5] Foi por intermédio do Decreto Presidencial 678, de 11 de novembro de 1992, em sucessão ao Decreto Legislativo 27, de maio de 1992, que o Brasil, definitivamente, incorporou a Convenção Americana de Direitos Humanos. No tocante ao reconhecimento da jurisdição obrigatória da Corte, somente pelos fatos ocorridos a partir de 10 de dezembro de 1998 pode o Brasil ser réu no Tribunal Internacional, já que depositado o instrumento de ratificação nessa data, nos termos do Decreto Legislativo 89/1998.

[6] Trata-se do segundo caso em que o Brasil sofreu condenação da Corte Interamericana de Direitos Humanos, em um ambiente circundado pelo Movimento dos Sem-Terra e violações ao direito à intimidade e privacidade mercê de interceptações telefônicas deferidas à margem da legalidade pelo Poder Judiciário do Estado do Paraná.

[7] Como explica Carmen Tibúrcio, a carta rogatória é o meio mais utilizado para realizar diligências no país, instrumento que depende do *exequatur* a ser dado pelo Superior Tribunal de Justiça. TIBÚRCIO, Carmen. *Temas de direito internacional*. As cartas rogatórias executórias no direito brasileiro no âmbito do MERCOSUL: jurisprudência recente. Rio de Janeiro: Renovar, 2006. p. 160.

[8] Há quem inclua a *extradição* como uma terceira forma de cooperação do sistema brasileiro.

prioridade deve ser dada às convenções e tratados acerca do objeto, deixando as normas internas e a via diplomática como regras subsidiárias a este particular. Parece ter sido exatamente a intenção deliberada prevista no *caput* do art. 26 do projeto do Novo Código de Processo Civil, tal como se verá.

No plano da efetividade, e, como ressaltei na primeira linha, o estudo é sob os olhos da ciência processual, vejo que a cooperação é necessária tanto nas relações verticais quanto nas relações horizontais há pouco tocadas, cada uma a seu modo. Neste estudo, vou me focar no contexto horizontal, até mesmo para fazer jus aos festejados incrementos trazidos, até o momento,[9] pelo projeto do Novo Código de Processo Civil a esta temática.

2. A IDEIA DA COOPERAÇÃO INTERJURISDICIONAL NO BRASIL

A República Federativa do Brasil é um Estado Cooperativo, e isso se extrai da Constituição Federal, especialmente ao apreciarmos o art. 4°, IX, com o indicador de que, nas relações internacionais, o Brasil se orienta pela cooperação entre os povos para o progresso da humanidade. Essa *cooperação*, por sua via, possui caráter muito mais diplomático e principiológico sobre os objetivos nacionais do que aquela *processual* que ora se desnuda.

A *cooperação*, nesse enfoque, pressupõe o envolvimento do Estado brasileiro em tratados, pactos, convenções, declarações que tenham como objetivo o progresso da humanidade. É nesse sentido que o art. 7.°[10] do Ato das Disposições Constitucionais Transitórias semeou, na guinada da defesa e da promoção dos Direitos Humanos havida com a Carta de 1988, a ideia de que o Brasil propugnaria a criação de tribunal internacional que contemplasse a tutela transnacional dos mais caros direitos da humanidade. Atualmente, o Brasil submete-se à jurisdição de dois tribunais vocacionados para a tutela dos Direitos Humanos na esfera internacional, sendo eles a Corte Interamericana de Direitos Humanos e o Tribunal Penal Internacional.

Em um primeiro plano, como já ressaltei, não há espaço para que esse biotipo de cooperação seja enfrentado. Ocorre que, por exemplo, quando o Tribunal Penal Internacional, por sua vez, determinou a prisão do falecido Muamar Kadafi, esse tribunal, naturalmente, necessitava da cooperação de outros

---

[9] O noticiado Novo Código de Processo Civil, cujo berço inicial se deu pelo labor, que se enaltece, da Comissão de Juristas liderada pelo Ministro Luiz Fux, foi sensivelmente modificado por um substitutivo apresentado pelo Senador Valter Pereira, auxiliado por Comissão Técnica composta por renomados juristas. No entanto, outras propostas foram formuladas ao NCPC, as quais tomo como compiladas em uma Consolidação realizada em 27 de abril de 2012, tendo a participação de inúmeros juristas brasileiros, podendo-se reputar como novo substitutivo ao projeto.

[10] Art. 7.°. O Brasil propugnará pela formação de um tribunal internacional dos direitos humanos.

Cap. 7 – COOPERAÇÃO INTERJURISDICIONAL E EFETIVIDADE DO PROCESSO

Estados ao longo do mundo para, eventualmente, efetivar a ordem contida no mandado expedido em Haia.

Sob a perspectiva brasileira, eventual cumprimento do referido mandado no Brasil, acarretando a *entrega* do ditador líbio, perfaria tanto o intuito cooperativo lançado, sobretudo, em um tratado internacional do qual o país consta como signatário, bem como na Constituição enquanto contribuição para o progresso da humanidade, quanto uma cooperação no sentido de diplomacia, mantendo-se as boas relações internacionais, quanto a cooperação no sentido processual, desta feita na trilha da viabilização da efetividade de um processo internacional. Similar espírito de cooperação do Estado brasileiro haveria na extradição de certo italiano acusado de cometer crimes em seu país de origem, desde que referida extradição estivesse afinada com pressupostos constitucionais, legais e políticos internos.

Veja-se que a cooperação de que ora tratamos é um tanto quanto módica em relação a esses elevados propósitos, e até mesmo para que se apegue tecnicamente a uma nomenclatura recomendável, aqui se tratará da cooperação *interjurisdicional*, e não da cooperação *internacional*, de amplitude, objetivos e principiologia mais amplos e complexos do que aquela forma. Um país, em razão de determinada pessoa envolvida em um processo estar fora de seus limites territoriais, carece que o país de residência ou estada atual dessa pessoa pratique atos processuais – sejam eles de comunicação, de execução, urgentes ou probatórios – para viabilizar a prestação jurisdicional interna. Essa a ideia mestra que se desenha na *cooperação interjurisdicional*.

A teor da própria proposta do Código Modelo de Cooperação Interjurisdicional para a Ibero-América,[11] afinando ainda mais o objeto de trabalho, está-se a lidar com a Cooperação Civil, em prejuízo de outras *cooperações* existentes em outros campos do Direito e das Relações Internacionais.[12]

Esse itinerário delimitador das *cooperações* é absolutamente necessário para a exposição da questão, uma vez que o dimensionamento e colocação inadequados do problema simplesmente feririam de morte a proposta.

Nem o Código de Processo Civil de 1939 tratou nem o vigente de 1973 trata da *cooperação interjurisdicional* como instituto. A propósito, a palavra *cooperação* não é encontrada nesses diplomas. No CPC de 1939, por exemplo, extraía-se o art. 13, com os dizeres de que "os atos que houverem de praticar-se em território estrangeiro serão realizados por carta rogatória, que conterá os requisitos constantes do art. 8.º".

No art. 8.º encontram-se requisitos indispensáveis às cartas precatórias, sendo a diferença entre ambas meramente relacionada ao destinatário do ins-

---

[11] O Código Modelo pode ser consultado no sítio. Disponível em: <www.uff.br/.../Codigo-modelo_Cooperacao_Interjurisdicional>. Acesso em: 2 fev. 2012.

[12] O próprio Código Modelo trata igualmente da Cooperação Internacional em Matéria Penal.

trumento. De forma simplista, essa diferenciação podia ser encontrada nos arts. 175[13] e 213,[14] este sobre a produção de eventual prova no exterior, aquele para realização do ato citatório em outro país. Os artigos relacionados eram diluídos ao longo do Código, perdendo-se unidade e organização.

No vigente Código de Processo Civil de 1973 a prática de se tratar as cartas rogatórias ao lado das precatórias mantém-se, como é natural. O art. 201[15-16] praticamente repete o teor do art. 175 do CPC de 1939, podendo-se dizer que o art. 210 é o único no CPC que trata da carta rogatória com nuances de instrumento destinado à *cooperação interjurisdicional*, ao dispor, que "a carta rogatória obedecerá, quanto à sua admissibilidade e modo de seu cumprimento, ao disposto na convenção internacional; à falta desta, será remetida à autoridade judiciária estrangeira, por via diplomática, depois de traduzida para a língua do país em que há de praticar-se o ato".

A homologação de sentenças estrangeiras encontrava-se com suas disposições inscritas nos arts. 785 a 797 do CPC de 1939, revelando-se ali um minucioso sistema que *a posteriori* fora consideravelmente simplificado em 1973, que tratou da temática em dois artigos, a saber, 483 e 484. Vale dizer, especialmente no que se refere ao CPC de 1939, que as normas ali contidas traziam muito mais um sistema de defesa do que um mecanismo de cooperação interjurisdicional, o que se justifica pela própria época de criação do Código, durante a Constituição "Polaca" de 1937, em época contaminada pelo medo da guerra.

Talvez em um único artigo da proposta do Novo Código de Processo Civil se tenha dito mais do que em todos os artigos até então apreciados. Sobre a ideia de cooperação, consta escrito no art. 52 do Projeto Original formado pela Comissão de Juristas liderada pelo Ministro Luiz Fux o *dever de cooperação, a fim de que o processo alcance a desejada efetividade.* O artigo permaneceu inalterado no substitutivo advindo do relatório do Senador Valter Pereira.

A única crítica que se levanta é pautada no fato de o artigo estar incluído no capítulo que rege a Cooperação Nacional, quando deveria ser concebido como ideário comum ao instituto da cooperação, obviamente abarcando a internacional.

Não há razão para se pensar a *cooperação interjurisdicional* senão de forma a moldá-la às razões de sua própria criação. Dentro da *cooperação* é imprescin-

---

[13] Art. 175. A citação far-se-á por precatória, quando o citando se encontrar fora da jurisdição do juiz, e mediante rogatória, quando em país estrangeiro.

[14] Art. 213. A prova que houver de produzir-se fora da jurisdição do juiz, será feita por precatória ou rogatória, conforme o caso, na forma dos arts. 6 a 13.

[15] Vale dizer que o parágrafo primeiro do art. 231 reputa inacessível, para fins de citação, o país que não dá cumprimento a cartas rogatórias.

[16] Art. 201. Expedir-se-á carta de ordem se o juiz for subordinado ao tribunal de que ela emanar; carta rogatória, quando dirigida à autoridade judiciária estrangeira; e carta precatória nos demais casos.

dível lidar com os princípios da unidade, da instrumentalidade e da efetividade do processo.

Como já ressaltou GOTTWALD,[17] inexistem sistemas processuais internos alheios a qualquer influência daquilo que se positiva além de seus limites geográficos. No Brasil não é diferente. Isso se deve a algo essencialmente natural nestes tempos. A universalidade da tutela do processo vem acompanhada, ou melhor, vem precedida, do fenômeno da globalização, que não se resume a um fenômeno econômico, mas também social, político, cultural e, neste caso, jurídico-processual.

Como sói ocorrer, e já foi visto em outro estudo de nossa lavra,[18] aspectos relacionados à mundialização do processo, à globalização da ciência jurídica, à facilitação do trânsito de pessoas, à construção de laços e negócios virtuais, ao direito internacional dos direitos humanos em matéria processual e à crescente necessidade e prática da cooperação jurídica internacional são fatores inafastáveis do estudo do direito processual atual.

Quando GUINCHARD[19] escreve que tratar de fontes internacionais do processo é, em si só, um paradoxo, há duas frentes de enfrentamento da assertiva. Como propriamente expõe, o direito processual é insculpido como disciplina essencialmente nacional, tendo em vista que se intenta estabelecer regras que regerão a conduta de um cidadão perante uma jurisdição estatal que se manifestará por intermédio de juízes nacionais. Este caráter doméstico do processo é impulsionado pelas evidências que encontramos, por exemplo, nos sistemas processuais da Suíça e dos Estados Unidos, cuja competência processual não é capitaneada por um ente federal, assim como é interessante lembrar que, em um passado não muito distante, no Brasil tínhamos os códigos processuais estaduais, sendo certo que determinadas práticas sobreviveram ao Código de Processo Civil de 1939, e fatalmente sobreviverão ao Código de 1973.

Por outro lado, alterações recentes do modo de vivência, inter-relação e interdependência do mundo tornam, de forma cada vez mais necessária, a evolução de institutos de cooperação, especialmente dentro de um ambiente multicultural, cosmopolita e integrado em que nos encontramos.

CAPPELLETTI[20] pondera há tempos sobre a internacionalização e constitucionalização das garantias processuais das partes nos litígios civis como

---

[17] Sobre o tema: GOTTWALD, Peter. *Comparative civil procedure*. *Ritsumeikan Law Review*, Japan: Kyoto, 2005.

[18] MENDONÇA, Henrique Guelber de. *Fontes internacionais do direito processual civil*. 2012. Inédito.

[19] GUINCHARD, Serge et alii. *Droit processuel* – droits fondamentaux du procès. 6. ed. Paris: Dalloz, 2011. p. 93-279.

[20] CAPPELLETTI, Mauro; TALLON, Denis. *Fundamental guarantees of the parties in civil litigation*. Milano – Neu York: Giuffrè-Oceanna, 1973. p. 655.

indicativos de um caminhar cada vez mais uniformizador do direito processual. Há uma interpenetração de ideologias, de ideias e de proposições que trazem consigo a tendência uniformizadora coloquialmente considerada como globalização jurídica.

A impossibilidade de se encarar os sistemas de direito interno como autossuficientes tem como contrapartida a percepção inelutável de que somente será possível prover os sistemas jurídicos nacionais com a promessa da efetividade se o desenvolvimento de institutos de *cooperação interjurisdicional* estiver apto a atender a essa realidade.

Bom exemplo da interpenetração de jurisdições pode ser dado no próprio âmbito das Américas, com o Código Modelo de Cooperação Interjurisdicional para a Ibero-América.[21] As discussões referentes à efetividade da tutela e à necessidade de uma tutela transnacional, bem como o enfrentamento do tema sempre com um olhar sobre a soberania dos Estados, são temas demasiadamente importantes e de destaque neste cenário.

Se, nos dizeres de DALLA,[22] a *cooperação nacional* parte do princípio da unidade do Poder Judiciário, o mesmo deve ser visto em relação à *cooperação interjurisdicional*, sempre zelando para que sejam invariavelmente respeitados os princípios fundamentais do processo. E tal fato se instrumentaliza, e aí é possível enxergar como tudo é um sistema de autoimplicações, a partir do próprio desenvolvimento da jurisprudência das Cortes Internacionais sobre direitos humanos no que diz respeito às mínimas garantias processuais.

A este propósito, é tão vasta a produção da Corte Europeia que já há o intento de sistematizar os princípios gerais de sua jurisprudência, como se dedicou a fazê-lo GRABARCZYK,[23] estágio do qual, infelizmente, ainda se encontram distantes os estudiosos da Corte Interamericana, pelo menos no que diz respeito à variedade de temas processuais tratados.

---

[21] A tutela judicial transnacional é uma exigência dos tempos atuais, em que constantemente as relações jurídicas, sob diversos aspectos, ultrapassam as fronteiras de um Estado. Assegurar a efetividade da tutela judicial sem fronteiras significa muito mais do que apenas reconhecer decisões judiciais estrangeiras transitadas em julgado, proferidas em processos de conhecimento. Tudo que for necessário para que seja assegurada a efetividade da jurisdição deve estar compreendido na ideia de tutela judicial transnacional, tais como os atos de urgência, os atos executórios, os atos destinados à comunicação processual ou mesmo os atos probatórios. Pouco importa tratar-se de direito público ou de direito privado; da mesma maneira, a jurisdição há de ser efetiva e estar pautada nos mesmos princípios e ideais da justiça transnacional (excerto retirado da Exposição de Motivos do Código).

[22] Comentário ao projeto do NCPC disponível em: <http://humbertodalla.blogspot.com. br/2011/04/24o-comentario-ao-novo-cpc.html#!/2011/04/24o-comentario-ao-novo-cpc.html>. Acesso em: 4 ago. 2012.

[23] GRABARCZYK, Katarzyna. *Les príncipes généraux dans la jurisprudence de la Cour Européene des Droits de L'Homme*. Marseille: Presses Universitaires Dáix-Marseille: 2008.

Por tantas razões, dentro do enfoque nacional, parece-me em ótima hora e oportunidade o incremento do instituto no Código de Processo Civil.

Pode-se questionar a razão pela qual se insiste no tratamento da matéria de forma *institucional* no Brasil. A explicação é simples. Ao ser ecoado, por exemplo, o princípio da instrumentalidade como voltado a prestar suas diretivas à cooperação interjurisdicional, permite-se fazer a leitura do excerto da proposta infra com os olhos voltados para a notória intenção de desburocratizar uma prática que, inelutavelmente, travaria e retardaria a marcha processual. Veja-se:

Art. 26. A cooperação jurídica internacional será regida por tratado do qual Brasil seja parte ou, na sua ausência, com base em reciprocidade manifestada por via diplomática, e nela serão observados:

(...)

V – a tradução e a forma livres para os documentos e os atos necessários à prestação jurisdicional transnacional, incluindo-se os meios eletrônicos e videoconferência.[24]

Essa visão *institucional* da cooperação interjurisdicional é necessária de forma a se permitir a dinamização das relações entre os países para a realização dos atos processuais, não ficando isoladamente subjugada a um emaranhado de previsões secas, burocráticas e assistemáticas. O enrijecimento de sistemas de cooperação, impondo, por exemplo, invariavelmente a necessidade de tradutores juramentados para a prática de quaisquer atos não é razoável, especialmente quando sequer existe dúvida a respeito da providência a ser tomada.[25]

---

[24] Texto contido na compilação de propostas apresentada em 27 de abril de 2012, acolhendo-se, em parte, sugestão apresentada pelos professores Ada Pellegrini Grinover, Carlos Alberto Carmona, Paulo Lucon e Cássio Scarpinella Bueno. Em nota na justificativa para alteração consta, ainda, que o dispositivo aparece também no Código Modelo de Cooperação Interjurisdicional para a Ibero-América, elaborado sob os auspícios do Instituo Ibero-Americano de Direito Processual.

[25] Sabe-se que em determinadas situações a questão é controversa. Veja-se texto extraído do sítio eletrônico. Disponível em: <http://www.atprio.com.br/pages/juramentada.html>. Acesso em: 4 ago. 2012. O Decreto n. 13.609, que regulamenta o ofício de tradutor público, estabelece que "nenhum livro, documento ou papel de qualquer natureza que for exarado (isto é, redigido) em idioma estrangeiro, produzirá efeito em repartições da União, dos Estados ou dos Municípios, em qualquer instância, juízo ou tribunal ou entidades mantidas, fiscalizadas ou orientadas pelos poderes públicos...".
Com efeito, é necessário que funcionários ou juízes saibam com exatidão o que consta do documento que recebem para poder agir de acordo com a lei. Ora, o único idioma que uma pessoa domina obrigatoriamente é o nacional, não se pode exigir de todos os funcionários que conheçam outro idioma profundamente ou que sejam especialistas de tradução. E as autoridades precisam de traduções rigorosas e claras, para poder tomar decisões em que os direitos dos cidadãos envolvidos sejam garantidos.
Por estas razões, o Decreto 13.609/1943 determina que qualquer documento em língua estrangeira seja acompanhado de tradução feita por tradutor oficial, que tenha provado sua competência para o ofício através de provas públicas.

Sobre tal fato, bom exemplo tem-se na alínea 2 do art. 140 do Código de Processo Civil português, ao se assinalar que somente em "surgindo dúvidas fundadas sobre a idoneidade da tradução, o juiz ordenará que o apresentante junte tradução feita por notário ou autenticada por funcionário diplomático ou consular do Estado respectivo; na impossibilidade de obter a tradução ou não sendo a determinação cumprida no prazo fixado, pode o juiz determinar que o documento seja traduzido por perito designado pelo tribunal".

Compreender a *cooperação interjurisdicional* como etapa viva de um processo, e aqui se trabalha, por óbvio, em atividades probatórias, no atendimento de medidas urgentes ou na eventualidade de um pleito voltado para a realização de determinado direito, é vital para que possamos raciocinar com as garantias processuais aplicáveis em cada etapa. Assim, a visão que se projeta sobre a *cooperação* deve ser exatamente a mesma que se empreende na tentativa de resolver questões processuais como em qualquer caso a ser enfrentado em situações que nascem, crescem e morrem entre nós.

Nesse sentido, um contraditório efetivo não é algo destinado a casos determinados, muito menos a duração razoável do processo, recentemente constitucionalizada, se trata de um mandato de otimização para, isoladamente, a jurisdição brasileira, assim como garantias processuais das mais básicas como a de um juiz e um promotor natural no processo penal.

É a principiologia que permite compreender e tomar uma postura crítica em relação à própria cooperação que se solicita. Assim, diante do construído *brasileiro* acerca de determinadas garantias sintonizadas com nossa Constituição da República, valorações e realizações de solicitações estrangeiras devem atentar-se para nossa especificidade processual. Trata-se de um contorno contemporâneo ao que tanto chamamos de *ordem pública*. Bom exemplo tem-se, em mera ilustração, no emblemático posicionamento da Corte Europeia de Direitos Humanos a respeito da obtenção da prova e intervenções corporais, tal como aquela levada a efeito no caso Sounders *v.* Reino Unido,[26] em que o direito à não autoincriminação é interpretado de forma mais relativa do que entre nós contemplado.

Dentro do que oferece o sistema brasileiro de *cooperação interjurisdicional*, o primeiro *pulo do gato* anunciado pelo projeto do Novo Código de Processo Civil talvez seja o tratamento à matéria de forma substancialmente diversa daquele tratamento ofertado até então pelos diplomas que o precedem. É imperioso que a homologação de sentença, mas especialmente as cartas rogatórias e o auxílio direto sejam inter-relacionados com o verdadeiro espírito da *cooperação*. Após esta primeira contextualização, interessante, antes de analisarmos mais amiúde as propostas do Novo Código, tratarmos de alguns sistemas de direito comparado sobre o tema.

---

[26] Disponível em: <http://www.echr.coe.int/ECHR/homepage_en>. Acesso em: 2 ago. 2012.

3. A COOPERAÇÃO INTERJURISDICIONAL EM SISTEMAS DO DIREITO COMPARADO

Mais intensa é a *cooperação interjurisdicional* quanto maior for o grau de envolvimento e de aproximação dos países. Por tal razão, a União Europeia, nesta lógica, é verdadeira mola propulsora no desenvolvimento do objeto em comento em escala bem distante da encontrada nas Américas.

Quando se trabalha com o direito comparado, não se obstina a implementar o irrealizável em nossa realidade, mas absorver iniciativas proveitosas e expurgar as ruins, até mesmo porque, como se sabe, não há hoje criação e produção legislativa absolutamente inovadora, mas reproduzida de outras experiências.

Não é árdua a tarefa de identificar a ideia da *cooperação* nos Códigos de Processo Civil da Alemanha, Espanha e Portugal, por exemplo.

Pontualmente, nessa esteira, penso que é interessante o exame de alguns artigos sobre o que discutimos para que se possa, sobretudo, fomentar o desenvolvimento do tema entre nós.

A *cooperação*, nos termos utilizados pela Ley de Enjuiciamiento Civil espanhola, vem intitulada de Auxílio Judicial e é regulada entre os arts. 169 e 176 (*nacional*) e 177 (internacional).

Como convém ressaltar, o Auxílio Judicial deve dizer respeito à realização e efetividade da jurisdição nacional e internacional. A lei espanhola é muito exigente ao demandar dos personagens do processo uma atuação proba e preocupada com a sua duração razoável, buscando conciliar a efetividade da prestação jurisdicional com a economicidade de tempo e recursos.

É nesse espírito em que se encontra imbuído o art. 176, que prevê multa para a parte que, injustificadamente, retarda o bom cumprimento do rito do Auxílio Judicial, assim como a parte final da alínea 4[27] do art. 169, que, em matéria probatória, somente admite que outro juízo, que não o natural para o julgamento da causa, proceda à respectiva produção quando a distância impuser ao perito, testemunha ou à parte um deslocamento reconhecidamente gravoso.

Por óbvio, especificidades geográficas impactam diretamente na celebração de determinadas normas, especialmente quando comparamos o Brasil, país de dimensão continental, com a maioria dos demais países do mundo. Todavia, talvez seja o caso de pensar sobre o assunto em pequenas distâncias, apontando-se locais em que o deslocamento da pessoa até o juízo é infinitamente mais

---

[27] Sólo cuando por razón de la distancia, dificultad del desplazamiento, circunstancias personales de la parte, del testigo o del perito, o por cualquier otra causa de análogas características resulte imposible o muy gravosa la comparecencia de las personas citadas en la sede del Juzgado o tribunal, se podrá solicitar el auxilio judicial para la práctica de los actos de prueba señalados en el párrafo anterior.

rápido, prático e vantajoso para os interesses em jogo do que a expedição de uma carta precatória.

Como salientei anteriormente, por inúmeras vezes se verifica na LEC espanhola a menção a tratados internacionais, como, por exemplo, quando se está a lidar com documentos advindos de outros países. É nítida que a ocasião forçou a Espanha, assim como outros países europeus, a encarar tal realidade integrada, o que faz com que lá se lide com muito maior naturalidade com circunstâncias de *cooperação* e com a construção legislativa sempre preocupada com o que restou celebrado em tratados e convenções internacionais.

Interessante tal aspecto, sobretudo cultural. Quando se está a lidar com o vigente Código de Processo Civil brasileiro, percebe-se no parágrafo segundo do art. 585 a seguinte disposição acerca de títulos executivos extrajudiciais:

§ 2.º Não dependem de homologação pelo Supremo Tribunal Federal, para serem executados, os títulos executivos extrajudiciais, oriundos de país estrangeiro. O título, para ter eficácia executiva, há de satisfazer aos requisitos de formação exigidos pela lei do lugar de sua celebração e indicar o Brasil como o lugar de cumprimento da obrigação. (Redação dada pela Lei 5.925, de 1.º.10.1973)

Não há uma menção sequer a tratado ou convenção internacional.

Agora o teor do art. 523 da LEC espanhola:

Artículo 523. *Fuerza ejecutiva en España. Ley aplicable al procedimiento*

1. Para que las sentencias firmes y demás títulos ejecutivos extranjeros lleven aparejada ejecución en España se estará a lo dispuesto en los Tratados internacionales y a las disposiciones legales sobre cooperación jurídica internacional.

2. En todo caso, la ejecución de sentencias y títulos ejecutivos extranjeros se llevará a cabo en España conforme a las disposiciones de la presente Ley, salvo que se dispusiere otra cosa en los Tratados internacionales vigentes en España.

Não houve substancial alteração na redação do art. 585, § 2.º, do CPC/1973 até o momento no projeto de Novo Código de Processo Civil, parecendo-me salutar a referência a eventuais tratados e convenções que, eventualmente, disciplinem a execução de títulos extrajudiciais dos quais seja o Brasil signatário. Parece pouco, mas a realização da ideia de que o Código de Processo Civil precisa conceber-se em um palco com vários atores é fundamental.

Encontramos um ponto importante para o debate entre nós sobre a *cooperação interjurisdicional* na ZPO alemã.

No caso do Código de Processo Civil Alemão (ZPO), cabe observar a menção a dois Regulamentos do Conselho Europeu. O primeiro deles é o Regulamento (CE) 1.348/2000, de 29 de maio de 2000, relativo à citação e à

Cap. 7 – COOPERAÇÃO INTERJURISDICIONAL E EFETIVIDADE DO PROCESSO

notificação dos atos judiciais e extrajudiciais em matéria civil e comercial nos Estados-membros.[28] O segundo é o Regulamento 1.206/2001, de 28 de maio de 2001, relativo à cooperação entre os tribunais dos Estados-membros no domínio da obtenção de provas em matéria civil ou comercial.

Tal como já se manifestou, documento parelho que teríamos entre nós no âmbito interamericano seria a Convenção Interamericana sobre Eficácia Extraterritorial das Sentenças e Laudos Arbitrais Estrangeiros de 1979, ratificado pelo Estado brasileiro, em vigor, conquanto de parco conhecimento.

Por sua vez, no âmbito do Mercosul, imprescindível citar o Protocolo de Las Leñas, internalizado pelo Decreto 2.067, de 12 de novembro de 1996, relativo à Cooperação e Assistência Jurisdicional em Matéria Civil, Comercial, Trabalhista e Administrativa, infelizmente abarcando uma quantidade pequena dos países, quanto mais quando comparado ao sistema europeu.

Certamente, e esta a razão da exposição feita nas últimas linhas, a forma de se incrementar e efetivar o cumprimento de documentos internacionais facilitadores de mecanismos para a *cooperação interjurisdicional*, sem sombra de dúvidas, está na previsão dessas convenções na legislação utilizada no cotidiano dos operadores do Direito brasileiro, tal como se concebeu na ZPO alemã. Trata-se, sobretudo, de uma barreira relacionada à cultura e aos costumes dos operadores do sistema jurídico brasileiro.

Quando nos voltamos para o Código de Processo Civil português, interessante salientar que, em primeira linha, o termo *cooperação* é reiteradamente mencionado em uma acepção que não nos é estranha, conquanto diversa daquela vista neste trabalho. A exposição de motivos do Código Português, cujo excerto se reproduz a seguir, é lapidar ao cobrar o dever de cooperação das partes, assim como do magistrado e de advogados:

> Consagra-se o princípio da cooperação, como princípio angular e exponencial do processo civil, de forma a propiciar que juízes e mandatários cooperem entre si, de modo a alcançar-se, de uma feição expedita e eficaz, a justiça do caso concreto, e procurando plasmar, mais uma vez, como adiante melhor se irá especificando, tal princípio nos regimes concretamente estatuídos (v.g., audiência preliminar, marcação de diligências, averiguação de existência de bens penhoráveis).[29]

---

[28] O Tratado de Amesterdão, assinado em 2 de outubro de 1997, alterou a base jurídica da cooperação judicial em matéria civil, que passou a estar incorporada no Tratado que institui a Comunidade Europeia (art. 65.º) e a ter por fundamento instrumentos jurídicos e procedimentos diferentes. Por conseguinte, a Comissão propôs transformar a referida convenção num instrumento comunitário a fim de assegurar a sua rápida aplicação e a resolução das dificuldades práticas encontradas pelos cidadãos na sua vida cotidiana. Disponível em: <http://europa.eu/legislation_summaries/justice_freedom_security/judicial_cooperation_in_civil_matters/l33042_pt.htm>. Acesso em: 4 ago. 2012.

[29] Exposição de motivos do Código de Processo Civil português.

Inexiste qualquer dúvida no sentido de que o sucesso e a boa *cooperação interjurisdicional*, em um segundo sequer, especialmente como *instituto*, deve esquecer-se da linha de enfrentamento do processo supramencionada na exposição de motivos portuguesa.

No art. 1.094, por sua vez, há uma cláusula de proteção, firme no sentido de que "sem prejuízo do que se ache estabelecido em tratados e leis especiais, nenhuma decisão sobre direitos privados, proferida por tribunal estrangeiro ou por árbitros no estrangeiro, tem eficácia em Portugal, seja qual for a nacionalidade das partes, sem estar revista e confirmada". Já aqui, é possível ver disposição diversa daquela mencionada na LEC espanhola. Já o art. 1.096 expõe os requisitos para a confirmação e revisão da sentença estrangeira.

Ressalve-se, apenas, a alínea 2 do art. 49, salientando que "não carecem, porém, de revisão para ser exequíveis os títulos exarados em país estrangeiro", ou seja, mantendo a necessidade de revisão, procedimento análogo ao da homologação das sentenças estrangeiras no Brasil, somente nos casos de laudos ou sentenças proferidas em outro país.

As cartas rogatórias, a teor da disposição encontrada no art. 186, faz referência expressa à subsidiariedade do sistema traçado no Código de Processo Civil português em razão do respeito primeiro ao estabelecido em tratado ou convenção internacional, restabelecendo procedimento tão difundido nas legislações processuais de países europeus.

No modelo europeu, talvez a mais emblemática convenção a respeito da cooperação interjurisdicional seja a Convenção de Bruxelas, em cujo introito pode-se verificar que o objetivo maior de cada signatário é o de determinar a competência dos seus órgãos jurisdicionais na ordem internacional para facilitar o reconhecimento e instaurar um processo rápido que garanta a execução das decisões, bem como dos atos autênticos e das transações judiciais[30]

Vale notar, no sistema processual português, que desde 2000 contempla-se a realização de videoconferência para se obter a prova testemunhal de pessoas que não residam em Portugal, sempre que no local de sua residência houver o meio técnico necessário, tal como dispõe a alínea 4 do art. 623.

Jamais nos habituaremos a lidar com a *cooperação interjurisdicional* de forma natural e *institucional* se nos faltar o costume que somente pode ser alcançado se começarmos a investigar e extrair de boas e más experiências e propostas colocadas no direito comparado.

Enfim, seria possível citar outros países de grande relevância, como a Itália, que certamente deixou de lado a acepção de que o processo civil era algo emi-

---

[30] Texto adaptado dos Considerandos da Convenção de Bruxelas, que pode ser visualizada no sítio. Disponível em: <http://www.fd.uc.pt/CI/CEE/pm/Tratados/Amesterdao/conv-bruxelas-1968.htm>. Acesso em: 2 ago. 2012.

nentemente nacional, notadamente após o fortalecimento do direito comunitário europeu. Por outro lado, dado o propósito desta empreitada, após os pontuais exemplos trazidos, mais importante a fixação da assertiva de que é necessária a evolução do tratamento legislativo da *cooperação interjurisdicional*, certo de que um passo importantíssimo está sendo dado com o projeto do Novo Código de Processo Civil.

4. A COOPERAÇÃO INTERJURISDICIONAL NO PROJETO DO NOVO CÓDIGO DE PROCESSO CIVIL

Como já se asseverou, a legislação brasileira já apontou em outras oportunidades dois instrumentos de cooperação interjurisdicional, quais sejam, as cartas rogatórias e a sistemática de homologação de sentenças estrangeiras. A grande crítica é a ausência de um feitio principiológico à cooperação, o que em situações determinadas permite realçar a burocracia e o formalismo no desempenho dessa atividade.

PERLINGEIRO[31] ainda destaca que o juízo exercido quando se está a tratar de cartas rogatórias, pela própria roupagem que seus provimentos buscam, retrata o exercício de uma cognição sumária, ao contrário das sentenças a serem homologadas.

Salutar mencionar que um dos mais importantes documentos que existem no sistema brasileiro a respeito da *cooperação interjurisdicional* se trata da Resolução 09 do Superior Tribunal de Justiça.[32] Nessa ordem de ideias, vê-se que ali, no art. 4°, § 1, consta conceito ampliativo daquilo que seria sentença, entendendo como tal inclusive atos não judiciais que, pela lei brasileira, teriam natureza de sentença.

A diferença básica entre os dois instrumentos mencionados consiste no fato de que as cartas rogatórias destinam-se à cooperação em processos que estão a tramitar no exterior, ou ainda para a realização de medidas de feitio jurisdicional preparatórias para a jurisdicionalização de determinada questão. As sentenças a serem homologadas, em modo convencional, referem-se a processos findos, em que o juízo de delibação do Superior Tribunal de Justiça ampara-se em um construído que, de forma definitiva, lhe confere os elementos necessários para apreciação da violência ou não da ordem pública brasileira e às garantias fundamentais do processo.

O auxílio direto, muito embora previsto em legislações estrangeiras, é figura pouco comum quando comparada aos seus dois primeiros citados, sendo de grande

---

[31] PERLINGEIRO, Ricardo. *Cooperação jurídica internacional e auxílio direto* cit.

[32] Bem dizer que a Resolução 09 do Superior Tribunal de Justiça, ao, inclusive, fazer nela previsões que configuram significativo avanço jurisprudencial, sistematiza em linhas gerais o sistema cooperativo brasileiro vigente.

valia sua mecânica, instituída tanto para agilizar o procedimento quanto para não inflar o Superior Tribunal de Justiça com casos que não trariam congruência à finalidade do *exequatur*.

O art. 7.° da Resolução 09 do Superior Tribunal de Justiça, primorosamente, dispõe que "os pedidos de cooperação jurídica internacional que tiverem por objeto atos que não ensejem juízo de delibação pelo Superior Tribunal de Justiça, ainda que denominados como carta rogatória, serão encaminhados ou devolvidos ao Ministério da Justiça para as providências necessárias ao cumprimento por auxílio direto".

Em continuidade, vale lembrar que, no projeto original[33] de construção de um Novo Código de Processo Civil, a *cooperação interjurisdicional* vinha tratada em dois artigos, então numerados 25[34] e 26.[35] Inovaram os dignos juristas, em relação ao Código de Processo Civil ainda vigente, ao trazerem a expressão *cooperação internacional*, ecoando disposições estrangeiras, assim como a possibilidade de auxílio direto, bem exemplificada no *caput* do art. 26, nas hipóteses em que a obtenção de prova não decorresse de cumprimento de decisão de autoridade estrangeira.

Há ressalva feita no sentido de que a *cooperação* pode dar-se de forma administrativa ou jurisdicional, incluída pelo trabalho de relatoria do Senador Valter Pereira, merecendo destaque, até mesmo para coadunar sua forma à do *auxílio direto*, agilizando o trabalho desenvolvido nestas teias jurisdicionais.

Pode-se tentar sistematizar o que a última versão do projeto vislumbra como auxílio direto a partir da apreensão dos incisos I e II do art. 28. No inciso I, tem-se que se considera auxílio direto "o procedimento destinado à cooperação entre órgãos administrativos brasileiros e estrangeiros, no intercâmbio de atos ou diligências que objetivem a prestação jurisdicional no Brasil ou no exterior"; no inciso II, "a cooperação entre órgãos administrativos e judiciais, ou entre órgãos judiciais, brasileiros e estrangeiros, no intercâmbio de atos ou diligências que não reclamem prestação de jurisdição ou delibação no Brasil ou no exterior".

Em oportunidade anterior já se mencionou, mas a inovação da cooperação em si mais marcante foi o aceno contido no art. 52, primeira versão, no qual se estabeleceu o dever de cooperação para que o processo alcançasse sua almejada

---

[33] Leia-se *projeto original* como aquele apresentado pela Comissão de Juristas liderada pelo Ministro Luiz Fux após a realização de inúmeras audiências públicas ao longo do país.

[34] Art. 25. Os pedidos de cooperação jurídica internacional para obtenção de provas no Brasil, quando tiverem de ser atendidos em conformidade com decisão de autoridade estrangeira, seguirão o procedimento de carta rogatória.

[35] Art. 26. Quando a obtenção de prova não decorrer de cumprimento de decisão de autoridade estrangeira e puder ser integralmente submetida à autoridade judiciária brasileira, o pedido seguirá o procedimento de auxílio direto.

Cap. 7 - COOPERAÇÃO INTERJURISDICIONAL E EFETIVIDADE DO PROCESSO

efetividade. Nesse particular, tem-se uma forte linha de tratamento da *cooperação* como um microssistema dotado de um objetivo sobretudo concreto e claro.

Sem dúvida, a substantiva alteração na disciplina da cooperação deu-se quando da apresentação do primeiro substitutivo, cuja relatoria geral ficou a cargo do Senador Valter Pereira, contando, igualmente, com o auxílio de renomados processualistas. Nessa etapa, o incremento deu-se inicialmente no número de artigos, saltando-se de dois para dezesseis.

Logo no parágrafo único do art. 25, primeiro da regulamentação da *cooperação internacional*, viu-se ali uma saudável menção aos tratados e convenções internacionais como fontes primárias das regras relativas à matéria, esclarecendo a aplicação de disposições internas subsidiariamente. A redação foi aprimorada pela compilação de propostas de alteração[36] apresentada em 27 de abril do corrente ano, basicamente unificando-se o *caput* ao parágrafo único.

Veja-se que tal artigo, que na última versão do projeto apresenta-se com o número 26, traz uma ideia que inspira outros códigos, como a redação do art. 177[37] da Ley de Enjuiciamento Civil espanhola, ressalvando-se a parte que conta com a previsão da reciprocidade manifestada por via diplomática caso inexista a previsão da cooperação solicitada em tratado.

É imperiosa uma observação para a boa compreensão da tônica que sustenta as propostas do projeto.

Em julho de 2005, assim sendo noticiado pela respectiva exposição de motivos, quando das Jornadas Especiais de Barcelona do Instituto Ibero-americano de Direito Processual, semeou-se a criação do Código Modelo de Cooperação Interjurisdicional para a Ibero-América, contando com a participação de notáveis juristas brasileiros como Ada Pellegrini Grinover e Ricardo Perlingeiro, que presidiu e secretariou, respectivamente, a comissão idealizadora do projeto.

A inspiração para a construção desse Código Modelo fundou-se em um sem-número de documentos de direito internacional, assim como na experiência recente de países ibero-americanos com suas normas internas. E foi concebido o Código Modelo, constituído de cinco capítulos, a saber: I – Parte Geral; II – Cooperação Interjurisdicional em Matéria Civil; III – Cooperação Interjurisdicional em Matéria Penal; IV – Procedimentos de Cooperação Interjurisdicional; e V – Disposições Finais.

---

[36] Referida compilação pode ser encontrada no sítio. Disponível em: <www.direitoprocessual.org.br/fileManager/Consolida.pdf>. Acesso em: 4 ago. 2012.

[37] Artículo 177. *Cooperación judicial internacional*
Los despachos para la práctica de actuaciones judiciales en el extranjero se cursarán conforme a lo establecido en los Tratados internacionales en que España sea parte y, en su defecto, en la legislación interna que resulte aplicable.

A menção considera o aspecto histórico deste momento de mudança na legislação processual brasileira, uma vez que esse Código Modelo influenciou diretamente na concepção de diversos artigos apresentados como proposta aos congressistas.

Se se procurar o apontamento de uma fonte principal, sem dúvida será obrigatório tecer homenagem àqueles que se propuseram a coordenar a criação desse importante e audacioso projeto. E vale esclarecer. O Código Modelo não tem como intenção servir como uma proposta de tratado a ser aprovado pelos países ibero-americanos, mas, justamente, servir de modelo, com o perdão da redundância, que influencie a reforma da legislação interna dos países ibero-americanos. Ao que parece, no Brasil, a ideia afiançada na exposição de motivos do Código Modelo vem alcançando seu objetivo.

O art. 28 do primeiro substitutivo apresentado traz uma série de medidas a respeito do que pode ser feito na atividade colaborativa, como, por exemplo, comunicação de atos processuais, auxílio na tomada de medidas urgentes, obtenção de provas, informação de direito estrangeiro, tudo isso, em minha concepção, de forma absolutamente exemplificativa. Na verdade, o artigo denota muito mais uma preocupação em demonstrar o que se pode fazer na *cooperação internacional* do que uma impensada intenção de taxativamente elencar as formas de se cooperar.

O Código Modelo de Cooperação Interjurisdicional para a Ibero-América predispõe que basicamente são quatro modalidades de cooperação: uma delas que é voltada para a prática de atos de urgência, outra para a prática de atos executórios, uma terceira para a prática de atos de comunicação processual e a última para a realização de atos probatórios. O que mencionado art. 28 faz ao fundo, portanto, é uma especificação ampliativa dessas modalidades, que vêm tratadas, como bem quiser, como gênero e espécies.

Já na compilação de propostas que encartam outro substitutivo, ao que se sabe o último, datado de 27 de abril de 2012, são, *grosso modo*, repetidas as quatro modalidades do Código Modelo. O importante, independentemente da redação final acabada que virará texto de lei, é saber e conservar o ideário trazido no Código Modelo, rompendo definitivamente com pensamentos de antanho que olhavam de soslaio para o cumprimento de rogatórias executivas.[38]

Tal como já ocorre hoje em inúmeros casos de tratados vigentes, como a Convenção de Haia sobre Aspectos Civis do Sequestro Internacional de Crianças, o procedimento dessas cooperações interjurisdicionais prevê a existência de uma autoridade central. A responsabilidade dessa autoridade central é, basicamente, servir como referência e fonte de informações a respeito da demanda de ordem

---

[38] Como salienta Carmen Tibúrcio, o Protocolo de Las Leñas cumpriu importante papel na revisão desta máxima pelo Supremo Tribunal Federal. TIBÚRCIO, Carmen. *Temas de direito internacional* cit., 2006.

internacional. A autoridade central controla unicamente requisitos formais, mas não emite um juízo de valor a respeito do pleito, sendo a ponte de mão dupla na realização do direito que envolve o interesse de pessoas submetidas à jurisdição de países diversos.

Por exemplo, nos casos da Convenção supramencionada, a autoridade central hoje, no Brasil, é a Secretaria de Direitos Humanos da Presidência da República, solucionando os desembaraços administrativos relacionados ao cumprimento da Convenção tanto na vertente passiva, quando o demandado estiver no Brasil, quanto ativa, no caso em que o pleito se dirige a uma pessoa que se encontre no exterior. De forma meramente didática, o que o projeto do Novo Código de Processo Civil apregoa é que, existindo um tratado, e no caso que estamos a exemplificar existe a Convenção, essas regras regerão as respectivas condutas. Caso essa Convenção não existisse, os entraves dessa natureza seriam resolvidos atentando-se para a promessa ou exercício da reciprocidade, o que se faria por via exclusivamente diplomática, ou seja, não convencional.

Precedente no Superior Tribunal de Justiça[39] alinhou-se exatamente a essa orientação, quando se consignou exatamente que a *cooperação jurídica internacional não se limita às previsões de acordos específicos, mas funda-se, também, na garantia de aplicação do princípio da reciprocidade.* Reitera-se, com essa ideia, justamente a assertiva de que a tentativa de se exaurir tipos de cooperação em um Código fatalmente será frustrada pela própria cláusula aberta que restará da diplomacia, por meio da reciprocidade.

Em linhas derradeiras, deve ganhar destaque dois últimos contornos. O primeiro é a saudável tentativa de regulamentação da concessão de medida judicial de urgência, cautelar ou satisfativa, no interesse do processo em curso ou futuro, de competência da autoridade judiciária estrangeira. Eis aqui basicamente o texto do *caput* do art. 44 da última compilação das propostas de modificação do projeto do Novo Código de Processo Civil brasileiro. Há um exercício de futuridade interessante apregoado pelo inciso II desse artigo, ao se dispor que será viável a concessão da medida de urgência "se o processo principal, em curso ou futuro, no qual será resolvida a questão de fundo, estiver em condições de ensejar uma decisão que possa produzir efeitos no Brasil". O proveito da previsão, naturalmente, encontra-se umbilicalmente ligado ao conhecimento do sistema processual do país solicitante.

O segundo tem-se no inciso III do art. 26 da última compilação das propostas de reforma do CPC de 27 de abril de 2012, ao pontilhar *a igualdade de tratamento entre nacionais e estrangeiros, residentes ou não no Brasil, tanto no acesso à justiça quanto na tramitação dos processos, assegurando-se a assistência judiciária aos necessitados.* Primeiramente, reafirma-se no dispositivo a indis-

---

[39] AgRg na Carta Rogatória 5.238-PT, rel. Min. Presidente do Superior Tribunal de Justiça Felix Fischer, *DJ* 02.05.2012.

tinção entre nacionais e estrangeiros, de modo que seria possível acrescentar que não se condiciona o acesso à Justiça, muito menos a assistência judiciária, a eventual regularidade da estada do estrangeiro no Brasil. Acrescente-se que o termo *assistência judiciária* é mais restritivo do que *assistência jurídica*, que naturalmente é apto a abarcar a esfera extrajudicial, razão pela qual se sugere a modificação. Ao final, o artigo pode ser robustecido com a leitura e aplicação da Opinião Consultiva 18 da Corte Interamericana de Direitos Humanos, que trata justamente do princípio da igualdade e da não discriminação do estrangeiro.[40]

5. CONCLUSÃO

A regulamentação no projeto do Novo Código de Processo Civil sobre cartas rogatórias e a homologação de sentenças estrangeiras continua normalmente a ser feita, sendo o capítulo referente à *cooperação interjurisdicional* uma real novidade que somente oxigena o ideário de que todos os órgãos jurisdicionais, de qualquer bandeira, da forma mais efetiva possível, devem contribuir para a prestação de uma atividade jurisdicional adequada.

Nesses tempos em que buscamos a desjudicialização de procedimentos, nesses campos vale lembrar, especialmente para o auxílio direto, que a celebração de tratados e convenções internacionais pode ser vista como atalho para a consecução de objetivos no sentido de diminuir a demanda do Poder Judiciário. O Brasil, como protagonista no cenário sul-americano, pode liderar um movimento de coesão interjurisdicional a partir da percepção de que, fazendo-o, somente trará benefícios à vida de seus próprios jurisdicionados.

Já houve em Roma uma lei para os romanos e outra para os visitantes, tendo sido de reconhecido mérito a formação e a evolução do *jus gentium*. Chegado o momento em que o estudo do direito processual passa pelo que alguns denominam de mundialização, uma boa dose de técnicas cooperativas como as lançadas no projeto do Novo Código de Processo Civil é absolutamente conveniente.

A compactação de institutos processuais rema em um mesmo sentido, sempre com a intenção de que promessas constitucionais, como a de um processo útil, não se tornem meros ornamentos e se percam no formalismo, na falta de diplomacia ou na insensibilidade. Disse-se muito, mas ao apagar das luzes a conclusão é a de que o presente estudo se trata de mais um viés da procura incessante pelo primado do Acesso à Justiça, esteja ela aqui ou em outra jurisdição soberana.

---

[40] A Opinião Consultiva fora proferida pela Corte Interamericana de Direitos Humanos justamente para assegurar o reconhecimento dos direitos humanos a imigrantes, inclusive, que se encontrassem em situação irregular. A Consulta fora formulada pelo México e pode ser encontrada no sítio. Disponível em: <http://www.corteidh.or.cr/opiniones.cfm>.

6. REFERÊNCIAS BIBLIOGRÁFICAS

AMARAL JÚNIOR, Alberto do. *Curso de direito internacional público*. 2. ed. São Paulo: Atlas, 2011.

BEDAQUE, José Roberto dos Santos. *Efetividade do processo e técnica processual*. São Paulo: Malheiros, 2006.

CANÇADO TRINDADE, Antonio Augusto. *A proteção internacional dos direitos humanos e o Brasil*. Brasília: Fundação da Universidade de Brasília, 1998.

CAPPELLETTI, Mauro; TALLON, Denis. *Fundamental guarantees of the parties in civil litigation*. Milano – Neu York: Giuffrè-Oceanna, 1973.

CARNEIRO, Paulo Cézar Pinheiro. *Acesso à justiça: juizados especiais cíveis e ação civil pública* – Uma nova sistematização da teoria geral do processo. 2. ed. Rio de Janeiro: Forense, 2000.

FUX, Luiz (Coord.). *O novo processo civil brasileiro (direito em expectativa)*: reflexões acerca do projeto do novo Código de Processo Civil. Rio de Janeiro: Forense, 2011.

GARCIA, Emerson. *Proteção Internacional dos Direitos Humanos*. Breves reflexões sobre os sistemas convencional e não convencional. Rio de Janeiro: Lumen Juris, 2005.

GOTTWALD, Peter. Comparative civil procedure. *Ritsumeikan Law Review*, Japan: Kyoto, 2005.

GRABARCZYK, Katarzyna. *Les príncipes généraux dans la jurisprudence de la Cour Européene des Droits de L'Homme*. Marseille: Presses Universitaires Dáix-Marseille: 2008

GUILLES, Peter. *Eletronic Civil Procedure:* some remarks to general aspects in concern of civil court proceedings, teletechnology and "e-procedural law". Catania, 2007.

GUINCHARD, Serge et alii. *Droit processuel* – droits fondamentaux du procès. 6. ed. Paris: Dalloz, 2011. p. 93-279.

HITTERS, Juan Carlos. El proceso supranacional (el derecho procesal supranacional). In: Liber Amicorum, Héctor Fix-Zamudio. *Corte Interamericana de Derechos Humanos*. Apresentado por César Gaviria. San José, Costa Rica: Corte Interamericana de Derechos Humanos, Unión Europea, 1998. v. 2.

LAMBERT-ABDELGAWAD, Elisabeth. *The execution of Judgements of the European Court of Human Rights*. 2. ed. Strasbourg: Council of Europe Publisher, 2008.

LEÃO, Renato Zerbini Ribeiro. *La construcción jurisprudencial de los sistemas europeo e interamericano de protección de los derechos humanos en materia de derechos económicos, sociales e culturales*. Porto Alegre: Nubia Fabris, 2009.

MENDONÇA, Henrique Guelber de. *Fontes internacionais do direito processual civil*. 2012. Inédito.

PERLINGEIRO, Ricardo. *Cooperação jurídica internacional e auxílio direto*. Disponível em: <www2.cjf.jus.br/ojs2/index.php/cej/article/viewFile/701/881>. Acesso em: 9 jul. 2012.

RAMOS, André de Carvalho. *Direitos humanos em juízo*. São Paulo: Max Limonad, 2001.

RECHSTEINER, Beat Walter. *Direito internacional privado*: teoria e prática. São Paulo: Saraiva, 2003.

REALE, Miguel. *Fontes e modelos do direito*: para um novo paradigma hermenêutico. São Paulo: Saraiva, 1999.

REZEK, J. F. *Direito internacional público*. 2. ed. São Paulo: Saraiva, 1991.

TIBÚRCIO, Carmen. *Temas de direito internacional*. As cartas rogatórias executórias no direito brasileiro no âmbito do MERCOSUL: jurisprudência recente. Rio de Janeiro: Renovar, 2006.

VÁZQUEZ, Modesto Seara. Globalización e interdependência. In: Liber Amicorum, Héctor Fix-Zamudio. *Corte Interamericana de Derechos Humanos*. Apresentado por César Gaviria. San José, Costa Rica: Corte Interamericana de Derechos Humanos, Unión Europea, 1998. v. 2.

O SUPREMO TRIBUNAL FEDERAL E A EFICÁCIA VINCULANTE DE SUAS DECISÕES

8

Denise Maria Rodríguez Moraes

Sumário: 1. Introdução – 2. O respeito aos precedentes judiciais como inerente aos sistemas jurídicos anglo-americano e continental-europeu: 2.1. Os sistemas anglo-americano e continental-europeu como tradicionalmente concebidos; 2.2. A evolução dos sistemas por meio de uma interpenetração; 2.3. As supremas cortes nos sistemas anglo-americano e continental-europeu e a força atribuída aos seus precedentes; 2.4. O Supremo Tribunal Federal e a eficácia vinculante de suas decisões – 3. Técnica de julgamento com base em precedentes: 3.1. Definição de precedente judicial; 3.2. Efeitos dos precedentes; 3.3. Princípios que informam a teoria da vinculação dos precedentes judiciais – 4. Métodos de superação de um precedente vinculante: 4.1. *Reversing*; 4.2. *Overruling*; 4.3. *Overriding* – 5. Método distintivo: afastamento de um precedente vinculante – *Distinguishing* – 6. Consequências do descumprimento dos precedentes judiciais vinculantes – 7. Principais críticas à teoria da vinculação dos precedentes judiciais: 7.1. Violação ao princípio da separação dos poderes; 7.2. Violação do princípio da independência dos juízes – 8. Conclusão – 9. Referências bibliográficas.

1. INTRODUÇÃO

A análise dos dados fornecidos por uma pesquisa realizada pelo Conselho Nacional de Justiça aponta a taxa de congestionamento das demandas judiciais, em primeiro grau, de 79,92% (setenta e nove inteiros e noventa e dois centésimos por cento) na Justiça Estadual, e de 75,69% (setenta e cinco inteiros e sessenta e nove centésimos por cento) na Justiça Federal, no ano de 2006.[1] A comparação dos dados demonstra que essa taxa de congestionamento, que já se encontra em nível alarmante, vem aumentando a cada ano, sendo certa a falência do Poder Judiciário se não forem encontradas medidas processuais capazes de reduzi-la.[2]

Atribui-se a responsabilidade pela solução do problema aos juristas pelo fato de já ter sido considerado inviável o simples aumento do número de juízes com o intuito de aumentar progressivamente a quantidade de julgamentos, sendo necessário o aprimoramento da técnica processual a fim de conferir celeridade à tramitação dos processos.[3] Aliás, estudo mais aprofundado da crise demonstra que o aumento progressivo do número de juízes, além de não ser suficiente, contribui negativamente com a sua solução,[4] na medida em que não apenas importa um elevado gasto com a estrutura que os acompanha, sacrificando outros setores da economia, como pode contribuir, se não acompanhado do aprimoramento da técnica processual, com o aumento de julgados díspares, fator diretamente relacionado ao congestionamento do Poder Judiciário, por implicar intensa recorribilidade.

É importante lembrar que, seguindo a interpretação tradicional do ordenamento jurídico, os juízes, salvo raras exceções, são livres para decidir de acordo

---

[1] Percentual obtido em pesquisa realizada pelo Doutor Samuel Meira Brasil Jr., dividindo-se o número de decisões extintivas do processo pela soma do número de processos novos e que aguardavam julgamento, em: *Precedentes vinculantes e jurisprudência dominante na solução das controvérsias*. 2010. 241 f. Tese (Doutorado em Direito Processual) – Faculdade de Direito da Universidade de São Paulo, São Paulo, 2010. p. 1-4.

[2] Recomenda-se o conhecimento dos dados alarmantes trazidos pelo professor Cândido Dinamarco no primeiro volume de sua obra DINAMARCO, Cândido Rangel. *Fundamentos do processo civil moderno*. 6. ed. São Paulo: Malheiros, 2010. t. I, p. 213-216.

[3] Após analisar os dados estatísticos obtidos pelo Conselho Nacional de Justiça, o professor Samuel Meira Brasil Jr. destaca: "Esses dados alertam para uma preocupante característica. Se a carga de trabalho e a taxa de congestionamento aumentaram, apesar do aumento do número de juízes, então deve ser buscada uma solução, antes que a situação agrave ainda mais a prestação jurisdicional. Ampliar indefinidamente o número de juízes (e desembargadores e ministros) não é uma solução viável, seja pela limitação de recursos financeiros, seja pela possibilidade de medidas alternativas que asseguram resultados quiçá equivalentes ou mais eficientes" (cf. BRASIL JR., Samuel Meira. *Precedentes Judiciais...*, p. 3-4).

[4] Nesse sentido também se posiciona um de nossos maiores processualistas: "O quadro de juízes é também manifestamente insuficiente, embora se reconheça que a simples ampliação, visando a equiparar o Brasil a outros países no que se refere à relação juiz/quantidade de processos, além de inviável, pode trazer consequências indesejadas. Giovanni Verdi estabelece relação entre o crescimento do número de demandas, decorrente da maior complexidade do mundo moderno, e o aumento dos problemas verificados no processo, especialmente no que se refere ao tempo, o que acaba comprometendo a ideia de *giusto processo*. Mas não considera adequado aumentar o número de juízes e de toda a estrutura que os acompanha, tendo em vista o alto custo desse investimento, com o consequente sacrifício de outros setores da economia" (BEDAQUE, José Roberto dos Santos. *Efetividade do processo e técnica processual*. 3. ed. São Paulo: Malheiros, 2010. p. 21).

Cap. 8 – O SUPREMO TRIBUNAL FEDERAL E A EFICÁCIA VINCULANTE DE SUAS DECISÕES

com a sua interpretação do texto legal, ainda que em contrariedade com o entendimento dos tribunais que lhe são superiores. Significa que é possível – e comum – a atribuição de resultados diversos a demandas idênticas pelo simples fato de estas terem sido distribuídas à apreciação de juízes que interpretam de forma distinta o mesmo dispositivo de lei.

Inegavelmente isso gera uma profunda insegurança, pois o jurisdicionado, ao adotar uma conduta ou ao ingressar em juízo, não tem como previsível o resultado final do processo. E mais, aceitar que o princípio da independência do juiz se sobreponha aos princípios da isonomia e da segurança, admitindo a coexistência de decisões divergentes sobre demandas semelhantes ou, até mesmo, idênticas, não apenas legitima a insegurança como contribui positivamente com a sobrecarga de recursos nas instâncias superiores e, consequentemente, com a morosidade processual.[5]

Ademais, já foi constatado que a maior parte dos processos que tramitam nos órgãos judiciários trata de questões que já foram apreciadas pelos tribunais superiores,[6] não havendo necessidade de aumentar o número de juízes para julgá-las se for reconhecida a obrigatoriedade do respeito aos precedentes já firmados.[7]

É inconcebível que um ordenamento jurídico seja tão inseguro a ponto de permitir que demandas idênticas, ajuizadas em uma mesma data, tenham, em

---

[5] Conforme demonstra um dos autores que participaram do mais amplo e profundo estudo comparado realizado sobre os precedentes judiciais, "That is, it is legal error not to follow upper court precedent and such failure will ordinarily be reversed on appeal" (cf. LUND, Aleksander Peczenik. The binding force of precedent. In: MACCORMICK, Donald Neil; SUMMERS, Robert S. (Org.). *Interpreting precedents*: a comparative study. England: Dartmouth Publishing Company Limited e Ashgate Publishing Limited, 1997. p. 461).

[6] "Uma constatação da comunidade jurídica aponta que o elevado número de processos decorre da existência de incontáveis causas repetitivas, em que os tribunais já se manifestaram a respeito. [...] Dentre as diversas técnicas processuais construídas para solucionar o problema da morosidade judicial, a que – segundo entendemos – poderá trazer uma resposta mais rápida e mais eficiente consiste na massificação do resultado do julgamento, através do efeito vinculante dos precedentes judiciais" (BRASIL JR., Samuel Meira. *Precedentes Judiciais...*, p. 4).

[7] Estudo semelhante foi realizado pelo desembargador federal Edgard Silveira Bueno Filho, publicado há quase duas décadas, no ano de 1995, afirmando, por meio de dados empíricos, que a falta de vinculação dos precedentes judiciais é um grande fator de atravancamento do Judiciário, senão vejamos: "Para conferir a veracidade desta afirmação basta ao leitor que assista a uma das sessões de julgamento de qualquer das Turmas do Tribunal Regional Federal da 3.ª Região ou de qualquer outra Corte Regional. Só a título exemplificativo destaco que dos recursos julgados na sessão de 14 de dezembro de 1994 a 4.ª Turma julgou 13% versando o Finsocial cuja inconstitucionalidade parcial já foi decidida pelo STF há anos, 18% versando o bloqueio dos cruzados novos na vigência do Plano Collor, 3,9% versando a inconstitucionalidade parcial do PIS, igualmente já resolvida de há muito pelo Supremo, 35,9% versando a devolução do empréstimo compulsório incidente sobre a aquisição de combustíveis ou veículos, num total de 70% dos casos" (cf. BUENO FILHO, Edgard Silveira. Precedentes no direito brasileiro. *Revista Trimestral de Direito Público*, São Paulo, n. 10, 1995, p. 175).

uma, o direito do autor reconhecido e, em outra, negado, simplesmente por terem sido distribuídas a juízes diferentes, com entendimentos diversos a respeito do tema. O posicionamento do Estado-juiz deve ser previsível aos jurisdicionados para que estes possam direcionar as suas condutas de acordo com o resultado jurídico atribuído a elas.[8]

E não há falar em admissibilidade de entendimentos diversos sobre objetos idênticos, sob o argumento de que nenhum prejuízo existirá se estes poderão ser revistos em grau de recurso, pois aceitar que as decisões serão reformadas reiteradamente significa legitimar a própria insegurança jurídica que se pretende combater com os recursos, cujos julgamentos, proferidos sempre em um mesmo sentido, pretendem unificar a jurisprudência.[9]

Conforme se nota, a crise de descrédito por que passa o Poder Judiciário decorre não apenas da morosidade como consequência de seu congestionamento, ocasionado pelo elevado número de demandas propostas e de processos em tramitação, como também da insegurança jurídica oriunda da falta de unicidade dos julgamentos, que permite a coexistência de resultados díspares em casos semelhantes ou até mesmo idênticos.

Intui-se que os julgamentos divergentes acarretam a interposição reiterada de recursos, que, somados às novas demandas submetidas à apreciação do Judiciário, provocam o congestionamento desse órgão, ocasionando, por consequência, a morosidade na prestação judicial e a intensificação da crise por que passa a Justiça.

---

[8] Marinoni, de forma sucinta, se posiciona no sentido de ser necessário o reconhecimento da unicidade do Poder Judiciário por meio do respeito aos precedentes: "Não apenas o juiz e o órgão judicial devem respeito ao que já fizeram, ou seja, às decisões que tomaram, mas também às decisões dos tribunais que lhes são superiores, claramente quando estes decidem conferindo interpretação a uma lei ou atribuindo qualificação jurídica a determinada situação. Trata-se de algo que além de advir da mera visualização da tarefa atribuída aos tribunais superiores, decorre da percepção da lógica do sistema de distribuição de justiça e da coerência que se impõe ao discurso do Poder Judiciário. Não há como ter estabilidade quando os juízes e tribunais ordinários não se veem como peças de um sistema, mas se enxergam como entes dotados de autonomia para decidir o que bem quiserem. A estabilidade das decisões, portanto, pressupõe uma visão e uma compreensão da globalidade do sistema de produção de decisões, o que, lamentavelmente, não ocorre no Brasil, onde ainda se pensa que o juiz tem poder para realizar a sua 'justiça' e não para colaborar com o exercício do dever estatal de prestar a adequada tutela jurisdicional, para o que é imprescindível a estabilidade das decisões" (MARINONI, Luiz Guilherme. A segurança jurídica como fundamento do respeito aos precedentes. *Revista do Instituto dos Advogados do Paraná*, Curitiba, n. 37, set. 2009, p. 62).

[9] "Naturalmente, os recursos interpostos... também acabam por veicular teses caracterizadas por uma certa homogeneidade, seja porque as razões trazidas pelos litigantes para justificar o acerto de suas posições são reiteradas em diversas manifestações da prática social, seja porque os pontos nos quais a parte vislumbra sucumbência em tais decisões no que tange à apreciação de matéria de direito tendem a se mostrar igualmente repetitivos" (REICHELT, Luis Alberto. A duração do processo, o julgamento do recurso extraordinário dotado de repercussão geral. *Revista de Processo*, São Paulo: RT, n. 193, mar. 2011. p. 137).

Cap. 8 – O SUPREMO TRIBUNAL FEDERAL E A EFICÁCIA VINCULANTE DE SUAS DECISÕES

Identificados os principais fatores geradores da crise, quais sejam, o aumento crescente da litigiosidade, a existência de julgamentos contraditórios, o grande número de recursos e a morosidade da prestação jurisdicional, faz-se necessário – e urgente – a busca de uma solução. Mostrando-se a restrição de acesso ao Poder Judiciário flagrantemente inconstitucional ante o disposto no inciso XXXV do art. 5.º da Constituição da República,[10] importa encontrar um meio de reduzir o número de demandas ajuizadas e de recursos interpostos, sem que haja restrição, em contrapartida, do direito fundamental à ação e à defesa do jurisdicionado.[11]

A simples diminuição das hipóteses de cabimento de determinados recursos apresenta-se insuficiente, pois não sendo possível restringir o direito de defesa das partes, estas poderão lançar mão do sucedâneo recursal mandado de segurança, a fim de submeter sua tese defensiva ao grau de jurisdição superior. Por outro lado, a denominada jurisprudência defensiva também não deve ser considerada como técnica processual hábil a solucionar a crise, uma vez que – a nosso ver – também viola o direito de defesa das partes.

A única técnica capaz de efetivamente controlar a crise, reduzindo-a a patamares ínfimos, sem a limitação de qualquer direito fundamental das partes, é a que trabalha a redução do número de demandas e de recursos por meio da vinculação dos precedentes judiciais. Isso porque se a decisão proferida pelos Tribunais Superiores vincular todos os órgãos do Poder Judiciário, que deverão proferir julgamentos no sentido indicado em todos os casos semelhantes, bem como o entendimento dos Tribunais de Justiça vincular os juízos de primeira instância a eles subordinados, o resultado do processo se tornará previsível ao jurisdicionado, que poderá obter, logo na primeira instância, ou no mais tardar na segunda, o trânsito em julgado de sua ação, diante da certeza de que a decisão proferida não será reformada, exatamente por estar em consonância com o entendimento consolidado nas instâncias superiores. Ademais, sendo conhecido o resultado dos julgamentos, muitos deixarão de ingressar em juízo na certeza de que irão sucumbir.

Cumpre destacar, ainda, outra contribuição da teoria da vinculação dos precedentes judiciais para a solução da crise: a extensão da vinculação dos precedentes das cortes superiores de justiça, quaisquer que sejam, à Administração Pública poderá provocar uma redução drástica no número de demandas propostas pelas Procuradorias, haja vista a notoriedade de sua insistência em ajuizar demandas sobre questões já consideradas inconstitucionais pelo Supremo Tribunal Federal,[12]

---

[10] Art. 5.º, XXXV, da CR. A lei não excluirá da apreciação do Poder Judiciário lesão ou ameaça a direito.

[11] Art. 5.º, LV, da CR. Aos litigantes, em processo judicial ou administrativo, e aos acusados em geral são assegurados o contraditório e ampla defesa, com os meios e recursos a ela inerentes.

[12] "[...] não são sequer necessárias muitas estatísticas para confirmar que o maior alimentador dos acervos judiciários de casos pendentes é o próprio Estado (Estado, em seus diversos níveis

conforme demonstram as estatísticas elaboradas pelo Conselho Nacional de Justiça, que indicam ser o próprio Estado o maior litigante habitual.[13]

Aceitar uma prestação judicial morosa, insegura e anti-isonômica é, em última análise, negar ao jurisdicionado o direito ao acesso à Justiça que lhe é assegurado pela Constituição da República[14] no rol dos direitos fundamentais. Passaremos, a seguir, a sustentar a aplicabilidade, *de lege lata*, da tese da vinculação dos precedentes judiciais no Brasil, como decorrência da sistematização do ordenamento jurídico.

2. O RESPEITO AOS PRECEDENTES JUDICIAIS COMO INERENTE AOS SISTEMAS JURÍDICOS ANGLO-AMERICANO E CONTINENTAL -EUROPEU

2.1. Os sistemas anglo-americano e continental-europeu como tradicionalmente concebidos

Ao se propor uma discussão acerca da possibilidade de se adotar a teoria da vinculação dos precedentes judiciais no Brasil, necessário se faz o conhecimento prévio dos dois grandes sistemas jurídicos utilizados no mundo ocidental: o anglo-americano, também denominado *common law*, e o continental-europeu, mais conhecido como *civil law*.

Em linhas gerais, o sistema do *common law*, adotado pela Inglaterra e pelos países de colonização inglesa, foi inicialmente concebido como a declaração, por meio do exercício da função jurisdicional, dos costumes locais, fossem eles comuns a todo o reino ou a apenas algumas de suas regiões. Os costumes eram

---

federativos). O Supremo Tribunal Federal não se cansa de pronunciar a inconstitucionalidade de uma série de exações fiscais da União, mas ela persevera em continuar a exigir, a demandar, a resistir, a recorrer até a última instância. Comportamento análogo tem a Fazenda do Estado de São Paulo, seja em temas tributários decididos e assentados, seja no tocante a pretensões de seus servidores. Assim também procede a Previdência Social. E os tribunais são chamados a repetir-se em julgados e mais julgados, mesmo muito tempo depois de estar pacificada ou mesmo uniformizada sua jurisprudência" (cf. DINAMARCO, Cândido Rangel. *Fundamentos do processo civil moderno* cit., p. 1125-1126).

[13] A distinção entre litigantes "eventuais" e "habituais", realizada por Galanter, considera como fator de diferenciação o número de demandas propostas pelo mesmo autor, ou seja, o número de vezes que este submete uma demanda à apreciação do Poder Judiciário. "Ele sugeriu que esta distinção corresponde, em larga escala, à que se verifica entre indivíduos que costumam ter contatos isolados e pouco frequentes com o sistema judicial e entidades desenvolvidas, com experiência judicial mais extensa" (CAPPELLETTI, Mauro; GARTH, Bryant. *Acesso à justiça*. Porto Alegre: Fabris, 1988. p. 25).

[14] "O "acesso" não é apenas um direito social fundamental, crescentemente reconhecido; ele é também, necessariamente, o ponto central da moderna processualística. Seu estudo pressupõe um alargamento e aprofundamento dos objetivos e métodos da moderna ciência jurídica" (Idem, p. 13).

Cap. 8 – O SUPREMO TRIBUNAL FEDERAL E A EFICÁCIA VINCULANTE DE SUAS DECISÕES

309

considerados, neste sistema, direito natural, fonte primordial do direito, não podendo contra eles advir nenhum estatuto, nenhuma lei escrita (*statute law*).[15]

Posteriormente, alguns juristas se opuseram a esta corrente de pensamento, afirmando que a natureza das decisões judiciais proferidas no âmbito do sistema do *common law* não era declaratória, mas constitutiva, sob o argumento de que o juiz, ao decidir, não declarava um direito preexistente na cultura popular, mas efetivamente o constituía, sendo a sua decisão a fonte primordial do direito (*law-making authority*).[16]

As teorias declaratória e constitutiva trabalham de forma diversa a vinculação do magistrado aos precedentes judiciais. Enquanto a primeira considera o respeito à tese jurídica firmada em um caso anterior apenas a reprodução do direito já declarado anteriormente – e que, por este motivo, deve ser proferida no mesmo sentido, a teoria constitutiva afirma que a vinculação somente pode existir se considerada, como seu antecedente lógico, a criação judicial do direito, haja vista que a natureza declaratória da decisão, por admitir um direito preexistente, permitiria que este pudesse ser interpretado de maneira diversa ou até mesmo contrária ao que foi decidido no caso anterior. Isso porque se a teoria declaratória afirma que a decisão judicial apenas declara o que é o direito e que o juiz, ao decidir, deve observar o direito, e não a declaração de seu significado, a decisão anterior não consistiria um direito a ser observado.[17]

Em que pese essa divergência doutrinária existente no direito inglês, a discussão a respeito da natureza da decisão judicial não afetará em nada o nosso estudo, haja vista que, a nosso ver, ambas se conciliam com o sistema de res-

---

[15] Corrente de pensamento firmada por William Blackstone.

[16] Críticas formuladas por Jeremy Bentham e John Austin.

[17] Apesar de essa assertiva ter sido aceita pela doutrina inglesa, entendemos que a vinculação do magistrado aos precedentes judiciais apresenta como fundamento lógico a disposição hierárquica do sistema de jurisdição, devendo ser observada independentemente da natureza atribuída à decisão judicial, se declaratória ou se constitutiva de direito. Qualquer que seja a posição assumida, será necessário observar os precedentes judiciais para atribuir consistência ao ordenamento jurídico. Com outros argumentos, o professor Marinoni também não considera a natureza constitutiva da decisão judicial como pressuposto lógico do respeito obrigatório aos precedentes, senão vejamos: "Contudo, a verdade é que a criação judicial do direito não constitui um pressuposto para o *stare decisis*. O respeito ao passado é traço peculiar à teoria declaratória, com a diferença de que o precedente, em vez de constituir, declara o direito costumeiro ou representa o próprio desenvolvimento dos costumes gerais, ou seja, o *common law*. Assim, ainda que se admitisse que a função judicial fosse meramente declaratória, nada poderia indicar que o juiz estivesse menos disposto a respeitar o passado. Por outro lado, mesmo que se aceitasse a criação judicial do direito, nada poderia assegurar que o juiz estaria obrigado a respeitar os precedentes. Deixe-se claro, desde logo, que tanto a teoria declaratória, quanto a constitutiva, foram obrigadas a admitir a revogação do precedente cujo conteúdo não pudesse ser reprisado sem gerar injustiça no caso concreto" (cf. MARINONI, Luiz Guilherme. *Precedentes obrigatórios*. São Paulo: RT, 2010. p. 27-28).

peito obrigatório aos precedentes, motivo pelo qual não nos posicionaremos a respeito, trazendo-as apenas a título informativo.

Importa destacar como ponto de mais alta relevância no estudo do *common law* que a regra da vinculação dos magistrados aos precedentes judiciais não data da origem do sistema, o que significa dizer que a regra do *stare decisis* – abreviação da expressão latina *stare decisis et non quieta movere*, que significa "mantenha-se a decisão e não se modifique os pontos decididos" – foi implantada anos após o seu surgimento, não sendo possível considerá-la elemento dele indissociável,[18] a ponto de se defender a impossibilidade de utilização dessa teoria em outro sistema jurídico.

Argumenta-se que a retirada da regra do *stare decisis* do sistema do *common law* o tornaria inconsistente a ponto de afastar sua característica mais marcante, qual seja, a segurança jurídica derivada da previsibilidade de seus julgamentos. Não questionamos essa afirmação, apenas destacamos que apesar de a consistência da prestação jurisdicional ser consequência da utilização dessa regra, esta não o compunha em suas origens, sendo perfeitamente possível pensar na teoria do *stare decisis* desvinculada da tradição *common law*, embora não seja possível imaginar, atualmente, o sistema desvencilhado dessa teoria.

Tanto é verdade que os países que adotam como fonte primordial do direito a norma escrita, a lei *lato senso*, não são considerados adeptos do sistema do *common law* pelo fato de respeitarem o sentido das decisões proferidas pela Corte Suprema, mas, ao invés, são considerados países de tradição *civil law* que apresentam um sistema jurídico consistente, como é o caso da Alemanha.[19-20]

---

[18] É o que esclarece o professor Marinoni como resultado de ampla pesquisa realizada na Universidade de Columbia: "Note-se, ademais, que o *stare decisis* somente se solidificou na Inglaterra no final do século XIX, muito tempo depois do aparecimento das doutrinas de Bentham e de Austin. [...] Ademais, não há que se confundir *common law* com *stare decisis*. Ora, o *common law*, compreendido como os costumes gerais que determinavam o comportamento dos *Englishmen*, existiu, por vários séculos, sem *stare decisis* e *rule of precedent*. Como escreve Simpson, qualquer identificação entre o sistema do *common law* e a doutrina dos precedentes, qualquer tentativa de explicar a natureza do *common law* em termos de *stare decisis*, certamente será insatisfatória, uma vez que a elaboração de regras e princípios regulando o uso dos precedentes e a determinação e aceitação da sua autoridade são relativamente recentes, para não se falar da noção de precedentes vinculantes (*binding precedents*), que é mais recente ainda. Além de o *common law* ter nascido séculos antes de alguém se preocupar com tais questões, ele funcionou muito bem como sistema de direito sem os fundamentos e conceitos próprios da teoria dos precedentes, como, por exemplo, o conceito de *ratio decidendi* (cf. MARINONI, Luiz Guilherme. *Precedentes obrigatórios* cit., p. 32-33).

[19] O professor Ángel Oquendo, em palestra apresentada para o curso de pós-graduação *stricto senso* em Direito, na Universidade do Estado do Rio de Janeiro, comentou, em tom jocoso, o ocorrido em uma de suas aulas ministradas na pós-graduação da Universidade de Connecticut, em que estavam presentes alguns alunos alemães. Afirmou o professor que, após descrever a resistência dos países latino-americanos em adotar a doutrina do *stare decisis*, indagou aos alemães sobre a existência de alguma discussão a respeito em seu país, de tradição *civil law*, tendo os alunos respondido que apesar de não existir nenhuma regra escrita impondo o respeito aos precedentes na Alemanha, os magistrados naturalmente os respeitam, não sendo concebível em seu país

Cap. 8 – O SUPREMO TRIBUNAL FEDERAL E A EFICÁCIA VINCULANTE DE SUAS DECISÕES

Outra característica distintiva entre os sistemas de tradição *common law* e de tradição *civil law* diz respeito à possibilidade de criação do direito pelo órgão judiciário. No sistema anglo-americano prevaleceu a teoria constitutiva do direito, segundo a qual o magistrado, ao decidir, não apenas declarava o direito preexistente, o direito costumeiro, mas, sobretudo, criava o direito atribuindo-o à parte que demonstrasse ter razão.

A permissão ao órgão judiciário para criar o direito, para exercer atividade normativa, não foi afastada na Revolução Inglesa. Os poderes Legislativo e Judiciário se uniram na luta contra o absolutismo do rei e, permanecendo ao lado dos cidadãos, impuseram à Monarquia o respeito aos direitos e às liberdades tradicionais dos ingleses. Tendo os poderes permanecido unidos e ao lado do povo, não houve a necessidade de se afirmar a supremacia do Parlamento sobre os magistrados e tampouco a exclusividade da edição de normas ao Legislativo, até mesmo porque a Revolução não teve por objetivo a elaboração de um novo direito, mas, ao contrário, buscou a imposição do direito natural, costumeiro, contra os abusos do rei.[21]

Situação diversa ocorreu na Revolução Francesa, em que a burguesia combateu o direito abusivo ditado pelo rei, forçando o Parlamento a assumir, sozinho, o poder normativo. A França, país de tradição *civil law*, não considerava os costumes como fonte primordial de seu direito, sendo este considerado aquele ditado pelo soberano segundo seus interesses e suas convicções.

Ao combater o abuso do poder, a Revolução impôs uma nova ordem por meio da formulação de novas leis escritas por uma assembleia, leis que deveriam ser detalhadas o suficiente para não permitir qualquer margem de interpretação aos juízes, que deveriam aplicá-las tal como estivessem escritas, em sua literalidade, de modo a afastar o risco de qualquer distorção aos ideais consagrados.[22]

---

que um juízo de primeiro ou segundo grau julgue determinada questão em sentido contrário ao que foi decidido pela Suprema Corte ou por órgão que lhe seja hierarquicamente superior.

[20] Aliás, esta percepção também consta em estudo de direito comparado sobre a vinculação dos precedentes, conforme o original: "... in practise even an isolated decision of the Bundesgerichtshof in Germany enjoys the greatest respect, and it is very rare and not at all typical for a judge openly to deviate from such a decision" (cf. Zweigert, *Stare decisis...*, p. 157).

[21] Cf. MARINONI, Luiz Guilherme. *Precedentes obrigatórios* cit., p. 46-47. Ademais, como bem demonstra o autor, após detalhada exposição sobre o tema, "ao contrário do que sugere Cappelletti, é certo que o princípio da *supremacy of the English parliament* não teve a menor intenção de submeter o juiz ao Parlamento ou mesmo o objetivo de impedir o juiz de afirmar o *common law* – se fosse o caso, contra a própria lei. Este princípio, ao contrário do que parece sugerir Cappelletti, teve a intenção de passar a noção de supremacia do direito sobre o monarca e não o propósito de significar onipotência da lei ou absolutismo do Parlamento".

[22] "Antes da Revolução Francesa, os membros do judiciário francês constituíam classe aristocrática não apenas sem qualquer compromisso com os valores da igualdade, da fraternidade e da liberdade – mantinham laços visíveis e espúrios com outras classes privilegiadas, especialmente com a aristocracia feudal, em cujo nome atuavam sob as togas. Nesta época, os cargos judiciais

Direito era considerado tão somente aquilo que estivesse escrito nos diplomas expedidos pelo Parlamento e somente por ele poderia ser interpretado, devendo existir um verdadeiro distanciamento entre as funções legiferante e julgadora. A atividade jurisdicional deveria se restringir à identificação da norma aplicável à solução do litígio, à simples subsunção do caso apresentado à regra posta, sendo qualquer tentativa de interpretação nulificada pela *Cour de Cassation*.[23]

O direito positivado pela assembleia soberana pós-revolucionária rompeu com as tradições do passado e com os costumes do *Ancien Régime*, substituindo o *ius commune* por um direito nacional. A fonte primordial do direito, conforme dito, passou a ser o texto escrito, a lei, relegando à jurisprudência, aos costumes e ao direito natural importância secundária.

Desse modo, o sistema anglo-americano, de tradição *common law*, não se distingue do sistema continental-europeu, de tradição *civil law*, por assumir, hodiernamente, a doutrina do *stare decisis* como indissociável de seu sistema, mas por considerar os costumes de seu povo direito natural e superior a qualquer diploma normativo expedido pelo Parlamento; ao contrário do que ocorre nos países de tradição *civil law*, que considera a norma posta como a única fonte primária do direito, ainda que nos dias atuais exerça o controle de legalidade pelo embate da lei com a Constituição, que nada mais é do que outro diploma normativo a que se atribui grau máximo de hierarquia. O sistema continental-europeu, em outras palavras, não admite a existência de um direito superior ao direito posto, positivado, enquanto o sistema anglo-americano funda suas raízes justamente na existência de um direito natural, costumeiro, capaz de retirar qualquer validade dos atos de poder que lhe sejam contrários.[24]

---

eram comprados e herdados, o que fazia supor que o cargo de magistrado deveria ser usufruído como uma propriedade particular, capaz de render frutos pessoais" (cf. MARINONI, Luiz Guilherme. *Precedentes obrigatórios* cit., p. 52).

[23] Órgão originariamente despido de função jurisdicional, criado em 1790 junto ao *Code Napoleon*, para cassar as decisões dos juízes que de alguma forma interpretassem a lei posta. As hipóteses de omissão, obscuridade ou dubiedade legislativa deveriam ser submetidas à "interpretação autorizada" do Parlamento.

[24] E nem mesmo o fato de se admitir no sistema anglo-americano a criação judicial do direito em contraposição ao sistema Continental-Europeu, que tradicionalmente considera o juiz mera *bouche de la loi*, pode ser tido como parâmetro de comparação. Nesse sentido, conforme bem expõe o professor Marinoni, "para distinguir os sistemas, mesmo em suas origens, não basta falar que em um o juiz cria o direito e no outro declara a lei, sendo imprescindível compreender que somente no *common law* o juiz mereceu confiança e espaço na esfera de poder e que a afirmação de que o 'juiz cria o direito' constitui um *slogan* de uma das vertentes doutrinárias que se apresentaram neste sistema jurídico. Aliás, no que diz respeito a este último ponto, é bom rememorar que, no *common law*, ainda se discute a respeito da natureza da jurisdição, se declaratória ou constitutiva. Tal questão foi objeto de recente e importante debate entre Herbert Hart – que sustenta o papel criativo da jurisdição – e Ronald Dworkin – que o nega" (cf. MARINONI, Luiz Guilherme. *Precedentes obrigatórios* cit., p. 52).

Cap. 8 – O SUPREMO TRIBUNAL FEDERAL E A EFICÁCIA VINCULANTE DE SUAS DECISÕES

2.2. A evolução dos sistemas por meio de uma interpenetração

Tecidas essas diferenças clássicas entre os dois sistemas jurídicos, sobretudo a de que nos países da Europa continental a fonte primária do direito consistia na lei escrita, que se sobrepunha aos precedentes emanados dos órgãos judiciários, e a de que nos países anglo-americanos a fonte primária consistia nos costumes afirmados pelas decisões judiciais, consideradas essas normas abstratas, passamos a algumas considerações sobre o direito brasileiro.

O Brasil, país de colonização portuguesa, sofreu influência dos países da Europa continental na elaboração de seu ordenamento jurídico, tendo considerado desde os seus primórdios a lei escrita como a fonte primária de seu direito e relegado a jurisprudência a papel secundário, de superação de lacunas e omissão legislativa, podendo, no máximo, ser utilizada como elemento argumentativo na resolução de controvérsias. Não podemos negar, porém, que nosso país sempre sofreu influência externa de outros países, principalmente dos Estados Unidos da América, incorporando em seu ordenamento figuras que se originaram na tradição *common law*, a exemplo da ação de mandado de segurança, das ações coletivas e do controle de constitucionalidade difuso.

Uma prova cabal e interessante de que a influência da tradição *common law*, especificamente no que tange à força dos precedentes judiciais, não é nova no Brasil, é encontrada na referência explícita ao direito norte-americano existente no decreto que organizou a justiça federal em nosso país, vigente até o ano de 1991, senão vejamos:

> Decreto n. 848/1890, Art. 386: Constituirão legislação subsidiária em casos omissos as antigas leis do processo criminal, civil e comercial, não sendo contrárias às disposições e espírito do presente decreto. Os estatutos dos povos cultos e especialmente os que regem as relações jurídicas na República dos Estados Unidos da América do Norte, os casos de *common law* e *equity*, serão também subsidiários da jurisprudência e processo federal.[25]

Importa destacar também as conclusões obtidas por um grupo de pesquisadores que procederam ao mais amplo e aprofundado estudo de direito comparado[26] sobre a questão dos precedentes judiciais: É inegável a evolução de ambos os sistemas no sentido de uma convergência entre eles.[27] Os precedentes

---

[25] Cf. BRASIL JR., Samuel Meira. *Precedentes vinculantes e jurisprudência dominante na solução das controvérsias* cit., p. 11.

[26] Cf. MACCORMICK, Donald Neil; SUMMERS, Robert S. (Org.). *Interpreting precedents*: a comparative study cit.

[27] É exatamente esta a conclusão a que chegam os estudiosos do tema: "Mas a verdade é esta: o Brasil caminha (em boa hora!) para uma valorização maior dos precedentes judiciais. Ademais, o trabalho digno de referência do grupo de pesquisadores 'Bielefelder Kreis' demonstrou que a

judiciais assumem cada vez mais importância nos países de tradição *civil law*,[28] que passam a reconhecer certa eficácia normativa nos julgados dos tribunais, enquanto os países de tradição *common law* passam a normatizar, por meio de lei, questões consideradas polêmicas, a fim de limitar a atuação dos juízes nessas matérias.

---

dúvida sobre a força dos precedentes nos sistemas civilistas (*civil law systems*) não é fundada e que eles representam um importante papel mesmo nos sistemas codificados. Demonstrou, ainda, que a tendência do século XX consiste na convergência entre os dois sistemas. Essa modificação na força dos precedentes, portanto, não significa apenas a migração de nosso sistema jurídico para o do *common law*. Segundo se observa, alguns países de tradição anglo-saxônica estão fazendo o caminho inverso, com a utilização de leis (*statutes*) para regular matérias com grande polêmica judicial. Exemplo disso encontramos nos Estados Unidos da América, que editou o *Class Action Fairness Act (CAFA)* em 2005. A tendência consiste, então, na 'miscigenação' dos modelos, produzindo sistemas mistos. Nessa linha, não há óbice algum na utilização da experiência jurídica alheia e na adoção das técnicas que têm apresentado resultado favorável. Esse fenômeno é, em verdade, apenas o resultado de uma globalização e da interação gradual dos sistemas jurídicos" (cf. BRASIL JR., Samuel Meira. *Precedentes vinculantes e jurisprudência dominante na solução das controvérsias* cit., p. 12-13).

[28] "... a concepção dogmática de que o direito se restringe ao produto do legislativo, ancorada na ideologia da Revolução Francesa e no dogma da estrita separação dos poderes, não sobreviveu aos fatos históricos, à conformação diversificada dos sistemas jurídicos dos vários países do *civil law* e, sobretudo, ao advento do constitucionalismo. Anote-se que John Henry Merrymann, um dos maiores comparatistas estadunidenses, admitindo que o constitucionalismo fez surgir uma nova fonte de direito no *civil law*, adverte que, na aceitação de que o juiz pode decidir sobre a invalidade de uma lei por estar em conflito com a Constituição, quebra-se o dogma da separação estrita entre o Poder Legislativo e o Poder Judiciário e, desta forma, abre-se oportunidade para se dizer que o juiz do *civil law* também cria o direito" (cf. MARINONI, Luiz Guilherme. *Precedentes obrigatórios* cit., p. 41-42). A própria França, no início do período pós-revolucionário, percebeu que a total separação entre os Poderes Legislativo e Judiciário não era adequada. Prova disso foi a conversão da *Cour de Cassation*, originariamente pertencente ao Poder Legislativo, para cassar as decisões judiciais que procedessem à interpretação da lei em casos de omissão, obscuridade ou dubiedade legislativa, no órgão de cúpula do Poder Judiciário da época, tendo sido revestida de caráter jurisdicional. É o que expõe, com propriedade, o professor: "O tempo fez sentir que o momento para afirmar como a lei *não* deveria ser interpretada também seria oportuno para afirmar como a lei deveria ser interpretada. Ou seja, a história mostra que a Cassação, de órgão destinado a simplesmente anular a interpretação errada, passou a órgão de definição da interpretação correta. Tal evolução igualmente obrigou à mutação da feição de órgão estatal, que assumiu a natureza jurisdicional, de órgão incumbido de participar do processo de produção de decisões judiciais. Ademais, a Corte de Cassação não apenas adquiriu o semblante de órgão jurisdicional, como passou a constituir o tribunal de cúpula do sistema, sobrepondo-se aos tribunais ordinários. A sua função se tornou a de ditar e assegurar a interpretação correta da lei, evitando que os tribunais inferiores consolidassem interpretações equivocadas. Conclui, com base nos escritos de Paolo Grossi, que "é surpreendente que a cultura jurídica do *civil law* não tenha se dado conta de que tal mutação não poderia permitir a manutenção dos dogmas – que deitam raízes na Revolução Francesa – de que a lei constitui a segurança de que o cidadão precisa para viver em liberdade e em igualdade e de que o juiz apenas atua a vontade da lei" (cf. MARINONI, Luiz Guilherme. *Precedentes obrigatórios* cit., p. 61-62).

2.3. As supremas cortes nos sistemas anglo-americano e continental-europeu e a força atribuída aos seus precedentes

Importa destacar também, ao trabalhar a teoria da vinculação dos precedentes judiciais, duas diferenças consideráveis entre as cortes supremas de justiça nos sistemas anglo-americano e continental-europeu, sendo uma referente à sua composição e outra relativa aos casos que são submetidos a seu julgamento.

Afirma-se que as cortes supremas de países que seguem a tradição *common law* são compostas por um número reduzido de juízes, que participam, em regra, de todos os julgamentos, enquanto em países de tradição *civil law* as supremas cortes geralmente são ocupadas por dezenas ou centenas de magistrados, que se dividem em turmas ou câmaras especializadas em determinados assuntos, de modo que apenas parte desses juízes participa de cada sessão de julgamento, não atuando a integralidade da corte, portanto, em todos os processos.[29]

O ponto é relevante porque atribuir caráter vinculante aos precedentes dessas cortes significa revesti-los de força de lei, passando a decisão a ser válida não apenas para as partes integrantes do processo em julgamento – eficácia *inter partes* –, mas estendendo os seus efeitos a todos os casos subsequentes que lhe forem idênticos, semelhantes ou análogos, devendo a tese jurídica firmada naquele caso concreto, portanto, ser observada por todos os órgãos judiciários e por toda a Administração Pública, nas situações idênticas ou semelhantes que lhe sucederem.

A legitimidade da vinculação estaria diretamente relacionada ao fato de a decisão ter sido proferida mediante a participação de todos os magistrados integrantes da corte de mais alta instância do país, ou seja, pelo grupo de juízes responsável por dar a última palavra ao caso submetido à jurisdição.[30]

---

[29] "As to the size, the range goes from one-panel Courts composed of a few judges, as for instance the US Supreme Court with its nine members, and the New York Court of Appeals with its seven members, to huge courts including several hundred judges sitting in many panels, as for instance, in the Italian Corte di Cassazione. Most courts of countries belonging to the civil law world, such as Spain, France, Sweden, Finland and Poland, are composed of numerous judges. They are usually divided into panels dealing with different matters such as civil or criminal cases (and sometimes also labour and administrative cases)" (cf. TARUFFO, Michele. Institutional factors influencing precedents. In: MACCORMICK, Donald Neil; SUMMERS, Robert S. (Org.). *Interpreting precedents*: a comparative study. cit., p. 447).

[30] A legitimação deriva do fato de o precedente exarado da Suprema Corte determinar o que a Constituição ou a lei significa, a maneira como os fatos devem ser interpretados de acordo com os postulados da Lei Maior, conforme sintetiza Charles Cole em excelente artigo sobre o tema: "Em essência, um precedente da Suprema Corte durante a vida de tal precedente é 'lei' porque o precedente determina o que a Constituição significa dentro da esfera de competência em que ela é considerada, federal ou estadual, até que a Corte de última instância do sistema judiciário em questão mude o precedente" (cf. COLE, Charles D. *Stare decisis* na cultura jurídica dos Estados Unidos. O sistema de precedente vinculante do *common law*. *Revista dos Tribunais*, São Paulo: RT, n. 752, p. 13, jun. 1998).

As cortes supremas dos países de tradição *common law*, bem como as cortes constitucionais nos países de tradição *civil law*, geralmente são compostas por membros que ali permanecem por um razoável período de tempo, como garantia de que o entendimento exarado em suas decisões permanecerá constante, uma vez obtido em concordância com o mesmo grupo de juízes ou, ao menos, com a maior parte dele. Tutela-se a estabilidade de suas decisões, ainda que o efeito vinculante não atinja os membros da própria corte, ressalvando-se a necessidade de revisão da jurisprudência em casos excepcionais.[31]

De outro lado, importa destacar que, para garantir a legitimidade da eficácia vinculante das decisões proferidas pelas supremas cortes, não são todos os casos submetidos a julgamento que devem ser apreciados por elas, devendo as instâncias máximas se dedicarem apenas à apreciação de casos de relevância nacional, preocupando-se em enfrentar, com tempo, todas as questões suscitadas em seus aspectos econômicos, políticos, sociais e jurídicos, diante da importância do impacto que a decisão causará em todos os casos subsequentes.[32]

---

[31] É o que expõe a doutrina autorizada, em contribuição ao maior estudo de direito comparado já realizado sobre o tema: "The format of compact and small supreme courts, existing for instance in US and EC Courts, and in some constitutional Courts, is extremelly important from the point of view of precedent. These Courts usually do not divide into panels and chambers; the whole court decides all the cases. In some instances, the court itself has chosen the cases for decision. This means that, within a reasonable period of time (depending on the turnover of judges), all decisions are referable to the same group of people, or at least to a relatively stable group of people inside the court. Then the choice, atitudes and orientations of the court are referable to these people. Correspondingly, the 'source' of precedents is a relatively compact, stable and identifiable group of judges. This means that judgments delivered by such Courts may be relatively coherent and consistent" (TARUFFO, Michele. Institutional factors influencing precedents. In: MACCORMICK, Donald Neil; SUMMERS, Robert S. (Org.). *Interpreting precedents*: a comparative study cit., p. 447).

[32] "It is rather clear, in fact, that the 'decision to decide' a case may be influenced by the choice (albeit implicit) of establishing a precedent. At least the decision not to decide a case is clearly based on the choice not to set a precedent on that matter [...] When a court selects a case for decision, a good reason for doing it may be the opportunity to set forth a new precedent, to overrule an old one or to solve a conflict or overcome an inconsistency among precedents. This may not be the only reason for the selection, but it may often be a suficiente reason to 'decide to decide' a case. At least, it may often be a good concurring reason for such a decision. On the other hand, a judgment concerning a case that has been selected by a supreme Court because of the importance of the legal issues involved will probably be referred to by later decisions concerning such issues. Precedents and selection of cases may then be connected in a double way: the opportunity to establish a precedent may justify the selection of a case for decision; a decision of a case selected because of its importance will probably become a precedent" (cf. TARUFFO, Michele. Institutional factors influencing precedents. In: MACCORMICK, Donald Neil; SUMMERS, Robert S. (Org.). *Interpreting precedents*: a comparative study cit., p. 444-446).

2.4. O Supremo Tribunal Federal e a eficácia vinculante de suas decisões

Fazendo-se um paralelo com o Brasil, temos, como órgão de cúpula do Poder Judiciário, o Supremo Tribunal Federal, composto por onze ministros vitalícios que permanecem atuantes no órgão até completarem a idade de setenta anos, quando são aposentados compulsoriamente.

Apesar de o Supremo Tribunal Federal não ser tido exclusivamente como Corte Constitucional, atuando também no julgamento de recursos, apresenta composição reduzida, de modo que todos os ministros participam do julgamento das questões ainda não apreciadas pela Corte – e, portanto, sobre as quais ainda não tenha sido formado um precedente. São excepcionados os julgamentos realizados individualmente pelo ministro-relator quando, atuando na qualidade de última instância recursal (recurso ordinário) ou instância excepcional (recurso extraordinário), a Corte já houver sedimentado o seu entendimento sobre a tese jurídica ventilada, ou, ainda, quando se fizer necessária, diante da extrema urgência apresentada pela questão, a apreciação de pedidos liminares que não suportem o decurso do tempo necessário à introdução do caso à pauta do Plenário.

A composição da Suprema Corte também é, nos moldes dos órgãos de cúpula dos países de tradição *common law* e das cortes constitucionais de justiça, estável. Conforme dito, os ministros permanecem atuantes no órgão até o momento em que são aposentados compulsoriamente, aos setenta anos, fazendo com que a permanência do mesmo grupo de juízes assegure, ao menos teoricamente, a estabilidade da jurisprudência da Corte.

No que concerne à seleção das ações e dos recursos que serão submetidos a julgamento, atualmente a Suprema Corte do país tampouco aprecia, como instância excepcional, todos os recursos que envolvem matéria de sua competência, mas os escolhe, julgando apenas os que, em sua concepção, comprovadamente veicularem matéria de repercussão geral.[33] Criou-se, por meio da Lei 11.418, de 2006, um filtro para que o órgão de cúpula pudesse se dedicar apenas à apreciação de questões relevantes do ponto de vista econômico, político, social ou jurídico, que sejam de interesse de toda a sociedade, de modo a conferir unidade ao direito,[34] podendo-se afirmar a existência de certa discricionariedade

---

[33] Art. 543-A do CPC.

[34] "A função do instituto da repercussão geral é permitir a seleção dos recursos que devem ser conhecidos pelo Supremo Tribunal Federal, permitindo-lhe, assim, o desempenho da missão de outorga de unidade ao direito mediante a compreensão da Constituição. Trata-se de busca de unidade prospectiva e retrospectiva – na última hipótese a compatibilização das decisões judiciais e, na primeira, o desenvolvimento do direito de maneira constitucionalmente adequada aos novos problemas sociais" (cf. MARINONI, Luiz Guilherme. *Precedentes obrigatórios* cit., p. 471).

na escolha dos casos a serem julgados, aproximando as suas funções às de uma corte exclusivamente constitucional.[35]

Apesar de não existir na Constituição Federal ou no Código de Processo Civil texto expresso, ao menos com a clarividência que a importância da regra exige, é possível afirmar, de *lege lata*, conforme demonstraremos a seguir, que todos os julgamentos proferidos pelo Supremo Tribunal Federal possuem caráter vinculativo às demais instâncias judiciárias e à Administração Pública.

2.4.1. Atuação do Supremo Tribunal Federal como Corte Constitucional

O Supremo Tribunal Federal, na qualidade de Corte Constitucional, julga, em sede de controle concentrado, as ações diretas de inconstitucionalidade, as ações declaratórias de constitucionalidade e as arguições diretas de preceito fundamental, e em sede de controle difuso, os recursos extraordinários.

2.4.2. A eficácia vinculante decorrente do controle concentrado

Os julgamentos das ações diretas de inconstitucionalidade, das ações declaratórias de constitucionalidade e das arguições diretas de preceito fundamental, por disposição expressa, são revestidos de caráter vinculante e eficácia *erga omnes*,[36] não havendo discussão acerca da extensão de seus efeitos a todos aqueles que se encontram em situação jurídica que implique a incidência da lei apreciada e tampouco da obrigatoriedade de respeito à tese jurídica firmada na decisão por todos os órgãos do Poder Judiciário e da Administração Pública.[37]

---

[35] A comparação com o procedimento realizado pelas cortes estrangeiras também é apontada pelo professor Luiz Guilherme Marinoni: "Além da clássica prática da *Supreme Court* estadunidense do *writ of certiorari* (Regra 10 da Suprema Corte dos Estados Unidos), conhecido, em suma, apenas nos casos de '*sufficient public importance*', muitos outros países praticam semelhante sistema de seleção de causas para exame pelas Cortes Supremas. No direito alemão, admite-se o acesso ao Supremo Tribunal, em recurso de revisão, quando a causa decidida ostentar uma 'significação fundamental'. No direito argentino, a Corte Suprema não pode conhecer de recurso extraordinário '*por falta de agravio federal suficiente o cuando las cuestiones planteadas resultarem insustanciales o carentes de trascendencia*' (art. 280 do *Código Procesal Civil y Comercial de la Nación Argentina*). Em todos esses casos a mesma razão se encontra presente: velar pela unidade do direito através do exame de casos significativos para a ótima realização dos fins do Estado Constitucional, sem sobrecarregar o Supremo Tribunal com o exame de casos sem relevância e transcendência" (cf. *Precedentes obrigatórios* cit., p. 471).

[36] Art. 102, § 2.º, da CR; art. 28, parágrafo único, da Lei 9.868/1999; e art. 9.º, § 3.º, da Lei 9.882/1999.

[37] "No controle concentrado, as discussões se centram, hoje, no alcance objetivo dos efeitos vinculantes, debatendo-se, basicamente, se estes se restringem ao dispositivo da decisão ou se se estendem a seus motivos determinantes, fenômeno este designado '*eficácia transcendente da fundamentação*'. Não adentraremos, neste momento, nesta discussão, pois ela coincide com a delimitação da *ratio decidendi*, que será exposta em tópico próprio. Adiantamos, porém, que

Cap. 8 – O SUPREMO TRIBUNAL FEDERAL E A EFICÁCIA VINCULANTE DE SUAS DECISÕES

2.4.3. A eficácia vinculante decorrente do controle difuso

Em controle difuso, o Supremo Tribunal Federal julga os recursos extraordinários, que levam ao conhecimento da Suprema Corte os casos excepcionais em que a apreciação prévia da constitucionalidade de determinada norma se faz necessária ao julgamento da causa. Originariamente, a decisão dessa questão incidental era considerada de interesse apenas das partes, produzindo efeitos somente em suas esferas jurídicas – eficácia *inter partes* – e não sendo de observância obrigatória para os demais órgãos do Poder Judiciário no julgamento de casos futuros, ainda que idênticos ou semelhantes, sendo seu efeito considerado meramente persuasivo. A única possibilidade de extensão dos efeitos dessa decisão para além do caso concreto seria a edição de resolução pelo Senado Federal suspendendo a eficácia da lei declarada inconstitucional, tornando-a sem efeito no ordenamento.[38]

Diante do aprimoramento do sistema de controle de constitucionalidade e da compreensão dos objetivos desse instrumento recursal, principalmente a de preservação da hierarquia da Constituição e a de uniformização da interpretação dos dispositivos de lei federal, surgiu a tese da objetivação do recurso extraordinário, segundo a qual os efeitos de sua decisão deveriam repercutir além da relação processual travada no caso sob análise, deixando de ser *inter partes* e passando a ser considerados *erga omnes*, de modo que a decisão, para ser efetiva, devesse ser observada por todos os demais órgãos do Poder Judiciário.[39]

A extensão desses efeitos a quem não integra a relação processual, mas se encontra na mesma situação jurídica, implica a sujeição dos demais órgãos judiciários à tese firmada pela Corte Superior. Isso porque não haveria sentido em estender a todos o direito de não observar determinada norma – ou de observá-la com certas restrições, ou de interpretá-la de acordo com o julgamento proferido, se os juízes pudessem ignorar o sentido da decisão fixado pela Suprema Corte.[40]

---

esta discussão ganhou corpo, pela primeira vez, no Supremo Tribunal Federal, no julgamento da Reclamação 1.987-0/DF, tendo os ministros decidido, por maioria, que é a fundamentação a parte do julgado revestida de eficácia vinculante ou transcendente" (MELLO, Patrícia Perrone de Campos. Precedentes e vinculação. *Revista de Direito Administrativo*, Rio de Janeiro, n. 241, jul.-set. 2005, p. 194-196).

[38] Art. 52, X, da CR.

[39] Aliás, desde a aceitação das ações coletivas como instrumentos de controle de constitucionalidade, a diferença existente entre os processos de índole objetiva e subjetiva passou a ser relativizada, não sendo mais possível considerar como de eficácia apenas *inter partes* a decisão proferida nos autos de uma ação civil pública, de mandado de segurança coletivo etc.

[40] É por esse motivo que alguns autores afirmam que, diante do caráter dúplice das ações constitucionais, os efeitos da coisa julgada *erga omnes* se equiparam aos efeitos vinculantes do julgado, à transcendência de sua fundamentação, não mais se justificando a diferenciação entre eles.

A tese da objetivação dos recursos extraordinários equipara, assim, os efeitos da decisão acerca da questão constitucional proferida em sede de controle difuso aos da decisão proferida em sede de controle concentrado, sem que haja a necessidade de qualquer manifestação do Senado Federal a respeito. A decisão incidental passa a ser revestida de eficácia *erga omnes* e de caráter vinculante.

Apesar de essa tese vir ganhando cada vez mais adeptos, a doutrina ainda majoritária tenta afastá-la com base no argumento de que a suspensão da lei pelo Senado Federal é imprescindível para a externalização dos efeitos da decisão, sob pena de violação do disposto no texto constitucional.[41]

Ocorre que diante das omissões reiteradas do órgão em proceder a referida suspensão, e da própria evolução do sistema de controle,[42] a edição desse ato passou a ser considerada uma mera faculdade, cuja função não seria mais a de suspender os efeitos da lei declarada inconstitucional, mas apenas a de conferir maior publicidade à decisão do Supremo Tribunal Federal proferida em controle difuso. Afirma-se, até mesmo, tratar essa disposição de mero resquício histórico, representando um caso clássico de mutação constitucional.[43]

---

[41] Art. 52, X, da CR.

[42] A incongruência de a decisão do controle difuso não possuir eficácia contra todos, diante do estágio de convivência harmônica em que se encontram ambos os sistemas no direito brasileiro é demonstrada no excerto a seguir: "... o ensaio difícil de convivência integral dos dois métodos de controle de constitucionalidade no Brasil [concentrado e difuso] só se torna possível na medida em que se acumularam, no Supremo Tribunal Federal, os dois papéis, o de órgão exclusivo do sistema concentrado e o de órgão de cúpula do sistema difuso. De tal modo, o peso do Supremo Tribunal, em relação aos outros órgãos de jurisdição, que a ação declaratória de constitucionalidade traz é relativo, porque, já no sistema de convivência dos dois métodos, a palavra final é sempre reservada ao Supremo Tribunal Federal, se bem que, declarada a inconstitucionalidade no sistema difuso, ainda convivamos com o anacronismo em que se transformou, especialmente após a criação da ação direta, a necessidade da deliberação do Senado para dar eficácia *erga omnes* à declaração incidente" (cf. MENDES, Gilmar. O papel do Senado Federal no controle federal de constitucionalidade: um caso clássico de mutação constitucional. *Revista de Informação Legislativa*, Brasília, n. 179, jul.-dez. 2008. p. 267).

[43] Em excelente artigo sobre a mutação constitucional ocorrida na determinação de que cumpre ao Senado suspender a execução da lei declarada inconstitucional pelo Supremo Tribunal, em controle difuso de constitucionalidade, atribuindo-lhe eficácia *erga omnes*, esclarece o Ministro Gilmar Mendes: "A amplitude conferida ao controle abstrato de normas e a possibilidade de que se suspenda, liminarmente, a eficácia de leis ou atos normativos, com eficácia geral, contribuíram, certamente, para que se quebrantasse a crença na própria justificativa desse instituto, que se inspirava diretamente numa concepção de separação de Poderes – hoje necessária e inevitavelmente ultrapassada. Se o Supremo Tribunal pode, em ação direta de inconstitucionalidade, suspender, liminarmente, a eficácia de uma lei, até mesmo de uma Emenda Constitucional, por que haveria a declaração de inconstitucionalidade, proferida no controle incidental, de valer tão somente para as partes? A única resposta plausível nos leva a crer que o instituto da suspensão pelo Senado assenta-se hoje em razão de índole exclusivamente histórica". Mais à frente, demonstra que a atuação do Senado é restrita ao controle exercido pelo Supremo por meio da declaração de inconstitucionalidade da lei, não abarcando as demais formas de controle de constitucionalidade desenvolvidas no sistema, a exemplo da fixação da orientação constitu-

Cap. 8 - O SUPREMO TRIBUNAL FEDERAL E A EFICÁCIA VINCULANTE DE SUAS DECISÕES

Restou demonstrado que insistir na tese de que a declaração de inconstitucionalidade *incidenter tantum* atinge apenas a esfera jurídica das partes significaria admitir, diante da omissão do Senado Federal, a licitude da aplicação da norma declarada inconstitucional, em decisão definitiva, pelo Supremo Tribunal Federal, a casos que se mostrassem idênticos, sendo manifesta não apenas a insegurança jurídica a que estariam submetidos os jurisdicionados, mas, sobretudo, a injustiça decorrente da patente violação do postulado da igualdade.

Ademais, a supressão do princípio da reserva de plenário[44] é outra evidência de que a decisão proferida em sede de controle difuso de constitucionalidade possui caráter vinculante em relação aos demais órgãos do Poder Judiciário e à Administração Pública, independentemente da suspensão da execução da lei pelo Senado. A atual interpretação conferida ao art. 97 da Constituição da República é no sentido da dispensabilidade do encaminhamento da questão constitucional ao plenário do tribunal, quando já existir pronunciamento do Supremo Tribunal Federal a respeito do tema.[45]

É de notar que esse entendimento também marca uma importante evolução no sistema de controle de constitucionalidade, equiparando, uma vez mais, os efeitos da decisão proferida em sede de controle difuso aos daquela proferida em controle concentrado, não sendo mais necessário, diante da antecipação do entendimento da Suprema Corte a respeito do tema, que o órgão fracionário submeta o caso à apreciação do plenário ou do órgão especial do tribunal a que esteja vinculado, podendo julgá-lo, de plano, sob a justificativa de que sua decisão se encontra em conformidade com os fundamentos do precedente judicial firmado *incidenter tantum* pelo órgão de cúpula.

Diante do exposto, muitos autores passaram a reconhecer ser insustentável o caráter meramente persuasivo das decisões que declaram incidentalmente a inconstitucionalidade de uma lei, mas, mostrando-se ainda resistentes à defesa de sua eficácia vinculante, passaram a se posicionar no sentido da existência

---

cionalmente adequada, da atribuição de interpretação conforme à Constituição, da declaração de inconstitucionalidade parcial sem redução de texto, da declaração de não recepção de lei pré-constitucional, o que torna evidente a insuficiência dessa regra na conjuntura atual (cf. O papel do Senado Federal... cit., p. 263-264).

[44] Art. 97 da CR.

[45] É o que se infere do extrato dos julgamentos da Suprema Corte, conforme se nota na transcrição a seguir, escolhida a título de amostragem pelo Ministro Gilmar Mendes, em publicação acerca do tema: "Versando a controvérsia sobre o ato normativo já declarado inconstitucional pelo guardião maior da Carta Política da República – o Supremo Tribunal Federal –, descabe o deslocamento previsto no art. 97 do referido Diploma maior. O julgamento de plano pelo órgão fracionado homenageia não só a racionalidade, como também implica interpretação teleológica do art. 97 em comento, evitando a burocratização dos atos judiciais no que nefasta ao princípio da economia e da celeridade. A razão de ser do preceito está na necessidade de evitar-se que órgãos fracionados apreciem, pela vez primeira, a pecha de inconstitucionalidade arguida em relação a um certo ato normativo" (cf. O papel do Senado Federal... cit., p. 265).

de uma categoria intermediária entre o grau de vinculação máximo da decisão – eficácia normativa – e o mínimo – eficácia meramente persuasiva, o que deu ensejo à criação da categoria das decisões com eficácia impositiva intermediária, na qual se enquadrariam, dentre outros, os julgamentos efetuados em controle difuso de constitucionalidade.[46]

Apesar de este posicionamento ser adotado pela maior parte dos especialistas, não aderimos a ele. Segundo entendemos, ou o precedente possui eficácia vinculante ou não possui, sendo considerado, neste caso, meramente persuasivo. Não coadunamos com a hipótese de ele ser vinculante em determinadas situações e em outras não, pois isso seria o mesmo que enquadrá-lo na categoria dos precedentes persuasivos, ou seja, dentre aqueles que possuem força argumentativa, mas não são de aplicação obrigatória. Importa ressaltar que o fato de o precedente ser considerado vinculante – com eficácia normativa – não significa que não possa ser afastado quando a sua aplicação representar, no caso concreto, grave injustiça, haja vista que, na presença de fatos relevantes o suficiente para distingui-lo do caso que gerou o precedente, este não deve ser aplicado, conforme demonstraremos em capítulo específico. Em nosso sentir, ou se pretende uniformizar a jurisprudência – o que somente é possível com a adoção da técnica da vinculação dos precedentes judiciais –, ou não se pretende uniformizá-la, não havendo a existência de meio-termo entre os dois extremos.

A transcendência dos motivos determinantes da decisão proferida em controle difuso sobre a constitucionalidade de determinado ato normativo é também defendida pela doutrina com base em outros argumentos. Alguns autores, dentre eles o professor Luiz Guilherme Marinoni, afirmam que o efeito vinculante da decisão acerca de uma questão constitucional – seja ela proferida em sede de

---

[46] "Existem, por outro lado, algumas hipóteses em que, ainda que os julgados não tenham de ser obrigatoriamente seguidos, sua não aplicação é profundamente criticada e provavelmente se sujeitará a revisão. Há, ainda, situações em que, muito embora não se atribua eficácia normativa às decisões, outros *efeitos impositivos mais brandos, para além do processo,* lhes são reconhecidos, a exemplo da possibilidade de fundamentação mais rarefeita no que respeita ao direito aplicável, quando forem invocadas, e de facilidades recursais, quando contrariadas. Esses casos são agrupados sob a categoria dos *precedentes dotados de eficácia impositiva intermediária*" (cf. MELLO, Patrícia Perrone de Campos. *Precedentes:* o desenvolvimento judicial do direito no constitucionalismo contemporâneo. Rio de Janeiro: Renovar, 2008. p. 64-65). Conforme dito, a autora estabelece três categorias de força normativa dos precedentes: "Concluído o exame sobre a eficácia das decisões no controle de constitucionalidade brasileiro, passa-se, a seguir, a uma síntese sobre o assunto, tendo-se por base as categorias apresentadas no item 2 deste capítulo: a) *precedentes com eficácia normativa*: decisões que estabelecem um entendimento que deverá ser obrigatoriamente seguido em casos análogos, sob pena de invalidade ou reforma; b) *precedentes com eficácia impositiva intermediária*: julgados que não têm de ser obrigatoriamente seguidos, mas que são dotados de efeitos impositivos mais brandos, para além do caso julgado, não se podendo afirmar que possuem eficácia meramente persuasiva; c) *precedentes com eficácia meramente persuasiva*: aqueles cuja invocação se presta apenas para fins de argumentação e de convencimento do magistrado" (idem, p. 104-105).

Cap. 8 – O SUPREMO TRIBUNAL FEDERAL E A EFICÁCIA VINCULANTE DE SUAS DECISÕES

controle concentrado ou difuso – não deriva da objetivação do instrumento, da atribuição de efeito *erga omnes* ao seu dispositivo, mas da percepção de que os motivos determinantes da decisão que aprecia a constitucionalidade de uma norma devem ser observados e respeitados por todos os órgãos que compõem o Poder Judiciário, sob pena de restar comprometida – e esvaziada – a função do Supremo Tribunal Federal de guarda da Constituição.[47]

Isso porque, partindo-se da premissa de que a eficácia vinculante incide sobre os motivos determinantes da decisão, em qualquer modalidade de controle, a coisa julgada material, por si só, deixa de ter importância, passando a ter relevância o delineamento da *ratio decidendi* para a definição dos limites em que os demais tribunais e juízes estarão obrigados perante o precedente constitucional. A extensão dos limites da coisa julgada, portanto, se *inter partes* ou se *erga omnes*, passa a não mais influir na obrigatoriedade da aplicação do precedente pelos órgãos judiciários, o que significa que, para essa parte da doutrina, a aceitação da tese da objetivação do recurso extraordinário e, ato contínuo, da mutação constitucional do papel do Senado Federal de suspender a eficácia da lei declarada inconstitucional não é requisito para a defesa da aplicação da teoria da vinculação dos precedentes judiciais.[48]

Em outras palavras, a percepção de que os motivos determinantes da decisão proferida em sede de controle difuso transcendem os limites do processo, sendo de observância obrigatória para os demais órgãos judiciários, contribui com o esvaziamento do poder do Senado Federal para atribuir efeitos gerais a essas decisões que declaram, *in concreto*, a inconstitucionalidade da norma, pelo fato de não ser necessária a atribuição de eficácia *erga omnes* à decisão do recurso, derivando a obrigatoriedade de seguir a tese jurídica firmada da subordinação dos juízes a órgão de cúpula do poder que integram. Não se admite, com base nesse raciocínio, que a omissão do Senado possa se contrapor à eficácia vinculante da decisão do Supremo Tribunal Federal.[49]

---

[47] "Porém, quando se está diante do controle difuso, não se pensa em outorgar autoridade de coisa julgada *erga omnes* à parte dispositiva da decisão. O que se pretende, isso sim, é dar realce e força aos motivos determinantes ou à *ratio decidendi* da decisão, evitando-se a sua desconsideração pelos demais órgãos judiciários. Assim, quando se questiona a possibilidade de se atribuir eficácia vinculante às decisões tomadas em recurso extraordinário, não se almeja tornar imutável e indiscutível uma decisão de constitucionalidade, mas se quer impedir que os demais órgãos do Poder Judiciário neguem os motivos determinantes da decisão". E mais adiante conclui: "Tratando-se de interpretação da Constituição, a eficácia da decisão deve transcender ao caso particular, de modo que os seus fundamentos determinantes sejam observados por todos os tribunais e juízos nos casos futuros. A não observância das decisões do Supremo Tribunal Federal debilita a força normativa da Constituição. A força da Constituição está ligada à estabilidade das decisões do Supremo Tribunal Federal" (cf. MARINONI, Luiz Guilherme. *Precedentes obrigatórios* cit., p. 458-459).

[48] Cf. MARINONI, Luiz Guilherme. *Precedentes obrigatórios* cit., p. 469.

[49] Leciona o mestre que "se as decisões proferidas pelo Supremo Tribunal Federal, em sede de recurso extraordinário, têm eficácia vinculante, torna-se completamente impróprio e desnecessário

A divergência se justifica pelo fato de parte da doutrina entender que os efeitos *erga omnes* estão relacionados ao instituto da coisa julgada, não implicando, necessariamente, a eficácia vinculante, conferida aos motivos determinantes da decisão, à sua *ratio decidendi*. Entendem que enquanto os efeitos *erga omnes* atingem apenas o dispositivo da decisão, a eficácia vinculante torna a sua fundamentação transcendente.[50] Outros doutrinadores, porém, apresentam compreensão diversa, defendendo que tal diferenciação já não se justifica em face do caráter dúplice das ações de controle de constitucionalidade, haja vista que a única maneira de assegurar os efeitos *erga omnes* da decisão é justamente revestindo-a de eficácia vinculante.[51]

De qualquer modo, extraindo-se a necessidade de se respeitar os precedentes judiciais do Supremo Tribunal Federal como decorrência da tese da objetivação das questões constitucionais ou da própria percepção de que os motivos determinantes das decisões proferidas pela Suprema Corte são de aplicação obrigatória pelos demais órgãos do Poder Judiciário, como única forma de garantir a unidade do sistema, fato é que não é mais possível sustentar o caráter meramente persuasivo dessas decisões, exigindo-se o reconhecimento de seu caráter vinculante – ou de sua eficácia normativa. Já não se sustenta nem mesmo a sua eficácia impositiva intermediária, afirmando seus próprios defensores que esta se encontra em momento de transição, "a caminho da eficácia normativa".[52] Qualquer que seja a linha argumentativa, o que se pretende

---

reservar ao Senado Federal o poder para atribuir efeitos gerais às decisões de inconstitucionalidade. Ainda que se imagine que o Senado possa ter este poder, o fato de esta casa legislativa não atuar não pode conduzir à conclusão de que a decisão do Supremo Tribunal Federal não produziu – ou deixou de produzir – eficácia vinculante. A omissão do Senado não pode se contrapor à eficácia vinculante da decisão do Supremo Tribunal Federal" (MARINONI, Luiz Guilherme. *Precedentes obrigatórios* cit., p. 462).

[50] Para Gilmar Mendes, o efeito vinculante "tem por objetivo outorgar maior eficácia às decisões proferidas por aquela Corte Constitucional, assegurando força vinculante não apenas à parte dispositiva da decisão, mas também aos chamados fundamentos ou motivos determinantes" (cf. *O efeito vinculante...*).

[51] Afirma o professor Botelho de Mesquita que "(...) não há nenhum interesse prático na atribuição de efeito vinculante às decisões de mérito que julguem procedentes as ações de inconstitucionalidade ou de constitucionalidade. Sua eficácia *erga omnes* já torna vinculante a declaração da Corte não só para o requerente e quaisquer autoridades, tribunais ou órgãos constitucionais da União e dos Estados, como para quaisquer terceiros, os particulares inclusive" (cf. *O desmantelamento...*, p. 267). Para esta parte da doutrina, portanto, para que a decisão proferida em sede de controle difuso de constitucionalidade seja de observância obrigatória para os demais órgãos do Poder Judiciário e para a Administração Pública, basta a equiparação dos efeitos de sua decisão às proferidas em sede de controle concentrado, ou seja, basta a concessão de efeitos *erga omnes* à decisão incidental acerca da constitucionalidade da norma impugnada *in concreto*.

[52] Senão vejamos: "Vale reiterar, contudo, que o controle incidental encontra-se em processo de evolução e de aproximação do sistema concentrado, razão pela qual, diante de todo o exposto, se poderia mesmo afirmar que as decisões proferidas no âmbito do primeiro [controle difuso] pelo pleno do STF se qualificam como julgados com eficácia impositiva intermediária *a caminho*

Cap. 8 – O SUPREMO TRIBUNAL FEDERAL E A EFICÁCIA VINCULANTE DE SUAS DECISÕES

defender é a transcendência da *ratio decidendi* das decisões proferidas pelo órgão de cúpula. E é isso o que importa.

Aliás, essa discussão já deveria ter sido superada, pois a eficácia normativa das decisões proferidas em sede de controle difuso, se olharmos atentamente, já foi positivada no ordenamento.[53] É o que se verifica nas disposições concernentes ao mais novo requisito de admissibilidade dos recursos extraordinários, a repercussão geral, senão vejamos:

Dispõe a Constituição da República[54] que o recurso excepcional somente deverá ser admitido se restar comprovado, de plano, que a questão constitucional nele versada apresenta repercussão geral, devendo ser demonstrada, para tanto, a existência de questões econômicas, políticas, sociais ou jurídicas que ultrapassem os interesses subjetivos da causa, sendo consideradas, portanto, de relevância nacional.

O dispositivo foi regulamentado pelo Código de Processo Civil,[55] que passou a exigir a comprovação desse requisito em preliminar de recurso, a ser apreciada exclusivamente pelo Supremo Tribunal Federal em decisão irrecorrível. É prevista, porém, uma hipótese de presunção absoluta de repercussão geral, sendo a sua comprovação automática sempre que seu objeto constituir na impugnação de decisão contrária à súmula ou à jurisprudência dominante do Tribunal. Significa que os acórdãos que contrariarem o entendimento da Corte, se impugnados, serão admitidos, de plano, para revisão, caso não exista, no caso concreto, um fato relevante o suficiente a ensejar, especificamente naquele caso, o afastamento da tese jurídica firmada, hipótese que será tratada mais à frente, no tópico sobre os métodos de superação dos precedentes judiciais.

---

da eficácia normativa" (MELLO, Patrícia Perrone de Campos. *Precedentes:* o desenvolvimento... cit., p. 108).

[53] "Vestindo nova roupagem – e a exemplo das ações diretas de inconstitucionalidade, notadamente destas –, o extraordinário passou a ostentar a mesma eficácia do controle concentrado da constitucionalidade em abstrato, os efeitos *erga omnes*. Audácia nunca antes cogitada no plano recursal, o constituinte de segundo grau concebeu instrumento viabilizador da nova feição do instituto: a súmula vinculante. Ainda que de forma mitigada, entronizou-se o *stare decisis* do sistema de *common law*, a saber, a vinculação do julgamento à jurisprudência que o antecedeu. Adotou-se, enfim, a teoria do precedente" (cf. AMORIM, Aderbal Torres de. O recurso extraordinário e a abstrativização do controle difuso de constitucionalidade: as cláusulas gerais e os conceitos jurídicos indeterminados frente à repercussão geral. *Revista de Processo*, São Paulo: RT, n. 191, jan. 2011, p. 383). O autor faz referência à súmula vinculante porque defende que a eficácia *erga omnes*, em sede de recurso extraordinário, também pode ser atingida pelo voto de dois terços dos ministros presentes à sessão, transformando o extrato do julgamento em súmula vinculante, de observância obrigatória para todos os órgãos do Poder Judiciário e para a Administração Pública.

[54] Art. 102, § 3.º, da CR, introduzido pela EC 45/2004.

[55] Art. 543-A do CPC, acrescentado pela Lei 11.418/2006.

Evidencia-se, nesse ponto, a intenção do legislador de uniformizar a jurisprudência, por meio da vinculação das decisões proferidas pela Suprema Corte, ao dispor que a tese jurídica fixada deverá ser observada por todas as instâncias inferiores, sob pena de, uma vez impugnadas, suas decisões serem revistas e substituídas. Do mesmo modo, a decisão que negar a existência da referida repercussão geral valerá para todos os casos idênticos que estiverem em curso, devendo os recursos interpostos ser inadmitidos liminarmente, sem a necessidade de nova manifestação dos ministros a respeito do tema.

Extrai-se da sistemática da apreciação da repercussão geral, portanto, que tanto a decisão que negar a sua existência quanto a decisão que a admitir e julgar o mérito do recurso serão revestidas de eficácia vinculante, devendo a tese jurídica firmada neste último caso ser observada por todos os órgãos do Poder Judiciário e pela Administração Pública.

Cumpre destacar também o efeito multiplicador decorrente do processamento do recurso extraordinário. Estabelece o Código de Processo Civil[56] que, havendo multiplicidade de recursos com fundamento em idêntica controvérsia, deverá ser feita, pelo tribunal de origem, a seleção de alguns para serem julgados a título de amostragem pelo Supremo Tribunal Federal, permanecendo os demais sobrestados até o pronunciamento definitivo da Corte. Se a Suprema Corte entender que não resta demonstrada a repercussão geral pelos recursos representativos da controvérsia, os demais recursos sobrestados deverão ser automaticamente inadmitidos. Mas se, por outro lado, restar comprovada a repercussão geral da matéria, passando a Suprema Corte ao julgamento do mérito do recurso, a tese firmada pelo Pleno deverá ser aplicada pelos tribunais em que os recursos foram sobrestados, declarando-os prejudicados ou se retratando. Afirma o dispositivo que se a decisão contrária à orientação firmada for mantida, o recurso que a impugnar deverá ser admitido para que a decisão seja reformada ou cassada, liminarmente.

A nosso ver, porém, em respeito ao efeito vinculante da decisão, o tribunal somente poderá manter o acórdão em sentido contrário ao fixado se, fundamentadamente, aplicar a técnica do *distinguishing*, ou seja, se demonstrar que aquele caso específico, submetido à sua apreciação, contém algum fato relevante o suficiente que o distinga dos casos representativos apreciados pelo órgão de cúpula, exigindo uma solução jurídica diversa. Nesse caso, seria legítima a não aplicação do precedente não pelo fato de este não ser considerado vinculante e, portanto, de observação obrigatória pelos demais órgãos do Poder Judiciário, mas pelo fato de o elemento diferenciador o tornar distinto dos demais, e exatamente por ser distinto, sobre ele não haver a incidência de um precedente, de um julgado com eficácia normativa proferido anteriormente.[57]

---

[56] Art. 543-B do CPC.

[57] Este é, também, o entendimento do professor Luiz Guilherme Marinoni, especialista no assunto, senão vejamos: "De modo que o § 4.º do art. 543-B, no sentido de que, 'mantida a decisão e admitido o recurso, poderá o Supremo Tribunal Federal, nos termos do Regimento Interno,

Cap. 8 – O SUPREMO TRIBUNAL FEDERAL E A EFICÁCIA VINCULANTE DE SUAS DECISÕES

Desse modo, dúvidas não restam de que tanto a decisão que indefere o recurso extraordinário pelo não cumprimento do requisito de demonstração de que a questão ventilada tem repercussão geral quanto a decisão que aprecia o mérito do recurso, fixando uma tese jurídica acerca da questão constitucional suscitada incidentalmente, são revestidas de caráter vinculante, de eficácia normativa, devendo a sua *ratio decidendi* ser estendida não apenas a todos os processos que estiverem sobrestados, mas também a todos aqueles que ingressarem em juízo trazendo em seu bojo situação idêntica, semelhante ou análoga à anteriormente apreciada.

2.4.4. Atuação do Supremo Tribunal Federal como instância recursal – Vinculação decorrente da hierarquia

O Supremo Tribunal Federal atua, ainda, como instância recursal em ações de *habeas corpus*, mandado de segurança e mandado de injunção, decididos em única instância por tribunal superior, quando denegatória a decisão, e em ações referentes a crimes políticos.[58] Nesses casos, o efeito vinculante da decisão decorre do respeito à própria hierarquia do sistema. Se cumpre ao Supremo Tribunal Federal conferir a última palavra nessas questões, razão não há para que as instâncias inferiores decidam em desconformidade com o seu entendimento, pois sendo previsível a modificação de suas decisões em grau de recurso, recusar-se a utilizar a orientação da Corte Suprema apenas tornaria a ordem jurídica inconsistente e atrasaria a concessão da tutela jurisdicional final, em manifesto desrespeito à garantia constitucional da razoável duração do processo.

Isso porque o respeito aos precedentes judiciais decorre do próprio sistema hierarquizado de jurisdição. É preciso tornar evidente que os juízes de primeira instância, as turmas recursais, os tribunais de justiça, os tribunais regionais federais e os tribunais superiores são órgãos que compõem um único sistema, um todo unitário, e que é esse poder, em sua unidade, que presta a jurisdição.

É preciso desvencilhar-se do mito de que os órgãos jurisdicionais são totalmente livres para decidir, de acordo com o seu convencimento, sem que exista

---

cassar ou reformar, liminarmente, o acórdão contrário à orientação firmada', apenas pode ser compreendido como norma que prescreve reação contra algo que o tribunal de origem está proibido de fazer. Ou seja, embora o tribunal de origem deva se retratar ou declarar o recurso prejudicado, a sua insubordinação dá ao Supremo Tribunal Federal o poder de, liminarmente, cassar ou reformar o acórdão recorrido. [...] De modo que, se o tribunal local afirma que o caso não se subsume no precedente fixado pelo Supremo Tribunal Federal, caberá agravo regimental ao próprio tribunal de origem. Assim, o Supremo Tribunal Federal poderá cassar a decisão da Corte local apenas quando esta negar o precedente constitucional sem fazer o *distinguishing*. Não há dúvida que toda esta estratégia é permeada pela eficácia vinculante das decisões tomadas em recurso extraordinário" (cf. MARINONI, Luiz Guilherme. *Precedentes obrigatórios* cit., p. 478-480).

[58] Art. 102, II, da CR.

o dever de observar o sentido das decisões proferidas pelas instâncias superiores em casos semelhantes ao que está sujeito ao seu julgamento. O princípio da independência dos juízes não afasta a disposição hierárquica da jurisdição e tampouco impõe a total independência dos órgãos judiciários, que, como dito, são partes integrantes de um só Poder. Independente é o Poder Judiciário, em sua unidade. É o Poder Judiciário que goza da prerrogativa de não estar vinculado aos Poderes Executivo e Legislativo, não lhes sendo subserviente, e não os juízes que gozam de independência em relação ao próprio poder de que fazem parte, podendo atuar livremente como se de seu sistema estivessem desvencilhados.

2.4.5. Outras evidências da eficácia vinculante dos precedentes judiciais

A própria legislação processual passou a imprimir maior força normativa aos precedentes judiciais nos últimos anos, permitindo aos juízes e aos tribunais decidirem, de plano, com base exclusivamente no entendimento consolidado nas instâncias que lhes são superiores. A legislação passou a atribuir, ainda, consequências jurídicas ao descumprimento dos precedentes que não são reconhecidas ao desrespeito da própria lei. É o que passamos a demonstrar.

2.4.5.1. Inadmissibilidade de recurso e julgamento monocrático pelo relator – Supressão do princípio da reserva de plenário

O relator é autorizado a negar seguimento ao recurso cujos fundamentos estiverem em desconformidade com a jurisprudência dominante ou sumulada do respectivo tribunal, do Supremo Tribunal Federal ou de outro tribunal superior, ou seja, quando a decisão impugnada estiver em consonância com o entendimento das instâncias superiores. Com a intenção de resguardar os precedentes judiciais, o dispositivo autoriza, ainda, que o relator dê, monocraticamente, provimento ao recurso, quando a decisão impugnada estiver em confronto com a jurisprudência dominante ou sumulada do Supremo Tribunal Federal ou de outro tribunal superior.[59]

É importante notar que a regra trazida no dispositivo abrange tanto a jurisprudência dominante quanto a sumulada do Supremo Tribunal Federal, não tecendo diferenciação entre elas justamente pelo fato de a súmula representar nada mais do que o extrato do entendimento fixado pelo tribunal. Aliás, não consideramos nem mesmo a existência de diferenças entre as súmulas de jurisprudência e as súmulas vinculantes editadas pelo órgão de cúpula, haja vista o objetivo de ambas em uniformizar a jurisprudência, o que somente é possível, a nosso ver, por meio da vinculação dos precedentes.[60]

---

[59] Art. 557, *caput* e § 1.º-A, do CPC, com redação dada pela Lei 9.756/1998.

[60] Aliás, esse entendimento já é defendido há anos pelo professor José Ignacio Botelho de Mesquita, que o sintetiza em uma simples frase: "Uniformização sem efeito vinculante é o mesmo que

Cap. 8 – O SUPREMO TRIBUNAL FEDERAL E A EFICÁCIA VINCULANTE DE SUAS DECISÕES

A regra impõe que na existência de julgamento anterior idêntico, semelhante ou análogo, o Pleno não deve ser instado a novamente se manifestar, devendo o entendimento exarado ser aplicado, de plano, pelo relator.[61] A nosso ver, em respeito a essa regra e ao princípio da efetividade, os juízes de primeiro grau de jurisdição também deveriam aplicar, obrigatoriamente e desde logo, o entendimento firmado nos tribunais que lhe são superiores, evitando as previsíveis reformas de suas decisões e assegurando a duração razoável do processo.

A análise do dispositivo torna evidente que na existência de entendimento do tribunal sobre o tema, o precedente judicial possui maior força de incidência do que a própria lei: diante de tese jurídica já fixada sobre a matéria, é conferido ao relator poder para negar seguimento ao recurso que veicular tese contrária e, mais ainda, para julgá-lo, monocraticamente, se a sua fundamentação estiver em consonância com o entendimento da Corte. Importa atentar para o fato de que nenhuma dessas duas possibilidades seria possível se a sentença impugnada estivesse em contrariedade com os dispositivos de lei – ainda que a sua literalidade reproduzisse o conteúdo do precedente judicial, o que demonstra que a violação à lei não é considerada suficiente para afastar o julgamento do Pleno, mas a violação ao precedente judicial autoriza que a questão seja resolvida, de imediato, pelo relator.[62]

---

uniformização sem efeito uniformizante". Expõe o mestre que "todas as interpretações sumuladas, e não apenas algumas delas, devem ter efeito vinculante. A opção, consequentemente, não pode ser entre atribuir ou não efeito vinculante à uniformização, mas entre uniformizar ou não uniformizar a jurisprudência" (cf. BOTELHO DE MESQUITA, José Ignacio. Uniformização da jurisprudência (esboço de substitutivo ao projeto de Lei 3.804/1993). *Teses, estudos e pareceres de processo civil*. São Paulo: RT, 2005. v. 2, p. 240-241).

[61] A supressão do princípio da reserva de plenário não passou despercebida pela doutrina: "Ainda que a questão pudesse comportar outras leituras, é certo que o legislador ordinário, com base na jurisprudência do Supremo Tribunal Federal, considerou legítima a atribuição de efeitos ampliados à decisão proferida pelo Tribunal, até mesmo em sede de controle de constitucionalidade incidental. Nas hipóteses de declaração de inconstitucionalidade de leis municipais, o Supremo Tribunal Federal tem adotado uma postura significativamente ousada, conferindo efeito vinculante não só à parte dispositiva da decisão de inconstitucionalidade, mas também aos próprios fundamentos determinantes. É que são numericamente expressivos os casos em que o Supremo Tribunal tem estendido, com base no art. 557, *caput* e § 1.º-A, do Código de Processo Civil, a decisão do plenário que declara a inconstitucionalidade de norma municipal a outras situações idênticas, oriundas de municípios diversos. Em suma, tem-se considerado dispensável, no caso de modelos legais idênticos, a submissão da questão ao Plenário" (cf. MENDES, Gilmar. O papel do Senado Federal no controle federal de constitucionalidade: um caso clássico de mutação constitucional cit., p. 270). Tal situação não é de causar espanto, pois a parte da decisão revestida de efeito vinculante não é mesmo o dispositivo, ao qual a objetivação do instrumento confere eficácia *erga omnes*, mas a fundamentação. São os motivos determinantes – a *ratio decidendi* – que serão estendidos aos casos futuros que se mostrarem assemelhados.

[62] Acerca da comparação entre a força de incidência dos precedentes judiciais e das leis, recomenda-se a leitura da interessantíssima tese de doutoramento defendida pelo professor Samuel Meira

2.4.5.2. Dispensa de reexame necessário

Dispensa-se a remessa necessária de decisões contra a Fazenda Pública se a fundamentação da sentença se apresentar em conformidade com a jurisprudência do pleno do Supremo Tribunal Federal, sumulada ou não, ou com súmula de outro tribunal superior.[63] Nesse ponto também é interessante notar que a exceção não contempla a hipótese de a sentença estar fundamentada apenas na lei, estando esta sujeita ao duplo grau de jurisdição obrigatório ainda que reproduza a literalidade dos dispositivos.

2.4.5.3. Cabimento de reclamação ao Supremo Tribunal Federal e as sanções impostas ao descumprimento de súmulas vinculantes

Estabelece a Constituição da República[64] que o Supremo Tribunal Federal poderá, de ofício ou por provocação, mediante decisão de dois terços de seus membros, após reiteradas decisões sobre matéria constitucional, aprovar súmula que, a partir de sua publicação na imprensa oficial, terá efeito vinculante em relação aos demais órgãos do Poder Judiciário e à Administração Pública direta e indireta, nas esferas federal, estadual e municipal, aduzindo, em seguida, que do ato administrativo ou da decisão judicial que contrariar o seu enunciado ou aplicá-lo indevidamente caberá reclamação à Suprema Corte, que anulará o ato ou cassará a decisão, determinando que seja aplicada a orientação sumulada.[65]

A regulamentação dispõe, ainda, que se o agente administrativo, cientificado do acolhimento da reclamação, não rever o seu ato, adequando-o ao sentido do enunciado da súmula, será pessoalmente responsabilizado nas esferas administrativa, cível e penal.[66]

Conforme se nota, também nesse ponto se destaca a maior força de incidência do precedente judicial, haja vista a inexistência de previsão do cabimento de reclamação contra ato que contrarie o disposto na lei ou mesmo na Constituição e, tampouco, de punição com tamanha intensidade para o agente que descumprir as normas contidas nesses diplomas.

2.4.5.4. Presunção absoluta de existência de repercussão geral

Considera-se suprida automaticamente a comprovação da existência de repercussão geral, requisito de admissibilidade dos recursos extraordinários,

---

Brasil Jr., no ano de 2010, na Universidade de São Paulo, na qual constatamos essas evidências.

[63] Art. 475, § 3.º, do CPC, com redação dada pela Lei 10.352/2001.

[64] Art. 103-A da CR, acrescentado pela EC 45/2004.

[65] Art. 103-A, § 3.º, da CR, acrescentado pela EC 45/2004, e art. 7.º da Lei 11.417/2006.

[66] Art. 64-B da Lei 9.784/1999, acrescentado pela Lei 11.417/2006.

Cap. 8 – O SUPREMO TRIBUNAL FEDERAL E A EFICÁCIA VINCULANTE DE SUAS DECISÕES

quando o recurso impugnar decisão contrária à súmula ou à jurisprudência dominante do tribunal,[67] evidenciando o dispositivo em comento que a afronta ao precedente judicial é tão grave que é considerado motivo suficiente para ensejar a manifestação do órgão de cúpula.

Uma vez mais é possível verificar que as normas processuais tem atribuído maior força de incidência aos precedentes judiciais do que à própria lei. A decisão cujos fundamentos vão de encontro à literalidade da lei ou ao texto constitucional não é revestida de tal presunção de relevância, devendo o recurso contra ela interposto demonstrar, de plano, que a questão nele veiculada apresenta repercussão geral. Diante disso, é possível perceber que o desrespeito a esses diplomas, por si só, não justificam a movimentação da Suprema Corte, mas a desconsideração de um precedente judicial por ela fixado, sim.

São essas evidências, dentre outras, somadas aos efeitos vinculantes decorrentes do controle de constitucionalidade – concentrado e difuso –, que fazem a doutrina mais moderna afirmar que, atualmente, os precedentes judiciais apresentam, para os juízes, maior força de incidência do que a própria lei,[68] destacando que a utilização de precedentes na fundamentação das decisões já

---

[67] Art. 543-A, § 3.º, do CPC, acrescentado pela Lei 11.418/2006.

[68] Cf. BRASIL JR., Samuel Meira. *Precedentes vinculantes e jurisprudência dominante na solução das controvérsias* cit., p. 72-77. Nesse trabalho o professor traz um caso emblemático de predominância da jurisprudência sobre a lei que merece ser reproduzido: "Exemplo. O STJ tinha jurisprudência consolidada no sentido de afastar a necessidade de constituir capital para assegurar o cabal cumprimento da obrigação (conforme exigia o art. 602 do CPC), na hipótese de notória capacidade financeira do devedor. O Projeto de Lei 3.253, de 29.03.2004, alterou o CPC para incorporar a tese jurídica adotada pelo STJ. Esse Projeto foi convertido na Lei 11.232, de 22.12.2005. Então, o precedente do STJ que não tinha efeito vinculante passou a ter a mesma força de incidência das leis, pois foi transformado em lei. Não obstante isso, antes mesmo da publicação da Lei 11.232/2005, o STJ aprovou, na Sessão de 25.05.2005 (*DJ* de 06.06.2005, p. 397), a Súmula 313, em sentido contrário ao seu próprio entendimento anterior. Nessa medida, o STJ passou a exigir a constituição do capital, ainda que o devedor tivesse notória capacidade financeira. Vejam bem. A Lei procurou atribuir efeito vinculante (força de incidência normativa) a precedente do STJ destituído dessa eficácia, mas antes de sua vigência – ou mesmo de sua validade, uma vez que o processo legislativo ainda não tinha se encerrado –, o STJ alterou sua jurisprudência. Poderíamos, então, perguntar: o que está sendo aplicado? Qual enunciado tem eficácia normativa? A Lei? Ou a jurisprudência? A Lei 11.232/2005 ou a Súmula 313 do STJ? Na linha do raciocínio anteriormente desenvolvido, a resposta que deveria surgir é: a Lei. Porém, não é isso que está acontecendo. A resposta é irrefutavelmente outra: o que está sendo aplicado é a Súmula do STJ, ou seja, a jurisprudência que *a priori* não tem sequer efeito vinculante... O curioso é que o STJ não aplica a Lei que foi feita para tornar vinculantes seus precedentes. Não afirmamos que deveria aplicá-la. Não é esse o nosso argumento. Apenas sustentamos que, não raro, os precedentes judiciais – mesmo aqueles destituídos de eficácia vinculante – prevalecem sobre a lei, que é impositiva e tem força de incidência normativa. Esse episódio demonstra a complexidade da argumentação jurídica e impede qualquer conclusão mais apressada no sentido de que a lei – sempre – prevalecerá sobre os precedentes judiciais. De regra geral, sim. É da essência do Estado Democrático de Direito. Mas não se pode excluir as demais opções argumentativas, sem conhecê-las". Após tecer outros argumentos, o autor conclui que, conforme

ultrapassa a referência aos dispositivos de lei, exatamente pelo fato de serem mais persuasivos. Importa ressaltar, uma vez mais, que as consequências jurídicas atribuídas em face do descumprimento de um precedente judicial muitas vezes não são estendidas ao desrespeito da própria lei, podendo-se afirmar que é mais grave descumprir um enunciado de súmula vinculante, por exemplo, do que um dispositivo contido na lei ou na própria Constituição.

3. TÉCNICA DE JULGAMENTO COM BASE EM PRECEDENTES

Demonstrada a importância de se respeitar os precedentes judiciais e a possibilidade de se afirmar, *de lege lata*, que todas as decisões proferidas pelo Supremo Tribunal Federal são revestidas de caráter vinculante, passamos a expor a técnica de julgamento baseada em precedentes, tal como desenvolvida nos países de tradição *common law*.

3.1. Definição de precedente judicial

De início, cumpre precisar em que sentido serão utilizados, neste trabalho, os termos "precedente judicial" e "jurisprudência", a fim de que a imprecisão terminológica não dificulte a compreensão do que se pretende expor.

Michele Taruffo[69] afirma existir uma diferença tanto quantitativa quanto qualitativa entre eles. Sob a ótica do critério quantitativo, refere-se a precedente quando considera uma decisão específica proferida em um caso particular – em um único processo, portanto, e a jurisprudência quando considera um conjunto de decisões relativas a casos concretos diversos.

Essa diferenciação, conforme demonstra o autor, tem importância prática: a adoção da referência ao precedente permite identificar qual o caso concreto que especificamente o gerou (*leading case*), haja vista que a decisão que se assume como precedente é, em regra, apenas uma, podendo ser acompanhada de poucas outras. A identificação do precedente permite que os juristas conheçam os fatos submetidos à análise do Judiciário e, por meio da comparação com os fatos de um caso posterior, prevejam se a tese jurídica utilizada no precedente será ou não aplicável. A adoção da referência à jurisprudência, por sua vez, não permite essa comparação fática pormenorizada, tendo em vista a dificuldade de se identificar dentre dezenas ou centenas de decisões que a compõem, qual o caso concreto relevante e, portanto, quais os fatos considerados na formulação da tese jurídica cujos efeitos se pretende expandir para os casos futuros.

---

demonstramos, "é possível dizer que o precedente tem, para os juízes, maior força de incidência do que a lei".

[69] Cf. TARUFFO, Michele. Precedente e jurisprudência. *Revista de Processo*, São Paulo: RT, n. 199, 2011, p. 142-144.

Cap. 8 – O SUPREMO TRIBUNAL FEDERAL E A EFICÁCIA VINCULANTE DE SUAS DECISÕES

Considerando o critério qualitativo, como já adiantado, é possível extrair do precedente a tese jurídica a ser aplicada aos casos sucessivos que abordarem a mesma situação fática ou outra que lhe seja semelhante, sendo possível identificar – e universalizar – o fundamento decisório do caso que constitui o precedente. A incidência ou não do precedente é dada pela analogia das duas *fattispecie* concretas, se o juiz considerar que os elementos que constituem as demandas são idênticos ou potencialmente semelhantes. O mesmo não ocorre no emprego da jurisprudência, constituída de enunciados gerais de regras jurídicas desvinculadas do substrato fático considerado nas respectivas decisões, o que não permite a comparação entre os fatos das demandas e, consequentemente, a perfeita subsunção dos fatos à norma, à tese jurídica aplicada.[70]

Em que pese a importância da referida diferenciação, utilizaremos, para fins deste trabalho, o termo "precedente" como referência a qualquer decisão judicial, cuja *ratio decidendi* possa – e deva – ser utilizada como tese vinculante ou como reforço argumentativo em casos futuros idênticos, análogos ou semelhantes, seja esta decisão proferida ou não nos autos de um *leading case*.[71-72]

---

[70] Ao identificar, na Itália, a impossibilidade de se proceder à analogia entre os casos concretos a fim de verificar a adequação ou não da jurisprudência, Michele Taruffo compara seu ordenamento jurídico pátrio – de raiz Continental-Europeia – com o sistema anglo-americano: "O emprego da jurisprudência tem características bastante diversas. Primeiramente, falta a análise comparativa dos fatos, ao menos na grandíssima maioria dos casos. [...] A característica mais importante dos enunciados é que se trata de formulações verbais, concentradas em uma ou em poucas frases, que têm por objeto *regras jurídicas*. Estas regras têm normalmente um conteúdo mais específico em comparação com o ditado textual da norma da qual constitui uma interpretação, mas são também sempre formulados como *regras*, ou seja, como enunciações gerais e de conteúdo normativo. [...] naqueles ordenamentos (sistema anglo-americano), de fato, o precedente é constituído pelo inteiro teor da sentença e não de trechos mais ou menos sintéticos extraídos da motivação em direito. Aqui, portanto, uma primeira diferença assaz relevante: em regra, os textos que constituem a nossa jurisprudência *não incluem os fatos* que foram objeto das decisões, por isso a aplicação da regra formulada em uma decisão precedente não se funda sobre analogia dos fatos, mas sobre subsunção da *fattispecie* sucessiva em uma *regra geral*" (cf. TARUFFO, Michele. Precedente e jurisprudência cit., p. 143). A respeito, importa mencionar que o projeto original do novo Código de Processo Civil brasileiro trouxe a regra de que as decisões judiciais deveriam ser publicadas em sua integralidade pelos diários oficiais (art. 160, § 2.º), de forma a permitir o conhecimento do substrato fático sobre o qual foi aplicada a tese jurídica. Tal previsão, porém, foi, segundo entendemos, lamentavelmente, alterada pelo Senado Federal, que passou a exigir a publicação tão somente da "suma dos despachos e decisões interlocutórias" e da "parte dispositiva das sentenças e ementa dos acórdãos" (art. 172, § 3.º), redação esta mantida até o momento pelo relatório da Câmara dos Deputados.

[71] Sentido atribuído ao termo pelo professor Samuel Meira Brasil Júnior em excelente tese de doutoramento sobre o tema apresentada na Universidade de São Paulo – USP: "Precedente consiste em uma única decisão anterior, seja ela o *leading case* ou não, que pode ser usada como argumento para fundamentar futuras decisões" (cf. BRASIL JR., Samuel Meira. *Precedentes vinculantes e jurisprudência dominante na solução das controvérsias* cit., p. 32-33).

[72] Definição semelhante é depreendida da obra do professor José Rogério Cruz e Tucci: "Seja como for, é certo que em ambas as experiências jurídicas [*common law* e *civil law*] os órgãos judicantes,

Estabelecido o sentido em que será utilizado o termo "precedente", cumpre determinar qual será a sua parte vinculante, ou seja, qual a parte da decisão judicial que formará a *ratio decidendi*[73] a ser aplicada nos casos idênticos, análogos ou semelhantes que o sucederem.

O precedente judicial é composto por duas partes, quais sejam, os fatos relevantes que embasam a controvérsia e a tese jurídica utilizada na decisão. Apesar de as circunstâncias fáticas serem importantes na identificação do precedente, é a tese jurídica que forma a *ratio decidendi*, ou seja, que será utilizada no julgamento dos casos futuros que tratarem da mesma questão já submetida à apreciação judicial.[74]

Extraindo-se a essência do julgamento, a *ratio decidendi*, correspondente à sua parte vinculante, todos os seus demais elementos constituirão *obiter dicta*, ou seja, parte marginal, desnecessária à obtenção da conclusão do julgamento. *Ratio decidendi*, pela própria acepção do termo, significa a "razão de decidir", enquanto *obiter dictum* (no plural, *obiter dicta*), o que for "dito de passagem".

Para a precisa delimitação do conteúdo da *ratio decidendi*, separando-a dos *obiter dicta*, foi proposto um teste por Eugene Wambaugh, doutrinariamente conhecido como Teste de Wambaugh: Se o juiz acreditar que a negação (ou a exclusão) de determinada proposição contida no precedente não altera a solução do caso, então essa proposição é considerada *obiter dictum*, e não *ratio decidendi*,[75] não constituindo, portanto, a parte vinculante do precedente.

3.2. Efeitos dos precedentes

A visualização do sistema de distribuição da jurisdição, sob a ótica da teoria da vinculação dos precedentes judiciais, nos permite identificar efeitos diversos entre as decisões proferidas pelos tribunais superiores e as proferidas pelos tribunais de justiça dos Estados e pelos tribunais regionais federais. Não

---

no exercício regular de pacificar os cidadãos, descortinam-se como celeiro inesgotável de atos decisórios. Assim, o núcleo de cada um destes pronunciamentos constitui, em princípio, um *precedente judicial*" (cf. CRUZ E TUCCI, José Rogério. *Precedente judicial como fonte do direito*. São Paulo: RT, 2004. p. 11).

[73] *Holding*, na doutrina norte-americana.

[74] Definição precisa é trazida pela mais completa obra brasileira sobre o tema: "A *ratio decidendi*, como já observado, constitui a essência da tese jurídica suficiente para decidir o caso concreto (*rule of law*). É essa regra de direito (e, jamais, de fato) que vincula os julgamentos futuros *inter alia*. Sob o aspecto analítico, três são os elementos que a integram: *a)* a indicação dos fatos relevantes (*statement of material facts*); *b)* o raciocínio lógico-jurídico da decisão (*legal reasoning*); e *c)* o juízo decisório (*judgement*)" (cf. CRUZ E TUCCI, José Rogério. *Precedente judicial como fonte do direito* cit., p. 175).

[75] Cf. BRASIL JR., Samuel Meira. *Precedentes vinculantes e jurisprudência dominante na solução das controvérsias* cit., p. 50.

Cap. 8 – O SUPREMO TRIBUNAL FEDERAL E A EFICÁCIA VINCULANTE DE SUAS DECISÕES

adentraremos, neste trabalho, no âmbito das justiças especiais, sendo possível estender a elas, porém, todo o raciocínio desenvolvido.

A doutrina do *stare decisis* estipula que, uma vez que um tribunal tenha decidido uma questão legal, os casos subsequentes que apresentem fatos semelhantes devem ser decididos, pelos juízos a ele subordinados, de maneira consentânea com a decisão anterior.[76] Exige-se, nesse sentido, o respeito à hierarquia do sistema.

A jurisdição federal norte-americana é dividida em três níveis hierárquicos: os juízos de primeira instância (*US District Courts*), localizados na base da pirâmide, os tribunais intermediários de apelação (*US Courts of Appeal*), em seu corpo, e a Suprema Corte (*US Supreme Court*), em seu ápice. Nessa disposição, os juízos de primeira instância estão subordinados ao entendimento emanado tanto dos tribunais intermediários de apelação quanto da Suprema Corte, da mesma forma que estes tribunais estão obrigados a seguir as orientações desta última, instância máxima. A Suprema Corte, por sua vez, adere aos seus próprios precedentes por uma questão de política,[77] a fim de que seja garantida a maior segurança possível aos jurisdicionados.[78]

Fazendo-se um paralelo com a distribuição da jurisdição norte-americana, o Poder Judiciário brasileiro apresenta-se da seguinte forma: o Supremo Tribunal Federal ocupa a posição de mais alta hierarquia. É ele o órgão de cúpula, o responsável pela guarda da Constituição da República e o legitimado a lhe conferir interpretação uniforme.[79] Respeitando-se a existência de uma divisão hierárquica entre os órgãos que compõem a estrutura judiciária, as decisões proferidas pelo Supremo Tribunal Federal devem ser consideradas vinculantes para todos os demais órgãos judiciários, ou seja, pelo Superior Tribunal de Justiça, pelos Tribunais Regionais Federais, pelos Tribunais de Justiça dos Estados e do Distrito Federal e, ainda, por todos os juízos de primeiro grau, haja vista a extensão de sua jurisdição por todo o território nacional em questões que envolvam matéria constitucional.

---

[76] Cf. FINE, Toni M. O uso do precedente e o papel do princípio do *stare decisis* no sistema legal norte-americano. *Revista dos Tribunais*, São Paulo: RT, v. 782, dez. 2000, p. 90.

[77] Na Inglaterra a vinculação da própria Corte aos seus precedentes foi abandonada em 1966: "Even in England it seems that the doctrine of binding precedent is not accepted as wholeheartedly as it was some years ago. Indeed, the most objectionable part of the doctrine, the rule that the House of Lords was strictly bound by its own previous decisions, was abandoned in 1966. This did not, as one might have expected, occur by Act of Parliament or in the course of a judicial decision; instead the Lord Chancellor simply made a declaration ('Practise Statement') in open court in the name of all the Law Lords" (cf. ZWEIGERT, Konrad; KOTZ, Hein. Introduction to comparative law. *Civil litigation in comparative context*. Thompson West, 1998. p. 155).

[78] Cf. FINE, Toni M. O uso do precedente e o papel do princípio do *stare decisis* no sistema legal norte-americano cit., p. 91-92.

[79] Art. 102, *caput*, c/c art. 103-A, *caput* e § 1.º, da CR.

Da mesma maneira, as decisões proferidas pelo Superior Tribunal de Justiça, instância máxima para a resolução de questões infraconstitucionais, devem ser observadas por todos os órgãos judiciários que ocupam posição hierárquica inferior a sua, quais sejam, os Tribunais Regionais Federais, os Tribunais de Justiça estaduais e do Distrito Federal, bem como os juízos de piso.

No que concerne aos Tribunais Regionais Federais e aos Tribunais de Justiça dos Estados, suas decisões podem ser revestidas de dois efeitos diversos: devem ser consideradas vinculantes (*binding precedents*) para os juízos de primeiro grau a eles vinculados, respeitando-se, portanto, a sua posição de maior hierarquia, mas devem ser consideradas apenas persuasivas (*persuasive precedents*) para os juízos que, embora situados no primeiro grau de jurisdição, não estão a eles vinculados.

É o que ocorre, por exemplo, no caso de uma decisão proferida nos autos de uma ação direta de inconstitucionalidade de lei municipal decidida pelo Tribunal de Justiça do Estado do Rio de Janeiro: a declaração da inconstitucionalidade ou da constitucionalidade da lei vinculará todos os juízos de primeiro grau do Estado do Rio de Janeiro, mas servirá apenas de reforço argumentativo para o tribunal de qualquer outro Estado que esteja apreciando a constitucionalidade da lei de um de seus municípios cujo conteúdo seja igual ou semelhante.

Entendemos que, também com base no argumento da divisão hierárquica do Poder Judiciário, se o Tribunal Regional Federal da 2.ª Região decidir determinado caso concreto, reformando ou não a sentença proferida pelo juízo de primeiro grau, sua decisão deverá ser considerada vinculante para todos os demais casos idênticos ou potencialmente semelhantes em curso nos juízos que a ele estão vinculados, estejam eles localizados no Estado do Rio de Janeiro, sede do tribunal, ou no Estado do Espírito Santo, devendo a eles ser estendida a mesma tese jurídica aplicada no primeiro caso, ou seja, no caso que gerou o precedente.

Esses diferentes efeitos emanados dos precedentes judiciais – vinculante (*binding precedent*) e persuasivo (*persuasive precedent*) – são tratados pela doutrina também sob a denominação de precedente vertical e precedente horizontal, utilizando-se o mesmo raciocínio da distribuição hierárquica da jurisdição.[80]

Apesar de ser comum a afirmativa de que o efeito vinculante do precedente judicial é característico da tradição *common law* e de que nos países que adotam

---

[80] Essa denominação, considerada a dimensão institucional do precedente por Michele Taruffo, é utilizada pelo professor Cruz e Tucci na obra brasileira a que se faz mais referência ao se tratar da teoria da vinculação dos precedentes judiciais: "Ademais, o *precedente vertical*, que vincula ou que potencia maior persuasão, é aquele que provém de corte superior em relação aos tribunais inferiores, e se distingue do *precedente horizontal*, emanado de órgão jurisdicional postado no mesmo grau hierárquico do tribunal em que se pretende fazê-lo valer. Este geralmente se delineia menos influente" (cf. CRUZ E TUCCI, José Rogério. *Precedente judicial como fonte do direito* cit., p. 16).

Cap. 8 – O SUPREMO TRIBUNAL FEDERAL E A EFICÁCIA VINCULANTE DE SUAS DECISÕES

o direito codificado o precedente possui apenas força persuasiva, entendemos que a vinculação não é estranha à lógica do sistema *civil law*, devendo ser respeitado como decorrência do sistema hierarquizado de jurisdição.[81]

3.3. Princípios que informam a teoria da vinculação dos precedentes judiciais

3.3.1. Princípio da isonomia

Tradicionalmente se afirma que o princípio da isonomia[82] consubstancia uma limitação ao legislador de editar leis que possibilitem o tratamento desigual a quem se encontra na mesma situação jurídica e ao administrador, que deve tutelar a igualdade em todas as suas ações, somente admitindo o tratamento desigual quando este for necessário para assegurar a própria igualdade. No que concerne ao Poder Judiciário, nosso objeto de estudo, determina-se apenas que, estabelecida a relação processual, devem as partes receber o mesmo tratamento, de modo que lhes seja assegurada a paridade de armas e o mesmo acesso às informações contidas nos autos.

Os juristas brasileiros têm relativizado essa extensão do princípio da isonomia com base em outro princípio, o da independência dos juízes. Com a devida vênia, entendemos que esse posicionamento está baseado em uma má interpretação do ordenamento, que se recusa a enxergar o Poder Judiciário em sua unidade.

Impõe o princípio da independência que aos juízes sejam garantidas as prerrogativas inerentes à sua investidura, respeitadas as regras de seu regime disciplinar e, sobretudo, que lhes seja garantido o desempenho de suas funções sem que sofram pressões políticas externas, estando vinculados apenas ao ordenamento jurídico vigente, à supremacia da lei.

Apesar de ser comum a afirmativa de que a independência é um atributo de que deve gozar cada juiz individualmente, e não o Poder Judiciário em sua

---

[81] Aliás, os próprios países da Europa continental, local de origem da tradição *civil law*, respeitam os precedentes emanados das instâncias superiores como requisito lógico para a consistência do sistema, ainda que não haja obrigação legal expressa neste sentido: "But in countries of the European continente, precedent is not thus formally binding, yet it is a fact that precedents are regulary followed by the courts. This fact also explain why some jurists say that precedents in the continental legal systems are binding de facto, but not de jure... Thus, in Germany, precedents established by the Federal Constitutional Court are recognized as formally binding on the courts below. Ordinary precedents established by the Federal Court of Justice are not formally binding but they have to be followed except where special reasons can be shown to the contrary" (cf. LUND, Aleksander Peczenik. The binding force of precedent. In: MACCORMICK, Donald Neil; SUMMERS, Robert S. (Org.). *Interpreting precedents*: a comparative study cit., p. 461).

[82] Art. 5.º, *caput*, da CR.

unidade, a nosso sentir, devem ser feitas algumas ponderações. Os juízes devem ser livres para apreciar as questões submetidas à sua jurisdição, decidindo-as com base exclusivamente no que dispõe o ordenamento jurídico, porém não se pode descuidar do fato de que no exercício de suas funções atuam na qualidade de órgão do Estado, mais especificamente de um órgão componente do Poder Judiciário, Poder este a que também deve ser assegurada independência, não se admitindo uma postura subserviente ao Executivo ou ao Legislativo, devendo se curvar tão somente aos ditames da Carta Magna.

O princípio da independência dos juízes, de acordo com as nossas convicções, não indica, em nenhum momento, que os juízes devem ser considerados como partes independentes dentro do próprio sistema, dentro do próprio Poder de que fazem parte e, sobretudo, em relação aos órgãos incumbidos pela própria Constituição de uniformizar a interpretação de seu texto e da legislação federal como um todo.[83] Aliás, como demonstra a doutrina especializada, essa independência deve ser relativizada, não há racionalidade na decisão que vai de encontro aos precedentes já firmados pelas instâncias superiores.[84]

3.3.2. Princípio da segurança jurídica

O princípio da segurança jurídica está relacionado à previsibilidade das decisões judiciais, à uniformidade na interpretação do direito. É o conhecimento do ordenamento jurídico e a estabilidade das decisões judiciais que possibilitam ao cidadão conhecer o direito e pautar as suas condutas de acordo com ele. A diversidade de sentidos atribuídos a um mesmo texto de lei, ainda que enriqueça

---

[83] "... o Judiciário de *civil law* não se submete ao princípio da igualdade no momento de decidir, vale dizer, no instante de cumprir o seu dever, prestando a tutela jurisdicional. O Judiciário deixa de observar o princípio da igualdade no momento mais importante da sua atuação, exatamente quando tem de realizar o principal papel que lhe foi imposto. Raciocínio contrário, capaz de desculpá-lo, seria razoável apenas se lhe coubesse decidir os casos iguais de forma desigual" (MARINONI, Luiz Guilherme. *Precedentes obrigatórios* cit., p. 142).

[84] Senão vejamos: "Vê-se, a partir daí, uma grave lacuna. Em que local está a igualdade diante das decisões judiciais? Ora, o acesso à justiça e a participação adequada no processo só têm sentido quando correlacionados com a decisão. Afinal, esta é o objetivo daquele que busca o Poder Judiciário e, apenas por isso, tem necessidade de participar do processo. [...] Vendo-se a decisão como fruto do sistema judicial e não como mera prestação atribuída a um juiz – singularmente considerado –, torna-se inevitável constatar que a racionalidade da decisão está ancorada no sistema e não apenas no discurso do juiz que a proferiu. Assim, por exemplo, não há racionalidade na decisão ordinária que atribui à lei federal interpretação distinta da que lhe foi dada pelo órgão jurisdicional incumbido pela Constituição Federal de uniformizar tal interpretação, zelando pela unidade do direito federal. A irracionalidade é ainda mais indisfarçável na decisão que se distancia de decisão anterior, proferida pelo mesmo órgão jurisdicional em caso similar, ou melhor, em caso que exigiu a apreciação de questão jurídica que o órgão prolator da decisão já definira" (MARINONI, Luiz Guilherme. *Precedentes obrigatórios* cit., p. 145).

Cap. 8 - O SUPREMO TRIBUNAL FEDERAL E A EFICÁCIA VINCULANTE DE SUAS DECISÕES

as discussões a respeito do tema, implica a falta de certeza em sua aplicação, o que deve ser combatido.

A certeza constitui um valor essencial da ordem jurídica e o seu alcance resta comprometido quando se admite a existência de interpretações divergentes e contraditórias na jurisprudência. Não podemos mais admitir que os juízes de piso apliquem a lei em sentido diverso do entendimento do tribunal a que estejam vinculados e tampouco que os tribunais ajam em desacordo com a linha argumentativa fixada pelos tribunais superiores. E mais: não podemos admitir que os demais órgãos jurisdicionais ignorem as interpretações dadas às leis federais e aos dispositivos constitucionais pelo Superior Tribunal de Justiça e pelo Supremo Tribunal Federal. É preciso que o jurisdicionado, ao ingressar em juízo, saiba, ao menos com determinado grau de certeza, se lhe será ou não concedido o direito alegado em sua petição inicial.[85]

A doutrina do *stare decisis* combate essa incerteza na medida em que torna conhecido o comportamento do Judiciário e da Administração Pública pela publicação dos precedentes judiciais a serem seguidos. É possível identificar, de antemão, qual o entendimento do Judiciário e quais teses jurídicas serão aplicadas à questão, tornando previsível a solução a ser dada ao caso sob análise.[86]

---

[85] "A doutrina do *stare decisis* repousa no princípio de que um Tribunal é uma instituição requisitada a aplicar um corpo de leis, e não um mero grupo de Juízes proferindo decisões isoladas nos casos a eles submetidos. Assim sendo, as regras de direito não devem mudar caso a caso ou de Juiz a Juiz. Tal doutrina também manifesta o reconhecimento de que aqueles que se encontram engajados em transações baseadas nas regras de direito que estão prevalecendo podem confiar em tal estabilidade. Em suma, o *stare decisis* promove um imparcial, previsível e consistente desenvolvimento dos princípios legais; fomenta confiança nas decisões judiciais; e contribui para a real integridade do processo judicial" (FINE, Toni M. O uso do precedente e o papel do princípio do *stare decisis* no sistema legal norte-americano cit., p. 95).

[86] Os benefícios da aplicação da teoria do *stare decisis, de lege lata*, não passam despercebidos aos estudiosos do tema: "Essa mesma tendência coletivista se dá ainda com providências endoprocessuais que buscam prestigiar a prevalência das instâncias ordinárias. Assim, já introduzidas no sistema vigente, tais providências extinguem demandas desde sua origem, como a improcedência liminar das ações repetitivas (art. 285-A do CPC). Ou, na denominada súmula impeditiva de recurso, rejeitam recursos no próprio juízo de primeiro grau; neste caso, sempre que o pronunciamento recorrido estiver de acordo com súmula do Pretório Maior ou do STJ (art. 518, § 1.º do CPC). Nos tribunais – tanto nos das instâncias ordinárias quanto nos da jurisdição extraordinária –, obstaculiza-se o processamento de recursos já em sua chegada ao órgão *ad quem*, deferindo-se ao julgamento monocrático o que sempre fora coletivo (art. 557 do CPC). Mais ainda, suspende-se a tramitação de milhares de processos que aguardarão julgamento de alguns poucos, em questões de mesma índole, recebendo, todos eles, idêntica decisão final (arts. 543-B e 543-C do CPC). Ou seja, a mesma questão de direito já não tramita isoladamente, com o que se propicia *segurança* e *estabilidade* nas relações jurídicas, alcançando-se a tão almejada *uniformidade* de julgamentos" (AMORIM, Aderbal Torres de. O recurso extraordinário e a abstrativização do controle difuso de constitucionalidade: as cláusulas gerais e os conceitos jurídicos indeterminados frente à repercussão geral cit., p. 381).

3.3.3. Princípio da efetividade

Indica o princípio da efetividade que a prestação jurisdicional deve ser segura e, ao mesmo tempo, concedida com o menor dispêndio de tempo possível. Também trabalhado sob o enfoque da economia processual, encontra-se relacionado ao aproveitamento dos atos processuais, visando à celeridade e eficiência.

A vinculação dos precedentes judiciais consiste em um meio apto a conferir celeridade ao procedimento sem colocar em risco a sua segurança. Significa o encontro do ponto de equilíbrio entre a celeridade e a segurança jurídica, a efetiva garantia da duração razoável do processo.[87]

Isso porque se os juízos inferiores estiverem obrigados a seguir a orientação dos tribunais que lhes são superiores, só haverá a necessidade de se recorrer, vislumbrando uma solução diversa ao caso, se nele existir um fato relevante o suficiente que justifique o afastamento do precedente – utilização da técnica do *distinguishing* –, haja vista que se essa questão não for levantada, o recurso não será sequer admitido.

Importa salientar que a utilização da técnica da vinculação dos precedentes judiciais contribui não apenas com o aprimoramento da técnica processual e com a otimização do processo, mas, sobretudo, com o retorno da credibilidade dos cidadãos na Justiça.

4. MÉTODOS DE SUPERAÇÃO DE UM PRECEDENTE VINCULANTE

4.1. Reversing

Entende-se por *reversing* a alteração da decisão de uma corte por outra que lhe seja superior, por meio de recurso. Ou seja, por meio do *reversing*, a corte superior afasta o precedente em determinado caso concreto, revendo a decisão da instância inferior que o aplicou, porém sem revogá-lo. O precedente é afastado *in concreto*.[88]

---

[87] A doutrina do *stare decisis* e a sua regra essencial de vinculação dos precedentes torna a resolução da crise por que passa o Poder Judiciário tão simples, que leva os estudiosos do tema a quase não acreditar que ainda há resistência em sua aceitação: "Qual é o sentido de o mesmo juiz ou tribunal julgar dois mil, cinco mil processos idênticos? Qual é a razão que justifica a impossibilidade de se estender os efeitos de uma decisão do Supremo Tribunal Federal para todas as situações em que os fatos substanciais da demanda coincidam? Por que obrigar o Supremo Tribunal Federal e o Superior Tribunal de Justiça a repetirem o mesmo julgamento por incontáveis vezes? É muito mais racional julgar uma única vez, possibilitando um tempo maior para a reflexão das controvérsias importantes. É muito mais razoável substituir a quantidade pela qualidade dos julgamentos" (cf. BRASIL JR., Samuel Meira. *Precedentes vinculantes e jurisprudência dominante na solução das controvérsias* cit., p. 27).

[88] BRASIL JR., Samuel Meira. *Precedentes vinculantes e jurisprudência dominante na solução das controvérsias* cit.

4.2. *Overruling*

O *overruling* corresponde à revogação ou ao cancelamento do precedente pela corte que o criou. A doutrina considera que o precedente apresenta condições de ser revogado quando deixa de corresponder aos padrões de congruência social – entendidos estes como a negação de padrões morais, políticos e de experiência – e quando os princípios que criam a base da segurança jurídica – isonomia, confiança justificada e vedação à surpresa – justificam mais a sua revogação do que a sua preservação.[89]

Outros autores procuraram elencar as hipóteses em que deveria ocorrer a revogação do precedente: (a) afastamento reiterado e discricionário do precedente pelos juízes, como forma de demonstrar que o consideram injusto ou incorreto; (b) impossibilidade de execução prática pelo fato de a regra não oferecer uma orientação segura, servindo-se de conceitos vagos e indeterminados; (c) compreensão de que o sentido do julgamento tornou-se injusto ou incorreto em razão das alterações culturais, políticas, sociais, econômicas ou tecnológicas ocorridas na sociedade; (d) superveniência de lei em sentido contrário[90] – é importante lembrar que o Poder Legislativo não se encontra vinculado aos precedentes judiciais; e (e) alteração da filosofia jurídica da corte de que emanou o precedente.[91]

Questão interessante refere-se aos efeitos da decisão que promove o *overruling*, a modificação do entendimento da corte. Na Inglaterra, quando a tese jurídica é superada, passa-se a considerar como se ela nunca houvesse existido – *retrospective overruling* –, não sendo aplicada aos casos futuros e tampouco aos casos presentes, produzindo efeitos *ex tunc*. Os Estados Unidos da América, por outro lado, trabalham com a produção de dois efeitos, devendo a corte decidir qual o mais adequado a cada caso: se declarado o *prospective overruling*, a revogação do precedente produz efeitos *ex nunc*, o que significa que apesar de a tese jurídica firmada – a *ratio decidendi* – não ser mais aplicada aos casos futuros, continua a ser observada nos fatos ocorridos antes de sua revogação. Se declarado, porém, o *anticipatory overruling*, a revogação é efetuada pelas cortes inferiores, como uma medida preventiva, indicando que a tese jurídica contida na *ratio decidendi* se encontra ultrapassada, não devendo ser aplicada por implicar decisões injustas.

Diante da limitação deste trabalho, não adentraremos na discussão de quais efeitos devem incidir sobre a decisão do Supremo Tribunal Federal que modifica

---

[89] Cf. MARINONI, Luiz Guilherme. *Precedentes obrigatórios* cit., p. 390.

[90] Hipótese em que ocorre o *overriding*, especificamente. Precisamente, ocorre o *overruling* quando o precedente judicial é revogado pela edição de outro em sentido diverso, pela própria corte que lhe deu origem, e *overriding* quando é revogado por meio da edição de uma lei, por um ato do Poder Legislativo.

[91] Cf. MELLO, Patrícia Perrone de Campos. Precedentes e vinculação cit., p. 188.

o seu entendimento a respeito de determinado tema, tendo estes sido descritos apenas a título informativo.

4.3. Overriding

Ao contrário do *overruling*, ato que determina a revogação total do precedente, o *overriding* indica a revogação de apenas parte dele, sendo restringido o seu âmbito de aplicação, em favor de uma regra que lhe seja posterior.[92] Apesar de ser comum doutrina definir o ato *overriding* como "revogação parcial", alguns autores o aproximam mais da figura do *distinguishing* do que do *overruling*, afirmando que apesar de a decisão do caso concreto não ser integralmente compatível com o precedente, este não é revogado, apenas afastado naquela situação específica.[93]

5. MÉTODO DISTINTIVO: AFASTAMENTO DE UM PRECEDENTE VINCULANTE – *DISTINGUISHING*

O *distinguishing* constitui uma exceção à regra geral. Corresponde a não aplicação de um precedente que, à primeira vista, parecia versar fatos idênticos, semelhantes ou análogos ao caso em julgamento, mas que uma visão um pouco mais atenta é capaz de demonstrar a existência de diferenças fáticas relevantes que o mostrem inadequado, justificando o seu afastamento.

Porém, não são quaisquer diferenças que são capazes de imputar o afastamento do precedente, mas somente aquelas que demonstrarem a necessidade de aplicação de uma tese jurídica diversa, sob pena de ocasionar grave injustiça.

Um exemplo pode ser depreendido do julgamento da ADC 4, em que se discutiu a constitucionalidade de um dispositivo de lei que proíbe a concessão de

---

[92] Cf. MELLO, Patrícia Perrone de Campos. *Precedentes:* o desenvolvimento... cit., p. 235.

[93] "O *overriding* se baseia na necessidade de compatibilização do precedente com um entendimento posterior firmado. A distinção que se faz, para se deixar de aplicar o precedente em virtude do novo entendimento, é consistente com as razões que estiveram à base da decisão que deu origem ao precedente. Como explica Eisenberg, em teoria o *overriding* poderia ser visto apenas como um caso especial de desvinculação (*hiving off*) mediante distinções consistentes, quando a Corte lida com um tipo de situação que não estava envolvida nos precedentes que deram origem ao entendimento anterior e conclui que, dadas as proposições sociais que fundamentam aquele entendimento anterior, a situação em questão deveria ser desvinculada para ser tratada de acordo com o entendimento mais recente. Portanto, há nova situação e novo entendimento no plano dos tribunais ou da academia, capaz de não permitir que caso substancialmente idêntico seja tratado da mesma forma. A distinção feita no *overriding* supõe que o litígio anterior, caso fosse visto na perspectiva da nova situação e do novo entendimento, teria tido outra solução. É por isso que, embora o *overriding* não signifique revogação, o seu resultado, do mesmo modo que aquele a que se chegou com o *overruling*, é incompatível com o precedente" (Cf. MARINONI, Luiz Guilherme. *Precedentes obrigatórios* cit., p. 347).

Cap. 8 – O SUPREMO TRIBUNAL FEDERAL E A EFICÁCIA VINCULANTE DE SUAS DECISÕES

medida liminar contra a Fazenda Pública. O Supremo Tribunal Federal declarou constitucional o dispositivo, impossibilitando o deferimento de pedido liminar em face do Estado em cinco situações: (i) reclassificação ou equiparação de servidores públicos; (ii) concessão de aumento ou extensão de vantagens pecuniárias; (iii) outorga ou acréscimo de vencimentos; (iv) pagamento de vencimentos e vantagens pecuniárias a servidor público; e (v) esgotamento, total ou parcial, do objeto da ação, desde que se refira a qualquer das matérias referidas; sendo esta decisão revestida de efeito vinculante e eficácia *erga omnes*.

Em julgados subsequentes, entretanto, viu-se obrigado a aplicar o método distintivo, deferindo pedidos liminares em situações em que o estado de necessidade do autor era evidente, como no caso de restabelecimento de benefício acidentário, de supressão total dos vencimentos do servidor ou de pensão por morte, sem justificativa aparente. Nesses casos foi possível o deferimento do pedido liminar porque os fatos se mostraram substancialmente relevantes para afastar o precedente *in concreto*. E o resultado não poderia ser outro, pois o precedente não se referia a essas situações especiais, mas às cinco hipóteses elencadas no ato de julgamento da ADC 4, o que, por si só, já obrigaria o afastamento da *ratio decidendi* das hipóteses dos autos, justamente pelo fato de estas não terem sido contempladas na apreciação da Suprema Corte em sede do controle concentrado. Em outras palavras, pode-se dizer que ainda não havia precedente formulado sobre essas situações específicas.

Por esse motivo, diz-se que o *distinguishing*, apesar de afastar a aplicação do precedente, na verdade, atua no sentido de sua preservação, não se podendo dizer que constitui uma forma de superá-lo.[94]

Por fim, importa esclarecer que o método distintivo (*distinguishing*), como demonstrado, não é estranho à nossa cultura jurídica, sendo aplicado hodiernamente pelos tribunais quando excluem a aplicação de determinada norma em face da existência de uma circunstância relevante não prevista na lei.[95]

---

[94] Utilizando-se os termos da tradição *common law*, a não aplicação de um precedente pela utilização do método distintivo – *distinguishing* – não significa que o precedente merece ser revogado por constituir uma *bad law*, mas, apenas, que ele não é adequado à solução do caso em julgamento – *inapplicable law*. Uma observação, porém, é necessária: "... a declaração de que o precedente é inaplicável não elimina a dúvida a respeito de sua higidez. Isso porque a constatação da inaplicabilidade do precedente não tem relação com o seu conteúdo e força. Todavia, a não aplicação de precedente, especialmente quando rotineira, pode revelar que o seu conteúdo não está sendo aceito na comunidade jurídica e nos tribunais. O precedente perde naturalmente a sua autoridade e credibilidade quando se torna *very distinguished*. Quer dizer que a distinção, por si só, não revela a fragilidade do precedente, embora o excesso de distinções possa ser sinal de enfraquecimento da sua autoridade" (cf. MARINONI, Luiz Guilherme. *Precedentes obrigatórios* cit., p. 327-328).

[95] BRASIL JR., Samuel Meira. *Precedentes vinculantes e jurisprudência dominante na solução das controvérsias* cit., p. 60.

6. CONSEQUÊNCIAS DO DESCUMPRIMENTO DOS PRECEDENTES JUDICIAIS VINCULANTES

Afirmar que um precedente judicial possui força normativa consiste em reconhecer seu caráter imperativo, o que implica admitir que o descumprimento da conduta imposta provoca alguma consequência. Isso porque se não existir nenhuma sanção para impor a sua eficácia, a atribuição do efeito vinculante ao precedente será inócua.[96]

São duas as formas de impor, juridicamente, uma sanção ao descumprimento de uma norma: utilizando meios físicos – sanção por sub-rogação, e utilizando meios psicológicos – sanção por coerção. No que concerne especificamente ao dever de vinculação dos magistrados e dos agentes administrativos aos precedentes judiciais, a sanção por sub-rogação é destinada aos juízes e corresponde à possibilidade de a instância superior, em caso de não observância da tese jurídica firmada, cassar a sua decisão, proferindo outra em seu lugar, ou reformá-la. A segunda, destinada aos agentes administrativos, consiste na sua responsabilização, em face do descumprimento do precedente, nas esferas administrativa, cível e criminal.[97]

Os meios sancionatórios são distintos em relação aos magistrados e aos agentes administrativos por motivos óbvios. O princípio da independência dos juízes impede que eles sofram qualquer pressão no sentido de serem obrigados a decidir em determinado sentido quando verificarem a possibilidade de cometer uma injustiça, motivo pelo qual não é possível responsabilizá-los nas esferas administrativa, cível ou penal quando deixarem de observar um precedente judicial, ainda que proferido pelo órgão de cúpula. A única exigência que lhes é feita é a de fundamentar as suas decisões, demonstrando os motivos pelos quais o precedente judicial, naquele caso, especificamente, deve ser afastado.

Os agentes administrativos, por sua vez, não estão amparados por essa prerrogativa e, por isso, devem observar, sempre, o sentido dos julgamentos dos tribunais e, sobretudo, do Supremo Tribunal Federal, sob pena de serem responsabilizados administrativa, civil e criminalmente.

7. PRINCIPAIS CRÍTICAS À TEORIA DA VINCULAÇÃO DOS PRECEDENTES JUDICIAIS

A aceitação da teoria da vinculação dos precedentes judiciais vem ganhando muitos adeptos, sendo constantemente defendida pela doutrina mais moderna,

---

[96] BRASIL JR., Samuel Meira. *Precedentes vinculantes e jurisprudência dominante na solução das controvérsias* cit., p. 108.

[97] Sanção prevista no art. 64-B da Lei 11.417/2006.

Cap. 8 – O SUPREMO TRIBUNAL FEDERAL E A EFICÁCIA VINCULANTE DE SUAS DECISÕES

porém alguns autores ainda se mostram resistentes à sua aplicação no Brasil, motivo pelo qual passaremos à análise das duas principais críticas formuladas.

7.1. Violação ao princípio da separação dos poderes

A discussão acerca da possibilidade de o Poder Judiciário proferir decisões com eficácia normativa remonta àquela levantada sobre a edição de súmulas vinculantes pelo Supremo Tribunal Federal. A polêmica gira em torno da tese levantada pelos oposicionistas de que o efeito vinculante das decisões implica a violação do princípio constitucional da separação dos poderes.[98]

É preciso esclarecer, para bem delinear a questão, que a razão pela qual se deu a divisão do Poder nas esferas executiva, legislativa e judiciária não foi apenas a de se dividir as funções a serem exercidas por cada um deles, mas também a de que cada um pudesse controlar as atividades exercidas pelos demais,[99] de forma a evitar que um se sobrepusesse ao outro, tornando-se ilimitado.

Ao Poder Executivo foram conferidas, preponderantemente, as funções administrativas, ao Legislativo a função legiferante e ao Judiciário a função de julgar as questões submetidas a sua apreciação. Como se disse, a definição de cada poder foi feita com base nas funções que deveriam desempenhar com preponderância, e não com exclusividade. Aos Poderes é permitido o exercício das funções conferidas aos outros, devendo ser ressalvado, apenas, que estes não podem excluir a competência originária do Poder que exerce a função com preponderância e tampouco o controle exercido por ele.

Acerca da função legislativa, de interesse específico deste trabalho, a possibilidade de outros poderes editarem atos normativos está prevista no próprio texto constitucional, o qual atribui ao Congresso Nacional competência para "zelar pela preservação de sua competência legislativa em face da atribuição normativa dos outros Poderes".[100] Conforme se nota, determina a norma constitucional que

---

[98] Art. 2.º da CR.

[99] "A divisão das funções estatais é mais antiga que os escritos de Montesquieu, podendo retroagir a um modelo inicialmente idealizado por Aristóteles. Porém, a Montesquieu cabe o crédito de haver desenvolvido não apenas a tese de separação de funções, mas a criação de uma teoria com uma característica específica e de essencial importância, a saber, o **controle** de um poder pelos demais. Desse modo, a teoria de separação dos poderes de Montesquieu difere das anteriores que discutiam meramente a separação de funções, ao permitir um controle sobre eventuais excessos na atuação dos poderes. Essa característica – controle dos Poderes entre si – é muito importante para justificar a própria legitimação do efeito vinculante na atuação do Judiciário, quando ele se pronuncia, por exemplo, sobre a constitucionalidade das leis" (BRASIL JR., Samuel Meira. *Precedentes vinculantes e jurisprudência dominante na solução das controvérsias* cit., p. 13).

[100] Art. 49, XI, da CR. Esse fato não passou despercebido pela doutrina de referência: "Uma leitura atenta desta norma constitucional revela sentido mais abrangente do que de início poderia parecer. Não se deve colocar o peso hermenêutico apenas na primeira parte do inciso XI. O

o controle do Congresso deve recair sobre a atribuição normativa dos outros Poderes, os quais estão, como consequência lógica, autorizados a editar normas gerais. E a utilização do termo no plural não deixa margem a dúvida de que a função normativa pode ser desempenhada tanto pelo Poder Executivo quanto pelo Judiciário.[101]

E não poderia ser diferente. Com certa frequência podemos constatar que o Poder Legislativo permanece omisso[102] perante questões que geram grandes discussões na sociedade, deixando de votar e aprovar diversos projetos de lei por entender que esta não se encontra madura o suficiente para discuti-las e determinar seus limites – ou por encontrar dentro do próprio Congresso tantas divergências que torna impossível a aprovação de qualquer lei a respeito.

---

intérprete deve extrair o sentido completo, principalmente a partir da carga significativa que estatui a segunda parte. Vejamos. A norma constitucional menciona que o controle do Congresso recai sobre a atribuição *normativa*. Isso significa que a função de editar normas gerais não é privativa do legislativo, mas pode ser exercida por outros. Menciona, também – e aqui talvez o sentido mais importante do enunciado –, que a atribuição é *dos outros Poderes*. No plural. O que indica a atribuição normativa também do Poder Judiciário, e não apenas do Executivo. Ora, que outra função normativa teriam os juízes e tribunais, a não ser a projeção da força de incidência normativa de seus julgados?" (BRASIL JR., Samuel Meira. *Precedentes vinculantes e jurisprudência dominante na solução das controvérsias* cit., p. 15).

[101] "Assim, não há uma separação absoluta entre as três funções estatais e, ainda que seja questionável a existência de um núcleo essencial ao princípio da separação dos poderes, não haveria sentido o argumento de que o Poder Judiciário, ao editar súmulas vinculantes, estaria usurpando as funções do Poder Legislativo, posto que a vinculação aos precedentes não é uma forma de ampliação dos poderes dos juízes, mas, ao contrário, um modo de limitá-los. O que se combate é justamente o arbítrio judicial, impedindo a figura do juiz-rebelde que, deixando de cumprir os precedentes do STJ (*sic*, STF), fere os princípios da isonomia, da segurança jurídica e do acesso à justiça, penalizando a parte que tem razão, já que a submete ao calvário recursal para a obtenção da tutela jurisdicional. Sob nenhum ângulo, pode-se concluir que a súmula vinculante crie uma espécie de 'monismo de poder', concentrando os poderes legislativos nas mãos dos juízes. [...] De qualquer modo, o argumento de que a súmula vinculante esbarraria no princípio da separação de poderes foi superado pela existência de vários projetos ou propostas de emendas à Constituição, os quais redundaram no art. 103-A, inserido pela EC 45/2004" (cf. CAMBI, Eduardo; BRITO, Jaime Domingues. Súmulas vinculantes. *Revista de Processo*, São Paulo: RT, n. 168, 2009, p. 145-147).

[102] Exemplos da omissão do Poder Legislativo não passam despercebidos pelos juristas que se dispõem a estudar o assunto: "No exercício do controle de constitucionalidade o Supremo Tribunal Federal já decidiu pela inconstitucionalidade parcial do Finsocial, do PIS e da Contribuição Social sobre o Lucro. No entanto, a Administração continua a agir como se nada tivesse ocorrido, ou seja, cobrando aquelas contribuições na forma considerada inconstitucional pela Suprema Corte. E o que é pior. São muitos os juízes que decidem as questões versando aquelas matérias contrariando as decisões da mais autorizada Corte do país. Tudo porque foram proferidas no exercício do controle difuso e não em Ação Direta e o Senado Federal deixou de cumprir com a sua tarefa de suspender a execução dos atos normativos declarados inválidos" (cf. BUENO FILHO, Edgard Silveira. Precedentes no direito brasileiro cit., p. 176).

Cap. 8 – O SUPREMO TRIBUNAL FEDERAL E A EFICÁCIA VINCULANTE DE SUAS DECISÕES

Estas questões, tal como a regulamentação das uniões homoafetivas, a consideração acerca de constituir ou não o aborto de fetos anencefálicos conduta criminosa, a possibilidade de se formar um colegiado no primeiro grau de jurisdição para julgar os crimes cometidos por organização criminosa, entre outras, quando chegam ao Poder Judiciário, exigem uma resposta imediata. Esse Poder, em observância ao princípio do *non liquet*, é obrigado a se manifestar, não lhe restando alternativa a não ser delinear – regulamentar – a questão nos fundamentos de sua decisão. Negar a legitimidade do Judiciário para agir nesses casos seria admitir que diversos fatos sociais de grande relevância para o Direito permanecessem sem roupagem jurídica.

Ademais, com certa frequência podemos perceber que o julgamento desses *leading cases* são bem recepcionados pelo Congresso Nacional, sendo comum o Legislativo editar uma lei logo depois de a questão ser considerada pelo Poder Judiciário, com os mesmos contornos.[103]

De acordo com o texto constitucional, compete também a ambos os poderes o controle da atividade legiferante exercida pelo Poder Legislativo, devendo o Executivo vetar a publicação das leis que forem de encontro às políticas do governo[104] e o Judiciário declará-las inconstitucionais quando violarem os princípios ou direitos assegurados pela Constituição.[105]

Diante disso, não se sustenta o argumento de que a edição de atos com eficácia vinculante pelo Poder Judiciário ofende a Constituição por usurpar uma função que é típica do Poder Legislativo, assim como também não ofende o texto constitucional os julgamentos proferidos pelo Congresso Nacional dos crimes de responsabilidade praticados pelo Presidente e Vice-Presidente da República e pelos Ministros do Supremo Tribunal Federal.[106] Até mesmo porque

---

[103] Prova disso foi o que ocorreu recentemente, em maio de 2012, no julgamento da ADIn 4.414/AL, que versava sobre a inconstitucionalidade da Lei 6.806/2007 do Estado alagoano, que criou uma vara especializada, no primeiro grau de jurisdição, para julgar os crimes praticados por organização criminosa. Os julgamentos seriam proferidos por um grupo composto por cinco juízes, estabelecendo-se, no primeiro grau de jurisdição, um órgão colegiado, a fim de diminuir a pressão exercida sobre cada um deles individualmente, diante de diversos casos de sequestro e homicídio de magistrados ocorridos no Estado. A formação desse órgão foi considerada constitucional por maioria, mas o julgamento não se restringiu somente a isso, tendo havido a apreciação da constitucionalidade de cada artigo, restando uns considerados constitucionais, outros não. Dois meses depois, foi aprovada a Lei 12.694/2012, regulamentando a criação, em primeiro grau de jurisdição, de varas especializadas para o julgamento dos crimes praticados por esse meio e alterando a legislação em vigor em tudo o que fosse contrário, conferindo, assim, máxima legitimidade à decisão do Supremo Tribunal Federal, que já era considerada de observância obrigatória por ser revestida de eficácia *erga omnes* e efeito vinculante, haja vista ter sido proferida em sede de controle concentrado.

[104] Art. 84, V, da CR. Também o art. 55, § 1.º, da CR, referente à sanção dos projetos de lei.

[105] Art. 97 da CR.

[106] Art. 52, I e II, da CR.

há previsão do exercício de função legislativa, por disposição expressa, ao Poder Executivo, sendo de sua competência a edição de leis delegadas e de medidas provisórias.[107]

E não há de se falar que os atos do Executivo são passíveis de serem controlados porque o ato de delegação estabelece os seus limites e pelo fato de a medida provisória constituir medida de exceção editada somente em casos de extrema urgência. Os atos emanados do Poder Judiciário, conforme demonstrado, são igualmente sujeitos a controle, pois, conforme se sabe, a eficácia vinculante não atinge o Poder Legislativo no que concerne ao exercício de sua função típica, podendo este editar uma lei – ou emendar à Constituição – em sentido contrário ao que foi prescrito judicialmente, a qualquer momento.

Aliás, o próprio Poder Legislativo procurou pacificar a questão, atribuindo, expressamente, ao Judiciário, por meio da Emenda Constitucional 45, poderes para editar súmulas vinculantes,[108] que nada mais são do que atos com eficácia normativa.[109] Além disso, todos os dispositivos de lei que evidenciam o dever de observância dos precedentes judiciais, previstos no Código de Processo Civil, foram nele inseridos por ato do próprio Poder Legislativo, representativo da vontade popular, não havendo falar em *deficit* de legitimidade democrática das decisões judiciais revestidas de eficácia vinculante.

7.2. Violação do princípio da independência dos juízes

Outra crítica que se formula à adoção da teoria da vinculação dos precedentes judiciais no Brasil diz respeito à violação do princípio da independência dos juízes, decorrente da vinculação de sua decisão ao sentido da proferida anteriormente por um órgão de jurisdição superior à sua. O argumento relaciona a independência dos juízes à possibilidade de este atribuir qualquer sentido à lei, arbitrariamente, ainda que o tribunal encarregado de estabelecer o seu significado já o tenha feito em sentido diverso.[110]

---

[107] Art. 68 da CR.

[108] Art. 103-A da CR, acrescentado pela EC 45/2004.

[109] "[...] Além de todo o mais, efetivamente o Supremo já dispõe do poder normativo expresso na competência, regular e seguidamente exercida, para declarar a inconstitucionalidade de leis ou atos normativos federais, cassando-os ou determinando a cassação de sua eficácia" (cf. DINAMARCO, Cândido Rangel. *Fundamentos do processo civil moderno* cit., p. 233).

[110] A respeito da unicidade da jurisdição, o professor Marinoni expõe com maestria: "Viola a igualdade e o Estado de Direito admitir que um caso, cuja questão jurídica já foi definida pelos tribunais, possa ser julgado de forma distinta por um dos órgãos do Poder Judiciário, quando, como todos sabem, a jurisdição é uma. Ora, se não há dúvida que o Judiciário, tomado em sua unidade, não pode atribuir vários significados à lei ou decidir casos iguais de forma desigual, restaria àqueles que sustentam que o juiz não pode se subordinar ao precedente o argumento de que o Judiciário pode e deve ter diversos entendimentos e decisões sobre a mesma lei e o

Cap. 8 – O SUPREMO TRIBUNAL FEDERAL E A EFICÁCIA VINCULANTE DE SUAS DECISÕES

A nosso sentir, essa interpretação mostra-se patentemente equivocada. É preciso entender que o Poder Judiciário constitui um todo unitário, prestando uma jurisdição una. O fato de esse Poder, para ser exercido, ter sido dividido em órgãos e instâncias, não significa o seu desmembramento. Os juízes e os demais órgãos judiciários compõem peças dentro de um mesmo sistema de distribuição de justiça e é exatamente por isso que as suas decisões devem ser proferidas sempre em um mesmo sentido – sentido este estabelecido pelo órgão competente para uniformizar a interpretação das leis e para interpretar o texto constitucional.[111]

Diante disso, é importante lembrar que seguir as orientações firmadas pelo Supremo Tribunal Federal é um dever, tendo sido a ele conferida, por disposição expressa da Constituição,[112] a função de guarda e intérprete autorizado de seu texto.[113] E mais, sendo este tribunal o órgão de cúpula do sistema judiciário, todos os outros, por obediência hierárquica, devem ser considerados obrigados a seguir o sentido de suas decisões.

Outra alegação desfavorável à aplicação da teoria da vinculação dos precedentes judiciais, encontrada na doutrina, diz respeito à diminuição do poder dos juízes quando estes se veem obrigados a seguir a tese jurídica firmada pelo tribunal a que esteja vinculado ou pelo órgão de cúpula.

A nosso sentir, esse argumento também não merece prosperar. Se, por um lado, aparentemente possa ocorrer alguma restrição em seu poder, por outro, a responsabilidade dos magistrados é aumentada, na medida em que passa a ser exigida a análise minuciosa das circunstâncias fáticas do caso concreto submetido a sua apreciação, de modo a identificar a sua perfeita adequação ao precedente judicial. E não sendo possível considerar os casos idênticos, havendo diferenças relevantes entre eles, o magistrado deverá demonstrá-las para que lhe seja permitido aplicar o método distintivo – *distinguishing* – ou, quem sabe, indicar a necessidade de sua revogação, em caso de patente injustiça. Ademais, na inexistência de precedente judicial a respeito, cumprirá aos juízes fixar a tese jurídica adequada.[114]

---

mesmo caso, como se fosse um Poder irremediavelmente multifacetado" (cf. MARINONI, Luiz Guilherme. *Precedentes obrigatórios* cit., p. 205-206).

[111] "O juiz que contraria a posição do tribunal, ciente de que a este cabe a última palavra, pratica ato que, ao atentar contra a lógica do sistema, significa desprezo ao Poder Judiciário e desconsideração para com os usuários do serviço jurisdicional" (cf. MARINONI, Luiz Guilherme. *Precedentes obrigatórios* cit., p. 65).

[112] Art. 102, *caput*, da CR.

[113] Esse é o entendimento da doutrina de referência, senão vejamos: "Deveria ser evidente, mas não é, que o cargo de juiz não existe para que aquele que o ocupa possa proferir 'a sua decisão', mas para que ele possa colaborar com a prestação jurisdicional – para o que a decisão, em contraste com o precedente, nada representa, constituindo, em verdade, um desserviço" (cf. MARINONI, Luiz Guilherme. *Precedentes obrigatórios* cit., p. 206-207).

[114] Aliás, a mesma percepção é tida pela doutrina norte-americana: "O sistema do *stare decisis*, ao mesmo tempo em que restringe o poder dos Juízes, concede a eles ainda maior controle

8. CONCLUSÃO

Ante o exposto, analisadas as características das duas modalidades de controle de constitucionalidade realizadas pelo Supremo Tribunal Federal, o concentrado e o difuso, a tese da objetivação dos recursos extraordinários, da mutação da função do Senado Federal de conferir efeitos *erga omnes* às decisões proferidas incidentalmente em sede de controle difuso, o procedimento da repercussão geral, os artigos do Código de Processo Civil que atribuem ao relator a possibilidade de proceder ao julgamento monocrático do recurso, bem como a tese da transcendência dos motivos determinantes das decisões, podemos afirmar, *de lege lata*, que todos os julgamentos proferidos pelo Supremo Tribunal Federal são revestidos de eficácia vinculante, sendo, por isso, de observância obrigatória pelos demais Poderes, ressalvando-se, apenas, o Poder Legislativo, no que concerne ao exercício de sua função típica, qual seja, a de editar normas gerais e abstratas.

Acreditamos ser possível, por meio da aplicação da teoria da vinculação dos precedentes judiciais, solucionar a crise de descrédito por que passa o Poder Judiciário brasileiro. O raciocínio é simples: a crise decorre de dois vícios do sistema, quais sejam, a morosidade processual decorrente de seu congestionamento, e a insegurança jurídica decorrente da falta de uniformização de sua jurisprudência. A teoria, ao impor o dever de observância dos precedentes judiciais das instâncias superiores, ao mesmo tempo em que implica a redução drástica do número de recursos interpostos, descongestionando os órgãos judiciários, torna o ordenamento jurídico consistente e o resultado do processo previsível ao jurisdicionado.

Isso porque se os juízos inferiores estiverem obrigados a seguir as orientações dos tribunais superiores, somente haverá a necessidade de interpor recurso vislumbrando outra solução se, no caso concreto, existir um fato potencialmente relevante que justifique o afastamento do precedente judicial, exigindo que outro seja proferido em seu lugar. Sendo o afastamento do precedente judicial uma exceção, a regra será a de que as decisões transitem em julgado logo na primeira ou, no mais tardar, na segunda instância, deixando os tribunais supe-

---

sobre a interpretação e aplicação das leis. É que, por um lado, tal princípio restringe a decisão judicial, na medida em que geralmente estipula que um determinado Tribunal é obrigado a seguir os princípios e regras estabelecidos em casos anteriores. Todavia, por outro lado, a importante função do precedente nos casos subsequentes implica uma responsabilidade especial: a tendência das Cortes de seguirem as decisões anteriores garante aos Tribunais o poder de confiar aos futuros Juízes os princípios estabelecidos naquele sentido. Assim sendo, conquanto em determinadas situações os Juízes podem estar limitados pela operação do *stare decisis*, não se pode perder de vista que tal operação também outorga ao Judiciário um poder enorme de influência sobre o futuro no que se refere aos casos ainda não decididos" (cf. FINE, Toni M. O uso do precedente e o papel do princípio do *stare decisis* no sistema legal norte-americano cit., p. 91).

Cap. 8 – O SUPREMO TRIBUNAL FEDERAL E A EFICÁCIA VINCULANTE DE SUAS DECISÕES

riores livres para apreciar questões sobre as quais ainda não haja a incidência de um precedente.

9. REFERÊNCIAS BIBLIOGRÁFICAS

AMORIM, Aderbal Torres de. O recurso extraordinário e a abstrativização do controle difuso de constitucionalidade: as cláusulas gerais e os conceitos jurídicos indeterminados frente à repercussão geral. *Revista de Processo*, São Paulo: RT, n. 191, p. 377-388, jan. 2011.

BEDAQUE, José Roberto dos Santos. *Efetividade do processo e técnica processual*. 3. ed. São Paulo: Malheiros, 2010. 601 p.

BOTELHO DE MESQUITA, José Ignacio. Uniformização da jurisprudência (esboço de substitutivo ao projeto de Lei 3.804/1993). *Teses, estudos e pareceres de processo civil*. São Paulo: RT, 2005. v. 2, 272 p.

BRASIL JR., Samuel Meira. *Precedentes vinculantes e jurisprudência dominante na solução das controvérsias*. 2010. 241 f. Tese (Doutorado em Direito Processual) – Faculdade de Direito da Universidade de São Paulo, São Paulo, 2010.

BUENO FILHO, Edgard Silveira. Precedentes no direito brasileiro. *Revista Trimestral de Direito Público*, São Paulo, n. 10, p. 174-177, 1995.

CAMBI, Eduardo; BRITO, Jaime Domingues. Súmulas vinculantes. *Revista de Processo*, São Paulo: RT, n. 168, p. 143-160, 2009.

CAPPELLETTI, Mauro. The doctrine of stare decisis and the civil law: A fundamental difference – or no difference at all? *Civil litigation in comparative context*. Thompson West, 1998.

_____; GARTH, Bryant. *Acesso à justiça*. Porto Alegre: Fabris, 1988. 168 p.

COLE, Charles D. *Stare decisis* na cultura jurídica dos Estados Unidos. O sistema de precedente vinculante do *common law*. *Revista dos Tribunais*, São Paulo: RT, n. 752, p. 11-21, jun. 1998.

CRUZ E TUCCI, José Rogério. *Precedente judicial como fonte do direito*. São Paulo: RT, 2004. 350 p.

DINAMARCO, Cândido Rangel. *Fundamentos do processo civil moderno*. 6. ed. São Paulo: Malheiros, 2010. t. I, 992 p.

FINE, Toni M. O uso do precedente e o papel do princípio do *stare decisis* no sistema legal norte-americano. *Revista dos Tribunais*, São Paulo: RT, v. 782, p. 90-96, dez. 2000.

LUND, Aleksander Peczenik. The binding force of precedent. In: MACCORMICK, Donald Neil; SUMMERS, Robert S. (Org.). *Interpreting precedents*: a comparative study. England: Dartmouth Publishing Company Limited e Ashgate Publishing Limited, 1997. p. 461-480.

MARINONI, Luiz Guilherme. A segurança jurídica como fundamento do respeito aos precedentes. *Revista do Instituto dos Advogados do Paraná*, Curitiba, n. 37, p. 55-71, set. 2009.

_____. *Precedentes obrigatórios*. São Paulo: RT, 2010. 542 p.

MENDES, Gilmar. O papel do Senado Federal no controle federal de constitucionalidade: um caso clássico de mutação constitucional. *Revista de Informação Legislativa*, Brasília, n. 179, p. 257-276, jul.-dez. 2008.

MELLO, Patrícia Perrone de Campos. *Precedentes:* o desenvolvimento judicial do direito no constitucionalismo contemporâneo. Rio de Janeiro: Renovar, 2008. 348 p.

_____. Precedentes e vinculação. *Revista de Direito Administrativo*, Rio de Janeiro, n. 241, p. 177-208, jul.-set. 2005.

MACCORMICK, Donald Neil; SUMMERS, Robert S. (Org.). *Interpreting precedents*: a comparative study. England: Dartmouth Publishing Company Limited e Ashgate Publishing Limited, 1997.

REICHELT, Luis Alberto. A duração do processo, o julgamento do recurso extraordinário dotado de repercussão geral. *Revista de Processo*, São Paulo: RT, n. 193, p. 131-150, mar. 2011.

TARUFFO, Michele. Institutional factors influencing precedents. In: MACCORMICK, Donald Neil; SUMMERS, Robert S. (Org.). *Interpreting precedents*: a comparative study. England: Dartmouth Publishing Company Limited e Ashgate Publishing Limited, 1997. p. 437-460.

_____. Precedente e jurisprudência. *Revista de Processo*, São Paulo: RT, n. 199, p. 139-155, 2011.

ZWEIGERT, Konrad; KOTZ, Hein. Introduction to comparative law. *Civil litigation in comparative context.* Thompson West, 1998.

REPERCUSSÃO GERAL DO RECURSO EXTRAORDINÁRIO

9

Ana Carolina Squadri Santanna

Sumário: 1. Introdução – 2. A constitucionalização do processo civil – 3. Aspectos gerais da repercussão geral – 4. Demonstração da relevância e da transcendência – 5. A interpretação-aplicação da repercussão geral: 5.1. Crise quantitativa x crise qualitativa das decisões; 5.2. A hermenêutica jurídica como garantia – 6. Conclusão – 7. Referências bibliográficas.

1. INTRODUÇÃO

Trata-se a Repercussão Geral de uma condição de admissibilidade do recurso extraordinário introduzida pela Emenda Constitucional 45/2004 e disciplinada pela Lei 11.418/2006, bem como pela Emenda Regimental do Supremo Tribunal Federal 21/2007.

A lei citada acrescentou os arts. 543-A e 543-B ao Código de Processo Civil – CPC, os quais estabeleceram a nova sistemática de processamento dos recursos extraordinários, além do efeito multiplicador da decisão de reconhecimento da repercussão geral. Dessa forma, pode-se dizer que a repercussão geral é mais que uma condição de admissibilidade recursal, pois além de o mecanismo de filtro recursal determinar quais matérias o Supremo Tribunal Federal – STF deverá julgar,[1] a decisão de admissibilidade irá repercutir em outros processos.

---

[1] FERRAZ, Taís Schilling. Repercussão geral – muito mais que um pressuposto de admissibilidade. In: PAULSEN, Leandro. *Repercussão geral no recurso extraordinário*, estudos em homenagem à Ministra Ellen Gracie. Porto Alegre: Livraria do Advogado, 2011. p. 77.

O novo requisito de admissibilidade surgiu no período das Reformas do Judiciário, as quais tinham como objetivo aferir maior celeridade ao processo, e no caso da repercussão geral a eficiência seria alcançada por meio da restrição do acesso ao STF. Isso porque se argumenta que a morosidade da prestação da tutela jurisdicional tem como um dos fatores o excesso de carga de trabalho na Corte, tendo em vista que a Constituição Federal prevê uma competência ampla para o órgão de cúpula, o qual atua tanto no controle concentrado de processos quanto no controle difuso.[2]

Em 2009 havia mais de 67 milhões de processos em tramitação no Judiciário, segundo informação do Conselho Nacional de Justiça.[3] De acordo com o atual sistema, o STF teria competência para julgar cada um desses processos, haja vista que ao mesmo tempo em que o Tribunal atua como guardião da Constituição, funciona como órgão de cúpula do Judiciário para decidir em última ou única instância em todos os processos em trâmite, pelo menos potencialmente, como um tribunal de revisão.

Jean Alves Pereira Almeida sustenta que o "aumento vertiginoso de recursos extraordinários e agravos de instrumentos interpostos no Supremo Tribunal Federal indica também a possibilidade de juízes e tribunais não estarem laborando de forma plena, observando os preceitos constitucionais em suas decisões e acórdãos ou mesmo não dispensando grandes atenções à fundamentação de seus decisórios, o que resta por causar inconformismo da parte e gera, para esta, o direito de recorrer às vias excepcionais".[4]

Em razão disso, a primeira reação do tribunal foi desenvolver uma jurisprudência defensiva com relação ao conhecimento do recurso extraordinário. Conforme leciona Luciano Felício Fuck, "o caráter extraordinário do apelo extremo denotava-se cada vez mais pela excepcionalidade do conhecimento do recurso e cada vez menos como remédio constitucional apto a harmonizar a interpretação de normas constitucionais. A própria violação de normas constitucionais perdia importância em face dos diversos requisitos processuais que deveriam ser preenchidos para que o recurso fosse conhecido (...)".[5]

---

[2] ALMEIDA, Jean Alves Pereira. Repercussão geral objetiva. *Revista Dialética de Direito Processual*, n. 95, fev. 2011, p. 33.

[3] FUCK, Luciano Felício. O Supremo Tribunal Federal e a repercussão geral. *Revista de Processo*, ano 35, n. 181, São Paulo: RT, mar. 2010, p. 11-12.

[4] ALMEIDA, Jean Alves Pereira. Repercussão geral objetiva cit., p. 34. Desse modo, entende o autor que a Emenda Constitucional 45/2004 criou a repercussão geral com o objetivo de dificultar o acesso dos recursos extraordinários ao tribunal superior a fim de possibilitar a diminuição da distribuição dos processos, melhorando a atuação enquanto Corte Constitucional. Para o autor, essa lógica pode acarretar num empobrecimento da ciência jurídica, além de permitir que decisões inconstitucionais possam gerar efeitos se não forem demonstradas a relevância da questão constitucional e a transcendência.

[5] FUCK, Luciano Felício. O Supremo Tribunal Federal e a repercussão geral cit., p. 21.

Cap. 9 - REPERCUSSÃO GERAL DO RECURSO EXTRAORDINÁRIO

Atualmente, o STF questiona o seu papel, defendendo em alguns julgados que a função desse tribunal superior deve se restringir à de guardião da supremacia da Constituição, de maneira que não funcione como órgão revisor, mas sim como Corte Constitucional, zelando pelo controle de constitucionalidade das leis.[6] A verdade é que a revisão do caso concreto de todo recurso extraordinário interposto representa um excesso que inviabiliza o Supremo de enfrentar seus principais desafios. Em duas decisões proferidas pelo STF, o Tribunal mostrou que pretende atuar pela supremacia da Constituição de maneira objetiva.

Na primeira decisão (AI 842.860 AgR/SP) julgou que o recorrente deve demonstrar a transcendência da decisão mesmo em matéria criminal[7] e no RE 556.664/RS, o Relator Ministro Gilmar Mendes afirmou se tratar de um processo de objetivação de recurso extraordinário, decidindo que "esse instrumento deixa de ter caráter marcadamente subjetivo ou de defesa de interesse das partes, para assumir, de forma decisiva, a função de defesa da ordem constitucional objetiva".[8] Neste processo, o Relator apresentou questão de ordem para que fossem adicionados ao julgamento outro dois recursos que, embora discutam a constitucionalidade de dispositivos normativos diversos, a questão constitucional de fundo seria idêntica.[9]

---

[6] José Guilherme Berman preocupa-se com a preservação do STF como tribunal com destacado papel na proteção dos direitos fundamentais, sendo o modelo difuso-concreto de controle de constitucionalidade insubstituível, em razão do amplo acesso que confere aos cidadãos. Em suma, para o autor o STF deve atentar para não se tornar um tribunal preocupado tão somente com a governabilidade do país em detrimento de direitos fundamentais violados e não respeitados pelos tribunais locais. Cf. BERMAN, José Guilherme. *Repercussão geral no recurso extraordinário*: origens e perspectivas. Curitiba: Juruá, 2009. p. 128.

[7] "Agravo Regimental. Matéria criminal. Recurso extemporâneo. Ausência de fundamentação da preliminar de repercussão geral. Intimação do acórdão recorrido posterior a 03.05.2007. Prequestionamento. Ofensa reflexa. Reexame de fatos e provas. (...) De acordo com a orientação firmada neste Tribunal, é inviável o recurso extraordinário em que não houve demonstração da preliminar de repercussão geral, inclusive em matéria criminal. Cabe à parte recorrente apontar de forma expressa e clara as circunstâncias que poderiam configurar a relevância – do ponto de vista econômico, político, social ou jurídico – das questões constitucionais invocadas no recurso extraordinário (CPC, art. 543-A, §§ 1.º e 2.º). (...)." STF, 2.ª T., rel. Min. Joaquim Barbosa, AI 842.860 AgR/SP, j. 22.05.2012. Disponível em: <www.stf.gov.br>. Acesso em: 02 jul. 2012.

[8] STF, RE 556.664/RS, rel. Min. Gilmar Mendes, Questão de Ordem. Disponível em: <www.stf. gov.br>. Acesso em: 18 jul. 2012; cf. BERMAN, José Guilherme. *Repercussão geral no recurso extraordinário*: origens e perspectivas cit., p. 133-134.

[9] "O Tribunal, por unanimidade, acolheu proposta do relator para constar que, à questão de ordem no RE 556.664-1/RS, apresentada e deliberada na assentada anterior, sejam adicionados os Recursos Extraordinários 559.882-9/RS e 560.626-1/RS, pois, apesar de discutirem a constitucionalidade de outros dispositivos normativos, quais sejam, o art. 45 da Lei 8.212/1991 (que trata de decadência da constituição do crédito das contribuições previdenciárias) e o art. 5.º, parágrafo único, do Decreto-Lei 1.569/1977 (que cuida da suspensão da contagem do prazo prescricional para as causas de pequeno valor), respectivamente, neles a discussão constitucional de fundo apresenta-se idêntica à do RE 556.664-1/RS, uma vez que tais dispositivos (arts. 45 e

A Emenda Constitucional 45/2004 representa um marco do início da objetivação do recurso extraordinário, como se fosse o julgamento sob as regras do controle concentrado de constitucionalidade das leis, tendo como características o exame da tese constitucional e o efeito vinculante das decisões que julgam o recurso extraordinário. Para Paulo Vitor da Silva Probst, a objetivação do processo visa a três metas: eficiência, celeridade e feição de Corte Constitucional ao STF.[10] De acordo com esse tratamento moderno do controle difuso, julga-se somente a tese constitucional, ficando a análise do caso concreto para a 1.ª e a 2.ª instância.[11]

Como observa Guilherme Beux Nassif Azem,

> O interesse público ao qual servem os tribunais de cúpula, contudo, não se confunde com aquele a que servem os demais órgãos jurisdicionais. A missão das cortes superiores vincula-se à defesa e à preservação da unidade do ordenamento jurídico, de modo a garantir a observância do direito objetivo e a uniformidade da jurisprudência. Cabe-lhes, pois, precipuamente, a *função nomofilácica*, isto é, de zelar pela interpretação e aplicação do direito de forma tanto quanto possível uniforme. Sua atividade essencial, assim, transcende o mero interesse das partes.[12]

Desse modo, o requisito da repercussão geral foi introduzido objetivando priorizar o papel do STF como Corte Constitucional, bem como para servir de "mecanismo de racionalização de trabalho",[13] já que a decisão sobre a repercussão geral de um recurso irá refletir nos demais processos que possuem questões idênticas[14] (efeito multiplicador). Sendo reconhecida a repercussão geral, os recursos sobre a mesma matéria serão sobrestados para aguardar o julgamento do *leading case* pelo STF, "eliminando a necessidade de remessa de todas as ações individuais".[15]

---

46 da Lei 8.212/1991 e art. 5.º, parágrafo único do Decreto-Lei 1.569/1977) foram declarados inconstitucionais pelo Plenário do Tribunal Regional Federal de origem, todos pelo mesmo fundamento." STF, RE 556.664, rel. Min. Gilmar Mendes, j. 21.09.2007. Disponível em: <www.stf.gov.br>. Acesso em: 1.º jul. 2012.

[10] PROBST, Paulo Vitor da Silva. A objetivação do recurso extraordinário. *Revista de Processo*, ano 36, v. 197, São Paulo: RT, jul. 2011, p. 86.

[11] CONCEIÇÃO, Marcelo Moura. Julgamento por amostragem dos recursos excepcionais: denegação de justiça? *Revista de Processo*, ano 35, n. 181, São Paulo: RT, mar. 2010, p. 242.

[12] AZEM, Guilherme Beux Nassif. *Repercussão geral da questão constitucional no recurso extraordinário*. Porto Alegre: Livraria do Advogado, 2009. p. 23-24.

[13] Idem, p. 81.

[14] De acordo com o atual CPC, art. 543-A, § 5.º, "negada a existência da repercussão geral, a decisão valerá para todos os recursos sobre matéria idêntica, que serão indeferidos liminarmente, salvo revisão da tese, tudo nos termos do Regimento Interno do Supremo Tribunal Federal".

[15] FERRAZ, Taís Schilling. Repercussão geral – muito mais que um pressuposto de admissibilidade. In: PAULSEN, Leandro. *Repercussão geral no recurso extraordinário*, estudos em homenagem à Ministra Ellen Gracie cit., p. 81.

Cap. 9 – REPERCUSSÃO GERAL DO RECURSO EXTRAORDINÁRIO

Portanto, a Emenda Constitucional 45/2004 criou a repercussão geral como mecanismo para diminuir a sobrecarga de feitos no STF, posto que a Corte deverá eleger os recursos extraordinários que serão julgados, conforme os critérios estabelecidos por lei.

Nesse aspecto, a repercussão geral enquadra-se na moderna concepção do processo, o qual é voltado para a obtenção de resultados coletivos,[16] segundo o qual seria o instrumento capaz de solucionar não apenas uma situação individual, mas sim milhares de conflitos. Além de garantir a celeridade do processo, sob esse aspecto, garante-se o respeito ao princípio da isonomia.

Além da diminuição da quantidade de processos, alguns defensores da repercussão geral alegam que esse mecanismo irá proporcionar uma qualidade nas decisões proferidas pela Corte, uma vez que os Ministros poderão por mais tempo debruçar-se nas questões relevantes.[17]

Também na esteira de que o processo não é um fim em si mesmo, mas um instrumento de realização de justiça, Cândido Rangel Dinamarco afirma que o direito processual chegou a um ponto de maturidade, em que já estão definidas as ideias comuns, apesar das diferenças entre cada sistema nacional, como o devido processo legal, a autonomia do direito processual, a necessidade de maior participação do juiz etc.[18] Dessa forma, encontra-se num terceiro momento metodológico, "caracterizado pela consciência da *instrumentalidade* como importantíssimo polo de irradiação de ideias e coordenador de diversos institutos, princípios e soluções",[19] devendo o processualista moderno ter uma visão do processo como instrumento para a solução dos problemas jurídicos, sociais e políticos. Desse modo, um processo demasiadamente lento não cumpre seu papel de garantir a realização de direitos.

Portanto, a finalidade da repercussão geral é "1) firmar o papel do STF como Corte Constitucional e não como instância recursal; 2) ensejar que o STF só analise questões relevantes para a ordem constitucional, cuja solução extrapole o interesse subjetivo das partes; e 3) fazer com que o STF decida uma única

---

[16] "É nesse caminho que se deve conceber o processo civil de resultados, a modernização do instrumento, o abandono da forma pela forma. Não há mais espaço para uma concepção individualista dos litígios." Idem, p. 79.

[17] Cabe, todavia, destacar a lição de José Carlos Barbosa Moreira, que ainda é bastante atual: "Se uma Justiça lenta demais é decerto uma Justiça má, daí não se segue que uma Justiça muito rápida seja necessariamente uma Justiça boa. O que todos devemos querer é que a prestação jurisdicional venha a ser melhor do que é. Se para torná-la melhor é preciso acelerá-la, muito bem: não, contudo, a qualquer preço".

[18] DINAMARCO, Cândido Rangel. *A instrumentalidade do processo*. São Paulo: Malheiros, 2009. p. 20.

[19] Idem, p. 22.

vez cada questão constitucional, não se pronunciando em outros processos com idêntica matéria".[20]

Considerando que a repercussão geral é um filtro de acesso ao Tribunal Superior e que foi criado para garantir maior celeridade à prestação jurisdicional, pretende-se com este trabalho defender a aplicação da repercussão geral de maneira que não viole o princípio democrático e, como consequência, o processo justo. O estudo não tem como objetivo questionar o instituto, tendo em vista que a sobrecarga de processos num tribunal superior realmente prejudica a qualidade da prestação jurisdicional, mas pontuar a importância da presença dos princípios constitucionais processuais na aplicação de mecanismos que buscam acelerar julgamentos.

A aplicação dos princípios constitucionais processuais está relacionada com a questão da legitimidade democrática que deve conferir os julgamentos. Conforme lembra Mauro Cappelletti, os juízes dos países da Civil Law não são eleitos, porém "são normalmente chamados a explicar por escrito e, assim, abertamente ao público, as razões das suas decisões, obrigação que assumiu a dignidade de garantia constitucional em alguns países, como a Itália. Essa praxe bem se pode considerar como um contínuo esforço de convencer o público da legitimidade de tais decisões".[21] Logo, se uma das formas de garantir a legitimidade democrática do Judiciário é a fundamentação de suas decisões, quanto mais relevante for essa decisão, maior deverá ser o esforço do intérprete em expor as razões do julgamento.

Desse modo, sendo a lei em certa medida um mito, nos termos de John Hart Ely,[22] cabe ao intérprete preencher os requisitos previstos no Código de Processo Civil para que se reconheça a existência da repercussão geral do recurso extraordinário, sempre disposto a respeitar os ditames garantísticos do processo.

2. A CONSTITUCIONALIZAÇÃO DO PROCESSO CIVIL

Modernamente, o Direito Processual Civil se pauta nos princípios constitucionais para garantir efetividade aos direitos. Carolina Tupinambá sintetiza a relação entre Processo e Constituição da seguinte forma: "(i) a Constituição dita regras fundamentais e princípios a serem observados na construção e

---

[20] GAIO JÚNIOR, Antonio Pereira. Considerações sobre a ideia da repercussão geral e a multiplicidade dos recursos repetitivos no STF e STJ. *Revista de Processo*, ano 34, ano 170, São Paulo: RT, abr. 2009, p. 142.

[21] CAPPELLETTI, Mauro. *Juízes Legisladores?* Trad. Carlos Alberto Alvaro de Oliveira. Porto Alegre: Sérgio Antonio Fabris, 1999. p. 98.

[22] ELY, John Hart. *The Mighty Problem*. p. 410, apud CAPPELLETTI, Mauro. *Juízes Legisladores?* cit., p. 103.

desenvolvimento empírico da vida do processo; (ii) o processo é instrumento para preservação da ordem constitucional, seja mediante a chamada 'jurisdição constitucional' ou de sua utilização cotidiana, quando prima pela observância dos valores constitucionalmente amparados".[23]

Em razão da previsão de princípios processuais na Constituição, bem como de sua aplicação sem a necessidade de publicação de lei infraconstitucional disciplinando a matéria, o processo tornou-se instrumento de efetivação dos valores democráticos do Estado e das garantias fundamentais.

Como exemplo da constitucionalização do processo é a previsão no art. 5.º, XXXV, da seguinte norma: "A lei não excluirá da apreciação do Poder Judiciário lesão ou ameaça a direito", cujo conceito evoluiu do direito de ação (acesso formal) para um acesso à Justiça no sentido de efetiva prestação jurisdicional, vislumbrando as partes como sujeitos de direito que devem ter seus direitos garantidos e não apenas proclamados.[24]

Conforme lição de José Carlos Barbosa Moreira, com o advento da Constituição de 1988, passou-se a dar maior atenção ao processo civil ao prever diversos dispositivos referentes à Direito Processual Civil. Como consequência, a interpretação dos textos processuais deve necessariamente percorrer pelos valores constitucionais.[25]

Portanto, não se concebe mais estudar os institutos processuais sem perpassar pelas garantias constitucionais, interpretando as regras de processo conforme os ideais do Estado Democrático de Direito.

3. ASPECTOS GERAIS DA REPERCUSSÃO GERAL

O art. 102, III, da Constituição prevê as hipóteses de cabimento do recurso extraordinário, que consiste no julgamento das causas decididas em única ou última instância, quando a decisão recorrida contrariar dispositivo da Constituição, declarar a inconstitucionalidade de tratado ou lei federal, julgar válida lei ou ato de governo local contestado em face dessa Constituição, bem como lei local contestada em face de lei federal.

---

[23] TUPINAMBÁ, Carolina. Novas Tendências de participação processual – O *amicus curiae* no anteprojeto do novo CPC. In: FUX, Luiz (Coord.). *O novo processo civil brasileiro*: direito em expectativa (reflexões acerca do Projeto do novo Código de Processo Civil). Rio de Janeiro: Forense, 2011. p. 109.

[24] CAPELLETTI, Mauro; GARTH, Bryant. *Acesso à justiça*. Trad. Ellen Gracie Northfleet. Porto Alegre: Fabris, 1988. p. 11-12.

[25] BARBOSA MOREIRA, José Carlos. A constitucionalização do processo no direito brasileiro. In: MAC-GREGOR, Eduardo Ferrer; LARREA, Arturo Zaldívar Lelo de (Coord.). *Estudos de direito processual constitucional*. Homenagem brasileira a Héctor Fix-Zamudio em seus 50 anos como pesquisador do direito. São Paulo: Malheiros, 2009. p. 47-48.

Para o recurso extraordinário ser admitido, além dos requisitos desde sempre exigidos,[26] a partir da vigência da repercussão geral, cabe ao recorrente demonstrar, formal e fundamentadamente, que o recurso interposto preenche os requisitos estabelecidos pelo art. 543-A, § 1.º, do Código de Processo Civil.[27] De acordo com o dispositivo citado, "para efeito da repercussão geral, será considerada a existência, ou não, de questões relevantes do ponto de vista econômico, político, social ou jurídico, que ultrapassem os interesses subjetivos da causa".

O Código de Processo Civil também prevê a repercussão presumida toda vez que o recurso impugnar decisão contrária a súmula ou a jurisprudência dominante (art. 543-A, § 3.º, CPC). Mesmo nessa hipótese, deve o recorrente demonstrar preliminarmente a configuração de repercussão geral.[28] Isso porque o STF deverá verificar se realmente as razões recursais impugnam decisão que contraria esses julgados do tribunal.

Luis Roberto Reichlt afirma que a repercussão geral é uma mudança na competência do julgamento do recurso extraordinário pelo STF. Antes da EC 45/2004, a competência era definida somente pelo art. 102, III, da Constituição Federal; após a edição da Emenda Constitucional os Ministros do STF passaram a determinar sua competência para julgar o recurso extraordinário.[29]

---

[26] "Ementa: Agravo Regimental no Agravo de Instrumento. Direito Administrativo e Previdenciário. Pensão por morte. Beneficiário maior de 21 anos de idade. Universitário. Concessão de benefício com base na Lei Estadual n. 7.551/1977. Alegação de afronta ao art. 5.º, XXXVI. Ofensa Reflexa. Reexame de legislação infraconstitucional local. Incidência da súmula 280 do STF. Inovação recursal. Impossibilidade. 1. *A repercussão geral pressupõe recurso admissível sob o crivo dos demais requisitos constitucionais e processuais de admissibilidade* (art. 323 do RISTF). Consectariamente, se inexiste questão constitucional, não há como se pretender seja reconhecida a repercussão geral das questões constitucionais discutidas no caso (art. 102, III, § 3.º, da Constituição Federal). (...)." Grifo acrescentado. STF, 1.ª T., rel. Min. Luiz Fux, AI 795.612 AgR/PE, j. 29.05.2012. Disponível em: <www.stf.gov.br>. Acesso em: 02 jul. 2012.

[27] Diversamente, Samir José Caetano Martins defende que a relevância pode ser constatada nas razões recursais, cabendo ao STF conhecer a repercussão geral de ofício. Cf. MARTINS, Samir José Caetano. A repercussão geral da questão constitucional (Lei 11.418/2006). *Revista Dialética de Direito Processual*, São Paulo, v. 50, p. 95-111, maio 2007, p. 102.

[28] "EMENTA: Embargos de declaração em agravo de instrumento. 2. Decisão monocrática. Embargos de declaração recebidos como agravo regimental. 3. Apresentação expressa de preliminar formal e fundamentada sobre repercussão geral no recurso extraordinário. Necessidade. Art. 543-A, § 2.º, do CPC. 4. Preliminar formal. Hipótese de presunção de existência da repercussão geral prevista no art. 323, § 1.º, do RISTF. Necessidade. Precedente. 5. Ausência da preliminar formal. Negativa liminar pela Presidência no recurso extraordinário e no agravo de instrumento. Possibilidade. Art. 13, V, c, e 327, *caput* e § 1.º, do RISTF. 6. Agravo regimental a que se nega provimento." STF, Tribunal Pleno, rel. Min. Gilmar Mendes, AI 771.537 ED/SP, j. 04.02.2010. Disponível em: <www.stf.gov.br>. Acesso em: 02 jul. 2012.

[29] REICHELT, Luis Alberto. A repercussão geral do recurso extraordinário e a construção do processo civil na era da solidariedade social. *Revista de Processo*, ano 35, n. 189, São Paulo: RT, nov. 2010, p. 90-91.

Cap. 9 – REPERCUSSÃO GERAL DO RECURSO EXTRAORDINÁRIO

De acordo com o art. 543-A, § 2.º, do CPC, "o recorrente deverá demonstrar, em preliminar do recurso, para apreciação exclusiva do Supremo Tribunal Federal, a existência da repercussão geral". Nessa esteira, o STF vem decidindo que o recorrente possui o dever de apresentar preliminar fundamentada e formal acerca da repercussão geral.[30] No entanto, alguns doutrinadores entendem que o STF não está vinculado às razões do recorrente para conhecer do recurso extraordinário, podendo reconhecer a repercussão geral por outro fundamento, sendo mais uma característica da objetivação do controle difuso de constitucionalidade.[31]

Além disso, não há vinculação à qualificação jurídica apresentada pelo recorrente, sendo que alegada a existência de relevância social, o STF pode vir a entender que há relevância jurídica, por exemplo.[32]

Quanto à competência para a análise da demonstração de repercussão geral, o art. 543-A conferiu exclusividade ao STF para examinar a existência de questões relevantes e a transcendência do recurso (aspecto material). Desse modo, o relator não possui competência para julgar recurso extraordinário que ainda não tenha passado pelo crivo da repercussão geral.

No que se refere ao juízo de admissibilidade bipartido, o tribunal a quo não poderá negar a subida do recurso extraordinário fundamentando com base em argumentos de aspecto material da repercussão geral, mas somente se o recorrente deixar de demonstrar formal e fundamentadamente a existência da repercussão geral (aspecto formal). Também o tribunal de origem poderá proferir juízo negativo de admissibilidade na hipótese de existirem questões constitucionais idênticas a processos em que o STF negou a repercussão geral.

Todavia, se o tribunal a quo ultrapassar seu limite de competência, poderá o recorrente enfrentar a decisão por meio da reclamação (art. 102, I, "l", da Constituição) e do agravo de instrumento.

Questão interessante trata da interposição simultânea do recurso especial e do recurso extraordinário. Com base em um julgado do Superior Tribunal de Justiça – STJ,[33] Guilherme Beux Nassif Azem afirma que não cabe ao recorrente

---

[30] "Direito Penal e Processual Penal. Agravo Regimental no Agravo de Instrumento. Recurso que não ataca os fundamentos da decisão agravada. Traslado Deficiente. Ausência da preliminar formal de repercussão geral nas razões do recurso extraordinário. Decisão Mantida. 1. As razões do agravo regimental não atacam todos os fundamentos da decisão agravada. Precedentes. 2. É encargo do recorrente fiscalizar a inteireza do traslado com as peças obrigatórias à formação do instrumento. Precedentes. 3. Não se admite o recurso extraordinário se ausente a preliminar de repercussão geral, incluído o que trata de matéria criminal. Precedentes. 4. Agravo regimental conhecido e não provido." STF, AI 846825 AgR/MG, rel. Min. Rosa Weber, j. 17.04.2012.

[31] AZEM, Guilherme Beux Nassif. *Repercussão geral da questão constitucional no recurso extraordinário* cit., p. 86-87.

[32] Idem, p. 87.

[33] STJ, AG 796.141, *DJ* 29.09.2006. Idem, p. 93.

deixar de interpor o recurso extraordinário por entender não existir questão constitucional relevante, sob pena de o recurso especial não ser conhecido. Somente o STF pode decidir pela ausência de repercussão geral, quando a decisão recorrida contiver questões de ordem constitucional e infraconstitucional.

Por outro lado, se o STF já tiver decidido a respeito da existência ou não de determinada questão constitucional, não se deve exigir do recorrente a interposição de recurso extraordinário, tendo em vista que a reforma constitucional visa à racionalização do trabalho do Tribunal Superior.

Atendendo ao princípio do contraditório, a Lei 11.418/2006 previu a participação de *amicus curiae* nos julgamentos de repercussão geral. De acordo com o art. 543-A, § 6.º, do Código de Processo Civil, "o Relator poderá admitir, na análise da repercussão geral, a manifestação de terceiros, subscrita por procurador habilitado, nos termos do Regimento Interno do Supremo Tribunal Federal". Conforme anota a doutrina, "na medida em que suas decisões, também no controle difuso, via recurso extraordinário, passam a assumir uma dimensão mais abrangente, salutar que se permita a pluralização do debate acerca dos temas submetidos ao STF".[34]

Ademais, a existência da repercussão geral é presumida, tendo em vista que somente com o voto de oito ministros é que a repercussão geral será afastada. Apesar da previsão constitucional a respeito da decisão de repercussão geral pelo Plenário,[35] a Lei 11.418/2006 estabeleceu que "se a Turma decidir pela existência da repercussão geral por, no mínimo, 4 (quatro) votos, ficará dispensada a remessa do recurso ao Plenário". Trata-se de uma norma decorrente da lógica, já que quatro ministros favoráveis à repercussão geral inviabilizam a recusa da repercussão geral, mesmo se o Plenário estivesse reunido.[36]

Em decorrência da presunção da repercussão geral, Guilherme Beux Nassif Azem defende que o tribunal *a quo* poderá deferir medida cautelar ao recurso extraordinário, como também o relator do recurso no STF, caso já tenha ocorrido o juízo positivo de admissibilidade na 2.ª instância. Nesse caso, segundo o autor, "questão constitucional submetida à verificação de repercussão geral não pode ser tida, de antemão, como fator de inviabilidade recursal. Presumida a existência do requisito, e caso conjugados os demais pressupostos exigidos pela jurisprudência do STF, não há como simplesmente tolher do relator a possibi-

---

[34] AZEM, Guilherme Beux Nassif. *Repercussão geral da questão constitucional no recurso extraordinário* cit., p. 124.

[35] Art. 102, § 3.º. "No recurso extraordinário o recorrente deverá demonstrar a repercussão geral das questões constitucionais discutidas no caso, nos termos da lei, a fim de que o Tribunal examine a admissão do recurso, somente podendo recusá-lo pela manifestação de dois terços de seus membros".

[36] AZEM, Guilherme Beux Nassif. *Repercussão geral da questão constitucional no recurso extraordinário* cit., p. 95.

lidade de concessão de medida liminar, agregando efeito suspensivo ao recurso extraordinário".[37]

O Relator poderá não submeter a questão ao Plenário Virtual, caso já houver decisão sobre caso idêntico. Também o Presidente do Tribunal poderá não conhecer do recurso quando "não apresentem preliminar formal e fundamentada de repercussão geral, bem como aqueles cuja matéria carecer de repercussão geral, segundo precedente do Tribunal, salvo se a tese tiver sido revista ou estiver em procedimento de revisão" (art. 13, V, "c", do RISTF).

A decisão da repercussão geral deverá ser fundamentada e seu julgamento público. A motivação da decisão judicial é a maneira de garantir o contraditório participativo, que é a influência das partes no julgamento de determinada causa. Ademais, é uma garantia à sociedade de que o Judiciário se pauta no princípio democrático ao julgar os processos.[38]

Leonardo Greco salienta que hoje o princípio do contraditório é o princípio mais caro para o processo, podendo ser considerado um megaprincípio, que abrangeria outros. Modernamente, o conceito de contraditório não se restringe a mera audiência formal das partes, mas passa a ser "efetivamente um instrumento de participação eficaz das partes no processo de formação intelectual das decisões".[39] Segundo o autor, a Constituição não permite exceção a esse direito fundamental, podendo haver somente uma suspensão ou restrição, como no estado de sítio ou para conceder uma liminar em caráter de urgência. O Estado fundado na dignidade da pessoa humana impede que a tutela jurisdicional seja prestada de acordo com a mentalidade da absoluta supremacia do interesse público sobre o interesse privado, devendo o juiz ponderar esses interesses na aplicação do Direito, devendo levar em consideração os argumentos das partes. Portanto, a racionalização do trabalho não pode aniquilar o princípio do contraditório, corolário do princípio democrático, sob o argumento da supremacia

---

[37] Idem, p. 99.

[38] "Efetivamente, não se coaduna com o Estado Democrático de Direito o exercício de poder sem a possibilidade de controle. Como ressalta Michelle Taruffo, 'somente o poder absoluto pode ser arbitrário, e se recusa a qualquer controle; no Estado moderno, em vez, o poder que os juízes exercem deve submeter-se a controles, para não ser absoluto e arbitrário'. Identificada, normalmente, com a limitação do âmbito de arbítrio do juiz, a motivação das decisões judiciais permite não somente às partes, como também à coletividade, tomar ciência das razões pelas quais a decisão judicial foi proferida em determinado sentido. Trata-se de importante elemento que visa a democratizar o exercício da função jurisdicional. (...) De outra sorte, nos casos inéditos, a indicação dos vetores que o STF reputa necessários para a configuração da repercussão geral atenderá, com suficiência, à garantia constitucional e, paulatinamente, descortinará o posicionamento da Corte no tocante ao preenchimento valorativo do requisito. Ao tornar mais perceptível a linha adotada, oferecerá elementos que corroboram a ideia de não se tratar de decisão arbitrária." Idem, p. 105-106.

[39] GRECO, Leonardo. *Instituições de processo civil:* introdução ao direito processual civil. Rio de Janeiro: Forense, 2011. p. 450.

do interesse público, sob pena de ferir direitos fundamentais sagrados para o processo.

Considerando o que dispõe o art. 93, X, da Constituição, que trata do dever de fundamentar as decisões judiciais, espera-se do STF que ao menos nos casos inéditos a motivação seja a mais exaustiva possível para que os requisitos da repercussão geral sejam definidos pela Corte, uma vez que o Código de Processo Civil prevê conceitos indeterminados, que devem ser preenchidos pelo juiz, ao se aplicar a norma.

Quanto à recorribilidade da decisão, o art. 543-A do CPC previu que da decisão que reconhece ou não a existência de repercussão geral não cabe a interposição de recurso. Todavia, contra as decisões monocráticas pode ser interposto agravo interno.

Alguns autores defendem que a irrecorribilidade da decisão não impede a oposição de embargos declaratórios, na hipótese de omissão, obscuridade ou contradição.[40]

Ocorre que o STF vem decidindo de forma contrária, no sentido de rejeitar os embargos de declaração. No RE 565.653, o recorrente apresentou petição de embargos de declaração contra a decisão do Plenário da Corte. A Ministra Cármen Lúcia alegou "nada a decidir" em decorrência da previsão de irrecorribilidade tanto no art. 543-A do CPC quanto no art. 326 do Regimento Interno do STF.[41]

O Código de Processo Civil também previu o julgamento por amostragem da repercussão geral (art. 543-B), técnica voltada para a racionalização da prestação jurisdicional, posto que o STF deixará de verificar a relevância da questão constitucional e a transcendência de cada um dos processos para julgar apenas os recursos que servirão de amostra, cujos resultados serão aplicados aos demais que tiverem questões idênticas.[42]

De acordo com o art. 328 do RISTF, o Presidente do Tribunal, ao verificar que a questão do recurso extraordinário for suscetível de reproduzir-se em múltiplos feitos, de ofício ou a requerimento da parte interessada, comunicará aos tribunais ou turmas de juizado especial, nos termos do disposto no art.

---

[40] AZEM, Guilherme Beux Nassif. *Repercussão geral da questão constitucional no recurso extraordinário* cit., p. 126.

[41] STF, RE 565.653/DF, rel. Min. Cármen Lúcia, j. 19.03.2009. Disponível em: <www.stf.gov.br>. Acesso em: 23 jul. 2012.

[42] Art. 543-B. Quando houver multiplicidade de recursos com fundamento em idêntica controvérsia, a análise da repercussão geral será processada nos termos do Regimento Interno do Supremo Tribunal Federal, observado o disposto neste artigo.
§ 1.º. Caberá ao Tribunal de origem selecionar um ou mais recursos representativos da controvérsia e encaminhá-los ao Supremo Tribunal Federal, sobrestando os demais até o pronunciamento definitivo da Corte.

543-B do Código de Processo Civil. A Presidência poderá solicitar informações ao tribunal de origem, que deverão ser prestadas em cinco dias, bem como o sobrestamento de todas as demais causas com questão idêntica.

Como observa Ticiano Alves e Silva, se o recorrente do recurso extraordinário selecionado entender que o seu caso é singular ou que não possui questão idêntica aos dos demais recursos selecionados, deverá demonstrar o equívoco por simples petição. Caso não obtenha êxito, deverá interpor agravo de instrumento.[43]

Ao encaminhar os recursos escolhidos como amostra, os demais ficarão sobrestados até o julgamento da repercussão geral pelo STF. Sendo reconhecida a repercussão geral, será julgado o mérito do recurso extraordinário-amostra.

Após o julgamento do mérito, os recursos sobrestados serão apreciados pelos Tribunais ou pelas Turmas Recursais, que poderão julgar os recursos prejudicados ou retratar-se, caso a decisão recorrida esteja em desconformidade com a do STF (art. 543-B, § 3.º, do Código de Processo Civil). Guilherme Beux Nassif Azem afirma que contra o juízo de retratação poderá ser interposto novo recurso extraordinário.[44]

Além do Código de Processo Civil, o Regimento Interno do STF também regulamenta a repercussão geral.

No que se refere aos requisitos a serem preenchidos, o RISTF repete os termos do Código de Processo Civil, prevendo que "para efeito da repercussão geral, será considerada a existência, ou não, de questões que, relevantes do ponto de vista econômico, político, social ou jurídico, ultrapassem os interesses subjetivos das partes" (art. 322, parágrafo único).

Após a introdução da Emenda Regimental 42/2010, o julgamento de mérito do processo em que haja repercussão geral, nos casos de reafirmação de jurisprudência dominante do STF, também poderá ocorrer por meio eletrônico.

Exceção à presunção do reconhecimento da repercussão geral está prevista no art. 324, § 2.º, do RISTF: "Não incide o disposto no parágrafo anterior quando o Relator declare que a matéria é infraconstitucional, caso em que a ausência de pronunciamento no prazo será considerada como manifestação de inexistência de repercussão geral, autorizando a aplicação do art. 543-A, § 5.º, do Código de Processo Civil, se alcançada a maioria de dois terços de seus membros".

Em razão das primeiras experiências em Plenário dos julgamentos de repercussão geral, o STF criou um mecanismo mais ágil de decisão denominado

---

[43] SILVA, Ticiano Alves e. Intervenção de sobrestado no julgamento por amostragem. *Revista de Processo*, ano 35, n. 182, São Paulo: RT, abr. 2010, p. 236.

[44] AZEM, Guilherme Beux Nassif. *Repercussão geral da questão constitucional no recurso extraordinário* cit., p. 119.

Plenário Virtual.[45] O RISTF estabeleceu que a verificação da repercussão geral ocorrerá por meio eletrônico.

> Em seu gabinete, o relator identifica questão constitucional ainda não levada a exame de repercussão geral, mas presente em recursos extraordinários a ele distribuídos, e seleciona, dentre os processos, aquele que considere mais adequado à representação da controvérsia. (...)
>
> Identificado o processo que terá a função de *leading case*, e feita análise pelo relator, será ele registrado no sistema, com inserção da manifestação conclusiva quanto à existência ou inexistência de questão judicial e quanto à presença ou não de repercussão geral. Imediatamente o sistema, que conta com um espelho no portal do STF, disponibiliza, para os demais integrantes da Corte e para o público em geral, o que foi inserido no Plenário Virtual, passando a correr o prazo de 20 dias para manifestação de todos os ministros, também pela via eletrônica.[46]

Decorrido o prazo, o sistema verifica se dois terços dos membros do STF se manifestaram pela negativa de repercussão geral, ficando disponível o resultado no portal para que os tribunais e os jurisdicionados tenham conhecimento do resultado.[47]

Pode ocorrer de alguns Ministros da Corte não votarem quanto à existência de repercussão geral, verificando-se uma decisão tácita com relação à preliminar, uma vez que o silêncio significa concordância com a decisão do Relator em decorrência da presunção da repercussão.

Por fim, o art. 4.º da Lei 11.418/2006 determinou que a repercussão geral aplica-se aos recursos interpostos a partir do primeiro dia de vigência da lei, com previsão para sessenta dias após a data de publicação. Desse modo, a partir de 19 de fevereiro de 2007, o recorrente deveria demonstrar formalmente a existência de repercussão geral.

---

[45] "As primeiras decisões do STF sobre a existência ou não de repercussão geral em matérias constitucionais ocorreram em Plenário, e logo se verificou que seria necessária a criação de mecanismo que permitisse a agilização desta etapa, sem onerar ainda mais a pauta da Corte que precisa estar direcionada, prioritariamente, para os julgamentos de mérito. O Plenário Virtual foi, então, desenvolvido e entrou em funcionamento no segundo semestre de 2007 com o objetivo de concentrar as discussões sobre a presença ou não de repercussão geral nas questões constitucionais suscitadas nos recursos extraordinários." FERRAZ, Taís Schilling. Repercussão geral – muito mais que um pressuposto de admissibilidade. In: PAULSEN, Leandro. *Repercussão geral no recurso extraordinário*, estudos em homenagem à Ministra Ellen Gracie cit., p. 84.

[46] Idem, ibidem.

[47] "Enquanto que, nos casos tradicionais, o feito é levado a julgamento em sessão pública, na qual poderá haver alteração de entendimento dos julgadores, o procedimento de verificação da repercussão geral encerra, no âmbito do próprio incidente eletrônico, a discussão a respeito do requisito." AZEM, Guilherme Beux Nassif. *Repercussão geral da questão constitucional no recurso extraordinário* cit., p. 109.

Cap. 9 - REPERCUSSÃO GERAL DO RECURSO EXTRAORDINÁRIO

Embora no âmbito recursal prevaleça o entendimento de que a regra aplicada é a do tempo do julgamento, a lei supramencionada estipulou como marco temporal a interposição do recurso extraordinário.

No entanto, no julgamento do AI 664.567/RS[48] foi decidido que a repercussão geral teria vigência para aqueles recursos interpostos em face de acórdãos cuja publicação ocorreu após 03 de maio de 2007, data da vigência da Emenda Regimental 21/2007 do STF. Como o reconhecimento de repercussão geral poderia afetar os recursos extraordinários não abrangidos pela nova sistemática, o Plenário do STF determinou a devolução dos autos ao tribunal *a quo* para que fossem sobrestados e aguardassem a decisão de mérito do STF, posto que nunca poderiam ser inadmitidos por inexistência de repercussão geral (AI 715.423/RS).[49]

4. DEMONSTRAÇÃO DA RELEVÂNCIA E DA TRANSCENDÊNCIA

Conforme mencionado, o recorrente deverá demonstrar, além da presença de uma questão constitucional no recurso, a relevância da matéria, considerada sob o ponto de vista político, jurídico, social ou econômico, além da transcendência ("que serão alcançados pela decisão mais que os interesses subjetivos envolvidos na causa",[50] de acordo com o art. 543-A e ss. do Código de Processo Civil). Ressalta-se que a relevância social, política, jurídica ou econômica não é do recurso, mas da questão constitucional contida nas razões.[51]

Primeiramente, a repercussão geral deve ser reconhecida sob o aspecto formal,[52] que é a necessidade de trazer nas razões do recurso uma fundamentação

---

[48] "As alterações regimentais, imprescindíveis à execução da L. 11.418/2006, somente entraram em vigor no dia 03.05.2007 – data da publicação da Emenda Regimental n. 21, de 30.04.2007." STF, AI 664.567/RS, rel. Min. Gilmar Mendes, Publicação: 06.09.2007. Disponível em: <www.stf.gov.br>. Acesso em: 15 jul. 2012.

[49] "Segunda questão de ordem resolvida no sentido de autorizar os tribunais, turmas recursais e turmas de uniformização a adotarem, quanto aos recursos extraordinários interpostos contra acórdãos publicados anteriormente a 03.05.2007 (e aos seus respectivos agravos de instrumento), os mecanismos de sobrestamento, retratação e declaração de prejudicialidade previstos no art. 543-B, do Código de Processo Civil." STF, AI 714.423/RS, rel. Min. Ellen Gracie. Disponível em: <www.stf.gov.br>. Acesso em: 15 jul. 2012. Cf. FUCK, Luciano Felício. O Supremo Tribunal Federal e a repercussão geral cit., p. 25.

[50] FERRAZ, Taís Schilling. Repercussão geral – muito mais que um pressuposto de admissibilidade. In: PAULSEN, Leandro. *Repercussão geral no recurso extraordinário*, estudos em homenagem à Ministra Ellen Gracie cit., p. 80.

[51] STF, RE-QO 582.650, rel. Min. Ellen Gracie. Idem, p. 96.

[52] Art. 327 do RISTF: "A Presidência do Tribunal recusará recursos que não apresentem preliminar formal e fundamentada de repercussão geral, bem como aqueles cuja matéria carecer de repercussão geral, segundo precedente do Tribunal, salvo se a tese tiver sido revista ou estiver em procedimento de revisão. § 1.º Igual competência exercerá o(a) Relator(a) sorteado(a), quando

específica, destacada das demais razões recursais. No aspecto material, exige-se que o recorrente demonstre a relevância da matéria quanto ao aspecto social, econômico, jurídico ou político, além da transcendência.

Flávia Pereira Ribeiro afirma que a importância da fundamentação formal da repercussão geral pelo recorrente é devido à pouca utilidade que o mecanismo teria se os Ministros do STF tivessem que deduzir da peça recursal a repercussão geral. A preliminar específica é uma forma de racionalização do trabalho do STF.[53]

No que diz respeito ao requisito da relevância, o STF assentou que a ofensa indireta ou reflexa à Constituição reputa-se como ausência de repercussão geral.[54]

Partindo para a análise de um caso concreto, verifica-se que em uma decisão acerca da repercussão geral, a questão suscitada versava sobre a obrigação de revisão de contrato celebrado com entidade fechada de previdência complementar para que fosse equiparado o reajuste da previdência privada aos índices implementados na previdência social, com base no art. 202, *caput*, da Constituição Federal. Como o acórdão recorrido fundamentou apenas com base na legislação infraconstitucional, no caso, a Lei Complementar 109/2001 e a Lei 11.430/2006, o STF entendeu que não haveria questão constitucional relevante para ser julgada.

Já no *leading case* referente ao RE 635.336/PE, interposto contra acórdão do Tribunal Federal Regional da 5.ª Região, que firmou entendimento segundo o qual na expropriação de glebas por cultivo ilegal de plantas psicotrópicas a responsabilidade do proprietário é objetiva, o Relator da decisão que reconheceu a repercussão geral motivou o julgado, alegando que o recorrente apresentou preliminar formal e fundamentada de repercussão geral e que "a questão transcende os limites subjetivos da causa, tendo em vista que se discute a natureza da responsabilidade de propriedade de terras para efeito da expropriação prevista no art. 243, *caput*, da Constituição Federal".[55]

Nota-se que o STF não adentrou para o debate acerca dos requisitos da repercussão geral (relevância e transcendência), não discorrendo sobre a preliminar de repercussão geral aventada pelo recorrente. Ressalta-se que essa decisão é um fundamento padrão utilizado para a maioria dos julgados que reconhecem a repercussão geral.

---

o recurso não tiver sido liminarmente recusado pela Presidência. § 2.º Da decisão que recusar recurso, nos termos deste artigo, caberá agravo".

[53] RIBEIRO, Flávia Pereira. A exigência da preliminar de repercussão geral em apartado. *Revista de Processo*, v. 35, n. 187, São Paulo: RT, set. 2010, p. 243.

[54] RE 642.137/MG, rel. Min. Cezar Peluso, j. 05.08.2011. Disponível em: <www.stf.gov.br>. Acesso em: 23 jul. 2012.

[55] STF, RE 635.336/PE, rel. Min. Cezar Peluso, j. 26.05.2011.

Cap. 9 - REPERCUSSÃO GERAL DO RECURSO EXTRAORDINÁRIO

Desse modo, o critério até o momento utilizado para o reconhecimento ou não da repercussão geral é a presença da ofensa direta à Constituição.

A respeito do conceito de repercussão geral, José Guilherme Berman salienta que o texto acrescentado pela Emenda Constitucional 45/2004 não definiu o que se deve entender por repercussão geral, deixando a tarefa de estabelecer os requisitos de admissibilidade ao legislador ordinário. Todavia, o legislador não delineou precisamente o que seria repercussão geral, imbuindo o Código de Processo Civil de conceitos indeterminados, ao utilizar-se de expressões como aspectos políticos. Sendo assim, cabe à jurisprudência e à doutrina concretizar as normas que regulamentam a repercussão geral, emprestando um sentido a elas.[56]

Logo, as decisões proferidas pelo STF acerca da repercussão geral devem revelar no caso concreto qual a relevância política, social, econômica ou jurídica para fundamentar a competência do tribunal para determinada questão constitucional.

Na prática, a Corte decide pela presença de repercussão geral sem discorrer a respeito dos argumentos do recorrente e tampouco sem realizar uma argumentação analítica da relevância. No caso de recusa do recurso ante a ausência de repercussão geral, o fundamento esmagador se refere à ofensa reflexa à Constituição. Desse modo, pode-se afirmar que ainda não houve uma revelação quanto ao critério estipulado pelo Tribunal Superior para definir a relevância da matéria, isto é, não foram definidos critérios objetivos para delinear o que seria a relevância política, social, econômica ou jurídica, requisitos que permitem o julgamento do recurso extraordinário pelo STF.

Na decisão transcrita a seguir também é possível verificar como o STF vem decidindo o reconhecimento da repercussão geral do recuso extraordinário:

1. Cuida-se de recurso extraordinário, interposto pelo Ministério Público Federal, com base na alínea "a" do inciso III do art. 102 da Constituição Republicana, contra acórdão do Superior Tribunal de Justiça.

Acórdão que ficou assim ementado (fls. 5.989): "Processual civil. Embargos de divergência. Agravo Regimental. DPVAT. Direitos individuais disponíveis. Ação civil pública. Ministério Público. Legitimidade ativa *ad causam*. Ausência. Dissenso superado. Súmula n. 168 do STJ. Art. 557, § 1.º-A, CPC. Provimento do recurso pelo relator. Possibilidade. 1. Mantém-se na íntegra a decisão cujos fundamentos não foram infirmados. 2. A jurisprudência da Seção de Direito Privado pacificou-se no sentido de que falta ao Ministério Público legitimidade para pleitear em juízo o recebimento para particulares contratantes do DPVAT – o chamado seguro obrigatório – de complementação de indenização na hipótese de ocorrência de sinistro, visto que se trata de direitos individuais identificáveis e disponíveis, cuja defesa é própria da advocacia. Incidência da Súmula n. 168 deste Superior Tribunal de

---

[56] BERMAN, José Guilherme. *Repercussão geral no recurso extraordinário*: origens e perspectivas cit., p. 114-115.

Justiça. 3. O art. 557, § 1.º-A, do CPC confere ao Ministro Relator competência para dar provimento ao recurso quando o decisum recorrido estiver em manifesto confronto com súmula ou com jurisprudência dominante deste Superior Tribunal de Justiça. 4. Agravo regimental desprovido."

2. Pois bem, a parte recorrente sustenta, preliminarmente, a presença da repercussão geral da questão constitucional discutida. Ao fazê-lo, afirma que "a lesão financeira contra os beneficiários das indenizações devidas pelo seguro do DPVAT consiste no pagamento a menor, acusado pelo órgão ministerial, que pleiteia pagamento na base de salários mínimos" (fls. 5.996). Mais: que "é injusto da parte do Estado impor a esses beneficiários o ônus de procurar, individualmente, a indenização mais vantajosa, diante do poder financeiro das seguradoras e da fragilidade psicológica dos litigantes" (fls. 5.996). Argumenta, ainda, que, "se todo beneficiário tiver que ingressar com um processo judicial, para cobrar o devido em salários mínimos, através da assistência do Estado ou de advogado privado, o Poder Judiciário sofrerá uma sobrecarga desnecessária, sem falar no atraso da prestação jurisdicional" (fls. 5.996). No tocante ao mérito, a parte recorrente afirma que a decisão impugnada violou o caput do art. 127 e o inciso III do art. 129 da Constituição Federal.

3. Muito bem. Tenho que a questão constitucional discutida no caso (legitimidade do Ministério Público para propor ação civil pública em defesa de interesses de beneficiários do DPVAT) se encaixa positivamente no âmbito de incidência do § 1.º do art. 543-A do Código de Processo Civil, in verbis:

"§ 1.º Para efeito da repercussão geral, será considerada a existência, ou não, de questões relevantes do ponto de vista econômico, político, social ou jurídico, que ultrapassem os interesses subjetivos da causa."

Com estas considerações, manifesto-me pela presença do requisito da repercussão geral e submeto a matéria ao conhecimento dos demais ministros desta Suprema Corte (art. 323 do RI).[57]

Já a repercussão geral no Recurso Extraordinário 667.958/MG tratou de julgar ação ordinária ajuizada pela Empresa Brasileira de Correios e Telégrafos (ECT) contra o Município de Três Marias/MG para impedir que este ente público entregasse diretamente as guias de IPTU e de outros tributos. Na 1.ª instância a sentença foi julgada improcedente, na 2.ª instância a apelação não foi provida, por entender o Tribunal que se tratava de uma situação não atingida pelo monopólio postal, "posto que, no caso, há a atuação direta do ente federativo, com maior segurança e economia para o cidadão, sem a intermediação onerosa de terceiros".[58]

---

[57] STF, Repercussão Geral no RE 631.111 Goiás, Plenário, rel. Min. Ayres Britto, Decisão: O Tribunal reconheceu a existência de repercussão geral da questão constitucional suscitada, vencido o Ministro Luiz Fux. Não se manifestaram os Ministros Cezar Peluso, Joaquim Barbosa, Ricardo Lewandowski e Cármen Lúcia, j. 26.08.2011. Disponível em: <www.stf.gov.br>. Acesso em: 06 jun. 2012.

[58] STF, rel. Min. Gilmar Mendes, Decisão: O Tribunal reconheceu a existência de repercussão geral da questão constitucional suscitada, vencidos os Ministros Luiz Fux e Cezar Peluso. Não

Cap. 9 – REPERCUSSÃO GERAL DO RECURSO EXTRAORDINÁRIO

Interposto o recurso extraordinário, a Vice-Presidência do Tribunal Regional Federal da 1.ª Região não admitiu o recurso, alegando se tratar de violação meramente reflexa à Constituição Federal. Além disso, a questão encontra-se julgada pela Primeira Seção do Superior Tribunal de Justiça – STJ, no regime do recurso repetitivo no Resp 1.141.300/MG. Contra a decisão de inadmissibilidade, a ECT interpôs agravo de instrumento, que restou provido pelo Relator do STF.

O Relator submeteu a questão ao Plenário Virtual, decidindo sobre a relevância conforme este trecho:

> O tema diz respeito à organização político-administrativa do Estado, alcançando, portanto, relevância econômica, política e jurídica, que ultrapassa os interesses subjetivos da causa. Observo que a questão foi suscitada na ADPF 46, necessitando de provimento definitivo.
>
> A controvérsia reclama deste Supremo Tribunal Federal pronunciamento jurisdicional para definir se a União detém monopólio sobre a entrega de guias de arrecadação tributária e boletos de cobrança, por se tratar de atividade inserida no conceito de serviço postal.
>
> Ante o exposto, manifesto-me pela admissão da repercussão geral da questão constitucional trazida no extraordinário.

Nesse caso, o STF fundamentou a decisão alegando que a questão constitucional diz respeito à organização político-administrativa do Estado. No entanto, muitos dispositivos da Constituição tratam da organização do Estado. Significa que todas as normas que tratam desse tema são relevantes ou o STF considerou relevante tão somente a questão da competência do Município para entregar diretamente os boletos de cobrança? Qual seria a relevância econômica dessa questão para o STF?

Nos julgados a seguir, foram tratadas questões envolvendo matéria referente a servidor público, um decidindo a respeito da restituição ao erário de valores pagos indevidamente e outro ao direito de greve.

No Agravo de Instrumento 841.473/RS, interposto pelo Instituto Nacional de Seguro Social – INSS, o STF julgou que "não apresenta repercussão geral recurso extraordinário que, tendo por objeto o dever de o beneficiário de boa-fé restituir aos cofres públicos os valores que lhe foram pagos indevidamente pela administração pública, versa sobre tema infraconstitucional",[59] tendo em

---

se manifestaram os Ministros Joaquim Barbosa e Cármen Lúcia, j. 02.03.2012. Disponível em: <www.stf.gov.br>. Acesso em: 06 jun. 2012.

[59] STF, AI 841.473/RS, rel. Min. Cezar Peluso, publicado em: 01.09.2011, Decisão: O Tribunal, por maioria, recusou o recurso ante a ausência de repercussão geral da questão, por não se tratar de matéria constitucional. Vencidos os Ministros Gilmar Mendes, Marco Aurélio e Ellen Gracie. Não se manifestaram os Ministros Cármen Lúcia e Joaquim Barbosa. Disponível em: <www.stf.gov.br>. Acesso em: 15 jun. 2012.

vista que não há questão constitucional para examinar. O recorrente havia interposto recurso extraordinário em face de acórdão que decidiu que os valores não devem ser devolvidos, posto que foram percebidos de boa-fé e possuem natureza alimentar. O INSS recorreu alegando violação aos arts. 5.º, II, XXXV, LIV, LV, 37, 97 e 201, § 2.º, da Constituição Federal.

Por outro lado, no Agravo de Instrumento 853.275/RJ, interposto pela Fundação de Apoio à Escola Técnica – FAETEC, que trata do direito de greve dos servidores públicos, foi reconhecida a relevância da questão, conforme o seguinte trecho do voto:

> No recurso extraordinário, a recorrente sustenta a repercussão geral da matéria versada no feito, dada a importante discussão que aqui se trava, concernente à efetiva disciplina do direito de greve dos servidores públicos e ao eventual desconto dos dias parados, matéria essa passível de repetir-se em inúmeras demandas que cuidem do mesmo tema, de interesse de funcionários públicos de todo o país.
>
> Asseverou que o direito de greve dos servidores públicos não é absoluto e que nem toda paralisação de dada categoria pode ser caracterizada como adesão a um movimento paredista, ressaltando que o exercício desse direito não prescinde da edição de lei que venha a regulamentar as greves dos servidores públicos civis e que, enquanto isso não vier a ocorrer, mostra-se legítimo o desconto dos dias parados.
>
> A matéria suscitada no recurso extraordinário, acerca da efetiva implementação do direito de greve no serviço público, com suas consequências para a continuidade da prestação do serviço e o desconto dos dias parados, é de índole eminentemente constitucional, pois diz respeito à correta exegese da norma do art. 37, inciso VII, da Constituição Federal.
>
> A questão posta apresenta densidade constitucional e extrapola os interesses subjetivos das partes, sendo relevante para todas as categorias de servidores públicos civis existentes no país, notadamente em razão dos inúmeros movimentos grevistas que anualmente ocorrem no âmbito dessas categorias e que fatalmente dão ensejo ao ajuizamento de ações judiciais.
>
> Cuida-se, portanto, de discussão que tem o potencial de repetir-se em inúmeros processos, sendo atinente, por conseguinte, aos interesses de milhares de servidores públicos civis e à própria Administração Pública, a recomendar uma tomada de posição definitiva desta Suprema Corte sobre o tema.

Assim, manifesto-me pela existência da repercussão geral.[60]

Percebe-se, então, que o STF estabeleceu um critério para definir questão constitucional que não seja relevante, que é a hipótese de ofensa indireta à

---

[60] STF, AI 853.275/RJ, rel. Min. Dias Toffoli, j. 16.03.2012, Decisão: O Tribunal reconheceu a existência de repercussão geral da questão constitucional suscitada, vencido o Ministro Marco Aurélio. Não se manifestaram os Ministros Celso de Mello, Gilmar Mendes e Joaquim Barbosa. Disponível em: <www.stf.gov.br>. Acesso em: 15 jun. 2012.

Cap. 9 – REPERCUSSÃO GERAL DO RECURSO EXTRAORDINÁRIO

373

Constituição. Desse modo, direito à greve é uma questão constitucional relevante, já que o tema apresenta um dispositivo específico na Constituição. No entanto, a restituição de salário recebido por servidor público de boa-fé é uma questão infraconstitucional, em razão de existir lei ordinária que regulamente a matéria.

Exemplo de questão constitucional julgada pelo STF que não possui previsão expressa na Constituição está presente na ADC 12, proposta pela Associação dos Magistrados do Brasil – AMB, em prol da Resolução 07/2005, a qual proíbe o nepotismo no Judiciário.

Os principais fundamentos do pedido referiram-se à competência do Conselho Nacional de Justiça – CNJ para zelar pela observância do art. 37 da Constituição, bem como a "vedação ao nepotismo", regra constitucional decorrente dos princípios da impessoalidade, da igualdade, da moralidade e da eficiência administrativa".[61]

O pedido de constitucionalidade da Resolução foi julgado procedente pela unanimidade de votos, sob o fundamento de que "os condicionamentos impostos pela Resolução 07/2005, do CNJ, não atentam contra a liberdade de prover e desprover cargos em comissão e funções de confiança. As restrições constantes do ato resolutivo são, no rigor dos termos, as mesmas já impostas pela Constituição de 1988, dedutíveis dos republicanos princípios da impessoalidade, da eficiência, da igualdade e da moralidade".[62]

O tema sobre nepotismo também foi julgado no RE 579.951/RN, interposto contra acórdão que "entendeu pela não aplicação, aos Poderes Executivo e Legislativo, da Resolução 7/2005 do Conselho Nacional de Justiça, tendo em vista a necessidade de lei expressa com o fim de impedir a prática do nepotismo nesses poderes. Aduziu, ainda, que a nomeação de parentes de agentes de poder e ocupantes de cargo ou de função de confiança não viola os princípios insculpidos no art. 37, *caput*, da Constituição".[63] A respeito da repercussão geral, decidiu o STF que o caso possui relevância sob o ponto de vista jurídico. Todavia, não foi apresentado raciocínio argumentativo para sustentar que nepotismo é uma questão constitucional relevante, já que ofenderia somente princípios fundamentais, não existindo um dispositivo que tratasse especificamente do tema.[64]

---

[61] STF, ADC 12, rel. Min. Carlos Britto, *DJ* 18.12.2009. Disponível em: <www.stf.gov.br>. Acesso em: 16 jun. 2012.

[62] Trecho da ementa. STF, ADC 12, rel. Min. Carlos Britto, *DJ* 18.12.2009. Disponível em: <www.stf.gov.br>. Acesso em: 16 jun. 2012.

[63] STF, RE 579.951/RN, rel. Min. Ricardo Lewandowski, j. 17.04.2008. Disponível em: <www.stf.gov.br>. Acesso em: 16 jun. 2012.

[64] Segundo Luís Roberto Barroso, a prática do nepotismo foi considerada por longo tempo social e juridicamente aceita. Cf. BARROSO, Luís Roberto. Constituição, democracia e supremacia judicial: direito e política no Brasil contemporâneo. *Revista Jurídica da Presidência*, Brasília, v. 12, n. 96, fev.-maio 2010, p. 30.

Indaga-se, então, se a repercussão geral significaria a ofensa direta à Constituição.

Portanto, o modo como vem sendo fundamentada a decisão da repercussão geral não deixa evidente quanto à forma de preenchimento dos requisitos exigidos pelo Código de Processo Civil.

De acordo com Guilherme Beux Nassif Azem, "a legislação albergou critérios passíveis de preenchimento no caso concreto. Apenas diante de um juízo positivo quanto à presença desses valores, aliado à sua capacidade de se projetar além dos estritos limites do processo em que presente, será possível superar o requisito da repercussão geral".[65] Portanto, a importância econômica, política, social ou jurídica deve ser esclarecida na decisão que julga a relevância da questão constitucional, além da transcendência.[66]

De modo algum o autor citado defende que essa decisão seja resultado de um juízo discricionário, posto que cabe ao juiz buscar a melhor interpretação possível, ainda que não exista apenas uma resposta correta.[67]

A consagração de conceitos indeterminados decorre da opção do legislador. Evidentemente, não confere ao juiz liberdade absoluta para decidir sem qualquer fundamento, calcado apenas na sua vontade pessoal. Apenas lhe outorga uma margem de livre apreciação.

A partir dos critérios fixados pelo conceito indeterminado, empreende o julgador a atividade de valoração e de concretização, voltando-se aos dados extraídos da realidade. Incumbe ao juiz captar e traduzir, na prática, os valores tutelados, em abstrato, pelo legislador. É no preenchimento do conceito indeterminado, diante do caso concreto, que se revela a atividade jurisdicional. Confere-se ao magistrado um campo mais vasto de apreensão da realidade, o que reflete, com maior intensidade, algo ínsito a toda decisão judicial: o subjetivismo. A ponderação é elemento inerente à função de julgar, que consiste em pesar as razões de um e de outro lado.[68]

Deve-se frisar que a previsão de conceitos indeterminados é uma técnica legislativa aprimorada para possibilitar a adaptação da norma à realidade, à medida que a evolução da sociedade for ocorrendo.

Luís Roberto Barroso, ao discorrer sobre os conceitos indeterminados presentes na Constituição, alega que na interpretação de conceitos vagos o direito perderá muito de sua objetividade. O consenso na doutrina e nos tribunais de

---

[65] AZEM, Guilherme Beux Nassif. *Repercussão geral da questão constitucional no recurso extraordinário* cit., p. 66.

[66] "Caberá ao STF positivar, *in concreto*, a repercussão geral." Idem, p. 67.

[67] AZEM, Guilherme Beux Nassif. *Repercussão geral da questão constitucional no recurso extraordinário* cit., p. 72.

[68] Idem, p. 73.

Cap. 9 – REPERCUSSÃO GERAL DO RECURSO EXTRAORDINÁRIO

que ao interpretar normas revestidas de conceitos indeterminados não deve o juiz "utilizar-se dos seus próprios valores morais e políticos"[69] não é suficiente para abrandar os riscos e complexidades.

Além da questão das cláusulas abertas, o autor sustenta que em uma sociedade pluralista também surge o problema do "desacordo moral razoável", posto que "pessoas bem intencionadas e esclarecidas, em relação a múltiplas matérias, pensam de maneira radicalmente contrária, sem conciliação possível".[70] Desse modo, princípios como direito à vida ou à igualdade possuem significados distintos conforme a concepção do intérprete sobre o tema.

Desse modo, a possibilidade do excesso de subjetivismo ao se proferir uma decisão justifica a necessidade de se fundamentar a decisão de maneira mais exaustiva possível, levando em consideração a questão do tempo. O julgador deve se preocupar em deixar explícita a forma do raciocínio utilizada que o fez concluir que uma matéria de ordem constitucional é relevante e outra não.

Como exemplo de temas que podem ensejar uma discussão mais acirrada em razão da presença de fortes valores morais, Luís Roberto Barroso citou a interrupção de gestação, pesquisas com células-tronco embrionárias, eutanásia/ortotanásia, uniões homoafetivas, dentre outras que podem gerar controvérsias, principalmente de ordem pessoal.

Essa situação se agrava quando a lei trata de requisitos imbuídos por conceitos indeterminados, impossibilitando a mera subsunção da regra. Caso o julgador não imponha um significado aos conceitos, o jurisdicionado não ficará informado a respeito do motivo pelo qual uma questão constitucional é ou não relevante, além de gerar uma insegurança quanto à utilização de critérios objetivos para a admissão dos recursos extraordinários.

Nesse sentido, Luís Roberto Barroso defende que na hipótese de previsão de cláusulas gerais, o juiz deverá impregnar a norma de sentido.

> Em todas as hipóteses referidas acima, envolvendo casos difíceis, o sentido da norma precisará ser fixado pelo juiz. Como se registrou, são situações em que a solução não estará pronta em uma prateleira jurídica e, portanto, exigirá uma atuação criativa do intérprete, que deverá argumentativamente justificar seu itinerário lógico e suas escolhas. Se a solução não está integralmente na norma, o juiz terá de recorrer a elementos externos ao direito posto, em busca do justo, do bem, do legítimo. Ou seja, sua atuação terá de se valer da filosofia moral e da filosofia política. (...) Há juízes que pretendem extrair da Constituição suas melhores potencialidades, realizando na maior extensão possível os princípios e direitos fundamentais. Há outros que entendem mais adequado não ler na Constituição o que nela não está

---

[69] BARROSO, Luís Roberto. Constituição, democracia e supremacia judicial: direito e política no Brasil contemporâneo cit., p. 17.

[70] Idem, ibidem.

PROCESSO CONSTITUCIONAL

de modo claro ou expresso, prestando maior deferência ao legislador ordinário. Seu método e/ou filosofia judicial é mera racionalização da decisão que tomou por outras razões.[71]

O autor mencionado sustenta que no modelo idealizado "o direito é imune às influências da política", principalmente em razão de mecanismos que procuram distanciar esses sistemas, como a independência e a vinculação do juiz ao ordenamento jurídico.[72] Como, por exemplo, apesar de a escolha dos membros do Supremo seja por meio de nomeação do Presidente da República, a participação política se finaliza com a posse, tendo em vista o caráter vitalício do cargo.

No entanto, boa parte das ciências sociais contemporâneas e outras pertencentes ao âmbito jurídico não creem na autonomia do direito em relação à política e aos fenômenos sociais.

Ao apreciar a constitucionalidade das pesquisas com células-tronco embrionárias, o voto contrário à lei foi liderado por "Ministro ligado historicamente ao pensamento e à militância católica, sendo certo que a Igreja se opõe às investigações científicas dessa natureza".[73] Além do caráter valorativo das motivações, pesquisas realizadas no Brasil e nos Estados Unidos revelam que as preferências políticas constituem fatores determinantes em uma decisão judicial.[74]

A influência política pode ocorrer por meio do contato inevitável com atores políticos e institucionais, estes pertencentes à sociedade civil, como as associações; da perspectiva de cumprimento efetivo das decisões do Supremo; das circunstâncias internas dos órgãos colegiados; bem como por meio da opinião pública.[75]

A interação com os atores políticos (pertencentes aos Poderes Legislativo e Executivo, entidades da sociedade civil etc.) ocorre naturalmente em razão da busca pela efetivação de seus direitos, atuando por meios formais e informais.

Outro fator que influencia a decisão é a efetividade das decisões. Como exemplo, Luís Roberto Barroso entende que o STF decide de forma que a intervenção federal nos Estados pelo descumprimento de pagar precatórios somente pode ocorrer quando for em decorrência de conduta dolosa (STF, IF 5.050 AgR/SP, Relatora Ministra Ellen Gracie, publicado em 25.04.2008).

---

[71] BARROSO, Luís Roberto. Constituição, democracia e supremacia judicial: direito e política no Brasil contemporâneo cit., p. 19.

[72] Idem, p. 20.

[73] Idem, p. 23.

[74] SILVA, Alexandre Garrido. Minimalismo, democracia e expertise: o Supremo Tribunal Federal diante de questões políticas e científicas complexas. *Revista de Direito do Estado* 12/107, 2008, apud BARROSO, Luís Roberto. Constituição, democracia e supremacia judicial: direito e política no Brasil contemporâneo cit.

[75] Idem, p. 24.

Quanto às circunstâncias internas do órgão colegiado, a deliberação do tribunal em sessão pública pode ser um fator de influência, segundo o constitucionalista citado:

> (...) um colegiado nunca será a mera soma de vontades individuais, mesmo em um sistema como o brasileiro. Não é incomum um Ministro curvar-se à posição da maioria, ao ver seu ponto de vista derrotado. Por vezes, os julgadores poderão procurar, mediante concessões em relação à própria convicção, produzir um resultado de consenso. Alinhamentos internos, em função da liderança intelectual ou pessoal de um Ministro, podem afetar posições. Por vezes, até mesmo um desentendimento pessoal poderá produzir impacto sobre a votação.
>
> (...) Por igual, o método de seleção de casos a serem conhecidos e a elaboração da própria pauta de julgamentos envolve escolhas políticas acerca da agenda da corte a cada tempo.[76]

Na visão de Luís Roberto Barroso, embora o Tribunal Superior deva estabelecer uma correlação com a opinião pública, a decisão correta e justa não será a mais popular, não podendo o Tribunal deixar de "desempenhar um papel contramajoritário".[77] Ademais, nem sempre é possível verificar a ocorrência de manobra de opinião popular, pela mídia, por exemplo.

Exemplo da presença de argumentos de ordem social encontra-se no voto proferido na ADPF 132, que tratava da equiparação das uniões homoafetivas às uniões estáveis, o Ministro Luiz Fux observou que atualmente a sociedade brasileira é mais tolerante às uniões entre pessoas do mesmo sexo, devendo esse fator ser levado em consideração na decisão da Corte. Vejamos trecho do voto:

> A verdade é que o mundo mudou. A sociedade mudou e, nos últimos anos, vem se ampliando a aceitação social das parcerias homossexuais constituídas com o objetivo de formação de entidades familiares. A par de quaisquer juízos de valor, há um movimento inegável de progressiva legitimação social das uniões homoafetivas, o que se verifica, com particular agudeza, no campo previdenciário. Uma pletora de decisões judiciais proferidas na última década, por diversos órgãos jurisdicionais do país, reconheceu aos homossexuais o direito a percepção de pensão por morte de seus parceiros. Em particular, a decisão na Ação Civil Pública n. 200.71.00.009347-0, ajuizada pelo Ministério Público Federal em face do Instituto Nacional do Seguro Social – INSS, na seção judiciária do Rio Grande do Sul, ocasionou a edição da Portaria INSS/DC n. 25, de 07.06.2000, estendendo aos parceiros homoafetivos os benefícios da pensão por morte e do auxílio-reclusão.[78]

---

[76] Idem, p. 29.

[77] Idem, p. 30.

[78] DERBLI, Felipe. Equiparação das uniões homoafetivas às uniões estáveis. In: FUX, Luiz (Coord.). *Jurisdição constitucional:* democracia e direitos fundamentais. Belo Horizonte: Fórum, 2012. p. 96.

Michele Taruffo, ao tratar da jurisdição sob o ponto de vista de Ferrajoli, alega que o autor é consciente dos problemas que estão em torno da discricionariedade interpretativa. O autor prefere debater o assunto somente no âmbito da jurisdição constitucional, enquanto na ordinária, pois o espaço de interpretação deve ater-se a um espaço mais restrito.[79]

Para Ferrajoli, as normas que contenham princípios, conceitos indeterminados ou cláusulas gerais, o juiz dispõe de um poder criativo na individualização da norma. "(...) En el ámbito de esta operación, el juez puede verse enfrentando a tener que determinar, él mismo, qué hechos deben ser verificados con el fin de concentrar adecuadamente el significado de la norma 'abierta' (lo cual puede entrar en conflicto con vários princípios, como aquél según el acual corresponde a las partes el monopólio de la alegación de lós hechos relevantes que subyacen a la controvérsia)".[80]

Esse poder criativo dos juízes remete ao problema da legitimidade, conforme acentua Ferrajoli. Porém, defende que a legitimidade dos juízes não deve ser aferida por meio de eleição, pois "el poder judicial es un poder-saber, tanto más legítimo cuanto mayor sea el saber".[81]

José Maria Arruda de Andrade trabalha numa linha de pesquisa que trata da relação entre a política (a política econômica, inclusive) e o Direito, tema desprezado no debate travado entre o positivismo jurídico e o moralismo, segundo o autor. Mesmo no contexto do moralismo jurídico, ressalta o autor que a doutrina nacional vem importando somente o debate dogmático da questão, deixando de lado aspectos culturais e também questões como o tempo e o espaço.[82]

Ademais, a política tem sido considerada somente pelo seu aspecto arbitrário e partidário, sem se levar em consideração como um elemento da norma constitucional. Com isso, o Direito passa a ter um papel secundário, que seria a de contenção do abuso do poder público, sendo que o debate acerca da matéria do texto legal estaria fora do âmbito jurídico.[83]

Ao analisar a questão da interpretação das normas constitucionais, sustenta o autor que a metodologia utilizada na aplicação não deve se ater à literalidade

---

[79] TARUFFO, Michele. *Páginas sobre justicia civil*. Trad. Maximiliano Aramburo Calle. Madrid, Barcelona, Buenos Aires: Marcial Pons, 2009. p. 28.

[80] Idem, ibidem.

[81] TARUFFO, Michele. *Páginas sobre justicia civil* cit.

[82] ANDRADE, José Maria Arruda. A Constituição brasileira e as considerações teleológicas na hermenêutica constitucional. In: SOUZA NETO, Cláudio Pereira de; SARMENTO, Daniel; BINENBOJM, Gustavo (Coord.). *Vinte anos da Constituição Federal de 1988*. Rio de Janeiro: Lumen Juris, 2009. p. 323.

[83] Cf. NEVES, Antônio Castanheira. Redução política do pensamento metodológico-jurídico. *Digesta*, v. 2, Coimbra: Ed. Coimbra, 1995, p. 379-421.

Cap. 9 – REPERCUSSÃO GERAL DO RECURSO EXTRAORDINÁRIO

do texto, bem como não deve desprezar aspectos históricos e subjetivos do conteúdo normativo. Segundo José Maria Arruda de Andrade, "a influência do sistema político sobre a metódica jurídica apresenta-se tanto na sua racionalização primária (processo de decisão político que aprova a lei), quanto na sua racionalização secundária (fundamentos da decisão jurídica concreta – aplicação da lei)".[84] Portanto, a política, sim, integra a decisão do juiz, pois não é possível dissociar o Direito de outros fatores, porém contemplados pela Constituição. E por isso as decisões jurídicas devem ser proferidas "segundo um processo previamente ordenado", que se baseie em um método racional e controlável, fundamentando o resultado de maneira constitucionalmente racional e controlável e que o significado da norma é fruto da tarefa interpretativa.[85]

Em apertada síntese, propõe o autor repensar a relação entre o Direito e a política não somente sob o ângulo da arbitrariedade ou de aspectos partidaristas, mas como realização da Constituição.

Desse modo, sendo o Direito uma "forma particular da política",[86] correspondendo a atividade jurídica também a uma atividade política, o fundamento das decisões judiciais não devem desprezar o raciocínio político-econômico.

Com relação ao aspecto da legitimidade democrática para as decisões judiciais com carga política mais acentuada, Marco Aurélio Marrafon sustenta que para chegar a um resultado equilibrado deve-se levar em consideração as circunstâncias referentes ao caso, obedecendo às "regras do jogo processual".[87] Em suma, "o magistrado deve, na maior medida possível, escolher corretamente o parâmetro normativo e sua interpretação, acertar sua adequação aos fatos e obedecer ao procedimento juridicamente válido".[88] Sendo assim, a democracia deliberativa não seria incompatível com o ativismo moderado da jurisdição constitucional.

Em uma visão crítica da relação entre o Judiciário e a política, Marcelo Andrade Cattoni de Oliveira sustenta que a Jurisdição Constitucional não possui o papel de salvaguardar o processo político e a cidadania sob a ótica substancial, como se o cidadão brasileiro fosse incapaz de buscar o pleno exercício de seus

---

[84] ANDRADE, José Maria Arruda. A Constituição brasileira e as considerações teleológicas na hermenêutica constitucional. In: SOUZA NETO, Cláudio Pereira de; SARMENTO, Daniel; BINENBOJM, Gustavo (Coord.). *Vinte anos da Constituição Federal de 1988* cit., p. 330.

[85] Idem, ibidem.

[86] Idem.

[87] MARRAFON, Marco Aurélio. *Hermenêutica e complexidade nos 20 anos da Constituição*: momento para um equilíbrio prudente na atuação dos tribunais. ANDRADE, José Maria Arruda. A Constituição brasileira e as considerações teleológicas na hermenêutica constitucional. In: SOUZA NETO, Cláudio Pereira de; SARMENTO, Daniel; BINENBOJM, Gustavo (Coord.). *Vinte anos da Constituição Federal de 1988* cit., p. 361.

[88] Idem, ibidem.

direitos. Desse modo, a tarefa do STF seria garantir as condições processuais para o exercício da autonomia pública e da privada.[89]

Dierle José Coelho Nunes repudia a prolação de uma decisão judicial baseada em fundamentos que não foram influenciados pelas partes, sendo que somente com a fundamentação dessas decisões é que se poderá verificar a ocorrência do contraditório: "A percepção democrática do direito rechaça a possibilidade de um sujeito solitário captar a percepção do bem viver em sociedades altamente plurais e complexas e, no âmbito jurídico, a aplicação do direito e/ou o proferimento de provimentos, fazendo-se necessária a percepção de uma procedimentalidade na qual todos os interessados possam influenciar na formação das decisões. Assim, toda decisão deve ser resultado de um fluxo discursivo balizado por um procedimento embasado nos princípios fundamentais (processo) que permita uma formação processual de todo exercício do poder".[90]

Portanto, embora não havendo consenso quanto ao aspecto da legitimidade, as decisões do Supremo são influenciadas pela política e pela opinião pública, o que não significa um desacerto. Porém, para que a sociedade tenha a segurança de que as decisões não estão eivadas de um excesso de subjetivismo – influenciadas pela pressão dos atores políticos, por valores pessoais ou pelo discurso apaixonado da opinião pública, distanciada do discurso racional – é preciso que o reconhecimento da repercussão geral seja fundamentado de maneira que as partes, bem como a sociedade, percebam que influenciaram na decisão, além da garantia de que não ocorreram arbitrariedades no julgamento.

5. A INTERPRETAÇÃO-APLICAÇÃO DA REPERCUSSÃO GERAL

Interpretar as normas constitucionais significa "compreender, investigar e mediatizar o conteúdo semântico dos enunciados linguísticos que formam o texto constitucional".[91] J. J. Gomes Canotilho sustenta que interpretar a Constituição é uma tarefa metódica, devendo o intérprete "(1) encontrar um resultado constitucionalmente justo através da adopção de um procedimento (método) racional e controlável; (2) fundamentar este resultado também de forma racional e controlável (Hesse)".[92] Isso porque o significado da norma é o "resultado da

---

[89] OLIVEIRA, Marcelo Andrade Cattoni. *A legitimidade democrática da Constituição da República do Brasil*: uma reflexão sobre o projeto constituinte do estado democrático de direito no marco da teoria do discurso de Jürgen Habermas. In: ANDRADE, José Maria Arruda. A Constituição brasileira e as considerações teleológicas na hermenêutica constitucional. In: SOUZA NETO, Cláudio Pereira de; SARMENTO, Daniel; BINENBOJM, Gustavo (Coord.). *Vinte anos da Constituição Federal de 1988* cit., p. 247.

[90] NUNES, Dierle José Coelho. *Processo jurisdicional democrático*. Curitiba: Juruá, 2012. p. 203.

[91] CANOTILHO, J. J. Gomes. *Direito constitucional e teoria da Constituição*. 7. ed. Coimbra: Almedina. p. 1206.

[92] Idem, p. 1207.

Cap. 9 - REPERCUSSÃO GERAL DO RECURSO EXTRAORDINÁRIO

tarefa interpretativa".[93] O Direito não é a norma em si, mas a interpretação que se faz dela.

Todavia, para estudar a aplicação do Direito é preciso que se faça um breve resumo sobre as teorias acerca dessa ciência.

Primeiramente, duas teorias procuraram conceituar o Direito: o jusnaturalismo e o positivismo jurídico.[94] O jusnaturalismo define o Direito como resultado de uma ordem natural, a qual determina o Direito positivo. Segundo Hans Kelsen, para o Direito Natural "há um ordenamento das relações humanas diferente do Direito positivo, mais elevado e absolutamente válido e justo, pois emana da natureza, da razão humana ou da vontade de Deus".[95]

Como exemplo, entre os gregos a ordem natural tinha origem nos cósmicos; já na era medieval, a origem do Direito era divina. "Essa ordem natural, obviamente, situa-se fora do tempo e fora da história: é transcendente e cotidiana, regulativamente, o Direito produzido em tempos e lugares determinados".[96]

A transformação ocorreu com a ascensão do renascimento e da modernidade, quando houve a valorização do "racionalismo antropocêntrico", sendo "as premissas postas pelo sujeito racional".[97] Para a doutrina racionalista o sistema jurídico seria completo, sem precisar de alguma ordem natural para assegurar sua correção. O positivismo jurídico pregava a separação total entre o Direito e a Moral.

> (...) para o positivismo, pouco importava colocar em discussão – no campo de uma teoria do direito – questões relativas à legitimidade da decisão tomada nos diversos níveis do poder estatal (Legislativo, Executivo ou Judicial). No fundo, operou-se uma cisão entre validade e legitimidade, sendo que as questões de validade seriam resolvidas através de uma análise lógico-semântica dos enunciados jurídicos, ao passo que os problemas de legitimidade – que incluem uma problemática moral – deveriam ficar sob os cuidados de uma teoria política.[98]

Norberto Bobbio atribui como uma das características do positivismo a completude do ordenamento jurídico, posto que sem esse mecanismo não há como o sistema funcionar.

---

[93] Idem, ibidem.

[94] STRECK, Lenio Luiz. O direito como um conceito interpretativo. *Revista Pensar*, Fortaleza, v. 15, n. 2, p. 500-513, jul.-dez. 2010, p. 501.

[95] KELSEN, Hans. *Teoria geral do direito e do Estado*. 3. ed. Trad. Luís Carlos Borges. São Paulo: Martins Fontes, 1998. p. 12.

[96] Idem, p. 502.

[97] Idem, p. 503.

[98] Idem, p. 507.

Segundo o autor, os positivistas consideram que o ordenamento jurídico é completo, não havendo necessidade de se recorrer à equidade,[99] seria o denominado dogma da completude.

Regredindo no tempo, esse dogma da completude nasce provavelmente da tradição românica medieval, dos tempos em que o Direito romano vai sendo, aos poucos, considerado como o Direito por excelência, de uma vez por todas enunciado no *Corpus iuris*, ao qual não há nada a retirar, pois que contém regras que dão ao bom intérprete condições de resolver todos os problemas jurídicos apresentados ou por apresentar. A completa e fina técnica hermenêutica que se desenvolve entre os juristas comentadores do Direito romano, e depois entre os tratadistas, é especialmente uma técnica para a ilustração e o desenvolvimento interno do Direito Romano, com base no pressuposto de que ele constitui um sistema potencialmente completo, uma espécie de mina inesgotável da sabedoria jurídica, que o intérprete deve limitar-se a escavar para encontrar o veio escondido.[100]

O positivismo jurídico surgiu da vontade de transformar o Direito em uma ciência, assim como as ciências físico-matemáticas, naturais e sociais, excluindo do campo científico o juízo de valor para se concentrar somente no estudo dos fatos. O juspositivista preocupa-se com o direito real, sem se interessar pelo direito ideal. "O romanista, por exemplo, considerará direito romano tudo o que a sociedade romana considerava como tal, sem fazer intervir um juízo de valor que distinga entre direito 'justo' ou 'verdadeiro' e direito 'injusto' ou 'aparente'. Assim, a escravidão será considerada um instituto jurídico como qualquer outro, mesmo que dela se possa dar uma valoração negativa."[101]

Uma corrente pertencente ao positivismo jurídico, denominada escola realista do direito, introduz no conceito de direito o requisito da eficácia da norma. Para essa doutrina, "é direito o conjunto de regras que são efetivamente seguidas numa determinada sociedade".[102]

A eficácia estudada pela escola realista do direito não se refere ao cumprimento da norma pelo cidadão, mas ao comportamento dos juízes, se estes aplicam as normas elaboradas pelo legislativo. Segundo Norberto Bobbio, essa doutrina sustenta que "naturalmente, ao aplicar as normas legislativas é possível que o juiz lhes modifique o conteúdo, e portanto é possível uma divergência, uma defasagem entre o ordenamento do legislador e o dos juízes".[103] Trata-se

---

[99] BOBBIO, Norberto. *Teoria do ordenamento jurídico*. 10. ed. Trad. Maria Celeste C. J. Santos. Brasília: Universidade de Brasília, 1999. p. 118-119.

[100] Idem, p. 120.

[101] BOBBIO, Norberto. *O positivismo jurídico*: lições de filosofia do direito. Trad. notas de Márcio Pugliesi. São Paulo: Ícone, 1995. p. 136.

[102] Idem, p. 142.

[103] Idem, p. 143.

Cap. 9 - REPERCUSSÃO GERAL DO RECURSO EXTRAORDINÁRIO

de um aspecto do positivismo jurídico, voltado para o método de estudo do Direito.

Norberto Bobbio ainda distingue mais dois aspectos do positivismo: como teoria do direito e como ideologia. O positivismo como teoria baseia-se nas seguintes concepções: teoria coativa do direito, teoria legislativa do direito, teoria imperativa do direito, teoria da coerência do ordenamento jurídico, a teoria da completude do ordenamento e a teoria da interpretação lógica ou mecanicista do direito.

Com respeito ao positivismo jurídico como ideologia, a crítica que se faz é que a ideologia não é coerente com a realidade, mas tenta influir nela. Além disso, a ideologia não é verdadeira ou falsa, mas justa ou injusta. Também pode ocorrer de a ideologia ser contrária aos valores aceitos.

Segundo o jurista, nos tempos modernos o dogma da completude (concepção do juspositivismo enquanto teoria do Direito) tornou-se parte da concepção do Direito como monopólio estatal. Admitir que o Estado não resolva todos os conflitos seria aceitar outra fonte jurídica que não a estatal, quebrando assim o "monopólio da produção jurídica estatal".[104]

Um dos maiores representantes do dogma da completude foi o alemão Eugen Ehrlich, que na obra *A lógica dos juristas* defendeu que o dogma era fundando em três pressupostos: "1) a proposição maior de cada raciocínio jurídico deve ser uma norma jurídica; 2) essa norma deve ser sempre uma lei do Estado; 3) todas essas normas devem formar no seu conjunto uma unidade".[105] A crítica ao monopólio estatal da produção do Direito é conhecida como escola do Direito livre.[106]

Norberto Bobbio elenca duas razões para o surgimento de ideias contrárias ao estadismo jurídico: 1) com o envelhecimento dos Códigos, foram sendo descobertas as lacunas; e 2) as primeiras codificações refletiam uma sociedade agrícola e escassamente industrializada, o que os tornaram anacrônicos, tendo em vista a formação de uma sociedade industrial.

Elival da Silva Ramos critica a ideia difundida entre os constitucionalistas nacionais quanto à superação do positivismo para o denominado pós-positivismo. No entendimento de Luís Roberto Barroso, "o debate acerca de sua caracterização situa-se na confluência das duas grandes correntes de pensamento que oferecem paradigmas opostos para o Direito: o jusnaturalismo e o positivismo. Opostos, mas, por vezes, singularmente complementares. A quadra atual é assinalada pela

---

[104] BOBBIO, Norberto. *Teoria do ordenamento jurídico* cit., p. 121.

[105] Idem, p. 122.

[106] Lenio Streck é contrário às ideias dessa escola, uma vez que pregavam o preenchimento das lacunas por meio do poder criativo dos juízes.

superação – ou, talvez, sublimação – dos modelos puros por um conjunto difuso e abrangente de ideias, agrupadas sob o rótulo genérico de pós-positivismo".[107]

De acordo com Elival da Silva Ramos, ainda predominaria o positivismo em razão de o objeto da dogmática jurídica ainda ser a norma.[108] A mudança central da lei pela Constituição, como é chamada de neoconstitucionalismo, não afetou a concepção positivista de fonte de direito.

A contribuição mais relevante do positivismo foi a noção de ordenamento jurídico concedida, segundo a qual "o direito objetivo compõe-se de um conjunto de normas que não se encontram meramente justapostas e sim integradas, logicamente, em um único sistema".[109]

Algumas correntes doutrinárias criticaram a teoria positivista, como a Jurisprudência dos Interesses, de Jhering e Philipp Heck, para a qual a lei ainda continua sendo fonte do direito, porém não em sua concepção abstrata, mas como resultado dos interesses concretos da comunidade.[110]

Uma corrente teórica que rompeu com o positivismo foi o Movimento do Direito Livre, uma vez que defendem a desvinculação do juiz à lei, pregando o subjetivismo na aplicação do Direito, por entender que a vontade de chegar a uma decisão é anterior à norma.

Na vertente sociológica, a escola do realismo jurídico, de Karl Llewellyn e Jerome Frank, sustentou que a fonte de direito seria a jurisprudência, enquanto as leis e a doutrina seriam fontes secundárias.

Já a doutrina estabelecida pela Jurisprudência Sociológica não rompia com o positivismo, mas enxergava na atividade do juiz uma criação e não meramente reprodução da lei.[111] Os seus maiores expoentes foram o juiz da Suprema Corte Benjamim Cardozo e o decano de Harvard, Roscoe Pound.

Não sendo propriamente uma escola, mas um movimento disperso em alguns países de diferentes sistemas, postulou a coincidência entre o direito e a moral, podendo ser denominado de "moralismo jurídico".[112] O propósito do movimento era estabelecer uma ordem objetiva de valores presente na Cons-

---

[107] BARROSO, Luís Roberto. *Neoconstitucionalismo e constitucionalização do direito* (o triunfo tardio do direito constitucional no Brasil). Disponível em: <www.luisrobertobarroso.com.br>. Acesso em: 22 jun. 2012.

[108] RAMOS, Elival da Silva. *Ativismo judicial*: parâmetros dogmáticos. São Paulo: Saraiva, 2010. p. 38.

[109] Idem, p. 40.

[110] Cf. HECK, Philipp. *Interpretação da lei e jurisprudência dos interesses*. Trad. José Osório. São Paulo: Saraiva, 1947.

[111] Cf. HALIS, Denis de Castro. Teoria do direito e "fabricação de decisões": a contribuição de Benjamin N. Cardozo. *Revista Brasileira de Direito Constitucional*, São Paulo: Escola Superior de Direito Constitucional – ESDC, 6/365, jul.-dez. 2005.

[112] Cf. REALE, Miguel. *Filosofia do direito*. São Paulo: Saraiva, 1975. v. 2.

Cap. 9 – REPERCUSSÃO GERAL DO RECURSO EXTRAORDINÁRIO

tituição para impedir um abuso do poder dos governantes. Algumas obras de autores como Habermas, García de Enterría e Alexy[113] sustentam essa ordem de valor que serve de parâmetro para o direito positivo.

Conforme observa Elival da Silva Ramos, o moralismo jurídico "acaba sendo convertido no fetiche da única solução correta. Ademais, sendo o intérprete -aplicador guiado pelo objetivo de aproximar o direito da moral, não se incomodará de ultrapassar as barreiras que o próprio direito positivo se lhe antepõe, o que restará evidenciado mais adiante".[114]

A principal crítica ao positivismo, segundo Elival da Silva Ramos, seria a pouca dedicação à teoria da interpretação, deixando de se aprofundar no estudo do binômio interpretação-aplicação. Para o autor, o positivismo não sustenta o isolamento do Direito à realidade social e aos valores, mas pretende estudar o "fenômeno jurídico sob o ângulo normativo".[115]

Dimitri Dimoulis expõe opinião no mesmo sentido, alegando que "a maioria dos partidários do PJ *stricto sensu* não examina (sic) as conexões do direito com outros fenômenos e sistemas normativos, ignorando as relações sociais que explicam a criação e a formas de aplicação das normas jurídicas. (...) Isso indica a ausência de uma teoria juspositivista no âmbito da interpretação".[116]

No plano da interpretação da lei, o Estado Liberal protegia valores tais como a liberdade, a igualdade e a segurança jurídica e com isso permitia ao juiz somente declarar o que já estivesse previsto em lei, sendo a aplicação apenas uma atividade técnica. Essas ideias influenciaram o surgimento da Escola da Exegese, a qual sustentava a busca pela intenção do legislador no momento de aplicar a norma. Como essa escola defendia o uso do método gramatical de interpretação somado ao histórico, na prática ocorria a mera subsunção mecânica da norma. Na verdade, não significa propriamente uma atividade interpretativa. Esse período foi marcado pela aplicação conservadora da norma.

Em síntese, o positivismo representou no campo da hermenêutica um reducionismo do intérprete, construindo uma "jurisprudência passiva e inapta a promover a atualização constante do direito positivo, exigida por uma sociedade que se transforma de modo cada vez mais célere".[117]

Já para a moderna Teoria da Interpretação, a aplicação da norma é também a sua concretização, no sentido de se construir uma norma jurídica sob uma ótica realista, conforme o caso concreto a ser decidido. Desse modo, não é possível

---

[113] RAMOS, Elival da Silva. *Ativismo judicial*: parâmetros dogmáticos cit., p. 38.

[114] Idem, p. 51.

[115] Idem, p. 59.

[116] DIMOULIS, Dimitri. *Positivismo jurídico*: introdução a uma teoria do direito e defesa do pragmatismo jurídico-político. São Paulo: Método, 2006. p. 217-218, apud RAMOS, Eival da Silva. *Ativismo judicial*: parâmetros dogmáticos cit., p. 58.

[117] Idem, p. 72-73.

a ideia de uma dogmática jurídica perfeitamente aplicada a uma sentença por uma simples subsunção, sem haver a necessidade da aplicação/interpretação.

Vejamos o atual estágio da Teoria da Interpretação, nos termos de Elival da Silva Ramos:

> (...) restam completamente superadas, quer a postura do positivismo jurídico do século XIX, que via no interpretar um mero ato de conhecimento de um dado pronto e acabado, quer a proposta teorética de Kelsen, que reconhecia ser a criatividade inerente ao processo de exegese-aplicação, porém a dissociava dos elementos cognitivos nele necessariamente existentes, de modo a restringir o interesse da Dogmática apenas a esse segundo aspecto. O que hoje se constata é que os magistrados, longe de meramente declarar ou reproduzir um direito preexistente, contribuem para a sua configuração, entretanto, não de forma livre ou inteiramente desvinculada e sim a partir do texto a aplicar, cujo teor normativo resulta, precisamente, da atividade de concretização.[118]

No entanto, o autor citado não compartilha da ideia do moralismo jurídico, atualmente representado pelo neoconstitucionalismo, entendendo mais compatível com a democracia a dogmática positivista, porém sob um ângulo moderno, renovado. Isso porque tem se visto que a jurisdição constitucional baseada em modelos moralistas é impregnada de alto grau de subjetivismo do intérprete.

A respeito da aplicação do Direito, Elival da Silva Ramos sustenta que mesmo sendo a orientação axiológica objeto de Política Legislativa, existem espaços deixados pelo Poder Legislativo que permitem sejam supridos pelo Judiciário no processo de interpretação, podendo o julgador se preocupar nessa seara com os valores da pessoa humana.

Em relação às Cortes Constitucionais, a tendência da criatividade na aplicação da norma é ainda maior, tendo em vista a inexistência de órgão hierarquicamente superior, também porque a "atividade interpretativa se desenvolve, 'quase que exclusivamente sobre enunciados abertos, polissêmicos e indeterminados, como são os preceitos que veiculam a chamada matéria constitucional'".[119]

Em suma, a interpretação-aplicação da Constituição compreenderia um processo dialético, que é a concretização das normas constitucionais pelo Tribunal, tendo como referência a norma e a realidade material. Nesse sentido, rejeita-se a mera reprodução da norma, sem atentar para outros aspectos da realidade no momento da interpretação, cabendo ao órgão concretizador construir o programa normativo. Seria a denominada metódica estruturante para Friedrich Müller.

---

[118] Idem, p. 82.

[119] COELHO, Inocêncio Mártires. *Interpretação constitucional*. 2. ed. Porto Alegre: Sérgio Antonio Fabris, 2003. p. 42.

Seguem algumas características da metódica jurídica normativo-estruturante, sintetizada por J. J. Gomes Canotilho:

(1) A metódica jurídica tem como tarefa investigar as *várias funções de realização do direito constitucional* (legislação, administração, jurisdição);

(2) E para captar a transformação das normas a concretizar numa 'decisão prática' (a metódica pretende-se ligada à resolução de problemas práticos);

(3) A metódica deve preocupar-se com a estrutura da norma e do texto normativo, com o sentido de normatividade e de processo de concretização, com a conexão da concretização normativa e com as funções jurídico-práticas;

(4) Elemento decisivo para a compreensão da estrutura é uma teoria *hermenêutica da norma jurídica* que arranca da não identidade entre *norma e texto normativo*;

(5) O texto de um preceito jurídico positivo é apenas a parte descoberta do iceberg normativo (F. Müller), correspondendo em geral ao programa normativo (ordem ou comando jurídico na doutrina tradicional);

(6) Mas a norma não compreende apenas o texto, antes abrange um "domínio normativo", isto é, um "pedaço de realidade social" que o programa normativo só parcialmente contempla;

(7) Consequentemente, a *concretização normativa* deve considerar e trabalhar com dois tipos de elementos de concretização: um formado pelos elementos resultantes da interpretação do texto da norma (=elemento literal da doutrina clássica); outro, o elemento de concretização resultante da investigação do referente normativo (domínio ou região normativa).[120]

Lenio Streck defende que o Direito possui sim um conteúdo moral, havendo uma origem comum tanto para o Direito quanto para a Moral. Não está se falando de uma moral ornamental, fruto de um discurso postiço do Direito, funcionando como justificativa para fragilizar a autonomia do Direito. Também não se trata de um moralismo jurídico, responsável pelos desejos morais dos indivíduos, mas, "sim, de uma moral instituidora da comunidade política que obriga, não apenas aqueles que fazem as leis, a seguirem uma cadeia de coerência e integridade em suas decisões, mas também – e principalmente – obriga aqueles que são responsáveis pela realização concreta do Direito: os juízes".[121]

Para o autor, não será qualquer decisão que valerá legitimamente como Direito, mas tão somente aquele Direito que passar pela "razão hermenêutica",[122] não podendo ser aceitas as decisões que ignoram uma fundamentação baseada em valores democráticos, sendo resultado somente da experiência individual e

---

[120] CANOTILHO, J. J. Gomes. *Direito constitucional e teoria da Constituição* cit., p. 1213.

[121] STRECK, Lenio Luiz. O direito como um conceito interpretativo cit., p. 509.

[122] Idem, p. 510.

discricionária daquele que aplica a norma. Portanto, o Direito deve ser estudado como um conceito interpretativo.

De fato, é preciso construir as condições de possibilidade para a emergência de um direito fundamental a respostas corretas no direito, uma vez que o positivismo jurídico *lato sensu* aceita a existência de múltiplas respostas. Tal circunstância – que é central nas teorias positivistas – está sustentada na delegação em favor dos juízes de um poder discricionário, o que representa um retrocesso em relação à própria democracia.

(...)

Dworkin percebeu que é neste ambiente em que predomina a "vontade" discricionária de um sujeito solipsista que reside o elemento mais nefasto da cisão entre Direito e Moral, uma vez que a "textura aberta" e a "moldura da norma" exoneram o juiz do dever de decidir a questão de um determinado modo. Tendo detectado isso, Dworkin (1999) pôde construir a teoria do direito como integridade para demonstrar como as decisões judiciais não podem ficar reduzidas ao alvedrio da vontade do intérprete, mas que todo juiz – no momento da decisão – possui um dever (have a duty to) de decidir de um modo determinado.

Desse modo, deve o juiz buscar oferecer uma resposta correta, por meio da aplicação de uma teoria que estude como devem os juízes decidir as causas que julgam.

Ao sustentar o conceito de Direito baseado numa concepção interpretativa, entende o autor que a operacionalidade do Direito, isto é, o momento pelo qual o Direito é aplicado/interpretado, está passando por uma crise de efetividade qualitativa, além da crise quantitativa. A crise qualitativa refere-se à ausência do uso da hermenêutica no julgamento dos processos.

Levando em conta o exposto, bem como os preceitos da metódica jurídica normativo-estruturante, poder-se-ia dizer que as decisões que julgam a repercussão geral devem concretizar as normas que regulam a matéria. Não basta apenas apontar determinada matéria como relevante, como, por exemplo, direito de greve; dessa forma, o jurisdicionado não tem o conhecimento do alcance da norma, sobretudo com relação ao correto preenchimento dos requisitos.

5.1. Crise quantitativa x crise qualitativa das decisões

Dierle José Coelho Nunes, ao escrever sobre o resgate da postura garantística do processo, criticou as reformas processuais que se sucederam a partir de 1990, uma vez que valorizaram sobremaneira a rapidez procedimental e sua eficácia. Resultou com isso na massificação dos julgamentos e na visão do processo a uma mera burocracia que precisa ser eliminada.[123]

---

[123] NUNES, Dierle José Coelho. *Processo jurisdicional democrático* cit., p. 211.

Nos dizeres do citado autor, para que o processo atenda ao princípio democrático, é necessário que as reformas não sejam voltadas somente para a celeridade, mas também para a "estrutura normativa constitucionalizada que é dimensionada por todos os princípios constitucionais dinâmicos, como o contraditório, a ampla defesa, o devido processo constitucional, a celeridade, o direito ao recurso, a fundamentação racional das decisões, o juízo natural e a inafastabilidade do controle jurisdicional".[124]

Outro crítico das recentes reformas do Judiciário é Lenio Streck, o qual alega que tais reformas processuais vêm buscando somente superar a crise da quantidade de processos, criando mecanismos que "acelerem" ou "desafoguem a prestação jurisdicional",[125] como a súmula vinculante, o poder monocrático conferido aos relatores (art. 557 do CPC) e a repercussão geral dos recursos extraordinários. Como exemplo, o autor citou que em um mesmo dia foram julgados o mérito de 4.908 processos pelo STF acerca de questão que tratava da pensão por morte.

Não se deve compreender essa crítica do autor como contrária à celeridade processual, mas sim que o legislador não se importou com o risco da perda de efetividade da tutela jurisdicional no sentido de garantir a prestação correta do Direito.

> Assim, se é verdade que o direito assume, definitivamente, nesta quadra da história, um caráter hermenêutico, decorrente de um efetivo crescimento do grau de deslocamento do polo de tensão entre os poderes do Estado em direção à jurisdição (constitucional), também, é verdade que, em plena era da "sociedade aberta de intérpretes", do triunfo do constitucionalismo, da argumentação jurídica e da viragem linguística, a teoria do direito vem sendo dominada por uma crescente sincretização de cunho aparadigmático.[126]

Desse modo, perde relevância para o Direito nos tempos atuais expressões como "caso concreto", "hermenêutica" e "interpretação".[127]

Leonardo Greco também defende que as reformas processuais não devem se preocupar tão somente com o tempo do processo, mas igualmente com a efetividade da prestação jurisdicional e com os aspectos garantísticos:

> Esta perspectiva garantística do processo civil contemporâneo vem sendo profundamente ameaçada ultimamente pelos movimentos de reformas processuais desen-

---

[124] Idem, p. 250.

[125] STRECK, Lenio Luiz. *Verdade e consenso*: Constituição, hermenêutica e teorias discursivas. 4. ed. São Paulo: Saraiva, 2011. p. 418.

[126] Idem, p. 419.

[127] Idem, ibidem.

cadeados em vários países, entre os quais o Brasil, ditados preponderantemente pela necessidade justificável de debelar a crise do Judiciário resultante do excesso de processos e de recursos, mas que relegam a segundo plano a função tutelar dos interesses dos jurisdicionados e dos direitos subjetivos agasalhados pelo ordenamento jurídico, que sufocam essas garantias e a preocupação com a qualidade das decisões padronizadas, pouco refletidas, pouco debatidas e com reduzida probabilidade de serem acertadas, tanto do ponto de vista da justiça processual, quanto da justiça substantiva, ou seja, tanto do ponto de vista do respeito às garantias fundamentais do processo, entre as quais avultam o contraditório, a ampla defesa e o devido processo legal, quanto do ponto de vista do resultado, a correta reconstituição dos fatos e a adequada tutela dos direitos subjetivos das partes, através da aplicação da lei ao caso concreto.[128]

Se, por um lado, a repercussão geral dos recursos extraordinários deve ser um mecanismo aliado do STF para diminuir o volume de processo, por outro, não deve se afastar das garantias, sob pena de frustrar valores consagrados pela Lei Maior. Desse modo, é preciso que o STF deixe explícitos os critérios utilizados para fixar a competência e que fundamentam a escolha de determinada questão como relevante.

Mesmo considerando que o julgamento do recurso extraordinário tenha características do processo objetivo, uma vez que se discute somente a tese jurídica e não o caso concreto, se direitos constitucionalmente protegidos estiverem sendo desrespeitados por tribunais inferiores, caberá ao STF decidir por qual motivo não irá julgar determinada questão, motivando a irrelevância da matéria, sob pena de estar frustrando uma prestação jurisdicional negada por outro órgão do Judiciário.

Humberto Theodoro Júnior, Dierle Nunes e Alexandre Bahia também se preocupam com os aspectos garantísticos do processo, alegando que a repercussão geral do recurso extraordinário visa somente ao acesso à justiça quantitativo, distanciando-se do movimento de socialização processual do século XX.[129]

Os autores lembram que apesar de o mecanismo de filtro ser utilizado nos países europeus, as Cortes de Cassação europeias não julgam a decisão anulada, reenviando o processo para outro órgão jurisdicional, que julgará o mérito da causa conforme as peculiaridades do caso concreto. Desse modo, diminui-se o risco desse mecanismo, visto que não realizam o "pinçamento de recursos".[130]

---

[128] GRECO, Leonardo. Publicismo e privatismo no processo civil. *Revista de Processo*, ano 33, n. 164, out. 2008, São Paulo: RT, p. 43.

[129] THEODORO JÚNIOR, Humberto; NUNES, Dierle; BAHIA, Alexandre. Litigiosidade em massa e repercussão geral no recurso extraordinário. *Revista de Processo*, ano 34, n. 177, São Paulo: RT, nov. 2009, p. 12.

[130] Idem, p. 14. De acordo com a repercussão geral por amostragem, o STF julga somente o *leading case* para que seja aplicado aos demais processos com questões idênticas, sem que os argumentos do recurso sejam levado em consideração.

Além disso, o Supremo possui um papel fundamental, que é a função nomofilácica,[131] isto é, zela pela aplicação das normas constitucionais e pela uniformidade de interpretação de grandes questões. O modo como o STF decide, a forma como fundamenta suas decisões também servirá de base para os demais órgãos do Judiciário.

Por outro lado, Daniel Sarmento, ao escrever sobre a interpretação constitucional, fez uma correta observação, a de que os intérpretes não são semideuses do Olimpo e que por vezes o procedimento estabelecido em si já impõe limitação suficiente para prejudicar a prolação de uma decisão judicial.[132] O autor critica as teorias hermenêuticas que não consideram a realidade do juiz, assoberbado de trabalho e integrante de uma realidade que não pode negar existir. Daí defende a adoção de uma "teoria alternativa, que talvez não permita ao juiz excepcional mostrar todo o seu talento e sabedoria para chegar a um resultado ótimo, mas que minimize as chances de erros graves pelos juízes medíocres".[133]

Dessa forma, a crítica deve ser direcionada ao sistema, que à primeira vista se preocupa com o tempo do processo, isto é, com a celeridade, deixando para trás alguns valores também protegidos pela Constituição, que é a fundamentação das decisões judiciais.

Além disso, o CPC estabeleceu como requisito para a configuração da repercussão geral cláusulas demasiadamente abrangentes, exigindo certo empenho do intérprete para preencher os conceitos indeterminados de algum significado e consequentemente para fundamentar a decisão. A complexidade da compreensão da repercussão geral é tamanha que a doutrina também não se arriscou a estabelecer um sentido para a relevância política, econômica ou social.

É certo também que o papel do Judiciário aumentou nas últimas décadas, pois o que antes se restringia aos litígios privados e à jurisdição penal, após a Constituição de 1988, foi cobrado dos juízes a efetivação dos direitos, além de substituir o legislador naquilo que foi omisso, o que a doutrina chamou de ativismo judicial.

Essa idealização do Judiciário elevou e muito a quantidade de processos judiciais. Daniel Sarmento também aponta outros dois problemas para a crise qualitativa: a falta de conhecimento técnico fora da área jurídica e "a lógica inerente ao processo judicial".[134]

---

[131] AZEM, Guilherme Beux Nassif. *Repercussão geral da questão constitucional no recurso extraordinário* cit., p. 24.

[132] SARMENTO, Daniel. Interpretação constitucional, pré-compreensão e capacidades institucionais do intérprete. In: SOUZA NETO, Cláudio Pereira de; SARMENTO, Daniel; BINENBOJM, Gustavo (Coord.). *Vinte anos da Constituição Federal de 1988* cit., p. 317.

[133] Idem, ibidem.

[134] Idem, p. 318.

Em razão disso, alega o autor que "teorias da argumentação extremamente exigentes e sofisticadas, por exemplo, não têm, neste contexto, como ser empregadas no dia a dia dos tribunais. Teorias jurídicas muito particularistas, que demandem sempre um exame atento e exaustivo das singularidades de cada hipótese, em busca da justiça ideal para o caso concreto, também não".[135]

Também defende a diminuição drástica de processo no STF, por meio do uso de mecanismos como a súmula vinculante e a repercussão geral no recurso extraordinário, pois não deve o órgão de cúpula se ocupar com milhares de casos idênticos ou que não possuem relevância social.

Além da quantidade de processos, o Judiciário não está preparado para enfrentar questões técnicas, que fogem dos temas exclusivamente jurídicos. Daniel Sarmento critica a formação nas faculdades jurídicas, que em nada se preocupam com matérias interdisciplinares, bem como o recrutamento dos magistrados, "que afere apenas o conhecimento do ordenamento positivado".[136] O magistrado deveria ter maturidade e um mínimo de experiência para compreender uma realidade diversa do Direito.

O que vem ocorrendo é um choque entre o mecanismo de aceleração com os ditames garantísticos, que enxergam o processo como instrumento da realização da democracia.

Todavia, para fundamentar uma decisão de maneira plenamente concernente com os valores democráticos, estar-se-á exigindo do Judiciário um esforço maior para que os casos sejam mais bem estudados. Na visão de Daniel Sarmento, o Judiciário não está preparado estruturalmente para oferecer decisões técnicas e relacionadas a outro campo, senão o jurídico:

> No caso dos direitos sociais, por exemplo, sabe-se que a sua concretização dá-se através de políticas públicas, cuja elaboração e implementação dependem, para o seu êxito, do emprego de conhecimentos específicos. Os poderes Executivo e Legislativo – sobretudo o primeiro – possuem em seus quadros pessoas com a necessária formação especializada para assessorá-los na tomada das complexas decisões requeridas nesta área, que frequentemente envolvem aspectos técnicos, econômicos e políticos diversificados. O mesmo não ocorre no Judiciário. Os juízes não têm em regra tais conhecimentos especializados necessários, nem contam com uma estrutura de apoio adequada para avaliação das políticas públicas.[137]

Outrossim, o processo judicial não está preparado para resolver questões de justiça distributiva, como políticas públicas, regulação econômica ou direitos sociais, tendo em vista que o juiz possui uma visão limitada no processo, sobre-

---

[135] Idem, ibidem.
[136] Idem, p. 319.
[137] Idem, ibidem.

Cap. 9 – REPERCUSSÃO GERAL DO RECURSO EXTRAORDINÁRIO

modo restrita às alegações das partes. Com isso, ao se buscar solucionar uma questão, prejudicam-se outras também relevantes para a sociedade.

Conclui Daniel Sarmento que a hermenêutica constitucional não pode ser cega a ponto de não considerar a realidade do intérprete da Constituição, como o "juiz Hércules de Dworkin, o legislador que encarna a vontade geral do povo, ou até mesmo o dirigente da agência reguladora completamente técnico, apolítico e independente".[138]

Essa questão é ainda mais relevante quando se trata da interpretação da Constituição, considerada como um sistema aberto de regras e princípios "que, através de processos judiciais, procedimentos legislativos e administrativos, iniciativas dos cidadãos, passa de uma *law in the books* para uma *living constitution*".[139] O trabalho do intérprete da Constituição é ainda maior em relação às aplicação das leis infraconstitucionais em razão da quantidade de conceitos indeterminados presentes naquela e da ausência de parâmetro no julgamento, tendo em vista se tratar de órgão de cúpula do Judiciário.

Em suma, a diminuição de processos no STF é necessária para possibilitar o julgamento mais célere das teses constitucionais. Todavia, a celeridade não pode justificar a ausência de uma fundamentação da decisão suficientemente compatível com os princípios constitucionais, como o contraditório participativo, que exige do julgador uma decisão influenciada pelos argumentos e provas trazidas pelas partes. Não que o juiz deva proferir uma decisão rebuscada, como se filósofo fosse, mas deixando explícito o raciocínio desenvolvido, inclusive o de ordem política-econômica.

5.2. A hermenêutica jurídica como garantia

Francisco José Borges Motta desenvolveu reflexões acerca da teoria do Direito de Ronald Dworkin à luz da Crítica Hermenêutica do Direito de Lenio Streck no que diz respeito ao processo jurisdicional que se pratica no Brasil.

Em apertada síntese, o autor citado critica o protagonismo judicial, somente com relação ao excesso de subjetivismo. Defende, juntamente com Lenio Streck, que a interpretação do Direito não deve depender da característica do intérprete, mas sim perfilhar pela hermenêutica, bem como preconizar os princípios constitucionais como base moral e histórica da aplicação do Direito.

Além disso, sustenta que o fundamento da decisão judicial não deveria ficar adstrito à menção ao texto legal, uma vez que a interpretação da norma inicia em um momento anterior, partindo-se desde a pré-compreensão que o juiz possui da lide. Portanto, para que se cumpra o princípio da publicidade e

---

[138] Idem, p. 321.

[139] CANOTILHO, J. J. Gomes. *Direito constitucional e teoria da Constituição* cit., p. 1163.

da fundamentação das decisões judiciais, cabe ao juiz revelar quais as razões que o levaram a aplicar uma norma jurídica de um modo e não de outro, o que vai além de citar a lei.

O autor, ao comentar o trabalho de Dworkin, alega que "se de um lado reconhece o caráter (inexoravelmente) interpretativo do Direito, de outro, nega aos juízes a prática de um decisionismo arbitrário, defendendo a existência de *boas respostas* (respostas *corretas*, se se quiser) no Direito para todos os casos que o interpelam".[140] Desse modo, o protagonista do Estado Democrático de Direito deve ser o *Direito*, não o juiz isolado, decidindo conforme suas convicções pessoais.

A aplicação do Direito de acordo com o discernimento pessoal do juiz é uma herança do positivismo jurídico, já que na impossibilidade de solucionar uma lide com base em uma regra, incumbe ao juiz resolver a lide conforme seu entendimento particular.[141]

> Essa, portanto, é a dimensão da importância do exercício da atividade judicial enquanto jurisdição constitucional. Ela é que permitirá o *acontecer hermenêutico* do texto constitucional, em sua amplitude de regras, princípios e valores materiais, além da concretização de direitos fundamentais; por isso é que defendemos o que se pode chamar de *direito constitucional material*, ou seja, um direito essencialmente jurisprudencial, caracterizado pela potencialidade de abertura, ultrapassando-se, assim, as posturas singularizadas pelo agir dogmático-formal.[142]

Portanto, o juiz, ao interpretar, estará fazendo valer a Constituição, garantindo sua supremacia. Daí a relevância e a necessidade da busca pela resposta correta, bem como da fundamentação da decisão judicial indo além da citação da lei.

Sob esse ponto de vista, a decisão deve respeitar determinados fatores, como os históricos, a jurisprudência e a "integridade dos princípios".[143]

Outrossim, a fundamentação revela que o trabalho do jurista não é fruto de valores exclusivamente pessoais, que não parte de um "grau zero na interpretação dos textos".[144] O Estado Democrático de Direito não admite uma decisão sujeita ao subjetivismo, devendo o fundamento vir embebido dos preceitos constitucionais.

---

[140] MOTTA, Francisco José Borges. *Levando o direito a sério*. 2. ed. Porto Alegre: Livraria do Advogado, 2012. p. 29.

[141] Idem, p. 32.

[142] Idem, p. 34.

[143] Idem, p. 38.

[144] Idem, ibidem. Cf. DWORKIN, Ronald. *O direito da liberdade*: a leitura moral da Constituição norte-americana. São Paulo: Martins Fontes, 2006. p. 487.

Cap. 9 – REPERCUSSÃO GERAL DO RECURSO EXTRAORDINÁRIO

Conforme a doutrina mencionada, o texto constitucional não possui um sentido ou uma vontade tal que deva ser simplesmente revelada pelo julgador, como, por exemplo, posto que o Direito não é estático e óbvio.[145]

Francisco José Borges Motta menciona a importância dos trabalhos que vêm sendo desenvolvidos pela "Escola Mineira do Direito Processual", que se preocupa precipuamente com o "modelo democrático de processo, caracterizado: a) pela comparticipação processual (com o decorrente policentrismo e interdependência processual entre os sujeitos processuais); b) pelo resgate de uma leitura forte dos princípios processuais constitucionais; e c) pelo resgate do papel técnico e institucional do processo".[146]

Desse modo, se o processo em um contexto democrático deve ser aquele que valoriza a participação das partes, demonstrando-se nas decisões judiciais que suas alegações influenciaram no julgamento, não há como os tribunais deixarem de motivar as decisões, mesmo alegando como justificativa a morosidade da Justiça.

Ressalta-se que a motivação aqui defendida não se resume à subsunção à lei, mas no aprofundamento do raciocínio desenvolvido pelo julgador, tendo como base, inclusive, as alegações do recorrente.

Todavia, o procedimento por si só não legitima a decisão, posto que o processo é também "interpretativo, e que deverá, bem por isso, assumir a 'responsabilidade' de ser interpretativo, de trabalhar com categorias interpretativas e de se ver e envolver sujeitos que (desde já sempre) interpretam".[147]

Ainda sobre a interpretação do Direito, Dworkin preocupa-se com a legitimidade do dever judicial, defendendo a existência de apenas uma resposta correta para a decisão do juiz ou da boa resposta. Trata-se da figura denominada pelo autor de "juiz Hércules", que desenvolveria decisões com sabedoria e sagacidade, podendo ser considerado o "juiz filósofo".

---

[145] "A hermenêutica de perfil filosófico nos denuncia que aí está a crença (metafísica e, portanto, anti-hermenêutica) de que a 'lei' possui uma 'vontade', que será 'revelada' na sentença, a pedido do cidadão, funcionando o processo judicial como um 'caminho', uma 'etapa', para a obtenção dessa 'clarificação'. Ora, já sabemos o suficiente para dizer que a jurisdição democrática tem de ser mais do que isso; e que a 'suposição de que a lei tenha uma vontade suprime a Hermenêutica, no pressuposto de que a missão do julgador seja apenas a descoberta dessa vontade, para proclamá-la na sentença, como se a norma tivesse sempre o sentido que lhe atribuía o legislador' e isso 'mesmo que as circunstâncias históricas e os padrões de moralidade sejam outros, inteiramente diversos daqueles existentes ao tempo da edição da lei'" (cf. idem, p. 59).

[146] NUNES, Dierle José Coelho. Apontamentos iniciais de um processualismo constitucional democrático. In: OLIVEIRA, Marcelo Andrade Cattoni de; MACHADO, Felipe (Coord.). *Constituição e processo*: a contribuição do processo ao constitucionalismo democrático brasileiro. Belo Horizonte: Del Rey, 2009. p. 351, apud Idem, p. 67.

[147] Idem, ibidem.

Francisco José Borges Motta defende o juiz Hércules sustentando que a sua extraordinária capacidade não é resultado de valores pessoais sobre-humanos, mas de uma compreensão do Direito como uma unidade coerente e como resultado de um trabalho conjunto de intérpretes, além da produção legislativa. O autor levanta algumas indagações para defender a existência de respostas corretas: "Se não há respostas (em Direito) melhores umas do que as outras, por que afinal nos esforçamos tanto em argumentar juridicamente em nos debruçarmos sobre os casos ditos 'controversos'? Se há apenas 'respostas', por que exigir do juiz o dever de fundamentar suas decisões?".[148]

Na visão do autor, o Estado Democrático de Direito pressupõe a elaboração de respostas corretas.

Ademais, mesmo argumentando-se sobre a possibilidade de erro do juiz, deve haver um esforço para que sejam proferidas decisões "qualitativamente melhores". Talvez não seja factível que os juízes alcancem respostas corretas, mas dever-se-ia provar a tentativa de que se tentou chegar até elas. Enfim, "uma proposição de Direito é correta se faz parte da melhor justificativa que se pode oferecer para o conjunto de proposições jurídicas tidas como estabelecidas".[149]

Em um segundo momento de seu estudo, Francisco José Borges Motta analisa as reflexões de Ovídio Baptista da Silva a respeito do processo jurisdicional.

Para Ovídio Baptista, o processo civil não acompanhou as transformações sociais, encontrando-se ainda enraizado ao Iluminismo, período em que se considerava que a norma possuía um sentido unívoco, ou seja, um significado evidente. Desse modo, a estagnação do processo civil teria culminado na crise de legitimidade do Poder Judiciário.

O racionalismo do período do Estado Liberal aplicado no Direito resultou na criação do "mundo jurídico", difundido nas Universidades. Segundo o autor, esse entendimento apartado do Direito com a realidade impede um avanço da autêntica democracia.[150]

Ademais, o Direito Processual Civil moderno passa por uma ilusão de que foi ultrapassado o pensamento de que o juiz é somente a boca da lei. Para Ovídio Baptista, vivemos num falso progresso, posto existir um abismo entre o "mundo jurídico" e a prática forense.

> A distância entre o que se diz na Universidade e nos manuais, através da submissão à cristalizada estrutura de nossas instituições, e o que se faz no foro é escandalosa. Aos que se deem o trabalho de meditar sobre o fosso criado entre o "mundo jurídi-

---

[148] Idem, p. 79.

[149] Idem, p. 83.

[150] SILVA, Ovídio A. Baptista da. *Processo e ideologia*: o paradigma racionalista. Rio de Janeiro: Forense, 2004. p. 79.

co" e a realidade social poderá parecer, no mínimo, curiosa a crença que envolve a doutrina processual contemporânea de que teríamos conseguido manter o processo civil identificado com o novo mundo deste início do século XXI, valendo-nos dos mesmos princípios, das mesmas estruturas e mesmos instrumentos processuais utilizados pelos juristas do ocaso do império romano. Este prodígio tornou-se possível pela redução do Direito a uma simples estrutura lógica vazia de sentido, enfim, ao processo civil abstrato e conceitual.[151]

A superação da crise de legitimidade seria por meio de uma "compreensão hermenêutica do Direito", comprometida com a análise histórica. Falta ao processualista "sujar as mãos com temas políticos e da vida social",[152] posto que compete ao processo intervir nos conflitos sociais.

Portanto, a herança do Estado Liberal foi a valorização da segurança em detrimento do justo, como se o Direito pertencesse a uma ciência exata, comprometida com os ideais racionalistas e não com a justiça concreta. O autor cita como exemplo da prevalência do Iluminismo no processo civil a noção de neutralidade do juiz, a qual seria uma técnica em si capaz de garantir uma aplicação correta da norma, protegendo o jurisdicionado do arbítrio do juiz.

Ovídio destaca que, "apesar dos avanços que foram alcançados pela Filosofia do Direito durante todo o século XX (o que nos remete à hermenêutica de perfil filosófico, lembramos), nossas instituições, tanto universitárias quanto legislativas, impõem que nos comportemos 'dogmaticamente', ou seja, que pensemos o direito processual civil como um 'instrumento conceitual', ao passo que o 'sistema pressupõe que o Direito seja produzido pelo Poder Legislativo', o que resulta em juízes 'irresponsáveis, uma espécie de mecânico do Poder'".[153]

Essa característica do juiz preso ao texto legal, sem adentrar direta e expressamente em questões relacionadas aos aspectos políticos, econômicos e a outros fatores, vislumbra-se nas decisões acerca da repercussão geral.

Isso não significa que não haja um entendimento político determinado a respeito do objeto do processo, mas sim que as angústias acerca de questões interdisciplinares não têm sido parte do raciocínio desenvolvido no fundamento da decisão. É preciso que o juiz projete os motivos que o levaram a considerar uma questão constitucional relevante, para se ter a certeza de que a decisão não corresponde a um "voo solo", e sim num resultado de um "gesto democrático, visceralmente atingido pelos argumentos trazidos pelas partes".[154]

---

[151] Idem, p. 90.

[152] MOTTA, Francisco José Borges. *Levando o direito a sério* cit., p. 114.

[153] Idem, p. 117.

[154] Idem, p. 127.

Portanto, Ovídio Baptista defende que o dever de fundamentar as decisões não se resume na subsunção à regra, mas precisa ser o esforço de se efetivamente interpretar o Direito, imbuída a motivação de juízo de valor.[155]

Se respeitados os valores democráticos, as decisões não serão certas ou erradas, mas "suficientemente razoáveis, alicerçadas em fundamentos válidos, onde não estejam ocultas as verdadeiras razões de decidir".[156] Desse modo, a decisão não se esgota na aplicação de uma regra,[157] para que se atenda ao propósito democrático, e a fundamentação do provimento jurisdicional deve ser completa, incluindo as justificativas para a opção de um caminho e não de outro.

Conclui, então, Francisco José Borges Motta que no atual Estado Democrático de Direito ocorreu um deslocamento do centro de decisões dos outros Poderes da República para o plano da jurisdição constitucional.

Considerando que a Constituição é um elo entre a Política e o Direito e que a aplicação do Direito é indissociável da hermenêutica e da adoção de uma postura filosófica, deve-se adotar uma teoria da decisão judicial a fim de que o processo seja um "acesso a uma ordem jurídica principiologicamente coerente e justa"[158] e de modo que garanta a efetiva participação das partes no processo.

Em razão da ordem constitucional estabelecida, o processo não deve se pautar nem nos ideais do Estado Liberal, tendo as partes como únicas protagonistas, muito menos na tutela paternalística, que corresponde ao Estado Social, cuja tutela jurisdicional depende pouco da atuação das partes.

Dessa forma, o dever de fundamentar decisões é o "direito fundamental de o cidadão obter boas respostas em Direito".[159]

6. CONCLUSÃO

As questões estudadas no presente trabalho, tais como a recente reforma do Judiciário, a atuação do STF como Corte Constitucional, o desenvolvimento da

---

[155] "Como a atividade judicial estava restrita a isso – 'clarificação' do sentido da lei –, o magistrado viu-se dispensado de 'fundamentar' suas decisões: bastava-lhe, na melhor das hipóteses, 'explicar' o caminho trilhado, caso a caso, para encontrar o 'sentido' (supostamente prévio da lei). O 'sistema' assim concebido desonerou o juiz de 'decidir' e, decorrentemente, de 'fundamentar' seus provimentos." Idem, p. 128.

[156] Idem, p. 138.

[157] "(...) não há nenhuma possibilidade – e tanto Dworkin como Ovídio sabem disso – de protagonizar uma 'interpretação neutra' da Constituição ou da legislação que lhe deve obediência. Demandemos dos juízes que se assumam, pois, como intérpretes e agentes políticos. Afinal, 'valer-se de uma teoria política não é uma corrupção da interpretação, mas parte do que significa interpretação" (idem, p. 140).

[158] Idem, p. 189.

[159] Idem, p. 194.

Cap. 9 - REPERCUSSÃO GERAL DO RECURSO EXTRAORDINÁRIO

moderna teoria da interpretação, a influência nas decisões judiciais da política, da economia e da opinião pública, a crise quantitativa *versus* a crise qualitativa da tutela jurisdicional, o estudo interdisciplinar nas Universidades, a importância da fundamentação das decisões para o Estado Democrático Direito e o uso da hermenêutica como garantia de uma decisão imparcial, estão relacionadas ao tema da repercussão geral do recurso extraordinário, por isso a importância de discorrer sobre elas.

A repercussão geral do recurso extraordinário foi estabelecida no período das Reformas do Judiciário, que procuraram remediar a crise do processo, mais pontualmente com relação à questão da morosidade. No caso da repercussão geral, a celeridade seria obtida por meio da restrição do acesso ao STF.

Existe o entendimento de que o sistema processual brasileiro vigente colabora para a justiça morosa do país. Concluiu-se, por exemplo, nas XXII Jornadas de Direito Processual, realizadas no Brasil pelo Instituto Pan-Americano de Direito Processual, a respeito da necessidade de criação de mecanismos eficazes para combater a demora da prestação jurisdicional.[160]

Igualmente empenhada em garantir maior celeridade ao processo, a Comissão de Juristas encarregada de elaborar o Anteprojeto do Novo Código de Processo Civil buscou erigir instrumentos que contribuíssem para a redução de demandas e recursos no Judiciário.[161]

Portanto, a ordem do dia é a celeridade processual, e a repercussão geral foi criada para cumprir esse papel, de redução de recursos para o órgão máximo do Judiciário.

A repercussão geral do recurso extraordinário também reflete o descontentamento do STF quanto a sua atuação, insatisfeito com seu papel de órgão revisor, função esta que acarreta no acúmulo infindável de processo aguardando por julgamento. A repercussão geral começa a traçar um rascunho do novo STF, atuando como uma verdadeira Corte Constitucional.

Ocorre que o Código de Processo Civil, ao disciplinar a repercussão geral, previu cláusulas demasiadamente abertas, que exigem um esforço do juiz para preencher os requisitos estabelecidos, como a relevância política, econômica, social ou jurídica, bem como a transcendência. Essa dificuldade em conferir um conceito à repercussão geral revela algumas questões pouco exploradas pela doutrina: a relação do Direito com temas não atinentes ao "mundo jurídico"; a abordagem de temas não jurídicos nas decisões judiciais, referentes à política, à economia e à opinião pública, por exemplo; e a ideia de que o Direito é o resultado da interpretação.

---

[160] FUX, Luiz. O novo processo civil. In: FUX, Luiz (Coord.). *O novo processo civil brasileiro*: direito em expectativa (reflexões acerca do Projeto do novo Código de Processo Civil) cit., p. 3.

[161] Idem, ibidem.

Em vista disso, falta à doutrina colaborar com a definição da repercussão geral, no sentido de estabelecer critérios objetivos para a sua configuração, de maneira que se tenha conhecimento prévio do que seria a relevância política, econômica e social.

Ao Judiciário cabe proferir uma decisão cuja fundamentação exponha o raciocínio desenvolvido pelo julgador. Com isso, garante-se ao jurisdicionado certa proteção ao excesso de subjetivismo no julgamento, como também deixa evidente que os argumentos das partes influenciaram a decisão. Alguns autores defendem que a Hermenêutica é um aliado da prolação de uma decisão correta, uma ferramenta que colabora para a garantia da presença da democracia no processo, porém um tanto esquecida nos dias atuais.

Enfim, diversas questões polêmicas surgem do estudo da repercussão geral, as quais devem ser debatidas pela doutrina em colaboração com o Judiciário, visando com isso não simplesmente a criticar, mas a cooperar para um processo ao mesmo tempo célere e justo.

7. REFERÊNCIAS BIBLIOGRÁFICAS

ALMEIDA, Jean Alves Pereira. Repercussão geral objetiva. *Revista Dialética de Direito Processual*, n. 95, fev. 2011, p. 33-41.

ANDRADE, José Maria Arruda. A Constituição brasileira e as considerações teleológicas na hermenêutica constitucional. In: SOUZA NETO, Cláudio Pereira de; SARMENTO, Daniel; BINENBOJM, Gustavo (Coord.). *Vinte anos da Constituição Federal de 1988*. Rio de Janeiro: Lumen Juris, 2009.

ARAÚJO, José Henrique Mouta. A repercussão geral e a competência recursal: riscos a serem ponderados. *Revista Dialética de Direito Processual*, n. 92, p. 33-39, nov. 2010.

AZEM, Guilherme Beux Nassif. *Repercussão geral da questão constitucional no recurso extraordinário*. Porto Alegre: Livraria do Advogado, 2009.

BARBOSA MOREIRA, José Carlos. A constitucionalização do processo no direito brasileiro. In: MAC-GREGOR, Eduardo Ferrer; LARREA, Arturo Zaldívar Lelo de (Coord.). *Estudos de direito processual constitucional*. Homenagem brasileira a Héctor Fix-Zamudio em seus 50 anos como pesquisador do direito. São Paulo: Malheiros, 2009.

BARROSO, Luís Roberto. Constituição, democracia e supremacia judicial: direito e política no Brasil contemporâneo. *Revista Jurídica da Presidência*, Brasília, v. 12, n. 96, fev.-maio 2010.

_____. *Neoconstitucionalismo e constitucionalização do direito* (o triunfo tardio do direito constitucional no Brasil). Disponível em: <www.luisrobertobarroso.com.br>.

BEDAQUE, José Roberto dos Santos. *Efetividade do processo e técnica processual.* São Paulo: Malheiros, 2010.

BERMAN, José Guilherme. *Repercussão geral no recurso extraordinário*: origens e perspectivas. Curitiba: Juruá, 2009.

BOBBIO, Norberto. *Teoria do ordenamento jurídico.* 10. ed. Trad. Maria Celeste C. J. Santos. Brasília: Universidade de Brasília, 1999.

_____. *O positivismo jurídico*: lições de filosofia do direito. Trad. notas de Márcio Pugliesi. São Paulo: Ícone, 1995.

CANOTILHO, J. J. Gomes. *Direito constitucional e teoria da Constituição.* 7. ed. Coimbra: Almedina.

CAPELLETTI, Mauro. *Juízes Legisladores?* Trad. Carlos Alberto Alvaro de Oliveira. Porto Alegre: Sérgio Antonio Fabris, 1999.

_____; GARTH, Bryant. *Acesso à justiça.* Trad. Ellen Gracie Northfleet. Porto Alegre: Fabris, 1988.

COELHO, Inocêncio Mártires. *Interpretação constitucional.* 2. ed. Porto Alegre: Sergio Antonio Fabris, 2003.

CONCEIÇÃO, Marcelo Moura. Julgamento por amostragem dos recursos excepcionais: denegação de justiça? *Revista de Processo*, ano 35, n. 181, São Paulo: RT, mar. 2010, p. 232-257.

COUTO, Mônica Bonetti. Objetivação do recurso extraordinário: notável tendência? *Revista Dialética de Direito Processual*, n. 83, fev. 2010, p. 87-94.

DERBLI, Felipe. Equiparação das uniões homoafetivas às uniões estáveis. In: FUX, Luiz (Coord.). *Jurisdição constitucional*: democracia e direitos fundamentais. Belo Horizonte: Fórum, 2012. p. 96.

DINAMARCO, Cândido Rangel. *A instrumentalidade do processo.* São Paulo: Malheiros, 2009.

DIMOULIS, Dimitri. *Positivismo jurídico*: introdução a uma teoria do direito e defesa do pragmatismo jurídico-político. São Paulo: Método, 2006.

DWORKIN, Ronald. *Levando os direitos a sério.* Trad. Nelson Boeira. São Paulo: Martins Fontes, 2002.

FERRAZ, Taís Schilling. Repercussão geral – muito mais que um pressuposto de admissibilidade. In: PAULSEN, Leandro. *Repercussão geral no recurso extraordinário*: estudos em homenagem à Ministra Ellen Gracie. Porto Alegre: Livraria do Advogado, 2011.

FUCK, Luciano Felício. O Supremo Tribunal Federal e a repercussão geral. *Revista de Processo*, ano 35, n. 181, São Paulo: RT, mar. 2010.

FUX, Luiz (Coord.). *O novo processo civil brasileiro*: direito em expectativa (reflexões acerca do Projeto do novo Código de Processo Civil). Rio de Janeiro: Forense, 2011.

_____. *Jurisdição constitucional*: democracia e direitos fundamentais. Belo Horizonte: Fórum, 2012.

GAIO JÚNIOR, Antonio Pereira. Considerações sobre a ideia da repercussão geral e a multiplicidade dos recursos repetitivos no STF e STJ. *Revista de Processo*, ano 34, ano 170, São Paulo: RT, abr. 2009, p. 140-155.

GRECO, Leonardo. Publicismo e privatismo no processo civil. *Revista de Processo*, ano 33, n. 164, out. 2008, São Paulo: RT, p. 29-56.

_____. Garantias fundamentais do processo: o processo justo. *Estudos de direito processual*. São Paulo: Faculdade de Direito de Campos, 2005. p. 225-286.

_____. *Instituições de processo civil*: introdução ao direito processual civil. Rio de Janeiro: Forense, 2011.

HALIS, Denis de Castro. Teoria de direito e "fabricação de decisões": a contribuição de Benjamim N. Cardozo. *Revista Brasileira de Direito Constitucional*, São Paulo: Escola Superior de Direito Constitucional – ESDC, 6/365, jul.-dez. 2005.

HECK, Philipp. *Interpretação da lei e jurisprudência dos interesses*. Trad. José Osório. São Paulo: Saraiva, 1947.

KELSEN, Hans. *Teoria geral do direito e do Estado*. Trad. Luís Carlos Borges. 3. ed. São Paulo: Martins Fontes, 1998.

MAC-GREGOR, Eduardo Ferrer; LARREA, Arturo Zaldívar Lelo de (Coord.). *Estudos de direito processual constitucional*. Homenagem brasileira a Héctor Fix-Zamudio em seus 50 anos como pesquisador do direito. São Paulo: Malheiros, 2009.

MARTINS, Samir José Caetano. A repercussão geral da questão constitucional. (Lei 11.418/2006). *Revista Dialética de Direito Processual*, São Paulo, v. 50, p. 95-111, maio 2007, p. 102.

MOTTA, Francisco José Borges. *Levando o direito a sério*. 2. ed. Porto Alegre: Livraria do Advogado, 2012.

NEVES, Antônio Castanheira. Redução política do pensamento metodológico-jurídico. *Digesta*, v. 2, Coimbra: Ed. Coimbra, 1995, p. 379-421.

NUNES, Dierle José Coelho. *Processo jurisdicional democrático*. Curitiba: Juruá, 2012.

PAULSEN, Leandro. *Repercussão geral no recurso extraordinário*, estudos em homenagem à Ministra Ellen Gracie. Porto Alegre: Livraria do Advogado, 2011.

PIOVESAN, Flávia. *Temas de direitos humanos*. São Paulo: Max Limonad, 2003.

Cap. 9 – REPERCUSSÃO GERAL DO RECURSO EXTRAORDINÁRIO

PROBST, Paulo Vitor da Silva. A objetivação do recurso extraordinário. *Revista de Processo*, ano 36, v. 197, São Paulo: RT, jul. 2011, p. 67-105.

RAMOS, Eival da Silva. *Ativismo judicial*: parâmetros dogmáticos. São Paulo: Saraiva, 2010.

REALE, Miguel. *Filosofia do direito*. São Paulo: Saraiva, 1975. v. 2.

REICHELT, Luis Alberto. A repercussão geral do recurso extraordinário e a construção do processo civil na era da solidariedade social. *Revista de Processo*, ano 35, n. 189, São Paulo: RT, nov. 2010.

RIBEIRO, Flávia Pereira. A exigência da preliminar de repercussão geral em apartado. *Revista de Processo*, v. 35, n. 187, São Paulo: RT, set. 2010, p. 239-248.

SILVA, Ovídio A. Baptista da. *Processo e ideologia*: o paradigma racionalista. Rio de Janeiro: Forense, 2004.

SILVA, Alexandre Garrido. Minimalismo, democracia e expertise: o Supremo Tribunal Federal diante de questões políticas e científicas complexas. *Revista de Direito do Estado* 12/107, 2008.

SILVA, Ticiano Alves e. Intervenção de sobrestado no julgamento por amostragem. *Revista de Processo*, ano 35, n. 182, São Paulo: RT, abr. 2010, p. 234-257.

SOUZA NETO, Cláudio Pereira de; SARMENTO, Daniel; BINENBOJM, Gustavo (Coord.). *Vinte anos da Constituição Federal de 1988*. Rio de Janeiro: Lumen Juris, 2009.

STRECK, Lenio Luiz. O direito como um conceito interpretativo. *Revista Pensar*, Fortaleza, v. 15, n. 2, p. 500-513, jul.-dez. 2010.

_____. A interpretação do direito e o dilema acerca de como evitar juristocracias: a importância de Peter Häberle para a superação dos atributos (Eigenschaften) solipsistas do direito. *Observatório da Jurisdição Constitucional. Brasília – IDP*, ano 4, 2010-2011.

_____. Aplicar a "letra da lei" é uma atitude positivista? *Revista NEJ – Eletrônica*, v. 15, n. 1, p. 158-173, jan.-abr. 2010. Disponível em: <www.univali.br/periodicos>. Acesso em: 10 jun. 2012.

_____. *Verdade e consenso*: Constituição, hermenêutica e teorias discursivas. 4. ed. São Paulo: Saraiva, 2011.

_____; OLIVEIRA, Marcelo Andrade Cattoni de; LIMA, Martonio Mont´Alverne Barreto. *A nova perspectiva do supremo tribunal federal sobre o controle difuso*: mutação constitucional e limites da legitimidade da jurisdição constitucional. Disponível em: <www.mundojuridico.adv.br>. Acesso em: 13 jul. 2012.

TARUFFO, Michele. *Páginas sobre justicia civil*. Trad. Maximiliano Aramburo Calle. Madrid, Barcelona, Buenos Aires: Marcial Pons, 2009.

THEODORO JÚNIOR, Humberto; NUNES, Dierle; BAHIA, Alexandre. Litigiosidade em massa e repercussão geral no recurso extraordinário. *Revista de Processo*, ano 34, n. 177, São Paulo: RT, nov. 2009, p. 9-46.

TUPINAMBÁ, Carolina. Novas Tendências de participação processual – O *amicus curiae* no anteprojeto do novo CPC. In: FUX, Luiz (Coord.). *O novo processo civil brasileiro*: direito em expectativa (reflexões acerca do Projeto do novo Código de Processo Civil). Rio de Janeiro: Forense, 2011.

DA "OBJETIVAÇÃO DO RECURSO EXTRAORDINÁRIO" À VALORIZAÇÃO DA JURISPRUDÊNCIA

10

COMMON LAW À BRASILEIRA?

Andre Vasconcelos Roque

> **Sumário:** 1. Controle de constitucionalidade: conceito e pressupostos – 2. Sistemas de controle de constitucionalidade – 3. Controle de constitucionalidade no Brasil: 3.1. Estruturação do modelo difuso-incidental; 3.2. Progressiva incorporação do controle principal e abstrato; 3.3. Consolidação do controle principal e abstrato – 4. A "objetivação do Recurso Extraordinário": 4.1. Manifestações constitucionais e legislativas; 4.2. Manifestações jurisprudenciais – 5. Para onde vamos: common law à brasileira?: 5.1. Risco de má formação dos paradigmas; 5.2. Risco de aplicação inadequada dos precedentes – 6. Considerações finais – 7. Referências bibliográficas.

1. CONTROLE DE CONSTITUCIONALIDADE: CONCEITO E PRESSUPOSTOS

A afirmação de que o ordenamento jurídico consiste em um sistema já se tornou lugar comum. Nesse sistema, a Constituição ocupa papel de destaque, indo além da mera organização estatal, para assumir a função de diploma normativo em que estão consagrados os direitos fundamentais, inclusive das minorias.

Qualquer sistema jurídico almeja um mínimo de coerência, até mesmo para que possa proporcionar segurança jurídica. É evidente, porém, que contradições podem vez por outra surgirem, a serem resolvidas pelos métodos tradicionais (temporal – lei nova revoga lei anterior; hierárquico – lei de maior hierarquia revoga lei de menor hierarquia; e de especialidade – lei especial derroga lei geral nos limites de sua incidência) ou por novos critérios, que vêm sendo revelados nas últimas décadas, em especial a chamada ponderação de interesses, destinada a resolver conflitos estabelecidos entre princípios ou, pelo menos, entre um princípio e uma regra.

Cada um desses métodos de resolução de contradições poderia ensejar uma variabilidade imensa de discussões, mas isso fica para outra oportunidade.

O que importa, para os fins deste estudo, é que tais contradições normativas podem envolver a Constituição, que, como visto, ocupa papel de inegável importância no ordenamento jurídico. A aplicação da Constituição poderia ficar comprometida se um ato inferior – uma lei ordinária, por exemplo – dispusesse em sentido contrário. Para afastar a ameaça de ruptura da harmonia e da coerência do sistema jurídico, garantindo ainda a aplicabilidade da Carta Magna, então, são estabelecidos mecanismos de controle de constitucionalidade, que nada mais representam que a verificação de compatibilidade entre qualquer ato normativo infraconstitucional e a Constituição.

Atualmente, é bom ressaltar, o controle de constitucionalidade vai além dessa verificação de compatibilidade de atos normativos com a Carta Magna, podendo servir, ainda, para o reconhecimento de uma omissão inconstitucional do Legislativo, que se abstém de editar norma reclamada pela Constituição.

Qualquer sistema de controle de constitucionalidade, como aponta a doutrina, parte de dois pressupostos básicos.[1] O primeiro pressuposto é o *princípio da supremacia da Constituição*, segundo o qual nenhum ato jurídico poderá subsistir validamente caso esteja em desconformidade com a Carta Magna. A Constituição é o ato normativo com hierarquia mais elevada dentro do ordenamento jurídico e fundamento de validade para todos os demais atos normativos, de natureza infraconstitucional.

O segundo pressuposto é a *rigidez constitucional*, segundo a qual uma norma constitucional, para ser elaborada, modificada ou revogada, exige um procedimento mais complexo do que aquele necessário para a elaboração ou a alteração de normas infraconstitucionais. Caso contrário, ou seja, se o procedimento exigido fosse o mesmo, toda vez que uma lei infraconstitucional fosse aprovada em sentido contrário a uma norma constitucional haveria simples revogação do ato normativo anterior, não uma relação de inconstitucionalidade

---

[1] V., sobre o ponto, entre outros, BARROSO, Luís Roberto. *O controle de constitucionalidade no direito brasileiro*. São Paulo: Saraiva, 2012. p. 23-24; BONAVIDES, Paulo. *Curso de direito constitucional*. São Paulo: Malheiros, 2012. p. 307-308; CLÈVE, Clèmerson Merlin. *A fiscalização abstrata da constitucionalidade no direito brasileiro*. São Paulo: RT, 2000. p. 28-34; CUNHA JUNIOR, Dirley da. *Controle de constitucionalidade* – teoria e prática. Salvador: JusPodivm, 2012. p. 41-43; BERNARDES, Juliano Taveira. *Controle abstrato de constitucionalidade* – Elementos materiais e princípios processuais. São Paulo: Saraiva, 2004. p. 13-14.

Cap. 10 – DA "OBJETIVAÇÃO DO RECURSO EXTRAORDINÁRIO" À VALORIZAÇÃO DA JURISPRUDÊNCIA

propriamente dita. A rigidez constitucional, portanto, instrumentaliza o princípio da supremacia da Constituição.

2. SISTEMAS DE CONTROLE DE CONSTITUCIONALIDADE

Atualmente, são conhecidos diversos sistemas de controle de constitucionalidade e, por esse motivo, a doutrina elaborou algumas classificações, quais sejam:

a) *Quanto à natureza do órgão de controle*

Controle político ou não judicial:[2] o controle de constitucionalidade pode ser exercido por um órgão político, fora do Judiciário. Esse modelo costuma ser associado com a experiência constitucional francesa, marcada pela desconfiança do Judiciário, que deveria, assim, se manter rigorosamente afastado dos assuntos do Parlamento, inclusive do exame de compatibilidade de seus atos normativos com a Constituição. O modelo, que encontra suas origens históricas e ideológicas na Revolução Francesa, parte de uma concepção rígida de separação dos Poderes, rejeitando o controle judicial.

Assim, na França, o controle de constitucionalidade é exercido pelo Conselho Constitucional, composto por nove conselheiros com um mandato de nove anos, não permitida a recondução. A cada três anos, o Conselho é renovado em sua terça parte. Três membros são nomeados pelo Presidente da República, três pelo Presidente da Assembleia Nacional e outros três pelo Presidente do Senado. A esses nove membros juntam-se como membros natos e vitalícios os ex-Presidentes da República. O Conselho Constitucional não integra a estrutura do Poder Judiciário francês e, pelo menos tradicionalmente, não exerce função jurisdicional. Isso não impede, todavia, que as decisões do Conselho sejam fundamentadas de forma jurídica.

Recente reforma constitucional naquele país, entretanto, estabeleceu a chamada "questão prioritária de constitucionalidade" (*question prioritaire de constitutionnalité*), pela qual o Conselho Constitucional francês exerce o controle repressivo em caso de alegada violação a direitos e liberdades fundamentais

---

[2] Há que se registrar a imprecisão da clássica denominação "controle político", pois o que realmente torna singular o Conselho Constitucional francês é o fato de ele se situar fora da estrutura do Judiciário e de, tradicionalmente, não exercer atividade jurisdicional. Entretanto, os critérios de nomeação de seus integrantes e a fundamentação jurídica de suas decisões o aproximam do padrão das cortes constitucionais europeias. V. BARROSO, Luís Roberto. *O controle de constitucionalidade no direito brasileiro* cit., p. 65.

garantidos na Constituição.[3] No âmbito desse controle repressivo, que pode ser instaurado a pedido de qualquer parte em processo judicial ou administrativo, é lícito concluir que o Conselho Constitucional exerce efetiva atividade jurisdicional, aproximando-o ainda mais do padrão atual dos tribunais constitucionais de outros países europeus.

No Brasil, ainda que o sistema de controle de constitucionalidade adotado seja eminentemente judicial, existem alguns institutos que representam verdadeiro controle político, tais como o veto do Poder Executivo a projeto de lei aprovado pelo Legislativo por inconstitucionalidade (art. 66, § 1.º da Constituição[4]) e a possibilidade de rejeição de projeto de lei pela Comissão de Constituição e Justiça existente nas casas legislativas em geral, também por inconstitucionalidade.[5] Nada obstante, a experiência indica que, muitas vezes, tal sistema de controle é ineficaz, porque os órgãos políticos normalmente apreciam a constitucionalidade dos atos normativos antes pela conveniência do que pelo critério de sua conformidade com a Constituição.[6]

Controle judicial:[7] o controle de constitucionalidade exercido por um órgão que exerça função jurisdicional é o sistema mais comum, encontrando suas raízes históricas no célebre caso *Marbury v. Madison*, julgado pela Suprema Corte dos Estados Unidos no ano de 1803.[8] Esse sistema parte da premissa de que incumbe ao Poder Judiciário dizer o sentido das leis. Como a Constituição é a lei fundamental da nação, de maior hierarquia dentro de um ordenamento jurídico, qualquer lei infraconstitucional que a contravenha deverá ser tida por inválida. Assim, diante do conflito de normas jurídicas hierarquicamente distintas, a Corte deverá determinar qual delas regerá a hipótese, deixando de

---

[3] V. art. 61-1 da Constituição francesa, regulado pela Lei Orgânica 2009-1523, de dezembro de 2009, que entrou em vigor em 1.º de março de 2010.

[4] Art. 66, § 1.º da Constituição: "Se o Presidente da República considerar o projeto, no todo ou em parte, inconstitucional ou contrário ao interesse público, vetá-lo-á total ou parcialmente, no prazo de quinze dias úteis, contados da data do recebimento, e comunicará, dentro de quarenta e oito horas, ao Presidente do Senado Federal os motivos do veto".

[5] V., nesse sentido, art. 32, II, do regimento interno da Câmara dos Deputados e art. 101 do regimento interno do Senado Federal.

[6] V. FERREIRA FILHO, Manoel Gonçalves. *Curso de direito constitucional*. São Paulo: Saraiva, 2001. p. 36.

[7] Como será examinado a seguir, em muitos países, sobretudo na Europa continental, o controle "judicial" é desempenhado por um tribunal constitucional, que não necessariamente integra a estrutura do Poder Judiciário. Parece mais apropriado, assim, denominar esse sistema de controle de constitucionalidade de controle *jurisdicional*, em vez de controle judicial.

[8] V. *Marbury v. Madison*, 5 U.S. (1 Cranch) 137 (1803). Na realidade, os primeiros registros nos Estados Unidos que remontam a um controle judicial de constitucionalidade são encontrados desde o período colonial, com base no direito inglês, e em cortes federais inferiores e estaduais. Em doutrina, Alexander Hamilton havia sustentado a tese no *Federalista*, no fim do século XVIII. Mas foi com o julgamento do caso *Marbury v. Madison* pela Suprema Corte dos Estados Unidos que o modelo se consolidou no cenário jurídico norte- americano e ganhou o mundo.

Cap. 10 – DA "OBJETIVAÇÃO DO RECURSO EXTRAORDINÁRIO" À VALORIZAÇÃO DA JURISPRUDÊNCIA

aplicar qualquer lei que seja contrária à Constituição. Este controle não pode ser exercido pelo Legislativo, pois, caso contrário, um mesmo órgão produziria e fiscalizaria a lei, ameaçando o equilíbrio inerente à separação dos poderes.

O sistema de controle judicial de constitucionalidade é o mais comum e pode ser encontrado em diversos países. Nos países da Europa continental, a partir da concepção do jurista Hans Kelsen, foram criados, na primeira metade do século XX, órgãos específicos para desempenhar tal função, que são os tribunais constitucionais. Advirta-se, porém, que os tribunais constitucionais, embora desempenhem função jurisdicional, não necessariamente integram a estrutura do Judiciário desses países europeus. Após a 2.ª Guerra Mundial, o modelo se expandiu, não só dentro da Europa continental, mas também por outras regiões do planeta.[9]

O Brasil aderiu ao sistema judicial de controle de constitucionalidade, como será demonstrado oportunamente no presente estudo.

b) *Quanto ao momento em que é exercido o controle*

Controle preventivo: o controle de constitucionalidade pode se realizar antes que um projeto de lei considerado contrário à Constituição seja convertido em lei. Essa é a forma de atuação tradicional do Conselho Constitucional francês, nos limites do art. 61 da Constituição daquele país.

No Brasil, como examinado anteriormente, há previsão de controle preventivo de constitucionalidade, de natureza política, a ser exercido: (i) mediante veto do Poder Executivo, por motivo de inconstitucionalidade, a um projeto de lei aprovado pelo Legislativo; (ii) por meio da rejeição a projetos de lei, também por inconstitucionalidade, pela Comissão de Constituição e Justiça, órgão existente nas casas legislativas em geral, inclusive na Câmara dos Deputados e no Senado Federal. As duas formas de controle preventivo de constitucionalidade ocorrem no curso do processo legislativo e, portanto, é natural que se confundam com o controle político.

Não há previsão, na Constituição ou em qualquer lei, de controle preventivo de constitucionalidade no Brasil em sede judicial. Entretanto, o Supremo Tribunal Federal tem admitido, por construção jurisprudencial, a impetração de mandado de segurança por parlamentar, contra o simples processamento de projetos de lei contrários à Carta Magna ou mesmo de propostas de emenda à

---

[9] V., nesse sentido, CUNHA JUNIOR, Dirley da. *Controle de constitucionalidade* cit., p. 83 (aludindo à adoção do modelo continental europeu na Itália [1948], Alemanha [1949], Chipre [1960], Turquia [1961], Iugoslávia [1963], Grécia [1975], Espanha [1978], Portugal [1982], Bélgica [1984], Polônia [1986], Hungria [1990], Rússia [1991], República Tcheca [1992], Eslováquia [1992], Romênia [1992] e Eslovênia [1993], chegando mais tarde a alguns países africanos, como Argélia [1989], África do Sul [1996] e Moçambique [2003]).

Constituição cujo conteúdo viole alguma das cláusulas pétreas estabelecidas na Lei Maior.[10] Considera-se que o parlamentar tem direito subjetivo de impedir que a elaboração dos atos normativos, pelo Legislativo, incorra em desvios inconstitucionais, a ponto de autorizar excepcional intervenção, em caráter preventivo, do Supremo Tribunal Federal.[11]

Controle repressivo: o controle de constitucionalidade também pode se efetivar após a entrada em vigor do ato normativo questionado, quando então a verificação de compatibilidade com a Constituição tem por finalidade paralisar seus efeitos. No Brasil, em regra, o controle repressivo é exercido pelo Poder Judiciário, por meio de todos os seus órgãos e por variadas formas. O controle repressivo também pode ser exercido pontualmente pelo Poder Legislativo (como ocorre, por exemplo, com a sustação de atos exorbitantes que tenham sido promulgados pelo Executivo, nos termos do art. 49, V, da Constituição[12]) e pelo Executivo (como se dá com a recusa direta em aplicar norma inconstitucional, ou seja, independentemente de prévio controle judicial[13]).

c) *Quanto ao órgão jurisdicional a exercer o controle*

Controle difuso: o controle de constitucionalidade, quando exercido por órgão jurisdicional, pode ser confiado a todo e qualquer juiz ou tribunal. As

---

[10] V., entre outros, STF, MS 20.257/DF, Pleno, rel. p/ Ac Min. Moreira Alves, j. 08.10.1980, *DJ* 27.02.1981, RTJ 99/1031; MS 21.642/DF, rel. Min. Celso de Mello, RDA 191/200; MS 21.303-AgR/DF, Pleno, rel. Min. Octavio Gallotti, j. 19.06.1991, *DJ* 02.08.1991, RTJ 139/783; MS 24.356/DF, rel. Min. Carlos Velloso, *DJ* 12.09.2003.

[11] V., entretanto, a posição de SARLET, Ingo Wolfgang; MARINONI, Luiz Guilherme; MITIDIERO, Daniel. *Curso de direito constitucional*. São Paulo: RT, 2012. p. 768-769, para quem não há, nesta hipótese, controle preventivo, mas sim controle repressivo, porque a inconstitucionalidade é anterior à deliberação do projeto de lei; o próprio processo legislativo seria inconstitucional.

[12] Art. 49, V, da Constituição: "É da competência exclusiva do Congresso Nacional: (...) V – sustar os atos normativos do Poder Executivo que exorbitem do poder regulamentar ou dos limites de delegação legislativa;".

[13] Embora não haja manifestação específica do Supremo Tribunal Federal após a Constituição de 1988, há referência sobre o assunto, em *obiter dictum*, na ementa do acórdão proferido em STF, ADI 221 MC/DF, Pleno, rel. Min. Moreira Alves, j. 29.03.1990, *DJ* 22.10.1993, de onde se colhe: "Os poderes Executivo e Legislativo, por sua chefia – e isso mesmo tem sido questionado com o alargamento da legitimação ativa na Ação Direta de Inconstitucionalidade –, podem tão só determinar aos seus órgãos subordinados que deixem de aplicar administrativamente as leis ou atos com força de lei que considerem inconstitucionais". V. tb. STJ, REsp 23.192/GO, 1ª T., rel. Min. Humberto Gomes de Barros, j. 06.10.1993, *DJ* 08.11.1993. V., em doutrina, admitindo a recusa direta pelo Executivo como conclusão decorrente do princípio da supremacia da Constituição, BARROSO, Luís Roberto. *O controle de constitucionalidade no direito brasileiro* cit., p. 92-94; CLÈVE, Clemerson Merlin. *A fiscalização abstrata da constitucionalidade no direito brasileiro* cit., p. 247-248; BINENBOJM, Gustavo. *A nova jurisdição constitucional brasileira* – Legitimidade democrática e instrumentos de realização. Rio de Janeiro: Renovar, 2004. p. 232-243.

Cap. 10 – DA "OBJETIVAÇÃO DO RECURSO EXTRAORDINÁRIO" À VALORIZAÇÃO DA JURISPRUDÊNCIA

raízes históricas desse sistema são igualmente encontradas no caso *Marbury v. Madison*, julgado pela Suprema Corte americana em 1803. A premissa desse modelo, até hoje adotado nos Estados Unidos, é que a Constituição é uma lei dotada de supremacia, cabendo a todo e a qualquer juiz aplicá-la. Por isso mesmo, é lógico que qualquer juiz ou tribunal possa, ao resguardar a incidência das normas constitucionais, recusar-se a aplicar as normas infraconstitucionais incompatíveis com a Carta Magna.

No Brasil, esse modelo de controle é adotado de longa data, desde a Constituição de 1891 até os dias de hoje, de maneira que todo e qualquer órgão do Poder Judiciário, desde o juiz de uma comarca do interior até o Pleno do Supremo Tribunal Federal, está autorizado a exercer o controle de constitucionalidade.

Controle concentrado: o controle pode, por outro lado, ser confiado apenas a um ou a alguns órgãos, criados especialmente para este fim ou encontrando no controle de constitucionalidade sua primordial função. Esse é o típico modelo adotado pelos países continentais europeus com seus tribunais constitucionais a partir da primeira metade do século XX. De acordo com as concepções doutrinárias de Hans Kelsen, a verificação de compatibilidade de uma lei com a Constituição consiste em uma função constitucional autônoma, que se pode caracterizar como um *legislador negativo*. Não se discute, nesta atividade, nenhum caso concreto, nem se desenvolve uma atividade judicial.

Por isso mesmo, na ótica de juristas europeus no início do século XX, se o juízo de constitucionalidade não representava uma função judicial, o órgão que exercesse essa função não deveria ser composto por juízes de carreira, como era a regra na composição dos tribunais europeus, mas por pessoas com um perfil mais político. A Constituição era estabelecida apenas para os Parlamentos, e juízes ordinários estavam subordinados ao Parlamento cujas leis eles aplicam. Assim, apenas um órgão fora da esfera ordinária do Poder Judiciário, que não fosse composto por juízes de carreira, estaria em condições de restringir a legislatura, exercendo o controle de constitucionalidade.[14]

Além disso, ao contrário do modelo norte-americano, em que a figura do *stare decisis* garantia que as decisões da Suprema Corte vinculariam os tribunais inferiores, mesmo em um sistema de controle de constitucionalidade difuso, vislumbrou-se, em muitos países da Europa continental, a necessidade de reservar a tarefa a um tribunal específico, para garantir a uniformidade das decisões sobre a compatibilidade de atos normativos infraconstitucionais com

---

[14] O raciocínio teórico por trás desse modelo concentrado de controle de constitucionalidade, portanto, era eminentemente positivista, a partir da ideia de uma estrita hierarquia das leis. V. GINSBURG, Tom. *Judicial review in new democracies:* constitutional courts in Asian cases. Cambrigde: Cambrigde University Press, 2003. p. 9.

a Carta Magna.[15] Caso contrário, haveria o grave inconveniente de que uma mesma lei viesse a ser aplicada por alguns juízes e afastada por outros, sob o fundamento da inconstitucionalidade.

A maioria dos países da Europa continental, embora tenha adotado esse modelo, permite que todo juiz requeira à Corte Constitucional, em caráter incidental, a análise de lei cuja constitucionalidade seja duvidosa, sendo tal questão prejudicial à solução do caso concreto. Assim, nenhum juiz é obrigado a aplicar lei que considere incompatível com a Lei Maior, mas também não pode exercer o controle de constitucionalidade em sua plenitude, devendo aguardar a solução do tribunal constitucional. Recente reforma constitucional na França, tradicionalmente filiada a um modelo de controle preventivo e político, criou o incidente da "questão prioritária de constitucionalidade", que apresenta muitas semelhanças com o modelo vigente em outros países europeus.

Costuma-se afirmar que a Emenda Constitucional 16/65 teria introduzido no Brasil o controle concentrado de constitucionalidade, criando a figura da representação de inconstitucionalidade, que seria deflagrada pelo Procurador-Geral da República junto ao Supremo Tribunal Federal.[16] Nada obstante, trata-se de afirmação contraditória: não há como um sistema ser, ao mesmo tempo, difuso e concentrado, ou seja, confiar a todos os órgãos judiciais o controle de constitucionalidade e, ao mesmo tempo, reservar tal tarefa a apenas um órgão jurisdicional. Um sistema misto somente seria possível, nesses termos, se determinada categoria de atos legislativos ficasse submetida apenas ao controle de constitucionalidade exercido por certo tribunal, ao passo que os demais atos pudessem ser submetidos ao controle difuso.[17] Mas não é isso o que ocorre.

O que há, no Brasil, é um sistema difuso,[18] em que convivem elementos típicos do controle de constitucionalidade incidental e principal (este sim, exercido apenas pelo Supremo Tribunal Federal ou, no âmbito das Constituições estaduais, pelos Tribunais de Justiça[19]), como será examinado de forma mais detalhada a seguir.

---

[15] V. CAPPELLETTI, Mauro. *O controle judicial de constitucionalidade das leis no direito comparado*. Trad. Aroldo Plínio Gonçalves. Porto Alegre: Fabris, 1992. p. 76 e ss; BARROSO, Luís Roberto. *O controle de constitucionalidade no direito brasileiro* cit., p. 70-71; MALFATTI, Elena; PANIZZA, Saulle; ROMBOLI, Roberto. *Giustizia costituzionale*. Torino: Giappichelli, 2007. p. 9.

[16] V., entre outros, BARROSO, Luís Roberto. *O controle de constitucionalidade no direito brasileiro* cit., p. 71.

[17] V. RAMOS, Elival da Silva. *Controle de constitucionalidade no Brasil*: perspectivas de evolução. São Paulo: Saraiva, 2010. p. 70.

[18] V. SARLET, Ingo Wolfgang; MARINONI, Luiz Guilherme; MITIDIERO, Daniel. *Curso de direito constitucional* cit., p. 775.

[19] Art. 125, *caput* e § 2.º da Constituição: "Os Estados organizarão sua Justiça, observados os princípios estabelecidos nesta Constituição. (...) § 2.º Cabe aos Estados a instituição de repre-

Cap. 10 – DA "OBJETIVAÇÃO DO RECURSO EXTRAORDINÁRIO" À VALORIZAÇÃO DA JURISPRUDÊNCIA

d) Quanto ao modo de controle jurisdicional

Controle incidental:[20] o controle pode ser realizado pelos juízes e tribunais como uma questão prejudicial à apreciação de casos concretos submetidos à sua jurisdição. A verificação de compatibilidade de determinada norma infraconstitucional com a Lei Maior constitui passo necessário para o raciocínio lógico do juiz destinado à solução de um litígio específico. O controle de constitucionalidade, portanto, é desempenhado no exercício normal e cotidiano da atividade jurisdicional. Por esta razão, seus efeitos se produzem *inter partes*, confinados às partes do processo em que a questão foi apreciada, muito embora, em sua origem nos Estados Unidos, a vinculatividade das decisões da Suprema Corte em relação aos tribunais inferiores fosse assegurada mediante o instituto do *stare decisis*, típico dos sistemas filiados à *common law*.

No Brasil, esse modelo de controle pode ser desempenhado de forma difusa, por todos os órgãos do Poder Judiciário, desde a Constituição de 1891. Essa, aliás, sempre foi a tradição do modelo americano: um controle difuso e também incidental, como uma questão prejudicial aos casos concretos submetidos ao Judiciário.

Relativamente comum, por isso mesmo, a confusão conceitual que se estabelece entre controle difuso e incidental. De fato, como regra geral no direito brasileiro, o controle incidental é exercido de forma difusa por todos os órgãos do Judiciário. Nada obstante, a equiparação entre os dois conceitos é equivocada, como bem demonstram os sistemas de controle de constitucionalidade em vários países da Europa continental, como na Itália e na Alemanha, em que, como visto, todos os juízes podem suscitar o incidente de inconstitucionalidade, a ser decidido pelo tribunal constitucional. Tem-se aí, portanto, uma forma de controle incidental e concentrado.

Mesmo no ordenamento jurídico brasileiro, há quem considere pelo menos uma hipótese de controle incidental e concentrado, qual seja, a arguição de descumprimento de preceito fundamental em sua modalidade incidental (art. 1.º, parágrafo único, I, e art. 6.º, § 1.º da Lei 9.882/1999[21]). Sua ocorrência, to-

---

sentação de inconstitucionalidade de leis ou atos normativos estaduais ou municipais em face da Constituição Estadual, vedada a atribuição da legitimação para agir a um único órgão".

[20] Por vezes, essa modalidade de controle é referida em doutrina como controle por via de exceção ou de defesa, pois frequentemente a inconstitucionalidade é suscitada pelo demandado, que alega não cumprir determinado ato normativo em razão de sua incompatibilidade com a Constituição. A denominação, no entanto, é tecnicamente imprecisa, porque nada impede que a inconstitucionalidade seja suscitada pelo demandante, tal como se dá, por exemplo, no mandado de segurança contra ato administrativo amparado em lei alegadamente inconstitucional.

[21] Art. 1.º, parágrafo único e inciso I, da Lei 9.882/1999: "Parágrafo único. Caberá também arguição de descumprimento de preceito fundamental: I – quando for relevante o fundamento da controvérsia constitucional sobre lei ou ato normativo federal, estadual ou municipal, incluídos os anteriores à Constituição;" e art. 6.º, § 1.º da Lei 9.882/1999: "Se entender necessário, poderá

davia, será absolutamente rara, uma vez que, em razão de veto presidencial na tramitação da Lei 9.882/1999, ficou afastada a possibilidade de arguição suscitada pelas partes do processo ou por qualquer pessoa lesada ou ameaçada por ato do Poder Público. A legitimação para a arguição incidental, assim, recaiu exatamente sobre as mesmas pessoas e órgãos que podem propor a arguição autônoma, com requisitos menos estritos. É evidente que, em tais condições, os legitimados optarão invariavelmente pela via autônoma.

Controle principal: a verificação de compatibilidade de um ato normativo com a Constituição também pode ser deflagrada independentemente de um litígio concreto entre demandante e demandado. A questão constitucional não é apenas uma questão prejudicial à resolução do litígio; ela é o próprio objeto do processo em que se instaura o controle principal. A finalidade do processo, pelo menos em regra,[22-23] não é a solução de um caso concreto, mas sim definir a própria constitucionalidade do ato normativo questionado. No controle principal, não existindo controvérsia sobre direitos subjetivos, toda a discussão gira em torno somente da questão constitucional, que é decidida em abstrato, desvinculada de uma situação conflitiva concreta. Por isso mesmo, ao contrário do que ocorre no controle incidental, seus efeitos se produzem *erga omnes*, uma vez que o controle principal não se vincula a nenhuma situação subjetiva específica.

Afirma-se que o processo em que se instaura o controle principal é um *processo objetivo*, porque não há lide em sentido técnico. As partes que atuam em um processo de controle principal não defendem direitos subjetivos, mas o fazem para a tutela de interesses institucionais, contribuindo, em certa medida, para a pluralidade

---

o relator ouvir as partes *nos processos que ensejaram a arguição*, requisitar informações adicionais, designar perito ou comissão de peritos para que emita parecer sobre a questão, ou ainda, fixar data para declarações, em audiência pública, de pessoas com experiência e autoridade na matéria" (itálicos nossos).

[22] A ressalva é importante porque, no direito brasileiro, há pelo menos uma hipótese em que o controle principal não prescinde da análise da situação conflitiva concreta: trata-se da ação direta interventiva, de legitimação exclusiva do Procurador-Geral da República e prevista no art. 36, III, da Constituição, cujo acolhimento, pelo Supremo Tribunal Federal, é requisito prévio para a intervenção federal. Nesse caso, ainda que se instaure um processo especialmente para resolver a questão constitucional, sua solução se dá à luz do caso concreto. V. BARROSO, Luís Roberto. *O controle de constitucionalidade no direito brasileiro* cit., p. 73; CUNHA JUNIOR, Dirley da. *Controle de constitucionalidade* cit., p. 116 (aludindo também à hipótese da arguição incidental de descumprimento de preceito fundamental).

[23] Para SARLET, Ingo Wolfgang; MARINONI, Luiz Guilherme; MITIDIERO, Daniel. *Curso de direito constitucional* cit., p. 772, outra hipótese de controle principal resolvido à luz do caso concreto seria o mandado de injunção. Entretanto, no mandado de injunção, ainda que dirigido ao Supremo Tribunal Federal, a alegada omissão inconstitucional parece ser apenas uma questão prejudicial para a obtenção da tutela específica requerida, qual seja, a tutela de direito subjetivo com amparo constitucional que venha a ser obstaculizado pela falta de norma regulamentadora. Trata-se, em verdade, de uma forma específica de controle incidental, ainda que não possa ser exercido por todos os órgãos do Judiciário.

Cap. 10 – DA "OBJETIVAÇÃO DO RECURSO EXTRAORDINÁRIO" À VALORIZAÇÃO DA JURISPRUDÊNCIA

necessária ao debate constitucional.[24] Por isso, dado o caráter institucional subjacente a este tipo de processo, a legitimidade para instaurar o controle principal é confiada a determinados órgãos e entidades, que, no direito brasileiro, em relação ao Supremo Tribunal Federal, estão arrolados no art. 103 da Constituição.[25]

O controle principal é, em regra, associado à tradição do controle concentrado na Europa continental. Nada obstante, assim como ocorre em relação ao controle difuso e incidental, é incorreta a equiparação entre controles principal e concentrado. Em vários países europeus, como já se discutiu, o controle concentrado pode ser deflagrado no exercício normal da atividade jurisdicional, como uma questão prejudicial, de forma incidental. Além disso, mesmo no direito brasileiro, ainda que a regra geral seja que o controle abstrato seja exercido de forma concentrada (no Supremo Tribunal Federal ou, no âmbito das Constituições estaduais, nos Tribunais de Justiça), não se pode descartar a hipótese de um controle de constitucionalidade abstrato e difuso.[26]

3. CONTROLE DE CONSTITUCIONALIDADE NO BRASIL

A história do controle de constitucionalidade no Brasil, como será demonstrado a seguir, pode ser delimitada genericamente em três grandes estágios: (i)

---

[24] Para Peter Häberle, como se sabe, a interpretação constitucional só pode ser pensada tendo em vista a realidade constitucional, não sendo possível desconsiderar o papel do cidadão na interpretação da Lei Maior. Assim, não apenas o processo de formação de uma Constituição é pluralista, mas também todo o seu desenvolvimento posterior. A interpretação da Constituição não configura fenômeno exclusivamente estatal, pois todas as forças da comunidade política também têm acesso a esse processo. A participação de diversos órgãos e entidades no processo de controle principal de constitucionalidade, trazendo para o debate interesses institucionais pluralistas, é perfeitamente compatível com a teoria de Häberle. Para uma exposição geral, v. HÄBERLE, Peter. *Hermenêutica constitucional*: a sociedade aberta dos intérpretes da Constituição. Trad. Gilmar Ferreira Mendes. Porto Alegre: Fabris, 1997. *passim*; RICHE, Flávio Elias; FERREIRA, Natália Braga. A sociedade aberta de intérpretes da Constituição: limites e possibilidades de aplicação à realidade constitucional brasileira. *Sequência*, n. 60, jul. 2010, p. 264-269.

[25] V. art. 103 da Constituição de 1988, na redação atual: "Art. 103. Podem propor a ação direta de inconstitucionalidade e a ação declaratória de constitucionalidade: I – o Presidente da República; II – a Mesa do Senado Federal; III – a Mesa da Câmara dos Deputados; IV – a Mesa de Assembleia Legislativa ou da Câmara Legislativa do Distrito Federal; V – o Governador de Estado ou do Distrito Federal; VI – o Procurador-Geral da República; VII – o Conselho Federal da Ordem dos Advogados do Brasil; VIII – partido político com representação no Congresso Nacional; IX – confederação sindical ou entidade de classe de âmbito nacional".

[26] O incidente de declaração de inconstitucionalidade nos tribunais, previsto nos arts. 480 a 482 do CPC, é um exemplo de controle de constitucionalidade abstrato (a questão constitucional é apreciada no incidente em tese e a decisão do órgão especial ou do Pleno formará um paradigma para todos os demais casos que envolvam a mesma questão) e difuso (porque pode ser deflagrado por qualquer tribunal do Judiciário brasileiro). Contudo, não se trata propriamente de controle por via principal, mas sim incidental, uma vez que instaurado para resolver uma questão prejudicial de inconstitucionalidade nos tribunais.

incorporação do controle difuso e incidental desde a Constituição de 1891, por influência do modelo norte-americano; (ii) progressiva incorporação e fortalecimento do controle principal desde a Constituição de 1934 até a Carta Magna de 1988; (iii) aproximação dos efeitos decorrentes dos modelos incidental e principal, fenômeno este verificado nos últimos quinze anos e ainda em curso, que tem sido denominado pela doutrina brasileira como *objetivação do recurso extraordinário*.

3.1. Estruturação do modelo difuso-incidental

A trajetória constitucional brasileira tem início com a Constituição Imperial de 1824, outorgada por D. Pedro I. Nos termos de seu art. 15, VIII, competia à Assembleia Geral, composta pela Câmara de Deputados e pela Câmara de Senadores, elaborar as leis, interpretá-las, suspendê-las e revogá-las.[27] Afastou-se, com nítida inspiração na experiência constitucional francesa, a interpretação judicial da lei. Incumbia ao Poder Legislativo a tarefa de interpretar seus próprios atos normativos.

Nessas circunstâncias, se o Judiciário não podia sequer interpretar a lei, também não podia aferir sua legitimidade. A Constituição Imperial de 1824 adotou o princípio da supremacia da lei, de maneira que não havia espaço, nesse momento, para o controle judicial de constitucionalidade.[28]

Além disso, a Constituição Imperial atribuiu o Poder Moderador ao Imperador, destinado a exercer uma espécie de "suprema inspeção" sobre os demais poderes e a resolver eventuais conflitos deflagrados entre eles.[29] Em tais circunstâncias, se houvesse um controle de constitucionalidade, tal só poderia caber ao Poder Moderador.[30]

O panorama se altera sensivelmente a partir da proclamação da República em 1889. Uma nova ordem constitucional deveria ser produzida, com a descentralização do poder, mas era necessário também assegurar que a estrutura constitucional que viesse a ser elaborada não sofresse ataques de maiorias legislativas contrárias ao novo regime. O novo modelo brasileiro, construído a

---

[27] Art. 15, VIII, da Constituição de 1824: "Art. 15. É da attribuição da Assembléa Geral: (...) VIII. Fazer Leis, interpretal-as, suspendel-as, e rovogal-as".

[28] V. SARLET, Ingo Wolfgang; MARINONI, Luiz Guilherme; MITIDIERO, Daniel. *Curso de direito constitucional* cit., p. 740; MENDES, Gilmar Ferreira. *Controle abstrato de constitucionalidade:* ADI, ADC e ADO – comentários à Lei 9.868/1999. São Paulo: Saraiva, 2012. p. 22-23.

[29] Art. 98 da Constituição de 1824: "O Poder Moderador é a chave de toda a organisação politica, e é delegado privativamente ao Imperador, como Chefe Supremo da Nação, e seu Primeiro Representante, para que incessantemente vele sobre a manutenção da independencia, equilibrio, e harmonia dos mais Poderes Politicos".

[30] V. BITTENCOURT, Carlos Alberto Lúcio. *O controle jurisdicional da constitucionalidade das leis*. Rio de Janeiro: Forense, 1949. p. 28.

Cap. 10 – DA "OBJETIVAÇÃO DO RECURSO EXTRAORDINÁRIO" À VALORIZAÇÃO DA JURISPRUDÊNCIA

partir das concepções de Rui Barbosa, encontrou nítida inspiração na experiência constitucional norte-americana.[31] Natural, assim, que se incorporasse um modelo de controle judicial de constitucionalidade semelhante ao dos Estados Unidos, ou seja, tipicamente difuso e incidental.

Antes mesmo de ser promulgada a primeira Constituição Republicana, o Decreto 510 de 1890, que consistia em uma Constituição Provisória, já consagrava o modelo difuso e incidental de controle judicial de constitucionalidade em seu art. 58, § 1.º, a e b,[32] estabelecendo competir ao Supremo Tribunal Federal apreciar, em grau de recurso, alegada invalidade de leis em face da Constituição. Esse modelo, entretanto, não chegou a ser executado porque a Constituição Provisória não chegou a viger.

O Decreto 848, de 11 de outubro de 1890, que organizou a Justiça Federal no Brasil, ainda antes da primeira Constituição Republicana, também previu o controle de constitucionalidade difuso e incidental. Estabeleceu-se, em seu art. 9.º, parágrafo único, alínea b, entre outras hipóteses, que competia ao Supremo Tribunal Federal apreciar recursos contra sentenças definitivas quando fundadas em lei cuja validade tenha sido questionado com base na Constituição.[33]

A Constituição de 1891, por sua vez, igualmente consagrou o controle difuso e incidental de constitucionalidade. Em seu art. 59, II,[34] estabeleceu aquela Carta Magna que competia ao Supremo Tribunal Federal apreciar recurso contra decisões da Justiça Federal, incluindo as causas em que a ação ou a defesa

---

[31] V., nesse sentido, a seguinte passagem extraída de BARBOSA, Rui. *Atos inconstitucionais*. Campinas: Russel, 2010. p. 30, em que tal inspiração no modelo norte-americano é abertamente confessada: "Os autores de nossa Constituição, em cujo nome tenho algum direito de falar (...) eram discípulos de Madison e Hamilton". Mais explícita, ainda, é a referência contida no art. 368 do Decreto 848 de 1890, que assim dispunha: "Os estatutos dos povos cultos e especialmente os que regem as relações jurídicas na República dos Estados Unidos da América do Norte, os casos de *common law* e *equity*, serão também subsidiários da jurisprudência e processo federal".

[32] Art. 58, § 1.º, da Constituição Provisória de 1890: "Das sentenças da justiça dos Estados em última instância, haverá recurso para o Supremo Tribunal Federal: a) quando se questionar sobre a validade, ou a applicabilidade de tratados e Leis Federaes, e a decisão do tribunal do Estado for contra ella; b) quando se contestar a validade de leis ou actos dos governos dos Estados em face da Constituição, ou das Leis Federaes e a decisão do tribunal do Estado considerar válidos os actos, ou leis impugnados".

[33] Art. 9.º, parágrafo único, b, do Decreto 848 de 1890: "Haverá tambem recurso para o Supremo Tribunal Federal das sentenças definitivas proferidas pelos tribunaes e juizes dos Estados: (...) b) quando a validade de uma lei ou acto de qualquer Estado seja posta em questão como contrario à Constituição, aos tratados e ás Leis Federaes e a decisão tenha sido em favor da validade da lei ou acto;"

[34] Art. 59, II da Constituição de 1891: "Ao Supremo Tribunal Federal compete: (...) II – julgar, em grau de recurso, as questões resolvidas pelos Juízes e Tribunais Federais, assim como as de que tratam o presente artigo, § 1.º, e o art. 60;".

estejam fundadas em norma da Constituição (art. 60, alínea a[35]). O art. 59, §
1.º, alínea b,[36] previu, ainda, o cabimento de recurso para o Supremo Tribunal
Federal contra sentenças das Justiças dos Estados, em última instância, quando
se contestar a validade de leis em face da Constituição. A Lei Maior de 1891,
sem dúvida, deu poder aos juízes de analisar a compatibilidade das leis com a
Constituição no exercício da função jurisdicional, instituindo um controle de
constitucionalidade difuso e incidental.

Nada obstante, a tradição da supremacia absoluta da lei construída ao longo
de todo o período imperial deixou as suas marcas. Os juízes da época, nos anos
seguintes à promulgação da Constituição de 1891, não exerciam na prática o
controle incidental. Tal circunstância parece ter sido percebida pelo legislador,
conduzindo à inserção, na Lei 221, de 20 de novembro de 1894, do art. 13, §
10, que dispunha explicitamente sobre o controle de constitucionalidade, que
os juízes e tribunais apreciarão a validade das leis e regulamentos e deixarão
de aplicar as leis manifestamente inconstitucionais e os regulamentos manifestamente incompatíveis com a Constituição.[37]

Apesar de toda a influência do modelo norte-americano sobre a Constituição
de 1891, não se incorporou ao ordenamento jurídico brasileiro o instituto do
stare decisis, talvez por se vislumbrar incompatibilidade com o direito pátrio.
Assim, mesmo uma decisão do Supremo Tribunal Federal sobre a constitucionalidade de uma lei, porque proferida em controle difuso e incidental, produziria
efeitos somente para as partes do processo no caso concreto, não vinculando
juízes e tribunais inferiores para casos subsequentes. Uma decisão da mais alta
corte do país, ainda que em sede de controle de constitucionalidade, teria força
meramente persuasiva.

3.2. Progressiva incorporação do controle principal e abstrato

Quando foi promulgada a Constituição de 1934, o controle difuso e incidental já se encontrava relativamente consolidado, não mais se duvidando de
sua conveniência. No entanto, alguns aperfeiçoamentos se faziam necessários.
O art. 76 estabelecia, entre outras hipóteses, competir à Corte Suprema (nova

---

[35] Art. 60, a, da Constituição de 1891: "Compete aos Juízes ou Tribunais Federais, processar e
julgar: a) as causas em que alguma das partes fundar a ação, ou a defesa, em disposição da
Constituição Federal;".

[36] Art. 59, § 1.º, b, da Constituição de 1891: "Das sentenças das Justiças dos Estados, em última
instância, haverá recurso para o Supremo Tribunal Federal: (...) b) quando se contestar a validade
de leis ou de atos dos Governos dos Estados em face da Constituição, ou das Leis Federais, e
a decisão do Tribunal do Estado considerar válidos esses atos, ou essas leis impugnadas".

[37] Art. 13, § 10, da Lei 221 de 1894: "Os juizes e tribunaes apreciarão a validade das leis e regulamentos e deixarão de applicar aos casos occurrentes as leis manifestamente inconstitucionaes
e os regulamentos manifestamente incompatíveis com as leis ou com a Constituição".

Cap. 10 – DA "OBJETIVAÇÃO DO RECURSO EXTRAORDINÁRIO" À VALORIZAÇÃO DA JURISPRUDÊNCIA

denominação do Supremo Tribunal Federal) o julgamento de recurso ordinário nas causas decididas por juízes e tribunais federais, assim como o julgamento de recurso extraordinário nas causas decididas pelas Justiças locais em única ou última instância, quando se questionasse a validade de lei federal em face da Constituição, e a decisão do Tribunal local negasse aplicação à lei impugnada e, ainda, quando se contestasse a validade de lei em face da Constituição, e a decisão do Tribunal local julgasse válida a lei impugnada.

Ao lado da manutenção, em linhas gerais, do modelo difuso e incidental, previu-se ainda, no art. 179 da Carta Magna, aquilo que passou a ser denominado *cláusula de reserva de plenário*, segundo a qual a declaração de inconstitucionalidade de uma lei pelos tribunais exige *quorum* mínimo. Nos termos do aludido dispositivo, apenas por maioria absoluta de votos da totalidade de seus integrantes podem os tribunais declarar a inconstitucionalidade de lei ou ato do Poder Público.[38] Não basta, portanto, o voto de uma maioria circunstancial dos juízes presentes na sessão do órgão fracionário, sendo indispensável a maioria dos integrantes do tribunal.

Como explicado em doutrina, o ordenamento jurídico estabelece uma presunção relativa de constitucionalidade dos atos normativos, o que exige maior segurança nas decisões que venham a reconhecer a sua incompatibilidade com a Carta Magna.[39] A regra da reserva de plenário continua prevista, em linhas gerais, na atual Constituição (art. 97[40]), constituindo o fundamento para a previsão de um incidente de declaração de inconstitucionalidade nos tribunais (arts. 480 a 482, CPC).

Previu-se na Constituição de 1934, ainda, que competia ao Senado Federal suspender a execução, no todo ou em parte, de lei ou ato declarado inconstitucional pelo Poder Judiciário (art. 91, IV[41]). Objetivou-se, com isso, conferir efeitos *erga omnes* à decisão do Supremo Tribunal Federal em controle incidental,

---

[38] Art. 179 da Constituição de 1934: "Só por maioria absoluta de votos da totalidade dos seus Juízes, poderão os Tribunais declarar a inconstitucionalidade de lei ou ato do Poder Público".

[39] V. entre muitos outros, SARLET, Ingo Wolfgang; MARINONI, Luiz Guilherme; MITIDIERO, Daniel. *Curso de direito constitucional* cit., p. 820; BARROSO, Luís Roberto. *O controle de constitucionalidade no direito brasileiro* cit., p. 120; NEVES, Marcelo. *Teoria da inconstitucionalidade das leis*. São Paulo: Saraiva, 1988. p. 145.

[40] Art. 97 da Constituição de 1988: "Somente pelo voto da maioria absoluta de seus membros ou dos membros do respectivo órgão especial poderão os tribunais declarar a inconstitucionalidade de lei ou ato normativo do Poder Público".

[41] Art. 91, IV, da Constituição de 1934: "Compete ao Senado Federal: (...) IV – suspender a execução, no todo ou em parte, de qualquer lei ou ato, deliberação ou regulamento, quando hajam sido declarados inconstitucionais pelo Poder Judiciário;". V. tb. art. 96 da mesma Constituição: "Quando a Corte Suprema declarar inconstitucional qualquer dispositivo de lei ou ato governamental, o Procurador Geral da República comunicará a decisão ao Senado Federal para os fins do art. 91, n. IV, e bem assim à autoridade legislativa ou executiva, de que tenha emanado a lei ou o ato".

uma vez que, na tradição brasileira, nem mesmo os precedentes da Suprema Corte possuíam eficácia vinculante. Prevaleceu a concepção – há muito superada – de que a pura e simples atribuição de eficácia *erga omnes* às decisões do Judiciário seria contrária à separação dos poderes,[42] razão pela qual tal poder acabou sendo atribuído ao Legislativo.

Tal previsão, não custa lembrar, foi mantida nas Constituições posteriores e hoje se encontra no art. 52, X, da Carta Magna.[43]

Por fim, a Constituição de 1934 implementou, no direito brasileiro, o primeiro esboço de um controle de constitucionalidade por via principal, criando a representação interventiva. Nesse sentido, estabeleceu o art. 12, § 2.º, que a intervenção, a ser decretada por lei de iniciativa do Senado Federal, somente poderia ser efetivada após o Supremo Tribunal Federal declarar sua constitucionalidade.[44] Tratava-se, portanto, de uma forma de controle preventivo, porque exercido antes que se iniciasse a execução da lei federal que decretasse a intervenção. Além disso, seu objeto estava limitado à hipótese contida na primeira parte do art. 12, V, da Lei Maior, que dizia respeito à ofensa dos princípios constitucionais sensíveis, relacionados diretamente à organização do Estado brasileiro e de observância obrigatória pelos Estados-membros da federação.

A Constituição de 1934 vigorou por pouco tempo, logo sendo substituída pela Constituição de 1937, outorgada pelo regime autoritário de Getúlio Vargas.

A Carta Política de 1937, de feição nitidamente centralizadora, concentrou os poderes nas mãos do Executivo, enfraquecendo o Legislativo e o Judiciário. Para ter uma ideia, seu art. 94 vedava ao Poder Judiciário conhecer de questões

---

[42] V. SARLET, Ingo Wolfgang; MARINONI, Luiz Guilherme; MITIDIERO, Daniel. *Curso de direito constitucional* cit., p. 745-746 (explicando que tal poder apenas foi atribuído ao Senado Federal na Constituição de 1934 porque, no anteprojeto que lhe deu origem, foi adotado um modelo unicameral para o Legislativo e o Senado Federal deixaria de existir, dando lugar a um "Conselho Federal", que exerceria a função de coordenação dos Poderes. Como órgão de coordenação, incumbiria ao Conselho Federal suspender a execução de lei declarada inconstitucional pela Corte Suprema. Posteriormente, a proposta unicameral perdeu força e o Senado Federal voltou a figurar no texto que se converteria na Constituição de 1934, absorvendo muitas das competências que incumbiriam ao Conselho Federal, incluindo o poder de suspender a execução de leis consideradas inconstitucionais).

[43] Art. 52, X, da Constituição de 1988: "Compete privativamente ao Senado Federal: (...) X – suspender a execução, no todo ou em parte, de lei declarada inconstitucional por decisão definitiva do Supremo Tribunal Federal;".

[44] Art. 12, § 2.º, da Constituição de 1934: "§ 2.º Ocorrendo o primeiro caso do n. V, a intervenção só se efetuará depois que a Corte Suprema, mediante provocação do Procurador-Geral da República, tomar conhecimento da lei que a tenha decretado e lhe declarar a constitucionalidade". V. tb. art. 12, V, do mesmo texto constitucional: "A União não intervirá em negócios peculiares aos Estados, salvo: (...) V – para assegurar a observância dos princípios constitucionais especificados nas letras *a* a *h*, do art. 7.º, n. I, e a execução das Leis Federais;".

Cap. 10 – DA "OBJETIVAÇÃO DO RECURSO EXTRAORDINÁRIO" À VALORIZAÇÃO DA JURISPRUDÊNCIA

exclusivamente políticas.[45] E, no âmbito do controle judicial de constitucionalidade, a Constituição de 1937 trouxe consigo inovação verdadeiramente absurda: o parágrafo único do art. 96[46] previa a chamada *cláusula não obstante*, por meio da qual, caso o Judiciário declarasse a inconstitucionalidade de uma lei, poderia o Presidente, se assim entendesse necessário ao "bem-estar do povo" ou ao "interesse nacional", provocar o Parlamento a exercer um controle político sobre a lei já declarada inconstitucional pelo Judiciário. Caso a lei fosse confirmada por dois terços dos votos em cada uma das Câmaras, ficaria sem efeito a decisão do Supremo Tribunal Federal.

O dispositivo em questão era inusitado,[47] porque impunha uma limitação política à atribuição do Supremo Tribunal Federal de decidir sobre a constitucionalidade das leis. Pior: apesar de o texto constitucional atribuir ao Congresso o poder de convalidar leis já declaradas inconstitucionais, na prática tal prerrogativa acabava sendo exercida pelo Presidente. Isso porque o Parlamento permaneceu fechado durante o período de vigência da Constituição de 1937, que previa, em tal caso, que os poderes do Congresso seriam delegados ao Presidente. Assim foi que, durante o Estado Novo, Getúlio Vargas podia deflagrar o processo de revisão política das decisões do Supremo Tribunal Federal em matéria de controle de constitucionalidade e definir o seu desfecho.[48]

A Constituição de 1937 não previu a representação interventiva nem manteve a norma que estabelecia a possibilidade de suspensão, pelo Senado Federal, da execução de lei declarada inconstitucional pelo Supremo Tribunal Federal. Manteve-se, porém, a cláusula da reserva de plenário para o controle difuso -incidental.[49]

---

[45] Art. 94 da Constituição de 1937: "É vedado ao Poder Judiciário conhecer de questões exclusivamente políticas".

[46] Art. 96, parágrafo único, da Constituição de 1937: "No caso de ser declarada a inconstitucionalidade de uma lei que, a juízo do Presidente da República, seja necessária ao bem-estar do povo, à promoção ou defesa de interesse nacional de alta monta, poderá o Presidente da República submetê-la novamente ao exame do Parlamento: se este a confirmar por dois terços de votos em cada uma das Câmaras, ficará sem efeito a decisão do Tribunal".

[47] Apesar disso, segundo MENDES, Gilmar Ferreira. *Controle abstrato de constitucionalidade* cit., p. 30, o instituto não colheu manifestações unânimes de repulsa. Autores importantes como Cândido Motta Filho, Francisco Campos, Alfredo Buzaid e Genésio de Almeida Moura saudavam a inovação.

[48] A título de exemplo, o presidente Getúlio Vargas se valeu da cláusula não obstante para, pelo Decreto-lei 1.564/1939, suspender decisões judiciais do Supremo Tribunal Federal e de quaisquer outros tribunais e juízes que declararam a inconstitucionalidade de Lei Federal que previa a incidência de imposto de renda sobre os vencimentos pagos pelos Estados e Municípios. Segundo BITTENCOURT, Carlos Alberto Lúcio. *O controle jurisdicional da constitucionalidade das leis* cit., p. 139, essa atitude provocou enorme repulsa dos meios judiciários à época.

[49] Art. 96, *caput*, da Constituição de 1937: "Só por maioria absoluta de votos da totalidade dos seus Juízes poderão os Tribunais declarar a inconstitucionalidade de lei ou de ato do Presidente da República".

O fim do regime ditatorial de Getúlio Vargas fez trazer a lume a Constituição de 1946, que não mais reproduziu a cláusula não obstante. Em sua redação original, houve uma remodelagem da representação interventiva, já prevista na Lei Maior de 1934. Anteriormente, decretava-se a intervenção mediante lei federal de iniciativa do Senado Federal e, antes que fosse executada, ela era submetida ao Supremo Tribunal Federal. Agora, por força do art. 8.º, parágrafo único, da Constituição de 1946,[50] primeiro o ato ou lei local que vulnerasse um dos princípios constitucionais sensíveis era submetido pelo Procurador-Geral da República ao exame do Supremo Tribunal Federal e, uma vez reconhecida sua inconstitucionalidade, aí sim seria decretada a intervenção pela lei federal correspondente. O objeto da representação interventiva deixava de ser a lei que decretava a intervenção federal e passava a ser o ato ou lei local incompatível com algum dos princípios constitucionais sensíveis.

Tratava-se, em linhas gerais, de um controle repressivo de constitucionalidade sobre leis estaduais que se aproximava da atual ação direta de inconstitucionalidade, ainda que com parâmetro limitado aos princípios constitucionais sensíveis e para fins específicos de permitir a intervenção federal.

A mais importante modificação no sistema de controle de constitucionalidade brasileiro ocorreu, todavia, anos mais tarde, com a aprovação da Emenda Constitucional 16, de 1965. Sem abrir mão do já tradicional controle difuso e incidental, a EC 16/1965 conferiu nova redação ao art. 110, I, alínea k, da Constituição de 1946 para, alargando a competência originária da Suprema Corte, prever a representação contra inconstitucionalidade de lei ou ato normativo federal ou estadual, de legitimidade exclusiva do Procurador-Geral da República.[51] O paradigma de controle foi ampliado, não mais estando adstrito aos princípios constitucionais sensíveis. Era possível, assim, a representação de inconstitucionalidade para suscitar incompatibilidade do ato normativo impugnado com qualquer norma constitucional. Além disso, até a lei federal passava a estar sujeita ao controle de constitucionalidade pela via principal.

---

[50] Art. 8.º, parágrafo único, da Constituição de 1946: "No caso do n. VII, o ato arguido de inconstitucionalidade será submetido pelo Procurador-Geral da República ao exame do Supremo Tribunal Federal, e, se este a declarar, será decretada a intervenção". V. tb. art. 7.º, VII, da mesma Constituição: "O Governo federal não intervirá nos Estados salvo para: (...) VII – assegurar a observância dos seguintes princípios: a) forma republicana representativa; b) independência e harmonia dos Poderes; c) temporariedade das funções eletivas, limitada a duração destas à das funções federais correspondentes; d) proibição da reeleição de Governadores e Prefeitos, para o período imediato; e) autonomia municipal; f) prestação de contas da Administração; g) garantias do Poder Judiciário".

[51] V. art. 101, I, alínea k, da Constituição de 1946, após a EC 16/1965: "Ao Supremo Tribunal Federal compete: I – processar e julgar originariamente: (...) k) a representação contra inconstitucionalidade de lei ou ato de natureza normativa, federal ou estadual, encaminhada pelo Procurador-Geral da República;".

Cap. 10 – DA "OBJETIVAÇÃO DO RECURSO EXTRAORDINÁRIO" À VALORIZAÇÃO DA JURISPRUDÊNCIA **423**

A EC 16/1965 foi ainda mais longe, ao incluir o inciso XIII no art. 124 da Carta Magna de 1946,[52] para permitir aos Estados-membros que criassem a representação de inconstitucionalidade de competência originária dos Tribunais de Justiça, controlando a compatibilidade dos atos normativos municipais com as Constituições estaduais.

A EC 16/1965, portanto, trouxe definitivamente para o ordenamento jurídico brasileiro o controle de constitucionalidade pela via principal, cujos efeitos se produzem *erga omnes*. Esse controle podia ser exercido tanto sobre atos normativos federais e estaduais em face da Constituição Federal (exercido pelo Supremo Tribunal Federal) como sobre atos normativos municipais em face das Constituições dos Estados (a ser desempenhado pelos Tribunais de Justiça). Inicia-se, a partir desse momento, a trajetória que irá dar papel de cada vez maior destaque e abrangência ao controle principal no cenário jurídico brasileiro.

Curioso notar que o controle principal de constitucionalidade foi consolidado no Brasil durante o período do golpe militar de 1964. Por isso mesmo, muito embora na exposição de motivos da EC 16/1965 constasse a justificativa de que o controle pela via principal se destinava a diminuir a sobrecarga do Supremo Tribunal Federal,[53] pois uma só decisão na representação de inconstitucionalidade poderia impedir a formação de inúmeras ações individuais idênticas, há quem diga que o instituto não surgiu como um controle técnico-jurídico, mas apenas político.[54] Isso porque a legitimidade ativa para a representação foi confiada exclusivamente ao Procurador-Geral da República, que, na época, era demissível *ad nutum* pelo Presidente.[55] Assim, o Supremo Tribunal Federal só apreciaria a compatibilidade de qualquer ato normativo com a Constituição caso esse funcionário, de confiança do Presidente, assim se manifestasse, o que tornou o controle principal de pouco valor no controle dos atos produzidos pelo governo militar.

O controle principal de constitucionalidade apenas manifestaria todo o seu valor democrático décadas mais tarde, com a Constituição de 1988.

Apenas dois anos depois da EC 16/1965, foi outorgada a Constituição de 1967, que, em linhas gerais, manteve no Brasil o controle difuso e incidental e a

---

[52] V. art. 124, XIII, da Constituição de 1946, após a EC 16/1965: "Os Estados organizarão a sua Justiça, com observância dos arts. 95 a 97 e também dos seguintes princípios: (...) XIII – a lei poderá estabelecer processo, de competência originária do Tribunal de Justiça, para declaração de inconstitucionalidade de lei ou ato de Município, em conflito com a Constituição do Estado".

[53] V. MENDES, Gilmar Ferreira. *Controle abstrato de constitucionalidade* cit., p. 35.

[54] V. VIEIRA, Oscar Vilhena. *Supremo Tribunal Federal*: jurisprudência política. São Paulo: Malheiros, 2002. p. 122-123.

[55] V. art. 126 da Constituição de 1946: "O Ministério Público federal tem por Chefe o Procurador-Geral da República. O Procurador, nomeado pelo Presidente da República, depois de aprovada a escolha pelo Senado Federal, dentre cidadãos com os requisitos indicados no art. 99, é demissível *ad nutum*".

representação de inconstitucionalidade. Não se reproduziu, no entanto, a previsão do art. 124, XIII, da Constituição de 1946, que permitia aos Estados-membros estruturar a representação de inconstitucionalidade de atos municipais em face das Constituições estaduais. Ampliou-se, por outro lado, o objeto da representação interventiva, que não mais se limitava à tutela dos princípios constitucionais sensíveis, assegurando-se também a execução de lei federal (art. 10, VI[56]).

O quadro político de instabilidade vivenciado na época culminou com ampla reforma constitucional apenas dois anos mais tarde, conduzindo à aprovação da Emenda Constitucional 1, de 1969, que, na prática, remodelou as estruturas da Constituição de 1967. No que interessa para o presente estudo, a EC 1/1969 reintroduziu o controle principal de constitucionalidade tendo como paradigma a Constituição estadual, mas apenas para a intervenção dos Estados-membros nos municípios.[57] A representação de inconstitucionalidade interventiva foi confiada exclusivamente ao chefe do Ministério Público local e se destinava à tutela dos princípios indicados na Constituição estadual, da execução de lei ou de ordem judiciária.

Na vigência da EC 1/1969, acirraram-se algumas controvérsias a respeito do controle de constitucionalidade instaurado pela via principal. Por ocasião do julgamento da Reclamação 849, decidiu o Supremo Tribunal Federal que o Procurador-Geral da República, como único legitimado para propor a representação de inconstitucionalidade, não estava obrigado a ajuizá-la, mesmo que tivesse tomado conhecimento de uma inconstitucionalidade suscitada em representação apresentada por qualquer interessado. Embora se sustentasse na reclamação que tal prerrogativa transformaria o Procurador-Geral da República em verdadeiro juiz da representação, usurpando competência do Supremo Tribunal Federal,

---

[56] V. art. 10, VI e VII, da Constituição de 1967: "A União não intervirá nos Estados, salvo para: (...) VI – prover à execução de Lei Federal, ordem ou decisão judiciária; VII – assegurar a observância dos seguintes princípios: a) forma republicana representativa; b) temporariedade dos mandatos eletivos, limitada a duração destes à dos mandatos federais correspondentes; c) proibição de reeleição de Governadores e de Prefeitos para o período imediato; d) independência e harmonia dos Poderes; e) garantias do Poder Judiciário; f) autonomia municipal; g) prestação de contas da Administração". V. tb. art. 11, § 1.º, alínea c, da mesma Constituição: "A decretação da intervenção dependerá: (...) c) do provimento, pelo Supremo Tribunal Federal, de representação do Procurador-Geral da República, nos casos do item VII, assim como no do item VI, ambos do art. 10, quando se tratar de execução de Lei Federal".

[57] V. art. 15, § 3.º, alínea d, da Constituição de 1967, após a EC 1/1969: "A intervenção nos municípios será regulada na Constituição do Estado, somente podendo ocorrer quando: (...) d) o Tribunal de Justiça do Estado der provimento a representação formulada pelo Chefe do Ministério Público local para assegurar a observância dos princípios indicados na Constituição estadual, bem como para prover à execução de lei ou de ordem ou decisão judiciária, limitando-se o decreto do Governador a suspender o ato impugnado, se essa medida bastar ao restabelecimento da normalidade;".

Cap. 10 – DA "OBJETIVAÇÃO DO RECURSO EXTRAORDINÁRIO" À VALORIZAÇÃO DA JURISPRUDÊNCIA

prevaleceu a interpretação rígida acerca de sua legitimação exclusiva para instaurar o controle principal de constitucionalidade.[58]

Permanecia o controle principal, assim, inibido de revelar todo o seu potencial durante o período da ditadura militar. Apesar disso, mesmo após o aludido julgamento, por vezes o Procurador-Geral da República continuou a encaminhar representações de inconstitucionalidade ao Supremo Tribunal Federal mesmo quando se manifestava pela sua improcedência, desde que entendesse relevante a matéria suscitada. Tal postura se justificava porque, uma vez julgada improcedente a representação, tinha-se verdadeira declaração de constitucionalidade da lei com força vinculante.

Outra controvérsia importante foi enfrentada pelo Supremo Tribunal Federal no julgamento da Representação de Inconstitucionalidade 933. O texto constitucional vigente à época não previa o cabimento de medida cautelar no âmbito da representação de inconstitucionalidade. Apesar disso, o Procurador-Geral da República requereu, na petição inicial da representação, a suspensão da execução do ato normativo impugnado. O Supremo Tribunal Federal, por maioria, entendeu admissível o pleito cautelar e, por unanimidade, concedeu a medida postulada.[59] Prevaleceu no julgamento o entendimento de que a decisão do Supremo Tribunal Federal proferida em controle principal produz, por si só, efeitos *erga omnes* e que a previsão de suspensão da execução, pelo Senado Federal, de ato normativo declarado inconstitucional, consagrada desde a Constituição de 1934, seria desnecessária no caso de representação de inconstitucionalidade.

Ainda na vigência da EC 1/1969, sobreveio a Emenda Constitucional 7, de 1977, que trouxe algumas inovações interessantes para o controle de constitucionalidade pela via principal. Em primeiro lugar, passou-se a prever expressamente o cabimento de medida cautelar na representação de inconstitucionalidade (art. 119, I, alínea p[60]), incorporando-se ao texto da Carta Magna o entendimento do Supremo Tribunal Federal no julgamento da Representação de Inconstitucionalidade 933.

Introduziu-se, ainda, a chamada *representação para fins de interpretação* de ato normativo federal ou estadual (art. 119, I, alínea l[61]). Sua razão estava no

---

[58] V. STF, Rcl 849 primeira/DF, Pleno, rel. Min. Adalício Nogueira, j. 10.03.1971, *DJ* 13.12.1971. No caso, o Movimento Democrático Brasileiro ajuizou reclamação contra o Procurador-Geral da República porque este mandou arquivar uma representação que lhe havia sido dirigida pelo reclamante, na qual se suscitou a inconstitucionalidade do Decreto-lei 1.077/1970, que estabeleceu a censura prévia na divulgação de livros e periódicos.

[59] V. STF, Rp 933 MC/RJ, Pleno, rel. Min. Thompson Flores, j. 05.06.1975, *DJ* 26.12.1976.

[60] V. art. 119, I, alínea p, da Constituição de 1967, após a EC 7/1977: "Art. 119. Compete ao Supremo Tribunal Federal: I – processar e julgar originariamente; (...) p) o pedido de medida cautelar nas representações oferecidas pelo Procurador-Geral da República;".

[61] V. art. 119, I, alínea l, da Constituição de 1967, após a EC 7/1977: "Art. 119. Compete ao Supremo Tribunal Federal: I – processar e julgar originariamente; (...) l) a representação do

fato de que as decisões do Supremo Tribunal Federal, à exceção da hipótese de representação de inconstitucionalidade, não produziam efeitos vinculantes para os tribunais inferiores. A representação para fins de interpretação, portanto, destinava-se à criação de precedente vinculante, não tendo sido reproduzida, porém, na Constituição de 1988.

Instituiu-se, por fim, a avocatória no art. 119, I, alínea o, da Constituição.[62] Tal medida seria requerida pelo Procurador-Geral da República, permitindo ao Supremo Tribunal Federal chamar para si qualquer causa em curso no Poder Judiciário, quando estivesse presente perigo de grave lesão à ordem, à saúde, à segurança ou às finanças públicas. O instituto da avocatória, todavia, não foi bem recebido e acabou tendo pouca utilização na prática, não sendo acolhido na Constituição de 1988.

3.3. Consolidação do controle principal e abstrato

A Constituição de 1988 marca o processo de redemocratização no Brasil, após o período da ditadura militar. Os direitos fundamentais, além de fortalecidos na Carta Magna, passaram a ser dotados de novos instrumentos de proteção. Consagraram-se, por exemplo, o mandado de segurança coletivo, destinado a amparar os direitos coletivos em geral da mesma proteção já assegurada aos direitos individuais contra ilegalidade ou abuso de poder do Poder Público (art. 5.º, LXX[63]); o mandado de injunção, voltado para superar omissão normativa de órgão legislativo que esteja inviabilizando a efetividade de direito amparado na Constituição (art. 5.º, LXXI[64]); e o *habeas data*, com o objetivo de assegurar o conhecimento de informações constantes de registros ou banco de dados de entes

---

Procurador-Geral da República, por inconstitucionalidade ou para interpretação de lei ou ato normativo federal ou estadual;".

[62] V. art. 119, I, alínea o, da Constituição de 1967, após a EC 7/1977: "Art. 119. Compete ao Supremo Tribunal Federal: I – processar e julgar originariamente; (...) o) as causas processadas perante quaisquer juízos ou Tribunais, cuja avocação deferir a pedido do Procurador-Geral da República, quando decorrer imediato perigo de grave lesão à ordem, à saúde, à segurança ou às finanças públicas, para que se suspendam os efeitos de decisão proferida e para que o conhecimento integral da lide lhe seja devolvido;".

[63] V. art. 5.º, LXX, da Constituição de 1988: "LXX – o mandado de segurança coletivo pode ser impetrado por: a) partido político com representação no Congresso Nacional; b) organização sindical, entidade de classe ou associação legalmente constituída e em funcionamento há pelo menos um ano, em defesa dos interesses de seus membros ou associados;". Atualmente, o mandado de segurança coletivo é regulado em âmbito infraconstitucional pelos arts. 21 e 22 da Lei 12.016/2009. Para uma discussão detida sobre tais normas e seu significado, v. ROQUE, Andre Vasconcelos; DUARTE, Francisco Carlos. *Mandado de segurança*. Curitiba: Juruá, 2011. p. 152-178.

[64] V. art. 5.º, LXXI, da Constituição de 1988: "LXXI – conceder-se-á mandado de injunção sempre que a falta de norma regulamentadora torne inviável o exercício dos direitos e liberdades constitucionais e das prerrogativas inerentes à nacionalidade, à soberania e à cidadania;".

Cap. 10 - DA "OBJETIVAÇÃO DO RECURSO EXTRAORDINÁRIO" À VALORIZAÇÃO DA JURISPRUDÊNCIA

governamentais ou de caráter público e para promover sua retificação (art. 5.º, LXXII[65]). Isso sem falar do fortalecimento de outros instrumentos já conhecidos antes da Constituição de 1988, como a ação popular e a ação civil pública.

A partir da Constituição de 1988, embora tenha sido integralmente preservado o modelo difuso-incidental de controle de constitucionalidade, consolida-se o controle pela via principal. A antiga representação de inconstitucionalidade é rebatizada como *ação direta de inconstitucionalidade*.

A Constituição de 1988 procurou libertar o controle principal das amarras que o impediam de revelar todas as suas potencialidades na Carta Política anterior. Assim, a legitimidade ativa para deflagrar o controle principal, antes reservada exclusivamente ao Procurador-Geral da República, foi ampliada, sendo confiada não só ao Presidente da República, mas também a órgãos do Poder Legislativo, chefes do Poder Executivo dos Estados e do Distrito Federal e também a entes privados, como confederações sindicais e entidades de classe de âmbito nacional, partidos políticos e o Conselho Federal da Ordem dos Advogados do Brasil (art. 103[66]).

Outros institutos, além da ação direta de inconstitucionalidade, foram trazidos pela Constituição de 1988, ampliando a extensão do controle principal.

A Lei Maior de 1988 trouxe, pela primeira vez, o controle principal da omissão inconstitucional. Em tal hipótese, uma vez reconhecida a omissão de medida destinada a efetivar norma constitucional, o Supremo Tribunal Federal deverá dar ciência ao Poder competente para as providências necessárias (art. 103, § 2.º[67]). Se a omissão fosse de uma lei regulamentadora, todavia, a decisão na ação direta apenas declararia a mora do Estado, tornando pouco efetiva essa modalidade de controle principal.

Para contornar a omissão legislativa, a Constituição de 1988 havia consagrado, como visto, o instituto do mandado de injunção (art. 5.º, LXXI). Nos

---

[65] V. art. 5.º, LXXII, da Constituição de 1988: "LXXII – conceder-se-á 'habeas-data': a) para assegurar o conhecimento de informações relativas à pessoa do impetrante, constantes de registros ou bancos de dados de entidades governamentais ou de caráter público; b) para a retificação de dados, quando não se prefira fazê-lo por processo sigiloso, judicial ou administrativo;". O *habeas data* encontra-se regulado, em sede infraconstitucional, pela Lei 9.507/1997.

[66] V. art. 103 da Constituição de 1988, na redação atual: "Art. 103. Podem propor a ação direta de inconstitucionalidade e a ação declaratória de constitucionalidade: I – o Presidente da República; II – a Mesa do Senado Federal; III – a Mesa da Câmara dos Deputados; IV – a Mesa de Assembleia Legislativa ou da Câmara Legislativa do Distrito Federal; V – o Governador de Estado ou do Distrito Federal; VI – o Procurador-Geral da República; VII – o Conselho Federal da Ordem dos Advogados do Brasil; VIII – partido político com representação no Congresso Nacional; IX – confederação sindical ou entidade de classe de âmbito nacional".

[67] V. art. 103, § 2.º, da Constituição de 1988: "Declarada a inconstitucionalidade por omissão de medida para tornar efetiva norma constitucional, será dada ciência ao Poder competente para a adoção das providências necessárias e, em se tratando de órgão administrativo, para fazê-lo em trinta dias".

primeiros anos de vigência da Carta Magna, todavia, o Supremo Tribunal Federal considerou que não podia suprir por decisão judicial a regulamentação da norma constitucional, por atuar o Judiciário apenas como legislador negativo. Assim, os efeitos da decisão no mandado de injunção foram equiparados à ação direta por omissão, limitando-se a declarar a mora estatal.[68] Alguns anos mais tarde, o Supremo Tribunal Federal reviu tal entendimento e passou a emprestar efeitos mandamentais ao mandado de injunção, permitindo-se que, em caso de mora legislativa, a lacuna fosse excepcionalmente suprida no caso concreto, até a edição da lei regulamentadora da norma constitucional.[69]

Previu-se, ainda, a arguição de descumprimento de preceito fundamental no art. 102, parágrafo único, convertido em § 1.º pela Emenda Constitucional 3, de 1993.[70] O instrumento, todavia, apenas veio a ser descoberto e ter utilização após a aprovação da lei regulamentadora (Lei 9.882/1999). Pouco a pouco, a jurisprudência do Supremo Tribunal Federal foi definindo os seus contornos. A arguição de descumprimento hoje serve como instrumento de controle subsidiário aos demais processos de controle de constitucionalidade, em especial pela via principal.[71] A arguição tem sido utilizada, por exemplo, para exercer o controle concentrado de recepção do direito pré-constitucional pela Carta Magna de 1988 ou para controlar a constitucionalidade de atos normativos municipais em face da Constituição da República. Suas potencialidades, no entanto, ainda estão sendo descobertas gradativamente e a jurisprudência do Supremo Tribunal Federal continua discutindo seu âmbito de cabimento.

A Constituição de 1988 também fortaleceu, desde a redação original, o controle de constitucionalidade pela via principal no âmbito dos Estados-membros. No art. 125, § 2.º, previu-se a representação de inconstitucionalidade, de competência do Tribunal de Justiça, para o questionamento de leis ou atos normativos estaduais ou municipais em face das Constituições estaduais.[72] O

---

[68] V., nesse sentido, STF, MI 168, Pleno, rel. Min. Sepúlveda Pertence, j. 21.03.1990, *DJ* 20.04.1990; STF, MI 107 QO, Pleno, rel. Min. Moreira Alves, j. 23.11.1989, *DJ* 21.09.1990.

[69] V. STF, MI 712, Pleno, rel. Min. Eros Grau, j. 25.10.2007, *DJe* 30.10.2008.

[70] V. art. 102, § 1.º, da Constituição de 1988: "A arguição de descumprimento de preceito fundamental, decorrente desta Constituição, será apreciada pelo Supremo Tribunal Federal, na forma da lei".

[71] Como visto, a arguição de descumprimento de preceito fundamental em sua modalidade incidental foi prevista no art. 1.º, parágrafo único, I, e no art. 6.º, § 1.º, da Lei 9.882/1999. Sua ocorrência, todavia, será absolutamente rara, uma vez que, em razão de veto presidencial na tramitação da Lei 9.882/1999, a legitimação para a arguição incidental recaiu exatamente sobre as mesmas pessoas e órgãos que podem propor a arguição autônoma, com requisitos menos estritos. As pessoas e órgãos que podem propor a arguição autônoma, por sua vez, são os mesmos legitimados para propor as demais ações de controle de constitucionalidade pela via principal.

[72] V. art. 125, § 2.º, da Constituição de 1988: "Cabe aos Estados a instituição de representação de inconstitucionalidade de leis ou atos normativos estaduais ou municipais em face da Constituição Estadual, vedada a atribuição da legitimação para agir a um único órgão".

Cap. 10 – DA "OBJETIVAÇÃO DO RECURSO EXTRAORDINÁRIO" À VALORIZAÇÃO DA JURISPRUDÊNCIA

controle principal na esfera estadual, portanto, não mais estava restrito à tutela dos princípios constitucionais sensíveis e podia ser realizado também para as leis estaduais, não mais se limitando aos atos normativos municipais, tal como se verificava até a Carta Política anterior. Interessante notar que a Constituição de 1988, preocupada em assegurar a eficácia do controle pela via principal, proibiu que sua legitimação no âmbito dos Estados-membros fosse confiada a um único órgão.

A Emenda Constitucional. 3, de 1993, criou mais um instrumento de controle principal: a ação declaratória de constitucionalidade (art. 102, I, alínea a[73]), inicialmente reservada ao Presidente da República, às Mesas das casas do Congresso Nacional e ao Procurador-Geral da República. Desde a Emenda Constitucional 45, de 2004, entretanto, a sua legitimação incumbe aos mesmos entes legitimados para a ação direta. Positivou-se na Constituição o que, na prática, já se observava na jurisprudência do Supremo Tribunal Federal: o caráter dúplice das ações de controle principal.

Uma decisão de procedência na ação direta produz uma declaração vinculante de inconstitucionalidade. O contrário é verdadeiro: uma decisão de improcedência na ação direta também acarreta uma declaração vinculante, mas de compatibilidade do ato normativo com a Constituição. Da mesma forma, os efeitos são semelhantes para a ação declaratória de constitucionalidade, mas com sinais invertidos: declaração vinculante de compatibilidade com a Constituição, no caso de procedência, e de inconstitucionalidade do ato normativo questionado, na hipótese de improcedência do pedido formulado.[74] Há, porém, uma diferença digna de nota entre a ação direta e a ação declaratória: nos termos do art. 102, I, alínea a, da Constituição, o objeto desta é mais limitado, não abrangendo ato normativo estadual questionado em face da Carta Magna.

A utilidade da ação declaratória de constitucionalidade remete a considerações de segurança jurídica. Havendo uma situação de dúvida objetiva, caracterizada pela existência de decisões de tribunais inferiores considerando inválido o ato normativo por incompatibilidade com a Lei Maior,[75] permite-se aos le-

---

[73] V. art. 102, I, alínea a, da Constituição de 1988, após a EC 3/1993: "Art. 102. Compete ao Supremo Tribunal Federal, precipuamente, a guarda da Constituição, cabendo-lhe: I – processar e julgar, originariamente: a) a ação direta de inconstitucionalidade de lei ou ato normativo federal ou estadual e a ação declaratória de constitucionalidade de lei ou ato normativo federal;".

[74] Nesse sentido, estabelece o art. 102, § 2.º, da Constituição de 1988, com a redação conferida pela EC 45/2004: "As decisões definitivas de mérito, proferidas pelo Supremo Tribunal Federal, nas ações diretas de inconstitucionalidade e nas ações declaratórias de constitucionalidade produzirão eficácia contra todos e efeito vinculante, relativamente aos demais órgãos do Poder Judiciário e à administração pública direta e indireta, nas esferas federal, estadual e municipal".

[75] Por isso que o art. 14, III, da Lei 9.868/1999, que regulamenta a ação declaratória, exige que o autor indique, na petição inicial, "a existência de controvérsia judicial relevante sobre a aplicação da disposição objeto da ação declaratória". Não havendo situação de dúvida objetiva, não existirá interesse processual para o ajuizamento de ação declaratória, sobretudo com o objetivo

gitimados para as demais ações de controle pela via principal que proponham a ação declaratória, com vistas a obter uma decisão vinculante do Supremo Tribunal Federal que reconheça definitivamente a constitucionalidade do ato normativo questionado.

Uma década após a promulgação da Constituição de 1988, foram aprovadas, no ano de 1999, as leis que regulamentaram toda a disciplina processual da ação direta de inconstitucionalidade e da ação declaratória de constitucionalidade (Lei 9.868/1999), bem como da arguição de descumprimento de preceito fundamental (Lei 9.882/1999). Embora o Supremo Tribunal Federal já viesse desenhando o procedimento das ações de controle pela via principal há mais de dez anos e já tivesse proferido diversas decisões em ações diretas de inconstitucionalidade e ações declaratórias de constitucionalidade, as leis em discussão trouxeram algumas previsões importantes.

Assim, fortaleceu-se, a partir da aprovação das leis em discussão, a participação de terceiros nas ações de controle principal de constitucionalidade (*amici curiae*), com o escopo de pluralizar o debate constitucional.[76] Previu-se, ainda, a modulação dos efeitos temporais da decisão de inconstitucionalidade, temperando-se, com fundamento na segurança jurídica ou em razão de excepcional interesse social, o rigor da fórmula da nulidade do ato normativo incompatível com a Carta Magna e, consequentemente, da declaração de sua inconstitucionalidade com efeitos *ex tunc*.[77] Há possibilidade, assim, desde que com o *quorum* qualificado do voto de dois terços dos integrantes do Supremo Tribunal Federal,

---

de obter uma declaração judicial de compatibilidade de atos normativos com a Carta Magna, cuja constitucionalidade já é presumida pelo ordenamento jurídico, independentemente de intervenção do Judiciário.

[76] Sobre a participação dos *amici curiae*, v. art. 7.º, § 2.º, da Lei 9.868/1999 ("O relator, considerando a relevância da matéria e a representatividade dos postulantes, poderá, por despacho irrecorrível, admitir, observado o prazo fixado no parágrafo anterior, a manifestação de outros órgãos ou entidades"), que vem sendo aplicado, por analogia, para a Ação Declaratória de Constitucionalidade (como apontado nas próprias razões do veto presidencial ao art. 18, § 2.º, da Lei 9.868/1999, que previa tal instituto para tais ações) e, ainda, para a Arguição de Descumprimento de Preceito Fundamental.

[77] Sobre a modulação dos efeitos temporais da declaração de inconstitucionalidade, v. art. 27 da Lei 9.868/1999 ("Ao declarar a inconstitucionalidade de lei ou ato normativo, e tendo em vista razões de segurança jurídica ou de excepcional interesse social, poderá o Supremo Tribunal Federal, por maioria de dois terços de seus membros, restringir os efeitos daquela declaração ou decidir que ela só tenha eficácia a partir de seu trânsito em julgado ou de outro momento que venha a ser fixado") e art. 11 da Lei 9.882/1999 ("Ao declarar a inconstitucionalidade de lei ou ato normativo, no processo de arguição de descumprimento de preceito fundamental, e tendo em vista razões de segurança jurídica ou de excepcional interesse social, poderá o Supremo Tribunal Federal, por maioria de dois terços de seus membros, restringir os efeitos daquela declaração ou decidir que ela só tenha eficácia a partir de seu trânsito em julgado ou de outro momento que venha a ser fixado").

Cap. 10 – DA "OBJETIVAÇÃO DO RECURSO EXTRAORDINÁRIO" À VALORIZAÇÃO DA JURISPRUDÊNCIA

de atribuir à declaração de inconstitucionalidade efeitos retroativos limitados ou mesmo efeitos prospectivos, a partir de determinado evento.

Ao final do século XX, o controle pela via principal já havia se consolidado no ordenamento jurídico brasileiro e assumido lugar de destaque, deixando até mesmo em segundo plano o modelo difuso-incidental. A situação viria a se modificar, porém, nos anos seguintes.

4. A "OBJETIVAÇÃO DO RECURSO EXTRAORDINÁRIO"

O século XXI marca uma nova fase, ainda em curso, no desenvolvimento do controle de constitucionalidade no Brasil. Até então, conviviam dois modelos que, de forma bastante simplificada, poderiam ser assim definidos: de um lado, um controle difuso-incidental, com efeitos restritos às partes do processo e não vinculante, a não ser que sobreviesse Resolução do Senado Federal e, ainda assim, restrita aos casos de declaração de inconstitucionalidade; de outro, um controle pela via principal, com efeitos *erga omnes* e cujas decisões vinculavam não só a Administração, como também, de forma geral, o Poder Judiciário.

Essa situação produzia um paradoxo: embora tanto o controle principal como o incidental pudessem ser exercidos pelo Pleno do Supremo Tribunal Federal, as decisões nas suas esferas produziam consequências absolutamente distintas. Pior ainda: em que pese a Carta Magna assegurar que ao Supremo Tribunal Federal incumbiria a guarda da Constituição (art. 102, *caput*), mesmo após uma decisão do Pleno em sede de recurso extraordinário que versasse sobre matéria constitucional, os órgãos inferiores do Poder Judiciário continuavam livres para decidir em qualquer sentido, até contra a Suprema Corte, dada a ausência de vinculatividade do modelo incidental.

Essa situação, como discutido, não era enfrentada em outros países, seja porque, no caso dos Estados Unidos, há o instituto do *stare decisis*, a atribuir força vinculante às decisões da Suprema Corte mesmo no controle difuso -incidental, seja porque, quanto aos países da Europa continental, o controle de constitucionalidade é exercido de forma concentrada, a evitar manifestações contraditórias dos órgãos do Judiciário acerca da validade de um ato normativo à luz das normas constitucionais.

No Brasil, porém, o sistema eclético de controle de constitucionalidade produzia resultados inconsistentes. Sendo o Supremo Tribunal Federal o intérprete máximo da Constituição e o seu guardião por disposição expressa do art. 102, *caput*, da Lei Maior, seria completamente incompreensível que se permitisse a um juiz decidir que uma lei é constitucional enquanto a Suprema Corte já afirmou, em sede de controle incidental, sua incompatibilidade com a Carta Magna, ou vice-versa. O princípio da supremacia da Constituição, pressuposto do controle de constitucionalidade, exige que a questão seja decidida de forma isonômica, uniforme para todos os cidadãos.

Afinal, não faria sentido que um mesmo ato normativo fosse constitucional para algumas pessoas e inconstitucional para outras.

Observou-se, no histórico do controle de constitucionalidade no Brasil, que se buscou assegurar vinculatividade ao modelo difuso-incidental por meio da previsão, que remete à Constituição de 1934, de suspensão da lei declarada inconstitucional pelo Supremo Tribunal Federal mediante resolução do Senado Federal, hoje reproduzida no art. 52, X, da Carta Magna vigente. Entretanto, tal instituto, inspirado em ultrapassada concepção da separação de poderes, é incapaz de proporcionar os resultados esperados por pelo menos dois motivos: (i) a atuação do Senado Federal, conforme entendimento dominante, é discricionária e não sujeita a prazo, de forma que poderá a casa legislativa simplesmente negar a extensão *erga omnes* da decisão da Suprema Corte;[78] (ii) o Senado Federal apenas atua na hipótese de lei declarada inconstitucional, não sendo este o caso quando o ato normativo é considerado compatível com a Lei Maior ou, ainda, quando o Supremo Tribunal Federal se vale de técnicas como a interpretação conforme a Constituição ou a declaração de inconstitucionalidade sem redução de texto.[79]

Ao lado dessas considerações de ordem técnico-constitucional, o final do século XX e o início do século XXI testemunharam uma circunstância pragmática relevante: o incremento exponencial de recursos submetidos aos tribunais superiores, em especial ao Supremo Tribunal Federal.[80] Era preciso tomar alguma

---

[78] V. BARROSO, Luís Roberto. *O controle de constitucionalidade no direito brasileiro* cit., p. 156 e a exposição contida em CUNHA JUNIOR, Dirley da. *Controle de constitucionalidade* cit., p. 175 (embora defendendo entendimento contrário, segundo o qual a competência do Senado Federal nesta matéria seria vinculada). A doutrina aponta, inclusive, um precedente em que o Senado Federal negou a suspensão de lei declarada inconstitucional: o art. 9.º da Lei 7.689/1988, que instituiu contribuição social sobre o lucro das pessoas jurídicas, foi declarado inconstitucional pelo Supremo Tribunal Federal no Recurso Extraordinário 150.764-PE, em acórdão publicado em 2 de abril de 1993. O Senado Federal foi comunicado da decisão em 16 de abril de 1993. A Comissão de Constituição e Justiça daquela casa se manifestou pela negativa à suspensão do dispositivo em questão, com parecer datado de 28 de outubro de 1993. Não houve recurso contra essa decisão, que se tornou definitiva em 5 de novembro do mesmo ano, dela sendo comunicada a Presidência da República e o Supremo Tribunal Federal no dia 18 de novembro de 1993.

[79] V. BARROSO, Luís Roberto. *O controle de constitucionalidade no direito brasileiro* cit., p. 156, nota 112; ATAÍDE JÚNIOR, Jaldemiro Rodrigues de. *Precedentes vinculantes e irretroatividade do direito no sistema processual brasileiro.* Curitiba: Juruá, 2012. p. 107.

[80] Estatísticas apontam que, em 2000 e em 2001, cerca de noventa mil recursos por ano, entre Recursos Extraordinários e Agravos de Instrumento em Recurso Extraordinário, eram distribuídos aos ministros do Supremo Tribunal Federal. Isso correspondia a cerca de oito mil recursos para cada ministro, que mesmo que trabalhasse ininterruptamente todas as horas do dia, todos os dias do ano, teria apenas uma hora para apreciar e julgar cada recurso. Isso sem falar dos

Cap. 10 – DA "OBJETIVAÇÃO DO RECURSO EXTRAORDINÁRIO" À VALORIZAÇÃO DA JURISPRUDÊNCIA

medida para que o acesso aos tribunais superiores e a jurisdição constitucional não entrasse em colapso, em meio a uma verdadeira avalanche de recursos.

Corretas ou não, diversas medidas foram tomadas no início do século XXI. Em sede constitucional, no que interessa para o estudo do controle de constitucionalidade no Brasil, foi aprovada a Emenda Constitucional 45, de 2004 (Reforma do Judiciário) que, entre diversas inovações, introduziu algumas pequenas mudanças no controle pela via principal,[81] concentrando suas atenções no modelo incidental, um dos responsáveis pelo expressivo número de recursos no Supremo Tribunal Federal.

A EC 45/2004 trouxe duas importantes novidades para o modelo difuso -incidental. A primeira inovação consistiu na previsão da *repercussão geral* como mais um requisito de admissibilidade para o Recurso Extraordinário, que somente poderá ser recusada pelo voto de dois terços dos membros do Supremo Tribunal Federal (art. 102, § 3.º[82]). Sua finalidade consiste em racionalizar o tempo da Suprema Corte, para que ela se dedique a apreciar questões constitucionalmente relevantes.[83] Os recursos que se limitem a discutir a justiça do caso concreto e o interesse subjetivo das partes, sem que haja uma repercussão social, jurídica, política ou econômica para a sociedade, não justificam a atuação do Supremo Tribunal Federal.

A segunda novidade trazida pela EC 45/2004 foi a *súmula vinculante*, por meio da qual o Supremo Tribunal Federal pode cristalizar seu entendimento

---

demais processos de competência da Suprema Corte, incluindo ações de controle concentrado de constitucionalidade.

[81] Entre as singelas mudanças trazidas pela EC 45/2004 ao controle principal de constitucionalidade, alterou-se o art. 102, § 2.º, da Constituição, para tornar expressa também a eficácia vinculante e *erga omnes* nas decisões proferidas em ação direta de inconstitucionalidade, o que já não suscitava mais controvérsias, e ampliou-se o rol de legitimados para a ação declaratória de constitucionalidade, que passou a ser equivalente ao rol para a ação direta de inconstitucionalidade. Afinal, não fazia sentido que o rol de legitimados para a ação de constitucionalidade fosse mais restrito, na medida em que uma decisão de improcedência na ação direta de inconstitucionalidade produziria idêntico resultado.

[82] V. art. 102, § 3.º, da Constituição de 1988, após a EC 45/2004: "No recurso extraordinário o recorrente deverá demonstrar a repercussão geral das questões constitucionais discutidas no caso, nos termos da lei, a fim de que o Tribunal examine a admissão do recurso, somente podendo recusá-lo pela manifestação de dois terços de seus membros".

[83] O instituto da repercussão geral, como se percebe, encontra semelhanças com o *writ of certiorari* da Suprema Corte norte-americana, embora não possam de forma alguma ser equiparados. Muitos outros países selecionam as causas para exame pelas Cortes Supremas, valendo exemplificar aqui o caso da Alemanha, em que o acesso dos cidadãos ao Tribunal Constitucional Federal, em caso de reclamação constitucional (*Verfassungsbeschwerde*) fundada em um direito fundamental ofendido por medidas adotadas pelas autoridades públicas ou por decisões judiciais, desde que esgotadas as instâncias ordinárias, está condicionado à análise, pelo Tribunal Constitucional, da importância fundamental da questão ou da existência de violação de direitos fundamentais de especial gravidade.

a respeito de determinada questão constitucional, ainda que tomada em controle incidental, para fins de vincular todos os órgãos dos Poderes Executivo e Judiciário (art. 103-A[84]). Trata-se de inovação polêmica, porque permite que a Suprema Corte abandone a clássica figura do legislador negativo e assuma a condição de legislador positivo. Afinal, como já se explicou em doutrina, o texto normativo não é suficiente para que se tenha uma norma, sendo esta o resultado da forma de expressão, pelo intérprete, de um enunciado.[85]

Esses dois institutos, em especial, auxiliaram a conferir uma nova perspectiva para as decisões do Supremo Tribunal Federal em controle incidental. As decisões da Suprema Corte, seja no controle principal, seja no incidental, são dotadas de caráter paradigmático, transcendendo os interesses da causa. Seus precedentes servem como um importante guia de orientação da adequada interpretação constitucional a ser exercida pelo Executivo, pelo Judiciário e, de forma geral, por toda a sociedade.

Essa aproximação de fundamentos entre o controle incidental e principal conduz a uma nova fase do controle de constitucionalidade no Brasil, que ainda está em curso e precisa ser amadurecida. Essa nova fase, caracterizada pela aproximação dos efeitos das decisões do Supremo Tribunal Federal em controle incidental com os efeitos de uma decisão tomada em controle principal, pela utilização de institutos típicos das ações de controle abstrato de constitucionalidade no controle incidental e pela ênfase ao caráter paradigmático das decisões do Pleno da Suprema Corte, mesmo em controle incidental, tem sido denominado em doutrina como *objetivação do recurso extraordinário*.[86]

---

[84] V. art. 103-A da Constituição de 1988, após a EC 45/2004: "O Supremo Tribunal Federal poderá, de ofício ou por provocação, mediante decisão de dois terços dos seus membros, após reiteradas decisões sobre matéria constitucional, aprovar súmula que, a partir de sua publicação na imprensa oficial, terá efeito vinculante em relação aos demais órgãos do Poder Judiciário e à administração pública direta e indireta, nas esferas federal, estadual e municipal, bem como proceder à sua revisão ou cancelamento, na forma estabelecida em lei. § 1.º A súmula terá por objetivo a validade, a interpretação e a eficácia de normas determinadas, acerca das quais haja controvérsia atual entre órgãos judiciários ou entre esses e a administração pública que acarrete grave insegurança jurídica e relevante multiplicação de processos sobre questão idêntica. § 2.º Sem prejuízo do que vier a ser estabelecido em lei, a aprovação, revisão ou cancelamento de súmula poderá ser provocada por aqueles que podem propor a ação direta de inconstitucionalidade. § 3.º Do ato administrativo ou decisão judicial que contrariar a súmula aplicável ou que indevidamente a aplicar, caberá reclamação ao Supremo Tribunal Federal que, julgando-a procedente, anulará o ato administrativo ou cassará a decisão judicial reclamada, e determinará que outra seja proferida com ou sem a aplicação da súmula, conforme o caso".

[85] V. GRAU, Eros Roberto. *Ensaio e discurso sobre a interpretação/aplicação do direito*. São Paulo: Malheiros, 2005. p. 78: "O texto, preceito, enunciado normativo é alográfico. Não se completa no sentido nele impresso pelo legislador. A 'completude' do texto somente é realizada quando o sentido por ele expressado é produzido, como nova forma de expressão, pelo intérprete. Mas o 'sentido expressado pelo texto' já é algo novo, distinto do texto. É norma".

[86] V. DIDIER JR., Fredie; CUNHA, Leonardo José Carneiro da. *Curso de direito processual civil*. Salvador: JusPodivm, 2009. p. 343 e ss; ATAÍDE JÚNIOR, Jaldemiro Rodrigues de. *Precedentes*

Cap. 10 – DA "OBJETIVAÇÃO DO RECURSO EXTRAORDINÁRIO" À VALORIZAÇÃO DA JURISPRUDÊNCIA

A denominação não parece muito precisa, afinal, o controle incidental pode ser desempenhado em outras hipóteses pelo Supremo Tribunal Federal, além do Recurso Extraordinário, inclusive nas ações de competência originária. Pense-se, por exemplo, em um mandado de segurança contra ato do Tribunal de Contas da União amparado em lei que vem a ser considerada inconstitucional. Talvez fosse melhor, assim, denominar o fenômeno de *abstrativização do controle incidental*.

De todo modo, a terminologia que vem se consagrando em doutrina e que será utilizada ao longo do presente estudo para facilitar a compreensão da matéria tem uma justificativa. Ela decorre do fato de que o Recurso Extraordinário, sobretudo após a regulamentação dos institutos da repercussão geral e da súmula vinculante, deixa de ter feições exclusivamente subjetivas e assume importante caráter de instrumento de defesa da ordem constitucional objetiva, de sua autoridade e uniformidade.[87] O problema é que, como será visto oportunamente, tal expressão, além de imprecisa, abre ainda mais espaço para a problemática tendência de valorização da jurisprudência.

Como será examinado a seguir, várias manifestações de ordem constitucional-legislativa e jurisprudencial caracterizam a objetivação do recurso extraordinário, cujos contornos ainda não estão completamente definidos. O controle de constitucionalidade no Brasil, até o presente momento, não se estabilizou em sua forma final.

4.1. Manifestações constitucionais e legislativas

a) *Dispensa da reserva de plenário*

Uma das primeiras manifestações que se tem notícia de objetivação do recurso extraordinário antecede as reformas constitucionais que lhe viriam a dar forma.

A cláusula de reserva de plenário, como já se viu, tem origem na Constituição de 1934 e consiste na exigência de que a declaração de inconstitucionalidade de uma lei pelos tribunais seja amparada pelos votos da maioria absoluta de seus integrantes. Na Carta Magna vigente, tal norma encontra-se reproduzida

---

vinculantes e irretroatividade do direito no sistema processual brasileiro cit., p. 112 e ss; TAVARES, André Ramos. *Curso de direito constitucional*. São Paulo: Saraiva, 2012. p. 308 e ss.

[87] Conforme MANCUSO, Rodolfo de Camargo. *A resolução dos conflitos e a função judicial no contemporâneo estado de direito*. São Paulo: RT, 2009. p. 440, o Supremo Tribunal Federal exerce uma tripla missão: a primeira, imediata, de resolução do caso concreto; a segunda, dita *nomofilácica*, destinada à preservação da autoridade e uniformidade interpretativa da Constituição e a terceira, dita *paradigmática*, voltada à emissão de decisões que possam orientar o desfecho de muitos outros recursos que versarem sobre a mesma questão constitucional.

em seu art. 97, constituindo o fundamento para a previsão de um incidente de declaração de inconstitucionalidade nos tribunais (arts. 480 a 482 do CPC).

Para que uma norma seja declarada inconstitucional por um tribunal em controle incidental, o órgão fracionário deverá exercitar um juízo preliminar sobre a questão. Caso a turma ou câmara entenda que o ato normativo é compatível com a Constituição, poderá prosseguir normalmente no julgamento do recurso. Por outro lado, na hipótese de considerar haver incompatibilidade, o órgão fracionário não pode decidir de plano a questão prejudicial de ordem constitucional, que deverá ser encaminhada ao tribunal pleno ou ao órgão especial. Resolvida a questão pela constitucionalidade ou não do ato normativo, a causa é devolvida para julgamento pelo órgão fracionário, que estará vinculado ao entendimento do tribunal pleno ou do órgão especial.

Como já se viu, o fundamento para a exigência da reserva de plenário e desse incidente está na presunção relativa de constitucionalidade das leis, o que impõe maior segurança nas decisões que venham a reconhecer a sua incompatibilidade com a Carta Magna. Busca-se, por meio da reserva de plenário, evitar que a inconstitucionalidade seja declarada pelo voto de uma maioria circunstancial no órgão fracionário, exigindo-se a maioria absoluta dos integrantes do tribunal.

Por ocasião da Lei 9.756/1998, foi acrescido um parágrafo único ao art. 481 do CPC, para prever que a arguição de inconstitucionalidade não precisa ser remetida pelos órgãos fracionários ao pleno local ou ao órgão especial, caso haja pronunciamento destes ou do pleno do Supremo Tribunal Federal nesse sentido.

A doutrina sempre explicou que, a partir do momento em que o plenário do Supremo Tribunal Federal considerasse um ato normativo inconstitucional, ainda que em sede de controle incidental, afastava-se a presunção relativa de sua compatibilidade com a Constituição, não mais se exigindo a reserva de plenário.[88] Atualmente, todavia, vislumbra-se outra explicação para dispensar a remessa ao plenário, à luz da objetivação do recurso extraordinário. Na realidade, como a decisão do Supremo Tribunal Federal em sede de controle difuso aproxima-se, cada vez mais, dos efeitos de uma decisão nas ações de controle principal, os órgãos fracionários não só estariam dispensados de remeter a arguição de inconstitucionalidade ao tribunal pleno ou órgão especial como se encontram vinculados ao precedente da Suprema Corte.[89]

---

[88] V., por exemplo, CUNHA JUNIOR, Dirley da. *Controle de constitucionalidade* cit., p. 164.

[89] V. SARLET, Ingo Wolfgang; MARINONI, Luiz Guilherme; MITIDIERO, Daniel. *Curso de direito constitucional* cit., p. 825. Por ocasião do julgamento do Recurso Especial 715.310, a Primeira Turma do Superior Tribunal de Justiça parece ter agasalhado tal entendimento em *obiter dictum*, conforme a seguinte passagem extraída da ementa do acórdão: "Os Tribunais, no exercício do controle difuso de constitucionalidade, devem observar a norma dos arts. 97 da Constituição e 480-482 do CPC, que determinam a remessa da questão constitucional à apreciação do Órgão Especial, salvo se a respeito dela já houver pronunciamento deste órgão ou do Supremo Tribu-

Cap. 10 – DA "OBJETIVAÇÃO DO RECURSO EXTRAORDINÁRIO" À VALORIZAÇÃO DA JURISPRUDÊNCIA

A existência de efeito vinculante nas decisões do Supremo Tribunal Federal em sede de controle incidental, independentemente de Resolução do Senado Federal, no entanto, é ainda controvertida em doutrina e na jurisprudência da Suprema Corte, como será examinado por ocasião das manifestações jurisprudenciais.

b) *Recurso Extraordinário nos Juizados Especiais Federais*

A Lei 10.259/2001, em seu art. 15, disciplina o Recurso Extraordinário nos Juizados Especiais Federais, remetendo ao art. 14, § § 4.º a 9.º da mesma lei, que trata da manifestação do Superior Tribunal de Justiça em caso de decisão da Turma de Uniformização contrária à súmula ou jurisprudência dominante.

A conjugação desses dispositivos permite ao relator do Recurso Extraordinário conceder liminar para suspender não só o processo em que foi interposto o recurso, mas qualquer causa versando sobre a mesma matéria (§ 5.º). Permite, ainda, a manifestação de eventuais interessados, ainda que não sejam partes do processo, trazendo para o controle incidental a figura do *amicus curiae*, típica das ações de controle principal de constitucionalidade (§ 7.º). O julgamento do Supremo Tribunal Federal no Recurso Extraordinário produzirá efeitos para os demais processos, na medida em que as Turmas Recursais poderão exercer juízo de retratação ou declarar os recursos prejudicados, se veicularem tese incompatível com a decisão da instância superior (§ 9.º).

As normas destacadas já possibilitavam entrever o Recurso Extraordinário como um instrumento para a obtenção de decisões paradigmáticas, aptas a orientar o desfecho em outros casos que ostentassem idêntica questão constitucional.[90] Um protótipo do modelo de julgamento por amostragem que viria anos mais tarde.

c) *Súmula vinculante*

Como visto, uma das principais inovação da EC 45/2004 foi o instituto que se convencionou chamar de súmula vinculante, por meio da qual se permitiu

---

nal Federal. Nesses casos, o órgão fracionário está dispensado de suscitar o incidente, devendo simplesmente invocar o precedente da Corte ou *do STF, a cuja orientação fica vinculado*" (STJ, REsp 715.310/SP, 1.ª T., rel. Min. Teori Albino Zavascki, j. 26.04.2005, *DJ* 09.05.2005).

[90] A alteração no perfil do Recurso Extraordinário pela Lei dos Juizados Especiais Federais não passou despercebida pelo Supremo Tribunal Federal, como se vê pelo voto do Min. Gilmar Mendes em STF, RE 376.852 MC/SC, rel. Min. Gilmar Mendes, j. 27.03.2003, *DJ* 13.06.2003: "Esse novo modelo legal traduz, sem dúvida, um avanço na concepção vetusta que caracteriza o recurso extraordinário entre nós. Esse instrumento deixa de ter caráter marcadamente subjetivo ou de defesa de interesse das partes, para assumir, de forma decisiva, a função de defesa da ordem constitucional objetiva. Trata-se de orientação que os modernos sistemas da Corte Constitucional vêm conferindo ao recurso de amparo e ao recurso constitucional (*Verfassungsbeschwerde*)".

que o Supremo Tribunal Federal consolidasse seu entendimento a respeito de determinada questão constitucional, para fins de vincular todos os órgãos dos Poderes Executivo e Judiciário (art. 103-A). A súmula vinculante, em sede infraconstitucional, foi regulamentada dois anos após a aludida emenda, pela Lei 11.417/2006.

A súmula da jurisprudência dominante[91] foi introduzida no Brasil na década de 1960 por obra do Ministro Victor Nunes Leal, do Supremo Tribunal Federal,[92] e adotou a tradição da Casa de Suplicação da monarquia portuguesa, sendo concebida como um instrumento facilitador de casos mais fáceis e suscetíveis de repetição. Seus enunciados são redigidos de forma abstrata e genérica, com pretensão universalizante, distanciando-se, assim, dos casos concretos que lhe deram origem. Como a preocupação por trás da súmula nunca foi proporcionar segurança jurídica ou isonomia e como a tradição no Brasil, assim como em inúmeros países da *civil law*, sempre foi considerar a lei como fonte primária do direito, em vez da jurisprudência, não se concebia no direito positivo, até o advento da EC 45/2004, enunciados de súmulas vinculantes.

A súmula dita meramente persuasiva, portanto, servia apenas como instrumento facilitador de decisões judiciais.

Com a crise do Judiciário vivenciada ao final do século XX e no início do século XXI e a necessidade de conter o volume excessivo de recursos para o Supremo Tribunal Federal, vislumbrou-se a criação da súmula vinculante, não só para a Administração Pública, mas para os demais órgãos do Judiciário. De mera facilitadora de decisões judiciais, a súmula vinculante foi promovida a instrumento para proporcionar segurança jurídica, isonomia e racionalização do ordenamento jurídico. Como será discutido no momento oportuno, todavia, esse desvio de função tem seu preço, transformando o Supremo Tribunal Federal em verdadeiro legislador e engessando a ordem jurídica.

Para os fins da exposição neste momento, é suficiente observar que a súmula vinculante serve especialmente ao controle incidental de constitucionalidade, uma vez que tem como pressuposto a reiteração de julgados.[93] Trata-se, portanto, de

---

[91] O termo súmula, por definição, diz respeito ao conjunto de enunciados que sintetizam o entendimento consolidado de um dado tribunal ou órgão fracionário acerca de determinado assunto. Não faria sentido, assim, nem mesmo utilizar o termo súmula no plural. De todo modo, registre-se que é corrente o emprego do vocábulo "súmulas" para se referir, na verdade, aos enunciados.

[92] Para um histórico da súmula no Brasil, v. TEIXEIRA, Sálvio de Figueiredo. *A súmula e sua evolução no Brasil*. Disponível em: <http://bdjur.stj.gov.br/dspace/handle/2011/2083>. Acesso em: 20 jun. 2012 e, ainda, MANCUSO, Rodolfo de Camargo. *Divergência jurisprudencial e súmula vinculante*. São Paulo: RT, 2010. p. 217-238.

[93] V. art. 103-A, *caput*, da Constituição de 1988, após a EC 45: "O Supremo Tribunal Federal poderá, de ofício ou por provocação, mediante decisão de dois terços dos seus membros, *após reiteradas decisões sobre matéria constitucional*, aprovar súmula que, a partir de sua publicação

Cap. 10 - DA "OBJETIVAÇÃO DO RECURSO EXTRAORDINÁRIO" À VALORIZAÇÃO DA JURISPRUDÊNCIA

mais uma alternativa para conferir vinculatividade às decisões proferidas pelo Supremo Tribunal Federal em controle incidental, mesmo na falta de atuação do Senado Federal. Essa é, no entanto, uma visão muito estreita do fenômeno.

A súmula vinculante, na verdade, pode ir um pouco mais além de atribuir força vinculante às decisões da Suprema Corte em controle incidental, revelando utilidade até mesmo para o controle pela via principal. Isso porque, ao aprovar um enunciado de súmula vinculante, o Supremo Tribunal Federal não está limitado ao dispositivo de seus precedentes. Muito pelo contrário: o propósito de um enunciado de súmula vinculante consiste em extrair a *ratio decidendi*, os motivos determinantes, dos precedentes que dizem respeito a uma mesma questão constitucional e vincular o Poder Executivo e os órgãos do Poder Judiciário a aplicar esse entendimento a casos semelhantes.

Um enunciado de súmula vinculante, assim, pode garantir a transcendência dos motivos determinantes, cuja possibilidade é controvertida até mesmo para as ações de controle abstrato de constitucionalidade. Isso significa que, decidida determinada questão constitucional a respeito de certo ato normativo, a mesma *ratio decidendi* pode ser aplicada a outros atos, formalmente distintos, que envolvam idêntica controvérsia constitucional. Tal possibilidade vai um pouco além da eficácia vinculante e *erga omnes* tradicionalmente prevista para as ações de controle abstrato de constitucionalidade que, a rigor, está adstrita a um único ato normativo questionado.[94]

Isso aconteceu, por exemplo, em relação à Súmula Vinculante 2, para que se considerasse inconstitucional, com força vinculante, todo e qualquer ato normativo local que dispusesse sobre bingos e loterias. O Supremo Tribunal

---

na imprensa oficial, terá efeito vinculante em relação aos demais órgãos do Poder Judiciário e à administração pública direta e indireta, nas esferas federal, estadual e municipal, bem como proceder à sua revisão ou cancelamento, na forma estabelecida em lei".

[94] O *leading case* em que se discutiu o assunto foi a Reclamação 1.987, em que se pretendeu aplicar a mesma *ratio decidendi* da Ação Direta de Inconstitucionalidade 1.662, que considerou inconstitucional os itens III e XII da IN 11/1997 do TST, que haviam equiparado à hipótese de preterição do direito de preferência para pagamento de precatórios a não inclusão do débito no orçamento do ente devedor, para fins de permitir o sequestro de verbas públicas. Na reclamação em questão, atacou-se ato formalmente distinto, qual seja, determinação da Presidente do Tribunal Regional do Trabalho da 10.ª Região, que ordenou o sequestro de verbas públicas em hipótese idêntica, invocando como fundamento não a IN 11/1997 do TST, mas a Emenda Constitucional 30/2000. Após grande discussão entre os ministros, a reclamação foi julgada procedente por maioria, consagrando a tese da transcendência dos motivos determinantes. V. STF, Rcl 1.987/SF, Pleno, rel. Min. Maurício Corrêa, j. 1.º.10.2003, *DJ* 21.05.2005. Em julgados subsequentes, todavia, prevaleceu a tese de que a transcendência dos motivos determinantes não possui amparo legal, já que a coisa julgada se limita ao dispositivo da decisão na ação de controle abstrato de constitucionalidade. V., entre outros, STF, Rcl 2.475 AgR/MG, Pleno, rel. p/ Ac Min. Marco Aurélio, j. 02.08.2007, *DJe* 31.01.2008; Rcl 2.990 AgR/RN, rel. Min. Sepúlveda Pertence, j. 16.08.2007, *DJ* 14.09.2007; Rcl 4.448 AgR/RS, rel. Min. Ricardo Lewandowski, j. 25.06.2008, *DJe* 07.08.2008; Rcl 3.014/SP, rel. Min. Ayres Britto, j. 10.03.2010, *DJe* 20.05.2010.

Federal, na época em que tal enunciado foi aprovado, já havia julgado procedentes inúmeras Ações Diretas de Inconstitucionalidade, uma para cada ato normativo questionado.[95] A edição da súmula vinculante em questão permitiu que os motivos determinantes fossem aplicados a outras leis locais envolvendo a mesma questão constitucional, viabilizando, na hipótese de inobservância ao entendimento cristalizado no enunciado, o ajuizamento de reclamação diretamente para a Suprema Corte, nos termos do art. 103-A, § 3.º, da Constituição e do art. 7.º da Lei 11.417/2006.

d) Repercussão geral

Outra novidade importante trazida pela EC 45/2004, como também já se viu, foi a previsão da repercussão geral como mais um requisito de admissibilidade para o Recurso Extraordinário. Conforme previsto no art. 102, § 3.º, da Lei Maior, o recorrente deverá demonstrar a repercussão geral das questões constitucionais discutidas no caso, a fim de que a Suprema Corte examine a admissão do recurso, somente podendo recusá-lo pela manifestação de dois terços de seus membros. Dois anos mais tarde, assim como ocorreu em relação à súmula vinculante, o instituto da repercussão geral veio a ser regulamentado pela Lei 11.418/2006.

Nos termos do art. 543-A, § 1.º, do CPC, inserido pela Lei 11.418/2006, haverá repercussão geral sempre que, no Recurso Extraordinário, houver questões relevantes do ponto de vista econômico, político, social ou jurídico, que ultrapassem os interesses subjetivos da causa.[96] Da mesma forma, haverá repercussão geral, segundo o § 2.º, caso seja impugnada no recurso decisão contrária a súmula ou à jurisprudência dominante do Supremo Tribunal Federal.

A repercussão geral consolidou uma nova feição para o Recurso Extraordinário. Conferiu-se maior destaque à sua função objetiva, na tutela da ordem constitucional. Não é que a resolução do caso concreto seja desimportante, mas a repercussão geral exige que a questão constitucional ultrapasse os interesses subjetivos das partes. O Supremo Tribunal Federal deve, assim, examinar apenas as questões de maior impacto para o debate constitucional à luz dos atuais problemas sociais.

---

[95] V., nesse sentido, entre outros, STF, ADI 2.847/DF, rel. Min. Carlos Velloso, *DJ* 06.11.2004; ADI 3.147/PI, rel. Min. Carlos Britto, *DJ* 22.09.2006; ADI 2.996/SC, rel. Min. Sepúlveda Pertence, *DJ* 29.09.2006; ADI 2.690/RN, rel. Min. Gilmar Mendes, *DJ* 20.10.2006; ADI 3.183/MS, rel. Min. Joaquim Barbosa, *DJ* 20.10.2006; ADI 3.277/PB, rel. Min. Sepúlveda Pertence, *DJ* 25.05.2007.

[96] Apesar disso, o Supremo Tribunal Federal não tem explicitado os critérios abstratos que ensejariam a caracterização da repercussão geral, limitando-se a dizer se os casos concretos preenchem ou não tal requisito. Abre-se a porta, por via transversa, para um verdadeiro juízo discricionário de admissibilidade de Recursos Extraordinários.

Cap. 10 – DA "OBJETIVAÇÃO DO RECURSO EXTRAORDINÁRIO" À VALORIZAÇÃO DA JURISPRUDÊNCIA

É natural que uma questão constitucional com repercussão geral tenha relevância não só para as partes envolvidas na causa, mas também para outros casos semelhantes. Tal constatação explica facilmente por que, mais uma vez, o controle incidental vem se aproximando, em seus efeitos e institutos, do controle por via principal. Nesse sentido, prevê o art. 543-A, § 5.º do CPC que a decisão que negar a repercussão geral valerá para todos os recursos sobre matéria idêntica. Além disso, o § 6.º do mesmo artigo prevê a manifestação de terceiros (*amicus curiae*) na análise da repercussão geral, instrumento típico das ações de controle concentrado de constitucionalidade.

e) *Julgamento por amostragem*

A regulamentação da repercussão geral pela Lei 11.418/2006 trouxe consigo mais uma manifestação da chamada objetivação do recurso extraordinário, que consiste na técnica de julgamento por amostragem. Essa técnica, disciplinada para o Recurso Extraordinário no art. 543-B do CPC, veio a ser um aperfeiçoamento do protótipo que já se encontrava no art. 14 da Lei dos Juizados Especiais Federais e que foi examinado com mais vagar em item anterior neste estudo.

Na técnica de julgamento por amostragem, havendo múltiplos recursos em que a mesma questão seja discutida, um ou mais recursos representativos serão selecionados para que se obtenha uma decisão-paradigma, cuja tese jurídica será aplicada aos demais casos que envolvam idêntica controvérsia.

Para que a técnica de julgamento de um paradigma funcione de forma adequada, é preciso que, sempre que possível, os recursos selecionados abordem a controvérsia em tantas perspectivas argumentativas quantas forem possíveis. Infelizmente, entretanto, a regulamentação do instituto não parece ser a mais adequada, porque o art. 543-B, § 1.º, do CPC estabelece que a seleção dos recursos representativos incumbirá ao tribunal de origem. O tribunal inferior, todavia, pode não ter recursos que reflitam a perspectiva argumentativa em nível nacional, mas apenas local. Além disso, um tribunal local que, ocasionalmente, processe as causas de forma mais célere provavelmente irá encaminhar os recursos representativos ao Supremo Tribunal Federal antes dos demais, o que fará com que o debate constitucional se reduza à perspectiva dos advogados e dos juízes de determinada região do Brasil.[97]

Vislumbra-se, de todo modo, a possibilidade de uma decisão da Suprema Corte em controle incidental produzir efeitos vinculantes para outros casos idênticos.

---

[97] V., com semelhante preocupação, MARINONI, Luiz Guilherme. *Precedentes obrigatórios*. São Paulo: RT, 2011. p. 478.

4.2. Manifestações jurisprudenciais

Não é apenas em sede constitucional e legislativa que a objetivação do recurso extraordinário pode ser observada. Na jurisprudência do Supremo Tribunal Federal há outras evidências dessa nova fase do sistema de controle de constitucionalidade, como será demonstrado nos itens a seguir.

a) *Dispensa do prequestionamento (AgRg AI 375.011)*

O prequestionamento, como se sabe, é uma exigência decorrente da Constituição para que o Recurso Extraordinário possa ser admitido. É necessário, nesse sentido, que a matéria constitucional suscitada tenha sido debatida nas instâncias ordinárias, antes de ser submetida ao Supremo Tribunal Federal.

No julgamento do AgRg AI 375.011, todavia, o Supremo Tribunal Federal excepcionalmente dispensou o prequestionamento no controle incidental.[98]

Na espécie, lei municipal dispunha sobre reajuste de vencimentos dos servidores do município de Porto Alegre. O Tribunal de Justiça do Rio Grande do Sul, em controle abstrato, julgou improcedente uma Ação Direta de Inconstitucionalidade contra essa lei, mas houve interposição de Recurso Extraordinário à Suprema Corte, que foi provido.[99] Em caso individual subsequente, o Tribunal de Justiça local apenas aplicou a orientação de seu Órgão Especial no julgamento da ADIN, sem fazer referência, entretanto, aos fundamentos constitucionais da controvérsia. Interposto Agravo de Instrumento em Recurso Extraordinário para o Supremo Tribunal Federal, apontou-se a ausência de prequestionamento. Dessa decisão, foi interposto Agravo Regimental.

No julgamento do Agravo Regimental, considerou-se que, embora a matéria constitucional não estivesse prequestionada, era preciso valorizar as manifestações da Suprema Corte, especialmente as resultantes de sua competência mais nobre, qual seja, de intérprete último da Constituição. Asseverou-se, ainda, a redefinição do papel do Recurso Extraordinário, que já vinha sendo reconhecido em decisões anteriores, para assumir um caráter mais objetivo. Sinalizou-se, por fim, a possibilidade de flexibilizar o requisito do prequestionamento nos processos cujo tema de fundo já foi definido pelo plenário do Supremo Tribunal Federal, em homenagem à isonomia.

b) *Causa de pedir aberta (RE 298.694)*

A causa de pedir aberta, no ordenamento jurídico brasileiro, é típica das ações de controle abstrato de constitucionalidade. Embora o autor deva fun-

---

[98] V. STF, AI 375.011 AgR/RS, 2.ª T., rel. Min. Ellen Gracie, j. 05.10.2004, *DJ* 28.10.2004.

[99] V. STF, RE 251.238/RS, Pleno, rel. p/ Ac Min. Nelson Jobim, j. 07.11.2001, *DJ* 23.08.2002.

Cap. 10 – DA "OBJETIVAÇÃO DO RECURSO EXTRAORDINÁRIO" À VALORIZAÇÃO DA JURISPRUDÊNCIA

damentar o pedido nas ações de controle abstrato, assegura-se ao tribunal que possa apreciar a questão com base em qualquer fundamento. O controle de constitucionalidade constitui matéria da mais alta importância para a sociedade, não devendo ser prejudicado por eventual deficiência na fundamentação da petição inicial.

Além disso, a vinculação à causa de pedir, típica do processo subjetivo, constitui proteção contra a decisão surpresa, sendo um corolário do princípio do contraditório. Em um processo dito objetivo, como são as ações de controle abstrato, o fundamento de garantir segurança às partes perde força (porque as partes aqui não defendem interesses propriamente subjetivos, mas sim institucionais) e se torna necessário assegurar, acima de tudo, a legitimidade das decisões da Suprema Corte.[100] A abertura ao diálogo e ao debate constitucional, evidenciada pela possibilidade de participação do *amicus curiae*, implica abertura também na argumentação constitucional e na causa de pedir.

Em uma ação de controle abstrato, portanto, a causa de pedir abarca a Carta Magna em sua totalidade, não se limitando aos dispositivos indicados na petição inicial. Isso é o que permite a ambivalência, por exemplo, em uma ADIN. Se o pedido vier a ser julgado improcedente pela Suprema Corte, está declarada a constitucionalidade do ato normativo questionado, não se podendo ajuizar nova ação direta por outro fundamento porque a causa de pedir é aberta e abrange todos eles.[101]

Assim não ocorre em relação ao controle incidental, verificado em processos de natureza tipicamente subjetiva, em que normalmente há vinculação à causa de pedir delimitada na petição inicial. Além disso, a exigência do prequestionamento impediria que se conhecesse de fundamento constitucional inédito, não suscitado.

---

[100] Isso não significa, entretanto, que o Supremo Tribunal Federal possa, mesmo nas ações de controle abstrato, causar surpresa às partes e apreciar a questão constitucional com base em fundamento não debatido. O ideal, nesse sentido, é que se oportunize o debate às partes sempre que surgir um fundamento constitucional inédito. Apreciação de questões de ofício não significa julgamento surpresa, em flagrante prejuízo ao contraditório. V., nesse sentido, SARLET, Ingo Wolfgang; MARINONI, Luiz Guilherme; MITIDIERO, Daniel. *Curso de direito constitucional* cit., p. 945.

[101] V., nesses termos, STF, RE 343.818/MG, 1.ª T., rel. Min. Moreira Alves, j. 17.12.2002, *DJ* 07.03.2003: "Tendo o Pleno desta Corte, ao julgar a ADI 2.031, relatora a eminente Ministra Ellen Gracie, dado pela improcedência da ação quanto ao art. 75, § § 1.º e 2.º, introduzido no ADCT pela Emenda Constitucional n. 21/1999, isso implica, em virtude da *causa petendi* aberta em ação dessa natureza, a integral constitucionalidade desses dispositivos com eficácia *erga omnes*." Contra, porém, sustentando que não se deve impedir o Supremo Tribunal Federal de reapreciar a inconstitucionalidade de uma lei considerada válida, à vista de novos argumentos, novos fatos, de mudanças formais ou informais no sentido da Constituição ou de transformações na realidade, invocando a hipótese de inconstitucionalidade progressiva, BARROSO, Luís Roberto. *O controle de constitucionalidade no direito brasileiro* cit., p. 227.

O Supremo Tribunal Federal, todavia, chegou a conclusão diversa no julgamento do Recurso Extraordinário 298.694.[102] No caso, uma lei do Município de São Paulo prejudicava o reajuste dos vencimentos de seus servidores. O acórdão do Tribunal de Justiça de São Paulo, em controle incidental, declarou inconstitucional a aludida lei, sob o fundamento de que atingia o direito adquirido. Interposto Recurso Extraordinário, o Supremo Tribunal Federal conheceu do recurso para, afastando a violação ao direito adquirido, manter a mesma conclusão do tribunal local, mas sob outro fundamento: a garantia de irredutibilidade dos vencimentos. Nesse caso, a Suprema Corte alterou a tradicional prática de que só conhecia Recurso Extraordinário para provê-lo, tendo aqui conhecido do recurso interposto, o qual, no entanto, não foi provido.

Possibilitou-se, desse modo, uma espécie de causa de pedir aberta no Recurso Extraordinário. Bem vistas as coisas, no entanto, a decisão em questão nada mais fez que considerar que, uma vez ultrapassados os requisitos de admissibilidade do recurso, a jurisdição do tribunal superior é instaurada, como se fosse a tranca de um cofre aberta, permitindo que se aprecie de ofício ou por provocação todas as matérias que possam ser alegadas a qualquer tempo, desde que estejam relacionadas ao capítulo decisório objeto do recurso na parte em que foi admitido.[103] A inconstitucionalidade de uma lei, qualquer que seja o seu fundamento, pode ser alegada a qualquer tempo, daí poder o Supremo Tribunal Federal manter o acórdão recorrido que declarou uma lei inconstitucional por outro fundamento, mesmo que não esteja prequestionado.

Ainda assim, o fenômeno da objetivação do recurso extraordinário certamente teve sua parcela de contribuição para que se chegasse a tal conclusão. De todo modo, é preciso ressalvar que a possibilidade de apreciar o Recurso Extraordinário com base em outro fundamento não deverá causar surpresa aos litigantes, ainda mais porque se trata de um processo tipicamente subjetivo. É preciso, caso surja um novo fundamento ainda não debatido no processo, oportunizar às partes que sobre ele se manifestem, sob pena de violar o contraditório. A tendência de objetivação não pode servir como pretexto para o esgarçamento das garantias fundamentais do processo.

---

[102] V. STF, RE 298.694/SP, Pleno, rel. Min. Sepúlveda Pertence, j. 06.08.2003, *DJ* 23.04.2004.

[103] Nesse sentido, estabelece o Enunciado 456 da súmula da jurisprudência dominante do Supremo Tribunal Federal: "O Supremo Tribunal Federal, conhecendo do recurso extraordinário, julgará a causa, *aplicando o direito à espécie*". O mesmo raciocínio é válido para o Superior Tribunal de Justiça, como se vê em STJ, EDcl no ArRg no REsp 1.043.561/RO, rel. p/ Ac Min. Luiz Fux, j. 15.02.2011, *DJe* 28.02.2011: "1. As matérias de ordem pública, ainda que desprovidas de prequestionamento, podem ser analisadas excepcionalmente em sede de recurso especial, cujo conhecimento se deu por outros fundamentos, à luz do efeito translativo dos recursos. (...) 2. Superado o juízo de admissibilidade, o recurso especial comporta efeito devolutivo amplo, já que cumprirá ao Tribunal 'julgar a causa, aplicando o direito à espécie' (Art. 257 do RISTJ; Súmula 456 do STF)".

Cap. 10 – DA "OBJETIVAÇÃO DO RECURSO EXTRAORDINÁRIO" À VALORIZAÇÃO DA JURISPRUDÊNCIA

c) Modulação dos efeitos (RE 197.917)

A possibilidade de modular os efeitos da declaração de inconstitucionalidade, preservando situações jurídicas consolidadas sob a vigência da lei tida por incompatível com a Carta Magna por razões de segurança jurídica ou de excepcional interesse social, está prevista expressamente em lei para as ações de controle de constitucionalidade pela via principal. Assim dispõem, regulando tal modulação, o art. 27 da Lei 9.868/1999 (ADIN e ADC) e o art. 11 da Lei 9.882/1999 (ADPF).

Classicamente, considera-se que o controle incidental produz apenas efeito *inter partes*, de forma que seria improvável que qualquer declaração de inconstitucionalidade nessa esfera, na prática, pudesse ensejar uma situação que autorizasse a modulação dos efeitos prevista para as ações de controle pela via principal.

O fenômeno da objetivação do recurso extraordinário, porém, parece apontar em outra direção. A partir do momento em que um Recurso Extraordinário, para que possa ser conhecido, deve apresentar repercussão geral, as decisões da Suprema Corte, mesmo em controle incidental, terão relevância para toda a sociedade, até porque servirão como paradigma aos tribunais inferiores. Assim, a aproximação dos efeitos observados nos dois modelos de controle de constitucionalidade torna necessário que se incorporem ao controle incidental algumas proteções típicas do controle principal.

Além disso, mesmo desconsiderando tal fenômeno, a realidade demonstra que o controle incidental pode ter uma relevância maior do que se imaginava. No julgamento do Recurso Extraordinário 197.917, em ação civil pública ajuizada pelo Ministério Público do Estado de São Paulo, considerou-se que a Lei Orgânica do Município de Mira Estrela, ao estabelecer determinado número de vereadores, não teria observado a proporção estabelecida no art. 29, IV, da Constituição. O Supremo Tribunal Federal declarou a inconstitucionalidade do dispositivo impugnado. Havia, porém, um problema de ordem prática nessa decisão: tal declaração, se dotada de efeitos *ex tunc*, acarretaria a invalidação de diversas decisões anteriores à composição então vigente da Câmara de Vereadores local, tais como fixação do número de vereadores e do quociente eleitoral, passando até mesmo pela votação de diversas leis municipais.

Assim, para fins de preservar situações jurídicas consolidadas na vigência do dispositivo da Lei Orgânica considerado incompatível com a Constituição, decidiu-se pela modulação dos efeitos da declaração de inconstitucionalidade em sede de controle incidental, para que seus efeitos não atingissem a composição vigente da Câmara de Vereadores. Determinou-se ao legislativo municipal, ainda, estabelecer nova disciplina compatível com a Carta Magna antes do próximo pleito eleitoral.[104]

---

[104] V. STF, RE 197.917, Pleno, rel. Min. Maurício Corrêa, j. 06.06.2002, *DJ* 07.05.2004, de onde se colhe a seguinte passagem de sua ementa: "Situação excepcional em que a declaração de

d) *Sustentação oral do* amicus curiae *(RE 416.827)*

A participação de terceiros com interesses tipicamente institucionais na causa (*amicus curiae*), com vistas à pluralização do debate constitucional, já é um instituto conhecido nas ações de controle de constitucionalidade pela via principal, como se pode verificar pelo art. 7.º, § 2.º, da Lei 9.868/1999. Embora específica para a Ação Direta de Inconstitucionalidade, a norma vem sendo aplicada pela jurisprudência do Supremo Tribunal Federal, por analogia, para admitir o *amicus curiae* na Ação Declaratória de Constitucionalidade, em razão de seu caráter ambivalente em relação à ADIN, e, ainda, para a Arguição de Descumprimento de Preceito Fundamental.[105]

Recentes reformas, já refletindo o fenômeno da objetivação do recurso extraordinário, trouxeram a figura do *amicus curiae* também para o controle incidental em hipóteses específicas, como se vê pelos arts. 14, § 7.º, e 15 da Lei 10.259/2001 (Lei dos Juizados Especiais Federais) e pelo art. 543-B, § 6.º, do CPC.

A possibilidade de sustentação oral do *amicus curiae* já admitido no processo, entretanto, foi por certo tempo controvertida na Suprema Corte, até mesmo para as ações de controle de constitucionalidade pela via principal, ante a ausência de norma específica nas Leis 9.868/1999 e 9.882/1999. Atualmente, tal prerrogativa é garantida pelo art. 131, § 3.º, do Regimento Interno do Supremo Tribunal Federal,[106] na redação que lhe foi conferida pela Emenda Regimental 15, de 2004.

No âmbito do controle incidental, todavia, não há dispositivo legal ou regimental que assegure a sustentação oral do *amicus curiae*.

---

nulidade, com seus normais efeitos *ex tunc*, resultaria grave ameaça a todo o sistema legislativo vigente. Prevalência do interesse público para assegurar, em caráter de exceção, efeitos pro futuro à declaração incidental de inconstitucionalidade". A modulação dos efeitos também foi adotada, em sede de controle difuso, no caso STF, HC 82.959, Pleno, rel. Min. Marco Aurélio, j. 23.02.2006, *DJ* 1.º.09.2006, para, ao declarar a inconstitucionalidade do art. 2.º, § 1.º, da Lei 8.072/1990, que vedava a progressão do regime nos casos de crimes hediondos, estabelecer que a declaração não produziria consequências jurídicas com relação às penas já extintas na data do julgamento.

[105] Nesse sentido, v. STF, ADPF 46/DF, rel. Min. Marco Aurélio, decisão monocrática, j. 09.06.2005, *DJ* 20.06.2005; ADPF 73/DF, rel. Min. Eros Grau, decisão monocrática, j. 1.º.08.2005, *DJ* 08.08.2005; ADPF 132/RJ, rel. Min. Carlos Britto, decisão monocrática, j. 25.09.2008, *DJe* 03.10.2008; ADPF 198/DF, rel. Min. Dias Toffoli, decisão monocrática, j. 18.11.2011, *DJe* 22.11.2011.

[106] V. art. 131, § 3.º, do Regimento Interno do STF, após a Emenda 15/2004: "Admitida a intervenção de terceiros no processo de controle concentrado de constitucionalidade, fica-lhes facultado produzir sustentação oral, aplicando-se, quando for o caso, a regra do § 2.º do art. 132 deste Regimento".

Cap. 10 – DA "OBJETIVAÇÃO DO RECURSO EXTRAORDINÁRIO" À VALORIZAÇÃO DA JURISPRUDÊNCIA

A questão foi enfrentada pelo Supremo Tribunal Federal por ocasião do Recurso Extraordinário 416.827.[107] No caso, discutia-se a respeito da incidência das normas da Lei 9.032/1995 para fins de revisão de pensões por morte concedidas antes de sua vigência. A questão constitucional, naturalmente, repetia-se em um número infindável de ações de revisão de benefício previdenciário. Em um desses casos, em curso nos Juizados Especiais Federais de Santa Catarina, foi interposto recurso extraordinário pelo INSS, processado na forma dos arts. 14 e 15 da Lei 10.259/2001. Não se questionava, assim, a possibilidade de intervenção de *amicus curiae*.

Ocorre que as associações de defesa do interesse dos aposentados, pensionistas e idosos que ingressaram no feito na condição de *amicus curiae* pediram expressamente que fossem admitidas para fins de sustentação oral. O voto do relator, Min. Gilmar Mendes, sobre essa questão de ordem, mais uma vez, teceu importantes considerações a respeito do novo perfil conferido ao Recurso Extraordinário pela Lei 10.259/2001. Destacou-se, ainda, o cabimento da sustentação oral do *amicus curiae* nas ações de controle principal. Concluiu o voto, por derradeiro, que o caráter pluralista conferido pela participação do *amicus curiae* deveria ser trazido ao controle incidental.

A sustentação oral dos *amici curiae* foi, após discussão entre os ministros acerca de seu cabimento em processos subjetivos, admitida por maioria. Considerou-se que o caso envolvia especial relevância e que a decisão a ser proferida no julgamento atingiria inúmeras ações idênticas em curso na Justiça Federal.

e) *Cabimento de reclamação? (Rcl 4.335)*

As decisões em controle principal de constitucionalidade possuem, nos termos do art. 102, § 2.º, da Constituição, inegável efeito vinculante e *erga omnes*, pelo menos no que se refere ao seu dispositivo, ou seja, ao específico ato normativo questionado e apreciado pelo Supremo Tribunal Federal.

Caso, eventualmente, qualquer decisão judicial desrespeite a decisão da Suprema Corte em controle instaurado pela via principal, admite-se o ajuizamento de reclamação, de competência originária do Supremo Tribunal Federal (art. 102, I, alínea l, da Carta Magna) para garantir a autoridade de suas decisões. Exige-se apenas que o ato judicial atacado na reclamação não tenha ainda transitado em julgado, após o que somente será possível a propositura da competente ação rescisória.[108]

---

[107] V. STF, RE 416.827, Pleno, rel. Min. Gilmar Mendes, j. 08.02.2007, *DJ* 26.10.2007.

[108] V. enunciado 734 da súmula de jurisprudência dominante do STF: "Não cabe reclamação quando já houver transitado em julgado o ato judicial que se alega tenha desrespeitado decisão do Supremo Tribunal Federal".

A partir do momento, entretanto, em que sustenta a aproximação dos efeitos dos controles principal e incidental de constitucionalidade e a possibilidade de se atribuir certo caráter vinculante às decisões proferidas em controle incidental, abre-se mais uma questão: seria possível o ajuizamento de reclamação também na hipótese em que um tribunal inferior decidisse em sentido abertamente contrário à decisão da Suprema Corte no âmbito do controle incidental?

A questão está sendo objeto de discussão na Reclamação 4.335, de relatoria do Min. Gilmar Mendes. Na espécie, o juiz da Vara de Execuções Penais de Rio Branco indeferiu a progressão de regime de execução da pena de condenados pela prática de crimes hediondos. Apontou-se, na petição inicial da reclamação, desrespeito à decisão do Supremo Tribunal Federal no *Habeas Corpus* 82.959, que, em controle incidental, declarou a inconstitucionalidade do art. 2.º, § 1.º, da Lei 8.072/1990, que vedava tal progressão.[109]

Até o presente momento a discussão a respeito do cabimento da reclamação está empatada em dois votos a dois. O voto do relator considerou cabível a reclamação e a julgou procedente. Considerou que, mesmo na falta de resolução do Senado Federal, na forma do art. 52, X, da Constituição, as manifestações do Supremo Tribunal Federal devem vincular os órgãos inferiores do Judiciário. Aduziu o Min. Gilmar Mendes a tese da mutação constitucional,[110] segundo a qual a atuação do Senado, concebida à luz de ultrapassada concepção da separação de poderes, não pode mais hoje ser vista como condição para a atribuição de efeitos *erga omnes* ao controle incidental. Sua utilidade, nos dias atuais, limita-se a conferir publicidade às decisões da Suprema Corte que, por seu caráter paradigmático, já produzem efeitos vinculantes por si mesmas.[111] O Min. Eros Grau acompanhou integralmente o voto do relator.

O Min. Sepúlveda Pertence, entretanto, abriu divergência. Afirmou que não se podia reduzir o papel do Senado Federal, preservado no ordenamento jurídico brasileiro desde a Constituição de 1934. Embora o sistema de controle incidental estabelecido na Lei Maior esteja se tornando a cada dia mais obsoleto, o Supremo Tribunal Federal teria à sua disposição outro instrumento mais apropriado para conferir efeitos vinculantes às decisões em controle incidental:

---

[109] V. STF, HC 82.959, Pleno, rel. Min. Marco Aurélio, j. 23.02.2006, *DJ* 1.º.09.2006.

[110] Para uma exposição ampla, v. MENDES, Gilmar Ferreira. O papel do Senado Federal no controle de constitucionalidade: um caso clássico de mutação constitucional (Estudos em homenagem a Anna Maria Villela). *Revista de Informação Legislativa*, n. 162, abr.-jun. 2004, p. 149-168.

[111] V. STF, Rcl 2.335/AC, Pleno, rel. Min. Gilmar Mendes, j. 1.º.02.2007, informativo 454: "Reputou ser legítimo entender que, atualmente, a fórmula relativa à suspensão de execução da lei pelo Senado há de ter simples efeito de publicidade, ou seja, se o STF, em sede de controle incidental, declarar, definitivamente, que a lei é inconstitucional, essa decisão terá efeitos gerais, fazendo-se a comunicação àquela Casa legislativa para que publique a decisão no Diário do Congresso. Concluiu, assim, que as decisões proferidas pelo juízo reclamado desrespeitaram a eficácia *erga omnes* que deve ser atribuída à decisão do STF no HC 82959/SP".

Cap. 10 – DA "OBJETIVAÇÃO DO RECURSO EXTRAORDINÁRIO" À VALORIZAÇÃO DA JURISPRUDÊNCIA

a súmula vinculante. Por esses motivos, considerou incabível a reclamação, embora tenha concedido *habeas corpus* de ofício em favor dos reclamantes. O Min. Joaquim Barbosa acompanhou a divergência.[112]

Atualmente, o julgamento da reclamação em discussão está pendente, com vistas para o Min. Ricardo Lewandowski, de maneira que ainda não se tem uma definição do Supremo Tribunal Federal quanto ao seu cabimento em hipóteses análogas. O que está em jogo, em última análise, são os contornos da objetivação do recurso extraordinário. Afinal, até que ponto se poderá atribuir efeitos vinculantes à decisão da Suprema Corte em controle incidental de inconstitucionalidade?

5. PARA ONDE VAMOS: *COMMON LAW* À BRASILEIRA?

Os itens anteriores do presente estudo permitiram expor, em linhas gerais, no que consiste a tal "objetivação do recurso extraordinário" ou, de forma mais técnica, a abstrativização do controle incidental. Como já se viu, esta nova fase do controle de constitucionalidade brasileiro ainda não tem seus contornos bem definidos.

Apesar disso, é importante discutir, em perspectiva mais ampla, em que direção o ordenamento jurídico pátrio está caminhando.

A incorporação, ao controle incidental de constitucionalidade, de institutos e garantias típicos do controle principal parece positiva. Com efeito, não se pode afastar a possibilidade de modulação dos efeitos da declaração de inconstitucionalidade, mesmo em controle incidental, ainda que tal ocorrência seja excepcional. Da mesma forma, permitir a participação do *amicus curiae* em situações de maior relevância no controle incidental é bastante elogiável, constituindo tendência compatível com a evolução do processo civil brasileiro. Nesse sentido, o projeto do novo CPC, na versão aprovada no Senado Federal, incrementa a participação do *amicus curiae* mesmo em processos de índole subjetiva, a depender da repercussão e relevância do caso.[113]

---

[112] V. STF, Rcl 2.335/AC, Pleno, rel. Min. Gilmar Mendes, j. 19.04.2007, informativo 463: "Ressaltou ser evidente que a convivência paralela, desde a EC 16/1965, dos dois sistemas de controle tem levado a uma prevalência do controle concentrado, e que o mecanismo, no controle difuso, de outorga ao Senado da competência para a suspensão da execução da lei tem se tornado cada vez mais obsoleto, mas afirmou que combatê-lo, por meio do que chamou de 'projeto de decreto de mutação constitucional', já não seria mais necessário. Aduziu, no ponto, que a EC 45/2004 dotou o Supremo de um poder que, praticamente, sem reduzir o Senado a um órgão de publicidade de suas decisões, dispensaria essa intervenção, qual seja, o instituto da súmula vinculante (CF, art. 103-A)".

[113] V. art. 322 do projeto do novo CPC, na versão aprovada pelo Senado Federal: "O juiz ou o relator, considerando a relevância da matéria, a especificidade do tema objeto da demanda ou a repercussão social da matéria, poderá, de ofício ou a requerimento das partes, solicitar ou

O problema é que a objetivação do recurso extraordinário veio acompanhada de outro fenômeno perigoso: a valorização dos precedentes judiciais.

A tendência de fortalecimento da jurisprudência no processo civil brasileiro vem se desenhando, de forma gradativa e persistente, desde o final do século XX. Reformas no CPC, em especial no seu art. 557, permitiram substancial incremento dos poderes do relator no âmbito dos tribunais, admitindo-se o julgamento monocrático de recursos sob o fundamento da aplicação da jurisprudência dos tribunais superiores. Anos mais tarde, essa tendência se intensificaria de forma alarmante, sendo implementados, por meio de sucessivas reformas na Constituição e no CPC, institutos como a súmula vinculante, a súmula impeditiva de recursos e a sentença liminar de improcedência, todos fundados na invariável perspectiva de valorização da jurisprudência.

A premissa de que se valem as últimas reformas processuais é que seria possível selecionar alguns recursos representativos, estabelecer determinada "tese" jurídica abstrata e aplicá-la aos demais casos, desconsiderando as especificidades desses outros processos para que se concentre apenas na tese que os torna idênticos.[114] Parte-se da crença de que o Direito pode ser aplicado de forma quase matemática, algo que já se tentou há séculos com retumbante fracasso. Assim como não há lei que possa prever todas as situações de aplicação, não há enunciado de súmula vinculante, nem precedente jurisprudencial que possa ser aplicado de forma automática.

A chamada objetivação do recurso extraordinário, quando pretende atribuir força vinculante às manifestações do Supremo Tribunal Federal, a ponto de hoje se discutir o cabimento de reclamação no âmbito do controle difuso, revela mais uma faceta da desmedida valorização dos precedentes jurisprudenciais. Note-se que, constituindo a matéria constitucional uma questão prejudicial, a vinculatividade no controle incidental teria que ser forjada a partir da *ratio decidendi* do julgado. Isso é bem diferente do que ocorre no controle pela via principal, em que os efeitos vinculantes e *erga omnes* são construídos a partir do dispositivo, do que se pediu na petição inicial.

Atribuir força vinculante ao controle incidental de constitucionalidade nada mais é, portanto, que uma forma de atribuir força obrigatória à jurisprudência.

Não se discute que as decisões oriundas da Suprema Corte, especialmente em matéria constitucional, possuam caráter paradigmático, orientando a inter-

---

admitir a manifestação de pessoa natural ou jurídica, órgão ou entidade especializada, com representatividade adequada, no prazo de quinze dias da sua intimação".

[114] V. THEODORO JÚNIOR, Humberto; NUNES, Dierle; BAHIA, Alexandre. Breves considerações sobre a politização do Judiciário e sobre o panorama de aplicação no direito brasileiro – Análise da convergência entre o *civil law* e o *common law* e dos problemas da padronização decisória. *Revista de Processo*, n. 189. São Paulo: RT, nov. 2010, p. 24-25.

Cap. 10 – DA "OBJETIVAÇÃO DO RECURSO EXTRAORDINÁRIO" À VALORIZAÇÃO DA JURISPRUDÊNCIA **451**

pretação por toda a sociedade e pelos demais órgãos do Judiciário. Entretanto, atribuir verdadeira força vinculante ao controle incidental e admitir, de forma indiscriminada, a propositura de reclamações até mesmo contra atos praticados em 1.ª instância representa solução perigosa, tendente a sufocar as instâncias inferiores. Não é à toa, aliás, que o Supremo Tribunal Federal vem hesitando em aceitar a transcendência dos motivos determinantes inclusive para o controle instaurado pela via principal.[115]

Não por coincidência, institutos que configuram manifestação do fenômeno da objetivação do recurso extraordinário em discussão já foram ou estão em vias de serem transplantados para o Superior Tribunal de Justiça, para o âmbito da interpretação da legislação federal infraconstitucional. A técnica de julgamento por amostragem dos Recursos Especiais repetitivos foi implementada no art. 543-C do CPC pela Lei 11.672/2008. A exigência da repercussão geral também para o Recurso Especial, por sua vez, consta em proposta de Emenda à Constituição, recentemente encaminhada pelo Superior Tribunal de Justiça ao Congresso Nacional.

Em pouco tempo, não demorará muito até que se comece a discutir o cabimento de reclamação para assegurar força vinculante aos precedentes do Superior Tribunal de Justiça.[116] E, então, ganhará corpo a objetivação do Recurso Especial, mais um dos sintomas do fortalecimento da jurisprudência no Brasil.

O fortalecimento da jurisprudência no Brasil tem sido defendido por parte da doutrina sob o fundamento de proporcionar maior previsibilidade, estabilidade, respeito à confiança dos jurisdicionados, isonomia, economia processual, duração razoável dos processos e desestímulo à litigância.[117] No entanto, todos esses benefícios potenciais somente poderiam ser transformados em realidade,

---

[115] Ilustrativa, nesse sentido, a seguinte passagem da decisão do relator em STF, Rcl 10.604, rel. Min. Ayres Britto, decisão monocrática, j. 08.09.2010, *DJe* 13.09.2010: "... o julgamento da Rcl 4.219, esta nossa Corte retomou a discussão quanto à aplicabilidade dessa mesma teoria da 'transcendência dos motivos determinantes', oportunidade em que deixei registrado que tal aplicabilidade implica prestígio máximo ao órgão de cúpula do Poder Judiciário e desprestígio igualmente superlativo aos órgãos da judicatura de base, o que se contrapõe à essência mesma do regime democrático, que segue lógica inversa: a lógica da desconcentração do poder decisório".

[116] E não deve demorar muito tempo mesmo, porque a doutrina já começou a debater o assunto. V., por exemplo, ATAÍDE JÚNIOR, Jaldemiro Rodrigues de. *Precedentes vinculantes e irretroatividade do direito no sistema processual brasileiro* cit., p. 153 "... o que interessa destacar é que a eficácia vinculante dos precedentes assegura a todo aquele que se sinta prejudicado com a decisão *per incuriam* (que não observou o precedente) o direito de propor reclamação perante a corte que produziu o precedente obrigatório".

[117] V., entre outros, MARINONI, Luiz Guilherme. *Precedentes obrigatórios* cit., p. 120-190; ATAÍDE JÚNIOR, Jaldemiro Rodrigues de. *Precedentes vinculantes e irretroatividade do direito no sistema processual brasileiro* cit., p. 136-142; NOGUEIRA, Gustavo Santana. *Stare decisis et non quieta movere*: a vinculação aos precedentes no direito comparado e brasileiro. Rio de Janeiro: Lumen Juris, 2011. p. 31-69.

sem prejuízo de relevantes garantias processuais, se a formação e a aplicação dos precedentes fossem realizadas de forma adequada.[118] Tal premissa, todavia, nem sempre é observada na prática dos tribunais, dando origem a uma espécie inusitada de *common law* à brasileira.

Nem poderia ser diferente, aliás. A doutrina do *stare decisis* foi construída e amadurecida nos países da *common law* ao longo dos séculos. O tempo demonstrou a necessidade de mitigar a rigidez dos precedentes em inúmeras circunstâncias, mediante técnicas como o *distinguishing* (distinção entre casos para efeitos de subordinação, ou não, a um precedente) e o *overruling* (revogação de precedente por razões de grave injustiça ou em virtude de mudanças das condições que lhe deram origem).

No Brasil e em outros países da *civil law*, todavia, busca-se o fortalecimento dos precedentes jurisprudenciais, com todas as vicissitudes que lhes são inerentes, a fórceps e em apenas alguns poucos anos. Seu fundamento imediato não está em uma evolução gradual do sistema jurídico, como ocorreu na *common law*, mas na solução urgente da crise numérica de processos no Poder Judiciário. Sem o amadurecimento necessário, no entanto, o resultado prático observado tem sido preocupante.

Assim, por exemplo, a utilização do art. 557 do CPC para fins de julgamento monocrático da apelação, com aplicação de precedentes inadequados e sua reiteração mecânica em decisões proferidas nos agravos internos, dá ensejo a uma justiça lotérica, decidida conforme o entendimento pessoal de cada relator e, não poucas vezes, em sentido contrário a outros precedentes do próprio tribunal. Nessa situação, o que ocorre é justamente o inverso do que se prometeu: insegurança jurídica, instabilidade, perda de confiança dos jurisdicionados e um processo sem qualidade.

Os limites do presente estudo não permitem uma exposição aprofundada acerca dos perigos da hipertrofia da jurisprudência no processo civil brasileiro. Nada obstante, a presente exposição não poderia se encerrar sem que se apresentassem dois riscos que, à primeira vista, parecem os mais graves.

5.1. Risco de má formação dos paradigmas

O primeiro risco envolvido está na inadequação da formação dos precedentes que servirão de paradigma aos tribunais inferiores. Embora algumas proteções

---

[118] V., nesse sentido, THEODORO JÚNIOR, Humberto; NUNES, Dierle; BAHIA, Alexandre. Breves considerações sobre a politização do Judiciário e sobre o panorama de aplicação no direito brasileiro – Análise da convergência entre o *civil law* e o *common law* e dos problemas da padronização decisória cit., p. 25-27 (enfatizando que se viola a isonomia não só quando situações idênticas ensejam decisões judiciais distintas, mas também quando se aplica a mesma "tese" jurídica abstrata a casos concretos díspares).

Cap. 10 – DA "OBJETIVAÇÃO DO RECURSO EXTRAORDINÁRIO" À VALORIZAÇÃO DA JURISPRUDÊNCIA

tenham sido incorporadas, por exemplo, na técnica de julgamento por amostragem de recursos repetitivos, como a participação de *amicus curiae*, na forma do art. 543-C, § 4.º, do CPC, para os Recursos Especiais, tais medidas não são suficientes para assegurar a adequada formação das decisões-paradigma. Um dos principais riscos se encontra na má escolha dos recursos representativos da controvérsia, que serão importantes para guiar a linha argumentativa a ser apreciada no julgamento pelos tribunais superiores.

Em item anterior do presente estudo, já se destacou que a regulamentação do instituto não parece ser a mais adequada, porque os arts. 543-B, § 1.º, e 543-C, § 1.º, do CPC estabelecem que a seleção dos recursos representativos incumbirá ao tribunal de origem, que pode não ter condições de examinar o problema em perspectiva nacional. Ademais, tribunais mais céleres podem encaminhar recursos representativos antes dos demais, reduzindo a amplitude do debate argumentativo a uma só região. Nada garante, portanto, que os recursos selecionados sejam realmente aqueles que possuam a linha argumentativa mais adequada para exame pelos tribunais superiores.[119]

Para além de deficiências na disciplina legislativa, dois casos servirão para dar uma ideia dos riscos envolvidos de má formação dos precedentes.

No julgamento do Recurso Especial 1.199.715, selecionado como recurso representativo submetido ao regime dos repetitivos, decidiu-se, como tese jurídica, que não só não são devidos honorários advocatícios à Defensoria Pública quando ela atua contra a pessoa jurídica de direito público à qual pertença (tese já consolidada antes no Enunciado 421 da súmula do STJ[120]), como igualmente não são devidos quando atua contra pessoa jurídica de direito público (como, por exemplo, autarquia) que integra a mesma Fazenda Pública.[121] Independentemente do mérito do caso, o recurso em questão revela uma peculiaridade que desaconselhava fortemente sua seleção como recurso representativo: a Defensoria Pública, uma das principais interessadas na aludida tese jurídica, já não mais atuava no caso, desde a primeira instância.

Em outras palavras, firmou-se uma tese jurídica no Superior Tribunal de Justiça contra a Defensoria Pública sem que ela estivesse sequer atuando no processo. Difícil justificar tal procedimento à luz das garantias fundamentais do processo, especialmente a ampla defesa e o contraditório.

---

[119] V., nesse mesmo sentido, BAHIA, Alexandre Gustavo Melo Franco; VECCHIATTI, Paulo Roberto Iotti. Inconstitucionalidade do requisito da repercussão geral do recurso extraordinário e da técnica do julgamento por pinçamento. *Revista dos Tribunais*, n. 911, São Paulo: RT, set. 2011, p. 248.

[120] V. Enunciado 421 da súmula de jurisprudência dominante do STJ: "Os honorários advocatícios não são devidos à Defensoria Pública quando ela atua contra a pessoa jurídica de direito público à qual pertença".

[121] V. STJ, REsp 1.199.715/RJ, Corte Especial, rel. Min. Arnaldo Esteves Lima, j. 16.02.2011, *DJe* 12.04.2011.

Por ocasião do julgamento do Recurso Especial 911.802, no qual se decidiu pela licitude da cobrança da assinatura básica de telefone, outra situação preocupante se verificou. O recurso não chegou a ser selecionado como representativo porque anterior à regulamentação dos Recursos Especiais repetitivos, mas foi afetado à Primeira Seção para estabelecer uma solução uniforme para a matéria, que estava sendo discutida em inúmeras outras ações individuais e coletivas no país inteiro.

O problema todo, com bem vislumbrado no voto do Min. Herman Benjamin, foi a infeliz escolha, como representativa de toda a controvérsia, de uma ação individual proposta por consumidora hipossuficiente, destituída de recursos para contratar um advogado que se fizesse presente fisicamente no Superior Tribunal de Justiça mediante apresentação de memoriais, audiências com os ministros e sustentação oral, ao passo que as concessionárias foram representadas por renomados escritórios de advocacia atuantes no processo; a voz dos consumidores não se fez ouvir.[122]

Sempre se sustentou, como fundamento para negar legitimidade irrestrita ao indivíduo nas ações coletivas em geral, que muitas vezes ele não teria meios para lutar, em condições de igualdade, contra o Poder Público ou as grandes empresas. Isso mesmo havendo a possibilidade, no âmbito das ações coletivas, de se realizar o controle judicial da representatividade adequada.[123] É no mínimo

---

[122] V. a seguinte passagem do voto do Min. Herman Benjamin no recurso em referência: "Os pontos complexos que este processo envolve – e são tantos, como veremos no decorrer deste Voto – não se submeteram ao crivo de debates anteriores entre os Membros das Turmas, debates esses necessários para identificar e esclarecer as principais divergências e controvérsias de conflito desse porte, que, embora veiculado por ação individual (e formalmente refira-se com exclusividade a uma única consumidora), afeta, de maneira direta, mais de 30 milhões de assinantes (*rectius*, consumidores). (...) Finalmente, elegeu-se exatamente a demanda de uma consumidora pobre e negra (como dissemos acima, triplamente vulnerável), destituída de recursos financeiros para se fazer presente fisicamente no STJ, por meio de apresentação de memoriais, audiências com os Ministros e sustentação oral. Como juiz, mas também como cidadão, não posso deixar de lamentar que, na argumentação (?) oral perante a Seção e também em visitas aos Gabinetes, verdadeiro monólogo dos maiores e melhores escritórios de advocacia do País, a voz dos consumidores não se tenha feito ouvir".

[123] V., admitindo o controle judicial da adequação do representante nas ações coletivas, mesmo que ele seja legitimado para este fim, GIDI, Antonio. A representação adequada nas ações coletivas brasileiras: uma proposta. *Revista de Processo*, n. 108, São Paulo: RT, out.-dez. 2002, p. 63 e ss; GRINOVER, Ada Pellegrini. Novas questões sobre a legitimação e a coisa julgada nas ações coletivas. *O processo* – estudos e pareceres. São Paulo: Perfil, 2005. p. 212-215; WATANABE, Kazuo. Disposições gerais (arts. 81 a 90). In: GRINOVER, Ada Pellegrini et alii. *Código Brasileiro de Defesa do Consumidor comentado pelos autores do anteprojeto*. Rio de Janeiro: Forense Universitária, 2007. p. 844-846; VIGLIAR, José Marcelo Menezes. Alguns aspectos sobre a ineficácia do procedimento especial destinado aos interesses individuais homogêneos. In: MILARÉ, Édis (Coord.). *A ação civil pública após 20 anos*: efetividade e desafios. São Paulo: RT, 2005. p. 325-327; LENZA, Pedro. *Teoria geral da ação civil pública*. São Paulo: RT, 2005. p. 205; DIDIER JR., Fredie. O controle jurisdicional da legitimação coletiva e as ações coletivas passivas. In:

Cap. 10 – DA "OBJETIVAÇÃO DO RECURSO EXTRAORDINÁRIO" À VALORIZAÇÃO DA JURISPRUDÊNCIA   455

curioso que os critérios de seleção dos recursos representativos no regime dos repetitivos não contenham proteções análogas, o que permite que a decisão em uma ação individual possa produzir efeitos em um sem-número de outras ações, individuais e coletivas, sem que se garanta terem chegado ao tribunal todas as perspectivas argumentativas em torno do problema.

Como se não bastasse o risco de má escolha dos recursos representativos, ainda há o risco de que, imersos em uma visão de alta produtividade, os tribunais optem pela tentação da uniformização superficial de teses jurídicas, sem que ocorra um adequado amadurecimento. A divergência jurisprudencial em torno de discussões inéditas deve ser aproveitada por um tempo, porque faz emergirem diferentes visões e argumentos em torno do problema, possibilitando a oportuna formação de jurisprudência mais sólida e de precedentes mais estáveis e legítimos.[124]

5.2. Risco de aplicação inadequada dos precedentes

Não é da tradição do ordenamento jurídico brasileiro o estudo dos precedentes jurisprudenciais, com a análise das circunstâncias do caso e a extração adequada de sua *ratio decidendi*. Muito pelo contrário: ainda hoje, não são poucos os que se limitam a invocar ementas de acórdãos ou enunciados de súmula como se isso fosse o suficiente para delimitar o campo de abrangência dos precedentes.[125] Nessas circunstâncias, o risco de aplicação inadequada da jurisprudência é evidente.

A súmula é uma demonstração inequívoca do raciocínio que se costuma fazer, no direito brasileiro, em torno dos precedentes. Como já visto, adotou-se no Brasil a tradição da Casa de Suplicação da monarquia portuguesa. A súmula da jurisprudência dominante sempre foi concebida como um instrumento facilitador de casos mais fáceis e suscetíveis de repetição. Seus enunciados são redigidos

---

MAZZEI, Rodrigo; NOLASCO, Rita Dias (Coord.). *Processo civil coletivo.* São Paulo: Quartier Latin, 2005. p. 96-99; GOMES JR., Luiz Manoel. *Curso de direito processual civil coletivo.* São Paulo: SRS, 2008. p. 143-145.

[124] V. DWORKIN, Ronald. *Levando os direitos a sério.* Trad. Nelson Boeira. São Paulo: Martins Fontes, 2010. p. 336-337. No mesmo sentido, destacando o proveito da divergência jurisprudencial, ARAGÃO SANTOS, Evaristo. Sobre a importância e os riscos que hoje corre a criatividade jurisprudencial. *Revista de Processo*, n. 181. São Paulo: RT, mar. 2010, p. 47.

[125] V., nesse sentido, as ponderações de MARINONI, Luiz Guilherme. *Precedentes obrigatórios* cit., p. 218: "Ainda que se possa, em tese, procurar nos julgados que deram origem à súmula algo que os particularize, é incontestável que, no Brasil, não há método nem cultura para tanto. Nem os juízes nem os advogados investigam os julgados que embasam a súmula quando se deparam com a sua aplicação". V. ainda, aludindo à utilização inadequada dos precedentes nos meios jurídicos no Brasil, NOGUEIRA, Gustavo Santana. *Stare decisis et non quieta movere* cit., p. 226-227.

de forma abstrata e genérica, distanciando-se, assim, dos casos concretos que lhe deram origem.

Quando se incorporou o instituto da súmula vinculante, o que ocorreu foi um verdadeiro desvio de função. Com a crise numérica do Judiciário vivenciada ao final do século XX e a necessidade de conter o volume excessivo de recursos para o Supremo Tribunal Federal, vislumbrou-se a criação de enunciados de súmula, vinculantes não só para a Administração Pública, mas para os demais órgãos do Judiciário. De simples facilitadora de decisões judiciais em casos mais fáceis, de uma hora para outra, a súmula vinculante acabou sendo promovida a instrumento destinado a proporcionar segurança jurídica, isonomia e racionalização do ordenamento jurídico.

Não se aprendeu com o Direito do Trabalho, todavia, que o desvio de função é algo a ser evitado. Para os que preferem futebol, não se deve escalar um zagueiro no lugar de um centroavante, ou o time todo pode ser prejudicado com resultados ruins. E não se deveria pretender utilizar enunciados de súmula, tradicionalmente divorciados das circunstâncias que lhe originaram, como se fossem precedentes obrigatórios, sob pena de o ordenamento inteiro chegar a resultados indesejados.

A cristalização do entendimento dos tribunais em enunciados gerais e abstratos, desvinculados das premissas e circunstâncias que lhe deram origem e com sua aplicação automática pelos órgãos inferiores do Judiciário e até pela Administração sem maior reflexão, transforma a Suprema Corte em verdadeiro legislador positivo.[126] Tal situação é ainda agravada pelo pressuposto de que tribunais superiores não mais julgam casos, mas "teses" abstratas, sem preocupação com a lide instaurada entre as partes.[127]

Para além dos enunciados de súmula vinculante, a referência a precedentes dos tribunais também é costumeiramente realizada de forma abstrata, desconectada com as questões e circunstâncias que lhe deram origem, algo muito diferente do que ocorre nos países de *common law* em geral.

Precedentes são formados e aplicados a um sem-número de processos, sem que as partes tenham a oportunidade de participar da discussão da tese jurí-

---

[126] V. GRECO, Leonardo. *Novas perspectivas da efetividade e do garantismo processual*. trabalho inédito, p. 11.

[127] V., sobre o ponto em questão, as críticas de STRECK, Lenio Luiz. *Verdade e consenso* – Constituição e hermenêutica e teorias discursivas da possibilidade à necessidade de respostas corretas em direito. Rio de Janeiro: Lumen Juris, 2009. p. 351 e ss. (usando como exemplo o caso da Súmula Vinculante 11, que restringe o uso de algemas, para expor que, mesmo no caso de um enunciado de súmula vinculante, é preciso se atentar às circunstâncias do caso concreto para reconstruir os fundamentos que lhe deram origem, o que envolve o julgamento de causas e não de "teses").

Cap. 10 – DA "OBJETIVAÇÃO DO RECURSO EXTRAORDINÁRIO" À VALORIZAÇÃO DA JURISPRUDÊNCIA

dica travada nos tribunais superiores.[128] Argumentos secundários, que constituem apenas *obiter dictum*, são alçados de uma hora para outra a motivos determinantes e aplicados sem maior reflexão a outros casos que não lhe diziam respeito. E a ordem jurídica acaba engessada, porque a falta de consciência acerca da necessidade de investigação das circunstâncias jurídicas, sociais e econômicas que originaram o precedente elimina as condições para a evolução do direito mesmo em um ambiente de obrigatoriedade de precedentes, com a aplicação de técnicas como o *distinguishing* e o *overruling*. O litigante que, mesmo com argumentos sérios, pretenda a revisão da jurisprudência estará provavelmente fadado ao insucesso, diante da sistemática resistência dos tribunais em rediscutir a tese.

Sem uma adequada maturação das técnicas de operação com os precedentes, a eficiência processual que se pode atingir com a valorização desmedida da jurisprudência é exclusivamente numérica[129] e, mesmo assim, apenas parcial. No âmbito dos tribunais superiores, de fato, institutos como a repercussão geral ou as técnicas de julgamento por amostragem, podem produzir alguns resultados imediatos. Não parece, no entanto, que sejam capazes de reduzir a litigiosidade na sociedade brasileira, nem o número de processos em curso nas instâncias inferiores, ainda que seu desfecho seja abreviado pela aplicação de um precedente, nem sempre adequado ao caso concreto. Pelo contrário: tal hipótese pode ensejar, por exemplo, uma situação de jurisprudência lotérica, agravando a insegurança jurídica e a perda de credibilidade do Judiciário.

6. CONSIDERAÇÕES FINAIS

A chamada "objetivação do recurso extraordinário" (ou melhor, a abstrativização do controle incidental), como se viu, consiste basicamente na utilização de institutos e garantias típicos do controle de constitucionalidade ao controle incidental, bem como na aproximação dos efeitos dos dois modelos. Seus contornos ainda não estão muito bem definidos na jurisprudência do Supremo Tribunal Federal, mas tal fenômeno inaugura, sem dúvidas, uma nova fase na evolução do sistema brasileiro.

---

[128] V. BAHIA, Alexandre Gustavo Melo Franco; VECCHIATTI, Paulo Roberto Iotti. Inconstitucionalidade do requisito da repercussão geral do recurso extraordinário e da técnica do julgamento por pinçamento cit., p. 248-249 (sustentando haver clara violação aos princípios do devido processo legal, ampla defesa e contraditório, na medida em que a parte que não teve a "sorte" de ter seu recurso selecionado como representativo não terá suas razões consideradas pelos tribunais superiores).

[129] V., abordando um duplo conceito de eficiência processual (quantitativo, em que se prioriza a redução de custos no processo e o incremento de sua velocidade, e qualitativo, em que se destaca a qualidade das decisões e sua fundamentação), TARUFFO, Michele. Orality and writing as factors of efficiency in civil litigation. In: CARPI, Federico; ORTELLS, Manuel (Ed.). *Oralidad y escritura en un proceso civil eficiente*. Valencia: Universidad di Valencia, 2008. p. 185-188.

Não se vislumbram maiores problemas em relação ao fenômeno da objetivação do recurso extraordinário, desde que isoladamente considerado.

As garantias do controle principal, quando aplicadas ao controle incidental, podem incrementar não só o pluralismo inerente ao diálogo constitucional e a segurança jurídica, como asseguram a legitimidade das decisões da Suprema Corte. Além disso, sendo o Supremo Tribunal Federal o intérprete maior da Constituição, uma vez exercido o controle de constitucionalidade pelo Pleno, não devem os tribunais inferiores seguir orientação diversa, sob pena de quebra da isonomia. Determinado ato normativo não pode ser constitucional para algumas pessoas e inconstitucional para outras e, por isso, vários países adotam esquemas para evitar tal hipótese.

No Brasil, durante muito tempo, permitiu-se livremente que os órgãos inferiores do Judiciário decidissem de forma contrária à decisão da Suprema Corte em matéria de controle incidental de constitucionalidade, o que, vez por outra, conduzia a situações de insegurança jurídica. Mesmo a possibilidade de interposição de Recurso Extraordinário não era garantia de que a orientação do Supremo Tribunal Federal prevalecesse ao final, devido aos seus inúmeros requisitos de admissibilidade.

A "objetivação do recurso extraordinário" representa, portanto, uma tentativa de superação desse quadro, para reforçar o caráter paradigmático das decisões do Supremo Tribunal Federal, mesmo em controle incidental. Entretanto, a imprecisa terminologia adotada pela doutrina, que reforça a ideia de que o Recurso Extraordinário serviria mais à tutela da ordem constitucional objetiva que aos interesses das partes do processo, abre ainda mais espaço para o fenômeno de fortalecimento da jurisprudência.

Assim, muito embora não se critique a objetivação do recurso extraordinário em si mesma, isoladamente considerada, a possibilidade de que se venha a reconhecer, na esteira de tal objetivação, verdadeira força vinculante às decisões proferidas em controle incidental parece problemática.

Primeiro, porque abrirá o caminho para que se admita, de forma indiscriminada, a propositura de reclamações até contra atos praticados em 1.ª instância. Alternativa interessante nesse aspecto seria, em regra, permitir seu ajuizamento apenas contra atos praticados pelos tribunais inferiores. Isso obrigaria as partes a se valerem dos recursos ordinários previstos na legislação processual para atacar as decisões de 1.ª instância e apenas em caso de entendimento contrário do tribunal à orientação da Suprema Corte é que se abriria a via excepcional da reclamação, evitando os óbices de admissibilidade impostos aos Recursos Especial e Extraordinário.

Outro inconveniente trazido pela objetivação do recurso extraordinário é que certamente a valorização da força vinculante dos precedentes jurispruden-

Cap. 10 – DA "OBJETIVAÇÃO DO RECURSO EXTRAORDINÁRIO" À VALORIZAÇÃO DA JURISPRUDÊNCIA

ciais não ficará adstrita ao Supremo Tribunal Federal pelos próximos anos, até mesmo em virtude da atual crise da administração da justiça no Brasil.

O fortalecimento da jurisprudência surgiu no Brasil e em outros países de *civil law* como uma resposta pragmática à crise numérica do Poder Judiciário, que é atacada pelos seus efeitos (número excessivo de processos e de recursos, duração desmedida do processo) em vez de suas verdadeiras causas (falta de verbas, recursos humanos e de autonomia financeira do Judiciário; gestão ineficiente dos recursos; desprestígio das decisões de primeira instância; formalismo exagerado de algumas normas processuais; regulamentação ineficiente das lides de natureza coletiva; explosão da litigiosidade após a Constituição de 1988; existência de um Estado demandista, entre outros).[130]

O problema é que essa solução, ao atacar apenas as causas da crise do Judiciário, trará resultados apenas transitórios e parciais. Não será capaz de reduzir a litigiosidade na sociedade brasileira, nem a inadequada gestão de recursos pelos tribunais, o que fará com que, em algum tempo, mais uma crise numérica seja deflagrada, ensejando novas fórmulas tendentes a precarizar a qualidade do processo. Isso sem falar dos riscos de má formação e de aplicação inadequada de precedentes, já examinados anteriormente.

Antes que se pudesse defender a força vinculante dos precedentes, portanto, seria melhor que se buscasse certo amadurecimento da matéria nos meios judiciários brasileiros.[131] Além disso, não se pode ter a ilusão de que tal alternativa representaria a solução para todos os males de que padece o processo civil brasileiro.

Por trás desse inusitado sistema de "*common law* à brasileira", parece estar uma mentalidade gerencial, em que estatísticas duvidosas amparam metas de

---

[130] Em outra oportunidade, foram discutidas de forma mais detida as verdadeiras causas para a excessiva demora nos processos judiciais. V. ROQUE, Andre Vasconcelos. A luta contra o tempo nos processos judiciais: um problema ainda à busca de uma solução. *Revista Eletrônica de Direito Processual*, v. 7, jan.-jun. 2011, p. 237-263. Disponível em: <www.redp.com.br>. Acesso em: 30 jun. 2012.

[131] V. NUNES, Dierle. *O Brasil entre o civil law e o common law*: a tendência de padronização decisória (uso de precedentes) – Iter mínimo para sua aplicação. Disponível em: <http://www.diritto.it/docs/31927-o-brasil-entre-o-civil-law-e-o-common-law-a-tend-ncia-de-padroniza-o-decis-ria-uso-de-precedentes-iter-m-nimo-para-sua-aplica-o?page=1>. Acesso em: 30 jun. 2012, em que se sustentam as seguintes premissas essenciais para o necessário amadurecimento: 1) esgotamento da temática antes de entendê-la como um precedente; 2) integridade da reconstrução da história institucional de aplicação da tese ou do instituto pelo tribunal; 3) estabilidade decisória dentro do tribunal (*stare decisis* horizontal); 4) aplicação discursiva do precedente pelos tribunais inferiores (*stare decisis* vertical); 5) estabelecimento da *ratio decidendi* e sua separação dos *obter dicta* da decisão; 6) delineamento de técnicas idôneas de distinção (*distinguishing*) e de superação (*overruling*) dos precedentes.

produtividade amparadas quase que exclusivamente em números.[132] A análise econômica do processo, que pode apresentar resultados positivos em alguns campos específicos,[133] não se deve tornar a panaceia para todos os males. Litígios, processos e pessoas, com todas as suas nuances e contradições, não se reduzem à frieza dos números. O preço que se paga por isso, embora difícil de ser quantificado, é muito alto: consiste na perda de qualidade do processo como instrumento idôneo de tutela jurisdicional.

7. REFERÊNCIAS BIBLIOGRÁFICAS

ARAGÃO SANTOS, Evaristo. Sobre a importância e os riscos que hoje corre a criatividade jurisprudencial. *Revista de Processo*, n. 181, São Paulo: RT, mar. 2010.

ATAÍDE JÚNIOR, Jaldemiro Rodrigues de. *Precedentes vinculantes e irretroatividade do direito no sistema processual brasileiro*. Curitiba: Juruá, 2012.

BAHIA, Alexandre Gustavo Melo Franco; VECCHIATTI, Paulo Roberto Iotti. Inconstitucionalidade do requisito da repercussão geral do recurso extraordinário e da técnica do julgamento por pinçamento. *Revista dos Tribunais*, n. 911, São Paulo: RT, set. 2011.

BARBOSA, Rui. *Atos inconstitucionais*. Campinas: Russel, 2010.

BARROSO, Luís Roberto. *O controle de constitucionalidade no direito brasileiro*. São Paulo: Saraiva, 2012.

BERNARDES, Juliano Taveira. *Controle abstrato de constitucionalidade* – Elementos materiais e princípios processuais. São Paulo: Saraiva, 2004.

BINENBOJM, Gustavo. *A nova jurisdição constitucional brasileira* – Legitimidade democrática e instrumentos de realização. Rio de Janeiro: Renovar, 2004.

BITTENCOURT, Carlos Alberto Lúcio. *O controle jurisdicional da constitucionalidade das leis*. Rio de Janeiro: Forense, 1949.

BONAVIDES, Paulo. *Curso de direito constitucional*. São Paulo: Malheiros, 2012.

---

[132] V., nesse sentido, THEODORO JÚNIOR, Humberto; NUNES, Dierle; BAHIA, Alexandre. Breves considerações sobre a politização do Judiciário e sobre o panorama de aplicação no direito brasileiro – Análise da convergência entre o *civil law* e o *common law* e dos problemas da padronização decisória cit., p. 21-23; GRECO, Leonardo. *Novas perspectivas da efetividade e do garantismo processual* cit., p. 5-6.

[133] Um dos temas em que a análise econômica do processo poderá produzir resultados interessantes é no estudo da sucumbência recursal, instituto previsto no projeto do novo Código de Processo Civil. Até que ponto a sucumbência recursal será capaz de evitar a interposição de recursos infundados? Qual o risco de que recursos bem fundamentados sejam igualmente inibidos, consolidando decisões injustas?

Cap. 10 – DA "OBJETIVAÇÃO DO RECURSO EXTRAORDINÁRIO" À VALORIZAÇÃO DA JURISPRUDÊNCIA

CAPPELLETTI, Mauro. *O controle judicial de constitucionalidade das leis no direito comparado*. Trad. Aroldo Plínio Gonçalves. Porto Alegre: Fabris, 1992.

CLÈVE, Clèmerson Merlin. *A fiscalização abstrata da constitucionalidade no direito brasileiro*. São Paulo: RT, 2000.

CUNHA JUNIOR, Dirley da. *Controle de constitucionalidade* – teoria e prática. Salvador: JusPodivm, 2012.

DIDIER JR., Fredie. O controle jurisdicional da legitimação coletiva e as ações coletivas passivas. In: MAZZEI, Rodrigo; NOLASCO, Rita Dias (Coord.). *Processo civil coletivo*. São Paulo: Quartier Latin, 2005.

_____; CUNHA, Leonardo José Carneiro da. *Curso de direito processual civil*. Salvador: JusPodivm, 2009.

DWORKIN, Ronald. *Levando os direitos a sério*. Trad. Nelson Boeira. São Paulo: Martins Fontes, 2010.

FERREIRA FILHO, Manoel Gonçalves. *Curso de direito constitucional*. São Paulo: Saraiva, 2001.

GIDI, Antonio. A representação adequada nas ações coletivas brasileiras: uma proposta, *Revista de Processo*, n. 108, São Paulo: RT, out.-dez. 2002.

GINSBURG, Tom. *Judicial review in new democracies*: constitutional courts in Asian cases. Cambrigde: Cambrigde University Press, 2003.

GOMES JR., Luiz Manoel. *Curso de direito processual civil coletivo*. São Paulo: SRS, 2008.

GRAU, Eros Roberto. *Ensaio e discurso sobre a interpretação/aplicação do direito*. São Paulo: Malheiros, 2005.

GRECO, Leonardo. *Novas perspectivas da efetividade e do garantismo processual*. trabalho inédito.

GRINOVER, Ada Pellegrini et alii. *Código Brasileiro de Defesa do Consumidor comentado pelos autores do anteprojeto*. Rio de Janeiro: Forense Universitária, 2007.

_____. Novas questões sobre a legitimação e a coisa julgada nas ações coletivas. *O processo* – estudos e pareceres. São Paulo: Perfil, 2005.

HÄBERLE, Peter. *Hermenêutica constitucional*: a sociedade aberta dos intérpretes da Constituição. Trad. Gilmar Ferreira Mendes. Porto Alegre: Fabris, 1997.

LENZA, Pedro. *Teoria geral da ação civil pública*. São Paulo: RT, 2005.

MALFATTI, Elena; PANIZZA, Saulle; ROMBOLI, Roberto. *Giustizia costituzionale*. Torino: Giappichelli, 2007.

MANCUSO, Rodolfo de Camargo. *A resolução dos conflitos e a função judicial no contemporâneo estado de direito*. São Paulo: RT, 2009.

_____. *Divergência jurisprudencial e súmula vinculante.* São Paulo: RT, 2010.

MARINONI, Luiz Guilherme. *Precedentes obrigatórios.* São Paulo: RT, 2011.

MENDES, Gilmar Ferreira. *Controle abstrato de constitucionalidade:* ADI, ADC e ADO – comentários à Lei 9.868/1999. São Paulo: Saraiva, 2012.

_____. O papel do Senado Federal no controle de constitucionalidade: um caso clássico de mutação constitucional (Estudos em homenagem a Anna Maria Villela). *Revista de Informação Legislativa,* n. 162, abr.-jun. 2004.

NEVES, Marcelo. *Teoria da inconstitucionalidade das leis.* São Paulo: Saraiva, 1988.

NOGUEIRA, Gustavo Santana. *Stare decisis et non quieta movere:* a vinculação aos precedentes no direito comparado e brasileiro. Rio de Janeiro: Lumen Juris, 2011.

NUNES, Dierle. *O Brasil entre o civil law e o common law:* a tendência de padronização decisória (uso de precedentes) – Iter mínimo para sua aplicação. Disponível em: <http://www.diritto.it/docs/31927-o-brasil-entre-o-civil-law-e-o-common-law-a-tend-ncia-de-padroniza-o-decis-ria-uso-de-precedentes-iter-m-nimo-para-sua-aplica-o?page=1>. Acesso em: 30 jun. 2012.

RAMOS, Elival da Silva. *Controle de constitucionalidade no Brasil:* perspectivas de evolução. São Paulo: Saraiva, 2010.

RICHE, Flávio Elias; FERREIRA, Natália Braga. A sociedade aberta de intérpretes da Constituição: limites e possibilidades de aplicação à realidade constitucional brasileira. *Sequência,* n. 60, jul. 2010.

ROQUE, Andre Vasconcelos. A luta contra o tempo nos processos judiciais: um problema ainda à busca de uma solução. *Revista Eletrônica de Direito Processual,* v. 7, jan.-jun. 2011, p. 237-263. Disponível em: <www.redp.com.br>. Acesso em: 30 jun. 2012.

_____; DUARTE, Francisco Carlos. *Mandado de segurança.* Curitiba: Juruá, 2011.

SARLET, Ingo Wolfgang; MARINONI, Luiz Guilherme; MITIDIERO, Daniel. *Curso de direito constitucional.* São Paulo: RT, 2012.

STRECK, Lenio Luiz. *Verdade e consenso* – Constituição e hermenêutica e teorias discursivas da possibilidade à necessidade de respostas corretas em direito. Rio de Janeiro: Lumen Juris, 2009.

TARUFFO, Michele. Orality and writing as factors of efficiency in civil litigation. In: CARPI, Federico; ORTELLS, Manuel (Ed.). *Oralidad y escritura en un proceso civil eficiente.* Valencia: Universidad di Valencia, 2008.

TAVARES, André Ramos. *Curso de direito constitucional.* São Paulo: Saraiva, 2012.

Cap. 10 – DA "OBJETIVAÇÃO DO RECURSO EXTRAORDINÁRIO" À VALORIZAÇÃO DA JURISPRUDÊNCIA

TEIXEIRA, Sálvio de Figueiredo. *A súmula e sua evolução no Brasil.* Disponível em: <http://bdjur.stj.gov.br/dspace/handle/2011/2083>. Acesso em: 20 jun. 2012.

THEODORO JÚNIOR, Humberto; NUNES, Dierle; BAHIA, Alexandre. Breves considerações sobre a politização do Judiciário e sobre o panorama de aplicação no direito brasileiro – Análise da convergência entre o *civil law* e o *common law* e dos problemas da padronização decisória. *Revista de Processo*, n. 189, São Paulo: RT, nov. 2010.

VIEIRA, Oscar Vilhena. *Supremo Tribunal Federal*: jurisprudência política. São Paulo: Malheiros, 2002.

VIGLIAR, José Marcelo Menezes. Alguns aspectos sobre a ineficácia do procedimento especial destinado aos interesses individuais homogêneos. In: MILARÉ, Édis (Coord.). *A ação civil pública após 20 anos*: efetividade e desafios. São Paulo: RT, 2005.

O PROCESSO ENQUANTO INSTRUMENTO PARA CONTROLE DE CONSTITUCIONALIDADE

11

Guilherme Kronemberg Hartmann

Sumário: 1. Introdução – 2. Controle de constitucionalidade por via incidental: 2.1. Particularidades; 2.2. Delimitações procedimentais; 2.3. Eficácia da decisão – 3. Controle de constitucionalidade por via direta: 3.1. Particularidades; 3.2. Processo objetivo e delimitações procedimentais gerais; 3.3. Ação direta de inconstitucionalidade e ação declaratória de constitucionalidade – 4. Conclusões – 5. Referências bibliográficas.

1. INTRODUÇÃO

O controle de constitucionalidade é o mecanismo de fiscalização da fidelidade das normas infraconstitucionais ao texto constitucional. Isso porque as normas do ordenamento jurídico encontram-se escalonadas, verticalmente, com a estipulação da Carta Magna no topo da escadaria positiva (*higher law*),[1] de modo a iluminar e legitimar a normatividade de hierarquia inferior. Seu outro pilar é a rigidez constitucional, refletida na exigência de um processo legislativo mais complexo para alteração de suas normas (art. 60 da CF), em manutenção da sua posição de superioridade, pois do contrário os casos de contrariedade

---

[1] "É, enfim, a lei suprema do Estado, pois é nela que se encontra a própria estruturação deste e a organização de seus órgãos; é nela que se acham as normas fundamentais do Estado, e só nisso se notará sua superioridade em relação às demais normas jurídicas" (SILVA, José Afonso da. *Curso de direito constitucional positivo*. 22. ed. São Paulo: Malheiros, 2003. p. 45).

se resolveriam pela revogação do ato anterior e não na imputação de inconstitucionalidade.

Afastando a ideia de que um mesmo Poder pudesse produzir e fiscalizar a lei, o que o tornaria onipotente, generalizou-se a outorga ao Judiciário da competência para o juízo final sobre a integridade da Constituição – razão da legalidade e da segurança jurídica perante o bem comum – em um sinônimo de controle judicial, na lógica do *judicial review of legislation* do sistema norte-americano.[2]

Certo é que todos os Poderes Públicos estão subordinados ao princípio da supremacia da Constituição, de modo que os atos de quaisquer deles ficam sujeitos ao exercício do controle de constitucionalidade, em defesa desta. Não destoa da regra nem mesmo o Poder Legislativo, que, apesar de refletir a vontade circunstancial da maioria, terá sua atividade vinculada aos valores constitucionais.[3]

Em verdade, existem várias formas de controle de constitucionalidade, a partir de concepções históricas e filosóficas, classificando-o, principalmente, (i) em relação ao momento do controle, se de natureza preventiva, realizado *a priori* da vigência do projeto de norma, ou repressiva, quando feito *a posteriori* dessa etapa; (ii) diante daquele que realiza o controle, se órgão político, ligado diretamente ao Parlamento, em aproximação da experiência francesa, ou jurisdicional, com a outorga da verificação ao Poder Judiciário, como enuncia o sistema norte-americano; (iii) tratando-se de controle judicial, na subdivisão de competência difusa, pois pulverizada por todos os órgãos jurisdicionais, ou concentrada, por órgão específico, nos moldes kelsenianos, sem negar a possibilidade de um sistema que assuma ambas (híbrido), à vista da Constituição brasileira vigente; e (iv) quanto ao modo de exercício, dando-se na forma incidental, num caso concreto (controle subjetivo), ou como objeto principal da demanda, de maneira abstrata (controle objetivo).[4]

---

[2] O *leading case* William Marbury *versus* James Madison, da Suprema Corte americana, é invocado como a matriz do controle de constitucionalidade no constitucionalismo moderno, donde despontou a famosa expressão que sintetizava o raciocínio do *judicial review of legislation* e a importância do papel dos tribunais: "we are under a Constituition but the Constitution is what the judges say it is" (CANOTILHO, J. J. Gomes. *Direito constitucional e teoria da Constituição*. 7. ed. Coimbra: Almedina, 2003. p. 26).

[3] É igualmente pertinente a verificação da compatibilidade constitucional de atividade atípica de natureza legislativa proveniente de outros Poderes, como, por exemplo, em relação aos regimentos internos elaborados pelos tribunais do Poder Judiciário (STF, ADI 2.104/DF, Tribunal Pleno, rel. Min. Eros Grau, j. 21.11.2007) e sobre medidas provisórias editadas pelo Poder Executivo: "(...) A atuação do Judiciário no controle da existência dos requisitos constitucionais de edição de Medidas Provisórias em hipóteses excepcionais, ao contrário de denotar ingerência contramajoritária nos mecanismos políticos de diálogo dos outros Poderes, serve à manutenção da Democracia e do equilíbrio entre os três baluartes da República. Precedentes. (...)" (STF, ADI 4.029/AM, Tribunal Pleno, rel. Min. Luiz Fux, j. 08.03.2012).

[4] Há também possibilidade de controle da constitucionalidade da falta de lei, quando a omissão legislativa não permite a efetivação de direito fundamental. No ordenamento jurídico brasileiro,

Cap. 11 – O PROCESSO ENQUANTO INSTRUMENTO PARA CONTROLE DE CONSTITUCIONALIDADE

Levando em consideração a temática processual, a linha que merece desenvolvimento é aquela relativa ao controle jurisdicional, repressivo, nas formas difusa e concentrada, e nas verificações incidental e principal da compatibilidade constitucional, de forma a delimitar suas diferenças e pontos de contato. O desígnio deste trabalho é justamente analisar as especificidades procedimentais existentes, e as tendências evolutivas da temática, fitando a importância instrumental na preservação da ordem constitucional.

A premissa é de que o sistema processual, enquanto instrumento, deve guardar perene correspondência com os ditames constitucionais a que serve, acompanhando-os nas mutações vivenciadas. Os valores individuais e coletivos que a ordem constitucional vigente entende de cultuar deverão estar espelhados e salvaguardados pelo processo.[5]

Um dos pontos de progresso é a relativização da consagrada distinção entre controle abstrato e concreto, diante da inserção de traços característicos de processo de natureza objetiva na verificação incidental de constitucionalidade. Em ampliação do protagonismo judicial na tarefa de interpretar a Constituição,[6] advém a exegese já enraizada de atribuição de eficácia extra-autos aos precedentes jurisdicionais oriundos do controle de constitucionalidade concreto, evitando a flutuação de jurisprudência em tão importante matéria.

A importação desse viés abstrato muito decorre da movimentação legislativa em prol da unidade retrospectiva do direito brasileiro, dando forma à atribuição de efeitos vinculantes às decisões jurisdicionais do STF, e sua compatibilização vertical aos demais feitos, pendentes e por vir, algo que dá novo perfil à jurisdição constitucional.

Por sua vez, em referência ao controle por via de ação direta, torna-se mais relevante observar as características decorrentes de sua natureza objetiva, em seu enquadramento coletivo, mensurando os ditames procedimentais e a limitação de manuseio das ferramentas processuais aplicáveis ao processo de índole subjetiva. Em adequação à ótica da presente contribuição, voltam-se os olhos para o procedimento da ação direta de inconstitucionalidade e da ação declaratória de constitucionalidade, principais fontes a exemplificar o propósito.

---

isso se dá por meio de mandado de injunção (art. 5.º, LXXI, da CF), mecanismo de controle concreto, ou por ação direta de inconstitucionalidade por omissão (art. 103, § 2.º, da CF c/c art. 12-A/12-G da Lei 9.868/1999), mecanismo de controle abstrato; não sendo ambos, porém, objeto desta resenha.

[5] DINAMARCO, Cândido Rangel. *A instrumentalidade do processo*. 13. ed. São Paulo: Malheiros, 2008. p. 33.

[6] Chega-se a afirmar com propriedade que "o neoconstitucionalismo depende do controle jurisdicional da lei" (MARINONI, Luiz Guilherme. *Teoria geral do processo*. 2. ed. São Paulo: RT, 2007. p. 54).

PROCESSO CONSTITUCIONAL

Desta feita, sob tais bases e projeções, multidisciplinares e de grande relevância prática, segue-se ao seu desenvolvimento, com a ressalva de que o trabalho não se descuida de referenciar as propostas do anteprojeto que visa a alterar a legislação processual codificada,[7] naquilo que for pertinente ao tema.

2. CONTROLE DE CONSTITUCIONALIDADE POR VIA INCIDENTAL

2.1. Particularidades

Historicamente, a origem do controle incidental de constitucionalidade no ordenamento jurídico brasileiro remonta ao século XIX, sob a influência do direito estadunidense, não sendo por outro motivo a sua acomodação como *sistema americano*. Constituiu-se em uma inovação de nossa Constituição de 1891, oriunda do regime republicano, ao incorporar disposições normativas pretéritas que já reconheciam a possibilidade de julgamento incidental da inconstitucionalidade. As demais Constituições, inclusive a vigente, seguiram ou completaram o conjunto normativo que ora se expõe, inclusive na instituição de remédios constitucionais para controle estatal, como o *habeas corpus*, mandado de segurança e ação popular, que tanto servem à via do controle por via incidental.

É pressuposto do controle por via incidental a existência de um processo pendente submetido à apreciação do Poder Judiciário, sem nenhuma importância sobre a natureza do procedimento, no qual se apresente indispensável analisar a constitucionalidade da normatividade determinante para o caso concreto.

A questão constitucional, ou seja, o afastamento ou não da norma dita viciada, constitui verdadeiro incidente – daí chamá-lo de *controle por via incidental* ou *incidenter tantum* –, um simples fundamento que precisa ser enfrentado como premissa lógico-obrigatória, ou etapa necessária, da solução do conflito. É, pois, questão prejudicial[8] a ser decidida previamente pelo órgão julgador em sua razão de decidir.

Na verificação dessa compatibilidade, o julgador não "declara" a constitucionalidade/inconstitucionalidade da norma – até porque isso não foi pedido, como determina o princípio da congruência (art. 460 do CPC) –, mas tão somente dela "reconhece". Faz-se ver a diferença entre a "declaração" de inconstitucionalidade, objeto principal (*thema decidendum*) da prestação jurisdicional

---

[7] Em análise, a projeção de reforma do Código de Processo Civil (Lei 5.869/1973), por meio do Projeto de Lei 8.046/2010. Este último submete à revisão da Câmara dos deputados o Projeto de Lei do Senado 166/2010, já aprovado na primeira casa legislativa, após diversas consultas públicas e alterações.

[8] Sua definição: "Aquelas de cuja existência ou inexistência logicamente depende a da relação jurídica deduzida em juízo pelo autor, por meio da demanda que deu origem ao processo" (BARBOSA MOREIRA, José Carlos. *O novo processo civil brasileiro*. 25. ed. Rio de Janeiro: Forense, 2007. p. 92).

Cap. 11 – O PROCESSO ENQUANTO INSTRUMENTO PARA CONTROLE DE CONSTITUCIONALIDADE

de natureza abstrata, e o "reconhecimento" da inconstitucionalidade, quando, em uma situação concreta, seja verificado que a norma legal fere os ditames constitucionais, tornando-a inaplicável.[9]

Observe-se que a análise incidental sobre a constitucionalidade da normatividade é realizada no desempenho comum da função jurisdicional, com certa e relevante variação procedimental. Respeitadas as regras de competência, qualquer julgador, de qualquer instância, poderá fazê-la – o que inclui a atividade judicante de um magistrado recém-empossado, como também de um desembargador ou de um ministro de tribunal superior –, sendo daí extraída a nomenclatura *controle difuso* ou *desconcentrado*.

Uma vez que a inconstitucionalidade é afastada casuisticamente, denotando um *controle de natureza concreta*, não haverá aqui um rol exíguo de legitimados a requerer a verificação incidental da constitucionalidade, em luzente diferenciação daquilo que se dá no controle por via de ação direta (art. 103 da CF).[10]

Na verdade, qualquer pessoa física ou jurídica, seja autor ou réu,[11] poderá requerê-lo no curso do feito. Também o Ministério Público estará apto a suscitar esse controle, quando parte ou como fiscal da lei, até porque tem atuação influente e destacada pela legislação na matéria (arts. 480, 482, § 2.º, do CPC). E, sem margem a dúvida, poderá o julgador agir *ex officio* no reconhecimento da inconstitucionalidade,[12] até porque, *modus in rebus*, tal matéria não resta sujeita à preclusão.

Outro ponto notável extraído dessa via incidental de teste constitucional é a averiguação do seu amplo objeto e parâmetro de controle, em contrapartida às limitações havidas no controle por via de ação direta (*v.g.* art. 102, I, "a", da CF). Com efeito, não se restringe o reconhecimento de inconstitucionalidade ao ato impugnado, se federal, estadual ou municipal (objeto), diante da Constituição Estadual ou Federal (parâmetro). Na mesma esteira de raciocínio, será permitida no controle incidental a verificação da incompatibilidade de lei anterior à Constituição Federal com esta última.[13]

---

[9] MARINONI, Luiz Guilherme. *Processo de conhecimento*. 7. ed. São Paulo: RT, 2008. p. 619. A despeito disso, tal constatação terminológica foi ignorada em passagem do texto constitucional ligada ao controle difuso (art. 97 da CF).

[10] "Sem embargo da expansão do controle por via de ação direta, nos últimos anos, o controle incidental ainda é a única via acessível ao cidadão comum para a tutela de seus direitos subjetivos constitucionais" (BARROSO, Luís Roberto. *O controle de constitucionalidade no direito brasileiro*. 6. ed. São Paulo: Saraiva, 2012. p. 113).

[11] Portanto, não é tecnicamente correto utilizar aqui a expressão "controle por via de exceção", pois ao pé da letra "exceção" indica defesa oposta unicamente pelo réu (BULOS, Uadi Lammêgo. *Curso de direito constitucional*. São Paulo: Saraiva, 2007. p. 123).

[12] STF, RE 86.161/GO, 1.ª T., rel. Min. Soares Munoz, j. 24.04.1979.

[13] O controle final dessa inconstitucionalidade superveniente caberá ao STF, provocado pela interposição de recurso extraordinário. "(...) I – o reconhecimento da revogação de lei, por

2.2. Delimitações procedimentais

2.2.1. Princípio da reserva de plenário

Cuida-se de uma exigência constitucional de *quorum* qualificado direcionada à atividade judicante dos tribunais – e não, intuitivamente, de um juízo monocrático ou singular, não colegiado – na realização do controle de constitucionalidade (art. 97 da CF): somente poderá ser declarada a inconstitucionalidade de lei ou ato normativo do Poder Público pelo voto da maioria absoluta dos membros do órgão pleno/especial (art. 93, XI, da CF) do respectivo tribunal.[14]

Com referencial na construção jurisprudencial da Suprema Corte norte-americana, a reserva de plenário se traduz na regra da *full bench* ("composição plenária"), *full court* ("tribunal pleno") ou julgamento *en banc* ("pela bancada").[15] No interesse público de prestígio da constitucionalidade dos atos normativos, instituiu-se regra de competência funcional absoluta, a enquadrar a mencionada "colegialidade" como juiz natural da hipótese tratada (art. 5.º, LIII, da CF). Pela constitucionalidade, vale dizer, naturalmente bastará o *quorum* de maioria simples tomado no Pleno.

Esclareça-se que a cláusula da reserva de plenário também é aplicada no âmbito da Corte Suprema, seja em controle por via incidental, por meio de procedimento específico (arts. 176/178, RISTF), diverso daquele previsto para os demais tribunais (arts. 480/482 do CPC); seja por via de ação direta (arts. 22/23 da Lei 9.868/1999).

2.2.2. Reconhecimento de inconstitucionalidade perante órgão fracionário de tribunal

Em atenção ao princípio da reserva de plenário, a arguição de inconstitucionalidade perante órgão fracionário de tribunal – juízos colegiados, como

---

incompatibilidade com dispositivo constitucional novo, pressupõe a verificação da compatibilidade entre a lei velha e a constituição nova; II – o Tribunal, quando verifica a ocorrência de inconstitucionalidade superveniente, exercita evidente controle de constitucionalidade; III – acórdão que examina a revogação por inconstitucionalidade expõe-se, tão somente, a recurso extraordinário. O Recurso especial é instrumento impróprio para o enfrentar. (...)" (STJ, EDcl no AgRg no Ag 256.862/SP, 1.ª T., rel. Min. Humberto Gomes de Barros, j. 17.08.2000).

[14] A Constituição brasileira de 1934 introduziu a determinação que a declaração de inconstitucionalidade somente poderia ser realizada pela maioria da totalidade dos membros dos tribunais (art. 179). O sentido foi "evitar a insegurança jurídica decorrente de contínuas flutuações de entendimento nos tribunais" (MENDES, Gilmar Ferreira; COELHO, Inocêncio Mártires; BRANCO, Paulo Gustavo Gonet. *Curso de direito constitucional*. 2. ed. São Paulo: Saraiva, 2008. p. 1036).

[15] BULOS, Uadi Lammêgo. *Curso de direito constitucional* cit., p. 271.

Cap. 11 – O PROCESSO ENQUANTO INSTRUMENTO PARA CONTROLE DE CONSTITUCIONALIDADE

Câmaras, Turmas ou Seções – se efetiva com a instauração de um incidente processual (arts. 480/482 do CPC), que cinde o julgamento da causa, já que é preciso que haja um pronunciamento prévio do órgão especial a respeito da questão constitucional.

Em verdade, levantada questão constitucional relevante em feito que esteja tramitando no âmbito de órgão fracionário de tribunal – não importa se ali chegou mediante recurso, reexame necessário ou ação de competência originária –, deverá esta, pois prejudicial, ser analisada com precedência lógica sobre o julgamento da causa, suspendendo-a.

Observe-se mais uma vez que em um juízo singular, diferentemente, não haverá a aplicação desse procedimento, por ausência de previsão legal. Nesse caso, bastará ao juiz, na sentença, exercitando o controle difuso, reconhecer que a norma é inconstitucional e deixar de aplicá-la.[16] Por sua vez, em outro extremo, não será visto tal rito específico quando se tratar de questão constitucional suscitada em causa de competência originária do órgão especial, como, por exemplo, em mandado de segurança contra ato do Governador (art. 3.º, I, RITJRJ), pois a causa já está ali tramitando.

A legitimidade para suscitar o incidente é de qualquer dos participantes do processo, incluindo a parte, o Ministério Público, seja como parte ou fiscal da lei, e o próprio julgador, *ex officio*. Já que reflete o deslinde de questão prévia, o incidente há de ser suscitado antes de concluído o julgamento do feito pelo tribunal.

Promovido isso, o relator deverá submeter a questão aos demais membros do órgão fracionário incumbido do julgamento, sendo obrigatoriamente ouvido o Ministério Público, diante do interesse público existente (art. 480, *caput*, do CPC c/c art. 82, III, *in fine*, do CPC).

Rejeitado o incidente nesse mesmo órgão, cuja decisão é irrecorrível diante da presunção de constitucionalidade das leis, o feito prosseguirá para julgamento, sem formação do incidente, de modo que caberá ao órgão fracionário aplicar à espécie a lei ou ato normativo acoimado de inconstitucional. Se admitido o incidente de inconstitucionalidade, será lavrado o acórdão, cuja decisão também não é passível de recurso, submetendo a questão ao tribunal pleno (art. 481 do CPC), para que haja pronúncia sobre a questão constitucional.

Nesse último caso, haverá uma cisão funcional de competência, suspendendo-se o processo para julgamento do incidente pelo órgão especial, sem se debruçar sobre outra matéria que não seja a constitucionalidade da normatividade impugnada.

---

[16] "Singularmente, a faculdade do juízo monocrático de primeiro grau de negar aplicação à norma que repute inconstitucional é desempenhada com mais plenitude e singeleza que a competência dos tribunais para a mesma providência" (BARROSO, Luís Roberto. *O controle de constitucionalidade no direito brasileiro* cit., p. 119).

Se conhecido o incidente pelo órgão especial, sua decisão final, seja em que sentido for, pela constitucionalidade ou inconstitucionalidade, terá eficácia vinculante (*stare decisis et non quieta movere*) para o órgão fracionário, no caso concreto *sub judice*. A solução dada pelo órgão especial se incorpora, assim, ao julgamento daquela causa.

Igualmente, servirá como paradigma para todos os demais feitos tramitados no tribunal que envolvam aquela questão; tanto é que, conforme se verá, fica dispensada a instauração de um novo incidente para decidir a mesma questão (art. 481, parágrafo único, do CPC).[17]

Sobressai dessa operação intelectual uma visível aproximação entre os efeitos decorrentes daquilo que foi reconhecido sobre a questão constitucional levantada no controle incidental, dito concreto, com os efeitos da declaração oriunda do controle por via de ação direta, dito abstrato.

Já que a decisão prolatada pelo órgão especial se demonstra serviente como um *leading case* para outros processos, coube ao legislador seguir um caminho de prestígio ao amplo direito de manifestação na fixação do precedente, permitindo a participação do chamado *amicus curiae*[18] neste incidente processual, inclusive com a designação de audiência pública (art. 482, §§, do CPC). Acentua-se o caráter democrático do controle difuso de constitucionalidade, em demonstração de uma nuance objetiva deste incidente.

Nada impede, porém, que o controle de constitucionalidade seja difuso, mas abstrato: a análise da constitucionalidade é feita em tese, embora por qualquer órgão judicial. Obviamente, porque tomada em controle difuso, a decisão não ficará acobertada pela coisa julgada e será eficaz apenas **inter partes**. Mas a análise é feita em tese, que vincula o tribunal a adotar o mesmo posicionamento em outras oportunidades. É o que acontece quando se instaura o incidente de arguição de inconstitucionalidade perante os tribunais (art. 97 da CF/88 e arts. 480-482 do CPC): embora instrumento processual típico do controle difuso, a análise da constitucionalidade da lei, neste incidente, é feita em abstrato. Trata-se de incidente processual de natureza objetiva (é exemplo de processo objetivo, semelhante ao processo da ADIN ou ADC). (...).[19]

---

[17] Em visualização, aborda-se que no âmbito do TJ-RJ a decisão que declarar a inconstitucionalidade ou rejeitar a arguição, se for proferida por 17 ou mais votos, ou reiterada em mais 2 sessões, será de aplicação obrigatória para todos os Órgãos do Tribunal (art. 103, RITJRJ), sendo enviada cópia dos acórdãos aos demais Órgãos Julgadores, ao Conselho Seccional da Ordem dos Advogados do Brasil e à Revista de Jurisprudência do Tribunal (art. 103, § 1.º, RITJRJ).

[18] Abordaremos com mais alcance a disciplina do *amicus curiae* na análise do controle de constitucionalidade por via direta.

[19] DIDIER JR., Fredie; CUNHA, Leonardo José Carneiro da. *Curso de direito processual civil*. 3. ed. Salvador: JusPodivm, 2007. v. 3, p. 274-275.

Cap. 11 – O PROCESSO ENQUANTO INSTRUMENTO PARA CONTROLE DE CONSTITUCIONALIDADE

A decisão do órgão pleno é irrecorrível,[20] já que resolve apenas uma questão incidente, não fazendo coisa julgada (art. 469, III, do CPC). Nenhum óbice se dá, porém, para a interposição de embargos de declaração, diante de sua fundamentação vinculada à finalidade de aperfeiçoamento do decisório (art. 535 do CPC), e não tecnicamente de impugnação.

Então, será restituído o processo ao órgão fracionário, prosseguindo-se com o julgamento do caso específico. Da decisão final, caberá inclusive a interposição de recurso extraordinário (art. 102, III, "b", da CF),[21] preenchidos os pressupostos recursais, renovando a discussão constitucional, ainda em controle incidental, perante a Suprema Corte.

2.2.3. Dispensa de instauração do incidente dos arts. 480/482 do CPC

Nem sempre será necessário instaurar o incidente de declaração de inconstitucionalidade, sem que por isso haja violação ao princípio da reserva de plenário.

Seguindo um critério lógico, de economia processual e racionalidade nos julgamentos (art. 5.º, LXXVIII, da CF), permite-se a dispensa de instauração de tal incidente se já examinada a questão da constitucionalidade previamente pelo órgão especial do respectivo tribunal ou pelo "plenário do STF" (art. 481, parágrafo único, do CPC, acrescentado pela Lei 9.756/1998).[22]

O julgamento de plano pelo órgão fracionado homenageia não só a racionalidade como também implica interpretação teleológica do princípio da reserva de plenário, evitando a burocratização dos atos judiciais no que nefasta ao princípio da economia e da celeridade. De fato, diante de circunstâncias semelhantes e sem grande defasagem temporal, vê-se improvável, razoavelmente não esperado, que ocorra a modificação do exame da constitucionalidade da norma realizado oportunamente pelo Pleno, órgão de cúpula. Acompanha o raciocínio o registro de que na hipótese de declaração da inconstitucionalidade da lei ou ato normativo por decisão definitiva do STF, segue-se a comunicação ao Senado Federal para fins de suspensão da execução (art. 52, X, da CF), tornando-a inaplicável.

---

[20] STF. Verbete Sumular 293: "São inadmissíveis embargos infringentes contra decisão em matéria constitucional submetida ao plenário dos Tribunais".

[21] STF. Verbete Sumular 513: "A decisão que enseja a interposição de recurso ordinário ou extraordinário, não é a do plenário que resolve o incidente de inconstitucionalidade, mas a do órgão (câmaras, grupos ou turmas) que completa o julgamento do feito".

[22] "(...) Alegada ofensa ao art. 97 da CF. Inexistência. (...) II – A obediência à cláusula de reserva de plenário não se faz necessária quando houver orientação consolidada do STF sobre a questão constitucional discutida. (...)" (STF, RE 582.926 AgR/CE, 1.ª T., rel. Min. Ricardo Lewandowski, j. 10.05.2011).

De qualquer maneira, já se veria inviável a instauração do incidente em comento, existindo paradigma proveniente de controle de constitucionalidade por via direta, porque tem este força vinculante a inibir o desrespeito daquilo que foi decidido (art. 102, § 2.º, da CF), inclusive sob pena de ajuizamento de reclamação pelo prejudicado (art. 102, I, "l", da CF).

Entrementes, é no controle difuso exercido pelo STF, por meio de recurso extraordinário, que se vê mais impasse, justamente na análise se o provimento final, desde que proferida em plenário, tem ou não efeito reflexo nas demais lides. Decerto, se tal controle gera efeitos apenas *inter partes* – exceto se houver a comentada deliberação do Senado Federal para suspender a lei então declarada inconstitucional –, não haveria de se cogitar propriamente de uma vinculação aos demais tribunais.

Ocorre que em evolução da jurisdição constitucional, novamente se apura a tendência de o controle incidental ser abstrato, de modo a influenciar as demais lides, equiparando os efeitos decorrentes das decisões que analisam a matéria constitucional entre os então díspares segmentos de verificação, difuso ou concentrado.[23]

Assim é que, havendo precedente do plenário do STF, ainda que em controle difuso de constitucionalidade, convirá ao órgão fracionário invocá-lo, ficando "atado" a sua orientação, de modo a dispensar a instauração do incidente de declaração de inconstitucionalidade ora estudado.[24]

Da assertiva não se extrai que os tribunais tenham que cegamente seguir o raciocínio ditado pelo plenário da Corte Suprema em controle difuso de constitucionalidade realizado em anterior e diverso caso concreto. Algo que é dedutível pela dinamização da sociedade e a possibilidade de mutação constitucional, pela alteração da composição do tribunal, ou mesmo diante do singelo fato de que as circunstâncias acaso não serem de todo idênticas.

Terminante mesmo é manter uma reserva, ainda que exígua, de preservação da jurisdição constitucional desenvolvida perante os tribunais inferiores, evitando uma redução imoderada dos intérpretes da Carta Magna. Qualquer embaraço desta ilação, vale dizer, poderá ser revisto mediante a interposição de recurso extraordinário para reavivar a questão constitucional junto ao STF.

---

[23] MENDES, Gilmar Ferreira; COELHO, Inocêncio Mártires; BRANCO, Paulo Gustavo Gonet. *Curso de direito constitucional* cit., p. 1073.

[24] "Previdência. Contribuição de Inativo. Inadmissibilidade durante a Vigência da Emenda Constitucional 20/1998. A jurisprudência do STF assentou que a contribuição para o custeio da previdência social dos servidores públicos, antes da EC 41/2003, não deve incidir sobre os proventos ou pensões dos aposentados e pensionistas. E tendo assentado também que este entendimento estende-se aos Estados e Municípios (RE 347.825/RS), dispensa-se a observância da regra de reserva de plenário para submeter a questão ao Órgão Especial. Não conhecimento da arguição" (TJRJ, Arguição de Inconstitucionalidade 2007.017.00041, Órgão Especial, j. 21.01.2008).

Cap. 11 – O PROCESSO ENQUANTO INSTRUMENTO PARA CONTROLE DE CONSTITUCIONALIDADE

Em adendo de exegese: o incidente de declaração de inconstitucionalidade poderá ser instaurado para provocar a revisão do entendimento firmado pelo órgão especial do respectivo tribunal, em evolução jurisprudencial do tema.[25] Portanto, *modus in rebus*, ainda que haja precedente de órgão jurisdicional superior, não se pode dizer obrigatória tal dispensa pelo órgão jurisdicional inferior.

2.2.4. Violação ao princípio da reserva de plenário

Analisa-se a situação de encobrimento da declaração de inconstitucionalidade pelo órgão fracionário de tribunal, sem submeter a questão ao órgão especial. Ocorre quando o respectivo acórdão, embora sem explicitar a inconstitucionalidade, afaste a incidência da norma ordinária pertinente à lide para decidi-la sob critérios diversos.

Cita-se um exemplo extraído da jurisprudência da Corte Suprema:[26] a empresa de tabaco Philip Morris intentava comercializar embalagens com quantidade inferior a vinte unidades, em contrariedade à normatividade que regulamenta o imposto sobre produto industrializado (art. 272 do Decreto 2.637/1998). Ocorre que, a despeito da legislação positivada, o TRF da 4.ª Região entendeu que a exigência normativa de restrição à comercialização não guarda razoabilidade, em suposta violação do princípio da livre concorrência (art. 170, IV, da CF), afastando a sua aplicabilidade, porém sem declarar expressamente a inconstitucionalidade e em flagrante desrespeito ao princípio da reserva de plenário.

Vale dizer que o fator motivador desse controle de constitucionalidade implícito (discreto), sem consulta ao órgão especial, tem suporte invariavelmente na obtenção de celeridade processual. Não se retira também um possível intento de atenuação de pressão política e social sobre as decisões do plenário dos tribunais, pois vinculantes, mormente em matérias nevrálgicas, envolvendo o sistema tributário e a previdência social.

Tal prática de "esconder" a declaração de inconstitucionalidade se tornou corriqueira nos tribunais, e, por consequência, assoberbou o STF de recursos extraordinários interpostos diante da burla ao requisito constitucional da reserva de plenário e notório risco abstrato de violação à segurança jurídica.[27]

---

[25] Analogicamente, no âmbito do TJ-RJ, não se nega a possibilidade de qualquer órgão julgador, por motivo relevante reconhecido pela maioria de seus membros, provocar novo pronunciamento do Órgão Especial, salvo se a Assembleia Legislativa já houver suspendido a execução da lei ou ato normativo declarado inconstitucional (art. 103, § 2.º, RITJRJ).

[26] STF, RE 319.181/DF, 1.ª T., rel. Min. Ellen Gracie, j. 21.05.2002.

[27] "(...) Condicionamento da devolução de veículo ao pagamento de multa. Violação aduaneira. Importação. Afastamento de literal disposição de lei. Controle de constitucionalidade. Reserva de plenário. (...) Segundo orientação firmada por esta Suprema Corte, 'reputa-se declaratório de inconstitucionalidade o acórdão que – embora sem o explicitar – afasta a incidência da norma ordinária pertinente à lide para decidi-la sob critérios diversos alegadamente extraídos

Atento ao problema e para conter tal rotina, a Corte Suprema editou precedente vinculante.[28] Atualmente, tal conduta está sujeita à reclamação ao STF (art. 103-A, § 3.º, da CF), para cassar o acórdão reclamado e determinar que outro seja proferido em seu lugar.

2.2.5. Reconhecimento de inconstitucionalidade perante o STF

Certo é que de tão ampla a atividade judicante no controle incidental, até mesmo e sobretudo na esfera de atuação da Corte Suprema se verá o seu desenvolvimento, seja em processos de sua competência originária (art. 102, I, da CF, exceto a alínea "a", pois destinada ao controle por via de ação direta) ou oriundos de sua competência recursal (art. 102, II e III, da CF). A assertiva confirma o enquadramento e a vastidão do controle difuso.

A fiscalização incidental e concreta de constitucionalidade de leis e atos normativos pelo STF, órgão de cúpula do Poder Judiciário e responsável maior pela guarda da Constituição, se realiza, com maior constância, no julgamento do recurso extraordinário, sendo por isso destacado o seu estudo.

O recurso extraordinário visa a impugnar uma decisão judicial, oriunda de tribunal ou turma recursal,[29] sob a alegação de contrariedade direta e frontal ao sistema normativo estabelecido na Carta Magna. Não basta a mera sucumbência do recorrente, havendo submissão às expressas hipóteses de cabimento estipuladas pelo constituinte (art. 102, III, da CF), sendo, pois, um recurso de fundamentação vinculada.

Serve esta espécie recursal à defesa do texto constitucional objetivo, em um trabalho de unificação de jurisprudência pelo STF, tarefa comum à natureza dos tribunais de superposição, para evitar que o direito positivo dessa natureza se disperse em diversas interpretações regionais.

Assinale-se que o recurso extraordinário é descabido para defesa de interesse subjetivo dos litigantes, não se prestando, com efeito, para o exercício de

---

da Constituição' (precedentes). Se bem ou mal decidiu o acórdão recorrido quanto à questão de fundo, ou seja, a impossibilidade de retenção de bem até o pagamento de multa, tal conclusão somente se justifica com o afastamento de literal disposição de lei por incompatibilidade constitucional (art. 75, § 1.º, da Lei 10.833/2003). (...)" (STF, AI 849.152 AgR/MG, 2.ª T., rel. Min. Joaquim Barbosa, j. 14.02.2012).

[28] STF. Verbete Sumular Vinculante 10, STF: "Viola a cláusula de reserva de plenário (CF, art. 97) a decisão de órgão fracionário de tribunal que, embora não declare expressamente a inconstitucionalidade de lei ou ato normativo do Poder Público, afasta a sua incidência no todo ou em parte".

[29] O texto constitucional não circunscreve o cabimento de recurso extraordinário aos provimentos emanados por tribunal. STF. Verbete Sumular 640: "É cabível recurso extraordinário contra decisão proferida por juiz de primeiro grau nas causas de alçada, ou por turma recursal de juizado especial cível e criminal".

Cap. 11 – O PROCESSO ENQUANTO INSTRUMENTO PARA CONTROLE DE CONSTITUCIONALIDADE

um novo juízo de mérito sobre o objeto litigioso.[30] A modificação do julgado pretendida pelo recorrente constitui um mero efeito indireto decorrente do acolhimento do recurso.

A partir do desiderato do recurso extraordinário, são justificáveis as restrições ao seu processamento e julgamento, notadamente pela elaboração de um excepcional juízo de admissibilidade, com atendimento de pressupostos recursais específicos, além dos genéricos exigidos para os recursos de cunho ordinário.

Ganha relevância examinar o pressuposto recursal específico da repercussão geral, introduzido pela Lei 11.418/2006, pela modificação do Estatuto Processual pátrio (art. 543-A do CPC), preenchendo lacuna do texto magno proveniente da EC 45/2004 (art. 102, § 3.º, da CF). Autoriza-se o STF, de forma exclusiva, a recusar o recurso extraordinário se não demonstrada a repercussão geral das questões constitucionais ali versadas, considerando "a existência, ou não, de questões relevantes do ponto de vista econômico, político, social ou jurídico, que ultrapassem os interesses subjetivos da causa" (art. 543-A, § 1.º, do CPC).

Sem sombra de dúvida, o intuito da normatividade é racionalizar a atividade jurisdicional, para atenuar o crônico problema do abarrotamento das pautas de julgamento da Suprema Corte, em ataque frontal às causas seriadas – seu principal objetivo. Em apreço, a crise do recurso extraordinário, somada à grande porção de recursos conexos daí advindos.[31]

Interessante é notar que a exigência da demonstração da repercussão geral no recurso extraordinário afeta a própria figuração do STF como última instância do controle difuso de constitucionalidade, afinal serão resolvidas, em caráter definitivo pela instância ordinária, as questões constitucionais debatidas em lides intersubjetivas individuais que não tenham qualquer projeção *ultra partes* ou *erga omnes*.[32]

Ademais, na conjuntura da repercussão geral foi incluído regramento simplificador de outros recursos pendentes que veiculem igual controvérsia, notadamente o bloqueio de processos repetitivos (art. 543-B do CPC), para que

---

[30] O recurso extraordinário possui efeito devolutivo restrito, limitado às questões de direito constitucional; não é serviente, portanto, para reexame de fatos e, consequentemente, de provas, ainda que demonstrado que a matéria fática é incompleta ou deveria ter sido provada de forma mais sólida na instância ordinária. STF. Verbete Sumular 279: "Para simples reexame de prova não cabe recurso extraordinário".

[31] Pondera-se que "não faz sentido que o Pretório Excelso perca o seu tempo (e o do País) julgando causas que não têm qualquer relevância nacional, verdadeiras brigas de vizinhos, como fazia antes da EC 45/2004". CÂMARA, Alexandre Freitas. *Lições de direito processual civil*. 14. ed. Rio de Janeiro: Lumen Juris, 2007. v. 2, p. 141.

[32] VENTURI, Elton. Anotações sobre a repercussão geral como pressuposto de admissibilidade do recurso extraordinário. In: MEDINA, José Miguel Garcia et alii (Coord.). *Os poderes do juiz e o controle das decisões judiciais*. Estudos em homenagem à professora Teresa Arruda Alvim Wambier. São Paulo: RT, 2008. p. 912.

a decisão de mérito pacificadora adotada pela Corte Suprema nos recursos extraordinários selecionados seja adotada nos processos múltiplos sobrestados[33] por versar sobre questão constitucional idêntica.

Esse particular de vinculação obrigatória do *leading case* da Corte Suprema aos demais feitos denota a tendência de objetivação do recurso extraordinário, que, a despeito de constituir um instrumento do controle difuso, provocado pelo interesse particular dos litigantes, acaba serviente também como um mecanismo de verificação abstrata da constitucionalidade, propulsado pelo interesse público.

Como se percebe, uma nova roupagem de Corte Constitucional passou a ter o STF diante da redefinição dos efeitos extraídos de suas decisões, em sentido da objetivação. Nenhum sobressalto se extrai desta propensão, afinal o titular da palavra definitiva sobre a validade das normas há de ter em vista o melhor cumprimento de sua missão de guarda da Constituição.

> (...) O Supremo Tribunal Federal tem entendido, a respeito da tendência de não estrita subjetivação ou de maior objetivação do recurso extraordinário, que ele deixa de ter caráter marcadamente subjetivo ou de defesa de interesse das partes, para assumir, de forma decisiva, a função de defesa da ordem constitucional objetiva (...).[34]

2.2.6. Reconhecimento de inconstitucionalidade perante o STJ

Por sua vez, o STJ também se apresenta apto a realizar o controle incidental, difuso, de constitucionalidade, exercitando-o, sem entraves, nas causas de sua competência originária (art. 105, I, da CF) ou nas que lá chegarem mediante recurso ordinário (art. 105, II, da CF).

Também será possível tal verificação constitucional em recurso especial (art. 105, III, da CF), desde que a controvérsia magna tenha surgido no próprio julgamento realizado pelo STJ. Explica-se: a questão constitucional originada nos tribunais de instância inferior está sujeita a interposição de recurso extraordinário para o STF, havendo preclusão da matéria no caso de o interessado ter se valido apenas do recurso especial, já que voltado este último para reexame do direito infraconstitucional. Desse modo, o acórdão do STJ proferido no julgamento de recurso especial somente legitimará o uso da via recursal extraordinária se a

---

[33] O represamento poderá ser efetivado por ato do presidente do tribunal local (art. 543-B, § 1.º, do CPC) ou pelo próprio STF, por ato de seu presidente ou relator. Assim é que os demais tribunais do país, devidamente oficiados ou comunicados, ficam impedidos de enviar novos processos à Corte Suprema que discutam a questão suscetível de reproduzir-se em múltiplos feitos (art. 328, RISTF), podendo os respectivos Ministros do STF, ainda, promover a devolução à origem daqueles casos repetitivos que estiverem em seus gabinetes (art. 328, parágrafo único, do RISTF).

[34] STF, RE 475.812 AgR/SP, 2.ª T., rel. Min. Eros Grau, j. 13.06.2006.

Cap. 11 – O PROCESSO ENQUANTO INSTRUMENTO PARA CONTROLE DE CONSTITUCIONALIDADE

questão constitucional nele versada for diversa daquela decidida pela instância ordinária.[35]

> (...) Não se contesta que, no sistema difuso de controle de constitucionalidade, o STJ, a exemplo de todos os demais órgãos jurisdicionais de qualquer instância, tenha o poder de declarar incidentemente a inconstitucionalidade da lei, mesmo de ofício; o que não é dado àquela Corte, em recurso especial, é rever a decisão da mesma questão constitucional do tribunal inferior; se o faz, de duas uma: ou usurpa a competência do STF, se interposto paralelamente o extraordinário ou, caso contrário, ressuscita matéria preclusa. (...).[36]

2.3. Eficácia da decisão

Não se tornará imutável a questão constitucional decidida em controle incidental, pois faz parte da fundamentação do provimento (art. 469, III, do CPC). Guarda-se respeito à delimitação do objeto da causa, que não é a declaração da inconstitucionalidade, mas seu simples reconhecimento como questão prejudicial. Primariamente, isso significa que a resolução do teste constitucional de uma lei ou ato normativo em um caso concreto não impedirá que um juízo entenda pela constitucionalidade do mesmo dispositivo em diversa demanda.

Nesse diapasão, convém salientar ser inadmissível a qualquer das partes ajuizar uma ação declaratória incidental (art. 470 do CPC) sobre a inconstitucionalidade de lei (questão prejudicial), em um caso concreto, já que somente a Corte Suprema tem competência para conhecer da inconstitucionalidade como objeto principal do processo, notadamente no controle por via de ação direta.[37]

No aspecto subjetivo, o reconhecimento incidental sobre a constitucionalidade resta restrito aos sujeitos da relação jurídica processual concreta, produzindo efeitos *inter partes* (art. 472 do CPC), sem afetar terceiros.

---

[35] "(...) 1. Nos termos da jurisprudência do STF, a admissibilidade do recurso extraordinário interposto contra acórdão do STJ está adstrita a discussões constitucionais inauguradas no julgamento do recurso especial. As matérias constitucionais que já foram objeto de análise pelas instâncias ordinárias precluem, ante a não interposição simultânea de recurso extraordinário e recurso especial. Precedentes (...)" (STF, AI 761.983 AgR/PE, 2.ª T., rel. Min. Ayres Britto, j. 19.10.2010). Em igual sentido: STJ. Verbete Sumular 126: "É inadmissível recurso especial, quando o acórdão recorrido assenta em fundamentos constitucional e infraconstitucional, qualquer deles suficientes, por si só, para mantê-lo e a parte vencida não manifesta o recurso extraordinário".

[36] STF, AI 145.589 AgR/RJ, Tribunal Pleno, rel. Min. Sepúlveda Pertence, j. 02.09.1993.

[37] "(...) Ação declaratória incidental na qual o Agravante pretende a declaração em abstrato da inconstitucionalidade de Lei Municipal, não estando o mesmo entre os legitimados para ação declaratória de inconstitucionalidade elencados no art. 103 da CF, sendo o juízo monocrático incompetente para a sua apreciação. Ausência das condições da ação. Extinção da ação declaratória incidental sem apreciação do mérito (...)". TJ-RJ, AgIn 0031519-42.2010.8.19.0000, 8.ª Câmara Cível, rel. Des. Ana Maria Oliveira, j. 19.10.2010.

Ocorre que prolatada decisão definitiva pela Excelsa Corte que reconheça incidentalmente a inconstitucionalidade de uma lei, sobretudo em recurso extraordinário, será comunicado o Senado Federal, para que possa, discricionariamente[38] e sem sujeição a prazo – ato político legislativo, com apreciação de conveniência e oportunidade política –, suspender a execução desta, no todo ou em parte, por meio de resolução (art. 52, X, da CF).[39]

O sentido da providência é converter a eficácia da decisão definitiva de inconstitucionalidade proferida pelo STF em um caso concreto, que, ordinariamente, só teria efeitos limitados às partes em litígio, atribuindo-a eficácia geral, *erga omnes*, de modo que seja retirada a vigência da norma impugnada. Enquanto perdurar a ausência dessa manifestação pelo Senado Federal, o precedente da Corte Suprema não terá efeito vinculante, podendo ser desrespeitado pelos tribunais inferiores, embora seja cabível recurso extraordinário para que o STF assente sua decisão.

Intuitivo é que se a Corte Suprema rejeitar a arguição de inconstitucionalidade, permanecendo válida a lei ou ato normativo, será desimportante qualquer aviso ao Senado Federal para tal fim.

Frise-se, bem assim, que é desnecessária a comunicação ao Senado Federal sobre a decisão declaratória de inconstitucionalidade proferida pela Excelsa Corte em sede de controle por via de ação direta, uma vez que tal provimento já produz efeito contra todos (art. 102, § 2.º, da CF).

Decerto, a fórmula de eficácia geral conferida ao controle abstrato de normas praticado pelo Poder Judiciário, somada à ampliação marcante de sua legitimação (art. 103 da CF) e da viabilidade de obtenção de um provimento liminar capaz de suspender a eficácia do ato normativo (art. 10 da Lei 9.868/1999), muito

---

[38] No sentido do texto, entendendo que o Senado Federal se reveste de liberdade de conformação legislativa negativa. MORAES, Guilherme Peña de. *Curso de direito constitucional*. 3. ed. São Paulo: Atlas, 2010. p. 165. SARLET, Ingo Wolfgang; MARINONI, Luiz Guilherme; MITIDIERO, Daniel. *Curso de direito constitucional*. São Paulo: RT, 2012. p. 883. Igualmente: "Ressalte-se que a inércia do Senado não afeta a relação entre os Poderes, não se podendo vislumbrar qualquer violação constitucional na eventual recusa à pretendida extensão de efeitos. Evidentemente, se pretendesse outorgar efeito genérico à decisão do Supremo Tribunal, não precisaria o constituinte valer-se dessa fórmula complexa". MENDES, Gilmar Ferreira; COELHO, Inocêncio Mártires; BRANCO, Paulo Gustavo Gonet. *Curso de direito constitucional* cit., p. 1081.

[39] Foi a Constituição de 1934 que sancionou originariamente a competência do Senado Federal para suspender a execução de lei declarada inconstitucional pelo Poder Judiciário, no sentido de dar maior eficácia às decisões tomadas pelo STF (arts. 91, IV e 96). "Em realidade, a participação do Senado Federal no controle de constitucionalidade é criação pátria, dos Constituintes de 1934, um tempo em que não havíamos admitido o controle abstrato e, ao mesmo tempo, relutamos em admitir a criação de uma corte constitucional típica. Ficamos no meio do caminho entre o controle judicial, norte-americano, e o controle político, europeu, surgindo a posição híbrida do Senado Federal". PALU, Oswaldo Luiz. *Controle de constitucionalidade*. 2. ed. São Paulo: RT, 2001. p. 153.

Cap. 11 – O PROCESSO ENQUANTO INSTRUMENTO PARA CONTROLE DE CONSTITUCIONALIDADE

contribuiu para mitigar a aplicabilidade da atuação do Senado Federal em desfecho do controle incidental, inspirada esta numa concepção ultrapassada da separação de poderes.

A despeito da literalidade da dicção normativa em análise (art. 52, X, da CF), ergue-se exegese que propugna a eficácia *erga omnes* e vinculante da inconstitucionalidade declarada em controle difuso, independentemente da atuação do Senado Federal, a quem caberia limitadamente publicar a decisão do STF no *Diário do Congresso Nacional*.[40] Haveria no caso verdadeira mutação constitucional tornando ultrapassada a tarefa outorgada a esta casa do Congresso Nacional.

O fundamento para tanto perpassa pela abstrativização/objetivação do controle concreto, considerada a outorga legislativa de efeitos gerais às decisões proferidas pelo STF nessa modalidade de verificação constitucional.[41] Em justificativa, expõem-se a tardança para que se dê o julgamento definitivo pela Corte Suprema na via incidental, bem como, em corolário disso, a necessidade de racionalização da efetividade da prestação jurisdicional, comedindo a enxurrada de demandas que versem sobre matéria idêntica àquela julgada no precedente jurisdicional.

De fato, vários expedientes foram disponibilizados para permitir aos órgãos jurisdicionais inferiores aplicar os precedentes jurisdicionais firmados em matéria constitucional (arts. 481, parágrafo único; 518, § 1.º; 557 e § 1.º-A, do CPC, dentre outros), com destaque à súmula de caráter vinculante (art. 103-A da CF, acrescentado pela EC 45/2004). Esta última, por exemplo, poderá conferir interpretação vinculante à decisão que declarar a inconstitucionalidade de lei, sem que haja, no entanto, eliminação formal desta no ordenamento jurídico.

Orientação similar se vê na permissão de controle incidental de constitucionalidade nas ações coletivas, desde que isso seja reconhecido como questão prejudicial, em antecedente lógico do julgamento de específica e concreta relação jurídica – e não como objeto do feito, pois do contrário haveria usurpação, pelo órgão de primeira instância, competente para a demanda coletiva, da competência da Corte Suprema (art. 102, I, "a", da CF).[42]

---

[40] "Parece legítimo entender que a fórmula relativa à suspensão de execução da lei pelo Senado Federal há de ter simples efeito de publicidade. (...) Tal como assente, não é (mais) a decisão do Senado que confere eficácia geral ao julgamento do Supremo. A própria decisão da Corte contém essa força normativa" (MENDES, Gilmar Ferreira; COELHO, Inocêncio Mártires; BRANCO, Paulo Gustavo Gonet. *Curso de direito constitucional* cit., p. 1090).

[41] "Perante o Pleno do Supremo Tribunal Federal, são praticamente idênticos os procedimentos para a declaração de inconstitucionalidade nos modelos concreto e abstrato. A partir da noção de processo de caráter objetivo – que abrange ambos os modelos – não existe qualquer razão plausível para se atribuir efeito vinculante a um modelo e não a outro" (MARINONI, Luiz Guilherme. *Teoria geral do processo* cit., p. 55).

[42] Decididamente, a declaração em abstrato da inconstitucionalidade, com a exclusão da regra atacada do sistema de direito positivo, não é nem pode ser o objeto da ação coletiva. "Reclamação: procedência: usurpação da competência do STF (CF, art. 102, I, a). Ação civil pública em que a declaração de inconstitucionalidade com efeitos *erga omnes* não é posta como causa

Ocorre que diante da eficácia subjetiva da coisa julgada *erga omnes* da ação coletiva, a atingir todos os substituídos do processo (art. 103 do CDC), o reconhecimento da inconstitucionalidade, ainda que na fundamentação, em algumas situações, poderá chegar ao mesmo resultado prático – com respeito aos limites da demanda – que haveria na hipótese de pedido (objeto) explícito de declaração de invalidade da norma em abstrato.[43]

Destarte, torna-se reconhecível mais uma faceta de aproximação ao controle por via direta, diante da autorização à jurisdição ordinária de primeiro grau, competente para a ação coletiva, para proferir uma decisão em um controle concreto com inevitável eficácia *erga omnes*, independentemente de qualquer atuação do Senado Federal.

Faz seguir que estranho à lógica presente é negar autoridade a uma decisão proferida pelo Pleno do STF, em limitação do alcance de seus efeitos, somente porque prolatada no controle incidental, e não em ação direta. Constituiria, aliás, "uma demasia, uma violação ao princípio da economia processual, obrigar um dos legitimados do art. 103 a propor ação direta para produzir uma decisão que já se sabe qual é!".[44]

Em acréscimo, diga-se que o panorama ora retratado, a velar pela uniformização e pela estabilidade da jurisprudência, é reconhecido pelo anteprojeto da nova legislação processual codificada:

> Projeto do novo CPC: "Art. 882. (...) IV – a jurisprudência do Supremo Tribunal Federal e dos tribunais superiores deve nortear as decisões de todos os tribunais e juízos singulares do país, de modo a concretizar plenamente os princípios da legalidade e da isonomia; (...)".

Fato é que, apesar do desuso na aplicação do dispositivo comentado (art. 52, X, da CF), mormente pela prontidão e alcance da verificação de constitucionalidade por via direta, bem como pelo fenômeno de abstrativização do controle

---

de pedir, mas, sim, como o próprio objeto do pedido, configurando hipótese reservada à ação direta de inconstitucionalidade de Leis Federais, da privativa competência originária do STF" (STF, Rcl 2.224/SP, Tribunal Pleno, rel. Min. Sepúlveda Pertence, j. 26.10.2005).

[43] Para atenuar tal resultado, o legislador buscou elaborar limitações de cunho material (art. 1.º, parágrafo único, da Lei 7.347/1985) e territorial aos efeitos da coisa julgada (art. 16 da Lei 7.347/1985 c/c art. 2.º-A da Lei 9.494/1997). Não se olvide, ainda, que a decisão da ação coletiva estará sujeita, no momento adequado, ao controle recursal extraordinário pelo STF (art. 102, III, da CF), apoucando o embate sobre a alegada usurpação de competência: "(...) 8. Nas ações coletivas, não se nega, à evidência, também, a possibilidade da declaração de inconstitucionalidade, *incidenter tantum*, de lei ou ato normativo federal ou local. 9. A eficácia *erga omnes* da decisão, na ação civil pública, ut art. 16, da Lei 7.347/1997, não subtrai o julgado do controle das instâncias superiores, inclusive do STF (...)" (STF, Rcl 600/SP, Tribunal Pleno, rel. Min. Néri da Silveira, j. 03.09.1997).

[44] BARROSO, Luís Roberto. *O controle de constitucionalidade no direito brasileiro* cit., p. 158.

Cap. 11 – O PROCESSO ENQUANTO INSTRUMENTO PARA CONTROLE DE CONSTITUCIONALIDADE 483

concreto, subsiste, ainda, a atribuição ao Senado Federal para suspensão da execução de lei declarada inconstitucional por decisão definitiva do STF, não em configuração de um obstáculo, mas em complemento da efetividade desta. Aguarda a comunidade jurídica, assim, o desfecho de uma mutação constitucional possivelmente já ocorrida.

Finalmente, em referência à eficácia temporal, cabe aduzir que é dado geralmente um caráter retroativo, *ex tunc*, ao provimento que realiza o controle incidental de constitucionalidade, em raciocínio escoltado na teoria da nulidade da norma reconhecida como incompatível com a Carta Magna.

Entretanto, apesar da omissão do constituinte e do legislador, de *lege lata*, não é inviável aplicar a técnica de modulação/manipulação dos efeitos da decisão, de modo prospectivo, ainda que em controle incidental realizado pelo STF, para assegurar a cordata sobrevivência da lei reconhecida como inconstitucional, nas situações em que recomendar o interesse público e a segurança jurídica.[45] Decerto, exteriorizado por esta mesma segurança jurídica, estará a manutenção daquilo que foi objeto das fórmulas de preclusão, como a coisa julgada e a prescrição.

> Projeto do novo CPC: "Art. 882. (...) V – na hipótese de alteração da jurisprudência dominante do Supremo Tribunal Federal e dos tribunais superiores ou daquela oriunda de julgamento de casos repetitivos, pode haver modulação dos efeitos da alteração no interesse social e no da segurança jurídica. § 1.º A mudança de entendimento sedimentado observará a necessidade de fundamentação adequada e específica, considerando o imperativo de estabilidade das relações jurídicas".

Na aplicação analógica daquilo que já dispõe o controle abstrato de normas (art. 27 da Lei 9.868/1999), mais uma vez se relata uma aproximação dos modelos de verificação de constitucionalidade.

Sobre a eficácia temporal concernente à comentada suspensão da execução pelo Senado Federal, na generalização dos efeitos do reconhecimento incidental de inconstitucionalidade, depara-se com um terreno por demais pantanoso. Precedente antigo da jurisprudência da Corte Excelsa segue o raciocínio de que a respectiva resolução deve ter efeitos *ex tunc*, retroativo à formação da norma

---

[45] "(...) A declaração de inconstitucionalidade reveste-se, ordinariamente, de eficácia *ex tunc* (RTJ 146/461-462 – RTJ 164/506-509), retroagindo ao momento em que editado o ato estatal reconhecido inconstitucional pelo STF. O STF tem reconhecido, excepcionalmente, a possibilidade de proceder à modulação ou limitação temporal dos efeitos da declaração de inconstitucionalidade, mesmo quando proferida, por esta Corte, em sede de controle difuso. Precedente: RE 197.917/ SP, rel. Min. Maurício Corrêa (Pleno). (...)". STF, RE 353.508 AgR/RJ, 2.ª T., rel. Min. Celso de Mello, j. 15.05.2007. A doutrina segue o mesmo rumo, reconhecendo admissível a modulação de efeitos em recurso extraordinário: SARLET, Ingo Wolfgang; MARINONI, Luiz Guilherme; MITIDIERO, Daniel. *Curso de direito constitucional* cit., p. 879.

posteriormente declarada inconstitucional.[46] Certo é que a polêmica perde importância na falta de robustez dessa atribuição do Senado Federal no sistema atual de controle de constitucionalidade brasileiro, como explanado.

3. CONTROLE DE CONSTITUCIONALIDADE POR VIA DIRETA

3.1. Particularidades

Guardando relação histórica com o modelo europeu, ou especificamente austríaco, em influência do pensamento de Hans Kelsen, que o concebeu para ser consagrado na Constituição de 1920 daquele país, o sistema ora estudado adota formas concentradas e abstratas de controle de constitucionalidade dos atos normativos,[47] de forma diametralmente oposta ao sistema de origem norte-americana.

O ordenamento jurídico brasileiro cedeu a esta concepção, fazendo previsão do controle de constitucionalidade por via direta, concentrado, em convivência harmônica com aquele realizado por via incidental, difusa, na outorga de uma sistematização híbrida ou eclética à matéria.

Sob o prisma do número de órgãos a realizar o controle de constitucionalidade por via direta, centraliza-se o poder de fiscalização no STF, com exclusão de qualquer outro – com a ressalva da competência dos tribunais estaduais, em diversa relação objeto/parâmetro (art. 125, § 2.º, da CF) –, de onde advém seu enquadramento como um *controle concentrado*. Seu sentido é buscar a fiscalização da compatibilidade entre os textos legislativo e constitucional como questão principal (*principaliter*) do processo. Nesta via, quer-se apenas obter um pronunciamento acerca da constitucionalidade/inconstitucionalidade da própria legislação, se deve ou não permanecer no sistema positivo (objeto).

Ainda que tenha natureza jurisdicional, a verificação da constitucionalidade é realizada em tese, de forma impessoal. Encontra-se aqui um *controle abstrato*, sem análise de um litígio concreto, e, portanto, sem a tutela de direitos subjetivos.

Assim, amolda-se como um *processo objetivo*, afinal o controle por via de ação direta busca tutelar a própria ordem constitucional, mediante resolução de controvérsias concernentes à legitimidade da norma jurídica independente

---

[46] "(...) A suspensão da vigência da lei por inconstitucionalidade torna sem efeito todos os atos praticados sob o império da lei inconstitucional." STF, RMS 17.976/SP, 3.ª T., rel. Min. Amaral Santos, j. 13.09.1968. Em sentido contrário, de que a decisão judicial tem efeitos *ex tunc* e *inter partes*, mas a resolução do Senado Federal possui efeito *ex nunc* e *erga omnes*. MORAES, Guilherme Peña de. *Curso de direito constitucional* cit., p. 168.

[47] Não é possível resumir em poucas linhas a grande variedade e riqueza de expedientes que o direito comparado regula a respeito da atuação dos Tribunais Constitucionais na fiscalização de compatibilidade normativa da legislação, algo comum no contexto europeu, como se confere na lei magna espanhola (art. 161, *Constitución Española*), italiana (art. 134, *Costituzione della Repubblica Italiana*) e francesa (art. 61, *Cinquième République*), dentre outras.

Cap. 11 – O PROCESSO ENQUANTO INSTRUMENTO PARA CONTROLE DE CONSTITUCIONALIDADE

de suportes fáticos, inclusive para eliminá-la do ordenamento, quando agirá o órgão julgador como verdadeiro legislador negativo.[48] Isso porque a questão da constitucionalidade, ao fazer parte do dispositivo do comando jurisdicional, terá aptidão para se tornar imutável, possuindo ainda efeitos *erga omnes*, para se tornar obrigatória para todos (art. 102, § 2.º, da CF c/c art. 28, parágrafo único, da Lei 9.868/1999).

> Quando se afirma tratar-se de processo objetivo se quer dizer aquele em que não há interesses individuais ou coletivos específicos, e, assim, não há a menor relevância do interesse processual nos moldes do processo civil clássico, como uma das condições da ação; deve estar presente, entretanto, a possibilidade jurídica do pedido e a legitimação.[49]

Outro elemento que o distingue, extraído da noção exposta, é que no processo de natureza objetiva não se tem tecnicamente partes, mas apenas meros interessados, legitimados institucional e exclusivamente para buscar a preservação do sistema jurídico (art. 103 da CF). Vê-se o controle por via direta dominado pelo princípio da oficialidade, prescindindo de uma relação processual entre partes e juiz.

Inconfundível é, portanto, com o controle por via incidental, já que este último supõe a existência de um caso concreto, em que em uma situação subjetiva individual é suscitada uma controvérsia de índole constitucional, acessível a qualquer sujeito que disponha de legítimo interesse, e com limitação de efeitos da tutela jurisdicional àquela respectiva demanda.

Tais características mencionadas, mormente quanto à legitimidade e efeitos da decisão prolatada, tornam nítido o traço coletivo das demandas envolvendo o controle de constitucionalidade por via de ação direta. Tal método, além de permitir a tutela imediata da ordem jurídica, servirá indiretamente para autorizar ou desautorizar a incidência da norma constitucional, com reflexo vinculante de seu comando em demandas pulverizadas que analisem direitos subjetivos individuais.[50]

---

[48] A declaração de inconstitucionalidade demonstra um controle com nítida aproximação política, ao ditar a exclusão de manifestação estatal, pois em desconformidade com o texto constitucional. "(...) Não é dado ao Poder Judiciário atuar como legislador positivo, mas apenas como legislador negativo nas hipóteses de declaração de inconstitucionalidade (...)." STF, RE 493.234 AgR/RS, 1.ª T., rel. Min. Ricardo Lewandowski, j. 27.11.2007. Em amostragem: diante da elaboração de legislação a permitir e disciplinar exposições e competições entre aves das raças combatentes (popular "briga de galo"), viu-se aberta a via do controle de constitucionalidade por via direta, por um dos legitimados, para mensurar em abstrato a possível ofensa ao meio ambiente e à preservação de sua integridade (art. 225 da CF), além da proteção da fauna (art. 225, § 1.º, VIII, da CF). STF, ADI 1.856/RJ, Tribunal Pleno, rel. Min. Celso de Mello, j. 26.05.2011.

[49] PALU, Oswaldo Luiz. *Controle de constitucionalidade* cit., p. 192.

[50] "(...) toda vez que se outorga a um Tribunal especial atribuição para decidir questões constitucionais, limita-se, explícita ou implicitamente, a competência da jurisdição ordinária para apreciar

(...) não há como negar que o sistema de controle de constitucionalidade constitui, mais que modo de tutelar a ordem jurídica, um poderoso instrumento para tutelar, ainda que indiretamente, direitos subjetivos individuais, tutela que acaba sendo potencializada em elevado grau, na sua dimensão instrumental, pela eficácia vinculante das decisões. É, em outras palavras, um especial modo de prestar tutela coletiva.[51]

Ademais, a sentença de mérito proferida no controle por via direta se assemelha à sentença de procedência em ação coletiva para tutelar direitos individuais homogêneos, já que ambas têm caráter de sentença genérica (art. 95 do CDC), constituindo título judicial em favor de todos os titulares individuais de direitos subjetivos, que assim estarão autorizados a demandar em juízo o cumprimento dos direitos nelas reconhecidos.

Como consequência, sendo objetivo, e insitamente coletivo, não fica o referido controle direto dependente/obstado pela existência de uma demanda concreta, individual, versando sobre aquela questão constitucional.[52]

3.2. Processo objetivo e delimitações procedimentais gerais

Do caráter objetivo do instrumento, na dimensão essencialmente política em que se projeta a atividade institucional exercida nesse tipo de controle de constitucionalidade, são extraídas várias especificidades no plano procedimental.

É preciso ter em perspectiva que nem sempre serão aplicadas, na pauta usual de comportamento hermenêutico, de forma sistemática ou subsidiária, as normas e princípios concernentes aos processos de índole subjetiva.

3.2.1. Impossibilidade de desistência

Há regramento expresso neste sentido na legislação correlata (arts. 5.º, 16, 12-D da Lei 9.868/1999),[53] isso porque o autor não veicula direito subjetivo seu. Segue-se a tendência legislativa de dificultar/impedir a disposição de direitos em causas de caráter coletivo, como se vê, exemplificativamente, na ação civil

---

tais controvérsias." MENDES, Gilmar Ferreira; COELHO, Inocêncio Mártires; BRANCO, Paulo Gustavo Gonet. *Curso de direito constitucional* cit., p. 1062.

[51] ZAVASKI, Teori Albino. *Processo coletivo*: tutela de direitos coletivos e tutela coletiva de direitos. 3. ed. São Paulo: RT, 2008. p. 279.

[52] "(...) 1. O controle direto de constitucionalidade precede o controle difuso, não obstando o ajuizamento da ação direta o curso do julgamento do recurso extraordinário (...)" (STF, ADC-MC 18/DF, Tribunal Pleno, rel. Min. Menezes Direito, j. 13.08.2008).

[53] Art. 169, § 1.º, RISTF: "Proposta a representação, não se admitirá desistência, ainda que afinal o Procurador-Geral se manifeste pela improcedência".

Cap. 11 – O PROCESSO ENQUANTO INSTRUMENTO PARA CONTROLE DE CONSTITUCIONALIDADE

pública (art. 5.º, § 3.º, da Lei 7.347/1985) e na ação popular (art. 9.º da Lei 4.717/1965).

Mesma inclinação para a objetividade pode ser vista nos processos de índole subjetiva, em interpretação limitativa das faculdades processuais que as partes dispõem. Lá, por exemplo, não se acatou a pretensão de desistência de recurso especial representativo da controvérsia (art. 543-C, § 1.º, do CPC), de modo a impedir que o recorrente, em prol unicamente do seu interesse individual, pudesse obstar que o tribunal firmasse uma orientação quanto à questão idêntica de direito existente em múltiplos recursos. Entendeu-se que subsiste a prevalência do interesse da coletividade sobre o interesse individual do recorrente quando em julgamento de causas submetidas ao específico rito.[54]

3.2.2. Vedação de intervenção de terceiros

Tratando-se de processo objetivo, constata-se a impossibilidade de ocorrência de prejuízo a direito subjetivo, razão de ser da criação das modalidades interventivas (arts. 50/80 do CPC), sendo por isso vedada a intervenção de terceiro em processo pendente de natureza objetiva (arts. 7.º e 18 da Lei 9.868/1999).[55] Realmente, ninguém tem direito subjetivo à validade ou invalidade da lei *in abstracto*.

Entretanto, discute-se a possibilidade de um legitimado intervir como assistente litisconsorcial (art. 54 do CPC) na demanda ajuizada por outro legitimado. Em sentido contrário, aduz-se que haveria prejuízo à celeridade do feito, diante da falta de estabilidade subjetiva, servindo tal argumento para escorar os vetos aos §§ 1.º dos arts. 7.º e 18 da Lei 9.868/1999, que permitiam a intervenção do colegitimado.[56] A Corte Suprema tem prece-

---

[54] "(...) É inviável o acolhimento de pedido de desistência recursal formulado quando já iniciado o procedimento de julgamento do Recurso Especial representativo da controvérsia, na forma do art. 543-C do CPC c/c Resolução 08/08 do STJ. (...)." STJ, QO no REsp 1.063.343-RS, Corte Especial, rel. Min. Nancy Andrighi, j. 17.12.2008. Essa diretriz foi lembrada pelo legislador na pretensa nova codificação processual. Projeto do novo CPC: "Art. 952. Parágrafo único. No julgamento de recurso extraordinário cuja repercussão geral já tenha sido reconhecida e no julgamento de recursos repetitivos afetados, a questão ou as questões jurídicas objeto do recurso representativo de controvérsia de que se desistiu serão decididas pelo Superior Tribunal de Justiça ou pelo Supremo Tribunal Federal".

[55] Art. 169, § 2.º, RISTF: "Não se admitirá assistência a qualquer das partes".

[56] É válido reproduzir um dos parágrafos vetados (§ 1.º, art. 7.º, Lei 9.868/1999): "Os demais titulares referidos no art. 2.º poderão manifestar-se, por escrito, sobre o objeto da ação e pedir a juntada de documentos reputados úteis para o exame da matéria, no prazo das informações, bem como apresentar memoriais". Seguem as razões do veto: "A aplicação deste dispositivo poderá importar em prejuízo à celeridade processual. A abertura pretendida pelo preceito ora vetado já é atendida pela disposição contida no § 2.º do mesmo artigo. Tendo em vista o volume de processos apreciados pelo STF, afigura-se prudente que o relator estabeleça o grau da abertura, conforme a relevância da matéria e a representatividade dos postulantes (...)".

dente inadmitindo o recurso de terceiro prejudicado (art. 499 do CPC), em situação análoga.[57]

O sentido favorável é o que se revela mais acertado a nosso sentir. Suficiente é seguir o raciocínio lógico de que quem pode o mais, que é ajuizar a demanda, poderá o menos, que é intervir. O interesse processual do terceiro interveniente se evidencia pelo simples reconhecimento de que, nas ações de controle por via direta, a causa de pedir é aberta, podendo o tribunal se valer de outro fundamento que não aquele descrito pelo autor originário. E não se vê vedada a assistência litisconsorcial em outros processos de índole coletiva, valendo mais uma vez mencionar o procedimento da ação civil pública (art. 5.º, § 2.º, da Lei 7.347/1985) e da ação popular (art. 6.º, § 5.º, da Lei 4.717/1965).

> Se se admite o litisconsórcio ativo neste tipo de demanda, realmente não há por que impedir o ingresso de colegitimado, em posição semelhante ao de assistente litisconsorcial, que nada mais é do que hipótese de litisconsórcio ativo facultativo ulterior. (...) A razão de ser da proibição de terceiros, portanto, não se aplica – e se não há identidade de razão, não cabe ao operador pugnar pela aplicação cega e tacanha da letra da lei.[58]

3.2.3. Permissão para manifestação do amicus curiae

A participação do personagem do *amicus curiae* no controle de constitucionalidade por via direta atua no sentido da legitimação social dos provimentos jurisdicionais mediante a pluralização do debate, reverenciando, ainda, o papel de tribunal constitucional da Corte Suprema (art. 7.º, § 2.º, da Lei 9.868/1999[59] c/c art. 6.º, § 1.º, *in fine*, da Lei 9.882/1999).

Explica-se a finalidade de sua intervenção: o "amigo da Corte", e não propriamente das partes, pode intervir em um feito, de forma espontânea ou provocada, em apoio técnico ao magistrado, auxiliando-o na tarefa hermenêutica. Intervém ele no feito, *in casu*, para se manifestar sobre a questão de direito subjacente à própria controvérsia constitucional, de forma a aprimorar a prestação jurisdi-

---

[57] "(...) 1. Ação direta de inconstitucionalidade. Intervenção de terceiros e assistência. Impossibilidade: Lei 9.868/1999, art. 7.º, e RISTF, art. 169, § 2.º. Recurso interposto por terceiro prejudicado. Não cabimento. Precedentes. 2. Embargos de declaração opostos pela OAB. Legitimidade. Questão de Ordem resolvida no sentido de que é incabível a interposição de qualquer espécie de recurso por quem, embora legitimado para a propositura da ação direta, nela não figure como requerente ou requerido. (...)." STF, ADI 1.105 MC-ED-QO/DF, Tribunal Pleno, rel. Min. Maurício Corrêa, j. 23.08.2001.

[58] DIDIER JR., Fredie; BRAGA, Paula Sarno; OLIVEIRA, Rafael. Aspectos processuais da ADIN e da ADC. In: DIDIER JR., Fredie (Org.). *Ações constitucionais*. 2 ed. Salvador: JusPodivm, 2007. p. 366.

[59] A regra é válida também para a ação declaratória de constitucionalidade, apesar da topografia do dispositivo ligada à ação direta de inconstitucionalidade.

cional. As informações por ele apresentadas, por óbvio, não vinculam o juízo, razão pela qual sua admissão não importa qualquer prejuízo às partes.

Demonstra, aliás, uma tendência vigorante em nosso sistema jurisdicional de criação/vinculação de paradigmas. Em visualização: há abono legislativo para manifestação do *amicus curiae* no processamento de criação de súmula vinculante (art. 3.º, § 2.º, da Lei 11.417/2006), na análise da repercussão geral da questão constitucional (art. 543-A, § 6.º, do CPC), bem como no incidente de declaração de inconstitucionalidade nos tribunais (art. 482, § 2.º, do CPC), dentre outros.[60]

Não se olvide que, dentre os Poderes, o Judiciário é aquele que possui menor legitimidade democrática, afinal seus membros não são eleitos pelo sufrágio popular. Daí decorre a profusão da participação da sociedade civil organizada nos provimentos estatais, mormente na jurisdição constitucional. Tal interferência propicia o prolongamento do tempo e vigência da Carta Magna, evitando seu rompimento pela falta de conciliação entre a interpretação constitucional e os anseios do povo.[61]

Entretanto, o *amicus curiae* não é um terceiro jurídico-subjetivamente interessado,[62] nos moldes previstos na legislação processual codificada (arts. 50/80 do CPC), sendo criticável a interpretação literal, a *contrario sensu*, dos ditames da legislação específica (art. 7.º, *caput* e § 2.º, da Lei 9.868/1999). Por exemplo, o *amicus curiae* detém capacidade postulatória, sendo desnecessário que sua intervenção se dê por meio de advogado, bem como dele não se exigem custas judiciais, pois o sentido aqui é retirar os entraves à sua participação; ademais, ele não recebe, nem pode ser condenado em honorários advocatícios (inaplicabilidade à hipótese do art. 32 do CPC).

---

[60] O anteprojeto do CPC inseriu o *amicus curiae* na Parte Geral no capítulo destinado à intervenção de terceiros: "Art. 322. O juiz ou o relator, considerando a relevância da matéria, a especificidade do tema objeto da demanda ou a repercussão social da controvérsia, poderá, por despacho irrecorrível, de ofício ou a requerimento das partes, solicitar ou admitir a manifestação de pessoa natural ou jurídica, órgão ou entidade especializada, com representatividade adequada, no prazo de quinze dias da sua intimação. Parágrafo único. A intervenção de que trata o *caput* não importa alteração de competência, nem autoriza a interposição de recursos".

[61] Contribui para a temática constatar que a interpretação constitucional não se restringe ao âmbito da jurisdição, devendo acolher critérios abertos, tanto quanto pluralista for a sociedade. Todo aquele que viver sob a égide da Constituição será um de seus intérpretes, a despertar a elaboração de métodos hermenêuticos capazes de acompanhar os fenômenos sociais e culturais contemporâneos, voltados precisamente ao entendimento e atendimento das necessidades dos cidadãos. Por todos: HÄBERLE, Peter. *Hermenêutica constitucional*. A sociedade aberta dos intérpretes da Constituição: contribuição para uma interpretação pluralista e procedimental da Constituição. Trad. Gilmar Ferreira Mendes. Porto Alegre: Sérgio Antônio Fabris, 1997.

[62] "Não se pode equiparar, portanto, a intervenção do *amicus curiae* com a intervenção de terceiro: seria o mesmo que se comparar a intervenção de um perito com a de um assistente." DIDIER JR., Fredie; BRAGA, Paula Sarno; OLIVEIRA, Rafael. Aspectos processuais da ADIN e da ADC. In: DIDIER JR., Fredie (Org.). *Ações constitucionais* cit., p. 368.

Outrossim, não lhe é conferida legitimidade recursal para questionar a decisão da lide (inaplicabilidade à hipótese do art. 499 do CPC). Defende-se que o *amicus curiae* apenas poderá recorrer, excepcionalmente,[63] quanto à decisão que não o admita no processo.[64]

O *amicus curiae* pode apresentar sustentação oral,[65] até porque a lei não distingue a forma de intervenção (art. 7.º, § 2.º, da Lei 9.868/1999), valendo a liberdade das formas com destino a alcançar a meta (art. 154 do CPC), que, no caso, é contribuir ao aprimoramento da cognição do julgador. De fato, sendo certo que o regimento interno destina tão somente 15 minutos para a sustentação oral do *amicus curiae* (art. 132 do RISTF), parece razoável permiti-la pela mera ausência de embaraço significante para celeridade do feito.

De qualquer forma, assenta-se a questão no dever de natureza processual imputado ao *amicus curiae* para que tenha sua atuação primada pela objetividade dos argumentos, não para ampliar o objeto da cognição, mas para que este seja compreendido profundamente: "Não se espera que o *amicus* complique ainda mais a solução do caso, crie embaraços, cause 'frisson', medo ou insegurança em relação a um dos possíveis resultados da lide. Este, definitivamente não é o seu papel, sob pena de tornar-se um *inimicus Curiae*".[66]

Todavia, há limitação temporal para tal intervenção: o *amicus curiae* somente pode demandar a sua intervenção até o final da instrução do processo,

---

[63] Há raciocínio interessante chancelando a legitimidade recursal do *amicus curiae* para interpor embargos de declaração, considerando que o STF tem o dever de realizar a modulação dos efeitos da decisão de inconstitucionalidade, quando presente razões de segurança jurídica ou de excepcional interesse social (art. 27 da Lei 9.868/1999). SARLET, Ingo Wolfgang; MARINONI, Luiz Guilherme; MITIDIERO, Daniel. *Curso de direito constitucional* cit., p. 953. Outra corrente defende a legitimidade recursal irrestrita ao *amicus curiae*, cumprindo a finalidade dos recursos, que é aperfeiçoar as decisões judiciais. BINEMBOJM, Gustavo. A dimensão do *amicus curiae* no processo constitucional brasileiro: requisitos, poderes processuais e aplicabilidade no âmbito estadual. *Revista Eletrônica de Direito do Estado*, n. 1. Salvador, Instituto de Direito Público da Bahia, 2005. Disponível em: <http://www.direitodoestado.com/revista/REDE-1-JANEIRO-2005-GUSTAVO%20BINENBOJM.pdf >. Acesso em: 16 maio 2012.

[64] "Ação direta de inconstitucionalidade. Embargos de declaração opostos por *amicus curiae* (...) 1. A jurisprudência deste Supremo Tribunal é assente quanto ao não cabimento de recursos interpostos por terceiros estranhos à relação processual nos processos objetivos de controle de constitucionalidade. 2. Exceção apenas para impugnar decisão de não admissibilidade de sua intervenção nos autos. 3. Precedentes. 4. Embargos de declaração não conhecidos." STF, ADI 3.615 ED/PB, Tribunal Pleno, rel. Min. Cármen Lúcia, j. 17.03.2008.

[65] Art. 131, § 3.º, RISTF: "Admitida a intervenção de terceiros no processo de controle concentrado de constitucionalidade, fica-lhes facultado produzir sustentação oral, aplicando-se, quando for o caso, a regra do § 2.º do art. 132 deste Regimento".

[66] TUPINAMBÁ, Carolina. Novas tendências de participação processual – o *amicus Curiae* no anteprojeto do novo CPC. *O novo processo civil brasileiro* – direito em expectativa (reflexões acerca do projeto do novo Código de Processo Civil). Rio de Janeiro: Forense, 2011. p. 130.

Cap. 11 – O PROCESSO ENQUANTO INSTRUMENTO PARA CONTROLE DE CONSTITUCIONALIDADE

antes que o relator libere o processo para a pauta.[67] A exegese da própria lei de regência vai nesse sentido (art. 9.º, § 1.º, da Lei 9.868/1999). Nesse sentido, nega-se a intervenção do *amicus curiae* em um momento do julgamento em que já foram proferidos os votos de alguns ministros da Corte.[68]

3.2.4. Descabimento de exceção de parcialidade do julgador

Uma vez que não há interesses concretos em um processo objetivo de controle de constitucionalidade, mas apenas a atuação institucional para preservação do sistema jurídico, vê-se *a priori* incabível arguir um vício de impedimento ou suspeição quanto aos ministros do STF, por meio de exceção (art. 304 do CPC).

Em verdade, a racionalidade da assertiva se amolda bem às hipóteses de parcialidade pertinentes à relação do julgador com as partes do processo, até porque tecnicamente inexistentes estas últimas no processo de índole objetiva. Pelo mesmo motivo, já que nesta modalidade de processo não se concebe que um julgador ocupe o polo ativo ou passivo da relação processual, torna-se fora de propósito cogitar deste caso específico de impedimento. E mais: em outra hipótese narrada pela legislação sequer se contempla possível o enquadramento na competência concentrada havida para tal verificação de constitucionalidade (art. 134, III, do CPC).

Ressalve-se que diversa moldura poderá ser eventualmente verificada, a exigir a abstenção do julgador (art. 137 do CPC), especialmente quando envolve a situação pessoal do ministro (art. 134, II, do CPC), que, por exemplo, já tenha oficiado no feito na condição de Procurador-Geral da República[69] ou de Advogado-Geral da União.[70] Desse modo, não tem contornos absolutos o assunto que se controverte, já se tendo inclusive chancelado o afastamento

---

[67] STF, ADI 4.071 AgR/DF, Tribunal Pleno, rel. Min. Menezes Direito, j. 22.04.2009.

[68] STF, ADI 2.675/PE, rel. Min. Carlos Velloso, Decisão proferida pela Min. Ellen Gracie, j. 10.05.2007. Seguiu-se similar raciocínio de evitar o tumulto processual, utilizado na declaração de inconstitucionalidade do art. 7.º, IX, da Lei 8.906/1994, que previa a possibilidade, então rechaçada, de sustentação oral pelo advogado após o voto do relator (STF, ADI 1.105/DF, Tribunal Pleno, Min. Ricardo Lewandowski, j. 17.05.2006).

[69] "Ação direta de inconstitucionalidade. (...) 1. Ministro que oficiou nos autos da ADIN, como Procurador-Geral da República, emitindo parecer sobre medida cautelar, está impedido de participar, como membro da Corte, do julgamento final da ação. 2. Ministro que participou, como membro do Poder Executivo, da discussão de questões que levaram a elaboração do ato impugnado na ADIN, não está, só por isso, impedido de participar do julgamento. (...)." STF, ADI 4/DF, Tribunal Pleno, rel. Min. Sydney Sanches, j. 07.03.1991.

[70] Foi o que se deu no julgamento de ação direta de inconstitucionalidade, dando-se por impedido o Ministro Gilmar Mendes, que havia opinado no feito como Advogado-Geral da União. STF, ADI 2.212/CE, Tribunal Pleno, rel. Min. Ellen Gracie, j. 02.10.2003.

ligado à suspeição por foro íntimo (art. 135, parágrafo único, do CPC), sem necessidade de fundamentação.[71]

3.2.5. Inaplicabilidade de prazos especiais

A normatividade que prevê prazo especial para prática de atos processuais (*v.g.* art. 188 do CPC) não se destina ao processo objetivo de controle abstrato de constitucionalidade, tendo sua incidência restrita ao domínio dos processos subjetivos, que se caracterizam pelo fato de admitirem, em seu âmbito, a discussão de situações concretas e individuais, merecedoras, por isso mesmo, da análise substancial (conteúdo) do princípio da igualdade.

Ainda que a parte disponha de tal prerrogativa especial em um processo de índole subjetiva, não a terá no processo de natureza objetiva – seja o requerente; o órgão requerido, responsável pela edição do ato normativo impugnado; o Advogado-Geral da União; ou o Procurador-Geral da República –, cujo procedimento é específico, apresentando-se irredutível à generalidade normativa.[72]

3.2.6. Irrecorribilidade das decisões

Tratando-se de causas de competência originária da Corte Suprema, notadamente a cúpula do Poder Judiciário, descaberá cogitar de ataque recursal para impugnar suas decisões finais (art. 26 da Lei 9.868/1999 c/c art. 12 da Lei 9.882/1999). Presta-se homenagem aos postulados da segurança jurídica e da economia processual.

Entretanto, a própria legislação acertadamente excepciona o cabimento de embargos de declaração (art. 535 do CPC), afinal estes visam apenas a aclarar/integrar o provimento, em aperfeiçoamento do julgado, e não propriamente buscar a sua anulação ou reforma. Por isso, ainda que a legislação faça expressa previsão da irrecorribilidade da decisão, sempre será possível a interposição dos aclaratórios.

---

[71] "(...) Os institutos do impedimento e da suspeição restringem-se ao plano dos processos subjetivos (em cujo âmbito discutem-se situações individuais e interesses concretos), não se estendendo nem se aplicando, ordinariamente, ao processo de fiscalização concentrada de constitucionalidade, que se define como típico processo de caráter objetivo destinado a viabilizar o julgamento, não de uma situação concreta, mas da constitucionalidade (ou não), *in abstracto*, de determinado ato normativo editado pelo Poder Público. Revela-se viável, no entanto, a possibilidade de qualquer Ministro do STF invocar razões de foro íntimo (CPC, art. 135, parágrafo único) como fundamento legítimo autorizador de seu afastamento e consequente não participação, inclusive como Relator da causa, no exame e julgamento de processo de fiscalização abstrata de constitucionalidade (...)." STF, ADI 3.345/DF, Tribunal Pleno, rel. Min. Celso de Mello, j. 25.08.2005.

[72] STF, ADI 2.130 AgR/SC, Tribunal Pleno, rel. Min. Celso de Mello, j. 03.10.2001.

Cap. 11 – O PROCESSO ENQUANTO INSTRUMENTO PARA CONTROLE DE CONSTITUCIONALIDADE

Cabe defender uma interpretação ampla do cabimento dos embargos de declaração, inclusive para meras situações de erro material ou erros de fato, mas, sobretudo, para – e como única forma de – impugnação de *error in procedendo* cometido pelo órgão que realiza aqui o grau único de jurisdição, algo que não se pode dizer impossível de acontecer.[73]

Finalmente, deixe-se claro que a legislação correlata chancela o cabimento de outra espécie recursal, em referência à interposição de agravo interno/regimental contra decisão que indeferir a inicial (arts. 4.º, parágrafo único, 12-C e 15, parágrafo único, da Lei 9.868/1999 c/c art. 4.º, § 2.º, da Lei 9.882/1999).

3.2.7. Descabimento de ação rescisória

O sentido do descabimento de ação rescisória (art. 485 do CPC) em processo objetivo (art. 26, *in fine*, da Lei 9.868/1999 c/c art. 12, *in fine*, da Lei 9.882/1999) é não fomentar a insegurança jurídica em relação ao juízo final de mérito sobre as questões constitucionais realizado pelo STF. Ademais, uma ação rescisória procedente instauraria um estado turbulento em relação às situações regidas pela decisão rescindida.

Todavia, ressalve-se que o descabimento de ação rescisória não importa em assumir que a improcedência da ação direta de inconstitucionalidade não possa ser revista. Pelo contrário, é justamente o que ocorrerá quando "a alteração da realidade, a modificação dos valores sociais ou nova concepção geral acerca do direito estiverem a impor ao Tribunal a revisão do seu precedente constitucional".[74]

3.3. Ação direta de inconstitucionalidade e ação declaratória de constitucionalidade

Em atenção ao objeto designado para este trabalho, são analisados apenas os principais instrumentos de provocação da jurisdição constitucional concentrada, servientes a assegurar a supremacia da Constituição Federal (art. 102, I, "a", da CF c/c Lei 9.868/1999).

---

[73] Nesse sentido: DIDIER JR., Fredie; BRAGA, Paula Sarno; OLIVEIRA, Rafael. Aspectos processuais da ADIN e da ADC. In: DIDIER JR., Fredie (Org.). *Ações constitucionais* cit., p. 376. Em acréscimo, diga-se que nos processos subjetivos já se vê jurisprudência ampliativa do campo de aceitação dos embargos de declaração: "(...) É permitido ao julgador, em caráter excepcional, atribuir efeitos infringentes aos embargos de declaração, para correção de premissa equivocada, com base em erro de fato, sobre a qual tenha se fundado o julgado embargado, quando tal for decisivo para o resultado do julgamento. (...)." STJ, REsp 883.119/RN, 3.ª T., rel. Min. Nancy Andrighi, j. 04.09.2008.

[74] SARLET, Ingo Wolfgang; MARINONI, Luiz Guilherme; MITIDIERO, Daniel. *Curso de direito constitucional* cit., p. 940.

Como antes observado, instaura-se um processo objetivo, independente de situações concretas, para declarar, em tese e abstratamente, a incompatibilidade ou a compatibilidade vertical entre a lei ou ato normativo e o texto constitucional.

O fim em vista da ação direta de inconstitucionalidade é realizar a exclusão de uma manifestação estatal inválida, encerrando um juízo de ratificação/certificação do sistema normativo. Seu desiderato é elidir a presunção de constitucionalidade originariamente existente, encerrando um juízo de exclusão da manifestação estatal inválida. O precedente histórico no direito brasileiro a consagrar tal fiscalização abstrata de normas é a Emenda Constitucional 16/1965, em ampliação de nosso sistema de verificação.

Já a ação declaratória de constitucionalidade constitui um instrumento para purificação do sistema normativo, de modo a transformar a presunção relativa de constitucionalidade da lei, em virtude de seus efeitos vinculantes, em presunção absoluta. Teve origem na Emenda Constitucional 3/1993, que a incluiu na competência originária do STF (art. 102, I, "a", da CF).[75]

O sentido da criação da ação declaratória de constitucionalidade foi alcançar a segurança jurídica oriunda da certeza do direito, o que se faz acompanhar do ganho de economia processual, diante da proibição de questionamentos sobre a lei ou ato normativo nos mais diversos órgãos jurisdicionais (desnecessidade de realização do controle difuso), se o referido controle por via direta for julgado previamente procedente.[76]

Ela vai além da mera declaração de constitucionalidade, até porque já vigorante o princípio da presunção de constitucionalidade das leis e atos do Poder Público; seu sentido é mais amplo, de resolver as controvérsias judiciais relevantes (art. 14, III, da Lei 9.868/1999) em torno da constitucionalidade da lei ou ato

---

[75] Vale o registro de que a primeira ação declaratória de constitucionalidade processada na justiça brasileira serviu para que a Corte Suprema, por ocasião do julgamento de questão de ordem, declarasse a constitucionalidade da alteração promovida pela Emenda Constitucional 3/93. STF, ADC 1 QO/DF, Tribunal Pleno, rel. Min. Moreira Alves, j. 27.10.1993.

[76] Nesses termos, já se enfatizou o "caráter social de instrumento destinado a colaborar, através da abstração de uma só decisão, para a solução de milhares de demandas", aduzindo ainda seu potencial como "poderosa arma para assegurar justiça eficiente, julgamentos precisos e correspondente atendimento às expectativas dos jurisdicionados". O autor ora mencionado chega a intitular a ação declaratória de constitucionalidade de "ação das ações", uma vez que objetiva resolver outras ações, estas, sim, de sujeitos determinados e fatos concretos. SLAIBI FILHO, Nagib. Ação declaratória de constitucionalidade. 2. ed. Rio de Janeiro: Forense, 2000. p. 11-12. Mais uma informação é digna de registro: "A generalização de medidas judiciais contra uma dada lei nulifica completamente a presunção de constitucionalidade do ato normativo questionado e coloca em xeque a eficácia da decisão legislativa". MENDES, Gilmar Ferreira; COELHO, Inocêncio Mártires; BRANCO, Paulo Gustavo Gonet. Curso de direito constitucional cit., p. 1133.

Cap. 11 – O PROCESSO ENQUANTO INSTRUMENTO PARA CONTROLE DE CONSTITUCIONALIDADE

normativo federal questionado,[77] em nítido sentido uniformizador. Desse modo, constitui adequado instrumento para a solução do impasse jurídico-político havido sobre o texto normativo.

Por fim, deve ser destacada a duplicidade/ambivalência da ação direta de inconstitucionalidade e da ação declaratória de constitucionalidade. São "ações de mão dupla" ou simplesmente ações dúplices, uma vez que podem gerar juízos de constitucionalidade ou de inconstitucionalidade do preceito normativo em discussão: a procedência de uma importa na improcedência da outra. Por isso se diz que a ação declaratória de constitucionalidade reflete uma ação direta de inconstitucionalidade com "sinal trocado" ou "às avessas".

3.3.1. Objeto e parâmetro

Em relação à ação direta de inconstitucionalidade, são analisados as leis ou atos normativos federais ou estaduais (objeto) contestados em face da Constituição Federal (parâmetro) (art. 102, I, "a", da CF c/c art. 24 da Lei 9.868/1999). Quanto à ação declaratória de constitucionalidade, o desiderato é solucionar controvérsia judicial relevante sobre a aplicação de lei ou ato normativo federal (objeto) diante da Constituição Federal (parâmetro). Excluiu-se do controle, nesse último caso, a norma estadual.

É pertinente ressalvar que o controle por via de ação direta também poderá ser exercido pelos Tribunais de Justiça dos Estados, tratando-se de representação por inconstitucionalidade de leis ou atos normativos, estaduais ou municipais (objeto), em face da Constituição Estadual (parâmetro) (art. 125, § 2.º, da CF), algo que o vertente trabalho não se debruça em minúcias. O texto constitucional não fez referência à possibilidade de ação declaratória de constitucionalidade em âmbito estadual, não sendo de todo desacertado, porém, entender pela viabilidade, notadamente pela duplicidade dessas demandas, sem contar a lógica do princípio da simetria e também da ausência de vedação expressa. Daí mesmo se vê possível ao constituinte estadual repetir o modelo federal, inclusive para a arguição de descumprimento de preceito fundamental (art. 102, § 1.º, da CF), outra modalidade de controle concentrado.[78]

Prosseguindo, listam-se os atos normativos possíveis de verificação de compatibilidade por via do controle direto: emenda à Constituição,[79] lei complementar,

---

[77] CUNHA JR., Dirley. *Curso de direito constitucional*. 5. ed. Salvador: JusPodivm, 2011. p. 426.

[78] O autor alerta que a criação desse instituto processual na esfera estadual terá diminuta importância ocasionada pelo fato de que os preceitos fundamentais a servir como parâmetro devem ser da Constituição Federal; além do que os atos municipais e estaduais já são possíveis de legitimar o ajuizamento da arguição de descumprimento de preceito fundamental federal. BARROSO, Luís Roberto. *O controle de constitucionalidade no direito brasileiro* cit., p. 325.

[79] STF, ADI 829/DF, Tribunal Pleno, rel. Min. Moreira Alves, j. 14.04.1993.

lei ordinária, lei delegada, medida provisória, decreto legislativo, resolução e decretos autônomos. Os tratados internacionais também se sujeitam à autoridade da Carta Magna, tornando pertinente o exame constitucional;[80] além do mais, servirão como parâmetro de controle, quando versarem sobre direitos humanos e forem aprovados por *quorum* qualificado (art. 5.º, § 3.º, da CF). Ficam de fora: leis de efeito concreto, leis anteriores à Constituição em vigor, lei revogada, proposta de emenda constitucional ou projeto de lei, atos normativos secundários e verbete sumular.

Quanto ao ato normativo anterior (objeto) à Constituição vigente (parâmetro), não se vê inconstitucionalidade passível de controle via ação direta de inconstitucionalidade, por falta de correlação entre objeto e parâmetro; nesse caso, entende-se ocorrente simples revogação pelo texto constitucional em vigor. Seria o caso, porém, de arguição de descumprimento de preceito fundamental (art. 1.º, parágrafo único, I, da Lei 9.882/1999).[81]

Assunto que interessa é saber o que ocorrerá se o objeto ou o parâmetro sofrerem alteração no curso da demanda. Em verdade, perderá o objeto a ação direta de inconstitucionalidade se houver modificação do texto constitucional proveniente de emenda constitucional, diante da alteração do parâmetro de controle.[82] Análogo raciocínio se vê quando deixe de vigorar o objeto de controle, como na revogação da legislação. Tratando-se de um mecanismo abstrato para verificação da constitucionalidade, atuante em defesa da ordem jurídica, ter-se-á como prejudicada a ação de controle por via direta diante de norma revogada.[83]

---

[80] "(...) O Poder Judiciário – fundado na supremacia da Constituição da República – dispõe de competência, para, quer em sede de fiscalização abstrata, quer no âmbito do controle difuso, efetuar o exame de constitucionalidade dos tratados ou convenções internacionais já incorporados ao sistema de direito positivo interno. Doutrina e Jurisprudência. (...)." STF, ADI 1.480/DF, Tribunal Pleno, rel. Min. Celso de Mello, j. 04.09.1997.

[81] "Entretanto, é de ser admitida a possibilidade de ADC em relação a norma anterior, para declarar a sua recepção (ou seja, a sua legitimidade e a sua vigência) em face do regime constitucional superveniente, bem como a possibilidade de ADI para declarar a inconstitucionalidade superveniente de norma recepcionada." ZAVASKI, Teori Albino. *Processo coletivo* cit., p. 281.

[82] "(...) 1. O texto do art. 48, inciso XV, da CB foi alterado primeiramente pela EC 19/1998. Após a propositura desta ação direta o texto desse preceito sofreu nova modificação. A EC 41/2003 conferiu nova redação ao inciso XV do art. 48 da CB/1988. 2. A alteração substancial do texto constitucional em razão de emenda superveniente prejudica a análise da ação direta de inconstitucionalidade. O controle concentrado de constitucionalidade é feito com base no texto constitucional em vigor. A modificação do texto constitucional paradigma inviabiliza o prosseguimento da ação direta. Precedentes. 3. Ação direta de inconstitucionalidade julgada prejudicada." STF, ADI 2.159/DF, Tribunal Pleno, rel. Min. Carlos Velloso, j. 12.08.2004.

[83] "(...) 1. A Lei Complementar n. 219, de 26 de dezembro de 2001, em seu art. 11, determinou a revogação das disposições em contrário, (...) revogando, portanto, os artigos impugnados na presente ação direta (...) 2. A jurisprudência desta Corte é pacífica quanto à prejudicialidade

3.3.2. Legitimidade

Se havia monopólio do Procurador-Geral da República em texto constitucional de outrora (art. 101, I, "k", da CF/1946, com redação dada pela EC 16/1965), o constituinte de 1988 houve por bem em alargar a legitimação ativa para o controle de constitucionalidade por via direta, aprimorando a tutela da ordem jurídica. Nova fase era inaugurada no nosso sistema de fiscalização constitucional, em superação ao vasto domínio então existente do controle difuso e incidental.

Está previsto um rol taxativo daqueles que são enquadrados como legitimados ativos a propor, de forma concorrente e extraordinária (art. 6.º da CF), tanto a ação direta de inconstitucionalidade como também a ação declaratória de constitucionalidade, incluindo autoridades, órgãos públicos, Ministério Público, dentre outros (art. 103 da CF, conforme alteração promovida pela EC 45/2004).[84] A legislação infraconstitucional, pois mais restrita (art. 13 da Lei 9.868/1999), naturalmente cede ao texto constitucional.

Nem sempre se faz controle da legitimidade *ad causam*, que é a idoneidade do sujeito condutor do processo, com o propósito de análise da representatividade adequada, ou pertinência temática, para aquela postulação de notável natureza coletiva. Alguns dos legitimados, pois tidos por universais, podem defender a Constituição em qualquer hipótese, a incluir o (i) Presidente da República, ainda que anteriormente não tenha se valido do seu poder de veto no momento do processo legislativo, pois do contrário seria obrigado a se quedar inerte diante de legislação que considere inválida; as (ii) Mesas (órgãos administrativos) do Senado e da Câmara, e não a Mesa do Congresso Nacional; o (iii) Procurador-Geral da República; o (iv) Conselho Federal da OAB; bem como o (v) partido político com representação no Congresso Nacional, incluindo minorias parlamentares, sem qualquer restrição quanto à pertinência temática, em decorrência natural, sobretudo, dos fins institucionais que motivaram a sua criação. A legitimidade ativa do partido político deve ser aferida no momento

---

da ação direta de inconstitucionalidade por perda superveniente de objeto quando sobrevém a revogação da norma questionada. Precedentes. 3. Ação Direta de Inconstitucionalidade julgada prejudicada em razão da perda superveniente de seu objeto." STF, ADI 1.298/ES, Tribunal Pleno, rel. Min. Dias Toffoli, j. 13.10.2010. Ressalve-se entendimento paliativo em aproveitamento da causa de pedir, escorado na economia processual, que admite emenda da petição inicial em ação direta de inconstitucionalidade, antes da apreciação do requerimento liminar, "quando tenha por objeto lei revogadora que reproduz normas arguidas de inconstitucionais da lei revogada na pendência do processo". STF, ADI 4.298 MC/TO, Tribunal Pleno, rel. Min. Cezar Peluso, j. 07.10.2009.

[84] Por meio da Emenda Constitucional 45/2004, foi ampliado o rol dos legitimados ativos à ação declaratória de constitucionalidade (antes previstos no § 4.º do art. 103 da CF, ora revogado), em conformidade com aqueles que da ação direta de inconstitucionalidade podem se servir (art. 103 da CF).

da propositura da demanda, não tendo qualquer relevância a perda posterior da representação no Congresso Nacional.[85]

Outros legitimados, ditos especiais, por sua vez, deverão demonstrar a pertinência temática de sua atuação: o (i) Governador do Estado;[86] a (ii) Mesa da Assembleia Legislativa; além da (iii) confederação sindical ou entidade de classe de âmbito nacional. Também deverá haver liame lógico entre a lei ou ato normativo impugnado e os objetivos sociais, ou seja, os interesses específicos, da entidade requerente.

Sobre a legitimidade passiva, em verdade, nem mesmo é correto imputar a figuração de alguém como réu diante da natureza de processo objetivo, sem partes.[87] Porém, pode-se dizer que estará esta preenchida na ação direta de inconstitucionalidade pelos órgãos ou instituições públicas responsáveis pela lei. Decerto, nunca figurarão no polo passivo entidades de natureza particular, afinal se impugnam atos normativos oriundos do Poder Público, cuja defesa cabe ao Advogado-Geral da União (art. 103, § 3.º, da CF).

No que concerne à ação declaratória de constitucionalidade, vê-se dispensável a inclusão dos órgãos ou instituições públicas responsáveis, inclusive pela ausência de dispositivo expresso que imponha ao julgador pedir-lhes informação (diversamente do disposto no art. 6.º da Lei 9.868/1999). Não há, pois, legitimado passivo na ação declaratória de constitucionalidade, pois nada é impugnado.[88]

3.3.3. Procedimento

Não há sujeição a prazo prescricional ou decadencial, até porque no caso da ação direta de inconstitucionalidade se vê incabível a convalidação, pelo

---

[85] "Agravo Regimental em Ação Direta de Inconstitucionalidade. 2. Partido político. 3. Legitimidade ativa. Aferição no momento da sua propositura. 4. Perda superveniente de representação parlamentar. Não desqualificação para permanecer no polo ativo da relação processual. 5. Objetividade e indisponibilidade da ação. 6. Agravo provido." STF, ADI 2.618 AgRg-AgR/PR, Tribunal Pleno, rel. Min. Gilmar Mendes, j. 12.08.2004.

[86] "Legitimidade. Governador de Estado. Lei do Estado. Ato normativo abrangente. Interesse das demais unidades da federação. Pertinência temática. Em se tratando de impugnação a diploma normativo a envolver outras Unidades da Federação, o Governador há de demonstrar a pertinência temática, ou seja, a repercussão do ato considerados os interesses do Estado." STF, ADI 2.747/DF, Tribunal Pleno, rel. Min. Marco Aurélio, j. 16.05.2007.

[87] "O processo objetivo tem como característica o fato de não conter o contraditório e nele não haver partes; existe um autor, mas não existe a contrapartida no polo passivo." PALU, Oswaldo Luiz. *Controle de constitucionalidade* cit., p. 192.

[88] "Como as demais ações de constitucionalidade, o seu caráter de procedimento judicialiforme, ou o pressuposto de desenvolvimento válido e regular de ser processada e julgada por órgão integrante do Poder Judiciário (art. 92, I), não implica, ontologicamente, a angularização da relação processual, nem os princípios dialéticos do contraditório e ampla defesa que são, aliás, garantias individuais (art. 5.º, LV), aplicáveis à decisão no caso concreto." SLAIBI FILHO, Nagib. *Ação declaratória de constitucionalidade* cit., p. 158.

Cap. 11 – O PROCESSO ENQUANTO INSTRUMENTO PARA CONTROLE DE CONSTITUCIONALIDADE

transcurso do tempo, de uma lei ou ato normativo contrário à Constituição. Em relação à ação declaratória de constitucionalidade, constata-se impossível precisar com antecedência quando haverá incerteza do direito relevante a legitimar o ajuizamento de tal demanda (art. 14, III, da Lei 9.868/1999).

A petição inicial será endereçada ao STF, por se tratar de causa de sua competência originária (art. 102, I, "a", da CF), devendo indicar obrigatoriamente o dispositivo da lei ou ato normativo impugnado; os fundamentos jurídicos que embasam a postulação; além do pedido (art. 3.º da Lei 9.868/1999).[89] Em requisito extrínseco, caberá ao autor juntar cópias da lei ou ato normativo impugnado, além do instrumento de mandato ao advogado (art. 3.º, parágrafo único, da Lei 9.868/1999), o que nem sempre é exigível.[90] O proponente da ação direta de inconstitucionalidade deverá apresentar um instrumento de procuração ao advogado subscritor da inicial, com poderes específicos para atacar a norma impugnada, sem necessidade de individualizar os dispositivos.[91]

Como se disse, não está o autor isento de apresentar os fundamentos jurídicos que embasam a postulação. Porém, isso não significa que o tribunal esteja vinculado ao específico fundamento alegado na inicial, podendo, decerto, se valer de outro não deduzido pelo autor.[92] É que a verificação de compatibilidade da

---

[89] Ainda que se trate de um processo objetivo, não se observa afastada a exigência decorrente do princípio da demanda, pois "o pedido é a processualização da pretensão e o instrumento deflagrador do processo objetivo de controle". SLAIBI FILHO, Nagib. *Ação declaratória de constitucionalidade* cit., p. 106. A formulação da pretensão "é essencial para a jurisdição constitucional, uma vez que dele depende, em determinada medida, a qualificação do órgão decisório como um tribunal. A forma judicial constitui característica peculiar que permite distinguir a atuação da jurisdição constitucional de outras atividades de cunho político". MENDES, Gilmar Ferreira; COELHO, Inocêncio Mártires; BRANCO, Paulo Gustavo Gonet. *Curso de direito constitucional* cit., p. 1135.

[90] "(...) O governador do Estado e as demais autoridades e entidades referidas no art. 103, incisos I a VII, da CF, além de ativamente legitimados à instauração do controle concentrado de constitucionalidade das leis e atos normativos, federais e estaduais, mediante ajuizamento da ação direta perante o STF, possuem capacidade processual plena e dispõem, *ex vi* da própria norma constitucional, de capacidade postulatória. Podem, em consequência, enquanto ostentarem aquela condição, praticar, no processo de ação direta de inconstitucionalidade, quaisquer atos ordinariamente privativos de advogado. (...)". STF, ADI 127 MC-QO/AL, Tribunal Pleno, rel. Min. Celso de Mello, j. 20.11.1989.

[91] "Ação direta de inconstitucionalidade. (...) Atende as exigências legais procuração que outorga poderes específicos ao advogado para impugnar, pela via do controle concentrado, determinado ato normativo, sendo desnecessária a individualização dos dispositivos. (...)". STF, ADI 2.728/AM, Tribunal Pleno, rel. Min. Maurício Corrêa, j. 28.05.2003.

[92] "(...) 1. O Plenário desta Corte, ao julgar o mérito da ADI 1.417, declarou a constitucionalidade das alterações na cobrança da contribuição para o PIS pela MP 1.212/95. Esta decisão vincula os demais pronunciamentos da Casa em casos semelhantes. 2. A cognição do Tribunal em sede de ação direta de inconstitucionalidade é ampla. O Plenário não fica adstrito aos fundamentos e dispositivos constitucionais trazidos na petição inicial, realizando o cotejo da norma impugnada com todo o texto constitucional. Não há falar, portanto, em argumentos não analisados

norma impugnada se dá em cotejo com a integralidade do texto constitucional, decorrendo daí a referência comum ao princípio da causa de pedir aberta[93] nas ações de controle por via direta. Aliás, se assim pretender fazer o órgão julgador, vê-se conveniente oportunizar aos interessados, antes, a discussão do fundamento constitucional não deduzido, a ser utilizado.

Descabe alegação de ofensa genérica ao texto constitucional, pelo que o autor tem o dever processual de sempre indicar as normas impugnadas – algo que se vê dispensado nas demandas comuns subjetivas em virtude do princípio *jura novit curiae* ("o juiz conhece da lei") – e de expor justificadamente a alegação de inconstitucionalidade, em demonstração do princípio da especificação das normas.[94] Por isso, resta vedado ao STF estender a decretação da invalidade para norma não impugnada, sob pena de julgamento além da provocação do autor.

Em reflexo desse raciocínio: se a norma impugnada é repetida em outra, será necessária a impugnação de ambas; se há um complexo normativo indecomponível (unidade estrutural), será incabível a impugnação isolada, devendo ser procedido o controle do conjunto de normas, por meio de suscitação específica do autor.[95]

---

pelo Plenário desta Corte, que, no citado julgamento, esgotou a questão. (...)." STF, AI 413.210 AgR-ED-ED/MG, 1.ª T., rel. Min. Ellen Gracie, j. 24.11.2004.

[93] "(...) seria melhor dizer que a causa de pedir aberta é a causa de pedir que possui como parâmetro de debate e decisão a integralidade da Constituição. Dessa forma, seria eliminada a desconfiança gerada pela expressão 'aberta', visto que, na generalidade dos casos, a causa de pedir é determinada para promover a segurança jurídica." SARLET, Ingo Wolfgang; MARINONI, Luiz Guilherme; MITIDIERO, Daniel. *Curso de direito constitucional* cit., p. 945.

[94] "(...) como se sabe, em tema de controle concentrado de constitucionalidade, existe um princípio reitor de indeclinável observância. Refiro-me ao princípio da especificação das normas. Cabe asseverar, por necessário, que nada pode justificar, especialmente em sede de fiscalização normativa abstrata, alegação meramente genérica de ofensa à Constituição, pois incumbe, a quem faz tal afirmação, o dever de indicar, de modo específico e individualizado, as normas supostamente inconstitucionais, bem assim a obrigação de apresentar as razões justificadoras do suposto vício de inconstitucionalidade. É certo que o STF não está condicionado, no desempenho de sua atividade jurisdicional, pelas razões de ordem jurídica invocadas como suporte da pretensão de inconstitucionalidade deduzida pelo autor da ação direta. Tal circunstância, no entanto, não suprime, à parte, o dever processual de motivar o pedido e de identificar, em face da Constituição e em obséquio ao princípio da especificação das normas, os dispositivos alegadamente violadores do estatuto constitucional. Não cabe, ao STF, substituindo-se ao autor, suprir a omissão ora registrada. Isso, porque a natureza do processo de ação direta de inconstitucionalidade, que se revela instrumento de grave repercussão na ordem jurídica interna, impõe maior rigidez no controle dos seus pressupostos formais (RTJ 135/19, rel. Min. Sepúlveda Pertence – RTJ 135/905, rel. Min. Celso de Mello). (...)." STF, ADI 2.394 MC/MG, Decisão Monocrática, rel. Min. Celso de Mello, j. 29.06.2001.

[95] "(...) Impõe-se registrar, neste ponto, quando se tratar de normas legais que se interconexionam ou que mantêm, entre si, vínculo de dependência jurídica, que cabe ao autor da ação direta, ao postular a declaração de inconstitucionalidade, abranger, no alcance desse *judicium*, todas

Cap. 11 – O PROCESSO ENQUANTO INSTRUMENTO PARA CONTROLE DE CONSTITUCIONALIDADE

Nesse diapasão, veja-se a decretação de inconstitucionalidade por arrastamento (ou por atração), também chamada de inconstitucionalidade consequencial lógico-jurídica de preceitos não impugnados. Está a se tratar do fenômeno da reverberação normativa: reverberar significa refletir, realizar como consequência. Em mitigação daquilo que se afirmou, permite a jurisprudência que também seja expurgada do ordenamento jurídico a regulamentação da norma reputada inconstitucional, ainda que não tenha sido objeto da impugnação do autor. Isso ocorre quando há uma relação de dependência de certos preceitos com aqueles que foram especificamente impugnados, de maneira que as normas declaradas inconstitucionais sirvam de fundamento de validade para aquelas que não pertenciam ao objeto da ação.[96]

Especificamente na ação declaratória de constitucionalidade, ainda se exige a "existência de controvérsia judicial relevante sobre a aplicação da disposição objeto da ação declaratória" (art. 14, III, da Lei 9.868/1999). Tal pressuposto, de polêmica jurisdicional que ameace insegurança jurídica diante da quebra de isonomia, se relaciona com o interesse de agir,[97] devendo ser comprovado liminarmente.

Faz sentido a exigência, uma vez lembrado que a lei por si só já possui presunção de constitucionalidade, em preservação de sua imperatividade e auto-executoriedade. Do contrário, o STF teria atividade meramente homologatória/consultiva da legislação ordinária, levando a risco o princípio da separação de poderes (art. 2.º da CF). Vale dizer que a mera controvérsia doutrinária não

---

as regras unidas por esse vínculo de conexão, sob pena de, em não o fazendo, tornar inviável a própria instauração do controle concentrado de constitucionalidade. É que, nessa situação de mútua dependência normativa, em que as regras estatais interagem umas com as outras, condicionando-se, reciprocamente, em sua aplicabilidade e eficácia, revela-se incabível a impugnação tópica ou fragmentária de apenas algumas dessas normas. (...)." STF, ADI 2.394 MC/MG, Decisão Monocrática, rel. Min. Celso de Mello, j. 29.06.2001.

[96] "(...) Lei 2.749, de 23.06.1997, do Estado do Rio de Janeiro, e Decreto Regulamentar n. 23.591, de 13.10.1997. Revista íntima em funcionários de estabelecimentos industriais, comerciais e de serviços com sede ou filiais no Estado. Proibição. Matéria concernente a relações de trabalho. Usurpação de competência privativa da União. Ofensa aos arts. 21, XXIV, e 22, I, da CF. Vício formal caracterizado. Ação julgada procedente. Inconstitucionalidade por arrastamento, ou consequência lógico-jurídica, do decreto regulamentar. É inconstitucional norma do Estado ou do Distrito Federal que disponha sobre proibição de revista íntima em empregados de estabelecimentos situados no respectivo território." STF, ADI 2.947/RJ, Tribunal Pleno, rel. Min. Cezar Peluso, j. 05.05.2010.

[97] Utiliza-se outro termo na designação desse requisito: "Ao lado do direito de propositura da ação declaratória de constitucionalidade (...) há de se cogitar também de uma *legitimação para agir in concreto*, que se relaciona com a existência de um estado de incerteza gerado por dúvidas ou controvérsias sobre a legitimidade da lei. Há de se configurar, portanto, situação hábil a afetar a presunção de constitucionalidade, que é apanágio da lei." MENDES, Gilmar Ferreira; COELHO, Inocêncio Mártires; BRANCO, Paulo Gustavo Gonet. *Curso de direito constitucional* cit., p. 1130-1131 (grifo nosso).

respalda o atendimento desse pressuposto, pelo que se exige a juntada de decisões judiciais discrepantes, em demonstração do dissídio judicial.[98]

O relator poderá indeferir liminarmente a petição inicial inepta, não fundamentada ou manifestamente improcedente (arts. 4.º e 15 da Lei 9.868/1999), cuja decisão monocrática estará sujeita ao recurso de agravo interno/regimental, no prazo de 5 dias (arts. 4.º, parágrafo único, e 15, parágrafo único, da Lei 9.868/1999). Por exemplo, se o STF já tiver reconhecido a constitucionalidade de dispositivo legal, ainda que em controle difuso realizado em um recurso extraordinário julgado por seu Plenário, será manifestamente improcedente a ação direta superveniente,[99] podendo ser rechaçada de plano pelo relator.[100]

Sendo positivo o juízo de admissibilidade da petição inicial, podemos avançar no estudo do rito. Na verdade, o *iter* procedimental depende da existência do pedido liminar, com variação, inclusive, do prazo que detém os órgãos ou as autoridades dos quais emanou o ato normativo impugnado para se manifestar, em consonância com o princípio do contraditório (art. 5.º, LV, da CF): (i) não havendo pedido de liminar, em 30 dias (art. 6.º, parágrafo único, da Lei 9.868/1999 c/c art. 170, *caput* e § 2.º, RISTF); e (ii) havendo pedido de liminar,

---

[98] "(...) O ajuizamento da ação declaratória de constitucionalidade, que faz instaurar processo objetivo de controle normativo abstrato, supõe a existência de efetiva controvérsia judicial em torno da legitimidade constitucional de determinada lei ou ato normativo federal. Sem a observância desse pressuposto de admissibilidade, torna-se inviável a instauração do processo de fiscalização normativa *in abstracto*, pois a inexistência de pronunciamentos judiciais antagônicos culminaria por converter, a ação declaratória de constitucionalidade, em um inadmissível instrumento de consulta sobre a validade constitucional de determinada lei ou ato normativo federal, descaracterizando, por completo, a própria natureza jurisdicional que qualifica a atividade desenvolvida pelo STF. O STF firmou orientação que exige a comprovação liminar, pelo autor da ação declaratória de constitucionalidade, da ocorrência, 'em proporções relevantes', de dissídio judicial, cuja existência – precisamente em função do antagonismo interpretativo que dele resulta – faça instaurar, ante a elevada incidência de decisões que consagram teses conflitantes, verdadeiro estado de insegurança jurídica, capaz de gerar um cenário de perplexidade social e de provocar grave incerteza quanto à validade constitucional de determinada lei ou ato normativo federal (...)." STF, ADC 8 MC/DF, Tribunal Pleno, rel. Min. Celso de Mello, j. 13.10.1999.

[99] "Agravo regimental. Ação direta de inconstitucionalidade manifestamente improcedente. Indeferimento da petição inicial pelo Relator. (...) 1. É manifestamente improcedente a ação direta de inconstitucionalidade que verse sobre norma (art. 56 da Lei 9.430/1996) cuja constitucionalidade foi expressamente declarada pelo Plenário do STF, mesmo que em recurso extraordinário. 2. Aplicação do art. 4.º da Lei 9.868/1999 (...). 3. A alteração da jurisprudência pressupõe a ocorrência de significativas modificações de ordem jurídica, social ou econômica, ou, quando muito, a superveniência de argumentos nitidamente mais relevantes do que aqueles antes prevalecentes, o que não se verifica no caso. (...) 5. Agravo regimental a que se nega provimento." STF, ADI 4.071 AgR/DF, Tribunal Pleno, rel. Min. Menezes Direito, j. 22.04.2009.

[100] Idêntico critério de racionalidade se vê no controle difuso de constitucionalidade, na dispensa de instauração do incidente de declaração de inconstitucionalidade no âmbito dos tribunais locais (art. 481, parágrafo único, do CPC).

Cap. 11 – O PROCESSO ENQUANTO INSTRUMENTO PARA CONTROLE DE CONSTITUCIONALIDADE

em 5 dias (art. 10, *in fine*, da Lei 9.868/1999), sendo certo que "se houver pedido de medida cautelar, o relator submetê-la-á ao Plenário e somente após a decisão solicitará as informações" (art. 170, § 1.º, RISTF).

Em seguida, serão ouvidos, sucessivamente, o Advogado-Geral da União e o Procurador-Geral da República, com prazo de manifestação de 15 dias (arts. 8.º e 19 da Lei 9.868/1999), caso não haja pedido de liminar; se este ocorrer, o prazo de tal oitiva será reduzido a 3 dias (art. 10, § 1.º, da Lei 9.868/1999).

Na ação direta de inconstitucionalidade, o Advogado-Geral da União (art. 131, § 1.º, da CF) tem a função de defender o ato ou texto impugnado (*defensor legis*), atuando em tese de forma vinculada como curador da presunção de constitucionalidade da norma (art. 103, § 3.º, da CF). Não pode assim se solidarizar com a impugnação da norma.[101] Entretanto, algum temperamento deve ser dado à assertiva, no sentido da inexistência de obrigação deste em fazer a defesa do ato questionado, "especialmente se o Supremo Tribunal Federal já se tiver manifestado em caso semelhante pela inconstitucionalidade".[102]

Na ação declaratória de constitucionalidade, apesar de ser controvertida a participação do Advogado-Geral da União justamente pelo fato de não haver ato a ser defendido, aparenta-se melhor a exegese pela necessidade de sua manifestação. Em convencimento, basta o argumento da ambivalência, uma vez que tal demanda poderá ter resultado improcedente, sendo proclamada a inconstitucionalidade da lei ou ato normativo (art. 24 da Lei 9.868/1999).[103] Em adendo, cabe exprimir a inevitável vinculação do referido parágrafo ao *caput* do dispositivo.

Por sua vez, o Procurador-Geral da República (art. 128, § 1.º, da CF) tem intervenção obrigatória nas ações de inconstitucionalidade, agindo na qualidade de órgão interveniente (*custos legis*), de modo a fiscalizar a regularidade do procedimento – sem importância se a normatividade (objeto) é federal ou estadual –, mediante parecer nos autos (art. 103, § 1.º, da CF). Frise-se que o Procurador-Geral da República está incluído no rol de legitimados para ajuizar

---

[101] "(...) Ação direta de inconstitucionalidade. Atuação do Advogado-Geral da União. Consoante dispõe o § 3.º do art. 103 da CF, cumpre ao Advogado-Geral da União o papel de curador da lei atacada, não lhe sendo dado, sob pena de inobservância do múnus público, adotar posição diametralmente oposta, como se atuasse como fiscal da lei, qualidade reservada, no controle concentrado de constitucionalidade perante o Supremo, ao Procurador-Geral da República. (...)." STF, ADI 2.906/RJ, Tribunal Pleno, rel. Min. Marco Aurélio, j. 01.06.2011.

[102] MENDES, Gilmar Ferreira; COELHO, Inocêncio Mártires; BRANCO, Paulo Gustavo Gonet. *Curso de direito constitucional* cit., p. 1126. Nesse sentido: "(...) 4. O munus a que se refere o imperativo constitucional (CF, art. 103, § 3.º) deve ser entendido com temperamentos. O Advogado-Geral da União não está obrigado a defender tese jurídica se sobre ela esta Corte já fixou entendimento pela sua inconstitucionalidade (...)". STF, ADI 1.616/PE, Tribunal Pleno, rel. Min. Maurício Corrêa, j. 24.05.2001.

[103] MORAES, Guilherme Peña de. *Curso de direito constitucional* cit., p. 244.

a ação direta de inconstitucionalidade (art. 103, VI, da CF), sendo desnecessário, nessa situação, exigir sua intervenção como fiscal da lei (analogia do art. 5.º, § 1.º, da Lei 7.347/1985).

Ainda, como mecanismo de democracia, está autorizada, por decisão discricionária do relator, a manifestação informativa e colaborativa de pessoas ou organizações extra-autos, figurantes como *amicus curiae* (art. 7.º, § 2.º, da Lei 9.868/1999), como já analisado. Prevê a legislação que, ultrapassados os prazos para manifestação nos autos (art. 8.º da Lei 9.898/1999), o relator lançará o relatório, com cópia a todos os ministros e pedirá dia para julgamento (art. 9.º da Lei 9.898/1999).

Antes disso, se necessário for, haverá dilação probatória em ação direta de inconstitucionalidade ou na ação declaratória de constitucionalidade, inclusive na designação de peritos ou comissão de peritos para que emitam parecer sobre a questão; na requisição de informações adicionais; ou na solicitação de informações aos tribunais, superiores ou não, acerca da aplicação da norma impugnada no respectivo âmbito de jurisdição, no prazo de 30 dias (arts. 9.º e 20, § §, da Lei 9.868/1999),[104] em medida que denota valorização da jurisprudência e maior integração do Poder Judiciário.

3.3.4. Medida liminar e eficácia

Cuida-se de verdadeira tutela de urgência, com natureza tipicamente satisfativa (art. 273 do CPC), afinal visa a antecipar os efeitos práticos da decisão de procedência. Deve ter em consideração os requisitos do *fumus boni iuris*, ou seja, a relevância da fundamentação jurídica; além do *periculum in mora*, traduzido na ação direta de inconstitucionalidade no risco de dano de difícil ou impossível reparação ocasionado pela manutenção da eficácia do dispositivo legal impugnado. Por certo, o perigo na demora não decorre de o ato ser recente, mas sim da conveniência da concessão do provimento liminar em contrapartida da manutenção do ato impugnado.[105]

---

[104] Tais dispositivos servem à demonstração de que o controle abstrato de constitucionalidade não exclui a apuração de questões fáticas, por vezes condição da própria interpretação constitucional (MENDES, Gilmar Ferreira; COELHO, Inocêncio Mártires; BRANCO, Paulo Gustavo Gonet. *Curso de direito constitucional* cit., p. 1126-1127).

[105] "(...) 1. É firme no STF o entendimento de que compete exclusivamente ao chefe do Poder Executivo a iniciativa de leis que disponham sobre a remuneração de pessoal. O desrespeito a essa reserva, de observância obrigatória pelos Estados-membros, dada sua estreita ligação com o postulado da separação e independência dos Poderes, viola o art. 61, § 1.º, II, a, da CF. (...) 3. São vários os precedentes desta Casa que declararam a inconstitucionalidade formal, por vício de iniciativa, de leis que, ao instituírem novas gratificações, aumentaram a remuneração de determinadas categorias de servidores públicos. (...) 4. Conveniência da suspensão liminar da eficácia de norma legal que, além de gerar relevante encargo aos cofres públicos estaduais, impõe o pagamento de parcela remuneratória de inequívoca natureza alimentar, de difícil resti-

Cap. 11 – O PROCESSO ENQUANTO INSTRUMENTO PARA CONTROLE DE CONSTITUCIONALIDADE

Diante do potencial de seus efeitos, a concessão dessa tutela provisória exige atendimento ao *quorum* de maioria absoluta dos membros da Corte Suprema (arts. 10 e 21 da Lei 9.868/1999), sendo inviável que seja concedida mediante julgamento monocrático do relator. Ainda, na ação direta de inconstitucionalidade a legislação impõe a obediência a um prévio contraditório (art. 5.º, LV, da CF), com a audiência dos órgãos ou autoridades dos quais emanou a normatividade impugnada, no prazo de 5 dias (art. 10 da Lei 9.868/1999); com efeito, somente de maneira excepcional será possível cogitar de tutela *inaudita altera partes*, tecnicamente chamada de liminar, pois concedida no limiar do processo (art. 10, § 3.º, da Lei 9.868/1999). No mesmo sentido, para o deferimento da tutela provisória, poderá o relator dispensar a oitiva do Advogado-Geral da União e do Procurador-Geral da República (art. 10, § 1.º, da Lei 9.868/1999, a *contrario sensu*).

Objetivamente, a eficácia da liminar concedida na ação direta de inconstitucionalidade (art. 102, I, "p", da CF) guarda limite na suspensão da eficácia da norma jurídica impugnada, e não sua anulação ou revogação. Produz, ainda, a retomada, ou repristinação, da vigência da eventual norma revogada, até a prolação da decisão definitiva de mérito, exceto se houver manifestação expressa do tribunal em sentido contrário (art. 11, § 2.º, da Lei 9.868/1999).

Na ação declaratória de constitucionalidade, a liminar visa à determinação da suspensão dos processos[106] que questionam a lei ou o ato normativo – e não obviamente suspender a lei, pois a liminar confirma sua validade –, por prazo máximo de 180 dias, até o seu julgamento final (art. 21, parágrafo único, da Lei 9.868/1999), para evitar o agravamento da situação de incerteza que se objetiva suprimir. Se o STF for moroso, a liminar perderá a eficácia, pelo que poderão as instâncias inferiores seguir o julgamento por meio da realização do controle difuso de constitucionalidade. Aliás, se o caso concreto recomendar, melhor compreender sempre possível a suspensão do feito por prejudicialidade (art. 265, IV, do CPC), aguardando a decisão do STF, evitando as consequências que poderiam advir da possível revogação da tutela provisória.

---

tuição. 5. Medida cautelar deferida por unanimidade" (STF, ADI 4.433 MC/SC, Tribunal Pleno, rel. Min. Ellen Gracie, j. 06.10.2010).

[106] Em crítica à confinação do texto legal, num viés revelador da amplitude do poder cautelar do STF: "Simplesmente suspender o julgamento dos processos é medida de escassa eficácia no plano da realidade, notadamente porque não impede a concessão da tutela antecipada, inclusive por decisão com orientação oposta àquela adotada pelo STF. Aliás, a liminar que simplesmente suspende o julgamento de todos os processos pode, em certos casos, ser não apenas improdutiva, como se revelar até medida antiprodutiva, já que inviabiliza, inclusive, a prolação de sentenças no sentido da constitucionalidade da norma (...). Impõe-se entender, portanto, que a suspensão do julgamento dos processos, a que se refere o art. 21 da Lei 9.868, de 10.11.1999, *é um dos efeitos possíveis da liminar*, não um efeito necessário, nem exclusivo, facultando-se ao STF, com base no poder que deriva da própria Constituição, determinar outras providências que considerar necessárias para afastar o *periculum in mora*, segundo as circunstâncias de cada caso" (ZAVASKI, Teori Albino. *Processo coletivo* cit., p. 285 – grifo nosso).

Sobre a eficácia subjetiva, cabe dizer que a medida liminar da ação direta de inconstitucionalidade, apesar do caráter geral de provisoriedade, estará apta a gerar efeito vinculante contra todos, *erga omnes* (art. 11, § 1.º, da Lei 9.868/1999). Uma das consequências disso será dispensar a instauração do incidente de declaração de inconstitucionalidade perante os tribunais locais, afinal já houve pronunciamento do plenário do STF sobre a questão (art. 481, parágrafo único, do CPC).

Vale dizer que se verificado um comportamento desrespeitoso aos termos da medida liminar, caberá o ajuizamento de reclamação pelo interessado, direto ao STF, para garantia da autoridade de suas decisões (art. 102, I, "l", da CF), o que vale também para a ação declaratória de constitucionalidade, sendo indiferente o fato de a legislação não ter lhe dado expresso efeito vinculante.[107]

Não se nega, igualmente, que a fiscalização do cumprimento da liminar se dê no âmbito dos processos individuais, na via jurisdicional difusa. É o que ocorre quando concedida liminar na ação direta de inconstitucionalidade, para suspender a eficácia da normatividade, e o julgador de um caso concreto não acata o raciocínio vinculante, aplicando a norma impugnada; nesse caso, abre-se o leque de utilização pela parte da via recursal, o que lhe abrirá caminho, de qualquer maneira, ao STF.

Quanto à eficácia temporal, a concessão da medida liminar, em regra, não repercutirá em situações pretéritas, gerando efeito *ex nunc*, a partir da publicação desse provimento. Todavia, poderá o STF excepcionar a assertiva, com entendimento pela concessão de efeito retroativo, *ex tunc* (art. 11, § 1.º, da Lei 9.868/1999).

3.3.5. Decisão final e eficácia

O acórdão que decidir pela procedência da ação direta de inconstitucionalidade importa na exclusão da lei ou ato normativo impugnado do sistema jurídico. Por sua vez, o acórdão que julgar procedente a ação declaratória de constitucionalidade torna absoluta a presunção de legitimidade do ato normativo perante o ordenamento constitucional, de modo a impedir que outro órgão jurisdicional deixe de aplicar a lei ou ato normativo sob o fundamento da inconstitucionalidade. Ao revés, a improcedência da ação direta de inconstitucionalidade assume a feição de uma ação declaratória de constitucionalidade julgada procedente, e vice-versa (art. 24 da Lei 9.868/1999).

---

[107] "(...) I – O provimento cautelar deferido pelo Supremo Tribunal Federal, em sede de ação declaratória de constitucionalidade, além de produzir eficácia *erga omnes*, reveste-se de efeito vinculante, relativamente ao Poder Executivo e aos demais órgãos do Poder Judiciário. II – A eficácia vinculante, que qualifica tal decisão, legitima o uso da reclamação se e quando a integridade e a autoridade desse julgamento forem desrespeitadas. (...)" (STF, Rcl 5.831 AgR/TO, Tribunal Pleno, rel. Min. Ricardo Lewandowski, j. 25.03.2010).

Cap. 11 – O PROCESSO ENQUANTO INSTRUMENTO PARA CONTROLE DE CONSTITUCIONALIDADE

É certo que a tutela definitiva de mérito produzirá "eficácia contra todos e efeito vinculante relativamente aos demais órgãos do Poder Judiciário e à administração pública direta e indireta, nas esferas federal, estadual e municipal" (art. 102, § 2.º, da CF c/c art. 28, parágrafo único, da Lei 9.868/1999), o que se dá independentemente de suspensão da lei pelo Senado Federal (art. 52, X, CF), afinal não estamos a tratar do controle incidental.

O efeito vinculante denota a submissão (força) obrigatória daquilo que foi decidido pela Corte Suprema, quando for aplicável ao caso em julgamento, sob pena de utilização pelo interessado da reclamação, instrumento apto a garantir a autoridade da decisão (art. 102, I, "l", da CF). Tal efeito de gerar observância obrigatória será gerado a partir da publicação oficial do dispositivo do acórdão, o que deve ser feito pelo STF no prazo de 10 dias (art. 28 da Lei 9.868/1999).[108]

Em um circuito de respeito ao princípio da reserva de plenário (art. 97 da CF), prevê a legislação de regência um *quorum* qualificado para o juízo de constitucionalidade ou inconstitucionalidade: exige-se um *quorum* mínimo de 8 ministros presentes na sessão plenária para sua instalação/deliberação (art. 22 da Lei 9.868/1999); e, para aprovação, "seis ministros" (art. 23 da Lei 9.868/1999). Na falta de ministros para atingir o *quorum* para aprovação, poderá o processo ser suspenso, aguardando o comparecimento dos demais (art. 23, parágrafo único, da Lei 9.868/1999 c/c art. 173, parágrafo único, do RISTF).

Uma situação curiosa é vista quando o relator indefere liminarmente uma ação declaratória de constitucionalidade, se manifestamente improcedente (art. 15 da Lei 9.868/1999). Nesse caso, pelo efeito ambivalente já mencionado (art. 24 da Lei 9.868/1999), o ato normativo impugnado poderia ser considerado inconstitucional por voto de apenas um dos ministros, caso não haja interposição de agravo interno pelo vencido para submeter a questão ao colegiado (art. 15 da Lei 9.868/1999), o que acabaria por violar o princípio da reserva de plenário.[109]

---

[108] "(...) quando se trata do efeito vinculante das sentenças proferidas nas ações de controle concentrado, não é correto afirmar que ele tem eficácia desde a origem da norma. É que tal efeito não decorre da validade ou invalidade da norma apreciada (= eficácia material), mas da sentença que a aprecia (= eficácia processual). O efeito vinculante é também *ex tunc*, mas seu termo inicial se desencadeia com a sentença que declarou a constitucionalidade ou a inconstitucionalidade, e não com o início da vigência da norma examinada" (ZAVASKI, Teori Albino. *Processo coletivo* cit., p. 292).

[109] "Parece-nos que é inconstitucional o art. 15 da referida lei, na medida em que fere o chamado princípio da reserva de plenário (*full bench*), previsto no art. 97 da CF, pelo qual a decretação de inconstitucionalidade de um ato normativo (*lato sensu*) somente pode ser decidida pela maioria absoluta dos membros do órgão competente para sua apreciação. Já a recíproca não é verdadeira: considerando que o art. 97 da CF apenas exige o *quorum* qualificado para a decretação de inconstitucionalidade (...) entendemos possível ao Ministro-relator declarar, monocraticamente, a constitucionalidade do ato impugnado quando a petição da ADIN veicular pretensão manifestamente procedente" (DIDIER JR., Fredie; BRAGA, Paula Sarno; OLIVEIRA, Rafael. Aspectos

Decerto, para gerar o efeito vinculante será de rigor a submissão da matéria ao colegiado, o que até mesmo se vê chancelado pela legislação em diversa situação (art. 12 da Lei 9.868/1999).

Repete-se aqui que o acórdão que decide a ação direta de inconstitucionalidade ou a ação declaratória de constitucionalidade se demonstra irrecorrível, porém há exceção quanto à interposição de embargos de declaração (art. 26 da Lei 9.868/1999).

Avançando sobre a eficácia objetiva, deixe-se claro que a decisão final estará cingida ao dispositivo retratado na inicial, em respeito aos princípios da especificação das normas e da congruência entre o pedido e a sentença.

A procedência da ação direta de inconstitucionalidade, ou a improcedência da ação declaratória de constitucionalidade, também repercute objetivamente na questão da repristinação de lei (revogada) que havia sido afetada pela lei (revogadora) ora reconhecida como inválida. Destarte, declarada a inconstitucionalidade nesses moldes, estará restaurada/ressuscitada a vigência da lei previamente havida, exceto se houve manifestação expressa do tribunal em sentido contrário (art. 11, § 2.º, da Lei 9.868/1999). É correta a exegese de que a norma originária não se encontra mais revogada, afinal não se pode considerar que uma lei inconstitucional, refletindo uma manifestação estatal inválida, possa ter inovado na ordem jurídica, revogando a primeira.[110]

Sobre a preclusão da matéria, deve ser dito que uma vez julgado procedente o pedido_na ação direta de inconstitucionalidade descaberá cogitar de ajuizamento de outra ação direta, diante da preclusão da matéria e também pela falta de interesse na dupla declaração de incompatibilidade da lei, já fulminada, com o texto constitucional. O mesmo raciocínio vale se improcedente a ação

---

processuais da ADIN e da ADC. In: DIDIER JR., Fredie (Org.). *Ações constitucionais* cit., p. 354).

[110] "(...) A declaração de inconstitucionalidade *in abstracto*, considerado o efeito repristinatório que lhe é inerente (*RTJ* 120/64 – *RTJ* 194/504-505 – ADI 2.867/ES, v.g.), importa em restauração das normas estatais revogadas pelo diploma objeto do processo de controle normativo abstrato. É que a lei declarada inconstitucional, por incidir em absoluta desvalia jurídica (*RTJ* 146/461-462), não pode gerar quaisquer efeitos no plano do direito, nem mesmo o de provocar a própria revogação dos diplomas normativos a ela anteriores. (...) Considerações em torno da questão da eficácia repristinatória indesejada e da necessidade de impugnar os atos normativos, que, embora revogados, exteriorizem os mesmos vícios de inconstitucionalidade que inquinam a legislação revogadora. Ação direta que impugna, não apenas a Lei Estadual 1.123/2000, mas, também, os diplomas legislativos que, versando matéria idêntica (serviços lotéricos), foram por ela revogados. Necessidade, em tal hipótese, de impugnação de todo o complexo normativo. Correta formulação, na espécie, de pedidos sucessivos de declaração de inconstitucionalidade tanto do diploma ab-rogatório quanto das normas por ele revogadas, porque também eivadas do vício da ilegitimidade constitucional. Reconhecimento da inconstitucionalidade desses diplomas legislativos, não obstante já revogados" (STF, ADI 3.148/TO, Tribunal Pleno, rel. Min. Celso de Mello, j. 13.12.2006).

declaratória de constitucionalidade, uma vez declarada inconstitucional a norma impugnada, pelo que se torna desnecessário ressuscitar o tema.

Porém, no caso de improcedência da ação direta de inconstitucionalidade, outra situação se vê: não há preclusão em questionar a inconstitucionalidade da lei/ato normativo antes declarado constitucional, desde que à luz de novos argumentos, pelo que inexistirá subordinação do STF àquele prévio controle abstrato realizado.[111] Por certo, se os argumentos na superveniente ação direta forem repetidos ou insuficientes, esta será inadmitida sumariamente pela Corte Suprema. O mesmo vale para a ação declaratória de constitucionalidade julgada procedente, sendo possível um novo questionamento constitucional, diante da evolução temporal e de exegese, oriunda, por exemplo, da mudança de realidade normativa.

No que concerne à eficácia subjetiva, parte-se da explanação de que a eficácia da decisão não é restrita às partes que atuam na demanda (art. 472 do CPC). Justamente em razão do regime da legitimidade extraordinária (art. 6.º do CPC) é que se transborda os efeitos da decisão, sendo esta, pois, *erga omnes*, irradiando seus efeitos a todos os possíveis destinatários da norma, sejam órgãos do Poder Judiciário ou da Administração Pública.

Contudo, o nosso ordenamento jurídico não estendeu o efeito vinculante da decisão de inconstitucionalidade ao Poder Legislativo, que pode reproduzir norma de conteúdo idêntico àquela anteriormente declarada inconstitucional, apesar de isso não ser *a priori* recomendável, quanto mais em relação aos motivos determinantes daquela decisão. A concepção contrária comprometeria a relação de equilíbrio entre o tribunal constitucional e o legislador, reduzindo o papel deste último.[112] Desse modo, se o legislador assim o fizer, descaberá cogitar de ajuizamento de reclamação (art. 102, I, "l", da CF), e sim de nova ação direta de inconstitucionalidade.

---

[111] "Parece totalmente inapropriado que se impeça o Supremo Tribunal Federal de reapreciar a constitucionalidade ou não de uma lei anteriormente considerada válida, à vista de novos argumentos, de novos fatos, de mudanças formais ou informais no sentido da Constituição ou de transformações na realidade que modifiquem o impacto ou a percepção da lei" (BARROSO, Luís Roberto. *O controle de constitucionalidade no direito brasileiro* cit., p. 227).

[112] "Inconstitucionalidade. Ação direta. Lei Estadual. Tributo. Taxa de segurança pública. Uso potencial do serviço de extinção de incêndio. Atividade que só pode ser sustentada pelos impostos. Liminar concedida pelo STF. Edição de lei posterior, de outro Estado, com idêntico conteúdo normativo. Ofensa à autoridade da decisão do STF. Não caracterização. Função legislativa que não é alcançada pela eficácia *erga omnes*, nem pelo efeito vinculante da decisão cautelar na ação direta. Reclamação indeferida liminarmente. Agravo regimental improvido. Inteligência do art. 102, § 2.º, da CF, e do art. 28, parágrafo único, da Lei Federal n. 9.868/1999. A eficácia geral e o efeito vinculante de decisão, proferida pelo STF, em ação direta de constitucionalidade ou de inconstitucionalidade de lei ou ato normativo federal, só atingem os demais órgãos do Poder Judiciário e todos os do Poder Executivo, não alcançando o legislador, que pode editar nova lei com idêntico conteúdo normativo, sem ofender a autoridade daquela decisão" (STF, Rcl 2.617 AgR/MG, Tribunal Pleno, rel. Min. Cezar Peluso, j. 25.08.2005).

Essa temática é interessante na prática processual, pois o questionamento judicial dessa lei posterior de conteúdo idêntico legitimará, sem sombra de dúvida, a aplicação das ferramentas instrumentais – como, por exemplo, os filtros dos arts. 285-A, 475, § 3.º, e 557 do CPC – para adequação à jurisprudência da Corte Suprema, notadamente aos motivos determinantes da decisão de mérito, ora entendidos, por extensão, como vinculantes.

Outro ponto importante de estudo é estabelecer os efeitos temporais da decisão que declara a inconstitucionalidade, mormente pela questão do possível desfazimento das situações jurídicas ocorrentes e escoradas na lei inválida. Partindo-se da natureza declaratória, porquanto o vício de inconstitucionalidade seria congênito ao ato normativo, a decisão da ação direta de inconstitucionalidade gerará efeitos *ex tunc*: terá eficácia retroativa, neutralizando os efeitos jurídicos produzidos pela normatividade. O mesmo vale para a ação declaratória de constitucionalidade, pois a decisão final ratifica a presunção de constitucionalidade da lei existente.

Porém, sendo conhecida a complexidade da temática acerca do tempo e das relações jurídicas, gradativamente se marchou em busca de temperamentos, como reconhece a legislação vigente (art. 27 da Lei 9.868/1999),[113] o que até pode valer, em especulação, para a ação declaratória de constitucionalidade, se verificado que houve afetação em situações preexistentes, com inaplicação em larga escala da legislação.

A modulação dos efeitos temporais da declaração de inconstitucionalidade, primeiramente idealizada no direito norte-americano, com a admissão do *prospective overruling* nos casos Linkletter *v.* Walker (381 U.S. 618) e Stovall *v.* Denno (388 U. S. 293), não significa uma afronta à Carta Magna, mas uma defesa da segurança jurídica, também norma constitucional (art. 5.º, *caput*), sob o prisma do princípio da proporcionalidade.[114]

Também cabe tecer alguns comentários quanto à decisão no controle por via direta e sua aplicação em processos subjetivos que porventura seguiram outro

---

[113] Nesta abertura, pode-se levar em consideração a experiência constitucional portuguesa: "Art. 282, Constituição da República Portuguesa. (Efeitos da declaração de inconstitucionalidade ou de ilegalidade) 1. A declaração de inconstitucionalidade ou de ilegalidade com força obrigatória geral produz efeitos desde a entrada em vigor da norma declarada inconstitucional ou ilegal e determina a repristinação das normas que ela, eventualmente, haja revogado. 2. Tratando-se, porém, de inconstitucionalidade ou de ilegalidade por infracção de norma constitucional ou legal posterior, a declaração só produz efeitos desde a entrada em vigor desta última. 3. Ficam ressalvados os casos julgados, salvo decisão em contrário do Tribunal Constitucional quando a norma respeitar a matéria penal, disciplinar ou de ilícito de mera ordenação social e for de conteúdo menos favorável ao arguido. 4. Quando a segurança jurídica, razões de equidade ou interesse público de excepcional relevo, que deverá ser fundamentado, o exigirem, poderá o Tribunal Constitucional fixar os efeitos da inconstitucionalidade ou da ilegalidade com alcance mais restrito do que o previsto nos ns. 1 e 2".

[114] STF, ADI 4.029/AM, Tribunal Pleno, rel. Min. Luiz Fux, j. 08.03.2012.

Cap. 11 - O PROCESSO ENQUANTO INSTRUMENTO PARA CONTROLE DE CONSTITUCIONALIDADE

caminho, em controle difuso, sobre a questão constitucional. Se o STF firmar posicionamento contrário àquele aplicado no caso concreto, será possível a parte se valer dos meios recursais, se ainda não transitada em julgada a demanda concreta, para fazer valer a decisão da Corte Suprema. Uma vez verificado o trânsito em julgado da decisão que aplicou uma norma posteriormente dita inconstitucional pelo STF, será possível o ajuizamento de ação rescisória pelo vencido (art. 485, V, do CPC), no prazo decadencial.[115]

Contudo, se já ultrapassado o prazo de 2 anos do trânsito em julgado (art. 495 do CPC), aparentemente a situação restará insuscetível de ajustamento,[116] somente restando ao interessado adentrar no tormentoso tema da relativização da coisa julgada material, em virtude da coisa julgada inconstitucional. Em exegese que fortalece a própria atuação do STF na jurisdição constitucional, argumentar-se-á a inexigibilidade do título judicial fundamentado em ato normativo chancelado como contrário à Constituição Federal (art. 475-L, § 1.º, do CPC c/c art. 741, parágrafo único, do CPC), muito embora a jurisprudência limite a aplicação dessa disposição.[117] O anteprojeto da nova legislação processual codificada trata do tema, propondo a modulação dos efeitos da decisão como forma de preservar a segurança jurídica e a higidez da sentença transitada em julgado.[118]

> Projeto do novo CPC: "Art. 511. No prazo para o pagamento voluntário, independentemente de penhora, o executado poderá apresentar impugnação nos próprios autos, cabendo nela arguir: (...) III – inexigibilidade do título; (...) § 5.º Para efeito do disposto no inciso III do *caput* deste artigo, considera-se também inexigível o

---

[115] "(...) A jurisprudência do STJ é firme quanto ao cabimento da ação rescisória fundada no inciso V do art. 485 do CPC, sempre que a decisão rescindenda encontrar suporte em norma declarada inconstitucional pelo STF, hipótese que exclui a incidência do enunciado n. 343 da Súmula do Pretório Excelso. (...)" (STJ, AR 1.031/RN, 3.ª S., rel. Min. Hamilton Carvalhido, j. 11.09.2002).

[116] Vê-se diferença quando se trata de relação jurídica de prestação instantânea ou de trato sucessivo: "(...) se a sentença do caso concreto tratou de relação jurídica de prestação continuada ou sucessiva, o superveniente efeito vinculante sem sentido contrário do provimento judicial em controle abstrato inibirá os efeitos futuros daquela relação jurídica, independentemente da rescisão da sentença" (ZAVASKI, Teori Albino. *Processo coletivo* cit., p. 294).

[117] "(...) 1. O art. 741, parágrafo único, do CPC, atribuiu aos embargos à execução eficácia rescisória de sentenças inconstitucionais. Por tratar-se de norma que excepciona o princípio da imutabilidade da coisa julgada, deve ser interpretada restritivamente, abarcando, tão somente, as sentenças fundadas em norma inconstitucional, assim consideradas as que: (a) aplicaram norma declarada inconstitucional; (b) aplicaram norma em situação tida por inconstitucional; ou (c) aplicaram norma com um sentido tido por inconstitucional. Precedente: REsp 1189619/PE, rel. Min. Castro Meira, 1.ª S., j. 25.08.2010, *DJe* 02.09.2010. (...)" (STJ AgRg no AREsp 126.531/RS, 2.ª T., rel. Min. Humberto Martins, j. 24.04.2012).

[118] FUX, Luiz. O novo processo civil. *O novo processo civil brasileiro* – Direito em expectativa (reflexões acerca do projeto do novo Código de Processo Civil). Rio de Janeiro: Forense, 2011. p. 19.

título judicial fundado em lei ou ato normativo declarados inconstitucionais pelo Supremo Tribunal Federal, ou fundado em aplicação ou interpretação da lei ou ato normativo tidas pelo Supremo Tribunal Federal como incompatíveis com a Constituição da República **em controle concentrado de constitucionalidade ou quando a norma tiver sua execução suspensa pelo Senado Federal.** § 6.º No caso do § 5.º, a decisão poderá conter modulação dos efeitos temporais da decisão em atenção à segurança jurídica" (grifo nosso em destaque da parte em negrito que não constava na redação do Projeto Original do Senado 166/2010).

4. CONCLUSÕES

4.1. Há inequívoca tendência de diálogo entre os mecanismos de controle de constitucionalidade previstos no ordenamento jurídico brasileiro;

4.2. A predominância atual do controle por via de ação direta na jurisdição constitucional, na dimensão essencialmente política em que se projeta a atividade institucional exercida nesse mecanismo de fiscalização, resta apurada em virtude da ampliação dos seus legitimados (art. 103 da CF) e, justamente, do maior alcance dos efeitos da decisão prolatada (art. 102, § 2.º, da CF), a traduzir sua essência de processo objetivo e coletivo;

4.3. O processo objetivo se destina a resguardar interesses de pessoas que não estejam envolvidas na relação processual, donde se constrói o pensamento da fiscalização abstrata de constitucionalidade, com inúmeras especificidades procedimentais. Isso diante do desiderato de resguardar o ordenamento constitucional e a coerência do sistema normativo, e não para proteção primária de lesões a direitos subjetivos;

4.4. A objetivação do processo constitui apanágio ao estudo hodierno do controle de constitucionalidade, tanto mais para a verificação por via direta, por sua própria natureza, como também, quão desenvolvido, para o controle por via incidental, que se vê numa escalada de concentração e abstrativização;

4.5. A massificação da sociedade, e dos litígios, a provocar o inchaço judiciário, cada vez mais encontra solução nas demandas plurais, algo que não é exclusivo das situações de teste constitucional, pelo contrário. Recorrente à premente coletivização, sucede a abordagem de racionalização do trabalho do Poder Judiciário, oriunda da economia processual e da previsibilidade dos julgados, além do ganho na isonomia dos julgados, em veneração ao princípio da igualdade, de modo a conduzir uma maior segurança jurídica, pela utilização de um percurso já fixado no precedente, algo ínsito aos processos de índole objetiva;

4.6. Em uma visão instrumental do processo, vários expedientes foram elaborados em demonstração de uma feição objetiva do controle incidental de controle, como aqueles decorrentes da emenda constitucional que retratou a

Cap. 11 – O PROCESSO ENQUANTO INSTRUMENTO PARA CONTROLE DE CONSTITUCIONALIDADE

"Reforma do Judiciário" (EC 45/2004), como na exigência de repercussão geral ao recurso extraordinário (art. 102, § 3.º, da CF c/c art. 543-A do CPC) e a aplicabilidade do acórdão paradigma que verse sobre matéria constitucional a todos os feitos sobrestados; além da elaboração de súmulas vinculantes (art. 103-A da CF), a permitir que o entendimento constitucional fixado no precedente jurisdicional valha para outras esferas de competência independentemente da participação do Senado Federal;

4.7. Nesse contexto, presta-se culto ao fenômeno da transcendência dos efeitos gerados pela decisão proferida no controle incidental, difuso e concreto de constitucionalidade, e o consequente anacronismo de atuação do Senado Federal na hipótese (art. 52, X, da CF), em visualização de uma renovada roupagem de Corte Constitucional assumida pelo STF;

4.8. Se qualquer sistema jurídico que consentir com a prolação contínua de decisões colidentes estimulará a litigiosidade, a perseguição de uma maior estabilidade jurisprudencial perpassa por valorização da densidade normativa oriunda dos julgados proferidos pelo Plenário da Corte Suprema em controle difuso de constitucionalidade, na demonstração do mais alto grau da inteligência hierárquica judiciária na matéria.

5. REFERÊNCIAS BIBLIOGRÁFICAS

BARBOSA MOREIRA, José Carlos. *O novo processo civil brasileiro*. 25. ed. Rio de Janeiro: Forense, 2007.

BARROSO, Luís Roberto. *O controle de constitucionalidade no direito brasileiro*. 6. ed. São Paulo: Saraiva, 2012.

BINEMBOJM, Gustavo. A dimensão do *amicus curiae* no processo constitucional brasileiro: requisitos, poderes processuais e aplicabilidade no âmbito estadual. *Revista Eletrônica de Direito do Estado*, n. 1. Salvador, Instituto de Direito Público da Bahia, 2005. Disponível em: < http://www.direitodoestado.com/revista/REDE-1-JANEIRO-2005-GUSTAVO%20BINENBOJM.pdf >. Acesso em: 16 maio 2012.

BONAVIDES, Paulo. *Curso de direito constitucional*. 17. ed. São Paulo: Malheiros, 2005.

BULOS, Uadi Lammêgo. *Curso de direito constitucional*. São Paulo: Saraiva, 2007.

CÂMARA, Alexandre Freitas. *Lições de direito processual civil*. 14. ed. Rio de Janeiro: Lumen Juris, 2007. v. 2.

CANOTILHO, J. J. Gomes. *Direito constitucional e teoria da Constituição*. 7. ed. Coimbra: Almedina, 2003.

CINTRA, Antônio Carlos de Araújo Cintra; GRINOVER, Ada Pellegrini; DINAMARCO, Cândido Rangel. *Teoria geral do processo.* 22. ed. São Paulo: Malheiros, 2006.

CUNHA JR., Dirley. *Curso de direito constitucional.* 5. ed. Salvador: JusPodivm, 2011.

DIDIER JR., Fredie; BRAGA, Paula Sarno; OLIVEIRA, Rafael. Aspectos processuais da ADIN e da ADC. In: DIDIER JR., Fredie (Org.). *Ações constitucionais.* 2. ed. Salvador: JusPodivm, 2007.

DINAMARCO, Cândido Rangel. *A instrumentalidade do processo.* 13. ed. São Paulo: Malheiros, 2008.

FRIEDENTHAL, Jack H.; KANE, Mary Kay; MILLER, Arthur R. *Civil Procedure.* 4. ed. Thomson – West, St. Paul, 2005.

FUX, Luiz. *Curso de direito processual civil.* Rio de Janeiro: Forense, 2005.

_____. O novo processo civil. *O novo processo civil brasileiro* – direito em expectativa (reflexões acerca do projeto do novo Código de Processo Civil). Rio de Janeiro: Forense, 2011.

HÄBERLE, Peter. *Hermenêutica constitucional.* A sociedade aberta dos intérpretes da Constituição: contribuição para uma interpretação pluralista e procedimental da Constituição. Trad. Gilmar Ferreira Mendes. Porto Alegre: Sérgio Antônio Fabris, 1997.

MARINONI, Luiz Guilherme. *Processo de conhecimento.* 7. ed. São Paulo: RT, 2008.

_____. *Teoria geral do processo.* 2. ed. São Paulo: RT, 2007.

MELLO, Patrícia Perrone Campos. A ascensão normativa e institucional da jurisprudência – operando com súmulas e precedentes vinculantes. In: BARROSO, Luís Roberto (Org.). *A reconstrução democrática do direito público no Brasil.* Rio de Janeiro: Renovar, 2007.

MENDES, Gilmar Ferreira; COELHO, Inocêncio Mártires; BRANCO, Paulo Gustavo Gonet. *Curso de direito constitucional.* 2. ed. São Paulo: Saraiva, 2008.

MORAES, Guilherme Peña de. *Curso de direito constitucional.* 3. ed. São Paulo: Atlas, 2010.

PALU, Oswaldo Luiz. *Controle de constitucionalidade.* 2. ed. São Paulo: RT, 2001.

SARLET, Ingo Wolfgang; MARINONI, Luiz Guilherme; MITIDIERO, Daniel. *Curso de direito constitucional.* São Paulo: RT, 2012.

SLAIBI FILHO, Nagib. *Ação declaratória de constitucionalidade.* 2. ed. Rio de Janeiro: Forense, 2000.

SILVA, José Afonso da. *Curso de direito constitucional positivo.* 22. ed. São Paulo: Malheiros, 2003.

Cap. 11 – O PROCESSO ENQUANTO INSTRUMENTO PARA CONTROLE DE CONSTITUCIONALIDADE

TUPINAMBÁ, Carolina. Novas tendências de participação processual – o *amicus curiae* no anteprojeto do novo CPC. *O novo processo civil brasileiro* – direito em expectativa (reflexões acerca do projeto do novo Código de Processo Civil). Rio de Janeiro: Forense, 2011.

VENTURI, Elton. Anotações sobre a repercussão geral como pressuposto de admissibilidade do recurso extraordinário. In: MEDINA, José Miguel Garcia et alii (Coord.). *Os poderes do juiz e o controle das decisões judiciais*. Estudos em homenagem à professora Teresa Arruda Alvim Wambier. São Paulo: RT, 2008.

ZAVASKI, Teori Albino. *Processo coletivo*: tutela de direitos coletivos e tutela coletiva de direitos. 3. ed. São Paulo: RT, 2008.

A MUDANÇA DA JURISPRUDÊNCIA E A MODULAÇÃO DE SEUS EFEITOS TEMPORAIS

12

Franklyn Roger Alves Silva

> **Sumário:** 1. Introdução – 2. A problemática da revisão jurisprudencial no âmbito dos Tribunais Superiores – 3. A disciplina legislativa da modulação de efeitos das decisões – 4. A modulação temporal dos efeitos dos precedentes no direito comparado – 5. Técnicas de modulação empregadas pelos tribunais brasileiros – 6. Critérios necessários para a modulação da jurisprudência a partir de elementos do próprio ordenamento jurídico brasileiro – Os *cases* enfrentados pelo Supremo Tribunal Federal – 7. Conclusão – 8. Referências bibliográficas.

1. INTRODUÇÃO

A preocupação do legislador em combater a morosidade da prestação jurisdicional brasileira não é nenhuma novidade no cenário jurídico, como se observa do intenso movimento de reformas implementadas na Constituição Federal, no Código de Processo Civil e no Código de Processo Penal ao longo da última década.

Do ano de 2006 até hoje diversos novos institutos foram introduzidos no Direito Processual Civil, a exemplo da súmula impeditiva de recurso (Lei 11.276/2006), da improcedência *prima facie* (Lei 11.277/2006), da Súmula Vinculante (Lei 11.417/2006),[1] da repercussão geral do Recurso Extraordinário

---

[1] O Prof. Barbosa Moreira é crítico ferrenho da utilização do termo "súmula" como o enunciado que concentra o pensamento dominante do tribunal que o editou. Para tanto, pondera: "... a palavra 'súmula' sempre se empregou – em perfeita consonância com a etimologia e os dicio-

(Lei 11.418/2006)[2] e do julgamento dos Recursos Especiais repetitivos (Lei 11.672/2008).

Alterações pontuais no Regimento Interno do Supremo Tribunal Federal e do Superior Tribunal de Justiça adequaram os procedimentos de julgamento às novas reformas, além de introduzir mecanismos próprios, a exemplo do julgamento em bloco realizado pelo Supremo Tribunal Federal.

Também se constituiu uma comissão integrada por diversos juristas de renome, para elaboração do projeto de um novo Código de Processo Civil, tendo sido realizados estudos e audiências públicas a fim de elaborar a melhor redação ao novo diploma processual.

A preocupação com a solução rápida dos litígios trazidos ao Poder Judiciário, cujas demandas ajuizadas aumentam a cada ano, é a principal causa da criação dos mecanismos apontados.[3]

Essa mudança intensa de diplomas legislativos acarreta várias transformações sociais por conta de novas disposições legais, criação e supressão de direitos, enfim. Nesse ponto, a *vacatio legis* é de curial importância, pois permite que os cidadãos possam conhecer[4] e se adaptar à nova realidade legislativa.

Com a introdução de institutos ora referidos que em muito se assemelham àqueles presentes no direito estrangeiro, principalmente os que existem no direito

---

nários – para designar o conjunto das proposições em que se resume a jurisprudência firme de cada tribunal, a começar pela Corte Suprema, onde ela foi criada, em 1963, sob a denominação correta de Súmula da Jurisprudência Predominante (no singular), com a qual se incorporou ao Regimento Interno. Agora, ela aparece no texto constitucional emendado com referência a *cada uma* daquelas proposições, consoante ressaltar o teor do novo art. 103-A e também o art. 8.º da Emenda que alude às atuais súmulas do Supremo Tribunal Federal" (BARBOSA MOREIRA, José Carlos. A emenda constitucional n. 45 e o processo. *Revista do Ministério Público*, Rio de Janeiro, n. 23, p. 165-178, jan.-jun. 2006, p. 170).

[2] A doutrina, todavia, não tem visto com bons olhos o requisito de admissibilidade do Recurso Extraordinário, haja vista que o exame da repercussão geral não deve ser operado de forma abstrata, sob risco de se deixar de considerar peculiaridades ínsitas a cada demanda. Nesse sentido, conferir: ASSUMPÇÃO, Helcio Alves de. Recurso extraordinário: requisitos constitucionais de admissibilidade. *Revista do Ministério Público*, Rio de Janeiro, n. 26, p. 127-162, jul.-dez. 2007, p. 161.

[3] O Supremo Tribunal Federal já decidiu que em uma Ação de Usucapião que durou 43 anos e teve o mérito analisado por duas vezes, diante de sucessivas anulações do processo, bem como por diversas alterações de competência, não poderia, por mais uma vez, ter sua nulidade reconhecida por incompetência do juízo, pois nítida a violação à garantia da razoável duração do processo e da efetiva entrega da prestação jurisdicional (STF, RE 433.512/SP, rel. Min. Eros Grau, 26.05.2009).

[4] José Afonso da Silva, ao analisar a questão atinente à *vacatio legis*, pondera: "A teoria jurídica conhece a *vacatio legis*, que é o período que vai da publicação do ato promulgatório até a efetiva entrada da lei em vigor, 'e por duas razões se justifica: porque faz a lei mais e melhor conhecida e porque proporciona, às autoridades incumbidas de fazê-la executar e às pessoas por ela atingidas, a oportunidade de se prepararem para sua aplicação'" (SILVA, José Afonso da. *Aplicabilidade das normas constitucionais*. 6. ed. São Paulo: Malheiros, 2004. p. 53).

Cap. 12 – A MUDANÇA DA JURISPRUDÊNCIA E A MODULAÇÃO DE SEUS EFEITOS TEMPORAIS

norte-americano, surge a indagação a respeito da modulação temporal dos efeitos das decisões judiciais que alteram orientações jurisprudenciais já consolidadas ao longo do tempo.

Como bem observa Leonardo Greco,[5] existe uma enorme descrença no Poder Judiciário, principalmente pelo aumento crescente da consciência jurídica do povo, que com maior acesso à informação passa a conhecer mais dos seus direitos e exigir uma maior produtividade do Judiciário.

Essa falta de credibilidade leva nosso legislador a observar o ordenamento de outros países e suas experiências, buscando novas soluções para os problemas recorrentes que assolam o Poder Judiciário. A adoção da Súmula Vinculante, os Juizados Especiais Cíveis, a transação penal, enfim, diversos institutos que apresentam a essência de mecanismos do direito estrangeiro apenas demonstram essa tendência.

É claro que o sistema da *common law* não é perfeito e muitas de suas aflições vêm sendo solucionadas a partir da importação de mecanismos da *civil law*, o que apenas demonstra a crescente relação entre os sistemas que deixam de lado caracteres rígidos passando a mesclar seus elementos.[6]

Observa-se que nesta última década houve uma significativa mutação na composição dos tribunais superiores, em especial a do Supremo Tribunal Federal e do Superior Tribunal de Justiça. Tal fenômeno acabou por contribuir para uma verdadeira revisão na jurisprudência consolidada sobre diversas matérias, o que culminou no estabelecimento de novos paradigmas.

A renovação dos tribunais e a alteração das posições jurisprudenciais consolidadas reflete a evolução e o amadurecimento do ordenamento jurídico, demonstrando que o Poder Judiciário está a par de todas as mudanças sociais.

2. A PROBLEMÁTICA DA REVISÃO JURISPRUDENCIAL NO ÂMBITO DOS TRIBUNAIS SUPERIORES

Ao passo que o direito brasileiro caminha no sentido de prestígio à uniformização da jurisprudência, causa-nos perplexidade o fato de que, em determinadas situações, primados como a segurança jurídica, a confiança legítima e a própria boa-fé não são levados em consideração quando da alteração repentina da jurisprudência, uma vez que não há "período de *vacatio*" para mudanças em precedentes jurisprudenciais.

---

[5]   GRECO, Leonardo. *Instituições de processo civil*. Rio de Janeiro: Forense, 2009. p. 3.

[6]   São muitas as distinções entre os sistemas da *civil law* e da *common law*, a exemplo da natureza da investidura dos magistrados; a sistemática dos recursos; a apresentação das provas em juízo; a maior liberdade na realização de atos de disposição; a maior atuação do magistrado e das partes no processo, dentre outras características, como destaca Leonardo Greco em sua obra: GRECO, Leonardo. *Instituições de processo civil* cit., p. 5-11.

Exemplifiquemos com a seguinte situação: uma das partes vinha obtendo pronunciamentos judiciais favoráveis em primeiro e segundo graus de jurisdição, com base em orientações jurisprudenciais consolidadas e, em sede de recursos excepcionais, assiste a toda a sua pretensão ser rechaçada por uma nova posição jurisprudencial contrária à sua tese, sem que sequer fosse cogitado o respeito à situação consolidada ou até mesmo fosse indicada a possibilidade de superação do precedente antigo.

Questionamos se a melhor solução seria simplesmente ignorar uma realidade processual em que a parte teve um direito reconhecido pelas instâncias inferiores, mas que, por uma nova interpretação judicial, viu sua pretensão ser destroçada.

Tal conjuntura não se resume apenas a aspectos processuais, mas afeta a própria edição de atos legislativos, acarretando grave insegurança jurídica, como destaca Geraldo Ataliba.[7]

Como base para a manutenção da jurisprudência superada podemos invocar a segurança jurídica das relações, a boa-fé das partes que realizaram seus atos à luz dos precedentes existentes à época do estabelecimento das relações jurídicas, o princípio da confiança legítima[8] e a teoria do fato consumado, dentre outros substratos principiológicos, com o fim de estabelecer parâmetros objetivos que guiassem a atuação dos tribunais quando da superação de seus precedentes.

---

[7] "Operacionalmente, assim, a pedra de toque de sua tranquilidade de cidadã deve estar na unicidade de fontes normativas e consequente unicidade de normas delas promanadas (unicidade por pessoa jurídica de capacidade política): uma só fonte na União – o Congresso; uma só fonte no Estado – Assembleia; uma só fonte no Município – Câmara de Vereadores, como expressões republicanas. Que nos oferecia a prática de nosso sistema? Legislavam, e não só em matéria administrativa, inúmeros órgãos, tais como conselhos, comissões, departamentos etc. Usurpavam função legislativa autarquias, empresas públicas e outras pessoas da administração indireta, sem nenhuma representatividade. Delegavam-se abusivamente faculdades normativas inaugurais a toda sorte de órgãos e funcionários. Não sabia o administrado donde viriam os próximos constrangimentos. Os deveres se multiplicavam. Os comandos se contradiziam, se superpunham, somavam-se. O administrado se sentia inseguro, indefeso. A multiplicidade o surpreendia. Desaparecia toda veleidade de participação. Não havia sequer aparência de lealdade do Estado no fazê-lo saber do que se tramava, que se lhe pretendia, que se lhe ia exigir. Nesse clima, desaparecia qualquer ideia de Direito. Não se podia falar em sistema. Não cabia cogitar de coerência. Muita vez o administrado só tomava conhecimento de uma pretensão administrativa ao ser punido por violação de um preceito de cuja existência nem sequer tinha possibilidade de desconfiar" (ATALIBA, Geraldo. *República e Constituição*. 2. ed. São Paulo: Malheiros, 2004. p. 21-22).

[8] "Esse mesmo raciocínio também pode ser empregado, por exemplo, em relação aos atos oriundos do Poder Judiciário. A alteração de um entendimento jurisprudencial pode vir a prejudicar a expectativa legítima de um particular. Porém, para que um indivíduo tenha legitimidade para pretender que sua situação seja regida pela orientação judicial antiga, deverá comprovar que realizou algum ato concreto em virtude do posicionamento antigo. Deverá evidenciar que seus atos não teriam sido praticados se a nova jurisprudência já existisse" (ARAUJO, Valter Shuenquener. *O princípio da proteção da confiança*. Niterói: Impetus, 2009. p. 99).

Cap. 12 – A MUDANÇA DA JURISPRUDÊNCIA E A MODULAÇÃO DE SEUS EFEITOS TEMPORAIS

Logo, a jurisprudência nova só deveria ser aplicada aos casos ocorridos após sua edição, prestigiando-se, em casos anteriores, a jurisprudência pretérita do tribunal quando evidenciada a boa-fé das partes e a confiança naqueles antigos julgados. Os tribunais, em temas de repercussão, deveriam aferir as consequências da adoção de uma nova jurisprudência, sopesando seus efeitos em relação aos atos já praticados e aqueles cuja execução se perdura no tempo, buscando alcançar uma solução que não traga prejuízo aos cidadãos, principalmente quando tratasse de questões multitudinárias.

A jurisprudência de nossos tribunais não mais se resume ao simples conjunto de decisões acerca de determinada matéria.[9] As decisões judiciais ditam comportamentos não só entre as partes, mas entre terceiros que não se encontram na órbita jurídica da relação processual. Os cidadãos acompanham o dia a dia dos tribunais e tendem a pautar seus comportamentos a partir do que o tribunal decide.

Institutos do direito norte-americano como o *signaling* (o tribunal dá indícios de que pretende alterar sua jurisprudência já consolidada) e o *prospective overruling* (o tribunal revisa sua jurisprudência e pode aplicar ao caso concreto o paradigma superado) poderiam ser incorporados ao nosso ordenamento como forma de compatibilizar a segurança jurídica das relações e a necessidade de revisão da jurisprudência.[10]

Ora, a Suprema Corte dos Estados Unidos da América já realiza a modulação temporal de seus precedentes desde a década de 60, quando do julgamento do caso *Linkletter v. Walker*,[11] o que demonstra certo amadurecimento do Judiciário norte-americano.

Há que se considerar também que a população, diante da evolução e massificação dos meios de comunicação, passou a ter acesso maior às decisões do Poder Judiciário. As atividades de consultoria, que antes eram restritas aos empresários, agora se estendem às pessoas físicas. Enfim, há uma maior participação

---

[9] É a definição encontrada em qualquer obra jurídica. Nesse sentido, confira-se: GUSMÃO, Paulo Dourado. *Introdução ao estudo do direito*. 33. ed. Rio de Janeiro: Forense, 2003. p. 126.

[10] Nesse ponto, Fredie Didier Jr. também pondera a necessidade de modulação das mudanças jurisprudenciais (DIDIER JR., Fredie; BRAGA, Paula Sarno; OLIVEIRA, Rafael. *Curso de direito processual civil*. 4. ed. Salvador: JusPodivm, 2009. v. 2, p. 405).

[11] O caso referido dizia respeito a questão criminal, tendo a Suprema Corte afirmado a possibilidade de modulação em questões criminais, desde que fossem levados em consideração elementos como a confiança na norma antiga, a finalidade do novo preceito e as consequências da modulação. Comenta Saul Tourinho Leal que a Suprema Corte inovou no ordenamento ao reconhecer o direito a modulação nas decisões proferidas em controle de constitucionalidade, inobstante o silêncio da Constituição a esse respeito. Levou em consideração a referida Corte as características referentes à natureza do ato declarado inconstitucional, à finalidade, efeitos e consequências da retroatividade. Conferir: LEAL, Saul Tourinho. Modular para não pagar: a adoção da doutrina prospectiva negando direitos aos contribuintes. *Revista Dialética de Direito Tributário*, São Paulo, n. 158, nov. 2008, p. 78-86.

do povo na construção da jurisprudência do país, seja pelo seu conhecimento, seja pela adoção de posturas lineares ao que os tribunais decidem.

No Brasil há poucos e recentes julgados do Superior Tribunal de Justiça e do Supremo Tribunal Federal que já aplicaram a concepção que ora se expõe, ainda que de forma tímida e casuística, em situações de interposição e admissão de recursos realizada antes da consolidação de nova jurisprudência.[12]

Um dos casos emblemáticos a respeito da modulação temporal da jurisprudência ocorreu no julgamento do Recurso Especial 796.488 – CE (2005/0185096-2), em que o STJ, diante da mudança de sua jurisprudência, que passou a analisar a tempestividade dos recursos interpostos pelo Ministério Público a partir da data em que os autos ingressavam na instituição e não mais quando da aposição do ciente do membro do *Parquet*, reconheceu que nos recursos interpostos antes da referida alteração a tempestividade deveria ser aferida à luz da jurisprudência superada.

Para tanto, reconheceu o STJ que não se poderia exigir que o órgão ministerial se pautasse de modo diverso, antevendo a eventual alteração do entendimento jurisprudencial, sob risco de se estabelecer verdadeiro obstáculo insuperável, traduzindo usurpação sumária do direito de recorrer, atitude esta incompatível no Estado Democrático de Direito.

Desse modo, diante da flagrante injustiça que estava ocorrendo, o STJ afirmou expressamente que o novo entendimento deveria alcançar os casos futuros e não aqueles consolidados na constância da orientação anterior, pois os membros do Ministério Público não poderiam prever, até porque sequer foram avisados acerca da possível alteração na jurisprudência.

Ocorre, todavia, que o caso concreto narrado é exceção, pois os tribunais superiores, neles incluídos o próprio Superior Tribunal de Justiça e o Supremo Tribunal Federal, na grande maioria dos casos têm alterado a jurisprudência consolidada em alguns temas, principalmente diante de sua nova composição, sem estabelecer parâmetros que respeitassem as situações jurídicas ocorridas à luz da jurisprudência antes consolidada.

Como exemplo de nossa assertiva podemos indicar a questão do Enunciado 214 da Súmula da Jurisprudência do STJ, que refletia uma orientação inequívoca do STJ no sentido de que o conflito entre o art. 39 da Lei 8.245/1991 e os arts. 1.500 do CC/1916 ou 835 do CC/ 2002 deveria ser solucionado no sentido de que o fiador na locação não responderia pelas obrigações resultantes de aditamento ao qual não anuiu.

---

[12] Podemos exemplificar os seguintes precedentes: REsp 628.621/DF, rel. Min. Carlos Alberto Menezes Direito, j. 04.08.2004; REsp 741.580/SC, rel. Min. Gilson Dipp, j. 16.08.2005; REsp 796.488/CE, rel. Min. Laurita Vaz, j. 28.02.2008; RMS 25.652/PB, rel. Min. Napoleão Nunes Maia Filho, j. 16.09.2008; REsp 944.325/RS, rel. Min. Humberto Martins, j. 04.11.2008.

O enunciado que ainda permanece válido foi editado em 1998. Ocorre que em 2006, por ocasião de enfrentamento jurisprudencial suscitado no EREsp 566.633-CE, o próprio STJ concluiu que os fiadores continuam responsáveis pelos débitos locatícios posteriores à prorrogação legal do contrato, desde que haja previsão contratual dessa possibilidade e estes não se exonerem nas formas dos dispositivos do Código Civil, estabelecendo assim um novo paradigma a respeito da matéria.

Todavia, o r. Tribunal Superior não suscitou questão relativa às situações consolidadas à luz da jurisprudência anterior. Assim, passou o Tribunal a aplicar indiscriminadamente seu precedente em todos os casos, inclusive àqueles em que os contratos de locação foram firmados à luz da interpretação originária do Enunciado 214, sequer dando oportunidade aos fiadores para se adaptarem à nova realidade jurisprudencial.

Observa-se que não houve a superação total do enunciado da súmula, haja vista que o STJ reconhece a prorrogação apenas quando há cláusula contratual expressa a esse respeito. Entretanto, a nosso ver, há a necessidade de se solucionar as questões intertemporais provenientes da alteração desse importante precedente.

Tal controvérsia hoje se encontra solucionada com o advento da Lei 12.112/2009, que alterou a redação da Lei de Locações, determinando agora, em seu art. 39, que todas as garantias se estendem até a efetiva devolução das chaves.

Entretanto, é de questionar acerca de todas as relações jurídicas existentes desde antes da alteração da jurisprudência e da aprovação da reforma da Lei de Locações. Deveriam todos os fiadores sofrer prejuízos quando depositaram legítimas expectativas na jurisprudência consolidada em enunciado de súmula do STJ?

Veja que a matéria apresenta tanta repercussão que a referida alteração na lei locatícia teve o dispositivo que determinava sua vigência imediata vetado, ao argumento de que as alterações apresentam relevância, tornando necessária a adaptação da sociedade ao novo regramento.

Ora, se o legislador teve o cuidado de estabelecer um prazo mínimo para que as pessoas se adaptem ao novo comando normativo, parece-nos que o Judiciário também deve ser sensível às consequências da alteração de sua jurisprudência.

Nesse ponto, Fredie Didier Jr. pondera superficialmente a questão atinente à necessidade de modulação dos efeitos da decisão que altera a jurisprudência consolidada do tribunal,[13] invocando os princípios da boa-fé, segurança jurídica, proteção à confiança e não surpresa.

---

[13] "Correto, pois o raciocínio de Ferraz Jr., segundo o qual o Poder Judiciário, como ente da Administração Pública, está sujeito ao chamado princípio da não surpresa, outra designação que

Como esse caso, muitas outras situações poderiam ser enumeradas. Contudo, o objetivo deste estudo não é o mero direcionamento à infinidade de casos concretos, mas, em verdade, analisar as bases científicas para a modulação temporal.

A respeito da possibilidade de modulação temporal dos efeitos da jurisprudência, não obstante aplicada timidamente em determinados julgados nos tribunais superiores, podemos observar um início de incorporação dessa técnica em nosso ordenamento jurídico por meio da Lei 11.417/2006, que regulamenta o procedimento de edição, revisão e cancelamento dos enunciados que integram a Súmula Vinculante do Supremo Tribunal Federal, ao que se observa do art. 4.º da referida lei.

Tal dispositivo permite que o Supremo Tribunal Federal possa modular o momento a partir do qual incidirá o teor do enunciado sumular. E, entendendo-se a Súmula Vinculante como verdadeiro ato jurisdicional que consolida a orientação jurisprudencial predominante em verbetes de caráter obrigatório, podemos, então, admitir uma previsão legislativa inicial da possibilidade de modulação temporal da jurisprudência sumulada.

É bem verdade que a produção de enunciados da Súmula Vinculante, além de tímida, não tem sido realizada da melhor maneira possível, vide a questão das algemas constante do Enunciado 11 da Súmula Vinculante do Supremo Tribunal Federal.

Há, portanto, a necessidade de se observar quais os critérios suficientes para a modulação dos efeitos temporais da jurisprudência, sempre que se estabelece ou revisa uma tese jurídica, a fim de preservar a boa-fé e a segurança jurídica das relações já estabelecidas.

O tempo levado para que uma demanda possa alcançar seu resultado final ainda é uma das grandes preocupações em nosso sistema jurídico e, em determinadas hipóteses, é necessária a manutenção de situações jurídicas consolidadas pelo tempo, sob risco de causar graves prejuízos a uma das partes.

Desde a edição da Emenda Constitucional 45/2004, com a inclusão do inciso LXXII ao art. 5.º da Constituição Federal, o ordenamento jurídico passou a reconhecer a razoável duração do processo como um direito fundamental.

As partes necessitam de segurança jurídica nas suas relações e não podem estar sujeitas à longa duração do processo e às intempéries de uma jurisprudência efêmera que não seja capaz de solucionar, de modo equânime, os conflitos de interesse existentes na sociedade.

---

se pode dar ao princípio da confiança que o administrado/jurisdicionado, agindo com boa-fé, deposita na conduta da Administração/Judiciário, donde extrai legítimas expectativas. Trata-se aqui, portanto, da conjugação entre os princípios da segurança jurídica e da boa-fé, que garante não só respeito ao passado, como também às expectativas legítimas que o comportamento do Judiciário – através de reiteradas decisões tomadas num mesmo sentido – incutiu no íntimo dos jurisdicionados" (DIDIER JR., Fredie; BRAGA, Paula Sarno; OLIVEIRA, Rafael. *Curso de direito processual civil* cit., p. 402-403).

3. A DISCIPLINA LEGISLATIVA DA MODULAÇÃO DE EFEITOS DAS DECISÕES

A possibilidade de modulação temporal no controle de constitucionalidade é recente, pois regulamentada pela Lei 9.868/1999, sendo certo que há Ação Direta de Inconstitucionalidade ajuizada contra o art. 27 da referida lei, que trata especificamente da técnica de modulação. Nessa mesma esteira, a Lei 11.417/2006 prevê a modulação temporal no enunciado da Súmula Vinculante, ao que se observa do art. 4.º do referido diploma.[14]

Todavia, não podemos deixar de reconhecer que a doutrina e a própria jurisprudência do Supremo Tribunal Federal têm reconhecido, ainda que timidamente, a possibilidade de extensão da modulação temporal ao controle difuso de constitucionalidade, como se observa dos seguintes precedentes: RE 197.917/SP, Rel. Min. MAURÍCIO CORRÊA; Ag. Reg. no AI 421.354-RJ, Rel. Min. CELSO DE MELLO.

Na realidade, o Supremo Tribunal Federal vem caminhando a passos largos, admitindo até mesmo a abstrativização das decisões proferidas em sede de controle difuso de constitucionalidade.[15]

Trata-se, entretanto, de complexa discussão que envolve toda a teoria geral do controle de constitucionalidade e até mesmo dispositivos da Constituição Federal que regulamentam os efeitos das decisões proferidas em sede de controle difuso de constitucionalidade e os mecanismos que permitem conferir eficácia *erga omnes* às referidas decisões.[16]

Há, em verdade, quem sustente na doutrina que a declaração de inconstitucionalidade implicaria mera anulabilidade[17] do dispositivo legal, admitindo, portanto, que os efeitos da decisão só teriam aplicabilidade dali para frente.

---

[14] No modelo austríaco a decisão proferida em sede de controle de ilegitimidade de norma jurídica com a Constituição pode sofrer um retardamento em sua aplicação por período não superior a um ano (LUCIANI, Massimo. La modulazione degli effetti nel tempo delle sentenze di accoglimento: Primi spunti per una discussione sulla corte constituzionale degli anni novanta. In: CATTARINO, Giovanni. *Effeti temporali delle sentenze della corte costituzionale anche con riferimento alle esperienze straniere*. Milano: Giuffrè, 1989. p. 105-115).

[15] Fredie Didier Jr. encara a "objetivação" do controle difuso de constitucionalidade como exemplo de vinculação aos precedentes judiciais no Brasil (DIDIER JR., Fredie; BRAGA, Paula Sarno; OLIVEIRA, Rafael. *Curso de direito processual civil* cit., p. 389).

[16] Maurício Ramires pondera que o STF também deveria reconhecer a abstrativização das decisões que declaram a nulidade parcial sem redução de texto ou a interpretação conforme – também facetas do controle de constitucionalidade (RAMIRES, Maurício. *Crítica à aplicação de precedentes no direito brasileiro*. Porto Alegre: Livraria do Advogado, 2010. p. 86).

[17] Nesse sentido, conferir: KELSEN, Hans. *Teoria pura do direito*. São Paulo: Martins Fontes, 1985. p. 293; FERRARI, Regina Macedo Nery. *Efeitos da declaração de inconstitucionalidade*. São Paulo: RT, 1999. p. 275.

Essa é a teoria. A prática, todavia, permite ao magistrado constatar que a declaração de inconstitucionalidade das leis e o consequente desfazimento das relações existentes acarretaria mais prejuízos do que se a lei permanecesse em vigor. Daí emerge a necessidade de se regulamentar as situações consolidadas pelo tempo, cabendo ao magistrado, no caso o Supremo Tribunal Federal, modular os efeitos de sua decisão, estabelecendo um marco inicial a partir do qual a inconstitucionalidade operará seus efeitos, permitindo a salvaguarda das relações jurídicas existentes.[18]

---

[18] O Supremo Tribunal Federal já admite até que a modulação temporal seja realizada por meio dos Embargos de Declaração, conforme se denota do aresto:

"Embargos de Declaração e Modulação de Efeitos – O Tribunal iniciou julgamento de embargos de declaração opostos de acórdão proferido em ação direta que concluíra pela procedência do pedido formulado pelo Procurador-Geral da República para declarar a inconstitucionalidade da Lei Distrital 3.642/2005, que dispõe sobre a Comissão Permanente de Disciplina da Polícia Civil do Distrito Federal — v. Informativo 542. O Min. Dias Toffoli, relator, deu provimento aos embargos de declaração para esclarecer que o acórdão embargado tem eficácia a partir da data de sua publicação, ocorrida em 21.08.2009, no que foi acompanhado pelos Ministros Cármen Lúcia, Ricardo Lewandowski, Ayres Britto, Gilmar Mendes, Ellen Gracie e Cezar Peluso. Reconheceu, de início, a jurisprudência da Corte, no sentido de inadmitir embargos de declaração para fins de modulação de efeitos, sem que tenha havido pedido nesse sentido antes do julgamento da ação. Entendeu que, no caso, entretanto, a declaração não deveria ser retroativa, por estarem configurados os requisitos exigidos pela Lei 9.868/1999 para a modulação temporal dos efeitos da declaração de inconstitucionalidade, tendo em conta a necessidade de preservação de situações jurídicas formadas com base na Lei Distrital. Mencionou, no ponto, que a declaração de inconstitucionalidade com efeitos *ex tunc* acarretaria, dentre outros, a nulidade de todos os atos praticados pela Comissão Permanente de Disciplina da Polícia Civil do Distrito Federal, durante os quatro anos de aplicação da lei declarada inconstitucional, possibilitando que policiais civis que cometeram infrações gravíssimas, puníveis inclusive com a demissão, fossem reintegrados. Em divergência, o Min. Marco Aurélio, por não vislumbrar nenhum dos pressupostos de embargabilidade, desproveu os embargos declaratórios, no que acompanhado pelo Min. Celso de Mello. Após, o Tribunal, apreciando questão de ordem suscitada pelo Min. Marco Aurélio, no sentido de ser proclamada a rejeição da modulação dos efeitos por não se ter alcançado, nesta assentada, o quórum a que alude o art. 27 da Lei 9.868/1999, deliberou suspender o julgamento para colher os votos dos Ministros Joaquim Barbosa e Eros Grau. ADI 3601 ED/DF, rel. Min. Dias Toffoli, 17.06.2010. (ADI-3601)

Embargos de Declaração e Modulação de Efeitos – 2

Em conclusão de julgamento, o Tribunal, por maioria, acolheu embargos de declaração para modular os efeitos de decisão proferida em ação direta de inconstitucionalidade. Esclareceu-se que o acórdão embargado tem eficácia a partir da data de sua publicação (21.08.2009). Na espécie, o Supremo declarara a inconstitucionalidade da Lei Distrital 3.642/2005, que dispõe sobre a Comissão Permanente de Disciplina da Polícia Civil do Distrito Federal — v. Informativos 542 e 591. Reconheceu-se, de início, a jurisprudência da Corte, no sentido de inadmitir embargos de declaração para fins de modulação de efeitos, sem que tenha havido pedido nesse sentido antes do julgamento da ação. Entendeu-se que, no caso, entretanto, a declaração não deveria ser retroativa, por estarem configurados os requisitos exigidos pela Lei 9.868/1999 para a modulação temporal dos efeitos da declaração de inconstitucionalidade, tendo em conta a necessidade de preservação de situações jurídicas formadas com base na Lei Distrital. Mencionou-se, no ponto, que a declaração de inconstitucionalidade com efeitos *ex tunc* acarretaria, dentre outros, a

Em cauteloso estudo, Daniel Marchionatti Barbosa[19] analisa diversos julgamentos em que o STF optou pela eficácia prospectiva da decisão de inconstitucionalidade, realizadas tanto em sede de controle difuso quanto em sede de controle concentrado.

Destaca o articulista, após análise das decisões proferidas pelo STF, que em muitos casos o tribunal não empregou nenhuma técnica para avaliação da necessidade de modulação. Nos casos analisados o STF deixou de ponderar os princípios que norteavam o caso concreto, na forma do art. 27 da Lei 9.868/1999.[20]

Observa-se, portanto, que a interpretação hermética do art. 27 da Lei 9.868/1999 não mais prevalece na jurisprudência do STF. Desse modo, parece-nos razoável admitir que o art. 4.º da Lei 11.417/2006 seja o ponto de partida para o reconhecimento da modulação temporal da jurisprudência consolidada na súmula.

Veja que o instituto da Súmula Vinculante, apesar de ter sido instituído com a edição da EC 45/2004, já vinha sendo discutido há anos pelos doutrinadores e membros do Poder Legislativo, uma vez que a evolução social e o surgimento de novos conflitos calharam a assoberbar os órgãos do Poder Judiciário.

A ideia de verbetes com efeito vinculante já existia no Brasil desde a época das Ordenações Manuelinas e Filipinas, quando da existência dos "assentos da Casa de Suplicação", que constituíram verdadeira fonte do Direito.

Os assentos tinham por objetivo a integração das lacunas legislativas, bem como servir como mecanismo de controle da divergência jurisprudencial.

O idealizador da criação de um sistema de verbetes que constituíssem a Súmula da Jurisprudência predominante do Supremo Tribunal Federal foi o Ministro Victor Nunes Leal.

Embora tenha idealizado na Súmula da Jurisprudência um mecanismo hábil para uniformização do entendimento, o Ministro Victor Nunes Leal nunca cogitou a possibilidade de se atribuir efeito vinculante à súmula do Supremo Tribunal Federal, até porque sempre defendeu que a jurisprudência deveria ser

---

nulidade de todos os atos praticados pela Comissão Permanente de Disciplina da Polícia Civil do Distrito Federal, durante os quatro anos de aplicação da lei declarada inconstitucional, possibilitando que policiais civis que cometeram infrações gravíssimas, puníveis inclusive com a demissão, fossem reintegrados. Vencidos os Ministros Marco Aurélio e Celso de Mello que não acolhiam os declaratórios, por não vislumbrar os pressupostos de embargabilidade, e rejeitavam a modulação dos efeitos. ADI 3601 ED/DF, rel. Min. Dias Toffoli, 09.09.2010. (ADI-3601)".

[19] BARBOSA, Daniel Marchionatti. Quando o STF opta pela eficácia prospectiva das decisões de inconstitucionalidade. *Revista CEJ*, Brasília, ano XII, n. 43, p. 4-11, out-dez. 2008.

[20] A doutrina italiana, ao analisar a questão atinente aos efeitos temporais das decisões proferidas em sede de controle de constitucionalidade, pondera que toda a modulação deve ser precedida de motivação adequada (PANUNZIO, Sergio. Incostituzionalità sopravvenuta, incostituzionalità progressiva ed effetti temporali delle sentenze della corte constitucionale. In: CATTARINO, Giovanni. *Effeti temporali delle sentenze della corte costituzionale anche con riferimento alle esperienze straniere* cit., p. 273-285).

revista e modificada sempre que suscitada por um dos Ministros e aprovada pela maioria a alteração.

Assim como a jurisprudência, a súmula não estaria inaugurando qualquer conteúdo normativo[21] em nosso ordenamento jurídico. Sua função seria a de interpretação das normas constitucionais.

Nessa onda, no ano de 1962, o Supremo Tribunal Federal, por meio do esforço e empenho da Comissão formada por seus Ministros, em especial o Min. Victor Nunes Leal, aprovou a Súmula da Jurisprudência Dominante, dotada, inicialmente, de 370 enunciados, que resumiam o posicionamento da mais alta Corte da nação brasileira.

Com o tempo e a mudança dos ministros, novos enunciados foram editados e aqueles já existentes foram substituídos ou cancelados em razão da alteração das normas vigentes no ordenamento jurídico e por força da evolução da sociedade.

A súmula, então, passa a empenhar um papel fundamental no ordenamento jurídico, pois, ao otimizar o trabalho desenvolvido pelo Supremo Tribunal Federal, permitiu que a Corte divulgasse, com maior facilidade, o seu posicionamento jurisprudencial editado sob a forma de um verbete sumular.

Cabe ao próprio Supremo Tribunal Federal, de acordo com o disposto no art. 4.º, a fim de garantir a segurança jurídica ou em razão de excepcional interesse social, estabelecer no procedimento para edição de enunciado que os efeitos vinculantes só tenham eficácia a partir de data certa.

Observa-se que o espírito da Lei 11.417/2006 se assemelha às normas que tratam das medidas cautelares e da própria eficácia das decisões definitivas no procedimento das ADIs, uma vez que é permitido ao STF determinar o momento futuro[22] a partir do qual os enunciados passarão a ter seu caráter vinculante no ordenamento jurídico.

---

[21] José Carlos Buzanello afirma que "a denominada súmula com efeito vinculante não inaugura a ordem jurídica, criando direitos e obrigações, mas sim define o alcance e a exegese da norma elaborada pelo legislador; é mais do que a jurisprudência e menos do que a lei" (BUZANELLO, José Carlos; BUZANELLO, Graziele Mariete. Exequibilidade da súmula vinculante. *Revista de Informação Legislativa*, Brasília, ano 44, n. 174, p. 25-33, abr.-jun. 2007, p. 26). Também acompanha o mesmo raciocínio Eduardo Peña ao ponderar que "a súmula não inova a ordem jurídica, criando ou extinguindo direitos, mas apenas fixa a interpretação da lei naquilo em que foi contraditória ou diante de alguma lacuna" (PEÑA, Eduardo Chemale Selistre. Reforma do Judiciário: a polêmica em torno da adoção das súmulas vinculantes e solução oferecida pelas súmulas impeditivas de recurso. *Revista de Processo*, São Paulo: RT, ano 30, n. 120, p. 77-94, fev. 2005, p. 88-89). Em sentido contrário, Rodrigo Jansen afirma que a atividade jurisdicional deve ser entendida como verdadeiramente criativa do Direito (JANSEN, Rodrigo. A súmula vinculante como norma jurídica. *Revista de Direito Administrativo*, Rio de Janeiro: Renovar, n. 240, p. 225-264, abr.-jun. 2005, p. 228).

[22] Leonardo Figueiredo sustenta que os enunciados sumulares serão dotados de eficácia *ex nunc*, visto que a modulação temporal de seus efeitos será sempre para o futuro (FIGUEIREDO,

Cap. 12 – A MUDANÇA DA JURISPRUDÊNCIA E A MODULAÇÃO DE SEUS EFEITOS TEMPORAIS

O Prof. Luís Roberto Barroso elenca quatro hipóteses em que se admite a modulação dos efeitos de decisão. A primeira delas se refere ao próprio art. 27 da Lei 9.868/1999, quando das decisões proferidas em sede de ação direta de inconstitucionalidade. O festejado doutrinador aponta também a declaração incidental de inconstitucionalidade[23] e a declaração da constitucionalidade de lei em abstrato, estas duas últimas sem previsão legal. Por fim, a própria mudança de jurisprudência é apontada como hipótese alvo de modulação, o que efetivamente teria ocorrido em concreto com a decisão que tratou da fidelidade partidária, bem como quanto à definição da nova competência da Justiça do Trabalho para o julgamento de ações acidentárias.

Por meio da técnica de restrição temporal dos efeitos da decisão de inconstitucionalidade o órgão jurisdicional, observados o interesse social e a segurança jurídica, pode fixar termo inicial para a produção dos efeitos da declaração de inconstitucionalidade, declarando que as situações ocorridas anteriormente ao referido termo não são alcançadas pelos efeitos da decisão, como pondera Guilherme Peña de Moraes.[24]

Percebe-se que os tribunais superiores modulam temporalmente sua jurisprudência sem qualquer critério objetivo ou legal, adotando-se casuísmos que, em vez de contribuir para a segurança jurídica, apenas desregulam o ordenamento jurídico.

A ausência de critérios objetivos para a modulação temporal da jurisprudência torna-se imperiosa, para alcançar soluções às questões intertemporais, cabendo aos tribunais verificar a pertinência da questão com base na quantidade de feitos que envolvam a controvérsia, o interesse público que reveste a questão; invocando-se analogicamente os critérios de relevância e transcendência utilizados para o reconhecimento da repercussão geral, conforme previsto no Código de Processo Civil (Lei 11.418/2006); ou até mesmo nos critérios previstos nas Leis 9.868/1998 e 11.417/2006 que tratam da modulação temporal no controle de constitucionalidade e na Súmula Vinculante.

Não temos dúvida, entretanto, que em matéria processual a modulação da jurisprudência será muito bem-vinda, até porque assim já reconheceu o próprio Superior Tribunal de Justiça no caso concreto envolvendo a interposição

---

Leonardo Vizeu. *Súmula vinculante e a Lei 11.417, de 2006: apontamentos para compreensão do tema. Revista da EMERJ*, Rio de Janeiro, n. 38, p. 141-155, 2007, p. 151).

[23] Nesse ponto, podemos indicar a decisão que declarou a inconstitucionalidade de vedação à progressão de regime nos crimes hediondos (STF – HC 82959-SP, rel. Min. Marco Aurélio). Registre-se ainda que o próprio STF pretendeu dar nova interpretação ao art. 52, X, da Constituição Federal para entender que a comunicação feita pelo Senado teria natureza de mera publicidade da decisão prolatada no controle difuso e que a declaração de inconstitucionalidade deveria ter efeito *erga omnes*.

[24] MORAES, Guilherme Peña. *Curso de direito constitucional*. Rio de Janeiro: Lumen Juris, 2008. p. 228.

de recursos pelo Ministério Público. Ademais, há ramos do direito em que a modulação temporal será eficaz como forma de preservar as situações jurídicas consolidadas pelo tempo, garantindo a segurança jurídica das relações, como, por exemplo, nas demandas tributárias e administrativas, ou até mesmo nas questões envolvendo Direito Penal.

Além da modulação dos efeitos das decisões do controle de constitucionalidade, podemos indicar ainda o teor dos arts. 741, parágrafo único, e 475-L, § 1.º, do Código de Processo Civil.

Tais dispositivos permitem que a execução de título extrajudicial e a fase de cumprimento de sentença sejam obstadas[25] quando o título executivo se fundar em lei ou ato normativo declarados inconstitucionais pelo Supremo Tribunal Federal ou fundado em aplicação ou interpretação de legislação tida por incompatível com a Constituição, mediante pronunciamento do STF.

Logo após a edição da nova redação do art. 741, parágrafo único, do CPC, não faltaram vozes na doutrina a apontar a inconstitucionalidade do referido dispositivo ao argumento de que ele violaria a coisa julgada, bem como pelo fato de se conferir alta carga rescisória aos Embargos à Execução.

Teori Zavascki refuta os argumentos contrários à utilização dos arts. 741, parágrafo único, e 475-L, § 1.º, do CPC, reforçando a ideia de que sempre houve um mecanismo para ataque às sentenças inconstitucionais, mediante a utilização da Ação Rescisória, com fundamento no art. 485, V, do CPC. O que o legislador fez foi apenas ampliar o leque de instrumentos, admitindo os Embargos à Execução e Impugnação, como expedientes capazes de expurgar a sentença com vício de inconstitucionalidade.[26]

Em brilhante estudo acerca da sentença inconstitucional o Prof. Paulo Cezar Pinheiro Carneiro[27] reconhece que a coisa julgada é garantia constitucional que instrumentaliza a segurança das relações jurídicas. Entretanto, a sentença que contém comando contrário à Constituição padece de vício de constitucionalidade, podendo ser atacada mediante Recurso Extraordinário, Ação Rescisória ou pelos próprios Embargos à Execução.

---

[25] Nas duas situações o Código de Processo Civil reconhece a inexigibilidade do título executivo, permitindo que a parte possa obstar o prosseguimento da execução ou do cumprimento de sentença. Entretanto, sob a ótica do Prof. Paulo Cezar Pinheiro Carneiro a designação "inexigível" se afigura imprópria ao caso, uma vez que exprime que a obrigação estaria sujeita a termo ou condição (CARNEIRO, Paulo Cezar Pinheiro. Desconsideração da coisa julgada. Sentença inconstitucional. *Revista Forense*, Rio de Janeiro, v. 384, 2006, p. 233).

[26] É o que indica Teori Albino Zavascki, como se observa do seguinte estudo: ZAVASCKI, Teori Albino. Sentenças inconstitucionais: inexigibilidade. In: FABRICIO, Adroaldo Furtado (Org.). *Meios de impugnação ao julgado civil*: estudos em homenagem a José Carlos Barbosa Moreira. Rio de Janeiro: Forense, 2007. p. 515.

[27] CARNEIRO, Paulo Cezar Pinheiro. Desconsideração da coisa julgada. Sentença inconstitucional cit.

Cap. 12 - A MUDANÇA DA JURISPRUDÊNCIA E A MODULAÇÃO DE SEUS EFEITOS TEMPORAIS

Tal opinião também é comungada por Osmar Côrtes,[28] que encara os incidentes da execução e a Ação Rescisória[29] como instrumentos capazes de combater a ineficácia do título em razão da declaração de inconstitucionalidade do dispositivo que o embasa.

Pondera o aludido autor que na hipótese em que a declaração de inconstitucionalidade se dá após o efetivo cumprimento da obrigação contida no título executivo judicial nada mais resta a fazer, salvo nas hipóteses de sentenças determinativas – cuja obrigação se protrai no tempo –, caso em que seria possível a ruptura do título daquele momento em diante, conservando os efeitos pretéritos em respeito à coisa julgada material.[30]

---

[28] CÔRTES, Osmar Mendes Paixão. *Súmula vinculante e segurança jurídica*. São Paulo: RT, 2008. p. 93.

[29] Pondera o autor, com muita pertinência, não se tratar de hipótese de utilização da *Querella Nullitatis*, uma vez tratar-se de instrumento oriundo do Direito Romano que se prestava a combater vícios de inexistência (Idem, p. 95).

[30] Nesse sentido é a recente conclusão do Superior Tribunal de Justiça, como vemos: *COISA JULGADA. INCONSTITUCIONALIDADE*.
A *quaestio juris* está em saber em que medida a superveniente decisão do STF que reconhece, em controle difuso, a inconstitucionalidade de preceito normativo e a Resolução do Senado que suspende a execução desse comando afetam as sentenças em sentido contrário, ou seja, as que decidiram pela constitucionalidade da norma, e foram proferidas e transitaram em julgado em data anterior. *In casu*, a recorrente pleiteou, no mandado de segurança, em 1988, o reconhecimento do direito de continuar a obedecer rigorosamente aos procedimentos da LC n. 7/1970 (que instituiu o PIS), sendo a pretensão atendida em primeira instância, porém denegada no TRF, ao fundamento da constitucionalidade dos DLs n. 2.445/1988 e 2.449/1988, transitada em julgado a referida decisão em 1991. Posteriormente, em 1998, ingressou com ação declaratória de pleito, substancialmente, idêntico ao do anterior mandado de segurança (ver reconhecido o direito de recolher o PIS com base naquela LC, bem como compensar os valores recolhidos a maior em função dos referidos DLs), uma vez que o STF declarou a inconstitucionalidade desses Decretos-lei, cujas execuções foram suspensas com o advento da Res. n. 49/1995 do Senado Federal. O tribunal *a quo* extinguiu o processo sem julgamento do mérito, tendo em vista que a pretensão estava submetida à coisa julgada. Neste Superior Tribunal, a Turma entendeu que a sentença, afirmando a constitucionalidade da norma, reconhece a legitimidade da exação fiscal nos termos nela estabelecidos, fazendo juízo sobre situação jurídica de caráter permanente e com eficácia para o futuro, motivo pelo qual tem sua eficácia temporal submetida à cláusula *rebus sic stantibus*, ou seja, sua força mantém-se enquanto continuarem inalterados o estado do direito e o suporte fático sobre os quais estabeleceu o juízo de certeza, o que equivale a dizer que ela atua enquanto se mantiverem íntegras as situações de fato e de direito existentes quando da prolação da sentença. No entanto, a superveniente decisão do STF, em controle difuso, reconhecendo a inconstitucionalidade da norma, não representa, por si só, modificação no estado de direito apta a retirar a eficácia da sentença transitada em julgado em sentido contrário. A modificação do estado de direito perfaz-se a partir do advento da resolução do Senado Federal que suspende a execução do preceito normativo, universalizando, com eficácia *erga omnes* e efeito vinculante, a decisão do STF declarando a inconstitucionalidade. Embora não produza, automaticamente, a anulação ou a modificação dos efeitos já produzidos por sentenças em sentido contrário, a resolução do Senado faz prevalecer, a partir de seu advento, a sentença de inconstitucionalidade. A partir de então, ficam submetidas à decisão do STF as

Nas hipóteses de sentenças constitutivas e declaratórias a via de arguição do vício de inconstitucionalidade será apenas a da Ação Rescisória, considerando não haver a fase de cumprimento de sentença apta a admitir o manejo da impugnação.

Observe-se que todos os institutos supradestacados encontram sede no próprio Código de Processo Civil. Isso denota a preocupação do legislador em taxar os mecanismos capazes de quebrar a coisa julgada constituída em torno da sentença.

É claro que, como muito bem colocado pelo Prof. Paulo Cezar Pinheiro Carneiro, a declaração de inconstitucionalidade capaz de romper o manto da coisa julgada[31] deveria se dar em sede de controle concentrado de constitucionalidade, sob pena de não se garantir a necessária estabilidade, diante da insegurança de uma decisão do STF que se aplique ao caso concreto.

Não se pode deixar de registrar, todavia, que o STF tende a objetivar o controle difuso de constitucionalidade, como se observa das últimas decisões prolatadas pelo Pleno, conferindo nova interpretação ao art. 52, X, da Constituição Federal.[32]

O ponto nodal que merece destaque é o fato de que as disposições dos arts. 741, parágrafo único, e 475-L, § 1.º, do Código de Processo Civil só podem

---

relações jurídicas futuras e os desdobramentos futuros de anteriores relações jurídicas de trato continuado. Na hipótese dos autos, ficou reconhecida, relativamente ao período anterior ao advento da Res. n. 49/1995 do Senado Federal, a eficácia da sentença anterior transitada em julgado que reconheceu a constitucionalidade dos DLs 2.445/1988 e 2.449/1988; todavia, com a modificação do estado de direito decorrente da publicação dessa resolução, que suspendeu a execução dos mencionados Decretos-lei declarados inconstitucionais pelo STF, cessou a eficácia temporal da sentença anterior em sentido contrário. Portanto, a eficácia temporal do acórdão proferido no primitivo mandado de segurança teve como termo final a data da publicação da resolução do Senado Federal, devendo ser mantido, em relação àquele período, o acórdão recorrido. Porém, no que se refere ao período posterior, é de se afastar a preliminar de coisa julgada, podendo a causa ser apreciada sem esse empecilho. Por outro lado, para desfazer as consequências produzidas por sentença anterior à resolução, faz-se mister a utilização da via rescisória. Diante disso, a Turma, ao prosseguir o julgamento, após o voto-vista do Min. Teori Albino Zavascki e a retificação do voto do Min. Relator, deu parcial provimento ao recurso e determinou que os autos retornem ao tribunal *a quo*, para que prossiga o julgamento como entender de direito. REsp 1.103.584-DF, rel. Min. Luiz Fux, j. 18.05.2010.

[31] É oportuno registrar que a desconsideração da coisa julgada não é por todos agasalhada. Nelson Nery Junior é enfático ao combater a possibilidade de ruptura da coisa julgada, seja por inconstitucionalidade, seja por injustiça da decisão. Para o autor, a proteção à coisa julgada é reflexo da proteção aos direitos humanos (Nery Junior, Nelson. *Princípios do processo civil na Constituição Federal.* 5. ed. rev. e ampl. São Paulo: RT, 1999. p. 47).

[32] Para alguns ministros do STF a comunicação ao Senado para suspender a execução da lei quando declarada a inconstitucionalidade no controle difuso teria natureza de mera publicidade da decisão da Corte Constitucional, operando a declaração de constitucionalidade "efeito *erga omnes*", a chamada abstrativização do controle difuso.

Cap. 12 – A MUDANÇA DA JURISPRUDÊNCIA E A MODULAÇÃO DE SEUS EFEITOS TEMPORAIS

ser aplicadas às decisões que transitarem em julgado após o reconhecimento da inconstitucionalidade da lei ou ato normativo pelo Supremo Tribunal Federal.

Admitir o contrário implicaria reconhecer a grave insegurança das relações jurídicas, permitindo que as partes pudessem rediscutir os argumentos da causa, diante da declaração de inconstitucionalidade da lei.

Até porque, durante todo o curso do processo, a lei aplicada gozou da presunção relativa de constitucionalidade, o que trazia certa segurança às partes em litígio.

É bem verdade que a doutrina reconhece algumas poucas hipóteses em que se admitiria a ruptura da coisa julgada. Entretanto, tais situações devem envolver uma ponderação entre a garantia da coisa julgada e um direito fundamental que estejam em conflito. Em hipóteses excepcionais admitir-se-ia a quebra da coisa julgada sem a utilização dos mecanismos já previstos em lei, como a ação rescisória ou os embargos à execução, ou a própria impugnação ao cumprimento de sentença, mesmo quando já decorrido o prazo para a utilização de tais instrumentos.

Nos conflitos entre a coisa julgada e um direito fundamental seria possível a utilização de um meio atípico para desfazer a coisa julgada constituída. Entretanto, a ruptura da coisa julgada pressuporia a prevalência do direito fundamental após a realização da técnica de ponderação.[33]

Em tom crítico, ao analisar as diversas garantias fundamentais do processo, o Prof. Leonardo Greco[34] critica a fragilidade da coisa julgada em nosso ordenamento jurídico, diante do prazo dilargado da ação rescisória, bem como dos expedientes conferidos na execução para combaterem a coisa julgada.[35]

4. A MODULAÇÃO TEMPORAL DOS EFEITOS DOS PRECEDENTES NO DIREITO COMPARADO

Um dos institutos da teoria dos precedentes que explica a modulação temporal da jurisprudência é o *prospective overruling*. Pela referida técnica operada, uma mudança no precedente com a consequente adoção de uma nova regra, o tribunal pode estabelecer que aquela alteração terá aplicabilidade apenas em casos futuros, a partir de determinado marco temporal – na grande maioria das vezes a data da decisão –, deixando-se até mesmo de ser aplicada no caso paradigma, em que ainda impera a regra do precedente superado.

---

[33] Esta também é a opinião do Prof. Paulo Cezar Pinheiro Carneiro (CARNEIRO, Paulo Cezar Pinheiro. Desconsideração da coisa julgada. Sentença inconstitucional cit., p. 228-229).

[34] Em acréscimo ao entendimento do Prof. Leonardo Greco podemos elencar ainda o fantasma da *querella nulitatis*.

[35] GRECO, Leonardo. Garantias fundamentais do processo: o processo justo. *Estudos de direito processual*. Campos dos Goytacazes: Faculdade de Direito de Campos, 2005. p. 229.

As mudanças sociais que acarretam a obsolescência de um precedente merecem uma especial atenção do Judiciário, uma vez que a edição de uma nova regra pode ocasionar verdadeira insegurança jurídica. O objetivo da modulação prospectiva é exatamente prestigiar a confiança do jurisdicionado e a segurança jurídica na sociedade.

É bem verdade que certos ordenamentos são expressos em não adotar tal instituto. Na Alemanha, por exemplo, as cortes nunca aplicaram o instituto, sendo certo que na academia já foram elaborados artigos de doutrina provocando a inserção da modulação prospectiva. Trata-se de uma prática judicial vista como hipótese excepcional, e na única oportunidade em que foi cogitada a sua aplicação pela Corte Federal do Trabalho (BAG), em 1981, sofreu diversas críticas.[36]

A Finlândia sequer conhece a prática de *prospective overruling*,[37] considerando que as cortes finlandesas não têm o hábito de adotar precedentes em seus julgamentos, eis que todas suas decisões devem ter fundamento em normas do ordenamento jurídico, servindo a jurisprudência como mera fonte de interpretação dessas normas.[38]

Por outro lado,[39] na França, a palavra precedente não tem por hábito levar ao significado de uma decisão que é aplicada em casos futuros, pois as cortes francesas não julgam criando precedentes. Não se concebe que um juiz decida uma causa a partir de um julgado anterior, em um sistema jurídico que se baseia em textos codificados.[40]

A concepção francesa da teoria dos precedentes impede o reconhecimento da *prospective overruling*,[41] pois os juízes, por força do disposto no art. 5.º do Código Civil francês, não podem reconhecer a aplicação de uma norma apenas a casos futuros, aplicando-se regras e provisões genéricas.

Com base no princípio da separação de funções, há um forte estímulo em se rejeitar que os juízes criem leis, conduta esta que já existia desde a Revolução

---

[36] ALEXY, Robert; Kiel; DREIR, Ralf. Precedent in the Federal Republic of Germany. In: MACCORMICK, Donald Neil; SUMMERS, Robert S. (Org.). *Interpreting precedents:* a comparative study. England: Dartmouth Publishing Company Limited e Ashgate Publishing Limited, 1997. p. 57-58.

[37] AARNIO, Aulis. Precedent in Finland. In: MACCORMICK, Donald Neil; SUMMERS, Robert S. (Org.). *Interpreting precedents* cit., p. 97.

[38] Idem, p. 82.

[39] TROPER, Michel; GRZEGORCZYK, Christophe. Precedent in France. In: MACCORMICK, Donald Neil; SUMMERS, Robert S. (Org.). *Interpreting precedents* cit., p. 103-140.

[40] Idem, p. 111.

[41] Convém observar que em 2008 operou-se o retorno do efeito retroativo da jurisprudência francesa, como relata Pascale Deumier (DEUMIER, Pasquale; JACQUES, Philippe. Sources du droit en droit interne – effet réctroactif de la jurisprudence: le retour. *Revue Trimestrielle de Droit Civil*, n. 3, jul.-set. 2008, Paris, p. 442-448).

Cap. 12 – A MUDANÇA DA JURISPRUDÊNCIA E A MODULAÇÃO DE SEUS EFEITOS TEMPORAIS

Francesa, em resposta à prática nociva existente nas cortes do Antigo Regime, onde eram criadas normas gerais.[42]

A Itália, seguindo a tendência dos países europeus, não apresenta[43] uma estrutura formal em que haja precedentes com força vinculativa, o que, por seu turno, afasta a ideia de superação de um precedente. De tal modo não se reconhece em nenhuma corte italiana a possibilidade de aplicação da *prospective overruling*, pois nos julgamentos das cortes a prestação jurisdicional é entregue apenas àquele caso concreto, em razão de suas particularidades. Inobstante, a doutrina italiana revela preocupação com as consequências da alteração da jurisprudência, principalmente sob o ponto de vista da estabilidade.[44]

Vale destacar, entretanto, que a Corte Constitucional italiana opera prática similar à *prospective overruling* quando confronta um princípio constitucional com um dispositivo legal, reconhecendo que este viola os termos da Carta. Em determinadas situações, opta-se por não invalidar de imediato a norma, com o fim de evitar a criação de uma lacuna com a retirada do dispositivo no ordenamento jurídico.[45] É comum, dessa forma, observar a Corte a comunicar o Parlamento que certa norma merece ser modificada, sob risco de sua revogação em futuras decisões.

Seguindo a tendência dos países europeus, a Noruega[46] também desconhece a técnica de *prospective overruling*. Contudo, em caso julgado no ano de 1980 (Rt. 1980/52 p. 59-59) pelas cortes norueguesas, constatou-se uma técnica que se aproximava da *prospective overruling*. Tratava-se de questão referente a norma de Direito Processual do Trabalho, que afastava a competência da Suprema Corte para apreciar determinados casos. Cogitou-se da incompatibilidade dessa norma

---

[42] TROPER, Michel; GRZEGORCZYK, Christophe. Precedent in France. In: MACCORMICK, Donald Neil; SUMMERS, Robert S. (Org.). *Interpreting precedents* cit., p. 133-134.

[43] TARUFFO, Michele; LA TORRE, Massimo. Precedent in Italy. In: MACCORMICK, Donald Neil; SUMMERS, Robert S. (Org.). *Interpreting precedents* cit., p. 141-188.

[44] "Sembra invero naturale che un mutamento giurisprudenziale produca effetto con riguardo al caso decisos dalla sentenza che lo determina e, nel contempo, ponga un nuovo precedente destinato a valere per tutti i casi futuri (identici o analoghi), anche se concernenti fattispecie sorte quando ancora vigeva il precedente abbandonato e quindi sulla scia di aspettative ragionevoli che verosimilmente quel precedente legittimava. Ma, in questo caso, è probabile (o possibile) che tali aspettative appaiano ingiustamente lese; e, pur giustificandosi un contrasto giurisprudenziale diacronico indirizzato all'evoluzione (per riprendere la formula di Chiarloni) e dunque indice di un definitivo revirement giurisprudenziale, il conflitto tra le esigenze della stabilitá (di minimizzare l'incerteza, come há detto Galgano) e quello del mutamento tocca un punto particolarmente acuto" (BIN, Marino. Precedente giudiziario, ratio decidendi e obter dictum: due sentenze in tema di diffamazione. In: VISINTINI, Giovanna. *Metodologia nello studio della giurisprudenza civil e comerciale*. Milano: Giuffrè, 1999. p. 265).

[45] Idem, p. 179.

[46] ENG, Svein. Precedent in Norway. In: MACCORMICK, Donald Neil; SUMMERS, Robert S. (Org.). *Interpreting precedents* cit., p. 189-217.

com os termos da Constituição, o que levou, posteriormente, à revogação da norma. A solução da questão só não tomou os moldes de *prospective overruling* porque não foi analisado se, efetivamente, havia violação à Constituição e a questão não havia chegado ao exame da Corte Suprema, pois o Recurso do Requerente havia sido inadmitido antes de chegar à instância superior.

A Polônia[47] também desconhece a prática de *prospective overruling*. Entretanto, em 1995 o Tribunal Constitucional polonês editou resolução estabelecendo um princípio que admite a possibilidade de aplicação, em data futura, da interpretação de determinado estatuto.

Na Legislação da Comunidade Europeia[48] a doutrina não aponta nenhuma aplicação prospectiva de uma decisão, mas destaca um exemplo em que se limitou à interpretação de um artigo a casos futuros, ocorrido no caso *Defrenne v. Societé Anonyme Belge de Navigation Aérienne Sabena* (*Case* 43/75).

Nesse paradigma, tratou-se da questão referente aos direitos de homens e mulheres que, trabalhando em mesmas condições, recebiam salários distintos. Em razão da norma expressa (art. 119) que determinava a igualdade de condições e como se tratava de uma norma referente à Comunidade Europeia, foi estabelecido um prazo para que cada Estado-membro incorporasse tal comando ao seu ordenamento.

A própria Corte da Comunidade Europeia deixou bem claro que a norma que tratava da igualdade de condições seria aplicada sem qualquer distinção, tanto nas relações privadas (eficácia horizontal) como nas relações entre Estado e cidadão (eficácia vertical).

A parte ré, uma empresa aérea, não foi capaz de implementar a nova norma comunitária, sendo alvo de diversas demandas. Decidiu-se, todavia, que o direito a equiparação retroativa seria exercido apenas aos casos já iniciados até a data da decisão, bem como a eventuais diferenças que surgissem após a data da decisão, deixando de contemplar aqueles que foram prejudicados no passado e não pleitearam a reparação.

Entendeu a Corte que o caso em exame poderia envolver uma infinidade de demandas que, pleiteando o pagamento retroativo, levariam à falência dos investidores. Invocou ainda o princípio da confiança entre os contratantes para embasar a modulação, pois os investidores não poderiam prever uma reviravolta em relação ao direito ao pagamento igualitário, considerando que os Estados-membros nada fizeram para implementar o comando normativo comunitário, fazendo crer os investidores que a distinção permaneceria válida.

---

[47] MORAWSKI, Lech; ZIRK-SADOWSKI, Marek. Precedent in Poland. In: MACCORMICK, Donald Neil; SUMMERS, Robert S. (Org.). *Interpreting precedents* cit., p. 219-258.

[48] BARCELÓ, John J. Precedent in European Community Law. In: MACCORMICK, Donald Neil; SUMMERS, Robert S. (Org.). *Interpreting precedents* cit., p. 407-436.

Cap. 12 - A MUDANÇA DA JURISPRUDÊNCIA E A MODULAÇÃO DE SEUS EFEITOS TEMPORAIS

O *prospective overruling* no direito norte-americano promove um tratamento diferenciado entre as situações jurídicas estabelecendo um marco pré e pós -revisão do precedente.[49] A partir da data da decisão que superou o precedente, aquela regra jurídica passa a ter aplicabilidade aos casos futuros, resguardando-se o princípio do precedente revogado aos casos pretéritos.[50]

Há quem argumente que a modulação acarretaria verdadeira injustiça à parte recorrente, pois, inobstante ver o sucesso da reviravolta jurisprudencial, a nova tese não é aplicada ao seu caso concreto. Em verdade, contrapõe-se o interesse individual da parte processual, com as consequências advindas da repentina mudança da jurisprudência, derrubando toda a confiança que o jurisdicionado mantinha com relação àquela regra.[51]

---

[49] A superação de precedentes sempre ocorre de modo retroativo ou prospectivo. Em ambas as hipóteses seus efeitos podem ser totais ou parciais. Nesse ponto, relata Patrícia Perrone: "Existem quatro standards para a determinação dos efeitos temporais a serem conferidos ao overruling: a) eficácia retroativa plena (full retroactive application): determina a aplicação da nova decisão a todos os casos passados e futuros, inclusive àqueles já decididos em caráter final; b) eficácia retroativa parcial (partial retroactive application): recomenda que a nova doutrina regule todas as novas demandas, com exceção daquelas cujo julgamento já se tenha concluído em caráter final ou cuja (re)apreciação seja limitada por outras disposições normativas; c) eficácia prospectiva pura (full prospective application): estabelece que a nova regra só incidirá sobre situações configuradas a partir da data de sua afirmação ou de determinado evento futuro, não atingindo nem mesmo as partes do caso que ensejou sua formulação; estas últimas e os demais eventos ocorridos anteriormente à virada jurisprudencial permanecerão regidos pelo entendimento antigo; d) eficácia prospectiva parcial (partial prospective application): de acordo com a qual, a nova norma deve ser aplicada às partes do caso que ensejou a revogação do precedente e aos fatos ocorridos posteriormente a ele; as transações anteriores à decisão serão resolvidas pela regra antiga" (MELLO, Patrícia Perrone Campos. *Precedentes*: o desenvolvimento judicial do direito no constitucionalismo contemporâneo. Rio de Janeiro: Renovar, 2008. p. 261-262).

[50] Celso de Albuquerque Silva pondera que a técnica do *prospective overruling* pode criar inconsistências no ordenamento jurídico, apontando para a solução de tais divergências as seguintes técnicas: "A primeira e mais comum é retroagir a aplicação da nova regra no caso em que a antiga foi invalidada, mas a nenhum outro processo que se refira aos fatos anteriores à decisão invalidatória, tenham ou não já sido objeto de propositura de ação judicial. A exclusão da regra antiga, nessa hipótese, é vista como uma espécie de prêmio à parte recorrente, que, de um lado merece ver recompensado seu esforço e, de outro, ficaria desencorajada de recorrer se os benefícios decorrentes da invalidação da regra legal não lhes fossem estendidos. Alega-se, ainda, que se a regra não fosse aplicada no caso, seria *mero dictum*. Uma outra variação manda aplicar a nova regra a todas as ações que forem propostas após a decisão ou as ações propostas anteriormente, mas que foram reformadas em recurso de apelação por outros motivos. Essa variante tem sido utilizada especialmente em casos criminais, como uma forma de aplicar a nova regra ao maior número de casos possíveis sem reabrir um substancial número de casos em que houve condenações definitivas. As justificativas apresentadas para estas variações não são suficientemente fortes, porém" (SILVA, Celso de Albuquerque. *Do efeito vinculante*: sua legitimação e aplicação. Rio de Janeiro: Lumen Juris, 2005. p. 290).

[51] Patrícia Perrone, ao enumerar os diversos critérios orientadores da superação do precedente, destaca: "Há, ainda, um terceiro critério geral orientador da revogação de julgados, que, em verdade, se subsume no segundo princípio, mas ao qual o common Law reconhece especial

Tal argumento, entretanto, não é de todo absoluto, visto que há técnicas de modulação temporal que permitem a aplicação no caso concreto em que se operou a superação da regra antiga, como forma de prestígio ao esforço da parte, assim como nos casos futuros, conservando os efeitos pretéritos do precedente superado nos demais casos concretos cujo fato origine-se em data anterior ao marco inicial estabelecido pela Corte.

Analisando o sistema do Estado de Nova Iorque,[52] constata-se que a origem do instituto decorre da Teoria dos Precedentes norte-americana.[53] A Corte do Estado de Nova Iorque, por exemplo, tem poderes para aplicar o precedente de modo prospectivo. Entretanto, tal prática não é feita de modo indiscriminado, mas sim observando três fatores que, se presentes, impedirão a aplicação retroativa da nova orientação. Esses fatores foram destacados em 1989, quando do julgamento *Ceres Partners v. Gel Assocs.*,[54] e são eles que implicarão a aplicação da *prospective overruling*: 1 – A decisão deve estabelecer um novo princípio de direito, tanto superando o precedente no qual as partes haviam confiado ou decidindo sobre um ponto que não havia sido observado antes; 2 – os prós e contras em cada caso devem ser sopesados, analisando-se a história do caso disputado, os propósitos e efeitos da medida e se a aplicação retroativa vai prejudicar a solução dos litígios; 3 – A aplicação retroativa do novo precedente é capaz de criar resultados negativos?[55]

É verdade que no direito norte-americano há quem critique[56] a prática de *prospective overruling*, sinalizando verdadeira instabilidade ao princípio do *stare decisis*. Basicamente, argumenta-se que o objetivo do modelo calcado na reprodução de precedentes busca o alcance de uma regra jurídica, esteja ela certa ou

---

importância e que, talvez por isso, trata com autonomia. Ele se refere à necessidade de proteção da confiança do jurisdicionado, e estabelece que uma regra profundamente consolidada não deve ser subitamente revogada, se disso decorrerem resultados injustos ou desiguais para aqueles que confiaram nela" (MELLO, Patrícia Perrone Campos. *Precedentes* cit., p. 252).

[52] SUMMERS, Robert S. Precedent in the United States. In: MACCORMICK, Donald Neil; SUMMERS, Robert S. (Org.). *Interpreting precedents* cit., p. 355-406.

[53] "Retroactive application of an overruling decision may upset substantial reliance on the overrules precedent and will treat parties similarly situates quite differently. At minimum, the 'victim' of the overruling decision will be treated differently from those who come after and who thus benefit from the new rule. As a result, courts have invented the practice of overruling in some cases only prospectively. That is, the new rule is to apply only after the overruling decision so that the old rule is still, in effect, applied to al prior parties similarly situates except the litigants before the court (thereby preserving incentives to seek change)" (Idem, p. 398).

[54] Em *Chevron Oil Co. v. Houston* esses mesmos critérios são invocados para a utilização da técnica de *prospective overruling* (MELLO, Patrícia Perrone Campos. *Precedentes* cit., 2008. p. 271).

[55] SUMMERS, Robert S. Precedent in the United States. In: MACCORMICK, Donald Neil; SUMMERS, Robert S. (Org.). *Interpreting precedents* cit., p. 398.

[56] É o que aponta Osmar Côrtes (CÔRTES, Osmar Mendes Paixão. *Súmula vinculante e segurança jurídica* cit., p. 135).

Cap. 12 – A MUDANÇA DA JURISPRUDÊNCIA E A MODULAÇÃO DE SEUS EFEITOS TEMPORAIS

não. Caso a norma não se afigure adequada, competiria ao legislador trazer a melhor solução, não sendo dado ao Judiciário revisar o precedente, salvo se o intérprete lidar com norma de natureza constitucional, cuja interpretação não pode ser rígida e imutável.

As vantagens da técnica do *prospective overruling*, quando bem empregada, são inúmeras.[57] A modulação dos efeitos das decisões permite evitar divergências em casos de repercussão, estabelecendo a regra jurídica a ser aplicada aos casos concretos; permite que as partes tenham segurança em suas relações, pois sabedoras da posição jurisprudencial do tribunal e que a alteração por ele operada só terá eficácia futura a partir do marco temporal estabelecido pela Corte, permitindo assim que o jurisdicionado possa se adaptar às novas regras.[58]

O ordenamento jurídico norte-americano, em matéria de modulação temporal de efeitos de precedentes, já caminha a passos largos, a ponto de não só prestigiar a técnica de *prospective overruling*, mas também a reconhecer outras técnicas, como a sinalização (*signaling*). Por meio da técnica de aviso, o tribunal continua a aplicar a sua jurisprudência consolidada, mas sinaliza nas decisões que aquele precedente pode ser alterado. É plenamente possível encontrar nos votos[59] dos membros dos tribunais opiniões no sentido de que aquela regra necessita de revisão, de sorte que as partes e o jurisdicionado são avisados de que aquele precedente pode vir a sofrer modificação.

A partir do sinal, não é dado às partes invocar o precedente superado a título de proteção à confiança,[60] considerando que o Judiciário já havia se ma-

---

[57] Nesse ponto, diversas doutrinas fazem referência ao caso *Molitor v. Kaneland Community Unit District n. 302*. No referido caso, ocorrido um acidente em ônibus escolar, ajuizou-se demanda com o fito de buscar reparação pelos danos experimentados, inobstante a regra até então existente ser a da imunidade civil da escola. Com a mudança do precedente, entendeu-se que a partir do momento daquela decisão não mais subsistiria a imunidade, preservando-se tal regra aos casos anteriores. Entretanto, entendeu-se que tão somente a vítima, autora da demanda, faria jus à aplicação da nova regra. A decisão, apesar de inovar com a superação da imunidade, criou um verdadeiro paradoxo, na medida em que outras crianças envolvidas no mesmo acidente não fariam jus à reparação. Daí houve a necessidade de se adequar a decisão da Corte de Illinois para estender eventual direito de reparação a outras vítimas do mesmo evento (MELLO, Patrícia Perrone Campos. *Precedentes* cit., p. 269).

[58] Rupert Cross e J. W. Harris ponderam que a aplicação retroativa e prospectiva da jurisprudência podem ocasionar graves injustiças, principalmente em processos de natureza criminal (CROSS, Rupert; HARRIS, J. W. *Precedent in English law*. 4. ed. Oxford: Claredon Press, 2004. p. 230).

[59] O aviso (*signaling*) constitui verdadeiro *obiter dictum* da decisão na medida em que não se presta à solução do caso concreto, mas constitui argumentação direcionada à comunidade jurídica, dando notícia da possibilidade de futura alteração daquela regra.

[60] "Após o aviso, porém, nenhuma confiança, ao menos justificada, pode ser utilizada como argumento para manutenção da doutrina, tanto que, muitas vezes, quando a antiga regra é invalidada, não é incomum que as cortes façam retroagir sua decisão até a data em que houve a sinalização, pois a partir daí, não se justificaria mais a confiança na regra" (SILVA, Celso de Albuquerque. *Do efeito vinculante* cit., p. 296.)

nifestado no sentido de não ser aquele precedente confiável e que sua revisão seria iminente.

É bem verdade que opositores à técnica de *prospective overruling* tendem a prestigiar a técnica de *signaling*, pois evita possíveis inconsistências de tratamento jurídico, principalmente quando a modulação é utilizada de modo parcial e serve de antessala à nova alteração jurisprudencial.

O direito inglês, calcado em seu excessivo rigorismo e tradição, ainda não foi capaz de incorporar a técnica do *prospective overruling* visto que ainda opera a superação de precedentes com eficácia retroativa.[61] Entretanto, em alguns poucos julgados, os membros da *House of Lords* têm aventado a possibilidade de modular prospectivamente os efeitos de suas decisões, inobstante a forte resistência naquela Corte.[62] No direito inglês a alteração de um precedente ocorre sempre de modo retroativo, visto a natureza declaratória da atividade judicial.

Entende-se que se a mudança da jurisprudência possa acarretar insegurança e violação à confiança dos cidadãos a regra objeto de discussão deve ser mantida, podendo a Corte, entretanto, utilizar-se da técnica de aviso, preparando a sociedade para uma futura alteração jurisprudencial.

Não obstante as vantagens da modulação temporal, há quem encare negativamente a modulação prospectiva da alteração do precedente ao argumento de que tal técnica desestimula as partes a buscarem dita modificação, visto que a nova regra não lhes aproveitaria, pois somente aplicada aos casos futuros.[63]

Em Portugal podemos citar exemplos de modulação existentes na própria Constituição Republicana, que contém regra de modulação similar à do direito brasileiro. Ao que se observa do art. 282 da Constituição Portuguesa, o efeito da declaração de inconstitucionalidade de lei se dá desde o momento em que a lei entra em vigor, adotando-se, portanto, a teoria da nulidade da norma constitucional.

A declaração de inconstitucionalidade ainda tem o condão de repristinar os diplomas anteriores à lei tida por inconstitucional, nos moldes do item 1 do art. 282. Por outro lado, ressalva a Carta portuguesa, em seu item 3, que os casos julgados[64] não serão alcançados pela decisão de inconstitucionalidade,

---

[61] "Time alone will show whether the House of Lords will assume the power already assumed by the American Supreme Court and declare that it can, when overruling a case, state the moment at which and the terms on which the overruling shall take effect" (CROSS, Rupert; HARRIS, J. W. *Precedent in English law* cit., p. 228.)

[62] Rupert Cross e J. W. Harris revelam que um dos membros da *House of Lords* é terminantemente contra a modulação, ao fundamento de que a modulação transforma o Juiz em um legislador disfarçado (Idem, p. 232).

[63] MELLO, Patrícia Perrone Campos. *Precedentes* cit., p. 264.

[64] A expressão caso julgado do direito português corresponde à coisa julgada do direito brasileiro.

salvo se se tratar de norma penal, disciplinar ou outras situações que a própria Constituição especifica.

Jorge Miranda, ao analisar as particularidades dos efeitos da decisão de inconstitucionalidade no direito português, questiona se as situações jurídicas consolidadas em obrigações ou as decisões administrativas também não estariam abarcadas na proteção conferida pelo item 3 às demandas transitadas em julgado.[65]

Para o doutrinador português a proteção também deveria se estender a tais hipóteses. Isso porque o objetivo da Constituição portuguesa, ao garantir a prevalência da coisa julgada, reside na necessária manutenção da estabilidade e segurança jurídica. Logo, a proteção às situações consolidadas por contratos e por atos administrativos, apesar de não constituída a coisa julgada pela evidente ausência de manifestação do Poder Judiciário, deveriam ser resguardadas mesmo com a declaração de inconstitucionalidade de norma jurídica.[66]

O item 4 do artigo em análise ressalva a possibilidade de modulação dos efeitos da decisão de inconstitucionalidade, sempre que o interesse público, razões de equidade ou a própria segurança jurídica assim o exigir. Registre-se, todavia, que o Tribunal Constitucional deverá manifestar-se fundamentadamente acerca da necessidade de modulação na hipótese de existência do interesse público.

Essa exigência, pela leitura do texto constitucional português, é restrita apenas à existência de interesse público, não se referindo à modulação por garantia da segurança jurídica ou equidade, pelo fato de se garantir que a modulação das decisões não se transforme em um ato político.

No entanto, a doutrina portuguesa defende que a necessidade de fundamentação não está afeta apenas à hipótese de interesse público. Muito pelo contrário, cabe ao tribunal, em qualquer hipótese de modulação, demonstrar as razões da adoção daquele procedimento.

Jorge Miranda[67] pondera que o emprego dos conceitos jurídicos indeterminados "equidade" e "segurança jurídica" revela a necessidade de garantia da estabilidade dos atos jurídicos e a confiança dos cidadãos. Argumenta ainda o festejado autor lusitano que a modulação dos efeitos da decisão que declara a inconstitucionalidade pode ser aplicada até mesmo no controle difuso de constitucionalidade, diante da infinidade de relações existentes no ordenamento jurídico.

---

[65] MIRANDA, Jorge. *Manual de direito constitucional*. Coimbra: Ed. Coimbra, 2008. v. 6, p. 291.

[66] As situações jurídicas consolidadas pelo tempo pressupõem a análise casuística das hipóteses concretas. Por tal razão, Jorge Miranda propõe que o Tribunal Constitucional, ao declarar a inconstitucionalidade da norma jurídica, promova reflexão acerca das hipóteses que deverão restar resguardadas.

[67] MIRANDA, Jorge. *Manual de direito constitucional* cit., p. 300.

5. TÉCNICAS DE MODULAÇÃO EMPREGADAS PELOS TRIBUNAIS BRASILEIROS

Os tribunais brasileiros ainda não foram capazes de conferir o devido prestígio que a jurisprudência merece. Assim o digo, pois decisões são proferidas sem o menor comprometimento e respeito às teses majoritárias capitaneadas pelos tribunais, sendo certo que em muitos casos o tribunal adota outras linhas de pensamento sem sequer fazer referência a atual tese dominante.

A jurisprudência não deixa de ser uma fonte formal do direito,[68] e como tal deve ser tratada de modo uniforme e científico. Os tribunais vêm adotando uma postura mais progressiva, deixando apenas de interpretar e aplicar o Direito, mas exercendo uma atividade criativa, inovando institutos e teses jurídicas e suprindo as omissões legislativas, o que apenas reforça a natureza da jurisprudência como fonte do Direito.[69]

Poucos são os juristas que compreendem a função da jurisprudência[70] no ordenamento jurídico, talvez até por uma falta de estímulo acadêmico, eis que as universidades não dedicam disciplinas ao estudo da jurisprudência[71] e da sua formação. O papel das decisões dos tribunais não é o de instrumento para a solução de casos concretos. As decisões dos tribunais ditam padrões de comportamento, principalmente quando há uma uniformidade no órgão jurisdicional acerca de determinado tema.

É nesse contexto que Mauricio Ramires[72] critica a forma como a interpretação das decisões é feita no direito brasileiro. Palavras soltas de acórdãos utilizadas como fundamento determinante de outras decisões, a não consideração da existência de divergência jurisprudencial no âmbito do próprio tribunal ao qual se faz referência, enfim, um círculo vicioso de reprodução descompromissada de precedentes judiciais.

Cabem aos magistrados, na garantia de sua imparcialidade e da sua independência funcional, motivar todas as suas decisões, legitimando a própria

---

[68] Na visão de Paulo Nader a jurisprudência é fonte formal indireta do Direito, pois não cria norma jurídica, mas fornece substratos para a interpretação desta (NADER, Paulo. *Introdução ao estudo do direito*. 17. ed. Rio de Janeiro: Forense, 1999. p. 167.)

[69] É também o que conclui Fredie Didier Jr. (DIDIER JR, Fredie; BRAGA, Paula Sarno; OLIVEIRA, Rafael. *Curso de direito processual civil* cit., p. 387).

[70] A doutrina italiana reconhece a importância do papel da jurisprudência, encarando-a como verdadeira fonte do direito, é claro que em plano inferior ao da lei (NOVA, Giorgio de. Sull'interpretazione del precedente giudiziario. In: VISINTINI, Giovanna. *Metodologia nello studio della giurisprudenza civil e comerciale* cit., p. 250.)

[71] Miranda Rosa destaca a necessidade de se promover o estudo da jurisprudência dos tribunais (ROSA, Felipe Augusto de Miranda; CANDIDO, Odila D. de Alagão. *Jurisprudência e mudança social*. Rio de Janeiro: Jorge Zahar, 1988. p. 179.)

[72] RAMIRES, Maurício. *Crítica à aplicação de precedentes no direito brasileiro* cit.

Cap. 12 – A MUDANÇA DA JURISPRUDÊNCIA E A MODULAÇÃO DE SEUS EFEITOS TEMPORAIS

função jurisdicional e construindo uma jurisprudência sólida que transmita confiança à sociedade, após debates entre as partes e ponderações das autoridades judiciárias.

Esse cenário ainda está longe de ocorrer em nosso ordenamento jurídico. Os tribunais, no exercício de suas atividades judicantes, não demonstram a preocupação em construir uma jurisprudência que transmita segurança jurídica à sociedade. Não, na verdade fomentam um círculo vicioso de prestígio às ementas dos julgados, o que leva os advogados a reproduzirem as ementas,[73] sem analisar o conteúdo da fundamentação da decisão, deixando de prestigiar a própria jurisprudência existente, que em muito pode contribuir para a solução do caso concreto, quando analisada e discutida no processo.

Fora tal realidade, vemos a moderna tendência de prestígio aos informativos[74] de jurisprudência dos tribunais superiores, em um movimento que cria um mercado bibliográfico de obras que se prestam a interpretar os resumos das decisões proferidas pelos tribunais superiores.

As ementas dos julgados ganham valor quase que absoluto e passam a ser reproduzidas indiscriminadamente, sem que o profissional sequer se dê ao trabalho de analisar o inteiro teor da decisão e compreender a razão daquela decisão. E a prática diuturna revela que os tribunais não são dotados de técnicas[75] de redação de ementas de acórdãos, o que nos permite, em muitos casos, constatar absurdos, como ementas que não exprimem a realidade do julgamento transcrito no acórdão.

Não é à toa que o Superior Tribunal de Justiça, em especial, exige o confronto analítico das decisões apostas no Recurso Especial, quando este é interposto com fundamento no permissivo do art. 105, III, 'c', da Constituição Federal, requisito este que, diga-se de passagem, não é observado na grande maioria dos recursos.

Em estudo sobre o sistema de precedentes, Michele Taruffo[76] reconhece que a teoria geral dos precedentes e os conceitos de *obter dictum*, *ratio decidendi*, *overruling* e *overriding* não são suficientes para a análise da natureza e da estrutura da decisão. Em nosso caso, por exemplo, tais concepções são muito recentes e poucos são os estudos que se desenvolvem. A análise e a compreensão de

---

[73] A leitura das ementas nem sempre transmite o que restou decidido na fundamentação.

[74] Há que se ter muita cautela com os informativos de jurisprudência, pois se tratam de resumos elaborados por servidores dos tribunais, que, por meio de suas palavras, registram as conclusões expostas pelo tribunal acerca do julgamento de determinada matéria.

[75] Maurício Ramires também defende a função da ementa como mero instrumento de catalogação de decisões e que sua redação deva ser precedida de técnicas próprias (RAMIRES, Maurício. *Crítica à aplicação de precedentes no direito brasileiro* cit., p. 49-50.)

[76] TARUFFO, Michele. Precedente ed esempio nella decisione giudiziaria. *Rivista Trimestrale di Diritto e Procedura Civile*, ano XLVIII, 1994, p. 19 e ss., p. 20-21.

como se revela o precedente e o motivo determinante de uma decisão judicial parece-nos a pedra fundamental para a adoção de um sistema que prestigie e valorize as decisões judiciais.

Aliado a esse fator, o jurista italiano reconhece que o sistema de precedentes apresenta falhas, e a principal delas reside na forma como a decisão de um caso será aplicada aos processos futuros, algo ainda não estudado com profundidade, mas que no sistema da *common law* foi solucionado com a adoção do efeito vinculante,[77] agora importado ao Brasil.

Não temos uma cultura de prestígio e construção linear da jurisprudência, o que já se apresenta como ponto negativo à adoção de uma teoria de precedentes.

É bem verdade que a estrutura do julgamento dos recursos que apresentem repercussão geral perante o Supremo Tribunal Federal e os processos repetitivos representativos de controvérsia perante o Superior Tribunal de Justiça indicam uma tendência de imposição à jurisprudência dos tribunais superiores, principalmente em razão da redação dos arts. 543-B, § § 3.º e 4.º, e 543-C, § 7.º, II, e § 8.º, todos do Código de Processo Civil, que confere aos tribunais a possibilidade de se retratar, em razão da decisão prolatada pelo tribunal superior.

Nesse ponto, também é intenso o debate doutrinário referente à vinculação do Supremo Tribunal Federal aos seus próprios precedentes. Para José Carlos Buzanello[78] o Supremo Tribunal Federal, por razões de autodisciplina, deve observar seus próprios enunciados. Rodolfo Hartmann também acompanha esse mesmo raciocínio, entendendo que o STF só poderia deixar de observar seus próprios enunciados quando os revisse ou cancelasse.[79]

Alexandre de Moraes,[80] por seu turno, reconhece que o Supremo Tribunal Federal não está vinculado aos termos de seus próprios enunciados em razão do texto da Emenda Constitucional 45/2004.

A questão da vinculação, aliás, já foi solucionada no direito norte-americano, reconhecendo a Suprema Corte dos Estados Unidos a sua não vinculação aos próprios precedentes.

Uma realidade interessante do direito brasileiro que confronta com o sistema de precedentes da *common law* reside especificamente nos meios de impugnação às decisões que deixam de aplicar os precedentes das Cortes Superiores.

---

[77] Esse efeito vinculante não é absoluto, pois, por exemplo, os magistrados norte-americanos e os membros da *House of Lords* não se vinculam as suas próprias decisões (Idem, p. 24-25).

[78] BUZANELLO, José Carlos; BUZANELLO, Graziele Mariete. Exequibilidade da súmula vinculante cit., p. 27.

[79] HARTMANN, Rodolfo Kronemberg. Súmula vinculante e a Lei 11.417/2006. *Revista da EMERJ*, Rio de Janeiro, n. 39, p. 275-294, 2007, p. 282.

[80] MORAES, Alexandre. *Direito constitucional*. 17. ed. São Paulo: Atlas, 2005. p. 510.

Cap. 12 – A MUDANÇA DA JURISPRUDÊNCIA E A MODULAÇÃO DE SEUS EFEITOS TEMPORAIS

Nos últimos anos temos visto o crescente aumento do uso da Reclamação como mecanismo capaz de provocar o Supremo Tribunal Federal e o Superior Tribunal de Justiça quando uma decisão de tribunal inferior deixa de observar precedente emanado desses tribunais superiores.

Ocorre que a essência da Reclamação é garantir a autoridade da decisão do tribunal superior naquele caso concreto que deu ensejo a sua prolação. A prática, entretanto, tem revelado que outras partes invoquem em seus casos concretos a aplicação de precedentes do Supremo Tribunal Federal, conferindo verdadeira eficácia vinculante a decisões do STF.

A doutrina da *common law*[81] não registra a existência de nenhum mecanismo capaz de combater decisões que não aplicam precedentes, até porque a vinculação não é de todo absoluta.

Percebe-se como o ordenamento jurídico brasileiro é capaz de se adaptar à realidade de novos institutos, criando soluções próprias que, muita vezes, acabam por ocasionar resultados não tão positivos.

6. CRITÉRIOS NECESSÁRIOS PARA A MODULAÇÃO DA JURISPRUDÊNCIA A PARTIR DE ELEMENTOS DO PRÓPRIO ORDENAMENTO JURÍDICO BRASILEIRO – OS *CASES* ENFRENTADOS PELO SUPREMO TRIBUNAL FEDERAL

O pressuposto fundamental para a possibilidade de modulação temporal da alteração jurisprudencial é a existência de um ou mais critérios objetivos que permitam ao tribunal analisar se aquela mudança acarretará efeitos amplos na vida do jurisdicionado, de sorte que a restrição dos efeitos da decisão garanta segurança das relações jurídicas.

Na Lei da Ação Direta de Inconstitucionalidade (Lei 9.868/1999), da Arguição de Descumprimento de Preceito Fundamental (Lei 9.882/1999) e da Súmula Vinculante (Lei 11.417/2006) o legislador, ao prever a modulação dos efeitos das decisões ali proferidas, buscou estabelecer critérios objetivos, apesar de escorá-los em conceitos jurídicos indeterminados (razões de segurança jurídica, excepcional interesse social ou excepcional interesse público).

Já na lei de repercussão geral do Recurso Extraordinário (Lei 11.418/2006) e no julgamento de Recursos Especiais repetitivos (Lei 11.692/2008) o legislador utilizou-se de conceitos como "questões relevantes do ponto de vista econômico, político, social ou jurídico que ultrapassem os interesses subjetivos da causa" ou "fundamento em idêntica questão de direito".

---

[81] RAMIRES, Maurício. *Crítica à aplicação de precedentes no direito brasileiro* cit., p. 81.

No contexto normativo brasileiro, seria possível admitir a modulação temporal da alteração jurisprudencial sempre que presentes os critérios constantes da Lei 9.868/1999, da Lei 11.418/2006 ou da Lei 11.692/2008.

Caberia ao tribunal superior analisar a repercussão da alteração jurisprudencial e quais seriam suas consequências aos cidadãos que confiaram naquele antigo precedente.

Havendo razões de interesse público, ou se tratando de uma questão que transcende o limite subjetivo da causa, apresentando aspectos econômicos, políticos, sociais ou jurídicos, seria dado ao tribunal refletir acerca da possibilidade de modulação dos efeitos da alteração da jurisprudência, independentemente do ramo do Direito em que se situe a matéria.

Entretanto, a relevância da questão, por si só, não pode ser suficiente a permitir a modulação temporal da alteração jurisprudencial. Seria necessário aferir se aquela jurisprudência era realmente pacífica no seio do tribunal e se determinados princípios são incidentes na hipótese, de modo a garantir a segurança jurídica das relações.

Haveria a necessidade de estar caracterizada a boa-fé e a confiança legítima do jurisdicionado, de modo a permitir a modulação temporal, evitando-se consequências danosas advindas da adoção de uma nova tese jurídica com a consequente superação do precedente.

Não há como negar que a justiça brasileira é lenta. A demora na prestação jurisdicional que, na grande maioria dos casos, advém da própria morosidade do Estado-Juiz não pode se tornar um elemento capaz de subtrair um direito.

Um sistema que prezasse por essas garantias prestigiaria a boa-fé, a segurança jurídica e protegeria a confiança dos cidadãos. O Judiciário não pode se tornar um mero e frio aplicador da lei, mas deve refletir e compreender as consequências de seus atos, controlando os atos estatais, permitindo a adoção da melhor solução aos casos concretos.

Convém observar que o anteprojeto do novo Código de Processo Civil possui capítulo[82] específico destinado ao respeito à uniformidade da jurisprudência, prevendo inclusive a possibilidade de modulação em seu art. 847, V.

---

[82] "Art. 847. Os tribunais velarão pela uniformização e pela estabilidade da jurisprudência, observando-se o seguinte:

I – sempre que possível, na forma e segundo as condições fixadas no regimento interno, deverão editar enunciados correspondentes à súmula da jurisprudência dominante;

II – os órgãos fracionários seguirão a orientação do plenário, do órgão especial ou dos órgãos fracionários superiores aos quais estiverem vinculados, nesta ordem;

III – a jurisprudência pacificada de qualquer tribunal deve orientar as decisões de todos os órgãos a ele vinculados;

IV – a jurisprudência do Supremo Tribunal Federal e dos tribunais superiores deve nortear as decisões de todos os tribunais e juízos singulares do país, de modo a concretizar plenamente os princípios da legalidade e da isonomia;

Cap. 12 – A MUDANÇA DA JURISPRUDÊNCIA E A MODULAÇÃO DE SEUS EFEITOS TEMPORAIS

Nesse contexto, exige o dispositivo que a modulação dos efeitos seja acompanhada de fundamentação adequada e específica, diante da necessidade de se respeitar a estabilidade das relações jurídicas. Em outras palavras, não bastará ao tribunal simplesmente afirmar que aquele precedente terá sua aplicabilidade restrita a determinado momento.

O novo precedente deverá ser claro quanto à modulação temporal de sua aplicação, devendo a decisão possuir fundamentação própria que demonstre os motivos que impedem ou obrigam a sua aplicação modulada.

O interesse social e a segurança jurídica passam a ser balizas fundamentais à modulação temporal da jurisprudência dominante dos tribunais superiores ou de hipóteses de processos repetitivos. Resta-nos, todavia, aguardar a publicação do novo códex.

Diante de todas as considerações e teses aqui expostas é possível constatar uma tímida tendência, tanto no STJ como no STF, em conferir maior importância às consequências das alterações jurisprudenciais, prestigiando a segurança jurídica, a boa-fé e a proteção da confiança.

O Supremo Tribunal Federal, no julgamento do Ag. Reg. na ADI 4.071-DF, cuja Relatoria coube ao Min. Menezes Direito, demonstrou grande sensibilidade à questão atinente à alteração da jurisprudência ao afirmar que esta não é perene e que pode sofrer alteração quando apresentados argumentos mais relevantes do que aqueles que a sustentam ou quando a sociedade se depara com novas transformações sociais, econômicas ou propriamente jurídicas.

Em outro julgado referente ao cômputo do prazo das atividades de aluno -aprendiz em escola técnica para efeitos de aposentadoria, o Supremo Tribunal Federal invocou os princípios da boa-fé, segurança jurídica e proteção à confiança.

Tratava-se a hipótese de um auditor que se aposentou no ano de 1994, tendo se valido do período em que exerceu atividades como aluno-aprendiz para alcançar o tempo de aposentação exigido por lei. Entretanto, em 2008, 14 anos após a aposentadoria, o Tribunal de Contas da União recusou o seu registro ao argumento de que o tempo da aposentadoria não estava preenchido, tendo em vista que o período exercido como aluno-aprendiz não poderia ter sido utilizado.

V – na hipótese de alteração da jurisprudência dominante do Supremo Tribunal Federal e dos tribunais superiores ou daquela oriunda de julgamento de casos repetitivos, pode haver modulação dos efeitos da alteração no interesse social e no da segurança jurídica.

§ 1.º A mudança de entendimento sedimentado observará a necessidade de fundamentação adequada e específica, considerando o imperativo de estabilidade das relações jurídicas.

§ 2.º Os regimentos internos preverão formas de revisão da jurisprudência em procedimento autônomo, franqueando-se inclusive a realização de audiências públicas e a participação de pessoas, órgãos ou entidades que possam contribuir para a elucidação da matéria."

Entretanto, o aposentado argumentava que à época da implementação de sua aposentadoria havia enunciado da própria Súmula do TCU que contemplava a hipótese de contagem de tempo da atividade de aluno-aprendiz, sendo certo que à época do registro da aposentadoria o TCU já havia alterado sua orientação. No caso em tela o STF reconheceu o direito do aposentado a manter seus proventos integrais, argumentando que a alteração posterior do entendimento do TCU não poderia alcançar fatos pretéritos sob pena de grave violação à segurança jurídica, boa-fé e confiança, visto que aquela situação jurídica se encontrava consolidada por tempo razoável mediante ato administrativo que gozava de presunção de legitimidade.[83]

Percebe-se nesse primeiro caso que o STF pondera diversos valores subjacentes à pretensão do autor. Entretanto, não há nenhuma proposta concreta de modulação temporal, inobstante o julgado excepcionar a jurisprudência consolidada no TCU sobre o tema.

Caso similar ao ora narrado também foi examinado pelo Supremo Tribunal Federal.[84] Tratava-se de decisão do TCU que anulara o ato de aposentadoria 11 anos após sua implementação ao fundamento de que teria sido computado adicional de tempo de serviço sobre toda a remuneração. Ocorre que o referido cômputo do adicional ocorreu por força de decisão judicial transitada em julgado, tendo o TCU agido em nítido desrespeito à autoridade da coisa julgada. Em sua decisão o relator ponderou ainda que o princípio da segurança jurídica também deveria ser levado em consideração, haja vista o grande lapso temporal entre a instituição dos proventos e a revisão obrada pelo TCU. O decurso de tão longo período cria legítimas expectativas no aposentado, diante da confiança nos atos estatais que implementaram seu benefício.

Em seu voto, o Relator reconhece que o STF não pode ficar alheio à boa-fé do jurisdicionado e às consequências de provimentos jurisdicionais que desfaçam situações jurídicas consolidadas pelo tempo.

Nesse julgado também se observa a forte influência dos princípios da boa-fé e segurança jurídica como balizas norteadoras da interpretação do caso concreto e do alcance da melhor solução jurídica.

Em outro caso concreto, ainda pendente de julgamento no STF, discute-se questão referente à possibilidade de limitação de idade para realização de concurso público quando tal restrição encontra-se contida em ato administrativo. Para a Ministra Relatora a restrição contida em ato administrativo não se afigura admissível, uma vez caber à lei o tratamento disciplinar da matéria, cabendo aos atos administrativos apenas a regulamentação, sem a possibilidade de inovação. Entretanto, propôs a relatora em seu voto, amparada no primado da segurança

---

[83] STF, MS 27.185/DF, rel. Min. Cármen Lúcia, 17.02.2010 (MS-27.185).

[84] STF, MS 28.150 – MC/DF, rel. Min. Celso de Mello.

Cap. 12 – A MUDANÇA DA JURISPRUDÊNCIA E A MODULAÇÃO DE SEUS EFEITOS TEMPORAIS

jurídica, que a decisão do STF só tenha efeito nos concursos futuros, preservando o direito daqueles que participaram do concurso objeto da demanda.[85]

Entretanto, inobstante não ter havido a conclusão do julgamento, a proposta de modulação não se encontra acompanhada da devida fundamentação que possa revelar a sua pertinência. Nas poucas oportunidades em que modula sua jurisprudência, o Supremo Tribunal Federal o faz de modo impulsivo, talvez um hábito decorrente da prática de modulação no controle de constitucionalidade, sem analisar se no caso concreto existem elementos que sustentem a necessidade da modulação temporal.

Depreende-se que a modulação dos efeitos da alteração de jurisprudência não implica manutenção eterna de precedentes antigos. Muito pelo contrário, o ordenamento jurídico deve ser alvo de modificações, como já assentado pelo próprio STF, cabendo, todavia, o respeito às situações jurídicas já consolidadas.

A situação mais clarividente de modulação dos efeitos de decisão é encontrada no Superior Tribunal de Justiça. Por vários anos a tempestividade dos recursos interpostos pelo Ministério Público tinha seu termo *a quo* aferido mediante a data em que os membros da instituição apunham seu ciente nos autos. Entretanto, após diversos anos imperando tal orientação, o Supremo Tribunal Federal proferiu decisão entendendo que a aferição da tempestividade deveria ocorrer a partir da data em que os autos ingressavam na instituição.

Diante da reviravolta jurisprudencial o STJ[86] se deparou com diversas situações em que os recursos interpostos pelo Ministério Público eram anteriores à nova decisão que alterou o momento de aferição da tempestividade. Nesse contexto, decidiu o Superior Tribunal que aquela alteração jurisprudencial só teria aplicação aos casos futuros, haja vista que não se poderia exigir do membro do Ministério Público que à época da interposição pudesse prever a futura alteração jurisprudencial acerca do tema.[87]

Analisando a questão referente à necessidade de reiteração ou retificação do Recurso Especial interposto na pendência do julgamento dos Embargos de Declaração, afirmou o Superior Tribunal de Justiça que todos os recursos que não fossem ratificados após o julgamento dos Embargos de Declaração não seriam conhecidos. Entretanto, ressalvou o tribunal que aquele posicionamento só seria aplicável aos casos futuros e não aos recursos já interpostos à época desse precedente.[88]

---

[85] STF, RE 572.499/SC, rel. Min. Cármen Lúcia, j. 25.03.2010 (RE-572.499); STF, RE 600.225/RS, rel. Min. Cármen Lúcia, j. 25.03.2010 (RE-600.225).

[86] Nessa esteira, confira-se: STJ, REsp 628.621/DF, rel. Min. Carlos Alberto Menezes Direito, j. 04.08.2004; STJ, REsp 741.580/SC, rel. Min. Gilson Dipp, j. 16.08.2005.

[87] Foram as conclusões do HC 89.568/RJ, rel. Min. Og Fernandes, j. 05.03.2009; REsp 796.488/CE, rel. Min. Laurita Vaz, j. 28.02.2008, todos do Superior Tribunal de Justiça.

[88] STJ, EDcl no REsp 779.637/MG, rel. Min. Denise Arruda, j. 15.12.2009.

O Superior Tribunal de Justiça operou a técnica de modulação de modo mais detido, analisando os valores que envolviam o caso concreto e as consequências da alteração da jurisprudência. Entretanto, não foi capaz de demonstrar em sua fundamentação a pertinência daquela modulação, ou seja, a relevância que o estabelecimento do marco temporal apresentava à questão jurídica enfrentada.

Todos os casos aqui apontados revelam uma tímida tendência dos tribunais superiores em aplicar a técnica do *prospective overruling*. Entretanto, conveniente se afigura que os tribunais, quando da utilização da referida técnica de julgamento, utilizem critérios objetivos e fundamentados, permitindo que não haja a desvirtuação do instituto, sempre com base em um dos três princípios – boa-fé, proteção da confiança e segurança jurídica.

Os tribunais devem ponderar se as consequências da alteração do precedente poderão trazer efeitos nocivos à sociedade e fundamentar, com base em elementos concretos, a necessidade da modulação.

7. CONCLUSÃO

Percebe-se a crescente tendência brasileira em prestigiar o direito jurisprudencial como tentativa de racionalizar a prestação da atividade jurisdicional. As diversas reformas implementadas ao longo da última década apenas revelam a crescente importância de institutos oriundos do sistema da *common law*.

Entretanto, há que se ter cautela na inserção de novos mecanismos, pois, como observado sob o ponto de vista histórico, o desenvolvimento inglês e norte-americano é completamente distinto da história evolutiva do Brasil e do processo de desenvolvimento do Judiciário brasileiro.

Não se pode fechar os olhos para o fato de que a sociedade brasileira tem adotado as regras constantes dos precedentes dos tribunais como guia de conduta para realização de atos e negócios jurídicos. Não é à toa que todos os dias nos jornais são publicadas matérias informando que motoristas se recusam a realizar testes de alcoolemia (bafômetro), ao argumento de que tal prova viola sua intimidade, diante de inúmeras decisões proferidas nesse sentido, reafirmando apenas a natureza da jurisprudência como mecanismo estabelecedor de comportamentos.

Nesse ponto, a questão ganha mais relevo quando o precedente goza de certa uniformidade no ordenamento jurídico, conferindo uma maior certeza de que aquela regra jurisprudencial permitirá ao interessado recorrer ao Judiciário caso haja seu descumprimento.

Assim, eventual alteração daquela regra deve ser precedida de cautelosa reflexão por parte do tribunal sobre as consequências da alteração da solução adotada por aquela jurisprudência.

Cap. 12 – A MUDANÇA DA JURISPRUDÊNCIA E A MODULAÇÃO DE SEUS EFEITOS TEMPORAIS

O tema aqui analisado apresenta tanta relevância que a Comissão de Juristas que elaborou o anteprojeto do novo Código de Processo Civil incluiu um capítulo específico a respeito da uniformidade da jurisprudência, prevendo inclusive a possibilidade de modulação em seu art. 847, V.

Percebe-se a preocupação da comissão com a necessidade de se resguardar a segurança jurídica das relações diante das drásticas alterações da jurisprudência. Se o ordenamento jurídico prevê a *vacatio legis* como instrumento capaz de permitir que a população possa se adequar às novas leis que entram em vigor, por que não estabelecer critérios de modulação para regular as situações alvos de mudanças repentinas de jurisprudência?

A doutrina estrangeira, como restou destacado, ao longo do presente estudo revela a existência de mecanismos de modulação dos efeitos de alteração da jurisprudência, citando o *prospective overruling* e o *signaling*. No primeiro instituto a Corte aplica o precedente, mas afirma que a partir de eventos ocorridos em determinada data, fixada pela própria decisão, o precedente antigo não será aplicável aos casos análogos, tendo em vista a sua superação, como se ocorresse uma verdadeira modulação nos efeitos do precedente. Já por meio do *signaling* a Corte, quando da apreciação do caso concreto, demonstra a intenção de alterar o precedente, o que leva o jurisdicionado a não mais depositar a confiança naquele precedente, tendo em vista a sua iminente superação.

O ordenamento brasileiro já admite a modulação das decisões em sede de controle de constitucionalidade e quando se tratar de aplicação do enunciado de súmula vinculante. No entanto, é necessário que os tribunais passem a refletir acerca das modificações de jurisprudência consolidadas em temas de repercussão, analisando os seus efeitos jurídicos e modulando seus efeitos.

A utilização de mecanismos de composição e uniformização da jurisprudência, muitas vezes esquecidos nas páginas de nossos Códigos de Processo, parece ser o ponto de partida para a adoção de uma tendência de fortalecimento dos precedentes.

Após, quando existente o hábito de prestígio ao Direito Jurisprudencial, parece que devemos avançar a temáticas mais complexas, a exemplo da própria modulação temporal dos efeitos da alteração da jurisprudência.

Apesar de diversos países da Europa não prestigiarem institutos ínsitos à modulação temporal – *prospective overruling* e *signaling* –, por exemplo, há relatos de decisões que modulam os efeitos da alteração da jurisprudência.

A técnica de modulação é que não pode sofrer idiossincrasias. A modulação temporal pressupõe uma séria análise da causa e das consequências que a adoção da nova jurisprudência trará ao caso concreto e outros casos futuros.

Nesse ponto, lamentavelmente a forma como alguns tribunais aplicam determinados dispositivos processuais tendentes à uniformização de julgamentos é uma matéria que necessita de maior amadurecimento por parte dos magistrados. Como restou exposto, a racionalização da atividade jurisdicional tem levado os tribunais a desprestigiarem os julgamentos colegiados – expressão da legitimidade do Judiciário – em favor de julgamentos monocráticos na solidão dos gabinetes.

A jurisprudência pacífica e o verbete de súmula são elementos que traduzem a confiança ao jurisdicionado que age de boa-fé, com credibilidade naquelas respostas estatais, confiando que seus atos estarão protegidos.

O princípio da segurança jurídica confere certeza ao cidadão, eis que o ordenamento jurídico deve garantir a efetividade e solidez de seus pronunciamentos, afinal de contas o objetivo do Direito é a pacificação social.

Tendo essa certeza, ou melhor, confiança, o Estado deve ser capaz de observar e respeitar aquela legítima expectativa criada. A confiança legítima, ou proteção da confiança, sugere que o ordenamento jurídico deve garantir a estabilidade das relações existentes e a previsibilidade de sua continuidade. Em outras palavras, o jurisdicionado, ao praticar condutas ou deixar de fazê-las, deve ter a certeza de que o ordenamento jurídico lhe conferirá futura proteção, caso seja necessário, diante da realidade normativa que se apresenta à época de suas ações.

Quando o indivíduo goza de garantia, seus atos e posturas tendem a ser realizados de boa-fé, assim qualificada como existência de comportamentos coerentes e a confiança recíproca entre as partes, tanto no trato das relações jurídicas quanto na atuação dos polos da relação processual.

Em alguns recentíssimos exemplos o STJ e o STF iniciaram a incorporação dos valores boa-fé e proteção da confiança em diversos julgamentos. Apesar da ótima iniciativa, nossa crítica reside no fato de que as técnicas de modulação foram empregadas sem nenhum critério objetivo, sequer tendo sido realizada uma análise detida das consequências da conveniência na adoção da técnica de modulação.

Essa postura, todavia, pode permitir que a modulação temporal se transforme em um casuísmo, margeado pela oportunidade e conveniência do tribunal, independentemente da relevância da questão, o que apenas enfraquecerá a técnica de modulação e a finalidade a ser alcançada.

8. REFERÊNCIAS BIBLIOGRÁFICAS

AARNIO, Aulis. Precedent in Finland. In: MACCORMICK, Donald Neil; SUMMERS, Robert S. (Org.). *Interpreting precedents:* a comparative study. England: Dartmouth Publishing Company Limited e Ashgate Publishing Limited, 1997. p. 65-101.

ALEXY, Robert; Kiel; DREIR, Ralf. Precedent in the Federal Republic of Germany. In: MACCORMICK, Donald Neil; SUMMERS, Robert S. (Org.). *Interpreting*

Cap. 12 – A MUDANÇA DA JURISPRUDÊNCIA E A MODULAÇÃO DE SEUS EFEITOS TEMPORAIS

precedents: a comparative study. England: Dartmouth Publishing Company Limited e Ashgate Publishing Limited, 1997.

ARAUJO, Valter Shuenquener. *O princípio da proteção da confiança.* Niterói: Impetus, 2009.

ASSUMPÇÃO, Helcio Alves de. Recurso extraordinário: requisitos constitucionais de admissibilidade. *Revista do Ministério Público,* Rio de Janeiro, n. 26, p. 127-162, jul.-dez. 2007.

ATALIBA, Geraldo. *República e Constituição.* 2. ed. São Paulo: Malheiros, 2004.

BARBOSA, Daniel Marchionatti. Quando o STF opta pela eficácia prospectiva das decisões de inconstitucionalidade. *Revista do CEJ,* Brasília, Ano XII, n. 43, p. 4-11, out.-dez. 2008.

BARBOSA MOREIRA, José Carlos. A emenda constitucional n. 45 e o processo. *Revista do Ministério Público,* Rio de Janeiro, n. 23, p. 165-178, jan.-jun. 2006.

BARCELÓ, John J. Precedent in European Community Law. In: MACCORMICK, Donald Neil; SUMMERS, Robert S. (Org.). *Interpreting precedents:* a comparative study. England: Dartmouth Publishing Company Limited e Ashgate Publishing Limited, 1997. p. 407-436.

BUZANELLO, José Carlos; BUZANELLO, Graziele Mariete. Exequibilidade da súmula vinculante. *Revista de Informação Legislativa,* Brasília, ano 44, n. 174, p. 25-33, abr.-jun. 2007.

CARNEIRO, Paulo Cezar Pinheiro. Desconsideração da coisa julgada. Sentença inconstitucional. *Revista Forense,* Rio de Janeiro, v. 384, p. 228-229, 2006.

CÔRTES, Osmar Mendes Paixão. *Súmula vinculante e segurança jurídica.* São Paulo: RT, 2008.

CROSS, Rupert; HARRIS, J. W. *Precedent in English law.* 4. ed. Oxford: Claredon Press, 2004.

DEUMIER, Pasquale; JACQUES, Philippe. Sources du droit en droit interne – effet réctroactif de la jurisprudence: le retour. *Revue Trimestrielle de Droit Civil,* n. 3, Paris, p. 442-448, jul.-set. 2008.

DIDIER JR., Fredie; BRAGA, Paula Sarno; OLIVEIRA, Rafael. *Curso de direito processual civil.* 4. ed. Salvador: JusPodivm, 2009. v. 2.

ENG, Svein. Precedent in Norway. In: MACCORMICK, Donald Neil; SUMMERS, Robert S. (Org.). *Interpreting precedents:* a comparative study. England: Dartmouth Publishing Company Limited e Ashgate Publishing Limited, 1997. p. 189-217.

FERRARI, Regina Macedo Nery. *Efeitos da declaração de inconstitucionalidade.* São Paulo: RT, 1999.

FIGUEIREDO, Leonardo Vizeu. Súmula vinculante e a Lei 11.417, de 2006: apontamentos para compreensão do tema. *Revista da EMERJ*, Rio de Janeiro, n. 38, p. 141-155, 2007.

GUSMÃO, Paulo Dourado. *Introdução ao estudo do direito*. 33. ed. Rio de Janeiro: Forense, 2003.

GRECO, Leonardo. Garantias fundamentais do processo: o processo justo. *Estudos de direito processual*. Campos dos Goytacazes: Faculdade de Direito de Campos, 2005.

_____. *Instituições de processo civil*. Rio de Janeiro: Forense, 2009.

HARTMANN, Rodolfo Kronemberg. Súmula vinculante e a Lei 11.417/2006. *Revista da EMERJ*, Rio de Janeiro, n. 39, p. 275-294, 2007.

JANSEN, Rodrigo. A súmula vinculante como norma jurídica. *Revista de Direito Administrativo*, Rio de Janeiro: Renovar, n. 240, p. 225-264. abr.-jun. 2005.

KELSEN. Hans. *Teoria pura do direito*. São Paulo: Martins Fontes, 1985.

LEAL, Saul Tourinho. Modular para não pagar: a adoção da doutrina prospectiva negando direitos aos contribuintes. *Revista Dialética de Direito Tributário*. São Paulo, n. 158, nov. 2008, p. 78-86.

MELLO, Patrícia Perrone Campos. *Precedentes*: o desenvolvimento judicial do direito no constitucionalismo contemporâneo. Rio de Janeiro: Renovar, 2008.

MIRANDA, Jorge. *Manual de direito constitucional*. Coimbra: Ed. Coimbra, 2008. v. 6.

MORAES, Alexandre. *Direito constitucional*. 17. ed. São Paulo: Atlas, 2005.

MORAES, Guilherme Peña. *Curso de direito constitucional*. Rio de Janeiro: Lumen Juris, 2008.

MORAWSKI, Lech; ZIRK-SADOWSKI, Marek. Precedent in Poland. In: MACCORMICK, Donald Neil; SUMMERS, Robert S. (Org.). *Interpreting precedents:* a comparative study. England: Dartmouth Publishing Company Limited e Ashgate Publishing Limited, 1997. p. 219-258.

NADER, Paulo. *Introdução ao estudo do direito*. 17. ed. Rio de Janeiro: Forense, 1999.

NERY JUNIOR, Nelson. *Princípios do processo civil na Constituição Federal*. 5. ed. rev. e ampl. São Paulo: RT, 1999.

NOVA, Giorgio de. Sull'interpretazione del precedente giudiziario. In: VISINTINI, Giovanna. *Metodologia nello studio della giurisprudenza civil e comerciale*. Milano: Giuffrè, 1999. p. 239-254.

PEÑA, Eduardo Chemale Selistre. Reforma do Judiciário: a polêmica em torno da adoção das súmulas vinculantes e solução oferecida pelas súmulas impeditivas

Cap. 12 – A MUDANÇA DA JURISPRUDÊNCIA E A MODULAÇÃO DE SEUS EFEITOS TEMPORAIS

de recurso. *Revista de Processo*, São Paulo: RT, ano 30, n. 120, p. 77-94. fev. 2005.

RAMIRES, Maurício. *Crítica à aplicação de precedentes no direito brasileiro.* Porto Alegre: Livraria do Advogado, 2010.

ROSA, Felipe Augusto de Miranda; CANDIDO, Odila D. de Alagão. *Jurisprudência e mudança social.* Rio de Janeiro: Jorge Zahar, 1988.

SILVA, Celso de Albuquerque. *Do efeito vinculante*: sua legitimação e aplicação. Rio de Janeiro: Lumen Juris, 2005.

SILVA, José Afonso da. *Aplicabilidade das normas constitucionais.* 6. ed. São Paulo: Malheiros, 2004.

SUMMERS, Robert S. Precedent in the United States. In: MACCORMICK, Donald Neil; SUMMERS, Robert S. (Org.). *Interpreting precedents:* a comparative study. England: Dartmouth Publishing Company Limited e Ashgate Publishing Limited, 1997. p. 355-406.

TARUFFO, Michele; LA TORRE, Massimo. Precedent in Italy. In: MACCORMICK, Donald Neil; SUMMERS, Robert S. (Org.). *Interpreting precedents:* a comparative study. England: Dartmouth Publishing Company Limited e Ashgate Publishing Limited, 1997. p. 141-188.

_____. Precedente ed esempio nella decisione. *Rivista Trimestrale di Diritto e Procedura Civile*, ano XLVIII, 1994, p. 19 e ss.

TROPER, Michel; GRZEGORCZYK, Christophe. Precedent in France. In: MACCORMICK, Donald Neil; SUMMERS, Robert S. (Org.). *Interpreting precedents:* a comparative study. England: Dartmouth Publishing Company Limited e Ashgate Publishing Limited, 1997. p. 103-140.

VISINTINI, Giovanna. *Metodologia nello studio della giurisprudenza civile e comerciale.* Milano: Giuffrè, 1999.

ZAVASCKI, Teori Albino. Sentenças inconstitucionais: inexigibilidade. In: FABRICIO, Adroaldo Furtado (Org.). *Meios de impugnação ao julgado civil*: estudos em homenagem a José Carlos Barbosa Moreira. Rio de Janeiro: Forense, 2007.

Parte III

PROCESSO
E DEMOCRACIA

JURISDIÇÃO CRIATIVA E A MOTIVAÇÃO DAS DECISÕES JUDICIAIS COMO SEU ASPECTO LEGITIMADOR

13

Humberto Santarosa

Sumário: 1. Contextualização – 2. O ativismo judicial: 2.1. O ativismo judicial e a judicialização; 2.2. Causas para expansão do Judiciário; 2.3. A legitimação do Judiciário em sua atuação proativa – 3. Noções históricas e atuais sobre o princípio do contraditório – 4. Noções históricas e atuais sobre o princípio da motivação das decisões judiciais – 5. A racionalidade da motivação das decisões – 6. A motivação como aferição da legitimação processual – 7. O projeto do Código de Processo Civil e sua contribuição para a legitimação das decisões – 8. Conclusão – 9. Referências bibliográficas.

1. CONTEXTUALIZAÇÃO

Vive-se a era dos princípios. E grande parte desses princípios estão prescritos (ou não) dentro da norma de maior hierarquia do ordenamento pátrio, a Constituição da República Federativa do Brasil. Apesar de as assertivas se mostrarem como uma apresentação instigante para a abordagem a ser realizada, ela não abraça um conceito para o termo ou, ainda, a sua função. É apenas um ponto de partida (como os próprios princípios o são [?]). Assim, em termos de definição para o termo, pode-se ter em mente que os "princípios seriam as normas mais fundamentais do sistema".[1] Ainda é pouco.

---

[1] A expressão é usada por: SILVA, Virgilio Afonso da. Princípios e regras: mitos e equívocos acerca de uma distinção. *Revista Latino-Americana de Estudos Constitucionais I*, 2003, p. 607-

Lenio Streck[2] busca sistematizar a questão atinente à noção de princípios e demonstra duas abordagens que atualmente envolvem o tema: a deontológica e a teleológica. Na primeira delas, o que se observa é o princípio como um padrão de decisão construído no transcorrer do tempo, impondo, ao cabo, sua obediência – tudo conforme o resgate da ideia de tradição proposta por Gadamer. No outro viés, os princípios são relacionados com valores morais e, por assim ser, evoluem com a sociedade – os princípios, nesta linha de pensamento, são os responsáveis por concretizar a almejada justiça material, dificilmente alcançada pela mera literalidade da lei. O que se observa é que aqueles que visam aos princípios jurídicos como deontológicos buscam uma maior solidez em seu conceito, conferindo, inclusive, maior certeza jurídica ao termo; ao passo que entendendo os princípios jurídicos como teleológicos, abre-se maior espaço para argumentos e peculiaridades do caso, tornando o seu entendimento mais volátil.

A divisão destacada merece profundo debate e não será por ora analisada, merecendo apenas o seu registro para melhor compreensão e conhecimento, sendo que ao longo do texto perceber-se-á a linha e corrente de pensamento adotada.

Por outro lado, deve ainda ser registrada a prodigalidade com a qual o termo "princípio" tem sido utilizado, muitas vezes em total actecnia com as acepções[3] atuais – chega-se ao ponto de denominar como princípio normas do Ordenamento Jurídico que não o sejam; a título exemplificativo cita-se o brocardo *nullum crime sine legge*, vulgarmente considerado princípio da legalidade, que, na verdade, seria uma regra de legalidade. Essa situação também fora alvo de abordagens e críticas pelos mais diversos autores.[4] Ainda que referido tema mereça uma maior abordagem, esta se mostra como uma tarefa árdua e deveras complexa, não havendo espaço para tanto neste texto, cabendo apenas sua menção para se ter as proporções que o assunto alberga.

O importante e necessário por ora, pois, é observar que a questão principiológica traz à tona um debate assaz arenoso: se os princípios não possuem

---

630, quando resume as diversas acepções e denominações utilizadas pelos mais diversos autores pátrios e estrangeiros sobre os princípios. Todavia, merece destaque que o autor, no referido texto, refuta a ideia de princípio ora mencionada pelo fato de que a definição adotada não espelha a noção de princípio utilizada por Robert Alexy, uma vez que ele não enfrenta a questão da "fundamentalidade" da norma para classificá-la como princípio.

[2] STRECK, Lenio Luiz. *Verdade e consenso:* Constituição, hermenêutica e teorias discursivas. São Paulo: Saraiva, 2011.

[3] Seja no que diz respeito à sua acepção como norma fundamental do sistema, como fazem diversos autores nacionais, vide texto de Virgílio Afonso da Silva, citado na nota 1, seja em sua acepção como estrutura normativa, acepção de Robert Alexy.

[4] A título exemplificativo, SILVA, Virgilio Afonso da. Princípios e regras: mitos e equívocos acerca de uma distinção cit., p. 607-630; DINAMARCO, Cândido Rangel. *Instituições de direito processual civil* – volume I. São Paulo: Malheiros, 2002. p. 195, notadamente quando afirma que os princípios são tão somente os pilares sobre os quais o sistema jurídico é apoiado.

definição *a priori*; ou se os princípios não são expurgados do Ordenamento quando sucumbem na colisão com outras normas do sistema; ou ainda se os princípios podem ter seu conteúdo alterado a depender do caso em análise, possuindo, assim, múltiplas facetas (isto a depender da concepção principiológica adotada, entendendo que referida situação seria mais bem vislumbrada no viés teleológico dos princípios[5]), como adequá-los a um Ordenamento Jurídico que, calcado no processo, tem por finalidade uma busca por ordem, organização, coordenação e disciplina?[6]

Justificação é a resposta. Os princípios jurídicos adotados, assim como aqueles rejeitados no caso concreto, precisam ser explicados detalhadamente. A sua aplicação (ou não) a determinada situação deve ser fundamentada a ponto de se poder conferir se as razões de utilização ou afastamento do princípio são correlatas ao fato em análise. É por meio da motivação das decisões judiciais, pois, que se concretiza e legitima o princípio e, via de consequência, o acerto e a correção da decisão judicial. Esta é a meta a ser buscada com o presente texto, notadamente tendo em vista que a aplicação de referidos princípios, muitas vezes, acarreta a inauguração de um direito não previsto expressamente pelo Ordenamento, o que seria, para uns, denominado de ativismo judicial.

Em termos históricos, o período posterior à Segunda Guerra Mundial se coloca como o marco institucional das previsões principiológicas nos ordenamentos de diversos países.[7] É a partir desse momento que se pode estruturar

---

[5] Nada obstante, pensa-se que também no viés deontológico o padrão de decisão a ser construído pode ser substancialmente alterado de uma hora para outra, mas não com a volatilidade e rapidez da concepção teleológica, haja vista que, analisando os princípios jurídicos como deontológicos, demandar-se-ia tempo para alteração de uma concepção consolidada para outra. Justamente por esta falta de adaptabilidade da visão deontológica é que ainda se prefere o viés valorativo conferido aos princípios, com o justo intuito de buscar a máxima medida de seu conteúdo na aplicação ao caso concreto; traz-se à baila, assim, a justiça da decisão. Porém, antes de se alcançar a justiça da decisão, entre esta e a definição do conteúdo do princípio jurídico para o caso, passa-se pela justificação da adoção do entendimento aceito, isto em detrimento de outros possíveis – eis a fundamentação da decisão. É aqui que reside a grande arma do Direito contra as alegações de sua falta de legitimidade.

[6] OLIVEIRA, Carlos Alberto Alvaro de. O formalismo-valorativo no confronto com o formalismo excessivo. In: DIDIER JR., Fredie (Coord.). *Leituras complementares de processo civil*. Salvador: JusPodivm, 2008. p. 139-171, que assim define as finalidades do processo.

[7] Nesse sentido, TARUFFO, Michele. Las garantías fundamentales de la justicia civil en el mundo globalizado. *Páginas sobre justicia civil*. Trad. Maximiliano Aramburo Calle. Madrid: Marcial Pons, 2009. p. 63-91, e ainda CAMBI, Eduardo. Neoprocessualismo e neoconstitucionalismo. In: DIDIER JR., Fredie (Coord.). *Leituras complementares de processo civil* cit., p. 139-171, assim pontuando: "Sob o aspecto histórico, as transformações mais importantes no Direito Constitucional contemporâneo se deram, a partir da 2.ª Grande Guerra Mundial, na Europa, devendo ser salientadas a Lei Fundamental de Bonn, de 1949, e as Constituições italiana (1947), portuguesa (1976) e espanhola (1978). Com a derrota dos regimes totalitários (nazi-fascistas), verificou-se a necessidade de criarem catálogos de direitos e garantias fundamentais para a defesa do cidadão frente aos abusos que poderiam vir a ser cometidos pelo Estado ou por quaisquer detentores

e sistematizar o estudo dessas normas jurídicas que, em consonância com a definição já exposta alhures e em decorrência de sua textura aberta, é também vista como a "regra-mestra para a correta interpretação do sistema-jurídico".[8] É o período de transição do positivismo para o pós-positivismo.[9-10]

Conforme bem delimitado por Humberto Bergmann Ávila,[11] os princípios não somente prescrevem fins a serem atingidos, mas também embasam a aplicação das leis, ou seja, sua carga axiológica colmata lacunas do sistema jurídico e proporciona um grau de volatilidade ao ordenamento jurídico, permitindo não somente a adequação da realidade dos fatos ao direito posto, mas também que esse direito posto se ajuste a uma realidade nova e cambiante, que é o que se tem mostrado na sociedade moderna.

A seara desenhada adrede pode consubstanciar o que hoje representa grande avanço do Direito, que são os direitos fundamentais estampados na Constituição, que em sua grande maioria representam garantias jurídicas conferidas às partes em um processo, mas que nem sempre estão devidamente regulados pelo sistema.

Nessa linha de garantias e direitos assegurados aos cidadãos, o processo torna-se o seu instrumento de aplicação e concretização, uma vez que o direito processual é o ramo do direito público que disciplina o poder estatal de dirimir conflitos, mediante ações imperativas e impositivas.[12] Nesse ponto, começa-se a construir a teia que buscará relacionar e demonstrar a necessidade do contraditório no processo e a respectiva imposição da motivação das decisões judiciais,[13] que se mostrarão como os alicerces das decisões ditas criativas.

---

do poder em quaisquer de suas manifestações (político, econômico, intelectual etc.) bem como mecanismos efetivos de controle da Constituição (jurisdição constitucional)".

[8] LUCON, Paulo Henrique dos Santos. Devido processo legal substancial. In: DIDIER JR., Fredie (Coord.). *Leituras complementares de processo civil* cit., p. 15-30.

[9] BARROSO, Luís Roberto. *Neoconstitucionalismo e constitucionalização do direito.* O triunfo tardio do direito constitucional no Brasil. Disponível em: <http://jus.com.br/revista/texto/7547/neoconstitucionalismo-e-constitucionalizacao-do-direito/3>. Acesso em: 3 jan. 2011.

[10] Para melhor entender a diferenciação entre o positivismo e o pós-positivismo, remete-se o leitor ao texto de CALSAMIGLIA, Albert. *Postpositivismo.* Disponível em: <http://bib.cervantesvirtual.com/servlet/SirveObras/23582844322570740087891/cuaderno21/volI/Doxa21_12.pdf>. Acesso em: 10 jun. 2012.

[11] ÀVILA, Humberto Bergmann. *Teoria dos princípios.* São Paulo: Malheiros, 2003.

[12] DINAMARCO, Cândido Rangel. *Instituições de direito processual civil.* São Paulo: Malheiros, 2002.

[13] Não se discorrerá a respeito de eventual diferenciação entre regras e princípios, bem como se a motivação das decisões judiciais seria uma regra ou um princípio, sendo certo que para o tema utilizar-se-á a fundamentação dos provimentos jurisdicionais como princípio, haja vista sua ampla difusão em doutrina. Para melhor compreensão sobre a discussão entre regras e princípios ver ÀVILA, Humberto Bergmann. *Teoria dos princípios.* São Paulo: Malheiros, 2003.

Cap. 13 – JURISDIÇÃO CRIATIVA E A MOTIVAÇÃO DAS DECISÕES JUDICIAIS

O direito processual constitucional pátrio emergiu, assim, com a CRFB/1988, que também é o marco do nascimento do Estado Democrático de Direito no Brasil, trazendo em suas raias uma série de princípios aplicáveis ao processo que visavam a garantir não somente o acesso à Justiça, mas, acima de tudo, o acesso à ordem jurídica justa.[14] A dificuldade, todavia, se impunha na definição do adjetivo "justa", que acabou por ser muito bem preenchido com os ideais insculpidos em outro princípio constitucionalmente positivado, qual seja, o devido processo legal.

Esses dois vetores indicados, acesso à ordem jurídica e devido processo legal, resumem ponto de crucial importância para o direito processual, que é a possibilidade de ingresso ao Judiciário com uma série de garantias e direitos constitucionalmente assegurados.[15]

O devido processo legal, aliás, não encerra apenas o direito a um processo ordenado e coordenado com a possível aplicação de todas as garantias constitucionalmente asseguradas, mas, acima de tudo, é a garantia que protege o cidadão contra o Estado em eventual tomada de decisão arbitrária ou fora dos padrões de razoabilidade, sempre visando à justeza da decisão, bem como, e acima de tudo, resguarda a possibilidade de reclamarem perante o Judiciário a concretização dos direitos fundamentais estampados na Constituição. Tem-se, assim, um devido processo legal substancial, que, além de assegurar a existência dos princípios e garantias fundamentais do processo, impõe a sua observância para proteção do jurisdicionado quando aciona o Judiciário visando à proteção de seus direitos, constituindo, assim, verdadeira fonte de limitação do poder estatal.[16-17]

O processo justo, pois, é definido como aquele em que os jurisdicionados teriam assegurada a concretização de todos os direitos fundamentais e garantias

---

SILVA, Virgilio Afonso da. Princípios e regras: mitos e equívocos acerca de uma distinção cit., p. 607-630.

[14] Expressão consagrada pelo professor Kazuo Watanabe, em Acesso à justiça e sociedade moderna. In: GRINOVER, Ada Pellegrini; DINAMARCO, Cândido Rangel; WATANABE, Kazuo (Coord.). *Participação e processo.* São Paulo: RT, 1988. p. 135.

[15] Merece destaque, aqui, o projeto do novo Código de Processo Civil, elaborado pela comissão de juristas instituída pelo ato do presidente do Senado Federal 379, de 2009, capitaneada pelo Ministro do STF Luiz Fux, que buscou fixar em seu texto grande parte das garantias processuais estampadas na Constituição; vide os onze primeiros artigos que constituíam o capítulo denominado "Dos Princípios e Das Garantias Fundamentais do Processo Civil". Apesar das alterações realizadas no texto original, a consolidação das emendas ao projeto do novo CPC, que alterou inclusive o nome do capítulo, por ora denominado "Das Normas Fundamentais do Processo Civil", em essência, pouco modificou sobre a disposição dos referidos dispositivos.

[16] LUCON, Paulo Henrique dos Santos. Devido processo legal substancial. In: DIDIER JR., Fredie (Coord.). *Leituras complementares de processo civil* cit., p. 15-30.

[17] Desse entendimento do devido processo legal substancial já se começa o arvorecer da finalidade da motivação das decisões judiciais, representando limitação ao arbítrio estatal, posto que deve expor as razões de seu convencimento.

processuais-constitucionais, tendo como fim último o alcance da tutela jurisdicional efetiva com a pacificação do conflito e a entrega do direito a quem é devido.[18-19]

Inconteste a ocorrência de mudança paradigmática, colocando-se a Constituição como o centro do Ordenamento e retirando dos códigos referida função.

Antes, porém, de abordar a importância da motivação das decisões judiciais como fator de legitimação do processo (sem se olvidar do necessário contraditório participativo, que possui relação direta nessa questão), mister tecer algumas considerações sobre a jurisdição criativa, que será o alvo específico de incidência de referido princípio, tudo visando a explicar racionalmente a legitimidade dessa "nova" função assumida pelo Judiciário com a emersão do constitucionalismo posterior à Segunda Guerra Mundial.

2. O ATIVISMO JUDICIAL

A relevância advinda com o pós-positivismo no período após a Segunda Grande Guerra fez-se notar nos mais diversos países do bloco europeu, que

---

[18] GRECO, Leonardo. Garantias fundamentais do processo: o processo justo. *Estudos de direito processual*. Rio de Janeiro: Faculdade de Direito de Campos, 2005. PINHO, Humberto Dalla Bernardina de. *Os princípios e as garantias fundamentais no projeto de Código de Processo Civil*: breves considerações acerca dos arts. 1.° a 12 do PLS 166/10. Disponível em: <http://www.redp.com.br/arquivos/redp_6a_edicao.pdf>. Acesso em: 8 jan. 2011. Cf. MARINONI, Luiz Guilherme. *O precedente na dimensão da igualdade*. Disponível em: <http://marinoni.adv.br/wp-content/uploads/2010/04/O-Precedente-na-Dimens%C3%A3o-da-Igualdade1-4.pdf>. Acesso em: 9 jan. 2011, que assim afirma: "O direito ao processo justo é satisfeito com a realização de direitos fundamentais de natureza processual, como o direito à efetividade da tutela jurisdicional e o direito ao contraditório".

[19] Salienta-se, apenas a título de complementaridade, que não é apenas a formal e regular concretização das garantias processuais que assegura a justiça material nas decisões, sendo certo, todavia, que a determinação da verdade dos fatos alegados deve estar atrelada ao conceito de processo justo, com o fito de alcançar a decisão justa. É nesses termos que prega TARUFFO, Michele. Leyendo a Ferrajoli: consideraciones sobre la jurisdicción. *Páginas sobre justicia civil* cit., p. 26: "En síntesis, el problema puede ser formulado en estos términos: ¿estamos dispuestos a considera justo un proceso que no asegure la obtención de decisiones justas? Según la concepción más difundida, pero también más banal y repetitiva, de acuerdo con la cual el proceso es justo se asegura las garantías consagradas para la tutela de las partes, la respuesta puede ser positiva: si la calidad de la decisión no se considera relevante, y la justicia del proceso se evalúa sin tener en cuenta el resultado que se deriva de ella, es claro que un proceso puede ser justo (en el sentido ya señalado de la procedural justice). (...) La orientación que parece más sensata es, por el contrario, la que lleva a dar una respuesta negativa al interrogante formulado: es imposible considerar como justo un proceso que – incluso mediando las garantías de defensa de las partes – pueda concluirse con una sentencia injusta. Si luego considera, como se acaba de decir, que la justicia de la decisión depende también – pero no en el modo necesario – de la determinación de la verdad de los hechos, de allí se deriva que un proceso no es justo si no está estructuralmente orientado a la investigación y al descubrimiento de la verdad".

Cap. 13 – JURISDIÇÃO CRIATIVA E A MOTIVAÇÃO DAS DECISÕES JUDICIAIS

alçaram a Constituição ao centro do Ordenamento Jurídico, concedendo-lhe força normativa, positivando direitos fundamentais e estabelecendo um controle de constitucionalidade, bem como desenvolvendo uma nova dogmática de interpretação do texto constitucional,[20] embasada em princípios de natureza instrumental – isso em razão da hierarquia do seu texto perante as demais normas do sistema legal.

Eis ponto de suma importância ao tema em análise, qual seja, a norma constitucional não traria, em grande parte das vezes, a descrição exata que abraçaria o problema jurídico, ou seja, prescrever-se-ia uma hipótese de incidência, mas não a sua consequência jurídica. Os princípios, na concepção adotada, são destituídos de sentido *a priori*, motivo pelo qual a sua complementação é realizada, no mais das vezes, pelos tribunais. Instaura-se um novo modelo de constitucionalismo, no qual o intérprete também é partícipe da "criação" do Direito.[21] E é nessa concretização, na qual se objetiva complementar a norma jurídica com os fatos apresentados, que mora um dos grandes fantasmas que o Direito enfrenta atualmente: o ativismo judicial. A grande maioria das produções jurídicas doutrinárias, assim como as análises e comentários das decisões judiciais atuais perpassam, de alguma forma, pelo tema.[22]

---

[20] BARROSO, Luís Roberto. Neoconstitucionalismo e a constitucionalização do direito. O triunfo tardio do direito constitucional no Brasil. *Revista de Direito Administrativo*, n. 240, 2005.

[21] Nas palavras de Mauro Cappelletti, interpretação é criação, ver em CAPPELLETTI, Mauro. *Juízes legisladores?* Trad. Carlos Alberto Alvaro de Oliveira. Porto Alegre: Fabris, 1993. Com uma abordagem mais detalhada, distinguindo o processo de interpretação/criação do direito no positivismo e no pós-positivismo, tem-se Josep Aguiló Regla, em REGLA, Josep Aguiló. *Positivismo y postpositivismo*. Dos paradigmas jurídicos en pocas palabras. Disponível em: <http://descargas.cervantesvirtual.com/servlet/SirveObras/46837731804796940700080/035429. pdf?incr=1>. Acesso em: 18 jun. 2012, que salienta que a criação do Direito apenas ocorreria no paradigma positivista, quando o juiz, não dotado da norma para resolver o caso, deveria construir a solução para o litígio: "Si quienes están llamados a aplicar el Derecho (los jueces, por ejemplo) enfrentan un caso no regulado, es decir, un caso en el que no hay una regla que lo resuelva, entonces actúan como legisladores, crean la solución"; já paradigma pós-positivista, o que se verificaria, em verdade, é um desenvolvimento e concretização de princípios constitucionais, não havendo, assim, criação: "No hay una separación tajante entre razonamiento político o mo-ral y razonamiento jurídico. El razonamiento político del legislador se juridifica (es sub constitutione), pues la ley no es creación ex novo, sino desarrollo o concreción de principios constitucionales; y el razonamiento jurídico se politiza y/o moraliza (adquiere una dimensión práctica de la que carecía), pues incorpora un compromiso con los valores y los fines constitucionales (en definitiva, con los principios y/o derechos constitucionales)". No entanto, o que deve ser destacado é que, ao fim e ao cabo, a questão conteudística seria a mesma, com o direito assegurado pelo Ordenamento, mas não regulado expressamente, sendo concretizado pelo tribunal.

[22] Sem prejuízo dos diversos autores que escrevem sobre o ativismo, atualmente destacam-se dois doutrinadores que, volta e meia, debruçam seus olhares para a questão: Luís Roberto Barroso e Lenio Luiz Streck.

O "embate" entre Hart e Dworkin[23] é célebre e pode elucidar as primeiras ideias em relação ao ativismo judicial. O primeiro autor defendia a existência de um poder discricionário judicial nos casos em que o Direito não continha as previsões para serem aplicadas à questão *sub judice*; o Direito seria incompleto e os juízes teriam uma função criativa – intersticial, diga-se – visando a decidir o caso posto não previsto pelo Ordenamento. Do outro lado, Dworkin rechaça a ideia discricionária de Hart afirmando que o Direito não seria incompleto, mas sim a própria visão do Direito pelo positivista é que se mostraria deturpada. Dworkin entende que o Direito tem uma concepção interpretativa, e por meio dela demonstra que o sistema não seria composto apenas por normas explícitas, mas também por princípios jurídicos implícitos – no seu ideal de Direito como integridade, o juiz nunca teria a oportunidade de exercer um poder de criação.

As críticas de Dworkin ao pensamento de Hart são o que importam para o momento, notadamente as 02 (duas) últimas. Elas se referem ao fato de que a criação do Direito pelos juízes seria injusta e antidemocrática.[24] Para o autor norte-americano, a injustiça residiria no fato de que a legiferação por parte do Tribunal se caracterizaria por ser retroativa, uma vez que a "lei do caso" seria criada após a consumação do fato. Já o caráter antidemocrático da criação do Direito pelo Judiciário residiria no próprio ideal de democracia, no qual são os representantes eleitos pelo povo que teriam os poderes para criar as leis, tudo conforme a clássica teoria da tripartição dos poderes elaborada em França, na idealização de Montesquieu.

As respostas de Hart a Dworkin, apesar de muito bem fundamentadas, são despiciendas; entra-se, por ora, no núcleo do ativismo judicial, que é justamente seu caráter contramajoritário.[25] Assim, o que se tem observado das discussões atuais sobre o papel do Judiciário neste cenário neoconstitucional global é a sua condição de expoente na, cada vez maior, solução de questões políticas. Para os críticos de uma situação tal, verificar-se-ia uma prevalência do Judiciário sobre os poderes Legislativo e Executivo, por meio de uma suposta invasão de

---

[23] A suma do debate entre os autores é bem destacada no pós-escrito de HART, Herber L. A. *O conceito de direito*. 3. ed. Lisboa: Fundação Calouste Gulbenkian. Merece registro, ainda, e a título de avanço no tema, que Ronald Dworkin não concebe a ideia de ativismo judicial. Para o professor americano, o seu protótipo de juiz não decidiria livremente, mas sim vinculado à prática constitucional de um país que adote a visão do direito como integridade, o que, à sua concepção, afastaria as questões relacionadas ao ativismo judicial.

[24] A primeira das críticas realizadas por Dworkin a Hart concerne ao fato de que a sua descrição do processo judicial e da atuação dos tribunais nos casos difíceis seria falsa; todavia, entende-se que referida crítica não traz relevância alguma para o debate do texto, por ser mais retórica do que conteudística.

[25] Por todos, CAPPELLETTI, Mauro. *Juízes legisladores?* cit.; SUNSTEIN, Cass R. *A constitution of many minds:* Why the founding document doesn't mean what it meant before. New Jersey: Princeton University Press, 2009.

Cap. 13 – JURISDIÇÃO CRIATIVA E A MOTIVAÇÃO DAS DECISÕES JUDICIAIS

competências e uma falta de conformação da atuação do órgão judicante com a sua função precípua dentro de seu rol de atribuições. Mas será?

O fato é que, independentemente das ideias de Hart ou Dworkin, o Direito não é completo – isso no sentido de que não teria o legislador condições de prever todas as eventuais condutas a serem tuteladas –, e não o sendo caberá ao magistrado suprir eventuais lacunas da lei mediante casos postos, seja pelos meios discricionários, seja pela interpretação criativa embasada em princípios ou seja por qualquer outro nome que se queira dar à concretização dos direitos pelo Judiciário em referidas situações. A falta de completude da legislação é uma realidade que decorre da própria sociedade multiplural e multicultural, sendo certo falar, então, sem privilégios ao autor americano ou ao autor inglês, que ao juiz é dada uma margem de liberdade para decidir determinados casos, o que se tornou mais acentuado com o advento do pós-positivismo e a textura aberta das normas jurídicas que o compõem, notadamente os princípios.[26]

Nesse ínterim, ao juiz não é dado escusar-se de decidir um conflito quando posto sob seu conhecimento – *non liquet* –, devendo, para tanto, valer-se das normas do Ordenamento, e quando não as tenha, buscar o fundamento de validade de sua decisão nos diversos princípios implícitos insertos nas mais variadas previsões do sistema jurídico. Esta possibilidade de acertamento do caso concreto com base em normas que não se subsumem exatamente aos fatos é a causa de toda problemática aventada. Mas, conforme dito, a regra assente no Direito: é dever do juiz decidir.

O que se acredita, pois, é que o crescimento de competências do Judiciário – leia-se, o maior enfoque dos juízes em casos não estritamente jurídicos, mas que não deixam de sê-lo em razão de sua previsão no Ordenamento – decorre também de outro fator: a busca acentuada pelo Judiciário na concretização da imensa gama de direitos previstos e a consequente complexidade das situações existentes. Nesse ponto, merece registro o fato de que esse aumento "desenfreado" pelo amparo do poder judicante é um marco alcançado, que deve ser creditado à pesquisa de Mauro Cappelletti e Bryant Garth, sintetizada na obra "Acesso à Justiça".[27]

---

[26] REGLA, Josep Aguiló. *Positivismo y postpositivismo.* Dos paradigmas jurídicas en pocas palabras. Disponível em: <http://descargas.cervantesvirtual.com/servlet/SirveObras/468377318 04796940700080/035429.pdf?incr=1>. Acesso em: 17 jun. 2012. O autor, ao tratar das diferenças que culminaram com mudança de paradigma do positivismo para o pós-positivismo, assim dispõe: "Se produce una «sobreinterpretación» de la Constitución. Es decir, se huye de la interpretación literal en favor de una interpretación extensiva, de manera que del texto constitucional pueden extraerse gran cantidad de normas y de princípios implícitos", e ainda "para dar cuenta de la estructura de un sistema jurídico hay que considerar que, además de reglas, hay principios jurídicos. Es decir, hay normas que establecen una solución normativa (dicen lo que debe ser) pero no definen un caso (no indican cuándo son aplicables esas soluciones normativas)".

[27] CAPPELLETTI, Mauro; GARTH, Bryant. *Acesso à justiça.* Trad. Ellen Gracie Northfleet. Porto Alegre: Fabris, 1988. O que merece destaque, todavia, é este verdadeiro efeito colateral advindo

E essa procura por justiça – além da segurança, por óbvio –, cerne da existência de normas jurídicas com vias a regular a sociedade, em vez de ajudar no deslinde do imbricado tema do ativismo acaba por atrapalhar.

Isso porque, partindo-se da premissa de que a concepção teleológica de princípios visa à concretização da justiça material, bem como tendo em mente a ideia defendida pelo Professor e Ministro do STF, Luiz Fux, de que "justiça não se faz, justiça se sente",[28] o que se pode concluir é que, estando o ativismo atrelado umbilicalmente com a noção de justiça, ou pelo menos sua concretização, crê-se que o próprio ativismo judicial deva ser sentido. Explica-se.

A doutrina costuma desmembrar-se entre procedimentalistas e substancialistas[29] a respeito das correntes de pensamento sobre o conteúdo das decisões judiciais dadas em hipóteses de lacunas legislativas. Até bem pouco tempo, o Supremo Tribunal Federal adotava uma postura procedimentalista em suas decisões, notadamente naquelas proferidas em sede de Mandado de Injunção. Entendia a Corte Maior que não caberia ao Judiciário complementar as omissões do legislador, mas meramente notificá-lo da falha a fim de que pudesse suprimi-la.

Ao que tudo indicava,[30] a postura de "contenção" do STF não estava prosperando, uma vez que os legisladores ou não aderiam à notificação de complementação da omissão legislativa ou faziam vistas grossas à decisão emanada. Em dado momento,[31] pois, a maior instância do Judiciário pátrio entendeu por

---

com o aumento do acesso à Justiça. Com o incremento no número e na complexidade das demandas, o direito posto deixou de ter as respostas exatas para cada caso, cabendo ao juiz buscar a decisão por meio da interpretação. O ativismo judicial tem, nesse aspecto, aumento em relevância, denotando que o Projeto de Florença, desenhado para ser um bem maior para toda a sociedade, acabou por se mostrar como uma suposta causa de desencadeamento de decisões judiciais contramajoritárias.

[28] A frase exata do Min. Fux é: "Justiça é o que se sente e não o que se aprende nos cursos de direito". O excerto foi retirado do voto do Ministro no julgamento da ADPF 186, que decidiu pela constitucionalidade das cotas raciais para ingresso nas Universidades públicas.

[29] Para referida diferenciação ver DIAS, Maria Clara. *Justiça*: procedimental ou substantiva? Disponível em: <http://www.ifcs.ufrj.br/cefm/publicacoes/justica.pdf>. Acesso em: 9 jun. 2012.

[30] Nesse sentido é a notícia no sítio na internet do Supremo Tribunal Federal: "Durante os debates em torno dos processos – os Mandados de Injunção 943, 1010, 1074 e 1090 –, os ministros observaram que a Suprema Corte deveria manter o avanço em relação a decisões anteriores de omissão legislativa, em que apenas advertiu o Congresso Nacional sobre a necessidade de regulamentar o respectivo dispositivo invocado, e adotar uma regra para o caso concreto, até mesmo para estimular o Poder Legislativo a votar uma lei regulamentadora". Disponível em: <http://www.stf.jus.br/portal/cms/verNoticiaDetalhe.asp?idConteudo=182667>. Acesso em: 9 jun. 2012. A mantença na corrente de avanço referida é em relação ao julgamento, ocorrido em fins de 2007, no que tange à decisão a respeito das greves no setor público, para a qual restou decidido por maioria que, em razão da omissão legislativa em regulamentar a greve do setor público, aplicar-se-ia, no que couber, a lei de greve do setor privado – Lei 7.783/1989.

[31] Mais precisamente nos julgamentos dos Mandados de Injunção 721, de relatoria do Ministro Marco Aurélio, e 708, de relatoria do Ministro Gilmar Mendes.

Cap. 13 – JURISDIÇÃO CRIATIVA E A MOTIVAÇÃO DAS DECISÕES JUDICIAIS

bem alterar sua tomada de posição e passou a decidir os casos substantivamente, ou seja, efetivando a complementação da norma omissa – o que se trataria, se assim se pensa, de um notório exemplo de ativismo judicial, haja vista que os juízes estariam criando uma regra (leia-se, consequência jurídica) não prevista expressamente.

É nesse viés que reside o "sentir o ativismo judicial". O Judiciário, somente diante de um caso concreto, poderá observar se a situação em espeque deve receber a sua justiça material imediatamente ou se é possível esperar a elaboração da lei pelo legislador. O magistrado deve sentir as necessidades do caso de acordo com aquilo posto e provado, caso de um processo subjetivo, ou mesmo de acordo com os fatos e as peculiaridades que abarcam determinada questão discutida em processo objetivo. Lembre-se, sempre, o sentir não é algo puramente subjetivo, mas é também o conjunto de argumentos de fato e de direito apresentados à Corte responsável por decidir o conflito de interesses ou a constitucionalidade/inconstitucionalidade de uma lei, ou ainda a necessidade de complementação de uma omissão legislativa a viger até ulterior promulgação da lei. Ademais, esse sentir deve ser demonstrado, ou seja, fundamentado.

A título de exemplificação, no qual se pode dizer que houve um verdadeiro sentir pelos Magistrados e que culminaria com uma decisão ativista, a apreciação pelo STF dos Mandados de Injunção 943, 1.010, 1.074 e 1.090, que tratavam sobre a omissão legislativa a respeito do aviso prévio por tempo proporcional de serviço – art. 7.º, XXI, da CRFB/1988. O julgamento dessas ações foi suspensa pelo Supremo no dia 22 de junho de 2011, após a manifestação do Ministro Gilmar Mendes de que votaria pela procedência das ações.

Antes da suspensão, uma série de posicionamentos a respeito de uma possível complementação provisória à omissão fora debatida pelos Ministros, o que justamente fundamentou o pedido de adiamento da decisão para melhor amadurecimento dos argumentos apresentados – a ausência legislativa se arrastava desde 1988, e não seria viável aguardar mais tempo até eventual edição de lei pelo Parlamento (eis um exemplo do "sentir" propalado).

Relevante ou não ao tema, é certo ainda que uma possível legiferação com validade temporária por parte da Corte poderia afetar sobremaneira os empresários brasileiros, que, pelo teor dos debates iniciais dos Ministros, poderiam vir a suportar ônus mais pesados do que aqueles advindos com eventual lei criada pelo Parlamento. Surpreendentemente, a edição e publicação da lei do aviso prévio proporcional não demorou mais de quatro meses após a decisão de suspensão dos Mandados de Injunção – antes mesmo da realização da nova sessão de julgamento.[32]

---

[32] A Lei 12.056 foi sancionada em 11 de outubro de 2011. Disponível em: <http://www.planalto. gov.br/ccivil_03/_ato2011-2014/2011/lei/l12506.htm>. Acesso em: 15 jun. 2012.

E foi nesse cenário de (quase) atuação judicial criativa e omissão legislativa que se arrastava por anos a fio que, em vez de se manter inertes com relação à edição da lei como outrora, os Ministros entenderam por bem manter a sua postura substancialista, a qual somente não se concretizou para o caso em apreço em razão da inexplicável celeridade com a qual a lei do aviso prévio restou aprovada e sancionada.

A questão que permeava o julgamento pelo STF do referido Mandado de Injunção, bem como naqueles processos que determinaram a mudança da postura procedimentalista, não seria outra senão a falta de amparo do jurisdicionado diante da omissão do Legislativo, que em nada se preocupa com a concretização da justiça material, protegendo, em verdade, interesses escusos em vez de representar os interesses de uma sociedade.[33] Apesar de no caso em espeque não se ter verificado a verdadeira criação do Direito pelo STF, a sua mera intenção de fazê-lo se mostrou como força motriz para uma atuação legislativa.

É esse sentir que deve permear as decisões judiciais nos casos postos em análise quando ausente norma de concreção específica ou mesmo nos casos de aplicação de normas com textura aberta.[34] Reconhece-se a dificuldade para tanto, mesmo porque se estaria tratando com mais questões subjetivas (ainda que não inteiramente, conforme visto) e a propalada segurança jurídica poderia sofrer reveses; isso sem contar os velhos embates referentes a decisões antidemocráticas e afronta à teoria dos poderes. Todavia, essas dificuldades poderiam e podem ser afastadas.

Ademais, e já adiantando outra crítica aos defensores da posição "inerte" do Judiciário diante de decisões criativas, merece destaque que a própria realidade da sociedade atual, por ser multifacetada, se mostra como um empecilho prático

---

[33] É o *deficit* de legitimação democrática propalado por Luís Roberto Barroso e que será mais bem explorado posteriormente. Ver em BARROSO, Luís Roberto. Neoconstitucionalismo e a constitucionalização do Direito. O triunfo tardio do direito constitucional no Brasil cit.

[34] Com termos diferentes, mas crê-se que comungando da mesma ideia ora defendida, qual seja, sentir a questão judicial para decidir ou não ativamente, ver MENDONÇA, Eduardo. A constitucionalização da política: entre o inevitável e o excessivo. *Revista da Faculdade de Direito da UERJ*, v. 1, n. 18, 2010. Versão eletrônica disponível em: <http://www.revistadireito.uerj. br/artigos/Aconstitucionalizacaodapoliticaentreoinevitaveleoexcessivo.pdf>. Acesso em: 18 jun. 2012, que assim destaca: "Essa cautela é especialmente importante no controle das omissões inconstitucionais, que não deve se converter em uma forma de ocupação excludente da esfera deliberativa. (...). Com essa ressalva, a omissão inconstitucional dos agentes eleitos pode legitimar maior ativismo por parte do Judiciário, já que a liberdade de conformação atribuída aos primeiros não deve sobrepor-se total e indefinidamente a um dever constitucionalmente imposto. A decisão judicial pode quebrar a inércia em favor de alguma modalidade de concretização da pauta constitucional, sem prejuízo de que o Poder omisso venha a se manifestar e imprima nova orientação na matéria. (...) Isso não significa que o preenchimento provisório da lacuna será possível em todos os casos ou deva ocorrer sempre na mesma extensão. A natureza da norma faltante e a possibilidade de se extrair parâmetros normativos da própria ordem jurídica são elementos que devem ser sopesados para graduar a intervenção judicial legítima".

à adoção da posição procedimentalista. Por tudo, crê-se que uma posição substancialista[35] – ainda que passível de críticas –, atualmente, se mostra como mais bem adequada à realidade na qual se vive, não sendo imaginável que o Judiciário "escuse-se" de decidir sobre uma questão não dotada de norma específica por falta de iniciativa do Legislativo – deixando os sujeitos de direitos à mercê das atitudes nem sempre democráticas de seus integrantes –, ainda mais tendo em vista que os parlamentares, muitas vezes e por razões óbvias, preferem se omitir a elaborar leis que possuam matérias eivadas de posições contrapostas.

Não se pode deixar de mencionar que, apesar de terem sido estabelecidas algumas arestas sobre o ativismo judicial, e restado assentado que ele se revestiria de uma postura mais incisiva do Judiciário em questões que supostamente envolveriam decisões políticas, a exata definição do que seria o ativismo judicial é muito disforme.

Mauro Cappelletti, *v.g.*, defende que toda interpretação é uma criação;[36] nesse sentido, qualquer atuação judicial que tenha como argumento de fundo uma norma-princípio seria uma decisão criativa e, via de consequência, ativista; já Ronald Dworkin entende pela inexistência de ativismo,[37] isso porque entende pela integridade do Direito, e assim toda decisão judicial seria embasada no próprio sistema jurídico; já Luiz Flavio Gomes divide o ativismo em categorias, inovador e revelador,[38] sendo que o primeiro deles ocorreria quando o juiz efetivamente criasse uma norma para a solução do caso, ao passo que o segundo seria uma decisão judicial embasada nos princípios e valores do Ordenamento Jurídico (para este autor, somente existiria ativismo na modalidade "inovador" – todavia, imaginando o arcabouço de princípios existentes no direito, notadamente o direito brasileiro, é difícil imaginar uma decisão proferida sem

---

[35] Nesse sentido, e por todos, Luís Roberto Barroso, em palestra no seminário *Direito e Desenvolvimento entre Brasil e EUA*, realizado pela FGV Direito Rio, no Tribunal de Justiça fluminense, destaca, em palavras semelhantes, que há riscos envolvidos na expansão do Judiciário e no ativismo judicial: arrogância e autoritarismo (ditadura dos juízes) seriam alguns deles. Assim, sendo uma ditadura ruim em qualquer circunstância e sendo preciso ter atenção para essa expansão do Judiciário, mas tendo em vista que até o momento ela foi proveitosa, não deveria, assim, ser combatida e criticada sob o medo de que, no futuro, ela poderá se desvirtuar; se dessa forma ocorrer, dever-se-á combatê-la desde o primeiro momento dessa situação, mas o que não se pode é combater e criticar algo que está funcionando bem por medo da vida ou medo do futuro. Deve-se deixar a história correr o seu curso normal, sem ansiedades e previsões. O Judiciário deve, assim, continuar a desempenhar da maneira que vem fazendo, ou seja, assegurando os direitos fundamentais, resguardando as regras do jogo democrático, mas com autocontenção onde existam escolhas políticas legítimas por parte do legislativo e onde exista o exercício razoável de discricionariedade por parte do legislador.

[36] CAPPELLETTI, Mauro. *Juízes legisladores?* cit.

[37] DWORKIN, Ronald. *Levando os direitos a sério*. Trad. Nelson Boeira. São Paulo: Martins Fontes, 2002.

[38] GOMES, Luis Flávio. *O STF está assumindo um ativismo judicial sem precedentes?* Disponível em: <http://jus2.uol.com.br/doutrina/texto.asp?id=12921>. Acesso em: 14 jun. 2012.

qualquer embasamento normativo). Ainda se tem Lenio Streck,[39] que, partindo das ideias de Ronald Dworkin e Hans-Georg Gadamer, entende que o ativismo ocorre com a transformação do juiz em legislador, o que seria verificado por meio de discricionariedades decisórias, que, em sua visão, decorre da cisão entre questões de fato e de direito e na ausência de superação do esquema sujeito -objeto na hora da decisão judicial; a hermenêutica filosófica propalada pelo autor não faria o intérprete incorrer em decisões ativistas, seja por não trabalhar com a dissociação aventada, seja porque atua no plano da intersubjetividade, seja porque a busca da única decisão correta seria o cerne de uma teoria da decisão judicial (que ele vem buscando desenvolver). O rol de autores citado é meramente exemplificativo.

Assim, com o fim de sistematizar referidos fatos, parte-se dos pressupostos mais abrangentes sobre o ativismo judicial, qual seja, a falta de uma norma de concreção para tutelar um direito assegurado pelo Ordenamento seria causa para denominar a decisão como criativa, para, ao fim, buscar, se não uma solução para o dilema, pelo menos uma melhor compreensão sobre a questão e seus desdobramentos.

2.1. O ativismo judicial e a judicialização

De um panorama global sobre o ativismo judicial, é mister atentar-se, agora, para a sua prática, ou melhor, sua adequação à realidade das cortes, sejam constitucionais ou não.

A expressão ativismo judicial fora cunhada pelo jornalista americano Arthur M. Schlesinger Jr., em matéria publicada no ano de 1947, na revista *Fortune*, sobre a Suprema Corte dos Estados Unidos da América, a respeito de sua forma garantista de interpretação dos direitos insertos na Constituição norte -americana.

E muito do ativismo judicial atual, ou pelo menos do que se diz caracterizar como ativismo, é originado do regime constitucional adotado desde a promul-gação da Constituição norte-americana, que se caracteriza por ser um modelo de supremacia da Constituição, controle de constitucionalidade, supremacia judicial e ativa proteção dos direitos fundamentais – esta última característica, todavia, restou delimitada há apenas um período da Corte dos EUA, notadamente o lapso entre 1953 e 1986, as denominadas Corte Warren e Corte Burger.[40]

---

[39] STRECK, Lenio Luiz. *Verdade e consenso* cit.

[40] BARROSO, Luís Roberto. A americanização do direito constitucional e seus paradoxos: teoria e jurisprudência constitucional no mundo contemporâneo. *Interesse público*, Belo Horizonte, v. 12, n. 59, jan. 2010. Disponível em: <http://bdjur.stj.jus.br/dspace/handle/2011/32985>. Acesso em: 16 jun. 2012. A decisão emblemática que marcou o início da interpretação proativa da Suprema Corte norte-americana foi dada no caso *Brown v. Board of Education*, de 1954.

Cap. 13 – JURISDIÇÃO CRIATIVA E A MOTIVAÇÃO DAS DECISÕES JUDICIAIS

Nessa seara, o novo modelo constitucionalista inaugurado após a Segunda Guerra Mundial em grande parte da Europa, e também em boa parte dos demais países do mundo afora, notadamente os latino-americanos,[41] representa nada menos do que o modelo adotado e desde sempre utilizado pelos Estados Unidos da América.[42-43] A diferença, todavia, fica por conta do modelo de controle de constitucionalidade utilizado por Estados Unidos e por Europa; enquanto o primeiro adota o controle incidental, os países do velho continente, com Ordenamento Jurídico de raiz romano-germânica, utilizam o modelo via ações diretas; destaque que o Brasil abraça um modelo híbrido, possibilitando a discussão da constitucionalidade de uma lei tanto em sede incidental como também via ações diretas propostas junto ao órgão de cúpula do Judiciário pátrio.

Mas o ponto fulcral à atuação do Judiciário como intérprete final da Constituição por meio do controle de constitucionalidade, e o decorrente debate a

---

[41] Nesses termos, REGLA, Josep Aguiló. *Positivismo y postpositivismo*. Dos paradigmas jurídicas en pocas palabras. Disponível em: <http://descargas.cervantesvirtual.com/servlet/SirveObras/46 837731804796940700080/035429.pdf?incr=1>. Acesso em: 18 jun. 2012, que assim discorre: "La expresión 'constitucionalización del orden jurídico', en el sentido que aquí nos va a interesar, alude a un proceso histórico que ha tenido lugar en países europeos y lationoamericanos, que es el resultado del constitucionalismo que se ha desarrollado y practicado desde la Segunda Guerra Mundial hasta nuestros días y que está produciendo una transformación profunda en la concepción del Estado de Derecho".

[42] O caso Marbury *vs.* Madison, de 1803, é a decisão apontada como paradigmática no que tange à adoção, pela Suprema Corte dos Estados Unidos da América, da Constituição como documento jurídico, bem como do entendimento de que incumbe ao Judiciário dar-lhe cumprimento pelo controle de constitucionalidade. Nesses termos, por todos, MORO, Sérgio Fernando. *A Corte exemplar*: considerações sobre a Corte de Warren. Disponível em: <http://www.egov.ufsc.br/portal/sites/default/files/anexos/32961-41218-1-PB.pdf>. Acesso em: 13 jun. 2012.

[43] O modelo de constitucionalização que tomou parte do mundo, adotado após a Segunda Grande Guerra, não fora seguido em alguns países da Europa, notadamente França e Reino Unido e, por óbvio, os Estados Unidos da América, uma vez que desde a promulgação de sua primeira Constituição, em 1787, vislumbrou um modelo de aplicação imediata e direta da norma fundamental, embasada nas demais características vistas anteriormente. No Reino Unido, apesar de berço do modelo liberal, faltava-lhe uma Constituição escrita e rígida, sendo certo que, apesar de possuir uma Constituição histórica e ter referendado a Constituição Europeia de Direitos Humanos, falta-lhe um sistema de controle de constitucionalidade e uma jurisdição constitucional; salienta-se que no referido Estado vigora a supremacia do Parlamento e não da Constituição. No caso da França, apesar de sua Constituição, datada de 1958, não restou previsto o modelo de controle de constitucionalidade realizado pelo Judiciário (nem no modelo americano – concreto; nem no modelo europeu – difuso), preferiu-se adotar um controle prévio de constitucionalidade, feito pelo Conselho Constitucional, antes da entrada em vigor da norma; essa situação evidencia a ausência de uma jurisdição constitucional. Apesar de tudo, a França vem evoluindo no evento da constitucionalização do direito, com incorporação do debate de temas como a força normativa, a interpretação de leis conforme a Constituição e a irradiação de valores na ordem jurídica pela Constituição, mas esses assuntos têm encontrado certa resistência pela doutrina mais tradicional. Nesse sentido, BARROSO, Luís Roberto. Neoconstitucionalismo e a constitucionalização do direito. O triunfo tardio do direito constitucional no Brasil cit.

respeito de sua postura ativa, é observado em razão de se atribuir caráter jurídico, e não mais político, à Constituição. É o fenômeno da judicialização.[44-45]

Nessa esteira, o que se observa é que as características do modelo norte-americano que se espraiou para diversos Ordenamentos Jurídicos não devem ser tachadas ou resumidas na ideia de ativismo judicial. Muito ao contrário, a supremacia da Constituição, o controle de constitucionalidade e o papel do Judiciário como último intérprete dessa norma fundamental é um fenômeno que erige esse Poder ao mesmo nível de responsabilidades estatais de Executivo e Legislativo. É o funcionamento equalizado e balanceado do verdadeiro sistema de freios e contrapesos, com os três poderes interagindo e relacionando-se entre si, propiciando o verdadeiro diálogo idealizado pelo Estado Democrático de Direito. Encontra-se, nesse mister, a diferença entre o ativismo judicial e a judicialização, uma vez que esta representa a inserção nos diplomas constitucionais de matérias que, anteriormente, eram apenas enfrentadas pelo legislador – questões políticas –, mas que, nos dias atuais, tendo em vista os valores prezados pela sociedade com o advento da democracia, acabaram por se juridicizar em razão do caráter normativo conferido aos textos constitucionais.

Nesse sentido, comunga-se com a posição de Ana Paula de Barcellos,[46] que ressalta que a judicialização não pode ser desenhada ou entendida como a absorção de questões políticas pelo ambiente jurídico, tratando-se, sim, de caso de limitação, ou seja, o Judiciário, por meio de seu poder de último intérprete da Constituição e das leis, e em decorrência de inserção de matérias políticas na Lei

---

[44] Apesar de se vislumbrar uma diferença substancial entre ativismo e judicialização, a qual será mais bem demonstrada no decorrer do texto, o que deve ser observado é que muitos autores acabam por tratar os termos como sinônimos. Nesse sentido, mas que não resume a posição de referida autora sobre a situação tem-se, CITADINO, Gisele. Judicialização da política, constitucionalismo democrático e separação de poderes. In: VIANNA, Luiz Werneck (Org.). *A democracia e os três poderes no Brasil*. Belo Horizonte: UFMG, 2003. p. 17-18, que assim pontua: "Se observarmos o que se passa no âmbito da justiça constitucional, seja nos países europeus – Alemanha, França, Itália, Portugal, Espanha –, seja nos Estados Unidos, seja em muitas das jovens democracias latino-americanas, é possível observar como uma forte pressão e mobilização política da sociedade está na origem da expansão do poder dos tribunais ou daquilo que se designa como 'ativismo judicial'. (...). Em outras palavras, seja no âmbito da civil law ou da common law, a jurisdição constitucional, nas sociedades contemporâneas, tem atuado intensamente como mecanismos de defesa da Constituição e de concretização das suas normas asseguradoras de direitos. E já são muitos os autores que designam esse 'ativismo judicial' como um processo de 'judicialização da política'".

[45] Ran Hirschl define o processo ora denominado de judicialização como *juristocracy*, mas a ideia é a mesma, qual seja, a progressiva transferência de poderes decisórios das instituições representativas para o Judiciário. Para mais detalhes ver em HIRSCHL, Ran. *Towards juristocracy: the origins and consequences of the new constitutionalism*. Cambridge, Massachusetts: Harvard University Press, 2004.

[46] BARCELLOS, Ana Paula de. Neoconstitucionalismo, direitos fundamentais e controle de políticas públicas. *Revista de Direito Administrativo*, n. 240, 2005.

Cap. 13 – JURISDIÇÃO CRIATIVA E A MOTIVAÇÃO DAS DECISÕES JUDICIAIS

Fundamental, teria o condão de delimitar, interpretar e julgar referidas situações, quando postas à sua disposição. Por certo que se trata de julgamento avalizado por todas as normas do Ordenamento, entre eles o respeito às garantias e direitos conferidos às partes, bem como mediante limites ao poder de julgar.[47]

Em termos de limitação ao poder de criação judicial, Mauro Cappelletti buscou traçar alguns apontamentos a respeito do que diferenciaria juiz e legislador, destacando que, apesar de a qualidade da legiferação entre ambos ser a mesma, diferenciando-se apenas em quantidade, aos tribunais ainda seriam impostos alguns "obstáculos", dentre os quais a conexão da decisão com a causa em julgamento, a imparcialidade do juiz (nesse ponto, é suscitada a bilateralidade da oitiva das partes, assegurando-se, assim, o contraditório), independência diante de pressões externas e da inércia do juiz. O autor italiano denominava essas questões de "virtudes passivas" ou "limites processuais" do processo jurisdicional.[48]

Ao ativismo, todavia, restaria a última das características elencadas do constitucionalismo atual, qual seja, uma postura ativa do Judiciário na proteção dos direitos fundamentais –, mas não da forma como exposta ou, pelo menos, não sem uma interpretação elástica de seu conteúdo.

Não se concorda com o fato de que essa proteção ativa refira-se única e exclusivamente aos direitos fundamentais, quiçá aos preceitos de índole constitucional, denotando, pois, uma extensão do conteúdo sobre o ativismo. Até se pode aceitar que, em uma interpretação finalística, todo e qualquer dispositivo legal tem sua validade aferida por meio da compatibilização com as normas previstas na Lei Maior. Mas inferência tal é deveras vaga, devendo a questão ser melhor explicada.

É notório que, no Brasil, a própria legislação infralegal pode ser contrária a normas hierarquicamente superiores que não sejam aquelas previstas na Constituição. Isso porque o Ordenamento pátrio é dotado de um sistema que escalona as mais diversas formas de produção legislativa, podendo-se afirmar, *v.g.*, que as resoluções são hierarquicamente inferiores à lei ordinária. Ademais, não se

---

[47] Não há questionamentos, por exemplo, que o juiz deve julgar nos limites da lide ou nos estreitos contornos da ação ajuizada. Assim, se o enfrentamento de fatos ou determinado artigo de lei não for suscitado por nenhuma das partes, ou mesmo se não for questionado em sede de ação direta, não caberá ao Judiciário analisar a constitucionalidade ou inconstitucionalidade do referido dispositivo. Exceção a essa situação fica por conta da inconstitucionalidade por arrastamento, mas que por ser situação bem peculiar não arranha o entendimento exposto. Para melhor entendimento sobre o tema ver MENDES, Gilmar Ferreira; COELHO, Inocêncio M.; BRANCO, Paulo G. Gonet. *Curso de direito constitucional.* São Paulo: Saraiva, 2007, que assim sustentam a respeito: "A dependência ou a interdependência normativa entre os dispositivos de uma lei pode justificar a extensão da declaração de inconstitucionalidade a dispositivos constitucionais mesmo nos casos em que estes não estejam incluídos no pedido inicial da ação".

[48] CAPPELLETTI, Mauro. *Juízes legisladores?* cit.

pode olvidar que a própria interpretação e aplicação de uma norma infralegal pode gerar uma consequência normativa não expressamente prevista para determinada hipótese de incidência.

Deixando um pouco de lado os termos teóricos, e buscando exemplificar o que se expôs, tem-se notícia recentemente vinculada no sítio da *internet* do Superior Tribunal de Justiça,[49] no qual restou informado que os Ministros que compõem a terceira turma daquela Corte entenderam por bem desconsiderar o pedido de desistência protocolizado pelas partes em determinado processo, a fim de que fosse mantido o julgamento do recurso especial interposto – a decisão em tela vai de encontro à previsão do art. 501 do Código de Processo Civil vigente. A negativa de aplicação de um dispositivo de norma infralegal a determinado caso concreto sói comumente acontecer, e com a devida fundamentação da decisão não se teria dúvidas em relação ao respeito às normas do Ordenamento Pátrio – ainda que as críticas pudessem ser notadas a respeito de eventual decisão nesse sentido, a exposição das razões pelos magistrados, com a devida justificação do entendimento adotado, representaria, em tese, a concreção das garantias processuais fundamentais das partes.

O problema, pois, é que, conforme se pode observar da notícia,[50] as razões de justificativa para a adoção do entendimento exposto, principalmente aqueles propalados pela Ministra Relatora Nancy Andrighi, perpassou por conceitos indeterminados, tendo sido declarado sobretudo que, mediante a observância de interesse público,[51-52] a desistência do recurso prevista no art. 501, do CPC, poderia ser relevada e a questão posta em julgamento.

---

[49] Superior Tribunal de Justiça. Disponível em: <http://www.stj.jus.br/portal_stj/publicacao/engine.wsp?tmp.area=398&tmp.texto=105881>. Acesso em: 24 jun. 2012.

[50] Até a data da elaboração deste artigo o julgamento não tinha sido realizado, sendo apenas determinado que ele ocorreria, mesmo com a desistência.

[51] Aqui pouco importa que o termo "interesse público" venha acompanhado de qualquer outro adjetivo, seja para enobrecer ou enfraquecer seu conteúdo e conceito. Ao olhar deste autor, a diferenciação que pode ser verificada entre interesses públicos diversos é aquela que os distingue entre primários e secundários, elaborada por Roberto Alessi, e que pode ser encontrada e bem entendida em MELLO, Celso Antônio Bandeira de. *Curso de direito administrativo.* 17. ed. São Paulo: Malheiros, 2004.

[52] Ainda que possível a distinção entre interesses públicos, entende-se que a utilização do termo "interesse público" deve ser acompanhada de sua devida contextualização e justificação, o que, inclusive fora objeto de destaque pela Ministra Relatora Nancy Andrighi. Desta feita, o que deve ser observado é que a devida motivação da decisão pode inclusive servir de escopo para afastar a incidência de determinado interesse público primário em detrimento da lei, ao passo que no mesmo caso poderia haver a prevalência de outro interesse público primário, com o afastamento da hipótese de incidência da lei. A questão que se quer aclarar é: por mais que exista a diferenciação entre interesses públicos primários e interesses públicos secundários, não quer dizer que haverá sempre a prevalência do interesse público primário e o afastamento do interesse público secundário, sendo certo que são as peculiaridades do caso concreto e o devido

Cap. 13 – JURISDIÇÃO CRIATIVA E A MOTIVAÇÃO DAS DECISÕES JUDICIAIS

Ainda que também destacado pelos demais votantes (eles também se mostraram favoráveis à mantença do julgamento) de que entendimento semelhante ao exposto (desistência de recurso com a sua mantença em pauta) já teria sido adotado nos casos dos julgamentos por afetação, a situação é totalmente díspare dos "precedentes" citados, que eram todos relacionados ao julgamento de recursos repetitivos.

Os casos regidos pelo art. 543-C do CPC têm previsão expressa a respeito de sua extensão objetiva, com afetação da tese decidida a todas as demais situações semelhantes, não se considerando as partes dos recursos efetivamente eleitos para o julgamento. E partindo-se dessa peculiaridade do regime dos recursos repetitivos, tem-se que a negativa de vigência ao art. 501 do CPC, no caso supracitado, tem todas as facetas de se transformar em uma decisão ativista (isso, se não devidamente fundamentada em princípios do Ordenamento que "permitiriam" uma conduta tal).

Nesses termos, dos argumentos até então expostos pelos Ministros do STJ que se mostraram favoráveis ao julgamento do recurso que teve a petição de desistência protocolizada, com exceção do fundamento destacado sobre o julgamento dos recursos por afetação, observa-se que todas as razões expostas são de ordem prática; visam, pois, a melhor amparar (ou melhor, evitar que um trabalho feito seja desperdiçado) os trabalhos da Corte.

Pois bem, melhor analisando o único fundamento (até então) razoável para a decisão em debate, tem-se que a comparação apontada pelos Ministros é de todo incongruente e totalmente atécnica. Isso porque, conforme salientado adrede, o trâmite dos recursos repetitivos, por lei, é diferenciado; tem-se um (ou uns) modelo(s) que é(são) julgado(s), o(s) qual(is), também por expressa previsão legal, afetará(ão) os demais processos semelhantes que se encontram suspensos.[53] Diga-se, inclusive, que uma interpretação sistemática e teleológica das previsões ritualísticas a respeito dos recursos repetitivos permite o afastamento do art. 501 do CPC, no sentido de se adequar o seu julgamento, ainda que operada a desistência pelas partes, pois o que importa nesses julgamentos é a tese firmada e não as partes do processo – por isso mesmo se fala em recursos modelo.[54] Totalmente diferente é a questão do recurso admissível para julgamento de re-

---

raciocínio judicial de justificação que teriam o condão de afastar ou não a lei em determinado caso.

[53] É o rito dos recursos repetitivos previstos no art. 543-C do CPC.

[54] Notório ressaltar que o Projeto do Código de Processo Civil procurou expandir no tema dos julgamentos de demandas de massa, trazendo em seu bojo, no art. 895 e seguintes (PLS 166/2010), o incidente de resolução de demandas repetitivas. O incidente restou mantido pelo substitutivo do Senador Valter Pereira, PLC 8.046/2010, bem como na consolidação das emendas apresentada na Câmara dos Deputados.

curso especial, que se submete ao trâmite processual ordinário e que, pelo teor das notícias, pode vir a se tornar um modelo para julgamentos futuros.[55]

Pois bem, o fato é que o Superior Tribunal de Justiça, por meio de decisão ainda não publicada, entendeu por bem afastar um dispositivo legal, formal e materialmente válido (além de constitucional), imprimindo-lhe uma consequência normativa não prevista pelo Ordenamento.

A vasta digressão serviu-se, pois, para algumas finalidades. A primeira delas para comprovar que decisões ativistas podem emanar de dispositivos não constitucionais, motivo pelo qual não há de falar nesse instituto apenas em termos de "proteção ativa dos direitos fundamentais" – trata-se, sim, de uma postura ativa do Judiciário que visa a ampliar as consequências normativas de determinados preceitos aprovados pelo Parlamento, sem o devido embasamento nas demais normas do Ordenamento e sem a devida motivação. A segunda delas é no intuito de demonstrar uma diferenciação entre judicialização e ativismo, que, apesar de conceitos que podem se mostrar próximos (leia-se correlatos), possuem profundas disparidades. A terceira e última delas reside no fato de que, no Direito atual, iluminado por conceitos abertos e normas-princípios de amplo espectro de aplicação, pertencente a uma sociedade que mais se parece com um mosaico, é a motivação que permitirá avaliar o caráter ativista ou não da decisão.

A diferença entre judicialização e ativismo é, inclusive, muito bem analisada por Luís Roberto Barroso, que afirma que o primeiro seria um fato decorrente da constitucionalização de questões políticas, tornando referidas matérias juridicizadas, ao passo que o ativismo seria uma atitude, ou seja, "a escolha de um modo específico e proativo de interpretar a Constituição, expandindo o seu sentido e alcance".[56]

O mesmo Luís Roberto Barroso, ao diferenciar judicialização e ativismo, ressalta três formas nas quais este último fenômeno se manifestaria: a primeira delas seria a aplicação da Constituição a situações que não foram expressamente previstas nem pelo constituinte, nem pelo legislador ordinário; a segunda delas

---

[55] As consequências de se permitir referida situação são muito perigosas. A título exemplificativo, imagine-se um acordo entabulado entre as Partes e a consequente desistência do recurso especial; no entanto, por motivos de ordem prática o STJ decide pela mantença do julgamento e o recurso é provido determinando a improcedência total da demanda. Questiona-se: poderia o réu invalidar o acordo entabulado com eventual restituição de valor pago? Ou ainda, ciente de que a desistência do recurso determina o trânsito em julgado do feito, qual decisão valeria para o caso, aquela proferida pelo Tribunal ou aquela proferida pelo Superior Tribunal de Justiça? Conforme salientado, essas são apenas questões exemplificativas que denotam o problema de se adotar o posicionamento defendido pelo STJ sem o devido enquadramento ou delimitação de hipóteses.

[56] BARROSO, Luís Roberto. Judicialização, ativismo judicial e legitimidade democrática. *Revista de Direito do Estado*, n. 13, 2009.

Cap. 13 – JURISDIÇÃO CRIATIVA E A MOTIVAÇÃO DAS DECISÕES JUDICIAIS

seria uma declaração de inconstitucionalidade de leis embasada em critérios menos rígidos do que a direta e ostensiva afronta à Constituição; a terceira seria a imposição, pelo Judiciário, de determinadas condutas, sobretudo ao poder Executivo, interferindo ou determinando modos de realizar políticas públicas.[57]

Todavia, apesar de se terem elencadas algumas situações nas quais seria possível verificar eventual atitude ativista por parte do Judiciário, elas devem constituir-se em pontos de partida, mesmo porque a decisão dita ativista também pode ser constituída por conceitos vagos e indeterminados, os quais deixam margem de interpretação ao jurista na apuração sobre atuar ou não proativamente.[58] Ainda, e conforme já se mostrou, entende-se que decisões de outras cortes, que não a Corte Constitucional, podem ser consideradas ativistas e não somente em relação a matérias constitucionais, o que ratifica a análise de que as três situações destacadas são apenas o começo para verificação de uma questão muito mais complexa.

2.2. Causas para expansão do Judiciário

A propalada diferenciação entre ativismo judicial e judicialização é de suma importância para que não se confundam os institutos, afinal o primeiro é visto com certa reticência por grande parte da doutrina – e referidas críticas serão posteriormente mais bem exploradas –, sendo que o segundo acabou por se mostrar como um fato irresolúvel, ou seja, uma consequência natural no avançar do Estado Democrático de Direito, notadamente em razão da forma de constitucionalismo hoje vigente em grande parte dos países do globo.[59]

---

[57] BARROSO, Luís Roberto. Neoconstitucionalismo e a constitucionalização do direito. O triunfo tardio do direito constitucional no Brasil cit.

[58] A título exemplificativo, duas decisões de grande impacto sobre o tema do ativismo judicial, por representarem uma interpretação mais ampla dos princípios insertos na CRFB/1988, são os casos da fidelidade partidária e também da verticalização das coligações partidárias. Notório salientar que ambas as decisões são relacionadas diretamente às funções dos integrantes do Poder Legislativo, o que faz sobressair o *deficit* de legitimidade democrática do Parlamento, em razão de sua crise de representatividade e funcionalidade, que será mais bem detalhado posteriormente. Por derradeiro, o que se deve apontar é que a decisão relativa à fidelidade partidária abraçou uma interpretação ampla no sentido de declarar a constitucionalidade do instituto, ao passo que a decisão que envolveu a verticalização ampliou os sentidos dos princípios da Lei Maior com o fito de declarar a inconstitucionalidade da lei criada pelo Legislador Ordinário. Em termos de críticas à atuação do Judiciário com maiores poderes para interpretar e aplicar o Direito, notadamente tendo em vista a justificativa contramajoritária, o que se observa é que apenas um dos casos relacionados, o da verticalização, envolveu uma atuação judicial visando a conter a iniciativa parlamentar de produção legislativa.

[59] E nessa situação pendular entre política e direito, ativismo e judicialização, bem como o atual estágio de democracia da sociedade, com um entendimento moderno do sistema de freios e contrapesos, é que se faz interessante lançar mão da lição de CITADINO, Gisele. Judicialização da política, constitucionalismo democrático e separação de poderes. In: VIANNA, Luiz Werneck

Mas o que deve ser também clarificado é que o ativismo judicial não deixa de ser uma forma de judicialização, ou melhor, a atuação de ambos é correlacionada; mas como? Entende-se que a judicialização seria um gênero e o ativismo seria uma espécie. Referida situação, inclusive, fora bem vislumbrada quando se demonstraram as características do constitucionalismo vigente, estando reservada ao ativismo judicial apenas uma delas,[60] e de modo bastante peculiar.

Nessa esteira, pode-se dizer que as causas preponderantes ao advento da judicialização, que alcança seu ápice com o neoconstitucionalismo, podem também ser listadas como as causas que denotam o afloramento do ativismo judicial, caracterizado, justamente, pela forma de uso e aplicação dos textos ambíguos e vagos do sistema jurídico.

A obra de Mauro Cappelletti[61] é expoente ao enfrentar o tema. No entanto, faz-se aqui ressalva ao "radicalismo" do autor italiano, uma vez que entende como criativa toda decisão judicial passível de interpretação. Ainda assim, tem-se que as causas listadas como ínsitas à emersão desse modelo de atuação das Cortes Judiciais são bem aplicadas e merecem seus apontamentos e complementos.[62]

A revolta contra o formalismo é o primeiro elemento identificador ao avançar do Poder Judiciário. O magistrado como mero declarante do Direito não é mais visto como modelo ideal, isso em razão do viés moral e político de sua atividade, que fica mais acentuado no que tange à sua função específica de decidir os conflitos. A noção da lógica pura e mecânica do processo jurisdicional perde espaço em razão do avanço tecnológico e a constituição de uma sociedade cada vez mais plural; e a consequência desse fenômeno é a

---

(Org.). *A democracia e os três poderes no Brasil* cit., p. 18-19, que assim afirma: "Confundir política com o direito é certamente um risco para qualquer sociedade democrática. Acreditar, no entanto, que a 'fraqueza do direito' possa ser garantia de liberdade para os indivíduos é certamente um risco maior. Após a crítica das normas, das disciplinas, nos anos 70, a força do direito apoia-se na ideia de autonomia e dos direitos individuais. Autonomia aqui não mais significa espaços privados imunes à intervenção do poder público, mas sim a capacidade que temos de dar a nós mesmos o nosso próprio direito. Como afirma Olivier Mongin (1992:32), 'não podemos abrir mão da política e tampouco devemos renunciar à força do direito. Sobretudo não devemos nos impressionar com uma ideologia do direito que afirma que a idade do direito participa da desconstrução política".

[60] Conforme visto, ao ativismo restou reservado o modo proativo de proteção dos direitos fundamentais.

[61] CAPPELLETTI, Mauro. *Juízes legisladores?* cit.

[62] Outros autores, ao discorrer sobre o tema, também lançam suas bases para justificar as origens do ativismo judicial. A título exemplificativo, tem-se CITADINO, Gisele. Judicialização da política, constitucionalismo democrático e separação de poderes. In: VIANNA, Luiz Werneck (Org.). *A democracia e os três poderes no Brasil* cit.; BARROSO, Luís Roberto. Constituição, democracia e supremacia judicial: direito e política no Brasil contemporâneo. *Revista Eletrônica sobre a Reforma do Estado (RERE)*, Salvador, Instituto Brasileiro de Direito Público, n. 23, set.-nov. 2010. Disponível em: <http://www.direitodoestado.com/revista/RERE-23-setembro-outubro-novembro-2010-LUIS-ROBERTO-BARROSO.pdf >. Acesso em: 21 jun. 2012.

Cap. 13 – JURISDIÇÃO CRIATIVA E A MOTIVAÇÃO DAS DECISÕES JUDICIAIS

impossibilidade fática de o legislador prever abstratamente todas as condutas a serem tuteladas pelo Direito.

Também contribui para esse desapego ao juiz formal a questão da intensa legislação. A modificação das sociedades e a complexidade e contingência de situações cotidianas fazem florescer o Estado Social, que tem entre suas características uma intensa produção de leis. Este período de grande intervenção governamental, por meio, inicialmente, de preceitos legislativos e, posteriormente, por meio de delegação de atividades para o Poder Executivo, é denominado de fenômeno da "orgia das leis".[63]

Consequência natural do Estado Social, e sua alta produção legislativa, é a natureza das leis editadas. A intervenção governamental na sociedade plural traz à baila uma legislação social, visando à garantia de direitos sociais, sendo que uma das características marcantes dessas regulações são sua vagueza e ambiguidade. Ademais, nesse modelo de Estado não se pode, desde logo, prever e aplicar todas as políticas idealizadas, podendo e devendo também estabelecer planos de programas futuros, com implementação gradual. É justamente em decorrência desse Estado promocional, e o fato de que direitos sociais não estabelecem aplicação direta de seus preceitos, que se vislumbra a necessidade de maior participação do juiz em eventuais casos a serem decididos.

Ipso facto, em razão do uso cada vez maior de expressões de textura aberta na elaboração dos dispositivos legais, sobretudo nos programas assistenciais e nos direitos sociais garantidos, os juízes deixam de ser a *"bouche de la loi"* e se transformam em verdadeiros intérpretes da legislação, com objetivo de dar concretude aos referidos preceitos.

Todavia, a orgia legislativa advinda com o Estado Social acaba por criar um bloqueio e uma consequência nefasta – advindo daí uma nova causa. O bloqueio é vislumbrado na impossibilidade de o legislador em cumprir todas as atividades que avocou no afã da intervenção governamental; verifica-se uma verdadeira obstrução da função legislativa, sendo que, para evitar a paralisia do sistema, constata-se a necessidade de transferência de parte das funções para a Administração Pública.[64]

---

[63] O termo é usado por CAPPELLETTI, Mauro. *Juízes legisladores?* cit., p. 39.

[64] Nesse sentido, MENDONÇA, Eduardo. A constitucionalização da política: entre o inevitável e o excessivo cit., que assim destaca a respeito da ascensão do Poder Executivo no período do Estado Social: "Do ponto de vista da organização e do equilíbrio entre os Poderes, a grande novidade do Estado social é, sem dúvida, o começo de um declínio na capacidade do legislador de exercer a orientação política, pela perda de homogeneidade dos parlamentos e, sobretudo, pela ascensão da Administração, agigantada pelo controle material e pelo domínio sobre a informação relacionada às muitas novas tarefas assumidas pelo Poder Público. Além disso, nas potências centrais, o período de constitucionalização do Estado social coincide em grande parte com a aguda crise econômica de 1929 e com as duas guerras mundiais, acontecimentos que naturalmente favoreceram a concentração de poder no Executivo. Além disso, nas potências

Ocorre que, a esta altura, com as diversas leis editadas e a atuação da Administração Pública – por meio de ações mais repressoras e protetoras –, a sociedade já havia percebido que as intenções dos Poderes Legislativo e Executivo na sua condução do governo não se traduziam em uma valoração objetiva e imparcial dos assuntos em debate, mas retratavam prioridades corporativistas e direcionadas a determinados setores; não havia uma análise neutra dos custos e benefícios. O grande problema vislumbrado para o ativismo judicial, que seria a falta de legitimidade democrática, acaba, assim, por ser colocado em xeque em relação ao Executivo e Legislativo. Eis a consequência nefasta apontada.

O cenário é propício, pois, para o crescimento do Poder Judiciário. As situações descritas são alcunhadas pelo autor italiano de "gigantismo político" e "gigantismo executivo", e o meio pelo qual referidas situações atípicas podiam ser controladas seria pela expansão do Judiciário.[65] Essa é a visão moderna do sistema de freios e contrapesos,[66] com uma atuação dos magistrados visando não somente a vigiar e proteger a legislação, mas a extirpar do Ordenamento qualquer lei ou ato normativo produzido contrário aos valores e preceitos vigentes. E o novo modelo de constitucionalismo bem prevê referida situação, mediante a supremacia da Constituição, controle de constitucionalidade e Judiciário como intérprete final da lei fundamental.

Interessante apontar que a situação descrita fora bem vislumbrada nos países de *common law*, principalmente nos Estados Unidos da América, uma vez que os países ligados ao *civil law*, à época dos acontecimentos, adotaram a criação dos

---

centrais, o período de constitucionalização do Estado social coincide em grande parte com a aguda crise econômica de 1929 e com as duas guerras mundiais, acontecimentos que naturalmente favoreceram a concentração de Poder no Executivo".

[65] CAPPELLETTI, Mauro. *Juízes legisladores?* cit., p. 46, assim sintetiza a situação: "Pelo fato de que o 'terceiro poder' não pode ignorar as profundas transformações do mundo real, impôs-se novo e grande desafio aos juízes; a justiça constitucional, especialmente na forma do controle judiciário da legitimidade constitucional das leis, constitui um aspecto dessa nova responsabilidade".

[66] CAPPELLETTI, Mauro. *Juízes legisladores?* cit., citando Alessandro Pekelis, assim relata: "Uma atividade legislativa ou administrativa eficaz de modo algum é incompatível com o controle do judiciário da própria atividade, (...) antes a coexistência equilibrada de tal atividade e de seu controle representa a essência mesma do regime constitucional". Questão de interessante relevo e pouco abordada pelos críticos do ativismo é que as causas do aumento e crescimento de funções do Judiciário ocorreram juntamente com o crescimento dos Poderes Legislativo e Executivo, sendo certo afirmar, assim, que um sistema eficaz de controles e contrapesos não pode, hoje, ser vislumbrado sem o crescimento e fragmentação do Poder Judiciário, tudo com vias de garantir a liberdade e adequado funcionamento dos Três Poderes. Nas palavras de Mauro Cappelletti, p. 53: "Em todo caso, não podemos deixar de reconhecer que a moderna expansão (e a 'fragmentação', acima descrita) do cenário do terceiro ramo constitui séria tentativa, talvez a mais séria de todas, de construir tal sistema de controles. Na verdade, é difícil imaginar que algum sistema eficaz de controles e de contrapesos possa hoje ser criado sem o crescimento e fragmentação do Poder Judiciário, (...)".

Conselhos de Estado, sendo que somente após a Segunda Grande Guerra é que as Cortes Constitucionais foram idealizadas e alçadas nas funções descritas.[67]

Outra causa à maior atuação do Poder Judiciário é a Revolução Industrial, mais especificamente os efeitos advindos desse movimento. O período em tela inaugurou uma explosão das relações interpessoais e comerciais, destacando o que Cappelletti denominou de gigantismo dos negócios, gigantismo do trabalho e gigantismo das organizações.[68] Os fenômenos citados denotam o envolvimento em controvérsias de maior abrangência, abarcando grande numero de pessoas, que, individualmente, se mostravam incapazes de combater o sistema formado.

Exige-se dos magistrados maior ação para concretizar os direitos das massas, que, conforme vislumbrado nas causas anteriores, por serem eminentemente sociais, caracterizam-se por sua abertura de significado, necessitando, assim, de concreção.

Aliado à intensa edição de direitos sociais, o que também se observa no campo de produção legislativa, porém em uma época mais recente, do período pós-bélico, é uma intensa promulgação de catálogos referentes aos direitos fundamentais do homem, com maior destaque para a Convenção Europeia de Direitos Humanos, de 1950.

Juntamente, a inauguração de uma jurisdição constitucional,[69] visando a proteger e afirmar os direitos humanos, é outro destaque que denota o forta-

---

[67] Conforme visto, essa realidade de que os tribunais judiciários ordinários passaram, com audácia, a aceitar a tarefa de ultrapassar o papel tradicional para serem controladores dos poderes políticos, acumulando as funções de controlar não só as atividades dos cidadãos, mas também a dos grupos políticos, é verificada pioneiramente nos EUA. As funções do Judiciário, que antes se mostravam "protetora e repressiva", agora são "guardiã e controladora dos poderes políticos"; os riscos inerentes aos gigantismos do Legislativo e da Administração, quais sejam, autoritarismo, lentidão e gravosidade, se mostravam menos graves em relação ao Judiciário, justamente em razão de sua natureza e estrutura. Mas isso não quer dizer que esse Poder é destituído de imperfeições, dentre as quais se podem listar: difícil acesso para os juízes a conhecimentos sofisticados e técnicos específicos; perigo de inefetividade; e legitimação democrática, mas este, conforme já salientado alhures, seria um risco que também atingiria os Poderes Legislativo e Executivo, porém em proporções muito distintas. Todavia, a adoção desse novo modelo por parte dos Estados Unidos da América não se mostra como algo automático e ausente de problemas; é fato que no início do modelo adotado percebia-se grande dificuldade por parte dos juízes em lidar com essas novas situações, isso porque eles tinham uma cultura impregnada de litígios particulares que não envolviam o Estado, sendo destituídos de conhecimento e técnicas para a realização dessa nova atividade. À época, a solução para o caso foi a criação de tribunais administrativos especializados na matéria até ulterior capacitação dos magistrados. Para mais detalhes, CAPPELLETTI, Mauro. *Juízes legisladores?* cit., p. 43-56.

[68] Ver em CAPPELLETTI, Mauro. *Juízes legisladores?* cit., p. 60.

[69] O novo modelo de constitucionalismo somente é verificado nos países da Europa e, mais recentemente, nos países latino-americanos, haja vista que, conforme já salientado, os Estados Unidos da América, desde a promulgação de sua Constituição, em 1787, já adotava o modelo de justiça constitucional hoje presente em quase todas as partes do globo.

lecimento do Judiciário. Os exemplos mais notórios são a Constituição italiana de 1947 e a Lei Fundamental de Bonn, na Alemanha, em 1949[70] – em ambos a instalação da Corte Constitucional fora caminho natural e sequencial ao sistema adotado; anos mais tarde, novos países da Europa passaram a agregar o novo modelo de constitucionalismo, como Portugal, em 1976, e Espanha, em 1978. O Brasil, somente em 1988 promulgou a sua Constituição Democrática.

Apesar de tautológico, não é desnecessário afirmar que as Constituições elaboradas no período posterior à Segunda Grande Guerra são dotadas de conceitos programáticos e de nítido caráter promocional, bem como iluminada por conceitos vagos, cuja característica precípua é a necessidade de complementação de seu conteúdo no caso concreto. A mesma situação se pode dizer dos direitos humanos, proposições fluidas que podem ter seu âmbito de proteção elastecido ou diminuído, a depender da situação sob análise.

Em vias do exposto, somente por meio de um Judiciário forte, capaz de responder às necessidades cambiantes e exigentes de uma sociedade multifacetada, é que se encontra o caminho eficaz de combate aos fenômenos de explosão de relações interpessoais e comerciais (situação advinda com a Revolução Industrial), assim como o excesso de legiferação por parte do Legislativo e do controle protetivo/repressivo pelo Executivo (época da intensa intervenção governamental do Estado Social).

A construção histórica do movimento de fortalecimento do Judiciário, realizada por Mauro Cappelletti, é, sem dúvida, a melhor maneira de justificar o fenômeno da judicialização e, via de consequência, do ativismo judicial. Destacando apenas que, conforme visto, a judicialização é ínsita a uma concepção moderna de sistema de freios e contrapesos,[71] ao passo que o ativismo judicial poderia ser classificado como o fator que retira a equalização dos Poderes.

Mas entende-se que as causas para a judicialização não se esgotam nas questões discutidas alhures. Luís Roberto Barroso também busca justificar o crescente rol de atribuições dos juízes, mas com olhar mais contemporâneo.[72]

---

[70] Interessante anotar que é a doutrina e a jurisprudência da Alemanha que influenciam sobremaneira a nova filosofia constitucional adotada por Portugal, Espanha e também pelo Brasil, tudo consolidado nos entendimentos dos constitucionalistas alemães e sua jurisprudência de valores. Nesse sentido, CITADINO, Gisele. Judicialização da política, constitucionalismo democrático e separação de poderes. In: VIANNA, Luiz Werneck (Org.). *A democracia e os três poderes no Brasil* cit., p. 22-24.

[71] BARROSO, Luís Roberto. Constituição, democracia e supremacia judicial: direito e política no Brasil contemporâneo cit., também destaca referida situação, ao discorrer que um Judiciário forte e independente é essencial para as democracias modernas – para o referido autor, essa situação, na mesma linha do autor italiano, se mostra como uma das causas da judicialização; essa ideia é justamente calcada no viés moderno do sistema de freios e contrapesos, no qual o aumento de atribuições do Judiciário é concomitante e necessário aos incrementos das atividades do Legislativo e do Executivo.

[72] Idem, ibidem.

Cap. 13 – JURISDIÇÃO CRIATIVA E A MOTIVAÇÃO DAS DECISÕES JUDICIAIS

Merecem destaque, assim, duas causas listadas pelo professor em seu texto. A falta de perspectiva com a política majoritária, o que é por ele identificado como um *deficit* de legitimidade democrática, em razão da crise de representatividade e de funcionalidade do Parlamento. A outra causa seria vislumbrada no fato de que a resolução de certas questões, em razão da elevada controvérsia que seu debate possa gerar, é melhor que seja decidida pelo Judiciário – o que se observa com essa "manobra" é uma blindagem dos parlamentares que, deixando a discussão de casos polêmicos ao Judiciário, não incorreriam no risco de descontentar o seu eleitorado.

A crise de representatividade é justificada nos "recentes" casos de investigação de políticos envolvidos com corrupção e notícias de outros diversos crimes praticados pelos "representantes do povo", bem como naquilo que Cappelletti já alertava: a existência de interesses não estritamente públicos nas suas decisões, melhor dizendo, a satisfação de interesses e valores particulares ou atribuíveis a determinados grupos da sociedade, esquecendo-se da análise do todo. Todavia, referida situação está mais para uma consequência do que para uma causa.

A mesma situação se verificaria para o caso da crise de funcionalidade do Parlamento. Entende-se que esta decorreria não somente pelos escândalos de corrupção divulgados na mídia mundial, mas em decorrência da própria falta de imparcialidade, dos parlamentares (esta vista no sentido de análise objetiva dos projetos de lei para a sociedade como um todo, e não somente de parcela ínfima da população), tão necessária às suas responsabilidades governamentais. Assim, antes de se constituir como uma causa, a chamada desilusão com a política mais se caracteriza como uma consequência dos fenômenos históricos já narrados pelo professor italiano.

E nesse aspecto deságua-se na outra causa listada por Barroso, referente às questões ensejadoras de controvérsia social, que se caracterizam como situação de efetiva causa de aumento das decisões em matérias, dita políticas, pelo Judiciário. Notório que, apesar de políticas, essas matérias também devem ser tachadas de jurídicas, uma vez que as Constituições modernas são pródigas no rol de princípios e valores que englobam a sociedade.

Assim, sob um viés mais contemporâneo, conforme já explanado, o que se tem observado, principalmente no Brasil, é um crescimento demasiado de decisões jurisdicionais a respeito de temas imbricados, de alto dissenso social, marcado inclusive por uso de argumentos que não podem de forma alguma ingressar na esfera judicial – como o caso de argumentos religiosos, pelo justo fato de o Estado ser laico, bem como em razão de que referidos argumentos são eivados de paixões que não devem contaminar o ambiente forense.

Os referidos debates, conforme público e notório, além de esbarrar na morosidade de tramitação das casas legislativas nacionais, ainda restam emperrados em virtude das pressões advindas dos mais diversos setores sociais, inviabilizando a votação e aprovação de eventual projeto de lei. A própria, e vulgar, divisão da Câmara dos Deputados, principal órgão de defesa dos interesses dos cidadãos, em bancadas impede um debate democrático e racional – no ideal de uma democracia deliberativa[73] –, de amplo alcance social, pois, infelizmente, as ditas bancadas têm como direcionamento defender apenas os interesses do setor social que as "legitimam" no poder.

Conforme se observa em referida situação, a própria questão do *deficit* de legitimidade democrática, resumido agora na crise de funcionalidade do Parlamento, é também visto neste argumento como uma consequência (e não causa), afinal a transferência de pauta da matéria para o Judiciário em razão do dissenso moral decorre da recusa dos parlamentares em realizar julgamentos que possam arranhar suas reputações e contrariar os discursos retóricos defendidos em seus palanques de campanha.

Pois bem, a dúvida que paira é: deixar de regulamentar a questão não enfrentada pelo Parlamento e aguardar o dia em que a legiferação advir, ou transpor ao Judiciário (depois que acionado, por óbvio) para que regulamente, ainda que de modo provisório, a questão? Em termos simplórios e diretos, é melhor ao cidadão deixar de receber a devida proteção garantida pela Constituição e demais leis do Ordenamento, os quais não possuem uma consequência normativa abstratamente prevista, ou "permitir" que o Judiciário cumpra seu papel de também intérprete da legislação e determine o direito do caso concreto?

As respostas aos questionamentos nos remetem ao debate já enfrentado entre os substantivistas e os procedimentalistas. Conforme já visto, enquanto os primeiros pregam por uma efetiva e direta participação do Judiciário na concreção dos direitos abstratamente previstos, os segundos entendem que a participação judicial cingir-se-ia à análise do caso e seu debate, mas sem a possibilidade de o Estado-Juiz se colocar na posição de legislador e estabelecer as diretrizes e consequências normativas para o caso concreto e, eventualmente, demais situações semelhantes. Nessa linha de pensamento, uma postura do Judiciário visando a regulamentar a legislação eivada de termos vagos configuraria afronta às suas funções; mostrar-se-ia como uma autêntica usurpação de competências, realizando atividades não previstas pelo Ordenamento dentro da estruturação dos Três Poderes.

Com o respeito aos doutrinadores de escol que defendem a postura procedimental do Judiciário,[74] o que se vislumbra é que uma postura concretista deve prevalecer, uma vez que as responsabilidades do Juiz vão além de sua postura de autocontenção; a sociedade atual anseia por justiça, e sua sensibilidade é

---

[73] Para mais sobre o tema, MENDONÇA, Eduardo. A constitucionalização da política: entre o inevitável e o excessivo cit.

[74] Por todos, HABERMAS, Jürgen. *Facticidad y validez – Sobre el derecho y el Estado democrático de derecho en términos de teoría del discurso*. Trad. Manuel Jiménez Redondo. Madrid: Trotta. 2001.

Cap. 13 – JURISDIÇÃO CRIATIVA E A MOTIVAÇÃO DAS DECISÕES JUDICIAIS

mais bem verificada quando o Judiciário, auxiliado por demais entes e órgãos da comunidade, atua visando a suprir efetivamente as lacunas de um Ordenamento aberto. Conforme já defendido, a justiça é sentida e a postura proativa do Judiciário faz parte desse senso de percepção, quando da análise do caso concreto, que deve sempre ser objeto de análise conglobada, propiciando o mais amplo debate entre os agentes envolvidos, seja direta ou indiretamente.[75]

Por derradeiro, e que não pode ser desconsiderado como causa dessa maior atribuição de função ao Judiciário – das mais importantes, diga-se, vide todas as considerações anteriores a respeito –, é o fato de o próprio texto Constitucional, em decorrência de sua abrangência e amplitude, tratar das mais diversas matérias, ora de forma exaustiva, ora de forma pontual, propiciando, assim, o debate no âmbito judicial de políticas que foram trazidas ao Ordenamento como forma de garantir o seu acesso e efetivo gozo pelos cidadãos.

O novo modelo de Estado inaugurado no período pós-bélico, que ascendeu a Constituição ao ápice do sistema jurídico e decretou a implementação de uma jurisdição constitucional, foi o que propiciou a judicialização de questões políticas, que antes se encontravam restringidas aos poderes Legislativo e Executivo.[76] O Judiciário, assim, ao debater questões políticas e decidir referidos

---

[75] A defesa de uma atuação judicial mais incisiva, buscando inclusive descaracterizar a divisão entre procedimentalismo e substancialismo, mas sempre com respaldo no debate, parece ser uma das ideias de MENDONÇA, Eduardo. A constitucionalização da política: entre o inevitável e o excessivo cit., que desta forma pontua: "Para evitar essa disfunção, é necessário concluir que os valores sociais devem ser justificados por meio de argumentos que não desqualifiquem o interlocutor como igual participante da comunidade decisória. (...) E o mesmo raciocínio valeria para a discussão entre procedimentalismo e substancialismo: é no espaço público que serão definidas as condições procedimentais do discurso legítimo ou as decisões substanciais protegidas das maiorias (...). O lado bom é que o espaço público não precisa ser entendido como um nome pomposo para a deliberação majoritária como rolo compressor. Em vez disso, a expressão designa um sistema complexo de instâncias deliberativas e fóruns decisórios que devem estar submetidos permanentemente à influência e à crítica". Ainda nesse sentido, porém defendendo um viés substantivo, STRECK, Lenio Luiz. *Verdade e consenso* cit., p. 46, quando assim afirma: "Em outras palavras, a defesa de posturas substancialistas e concretistas acerca da utilização da jurisdição constitucional – que implica inexorável avanço em relação às tradicionais posturas de *self restraining* – não pode ser confundida com decisionismos e atitudes pragmatistas, em que o Judiciário se substitui ao legislador, com o aumento desmesurado de protagonismos judiciais. Isso deve ficar bem claro. Com efeito, a Constituição autoriza/determina o amplo controle da constitucionalidade, chegando à profundidade de prever o mandado de injunção (veja-se, além disso, as demandas quotidianas por remédios e tratamentos de saúde, problemas fundiários etc.); (...)".

[76] Sobre o tema, e que acaba por ressaltar a característica analítica da Constituição brasileira, MENDONÇA, Eduardo. A constitucionalização da política: entre o inevitável e o excessivo cit., que assim destaca: "No Brasil, com uma constitucionalização ampla e diversas modalidades de controle de constitucionalidade, é difícil imaginar uma questão que não possa ser efetivamente judicializada. Ainda mais com tantos legitimados ávidos por provocar o controle, inclusive em razão dos gargalos do sistema político. Tantas novas possibilidades exigem uma boa dose de

casos, nada mais faz do que cumprir a sua autêntica função constitucional, nos exatos limites que o sistema prevê.

As considerações lançadas justificam a atual situação na qual se encontra o Judiciário pátrio, qual seja, a cada dia decidindo casos de maior complexidade, envolvendo grande número de cidadãos e relacionados a matérias que até bem pouco tempo não teriam sequer espaço de debate dentro dos tribunais.

O que sobressai, pois, é: estaria o Poder Judiciário legitimado para referida atuação? Seria o Ordenamento Jurídico dotado de meios, estrutura ou ferramentas para legitimar a postura proativa do Judiciário? É o que se pretende discutir agora.

2.3. A legitimação do Judiciário em sua atuação proativa

Para alcançar os aspectos que poderiam ou não legitimar a atuação do Poder Judiciário em sua atuação substantiva na efetivação dos direitos previstos no Ordenamento, mister se faz analisar as críticas ao processo de "criação" do direito pelos juízes, sendo que é pelo ataque a algumas dessas críticas que já se observará a legitimação dos tribunais para ditar decisões que envolvem questões político-jurídicas – sejam chamadas de ativistas ou não. Mauro Cappelletti bem sintetiza referidas enfermidades.[77]

Uma primeira crítica que se pode fazer ao "direito jurisdicional" é a falta de informação adequada. A questão, supostamente, não seria verificada com relação ao direito legislado, uma vez que o seu conhecimento é dever de todos, o que inclusive resta consubstanciado no art. 3.º da Lei de Introdução ao Código Civil brasileiro – "ninguém se escusa de cumprir a lei, alegando que não a conhece".

A realidade, todavia, não parece acompanhar a disposição normativa. Notório, atualmente, é a vasta e difusa proliferação do direito legislado, sendo que no cenário pátrio tem-se a edição não somente de leis ordinárias em excesso,

---

cautela para que não se confirme o temor de uma supremocracia". O termo final da citação é referenciado ao instigante texto de VIEIRA, Oscar Vilhena. Supremocracia. *Revista de Direito GV*, São Paulo, v. 4, n. 2, p. 441-463, jul.-dez. 2008, que traz apontamentos interessantes sobre a forma de atuação do Supremo Tribunal Federal, notadamente nos casos que envolvem análises de questões políticas. No referido texto, Oscar Vilhena pontua diversas questões institucionais que justificariam a atuação mais ampla e incisiva do Judiciário (no caso específico do texto, do Supremo Tribunal Federal), dentre as quais destacar-se-iam: a) ambição constitucional, em razão da regulamentação minuciosa no campo das relações sociais, econômicas e públicas; b) amplos poderes de guardião constitucional ao Supremo, com intenção ainda de proteger o órgão contra eventuais "poderes" políticos e; c) a possibilidade de que organizações da sociedade civil e outros grupos de interesse pudessem manifestar-se nos casos *sub judice* pelo órgão máximo do Judiciário brasileiro – intervenção como *amicus curiae*.

[77] CAPPELLETTI, Mauro. *Juízes legisladores?* cit.

Cap. 13 – JURISDIÇÃO CRIATIVA E A MOTIVAÇÃO DAS DECISÕES JUDICIAIS

e sobre as mais diversas matérias, como também acompanha-se uma produção desenfreada de atos legislativos como decretos, portarias, resoluções, normas regulamentadoras, medidas provisórias etc., dificultando sobremaneira o acesso e ciência dos cidadãos aos seus direitos e deveres.

A questão não se resume em um âmbito nacional, haja vista que também se visualiza uma crescente produção de cartas de direitos visando a uma aplicação ampla e irrestrita, para fora das bordas de um único país, situação que vem sendo sedimentada pela adesão de diversos países a referidas legislações. A título exemplificativo tem-se a Declaração de Direito Humanos da ONU, as Convenções da Organização Internacional do Trabalho, o Pacto de São José da Costa Rica, entre outros diplomas de menor amplitude, mas não menos importantes.

A orgia legislativa propalada por Mauro Cappelletti tornou-se mais devassada com o avançar do tempo. À alegação acerca da falta de informação do processo de criação do direito pelos juízes, é também observado nas leis criadas pelo Poder que tem como sua função primacial editar normas gerais e abstratas.

Mas rechaçar a crítica em tela não importa simplesmente em apontar o defeito do direito legislado. A busca de sistematização do direito jurisprudencial pode ser vista como uma tentativa de racionalizar a ciência do conteúdo das decisões dos tribunais. Referida situação se verifica na produção de anuários com o teor dos julgados, a publicação de livros com as decisões mais importantes dos órgãos judiciais, a própria tentativa de vinculação dos precedentes e ainda o sistema de assistência judiciária, que, visando a equalizar as partes, também tem como atribuição minorar a falta de dados e conhecimento dos jurisdicionados.

Outra crítica à criação do direito jurisprudencial se vislumbra no perigo gerado pela retroação dos efeitos das decisões judiciais. As leis, pelo menos no direito pátrio, por expressa disposição constitucional,[78] não retroagem, criando assim a necessária segurança jurídica aos cidadãos em geral, que pautam suas ações nos termos do que a lei determina.

No entanto, ainda que a crítica possa ser procedente, o que se vislumbra é que os valores "certeza" e "previsibilidade" não são os únicos tutelados pelo Direito, sendo também atentar para a "equidade" e a "justiça material",[79] que se mostram como o cerne da proteção jurídica, afinal é dever do magistrado

---

[78] O art. 5.º, XXXVI e XL, discorrendo, respectivamente: "a lei não prejudicará o direito adquirido, o ato jurídico perfeito e a coisa julgada" e "a lei penal não retroagirá, salvo para beneficiar o réu".

[79] Nas palavras de CAPPELLETTI, Mauro. *Juízes legisladores?* cit., p.85: "Embora exista aqui um *deficit* no plano da certeza e da previsibilidade, existe por sua vez no direito jurisprudencial um benefício potencial, justamente pela possibilidade de se dar maior peso à equidade e à 'justiça do caso concreto'".

conferir aos jurisdicionados exatamente o que lhes é de direito (*suum cuique tribuere*).

De mais a mais, é plenamente possível e viável a solução para o caso, desde que os tribunais determinem, nas próprias decisões, o momento a partir do qual referidas *questio juris* passarão a viger. No cenário pátrio, a modulação temporal dos efeitos das decisões proferidas em sede de ações abstratas, pelo Supremo Tribunal Federal, é costumeiramente observada e encontra supedâneo no art. 27 da Lei 9.868/1999 (ao declarar a inconstitucionalidade de lei ou ato normativo, e tendo em vista razões de segurança jurídica ou de excepcional interesse social, poderá o Supremo Tribunal Federal, por maioria de dois terços de seus membros, restringir os efeitos daquela declaração ou decidir que ela só tenha eficácia a partir de seu trânsito em julgado ou de outro momento que venha a ser fixado).

Também se mostra como eventual óbice da criação do direito pelo Judiciário uma incompetência institucional. Significaria dizer que a elaboração de leis pode envolver dados complexos, exigindo pesquisas e elaboração de estudos para observar a viabilidade ou não dos projetos de lei, com possível necessidade de desembolso de recursos financeiros para as referidas questões. Os efeitos sistêmicos da decisão judicial, citados por Luís Roberto Barroso,[80] também se colocam como eventuais óbices à criação do direito pelos Tribunais, porque a decisão judicial de aspecto amplo e geral poderia afetar uma coletividade sem a adequada previsibilidade do impacto prático que suas consequências poderiam determinar.

Em contra-argumento a essas críticas, o que se pode afirmar é que a evolução do processo, visto com um espectro publicista, atrelado à incidência dos ideais democráticos de participação, denota que existem meios a superar as deficiências técnicas e ainda a eventual falta de recursos financeiros destinados à avaliação das consequências de uma decisão judicial de aspecto geral.

A figura do *amicus curiae* é um dos meios hábeis para se contornar a falta de dados técnicos, bem como eventuais efeitos sistêmicos da legiferação pelos tribunais. A participação popular propiciada pela manifestação nos autos do processo desse sujeito desinteressado (?) pode e deve ser capaz de abraçar as eventuais deficiências noticiadas sobre a formação do direito pelos tribunais.

Nesse aspecto, interessante abordagem fez Carolina Tupinambá[81] sobre a figura do *amicus curiae*, assim afirmando:

---

[80] BARROSO, Luís Roberto. Constituição, democracia e supremacia judicial: direito e política no Brasil contemporâneo cit.

[81] TUPINAMBÁ, Carolina. Novas tendências de participação processual – o *amicus curiae* no projeto do novo CPC. In: FUX, Luiz (Org.). *O novo processo civil brasileiro*: direito em expectativa. Rio de Janeiro: Forense, 2011. p. 126.

Cap. 13 – JURISDIÇÃO CRIATIVA E A MOTIVAÇÃO DAS DECISÕES JUDICIAIS

Em suma, a admissão do *amicus* no processo decorre da concepção de democracia deliberativa e participativa. Parte da percepção de que a sociedade para qual se destina a norma deve participar do seu processo de conformação, a fim de que o direito não se esvazie em si mesmo, pois o mito da imparcialidade dos juízes não pode sobrepor-se à legitimação da sociedade e a seu direito de ser ouvida acerca do conteúdo do processo democrático de tomada de decisão, em razão de o texto constitucional também representar o complexo de forças sociais que atuam como sujeitos do processo de interpretação constitucional, não sendo possível estabelecer um elenco fechado de intérpretes da Constituição.

Não é demais salientar que a expansão das possibilidades de intervenção do *amicus curiae* no projeto do novo Código de Processo Civil é espelhado nos ideais de democracia,[82] bem como na antevisão de que as complexas situações cotidianas já não podem e não devem ser decididas somente com base nos conhecimentos individuais do magistrado. A maior participação da população no processo é o *plus* que faltava para adornar a legitimação democrática do Judiciário.[83]

Atrelado ao *amicus curiae*, outra figura que também denota a maior participação da população nos deslindes das demandas *sub judice* é a figura das audiências públicas, nas quais todas as comunidades, ou apenas um grupo seleto, são convidadas para participar dos debates e expor posições e opiniões que possam contribuir para elucidar dúvidas ou esclarecer e demonstrar novos caminhos ou novos rumos que determinada questão pode tomar.

Notório, inclusive, que referida figura é também utilizada no próprio processo legislativo, vide as inúmeras audiências públicas realizadas para debater o projeto do Novo Código de Processo Civil. No âmbito jurisdicional a questão não é pormenorizada, já se vislumbrando a convocação por parte de juízes para debater assunto em pauta de julgamento.[84]

---

[82] O projeto do Novo Código de Processo Civil, notadamente o PLS 166/2010, em seu art. 320, previa a possibilidade de ampla participação do *amicus curiae* no processo, classificando-o, inclusive, como uma das modalidades de intervenção de terceiros. A redação do dispositivo praticamente inalterada no PLC 8.046/2010, renumerando-o, todavia, passou a integrar o art. 322, que também está presente na consolidação das emendas apresentada pela Câmara dos Deputados.

[83] Nesse sentido, incentivando o diálogo mais intenso dentro do Judiciário, FISS, Owen. *Um novo processo civil – estudos norte-americanos sobre jurisdição, Constituição e sociedade.* Trad. Carlos Alberto Salles. São Paulo: RT, 2004. p. 114, que assim destaca: "Nos Estados, a legitimidade das cortes e o poder que elas exercem na reforma estrutural ou em qualquer tipo de litigância constitucional, são baseadas na idoneidade do Judiciário para desempenhar sua característica função social, que é, como já sugeri, dar aplicação e significado concreto aos valores públicos incorporados à Constituição. Não é necessário, em se tratando dessa idoneidade, atribuir aos juízes a sabedoria de reis filósofos. A idoneidade dos juízes para dar significado aos valores públicos não está associada a aptidões morais especiais, as quais eles não possuem, mas ao processo que limita o poder que exercem. Uma característica desse processo é o diálogo que os juízes devem conduzir: (...)".

[84] A título meramente exemplificativo, o Ministro do STF Luiz Fux convocou para o segundo semestre de 2012 audiência pública para o debate sobre a nova regulamentação de TV por as-

Por fim, as já previstas e possíveis realizações de perícias técnicas poderiam ser realizadas a fim de dirimir eventuais dúvidas com relação à extensão de efeitos ou mesmo abrangência de determinadas questões, notadamente quanto a dados técnicos, sendo certo que seus custos poderiam ser suportados pelas partes do processo ou mesmo por um dos entes da Federação, que, da mesma forma que no processo legislativo, tem interesse em solver dúvidas e ambiguidades advindas com a decisão.

As críticas relacionadas à limitação do debate público quando ocorre sua inserção no âmbito jurisdicional, definitivamente, não prospera. A própria convocação de audiências públicas e a possibilidade de intervenção do *amicus curiae* denotam a ampla participação popular e a socialização do discurso. Ademais, aquela antiga visão que se tinha de advogados e juízes utilizando-se de termos difíceis não é a regra da sociedade atual; a provar o exposto, a facilidade das comunicações e disseminação do conhecimento, seja através da televisão ou da internet, denotam que o homem médio é plenamente viável e capaz de participar do debate instaurado nos tribunais, com a inteligibilidade necessária a discutir e influir no deslinde das controvérsias.

Todavia, se esses argumentos se mostram pragmáticos em demasia, lança-se mão das ideias de Owen Fiss, que, sustentando as bases de modelo estrutural de processo, em vez de um modelo de solução de controvérsias, defende uma função social do Judiciário, que teria como sua atribuição principal dar aplicação e concretude aos valores insertos na Constituição. No entanto, no modelo estrutural idealizado por Fiss, o que se observa é que também o papel das partes no processo resta remodelado.

Na visão de um Judiciário que busca dar efetividade a valores constitucionais, as partes de um processo no modelo estrutural não correspondem aos indivíduos em si, mas a uma coletividade, geral ou determinada, que é necessariamente afetada pela decisão. Nessa seara, a imposição de uma representação adequada das partes é corolário necessário para alcançar a melhor decisão, mediante um diálogo mais bem estruturado.[85] A limitação do debate público, pois, já não se

---

sinatura, criada pela Lei 12.485, que é alvo de ações diretas de inconstitucionalidade das quais o referido Ministro é o relator. Informações retiradas do sítio da internet do STF. Disponível em: <http://www.stf.jus.br/portal/cms/verNoticiaDetalhe.asp?idConteudo=211595>. Acesso em: 18 jul. 2012.

[85] FISS, Owen. Um novo processo civil cit., p. 50-58, assim pontuando: "A relação entre a vítima e o representante no contexto estrutural é inteiramente instrumental; não se trata de um relacionamento de identidade. (...). O que as cortes devem verificar é se o representante é adequado para a função de representação e, tão difícil quanto essa questão, se os requisitos técnicos, tais como a irreparabilidade ou o risco de dano futuro, não têm qualquer implicação importante para a solução desse problema. (...). Em um processo judicial estrutural o padrão típico consiste em encontrar um grande número de representantes, cada um, talvez, representando diferentes ponderações acerca do interesse do grupo vitimado. (...) Como se pode imaginar, a desagregação dos papéis que discutimos com relação ao polo ativo da ação é repetida no passivo".

mostra com idoneidade suficiente para formular críticas à produção de decisões abrangentes que afetem a população em geral, criando deveres e direitos independentes das leis.

A pedra de toque das críticas à falta de legitimidade do Judiciário na criação do direito encontra suas raízes no caráter contramajoritário do processo judicial. A ideia é simples: sendo certo que o regime da democracia impõe a obediência da vontade da maioria, que, livre e desimpedida, elege os representantes que ditarão os rumos de uma nação, a produção do direito pelo Judiciário, seja obstando a validade de leis aprovadas, seja efetivamente criando normas de caráter geral e abstrato, imporia uma verdadeira afronta à vontade do povo.

Ocorre que a simplicidade do argumento não prospera. As razões para a emersão do constitucionalismo vigente no mundo atual já se mostra como uma crítica assaz contundente contra essa visão. O caráter contramajoritário das decisões do Judiciário, longe de se contrapor ao ideal democrático, a ele complementa.

Essa questão deve ser mais bem observada à luz dos ideais de Democracia e Constitucionalismo. Na linha de entendimento suscitada, ao entender a democracia por meio da singela regra da maioria, necessariamente o Constitucionalismo seria visto como o meio opressor, atuando no plano contrário à vontade geral absoluta. Mas esse entendimento é deturpado e não analisa o aspecto conglobado, seja da própria Democracia, seja do papel da Constituição nos Estados de Direito.

A jurisdição constitucional, pilar do constitucionalismo vigente, é verdadeiramente um mecanismo de atuação contra as maiorias. Sua função primordial é fazer valer os preceitos constitucionais, e essa atuação pode ser tanto ativa quanto repressiva; melhor dizendo, tanto visa a dar efetividade a direitos previstos e não regulados pelo legislativo quanto evita que o direito legislado produzido seja um meio de obstaculizar ou derrogar os valores insertos nas normas constitucionais.

Se o constitucionalismo atual tem esse mister, a sua adaptação e compatibilização com a democracia impõe uma releitura desse conceito. Assim, o que se deve ter em mente é que a democracia não deve ser reduzida à ideia da regra majoritária; a sua definição é bem mais complexa e completa, ou seja, tem como escopo propiciar a ampla participação dos cidadãos no processo de formação política, mas também assegurar a cada cidadão os direitos subjetivos tutelados pelo Estado de Direito. E essa função assecuratória é conferida ao Constitucionalismo, que tem a missão de salvaguardar e dar efetividades aos direitos garantidos à população. Eis o sistema ideal de freios e contrapesos já discutido alhures.

Toda esta celeuma é bem elucidada por Lenio Luiz Streck,[86] que assim destaca:

---

[86] STRECK, Lenio Luiz. *Verdade e consenso* cit., p. 77.

Não há dúvidas, pois, de que o Estado Constitucional representa uma fórmula de Estado de Direito, talvez a sua mais cabal realização, pois, se a essência do Estado de Direito é a submissão do poder ao direito, somente quando existe uma verdadeira Constituição esta submissão compreende também a submissão do Poder Legislativo, nos diz Prieto Sanchís, aduzindo, ademais, que isto não deveria constituir qualquer novidade, uma vez que já em 1966 Elías Diaz se perguntava se no Estado de Direito havia base para o absolutismo legislado e sua resposta era categoricamente negativa: *o Poder Legislativo está limitado pela Constituição e pelos Tribunais, ordinários ou especiais conforme os sistemas, que velam pela garantia da constitucionalidade das leis.*

Nesse contexto, e levando em conta o forte conteúdo contramajoritário presente nas decisões advindas da jurisdição constitucional, é que sustento a tese da absoluta possibilidade de convivência entre democracia e constitucionalismo. Mais do que isso, a Constituição, nesta quadra da história, a partir da revolução copernicana que atravessou o direito público depois do segundo pós-guerra, *passa a ser –* em determinadas circunstâncias – *condições de possibilidade do exercício do regime democrático, naquilo que a tradição* (no sentido que Gadamer atribui a essa expressão) *nos legou.*

Entendimento contrário à exposição, desestimulando o papel de equalização que o constitucionalismo possui em relação à democracia (por isso que a ela se mostra indissociável), seria aceitar uma sempre prevalecente vontade da maioria, subjugando as minorias existentes dentro do Estado, que ficariam à mercê de um todo maior. O nome disso é Estado Totalitário.

A conclusão inexorável a que se chega, pois, é que a fonte de legitimação da atuação judicial no processo de criação do direito é a própria Constituição, e nos termos já afirmados a função principal da jurisdição constitucional é concretizar os valores existentes dentro do referido diploma normativo (e também político).

A velha questão da legitimidade eletiva não mais subsiste; não é por deixar de ser escolhido pelo povo por meio do voto que o Judiciário deixará de ser legitimado em suas atuações contramajoritárias – necessárias ao Estado Democrático de Direito. Ademais, há outras formas de legitimação existentes que não apenas a eletiva. Para Owen Fiss, a legitimação do Poder Judiciário não dependeria da aceitação ou não de sua decisão pela população, que possuiria os meios viáveis para contestar eventual descontentamento, mas sim pelo fato de que deve o Judiciário desempenhar a sua função social de cumprir os ditames previstos na Constituição. Ademais, segundo o mesmo autor, a legitimidade do Estado pelo povo é-lhe conferida de modo geral e não por meio de sua assunção com cada uma das instituições que compõem o espectro burocrático estatal.[87]

---

[87] Nesse sentido, FISS, Owen. Um novo processo civil cit., p. 114, que assim destaca: "De fato, a democracia leva-nos a assumir que o consentimento é a base da legitimidade, mas esse consentimento não é aquele que é dado separadamente a instituições individuais. O consentimento democrático estende-se para o sistema estatal como um todo. A legitimidade de cada instituição

A mesma concepção é defendida por Luigi Ferrajoli, que, citado por Michele Taruffo,[88] sedimenta a legitimação do Judiciário na criação do direito:

> Se trata del tema clásico de la división de los poderes, sobre lo cual no es causalidad que Ferrajoli vuelva a echar mano de Montesquieu, o – en términos más actuales –, de la *countermajoritarian* objection según la cual los jueces no elegidos, y por lo tanto no legitimados por un consenso mayoritario, no podrián cumplir actos de naturaleza sustancialmente legislativa. Ferrajoli señala justamente que de este modo opera una confusión entre dos tipos irreductiblemente diversos de legitimación: la electiva, típica del poder político y la – típica del poder jurisdiccional – que se determina exclusivamente con base en la sujeción del juez a la ley. Considera, pues, inapropiada la solución consistente en la elección de los jueces, porque "el poder judicial es un poder-saber, tanto más legítimo cuanto mayor sea el saber".

Mas não se deve olvidar que as bases fundantes da legitimação do Judiciário também podem ser encontradas dentro dos próprios valores insertos na Constituição. Diga-se, assim, que são esses valores que englobam o conteúdo material de referida legitimação.

Nesse contexto, destacam-se a independência e o diálogo, que para Owen Fiss[89] são os dois elementos do processo que consubstanciam a idoneidade do Judiciário em sua atuação proativa na concretização dos direitos previstos no Ordenamento.

> A especial idoneidade do Judiciário e, consequentemente, sua legitimidade, dependem da adesão a essa duas qualidades do processo judicial – diálogo e independência – e não da concordância do povo com decisões particulares ou de sua capacidade para indicar ou remover indivíduos que ocupam cargos públicos. O consentimento do povo é necessário para legitimar o sistema político, do qual o Judiciário é parte integrante; e a possibilidade do povo contestar decisões judiciais, por meio, digamos, de emendas constitucionais, preserva o caráter consensual do sistema como um todo. Uma concisa e mais particularizada dependência do consentimento popular, privaria o Judiciário de sua independência e, consequentemente, de sua idoneidade para aplicar a lei.

A independência do Judiciário se consubstanciaria na inexistência de vinculação política entre esse Poder e os demais, ou seja, não haveria limitações extrajurídicas à atuação dos magistrados, que somente estariam atrelados aos seus

---

presente no sistema não depende do consentimento do povo a ele submetido, individual ou coletivamente, mas da capacidade de uma instituição para executar uma função social dentro do sistema em questão".

[88] TARUFFO, Michele. Leyendo a Ferrajoli: consideraciones sobre la jurisdicción. *Páginas sobre justicia civil* cit., p. 28.

[89] Nesse sentido, FISS, Owen. *Um novo processo civil* cit., p. 115.

fins de concretização da ordem jurídica, sem qualquer tipo de pressão externa. Já o diálogo propagado é o ideal do contraditório no processo.

Todavia, entende-se que, complementar às duas qualidades do processo supradestacadas, há um limite à atuação judicial que, em verdade, transmuda-se em uma nova condição de legitimação do processo. Isso porque, ainda que devidamente estruturados todos os argumentos que visam a certificar a existência da legitimidade da atuação judicial no processo de criação do direito, verifica-se que subsiste "uma ponta solta" nesse todo argumentativo que concilia ideais aprioristicamente antinômicos, qual seja, como evitar que o juiz invista-se no papel de legislador com todo esse poder em suas mãos, criando, assim, uma ditadura do Judiciário. A resposta é encontrada por intermédio da fundamentação das decisões judiciais, meio último de aferição da legitimidade do processo.

Impõe-se, assim, esmiuçar a questão relativa à motivação das decisões judiciais, com o fito de corroborar as ideias defendidas, porém, antes, é mister tecer considerações sobre a garantia do contraditório (que, conforme se observará, representa o diálogo propalado por Owen Fiss), já que umbilicalmente ligados, conforme se demonstrará.

3. NOÇÕES HISTÓRICAS E ATUAIS SOBRE O PRINCÍPIO DO CONTRADITÓRIO

É na onda das garantias processuais advindas com o Pós-Segunda Guerra que o princípio do contraditório retoma posição de destaque, expressando conteúdo semelhante de tempos longínquos, mais notadamente à época do direito comum – todavia, com o advento de legislações de ordem mais moderna, relegou-se o contraditório a uma mera contraposição de situações jurídicas, resumindo-o ao binômio informação-reação.

No direito comum, o contraditório era encarado como um princípio de direito natural, ínsito ao processo, tendo como fundamento, neste primeiro momento, a busca pelo alcance da verdade. Objetivo perseguido pelo contraditório à época do direito comum e os períodos que o seguiram era o de equacionar as partes no processo, ou seja, buscava-se diminuir eventuais diferenças existentes entre os sujeitos contrapostos. Por esses motivos, dizia-se que o contraditório possuía um caráter ético.[90]

---

[90] NUNES, Dierle José Coelho; THEODORO JÚNIOR, Humberto. *O princípio do contraditório*: tendências de mudança de sua aplicação. Disponível em: <http://www.fdsm.edu.br/Revista/Volume28/Vol28_10.pdf>. Acesso em: 12 jan. 2011, assim dispõe: "Reconhecia-se, de certa forma, um caráter ético ínsito no contraditório, quando se preconizava um vínculo dele com a busca da verdade e a compensação de forças entre os litigantes". Sobre o assunto, ver ainda GRECO, Leonardo. O princípio do contraditório. *Revista Dialética de Direito Processual*, n. 24, mar. 2005.

Cap. 13 - JURISDIÇÃO CRIATIVA E A MOTIVAÇÃO DAS DECISÕES JUDICIAIS

A mudança de paradigma a respeito do conteúdo do contraditório começou a ocorrer em fins do século XVIII, com o surgimento das legislações, notadamente a Ordenança de processo da Prússia de 1781, tendo o princípio alcançado a derrocada total de seus valores ínsitos com o positivismo da segunda metade do século seguinte. A partir de então, o contraditório era visto como uma mera contrariedade de interesses, havendo, inclusive, vozes na doutrina de então que pregavam pela desnecessidade de sua existência.[91]

Insta observar que essa alteração de paradigma, coincidente com o firmamento das legislações positivadas, também acaba por coincidir com uma mudança de suma importância para o processo, qual seja, a passagem do liberalismo processual (processo visto como "coisa das partes" – altamente formalista) para o socialismo processual, no qual a figura central é o juiz, abraçando o papel de protagonista do procedimento, ultrapassando muitas vezes a figura de intérprete do direito, tornando-se o criador do direito (discricionariedade judicial).[92]

Após breve digressão histórica, retoma-se o que fora dito alhures: é com o fim da Segunda Guerra Mundial e o processo de constitucionalização dos ordenamentos que se consegue retomar a carga axiológica do contraditório.[93]

A construção do Estado de Direito, calcado na democracia e na garantia de direitos fundamentais assegurados aos cidadãos, decreta o renascimento daquela carga de valores ínsita ao contraditório preconizada pelo direito comum do século XII; a eficácia plena dos direitos fundamentais é agora fiscalizada e assegurada pelo Poder Judiciário, por meio da inafastabilidade da tutela, o que inclusive denota uma diferença de grande monta entre a ética do direito comum e os valores que atualmente circundam o contraditório, qual seja, o fato de que este é uma garantia fundamental de todo e qualquer cidadão, situação inexistente em uma sociedade de castas como aquela à época do direito comum.

Por certo que não basta aos cidadãos a mera garantia do contraditório mediante uma ordem de eficácia concreta e imediata advinda da lei de maior hierarquia do Ordenamento; é preciso que, nessa linha de pensamento democrático, não somente os cidadãos venham a debate, mas também o Estado apresente-se para dialogar com as partes. A melhora da relação entre partes e

---

[91] NUNES, Dierle José Coelho; THEODORO JÚNIOR, Humberto. *O princípio do contraditório* cit. GRECO, Leonardo. O princípio do contraditório cit.

[92] Para uma visão mais profunda sobre as mutações do processo, MOTTA, Cristina Reindolff da. *A motivação das decisões cíveis como condição de possibilidade para resposta correta/adequada.* Porto Alegre: Livraria do Advogado, 2012. p. 38-60.

[93] Por todos, CABRAL, Antonio do Passo. *Nulidades no processo moderno.* Rio de Janeiro: Forense, 2010. p. 207. "Foi o período pós-2.ª Guerra Mundial que fez com que o Estado de Direito fosse remodelado e permitiu a reconstrução histórica teórica do princípio do contraditório, fulcrado no pano de fundo da dignidade humana, no acesso à justiça, nos direitos fundamentais, todos valores a serem tutelados e preservados em procedimentos dialéticos inclusivos".

Estado na solução do conflito é outra faceta do Estado Constitucional Democrático instaurado.

O diálogo simultâneo entre as partes e o Estado-Juiz como carro chefe do contraditório, pois, é assunção e concretização da própria democracia na jurisdição (seja judiciária ou administrativa), o que evidencia que toda leitura do contraditório é retirada dos ideais natos do Estado de Direito e de Democracia; eis o porquê da ampla difusão em doutrina da expressão "contraditório participativo".[94-95]

Nesse meandro, mister se faz esmiuçar o conteúdo do princípio do contraditório a fim de melhor enquadrá-lo nos propósitos do presente trabalho, sempre tendo em mente que sua análise deve também perpassar pelos ideais ínsitos à democracia, mais notadamente o caráter participativo.

Para Leonardo Greco,[96] o contraditório encerraria 05 (cinco) núcleos essenciais de observação para que sua estrutura se mantivesse intacta.

O primeiro deles é a audiência bilateral, a qual se expande de sua antiga concepção que a sintetizava no binômio informação-reação, passando também a englobar os aspectos referentes à adequada e tempestiva notificação; essas características circundam os atos processuais indiscriminadamente, criando verdadeiras possibilidades de os sujeitos participarem do processo, evitando tomada de decisões sem audiência das partes.[97]

A segunda faceta refere-se ao direito das partes de apresentar alegações, propor e produzir provas, quando às partes são conferidas amplas prerrogativas de participar da produção probatória, independentemente daquele que tenha requerido sua produção (ainda que determinada de ofício pelo magistrado).

Mas necessário observar que as duas primeiras características elencadas acabam por estar umbilicalmente ligadas, haja vista que a ciência adequada e tempestiva do ato é que possibilitaria o direito das partes de apresentar alegações (vista em seu sentido mais amplo, como inclusive o direito de impugnar as ma-

---

[94] Por todos, GRECO, Leonardo. O princípio do contraditório cit.

[95] O argumento exposto sustenta ainda uma ideia assaz interessante (e que será mais bem entendida com o desenvolver das facetas do contraditório a serem abordadas no texto) e se resume no fato de que desnecessária seria qualquer previsão infraconstitucional a respeito do contraditório, posto que suas linhas mestras estariam tratadas pela Constituição e sua interpretação deveria perpassar pelas noções de democracia e estado de direito; ainda, se alguma limitação infraconstitucional houvesse ao contraditório, e esta se encontrasse contrária aos ideais de diálogo pregados pela visão democrática, a disposição legal deveria ser reanalisada à luz do ideal participativo. Cf. Idem, ibidem.

[96] GRECO, Leonardo. Garantias fundamentais do processo: o processo justo cit.

[97] Insta observar que o próprio Leonardo Greco, em seu texto "O princípio do contraditório", aborda o tema do contraditório prévio como um desdobramento da audiência bilateral, o que neste trabalho apresentou-se como uma faceta "autônoma". GRECO, Leonardo. O princípio do contraditório cit.

Cap. 13 - JURISDIÇÃO CRIATIVA E A MOTIVAÇÃO DAS DECISÕES JUDICIAIS

nifestações do *ex adverso*), salientando que essas duas acepções do contraditório também têm como pano de fundo evitar as malsinadas decisões-surpresa. Ademais, não é desnecessário ressaltar que a paridade de armas também é elemento que salta aos olhos quando se observam as descrições do que representariam essas facetas do contraditório, haja vista que não somente essas duas alhures destacadas, como as que ainda serão estudadas, sempre pressupõem a igual condição de atuação para autor e réu no processo.[98]

A terceira característica essencial ao contraditório é a flexibilidade de prazos. Por certo que a flexibilidade não se refere àquele conceito que poderia ensejar uma insegurança jurídica às partes, que não teriam ciência de quando os atos seriam praticados, mas encerra uma noção de suficiência de tempo para a realização do ato, salientando que a observação do lapso temporal deve ser recíproca e equânime. A essa faceta encerraria ainda um poder diretivo para o juiz majorar e minorar prazos processuais, em diálogo com as partes, sempre visando à adequação do procedimento às manifestações dos sujeitos processuais, conforme as peculiaridades da demanda.[99]

A quarta faceta denota a necessidade de o contraditório ser sempre prévio (ou pelo menos a possibilidade de realizá-lo previamente), afinal somente desse modo é que sua realização se mostraria eficaz, com a decisão judicial sendo tomada sob a "influência" da tese e antítese.[100]

A quinta e última característica ínsita ao contraditório seria o próprio fato de ser participativo, devendo a participação não se vincular apenas aos sujeitos do processo, mas a todas as pessoas e demais sujeitos que sofram ou possam vir a sofrer qualquer tipo de turbação ou iminência de ofensa aos seus direitos.

Nas ideias de Leonardo Greco adrede expostas, apesar de não explicitamente detalhadas, já se pode intuir que as acepções do princípio do contraditório podem exprimir noção que o relaciona com outro viés de suma importância para o Ordenamento pátrio, qual seja, o direito de a parte influir na decisão judicial; desnecessárias maiores delongas para sua compreensão, afinal a influência é ínsita a tudo o que fora exposto sobre o contraditório, pois o grande poder que o princípio fornece às partes é a possibilidade de ter suas razões

---

[98] Não é demais ressaltar que o princípio da igualdade é verdadeiro valor irradiador para a compreensão do contraditório. Para uma inteligibilidade melhor sobre o tema: MARINONI, Luiz Guilherme. *O precedente na dimensão da igualdade* cit.

[99] Referida situação restou inclusive prevista entre os poderes do juiz no PLS 166/2010, a qual se manteve incólume na revisão dos dispositivos quando do envio para a Câmara dos Deputados, vide art. 118, V, do PC 8.046/2010, restando também mantida na consolidação das emendas entregue pelos deputados responsáveis pelo projeto.

[100] Por certo que Leonardo Greco não fecha seus olhos à possibilidade da decisão *inaudita altera pars*, todavia salienta que referida situação somente poderia ocorrer em caráter excepcional e com a observância atenta do juiz para as peculiaridades da causa e das permissões legais.

analisadas (sendo atendidas ou rechaçadas) quando o juiz decide e fundamenta sua tomada de posição.

Nesse mister, Luiz Guilherme Marinoni explicita muito bem essa relação entre o contraditório e a motivação das decisões em texto que, pelo seu título – "O precedente na dimensão da igualdade" –,[101] percebe-se que não se mostrava como sua finalidade precípua:

> Vê-se, a partir daí, uma grave lacuna. Em que local está a igualdade diante das decisões judiciais? Ora, o acesso à justiça e a participação adequada no processo só tem sentido quando correlacionados com a decisão. Afinal, esta é o objetivo daquele que busca o Poder Judiciário e, apenas por isso, tem necessidade de participar do processo. Em outros termos, a igualdade de acesso, a igualdade à técnica processual e a igualdade de tratamento no processo são valores imprescindíveis para a obtenção de uma decisão racional e justa.

Por essas e outras não se poderia deixar de mencionar a acepção que Dierle José Coelho Nunes e Humberto Theodoro Júnior[102] esboçaram a respeito do contraditório, em que procuraram delimitar o núcleo essencial do princípio de uma forma menos abrangente (em termos numéricos), mas com similar (senão equânime) proficuidade que Leonardo Greco.

Em suma, os citados autores informam que o princípio do contraditório teria como conteúdo a bilateralidade da audiência, a paridade de armas e o direito de influir na decisão judicial, sendo que, pela leitura do texto, os três espectros estariam relacionados de uma forma quase que indissociável.

Em verdadeira síntese da ideia exposta, a bilateralidade da audiência somada à paridade de armas (e para tanto pede-se *venia* para reportar às noções do conteúdo do contraditório expostas alhures, embasadas nas razões de Leonardo Greco, tudo visando a evitar repetição de argumentos) acabaria por subsumir a faceta do contraditório que abraçaria o verdadeiro pilar da democracia (a participação), qual seja, o direito de influência[103] sobre a decisão judicial.

---

[101] MARINONI, Luiz Guilherme. *O precedente na dimensão da igualdade* cit.

[102] NUNES, Dierle José Coelho; THEODORO JÚNIOR, Humberto. *O princípio do contraditório* cit.

[103] Essa influência deve ser vista como qualquer ação humana (ou mesmo omissão) que tem possibilidades de condicionar a tomada de atitude (ou omissão na tomada de atitude) de outra pessoa. Para tanto, nada mais perfeito do que associá-la ao contraditório, afinal o que se pretende é fazer com que autor e réu tenham condições de participar do debate e, mediante suas razões, tentarem convencer o juiz de suas posições jurídicas em defesa. No processo, como visto, é o contraditório que concretiza a possibilidade de apresentação de alegações, de impugnação e demais manifestações.

Cap. 13 – JURISDIÇÃO CRIATIVA E A MOTIVAÇÃO DAS DECISÕES JUDICIAIS

Assegurar que as partes possam apresentar alegações, contraditar argumentos, ter prazo adequado e tempestivo para suas manifestações é efetivamente garantir que possam influir na tomada de decisão pelo juiz.

Esse direito de influência, por via de consequência (e nesse teor é que a influência se mostra como uma faceta do contraditório e não a sua finalidade), asseguraria, entre outras situações, a impossibilidade de decisões-surpresa, que, por óbvio, obstam a participação efetiva da parte na tomada de posição do juiz. Ademais, como a influência é própria de uma democracia participativa (ou que seja deliberativa), assegurar sua concretização é também determinar que as partes tenham igualdade de chances (bilateralidade da audiência) e igualdade de armas (paridade de armas) – o que se observa é uma verdadeira via de mão dupla.

Ainda, no teor das nuances do contraditório expostas por Leonardo Greco, tem-se a questão da flexibilidade dos prazos. Ora, sendo dever do juiz propiciar o debate entre as partes, bem como abrir ao debate suas opções de decisão oficiosa, por certo que a garantia dessas manifestações deve vir acompanhada de um adequado e tempestivo lapso temporal para tanto, com vias, inclusive, a majorar e minorar prazos para a mais eficaz participação.

Indo mais além, consectário necessário do direito de influência da parte encontra-se no dever de o juiz[104] abrir às partes a possibilidade de discutir as decisões que possa tomar oficiosamente, denotando, assim, que o debate não se cerra às partes, mas também é mister que exista uma discussão entre partes e juiz para que a participação seja efetivamente ampla e irrestrita.[105]

A impossibilidade de decisões-surpresa, assim, deve ser observada como a garantia conferida à parte de não ter contra si um pronunciamento judicial do qual não tenha participado, ou seja, não se lhe tenha dado oportunidade de expor suas razões a respeito do fato ou do direito, exercendo ou conferindo possibilidade de convencer o juiz em relação àquele ponto em discussão. Ainda que a previsão do art. 462[106] do CPC/1973 traga em seu bojo a faculdade conferida ao juiz de poder embasar sua decisão em fatos não alegados pelas partes, já se

---

[104] A questão de o juiz ter o dever de abrir às partes a oportunidade de se manifestar foi previsto pelo PLS 166/2010, tendo sido mantido no PLC 8.046/2010 e na consolidação das emendas pela Câmara dos Deputados, conforme o art. 10 dos referidos projetos citados.

[105] NUNES, Dierle José Coelho; THEODORO JÚNIOR, Humberto. *O princípio do contraditório* cit, que assim expõe: "Desse modo, o contraditório constitui uma verdadeira garantia de não surpresa que impõe ao juiz o dever de provocar o debate acerca de todas as questões, inclusive as de conhecimento oficioso, impedindo que em 'solitária onipotência' aplique normas ou embase a decisão sobre fatos completamente estranhos à dialética defensiva de uma ou de ambas as partes. Tudo que o juiz decidir fora do debate já ensejado às partes, corresponde a surpreendê-las, e a desconsiderar o caráter dialético do processo, mesmo que o objeto do decisório corresponda a matéria apreciável de ofício".

[106] "Art. 462. Se, depois da propositura da ação, algum fato constitutivo, modificativo ou extintivo do direito influir no julgamento da lide, caberá ao juiz tomá-lo em consideração, de ofício ou a requerimento da parte, no momento de proferir a sentença."

viu outrora que o princípio do contraditório, garantia fundamental conferida aos sujeitos do processo (e aos demais que do processo possam sofrer iminência ou real turbação), deve ser analisado sob o prisma dos ideais democráticos, e nesse teor é inconcebível que não se oportunize manifestar sobre questões que podem ser conhecidas oficiosamente pelo magistrado.[107] O contraditório -influência impõe a proibição das decisões-surpresa.

Não se pode deixar de mencionar que esse direito de influência na tomada de posição pelo juiz começou a ganhar seus contornos justamente em decorrência de uma concepção mais ampla e democrática do princípio do contraditório e também quando do desenho do controle das instâncias de poder no Estado de Direito,[108] sendo certo, assim, que os cidadãos, de súditos, passam a participar ativamente de toda a atividade estatal. Para tanto, nada mais importante do que o diálogo, seja entre os cidadãos, seja também entre os cidadãos e o próprio Estado. É o que Antonio do Passo Cabral, citando Jürgen Habermas, denomina de "diálogo intersubjetivo",[109] quando é formado por meio do processo um cenário típico de discurso público.

O direito de influência sobre a decisão judicial com a ativa participação das partes, pois, acaba por trazer para seu núcleo de entendimento outro princípio que encontra amparo no Ordenamento pátrio, qual seja, o princípio da cooperação,[110] afinal "a participação não só visa a garantir que cada um possa

---

[107] Em termos práticos, assim pontua Fredie Didier Jr.: "Imagine a seguinte situação: A e B estão litigando, cada um argumentou o que quis e o juiz, no momento da sentença, baseia-se em um fato que não foi alegado pelas partes, não foi discutido por elas, mas está provado nos autos. Ele trouxe esse fato para fundamentar a sua decisão com base no art. 131, conjugado com o art. 462, ambos do CPC. Mas ele não poderia ter feito isso sem submeter esse fato ao prévio debate entre as partes. Isso feriria, escancaradamente, o contraditório. A decisão formar-se-ia com base em questão de fato sobre a qual as partes não falaram, e, portanto, basear-se-ia em questão a respeito da qual as partes não puderam ter exercitado o 'poder de influência', não puderam dizer se o fato aconteceu ou não aconteceu, ou aconteceu daquela forma, ou de uma outra forma". Ao final, assim conclui o autor: "(...) Assim, evita-se a prolação de uma decisão -surpresa". DIDIER JR., Fredie. *Curso de direito processual civil*: teoria geral do processo e processo de conhecimento. Salvador: JusPodivm, 2010. p. 54-55.

[108] CABRAL, Antonio do Passo. *Nulidades no processo moderno* cit., p. 106 e ss.

[109] Idem, ibidem. Na p. 110, assim sintetiza o autor: "Nesse cenário de aproximação entre homem e Estado, a soberania popular passa a ser reafirmada através de pressupostos comunicativos dinâmicos, que resgatam e regeneram, a todo tempo, a legitimidade do direito produzido no diálogo intersubjetivo. Se a impositividade e vinculatividade do direito dependem de discursos públicos no procedimento decisório, com participação ampla para validar e legitimar a decisão, a formação de uma *regula juris* só pode ser hoje compreendida no contexto da intersubjetividade discursiva, e é um dever do Estado buscá-la a todo tempo. (...) Logo, faz-se necessária a institucionalização de procedimentos deliberativos para a formação da vontade estatal, ampliando-se as arenas de discussão. E o processo, judicial ou administrativo, é uma delas".

[110] Notar que o princípio da cooperação foi previsto expressamente no art. 5.º do PLS 166/2010, tendo sido também mantido no PLC 8.046/2010. Todavia, quando da apresentação da consolidação das emendas na Câmara dos Deputados, o referido artigo de lei fora reestruturado, e o

Cap. 13 – JURISDIÇÃO CRIATIVA E A MOTIVAÇÃO DAS DECISÕES JUDICIAIS

influenciar a decisão, mas também tem uma finalidade de colaboração com o exercício da função jurisdicional".[111]

Mister salientar que o princípio da cooperação é decorrente do devido processo legal, da boa-fé processual e, por óbvio, do próprio contraditório, sendo que é nesse meandro de ideais democráticos que se inclui o magistrado no diálogo processual (conforme visto, não mais figura como um espectador do processo, mas auxiliando e debatendo com as partes[112]). Percebe-se que o modelo constitucional de processo é um "meio-termo" entre o liberalismo processual e a socialização do processo.[113]

Essa interação entre a cooperação e o direito de influência é de fato de extrema importância para a efetivação de tudo o que se expôs até agora, mesmo porque um procedimento dialético, desenhado por meio do contraditório dinâmico,[114] denota o ambiente de coparticipação que deve imperar no seio do processo. Esta é a real definição de democracia.

Aos propósitos do presente trabalho, as explanações sobre o princípio do contraditório já se mostraram bastante delongadas, no entanto necessárias, haja vista que as exposições remetem exatamente ao princípio da motivação das decisões judiciais, que se mostrará como o meio pelo qual se afere a legitimidade da jurisdição criativa.

4. NOÇÕES HISTÓRICAS E ATUAIS SOBRE O PRINCÍPIO DA MOTIVAÇÃO DAS DECISÕES JUDICIAIS

Expresso atualmente no art. 93 da CRFB/1988, o princípio da motivação das decisões judiciais de índole constitucional no Brasil surge no mesmo mo-

---

termo "cooperação" restou transposto para o art. 8.º, sob o fundamento de que os arts. 5.º e 8.º do PLS 166/2010 teriam o mesmo objetivo de ancorar a cooperação no projeto do novo CPC (esta vista como subprincípio do princípio da boa-fé processual), motivo pelo qual se entendeu que seria melhor a positivação da boa-fé processual no art. 5.º, e a cooperação no art. 8, ambos sendo estruturados de forma mais simples, ou seja, apenas como cláusula geral, a fim de que os próprios tribunais modelassem sua aplicação aos casos concretos.

[111] CABRAL, Antonio do Passo. *Nulidades no processo moderno* cit., p. 207.

[112] Para maiores incursões sobre o princípio da cooperação e um modelo de processo cooperativo, cf. idem, p. 207-234.

[113] Para uma melhor inteligibilidade sobre as transformações enfrentadas pelo processo no decorrer da história, até se chegar ao modelo constitucional de processo, cf. FIORATTO, Débora. *A conexão entre os princípios do contraditório e da fundamentação das decisões na construção de um Estado democrático de direito*. Disponível em: <http://www.redp.com.br/arquivos/redp_5a_edicao.pdf>. Acesso em: 15 jan. 2011.

[114] A expressão é "plagiada" do texto de NUNES, Dierle José Coelho; THEODORO JÚNIOR, Humberto. *O princípio do contraditório* cit., utilizada em contraposição ao contraditório estático internalizado pelo direito desde fins do século XII até o Pós-Segunda Grande Guerra, vislumbrado apenas com a faceta da bilateralidade da audiência.

mento histórico que o contraditório participativo e, por óbvio, embebedado dos semelhantes ideais democráticos advindos com a Carta de Outubro.

Em breve relato histórico, pode-se dizer que a exata definição de determinado momento no qual o princípio da obrigatoriedade das motivações das decisões judiciais passou a ser exigido nos seus moldes modernos é deveras complexo, sendo certo salientar também que há entendimento no sentido de não ser possível filiar a obrigação de motivar as decisões judiciais a algum princípio inspirador comum, haja vista que este se firmou "nos mais diferentes ordenamentos, sob circunstâncias históricas, políticas, sociais e culturais bastante diversificadas".[115]

De qualquer forma, pode-se dizer que a estrutura da qual derivou a compreensão que modernamente se tem do referido princípio deriva das doutrinas jurídico-políticas do Iluminismo francês, salientando que essa conclusão decorre de algumas considerações relacionadas a acontecimentos do período em voga, quais sejam: o dispositivo normativo que se coloca como constatação da obrigação de motivação dos pronunciamentos judiciais advém da Constituição do ano III, art. 208 (que acabou por ser influenciado pela Lei 16-24 de agosto de 1790); o racionalismo de derivação jusnaturalista, do qual se vislumbra que a justiça da decisão depende da racional justificativa que o juiz lhe confere; e, por fim, a relação entre a obrigatoriedade de motivação da decisão e o ideal democrático da época, referente ao controle popular sobre o exercício dos poderes do Estado, notadamente do Judiciário, situação já ventilada no contexto político-cultural do Iluminismo/Revolução Francesa.[116]

Ressalte-se, porém, que até se alcançar uma concepção moderna da obrigatoriedade de motivação dos pronunciamentos judiciais, observa-se uma verdadeira evolução de diversos entendimentos defendidos ao longo dos anos, que culminou com o ideal político advindo do Iluminismo (e não de seus ideais filosóficos) de que era necessário submeter o poder jurisdicional a um controle democrático de legalidade e justiça substancial.[117]

---

[115] BARBOSA MOREIRA, José Carlos. A motivação das decisões judiciais como garantia inerente ao estado de direito. *Temas de direito processual.* Segunda série. Rio de Janeiro: Saraiva, 1988. p. 86.

[116] TARUFFO, Michele. La obligación de motivación de la sentencia civil: entre el derecho común y la ilustración. *Páginas sobre justicia civil* cit., p. 489-490.

[117] Michele Taruffo desenvolve em seu texto o imbricado processo de inteligibilidade da moderna concepção do princípio da obrigatoriedade de motivação das decisões judiciais, fazendo correlações entre os momentos históricos francês, italiano e alemão, cada qual com suas particularidades. Em suma, os ideais do Iluminismo francês têm seu ponto de partida com a convicção de que a justiça e a controlabilidade das decisões seriam necessários para se ter a clareza, simplicidade e uniformidade da lei, bem como para proteger o princípio da legalidade e a proibição de interpretação do juiz (podando sua função criadora); nesse aspecto, a concepção garantista da época cingia-se à afirmação da primazia do Poder Legislativo, com o juiz sendo subordinado à lei. Ainda que aos filósofos do Iluminismo tenha passado despercebido o princípio da motivação como garantia, nos séculos XI a XVII, a opinião pública vislumbrou que a motivação permitia

Cap. 13 – JURISDIÇÃO CRIATIVA E A MOTIVAÇÃO DAS DECISÕES JUDICIAIS

A partir das codificações do século XIX, e em consequência do século XX, é que o princípio da obrigação de motivar as decisões judiciais passa a ser cons-

---

uma valoração crítica da decisão (o que seria impossível sem as razões de convencimento); conclui, assim, o autor que a motivação não surgiu de um caráter técnico jurídico, mas sim da base ideológica construída por meio dos princípios políticos de inspiração democrática como alternativa ao arbítrio judicial – o juiz, pois, não deveria somente aplicar a lei criada pelo povo, mas deveria também submeter-se ao controle do povo, enunciando, para tanto, as razões da decisão (o que efetivaria um controle democrático de legalidade e justiça substancial); conforme visto, o ponto chave da atual concepção moderna da obrigatoriedade da motivação das decisões culminou com sua constitucionalização, após sua previsão infraconstitucional na lei de agosto de 1790. Já em Alemanha, mais precisamente na Prússia, diferentemente, a obrigatoriedade da motivação das decisões decorreu das normas positivas editadas por Frederico II, que informava ainda as suas finalidades: prevenir conflitos entre as partes sobre o conteúdo da decisão e também permitir ao juiz da impugnação um melhor conhecimento dos elementos da lide; percebe-se, pois, que em Alemanha, mediante suas normas, é que se resolveu o problema da obrigação da motivação das decisões. Todavia, não se resolveu outro problema, que é a publicação da decisão, fator também inerente à motivação. Essa adoção da motivação pela Alemanha acabou por aclarar somente a função endoprocessual da fundamentação, uma vez que visava a expor os motivos da decisão apenas para as partes e para o juiz da impugnação – não se observou, à época, a sua função de controle externo (percebe-se, nesse viés, que a ideologia da revolução Iluminista a respeito do controle externo é alheia para os alemães). Esse ponto de vista sobre a motivação foi resolvido com a lei de reforma geral do processo na Alemanha, ocorrida em 1781, e promulgada (já com revisão) em 1793. Essa norma constituiu, além da superação da codificação anterior, uma verdadeira regulamentação moderna da motivação e publicação das decisões (a motivação era vista também como fator de racionalização do juízo e de funcionamento ordenado da atividade decisória); faltava-lhe, ainda, a motivação como meio de controle externo da decisão. Nos demais países de língua alemã, alguns com codificações contemporâneas à da Prússia, observava-se que a obrigatoriedade de motivação das decisões judiciais não aparecia em seus dispositivos; ao contrário, em alguns ordenamentos, como na Baviera e no Código Josefino, os motivos não deveriam sequer ser expostos na decisão; paradoxalmente a isso, é relevante ressaltar que a proibição de publicação poderia levar a se pensar que a base da ideologia do controle externo residia nessas leis antidemocráticas, haja vista que enalteciam o autoritarismo do Estado, que não queria ser controlado. Já na Itália, em razão de a motivação das decisões dos juízes ser variada e complexa nos diversos estados, dificilmente se conduz a um marco coerente sobre quando se começou referida prática ou quando esta restou legalmente prevista, mas tem-se ciência de que desde o século XVI já havia estados italianos pioneiros que adotavam a regra da motivação em seus ordenamentos, como, por exemplo, em Florença, em Piemonte e em Rota Romana, cada qual com suas peculiaridades, merecendo, porém, destaque a legislação de Florença, que era a única que fazia evidente abertura a uma possibilidade de controle externo do comportamento do juiz, não se resumindo, assim, a um controle endoprocessual. Fato interessante e comum a todas as legislações italianas citadas é que não se previa o segredo da *ratio decidendi* (a exceção ficaria por conta de outros estados, como Milão e Veneza). Já no século XVIII, ganha destaque na Itália a legislação napolitana, capitaneada por Tanucci, que foi a primeira ordenação do país que representou os elementos característicos modernos da motivação: a generalidade de obrigação da motivação das decisões, o fiel seguimento do juiz à lei e a publicidade dessas decisões. Esses ideais napolitanos decorrem do mesmo idealismo político que levou a França ao controle externo das decisões judiciais (que, conforme salientado, não se embasavam em um idealismo filosófico). Ocorre que esse idealismo político era vinculado a uma tentativa de centralização da estrutura estatal, o que se alia mais a um despotismo do tantemente observado como norma nos referidos diplomas, salientando, todavia, que é somente com o fim da Segunda Grande Guerra que o princípio passa a ser encarado como uma garantia fundamental da administração da justiça, com presença constante nas Constituições dos países do globo, que, quando não positivadas, aferem sua previsão por meio da interpretação das demais garantias inseridas no texto constitucional.[118]

No Brasil, ainda sob a influência das Ordenações Filipinas, já se observava a aplicação da obrigatoriedade da motivação das decisões judiciais, que mereceu destaque também no Regulamento 737, de 1850, e nas legislações processuais dos Estados da Federação, quando também restou privilegiada na primeira legislação de processo unificada do território nacional, o Código de Processo Civil de 1939. Por certo, a obrigatoriedade restou mantida no CPC vigente, o

---

que às concepções democráticas que se vislumbravam na Revolução Francesa; por se basear em uma estrutura centralizada de estado é que as ideias de Tanucci não encontraram um ambiente pronto para assimilar os ideais democráticos, situação que acabou culminando com a abolição de obrigação de motivação das decisões em 1791, passando a tratar-se de mera faculdade. Salienta-se, todavia, que as previsões de alguns ordenamentos italianos sobre a obrigatoriedade, quase que generalizada, sobre a obrigação de motivar as decisões judiciais, caso de Florença, Nápoles (ainda que posteriormente revogada) e ainda o código barbacoviano, não denotavam uma fonte efetivamente inovadora como ocorreu em França; a novidade, para os italianos, ficou por conta de que essa obrigação de motivar os pronunciamentos judiciais decorreu dos mesmos motivos que levaram a França a estipular referidas previsões em sua ordenação, qual seja, os princípios ideológicos surgidos com a revolução (com ligação estrita à ideologia democrática de controle externo da administração da justiça). No entanto, com a criação, por Napoleão, de estados na Itália, a obrigação de motivação das decisões judiciais acabou por ser excluída das Constituições, sobrevivendo, contudo, nas normas ordinárias, o que, todavia, fez retornar à sua concepção puramente endoprocessual, excluindo a possibilidade de controle externo da administração da justiça. Ao expor as peculiaridades de cada ordenamento, conclui o autor que em decorrência da pluralidade de soluções normativas a respeito do princípio da obrigatoriedade da motivação das decisões judiciais, não se pode afirmar de forma unitária que os princípios político-jurídicos do Iluminismo/Revolução Francesa são considerados como sua matriz cultural direta (TARUFFO, Michele. La obligación de motivación de la sentencia civil: entre el derecho común y la ilustración. *Páginas sobre justicia civil* cit., p. 489-514).

[118] TARUFFO, Michele. La motivación de la sentencia. *Páginas sobre justicia civil* cit., p. 515. Destaque merece ser feito com relação aos Estados Unidos da América, que não possuem regra expressa no que tange à previsão de obrigação da motivação das decisões, apesar de que, na Suprema Corte, paradoxalmente, é constante a exposição da *ratio decidendi*; excetua-se, todavia, também nessa Corte, a admissibilidade da *petition for certiorari* (meio pelo qual se pleiteia que a Suprema Corte examine o caso julgado pelo tribunal hierarquicamente inferior), na qual goza a Corte de total sigilo das razões de sua admissibilidade ou não. Salienta-se, ainda, que as decisões de primeira instância no referido país também não costumam ser motivadas. BARBOSA MOREIRA, José Carlos. A motivação das decisões judiciais como garantia inerente ao Estado de direito. *Temas de direito processual* cit., p. 85-86. Ver também, BARBOSA MOREIRA, José Carlos. A Suprema Corte Norte-Americana: um modelo para o mundo? *Temas de direito processual*. Oitava série. Rio de Janeiro: Saraiva, 2004. p. 242-243.

Cap. 13 – JURISDIÇÃO CRIATIVA E A MOTIVAÇÃO DAS DECISÕES JUDICIAIS

que se deflagra dos arts. 131 e 458,[119] tendo ainda sido alçada a garantia de nível constitucional em 1988, conforme alhures destacado.

A fundamentação das decisões judiciais, com a evolução de seu entendimento, adquiriu duas funções precípuas, uma endo e outra extraprocessual. Ao se pensar no processo em si, a motivação funcionaria como requisito de validade dos pronunciamentos judiciais (o que inclusive se mostra prescrito no texto do art. 93 da CRFB/1988), sendo necessário não somente às partes como também ao Judiciário em si. Isso porque é por meio da motivação das decisões judiciais que as partes tomam conhecimento da justificativa utilizada pelo juiz para decidir desta ou de outra maneira, aferindo os motivos pelos quais seria de seu interesse recorrer. Já para o Judiciário, a motivação funcionaria como meio de controle do juiz inferior pelo juiz hierarquicamente superior, sendo certo que os fundamentos daquele que prolatou a decisão são observados pelo juiz que julgará a impugnação do pronunciamento.

Ademais, em decorrência da função endoprocessual do princípio da motivação das decisões judiciais, é correto afirmar que a busca por uma racionalidade da atividade judicial, mediante a aferição da correta interpretação do direito aplicado, bem como a busca de uma economia às impugnações dessa decisão, com o intuito de que um pronunciamento bem fundamentado funcionaria como óbice ao interesse em recorrer, são razões de escol que justificam a obrigatoriedade de se fundamentar as decisões. Mas não somente.

A função extraprocessual da motivação teria como escopo inicial a busca pela uniformização da jurisprudência. Assim, a tese jurídica defendida pelo juiz prolator da decisão teria valor persuasivo para que demais magistrados, quando defrontados com situações semelhantes, adotassem o posicionamento que se vincularia ao entendimento exposto.[120] Essa função da motivação está também intimamente relacionada com a dimensão constitucional de garantia do

---

[119] BARBOSA MOREIRA, José Carlos. A motivação das decisões judiciais como garantia inerente ao Estado de direito. *Temas de direito processual* cit., p. 85-86.

[120] Nesse sentido, a motivação das decisões judiciais tem grande utilidade prática para a aplicação do direito, conferindo a segurança jurídica almejada na interpretação da norma jurídica, bem como privilegiando a igualdade, no sentido de que casos iguais devem ter resoluções compatíveis. Mais forte ainda é a adoção dessa função da motivação em dias atuais, afinal discute-se o projeto de lei que visa a reforma do Código de Processo Civil, que em suas previsões dá grande enfoque à força dos precedentes, o que pode ser conferido por meio do inovador incidente de resolução de demandas repetitivas, previsto nos arts. 895 a 906 do PLS 166/2010, recebendo nova numeração com o PLC 8.046/2010, passando a englobar os arts. 930 a 941. Sobre o assunto conferir: BARBOSA, Andrea Carla; CANTOARIO, Diego Martinzes Fervenza. O incidente de resolução de demandas repetitivas no projeto de Código de Processo Civil. In: FUX, Luiz (Org.). *O novo processo civil brasileiro*: direito em expectativa. Rio de Janeiro: Forense, 2011. p. 436-525. Os referidos dispositivos sofreram modificações substanciais na consolidação das emendas apresentada na Câmara dos Deputados, que, por fugir ao tema em debate, não merecem maiores explanações.

princípio, concretizando, conforme visto, os ideais iluministas e da Revolução Francesa de controle da atividade estatal pelos cidadãos. A concepção democrática do processo é, assim, também observada na obrigação de fundamentar a decisão, afinal garante-se à sociedade em geral a possibilidade de exercer o controle sobre os pronunciamentos judiciais.

O que se observa, desta feita, é que a função extraprocessual tem grande valia também para justificar outras inquietudes sobre a obrigatoriedade de motivar as decisões judiciais, quais sejam: pensar em um aspecto meramente interno ao processo seria desvirtuar referida obrigação, afinal a exposição da *ratio decidendi* somente teria valia quando efetivamente houvesse impugnação à decisão proferida, o que inclusive poder-se-ia pensar em mera faculdade conferida às partes de requerer ao juízo que apresentasse as razões que embasariam sua decisão.[121] Ademais, deixar de observar a obrigação de fundamentar a decisão com uma visão para fora do ambiente do processo seria desvirtuar a necessidade de motivar os pronunciamentos não passíveis de recurso (e aqui não se está a falar dos recursos com julgamento diferido, mas sim de decisões não suscetíveis a qualquer tipo de impugnação), como as decisões das Supremas Cortes em geral.

E foi nessa emersão de sua função extraprocessual que nasceu a ideia de *garantia* da obrigatoriedade de motivação das decisões judiciais. Essa garantia à exposição dos fundamentos não deve ser isoladamente analisada, mas também correlacionada aos demais princípios-garantia existentes no ordenamento pátrio, principalmente os de índole constitucional.

Assim, configurando a fundamentação da decisão como uma garantia aos jurisdicionados e à sociedade em geral (vide suas funções endo e extraprocessual), a motivação dos pronunciamentos acaba por ser delineada por uma visão instrumentalista, ou seja, é a partir da motivação que se mostra possível controlar o cumprimento efetivo dos demais princípios e garantias constitucionais, notadamente a imparcialidade e independência do juiz, o cumprimento do contraditório-influência, a segurança jurídica e a igualdade (na questão dos precedentes). Ademais, é pelos motivos da decisão que se consegue vislumbrar se o juiz seguiu adequadamente os preceitos do Ordenamento vigente, tornando mais factível a análise sobre uma decisão ser ativista ou não.

Em suma, é pela motivação que se pode aferir o fiel seguimento ao devido processo legal, com a concretização de todos os princípios e garantias inerentes ao processo, bem como se os valores da Constituição foram respeitados. A exposição dos motivos da decisão é o escopo do juiz para legitimar a sua atuação

---

[121] Referida postura inclusive fora adotada, com algumas particularidades, por alguns ordenamentos da Europa, exatamente no período em que se começava a ventilar as concepções modernas da obrigatoriedade de motivação das decisões judiciais, a título de exemplo, a legislação de 1771 de Módena, na Itália. Cf. TARUFFO, Michele. La obligación de motivación de la sentencia civil: entre el derecho común y la ilustración. *Páginas sobre justicia civil* cit., p. 505.

Cap. 13 – JURISDIÇÃO CRIATIVA E A MOTIVAÇÃO DAS DECISÕES JUDICIAIS

proativa na proteção dos direitos fundamentais, permitindo, ainda, eventuais críticas quando desrespeitados e o controle de sua atuação.

Ato contínuo, a função extraprocessual da motivação das decisões judiciais funciona como o verdadeiro termômetro da legitimação processual; afinal, além da motivação ser, por si só, fator de contribuição para a legitimação do processo, ela deve ser concebida ainda como instrumento para tanto, já que, conforme visto, é por meio do referido princípio que se consegue aferir a presença de demais garantias processuais fundamentais, as quais, entre tantas outras, cita-se o contraditório-influência. Essa relação, pois, impõe a conclusão de que a verificação da participação democrática no processo é verificada nas razões de convencimento do juiz, a qual funciona assim como meio pelo qual se coteja a legitimação democrática do processo, e, via de consequência, da própria atuação da jurisdição criativa no respeito aos direitos fundamentais.

Não somente as funções da motivação merecem destaque, mas também é necessário rascunhar breves palavras a respeito do conteúdo da obrigatoriedade de fundamentação das decisões judiciais, haja vista que é deste (ou de sua ausência, se preferir) que advém o problema da falta de legitimação do Poder Judiciário.

Ao juiz, portanto, é defeso motivar sua decisão sem expor todos os fatos e fundamentos que compõem a controvérsia trazida ao Judiciário. A motivação dita racional e legítima (obedecendo, assim, às suas funções supraexpostas) somente será observada quando a decisão judicial abordar todos os pontos necessários (fatos, direito e provas) a justificar a adoção da norma jurídica aplicada ao caso;[122] e neste contexto, deve-se ressaltar que não somente os fatores

---

[122] Ao juiz é necessário apontar, por meio de argumentos sustentáveis, os motivos que o levaram a aplicar em sua decisão aquela norma em comento. No entanto, digno de nota é o fato de que, comumente, a aplicação de uma norma não se adapta à regra da "subsunção do fato ao direito", impondo ao magistrado que, por vezes, enfrente normas eivadas de carga axiológica – eis aqui os casos das decisões ditas ativistas. Assim, também nessas situações obriga-se ao juiz motivar a decisão, no entanto, em casos tais, o juízo valorativo utilizado pelo juiz para alcançar a conclusão da decisão também deve ser objeto de justificativa, ou seja, é dever do magistrado expor as razões pelas quais adotou esta ou aquela norma dotada de carga axiológica, a fim de que a motivação judicial esteja consentânea com as exigências legais que a definem. Com maior clareza, Michele Taruffo assim dispõe: "Sí vale la pena, en cambio, subrayar la necesidad de que el juez suministre una adecuada justificación de los juicios de valor que ha formulado en sede de interpretación y aplicación de la norma. (...) En esto no hay nada de extraño o de patológico: sin embargo, es necesario que el juez sea ante todo consciente de sus propias valoraciones (y no las confunda, por tanto, con juicios de hecho o con datos a priori), y que – siendo consciente – dé justificaciones adecuadas sobre ellas indicando el criterio valorativo que considera que debe aplicar (eventualmente explicando las razones de esta elección) y especificando cómo esse criterio sustena y justifica el juicio de valor que ha formulado en el caso concreto". Ainda nesse sentido, o mestre italiano informa a necessidade de o juiz justificar a valoração dada à prova usada como fundamento da decisão, não sendo suficiente que em sua *ratio decidendi* informe, única e exclusivamente, que a decisão tomada é decorrente de determinada prova produzida;

que convenceram o juiz a adotar referido posicionamento devem ser expostos, mas também os eventuais fatos e provas contrários à aplicação daquela norma devem ser fundamentadamente refutados.[123]

As situações suscitadas são afins com o que Taruffo chamou de justificação externa da motivação, que se relaciona justamente com a explicação pelo juiz "da escolha das premissas de fato e de direito de cuja conexão se deriva logicamente a decisão final",[124] enquanto a justificação interna correlaciona-se com o nexo existente entre o fato e o direito afirmados na decisão proferida.

Nesses termos, para que uma decisão seja idônea, para que cumpra seus atributos de racionalidade e legitimidade, para que ela se adapte ao comando constitucional previsto no art. 93, derivado do Estado Democrático de Direito, deve o juiz justificar a decisão com base em todos os fatos e fundamentos trazidos relacionados à *questio juris* que, de alguma forma, sejam suficientes para convencê-lo da posição tomada e ainda expor os motivos pelos quais desconsidera ou refuta fatos e direito que supostamente infirmariam sua escolha da norma aplicada ao caso.[125]

---

deve o magistrado justificar analiticamente as razões que o levaram a valorar positivamente determinada prova e a valorar negativamente outras. Cf. TARUFFO, Michele. La motivación de la sentencia. *Páginas sobre justicia civil* cit., p. 523-524.

[123] "Pero este no es un buen método para quien quiera intentar establecer la verdad de un hecho: la verdad no surge sólo de las pruebas favorables a la existencia de aquel hecho, sino – y sobre todo – de la confrontación entre pruebas favorables y pruebas contrarias. Si las pruebas contrarias no se toman en consideración justamente porque son contrarias a una hipótesis determinada, la determinación de aquel hecho no está adecuadamente justificada, en cuanto no aparecen las razones por las cuales se excluye que esa determinación hubiese podido ser diferente." TARUFFO, Michele. La Motivación de la Sentencia. *Páginas sobre justicia civil* cit., p. 524.

[124] Idem, p. 522-523. Tradução livre.

[125] É por todos esses fundamentos que não se comunga do entendimento de José Maria Rosa Tesheiner, que expõe, tendo em vista a realidade brasileira, que o juiz da impugnação não teria obediência à norma da obrigatoriedade da motivação da decisão judicial quando este se depara com recursos escusos à lei. Assim expõe o autor: "(...) É comum, no Brasil, a existência de um abismo a separar uma legislação idealista da crua realidade sobre que deve incidir. Consideremos a realidade forense brasileira. Os advogados não se envergonham de sustentar qualquer baboseira e de recorrer de qualquer sentença, afogando os tribunais com montanhas de recursos, destinados tão só a tumultuar os processos e a protelar a decisão final. Fossem os tribunais, em cada caso, dar paciente resposta a cada questão levantada, fossem examinar com seriedade cada defesa arguida, em que, por vezes, não acreditam os próprios causídicos que as arguem, hão (sic, não) haveria jamais tribunais e juízes que bastassem. Será mal confirmar-se na sentença 'por seus próprios e jurídicos fundamentos' quando não se encontra na apelação nenhum argumento sério? Merece resposta quem levanta questões levianas? Em muitos casos, simples referência ao dispositivo legal aplicado e às testemunhas, cuja versão se acolheu, é o quanto basta. É preciso que se compreenda que o importante é a decisão justa, e não a fundamentação, que não raro mais esconde do que revela. É necessário que se compreenda que o advogado precisa convencer o juiz, mas que o juiz não pode pretender convencer a parte vencida. (...)". Entende-se que, para os casos das chamadas "manobras jurídicas", nas quais

Cap. 13 - JURISDIÇÃO CRIATIVA E A MOTIVAÇÃO DAS DECISÕES JUDICIAIS

Observação final referente ao conteúdo da motivação das decisões diz respeito à denominada fundamentação concisa, utilizada para as decisões interlocutórias e sentenças terminativas. O adjetivo não arranha o que fora até então defendido, sendo certo que a abreviada apresentação de argumentos para embasar um pronunciamento judicial não se contrapõe às funções endo e extraprocessual e à necessidade de justificação interna e externa das decisões, mesmo porque estas também são passíveis de impugnação e controle externo pela sociedade,[126] porque, ontologicamente falando, não há diferenciação entre decisões finais e decisões incidentes.

Assim, o que se apresenta quando a lei faz menção a uma decisão concisa é que o juiz deve se ater ao ponto em discussão que será decidido, expondo todos os fatos e fundamentos que o justificam, porém de forma sucinta. A concisão da motivação não se relaciona com o discurso de justificação do juiz, mas sim

---

se pretende única e exclusivamente protelar o deslinde da causa ou mesmo alterar ou tentar esconder a realidade dos fatos, entre tantas outras, existem no ordenamento os meios cabíveis de enfrentar e punir os agentes que elegem agir dessa forma; a título de exemplo, tem-se as penas por: litigância de má-fé (art. 18, CPC), atos contrários ao dever de lealdade e contrários à autoridade e dignidade do Judiciário (art. 14, parágrafo único, CPC) e mesmo os atos atentatórios à dignidade da justiça (art. 601, CPC). Assim, suplantar uma garantia constitucionalmente assegurada, conforme defende o jurista, não que se mostra adequado, quiçá consoante com a norma de maior hierarquia dentro do Ordenamento pátrio. Ademais, conforme se vislumbra da posição adotada, parece que o autor não se coaduna com as ideias ora defendidas, notadamente no que concerne ao conteúdo do princípio da obrigatoriedade das motivações judiciais. TESHEINER, José Maria Rosa. *Elementos para uma teoria geral do processo.* São Paulo: Saraiva, 1993. p. 53-54. Por essas razões, e em decorrência de tudo o que foi exposto é que se comunga com a opinião de Alexandre Câmara, que assim resume: "Todo aquele que tenha algum tipo de vivência forense já viu decisões cujo teor aproximado é o seguinte: 'ausente os pressupostos legais, indefiro'; 'presentes os pressupostos, defiro'; 'indefiro por falta de amparo legal', e muitos outros exemplos que não são aqui enumerados para não cansar o leitor [e aqui permito-me acrescentar a expressão de José Maria Rosa Tesheiner supracitada, qual seja, "por seus próprios e jurídicos fundamentos"]. Tais decisões não podem ser consideradas como adequadamente fundamentadas. O que se tem aí é mero arremedo de fundamentação. O juiz que se limita a repetir fórmulas e textos legais, achando que assim fundamenta suas decisões, é um mau juiz, que com toda certeza proferiu tal decisão com parcialidade, sendo tal decisão tão flagrantemente inconstitucional (...)" (CÂMARA, Alexandre Freitas. *Lições de direito processual civil.* 12. ed. Rio de Janeiro: Lumen Juris, 2005. v. 1, p. 57).

[126] Ainda que o projeto do Novo Código de Processo Civil, PLS 166/2010, traga como uma de suas inovações o fim do agravo retido – o art. 907 (excluiu-o do rol dos recursos cabíveis) – e ainda limite o alcance e uso do agravo de instrumento – art. 929 (situação inclusive muito controvertida para a doutrina mais abalizada, mas que, por falta de pertinência temática, não será aqui analisada) – não quer isso dizer que as decisões impugnáveis por meio desses recursos não mais poderão sê-las; no entanto, a sua irresignação restará diferida. Os dispositivos foram mantidos no PLC 8.046/2010, com algumas alterações no que tange às decisões impugnáveis via agravo de instrumento, que tiveram o seu rol aumentado; as matérias são tratadas no PLC nos dispositivos 948 e 969, respectivamente. Os referidos dispositivos sofreram modificações substanciais com a consolidação das emendas pela Câmara dos Deputados; a título exemplificativo, ressalta-se o retorno dos embargos infringentes ao rol dos recursos, no art. 969.

com a soma de todos os fatos e fundamentos que embasam o pronunciamento em tela. O que se tem, pois, é que as razões expostas pelo juiz nesses tipos de decisão devem ser suficientes para que se reconheçam os motivos que culminaram com a decisão tomada, sendo certo que, conforme exposto, o fundamento da decisão deve ser exaustivo, a ponto de justificar a tomada de posição.

E assim é porque, conforme Barbosa Moreira:

> No Estado de Direito, todos os poderes sujeitam-se à lei. Qualquer intromissão na esfera jurídica das pessoas deve, por isso mesmo, justificar-se, o que caracteriza o Estado de Direito como *"rechtsfertingender Staat"*, como "Estado que se justifica". Distingue a doutrina dois aspectos complementares dessa "justificação": o material e o formal. A intromissão é materialmente justificada, quando para ela *existe* fundamento: é formalmente justificada, quando *se expõe, se declara, se demonstra* o fundamento.[127]

5. A RACIONALIDADE DA MOTIVAÇÃO DAS DECISÕES

Restou assentado que a motivação das decisões judiciais deve ser racional para que assim cumpra seu efetivo dever como garantia da parte e possibilidade de controle interno e externo da atividade estatal – cerne das atuações proativas. No entanto, questão que também se faz premente e ainda não fora destacada é o fato relacionado ao alcance da racionalidade.

A racionalidade da decisão é, assim, a verificação da validade da decisão tomada tendo em vista todos os limites, poderes e deveres do magistrado em sua atuação, sendo certo que a lei é o primeiro e último escopo da performance judicial, que deve retirar dos enunciados normativos presentes no Ordenamento Jurídico as razões para sua decisão.

Algumas teorias tiveram como objeto de estudo a tentativa de demonstrar como é realizada a tomada de decisão pelo juiz e, consequentemente, justificar sua racionalidade. Entre elas se destacam a lógica, a retórica e a dialética.

Antes, porém, é preciso ter em mente que a racionalidade da decisão também é alcançada por meio da análise dos argumentos usados para justificá-la, e não na tomada de decisão em si – o que denota que a motivação das decisões sobreleva-se em importância na legitimação da atuação do Judiciário. Para melhor compreender a situação, mister atentar para a diferenciação existente entre raciocínio decisório e raciocínio justificativo, muito bem exposta por Michele Taruffo.

O referido autor aponta que decisão e motivação – apesar de interligadas, uma vez que esta é a justificação para aquela – são diferentes, representando

---

[127] BARBOSA MOREIRA, José Carlos. A motivação das decisões judiciais como garantia inerente ao Estado de direito. *Temas de direito processual* cit., p. 89.

Cap. 13 – JURISDIÇÃO CRIATIVA E A MOTIVAÇÃO DAS DECISÕES JUDICIAIS

dois momentos distintos. Assim, a decisão em si é a formulação de uma hipótese produzida mediante uma concatenação de escolhas de naturezas distintas, incidentes sobre os fatos e o direito postos em discussão, sendo interpretados e valorados, visando ao alcance da norma do caso concreto.[128] É o denominado contexto de descoberta.

Distintamente, a motivação da decisão é observada em momento posterior à tomada de decisão; ela representará a formulação e exposição dos argumentos que sustentarão a razoabilidade. Não se trata mais de eleger entre hipóteses diversas, mas justificar com argumentos o porquê de se eleger determinada situação para o caso; é por meio da motivação que o juiz demonstra para a sociedade que sua decisão deve ser aceita como válida e compartilhável.[129] É o denominado contexto de justificação.

A motivação da decisão concebida como a apresentação de argumentos racionais para explicar a decisão tomada deve conter elementos estruturantes para ser taxada de válida e racional. Assim, ela deve justificar a decisão, e para que a justifique deve ser completa, reconhecida como válida e convincente.[130] Dessa

---

[128] TARUFFO, Michele. *La motivación de la sentencia civil*. Trad. Lorenzo Córdova Vianello. Madrid: Trotta, 2011. p. 15. "(...) una cosa es el procedimiento a través de cual el juez llega a formular la decisión final, mediante una concatenación de elecciones, de hipótesis constatadas como falsas o bien confirmadas, de mutaciones que intervienen en curso del proceso, de elaboraciones y valoraciones que desembocan en la decisión final; (...)". Continua o autor: "A mí me parecía, y todavia pienso que así es, que el equivalente judicial del context of discovery tenía características estructurales propias: se articula en el tiempo, implica la síntesis de diversos factores, procede a través de abducciones y de *trial and error*, recorre caminos que luego son abandonados, incluye la influencia de factores psicológicos e ideológicos, implica juicios de valor, y puede incluso comprender la participación de varias personas, como ocurre en todas las hipótesis en las cuales la decisión es tomada por un colegio de jueces".

[129] TARUFFO, Michele. *La motivación de la sentencia civil* cit., p. 15. "(...) y outra cosa es el razonamiento con el cual el juez, luego de haber formulado la decisión final, organiza una razonamiento justificativo en el cual expone las 'buenas razones' en función de las cuales su decisión debería ser aceptada como válida y compartible. (...)". Continua o autor: "Por otra parte, el equivalente judicial del context of justification, es decir, la motivación de la sentencia, tiene características diversas: se presenta cuando la fase decisória ya se agotó y la decisión final ya ha sido formulada; puede ser obra de personas distintas a las que han formulado la decisión y – normalmente – de un sola de las mismas; no tiene la finalidad de formular elecciones, sino de mostrar que las elecciones que se realizaron eran 'buenas'; tiene una estructura argumentativa y no heurística; tines una función justificativa; es un 'discurso' – y, por lo tanto, una entidad linguística – y no un iter psicológico; se funda en argumentos con valencia tendencialmente intersubjetiva; está estructurada lógicamente; puede incluir inferencias deductivas e inductivas, pero no de abducción, y así sucesivamente."

[130] Nesse sentido, TARUFFO, Michele. El control de racionalidad de la decisión, entre lógica, retórica y dialética. *Páginas sobre justicia civil* cit., p. 408. "Si se concibe la motivación de la sentencia con discurso que justifica racionalmente la decisión, de ahí se derivan consecuencias difíciles. No es posible examinarlas aqui detallhadamente, pero parece indispensable señalar algunas cosas. (...). En primer lugar, la motivación debe estar estructurada de tal manera que justifique

estrutura se conclui que o controle de racionalidade da motivação "no es un control sobre la validez e los fundamentos de la decisión, sino sobre la validez y fundamentos de las razones de las cuales el juez sirve para hacer aceptable sua decisón 'al exterior'".[131]

Exposta a ideia da racionalidade, impõe esboçar em breves linhas algumas das teorias que ao longo dos anos vêm sendo usadas como meios de demonstração da racionalidade das decisões. A primeira que se destaca é a lógica.

O silogismo judicial tornou-se, a partir do século XVIII, o modelo agregado pela cultura jurídica que justificaria, racionalmente, a tomada de decisão pelo juiz. A estrutura lógica advinda da teoria silogística consiste basicamente em confrontar os fatos com as normas e, dessa análise, elaborar a regra para o caso concreto; identifica-se, assim, a premissa menor (fato em sentido jurídico), bem como a premissa maior (norma jurídica), o que permitiria o alcance da decisão para a situação posta.[132]

A teoria do silogismo, que alcançou pleno êxito com o positivismo jurídico (justamente pelo fato de que distanciava a moral, sendo certo que para aqueles que a cultuavam a existência de uma norma é um problema diferente de seu mérito ou não), acabou por resolver um sério problema existente à sua época, qual seja, o de vincular os juízes a critérios racionais de decisão segundo normas claras e reconhecíveis por todos.[133] Sua ampla adoção se justifica em razão de que a relação entre fato e norma se mostrava como uma forma quase que perfeita de demonstração lógica da decisão tomada, bem como pelo fato de que a estrutura do silogismo acabava por ceifar o poder discricionário do juiz.

Notoriamente que, apesar de até os dias atuais o silogismo judicial ter grande força e aplicabilidade em diversos ordenamentos, sendo assim importante ferramenta para aferição da racionalidade da decisão, porque "el nexo entre norma y hecho que se instaura en la decisión del juez es difícilmente comprensible sin

---

la decisón. (...). Para estar realmente justificada una decisión, deve estarlo de manera completa. (....) Los argumentos justificativos deben por ser reconocidos como válidos y convincentes".

[131] TARUFFO, Michele. El control de racionalidad de la decisión, entre lógica, retórica y dialética. *Páginas sobre justicia civil* cit., p. 408.

[132] Nesse sentido, LORENZETTI, Ricardo Luis. *Teoria da decisão judicial*. Trad. Bruno Miragem. São Paulo: RT, 2004. p. 170-171, que assim destaca: "O raciocínio dedutivo tem sido o modo característico de raciocínio legal, ainda que nunca tenha sido exclusivo nem excludente. O método dedutivo requer três passos: a) identificar um conjunto de premissas jurídicas válidas que permitam formular um enunciado normativo geral (elemento normativo-premissa maior); b) delimitar um suporte fático relevante por aplicação das regras processuais (elemento fático -premissa menor); c) deduzir a solução do caso a partir da premissa maior aplicável à premissa menor".

[133] TARUFFO, Michele. El control de racionalidad de la decisión, entre lógica, retórica y dialética. *Páginas sobre justicia civil* cit., p. 400-401.

Cap. 13 – JURISDIÇÃO CRIATIVA E A MOTIVAÇÃO DAS DECISÕES JUDICIAIS

recurrir a una conexión lógica entre lo general e lo particular",[134] resta claro que sua aplicação quase que automática não tem o condão de justificar completa e exaustivamente as mais variadas decisões tomadas dentro dos complexos ordenamentos jurídicos existentes nos dias atuais.

A insuficiência da lógica para expor as razões da decisão traz à emersão as teorias da argumentação jurídica, que conferia campo ao intérprete e aplicador do direito para não somente realizar a subsunção, mas, e acima de tudo, argumentar em face do caso posto em discussão.

A retórica "desenhada" por Chaïm Perelman é uma das teorias que vêm com o intento de demonstrar, mediante a exposição de argumentos, a racionalidade das decisões. A distinção entre retórica como persuasão e retórica como uso de argumentos razoáveis é de suma importância para a inteligibilidade da aplicação da teoria às decisões judiciais,[135] uma vez que a decisão não pode ser tratada apenas como intenção de convencimento; a racionalidade da decisão não se mostra em expor argumentos para que se persuada alguém de algo, mas sim expor argumentos razoáveis a fim de que se possa aferir se as justificativas apresentadas são válidas e racionais. A razoabilidade dos argumentos expostos após a tomada de decisão é fator suficiente para realizar o controle da decisão.

A diferença entre lógica e retórica é notória e sucintamente exposta por Ricardo Luis Lorenzetti:[136]

> Isso expõe uma importante diferença a respeito do raciocínio dedutivo tradicional, que busca a verdade no sentido da norma verdadeiramente aplicável de acordo com critérios formais vigentes no ordenamento; a retórica, no entanto, não diz a verdade, senão a paz social.
>
> O raciocínio judicial é parte do discurso e tem uma referência intersubjetiva e dialógica. Esse enfoque parte da premissa de que o objetivo não é a averiguação da verdade, senão a solução dos problemas.

Por fim, a dialética busca, por meio da interação entre diversos componentes (fatos, normas, partes etc.), demonstrar e justificar a racionalidade da decisão. Não

---

[134] Idem, p. 401.

[135] Nesse sentido, TARUFFO, Michele. El control de racionalidad de la decisión, entre lógica, retórica y dialética. *Páginas sobre justicia civil* cit., p. 401, que assim expõe: "Toda referencia al posible papel de la retórica en la decisión judicial es ambiguo si no se distingue, al menos, entre retórica como persuasión y retórica como uso de argumentos razonables. En la primera acepción, la retórica no tiene nada que ver con la racionalidad y tiene que ver sólo con el hecho de que alguien se persuada o sea persuadido de algo. En la segunda acepción, que se remonta esencialmente a PERELMAN, la retórica se refiere al uso de argumentos razonables y puede equivaler (si se depura de las implicaciones más 'persuasivas') a la racionalidad como calidad de razonable, más que como demostración sensu stricto".

[136] LORENZETTI, Ricardo Luis. *Teoria da decisão judicial* cit., p. 177.

se prescinde da lógica, afinal o nexo entre a norma e o fato é um forte meio de expor a racionalidade da decisão; todavia, essa interação entre premissa maior e premissa menor não é realizada pela simplória maneira do método dedutivo, mas é fruto de interpretação e valoração dos fatos postos em debate e ainda interpretação e valoração das hipóteses normativas supostamente aplicáveis.

Nesse sentido, o que se observa é que a dialética é fruto do debate entre as partes (contraditório), bem como das interações entre fato e norma, salientando que é este último enfoque que interessa, especificamente, para a formação da decisão judicial. Diz-se formação porque é um procedimento dialético que se instaura entre fato e norma, cada qual se condicionando reciprocamente, sendo que esse processo de verificação se torna mais complexo quanto maior a dificuldade na interpretação da norma e na delimitação dos fatos.

Por óbvio que as dificuldades do julgador tendem a diminuir quanto mais claros se mostram os fatos da causa, que, constituindo a premissa menor, se mostram como os pontos de partida para o juiz adequá-los à premissa maior; assim, a dialética no sentido de contraditório se mostra de suma importância para esta segunda acepção da teoria dialética, uma vez que quanto mais amplo e aberto se mostrar o debate dos sujeitos do processo (tanto no que concerne às peculiaridades fáticas da causa como às razões para se aplicar determinada norma jurídica ao caso em análise), mais facilitado se mostrará o trabalho do juiz em enquadrar a(s) hipótese(s) de incidência da norma no fato jurídico reclamado.

A tomada de decisão na dialética impõe tanto um debate entre os sujeitos do processo como uma confrontação dinâmica entre fatos e normas postos, cumprindo ao juiz o papel não somente de interpretar e valorar a norma conforme os fatos, mas também, e acima de tudo, de realizar os juízos de fato consentâneos com as hipóteses normativas.[137] Desse intenso procedimento dialético, concluído com a exposição dos argumentos que justificam a utilização de determinada norma para a situação fática exposta, é que sobressai a racionalidade da decisão.

---

[137] TARUFFO, Michele. El control de racionalidad de la decisión, entre lógica, retórica y dialética. *Páginas sobre justicia civil* cit., p. 405, que assim dispõe: "Mientras el significado próprio de la norma no puede sino definirse en relación con el caso concreto, la estructura jurídica del caso se define en necesaria correlación con la norma. Desde este punto de vista, el hecho determina la interpretación de la norma y la norma determina el juicio sobre los hechos. Todo eso se verifica mediante un *procedimiento* dialéctico de ensayo y error que implica la confrontación, la verificación y el control de hipótesis. Este procedimiento es tanto más largo y complejo, cuanto mayores sean las dificultades que el juez encuentra en la interpretación de la norma y en la identificación de los hechos a los que ella se refiere. Y puede estar configurado de distintas maneras, pero justamente el hecho de que sea 'procedimiento' y su complejidade, inducen a pensar que es analizable en términos de secuencias racionales y de criterios de validez lógica".

6. A MOTIVAÇÃO COMO AFERIÇÃO DA LEGITIMAÇÃO PROCESSUAL

Ainda que ultrapassado, o raciocínio silogístico se mostra necessário, mesmo que de forma pouco abrangente, para demonstrar o início da tomada de decisão do juiz (não se nega que, no contexto de descoberta, quando da adequação do fato à norma, a subsunção se mostra como útil para racionalmente justificar a eleição do direito aplicada ao caso concreto[138]). Por outro lado, é inegável que as teorias da argumentação jurídica, e aqui se debruça os olhos sobre o enfoque dialético, são as ferramentas que vieram descortinar os anseios de controlabilidade das decisões judiciais, tanto na seara endo quanto na esfera extraprocessual, efetivando, definitivamente, a racionalidade da decisão e legitimando a atividade jurisdicional.

Todavia, o que se pretende afirmar não é a legitimidade da decisão em razão da motivação da decisão pura e simplesmente, ou mesmo ratificar sua racionalidade mediante os argumentos usados para justificar a posição adotada pelo juiz, haja vista que no desenvolver do presente trabalho essas facetas da obrigatoriedade da motivação das decisões já se mostraram suficientemente expostas. O ponto fulcral é comprovar o fato de que a obrigação de motivação das decisões é importante meio de aferição da efetiva participação das partes no processo e, ainda, meio de aferir se foram respeitadas todas as demais garantias e direitos fundamentais conferidos pela CFRB/1988, e outros que dela decorram. É por meio dessa análise que se pode determinar a legitimação de uma atuação proativa e a sua adequabilidade e correção.

Se o processo se legitima democraticamente pelo contraditório, é mediante a motivação da decisão que se afere essa legitimação. Todas as exigências delineadas sobre a necessidade de completude, justificação, validade e racionalidade da decisão se mostram mais evidenciadas se se pensar em termos de verificação dos direitos assegurados às partes e o respeito aos preceitos e valores do Ordenamento vigente. E essa análise, ao contrário do que se pode pensar, não se restringe aos sujeitos do processo, porque o respeito aos direitos de autor e réu representa o respeito aos direitos de toda uma sociedade, que pode confiar e ter a certeza de que o Judiciário observa o sistema jurídico quando instado a dirimir um conflito – eis a segurança jurídica sendo protegida por meio da motivação, e uma segurança jurídica que abraça toda uma sociedade observadora e controladora do poder estatal. A mesma situação é verificada nas ações constitucionais, que, mesmo não possuindo autor e réu, terão na motivação o meio de se controlar e verificar a conformação da decisão com as normas do Direito.

---

[138] Para melhor elucidação sobre o tema ver LORENZETTI, Ricardo Luis. *Teoria da decisão judicial* cit., p. 158-168.

Não somente respeito aos direitos, pois pela motivação ainda se consegue observar o cumprimento dos ônus e deveres processuais. E deveres impostos não somente ao autor e ao réu, mas também aqueles direcionados ao juiz;[139] assim, é com a exigência de motivação da decisão que as partes e a sociedade poderão aferir se o magistrado fez observar e cumprir os deveres de lealdade e boa-fé objetiva; se a atuação das partes foram probas e coerentes (proibição do *venirem contra factum proprium*); se o juiz agiu dentro de suas atribuições de imparcialidade ou mesmo se fez cumprir o contraditório participativo, oportunizando às partes amplas e irrestritas manifestações, e integrando os debates travados no curso do processo; se os ônus probatórios foram devidamente distribuídos. Acima de tudo, o respeito aos valores e preceitos do Ordenamento Jurídico é um dever do magistrado, e somente analisando os fundamentos da decisão é que se pode conferir se ela respeitou o Direito.

Toda essa celeuma denota um duplo fator legitimante do princípio da motivação das decisões judiciais, sendo que, no que concerne ao espectro da verificação de cumprimento das determinações processuais e ainda o efetivo respeito às garantias processuais constitucionais, Luiz Guilherme Marinoni[140] sucintamente assim afirma:

> Mas a legitimação da jurisdição não depende apenas da observância destes direitos e nem pode ser alcançada somente pelo procedimento em contraditório e adequado ao direito material, sendo aí imprescindível pensar em uma legitimação pelo conteúdo da decisão.

No mesmo sentido, tem-se José Carlos Barbosa Moreira,[141] que assim relata:

> *Last but not least*, trata-se de garantir o direito que têm as partes de ser ouvidas e de ver examinadas pelo órgão julgador as questões que houverem suscitado. Essa prerrogativa deve entender-se ínsita no direito de ação, que não se restringe, segundo a concepção hoje prevalecente, à mera possibilidade de pôr em movimento o mecanismo judicial, mas inclui a de fazer valer razões em Juízo *de modo efetivo*, e, por conseguinte, de reclamar do órgão judicial a consideração atenta dos argumentos e provas trazidas aos autos. Ora, é na motivação que se pode averiguar se e em que medida o juiz levou em conta ou negligenciou o material oferecido pelos litigantes; assim, essa parte da decisão constitui "o mais valioso ponto de referência" para controlar-se o efetivo respeito daquela prerrogativa.

---

[139] Para melhor compreensão sobre os deveres do juiz, CABRAL, Antonio do Passo. *Nulidades no processo moderno* cit., p. 227-229.

[140] MARINONI, Luiz Guilherme. *O precedente na dimensão da igualdade* cit.

[141] BARBOSA MOREIRA, José Carlos. A motivação das decisões judiciais como garantia inerente ao Estado de direito. *Temas de direito processual* cit., p. 88.

Cap. 13 – JURISDIÇÃO CRIATIVA E A MOTIVAÇÃO DAS DECISÕES JUDICIAIS

E ainda merecem registro as palavras de Michelle Taruffo[142], que, apesar de não chegarem expressamente ao mesmo entendimento, em uma análise conglobada de seu texto, podemos inferir que seus escritos estão embebidos das ideias ora expostas, senão vejamos:

> Si se dirige la atención a la función que pude asignarse al proceso visto como instrumento orientado a la decisión, se puede decir que el proceso sirve para *preparar* la decisión final. Como se acaba de señalar, la dialéctiva procesal no es un juego estéril y circular de historias contrapuestas, sino un método a través del cual, de un lado, se asegura que todos los interesados puedan hacer valer sus razones, y del otro lado, se tiende a hacer que emerjan efectivamente los elementos sobre los cuales deberá fundarse la decisión final. La función preparatoria del proceso se ejerce de varios modos y en varias fases, que no es necesario examinar detalladamente, pero que incluyen la formulación de las hipótesis relativas a las diversas posiciones de las partes, la eventual precisión o cambio de estas hipótesis en el curso del proceso, su control *in itinere* a través del desarollo de la dialéctiva procesal, la recopilación de elementos destinados a constituir el material a utilizar en el momento de la decisión final y la formulación definitiva de las hipótesis sobre las que será emitida esta decisión.

De tudo, o que se percebe é que o princípio da obrigatoriedade da motivação das decisões judiciais se mostra como o fim e o fim do processo justo, legítimo e com uma decisão também justa. Fim porque a motivação, tecnicamente, é a última das garantias processuais verificáveis no processo, cumprindo, assim, um requisito formal de legitimação. E ainda, é fim porque somente após a decisão (e a apresentação dos argumentos que a sustentam) é que se verificará se o processo foi efetivamente justo, pela observância de concreção das garantias que circundam esse instrumento e efetivação dos direitos do Ordenamento pátrio.

Por certo que essa faceta do princípio da motivação das decisões judiciais é pouco explorada em sede de jurisprudência, principalmente em decorrência do ranço técnico dos magistrados em sempre responder as impugnações às suas decisões com famigerados argumentos que, em suma, dizem que os juízes não têm a obrigação de analisar todos os fatos e fundamentos expostos pelas partes, sendo suficiente a justificativa exposta que o convenceu a respeito daquela questão, atentando ainda que referida situação é consubstanciada pelo mal-interpretado princípio do livre convencimento racional (arts. 130 e 131, do CPC/73).

Não é essa a espécie de decisão que se objetiva, tampouco é esse tipo de decisão que a processualística mais acurada procura trazer para a prática forense atual, afinal, nos termos apresentados, a legitimação do processo aferida pela motivação da decisão é mais do que uma exposição de argumentos para justi-

---

[142] TARUFFO, Michele. Juicio: processo, decisón. *Páginas sobre justiça civil.*, p. 236.

ficar a criação da regra do caso concreto –assim considerando, uma exposição de argumentos não consentâneas com o direito ou mesmo fora da realidade do processo seria aceita como racional e legítima. A obrigação de fundamentação é também o meio para se verificar se todas as garantias processuais constitucionais foram respeitadas e se os direitos fundamentais restaram assegurados, de onde se afere, assim, uma verdadeira legitimação, tendo em vista a mais ampla concretização da democracia por meio de sua gênese participativa.

Por óbvio que a participação no processo ocorre mediante o contraditório, uma vez que é ele que confere às partes amplas possibilidades de manifestação para a defesa de suas posições; o mesmo princípio ainda confere às partes a garantia de que referidas exposições sejam levadas em consideração para fins de decisão. A concretização do contraditório, pois, é percebida na motivação das decisões.

As situações são indissociáveis, por isso se fala em duplo aspecto legitimante: expor argumentos e demonstrar por meio deles o respeito aos ditames do ordenamento pátrio. Somente respeitando esses dois aspectos suscitados é que, verdadeiramente, se obterá a almejada decisão legítima e racional.

7. O PROJETO DO CÓDIGO DE PROCESSO CIVIL[143] E SUA CONTRIBUIÇÃO PARA A LEGITIMAÇÃO DAS DECISÕES

As atuais previsões que envolvem a motivação das decisões judiciais têm se mostrado, na prática, não suficientes para aflorar a verdadeira finalidade de se apontar as razões de decidir do magistrado.

Não que referidas previsões sejam formalmente insuficientes; a doutrina mais abalizada já demonstrou em diversos escritos o que se deveria entender por uma decisão motivada e como fazê-la na prática. Ocorre que, infelizmente, essas diretrizes não têm sido seguidas pelos responsáveis em decidir as *questio juris*.

O projeto do Novo Código de Processo Civil traz em seu bojo uma possível solução para o problema prático que atualmente se enfrenta; ele busca sistematizar a fundamentação das decisões judiciais, dando especial destaque para a forma como ela deve ser feita, o que se observa pela redação do art. 476,[144] que assim reza:

> Art. 476. São requisitos essenciais da sentença: I – o relatório sucinto, que conterá os nomes das partes, a suma do pedido e da contestação do réu, bem como o registro

---

[143] Todos os dispositivos a que se fará remissão no corpo deste tópico representam a sua numeração de acordo com o PLC 8.046/2010, sendo certo que, na medida do possível, se indicará os dispositivos que lhes referiam o texto original do projeto do Novo Código de Processo Civil.

[144] Atual redação do art. 476, do PLC 8.046/2010. Disponível em: <www.camara.gov.br>. Acesso em: 29 jun. 2012.

das principais ocorrências havidas no andamento do processo; II – os fundamentos, em que o juiz analisará as questões de fato e de direito; III – o dispositivo, em que o juiz resolverá as questões que as partes lhe submeterem. *Parágrafo único. Não se considera fundamentada a decisão, sentença ou acórdão que: I – se limita à indicação, à reprodução ou à paráfrase de ato normativo; II – empregue conceitos jurídicos indeterminados sem explicar o motivo concreto de sua incidência no caso; III – invoque motivos que se prestariam a justificar qualquer outra decisão; IV – não enfrentar todos os argumentos deduzidos no processo capazes de, em tese, infirmar a conclusão adotada pelo julgador.*

A novidade que se observa, e que enche de esperança para as questões ora abordadas, é a regulamentação de seu parágrafo único.

Nos dias atuais, encontram-se sérias dificuldades para vencer o mal utilizado princípio do livre convencimento motivado inserto no art. 131 do atual CPC. A atuação dos magistrados, em geral, tem demonstrado que, sob a guarda de referido dispositivo, a obrigação de motivar as decisões judiciais não tem sido respeitada.

E essa questão se mostra mais notória quando se está diante de conceitos jurídicos indeterminados ou ainda questões que envolvem a concretização de direitos sem eficácia plena – caso dos direitos condicionais e também dos direitos sociais.

As prescrições do parágrafo único do art. 476 do projeto "ensinam" aos juízes como se motivar validamente uma decisão. Ousa-se dizer que referidas descrições podem se mostrar como ponto de partida para a elaboração de uma teoria da decisão judicial, tão propalada em nosso país por Lenio Luiz Streck.[145] Isso porque, antes de se adentrar ao conteúdo da decisão, mister se faz analisar como a motivação vai ser engendrada, afinal, conforme salientado, atualmente não se tem verificado o devido respeito que abraça essa importante garantia constitucional.

Os incisos II e IV são, sem sombra de dúvidas, os mais prodigiosos em sua redação, afinal buscam esmiuçar, respectivamente, como deverá ser a motivação de uma decisão que aborde conceitos jurídicos indeterminados e impor que todos os argumentos levados ao processo, e que possam, de alguma forma, colocar em xeque a decisão tomada, devam ser meticulosamente analisados.

A questão atinente aos conceitos jurídicos indeterminados é antiga, sendo usual aos juízes concederem uma informação (que não pode ser chamada de justificativa) de que, naquele caso em análise, é aplicada determinada norma que possui em seu bojo um termo de significado pluriconteudístico. A nova

---

[145] O autor citado, em diversos escritos, já demonstra a necessidade de se elaborar a teoria de uma decisão judicial. No entanto, pode-se afirmar que é no posfácio da obra STRECK, Lenio Luiz. *Verdade e consenso*. 4. ed. São Paulo: Saraiva, 2011, que o autor começa a desenhar os primeiros traços de referida teoria.

redação exige ao magistrado explicar as razões pelas quais se entendeu pela aplicabilidade de uma norma de textura aberta em relação a determinado caso, trazendo maior coerência e coesão à decisão proferida em relação ao fato em debate, além, por óbvio, de conferir maior segurança jurídica ao explicitar referidas justificativas.

O que se está impondo com a disposição é a necessidade de o magistrado delimitar a abrangência daquele termo jurídico, conferindo-lhe o conteúdo que o cerca no caso concreto. Se a função jurisdicional é dotada de um poder criativo, e a motivação das decisões é o meio controlador/legitimante dessa função, é mister que o Judiciário, ao fundamentar sua decisão, delimite exatamente a premissa maior aplicável ao caso, expondo as justificativas pelas quais aquela norma é aplicável.

No que se refere ao inciso IV, vislumbra-se ainda maior satisfação. A necessidade imposta ao magistrado de enfrentar todos os argumentos dos autos que possam se contrapor à sua decisão é a positivação do que Michele Taruffo defende desde a sua obra sobre a motivação da sentença civil, de 1975. Ou seja, o juiz tem o dever de fundamentar a decisão, expondo e justificando não somente os argumentos que o convenceram a decidir de determinada forma, mas também expondo e justificando as razões de não se acatar os argumentos trazidos aos autos que são contrários à sua posição.

O dispositivo em análise nada mais faz do que trazer para o corpo do projeto do código de processo civil as modernas ideias que correlacionam contraditório e motivação, determinando, assim, a melhor entrega da prestação jurisdicional, com a segurança almejada, e concretizando duas das principais garantias do justo processo.

Mas as previsões do projeto do Código de Processo Civil sobre a fundamentação das decisões judiciais não se esgotam nesse artigo de riqueza conteudística inigualável (é claro que o dispositivo pode ser melhorado, mas a estrutura e as ideias que circundam o art. 476 do NCPC denotam um avanço sem precedentes no que tange à motivação das decisões).

A título exemplificativo (isso porque não seria possível citar e analisar todos os dispositivos que, direta ou indiretamente, abordam a questão da motivação das decisões judiciais) tem-se o art. 5.º,[146] que trata do dever da cooperação das partes com o juiz, concedendo-lhe subsídios para que profira as decisões.

---

[146] Na apresentação da consolidação das emendas ao PLC 8.046/2010, a Câmara alterou o conteúdo do art. 5.º, transpondo a noção da cooperação para o art. 8.º, sob o fundamento de que as previsões dos referidos dispositivos, da forma como inicialmente expostas, protegiam esse mesmo princípio. Assim, no texto apresentado recentemente, deslocou o dever de cooperação para o art. 8.º, juntamente com a previsão referente à duração razoável do processo (que, aos olhos do legislador, é corolário da cooperação das partes), deixando ao art. 5.º apenas a previsão de uma cláusula geral de boa-fé processual.

Cap. 13 – JURISDIÇÃO CRIATIVA E A MOTIVAÇÃO DAS DECISÕES JUDICIAIS

Nesse dispositivo, em um primeiro enfoque, o que se estabelece é a efetiva participação das partes e a necessidade de um comportamento probo no desenvolver do processo, bem como uma atitude leal em fase pré-processual. Apesar da relação já demonstrada entre contraditório e motivação, o que efetivamente justifica a eleição desse artigo de lei como exemplo de inovação no aspecto da fundamentação das decisões é que, a partir de uma leitura mais aprofundada do dispositivo, se verifica desde logo uma necessária mudança do dever judicial de justificação das decisões.

A efetiva participação e cooperação das partes com o juiz exige-lhe uma maior e melhor observação das questões postas, legitimando a decisão sob um aspecto interno – que seria sua adequação com o direito posto –, bem como sob um viés externo – ora entendido como a congruência da decisão com os fatos apresentados.[147]

O art. 10 do projeto (já citado alhures) é outro dispositivo que elucida a relação entre o contraditório e a motivação das decisões, impedindo o juiz de decidir qualquer matéria, ainda aquelas cognoscíveis de ofício, sem a prévia manifestação das partes. A proibição de decisões-surpresa é inclusive corolário do dever de cooperação encerrado no art. 5.º do projeto, sendo certo que, ainda que motivada uma decisão judicial, se às partes não for dada a devida oportunidade de manifestação, incompatível com o ideal de um Estado Democrático de Direito, e contrária ao processo justo se mostraria a decisão.

A fundamentação das decisões, conforme o art. 476, deve ser realizada em uma análise conglobada dos argumentos levados aos autos, e a proibição estampada no art. 10 é mais uma manifestação desse novo dever do magistrado de motivar suas decisões, afinal, se embasada em aspectos não debatidos, restaria invalidada.

A parte final do artigo sequencial do projeto (art. 11) se mostra como uma réplica da previsão constitucional estampada no art. 93, IX, que corporifica o dever de motivação das decisões. Poder-se-ia ressaltar a desnecessidade de sua previsão expressa, mas a positivação dos princípios processuais constitucionais dentro do projeto do Novo Código de Processo Civil se mostra como medida de organização e sistematização do novel diploma em elaboração, reafirmando as garantias processuais. Ademais, a própria previsão do já analisado art. 476 se mostra como um detalhamento da prescrição geral inserta no art. 11. Nada de desnecessário, muita utilidade se vislumbra em sua expressa previsão do texto.

---

[147] Nesse sentido PINHO, Humberto Dalla Bernardina. *Os princípios e as garantias fundamentais no projeto de Código de Processo Civil* cit., que assim destaca: "Passa-se de um dever de *justificação interno, representado pela coerência da decisão com o sistema de direitos para um dever que ao mesmo tempo é interno e externo, este último considerado como a necessidade de legitimação procedimental-deliberativa das premissas pré-dadas à decisão, o que no caso de um equivalente jurisdicional como a mediação já é condição prévia para seu estabelecimento*".

Não se pode deixar de mencionar o próprio *caput* do art. 477, que traz a questão da fundamentação concisa para as decisões que extingam o feito sem resolução do mérito, sendo certo que em seu parágrafo único busca-se também demonstrar a necessidade de aclarar ou justificar a adesão de conceitos jurídicos indeterminados, cláusulas gerais ou princípios jurídicos. A preocupação do projeto, conforme se percebe, é buscar limitar o juiz no seu poder decisório, obrigando-o a efetivamente justificar a decisão (com o seu devido conteúdo), evitando os malsinados argumentos ocos embasados em um pretenso livre convencimento motivado.

Ousa-se afirmar que, nos termos expostos alhures, por inexistir diferença ontológica entre a decisão que extingue o feito sem resolução de mérito ou aquela que enfrenta o mérito da causa, entende-se que as previsões do parágrafo único do art. 476 do PLC 8.046/2010 devem também ser observadas nos casos das decisões nas quais se permite a fundamentação concisa. Isso porque, ainda que o projeto, no art. 477, tenha regulado a necessidade de justificação minuciosa apenas para os casos de utilização das normas de textura aberta, não se observam razões para se permitir que, nessas decisões, possa o magistrado se limitar à indicação do dispositivo de lei que se aplicaria ao caso (previsão do art. 476, parágrafo único, inciso I).

Ilustrativamente, se o juiz extingue o feito sem resolução do mérito alegando litispendência ou coisa julgada,[148] não lhe deve ser permitida a simples indicação dos artigos de lei que lhe conferem o supedâneo para tanto. Mister que faça expressa menção ao processo, em trâmite ou findo, que determina o fim daquele idêntico, bem como os fundamentos que alicerçam sua decisão, tendo, pois, o dever de demonstrar comparativamente as razões que o convenceram da identidade das causas.

Os mesmos argumentos referentes à decisão concisa do art. 477,do projeto do Novo Código devem ser utilizados no que diz respeito à previsão do art. 271, referente as decisões que concedam ou deneguem tutelas de urgência ou tutelas da evidência. A redação do dispositivo (é idêntica à previsão original do PLS 166/2010), diferentemente dos arts. 476 e 477, não traz qualquer sistematização com relação à forma ou como se consideraria motivada uma decisão embasada em tutelas de cognição sumária.

Ante a ausência de diferença ontológica entre os "tipos" de decisões apontadas, o que se destaca é que também nas decisões que envolvam concessão ou não de medidas emergenciais ou aprioristicamente evidentes, mister atentar para a necessidade de exposição analítica dos fundamentos que consubstanciam a tomada de posição pelo magistrado.

---

[148] Caso da atual previsão do art. 267, V, do CPC/1973, com previsão original no PLS 166/2010 no art. 467, V, atualmente estampado no art. 472, V, do PLC 8.046/2010.

Nesse aspecto, é com muito mais razão que se reclama para as tutelas de urgência a aplicação das diretrizes de validade da fundamentação das decisões estampadas no art. 476, parágrafo único, pois essas deliberações judiciais sumárias poderão corresponder ao próprio mérito da demanda ou sobre elementos que influirão sobre o pedido realizado, impondo a sua motivação detalhada.

Ainda que concisamente, o magistrado deve observar os exatos termos do pedido sumário e analisar todos os fatos e fundamentos que o envolvem (pelo menos até aquele momento do processo), refutando e justificando sua tomada de posição, não podendo simplesmente indicar dispositivos de lei que consubstanciam a decisão ou mesmo invocar termos jurídicos multissignificativos sem a devida delimitação.

Diversos outros artigos do projeto poderiam ser relacionados com a motivação das decisões, mas o rol não taxativo exposto é suficiente para demonstrar a atenção dispensada ao tema da motivação das decisões judiciais, notadamente em tempos de democracia e neoconstitucionalismo, que, em vez de contrários, se complementam.

Mediante essa rede de dispositivos, que envolvem quase que um microssistema da fundamentação das decisões, é que se mostra útil salientar que o projeto do Novo Código de Processo Civil inaugura uma nova forma de justificar as tomadas de posição dos juízes nos casos *sub judice* (ou se preferir, positiva a forma adequada de se motivar uma decisão, desde há muito propalada em sede doutrinária). Nesse contexto, mais do que fundamentar a decisão, o magistrado deve esmiuçar os dados do processo; tem o dever de apontar as razões dos fundamentos usados. Em linguagem vulgar, o juiz deve dar o fundamento do fundamento; é a chamada fundamentação analítica.[149]

A exposição supra denota que a motivação das decisões pode ter sido alçada ao olimpo. E a causa determinante para a ascensão foi a mudança de

---

[149] Nesse sentido, PINHO, Humberto Dalla Bernardina de. *Os princípios e as garantias fundamentais no projeto de Código de Processo Civil:* breves considerações acerca dos arts. 1.º a 12 do PLS 166/2010. Disponível em: <http://www.redp.com.br/arquivos/redp_6a_edicao.pdf>. Acesso em: 8 jun. 2012, que, ao discorrer sobre a mudança de paradigma do positivismo para o pós-positivismo, e a necessidade de mudança da perspectiva de uma hermenêutica clássica para uma hermenêutica constitucional, assim afirma em fl. 52: "É bem verdade que essa nova hermenêutica aumenta, e muito, os poderes do juiz. Os mais alarmistas, falam em ditadura do juiz. Cria-se, portanto, a necessidade de uma fundamentação mais profunda nas decisões judiciais. Uma fundamentação analítica, como assevera Marinoni. É o que chamamos do 'fundamento do fundamento': as partes têm o direito de saber quais as premissas que o juiz levou em consideração para tomar aquela decisão." E ainda ressalta na p. 70: "Esta fundamentação deve ser analítica, ou seja, o julgador deve expor não apenas o fundamento de sua decisão, mas o que costumamos chamar do fundamento do fundamento, ou seja, as razões que levaram o juiz a fazer aquela interpretação, a optar por aquele caminho, quando tinha outras alternativas. O motivo pelo qual aquela providência lhe pareceu mais apropriada do que as demais, diante do caso concreto".

paradigma do estado positivista para um estado pós-positivista, composto por normas de textura aberta, em que as respostas, em muitos dos casos postos, não se encontram pré-assinaladas, cabendo ao magistrado justificar, minuciosamente, suas decisões.

A jurisdição, nessa concepção, não se limita a interpretar o preexistente, ou seja, analisar apenas leis que já possuem abstratamente a previsão da hipótese de incidência e da consequência normativa aplicável. Em várias ocasiões, impor-se-á ao magistrado que também delineie os aspectos de um novo parâmetro legal, que, apesar de previamente previsto pelo sistema, se configura apenas no plano abstrato, sem a possibilidade de conferir a sua concretude aos sujeitos de direito (assegurar materialmente os direitos garantidos). Ascendeu uma nova função da jurisdição, que é a criativa.[150] A Constituição brasileira de 1988, inclusive, fora pródiga nessas previsões, o que, faticamente, elevou sobremaneira os poderes do juiz.

Mas esse aumento de poderes também restou acompanhado de uma significativa elevação de responsabilidades, e o projeto do Novo Código de Processo Civil se mostrou atento ao assunto. Assim, se aos juízes se concedem maiores poderes de gestão do processo e de uma atuação mais ativa, o lado oposto da moeda demonstra, na mesma proporção, um acréscimo no rol de deveres a serem fielmente seguidos, dentre os quais se destaca a motivação das decisões.

Não se concorda, pois, com o argumento referente à criação de uma ditadura do Judiciário;[151] os defensores desse posicionamento analisam única e exclusivamente o viés relacionado ao aumento do leque de atribuições conferidas aos juízes na mudança de paradigma inaugurada com o fim da Segunda Guerra Mundial. Entende-se que a abordagem da questão deve ser realizada de maneira conglobada, observando também as atribuições dos magistrados. E o projeto de Novo Código de Processo Civil, conforme demonstrado, vem corroborar esse fato, afrontando, pois, eventuais assertivas concordantes com a inauguração de um estado totalitário judicial, já que as previsões normativas suscitadas informam que os "novos" deveres dos magistrados equalizam os poderes "recém–adquiridos".

---

[150] Nesse sentido, TARUFFO, Michele. Leyendo a Ferrajoli: consideraciones sobre la jurisdicción. *Páginas sobre justicia civil* cit., p. 26, que assim afirma: "Entonces, si se limitara la función de la jurisdicción a determinar sólo aquello que ya existe, se cerraría con ella la via a formas de garantía que incluso podrían asegurar la realización de tales derechos aun ante la inercia culpable de los legisladores sustanciales. En algunos casos, la concepción de una jurisdicción 'criativa' está consagrada incluso por el legislador: cuando, por ejemplo, la Constitución brasileña encarga al juez asegurar la realización de los derechos fundamentales – aun en ausencia de normas legales ordinarias que le prevean – no queda más que atribuirles a la jurisdicción una función supletoria respecto de los otros poderes del Estado, precisamente con el fin de asegurar que los derechos fundamentales lleguen a realizarse".

[151] Por todos, MAUS, Ingeborg. Judiciário como superego da sociedade. O papel da atividade jurisprudencial na sociedade órfã. *Novos Estudos CEBRAP*, n. 58, nov. 2000.

8. CONCLUSÃO

O Direito estruturado no Pós-Segunda Grande Guerra é o marco histórico da disseminação do novo modelo de constitucionalismo adotado pelos mais diversos países do globo, que, além de alçar a Constituição ao ápice hierárquico das leis no Ordenamento Jurídico, culminou com a adoção de uma jurisdição constitucional e uma ativa proteção dos direitos fundamentais, características estas garantidas por um Judiciário forte e cumpridor de seu dever.

Aliada aos fatores supra, a estruturação do Ordenamento Jurídico em normas que se dividem em regras e princípios, estes últimos não dotados de efeitos concretos *prima facie* (o que impinge uma atuação judicial mais incisiva com vias a dar aplicabilidade aos direitos assegurados no texto dessas normas), realçou a característica de maior espectro de atuação do Judiciário, e no caso brasileiro essa situação é bem peculiar, uma vez que os princípios espalharam-se prodigamente pelo sistema, tendo previsão não somente na Constituição, como também em diversos diplomas hierarquicamente inferiores.

Essa ampliação de atuação do Judiciário, consequência necessária do modelo de Direito atualmente adotado nos mais diversos países do globo, faz emergir uma discussão a respeito da legitimidade democrática do Judiciário em atuar/aplicar concretamente os direitos garantidos nos mais diversos textos de leis. Isso porque a textura aberta dos conceitos empregados na dicção dos dispositivos legais denota uma premente atuação judicial na estipulação das consequências normativas do texto para a situação fática existente, sendo certo ainda que algumas vezes impinge inclusive a remodelação ou ampliação da hipótese de incidência da norma para que ela se aplique ao caso *sub judice*.

Vários autores tentaram descortinar esse espinhoso tema do ativismo judicial, procurando formas de defini-lo ou mesmo demonstrá-lo por meio de exemplos concretos, mas da mesma forma que a interpretação e materialização dos princípios insertos no Ordenamento são abordadas difusamente por doutrina e jurisprudência, alcançar um consenso sobre o que é e como se daria o ativismo, e se é que existe ativismo judicial, é deveras difícil, senão impossível.

A sistematização realizada leva a uma conclusão certa: a jurisdição é criativa. O modelo do Estado Democrático de Direito e a premente busca por justiça em uma sociedade cada vez mais fragmentada impõem ao Judiciário uma tarefa árdua e complexa de atuar as normas do Ordenamento concretamente, fazendo valer os anseios de um povo ávido por seus direitos. Essa sociedade que clama por justiça vê nos magistrados a figura salvadora de seus desejos, uma vez que uma regulação geral e abstrata, com aplicabilidade ampla e irrestrita aos demais cidadãos, é inalcançável.

O debate sobre juízes ativistas ou judicialização de questões políticas acaba perdendo um pouco o sentido se se vislumbra que as características de uma sociedade multifacetada, atrelada a um Ordenamento aberto e um Judiciário forte, são ínsitas ao estágio contemporâneo do Estado Democrático, que tem nas regulações do próprio Direito as armas que dotam os magistrados de legitimidade democrática para atuar concretamente as normas do sistema jurídico.

Ocorre que uma jurisdição criativa não implica, nem deve ser vista como, uma usurpação de competências do Judiciário em face do Legislativo, mas sim uma complementação de atividades; a maior incisão do Judiciário em questões de aplicabilidade geral e abstrata, *v.g.*, depende da inércia do Legislativo (caso do mandando de injunção), sendo que a atuação concreta do Direito previsto, mas não dotado de consequência normativa, é função precípua do Poder judicante.

A questão, pois, é verificar até que ponto essas decisões judiciais respeitam as demais normas vigentes do Direito; ou mesmo se determinando o afastamento de alguma previsão legislativa, como fazer para compatibilizar essas situações. A motivação das decisões judiciais é o meio para tanto, e por isso deve também ser alçada ao posto de aspecto legitimador da criação do Direito pelo Judiciário. O Judiciário tem o dever de seguir as previsões do sistema jurídico, conjugando incongruências e incoerências, além de correlacionar os direitos existentes. A interpretação do Direito deve ser aferível e verificável mediante as próprias normas do Ordenamento Jurídico, adequando-as, assim, ao mundo dos fatos; e nesse ponto, somente pela exposição das razões de decidir é que se conseguirá vislumbrar toda essa celeuma.

Nesse cenário, o ativismo judicial, ou melhor, a configuração de uma atuação proativa dos magistrados na proteção dos direitos garantidos aos cidadãos, também deve ser aferível por meio da motivação das decisões, posto que é pela exposição dos motivos que justificaram a adoção daquela norma para o caso concreto que será possível verificar se as razões de decidir são consentâneas com as demais previsões do sistema jurídico, bem como se os fundamentos são adequados ao caso debatido. A conjuntura desenhada denota ainda que uma maior participação democrática dos cidadãos envolvidos é essencial para o melhor resultado do processo, pois propiciam o debate necessário à melhor elucidação dos fatos, possibilitando sua influência na decisão a ser tomada – eis o contraditório participativo/deliberativo.

A conjuntura desenhada é respaldada pelo projeto do Novo Código de Processo Civil, PLC 8.046/2010, atualmente em trâmite na Câmara dos Deputados, que, atento para a importância da motivação das decisões judiciais, traz diversas previsões legislativas sobre o princípio em tela, inclusive com um avançado artigo de lei que tem em seu bojo uma minuciosa descrição sobre como se motivar uma decisão, reforçando os argumentos expostos da importância de se fundamentar uma decisão no atual estágio do Direito contemporâneo.

9. REFERÊNCIAS BIBLIOGRÁFICAS

ÁVILA, Humberto Bergmann. *Teoria dos princípios*. São Paulo: Malheiros, 2003.

BARBOSA, Andrea Carla; CANTOARIO, Diego Martinzes Fervenza. O incidente de resolução de demandas repetitivas no projeto de Código de Processo Civil. In: FUX, Luiz (Org.). *O novo processo civil brasileiro*: direito em expectativa. Rio de Janeiro: Forense, 2011. p. 436-525.

BARBOSA MOREIRA, José Carlos. A motivação das decisões judiciais como garantia inerente ao estado de direito. *Temas de direito processual*. Segunda série. Rio de Janeiro: Saraiva, 1988.

_____. A Suprema Corte Norte-Americana: um modelo para o mundo? *Temas de direito processual*. Oitava série. Rio de Janeiro: Saraiva, 2004.

BARCELLOS, Ana Paula de. Neoconstitucionalismo, direitos fundamentais e controle de políticas públicas. *Revista de Direito Administrativo*, n. 240, 2005.

BARROSO, Luís Roberto. A americanização do direito constitucional e seus paradoxos: teoria e jurisprudência constitucional no mundo contemporâneo. *Interesse público*, Belo Horizonte, v. 12, n. 59, jan. 2010. Disponível em: <http://bdjur.stj.jus.br/dspace/handle/2011/32985>.

_____. Constituição, democracia e supremacia judicial: direito e política no Brasil contemporâneo. *Revista Eletrônica sobre a Reforma do Estado (RERE)*, Salvador, Instituto Brasileiro de Direito Público, n. 23, set.-out.-nov. 2010. Disponível em: <http://www.direitodoestado.com/revista/RERE-23-setembro-outubro-novembro-2010-LUIS-ROBERTO-BARROSO.pdf>.

_____. Judicialização, ativismo judicial e legitimidade democrática. *Revista de Direito do Estado*, n. 13, 2009.

_____. Neoconstitucionalismo e a constitucionalização do direito. O triunfo tardio do direito constitucional no Brasil. *Revista de Direito Administrativo*, n. 240, 2005.

BRASIL. *Lei 5.869*, de 11 de janeiro de 1973. Disponível em: <http://www.planalto.gov.br/ccivil/leis/L5869.htm>.

BRASIL. *Lei 5.869*, de 11 de janeiro de 1973. Disponível em: <http://www.planalto.gov.br/ccivil_03/_ato2011-2014/2011/lei/l12506.htm>.

_____. *Câmara dos Deputados*. Disponível em: <www.camara.com.br>.

_____. *Supremo Tribunal Federal*. Disponível em: <www.stf.jus.br>.

_____. *Superior Tribunal de Justiça*. Disponível em: <www.stj.jus.br>.

CABRAL, Antonio do Passo. *Nulidades no processo moderno*. Rio de Janeiro: Forense, 2010.

CÂMARA, Alexandre Freitas. *Lições de direito processual civil*. 12. ed. Rio de Janeiro: Lumen Juris, 2005. v. 1.

CAMBI, Eduardo. Neoprocessualismo e neoconstitucionalismo. In: DIDIER JR. Fredie (Coord.). *Leituras complementares de processo civil*. Salvador: JusPodivm, 2008.

CALSAMIGLIA, Albert. *Postpositivismo*. Disponível em: <http://bib.cervantesvirtual. com/servlet/SirveObras/23582844322570740087891/cuaderno21/volI/Doxa21_12.pdf>.

CAPPELLETTI, Mauro. *Juízes legisladores?* Trad. Carlos Alberto Alvaro de Oliveira. Porto Alegre: Fabris, 1993.

_____; GARTH, Bryant. *Acesso à justiça*. Trad. Ellen Gracie Northfleet. Porto Alegre: Fabris, 1988.

CITADINO, Gisele. Judicialização da política, constitucionalismo democrático e separação de poderes. In: VIANNA, Luiz Werneck (Org.). *A democracia e os três poderes no Brasil*. Belo Horizonte: UFMG, 2003.

DIAS, Maria Clara. *Justiça*: procedimental ou substantiva? Disponível em: <http://www.ifcs.ufrj.br/cefm/publicacoes/justica.pdf>.

DIDIER JR. Fredie. *Curso de direito processual civil*: teoria geral do processo e processo de conhecimento. Salvador: JusPodivm, 2010.

DINAMARCO, Cândido Rangel. *Instituições de direito processual civil*. São Paulo: Malheiros, 2002.

FIORATTO, Débora. *A conexão entre os princípios do contraditório e da fundamentação das decisões na construção de um Estado democrático de direito*. Disponível em: <http://www.redp.com.br/arquivos/redp_5a_edicao.pdf>.

FISS, Owen. *Um Novo Processo Civil* – estudos norte-americanos sobre jurisdição, constituição e sociedade. Trad. Carlos Alberto Salles. São Paulo: RT, 2004.

GRECO, Leonardo. Garantias fundamentais do processo: o processo justo. *Estudos de direito processual*. Rio de Janeiro: Faculdade de Direito de Campos, 2005.

HABERMAS, Jürgen. *Facticidad y validez* – Sobre el derecho y el Estado democrático de derecho en términos de teoría del discurso. Trad. Manuel Jiménez Redondo. Madrid: Trotta, 2001.

HART, Herbert L. A. *O conceito de direito*. Trad. A. Ribeiro Mendes. Lisboa: Fundação Calouste Gulbenkian, 2001.

HIRSCHL, Ran. *Towards juristocracy*: the origins and consequences of the new constitutionalism. Cambridge, Massachusetts: Harvard University Press, 2004.

LORENZETTI, Ricardo Luis. *Teoria da decisão judicial*. Trad. Bruno Miragem. São Paulo: RT, 2004.

Cap. 13 – JURISDIÇÃO CRIATIVA E A MOTIVAÇÃO DAS DECISÕES JUDICIAIS

LUCON, Paulo Henrique dos Santos. Devido processo legal substancial. In: DIDIER JR. Fredie (Coord.). *Leituras complementares de processo civil.* Salvador: JusPodivm, 2008. p. 15-30.

MARINONI, Luiz Guilherme. *O precedente na dimensão da igualdade.* Disponível em: <http://marinoni.adv.br/wp-content/uploads/2010/04/O-Precedente-na-Dimens%C3%A3o-da-Igualdade1-4.pdf>.

MAUS, Ingeborg. Judiciário como superego da sociedade. O papel da atividade jurisprudencial na sociedade órfã. *Novos Estudos,* CEBRAP, n. 58, nov. 2000.

MENDES, Gilmar Ferreira; COELHO, Inocêncio M.; BRANCO, Paulo G. Gonet. *Curso de direito constitucional.* São Paulo: Saraiva, 2007.

MENDONÇA, Eduardo. A constitucionalização da política: entre o inevitável e o excessivo. *Revista da Faculdade de Direito da UERJ,* v. 1, n. 18, 2010. Versão eletrônica disponível em: <http://www.revistadireito.uerj.br/artigos/Aconstitucionalizacaodapoliticaentreoinevitaveleoexcessivo.pdf>.

MORO, Sérgio Fernando. *A Corte exemplar:* considerações sobre a Corte de Warren. Disponível em: <http://www.egov.ufsc.br/portal/sites/default/files/anexos/32961-41218-1-PB.pdf>.

MOTTA, Cristina Reindolff da. *A motivação das decisões cíveis como condição de possibilidade para resposta correta/adequada.* Porto Alegre: Livraria do Advogado, 2012.

NUNES, Dierle José Coelho; THEODORO JÚNIOR, Humberto. *O princípio do contraditório:* tendências de mudança de sua aplicação. Disponível em: <http://www.fdsm.edu.br/Revista/Volume28/Vol28_10.pdf>.

OLIVEIRA, Carlos Alberto Alvaro de. O formalismo-valorativo no confronto com o formalismo excessivo. In: DIDIER JR. Fredie (Coord.). *Leituras complementares de processo civil.* Salvador: JusPodivm, 2008.

PINHO, Humberto Dalla Bernardina de. *Os princípios e as garantias fundamentais no projeto de Código de Processo Civil:* breves considerações acerca dos arts. 1.º a 12 do PLS 166/10. Disponível em: <http://www.redp.com.br/arquivos/redp_6a_edicao.pdf>.

REGLA, Josep Aguiló. *Positivismo y postpositivismo.* Dos paradigmas jurídicos en pocas palabras. Disponível em: <http://descargas.cervantesvirtual.com/servlet/SirveObras/46837731804796940700080/035429.pdf?incr=1>.

SILVA, Virgilio Afonso da. *Revista Latino-Americana de Estudos Constitucionais I,* 2003, p. 607-630.

STRECK, Lenio Luiz. *Verdade e consenso:* Constituição, hermenêutica e teorias discursivas. São Paulo: Saraiva, 2011.

_____. *Verdade e consenso.* 4. ed. São Paulo: Saraiva, 2011.

TUPINAMBÁ, Carolina. Novas tendências de participação processual – o *amicus curiae* no projeto do novo CPC. In: FUX, Luiz (Org.). *O novo processo civil brasileiro*: direito em expectativa. Rio de Janeiro: Forense, 2011.

TARUFFO, Michelle. *La motivación de la sentencia civil*. Trad. Lorenzo Córdova Vianello. Madrid: Trotta, 2011.

_____. El control de racionalidad de la decisión, entre lógica, retórica y dialética. *Páginas sobre justicia civil*. Trad. Maximiliano Aramburo Calle. Madrid: Marcial Pons, 2009. p. 408.

_____. Juicio: proceso, decisón. *Páginas sobre justicia civil*. Trad. Maximiliano Aramburo Calle. Madrid: Marcial Pons, 2009. p. 236.

_____. La obligación de motivación de la sentencia civil: entre el derecho común y la ilustración. *Páginas sobre justicia civil*. Trad. Maximiliano Aramburo Calle. Madrid: Marcial Pons, 2009. p. 489-514.

_____. La motivación de la sentencia. *Páginas sobre justicia civil*. Trad. Maximiliano Aramburo Calle. Madrid: Marcial Pons, 2009. p. 515.

_____. Las garantías fundamentaltes de la justicia civil en el mundo globalizado. *Páginas sobre justicia civil*. Trad. Maximiliano Aramburo Calle. Madrid: Marcial Pons, 2009.

_____. Leyendo a Ferrajoli: consideraciones sobre la jurisdicción. *Páginas sobre justicia civil*. Trad. Maximiliano Aramburo Calle. Madrid: Marcial Pons, 2009.

TESHEINER, José Maria Rosa. *Elementos para uma teoria geral do processo*. São Paulo: Saraiva, 1993.

VIEIRA, Oscar Vilhena. Supremocracia. In: SARMENTO, Daniel (Coord.). *Filosofia e teoria constitucional contemporânea*. 2009. p. 483-502.

WATANABE, Kazuo. Acesso à justiça e sociedade moderna. In: GRINOVER, Ada Pellegrini; DINAMARCO, Cândido Rangel; WATANABE, Kazuo (Coord.). *Participação e processo*. São Paulo: RT, 1988.

CONTRADITÓRIO COMO DEVER E A BOA-FÉ PROCESSUAL

14

Os fins sociais do processo

Francesco Conte

> **Sumário:** 1. Introdução – 2. Contraditório: moderna concepção, elementos essenciais e modalidades – 3. Contraditório como dever e fotossíntese processual: transformação de dois monólogos em diálogo judicial – 4. Tutelas sumárias de urgência (cautelar ou satisfativa), *fast food* judicial, o falso dilema entre eficiência/efetividade e garantismo/segurança e as fronteiras demarcadas pelo contraditório – 5. Questões cognoscíveis *ex officio* pelo órgão judicial na perspectiva do contraditório – 6. A problemática do *jura novit curia* – 7. O fenômeno da mutação das demandas – 8. O problema dos chamados filtros processuais, a inaceitável objetivação do processo e patente *deficit* de contraditório – 9. A ideologia privatista do processo civil e a utopia de sua concepção publicista – 10. Trilogia principiológica imprescindível: colaboração, cooperação e boa-fé processual – 11. A teoria da participação no processo civil como fundamento de legitimação do exercício da jurisdição – 12. O ceticismo concernente à boa-fé processual – 13. A deletéria disfunção da falta de direção judicial dos processos e o flagelo daqueles desencontrados de si mesmos – 14. Os princípios da boa-fé processual, da lealdade e da cooperação andam de mãos dadas – 15. Dever de não omitir? – 16. O mito da tensão entre o princípio dispositivo e a repressão judicial das condutas das partes – 17. *Standards* de conduta e boa-fé processual objetiva – 18. A concepção publicista do processo e seu escopo social de educação ética e moral da sociedade – 19. Ainda os fins sociais do processo: pacificação social com justiça e educação para o exercício dos próprios direitos, consciência dos deveres e reverência aos direitos alheios – 20. Conclusão – 21. Bibliografia.

1. INTRODUÇÃO

O processo civil de hodierno exibe, com irreprimível orgulho, seu cariz essencialmente garantístico, a denotar mesmo um arquétipo constitucional de processo.[1] Ter-se-ia, na maternidade do fenômeno do neoconstitucionalismo, o parto de processo adjetivado de justo[2] (*fair hearing*, em língua inglesa), como, com dúplice predicado, aquele que, sob o prisma estrutural, em seu ordenado e encadeado fluxo procedimental, renda incondicional reverência aos parâmetros fixados pelas garantias constitucionais do processo e pelos valores da sociedade, e, finalisticamente, produza decisão substancialmente justa, enquanto método estatal de resolução de conflitos, de realização de valores constitucionais, e instrumento técnico, ético e democrático. O processo justo, pelo controle purificador do contraditório entre as partes (e também com a participação ativa do juiz), pressupõe ajustada aplicação da lei, adequada comprovação da verdade, mediante reconstrução dos fatos em juízo, esquema de procedimento justo, tendente à formação de decisão justa (concepções procedimental e substancial de justiça). O processo justo, um passo à frente, além de radicar a irrefreável ideia de meios e fins justos, abandonando a clássica concepção da fase conceitualista ou científica de procedimento puro ("*scatola chiusa*"),[3] haverá de ser inexoravelmente permeável às infiltrações da realidade ou às insinuações do mundo dos fatos sociais.[4] O vendaval do pós-positivismo, ao sacudir a árvore do Direito, trouxe, já agora na paisagem do Estado constitucional, novidades na forma de pensar o

---

[1] A constitucionalização do processo civil contemporâneo é corolário lógico da era do pós-positivismo. Assim, ANDOLINA, Ítalo; VIGNERA, Giuseppe. *Il modello costituzionale de processo civile italiano*: corso di lezioni. Turim: Giapicchelli, 1990.

[2] É interessante observar que a locução "justo processo" é consagrada no texto da Constituição italiana (art. 111, § 1.º): "*La giurisdizione si attua mediante il giusto processo regolato dalla legge*".

[3] A ficção da "caixa fechada" da pureza do processo haverá de abrir-se à luz do sol da realidade social. Não por outra razão, o processo civil, hoje, deve criar condições para que o juiz possa decidir com íntima aproximação à realidade fática subjacente à causa, mediante adequada reconstrução dos fatos em juízo, em homenagem à função demonstrativa ou epistêmica da prova, como busca da verdade real. Consulte-se, sobre o ponto, GAMBA, Cinzia. L'integrazione dell'art. 101 CPC, il contraddittorio sulle questioni rilevate d'ufficio e la "scommessa aperta" dell'ordinamento processuale. In: TARUFFO, Michele. *Le riforme del diritto italiano, Il processo civile riformato, Introduzione*: le ultime riforme della giustizia civile. Torino: Zanichelli, 2010. p. 132-142. Vide também LUISO, Francesco P. *Diritto processuale civile – I. Principi generali*. 3. ed. Milano: Giuffrè, 2000. p. 6: "*Ciò significa che la tutela giurisdizionale deve partire dalla realtà sostanziale ed alla realtà sostanziale deve tornare*".

[4] Se o Direito origina-se dos fatos (como já assinalara o brocardo *ex facto oritur ius*), se o Direito deve a sua existência mesma ao ímpeto de disciplinar o *modus vivendi* em sociedade, não se pode deixar a realidade na estratosfera do processo. É dizer: o mundo real deve permear o mundo do processo, razão pela qual não há mais espaço para a anacrônica concepção de procedimento puro, alheio, desatento à realidade social. O Direito existe para regular a vida em sociedade: aquele não pode achar incômoda a companhia desta. Em um período: a compreensão de pro-

Cap. 14 – CONTRADITÓRIO COMO DEVER E A BOA-FÉ PROCESSUAL

contraditório, preenchendo seu conteúdo com novos elementos, reconfigurando suas funções, potencialidades e significados no processo, dando-lhe, também extrinsecamente, original figurino, tudo sob o pálio da eficácia concreta dos direitos fundamentais, das necessidades do direito material e das especificidades do caso concreto. Ademais, o contraditório foi iluminado pela dignidade da pessoa humana: epicentro axiológico do ordenamento jurídico e, portanto, do Estado Democrático de Direito contemporâneo. Em semelhante contexto, o extraordinário avanço científico do processo civil já não consente que a legitimação do exercício da jurisdição se confine apenas ao procedimento, menoscabando a legitimidade da decisão.[5] O que deveras legitima o poder jurisdicional não é a mera e formal observância do procedimento, senão que a participação concreta, real, eficaz das partes, mediante contraditório integrador específico em todo o *iter* processual, cuja essência é a simétrica isonomia das partes. A aceitabilidade social da decisão não se contenta unicamente com a justeza do procedimento (*fair hearing*); antes, ao revés, meios e fins haverão de ser, como duas inseparáveis faces de uma mesma medalha, justos.[6] Em uma linha: negada a justeza do antecedente estará negada a do consequente e vice-versa.

No formidável catálogo de garantias constitucionais do "processo vivo" avulta o contraditório[7] como grande monumento de civilidade jurídica,[8] o qual,

---

    cesso insensível que fosse à realidade social seria tão despropositada quanto a (cega) visão de democracia sem povo.

[5]   Em sede doutrinária, em sentido diametralmente oposto, há vozes que sustentam que o toque de relevância estaria não na legitimidade da decisão, senão que na legitimação do procedimento, sendo aquela absorvida por esta. Assim, confira-se LUHMANN, Niklas. *Legitimação pelo procedimento*. Legitimation durch verfahren. Trad. Maria da Conceição Côrte-Real. Brasília: Universidade de Brasília, 1980. p. 31-32: "A legitimação pelo procedimento e pela igualdade das probabilidades de obter decisões satisfatórias substitui os antigos fundamentos jusnaturalistas ou os métodos variáveis de estabelecimento do consenso. Os procedimentos encontram como que um reconhecimento generalizado, que é independente do valor do mérito de satisfazer a decisão isolada, e este reconhecimento arrasta consigo a aceitação e consideração de decisão obrigatória".

[6]   Atualmente, o eixo de visão deslocou-se do devido processo legal para o devido processo justo. Sobre o tema, com percucientes argumentos, COMOGLIO, Luigi Paolo. Garanzie costituzionali e "giusto processo" (modelli a confronto). *Revista de Processo*, 90, São Paulo: RT, abr.-jun. 1998, p. 95-150.

[7]   As constituições modernas consagram, em uníssono, a garantia do contraditório: *e.g.*, brasileira (art. 5.º, LV); italiana (art. 111, § 2.º: "*Ogni processo si svolge nel contraddittorio tra le parti, in condizioni di parità...*"). É digno de nota, nessa esteira, que os principais tratados e convenções internacionais preveem a *garantia do contraditório* no processo judicial, p. ex.: Convenção Europeia de Direitos do Homem (arts. 5.º e 6.º); Pacto de São José da Costa Rica (art. 8, 1, direito de ser ouvido).

[8]   Cumpre notar que a Comissão de Juristas, presidida pelo Professor Luiz Fux, elaborou o Anteprojeto do Código de Processo Civil, justamente na linha garantística, dedicando os dez primeiros artigos aos princípios e garantias processuais insertas no ordenamento constitucional, vetores do processo justo. Pontue-se, bem a propósito, o elucidativo excerto da respectiva Exposição de

conceitualmente, a par de deitar raízes no *direito natural* e no *jusnaturalismo*, anaboliza a ideia de *bilateralidade da audiência* e potencializa a *dialeticidade* (aristotélica) ínsita ao processo.[9] Fique claro, no pórtico do presente trabalho, que o contraditório não é apenas um direito fundamental das partes (que têm direito à defesa), mas também uma nota essencial da jurisdição, um traço característico do processo e, simultaneamente, um limite para o juiz. De sorte que o juiz tem o dever (e não mera faculdade discricionária) de, como regra, previamente, oportunizar a manifestação das partes ao proferir qualquer decisão (brocardo romano *audiatur et altera pars*).[10] O processo de estrutura dialética reclama que, como instrumento operacional, o contraditório integrador se desenvolva mediante a equalização de reais e concretas oportunidades a ambas as partes, sob o signo da paridade de armas, seja no acesso à Justiça, seja no exercício do direito fundamental de defesa. Contudo, a audiência bilateral, expressa nos binômios informação/reação e ciência/resistência, conquanto necessária, é insuficiente para esgotar todas as virtualidades, por assim dizer, do coração do corpo processual, que é o contraditório, sem o qual não há processo.[11] As estruturas dialéticas, nas quais se concretizam as exigências próprias do contraditório, consubstanciam as notas essenciais distintivas do processo, no contexto mais abrangente da ideia de procedimento. Por conseguinte, o núcleo essencial do contraditório, como melhormente será visto nas linhas a seguir, é integrado por multifários componentes e variegadas exigências.

Motivos, no tocante ao primeiro dos cinco objetivos que precipuamente orientaram os trabalhos da Comissão: "estabelecer expressa e implicitamente verdadeira sintonia fina com a Constituição Federal".

[9] Há seis verbos fundamentais no processo judicial ou administrativo: dizer, desdizer, provar, falar, ouvir, decidir.

[10] A ideia de audiência bilateral remonta à Grécia antiga, nos textos de Eurípedes e de Aristófanes. Cf. PICARDI, Nicola. *Torniamo al giudizio? La giurisdizione all'alba del terzo millennio.* Milano: Giuffrè, 2007. p. 234.

[11] FAZZALARI, Elio. *Istituzioni di diritto processuale.* 4. ed. Padova: CEDAM, 1986. p. 78: "C'è, insomma, 'processo' quando in una o più fasi dell'iter di formazione di un atto è contemplata la partecipazione non solo – ed ovviamente– del suo autore, ma anche dei destinatari dei suoi effetti, in contraddittorio, in modo che costoro possano svolgere attività di cui l'autore dell'atto deve tener conto, i cui risultati, cioè, egli può desattendere, ma non ignorare. (...) Occorre, dunque, per individuare il processo, che vi siano serie di norme (e posizioni ed atti) che risalgano ai destinatari degli effetti del provvedimento, realizzando fra loro un contraddittorio paritetico". LUISO, Francesco P. *Diritto processuale civile*, I cit., p. 29: "Nel processo, il diritto di difesa costituisce una garanzia fondamentale, che ha una funzione analoga a quella che svolge la democrazia politica rispetto all'intero ordinamento. Il processo è un fenomeno caratterizzato dal contraddittorio: dove non c'è possibilità di replica ai mezzi di attacco e di difesa, agli argomenti, alle attività in genere posti in essere dagli altri soggetti, non c'è processo". Vide, no mesmo sentido, MANDRIOLI, Crisanto. *Diritto processuale civile*: nozioni introduttive e disposizioni generali. 13. ed. Torino: Giappichelli, 2000. v. 1, p. 116. LUGO, Andrea. *Manuale di diritto processuale civile.* 13. ed. Milano: Giuffrè, 1999. p. 31.

Cap. 14 – CONTRADITÓRIO COMO DEVER E A BOA-FÉ PROCESSUAL

Releva notar que, em sua concepção moderna, o contraditório, do *status* de regra técnica, de cunho não essencial, ainda assim apenas em alguns procedimentos, no contexto do positivismo (séculos XIX – segunda metade – e XX – primeira metade), ou de princípio, deu autêntico salto triplo para alcançar a latitude de *garantia* fundamental do processo justo, sob a boa luz, a partir do segundo pós-guerra, da dignidade da pessoa humana. Naquele então, a ideia de contraditório passou a guardar íntima aproximação com a dimensão da eficácia concreta dos direitos fundamentais, a se irradiar, imediata e diretamente, do texto constitucional, prescindindo, assim, de intermediação do legislador ordinário. Demais disso, o princípio político da participação democrática tonifica a musculatura do contraditório, por meio do escopo magno de assegurar às partes intensa participação na formação intelectual do convencimento do juiz (contraditório como influência), vale dizer, é a garantia que o jurisdicionado tem de influir concreta e eficazmente nas decisões que irão ecoar em sua esfera de interesses.[12] O processo dialético anaboliza o contraditório integrador das partes como garantia imanente ao próprio Estado Democrático de Direito contemporâneo, constituindo-se em fundamento mesmo de legitimação do exercício do Poder Jurisdicional, posto que, no Brasil, exemplificativamente, os juízes são profissionais,[13] pressupondo-se investidura técnica, mediante concurso público de provas e títulos, no 1.º grau de jurisdição (CF, art. 93, I).

O contraditório integrador, para muito além da clássica concepção de direito fundamental das partes, comumente atrelado à esgrima de argumentos antagônicos e recorrentemente identificado com o entrechoque de posições jurídicas contrapostas, vem de assumir, atualmente, com a ampliação de seus horizontes, também, conotação de deveres, seja de concreta participação do juiz e das partes no debate judicial iluminado pela deontologia, seja de colaboração/cooperação dos sujeitos parciais do processo: a dialética processual como fator qualitativo da prestação jurisdicional e como dever ético de colaboração para boa qualidade técnica, aprimoramento e efetividade das decisões judiciais, tornando a justiça civil melhor. Ladeando o viés meramente utilitarista do processo, calcado no furor sentencialista e norteado unicamente por critérios numéricos e estatísticos, sem corte pacificador, não se pode absolutamente abdicar da qualidade técnica e do aperfeiçoamento dos pronunciamentos jurisdicionais, tendentes a torná-los eficientes, efetivos e justos na realização do direito material, a refletir a coeva visão colaborativo-cooperativa da dinâmica processual. O contraditório, por assim dizer, é a matriz da noção de processo équo e justo.

Em um período: o contraditório integrador como dever implica a irreprimível necessidade de o juiz dialogar com as partes, em sentidos vetorialmente duplos.

---

[12] PINHO, Humberto Dalla Bernardina de. *Direito processual civil contemporâneo*: teoria geral do processo. 4. ed. São Paulo: Saraiva, 2012. v. 1, p. 96.

[13] Ao contrário, *v.g.*, do sistema norte-americano, no qual há eleição popular para o cargo de juiz.

É a humanização do processo, pelo fio lógico-condutor do diálogo humano, por meio da integração do juiz na dimensão dialética do contraditório, juntamente com as partes, em constante fluxo de comunicação oral, que é a mais perfeita, por permitir impressões pessoais imediatas e diretas. É a triunfal entrada do realismo na primeira classe do avião do processo. Este – precisamente este – é o significado atual do princípio da oralidade, valendo notar que o diálogo judicial, na centenária visão chiovendiana, tem envergadura para fazer abrolhar uma Justiça intrinsecamente melhor. O impositivo diálogo judicial (*Verfassungsgebot zum Rechtsgespräch*) tem o condão de converter o juiz em "partícipe" da causa; poderá geri-la e dirigi-la com maior precisão, por melhor conhecer suas estradas, ruas, vielas. E, como consequência lógica, o juiz, assim "participante" do processo, pelo dever de nutrir ininterrupto diálogo com as partes, terá as rédeas daquele em mãos, o que, decerto, lhe permitirá dominá-lo com maior eficiência e, desse modo, proferir decisão mais justa e aderente à realidade fática subjacente à demanda judicial. O contraditório como dever torna intuitivamente saliente a *oralidade*[14] (a palavra oral é o meio mais apropriado de comunicação humana); traz prestígio à *publicidade* dos atos processuais[15] (controle social concernente à aferição do dever do juiz de observar o contraditório e de dialogar no processo com as partes); deposita proeminência à *fundamentação* ampla e analítica das decisões judiciais,[16] não por meras inferências do juiz, mas, interrogando-se

---

[14] A oralidade tem assento nas Constituições da Espanha (art. 120, 2), da Dinamarca (art. 65, 1) e da Áustria (art. 90, 1).

[15] A publicidade do processo é penhor de modelo de Justiça democrática e protetora da liberdade individual contra o autoritarismo e o arbítrio judicial. Assim, a oralidade assume destacado papel, posto que apenas um julgamento oral possa ser genuinamente franqueado ao público, por permitir que os indivíduos tenham, direta e imediatamente, ao alcance das mãos, percepções concernentes aos fatos e circunstâncias que servirão como enunciados da decisão. Sob tal prisma, a publicidade é imprescindível fator de controle social sobre a jurisdição. Julgamentos secretos, em câmara de conselho, a portas fechadas, como ainda existem em alguns ordenamentos jurídicos, não se coadunam com o Estado Democrático de Direito contemporâneo. Nada obstante, não se pode olvidar que, inegavelmente, a questão é também cultural, de aceitação ou consenso na sociedade (por exemplo: os julgamentos da Suprema Corte norte-americana são secretos, sem que isso cause espanto ou perplexidade à sua sociedade, ao passo que, no Brasil, os julgamentos do Supremo Tribunal Federal podem ser assistidos até pela televisão).

[16] A motivação é, por assim dizer, o teste de sensibilidade do contraditório, no sentido de que o teor daquela denuncia se, de fato, o juiz, como é de rigor, concretizou este, considerando e sopesando, *uma a uma*, todas as questões, alegações deduzidas pelas partes em defesa de suas posições jurídicas (ativas ou passivas), além de justificar racionalmente o porquê de ter placitado um argumento de direito e/ou de fato em detrimento de outro. Ao juiz impõe-se declinar as "razões das razões" de suas decisões. Tem-se generalizado, no seio do Judiciário, o inaceitável (*rectius*, inconstitucional por violação do direito de defesa) entendimento de que o órgão judicial "não está obrigado a responder questionário formulado pela parte, por não ser órgão consultivo" (*RSTJ* 181/44). O exame exauriente de determinada questão pode ser necessário, mas insuficiente para plena motivação. Pode haver outras questões (de direito ou de fato) por si só decisivas para o deslinde da controvérsia, as quais, se acolhidas, poderiam conduzir o julgamento a um

Cap. 14 - CONTRADITÓRIO COMO DEVER E A BOA-FÉ PROCESSUAL

a si mesmo, mediante convicção profunda e séria, com justificação racional. Como vetor dos princípios da colaboração e da cooperação intersubjetiva, os quais ostentam função legitimadora da atividade decisória do juiz, e sob pena de cabal esvaziamento do contraditório integrador e do direito de defesa, o juiz tem o dever de levar em consideração, na fundamentação da decisão, todas as alegações das partes concretamente produzidas. Nesse ponto, urge resgatar as virtualidades do recurso de embargos de declaração (iluminar obscuridade, eliminar contradição, sanar omissão), como premissa essencial de processo verdadeiramente orientado por colaboração, cooperação e ânsia de justiça material. A ser diferente, jamais se poderá aferir se, de fato, o juiz conferiu concretude ao contraditório das partes, por meio da chave do diálogo judicial cooperativo, ou, o que é o mesmo, se efetivamente todas as alegações relevantes, provas e contraprovas dos sujeitos do processo, uma a uma, foram consideradas na decisão, com a indicação dos respectivos critérios de valoração de tudo quanto tenha estimado importante como núcleo de sua motivação.[17] É justamente do jogo dialético[18] das partes, com interesses contrapostos no processo, mas com dinâmica colaboração e cooperação, que o juiz irá recolher o material jurídico -probatório necessário à prolação de decisão mais adequada, efetiva e justa.[19]

---

resultado diferente do ocorrido, máxime quando deduzidas pela parte vencida. De outro lado, há tendência quase universal de simplificação e de redução da motivação, a qual, segundo semelhante linha, a par de preconizar a eliminação do relatório (que inegavelmente integra a fundamentação: como se explicar ou compreender o capítulo dispositivo da decisão final sem se conhecer, mediante minudente relatório, a cronologia dos episódios e acontecimentos, jurídicos ou fáticos, do processo? Como valorar os erros de procedimento ou de julgamento dos fatos processuais sem o relatório do *decisum*? Como aquilatar vício de motivação concernente a aspecto importante da decisão?), consente-lhe que seja "concisa" ou "sucinta", reduzindo-a ao mínimo indispensável. Em tema de fundamentação da sentença, vide, a propósito da reforma do processo civil italiano, introduzida pela Lei 69, de 18.06.2009 (e Decreto Legislativo 28, de 04.03.2010, que atua a delegação contida no art. 60 desse diploma legal), notadamente do novo art. 118 do CPC italiano, TARUFFO, Michele. *La motivazione della sentenza*. Il processo civile riformato. Torino: Zanichelli, 2010. p. 377-386.

[17] MITIDIERO, Daniel. *Colaboração no processo civil*: pressupostos sociais, lógicos e éticos. São Paulo: RT, 2009. p. 138: "... o dever de fundamentação das decisões consiste na 'última manifestação do contraditório', porquanto a motivação 'garante às partes a possibilidade de constatar terem sido ouvidas'. Há, pois, um nexo inarredável entre inafastabilidade da jurisdição, direito fundamental ao contraditório e dever de fundamentar as decisões jurisdicionais, sem o qual não se pode reconhecer a existência de um processo justo".

[18] VERDE, Giovanni. *Profili del processo civile*: parte generale. 6. ed. Napoli: Jovene, 2002. p. 106.

[19] No cotidiano forense brasileiro, em variegados pronunciamentos judiciais, disseminou-se a censurável praxe de "fundamentação da decisão" mediante mera alusão acrítica a precedentes jurisprudenciais, sem que, nem de longe, haja analogia dos fatos entre os dois casos que, à luz dos princípios da legalidade, da isonomia, da segurança jurídica, pudesse legitimar a aplicação, no caso sucessivo, da mesma *ratio decidendi* adotada no caso anterior. Esse costume difuso, ditado pela lei do menor esforço, nem sequer encontra justificativa na sobrecarga de serviço, por justamente retroalimentá-la, mediante impugnações para o mesmo órgão judicial ou para

A organização do processo não pode prescindir da exigência do contraditório entre as partes, em cujo contexto também estará necessariamente inserto o juiz, como traço característico do modo de ser do processo équo e justo.

Oportuno pontuar que a garantia do contraditório é absoluta[20] e deve sempre ser observada, sob pena de nulidade da decisão. Significa dizer que nenhum processo ou procedimento[21] pode ser estruturado sem assegurar às partes a regra da isonomia no exercício das faculdades processuais. Há que se proporcionar o contraditório das partes, pela equalização de reais e concretas oportunidades e chances no campo do direito de defesa: apresentar alegações, produzir prova e prova contrária, dizer e contradizer em relação a todos os fatos e circunstâncias relevantes integrantes do *thema decidendum* e *probandum* do processo.

2. CONTRADITÓRIO: MODERNA CONCEPÇÃO, ELEMENTOS ESSENCIAIS E MODALIDADES

Um poderá estar errado, mas com dois começa a se bosquejar a verdade. O contraditório (saber) das partes, como único método retórico-dialético de apuração da verdade dos fatos pelo juiz, deriva de sua própria imparcialidade, valendo notar que a adequada audiência bilateral tem como supedâneo o tratamento igualitário[22] das partes no processo.[23] Ante as multifárias desigualdades dos sujeitos parciais (culturais, sociais, econômicas), o juiz ostenta o dever de equalização (inclusive técnica, por deficiência dos defensores), seja no acesso à Justiça, seja no exercício do direito fundamental de defesa. E não valerá objetar que a imparcialidade/neutralidade do juiz exibe a dimensão de alforriá-lo de

---

hierarquicamente superior, e absolutamente não se compraz com a garantia constitucional da motivação (CF, art. 93, IX).

[20] Entrementes, de regra, a parte, destinatária da garantia, por manifestação de vontade livre e consciente em relação a todos os efeitos presentes e futuros, no exercício de sua liberdade, pode dispensar ou renunciar ao contraditório *in concreto*. Donde, comumente, dizer-se que a informação é necessária, mas a reação é eventual.

[21] No Brasil, a garantia do contraditório também incide no âmbito do procedimento administrativo, pela abrangência do teor literal do art. 5.º, LV, da CF.

[22] PL 8.046/2010, art. 7.º: "É assegurada às partes paridade de tratamento ao longo de todo o processo, competindo ao juiz velar pelo efetivo contraditório".

[23] Desenganadamente, a observância das garantias de imparcialidade e do contraditório são, igualmente, de rigor nos assim chamados meios alternativos de resolução de conflitos (arbitragem, conciliação, mediação), os quais, a partir do século 20, na realidade norte-americana, emergiram com uma profusão extraordinária. Em verdade, a tutela de direitos e as garantias do procedimento andam indissociavelmente juntas. A respeito da crise da justiça civil estatal e, no influxo da terceira onda do movimento de renovação do Direito Processual, do estímulo à adoção dos métodos alternativos de resolução de controvérsias, consultem-se, por todos, CAPPELLETTI, Mauro; GARTH, Bryant. *Acesso à justiça*. Trad. Ellen Gracie Northfleet. Porto Alegre: Fabris, 1998. esp. p. 67-73.

Cap. 14 – CONTRADITÓRIO COMO DEVER E A BOA-FÉ PROCESSUAL

semelhante empreitada; antes, ao contrário, o órgão judicial, na medida do que for praticamente possível, haverá de promover a compensação das desigualdades com o fito de garantir a paridade de armas entre os litigantes, firme na premissa essencial de que, ao ângulo da instrumentalidade negativa, o processo, não sendo um fim em si mesmo, não é fonte geradora de direitos materiais.[24] A necessária intervenção do órgão judicial, com inspiração igualitária, tem duplo escopo: (i) tornar a Justiça acessível para todos e (ii) como anteparo, impedindo que uma parte prepondere apenas pela destreza, cultura ou império econômico.

Cumpre observar, em sua linha evolutiva, que o contraditório foi condensado pelo absolutismo ao direito de ser ouvido e à audiência bilateral. No contexto do positivismo (séculos XIX – segunda metade – e XX – primeira metade), ocorreu amesquinhamento do contraditório, reduzido que foi à simples regra técnica e, ainda assim, instaurado apenas em alguns procedimentos. No segundo pós-guerra, o contraditório ressurge como método dialético de resolução de conflitos, com esteio na igualdade material das partes e clarificado pelo imperativo da dignidade da pessoa humana, correndo o mundo e fazendo fortuna a concepção de processo como instrumento de realização de valores nacionais e internacionais.

Agora bem, na segunda metade do século XX ganhou terreno o fenômeno do contraditório, como corolário do devido processo legal instrumental,[25] a exprimir maior extensão das faculdades das partes de atuação, no processo, em prol de seus interesses, e, sobretudo, a imposição, ao juiz, do dever de despir-se de conduta passiva, marcada pela mera recepção de informações, para, inversamente, assumir papel ativo, instaurando interlocução humana com as partes, em comunicação oral ou escrita, de mão e contramão, de dupla direção, tendente à construção intelectual conjugada da decisão. O juiz não mais se adstringirá a ouvir as partes, senão que, sob a instigação da humanização do processo, passará a compartilhá-lo dialogicamente. Dito de outra maneira, o diálogo humano, profícuo e construtivo, do juiz com as partes e vice-versa, tornar-se-á fundamento medular de julgamento com boa qualidade técnica, irradiando efetividade para a tutela jurisdicional, a par de tatuar legitimação ao exercício da jurisdição.[26] O prestígio da oralidade no procedimento, em contraditório, dotado de estrutura dialética, e plasmado pela comunicação verbal entre juiz e partes, assumiu conotação de invulgar ferramenta operacional do julgador, na realização dos valores constitucionais, tendo como centro de gravidade axiológico a dignidade da pessoa humana.

---

[24] Cf. ARAÚJO CINTRA, Antonio Carlos de; GRINOVER, Ada Pellegrini; DINAMARCO, Cândido Rangel. *Teoria geral do processo*. 25. ed. São Paulo: Malheiros, 2009. p. 47-48.

[25] Constituição Federal brasileira, art. 5.º, LIV.

[26] Sobre a humanização do processo, por meio do diálogo judicial, MELENDO, Santiago Sentis. *Estudios de derecho procesal*. Buenos Aires: EJEA, 1967. p. 237: "Es necesario que, en el desarrollo del proceso, se hable cuando en la vida real la gente se entiende hablando".

Note-se bem – e o ponto é de superlativa importância – que, sob o ângulo de mirada qualitativo, a participação dialética das partes e do juiz no procedimento passou a significar o traço característico do contraditório, desde a colheita do material probatório (prova e contraprova), passando pela interlocução contínua relativamente às questões relevantes da demanda (de direito e de fato) ou de pontos de fato e de direito que o juiz pretenda utilizar como fundamento de sua decisão, ainda aquelas incidentes apenas sobre questões processuais. É mais do que a dinamicidade dialética do processo civil, por meio da fecunda polêmica dos argumentos: tese e antítese. Conseguintemente, é a integração do juiz na dimensão lógica do contraditório, juntamente com as partes, em contínuo tráfego de comunicação oral. Nessa ambiência de dialeticidade participativa, de teatro de colaboração e de cooperação intersubjetiva (bifronte: dever das partes de cooperar com o juízo e o correlato dever deste de cooperar com aquelas), o órgão judicial haverá de primar pelo tratamento isonômico entre as partes, estrita paridade de armas entre elas e simétricas, reais oportunidades e proporcionais e concretas chances: reconstrução da realidade fenomênica perante o juízo (*scilicet*, mediante adequada atividade probatória), constante fluxo e influxo argumentativo, em sentido vetorialmente duplo, cuja ininterrupta dinâmica se assemelha, em um contínuo vaivém, à imagem figurativa das ondas do mar em contato com a areia da praia...

O conceito moderno de contraditório perpassa pela mudança de paradigma por ele experimentada. De regra técnica e princípio foi alçado à garantia fundamental do processo justo,[27] tendo como mola propulsora a eficácia concreta dos direitos fundamentais, o valor dignidade da pessoa humana, o diálogo judicial, a colaboração e a cooperação das partes, o dever judicial de consulta, a boa-fé e a lealdade processuais. Nessa moldura, muito provavelmente não mais haverá espaço para a sedutora analogia entre jogo e processo.[28] Some-se o princípio político da participação democrática, pois que o contraditório assegura às partes o direito de influir concreta e eficazmente na formação intelectual do convencimento do juiz, e, *ipso facto*, no conteúdo das decisões judiciais.[29] O contraditório implica uma limitação aos poderes do juiz, no sentido de que o desenvolvimento das próprias razões de defesa pelas partes haverá de anteceder o exercício dos poderes do juiz: não se trata, pois, de mera faculdade discricionária do magistrado, mas de verdadeiro dever imposto ao órgão judicial, censurável, caso descurado, como vício *in procedendo*, de proporcionar o prévio contraditório,

---

[27] Assim, a Constituição Federal brasileira, art. 5.º, LV: "aos litigantes, em processo judicial ou administrativo, e aos acusados em geral são assegurados o contraditório e a ampla defesa, com os meios e recursos a ela inerentes". Afina-se pelo mesmo diapasão a Constituição italiana, art. 111, § 2.º: "Ogni processo si svolge nel contraddittorio tra le parti, in condizioni di parità...".

[28] CALAMANDREI, Piero. *Il processo come giuoco*. Scritti in onore di Francesco Carnelutti. Padova: CEDAM, 1950. v. 2, p. 485.

[29] GRECO, Leonardo. *Instituições de processo civil*. Rio de Janeiro: Forense, 2011. v. 1, p. 449.

Cap. 14 – CONTRADITÓRIO COMO DEVER E A BOA-FÉ PROCESSUAL

mesmo em relação às questões de fato e de direito que ele pode conhecer de ofício, evitando-se decisões "a surpresa", sob pena de nulidade. Tal repousa na igualdade das partes e na leal colaboração entre elas e o juiz. Todas as questões relevantes do processo haverão de ser cintiladas pela luz do contraditório.

Não é ocioso ressaltar que em países com Justiça simétrica, timbrada de igualdade material das partes, paridade de armas, e mesmas possibilidades concretas de exercício de direitos e de faculdades, o órgão judicial será naturalmente menos interventivo. Em perspectiva inversa, naqueloutros com justiça assimétrica, caracterizada, sobretudo, por desnivelamento substancial das partes, o órgão judicial haverá, com maior intensidade, de intervir, em caráter assistencial, para equalização real de chances e nivelamento concreto de oportunidades (*"parità nelle armi"*).[30]

A doutrina de constitucionalização do processo modernizou o conteúdo do contraditório. Desta sorte, presentemente, fala-se, também, em visão cooperativa da dinâmica processual. Nesse contexto, o princípio da cooperação intersubjetiva[31] é a mola de propulsão da integração entre juiz e partes, no desiderato de confecção com melhor qualidade técnica do pronunciamento jurisdicional. De regra, entra em cena o interesse comum em fazer-se, de forma assaz satisfatória, a resolução do conflito, com justiça. Portanto, a garantia do contraditório, coligada à essência do fenômeno processual, de alcance ético-ideológico, como meio de influenciar concreta e eficazmente no convencimento intelectual do juiz e na sua decisão, vincula-se à colaboração/cooperação entre partes e juiz e vice-versa, e, bem ainda, ao diálogo humano entre juiz e demais sujeitos do processo. Hoje, por dizê-lo assim, a observação empírica dos processos consente com a conclusão de que, como regra, há um abismo abissal entre juiz e partes. Somente o juiz pode dar o primeiro passo no sentido de superar esse distanciamento, mais do que geográfico, incrustado, sob má luz, na realidade da cultura forense. A participação das partes no procedimento, em contraditório (*v.g.*, ciência e resistência, informação e reação), é, precisamente, o fundamento de legitimidade da decisão judicial e fator de legitimação democrática do exercício da jurisdição. Não seria despropositado dizer que a falta ou *deficit* de contraditório (sem cooperação das partes) está em contraste lógico com o fim do processo justo. Seria como admitir primavera sem flor. Por singular fortuna, em sua linha evolutiva, o contraditório experimentou formidável revalorização, por meio da recuperação de sua concepção clássica jusnaturalista, como ferramenta operativa do Juízo, de

---

[30] A jurisprudência da Corte Europeia de Direitos Humanos tem moldado o conteúdo e esculpido o alcance do contraditório, erigindo-se em primoroso parâmetro de dimensionamento homogêneo da dignidade da pessoa humana em países com sistemas processuais assimétricos.

[31] O princípio da cooperação está consagrado, às expressas, no art. 5.º do PLS 166, de 2010 (e do PL 8.046, de 2010): "As partes têm direito de participar ativamente do processo, *cooperando* com o juiz e fornecendo-lhe subsídios para que profira decisões, realize atos executivos ou determine a prática de medidas de urgência".

âmago essencial do processo.[32] O foco capital é o Juízo, pois que o contraditório purificou-se de sua função de instrumento de luta entre as partes, assumindo, como técnica dialético-argumentativa-justificativa, o papel de protagonista do Juízo[33] (*"Torniamo al giudizio"*).[34]

A refletir em si os progressos da moderna doutrina constitucional-processual, o núcleo essencial do contraditório hospeda, pelo menos, *nove elementos*. Em uma visão de conjunto, em prol da máxima clareza e para evitar-se a fluidez da dispersão, passemo-los em revista.

Primeiro: como consectário do princípio político da participação democrática, a *bilateralidade da audiência* das partes (*audiatur et altera pars*) estabelece que se ofereçam às partes as mesmas oportunidades de acesso à Justiça e de exercício do direito de defesa (paridade de armas), com adequada e tempestiva ciência ao réu do ajuizamento da demanda judicial, comunicação hábil dos atos processuais, por meio de citações, intimações, possibilidades concretas de objetar e de contrastar atos do *ex adverso*, pertinentemente às questões (de direito e de fato) acendidas no processo judicial ou procedimento administrativo. A atividade defensiva das partes reclama, naturalmente, além de correção e de solidariedade entre os sujeitos do processo, com a prevalência da ideia de cooperação intersubjetiva sobre a de jogo, a conjuração dos riscos de eventuais surpresas no processo. O órgão judicial deve relevar as alegações proeminentes das partes e bem ainda as questões (em sentido técnico, a cujo respeito pese controvérsia) salientes que foram oportunamente suscitadas. Não lhe é lícito deixá-las na penumbra ao ensejo da imprescindível fundamentação da sentença, sem lhe incubar, recalcitrante que seja, o gérmen da invalidade.[35] Como se verá linhas à frente, com maior profundidade, mesmo as questões releváveis de ofício, que o juiz pretenda adotar como fundamento da decisão, também nesta sede, tem ele o *dever* (não mera faculdade) de submetê-las, previamente, ao crivo do contraditório das partes, sob pena de nulidade. Assim, *v.g.*, o art. 101, § 2.º, do CPC italiano, com maior ênfase após a reforma em sua legislação processual patrocinada pela Lei 69, de 18.06.2009. A proibição do julgamento a surpresa

---

[32] Sobre o cerne da argumentação, veja-se PICARDI, Nicola. *Torniamo al giudizio?* cit., p. 246: "Vista in prospettiva, la suggestiva esortazione 'torniamo al giudizio' ha rappresentato un chiaro segno del ridestarsi dell'interesse del giurista per i meccanismi di formazione del giudizio e, primo fra tutti, per il contraddittorio e la collaborazione delle parti nella ricerca della verità. Anzi, data l'intima 'connaturalità' fra il processo e il giudizio, è stata in tal modo aperta la via per recuperare giudizio e contraddittorio e fare di essi, ancora una volta, i momenti centrali dell'esperienza processuale".

[33] PICARDI, Nicola. *Torniamo al giudizio?* cit., p. 248: "Una volta spostato l'angolo visuale sul giudice, il contraddittorio diviene il cardine della ricerca dialettica condotta con la collaborazione delle parti."

[34] A exortação é do Mestre peninsular CARNELUTTI, Francesco. Torniamo al giudizio. *Rivista di Diritto Processuale*, 1949, p. 165.

[35] Sanção estatuída, explicitamente, no art. 93, IX, da Constituição Federal brasileira.

Cap. 14 – CONTRADITÓRIO COMO DEVER E A BOA-FÉ PROCESSUAL

("sentença a surpresa" ou juízos da "terceira via") deve entender-se no sentido de abranger não apenas as questões de direito, senão também as de fato, e bem ainda pontos de direito e/ou fáticos.

Segundo: *direito à informação* (*Recht auf Benachrichtigung*) e *à reação* (*Recht auf Äusserung*), que também se expressa no binômio "ciência e resistência", em cujo espectro subjaz a necessidade de que as partes tenham conhecimento dos atos praticados por cada uma delas e pelo juiz, no escopo de efetivar-se o contraditório (preferencialmente real e não meramente eventual, potencial). Na perspectiva do adequado desempenho no processo, os atos processuais haverão de ser cientificados mediante citação, de intimação e de notificação.[36] O intérprete deve persuadir-se de que, na latitude da garantia de ciência-reação, a informação é essencial, real, concreta, enquanto a reação é acidental, contingente, eventual, ocasional (é dizer, meramente possibilitada nos casos de direitos disponíveis). Inobstante, como melhor se verá no tópico 3 *infra*, o contraditório consente outros aplicativos no teatro do processo, decorrentes de sua reconfiguração também como duplo dever: para o juiz, de instauração e participação de diálogo judicial com as partes; para estas, de colaboração e de cooperação éticas na formação da decisão, tudo no desígnio de aperfeiçoar a qualidade técnica, a justeza, a efetividade da prestação jurisdicional. As partes, destinatárias da atuação do Estado-juiz, haverão de amplamente participar, colaborando e cooperando, também no plano do processo, donde a legitimação pelo contraditório, pela ampla defesa e pelo devido processo legal e justo: o pronunciamento judicial será tanto mais legítimo quanto maior a possibilidade de participação influenciadora das partes. De sorte que os atos do procedimento processual haverão de ser de tal modo (co)ordenados que permitam a concretização do processo justo e équo. Todavia, tratando-se de direitos disponíveis, com fulcro no valor liberdade no processo, as partes podem optar, por vontade livre e consciente, entre atuar ou omitir-se.

Terceiro: *direito à prova* e *à contraprova* (a prova é uma das preciosas expressões do direito de ação e de defesa), mediante apropriada participação das partes no processo, franqueando-se-lhes apresentar alegações e requerer todas as provas relevantes, lícitas e morais, tendentes à descoberta (possível) da verdade material[37] (tal como ela é, e não mais, no processo civil, meramente

---

[36] No processo civil brasileiro, o réu revel citado por edital ou com hora certa será defendido por curador nomeado pelo juiz (CPC, art. 9.º, II) e o incapaz será assistido pelo Ministério Público (CPC, art. 82, I).

[37] TARUFFO, Michelle. *Páginas sobre justicia civil*. Determinación de los hechos y contradictorio en la tutela sumaria. Madrid: Marcial Pons, 2009. p. 269: "Sin embargo, así como en el plano filosófico y epistemológico general se va recuperando el valor ético-político y científico de la verdad, hay razones válidas para considerar que la verdad es también un valor procesal, en el sentido de que si el proceso debe estar dirigido a la obtención de decisiones justas y correctas, es necesario que entre sus finalidades se comprenda también la determinación verdadera de los hechos de la causa".

formal), por meio da correta reconstrução dos fatos em Juízo, que favoreçam suas posições jurídicas, sob pena de lesão ao contraditório, por cerceamento de defesa, e, assim, de arrefecimento da efetividade do processo. Não se pode abandonar a metodologia dialética de busca da verdade (lógica dialógica do procedimento judicial) em troca de um contraditório mecânico e meramente formal de entrechoque de teses, quase uma queda de braços. O contraditório, como atividade de alegações, deduções, argumentações, requerimentos de provas e de contraprova, tem em mira afeiçoar tecnicamente o conteúdo do *decisum*, e, destarte, as decisões de inversão do ônus da prova ou de aplicação da carga dinâmica haverão de ser precedidas de contraditório entre as partes, pois que não podem gerar surpresa para a parte atingida pela anástrofe. O preventivo contraditório é o poderoso antídoto contra a infausta surpresa judicial. O contraditório é um instrumento operativo para melhor se alcançar a verdade: quanto maior for o diálogo judicial aberto, mais amplas as oportunidades de dizer e de contradizer, tanto maior será a possibilidade de se alcançar a verdade substancial. O monólogo jamais conduzirá à verdade. O escopo magno do contraditório é permitir o mais correto exercício da atividade jurisdicional, além de pintá-la com as cores da legitimidade. Ante a superação da concepção de juiz como mero espectador passivo do conflito judicializado, passando, ao contrário, a assumir posição ativa, mormente na coleta do material probatório da causa, fique claro que as partes têm o direito de, em sede de apelação,[38] posto que Juízo de revisão, apresentar novos documentos ou produzir outras provas, inclusive pericial,[39] de fato relevante sobre que se tenha alicerçado, como ponto nevrálgico, a sentença. A razão é singela: se o recurso de apelação tem o ânimo de devolver ao tribunal *ad quem* o conhecimento de toda matéria de direito e de fato, as partes, nessa seara, simetricamente, exibem a faculdade de produzir novas provas, tudo em benefício da descoberta (aceitável) da verdade material e do ideário de que a sentença haverá de refletir, com a maior fidelidade possível, a realidade fática subjacente à demanda judicial. A não ser assim ter-se-ia efeito devolutivo de recurso de apelação capenga ou, pior, amputado de suas reais funções no processo. Assim é, com maior densidade de razão, quando se considera o tribunal *ad quem* como instância de revisão.[40] Os Tribunais locais

---

[38] O Tribunal local tem iniciativas probatórias, sobretudo quando a causa versar sobre direitos indisponíveis (ações de estado): STJ, 4.ª T., REsp 1.010.559, rel. Min. Aldir Passarinho Jr., j. 16.10.2008, *DJ* 03.11.2008.

[39] No sentido de ser facultado ao Tribunal local, caso entenda necessário, determinar de ofício a produção de prova pericial, ainda que anteriormente indeferida pelo juízo de primeiro grau: STJ, 1.ª T., REsp 896.072, rel. Min. Francisco Falcão, j. 15.04.2008, *DJU* 05.05.2008.

[40] Conquanto sobre o ponto paire divergência de entendimentos em sede jurisprudencial, há decisões que admitem a alegação de fato novo constitutivo, modificativo ou extintivo do direito, no ventre de embargos de declaração, ainda que posterior à decisão embargada, ocorrido após o julgamento da apelação (por exemplo, versando sobre o desaparecimento das condições da ação, acionista que tenha ajuizado demanda judicial para anular deliberação de Assembleia Geral

Cap. 14 – CONTRADITÓRIO COMO DEVER E A BOA-FÉ PROCESSUAL

têm o poder-dever de, visando a formar livre convicção racional e motivada, converter o julgamento em diligência para produção de provas determinadas de ofício, que considerem necessárias, desde que o façam com imparcialidade, isonomia e no resguardo do contraditório, sem que isso configure julgamento *ultra* ou *extra petita*, tudo com vistas à apreciação adequada, justa e equânime da matéria litigiosa. Ademais, as partes têm a faculdade de participar de todas as etapas da realização das provas requeridas, por si e pelo *ex adverso*.[41] Os direitos à prova e à contraprova integram o cerne do contraditório:[42] a parte exibe o direito de se defender (ou demandar) provando.[43] Toma corpo – sob auspícios garantísticos da alvissareira onda de humanização do processo, da

---

e que, após o julgamento da apelação, tenha alienado todas as suas ações na compahia). Nesse sentido: STJ, 1.ª T., REsp 734.598, rel. Min. Francisco Falcão, j. 19.05.2005, *DJU* 1.º.07.2005; STJ, 4.ª T., REsp 434.797, rel. Min. Ruy Rosado, j. 26.11.2002, *DJU* 10.02.2003; STJ, 5.ª T., rel. Min. Arnaldo da Fonseca, j. 26.04.2005, *DJU* 23.05.2005. Em sentido inverso: STJ, 3.ª T., REsp 330.262-EDcl, rel. Min. Nancy Andrighi, j. 20.03.2003, *DJU* 14.04.2003; STF, 1.ª T., MS 22.135-3-EDcl, rel. Min. Moreira Alves, j. 23.02.1996, *DJU* 19.04.1996.

[41] Vejam-se, exemplificativamente, na realização da prova pericial (CPC brasileiro, art. 420): as partes podem indicar assistentes técnicos, formular quesitos (art. 421, § 1.º, I e II), postular a destituição do perito (art. 424, I e II), apresentar quesitos suplementares (art. 425), impugnar laudo do perito do juízo, requerer esclarecimentos do perito em audiência (art. 435). Na mesma rota: na inspeção judicial (CPC brasileiro, art. 440), as partes e seus advogados têm a faculdade de estarem presentes na diligência do juiz.

[42] GRECO, Leonardo. *Instituições de processo civil* cit., p. 450: "Essa nova perspectiva do princípio do contraditório exige que a prova seja um dos componentes do direito de defesa, ou seja, que às partes seja garantido o direito de defender-se provando, que não se exaure no direito de propor a produção das provas, compreendendo também o direito de efetivamente produzir todas as provas que potencialmente tenham alguma relevância para o êxito da sua postulação ou defesa".

[43] No mundo do processo – e na órbita do direito à prova e do direito à prova contrária –, gravita constelação de pontos relevantes: objeto da prova (fatos relevantes e controvertidos); função da prova (descritivo-epistêmica ou retórico-persuasiva); destinatários (juiz, partes, sociedade); oralidade (imediatidade, concentração, identidade física do juiz); distribuição do ônus da prova; regime tarifado da prova; inversão do ônus *probandi*; princípio da carga dinâmica da prova ou da melhor aptidão para a prova; repúdio às "provas diabólicas" ou de produção impossível; poderes instrutórios *ex officio* do juiz (CPC brasileiro, arts. 130, 342, 343, princípio, 355, 399, 418, 440, 1.107); caráter subsidiário ou conjunto de tais poderes (quer se trate de direito disponível, quer indisponível, respectivamente); princípio do livre convencimento racional/motivado do juiz (em oposição ao sistema da prova legal); debate das partes sobre as provas; as regras dos arts. 364 (documento público) e 401 (prova exclusivamente testemunhal), como meras setas indicadoras da cognição do juiz provenientes das chamadas regras de experiência; problemática das provas colhidas ilicitamente (possibilidade de ponderação/proporcionalidade?); prova ilícita para inocentar o réu no processo criminal; prova ilícita emprestada do campo criminal para o cível; ineficácia de prova lícita produzida em outro processo, entre terceiros, sem observância do contraditório no processo no qual se pretenda utilizar a prova emprestada; a igualdade substancial das partes é violada quando, no processo dialético, uma das partes é cerceada em seu direito de "produzir ou debater a prova que se produziu" (vide, a propósito, STJ-REsp 74.472/DF); cerceamento de defesa de produzir prova, contraprova ou alegações sobre ambas e falta

solidariedade dialógica, dos princípios da colaboração e da cooperação – a figura do juiz complacente com o contraditório,[44] tolerante com o direito de defesa, indulgente com o direito probatório. Seria supérfluo lembrar que o viés de condescendência do juiz, nos moldes aqui preconizados, não se confunde obviamente com tibieza na necessária direção do processo ou com atonia na repressão às condutas ilícitas, antiéticas ou imorais das partes (e do próprio juiz). Não e renão. O processo civil moderno, de forte matiz publicístico, preocupado com o prestígio do valor Justiça, a credibilidade do Poder Judiciário, a autoridade de suas decisões e a confiança da sociedade no exercício da jurisdição estatal, tende a investir o juiz do poder-dever também de iniciativas sancionadoras, as quais, no entanto, não podem ser exercidas com autoritarismo ou arbítrio, senão que nos lindes impostos pela legalidade estrita.

Quarto: *direito de influir* (contraditório como direito de influência – *Einwirkungsmöglichkeit*) concreta e eficazmente na formação intelectual do convencimento do juiz e, por conseguinte, no conteúdo das decisões judiciais, podendo a parte apresentar alegações orais e escritas, processuais ou referentes ao mérito da causa, propor e produzir provas e contraprovas e participar da produção das provas requeridas pelo *ex adverso* ou das provas determinadas de ofício pelo órgão judicial, comparecer às audiências, afirmar fatos jurídicos e fatos simples, pleitear providências em prol de sua posição jurídica.[45] Quanto mais imediata, tanto mais eficaz é a impugnação. Esse conjunto de prerrogativas também está dentro do espectro da garantia da ampla defesa.[46]

Quinto: *flexibilização* e *congruência dos prazos*, no justo calibre das necessidades de defesa da parte, de acordo com as especificações do caso concreto e do direito material, com abstração de ocasional fato impeditivo para a realização do ato processual.[47]

---

de prejuízo, e o problema que se descortinará quando a sentença não tenha se escudado nas provas irregularmente colhidas, mas o tribunal, em sede de apelação, sim.

[44] FAZZALARI, Elio. *Istituzioni di diritto processuale* cit., p. 81: "La qualità di contraddittorio, ove ricorra per l'autore dell'altro, importa, peraltro, un'essenziale conseguenza: quand'anche sai un organo pubblico, munito d'imperio qualle'autore è posto, durante la fase preparatoria dell'atto (e salva quindi la sua preminenza nella successiva fase della emanazione del provvedimento), sul piede di simmetrica parità rispetto all'altro o agli altri contraddottori".

[45] No que toca aos vários atos processuais próprios da parte, consulte-se o Mestre CHIOVENDA, Giuseppe. *Instituições de direito processual civil*. 4. ed. Campinas: Bookseller, 2009. p. 967-977.

[46] Nesse sentido, CIPRIANI, Franco. *Il processo civile nello stato democratico*. Saggi. Collana: Biblioteca di diritto processuale, 16. Napoli: Edizioni Scientifiche Italiane, 2006. p. 22-23: "Infatti, il diritto di impugnare, che si vorrebbe del tutto estraneo al diritto alla difesa, sembra a me un componente essenziale e non sopprimibile del diritto alla difesa, non potendosi negare che, se non ci fosse la possibilità di impugnare, le parti sarebbero alla merce del giudice: prova ne è che la Corte costituzionale ha amesso l'impugnabilità per revocazione delle sentenze della Cassazione proprio per evitare che il diritto alla difesa fosse 'gravemente offeso'".

[47] Em atividade interpretativa nitidamente abrogante do art. 183, § 1.º, do CPC brasileiro.

Cap. 14 – CONTRADITÓRIO COMO DEVER E A BOA-FÉ PROCESSUAL

Sexto: *igualdade material das partes*, como corolário natural do dever de imparcialidade do juiz, que impõe tratamento paritário e isonômico das partes, mediante equânimes e reais oportunidades e chances no processo, para fazer valer as próprias razões, quer sob a ótica do acesso à Justiça, quer sob o prisma do exercício do direito de defesa.[48] Haverá processo quando no itinerário de formação da decisão houver contraditório em linha de simétricas e recíprocas igualdades ("parità delle armi"). Nessa seara, o órgão judicial tem dever de abastecer, assistencialmente, as deficiências técnicas defensivas de uma das partes,[49] com o nivelamento das posições no processo, notadamente em causas de família, de trabalho, de consumo.[50] O tratamento paritário das partes pressupõe que, desincumbindo-se de seu poder-dever diretivo, o juiz desempenhe o papel de efetivo gestor do processo (*management judge*), para zelar por sua regular marcha e fiscalizar a atuação das partes, pautadas pela técnica, ética, boa-fé, lealdade.

Sétimo: *contraditório prévio de questões de direito e de fato cognoscíveis* ex officio *pelo juiz ou não, de ordem pública ou não* (também decisões da "terceira via", para evitar surpresa judicial ou "sentença a surpresa",[51] que é um dos maiores

---

[48] No que concerne ao equânime tratamento das partes no processo pelo juiz, leia-se CAPPELLETTI, Mauro. *Juízes legisladores?* Trad. Carlos Alberto Alvaro de Oliveira. Porto Alegre: Fabris, 1999. p. 82-83: "Outrossim, impõe-se-lhe uma *atitude processual de imparcialidade, neutralidade e distanciamento*, no sentido de que deve estar em posição de superioridade e neutralidade em relação às partes, impedido de decidir uma controvérsia em que esteja envolvido o seu próprio interesse. Ele é levado, enfim, a um comportamento de *equânime tratamento* ('*fairness*') das partes no processo, no sentido de que deve garantir a todas elas adequada oportunidade de fazer valer as próprias razões" (grifos no original).

[49] Avulta, aqui, o debate sobre a intervenção, em caráter assistencial, também, do Ministério Público, do curador especial. No tocante ao pobre e à paridade de armas no processo, é de rigor robustecer a assistência jurídica e judiciária gratuitas, com a isenção de despesas processuais e dispensas de depósitos.

[50] Parece bem mencionar que o PLS 166/2010, modificando o Anteprojeto de CPC elaborado pela Comissão de Juristas, promoveu, sob má luz, a poda de parcela do dispositivo (art. 7.º, parte final) que previa semelhante possibilidade: "competindo ao juiz velar pelo efetivo contraditório em casos de hipossuficiência técnica". Seja como for, nada obstante aquela amputação, por aplicação direta e imediata do texto constitucional concernente à garantia do contraditório (CF brasileira, art. 5.º, LV), com o fito de assegurar às partes paridade de tratamento em relação ao exercício de direitos e faculdades processuais, aos meios de defesa, o juiz pode (*rectius*, deve) suprir, em caráter assistencial, as carências técnicas defensivas de uma das partes (*e.g.*, determinando de ofício a realização de prova sobre fato relevante e controvertido), em uma visão publicista do processo, sem que tal providência ancilar obviamente signifique fratura de sua imparcialidade.

[51] TROCKER, Nicolò. *Processo civile e costituzione* – Problemi di diritto tedesco e italiano. Milano: Giuffrè, 1974. p. 667-658: "Egli ritiene in sostanza che il giudice debba informare le parti del proprio orientamento prima dell'emanazione della pronuncia, per metterle in grado di incidere validamente sulla formazione del provvedimento decisorio. Solo in tal modo si riuscirebbe ad evitare che gli interessati siano costretti a muoversi nell'incertezza e a dibattere su questioni comunque irrilevanti, per poi vedersi 'sorpresi' da una sentenza del tutto inattesa. Il diritto di influire sullo svolgimento della controversia e sul contenuto della decisione resterebbe inevi-

flagelos da jurisdição). O tema será abordado no tópico 5 *infra*, valendo, nesse passo, catalogar alguns ordenamentos jurídicos que, às expressas, disciplinam a matéria: Código de Processo Civil italiano, art. 183, § 2.º (antes da reforma de 2009, depois da reforma do § 2.º do art. 101); Código português, art. 207; § 139 da ZPO alemã (*Zivilprozessordnung*); § 182 da ZPO austríaca; com uma parcial atuação dessa regra o art. 171 do Code de Procédure Civile francês, sobre declaração de incompetência de ofício, art. 172, no tocante ao pronunciamento da litispendência e da conexão, e, agora com contornos de regra geral, os arts. 16 (renovada dicção) e 82; princípio semelhante pode ser encontrado nos Principles of Transnational Civil Procedure, especialmente no princípio n. 22; PLS 166/2010 e PL 8.046, de 2010, art. 10.

Oitavo: o contraditório reclama que *todos os contrainteressados* (= terceiros que possam sofrer efeitos em suas esferas jurídicas por força de decisão proferida em processo *inter alios*) *tenham o direito de intervir no processo*, com o exercício das prerrogativas concernentes ao direito de defesa, preservando-se o direito de discussão dos efeitos da sentença proferida sem a cabal participação. Se assim é, parece recomendável o premente remodelamento do conceito de interesse jurídico que legitima o terceiro a intervir como assistente (CPC brasileiro, art. 50), bem ainda repensar a distinção liebmaniana entre a eficácia natural da sentença e a autoridade da coisa julgada,[52] com reflexos da sentença sobre terceiros com interesse jurídico subordinado ao de uma das partes (*v.g.*, fiador, sublocatário).[53]

Nono: o *princípio da colaboração entre partes e juiz* traduz a nova concepção do processo como *actus trium personarum* (búlgaro),[54] em que todos estão no mesmo patamar e cooperando para a busca da verdade real e da justiça substancial. Ora, se tal acontece, não é já porque a invocação da visão de processo como duelo adversarial (à semelhança de certame desportivo com supremacia do mais forte), fruto da ideologia liberal-individualística, em si, seja agora imperante, senão porque das partes houve a exigência de intensa/lhana colaboração e sincera/chã cooperação, alumiada por uma lógica dialética, com o órgão judicial, nos lindes da ética e da boa-fé processual. Nessa moldura, o processo vem de expe-

---

tabilmente compresso, se gli interessati non avessero l'opportunità di seguire e di esaminare previamente le considerazioni giuridiche dell'organo giudicante".

[52] Foi na clássica monografia "Efficacia ed autorità" que, pela primeira vez, o Mestre Enrico Tullio Liebman propôs a distinção entre coisa julgada e eficácia da sentença (a eficácia natural da sentença como ato do Estado a todos se estenderia e não se adstringiria às partes, como, de resto, a *auctoritas rei judicatae*), entendida a coisa julgada como imutabilidade (e reforço) dos efeitos da sentença. Cf. *Eficácia e autoridade da sentença e outros escritos sobre a coisa julgada*. 4. ed. Trad. Alfredo Buzaid; Benvindo Aires. Trad. dos textos posteriores à edição de 1945 de Ada Pellegrini Grinover, com notas relativas ao direito brasileiro vigente de Ada Pellegrini Grinover. Rio de Janeiro: Forense, 2007. p. 122 e ss.

[53] GRECO, Leonardo. *Instituições de processo civil* cit., p. 451.

[54] Iudicium est *actus trium personarum: iudicis, actoris et rei*.

Cap. 14 – CONTRADITÓRIO COMO DEVER E A BOA-FÉ PROCESSUAL

rimentar densa mutação de função: de instrumento de composição de conflitos e mecenas da paz social se transmuda em instrumento de persecução de justiça material, mediante a descoberta (possível)[55] da verdade real, objetiva, material. No novel panorama da judicialização, ganha terreno o fortalecimento dos poderes do juiz, com indispensável mudança de sua mentalidade, principalmente no campo das iniciativas probatórias *ex officio*. Os ventos cambiantes também transformaram a acepção do contraditório, pois que condicionaram empresas, empreendimentos e decisões judiciais à prévia informação das partes, as quais passaram a deduzir suas alegações, com produção de provas e de contraprovas, antes que o juiz possa decidir. A mutação acabará por conformar o próprio "estilo" gerencial das defesas pelas partes, mercê do imperativo de desempenho probo, leal, de boa-fé dos sujeitos do processo.

De outro giro, as espécies de contraditório compõem o seguinte arquétipo: 1.°) *prévio*, o qual, como bem se compreende, encerra fórmula mais eficaz, cujo exercício é proporcionado, às partes, antes de o juiz proferir decisões capitais no processo, interlocutórias ou sentenças (exemplo frisante é o da defesa prévia no processo de improbidade administrativa – Lei 8.429/1992, art. 17, § 7.°); 2.°) *diferido* ou *postergado*, cujo terreno próprio é o das tutelas diferenciadas e sumárias de urgência, cautelares ou satisfativas, com decisões proferidas à luz de argumentos unilaterais, apresentados por uma das partes. De sorte que, no desígnio de equalização das partes no processo, ante a desigualdade original, proveniente da angústia entre o direito fundamental de acesso à Justiça (tutela jurisdicional efetiva) e direito de defesa, o juiz tem o dever de proporcionar, após a concessão da medida liminar ou da antecipação de tutela satisfativa, o contraditório real, de modo que a parte adversária possa, ainda perante o prolator da decisão concessiva, influir intelectualmente, seja na sua revogação ou modificação, seja na decisão final do processo, tudo sem prejuízo da interposição dos recursos cabíveis;[56] 3.°) *eventual*,[57] que ocasionalmente pode ou não ocorrer no exercício da liberdade de atuação das partes, fulgurado pelo princípio dispositivo e como estratégia de defesa (por exemplo: na ação monitória, em que o contraditório está atrelado à eventualidade de o réu oferecer embargos – CPC brasileiro, art. 1.102C, *caput*); 4.°) *limitado*, no qual há restrição de matérias suscitáveis em defesa (por exemplo: no processo de desapropriação, a contestação é restrita ao valor do bem expropriando e aos vícios do processo, nos termos do art. 20 do

---

[55] A verdade processual passível de ser revelada, desvendada, proveniente das provas produzidas nos autos do processo (*quod non est in actis non est in mundo*).

[56] Há questões processuais tais que, sob o prisma da efetividade, não podem ser objeto de impugnação diferida ou postergada (por exemplo: decisão que disponha sobre suspensão do processo, ou a separação ou a reunião de causas).

[57] De uma objeção, contudo, ocorre desincumbirmo-nos: não se desconhece que, em larga escala, a doutrina processual sustenta que, para efeito de operacionalização do contraditório, a informação é necessária, mas a reação é eventual. Contudo, no texto, o vocábulo eventual está referenciado a um exemplo específico.

Decreto-Lei 3.365/1941, sem prejuízo da discussão de outras questões por meio de ação direta e própria). A limitação naturalmente haverá de exibir justificação racional (*v.g.*, interesse público, no processo de desapropriação).

3. CONTRADITÓRIO COMO DEVER E FOTOSSÍNTESE PROCESSUAL: TRANSFORMAÇÃO DE DOIS MONÓLOGOS EM DIÁLOGO JUDICIAL

Como é cediço, ontologicamente, agir conforme o dever difere de agir por dever. O dever como dever ostenta mais valor moral. Modernamente, subtraído o processo ao egoísmo individualista e inserido em uma dimensão social,[58] estudos científicos, com notável ressonância teórica e prática para a economia do processo, puseram o contraditório sob novel luz: de direito fundamental ao ângulo de mirada de *dever*. Abre-se, por conseguinte, uma nova perspectiva de reflexão e de pesquisa. A oralidade, com revigorado significado, irrompe na paisagem do direito processual civil cooperativo. Os monótonos monólogos de cada parte em si mesma considerada, no renovado viés da oralidade, com pendor de humanização das relações intersubjetivas no processo (atmosfera de *fair play*), e na esteira da ética, por meio do fenômeno da fotossíntese processual, são suscetíveis de ser transformados, pelo juiz, em diálogo humano (voz animada).[59] É inestimável, no quadrante do diálogo judicial, a possibilidade de observação imediata na apreciação das provas e contato direto do juiz com as partes, as testemunhas, os peritos, mediante a coleta de depoimentos orais e apresentação de alegações finais orais dos advogados. O processo passa a irradiar calor humano, com melhor percepção, pelo juiz, do realismo que salta dos acenos, jorra das dicções e brota dos semblantes,[60]

---

[58] Cf. LIEBMAN, Enrico Tullio. *Eficácia e autoridade da sentença e outros escritos sobre a coisa julgada* cit., p. 124: "Assim, as partes, quando defendem seus direitos, colaboram no funcionamento da justiça, e a lei confia em que o jogo dos interesses individuais e opostos, fiscalizado e apreciado imparcialmente pelo juiz, prepare o terreno de modo todo espontâneo para a emanação de sentenças que satisfaçam o interesse e aspiração geral da justiça. Provendo a que não abusem as partes do poder que lhes reconhece a lei de limitar a liberdade de ação e do raciocínio do juiz, máxime nos casos em que o seu interesse não coincidir com o descobrimento da verdade, está um órgão público que pode, às vezes, agir e sempre opinar nas causas civis, o Ministério Público, cuja função no processo civil representa uma atenuação e um corretivo do princípio dispositivo. *O processo não é, pois, negócio combinado em família e produtor de efeitos somente para as pessoas iniciadas nos mistérios de cada feito, atividade processual singular, mas atividade pública* exercida para garantir a observância da lei; e já que a esta estão todos sujeitos indistintamente, devem todos, por igual, sujeitar-se ao ato que é pelo ordenamento jurídico destinado a valer como sua aplicação imparcial" (grifos nossos).

[59] MITIDIERO, Daniel. *Colaboração no processo civil* cit., p. 137.

[60] Infeliz inovação, que abandona o vetor da oralidade na prova testemunhal, decorre da recente reforma do processo civil italiano (Lei 69, de 18.06.2009), que, no art. 257 *bis*, admite que, com a concordância das partes e não havendo problemas relativos à credibilidade da testemunha, o juiz determine testemunho sob a forma escrita; na linha, aliás, das *attestations* previstas no arts. 200 e seguintes do *Code de procédure civile* francês, das *affidavits* do processo norte-americano

Cap. 14 – CONTRADITÓRIO COMO DEVER E A BOA-FÉ PROCESSUAL

como rudimentos capitais de procura da verdade substancial e da adequada reconstrução dos fatos em Juízo. É a gloriosa ressurreição do princípio da imediatidade: *imediação da relação entre o juiz e as pessoas cujas declarações deva apreciar.*[61] A imediatidade é pedra de toque do diálogo humano e, nesse sentido, a centenária concepção chiovendiana obstina em viver. As impressões guardadas na memória, na retina (e, algumas, no coração) do juiz foram (in)formadas pelo contato humano.[62] É a releitura da concepção do processo como *actus trium personarum*, no qual todos estão no mesmo plano e colaborando/cooperando para a busca da verdade real e da justiça material. De modo que, como sói acontecer, o juiz, que instaurou verdadeiro diálogo humano com as partes, excitado pelo realismo, impulsionado por metodologia concreta e empírico-dedutiva, a par de tonificar e de robustecer o princípio da livre convicção motivada, com fulcro na realidade e nas provas epistêmicas, por estar mais afeiçoado com a matéria litigiosa, ostenta melhor aptidão para proferir sentença justa.[63]

À semelhança de *Janus*, o contraditório como dever exibe feição dúplice. A primeira, para o juiz e as partes, consistente no dever de edificar adequado diálogo

---

e da praxe nos procedimentos arbitrais. Há, por assim dizer, um esvaziamento do realismo que, inequivocamente, dimana dos depoimentos orais: gestos, entonações, fisionomias... A técnica de observação pessoal, direta e imediata, pelo juiz, do material da causa, foi, em larga medida, jogada no cesto das coisas imprestáveis. No atinente aos préstimos da oralidade e referindo-se ao processo escrito (o que teria pensado o Mestre sobre o testemunho por escrito?), ouça-se CHIOVENDA, Giuseppe. *Instituições de direito processual civil* cit., p. 1010: "Assegura melhor a veracidade e sinceridade dos resultados da instrução, como se evidencia ao simples confronto entre a prova testemunhal do processo escrito, a que se procede no gabinete de um juiz delegado, que se fixa, quando muito, num resumo e que é, mais tarde, examinado, oportunamente, por um relator, que em regra não viu nem ouviu as testemunhas, e a prova testemunhal do processo oral, produzida na audiência perante os magistrados que, devendo ajuizar da atendibilidade e importância dos fatos relatados com fundamento na própria impressão, inquirem e ouvem as testemunhas com agudo senso de responsabilidade".

61 A expressão é do arauto da oralidade CHIOVENDA, Giuseppe. *Instituições de direito processual civil* cit., p. 1005.

62 É evidentíssimo que os princípios da imediação e da identidade física do juiz potencializam a eficácia da oralidade, a proficuidade do diálogo humano e a efetividade do processo. Assim, CHIOVENDA, Giuseppe. *Instituições de direito processual civil* cit., p. 1006-1007: "É como se o processo fosse um quadro, uma estátua, um edifício, que um artista pode esboçar e outro concluir, e não uma cadeia de raciocínios, que exige, quanto seja possível, a unidade da pessoa, que o realiza". A humanização do processo, mediante a otimização da comunicação oral, pressupõe um processo sem ou com poucas preclusões, as quais o debilitam, sob o prisma de sua efetividade. Nesse contexto, além de cumprir-se o mandamento da celeridade, o juiz profere decisão mais próxima à realidade fática subjacente à causa.

63 Anote-se, uma vez ainda, CHIOVENDA, Giuseppe. *Instituições de direito processual civil* cit., p. 1010: "A oralidade, temperada pelos atos escritos preparatórios do debate, assegura, pelo contrário, uma justiça intrinsecamente melhor; faz o juiz partícipe da causa e permite-lhe dominá-la melhor, obviando aos equívocos tão frequentes no processo escrito, no qual o juiz, de regra, apreende a existência de um processo no momento em que é chamado a decidi-lo; excita o espírito do juiz e do advogado e torna-o mais sagaz, mais expedito, mais penetrante".

judicial, mutuado da oralidade, mediante discussão de influência mútua, sobre as questões (de direito e de fato) ensartadas no processo, inclusive em relação àquelas cognoscíveis *ex officio*. É exato ver que o juiz, não sendo um turista no processo, tem o dever de dialogar com as partes, em sentidos vetorialmente duplos, agregando-se na realidade dialética do contraditório, lado a lado com elas, em ininterrupto fluxo de difusão verbal. A participação do juiz em contraditório também pelo diálogo configura-se, por exemplo, na audiência preliminar, quando ele (i) tenta conciliar as partes, (ii) elucida-as sobre a distribuição do ônus da prova, (iii) adverte-as sobre a imprescindibilidade de provar de forma mais adequada determinada questão fática relevante para o julgamento da causa. É o esforço pela forçosa humanização da Justiça por meio do contato humano e do diálogo[64] entre juiz e partes, posto que a palavra oral,[65] como instrumento de comunicação, é assaz eficaz para operacionalizar o contraditório, com a aspiração de influir concretamente na formação intelectual do convencimento do juiz e no conteúdo de suas decisões. É precisamente esse, gize-se, o moderno significado da oralidade, como garantia fundamental do processo, corolário do devido processo justo e vetor do contraditório integrador (o qual faz do juiz "partícipe" da causa).[66] A segunda face, para as partes,[67] consubstanciada nos deveres de colaboração[68] e de cooperação (de esclarecimento, de prevenção, de

---

[64] Sobre a possibilidade de o juiz participar em contraditório também pelo diálogo, confira-se DINAMARCO, Cândido Rangel. *O princípio do contraditório e sua dupla destinação* – Fundamentos do processo civil moderno. São Paulo: Malheiros, 2002. t. I, p. 135: "O *juiz mudo* tem também algo de *Pilatos* e, por temor ou vaidade, afasta-se do compromisso de fazer justiça" (grifos no original).

[65] A humanização judicial, uma faceta do contraditório como dever para o juiz de instaurar dialeticidade no processo, tornando-o partícipe da causa, pode ser eficientemente exercida (I) na estrutura do procedimento sumário brasileiro: *e.g.*, resposta oral e debates orais, respectivamente (CPC, arts. 278 e 281); (II) na moldura do procedimento ordinário: *v.g.*, depoimento pessoal das partes (CPC, art. 342), de testemunhas (art. 400), inquirição do perito e dos assistentes técnicos (art. 421, § 1.º), esclarecimentos de peritos judiciais em audiência de instrução e julgamento (art. 435); (III) no processo de execução: o poder-dever de o juiz determinar o comparecimento das partes na audiência que designar (CPC, art. 599, I); (IV) no processo trabalhista: *v.g.*, reclamação verbal (CLT, art. 786; (v) na Lei 9.099/1995 (Juizados Especiais Cíveis): art. 2.º (a oralidade como princípio ou regra técnica), art. 14, *caput* (pedido oral), art. 30 (contestação oral), art. 52, IV (pedido verbal de execução do julgado). Entrementes, o art. 37 da Lei 9.099/1995 preceitua que a atividade instrutória pode ser dirigida por juiz leigo, o que debilita a imediatidade, amesquinha a oralidade e empece adequado diálogo humano com o juiz togado.

[66] GRECO, Leonardo. *Instituições de processo civil* cit., p. 454.

[67] BUENO, Cassio Scarpinella. *Curso sistematizado de direito processual civil*: teoria geral do direito processual civil, 1. 3. ed. São Paulo: Saraiva, 2009. p. 111-112: "Assim, o princípio do contraditório tem abrangência dupla. A lei deve instituir meios para a participação dos litigantes no processo, e o juiz deve franquear-lhes esses meios. Mas significa também que o próprio juiz deve participar da preparação e do julgamento a ser feito, exercendo ele próprio o contraditório. A garantia resolve-se, portanto, num direito das partes e em deveres do juiz".

[68] Acentue-se que o princípio da colaboração está previsto no PLS 166/2010 e no PL 8.046/2010, art. 8.º, nos seguintes termos: "As partes têm o dever de contribuir para a rápida solução da

consulta, de auxílio). O antagonismo entre as partes não se afigura suficiente, seja porque cada qual busca fazer crer em uma realidade inexistente, seja porque uma das partes tecnicamente mais forte assumirá posição de supremacia em relação à contraparte. Nesse ponto, desponta o dever de colaboração entre partes e juiz, em uma visão moderna do processo como *actus trium personarum*, todos alocados em um mesmo nível, cooperando reciprocamente para a busca da verdade real e da justiça substancial.[69] Como consectário, o contraditório, nas vertentes da participação, da cooperação, da colaboração, ligar-se-á intrinsecamente à segurança jurídica decorrente da garantia constitucional da coisa julgada (CF, art. 5.º, XXXVI), como traço característico do Estado Democrático de Direito e de concreção da garantia do acesso à ordem jurídica justa. Por esta extraordinária mutação do processo, de instrumento de resolução de conflitos e de pacificação social transformar-se-á em instrumento de justiça material, quer pela ampliação dos empreendimentos de ofício do órgão judicial, quer pela nova compreensão do contraditório: de possibilidade de as partes condicionarem com as suas alegações, razões, provas, contraprovas, as iniciativas do juiz, em poder de serem informadas e de exprimirem suas opiniões antes que o juiz possa proferir decisão, em um clima de probidade e de lealdade processuais.

O CPC brasileiro (por exemplo, em seus arts. 125 e 130) outorgou ao juiz o poder-dever de direção do processo. Entretanto, a observação atenta e serena do dia a dia forense (ou do empirismo processual) induz a pensar que, desgraçadamente, o juiz desertou dessa incumbência, que é um dos sintomas do *deficit* de diálogo judicial; a figura do verdadeiro juiz gestor do processo (*management case*) é bastante rara. Como decorrência direta, espessa camada de processos está inexoravelmente contaminada por *error in procedendo*, pelo fato de, na audiência preliminar do art. 331, § 2.º, do CPC, o juiz não ter fixado os pontos controvertidos da demanda, sobre que incidirá a prova. Não colhe objetar que tal fixação poderia ser feita no início da instrução, nos termos do art. 451 do CPC. E não colhe de vez que este último dispositivo foi implicitamente revogado pela Lei 8.952/1994, que deu nova redação ao art. 331 e seus parágrafos. Com efeito, o legislador, aqui, estabeleceu momento anterior a fim de que o juiz exercite o seu dever de "fixar os pontos controvertidos" (art. 331, § 2.º), máxime quando entre a fixação e o início da audiência de instrução prova alguma foi produzida no processo, que pudesse justificar novel demarcação de pontos controvertidos sobre que houvesse de incidir prova oral. O descumprimento desse dever pelo órgão judicial, a par de caracterizar grave erro de procedimento, de patrocinar censurável tumulto processual e de conspurcar os princípios da celeridade, da economia processual, da efetividade da tutela jurisdicional, é causa determinante do nefasto prolongamento do *iter* processual, conspirando, desse modo, contra o imperativo

---

lide, colaborando com o juiz para a identificação das questões de fato e de direito e abstendo-se de provocar incidentes desnecessários e procrastinatórios".

[69] VERDE, Giovanni. *Profili del processo civile* cit., p. 107.

constitucional de duração razoável dos processos (CF, art. 5.º, LXXVIII). Há, porém, mais. A não fixação dos pontos controvertidos na audiência preliminar, com conciliação frustrada, arrosta, igualmente, graves riscos à garantia do pleno contraditório, cerceia o direito de defesa, com pernicioso comprometimento da boa qualidade técnica e da justiça material das decisões. Perdem substância tanto a eficiência como a efetividade qualitativa da atividade judicial.

Com o fito de proporcionar melhor compreensão da nova visão do contraditório como dever, para o juiz, de instaurar verdadeiro diálogo judicial com as partes, mediante debate preventivo de todas as questões de fato e/ou de direito relevantes para o julgamento da causa,[70] e, para as partes, de colaborar/cooperar com aquele, é de bom alvitre, pois, assinalar alguns exemplos colhidos do cotidiano forense. Tome-se, como primeiro exemplo, a problemática do contraditório nas ações coletivas de quem não figure como parte formal do processo. Na tutela coletiva ocorre o fenômeno da substituição processual, mas como se pensa o contraditório dos substituídos? Por meio da idoneidade dos substitutos processuais, sendo certo que a participação destes cumpre as exigências do contraditório,[71] de molde a alcançar e atrelar os integrantes do grupo ou comunidade substituída no processo pelo autor ideológico (paladino). Este haverá de atuar no exclusivo interesse do grupo ou da comunidade interessada, garantindo-se, mediante a qualidade e a eficiência da defesa dos interesses dos substituídos, a integridade do contraditório.[72] O juiz, por seu turno, haverá de utilizar critérios objetivos de aferição da idônea representatividade adequada (*adequacy representative*) do autor ideológico,[73] assegurando-se o direito de recesso dos discordantes de sua orientação. Também aqui, pela repercussão social, econômica, política, jurídica que as demandas coletivas naturalmente ostentam, a preservação do contraditório de quem não é sujeito formal do processo implica o necessário diálogo humano entre juiz e partes formais, mediante contínua comunicação oral, com a participação equânime da ação e da defesa. Nas iniciativas probatórias de ofício pelo juiz, ponto culminante da concepção publicista do processo civil, o juiz tem o dever de dialogar com as partes e de proporcionar-lhes prévio contraditório sobre prova que entende deva ser realizada, com justificação racional de sua imprescindibilidade, à luz das especificações do caso concreto. As partes poderão antecedentemente discutir sua pertinência, relevância ou mesmo necessidade de

---

[70] TROCKER, Nicolò. Il nuovo articolo 111 della costituzione e il "giusto processo" in materia civile. *Rivista Trimestrale di Diritto e Procedura Civile*, 2001, p. 394.

[71] DINAMARCO, Cândido Rangel. *Instituições de direito processual civil*. 6. ed. rev. e atual. São Paulo: Malheiros, 2009. v. 1, p. 226.

[72] Sobre a representação adequada nas *class actions* do direito norte-americano, consulte-se MENDES, Aluisio Gonçalves de Castro. *Temas atuais de direito processual civil*. Ações coletivas no direito comparado e nacional. 2. ed. rev. atual. e ampl. São Paulo: RT, 2010. v. 4, p. 76-80.

[73] CARNEIRO, Paulo Cezar Pinheiro. *Acesso à justiça*: Juizados Especiais Cíveis e ação civil pública. 2. ed. rev. e atual. Rio de Janeiro: Forense, 2007. p. 58-60.

Cap. 14 – CONTRADITÓRIO COMO DEVER E A BOA-FÉ PROCESSUAL

produção (por exemplo: prova pericial em matéria exclusivamente de direito, o que seria rematado absurdo, inclusive ao ângulo das despesas com honorários do perito designado pelo Juízo). Não se pode prescindir, no deferimento *ex officio* de provas pelo órgão judicial, da garantia do prévio contraditório, indispensável à salvaguarda dos direitos fundamentais de ação e de defesa. A atividade decisória do juiz encontra limite essencial na instauração do preventivo contraditório entre os dois protagonistas do teatro do processo,[74] garantindo-se, para que possa cumprir a sua finalidade, não apenas simples possibilidade, senão que *in concreto* efetividade, como exigência de substancial tratamento isonômico das partes, de exporem e de fazerem valer as próprias razões ao juiz, conhecendo as razões da contraparte a fim de contrapô-las, sendo direito das partes desenvolverem papel ativo de influência intelectual no processo, a cujos efeitos estarão submetidas. A violação da garantia constitucional do contraditório, consubstanciada no direito de defesa, dá lugar à nulidade da decisão, relevável em qualquer fase do processo ou grau de jurisdição.

Na declaração *initio litis* de inépcia da petição inicial (indeferimento da inicial, CPC brasileiro, art. 284, *caput*), é de rigor o juiz dialogar, na latitude do contraditório e do direito de defesa, mediante a abertura de oportunidade para o autor sanar o vício. O juiz, mesmo diante de uma demanda manifestamente infundada ou inadmissível, não pode rejeitá-la de plano, ao arrepio da ativação do contraditório, sem submeter antecedentemente a questão ao crivo da parte e da contraparte.[75]

Como é sabido, o recurso de embargos de declaração não tem, de regra, a finalidade de modificar a decisão impugnada, pois que se restringe a iluminar ponto obscuro, eliminar contradição e sanar omissão, daí desnecessária a energização de contraditório mediante resposta ou contrarrazões ao recurso. Contudo, é concebível que, como consectário inafastável da extirpação do vício autorizador da interposição dos embargos declaratórios,[76] modificações substanciais poderão advir no capítulo decisório, até redirecionando o *decisum* para rota diametralmente oposta. Nesse caso, por força excepcionalmente dos efeitos infringentes, o órgão judicial tem o dever de dialogar, proporcionando o contraditório, por meio da prévia intimação da contraparte, nos embargos de declaração.[77]

---

[74] MANDRIOLI, Crisanto. *Diritto processuale civile* cit., p. 110.

[75] Assim, CIPRIANI, Franco. Il procedimento cautelare tra efficienza e garanzie. *Il processo civile nello stato democratico*. Saggi. Collana: Biblioteca di diritto processuale, 16. Napoli: Edizioni Scientifiche Italiane, 2006. p. 86: "I giudici, quindi, non possono mai rigettare le domande, ne in sede cautelare, ne in sede ordinaria, senza aver prima sentito la controparte. Il conttradditorio, infatti, non è un diritto delle parti (che hanno diritto alla difesa e non certo a sentire anche l'altra parte...), ma una caratteristica essenziale della giurisdizione e, al contempo, un limite per il giudice".

[76] Vide CPC brasileiro, art. 535, I e II.

[77] STF, 2.ª T., RE 250.396-7; STJ, Corte Especial, AR 1.222-EDcl-EDcl.

Cabe referir que, em todas as modalidades de jurisdição, as partes haverão de estar em posição isonômica, equalizada. De sorte que, no processo de execução, cumprimento ou efetivação fundada em título executivo judicial, como bem se compreende, não se afasta a garantia do contraditório[78] pela impossibilidade de instauração de nova discussão acerca do direito estampado no título judicial, dês que a efetivação do direito deve dar-se de modo menos oneroso para o devedor, além da necessidade de adequação, no *iter* procedimental, dos legítimos interesses do credor e do devedor, sob a boa luz da dignidade da pessoa humana[79] (por exemplo: redução, reforço, nova avaliação de penhora, substituição, adjudicação, alienação antecipada de bens penhorados).[80] No processo de execução fundada em título executivo extrajudicial o juiz tem o dever de instaurar diálogo judicial e, por conseguinte, proporcionar o contraditório mediante a possibilidade de oferecimento, pelo executado, de embargos à execução, e, paritariamente, de apresentação de impugnação pelo exequente (CPC brasileiro, arts. 736, *caput*, e 740).[81]

Força é convir que, no Brasil, se a garantia do contraditório se apõe ao procedimento administrativo (CF, art. 5.º, LV), com maior densidade de razão aplicar-se-á aos procedimentos de jurisdição voluntária,[82] malgrado a inexistência de litigiosidade.[83]

---

[78] A garantia constitucional do contraditório, *ex vi* da igualdade das partes, também se exterioriza no processo de execução, conquanto de maneira mais limitada do que nos processos de conhecimento e cautelar, haja vista as peculiaridades do processo executivo. Nesse sentido, CARNELUTTI, Francesco. *Diritto e processo*. Napoli, 1958. p. 296. Para uma resenha do entendimento diametralmente oposto, vale dizer, de restrição à existência do contraditório no processo de execução, vide NERY JUNIOR, Nelson. *Princípios do processo civil na Constituição Federal*. 8. ed. rev. ampl. e atual. São Paulo: RT, 2004. p. 179-180.

[79] GRECO, Leonardo. *Instituições de processo civil* cit., p. 453.

[80] Sobre o contraditório na execução, DINAMARCO, Cândido Rangel. *Instituições de direito processual civil* cit., p. 224.

[81] O exercício do contraditório assume singular aspecto no estuário da assim chamada objeção de executividade, impropriamente chamada de exceção de pré-executividade (por exemplo: em processo de execução fiscal, no tocante às matérias relevéveis de ofício que não reclamem dilação probatória; Enunciado 393 da Súmula da Jurisprudência Predominante do Superior Tribunal de Justiça). De sorte que, por economia processual e judicial, se tem admitido esta via: na hipótese de alegação de inconstitucionalidade de tributo (REsp 625.203); para alegação de prescrição (ED no REsp 388.000); por falta de pressupostos processuais ou condições da ação (REsp 143.571); inexigibilidade do crédito exequendo (REsp 366.487); por ausência de título executivo (RF 364/397); para alegação de pagamento (REsp 371.460); para discutir a incidência de taxa SELIC e correção monetária de crédito tributário (REsp 885.785).

[82] Confira-se, no CPC brasileiro, uma miríade de dispositivos que, nos procedimentos de jurisdição voluntária, transpiram a garantia do contraditório: arts. 1.104, 1.106, 1.107, 1.110, 1.113, § 2.º, 1.119, parágrafo único, 1.122, 1.173, 1.182, 1.195, 1.207.

[83] Diversamente, CHIOVENDA, Giuseppe, entendia que haveria impossibilidade (não mera ausência, decorrente da não apresentação de contestação) de contraditório no procedimento de jurisdição voluntária, por falta de litigiosidade. Entrementes, a Corte Constitucional italiana

Não seria supérfluo asseverar que, no caso de litisconsórcio passivo necessário, o juiz tem o dever de dialogar com todos os litisconsortes, integrando-os, por citação válida,[84] ao processo em contraditório, sob pena de nulidade da decisão, por violação do direito de defesa e da cláusula *due process of law*.[85] Vale notar que o comparecimento espontâneo do litisconsorte, já na fase recursal, não patenteia a virtude de convalidar o procedimento.

No procedimento especial do mandado de segurança, sob o prisma que interessa ao presente trabalho, constitui fascinante desafio para o direito processual o problema do contraditório, como quando as provas documentais estejam em poder da autoridade impetrada, além da ciência do feito ao órgão de representação judicial da pessoa jurídica para, querendo, ingressar no feito e apresentar impugnação (Lei 12.016/2009, art. 6.º, § 1.º e 7.º, II, respectivamente). Também as *informações* prestadas pela autoridade impetrada valorizam o exercício do contraditório. Todavia, como o procedimento do mandado de segurança pressupõe prova pré-constituída e não admite dilação probatória, nem audiência oral e tampouco contato direto das partes com o juiz, o diálogo humano no processo mandamental e a oralidade são reduzidos a menos que zero. Somente o contato direto entre juiz e partes instaura verdadeiro diálogo humano, em contraditório integrador e humanitário, de arte que o direito à audiência oral integra a garantia do contraditório, no desiderato do direito de influir concreta e eficazmente na formação intelectual da decisão da causa.

4. TUTELAS SUMÁRIAS DE URGÊNCIA (CAUTELAR OU SATISFATIVA), *FAST FOOD* JUDICIAL, O FALSO DILEMA ENTRE EFICIÊNCIA/ EFETIVIDADE E GARANTISMO/SEGURANÇA E AS FRONTEIRAS DEMARCADAS PELO CONTRADITÓRIO

No Estado Democrático de Direito contemporâneo, no qual são constitucionalmente garantidos os direitos de ação e de defesa, o processo civil constitui-se em método de postulação de tutela dos direitos próprios (até de outrem, como quando do fenômeno da substituição processual) e proteção dos interesses legítimos, a obter-se, em tempo razoável, justiça. A eficiência não pode ser extraída apenas do processo rápido, mas da simbiose do processo rápido com processo justo. A cognição adequada haverá de respeitar o contraditório, que,

---

(Sent. n. 87, de 1968) declarou a ilegitimidade do art. 713, § 1.º, do CPC italiano, que, em procedimento de jurisdição voluntária, dispensava o contraditório, como na interdição. Assim, TOMMASEO, Ferruccio. *Appunti di diritto processuale civile*: nozione introduttive. 4. ed. Torino: Giappichelli, 2000. p. 145.

[84] É nulo, *ab ovo*, o processo por falta de citação de litisconsorte necessário (*RSTJ* 30/230). De resto, impõe-se ao Tribunal determinar a citação dos litisconsortes ainda que *ex officio* (RSTJ 89/132). No ponto, LUISO, Francesco P. *Diritto processuale civile*, I cit., p. 286.

[85] VERDE, Giovanni. *Profili del processo civile* cit., p. 110.

desse modo, volta à cena para ponderar a celeridade com a prevalência daquele. Não se compadece com a consciência jurídica sacrificar, *tout court*, as garantias constitucionais e legais do processo no altar da eficiência. Bem pesadas as coisas, no afã de que se resguardem as garantias constitucionais, máxime com o proporcionado contraditório antecedente às partes, nos procedimentos sumários de tutelas diferenciadas de urgência (cautelar ou satisfativa), a consequência inarredável será o fortalecimento da legitimidade constitucional (e, portanto, da eficiência, da efetividade qualitativa) da medida liminar ou de antecipação de tutela. Em outros termos, as medidas cautelares de urgência, com o formidável incremento advindo da observância das garantias constitucionais, induz a pensar a perda de sentido de, como na doutrina processual clássica, subordiná-las às decisões definitivas de mérito. Com efeito, se a decisão antecipatória foi precedida da observância das garantias constitucionais do processo, das quais avulta o prévio contraditório, é logicamente mais difícil que, no mérito, se tenha decisão em sentido diametralmente oposto ao da antecipatória decisão. Nem se objete que, no procedimento cautelar, a cognição seria sumária. A realidade forense, também aqui, acaba desmentindo a teoria, pois, nas chamadas tutelas diferenciadas de urgência, há ampla margem para alegações, discussões e apresentação de provas, como sói ocorrer no procedimento ordinário, notadamente com o direito de impugnar assegurado à contraparte. O procedimento cautelar ostenta perfil garantístico, mais achegado da cognição plena e exauriente do que sumária.[86] A solução dogmática, aplaudida pela doutrina especializada, é de supressão (não mera atenuação) da instrumentalidade, conservando-se a eficácia da decisão antecipatória, que, material ou potencialmente, desfruta de autonomia em relação ao juízo de mérito da causa, na eventualidade de o processo nesta sede não ser instaurado; ou, uma vez iniciado, vir a extinguir-se sem resolução do mérito. Em um período: com a subtração da característica da instrumentalidade (ao quadrado, hipotética) a antecipatória tutela cautelar transmudou-se em tutela sumária não definitiva.[87] Desse modo, às partes, prévia ou ulteriormente, franquear-se-ão as garantias constitucionais do processo (por exemplo: o contraditório).

O ponto nevrálgico está em que o ordenamento jurídico possa assegurar que cada juiz tenha um número perfeitamente gerenciável de causas, a fim de poder decidi-las em um tempo razoável, conciliando melhor eficiência e garantia, com a linha de valores da Constituição e o princípio do processo justo. Não se pode consentir com a ideia assaz difusa de que pressuposto necessário do processo

---

[86] Não por outra razão, propõe CIPRIANI, Franco. Il procedimento cautelare tra efficienza e garanzie. *Il processo civile nello stato democratico* cit., p. 93: "Nuovo procedimento cautelare, sia pure con qualche piccolo ritocco, fosse utilizzato per la cognizione ordinaria".

[87] Em alguns casos a tutela cautelar sumária reveste-se de palmar definitividade, como, por exemplo, nas hipóteses do CPC brasileiro, art. 888, I (entrega de bens de uso pessoal do cônjuge ou do filho), II (demolição de prédio).

Cap. 14 – CONTRADITÓRIO COMO DEVER E A BOA-FÉ PROCESSUAL

eficiente é a renúncia às garantias, ou, quando menos, a algumas garantias. A eficiência qualitativa não está atrelada apenas à rapidez, nem se afigura aceitável o contrassenso da tonificação do contraditório pela colaboração/cooperação/dever judicial de consulta e sua debilidade pela urgência. As especificações do conflito definirão o ponto de equilíbrio entre os valores nele envolvidos.

A necessidade de balanceamento entre o valor efetividade do processo *versus* valor segurança jurídica (garantismo), ponderando-se os interesses em jogo no caso concreto,[88] consta da ordem do dia de todos os procedimentos judiciais. O tema assume especial relevo quando se desvia o olhar para os procedimentos de tutelas diferenciadas de urgência (cautelar ou satisfativa), em decorrência da crise do procedimento ordinário, os quais são marcados pela celeridade e pela técnica de sumarização processual (do procedimento ou da cognição).[89] Todavia, tais procedimentos não podem ser estruturados em prol unicamente da agilidade, da rapidez, da celeridade e com o sacrifício às garantias constitucionais do processo. Seria rematado absurdo supor que o direito de defesa fosse inviolável apenas no procedimento ordinário e, assim, pudesse ser comodamente vilipendiado nos demais procedimentos (por exemplo: cautelar). Nas chamadas tutelas diferenciadas jurisdicionais, e sendo a tutela cautelar uma de suas modalidades, é indisputável que o direito de defesa deva ser assegurado, pois que, constitucionalmente, inviolável. O juiz haverá de promover severo balanceio entre os valores em jogo e rigorosa ponderação entre os interesses envolvidos na demanda judicial.[90]

A *ratio essendi* do procedimento cautelar é justamente a impossibilidade de o procedimento ordinário ser instantâneo, exigindo-se espaço de tempo, no qual o direito da parte corre risco de periclitação.[91] O grande problema é a ineficiência crônica do procedimento ordinário que condescende com a onda de sumarização dos processos. Donde a banalização das tutelas sumárias, mediante

---

[88] OLIVEIRA, Carlos Alberto Alvaro de. A garantia do contraditório. *Revista Forense*, 346, Rio de Janeiro: Forense, abr.-jun. 1999, p. 9-19, esp. p. 18.

[89] BARBOSA MOREIRA, José Carlos. Tutela de urgência e efetividade do direito. *Temas de direito processual*. Oitava série. São Paulo: Saraiva, 2004. p. 89-105, esp. p. 91-93.

[90] CIPRIANI, Franco. Il procedimento cautelare tra efficienza e garanzie. *Il processo civile nello stato democratico* cit., p. 70: "Giusto al contrario, se non può dubitarsi che la tutela cautelare costituisce una componente essenziale e insopprimibile della tutela giurisdizionale, non sembra possa neppure dubitarsi che il diritto alla difesa debba essere assicurato e sia inviolabile in ogni procedimento giuridizionale: certo, si dovrà aver cura di rapportarlo a adattarlo al singolo procedimento, nel senso che si deve fare in modo che efficienza e garanzie siano bilanciate, ma, stante la rigorosissima formula della Costituzione, che non esita a parlare di inviolabilità, tale necessità non può e non deve mai implicare che, sull'altare dell'efficienza, le garanzie siano soppresse".

[91] Sobre o ponto, confira-se o PLS 166/2010 e o PL 8.046/2010, art. 9.º: "Não se proferirá sentença ou decisão contra uma das partes sem que esta seja previamente ouvida, salvo se se tratar de medida de urgência ou concedida a fim de evitar o perecimento de direito".

verdadeira "sumarização da ordinariedade procedimental" (sem plenariedade). A observação dos processos autoriza a conclusão de que, com a obtenção da medida liminar ou da antecipação de tutela, há, por natural desinteresse, quase abdicação da causa. Havia tão somente fome e sede por justiça célere, uma espécie de ânsia tendente ao *fast food* da prestação jurisdicional. É preciso, para obviar tais intenções, maior rigor do Judiciário na concessão de tutelas diferenciadas, medidas antecipatórias de urgência ou não.[92] Seja como for, é preciso, antes de tudo, que o processo cautelar funcione bem, para quem pede e para quem se dirige: equilíbrio entre efetividade e garantismo, simbolizado emblematicamente pela balança da deusa *Têmis*.

O direito de defesa, exercitável também no processo cautelar, ou em qualquer outro procedimento de tutela jurisdicional diferenciada, implica não apenas o reconhecimento dos mesmos poderes, direitos, faculdades e oportunidades processuais, mediante refutação das alegações e provas da contraparte, antes que o juiz profira decisão, senão também que se encontre em estatura de igualdade diante de um juiz imparcial e independente. Aliás, tanto a imparcialidade como a independência do juiz implicam, conformam e concedem efetividade e substância à exigência de isonomia entre as partes no processo. Não obstante, na valoração das especificações do caso concreto nos quadrantes da possibilidade de dano irreparável ou de difícil reparação, da plausibilidade do direito invocado pela parte, o juiz pode, excepcionalmente, em um juízo de proporcionalidade dos interesses em jogo na causa, deferir a medida cautelar (ou antecipação de tutela satisfativa), *inaudita altera parte*, quando a convocação da contraparte puder prejudicar a atuação da decisão no plano de sua eficácia.[93] Vale dizer: a concessão de medida cautelar ou de antecipação de tutela, sem audiência da parte contrária, é providência extraordinária, que se justifica apenas se e quando a prévia chamada da contraparte puder ensejar, ainda que parcialmente, a consumação do dano que se almeja atalhar.[94] Ademais, a caracterização do requisito do *periculum in mora* há de derivar de comprovada prospecção de probabilidade de dano real, concreto e imediato, e não de simples suposições, conjecturas. É de resguardar, porém, o ulterior exercício do direito de defesa e do contraditório.[95] O juiz, ante as alegações de defesa e provas ofertadas pela

---

[92] Como exemplo frisante de medida antecipatória satisfativa, independentemente de *periculum in mora*: CPC brasileiro, art. 273, II.

[93] CIPRIANI, Franco. Il procedimento cautelare tra efficienza e garanzie. *Il processo civile nello stato democratico* cit., p. 84, mostra o seguinte exemplo: "Per giustificare questa norma si vuole fare l'esempio del sequestro del libretto bancario o della nave straniera ancorata in un porto italiano; se si avvertisse la controparte, questa avrebbe la possibilità di ritirare le somme dalla banca o di far salpare la nave e rendere così infruttuoso il provvedimento cautelare".

[94] Vide RT 764/221.

[95] LUISO, Francesco P. *Diritto processuale civile*, I cit., p. 32: "Per quanto riguarda i procedimenti cautelari, abbiamo già visto che la garanzia della difesa può essere (temporaneamente) compressa ove ciò si renda necessario per garantire il diritto di azione, inteso come il diritto ad una tutela

Cap. 14 – CONTRADITÓRIO COMO DEVER E A BOA-FÉ PROCESSUAL

contraparte, poderá confirmar,[96] modificar ou revogar a decisão concessiva de medida liminar ou de antecipação jurisdicional de tutela.[97]

Não são opostas as exigências de eficiência e de garantias: ambas reclamam primoroso equilíbrio pressionando as escolhas do órgão judicial. Não se pode cogitar de eficiência, nos procedimentos de tutelas diferenciadas, sem direito de defesa, sem contraditório, posto garantias constitucionais e, portanto, refratárias a reducionismos patrocinados pelo legislador ordinário. O ordenamento jurídico deve garantir, a quem tenha necessidade, uma tutela jurisdicional efetiva. A tutela cautelar exibe dignidade constitucional (CF, art. 5.º, XXXV: "ameaça a direito"), de modo que, na dimensão urgência/celeridade, o fator eficiência recomenda que o ônus do tempo no processo haverá de ser suportado pela parte que, conquanto em cognição sumária, não tenha razão.[98]

O grande problema é a vulgarização, absoluta banalização, das tutelas sumárias, com medidas concedidas *inaudita altera parte*, sem o requisito do *periculum in mora*. Melhor seria procedimento flexível, como o bambu que se verga ao sabor dos ventos, capaz de amoldar-se às exigências das especificações dos casos concretos, em uma releitura e atuação do princípio carneluttiano da "eslaticità", como equivalente do princípio da "diadattabilità", o qual captura o imperativo de que o processo se amolde às necessidades das peculiaridades da causa,[99] de sorte a conferir-se maior grau de efetividade à tutela do bem jurídico, assegurando-se sempre o contraditório e a ampla defesa.

Não se pode pretender eficiência com o preço do aniquilamento das garantias constitucionais do processo. Essa trágica solução não escorrega, tampouco resolve, para problema algum, mas deixa transpirar apenas autoritarismo e arbítrio judicial. A crise da justiça civil é fenômeno universal de que ninguém, aqui e alhures, pode jactar-se. Cumpre observar, com sabor do óbvio, que o grau de eficiência é diretamente proporcional ao quantitativo de causas e ao número de

---

cautelare effettiva. In ogni caso, il principio del contraddittorio si attua, nel processo cautelare, con modalità compatibili con la funzione dello stesso: se, infatti, esso si dovesse attuare con la stessa tecnica del processo di cognizione, il tempo occorrente per ottenere il provvedimento cautelare sarebbe tale, da vanificare la funzione della tutela cautelare. Ma qualunque tecnica si utilizzi, il principio di parità delle armi è rispettato anche in sede cautelare: istante e controparte sono muniti di poteri uguali e simmetrici".

[96] É interessante observar que o CPC italiano, em seu art. 669-*sexies*, prevê que o juiz, ao conceder uma medida cautelar *inaudita altera parte*, deve, no corpo da própria decisão, designar uma audiência, dentro do prazo de 15 dias, para convalidação da medida.

[97] CPC brasileiro, art. 273, § 4.º.

[98] LUISO, Francesco P. *Diritto processuale civile*, I cit., p. 28: "... *la durata del processo non deve andare a danno della parte che ha ragione*".

[99] No declarado escopo de extrair o maior rendimento possível de cada processo em si mesmo considerado, o princípio da adaptabilidade constava dos arts. 107, V, e 151, § 1.º, do Anteprojeto de CPC brasileiro. Contudo, sob má inspiração, foi retirado, ainda no Senado Federal, pelo relatório-geral apresentado ao PLS 166/2010.

juízes. O desafio é tornar a justiça civil melhor, mais eficiente e confiável, mas não ao custo do aniquilamento das garantias constitucionais do processo. Despir um santo para vestir outro é empresa desaconselhada pela prudência popular.

No Brasil há uma Constituição que encerra lídimo *big bang* garantístico, na qual, logo no preâmbulo, se descobrem valores supremos à sociedade democrática (liberdade, segurança, igualdade, justiça) e, para nos adstringirmos ao campo do processo civil, vicejam direitos e garantias fundamentais: independência e autonomia do Poder Judiciário (arts. 2.º e 99, *caput*), igualdade (art. 5.º, *caput*), acesso à justiça (art. 5.º, XXXV), coisa julgada (art. 5.º, XXXVI), juiz natural (art. 5.º, XXXVII e LIII), devido processo legal (art. 5.º, LIV), contraditório e a ampla defesa (art. 5.º, LV), inadmissibilidade de provas ilícitas (art. 5.º, LVI), publicidade dos atos processuais (arts. 5.º, LX, e 93, IX), assistência judicial aos juridicamente miseráveis (art. 5.º, LXXIV), duração razoável e celeridade (art. 5.º, LXXVIII), motivação, sob pena de nulidade (art. 93, IX).

Em semelhante conjuntura, as tutelas diferenciadas sumárias de urgência (cautelar ou satisfativa) podem, em casos excepcionais,[100] consubstanciar concessão *inaudita altera parte*, por exigência do devido processo legal de afastamento momentâneo do contraditório, oportunizando-se, todavia, o seu ulterior exercício ao interessado com a possibilidade de pugnar pela revisão da decisão, junto ao órgão judicial que a prolatou, apresentando alegações e provas tendentes a influir, em simétrica paridade, na formação intelectual do convencimento do julgador. A mera possibilidade de interposição de recurso padece de insuficiência para garantir o contraditório em sua plenitude e assegurar o direito de defesa. Pode ocorrer que as necessidades do direito material e bem ainda as especificidades do caso concreto reclamem tutela diferenciada de urgência, cautelar ou satisfativa, na qual, se a decisão judicial fosse proferida após o contraditório, poderia ser improfícua, ineficaz. Existem casos concretos com características tais, que se revela imprescindível tutela imediata, convidando o juiz a avaliar, a apreciar e a justificar racionalmente a sua decisão. Em casos que tais, a falta do contraditório jamais poderá ser definitiva, uma vez que o alheamento da garantia é consentido apenas na perspectiva de instaurar-se o contraditório em momento porvindouro.

No contexto da garantia do contraditório, é pertinente distinguir entre decisões *inaudita altera parte* essencialmente cautelares, como aquelas que visam a assegurar os efeitos úteis ou a eficácia prática de outro processo (de conhecimento ou de execução), cujos efeitos são meramente processuais, daqueloutras decisões, tomadas também sem oitiva prévia da contraparte, acidentalmente cautelares, mas que irradiam imediatos efeitos no plano do direito material. No primeiro caso, o contraditório é suscetível de ser diferido ou postergado para momento ulterior à prolação do *decisum*; no segundo, a garantia constitucional do con-

---

[100] CPC brasileiro, art. 797.

Cap. 14 – CONTRADITÓRIO COMO DEVER E A BOA-FÉ PROCESSUAL

traditório se apresenta como um limite à atuação do juiz, no exato sentido de que não poderá decidir sem ter previamente proporcionado o contraditório à contraparte, sob pena de invalidade de sua decisão.[101] A riqueza multifária da vida, contudo, cria situações prementes as quais reclamam decisões judiciais que irão abrolhar efeitos de direito substancial, para as quais, em um balanceamento de valores e avaliação dos interesses em jogo na demanda, com a necessária ponderação entre os direitos fundamentais à tutela jurisdicional efetiva e o direito de defesa, o juiz haverá de dar pronta resposta, sem que tenha tempo de antemão ouvir a contraparte. Pense-se, por exemplo, na hipótese de um cônjuge que queira viajar com filho menor para o exterior sem autorização do outro cônjuge, com veementes indícios de que pretende fugir do país para não mais retornar, e que já esteja no aeroporto prestes a embarcar na aeronave. Nesse caso, extraído do mundo dos fatos, a instauração de prévio contraditório, com a oitiva da contraparte, tornaria ineficaz a medida cautelar concedida (tão inútil quanto um sino sem badalo). Nessa sorte de espécie, a decisão tomada *inaudita altera parte*, sem o antecedente contraditório da contraparte, não careceria de legitimidade constitucional.

Em sede de tutela diferenciada sumária de urgência, cautelar ou satisfativa, são concebíveis, sob as lentes do contraditório e do direito de defesa, três engenhos técnicos pelo legislador com validade constitucional: 1.º) o mesmo juiz, que proferiu a decisão *inaudita altera parte*, deve convocar a contraparte em contraditório, mediante procedimento que se concluirá com a confirmação, a modificação ou a revogação da decisão; 2.º) à parte beneficiária da decisão liminar, mesmo sob a forma de tutela sumária, incumbe iniciar, em prazo peremptório, procedimento em contraditório pleno; e 3.º) a parte, contra a qual foi proferida decisão sem sua prévia audiência, uma vez notificada daquela, deve, em lapso temporal peremptório, instaurar processo em pleno contraditório.[102]

O processo civil brasileiro, no terreno da jurisdição cautelar e de antecipação de tutela, parece ter adotado o primeiro dos mecanismos técnicos aludidos: o

---

[101] Consona com o texto a enfática opinião de CIPRIANI: "Infatti, a me sembra che le norme che prevedono la pronuncia di provvedimenti *inaudita altera parte*, specie quando si tratta di provvedimenti con immediati effetti di diritto sostanziale, debbano ora fare i conti col nuovo art. 111 Cost., per il quale il giudice deve provvedere nel conttradditorio delle parti. Il nuovo precetto costituzionale ci fa capire che, se fino a ieri se poteva dire che il conttradditorio può anche essere 'differito', che era una formula molto raffinata per giustificare la mancata audizione della controparte, oggi non lo si può più dire perché qui non si tratta solo di assicurare la difesa nei confronti della controparte, ma anche di escludere che il giudice possa giudicare senza avere prima assicurato il conttradditorio. Cioè a dire, il nuovo art. 111 Cost. ci induce a ritenere che il conttradditorio costituisca un limite per il giudice, nel senso che, come non è pensabile che un treno viaggi per economia su un solo binario, così non è pensabile che il giudice, semmai per risparmiare tempo e spese, giudichi senza avere sentito anche l'altra parte".

[102] TARUFFO, Michelle. *Páginas sobre justicia civil* cit., p. 279-280. VERDE, Giovanni. *Profili del processo civile* cit., p. 109.

contraditório pode ser prévio (*audiatur et altera parte*) ou diferido (*inaudita altera parte*), franqueando-se à contraparte a oportunidade da apresentar alegações de defesa de suas próprias razões e produzir provas tendentes a modificar ou a revogar a decisão concessiva de medida liminar (CPC, arts. 802, 804).

Conquanto ponha em evidência a tensão entre contraditório pleno/segurança jurídica e celeridade/efetividade do processo, o tempo, na vida do processo, não tem o poder de desmanchar o fenômeno do garantismo processual, o qual, bem vistas as coisas, é a evolução da própria efetividade do processo. O contraditório adjetivado de integrador é fruto do garantismo. O processo civil de resultados – alvitre da infiltração da máxima chiovendiana, segundo a qual "il processo deve dare per quanto è possibile praticamente a chi ha un diritto tutto quello e proprio quello ch'egli ha diritto di conseguire",[103] sob o prisma da ordem jurídica justa, não pode valorizar os fins em detrimento dos meios. Na moldura do processo humanizado, de pendor garantístico, tanto os fins quanto os meios, em idêntica medida, haverão de ser justos.

A regra de ouro é apreender que o garantismo é requisito mesmo de efetividade do processo. Não padece dúvida sobre a relação de causa e efeito: aquele é premissa essencial deste. O garantismo é o som, ao passo que a efetividade é o seu eco... O problema não está propriamente na miríade de garantias constitucionais do processo que deve incondicionalmente ser respeitada, mas na forma como elas são aplicadas *in concreto*. A boa qualidade técnica das decisões judiciais pressupõe o garantismo, reclama, pois, o pleno contraditório, o exercício do direito de defesa, o entrechoque argumentativo engranzado nas alegações antagônicas das próprias razões, prova e contraprova, contínuo fluxo de diálogo judicial e de dialeticidade: tese, antítese e síntese. Não há duvidar, com honestidade intelectual, dos expressivos préstimos do contraditório das partes no campo do aperfeiçoamento qualitativo das decisões judiciais. Fez fortuna a assertiva de que o tempo dissolve todas as coisas. Não é menos certo que, na vida do processo, o tempo produz efeitos devastadores, a denunciar que a morosidade processual é irmã xifópaga da injustiça, tanto é que a duração razoável do processo, aqui[104] e alhures,[105] se erige também em garantia constitucional. Para muitas vozes autorizadas, a rapidez é a joia da coroa da jurisdição. Tutela jurisdicional ótima seria aquela instantânea, integral e justa. Como assim não se afigura possível, a boa seria aquela que prestigiasse o valor celeridade, invariavelmente conectado com a efetividade. Todavia, as exigências de celeridade e de economia processual não podem prejudicar as garantias constitucionais (contraditório, direito de defesa), vale dizer, perseguir cegamente a celeridade do processo a qualquer custo, mesmo com sacrifício das garantias

---

[103] CHIOVENDA, Giuseppe. *Saggi di diritto processuale*. Roma: 1930. v. 1, p. 110.
[104] Constituição Federal brasileira, art. 5.º, LXXVIII.
[105] Constituição italiana, art. 111, § 2.º ("*ragionevole durata*")

Cap. 14 – CONTRADITÓRIO COMO DEVER E A BOA-FÉ PROCESSUAL

fundamentais, equivale, à semelhança da celebérrima fábula, a matar a galinha dos ovos de ouro.[106] Hoje, o contraditório e a ampla defesa vão juntos para o cadafalso; amanhã será a vez de a igualdade material ser imolada no altar da presteza; depois de amanhã o juiz natural tornar-se-á descartável em vassalagem à rapidez da entrega da prestação jurisdicional. Na próxima semana, a alguém poderá ocorrer sugerir, de uma só tacada, o sacrifício do devido processo legal e a não mais motivação concisa e sucinta, mas a sua própria erradicação com a cerebrina justificação de busca de "brevità". O símbolo da justiça, nesse cenário eletrizante e frenético, já não mais seria *Têmis*, que, no *fast food* judicial, ver-se-ia substituída por *Mercúrio*...

Força é convir que, em reverência à instrumentalidade do processo, no escopo de tutela do direito material, os procedimentos reclamam racionalização e simplificação, com a eliminação de formalidades constrangedoramente inúteis.[107] Extirpar o fastidioso formalismo dos procedimentos é providência necessária e salutar. Não significa dizer, contudo, que as garantias constitucionais do processo devam ser consideradas empecilhos ou pedras no caminho da efetividade. O nosso processo civil não é o melhor dos mundos, mas abrir mão do garantismo seria retornarmos à selva. De resto, o processualista há de inclinar-se a lutar o bom combate para encontrar justo equilíbrio entre eficiência e garantias. Não se pode aderir a teses, a sistemas e a mecanismos que acriticamente enfoquem apenas os juízes e tribunais e deixem fora do ângulo visual os jurisdicionados, propugnem "filtragem de controvérsias" ou "filtros processuais", e, tanto fosse possível neste mundo, colocar firme freio à "litigiosidade excessiva"... É curioso que, não faz muito tempo, doutrina de ilustre linhagem gritava a plenos pulmões palavras de ordem em prol da acessibilidade, com a remoção dos estorvos econômicos, sociais, jurídicos, políticos de acesso à Justiça. Pois bem, as vias de acesso, então, foram ampliadas, os indivíduos acreditaram que a estrada fosse boa, mas, agora,

---

[106] O ponto não escapou à arguta percepção de BARBOSA MOREIRA, José Carlos. O futuro da Justiça: alguns mitos. *Revista de Processo*, v. 102, abr.-jun. 2001, p. 228-237, esp. p. 232: "Para muita gente, na matéria, a rapidez constitui o valor por excelência, quiçá o único. Seria fácil invocar aqui um rol de citações de autores famosos, apostados em estigmatizar a morosidade processual. Não deixam de ter razão, sem que isso implique – nem mesmo, quero crer, no pensamento desses próprios autores –hierarquização rígida que não reconheça como imprescindível, aqui e ali, ceder o passo a outros valores. Se uma Justiça lenta demais é decerto uma Justiça má, daí não se segue que uma Justiça muito rápida seja necessariamente uma Justiça boa. O que todos devemos querer é que a prestação jurisdicional venha a ser melhor do que é. Se para torná-la melhor é preciso acelerá-la, muito bem: não, contudo, a qualquer preço". No mesmo sentido, TROCKER, Nicolò. *Processo civile e costituzione* cit., p. 508: "Con tutto questo, resta valido peraltro il principio di fondo, ossia che: 'la celerità del processo è un valore da perseguire a tutti i livelli con deciso impegno, a condizione però che non se ne faccia pagare il prezzo al diritto di difesa'".

[107] OLIVEIRA, Carlos Alberto Alvaro de. O formalismo-valorativo no confronto com o formalismo excessivo. *Revista Forense*, n. 388. Rio de Janeiro: Forense, nov.-dez. 2006, p. 11-28, esp. p. 25-28.

estão presos num quilométrico engarrafamento. O *slogan* mágico hodierno é a "objetivação dos processos". A concepção básica é a de procedimentos sem partes, sem contraditório, sem direito de defesa, repetitivos, mas que, com ostensivo *deficit* de legitimidade, servirão de *ratio decidendi* a ser aplicada em centenas, quiçá milhares, de outros processos análogos. Simples assim. Não há sofisticação técnica alguma em sustentar a tese do "processo sem processo": sim, porque sem contraditório não há processo. Tudo a evidenciar que não se pode pensar em eficiência processual com a limitação ou – o que é pior – amputação do direito de agir para defesa dos direitos e interesses legítimos.

O ideário de processo eficaz – como aquele que cumpre com eficiência a sua tarefa de tutelar o direito material – coloca novamente em jogo o dilema entre efetividade/celeridade e garantismo/segurança; e a funcionalidade do processo, com humanização, é ainda a aposta desse jogo.

5. QUESTÕES COGNOSCÍVEIS *EX OFFICIO* PELO ÓRGÃO JUDICIAL NA PERSPECTIVA DO CONTRADITÓRIO

A condição essencial para a efetivação do contraditório consiste no prévio conhecimento dos elementos que o juiz entenda de valer-se em sua decisão (pouco importa se tais elementos foram trazidos pelas partes ou venham introduzidos pelo juiz *ex officio*). O ponto nevrálgico está em saber se o juiz pode decidir uma questão quando ela não foi, de qualquer modo, submetida ao prévio escrutínio das partes. A resposta negativa se impõe. Deveras, o correto exercício da jurisdição atrai a necessidade de o juiz ativar o debate das partes sobre as questões (de fato e/ou de direito, antecipe-se) que pretenda adotar como fundamento de sua decisão, com o preciso fito de evitar-se o flagelo da surpresa judicial ou da sentença "a surpresa", na qual, em primeira mão, os litigantes se deparam com o "real" fundamento da decisão, o qual, no entanto, não foi objeto de antecedente discussão entre eles. O quadro não muda de figura e o contraditório prévio dos sujeitos do processo continua a ser igualmente impositivo, sob pena de nulidade, quer se cogite de processo de cognição, de execução ou cautelar (ressalvados aqueles com contraditório diferido ou postergado), ainda que se trate de questões de ordem pública cognoscíveis de ofício pelo órgão judicial. Antes de decidir sobre essas mesmas questões releváveis *ex officio*, o juiz tem o dever de proporcionar o contraditório das partes,[108] não apenas em razão da garantia do direito de defesa, senão que em homenagem ao princípio da colaboração entre juiz e partes. Há, entretanto, mais. Os princípios da boa-fé processual, da colaboração e da cooperação, aos quais, além das partes, também está incondicionalmente submetido o Estado-juiz, impõe-lhe o dever de instaurar contraditório prévio de questões de ordem pública cognoscíveis *ex officio*

---

[108] GRECO, Leonardo. *Instituições de processo civil* cit., p. 450.

Cap. 14 – CONTRADITÓRIO COMO DEVER E A BOA-FÉ PROCESSUAL

(chamadas decisões da "terceira via", como seja alicerçada em questão objeto de cognição por autônomo empreendimento do juiz).

No intuito de evitar-se surpresa judicial, a dogmática processual estrangeira, na perspectiva do contraditório, do direito de defesa, da colaboração, da cooperação, da segurança jurídica, da confiança, também estabelece a prévia audiência bilateral das partes nas questões releváveis de ofício. A matéria, no Brasil, está expressamente disciplinada no PLS 166/2010 e no PL 8.046/2010, que no art. 10 estabelece: "O juiz não pode decidir, em grau algum de jurisdição, com base em fundamento a respeito do qual não se tenha dado às partes oportunidade de se manifestar, ainda que se trate de matéria sobre a qual tenha que decidir de ofício". Três formulações críticas se podem fazer a propósito dessa redação: 1.º) hipótese típica de *lex imperfecta*, pela ausência de sanção de nulidade para a hipótese de descumprimento do preceito. Tal circunstância aproxima o dispositivo em tela ao dispositivo do art. 183, § 2.º, do Código de Processo Civil italiano. Nada obstante, como corolário natural do princípio democrático (CF, art. 1.º) e das garantias do devido processo legal e do contraditório (CF, art. 5.º, LIV e LV), não se pode consentir com decisões que surpreendam as partes, aniquilando seu direito ao contraditório, sob pena de invalidade, por imediata e direta aplicação do texto constitucional; 2.º) inexiste menção expressa no tocante à produção de provas. Apenas há referência à possibilidade de manifestação das partes. Seja como for, não é concebível, no Estado de Direito contemporâneo, que qualquer decisão judicial seja proferida sem que as partes diretamente afetadas tenham a prévia oportunidade de produção de provas; 3.º) o preceito não alude a questões de fato, mas deve-se entender que elas estão naturalmente abrangidas pela norma. Trata-se, pois, de preceito legal *minus quam perfectae*. Cumpre notar, em perspectiva comparatística, que a vedação de sentença "a surpresa" é consagrada no Código de Processo Civil italiano no art. 183, § 2.º[109] (cuja origem distante é o projeto de reforma de Chiovenda),[110] e, depois da reforma patrocinada pela Lei 69, de 18.06.2009, no § 2.º do art. 101. Na mesma direção: § 139 da ZPO alemã (*Zivilprozessordnung*); § 182 da ZPO austríaca;

---

[109] Cuja dicção original é a seguinte: "Il giudice richiede alle párti gli schiarimenti necessari e indica loro le questioni rilevabili d'ufficio, delle quali ritiene opportuna la trattazione". Esse artigo foi substituído pela Lei 353/1990 com a seguinte redação: "Il giudice richiede alle parti, sulla base dei fatti allegati, i chiarimenti necessari e indica le questioni rilevabili d'ufficio delle quali ritiene opportuna la trattazione."

[110] DENTI, Vittorio. Questioni rilevabili d'ufficio e contraddittorio. *Rivista di Diritto Processuale*, Padova: CEDAM, XXIII (1968), p. 217-231, esp. p. 230, notícia que o art. 31 do projeto de reforma do Mestre Chiovenda (inspirado nas normas dos Códigos Processuais alemão e austríaco), na seção dedicada aos poderes da autoridade judiciária, estabelecia o dever do juiz "*in ogni stato della causa*" de chamar "*l'attenzione delle parti sui punti che devono essere esaminati d'ufficio*". No mesmo projeto chiovendiano, em seu art. 183, há previsão de discussão, maneira de tratar ("*trattazione*"), quando o juiz pensa em um dos motivos de exceção que deva relevar-se *ex officio*.

com uma parcial atuação dessa regra o art. 171 do Code de Procédure Civile francês, sobre declaração de incompetência de ofício, art. 172, no tocante ao pronunciamento da litispendência e da conexão, e, agora como regra geral, os arts. 16[111] (com reconstruída dicção) e 82. Anote-se, ainda na mesma linha, o Código de Processo Civil português, arts. 3.º, 3, e 207,[112] e os Principles of Transnational Civil Procedure, especialmente o princípio n. 22.

Tais dispositivos encerram, para o juiz, comando-dever (e não simples conselho-faculdade), cujo descumprimento configura *error in procedendo*, de submeter à prévia discussão das partes as questões releváveis de ofício. Fique claro que, longe de caracterizar formalismo garantístico, o juiz, aqui, não tem faculdade discricionária; antes, ao revés, não pode utilizá-las pela primeira vez na motivação de sua decisão, sem, previamente, havê-las submetido ao debate das partes. O juiz não pode colher de surpresa as partes, na sentença, com argumento (de fato e/ou de direito) cujo esquadrinhamento não proporcionou por meio do antecedente e pleno contraditório.[113] No caso de o juiz violar esse dever, e não instaurar precedente diálogo judicial sobre questões cognoscíveis de ofício, o procedimento será naturalmente viciado e a sentença (com argumento virgem e imprevisto) proferida com preterição ao contraditório das partes padecerá de invalidade. Bem vistas as coisas, o Estado-juiz, quando utiliza fundamento inesperado, repentino, de primeira mão, na sentença, a par de violar o contraditório e a ampla defesa, por desrespeitar as expectativas legítimas que o devido processo legal gera na mente das partes, vulnera o princípio da proteção da confiança, em uma dimensão subjetiva do princípio da segurança jurídica, de cariz constitucional, por dimanar do Estado Democrático de Direito.

Como ninguém o ignora, há uma difusa praxe das assim denominadas sentenças "a surpresa" ou "da terceira via", cuja concretização decorre da formulação de decisão fundada em questão utilizada em primeira mão pelo juiz (*ius novum*), sem, mediante prévia ativação do contraditório, tê-la submetido à discussão das partes. Tal questão foi relevada pelo juiz, de inopino, apenas e tão somente no momento da prolação da sentença. Houve mudança do *thema decidendum* e *probandum*. Não se cogita, na espécie, de mero ilícito deontológico, que se re-

---

[111] Sobre a necessidade de prévio contraditório entre as partes para a adoção de questões de direito não encartadas na petição inicial, mesmo as de ordem pública, vejam-se, na doutrina francesa, CONTE, Philippe; LARGUIER, Jean. *Procédure civile* – Droit judiciaire privé. 17. ed. Paris: Dalloz, 2000. p 86: "S'il soulève d'office un moyen même de droit, ou mélangé de droit, même d'ordre public, il doit au préalabble inviter lês parties à presenter leurs observations".

[112] CPC português, art. 3.º, 3: "O juiz deve observar e fazer cumprir, ao longo de todo o processo, o princípio do contraditório, não lhe sendo lícito, salvo caso de manifesta desnecessidade, decidir questões de direito ou de facto, mesmo que de conhecimento oficioso, sem que as partes tenham tido a possibilidade de sobre elas se manifestarem". Ainda, art. 207.º, 1: "A arguição de qualquer nulidade pode ser indeferida, mas não pode ser deferida sem prévia audiência da parte contrária".

[113] BUENO, Cassio Scarpinella. *Curso sistematizado de direito processual civil* cit., p. 112-113.

Cap. 14 – CONTRADITÓRIO COMO DEVER E A BOA-FÉ PROCESSUAL

solveria no plano disciplinar da estrutura judiciária, mas de patente nulidade da decisão, como garantia impostergável do verdadeiro significado do contraditório, o qual não pode ser escrutinado sob o pálio do "fato consumado", por ângulo visual posterior à decisão, ou de sua injustiça. O escorreito desenvolvimento do procedimento, com a aplicação, de regra, do contraditório *ex ante* a decisão, é premissa essencial para que ela possa ostentar a nota de justa.

A legislação processual italiana sofreu formidável mutação (Lei 69, de 18.06.2009), de modo que, entre outros pontos, intensificou-se a tutela do contraditório, passando-se a prever, explicitamente, a cominação de *nulidade* que não existia no regime anterior à reforma relativamente ao aludido art. 183, § 2.º (embora a invalidação dos atos processuais praticados com desprezo ao contraditório pudesse decorrer da aplicação direta do texto da Constituição italiana). Com a nova previsão, sempre que o juiz pretender utilizar como fundamento de sua decisão uma questão não debatida pelas partes, salta-lhe, *ex vi* do imperativo de colaboração, o dever de indicá-la aos sujeitos do processo para consentir -lhes a prévia discussão, em atuação preventiva do contraditório, permitindo o desenvolvimento das oportunidades de defesa, sob pena de nulidade. Portanto, ao art. 101 do CPC italiano foi acrescentado parágrafo (por meio do § 13.º do art. 45 da Lei 69/2009), com o objetivo de robustecer a garantia do contraditório, de sorte que, a teor da nova previsão, sempre que o juiz pretender utilizar no fundamento da decisão questão suscitada *ex officio*, sob pena de nulidade, tem o dever (não mera faculdade) de previamente cientificar as partes, as quais terão prazo de 20 a 40 dias para o depósito, em chancelaria, de memorial contendo observações sobre a questão.[114] Não se poderá aceitar que possa o juiz conceder às partes para manifestação prazo inferior ao mínimo (20 dias). A espécie, assim delineada, será de invalidade.

Por outras palavras, o novo art. 101 do CPC italiano, fruto da reforma de 2009, impõe ao juiz o dever de assinar às partes, *"a pena di nullità"*,[115] prazo

---

[114] CPC italiano: "Art. 101. (Principio del contraddittorio) (...) Se ritiene di porre a fondamento della decisione una questione rilevata d'ufficio, il giudice riserva la decisione, assegnando alle parti, a pena di nullità, un termine, non inferiore a venti e non superiore a quaranta giorni dalla comunicazione, per il deposito in cancelleria di memorie contenenti osservazioni sulla medesima questione". Desenganadamente, com a expressa cominação de nulidade, o novo art. 101 semeia preciosa segurança jurídica no confronto com as calamitosas "decisões de terceira via", sobretudo quando se tem em linha de consideração que a jurisprudência da Corte de Cassação (sob a égide do art. 183, § 2.º, antes da reforma de 2009) era oscilante, havendo decisões no sentido de que o juiz não poderia alicerçar a sua decisão em questões de direito ou de fato suscitadas *ex officio*, sem proporcionar às partes em contraditório a possibilidade de manifestação sobre tais questões, sob pena de nulidade (*e.g.*, Cass., 09 de junho de 2008, n. 15.194), e decisões no sentido diametralmente oposto, cujo fundamento estaria na falta de expressa cominação legal de nulidade (*v.g.*, Cass., 27 de julho de 2005, n. 15.705).

[115] TARUFFO, Michele. *Introduzione*: le ultime riforme della giustizia civile. p. 11-12, preleciona que a "pena di nullità" inserta na norma do art. 101 suscita a perplexidade de não se referir expressamente à sentença: "(...) senza specificare che si tratta di nullità della sentenza".

para o depósito de memoriais contendo observações sobre a questão que o juiz pretenda utilizar como esteio jurídico de sua decisão. Essa norma alude apenas às "questioni rilevabili d'ufficio". Ora, questão, em sentido técnico, é todo ponto de direito ou de fato (antecedente lógico da questão final) sobre que pese controvérsia.[116] Entrementes, a sentença "a surpresa" não decorre apenas de questões releváveis de ofício; antes, ao contrário, pode derivar de múltiplas circunstâncias, as quais são infensas a caracterizar uma genuína questão. Tome-se, como exemplo, o problema do *iura novit curia* (tópico 6 *infra*), em que o juiz emprega como critério jurídico da decisão uma norma forasteira às ponderações das partes, ou uma interpretação da norma sobre que as partes sequer ventilaram, ou, ainda, atribui à espécie *nomen iuris* distinto daquele que elas deduziram. Nessas hipóteses (as quais tecnicamente não configuram questão, como quando falta controvérsia), a densificação do fundamento jurídico utilizado pelo juiz em sua decisão escorrega do raio de prévio contraditório das partes, com ostensiva violação do direito de defesa no que tange ao "real" supedâneo jurídico da decisão.[117] Não por outra razão se fincam vinculação e

---

[116] No tocante ao conceito técnico de questão, CHIOVENDA, Giuseppe. Op. cit., p. 465: "Antes de enfrentar e decidir a questão final ou principal, como quer que se diga, da causa, aquela que, em sua mais simples expressão, propõe: 'deve reconhecer-se ou negar-se o bem reclamado (propriedade, servidão, usufruto, herança, soma de dinheiro, ou outros?)', encontra-se o juiz a braços com uma série mais ou menos longa de pontos que representam o antecedente lógico da questão final (pontos prejudiciais) e que, se controvertem, dão origem a questões (questões prejudiciais)." Ver também CARNELUTTI, Francesco. *Instituciones del proceso civil*. Trad. de la quinta edicion italiana por Santiago Sentis Melendo. Buenos Aires: EJEA. p. 36: "En cuanto la razón, ya sea de la pretensión o de la contestación, sea dudosa, surge una cuestión, la cual, por tanto, es la duda acerca de una razón. Puesto que la decisión de la litis se obtiene resolviendo las cuestiones, las cuestiones resueltas son luego razones de la decisión: las razones (de la pretensión o de la contestación) pasan a ser cuestiones (del proceso), y éstas se resuelven en razones (de la decisión)". Entrementes, a nota de controvérsia que tatuaria sempre uma questão é refutada por FAZZALARI, Elio. *Istituzioni di diritto processuale* cit., p. 83: "In ragione della disputa si è diffusa la impropria sinonimia fra 'questione' e 'questione controversa'. E, per la verità, la controversia è molto frequente nel concreto: è essa che rende pregnante l'idea del contraddittorio, del "dire e contraddire".

[117] Afina-se pelo mesmo diapasão o pensamento de TARUFFO, Michele. Op. cit., p. 12: "Il dubbio nasce però dal fatto che la decisione a sorpresa non si verifica soltanto quando il giudice decide in sentenza una questione rilevabile d'ufficio, ma anche in una varietà di altre situazioni in cui – tuttavia – non è configurabile una vera e propria *questione*. Basti pensare ai molti casi in cui il giudice, in base al principio *iura novit curia*, utilizza come criterio giuridico di decisione una norma alla quale le parti non hanno fatto riferimento, o una interpretazione della norma che non è stata oggetto di argomentazioni delle parti, oppure attribuisce alla fattispecie oggetto del processo un *nomen iuris* diverso da quello che le parti – magari concordemente – hanno indicato. Pare evidente che in situazioni come queste la individuazione del fondamento giuridico della decisione da parte del giudice sfugge al conttradditorio delle parti, con una sostanziale violazione del loro diritto di difendersi preventivamente intorno a quella che sarà la 'vera' base giuridica della decisione stessa".

limitação aos poderes decisórios do órgão judicial,[118] *ex vi* do imprescindível e antecedente debate, mediante contraditório entre as partes, sobre questões (de direito e/ou de fato) releváveis de ofício que o juiz pretende empregar como baldrame de sua decisão.

Nessa ordem de ideias, quando o juiz utiliza argumentos de prova[119] que apenas no corpo da sentença vem de classificar como categóricos e capitais, também, nessa hipótese, a decisão se funda em questão de fato em relação à qual as partes não tiveram, anteriormente, azo de defesa, sonegando-se-lhes o direito de apresentar alegações defensivas de suas próprias razões e de produzir contraprova.[120]

Consectariamente, autorizadas vozes doutrinárias preconizam, sob bom engenho, no desiderato de evitar-se que sentenças "*a surpresa*" venham a ser frequentemente proferidas, com violação do direito de defesa e do contraditório, que se faça "interpretação fortemente extensiva"[121] da norma do art. 101 do CPC italiano, tendo o juiz o dever de proporcionar o anterior contraditório das partes não apenas no que concerne às questões tecnicamente configuráveis como tal, que pretenda adotar como base jurídica de sua decisão, senão também em relação a um feixe de outras situações, como elencadas linhas atrás, notadamente no que pertine aos elementos fáticos.[122] Dar-se-á ensejo, assim, como dever imposto ao

---

[118] GRASSO, Eduardo. *La pronuncia d'ufficio*. Milano: Giuffrè, 1967. p. 121: "A tutela del diritto può (e, a nostro avviso, deve) concepirsi il dovere del giudice di proporre alle parti, prima della decisione, la norma o le norme alle quali ritenga di poter riferire il caso concreto, suscitando una discusione sull'applicabilità delle medesime. È questa un'espressione di quella collaborazione fra le parti e l'ufficio, che si risolve in un concorso di attività e (di comuni attribuzioni) per il migliore svolgimento del processo (e quindi per la formazione della giusta decisione) ponendosi tutti soggetti, pubblici e privati, sullo stesso piano".

[119] Cumpre enfatizar, em reforço argumentativo, que, no sistema norte-americano, o progressivo alargamento dos poderes do juiz traduz-se no diâmetro do princípio de '*judicial notice*', invariavelmente escoltado das razões de '*fairness*', que atrai para órgão judicial o dever de consentir às partes o debate seja sobre esse meio de aquisição processual, seja sobre o material probatório. Desta sorte, por exemplo: '*Model Code of Evidence*' (rule 804), '*Uniform Rules of Evidence*' (rule 10.1).

[120] No que toca à aplicação extensiva do novel art. 101 do CPC italiano às questões de fato, confira-se TARUFFO, Michele. Op. cit., p. 12-13: "Conseguenze analoghe si verificano quando il giudice fonda la decisione su presunzioni semplici o su argomenti di prova, stabilendo però soltanto in sede di decisione finale che questi elementi probatori hanno rilevanza o efficacia decisiva. Anche in questi casi, infatti, accade che la decisione si fondi su ragioni di fatto rispetto alle quali le parti non hanno avuto alcuna possibilità di difesa in un momento che precede la decisione: in particolare, esse vengono private del diritto di dedurre prove contrarie o di contestare l'attendibilità degli elementi probatori che il giudice intende porre a base della decisone in fatto".

[121] Idem, p. 13.

[122] Calha notar que o novel art. 16 do Code de Procédure Civile francês, matriz do novo art. 101 do CPC italiano, aplica-se às questões de direito ("*moyens de droit*") e também às questões de fato ("*moyens de fait*"). Vide, sobre tal aplicabilidade, CADIET, Loïc. *Code de Procédure Civile*.

juiz, a que, previamente, instaure diálogo humano e proporcione o contraditório às partes a fim que dissequem todos os aspectos que entendam relevantes ao resguardo do direito de defesa, sob pena de, o juiz assim não agindo, invalidade da sentença.[123] Diga-se, outro tanto, que interpretação meramente declarativa da reforma do processo civil italiano (art. 101) não resolverá o problema das sentenças "a surpresa". Haverá de ser interpretação extensiva, para, além das questões em sentido técnico (pontos controvertidos), abranger pontos de direito ou de fato que o juiz pensa em utilizar como fundamento de sua decisão.[124] Tudo a ser agasalhado, com amplitude, pelo dever do órgão judicial de proporcionar o prévio contraditório a ambas às partes, garantindo-se-lhes a possibilidade de incrementarem a advocacia das próprias razões, inclusive com a oportunidade de produção de provas relativamente às questões ou pontos fáticos que o juiz raciocina utilizar em sua decisão.[125] Com efeito, seria rematado contrassenso

---

Paris, 2010. p. 33-34. No tocante ainda à abrangência das questões de direito, releváveis de ofício ou não, e questões de fato no novo art. 16 do Code de Procédure Civile francês, v. MINIATO, Lionel. *Le principe du contradictoire en droit processuel.* Paris. p. 305-306: "L'article 16 du nouveau Code de procédure civile, dans sa rédacion actuelle résultant du décret du 12 mai 1981, complete par lês arrêts de la Chambre mixte du 10 juillet 1981, permet ainsi d'em déduire que le contradictoire doit être respecté lorsque le juge soulève un moyens de droit (moyens de pur droit ou mouens mélangé de fait et de droit), qu'il soit ou non d'ordre públic. Et il va sans dire que le respect du contradictoire s'impose aux juridictions du fond ainsi qu'à la Cour de cassation, aussi bien dans l'hypothèse ou celle-ci relève d'office un moyen de cassation (art. 1015 NCPC) qu'un moyen de rejet. Par ailleurs, en application de l'article 1015, le rapport du groupe de travail dirigé par N. Molfessis concernant lês revirements de jurisprudence proposait que la modulation dans le temps du revirement fasse l'objet d'un débat contradictoire spécifique entre les parties, s'ajoutant ainsi au débat de fond. En outre, si le juge doit respecter le contradictoire lorsqu'il soulève un moyen de droit, il est soumis à la même obligation quand il soulève un moyen de fait. Bien entendu, le juge ne saurait se fonder sur des faits qui ne sont pas dans le débat. Cette régle, prévue à l'article 7 alinéa 1 du nouveau Code de procédure civile, exprime tout autant le principe de primauté des parties dans l'allégation des faits que le respect du contradictoire, dans la mesure ou le fait qui n'est pás dans le débat sera nécessairement inconnu des parties. Mais, cette obligation pour le juge de ne statuer qu'en fonction des faits qui sont dans le débat ne l'oblige pas à statuer à partir des seuls faits dont les parties auraient déduit des effets juridiques pour fonder leur prétention (art. 7 al. 2 NCPC)".

[123] Sobre a sanção de invalidade da decisão "a surpresa", consulte-se GAMBA, Cinzia. L'integrazione dell'art. 101 CPC, il contraddittorio sulle questioni rilevate d'ufficio e la "scommessa aperta" dell'ordinamento processuale. In: TARUFFO, Michele. *Le riforme del diritto italiano, Il processo civile riformato, Introduzione* cit., p. 170-179.

[124] Por exemplo: a aplicação à espécie de uma norma jurídica idônea a produzir o efeito almejado pelo autor, em vez de outra norma excludente do mesmo efeito; a qualificação de uma cláusula contratual em um sentido bastante diverso.

[125] Sobre a possibilidade de produção de provas, há, na doutrina italiana, incandescente dissenso. RICCI, Gian Franco. *La riforma del processo civile.* Torino: Giappichelli, 2009. p. 22: "La quale comunque non comporta il rinvio della causa in istruttoria, ma solo una 'riserva' della pronunzia, in attesa delle deduzioni delle parti." Em uma visão mais consentânea com a garantia do contraditório (que abrange o direito de demandar ou de defender-se provando), DEMARCHI, Paolo Giovanni. *Il nuovo processo civile.* Il processo di cognizione e di esecuzione. Il nuovo rito

consentir-se às partes reagirem contra a solitária questão suscitada de ofício pelo juiz, e podar-lhes o consequente direito às atividades defensivas probatórias, embora preclusas.[126] Não há antinomia entre iniciativa de ofício do juiz e a garantia do contraditório, à luz da exigência de incessante participação proativa das partes no desenrolar do processo, mediante colaboração e cooperação com a busca da (possível) verdade material, por meio de adequada reconstrução dos fatos em juízo, e bem ainda influenciando na elaboração e na formação intelectual do convencimento do juiz e, portanto, no conteúdo de suas decisões.[127]

O juiz do momento presente haverá de recusar o rótulo da "neutralidade", o que obviamente não se confunde com parcialidade, falta de independência, e tampouco é inconciliável com a garantia do contraditório (direito de defesa dos argumentos das partes) ao longo de toda a estrutura dialética do procedimento. Soa trivial que a garantia do contraditório não concerne somente ao lapso temporal de constituição inicial da relação processual.[128] Há, demais disso, transbordamento para o remanescente *iter* processual (por exemplo: ocorre vulneração do contraditório, como quando uma prova é realizada sem a presença de qualquer das partes, posto ser direito delas influírem, mediante

---

cautelare. Il nuovo procedimento sommario. Milano: Giuffrè, 2009. p. 61: "Se lo scopo della norma è quello di evitare che il giudice possa pronunciarsi su una questione, senza che le parti abbiano avuto la possibilità di argomentare, dedurre e produrre sulla stessa, allora è evidente che eventuali prove indispensabili dovranno essere, su richiesta di parte, ammesse". Consultem-se, ademais, RÓS BODART, Bruno Vinícius; ARAÚJO, José Aurélio de. Alguns apontamentos sobre a Reforma Processual Civil italiana – Sugestões de direito comparado para o anteprojeto do novo CPC brasileiro. In: FUX, Luiz (Coord.). *O novo processo civil brasileiro*: direito em expectativa (reflexões acerca do projeto do novo Código de Processo Civil). Rio de Janeiro: Forense, 2011. p. 38-41.

[126] GRADI, Marco. Il principio del contraddittorio e le questioni rilevabili d'ufficio. *Revista de Processo*, v. 186, São Paulo: RT, ago. 2010, p. 109-160, esp. p. 126.

[127] LUISO, Francesco P. *Diritto processuale civile*, I cit., p. 30: "Il principio del contraddittorio deve, dunque, trovare applicazione alle iniziative officiose del giudice. (...) Per le questioni rilevabili di ufficio, invece, si pone la necessità che esse siano preventivamente sottoposte al contraddittorio delle parti. Ed infatti, il principio del contraddittorio si fonda sul presupposto che una quetione discussa è meglio decisa di una questione non discussa: se, invece, si dovesse concludere che il giudice decide ugualmente bene anche senza il contributo delle parti, il principio del contraddittorio non avrebbe senso."

[128] MITIDIERO, Daniel. *Colaboração no processo civil* cit., p. 136: "Dentro de um processo organizado a partir da necessidade de colaboração é absolutamente indispensável tenham as partes a possibilidade de se pronunciar sobre tudo que pode servir de ponto de apoio para a decisão da causa, inclusive quanto àquelas questões que o juiz pode apreciar de ofício. (...) Observe-se o ponto: exigir-se que o pronunciamento jurisdicional tenha apoio tão somente em elementos sobre os quais as partes tenham tido a oportunidade de se manifestar significa evitar a decisão-surpresa no processo. Nesse sentido, têm as partes de se pronunciar, previamente à tomada de decisão, tanto a respeito do que se convencionou chamar questões de fato, questões de direito e questões mistas, como no que atine à eventual visão jurídica do órgão jurisdicional diversa daquela aportada por essas no processo. Fora daí há evidente violação à cooperação e ao diálogo no processo, com afronta inequívoca ao dever judicial de consulta, e ao contraditório".

efetiva participação na colheita do material probatório da causa, na formação da decisão judicial). É premissa essencial de legitimação do exercício da jurisdição (e do poder decisório do órgão judicial) haverem encerrado as partes a possibilidade de se pronunciarem sobre o objeto da decisão. No caso das questões releváveis de ofício pelo juiz a prévia submissão ao contraditório das partes encontra igualmente justificação na ampliação do *thema decidendum e do thema probandum* sobre os quais cada qual tem o direito de se manifestar. Para efeito de aplicação prática do contraditório, parece bem distinguir entre o conhecimento de uma questão pelo juiz e a decisão da causa: a garantia em tela se põe antecedentemente somente quando o juiz decide, não quando o juiz conhece de uma questão cuja solução tem aptidão de definir o *decisum* (por exemplo: o juiz decide inverter a regra do ônus da prova, sobre a qual a parte haja assentado fidúcia).

Nessa esteira, a cognoscibilidade *ex officio* de fatos jurídicos[129] em sentido estrito impeditivos, modificativos ou extintivos, ou ainda fatos simples, impõe, por identidade de razões, ao juiz o dever de previamente indicar às partes, para contraditório, os fatos não deduzidos que ele pensa em utilizar em sua decisão, para acender prévia discussão sobre eles, a fim de que as partes possam encontrar o ensejo de fazer valer suas próprias razões, apresentar alegações de defesa, impugnações, produção de prova e contraprova, como expressão do direito de defesa.[130] A violação de tal dever (contraditório como dever) acarreta a nulidade da decisão "a surpresa", por transgressão ao contraditório, inerente ao direito de defesa, no tocante às novas questões não alocadas ao confronto dialético.

Feita abstração do direito adquirido da contraparte, tratando-se de supervenientes[131] questões puramente de direito subjetivo ou objetivo material ou processual intertemporal (por exemplo: de existência, de validade ou de eficácia de lei, ou mesmo de sua derrogação ou revogação total; novos preceitos cons-

---

[129] Sobre o conceito de fatos jurídicos, fatos simples ou motivos, v. CHIOVENDA, Giuseppe. Op. cit., p. 43-47.

[130] BARBOSA MOREIRA, José Carlos. O processo civil brasileiro: uma apresentação. *Temas de direito processual*. Quinta série. São Paulo: Saraiva, 1994. p. 5: "(...) de outro, na proibição, para o órgão judicial, de determinar providências sem delas dar ciência às partes e de fundar a decisão em fatos ou provas a cujo respeito aquelas não hajam tido a oportunidade de manifestar-se".

[131] CPC brasileiro, art. 303: "Depois da contestação, só é lícito deduzir novas alegações quando: I – relativas a direito superveniente; II – competir ao juiz conhecer delas de ofício; III – por expressa autorização legal, puderem ser formuladas em qualquer tempo e juízo". No que tange à concepção de superveniência como efeito jurídico. LEONEL, Ricardo de Barros. *Causa de pedir e pedido*: o direito superveniente. São Paulo: Método, 2006. p. 115-116: "Procurando traçar a aplicação dessa ideia no âmbito da dinâmica processual, deve-se reconhecer que, sucessivamente à propositura de uma demanda, pode ocorrer a intervenção de duas espécies de eventos: a superveniência de fatos relevantes, ou a incidência de normas jurídicas aplicáveis à hipótese. Isso demonstra o dúplice condicionamento que determina a duração limitada das situações jurídicas, isto é, a temporalidade da *fattispecie*. Contudo, isso

Cap. 14 – CONTRADITÓRIO COMO DEVER E A BOA-FÉ PROCESSUAL

titucionais e normas legais; edição de Súmula Vinculante)[132] ou de ulteriores questões de fato[133] impeditivo (por exemplo: partes incapazes no negócio jurídico de compra e venda, obrigação fundada em causa ilícita), modificativo (por exemplo: novação) ou extintivo (por exemplo: pagamento, remissão de dívida, absolvição no juízo criminal, por reconhecimento de motivo de antijuridicidade – *e.g.* legítima defesa)[134] da pretensão do autor, e haja vista que a sentença haverá de considerar o quadro fático da lide no momento da entrega da prestação jurisdicional, mesmo assim na hipótese de o juiz pretender utilizar o *ius novorum* como pedra angular de sua decisão, tem o dever de, ainda aqui, instaurar fidedigno diálogo judicial, e desfraldar prévio contraditório específico entre as partes, mediante apresentação de alegações, requerimentos e produção de prova e de prova contrária.[135] Retrata-se a dimensão apropriada e real (e não ilusoriamente formal) da garantia do contraditório, com sua dúplice finalidade: (i) assegurar a participação isonômica das partes no processo imprimindo, de mãos dadas com o devido processo legal, legitimação ao exercício da jurisdição; e (ii) nutrir a formação intelectual do convencimento do juiz, radicando, por

---

não impede, mas ao contrário recomenda, que a noção de superveniência (ou na dicção aqui adotada, o 'direito superveniente') seja identificada como um conceito unitário: tanto quanto decorre de um fato, como quando advém de uma norma, a superveniência se verifica com a *produção de um efeito jurídico*, isto é, valor jurídico condicionado, tomado pelo direito positivo sob a condição de que seja verificada precedente situação de fato".

[132] STJ, 1.ª T., RMS 21.719-EDcl, rel. Min. Benedito Gonçalves, j. 18.09.2008, *DJ* 13.10.2008.

[133] Assim é, qualquer que seja a interpretação que se dê ao art. 462 do CPC brasileiro: "Se, depois da propositura da ação, algum fato constitutivo, modificativo ou extintivo do direito influir no julgamento da lide, caberá ao juiz tomá-lo em consideração, de ofício ou a requerimento da parte, no momento de proferir a sentença". Restritiva: alegação de direito superveniente ou fatos relevantes ao deslinde da controvérsia, pertinentemente apenas a fatos já deduzidos. FUX, Luiz. *Curso de direito processual civil*. Rio de Janeiro: Forense, 2004. p. 419-420. Ou extensiva: BEDAQUE, José Roberto dos Santos. *Efetividade do processo e técnica processual*. 2. ed. São Paulo: Malheiros, 2007. p. 136: "A partir dessa premissa, não parece adequada a interpretação que a doutrina vem dando ao art. 462 do CPC. A ocorrência de fato constitutivo, modificativo ou extintivo novo deve ser levada em conta pelo juiz, ainda que implique modificação da causa de pedir. Trata-se de exceção à estabilização da demanda, justificável pela verificação de fato novo. Para legitimar o julgamento fundado na nova causa, basta seja reaberto o contraditório, inclusive para possibilitar a produção de prova. Aproveita-se o mesmo instrumento para solucionar a crise de direito material à luz de fato inexistente no momento da propositura da demanda. A demora maior para a conclusão do processo é amplamente compensada pela eliminação de nova demanda".

[134] STJ, 4.ª T., REsp 51.811-3, rel. Min. Barros Monteiro, j. 03.11.1998, *DJ* 14.12.1998.

[135] LEONEL, Ricardo de Barros. *Causa de pedir e pedido* cit., p. 245: "Determinada circunstância de fato, apta a configurar uma nova *causa petendi* ou a render ensejo a uma nova pretensão, pode surgir no curso da instrução. Sujeitando-se a ampla discussão pelos litigantes, com o deferimento e produção de provas a seu respeito etc., parece razoável concluir que, em que pese a violação das regras formais relativas à estabilização da demanda, desenvolveu-se, com maior amplitude possível, o contraditório a seu respeito".

conseguinte, direito das partes e dever do juiz.[136] A oferta de contraditório às partes compreende também as questões não releváveis expressamente pelo juiz, mas objeto de decisão implícita destinada a passar em julgado (por exemplo: defeito ou conflito de atribuição ou de jurisdição nos países que adotam o assim chamado contencioso administrativo), em consonância com a vedação de sentença "a surpresa".[137]

6. A PROBLEMÁTICA DO *JURA NOVIT CURIA*

Um dos traços característicos da jurisdição estatal é o princípio da inércia, que é consequência natural de sua necessária imparcialidade e *terzietà*.[138] De regra, o juiz somente exerce jurisdição se e quando provocado (*ne procedat iudex ex officio*).[139] O princípio da demanda atrela o exercício da jurisdição à iniciativa da parte ou interessado, donde decorre a conclusão de que a finalidade precípua da jurisdição não é a tutela do direito objetivo (feita apenas reflexamente), senão passaporte para que a jurisdição possa tutelar direitos e interesses subjetivos (posições subjetivas de vantagem).

À luz do princípio da demanda (ou dispositivo), sob o pálio do valor constitucional liberdade, e ainda da autonomia da vontade, incumbe ao autor (parte ativa) definir os limites subjetivos (em face de quem a demanda judicial é proposta) e os limites objetivos da causa (*causa petendi* e pedido). O réu, à sua vez, poderá optar entre apresentar defesa ou ficar revel, oferecer exceção de incompetência ou omitir-se, impugnar ou não o valor atribuído à causa pelo autor, denunciar a lide a terceiros, o vencido tem a faculdade de interpor recurso ou resignar-se.[140]

Um dos elementos individualizadores da ação como demanda judicial (ao lado das partes e do pedido, que é o objeto da jurisdição), a causa de pedir[141] se compõe do fato (ou conjunto de fatos) e dos fundamentos jurídicos deduzidos

---

[136] Nesse sentido, DINAMARCO, Cândido Rangel. *O princípio do contraditório e sua dupla destinação* – Fundamentos do processo civil moderno. São Paulo: Malheiros, 2000. t. I, p. 124 e ss.

[137] Sobre a acesa controvérsia envolvendo questão não expressamente relevada pelo juiz e julgamento implícito, vide GRADI, Marco. Il principio del contraddittorio e le questioni rilevabili d'ufficio cit., p. 158-160.

[138] Constituição italiana, art. 111, § 2.º: "Ogni processo si svolge nel conttradditorio tra le parti, in condizioni di parità, davanti a giudice terzo e imparziale (...)". A *terzietà* é um dos traços característicos da função jurisdicional por significar o desinteresse do juiz no que concerne ao objeto da lide.

[139] CPC brasileiro: arts. 2.º, 128, 139 e 262.

[140] DINAMARCO, Cândido Rangel. *Instituições de direito processual civil* cit., p. 231-240.

[141] O princípio da tríplice identidade foi adotado pelo CPC brasileiro no art. 301, § 2.º.

Cap. 14 – CONTRADITÓRIO COMO DEVER E A BOA-FÉ PROCESSUAL

pelo autor na petição inicial.[142] Aqueles são a causa de pedir remota (acontecimentos do mundo real), ao passo que estes são a causa de pedir próxima (direito material do autor que se irradia dos fatos invocados).[143] O fundamento jurídico não se confunde com o fundamento legal, aquele é essencial, enquanto este, dispensável. O fundamento jurídico não se confina ao dispositivo legal ou aos preceitos normativos nos quais o autor tenha escudado sua pretensão, mas o próprio direito subjetivo material que pode decorrer de um único dispositivo legal ou uma plêiade deles, não indicados pelo autor ou alinhados de forma equivocada. O fundamento jurídico também pode se irradiar de um contrato (por exemplo: negócio jurídico de compra e venda) ou mesmo de um ato unilateral (por exemplo: promessa de recompensa). Nessa moldura, fundamento jurídico é o efeito de direito material almejado pelo autor.

A causa de pedir, como elemento identificador da ação como demanda judicial, é disputada tanto pela teoria da substanciação como pela teoria da individuação. A primeira (substanciação) sustenta que a causa de pedir é composta pelo fato ou conjunto de fatos[144] e pelo direito.[145] A segunda (individuação, reportada ao direito tedesco) preconiza que a causa de pedir se compõe do

---

[142] Requisitos da petição inicial, no termos do CPC brasileiro, art. 282, III.

[143] Na dicção de doutrinadores de boa linhagem, a *causa petendi* é o fato ou conjunto de fatos suscetível de produzir, por si só, o efeito jurídico pretendido pelo autor. Confira-se, por todos, com clareza insuperável, o Mestre BARBOSA MOREIRA, José Carlos. *O novo processo civil brasileiro*: exposição sistemática do procedimento. 28. ed. rev. e atual. Rio de Janeiro: Forense, 2010. p. 17: "Todo pedido tem uma causa. Identificar a *causa petendi* é responder à pergunta: por que o autor pede tal providência? Ou, em outras palavras: qual o fundamento de sua pretensão? Constitui-se a *causa petendi* do fato ou do conjunto de fatos a que o autor atribui a produção do efeito jurídico por ele visado. (...) Não integram a *causa petendi*: a) a qualificação jurídica dada pelo autor ao fato em que apoia sua pretensão (*v.g.*, a referência a 'erro' ou a 'dolo', na petição inicial, para designar o vício do consentimento invocado como causa da pretendida anulação do ato jurídico); b) a norma jurídica aplicável à espécie".

[144] Brocardo *da mihi factum, tibi dabo ius* (estrutura de acertamento judicial aceitável apenas no processo civil e não no processo penal, no qual a conduta tem que estar previamente tipificada na lei como crime; faltaria mesmo o objeto do processo).

[145] A doutrina processual brasileira sustenta que, à luz do teor literal do art. 282 ("A petição inicial indicará: III – o fato e os fundamentos jurídicos do pedido;"), o nosso CPC abraçou explicitamente a teoria da substanciação. Todavia, há questionamentos decorrentes de interpretação sistemática dos dispositivos dos arts. 131, 462 e 474. Sobre o ponto, veja-se GRECO, Leonardo. Op. cit., p.171: "Diante do conteúdo desses artigos, indaga-se se os fatos e os fundamentos (o direito) sempre individualizam a demanda. A questão envolve ainda o chamado *jura novit curia*, que é um brocardo latino muito usado pelos processualistas, que significa que o *juiz conhece o direito*, e, portanto, se daqueles fatos descritos pelo autor resultar um direito diverso do alegado, o juiz poderia acolher o pedido com base nesse outro direito. Nesse caso, a demanda seria individualizada apenas pelos fatos narrados pelo autor, incumbindo ao juiz extrair deles o direito: *da mihi factum, dabo tibi jus*, vale dizer, dê-me os fatos, que lhe darei o direito". O juiz aplicará o direito ao fato ou conjunto de fatos, ainda que aquele não tenha sido invocado, ou – o que é o mesmo – a qualificação jurídica conferida ao(s) fato(s) narrado(s) pelo autor não é essencial, tanto que o juiz poderá apresentar autônoma qualificação jurídica. O que, decerto, o juiz não

direito proveniente de qualquer fato e não forçosamente aquele advindo dos fatos articulados pelo autor.

Há vozes doutrinárias no sentido de que a alteração da qualificação jurídica dos fatos, patrocinada pelo órgão judicial, não implica a modificação da *causa petendi*, com o corolário lógico de admitir-se a aplicação do *jura novit curia*.[146] O juiz não estará vinculado a qualquer individualização ou interpretação das normas jurídicas, materiais ou processuais. A liberdade do juiz implicará seu poder-dever de conhecer (e de procurar conhecer) e de definir a norma jurídica (e a qualificação jurídica) aplicável à espécie, tendo como parâmetro os fatos deduzidos pelo autor. A qualificação jurídica feita pelo autor, na petição inicial, e mesmo o *nomen iuris* por ele atribuído não têm a virtude de vincular o juiz. Vale notar que o brocardo *jura novit curia* encontra o seu limite quando a requalificação jurídica pressuponha a admissão de fatos não alegados ou não provados pelas partes (Cass., 2 de fevereiro de 1995, Sent. n. 1222: "... il giudice del merito ha il potere-dovere di qualificare giuridicamente la domanda sulla base dei fatti dedotti dalla parte"; Cass., 9 de junho de 1987, Sent. n. 5040; Cass., 20 de maio de 1986, Sent. n. 3350). Nada obstante, existem, aqui e alhures, segmentos da doutrina processual em sentido vetorialmente inverso, os quais sustentam a impossibilidade de aplicação do *jura novit curia*: o autor teria o direito de escolher a qualificação jurídica dos fatos narrados na petição inicial e, nessa perspectiva de liberdade, poderia exigir que o Estado julgasse o pedido (objeto da jurisdição) com aquela (e não outra) qualificação jurídica, ao seu alvedrio, estampada na inicial. O réu, por outro lado, teria o direito de se defender da espécie jurídica ajuizada pelo autor (e não de outro desenho jurídico).[147]

---

poderá fazer, sob pena de invalidade de sua decisão, é alterar os fatos tal como substancialmente narrados pelo autor.

[146] Assim, BARBOSA MOREIRA, José Carlos. *O novo processo civil brasileiro* cit., p. 18: "Não há alteração da *causa petendi*, nem, portanto, necessidade de observar essas restrições, quando o autor, sem modificar a substância do fato ou conjunto de fatos narrados, naquilo que bastaria para produzir o efeito jurídico pretendido: (...) b) passa a atribuir ao fato ou conjunto de fatos qualificação jurídica diferente da originariamente atribuída – *v.g.*, chamando 'dolo' ao que antes denominara 'erro' (haveria, ao contrário, alteração da *causa petendi* se o autor passasse a narrar *outro* fato, quer continuasse, quer não, a atribuir-lhe a mesma qualificação jurídica); c) invoca em seu favor norma jurídica diversa da primitivamente invocada, desde que o efeito jurídico atribuído à incidência da nova norma sobre o fato ou conjunto de fato seja idêntico ao efeito jurídico atribuído na inicial à incidência da norma primitivamente invocada – *v.g.*, a substituição da referência a um pela referência a outro dentre os dispositivos legais que autorizam a decretação do despejo". No mesmo sentido, FUX, Luiz. *Curso de direito processual civil*. Rio de Janeiro: Forense, 2001. p. 158. THEODORO JÚNIOR, Humberto. *Curso de direito processual civil*. Rio de Janeiro: Forense, 2010. v. 1, p. 79.

[147] Veja-se, por todos, GRECO, Leonardo. Op. cit., p. 171-172: "Entretanto, considero que o autor tem o direito de escolher qual a caracterização jurídica dos fatos que ele descreve e de exigir que o juiz responda ao seu pedido tal como ele o formula, com a qualificação jurídica por ele

Cap. 14 – CONTRADITÓRIO COMO DEVER E A BOA-FÉ PROCESSUAL

Qualquer que seja a vertente doutrinária, quer, além do fato ou conjunto de fatos, inclua os fundamentos jurídicos do pedido, quer não, quer se abone a liberdade do juiz na requalificação jurídica da espécie, ou na escolha e na aplicação das normas jurídicas,[148] inclusive como quando se tratar de direito superveniente (*ius superveniens*: pensado como nova regulamentação da matéria litigiosa), quer não, força é convir que a aplicação do *jura novit curia* (referindo-se às verdadeiras e próprias fontes de direito objetivo, abrange normatividade e juridicidade) tem como premissa essencial a atração para o juiz do dever de dialogar com as partes[149] (dever judicial de consulta), em deferência aos princípios da colaboração, da cooperação, da boa-fé processual, por meio da instauração de prévio contraditório, por exigência do direito de defesa,[150] inclusive com a possibilidade de produção de provas (as quais, por força da nova moldura da causa advinda de sua requalificação jurídica, não figuravam originalmente no *thema probandum*), caso pretenda adotar *fundamento jurídico* não prospectado e, por isso mesmo, subtraído ao debate das partes, oportunizando-se a possibilidade de manifestação delas antes da decisão, a qual patenteará contornos de legitimidade decorrente da participação democrática em sua formação. O *slogan* é o de que o juiz tem o dever de proporcionar o prévio contraditório às partes,[151] como ainda

---

escolhida. Desse modo, não me parece aceitável o *jura novit curia*, pois o juiz não pode dar aos fatos que o autor relatou uma configuração jurídica diferente e o réu tem o direito de se defender da hipótese jurídica que o autor propôs. (...) Em resumo, o juiz tem de respeitar a qualificação dada pelo autor, que serviu de base para o pedido por ele formulado. Assim, a afirmação, que com frequência se ouve, de que o juiz conhece o direito e o aplica de ofício aos fatos, tais como relatados pelo autor, se refere apenas à indicação dos dispositivos legais apontados pelo demandante e não à espécie de relação jurídica de direito material por ele invocada como sustentação do seu pedido".

[148] No sentido do texto, CAPONE, Arturo. *Iura novit curia*. Studio sulla riqualificazione giuridica del fatto nel processo penale. Milano: CEDAM, 2010. p. 23: "Invece, quanto ai profili giuridici della domanda, il giudice, sebbene non possa mutare il titolo in forza del quale l'attore intende far valere la sua pretesa (causa petendi), non solo può qualificare più correttamente la domanda, senza essere vincolato dall'inquadramento giuridico o dal nomen iuris suggerito dalle parti (che anzi può del tutto mancare); ma potrebbe accogliere il petitum sulla base di argomenti giuridici diversi da quelli prospettati dalle parti". Ademais, VERDE, Giovanni. *Diritto processuale civile*, I. Parte generale. Bologna, 2009. p. 95.

[149] DENTI, Vittorio. Questioni rilevabili d'ufficio e contraddittorio cit., p. 224-225.

[150] CAPONE, Arturo. *Iura novit curia* cit., p. 28: "A differenza del processo civile, il dibattito sul potere del giudice di dare al fatto una diversa qualificazione giuridica non nacque perciò dall'esigenza di delimitare i poteri delle parte rispetto ai poteri del giudice, ma, fin dall'inizio, nella prospettiva di un'adeguata tutela del diritto di difesa". Consulte-se, na mesma linha, PINHO, Humberto Dalla Bernardina de. *Direito processual civil contemporâneo* cit., p. 125: "(...) o juiz pode invocar fundamento não alegado pelas partes, mas deve propiciar a manifestação destas antes de decidir".

[151] Sobre o específico ponto, GRADI, Marco. Il principio del contraddittorio e le questioni rilevabili d'ufficio cit., p. 136.

tem o dever de ele próprio participar do contraditório,[152] mediante atividades de direção, de prova e de diálogo, como expressão dos princípios da colaboração, cooperação e da boa-fé processual. O juiz, como imperativo do contraditório integrador, tem o *dever* de propor às partes o(s) preceito(s) normativo(s), ou o novel enquadramento jurídico, que pensa em poder fazer na espécie, suscitando antecedentemente debate sobre a sua aplicabilidade ao caso concreto, inclusive no segundo grau de jurisdição no que toca às questões exclusivamente de direito. Não pode o juiz (ou o tribunal), no exercício do *jura novit curia*, fazer a requalificação jurídica da espécie (quer do fundamento legal invocado pelo autor, quer do próprio enquadramento jurídico por ele feito) sem prévio e pleno contraditório entre as partes, sob pena de o órgão judicial se transmudar em autor (se da requalificação jurídica derivar posição de vantagem para a parte ativa) ou em réu (na hipótese inversa). O contraditório das partes, as quais não podem se mover às cegas no *iter* processual, também na imbricação com o *jura novit curia*, é, por assim dizer, a própria essência do processo equitativo, pressupondo-se solução mais justa que decorreria da requalificação.[153] Qualquer questão (de direito ou de fato), que o juiz pretenda relevar *ex officio* e utilizar em sua decisão (*giudizi civili "di terza via"*), impõe-lhe o dever (contraditório como dever) de, quando menos em homenagem, ainda aqui, ao princípio da boa-fé processual ao qual também está jungido o imparcial Estado-juiz, submetê-la ao antecedente debate das partes, em diálogo cooperativo e humano, a fim de evitar-se a desventura da sentença "a surpresa", que empurra o Judiciário para o despenhadeiro do descrédito.[154] A ser diferente, estar-se-á admitindo, ao arrepio do contraditório e do direito de defesa, cujo pleno exercício pressupõe a cabal informação atinente aos perfis fáticos e jurídicos da demanda judicial,

---

[152] Vide, ao ensejo da exigência de participar dirigida ao juiz, Code de Procédure Civile francês, art. 16; Código de Processo Civil português, art. 3.º, 3.

[153] No processo civil moderno, de semblante essencialmente garantístico, a matéria, regulada no sentido do texto, está no espectro do supramencionado art. 10, do PLS 166/2010 e PL 8.046/2010.

[154] Consona com o texto, OLIVEIRA, Carlos Alberto Alvaro de. Poderes do Juiz e visão cooperativa do processo. *Revista da Faculdade de Direito da Universidade de Lisboa*, 44/194, 2003: "(...) a liberdade concedida ao julgador na eleição da norma a aplicar, independentemente de sua invocação pelo interessado, não dispensa a colheita de prévia manifestação das partes sobre os novos rumos a serem imprimidos ao litígio, em homenagem, ainda aqui, ao princípio do contraditório (...) Aliás, a problemática não diz respeito apenas ao interesse das partes, mas conecta-se intimamente com o próprio interesse público, na medida em que qualquer surpresa, qualquer acontecimento inesperado, só faz diminuir a fé do cidadão na administração da justiça. O diálogo judicial e a cooperação, acima preconizada, tornam-se, no fundo, dentro desta perspectiva, autêntica garantia de democratização do processo, a impedir que o poder do órgão judicial e a aplicação da regra *iura novit curia* rendam em instrumento de opressão e autoritarismo, servindo às vezes a um mal explicado tecnicismo, com obstrução à efetiva e correta aplicação do direito e à justiça do caso". Vide, a respeito, GRASSO, Eduardo. La collaborazione nel processo civile. *Rivista di diritto processuale*, XXI, 1965, p. 580-609.

Cap. 14 – CONTRADITÓRIO COMO DEVER E A BOA-FÉ PROCESSUAL

que o juiz possa surpreender as partes com a inserção de um apodítico "cavalo de Troia" no processo.[155]

Dito de outra maneira, a restrição do *juria novit curia*, sob o prisma da doutrina clássica, se resolve com o dever infligido ao juiz de proporcionar o prévio contraditório no atinente à requalificação jurídica que aspire fazer. Para o segmento da doutrina que não tolera o *jura novit curia* (com fundamento nos princípios da demanda e da inércia, exercício de liberdade, imparcialidade do juiz), a aplicação do brocardo se resolve com o antecedente contraditório e desde que a requalificação jurídica não altere os efeitos jurídicos pretendidos pelo autor (por exemplo: autor qualifica de erro e o juiz requalifica de dolo, mas ambos os vícios de consentimento produzem o efeito anulação do negócio jurídico).

Há, portanto, limites que se erguem à liberdade do juiz em fazer autonomamente nova qualificação jurídica dos fatos, sob a égide da aplicação do *jura novit curia*: (i) está interditada a possibilidade de alterar os fatos em si; e (ii) tem o dever de efetivar o prévio contraditório, posto que a matéria de direito não prescinde da cooperação das partes.[156] A abordagem jurídica da questão, pelo órgão judicial, de maneira diversa daquela suscitada pelas partes, carreia para ele o dever de previamente informá-las, evitando acarretar surpresa.[157]

Não seria despropositado dizer que o fundamento dogmático (e de legitimidade constitucional) do *jura novit curia*, que, em cada momento do processo, permite que o juiz dê uma diversa qualificação jurídica do fato ou conjunto de fatos, é, como critério decisório que deve seguir justamente o princípio de legalidade estrita,[158] em seu cariz processual, a circunstância de o juiz estar

---

[155] MANDRIOLI, Crisanto. *Diritto processuale civile* cit., p. 94.

[156] MOREIRA PINTO, Junior Alexandre. *A causa petendi e o contraditório*. São Paulo: RT, 2007. p. 81-168: "Diga-se, outrossim, que boa medida a ser adotada pelos juízes, quando da adoção do *iura novit curia*, seria a abertura de prazo para manifestação das partes a respeito da nova qualificação legal. Esta posição, que em nada prejudicaria o andamento do processo, por outro lado permitiria a efetividade do contraditório, já que os contendores posicionar-se-iam a respeito da nova imputação legal, e teriam eventualmente a possibilidade de influir no convencimento do julgador. (...) O secular adágio *iura novit curia* também merece interpretação à luz do contraditório. A possibilidade do julgador aplicar a regra jurídica conforme seu próprio conhecimento não lhe garante o livre domínio da qualificação jurídica dos fatos discutidos na demanda. Mesmo porque, a lei processual exige do autor não somente a exposição dos fatos, mas também o enquadramento jurídico, sua qualificação no plano do direito. O que, contudo, autorizaria o juiz a considerar uma causa de pedir próxima diversa da exposta na inicial, quando da decisão, não seria a regra *iura novit curia*, e sim o prévio e efetivo debate entre as partes dessa nova causa. A mesma premissa se aplica às matérias que em princípio seriam cognoscíveis de ofício. Tal prática não desobriga o juiz a submeter todas estas matérias ao contraditório".

[157] OLIVEIRA, Carlos Alberto Alvaro de. A garantia do contraditório cit., p. 16-17.

[158] Constituição Federal brasileira, art. 5.º, I: "Todos são iguais perante a lei...". CPC brasileiro, art. 126: "O juiz não se exime de sentenciar ou despachar alegando lacuna ou obscuridade da lei. No julgamento da lide caber-lhe-á aplicar as normas legais; não as havendo, recorrerá à

jungido à lei e, assim, ostentar o dever de conhecê-la (*rectius*, em caso de ignorância, de procurar conhecê-la[159]) e de aplicá-la correta e simetricamente aos casos concretos. Mas não é só. O brocardo em tela, a um só tempo, exibe triplo sentido derrogatório: (i) ao estabelecer exceção ao ônus da prova relativamente aos preceitos normativos, haja vista que o juiz deve procurar de ofício o conhecimento das fontes do direito; (ii) por retirar o texto da lei das matérias objeto de disposição pelas partes, legitimando os poderes instrutórios de ofício; e (iii) a correlação ou congruência entre pedido e sentença não se estende à qualificação jurídica (ou perfis jurídicos) da demanda judicial.

Em outro giro, seria errático supor que a requalificação jurídica do fato ou conjunto de fatos constituiria tendência autoritária do juiz; antes, ao revés, além de passar longe da fronteira do arbítrio judicial, a autônoma qualificação de ofício exprime uma "sorta di ragionevole favor actionis".[160] Significa, antes de tudo, jogar uma boia para salvar demandas judiciais com imperfeições jurídicas, quando menos para evitar que fossem rejeitadas, consentindo-se ao autor o bem jurídico que almeja, ainda que, sob a ótica jurídica, a demanda não tenha sido corretamente proposta.[161] Desta sorte, preservar-se-ia a confiança da sociedade no valor Justiça, ante o caráter público e instrumental (menos formalista) do processo e no escopo de função jurisdicional adequada, célere, eficiente, efetiva e justa dos direitos subjetivos e de proteção dos interesses legítimos (justiça material), e, reflexamente, para resguardar o ordenamento jurídico objetivamente considerado.

É certo que o direito estrangeiro também se subsume ao princípio *jura novit curia*.[162] Consectariamente, sendo o caso de sua aplicação conforme a disciplina do direito internacional privado, caberá ao juiz fazê-lo de ofício. Vale dizer: "L'accertamento della legge straniera dev'essere compiuto d'ufficio dal giudice" (Cass., 12 de novembro de 1999, Sent. n. 12538); "L'accertamento e l'applicazione

---

analogia, aos costumes e aos princípios gerais de direito". Constituição italiana, art. 101, § 2.º: "*I giudici sono soggeti soltanto alla legge*". CPC italiano, art. 113, § 1.º: "*Nel pronunciare sulla causa il giudice deve seguire le norme del diritto* (...)". Acresce, como argumento reforçativo do fundamento dogmático (e de legitimidade) do *iura novit curia*, que, no Brasil, os juízes são profissionais, com investidura técnica em 1.º grau de jurisdição, mediante concurso público de provas e de títulos (CF, art. 93, I): conhecem, pois, a lei (ou, quando menos, podem procurar conhecê-la).

[159] CALAMANDREI, Piero. *Il giudice e lo storico – 1939*. Opere giuridiche. Napoli: Morano, 1965. p. 398.

[160] CAPONE, Arturo. *Iura novit curia* cit., p. 25.

[161] Idem, p. 28: "Abbiamo detto che nel processo civile la soluzione di addossare integralmente alla parte il rischio di un'erronea qualificazione giuridica, a rigorosa tutela della passività del giudice, si scontrava con l'opposta esigenza di garantire appieno la tutela giurisdizionale dei diritti, che spingeva verso un favor actionis".

[162] MONTESANO, Luigi; ARIETA, Giovanni. *Diritto processuale civile*: Le disposizioni generali. 3. ed. Torino: Giappichelli, 1999. v. 1, p. 190.

della legge straniera (...) attiene pur sempre all'ufficio del giudice, alla stregua del principio iura novit curia (...) accertamento può provvedersi attraverso la collaborazione delle parti con il giudice, al quale è consentito ovviare con la sua scienza e la sua ricerca diretta al difetto di prova" (Cass., 23 de fevereiro de 1978, Sent. n. 903). Contudo, da parte que tenha invocado o direito estrangeiro o juiz poderá exigir a prova de seu conteúdo e/ou vigência.[163]

Em um ou em outro caso, juiz e partes haverão de previamente conhecer a incidência do direito estrangeiro. Por conseguinte, à luz da garantia do devido processo legal, mostra-se impositiva para o juiz a prévia instauração de contraditório entre as partes sobre a norma estrangeira que, a par de caracterizar questão da lide, tenciona utilizar como base jurídica de sua decisão.[164]

Cabe advertir, por outro lado, que as normas do direito estadual e municipal estão igualmente dentro do espectro do *jura novit curia*. Por assim ser, as partes não têm o ônus da prova no que concerne ao conteúdo e/ou à vigência dessa legislação. Não há desvio de perspectiva em admitir, no entanto, que o juiz, de ofício, possa determinar a prova do teor e/ou da vigência dos preceitos normativos em tela.[165]

Parece inarredável a conclusão de que, por identidade de razões, aplique-se a mesma solução seja no que concerne à prova (práticas sociais/comerciais reiteradas e uniformes, calcadas em costume, que o reflitam em marcos jurídicos), seja no tocante ao antecedente contraditório entre as partes, quando a requalificação jurídica da espécie, pelo juiz, envolver direito consuetudinário.

7. O FENÔMENO DA MUTAÇÃO DAS DEMANDAS

Como visto no tópico 6 *supra*, sob o influxo do valor liberdade, da autonomia da vontade e do princípio da demanda (ou dispositivo), cabe ao autor (parte ativa) estabelecer os lindes subjetivos (em face de quem a demanda judicial é proposta) e as fronteiras objetivas (*causa petendi* e pedido).

O Código de Processo Civil brasileiro, como aludido linhas atrás, placitou o princípio da tríplice identidade como cédula de identificação da ação como demanda judicial: partes, causa de pedir e pedido. Os três elementos são impressões digitais ou DNA identificadores dos quais advirão relevantes consequências jurídicas quando se examinam os fenômenos da mutação e da estabilização das demandas judiciais. Refoge do âmbito do presente trabalho adentrar, por exemplo, na incandescente discussão sobre os elementos da *causa petendi*: apenas fato ou

---

[163] CPC brasileiro, art. 337.

[164] DENTI, Vittorio. Questioni rilevabili d'ufficio e contraddittorio cit., p. 229.

[165] Assim, STJ, 1.ª T., REsp 1.174.310-AgRg, rel. Min. Hamilton Carvalhido, j. 11.05.2010, *DJ* 25.05.2010. Na mesma direção: RTJ 99/1.144.

conjunto de fatos que servem de alicerce para a obtenção dos efeitos jurígenos pretendidos pela parte; ou fato ou conjunto de fatos e fundamentos jurídicos deduzidos pelo autor na petição inicial. Tampouco se incursionará na teoria da substanciação (adotada pelo CPC brasileiro, para a qual a *causa petendi* é composta pelo fato ou conjunto de fatos[166] e pelo direito), nem se revisitará a teoria da individuação, segundo a qual a causa de pedir se compõe do direito proveniente de qualquer fato e não forçosamente aquele advindo do(s) fato(s) articulado(s) pelo autor.

Os variegados sistemas processuais, dependendo do modelo que adotam (rígido[167]ou flexível,[168] oscilando no grau de alteração dos elementos objetivos do processo: causa de pedir e pedido), fazem variar o momento, fase processual

---

[166] Brocardo *da mihi factum, tibi dabo ius* (estrutura de acertamento judicial aceitável apenas no processo civil e não no processo penal, no qual a conduta tem que estar previamente tipificada em lei como crime; faltaria mesmo o objeto do processo).

[167] Modelo rígido (que, de regra, beneficia o réu, a par de privilegiar a celeridade, o contraditório e o direito de defesa), de estabilização da demanda judicial, assentado no princípio da preclusão, é adotado pelo sistema processual italiano, *e.g.*, CPC italiano, art. 183 §§ 4.º e 5.º. Igualmente rígido é o sistema processual espanhol, a partir da nova Ley de Enjuiciamiento Civil (LEC) n. I, de 07 de janeiro de 2000 (que entrou em vigor em 08 de janeiro de 2001), em especial os arts. 400, n. I, 401, 412.1, 412.2 (admite-se a alteração da demanda judicial, abrangendo a técnica de cumulação de novas ações, apenas até a contestação). Depois da contestação, nas hipóteses do art. 286 (fatos supervenientes ou de conhecimento superveniente importantes para o desate da controvérsia) e do art. 426 (alegações complementares na audiência prévia do procedimento ordinário). Leia-se, sobre a rigidez do modelo espanhol, JUNOY, Joan Picó i. *La modificación de la demanda en el proceso civil*. Reflexiones sobre la prohibición de mutatio libelli. Valencia: Tirant lo Blanch, 2006. p. 148-149: "El modelo español rígido de modificación de la demada es coherente con el férreo sistema de preclusiones que establecen los arts. 400 y 412 LEC. Este modelo plantea en la práctica algunos problemas, muy especialmente en aquellos casos en los que durante la pendencia del proceso el demandado destruye, anajena o grava la cosa litigiosa, o aquellos otros en los que resulta imposible la prestación solicitada, pretendiéndose reclamar su equivalente económico. En estos casos, por razones de justicia material – adecuando el proceso a los acontecimientos reales que se producen fuera de el – y de economia procesal – en orden a evitar un nuevo litigio – el legislador podia haber previsto una norma que permitiera esta modificación de la demanda, en un incidente contradictorio, flexibilizando así el modelo tan rígido instaurado en nuestra LEC, para mitigar el rigor de las formas y permitir al justiciable una plena y más rápida tutela judicial". Também rígido é o CPC português, permitindo a alteração da demanda judicial nas hipóteses dos arts. 272 e 273, destacando o art. 268 que a estabilização da demanda ocorre com a citação do réu, que somente poderá ser modificada nos casos previstos em lei.

[168] Modelo flexível de preclusões (que, de regra, favorece sempre o autor, quer por poder alterar os elementos objetivos da causa, quer por poder fazê-lo após haver tido acesso à estratégia de defesa do réu, além de privilegiar a busca da verdade substancial e a efetiva resolução do conflito, agasalhando-se também o contraditório e a economia processual) admite a mutação da *causa petendi* ou do pedido durante a fase postulatória e até o final da fase instrutória, sem preclusões rígidas. É adotado pelo sistema processual alemão (*v.g.*, ZPO, § 263, § 264, § 611, n. I).

mais precoce ou não,[169] em que, de regra, em primeiro grau de jurisdição, dar-se-á o fenômeno da estabilização da demanda judicial: todas as alegações e pedidos já foram apresentados pelas partes em prol de suas posições jurídicas ativas ou passivas, a partir da petição inicial do autor e, após válida citação do réu (ou seu comparecimento espontâneo), com o oferecimento de resposta (*v.g.*, contestação, reconvenção, exceções).

É clássica a distinção doutrinária entre *mutatio libelli* e *emendatio libelli*,[170] as quais pressupõem a estabilização da demanda. A primeira traduz alteração, ampliativa ou limitativa, qualitativa e/ou quantitativa, da causa de pedir (âmago dos fatos jurídicos) ou do pedido (substituição do pedido original por outro). Quatro exemplos bastam para ilustrar o raciocínio: (i) a *causa petendi* remota ensartada na petição inicial narra a existência de relação jurídica de contrato de compra e venda, posteriormente o autor afirma contrato de *leasing*; (ii) o pedido originariamente formulado na petição inicial é meramente declaratório, ulteriormente o autor apresenta modificação para incluir pedido condenatório; (iii) o pedido originalmente deduzido era condenatório, depois há alteração para incluir pedido constitutivo negativo (anulação de negócio jurídico); e (iv) o

---

[169] Com o patente propósito de ordenar o maior rendimento possível de cada processo em si mesmo considerado, e com grau máximo de flexibilização e de expansão dos limites temporais e dos marcos processuais de alteração do pedido ou da causa de pedir, o PLS 166/2010, em sua redação original, no art. 314 dispunha: "O autor poderá, enquanto não proferida a sentença, aditar ou alterar o pedido e a causa de pedir, desde que o faça de boa-fé e que não importe em prejuízo para o réu, assegurado o contraditório mediante a possibilidade de manifestação deste no prazo mínimo de quinze dias, facultada a produção de prova suplementar. Parágrafo único – Aplica-se o disposto neste artigo ao pedido contraposto e à respectiva causa de pedir". Por substancial alteração apresentada no relatório-geral no âmbito do Senado Federal, este dispositivo passou a ter a seguinte redação: "Art. 304. O autor poderá: I – até a citação, modificar o pedido e a causa de pedir, independentemente do consentimento do réu; II – até o saneamento do processo, com o consentimento do réu, aditar ou alterar o pedido e a causa de pedir, assegurado o contraditório mediante possibilidade de manifestação deste no prazo mínimo de quinze dias, facultado o requerimento de prova suplementar. Parágrafo único – Aplica-se o disposto neste artigo ao pedido contraposto e à respectiva causa de pedir". No PL 8.046/2010, a Câmara Federal alterou a dicção do preceito desse parágrafo único para a seguinte redação: "Aplica-se o disposto neste artigo à reconvenção e à respectiva causa de pedir".

[170] Conquanto, no Brasil, a diferenciação entre *emendatio libelli* (CPP, art. 383) e *mutatio libelli* (CPP, art. 384) situe-se tipicamente no campo do direito processual penal. Na primeira, tem-se entendido que não haveria violação do direito de defesa, por inexistir modificação do fato a cujo respeito tal direito foi exercido, mas alteração (correção da inicial) da tipificação apresentada na denúncia ou na queixa, devendo o réu defender-se dos fatos que lhe são imputados, e não dos respectivos enquadramentos jurídicos (STF, 1.ª T., HC 89.268/AP, rel. Min. Marco Aurélio, *DJ* 22.06.2007). Na segunda, ao revés, durante o curso do processo surgem fatos/circunstâncias medulares não contidos na peça acusatória, hipótese em que é imperativo oportunizar novo contraditório, por exigência do direito de ampla defesa (STF, Plenário, HC 78.503/PA, rel. Min. Carlos Britto, *DJ* 18.08.2006). Sobre a distinção em tela e seus efeitos, consultem-se MENDES, Gilmar Ferreira; BRANCO, Paulo Gustavo Gonet. *Curso de direito constitucional*. 7. ed. São Paulo: Saraiva, 2012. p. 512-515.

pedido inicial era condenatório de x, depois o autor promove modificação para $x + y$. A segunda reflete retificação ou acréscimo, feito pelo autor, de pontos ancilares da causa de pedir (por exemplo: de fatos simples) ou do pedido (por exemplo: inserção de postulação de juros de mora ou de correção monetária) constantes da petição inicial, ou promovida pelo réu em sua reconvenção[171] ou mesmo em relação ao seu pedido contraposto, fundado essencialmente no(s) mesmo(s) fato(s) objeto da causa, formulado em sede de procedimento sumário[172] ou no âmbito de Juizado Especial Civil.[173] Desta sorte, na *mutatio libelli* haverá mutação (objetiva) substancial dos elementos da demanda judicial relativamente ao (i) fato constitutivo da pretensão fotografado na *causa petendi* remota[174] ou (ii) cerne do pedido mediato ou imediato.

No sistema processual brasileiro a alteração da causa de pedir e do pedido pode ser livremente feita pelo autor até a citação do réu, sendo certo que, após, qualquer mutação dependerá da aquiescência deste, mas até o pronunciamento judicial de saneamento do processo.[175] Parece bem sublinhar que o juiz haverá de decidir o conflito nos limites em que foi submetido à cognição judicial, não lhe sendo lícito conhecer de questões não trazidas ao ambiente processual, a cujo propósito era de rigor a iniciativa da parte.[176]

Nessa moldura, a alteração do *thema decidendum* (e *probandum*), com a mutação dos elementos objetivos das demandas judiciais (causa de pedir e pedido), quer pelo autor, quer pelo réu (*e.g.*, reconvenção, pedido contraposto no procedimento sumário), em respeito aos princípios da colaboração, da cooperação, da boa-fé objetiva, da lealdade processual, da segurança jurídica, da confiança legítima na "não surpresa", atrairá para o juiz o dever de instaurar diálogo judicial, mediante o contraditório das partes,[177] como imperativo do direito de defesa.

---

[171] CPC brasileiro, art. 315.

[172] CPC brasileiro, art. 278, § 1.º.

[173] Lei 9.099/1995, art. 31.

[174] Há vozes doutrinárias que, ao contrário, sustentam que a causa de pedir remota encerraria o fundamento jurídico, ao passo que a causa de pedir próxima encarnaria o fato ou conjunto de fatos. Nesse sentido, CÂMARA, Alexandre Freitas. *Lições de direito processual civil*. 19. ed. Rio de Janeiro: Lumen Juris, 2009. p. 307.

[175] CPC, art. 264: "Feita a citação, é defeso ao autor modificar o pedido ou a causa de pedir, sem o consentimento do réu, mantendo-se as mesmas partes, salvo as substituições permitidas por lei. Parágrafo único: A alteração do pedido ou da causa de pedir em nenhuma hipótese será permitida após o saneamento do processo". Art. 294: "Antes da citação, o autor poderá aditar o pedido, correndo à sua conta as custas acrescidas em razão dessa iniciativa". Art. 321: "Ainda que ocorra revelia, o autor não poderá alterar o pedido ou a causa de pedir, nem demandar declaração incidente, salvo promovendo nova citação do réu, a quem será assegurado o direito de responder no prazo de quinze (15) dias".

[176] CPC brasileiro, art. 128.

[177] Sobreleva notar, no sentido do texto, e na linha da flexibilização das normas concernentes à estabilização da demanda judicial, que a proposta de *Principles of Transnational Civil Procedure*,

Em outros termos, com o fito de resguardar o direito fundamental de defesa, às mudanças na *causa petendi* e no pedido haverão de corresponder a oportunidade de a contraparte exercitar o contraditório específico, relativamente às questões de direito ou de fato trazidas pelo autor (ou pelo réu, como quando na reconvenção) em primeira mão. Essa solução que, por razões de justiça material, flexibiliza a rigidez do sistema de preclusões, além de respeitar o direito de defesa, mediante o prévio e específico contraditório, tem a inegável virtude prática de, por antecipada economia processual e judicial, evitar a multiplicação de demandas, haja vista que, como é intuitivo, qualquer modificação (não consentida) no curso do processo poderia ser objeto de outro, em sucessivos procedimentos.

8. O PROBLEMA DOS CHAMADOS FILTROS PROCESSUAIS, A INACEITÁVEL OBJETIVAÇÃO DO PROCESSO E PATENTE *DEFICIT* DE CONTRADITÓRIO

A tendência moderna garantística de humanização do processo civil, por meio do diálogo judicial entre juiz e partes, entre partes e entre estas e aquele, caracterizado pela estrutura dialética do procedimento, exibe como pano de fundo os princípios da colaboração, da cooperação, da boa-fé, da lealdade processual. O teatro do processo tem como protagonista o contraditório integrador, como aquele que, na dialeticidade de todo o *iter* processual, incorpora juiz e partes às cenas processuais, colocando-os simetricamente no mesmo patamar (e palco) até a prolação da decisão. Parece bem sublinhar que é precisamente essa molecularização dialógica que revigora o atual significado tanto do princípio da oralidade quanto do *actus trium personarum*.

A congregação juiz e partes no mesmo diálogo humano, mediante constante fluxo de comunicação oral, na dinâmica cooperativa do processo, pela força motriz do contraditório integrador, além de tornar o juiz partícipe da causa, ambiciona aperfeiçoar a qualidade técnica das decisões jurisdicionais e esculpir uma justiça intrinsecamente melhor.

Como fitar um caleidoscópio, essa imagem do processo experimenta radical transformação com os assim denominados "filtros processuais", de cariz essencialmente utilitarista, engendrados para aliviar a formidável sobrecarga de serviço dos órgãos judiciais, mas que deixam os jurisdicionados em segundo plano (como na metáfora do hospital no qual as soluções são pensadas exclusivamente sob a ótica dos interesses dos "médicos" e não dos "doentes"), acabando por frustrar as garantias constitucionais do processo, como acesso à tutela jurisdicional efetiva,

---

patrocinada pelo *The American Law Institute*, associado ao *International Institute for the Unificaton of Private Law* (*Unidroit*), coordenados pelos professores Geoffrey Hazard e Michele Taruffo, consagra o princípio 10 (item 10.4), o qual preceitua que as partes têm o direito de emendar pedidos e defesas, dentro de razoável lapso temporal, assegurando-se o *contraditório* à contraparte, e desde que não retarde de forma irrazoável o procedimento nem cause injustiça.

contraditório, ampla defesa, devido processo legal. Desenganadamente é o que ocorre, por exemplo: no julgamento de Repercussão Geral da Questão Constitucional (CF, art. 102, § 3.º); na edição de Enunciados de Súmula Vinculante do STF (CF, art. 103A) ou não vinculante dos Tribunais Superiores (comandos normativos genéricos e abstratos, sem que seja possível identificar as circunstâncias de fato que justifiquem a sua aplicação aos casos pendentes e futuros); no Sistema de Recursos Repetitivos (RE e REsp, CPC, arts. 543B e 543C, respectivamente). O Estado-juiz, em uma espécie de afronta ao princípio *nemo postest venire contra factum proprium*, acaba por tornar falaciosa a garantia constitucional do acesso à Justiça e o direito fundamental de defesa, além de fraturar a colegialidade e de elitizar a Justiça. Com a pressão da crescente acessibilidade, o sistema judiciário, visando a reduzir a sua carga de serviço, mediante a concepção mecanicista dos "filtros processuais", subverte os fundamentos de um procedimento justo, posto que contraditório, ampla defesa e devido processo legal são salvaguardas básicas das partes no processo. Cada parte deve ser julgada pelo seu juiz, imparcialmente escolhido. A sistemática dos "filtros processuais" provoca injurídica subversão da hierarquia dos valores do processo, sem, contudo, proporcionar alta qualidade de justiça. É o sacrifício do contraditório em nome da efetividade burocrática (utilitarismo total), de uma produção em escala industrial de decisões estandardizadas, com escasso debate, insuficiente reflexão e rala probabilidade de justiça material.[178] Em uma locução: é a desumanização do processo, na contramão do garantismo, em nome de uma artificiosa efetividade.

Há, porém, mais. No campo da jurisdição constitucional, os "processos objetivos" (sem partes?), como, exemplificativamente, o da Ação Direta de Inconstitucionalidade e o da Ação Declaratória de Constitucionalidade, são naturalmente impermeáveis às infiltrações do garantismo processual. Dito de outra maneira, a ideia de "objetivação" está em firme rota de colisão com as garantias constitucionais do processo, como o contraditório integrador: se não existem partes, dever de o juiz instaurar diálogo judicial não há, e deveres de colaboração e de cooperação das partes idem. Mesmo os países que adotaram a técnica da objetivação (como a Alemanha, na figura do *Musterverfahren*) mantiveram, contudo, a preocupação com as garantias do processo équo e justo. A concepção de processo objetivo joga no cesto das coisas imprestáveis garantias fundamentais. O direito de defesa é relegado a um melancólico segundo plano. É a capitulação do processo à crise do Judiciário: visão puramente utilitarista, de eficiência estatística, com fulcro na quantidade de causas, e não na qualidade e efetividade da tutela jurisdicional. A função, aqui, é sentenciadora e não pacificadora. A técnica de "queimar etapas", de coletivização e objetivação das questões, transforma o Judiciário em legislador (como quando edita enunciados de súmula).

---

[178] Sobre o ponto, GRECO, Leonardo. Publicismo e privatismo no processo civil. *Revista de Processo*, v. 164, São Paulo: RT, 2008, p. 29-56, esp. p. 43.

Cap. 14 – CONTRADITÓRIO COMO DEVER E A BOA-FÉ PROCESSUAL

O *deficit* de contraditório, a violação do direito de defesa e a vulneração do devido processo legal, nos "filtros processuais" e nos "processos objetivos", tanto mais se robustecem quando se tem em linha de consideração que, com eficácia prospectiva e vinculante, os fundamentos jurídicos (*ratio decidendi*) das decisões proferidas nos "processos de filtragem" e nos ditos "objetivos" serão adotados em centenas, quiçá milhares, de outros processos com análogos substratos fáticos, em variegados graus de jurisdição, sem que as respectivas partes, direta ou reflexamente, tenham participado daqueles: não fizeram alegações, não produziram provas e contraprovas, não lhes foram proporcionadas a possibilidade de defesa das razões de suas posições jurídicas. Dir-se-á que assim é, para que se preservem a igualdade, a legalidade, a duração razoável do processo, a economia processual e judicial. O argumento, contudo, soa mendaz, porquanto não se compraz com a segurança jurídica, com a calculabilidade e com a previsibilidade: os jurisdicionados são surpreendidos no curso de seus processos, pois que a eficácia daqueles julgados se estenderá a todas as partes dos demais processos em curso (ou sucessivos) que não participaram dos processos paradigmas (usados como "filtros processuais" ou no "diagrama de objetivação"), nem sempre os mais representativos da controvérsia. O Poder Judiciário, em uma configuração de julgamentos assim concebida, fará justiça no varejo, com o enorme risco de patrocinar, no atacado, ignominiosa injustiça. Risco, aliás, que se pretende conjurar ou mitigar com a possibilidade de admitir-se (faculdade discricionária dos ministros relatores) a intervenção de *amicus curiae*[179] e a realização de audiências públicas.[180]

9. A IDEOLOGIA PRIVATISTA DO PROCESSO CIVIL E A UTOPIA DE SUA CONCEPÇÃO PUBLICISTA

Há contraposição entre duas diversas ideologias do processo civil: liberalismo e publicismo.[181] O sistema de ideias privatistas do processo, fortemente calcado

---

[179] Pertinentemente à intervenção do *amicus curiae* v. CPC, art. 482, § 3.º, art. 543 – A, § 6.º (e RISTF, art. 21, XVIII e art. 13, XVIII), art. 543-C, § 4.º, Lei 9.868, de 10.11.1999, art. 7.º, § 2.º, Lei 9.882, de 03.12.1999, art. 6.º, § 1.º, Lei 11.417, de 19.12.2006, art. 3.º: § 2.º. O *amicus curiae* é terceiro que intervém no processo, sem interesse jurídico, mas com capacidade aglutinadora, com o objetivo primordial de pluralizar o debate, mediante apresentação de elementos e de informações ao órgão judicial, e, com ressonância social, legitimar a decisão perante a sociedade. A figura do *amicus curiae* ensartar-se-ia (I) em uma novel visão de contraditório, (II) na ideia dilatada dos sujeitos participantes do processo e (III) no contexto cooperativo da dinâmica processual. Sobre o ponto, consulte-se, por todos, TUPINAMBÁ, Carolina. Novas tendências e participação processual – O *amicus curiae* no anteprojeto do novo CPC. In: FUX, Luiz (Coord.). *O novo processo civil brasileiro:* direito em expectativa (reflexões acerca do projeto do novo Código de Processo Civil). Rio de Janeiro: Forense, 2011. p. 105-141.

[180] Contexto normativo das audiências públicas: Lei 9.868, de 10.11.1999, art. 9.º, § 1.º; Lei 9.868, de 10.11.1999, art. 20, § 1.º (RISTF, art. 13, XVII, e 21, XVII); Lei 9.882, de 03.12.1999, art. 6.º, § 1.º.

[181] Sobre a preponderância do interesse público ou da autonomia privada no processo civil, GRECO, Leonardo. Publicismo e privatismo no processo civil cit., esp. p. 30-36.

na egocêntrica equação individualista-liberal do fenômeno processual, põe em relevo a liberdade dos indivíduos no exercício de seus direitos, prerrogativas, faculdades.[182] Deveras, às partes no processo civil é atribuído um espesso feixe de poderes: dar início ao processo, mediante a propositura da demanda (com o correlato dever do juiz de pronunciar-se sobre o seu objeto, individualizado pelo autor, e não sobre outro qualquer);[183] assegurar o seu prosseguimento; fornecer prova dos fatos afirmados; introduzir períodos de suspensão da atividade processual. A ideologia do privativismo dentro do processo está alicerçada no princípio cardinal de livre disposição pelas partes de suas posições jurídicas, do qual seria corolário o comando do *iter* procedimental. Procurar-se-ia evitar desvio autoritário, como quando se oferecem poderes ao juiz que poderiam ser utilizados de forma parcial, arbitrária, despótica. Poderiam elas, por razões de pura conveniência pessoal, ou de estratégia de defesa, além de estabelecer os limites subjetivos e objetivos da demanda judicial e ter o controle exclusivo da produção das provas, ditar até o ritmo da marcha do processo. As partes, detentoras da ampulheta do tempo do processo civil, seriam o combustível natural do motor da máquina do Judiciário.[184] Nessa moldura, o juiz desempenharia papel passivo, de mero espectador, no teatro do processo. Caber-lhe-ia, quando muito, a tarefa de fiscalizar "catamênios do jogo".[185] Nada, além disso. Idealiza-se, com a privatização do processo, a sua realização inteiramente gerenciada pelas partes, com ingerência final do juiz: quase um "processo sem processo".

Traço característico da ideologia diametralmente oposta, a concepção publicista identifica na função jurisdicional escopos que antecedem (e transcendem) o litígio das partes revelado no processo. O conflito pode ser de natureza pri-

---

[182] AROCA, Juan Montero. Los princípios políticos de la nueva Ley de Enjuiciamiento Civil. *Los poderes del juez y de la oralidad.* Valencia: Tirant lo Blanch, 2001.

[183] *Ne eat iudex ultra petita partium (Não vá o juiz além dos pedidos das partes).*

[184] Em contrapartida, o juiz seria um motor artificial em seu ritmo burocrático, na argumentação de CIPRIANI, Franco. Il processo civile nello stato democratico. *Il processo civile tra vecchie ideologie e nuovi slogan* cit., p. 11: "Comunque, come ho avuto modo di dire anche in altre occasioni, a parere mio le ragioni del fallimento stanno nell'aver dato per scontato che le parti vogliano soltanto perder tempo e nel ritenere che, per accelerare il processo, sia sufficiente e necessario sottrarre alle parti e attribuire al giudice il compito di segnare i tempi del processo. Cioè a dire, l'errore principale sta nell'avere sostituito il motore naturale del processo civile, che era ed è rappresentato dall'ansia di giustizia delle parti, con un motore artificiale, che è rappresentato dal giudice e dai suoi ritmi burocratici".

[185] Rejeitando o epíteto de privatista, CIPRIANI, Franco. Il procedimento cautelare tra efficienza e garanzie. *Il processo civile nello stato democratico* cit., p. 118: "Dopo le elezioni, in un congresso forense e non certo nella sede di un partito politico, ho fatto delle altre proposte, più dettagliate e interamente mie, ma si dà il caso che, nel ribadire per l'ennesima volta la necessità di eliminare tutti gli eccessi 'pubblicisti' (ma in realtà autoritari) presenti nel nostro codice, ho espressamente escluso ogni forma di privatizzazione e ho avvertito che 'non si può mettere in discussione il carattere pubblicistico della giurisdizione civile'. Quindi, accostare la privatizzazione a me è per lo meno una forzatura".

Cap. 14 – CONTRADITÓRIO COMO DEVER E A BOA-FÉ PROCESSUAL

vada, mas, uma vez judicializado, mediante a instauração do processo, que é público, converte-se em assunto público, de interesse geral da sociedade (por exemplo: processos com sentenças dotadas de eficácia *erga omnes*, em demandas envolvendo direitos e interesses difusos e individuais homogêneos). Deveras, o processo busca concretizar, além dos objetivos jurídicos (atuação da vontade concreta da lei, *rectius*, do direito), também os sociais (de educação cívica para o exercício dos próprios direitos e respeito aos alheios, pacificação social com justiça) e os políticos (preservação do valor liberdade, oferta de meios de participação nos destinos da nação e do Estado, como por meio da ação popular e da ação civil pública, e preservação do ordenamento jurídico e da própria autoridade deste).[186] A tendência hodierna, impregnada pelo hálito do Estado social, é a de reforçar, com intensa qualificação deontológica, as funções e os poderes-deveres do juiz na direção do procedimento,[187] sem ser condicionado pelas partes, definindo o passo mais adequado ao processo équo e justo, notadamente no campo das iniciativas probatórias *ex officio* tendentes à descoberta da verdade real, objetiva. Da liberdade que a parte ostenta de dispor da relação substancial não derivaria, como consequência lógica, a prerrogativa de deliberar a cadência do processo perante o juiz, por um tempo superior ao que este estima indispensável para, em caráter substitutivo, entregar a prestação jurisdicional.[188] Até porque há custos econômico-financeiros de manutenção do aparato judicial (é dizer, do processo) que são suportados pelo conjunto da sociedade mediante o pagamento de tributos.[189]

O princípio dispositivo, dentre outros aspectos, é relevante para, por exemplo, expressar a liberdade de se e quando instaurar o processo, de fixação dos limites subjetivos da demanda judicial, delimitação do objeto litigioso. Contudo, as rédeas do procedimento haverão de estar nas mãos do juiz. O processo, conquanto se inicie por iniciativa da parte, se desenvolve por impulso

---

[186] ARAÚJO CINTRA, Antonio Carlos de; GRINOVER, Ada Pellegrini; DINAMARCO, Cândido Rangel. *Teoria geral do processo* cit., p. 30.

[187] A (mendaz) concepção de que regimes autoritários e ditatoriais fortalecem os poderes do juiz é refutada, mediante sólida argumentação, por BARBOSA MOREIRA. José Carlos. O neoprivativismo no processo civil. *Temas de direito processual*. Nona série. São Paulo: Saraiva, 2007. p. 87-101, esp. p. 88-90.

[188] No mesmo sentido do texto, CALAMANDREI, Piero. *Istituzioni di diritto processuale civile*. Padova: CEDAM, 1941. v. 1, p. 240.: "... nessuno forza il privato a salire sulla nave della giustizia, e se esso delibera di imbarcarvisi, a lui solo spetta fissare l'inizio e la meta del suo viaggio; ma, una volta intrapresa la navigazione, il timone deve essere affidato esclusivamente al giudice". Contudo, Calamandrei parece ter mudado de opinião, quando fez referência ao fato de o legislador de 1940 ter colocado as rédeas do processo totalmente nas mãos do juiz, incorrendo em "*uno dei più gravi errori*" (*Il processo come giuoco* – 1950. Opere giuridiche, a cura di Cappelletti. Napoli: Morano, 1965. v. 1, p. 551).

[189] O ponto não escapou à argúcia de BARBOSA MOREIRA, José Carlos. Privatização do processo. *Temas de direito processual*. Sétima série. São Paulo: Saraiva, 2001. p. 7-18, esp. p. 13.

oficial,[190] donde sobressai a imagem do juiz gestor (*management judge*). Claro está que as partes podem, a qualquer momento, no exercício de suas liberdades, tratando-se de direito disponível, promover a autocomposição unilateral (por exemplo: pelo autor, renuncia à pretensão sobre que se funda a ação; pelo réu, reconhecimento do pedido) ou bilateral (por exemplo: transação), extinguindo-se o processo com resolução de mérito. Mesmo que a sentença de mérito não seja, como nos exemplos, a meta obrigatória (apenas natural) do processo, tal não significa aceitar, subvertendo a lógica do processo civil, que o ritmo do processo possa ser ditado exclusivamente pelo humor estratégico das partes litigantes.

Comumente, a concepção pública é alcunhada de autoritária, por supostamente favorecer o arbítrio judicial, pela só atribuição de uma miríade de poderes ao juiz, com o consectário enfraquecimento das partes e de seus defensores. Tal argumento não fica em pé por uma singela razão: os sistemas processuais preveem o duplo grau de jurisdição, pela interposição de recursos, além de assegurar, no procedimento, julgamentos colegiados para correção de erros e eventuais abusos dos juízes de grau inferior de jurisdição.

Nem se diga que constituições garantísticas consentem um processo civil para a tutela dos direitos das partes, ou seja, um processo arquitetado do ângulo de mirada da parte que pede justiça, e não do órgão judicial que haverá de administrá-la. O processo não pode transformar-se, ao menos para as partes que querem justiça, em uma espécie de *via crucis*. Justamente por isso delineia-se tendência mundial em prol do fortalecimento das iniciativas de ofício do juiz no processo, máxime em matéria probatória, além do impulso oficial. No processo civil moderno, o juiz haverá de ser imparcial em relação à ação e à defesa, mas não também relativamente ao instrumento processual.[191] É de rigor a observância da igualdade concreta e material das partes no processo, mesmo com o sacrifício de qualquer outro princípio. O 'Estado-social' não se coaduna com a posição apática do juiz, conformado com a disputa adversarial das partes, orientadas que são por inspirações exclusivamente individualistas. Não se pode negar que o fenômeno processual, pautado no interesse individual, também está sob o foco do interesse público no adequado exercício da jurisdição (a função jurisdicional decorre da soberania estatal).[192]

---

[190] CPC brasileiro, art. 262.

[191] Nesse sentido, CAPPELLETTI, Mauro. *La testemonianza della parte nel sistema dell'oralità*. Milano, 1962. v. 1, p. 359.

[192] MARINONI, Luiz Guilherme. *Novas linhas do processo civil*. 4. ed. São Paulo: Malheiros, 2000. p. 102: "O princípio do contraditório, por ser informado pelo princípio da igualdade substancial, na verdade é fortalecido pela participação ativa do julgador, já que não bastam oportunidades iguais àqueles que são desiguais. Se não existe paridade de armas, de nada adianta igualdade de oportunidades, ou um mero contraditório formal. Na ideologia do Estado social, o juiz é obrigado a participar do processo, não estando autorizado a desconsiderar as desigualdades sociais

Não se trata de escolher entre publicismo e privatismo, embora não haja sistemas quimicamente puros, isto é, que sejam 100% norteados por ideologia quer pública quer privada. Há, no processo, preponderância de potestade pública ou de poderes privados, de público e de privado, de tal arte a criar uma contraposição entre o aspecto publicístico e o privatístico do processo.[193] A escolha haverá de recair entre sistema de resoluções razoáveis e funcionais e, inversamente, soluções irrazoáveis e improfícuas.

Seja como for, do viés publicista do processo civil irrompem, quando menos, três conclusões: (i) sistema concebido com poder-dever de direção do processo pelo juiz não subtrai a liberdade das partes sobre a relação material (por exemplo, podem renunciar, desistir, reconhecer, transigir); (ii) mais densas iniciativas probatórias do juiz *ex officio* haverão de equalizar as assimétricas posições das partes no processo;[194] (iii) o processo tenderá a buscar a verdade material, mediante correta reconstrução dos fatos em juízo (função demonstrativa da prova e não meramente persuasiva), a fim de que possa produzir decisão justa. em uma linha: na paisagem do publicismo, o processo passa a ser o terreno fértil para, além do contraditório integrador, vicejar padrões de conduta das partes orientados pelos princípios da colaboração, da cooperação, da boa-fé, da lealdade processuais. O processo civil passa a ser visualizado não apenas sob o prisma estritamente individualista, senão que em uma dimensão social, nacional e internacional, de realização de valores constitucionais, com justiça material e penhor de paz social.

O que significa a locução "utopia publicista" constante do título deste tópico? Denota, essencialmente, que a nota básica da concepção publicista do processo (participação ativa do juiz, máxime no tocante à efetiva direção do processo e às iniciativas *ex officio* em matéria probatória), na realidade empírica dos processos judiciais revela-se rara. Por outras palavras, apesar do robusto conjunto normativo que concede ao juiz ingentes poderes-deveres de direção e de instrução, inclusive de ofício, na observação do cotidiano forense, o cenário, comumente, é de deprimida apatia e de timidez do órgão judicial. São variegadas as causas desse absenteísmo: rodízio constante de juízes, inaptidão funcional,

---

que o próprio Estado visa a eliminar. Na realidade, o juiz imparcial de ontem é justamente o juiz parcial de hoje".

[193] TOMMASEO, Ferruccio. *Appunti di diritto processuale civile* cit., p. 33.

[194] GRINOVER, Ada Pellegrini. *Novas tendências do direito processual*: de acordo com a Constituição de 1988. São Paulo: Forense Universitária, 1990. p. 11: "Eis o novo significado social do princípio da igualdade processual, atuando mediante adequados institutos e por força do reconhecimento de poderes de iniciativa judicial que, como lembra Calamandrei, 'podem colocar a parte socialmente mais fraca em condições de paridade inicial frente à mais forte, e impedir que a *igualdade de direitos* se transforme em *desigualdade de fato* por causa da inferioridade de cultura ou de meios econômicos".

inadequada utilização dos meios e instrumentos técnicos, falta de compromisso com a jurisdição, temor, vaidade, sobrecarga de serviço.

10. TRILOGIA PRINCIPIOLÓGICA IMPRESCINDÍVEL: COLABORAÇÃO, COOPERAÇÃO E BOA-FÉ PROCESSUAL

O teatro do processo équo e justo, de jaez garantístico, declama sua essência na concepção moderna do contraditório integrador, o qual, à sua vez, encontra fundamento teórico e prático no dever de o juiz em dialogar com as partes em sentidos vetorialmente duplos. O processo deixa de ser uma espécie de "Coliseu", uma sangrenta arena de lutas e de antagonismos irracionais, para assumir dimensão humanizada, síntese de valores constitucionais imanentes à civilidade (*v.g.*, igualdade, liberdade, justiça substancial, solidariedade, segurança) e em irrestrita reverência à dignidade da pessoa humana, no campo da resolução de conflitos intersubjetivos ou coletivos. Naturalmente, o modelo de processo dialógico (e dialético), segundo parâmetros ético-morais, pressupõe, como instrumentos operativos, a colaboração[195] e a cooperação[196] das partes (o agir conjuntamente, o somatório de esforços), indelevelmente tatuadas pela boa-fé (subjetiva e objetiva),[197] lealdade processual, solidariedade e equilíbrio entre liberdade e igualdade. Nessa paisagem, a reciprocidade entre todos os sujeitos processuais é premissa essencial para a existência de um processo cooperativo. Tanto o significado quanto a função do princípio da cooperação têm sido deformados. As partes como expressão da cláusula de cooperação devem facilitar o desenvolvimento regular da função pública exercida no processo. Contudo, não há que se exigir que uma parte conspire contra a sua própria posição jurídica e labore em prol do triunfo da contraparte. Seria despropositado imaginar, como fruto da cooperação, que uma parte deva fazer "gol contra" para dar a vitória ao seu *ex adverso*. Tem-se, no entanto, como ato atentatório à dignidade da Justiça o silêncio do executado no atinente à localização dos bens susce-

---

[195] O princípio da colaboração constava, expressamente, do art. 8.º do PLS 166/2010. Porém, sob má luz, em atécnica e criticável desordem conceitual com o princípio da cooperação, fora suprimido do PL 8.046/2010.

[196] A cooperação, como produto da boa-fé processual, está no PL 8.046/2010, art. 8.º: "Todos os sujeitos do processo devem cooperar entre si para que se obtenha, com efetividade e em tempo razoável, a justa solução do mérito". A cooperação foi enunciada como cláusula geral, o que, decerto, permitirá o seu desenvolvimento jurisdicional, em todo *iter* procedimental.

[197] Assim, MITIDIERO, Daniel. *Colaboração no processo civil* cit., p. 102: "A boa-fé a ser observada no processo, por todos os seus participantes (entre as partes, entre as partes e o juiz e entre o juiz e as partes), é a boa-fé objetiva, que se ajunta à subjetiva para a realização de um processo leal. A verdade, ainda que processual, é um objetivo cujo alcance interessa inequivocamente ao processo, sendo, portanto, tarefa do juiz e das partes, na medida de seus interesses, persegui-la. Essa dupla posição do juiz (paritária no diálogo, assimétrica na decisão) e o reforço das posições jurídicas das partes conferem marca ao processo civil cooperativo, manifestando-se ao longo de todo o formalismo processual".

Cap. 14 – CONTRADITÓRIO COMO DEVER E A BOA-FÉ PROCESSUAL

tíveis de penhora.[198] A adequada compreensão da cooperação está menos na ideia de uma parte acudir, amparar, socorrer a outra, e mais na de uma parte colaborar com a outra e com o órgão jurisdicional para, isto sim, o adequado "modo de ser" do processo, possibilitando que sua condução dê-se da melhor forma possível, em benefício da justa composição da lide, com efetividade e em lapso temporal aceitável. Ademais, deveres éticos foram positivados e, pois, galvanizados em preceitos jurídicos, sendo o processo o estuário natural de atuação dessa normatividade ética. O processo, assim visualizado, volver-se-á uma espécie de condicionador da deontologia social ou balizador da moralidade da comunidade.[199]

Hodiernamente, como peculiar faceta do contraditório, a par dos elementos técnicos que organizam internamente os direitos, faculdades, deveres, sujeições das partes e poderes e deveres do juiz sobrelevam, iluminadas pela ética, a colaboração e a cooperação daquelas na formação intelectual da decisão judicial[200] (em grau de essencialidade, como na relação espermatozoide e óvulo), com o correlato dever do juiz de instaurar, ao longo de todo o *iter* processual, diálogo judicial com (e entre) as partes, pertinentemente a toda e qualquer questão (ou ponto) de direito ou de fato encartada na decisão judicial. O obrar colaborativo e cooperativo das partes está incondicionalmente submetido aos imperativos de boa-fé (subjetiva e objetiva) e de lealdade processuais. O processo, como procedimento em contraditório, derrama sua substância, axiológica e ética, no debate (dialético) leal e probo de todos os sujeitos (parciais, imparciais) que dele participam. Aqui também o contraditório assume outra conotação a partir de sua imprescindível imbricação com a lealdade e a probidade processual. O processo não é um jogo de acúmenes, malícias, astúcias e quejandos, tampouco pode ser concebido como cruenta arena de "Ultimate Fighting", na qual invariavelmente vence o mais forte. De há muito se superou a egoística visão individualista-liberal do processo civil como "coisa das partes" (*Sache der Parteien*, na expressão da antiga doutrina alemã), um assunto entre duas partes, ou um concerto familiar. A anacrônica ideia privativista do processo cedeu passo à sua publicização, para além dos limites subjetivos, como irreprimível fenômeno social, com inquietações agregadas ou coletivas, a abranger toda a comunidade.[201] Trata-se de

---

[198] CPC brasileiro, art. 600, IV. Cumpre notar que o art. 601, ao prever a aplicação ao executado recalcitrante da pena de multa de até 20% do valor da execução, estabeleceu sanção por desacato análoga àquela do *contempt of court*, sob a modalidade definitiva. Nesse sentido, ASSIS, Araken de. O *contempt of court* no direito brasileiro. *Revista Jurídica*, v. 318, Rio Grande do Sul: Notadez, abr. 2004, p. 7- 23, esp. p. 16.

[199] CABRAL, Antonio do Passo. O processo como superego social: um estudo sobre os fins sociais da jurisdição. *Revista de Processo*, n. 115, maio-jun. 2004, p. 364.

[200] OLIVEIRA, Carlos Alberto Alvaro de. O formalismo-valorativo no confronto com o formalismo excessivo, cit., p. 18.

[201] BARBOSA MOREIRA, José Carlos. Os poderes do juiz na direção e na instrução do processo. *Temas de direito processual*. Quarta série. São Paulo: Saraiva, 1989. p. 45-51, esp. p. 50: "Como

instrumento público, com indeléveis traços publicísticos (por exemplo: maiores iniciativas *ex officio* do juiz, mormente no campo probatório, busca da verdade material e não meramente formal no processo civil, função descritiva da prova e não simplesmente persuasiva). É método estatal de resolução de conflitos, com justiça material e, reflexamente, pacificação social. A busca cooperativa da verdade (decorrente da boa-fé e da lealdade) pressupõe procedimento dialético, argumentativo, desenvolvido sob o signo da simétrica paridade entre as partes. Nesse modelo de justiça, assume relevo o *protagonismo judicial*, timbrado pelo papel de um juiz apologista e facilitador da oralidade, intermediador de comunicação e patrocinador de diálogo entre as partes, interagindo e participando, ele próprio, desse contínuo fluxo de dialeticidade processual. É, por assim dizer, a legitimação da jurisdição pelo procedimento justo, valorativo, marcado pela apoteose do dissenso (entrechoque entre tese e antítese) tendente a produzir consenso. Ademais, a concepção da dinâmica cooperativo-colaborativa do processo tem em mira decisão que encerre justiça material.

Em semelhante contexto, não se olvide que o protagonismo judicial, traduzido pela "participação" ativa do juiz no processo, como corolário empírico do seu poder-dever de direção, também é premissa inafastável à consecução de procedimento adequado, ético, democrático, équo, justo. Assim, o juiz tem o dever, por exemplo: (i) de fiscalizar se as condutas das partes consonam com a boa-fé processual, de molde a coartar o abuso de direito;[202] (ii) de verificar se elas não alteraram cavilosamente a verdade dos fatos; (iii) de evitar a fraude processual, a simulação, a utilização de expressões injuriosas, o atuar ostensivamente procrastinatório, desonesto, o agir contra a dignidade da Justiça.

Diga-se, outro tanto, que a exigência de atuação preordenada pelo princípio da boa-fé processual não se adstringe às partes do processo, senão que alcança, até com maior intensidade, por razões pedagógicas, o Estado-juiz.[203] Seria despropositado supor que somente os sujeitos parciais haveriam de agir em consonância com a boa-fé (subjetiva e objetiva), enquanto ao juiz estaria franqueada a possibilidade de obrar de má-fé na direção e no julgamento dos conflitos. O absurdo da premissa naturalmente invalida a conclusão.

A temática da boa-fé processual do órgão judicial assume superlativa importância, exemplificativamente, nas chamadas "decisões de terceira via" ou sentenças

---

já tivemos oportunidade de dizer alhures, o lema do processo 'social' não é o da *contraposição* entre juiz e partes, e menos ainda o da *opressão* destas por aquele: apenas pode ser o da *colaboração* entre um e outras" (grifos no original).

[202] Veja-se, como amostra expressiva e eloquente de repressão ao abuso do direito de defesa, o dispositivo do art. 273, II, do CPC brasileiro.

[203] Sobre a adstrição do Estado-juiz ao princípio da boa-fé processual, com percucientes argumentos em prol da doutrina do garantismo processual, veja-se o acórdão proferido pela Primeira Turma do Supremo Tribunal Federal, sendo relator para o acórdão o Ministro Luiz Fux, no julgamento do HC 101.132.

"a surpresa", nas quais o juiz, por meio de comportamento desviante, frustrando as legítimas expectativas das partes de não serem surpreendidas no *iter* processual, malferindo o princípio da proteção da confiança, derivado do valor segurança jurídica, utiliza como fundamento essencial argumento (jurídico ou fático, pouco importa) de primeira mão, por ele próprio engendrado, sem que o tenha prévia e plenamente submetido ao crivo do contraditório das partes. A hipótese não é meramente acadêmica; antes, ao contrário e desgraçadamente, contam-se às centenas na paisagem judiciária. O juiz que assim procede, em primeiro lugar, viola a boa-fé subjetiva, pois, à luz do elemento anímico, não há estado psicológico ou consciência capaz de alicerçar, com idoneidade, a crença de que, ao surpreender as partes e em detrimento de uma delas, pensava estar agindo em consonância com o Direito; e, em segundo, o órgão judicial vulnera a boa-fé objetiva, pois que a surpresa judicial não se coaduna, nem de longe, com a lealdade e a confiança que as partes (e a sociedade) lhe devotam. Além do mais, o perfil dúplice do princípio da cooperação intersubjetiva está intimamente conectado com a boa-fé: a parte que, na estrutura do processo dialético, deserta de seu dever cooperativo, enreda-se pelo descaminho da litigância de má-fé, do abuso do direito. Soaria como despropósito dizer que um processo que se haja desenvolvido sob a insígnia da malícia, adultério à verdade, dolo, fraude ou qualquer outra expressão de má-fé, poderia legitimamente cumprir seu escopo magno de pacificação social com "justiça". O desígnio crucial do processo de assegurar, sempre, solução justa, adequada, efetiva e célere, no caixilho do Estado Democrático de Direito contemporâneo, não pode condescender com qualquer espécie de abuso de direito processual. A estrutura do processo civil, calcada no contraditório, a habilidade das partes, quando se desincumbem do ônus da sustentação das próprias razões, é permitida, mas não a trapaça.[204] No diapasão dessa ideologia, o processo haverá de ser presidido pela ética, *conditio sine qua non* de *confiabilidade* em seu resultado. Se o procedimento houver se desenvolvido sob o rótulo da deslealdade, da desonestidade, da má-fé, não haverá fiúza relativamente à prestação jurisdicional (por exemplo: acolhimento de arguição de nulidade relativa pela e em favor da parte que lhe deu causa,[205] premiando-se cinicamente a deslealdade, mediante a convalidação). O agir ético -moral e leal de todos os partícipes do processo e a efetividade das decisões judiciais fortificam a confiança da população em seu sistema de Justiça.

11. A TEORIA DA PARTICIPAÇÃO NO PROCESSO CIVIL COMO FUNDAMENTO DE LEGITIMAÇÃO DO EXERCÍCIO DA JURISDIÇÃO

O processo é instrumento técnico, ético e democrático de resolução de conflitos. Portanto, o princípio político da participação democrática, um dos

---

[204] BARBI, Celso Agrícola. *Comentários ao Código de Processo Civil*. 13. ed. atual. Eliana Barbi Botelho e Bernardo Pimentel Souza. Rio de Janeiro: Forense, 2008. v. 1, p. 120.

[205] CPC brasileiro, art. 243.

pilares do contraditório integrador, confere à expressão "participação" plúrimos significados no processo. Pode sugerir direta participação popular[206] no processo, como elemento característico do Estado Democrático de Direito contemporâneo (interconexão processo e democracia), quer por forma meramente individualista, quer por meio de uma pluralidade de agregações sociais dotadas de autônomas estruturas organizativas (por exemplo: partidos políticos, associações).[207] Pode alvitrar participação *mediante* o processo[208] e ainda *no* processo pelas partes (por exemplo: dinâmica dialética do pedir/alegar/provar) e "pelo juiz"[209] em contraditório, como imperativo do poder-dever do órgão judicial de participar pela via da instauração de diálogo judicial, sob influxo dos princípios da colaboração, da cooperação, da boa-fé, da lealdade, da probidade processuais.

Em países como o Brasil, em que a jurisdição é exercida por juízes profissionais, com investidura técnica,[210] a legitimação do exercício da jurisdição, no Estado constitucional, a par do devido processo legal em sua feição processual, decorre essencialmente de, pelo menos, sete fatores medulares: (i) no procedimento équo e justo, colaboração, cooperação e participação idônea das partes em contraditório integrador ininterrupto e constante, com diálogo judicial, mediante efetivas oportunidades para participar, podendo apresentar alegações, produzir provas e contraprovas, como direito de influir concreta e eficazmente na formação intelectual do convencimento do juiz e no conteúdo da decisão judicial; (ii) o poder jurisdicional é um poder-saber, cuja legitimação é diretamente proporcional ao

---

[206] Constituição italiana, art. 102, último parágrafo: "*La legge regola i casi e le forme della partecipazione diretta del popolo all'amministrazione della giustizia*".

[207] Há multifárias modalidades de participação da sociedade (participação *na* administração da justiça e participação *mediante* a justiça): I) júri popular ("juízo dos pares"), com competência para o julgamento dos crimes dolosos contra a vida (CF, art. 5.º, XXXVIII), que, mais que qualquer outra, tende a aplicar, ao exercício da função jurisdicional, os princípios da democracia participativa e direta; II) quinto constitucional da classe dos advogados (CF, art. 94, *caput*); III) juízes leigos, nos Juizados Especiais (CF, art. 98, I; Lei 9.099, de 26.09.1995, art. 7.º); iv) facultatividade da defesa técnica perante os Juizados Especiais nas causas até 20 salários mínimos, com participação direta (Lei 9.099/1995, art. 9.º); v) oralidade na estruturação do procedimento (CPC, arts. 278 e 281, resposta oral no procedimento sumário e debates orais, respectivamente) e Lei 9.099/1995, art. 14, *caput* (pedido oral); art. 30 (contestação oral); art. 52, IV (pedido verbal de execução do julgado); VI) juízes de paz (CF, art. 98, II); VII) peritos judiciais e assistentes técnicos (CPC, art. 421 e § 1.º, I); VII) testemunhas (CPC, art. 400); VIII) associações nas ações civis públicas, como, por exemplo, para defesa do meio ambiente (Lei 7.347, de 27.07.1985, art. 5.º, V); IX) associações sindicais no processo do trabalho: na celebração de Convenções Coletivas de Trabalho e sua judicialização (CLT, arts. 611 e 625).

[208] Tomem-se como exemplos: ação popular (CF, art. 5.º, LXXIII, e Lei 4.717/1965); ação civil pública (Lei 7.347/1985); assistência judiciária aos juridicamente necessitados (CF, art.5.º, LXXIV).

[209] Para uma resenha das causas da insuficiente participação do juiz no processo, confira-se BARBOSA MOREIRA, José Carlos. Sobre a "participação" do juiz no processo civil. *Temas de direito processual*. Quarta série. São Paulo: Saraiva, 1989. p. 53-66, esp. 59-61.

[210] CF, art. 93, I.

Cap. 14 – CONTRADITÓRIO COMO DEVER E A BOA-FÉ PROCESSUAL

"saber" (é dizer, quanto maior o "saber", que se manifesta na argumentação do juiz, maior será o grau de legitimação);[211] (iii) legitimidade da decisão, conformada aos direitos fundamentais (sendo inaceitável a ideia de sua absorção pela legitimação da jurisdição pelo procedimento);[212] (iv) observância das garantias constitucionais de justiça processual (*e.g.*, contraditório, imparcialidade do juiz, publicidade, motivação); (v) procedimento tecnicamente idôneo às necessidades de tutela dos direitos materiais, e bem ainda estruturado de forma consentânea com os direitos fundamentais materiais, notadamente a igualdade;[213] (vi) universalização do acesso à Justiça, inclusive dos juridicamente miseráveis;[214] (vii) canal de participação popular nos destinos da nação, a denotar o escopo político do processo.

Ademais, tenha-se em mente que a *aceitabilidade* da decisão judicial não está necessariamente atrelada ao que os cidadãos estabelecem como consenso no espaço público,[215] ou à legitimação da jurisdição mediante a participação no procedimento, mas, antes e acima de tudo, à justiça substancial que o pronunciamento jurisdicional encerra. A justiça material da decisão judicial, como fator inarredável de sua legitimidade, está conectada a um processo justo (meio), como aquele que se tenha desenvolvido sob a égide das garantias constitucionais do procedimento (*v.g.*, imparcialidade do juiz, igualdade, direito de defesa, contraditório como dever, para o juiz, de descortinar no teatro do processo verdadeiro diálogo judicial e, para as partes, como exigência de colaboração, de cooperação, de *standard* de conduta orientado pela ética, boa-fé e lealdade processuais), e, finalisticamente, a uma decisão justa.

12. O CETICISMO CONCERNENTE À BOA-FÉ PROCESSUAL

O processo é uma instituição técnica. O fenômeno processual, contudo, longe de se exaurir em sua dimensão técnica, ante seu caráter essencialmente

---

[211] TARUFFO, Michelle. *Páginas sobre justicia civil*. Leyendo a Ferrajoli: consideraciones sobre la jurisdicción. Madrid: Marcial Pons, 2009. p. 28.

[212] Em sentido oposto, LUHMANN, Niklas. *Legitimação pelo procedimento* cit., p. 31-32, para quem a legitimidade da decisão estaria absorvida pela legitimação da jurisdição pelo procedimento. Contudo, o procedimento legítimo é necessário, mas não suficiente. Impõe-se, na esteira da legitimação dos atos de poder, que a participação das partes dê-se mediante contraditório integrador e devido processo legal e justo e que a aplicação da lei observe os direitos fundamentais. Assim, MARINONI, Luiz Guilherme. *Curso de processo civil*: teoria geral do processo. 2. ed. rev. e atual. São Paulo: RT, 2007. v. 1, p. 463.

[213] Idem, p. 472.

[214] TROCKER, Nicolò. *Processo civile e costituzione* cit., p. 698-699: "In verità, la scarsa sensibilità per il concreto adeguamento del meccanismo processuale alle caratteristiche dei diritti sostanziali e alla posizione sociale delle parti è stato uno dei difetti che spesso ha caratterizzato le nostre codificazioni processuali, troppo preoccupate a disegnare un sistema lineare e 'puro'".

[215] Sobre o ponto, HABERMAS, Jürgen. *Faktizität und geltung*. Frankfurt: Suhrkamp, 1998. p. 320.

instrumental, não é um fim em si mesmo, mas meio de realização prática do direito, havendo de estar a serviço da efetividade da tutela jurisdicional, mediante a observância das garantias constitucionais para que possa ser digno do título de justo (nos meios e nos fins).[216]

É certo que a jurisdição, de regra, é provocada tendo como pano de fundo interesses privados. Porém, não é menos certo que, em sua concepção publicista, o processo também é vocacionado à consecução de finalidades públicas (*v.g.*, restabelecimento ou manutenção da ordem jurídica). Por assim ser, o Estado-juiz exibe o poder-dever de zelar pela atuação ética (sua e das partes) no processo. É dizer: opção deontológica de retidão e de honestidade na utilização dos mecanismos do processo; de ajustamento e de probidade no uso das técnicas processuais; de integridade e de inteireza no manuseio das ferramentas processuais. O processo tem que ser ideologicamente ético, como premissa de *acessibilidade* à ordem jurídica justa, *confiabilidade* e *aceitabilidade social* de seu resultado.[217] Para tanto, três princípios haverão de iluminar a conduta do juiz e das partes em todo *iter* processual, positivados em preceitos de formulação moralizante, mas com induvidoso conteúdo jurídico e estipulação de um definido dever comportamental: boa-fé,[218] lealdade, probidade. Não se olvide que é a boa-fé que se presume. Sob a óptica da ética, a vida em sociedade impõe o dever moral de a conduta conformar-se à boa-fé, ao passo que, sob o prisma jurídico, avulta o dever legal de não agir de má-fé.

Não se compadece, por conseguinte, com a ideia de processo ético a problemática da litigância de má-fé, que se caracteriza pelo conhecimento de que o agir está em desconformidade com o Direito (por exemplo: processo simulado, no qual as partes usam o instrumento para obter um resultado correspondente,

---

[216] TARUFFO, Michele. *Páginas sobre justicia civil* cit., p. 270: "La noción de proceso justo, así como las demás nociones equivalentes, se entienden usualmente como fórmulas sintéticas en las que se resumen las garantias fundamentales del proceso, sobretodo las que conciernen a los derechos de defensa que corresponden a las partes. Sin embargo, ha ido surgiendo una concepción adicional del debito proceso que naturalmente incluye la referencia a las garantias procesales de las partes, pero que se enfoca en conexión funcional entre proceso y decisión: según esta concepción – que personalmente comparto – se tiene un proceso justo cuando el procedimiento está estructurado de manera que se orienta hacia la obtención de decisiones justas".

[217] No sentido do texto, COMOGLIO, Luigi Paolo. Garanzie costituzionali e "giusto processo" (modelli a confronto) cit., p. 105: "Si tratta di un approccio valorativo che – nell'ambito specifico delle garanzie costituzionali attinenti alla giustizia – mira a consacrare stabilmente determinati fondamenti etici del processo, conferendo loro una piena legittimazione e rilevanza giuridica nel dettare le scelte di civiltà democratica che sono destinate a condizionare, nel tempo, il massimo grado di accettabilità morale delle forme di tutela giudiziaria e delle strutture pubblicistiche, attraverso le quali la giustizia viene amministrata".

[218] No atinente à boa-fé, como dever imposto a todos os participantes do processo, vide CPC brasileiro, art. 14, II, e PL 8.046/2010 (emenda da Câmara Federal), art. 5.º: "Aquele que de qualquer forma participa do processo deve comportar-se de acordo com a boa-fé".

Cap. 14 – CONTRADITÓRIO COMO DEVER E A BOA-FÉ PROCESSUAL

fazendo crer na existência de um estado jurídico que as partes entre si reconhecem inexistente, com a finalidade de prejudicar terceiros).[219]

Dever de veracidade,[220] como dever de conduta humana, não é apenas um dever moral, mas legal. Dever de comportamento leal (= conforme a verdade) traz ínsita a exigência de sinceridade e de boa-fé na vida do processo, tal qual na vida privada. A conduta das partes, de seus defensores, do próprio juiz, e demais partícipes do processo, haverá de inspirar-se nos critérios de lealdade, de probidade. Não apenas "regole del gioco" de cunho processual (por exemplo: de não estorvar a aplicação do contraditório) deverão ser acatadas pelos protagonistas do processo, senão as que permitam às partes um espectro de discricionariedade no exercício do direito de defesa. Preconiza-se temperado equilíbrio entre a liberdade de pensamento e as exigências de defesa com o imprescindível respeito concernente a todos os protagonistas do teatro do processo. Todavia, o cotidiano forense, sob a ótica da garantia da ampla defesa e da estratégia processual das partes, encerra padrões de conduta não animados pela honesta esperança de lealdade, ficando a amarga impressão de que a ética dista anos luz. Donde ecoar a pergunta: a boa-fé processual é utópica?

O conjunto normativo ético não pode ser impermeável às infiltrações da realidade social encarnada no processo. Porque assim é, a fim de que o processo de índole essencialmente dialética possa cumprir com eficiência o papel social que lhe toca (e como instrumento ético-democrático de realização de justiça não se pode fundar na mentira), todos os seus partícipes (juiz, partes, Ministério Público, terceiros intervenientes, auxiliares da justiça) haverão de cumprir e fazer cumprir os seus deveres ético-morais-legais.[221] O papel do advogado, que tem a seu cargo *múnus público* e que a Constituição qualifica de indispensável para a administração da justiça,[222] deverá exibir, no processo, comportamento ético-moral exemplar, em consonância com o elevado desiderato constitucional que lhe é cometido. A solidariedade, qual fio lógico invisível, congrega as personagens processuais, valendo notar que a otimização da participação do juiz no processo depende da cooperação intersubjetiva e da colaboração de todos que nele intervêm (por exemplo: em respeito aos deveres de boa-fé, de lealdade, de probidade processual, o juiz tem o dever de não receber, e as partes de não fornecer, informações privadas sobre o processo, posto que os elementos de fato

---

[219] Sobre processos simulados ou fraudulentos, MORALES, Hernando. *Curso de derecho procesal civil* – parte general. 6. ed. Bogota: Editorial ABC, 1975. p. 159.

[220] Acerca da boa-fé e o dever de veracidade, em perspectiva comparatística: CPC austríaco de 1895 (obra-prima de Franz Klein), § 178; ZPO húngara, § 222; ZPO alemã, § 1.º do § 138; BGB alemão, § 826; CPC italiano de 1940, art. 80, § 1.º; CPC argentino, art. 34, 5.º, alínea d.

[221] CPC brasileiro, art. 14, I, II, III, IV e V. PL 8.046/2010, art. 80, I, II, III, IV, V e VI.

[222] CF, art. 133.

haverão de ser carreados aos autos judiciais de forma oficial, e não clandestina, submetidos sempre ao crivo purificador do contraditório entre as partes).[223]

A conjuntura deontológica-publicista do processo poderia cunhar o seguinte *slogan*: colaboração e cooperação, com boa-fé e lealdade processual. É ponto de partida para se superar a cortina de ceticismo concernente à boa-fé processual e resgatar a dignidade de um instrumento que o Estado-juiz disponibiliza aos litigantes para a resolução de conflitos com justiça.

13. A DELETÉRIA DISFUNÇÃO DA FALTA DE DIREÇÃO JUDICIAL DOS PROCESSOS E O FLAGELO DAQUELES DESENCONTRADOS DE SI MESMOS

O processo não pode ser pensado no plano teórico, e menos ainda no pragmático, como interminável *via crucis* para as partes. O juiz tem papel proeminente na direção do processo para que se obtenha de forma eficiente a resolução justa do conflito.[224] A degeneração patológica da falta de direção dos processos ocasiona, não raro, tumulto, morosidade, percalços, sobressaltos, surpresas para os jurisdicionados, além de atrair o olhar de desconfiança da sociedade para um modelo de Justiça civil tão burocrático quanto ineficiente.

O preceito normativo, por mais perfeito que seja, não exibe, só por si, a virtude de alterar a realidade. O juiz tem o poder-dever de dirigir o processo.[225] A gestão incumbe primariamente a ele e a mais ninguém (*management judge*).[226] O papel de gestor do processo, desenvolvido pelo juiz, não significa contraposição,

---

[223] MONTESANO, Luigi; ARIETA, Giovanni. *Diritto processuale civile* cit., p. 281.

[224] No que toca ao poder-dever do juiz de gestão do processo, veja-se MENEZES, Gustavo Quintanilha Telles de. *O novo processo civil brasileiro* (direito em expectativa): (reflexões acerca do projeto do novo Código de Processo Civil) / Gustavo Quintanilha Telles de Menezes, [A atuação do juiz na direção do processo.]; coordenador Luiz Fux. – Rio de Janeiro: Forense, 2011, p. 180: "Cumpre ao juiz, a partir desse momento, diligenciar para pacificar este conflito social judicializado. Para tanto, é crucial que o magistrado arrogue-se à competência constitucional e legalmente reconhecida de *gestor* do processo, comportamento esse consentâneo com a visão mais moderna de sua função, assumindo a *direção* do procedimento, estabelecendo a marcha processual mais *adequada* para o processo" (grifos no original).

[225] CPC brasileiro, arts. 125, *caput*, 130, 262. PL 8.046/2010, art. 118.

[226] MARINONI, Luiz Guilherme; MITIDIERO, Daniel. *Código de processo civil* – Comentado artigo por artigo. São Paulo: RT, 2008. p. 173-174: "No Estado Constitucional, o direito processual civil assume uma dimensão essencialmente democrática e deve ser pensado na perspectiva do formalismo-valorativo, constituindo um verdadeiro ponto de encontro de direitos fundamentais. Ao juiz incumbe a direção do processo, dando-lhe impulso oficial (art. 262, CPC), a fim de que se resolva com justiça o caso levado à apreciação jurisdicional. A direção do processo pelo juiz no Estado Constitucional caracteriza-se por ser uma direção que se pauta pela condução paritária do processo e pela assimétrica decisão da causa. Vale dizer, o juiz está no mesmo nível das partes na condução da causa, tendo ele mesmo de observar o contraditório como regra de conduta, alocando-se em uma posição acima das partes apenas quando impõe a sua decisão. O

como se poderia pensar, ao de juiz "garante", que realiza substancialmente uma função de salvaguarda dos direitos fundamentais dos cidadãos, senão que será precisamente a gestão eficiente do processo que melhor propiciará a tutela efetiva destes. Todavia, não é o que na prática ocorre, a contribuir para a exacerbação da crise da justiça civil (fenômeno quase universal). O que se vê, aqui e alhures, são processos dramaticamente tumultuados por absoluta falta de direção, de comando, de norte, pelo juiz. Um inútil esforço de Sísifo: contabilizado à conta de sobrecarga de serviço (germe legal de assimétrica distribuição dos processos em primeiro grau de jurisdição). Ademais, causas administrativas contribuem para o recrudescimento do problema da deficiente gestão dos processos (por exemplo: alta rotatividade de juízes, a ensejar contínuas mudanças de rota do processo, arredando o adequado conhecimento das questões de direito e de fato da causa). Para o bom aperfeiçoamento dos procedimentos, o enfrentamento sério da crise da justiça civil haverá de se travar, para além de reformas legislativas, em uma corajosa visão introspectiva, proativa e concreta, no campo operacional e administrativo da modernização das estruturas do Judiciário, mediante adequada gestão do fluxo dos processos, sistemas de planejamento, organização e gerenciamentos dos serviços forenses. Já se disse, com propriedade, que fracasso não se improvisa.

Em alguns casos, providência básica, quer na condução do processo, quer na solução do litígio,[227] é desdenhada pelo órgão judicial, a evidenciar o *deficit* de participação, quando menos de participação correta (no dirigir e no julgar). De resto, um exemplo colhido do cotidiano forense ilustra o raciocínio: fixação de pontos controvertidos na demanda em sede de audiência preliminar, uma vez frustrado o esforço conciliatório. Em uma autofágica inversão lógica, é o próprio juiz, com a não utilização dos instrumentos e técnicas processuais ou, quando menos, mediante seu emprego equivocado, a colocar água no moinho da disfuncionalidade da máquina judiciária.

No compasso do valor dignidade da Justiça, é o poder de direção do processo confiado ao juiz que, se bem utilizado, também irá prevenir e coibir os desvios ético-morais-legais das partes e demais partícipes da atividade jurisdicional.

O esforço de gestão do processo também é sobremodo estorvado quando advogados descumprem seus deveres processuais positivos (*e.g.*, de comunicação de elementos relevantes para o correto deslinde do conflito) ou negativos (*v.g.*, não formulação de pretensão ciente de que é destituída de fundamento).

Na moldura da concepção publicista do processo civil, avultam alguns poderes do juiz de: a) admissão ou não da demanda (por exemplo: exame da

---

juiz do processo civil contemporâneo é paritário no diálogo e assimétrico na decisão da causa. É um juiz que tem a sua atuação pautada pela regra da cooperação".

[227] Para minudente catalogação dos defeitos apontados, BARBOSA MOREIRA, José Carlos. Sobre a "participação" do juiz no processo civil. *Temas de direito processual* cit., p. 56-57.

petição inicial); b) direção do processo;[228] c) polícia;[229] d) impulso processual oficial[230] (instrumento operativo imprescindível em prol da garantia constitucional da razoável duração do processo); e) saneamento;[231] f) instrução;[232] g) julgar ("poder-fim"); h) coerção.[233]

Sob outro prisma, despontam alguns deveres do juiz de: a) promoção do andamento célere da marcha do processo;[234] b) repressão de atos atentatórios à dignidade da Justiça;[235] c) motivação analítica das decisões;[236] d) aproveitamento dos atos processuais, em tributo ao princípio da instrumentalidade das formas;[237] e) pronunciar as razões de impedimento.[238]

14. OS PRINCÍPIOS DA BOA-FÉ PROCESSUAL, DA LEALDADE E DA COOPERAÇÃO ANDAM DE MÃOS DADAS

Na estufa do publicismo do processo civil, banhadas pelo garantismo, florescem a boa-fé e a lealdade processuais. Isso acontece mercê da nova dinâmica cooperativa do processo. Deveras, o contraditório, como dever, impõe ao juiz a instauração de diálogo judicial com as partes, entre as partes e com estas e aquele; às partes, por seu turno, são carreados os deveres de colaboração e de cooperação (por exemplo: de alegar nulidades relativas na primeira oportunidade; de alegar o impedimento ou a suspeição do juiz no prazo de 15 dias do conhecimento do fato; de exibir documento ou coisa).[239] Tudo com vistas

---

[228] Algumas manifestações do poder do órgão judicial de direção do processo, mediante atuação *ex officio*: CPC brasileiro, arts. 105, 110, *caput*, 112, § 2.º, 182, *caput*, 2.ª parte, 267, II, e § 1.º.

[229] CPC brasileiro, arts. 15, parágrafo único, e 445, I, II e III.

[230] CPC brasileiro, art. 262, parte final. PL 8.046/2010, art. 2.º: "Salvo exceções previstas em lei, o processo começa por iniciativa da parte e se desenvolve por impulso oficial".

[231] No procedimento ordinário é na audiência preliminar do art. 331 do CPC brasileiro que, de regra, o juiz declara saneado o processo, com a prévia realização de medidas regularizadoras (arts. 317 e 328).

[232] O juiz tem papel ativo na instrução da causa, inclusive com iniciativas *ex officio* na verificação de fatos relevantes para a solução do litígio: CPC brasileiro, arts. 130, 342, 343, princípio, 355, 399, 418, 440, 1.107. Tal sistemática não é incompatível com a exigência de imparcialidade do juiz, o qual deve decidir com justiça e acolher a posição jurídica da parte que tenha razão.

[233] Destaquem-se algumas hipóteses típicas para imposição de *astreintes*: (I) execução específica de obrigação de fazer ou de não fazer; (II) tutelas inibitórias; (III) tutela cautelar; (IV) antecipação de tutela.

[234] CF, art. 5.º, LXXVIII.

[235] CPC brasileiro, arts. 600 e 601.

[236] CF, art. 93, IX.

[237] CPC brasileiro, art. 154, *caput*.

[238] CPC brasileiro, art. 135.

[239] CPC brasileiro, arts. 245, 305 e 359, respectivamente.

Cap. 14 – CONTRADITÓRIO COMO DEVER E A BOA-FÉ PROCESSUAL

à formação de decisão justa e com melhor qualidade técnica. O processo civil alforriou-se de suas amarras de livre jogo do egoísmo dos litigantes, antes exigindo cooperação[240] de todos os sujeitos à afirmação e à atuação do direito objetivo, atribuindo-se ao juiz mais larga iniciativa para instar as partes a um debate franco e aberto, eliminando-se, por conseguinte, esquemas dilatórios, emboscadas insidiosas, táticas de guerrilha.[241]

No processo orientado pela bússola da dialeticidade, o princípio de cooperação intersubjetiva hospeda os seguintes deveres: (i) de esclarecimento (partes e juiz reciprocamente haverão de alumiar suas inteligências relativamente às questões – ou pontos – de direito ou de fato da causa); (ii) de prevenção[242] (o juiz haverá de precatar as partes sobre as decorrências jurídicas de suas condutas processuais); (iii) de consulta (o juiz haverá de sondar as partes sobre todas as questões – ou pontos – de direito ou de fato relevantes para o julgamento da causa, mesmo no tocante àquelas que lhe caiba conhecer *ex officio*); (iv) de auxílio (o juiz haverá de, em caráter assistencial, acudir as partes, mediante a ablação dos óbices – jurídicos, sociais, econômicos – ao cabal exercício do direito de ação ou de defesa).[243] Tudo perpassado pelos princípios/deveres de boa-fé e de lealdade processual, sem os quais o humanismo do teatro do processo cederia o passo ao inaceitável resurgimento de seu *approach* de batalha sangrenta ou de duelo[244] entre as partes, sob o contemplativo olhar do órgão judicial.

A boa-fé consente em uma diversidade de significados, normalmente associados à ignorância (*v.g.*, de simulação), ao desconhecimento (*e.g.*, do vício do negócio jurídico), ao passo que a má-fé vincula-se à consciência e ao conhecimento (*v.g.*, do prejuízo que o ato causa ao credor). Desse modo, as definições de boa-fé gravitam em torno de estados de ciência ou de ignorância, ou desconhecimento sem culpa ou desculpável, da pessoa, no tocante a certos fatos.[245] Renovação dos costumes de advogados e de juízes, processo célere e aderente à realidade, sem ritos inúteis e formas vazias de conteúdo, que não favoreça dilações procrastinatórias, enganos e emboscadas, que imponha às partes e a

---

[240] Veja-se, acerca do princípio da cooperação, Código de Processo Civil português, "art. 266 (princípio da cooperação) 1. Na condução e intervenção no processo, devem os magistrados, os mandatários judiciais e as próprias partes cooperar entre si, concorrendo para se obter, com brevidade e eficácia, a justa composição dos litígios".

[241] A boa-fé está radicada no projeto de CPC brasileiro: art. 80, II (PLS 166/2010); arts. 5.º, 749, § 3.º (PL 8.046/2010).

[242] Veja-se, no direito alemão, o dever do juiz de advertência (*Hinweispflicht*).

[243] Pertinentemente aos deveres hospedados no princípio da cooperação, SOUZA, Miguel Teixeira de. *Estudos sobre o novo processo civil*. 2. ed. Lisboa: Lex, 1997. p. 65.

[244] Traçando uma linha analógica entre processo e duelo, vide BARBOSA MOREIRA, José Carlos. Duelo e processo. *Temas de direito processual*. Oitava série. São Paulo: Saraiva, 2004. p. 211.

[245] MENEZES CORDEIRO, António Manuel da Rocha e. *Da boa-fé no direito civil*. Coimbra: Almedina, 2011. p. 25.

seus patronos maior senso de responsabilidade, que comporte uma maior iniciativa ao juiz, que, com oportunas sanções, exclua demandas temerárias, defesas protelatórias, a má-fé e a fraude.

O processo, como instrumento de solução de conflitos, transborda os lindes dos interesses das partes. É o caminho que o Estado percorre para semear paz social. Por conseguinte, o processo não se rende ao exclusivo alvedrio das partes, de arte a lhes permitir empreitadas sob o signo da fraude, da má-fé, pérfidas, procrastinatórias, imorais, para a consecução de seus desígnios.[246]

15. DEVER DE NÃO OMITIR?

Um dos pontos mais incandescentes da discussão está em saber se o dever de veracidade (que, atualmente, não é apenas um dever moral, mas também regra jurídica, depois do § 138 da ZPO alemã) abrange o dever de não omitir. Em linha de princípio, a resposta afirmativa se impõe, quando menos no que concerne às questões fáticas e aos elementos de fato da causa. O dever de dizer a verdade (*wahrheitspflicht*) e nada omitir (*vollständigkeitspflicht*) não é mero dever moral, mas legal. A veracidade transborda do processo, dês que a Justiça não tem por escopo apenas os interesses particulares das partes, senão que serve a toda a sociedade. Nessa rota, o § 138 da ZPO alemã coíbe a omissão de fatos e circunstâncias salientes para a adequada discussão da causa (*dever de integridade*).[247] No ponto, o Código de Processo Civil português, art. 456, 2: "Diz-se litigante de má-fé quem, com dolo ou negligência grave: b) tiver alterado a verdade dos factos ou *omitido factos relevantes para a decisão da causa*;".

Não se pode admitir o divórcio entre a ciência do processo e os fins práticos da justiça, de modo que o dever de verdade (= dever de veracidade, de integridade) impõe que partes e terceiros intervenientes exponham fatos verídicos e não alterem, de propósito, os fatos deduzidos. Mas não é só. Abarca suas condutas omissivas, como quando deixam de revelar fatos, elementos, subsídios,

---

[246] SANTOS, Ernane Fidélis dos. *Manual de direito processual civil*: processo de conhecimento. 12. ed. rev. atual. e ampl. São Paulo: Saraiva, 2007. v. 1, p. 42.

[247] Em página memorável sobre os princípios da boa-fé e da lealdade processual, TORNAGHI, Hélio. *Comentários ao Código de Processo Civil*. São Paulo: RT, 1974. v. 1, p. 144-145: "A parte não se despe da natureza humana ao ir a juízo; a representação intelectual dos fatos está sujeita às deformações provenientes não só dos estados passionais ou emotivos como ainda das naturais limitações. O que a lei quer é que as partes digam *só* o que lhes parece ser a verdade (não mentir) e *tudo* quanto se lhes afigura verdadeiro (não omitir). Nem falsidade nem reticências; nem inverdade, nem restrição mental. (...) O dever de não omitir (*volständisgkeitspflicht*) refere-se exclusivamente aos fatos. Na lei alemã ele figura sob a epígrafe: 'Esclarecimento sobre a matéria de fato' (*erklärung über tatsachen*). (...) Leal é o que procede conforme à lei, conforme a justiça, agir às claras, expor-se à luz do sol, sem embustes, ciladas ou armadilhas, atuação franca, sem hipocrisia. É a honestidade na ação. (...) Dever de boa-fé é a honestidade interior, o propósito de acertar, de não se enganar nem enganar os outros, é o contrário da malícia, da velhacaria".

circunstâncias relevantes para o processo e o adequado julgamento da causa (por exemplo: o autor narra que aconteceram os fatos x e y, mas deixa de apresentar o fato z, ocorrido juntamente com x e y).[248] Não seria despropositado dizer que, na ambiência publicista do processo civil, o dever de veracidade teria derrogado (ou, ao menos, modificado) o princípio dispositivo, pois que, inobstante as partes tenham a liberdade de escolha dos fatos que irão deduzir em juízo, não podem, ao apresentá-los, deformá-los, amputá-los, inflacioná-los em sua real dimensão de importância na causa. Não se quer dizer que, exemplificativamente, o autor deva enunciar fatos que possam ser utilizados em reconvenção pelo réu ou que uma parte deva trabalhar pela vitória da contraparte, ou exigir que tenha conduta tal que possa criar vantagem para o *ex adverso*.[249] Todavia, autorizadas vozes doutrinárias sustentam que justamente "a coexistência dos dois princípios é que, nos resultados, dá ao princípio dispositivo a contactuação que não aconteceria se não existisse o dever de verdade".[250] O dever de veracidade pertine apenas às questões de fato (pelo que se excluem as questões de direito:[251] *v.g.*, de afirmar qual a regra jurídica existente, válida e eficaz aplicável à espécie), e não se coaduna com alegações falsas, omissões infiéis, o calar intencional, o ocultar deliberado de fato(s) que seria(m) proeminente(s) para o deslinde da controvérsia. No contexto da dinâmica dialética do processo civil, o dever de não omitir está essencialmente conectado com os princípios da colaboração e da cooperação intersubjetiva; justamente por tal razão é que, no campo do direito processual, não parece aceitável, no momento presente, a tese de que o dever de veracidade se instaura unicamente entre partes e Estado-juiz.[252] O

---

[248] Vejam-se, não sendo ações de filiação, de divórcio e de anulação de casamento, as exceções ao dever de não omitir, catalogadas no CPC brasileiro, em seu art. 347, I e II.

[249] LIMA, Alcides de Mendonça. O princípio da probidade no Código de Processo Civil Brasileiro. *Revista de Processo*, 16, São Paulo: RT, out.-dez. 1979, p. 15- 42, esp. p. 17.

[250] O ponto de vista é de PONTES DE MIRANDA, Francisco. *Comentários ao Código de Processo Civil*. 3. ed. atual. Sergio Bermudes. Rio de Janeiro: Forense, 1995. t. I, p. 338.

[251] Assim, idem, p. 341, embora tenha asseverado, relativamente à boa-fé, na p. 346: "Quanto à boa-fé, é preciso que se distinga do erro, porque se pode errar sem má-fé. É difícil ocorrer que haja má-fé na alegação de regra jurídica, porque todos têm o dever de conhecer a lei, máxime o juiz; mas não se pode eliminar, de modo absoluto, a má-fé na exposição do direito, posto que *error iuris non inducit mala fides*". Vide TORNAGHI, Hélio. *Comentários ao Código de Processo Civil* cit., p. 146: "Alguns dos preceitos inferidos de passagens romanas sobre a *bona fides* aplicam-se aqui: 'A boa-fé é contrária à fraude e ao dolo' (3, 3 D. 17, 2). 'A boa-fé não se compadece com a disputa de sutilezas jurídicas' (20, 4 D, 17, 1). Não assim a lição de Bártolo, segundo a qual a boa-fé se refere aos fatos e não ao direito, de tal modo que, do erro de direito, não se pode induzir má-fé: *error iuris non inducit mala fides*. É possível, porém, que o erro de Direito provenha da má-fé e o agente pode cometê-lo com a intenção de conduzir o juiz a erro. Mas enquanto o Direito substantivo se preocupa mais com os efeitos da boa-fé, ao Direito processual interessa de preferência exigir um procedimento liso e limpo, sem sofismas ou subterfúgios".

[252] Ponto de vista diametralmente oposto ao do texto era defendido por PONTES DE MIRANDA, Francisco. *Comentários ao Código de Processo Civil* cit., p. 341: "O dever de verdade ligado ao exercício da tutela jurídica é entre a parte e o Estado".

dever de veracidade (de lealdade subjetiva) impõe que as partes exponham o fato tal como o conhecem, vale dizer, tendo a crença de que o enunciado fático é verdadeiro ou é falso. O dever de não omitir, no entanto, se aplica à hipótese de a parte que tinha por verdadeira uma proposição de fato venha saber, ao depois, que é falsa ou vice-versa.[253]

16. O MITO DA TENSÃO ENTRE O PRINCÍPIO DISPOSITIVO E A REPRESSÃO JUDICIAL DAS CONDUTAS DAS PARTES

O processo civil moderno, em sua estrutura dialética, com maior ou menor extensão e profundidade, potencializa o valor liberdade, a autonomia da vontade privada, o princípio dispositivo em todo o *iter* do procedimento e na definição de regras processuais aplicáveis à espécie (por exemplo: acordo das partes quanto à suspensão do processo, à realização de transação, à convenção sobre prazos, à convenção sobre a distribuição do ônus da prova), o exercício de faculdades, enquanto livre-arbítrio de conduta e de exercício de direitos *sponte propria* e as estratégias de defesa de cada qual. As partes, sendo disponível a pretensão, têm cabal liberdade no que toca à relação substantiva. Entrementes, na onda publicista do processo civil, de forte cariz de normatividade ética, e sob o influxo dos princípios da colaboração, da cooperação intersubjetiva, da boa-fé, da lealdade processuais, não se afigura, no campo jurídico e deontológico, aceitável a conduta ímproba da parte com o fito de fraudar o resultado do processo.[254] É certo que o princípio dispositivo favorece as partes, mas não é menos certo que, como instrumento público, ético e democrático de resolução de conflitos, o processo, como instituição pública, haverá de se desenvolver com retidão valorativa, de acordo com os valores consagrados pela ordem jurídica, pelos costumes (moral) e ética, que mergulha raízes na consciência cultural da sociedade.

Bem pesadas as coisas, o que se busca é o equilíbrio entre as estratégias, a ampla defesa, a iniciativa das partes *e* a escorreita utilização dos meios e instrumentos processuais.[255] Há eloquente contexto normativo ético que, em preito ao valor lealdade processual, estabelece as "regras do processo" às quais estão incondicionalmente submetidas partes, juiz e todos os demais partícipes (terceiros intervenientes, advogados,[256] membros do Ministério Público, testemu-

---

[253] PONTES DE MIRANDA, Francisco. *Comentários ao Código de Processo Civil* cit., p. 342.

[254] CHIOVENDA, Giuseppe. *Instituições de direito processual civil* cit., p. 923.

[255] CABRAL, Antonio do Passo. O contraditório como dever e a boa-fé processual objetiva. *Revista de Processo*, n. 126, ago. 2005, p. 73.

[256] CPC brasileiro, art. 14, parágrafo único: "Ressalvados os advogados que se sujeitam exclusivamente aos estatutos da OAB, a violação do disposto no inciso V deste artigo constitui ato atentatório ao exercício da jurisdição, podendo o juiz, sem prejuízo das sanções criminais, civis e processuais cabíveis, aplicar ao responsável multa em montante a ser fixado de acordo com a gravidade da conduta e não superior a vinte por cento do valor da causa; não sendo paga no

nhas, peritos, tradutores, serventuários da Justiça[257]). A violação de tais regras de convivência no teatro do processo (de irreprimível civilidade) reclama correção, pelo juiz, no exercício do poder-dever de direção regular do processo, mediante aplicação de sanção processual ao *improbus litigator*. O equilíbrio da atuação das partes, exigência de tratamento paritário, é norteado por conjunto de garantias, restrições e sanções à parte infratora por sua ilegítima opção. Por assim ser, é falso o dilema entre princípio dispositivo e repressão de condutas das partes, pela singela razão de que a liberdade delas não tem, visto com olhos de ver, o conteúdo, o significado e a extensão de conferir licença ou passaporte para atuação ímproba, temerária, contrária ao Direito. Soa acaciano que o princípio dispositivo não pode servir de escudo, tampouco *bill de indenidade*, para comportamentos injurídicos e antiéticos no processo civil.[258] Tal já seria interditado, como cláusula geral, pelos deveres de lealdade e de boa-fé. Não se quer dizer, contudo, que a parte tenha que municiar a contraparte na sua empreitada de defesa de sua posição jurídica. Absolutamente, não. O que não se pode admitir é a conduta mal-intencionada, ardilosa, capciosa, temerária, cavilosa da parte no deliberado afã de fraudar o correto e justo resultado do processo. A ideia de abuso de direito processual não se coaduna com as normas de ética legal ou moral (por exemplo: violação do dever de veracidade, que configura vulneração ao dever geral de lealdade e de probidade concernente aos litigantes em qualquer processo). Mesmo no *adversarial system*, mormente na atividade instrutória, a ninguém em sã consciência ocorreria defender ilusionismos fraudatórios, manobras de má-fé, codilho, engodo, com o objetivo de trapacear o resultado do processo. Abrir mão do dever de lealdade, como premissa essencial do princípio

---

prazo estabelecido, contado do trânsito em julgado da decisão final da causa, a multa será inscrita sempre como dívida ativa da União ou do Estado" (incluído pela Lei 10.358, de 2001).

[257] Vide, a propósito, CARNEIRO, Paulo Cezar Pinheiro. A ética e os personagens do processo. *Revista Forense*, v. 358, Rio de Janeiro: Forense, nov.-dez. 2001, p. 347-353.

[258] Em prol da máxima clareza, confira-se, no Brasil, o conjunto normativo ético no processo civil. CPC, art. 17: "Reputa-se litigante de má-fé aquele que: (Redação dada pela Lei 6.771, de 1980) I – deduzir pretensão ou defesa contra texto expresso de lei ou fato incontroverso; (Redação dada pela Lei 6.771, de 1980) II – alterar a verdade dos fatos; (Redação dada pela Lei 6.771, de 1980) III – usar do processo para conseguir objetivo ilegal; (Redação dada pela Lei 6.771, de 1980) IV – opuser resistência injustificada ao andamento do processo; (Redação dada pela Lei 6.771, de 1980) V – proceder de modo temerário em qualquer incidente ou ato do processo; (Redação dada pela Lei 6.771, de 1980) VI – provocar incidentes manifestamente infundados; (Redação dada pela Lei 6.771, de 1980) VII – interpuser recurso com intuito manifestamente protelatório. (Incluído pela Lei 9.668, de 1998)". No tocante aos atos atentatórios à dignidade da Justiça: *art. 600*: "Considera-se atentatório à dignidade da Justiça o ato do executado que: (Redação dada pela Lei 11.382, de 2006) I – frauda a execução; (Redação dada pela Lei 5.925, de 1.10.1973), II – se opõe maliciosamente à execução, empregando ardis e meios artificiosos; (Redação dada pela Lei 5.925, de 0.10.1973), III – resiste injustificadamente às ordens judiciais; (Redação dada pela Lei 5.925, de 1.10.1973), IV – intimado, não indica ao juiz, em 5 (cinco) dias, quais são e onde se encontram os bens sujeitos à penhora e seus respectivos valores" (redação dada pela Lei 11.382, de 2006).

da probidade processual, é renunciar definitivamente a qualquer esperança de civilidade no palco do processo civil.

Exato é ver que, na dimensão do publicismo, sendo o processo instrumento ético de resolução justa da lide, plasmado pelos princípios da colaboração, da cooperação, da lealdade, da boa-fé processuais, daí decorre, como consequência natural, o poder-dever para o juiz de reprimir a litigância de má-fé,[259] e bem ainda coibir atos atentatórios à dignidade da Justiça.[260]

Do conjunto normativo ao mundo dos fatos, a observação atenta e serena da realidade dos processos civis demonstra a rala aplicação do princípio da probidade por dois ensejos nodais: (i) falta de adequada gestão dos processos, pelo juiz, o que favorece o tumulto processual e as disfunções dele decorrentes; e (ii) formidável grau de subjetivismo[261] dos ilícitos preconizados nos dispositivos legais iluminados pela ética. Desta sorte, afiguram-se raros (como os corvos brancos) os casos de condenação, no cotidiano forense, por litigância de má-fé, o que não responde a razão técnica alguma. A repressão judicial às condutas das partes violadoras dos preceitos normativos éticos é, na prática, insueta, incomum, havendo habitual condescendência com posturas processuais procrastinatórias, que deslustram o direito de defesa, a par de não se edificarem paradigmas pedagógicos que serviriam para refrear tal estado de coisas.[262] O descumprimento do dever de lealdade haverá de atrair, *de lege ferenda*, um complexo mais eficaz de sanções (por exemplo: juros progressivos, honorários advocatícios recursais).

Esvai-se a esperança de um horizonte deontológico ensolarado.[263] Explica-se: a lealdade e a boa-fé, conquanto constassem do rol de deveres impostos

---

[259] CPC brasileiro, *art. 18*: "O juiz ou tribunal, de ofício ou a requerimento, condenará o litigante de má-fé a pagar multa não excedente a um por cento sobre o valor da causa e a indenizar a parte contrária dos prejuízos que esta sofreu, mais os honorários advocatícios e todas as despesas que efetuou" (redação dada pela Lei 9.668, de 1998).

[260] CPC brasileiro, *art. 601*: "Nos casos previstos no artigo anterior, o devedor incidirá em multa fixada pelo juiz, em montante não superior a 20% (vinte por cento) do valor atualizado do débito em execução, sem prejuízo de outras sanções de natureza processual ou material, multa essa que reverterá em proveito do credor, exigível na própria execução" (redação dada pela Lei 8.953, de 13.12.1994).

[261] CABRAL, Antonio do Passo. O contraditório como dever e a boa-fé processual objetiva cit., p. 70.

[262] A disciplina da matéria dos deveres das partes e dos seus procuradores está nos arts. 80/84 do PL 8.046, de 2010, valendo enfatizar os seguintes pontos: (I) o novel dever de declinar o endereço, residencial ou profissional, em que receberão intimações, atualizando essa informação sempre que ocorrer qualquer modificação temporária ou definitiva – art. 80, VI; (II) majoração da multa por litigância de má-fé, no mínimo de 2% e no máximo de 10% do valor corrigido da causa – art. 84, *caput*; (iii) indenização por perdas e danos processuais em quantia a ser fixada pelo juiz sobre o valor da causa (sem limitação de percentual) – art. 84, § 2.º.

[263] No direito italiano, o quadro não é animador. O CPC peninsular, em seu art. 88, § 1.º, consagra os deveres de lealdade e de probidade ("Le parti e i loro difensori hanno il dovere di comportarsi in giudizio con lealtà e probità"), ao passo que o § 2.º estabelece que, nas hipóteses

Cap. 14 – CONTRADITÓRIO COMO DEVER E A BOA-FÉ PROCESSUAL

às partes, a seus procuradores e a todos aqueles que de qualquer forma participem do processo (PLS 166/2010, art. 80, II), foram, sob má luz, extirpadas da arquitetura do PL 8.046/2010, sob a inadmissível justificativa de que, com a proposta formulada para o novo art. 5.º,[264] ter-se-ia consagrado a boa-fé no catálogo dos princípios fundamentais do processo civil brasileiro. Em relação à retirada da boa-fé, a tibieza argumentativa é palmar e entra pelos olhos. Em relação à ablação da lealdade (que, além de ser condição essencial do princípio da probidade processual, ontologicamente não se confunde com a boa-fé), não há argumentação alguma no PL 8.046/2010.

17. *STANDARDS* DE CONDUTA E BOA-FÉ PROCESSUAL OBJETIVA

A boa-fé, como conceito jurídico indeterminado, exibe dupla feição. Primeira: *subjetiva* (= a *boa-fé/crença*), alicerçada na intenção e na consciência de comportamento contrário ao Direito. Sobressai o estado psicológico do agente e sua convicção de agir em detrimento de outrem; insinuam-se tanto o elemento anímico (dolo, má-fé) que considerações psíquicas do agente. Segunda: *objetiva* (*Treu und Glauben* = *boa-fé/confiança e lealdade*), que repousa na confiança de todos em um padrão de conduta social.[265] Assim, a concepção de boa-fé processual objetiva está em parâmetros de comportamento[266] de todos os partícipes do processo, os quais prescindem de perquirição do elemento anímico das partes e de seus procuradores (por exemplo: [i] obtenção de posição de vantagem contra texto expresso de lei; [ii] celebração, por vontade livre e consciente, de transação judicial e, ao depois, oposição de injustificada resistência à sua efetivação, cumprimento ou execução; [iii] utilização em petição ou em

---

de violação dos deveres de lealdade e de probidade, cabe ao juiz apenas comunicar ao órgão de classe dos advogados, ao qual, então, competirá aplicar, se for o caso, sanções disciplinares ("In caso di mancanza dei difensori a tale dovere, il giudice deve riferirne alle autorità che esercitano il potere disciplinare su di essi"). Por seu turno, o art. 92, § 1.º, preceitua que o juiz poderá, independentemente de sucumbência, condenar uma parte (ainda que totalmente vitoriosa na causa) ao reembolso, à contraparte, das despesas processuais por transgressão aos deveres de lealdade e de probidade previstos no art. 88, § 1.º. O art. 96, § 1.º, prevê o instituto da responsabilidade agravada (*responsabilità aggravata*) com a imposição de condenação em custas e despesas processuais ao litigante (vencido na demanda) que tenha violado normas éticas processuais (agir ou resistir em juízo com má-fé ou culpa grave).

[264] "Art. 5.º Aquele que de qualquer forma participa do processo deve comportar-se de acordo com a boa-fé."

[265] O Código Civil brasileiro de 2002 expõe os negócios jurídicos à luz da eticidade, como imperativo de conduta ética dos contratantes: arts. 113, 187 e 422 (funções interpretativa, limitativa e integrativa da boa-fé objetiva, respectivamente).

[266] RIBEIRO, Darci Guimarães. O sobreprincípio da boa-fé processual como decorrência do comportamento da parte em juízo. *Revista Forense*, v. 381, Rio de Janeiro: Forense, set.-out. 2005, p. 57-70, esp. p. 70.

debates orais de expressões ofensivas, aviltantes, insultuosas).[267] Em casos que tais, o comportamento, por si só, atrai a responsabilização por atos contrários à boa-fé processual objetiva.

A boa-fé processual objetiva, imposta a todos os participantes do teatro do processo, abrolha, com a nota de exterioridade, por meio de *standards* de conduta social[268] ou modos de agir em sociedade, desconectados dos estados anímicos do agente. O debate da boa-fé objetiva, alicerçado na lealdade, como cláusula genérica da ética processual, a par de atalhar o subjetivismo, valoriza, no instrumento, a confiança e a proteção das legítimas expectativas. A boa-fé objetiva evita o subjetivismo no viés da fidúcia na conduta e da proteção das perspectivas de todos os participantes do processo. Há espécies que dispensam a perquirição do elemento anímico, sendo bastante a análise objetiva do fato processual abusivo (por exemplo: dedução de pretensão ou de defesa contra texto expresso de lei ou fato incontroverso; provocação de incidentes manifestamente infundados).[269] Em outro giro, a boa-fé psicológica traduz estado fático de mera ignorância, enquanto a boa-fé ética manifesta uma conduta valorada pelo Direito, com reflexos práticos que se relevam apenas quando desculpáveis a partir dessa mesma valoração.[270] A tutela objetiva da confiança do padrão de conduta processual (modelo moral), como meio e modo de proteção da boa-fé processual, contrapõe-se à má-fé e prescinde de aferição do subjetivismo da vontade (má-fé, dolo, culpa) ou do conhecimento do agir em desconformidade com o Direito, sendo necessária e suficiente a valoração objetiva do comportamento das partes (por exemplo: o abuso do direito de defesa ou o manifesto caráter protelatório do réu, como hipóteses de antecipação da tutela de mérito e medida de enérgica e eficaz repressão à litigância de má-fé).[271]

A garantia constitucional do contraditório, sob o prisma dos deveres de colaboração, de participação, e a solidariedade social[272] têm musculatura para

---

[267] CPC brasileiro, art. 15. PL 8.046/2010, art. 81 e parágrafo único. CPC italiano, art. 89, § 1.º.

[268] O terreno da boa-fé processual objetiva, irrigado pelo princípio da probidade, transmuda deveres éticos em normas jurídicas. Assim, CPC brasileiro, art. 14: "São deveres das partes e de todos aqueles que de qualquer forma participam do processo: (Redação dada pela Lei 10.358, de 2001) I – expor os fatos em juízo conforme a verdade; II – proceder com lealdade e boa-fé; III – não formular pretensões, nem alegar defesa, cientes de que são destituídas de fundamento; IV – não produzir provas, nem praticar atos inúteis ou desnecessários à declaração ou defesa do direito; V – cumprir com exatidão os provimentos mandamentais e não criar embaraços à efetivação de provimentos judiciais, de natureza antecipatória ou final" (incluído pela Lei 10.358, de 2001).

[269] THEODORO JÚNIOR, Humberto. Abuso de direito processual no ordenamento jurídico brasileiro. *Revista Forense*, v. 344, Rio de Janeiro: Forense, 1998, p. 43-65, esp. p. 56.

[270] MENEZES CORDEIRO, António Manuel da Rocha e. *Da boa-fé no direito civil* cit., p. 24: "A contraposição entre boa-fé objectiva e a subjectiva, ao contrário do resultante de alguma literatura, não se confunde com uma outra, entre boa-fé psicológica e ética".

[271] CPC brasileiro, art. 273, II.

[272] CF, art. 3.º, I.

hospedar também a boa-fé processual objetiva, a qual, assim pensada, passaria a exibir dignidade constitucional. Tal forma de enfocar a boa-fé processual objetiva teria a virtude de resolver, no plano da validade, o possível entrechoque com a ampla defesa.[273] Sob o influxo do publicismo do método estatal de resolução de conflitos, os deveres de lealdade e de boa-fé processual objetiva são estabelecidos no interesse não apenas das partes, mas também da jurisdição e dos fins sociais do processo. Com efeito, não se pode disseminar, no seio da sociedade, a ideia de pacificação social, mercê de condutas desleais que visam a fraudar o resultado do processo. A ser diferente, irremediavelmente contaminado o instrumento pela má-fé processual, estar-se-á coonestando com um arremedo de pacificação social, posto que esbulhada de justiça material. Em última análise, a repressão à litigância de má-fé visa a assegurar os valores igualdade, equidade, com economia processual e judicial, visando à efetividade do processo équo e justo (*fair trial*).

18. A CONCEPÇÃO PUBLICISTA DO PROCESSO E SEU ESCOPO SOCIAL DE EDUCAÇÃO ÉTICA E MORAL DA SOCIEDADE

A coeva compreensão publicista do processo, animada por suas garantias constitucionais (*e.g.*, contraditório, direito de defesa) e pelos princípios da colaboração, da cooperação, da lealdade, da boa-fé processuais, evidencia o seu escopo de educação ética e moral da sociedade, dos membros da comunidade. De fato, o processo não mais pode ser concebido como "coisa das partes" (*Sache der Parteien*, na locução da antiga doutrina alemã), quando menos porquanto a máquina judiciária é custeada pela arrecadação de tributos pagos por toda a sociedade. Parece indisputável que o processo haverá de servir às partes, mas não é menos certo que haverá de servir também à sociedade. Para que se alcancem tão altas finalidades, o passo decisivo é o sensato protagonismo judicial, no qual o juiz é pensado com papel revestido de ativa participação em todas as fases do processo, que faça cumprir (e cumpra) o contraditório entre as partes, que instaure verdadeiro diálogo judicial de mão dupla, inserindo-se na dialeticidade, que tenha compromisso com a jurisdição e com a sociedade. É dizer: que se extreme da deletéria figura do juiz Pilatos.[274] O papel ativo do juiz no processo civil não

---

[273] CABRAL, Antonio do Passo. O contraditório como dever e a boa-fé processual objetiva cit., p. 76.

[274] BARBOSA MOREIRA, José Carlos. O processo, as partes e a sociedade. *Temas de direito processual*. Oitava série. São Paulo: Saraiva, 2004. p. 40: "Tentar de novo reduzir o juiz à posição de espectador passivo e inerte do combate entre as partes é anacronismo que não encontra fundamento no propósito de assegurar aos litigantes o gozo de seus legítimos direitos e garantias. Deles hão de valer-se as partes e seus advogados, para defender os interesses privados em jogo. Ao juiz compete, sem dúvida, respeitá-los e fazê-los respeitar; todavia, não é só isso que lhe compete. Incumbe-lhe dirigir o processo de tal maneira que ele sirva bem àqueles a quem se destina a servir. E o processo deve, sim, servir às partes; mas deve também servir à sociedade".

se confina no problema de contraposição entre autoridade e liberdade, senão que responde às exigências intrínsecas à tutela dos direitos na sociedade contemporânea.[275] Trata-se do fenômeno da judicialização dos direitos coletivos, caracterizados pela indivisibilidade e pela indisponibilidade, integrantes de conjunto normativo substancial. Por razões de política legislativa, o juiz tem o poder-dever de conferir efetividade à atuação dos chamados novos direitos, no contexto das democracias sociais, os quais não se afinam com as regras clássicas do processo civil, como o princípio dispositivo e os limites subjetivos da coisa julgada.

Não se pode descurar de uma revolução que precisa ser feita: a necessária reformulação da mentalidade do juiz, a principiar pela exata compreensão dos fins sociais[276] da função jurisdicional (para além da composição intersubjetiva de conflito), da instrumentalidade e da efetividade do processo, da adequada utilização dos meios e das técnicas processuais, da justa composição da lide, da pacificação social com justiça. Tampouco se pode descuidar das condições materiais de trabalho do juiz, como forma de tornar mais efetiva a sua "participação" no processo, sob a ótica diretiva e de solução de conflito. Ademais, fio invisível que agrupa todos os personagens do processo, principais e coadjuvantes, quando se pensa que a maximização da adequada participação do juiz no processo depende sobremodo da solidariedade,[277] da cooperação, da colaboração de todos que nele intervêm (partes, advogados, Ministério Público, testemunhas, peritos, serventuários da Justiça).

É inestimável o valor educativo da participação *por meio* e *no* processo (educação cívica), iluminada pela dignidade da pessoa humana, a denunciar seu primeiro fim social: o direito à informação jurídica, traduzida no pleno conhecimento dos direitos e dos meios de preservá-los,[278] como pressuposto essencial da garantia do acesso à Justiça, de tutela à ordem jurídica justa e do exercício da democracia participativa. Outro desígnio social do processo, como instrumento de realização de Justiça, é a educação para o exercício dos próprios direitos e estímulo à formação de uma consciência de reverência aos direitos alheios.[279] O processo passa a ser referência de orientação de

---

[275] DENTI, Vittorio. *Sistemi e riformi*: Studi sulla giustizia civile. Bologna: Mulino, 1999. p. 188.

[276] PL 8.046/2010, art. 6.º: "Ao aplicar a lei, o juiz atenderá aos fins sociais a que ela se dirige e às exigências do bem comum, observando sempre os princípios da dignidade da pessoa humana, da razoabilidade, da legalidade, da impessoalidade, da moralidade, da publicidade e da eficiência". O Código austríaco de 1895 (Franz Klein) considerava o procedimento civil uma instituição para o bem social.

[277] Sobre a solidariedade dos partícipes do processo, em sua dinâmica dialética, exigida pelo valor ético de justiça e de boa-fé, vide THEODORO JÚNIOR, Humberto. Boa-fé e processo – princípios éticos na repressão à litigância de má-fé – papel do juiz. *Revista Jurídica*, v. 368, Rio Grande do Sul: Notadez, jun. 2008, p. 11-28, esp. p. 27.

[278] CARNEIRO, Paulo Cezar Pinheiro. *Acesso à justiça* cit., p. 57.

[279] ARAÚJO CINTRA, Antonio Carlos de; GRINOVER, Ada Pellegrini; DINAMARCO, Cândido Rangel. *Teoria geral do processo* cit., p. 30.

Cap. 14 – CONTRADITÓRIO COMO DEVER E A BOA-FÉ PROCESSUAL

condutas sociais e de norte de comportamentos individuais. O cidadão, sob os influxos educativos e culturais emanados do resultado do processo justo e efetivo, com a necessária uniformização e estabilização da jurisprudência dos Tribunais, poderá, com segurança e certeza, calcular seus atos, empresas, empreendimentos e antever os respectivos reflexos jurídicos e sociais. Direito e processo, fenômenos culturais cientificamente inconfundíveis, são os dois lábios de uma mesma boca: um regula a vida social; o outro resolve conflitos intersubjetivos com justiça, mediante justa atuação do direito substancial. O processo, na concepção publicista, é instrumento que ostenta aptidão de inibir e de equacionar tensões e crises sociais, com segurança jurídica decorrente da *res judicata*. Superando a filosofia liberal do Estado legislativo, de conotação individualista, a jurisdição também ostenta uma função pacificadora (*scilicet*, ante o resultado do processo perante a sociedade e os seus membros individualmente considerados). Por assim ser, excitar a paz social, com justiça material, mediante segurança e certeza jurídica, erige-se também em finalidade social do processo, no seu desiderato de realização dos valores constitucionais, como resultado do desempenho da jurisdição que o Estado aspire produzir, regulando o futuro, na vida da sociedade. Processo e sociedade: aquele não existe sem esta e vice-versa.[280] Ademais, nessa atmosfera social de justiça, floresce, abstraindo-se do conformismo, a legitimidade do Poder Jurisdicional pela disposição, ainda que de forma inconsciente, de difusa aceitação de decisões futuras em geral.[281]

Para a densificação do princípio democrático da participação no processo, em intenso contraditório, mister se faz promover educação e cultura para a população. A ser diverso, estar-se-á colocando água no moinho do flagelo do analfabetismo, inclusive político. Nessa moldura, reveste-se de invulgar importância o princípio da operosidade, na senda da atuação ética de todos os personagens que, de alguma forma, participam do teatro do processo.[282]

19. AINDA OS FINS SOCIAIS DO PROCESSO: PACIFICAÇÃO SOCIAL COM JUSTIÇA E EDUCAÇÃO PARA O EXERCÍCIO DOS PRÓPRIOS DIREITOS, CONSCIÊNCIA DOS DEVERES E REVERÊNCIA AOS DIREITOS ALHEIOS

A função primordial do processo, na concepção carneluttiana, é a de resolver o conflito de interesses, mediante a *justa composição da lide* e formulação, pelo

---

[280] *Ubi societas ibi processus, ubi processus ibi societas.*

[281] DINAMARCO, Cândido Rangel. *A instrumentalidade do processo.* 13. ed. rev. e atual. São Paulo: Malheiros, 2008. p. 190.

[282] Sobre o princípio da operosidade, no viés da atuação ética de todos os partícipes da atividade judicial, vide CARNEIRO, Paulo Cezar Pinheiro. *Acesso à justiça* cit., p. 67.

juiz, na sentença, da norma jurídica concreta.[283] Todavia, para além dessa visão essencialmente técnica e jurídica de instrumento vocacionado à tutela do direito material, o processo produz ressonância para fora das fronteiras de resolução intersubjetiva de conflito. No Estado de bem-estar social, há nítido liame entre o processo e o *modus vivendi* em sociedade. O fenômeno da litigiosidade reprimida acarreta infelicidade pessoal e tem aptidão para provocar o esgarçamento do tecido social. Externamente, sob o prisma metajurídico, revela-se um dos fins sociais do processo: pacificação social, com justiça, mediante a proscrição de conflitos.[284]

Demais disso, outro fim social do processo está na educação para o exercício dos próprios direitos e consciência dos deveres e respeito aos direitos alheios, em uma dimensão de pedagogia coletiva.[285] A finalidade educacional do processo, nas relações sociais, traduz-se em adequada informação jurídica ao indivíduo de como pleitear em Juízo a tutela de seus direitos, máxime em relação aos segmentos mais pobres da população. A pedagogia de massa robustece a confiança da população no Poder Judiciário, atalhando-se o acontecimento da litigiosidade refreada. No ponto, ressaltam-se a instrumentalidade e a efetividade do processo na tutela eficiente do direito material (escopo jurídico) para a consecução da obra de pedagogia coletiva e de pacificação social com justiça.

Para que tais fins sociais sejam alcançados, despontam as garantias constitucionais da publicidade e da motivação, como quando consentem ao cidadão controlar, além da imparcialidade, a eficácia qualitativa da atividade judicial. Com efeito, os atos processuais, de regra, são públicos e permitem a acessibilidade do cidadão ao desenvolvimento do processo em todo o seu *iter*, exercendo o controle sobre a imparcialidade do juiz com as partes, bem ainda a observância do devido processo legal. As audiências e as sessões de julgamento dos Tribunais, em matéria civil, são abertas ao público de uma maneira geral. As sessões do Supremo Tribunal Federal são transmitidas, ao vivo, pela televisão, como importante método de legitimação democrática da índole contramajoritária da jurisdição constitucional. A motivação analítica dos pronunciamentos jurisdicionais não atende apenas à exigência técnica de controle da legalidade da decisão. A motivação exprime precioso instrumento de controle quer das partes, quer do popular no atinente à imparcialidade do juiz. Verificar-se-á, por exemplo: se as escolhas do juiz foram arbitrárias ou escorreitas; se os preceitos normativos

---

[283] Entretanto, na visão chiovendiana, a jurisdição teria a função cardinal de *atuar a vontade concreta da lei*, vale dizer, o processo teria por fito proporcionar a implementação prática dos direitos nos casos concretos submetidos à cognição judicial.

[284] DINAMARCO, Cândido Rangel. *O princípio do contraditório e sua dupla destinação* cit., p. 132: "É nesse quadro que merece destaque a grande valia social do processo como elemento de pacificação. O escopo de *pacificar pessoas mediante a eliminação de conflitos com justiça* é, em última análise, a razão mais profunda pela qual o processo existe e se legitima na sociedade".

[285] Idem, p. 133.

foram ou não respeitados; se todas as alegações relevantes de fato ou de direito das partes, provas e contraprovas, foram sopesadas e racionalmente justificadas; se ocorreu *in concreto* eficiente gestão do processo e, em uma visão qualitativa, se a tutela jurisdicional é adequada, efetiva, justa.

Sob outro ângulo de mirada, a divulgação da sentença na íntegra, nas mídias, além de finalidade pedagógica, pode contribuir para reparar o dano, o qual fora igualmente perpetrado por meio de veículo de comunicação social. Aqui a divulgação tem intuito reparatório e/ou ressarcitório.

Força é convir, em semelhante contexto, abstraindo-se das teorias subjetiva ou objetiva da função da jurisdição, que, a par de contribuir para a indispensável gênese de uma consciência constitucional, o processo ostenta forte escopo social, como matriz da qual se desdobram (i) educação moral e cívica da população, com segurança jurídica, previsibilidade e calculabilidade de condutas individuais ou coletivas; (ii) discernimento quanto ao exercício dos próprios direitos e respeito aos alheios; (iii) conhecimento do exato cumprimento dos deveres; (iv) paz social com justiça. À projeção da garantia constitucional da ampla defesa para além das fronteiras do processo, com o intuito de conscientização social de direitos, o Estado haverá de criar meios cognitivos de adequadas implicações, oferecidos pelo processo, e também mecanismos educacionais, mediante formal (*v.g.*, instrução escolar básica) e informal (*e.g.*, campanhas publicitárias institucionais de conscientização da população) difusão de informações jurídicas, imprimindo, pois, efetividade à tutela de direitos no campo material, independentemente do exercício da jurisdição. A ignorância é a antítese da cidadania.

A Justiça é um valor constitucional imanente à sociedade. O Estado-juiz, quando proibira a autotutela, chamara para si o poder-dever de prestar tutela jurisdicional adequada, efetiva, justa, célere, com a observância das garantias constitucionais do processo. Ora, se o cidadão tem o direito a uma justiça que lhe garanta tutela célere (com o indeclinável resguardo das garantias constitucionais do processo), a morosidade da máquina do Judiciário, o formalismo do processo e seu custo exorbitante são as principais causas da descrença do povo na Justiça.

A insuficiência da prestação jurisdicional (= baixa eficácia das decisões judiciais) contribui sobremodo para a anorexia de confiança que a sociedade nutre pelo Judiciário. A efetividade do acesso à Justiça está essencialmente ligada aos instrumentos adequados para a tutela do direito material, além da celeridade do processo. Sem a preservação da confiança da sociedade no Judiciário, a atuação estatal fica fragilizada. As expectativas legítimas da sociedade, no contexto do direito fundamental de acesso à Justiça, haverão de ser preservadas, à luz do princípio da proteção da confiança dos cidadãos em geral e dos jurisdicionados em especial, como dimensão subjetiva da segurança jurídica, derivada do Estado Democrático de Direito contemporâneo. Quando a frustração da confiança passa a ser rechaçada pelo Judiciário, mediante atuação escorreita, proba, transparente, eficiente, efetiva, aufere-se, simétrica e inexoravelmente, maior respeito e aceitabilidade social. Haverá formidável incremento de certeza e estabilidade das decisões judiciais (por exemplo: a "virada jurisprudencial", consistente na opção judicial pela superação de certa jurisprudência, haverá de produzir efeitos *ex nunc*, preservando-se os efeitos pretéritos, em reverência às legítimas expectativas dos jurisdicionados na orientação jurisprudencial anterior e à proteção da confiança). As decisões judiciais passarão a desfrutar de maior legitimidade derivada do consenso social. Tem o sabor do óbvio a assertiva de que a confiança do povo em sua Justiça é penhor de manutenção de um regime democrático. Haverá interesse público primário em que a justiça civil funcione melhor.

A democracia substancial pressupõe instituições fortes, eficientes e confiáveis. Porque assim é, a credibilidade da jurisdição estatal (e mesmo daquela não estatal, como no caso da arbitragem) é diretamente proporcional ao grau de efetividade da tutela jurisdicional. O grande desafio do nosso tempo é fazer com que os mecanismos da Justiça civil funcionem melhor.[286]

A fé da sociedade em sua Justiça pressupõe que as decisões judiciais tenham o selo da efetividade; não consentem com sentenças "a surpresa"; exigem o prévio contraditório das partes; reclamam pronunciamentos judiciais que contenham apreciação completa das razões fáticas e jurídicas deduzidas pelas partes; não prescindem do diálogo judicial, debate, observância das garantias constitucionais do processo.

A sociedade, em suas inquietações, haverá de cobrar do juiz uma participação mais efetiva no processo, mediante as múltiplas frações da sociedade civil (partidos políticos, sindicatos, igrejas, associações). Não se pode perder de vista que a crise da justiça é um reflexo da densa crise de mutação da própria sociedade.[287]De outra banda, não se pode olvidar que as mídias têm a responsabilidade de informar adequadamente a sociedade no tocante aos fatos judiciais. Longe de render um bom serviço à causa da fiúza na justiça civil, as mídias, não raro, noticiam fatos judiciais de forma distorcida, deformada, tendenciosa (por exemplo: a mera distribuição de uma ação é apresentada como se fosse uma condenação definitiva, transitada em julgado). Tais imperfeições haverão

---

[286] MITIDIERO, Daniel. *Colaboração no processo civil* cit., p. 137: "Semelhante exigência, de um lado, encontra evidente respaldo no interesse público de chegar-se a uma solução bem amadurecida para o caso levado a juízo, não podendo ser identificada de modo nenhum como uma providência erigida no interesse exclusivo das partes. Com efeito, consoante observa a doutrina, o debate judicial amplia necessariamente o quadro de análise, constrange ao cotejo de argumentos diversos, atenua o perigo de opiniões pré-concebidas e favorece a formação de uma decisão mais aberta e ponderada. Funciona, pois, como um evidente instrumento de 'democratização do processo'. De outro, conspira para reforçar a confiança do cidadão no Poder Judiciário, que espera, legitimamente, que a decisão judicial leve em consideração apenas proposições sobre as quais pode exercer o seu direito a conformar o juízo".

[287] DENTI, Vittorio. *Sistemi e riformi*, cit., p. 171.

Cap. 14 – CONTRADITÓRIO COMO DEVER E A BOA-FÉ PROCESSUAL

de ser corrigidas, em prol do fator pedagógico que os meios de comunicação de massa exercem. A correta informação dos fatos judiciais tem o condão de pavimentar o acesso à estrada da confiança da população no sistema judiciário. Assim como o oxigênio está para os seres vivos, a imprensa livre (e cônscia de sua missão) está para um lídimo regime democrático. O Poder Judiciário preside as liberdades democráticas.

Um processo lento, de custo exorbitante, tecnicamente muito complexo, e por sua natureza distante da população que não quer ou não sabe e, sobretudo, não pode utilizá-lo. A garantia de tratamento igualitário colhe apenas o aspecto formal, mas não a substância do problema.

20. CONCLUSÃO

O sentido propositivo do presente trabalho é o de fomentar a reflexão em torno do marco teórico da nova dimensão do contraditório, como dever, no processo équo e justo. O contraditório, enquanto garantia constitucional, denota que, em seu modo de ser, a lei haverá de estabelecer meios de participação das partes no procedimento, cabendo ao juiz, na governança dos multiníveis do processo, proporcionar-lhes idônea e efetiva participação tendente a influir, eficaz e concretamente, na formação intelectual de seu convencimento e, *ipso facto*, no conteúdo da decisão judicial. Como imperativo do princípio político da participação democrática das partes, em igualdade de condições, da estrutura dialética do processo exsurgirá a legitimação do exercício da jurisdição. Em uma visão moderna, o próprio juiz haverá de ser partícipe ativo do contraditório (protagonismo judicial), juntamente com as partes, em toda a atividade de preparação do julgamento da causa. Com essa dúplice função e na conjuntura de humanização do processo, o contraditório alberga direitos das partes e um feixe de deveres para o juiz. Em sua novel expressão, o contraditório, como dever, exibe dupla feição: para o juiz, o dever de instaurar verdadeiro diálogo judicial, mediante palavras a viva voz, com as partes em mão dupla; para as partes, o dever de colaboração e de cooperação com o fito de aperfeiçoar a qualidade técnica e a efetividade da prestação jurisdicional. O contraditório, como instrumento operacional de diálogo judicial, erige-se em fator de correção (e de legitimação) do exercício da jurisdição. A pedra de toque do contraditório, no contexto do processo garantístico, traduz o dever de o juiz submeter ao prévio filtro purificador do debate das partes todas as questões de fato e de direito relevantes para o julgamento da causa, mesmo aquelas cognoscíveis *ex officio*, sob pena de invalidade da decisão judicial. Por razões de eficiência e no viés da instrumentalidade, o melhor contraditório é o que é proporcionado às partes antes da prolação de qualquer decisão. Admite-se, de forma absolutamente excepcional, como quando das tutelas diferenciadas de urgência (cautelar ou satisfativa), o exercício diferido ou postergado do contraditório.

Por exigências éticas, radicadas em normas jurídicas processuais, as partes, o juiz e todos os que de alguma forma transitem pelo teatro do processo haverão de optar por participação timbrada pelos princípios da boa-fé, da lealdade e da probidade processuais. Na ambiência publicística do processo, o dever de repressão à litigância de má-fé impõe ao juiz, dotado de poderosos instrumentos éticos de moralização do processo, uma luta axiológica sem tréguas contra padrões de conduta processual que objetivamente não se amoldem aos *standards* de comportamentos socialmente aceitáveis, consagrados pela ordem jurídica.

A superação da concepção puramente jurídica do processo deu, em sua dimensão externa, azo à descortinação de escopos sociais e políticos do método estatal de resolução de conflitos. O processo humanizado, a par de fortalecer a confiança do povo em sua Justiça, exibe, pelo arquétipo paradigmático que, por reiteração, dele deriva, ao promover a justa composição da lide, revestida de segurança jurídica advinda da autoridade da coisa julgada, funções de pedagogia e de pacificação sociais, notadamente mediante a eliminação de estados anímicos de insatisfação, os quais, se assim não o fosse, converter-se-iam em desilusões inabaláveis, arrostando graves riscos para a coesão do tecido social.

Parece bem, ao fim e ao cabo, na maternidade do processo justo, notar as contrações entre ação e defesa, sentir a ofegante respiração da metáfora do trabalho de parto natural para dar à luz sentença substancialmente justa, matizada por sentimentos contraditórios: dor e felicidade.

21. BIBLIOGRAFIA

ANDOLINA, Ítalo; VIGNERA, Giuseppe. *Il modello costituzionale de processo civile italiano*: corso di lezioni. Turim: Giapicchelli, 1990.

AROCA, Juan Montero. Los princípios políticos de la nueva Ley de Enjuiciamiento Civil. *Los poderes del juez y de la oralidad*. Valencia: Tirant lo Blanch, 2001.

ASSIS, Araken de. O *contempt of court* no direito brasileiro. *Revista Jurídica*, v. 318, Rio Grande do Sul: Notadez, abr. 2004.

ARAÚJO CINTRA, Antonio Carlos de; GRINOVER, Ada Pellegrini; DINAMARCO, Cândido Rangel. *Teoria geral do processo*. 25. ed. São Paulo: Malheiros, 2009.

BARBI, Celso Agrícola. *Comentários ao Código de Processo Civil*. 13. ed. atual. Eliana Barbi Botellho e Bernardo Pimentel Souza. Rio de Janeiro: Forense, 2008. v. 1.

BARBOSA MOREIRA, José Carlos. O *novo processo civil brasileiro*: exposição sistemática do procedimento. 28. ed. rev. e atual. Rio de Janeiro: Forense, 2010.

_____. Sobre a "participação" do juiz no processo civil. *Temas de direito processual*. Quarta série. São Paulo: Saraiva, 1989.

_____. Os poderes do juiz na direção e na instrução do processo. *Temas de direito processual.* Quarta série. São Paulo: Saraiva, 1989.

_____. O processo civil brasileiro: uma apresentação. *Temas de direito processual.* Quinta série. São Paulo: Saraiva, 1994.

_____. Privatização do processo. *Temas de direito processual.* Sétima série. São Paulo: Saraiva, 2001.

_____. Duelo e processo. *Temas de direito processual.* Oitava série. São Paulo: Saraiva, 2004.

_____. Tutela de urgência e efetividade do direito. *Temas de direito processual.* Oitava série. São Paulo: Saraiva, 2004.

_____. O processo, as partes e a sociedade. *Temas de direito processual.* Oitava série. São Paulo: Saraiva, 2004.

_____. O neoprivativismo no processo civil. *Temas de direito processual.* Nona série. São Paulo: Saraiva, 2007.

_____. O futuro da Justiça: alguns mitos. *Revista de Processo*, v. 102, São Paulo: RT, abr.-jun. 2001.

BEDAQUE, José Roberto dos Santos. *Efetividade do processo e técnica processual.* 2. ed. São Paulo: Malheiros, 2007.

BUENO, Cassio Scarpinella. *Curso sistematizado de direito processual civil*: teoria geral do direito processual civil, 1. 3. ed. São Paulo: Saraiva, 2009.

CABRAL, Antonio do Passo. O contraditório como dever e a boa-fé processual objetiva. *Revista de Processo*, n. 126, ano 30, São Paulo: RT, ago. 2005.

_____. O processo como superego social: um estudo sobre os fins sociais da jurisdição. *Revista de Processo*, n. 115, ano 29, São Paulo: RT, maio-jun. 2004.

CADIET, Loïc. *Code de Procédure Civile.* Paris, 2010.

CALAMANDREI, Piero. *Il giudice e lo storico – 1939.* Opere giuridiche. Napoli: Morano, 1965. v. 1.

_____. *Istituzioni di diritto processuale civile.* Padova: CEDAM, 1941. v. 1.

_____. *Il processo come giuoco.* Scritti in onore di Francesco Carnelutti. Padova: CEDAM, 1950. v. 2.

_____. *Il processo come giuoco – 1950.* ID. Opere giuridiche, a cura di Cappelletti. Napoli: Morano, 1965. v. 1.

CÂMARA, Alexandre Freitas. *Lições de direito processual civil.* 19. ed. Rio de Janeiro: Lumen Juris, 2009.

CAPONE, Arturo. *Iura novit cúria.* Studio sulla riqualificazione giuridica del fatto nel processo penale. Milano: CEDAM, 2010.

CAPPELLETTI, Mauro; GARTH, Bryant. *Acesso à justiça*. Trad. Ellen Gracie Northfleet. Porto Alegre: Fabris, 1998.

_____. *La testemonianza della parte nel sistema dell'oralità*, I. Milano, 1962.

_____. *Juízes legisladores?* Trad. Carlos Alberto Alvaro de Oliveira. Porto Alegre: Fabris, 1999.

CARNEIRO, Paulo Cezar Pinheiro. *Acesso à justiça*: Juizados Especiais Cíveis e ação civil pública. 2. ed. rev. e atual. Rio de Janeiro: Forense, 2007.

_____. A ética e os personagens do processo. *Revista Forense*, v. 358, Rio de Janeiro: Forense, nov.-dez. 2001.

CARNELUTTI, Francesco. *Diritto e processo*. Napoli, 1958.

_____. *Instituciones del proceso civil*. Trad. la quinta edicon italiana por Santiago Sentis Melendo. Buenos Aires: EJEA.

_____. Torniamo al giudizio. *Rivista di Diritto Processuale*, 1949.

CHIOVENDA, Giuseppe. *Instituições de direito processual civil*. 4. ed. Campinas: Bookseller, 2009.

_____. *Saggi di diritto processuale*. Roma, 1930. v. 1.

CIPRIANI, Franco. *Il processo civile nello stato democratico*. Saggi. Collana: Biblioteca di diritto processuale, 16. Napoli: Edizioni Scientifiche Italiane, 2006.

_____. Il procedimento cautelare tra efficienza e garanzie. *Il processo civile nello Stato democratico*. Saggi. Collana: Biblioteca di diritto processuale, 16. Napoli: Edizioni Scientifiche Italiane, 2006.

COMOGLIO, Luigi Paolo. Garanzie costituzionali e "giusto processo" (modelli a confronto). *Revista de Processo*, 90, São Paulo: RT, abr.-jun. 1998.

CONTE, Philippe; LARGUIER, Jean. *Procédure civile* – droit judiciaire privé. 17. ed. Paris: Dalloz, 2000.

DEMARCHI, Paolo Giovanni. *Il nuovo processo civile*. Il processo di cognizione e di esecuzione. Il nuovo rito cautelare. Il nuovo procedimento sommario. Milano: Giuffrè, 2009.

DENTI, Vittorio. Questioni rilevabili d'ufficio e contraddittorio. *Rivista di Diritto Processuale*, n. 2, Padova: CEDAM, 1968.

_____. *Sistemi e riformi*: Studi sulla giustizia civile. Bologna: Mulino, 1999.

DINAMARCO, Cândido Rangel. *O princípio do contraditório e sua dupla destinação* – Fundamentos do processo civil moderno. São Paulo: Malheiros, 2002. t. I.

_____. *Instituições de direito processual civil*. 6. ed. rev. e atual. São Paulo: Malheiros, 2009. v. 1.

_____. *A instrumentalidade do processo*. 13. ed. rev. e atual. São Paulo: Malheiros, 2008.

FAZZALARI, Elio. *Istituzioni di diritto processuale*. 4. ed. Padova: CEDAM, 1986.

FUX, Luiz. *Curso de direito processual civil*. Rio de Janeiro: Forense, 2004.

GAMBA, Cinzia. *L'integrazione dell'art. 101 CPC, il contraddittorio sulle questioni rilevate d'ufficio e la "scommessa aperta" dell'ordinamento processuale*. In: TARUFFO, Michele. *Le riforme del diritto italiano, Il processo civile riformato, Introduzione: le ultime riforme della giustizia civile*. Torino: Zanichelli, 2010.

GRADI, Marco. Il principio del contraddittorio e le questioni rilevabili d'ufficio. *Revista de Processo*, v. 186, São Paulo: RT, ago. 2010.

GRASSO, Eduardo. *La pronuncia d'ufficio*. Milano: Giuffrè, 1967.

_____. La collaborazione nel processo civile. *Rivista di diritto processuale*, XXI, 1965.

GRECO, Leonardo. *Instituições de processo civil*. Rio de Janeiro: Forense, 2011. v. 1.

_____. *O princípio do contraditório*. Estudos de direito processual. Rio de Janeiro: Faculdade de Direito de Campos, 2005.

_____. Publicismo e privatismo no processo civil. *Revista de Processo*, v. 164, São Paulo: RT, 2008.

GRINOVER, Ada Pellegrini. *Novas tendências do direito processual*: de acordo com a Constituição de 1988. São Paulo: Forense Universitária, 1990.

HABERMAS, Jürgen. *Faktizität und geltung*. Frankfurt: Suhrkamp, 1998.

JUNOY, Joan Picó i. *La modificación de la demanda en el proceso civil*. Reflexiones sobre la prohibición de mutatio libelli. Valencia: Tirant lo Blanch, 2006.

LEONEL, Ricardo de Barros. *Causa de pedir e pedido*: o direito superveniente. São Paulo: Método, 2006.

LIEBMAN, Enrico Tullio. *Eficácia e autoridade da sentença e outros escritos sobre a coisa julgada*. 4. ed. Trad. Alfredo Buzaid e Benvindo Aires. Trad. dos textos posteriores à edição de 1945 de Ada Pellegrini Grinover, com notas relativas ao direito brasileiro vigente de Ada Pellegrini Grinover. Rio de Janeiro: Forense, 2007.

LIMA, Alcides de Mendonça. O princípio da probidade no Código de Processo Civil brasileiro. *Revista de Processo*, 16, out.-dez. 1979, São Paulo: RT.

LUGO, Andrea. *Manuale di diritto processuale civile*. 13. ed. Milano: Giuffrè, 1999.

LUISO, Francesco P. *Diritto processuale civile* – I. Principi generali. 3. ed. Milano: Giuffrè, 2000.

LUHMANN, Niklas. *Legitimação pelo procedimento*. Legitimation durch verfahren. Trad. Maria da Conceição Côrte-Real. Brasília: Universidade de Brasília, 1980.

MANDRIOLI, Crisanto. *Diritto processuale civile*: nozioni introduttive e disposizioni generali. 13. ed. Torino: Giappichelli, 2000. v. 1.

MARINONI, Luiz Guilherme; MITIDIERO, Daniel. *Código de Processo Civil* –Comentado artigo por artigo. São Paulo: RT, 2008.

_____. *Novas linhas do processo civil*. 4. ed. São Paulo: Malheiros, 2000.

_____. *Curso de processo civil*: teoria geral do processo. 2. ed. rev. e atual. São Paulo: RT, 2007. v. 1.

MELENDO, Santiago Sentis. *Estudios de derecho procesal*. Buenos Aires: EJEA, 1967.

MENDES, Aluisio Gonçalves de Castro. *Temas atuais de direito processual civil*. Ações coletivas no direito comparado e nacional. 2. ed. rev. atual. e ampl. São Paulo: RT, 2010. v. 4.

MENDES, Gilmar Ferreira; BRANCO, Paulo Gustavo Gonet. *Curso de direito constitucional*. 7. ed. São Paulo: Saraiva, 2012.

MENEZES CORDEIRO, António Manuel da Rocha e. *Da boa-fé no direito civil*. Coimbra: Almedina, 2011.

MENEZES, Gustavo Quintanilha Telles de. A atuação do juiz na direção do processo. In: FUX, Luiz (Coord.). *O novo processo civil brasileiro*: direito em expectativa (reflexões acerca do projeto do novo Código de Processo Civil). Rio de Janeiro: Forense, 2011.

MINIATO, Lionel. *Le principe du contradictoire en droit processuel*. Paris.

MITIDIERO, Daniel. *Colaboração no processo civil*: pressupostos sociais, lógicos e éticos. São Paulo: RT, 2009.

MONTESANO, Luigi; ARIETA, Giovanni. *Diritto processuale civile*: Le disposizioni generali. 3. ed. Torino: Giappichelli, 1999. v. 1.

MORALES, Hernando. *Curso de derecho procesal civil* – parte general. 6. ed. Bogota: Editorial ABC, 1975.

MOREIRA PINTO, Junior Alexandre. *A* causa petendi *e o contraditório*. São Paulo: RT, 2007.

NERY JUNIOR, Nelson. *Princípios do processo civil na Constituição Federal*. 8. ed. rev. ampl. e atual. São Paulo: RT, 2004.

OLIVEIRA, Carlos Alberto Alvaro de. O formalismo-valorativo no confronto com o formalismo excessivo. *Revista Forense*, n. 388, Rio de Janeiro: Forense, nov.-dez. 2006.

_____. Poderes do juiz e visão cooperativa do processo. *Revista da Faculdade de Direito da Universidade de Lisboa*, 44/194, 2003.

_____. A garantia do contraditório. *Revista Forense*, n. 346, Rio de Janeiro: Forense, abr.-jun. 1999.

PICARDI, Nicola. *Torniamo al giudizio?* La giurisdizione all'alba del terzo millennio. Milano: Giuffrè, 2007.

PINHO, Humberto Dalla Bernardina de. *Direito processual civil contemporâneo. Teoria geral do processo*. 4. ed. São Paulo: Saraiva, 2012. v. 1.

_____. Os princípios e as garantias fundamentais no projeto de Código de Processo Civil: breves considerações acerca dos arts. 1.º a 12 do PLS 166/10. *Revista Eletrônica de Direito Processual – REDP*. Disponível em: <www.redp.com. br>.

PONTES DE MIRANDA, Francisco. *Comentários ao Código de Processo Civil*. 3. ed. atual. Sergio Bermudes. Rio de Janeiro: Forense, 1995. t. I.

RIBEIRO, Darci Guimarães. O sobreprincípio da boa-fé processual como decorrência do comportamento da parte em juízo. *Revista Forense*, v. 381, Rio de Janeiro: Forense, set.-out. 2005.

RICCI, Gian Franco. *La riforma del processo civile*. Torino: Giappichelli, 2009.

RÓS BODART, Bruno Vinícius; ARAÚJO, José Aurélio de. Alguns apontamentos sobre a Reforma Processual Civil italiana – Sugestões de direito comparado para o anteprojeto do novo CPC brasileiro. In: FUX, Luiz (Coord.). *O novo processo civil brasileiro*: direito em expectativa (reflexões acerca do projeto do novo Código de Processo Civil). Rio de Janeiro: Forense, 2011.

SANTOS, Ernane Fidélis dos. *Manual de direito processual civil*: processo de conhecimento. 12. ed. rev. atual. e ampl. São Paulo: Saraiva, 2007. v. 1.

SOUZA, Miguel Teixeira de. *Estudos sobre o novo processo civil*. 2. ed. Lisboa: Lex, 1997.

TARUFFO, Michele. *Le riforme del diritto italiano, Il processo civile riformato, Introduzione:* le ultime riforme della giustizia civile. Torino: Zanichelli, 2010.

_____. *La motivazione della sentenza*. Il processo civile riformato. Torino: Zanichelli, 2010.

_____. *Introduzione:* le ultime riforme della giustizia civile.

_____. *Páginas sobre justicia civil*. Determinación de los hechos y contradictorio en la tutela sumaria. Madrid, 2009.

_____. *Páginas sobre justicia civil*. Leyendo a Ferrajoli: Consideraciones sobre la jurisdicción. Madrid, 2009.

THEODORO JÚNIOR, Humberto. *Curso de direito processual civil*. 51. ed. Rio de Janeiro: Forense, 2010. v. 1.

_____. Boa-fé e processo – princípios éticos na repressão à litigância de má-fé – papel do juiz. *Revista Jurídica*, v. 368, Rio Grande do Sul: Notadez, jun. 2008.

_____. Abuso de direito processual no ordenamento jurídico brasileiro. *Revista Forense*, v. 344, Rio de Janeiro: Forense, 1998.

TOMMASEO, Ferruccio. *Appunti di diritto processuale civile*: nozione introduttive. 4. ed. Torino: Giappichelli, 2000.

TORNAGHI, Hélio. *Comentários ao Código de Processo Civil*. São Paulo: RT, 1974. v. 1.

TROCKER, Nicolò. *Processo civile e Costituzione* – Problemi di diritto tedesco e italiano. Milano: Giuffrè, 1974.

_____. Il nuovo articolo 111 della costituzione e il "giusto processo" in materia civile. *Rivista Trimestrale di Diritto e Procedura Civile*, 2001.

TUPINAMBÁ, Carolina. Novas tendências e participação processual – O *amicus curiae* no anteprojeto do novo CPC. In: FUX, Luiz (Coord.). *O novo processo civil brasileiro*: direito em expectativa (reflexões acerca do projeto do novo Código de Processo Civil). Rio de Janeiro: Forense, 2011.

VERDE, Giovanni. *Profili del processo civile*: parte generale. 6. ed. Napoli: Jovene, 2002.

_____. *Diritto processuale civile*, I. Parte generale. Bologna, 2009.

O PRINCÍPIO DO CONTRADITÓRIO, A BOA-FÉ PROCESSUAL, AS MATÉRIAS COGNOSCÍVEIS DE OFÍCIO E AS DECISÕES JUDICIAIS DE FIXAÇÃO DE HONORÁRIOS DE SUCUMBÊNCIA

15

Márcio Carvalho Faria

Sumário: 1. Noções gerais acerca do contraditório – 2. A *correttezza processuale*, a atuação dos sujeitos do processo e o princípio do contraditório – 3. Especificamente: o contraditório das matérias de ordem pública e a impossibilidade de sentenças-surpresa – 4. Os honorários advocatícios sucumbenciais: importância, cabimento e forma de fixação – 5. O *deficit* constitucional nas decisões de fixação de honorários sucumbenciais – 6. Conclusões – 7. Referências bibliográficas.

1. NOÇÕES GERAIS ACERCA DO CONTRADITÓRIO

Muitas e de excelente nível são as obras que se propuseram – e se propõem – a versar, proficuamente, sobre o princípio constitucional do contraditório.[1] Não é esse, assim, o nosso objetivo, embora seja indispensável tecer breves considerações a respeito.

---

[1] Sobre o tema, consulte, por exemplo: GRECO, Leonardo. O princípio do contraditório. *Revista Dialética de Direito Processual*, v. 24, São Paulo: Dialética, 2005, p. 71-79; OLIVEIRA, Carlos Alberto Alvaro de. O juiz e o princípio do contraditório. *Revista de Processo*, v. 71, São Paulo: RT, 1993, p. 30-38; DINAMARCO, Cândido Rangel. *Instituições de direito processual civil*. 6. ed. São Paulo: Malheiros, 2009. v. 1; LOPES, João Batista. Contraditório, paridade de armas e motivação da sentença. In: MEDINA, José Miguel Garcia et alii. (Coord.). *Os poderes do juiz e o controle das decisões judiciais*: estudos em homenagem à professora Teresa Arruda Alvim Wambier. São Paulo: RT, 2008. p. 265-270, dentre outros, citados ao longo do texto.

A origem[2] do contraditório é remota, e contraditória. Guilherme Luis Quaresma dos Santos,[3] por exemplo, encontra-a na *Magna Charta Libertatum*, de João I, o "Sem-Terra", de 15 de junho de 1215, mais especificamente no art. 38, que versava sobre o devido processo legal.

Para Leonardo Greco,[4] entretanto, as raízes do princípio são ainda mais vetustas, sendo observada, a ideia de audiência bilateral, na Antiguidade grega, mencionada por Eurípedes, Aristófanes e Sêneca.

Moacyr Amaral Santos,[5] em interessante estudo histórico do processo, afirma que o contraditório pode ser encontrado já nos primórdios do estudo do direito processual, já no primeiro dos três períodos do processo em Roma, qual seja, o da *legis actiones*, que vai desde a fundação de Roma (754 a.C.) até o ano 149 a.C.

Em síntese, pode-se dizer que nesse tempo sua incidência estaria limitada ao binômio *ciência + participação*,[6] pelo qual se deveria garantir, necessariamente, a observância daquela, enquanto esta, por seu turno, poderia, ou não, se realizar,[7] de acordo com a vontade e a observância de certos requisitos pelo interessado.[8]

---

[2] Interessante resumo histórico pode ser encontrado em THEODORO JÚNIOR, Humberto; NUNES, Dierle José Coelho. Princípio do contraditório: tendências de mudança de sua atuação. *Revista da Faculdade de Direito do Sul de Minas*, v. 28, Pouso Alegre: RFDSM, jan.-jun. 2009, p. 177-206.

[3] SANTOS, Guilherme Luís Quaresma Batista. Algumas notas sobre o contraditório no processo civil. *Revista de Processo*, v. 194, São Paulo: RT, 2011, p. 69-97, esp. p. 70-71.

[4] GRECO, Leonardo. O princípio do contraditório cit., p. 71.

[5] SANTOS, Moacyr Amaral. *Primeiras linhas de direito processual civil*. 27. ed. São Paulo: Saraiva, 2010. v. 1, p. 37-40.

[6] Nas palavras de Cassio Scarpinella Bueno: "O núcleo essencial do contraditório compõe-se, de acordo com a doutrina tradicional, de um binômio: 'ciência e resistência' ou 'informação e reação'. O primeiro destes elementos é sempre *indispensável*; o segundo, *eventual ou possível*" (BUENO, Cassio Scarpinella. *Curso sistematizado de direito processual civil*. 2. ed. São Paulo: Saraiva, 2008. v. 1, p. 107-108).

[7] Sobre o tema, Carlos Alberto Alvaro de Oliveira e Daniel Mitidiero: "(...) O conceito tradicional do princípio do contraditório está intimamente vinculado a uma concepção formal do processo, em que o juiz assumiria uma posição essencialmente passiva. Esse modo de ver o problema ressai claramente da clássica definição de Joaquim Canuto Mendes de Almeida, 1937, para quem o contraditório é 'a ciência bilateral dos atos e termos processuais e a possibilidade de contrariá-los'. Embora estejam presentes dois elementos fundamentais ao conceito, a informação e a possibilidade de reação, não se vislumbra ainda a necessidade de ser submetida ao contraditório toda a matéria que será objeto de decisão, mesmo quando decorrente do poder oficial do juiz. Na visão atual, o direito fundamental do contraditório situa-se para além da simples informação e possibilidade de reação, conceituando-se de forma mais ampla na outorga de poderes para que as partes participem no desenvolvimento e no resultado do processo, da forma mais paritária possível, influenciando de modo efetivo a formação dos pronunciamentos jurisdicionais. (...)", OLIVEIRA, Carlos Alberto Alvaro; MITIDIERO, Daniel. *Curso de processo civil*. Teoria geral do processo civil e parte do direito processual civil. São Paulo: Atlas, 2010. v. 1, p. 35-36.

[8] Para Cândido Rangel Dinamarco, contudo, poder-se-ia falar em um "trinômio", qual seja, "pedir-alegar-provar", para quem deve ser dada "a cada uma das partes, ao longo de todo o

Cap. 15 – O PRINCÍPIO DO CONTRADITÓRIO, A BOA-FÉ PROCESSUAL

Tal acepção, todavia, não atende aos ditames do devido processo legal constitucional, sobretudo no atual estágio metodológico em que se encontra a ciência processual.[9] Não mais se admite a inobservância do contraditório nos mais diversos ritos e procedimentos,[10] nos variados processos,[11] quer em jurisdição contenciosa, quer em jurisdição voluntária,[12] seja na tutela individual, seja

---

procedimento, oportunidades para *participar pedindo, participar alegando* e *participar provando*" (DINAMARCO, Cândido Rangel. *Instituições de direito processual civil* cit., p. 221-224).

[9] "Em termos de fases metodológicas, alinham-se quatro grandes linhas atinentes ao direito processual civil: o praxismo, o processualismo, o instrumentalismo e o formalismo-valorativo", MITIDIERO, Daniel. *Colaboração no processo civil*: pressupostos sociais, lógicos e éticos. São Paulo: RT, 2009. p. 29-30.

[10] Para Fernando Gama de Miranda Netto, é possível, inclusive, falar em contraditório no procedimento de investigações realizadas pelas Comissões Parlamentares de Inquérito (CPIs), a fim de consagrar o *devido processo parlamentar*: "(...) Manoel Messias Peixinho e Ricardo Guanabara apoiam a tese do contraditório no inquérito parlamentar, mas não nos moldes em que é aplicado no Poder Judiciário. Discordamos. Com efeito, se a autoridade judicial não tem o poder de colher prova sem assegurar o contraditório e a ampla defesa, como poderá a comissão de inquérito, que aprovará um projeto que poderá macular para sempre a honra e a imagem de uma pessoa, ter o poder de investigar próprio das autoridades judiciais sem que se submeta aos seus mesmos deveres? (...) Luigi Comoglio, Corrado Ferri e Michele Taruffo ensinam que, para a existência de um *contradittorio effetivo*, em processo jurisdicional ou não, é preciso conferir à defesa a real possibilidade de influenciar a formação do convencimento do órgão. (...)" (MIRANDA NETTO, Fernando Gama de. O poder de investigação das Comissões Parlamentares de Inquérito e as garantias processuais do indiciado. In: GRECO, Leonardo; MIRANDA NETTO, Fernando Gama de (Coord.). *Direito processual e direitos fundamentais*. Rio de Janeiro: Lumen Juris, 2005. p. 29-58, esp. p. 50-51).

[11] Em que pese posição conhecida de Liebman, parece não haver dúvidas, atualmente, de que também na execução há obrigatoriedade do respeito ao contraditório, conforme disserta Alexandre Freitas Câmara: "(...) É certo que no processo de execução o juiz não é chamado a prover sobre o mérito da causa, não havendo nesse tipo de processo julgamento da pretensão do demandante ou declaração da existência do crédito exigido. Ocorre, porém, que no módulo processual de execução o juiz é chamado, a todo momento, a proferir decisões quanto a questões, como as referentes à presença das condições da ação e dos pressupostos processuais, ou dos requisitos necessários para a prática dos atos executivos. Basta um exemplo para demonstrar o que se acaba de afirmar. Proposta demanda de execução por quantia certa, é realizada a penhora de um automóvel do executado. Este bem é levado à avaliação judicial, devendo as partes ser intimadas, logo após a elaboração da avaliação, para que tomem conhecimento do seu teor, podendo ainda manifestar-se sobre o mesmo. Isto é contraditório" (CÂMARA, Alexandre Freitas. *Lições de direito processual civil*. 17. ed. Rio de Janeiro: Lumen Juris, 2008. v. 2, p. 51).

[12] "Hoje o direito de influir eficazmente na prestação jurisdicional, seja qual for a sua natureza, com todos os meios aptos a alcançar esse resultado, é uma garantia da qual não pode ser privado qualquer cidadão, como exigência de participação eficaz, haja ou não litígio, haja ou não cognição exaustiva, haja jurisdição provocada ou de ofício, seja qual for o procedimento (Trocker). Pouco importa se a causa versa sobre direito disponível ou indisponível, se a matéria de fato é regida pelo princípio dispositivo ou pelo princípio inquisitório. Os poderes investigatórios do juiz não excluem a participação dos interessados. Recupera-se, assim, o caráter lógico-formal e metodológico do contraditório como instrumento da ordem judiciária, daquela ritualidade mínima que legitima o processo como revelador da vontade coletiva, como meio justo para um

na coletiva,[13] e mesmo a sua manifestação *postecipada* deve ser encarada, cada vez mais, como medida excepcional.[14] Trata-se, indubitavelmente, mais que um princípio, de um direito fundamental, sendo esse, segundo Leonardo Greco, o "grande salto do nosso tempo".[15]

Nesse novo panorama, ganha destaque o papel *participativo* do juiz. Como é cediço, de há muito, o processo não pode, e não deve ser, considerado como "coisa das partes", na qual o juiz, inerte e passivo, assiste ao "jogo"[16] travado entre as partes, a fim de que, posteriormente, pudesse escolher, sob seu livre convencimento motivado (*v.g.* arts. 131 e 436 do CPC), aquele que, a seu talante, aparentasse ter razão (= verdade possível[17]). Nesse prisma, a noção *estática* do contraditório (entendida como mera *bilateralidade*, no sentido de que, garantidas, aos interessados, ciência e possibilidade de intervenção, tudo estaria a contento) perde força.[18]

Passa-se, destarte, a falar-se em contraditório *dinâmico*, em que o juiz, em uma postura eminentemente democrática,[19] *participa e dialoga* com os interessados, ouvindo-lhes, consultando-lhes, advertindo-lhes e, sobretudo, permitindo que seu convencimento seja formado sob o crivo do debate prévio, efetivo e real.[20]

---

fim justo, ou melhor, como meio justo sem o qual não haverá possibilidade de reconhecer que o resultado seja justo" (GRECO, Leonardo. O princípio do contraditório cit., p. 77).

[13] Nesse sentido: DINAMARCO, Cândido Rangel. *Instituições de direito processual civil* cit., item 87, p. 225-226.

[14] "Contraditório eficaz é sempre prévio, anterior a qualquer decisão, devendo sua postergação ser totalmente excepcional e fundamentada na convicção firme da existência do direito do requerente e na cuidadosa ponderação de interesses em jogo e dos riscos da antecipação e do retardamento da decisão. Conrado Ferri chega a afirmar que o prévio contraditório é um instrumento de civilidade jurídica e que o contraditório *a posteriori* distorce e reduz o sentido da garantia" (GRECO, Leonardo. O princípio do contraditório cit., p. 74-75).

[15] "(...) Esse é o grande salto do nosso tempo: de princípio a garantia fundamental. Para isso, o contraditório não pode mais apenas reger as relações entre as partes e o equilíbrio que a elas deve ser assegurado no processo, mas se transforma numa ponte de comunicação de dupla via entre as partes e o juiz. Isto é, o juiz passa a integrar o contraditório, porque, como meio assecuratório do princípio político da participação democrática, o contraditório deve assegurar às partes todas as possibilidades de influenciar eficazmente as decisões judiciais. (...)" (idem, p. 73).

[16] CALAMANDREI, Piero. *Il processo come giuoco*. Scritti giuridici in onore di Francesco Carnelutti. Padova: CEDAM, 1950. v. 2.

[17] Sobre o tema, com ampla discussão sobre a teoria das provas: SANTOS, Moacyr Amaral. *Primeiras linhas de direito processual*. 26. ed. São Paulo: Saraiva, 2010. v. 2.

[18] "Por contraditório deve entender-se, de um lado, a necessidade de dar conhecimento da existência da ação e de todos os atos do processo às partes, e, de outro, a possibilidade de as partes reagirem aos atos que lhes sejam desfavoráveis" (...), NERY JUNIOR, Nelson. *Princípios do processo na Constituição Federal*. 9. ed. São Paulo: RT, 2009. p. 206.

[19] NUNES, Dierle José Coelho. *Processo jurisdicional democrático*. Curitiba: Juruá, 2010.

[20] Sobre o tema, Leonardo Greco: "(...) complementando essas ideias, Giovanni Verde considera que o juiz possa ser terceiro e imparcial, mesmo quando exerce poderes próprios na investigação

Cap. 15 – O PRINCÍPIO DO CONTRADITÓRIO, A BOA-FÉ PROCESSUAL

Assim, não é suficiente a possibilidade de se manifestar, de apresentar suas alegações em juízo, de recorrer, de agir, de *falar*; deve ser garantido, ademais, o direito de influenciar, de produzir resultados válidos no processo, de *ser ouvido*. Para se ter uma ideia melhor do que aqui se afirma, basta pensar em alguns exemplos do cotidiano: quantas e quantas vezes um professor *falou* horas e horas para seus alunos, sem ser efetivamente *ouvido*? Do mesmo modo: quantas e quantas vezes os pais *falaram* a seus filhos, aconselhando-os, sem que fossem, de fato, *ouvidos*? Por fim, e no mesmo caminho: quantas e quantas vezes uma parte *falou* nos autos, sem que o julgador tivesse o mínimo de atenção para aquilo que é ali colocado, sem que, em síntese, ele lhe desse *ouvidos*?[21]

Tem-se, aqui, especialmente, um dos aspectos mais caros ao contraditório, qual seja, *a igualdade concreta ou material*, com a assunção de uma função paritária do juiz na condução do processo, em permanente diálogo humano, em um viés policêntrico e coparticipativo, afastando qualquer protagonismo. Vê-se, como Dierle José Coelho Nunes,[22] o contraditório como "fonte primordial para uma reconstrução democrática do exercício da função estatal".

É nesse espaço que se insere nosso alvo de debate, porquanto, sob a perspectiva de um processo democrático, apegado à lealdade processual e ao

---

instrutória, em rigoroso respeito ao contraditório e aos direitos de defesa das partes. O juiz não pode ser no processo uma divindade imperturbável e distanciada. Por isso desde a Antiguidade o processo foi configurado como *actus trium personarum*. O mero contraditório entre as partes, sem nenhuma intervenção do juiz, não é suficiente e às vezes é até distorsivo. (...)
O juiz que não confia na boa-fé das partes e nos advogados é que tende a tornar-se autoritário, indo em busca de uma pretensa justiça com os seus próprios meios, e respeitando apenas formalmente o contraditório, a ampla defesa e o próprio princípio da demanda. É o juiz führer do processo, que somente acredita em si próprio" (GRECO, Leonardo. Publicismo e privatismo no processo civil. *Revista de Processo*, v. 164, São Paulo: RT, 2008, p. 29-56).

[21] Fredie Didier Júnior, de certo modo, aborda o tema, embora com outras palavras: "(...) A garantia da participação é a dimensão formal do princípio do contraditório. Trata-se da garantia de ser ouvido, de participar do processo, de ser comunicado, poder falar no processo. Esse é o conteúdo mínimo do princípio do contraditório e concretiza a visão tradicional a respeito do tema. De acordo com esse pensamento, o órgão jurisdicional efetiva a garantia do contraditório simplesmente ao dar ensejo à ouvida da outra parte.
Há, porém, ainda, a dimensão substancial do princípio do contraditório. Trata-se do 'poder de influência'. Não adianta permitir que a parte simplesmente participe do processo. Apenas isso não é o suficiente para que se efetive o princípio do contraditório. É necessário que se permita que ela seja ouvida, é claro, mas em condições de poder influenciar a decisão do magistrado. Se não for conferida a possibilidade de a parte influenciar a decisão do órgão jurisdicional – e isso é o poder de influência, de interferir com argumentos, ideais, alegando fatos, a garantia do contraditório estará ferida. É fundamental perceber isso: o contraditório não se efetiva apenas com a ouvida da parte; exige-se a participação com a possibilidade, conferida à parte, de influenciar no conteúdo da decisão. (...)" (DIDIER JR., Fredie. *Curso de direito processual civil*. Salvador: JusPodivm, 2011. v. 1, p. 56).

[22] NUNES, Dierle José Coelho. *O processo jurisdicional...*, Op. cit., p. 53.

formalismo-valorativo,[23] e objeto de uma verdadeira *comunidade de trabalho* (*Arbeitsgemeinschaft* ou *comunione del lavoro*),[24] não se tolera que uma decisão judicial possa ser prolatada sem a observância restrita desses contornos constitucionais. Apesar disso, verifica-se que, a despeito de todo o trabalho hercúleo da doutrina nacional e alienígena, nem sempre isso tem sido cumprido. Analisar -se-á, destarte, *sub oculi*, sob tal parâmetro, uma das obrigações estabelecidas em lei que devem ser cumpridas pelo julgador, quando da prolação de sua sentença, qual seja, a fixação dos honorários de sucumbência (quando cabíveis, obviamente).[25]

2. A *CORRETTEZZA PROCESSUALE*, A ATUAÇÃO DOS SUJEITOS DO PROCESSO E O PRINCÍPIO DO CONTRADITÓRIO

Não é possível falar em contraditório pleno e efetivo sem a participação proba, leal e íntegra de todos os sujeitos do processo, sob pena de a demanda se tornar um jogo de espertezas ou um "malabarismo processual", a contribuir para aumentar a já elevada taxa de ineficiência da justiça, incrementando o descrédito do Poder Judiciário.[26]

Nesse sentido, incumbe às partes,[27] advogados,[28] promotores, juízes[29] e seus auxiliares (servidores, secretários, escrivães, peritos, intérpretes etc.), e até mesmo

---

[23] Sobre o tema, consulte: OLIVEIRA, Carlos Alberto Alvaro de. *Do formalismo no processo civil.* 4. ed. São Paulo: Saraiva, 2010.

[24] Termo cunhado por José Lebre de Freitas e contido em DIDIER JR., Fredie. *Fundamentos do princípio da cooperação no direito processual civil português.* Coimbra: Ed. Coimbra, 2010. p. 14.

[25] *Ad exemplum*, verifica-se que nos mandados de segurança não se permite a sua fixação, conforme se lê das Súmulas 105/STJ e 512/STF e, agora, desde o fim de 2009, do art. 25 da Lei 12.016/2009, que alterou e revogou a anterior 1.533/1951.

[26] Em Portugal, António Menezes Cordeiro relata que "o prestígio dos tribunais, muito elevado há algumas décadas, tem vindo, segundo as sondagens à opinião pública, a cair permanentemente, ficando abaixo do dos deputados (...)" (CORDEIRO, António Menezes. *Litigância de má-fé, abuso do direito de ação e culpa 'in agendo'.* 2. ed. Coimbra: Almedina, 2011. p. 27).

[27] Nesse sentido: CARNEIRO, Paulo Cezar Pinheiro. A ética e os personagens do processo. In: JAYME, Fernando Gonzaga; FARIA, Juliana Cordeiro de; LAUAR, Maira Terra. *Processo civil*: novas tendências. Estudos em homenagem ao professor Humberto Theodoro Júnior. Belo Horizonte: Del Rey, 2008. p. 555-562

[28] "(...) Os advogados, uma vez em funções, ficam ao serviço de interesses que os transcendem. Se não tiverem uma elevada consciência profissional e uma apertada bitola deontológica, tudo lhes passa a ser permitido (...)" (CORDEIRO, António Menezes. *Litigância de má-fé, abuso do direito de ação e culpa 'in agendo'* cit., p. 26-27).

[29] "(...) Perante os abusos de toda a ordem perpetrados nos processos (...), a coberto de garantismo, cabe ao tribunal intervir. Com demasiada frequência, isso não sucede. O juiz deixa arrastar a causa, levando as partes à progressiva exaustão, em vez de, como muitas vezes se impunha, usar o seu poder legítimo para decidir, com justiça, o que lhe seja colocado (...) (idem, p. 25).

aos intervenientes eventuais,[30] respeitar o princípio da probidade[31] (*correttezza processuale*), sem o qual qualquer estudo sobre o contraditório se demonstraria lacunoso. Isso porque, nos tempos de hoje, inviável se afigura uma demanda na qual tudo se justificaria para a obtenção da vitória ou para o adiamento *ad eternum* da derrota inevitável.[32]

No atual estágio do estudo do processo – entendido por alguns, como Carlos Alberto Alvaro de Oliveira[33] e Daniel Francisco Mitidiero,[34] como uma "quarta fase metodológica" –[35] não há (ou não deveria haver) lugar para formalismos vazios, utilização de expedientes burocráticos, prática de chicanas e artimanhas processuais, emprego de "técnicas" duvidosas voltadas à procrastinação da lide e do próprio direito que, claramente, outrem possui. Não se permite, dessa feita, que o processo sirva como instrumento de dificuldade ou entrave à satisfação do direito material, pelo manejo, por um causídico mais bem preparado,[36] de expedientes obscuros e de pouca ou nenhuma valia para a solução do conflito posto sob análise.

---

[30] GRECO, Leonardo. *Instituições de direito processual civil*. Rio de Janeiro: Forense, 2010. v. 2, p. 170: "(...) A probidade ou boa-fé protege a busca da verdade, mas se trata de dever a que estão sujeitos não apenas os litigantes, mas todos os sujeitos processuais, desde o juiz até qualquer participante eventual, como aqueles que fazem lances em hasta pública. (...)".

[31] Para Moacyr Amaral Santos, citado por Fabio Milman, probidade "é a integridade de caráter, soma de virtudes que formam a dignidade pessoal, com a qual se impõem pautem seus atos as pessoas que participam de uma relação, qual a processual, destinada à consagração do ideal de justiça, condição precípua da existência social" (SANTOS, Moacyr Amaral. *Limites às atividades das partes no processo civil*. apud MILMAN, Fabio. *Improbidade processual*: comportamento das partes e de seus procuradores no processo civil. Rio de Janeiro: Forense, 2007. p. 33).

[32] A despeito de críticas severas, conforme as feitas por Montero Aroca e Lozano-Higuero, para quem, segundo Joan Picó i Junoy, esse princípio se trataria de um mito, com raízes em códigos advindos de regimes totalitários (JUNOY, Joan Picó i. *El principio de la buena fe procesal*. Barcelona: J. M. Bosch Editor, 2003. p. 29-30).

[33] OLIVEIRA, Carlos Alberto Alvaro. *O formalismo-valorativo no confronto com o formalismo excessivo*. Disponível em: <http://www.tex.pro.br/wwwroot/00/060823carlos_alberto_alvaro_oliveira. php>. Acesso em: 9 jul. 2012.

[34] MITIDIERO, Daniel Francisco. *Colaboração no processo civil*. São Paulo: RT, 2009. Para o professor gaúcho, as fases metodológicas do processo seriam: 1.ª) praxismo ou pré-história do direito processual; 2.ª) processualismo ou fase da autonomia; 3.ª) instrumentalismo e; 4.ª) formalismo-valorativo.

[35] Entendem, em síntese, os dois professores gaúchos citados que no *formalismo-valorativo* há o aprimoramento das relações entre processo e Constituição, fazendo com que o processo deixe de atender aos ditames frios das leis para ceder espaço às exigências do *devido processo constitucional*.

[36] "(...) *la abogacía es un arte en el cual el conocimiento escolástico de las leyes sirve muy poco, si no va acompañado de la intuición psicológica necesaria para conocer a los hombres, y los múltiples expedientes y maniobras mediante los cuales tratan ellos de plegar las leyes a sus finalidades prácticas.* En vano se espera que los códigos de procedimiento, aun los mejores estudiados teóricamente, sirvan verdaderamente a la justicia si no son sostenidos en su aplicación práctica por la lealtad y la corrección del juego por el *fair play*, cuyas reglas no escritas están principalmente encomendadas a la conciencia y a la sensibilidad de los órdenes forenses (...)" (SOLIMINE, Omar Luis Días. La buena fe en la estructura procesal. In: CÓRDOBA, Marcos M. (Dir.). *Tratado de la buena fe en el Derecho*. Buenos Aires: La Ley, 2004. t. I, p. 862).

Como Piero Calamandrei[37] já asseverava, ainda em meados do século passado, o processo não pode mais ser visto como um jogo, no qual as partes, seus procuradores, os julgadores e todos os demais sujeitos da relação apresentem desconfianças mútuas e individualismos injustificados, a pretexto de melhor atender aos interesses individuais. Como bem alertou Luigi Paolo Comoglio, ao fazer menção a Goldschimidt,[38] o processo não é um instrumento *amoral* e deve, certamente, tomar por consideração não só a atuação de cada um de seus *atores*, mas, e principalmente, o respeito à boa-fé objetivamente considerada.[39]

O processo, assim, não pode ser um palco de horrores, no qual tudo seria permitido a fim de que aquele litigante mais hábil, mais perspicaz ou até mesmo mais ardiloso saísse vitorioso; não pode, nos dias atuais, ser entendido como *coisa das partes*, como meio privado. Suas funções de dirimir conflitos, de fazer atuar a tutela jurisdicional e, principalmente, de mecanismo de concretização de direitos, tornam-no *res publica*, a qual não pode ser deixada, livremente, ao talante das partes. Não mais se tolera que as regras desse jogo sejam utilizadas ao bel-prazer dos seus operadores, sem que se sejam respeitadas as garantias e, principalmente, para o que nos interessa, o *fair play processual*:[40] só assim se pode falar em *processo justo*.[41]

---

[37] CALAMANDREI, Piero. *Il processo come giuoco* cit., apud MACIOCE, Fabio. *Il principio di lealtà, nella prassi processuale e nei rapporti fra poteri*. Disponível em: <http://www.corteconti.it/export/sites/portalecdc/_documenti/chi_siamo/consiglio_di_presidenza/incontri_studio_e_formazione/roma_22_settembre_2010_macioce.pdf>. Acesso em: 10 jul. 2012.

[38] "No processo, como na guerra e na política, a moral não entra" (COMOGLIO, Luigi Paolo. *Etica e tecnica del "giusto processo"*. Torino: Giappichelli, 2004. p. 3-8, apud GRECO, Leonardo. *Instituições de direito processual civil* cit., p. 169).

[39] CABRAL, Antonio do Passo. O contraditório como dever e a boa-fé processual objetiva. *Revista de Processo*, v. 126, São Paulo: RT, 2005, p. 68: "(...) O juiz não pode ser aquele do paradigma liberal, concebido como mero espectador da luta entre as partes. Principalmente no campo processual, onde se está diante de um conflito de interesses, pode ocorrer que 'as partes sejam tentadas a usar de todos os meios, dignos ou não, para conseguirem seu objetivo final'. É certo que cabe ao Estado-juiz zelar pela ética no processo, mas embora todos os sujeitos processuais sejam destinatários dos preceitos da moral processual, é em relação às partes e seus procuradores que o âmbito de incidências das regras legais referentes à moralidade revela-se mais amplo, visando a impedir a figura do *improbus litigator*. (...)".

[40] "[é] antiga a preocupação com a conduta dos sujeitos da demanda. Desde que se deixou de conceber o processo como um duelo privado, no qual o juiz era somente o árbitro, e as partes podiam usar de toda argúcia, malícia e armas contra o adversário para confundi-lo, e se proclamou a finalidade pública do processo civil, passou-se a exigir dos litigantes uma conduta adequada a esse fim e a atribuir ao julgador maiores faculdades para impor *o fair play*. Existe toda uma gama de deveres morais que acabaram traduzidos em normas jurídicas e uma correspondente série de sanções para o seu descumprimento no campo processual. Tudo como necessária consequência de se ter o processo como um instrumento para a defesa dos direitos e não para ser usado ilegitimamente para prejudicar ou para ocultar a verdade e dificultar a reta aplicação do direito, na medida em que este deve atuar em conformidade com as regras da ética. Deveres que alcançam primeiramente às partes, também o fazendo, logo em seguida, aos procuradores dos litigantes e aos julgadores e seus auxiliares" (MILMAN, Fabio. *Improbidade processual*: comportamento das partes cit., p. 32-33).

Cap. 15 – O PRINCÍPIO DO CONTRADITÓRIO, A BOA-FÉ PROCESSUAL

Nesse diapasão, a maior parte dos ordenamentos mundiais tem se preocupado, em maior ou menor escala, em tentar evitar a má-fé no trato do processo, seja disciplinando sanções para os que incorressem nas práticas vedadas, seja utilizando-se de normas-conduta, as quais, nos casos concretos, deveriam ser utilizadas pelo julgador não só como meio de repressão, mas, e principalmente, como prevenção ao abuso.[42-43-44]

---

[41] Nesse sentido, e fazendo referência também à obra de Comoglio, Humberto Theodoro Júnior asseverou: "(...) Das garantias mínimas de um processo justo, idealizado pela ciência processual de nossos tempos, COMOGLIO extrai as seguintes consequências, tendo em consideração a valorização do papel ativo confiado ao juiz:
a) la 'moralización' del proceso, en sus diversos componentes éticos y deontológicos, constituye, hoy más que nunca, el eje esen cial del fair trial o, si se prefere, del 'proceso equo e giusto'; b) El control, bajo el perfil ético y deontológico, de los comportamientos de los sujetos procesales en el ejercicio de sus poderes, ingresa en el área de inderogabilidad del llamado 'orden público procesal', legitimando en tal modo la subsistencia de atribuciones y de intervenciones ex officio del juez; c) El rol activo de este último encuentra una justificación suplementaria, de carácter político y constitucional, en los sistemas judicia les en los que no vengan debilitados, sino más bien se vengan consolidando, el sentido de la confianza y las garantías de credibilidad del aparato jurisdiccional público" (THEODORO JÚNIOR, Humberto. *Boa-fé e processo* – princípios éticos na repressão à litigância de má-fé – papel do juiz. Disponível em: <http://www.abdpc.org.br/abdpc/artigos/Humberto%20Theodoro%20J%C3%BAnior(3)formatado.pdf>. Acesso em: 17 jul. 2010).

[42] De igual modo, conforme bem ressaltou Michele Taruffo, o problema do abuso do processo é mundial e, embora seja, em maior ou menor intensidade, previsto na grande maioria dos ordenamentos, as soluções estão longe de serem encontradas. Veja-se:
"(...) Se si volge uno sguardo 'a volo d'uccello' al panorama dei principali ordinamenti processuali, l'impressione generale che se ne ricava è che il problema dell'abuso del processo sai presente dovunque. Sarebbe tuttavia errato derivate dall'esistenza di una diffusa percezione del problema da conseguenza che esista anche una comune e profonda sensibilità verso gli abusi nell'amministrazione della giustizia, o il convincimento che tutti i sistemi condividano idee comuni e coerenti intorno ao significato e all'importanza dell'abuso del processo. Ancora più infondato sarebbe il convincimento che ovunque siano disponibili rimedi efficienti per prevenire e sanzionare gli abusi.
In realtà le cose sono – come spesso accade – molto più complicate. Si potrebbe probabilmente dire che nessun ordinamento è completamente indifferente al'abuso del processo, ma questo è soltanto l'inizio del problema, non la soluzione, poichè i modi in cui la questione viene affrontata sono numerosi e diversi. (...)
Di conseguenza, il panorama complessivo dell'abuso del processo è complesso e variegato: l'idea generale è probabilmente presente dappertutto, poichè in ogni ordinamento esiste la tendenza a rittenere che i processi dovrebbero essere condotti in modo onesto e corretto, secondo criter generali di buona fede i onestà. Peraltro, questa idea emerge in forme molto diversi ed in dimensioni differenti e qualche volta frammentate. Non si trata quindi di un panorama classico e tranquilo, con livee chiare, colori luminosi e prspettive razionali. Piuttosto, si ha un paesaggio moderno ed in alcune parti astratto o informale, con variazioni e contrasti, forme e toni di colori diversi, tutti all'interno del medesimo contesto. (...)" (TARUFFO, Michele. L'abuso del processo: profili comparatistici. *Revista de Processo*, v. 96, São Paulo: RT, 1999, p. 150-151).

[43] Corroborando o pensamento de Taruffo, Joan Picó i Junoy, ao escrever sobre a realidade espanhola, demonstra que também por lá o princípio da boa-fé processual ainda é pouco estudado:
"(...) Estamos ante una materia de especial repercusión práctica, que afecta a todo tipo de procesos y escasamente analizada por la doctrina procesal española: su repercusiòn práctica se deduce del uso constante por parte de los tribunales de la buena fe procesal, y una evidente

Ocorre, porém, conforme observou Michele Taruffo,[45] que a incidência de tais regras, em vários países do globo, não tem se mostrado eficaz na prevenção e repressão dos abusos, na medida em que, muitas vezes, trata-se de normas múltiplas, confusas, dispersas e dúbias, sendo aplicadas por juízes de formas variadas, díspares e com pouca (ou nenhuma) preocupação com o jurisdicionado e a tutela jurisdicional efetiva. Assim, se de um lado existem normas brandas, lacunosas e de baixo índice de aplicação,[46] de outro há magistrados que, seja por cultura, por desapego, ou por infeliz desconhecimento, não têm a real noção de que a repressão ao abuso de direito processual poderia ser uma das principais formas de realização de justiça. Em verdade, o que se experimenta, lamentavelmente, principalmente nos países da *civil law*, é um processo moroso, intrincado, rebuscado e palco de incontáveis chicanas e armadilhas processuais, as quais, nas mãos de grandes réus, representados muitas vezes pelos mais habilidosos causídicos, têm funcionado como um "salvo-conduto" para a prática odiosa da litigância de má-fé.

A ineficiência é tão grande que Antonio do Passo Cabral chega a fazer menção a um "carnaval procedimental", a um "drama social", vez que "já faz parte da cultura popular o mito de que aquele que tem o melhor advogado sairá vitorioso no processo, rito complexo e incompreensível, comparado frequentemente a um verdadeiro carnaval, onde os foliões, com insaciável volúpia por vitória a qualquer custo, desfilam na avenida com fantasias e alegorias, travestindo suas

---

muestra de ello son las quinientas sentencias que se analizan en este trabajo. (...) Y, por último, debo destacar la escasez de estudios de la buena fe en el ámbito procesal, no existiendo ningún trabajo monográfico español actual sobre esta materia, lo que contrasta con el interés que la misma está suscitando en la doctrina estranjera y en los últimos congresos mundiales de Derecho Procesal (...)" (JUNOY, Joan Picó i. *El principio de la buena fe procesal* cit., p. 37-38).

[44] No Brasil, a situação não é diferente, como relata Petrônio Calmon Filho, onde "não se percebe que haja confiança no sistema, pois não se leva a sério o tema do abuso processual", e continua dizendo que "as disposições legislativas aparentam ser suficientes e perfeitas, mas não são aplicadas na medida da necessidade", já que, "para ser suficiente, o sistema normativo deveria ser melhor, mas a verdadeira solução está no desenvolvimento de uma cultura favorável" (CALMON FILHO, Petrônio. *Abuso do processo*: relatório brasileiro para as XIX Jornadas Ibero-Americanas de Direito Processual Civil. Disponível em: <http://novo.direitoprocessual.org.br/fileManager/ Petronio_Calmon___Abuso_no_processo___relatrio_brasileiro_para_as_XIX_Jornadas_Iberoamericanas.doc>. Acesso em: 07 jul. 2012, p. 14-15)

[45] TARUFFO, Michele. L'abuso del processo: profili comparatistici cit., p. 150. Do mesmo modo, MILMAN, Fabio. *Improbidade processual*: comportamento das partes cit., p. 2.

[46] Judith Martins-Costa traça relevante panorama histórico da "crise da lei", asseverando que "as leis se multiplicam não só em número, mas na modalidade expressiva e sintática. A sua linguagem 'múltipla e discordante, prolixa e ambígua, declamatória e programática' está, enfim, completamente esquecida do desejo voltariano da lei 'claire, uniforme et précise'. Afasta-se para longe o mito de uma linguagem unitária, matematizante, desenvolvida segundo regras de interpretação precisas que atuem, para o intérprete, como critérios constantes e unívocos de leitura (...)" (MARTINS-COSTA, Judith. *A boa-fé no direito privado*. 1. ed. 2.ª tiragem. São Paulo: RT, 2000. p. 282).

Cap. 15 – O PRINCÍPIO DO CONTRADITÓRIO, A BOA-FÉ PROCESSUAL

reais intenções em múltiplos recursos e requerimentos protelatórios, quando não fraudando ou manipulando fatos e documentos".[47]

Nesse diapasão, a saída parece estar, como defende Luiz Guilherme Marinoni,[48] em uma revolução no estudo do processo, na qual o eixo fundamental estaria na tutela dos direitos fundamentais,[49] e não no estudo das regras processuais em si, isoladamente. Trata-se, conforme bem asseverou Carlos Alberto Alvaro de Oliveira,[50] de buscar, no formalismo, o valor, o respeito ao verdadeiro escopo do processo, qual seja, o de implementar, na prática, os direitos fundamentais consagrados nas constituições modernas. Marinoni entende, destarte, que todos os institutos processuais devem ser repensados à luz e em fiel obediência ao texto constitucional, assim como já ocorre em outras searas, notadamente a partir da conhecida "constitucionalização do direito privado",[51] tão em voga nos dias atuais.[52]

---

[47] CABRAL, Antonio do Passo. O contraditório como dever e a boa-fé processual objetiva cit., p. 70.

[48] MARINONI, Luiz Guilherme. *Teoria geral do processo*. 4. ed. São Paulo: RT, 2010. p. 68: "(...) como a adequada prestação jurisdicional depende da universalidade do acesso à justiça, do plano normativo processual, da estrutura material da administração da justiça, bem como do comportamento do juiz, também é preciso pensar na relação entre o *direito fundamental à tutela jurisdicional e o 'modo de ser' da jurisdição*, ou melhor, entre o *direito fundamental processual do particular e a capacidade de o Estado efetivamente prestar a tutela jurisdicional*. (...) Ou seja, não há como conceber a jurisdição em uma dimensão que ignore a sua dinâmica processual, pois o bom resultado da sua tarefa é indissociavelmente ligado ao 'meio instrumental' (técnica processual, estrutura fática, comportamento dos auxiliares judiciários e do juiz) com o qual trabalha. (...)".

[49] "O direito existe para tutelar os direitos fundamentais" (FERRAJOLI, Luigi. *Direito e razão teoria do garantismo penal*. 2. ed. São Paulo: RT, 2006, apud CAMBI, Eduardo. Neoconstitucionalismo e neoprocessualismo. In: FUX, Luiz; NERY JUNIOR, Nelson; WAMBIER, Teresa Arruda Alvim. *Processo e Constituição*: estudos em homenagem ao professor José Carlos Barbosa Moreira. São Paulo: RT, 2006. p. 662-683, esp. p. 680).

[50] OLIVEIRA, Carlos Alberto Alvaro. *O formalismo-valorativo no confronto com o formalismo excessivo* cit., Acesso em: 09 jul. 2012.

[51] Nesse sentido, e percebendo a aplicação de conceitos éticos tanto no direito público como nas relações privadas, Humberto Theodoro Júnior: "(...) O que o Século XX acabou por assistir foi uma invasão da seara do direito pelos valores éticos, em todos os quadrantes do ordenamento, desde o direito público ao privado, com a implantação de categorias novas como o abuso ou desvio de poder, o abuso de direito e a submissão dos negócios jurídicos aos padrões da boa -fé, entre outros" (THEODORO JÚNIOR, Humberto. *Boa-fé e processo* cit., Acesso em: 17 jul. 2012).

[52] Nesse "novo momento" certamente se insere a ideia de "processo jurisdicional democrático" de Dierle José Coelho Nunes, como se nota no sexto capítulo de sua obra, no qual o autor procurou a necessidade de um "juiz garantidor de direitos fundamentais" (NUNES, Dierle José Coelho. *Processo jurisdicional democrático*: uma análise crítica das reformas processuais. 1. ed. 2.ª reimp. Curitiba: Juruá, 2010. p. 177-200) e, obviamente, o *neoprocessualismo* de Eduardo Cambi, para quem "o neoconstitucionalismo e o neoprocessualismo não são tendências que devem ficar apenas no plano teórico, exigindo do operador jurídico novas práticas para que,

Nesse prisma, e no enfoque de proteção e concretude aos direitos fundamentais, ganha destaque primordial o *devido processo legal substancial*, que deve ser público, paritário, tempestivo, adequado, efetivo e *leal*.

É aí, na lealdade, que se insere a cláusula geral da boa-fé objetiva, vez que não se imagina, nos dias atuais, o instrumento pelo instrumento, a forma pela forma, o processo vazio e visto como "mero ordenamento de atividades dotado de cunho exclusivamente técnico, integrado por regras externas, estabelecidas pelo legislador de modo totalmente arbitrário".[53]

Nesse aspecto, o respeito absoluto às matizes do contraditório pleno se afigura, a um só tempo, medida de *efetividade e lealdade*, em vistas à salvaguarda dos direitos fundamentais.

3. ESPECIFICAMENTE: O CONTRADITÓRIO DAS MATÉRIAS DE ORDEM PÚBLICA E A IMPOSSIBILIDADE DE SENTENÇAS-SURPRESA

Como dito, as novas feições do contraditório, em um Estado Democrático de Direito, dão diferentes contornos à atuação jurisdicional. Conforme Luiz Guilherme Marinoni,[54] o processo existe para implementar os direitos fundamentais e, nesse mister, não pode, obviamente, deixar de atender às garantias indispensáveis a um processo justo.

Se antigamente se dizia que a função da jurisdição era aplicar a vontade concreta da lei (Chiovenda) ou, até mesmo, solucionar os conflitos concretos (Carnelutti), hoje se verifica que ela visa à "tutela dos interesses particulares juridicamente relevantes",[55] a fim de que o processo possa "ser um instrumento preocupado com a proteção dos direitos, na medida em que o juiz, no Estado constitucional, além de atribuir significado ao caso concreto, compreende a lei na dimensão dos direitos fundamentais".[56]

A partir dessas premissas, o contraditório passa a ser visto, simultaneamente, como regra processual, a ser observada invariavelmente em todos os ritos e tipos

---

assim, seja possível resistir, sempre com apego na Constituição a toda a forma de retrocessos, o que servirá – e isto, por si só, não é pouco – para a concretização da consciência constitucional e para a formação de uma silenciosa cultura democrática de proteção dos direitos e garantias fundamentais" (CAMBI, Eduardo. Neoconstitucionalismo e neoprocessualismo. In: FUX, Luiz; NERY JUNIOR, Nelson; WAMBIER, Teresa Arruda Alvim. *Processo e Constituição* cit., p. 683).

[53] OLIVEIRA, Carlos Alberto Alvaro. *O formalismo-valorativo no confronto com o formalismo excessivo* cit., Acesso em: 25 jul. 2012.

[54] MARINONI, Luiz Guilherme. *Teoria geral do processo* cit., p. 460.

[55] GRECO, Leonardo. *Instituições de direito processual civil*. Rio de Janeiro: Forense, 2009. v. 1, p. 73.

[56] MARINONI, Luiz Guilherme. *Teoria geral do processo* cit., p. 412-413.

Cap. 15 – O PRINCÍPIO DO CONTRADITÓRIO, A BOA-FÉ PROCESSUAL

de processo e também como elemento indispensável à obtenção da igualdade concreta entre os litigantes, o julgador e todos os sujeitos intervenientes do processo, em uma relação permanente, franca e perene de inter-relação.

Além disso, o direito de participar ativamente do processo, que decorre necessariamente do princípio constitucional do contraditório, determina que (i) nenhuma decisão judicial seja tomada sem que as partes sejam ouvidas previamente, a fim de que seus escritos possam ser tomados em conta pelo julgador quando da *construção* da decisão; (ii) seja dada efetiva ciência, preferencialmente real, de todos os atos do processo, a fim de que todos os interessados possam, eficazmente, dentro de um prazo razoável, analisá-los, estudá-los e, se for o caso, manifestar-se; (iii) haja garantias de que todos os meios de prova constitucionalmente legítimos sejam facilmente manejados pelos interessados, para que as alegações retrocitadas possam, *realmente*, servir de elementos robustos e seguros para a formação do conhecimento do juiz.

Todas essas consequências decorrentes da cláusula geral do contraditório passam, necessariamente, por uma *visão constitucional* das regras processuais positivadas em lei, por uma *mudança de paradigma*. Se antigamente se defendia a observância estrita da lei, na qual cabia ao juiz *bouche de la loi* apenas respeitar a obra do legislador,[57] hodiernamente, sobretudo após a Segunda Guerra Mundial, vários países europeus se insuflaram contra a *legalidade estrita*, a fim de que as Cartas Políticas passassem a, *efetivamente, fundar, explicar, concretizar, nortear* toda regra legal.

Nesse diapasão, conforme relembra Eduardo Cambi,[58] a "superação do paradigma da validade meramente formal do direito, em que bastava ao Estado cumprir o processo legislativo para que a lei viesse a ser expressão do direito", tornou "intolerável que em nome da 'vontade do legislador', tudo que o Estado fizesse fosse legítimo". Tem-se, assim, a formação dos Estados Democráticos de Direito, nos quais a *valorização do sentimento constitucional* fez com que o núcleo axiológico da tutela jurídica passasse a ser a dignidade da pessoa humana.

Desse modo, não basta que a *lei seja respeitada*. Seu intérprete deve, antes de analisá-la, colocar os *óculos da Constituição*,[59] para que interprete a regra

---

[57] Sobre o positivismo jurídico, consulte: COMTE, Augusto. Discurso sobre o espírito positivo. Primeira parte. *Os pensadores*. São Paulo: Abril Cultural, 1983. p. 43-65; BOBBIO, Norberto. *O positivismo jurídico*: lições de filosofia do direito. São Paulo: Ícone, 1995. Parte II.

[58] CAMBI, Eduardo. Neoconstitucionalismo e neoprocessualismo. In: FUX, Luiz; NERY JUNIOR, Nelson; WAMBIER, Teresa Arruda Alvim. *Processo e Constituição* cit., p. 662-683, esp. p. 663-664.

[59] Tal expressão é encontrada em vários textos, de diferentes autores, não tendo sido possível identificar, nessa pesquisa, seu criador. Veja-se, apenas *ad exemplum*: MANDELI, Alexandre Grandi. *O princípio da não supresa na perspectiva do formalismo-valorativo*. Disponível em: <http://www.tex.pro.br/tex/listagem-de-artigos/331-artigos-mai-2011b/8251-o-principio-da-nao-surpresa-na-perspectiva-do-formalismo-valorativo>. Acesso em: 09 jul. 2012.

legal sem, nunca, olvidar-se das bases e premissas estabelecidas por ela estabelecidas.

Nesse prisma, o contraditório, como já colocado, deve servir, em todos seus aspectos e características, como *farol interpretativo* ao magistrado, atuando, por vezes, *supletivamente* ou até mesmo *criativamente* em relação à legislação infraconstitucional. Assim, *ad exemplum*, ainda que determinada regra processual afirme ser dispensável a abertura de vistas à parte contrária para responder determinado recurso (como ocorre, infelizmente, ainda nos dias de hoje, na sistemática do agravo interno e dos embargos de declaração), deve o exegeta, à luz do contraditório constitucional, determinar, em cada caso concreto, que o direito de resposta seja garantido. De mesmo modo, tem-se como notória violação à publicidade das decisões (a qual integra, indubitavelmente, o direito de participação incluído no art. 5.º, LIV, CF/1988) a mera *apresentação em mesa para julgamento de determinados recursos*, nos quais o jurisdicionado não consegue, de fato, acompanhar a realização da sessão de julgamento, já que não tem ciência inequívoca de quando – e se – ela se dará.[60]

Tem-se, desse modo, a imperiosidade de uma interpretação prioritária da Constituição para, somente depois, analisar-se a lei, e não o contrário.[61]

Firmadas tais premissas, passemos ao ponto nevrálgico de nosso estudo, qual seja, a (im)possibilidade de conhecimento e julgamento de ofício, pelo magistrado, no processo, sem a prévia oitiva das partes.

Como se sabe, há variadas questões que, mesmo não alegadas pelas partes no processo, devem ser analisadas *ex officio* pelo julgador, na medida em que, por opção legislativa, foram erigidas à condição de *matérias de ordem pública*. Tal se justifica porque, conforme Paulo dos Santos Lucon,[62] "diz(em) respeito a uma diretiva superior, relacionada com o papel do juiz no processo civil moderno", já que "o próprio Estado tem interesse de que sejam respeitadas as regras que disciplinam o modo pelo qual o processo se desenvolve", porquanto "não interessa ao juiz, como representante do Estado, que o processo não se desenvolva regularmente e não possa chegar ao fim colimado, que é justamente

---

[60] Sobre o tema, disserta Athos Gusmão Carneiro: "(...) Já a inclusão do agravo interno em pauta parece-nos obrigatória para ciência e comparecimento dos advogados, máxime nos casos em que o julgamento singular tenha sido de 'mérito', ante a possibilidade de que o colegiado, em negando provimento ao agravo e, pois, confirmando a decisão do relator, venha a prolatar *acórdão de mérito*" (CARNEIRO, Athos Gusmão. *Recurso especial, agravos e agravo interno*. 7. ed. Rio de Janeiro: Forense, 2011. p. 302).

[61] Nesse sentido: BUENO, Cassio Scarpinella. *Curso sistematizado de direito processual civil* cit., p. 92-151.

[62] LUCON, Paulo dos Santos. O art. 515, § 3.º, do Código de Processo Civil, ordem pública e prequestionamento. In: MEDINA, José Miguel Garcia et alii. *Os poderes do juiz e o controle das decisões judiciais*: estudos em homenagem à professora Teresa Arruda Alvim Wambier. São Paulo: RT, 2009. p. 37-46, esp. p. 41.

Cap. 15 - O PRINCÍPIO DO CONTRADITÓRIO, A BOA-FÉ PROCESSUAL

o julgamento de mérito". São, assim, consideradas tão relevantes para o ordenamento que se permite uma exceção à inércia (art. 2.º do CPC), fazendo que o juiz tenha o poder-dever de conhecê-las, conforme se retira, *ad exemplum*, dos arts. 267, § 3.º, e 301, § 4.º, do CPC, ainda que em grau recursal.[63]

Ocorre, contudo, que se faz imperioso distinguir, como já o faz a doutrina europeia desde meados do século passado,[64] a possibilidade de *conhecimento ex officio*, necessária e fundamental, como dito, da possibilidade de *julgamento ex officio*, a qual deve respeitar, sob pena de violação à Constituição Federal, o princípio do contraditório.

Explica-se.

Um dos conteúdos do princípio do contraditório é, conforme leciona Leonardo Greco,[65] a possibilidade *efetiva e prévia* de influência, pelas partes, na formação do convencimento do julgador. Aqui se incluem, assim, a permissão ampla de produção de provas e alegações em juízo (dês que respeitada a lealdade processual, obviamente); a ciência prévia e preferencialmente real de todos os atos do processo; a duração razoável dos prazos processuais, a fim de permitir a plena discussão dos pontos em debate; e, sobretudo, para o que nos interessa, a *igualdade concreta* das partes em juízo, sendo o contraditório instrumento de civilidade jurídica.

Nesse diapasão, a garantia do contraditório deve ser encarada – não somente pelas partes, mas, e principalmente, pelo juiz – como um *vetor* na condução do processo democrático, para que a sentença seja um resultado do diálogo exaustivo entre todos os sujeitos da relação jurídica. Afinal, conforme assevera Cândido Rangel Dinamarco,[66] democracia nada mais é que a observância, simultânea e

---

[63] Essa possibilidade está ligada ao *efeito translativo* dos recursos, que permite que esses pontos sejam transladados ao órgão *ad quem*, mesmo se não houver transferência decorrente do efeito devolutivo. Trata-se, em verdade, de situação excepcional, mas decorrente do princípio inquisitório e completamente compreensível sob o prisma da efetividade processual, vez que, caso contrário, chegar-se-ia ao absurdo de se vedar o conhecimento de tal matéria em grau recursal, mas restariam abertas as portas do Judiciário para que isso ocorresse em sede de ação rescisória, procedimento esse deveras mais custoso e complicado. De se ver, por importante, que a eficácia de tal efeito é deveras inferior nos recursos de índole excepcional, por força do requisito do prequestionamento. Sobre o tema: LUCON, Paulo dos Santos. O art. 515, § 3.º, do Código de Processo Civil, ordem pública e prequestionamento. In: MEDINA, José Miguel Garcia et alii. *Os poderes do juiz e o controle das decisões judiciais* cit.

[64] Como se verá no próximo tópico.

[65] GRECO, Leonardo. O princípio do contraditório cit., p. 74-76.

[66] "(...) Contraditório e o juiz
A garantia constitucional do contraditório endereça-se também ao juiz, como imperativo de sua função no processo e não mera faculdade (o juiz não tem faculdades no processo, senão deveres e poderes – infra, n. 497). A doutrina moderna reporta-se ao disposto no art. 16 do Nouveau Code de Procédure Civile francês como a expressão da exigência de participar, endereçada ao juiz. Diz tal dispositivo: 'o juiz deve, em todas as circunstâncias, fazer observar ele próprio o

indissociável, do trinômio liberdade, igualdade e participação (democracia = liberdade + igualdade + participação). É aqui, exatamente, que se afigura, destarte, a *proibição* de julgamento *ex officio*, a nosso sentir.

Não se tolera, quiçá deve se permitir, a ocorrência de *decisões-surpresa* (*decisione della terza via*, no direito italiano, ou *Überraschungsentcheidungen*, no direito alemão), assim consideradas aquelas que se firmam em fundamentos de fato e/ou de direito que não foram alvo de debate prévio e efetivo das partes. O juiz não pode, como um mágico, extrair da sua *ca(chol)rtola*, fundamentos sobre os quais as partes não manifestaram previamente, ainda que se trate de matérias *congnoscíveis* (e não resolúveis, frise-se!) *ex officio*. Nesse prisma, os adágios *iuri novit curia* e *da mihi factum dabo tibi ius* devem sofrer uma releitura para se adequar à exigência constitucional do contraditório,[67] já que o

---

princípio do contraditório'. A globalização da ciência processual foi o canal de comunicação pelo qual uma regra de direito positivo de um país pôde ser guindada à dignidade de componente desse princípio universal, transpondo fronteiras. A participação que a garantia do contraditório impõe ao juiz consiste em *atos de direção, de prova e de diálogo*. A lei impõe ao juiz, entre seus deveres fundamentais no processo, o de participar efetivamente.

Também pelo diálogo o juiz participa em contraditório. A moderna ciência do processo afastou o irracional dogma segundo o qual o juiz que expressa seus pensamentos e sentimentos sobre a causa, durante o processo, estaria prejulgando e, portanto, afastando-se do cumprimento do dever de imparcialidade. A experiência mostra que o juiz não perde a equidistância entre as partes quando tenta concilia-las, avançando prudentemente em considerações sobre a pretensão mesma ou a prova, quando as esclarece sobre a distribuição sobre o ônus da prova ou quando as adverte da necessidade de provar melhor. (...) O juiz *mudo* tem também algo do *juiz Pilatos* e, por temor ou vaidade, afasta-se do compromisso de fazer justiça. (...)" (DINAMARCO, Cândido Rangel. *Instituições de direito processual civil* cit., p. 230-236).

67 "(...) Há um velho brocardo: *iura novit curia* (do Direito cuida o juiz). Há outro: *da mihi factum dabo tibi ius* (dá-me os fatos, que eu te darei o direito). São dois axiomas que devem ser repensados. Primeiro, sabe-se que não é sempre que o juiz conhece o Direito. Às vezes, o juiz não sabe do que se trata a causa, não tem ideia do que se trata (pode ser uma causa que verse sobre direito estrangeiro, por exemplo). Mas ele também não precisa saber, a princípio. Ele ouvirá o que uma vai dizer, ouvirá o que a outra disser e, pela (juris) prudência, decide. Nenhum juiz é obrigado a saber todo o Direito. *Da mihi factum dabo tibi ius* é expressão que me remete a uma imagem, assim, se me permitem, não muito aprazível. Porque, vejam, não sei se tem uma máquina de Coca-Cola, em que se diz: 'Joga uma moeda e aperta o botão escolhido'. *Da mihi factum* é o jogar a moeda; *dabo tibi ius* é a entrega do refrigerante, sai o 'direito escolhido'. Não é assim. O processo de constituição de direito é muito mais complexo. Não se opera de forma tão simples. Pode o magistrado decidir com base em um argumento, uma questão jurídica não posta pelas partes no processo? Percebam: o magistrado, por exemplo, verifica que a lei é inconstitucional. Ninguém alegou que a lei é inconstitucional. O autor pediu com base na lei tal, a outra parte disse que não se aplicava a lei. E o juiz entende de outra forma, ainda não aventada pelas partes: 'Essa lei apontada pelo autor como fundamento do seu pedido é inconstitucional. Portanto, julgo improcedente a demanda. Ele pode fazer isso? Claro. O juiz pode aplicar o Direito, trazer, aportar ao processo questões jurídicas. Pode? Pode. Mas pode sem ouvir, antes, as partes? Não. Não pode. O juiz teria, nestas circunstâncias, já que ele trará ao processo fundamento jurídico que não está nos autos, intimar as partes para manifestar-se a respeito. Ele teria que dizer: 'Intimem-se as partes para se manifestar sobre a constitucionalidade da lei tal'.

Cap. 15 – O PRINCÍPIO DO CONTRADITÓRIO, A BOA-FÉ PROCESSUAL

direito conhecido pelo magistrado, e só revelado quando do julgamento, sem prévio controle e debate das partes, é ilegítimo e não condizente com o Estado Democrático de Direito.

Vale dizer: embora tal afirmação possa parecer vanguardista no direito brasileiro, a preocupação em evitar os *julgamentos de algibeira* não é recente. Na Itália, Vittorio Denti,[68] desde 1968, alertava acerca dessa proibição.[69-70] Ao

---

Tem que fazer isso. Aí pode alguém vir dizer: Está prejulgando? Não, não está prejulgando — até porque pode estar em dúvida sobre o tema, que lhe veio à cabeça quando estava a preparar a sua decisão. Se ele fizer isso, estará sendo leal com as partes. Por quê? Porque não pegará as partes de surpresa. Porque, se ele não fizer isso, ele vai reconhecer a inconstitucionalidade na sentença, sem ter dado ao autor a chance de poder tê-lo convencido do contrário: não teve a chance de mostrar ao magistrado que aquela lei era constitucional. E, agora, só com a apelação. Como é que se pode restringir o contraditório ao julgamento do recurso? O recurso confere a oportunidade de nova discussão; e não a primeira discussão. Recurso é para restabelecer o curso e não começar um novo curso, a partir dali, para discutir a questão só agora, no Tribunal. Vamos agravar a situação. Imagine o Tribunal de Justiça decidindo com base em questão jurídica não colocada pelas partes, sem a sua prévia manifestação: só lhes restarão os recursos extraordinários, com todas as dificuldades a eles inerentes. A possibilidade de acontecer isso em tribunal é muito grande, notadamente em razão da praxe forense denominada 'entrega de memoriais'. Quantas e quantas vezes, os advogados nos memoriais, dão uma ajeitada no processo, uma corrigida, acrescentando um argumento novo, que não estará nos autos porque os memoriais foram entregues em gabinete do magistrado. Parece-me, então, que o magistrado deve determinar a juntada dos memoriais ao processo, com a subsequente intimação da parte contrária para manifestar-se a respeito" (DIDIER JR., Fredie. *Curso de direito processual civil.* 6. ed. Salvador: JusPodivm, 2006. v. 1, p. 62-63)

68 DENTI, Vittorio. Questioni rilevabili d'ufficio e contraddittorio. *Rivista di Diritto Processuale*, v. 33, Padova: CEDAM, 1968, p. 221-222.

69 Sobre o tema, com várias passagens sobre o direito italiano atual (art. 101, comma 2.º, CPC italiano), veja-se excelente escrito de Marco Gradi, recentemente publicado no Brasil: GRADI, Marco. Il principio del contraddittorio e le questioni rilevabili d'ufficio. *Revista de Processo*, v. 186, São Paulo: RT, 2010, p. 109-160.

70 No Brasil, Bruno Vinícius da Rós Bodart e José Aurélio de Araújo também comentaram o ponto em análise, na reforma italiana de 2009: "(...) O art. 101 do Código de Processo Civil italiano ganhou um novo parágrafo (acrescentado pelo parágrafo décimo terceiro do art. 45 da Lei de Reforma), que visa aumentar a tutela do princípio do contraditório. Com a nova previsão, sempre que o juiz utilizar no fundamento da decisão uma questão suscitada de ofício, sob pena de nulidade, deve dar ciência às partes, que terão um prazo de vinte a quarenta dias para o depósito em chancelaria de uma memória contendo eventuais observações sobre a questão. (...) O art. 183, parágrafo quarto, do CPC italiano já impunha ao juiz o dever de indicar às partes as questões arguíveis de ofício que entende oportuno serem tratadas. Ricci dá notícia, no entanto, de que a norma era constantemente descumprida pelos juízes e, pelo fato de não ser cominada nenhuma sanção, as partes eram sempre surpreendidas na pronúncia final por questões levantadas de ofício sem que tivessem a oportunidade de se manifestar sobre as mesmas. A doutrina e a jurisprudência, mesmo antes da alteração, entendiam que o juiz não pode basear sua decisão em questões de fato ou de direito suscitadas de ofício, sem oportunizar às partes a possibilidade de manifestação sobre as mesmas – é a chamada 'decisão de terceira via', que deve ser precedida de contraditório, sob pena de nulidade. A Corte de Cassação, na sentença n. 14637 de 21 de novembro de 2001, seguiu esse entendi-

comentar a ZPO da Áustria, conforme relatam Humberto Theodoro Júnior e Dierle José Coelho Nunes, Pollak afirmava, *ainda em 1931*, que o tribunal não deveria surpreender as partes com pontos de vista jurídicos que não tivessem sido alvo de análise em fase preliminar.[71]

O direito alienígena, aliás, mesmo com a previsão constitucional do contraditório, houve por assegurar a observância dessa regra nas normas de menor calibre, como relatam Fredie Didier Júnior[72] e Nelson Nery Junior.[73]

---

mento, reiterando-o em outras oportunidades recentes (Cass., 31 de dezembro de 2005, n. 21108; Cass., 5 de agosto de 2005, n. 16577; e Cass., 9 de junho de 2008, n. 15194). A mesma linha, no entanto, não foi seguida em outras decisões da Corte, como na Cass., 27 de julho de 2005, n. 15705, onde se reconheceu a validade de uma sentença fundamentada em questão abordada de ofício e sem contraditório por aplicação do art. 156 do CPC italiano, que dispõe que a nulidade dos atos processuais somente pode ser decretada se prevista pela lei (*Non può essere pronunciata la nullità per inosservanza di forme di alcun atto del processo, se la nullità non è comminata dalla legge*), e considerando que o art. 183 do CPC italiano nada prevê sobre a nulidade da sentença nestes moldes. A novidade legislativa, portanto, é bem-vinda, pois confere segurança jurídica sobre as consequências das decisões de terceira via" (ARAÚJO, José Aurélio de; BODART, Bruno Vinícius da Rós. Alguns apontamentos sobre a reforma processual civil italiana – sugestões de Direito comparado para o anteprojeto do novo CPC brasileiro. In: FUX, Luiz et alii (Org.). *O novo processo civil brasileiro* – direito em perspectiva. Rio de Janeiro: Forense, 2011. p. 25-70, especialmente p. 36-37).

71   THEODORO JÚNIOR, Humberto; NUNES, Dierle José Coelho. Princípio do contraditório: tendências de mudança de sua atuação cit., p. 194.

72   Fredie Didier Júnior, após comentar a lei portuguesa (art. 3.º, 3, CPC português), faz referência à França (art. 16, Novo CPC francês), à Itália (art. 101, 2, CPC italiano) e a Macau (art. 8.º, 2, CPC de Macau). (DIDIER JR., Fredie. *O princípio da colaboração...*, op. cit., p. 17-18).

73   "(...) Nada obstante a proibição de a decisão-surpresa ser decorrência natural do princípio constitucional do contraditório, inserido na Constituição da maioria dos países democráticos, há Estados que explicitam aspectos processuais e procedimentais dessa proibição em seus Códigos de Processo Civil.
Na Alemanha a proibição da Überraschungsentscheidung foi instituída formalmente no direito positivo pela vereinfachungsnovelle, de 1976, pela redação da ZPO 278, III. O instituto vem sendo aperfeiçoado e está regulado, hoje, na ZPO 139, 2, com a redação dada pela reforma de 2001.
A mudança do texto anterior da ex-ZPO § 278, III, para o atual, da vigente ZPO § 139, 2, é significativa. No texto anterior eram objeto da proteção apenas as situações jurídicas, ao passo que na redação atual qualquer situação, de fato ou de direito, é alcançada pela proteção contra decisão-surpresa. Outra alteração é relativa à obrigatoriedade de o tribunal fazer advertência às partes, comunicando-as sobre a possibilidade de haver questões que podem ter passado sem a percepção dos litigantes ou que, de ofício, podem ser decididas pelo juiz. Esse dever de advertência não constava da redação revogada, embora tenha sido sempre considerada, tanto pela doutrina como pela jurisprudência, como necessária. O dever de advertência atribuído ao juiz tem sido considerado pela doutrina como o núcleo central do princípio constitucional do contraditório. (...)
Semelhante tratamento existe no direito processual civil da França, a propósito do CPC francês 16, que proíbe o juiz de fundar suas decisões sobre questões de direito examináveis *ex officio*, sem que tenha intimado as partes para apresentarem suas observações. (...)

No Brasil, a Comissão Reformadora do CPC também se ateve ao problema, acrescendo, no texto original do anteprojeto apresentado ao Senado, várias passagens em que há expressa vedação, ao magistrado, de julgamento de quaisquer matérias sem que, antes, seja conferido aos interessados o direito de manifestação.[74]

A despeito de merecer encômios a iniciativa da douta Comissão, acredita-se, contudo, que mesmo antes da alteração legislativa e a menção expressa em texto de lei desse *dever de advertência* (ou, em alguns casos, até mesmo um *dever de consulta*), ou seja, *mesmo sob a égide da atual legislação, já se torna possível, quiçá imprescindível, falar na impossibilidade de julgamento* ex officio *das matérias de ordem pública.*

Isso porque é no contraditório, regra forte da consagração do princípio democrático no processo, que se encontra a raiz da obrigatoriedade de ciência inequívoca, por todos os interessados, dos atos do processo. Tal diretriz, contida expressamente no texto constitucional (art. 5.º, LV), também pode ser visualizada na cláusula geral do devido processo legal (art. 5.º, XXX) e, por que não dizer, no próprio *acesso à ordem jurídica justa* (art. 5.º, XXXV), vez que não se concebe um efetivo acesso à tutela jurisdicional sem o respeito a um processo devido e, por seu turno, não se reputa cabível falar em processo devido sem o pleno respeito ao contraditório.[75]

Aliás, "se todo poder emana do povo", conforme dispõe o art. 1.º, parágrafo único, CF/1988, e é o processo o palco fundamental para a busca e concretização dos mais comezinhos direitos fundamentais, dúvidas não restam de que, conforme Leonardo Greco,[76] é o contraditório o principal instrumento de efetivação do

---

Reforma ocorrida no processo civil português introduziu regra assemelhada no CPC português 3.º, 3.

Esse dispositivo não retira do juiz a liberdade de decidir de acordo com seu livre convencimento, que 'constitui, de resto, uma da essentialia da função jurisdicional: o que se trata é apenas de evitar, proibindo-as, as *decisões-surpresa*'" (NERY JUNIOR, Nelson. *Princípios do processo na Constituição Federal* cit., p. 228-229).

[74] Art. 10. "O juiz não pode decidir, em grau algum de jurisdição, com base em fundamento a respeito do qual não se tenha dado às partes oportunidade de se manifestar, ainda que se trate de matéria sobre a qual tenha que decidir de ofício." Art. 110, parágrafo único: "As partes deverão ser previamente ouvidas a respeito das matérias de que deve o juiz conhecer de ofício". Art. 469, parágrafo único: "A prescrição e a decadência não serão decretadas sem que antes seja dada às partes oportunidade de se manifestar". Art. 475, parágrafo único: "Se constatar de ofício o fato novo, o juiz ouvirá as partes sobre ele antes de decidir". Art. 845, parágrafo único: "Na hipótese de prescrição intercorrente, deverá o juiz, antes de extinguir a execução, ouvir as partes, no prazo comum de cinco dias".

[75] Vittorio Denti chega, inclusive, a cogitar o desenvolvimento de uma teoria de nulidades processuais derivadas diretamente do contraste com as normas constitucionais e, notadamente, por óbvio, com o contraditório (DENTI, Vittorio. Questioni rilevabili d'ufficio e contraddittorio cit.).

[76] GRECO, Leonardo. O princípio do contraditório cit., p. 79.

próprio Estado *Democrático* de Direito, "porque a Democracia do nosso tempo é essencialmente participativa, ou seja, é o regime de relações entre o Estado e os cidadãos nos quais a todos os indivíduos, nos limites dos seus interesses, é assegurado o direito de participação na formação da vontade estatal".

Dessa feita, e nessa ordem de ideias, ainda antes da aprovação do Novo Código de Processo Civil,[77] e, portanto, sob a égide do direito positivo atual, deve-se reconhecer a *ilegitimidade das decisões ex officio*, ainda que acerca das matérias imprecluíveis e cognoscíveis *ex officio, como forma de aplicação direta do princípio do contraditório*.[78]

4. OS HONORÁRIOS ADVOCATÍCIOS SUCUMBENCIAIS: IMPORTÂNCIA, CABIMENTO E FORMA DE FIXAÇÃO

De acordo com o art. 20 do CPC, aquele que restou vencido na demanda tem a obrigação de pagar as despesas processuais e os honorários do advogado do vencedor. Tal situação ficou conhecida, sobretudo por influência de Giuseppe Chiovenda, como o *princípio da sucumbência*, cujo histórico remonta ao direito romano, no qual, de forma oposta, determinava-se que o vencido somente arcaria com as despesas se agisse de má-fé.[79]

---

[77] Aprovação que parece distante, tendo em vista a recente troca de Relator na Câmara dos Deputados (o que, certamente, atrasa os trabalhos já realizados) e as novas reuniões que estão sendo designadas, com juristas de vários cantos do país, como se vê no último andamento do projeto de Lei 8.046/2010, de 10 de julho de 2012. Disponível em: <http://www.camara.gov.br/proposicoesWeb/fichadetramitacao?idProposicao=490267>. Acesso em: 22 jul. 2012.

[78] "(...) Princípio é uma espécie normativa. Trata-se da norma que estabelece um fim a ser atingido (...). Se essa espécie normativa visa a um determinado 'estado de coisas', e esse fim somente pode ser alcançado com determinados comportamentos, 'esses comportamentos passam a constituir necessidades práticas sem cujos efeitos a progressiva promoção do fim não se realiza'. Enfim, 'os princípios instituem o dever de adotar comportamentos necessários à realização de um estado de coisas ou, inversamente, instituem o dever de efetivação de um estado de coisas pela adoção de comportamentos a ele necessários'.
O princípio pode atuar sobre outras normas de forma *direta* ou *indireta*.
A eficácia direta de um princípio 'traduz-se na atuação sem intermediação ou interposição de um outro (sub-) princípio ou regra'. Nesse plano, os princípios exercem uma função *integrativa*: permite-se agregar elementos não previstos em subprincípios ou regras. *A despeito da ausência de previsão normativa expressa ou de um comportamento necessário à obtenção do estado de coisas almejado*, o princípio irá garanti-lo. (...)" (DIDIER JR., Fredie. *Fundamentos do princípio da cooperação no direito processual civil português* cit., p. 50-51).

[79] Nesse sentido: "(...) a atuação da lei não deve representar uma diminuição patrimonial para a parte a cujo favor ela se efetiva; por ser interesse do Estado que o emprego do processo não se resolva em prejuízo de quem tem razão, e por ser, de outro turno, interesse do comércio jurídico que os direitos tenham um valor tanto quanto possível nítido e constante (...)" (CHIOVENDA, Giuseppe. *Instituições de direito processual civil*. 2. ed. bras. São Paulo: Saraiva, 1965. v. 3, n. 381).

Cap. 15 – O PRINCÍPIO DO CONTRADITÓRIO, A BOA-FÉ PROCESSUAL

Sob a égide do Código de Processo Civil de 1939 (art. 64), vigorava a noção de que somente seriam devidos os honorários advocatícios se "a ação resultar de dolo ou culpa, contratual ou extracontratual", dando-se mostras de que se tratava de uma espécie de "pena disciplinar".[80]

Atualmente, a situação é diversa, prevalecendo uma ideia de objetividade, pela qual o vencido deve arcar com tais ônus, ainda que não tenha agido sequer com imprudência ao dar causa à demanda; a relação, destarte, é de causalidade, e de cunho objetivo. Trata-se, em verdade, de um benefício para aquele que, a fim de ver a sua pretensão satisfeita (e aqui também se inclui o réu, que pretendeu se ver liberto dos pedidos autorais), teve de ir ao Judiciário acompanhado de um causídico. Nesse sentido, verifica-se que as verbas sucumbenciais compõem-se, além dos retrocitados honorários sucumbenciais, das custas processuais (*v.g.*, o preparo recursal e os valores recolhidos para distribuição de uma carta precatória) e de todas outras despesas que o vencedor experimentou durante o processo (diárias pagas a testemunhas empregadas, gastos com viagens e alimentação dos procuradores, ligações telefônicas etc.). Tem-se, assim, a teoria da causalidade para se definir a distribuição dos ônus sucumbenciais.[81]

De se ver, contudo, que esse não é o único meio de tutelar o tema. Apenas para citar um exemplo,[82] cumpre observar a experiência inglesa, conforme relata Neil Andrews:[83]

Fixação discricionária de custas

Decisões relativas a custas são discricionárias. Essa distinção pode ser exercida em um ou mais dos seguintes assuntos: ordenar (ou não) que uma das partes pague as

---

[80] Nesse sentido: "Manifestando a sua opção, o Código de 1939 não acolheu, como sistema, a regra da sucumbência; estabeleceu, isto sim, uma pena disciplinar, qual fosse a condenação da parte no pagamento de honorários, desde que se tivesse conduzido temerariamente, e outra condenação, destinada exclusivamente ao réu, qual fosse também a condenação em honorários, desde que tivesse ensejado a demanda por culpa, dolo contratual ou extracontratual". CAHALI, Yussef Said. *Enciclopédia Saraiva de Direito*. São Paulo: Saraiva, 1977. v. 41, p. 477, *fine* 478-479, apud NOGUEIRA JÚNIOR, Alberto. *A natureza alimentar dos honorários advocatícios e a Resolução 559/2007 do Conselho da Justiça Federal*. Clubjus, Brasília-DF: 10 dez. 2007. Disponível em: <http://www.clubjus.com.br/?artigos&ver=2.12193>. Acesso em: 09 jul. 2012.

[81] "Só por comodidade de exposição alude-se à sucumbência como critério para atribuir o custo final do processo a uma das partes, sabendo-se no entanto que essa é apenas uma regra aproximativa, ou mero indicador do verdadeiro critério a prevalecer, que é o da causalidade: deve sempre responder pelo custo do processo, aquele que houver dado causa a ele ao propor uma demanda improcedente ou sem necessidade, ou ao resistir a ela sem ter razão (Chiovenda, Carnelutti, Pajardi, Cahali)" (DINAMARCO, Cândido Rangel. *Capítulos de sentença*. 3. ed. São Paulo: Malheiros, 2008. p. 92-93).

[82] Sobre o tema, fazendo menção aos modelos germânico, italiano e francês, consulte: CAHALI, Yussef Said. *Honorários advocatícios*. 3. ed. rev. amp. São Paulo: RT, 1997.

[83] ANDREWS, Neil. *O moderno processo civil*: formas judiciais e alternativas de resolução de conflitos na Inglaterra. Orientação e revisão da tradução de Teresa Arruda Alvim Wambier. São Paulo: RT, 2009. p. 216-218.

custas da outra; definir o valor dessas custas; definir o prazo para pagamento das custas; determinar quando as custas devem ser pagas; e resolver questões relativas aos juros sobre esses pagamentos. (...)

As Cortes aplicam os seguintes critérios para determinar se as custas foram impostas corretamente e se foram calculadas de forma justa: a conduta das partes antes e durante os procedimentos, incluindo esforços para solucionar o conflito; o montante ou valor da causa, sua importância para as partes, e sua complexidade, dificuldade ou caráter de novidade; a habilidade, o esforço, os conhecimentos específicos requeridos e a responsabilidade envolvida; o tempo gasto no caso; as circunstâncias nas quais o trabalho foi feito.

Decisões relativas a custas são tomadas pelo juiz que preside a audiência ou pelo tribunal que teve contato com os procedimentos *pre-trial* ou com a apelação. A estimativa das custas pode ocorrer: por análise sumária (*in locus* e geralmente com determinação de custos aproximados); por análise detalhada (diante do juiz); de acordo com normas de custos fixos (em situações específicas); ou segundo acordo entre as partes. Em determinadas situações, as únicas intervenções do tribunal dizem respeito às custas. São os chamados *costs-only proceedings* (procedimentos que giram em torno apenas das custas).

No Brasil, como visto, o *caput* do art. 20 do CPC traz a regra anteriormente citada de que o vencido tem, objetivamente, a responsabilidade de ressarcir o vencedor das usualmente denominadas *verbas sucumbenciais*, não havendo qualquer distinção, quanto a esse ponto, se o advogado atua em favor de seu cliente ou em causa própria.

Tamanha relevância atribuída aos honorários advocatícios decorre, de forma lógica, da Constituição Federal. Isso porque, tendo o Constituinte erigido o advogado à "função indispensável à administração da justiça" (art. 133) e, sobrevivendo o causídico dos honorários, inarredável é a conclusão de que seus vencimentos devem ter especial atenção. Essa, aliás, é regra expressa contida no capítulo VI do Estatuto da OAB (arts. 22 a 26 da lei 8.906/1994), podendo ser observada em milhares de julgados expressivos das mais altas cortes do país.

Veja-se, *ad exemplum*, posição do Superior Tribunal de Justiça que, revendo entendimento anterior,[84-85] e a fim de se coadunar com o Supremo Tribunal

---

[84] PROCESSUAL CIVIL. HONORÁRIOS ADVOCATÍCIOS DECORRENTES DE SUCUMBÊNCIA. NATUREZA ALIMENTAR. ARTS. 23 DA LEI 8.906/1994 E 100, CAPUT, DA CF/1988. ENTENDIMENTO ADOTADO PELO SUPREMO TRIBUNAL FEDERAL. PRECEDENTES.
1. *Recurso especial contra acórdão segundo o qual os honorários advocatícios de sucumbência não constituem verba de natureza alimentar.*
2. O art. 23 do Estatuto dos Advogados (Lei 8.906/1994) dispõe que "os honorários incluídos na condenação, por arbitramento ou sucumbência, pertencem ao advogado, tendo este o direito autônomo para executar a sentença nesta parte, podendo requerer que o precatório, quando necessário, seja expedido em seu nome".
3. A verba honorária com relação ao advogado não se inclui na sucumbência literal da ação, pois é apenas para as partes litigantes. O advogado não é parte, é o instrumento necessário e

Cap. 15 – O PRINCÍPIO DO CONTRADITÓRIO, A BOA-FÉ PROCESSUAL

Federal,[86] entendeu que os honorários têm cunho alimentar,[87] situação que lhes consagra incontáveis vantagens, à luz do § 1.º do art. 100 da CF/1988, dentre a

---

fundamental, constitucionalmente elencado, para os demandantes ingressarem em juízo. Portanto, não sendo sucumbenciais, os honorários do advogado constituem verba de caráter alimentar, devendo, com isso, ser inseridos na exceção do art. 100, *caput*, da CF/1988.
4. O Supremo Tribunal Federal, em recente decisão, reconheceu a natureza alimentar dos honorários pertencentes ao profissional advogado, independentemente de serem originados em relação contratual ou em sucumbência judicial, nestes termos: "CRÉDITO DE NATUREZA ALIMENTÍCIA – art. 100 DA CONSTITUIÇÃO FEDERAL. A definição contida no § 1-A do art. 100 da Constituição Federal, de crédito de natureza alimentícia, não é exaustiva. HONORÁRIOS ADVOCATÍCIOS – NATUREZA – EXECUÇÃO CONTRA A FAZENDA. Conforme o disposto nos arts. 22 e 23 da Lei 8.906/1994, os honorários advocatícios incluídos na condenação pertencem ao advogado, consubstanciando prestação alimentícia cuja satisfação pela Fazenda ocorre via precatório, observada ordem especial restrita aos créditos de natureza alimentícia, ficando afastado o parcelamento previsto no art. 78 do Ato das Disposições Constitucionais Transitórias, presente a Emenda Constitucional n. 30, de 2000. Precedentes: Recurso Extraordinário n. 146.318-0/SP, 2.ª T., rel. Min. Carlos Velloso, com acórdão publicado no Diário da Justiça de 04 abr. 1997, e Recurso Extraordinário n. 170.220-6/SP, 2.ª T., por mim relatado, com acórdão publicado no Diário da Justiça de 07 ago. 1998" (RE 470.407/DF, *DJ* 13.10.2006, rel. Min. Marco Aurélio).
5. *De tal maneira, há que ser revisto o entendimento que esta Corte Superior aplica à questão, adequando-se à novel exegese empregada pelo colendo STF, não obstante, inclusive, a existência de recente julgado da 1.ª Seção em 02.10.2006, que considera alimentar apenas os honorários contratuais, mas não reconhece essa natureza às verbas honorárias decorrentes de sucumbência.*
6. *Recurso especial conhecido e provido, para o fim de reconhecer a natureza alimentar dos honorários advocatícios, inclusive os provenientes da sucumbência* (STJ, 1.ª T., REsp 934.421/PR, rel. Min. José Delgado, DJ 23.08.2007, p. 236; destaques acrescentados).

[85] HONORÁRIOS ADVOCATÍCIOS. NATUREZA ALIMENTAR.
A Corte Especial, ao prosseguir o julgamento, por maioria, acolheu os embargos, declarando a natureza alimentar dos honorários advocatícios, inclusive daqueles provenientes da sucumbência. EREsp 706.331-PR, rel. Min. Humberto Gomes de Barros, j. 20.02.2008.

[86] INFORMATIVO n. 426/STF, 8 a 12 maio 2006
TÍTULO: Honorários Advocatícios e Natureza Jurídica PROCESSO RE – 470407
ARTIGO
Os honorários advocatícios têm natureza alimentar. Com base nesse entendimento, a Turma deu provimento a recurso extraordinário para reformar acórdão do STJ que, em recurso em mandado de segurança, mantivera decisão administrativa do Tribunal Regional Federal da 1.ª Região a qual incluíra o precatório, referente aos honorários advocatícios do recorrente, na listagem ordinária para pagamento parcelado. O acórdão recorrido entendera que a verba decorrente dos honorários de sucumbência, dependente do êxito da parte a qual patrocina, não poderia ser considerada da mesma categoria dos alimentos *necessarium vitae* previstos no art. 100, § 1.º-A da CF. Conclui-se pelo caráter exemplificativo do § 1.º da referida norma e pela prevalência da regra básica do seu *caput*, por considerar que os honorários dos advogados têm natureza alimentícia, pois visam prover a subsistência destes e de suas respectivas famílias. Salientou-se que, consoante o disposto nos arts. 22 e 23 da Lei 8.906/94, os honorários incluídos na condenação, por arbitramento ou sucumbência, pertencem ao advogado, tendo este direito autônomo para executar a sentença nessa parte, podendo requerer que o precatório, quando necessário, seja expedido a seu favor. Recurso provido para conceder a segurança e determinar a retificação da classificação do precatório. Leia na seção de Transcrições o inteiro teor do voto condutor do acórdão (RE 470.407/DF, rel. Min. Marco Aurélio, j. 09.05.2006).

[87] Esse entendimento só veio corroborar o que já, de certo modo, era dito pelo art. 24, *caput*, da Lei Federal 8906/1994.

(i) impenhorabilidade absoluta, salvo para pagamento de pensão alimentícia (art. 649, IV, do CPC); (ii) a dispensa de inscrição na fila de precatórios comuns; e (iii) prioridade na habilitação da massa falida (art. 24 da Lei 8.906/1994).[88-89]

Por fim, e a fim de reforçar o alegado, impende considerar que o STJ, por diversas vezes, ratificando a importância do tema, tem abrandado o rigorismo do Enunciado 7 de sua súmula de jurisprudência para permitir a revisão da verba honorária, quando ela for considerada irrisória (aviltante, ínfima) ou exagerada em relação à natureza da causa, o trabalho do causídico no feito, o local da prestação do serviço e outros critérios estabelecidos no art. 20, § 3.º, do CPC.[90]

Do exposto, retira-se não haver espaço para posições em contrário: há inegável relevância no trato dos honorários advocatícios e, no que nos interessa, dos sucumbenciais.

O § 3.º do art. 20 do CPC regulou o *procedimento* de sua fixação, erigindo critérios objetivos e subjetivos que, sopesados pelo julgador, darão supedâneo à definição do *quantum*. São eles: (i) o grau de zelo do profissional; (ii) o lugar da prestação do serviço; (iii) a natureza e a importância da causa; (iv) o trabalho realizado pelo advogado e o (v) tempo exigido para o seu serviço.

Ressalvadas as hipóteses excepcionais contidas no § 4.º do art. 20 do CPC, portanto, havendo condenação, deve o magistrado se pautar nesses critérios para a definição das verbas sucumbenciais.

Trata-se, assim – e aqui deve o leitor redobrar a atenção para não se perder o raciocínio –, de *pedido implícito*,[91] *devendo ser analisado pelo julgador ainda*

---

[88] "FALÊNCIA – HABILITAÇÃO DE CRÉDITO – HONORÁRIOS ADVOCATÍCIOS DE SUCUMBÊNCIA – NATUREZA TRABALHISTA-ALIMENTAR.
Na falência, a habilitação do crédito por honorários advocatícios equipara-se ao trabalhista-alimentar e deve ser habilitado na mesma categoria deste" (STJ, 3.ª T., REsp 793.245/MG, rel. Min. Humberto Gomes de Barros, *DJ* 16.04.2007, p. 188).

[89] Aqui, contudo, mister se faz um esclarecimento: conforme pesquisa jurisprudencial realizada em 2 de outubro de 2011, às 21h25, no *site* oficial do STJ, há recurso de embargos de divergência (EREsp 1.077.528/RS, rel. Min. Ricardo Villas Boas Cuêva) regularmente admitido e pendente na 2.ª Seção do STJ, tendo em vista a existência de precedentes em sentido contrário.

[90] HONORÁRIOS ADVOCATÍCIOS. VALOR IRRISÓRIO. EQUIDADE.
Trata-se de fixação de honorários advocatícios, quando em ação de execução, decretou-se sua extinção com base no art. 267, IV, do CPC. O Tribunal *a quo* fixou a verba em três mil reais, sendo que o valor dado à causa foi de cento e oitenta e seis mil reais. Assim, a Turma, por maioria, conheceu e deu parcial provimento ao recurso ao entender que fere o art. 2.º, § 4.º, do CPC o arbitramento dos honorários de sucumbência em montante irrisório, que destoa de uma equitativa remuneração, além de ofender a dignidade do profissional da advocacia. Precedentes citados: REsp 281.954-RJ, *DJ* 28.10.2002; REsp 651.226-PR, *DJ* 21.02.2005; REsp 840.758-SC, *DJ* 09.10.2006. REsp 899.193-ES, rel. Min. Antônio de Pádua Ribeiro, j. 21.08.2007; informativo n. 328, de 20 a 24 ago. 2007; 4.ª T., STJ.

[91] São pedidos implícitos: (I) prestações vincendas, no caso de pedidos sucessivos (art. 290 do CPC); (II) juros legais/moratórios (arts. 404 e 406 do CC); (III) correção monetária (art. 404

Cap. 15 - O PRINCÍPIO DO CONTRADITÓRIO, A BOA-FÉ PROCESSUAL

que sobre eles silencie a parte em seus requerimentos, cabendo, inclusive, no caso de omissão, a interposição de embargos de declaração (art. 535, II, do CPC) a respeito. Desse modo, embora não seja possível equipará-los perfeitamente às matérias de ordem pública,[92] certo é que é pelo menos quanto à cognoscibilidade *ex officio* há, inexoravelmente, uma correlação.[93]

Ocorre, porém – e aí reside o cerne de nosso estudo – que, nesse momento, o juiz não atende, no mais das vezes, ao princípio do contraditório, fazendo com que sua decisão, pelo menos nesse ponto, esteja maculada, como se verá adiante.

5. O *DEFICIT* CONSTITUCIONAL NAS DECISÕES DE FIXAÇÃO DE HONORÁRIOS SUCUMBENCIAIS

Como visto, não há dúvidas de que deve, o julgador, *conhecer* de ofício, quando da prolação da sentença, da questão atinente à distribuição dos ônus sucumbenciais, que envolve, notadamente, e no que nos interessa, os honorários advocatícios. Sucede, contudo, que o *julgamento* de ofício dessa questão tem provocado, a nosso sentir, incontestável mácula à Constituição Federal, especificamente acerca do contraditório.

A fim de se demonstrar a tese ora exposta, serão analisadas *três* situações em específico, que dizem respeito ao tema, quais sejam:

---

do CC); (IV) *a condenação, do vencido, nos ônus da sucumbência*. Nesse sentido: NEVES, Daniel Amorim Assumpção. *Manual de direito processual civil*. 3. ed. São Paulo: Método, 2011. p. 107.

[92] Tanto o é que há recente – e muito criticada – súmula do STJ, de número 453 ("Os honorários sucumbenciais, quando omitidos em decisão transitada em julgado, não podem ser cobrados em execução ou em ação própria"), que veda a possibilidade de ajuizamento de ação de arbitramento autônoma destinada à fixação de honorários sucumbenciais relativos a processo que transitou em julgado sem a sua fixação, o que os equipara mais aos pedidos que, propriamente, às matérias de ordem pública ditas tradicionais como as condições da ação, os pressupostos processuais, a prescrição e a decadência, dentre outras.

[93] Em sentido contrário à tese, poder-se-ia dizer que, sendo um pedido implícito, e tendo as partes (notadamente o réu) se omitido a respeito, falar-se-ia em preclusão, a qual justificaria o enfrentamento, pelo juiz, da questão atinente à verba honorária sem a necessidade de prévia intimação. Ocorre, contudo, e com toda a vênia, que mesmo se as partes tiverem silenciado na fase inicial do processo acerca das verbas sucumbenciais, eventual preclusão restaria afastada pelos fatos novos que fossem surgindo ao longo do feito, os quais certamente influenciariam o *quantum* a ser fixado de condenação. Ademais, ainda que o autor pedisse expressamente a "condenação nos ônus sucumbenciais" e o réu, em contestação, rebatesse requerendo a improcedência desse pedido, quando do julgamento o juiz deveria ouvir as partes, pois, por exemplo, no *iter* processual determinado advogado pode ter empreendido incontáveis realizações (viagens, reuniões, diligências, audiências etc.) a justificar um incremento na verba honorária, coisa que, na inicial ou na contestação, por óbvio, não se sabia.

(a) prolação da decisão sem o debate prévio dos contendores sobre os critérios contidos no § 3.º do art. 20 do CPC e a consequente ausência de motivação.

O juiz, em que pese o inquestionável *livre convencimento motivado*, que norteia a função jurisdicional, garantindo-lhe variada gama de possibilidades para a concretização de seu mister (podendo, inclusive, julgar *contra legem*, por exemplo),[94] deve observar diversos requisitos, quer de cunho constitucional, quer de cunho legal, sob pena de o *decisum* restar indelevelmente maculado.

A mais relevante[95] é a observância indispensável da *motivação*. Prevista no art. 93, IX, da CF/1988, mostra-se indispensável para a efetivação do Estado Democrático de Direito, haja vista que é no ato de fundamentar que o juiz não só se aproxima da sociedade, como, e sobretudo, demonstra claramente quais caminhos percorreu para reconhecer a (im)procedência do pedido de alguém. Ademais, a motivação se afigura fundamental também sob o aspecto democrático, vez que, ao contrário dos demais poderes, que se legitimam democraticamente pelo sufrágio, o juiz, por seu turno, escolhido, em geral, por meio de concursos públicos de provas e títulos, precisa, diuturnamente, legitimar-se por meio da motivação.[96] Como se não bastasse tal importância (*extraprocessual*), a fundamentação também se mostra imprescindível sob o aspecto *endoprocessual*, pois permite, a um só tempo, a observância do princípio da dialeticidade (intrínseco ao contraditório efetivo), como a fixação de fundamentos que, futuramente, poderão servir à formação dos *precedentes*.

Especificamente no que aqui interessa, quando da fixação dos honorários de sucumbência, preceitua o § 3.º do art. 20 do CPC que devem ser considerados,

---

[94] A despeito da observância, precisa e inolvidável, de Diego Martinez Fervenza Cantoario a respeito do tema: "Todavia, cabe relembrar a advertência de Eduardo Cambi, segundo o qual *o princípio do livre convencimento é mitigado pelo senso de responsabilidade, norteado pelos padrões de justiça e pelos limites econômicos previstos na Constituição, sendo buscados mediante um processo justo, com ampla participação e controle das partes.* (...)" (CANTOARIO, Diego Martinez Fervenza. Poderes do juiz e princípio do contraditório. *Revista de Processo*, v. 195, São Paulo: RT, 2011, p. 292; destaques acrescentados).

[95] Não é objetivo deste artigo trabalhar os requisitos e elementos da decisão judicial. Sobre o tema, consulte DINAMARCO, Cândido Rangel. *Capítulos de sentença* cit.; DIDIER JR., Fredie; BRAGA, Paulo Sarno; OLIVEIRA, Rafael. *Curso de direito processual civil.* 6. ed. Salvador: JusPodivm, 2011. v. 2, p. 281-384.

[96] Nesse sentido, Michele Taruffo: "(...) i destinatari della motivazione no siano soltanto le parti, i loro avvocati e il giudice dell'impugnazione, ma anche l'opinione pubblica inesa sai nel suo complesso, sia come opinione del *quisque de populo*. La connotazione politica di questo spostamento di prospettiva è evidente: l'ottica 'privatistica' del controllo esercitatto dalle parti e l'ottica 'burocratica' del controllo esercitato dal giudice superiore vanno integrate nell'ottica 'democratica' del controllo che deve poter essere esercitato da quello stesso popolo nel cui nome la sentenza viene pronunciata" (TARUFFO, Michele. *La motivazione della sentenza civile*. Padova: CEDAM, 1975. p. 407).

Cap. 15 – O PRINCÍPIO DO CONTRADITÓRIO, A BOA-FÉ PROCESSUAL

para atingir o patamar que integrará os ônus da sucumbência: (i) o valor da condenação; (ii) o grau de zelo do profissional; (iii) o lugar da prestação do serviço; (iv) a natureza e a importância da causa; (iii) o tempo exigido para o seu serviço.

Nesse sentido, *deveria* o julgador não somente levar em conta os critérios legais e o livre convencimento motivado como também *a Constituição Federal.*

Explica-se.

Comumente, verifica-se na práxis forense, após a feitura do relatório e da fundamentação acerca das questões principais a serem enfrentadas no processo, com poucas diferenças de juiz para juiz, a seguinte frase: "Fixo os honorários de sucumbência em x% do valor da condenação" ou, ainda, "Condeno o vencido a pagar, a título de honorários de sucumbência, x% da condenação". Essa inequívoca *ausência de motivação*, em verdade, *apenas reflete a inconstitucional e ilegítima ofensa ao contraditório.*

Ora, como é possível garantir que, *sem a realização de um prévio debate acerca de tal ponto*, o magistrado *efetivamente* enfrentou os requisitos supracitados para chegar à conclusão de que o vencido deva pagar *x*, e não *y*, a título de honorários de sucumbência?

Como imaginar, sem um diálogo real, prévio e material sobre tal ponto, que o juiz tem ciência inequívoca de quão zeloso foi o causídico, ou da verdadeira relevância de determinada causa para o jurisdicionado? Afinal, quem pode afirmar que uma causa que envolva, *ad exemplum*, a remoção de um servidor que, ilegalmente, foi separado de sua família, seja mais ou menos importante que uma ação indenizatória de danos materiais decorrente da quebra de um milionário contrato? Sem o *esclarecimento* prévio, como poderia o juiz ter ciência de que, em determinada causa, o advogado teve, por exemplo, de se deslocar seguidas vezes à residência do cliente que, idoso, tinha dificuldade de locomoção? Por outro lado, como poderia saber que uma causa de valor extraordinariamente elevado poderia ter sido simples a ponto de dispensar não mais que uma rápida reunião com o administrador da pessoa jurídica que, indevidamente, recolheu determinado tributo a maior?

Por fim: como o juiz poderia *demonstrar* que levou todas essas questões em consideração quando da fixação, *ex officio*, dos honorários sucumbenciais?

Se há dúvidas – e certamente há, pois todas essas situações, em cada processo, não são, no mais das vezes, levadas em consideração pelos julgadores – deve ser observado o contraditório material e efetivo, por meio do *dever de consulta*, que assegura às partes influenciar, *previamente*, a decisão judicial.[97]

---

[97] "(...) Há, ainda, o *dever de consulta*, de cunho assistencial. Não pode o magistrado decidir com base em questão de fato ou de direito, ainda que possa ser conhecida *ex officio*, sem que sobre elas sejam as partes intimadas a manifestar-se. Deve o juiz consultar as partes sobre essa questão

Deve, assim, o "órgão judicial consultar as partes antes de decidir sobre qualquer questão, possibilitando antes que essas o influenciem a respeito do rumo a ser imprimido à causa".[98]

O ideal, em verdade, como esclarece Lúcio Delfino,[99] seria que as partes já fossem, desde as fases iniciais do procedimento, demonstrando e provando, em juízo, situações que pudessem ser levadas em conta no momento da fixação dos honorários de sucumbência, assim como seria melhor, até mesmo para evitar discussões extemporâneas e recursos desmedidos, que houvesse, como defendem Humberto Theodoro Júnior e Dierle José Coelho Nunes,[100] uma etapa prévia, de debates efetivos, em que todos os interessados teriam oportunidade inequívoca de influência na formação do convencimento do juízo, na construção da decisão. Com maior debate, certamente a decisão judicial restaria mais bem fundamentada, situação que poderia, inclusive, senão diminuir o número de recursos (dado o seu fundamento psicológico[101]), pelo menos reduzir o percentual de decisões reformadas pelos Tribunais Superiores e, sobretudo, gerar mais confiança nos jurisdicionados e na sociedade acerca do Poder Judiciário (quanto maior é a carga de fundamentação, maior é, diretamente proporcional, a sua legitimação).

(b) falta de justificativa *substancial* do juiz do porquê da adoção de determinado percentual do valor da condenação.

Como se o exposto não bastasse, resta observar outra conduta deveras usual dos magistrados, ao fixar os honorários sucumbenciais. Utilizando-se de

---

não alvitrada no processo, e por isso mesmo não posta em contraditório, antes de decidir. Eis o dever de consulta.

Embora Teixeira de Souza não faça essa abordagem, é imprescindível relacionar o dever de consulta ao princípio do contraditório. A concretização do princípio da cooperação é, no caso, também uma concretização do princípio do contraditório, que assegura aos litigantes o poder de influenciar a solução da controvérsia (...)" (DIDIER JR., Fredie. *Fundamentos do princípio da cooperação no direito processual civil português* cit., p. 17-18).

[98] MITIDIERO, Daniel. *Colaboração no processo civil* cit., p. 76.

[99] DELFINO, Lúcio. *Estudos de processo civil*: artigos e pareceres. São Paulo: Método, 2011. p. 56: "Se porventura o debate, momentos antes da prolação da sentença, não se aperfeiçoou a ponto de abarcar discussão de todos esses critérios – o que quase sempre ocorre –, manda um processo justo e équo que se instaure breve incidente processual a permitir sua realização. Antes disso, no entanto, poderá a autoridade julgadora – e é salutar que assim o faça – incitar advogados e partes a travarem o diálogo, concretizando não só o contraditório, senão ainda o direito fundamental à duração razoável do processo".

[100] THEODORO JÚNIOR, Humberto; NUNES, Dierle José Coelho. Princípio do contraditório: tendências de mudança de sua atuação cit.

[101] É natural e ínsito ao ser humano o desejo de uma segunda chance: "(...) o ser humano não quer e não gosta de *perder*: vencido, talvez; *jamais convencido*", nas palavras de MANCUSO, Rodolfo de Camargo. *Recurso extraordinário e recurso especial*. 10. ed. São Paulo: RT, 2007. p. 21.

Cap. 15 – O PRINCÍPIO DO CONTRADITÓRIO, A BOA-FÉ PROCESSUAL

seu "prudente critério", apenas asseveram, sem qualquer motivação aparente, o porquê da escolha de um valor que equivalha a, em regra (salvo as exceções do § 4.º do art. 20 do CPC), 10 a 20% da condenação. Trata-se, no mais das vezes, de verdadeira *loteria jurídica*. O juiz, sem *declinar* os motivos que o convenceu, *escolhe*, às vezes *aleatoriamente*, um valor nesse intervalo, a fim de encontrar o *quantum* que deve ser pago ao advogado vencedor da contenda. Como dito no item anterior, o legislador deu uma margem de escolha ao juiz exatamente para que ele, *sopesando os critérios contidos nos §§ 3.º e 4.º do art. 20 do CPC, pudesse atribuir, de modo equânime, os ônus da sucumbência.* Sucede que não tem sido essa a posição da jurisprudência, quer em primeiro grau de jurisdição, quer nos tribunais. Falta, aqui, a nosso sentir, legitimidade democrática ao pronunciamento do juiz, especificamente em um assunto que, conforme a própria Constituição assevera, diz respeito àquele que é *indispensável à administração da justiça* (art. 133). Falta, destarte, apresentar os *motivos e razões* que levaram aquele magistrado a considerar, em determinado caso, razoáveis 15% da condenação e, em outro, julgar equânimes apenas 10%.

Como assevera Humberto Dalla Bernardina de Pinho,[102] sobretudo em tempos de *neoprocessualismo*,[103] torna-se imperiosa a fundamentação analítica, na qual o magistrado apresenta aquilo que ele alcunhou de *fundamento do fundamento*, vez que "as partes têm o direito de saber quais as premissas que o juiz levou em consideração para tomar aquela decisão". Nesse sentido, e com o apoio de Chaim Perelman,[104] a motivação *efetiva*[105] (i) a contenção

---

[102] PINHO, Humberto Dalla Bernardina de. Os princípios e as garantias fundamentais no Projeto de Código de Processo Civil: breves considerações acerca dos arts. 1.º a 12 do PLS 166/10. *Revista Eletrônica de Direito Processual*. 6. ed. Disponível em: <http://www.redp.com.br/arquivos/redp_6a_edicao.pdf>. Acesso em: 09 jul. 2012.

[103] CAMBI, Eduardo. Neoconstitucionalismo e neoprocessualismo. In: FUX, Luiz; NERY JUNIOR, Nelson; WAMBIER, Teresa Arruda Alvim. *Processo e Constituição* cit., p. 662-683. Sobre o tema, consulte também: BARROSO, Luís Roberto. *Neoconstitucionalismo e constitucionalização do direito.* O triunfo tardio do direito constitucional no Brasil. Disponível em: <http://jus.com.br/revista/texto/7547/neoconstitucionalismo-e-constitucionalizacao-do-direito>. Acesso em: 09 jul. 2012.

[104] PERELMAN, Chaim. *Tratado da argumentação*: a nova retórica. São Paulo: Martins Fontes, 1999.

[105] Por motivação *efetiva* se entende, a nosso ver, o abandono completo de tradições arraigadas na jurisprudência de utilização de termos padronizados ou chavões pré-definidos que se *amoldam* a todos os casos e, embora *pareçam constituir um fundamento*, em verdade não passam de mera observância vazia dos preceitos legal (art. 458, II, do CPC) e constitucional (art. 93, IX) de motivação. Assim, por exemplo, não se toleram os *clássicos* "indefiro a liminar pois ausentes seus pressupostos legais", "converto o agravo de instrumento em retido por não se encaixar na hipótese de cabimento", "admito o recurso nos seus regulares efeitos", "determino o sobrestamento do recurso especial por força de repercussão geral reconhecida" e tantos outros casos em que a atividade judicial, mecanizada, repetitiva e praticamente impensada, apenas se utiliza das vantagens da informática para cumprir (?) o ofício jurisdicional. Para ratificar o alegado, verifique-se recente decisão monocrática do Des. rel. Pedro Bernardes, integrante da

do arbítrio judicial; (ii) a dissipação de dúvidas e incompreensões sobre o trabalho do julgador, revelando-se, sobre tal ponto de vista, até mesmo como uma força de autodefesa do magistrado; (iii) revela a viabilidade de rediscussão na via recursal; (iv) substitui a imposição autoritária por uma tentativa de persuasão, buscando a adesão de partes, instâncias superiores, profissionais do direito e opinião pública em geral; (v) faz compreender o sentido e o alcance de novas leis (ou de velhas leis em novas situações); (vi) explica divergências e afasta incoerências nas aplicações futuras das regras positivas e (vii) fornece subsídios para a sistematização doutrinária acerca de determinado tema decidido.

(c) praxe dos tribunais que, em grau recursal, quando dão provimento a recurso para reformar a decisão *a quo*, limitam-se a "inverter os ônus da sucumbência", não se atentando para os requisitos previstos na lei e, mais que isso, sem permitir que as partes enfrentem, expressamente, tal tema.

Por fim, e não menos importante, verifica-se que também nos tribunais há uma gigantesca violação ao princípio do contraditório, notadamente quando os

---

9.ª Câmara Cível do TJMG, nos autos do agravo de instrumento 1.0145.09566444-0 (processo n. 0307740-16.2011.8.13.0000), que facilmente se "amoldaria", de tão genérica, em qualquer caso dessa natureza:

"(...) O presente recurso é tempestivo e atende aos pressupostos dos arts. 524 e 525 do CPC, não sendo caso, na espécie, de conversão em agravo retido (art. 527, II, CPC, com a redação da Lei 11.187/2002), razão pela qual defiro o processamento do recurso na modalidade de instrumento. Quanto ao pedido de antecipação de tutela recursal, para o qual devem concorrer os requisitos constantes do art. 527 do CPC, não me parece cabível a sua concessão. Dispõe o CPC: Art. 527 (...)

Sem embargo dos argumentos expedidos pelo agravante, não vislumbro, na espécie, condições para deferir a antecipação de tutela recursal requerida. Estou a entender que é conveniente aguardar o processamento do agravo para, no voto a ser proferido, examinar as alegações. Não vejo a presença dos requisitos necessários ao deferimento da antecipação de tutela recursal. Em primeira análise, não vejo a presença dos requisitos necessários ao deferimento da antecipação de tutela recursal, ou seja, não é caso de prisão civil, nem de adjudicação, nem de remição de bens, nem de levantamento de dinheiro sem caução idônea e nem caso do qual possa resultar lesão grave e de difícil reparação. Nestas condições, por não vislumbrar, de pronto, as condições a que se refere o art. 527, III, CPC, INDEFIRO o pedido de antecipação de tutela recursal. (...) Belo Horizonte, 24 maio 2011, rel. Des. Pedro Bernardes (...)".

Para que fique claro: não se defende, aqui o abandono das vantagens tecnológicas no processo, muito pelo contrário; apenas e tão somente, como alertou Cândido Rangel Dinamarco, que tal seja realizado de modo real, verdadeiro, e não mecânico, repetitivo e teratológico (DINAMARCO, Cândido Rangel. *Nova era do processo civil*. 2. ed. São Paulo: Malheiros, 2007. p. 192: "Têm caráter teratológico e também ficam expostos aos embargos declaratórios de fins infringentes algumas sentenças ou acórdãos, que vez por outra se veem, julgando uma causa em vez de outra, rejeitando preliminares não suscitadas *etc.* Coisas do computador").

Cap. 15 – O PRINCÍPIO DO CONTRADITÓRIO, A BOA-FÉ PROCESSUAL

recursos são providos para reformar a decisão anterior, fazendo com que sejam "invertidos os ônus da sucumbência".[106]

Repare-se a problemática em questão, imaginando-se um exemplo hipotético, para facilitar a compreensão: determinado juiz da causa, ao julgar procedente o pedido, fixou os honorários sucumbenciais em determinado parâmetro levando em conta que o advogado do autor teve de (i) se deslocar três vezes ao domicílio do réu, para comparecimentos em audiências de conciliação, de saneamento do processo e de instrução e julgamento; (ii) interpor dois agravos no curso da lide; (iii) acompanhar, *in locus*, a realização de uma perícia. Já o advogado do réu, por seu turno, permaneceu em sua comarca, não produziu outras provas que não as contidas na contestação e sequer diligenciou no sentido de acompanhar a perícia. Após a sentença, baseando-se em argumentos de direito, o réu interpõe apelação e obtém êxito junto ao tribunal, que, usualmente, digna-se a *inverter os ônus da sucumbência.*

Ora, tal corriqueiro procedimento seria realmente correto? Não deveria, em situações como essa, o tribunal *rever* os ônus sucumbenciais? E por que, comumente, isso não ocorre? Porque, como já se afirmou, não sendo *praxe* dos juízes de primeiro grau *justificar* o *quantum* fixado de honorários sucumbenciais, o tribunal, impossibilitado de *descobrir os motivos que o levaram a tal julgamento*, opta pela cômoda posição da "inversão dos ônus sucumbenciais".

Há, aqui, a nosso sentir, outro *deficit* constitucional. Ainda que o juízo *a quo* não tenha dignado a tecer suas considerações quanto aos ônus sucumbenciais, o princípio do contraditório impõe ao órgão *ad quem* o *debate efetivo* acerca de tal ponto que, por vezes, pode redundar enorme prejuízo e/ou enriquecimento sem causa. Afinal, tratando-se de matéria cognoscível *ex officio*, nada impediria que, dentro das vias ordinárias, ainda que sob influência do efeito translativo

---

[106] Apenas a título de exemplo, veja-se trechos de três votos de Relatores (seguidos posteriormente por seus pares), em julgados em que houve provimento do recurso de apelação, e como foi enfrentada a questão relativa à fixação dos honorários sucumbenciais, de lavra de TRF1 e TRF3 (os dois últimos):
"(...) Dou provimento à apelação da Fazenda Nacional e à remessa oficial para reformar a sentença no mérito e julgar improcedente o pedido e julgar prejudicada a apelação do autor e condená-lo nas custas e nos honorários advocatícios, que fixo em R$ 1.000,00 (mil reais). (...)" (TRF1, Autos n. 0041295-25.2005.4.01.3800/MG, rel. Des. Federal Leomar Barros Amorim de Sousa, T8, j. 15.04.2011, Publicação: e-DJF1 p. 546 de 13.05.2011).
"(...) Condeno a ré ao pagamento da verba honorária, que arbitro moderadamente em R$ 20.000,00 (vinte mil reais), nos termos do art. 20, § 4.º, do CPC. (...)" (TRF3, Autos n. 0018136-11.2009.4.03.0000/SP, rel. Des. Federal Consuelo Yoshida, 2.ª S., j. 07.06.2011, Publicação: 16.06.2011).
"(...) Condeno o autor no pagamento da verba honorária, fixada em 10% sobre o valor da causa, nos termos dispostos no art. 20, § 4.º do CPC, todavia, suspendo a cobrança nos termos do art. 12, da Lei 1.060/1950" (TRF3, Autos n. 0001178-96.2009.4.03.6127/SP, rel. Des. Federal Cecilia Marcondes, 3.ª T., j. 19.05.2011, Publicação: 27.05.2011).

recursal,[107] o tribunal conhecesse da *quaestio* atinente ao patamar fixado em primeiro grau de jurisdição e, consequentemente, *consultando as partes*, passasse a revê-lo, adequando-o às exigências dos §§ 3.º e 4.º do art. 20 do CPC.

Tal saída se mostra ainda mais imperiosa se for considerado o fato de que, posteriormente, o interessado dificilmente conseguiria, por meio dos recursos excepcionais, de profundidade limitada e com incontáveis restrições cognitivas, obter a revisão desses valores.[108]

E nem se diga que tal procedimento traria prejuízos à *duração razoável* do processo. Como já se afirmou,[109] não são os prazos para as partes, advogados e juízes que atrasam a prestação jurisdicional, mas os *tempos mortos* no processo,[110] nos quais não há atividade efetiva, e a burocracia estatal corrói a paciência do interessado e a presteza dos servidores que levam adiante a marcha processual. Ademais, não vemos óbice à utilização, em situações como essa, do § 4.º do art. 515 do CPC,[111] a fim de que, intimadas as partes a exporem suas visões especificamente sobre os §§ 3.º e 4.º do art. 20 do CPC, o recurso pudesse, posteriormente, ter seguimento.

---

[107] Nesse sentido: SOUZA, Bernardo Pimentel. *Introdução aos recursos cíveis e à ação rescisória*. 7. ed. São Paulo: Saraiva, 2010. p. 59: "O efeito translativo está consubstanciado na apreciação *oficial* pelo órgão julgador do recurso de matérias cujo exame é obrigatório por força de lei, ainda que ausente impugnação específica do recorrente. Daí a conclusão: o efeito translativo diz respeito às matérias de *ordem pública*, com predomínio do interesse público em relação ao interesse pessoal das partes".

[108] Apenas *ad exemplum*, veja-se: PROCESSUAL CIVIL E ADMINISTRATIVO. AGRAVO REGIMENTAL NO RECURSO ESPECIAL. AÇÃO INDENIZATÓRIA. CONTRATO ADMINISTRATIVO. CONSTRUÇÃO DE CONJUNTO HABITACIONAL. REPARAÇÃO POR SERVIÇOS COMPLEMENTARES NÃO PREVISTOS INICIALMENTE. ACÓRDÃO FUNDADO NO EXAME DE PROVAS DEPOSITADAS NOS AUTOS. HONORÁRIOS ADVOCATÍCIOS. REVISÃO. SÚMULA 7 DO STJ. INCIDÊNCIA. SUCUMBÊNCIA RECÍPROCA. APLICAÇÃO DA REGRA DO ART. 21, CAPUT, DO CPC. (...)
3. A revisão do percentual estabelecido na origem, a título de honorários advocatícios, desde que não exorbitante ou irrisório, não é suscetível de exame na via eleita, por força da incidência do veto sumular 7 desta Corte Superior.
5. Agravo regimental não provido.
(STJ, AgRg no REsp 1.271.212/SP, rel. Min. Benedito Gonçalves, 1.ª T., j. 27.09.2011, *DJe* 30.09.2011; destaques acrescentados).

[109] Sobre o tema, consulte o nosso: FARIA, Márcio Carvalho. A duração razoável dos feitos: uma tentativa de sistematização na busca de soluções à crise do processo. *Revista Eletrônica de Direito Processual*. 6. ed. Disponível em: <http://www.redp.com.br/arquivos/redp_6a_edicao.pdf>. Acesso em: 08 jul. 2012.

[110] Nesse sentido, THEODORO JÚNIOR, Humberto. *Celeridade e efetividade da prestação jurisdicional*. Insuficiência da reforma das leis processuais. Disponível em: <http://www.abdpc.org.br/artigos/artigo51.htm>. Acesso em: 28 jul. 2012.

[111] Art. 515, § 4.º, do CPC: Constatando a ocorrência de nulidade sanável, o tribunal poderá determinar a realização ou renovação do ato processual, intimadas as partes; cumprida a diligência, sempre que possível prosseguirá o julgamento da apelação.

Cap. 15 – O PRINCÍPIO DO CONTRADITÓRIO, A BOA-FÉ PROCESSUAL

De se ver, por fim, que tal saída poderia ser adotada inclusive pelas vias excepcionais, na medida em que, até mesmo por força da Súmula 456/STF, se o recurso foi admitido e pode vir a ser provido para *inverter os ônus sucumbenciais*, não há dúvidas de que, dentro da "aplicação do direito à espécie" está encartada a fixação *escorreita* dos honorários advocatícios.

6. CONCLUSÕES

Como se observou, o megaprincípio do contraditório é absolutamente indispensável à obtenção de um *processo giusto* ou *équitable*, pelo que se torna inviável, sob o aspecto democrático, a sua inobservância.

Não há dúvidas de que, por razões já expostas, o julgador deva *conhecer* de determinadas matérias sem que, sobre elas, tenha havido prévia manifestação das partes; contudo, e tal distinção não pode ser olvidada, revela-se manifestamente ilegítima a *decisão ex officio* (de terceira via ou surpresa), pouco importando se ela diz respeito a questões de admissibilidade, meritórias ou até acessórias como os honorários de sucumbência. Tem-se, assim, o contraditório prévio sobre as questões de ofício como um limite ou vínculo aos poderes decisórios dos órgãos jurisdicionais a seu respeito.

Nesse diapasão, reafirmada, como se viu, com apoio doutrinário e jurisprudencial, a relevância das verbas sucumbenciais e, por que não dizer, via de consequência, em certa medida, do próprio advogado, figura indispensável à administração e à *construção* da justiça, revela-se *antidemocrática* a fixação da verba honorária sem que, sobre tal ponto, seja instaurado prévio, real e efetivo debate entre todos os sujeitos do processo e, posteriormente, tal pronunciamento judicial traga o respectivo *fundamento do fundamento*.

Dessa feita, incumbe ao julgador, em permanente debate, e respeito rigoroso aos ditames do contraditório, não só *minudenciar as razões pelas quais foi atribuída determinada verba sucumbencial* como, e sobretudo, *buscar no diálogo entre as partes e todos os sujeitos do processo* a legitimação para quaisquer condenações, conquanto digam respeito a pedidos implícitos, sob pena de ofensa à *correttezza processuale* e ao próprio devido processo legal.

7. REFERÊNCIAS BIBLIOGRÁFICAS

ABDO, Helena Najjar. *Abuso de direito processual*. São Paulo: RT, 2007.

ALBUQUERQUE, Pedro de. *Responsabilidade processual por litigância de má-fé, abuso de direito e responsabilidade civil em virtude de actos praticados no processo*. Coimbra: Almedina, 2006.

ANDREWS, Neil. *O moderno processo civil*: formas judiciais e alternativas de resolução de conflitos na Inglaterra. Orientação e revisão da tradução: Teresa Arruda Alvim Wambier. São Paulo: RT, 2009.

ARAÚJO, José Aurélio de; BODART, Bruno Vinícius da Rós. Alguns apontamentos sobre a reforma processual civil italiana – sugestões de Direito comparado para o anteprojeto do novo CPC brasileiro. In: FUX, Luiz et alii (Org.). *O novo processo civil brasileiro* – direito em perspectiva. Rio de Janeiro: Forense, 2011. p. 25-70.

ARAZI, Roland. La buena fe en la estructura procesal. *Tratado de la buena fe en el derecho*. Buenos Aires: La Ley, 2004. t. I, p. 855-888.

ÁVILA, Humberto. *Teoria dos princípios*. 4. ed. São Paulo: Malheiros, 2005.

BARBI, Celso Agrícola. *Comentários ao Código de Processo Civil* – arts. 1.º a 55. Rio de Janeiro: Forense, 1975. v. 1, t. I.

BARBOSA MOREIRA, José Carlos. *Comentários ao Código de Processo Civil* – arts. 476 a 565. 15. ed. Rio de Janeiro: Forense, 2009. v. 5.

BARROSO, Luís Roberto. *Neoconstitucionalismo e constitucionalização do direito*. O triunfo tardio do direito constitucional no Brasil. Disponível em: <http://jus.com.br/revista/texto/7547/neoconstitucionalismo-e-constitucionalizacao-do-direito>. Acesso em: 09 jul. 2012.

BEDAQUE, José Roberto dos Santos. *Direito e processo*: influência do direito material sobre o processo. 5. ed. São Paulo: Malheiros, 2009.

_____. *Efetividade do processo e técnica processual*. 2. ed. São Paulo: Malheiros, 2007.

_____. *Poderes instrutórios do juiz*. 4. ed. São Paulo: RT, 2009.

BERIZONCE, Roberto Omar. Problemas fundamentales del sistema de justicia civil en Iberoamérica y propuestas de solución. In: GRINOVER, Ada Pellegrini; CALMON FILHO, Petrônio. *Direito processual comparado*: XIII World Congress of Procedural Law. Rio de Janeiro: Forense, 2008. p. 699-706.

BERMUDES, Sergio. *Introdução ao processo civil*. 4. ed. Rio de Janeiro: Forense, 2006.

BOBBIO, Norberto. *O positivismo jurídico*: lições de filosofia do direito. São Paulo: Ícone, 1995. Parte II.

BORGES, Marcos Afonso. Nulidade da sentença por infringência ao art. 460 e art. 458, do CPC. Errônea valoração legal da prova. Litigância de má-fé. *Revista de Processo*, v. 96, São Paulo: RT, 1999, p. 225-230.

BOURSIER, Marie-Emma Boursier. *Le principe de loyauté en droit processuel*. Paris: Dalloz, 2003.

BUENO, Cassio Scarpinella. *Curso sistematizado de direito processual civil*. 2. ed. São Paulo: Saraiva, 2008. v. 1.

Cap. 15 – O PRINCÍPIO DO CONTRADITÓRIO, A BOA-FÉ PROCESSUAL

CABRAL, Antonio do Passo. *Nulidades no processo moderno*: contraditório, proteção da confiança e validade *prima facie* dos atos processuais. Rio de Janeiro: Forense, 2009.

_____. O contraditório como fonte dever e a boa-fé processual objetiva. *Revista de Processo*, v. 126, São Paulo: RT, 2005, p. 59-81.

CAHALI, Yussef Said. *Enciclopédia Saraiva de Direito*. São Paulo: Saraiva, 1977. v. 41, p. 477, "fine" 478-479.

_____. *Honorários advocatícios*. 3. ed. São Paulo: RT, 1997.

CALAMANDREI, Piero. *Il processo come giuoco*. Scritti giuridici in onore di Francesco Carnelutti. Padova: CEDAM, 1950. v. 2.

CALMON FILHO, Petrônio. *Abuso do processo*: relatório brasileiro para as XIX Jornadas Ibero-Americanas de Direito Processual Civil. Disponível em: <http://novo.direitoprocessual.org.br/fileManager/Petronio_Calmon___Abuso_no_processo___relatrio_brasileiro_para_as_XIX_Jornadas_Iberoamericanas.doc>. Acesso em: 07 jul. 2012.

CÂMARA, Alexandre Freitas. *Lições de direito processual civil*. 17. ed. Rio de Janeiro: Lumen Juris, 2008. v. 2.

CAMBI, Eduardo. Neoconstitucionalismo e neoprocessualismo. In: FUX, Luiz; NERY JUNIOR, Nelson; WAMBIER, Teresa Arruda Alvim. *Processo e Constituição*: estudos em homenagem ao professor José Carlos Barbosa Moreira. São Paulo: RT, 2006. p. 662-683.

CANTOARIO, Diego Martinez Fervenza. Poderes do juiz e princípio do contraditório. *Revista de Processo*, v. 195, São Paulo: RT, 2011, p. 279-307.

CANOTILHO, J. J. Gomes. *Direito constitucional*. Coimbra: Amado Editor, 1992.

CAPPELLETTI, Mauro; GARTH, Bryant. *Acesso à justiça*. Trad. Ellen Gracie Northfleet. Porto Alegre: Sergio Antonio Fabris, 1988.

_____. *Juízes legisladores?* Trad. Carlos Alberto Alvaro de Oliveira. Porto Alegre: Sergio Antonio Fabris, 1999.

_____. *O controle judicial da constitucionalidade das leis no direito comparado*. 2. ed. Trad. Aroldo Plínio Gonçalves. Porto Alegre: Sergio Antonio Fabris, 1984.

CARNEIRO, Athos Gusmão. *Recurso especial, agravos e agravo interno*. 7. ed. Rio de Janeiro: Forense, 2011.

CARNEIRO, Paulo Cezar Pinheiro. *Acesso à justiça*: Juizados Especiais Cíveis e ação civil pública: uma nova sistematização da teoria geral do processo. Rio de Janeiro: Forense, 2007.

_____. A ética e os personagens do processo. In: JAYME, Fernando Gonzaga; FARIA, Juliana Cordeiro de; LAUAR, Maira Terra. *Processo civil*: novas tendências. Estudos em homenagem ao professor Humberto Theodoro Júnior. Belo Horizonte: Del Rey, 2008. p. 555-562.

CASTRO FILHO, José Olympio de. *Abuso do direito no processo civil*. Belo Horizonte: Imprensa Oficial, 1955.

CHIOVENDA, Giuseppe. *Instituições de direito processual civil*. 2. ed. bras. São Paulo: Saraiva, 1965. v. 3, n. 381.

COLOMBO, Carlos J. Inconducta procesal: temeridad o malicia. *Tratado de la buena fe en el Derecho*. Buenos Aires: La Ley, 2004. t. I, p. 821-840.

COMTE, Augusto. Discurso sobre o espírito positivo. Primeira parte. *Os pensadores*. São Paulo: Abril Cultural, 1983. p. 43-65.

CORDEIRO, Antonio Manuel da Rocha e Menezes. *Da boa fé no direito civil*. 3.ª reimp. Coimbra: Almedina, 2007.

_____. *Litigância de má-fé, abuso do direito de ação e culpa "in agendo"*. 2. ed. Coimbra: Almedina, 2011.

COSTA E SILVA, Paula. *Litigância de má fé*. Coimbra: Ed. Coimbra, 2008.

CRUZ E TUCCI, José Rogério. *Garantias constitucionais do processo civil*. São Paulo: RT, 1999.

_____. *Precedente judicial como fonte do direito*. São Paulo: RT, 2004.

DIAS, Ronaldo Brêtas de Carvalho. *Fraude no processo civil*. 3. ed. Belo Horizonte: Del Rey, 2001.

_____. *Responsabilidade do Estado pela função jurisdicional*. Belo Horizonte: Dey Rey, 2004.

DELFINO, Lúcio. *Estudos de processo civil*: artigos e pareceres. São Paulo: Método, 2011.

DENTI, Vittorio. Questioni rilevabili d'ufficio e contradditorio. *Rivista di Diritto Processuale*, v. 33, Padova: CEDAM, 1968, p. 221-222.

DIDIER JR., Fredie. *Curso de direito processual civil*. 6. ed. 11. ed. Salvador: JusPodivm, 2006-2011. v. 1.

_____. *Fundamentos do princípio da cooperação no direito processual civil português*. Coimbra: Ed. Coimbra, 2010.

DINAMARCO, Cândido Rangel. *A instrumentalidade do processo*. 13. ed. São Paulo: Malheiros, 2008.

_____. *A reforma da reforma*. São Paulo: Malheiros, 2002.

_____. *Capítulos de sentença*. 3. ed. São Paulo: Malheiros, 2008.

_____. *Instituições de direito processual civil*. 6. ed. São Paulo: Malheiros, 2009. v. 1.

Cap. 15 – O PRINCÍPIO DO CONTRADITÓRIO, A BOA-FÉ PROCESSUAL

_____. *Nova era do processo civil.* 2. ed. São Paulo: Malheiros, 2007.

_____. Tempestividade dos recursos. *Revista Dialética de Direito Processual*, v. 16, São Paulo: Dialética, 2004, p. 9-23.

FARIA, Márcio Carvalho. A duração razoável dos feitos: uma tentativa de sistematização na busca de soluções à crise do processo. *Revista Eletrônica de Direito Processual.* 6. ed. Disponível em: <http://www.redp.com.br/arquivos/redp_6a_edicao.pdf>. Acesso em: 08 jul. 2012.

FUX, Luiz. *A reforma do processo civil*: comentários e análise crítica da reforma infraconstitucional do Poder Judiciário e da reforma do CPC. Niterói: Impetus, 2006.

GRADI, Marco. Il principio del contraddittorio e le questioni rilevabili d'ufficio. *Revista de Processo*, v. 186, São Paulo: RT, 2010, p. 109-160.

GOUVEA, Lúcio Grassi de. Cognição processual civil: atividade dialética e cooperação intersubjetiva na busca da verdade real. In: DIDIER JR., Fredie (Org.). *Leituras complementares de processo civil.* 5. ed. Salvador: JusPodivm, 2007. p. 183-198.

GOZAÍNI, Osvaldo Alfredo. El principio de la buena fe en el proceso civil. *Tratado de la buena fe en el derecho.* Buenos Aires: La Ley, 2004. t. I, p. 889-912.

GRECO, Leonardo. A falência do sistema de recursos. *Estudos de direito processual.* Campos dos Goytacazes: Faculdade de Direito de Campos, 2005. p. 287-316.

_____. *Garantias fundamentais do processo*: o processo justo. Disponível em: <http://www.mundojuridico.adv.br/sis_artigos/artigos.asp?codigo=429>. Acesso em: 05 jul. 2012.

_____. *Instituições de direito processual civil.* Rio de Janeiro: Forense, 2009. v. 1.

_____. *Instituições de direito processual civil.* Rio de Janeiro: Forense, 2010. v. 2.

_____. O princípio do contraditório. *Revista Dialética de Direito Processual*, v. 24, São Paulo: Dialética, 2005. p. 71-79.

_____. Os atos de disposição processual – primeiras reflexões. *Revista Eletrônica de Eireito Processual.* v. 1. Disponível em: <http://www.redp.com.br/arquivos/redp_1a_edicao_rj.pdf>. Acesso em: 10 jun. 2012.

_____. Publicismo e privatismo no processo civil. *Revista de Processo*, ano 33, v. 164, São Paulo: RT, out. 2008, p. 29-56.

_____. Translatio iudicii e reassunção do processo. *Revista de Processo*, ano 33, v.166, São Paulo: RT, dez. 2008, p. 9-25.

GRECO, Leonardo; MIRANDA NETTO, Fernando Gama (Org.). *Direito processual e direitos fundamentais.* Rio de Janeiro: Lumen Juris, 2005.

GRINOVER, Ada Pellegrini et alii *Código brasileiro de Defesa do Consumidor comentado pelos autores do anteprojeto*. 8. ed. Rio de Janeiro: Forense, 2004.

GRINOVER, Ada Pellegrini; CALMON FILHO, Petrônio (Org.). *Direito processual comparado*: XIII World Congress of Procedural Law. Rio de Janeiro: Forense, 2008.

JUNOY, Joan Picó i. *El principio de la buena fe procesal*. Barcelona: J. M. Bosch, 2003.

LACERDA, Galeno. *O novo direito processual civil e os feitos pendentes*. 2. ed. Rio de Janeiro: Forense, 2006.

LIMA, Alcides de Mendonça. Abuso do direito de demandar. *Revista de Processo*, v. 19, São Paulo: RT, 1980, p. 57-66.

LOPES, João Batista. Contraditório, paridade de armas e motivação da sentença. In: MEDINA, José Miguel Garcia et alii (Coord.). *Os poderes do juiz e o controle das decisões judiciais*: estudos em homenagem à professora Teresa Arruda Alvim Wambier. São Paulo: RT, 2008. p. 265-270.

LUCON, Paulo dos Santos. Art. 515, § 3.º, do Código de Processo Civil, ordem pública e prequestionamento. In: MEDINA, José Miguel Garcia et alii. *Os poderes do juiz e o controle das decisões judiciais*: estudos em homenagem à professora Teresa Arruda Alvim Wambier. São Paulo: RT, 2008. p. 37-46.

_____. Devido processo legal substancial. In: DIDIER JR., Fredie (Org.). *Leituras complementares de processo civil*. 5. ed. Salvador: JusPodivm, 2007. p. 19-34.

MACIOCE, Fabio. *Il principio di lealtà, nella prassi processuale e nei rapporti fra poteri*. Disponível em: <www.corteconti.it/export/sites/portalecdc/_documenti/chi_siamo/consiglio_di_presidenza/incontri_studio_e_formazione/roma_22_settembre_2010_macioce.pdf>. Acesso em: 10 jul. 2012.

MANCUSO, Rodolfo de Camargo. *Recurso extraordinário e recurso especial*. 10. ed. São Paulo: RT, 2007.

MANDELI, Alexandre Grandi. *O princípio da não surpresa na perspectiva do formalismo-valorativo*. Disponível em: <http://www.tex.pro.br/tex/listagem-de-artigos/331-artigos-mai-2011b/8251-o-principio-da-nao-surpresa-na-perspectiva-do-formalismo-valorativo>. Acesso em: 09 jul. 2012.

MARINONI, Luiz Guilherme. *Abuso de defesa e parte incontroversa da demanda*. São Paulo: RT, 2007.

_____. *A transformação do* civil law *e a oportunidade de um sistema precedentalista para o Brasil*. Disponível em: <www.professormarinoni.com.br>. Acesso em: 10 jul. 2010.

_____. *Técnica processual e tutela dos direitos*. São Paulo: RT, 2010.

_____. *Teoria geral do processo*. 4. ed. São Paulo: RT, 2010.

MARTINS-COSTA, Judith. *A boa-fé no direito privado*: sistema e tópica no direito obrigacional. 1. ed. 2.ª tir.. São Paulo: RT, 2000.

MAXIMILIANO, Carlos. *Direito intertemporal*. 2. ed. São Paulo: Freitas Bastos, 1955.

MEDINA, José Miguel Garcia. *Prequestionamento e repercussão geral e outras questões relativas aos recursos especial e extraordinário*. 5. ed. São Paulo: RT, 2009.

MEDINA, José Miguel Garcia; WAMBIER, Teresa Arruda Alvim. *Processo civil moderno*: parte geral e processo de conhecimento. São Paulo: RT, 2009. v. 1.

_____. *Processo civil moderno*: recursos e ações autônomas de impugnação. São Paulo: RT, 2008. v. 2.

MENDES, Gilmar Ferreira. *Jurisdição constitucional*: o controle abstrato de normas no Brasil e na Alemanha. 3. ed. São Paulo: Saraiva, 1999.

MILMAN, Fabio. *Improbidade processual*: comportamento das partes e de seus procuradores no processo civil. Rio de Janeiro: Forense, 2007.

MITIDIERO, Daniel. *Colaboração no processo civil*: pressupostos sociais, lógicos e éticos. São Paulo: RT, 2009.

_____. *O problema da invalidade dos atos processuais no direito processual civil brasileiro contemporâneo*. Disponível em: <http://www.abdpc.org.br/abdpc/artigos/Daniel%20Francisco%20Mitidiero%20-%20formatado.pdf>. Acesso em: 17 jul. 2012.

MIRANDA NETTO, Fernando Gama de. O poder de investigação das Comissões Parlamentares de Inquérito e as garantias processuais do indiciado. In: GRECO, Leonardo; MIRANDA NETTO, Fernando Gama de (Org.). *Direito processual e direitos fundamentais*. Rio de Janeiro: Lumen Juris, 2005. p. 29-58.

_____. Efetividade do processo e técnica processual. *Temas de direito processual*. Sexta série. São Paulo: Saraiva, 1997.

_____. *O juízo de admissibilidade no sistema dos recursos civis*. Rio de Janeiro: [s.e], 1968.

_____.Por um processo socialmente efetivo. *Revista de Processo*, v. 105, São Paulo: RT, 2002, p. 183-190.

_____. Privatização do processo? *Temas de direito processual*. Sétima série. São Paulo: Saraiva, 2001. p. 7-18.

_____. Regras de experiência e conceitos juridicamente indeterminados. *Temas de direito processual*. Segunda série. São Paulo: Saraiva, 1988. p. 61-72.

_____. Restrições ilegítimas ao conhecimento dos recursos. *Temas de direito processual*. Nona série. São Paulo: Saraiva, 2007.

_____. Uma novidade: o Código de Processo Civil inglês. *Temas de direito processual*. Sétima série. São Paulo: Saraiva, 2001. p. 179-190.

NAVES, Nilson Vital. *Bicentenário do Código Civil francês.* Disponível em: <http://bdjur.stj.gov.br/jspui/bitstream/2011/845/1/Bicenten%C3%A1rio_%20do_%20C%C3%B3digo_%20Civil.pdf>. Acesso em: 14 jun. 2009.

NERY JUNIOR, Nelson. *Princípios do processo na Constituição Federal.* 9. ed. São Paulo: RT, 2009.

_____; NERY, Rosa Maria de Andrade. *Código de processo civil comentado e legislação extravagante.* 9. ed. rev. atual. e ampl. São Paulo: RT, 2006.

_____; WAMBIER, Teresa Arruda Alvim (Coord.). *Aspectos polêmicos e atuais dos recursos cíveis e de outros meios de impugnação às decisões judiciais.* São Paulo: RT, 2003. v. 7.

NOGUEIRA JÚNIOR, Alberto. *A natureza alimentar dos honorários advocatícios e a Resolução 559/2007 do Conselho da Justiça Federal.* Clubjus, Brasília-DF: 10 dez. 2007. Disponível em: <http://www.clubjus.com.br/?artigos&ver=2.12193>. Acesso em: 09 jul. 2012.

NUNES, Dierle José Coelho. *Processo jurisdicional democrático:* uma análise crítica das reformas processuais. 1. ed. 2.ª reimp. Curitiba: Juruá, 2010.

OLIVEIRA, Carlos Alberto Alvaro. *A garantia do contraditório.* Disponível em: <http://www.mundojuridico.adv.br/sis_artigos/artigos.asp?codigo=368>. Acesso em: 25 jul. 2012.

_____. *Do formalismo no processo civil:* proposta de um formalismo-valorativo. 4. ed. São Paulo: Saraiva, 2010.

_____. *Efetividade e processo de conhecimento.* Disponível em: <http://www.abdpc.org.br/abdpc/artigos/Carlos%20A%20A%20de%20Oliveira(3)%20-formatado.pdf>. Acesso em: 17 jul. 2012.

_____. *O formalismo-valorativo no confronto com o formalismo excessivo.* Disponível em: <http://www.tex.pro.br/wwwroot/00/060823carlos_alberto_alvaro_oliveira.php>. Acesso em: 09 jul. 2012.

_____. *O juiz e o princípio do contraditório. Revista de Processo,* v.71, São Paulo: RT, 1993, p. 30-38.

_____. *Poderes do juiz e visão cooperativa do processo.* Disponível em: <http://www.mundojuridico.adv.br/sis_artigos/artigos.asp?codigo=215>. Acesso em: 25 jul. 2012.

OLIVEIRA, Carlos Alberto Alvaro de; MITIDIERO, Daniel. *Curso de processo civil:* teoria geral do processo civil e parte geral do direito processual civil. São Paulo: Atlas, 2010. v. 1.

PALACIO, Lino Enrique. Los deberes de lealtad, probidad y buena fe en el proceso civil. *Tratado de la buena fe en el Derecho.* Buenos Aires: La Ley, 2004. t. I, p. 811-820.

PASSOS, J. J. Calmon de. *Esboço de uma teoria das nulidades aplicada às nulidades processuais.* 1. ed. 4.ª tir.. Rio de Janeiro: Forense, 2009.

PORTANOVA, Rui. *Princípios do processo civil*. 7. ed. Porto Alegre: Livraria do Advogado, 2008.

PINHO, Humberto Dalla Bernardina de. *Direito individual homogêneo e legitimidade do Ministério Público*: a visão dos Tribunais Superiores. Disponível em: <http://www.humbertodalla.pro.br/arquivos/direito_individual_homogeneo_e_legitimidade_do_mp_160204.pdf>. Acesso em: 28 jul. 2012.

_____. Os princípios e as garantias fundamentais no Projeto de Código de Processo Civil: breves considerações acerca dos arts. 1.º a 12 do PLS 166/10. *Revista Eletrônica de Direito Processual*. 6. ed. Disponível em: <http://www.redp.com.br/arquivos/redp_6a_edicao.pdf>. Acesso em: 09 jul. 2012.

_____. *Teoria geral do processo civil contemporâneo*. Rio de Janeiro: Lumen Juris, 2007.

PRAZERES, Gustavo Cunha. *A influência da solidariedade social no processo*: aplicação do *venire contra factum proprium nulli conceditur* ao direito processual. Disponível em: <http://www.conpedi.org/manaus/arquivos/anais/salvador/gustavo_cunha_prazeres.pdf>. Acesso em: 17 jul. 2012.

PRETEL, Mariana Pretel e. *A boa-fé objetiva e a lealdade no processo civil brasileiro*. Porto Alegre: Núria Fabris, 2009.

PERELMAN, Chaim. *Tratado da argumentação*: a nova retórica. São Paulo: Martins Fontes, 1999.

RICCI, Edoardo F. Princípio do contraditório e questões que o juiz pode propor de ofício. In: FUX, Luiz; NERY JUNIOR, Nelson; WAMBIER, Teresa Arruda Alvim (Org.). *Processo e Constituição*. São Paulo: RT, 2006. p. 495-499.

SANTOS, Guilherme Luis Quaresma Batista. Algumas notas sobre o princípio do contraditório no processo civil. *Revista de Processo*, v. 194, São Paulo: RT, 2011, p. 69-97.

SANTOS, Moacyr Amaral. *Primeiras linhas de direito processual civil*. 27. ed. São Paulo: Saraiva, 2010. v. 1.

_____. *Primeiras linhas de direito processual civil*. 26. ed. São Paulo: Saraiva, 2010. v. 2.

SILVA, José Afonso da. *A aplicabilidade das normas constitucionais*. 6. ed. 2.ª tir. São Paulo: Malheiros, 2003.

SOLIMINE, Omar Luis Días. La buena fe en la estructura procesal. In: CÓRDOBA, Marcos M. (Dir.). *Tratado de la buena fe en el derecho*. Buenos Aires: La Ley, 2004. t. I, p. 855-888.

SOUZA, Bernardo Pimentel. *Introdução aos recursos cíveis e à ação rescisória*. 7. ed. São Paulo: Saraiva, 2010.

STOCO, Rui. *Abuso do direito e má-fé processual*. São Paulo: RT, 2002.

TARUFFO, Michele. L'abuso del processo: profili comparatistici. *Revista de Processo,* v. 96, São Paulo: RT, 1999, p. 150-169.

_____. *La motivazione della sentenza civile.* Padova: CEDAM, 1975.

_____. Observações sobre os modelos processuais de *civil law.* Trad. José Carlos Barbosa Moreira. *Revista de Processo,* v. 110, ano 28, São Paulo: RT, abr.-jun. 2003, p. 141-158.

TESHEINER, José Maria Rosa; BAGGIO, Lucas Pereira. *Nulidades no processo civil brasileiro.* Rio de Janeiro: Forense, 2008.

THEODORO JÚNIOR, Humberto. *Boa-fé e processo* – princípios éticos na repressão à litigância de má-fé – papel do juiz. Disponível em: <http://www.abdpc.org.br/abdpc/artigos/Humberto%20Theodoro%20J%C3%BAnior(3)formatado.pdf>. Acesso em: 17 jul. 2012.

_____. *Celeridade e efetividade da prestação jurisdicional.* Insuficiência da reforma das leis processuais. Disponível em: <http://www.abdpc.org.br/artigos/artigo51.htm>. Acesso em: 28 jul. 2012.

_____. *Curso de direito processual civil.* 47. ed. Rio de Janeiro: Forense, 2007. v. 1.

THEODORO JÚNIOR, Humberto; NUNES, Dierle José Coelho. Princípio do contraditório: tendências de mudança de sua aplicação. *Revista da Faculdade de Direito do Sul de Minas,* v. 28, Pouso Alegre, jan-jun. 2009, p. 177-206.

VINCENZI, Brunela Vieira de. *A boa-fé no processo civil.* São Paulo: Atlas, 2003.

WAMBIER, Teresa Arruda Alvim. *Recurso especial, recurso extraordinário e ação rescisória.* 2. ed. São Paulo: RT, 2008.

WATANABE, Kazuo. Acesso à justiça e sociedade moderna. In: GRINOVER, Ada Pellegrini; DINAMARCO, Cândido; WATANABE, Kazuo (Org.). *Participação e processo.* São Paulo: RT, 1988. p. 128-135.

_____.Cultura da sentença e cultura da pacificação. In: YARSHELL, Flavio Luiz; MORAES, Maurício Zanoide (Org.). *Estudos em homenagem à professora Ada Pellegrini Grinover.* São Paulo: DPJ, 2005. p. 684-690.

_____. Filosofia e características básicas do Juizado Especial de Pequenas Causas. *Juizado Especial de Pequenas Causas.* São Paulo: RT, 1985.

ZANETTI JÚNIOR, Hermes. *Processo constitucional.* Rio de Janeiro: Lumen Juris, 2007.

A JUSTICIABILIDADE DOS DIREITOS SOCIAIS NA PERSPECTIVA PROCESSUAL COLETIVA

16

APONTAMENTOS SOBRE A AÇÃO CIVIL PÚBLICA E O INCIDENTE DE RESOLUÇÃO DE DEMANDAS REPETITIVAS

Taísa Bittencourt Leal Queiroz

> **Sumário:** 1. Introdução – 2. Breve histórico das normas definidoras de direitos sociais no cenário mundial e no constitucionalismo brasileiro: 2.1. Constituição de 1824: a preocupação emancipatória; 2.2. Constituição de 1891: o liberalismo economicista e o retrocesso social; 2.3. Constituição de 1934: pioneirismo no trato da ordem econômica e social; 2.4. Constituição de 1937: autoconcentração de poder e supressão de direitos; 2.5. Constituição de 1946: o renascimento democrático e o intervencionismo; 2.6. Constituição de 1967: a carga controladora e a folha de papel; 2.7. Constituição de 1969: o autoritarismo antidemocrático; 2.8. Constituição de 1988: a reabertura democrática e a construção multifacetada, marcada por características intervencionistas e liberais; 2.9. A questão da eficácia das normas constitucionais – 3. A promoção dos direitos sociais na perspectiva coletiva: aspectos da processualística constitucional e infraconstitucional atual – 3.1. A ação civil pública como instrumento de efetivação de direitos sociais; 3.2. O incidente de resolução de demandas repetitivas previsto no Projeto de Código de Processo Civil como novo instrumento de tutela coletiva de direitos sociais – 4. Considerações finais – 5. Referências bibliográficas.

1. INTRODUÇÃO

Dentre os efeitos da virada paradigmática do Estado liberal para o Estado social estão as profundas alterações observadas no direito material e no direito processual contemporâneo. Com a consagração das conquistas sociais e políticas alcançadas ao longo dos dois últimos séculos, positivadas por meio de normas constitucionais definidoras de direitos sociais, o grande desafio deste tempo, diante da inércia ou ineficiência da atuação estatal, passou a ser a efetivação desses direitos, o que se reflete, de forma imediata, nas novas tendências do processualismo constitucional democrático.

Nesse sentido, a clássica e multicitada doutrina de BOBBIO informa que "o grande problema atual dos direitos fundamentais não é mais o de fundamentá-los, mas, sim, o de protegê-los".[1] E, do ponto de vista processual, segundo NUNES, deve o processo se desgarrar dessa concepção de mecanismo de dominação e ser percebido na perspectiva democrática como garantidor de direitos fundamentais.[2]

No presente artigo, após breve visita à evolução histórica das normas definidoras de direitos sociais no cenário mundial e no constitucionalismo brasileiro, e reconhecendo-as como vetores juridicamente vinculantes da discricionariedade do administrador público, busca-se refletir sobre o atual papel do direito processual como importante mecanismo de efetivação desses direitos, viabilizando a intervenção jurisdicional nas políticas públicas.

Ademais, são abordados aspectos da processualística constitucional e infraconstitucional, destacando a questão da transformação de um sistema processual estritamente individualista em um sistema no qual coexistem os modelos individualista e coletivista, adaptando-se o direito processual contemporâneo às exigências de uma sociedade de massa, discutindo-se, ainda, a questão da necessidade de sistematização do direito processual coletivo.

Dentre as técnicas processuais para a efetivação de direitos existentes, destacamos a ação civil pública como um dos principais instrumentos de efetivação de direitos sociais, analisando-se a questão da legitimidade ativa para sua pro-

---

[1]   BOBBIO, Norberto. *A era dos direitos*. Rio de Janeiro: Campus, 2004.

[2]   NUNES, Dierle. A litigância de interesse público e as tendências "não compreendidas" de padronização decisória. *Revista de Processo*, n. 199, São Paulo: RT, 2011, p. 48-49. "Precisamos, de uma vez por todas, perceber o impacto das concepções dinâmicas dos direitos fundamentais para o direito processual, de modo a permitir a obtenção de resultados eficientes e legítimos para os cidadãos que clamam por um acesso à justiça revigorado pela concepção de um Estado Constitucional Democrático. Tal postura teórica aqui defendida afasta uma análise pontual de institutos e técnicas processuais e tenta promover e insistir numa valorização da análise do panorama macroestrutural estatal e jurídico na busca de soluções técnicas consentâneas com os avanços dos direitos ocorrida entre nós após 1988. É a partir desse pressuposto que se deve tematizar e entender o *processualismo constitucional democrático* como uma concepção teórica que busca a democratização processual civil mediante a problematização das concepções de liberalismo, socialização e pseudossocialização processual (neoliberalismo processual) e da percepção do necessário resgate do papel constitucional do processo como estrutura de formação das decisões, ao partir do necessário aspecto comparticipativo e policêntrico das estruturas formadoras das decisões."

Cap. 16 – A JUSTICIABILIDADE DOS DIREITOS SOCIAIS NA PERSPECTIVA PROCESSUAL COLETIVA

positura, com atenção ao atual conflito interinstitucional instalado entre Ministério Público e Defensoria Pública, em função do ajuizamento, pelo Conselho Nacional do Ministério Público (CONAMP), de ação de inconstitucionalidade (ADI 3.943/DF), no qual impugna a redação da Lei 11.448/2007, que alterou a Lei 7.347/1985, na parte em que insere a Defensoria Pública no rol dos legitimados ativos para propositura da ação civil pública.

Em seguida, aborda-se a questão da limitação da eficácia da coisa julgada nessa espécie de procedimento, muito criticada pela doutrina, demonstrando-se a recente virada jurisprudencial sobre o tema, compatibilizando-se com a nova tendência da moderna processualística.

Por derradeiro, selecionamos para análise o incidente de resolução de demandas repetitivas, técnica inovadora a ser inserida no ordenamento com a aprovação do Projeto de Novo Código de Processo Civil (PLS 166/2010 – atual PL 8.046/2010), por se tratar de instrumento processual de alto grau de interesse no campo da tutela coletiva, em função do efeito expansionista que lhe será atribuído.

2. BREVE HISTÓRICO DAS NORMAS DEFINIDORAS DE DIREITOS SOCIAIS NO CENÁRIO MUNDIAL E NO CONSTITUCIONALISMO BRASILEIRO

As normas definidoras de direitos sociais, hoje comumente encontradas nas Cartas Constitucionais de diversos países, são, em verdade, fruto de um lento e gradual processo histórico de luta pela aquisição de direitos, originário de incontáveis avanços e retrocessos políticos e sociais articulados ao longo dos últimos dois séculos.

No cenário mundial, o constitucionalismo foi inicialmente marcado pela necessidade de submissão do poder político ao direito, com a limitação das funções do Estado autoritário, garantindo liberdades aos cidadãos e consolidando a maior separação dos Poderes. O objetivo principal das normas constitucionais, nesse período, se limitava, portanto, à subordinação do Estado, reforçando-se a soberania popular, o governo representativo, a reserva de lei, a legalidade da administração e a proteção ao direito de propriedade. Guardando características próprias de um constitucionalismo liberal burguês, projetava-se um direito constitucional meramente organizatório e procedimental.

Somente com a Primeira Guerra Mundial é que o constitucionalismo liberal começou a ceder à pressão das massas, que clamava por uma transformação superestrutural do Estado liberal, reivindicando maior atenção às demandas sociais. O crescimento desenfreado da classe proletária, submetida a péssimas condições de vida e trabalho, não pôde ser contido pelo liberalismo e acabou por enfraquecê-lo, dando espaço ao nascimento dos ideais de um Estado social, que veio a se consolidar com o constitucionalismo social.[3]

A ideologia social, no cenário internacional, ganhou maior projeção em meados do século XX, com o nascimento do constitucionalismo social, inaugurado pela Constituição de Weimar de 1919, que introduziu o tratamento de questões econômicas e trabalhistas na norma constitucional. Seguindo essa tendência, foram inseridas normas sociais na nova Declaração Universal de Direitos do Homem em 1948 e no Pacto Internacional dos Direitos Econômicos, Sociais e Políticos em 1966.

Nesse período, o surgimento do Estado social permitiu o redimensionamento das funções do Poder Judiciário, que, aos poucos, adotou uma postura menos neutra e mais ativa diante das questões sociais,[4] afastando-se da atuação exclusivamente voltada para a microlitigiosidade interindividual, restrita à aplicação do direito por subsunção lógica de fatos para a proteção de liberdades e interesses particulares como a propriedade, sem referências de cunho social, ético ou político.[5] É o momento em que "tenta-se corrigir as grandes injustiças advindas do liberalismo e a lei deixa de ter um comando abstrato e genérico para atuar de forma concreta. O Estado sai da neutralidade e assume postura positiva face às questões sociais, principalmente dos trabalhadores e nas relações previdenciárias".[6]

Na América Latina, os primeiros passos do constitucionalismo se deram no primeiro quartel do século XIX, privilegiando a questão da independência das antigas colônias, o que postergou o desenvolvimento das ideologias liberais e sociais para momento posterior. A história das constituições brasileiras, editadas a partir de 1824, reflete tal peculiaridade. Só em um segundo momento

---

[3] BONAVIDES, Paulo. *Do estado liberal ao estado social*. 8. ed. São Paulo: Malheiros, 2004. p. 184. "Quando o Estado, coagido pela pressão das massas, pelas reivindicações que a impaciência do quarto estado faz ao poder político, confere, no Estado constitucional ou fora deste, os direitos do trabalho, da previdência, da educação, intervém na economia como distribuidor, dita o salário, manipula a moeda, regula os preços, combate o desemprego, protege os enfermos, dá ao trabalhador e ao burocrata a casa própria, controla as profissões, compra a produção, financia as exportações, concede crédito, institui comissões de abastecimento, provê necessidades individuais, enfrenta crises econômicas, coloca na sociedade todas as classes na mais estreita dependência de seu poderio econômico, político e social, em suma, estende sua influência a quase todos os domínios que dantes pertenciam, em grande parte, a iniciativa individual, nesse instante o Estado pode, com justiça, receber a denominação de Estado social."

[4] PINTO, Luis Filipe Marques Porto Sá. Técnicas de tratamento macromolecular dos litígios – tendência de coletivização da tutela processual civil. *Revista de Processo*, n. 185, São Paulo: RT, 2010, p.119.

[5] Idem, ibidem.

[6] NOGUEIRA, Vânia Marcia Damasceno. O movimento mundial pela coletivização do processo e seu ingresso e desenvolvimento no direito brasileiro. *Revista Jurídica do Ministério Público do Estado de Minas Gerais*, v. 12, jan.-jun. 2009, p. 328.

Cap. 16 – A JUSTICIABILIDADE DOS DIREITOS SOCIAIS NA PERSPECTIVA PROCESSUAL COLETIVA

se verifica a passagem de um Estado centralizado a um Estado liberal, ambos marcados por profundas desigualdades, e posteriormente o nascimento de um Estado social preocupado com o bem-estar de seus cidadãos.

Traçando uma linha evolutiva sobre o tema, propomo-nos a comentar as principais alterações normativas sofridas em cada uma das oito constituições brasileiras, desde o Período Imperial até o período contemporâneo com a Constituição Cidadã de 1988, demonstrando como foram acolhidos, de diferentes maneiras, os ideais liberais e sociais.

2.1. Constituição de 1824: a preocupação emancipatória

A **Constituição de 1824**, conhecida como Constituição do Império, marcou o início do constitucionalismo brasileiro. Outorgada pelo Imperador Dom Pedro I, a primeira Carta Constitucional pátria não priorizava a proteção dos direitos sociais. Nesse momento histórico, a preocupação política era outra. Os ideais liberais, na América Latina, voltavam-se para o processo de emancipação nacional, revelando uma preocupação muito maior com a sonhada independência da Nação do que com as liberdades individuais. Diferentemente do que ocorria no Ocidente, onde se buscava eliminar os sistemas tradicionais de opressão política e os abusos absolutistas, em uma verdadeira luta contra a Monarquia, na América Latina a constitucionalização objetivava pôr fim à intensa exploração sofrida pelas colônias, com a oficialização da separação de Brasil e Portugal.[7]

Na visão de SUSSEKIND,[8] essa Constituição refletia sim a filosofia liberal da época, tendo sido influenciada pelos ditames da Revolução Francesa. Para LIMA,[9] no entanto, essa Carta Constitucional, que já nasceu marcada pelo autoritarismo e centralismo políticos do Império, herança do processo histórico de dominação pela colonização portuguesa, apresentava graves contradições: ao mesmo tempo em que previa alguns poucos direitos sociais, estabelecia um esquema normativo repressor da liberdade pública individual, política e econômica.

---

[7] MELO FRANCO, Afonso Arinos de. O constitucionalismo brasileiro na primeira metade do Século XIX. *Estudos de direito constitucional*. Rio de Janeiro: Revista Forense, 1957. p. 221-256.

[8] SUSSEKIND, Arnaldo. *Direitos sociais na constituinte*. Rio de Janeiro: Freitas Bastos, 1986. p. 33.

[9] LIMA, Newton de Oliveira. *A questão social nas constituições brasileiras*: uma crítica a partir da perspectiva democratizante. São Paulo: RT, 2009. v. 886, p. 87-115. "Houve em verdade um introito acanhado às liberdades públicas e no máximo alguns indicativos de normas de regulação de temas sociais, como o art. 179, inciso XXXI, que previa a instauração, se necessário, dos 'socorros públicos', o que consistiu, conforme Pinto Martins (1999, p. 29), na primeira disposição previdenciária no ordenamento jurídico pátrio; o art. 179, inciso XXXII, que estabelecia a educação gratuita para toda a população."

Assim, ao que parece, a Constituição de 1824 falhou tanto no trato das liberdades públicas quanto no da questão social. As duas únicas normas protetivas de direitos sociais não chegaram a alcançar qualquer eficácia social, o que a doutrina atribui à falta de vontade política do Estado em efetivar direitos sociais. Controlado por desígnios conservantistas, o governo monárquico, comprometido com as elites latifundiárias, pretendia tão somente manter o *status quo*. Nem de longe se objetivava ampliar a participação do povo nas questões políticas, o que poderia colocar em risco a centralização monárquica. Assim, apesar de esboçadas algumas iniciativas teoricamente voltadas à garantia de direitos sociais, estas se mostravam incipientes e até insignificantes se confrontadas com a realidade social brasileira da época.

2.2. Constituição de 1891: o liberalismo economicista e o retrocesso social

A **Constituição de 1891**, como que em um retrocesso social, suprimiu os poucos direitos sociais constitucionalizados em 1824 e, sob a influência do espírito liberal da Constituição norte-americana, não cogitou sobre os direitos sociais dos trabalhadores, limitando-se a garantir o livre exercício de qualquer profissão moral, intelectual e industrial, em seu art. 72, § 24, revelando o seu marcante viés econômico.[10]

Com efeito, segundo MELLO FRANCO,[11] o pensamento predominante à época entendia que a instituição de proteção ao trabalhador ia de encontro ao princípio da liberdade contratual, e que, sendo permitida, a competência legislativa deveria recair sobre os Estados. Em sentido diverso, no entanto, LIMA,[12] para quem a Constituição de 1891 é apenas aparentemente liberal, as previsões constitucionais de intervencionismo no setor público e de instrumentos de controle autoritários da sociedade descaracterizavam seu caráter estritamente liberal, podendo ser, no máximo, reconhecidos institutos liberais econômicos clássicos, gradualmente já esquecidos na Europa, evidenciando o lastimável

---

[10] LIMA, Newton de Oliveira. *A questão social nas constituições brasileiras* cit., p. 96-97. "A Constituição de 1891, produto desse governo e parlamento republicanos ideologicamente positivistas, politicamente estatistas e economicamente patrimonialistas, colocou-se aquém do esperado em termos de garantias e direitos sociais, pois, como se disse, procurava resolver a quase totalidade dos problemas da sociedade com previsões nitidamente economicistas. A forma pela qual foi tratada a questão social desvirtuava a problemática, pois transferia para a iniciativa privada a obrigatoriedade de atuação social, num verdadeiro retrocesso à própria Norma Ápice de 1824, pois esta pelo menos assegurava formalmente, por exemplo, educação e saúde à totalidade da população.

[11] MELLO FRANCO, Afonso Arinos de. O constitucionalismo brasileiro na primeira metade do Século XIX. *Estudos de direito constitucional* cit., apud SUSSEKIND, Arnaldo. *Direitos sociais na constituinte* cit., p. 33.

[12] LIMA, Newton de Oliveira. *A questão social nas constituições brasileiras* cit., p. 96-97.

Cap. 16 – A JUSTICIABILIDADE DOS DIREITOS SOCIAIS NA PERSPECTIVA PROCESSUAL COLETIVA

atraso ideológico das elites nacionais, "que continuavam atreladas ao liberalismo em suas formas arcaicas e conservadoras".

Não podemos, entretanto, fazer injustiça a tal ordem constitucional, cumprindo-nos comentar o único progresso no campo social que a ela pode ser atribuído, qual seja, a previsão de ordem previdenciária constante de seu art. 75. Com efeito, o referido artigo assegurou o direito à aposentadoria aos funcionários públicos em caso de invalidez para o serviço da Nação, fato de fundamental importância em matéria previdenciária. Insta salientar, ademais, que em 1926 sobreveio a Emenda Constitucional alterando o art. 54, § 29, a fim de autorizar a atividade legislativa concernente à aposentadoria e reformas previdenciárias.

2.3. Constituição de 1934: pioneirismo no trato da ordem econômica e social

A **Constituição de 1934** marcou a história do constitucionalismo brasileiro por ser a primeira carta constitucional a conferir efetivo tratamento à ordem econômica e social. SUSSEKIND,[13] integrante da comissão para elaboração da Consolidação das Leis do Trabalho, nomeada em 1942 por Getúlio Vargas, atribui tal inovação a dois fatores: primeiro, ao papel desempenhado por Getúlio Vargas na Revolução de 1930 e a legislação por ele decretada como chefe da revolução vitoriosa; e segundo, à influência externa proveniente da consagração de direitos pelo Tratado de Versailles (1919).

Elaborada e promulgada por uma Assembleia Constituinte, segundo o renomado jurista, a Constituição de 1934 "procurou conciliar filosofias antagônicas emanadas das Cartas Magnas de Weimar (social-democrática) e dos Estados Unidos da América (liberal individualista)". Para LIMA,[14] a Constituição de 1934 foi um reflexo da influência do movimento constitucionalista internacional de fomento à garantia de direitos sociais, fortalecidos desde as Constituições mexicana (1917) e alemã (1919), tendo inovado em relação às precedentes e assegurado relevantes direitos sociais. Na visão de PONTES DE MIRANDA,[15] no entanto, a Constituição de 1934, que deveria ter resolvido problemas de extrema importância, tal como a questão do bem-estar das populações, pecou, contudo, quanto à programaticidade das normas, valendo-se de meios inadequados às necessidades da época.

---

[13] SUSSEKIND, Arnaldo. *Direitos sociais na constituinte* cit., p. 33-49.

[14] LIMA, Newton de Oliveira. *A questão social nas constituições brasileiras* cit., p. 98-99.

[15] PONTES DE MIRANDA, Francisco Cavalcanti. *Comentários à Constituição de 1946*. Rio de Janeiro: Borsoi, 1960. p. 03-21. Entende o renomado jurista alagoano que "(...) a Assembleia Constituinte de 1933-1934 satisfez-se com vagos enunciados programáticos, abrindo as possibilidades da prevenção e da representação pela força, mas dentro de redes de legislação antiquada e sem os meios, para o Poder Executivo e para o próprio Poder Legislativo, de atacar, nas causas, os movimentos de subversão".

Segundo esse grande defensor das liberdades, a Assembleia Constituinte de 1933-1934 não teria construído o que pudesse substituir o passado. Ainda assim, a Carta Magna de 1934 é reconhecida por ser a primeira a organizar os direitos sociais em um rol, no art. 138, segundo o qual se previa, *in verbis*:

> Art. 138. Incumbe à União, aos Estados e aos Municípios, nos termos das leis respectivas:
>
> a) assegurar amparo aos desvalidos, criando serviços especializados e animando os serviços sociais, cuja orientação procurarão coordenar;
>
> b) estimular a educação eugênica;
>
> c) amparar a maternidade e a infância;
>
> d) socorrer as famílias de prole numerosa;
>
> e) proteger a juventude contra toda exploração, bem como contra o abandono físico, moral e intelectual;
>
> f) adotar medidas legislativas e administrativas tendentes a restringir a moralidade e a morbidade infantis; e de higiene social, que impeçam a propagação das doenças transmissíveis;
>
> g) cuidar da higiene mental e incentivar a luta contra os venenos sociais.

Considerada pioneira no trato da questão laboral, previu, a um só tempo, o amparo à produção e a proteção social ao trabalhador. Autorizou a atividade legislativa sobre matérias como reconhecimento e autonomia dos sindicatos e associações profissionais, bem como o reconhecimento das convenções coletivas de trabalho. Foi a primeira Constituição a prever a Justiça do Trabalho (art. 122), reservando sua criação à atividade legislativa infraconstitucional, só vindo a ser instalada em 1.º de maio de 1941, como integrante da Administração Federal, vinculada ao Ministério do Trabalho, Indústria e Comércio.

Dentre as suas previsões, a Constituição de 1934 assegurou aos cidadãos o direito à educação e, ao trabalhador, um salário capaz de satisfazer as suas necessidades básicas. Previu a garantia de salário igual para trabalho igual, proibindo diferença salarial por motivo de sexo, nacionalidade ou estado civil. Enunciou a não discriminação entre o trabalho manual, o técnico e o intelectual. Estabeleceu jornada de trabalho não excedente a oito horas, com possibilidade de prorrogações nos termos da lei, o direito ao repouso semanal e o direito a férias anuais remuneradas. Instituiu a licença gestante, antes e depois do parto, sem prejuízo do salário e do emprego, e vedou a dispensa arbitrária. Proibiu, totalmente, o trabalho para menores de 14 anos, o trabalho noturno para menores de 16 anos e o trabalho, nas indústrias insalubres, aos menores de 18 anos e às mulheres. Previu, ainda, a responsabilização dos Estados-membros na questão da saúde e assistência pública e estruturou a previdência social garantindo aposentadoria compulsória aos trabalhadores acidentados e aos que atingissem os 68 anos de idade.

Cap. 16 – A JUSTICIABILIDADE DOS DIREITOS SOCIAIS NA PERSPECTIVA PROCESSUAL COLETIVA

Nesse momento da história constitucional brasileira, destaca-se a criação do serviço público de assistência judiciária, com previsão no art. 113, item 32, da Constituição de 1934. Segundo o referido artigo, Estados e União estavam obrigados a criar órgãos especiais voltados à prestação da assistência judiciária, reconhecendo, desse modo, o acesso à Justiça como direito social básico e assegurando, ainda, a isenção de emolumentos, custas, taxas e selos.[16] Essa previsão possibilitou um primeiro passo na direção da efetivação de direitos e garantias, formando-se o embrião que, décadas depois, viria ensejar a ampliação do acesso à Justiça, mediante a criação da Defensoria Pública como órgão destinado à instrumentalização desses direitos.

A forte ascendência democrática, que caracterizava a Constituição de 1934, conferiu-lhe nota de carta progressista.[17] Todavia, seus espírito e força foram gravemente cerceados pela intervenção ditatorial de Getúlio Vargas, que, fundada em uma postura política centralizadora e autoritária, influenciada por regimes totalitários fortalecidos no cenário internacional, interrompeu a marcha de um grande projeto social.

2.4. Constituição de 1937: autoconcentração de poder e supressão de direitos

Outorgada por Getúlio Vargas, com o apoio das Forças Armadas, a **Constituição de 1937** ampliou o intervencionismo do Estado na economia. Na visão de SUSSEKIND, partidário do Getulismo, essa intervenção não só buscou suprir deficiências apresentadas pela iniciativa individual, mas principalmente coordenar os fatores de produção, introduzindo os interesses do Estado no cenário econômico.

Para LIMA, no entanto, o governo de Vargas, em verdade, representou um momento de autoconcentração de poder, que gerou, por supressão da ordem vigente, o retrocesso no campo das evoluções sociais, "fazendo cair por terra toda a montagem até então erguida para amparar as demandas sociais".

Segundo SUSSEKIND, foram verificados avanços no direito coletivo do trabalho, como o fortalecimento da representação sindical, que passou a representar todos os trabalhadores de sua categoria e a deter a prerrogativa de estabelecer contratos coletivos de trabalho e de impor contribuições. Acrescenta

---

[16] VIANA DE LIMA, Frederico Rodrigues. *Defensoria Pública*. Bahia: JusPodivm, 2010. p. 17-22.

[17] Apesar de não preencher todas as lacunas sociais, segundo LIMA, Newton de Oliveira. *A questão social nas constituições brasileiras* cit, p. 12: "(...) historicamente, faz-se uma análise positiva da Constituição de 1934, pois ela trouxe a inovação da norma programática, técnica fundamental do constitucionalismo moderno que serve para definir melhor os fins do Estado em relação às prioridades que este elege a nível constitucional, tal como asseverou Pontes de Miranda".

que as manifestações grevistas e *lock-out,* por se revelarem incompatíveis com os superiores interesses da produção nacional, foram repudiados pela ordem constitucional, sendo considerados meios antissociais e nocivos ao trabalho e ao capital. Destaca a instituição do direito ao salário pelo trabalho noturno superior ao diurno e a previsão de descanso nos domingos e feriados.

Em sentido oposto, LIMA entende que, apesar de preservar alguns direitos da Constituição anterior, como, por exemplo, as normas atinentes à seguridade social, as garantias políticas do trabalhador foram suprimidas do texto constitucional, não mais vingando como direitos subjetivos. Isso porque a intenção do governo, mascarada por detrás do fundamento ideológico de que o trabalho constituía forçoso dever social, seria impedir a organização política dos trabalhadores.[18]

Ademais, nessa fase, também sofreu grave golpe o serviço de assistência judiciária, que, voluntariamente omitido do texto constitucional, perdeu seu *status* de direito individual constitucionalmente assegurado, fazendo retroceder os avanços normativos obtidos na questão do acesso à Justiça.

Em que pese a omissão constitucional não poder ser entendida como uma vedação à instituição da assistência judiciária, não mais consistia em obrigação imposta a Estados-membros e União. Apesar disso, em 1939, foi editado o Código de Processo Civil, no qual o legislador ordinário, entre os arts. 68 e 79, disciplinou o benefício de justiça gratuita.[19]

Nessa fase da história brasileira, portanto, verificou-se o lamentável enfraquecimento do sistema democrático e da sociedade civil, o que, por anos, minou o desenvolvimento das questões sociais.

2.5. Constituição de 1946: o renascimento democrático e o intervencionismo

Elaborada e promulgada por uma Assembleia Constituinte, a **Constituição de 1946** é considerada o marco de uma fase de renascimento democrático. Nas lições de SUSSEKIND,[20] a Carta Magna de 1946 "refletiu o sopro democrático emanado da vitória das Nações Aliadas na guerra mundial de 1939-1945". Para LIMA,[21] foi realmente uma carta modernizada, que possibilitou a inovação da previsão normativa voltada aos problemas sociais nacionais.

---

[18] Segundo LIMA, o que se objetivava era "(...) dar condições de trabalho (acumuladas com direitos básicos ligados a ela) e destruir os meios de contestação das eventuais injustiças laborais, impedindo concomitantemente a organização política da classe laboral, a fim de que não contestasse o regime governativo nem a subreptícia dominação do patrão sobre o empregado (não afetava as bases estruturais do sistema capitalista)".

[19] VIANA DE LIMA, Frederico Rodrigues. *Defensoria Pública* cit., p. 18-19.

[20] SUSSEKIND, Arnaldo. *Direitos sociais na constituinte* cit., p. 36.

[21] LIMA, Newton de Oliveira. *A questão social nas constituições brasileiras* cit., p. 103.

Cap. 16 – A JUSTICIABILIDADE DOS DIREITOS SOCIAIS NA PERSPECTIVA PROCESSUAL COLETIVA

Editada sob fortes pressões liberais e democráticas, oriundas de um momento histórico marcado por consequências advindas da Segunda Guerra Mundial, a Constituição de 1946 estabeleceu, como princípios norteadores, a justiça social e a valorização do trabalho humano, demonstrando o intuito do constituinte em limitar a excessiva presença do Estado em todos os setores da sociedade, encaminhando a atuação estatal à realização de um intervencionismo básico, voltado à solução de problemas sociais.

Em seu art. 159, estabeleceu a liberdade de associação, deixando ao legislador infraconstitucional a regulação da forma de constituição dos sindicatos, sua representação legal nas convenções coletivas de trabalho e o exercício de funções delegadas pelo poder público.

Diferentemente da Constituição de 1937, a Constituição de 1946, em seu art. 158, passou a reconhecer a greve como direito dos trabalhadores, reservando ao legislador infraconstitucional a atribuição de regular o seu exercício.

Repetiu, em seu art. 165, inciso III, a garantia de salário igual para trabalho igual prevista na Constituição de 1937, ampliando-a de forma a que a não discriminação por motivo de sexo, cor ou estado civil não ocorra também na fase de admissão do empregado. Estabeleceu o direito a intervalo entre as jornadas de trabalho e conferiu *status* constitucional ao direito à higiene e segurança no trabalho. Previu a nacionalização do trabalho, a participação do trabalhador nos lucros da empresa e a não diferenciação entre trabalhadores urbanos e agrários.

Nessa Constituição, a Justiça do Trabalho foi integrada ao Poder Judiciário (art. 94), assegurando paridade de representação entre empregados e empregadores. Foi definido seu poder normativo para estabelecer normas e condições de trabalho, por meio do julgamento de dissídios coletivos.

Manteve a gratuidade do ensino primário a todos os cidadãos, já garantida nas constituições anteriores, reservando a gratuidade do ensino ulterior ao primário àqueles que comprovassem insuficiência de recursos.

Voltou a ter sede constitucional o direito de assistência jurídica aos necessitados, que passou a ser previsto no art. 141, § 35, reservada ao legislador infraconstitucional a incumbência de discipliná-lo, o que se consolidou somente quatro anos depois, com a edição da Lei 1.060, em 05 de fevereiro de 1950. Esta, por sua vez, efetivou o sistema de assistência judicial, englobando o serviço público de assistência judiciária e a justiça gratuita.

Em síntese, a Constituição de 1946 trouxe significativos avanços no modo como o intervencionismo estatal deveria ser efetivado, restringindo seu campo de atuação às questões sociais que, à época, mais exigiam regulamentação, notadamente nos campos previdenciário e trabalhista.

2.6. Constituição de 1967: a carga controladora e a folha de papel

A **Constituição de 1967** foi decretada e promulgada por um Congresso Nacional cerceado pela convocação restrita determinada pelo então Presidente

Castello Branco. O momento de grande acirramento político entre os partidários da direita e da esquerda acabou por gerar normas mais voltadas ao controle social do que a programas de implementação de direitos sociais.[22] Para SUSSEKIND, representou uma continuidade à Revolução de 1964, como reafirmação da doutrina da segurança nacional desenvolvida pela Escola Superior de Guerra.

O rol dos direitos sociais trabalhistas não sofreu alteração, sendo, no entanto, introduzidas modificações quanto à finalidade da ordem econômica, instituindo sistema de protecionismo econômico e política de intervenção econômica, prevendo a possibilidade de o próprio Estado investir na economia, caso se verificasse debilidade na capacidade dos entes privados. Os direitos trabalhistas coletivos previstos na Constituição de 1946 foram repetidos na Constituição de 1967, com algumas alterações, tais como a exigência de voto obrigatório nas eleições sindicais e a legitimação da arrecadação da contribuição anual compulsória pelos sindicatos.

Foi mantido o direito de greve dos trabalhadores, com a ressalva para os serviços públicos e as atividades essenciais definidas por lei. As convenções coletivas continuaram reconhecidas como instrumento de negociação entre empregados e empregadores. A idade de proibição do trabalho do menor foi reduzida para 12 anos, o que foi objeto de severas críticas por afrontar as normas internacionais adotadas na Organização Internacional do Trabalho.

Foi a primeira Constituição a prever a questão da reforma agrária, nunca antes tratada no texto constitucional, dando os primeiros passos para a questão da proteção ao direito à moradia.

No tocante ao direito à assistência judiciária, não foram feitas alterações, permanecendo a incumbência do legislador ordinário de regulamentá-la.

Cumpre observar que, apesar da inserção de maior carga controladora, foram mantidas algumas normas atinentes à questão social. Contudo, o texto normativo constitucional de 1967 não mais correspondia aos fatores de poder da época. Para Ferdinand Lassalle, a consequência inevitável para essa falta de correspondência entre constituição escrita e a realidade não é outra senão a sua sucumbência. Senão vejamos:[23]

> Onde a constituição escrita não corresponder à real, irrompe inevitavelmente um conflito que é impossível evitar e no qual, mais dia menos dia, a constituição escrita, a folha de papel, sucumbirá necessariamente, perante a constituição real, a das verdadeiras forças vitais do país.

E foi o que ocorreu.

---

[22] Idem, p. 106-107.
[23] LASSALLE, Ferdinand. *A essência da Constituição*. Rio de Janeiro: Lumen Juris, 2000. p. 3.

Cap. 16 – A JUSTICIABILIDADE DOS DIREITOS SOCIAIS NA PERSPECTIVA PROCESSUAL COLETIVA

2.7. Constituição de 1969: o autoritarismo antidemocrático

Em 17 de outubro de 1969, a Constituição de 1967 sofreu forte golpe, organizado pela Junta Militar que tomou o poder e, por meio da **Emenda Constitucional 01/1969**, alterou-a substancialmente, instituindo, de forma unilateral, uma nova Constituição, sem participação popular ou debate político, a qual bem serviu a um governo autoritário e antidemocrático.

Os direitos fundamentais sociais já previstos na Carta Magna de 1967 foram novamente mantidos no texto constitucional, dotados, no entanto, de existência formal e inútil, não se vendo efetivar diante do novo regime autoritário. Típico exemplo de insinceridade normativa frequente em regimes autoritários.[24]

Assim, em que pese a preservação de princípios como o da justiça social e a inserção, como fim do Estado, do realizar do desenvolvimento econômico no texto constitucional, a ausência de discussão democrática que marcou esse período, ceifada esta pelo Golpe Militar, impediu não só que se avançasse nas discussões relacionadas à temática social, mas causou verdadeiro retrocesso no trato dessas questões.

2.8. Constituição de 1988: a reabertura democrática e a construção multifacetada, marcada por características intervencionistas e liberais

Após intensos movimentos pela redemocratização do país, finalmente a história do constitucionalismo brasileiro conheceu uma Carta Política realmente empenhada em resgatar e consagrar os ideais democráticos, bem como trabalhar para a solução dos problemas sociais da nação: a **Constituição Cidadã de 1988**.

Nos trabalhos da Constituinte foram realizados amplos debates, permitindo a convergência de múltiplas forças ideológicas e sociais, oriundas dos ideais de vários partidos políticos nela representados, o que acabou resultando em uma construção normativa multifacetada, marcada por disposições algumas vezes mais intervencionistas e, em outros momentos, mais liberais.

---

[24] Vale citar trecho de BARROSO, Luís Roberto. *O direito constitucional e a efetividade de suas normas*. São Paulo: Saraiva, 2002. p. 62, no qual o eminente constitucionalista analisa a questão da insinceridade normativa nos regimes autoritários: "Mais frequente, todavia, é a farsa de regimes autoritários que ocultam a violência, o privilégio e a miséria por detrás de uma fachada constitucional copiada do mostruário liberal-democrático. Tratam, assim, de talhar nas Cartas que outorgam os princípios fundamentais do modelo: a representação popular, o sufrágio universal, as liberdades públicas, os direitos humanos. Por vezes, esmeram-se até mesmo em manter em simulado funcionamento certas instituições e institutos jurídicos, como o Parlamento, a responsabilidade dos governantes, o controle jurisdicional. Quase todos os regimes políticos, mesmo as ditaduras mais retrógradas, por tributo à virtude, invocam os elevados direitos incorporados ao patrimônio da humanidade. Apenas cuidam de evitar que eles se tornem efetivos".

Desde seu preâmbulo, já restou clara a feição democrática e socialmente comprometida da Carta Constitucional que ficou conhecida como a Constituição Cidadã. Senão vejamos:

> Nós, representantes do povo brasileiro, reunidos em Assembleia Nacional Constituinte para instituir um Estado Democrático, destinado a assegurar o exercício dos direitos sociais e individuais, a liberdade, a segurança, o bem-estar, o desenvolvimento, a igualdade e a justiça como valores supremos de uma sociedade fraterna, pluralista e sem preconceitos, fundada na harmonia social e comprometida, na ordem interna e internacional, com a solução pacífica das controvérsias, promulgamos, sob a proteção de Deus, a seguinte CONSTITUIÇÃO DA REPÚBLICA FEDERATIVA DO BRASIL.

O rol dos direitos sociais ganhou nova posição topográfica na Carta Constitucional, sendo trazido para o art. 6.º do referido texto normativo, a fim de compor o Capítulo II do Título II, que trata Dos Direitos e Garantias Fundamentais.

Originariamente, o art. 6.º previu, como direitos sociais, a educação, a saúde, o trabalho, o lazer, a segurança, a previdência social, a proteção à maternidade e à infância e a assistência aos desamparados.

Foram disciplinados, como dever do Estado, o direito à educação no art. 205, o direito à saúde no art. 196, o direito ao trabalho nos arts. 7.º a 11, o direito à segurança no art. 144, o direito à previdência social no art. 201 e à assistência aos desamparados no art. 203. O direito ao lazer foi assegurado no art. 217, § 3.º, cabendo ao Estado incentivá-lo como forma de promoção social. Sobre a proteção à maternidade e à infância, esta foi incorporada pela proteção à previdência e à assistência social, nos artigos supracitados.

Doze anos após a sua edição, sobreveio a Emenda Constitucional 26/2000, que inseriu no rol dos direitos sociais o direito à moradia. Em 2010, a Emenda Constitucional 64 acrescentou ao rol o direito à alimentação.

Vale citar, ainda, a existência da Proposta de Emenda à Constituição 19, de autoria do Senador Cristovam Buarque (PDT-DF), que, seguindo orientação da Organização das Nações Unidas, pretende acrescentar ao rol dos direitos sociais o direito à busca da felicidade, como um objetivo humano fundamental. A matéria, no entanto, ainda é controvertida e será objeto de debates parlamentares.

É importante repisar que os direitos sociais já incluídos no art. 6.º da Constituição Federal foram inseridos no Título II e, portanto, classificados como direitos fundamentais, sujeitam-se à aplicação direta e imediata determinada no art. 5.º, § 1.º, da Constituição,[25] passando o Estado a ser reconhecido como sujeito

---

[25] SOUZA NETO, Claudio Pereira. A justiciabilidade dos direitos sociais: críticas e parâmetros. *Revista de Direito do Estado*, ano 4, n. 13, jan.-mar. 2009, Rio de Janeiro: Renovar, 2009, p. 136.

Cap. 16 - A JUSTICIABILIDADE DOS DIREITOS SOCIAIS NA PERSPECTIVA PROCESSUAL COLETIVA

passivo da obrigação de prestar direitos sociais, o que implica ser judicialmente exigido e responsabilizado por suas omissões. Nesse ponto, a assistência jurídica assume especial relevância, por consistir no principal instrumento de efetivação dos referidos direitos a ser manejado pela população carente.

Na Constituição de 1988, mudando a nomenclatura até então utilizada, o constituinte passou a referir-se a assistência jurídica integral e gratuita, e não mais assistência judiciária apenas. Com tal alteração, ampliou o campo de atuação desse serviço público, que passou a ser assegurado aos que comprovem insuficiência de recursos não apenas na esfera judicial, mas também na esfera extrajudicial.

A partir de então, o serviço de assistência jurídica aos hipossuficientes passou a poder ser desempenhado também na via administrativa, diretamente perante os órgãos da Administração, sem a necessidade de ajuizamento de demandas judiciais.

Para operacionalizar a atuação judicial e extrajudicial desse serviço, foi criada, em seu art. 134, a Defensoria Pública, como órgão destinado à prestação de assistência jurídica gratuita, integrada por agentes especializados, admitidos mediante concurso público, para patrocinar a referida função.

Organizado o serviço de assistência jurídica, viabilizando demandas outrora inviáveis, fortaleceu-se, de outra banda, o Poder Judiciário, na medida em que o número crescente de demandas envolvendo a exigência de direitos prestacionais permitiu a ampliação da intervenção jurisdicional deste em temas que, até então, ficavam reservados unicamente à Administração.

2.9. A questão da eficácia das normas constitucionais

Como cediço, a mera previsão no texto constitucional de direitos sociais e de instrumentos para sua operacionalização, evidenciando a opção política por um Estado social e democrático, não assegura, por si só, sua efetivação no mundo dos fatos.[26]

Fatores de ordem material como desenvolvimento econômico e disponibilidade de recursos atuam como condicionantes desse processo de efetivação, tornando extremamente complexa a tarefa de interpretar e aplicar normas constitucionais definidoras de direitos sociais, já que o intérprete deve estar atento não apenas à questão da máxima efetividade da norma, mas também aos demais

---

[26] MENDES, Gilmar Ferreira; COELHO, Inocêncio Mártires; BRANCO, Paulo Gustavo Gonet. *Curso de direito constitucional*. São Paulo: Saraiva, 2008. p. 714-715. "(...) a efetivação desses direitos não depende da vontade dos juristas, porque, substancialmente, está ligada a fatores de ordem material, de todo alheios a normatividade jurídica e, portanto, insuscetíveis de se transformarem em coisas por obra e graça das nossas palavras".

cânones hermenêuticos que emanam da Carta Magna, dentre eles os princípios da proporcionalidade, razoabilidade e o modelo de separação de poderes.[27]

Todavia, apesar das dificuldades de ordem material, não se pode desconsiderar que as normas constitucionais, segundo HESSE,[28] são dotadas de uma pretensão de eficácia própria. A partir da vigência da norma, a pretensão de eficácia se realiza no mundo dos fatos, amoldando-se às condições naturais, técnicas, econômicas e sociais existentes, momento em que a Constituição adquire a chamada força normativa. Nas lições do renomado jurista alemão:

> A norma constitucional não tem existência autônoma em face da realidade. A sua essência reside na vigência, ou seja, a situação por ela regulada pretende ser concretizada na realidade. Essa pretensão de eficácia (*Geltungsanspruch*) não pode ser separada das condições históricas de sua realização, que estão, de diferentes formas, numa relação de interdependência, criando regras próprias que não podem ser desconsideradas. Devem ser contempladas aqui as condições naturais, técnicas, econômicas e sociais. A pretensão de eficácia da norma jurídica somente será realizada se levar em conta essas condições.

Essa força normativa seria uma questão de vontade de Constituição, impondo-se de forma tanto mais efetiva quanto mais ampla for a convicção sobre a inviolabilidade da Constituição, quanto mais forte mostrar-se essa convicção entre os principais responsáveis pela vida constitucional.

Como reflexo de uma realidade integrada pelas experiências do passado e pelos desafios do presente, a Constituição se afirma como ordem geral objetiva do complexo de relações da vida, que, impondo tarefas, transforma-se em força ativa se essas tarefas forem realizadas pelo concurso da vontade humana.[29]

A vontade humana, portanto, atua como evento impulsionador da ótima concretização dessa norma. E, nas palavras do ilustre constitucionalista, "todos nós estamos permanentemente convocados a dar conformação à vida do Estado, assumindo e resolvendo as tarefas por ele colocadas". Assim, a efetivação das

---

[27] Ainda segundo MENDES: "Neste contexto, torna-se extremamente complexa, para não dizer penosa, a interpretação/aplicação das normas constitucionais definidoras dos direitos sociais, na medida em que, de um lado, os seus operadores, independentemente de sentimentos de ordem pessoal, são obrigados a emprestar-lhes a máxima efetividade – afinal de contas, esse é um dos princípios da interpretação especificamente constitucional – e, de outro, devem observar, também, outros cânones hermenêuticos de igual hierarquia, como os princípios da unidade da Constituição, da correção funcional, da proporcionalidade ou da razoabilidade, a cuja luz, sucessivamente, não podem interpretar a Lei Fundamental em 'fatias', desrespeitar o seu modelo de separação dos Poderes e, tampouco, proferir decisões segundo particulares concepções de justiça – por mais respeitáveis que sejam –, de todo incompatíveis com a ordem de valores plasmada na Constituição".

[28] HESSE, Konrad. *A força normativa da Constituição*. Porto Alegre: Fabris, 1991. p. 14-16.

[29] Idem, p. 18.

Cap. 16 - A JUSTICIABILIDADE DOS DIREITOS SOCIAIS NA PERSPECTIVA PROCESSUAL COLETIVA

normas constitucionais asseguradoras de direitos sociais é tarefa que, precipuamente, incumbe ao Poder Executivo, no entanto, em suas omissões, cumpre a todos exigir do Poder Judiciário sua ótima concretização, condenando a Administração Pública a prover prestações sociais.

Nesse ponto, vale citar o magistério de SOUZA NETO, o qual ressalta que "a atribuição aos juízes para concretizar direitos sociais para além do que está definido em lei, aplicando diretamente a Constituição, também depende de uma decisão política". Segundo o destacado constitucionalista, não se trata apenas de interpretação constitucional, mas de uma avaliação contextual, já que em alguns pontos a Constituição legitima a atuação do Judiciário, enquanto, em outros, se abstém. A título de exemplo, indica a autorização expressa do art. 208, inciso I, § 1.º, conferida pela Constituição, para que o Judiciário atue socialmente no caso da educação infantil. De outro lado, argumenta que "o § 1.º do art. 5.º, determina a aplicação imediata dos direitos e garantias fundamentais. Se os direitos sociais também são direitos fundamentais – é assim que o texto constitucional os classifica, inserindo-os no Título II – também podem ser objeto de aplicação direta e imediata".

Em síntese, a história do tratamento da questão social no constitucionalismo brasileiro é marcada por mais retrocessos que avanços. Das oito constituições promulgadas em menos de dois séculos, em apenas três, a saber, as de 1934, 1946 e 1988, observa-se haver, por parte do constituinte originário, uma clara e sincera preocupação com o enfrentamento e solução das demandas sociais. As Constituições de 1824, 1891, 1937, 1967 e 1969, apesar de manterem textualmente alguns direitos, exibiam total desinteresse em sua efetivação.

Nas Constituições de 1934 e 1946, o ordenamento constitucional esboça avanço acanhado, utilizando-se de normas programáticas sem maiores garantias de instrumentos para a efetivação dos direitos sociais assegurados. A temática somente vem a alcançar maior significância com os debates parlamentares democraticamente realizados na Constituinte de 1988, sendo certo que, por meio deles, foram admitidas no texto constitucional não apenas normas programáticas proclamando direitos sociais, mas também instrumentos processuais voltados a sua justiciabilidade, a fim de assegurar-lhes efetividade, pondo em marcha o processo de adaptação do ordenamento pátrio à tendência de ampliação do acesso à Justiça inerente à moderna processualística[30] do atual Estado Constitucional democrático.

---

[30] CAPPELLETTI, Mauro; GARTH, Bryant. *Acesso à justiça*. Trad. Ellen Gracie Northfleet. Porto Alegre: Fabris, 2002. p. 11-13. "De fato, o direito ao acesso efetivo tem sido progressivamente reconhecido como sendo de importância capital entre os novos direitos individuais e sociais, uma vez que a titularidade de direitos é destituída de sentido, na ausência de mecanismos para sua efetiva reivindicação. O acesso à justiça pode, portanto, ser encarado como o requisito fundamental – o mais básico dos direitos humanos – de um sistema jurídico moderno e igualitário que pretenda garantir, e não apenas proclamar os direitos de todos. O enfoque sobre o

Diante disso, verificamos que a introdução da preocupação com as demandas sociais e instrumentos processuais para sua efetivação na Constituição é bastante recente, contando com pouco mais de vinte e três anos. A Constituição de 1988 representa, nesse cenário, o grande marco histórico nessa temática, reservando à nossa e às futuras gerações a tarefa de lutar por sua efetivação, seja por meio do manejo dos instrumentos processuais já consolidados no ordenamento, seja pela criação de instrumentos processuais alternativos voltados a esse fim.

3. A PROMOÇÃO DOS DIREITOS SOCIAIS NA PERSPECTIVA COLETIVA: ASPECTOS DA PROCESSUALÍSTICA CONSTITUCIONAL E INFRACONSTITUCIONAL ATUAL

No Estado Constitucional Democrático de Direitos instaurado pela Constituição de 1988, as normas programáticas passaram a ser entendidas como objetivos juridicamente vinculantes, orientadores da condução das políticas públicas. Funcionando como verdadeiras diretrizes à realização do bem coletivo, deram novo contorno ao que se entendia por discricionariedade administrativa.

Comumente tratada como limitador à intervenção judicial, a discricionariedade administrativa, por muito tempo, foi confundida com opção arbitrária ou irrestrita para o gestor público fazer ou deixar de fazer.[31] Com a Constituição de 1988, contudo, passou a ser identificada mais com a ideia de poder-dever, dirigindo o administrador ao cumprimento do "dever assinalado pela lei, a finalidade nela estampada (...), como um ímã, como uma força atrativa inexorável do ponto de vista jurídico", determinando o cumprimento das funções públicas acrescidas pelo atual Estado social.[32]

Ademais, a intervenção judicial no controle de políticas públicas, que até então era vedada,[33] passou a ser autorizada pelo constituinte de 1988, na medida em que tal vedação foi suprimida e se sedimentou o princípio da inafastabilidade

---

acesso – o modo pelo qual os direitos se tornam efetivos – também caracteriza crescentemente o estudo do moderno processo civil. (...) O 'acesso' não é apenas um direito social fundamental, crescentemente reconhecido; ele é, também, necessariamente, o ponto central da moderna processualística. Seu estudo pressupõe um alargamento e aprofundamento dos objetivos e métodos da moderna ciência jurídica."

[31] FRANCO, Fábio Luis. A ação civil pública como instrumento de controle das políticas públicas. *Revista de Processo*, v. 135, São Paulo: RT, 2006, p. 46.

[32] MELLO, Celso Antônio Bandeira de. *Discricionariedade administrativa e controle jurisdicional*. São Paulo: Malheiros, 1993. p. 12-14.

[33] Dispunham o art. 68 da Constituição de 1934 e o art. 94 da Constituição de 1937 que: "É vedado ao Poder Judiciário conhecer de questões exclusivamente políticas". O art. 173 da Constituição de 1967 e o art. 181 da Emenda Constitucional 1 de 1969, no mesmo sentido, estabeleciam que: "Ficam aprovados e excluídos da apreciação judicial os atos praticados pelo Comando Supremo da Revolução de 31 de março de 1964 (...)".

Cap. 16 - A JUSTICIABILIDADE DOS DIREITOS SOCIAIS NA PERSPECTIVA PROCESSUAL COLETIVA

do controle jurisdicional no art. 5.º, XXXV, da Constituição Federal.[34] Assim, a atuação jurisdicional passou a desempenhar importante papel na concretização dos direitos sociais, assumindo o magistrado, gradativamente, uma postura cada vez mais ativa em face das omissões estatais.

O antigo argumento de que a intervenção judicial violaria a separação de poderes fora esvaziado pela previsão constitucional do sistema de freios e contrapesos, que determina a interação e complementaridade harmônica entre as funções e atividades do Estado contemporâneo,[35] bem como pela elevação à sede constitucional de instrumentos processuais tipicamente coletivos como a ação civil pública, fortalecendo o sistema processual coletivista.

Cumpre destacar que, no sistema brasileiro, a proteção coletiva dos direitos é viabilizada por dois grupos de mecanismos distintos. Nas lições de BARROSO,[36] o primeiro deles "congrega as ações de controle de constitucionalidade por via de ação direta que, apesar de não se destinarem de maneira imediata à proteção dos direitos subjetivos, prestam-se a esse fim em muitas ocasiões, daí poder-se considerá-las uma modalidade excepcional de tutela coletiva". No segundo grupo estão as várias ações por meio das quais se veiculam pretensões subjetivas de forma coletiva, sendo a principal delas a ação civil pública.

No presente estudo não objetivamos analisar todos os mecanismos existentes nos dois grupos, restringindo nossa investigação ao segundo grupo, especificamente no que toca à análise de aspectos processuais da ação civil pública e do incidente de resolução de demandas repetitivas proposto no projeto do novo Código de Processo Civil.

Inicialmente, interessa-nos realizar breve análise dos antecedentes históricos da tutela coletiva no Brasil. No plano constitucional, foi inaugurada pela Constituição de 1824, com a inserção da ação popular em seu art. 157, autorizando a qualquer um do povo a demandar em juízo em prol da coisa pública. Em 1916, contudo, a edição do Código Civil e seu caráter marcadamente individualista e patrimonialista levou a um retrocesso no que tange à ação popular e a todo o tipo de demandas não individuais. Na Constituição de 1934, no entanto, houve a ampliação do âmbito de cabimento da ação popular, o que, todavia, a Constituição de 1937 não manteve, excluindo-a do ordenamento jurídico. Só com as constituições posteriores é que a ação popular passou a figurar de maneira mais estável em nosso ordenamento, mantendo-se até hoje.[37]

---

[34] Art. 5.º, XXXV, da Constituição Federal de 1988: "A lei não excluirá da apreciação do Judiciário lesão ou ameaça a direito".

[35] MANCUSO, Rodolfo de Camargo apud FRANCO, Fábio Luis. A ação civil pública como instrumento de controle das políticas públicas cit., p. 41.

[36] BARROSO, Luís Roberto. A proteção coletiva dos direitos no Brasil e alguns aspectos da *class action* norte-americana. Rio de Janeiro: Revista Forense, v. 381, 2005, p. 107-108.

[37] PINTO, Luis Filipe Marques Porto Sá. Técnicas de tratamento macromolecular dos litígios – tendência de coletivização da tutela processual civil cit., p. 123-124.

No plano infraconstitucional, a ação popular foi regulamentada em 1965, por meio da edição da Lei 4.717. Outras leis, como a Lei 1.134/1950 (que conferiu poderes de representação judicial e extrajudicial a associações) e a Lei 7.347/1985 (que criou a ação civil pública), representaram significativos avanços no que tange à tutela coletiva.

Foi, no entanto, com a Constituição de 1988 que os maiores avanços no tratamento macromolecular de litígios foram verificados, com a elevação da ação civil pública à sede constitucional e a introdução no ordenamento de instrumentos como o mandado de segurança coletivo, o mandado de injunção coletivo e a arguição de descumprimento de preceito fundamental.

Em 1990, a edição da Lei 8.078 (Código de Defesa do Consumidor) representou outro significativo avanço para o sistema de tutela coletiva, ampliando as espécies de direito coletivamente tuteláveis. Já em 1997, a edição da Medida Provisória 1.570, convertida na Lei 9.494/1997, retrocedendo no campo da tutela coletiva, modificou o art. 16 da Lei 7.347/1985 (Lei da Ação Civil Pública), restringindo a eficácia nacional da coisa julgada ao território do órgão prolator da decisão, o que melhor analisamos no item 3.4 do presente artigo.

Assim, em paralelo ao sistema individual de tutela de direitos, regido pelos procedimentos do Código de Processo Civil, consolidou-se, ao longo dos últimos anos, o sistema de tutela coletiva, também denominado pela doutrina de "microssistema de tutela coletiva", instituído e regulado pelo disposto na Lei da Ação Civil Pública e no Código de Defesa do Consumidor, os quais estabelecem o procedimento padrão para as causas coletivas, enquanto leis esparsas regulam outros procedimentos coletivos especiais.[38] Vale notar, ainda, que as normas do Código de Processo Civil são subsidiariamente aplicadas ao sistema coletivo.[39]

A doutrina, no entanto, reclama a necessidade de maior sistematização das regras voltadas para o sistema coletivo, seja incorporando tais regras na codificação processual já existente, seja aprovando-se uma codificação própria, de forma a concentrar suas disposições, instrumentalizando com mais eficiência a tutela coletiva.[40]

---

[38] Vale citar, por exemplo, o procedimento especial do mandado de segurança coletivo (Lei 12.016/2009), a ação popular (Lei 4.717/1965), o mandado de injunção coletivo, a ação de improbidade administrativa (Lei 8.429/1992), dentre outras.

[39] NOGUEIRA, Vânia Marcia Damasceno. O movimento mundial pela coletivização do processo e seu ingresso e desenvolvimento no direito brasileiro cit., p. 342. "A perfeita interação entre o CDC e a LACP formando um perfeito microssistema de normas básicas à tutela coletiva exige ainda, uma compatibilidade formal e material dessas normas com o Código de Processo Civil e com a Constituição. O CPC deve ser aplicado de forma subsidiária à tutela do direito de massa, de modo que sua concepção individualista não ofenda a principiologia da tutela coletiva e qualquer lei que tutele o direito coletivo deve ser interpretada sempre à luz da Constituição. É o chamado neoconstitucionalismo".

[40] MENDES, Aluísio Gonçalves de Castro. Do individual ao coletivo: os caminhos do direito processual. *Revista de Processo*, v. 165, São Paulo: RT, 2008, p. 233. "A preocupação com a forma de

Cap. 16 – A JUSTICIABILIDADE DOS DIREITOS SOCIAIS NA PERSPECTIVA PROCESSUAL COLETIVA

Nessa linha, existem hoje quatro principais anteprojetos voltados para a sistematização do processo coletivo: a) Código de Processo Coletivo Modelo para países de Direito Escrito – Projeto Antônio Gidi, elaborado em 2002; b) Anteprojeto de Código Modelo de Processos Coletivos para a Ibero-América, elaborado por Ada Pellegrini Grinover, Kazuo Watanabe e Antônio Gidi, e posteriormente revisado por comissão coordenada por Aluísio Gonçalves de Castro Mendes; c) Anteprojeto do Instituto Brasileiro de Direito Processual, elaborado sob a coordenação da professora Ada Pellegrini Grinover, junto ao Programa de Pós-Graduação da Faculdade de Direito da Universidade de São Paulo, cedido ao Instituto Brasileiro de Direito Processual e enviado ao Ministério da Justiça; e d) Anteprojeto de Código Brasileiro de Processos Coletivos, que nasceu a partir de estudos e debates sobre o anteprojeto de Ada Pellegrini Grinover, desenvolvidos ao longo do ano de 2004 e primeiro semestre de 2005, nos programas de Pós-Graduação *stricto sensu* da Universidade do Estado do Rio de Janeiro e da Universidade Estácio de Sá, sob a coordenação do professor e juiz federal Aloísio Gonçalves de Castro Mendes.[41]

Enquanto se aguarda a aprovação pelo Poder Legislativo, no entanto, o sistema coletivista atual sofre com a banalização dos processos coletivos, muito em função da possibilidade de concomitância entre ações coletivas e ações individuais, o que vem esvaziando a função catalisadora de demandas do processo coletivo.[42] O que se pretende com a aprovação de um Código de Processo Coletivo, nos moldes do proposto pelo anteprojeto fluminense, é uma remodelagem no sistema, a partir do fortalecimento e priorização do processo coletivo, sem que haja, contudo, prejuízo ao acesso individual.

---

disposição não significa questão de somenos importância. O Direito Processual deve oferecer os instrumentos para a defesa individual e coletiva dos direitos. As normas voltadas para a tutela coletiva não devem ser vistas como algo extravagante e secundário, mas, sim, como parte do sistema. A tendência, portanto, é que as regras pertinentes à defesa pluri-individual passem a figurar no lugar apropriado para as normas processuais fundamentais, ou seja, nos respectivos Códigos de Processo. (...) O direito processual precisa, assim, incorporar ao seu principal texto legislativo as conquistas já realizadas, consignando seja de modo concentrado em livro ou título a ser acrescentado, seja inserindo nos respectivos livros, principalmente nos de conhecimento e execução, as normas pertinentes ao processo coletivo. Seria, dessa forma, oportunidade para que se avançasse na sistematização das regras voltadas para as ações coletivas, almejando que os instrumentos hoje existentes sejam aperfeiçoados, obtendo-se resultados mormente mais positivos para o acesso à Justiça, para a economia judiciária e melhoria da prestação jurisdicional."

[41] DIDIER JR., Fredie; ZANETI JUNIOR, Hermes. *Curso de direito processual*: processo coletivo. 5. ed. Bahia: JusPodivm, 2010. p. 61-63.

[42] MENDES, Aluísio Gonçalves de Castro. Do individual ao coletivo: os caminhos do direito processual cit., p. 238. "(...) o sistema vigente banaliza os processos coletivos, ao permitir o surgimento e tramitação concomitantes destes com os processos individuais, que podem ser instaurados até mesmo quando já existe decisão coletiva transitada em julgado, ensejando insegurança e certa perplexidade diante da possibilidade da lide estar sendo apreciada, ao mesmo tempo, no âmbito coletivo e individual".

A aprovação da codificação coletivista representa, assim, um importante passo no sentido da atualização do vigente sistema processual, adaptando-o às exigências da sociedade de massa contemporânea e seus conflitos de massa, que passaram a exigir instrumentos processuais próprios para realizar de forma eficiente a pacificação social.

3.1. A ação civil pública como instrumento de efetivação de direitos sociais

Dentre os instrumentos processuais previstos na Constituição para a efetivação de direitos sociais está a ação civil pública. Muito se discute na doutrina e na jurisprudência se essa ação, ao instrumentalizar o controle de políticas públicas, não resultaria em uma indevida violação ao sistema de separação de poderes, por permitir a intervenção do Poder Judiciário em questões reservadas ao Poder Executivo, ferindo a tradição do modelo tripartido pensado por Montesquieu.

Cumpre ressaltar, no entanto, que o Poder Judiciário não é chamado a se manifestar, a todo instante, sobre políticas públicas, sendo inquestionável que a formulação e execução destas compete prioritariamente aos Poderes Legislativo e Executivo, todavia, excepcionalmente, uma vez configurada omissão injustificável na implementação das políticas já definidas pela própria Constituição, descumprindo, com isso, encargos político-jurídicos impositivos, o Poder Judiciário dispõe de legitimação constitucional para intervir de forma concretizadora, assegurando efetividade a direitos básicos já consagrados na norma constitucional.

Pacificando esse entendimento, o Supremo Tribunal Federal, em lapidar decisão proferida na Medida Cautelar em Arguição de Descumprimento de Preceito Fundamental 45/DF, julgada em 29.04.2004, assentou a questão da legitimidade constitucional do controle e da intervenção do Poder Judiciário em tema de implementação de políticas públicas, quando configurada hipótese de injustificável inércia estatal ou de abusividade governamental, cumprindo-nos trazer à colação o voto do destacado relator, Ministro Celso de Mello, assim ementado:

> "Arguição de Descumprimento de Preceito Fundamental. A questão da legitimidade constitucional do controle e da intervenção do Poder Judiciário em tema de implementação de políticas públicas, quando configurada hipótese de abusividade governamental. Dimensão política da jurisdição constitucional atribuída ao Supremo Tribunal Federal. Inoponibilidade do arbítrio estatal à efetivação dos direitos sociais, econômicos e culturais. Caráter relativo da liberdade de conformação do legislador. Considerações em torno da cláusula da 'reserva do possível'. Necessidade de preservação, em favor dos indivíduos, da integridade e da intangibilidade

Cap. 16 – A JUSTICIABILIDADE DOS DIREITOS SOCIAIS NA PERSPECTIVA PROCESSUAL COLETIVA

do núcleo consubstanciador do 'mínimo existencial'. Viabilidade instrumental da arguição de descumprimento no processo de concretização das liberdades positivas (direitos constitucionais de segunda geração)" (ADPF 45 MC/DF, rel. Min. Celso de Mello, j. 29.04.2004, *DJ* 04.05.2004).

Dentre as diversas formas de se instrumentalizar essa intervenção concretizadora, a ação civil pública, segundo BARROSO,[43] constitui o principal instrumento de defesa coletiva de direitos no ordenamento jurídico. Por meio desse mecanismo processual tutelam-se direitos coletivos *lato sensu* (transindividuais), que abrangem os direitos difusos e coletivos *stricto sensu*, sendo importante distingui-la da tutela coletiva de direitos individuais, ficando esta a cargo das ações civis coletivas previstas no Código de Defesa do Consumidor.

Nas lições de ZAVASCKI, tal distinção é indispensável, sob pena de se cometerem equívocos no manejo de instrumento processual incompatível com o direito material a ser protegido, o que muito se observa em precedentes jurisprudenciais e que gera inúmeras controvérsias em matéria de processo coletivo, acarretando enormes dificuldades de interpretação e grandes confusões na aplicação dos instrumentos processuais para a respectiva tutela jurisdicional.[44]

A título de exemplo, podemos citar julgado do Supremo Tribunal Federal em que um direito social, por via da ação civil pública, recebeu a devida tutela concretizadora de direitos fundamentais. *In casu*, o eminente relator Ministro Celso de Mello manteve sentença em ação civil pública que condenou o Município de São Paulo a matricular criança de 05 anos em unidade de ensino próxima a sua residência ou ao trabalho dos pais, sob pena de multa. Dessa forma, deu-se cumprimento ao mandato constitucional juridicamente vinculante que assegura o direito impostergável à educação infantil, consagrando a

---

[43] BARROSO, Luís Roberto. A proteção coletiva dos direitos no Brasil e alguns aspectos da *class action* norte-americana cit., p.110.

[44] ZAVASCKI, Teori Albino. Reforma do processo coletivo: indispensabilidade de disciplina diferenciada para direitos individuais homogêneos e para direitos transindividuais. In: GRINOVER, Ada Pellegrini; MENDES, Aluísio Gonçalves de Castro; WATANABE, Kazuo (Coord.). *Direito processual coletivo e o anteprojeto de Código Brasileiro de Processos Coletivos*. São Paulo: RT, 2007. p. 33-34. Segundo o eminente Ministro do Superior Tribunal de Justiça, "sendo distintos e inconfundíveis os direitos coletivos *lato sensu* (= difusos e coletivos *stricto sensu*, ambos transindividuais) e os direitos individuais homogêneos, devem ser necessariamente distintos os mecanismos para a respectiva tutela jurisdicional. O direito positivo permite estabelecer a seguinte e genérica discriminação: a ação civil pública, a ação popular e a ação de improbidade administrativa constituem instrumentos típicos para tutela de direitos transindividuais (= coletivos *lato sensu*); e a ação civil coletiva e o mandado de segurança coletivo são instrumentos típicos para a tutela coletiva de direitos individuais".

legitimidade da intervenção concretizadora do Poder Judiciário nos casos de omissões estatais injustificadas.[45]

Outro argumento contrário à utilização da ação civil pública no controle das políticas públicas diz respeito ao problema da existência de recursos e previsão orçamentária, o que funcionaria como forte limitação ao poder discricionário da Administração Pública, restringindo o manejo de ações civis públicas como meio de se obter destinação diversa para os recursos para os recursos públicos daquelas previstas no orçamento ou ainda no Plano Plurianual. Não obstante, segundo FRANCO,[46] no orçamento devem estar incluídos recursos públicos voltados ao atendimento desses direitos previstos abstratamente na Constituição, devendo haver proporcionalidade em sua distribuição.[47]

---

[45] ARE 639.337 AgR, rel. Min. Celso de Mello, 2.ª T., j. 23.08.2011: "Criança de até cinco anos de idade – Atendimento em creche e em pré-escola – Sentença que obriga o Município de São Paulo a matricular crianças em unidades de ensino infantil próximas de sua residência ou do endereço de trabalho de seus responsáveis legais, sob pena de multa diária por criança não atendida (...) Obrigação estatal de respeitar os direitos das crianças – Educação Infantil – Direito assegurado pelo próprio texto constitucional (CF, art. 208, IV, na redação dada pela EC n. 53/2006) – Compreensão global do direito constitucional à educação – Dever jurídico cuja execução se impõe ao Poder Público, notadamente ao município (CF, art. 211, § 2.º) – *Legitimidade constitucional da intervenção do poder judiciário em caso de omissão estatal na implementação de políticas públicas previstas na Constituição – inocorrência de transgressão ao postulado da separação de poderes* – proteção judicial de direitos sociais, escassez de recursos e a questão das 'escolhas trágicas' – Reserva do possível, mínimo existencial, dignidade da pessoa humana e vedação do retrocesso social – pretendida exoneração do encargo constitucional por efeito de superveniência de nova realidade fática – questão que sequer foi suscitada nas razões de recurso extraordinário – Princípio 'jura novit curia' – Invocação em sede de apelo extremo – Impossibilidade – Recurso de agravo improvido" (grifo nosso).

[46] FRANCO, Fábio Luis. A ação civil pública como instrumento de controle das políticas públicas cit., p. 61. "Sem que se olvide da vinculação da Administração Pública à existência de recursos e sua previsão orçamentária, impõe a necessária inclusão desses recursos que visem a atender os direitos previstos abstratamente na Carta Magna em orçamento. Esse, aliás, deve ser o pedido nuclear das ações civis com a preponderante carga eficacial cominatória. Deve haver uma proporcionalidade na distribuição dos recursos, dentro do que foi razoavelmente aceitável diante da situação de cada município, Estado e do próprio País num dado momento".

[47] Nesse sentido, interessante julgado da Egrégia Décima Primeira Câmara Civil do Tribunal de Justiça do Rio de Janeiro, plasmado nos seguintes termos: "CONSTITUCIONAL. LEGITIMI-DADE. RESPONSABILIDADE SOLIDÁRIA. SAÚDE. DIREITO FUNDAMENTAL. FORNECI-MENTO DE MEDICAMENTOS A HIPOSSUFICIENTE. BEM MAIOR. DISPONIBILIDADE FINANCEIRA. HONORÁRIOS. PAGAMENTO DE TAXA JUDICIÁRIA. 1. Partes legítimas. Estatuto do Idoso ampliou o objeto da ação civil pública. Responsabilidade Solidária. 2. Saúde. Direito fundamental de todos os cidadãos. 3. Obrigação de fornecer medicamento indispensá-vel, de uso contínuo, a pessoa comprovadamente hipossuficiente, com o fito de manter o bem maior que é a vida. 4. Não afronta à regra constitucional que consagra o princípio da legalidade orçamentária. Ajuste das disponibilidades financeiras para cumprir o mandamento que lhe é imposto pela Carta Magna. 5. Ação civil pública. Por uma questão de simetria, não se pode impor o pagamento de honorários a outra parte. 6. Pagamento de taxa judiciária. Correta a

Cap. 16 – A JUSTICIABILIDADE DOS DIREITOS SOCIAIS NA PERSPECTIVA PROCESSUAL COLETIVA

3.1.1. O conflito interinstitucional pela legitimidade para a propositura de ações civis públicas: Ministério Público x Defensoria Pública

Existe atualmente um conflito instaurado no que tange à legitimidade para a propositura da ação civil pública. Apesar de a legitimidade nunca ter sido exclusiva do Ministério Público, sendo desde sua origem[48] autônoma, concorrente e disjuntiva,[49] a inclusão da Defensoria Pública no rol dos legitimados pela Lei 11.448/2007[50] gerou certo incômodo no meio jurídico, sobretudo em parcela dos membros do Ministério Público.

Em reação à ampliação do referido rol de legitimados, insurgiu-se o Conselho Nacional do Ministério Público (CONAMP), ajuizando ação declaratória de inconstitucionalidade (ADI 3.943/DF) impugnando a alteração do art. 5.º da Lei 7.347/1985 pela Lei 11.448/2007.

Dentre os argumentos elencados na exordial que veicula a ação declaratória de inconstitucionalidade ajuizada pela CONAMP estão os seguintes: 1 – "conferir legitimidade à Defensoria Pública para propor, sem restrições, ação civil pública, afeta diretamente a atribuição do Ministério Público, pois ele é, entre outros, o legitimado para tal propositura"; 2 – "a inclusão da Defensoria Pública no rol dos legitimados impede, pois, o Ministério Público de exercer plenamente, as suas atividades, pois concede à Defensoria Pública atribuição não permitida

---

sentença. Aplicação da Súmula n. 145 do TJRJ. 7. Provimento parcial do recurso" (Ap 0009737-28.2011.8.19.0037, TJRJ, 11.ª Câmara Cível, Des. Adolpho Andrade Mello, j. 18.07.2012).

[48] A redação original do art. 5.º da Lei 7.347/1985 já previa legitimidade concorrente para a propositura da ação civil pública, rezando *in verbis* que: "A ação principal e a cautelar poderão ser propostas pelo Ministério Público, pela União, pelos Estados e Municípios. Poderão também ser propostas por autarquia, empresa pública, fundação, sociedade de economia mista ou por associações que: I – esteja constituída há pelo menos um ano, nos termos da lei civil; II – inclua, entre suas finalidades institucionais, a proteção ao meio ambiente, ao consumidor, ao patrimônio artístico, estético, histórico, turístico e paisagístico".

[49] DIDIER JR., Fredie; ZANETI JUNIOR, Hermes. *Curso de direito processual* cit., p. 206-207. "Há legitimação extraordinária *autônoma* quando o legitimado extraordinário está autorizado a conduzir o processo independentemente da participação do titular do direito litigioso. (...) Há legitimação *concorrente* ou *colegitimação* quando mais de um sujeito de direito estiver autorizado a discutir em juízo determinada situação jurídica. Vários são os legitimados extraordinários para a tutela de direitos coletivos; qualquer um deles pode impetrar a ação coletiva. (...) a legitimação apresenta-se, ainda, disjuntiva, porque, apesar de concorrente, cada entidade legitimada a exerce *independentemente da vontade dos demais colegitimados*".

[50] Com a redação dada pela Lei 11.448/2007, o *caput* do art. 5.º da Lei 7.347/1985 passou a ter a seguinte redação: "Tem legitimidade para propor a ação principal e a ação cautelar: I – o Ministério Público; II – a Defensoria Pública; III – a União, os Estados, o Distrito Federal e os Municípios; IV – a autarquia, empresa pública, fundação ou sociedade de economia mista; V – a associação que, concomitantemente: a) esteja constituída há pelo menos 1 (um) ano nos termos da lei civil; b) inclua, entre suas finalidades institucionais, a proteção ao meio ambiente, ao consumidor, à ordem econômica, à livre concorrência ou ao patrimônio artístico, estético, histórico, turístico e paisagístico".

pelo ordenamento constitucional, contrariando requisitos necessários para a ação civil pública, cuja titularidade pertence ao Ministério Público, consoante disposição constitucional"; 3 – existência de vício material de inconstitucionalidade, por afronta aos arts. 5.º, LXXIV, e 134, da Constituição da República, podendo a Defensoria Pública atender somente aos necessitados individualizáveis, identificáveis, que comprovarem, individualmente, carência financeira, o que impossibilita sua atuação, como legitimada extraordinária, na defesa de direitos difusos, coletivos ou individuais homogêneos; 4 – subsidiariamente, argumenta que, ainda que se entenda poderem os defensores públicos propor ação civil pública quando se tratar de interesses coletivos ou individuais homogêneos, não é constitucionalmente possível o ajuizamento em relação a interesses difusos, havendo de se dar interpretação conforme a Constituição à lei impugnada, para que não sejam contrariados os dispositivos constitucionais mencionados, acrescendo ser este o entendimento de Emerson Garcia, ilustre membro do Ministério Público do Rio de Janeiro.

Corroborando os argumentos susomencionados, a manifestação da Federação Brasileira de Bancos (FEBRABAN), admitida na condição de *amicus curiae*, é no sentido da inviabilidade de a Defensoria Pública figurar entre os legitimados para a propositura da ação civil pública, sob pena de desvirtuamento de sua missão institucional, desviando-a do objetivo para o qual foi concebida pelo legislador constituinte.

A maior parte da doutrina, no entanto, posiciona-se em sentido diametralmente oposto. Isso porque a atribuição de legitimidade à Defensoria Pública para a propositura de ação civil pública compatibiliza-se com a tendência mundial de fortalecimento da tutela coletiva, constituindo a ampliação do rol de legitimados um de seus principais mecanismos. Nas lições de SOUSA, essa tendência do processualismo contemporâneo do século XXI, afastando-se de um perfil individualista e se aproximando de um perfil coletivista, encontra fundamento no pensamento solidarista, que se opõe ao individualismo característico do direito moderno. O solidarismo, entendido como um "valor universal de primeira grandeza, a ser obrigatoriamente reconhecido por qualquer ordem jurídica", estabeleceu um novo paradigma para a dogmática jurídica, que passou a se orientar à proteção da coletividade e das gerações futuras.[51]

---

[51] SOUSA, José Augusto Garcia de. O destino de Gaia e as funções constitucionais da Defensoria Pública: ainda faz sentido (sobretudo após a edição da LC n. 132/2009) a visão individualista a respeito da instituição? *Revista Forense*, v. 408, Rio de Janeiro: Forense, p. 170-171. "Mas não se pense que a história do solidarismo jurídico começou ou vai começar por estes dias. Na segunda metade do século XIX, já vamos perceber nitidamente as suas pegadas. Foi a época em que se deu, notadamente no continente europeu, a irrupção definitiva da questão social, gerando para o Direito a necessidade de adaptação dos seus institutos à nova realidade, insubmissa ao individualismo liberal. Vale invocar, a propósito, A origem do direito de solidariedade, de José Fernando de Castro Farias, muito provavelmente a obra nacional que mais se aprofundou sobre o tema solidarismo jurídico. Como o título da obra já sugere, Castro Farias procede a uma

Cap. 16 – A JUSTICIABILIDADE DOS DIREITOS SOCIAIS NA PERSPECTIVA PROCESSUAL COLETIVA

Como dito antes, uma das consequências dessa tendência mundial coletivista é a flexibilização da questão da legitimidade para a propositura de ações coletivas, admitindo-se a ampliação do rol de legitimados. Segundo SOUSA, nesse ponto, tornou-se mais relevante priorizar o objeto da demanda que a identidade subjetiva do autor, que se coloca apenas como o "portador" dos interesses da coletividade.[52]

No mesmo sentido, entende o ilustre Procurador de Justiça do Ministério Público do Estado do Rio de Janeiro, Paulo Cezar Pinheiro Carneiro,[53] que esse afrouxamento das normas de legitimidade para agir é necessário para garantir o próprio princípio de acesso à Justiça, citando, como exemplo, a hipótese de região afetada por poluição em que não haja associação ou órgão público interessado em promover a competente ação civil pública. Nesse caso, admite que a ação venha a ser proposta por qualquer dos moradores da região, a fim de evitar que a questão formal da legitimidade inviabilize o acesso à Justiça.

No sistema norte-americano, por exemplo, a legitimidade para a propositura de ações coletivas por pessoas físicas é uma realidade, sendo necessária apenas a comprovação da representatividade adequada. No Brasil, houve, de início, uma opção expressa do legislador por não se admitir a legitimação individual, entendendo que dessa forma se impediriam desvios e a utilização das ações coletivas como forma de pressão política ou até de vingança pessoal.[54]

---

verdadeira 'arqueologia' do direito de solidariedade, cujas bases foram fixadas por juristas como Léon Duguit, Maurice Hauriou e Georges Gurvitch, a partir dos quais a experiência jurídica passou a ser vista 'como uma experiência coletiva e solidária', que transcende a normatividade estritamente estatal. O solidarismo levantou uma nova racionalidade jurídica que rompeu com as premissas postas pela Escola da Exegese, inaugurando-se então o 'Estado de solidariedade.'"

[52] Idem, p. 178-179. "Multiplicaram-se os casos em que não é tão importante a identidade subjetiva do autor, ou mesmo a sua vontade, mas sim o objeto da demanda, 'conduzido' por uma parte dita 'ideológica', que se apresenta simplesmente como 'portadora' de interesses relevantes da coletividade. A ênfase transferiu-se então para o objeto do processo, para a relevância social da matéria levada a juízo, independentemente da figura do 'portador' dos interesses. Mais sinteticamente, não interessa tanto *quem* pede, mas sim *o que* se pede. (...) Portanto, entrou a legitimação em uma fase de grandes flexibilizações e relativizações (...)."

[53] CARNEIRO, Paulo Cezar Pinheiro apud SOUSA, José Augusto Garcia de. O destino de Gaia e as funções constitucionais da Defensoria Pública: ainda faz sentido (sobretudo após a edição da LC n. 132/2009) a visão individualista a respeito da instituição? cit., p. 179.

[54] BARROSO, Luís Roberto. A proteção coletiva dos direitos no Brasil e alguns aspectos da *class action* norte-americana cit., p. 111-112. "A legislação brasileira deu tratamento uniforme à legitimação ativa para a propositura de ação coletiva, independentemente de estarem em jogo direitos difusos, coletivos ou individuais homogêneos. Cumpre assinalar, de início, a opção de não se reconhecer a possibilidade de atuação de pessoas físicas na defesa de tais direitos. (...) A fórmula adotada, consoante manifestação expressa de juristas que participaram da elaboração dos projetos de leis relevantes, visou a impedir desvios que poderiam advir da legitimação individual." Nota de rodapé 33: "Consoante mencionado anteriormente, no direito brasileiro existe, de longa data, a ação popular, que pode ser proposta por qualquer cidadão, e que também se presta, em alguma medida, à tutela de direitos difusos e coletivos. Ao longo dos anos,

Tal possibilidade já se encontra, no entanto, incorporada ao texto do Anteprojeto de Código Brasileiro de Processos Coletivos, elaborado sob a coordenação de Aluísio Gonçalves de Castro Mendes, que, prevendo amplo rol de legitimados ativos à propositura de ações coletivas, insere, dentre eles, qualquer pessoa física no art. 9.º, I, bem como a Defensoria Pública no art. 9.º, IV, explicitando a abrangência de atuação desta na defesa dos direitos ou interesses difusos, coletivos e individuais homogêneos.[55]

Na contramão da moderna processualística está, portanto, a tentativa do Conselho Nacional do Ministério Público (CONAMP) de restringir a legitimidade para a propositura de ações coletivas. O argumento de que estariam afetadas as atribuições conferidas pelo ordenamento aos demais entes legitimados, em especial ao Ministério Público, mostra-se de todo infundado, posto que permanecem inalterados suas funções e deveres institucionais,[56] não representando qualquer impeditivo para que o *Parquet* continue a atuar nas ações em que esteja evidenciada a relevância social do bem jurídico a ser tutelado.[57]

No entendimento de Ada Pellegrini Grinover, exarado em parecer no qual defende a constitucionalidade da Lei 11.448/2007, o verdadeiro intuito da CONAMP, ao propor a referida ADI, é simplesmente o de "evitar a concorrência da Defensoria Pública, como se no manejo de tão importante instrumento de

---

tal remédio foi utilizado, muitas vezes, como instrumento de pressão política e até de vingança pessoal".

[55] MENDES, Aluísio Gonçalves de Castro. Do individual ao coletivo: os caminhos do direito processual cit., p. 242-243.

[56] DIDIER JR., Fredie; ZANETI JUNIOR, Hermes. *Curso de direito processual* cit., p. 219. "Finalmente, não há qualquer sentido na alegação da CONAMP de que a Lei 11.448/2007 é inconstitucional. A legitimação para a tutela coletiva é conferida para a proteção dos interesses da coletividade, e não para dar mais prestígio a essa ou aquela instituição. A ampliação dos legitimados à tutela coletiva é uma tendência no direito brasileiro, que se iniciou em 1985, com a permissão de que associações pudessem promover ações coletivas, e terminará com a aprovação do projeto de codificação da legislação coletiva, que prevê a legitimação do cidadão. Por outro lado, a tese clássica de Mauro Cappelletti é no sentido da *legitimação plúrima* como forma mais coerente de fortalecer a efetividade dos 'novos direitos' pela jurisprudência. Esta tese foi aprovada e referendada pelo constituinte no § 1.º do art. 129, que trata das funções institucionais do Ministério Público, dispondo expressamente: 'a legitimação do Ministério Público para as ações civis previstas neste artigo não impede a de terceiros, nas mesmas hipóteses, segundo o disposto nesta Constituição e na lei'. Incide, no caso, o princípio da proibição de retrocesso toda vez que a lei legitime mais de um representante adequado para o ajuizamento da ação coletiva. Esta é a vontade da Constituição, esta é a sua direção."

[57] NAGAI CARNAZ, Daniele Regina Marchi; NASSER FERREIRA, Jussara Suzi Assis Borges; GOMES JUNIOR, Luiz Manoel. Legitimidade da Defensoria Pública para propositura de ações civis públicas. *Revista de Processo*, n. 163, v. 33, São Paulo: RT, 2008, p. 294-295. Nesse sentido: "Não há legitimidade sequestrada, pois não há, pelo ordenamento jurídico, monopólio de legitimidade e, sim, pluralidade de legitimidades em nome de um esforço constitucional, garantidor dos interesses coletivos, como declarados".

acesso à justiça e de exercício da cidadania pudesse haver reserva de mercado",[58] o que reflete uma visão egoística do processo. GRINOVER demonstra em seu parecer que esse posicionamento do Ministério Público não é novo, revisitando largo histórico de tentativas perpetradas pela instituição a fim de reservar a si o monopólio da legitimidade ativa para a ação civil pública, ousando, inclusive, propor a retirada da sociedade civil e de entidades públicas como União, Estados, Municípios, autarquias, empresas públicas, fundações e sociedades de economia mista.

Para NAGAI CARNAZ, NASSER FERREIRA e GOMES JUNIOR, "a inclusão da Defensoria Pública como legitimada para a propositura de ação civil pública deve ser recebida como um acréscimo valioso sem qualquer irresignação, contribuindo para a concretização de uma prestação jurisdicional eficaz, possibilitadora de uma sociedade mais justa e equânime". A tentativa de afastá-la do rol de legitimados "demonstra uma visão limitada do Sistema Único Coletivo e do papel dos seus colegitimados".

Ademais, cumpre-nos reconhecer que o Poder Legislativo, vem, a cada dia, reforçando a questão da atuação coletiva da Defensoria Pública. Isso se evidencia, sobretudo, com a recente edição de dois diplomas legais de fundamental relevância nessa temática: a Lei Complementar 132, de 09 de outubro de 2009, e a Lei 12.313, de 23 de agosto de 2010.

A Lei Complementar 132/2009, alterando a Lei Complementar 80/1994, que organiza as Defensorias Públicas, acrescentou ao art. 4.º desta vários incisos voltados à atuação coletiva, como, por exemplo, o inciso VII, no qual estabelece ser função institucional da Defensoria Pública "promover ação civil pública e todas as espécies de ações capazes de propiciar a adequada tutela dos direitos difusos, coletivos ou individuais homogêneos quando o resultado da demanda puder beneficiar grupo de pessoas hipossuficientes". Também reforça a ênfase na atuação coletiva da instituição nos incisos VIII e X ao estabelecer as funções de "exercer a defesa dos direitos individuais, difusos, coletivos e individuais homogêneos e dos direitos do consumidor, na forma do inc. LXXIV do art. 5.º da Constituição Federal" e de "promover a mais ampla defesa dos direitos fundamentais dos necessitados, abrangendo seus direitos individuais, coletivos, sociais, econômicos, culturais e ambientais, sendo admissíveis todas as espécies de ações capazes de propiciar sua adequada e efetiva tutela".

Assim, insere a Defensoria Pública no que SOUSA denomina de uma nova racionalidade institucional, menos apegada à lógica individualista e mais voltada

---

[58] GRINOVER, Ada Pellegrini. Parecer sobre a legitimidade da Defensoria Pública em ação civil pública. Disponível em: <http://www.anadep.org.br/wtk/pagina/materia?id=4820>. Disponível em: 30 jul. 2012. p. 9.

ao solidarismo coletivista, remodelando seu perfil institucional a fim de instrumentalizar atuações mais eficazes e satisfatórias socialmente.[59]

A Lei 12.313, de 23 de agosto de 2010, por sua vez, modificou a Lei de Execução Penal (Lei 7.210/1984), ampliando as atribuições da Defensoria em presídios, explicitando, no art. 81-A, a atuação de forma individual e coletiva.[60] Apesar de, durante a tramitação do projeto, representantes do Ministério Público e Defensores Públicos muito terem discutido sobre os limites dessa atuação na defesa dos interesses coletivos dos presos, o Poder Legislativo confirmou a atribuição da Defensoria Pública.

Não obstante, o Ministério Público permanece inconformado com tal previsão, entendendo ser a atuação coletiva atribuição exclusivamente sua, mesmo na questão carcerária, devendo a Defensoria Pública se restringir ao patrocínio individual dos interesses de hipossuficientes, argumentando, ainda, que parte dos beneficiários de sua atuação coletiva no tocante à questão carcerária não se enquadraria como hipossuficiente.

Fato é, no entanto, que as demandas originárias do sistema carcerário, geralmente relacionadas à concessão de benefícios, são, em sua maior parte, demandas idênticas, titularizadas em sua maior parte por presos hipossuficientes, e que poderiam ser solucionadas, de forma mais célere e eficaz, por meio de instrumentos processuais tipicamente coletivos manejados por uma Defensoria Pública estruturada e mais atuante na esfera coletiva, evitando-se o ajuizamento de um sem-número de ações idênticas.

Cumpre relembrar que a Lei 11.448/2007 não impôs nenhuma restrição no sentido de que a coletividade a ser assistida seja toda constituída por pessoas hipossuficientes e a Lei 12.313/2010 não só estabelece como exige a regular atuação da Defensoria Pública nos processos de execução da pena, de forma individual e coletiva. Ademais, dentro das funções atípicas da Defensoria Pública, inclui-se a atuação em favor de réu criminal que, mesmo tendo plenas condições econômicas, não constitui advogado de sua confiança, ensejando a aplicação dos arts. 261 e 263 do Código de Processo Penal.[61]

---

[59] SOUSA, José Augusto Garcia de. O destino de Gaia e as funções constitucionais da Defensoria Pública: ainda faz sentido (sobretudo após a edição da LC n. 132/2009) a visão individualista a respeito da instituição? cit., p. 186. "Dessa forma, a nova racionalidade institucional não significa isolar-se em um tipo ou outro de tutela processual, e sim valorizar, de modo crescente, as atividades mais afinadas com os anseios solidaristas da sociedade em que vivemos. Em última análise, pois, a remodelagem do perfil da Defensoria Pública nada mais é do que um compromisso com atuações mais eficazes e satisfatórias socialmente."

[60] Lei 12.313/2010, art. 81-A: A Defensoria Pública velará pela regular execução da pena e da medida de segurança, oficiando, no processo executivo e nos incidentes de execução, para a defesa dos necessitados em todos os graus e instâncias, de forma individual e coletiva.

[61] MENEZES, Felipe Caldas apud ORDACGY, André da Silva. Primeiras impressões sobre a Lei 11.448/2007 e a atuação da Defensoria Pública da União na tutela coletiva. In: SOUSA, José

Cap. 16 – A JUSTICIABILIDADE DOS DIREITOS SOCIAIS NA PERSPECTIVA PROCESSUAL COLETIVA

Nesse sentido, a atuação coletiva da Defensoria Pública na questão carcerária, compatibilizando-se com as metas propostas pelo Conselho Nacional de Justiça, deve ser incentivada a fim de minorar o quantitativo de processos de execução penal levados aos mutirões carcerários promovidos por todo o país, posto que, assim, se contribuirá para a elevação dos índices de eficiência e economia processual no Poder Judiciário brasileiro.

Como já destacado, o fato de parcela mínima dos presos beneficiados pela tutela jurisdicional coletiva não ser hipossuficiente não pode obstar que tantos outros sejam por ela beneficiados, sobretudo pelo fato de se tratar de matéria idêntica, atinente ao direito fundamental à liberdade, eixo do Estado Democrático de Direito, e que deve receber solução idêntica, promovendo, assim, os valores de igualdade, justiça e segurança tão caros à nossa ordem constitucional. Deixar que a discussão quanto à necessidade ou não de pagamento de honorários advocatícios em alguns poucos casos prevaleça sobre a necessidade de se dar eficiência ao sistema processual é retrocesso incompatível com a atual tendência mundial de aprimoramento do sistema processual coletivista e a necessidade de desafogamento do Poder Judiciário brasileiro.

3.1.2. A limitação da eficácia da coisa julgada na ação civil pública

Na legislação pátria, dois dispositivos disciplinam o alcance da coisa julgada nas ações coletivas: o art. 16 da Lei 7.347/1985[62] (Lei da Ação Civil Pública) e o art. 2.º-A, *caput*, da Lei 9.494/1997.[63]

Augusto Garcia de (Coord.). *A Defensoria Pública e os processos coletivos*: comemorando a Lei Federal 11.448 de 15 de janeiro de 2007. Rio de Janeiro: Lumen Juris, 2008. p. 96. "As funções institucionais da Defensoria Pública dividem-se em duas relevantes categorias: funções típicas e atípicas. As primeiras são aquelas relacionadas com a atuação direta na prestação da assistência jurídica integral aos considerados economicamente hipossuficientes (art. 134, da CR/1988); enquanto que as últimas (atípicas) alcançam as hipóteses nas quais a atuação do defensor público dá-se independentemente da situação financeira da parte, por força de atribuição legal. No entender de FELIPE CALDAS MENEZES, constituem clássicos exemplos de funções atípicas: '... a atuação do Defensor Público como curador especial, nas hipóteses previstas em lei (arts. 9.º, 218, §§ 2.º e 3.º, 302, p. único, 1.042, 1.179 e 1.182, § 1.º, todos do CPC e a atuação em favor do Réu criminal que, mesmo, tendo plenas condições econômicas, recusa-se a constituir advogado de sua confiança, aplicando-se aqui os arts. 261 e 263, *caput* e parágrafo único, do CPP."

[62] Art. 16: "A sentença civil fará coisa julgada *erga omnes* nos limites da competência territorial do órgão prolator, exceto se o pedido for julgado improcedente por deficiência de provas, hipótese em que qualquer legitimado poderá intentar outra ação com idêntico fundamento, valendo-se de nova prova".

[63] Art. 2.º-A: "A sentença civil prolatada em ação de caráter coletivo proposta por entidade associativa, na defesa dos interesses e direitos dos seus associados, abrangerá apenas os substituídos que tenham, na data da propositura da ação, domicílio no âmbito da competência territorial do órgão prolator".

Em ambos, há clara e literal restrição à eficácia da coisa julgada em ações coletivas, estabelecendo que seus efeitos, apesar de *erga omnes*, estão limitados pela competência territorial do órgão que prolatou a decisão. Assim, uma decisão em ação civil pública mantida ou reformada por Tribunal local, em regra, só produz efeitos na área sob a jurisdição do referido Tribunal.

Por muito tempo essa limitação foi questionada pela doutrina. Nas lições de DIDIER JUNIOR e ZANETI JUNIOR mostram-se inconstitucionais e ineficazes, violando a razoabilidade por imporem exigências absurdas, além de permitirem "o ajuizamento simultâneo de tantas ações civis públicas quantas sejam as unidades territoriais em que se divida a respectiva Justiça, mesmo em se tratando de demandas iguais, envolvendo sujeitos em igualdade de condições, com a possibilidade teórica de decisões diferentes e até conflitantes em cada uma delas".[64]

No mesmo sentido, PINHO, citando MAZZILLI, entende que o legislador "confundiu a competência do juiz com os efeitos da coisa julgada, pois 'a imutabilidade erga omnes dos efeitos de uma sentença não tem nada a ver com a competência do juiz que profere a sentença. (...) A imutabilidade do julgado pressupõe uma válida sentença proferida por órgão jurisdicional competente, mas a competência não adere à sentença nem limita sua imutabilidade".[65]

Recentemente, no entanto, o Superior Tribunal de Justiça, em julgamento de recurso representativo de controvérsia, inovou seu entendimento, passando a admitir nos termos do voto do Excelentíssimo Relator Ministro Luis Felipe Salomão, que decisão tomada em ação civil coletiva não se restrinja ao território de seu órgão prolator, reconhecendo que seus efeitos não estão circunscritos a lindes geográficos do órgão prolator da decisão, devendo ser considerada a extensão do dano bem como a qualidade dos interesses metaindividuais envol-

---

[64] DIDIER JR., Fredie; ZANETI JUNIOR, Hermes. *Curso de direito processual* cit., p. 145. Segundo os eminentes processualistas, "as restrições teóricas e pragmáticas aos dispositivos podem ser apontadas em cinco objeções: a) ocorre prejuízo à economia processual e fomento ao conflito lógico e prático de julgados; b) representa ofensa aos princípios da igualdade e do acesso à jurisdição, criando diferença no tratamento processual dado aos brasileiros e dificultando a proteção dos direitos coletivos em juízo; c) existe indivisibilidade ontológica do objeto da tutela jurisdicional coletiva, ou seja, é da natureza dos direitos coletivos *lato sensu* sua não separatividade no curso da demanda coletiva, sendo legalmente indivisíveis (art. 81, parágrafo único do CDC); d) há, ainda, equívoco na técnica legislativa, que acaba por confundir competência, como critério legislativo para repartição da jurisdição, com a imperatividade decorrente do comando jurisdicional, esta última elemento do conceito de jurisdição que é uma em todo o território nacional; e) por fim, existe a ineficácia da própria regra de competência em si, vez que o legislador estabeleceu expressamente no art. 93 do CDC (lembre-se, aplicável a todo o sistema das ações coletivas) que a competência para julgamento de ilícito de âmbito regional ou nacional é do juízo da capital dos Estados ou no Distrito Federal, portanto, nos termos da Lei em comento, ampliou a 'jurisdição do órgão prolator'".

[65] MAZZILLI, Hugo Nigro apud PINHO, Humberto Dalla Bernardina de. A tutela coletiva e o estatuto do idoso. *Revista da EMERJ*, v. 8, n. 32, Rio de Janeiro: EMERJ, 2005, p. 189.

vidos. Assim, abre-se a possibilidade de que o ajuizamento de ação individual de execução do referido julgado seja efetivada mesmo por beneficiários residentes em Comarca distinta da que proferiu a decisão. Senão vejamos:

> DIREITO PROCESSUAL. RECURSO REPRESENTATIVO DE CONTROVÉRSIA (ART. 543-C, CPC). DIREITOS METAINDIVIDUAIS. AÇÃO CIVIL PÚBLICA. APADECO X BANESTADO. EXPURGOS INFLACIONÁRIOS. EXECUÇÃO/LIQUIDAÇÃO INDIVIDUAL. FORO COMPETENTE. ALCANCE OBJETIVO E SUBJETIVO DOS EFEITOS DA SENTENÇA COLETIVA. LIMITAÇÃO TERRITORIAL. IMPROPRIEDADE. REVISÃO JURISPRUDENCIAL. LIMITAÇÃO AOS ASSOCIADOS. INVIABILIDADE. OFENSA À COISA JULGADA. 1. Para efeitos do art. 543-C do CPC: 1.1. A liquidação e a execução individual de sentença genérica proferida em ação civil coletiva pode ser ajuizada no foro do domicílio do beneficiário, porquanto os efeitos e a eficácia da sentença não estão circunscritos a lindes geográficos, mas aos limites objetivos e subjetivos do que foi decidido, levando-se em conta, para tanto, sempre a extensão do dano e a qualidade dos interesses metaindividuais postos em juízo (arts. 468, 472 e 474, CPC e 93 e 103, CDC). 1.2. A sentença genérica proferida na ação civil coletiva ajuizada pela Apadeco, que condenou o Banestado ao pagamento dos chamados expurgos inflacionários sobre cadernetas de poupança, dispôs que seus efeitos alcançariam todos os poupadores da instituição financeira do Estado do Paraná. Por isso descabe a alteração do seu alcance em sede de liquidação/execução individual, sob pena de vulneração da coisa julgada. Assim, não se aplica ao caso a limitação contida no art. 2.º-A, *caput*, da Lei 9.494/97. 2. Ressalva de fundamentação do Ministro Teori Albino Zavascki. 3. Recurso especial parcialmente conhecido e não provido (REsp 1.243.887, Pr. 2011/0053415-5, j. 19.10.2011, *DJe* 12.12.2011).

Nesse sentido, fixado esse novo entendimento, reconhecida a existência de um direito coletivo em determinado processo principal iniciado por ação coletiva, terceiros, ainda que não tenham integrado a referida demanda e não residam no local onde a decisão foi prolatada, poderão dela se beneficiar, ajuizando ações individuais de execução nas cidades em que residam, facilitando o acesso à Justiça.

Oportuno destacar, ainda, que no Anteprojeto de Código Brasileiro de Processos Coletivos já há previsão expressa de que a competência territorial do órgão julgador não representará limitação para a coisa julgada *erga omnes* (art. 22, § 4.º).[66]

---

[66] MENDES, Aluísio Gonçalves de Castro. Do individual ao coletivo: os caminhos do direito processual cit., p. 246.

3.2. O incidente de resolução de demandas repetitivas previsto no Projeto de Código de Processo Civil como novo instrumento de tutela coletiva de direitos sociais

A multiplicação das relações de massa e a necessidade de adequar a processualística à realidade contemporânea estimularam a criação de novos instrumentos processuais voltados à viabilização da tutela efetiva de direitos. Compatibilizando-a aos valores de justiça, igualdade e segurança consagrados na Constituição Federal, o sistema processual atual busca garantir o acesso à Justiça em suas vertentes interna e externa.[67]

Nesse sentido, a tutela adequada de situações idênticas, configuradoras de uma litigiosidade repetitiva, passa a exigir a criação de mecanismos voltados a assegurar tratamento isonômico a essas situações, impedindo assim que situações idênticas tenham soluções distintas, o que acaba por gerar uma grave crise da confiança depositada pelo jurisdicionado no Poder Judiciário, afetando a segurança jurídica. A observância da duração razoável do processo também passa a ser uma exigência para a garantia da tutela efetiva, sobretudo nos processos envolvendo direitos que exigem uma tutela imediata como, por exemplo, o direito à saúde e o direito à educação.

Em um Estado Democrático de Direito, a função do processo consiste basicamente em instrumentalizar a realização dos direitos constitucionalmente assegurados, permitindo sua ótima concretização. Para tanto, o sistema processual deve se adaptar às novas exigências postas pelas sucessivas dimensões de direitos, modernizando-se mediante a adaptação ou criação de instrumentos processuais capacitados a tutelar os novos direitos.

É o que propõe o projeto do novo Código de Processo Civil (Projeto de Lei do Senado 166/2010 – atual Projeto de Lei 8.046/2010, em trâmite na Câmara dos Deputados) com a introdução no ordenamento do chamado incidente de resolução de demandas repetitivas, regulado entre os arts. 895 e 906 do susomencionado projeto. Por meio do referido instrumento procura-se reforçar

---

[67] BARBOSA, Andrea Carla; CANTOARIO, Diego Martinez Fervenza. O incidente de resolução de demandas repetitivas no projeto de Código de Processo Civil: apontamentos iniciais. In: FUX, Luiz (Coord). *O novo processo civil brasileiro*: direito em expectativa (reflexões acerca do projeto do novo Código de Processo Civil). Rio de Janeiro: Forense, 2011. p. 466. "De uma perspectiva externa, o acesso à Justiça representa a possibilidade de se deduzir pretensão em juízo e a ela se opor. É o direito de demandar e o de resistir à postulação. De instaurar um processo e lá figurar como parte, uma vez desencadeado o exercício da jurisdição (trata-se, em suma, da concretização do direito de ação e de defesa previstos como garantias fundamentais abstratas no texto constitucional). Para tanto, mister vencer-se barreiras como custos de se demandar, do desconhecimento a respeito dos direitos de que se é titular etc. Internamente, é o direito à tutela jurisdicional efetiva dos direitos. Trata-se de analisar o fenômeno a partir do próprio processo, do seu modo de ser e das relações entre os seus sujeitos. Da maior ou menor propensão da processualística em promover os valores de igualdade, justiça e segurança (...)."

Cap. 16 – A JUSTICIABILIDADE DOS DIREITOS SOCIAIS NA PERSPECTIVA PROCESSUAL COLETIVA

a sistemática processual coletivista, criando mecanismo voltado a assegurar o acesso à Justiça em sua vertente interna, no que toca à efetividade relacionada à garantia de tratamento igualitário a todos os que procuram o Poder Judiciário para a solução de questão idêntica,[68] evitando-se decisões conflitantes.

Inspirado no processo-modelo das controvérsias do mercado de capital alemão (*Kapitalanleger-Musterverfahrensgesetz*), cujo objetivo é resolver de modo idêntico e vinculante questões controversas em causas paralelas, mediante decisão-modelo dos aspectos comuns pelo Tribunal Regional (*Oberlandesgericht*), com possibilidade de participação dos interessados, no PLS 166/2010, atual PL 8.046/2010, é considerado a grande aposta na busca de resolução de litigiosidade repetitiva.[69]

Nos moldes em que pensado pelo legislador brasileiro, por meio do incidente, permite-se a identificação ainda no primeiro grau de jurisdição de feitos que, por conter a mesma questão de direito, devam receber solução idêntica. Instaurado por ofício do juiz ou relator do feito, ou por petição das partes, do Ministério Público ou da Defensoria Pública, o incidente é dirigido ao Presidente do Tribunal local, devendo ser amplamente divulgados a sua instauração e julgamento. Para tanto, o projeto prevê a criação de um banco de dados eletrônico específico para o registro das questões de direito submetidas a tal procedimento, determinando a comunicação dos referidos registros ao Conselho Nacional de Justiça.

A admissão do incidente autoriza ao Presidente do Tribunal local (estadual ou federal) que determine a suspensão de todos os processos pendentes sobre questão jurídica idêntica que tramitem em primeiro ou segundo grau de jurisdição (ressalvada a possibilidade de serem concedidas medidas de urgência), e uma vez julgada a questão de direito objeto do incidente, seu teor deverá ser observado pelos juízes e órgãos fracionários situados no âmbito de sua competência, sob pena de reclamação ao tribunal respectivo.[70]

Ademais, a suspensão de processos pode vir a alcançar dimensão nacional, nos termos do que dispõe o art. 900, do projeto do novo CPC,[71] caso, a pedido das

---

[68] Art. 895, *caput*: "É admissível o incidente de demandas repetitivas sempre que identificada controvérsia com potencial de gerar relevante multiplicação de processos fundados em idêntica questão de direito e de causar grave insegurança jurídica, decorrente do risco de coexistência de decisões conflitantes".

[69] NUNES, Dierle. A litigância de interesse público e as tendências "não compreendidas" de padronização decisória cit., p. 80.

[70] Art. 906: "Não observada a tese adotada pela decisão proferida no incidente, caberá reclamação para o tribunal competente".

[71] Art. 900, *caput*: "As partes, os interessados, o Ministério Público e a Defensoria Pública, visando à garantia da segurança jurídica, poderão requerer ao tribunal competente para conhecer de eventual recurso extraordinário ou especial a suspensão de todos os processos em curso no território nacional que versem sobre a questão objeto do incidente".

partes, interessados, Ministério Público ou Defensoria Pública, seja requerida aos Tribunais Superiores a sua extensão a todo o território nacional, suspendendo-se todos os processos que tenham como objeto a questão comum.

Essa possibilidade de suspensão com abrangência nacional reflete a magnitude do procedimento do incidente de resolução de demandas repetitivas e sua marcante feição coletivista, revelando a importância de seu manejo para a resolução igualitária de questões jurídicas comuns. Assim, com a instauração do incidente e seu julgamento, o sistema processual busca evitar que o tratamento desigual para situações semelhantes, comumente observado na jurisprudência brasileira, se perpetue, uniformizando-se a atividade interpretativa do Judiciário, o que confere maior segurança ao jurisdicionado.

De fato, o Poder Judiciário é integrado por seres humanos, cada um dotado de singular formação intelectual, edificada a partir da apropriação de valores e experiências sociais, políticas e econômicas diversas, que inevitavelmente influenciam o *sentire* externado pelo magistrado em sua atividade laborativa. Daí é possível que, em um mesmo contexto histórico, a mesma norma jurídica seja diferentemente interpretada e aplicada, proferindo-se decisões divergentes em casos idênticos, violando-se, assim, os postulados de igualdade e de segurança jurídica nos quais confia o jurisdicionado.[72]

Ademais, o incidente de resolução de demandas repetitivas objetiva contribuir para a razoável duração do processo, conferindo celeridade ao julgamento das causas na medida em que é estabelecido o prazo de seis meses para seu julgamento[73] e, ainda, pela força vinculante conferida à decisão da demanda selecionada como modelo,[74] vinculando para o futuro a resolução de casos similares,[75] também denominada de propensão expansionista do julgamento

---

[72] O objetivo aqui é evitar o chamado efeito loteria a que se refere a doutrina, no qual a distribuição da ação a um ou outro órgão jurisdicional acaba por determinar um ou outro resultado para ações idênticas.

[73] Art. 904: "O incidente será julgado no prazo de seis meses e terá preferência sobre os demais feitos, ressalvados os que envolvam réu preso e os pedidos de *habeas corpus*".

[74] BARBOSA, Andrea Carla; CANTOARIO, Diego Martinez Fervenza. O incidente de resolução de demandas repetitivas no projeto de Código de Processo Civil: apontamentos iniciais. In: FUX, Luiz (Coord). *O novo processo civil brasileiro* cit., p. 506. "O projeto de novo Código de Processo Civil não explicita qual critério a ser utilizado na escolha da demanda fio condutor da discussão referente ao sentido a ser conferido à questão de direito controvertida. (...) a índole coletivista do incidente, que encerra, em procedimento único, contenda pertinente a conjunto significativo de interessados e cuja decisão refletirá em todas as demais imbricadas umas às outras pelo fundamento idêntico, inegavelmente impõe a escolha de demanda (inicial ou recursal) que condense a maior quantidade possível de argumentos em torno do tema de direito em debate."

[75] Idem, p. 490-491. "O que inspirou a Comissão elaboradora do Anteprojeto de Código e que se pode depreender da própria Exposição de Motivos que o acompanha é a necessidade de se tratar

Cap. 16 – A JUSTICIABILIDADE DOS DIREITOS SOCIAIS NA PERSPECTIVA PROCESSUAL COLETIVA

do incidente,[76] distinguindo-se da decisão em ação coletiva, cuja produção de efeitos externos fica condicionada ao requerimento de suspensão da ação individual por seu autor, bem como de ser a decisão coletiva favorável. Com efeito, no incidente, a força vinculante independe do conteúdo da decisão, o que o revela um instrumento de tutela coletiva com força ainda maior que a própria ação coletiva.[77]

Importante notar, contudo, que a decisão no incidente não possui eficácia executiva, como há na ação coletiva. O que ocorre no incidente é a análise conjunta de uma questão jurídica comum, ficando as demais questões de fato ou de direito próprias do caso concreto sujeitas a posterior análise, resultando em sentença diversa para cada autor.[78] A projeção *erga omnes* se dá, portanto, tão somente em relação à *ratio decidendi*, ou seja, à tese jurídica geral, seja ela favorável ou não, vinculando, nesse ponto, a resolução de demandas pendentes e posteriores.

---

isonomicamente aqueles que são iguais, para tanto se atribuindo maior força ao precedente. Verdadeira força vinculante, muito mais do que meramente persuasiva."

[76] Idem, p. 456.

[77] Idem, p. 490-491. "Implicitamente, o projeto reconhece que a sistemática das ações coletivas, tal qual adotada no direito brasileiro, fracassou no intento de conter a enxurrada de ações que são ajuizadas em prol da tutela de direitos originados de um mesmo contexto fático-jurídico. É que, como visto, o modelo nacional de ações coletivas não retira do titular do direito material a legitimação para propor a sua própria ação individual, tenha ou não sido instaurado um processo coletivo. Assim, não necessariamente os efeitos da decisão que proferida na ação coletiva se projetarão para fora do processo, alcançando os titulares do direito material. A extensão depende, em primeiro lugar, de que o autor individual, acaso esteja em curso processo individual, requeira a sua suspensão. E, mais: de que a decisão coletiva seja favorável. Isto significa dizer que as ações coletivas não necessariamente produzem efeitos externos. Tudo dependerá do sentido como tenham sido resolvidas as questões de fato e de direito subjacentes à lide coletiva e do consequente resultado do julgamento do pedido. No incidente, ao que parece, é diferente. O que ficar resolvido a respeito da questão jurídica comum valerá para todos os demais processos, qualquer que seja o sentido em que se pronunciar o Tribunal. Inegavelmente, por tal perspectiva, a força do incidente revela-se muito maior do que a de uma ação coletiva."

[78] Idem, p. 500-501. "A decisão no incidente, apesar de veicular pronunciamento judicial único a respeito de uma questão de direito que se repete (ou pode se repetir) em várias causas distintas na qualidade de fundamento do pedido, não é dotada, por si mesma, de eficácia executiva. Não há, no incidente, análise de uma pretensão genérica que seja pertinente a um universo não identificado de pessoas, como há nas ações coletivas. A decisão na ação coletiva, se de procedência do pedido, resultará em sentença condenatória genérica com força executiva. É dizer, decisão que, por sua universalidade, vale para todos como o reconhecimento judicial da existência do direito. Se *determinada* pessoa tem ou não o direito reconhecido ou *quanto* de direito detém, é problema que extrapola o limite da ação coletiva. Neste tipo de ação, as peculiaridades do caso concreto não importam. A ação coletiva, na verdade, extrai de todas as lides individuais o que entre elas há em comum. No incidente, tão somente questão de direito será solucionada conjuntamente, quanto às demais questões de fato e/ou direito subjacentes a cada uma das lides, serão analisadas separadamente e a sentença daí resultante poderá ser diversa para cada litigante. O juízo *a quo* fica apenas vinculado à decisão da matéria jurídica objeto do incidente."

Assim, com a aprovação do Projeto de Lei do Senado 166/2010, em trâmite atualmente na Câmara dos Deputados como PL 8.046/2010, e o definitivo ingresso do incidente de resolução de demandas repetitivas no ordenamento jurídico pátrio, a sociedade disporá de um novo e eficaz instrumento processual de resolução em massa de demandas (cite-se, por exemplo, dentre outras, questões controvertidas relacionadas a direitos previdenciários e trabalhistas), posto que, definida a questão jurídica central com força vinculativa, incumbirá à atuação jurisdicional sua observância na resolução dos casos concretos similares, ressalvando-se as hipóteses de aplicação das técnicas do *distinguishing* e do *overruling*.

4. CONSIDERAÇÕES FINAIS

Como visto, a consagração do Estado social brasileiro, acompanhada da consolidação de conquistas sociais por meio da inserção de normas definidoras de direitos prestacionais na Carta Política de 1988, abriu passagem para uma correspondente transformação do sistema processual, voltando-o à necessidade de concreta efetivação de direitos não apenas no plano individual, mas sobretudo na perspectiva coletiva.

Essa nova tendência do processualismo constitucional democrático, alinhada às exigências de uma sociedade de massa, tem na ação civil pública um de seus principais instrumentos. Dentre os aspectos processuais analisados, a questão da legitimação ativa para sua propositura levou-nos a concluir que o atual conflito interinstitucional instalado entre Ministério Público e Defensoria Pública, a partir do ajuizamento pelo Conselho Nacional do Ministério Público da ADI 3.943/DF, cuida tão somente de uma tentativa despropositada de evitar a concorrência da Defensoria Pública, indo de encontro à nova tendência processual coletivista, o que, como já asseverado, reflete uma visão limitada e egoística do processo. Ademais, no tocante à limitação da eficácia da coisa julgada nessa espécie de procedimento, aplaudimos a recente virada jurisprudencial sobre o tema.

Por fim, da análise do incidente de resolução de demandas repetitivas deflui grande expectativa direcionada à aprovação do Projeto de Novo Código de Processo Civil, vislumbrando-se na referida técnica processual um mecanismo que assegurará, de forma igualitária, o acesso à ordem jurídica justa e muito contribuirá para o aumento da eficiência do Poder Judiciário.

5. REFERÊNCIAS BIBLIOGRÁFICAS

BARBOSA, Andrea Carla; CANTOARIO, Diego Martinez Fervenza. O incidente de resolução de demandas repetitivas no projeto de Código de Processo Civil: apontamentos iniciais. In: FUX, Luiz (Coord.). *O novo processo civil brasileiro*:

Cap. 16 – A JUSTICIABILIDADE DOS DIREITOS SOCIAIS NA PERSPECTIVA PROCESSUAL COLETIVA

direito em expectativa (reflexões acerca do projeto do novo Código de Processo Civil). Rio de Janeiro: Forense, 2011.

BARROSO, Luís Roberto. *O direito constitucional e a efetividade de suas normas.* São Paulo: Saraiva, 2002.

_____. A proteção coletiva dos direitos no Brasil e alguns aspectos da *class action* norte-americana. Rio de Janeiro: Revista Forense, v. 381, 2005, p. 103-119.

BOBBIO, Norberto. *A era dos direitos.* Rio de Janeiro: Campus, 2004.

BONAVIDES, Paulo. *Do estado liberal ao estado social.* 8. ed. São Paulo: Malheiros, 2004.

CAPPELLETTI, Mauro; GARTH, Bryant. *Acesso à justiça.* Trad. Ellen Gracie Northfleet. Porto Alegre: Fabris, 2002.

DIDIER JR., Fredie; ZANETI JUNIOR, Hermes. *Curso de direito processual:* processo coletivo. 5. ed. Bahia: JusPodivm, 2010. v. 4.

FRANCO, Fábio Luis. A ação civil pública como instrumento de controle das políticas públicas. *Revista de Processo,* v. 135, São Paulo: RT, 2006, p. 34-68.

GRINOVER, Ada Pellegrini. Parecer sobre a legitimidade da Defensoria Pública em ação civil pública. Disponível em: <http://www.anadep.org.br/wtk/pagina/materia?id=4820>. Acesso em: 30 jul. 2012.

HESSE, Konrad. *A força normativa da Constituição.* Porto Alegre: Fabris, 1991.

LASSALLE, Ferdinand. *A essência da Constituição.* Rio de Janeiro: Lumen Juris, 2000.

LIMA, Newton de Oliveira. *A questão social nas Constituições brasileiras:* uma crítica a partir da perspectiva democratizante. São Paulo: RT, 2009. v. 886.

MELLO, Celso Antônio Bandeira de. *Discricionariedade administrativa e controle jurisdicional.* São Paulo: Malheiros, 1993.

MELO FRANCO, Afonso Arinos de. O constitucionalismo brasileiro na primeira metade do Século XIX. *Estudos de direito constitucional.* Rio de Janeiro: Revista Forense, 1957.

MENDES, Aluísio Gonçalves de Castro. Efetivação dos direitos fundamentais mediante ação civil pública para implementar políticas públicas. *Revista de Processo,* n. 163, v. 33, 2008, p. 312-319.

_____. Do individual ao coletivo: os caminhos do direito processual. *Revista de Processo,* n. 165, São Paulo: RT, 2008, p. 231-254.

MENDES, Gilmar Ferreira; COELHO, Inocêncio Mártires; BRANCO, Paulo Gustavo Gonet. *Curso de direito constitucional.* São Paulo: Saraiva, 2008.

NAGAI CARNAZ, Daniele Regina Marchi; NASSER FERREIRA, Jussara Suzi Assis Borges; GOMES JUNIOR, Luiz Manoel. Legitimidade da defensoria pública para propositura de ações civis públicas. *Revista de Processo*, n. 163, v. 33, São Paulo: RT, 2008, p. 287-295.

NOGUEIRA, Vânia Marcia Damasceno. O movimento mundial pela coletivização do processo e seu ingresso e desenvolvimento no direito brasileiro. *Revista Jurídica do Ministério Público do Estado de Minas Gerais*, Minas Gerais, v. 12, jan.-jun. 2009, p. 325-348.

NUNES, Dierle. A litigância de interesse público e as tendências "não compreendidas" de padronização decisória. *Revista de Processo*, n. 199, São Paulo: RT, 2011, p. 41-82.

ORDACGY, André da Silva. Primeiras impressões sobre a Lei 11.448/2007 e a atuação da Defensoria Pública da União na tutela coletiva. In: SOUSA, José Augusto Garcia de. (Coord.). *A Defensoria Pública e os processos coletivos*: comemorando a Lei Federal 11.448 de 15 de janeiro de 2007. Rio de Janeiro: Lumen Juris, 2008. p. 85-100.

PINHO, Humberto Dalla Bernardina de. A tutela coletiva e o estatuto do idoso. *Revista da EMERJ*, v. 8, n. 32, Rio de Janeiro: EMERJ, 2005, p. 176-198.

PINTO, Luis Filipe Marques Porto Sá. Técnicas de tratamento macromolecular dos litígios – tendência de coletivização da tutela processual civil. *Revista de Processo*, n. 185, São Paulo: RT, 2010, p. 117-144.

PONTES DE MIRANDA, Francisco Cavalcanti. *Comentários à Constituição de 1946.* Rio de Janeiro: Borsoi, 1960.

SOUSA, José Augusto Garcia de. O destino de Gaia e as funções constitucionais da Defensoria Pública: ainda faz sentido (sobretudo após a edição da LC n. 132/2009) a visão individualista a respeito da instituição? *Revista Forense*, v. 408, Rio de Janeiro: Forense, p. 166-216.

SOUZA NETO, Claudio Pereira. A justiciabilidade dos direitos sociais: críticas e parâmetros. *Revista de Direito do Estado*, ano 4, n. 13, Rio de Janeiro: Renovar, jan.-mar. 2009, p. 133-169.

SUSSEKIND, Arnaldo. *Direitos sociais na Constituinte.* Rio de Janeiro: Freitas Bastos, 1986.

VIANA DE LIMA, Frederico Rodrigues. *Defensoria Pública.* Bahia: JusPodivm, 2010.

ZAVASCKI, Teori Albino. Reforma do processo coletivo: indispensabilidade de disciplina diferenciada para direitos individuais homogêneos e para direitos transindividuais. In: GRINOVER, Ada Pellegrini; MENDES, Aluísio Gonçalves de Castro; WATANABE, Kazuo (Coord.). *Direito processual coletivo e o anteprojeto de Código Brasileiro de Processos Coletivos.* São Paulo: RT, 2007. p. 33-38.

MEIOS ALTERNATIVOS DE SOLUÇÃO DE CONFLITOS

17

MAIS UM CAMINHO PARA A EFETIVIDADE DE DIREITOS CONSTITUCIONAIS

Marcela Kohlbach de Faria

> **Sumário:** 1. Introdução – 2. Os meios alternativos de solução de conflitos: 2.1. Arbitragem; 2.2. Mediação – 3. A natureza dos conflitos como fator determinante na escolha dos meios a serem utilizados para a sua solução. Aspecto qualitativo – 4. O *case management* inglês e o princípio da adequação – 5. Perspectivas de implantação de um modelo de tutela jurisdicional adequada. Análise do PL 8.046/2010 e a Resolução 125 do CNJ: 5.1. Estrutura. Criação de Câmaras de Mediação e Conciliação; 5.2. A mediação e conciliação e o papel dos juízes – 6. Conclusão – 7. Bibliografia.

1. INTRODUÇÃO

Os meios alternativos como forma de solução de controvérsias estão constantemente presentes no discurso daqueles que buscam uma forma de resolver o problema da morosidade e pouca efetividade da jurisdição estatal.

No presente trabalho buscaremos analisar como as formas procedimentais chamadas alternativas, como a conciliação, mediação e arbitragem, podem ser utilizadas como uma forma de garantia para a efetividade de direitos constitucionais, principalmente a garantia constitucional da tutela jurisdicional efetiva.

Nesse contexto, ao tratarmos da tutela efetiva, dialogaremos e analisaremos especialmente com seu aspecto qualitativo, mediante a aplicação do princípio da adequação na escolha da melhor forma de resolução de determinado conflito.

Em um primeiro momento, observaremos os meios alternativos de conflitos de uma forma geral, verificando as suas características preponderantes e a sua evolução no sistema jurídico brasileiro. Posteriormente, passaremos ao aspecto qualitativo da entrega da prestação jurisdicional, a partir da constatação de que a jurisdição estatal e até mesmo os métodos adjudicativos privados muitas vezes encontram limites, fazendo-se necessária a adoção de outros métodos para a efetiva pacificação social.

Adiante, voltaremos os olhos ao processo civil inglês e às recentes reformas lá implementadas, conferindo grandes poderes ao juiz na condução do processo e possibilitando o direcionamento da causa a procedimentos autocompositivos, com a possibilidade de aplicação de sanções diante da recusa das partes.

Por fim, verificaremos as possibilidades e perspectivas de concretização de um sistema de tutela jurisdicional efetiva à luz do PL 8.906/2010 e da Resolução 125 do CNJ.

2. OS MEIOS ALTERNATIVOS DE SOLUÇÃO DE CONFLITOS

Nas últimas décadas temos observado um movimento contundente no sentido de ampliação das garantias de acesso à Justiça e efetividade da tutela jurisdicional. É notória a força do movimento de acesso à Justiça, estimulado principalmente pelas propostas de Cappelletti e Garth,[1] repudiando o enfoque formalístico anteriormente prevalente e criando novo enforque da ciência jurídica, o qual resultou em uma concepção "contextual" do direito.[2]

Dentro desse contexto, afirma-se uma concepção tridimensional do direito, na qual uma primeira dimensão reflete o problema, necessidade ou exigência social que induz à criação de um instituto jurídico; a segunda reflete a resposta ou solução jurídica, que, além de normas institucionais, inclui as instituições e processos destinados a tratar daquela necessidade, problema ou exigência social; e, enfim, uma terceira dimensão encara os resultados ou o impacto dessa resposta jurídica sobre a necessidade, problema ou exigência social.[3]

No Brasil, a Constituição da República de 1988, com seu viés democrático, preocupou-se em prever expressamente a inafastabilidade do Judiciário (art.

---

[1] CAPPELLETTI, Mauro; BRYANT, Garth. *Acesso à justiça*. Trad. Ellen Gracie Northfleet. Porto Alegre: Fabris, 1988.

[2] CAPPELLETTI, Mauro. Os métodos alternativos de solução de conflitos no quadro do movimento universal de acesso à justiça. *Revista de Processo*, São Paulo: RT, n. 74, 1994, p. 82-83.

[3] Idem, p. 83.

5.º, XXXV), garantindo a todos os jurisdicionados o direito de buscar junto ao Judiciário tutela contra lesão ou ameaça a direito, além de estipular a assistência jurídica gratuita e integral aos que comprovarem insuficiência de recursos (art. 5.º, LXXIV).

Na esteira das tendências de ampliação do acesso à Justiça, uma série de reformas processuais foram implementadas, com a edição de leis que alteraram o Código de Processo Civil, simplificando determinados procedimentos, além da criação de tutelas diferenciadas, como os Juizados Especiais Cíveis e Criminais. A promulgação do Código de Defesa do Consumidor também contribuiu de forma relevante para o considerável aumento da conscientização dos direitos por parte da população, estimulando, por via de consequência, a luta pela sua preservação junto ao poder Judiciário.

Reconhecendo todos os méritos das transformações destacadas, não se pode olvidar que a ampliação do acesso à Justiça teve como consequência o aumento da litigiosidade da população e, por corolário, a superlotação do Judiciário, o qual não estava estruturalmente preparado a receber tantas demandas. Com efeito, por certo que um Judiciário sobrecarregado torna-se um Judiciário lento, já que incapaz de apreciar e dar o devido andamento a tantas demandas acumuladas.

Por conseguinte, as reformas processuais seguiram, culminando na edição da Emenda Constitucional 45, conhecida como a "Reforma do Judiciário". A partir desse marco verificou-se uma virada de cento e oitenta graus no caminhar do movimento reformista. Assustados com as consequências da ampliação do acesso à Justiça, os legisladores passaram a se preocupar com a necessidade de aumentar a celeridade da entrega da prestação jurisdicional. Foi assim que, na contramão do movimento inicial, criou-se uma série filtros recursais, *e.g.*, a repercussão geral dos recursos extraordinários, além de meios sumários de julgamento, como a improcedência liminar da demanda, e a atribuição de maiores poderes monocráticos ao relator.

De fato, a preocupação com a maior celeridade na entrega da prestação jurisdicional não é exclusiva do Brasil. Países como a Itália, França e outros, principalmente da América Latina, estão constantemente criando medidas para solucionar o problema da demora na entrega da prestação jurisdicional.

Não obstante, o problema não se resume ao tempo do processo.[4] É necessário ter em mente o aspecto qualitativo da efetividade da prestação jurisdicional, o

---

[4] Sobre o tempo do processo, destacando que no procedimento adjudicatório o tempo define a verdade, uma vez que a necessidade da imposição de uma decisão em determinado lapso temporal faz com que o juiz aceite determinada verdade, ainda que aproximada, pela impossibilidade de *non liquet*, e pela necessidade social de uma decisão imposta, confira-se SPENDLER, Fabiana Marion. *Il tempo del processo ed il tempo della mediazione.* Trabalho apresentado em Seminário junto à Universidade de Roma Tre, em Roma, na Itália, intitulado "Grammatica della Mediazione", ocorrido em jan. 2012.

qual muitas vezes é deixado de lado pelos movimentos reformistas, preocupados exclusivamente com o aspecto quantitativo, na tentativa de julgar o maior número de processos possível em um reduzido lapso temporal.

Nesse diapasão, vêm à tona os meios alternativos de solução de conflitos como forma de preservação da garantia constitucional da tutela efetiva de direitos. Observa-se, principalmente a partir da segunda metade do século XX, a ampliação dos debates acerca dos meios alternativos como forma de resolução de controvérsias, o que pode ser justificado por uma série de fatores de origens distintas. Inicialmente, destaca-se a já mencionada "crise da Justiça", observada de forma mais intensa nas últimas décadas, com a excessiva morosidade da justiça estatal e o seu alto custo, que, agravada pela multiplicidade das demandas, contribuiu ao crescimento dos meios alternativos.

Contudo, se, por um lado, o crescimento do demandismo, com o aumento em progressão geométrica das demandas judiciais, associado à crise do Judiciário, contribuiu para o estímulo aos métodos alternativos, por outro o seu desenvolvimento não pode ser atribuído exclusivamente a esses fatores. Os que advogam em prol da adoção de meios alternativos sublinham motivos outros para destacarem tais métodos como preferíveis à jurisdição estatal em alguns casos.

Conforme aponta Mauro Cappelletti,[5] os meios alternativos de solução de conflitos se inserem como resposta ao terceiro obstáculo ao acesso à Justiça, qual seja, o obstáculo processual. Destaca o autor italiano que, em certas áreas ou espécies de litígios, a solução normal, o tradicional processo litigioso em juízo, pode não ser o melhor caminho para a vindicação efetiva de direitos. De fato, a conciliação, a mediação e a arbitragem não são ideias novas, no entanto as sociedades modernas descobriram novas razões para optar pelos métodos alternativos.

Com ênfase na experiência norte-americana, merece remissão o colóquio realizado em 1976 em homenagem ao professor Roscoe Pound, liderado pelo Chief Justice Warren Budger,[6] no qual se discutiram os problemas do Judiciário, com destaque para a sua ineficiência e as medidas necessárias para a reversão do quadro de crise verificado. Tal qual noticia Oskar Chase, o evento foi dominado pela doutrina da chamada "hiperlexis critic", cujos defensores apontavam o excesso de confiança na lei e nas instituições legais para a resolução dos diversos conflitos da sociedade.[7]

---

[5] CAPPELLETTI, Mauro. Os métodos alternativos de solução de conflitos no quadro do movimento universal de acesso à justiça cit., p. 88.

[6] "The National Conference on the Causes of Popular dissatisfaction with administration of justice", posteriormente conhecida como "The Pound Conference".

[7] CHASE, Oscar. *Law, Culture and Ritual*: Disputing Systems in Cross-Cultural Context. New York: New York University Press, 2005.

Cap. 17 – MEIOS ALTERNATIVOS DE SOLUÇÃO DE CONFLITOS

No discurso do Chief Justice, encorajou-se a adoção de novos meios que ainda não tinham sido utilizados. Sugeria-se que as demandas de pequeno valor fossem administradas por Tribunais de pessoas comuns, capazes de proferir decisões vinculativas às partes. A arbitragem ganhou destaque como o mais promissor dos novos meios recomendados pelo Chief Justice.

Outro movimento sociocultural apontado como incentivador da adoção dos meios alternativos foi o chamado contraculturalismo, observado nos anos sessenta, no qual se desafiava as autoridades, pregando valores de individualismo, populismo, *laissez-faire* e igualitarismo. Esse ambiente cultural revelou-se facilitador dos "meios comunitários" de solução de conflitos, com estímulo à mediação e à conciliação. O antiautoritarismo, anti-intelectualismo e a realização comunitária verificadas no movimento gerou a repulsa às decisões impostas, agregada à ideia de que as instituições legais formais, incluídos os Tribunais Estatais, seriam mecanismos para a manutenção do poder das elites.

Oskar Chase[8] enfatiza como a cultura e o ritual influenciam a sociedade e fazem com que os seus membros adquiram tendência a repetir de forma constante os atos praticados naquele meio social. Segundo o autor, o ser humano diferencia-se por ser um ser cultural, capaz de assimilar e comunicar os valores absorvidos. Contudo, a memória e a criatividade humanas são limitadas, fazendo com que estes se utilizem dos instrumentos preexistentes para solucionar os problemas, mesmo quando estão diante de um problema novo. Assim, as tradições culturais tendem à inércia, desestimulando novas ações. É dessa forma que as instituições públicas se consagram como solucionadoras por excelência dos conflitos sociais. Os atores sociais estão acostumados com o ritual de resolução de conflitos por um Tribunal, que lhes dá o tom de autoridade; as decisões advindas dessas instituições impõem respeito.

Muitos são os meios alternativos difundidos dentre os países que adotam essa prática, merecendo destaque, principalmente no contexto nacional, a conciliação, arbitragem e mediação.

Os meios alternativos se dividem em autocompositivos, no qual as partes chegam a uma composição "por conta própria", com ou sem a ajuda de um terceiro, e os meios heterocompositivos, ou adjudicativos, por meio dos quais a solução do conflito é ditada às partes por um terceiro desinteressado e imparcial, como ocorre na arbitragem.

Alguns autores manifestam certa resistência com relação à adoção dos meios alternativos, desferindo críticas à sua utilização, principalmente sob o ponto de vista da preservação das garantias fundamentais do devido processo legal e do papel do Poder Judiciário em efetivamente fazer justiça, e não somente dissolver o conflito entre as partes.

---

8 Idem, ibidem.

Dentre os críticos dos meios alternativos destaca-se o posicionamento do autor norte-americano Owen Fiss. Em seu texto *Against Settlement*,[9] o professor da faculdade de Yale aponta uma série de razões pelas quais a autocomposição pela via conciliatória não deve ser estimulada.

Inicialmente, destaca que o acordo é um consenso ao qual se chega de certa forma sob coerção, sendo certo que a ausência de julgamento, ou seja, a imposição de pronunciamento judicial, faz com que as partes posteriormente acabem procurando o Judiciário para rediscutir o mesmo litígio ou desdobramentos deste. Ademais, a solução consensual muitas vezes não será uma solução justa.

Por outro lado, o acordo presume a igualdade entre as partes, o que nem sempre é uma realidade. A desigualdade entre as partes muitas vezes faz com que a parte mais forte imponha a sua vontade sobre a menos favorecida. Segundo o autor, a desigualdade de recursos entre as partes pode influenciar o acordo de três formas: primeiro, a parte menos favorecida possivelmente terá menor capacidade de analisar e absorver as informações necessárias para prever o desfecho do processo judicial, o que prejudicará a sua atuação na negociação; em segundo lugar, a parte poderá recorrer ao acordo somente por estar em estado de necessidade imediato, assim, a impossibilidade de aguardar o desfecho de uma demanda judicial faz com que esta aceite qualquer acordo, ainda que consciente da possibilidade de obter benefício superior caso aguardasse o fim do trâmite processual; por fim, a parte pode não ter recursos para financiar o processo judicial, optando pela via consensual.

De fato, temos que admitir que a preservação das garantias constitucionais, dentre elas a isonomia, é um grande desafio. Esse é o principal ponto de estresse do debate e que precisa ser intensificado dia a dia. Não obstante, alguns dos pontos apontados pelo professor de Yale demonstram uma visão apenas parcial do problema. De fato, conforme já afirmado, a autocomposição deve ser um meio, sobretudo, voluntário de solução dos conflitos. As partes devem estar dispostas a conciliar, e não simplesmente optar pela conciliação como forma de escapar de um Judiciário ineficiente.

Portanto, com relação à necessidade imediata do bem da vida, criam-se instrumentos processuais como a tutela de urgência e de evidência a fim de garantir que a parte que demonstra necessidade ou evidente direito aguarde o trâmite do processo já na posse do bem. Não é necessário que recorra à via conciliatória, aceitando qualquer acordo para tanto.

Da mesma forma, a Constituição Federal, no art. 5.º, LXXIV, determina expressamente que o "Estado prestará assistência jurídica integral e gratuita aos que comprovarem insuficiência de recursos". Mais uma vez, a parte não precisa recorrer ao acordo por não possuir meios de suportar o processo judicial. E veja que a Constituição não garante somente gratuidade com relação às custas

---

[9] FISS, Owen. Against Settlement. *The Yale Law Journal*, v. 96, n. 6, may 1984, p. 1073-1090.

processuais, mas assistência judiciária gratuita. Ou seja, assessoramento jurídico necessário, ainda que para a negociação de acordos. Esses instrumentos constituem ampliação da garantia do poder de barganha na negociação, favorecendo a isonomia entre as partes.

Destaca, ainda, o autor que em muitas demandas encontram-se presentes aspectos sociológicos, como as disputas envolvendo minorias raciais ou outros interesses públicos que impõem que o processo de adjudicação represente uma "reforma estrutural". Por certo, os meios conciliatórios, assim como a jurisdição, possuem limites, e não podem ser utilizados para a solução de todos os conflitos. Demandas que envolvam interesses públicos merecem ser apreciadas pelo Poder Judiciário, principalmente diante do papel ativo assumido por este na sociedade contemporânea.

Elisabetta Silvestri[10] também apresenta críticas dos meios alternativos, destacando o modismo das figuras denominadas "ADRs" – *Alternative Dispute Resolutions* – como importação do modelo americano, que se alastra não só na Itália, mas também em outros países europeus, cujo uso mimético e acrítico desconsidera as características específicas de cada meio social. A autora retrata o movimento em favor dos meios alternativos com origem nos Estados Unidos, destacando a conferência realizada no ano de 1976, posteriormente conhecida como "Pounds Conference", e o caráter de salvador do sistema judiciário atribuído aos meios alternativos.

Destaca que a busca de um meio qualquer para a redução de trabalho dos Tribunais desconsidera uma série de elementos essenciais como a preservação das garantias processuais. A autora igualmente demonstra preocupação com a preservação da igualdade entre as partes e a possibilidade de uma das partes não possuir recursos para custear um processo judicial faça com que esta aceite um acordo que lhe seja desfavorável.

Demonstra, ainda, receio com relação à preservação da imparcialidade e independência dos órgãos responsáveis pelo desenvolvimento dos meios alternativos e dos sujeitos que desempenham as funções de mediador e conciliador, além da ausência de transparência dos procedimentos, decorrente da confidencialidade a eles inerente. Destaca a autora que a publicidade constitui uma das garantias do processo, reiteradamente exaltada entre os que reconhecem dentre os direitos fundamentais o de ter o denominado pela doutrina americana de "day in court". Outra limitação dos meios alternativos é a incapacidade desses instrumentos de produzir decisões que, em virtude de sua autoridade de precedente, possam contribuir para a evolução do direito.

Com efeito, o que se observa de forma marcante no contexto das críticas desferidas por Elisabetta Silvestri é uma grande preocupação com a importação

---

[10] SILVESTRI, Elisabetta. Observaciones en materia de instrumentos alternativos para la resolución de las controvérsias. *Rivista Trimestrale di Diritto e Procedura Civile*, 1/1999, p. 47-55.

acrítica de modelos americanos como decorrência de um chamado "modismo" e com a utilização desses instrumentos como fuga do Judiciário, abandonando o processo judicial à sua própria sorte, sem que haja uma preocupação com a sua otimização. Verifica que os estímulos aos meios alternativos, principalmente o movimento iniciado nos anos sessenta nos Estados Unidos e amplamente disseminado tanto na Europa como nos países da América Latina, tiveram escopo tanto mais político do que teórico.

De fato, acompanhamos alguns dos pensamentos da autora, no sentido de que os meios alternativos devem caminhar ao lado do processo judicial, de forma a servir-lhe de suporte e instrumento de evolução qualitativa da prestação jurisdicional. Não se pode abandonar o processo, que ainda precisa ser modificado e melhorado de forma a tornar-se mais efetivo, e partirmos para outros meios. Assim como o processo judicial, os meios alternativos também encontram limites e não devem ser aplicados de forma indiscriminada a todos os casos. Da mesma forma, entendemos que a importação de modelos estrangeiros não deve ser realizada de forma acrítica. Cada país mergulha em suas idiossincrasias e cultura próprias, sendo certo que a aplicação de modelos, assim como institutos processuais, deve ser adaptada de forma a melhor atender à sociedade.

No que tange à preservação das garantias constitucionais, mais uma vez, não se está a afirmar que os problemas estão resolvidos e que não temos mais que caminhar nesse sentido também nos meios autocompositivos de resolução de controvérsias. Não obstante, as alternativas não podem ser simplesmente refutadas como forma auxiliar dos meios adjudicatórios.

Apesar das críticas, podemos destacar inúmeros motivos para a utilização dos meios alternativos de solução de conflitos, inclusive como um caminho para a efetivação dos direitos constitucionalmente consagrados. Inicialmente, as formas alternativas vêm se mostrando mais céleres do que o procedimento judicial, o que garante a tutela efetiva nos casos em que não há tempo para um longo processo diante do Judiciário.

Por outro lado, ainda, no que concerne à celeridade, não há como negar a relevância da utilização de métodos alternativos, uma vez que, quanto mais controvérsias forem resolvidas fora do Judiciário, menos sobrecarregado este ficará, permitindo sua maior eficiência no julgamento dos demais litígios.

Não obstante, é bom que se ressalte, os meios alternativos não podem servir como uma válvula de escape para um Judiciário ineficiente. Adiante trataremos dos aspectos qualitativos dos meios alternativos, demonstrando que certas demandas são mais bem resolvidas fora do Judiciário, mas, desde logo, cabe a observação de que na maioria das vezes, quando os jurisdicionados são "expulsos" do Judiciário pela sua ineficiência, buscando exclusivamente por este fator meios alternativos, o resultado costuma não ser produtivo, nem para o jurisdicionado, nem mesmo para a própria evolução dos métodos alternativos.

Cap. 17 - MEIOS ALTERNATIVOS DE SOLUÇÃO DE CONFLITOS

De fato, mostra-se procedente a crítica de Michele Taruffo, no sentido de que o êxito dos meios alternativos em alguns países é diretamente proporcional à ineficiência da jurisdição estatal, constituindo reflexo de um fenômeno dramaticamente negativo, representado pela disfuncionalidade do serviço prestado pelo Estado.[11]

É preciso garantir um Judiciário eficiente, que atenda de forma adequada às demandas que lhe são postas. Os meios alternativos devem caminhar paralelamente, naquelas situações em que a sua aplicação se mostra efetivamente adequada.

2.1. Arbitragem

A arbitragem no Brasil já se encontra bastante desenvolvida, o que se deve principalmente à Lei 9.307/1996, que veio disciplinar o procedimento arbitral, trazendo mudanças significativas e essenciais à autonomia do processo arbitral.

Inicialmente, merece destaque a inclusão do inciso VII no art. 267 e o inciso IX no art. 301 do CPC, estabelecendo que a existência de convenção de arbitragem poderá ser arguida pelo réu, o que implicará a extinção do processo sem resolução de mérito.

Observa-se que o Código de Processo Civil, ao dispor que a existência de convenção de arbitragem configura causa de extinção, abarca tanto a cláusula compromissória quanto o compromisso arbitral. Assim, a existência de cláusula compromissória em determinado contrato, por si só, já possui o condão de vincular as partes ao procedimento arbitral.

Da mesma forma, a Lei 9.307/1996 regulamentou a forma de execução específica das cláusulas compromissórias em branco. As cláusulas compromissórias ditas em branco são aquelas que não dispõem sobre a forma de instituição da arbitragem. Evidentemente, o ideal é que as partes disponham na cláusula compromissória sobre todos os elementos necessários para a instituição do procedimento arbitral, porém quando não o fazem, havendo recusa de alguma das partes em instituir a arbitragem, a lei possibilita o ajuizamento de ação para a instituição da arbitragem.[12]

Por meio dessa ação, prevista nos arts. 6.º e 7.º da lei de arbitragem, a parte interessada poderá requerer a citação da outra parte para comparecer em juízo a fim de lavrar o compromisso. Caso não haja acordo em audiência, caberá ao juiz nomear o árbitro a fim de possibilitar a instituição da arbitragem.

---

[11] TARUFFO, Michele. *Páginas sobre justicia civil*. trad. p/ o espanhol de Maximiliano Aramburo Calle. Madrid: Marcial Pons, 2009. p. 116.

[12] CARMONA, Carlos Alberto. A arbitragem no terceiro ano de vigência da Lei 9.307/1996. *Aspectos atuais da arbitragem*. Rio de Janeiro: Forense, 2001. p. 53.

É importante destacar que essa sentença, pela qual o juiz dispõe sobre a instituição da arbitragem, é executável de imediato, uma vez que a lei de arbitragem inseriu o inciso VI no art. 520 do CPC, incluindo essa sentença dentre aquelas contra a qual a apelação não tem efeito suspensivo.

Outro dispositivo que merece destaque é o art. 8.º da lei, que garante a autonomia da cláusula arbitral. Segundo o artigo em referência, a cláusula compromissória é autônoma, ou seja, os vícios do contrato não atingem a cláusula compromissória. E mais, o parágrafo único do art. 8.º, combinado com o supramencionado art. 267, VII, do CPC, consagrou o princípio da competência -competência (*kompetenz-kompetenz*), dispondo que a própria controvérsia acerca da validade da cláusula compromissória deverá ser dirimida no juízo arbitral. Esse princípio é de tamanha relevância principalmente pelo seu aspecto negativo. O árbitro não é só competente para decidir sobre a própria competência, mas ele deve ser o primeiro a conhecer dessa questão.

Além dessas modificações na legislação, o posicionamento firmado pelas Cortes Superiores foi igualmente de suma importância para possibilitar a evolução da arbitragem no Brasil.

O primeiro julgado, de importância ímpar ao desenvolvimento da arbitragem, foi o julgamento da Sentença Estrangeira Contestada 5.206 da Espanha, por meio do qual o Supremo Tribunal Federal declarou a constitucionalidade da lei de arbitragem. No caso contestou-se a constitucionalidade dos arts. 6.º, 7.º, 41 e 42, ou seja, justamente aqueles que conferiam ampla eficácia à convenção de arbitragem, sob alegação de afronta ao princípio da inafastabilidade do Judiciário, consagrado no art. 5.º, XXXV, da Constituição da República.

A tese da inconstitucionalidade foi encampada à época pelo Ministro Sepúlveda Pertence, que entendia que a cláusula compromissória em branco representava uma renúncia genérica à jurisdição estatal, uma vez que preexistente ao próprio litígio, o que não seria admissível à luz do aludido princípio da inafastabilidade do Judiciário. Felizmente, esse entendimento não foi acolhido pelo Supremo Tribunal Federal, o qual reconheceu a constitucionalidade da lei. No voto condutor, da lavra do ministro Nelson Jobim, destacou-se que a jurisdição é um direito e não um dever do cidadão, sendo certo que nas hipóteses em que ele pode renunciar ao próprio direito material não há por que impedir que ele convencione outra forma de resolver as controvérsias acerca desses direitos fora da justiça estatal.

Outro avanço sedimentado na jurisprudência deu-se com o julgamento da Sentença Estrangeira Contestada 349, do Japão, julgada já após a Emenda 45, que transferiu para o Superior Tribunal de Justiça a competência para a homologação de sentenças estrangeiras, por meio do qual se adotou o entendimento de que a cláusula compromissória vincula as partes, afastando a jurisdição estatal, mesmo se firmada anteriormente à Lei 9.307/1996. Entendeu-se que as leis processuais possuem incidência imediata aos casos endentes de julgamento,

Cap. 17 – MEIOS ALTERNATIVOS DE SOLUÇÃO DE CONFLITOS

e que, portanto, não haveria óbice em aplicar a esses contratos as disposições processuais trazidas pela lei de arbitragem.

2.2. Mediação

Alguns avanços vêm sendo observados também na área da mediação, com a adoção de medidas legislativas, como o projeto de lei que institucionaliza e disciplina a mediação paraprocessual, como método de prevenção e solução consensual de conflitos na esfera civil.

Conforme relata Humberto Dalla,[13] a regulamentação legislativa da mediação começou a ganhar forma com o PL 4.827/1999, decorrente de proposta da Deputada Federal Zulaiê Cobra. O texto levado à Câmara estabelecia a definição de mediação e, de forma concisa, trazia algumas disposições a respeito do procedimento.[14] Em 2002, o Projeto foi aprovado pela Comissão de Constituição e Justiça e remetido ao Senado, recebendo a denominação de PLC 94, de 2002.

Ocorre que o Instituto Brasileiro de Direito Processual (IBDP), em 1999, já havia constituído comissão para a elaboração de um Anteprojeto de Lei sobre mediação. Após a apresentação do texto ao Governo Federal, e diante da existência do projeto de lei da Deputada Zulaiê Cobra, foi realizada audiência pública pelo Ministério da Justiça, com a participação da Deputada, culminando em um texto de consenso. O substitutivo, inspirado no texto elaborado pelo IBDP, mas alterado em seus aspectos principais, foi apresentado pelo Senador Pedro Simon.

No entanto, na esteira das reformas processuais decorrentes do Pacote Republicano, que deu origem à aludida Emenda Constitucional 45, o Governo Federal apresentou diversos Projetos de Lei alterando o Código de Processo Civil, o que levou a um novo relatório do Projeto de Lei 94. Nesse contexto, foi encaminhado pelo Governo um Projeto de Lei autônomo sobre mediação, cujo texto foi elaborado pelo IBDP. Em 14 de março de 2006, o relatório reformulado foi recebido e aprovado, na forma de seu substitutivo, pela Comissão de Constituição e Justiça. Foi aprovado o substitutivo, restando prejudicado o projeto inicial e enviado à Câmara no dia 11 de julho do mesmo ano. No entanto, a tramitação do projeto encontra-se paralisada desde 2007.

---

[13] PINHO, Humberto Dalla Bernardina de. A mediação no direito brasileiro: evolução, atualidades e possibilidades no projeto do novo Código de Processo Civil. In: JAYME, Fernando Gonzaga; FARIA, Juliana Cordeiro de; LAUAR, Maíra Terra (Org.). *Processo civil*: novas tendências em homenagem ao Ministro Sálvio de Figueiredo Teixeira. Belo Horizonte: Del Rey, 2011. p. 295-313.

[14] Sobre a tramitação do Projeto, confira-se a obra específica de PINHO, Humberto Dalla Bernardina de. *Teoria geral da mediação à luz do projeto de lei e do direito comparado*. Rio de Janeiro: Lumen Juris, 2008.

Merece equivalente destaque a Resolução 125 do Conselho Nacional de Justiça,[15] que reconhece a necessidade de o Poder Judiciário estabelecer política pública de tratamento adequado dos problemas jurídicos e dos conflitos de interesses, que ocorrem em larga e crescente escala na sociedade, na qual devem ser organizados não somente os serviços prestados no âmbito dos processos judiciais, mas também mediante outros mecanismos de solução de conflitos, com especial relevo para os mecanismos consensuais.

Nessa linha, a Resolução do CNJ destaca a necessidade de buscar a consolidação de uma política pública permanente de incentivo e aperfeiçoamento dos mecanismos consensuais de solução de litígios, relacionando uma série de ações de competência do CNJ visando ao incentivo aos meios autocompositivos, como, *e.g.*, a consideração das atividades conciliatórias nas promoções e remoções de magistrados; a regulamentação das atividades dos mediadores e conciliadores em Código de Ética; a busca de cooperação dos órgãos públicos competentes e de instituições públicas e privadas da área de ensino, com estímulo à inserção da cultura de pacificação nas Universidades.

Além de medidas de competência do CNJ, a Resolução determina a criação de Núcleos Permanentes de Métodos Consensuais de Solução de Conflitos, pelos Tribunais, estabelecendo prazo de 30 (trinta) dias para a sua criação. Dentre as atribuições desses núcleos, destacam-se a instalação de Centros Judiciários de Solução de Conflitos e Cidadania, competentes para a realização das sessões de conciliação e mediação, a promoção da capacitação, treinamento e atualização permanente de magistrados, servidores, conciliadores e mediadores nos métodos consensuais de resolução de conflitos, além da manutenção do cadastro dos mediadores e conciliadores, de forma a regulamentar o processo de inscrição e desligamento.

Pela extensão do presente trabalho, não há meios de levantarmos precisamente quantos e quais Estados deram efetividade às diretrizes da Resolução 125 do CNJ, cabendo noticiar que, no Estado do Rio de Janeiro, foi criada, em 05 de abril de 2011, Comissão de Articulação de Projetos Especiais para Promoção à Justiça e à Cidadania do Poder Judiciário do Estado do Rio de Janeiro – COAPE.[16] Trata-se de um órgão não jurisdicional que, dentre outros objetivos, visa a organizar e aperfeiçoar o funcionamento das ferramentas alternativas de solução de conflitos, ajudando nas diretrizes da formação de outros agentes capazes de operar e fomentar as mais variadas técnicas e mecanismos de mediação, tornando essas ações mais comunitárias, sociais, participativas, inclusivas e pacificadoras.

---

[15] Disponível em: <http://www.cnj.jus.br/images/stories/docs_cnj/resolucao/arquivo_integral_republicacao_resolucao_n_125.pdf>. Sítio da internet no qual se disponibiliza a íntegra da Resolução 125 do CNJ. Acesso em 25 abr. 2012.

[16] Disponível em: <http://portaltj.tjrj.jus.br/web/guest/pagina-inicial/mediacao/estrutura-administrativa>. Acesso em: 25 abr. 2012.

Cap. 17 – MEIOS ALTERNATIVOS DE SOLUÇÃO DE CONFLITOS

Além da COAPE, foram criados Centros de Mediação em dezoito comarcas do Estado do Rio de Janeiro, para o atendimento dos processos encaminhados pelos juízes de direito em exercício na respectiva área atendida pelo fórum regional ou comarca. A falta de dados estatísticos não nos permite saber quão eficiente é o sistema implantado, mas tanto a Resolução do CNJ como as iniciativas do Tribunal de Justiça do Rio de Janeiro já demonstram um avanço na regulamentação e evolução dos meios consensuais de resolução de controvérsias.

Ao final do presente trabalho, buscaremos analisar como a Resolução 125 do CNJ e o Projeto de Novo Código de Processo Civil poderão servir como meio de estímulo e efetivação do tratamento adequado dos conflitos, concretizando direito fundamental à tutela jurisdicional efetiva e adequada. Antes, cumpre analisar alguns aspectos acerca dos meios alternativos aplicados a determinados litígios e a sua relação com o Poder Judiciário.

3. A NATUREZA DOS CONFLITOS COMO FATOR DETERMINANTE NA ESCOLHA DOS MEIOS A SEREM UTILIZADOS PARA A SUA SOLUÇÃO. ASPECTO QUALITATIVO

É possível observar nas sociedades contemporâneas que, além da tão falada explosão de litigiosidade, com a evolução tecnológica e social, novos tipos de conflitos surgiram, inclusive mais complexos. Assim, as estratégias estatais utilizadas para o tratamento dos litígios não correspondem à complexidade conflitiva atual.[17] Surge, então, a necessidade de buscar outros meios para a resolução dos conflitos.

Novamente, não se está aqui a negar que a jurisdição estatal ainda seja o recurso primário utilizado na resolução dos conflitos sociais, todavia há certos conflitos que são resolvidos de forma mais eficiente mediante outros meios.

Deve-se reconhecer que a jurisdição estatal encontra certos limites. É o caso, e.g., de demandas que, pela complexidade da matéria, na hipótese de litígios de caráter eminentemente patrimonial e disponível, exigem do julgador conhecimentos técnicos específicos. Assim, recorre-se ao árbitro privado, que, principalmente por ser escolhido pelas partes, normalmente é especializado na matéria posta.[18]

A arbitragem também é muito utilizada, especialmente no meio empresarial, por ser um recurso mais célere que a jurisdição estatal. A previsibilidade com relação ao tempo de encerramento do procedimento[19] faz com que a arbitragem

---

[17] SPENGLER, Fabiana Marion. *Estado-Jurisdição em crise e a instituição do consenso*: por uma outra cultura no tratamento de conflitos. Tese de Doutorado em Direito pela Universidade do Vale do Rio dos Sinos – UNISINOS. São Leopoldo, nov. 2007. p. 375.

[18] BAPTISTA, Luiz Olavo. *Arbitragem comercial e internacional*. São Paulo: Lex, 2011. p. 157.

[19] A Lei 9.307/1996 dispõe que as partes poderão estipular no compromisso arbitral o prazo para a prolação da sentença. O desrespeito ao prazo por parte do árbitro constitui causa de anulação da sentença arbitral.

seja extremamente atrativa em demandas cuja demora na solução representa a impossibilidade total de efetivação do direito ou a perda financeira considerável.

Conforme destaca Fabiana Marion Spengler:

> O tempo da economia globalizada é o real, isto é, o tempo da simultaneidade. Ainda, para o Judiciário faltam meios materiais de dispor de condições técnicas que tornem possível a compreensão, em termos de racionalidade subjetiva, dos litígios inerentes a contextos socioeconômicos cada vez mais complexos e transnacionalizados. (...) É possível observar que as várias instâncias determinadoras da perda de centralidade e de atribuição do Estado, no momento de produzir ou de aplicar o Direito, traduzidas pela globalização e pela abertura de fronteiras, pela desregulação e pela lex mercatória, permitem espaço para o surgimento de instâncias alternativas de tratamento de conflitos, o que se dá em âmbito nacional e internacional. Nesse contexto, demonstrada a incapacidade do Estado de monopolizar esse processo, tendem a se desenvolver outros procedimentos jurisdicionais, como a arbitragem, a mediação, a conciliação e a negociação, almejando alcançar celeridade, informalização e pragmaticidade.[20]

A arbitragem possui a vantagem de ser um procedimento confidencial,[21] ao contrário do processo judicial, que, ressalvados os casos de segredo de justiça, é público. A confidencialidade é de suma importância principalmente para a preservação de estratégias comerciais e outras informações sigilosas de pessoas jurídicas.

Destaca-se, ainda, na arbitragem a vantagem decorrente da possibilidade de as partes escolherem o árbitro que julgará a sua demanda, podendo ser um painel de árbitros, desde que em número ímpar.[22] A vantagem na escolha do julgador, além do já mencionado preenchimento da especialidade que demandam alguns casos, é a maior confiança no julgamento proferido por um árbitro que as partes puderam escolher. Com efeito, a lei de arbitragem impõe a imparcialidade dos árbitros, o que em hipótese alguma pode ser prejudicada pela sua indicação pelas partes.[23]

Por outro lado, em algumas hipóteses os limites podem não estar presentes só com relação à jurisdição estatal, mas no processo de adjudicação de uma forma geral. Conforme destacado por Humberto Dalla,[24] a jurisdição encontra

---

[20] SPENGLER, Fabiana Marion. *Estado-Jurisdição em crise e a instituição do consenso* cit., p 145.

[21] BAPTISTA, Luiz Olavo. *Arbitragem comercial e internacional* cit., p. 219.

[22] A prática usual das instituições arbitrais mais conhecidas é a constituição de um painel com três árbitros, um indicado pelo autor, outro pelo réu e o terceiro pela própria instituição arbitral.

[23] WEBER, Ana Carolina. Imparcialidade dos árbitros: um exame à luz de precedentes judiciais. *Revista Eletrônica de Direito Processual*, Rio de Janeiro, n. 2, jan.-dez. 2008, p. 55-76.

[24] PINHO, Humberto Dalla Bernardina de. A mediação e a solução dos conflitos no estado democrático de direito. O 'juiz hermes' e a nova dimensão da função jurisdicional. *Revista Eletrônica de Direito Processual*, v. 2, ano 2, Rio de Janeiro, jan.-dez. 2008, p. 33.

Cap. 17 – MEIOS ALTERNATIVOS DE SOLUÇÃO DE CONFLITOS

diversos limites em sua atuação social, notadamente sob o ponto de vista de uma solução efetiva e legítima de muitos conflitos a ela submetidos.

Lon Fuller, em sua emblemática obra *The forms and limits of adjudications*,[25] define os limites da adjudicação a partir do conceito de "relações policêntricas", ou seja, aquelas relações complexas, que abarcam diversos centros e nas quais uma decisão imposta a fim de resolver um litígio afetaria esses "centros" de maneira diferente. Para a melhor visualização do que seriam relações policêntricas, o autor faz uma comparação com a teia de uma aranha. Um movimento em qualquer fio da teia espalhará a sua tensão pelos demais fios, afetando a teia como um todo. Em relações como essas, dificilmente se alcançaria a pacificação social plena mediante uma decisão imposta às partes. A melhor solução para casos como esses seriam as composições mediante negociação ou conciliação.

Por outra perspectiva, nas causas em que o conflito possui viés preponderantemente emocional, como aquelas em que há entre as partes uma relação continuada, ou aquelas que se inserem no contexto das instituições totais, conforme menciona Mauro Cappelletti,[26] ou seja, instituições como escritórios, hospitais, bairros urbanos, onde as pessoas são forçadas ao contato diário, havendo dificuldade na fuga do convívio interpessoal, os métodos heterocompositivos, nos quais uma solução é imposta às partes, não são os mais eficientes para a solução da demanda.

Nesses casos, a mediação se destaca como o caminho mais efetivo. Costuma-se definir a mediação como a composição com o auxílio de um terceiro, desinteressado e imparcial, que atua como facilitador, fazendo com que as partes, de forma autônoma, consigam enxergar a verdadeira causa do litígio e possam solucioná-lo por meio do acordo. A principal diferença apontada entre a conciliação e a mediação reside na postura mais ativa do conciliador, o qual está autorizado a propor acordos às partes, ao passo que o mediador funciona como mero instrumento de facilitação, fazendo com que as partes consigam se desprender de suas posições e visualizar o problema de uma forma global, possibilitando o acordo. Outra diferença está no caráter preponderantemente patrimonial da conciliação, ao passo que na primeira normalmente há um aspecto sociológico envolvido. Na mediação busca-se de fato um tratamento do conflito, e não a sua simples solução.

Não há como negar, portanto, que a mediação é um procedimento mais complexo que a conciliação, e não necessariamente mais célere que a demanda judicial. Apesar de, na prática, ser na maioria das vezes mais célere que o pro-

---

[25] FULLER, Lon. The forms and limits of adjudication. *Havard Law Review*, v. 92, n. 2, dec. 1978, p. 393-404.

[26] CAPPELLETTI, Mauro. Os métodos alternativos de solução de conflitos no quadro do movimento universal de acesso à justiça cit., p. 91.

cesso judicial, não é este o objetivo precípuo da mediação, que deve funcionar como instrumento de efetiva pacificação social.

A mediação é vantajosa por propiciar às partes ganhos mútuos. Afasta-se do esquema tradicional vencedor *versus* perdedor da adjudicação, retirando das partes o sentimento de vitória e derrota.

O problema que se enfrenta atualmente com relação à mediação, e até mesmo à conciliação, diz respeito à melhor forma de sua inserção na cultura e no sistema jurídico pátrio. Conforme já destacado, apesar dos avanços verificados, com a colaboração das iniciativas do CNJ, dos Tribunais, e mesmo de instituições como a Ordem dos Advogados do Brasil, ainda não conseguimos aprovar uma lei que regulamente o processo de mediação. No que tange à conciliação, ainda que o seu estímulo esteja previsto no Código de Processo Civil em vigência e em outras leis, como a dos Juizados Especiais, verifica-se que as sessões de conciliação não passam de meros ritos burocratizados, normalmente fadados ao insucesso.[27]

De fato, o ideal é que os procedimentos autocompositivos sejam prévios ao processo judicial, e não incidentes a este, já que o objetivo é justamente evitar a movimentação da máquina judiciária. Humberto Dalla chega a propor a ampliação do conceito processual de interesse de agir, com a imposição à parte na propositura da demanda judicial que demonstre a busca prévia de alguma forma de solução consensual. Essa busca prévia não necessariamente será uma sessão de mediação ou conciliação, mas ao menos uma mínima comprovação de que se tentou a via conciliada, como o contato com o *call center* da empresa, ou uma carta demonstrando a tentativa de composição.[28] Medidas como essa são passíveis de evitar a procura desnecessária do Poder Judiciário, com a ampliação de métodos mais democráticos de solução de conflitos.

A mudança que se impõe é antes de tudo uma mudança cultural. Não por outra razão, a Resolução 125 do CNJ, reconhecendo o aspecto cultural e sociológico do problema, destaca como medida de estímulo aos métodos consensuais a busca da cooperação das instituições públicas e privadas da área de ensino

---

[27] O que se observa na prática forense, principalmente quando uma das partes é uma grande empresa (o que na doutrina norte-americana se costuma chamar de *repeat player*), é a apresentação de um acordo previamente elaborado pelo preposto da pessoa jurídica. Quando a parte contrária não aceita o acordo oferecido, o processo segue até a sentença. Não há uma efetiva negociação ou a intervenção de um conciliador na busca de um acordo que atenda de alguma forma a ambas as partes. O processo de conciliação continua sendo burocratizado e o acordo muitas vezes é aceito pela parte não como reflexo da efetiva pacificação social, mas pelo simples fato de que para a parte é preferível aceitar o acordo, ainda que não concorde com a solução oferecida, do que aguardar o pronunciamento judicial.

[28] DALLA, Humberto Dalla Bernardina de. *Mediação na atualidade e no futuro do processo civil brasileiro*. Disponível em: <http://www.humbertodalla.pro.br/arquivos/a_mediacao_na_atualidade_e_no_futuro_do_proc_civ_brasileiro.pdf>. Acesso em: 28 maio 2012.

Cap. 17 – MEIOS ALTERNATIVOS DE SOLUÇÃO DE CONFLITOS

para a criação de disciplinas que propiciem o surgimento da cultura da solução pacífica dos conflitos, de modo a assegurar que, nas Escolas da Magistratura, haja módulo voltado aos métodos consensuais de solução dos conflitos, no curso de iniciação funcional e no curso de aperfeiçoamento.[29]

Ainda estamos diante de uma sociedade que sustenta uma posição paternalista assumida pelo Judiciário, que figura como única fonte confiável de solução para todas as suas contendas. O juiz, no contexto social, constitui o único personagem apto a ditar a última palavra sobre quem detém o direito.

Conforme destaca Rodolfo de Camargo Mancuso:

> Essas e tantas outras constatações induzem a refletir que, nos dias de hoje, a função judicial precisa ser urgentemente repensada e reciclada, colocando-se em pauta uma reavaliação dessa função estatal, que então deixaria de operar como uma oferta primária (como induz uma leitura literal e apressada do art. 5.º, XXXV, dita garantia do acesso à justiça), para ser vista como uma cláusula de reserva, a saber: uma oferta residual, para os casos que, ou não puderem ser resolvidos pelos demais meios auto e heterocompositivos, ou aí não podiam ser manejados, por conta de certas singularidades da matéria ou das pessoas concernentes. Esse contexto pressuporia uma releitura tradicional da divisão entre os poderes (dimensão estática do Estado, aderente à ideia de soberania, por isso mesmo pouco transparente e distante da maioria da população); essa tradicional concepção viria então substituída pela das Funções do Estado (dimensão dinâmica, e, por isso, controlável quanto à efetividade e economicidade), numa distribuição de tarefas assim sumariada: (i) as escolhas primárias e opções políticas envolvendo os bens e valores fundamentais para a população deve remanescer confiada ao Parlamento – a Policy determination – a cargo dos representantes da coletividade, que, detendo mandato popular, elaboram a norma legal – geral, abstrata e impessoal; (ii) a Administração Pública, em sentido largo, se encarrega de dar efetividade a essa norma – administrar é aplicar a lei, de ofício – fazendo-a valer, tanto para o poder público como ao interno da sociedade – policy execution – impondo as sanções para o caso de descumprimento (*v.g.*, multas e interdições fundadas no poder de polícia); desse modo, (iii) sobejaria para o Judiciário o policy control, isto é, a emissão de comandos acerca dos conflitos acaso refratários e resistentes, seja aqueles não resolvidos espontaneamente pela incidência natural da norma, seja os que não foram auto ou heterocompostos por outros meios.

Nesse diapasão, impõe-se a mudança de mentalidade, fazendo necessária a reeducação dos atores sociais, o que não prescinde da colaboração do próprio Judiciário. Nesse ponto, questão de suma relevância diz respeito à forma a ser assumida pela mediação e pela conciliação e o papel do juiz nesse procedimento. Parece ponto pacífico que, no estágio atual de desenvolvimento da sociedade, em um estado democrático de direito, não pode o juiz atuar simplesmente como

---

[29] Art. 6.º, inciso V, da Resolução 125/2008 do CNJ.

a "boca da lei". O juiz deve exercer papel mais ativo, participativo, buscando a prestação jurisdicional efetiva e de qualidade.

Conforme observado pelos professores Alexandre Bahia e Dierle Nunes,[30] citando o professor italiano Michele Taruffo, há duas formas de verificar a eficiência no sistema processual e judicial: a primeira sobre o prisma quantitativo, no sentido de ampliar a celeridade e reduzir os custos do processo, e a segunda sob o aspecto qualitativo, com a necessidade de técnicas processuais adequadas, corretas, justas, equânimes e democráticas para a aplicação do direito.

O que se verifica com as reformas legislativas atuais é que os princípios constitucionais vêm sendo concretizados por meio de um critério cronológico, e não conformador, buscando a adequação entre os princípios. A celeridade e eficiência, inseridas pela Emenda Constitucional 45/2004, encontram-se sobrepostas ao devido processo legal, formal e substancial. Com efeito, ainda que a morosidade excessiva seja um fator de ineficiência do Judiciário, o conceito de processo justo não se resume a processo rápido.

Conforme comparação utilizada por Henrique Guelber de Mendonça, estamos trazendo Henry Ford para o direito, com a produção de sentenças em massa, sem nos preocuparmos com o aspecto qualitativo das decisões. Em suas palavras:

> A produção de sentenças em massa sepulta a pessoalidade de que tanto elas carecem. A propósito, quem disse que um jurisdicionado sempre almeja a sentença em um processo? Não é este seu intento primordial. É sim, pelo menos no modelo clássico de jurisdição contenciosa, o fim de um litígio, a extirpação de uma dúvida, a modificação de um estado de direito, e há indeterminados casos em que o término deles nem sempre está em subjugar o interesse alheio ao próprio. Não é atropelando o tempo e ensurdecendo os juízes acerca das reais intenções em jogo que se soluciona um impasse, até porque o tempo pode ser o maior amigo para promoção da satisfação.[31]

Não obstante, não acreditamos que o melhor caminho para a efetividade da mediação e conciliação seja a sua inserção no Poder Judiciário, com a atuação de juízes como mediadores e conciliadores. E vários são os motivos para não acreditarmos que os juízes são os mais qualificados para assumir o papel de mediadores ou conciliadores. Primeiramente, é inevitável que o juiz que atue na tentativa de composição das partes perca consideravelmente a sua imparcialidade no julgamento da causa caso a conciliação não logre êxito. Ademais, as

---

[30] NUNES, Dierle José Coelho; BAHIA, Alexandre Gustavo Melo Franco. Processo constitucional: uma abordagem a partir dos desafios do Estado democrático de direito. *Revista Eletrônica de Direito Processual*, v. 4, Rio de Janeiro, jul.-dez. 2009, p. 233.

[31] MENDONÇA, Henrique Guelber de. Direito fordista e conciliação. *Revista Eletrônica de Direito Processual*, v. 2, Rio de Janeiro, jan.-dez. 2008, p. 141.

Cap. 17 – MEIOS ALTERNATIVOS DE SOLUÇÃO DE CONFLITOS

próprias partes provavelmente não se sentiriam confortáveis em revelar detalhes do litígio, que seriam essenciais ao acordo, diante da pessoa que possivelmente julgará sua demanda. Não há como negar que as partes adotam estratégias em uma demanda litigiosa, ocultando certos pontos e revelando outros, visando a influenciar o órgão julgador a seu favor. Nos procedimentos de autocomposição, principalmente quando se trata da mediação, é preciso que as partes cooperem de forma mais intensa, revelando todos os fatos que cercam o litígio, justamente para que dele se possa ter uma visão global, possibilitando o trabalho do mediador no desprendimento das partes de suas posições iniciais com o objetivo de encontrar a melhor equação de ganhos mútuos.

Ademais, a função do mediador e do conciliador exige conhecimento aprofundado do litígio, além de um trabalho intenso e aplicado na tentativa de compor as partes. A transferência desse trabalho para o juiz, além dos problemas com relação à imparcialidade e à desconfiança suso destacados, entregará a este, já demasiadamente assoberbado com as funções que lhe competem,[32] mais uma função, que exige tempo, paciência e esforço.

Veja, não estamos a afirmar que o juiz não possa, ou melhor, não deva estimular a conciliação das partes, verificada a possibilidade de acordo no curso do processo. O juiz deve ser sensível ao contexto do processo e, conforme já destacado, não deve atuar como mero aplicador da lei, impondo-se a ele um papel mais ativo na busca pela pacificação social e a efetiva entrega da prestação jurisdicional justa e adequada. No entanto, o ideal é que se possa criar meios para alcançar uma composição prévia das partes, antes da movimentação da máquina judiciária.

Mostram-se perfeitamente condizentes com a ampliação dos instrumentos para a tutela jurisdicional adequada a realização de convênios entre órgãos privados e públicos com vistas à implementação desses procedimentos. Tais convênios estão previstos na própria Resolução 125 do CNJ. Conforme já observado por Diogo Assumpção Rezende de Almeida,[33] ao tratar da aplicação ampla e efetiva do princípio da adequação, o ideal seria a criação de mecanismos de triagem, com o direcionamento das partes aos meios adequados tão logo a petição inicial fosse distribuída. Com efeito, ainda que não seja possível fazê-lo com relação a todos os casos, é possível peneirar causas com soluções consensuais prováveis.

---

[32] De fato, apesar de afirmarmos que a jurisdição e a solução adjudicada encontra limites na busca da pacificação social, conforme igualmente afirmado, a jurisdição estatal continua sendo a principal forma de resolução das demandas judiciais e é a mais adequada para muitos litígios, principalmente aqueles em que a relação entre as partes já está tão desgastada que qualquer tentativa de conciliação restaria absolutamente infrutífera.

[33] ALMEIDA, Diogo Rezende de. O princípio da adequação e os métodos de solução de conflitos. *REPRO*, v. 195, maio 2011, p. 203.

Assim, os meios alternativos de solução de conflitos podem servir como uma solução possível ao desafogamento do Judiciário, além de promover a entrega da prestação jurisdicional adequada, principalmente sob o aspecto da eficiência qualitativa. Para tanto, ainda precisamos evoluir na implantação dos meios de promoção desses equivalentes jurisdicionais, de forma a preservar as garantias constitucionais, principalmente no que tange aos meios consensuais de resolução de controvérsias, os quais ainda se encontram pouco desenvolvidos no Brasil, principalmente se comparados com a arbitragem.

4. O *CASE MANAGEMENT* INGLÊS E O PRINCÍPIO DA ADEQUAÇÃO

Dentro do escopo do presente trabalho, buscamos trazer reflexões sobre os métodos alternativos de resolução de conflitos como forma de efetivação dos princípios constitucionais, com enfoque para a garantia da tutela jurisdicional adequada, tempestiva e efetiva, mediante um sistema que possa direcionar o jurisdicionado para o meio mais adequado para a solução do litígio apresentado.

Nessa ótica, o direito inglês nos parece o mais evoluído atualmente com relação à flexibilização do procedimento e a atribuição de poderes ao juiz para atuar na busca da entrega jurisdicional efetiva, principalmente com relação ao seu aspecto qualitativo. Assim, destacaremos algumas características do procedimento que merecem ser analisadas. Não obstante, a análise de institutos e procedimentos estrangeiros deve ser realizada com cautela, com atenção para as peculiaridades da cultura e da forma de direito existentes no país de que se origina o objeto de análise.

A Inglaterra se insere dentre os países de tradição de Common Law,[34] e, recentemente, o direito processual do país passou por reformas importantes,

---

[34] Observa-se que a cultura dos países da Commom Law é normalmente voltada para a valorização dos precedentes, que possuem preponderância sobre o direito escrito, além do fato de ser o processo estruturado em torno da preparação (*pre-trial*) para a realização do *trial*, que consiste, de forma bastante simplificada, no momento de apresentação das provas perante o juiz (que não será o mesmo que atuou na fase do *pre-trial*) e o julgamento da demanda. Para maiores detalhes sobre as diferenças entre o sistema da *civil law* e *common law*, confira-se: TARUFFO, Michele. Aspetti fondamentali del processo civile di *civil law* e di *common law*. *Revista da Faculdade de Direito da UFPR*, v. 36, 2001, p. 27-48. Não se pode olvidar, contudo, que as diferenças existentes entre os países de *common law* e *civil law* estão cada dia mais tênues. Atualmente, verifica-se uma tendência dos países de *common law* à maior valorização do direito escrito, como é o caso da própria Inglaterra, com a edição de um Código de Processo Civil, vigente a partir de 1999. A mesma tendência é verificada em sentido oposto, com maior enfoque dado aos procedentes nos países de tradição de *civil law*, como se observa no Brasil, com as recentes reformas processuais e o Projeto de Novo Código Civil (PL 8.906/2010). Sobre a tendência de aproximação dos sistemas jurídicos, confira-se o texto de BARBOSA MOREIRA, José Carlos. Correntes e contracorrentes no processo civil contemporâneo. *Temas de direito processual*. Nona série. Rio de Janeiro: Saraiva, 2007. p. 55-67.

Cap. 17 – MEIOS ALTERNATIVOS DE SOLUÇÃO DE CONFLITOS

decorrentes de dois relatórios produzidos pelo então *Master of Rolls*, Lord Woolf, que se incumbiu de retratar as razões do descontentamento da sociedade com relação à tramitação dos processos judiciais, com destaque para a alta complexidade e elevados custos da justiça civil, e as mudanças entendidas como suficientes à sua solução. Os relatórios[35] deram origem às *Civil Procedure Rules* (CPR), vigentes a partir de abril de 1999.

A mais notória das transformações implementadas pelas CPR foi a transferência da gestão dos processos das mãos das partes para os juízes, pelo chamado *case management*, conferindo maiores poderes aos julgadores e possibilitando a sua atuação mais ativa na condução do procedimento. Com a atribuição considerável de poderes ao juiz, houve uma consequente redução do antagonismo entre as partes, antes fortemente presente, principalmente em razão do caráter adversarial típico dos sistemas de *common law*. O novo sistema exige um ideal de colaboração, expressamente consignado na regra 1.3 das CPR. O poder de estimular a cooperação entre as partes e entre estas e o Tribunal surge como o primeiro dentre os poderes de gestão, na forma da regra 1.4 (2) do novo diploma processual.[36]

Note-se, portanto, que a mudança implementada com o nascimento das *Civil Procedure Rules* representou mais que uma simples alteração da legislação processual, mas fez necessária a mudança cultural da sociedade, principalmente por parte dos advogados, que foram obrigados a adotar uma postura cooperativa, em contraposição ao ambiente belicoso usualmente instaurado no trâmite processual.

Além da ampliação do ativismo judicial, o novo sistema adjetivou os poderes do juiz com a importante característica da discricionariedade. A relevância da discricionariedade é evidente, uma vez que confere ao julgador a flexibilidade necessária à adequação do procedimento às particularidades do caso. De fato, as CPR contêm normas que demonstram que o poder de gestão processual do magistrado não está limitado pelo que dispõe a lei.

Dentre os poderes atribuídos ao juiz, consta expressamente na regra 1.4 das CPR o estímulo ao uso dos *Alternative Dispute Resolutions*. A premissa contida nos relatórios desenvolvidos pelo *Lord Woolf* é a de evitar ao máximo o exercício da jurisdição. Assim, verifica-se outra importante mudança cultural necessariamente implementada com as novas regras. Fez-se necessário que os juízes compreendessem e dessem efetividade à política de estímulo aos acordos. A resistência

---

[35] Disponível em: <http://webarchive.nationalarchives.gov.uk/+/http://www.dca.gov.uk/civil/final/contents.htm>. Acesso em: 22 maio 2012.

[36] Para uma detalhada análise sobre o *case management* inglês, confira-se o texto de Diogo Assumpção Rezende Almeida, doutorando pela Universidade de Direito da UERJ, que teve a oportunidade de ver de perto as transformações do processo civil inglês em sua visita à Universidade de Cambrige como pesquisador convidado. ALMEIDA, Diogo Assumpção Rezende. O case management inglês: um sistema maduro? cit., p. 287-335.

dos juízes com relação aos mecanismos alternativos está comumente associada a uma sensação de perda de poder.[37] No entanto, na Inglaterra, a experiência tem demonstrado que os julgadores assimilaram bem a nova ideologia.

A arbitragem e a conciliação já eram instrumentos utilizados na Inglaterra desde a década de 1990, no entanto a mediação só ganhou notoriedade após o estímulo legislativo. De fato, o favorecimento ao acordo e o reconhecimento do recurso à justiça estatal como medida residual transformaram-se em política oficial na Inglaterra.

Além do estímulo legislativo, Neil Andrews aponta alguns fatores que contribuíram para o crescimento exponencial da mediação, quais sejam: a percepção de que o processo judicial é imprevisível; a busca pela justiça por meio da via processual gera altos custos, morosidade e ansiedade às partes; o processo judicial conta com pouca participação direta das partes; só uma das partes sai vencedora do processo judicial; a regra é a publicidade do processo; a briga judicial acaba se transformando em uma "guerra privada".[38]

Antes de adentrarmos na análise dos instrumentos processuais utilizados pelas cortes para estimular o uso de ADRs, é importante observar que as CPR introduziram as chamadas *pre-action protocols*, que consistem em protocolos que antecedem a ação, funcionando como procedimento preparatório para o processo formal. Os referidos protocolos preveem as obrigações que as futuras partes e seus representantes legais devem cumprir antes de darem início ao processo judicial.[39] O objetivo é que cada uma das partes saiba os pontos fortes do seu adversário.

As *Practise Directions*[40] editadas juntamente com as CPR detalham as condutas que devem ser adotadas nessa fase pré-processual. Dentre as obrigações determinadas pelos protocolos consta o envio de uma carta detalhada pelo potencial autor à parte que deverá figurar como ré com detalhes da ação a ser proposta e com a relação de documentos que pretende utilizar. Nessa carta deverá constar, ainda, a forma de ADR que o autor considera mais adequada ao litígio e convidar o réu a um acordo para a utilização desse procedimento.

O réu (em potencial), por sua vez, deverá manifestar por escrito o seu conhecimento acerca das informações prestadas pelo demandante, no qual poderá

---

[37] WATANABE, Kazuo. Cultura da sentença e cultura da conciliação. *Estudos em homenagem à professora Ada Pellegrini Grinover*. São Paulo: DPJ, 2005. p. 684-690.

[38] ANDREWS, Neil. *The three paths of justice*. Court Proceedings, arbitration, and mediation in England. Springer: Cambridge, 2011. p. 196.

[39] ANDREWS, Neil. *O moderno processo civil*: formas judiciais e alternativas de resolução de conflitos na Inglaterra. Orientação e rev. trad. Teresa Arruda Alvim Wambier. São Paulo: RT, 2009. p. 62.

[40] Disponível em: <http://www.justice.gov.uk/courts/procedure-rules/civil/protocol>. Acesso em: 22 maio 2012.

Cap. 17 – MEIOS ALTERNATIVOS DE SOLUÇÃO DE CONFLITOS

reconhecer total ou parcialmente o direito do autor ou certificar o não reconhecimento deste. A recusa no reconhecimento do direito deverá ser fundamentada, identificando os fatos e pontos da demanda a qual se contrapõe, além de manifestar desde logo a sua intenção em apresentar algum pedido contraposto. Deverá, ainda, listar os documentos que pretende apresentar. Por fim, deverá informar se concorda com o mecanismo alternativo proposto pelo autor e, no caso de recusa, apresentar outro meio alternativo ou justificar o fato pelo qual nenhum mecanismo alternativo seria adequado.

Os protocolos prévios, ao promover a troca de informações entre as partes, evidentemente favorecem o acordo, uma vez que permitem que as partes prevejam o desfecho da demanda, calculando a possibilidade de êxito, o tempo que será despendido na produção de provas e o custo do processo. Ademais, permite que as partes direcionem o litígio para mecanismos alternativos como a mediação e a arbitragem antes mesmo do início do processo judicial, o que, conforme já dito, se afigura a melhor forma de adoção desses métodos, já que a instauração do processo por si só já movimenta e ocupa a máquina judiciária, gerando custos que poderiam ser evitados caso as partes tivessem tentado as ADR previamente.

Interessante, ainda, pontuar que, na esteira do que já vem afirmando Humberto Dalla,[41] no sentido de se fazer necessária uma ampliação do conceito de interesse de agir, as *Practise Directions*, apesar de destacar que a busca de meios alternativos não é obrigatória, autorizam a Corte a exigir das partes alguma prova de que tentaram um dos mecanismos alternativos.

O não cumprimento das obrigações constantes dos protocolos poderá implicar as seguintes sanções às partes: suspensão do processo até que as obrigações sejam cumpridas e condenação da parte que não cumpriu com a sua obrigação no pagamento de custas à parte contrária. Não obstante, as *Practise Directions* reconhecem que as *pre-actions protocols* não são aplicáveis a todos os tipos de demandas, como, por exemplo, as ações judiciais obrigatórias em que não há parte demandada (jurisdição voluntária); ações que demandam a surpresa da parte adversária sob pena de ineficácia, tal qual as medidas de constrição patrimonial.[42] Assim, caso a parte deixe de cumprir as obrigações previstas nos protocolos, deverá o juiz proceder à análise do caso concreto antes de imputar à parte qualquer sanção pelo descumprimento.

Após o início do processo judicial, conforme observado, o juiz possui grande discricionariedade na condução do procedimento, inclusive no que tange ao direcionamento das partes à utilização de meios alternativos. A principal ferramenta à disposição do juiz para tanto é a *stay order*, que representa a suspensão do

---

[41] DALLA, Humberto Dalla Bernardina de. *Mediação na atualidade e no futuro do processo civil brasileiro* cit.

[42] *Practise directions*, Seção I, item 2.2.

processo e o encaminhamento das partes para um dos mecanismos de solução de conflitos. O redirecionamento da demanda poderá ser solicitado por ambas ou qualquer das partes, ou mesmo ser determinado de ofício pela Corte, se considerar que tal método é apropriado para a solução do litígio.

Visando à efetiva implementação do modelo, as cortes vislumbraram na lei a possibilidade de, em algumas hipóteses, imporem sanções à parte, caso essa se recusasse a participar do processo de mediação, quando sugerido pela Corte.[43] A sanção é mais comum nos casos em que a parte manifesta a recusa em participar do procedimento de mediação recomendado pela Corte e, posteriormente, sai derrotada no processo judicial. É notório o intuito dos tribunais em coibir a postura adversarial das partes, evitando, ainda, que a máquina judiciária se ocupe com processos que poderiam ser bem resolvidos pela via da autocomposição.

Para a aplicação da sanção, são levados em consideração pela Corte: a natureza e o mérito da causa; em qual medida outros métodos de conciliação foram tentados pelas partes; o prejuízo eventual decorrente de atraso gerado pela busca da conciliação; e a possibilidade real de sucesso da utilização de meios conciliatórios.[44]

Há controvérsias na doutrina inglesa sobre a adoção de um sistema de mediação compulsória, uma vez que, ainda que não tenha estabelecido a participação na mediação ou em outro método autocompositivo como pressuposto de admissibilidade da ação, a outorga de poderes aos juízes para direcionar o litígio a um desses métodos, acompanhada da possibilidade de sanção pelo não acolhimento do provimento judicial, deixa as partes sem escolha, a não ser se encaminharem ao procedimento recomendado pelo julgador.[45]

O sistema inglês parece ter atingido resultados positivos na reeducação da sociedade na resolução autônoma dos seus conflitos. Não obstante, principalmente diante da discricionariedade dos juízes no direcionamento do processo aos meios alternativos, e a possibilidade de imposição de sanções pecuniárias pela recusa em acatar a recomendação da Corte, revela-se necessária grande sensibilidade por parte destes, além de adequado conhecimento e proximidade com a causa.

Importante observar que os juízes não atuam como mediadores, mas tão somente sugerem às partes que busquem a via da autocomposição. A mediação

---

[43] A regra 44.5 (3) (a) (iii) dispõe expressamente que deverão ser considerados os esforços de cada parte na resolução consensual do litígio, antes e durante o processo judicial. "Factors to be taken into account in deciding the amount of costs. 44.5—(1) The court is to have regard to all the circumstances in deciding whether costs were— (3) The court must also have regard to— (a)the conduct of all the parties, including in particular—(ii)the efforts made, if any, before and during the proceedings in order to try to resolve the dispute;"

[44] ANDREWS, Neil. *The three paths of justice* cit., p. 206.

[45] ALMEIDA, Diogo Rezende Assumpção. O case management inglês: um sistema maduro? *Revista Eletrônica de Direito Processual - REDP*, v. 7, Rio de Janeiro, p. 318.

judicial tem sessões conduzidas por mediadores privados, mas são realizadas no prédio do tribunal, e é por este administrada.[46]

O papel ativo exercido pelo juiz já demonstra a intensa integração entre o processo judicial e os meios alternativos no direito inglês. Neil Andrews, em análise metafórica, refere-se à "dupla hélice" da Justiça Civil, remetendo-se à estrutura do DNA, destacando a complexa interação e suporte mútuo entre a justiça estatal e os meios não judiciais de resolução de conflitos. Os procedimentos, que incluem mediação, conciliação, arbitragem e processo judicial, são complementares e interligados.[47]

Essa integração, combinada com a sensibilidade dos julgadores na administração do caso, é o fator que certamente garante o sucesso dos meios alternativos no direito inglês. Representa verdadeira expressão da efetivação da tutela jurisdicional adequada de que se trata no presente trabalho. Os juízes não devem ver os meios alternativos como uma forma de redução dos seus poderes,[48] mas como uma forma de prestação da tutela jurisdicional. Conforme afirma Neil Andrews, "a vitalidade do sistema judicial requer que advogados e administradores da justiça fortaleçam e refinem as duas partes desta dupla hélice constituída pela justiça estatal e os meios alternativos".[49]

A defesa da validade e eficácia das cláusulas de mediação e arbitragem também constitui fator demonstrativo dessa integração e equilíbrio existente entre as formas de resolução de conflitos. A lealdade contratual deve ser preservada, sem que as cortes se imiscuam de forma indevida no litígio e, inclusive, garantindo a credibilidade do procedimento.

É nesse equilíbrio que reside a garantia da tutela jurisdicional adequada, não sendo admissível que a jurisdição estatal adentre de forma inadequada na seara reservada aos meios alternativos, mas, ao mesmo tempo, funcionando como instrumento de proteção e controle contra os abusos e utilização indevida desses equivalentes jurisdicionais.

5. PERSPECTIVAS DE IMPLANTAÇÃO DE UM MODELO DE TUTELA JURISDICIONAL ADEQUADA. ANÁLISE DO PL 8.046/2010 E A RESOLUÇÃO 125 DO CNJ

Este é o ponto em que voltamos os olhos ao nosso sistema jurídico para avaliar as possibilidades e perspectivas de implementação de um modelo de tutela jurisdicional adequada. Uma vez que a arbitragem já caminha a passos

---

[46]   Idem, p. 287-335.

[47]   ANDREWS, Neil. *The three paths of justice* cit., p. 250.

[48]   WATANABE, Kazuo. Cultura da sentença e cultura da conciliação cit., p. 684-690.

[49]   ANDREWS, Neil. *The three paths of justice* cit., p. 250, tradução livre.

largos perante os meios autocompositivos, e está regulamentada pela Lei Federal 9.307/1996, concentrar-nos-emos nos procedimentos de mediação e conciliação, ainda pouco evoluídos no nosso sistema.

À margem dos embriões legislativos relatados no item 2 do presente artigo, que prometem estabelecer uma regulamentação concisa acerca do processo de mediação, o Projeto de Novo Código Civil, originalmente Projeto de Lei do Senado 166/2010, que, após a votação e remessa à Câmara dos Deputados, tornou-se PL 8.046/2010, também traz algumas disposições acerca da mediação e conciliação.

Paralelamente, conforme já noticiado em 29 de novembro de 2010, o Conselho Nacional de Justiça editou a Resolução 125, instaurando verdadeira política pública de tratamento adequado de conflitos. Assim, vejamos como tais iniciativas regulamentadoras poderão influenciar no futuro da conciliação e mediação, com relação à estrutura dos órgãos, bem como a relação entre estes e os juízes.

5.1. Estrutura. Criação de Câmaras de Mediação e Conciliação

Na forma do art. 114 do PL 8.046/2010, cada tribunal poderá criar um setor de conciliação e mediação. Vê-se, portanto, que a intenção do novel diploma processual é trazer a estrutura da mediação e conciliação para dentro dos próprios tribunais.

O projeto prevê a criação de um registro de conciliadores e mediadores, com o cadastro atualizado de todos os profissionais habilitados.[50] Os tribunais estabelecerão requisitos que deverão ser preenchidos pelos profissionais para o cadastramento, dentre os quais necessariamente constarão a capacitação mínima, por meio de curso realizado por entidade credenciada. O § 3.º do art. 147 do Projeto dispõe, ainda, que do registro de conciliadores e mediadores constarão todos os dados relevantes para a sua atuação, tais como o número de causas de que participou, o sucesso ou insucesso da atividade, a matéria sobre a qual versou a controvérsia, bem como quaisquer outros dados que o tribunal julgar relevantes.

Ao lado dos mediadores cadastrados pelos tribunais poderão atuar mediadores privados, indicados pelas partes, desde que observada a legislação pertinente. Vê-se, portanto, que o Projeto deixou ao crivo do Legislativo a edição de lei contendo normas gerais acerca dos requisitos que devem ser preenchidos para a atuação como mediador e conciliador.

A Resolução 125 do CNJ, que trata de forma mais específica da estrutura desses órgãos de mediação e conciliação, prevê a criação de Núcleos Permanentes de Métodos Consensuais de Solução de Conflitos, que serão compostos por

---

[50] Art. 147 do PL 8.046/2010.

Cap. 17 – MEIOS ALTERNATIVOS DE SOLUÇÃO DE CONFLITOS

magistrados da ativa ou aposentados e servidores, preferencialmente atuantes na área. Esses núcleos permanentes serão responsáveis pela instalação, coordenação e supervisão de Centros Judiciários de Solução de Conflitos e Cidadania, que concentrarão a realização das sessões de mediação e conciliação, além da capacitação, treinamento e atualização permanente de magistrados, servidores, conciliadores e mediadores nos métodos consensuais de resolução de conflitos.[51]

A Resolução, tal qual o Projeto, prevê a criação de cadastro de mediadores e conciliadores capacitados, que atuem em seus serviços e, se for o caso, a regulamentação da remuneração destes, nos termos da legislação específica.

Ao dispor sobre a atuação dos conciliadores e mediadores atuantes nesses Centros, a Resolução é expressa ao determinar que somente serão admitidos mediadores e conciliadores capacitados na forma determinada por aquele ato, além da submissão dos profissionais ao Código de Ética estabelecido pelo Conselho. No entanto, não proíbe que mediadores que não estejam cadastrados nos Tribunais atuem nos respectivos centros, desde que se submetam ao curso de capacitação.

Assim, seria possível encontrarmos mediadores e conciliadores privados, nomeados pelas partes, atuando paralelamente aos mediadores cadastrados nos Tribunais, dentro da estrutura criada pelo Judiciário. Esse modelo, contudo, não parece o mais indicado, uma vez que haveria tratamento diferenciado entre os mediadores e conciliadores no que diz respeito à forma de remuneração e mesmo o *modus operandi*. A disparidade entre os funcionários que atuam dentro do mesmo ambiente costuma gerar conflitos internos que só vêm a prejudicar as partes e o próprio procedimento.

O ideal, portanto, é que a submissão ao curso de capacitação implique o cadastramento do mediador ou conciliador e que a escolha do profissional pelas partes fique restrita aos mediadores cadastrados. Veja que estamos falando de uma mediação judicial, já que realizada dentro da estrutura do Judiciário. Nada impede que as partes busquem uma mediação eminentemente privada, na qual poderão escolher o mediador que melhor lhes aprouver. O que não nos parece adequado é misturar regimes de trabalho e remuneração distintos dentro dos centros judiciais, o que dificultará, inclusive, a supervisão do procedimento e a avaliação de dados estatísticos.

Na forma da estrutura prevista pela Resolução 125 do CNJ, cada Centro terá a supervisão e administração de um juiz coordenador, designado pelo Presidente do Tribunal de Justiça dentre aqueles que realizaram o treinamento segundo o modelo estabelecido. O juiz coordenador, dependendo do volume de varas atendidas pelo Centro, poderá ter dedicação exclusiva ao cargo. Os servidores atuantes, por sua vez, terão dedicação exclusiva aos Centros, independentemente do volume de atendimento. A dedicação exclusiva é relevante para a capacitação

---

[51] Art. 7.º da Resolução 125/2010 do CNJ.

e especialização do servidor, desde que acompanhada de cursos permanentes de reciclagem e aprimoramento da função.

Dentre as disposições da Resolução 125 do CNJ, um ponto se destaca e, sendo bem aplicado pelos Tribunais, poderá ser de extrema valia na prestação da tutela jurisdicional adequada e efetiva. Trata-se do disposto no § 2.º do art. 9.º da Resolução, que determina que ao menos um dos servidores atuantes no Centro será capacitado para a triagem e encaminhamento adequado de casos.

Determina-se, ainda, a criação de um setor de solução de conflitos processual, visando a acolher as conciliações e mediações incidentais, um setor de solução de conflitos pré-processual e um setor de cidadania; este último, ao que parece, servirá como órgão de aconselhamento das partes, promovendo a divulgação da cultura de autocomposição dos conflitos.

De fato, verifica-se que falta ainda a regulamentação de mecanismos que estimulem a adoção de meios alternativos prévios ao processo judicial, como ocorre com os *pre-action protocols* do direito inglês. No entanto, espera-se que com o êxito do programa muitos litígios sejam direcionados aos centros, ainda que de forma incidental. A satisfação das partes com o procedimento certamente levará ao aumento da busca pela mediação e conciliação no momento pré -processual, sempre contando com o suporte do setor de cidadania e triagem, no aconselhamento das partes e direcionamento do litígio de forma adequada.

Andou bem a Resolução 125 do CNJ ao não estabelecer casos específicos que seriam levados aos Centros de Conciliação e Mediação. Ainda que seja possível a adoção de medidas coercitivas a fim de estimular as partes à busca dos meios autocompositivos, como ocorre com as sanções do direito inglês, a análise sobre a adequação dos meios alternativos deve ser feita caso a caso. Este nos parece ter sido o grande equívoco da legislação italiana sobre mediação, tão veementemente criticada por juristas italianos e estrangeiros.[52] A determinação dos casos nos quais deve ser realizada a mediação deve ser determinada *ope judis* e não *ope legis*.

Revela-se nítida a intenção de levar os meios alternativos para dentro do Tribunal, criando "Juízos de resolução alternativa de conflitos, verdadeiros ór-

---

[52] A mediação na Itália é regulada pelo Decreto Legislativo 28, de 4 de março de 2010, disciplinando a mediação extrajudicial e autorizando a sua utilização nas controvérsias civis e comerciais relativas a direitos disponíveis. Na forma do seu art. 5.º, a mediação representa condição de procedibilidade para ajuizamento de ação judicial quando o litígio versar sobre: condomínio; direitos reais; divisão; sucessões hereditárias; acordos de família; locações; comodato; arrendamento de empresas; ressarcimento de dano decorrente de circulação de veículos automotores e barcos; responsabilidade médica; difamação por meios de imprensa escrita ou outros meios de divulgação; e contratos de seguro, bancários e financeiros. A constitucionalidade da norma vem sendo contestada em alguns Tribunais italianos, no entanto, até a conclusão do presente trabalho, a Corte de Cassação não havia se pronunciado sobre a questão.

Cap. 17 – MEIOS ALTERNATIVOS DE SOLUÇÃO DE CONFLITOS

gãos judiciais especializados na matéria".[53] Podemos destacar aspectos positivos e negativos da inserção dos meios alternativos na estrutura do Judiciário.

Por um lado, a sociedade ainda vê a Justiça como a única forma confiável de solucionar seus conflitos. A existência de órgãos de mediação e arbitragem dentro dos Tribunais, muito semelhante com o que ocorre com os *court annexed mediations* nas cortes americanas, poderá desmistificar os procedimentos alternativos, fazendo com que as partes se sintam mais seguras e confortáveis, já que estão dentro de um ambiente que lhes é comum.

Por outro lado, ao trazermos os meios alternativos para dentro do Tribunal, é possível que haja a sua "processualização" ou "judicialização", ou seja, é possível que os meios alternativos, que são alternativos justamente porque são diferentes dos meios judiciais, percam as suas características essenciais e positivas. Os procedimentos de mediação e conciliação não podem se tornar burocratizados, apenas para fazer cumprir uma etapa até que se chegue ao processo judicial, como sói acontecer com as nossas audiências de conciliação. É necessário que se preservem as características de cada procedimento, e isso demanda uma política intensiva de qualificação contínua dos mediadores e conciliadores.

Leonard Rinskin[54] relata que os procedimentos chamados *court oriented mediation*, ou seja, as mediações judiciais norte-americanas, acabam perdendo o seu potencial de efetiva resolução de conflitos, uma vez que os mediadores, advogados e as grandes empresas, que o autor chama de "repeat players", partes que estão constantemente em contato com ações judiciais e a estrutura do Judiciário, acabam tendo uma visão estreita do processo de mediação, gerenciando custos e estratégias, sem de fato analisar o problema social.[55]

O autor destaca que a perda se revela quando esses "repeat players" litigam contra cidadãos comuns, "one-shot players", que possuem parca ou nenhuma experiência com o processo litigioso perante os Tribunais, para os quais a demanda judicial é algo excepcional, que acontece uma vez na vida, e por um motivo que lhes é realmente relevante. Os últimos normalmente ingressam no processo de mediação com a intenção de resolver o conflito social, enquanto os litigantes regulares, com sua visão estratégica, apenas querem se ver livre de mais aquela demanda, da forma que lhe for mais benéfica.

Para a pacificação social, o conflito deve ser explorado sob três dimensões: o aspecto comportamental, ou seja, pôr um fim à discussão; o aspecto cognitivo, fazendo com que as partes compreendam os fatos que deram origem ao litígio e compreendam também o acordo; e o aspecto emocional, com a efe-

---

[53] Preâmbulo da Resolução 125 do CNJ.

[54] Leonard Riskin é professor de direito da Universidade da Flórida, onde leciona, dentre outras, a disciplina "Negociação, mediação e outras formas de resolução de conflitos".

[55] RINSKIN, Leonard. Is that all there is? 'The problem' in court-oriented mediation. *George Mason Law Review*, jun. 2008, p. 863.

tiva sensação de que se chegou a uma solução justa, além do reconhecimento pela parte contrária da sua posição, ainda que esta não prevaleça. No entanto, quando uma das partes, os mediadores e os advogados veem a mediação com olhos de administradores de litígios, o acordo acaba sendo resolvido em termos monetários, mas a pacificação social não se realiza, e o cidadão comum acaba saindo frustrado, com a sensação de que fez um acordo desfavorável, que não fez valer os seus direitos.

Portanto, é preciso preservar as características inerentes aos procedimentos de mediação e conciliação. O fato de os centros de conciliação e mediação estarem anexos ao Tribunal não significa que o procedimento deve ser visto e pensado como uma demanda judicial.

5.2. A mediação e conciliação e o papel dos juízes

Conforme observamos, um dos fatores que contribuíram para o êxito do sistema inglês reside justamente na discricionariedade conferida aos juízes para determinar a suspensão do processo e o aconselhamento, de forma bastante coercitiva, às partes para que o procedimento seja direcionado aos meios alternativos de resolução de conflitos.

Um dos escopos do novo Código é justamente conferir maiores poderes ao juiz na condução do processo, buscando a adaptação e a flexibilização enquanto instrumentos para a efetividade da tutela jurisdicional.

O PL 8.906/2010 não confere ao juiz poderes equivalentes aos do direito inglês, não obstante o art. 323 dispor que, preenchendo a petição inicial todos os requisitos essenciais e não for o caso de improcedência liminar do pedido, o juiz designará audiência de conciliação com antecedência mínima de trinta dias. Consta do § 1.º do aludido dispositivo a participação obrigatória do mediador ou conciliador, onde houver. No entanto, com a criação dos Centros Judiciários de Solução de Conflitos e Cidadania, esse dispositivo perde um pouco a aplicação.

Isso porque, conforme visto no tópico antecedente, as sessões de conciliação e mediação serão realizadas dentro dos centros e, somente de forma excepcional, ocorrerão dentro das varas judiciais. Na forma estruturada pela Resolução, nas mediações e conciliações incidentais, não haverá participação dos juízes responsáveis pelo julgamento da causa, o que nos parece a melhor solução, haja vista todas as razões já expostas, principalmente com relação à perda da imparcialidade do julgador.

Portanto, a audiência prevista no art. 323 deveria ser adotada como forma de realização de uma primeira triagem, esta pelo juiz atuante na causa, que terá a oportunidade de dialogar com as partes e ter conhecimento mais aprofundado da causa. Verificando a possibilidade de mediação ou conciliação, o juiz

Cap. 17 – MEIOS ALTERNATIVOS DE SOLUÇÃO DE CONFLITOS

deverá aconselhar as partes que procurem os Centros Judiciários de Solução de Conflitos e Cidadania, determinando a suspensão do processo. Nos centros, as partes encontrariam profissionais qualificados, que lhes prestariam o devido esclarecimento sobre os procedimentos disponíveis, e, após, a demanda passaria previamente por uma segunda triagem, dessa vez realizada pelo servidor responsável, na forma do art. 9.º, § 2.º, da Resolução 125 do CNJ.

Possibilitado o acordo, os autos retornariam ao juízo competente para a sua homologação judicial, garantindo a sua executoriedade, ou as partes poderiam simplesmente desistir do processo judicial, implicando a sua extinção sem resolução do mérito. Impossibilitado o acordo, os autos retornariam para o prosseguimento do feito. A impossibilidade de realização do acordo no momento inicial do processo não impede que o juiz tente conciliar as partes ao longo do procedimento, verificando uma mudança de postura das partes, ou mesmo alguma alteração fática que possa ser favorável ao acordo. As partes poderão, ainda, a qualquer tempo, requerer a suspensão do processo e buscar os centros de conciliação e mediação para uma nova tentativa de acordo.

A confidencialidade do processo de mediação é protegida pelo art. 144. §§ 2.º e 3.º, que determina que são confidenciais todas as informações produzidas ao longo do procedimento. O teor dessas informações não poderá ser utilizado para fim diverso daquele previsto por expressa deliberação das partes. A confidencialidade se estende ao mediador ou conciliador, que não poderá divulgar ou depor acerca de fatos ou elementos oriundos da conciliação ou mediação.

No entanto, essa estrutura procedimental esbarra em um óbice verificado no § 5.º do art. 323 do PL 8.906/2010. Na forma desse dispositivo, a audiência não será realizada se uma das partes manifestar, com dez dias de antecedência, desinteresse na composição amigável. Portanto, a realização da audiência fica a critério das partes e não do juiz.

A faculdade de determinar a dispensa da audiência deveria ser atribuída ao julgador e não às partes. Estas geralmente ajuízam a demanda judicial com espírito adversarial, buscando vingança, sem enxergar a possibilidade de acordo. Esse comportamento decorre essencialmente de um fator cultural, e é exatamente visando à modificação dessa cultura demandista, a "cultura da sentença", que são despendidos esforços contínuos por parte do Legislativo, Executivo e Judiciário, bem como dos estudiosos do direito. As modificações legislativas, a criação de Centros de Mediação e Conciliação, conforme consta expressamente da Resolução 125 do CNJ, possuem, antes de tudo, caráter educativo.

A audiência prevista no art. 323 seria de extrema utilidade ao juiz para conhecer a causa de forma mais aprofundada e verificar a possibilidade de composição das partes. É claro que devemos contar com a sensibilidade do julgador para verificar que algumas causas, pela sua natureza, simplesmente não têm qualquer chance de serem resolvidas pelos meios autocompositivos.

Assim, deveria ser facultado ao juiz a possibilidade de dispensar a realização da audiência preliminar.

Não obstante, ao analisarmos os dispositivos que tratam sobre os poderes, faculdades e deveres do juiz (arts. 118 a 121 do PL 8.906/2010), verificamos que o julgador deverá tentar, prioritariamente e a qualquer tempo, compor amigavelmente as partes, preferencialmente com o auxílio de mediadores e conciliadores judiciais, na forma do art. 118, IV. O inciso VIII do mesmo dispositivo confere poderes ao juiz para determinar, a qualquer tempo, o comparecimento pessoal das partes, para ouvi-las sobre os fatos da causa, caso em que não incidirá pena de confesso.

Assim, ainda que, em razão da manifestação de qualquer das partes, a audiência de conciliação não sirva como forma de fazer com que o julgador possa ter um contato mais próximo com a causa, verificando a possibilidade de direcionamento do litígio para a mediação ou conciliação, por certo que poderá fazê-lo a qualquer tempo. O novo Código promete trazer uma nova ideologia. Conforme destaca Humberto Dalla, dentre as premissas que baseiam o novel diploma processual está a liberdade do juiz de primeiro grau em conduzir o processo.[56]

Um dos problemas do processo atualmente é a falta de cuidado com que os juízes analisam a petição inicial. É normal, principalmente pela grande carga de trabalho acumulado, vermos julgadores chegarem às audiências preliminares sem sequer terem lido a petição inicial e, portanto, sem qualquer conhecimento da causa. De fato, nessas circunstâncias, o julgador não pode ser útil de nenhuma forma, nem mesmo para aconselhar às partes que busquem procedimentos alternativos.

É preciso incutir na mentalidade dos julgadores que a análise cautelosa da petição inicial é de suma importância para o desenvolvimento adequado do procedimento, principalmente no que tange ao seu direcionamento para meios alternativos.

6. CONCLUSÃO

Conforme visto, o movimento de ampliação do acesso à Justiça implicou a natural multiplicação de demandas judiciais, a superlotação dos Tribunais e, por via de consequência, a lentidão da prestação jurisdicional, o que se tornou objeto de constantes reformas processuais que visaram à solução do problema. Ao lado da ineficiência quantitativa, ou seja, a necessidade de que mais demandas fossem julgadas em um menor lapso temporal, surge o problema da ineficiência

---

[56] PINHO, Humberto Dalla Bernardina de. A mediação no direito brasileiro: evolução, atualidades e possibilidades no projeto do novo Código de Processo Civil. In: JAYME, Fernando Gonzaga; FARIA, Juliana Cordeiro de; LAUAR, Maira Terra (Org.). *Processo civil* cit., p. 295-313.

Cap. 17 – MEIOS ALTERNATIVOS DE SOLUÇÃO DE CONFLITOS

qualitativa. Isso porque a evolução da sociedade e das relações sociais, a globalização e o avanço dos meios de comunicação fazem com que surjam litígios cada vez mais complexos.

E é nessa complexidade da litigiosidade atual que verificamos que a jurisdição estatal é limitada e não cumpre o papel de resolver de forma satisfatória todas as demandas que lhe são postas. É preciso pensar, então, em outra forma de resolver esses conflitos. Surgem, ou seria melhor dizer, ressurgem, então, os meios alternativos, como a arbitragem, mediação e conciliação, como forma de efetivação da garantia constitucional da tutela adequada de direitos.

Conforme verificamos, cada tipo de litígio se amolda melhor dentro de uma forma para a sua resolução. Sem fazer disso uma afirmação categórica e generalizada, pode-se dizer que conflitos que ocorrem entre indivíduos que mantêm uma relação continuada, ou dentro das chamadas instituições totais, nas quais o convívio se impõe, a mediação é o melhor caminho, uma vez que busca o tratamento do conflito e a verdadeira pacificação e recomposição daquele tecido social desgastado.

Por outro lado, litígios de caráter eminentemente patrimonial, principalmente envolvendo valores elevados, que demandem confidencialidade e especialização do julgador, são dirimidos de forma mais eficiente pelo procedimento arbitral, principalmente pela possibilidade de as partes escolherem o julgador. Conforme verificamos, a arbitragem já se encontra bastante avançada no Brasil. De fato, o maior problema enfrentado hoje é a adoção de um sistema que, de forma educativa e visando à verdadeira mudança cultural, faça com que as partes busquem meios autocompositivos, evitando que demandas desnecessárias cheguem ou se prolonguem no Judiciário.

À luz da experiência inglesa, verificamos que a instituição de uma política de solução autocompositiva de conflitos, com atribuição de maiores poderes ao juiz, inclusive para o direcionamento do processo para procedimentos alternativos, como a mediação e a conciliação, pode ser um caminho efetivo na implementação da cultura da pacificação no meio social.

Observamos importantes avanços em nosso sistema, principalmente com a Resolução 125 do CNJ e com o alvissareiro PL 8.906/2010, que promete conferir aos juízes maiores poderes na condução do processo e a maior flexibilidade do procedimento, o que poderá servir como forma de estímulo aos meios autocompositivos.

Esperamos que a criação dos Núcleos Permanentes de Resolução de Conflitos, bem como dos Centros Judiciários de Solução de Conflitos e Cidadania, se bem administrados e conduzidos por profissionais especializados e capacitados, possa servir como importante forma de entrega adequada da prestação jurisdicional, principalmente se bem implementados os mecanismos de triagem para o correto direcionamento das demandas.

O sucesso dos procedimentos autocompositivos no momento pós-processual, ou seja, após o ajuizamento da demanda judicial, poderá servir como estímulo para que as partes busquem os referidos centros de forma prévia, evitando que uma série de litígios cheguem ao Judiciário.

O direcionamento do litígio a métodos alternativos certamente tem por consequência o desafogamento do Judiciário, uma vez que menos demandas ficarão sob o seu crivo. Não obstante, é importante que se tenha em mente que esse jamais deve ser o objetivo principal do sistema de direcionamento da demanda à luz do princípio da adequação. A redução do número de litígios deve vir como uma consequência positiva, agregando ainda mais pontos positivos ao sistema, mas nunca uma válvula de escape para o Judiciário. O juiz deve ter a sensibilidade para verificar qual a melhor forma de resolver aquela controvérsia, e pode ser que a melhor forma seja mesmo a ação judicial.

A tentativa de mediação ou conciliação em uma relação visivelmente desgastada, sem a menor chance de realização de um acordo que realmente componha as partes e leve à tão esperada pacificação social, apenas atrasa o processo e, o que é pior, faz com que os institutos de conciliação e mediação fiquem desacreditados, afastando dos meios autocompositivos ainda mais a sociedade, a qual já não se sente com estes muito à vontade por características culturais.

Assim, de uma forma geral, as perspectivas atuais nos parecem favoráveis ao estímulo da prestação da tutela jurisdicional adequada pelos meios alternativos de solução de controvérsias. No entanto, principalmente por demandarem mudanças culturais fortes, a evolução nesse sentido dependerá de enorme esforço para a capacitação de profissionais especializados, além da mudança da mentalidade das partes, juízes e advogados na condução do processo.

7. BIBLIOGRAFIA

ALMEIDA, Diogo Assumpção Rezende de. O princípio da adequação e os métodos de solução de conflitos. *REPRO*, v. 195, maio 2011, p. 203 ss.

_____. O case management inglês: um sistema maduro? *Revista Eletrônica de Direito Processual – REDP*, v. 7, Rio de Janeiro, p. 287 ss.

ANDREWS, Neil. *The three paths of justice*. Court Proceedings, arbitration, and mediation in England. Springer: Cambridge, 2011.

_____. *O moderno processo civil*: formas judiciais e alternativas de resolução de conflitos na Inglaterra. Orientação e rev. trad. Teresa Arruda Alvim Wambier. São Paulo: RT, 2009.

BAPTISTA, Luiz Olavo. *Arbitragem comercial e internacional*. São Paulo: Lex, 2011.

BARBOSA MOREIRA, José Carlos. Correntes e contracorrentes no processo civil contemporâneo. *Temas de direito processual*. Nona série. Rio de Janeiro: Saraiva, 2007, p. 55 ss.

CAPPELLETTI, Mauro. Os métodos alternativos de solução de conflitos no quadro do movimento universal de acesso à justiça. *Revista de Processo*, n. 74, São Paulo: RT, 1994, p. 82 ss.

_____; BRYANT, Garth. *Acesso à justiça*. Trad. Ellen Gracie Northfleet. Porto Alegre: Fabris, 1988.

CARMONA, Carlos Alberto. A arbitragem no terceiro ano de vigência da Lei 9.307/1996. *Aspectos atuais da arbitragem*. Rio de Janeiro: Forense, 2001.

CHASE, Oscar. *Law, culture and ritual*. New York: New York University Press, 2005.

FISS, Owen. Against settlement. *The Yale Law Jounal*, v. 96, n. 6, may 1984, p. 1073 ss.

FULLER, Lon. The forms and limits of adjudication. *Havard Law Review*, v. 92, n. 2, dec. 1978, p. 393 ss.

MANCUSO, Rodolfo de Camargo. *A resolução dos conflitos e a função judicial no contemporâneo Estado de direito*. São Paulo: RT, 2009.

MAUS, Ingeborg. O Judiciário como superego da sociedade: o papel da atividade jurisprudencial na 'sociedade orfã'. *Novos Estudos*, n. 58, nov. 2000, p. 181 ss.

MENDONÇA, Henrique Guelber de. Direito fordista e conciliação. *Revista Eletrônica de Direito Processual*, v. 2, Rio de Janeiro, jan.-dez. 2008.

NUNES, Dierle José Coelho; BAHIA, Alexandre Gustavo Melo Franco. Processo constitucional: uma abordagem a partir dos desafios do Estado democrático de direito. *Revista Eletrônica de Direito Processual*, v. 6, Rio de Janeiro, jul.-dez. 2009, p. 233 ss.

PINHO, Humberto Dalla Bernardina de. A mediação no direito brasileiro: evolução, atualidades e possibilidades no projeto do novo Código de Processo Civil. In: JAYME, Fernando Gonzaga; FARIA, Juliana Cordeiro de; LAUAR, Maira Terra (Org.). *Processo civil*: novas tendências em homenagem ao Ministro Sálvio de Figueiredo Teixeira. Belo Horizonte: Del Rey, 2011. p. 295 ss.

_____. *Teoria geral da mediação à luz do projeto de lei e do direito comparado*. Rio de Janeiro: Lumen Juris, 2008.

_____. A mediação e a solução dos conflitos no estado democrático de direito. O 'juiz hermes' e a nova dimensão da função jurisdicional. *Revista Eletrônica de Direito Processual*, v. 2, ano 2, Rio de Janeiro, jan.-dez. 2008, p. 33 ss.

_____. *Mediação na atualidade e no futuro do processo civil brasileiro.* Disponível em: <http://www.humbertodalla.pro.br/arquivos/a_mediacao_na_atualidade_e_ no_futuro_do_proc_civ_brasileiro.pdf>. Acesso em: 28 maio 2012.

SILVESTRI, Elisabetta. Observaciones en materia de instrumentos alternativos para la resolución de las controvérsias. *Rivista Trimestrale di Diritto e Procedura Civile,* 1/1999, p. 47 ss.

SPENDLER, Fabiana Marion. *Il tempo del processo ed il tempo della mediazione.* Trabalho apresentado em Seminário junto à Universidade de Roma Tre, em Roma, na Itália, intitulado "Grammatica della Mediazione", ocorrido em jan. 2012.

_____. *Estado-Jurisdição em crise e a instituição do consenso*: por uma outra cultura no tratamento de conflitos. Tese de Doutorado em Direito pela Universidade do Vale do Rio dos Sinos – UNISINOS. São Leopoldo, nov. 2007.

TARUFFO, Michele. *Páginas sobre justicia civil.* trad. p/ o espanhol de Maximiliano Aramburo Calle. Madrid: Marcial Pons, 2009.

_____. Aspetti fondamentali del processo civile di *civil law* e di *common law. Revista da Faculdade de Direito da UFPR,* v. 36, 2001, p. 27 ss.

WATANABE, Kazuo. Cultura da sentença e cultura da conciliação. *Estudos em homenagem à professora Ada Pellegrini Grinover.* São Paulo: DPJ, 2005. p. 684 ss.

WEBER, Ana Carolina. Imparcialidade dos árbitros: um exame à luz de precedentes judiciais. *Revista Eletrônica de Direito Processual,* n. 2, Rio de Janeiro, jan.-dez. 2008, p. 55 ss.

SEGURANÇA JURÍDICA E CONFIANÇA LEGÍTIMA

18

REFLEXOS E EXPECTATIVAS PROCESSUAIS

Trícia Navarro Xavier Cabral

Sumário: 1. Introdução – 2. O novo constitucionalismo: 2.1. Segurança jurídica; 2.2. Devido processo legal; 2.3. Confiança legítima dos cidadãos – 3. O processo contemporâneo: 3.1. Segurança jurídico-processual; 3.2. O processo justo; 3.3. Expectativas processuais dos jurisdicionados – 4. Componentes da ordem processual: 4.1. Aspecto científico; 4.2. Na área legislativa; 4.3. O papel da jurisprudência; 4.4. As questões culturais – 5. Conclusão – 6. Referências bibliográficas.

1. INTRODUÇÃO

A ordem constitucional contemporânea identifica-se pela irradiação dos valores fundamentais da democracia para todos os ramos do direito, na mesma medida em que estes buscam a conformação de suas normas infraconstitucionais aos preceitos oriundos da Constituição. Esse panorama retrata a evolução do constitucionalismo,[1] sob seus diversos aspectos, indicando os principais efeitos dessas mutações paradigmáticas.

---

[1] A constitucionalização é o processo e o resultado da transformação do Direito causada pela Constituição. Já o constitucionalismo – ou o neoconstitucionalismo – é a "teoria ou o conjunto de teorias que proporcionam uma cobertura justeórica e/ou normativa à constitucionalização do Direito, em termos normalmente não positivistas" (FIGUEROA, Alfonso García. A teoria

Isso porque a ordem constitucional[2] é composta de normas e valores que identificam, direcionam e legitimam[3] o ordenamento jurídico brasileiro.

A Constituição Federal de 1988, ao instituir o Estado Democrático, anuncia em seu preâmbulo que o destina:

"[...] a assegurar o exercício dos direitos sociais e individuais, a liberdade, a segurança, o bem-estar, o desenvolvimento, a igualdade e a justiça como valores supremos de uma sociedade fraterna, pluralista e sem preconceitos, fundada na harmonia social e comprometida, na ordem interna e internacional, com a solução pacífica das controvérsias [...]"

Esses importantes objetivos impostos ao Estado Democrático de Direito lhe trazem duas relevantes tarefas: a) a de garantir a efetiva implementação dos valores ali reconhecidos; e b) a de conferir legitimidade política ao Estado de Direito, por meio de seu compromisso com o estabelecimento da ordem, da igualdade e da justiça, visando, em última análise, ao bem-estar social.[4]

Em relação à missão de garantir e efetivar os direitos dos cidadãos, a Constituição prevê uma série de mecanismos aptos a tal fim, que devem ser disponibilizados pelos Poderes Executivo, Legislativo e Judiciário, tendo cada

---

do direito em tempos de constitucionalismo. In: QUARESMA, Regina; OLIVEIRA, Maria Lúcia de Paula; OLIVEIRA, Farlei Martins Riccio de (Coord.). *Neoconstitucionalismo*. Rio de Janeiro: Forense, 2009. p. 146-147).

[2] "A constituição confere **legitimidade** a uma ordem política e dá **legitimação** aos respectivos titulares do poder político. Precisamente por isso se diz que a Constituição se assume como *estatuto jurídico do político* (Castanheira Neves) num duplo sentido – o da legitimidade e da legitimação. O esforço de constituir uma ordem política segundo *princípios justos* consagrados na Constituição confere a esta ordem uma indispensável bondade material (*legitimidade*) e ao vincular juridicamente os titulares do poder *justifica* o poder de 'mando', de 'governo', de 'autoridade' destes titulares (*legitimação*)" (CANOTILHO, José Joaquim Gomes. *Direito constitucional e teoria da Constituição*. 4. ed. Coimbra: Almedina, 2000. p. 1439).

[3] "Do ponto de vista comunicacional, a questão da legitimidade se coloca no nível *fático* e não moral. Trata-se do *reconhecimento*, em última instância, das decisões do detentor do poder" (FERRAZ JUNIOR, Tercio Sampaio. *Estudos de filosofia do direito*: reflexões sobre o poder, a liberdade, a justiça e o direito. 3. ed. São Paulo: Atlas, 2009. p. 58).

[4] "A segurança jurídica, na sua dimensão objetiva, exige um patamar mínimo de continuidade do (e, *no* nosso sentir, também *no*) Direito, ao passo que na perspectiva subjetiva, significa a proteção da confiança do cidadão nesta continuidade da ordem jurídica no sentido de uma segurança jurídica individual das suas próprias posições jurídicas" (SARLET, Ingo Wolfgang. A eficácia do direito fundamental à segurança jurídica: dignidade da pessoa humana, direitos fundamentais e proibição do retrocesso social no direito constitucional brasileiro. In: ROCHA, Cármen Lúcia Antunes (Coord.). *Constituição e segurança jurídica*: direito adquirido, ato jurídico perfeito e coisa julgada. Estudos em homenagem a José Paulo Sepúlveda Pertence. Belo Horizonte: Fórum, 2004. p. 96).

qual uma função determinada no contexto social. É a segurança jurídica atuando como garantia e como controle dos atos estatais.[5]

Já a segunda tarefa está relacionada ao princípio da confiança legítima dos cidadãos, que imprime grande expectativa na tutela estatal de suas relações passadas, presentes e futuras.[6] Trata-se de um importante componente psicológico[7] que regula as condutas humanas em favor do respeito ao Estado de Direito qualificado pela democracia.[8]

---

[5] "A instituição de regras delimitadoras dos Poderes do Estado e de regras garantidoras de direitos processuais favorece os ideais de confiabilidade e de calculabilidade do ordenamento: de confiabilidade, porque o cidadão não poderá ser simplesmente surpreendido com a restrição dos seus direitos sem que possa defender-se – com o que o ordenamento jurídico ganha em estabilidade; de calculabilidade, porque o cidadão poderá prever a atuação estatal e proteger-se desta última por meio de instrumentos processuais adequados. Em razão dessa vinculação entre segurança jurídica e instrumentos processuais de proteção, chega-se mesmo a falar em 'princípio da segurança jurídica instrumental' (*Grundsatz der Rechtsmittelsicherheit*): o cidadão não pode ser surpreendido com a mudança nas regras procedimentais nas quais confiou e com as quais poderá proteger os seus direitos fundamentais; daí por que qualquer alteração, além de medida na intensidade da restrição que provoca nesses direitos, deverá passar pelos critérios de proporcionalidade e de razoabilidade" (ÁVILA, Humberto. *Segurança jurídica*: entre permanência, mudança e realização no direito tributário. São Paulo: Malheiros, 2011. p. 232-233).

[6] "Para confortar-se no sentido de que pelo menos o que lhe vai no entorno é estável, o homem institui um direito à segurança do seu patrimônio de bens jurídicos, o que fundamenta os sistemas normativos desde a Antiguidade. A segurança não é, contudo, valor, é qualidade de um sistema ou de sua aplicação. Valor é a justiça, que é buscada pela positivação e aplicação de qualquer sistema. O que é seguro pode não ser justo, mas o inseguro faz-se injustiça ao ser humano, tão carente de certeza é ele em sua vida. Segurança jurídica é o direito da pessoa à estabilidade em suas relações jurídicas. Este direito articula-se com a garantia da tranquilidade jurídica que as pessoas querem ter, com a sua certeza de que as relações jurídicas não podem ser alteradas numa imprevisibilidade que as deixe instáveis e inseguras quanto ao seu futuro, quanto ao seu presente e até mesmo quanto ao passado. O direito à segurança espraia-se num conjunto de outros direitos e garantias que se acoplam e se moldam no sistema constitucional e infraconstitucional, compondo um ordenamento que deixa todos e cada um certos de seus direitos e da eficácia que eles produzem" (ROCHA, Cármen Lúcia Antunes. O princípio da coisa julgada e o vício de inconstitucionalidade. In: ROCHA, Cármen Lúcia Antunes (Coord.). *Constituição e segurança jurídica* cit., p. 168).

[7] "A análise das razões de obediência tem sido posta ao longo da história do pensamento político por todos aqueles autores que se preocuparam não só com a descrição do poder, mas também com a sua justificação ou aceitabilidade. Isso não quer dizer que seja impossível uma análise descritiva da própria legitimidade, tarefa que foi lograda com Weber, como se verá a seu tempo, mas significa sim que existe um elemento na legitimidade que foge ao campo do meramente factual, abrindo-se para os aspectos psicológicos e valorativos dos indivíduos" (CADEMARTORI, Sergio. *Estado de direito e legitimidade*: uma abordagem garantista. 2. ed. atual. e ampl. Campinas: Millennium, 2006. p. 116).

[8] "O homem precisa de *segurança* para conduzir, planificar e conformar autônoma e responsavelmente a sua vida. Por isso, desde cedo se consideram os princípios da *segurança jurídica* e da *protecção da confiança* como elementos constitutivos do Estado de direito" (CANOTILHO, José Joaquim Gomes. *Direito constitucional e teoria da Constituição* cit., p. 257).

A segurança jurídica e a confiança legítima do cidadão, atuando harmoniosamente, conferem o que se denomina de ordem pública, que é um estado de coisas essencial à existência de uma sociedade, especialmente a regulada pelo Direito.[9] Por sua vez, enquanto a segurança jurídica[10] representa o mundo concreto da ordem pública, a Justiça representaria o seu mundo ideal, desejável, ainda que nem sempre alcançável.[11] Acresça-se a isso a importância da cláusula do devido processo legal, responsável pela regularidade procedimental dos mecanismos aptos a alcançarem os direitos e garantias individuais e coletivas.

Percebe-se, pois, que a segurança jurídica, o devido processo legal e a confiança legítima são elementos constitucionais que dão sustentação ao Estado de Direito qualificado pela democracia, e por isso devem pautar todos os atos públicos e privados.

Além disso, a ordem constitucional, para alcançar sua finalidade,[12] utiliza-se de um aparato normativo que deve não só regular satisfatoriamente as relações

---

[9] "O princípio da proteção da confiança, na condição de elemento nuclear do Estado de Direito (além da sua íntima conexão com a própria segurança jurídica) impõe ao Poder Público – inclusive (mas não exclusivamente) como exigência da boa-fé nas relações com os particulares – o respeito pela confiança depositada pelos indivíduos em relação a uma certa estabilidade e continuidade da ordem jurídica como um todo e das relações jurídicas especificamente consideradas" (SARLET, Ingo Wolfgang. A eficácia do direito fundamental à segurança jurídica: dignidade da pessoa humana, direitos fundamentais e proibição do retrocesso social no direito constitucional brasileiro. In: ROCHA, Cármen Lúcia Antunes (Coord.). *Constituição e segurança jurídica* cit., p. 114).

[10] "Para organização de seu programa pacificador, o Direito maneja com dois valores primaciais: a Justiça e a Segurança. O primeiro deles corresponde a anseio de ordem ética, cujo conteúdo é variável e indefinível, tendendo, quando levado a sua pureza extrema a um caráter absoluto inatingível pelas limitações do conhecimento possível do homem, dentro do plano da racionalidade. O segundo é a meta prática, concreta, que o direito pode e deve realizar, e que a inteligência humana pode perfeitamente captar, compreender e explicar. É com o seu concurso que a paz procurada pela sociedade consegue ser estabelecida" (THEODORO JÚNIOR, Humberto. *A onda reformista do direito positivo e suas implicações com o princípio da segurança jurídica*. Disponível em: <http://bdjur.stj.gov.br/dspace/handle/2011/20687>. Acesso em: 25 abr. 2012, p. 26-27).

[11] "[...] O mundo do Direito, portanto, não é o da Justiça (em seu feitio absoluto). É o da segurança. Sem justiça alguma o Direito – é verdade – encontrará dificuldades para manter seu projeto de pacificação social. Sem segurança, porém, o Direito simplesmente não existe" (THEODORO JÚNIOR, Humberto. *A onda reformista do direito positivo e suas implicações com o princípio da segurança jurídica* cit., p. 30).

[12] "Adotando-se a concepção de Ronald Dworkin, acredita-se que o ordenamento jurídico é um sistema no qual, ao lado das normas legais, existem princípios que incorporam as exigências de justiça e dos valores éticos. Estes princípios constituem o suporte axiológico que confere coerência interna e estrutura harmônica a todo sistema jurídico. Neste sentido, a interpretação constitucional é aquela interpretação norteada por princípios fundamentais de modo a salvaguardar, da melhor maneira, os valores protegidos pela ordem constitucional. Impõe-se a escolha da interpretação mais adequada à teleologia, à racionalidade, à principiologia e à lógica constitucional. [...] À luz desta concepção, infere-se que o valor da dignidade da pessoa humana, bem como o valor dos direitos e garantias fundamentais vêm a constituir os princípios constitucionais que incorporam as exigências de justiça e dos valores éticos, conferindo um arcabouço axiológico a

sociais, mas também estabelecer as possíveis formas de proteção dos direitos e garantias reconhecidos.

Nesse contexto, o direito processual atua como um poderoso instrumento de realização dos ideais da Constituição. É por meio dele que se concretizam os direitos fundamentais constitucionalmente reconhecidos, explícita ou implicitamente, por meio de técnicas adequadas a tal fim. Com isso, exige-se que o direito processual esteja afinado com os preceitos constitucionais, ao mesmo tempo absorvendo e transmitindo seus valores.

Não obstante, o processo deve observar criteriosamente a cláusula do devido processo legal, em seu aspecto formal e substancial, garantindo, assim, a legalidade e o controle dos atos pelos jurisdicionados. Por outro lado, as técnicas processuais devem estar atualizadas com as transformações sociais e jurídicas, a fim de que possam atender ao direito material questionado. Como se observa, o processo, em sua missão constitucional, se caracteriza não só como um instrumento de resolução de conflitos, mas também como garantia de uma tutela jurisdicional adequada, igualitária, eficiente e justa.

Assim, todos esses aspectos constitucionais e processuais asseguram o exercício dos direitos individuais e coletivos, conferindo segurança jurídica e proporcionando, por conseguinte, a confiança legítima dos cidadãos no ordenamento jurídico como um todo.[13]

Feitas essas observações, passa-se a abordar os temas de modo mais específico, concluindo-se o trabalho com a análise dos variados reflexos dos assuntos na ordem processual.

2. O NOVO CONSTITUCIONALISMO

Importantes acontecimentos políticos, sociais, econômicos e jurídicos traçaram o atual perfil do nosso Estado de Direito e da atual formatação do direito

---

todo sistema jurídico brasileiro. A partir dessa nova racionalidade, passou-se a tomar o Direito Constitucional não como o tradicional ramo político do sistema jurídico de cada nação, mas sim, notadamente, como o seu principal referencial de justiça" (PIOVESAN, Flavia; IKAWA, Daniela. Segurança jurídica e direitos humanos: o direito à segurança de direitos. In: ROCHA, Cármen Lúcia Antunes (Coord.). *Constituição e segurança jurídica* cit., p. 63-64).

[13] "[...] A certeza da inviolabilidade da Constituição é a fonte da confiança no sistema normativo, que se expressa no princípio da segurança jurídica. Há de se realçar que o direito produz-se como expressão da Justiça, o que conduz à legitimidade das relações sociais. O direito tem por fim realizar o justo, conferindo à pessoa certeza objetiva em sua vivência e convivência. A Justiça busca realizar-se pela verdade, enquanto a certeza busca efetivar-se pela estabilidade. A verdade jurídica justa produz a segurança. E é a estabilidade que produz a coisa julgada, tradução de firmeza e fixidez nas decisões judiciais prolatadas pelo Estado" (ROCHA, Cármen Lúcia Antunes. O princípio da coisa julgada e o vício de inconstitucionalidade. In: ROCHA, Cármen Lúcia Antunes (Coord.). *Constituição e segurança jurídica* cit., p. 170).

constitucional. Com a queda do Estado Liberal individualista do século XIX e o início do Estado Social, o panorama jurídico até então existente alterou-se completamente e exigiu do Estado o abandono de sua inércia em face das relações jurídicas, para iniciar uma era em que se exercem maiores ingerências estatais como forma de oferecer maior proteção aos cidadãos.

Não obstante, verifica-se que, ao longo do século XX, o ordenamento jurídico pátrio sofreu relevantes mutações valorativas, acompanhando as tendências mundiais.[14] Criaram-se então novas perspectivas jurídicas, principalmente após a remodelação a que o Estado de Direito foi submetido, ao abandonar a antiga concepção liberal para adotar uma postura mais intervencionista, atendendo-se ao que se denomina de Estado Social. Ressalte-se que a mutação cultural que desencadeou a evolução da ciência jurídica teve efetivo início[15] com o desenvolvimento do direito constitucional contemporâneo após a Segunda Grande Guerra Mundial, em que o ente estatal foi pressionado a atuar positivamente, garantindo à sociedade multiplicada os benefícios de uma população massificada, como, *v.g.*, segurança, saúde e qualidade de vida.

Posteriormente, essa postura foi qualificada pela adoção de elementos e ideais substanciais da democracia – supremacia da vontade do povo, preservação da liberdade e da igualdade –, definindo o atual Estado Democrático.[16]

Essas relevantes transformações do direito constitucional estão mudando substancialmente a forma como ele é analisado e aplicado, sendo que essa grande alteração ideológica e paradigmática ocorrida ao longo do século XX mobilizou o mundo jurídico[17] a acompanhar a trajetória constitucional, diagnosticando efeitos e consequências da nova forma de interpretação jurídica.[18]

---

[14] As transformações também foram observadas nas Constituições italiana (1947), portuguesa (1976) e espanhola (1978). Ver: CAMBI, Eduardo. *Neoconstitucionalismo e neoprocessualismo*: direitos fundamentais, políticas públicas e protagonismo judiciário. São Paulo: RT, 2009. p. 31.

[15] "A Revolução Francesa, cuja deflagração ocorreu simbolicamente com a queda da Bastilha em 1789, foi o grande marco histórico do Estado moderno. A Declaração dos Direitos do Homem e do Cidadão inaugurou a nova ideologia, fundada na Constituição, na separação dos poderes e nos direitos fundamentais" (idem, p. 21).

[16] "A ideia moderna de um Estado Democrático tem suas raízes no século XVIII, implicando a afirmação de certos valores fundamentais da pessoa humana, bem como a exigência de organização e funcionamento do Estado tendo em vista a proteção daqueles valores" (DALLARI, Dalmo de Abreu. *Elementos de teoria geral do Estado*. 27. ed. São Paulo: Saraiva, 2007. p. 145).

[17] Sobre o desenvolvimento do constitucionalismo no cenário internacional, ver: ACKERMAN, Bruce. A ascensão do constitucionalismo mundial. In: SOUZA NETO, Cláudio Pereira; Sarmento, Daniel (Coord.). *A constitucionalização do direito*: fundamentos teóricos e aplicações específicas. Rio de Janeiro: Lumen Juris, 2007. p. 89-111.

[18] "Nesse ambiente, a Constituição passa a ser não apenas um sistema em si – com a sua ordem, unidade e harmonia – mas também um modo de olhar e interpretar todos os demais ramos do Direito. A constitucionalização identifica um efeito expansivo das normas constitucionais, que se irradiam por todo o sistema jurídico. Os valores, os fins públicos e os comportamentos

Cap. 18 - SEGURANÇA JURÍDICA E CONFIANÇA LEGÍTIMA

No Brasil, essa nova percepção da Constituição teve como marco histórico a Constituição da República de 1988, uma vez que foi responsável pelo processo de redemocratização do país, afastando a indiferença que existia em relação ao direito constitucional, para se criar um *sentimento constitucional*[19] em relação à Carta Magna. No campo filosófico, atribui-se ao pós-positivismo as transformações ocorridas no direito constitucional. Já no direito constitucional, três situações contribuíram para as mudanças: a) reconhecimento de força normativa às disposições constitucionais, que passam a ter aplicabilidade direta e imediata; b) a expansão da jurisdição constitucional; e c) o surgimento de uma nova forma de interpretação constitucional, que trouxe relevantes transformações para a hermenêutica jurídica.[20]

Além disso, a Constituição Cidadã trouxe o capítulo referente aos direitos e garantias fundamentais do fim para o início do texto.[21] Essa alteração da ordem topológica teve forte influência dos ideais da Declaração Universal dos Direitos Humanos de 1948, fazendo com que a doutrina passasse a se preocupar não só com o reconhecimento de direitos, mas também com a sua efetivação e efetividade.[22]

Luís Roberto Barroso ensina que a busca pela efetividade ensejou três relevantes alterações paradigmáticas, senão vejamos:

> Para realizar seus propósitos, o movimento pela efetividade promoveu, com sucesso, três mudanças de paradigma na teoria e na prática do direito constitucional do país. No plano *jurídico*, atribuiu normatividade plena à Constituição, que se tornou

---

contemplados nos princípios e regras da Lei Maior passam a condicionar a validade e o sentido de todas as normas de direito infraconstitucional. À luz de tais premissas, toda interpretação jurídica é também interpretação constitucional. Qualquer operação de realização do Direito envolve a aplicação direta ou indireta da Constituição. Direta, quando uma pretensão se fundar em uma norma constitucional; e indireta quando se fundar em uma norma infraconstitucional, por duas razões: a) antes de aplicar a norma, o intérprete deverá verificar se ela é compatível com a Constituição, porque, se não for, não poderá fazê-la incidir; e b) ao aplicar a norma, deverá orientar seu sentido e alcance à realização dos fins constitucionais" (BARROSO, Luís Roberto. Vinte anos da constituição brasileira de 1988: o Estado a que chegamos. In: SOUZA NETO, Cláudio Pereira; Sarmento, Daniel; BINENBOJM, Gustavo (Org.). *Vinte anos da Constituição de 1988*. Rio de Janeiro: Lumen Juris, 2009. p. 60-61).

[19] Idem, p. 58-60.

[20] Idem, p. 58.

[21] ZANETI JUNIOR, Hermes. Processo constitucional: relações entre processo e Constituição. *Revista da AJURIS*, Porto Alegre: Associação dos Juízes do Rio Grande do Sul, ano 31, n. 94, jun. 2004, p. 115.

[22] "A essência da doutrina da efetividade é tornar as normas constitucionais aplicáveis direta e imediatamente, na extensão máxima de sua densidade normativa. Como consequência, sempre que violado um mandamento constitucional, a ordem jurídica deve prover mecanismos adequados de tutela – por meio da *ação* e da *jurisdição* –, disciplinando os remédios jurídicos próprios e a atuação efetiva de juízes e tribunais" (BARROSO, Luís Roberto. Vinte anos da constituição brasileira de 1988: o Estado a que chegamos. In: SOUZA NETO, Cláudio Pereira; SARMENTO, Daniel; BINENBOJM, Gustavo (Org.). *Vinte anos da Constituição de 1988* cit., p. 57).

fonte de direitos e obrigações, independentemente da intermediação do legislador. Do ponto de vista *científico* ou dogmático, reconheceu o direito constitucional um objeto próprio e autônomo, estremando-o do discurso puramente político ou sociológico. E, por fim, sob o aspecto *institucional*, contribuiu para a ascensão do Poder Judiciário no Brasil, dando-lhe um papel mais destacado na concretização dos valores e dos direitos constitucionais. O discurso normativo, científico e judicialista foi fruto de uma necessidade histórica. O *positivismo constitucional*, que deu impulso ao movimento, não importava em *reduzir* o direito à norma, mas sim em *elevá-lo* a esta condição, pois até então ele havia sido menos do que norma. A efetividade foi o rito de passagem do velho para o novo direito constitucional, fazendo com que a Constituição deixasse de ser uma miragem, com as honras de uma falsa supremacia, que não se traduzia em proveito para a cidadania.[23]

Dentro desse panorama encontra-se ainda o novo sistema de interpretação constitucional, que deve pautar o estudo do neoconstitucionalismo e do neoprocessualismo,[24] consistente em se atentar não só para o discurso teórico, mas também para o modo como o direito é efetivamente operado, esse sim muito mais difícil do que o plano das teorias.

Na realidade, o neoconstitucionalismo também pode ser visto como uma consequência da evolução sofrida pela teoria dos princípios no mundo jurídico. Isso porque a juridicidade dos princípios passou por três fases distintas: a) a jusnaturalista, em que sua normatividade é basicamente nula ou duvidosa, contrastando com sua dimensão ético-valorativa de ideia que inspira os postulados de justiça; b) a positivista,[25] em que os princípios entram já nos Códigos como fonte normativa subsidiária e, ainda, na qualidade de princípios gerais do Direito, além de constituírem nas ordens constitucionais meras pautas programáticas, de pouca relevância jurídica; e c) a do pós-positivismo, em que as novas constituições das últimas décadas do século XX acentuam a hegemonia axiológica dos princípios, convertidos em pedestal normativo[26] sobre o qual se baseia toda a construção jurídica dos novos sistemas constitucionais.[27]

---

[23] Idem, p. 57-58.

[24] "O termo 'neo' (novo) permite chamar a atenção do operador do direito para mudanças paradigmáticas" (CAMBI, Eduardo. Neoconstitucionalismo e neoprocessualismo. In: FUX, Luiz; NERY JUNIOR, Nelson; WAMBIER, Teresa Arruda Alvim (Coord.). *Processo e Constituição*: estudos em homenagem ao professor José Carlos Barbosa Moreira. São Paulo: RT, 2006. p. 670-672).

[25] "O positivismo jurídico, incorporando o positivismo filosófico, procurou criar uma ciência jurídica com características análogas às ciências exatas e naturais" (CAMBI, Eduardo. Neoconstitucionalismo e neoprocessualismo. In: FUX, Luiz; NERY JUNIOR, Nelson; WAMBIER, Teresa Arruda Alvim (Coord.). *Processo e Constituição* cit., p. 113).

[26] "Partindo-se da função interpretativa e integrativa dos princípios – cristalizada no conceito de sua fecundidade – é possível chegar, numa escala de densidade normativa, ao mais alto grau a que eles já subiram na própria esfera do Direito Positivo: o grau constitucional" (BONAVIDES, Paulo. *Curso de direito constitucional*. 13. ed. São Paulo: Malheiros, 2003. p. 274).

[27] Idem, p. 255-266.

Ressalte-se que a fase pós-positivista[28] foi inicialmente tratada no Brasil em 1995 por Paulo Bonavides, que, além de abandonar a separação entre o direito e a moral, viu na normatividade constitucional dos princípios[29] a principal razão da mutação de seu caráter programático para uma força positiva incontrastável.[30] Dessa forma, os princípios se tornaram normas-chaves de todo o sistema jurídico, oxigenando as constituições e auferindo a valoração de sua ordem normativa, adquirindo a qualidade de instância juspublicística primária, sede de toda legitimidade de poder, "[...] por ser tal instância a mais consensual de todas as intermediações doutrinárias entre o Estado e a Sociedade".[31]

E além da constitucionalização dos princípios, outro fator que caracteriza construtivamente o neoconstitucionalismo é a atividade argumentativa,[32] a racionalidade jurídica e o papel da hermenêutica jurídica.[33] Em outros termos, na medida em que os direitos fundamentais se expressam por meio de princípios, reforçam a importância de uma teoria da interpretação[34] e da argumentação.[35]

---

[28] "Em uma cultura pós-positivista, o Direito se aproxima da Ética, tornando-se instrumento da legitimidade, da justiça e da realização da dignidade da pessoa humana" (BARROSO, Luís Roberto. Judicialização, ativismo judicial e legitimidade democrática. *Revista de Direito do Estado*, v. 13, Rio de Janeiro: Renovar, 2009, p. 83).

[29] O princípio possui uma função interna no ordenamento, de justificação, de impulso e de delimitação. SILVESTRI, Gaetano. *Dal potere ai principi*: liberta ed eguaglianza nel costituzionalismo contemporaneo. Laterza: Bari, 2009. p. 38.

[30] "A inserção constitucional dos princípios ultrapassa, de último, a fase hermenêutica das chamadas normas programáticas. Eles operam nos textos constitucionais da segunda metade deste século uma revolução de juridicidade sem precedente nos anais do constitucionalismo. De princípios gerais se transformaram, já, em princípios constitucionais" (BONAVIDES, Paulo. *Curso de direito constitucional* cit., p. 259).

[31] Idem, p. 293.

[32] "Argumentar significa, acima de tudo, fornecer razões que deem suporte a certas conclusões; é, basicamente, uma atividade de justificação. Garante uma determinada qualidade a enunciados que pretendem, por serem fundamentados, gozar de aceitabilidade racional por parte dos auditórios aos quais são endereçados. Uma argumentação garante motivos para que se acredite em uma certa conclusão, razões geradoras de convicção. Argumentar significa defender uma pretensão com boas razões, expor essas pretensões às críticas, submetendo-as a uma espécie de banho cáustico propiciado pelo confronto de opiniões e pela troca de argumentos e contra-argumentos" (MAIA, Antonio Cavalcanti. Nos vinte anos da carta cidadã: do pós-positivismo ao neoconstitucionalismo. In: SOUZA NETO, Cláudio Pereira; SARMENTO, Daniel; BINENBOJM, Gustavo (Org.). *Vinte anos da Constituição de 1988* cit., p. 136).

[33] "O direito, antes de ser uma regra ou instituição, é uma obra hermenêutica, um discurso, que se articula entre a regra e o fato, a letra e o espírito, a ordem e a desordem, a força e a justiça" (CAMBI, Eduardo. Neoconstitucionalismo e neoprocessualismo. In: FUX, Luiz; NERY JUNIOR, Nelson; WAMBIER, Teresa Arruda Alvim (Coord.). *Processo e Constituição* cit., p. 87).

[34] A queda do legislador e a ascensão do intérprete também vêm sendo objeto de estudo na sociologia: "Hoje, as hierarquias não estão intactas nem livres de ameaças. As tarefas de legitimar e de legislar de súbito mostram-se muito separadas, uma vez que as razões para supor o poder legislador da legitimação sofreram erosão progressiva" (BAUMAN, Zygmunt. *Legisladores e intérpretes*: sobre modernidade, pós-modernidade e intelectuais. Trad. Renato Aguiar. Rio de

Portanto, o neoconstitucionalismo representa um paradigma jurídico que reformula o problema clássico do conceito de direito e de seu valor moral a partir de duas vertentes: a carga axiológica do direito nos estados constitucionais e o funcionamento e a estrutura particulares das normas sobre direitos fundamentais.[36]

2.1. Segurança jurídica

A noção de segurança está inserida na sociedade e constitui o pilar de sustentação do sistema jurídico, firmando-se na certeza, na previsibilidade e na estabilidade do direito e das relações jurídicas, fazendo-se essencial na estruturação de uma sociedade organizada. Por sua vez, a segurança deve ser vista sob a ótica do indivíduo e não a do Estado,[37] a fim de garantir, de forma ampla, os direitos e as liberdades[38] públicas.[39-40]

Janeiro: Zahar, 2010. p. 193). Em outro trecho o autor complementa: "A redescoberta da hermenêutica e o entusiasmo com que os filósofos e cientistas sociais saudaram *Verdade e método*, de Gadamer, um sofisticado manifesto contra a verdade metódica e o método verdadeiro; que tenta redefinir a tarefa da filosofia ou da ciência social como um trabalho de interpretação, de busca de significado, de tornar 'o outro' compreensível; de fazer-se entender – e assim facilitar um intercâmbio entre formas de vida – e abrir à comunicação mundos de significado que permaneceriam fechados" (idem, p. 197-198).

[35] FIGUEROA, Alfonso García. Princípios e direitos fundamentais. In: SOUZA NETO, Cláudio Pereira; SARMENTO, Daniel (Coord.). *A constitucionalização do direito* cit., p. 16.

[36] MAIA, Antonio Cavalcanti. Nos vinte anos da carta cidadã: do pós-positivismo ao neoconstitucionalismo. In: SOUZA NETO, Cláudio Pereira; Sarmento, Daniel; BINENBOJM, Gustavo (Org.). *Vinte anos da Constituição de 1988* cit., p. 151.

[37] "A segurança é vista aqui a partir do indivíduo e não do Estado, isto é, a partir de um discurso de direitos e não de restrição de direitos. [...] O direito à segurança de direitos, fundamentado no reconhecimento da dignidade da pessoa humana, já estava previsto, ainda que implicitamente, no preâmbulo da Declaração Universal de Direitos Humanos de 1948. Nesse preâmbulo, verificava-se o compromisso dos Estados de 'promover, em cooperação com as Nações Unidas, o respeito universal aos direitos e liberdades fundamentais da pessoa e da observância desses direitos e liberdades'" (PIOVESAN, Flavia; IKAWA, Daniela. Segurança jurídica e direitos humanos: o direito à segurança de direitos. In: ROCHA, Cármen Lúcia Antunes (Coord.). *Constituição e segurança jurídica* cit., p. 48).

[38] "O conhecimento convencional, de longa data, situa a segurança – e, no seu âmbito, a *segurança jurídica* – como um dos fundamentos do Estado e do Direito, ao lado da justiça e, mais recentemente, do bem-estar social. As teorias democráticas acerca da origem e justificação do Estado, de base contratualista, assentam-se sobre uma cláusula comutativa: recebe-se em segurança aquilo que se concede em liberdade" (BARROSO, Luís Roberto. Em algum lugar do passado: segurança jurídica, direito intertemporal e o novo Código Civil. In: ROCHA, Cármen Lúcia Antunes (Coord.). *Constituição e segurança jurídica* cit., p. 139).

[39] "[...] A CONCEPÇÃO DEMOCRÁTICA DO ESTADO DE DIREITO REFLETE UMA REALIDADE DENSA DE SIGNIFICAÇÃO E PLENA DE POTENCIALIDADE CONCRETIZADORA DOS DIREITOS E DAS LIBERDADES PÚBLICAS. – O Estado de Direito, concebido e estruturado em bases democráticas, mais do que simples figura conceitual ou mera proposição

Cap. 18 - SEGURANÇA JURÍDICA E CONFIANÇA LEGÍTIMA

Com efeito, a Assembleia Nacional francesa, ao instituir a Declaração dos Direitos do Homem e do Cidadão, de 1789,[41] já estabelecia a segurança como um direito natural e imprescritível do homem e do cidadão, cuja conservação era imprescindível, o que veio a se consolidar com o advento da Constituição de 1973.[42]

Não obstante, a segurança também esteve presente implicitamente no preâmbulo da Declaração Universal dos Direitos Humanos de 1948 ao prever que "[...] os Estados-Membros se comprometeram a desenvolver, em cooperação com as Nações Unidas, o respeito universal aos direitos humanos e liberdades fundamentais e a observância desses direitos e liberdades [...]".

Assim, a segurança é uma necessidade humana que representa a confiabilidade da sociedade na própria organização estatal.

A segurança *jurídica*,[43] por sua vez, expressa e legitima o próprio Estado de Direito,[44] que é aquele capaz de reconhecer e garantir os direitos fundamentais

---

doutrinária, reflete, em nosso sistema jurídico, uma realidade constitucional densa de significação e plena de potencialidade concretizadora dos direitos e das liberdades públicas. – A opção do legislador constituinte pela concepção democrática do Estado de Direito não pode esgotar-se numa simples proclamação retórica. A opção pelo Estado democrático de direito, por isso mesmo, há de ter consequências efetivas no plano de nossa organização política, na esfera das relações institucionais entre os poderes da República e no âmbito da formulação de uma teoria das liberdades públicas e do próprio regime democrático. Em uma palavra: ninguém se sobrepõe, nem mesmo os grupos majoritários, aos princípios superiores consagrados pela Constituição da República. [...]" (MS 24849, rel. Min. Celso de Mello, Tribunal Pleno, j. 22.06.2005, *DJ* 29.09.2006 PP-00035 EMENTA VOL-02249-08 PP-01323).

[40] Sobre as liberdades públicas, cf. NOGUEIRA, Alberto. *Jurisdição das liberdades públicas*. Rio de Janeiro: Renovar, 2003.

[41] "Art. 2.º O fim de toda a associação política é a conservação dos direitos naturais e imprescritíveis do homem. Esses Direitos são a liberdade, a propriedade, a segurança e a resistência à opressão."

[42] "O próprio constitucionalismo francês procurou conceituar o termo no preâmbulo da Constituição de 24 de junho de 1793: 'A segurança consiste na proteção conferida pela sociedade a cada um de seus membros para conservação de sua pessoa, de seus direitos e de suas propriedades'. Tal formulação se aproxima da cláusula do devido processo legal do direito anglo-saxão, incorporada quase literalmente à Constituição brasileira em vigor, no art. 5.º, LIV" (BARROSO, Luís Roberto. Em algum lugar do passado: segurança jurídica, direito intertemporal e o novo Código Civil In: ROCHA, Cármen Lúcia Antunes (Coord.). *Constituição e segurança jurídica* cit., p. 139).

[43] "A segurança jurídica é, como se tem por óbvio, segurança constitucional. Quando não há garantia do direito constitucionalmente posto, não se há cogitar de segurança de direitos infraconstitucionais. De resto, a segurança põe-se a partir da confiança que se tem no Estado e no Direito que esta pessoa formalmente positiva. Ora, o Estado de Direito é o Estado Constitucional. O ramo do direito que estrutura e organiza o Estado é o constitucional, a partir do qual todos os outros ramos se concebem e se põem" (ROCHA, Cármen Lúcia Antunes. O princípio da coisa julgada e o vício de inconstitucionalidade. In: ROCHA, Cármen Lúcia Antunes (Coord.). *Constituição e segurança jurídica* cit., p. 170).

[44] "Com efeito, a doutrina constitucional contemporânea, de há muito e sem maior controvérsia no que diz com este ponto, tem considerado a segurança jurídica como expressão inarredável

por meio de sua constitucionalização, na mesma medida em que deve proteger a confiança legítima dos cidadãos no funcionamento adequado do ordenamento jurídico. Esses dois elementos – segurança jurídica e confiança legítima – acabam por estabelecer uma ordem constitucional necessária à organização social, traduzindo, em última análise, a perspectiva de se alcançar a justiça e a paz na sociedade.

Quanto à sua natureza jurídica, há divergência doutrinária quanto a constituir um valor,[45-46] um princípio[47] ou uma qualidade do sistema jurídico.[48] Pode ainda ser classificada como uma garantia, como proteção dos direitos subjetivos, como direito social e como a finalidade do Direito.[49] Contudo, todos esses diferentes ângulos estão presentes na caracterização da segurança jurídica e indicam a sua relevância para o Estado de Direito.[50]

---

do Estado de Direito, de tal sorte que a segurança jurídica passou a ter o status de subprincípio concretizador do princípio fundamental e estruturante do Estado de Direito. Assim, para além de assumir a condição de direito fundamental da pessoa humana, a segurança jurídica constitui simultaneamente princípio fundamental da ordem jurídica estatal e, para além desta, da própria ordem jurídica internacional" (SARLET, Ingo Wolfgang. A eficácia do direito fundamental à segurança jurídica: dignidade da pessoa humana, direitos fundamentais e proibição do retrocesso social no direito constitucional brasileiro. In: ROCHA, Cármen Lúcia Antunes (Coord.). *Constituição e segurança jurídica* cit., p. 90).

[45] "O valor decorre de um juízo sobre algo, um juízo adjetivador que reconhece uma qualidade em jogo, podendo ser o objeto de análise deste juízo uma conduta humana ou não. O princípio, enquanto espécie de norma jurídica que é, espelha um valor, mas ultrapassa o campo de análise deste, pois além de espelhar uma determinada opção do sistema por aquele valor, também determina condutas futuras" (OLIVEIRA, Patrícia Elias Cozzolino de. Sistemas, regras e princípios na Constituição brasileira de 1988. In: LOPES, Maria Elizabeth de Castro; NETO, Olavo de Oliveira (Org.). *Princípios processuais civis na Constituição*. Rio de Janeiro: Elsevier, 2008. p. 6).

[46] "A segurança é um dos valores que informam o direito positivo. Em verdade, a positividade do direito é uma exigência dos valores da ordem, da segurança e da certeza jurídicas" (SILVA, José Afonso da. Constituição e segurança jurídica. In: ROCHA, Cármen Lúcia Antunes (Coord.). *Constituição e segurança jurídica* cit., p. 15).

[47] "[...] Pode-se, com isso, afirmar que a segurança jurídica é uma norma jurídica que determina a adoção de comportamentos humanos que provoquem efeitos que contribuam para a promoção de um estado de cognoscibilidade, de confiabilidade e de calculabilidade do Direito, cuja concretização depende de regras abstratas ou concretas. Noutras palavras, segurança jurídica é uma *norma* que determina a realização de um *estado de fato* marcado, como já referido, pela capacidade do indivíduo de fazer dignamente um planejamento estratégico juridicamente informado e respeitado da sua ação" (ÁVILA, Humberto. *Segurança jurídica* cit., p. 182).

[48] Nesse sentido: ROCHA, Cármen Lúcia Antunes. O princípio da coisa julgada e o vício de inconstitucionalidade. In: ROCHA, Cármen Lúcia Antunes (Coord.). *Constituição e segurança jurídica* cit., p. 168.

[49] "Daí se vê que a Constituição reconhece quatro tipos de segurança jurídica: *a segurança como garantia; a segurança como proteção dos direitos subjetivos; a segurança como direito social e a segurança por meio do direito*" (SILVA, José Afonso da. Constituição e segurança jurídica. In: ROCHA, Cármen Lúcia Antunes (Coord.). *Constituição e segurança jurídica* cit., p. 17).

[50] "Já a segurança jurídica é um valor inerente ao Estado de Direito, e é vista na doutrina não só como a garantia do cidadão contra o arbítrio estatal, mas também como a previsibilidade da

Cap. 18 – SEGURANÇA JURÍDICA E CONFIANÇA LEGÍTIMA

Não por outra razão, a segurança jurídica assume uma posição de destaque na estrutura constitucional brasileira. Apesar de não ter sido expressamente considerada, inúmeras normas indicam a sua matriz constitucional, iniciando pela sua previsão logo no preâmbulo como objetivo a ser perseguido pelo Estado de Direito, bem como no art. 5.º, *caput*, como um direito e uma garantia fundamental.

Assim, a segurança jurídica abrange uma série de variáveis[51] – ideológicas, formais e materiais – que contribuem para o regular desenvolvimento estatal e social.

---

atuação do Estado em face do particular, exigindo para si, portanto, regras fixas. Sua presença, ora como valor, ora como princípio, ou assumindo outras facetas, é constante nos países democráticos do mundo inteiro. Nos dias 10 e 11.09.1999, juristas de diversos países reuniram -se em Aix-en-Provence (França), para discutir o tema 'Constituição e Segurança Jurídica'. Na mesa-redonda que lá foi realizada, foram expostas as diversas visões acerca do tema em questão, permitindo que se perceba a extensão e a importância da segurança jurídica no mundo contemporâneo. Após longos debates, em que se apresentou a visão de cada sistema, chegou-se a um acordo sobre os elementos que fazem parte da segurança jurídica: não retroatividade, confiança legítima, continuidade da ordem jurídica, clareza dos textos e conhecimento das regras jurídicas. No direito alemão, a segurança jurídica é identificada com a clareza da lei – 'o direito vigente é compreensível para o cidadão' – com a proteção à confiança na ordem jurídica – que se ocupa da 'continuidade das leis, já que, em certa medida, a segurança jurídica requer que o cidadão confie na subsistência das leis' – e com a proibição de retroatividade – pois 'afeta-se a confiança se ocorrerem modificações retroativas da lei, isto é, quando fatos situados no passado podem ser objeto de novas avaliações'. Como noticia Torsten Stein, o Tribunal Federal Constitucional Alemão levou ao extremo a ideia da segurança jurídica como confiabilidade no direito positivo, ao determinar que se deveria aceitar lei formalmente inconstitucional por razões de segurança jurídica. Trata-se, no entender de Willy Zimmer, de um imperativo que deriva, como o princípio da igualdade, de um princípio geral do Estado de direito, sendo aqueles elementos essenciais deste. Em França, afirma Bertrand Mathieu que a segurança jurídica é um 'produto de importação' do direito alemão, cuja crescente importância decorre também do desenvolvimento do direito comunitário europeu. Seguindo a influência alemã, a questão é também, aqui, posta de forma semelhante, associando-se a segurança jurídica às exigências de qualidade da lei e previsibilidade do direito. E, dentro dessas duas facetas da segurança jurídica, inserem-se os princípios da clareza, acessibilidade, eficácia e efetividade da lei (associados à qualidade da lei), assim como os princípios da não retroatividade, da proteção dos direitos adquiridos, da confiança legítima e da estabilidade das relações contratuais (associados à previsibilidade do direito)" (AMARAL, Guilherme Rizzo. Efetividade, segurança, massificação e a proposta de um "incidente de resolução de demandas repetitivas". *Revista de Processo*, ano 36, v. 196, São Paulo: RT, jun. 2011, p. 237).

[51] "No seu desenvolvimento doutrinário e jurisprudencial, a expressão segurança jurídica passou a designar um conjunto abrangente de ideias e conteúdos, que incluem: 1. A existência de instituições estatais dotadas de poder e garantias, assim como sujeitas ao princípio da legalidade; 2. A confiança nos atos do Poder Público, que deverão reger-se pela boa-fé e pela razoabilidade; 3. A estabilidade nas relações jurídicas, manifestada na durabilidade das normas, na anterioridade das leis em relação aos fatos sobre os quais incidem e na conservação de direitos em face da lei nova; 4. A previsibilidade dos comportamentos, tanto os que devem ser seguidos como os que devem ser suportados; 5. A igualdade na lei e perante a lei, inclusive com soluções isonômicas

Não bastasse, o reconhecimento e a positivação de direitos fundamentais pela nossa Constituição faz com que o Poder Público reconheça e efetive tais direitos, sempre sob uma perspectiva ampliativa. Essa perspectiva inclusiva é essencial para assegurar os direitos subjetivos constitucionalmente declarados. Por sua vez, o Estado Democrático de Direito deve buscar concretizar os direitos e garantias fundamentais, por meio de instrumentos aptos a trazer-lhes efetividade. Aqui a segurança jurídica atua como uma garantia.

Além disso, o Estado deve agir de acordo com suas limitações formais e materiais, estando sujeito, assim, ao princípio da legalidade como mecanismo de limite e de controle social, inclusive como meio de garantir a igualdade perante a lei. Nessa perspectiva, a segurança jurídica desponta como um instrumento de limite e ao mesmo tempo de controle dos atos públicos e particulares.

Por fim, o Poder Público deve prever e zelar pela previsibilidade dos comportamentos, tanto dos indivíduos como dos entes estatais, conferindo confiança e boa-fé por meio da estabilidade e da durabilidade dos direitos e das relações jurídicas. Nesse aspecto, a segurança jurídica é vista como um direito subjetivo reconhecido pela ordem jurídica.

Outrossim, não se pode negar que o aspecto psicológico que envolve a segurança e a confiança legítima do cidadão faz brotar um importante fator valorativo, consistente na sensação de ordem que confere legitimidade política, jurídica e social ao ordenamento jurídico.[52]

---

para situações idênticas ou próximas" (BARROSO, Luís Roberto. Em algum lugar do passado: segurança jurídica, direito intertemporal e o novo Código Civil In: ROCHA, Cármen Lúcia Antunes (Coord.). *Constituição e segurança jurídica* cit., p. 139-140).

[52] "É o direito à segurança que define a sustentação, firmeza e eficácia do ordenamento jurídico. Ele garante que cada pessoa pode saber de si, de seus direitos, tê-los por certos e seguros em sua aplicação, para que cada qual durma e acorde ciente de que os seus direitos são os que estão conhecidos no sistema, e que a sua mudança não se fará segundo o quanto nele estabelecido (o que, numa democracia, não será de atropelo nem sem o prévio conhecimento do que vem a ser cada item jurídico mudado ou produzido como novo direito). O princípio da segurança jurídica manifesta-se em variadas conformações institucionais, comparecendo quer no princípio da não retroatividade das leis e dos atos normativos, quer na regra que obriga o juiz a atentar ao direito intertemporal, quer naquelas relativas à prescrição, à decadência e à preclusão, enfim, em todos os institutos que revelem eficazes a confiança e a fé cidadã que a pessoa tem no sistema jurídico, no qual lhe é garantido o direito à segurança. Segurança jurídica firma-se como paládio de convicções e confiança. Se o direito não se afirma por seguro e garantidor de segurança para as pessoas, direito ele não é, pelo menos não como expressão maior da criação social e estatal. Por isso, segurança jurídica produz-se na confiança que se põe no sistema e na convicção de que ele prevalece e observa-se obrigatória e igualmente por todos. Segurança jurídica diz, pois, com a solidez do sistema. É desta qualidade havida no ordenamento que emana a sua credibilidade e a sua eficácia jurídica e social. A incolumidade da ordem jurídica assinala-se, ainda, pela sua firmeza, manifestada por sua imposição como sistema inexpugnável e incontornável, do qual não se pode ausentar um ou outro, segundo a conveniência de cada qual. A invulnerabilidade do patrimônio de bens jurídicos da pessoa repousa na segurança de que se lhe apresenta como direito fundamental, que o resguarda de violações e põe-no a salvo

Cap. 18 - SEGURANÇA JURÍDICA E CONFIANÇA LEGÍTIMA

Como se vê, a segurança jurídica pode assumir inúmeros contornos, e todos são válidos para a subsistência do Estado do Direito e da ordem constitucional.

2.2. Devido processo legal

Falar em segurança jurídica e em proteção da confiança nos leva necessariamente à análise da cláusula do devido processo legal, instituída no art. 5.º, LIV, da Constituição da República, cuja fonte inspiradora foi a Emenda 5 à Constituição dos Estados Unidos da América.[53] Isso porque é nessa cláusula que estão inseridos os limites legais e materiais das ações estatais, especialmente as jurisdicionais.

A democratização do Estado de Direito brasileiro, sacramentada em 1988, fez surgir uma nova ordem constitucional, sendo certo que o aspecto mais marcante foi a carga ideológica que se inseriu no ordenamento jurídico nacional e que se irradiou por todo sistema.

Com isso, normas regratórias foram convivendo com a ampliação de normas principiológicas,[54] cuja abstração passou a ser preenchida concretamente, modulando-se os efeitos ao direito material.

A cláusula do devido processo legal serve de norte e garantia para a efetivação do direito material por meio do processo justo e adequado. Assim, os princípios e garantias constitucionais assumem contornos de direito fundamental, fazendo do processo um importante instrumento de realização do direito substancial.[55]

Todo esse aparato normativo – principiológico e regratório – que contorna o processo faz desse um instrumento de alcance da ordem pública e da segurança

---

de tormentas socioeconômicas, políticas e jurídicas" (ROCHA, Cármen Lúcia Antunes. O princípio da coisa julgada e o vício de inconstitucionalidade. In: ROCHA, Cármen Lúcia Antunes (Coord.). *Constituição e segurança jurídica* cit., p. 168-169).

[53] Sobre a evolução histórica do devido processo legal, cf. DIAS, Jefferson Aparecido. In: LOPES, Maria Elizabeth de Castro; NETO, Olavo de Oliveira (Org.). *Princípio do devido processo legal.* Rio de Janeiro: Elsevier, 2008. p. 25-32.

[54] "Os princípios são normas imediatamente finalísticas, primariamente prospectivas e com pretensão de complementaridade e de parcialidade, para cuja aplicação se demandam uma avaliação da correlação entre o estado de coisas a ser promovido e os efeitos decorrentes da conduta havida como necessária à sua promoção" (ÁVILA, Humberto. *Teoria dos princípios.* 6. ed. Malheiros: São Paulo, 2006. p. 78-79).

[55] "Nesses termos, portanto, é que não se trata simplesmente de uma relação, Constituição, por um lado, processo, por outro, mas sim a construção de uma compreensão procedimentalista da Constituição como processo, como institucionalização jurídica de condições procedimentais que garantam o exercício democrático das autonomias pública e privada dos cidadãos" (OLIVEIRA, Marcelo Cattoni de. Da constitucionalização do processo à procedimentalização da Constituição: uma reflexão no marco da teoria discursiva do direito. In: SOUZA NETO, Cláudio Pereira; SARMENTO, Daniel (Coord.). *A constitucionalização do direito* cit., p. 547).

jurídica. Esses dois fatores de justiça e estabilidade geram a confiança legítima dos cidadãos e de suas expectativas.

O complexo sistema de valores, direitos, garantias e de instrumentos faz do direito processual um direito fundamental em si, responsável pela pacificação social. Nenhum direito substancial, por mais relevante que seja, tem o poder de restabelecer a ordem pública como o processo o faz.

E é por isso que o sistema processual precisa estar funcionando bem, para acudir os conflitos sociais e ter legitimidade perante os jurisdicionados, conferindo ordem, segurança e confiança nos cidadãos. Daí a importância do aprimoramento das técnicas processuais, a fim de que a evolução das relações jurídicas seja acompanhada dos instrumentos aptos a garantir a sua efetividade.

Assim, diversas reformas processuais são propostas e efetivadas, com molde, principalmente, na percepção indicada pela jurisprudência que acompanha mais rapidamente mudanças sociais e proporcionam a adequação das técnicas processuais. Tal fato, contudo, não abalou a segurança jurídica constitucional nem a processual. Ao invés, flutua em constante harmonia com o princípio da efetividade, cada vez mais presente nas reformas legislativas processuais, já que, mais do que reconhecer, o ordenamento precisa possibilitar a concretização de direitos mediante instrumentos eficientes.

2.3. Confiança legítima dos cidadãos

A confiança legítima decorre do valor da segurança jurídica[56] e indica a necessidade de o Estado alcançar a sua legitimidade e legitimação[57] em seus atos perante a sociedade.

---

[56] "Estes dois princípios – segurança jurídica e protecção da confiança – andam estreitamente associados, a ponto de alguns autores considerarem o princípio da confiança como um subprincípio ou como uma dimensão específica da segurança jurídica. Em geral, considera-se que a **segurança jurídica** está conexionada com elementos objectivos da ordem jurídica – garantia de estabilidade jurídica, segurança de orientação e realização do direito – enquanto a **protecção da confiança** se prende mais com as componentes subjectivas da segurança, designadamente a calculabilidade e previsibilidade dos indivíduos em relação aos efeitos jurídicos dos actos dos poderes públicos. A segurança e protecção da confiança exigem, no fundo (1) fiabilidade, clareza, racionalidade e transparência dos actos de poder; (2) de forma que em relação a eles o cidadão veja garantida a segurança nas suas disposições pessoais e nos efeitos jurídicos dos seus próprios actos. Deduz-se já que os postulados da segurança jurídica e da protecção da confiança são exigíveis perante *qualquer acto* de *qualquer poder* – legislativo, executivo e judicial. O **princípio geral da segurança jurídica** em sentido amplo (abrangendo, pois, a ideia de protecção da confiança) pode formular-se do seguinte modo: o indivíduo tem o direito de poder confiar em que aos seus actos ou às decisões públicas incidentes sobre os seus direitos, posições ou relações jurídicas alicerçados em normas jurídicas vigentes e válidas por esses actos jurídicos deixados pelas autoridades como base nessas normas se ligam os efeitos jurídicos previstos e prescritos no ordenamento jurídico. As refracções mais importantes do princípio da segurança jurídica são as seguintes: (1) relativamente aos *actos normativos* – proibição de normas retroactivas

Cap. 18 – SEGURANÇA JURÍDICA E CONFIANÇA LEGÍTIMA

Isso porque o princípio da confiança legítima enseja a necessidade de uma justificação formal e material dos atos estatais que atenda às expectativas dos destinatários, conferindo credibilidade e autoridade às condutas impostas, facultadas ou sugeridas.

Trata-se, assim, de uma importante ferramenta psicológica que confere ordem e, por conseguinte, segurança jurídica em todo sistema jurídico.

Existe, pois, uma relação de circularidade entre os elementos da ordem constitucional: a segurança jurídica, o devido processo legal e a confiança legítima dos cidadãos proporcionam um sistema jurídico justo, adequado e efetivo, e este, por sua vez, confere a segurança jurídica, a ordem pública e a legítima expectativa de concretização dos direitos e garantias fundamentais. Esse *feedback* entre o Estado e a sociedade é essencial para o bom funcionamento do ordenamento jurídico e também para a própria democracia.

3. O PROCESSO CONTEMPORÂNEO

Coforme já exposto, a mudança de valores ideológicos inseridos no texto constitucional refletiu e alterou o panorama de todo ordenamento jurídico (ordem jurídico-constitucional) e, consequentemente, o próprio conceito e finalidade do processo, a fim de atender aos reclames sociais elevados a nível constitucional. Dessa forma, o processo foi afetado pelo fenômeno da constitucionalização do direito infraconstitucional.[58]

---

restritivas de direitos ou interesses juridicamente protegidos; (2) relativamente a *actos jurisdicionais* – inalterabilidade do caso julgado; (3) em relação a *actos da administração* – tendencial estabilidade dos casos decididos através dos actos administrativos constitutivos de direitos (cf. Ac. Tc 786/96 e 141/02)" (CANOTILHO, José Joaquim Gomes. *Direito constitucional e teoria da Constituição* cit., p. 257).

[57] "Dispomos de duas palavras distintas, dois termos-chave com os quais indicamos os dois diversos níveis ou aspectos do fenômeno da justificação e aceitação do poder: os termos *legitimidade* e *legitimação*. Legitimidade é o termo mais carregado de significado valorativo: quotidianamente dizer que um poder é legítimo equivale a assegurar que é justo, que é merecedor de aceitação, isto é, significa atribuir-lhe uma valoração positiva. De outra parte, dizer que o poder é legitimador, isto é, usar a palavra legitimação, significa dizer que de fato suscita consenso. Podemos, consequentemente distinguir entre *legitimação-atividade* e *legitimação-produto*: a primeira indica o processo por meio do qual o poder busca reconhecimento, consenso, adesão; os meios empregados para isso podem ser múltiplos, desde a satisfação das necessidades fundamentais da população ou de grupos isolados até propagandas ou ao aspecto de *legalidade* com que se apresenta (como se verá com Max Weber), a apelação a valores transcedentes etc. Com o termo *legitimação-produto* podemos, por outro lado, indicar a legitimação obtida, isto é, a obtenção do consenso. Trata-se, de qualquer forma, de um conceito descritivo" (CADEMARTORI, Sergio. *Estado de direito e legitimidade* cit., p. 117-118).

[58] CAMBI, Eduardo. Neoconstitucionalismo e neoprocessualismo. In: FUX, Luiz; NERY JUNIOR, Nelson; WAMBIER, Teresa Arruda Alvim (Coord.). *Processo e Constituição* cit., p. 672.

Importante salientar inicialmente que o processo moderno deve ser visto como técnica idônea para o objeto da garantia do direito substantivo, mas agora sob a ótica constitucional, que trouxe significativas mudanças internas, para passar a reconhecer o processo como direito fundamental, e também mudanças externas, conferindo ao instituto a responsabilidade de fazer valer os ideais constitucionais, possuindo na cláusula do devido processo legal sua expressão mais completa.[59]

Assim, a influência valorativa que a Constituição exerce sobre o direito processual faz como que ele represente um poderoso instrumento de solução de conflitos, cuja consequência imediata é a pacificação social. Porém, o desafio passou a consistir na aplicação de uma mudança ideológica por parte dos aplicadores do direito, a fim de que a teoria e a prática se complementem quando solicitadas para a solução do caso concreto, proporcionando ao jurisdicionado a proteção do seu direito.[60]

Sob essas premissas, o processo teve sua própria estrutura reformulada, fazendo com que ganhasse um papel principal – tal qual o direito substancial –, quando da prestação da tutela jurisdicional.[61] Nessa evolução, o direito processual também passou a ter uma relação muito íntima com o direito material, a fim de que esse sincretismo garantisse a prestação de uma tutela jurisdicional adequada.

Nas palavras de Alvaro de Oliveira, "a participação do processo para a formação da decisão constitui, de modo imediato, uma posição subjetiva inerente aos direitos fundamentais, portanto é ela mesma o exercício de um direito fundamental".[62] E prossegue:

---

[59] "Nesses termos, portanto, é que não se trata simplesmente de uma relação, Constituição, por um lado, processo, por outro, mas sim a construção de uma compreensão procedimentalista da Constituição como processo, como institucionalização jurídica de condições procedimentais que garantam o exercício democrático das autonomias pública e privada dos cidadãos" (OLIVEIRA, Marcelo Cattoni de. Da constitucionalização do processo à procedimentalização da Constituição: uma reflexão no marco da teoria discursiva do direito. In: SOUZA NETO, Cláudio Pereira; SARMENTO, Daniel (Coord.). *A constitucionalização do direito* cit., p. 547).

[60] "Uma consequência natural do fenômeno consistiu no fato de que os processualistas brasileiros foram levados, mais que anteriormente, a examinar ou reexaminar problemas do processo – tanto civil quanto penal – à luz das diretrizes contidas na Constituição. Grande parte da literatura processual contemporânea revela a impregnação de valores constitucionais, a que se passou dar maior peso na interpretação dos textos processuais" (BARBOSA MOREIRA, José Carlos. A constitucionalização do processo no direito brasileiro. In: MAC-GREGOR, Eduardo Ferrer; LARREA, Arturo Zaldívar Lelo de (Coord.). *Estudos de direito processual constitucional*: homenagem brasileira a Héctor Fix-Zamudio em seus 50 anos como pesquisador do direito. São Paulo: Malheiros, 2009. p. 47-48).

[61] Sobre a interdependência entre o direito material e o direito processual e suas consequências, cf. MARINONI, Luiz Guilherme. *Técnica processual e tutela dos direitos*. São Paulo: RT, 2004. p. 189-192.

[62] OLIVEIRA, Carlos Alberto Alvaro de. O processo civil na perspectiva dos direitos fundamentais. *Revista de Processo*, ano 29, n. 113, São Paulo: RT, jan.-fev. 2004, p. 17.

Daí a ideia, substancialmente correta, de que o direito processual é o direito constitucional aplicado, a significar essencialmente que o processo não se esgota dentro dos quadros de uma mera realização do direito material, constituindo, sim, mais amplamente, a ferramenta de natureza pública indispensável para a realização da justiça e pacificação social.[63]

No direito alienígena não foi diferente, com os sistemas jurídicos enaltecendo não só o devido processo legal, mas também a efetividade e a segurança jurídica, que fazem parte dos principais ideais constitucionais buscados.[64]

Ressalte-se aqui que as últimas reformas processuais vêm privilegiando o valor efetividade em prol da segurança jurídica, em busca de uma satisfação mais rápida do jurisdicionado. Isso porque a preocupação desmedida com a segurança jurídica ensejou desvirtuamentos processuais que comprometeram o próprio papel do processo, uma vez que o formalismo excessivo muitas vezes impedia ou dificultava sobremaneira a entrega de uma prestação jurisdicional adequada, justa e tempestiva.

Após essa constatação – que não mais satisfazia à sociedade –, o mundo jurídico se mobilizou para encontrar soluções que atendessem suficientemente à segurança jurídica, mas sem exageros, por meio de inovações técnicas que possibilitaram resultados mais céleres e efetivos às demandas judiciais.

Não obstante, toda essa mudança comportamental fez que o Estado não mais se conformasse com a igualdade formal, mas buscasse a verdadeira isonomia entre os participantes da relação processual, exigindo uma paridade substancial como forma justa e legítima de alcançar a pacificação social.

Como resultado, exigiu-se do magistrado um papel atuante[65] diante da relação jurídica processual, não mais se admitindo que o juiz fique inerte no decorrer do processo, principalmente nos casos em que observa um latente desequilíbrio entre os litigantes.[66]

---

[63] OLIVEIRA, Carlos Alberto Alvaro de. *Do formalismo no processo civil*. 2. ed. rev. e ampl. São Paulo: Saraiva, 2003. p. 75.

[64] COMOGLIO, Luigi Paolo. Garanzie costituzionali e "giusto processo": modelli a confronto. *Revista de Processo*, ano 23, n. 90, São Paulo: RT, abr.-jun. 1998, p. 95-150.

[65] "A ideia de *ativismo judicial* está associada a uma participação mais ampla e intensa do Judiciário na concretização dos valores e fins constitucionais, com maior interferência no espaço de atuação dos outros dois Poderes. A postura ativista se manifesta por meio de diferentes condutas, que incluem: (I) a aplicação direta da Constituição a situações não expressamente contempladas em seu texto e independentemente de manifestação do legislativo ordinário; (II) a declaração de inconstitucionalidade de atos normativos emanados do legislador, com base em critérios menos rígidos que os de patente e ostensiva violação da constituição; (III) a imposição de condutas ou de abstenções ao poder Público, notadamente em matéria de políticas públicas" (BARROSO, Luís Roberto. Judicialização, ativismo judicial e legitimidade democrática cit., p. 77).

[66] Nesse sentido: GRINOVER, Ada Pellegrini. A iniciativa probatória do juiz no processo penal acusatório. *Revista Forense*, v. 347, Rio de Janeiro: Forense, 2000, p. 9.

Verificou-se então que, a cada reforma legislativa, mais poderes passaram a ser conferidos ao juiz, em uma clara demonstração de libertação do modelo privatístico[67] de processo, bem como em atendimento aos anseios constitucionais, talvez até sob a inspiração dos bons resultados práticos que o ativismo vem alcançando. Na realidade, o debate sobre o publicismo e o privatismo passou a pautar as discussões na doutrina nacional[68] e estrangeira.[69]

Pode-se dizer que no atual contexto democrático o juiz possui o direito fundamental de participação no processo civil, já que contribui – por meio da jurisdição – para a construção da sociedade.[70]

No direito português, Moreira Pinto retrata a questão da seguinte forma:

> Qualquer intervenção no plano legislativo, ao menos no âmbito do processo, passará a ser salutar a partir do momento em que despertar na comunidade jurídica o senso crítico. E os operadores do direito, a partir das novas lições, precisam con-

---

[67] Barbosa Moreira, ao repudiar a forma de repartição de atribuições entre as partes e o juiz na era privatista, em que se cerceava a participação do juiz e se confiava às partes a condução do processo e da atividade instrutória, comenta: "Esse pensamento parte de uma premissa: a melhor solução para as questões da convivência humana é a que resulta do livre embate entre os interessados, com a presença do Estado reduzida a mero fiscal da observância de certas 'regras do jogo'. Projetada na tela da economia, semelhante ideia leva à glorificação do mercado como supremo regulador da vida social. Projetada na tela da Justiça, fornece apoio a uma concepção do processo modelada à imagem de duelo ou, se se quiser expressão menos belicosa, de competição desportiva" (BARBOSA MOREIRA, José Carlos. *Temas de direito processual*. Nona série. São Paulo: Saraiva, 2007. p. 65-66).

[68] BARBOSA MOREIRA, José Carlos. *Temas de direito processual*. Terceira série. São Paulo: Saraiva, 1984. p. 53-56.

[69] Toda discussão é tratada na obra: MONTERO AROCA, Juan (Coord.). *Proceso civil e ideología*: un prefacio, una sentencia, dos cartas y quince ensayos. Valencia: Tirant lo Blanch, 2006.

[70] O grupo de estudos constituído no âmbito do Programa de Pós-Graduação em Direito da Universidade Gama Filho para avaliar a transição ocorrida entre a vontade do legislador e o ativismo judicial, ao pontuar as considerações do jurista português Castanheira Neves sobre qual deveria ser o papel da lei, conclui: "Consideramos que os três modelos de classificação desse jurista demonstram uma evolução do Estado Liberal (a partir do normativismo legalista), com ênfase para as funções do Poder Legislativo, para o Estado Social (funcionalismo), com predominância das funções Administrativas e sua capacidade de promover políticas de interesse primordial da coletividade, e do Estado Social para um Estado Democrático de Direito (jurisprudencialismo), próprio de uma Sociedade pluralista, aberta aos mais diferentes valores, interessada principalmente na proteção e defesa de direitos que se consideram fundamentais para o desenvolvimento individual dos membros dessa Sociedade. Nesta Sociedade complexa, em que há tantos valores legítimos em conflito, as funções do Poder Judiciário atingem seu ápice, pois é a partir do ativismo dos juízes que os direitos são reconhecidos dentro da consciência jurídica dessa Sociedade e a constituição *material* vai sendo escrita" (GRUPO DE ESTUDOS "A JURISDIÇÃO CONSTITUCIONAL E A DEMOCRACIA". Da vontade do legislador ao ativismo judicial: os impasses da jurisdição constitucional. *Revista de Informação Legislativa*, ano 40, n. 160, Brasília, Subsecretaria de Edições Técnicas do Senado Federal, out.-dez. 2003, p. 223-243. Disponível em: <http://www.oei.es/n8908.htm>. Acesso em: 23 nov. 2007).

Cap. 18 – SEGURANÇA JURÍDICA E CONFIANÇA LEGÍTIMA

tribuir para uma revolução na mentalidade e no modo de conduzir e vislumbrar a relação jurídica processual. Juízes passivos, descompromissados com o resultado do processo e advogados não preparados suficientemente ao descortinar do litígio, conduzirão, sem sombra de dúvidas, a eterna ineficiência do mecanismo estatal de solução dos conflitos.[71]

Sobre o assunto, o constitucionalista português Gomes Canotilho sintetiza o que ora se defende, de modo ímpar:

> Revelem-se, também, as profundas deslocações retóricas, discursivas e metodológicas operadas no direito público pelas várias *teorias da justiça* e do *agir comunicativo* que pretendem completar, quando não substituir, a clássica teoria da constituição. Neste contexto, "estar *in*" no direito constitucional é acompanhar as novas leituras dos problemas político-constitucionais nos quadros do pluralismo político, económico e social. Se incluirmos no direito constitucional outros modos de pensar, poderemos fazer face ao "desencanto" provocado pelo formalismo jurídico contundente, em certa medida, à procura de outros modos de compreender as "regras jurídicas". Estamos a referir, sobretudo as propostas de entendimento do direito como *prática social* e os compromissos com formas *alternativas* o direito oficial como a do "direito achado na rua".[72]

Aliás, deixe-se assente que os poderes conferidos pela legislação ao juiz trazem consigo uma carga de responsabilidade[73] que nem sempre é reconhecida pelas partes e seus advogados, mas que, necessariamente, pesa sobre a atividade judicial,[74] seja por sua conduta abusiva, seja por sua conduta omissiva.[75] Além disso, exige-se do juiz uma atuação cooperativa no processo.

De qualquer forma, a figura do juiz como legítimo representante estatal se revelou fundamental, já que possui o importante papel de pacificar os

---

[71] MOREIRA PINTO, Junior Alexandre. O regime processual experimental português. *Revista de Processo*, ano 32, n. 148, São Paulo: RT, jun. 2007, p. 178.

[72] CANOTILHO, José Joaquim Gomes. *Direito constitucional e teoria da Constituição* cit., p. 26-27.

[73] Como alerta Humberto Dalla Bernardina de Pinho, o aumento da responsabilidade do juiz em razão do incremento de seus poderes, de acordo com o art. 133 do Código de Processo Civil, deve receber novos matizes com o inciso LXXVIII, acrescentado pela Emenda Constitucional 45/2004. PINHO, Humberto Dalla Bernardina de. *Teoria geral do processo civil contemporâneo.* Rio de Janeiro: Lumen Juris, 2007. p. 64.

[74] AMENDOEIRA JUNIOR, Sidney. *Poderes do juiz e tutela jurisdicional*: a utilização racional dos poderes do juiz como forma de obtenção da tutela jurisdicional efetiva, justa e tempestiva. Coleção Atlas de Processo Civil. São Paulo: Atlas, 2006. p. 94.

[75] "Cuidar da acentuação de poderes, no entanto, é cuidar também, e forçosamente, de acentuação da responsabilidade. Quem se investe de poderes responde pela omissão em exercê-los na medida necessária, e responde de igual modo pelo exercício abusivo ou simplesmente inepto" (BARBOSA MOREIRA, José Carlos, *Temas de direito processual.* Quarta série. São Paulo: Saraiva, 1989. p. 51).

conflitos sociais. Sua participação no processo como mero espectador cedeu lugar a uma conduta mais enérgica, imprimindo maior diligência e controle no desenrolar das disputas judiciais, assegurando aos jurisdicionados um processo mais igualitário, justo e tempestivo,[76] distribuindo justiça a quem efetivamente a merece, e não a quem possui mais condições financeiras ou sociais de obtê-la.

O poder de gerenciamento do processo pelo juiz vem sendo admitido e utilizado por vários ordenamentos jurídicos,[77] como forma de melhorar a qualidade da justiça,[78] até mesmo por aqueles que sempre desconfiaram desse tipo de postura ativa do magistrado, como é o sistema norte-americano.[79] Assim, Inglaterra,[80]

---

[76] Sobre o papel ativo no juiz na "aceleração do processo", ver: BAUR, Fritz. O papel ativo do juiz. *Revista de Processo*,, ano 7, n. 27, São Paulo: RTjul.-set. 1982, p. 186-189.

[77] Destaca Michele Taruffo que na maioria dos ordenamentos jurídicos comparados há tendência em fortalecer de forma simultânea e com total compatibilidade os poderes do juiz e os direitos processuais dos jurisdicionados. TARUFFO, Michele. Investigación judicial y producción de prueba por las partes. Trad. Juan Andrés Varas Braun. *Revista de Derecho*, v. 15, n. 2, Valdivia, dez. 2003, p. 205.

[78] Acerca das novas tendências mundiais, cf. CHASE, Oscar G.; HERSHKOFF, Helen (Eds.). *Civil litigation in comparative context*. St. Paul: Thomson/West, 2007. p. 241-260.

[79] Judith Resnik alerta que os juízes gerenciais ensinam outros juízes a valorizar estatísticas, como o número de casos distribuídos, mais do que a qualidade de sua distribuição. Em razão de ser o julgamento gerencial menos visado e em geral não submetido a recurso, dá às cortes de julgamento mais autoridade e, ao mesmo tempo, os litigantes são providos de menos garantias processuais para protegê-los do abuso de autoridade. Em resumo, o julgamento gerencial pode estar redefinindo os critérios do que constitui um racional, justo e imparcial julgamento. São utilizadas técnicas gerenciais e informais, na tentativa de ganhar tempo e evitar as pressões da controvérsia pública. Os gerenciamentos pré-julgamento e pós-julgamento assemelham-se em algumas características. Em ambos, juízes interagem informalmente com as partes litigantes e recebem informações que são consideradas inadmissíveis na tradicional sala de audiência. Gerenciamento nas duas extremidades do processo judicial leva tempo e aumenta a responsabilidade dos juízes. A autora entende que esse juízo gerencial altera drasticamente o mundo do litígio civil, de modo que deveria ser submetido a um debate público, bem como existir uma investigação maior sobre o que os juízes devem fazer e quais regras devem governar seu comportamento. Ela está preocupada em preservar a singular função judicial, a fim de que ela não seja desnaturada e não está convencida do descrédito da virtude do juiz desinteressado, a qual forma a base da autoridade judiciária. Alega que a sociedade americana não está preparada e deliberadamente decidida a descartar o tradicional modelo contraditório, em favor do modelo continental ou inquisitorial. Ela teme que esses movimentos se aproximem de uma administração, colocando em risco de extinção o julgamento. RESNIK, Judith. Managerial Judges. *Harvard Law Review*, v. 96, n. 2, dec. 1982, p. 374-448,. Disponível em: <http://www.jstor.org/pss/1340797>. Acesso em: 14 jan. 2008.

[80] Sobre o assunto: BARBOSA MOREIRA, José Carlos. Uma novidade: o Código de Processo Civil inglês. *Revista de Processo*, ano 25, n. 99, São Paulo: RT, jul.-set. 2000, p. 74-83. Ainda sobre o tema, cf. ANDREWS, Neil. *O moderno processo civil*: formas judiciais e alternativas de resolução de conflitos na Inglaterra. Orientação e rev. trad. Teresa Arruda Alvim Wambier. São Paulo: RT, 2009.

Cap. 18 – SEGURANÇA JURÍDICA E CONFIANÇA LEGÍTIMA

França,[81-82] Alemanha,[83] Portugal[84] e Itália[85] vêm gradativamente adotando, em alguma medida, a figura do juiz gerenciador.

Dessa forma, o juiz passa a atuar na direção do processo, utilizando-o não só como instrumento para realização do direito material, servindo à Constituição, mas inserindo no procedimento toda carga dos valores previstos como garantias fundamentais. Sem essa dúplice perspectiva, o processo não se presta a socorrer o direito substancial. Ademais, autoriza-se o juiz a agir com mais flexibilidade no processo, de forma a melhor atender aos anseios constitucionais contemporâneos, sem se desviar da legalidade e das garantias constitucionais das partes.[86]

3.1. Segurança jurídico-processual

Conforme já mencionado, a segurança jurídica[87] é o princípio cuja finalidade é alcançar a estabilidade e a previsibilidade do ordenamento jurídico.[88]

---

[81] Interessantes considerações sobre o ordenamento jurídico francês, retratando as perspectivas do futuro, podem ser encontradas em: PERROT, Roger. O processo civil francês na véspera do século XXI. Trad. José Carlos Barbosa Moreira. *Revista de Processo*, ano 23, n. 91, São Paulo: RT, jul.-set. 2000, p. 203-212.

[82] Cf. CADIET, Loïc. Conventions relatives au process en droit français. *Revista de Processo*, ano 33, n. 160, São Paulo: RT, jun. 2008, p. 61-82.

[83] Sobre a reforma, ver os textos de BARBOSA MOREIRA, José Carlos. Breve notícia sobre a reforma do processo civil alemão. *Revista de Processo*, ano 28, n. 111, São Paulo: RT, jul.-set. 2003, p. 103-112; BARBOSA MOREIRA, José Carlos. *Temas de direito processual* cit., 2007. p. 39-54.

[84] Cf. FARIA, Paulo Ramos de. *Regime processual civil experimental comentado.* Coimbra: Almedina, 2010.

[85] COMOGLIO, Luigi Paolo; FERRI, Conrado; TARUFFO, Michele. *Lezioni sul processo civile.* Bolonha: Il Mulino, 1995. p. 395-396.

[86] Em primeiro lugar, a atividade do juiz é controlada pela rede de direitos fundamentais processuais que compõem o "processo justo" (*v.g.*, contraditório, dever de motivação, juiz natural, igualdade etc.). Em segundo, a aplicação deve encontrar encaminhamento dentro do discurso jurídico, proferido este com a linguagem que lhe é própria. Não se esqueça de que a apreensão hermenêutica da realidade, inclusive a jurídica, só é possível porque o sujeito cognoscente conhece de antemão a linguagem em jogo e o alcance da instrumentação nela empregada. E o discurso jurídico só obriga até onde conduza a sua força de intrínseca persuasão, força vinculante que há de assentar no sistema jurídico (constitucional e infraconstitucional), nas valorações e princípios dele emanantes e nas valorações sociais e culturais dominantes no seio da coletividade, enfim, no direito como totalidade, para que tudo não redunde a final em puro arbítrio (OLIVEIRA, Carlos Alberto Alvaro de. Os direitos fundamentais à efetividade e à segurança em perspectiva dinâmica. *Revista de Processo*, ano 33, v. 155, São Paulo: RT, jan. 2008, p. 11).

[87] "Todos os povos culturalmente evoluídos de nossa civilização veem na segurança jurídica um elemento essencial (e, por isso, indispensável) do Estado de direito democrático, cuja presença na configuração dessa modalidade de Estado nem mesmo depende de literal previsão na constituição de cada país. Trata-se de elemento que deflui naturalmente da ideia de Estado de direito, nos padrões concebidos pela democracia" (THEODORO JÚNIOR, Humberto. *A onda reformista do direito positivo e suas implicações com o princípio da segurança jurídica* cit., p. 32).

Por isso é inserida na Teoria Geral do Direito, sendo explorada também no campo da Filosofia do Direito e na Teoria do Estado de Direito.

Contudo, esse princípio, indispensável à estrutura jurídica de qualquer sistema, pode ser visto sob um enfoque mais específico,[89] levando em consideração as peculiaridades de cada ramo do Direito, de acordo com os bens jurídicos tutelados.

Assim, quer-se dizer, por exemplo, que os meios de alcançar a segurança jurídica no Processo Penal são bem mais rígidos e protetivos do que no Processo Civil. Com isso, não se pode dar um tratamento igualitário ao tema no Processo Penal quando se sabe de antemão da diferença de bens e interesses públicos envolvidos e de suas consequências para esse tipo de processo. Ressalte-se que não se nega a necessidade de que todos os ramos do direito processual alcancem a segurança jurídica e estabeleçam um estado de ordem pública processual. Porém, considerando as diferentes premissas e consequências entre o Processo Penal e o Processo Civil, não há como abordar o assunto na Teoria Geral do Processo.

Com isso, constata-se uma espécie de segurança jurídica própria do direito processual civil, capaz de fornecer elementos de confiança e estabilidade mesmo com as crescentes flexibilizações normativas e instrumentalidade que a matéria porventura venha admitir. Trata-se, assim, da segurança público-processual, cujas características de previsibilidade só podem ser encontradas dentro da sistemática e da perspectiva do próprio direito processual civil.[90]

Nesse contexto, a segurança jurídica, no Processo Civil, representaria um princípio[91] a ser perseguido para se atingir um estado de ordem pública

---

[88] "Há dois sentidos, segundo certos autores, a serem distinguidos no conceito de segurança jurídica: a) a segurança que deriva da *previsibilidade* das decisões que serão adotadas pelos órgãos que terão de aplicar as disposições normativas; e b) a segurança que se traduz na *estabilidade* das relações jurídicas definitivas" (idem, p. 15).

[89] Sobre a possibilidade de análise da segurança jurídica sob um enfoque setorial, cf. ÁVILA, Humberto. *Segurança jurídica* cit., p. 280. E ainda: TORRES, Heleno Taveira. *Direito constitucional tributário e segurança jurídica*: metódica da segurança jurídica do sistema constitucional tributário. São Paulo: RT, 2011. p. 15-19.

[90] Em face dessa linha evolutiva, a participação no processo e pelo processo já não pode ser visualizada apenas como instrumento funcional de democratização ou realizadora do direito material e processual, mas como dimensão intrinsecamente complementadora e integradora dessas mesmas esferas. O próprio processo passa, assim, a ser meio de formação do direito, seja material, seja processual. Aspectos incrementados pela constatação de que o processo deve servir para a produção de decisões conforme a lei, corretas a esse ângulo visual, mas, além disso, dentro do marco dessa correção, presta-se essencialmente para a produção de decisões justas (OLIVEIRA, Carlos Alberto Alvaro de. Os direitos fundamentais à efetividade e à segurança em perspectiva dinâmica cit., p. 11).

[91] "O princípio, enquanto espécie de norma jurídica que é, espelha um valor, mas ultrapassa o campo de análise deste, pois além de espelhar uma determinada opção do sistema por aquele valor, também determina condutas futuras" (OLIVEIRA, Patrícia Elias Cozzolino de. Sistema, regras e princípios na Constituição brasileira de 1988. In: NETO, Olavo de Oliveira; LOPES, Maria Elizabeth de Castro (Org.). *Princípios processuais civis na Constituição* cit., p. 6).

Cap. 18 – SEGURANÇA JURÍDICA E CONFIANÇA LEGÍTIMA

na relação jurídica processual, pela observância dos direitos e das garantias processuais.[92]

Portanto, no Processo Civil a segurança jurídica pode ser identificada em diversos institutos, especialmente na coisa julgada,[93] apesar da crescente discussão sobre a relativização dos julgados, inclusive com fulcro na injustiça da decisão.[94]

3.2. O processo justo

Um dos maiores dilemas do Processo Civil contemporâneo consiste em tentar equacionar o garantismo processual com a efetividade da prestação jurisdicional,[95] melhorando, por conseguinte, a qualidade da justiça.[96] Trata-se de desafio presente na evolução dos sistemas processuais tanto da *common law* quanto da *civil law*.[97]

Não obstante, os princípios e garantias fundamentais do processo também constam da Convenção Europeia de Direitos Humanos (arts. 6.º e 13) e da Convenção Americana dos Direitos do Homem (arts. 8.º e 25), podendo-se concluir que há uma tendência à internacionalização dos requisitos mínimos de um processo justo e equânime, pautado no reconhecimento e na efetivação dos direitos e garantias fundamentais.

A expressão *giusto processo* consta expressamente do art. 111 da Constituição italiana e representa o que na França se tem por *procès équitable*[98] e o

---

[92] Sobre as garantias mínimas do processo justo no direito italiano, cf. COMOGLIO, Luigi Paolo; FERRI, Corrado; TARUFFO, Michele. *Lezioni sul processo civile* – I. Il processo ordinário di cognizione. 4. ed. Bologna: Il Mulino, 2006. p. 98-102.

[93] "A segurança jurídica no âmbito dos actos jurisdicionais aponta para o *caso julgado*. O instituto do **caso julgado** assenta na estabilidade definitiva das decisões judiciais, quer porque está excluída a possibilidade de recurso ou a reapreciação de questões já decididas e incidentes sobre a relação processual dentro do mesmo processo – *caso julgado formal* –, quer porque a relação material controvertida ('questão de mérito' 'questão de fundo') é decidida em termos definitivos e irretratáveis, impondo-se a todos os tribunais e a todas as autoridades – *caso julgado material*. (Cfr. Código de Processo Civil, arts. 497.º/1, 672.º e 673.º)" (CANOTILHO, José Joaquim Gomes. *Direito constitucional e teoria da Constituição* cit., p. 264-265).

[94] Sobre o tema: DINAMARCO, Cândido Rangel. *Instituições de direito processual civil*. 6. ed. rev. e atual. São Paulo: Malheiros, 2009. v. 3, p. 314-315.

[95] O assunto é tratado com profundidade em: GRECO, Leonardo. *Novas perspectivas da efetividade e do garantismo processual*. Texto inédito.

[96] Acerca das novas tendências mundiais, cf. CHASE, Oscar G.; HERSHKOFF, Helen (Ed.). *Civil litigation in comparative context* cit., p. 241-260.

[97] A evolução do GUINCHARD, Serge et al. *Droit processuel*: droits fondamentaux du procès. 6. ed. Paris: Dalloz, 2011. p. 1-47.

[98] MOUGENOT, Dominique. *Principes de droit judiciaire privé*. Larcier: Bruxelles, 2009. p. 90.

que no Brasil entendemos por devido processo legal, previsto no art. 5.º, LIV, da Constituição. Na visão de Alvaro de Oliveira, o processo justo seria a face dinâmica do devido processo legal, uma vez que atrelado aos princípios e aos direitos fundamentais.[99]

Ainda sobre o sistema italiano, afirma Comoglio[100] que a Constituição italiana, apesar de não se referir de modo direto a um modelo de processo e sua origem cultural, estabelece o *requisito mínimo* de um processo equânime e justo, como garantias processuais que incluem o princípio da legalidade, a

---

[99] "De tal forma, hoje a segurança jurídica de uma norma deve ser medida pela estabilidade de sua finalidade, abrangida em caso de necessidade por seu próprio movimento. Não mais se busca o absoluto da segurança jurídica, mas a segurança jurídica afetada de um coeficiente, de uma garantia de realidade. Nessa nova perspectiva, a própria segurança jurídica induz à mudança, a movimento, visto que deve estar a serviço de um objetivo mediato de permitir a efetividade do direito fundamental a um processo equânime. Em suma, a segurança já não é vista com os olhos do Estado liberal, em que tendia a prevalecer como valor, porque não serve mais aos fins sociais a que o Estado se destina. Dentro dessas coordenadas, o aplicador deve estar atento às peculiaridades do caso, pois às vezes mesmo atendido o formalismo estabelecido pelo sistema, em face das circunstâncias da espécie, o processo pode se apresentar injusto ou conduzir a um resultado injusto. Realmente, a visão estática assentava a segurança na garantia do 'devido processo legal' (art. 5.º, LIV, da CF/1988). Todavia, numa visão dinâmica, ligada aos princípios e aos direitos fundamentais, parece mais correto falar em direito fundamental a um processo justo. Não se cuida mais de um genérico direito ao processo, assentado em direitos estáticos. Trata-se de assegurar, a partir dos conceitos de equanimidade e de justiça, não apenas a suficiência quantitativa mínima dos 'meios processuais', mas também um 'resultado' qualitativamente diferenciado. Desse modo, a partir das premissas antes estabelecidas é possível extrair a consequência de que, no quadro dos direitos fundamentais constitucionais, o 'direito ao processo' não é caracterizado por um objeto puramente formal ou abstrato ('processo' *tout court*), mas assume um conteúdo modal qualificado ('direito ao justo processo'), que é exatamente a face dinâmica do 'devido processo legal'. Em semelhante contexto, à estrita ótica de um 'devido processo legal', correspondente a uma compreensão puramente liberal e garantística do fenômeno jurídico, contrapõe-se a visão dinâmica em que todos os institutos e categorias jurídicas são relidos à luz da Constituição e na qual o processo civil é materialmente informado pelos direitos fundamentais. De tal modo, o conceito de processo justo decorre, em primeiro lugar, da compreensão concreta de certos direitos fundamentais expressos, a exemplo a proibição de juízos de exceção e do princípio do juiz natural (art. 5.º, XXXVII e LIII, da CF/1988), do contraditório e da ampla defesa, com os meios e recursos a ela inerentes (art. 5.º, LV, da CF/1988), da inadmissibilidade das provas obtidas por meios ilícitos (art. 5.º, LVI, da CF/1988) e do direito fundamental à decisão fundamentada (art. 94, IX, da CF/1988). Além disso, a visão principiológica, ao contrário da puramente estática e garantística, não se limita aos direitos fundamentais expressos e pode elaborar normas a partir de outros direitos fundamentais principiológicos, contidos na Constituição, com vistas à concretização de um processo justo e uma tutela jurisdicional efetiva. Um exemplo emblemático é o princípio da igualdade (art. 5.º, *caput*, da CF/1988), que permite estabelecer a noção de processo equitativo, e em consequência a norma de princípio ou o direito fundamental da paridade de armas" (OLIVEIRA, Carlos Alberto Alvaro de. Os direitos fundamentais à efetividade e à segurança em perspectiva dinâmica cit., p. 11).

[100] COMOGLIO, Luigi Paolo. Garanzie costituzionali e "giusto processo": modelli a confronto cit., p. 112.

Cap. 18 – SEGURANÇA JURÍDICA E CONFIANÇA LEGÍTIMA

independência e autonomia do Poder Judiciário, o direito inviolável de defesa e a motivação das decisões, dentre outros. Segundo o autor, no direito italiano a cláusula garantística do devido processo legal é componente fundamental do processo justo. A efetividade também está presente na ideologia constitucional do sistema italiano: "che la Costituzione 'riconosce' e 'garantisce'".

Assim, a cláusula constitucional do *devido processo legal* constitui, de forma mais abrangente, as diversas garantias processuais, sendo estas os instrumentos adequados para atingir o necessário estado de ordem pública dentro do processo, conferindo, por conseguinte, a segurança jurídico-processual.

No Processo Civil, além das garantias expressas na Constituição, existem as normas específicas que dão contorno ao tema. Fala-se em matérias e questões de ordem pública processual, pautadas em um latente interesse público, que assegurariam o processo justo e o controle dos atos jurisdicionais, sendo que no CPC/1973 esse rol de interesses relevantes está identificado especialmente nas hipóteses de condições da ação e dos pressupostos processuais e suas consequências estabelecidas nas regras de nulidades processuais.

A noção de ordem pública, considerando sua conformação com os elementos próprios do direito processual, traduz-se na observância, dentro do processo, das garantias fundamentais[101] que compõem o seu núcleo essencial, cuja violação é capaz de retirar do processo o seu caráter integrador – junto ao direito material – da decisão judicial, impedindo, assim, o alcance de uma tutela jurisdicional justa e adequada. Em outros termos, o desrespeito aos princípios e garantias necessários ao alcance da ordem pública processual é tão grave que deslegitima o ato jurídico processual ou ato jurisdicional.

Sobre o conceito de ordem pública processual, ensina Leonardo Greco:[102]

> A preservação da observância dos princípios e garantias fundamentais do processo é o que me ocorre denominar de ordem pública processual. [...] conjunto de requisitos dos atos processuais, impostos de modo imperativo para assegurar a proteção de interesse público precisamente determinado, o respeito a direitos fundamentais e a observância de princípios do devido processo legal, quando indisponíveis pelas partes.

Nesse passo, a mácula processual que compromete a ordem pública causa consequências intransponíveis, gerando vícios absolutamente insuperável, passí-

---

[101] GRECO, Leonardo. Garantias fundamentais do processo: o processo justo. In: PEIXINHO, Manoel Messias; GUERRA, Isabella Franco; NASCIMENTO FILHO, Firly (Org.). *Os princípios da Constituição de 1988*. 2. ed. Rio de Janeiro: Lumen Juris, 2006. p. 369-406.

[102] GRECO, Leonardo. Os atos de disposição processual – primeiras reflexões. In: MEDINA, José Miguel Garcia et alii (Coords.). *Os poderes do juiz e o controle das decisões judiciais*. São Paulo: RT, 2008. p. 293.

veis de controle a qualquer tempo e grau de jurisdição. Fora disso, as irregularidades devem ser avaliadas de acordo com a sua gravidade e com os escopos do processo – princípios do prejuízo e da finalidade.

Portanto, e dentro desse contexto, a ordem pública processual seria o elemento justificador da segurança jurídico-processual, pautado no respeito aos princípios e garantias fundamentais do processo justo.[103]

3.3. Expectativas processuais dos jurisdicionados

A confiança legítima do cidadão,[104] no processo,[105] decorre do atendimento às expectativas dos jurisdicionados no adequado, eficiente e célere funcionamento do sistema processual e também na prestação efetiva da tutela jurisdicional. Relaciona-se, pois, mais precisamente, ao princípio da efetividade.

---

[103] "A *segurança jurídica* resulta presente, aprioristicamente, em três esferas subjetivas distintas da pessoa. Primeiro, no que se pode denominar de *bem-estar* jurídico-social decorrente da certeza de existência de um ordenamento jurídico genérico garantidor dos direitos, delimitador dos deveres e assegurador das liberdades individuais; segundo, na *justiça* com *paz*, que é escopo mediato da jurisdição; terceiro, na *certeza* de que a *quaestio*, em sede de Processo Judicial de Solução de Conflitos, guardados os limites objetivos e subjetivos de sua ocorrência, não se repetirá jamais (coisa julgada). Na interação dessa tríade tem-se, por consequência, a ordem pública preservada" (GONÇALVES, William Couto. *Garantismo, finalismo e segurança jurídica no processo judicial de solução de conflitos*. Rio de Janeiro: Lumen Juris, 2004. p. 164-165).

[104] "A conduta dos órgãos judiciários influencia significativamente o comportamento das partes: estas correspondem às determinações judiciais na medida em que os órgãos do Poder Judiciário despertam, objetivamente, a confiança do cidadão. Essas são as palavras do Min. Celso de Mello, do STF, *verbis:* 'Os postulados da segurança jurídica, da boa-fé objetiva e da proteção da confiança, enquanto expressões do Estado Democrático de Direito, mostram-se impregnados de elevado conteúdo ético, social e jurídico', e incidem estes princípios 'sobre comportamentos de qualquer dos Poderes ou órgãos do Estado' (STF, MS 25805/DF, j. 22.03.2010, rel. Min. Celso de Mello (decisão monocrática))" (MEDINA, José Miguel Garcia; GUIMARÃES, Rafael de Oliveira. Requisitos recursais excessivamente formalistas em face do princípio da instrumentalidade das formas segurança jurídica e legítima confiança do cidadão. *Revista de Processo*, ano 36, v. 201, São Paulo: RT, nov. 2011, p. 453).

[105] "O princípio da proteção da legítima confiança é considerado desdobramento do princípio da segurança jurídica, que determina que o direito processual deve trazer segurança às partes. A proteção à confiança, como um dos elementos constitutivos do Estado de Direito, nas palavras de Canotilho 'se reconduz à exigência de certeza e calculabilidade, por parte dos cidadãos'. Ausentes a segurança, a estabilidade e a previsibilidade, o Direito 'se constituiria, de certa forma mesmo, até em fator de insegurança'. Assim, a atividade jurisdicional deve orientar-se de acordo com o princípio da proteção da confiança do cidadão" (MEDINA, José Miguel Garcia; GUIMARÃES, Rafael de Oliveira. Requisitos recursais excessivamente formalistas em face do princípio da instrumentalidade das formas segurança jurídica e legítima confiança do cidadão cit., p. 453).

Cap. 18 – SEGURANÇA JURÍDICA E CONFIANÇA LEGÍTIMA

Com efeito, dentre os ideais trazidos pela ordem constitucional, destacam-se a efetividade[106] e a segurança jurídica, ambos aliados da democracia, que refletiram nos três pilares da disciplina processual – ação, jurisdição e processo.

Na verdade, ao longo da história processual a segurança jurídica e a efetividade sempre atuaram em movimentos pendulares, moldando-se às exigências do direito material,[107] sendo certo que as recentes reformas processuais têm privilegiado o valor efetividade em busca de uma satisfação mais rápida do jurisdicionado.

No direito alienígena não foi diferente, com os sistemas jurídicos enaltecendo não só o devido processo legal, mas também a efetividade e a segurança jurídica, que fazem parte dos principais ideais constitucionais buscados.[108]

Dessa forma, mais do que o acesso à Justiça, exige-se que os meios processuais estejam em consonância com a legalidade e os direitos e garantias fundamentais e, ainda, que assegurem a efetividade da tutela jurisdicional.

Em outros termos, o princípio da efetividade reflete na possibilidade de adequação do procedimento ao direito material tutelado, no alcance de uma decisão de mérito que resolva definitivamente a controvérsia das partes, na realização concreta do direito declarado em juízo e, ainda, que tudo isso ocorra em um razoável tempo de duração do processo.[109]

---

[106] Entendendo que a função social do processo depende de sua efetividade, ver: GRINOVER, Ada Pellegrini. A iniciativa probatória do juiz no processo penal acusatório cit., p. 8.

[107] Sobre a interdependência entre o direito material e o direito processual e suas consequências, cf. MARINONI, Luiz Guilherme. *Técnica processual e tutela dos direitos* cit., p. 189-192.

[108] COMOGLIO, Luigi Paolo. Garanzie costituzionali e "giusto processo": modelli a confronto cit., p. 95-150.

[109] "A efetividade qualificada, numa perspectiva dinâmica, implica, em primeiro lugar, o direito da parte à possibilidade séria e real de obter do juiz uma decisão de mérito, adaptada à natureza das situações subjetivas tuteláveis, de modo a que seja plenamente satisfeita a 'necessidade de tutela' manifestada na demanda. Para tanto é altamente desejável sejam elásticas e diferenciadas as formas de tutela, levando em conta as peculiaridades das crises sofridas pelo direito material e as exigências do caso concreto. Essencial, ainda, que outorguem o máximo de efetividade, desde que preservados outros direitos fundamentais, a exemplo do direito ao processo justo, que é a concretização deontológica do valor da segurança no Estado constitucional. Significa isso não só afastar, na medida do possível, a tipicidade das formas de tutela como também elastecer seu leque para abarcar todas as formas de direito material e as crises por ele sofridas (direito individual ou coletivo, condenação, constituição, declaração, mandamento e execução), bem como assegurar formas repressivas ou preventivas, com ou sem receio de lesão, de modo a preencher totalmente a exigência de adequação. Também é indispensável que a tutela possa se refletir efetivamente no mundo social. Não basta apenas declarar a existência do direito, mas realizá-lo faticamente quando necessário" (OLIVEIRA, Carlos Alberto Alvaro de. Os direitos fundamentais à efetividade e à segurança em perspectiva dinâmica cit., p. 11).

Assim, conciliar segurança jurídica com efetividade[110] exige um ordenamento processual equilibrado, com técnicas apuradas e profissionais habilitados, capazes de promover a sensação social de que o processo, de fato, atende às expectativas do ordenamento quanto à função jurisdicional do Estado de Direito, alcançando, por conseguinte, a confiança legítima dos cidadãos.

4. COMPONENTES DA ORDEM PROCESSUAL

O direito processual, para estar em ordem, atingindo a segurança jurídica e a confiança legítima dos jurisdicionados, precisa atentar para os importantes aspectos científicos, legislativos, jurisprudenciais e culturais,[111] uma vez que esses componentes estão umbilicalmente interligados e, de modo isolado, não possuem o condão de impulsionar, satisfatoriamente, as mudanças[112] processuais.

---

[110] "Como já afirmamos noutra oportunidade, efetividade e segurança jurídica são, na verdade, *complexos valorativos*, pois abrigam elementos que também podem ser designados de valores em suas esferas de atuação. Assim, por exemplo, o complexo valorativo da efetividade abriga valores como economia processual, celeridade e aproveitamento dos atos processuais. Já o complexo valorativo da segurança engloba a previsibilidade, a confiança legítima nos atos da administração e atos estatais em geral, o respeito ao direito positivo, a dignidade da legislação e a estabilidade das relações jurídicas" (AMARAL, Guilherme Rizzo. Efetividade, segurança, massificação e a proposta de um "incidente de resolução de demandas repetitivas" cit., p. 237).

[111] "Além da previsibilidade da lei e de sua interpretação, há de ser previsível, também, a conduta das autoridades, a quem devem os cidadãos poder depositar sua legítima confiança, não podendo ser por elas desiludidos ou enganados. Segundo Mathieu, a confiança legítima é o princípio segundo o qual a Administração (e, aqui, podemos estendê-lo também ao Estado-juiz) deve respeitar as suas próprias decisões, promessas e compromissos. Também a pesquisa sobre os fatos e, assim, a busca da verdade (ainda que relativa) surge como importante elemento da segurança jurídica, que, como todos os demais, deverá ser ponderado com o valor *efetividade* e seus componentes, como, por exemplo, a celeridade processual. E, por fim, muito embora possa também ser objeto de interpretação (e, portanto, dele se podendo extrair diferentes normas jurídicas), o texto da lei processual e sua observância exerce importante papel na concretização do valor da segurança, até mesmo como um reforço do elemento *previsibilidade*. Temos, assim, que os principais elementos que compõem ou caracterizam o valor *segurança jurídica*, e com relevância maior para a temática processual aqui proposta, são a clareza da lei e a previsibilidade do direito, aliados à estabilidade das relações jurídicas, à confiança legítima, à busca pela verdade e ao respeito ao direito processual legislado" (idem, ibidem).

[112] "É curioso observar, no entanto, que a despeito de todo arsenal jurídico descrito, a segurança enfrenta hoje uma crise de identidade. A velocidade das mudanças, não só econômicas, tecnológicas e políticas, mas também jurídicas, e a obsessão pragmática e funcionalizadora, que também contamina a interpretação do Direito, não raro encaram pessoas, seus sonhos, seus projetos e suas legítimas expectativas como miudezas a serem descartadas para que seja possível avançar (para onde?) mais rapidamente. Desse modo, o debate acerca da segurança jurídica, especialmente no que diz respeito aos efeitos da lei nova sobre a realidade existente quando de sua entrada em vigor, vem – sem ironia – se perpetuando no tempo" (BARROSO, Luís Roberto. Em algum lugar do passado: segurança jurídica, direito intertemporal e o novo Código Civil. In: ROCHA, Cármen Lúcia Antunes (Coord.). *Constituição e segurança jurídica* cit., p. 141).

4.1. Aspecto científico

No campo científico, a academia é responsável por observar as constantes mutações sociais e valorativas, bem como o comportamento legislativo e jurisprudencial para obter as informações e referências necessárias que sirvam de base para os estudos, discussões e ideias que possam efetivamente agregar ao direito processual e atender aos anseios dos jurisdicionados.

Além disso, é preciso que os juristas estejam atualizados com a evolução mundial do direito processual, por meio de estudos sobre o direito estrangeiro, a fim de que soluções positivas implementadas em outros ordenamentos possam ser avaliadas e eventualmente inseridas em nosso sistema, desde que compatíveis com a nossa cultura.

4.2. Na área legislativa

O aparato legislativo de um ordenamento representa as regras de conduta de uma sociedade, ou seja, regulamenta o comportamento humano dos integrantes de um Estado de Direito, sustentando-se, de forma incondicional, à Carta Constitucional. As normas devem abranger, se não todas, a grande maioria das situações fáticas passíveis de ocorrência em uma comunidade social, evitando-se que violações de direitos fiquem desprovidas de amparo legislativo e, por consequência, de respaldo jurídico.

Além disso, as normas têm de ser atuais e acompanhar a evolução social e os novos direitos que nascem a cada dia. Contudo, as alterações legislativas devem ser pontuais, necessárias e adequadas e não podem ser banalizadas, seja quantitativa ou qualitativamente, sob pena de se instalar a insegurança jurídica ou o descrédito social.

No aspecto formal, as leis devem ser simples, claras e objetivas, evitando-se as inúmeras interpretações pelos operadores do direito. A atividade interpretativa[113] pode, inclusive, considerar a *mens legis*, identificando os valores do legislador e individualizando o significado racional, correto e justo da lei para solucionar o conflito judicial.[114]

Não bastasse, o nosso ordenamento, além da cultura legiferante, contém cada vez mais normas abertas e as chamadas cláusulas gerais, de conceito vago e impreciso.[115] No início, essa novidade gerou certa desconfiança e insegurança

---

[113] Sobre a diferença da interpretação legal e judicial, cf. VIOLA, Francesco; ZACCARIA, Giuseppe. *Diritto e interpretazione*: lineamenti di teoria ermeneutica del diritto. Laterza: Bari, 2009. p. 154.

[114] BONGIOVANNI, Giorgio. *Constitucionalismo e teoria del diritto*. Laterza: Bari, 2005. p. 152-160.

[115] "Se, com leis formuladas axiologicamente e traduzidas excessivamente em cláusulas gerais e normas vagas, caberá ao juiz de fato definir o sentido e alcance da lei, na verdade só se

jurídica, pois os operadores do direito, que ainda estavam se adaptando a lidar com princípios[116] e com as regras de hermenêutica, ficaram sem critérios objetivos para o preenchimento do conteúdo desse tipo normativo. Porém, reconheceu-se, posteriormente, que essa técnica legislativa visa justamente a atender às peculiaridades do caso concreto, em nome de uma jurisdição específica e eficaz.[117]

A experiência estrangeira também pode oferecer interessantes ferramentas legislativas, mas o ordenamento importador deve ter o cuidado de verificar a exata conformação da lei estrangeira com o nosso sistema e, ainda, adaptar, quando necessário, às nossas particularidades legislativas, políticas, jurídicas, econômicas e sociais.

Por outro lado, a lei nova não pode retroagir para alcançar relações jurídicas pretéritas e já consolidadas no tempo. Por isso, o princípio da irretroatividade

---

firmará o teor da norma legal depois que o julgador atribuir-lhe o resultado que entender de conferir-lhe. A lei, na realidade, só existirá como preceito depois que o juiz completar a normatização apenas iniciada pelo legislador. O jurisdicionado somente virá a conhecer a regra de cuja violação é acusado depois de julgado pela sentença. Isto representa, em termos crus, uma verdadeira eficácia retroativa para a norma. Se ela só se fez completa e inteligível após o julgamento do fato, a consequência é que a norma tal como foi aplicada não existia ao tempo da ocorrência do mesmo fato. Ou, pelo menos, o seu destinatário somente a pôde conhecer, em toda extensão, depois da sentença. Para que essa injustiça não seja cometida é indispensável que a norma não seja excessivamente em branco, nem seja imprevisível quanto ao modo e aos limites de preenchimento de sua previsão genérica. Pode-se legislar deixando margem de flexibilidade para adaptar-se às particularidades do caso concreto. Mas, em nome da legalidade e da segurança jurídica com que a legalidade se acha visceralmente comprometida é imperioso que o legislador, ao empregar a flexibilidade da cláusula geral, indique de forma clara e precisa os padrões e os limites da atividade complementar do juiz. Vale dizer, a cláusula geral, só é legítima e democrática quando o legislador indica os parâmetros em que, na aplicação, terá de apoiar-se e quais limites dentro dos quais a norma admitirá flexibilização. Em outros termos, a lei terá de proporcionar às pessoas destinatárias de seu preceito o conhecimento e a compreensão do seu teor e dos seus limites" (THEODORO JÚNIOR, Humberto. *A onda reformista do direito positivo e suas implicações com o princípio da segurança jurídica* cit., p. 5-6).

[116] "Se 'a conformação e a organização do processo e do procedimento nada mais representam do que o equacionamento de conflitos entre princípios constitucionais em tensão, de conformidade com os fatores culturais, sociais, políticos, econômicos e as estratégias de poder num determinado espaço social e temporal', é também verdade que, por trás de tais princípios (contraditório, ampla defesa etc.), estão valores que lhes são inerentes. Pode-se afirmar que os princípios constituem um estado de coisas desejado a partir de uma determinada composição valorativa" (AMARAL, Guilherme Rizzo. Efetividade, segurança, massificação e a proposta de um "incidente de resolução de demandas repetitivas" cit., p. 237).

[117] "De pronto depreende-se que, se o processo garante a jurisdição que ele operacionaliza, restringe, materializa, *especifica* e torna *eficaz*, do que decorre o seu caráter de *instrumentalidade, garantia primeira*, finalisticamente o processo é garantia da *segurança jurídica* que resulta da *garantia primeira*. É a *garantia segunda*. É de nenhum valor o garantir a jurisdição se não se garante fazê-la *específica, eficaz*, ou seja, realizada na situação fática que a fez provocada, sem alcançar a *segurança jurídica*. Não se diga fazê-la *efetiva*, sim *específica* e *eficaz*" (GONÇALVES. William Couto. *Garantismo, finalismo e segurança jurídica no processo judicial de solução de conflitos* cit., p. 67).

Cap. 18 – SEGURANÇA JURÍDICA E CONFIANÇA LEGÍTIMA

da lei também configura um importante aspecto da segurança jurídica, de modo que nem mesmo as denominadas leis de ordem pública ficariam excluídas dessa observância.[118]

4.2.1. As reformas processuais

O Direito Processual Civil, desde o advento do Código de 1973, vem sofrendo inúmeras modificações legislativas visando à sua conformação aos preceitos da Constituição de 1988 e para atender à dinâmica social.[119] Instituído antes da Constituição de 1988, o Código de Processo Civil precisou se moldar valorativa, formal e materialmente aos preceitos constitucionais, garantindo, assim, a sua adequação ao sistema jurídico.[120]

Não obstante, o direito processual civil, antes formalista para privilegiar a segurança jurídica, foi pressionado para atender às novas demandas sociais e conferir efetividade aos direitos e garantias individuais, o que também motivou algumas alterações legislativas.

---

[118] "O argumento de que a proteção constitucional não seria oponível às chamadas leis de ordem pública fundava-se na ideia de superioridade do interesse público – supostamente veiculado pela lei de ordem pública nova – sobre o individual, que consistiria na posição do indivíduo titular do direito adquirido ou do ato jurídico perfeito. Esse ponto de vista não deve prevalecer, por um conjunto de razões. Em primeiro lugar, a oposição descrita acima não é verdadeira. Não se trata de um conflito entre um interesse público e um individual, pois também a proteção dos direitos adquiridos e atos jurídicos perfeitos (além da coisa julgada) corresponde a um interesse público da maior importância, ao qual o constituinte inclusive atribuiu o status de cláusula pétrea. Ademais, como definir o que é 'ordem pública', especialmente considerando que, já há muito, os limites entre o Direito Público e o Privado deixaram de existir com nitidez? Praticamente qualquer tipo de disposição normativa pode receber, com conforto, essa espécie de rótulo. Por fim, o próprio dogma da supremacia do interesse público encontra-se hoje em crise. Já não é mais possível compreender o interesse público como um conceito abstrato, sem titulares, difusamente associado à ideia de razões de Estado e desvinculado dos indivíduos e de seus direitos" (BARROSO, Luís Roberto. Em algum lugar do passado: segurança jurídica, direito intertemporal e o novo Código Civil. In: ROCHA, Cármen Lúcia Antunes (Coord.). *Constituição e segurança jurídica* cit., p. 148).

[119] Sobre a evolução das reformas processuais no Brasil, cf. PANTOJA, Fernanda Medina. Reformas processuais: sistematização e perspectivas. *Revista de Processo*, ano 33, v. 160, São Paulo: RT, jun. 2008, p. 87-114.

[120] "Uma consequência natural do fenômeno consistiu no fato de que os processualistas brasileiros foram levados, mais que anteriormente, a examinar ou reexaminar problemas do processo – tanto civil quanto penal – à luz das diretrizes contidas na Constituição. Grande parte da literatura processual contemporânea revela a impregnação de valores constitucionais, a que se passou dar maior peso na interpretação dos textos processuais" (BARBOSA MOREIRA, José Carlos. A constitucionalização do processo no direito brasileiro. In: MAC-GREGOR, Eduardo Ferrer; LARREA, Arturo Zaldívar Lelo de (Coord.). *Estudos de direito processual constitucional* cit., p. 47-48).

Esses fatos indicaram a defasagem do Código de Processo Civil em vigor e justificou a necessidade de se criar um modelo mais contemporâneo e mais condizente com os anseios constitucionais e sociais.

Com isso, foi formada uma comissão de juristas para identificar os gargalos da Justiça e tentar modernizar o Código de Processo Civil, com técnicas que foram ao longo do tempo se concretizando na prática forense, especialmente na jurisprudência, e, ainda, com técnicas estrangeiras compatíveis com o nosso ordenamento jurídico. No topo das reclamações sociais estava a falta de celeridade dos juízes brasileiros e de prontidão das decisões judiciais, ensejando o desprestígio de todo o Poder Judiciário e o rótulo de uma Justiça denegada e ultrapassada.

Assim, diante do problema da morosidade da Justiça, os desafios da Comissão de Reforma do Código de Processo Civil destinada a elaborar um novo ordenamento processual foram justamente resgatar não só a imagem do Judiciário, mas a satisfação dos jurisdicionados, pelo aprimoramento das técnicas processuais que permitissem a entrega de uma prestação jurisdicional compatível com os novos direitos e por meio de mecanismos cada vez mais eficientes.

O projeto para um novo CPC inovou ao trazer logo no seu início um rol de artigos relativos aos princípios e garantias do processo civil, exteriorizando as premissas basilares que devem pautar o direito processual, todos, obviamente, frutos da ideologia constitucional que refletiu sobre a matéria após 1988. Outrossim, a comissão tentou a harmonização entre os princípios constitucionais da segurança jurídica e o da efetividade.

Também foi objeto de cuidado a linguagem[121] utilizada, garantindo a clareza e a precisão das normas processuais, conferindo, em última análise, a segurança jurídico-processual.[122]

Por sua vez, foram mantidas e/ou inseridas cláusulas gerais e normas abertas, a fim de que seus conteúdos fossem preenchidos de acordo com as particularidades do caso concreto, proporcionando uma Justiça mais eficaz.

---

[121] "A segurança jurídica postula o **princípio da precisão ou determinabilidade dos actos normativos**, ou seja, a conformação material e formal dos actos normativos em termos linguisticamente claros compreensíveis e não contraditórios. Nesta perspectiva se fala de *princípios jurídicos de normação jurídica* concretizadores das exigências de determinabilidade, clareza e fiabilidade da ordem jurídica e, consequentemente, da segurança jurídica e do estado de direito" (CANOTILHO, José Joaquim Gomes. *Direito constitucional e teoria da Constituição* cit., p. 258).

[122] "O princípio da segurança jurídica, principalmente em razão da valorização dos direitos do homem no seio do direito comunitário, encontra grande sucesso no direito francês. Tem-se a consciência de que a segurança jurídica acompanha os desdobramentos da noção de Estado de direito e atende às exigências de segurança impostas em face do desenvolvimento de um ambiente cada vez mais complexo e sujeito a evoluções cada vez mais incertas. Assim como o meio ambiente reclama atenção científica eficiente, o meio social também exige do legislador, para evitar penalizações excessivas, 'regras jurídicas que sejam simples, claras, acessíveis e previsíveis'" (THEODORO JÚNIOR, Humberto. *A onda reformista do direito positivo e suas implicações com o princípio da segurança jurídica* cit., p. 12).

Cap. 18 – SEGURANÇA JURÍDICA E CONFIANÇA LEGÍTIMA

Não bastasse, a simplificação e a organização do sistema também foram metas seguidas, no intento de se instituir um Código de Processo Civil que conferisse o maior rendimento possível a cada processo e ainda conseguisse munir o juiz de instrumentos que possibilitassem decisões mais adequadas à causa, reduzindo algumas complexidades desnecessárias.

Como se vê, essas iniciativas visaram a remodelar o nosso sistema processual, a fim de que a rigidez do processo desse espaço à possibilidade de modulação do procedimento quando a hipótese exigisse, conferindo uma maior efetividade às técnicas processuais e, por conseguinte, à função julgadora do Estado, em benefício dos jurisdicionados.

Dessa forma, o Projeto 166/2010, que reformula o Código de Processo Civil, pretende sistematizar e exprimir as inúmeras evoluções legislativas, jurisprudenciais e doutrinárias que ocorreram no nosso ordenamento desde 1973 e modificaram os paradigmas processuais até então considerados. Sendo assim, a criação de um novo diploma se justifica,[123] seja pelo tempo decorrido desde a entrada em vigor do Código vigente,[124] seja pela necessidade de adequar as técnicas processuais à nova ideologia prevista na Constituição de 1988.

4.3. O papel da jurisprudência[125]

Não se pode falar em segurança jurídica e efetividade sem abordar o papel da jurisprudência no nosso ordenamento.[126] Se por um lado a academia e a legislação são importantes fontes de aperfeiçoamento do direito processual, é a atividade judicante que identifica, concretamente, os dilemas jurídicos e sociais instalados na sociedade e direciona, por meio do raciocínio interpretativo, as soluções que mais se aproximam do ideal de justiça.

---

[123] Em sentido contrário, ver: MARINONI, Guilherme Luiz; MITIDIERO, Daniel. *O projeto do CPC*: críticas e propostas. São Paulo: RT, 2010. p. 55-60.

[124] LOPES, João Batista; CASTRO LOPES, Maria Elizabeth de. Novo código de processo civil e efetividade da jurisdição. *Revista de Processo*, ano 35, n. 188, São Paulo: RT, out. 2010, p. 172.

[125] Sobre o assunto, consultar: WAMBIER, Teresa Arruda Alvim (Coord.). *Direito jurisprudencial*. São Paulo: RT, 2012.

[126] "É de se ressaltar que cada vez mais se caminha para o fortalecimento da jurisprudência. A realidade da Súmula Vinculante, a Súmula Impeditiva de Recursos, o Julgamento de Causas Repetitivas, assim como a valorização das formas de uniformização da jurisprudência, até mesmo em 1.º grau, é um relevante passo para que os juízes tenham mais tempo para julgar corretamente, evitando-se a realização de tarefas inúteis e, principalmente, a segurança jurídica" (HOFFMAN, Paulo. Princípio da razoável duração do processo. In: NETO, Olavo de Oliveira; LOPES, Maria Elizabeth de Castro (Org.). *Princípios processuais civis na Constituição* cit., p. 336).

Contudo, no Brasil, ainda não se tem a cultura de observância dos precedentes.[127] Por sua vez, os Tribunais[128] – inferiores e superiores – não têm a devida cautela quando da eventual mudança de paradigma dos precedentes já estabelecidos, ensejando uma série de decisões contraditórias sobre uma mesma matéria, o que em nada contribui para a evolução do sistema jurídico, causando a insegurança[129] dos operadores do direito e a desconfiança dos jurisdicionados.[130]

A jurisprudência constitui importante termômetro do funcionamento do sistema processual, já que se manifesta concretamente sobre os conflitos judicializados. Dessa forma, há imperiosa necessidade de harmonia entre os julgados, evitando-se a desordem e o descrédito no Poder Judiciário.[131]

---

[127] "Temos convicção de que o sistemático desrespeito aos precedentes compromete o Estado de Direito, na medida em que as coisas passam a ocorrer como se houvesse várias 'leis' regendo a mesma conduta: um clima de integral instabilidade e ausência absoluta de previsibilidade" (WAMBIER, Teresa Arruda Alvim. Estabilidade e adaptabilidade como objetivos do direito: *civil law* e *common law*. *Revista de Processo*, ano 34, v. 172, São Paulo: RT, jun. 2009, p. 121).

[128] Sobre o protagonismo social e político dos Tribunais, cf. SANTOS, Boaventura de Sousa; MARQUES, Maria Manuel Leitão; PEDROSO, João. *Os Tribunais nas sociedades contemporâneas*. Disponível em: <http://www.anpocs.org.br/portal/publicacoes/rbcs_00_30/rbcs30_07.htm>. Acesso em: 27 abr. 2010.

[129] "Não apenas a lei, como também a jurisprudência deve ser clara e previsível, sendo ameaçadoras da segurança jurídica as decisões exóticas ou surpreendentes, em especial quando trouxerem questões novas que não foram debatidas com as partes. Como ressalta com acerto Donaldo Armelin, 'a segurança jurídica constitui um elemento fundamental para a sociedade organizada, um fator básico para a paz social, o que implica estabilidade de situações pretéritas e previsibilidade de situações futuras. No plano da atuação jurisprudencial, a previsibilidade das decisões judiciais insere-se para o usuário da jurisdição como um fator de segurança que o autoriza a optar por um litígio ou por uma conciliação. É fundamental que quem busque a tutela jurisdicional tenha um mínimo de previsibilidade a respeito do resultado que advirá de sua postulação perante o Judiciário'. A questão transcende rapidamente o campo do processo e do próprio direito, passando a constituir verdadeiro pressuposto do desenvolvimento social e econômico de um país" (AMARAL, Guilherme Rizzo. Efetividade, segurança, massificação e a proposta de um "incidente de resolução de demandas repetitivas" cit., p. 237).

[130] "É diferente falar em segurança jurídica quando se trata de caso julgado e em segurança jurídica quando está em causa a *uniformidade ou estabilidade da jurisprudência*. Sob o ponto de vista do cidadão, não existe um direito à manutenção da jurisprudência dos tribunais, mas sempre se coloca a questão de saber se e como a protecção da confiança pode estar condicionada pela uniformidade, ou, pelo menos, estabilidade, na orientação dos tribunais. É uma dimensão irredutível da função jurisdicional a obrigação de os juízes decidirem, nos termos da lei, segundo a sua convicção e responsabilidade. A bondade da decisão pode ser discutida pelos tribunais superiores que, inclusivamente, a poderão 'revogar' ou 'anular', mas o juiz é, nos feitos submetidos a julgamento, autonomamente responsável" (CANOTILHO, José Joaquim Gomes. *Direito constitucional e teoria da Constituição* cit., p. 265).

[131] "No Brasil, a EC 45/2004 confirmou a preocupação com a previsibilidade da interpretação constitucional, vinculando-a inclusive ao valor *segurança*, ao instituir a súmula vinculante, ressaltando a necessidade de se evitar a 'grave insegurança jurídica'. Mas nenhum dispositivo

Porém, a realidade brasileira é desanimadora. Vemos decisões absolutamente utilitaristas, sem respaldo científico ou técnico e, ainda, uma infinidade de posições jurídicas acerca de uma mesma questão.

Não bastasse, os Tribunais Superiores,[132] principais responsáveis pela uniformização da jurisprudência, também alteram constantemente seus julgados, muitas vezes casuisticamente e sem uma ampla discussão ou um critério bem definido, causando uma insegurança jurídica que afeta todo o Poder Judiciário e ainda tumultua os feitos em andamentos e até mesmo os já encerrados, dificultando, em última análise, o controle pelos jurisdicionados da atividade dos Tribunais.

Além disso, vê-se com frequência a situação de em uma mesma Câmara, Sessão ou Turma os componentes terem entendimentos jurídicos diferentes, sem considerar, inclusive, os precedentes da própria Corte. Ora, salvo melhor juízo, os colegiados se justificam para que posicionamentos individuais, após amplo debate, sejam substituídos por uma decisão conjunta, com a participação de todos os membros, o que, em princípio, deveria impedir que futuros julgamentos fossem de encontro com o já decidido, com o julgador voltando a julgar individualmente, insistindo em seu entendimento minoritário.

Essa forma de condução dos trabalhos não contribui para um sistema jurídico saudável, harmonioso e seguro. Ora, ainda que o magistrado seja contra a conclusão majoritária, deveria adotar o precedente para não comprometer a credibilidade de todo ordenamento jurídico, trazendo consequências internas e externas, atrapalhando investimentos e a própria legitimidade do sistema.

Outrossim, não se pode deixar de mencionar a tendência cada vez maior dos Tribunais em monocratizar exageradamente as decisões em afronta ao princípio da colegialidade, retirando da parte o direito de ter suas questões litigiosas enfrentadas por uma composição experiente de magistrados.

---

constitucional é mais incisivo do que o art. 5.º, XXXVI, que sem mencionar o termo 'segurança jurídica' expressamente, reconhece a importância fundamental de tal valor ao prever o respeito ao direito adquirido, ao ato jurídico perfeito e à coisa julgada. Trata-se, aqui, de preservar a estabilidade das relações jurídicas, em uma sociedade fundada, nos dizeres da própria Carta Magna, na 'harmonia social' (Preâmbulo da Constituição Federal de 1988)" (AMARAL, Guilherme Rizzo. Efetividade, segurança, massificação e a proposta de um "incidente de resolução de demandas repetitivas" cit., p. 237).

[132] "A função constitucional do STF e do STJ fica comprometida pela intensidade de divergência jurisprudencial *interna corporis* provocada por estes mesmos tribunais. Isso porque, em vez de funcionarem como tribunais que deem ensejo à uniformização do entendimento relativo à norma constitucional ou federal, ao manterem profunda e insistente discrepância acerca de determinadas questões jurídicas, referidos tribunais proporcionam justamente o resultado oposto, qual seja a insegurança e intranquilidade acerca de como deve ser interpretada uma norma constitucional ou federal" (WAMBIER, Teresa Arruda Alvim. Estabilidade e adaptabilidade como objetivos do direito: *civil law* e *common law* cit., p. 121).

Ressalte-se, por fim, que os próprios julgamentos são feitos de forma duvidosa, quando os processos são votados apenas por seus números ou, o que é pior, por blocos de números, sem qualquer constrangimento com as partes e advogados presentes ao local, frustrando a expectativa de quem espera do órgão superior uma análise judicial mais criteriosa, especialmente quando se trata da "causa de suas vidas". Não obstante, há uma falta de transparência, para o público em geral, na comunicação prévia entre os julgadores, que, por vezes, vão para as sessões com os resultados já definidos, fazendo do ato um verdadeiro teatro.

Reconhece-se que o incremento das demandas judiciais está acima das expectativas e que não está sendo comportado a contento pelo Poder Judiciário, sendo que este precisa encontrar soluções pragmáticas para tentar cumprir seu papel. Contudo, é preocupante quando práticas irregulares e provisórias se tornam definitivas pelo simples conformismo dos operadores do direito, que se veem impotentes diante dos novos hábitos adotados pelos Tribunais, sem qualquer consulta ou debate prévio com os principais interessados.

4.4. As questões culturais

A cultura de um ordenamento engloba os ideais, os valores e as normas que são compartilhadas por um grupo social.[133] Assim, a história, as experiências e os hábitos de um povo se relacionam intimamente com o modelo jurídico de um país e, consequentemente, com seus reflexos processuais. Nesse passo, a ciência, a legislação e a jurisprudência são apenas alguns dos elementos que identificam, ao lado de outros importantes componentes, a complexa e grandiosa estrutura judiciária brasileira.

Isso porque, para o bom funcionamento da Justiça, deve haver um conjunto sincronizado de comportamentos e valores por todos os integrantes do sistema, garantindo a compreensão e legitimação necessárias à sua qualidade e efetividade.

Inicialmente, há de se mencionar a formação e a desenvoltura dos operadores do direito. O crescimento desenfreado de faculdades de direito afetou significativamente a qualidade dos profissionais que se formam a cada ano. Seja pelo descaso das instituições de ensino, seja pela falta de fiscalização rigorosa do Poder Público, observa-se no cotidiano forense advogados, juízes, promotores, defensores públicos, estagiários, estudantes e servidores que, além de não possuírem a adequada qualificação técnica, ainda desrespeitam as solenidades dos atos, destratam o próximo, e isso quando não se negam categoricamente a prestar o serviço para o qual foram destinados.

---

[133] TARUFFO, Michele. Cultura e processo. *Rivista Trimestrale di Diritto e Procedura Civile*. Milano: Giuffrè, 2009, p. 63-92.

As questões relativas à organização judiciária[134] também deveriam pautar os estudos, as estatísticas e a preocupação dos dirigentes dos órgãos públicos – não só os do Poder Judiciário, responsáveis pela grande maioria dos serviços jurídicos, mas também do Ministério Público, Defensoria Pública, OAB, dentre outros –, tanto em relação ao aperfeiçoamento dos servidores como em relação a uma gestão mais profissional de serviços, materiais, logística e recursos financeiros, oferecendo à sociedade um atendimento melhor e mais eficiente.[135]

Registre-se aqui o importante papel que o Conselho Nacional de Justiça, como órgão de controle externo, vem desempenhando na fiscalização dos entraves da Justiça, na qualidade da gestão administrativa e técnica do Poder Judiciário, inclusive na distribuição de seus recursos financeiros, bem como na responsabilização dos atos de seus integrantes.[136]

Não bastasse, a maioria dos profissionais do direito não acompanha as alterações jurídicas e administrativas, criando obstáculos injustificados à sua aceitação, o que também dificulta o bom desenvolvimento da Justiça. Sabe-se que a mudança de hábitos passa por desconfianças e por um longo amadurecimento, seja pela própria resistência humana de aceitar novidades, seja pela falta de credibilidade no que se pretende implantar, mas isso não pode ser a ponto de inviabilizar as necessárias evoluções.

O campo processual é fértil na implementação de mudanças no cotidiano forense.

Em primeiro lugar, há um movimento mundial para tentar reduzir a cultura da judicialização dos conflitos sociais que poderiam ser perfeitamente solucio-

---

[134] Sobre as diferentes formas de organização judiciária, cf. CHASE, Oscar G.; HERSHKOFF, Helen (Eds.). *Civil litigation in comparative context* cit., p. 106-163.

[135] "A verdadeira reforma do Poder Judiciário começará a acontecer quando os responsáveis por seu funcionamento se derem conta da necessidade de modernizar e reorganizar seus serviços. O que lhes falta, e por isso os torna caóticos, é a adoção de métodos modernos de administração, capazes de racionalizar o fluxo dos papéis, de implantar técnicas de controle de qualidade, de planejamento e desenvolvimento dos serviços, bem como de preparo e aperfeiçoamento e desenvolvimento dos serviços, bem como de preparo e aperfeiçoamento do pessoal em todos os níveis do judiciário. Essa reforma não depende de esforço legislativo e só se viabilizará quando confiada a técnicos fora da área jurídica, ou seja, a técnicos de administração. Daí o fracasso de todos os exercícios até hoje realizados no plano puramente jurídico e normativo" (THEODORO JÚNIOR, Humberto. *A onda reformista do direito positivo e suas implicações com o princípio da segurança jurídica* cit., p. 38).

[136] "Tem-se, pois, que as reformas processuais não têm o condão de garantir a efetividade do processo enquanto persistirem o anacronismo da máquina judiciária; a falta (ou má utilização) de recursos financeiros; a 'burocracia dos carimbos'; a mentalidade cartorial; a insuficiência do número de juízes; a ausência de planejamento; a adoção de modelo de gerenciamento ultrapassado; as facilidades para a utilização indevida dos benefícios da assistência judiciária; a falta de técnica de muitos textos legais etc." (NETO, Olavo de Oliveira; LOPES, Maria Elizabeth de Castro. Princípios processuais civis na Constituição. In: NETO, Olavo de Oliveira; LOPES, Maria Elizabeth de Castro (Org.). *Princípios processuais civis na Constituição* cit., p. 250).

nados em outra esfera. Para isso servem os meios alternativos de solução de conflitos, embora ainda pouco explorados. A utilização dessas outras vias deve ser incentivada por todos os profissionais do direito, especialmente antes de o conflito ser levado a juízo, sendo que, depois de judicializado, compete ao juiz estimular a utilização de meios alternativos de composição justa dos conflitos, por meio de mecanismos aptos a tal fim. Trata-se, como se vê, de um dever do magistrado[137] combater a cultura da litigiosidade, de incentivar outras formas de solução das pendências e de combater o desvirtuamento da função judicial do Estado, atribuindo uma leitura contemporânea do acesso à Justiça previsto no art. 5.º, XXXV, da CF.

A desjudicialização das controvérsias e a autocomposição pelas partes do processo já são uma realidade nos grandes sistemas processuais como forma de resolver os problemas estruturais da Justiça, mas, acima de tudo, como meio de atingir uma satisfação mais plena por parte dos envolvidos nos conflitos, destacando-se, neste último caso, os benefícios da mediação na pacificação social, já que essa técnica se aprofunda nas razões emocionais que cercam as relações conflituosas, trazendo mais legitimidade aos ajustes e mais chance de acabar em definitivo com o dilema estabelecido.

Ocorre que o fato de o Poder Judiciário ter sido o órgão constitucionalmente designado para a solução dos litígios não significa que somente ele tenha responsabilidade pela pacificação social. Não por outro motivo, o próprio preâmbulo da Constituição da República, ao instituir o Estado Democrático, inclui, dentre os seus objetivos, o comprometimento "... com a solução pacífica das controvérsias...", sem distinção entre os três Poderes da União, ou seja, o Executivo, o Judiciário e o Legislativo. Sendo assim, a todos compete assegurar a existência de uma sociedade fraterna, por meio de implementação de medidas destinadas à garantia da ordem pública interna e internacional.

Ademais, diversos mitos e formalidades processuais precisam ser descartados para que o Poder Judiciário possa funcionar de modo mais eficaz. Para tanto,

---

[137] "Presentemente, não há mais espaço para o juiz neutro, asséptico, indiferente aos reclamos e às grandes transformações sociais, esperando-se desse operador do Direito a conscientização de seu papel transformador da realidade injusta e opressiva que grassa a sociedade, assim libertando-se da *persona* de um conformador e mecânico aplicador da norma aos fatos da lide. Até porque, sobretudo nos conflitos de largo espectro, pode dar-se que o ordenamento positivo não preveja, especificamente, uma norma para o caso *sub judice*, como se passa com a cláusula que permite a judicialização de '*outros* interesses difusos e coletivos' – CF, art. 129, III – ensejando o acesso à Justiça de novos valores e novas necessidades emergentes na contemporânea sociedade, massificada e competitiva" (MANCUSO, Rodolfo de Camargo. *A resolução dos conflitos e a função judicial no contemporâneo Estado de direito*. São Paulo: RT, 2009. p. 103).

Cap. 18 – SEGURANÇA JURÍDICA E CONFIANÇA LEGÍTIMA

importantes técnicas vêm sendo inseridas em nossa legislação processual, como a possibilidade de flexibilização do procedimento.[138-139]

Tem-se, ainda, a instituição do processo eletrônico, que demandará uma brusca adaptação tecnológica e psicológica da comunidade jurídica, que terá de se desapegar do uso do papel para aderir a um modo mais rápido e moderno de ver, localizar, produzir e controlar os atos processuais.[140]

Outrossim, a implementação de novas técnicas de solução de conflitos coletivos ou massificados vai demandar grande especialização dos operadores do direito e um adequado tratamento pelo próprio Poder Judiciário.

Por sua vez, não se pode esquecer que o processo de execução das decisões judiciais também precisa estar atualizado com as evoluções jurídicas e tecnológicas, a fim de proporcionar ao jurisdicionado a entrega completa da prestação jurisdicional pretendida.

No aspecto subjetivo, exige-se que a comunidade jurídica, além da mudança de mentalidade, também esteja atenta à necessidade de comportamentos coerentes e leais, sob pena de responsabilização por eventual ausência de boa-fé processual, uma vez que esse fator ético também contribui para uma Justiça ineficiente.

Portanto, todas essas circunstâncias – técnicas e pessoais – devem atuar em conjunto para que se tenha uma prestação jurisdicional de qualidade e que atenda ao princípio da duração razoável do processo de que trata o art. 5.º, LXXVIII, da Constituição, proporcionando a segurança jurídica e a confiança

---

[138] "Nessa visão do direito processual, em que a preocupação fundamental é com os resultados a serem produzidos de maneira eficaz e efetiva no plano material, assume enorme importância o princípio da adaptabilidade do procedimento às necessidades da causa, também denominado de princípio da elasticidade processual. Trata-se da concepção de um modelo procedimental flexível, passível de adaptação às circunstâncias apresentadas pela relação substancial. Não se admite mais o procedimento único, rígido, sem possibilidade de adequação às exigências do caso concreto. Muitas vezes a maior ou menor complexidade do litígio exige sejam tomadas providências diferentes, a fim de se obter o resultado do processo" (BEDAQUE, José Roberto dos Santos. *Direito e processo*: influência do direito material sobre o processo. São Paulo: Malheiros, 1995. p. 68-69).

[139] Fernando Gajardoni assevera que não há sistemas puros, mas apenas tendentes à rigidez (como o nosso). Cf. GAJARDONI, Fernando da Fonseca. In: CARMONA, Carlos Alberto (Coord.). *Flexibilização procedimental*: um novo enfoque para o estudo do procedimento em matéria processual, de acordo com as recentes reformas do CPC. Coleção Atlas de Processo Civil. São Paulo: Atlas, 2008. p. 79-80.

[140] "A informatização é desejável e dela pode a justiça retirar um grande proveito, desde que ela não se torne instrumento de desumanização do processo e de aprofundamento do fosso que com tantas lutas o Estado de Direito Contemporâneo conseguiu superar, graças ao exercício da colaboração e da solidariedade, incentivadas pela expansão da eficácia das garantias fundamentais do processo" (GRECO, Leonardo. *Novas perspectivas da efetividade e do garantismo processual*. Texto inédito, p. 36).

legítima dos que recorrem ao Judiciário, fonte última e por isso mais responsável, do reconhecimento dos direitos e garantias fundamentais.

5. CONCLUSÃO

O panorama da ordem constitucional contemporânea identifica-se especialmente pela irradiação dos valores fundamentais da democracia para todos os ramos do direito, retratando a evolução do constitucionalismo, sob seus diversos aspectos, e indicando os principais efeitos das mutações paradigmáticas.

Nesse contexto, a segurança jurídica, o devido processo legal e a confiança legítima são elementos constitucionais que dão sustentação ao Estado de Direito qualificado pela democracia, e por isso devem pautar todos os atos públicos e privados, uma vez que o Estado não é mais um fim em si mesmo, mas deve atender às expectativas legítimas da sociedade que o compõe.

Com isso, busca-se a legitimidade necessária para a atuação estatal. Essa legitimidade pode ter uma faceta subjetiva (confiança e aceitabilidade) e uma objetiva (legalidade, garantismo e funcionamento do sistema).

Destaca-se aqui a importância do direito processual para se garantir o ideal funcionamento do ordenamento jurídico. Isso porque a influência valorativa que a Constituição exerce sobre o direito processual faz como que ele represente um poderoso instrumento de solução de conflitos, cuja consequência imediata é a pacificação social. Nesse passo, o desafio passou a consistir na aplicação de uma mudança ideológica e de mentalidade por parte dos aplicadores do direito, a fim de que a teoria e a prática se complementem quando solicitadas para a solução do caso concreto, proporcionando ao jurisdicionado a proteção do seu direito.

Sob essas premissas, o processo teve sua própria estrutura reformulada, fazendo com que ganhasse um papel principal – tal qual o direito substancial –, quando da prestação da tutela jurisdicional. Nessa evolução, o direito processual também passou a ter uma relação muito íntima com o direito material, a fim de que esse sincretismo garantisse a prestação de uma tutela jurisdicional adequada.

Não obstante, o direito processual civil vem passando por constantes alterações para atender à exigência contemporânea de efetividade. Contudo, nem sempre as novidades legislativas são suficientes para eliminar os obstáculos à entrega da tutela jurisdicional, e por vezes causam mais confusão do que solução.

Em vista disso, os desafios da Comissão de Reforma do Código de Processo Civil destinada a elaborar um novo ordenamento processual foram justamente resgatar a imagem do Judiciário, a satisfação dos jurisdicionados e, acima de tudo, o aprimoramento das técnicas processuais de acordo com os valores constitucionais, permitindo a entrega de uma prestação jurisdicional compatível com os novos direitos e por meio de mecanismos cada vez mais eficientes. Não bastasse, a Comissão tentou a harmonização entre os princípios constitucionais da segurança jurídica e o da efetividade. O objetivo da Comissão foi resolver o problema da morosidade da Justiça e legitimar a solução processual que se colocou à disposição para tutelar o direito reclamado, atendendo-se às diversas necessidades sociais. Ademais, a simplificação e a organização do sistema foram metas seguidas no intento de melhorar o Código de Processo Civil, conferindo um maior rendimento possível a cada processo, dando instrumentos para que o juiz profira decisões mais adequadas à causa e ainda reduzindo algumas complexidades desnecessárias.

Portanto, conclui-se que os aspectos científico, legislativo, jurisprudencial e cultural não atuam isoladamente na evolução do direito processual, mas são todos igualmente responsáveis pela ordem processual e pela qualidade e eficiência técnicas, comportamentais e psicológicas que culminam, finalmente, em uma justa, célere e adequada prestação da tutela jurisdicional.

6. REFERÊNCIAS BIBLIOGRÁFICAS

ACKERMAN, Bruce. A ascensão do constitucionalismo mundial. In: SOUZA NETO, Cláudio Pereira; Sarmento, Daniel (Coord.). *A constitucionalização do direito*: fundamentos teóricos e aplicações específicas. Rio de Janeiro: Lumen Juris, 2007. p. 89-111.

ÁVILA, Humberto. *Segurança jurídica*: entre permanência, mudança e realização no direito tributário. São Paulo: Malheiros, 2011.

_____. *Teoria dos princípios*. 6. ed. São Paulo: Malheiros, 2006.

AMARAL, Guilherme Rizzo. Efetividade, segurança, massificação e a proposta de um "incidente de resolução de demandas repetitivas". *Revista de Processo*, ano 36, v. 196, São Paulo: RT, jun. 2011, p. 237-275.

AMENDOEIRA JUNIOR, Sidney. *Poderes do juiz e tutela jurisdicional*: a utilização racional dos poderes do juiz como forma de obtenção da tutela jurisdicional efetiva, justa e tempestiva. Coleção Atlas de Processo Civil. São Paulo: Atlas, 2006.

ANDREWS, Neil. *O moderno processo civil*: formas judiciais e alternativas de resolução de conflitos na Inglaterra. Orientação e rev. trad. Teresa Arruda Alvim Wambier. São Paulo: RT, 2009.

BAUMAN, Zygmunt. *Legisladores e intérpretes*: sobre modernidade, pós-modernidade e intelectuais. Trad. Renato Aguiar. Rio de Janeiro: Zahar, 2010.

BARBOSA MOREIRA, José Carlos. *Temas de direito processual*. Terceira série. São Paulo: Saraiva, 1984.

_____. *Temas de direito processual.* Quarta série. São Paulo: Saraiva, 1989.

_____. *Temas de direito processual.* Nona série. São Paulo: Saraiva, 2007.

_____. A constitucionalização do processo no direito brasileiro. In: MAC-GREGOR, Eduardo Ferrer; LARREA, Arturo Zaldívar Lelo de (Coord.). *Estudos de direito processual constitucional*: homenagem brasileira a Héctor Fix-Zamudio em seus 50 anos como pesquisador do direito. São Paulo: Malheiros, 2009. p. 47-55.

_____. Uma novidade: o Código de Processo Civil inglês. *Revista de Processo*, ano 25, v. 99, São Paulo: RT, jul.-set. 2000, p. 74-83.

_____. Breve notícia sobre a reforma do processo civil alemão. *Revista de Processo*, ano 28, n. 111, São Paulo: RT, jul.-set. 2003, p. 103-112.

BAUR, Fritz. O papel ativo do juiz. *Revista de Processo*, ano 7, n. 27, São Paulo: RT, jul.-set. 1982, p. 186-189.

BARROSO, Luís Roberto. Judicialização, ativismo judicial e legitimidade democrática. RDE. *Revista de Direito do Estado*, v. 13, Rio de Janeiro: Renovar, 2009, p. 71-91.

_____. Vinte anos da constituição brasileira de 1988: o Estado a que chegamos. In: SOUZA NETO, Cláudio Pereira; Sarmento, Daniel; BINENBOJM, Gustavo (Org.). *Vinte anos da Constituição de 1988*. Rio de Janeiro: Lumen Juris, 2009. p. 27-63.

_____. Em algum lugar do passado: segurança jurídica, direito intertemporal e o novo Código Civil In: ROCHA, Cármen Lúcia Antunes (Coord.). *Constituição e segurança jurídica*: direito adquirido, ato jurídico perfeito e coisa julgada. Estudos em homenagem a José Paulo Sepúlveda Pertence. Belo Horizonte: Fórum, 2004. p. 137-164.

BEDAQUE, José Roberto dos Santos. *Direito e processo*: influência do direito material sobre o processo. São Paulo: Malheiros, 1995.

BONAVIDES, Paulo. *Curso de direito constitucional.* 13. ed. São Paulo: Malheiros, 2003.

BONGIOVANNI, Giorgio. *Constitucionalismo e teoria del diritto.* Laterza: Bari, 2005.

CADEMARTORI, Sergio. *Estado de direito e legitimidade*: uma abordagem garantista. 2. ed. atual. e ampl. Campinas: Millennium, 2006.

CADIET, Loïc. Conventions relatives au process en droit français. *Revista de Processo*, ano 33, v. 160, São Paulo: RT, jun. 2008, p. 61-82.

CAMBI, Eduardo. *Neoconstitucionalismo e neoprocessualismo*: direitos fundamentais, políticas públicas e protagonismo judiciário. São Paulo: RT, 2009.

_____. Neoconstitucionalismo e neoprocessualismo. In: FUX, Luiz; NERY JUNIOR, Nelson; WAMBIER, Teresa Arruda Alvim (Coord.). *Processo e Constituição*:

estudos em homenagem ao professor José Carlos Barbosa Moreira. São Paulo: RT, 2006. p. 662-683.

CANOTILHO, José Joaquim Gomes. *Direito constitucional e teoria da Constituição*. 4. ed. Coimbra: Almedina, 2000.

CHASE, Oscar G.; HERSHKOFF, Helen (Eds.). *Civil litigation in comparative context*. St. Paul: Thomson/West, 2007. p. 241-260.

COMOGLIO, Luigi Paolo. Garanzie costituzionali e "giusto processo": modelli a confronto. *Revista de Processo*, ano 23, n. 90, São Paulo: RT, abr.-jun. 1998, p. 95-150.

_____; FERRI, Conrado; TARUFFO, Michele. *Lezioni sul processo civile*. Bolonha: Il Mulino, 1995.

_____; _____; _____. *Lezioni sul processo civile*: I. Il processo ordinário di cognizione. 4. ed. Bolonha: Il Mulino, 2006.

DALLARI, Dalmo de Abreu. *Elementos de teoria geral do Estado*. 27. ed. São Paulo: Saraiva, 2007.

DIAS, Jefferson Aparecido. Princípio do devido processo legal. In: LOPES, Maria Elizabeth de Castro; OLIVEIRA NETO, Olavo de (Org.). *Princípios processuais civis na Constituição*. Rio de Janeiro: Elsevier, 2008. p. 25-46.

DINAMARCO, Cândido Rangel. *Instituições de direito processual civil*. 6. ed. rev. e atual. São Paulo: Malheiros, 2009. v. 3.

FARIA, Paulo Ramos de. *Regime processual civil experimental comentado*. Coimbra: Almedina, 2010.

FERRAZ JUNIOR, Tercio Sampaio. *Estudos de filosofia do direito*: reflexões sobre o poder, a liberdade, a justiça e o direito. 3. ed. São Paulo: Atlas, 2009.

FIGUEROA, Alfonso García. Princípios e direitos fundamentais. In: SOUZA NETO, Cláudio Pereira; Sarmento, Daniel (Coord.). *A constitucionalização do direito*: fundamentos teóricos e aplicações específicas. Rio de Janeiro: Lumen Juris, 2007. p. 3-34.

_____. A teoria do direito em tempos de constitucionalismo. In: QUARESMA, Regina; OLIVEIRA, Maria Lúcia de Paula; OLIVEIRA, Farlei Martins Riccio de (Coord.). *Neoconstitucionalismo*. Rio de Janeiro: Forense, 2009. p. 143-164.

GAJARDONI, Fernando da Fonseca. In: CARMONA, Carlos Alberto (Coord.). *Flexibilização procedimental*: um novo enfoque para o estudo do procedimento em matéria processual, de acordo com as recentes reformas do CPC. Coleção Atlas de Processo Civil. São Paulo: Atlas, 2008.

GONÇALVES, William Couto. *Garantismo, finalismo e segurança jurídica no processo judicial de solução de conflitos*. Rio de Janeiro: Lumen Juris, 2004.

GRECO, Leonardo. Garantias fundamentais do processo: o processo justo. In: PEIXINHO, Manoel Messias; GUERRA, Isabella Franco; NASCIMENTO FILHO, Firly (Org.). *Os princípios da Constituição de 1988.* 2. ed. Rio de Janeiro: Lumen Juris, 2006. p. 369-406.

_____. Os atos de disposição processual – primeiras reflexões. In: MEDINA, José Miguel Garcia et alii (Coord.). *Os poderes do juiz e o controle das decisões judiciais.* São Paulo: RT, 2008. p. 290-304.

_____. *Novas perspectivas da efetividade e do garantismo processual.* Texto inédito.

GRINOVER, Ada Pellegrini. A iniciativa probatória do juiz no processo penal acusatório. *Revista Forense,* v. 347, Rio de Janeiro: Forense, 2000, p. 3-10.

GRUPO DE ESTUDOS "A JURISDIÇÃO CONSTITUCIONAL E A DEMOCRACIA". Da vontade do legislador ao ativismo judicial: os impasses da jurisdição constitucional. *Revista de Informação Legislativa,* ano 40, n. 160, Brasília, Subsecretaria de Edições Técnicas do Senado Federal, out.-dez. 2003, p. 223-243. Disponível em: <http://www.oei.es/n8908.htm>. Acesso em: 23 nov. 2007.

GUINCHARD, Serge et al. *Droit processuel:* droits fondamentaux du procès. 6. ed. Paris: Dalloz, 2011. p. 1-47.

HOFFMAN, Paulo. Princípio da razoável duração do processo. In: NETO, Olavo de Oliveira; LOPES, Maria Elizabeth de Castro (Org.). *Princípios processuais civis na Constituição.* Rio de Janeiro: Elsevier, 2008. p. 321-346.

LOPES, João Batista; CASTRO LOPES, Maria Elizabeth de. Novo código de processo civil e efetividade da jurisdição. *Revista de Processo,* ano 35, n. 188, São Paulo: RT, out. 2010, p. 163-174.

MAIA, Antonio Cavalcanti. Nos vinte anos da carta cidadã: do pós-positivismo ao neoconstitucionalismo. In: SOUZA NETO, Cláudio Pereira; Sarmento, Daniel; BINENBOJM, Gustavo. (Org.). *Vinte anos da Constituição Federal de 1988.* Rio de Janeiro: Lumen Juris, 2009. p. 117-168.

MANCUSO, Rodolfo de Camargo. *A resolução dos conflitos e a função judicial no contemporâneo Estado de direito.* São Paulo: RT, 2009.

MARINONI, Luiz Guilherme. *Técnica processual e tutela dos direitos.* São Paulo: RT, 2004.

_____; MITIDIERO, Daniel. *O projeto do CPC:* críticas e propostas. São Paulo: RT, 2010.

MEDINA, José Miguel Garcia; GUIMARÃES, Rafael de Oliveira. Requisitos recursais excessivamente formalistas em face do princípio da instrumentalidade das formas, segurança jurídica e legítima confiança do cidadão. *Revista de Processo,* ano 36, v. 201, São Paulo: RT, nov. 2011, p. 453-476.

MONTERO AROCA, Juan (Coord.). *Proceso civil e ideología*: un prefacio, una sentencia, dos cartas y quince ensayos. Valencia: Tirant lo Blanch, 2006.

MOREIRA PINTO, Junior Alexandre. O regime processual experimental português. *Revista de Processo*, ano 32, n. 148, São Paulo: RT, jun. 2007, p. 169-180.

MOUGENOT, Dominique. *Principes de droit judiciaire privé*. Larcier: Bruxelles. 2009.

NETO, Olavo de Oliveira; LOPES, Maria Elizabeth de Castro. Princípios processuais civis na Constituição. In: NETO, Olavo de Oliveira; LOPES, Maria Elizabeth de Castro (Coord.). *Princípios processuais civis na Constituição*. Rio de Janeiro: Elsevier, 2008. p. 137-153.

NOGUEIRA, Alberto. *Jurisdição das liberdades públicas*. Rio de Janeiro: Renovar, 2003.

OLIVEIRA, Carlos Alberto Alvaro de. Os direitos fundamentais à efetividade e à segurança em perspectiva dinâmica. *Revista de Processo*, ano 33, v. 155, São Paulo: RT, jan. 2008, p. 11-26.

_____. O processo civil na perspectiva dos direitos fundamentais. *Revista de Processo*, ano 29, n. 113, São Paulo: RT, jan.-fev. 2004, p. 9-21.

_____. *Do formalismo no processo civil*. 2. ed. rev. e ampl. São Paulo: Saraiva, 2003.

OLIVEIRA, Marcelo Cattoni de. Da constitucionalização do processo à procedimentalização da Constituição: uma reflexão no marco da teoria discursiva do direito. In: SOUZA NETO, Cláudio Pereira; Sarmento, Daniel (Coord.). *A constitucionalização do direito*: fundamentos teóricos e aplicações específicas. Rio de Janeiro: Lumen Juris, 2007. p. 541-547.

OLIVEIRA, Patrícia Elias Cozzolino de. Sistemas, regras e princípios na Constituição brasileira de 1988. In: LOPES, Maria Elizabeth de Castro; NETO, Olavo de Oliveira (Org.). *Princípios processuais civis na Constituição*. Rio de Janeiro: Elsevier, 2008. p. 1-23.

PANTOJA, Fernanda Medina. Reformas processuais: sistematização e perspectivas. *Revista de Processo*, ano 33, v. 160, São Paulo: RT, jun. 2008, p. 87-114.

PERROT, Roger. O processo civil francês na véspera do século XXI. Trad. José Carlos Barbosa Moreira. *Revista de Processo*, ano 23, n. 91, São Paulo: RT, jul.-set. 2000, p. 203-212.

PINHO, Humberto Dalla Bernardina de. *Teoria geral do processo civil contemporâneo*. Rio de Janeiro: Lumen Juris, 2007.

PIOVESAN, Flavia; IKAWA, Daniela. Segurança jurídica e direitos humanos: o direito à segurança de direitos. In: ROCHA, Cármen Lúcia Antunes (Coord.). *Constituição e segurança jurídica*: direito adquirido, ato jurídico perfeito e coisa julgada. Estudos em homenagem a José Paulo Sepúlveda Pertence. Belo Horizonte: Fórum, 2004. p. 47-83.

RESNIK, Judith. Managerial Judges. *Harvard Law Review*, v. 96, n. 2, dec. 1982, p. 374-448. Disponível em: <http://www.jstor.org/pss/1340797>. Acesso em: 14 jan. 2008.

ROCHA, Cármen Lúcia Antunes. O princípio da coisa julgada e o vício de inconstitucionalidade. In: ROCHA, Cármen Lúcia Antunes (Coord.). *Constituição e segurança jurídica*: direito adquirido, ato jurídico perfeito e coisa julgada. Estudos em homenagem a José Paulo Sepúlveda Pertence. Belo Horizonte: Fórum, 2004. p. 165-191.

_____. (Coord.). *Constituição e segurança jurídica*: direito adquirido, ato jurídico perfeito e coisa julgada. Estudos em homenagem a José Paulo Sepúlveda Pertence. Belo Horizonte: Fórum, 2004.

SANTOS, Boaventura de Sousa; MARQUES, Maria Manuel Leitão; PEDROSO, João. *Os Tribunais nas sociedades contemporâneas*. Disponível em: <http://www.anpocs.org.br/portal/publicacoes/rbcs_00_30/rbcs30_07.htm>. Acesso em: 27 abr. 2010.

SARLET, Ingo Wolfgang. A eficácia do direito fundamental à segurança jurídica: dignidade da pessoa humana, direitos fundamentais e proibição do retrocesso social no direito constitucional brasileiro. In: ROCHA, Cármen Lúcia Antunes (Coord.). *Constituição e segurança jurídica*: direito adquirido, ato jurídico perfeito e coisa julgada. Estudos em homenagem a José Paulo Sepúlveda Pertence. Belo Horizonte: Fórum, 2004. p. 85-129.

SILVA, José Afonso da. Constituição e segurança jurídica. In: ROCHA, Cármen Lúcia Antunes (Coord.). *Constituição e segurança jurídica*: direito adquirido, ato jurídico perfeito e coisa julgada. Estudos em homenagem a José Paulo Sepúlveda Pertence. Belo Horizonte: Fórum, 2004. p. 15-30.

SILVESTRI, Gaetano. *Dal potere ai princìpi*: liberta ed eguaglianza nel costituzionalismo contemporaneo. Laterza: Bari, 2009.

TARUFFO, Michele. Investigación judicial y producción de prueba por las partes. Traducción de Juan Andrés Varas Braun. *Revista de Derecho*, v. 15, n. 2, Valdivia, dez. 2003, p. 205-213.

_____. Cultura e processo. *Rivista Trimestrale di Diritto e Procedura Civile*, Milano: Giuffrè, 2009, p. 63-92.

THEODORO JÚNIOR, Humberto. *A onda reformista do direito positivo e suas implicações com o princípio da segurança jurídica*. Disponível em: <http://bdjur.stj.gov.br/dspace/handle/2011/20687>. Acesso em: 25 abr. 2012.

TORRES, Heleno Taveira. *Direito constitucional tributário e segurança jurídica*: metódica da segurança jurídica do sistema constitucional tributário. São Paulo: RT, 2011.

VIOLA, Francesco; ZACCARIA, Giuseppe. *Diritto e interpretazione*: lineamenti di teoria ermeneutica del diritto. Laterza: Bari, 2009.

WAMBIER, Teresa Arruda Alvim (Coord.). *Direito jurisprudencial*. São Paulo: RT, 2012.

_____. Estabilidade e adaptabilidade como objetivos do direito: *civil law* e *common law*. *Revista de Processo*, ano 34, v. 172, São Paulo: RT, jun. 2009, p. 121-174.

ZANETI JUNIOR, Hermes. Processo constitucional: relações entre processo e Constituição. *Revista da Ajuris*, ano 31, n. 94, Porto Alegre: Associação dos Juízes do Rio Grande do Sul, jun. 2004, p. 105-132.

O PROCESSO CIVIL PARTICIPATIVO 19

A EFETIVIDADE CONSTITUCIONAL E O PROJETO DO NOVO CPC[1]

Bruno Vinícius Da Rós Bodart

Audiatur et altera pars! Ouça ambas as partes! Nenhum juiz assume a magistratura sem conhecer esse mandamento. A parêmia, afinal, é antiga, já arraigada ao Direito ocidental moderno, tanto na família da *civil law* quanto da *common law*. A mais antiga referência ao brocardo se encontra na obra do escritor, filósofo estoico e *quaestor* romano Sêneca (4 a.C. – 65 d.C.), mais especificamente na tragédia Medeia:[2] "Qui statuit aliquid parte inaudita altera, Aequum licet statuerit, haud aequus fuit" (Quem decide o que quer que seja sem ouvir a outra parte, mesmo que decida com justiça, não é justo[3]).

---

[1] O presente trabalho é dedicado aos professores Luiz Fux e Teresa Wambier, que envidaram seus esforços na nobre tarefa de elaborar um Código de Processo Civil de vanguarda, o que fizeram com afinco, coragem e sabedoria, deixando para a Nação um legado inestimável.

[2] MANZIN, Maurizio. Del contraddittorio come principio e come metodo. In: MANZIN, Maurizio; PUPPO, Federico (Org.). *Audiatur et Altera Pars:* Il contraddittorio fra principio e regola. Milano: Giuffrè, 2008. p. 3.

[3] SÊNECA. *Medeia.* Trad. Ana Alexandra Alves de Sousa. Lisboa: Centro de Estudos Clássicos e Humanísticos da Universidade de Coimbra, 2011. p. 51.

A frase comporta duas ideias fundamentais, a primeira de cunho subjetivo e a outra de natureza objetiva. A uma, traduz a injustiça de impor a alguém uma decisão, sem que se lhe tenha oportunizado a apresentação dos seus argumentos. A duas, demonstra ser essencial a oitiva das partes para a descoberta da verdade, sendo que a restrição ao contraditório, quase sempre, conduz a um erro judiciário.[4]

Consagra-se, assim, o repúdio ao utilitarismo. Conquanto imbuído o magistrado das melhores razões, os fins não justificam os meios. Uma decisão justa não pode resultar senão de um processo justo. E essa conclusão também está em Sêneca, quando distinguiu as funções do *tyrannus* e do *iudex* – o primeiro, ao contrário do segundo, decide sem se importar com a verdade.[5]

O reforço da importância do contraditório em determinado sistema, indubitavelmente, é uma opção política. Sem pretender insinuar qualquer dose de paternalismo estatal (aliás, pelo contrário), pode-se ilustrar a afirmativa com a figura do pai que, ao ouvir o filho, aproxima-o e o torna mais disposto a obedecer às suas ordens. Da mesma forma, quando o Estado-juiz conclama as partes a participar da formação da sentença, bem assim de todas as decisões, acena com a bandeira da democracia e facilita a efetividade dos seus provimentos, com o importante fator psicológico da predisposição dos envolvidos a cumprir o que for determinado.

Nessa senda, o contraditório é dotado de um aspecto político. Uma Constituição, como a brasileira, que logo em seu primeiro artigo proclama que todo o poder emana do povo, impõe ao Estado, em todas as esferas de poder, a legitimidade de seus provimentos. Valendo-se da lição do sociólogo Niklas Luhmann, Cândido Dinamarco define a legitimidade como "uma disposição generalizada para aceitar decisões de conteúdo ainda não definido, dentro de certos limites de tolerância".[6]

Encontramos, nas raízes do contraditório, o direito de influência sobre os provimentos estatais (*Einwirkungsmöglichkeit*), característico das democracias construídas após a Segunda Guerra Mundial. Leonardo Greco atribui a esse evento o marco do renascimento do princípio do contraditório, que havia sido relegado a mera regra técnica disponível pelo positivismo jurídico do final do século XIX e início do século XX, e configura hoje postulado de qualquer modelo estatal que pretenda reconhecer o indivíduo como sujeito de direitos fundamentais.[7]

---

[4] KELLY, John Maurice. Audi alteram partem. *Natural Law Forum*. The University of Notre Dame, 1964. v. 9, p. 103.

[5] MANZIN, Maurizio. Del contraddittorio come principio e come metodo. In: MANZIN, Maurizio; PUPPO, Federico (Org.). *Audiatur et Altera Pars* cit., p. 4.

[6] DINAMARCO, Cândido Rangel. *A instrumentalidade do processo*. 13. ed. São Paulo: Malheiros, 2008. p. 163.

[7] GRECO, Leonardo. *Estudos de direito processual*. Coleção José do Patrocínio. Campos dos Goytacazes: Faculdade de Direito de Campos, 2005. p. 543.

O direito de influência não se esgota no contraditório. Pode ser identificado em vários dispositivos da Carta de 1988, como um mandamento de aproximação entre Estado e cidadãos, um verdadeiro sobreprincípio da participação. Cito, à guisa de exemplo, os seguintes: art. 5.º, XXXIV, *a*, XIV e XXXIII; art. 10; art. 37, § 3.º; art. 194, parágrafo único; art. 198, III; art. 204, II; art. 206 etc.

Por meio da Constituição atual, a democracia representativa foi democratizada,[8] permitindo o advento de uma democracia participativa em nosso país. Este é o novo rosto do Estado contemporâneo, como vislumbrado por Bobbio: "O Estado de hoje está muito mais propenso a exercer uma função de mediador e de garante, mais do que a de detentor do poder de império".[9] A democracia não mais se exerce apenas pelo voto; quando um provimento estatal afeta com maior intensidade um indivíduo ou um grupo de indivíduos, é mister que se lhes confira instrumentos para que possam influenciar na tomada de decisão.[10] E que outra manifestação do Estado é mais gravosa para uma pessoa do que a jurisdição?

Por isso, é lícito afirmar, com Manzin, que o contraditório não tolhe a *auctoritas* legalmente conferida à jurisdição, mas, ao revés, a reforça com uma autoridade racional que perpassa pela controlabilidade do provimento emanado.[11] Sim, porque não há processo sem autoridade, o que não significa pugnar por um processo autoritário. Jaime Guasp de há muito alerta para a confusão, explicando que o fim do processo se obtém sempre que a autoridade é colocada a serviço da pequena entidade jurídica que é o indivíduo humano, física ou tecnicamente considerado.[12]

Na quadra vivida, de discussões sobre a elaboração de um novo Código de Processo Civil, não se pode deixar de indagar se o atual diploma reflete o modelo de processo idealizado pela Constituição. Mais que isso, insta saber em que medida o projeto em curso no Congresso Nacional contribuirá para construir um processo civil essencialmente democrático.

---

[8] A célebre expressão é de CANOTILHO, José Joaquim Gomes. *Direito constitucional e teoria da Constituição*. Coimbra: Almedina, 1997.

[9] BOBBIO, Norberto. *Estado, governo e sociedade*. 4. ed. Rio de Janeiro: Paz e Terra, 1987. p. 26.

[10] Cárdenas Garcia invoca as palavras de Peter Häberle: "'El dominio del pueblo' se debe apoyar en la participación y determinación de la sociedad en los derechos fundamentales, no sólo mediante elecciones públicas cada vez más transparentes y abiertas, sino a través de competencias basadas en procesos también cada vez más progresistas". HÄBERLE, Peter. *Pluralismo y Constitución*. Madrid: Tecnos, 2002. p. 137 apud CÁRDENAS GRACIA, Jaime. *El Modelo Participativo y Deliberativo*. Disponível em: <http://www.bibliojuridica.org>. Acesso em: 07 jan. 2012.

[11] MANZIN, Maurizio. Del contraddittorio come principio e come metodo. In: MANZIN, Maurizio; PUPPO, Federico (Org.). *Audiatur et Altera Pars* cit., p. 15.

[12] GUASP, Jaime Delgado. El Estado como sujeto del proceso. *Boletín mejicano de derecho comparado*, año 8, n. 22-23, ene.-ago. 1975, p. 525-526.

Linhas atrás foi afirmado que o contraditório participativo dialoga com a controlabilidade das decisões judiciais, sendo um o pressuposto do outro. Isso significa que o juiz deve interagir com as partes, esclarecendo e sendo esclarecido, antes, durante e depois de decidir. Afinal, "como as partes podem influir no convencimento do juiz se não sabem o que ele pensa?".[13]

Antes de decidir, o magistrado deve buscar a solução da causa junto às partes, sendo-lhe defeso surpreendê-las decidindo com base em fundamentos não debatidos anteriormente, ainda que se trate de matéria cognoscível de ofício. O Código atual, no entanto, não traz qualquer vedação às chamadas "decisões de terceira via". Cabe à Constituição, no ordenamento vigente, por meio da incidência direta do princípio do contraditório (art. 5.º, LV), impor ao juiz o prévio debate de todas as questões, de fato ou de direito, relevantes para o desate da controvérsia, ainda que não suscitadas pelas partes, sob pena de nulidade. Todavia, a praxe forense demonstra que há resistências à aplicação direta da Constituição,[14] sendo desejável uma regra legal clara quanto à proibição da prática.

Foi assim também na Itália, onde a Corte de Cassação, na sentença 14.637, de 21 de novembro de 2001, reconheceu a incompatibilidade das decisões de *terza via* com o princípio do contraditório, previsto no art. 111 da Constituição daquele país.[15] A mesma linha, no entanto, não foi seguida em outras decisões da Corte, como na Cass., 27 de julho de 2005, 15.705, em que se reconheceu a validade de uma sentença fundamentada em questão abordada de ofício e sem contraditório por aplicação do art. 156 do CPC, que dispõe que a nulidade dos atos processuais somente pode ser decretada se prevista pela lei (*Non può essere pronunciata la nullità per inosservanza di forme di alcun atto del processo, se la*

---

[13] A pertinente indagação é de GRECO, Leonardo. *Instituições de processo civil*. Rio de Janeiro: Forense, 2009. v. 1, p. 541.

[14] *V.g.*: "(...) Tratando-se de prescrição direta, pode sua decretação ocorrer de ofício, sem prévia oitiva da exequente, nos termos do art. 219, § 5.º, do CPC" (STJ, AgRg no Ag 1.294.299 SP 2010/0056702-1, 1.ª T., rel. Min. Benedito Gonçalves, j. 03.02.2011); "EMBARGOS DE DECLARAÇÃO – EFEITOS INFRINGENTES – CONTRADITÓRIO – DESNECESSIDADE POR SER MATÉRIA DE ORDEM PÚBLICA – RECURSO IMPROCEDENTE. Se o juiz pode conhecer de ofício as matérias de ordem pública, não se justifica a abertura de contraditório antes de proferir decisão a respeito delas" (TJMS, ED 3040 MS 2005.003040-0/0001.01, 3.ª T. Cív., rel. Des. Oswaldo Rodrigues de Melo, j. 19.12.2005); "PROCESSUAL CIVIL. AGRAVO REGIMENTAL. INSURGÊNCIA CONTRA A DECISÃO QUE DECLAROU, DE OFÍCIO, A NULIDADE DO PROCESSO. DESNECESSIDADE DE INTIMAÇÃO PRÉVIA DO AGRAVADO. MATÉRIA DE ORDEM PÚBLICA QUE PODE SER RECONHECIDA INCLUSIVE DE OFÍCIO A QUALQUER TEMPO. RECURSO DESPROVIDO" (TJPR, Agravo 783.603.101 PR 0783603-1/01, 5.ª Câm. Cív., rel. Edison de Oliveira Macedo Filho, j. 21.06.2011).

[15] O tema é tratado com maior profundidade em BODART, Bruno Vinícius Da Rós; ARAÚJO, José Aurélio de. Alguns apontamentos sobre a reforma processual civil italiana – sugestões de direito comparado para o anteprojeto do novo CPC brasileiro. In: FUX, Luiz (Org.). *O novo processo civil brasileiro*: direito em expectativa. Rio de Janeiro: Forense, 2011.

nullità non è comminata dalla legge), sendo certo que, até aquela data, o diploma processual italiano nada previa sobre a nulidade da sentença nesses moldes. A controvérsia somente se pacificou em 2009, quando a Lei 69 modificou o *codice di procedura civile* para expressamente dispor sobre a nulidade das decisões de terceira via.[16]

No Brasil, o Regimento Interno do Tribunal de Justiça do Rio Grande do Sul foi o primeiro diploma a tratar do tema, contendo a seguinte norma: "Sempre que, antes, no curso ou depois do relatório, algum dos integrantes do órgão julgador suscitar preliminar, será esta, antes de julgada, discutida pelas partes, e, sendo o caso, ser-lhe-á concedida a palavra pelo prazo de lei" (art. 184).

O Projeto de CPC (PL 8.046/2010) vai além, dispondo, em seu art. 10, que "[o] juiz não pode decidir, em grau algum de jurisdição, com base em fundamento a respeito do qual não se tenha dado às partes oportunidade de se manifestar, ainda que se trate de matéria sobre a qual tenha que decidir de ofício". Da mesma forma, seu art. 9.º determina: "Não se proferirá sentença ou decisão contra uma das partes sem que esta seja previamente ouvida, salvo se se tratar de medida de urgência ou concedida a fim de evitar o perecimento de direito". O princípio da participação, de forma textual, encontra previsão no art. 5.º: "As partes têm direito de participar ativamente do processo, cooperando entre si e com o juiz e fornecendo-lhe subsídios para que profira decisões, realize atos executivos ou determine a prática de medidas de urgência". Ao juiz é imposto o dever de "velar pelo efetivo contraditório" (art. 7.º). Pode-se dizer que o Projeto consagra também um princípio da não surpresa processual, implicitamente extraído desses dispositivos.

A aplicação de tais preceitos pode ser identificada em diversos outros pontos do Projeto. Se o juiz, de ofício, tomar em consideração, depois da propositura da ação, algum fato constitutivo, modificativo ou extintivo do direito que influa no julgamento da lide, deverá ouvir as partes sobre ele antes de decidir (art. 480, parágrafo único). Por sua vez, o art. 291 dispõe que "[a]ntes de proferir sentença sem resolução de mérito, o juiz deverá conceder à parte oportunidade para, se possível, corrigir o vício", sem excluir a necessidade de prévia oitiva dos interessados nas hipóteses em que considerar que o vício não pode ser corrigido, por força do art. 10. Além da tutela do contraditório, a disposição também é digna de encômios por consagrar o princípio da conservação dos atos processuais, admitindo-se a extinção do processo sem resolução de mérito

---

[16] CPC italiano: Art. 101. (Principio del contraddittorio) (...) Se ritiene di porre a fondamento della decisione una questione rilevata d'ufficio, il giudice riserva la decisione, assegnando alle parti, a pena di nullità, un termine, non inferiore a venti e non superiore a quaranta giorni dalla comunicazione, per il deposito in cancelleria di memorie contenenti osservazioni sulla medesima questione.

apenas como medida excepcionalíssima, por constituir frustração dos objetivos que lhe são próprios – a realização do direito material e a pacificação social.[17]

Ainda sobre o contraditório, sabe-se que um sistema rígido de preclusões pode dificultar o acesso do julgador à verdade, enfraquecendo o debate.[18] O novo Código confere ao juiz o poder-dever de dilatar os prazos processuais, observando as necessidades do conflito, de modo a conferir maior efetividade à tutela do bem jurídico (art. 118). Assim, impede que importantes argumentos trazidos pelas partes sejam desconsiderados sob a confortável escusa da preclusão temporal. Sem dúvidas, uma enorme evolução em relação ao CPC de 1973, cujo art. 183 apenas permite a devolução do prazo quando a parte não puder praticar o ato, por si ou por mandatário, em razão de justa causa – definida como evento imprevisto, alheio à vontade da parte.[19] O regime atual é insuficiente, pois, como pondera Leonardo Greco, "se o procedimento legal é uma garantia de continuidade do processo, muitas vezes ele se transforma numa camisa de força, que limita e dificulta o contraditório participativo". Com base nesse raciocínio, o doutrinador conclui que o juiz deve conceder a dilação do prazo de resposta ao particular em dificuldade para o exercício de sua defesa, nos mesmos moldes do prazo em quádruplo previsto em lei para a Fazenda Pública.[20]

---

[17] Sobre a correlação entre formalismo processual e mora na realização da justiça, v.: OLIVEIRA JR., Zulmar Duarte de. *O princípio da oralidade no processo civil*. Porto Alegre: Núria Fabris, 2011. p. 203 ss.

[18] Um dos autores do anteprojeto, Bedaque sustenta que a preclusão deve ser analisada sob o prisma finalístico, pois se destina a evitar que expedientes procrastinatórios sejam óbice à consecução da justiça. Assim, "se for possível verificar que o reconhecimento da preclusão em determinado caso concreto, além de não favorecer a celeridade do processo, irá proporcionar tutela jurisdicional a quem não tem direito a ela, deverá o juiz afastá-la" (BEDAQUE, José Roberto dos Santos. *Efetividade do processo e técnica processual*. 2. ed. São Paulo: Malheiros, 2007. p. 129). Victor Fairén Guillén ensina que a forma não deve prevalecer quando "solamente represente un indebido y no depurado arrastre de materiales históricos procedentes de épocas en que la misma se hacía casi un rito religioso". GUILLÉN, Victor Fairén. El principio de autoridad del juez en el proceso civil y sus límites. *Estudios de derecho procesal*. Madrid: Revista de Derecho Privado, 1955. p. 225.

[19] Não se pode deixar de anotar que a redação original do anteprojeto era muito superior, pois se harmonizava com a tendência do direito comparado ao consagrar expressamente o princípio da adaptabilidade processual, que permite ao magistrado superar formalismos legais que, no caso concreto, se apresentassem iníquos ou incompatíveis com a efetividade processual. Para uma análise profunda do tema, v. BODART, Bruno Vinícius Da Rós. Simplificação e adaptabilidade no anteprojeto do novo CPC brasileiro. In: FUX, Luiz (Org.). *O novo processo civil brasileiro* cit. Eis os dispositivos que, infelizmente, foram suprimidos no trâmite parlamentar: "Art. 107. O juiz dirigirá o processo conforme as disposições deste Código, incumbindo-lhe: V – adequar as fases e os atos processuais às especificações do conflito, de modo a conferir maior efetividade à tutela do bem jurídico, respeitando sempre o contraditório e a ampla defesa; (...) Art. 151, § 1.º Quando o procedimento ou os atos a serem realizados se revelarem inadequados às peculiaridades da causa, deverá o juiz, ouvidas as partes e observados o contraditório e a ampla defesa, promover o necessário ajuste".

[20] GRECO, Leonardo. Publicismo e privatismo no processo civil. *Revista de Processo*, ano 33, n. 164, São Paulo: RT, out. 2008, p. 49.

Seguindo, igualmente, a filosofia instrumentalista, o art. 186, § 1.º, do PL 8.046/2010 reza: "Não se consideram intempestivos atos praticados antes da ocorrência do termo inicial do prazo". Assim, espera-se ver finalmente superada a jurisprudência defensiva que pune com a inadmissibilidade do recurso a parte que colabora para a celeridade do processo, apresentando sua impugnação antes do início do prazo.[21] Tal orientação é inconcebível em um direito processual pautado pela boa-fé e pela colaboração dos sujeitos processuais, mormente porque a interposição prematura do recurso, além de ser benéfica à razoável duração do processo (art. 5.º, LXXVIII, CRFB), não causa prejuízo algum.[22]

---

[21] *V.g.*: "Conforme entendimento predominante nesta Casa de Justiça, o prazo para recorrer só começa a fluir com a publicação da decisão no órgão oficial, sendo prematuro o recurso que a antecede" (AI 716.630 AgR, 2.ª T., rel. Min. Ayres Britto, j. 06.09.2011); "A jurisprudência do Supremo Tribunal Federal firmou-se no sentido de que a simples notícia do julgamento não fixa o termo inicial da contagem do prazo recursal, de forma que o recurso interposto antes da publicação do acórdão recorrido é prematuro, a menos que seja posteriormente ratificado" (RE 449.671 AgR-EDv-AgR, Tribunal Pleno, rel. Min. Ricardo Lewandowski, j. 18.11.2010).

[22] No ponto, louvável e digna de encômios a recente decisão da Primeira Turma do Supremo Tribunal Federal, assim ementada: "EMBARGOS DE DECLARAÇÃO. RECURSO INTERPOSTO ANTES DA PUBLICAÇÃO DO ACÓRDÃO. CONHECIMENTO. INSTRUMENTALISMO PROCES-SUAL. PRECLUSÃO QUE NÃO PODE PREJUDICAR A PARTE QUE CONTRIBUI PARA A CELERIDADE DO PROCESSO. BOA-FÉ EXIGIDA DO ESTADO-JUIZ. DOUTRINA. RECENTE JURISPRUDÊNCIA DO PLENÁRIO. MÉRITO. ALEGAÇÃO DE OMISSÃO E CONTRADIÇÃO. INEXISTÊNCIA. RECURSO CONHECIDO E REJEITADO. 1. A doutrina moderna ressalta o advento da fase instrumentalista do Direito Processual, ante a necessidade de interpretar os seus institutos sempre do modo mais favorável ao acesso à justiça (art. 5.º, XXXV, CRFB) e à efetivi-dade dos direitos materiais (OLIVEIRA, Carlos Alberto Alvaro de. O formalismo-valorativo no confronto com o formalismo excessivo. *Revista de Processo*, São Paulo: RT, n. 137, p. 7-31, 2006; DINAMARCO, Cândido Rangel. *A instrumentalidade do processo*. 14. ed. São Paulo: Malheiros, 2009; BEDAQUE, José Roberto dos Santos. *Efetividade do processo e técnica processual*. 3. ed. São Paulo: Malheiros, 2010). 2. 'A forma, se imposta rigidamente, sem dúvidas conduz ao perigo do arbítrio das leis, nos moldes do velho brocardo dura lex, sed lex' (BODART, Bruno Vinícius Da Rós. Simplificação e adaptabilidade no anteprojeto do novo CPC brasileiro. In: FUX, Luiz (Org.). *O novo processo civil brasileiro* cit., p. 76). 3. As preclusões se destinam a permitir o regular e célere desenvolvimento do feito, por isso que não é possível penalizar a parte que age de boa-fé e contribui para o progresso da marcha processual com o não conhecimento do recurso, arriscando conferir o direito à parte que não faz jus em razão de um purismo formal injustificado. 4. O formalismo desmesurado ignora a boa-fé processual que se exige de todos os sujeitos do processo, inclusive, e com maior razão, do Estado-Juiz, bem como se afasta da visão neoconstitucionalista do direito, cuja teoria proscreve o legicentrismo e o formalismo interpretativo na análise do sistema jurídico, desenvolvendo mecanismos para a efetividade dos princípios constitucionais que abarcam os valores mais caros à nossa sociedade (COMANDUCCI, Paolo. Formas de (neo)constitucionalismo: un análisis metateórico. Trad. Miguel Carbonell. *Isonomía. Revista de Teoría y Filosofía del Derecho*, n. 16, 2002). 5. O Supremo Tribunal Federal, recentemente, sob o influxo do instrumentalismo, mo-dificou a sua jurisprudência para permitir a comprovação posterior de tempestividade do Recurso Extraordinário, quando reconhecida a sua extemporaneidade em virtude de feriados locais ou de suspensão de expediente forense no Tribunal a quo (RE n. 626.358-AgR/MG, Tribunal Pleno, rel. Min. Cezar Peluso, j. 22.03.2012). (...) 9. Embargos de declaração conhecidos e rejeitados" (HC 101.132-ED, 1.ª T., rel. Min. Luiz Fux, j. 24.04.2012).

O valor do contraditório participativo avulta no Projeto, ainda, pela possibilidade de o juiz ou relator solicitar ou admitir a manifestação de *amicus curiae*, considerando a relevância da matéria, a especificidade do tema objeto da demanda ou a repercussão social da controvérsia (art. 322). Evita-se, desse modo, o recurso a presunções no momento de decidir, bem como que uma das partes, valendo-se da inexperiência do julgador sobre determinado assunto, o convença com argumentos inexatos.

A interação do juiz com as partes também deve ocorrer durante a atividade de decidir. A fundamentação do *decisum* é ponto crucial da concepção democrática do processo, tanto que insculpida na Carta Magna como garantia fundamental (art. 93, IX). O Estado não deve se limitar a impor seus provimentos, como o *tyrannus* descrito por Sêneca, pois o papel constitucional que lhe foi atribuído é promover a justiça e a pacificação social. Nesse contexto, o convencimento das partes acerca do acerto da decisão é fundamental. A sensação de frustração da parte derrotada é bastante amainada, se não eliminada, quando o julgador demonstra ter analisado todos os seus argumentos relevantes, opondo motivos racionais para o seu não acolhimento. Do contrário, o que se tem é denegação de justiça, provocando a revolta e o descrédito do Judiciário perante os cidadãos.

Resta saber: como a questão tem sido enfrentada à luz do Código Processual de 1973? O panorama não é animador...

Inicia-se pela jurisprudência, já consolidada, no sentido de que os juízes e Tribunais não estão obrigados a responder a todos os argumentos das partes na fundamentação da sentença.[23] Trata-se de orientação simplista, que não se compatibiliza com a Carta Magna. Havendo diversos argumentos igualmente aptos, em tese, a dar supedâneo ao direito que a parte alega ter, o magistrado tem o dever de analisar cada um deles, sob pena de vício na fundamentação do julgado. Ilustre-se com a situação do demandante que postula a declaração de nulidade de um ato administrativo por desvio de finalidade e por ausência de competência da autoridade que o produziu. Uma sentença de improcedência calcada apenas na inexistência do defeito na finalidade do ato não satisfaz a

---

[23] *V.g.*: "(...) O art. 93, IX, da Constituição Federal exige que o acórdão ou decisão sejam fundamentados, ainda que sucintamente, sem determinar, contudo, o exame pormenorizado de cada uma das alegações ou provas, nem que sejam corretos os fundamentos da decisão" (AI-QO-RG 791.292, rel. Min. Gilmar Mendes, j. 23.06.2010); "(...) Não padece de omissão o acórdão proferido de forma clara, precisa e suficientemente fundamentada, pois é cediço que o Juiz não está obrigado a responder, um a um, aos argumentos expendidos pelas partes" (RE 437.831 AgR-ED, 1.ª T., rel. Min. Carlos Britto, j. 18.10.2005); "(...) Não viola os arts. 165, 458 e 535 do CPC, nem importa negativa de prestação jurisdicional, o acórdão que, mesmo sem ter examinado individualmente cada um dos argumentos trazidos pelo vencido, adotou, entretanto, fundamentação suficiente para decidir de modo integral a controvérsia posta" (REsp 681.638/PR, 1.ª T., rel. Min. Teori Albino Zavascki, j. 26.09.2006).

exigência do art. 93, IX, da Constituição, pois nega, sem qualquer motivação, a pretensão baseada na segunda causa de pedir.[24]

A questão seria mais bem equacionada reconhecendo-se que o julgador somente pode deixar de apreciar certos argumentos de maneira expressa quando os fundamentos da decisão, por incompatibilidade lógica, os repelirem.[25] Isso porque, como ponderam Marinoni e Mitidiero, o direito fundamental ao contraditório implica dever de fundamentação completa das sentenças e acórdãos, o que requer análise séria e detida dos fundamentos arguidos nos arrazoados das partes.[26]

A fundamentação do julgado não é completa, outrossim, quando inadequada ao caso apreciado, despreocupada com as suas peculiaridades. O jurisdicionado deve ter o conforto de que a sua causa foi atentamente analisada pelo magistrado, ainda que sua pretensão não tenha sido acolhida. O acúmulo de processos não pode servir de álibi para a desumanização da Justiça, com a prolação de decisões genéricas padronizadas ou dotadas de motivação extremamente concisa. Condenável, de igual modo, a conhecida técnica da fundamentação aliunde ou *per relationem*, pela qual o magistrado se limita a fazer referência a outra manifestação nos autos, seja das partes da demanda, do Ministério Público ou de terceiros supervenientes.

Na Itália, por ocasião da reforma de 2009, o legislador inseriu no art. 118 das *Disposizioni di Attuazione del CPC* a possibilidade de ser satisfeita a obrigação de

---

[24] Sobre o direito da parte à análise de todos os fundamentos suscitados, confira-se o seguinte precedente: "PROCESSUAL – EMBARGOS DECLARATÓRIOS – LEGITIMIDADE DO RE-CORRIDO – ACÓRDÃO QUE NÃO OS RESPONDE – NULIDADE (CPC ART. 535). I – É direito da parte obter comentário sobre todos os pontos levantados nos embargos declaratórios. II – É nulo, por ofensa ao Art. 535 do CPC, o acórdão que silencia sobre questão formulada nos embargos declaratórios. III – Em sendo parte, o recorrido não pode ser constrangido a suportar, em silêncio, omissões, contradições ou imperfeições do Acórdão. Tanto, quanto o recorrente, ele tem acesso aos embargos declaratórios. IV – As questões suscitadas em contrarrazões de recurso especial – quando pertinentes – devem ser resolvidas no respectivo julgamento" (EREsp 95.441/SP, Corte Especial, rel. Min. Humberto Gomes de Barros, j. 08.04.1999, *DJ* 17.05.1999).

[25] Nesse sentido, confira-se a recente decisão da Primeira Turma do Supremo Tribunal Federal: "RECURSO ORDINÁRIO EM MANDADO DE SEGURANÇA. ADMINISTRATIVO. PODER DISCIPLINAR. PRELIMINAR. ALEGAÇÃO DE OMISSÃO NO ACÓRDÃO IMPUGNADO. INEXISTÊNCIA. FUNDAMENTAÇÃO QUE EXCLUI LOGICAMENTE A ALEGAÇÃO DA PARTE. (...) A motivação das decisões judiciais, dever imposto pelo art. 93, IX, da Constituição, resta satisfeita quando os fundamentos do julgado repelem, por incompatibilidade lógica, os argumentos que a parte alega não terem sido apreciados. Precedentes (AI 791292 QO-RG, rel. Min. Gilmar Mendes, j. 23.06.2010, *DJe*-149 DIVULG 12-08-2010 PUBLIC 13-08-2010 EMENT VOL-02410-06 PP-01289 RDECTRAB, v. 18, n. 203, 2011, p. 113-118; RE 437831 AgR-ED, 1.ª T., rel. Min. Carlos Britto, j. 18.10.2005, *DJ* 03.03.2006 PP-00072 EMENT VOL-02223-03 PP-00595 RTJ VOL-00201-02 PP-00783). (...)" (RMS 27.967, 1.ª T., rel. Min. Luiz Fux, j. 14.02.2012).

[26] MARINONI, Luiz Guilherme; MITIDIERO, Daniel. *Código de Processo Civil comentado artigo por artigo*. 3. ed. São Paulo: RT, 2011. p. 419.

motivação simplesmente com referimento "a precedenti conformi".[27] A novidade foi combatida de forma ferrenha pela doutrina, anotando Gian Franco Ricci que até nos casos mais simples a motivação não pode consistir exclusivamente na citação de um precedente, demandando necessariamente também a referência à questão de direito ou de fato que justifica a decisão.[28]

Atualmente, no Brasil, a motivação *per relationem* é método comumente utilizado por juízes e desembargadores, com a chancela dos Tribunais superiores.[29]

O Projeto de Lei 8.046/2010, rompendo com a perspectiva pouco garantista que se estabeleceu sobre a abrangência do dever imposto pelo art. 93, IX, da Constituição, estabelece, no seu art. 476, parágrafo único, que "[n]ão se considera fundamentada a decisão, sentença ou acórdão que: I – se limita a[30] indicação, à reprodução ou à paráfrase de ato normativo; II – empregue conceitos jurídicos indeterminados sem explicar o motivo concreto de sua incidência no caso; III – invoque motivos que se prestariam a justificar qualquer outra decisão; IV – não enfrentar todos os argumentos deduzidos no processo capazes de, em tese, infirmar a conclusão adotada pelo julgador". Na mesma linha, reza o art. 477, parágrafo único: "Fundamentando-se a sentença em regras que contiverem conceitos juridicamente indeterminados, cláusulas gerais ou princípios jurídicos, o juiz deve expor, analiticamente, o sentido em que as normas foram compreendidas".

Ao contrário do Código em vigor, o Projeto consubstancia um novo modelo de processo, cuja premissa pode ser assim resumida: uma decisão justa não prescinde da colaboração das partes, nem do razoável esforço para convencê-las a respeito de sua justiça. Sua aprovação, sem dúvidas, inaugurará o processo civil participativo que todos esperamos desde a promulgação da Carta de outubro de 1988.

---

[27] BODART, Bruno Vinícius Da Rós; ARAÚJO, José Aurélio de. Alguns apontamentos sobre a reforma processual civil italiana – sugestões de direito comparado para o anteprojeto do novo CPC brasileiro. In: FUX, Luiz (Org.). *O novo processo civil brasileiro* cit., p. 43.

[28] RICCI, Gian Franco. *La riforma del processo civile*. Torino: Giappichelli, 2009. p. 26.

[29] *V.g.*: "(...) Revela-se legítima, e plenamente compatível com a exigência imposta pelo art. 93, inciso IX, da Constituição da República, a utilização, por magistrados, da técnica da motivação 'per relationem', que se caracteriza pela remissão que o ato judicial expressamente faz a outras manifestações ou peças processuais existentes nos autos, mesmo as produzidas pelas partes, pelo Ministério Público ou por autoridades públicas, cujo teor indique os fundamentos de fato e/ou de direito que justifiquem a decisão emanada do Poder Judiciário" (MS 25.936 ED, Tribunal Pleno, rel. Min. Celso de Mello, j. 13.06.2007); "(...) MOTIVAÇÃO 'PER RELATIONEM' – LEGITIMIDADE JURÍDICO-CONSTITUCIONAL DESSA TÉCNICA DE FUNDAMENTAÇÃO" (RE 627.098 AgR, 2.ª T., rel. Min. Celso de Mello, j. 29.11.2011); "(...) Fundamentação 'per relationem' do acórdão recorrido. – Inexistência de ofensa ao art. 93, IX, da Constituição Federal" (RE 172.292, 1.ª T, rel. Min. Moreira Alves, j. 05.06.2001).

[30] A ausência de crase é do texto original. Disponível em: <http://www.camara.gov.br/sileg/integras/831805.pdf>. Acesso em: 08 jan. 2012.

Cap. 19 - O PROCESSO CIVIL PARTICIPATIVO

Ante todos os avanços humanísticos analisados ao longo do presente trabalho, não se atina por que alguns críticos insistem em taxar o Projeto, de forma vaga, como autoritário.[31] Talvez o medo do novo. O efeito psicológico do desconhecido, segundo Rawls, é a desconfiança.[32] Porém, diante de uma leitura atenta do Projeto, o que se descortina é um Código elaborado para aproximar o juiz das partes, estimulando a colaboração entre os sujeitos processuais para a obtenção de resultados democraticamente legítimos.

Voltando a Sêneca, pode-se dirigir aos críticos do Projeto a mesma frase dita pelo rei Creonte em resposta à súplica da heroína Medeia, referida no início deste texto: "Há que dar uma oportunidade a tão egrégia causa!" (*causae detur egregiae locus!*).[33] Pede-se uma análise desarmada, com o coração aberto, para receber um trabalho realizado com tanto esmero. O país agradece!

BIBLIOGRAFIA

BEDAQUE, José Roberto dos Santos. *Efetividade do processo e técnica processual*. 2. ed. São Paulo: Malheiros, 2007.

BOBBIO, Norberto. *Estado, governo e sociedade*. 4. ed. Rio de Janeiro: Paz e Terra, 1987.

BODART, Bruno Vinícius Da Rós; ARAÚJO, José Aurélio de. Alguns apontamentos sobre a reforma processual civil italiana – sugestões de Direito comparado para o anteprojeto do novo CPC brasileiro. In: FUX, Luiz (Org.). *O novo processo civil brasileiro*: direito em expectativa. Rio de Janeiro: Forense, 2011.

_____. Simplificação e adaptabilidade no anteprojeto do novo CPC brasileiro. In: FUX, Luiz (Org.). *O novo processo civil brasileiro*: direito em expectativa. Rio de Janeiro: Forense, 2011.

CANOTILHO, José Joaquim Gomes. *Direito constitucional e teoria da Constituição*. Coimbra: Almedina, 1997.

CÁRDENAS GRACIA, Jaime. *El Modelo Participativo y Deliberativo*. Disponível em: <http://www.bibliojuridica.org>. Acesso em: 07 jan. 2012.

DINAMARCO, Cândido Rangel. *A instrumentalidade do processo*. 13. ed. São Paulo: Malheiros, 2008.

GRECO, Leonardo. Publicismo e privatismo no processo civil. *Revista de Processo*, ano 33, n. 164, São Paulo: RT, out. 2008.

---

[31] Confira, o leitor, a reportagem publicada no sítio eletrônico da *Revista Consultor Jurídico*. Disponível em: <http://www.conjur.com.br/2011-dez-10/poder-juizes-cpc-gera-reclamacoes-advogados>. Acesso em: 08 jan. 2012.

[32] RAWLS, John. *Uma teoria da justiça*. São Paulo: Martins Fontes, 2000. p. 146.

[33] Por óbvio, sem o sarcasmo utilizado pelo imperador na história original. SÊNECA. *Medeia* cit., p. 51.

_____. *Estudos de direito processual.* Coleção José do Patrocínio. Campos dos Goytacazes: Faculdade de Direito de Campos, 2005.

_____. *Instituições de processo civil.* Rio de Janeiro: Forense, 2009. v. 1.

GUASP, Jaime Delgado. El Estado como sujeto del proceso. *Boletín mejicano de derecho comparado,* año 8, n. 22-23, ene.-ago. 1975.

GUILLÉN, Victor Fairén. El principio de autoridade del juez en el proceso civil y sus límites. *Estudios de derecho procesal.* Madrid: Editorial Revista de Derecho Privado, 1955.

KELLY, John Maurice. Audi alteram partem. *Natural Law Forum.* The University of Notre Dame, 1964. v. 9.

MANZIN, Maurizio. Del contraddittorio come principio e come metodo. In: MANZIN, Maurizio; PUPPO, Federico (Org.). *Audiatur et Altera Pars:* Il contraddittorio fra principio e regola. Milano: Giuffrè, 2008.

MARINONI, Luiz Guilherme; MITIDIERO, Daniel. *Código de Processo Civil comentado artigo por artigo.* 3. ed. São Paulo: RT, 2011.

RAWLS, John. *Uma teoria da justiça.* São Paulo: Martins Fontes, 2000.

RICCI, Gian Franco. *La riforma del processo civile.* Torino: Giappichelli, 2009.

SÊNECA. *Medeia.* Trad. Ana Alexandra Alves de Sousa. Lisboa: Centro de Estudos Clássicos e Humanísticos da Universidade de Coimbra, 2011.

DURAÇÃO RAZOÁVEL

20

UM MANDAMENTO CONSTITUCIONAL PARA A EXECUÇÃO POR QUANTIA CERTA CONTRA OS ENTES PÚBLICOS

Diego Martinez Fervenza Cantoario

> **Sumário:** 1. Introdução – 2. A razoável duração do processo como integrante do direito à execução das decisões judiciais – 3. A execução por quantia certa em face dos entes públicos após a Emenda Constitucional 62/2009: 3.1. Créditos de natureza alimentícia; 3.2. Execução por menor quantia (Requisição de pequeno valor); 3.3. Parcelamento; 3.4. Cessão de crédito e precatórios; 3.5. Acordos extrajudiciais e leilão de precatórios – 4. Conclusão – 5. Bibliografia.

1. INTRODUÇÃO

Os sistemas processuais modernos têm se preocupado cada vez mais com a celeridade da prestação jurisdicional. A razoável duração do processo passou a ser entendida como essencial para a efetiva tutela de direitos, seja porque as transformações sociais e econômicas, promovidas em escala global, trouxeram a necessidade de o processo se adequar à velocidade das relações sociais, seja em razão da imprescindível efetiva tutela dos direitos fundamentais. No Brasil esse movimento se fez sentir por meio da Emenda Constitucional 45, que introduziu expressamente em nossa Constituição a razoável duração do processo como direito fundamental (art. 5.º, LXXVIII).

A execução das decisões judiciais também se sujeita aos imperativos da razoável duração do processo, pois apenas com a realização material do direito tutelado é que se obtém a prestação jurisdicional efetiva. Por isso, de nada adianta um direito ser reconhecido em intervalo de tempo aceitável se sua efetivação se prolonga indevidamente.

Esse debate ganhou relevância com a recente Emenda Constitucional 62/2009, que alterou inúmeros dispositivos referentes à execução contra os entes públicos (art. 100 da CF e art. 97 do ADCT). O constituinte derivado inovou significativamente em relação à disciplina pretérita, trazendo relevantes questões quanto à garantia da razoável duração do processo na execução contra os entes públicos, como o novo parcelamento dos precatórios, o estabelecimento de nova ordem de preferência no pagamento e regras para a realização dos acordos judiciais.

Neste estudo procuraremos analisar a compatibilidade dos aspectos mais sensíveis da Emenda Constitucional 62 com o direito fundamental à razoável duração do processo.

2. A RAZOÁVEL DURAÇÃO DO PROCESSO COMO INTEGRANTE DO DIREITO À EXECUÇÃO DAS DECISÕES JUDICIAIS

O tempo é relevante inimigo da efetiva igualdade no processo. A "lentidão" da Justiça constitui um grave problema social, pois provoca danos econômicos, imobilizando bens e capitais e acentua a disparidade de armas entre os litigantes, favorecendo aqueles que podem suportar melhor os efeitos do tempo. Um processo que perdura por longo tempo transforma-se também em um cômodo instrumento de ameaça e pressão, em uma arma formidável nas mãos do mais forte para ditar as condições da rendição.[1] Não há dúvidas de que a real isonomia processual fica seriamente comprometida com os processos excessivamente demorados.[2]

O direito à tutela jurisdicional efetiva não se refere apenas ao pronunciamento do órgão jurisdicional, mas também alcança a satisfação dos direitos subjetivos reconhecidos pela decisão judicial mediante meios executórios idôneos.[3] Con-

---

[1] TROCKER, Nicolò. *Processo civile e Costituzione*. Milano: Giuffrè, 1974. p. 276-277.

[2] LUCON, Paulo Henrique dos Santos. Garantia do tratamento paritário das partes. In: BEDAQUE, José Roberto dos Santos (Coord.). *Garantias constitucionais do processo civil*. São Paulo: RT, 1999. p. 113.

[3] LÓPEZ GIL, Milagros. *Avances en la ejecución de Sentencias contra la Administración*. Navarra: Aranzadi, 2004. p. 32-45.

tudo, uma mera identificação desse direito como corolário da tutela jurisdicional efetiva poderia pecar pela ausência de uma delimitação das hipóteses de sua incidência. Por isso, é de grande importância, para a compreensão do tema, a definição de seu conteúdo.

Escassa doutrina nacional tem procurado sistematizar o conteúdo do direito à execução das decisões judiciais.[4] Contudo, a partir de relevantes estudos, de decisões da Corte Interamericana de Direito Humanos (Corte IDH), dos tribunais constitucionais europeus e em especial dos precedentes da Corte Europeia de Direitos Humanos, é possível colher subsídios para essa sistematização.[5]

MILAGROS LÓPES GIL, em obra voltada ao tema, ressalta o direito à tutela executiva sem dilações indevidas, que nada mais é do que o direito fundamental a um processo célere aplicado ao processo de execução. Por essa perspectiva, a sentença deve ser efetivada no menor tempo possível, de maneira a permitir a tutela efetiva do direito material do autor.[6]

A Convenção Americana de Direitos Humanos (Convenção IDH) prevê em seu art. 8.º o direito à razoável duração do processo. Esse direito, apesar de previsto em capítulo que detalha as garantias no âmbito criminal, se aplica a todos os procedimentos, independentemente da natureza, conforme decidido pela Corte Interamericana de Direitos Humanos (Corte IDH) em sede de jurisdição consultiva.[7]

---

[4] Destaca-se, no âmbito nacional, a obra de GUERRA, Marcelo Lima. *Direitos fundamentais e a proteção do credor na execução civil*. São Paulo: RT, 2003.

[5] LÓPEZ GIL, Milagros. *Avances en la ejecución de Sentencias contra la Administración* cit., p. 32-45. MERINO MOLINS, Vicente; CHOLBI CACHÁ, Francisco. *Ejecución de sentencias en el proceso contencioso-administrativo e inembargabilidad de bienes públicos*: especial referencia a las entidades locales. Valladolid: Lex Nova, 2007. p. 89-133. Reconhecendo o direito à execução de sentenças como direito fundamental integrante do acesso à Justiça, ver o julgado da Corte Europeia de Direitos Humanos *Hornsby v. Greece*, em que se reconheceu a violação ao art. 6.º da Convenção Europeia de Direitos Humanos em razão do não cumprimento de decisão judicial por Estado-membro. Ver também as sentenças do Tribunal Constitucional espanhol 32/ 1982, de 7 de junho; 67/1984, de 7 de junho; 125/1987, de 15 de junho; 189/1990, de 26 de novembro; 232/1998, de 28 de outubro. Esta última estabeleceu que "una de las proyecciones del derecho a la tutela judicial efectiva reconocido en el artículo 24.1 de la CE, consiste en el derecho a que las resoluciones alcancen la eficacia otorgada por el ordenamiento, lo que significa tanto el derecho a que las resoluciones judiciales se ejecuten en sus proprios términinos, como el respeto a su firmeza y a la intangibilidad de las situaciones en ellas declaradas".

[6] LÓPEZ GIL, Milagros. *Avances en la ejecución de Sentencias contra la Administración* cit., p. 43. SERMET, Laurent. *Convention européenne des droits de l'homme et contentieux administratif français*. Paris: Economica, 1996. p. 195.

[7] CORTE INTERAMERICANA DE DIREITOS HUMANOS. *Opinião Consultiva n. 11 de 1990*. San Salvador, 1990.

A jurisprudência da Corte IDH reconhece que a falta de razoabilidade no prazo de andamento de um processo judicial constitui, em princípio, por si mesma, uma violação das garantias judiciais.[8]

Destaque-se obrigação dos Estados-parte da Convenção de realizar o controle de convencionalidade, adequando as normas de direito interno aos tratados internacionais de direitos humanos, o que inclui a observância da interpretação conferida pela Corte IDH, seja no exercício de sua jurisdição consultiva, seja no exercício de sua jurisdição contenciosa.[9]

A esse respeito, a jurisprudência da Corte IDH tem considerado quatro elementos para determinar a razoabilidade do prazo: a) a complexidade do assunto; b) a atividade processual do interessado; c) a conduta das autoridades judiciais;[10] e d) a influência provocada na situação jurídica concreta da pessoa envolvida no processo.[11]

No célebre caso Gomes Lund, a CIDH constatou que a execução de uma sentença contra a União após três anos do trânsito em julgado ultrapassou excessivamente um prazo que pudesse ser considerado razoável.[12]

No caso Comunidade Xákmok Kásek, julgado em 2010, reconheceu-se a importância da razoável duração do processo mesmo no âmbito dos procedi-

---

[8] CORTE INTERAMERICANA DE DIREITOS HUMANOS. Caso *Hilaire, Constantine e Benjamin e outros* versus *Trinidad e Tobago*. Mérito, reparações e custas. Sentença 21 jun. 2002. Série C, n. 94, par. 145; *Caso Valle Jaramillo e outros* versus *Colômbia*. Mérito, reparações e custas. Sentença 27 nov. 2008. Serie C, n. 192, par. 154.

[9] CORTE INTERAMERICANA DE DIREITOS HUMANOS. *Caso Gomes Lund* versus *Brasil*. Mérito, reparações e custas. Sentença 24 nov. 2010.

[10] CORTE INTERAMERICANA DE DIREITOS HUMANOS. *Caso Genie Lacayo* versus *Nicarágua*. Mérito, reparações e custas. Sentença 29 jan. 1997. Série C, n. 30, par. 77; *Caso Comunidade Indígena Xákmok Kásek* versus *Paraguai*. Mérito, reparações e custas. Sentença 24 ago. 2010. Serie C, n. 214, par. 133.

[11] CORTE INTERAMERICANA DE DIREITOS HUMANOS. *Caso Valle Jaramillo e outros*, supra nota 326, par. 155; Caso Radilla Pacheco, supra nota 24, par. 244; *Caso Comunidade Indígena Xákmok Kásek* versus *Paraguai*. Mérito, reparações e custas. Sentença 24 ago. 2010. Serie C, n. 214, par. 133.

[12] CORTE INTERAMERICANA DE DIREITOS HUMANOS. *Caso Gomes Lund* versus *Brasil*. Mérito, reparações e custas. Sentença 24 nov. 2010. "224. O Tribunal constata que, contado a partir de 10 dez. 1998, o lapso de nove anos transcorridos até a data em que a Sentença transitou em julgado, em 09 out. 2007, e de 11 anos até que se ordenou sua execução, em 12 mar. 2009, ultrapassou excessivamente um prazo que pudesse ser considerado razoável. 225. A Corte Interamericana, por conseguinte, conclui que a Ação Ordinária no presente caso excedeu o prazo razoável e, por esse motivo, o Brasil violou os direitos às garantias judiciais estabelecidos no art. 8.1 da Convenção Americana, em relação com o art. 13 e 1.1 do mesmo instrumento, em prejuízo das pessoas determinadas conforme aos §§ 212 e 213 da presente Sentença".

Cap. 20 – DURAÇÃO RAZOÁVEL

mentos administrativos. Nesse julgado a Corte IDH considerou que o prazo de 17 anos de duração não é compatível com o art. 8.1 da Convenção.[13]

Recentemente, em 31 de outubro de 2011, foram admitidas pela Comissão Interamericana de Direitos Humanos duas petições que alegam descumprimento da Convenção Americana de Direitos Humanos (CADH) em razão do atual regime jurídico a que os entes públicos estão submetidos no Brasil. Trata-se das petições de n. 1050-06 e n. 1140-04, que alegam basicamente as violações ao devido processo legal (art. 8.º, CADH), propriedade (art. 21, CADH) e proteção judicial (art. 25, CADH).

Destaque-se que o juízo realizado pela Comissão é apenas quanto à admissibilidade da petição, que posteriormente é submetida por ela à Corte IDH.

Os peticionários, em suma, alegam que o sistema legal brasileiro permite adiar indefinidamente a execução por quantia certa contra o Estado com fundamento na ausência de recursos orçamentários, com o que o Brasil descumpriu o seu dever de prover recursos efetivos e proteção judicial adequada, assim como adotar medidas para fazer efetivos os referidos direitos. Com efeito, alegam que não existe na legislação interna do Brasil o devido processo para obrigar o Estado a cumprir condenações pecuniárias, com o que seus credores encontram-se absolutamente indefesos. Por essa perspectiva a execução de tais sentenças contra o Estado pode ser adiada indefinidamente, segundo uma ordem cronológica, até que o Estado disponha dos recursos suficientes para efetuar os pagamentos de suas dívidas.

Esses argumentos foram reforçados pela feliz colocação de que a legislação brasileira permite apenas duas vias judiciais para reclamar da falta de pagamento de um precatório pelo Estado, que são ineficazes porque concretamente não obrigam o Estado a pagar suas dívidas vinculadas a precatórios: a solicitação de intervenção, que pode ser da União Federal com respeito aos Estados ou, alternativamente, dos Estados com respeito aos Municípios (conforme os arts. 34, VI, e 35, IV, respectivamente, da Constituição); e a solicitação de sequestro de valores, que somente seria possível caso se estabeleça que não se respeitou a ordem cronológica de pagamento, de acordo com os arts. 100, § 2.º, da CF e 731 do Código de Processo Civil.

De fato, as alegações dos peticionários são robustas e convincentes. Mesmo sem levar em consideração as inovações introduzidas pela Emenda Constitucional 62, as violações a Direitos Fundamentais já estão suficientemente caracterizadas.

A jurisprudência da Corte Europeia de Direitos Humanos trilha caminho semelhante. Para esse Tribunal a verificação da razoável duração do processo

---

[13] CORTE INTERAMERICANA DE DIREITOS HUMANOS. *Caso Comunidade Indígena Xákmok Kásek* versus *Paraguai*. Mérito, reparações e custas. Sentença 24 ago. 2010. Serie C, n. 214, par. 133.

deve considerar três critérios: a complexidade da causa, o comportamento do requerente e das autoridades públicas.[14] Com relação às causas envolvendo a Administração, significativo relatório elaborado por FRANÇOISE CALVEZ aponta as autoridades públicas como as principais responsáveis pelo não cumprimento das decisões judiciais.[15]

O aludido relatório considerou, com fundamento na jurisprudência da Corte Europeia de Direitos Humanos, que a duração de processos "normais", ou seja, que não apresentam complexidade, não deve superar dois anos. Essa regra teria especial valor com relação aos chamados "casos prioritários", em relação aos quais a Corte poderia considerar violada a razoável duração do processo mesmo não superado esse prazo. O conceito de "casos prioritários" envolve créditos decorrentes de relação de trabalho; compensação a vítimas de acidentes; demandas envolvendo direito à saúde; demandas em que uma das partes tenha idade avançada; créditos devidos a vítimas de violência policial; causas envolvendo menores.[16]

Contudo, em alguns casos a Corte tem negado a existência de violação à razoável duração do processo devido ao transcurso desse prazo, como ocorre com causas de maior complexidade, ou quando a conduta da parte interessada tenha contribuído para a demora. Nessas hipóteses, a Corte pode tolerar lapso temporal maior, sendo rigorosa com relação a longos períodos de inatividade.[17]

A Corte Europeia de Direitos Humanos considera inserida nesse lapso temporal a efetiva execução das decisões judiciais, pois apenas nessa fase o direito seria efetivamente realizado.[18]

A Resolução 12 de 2002 do Comitê de Ministros do Conselho da Europa, que estabeleceu a Comissão Europeia para a Eficiência da Justiça (CEPEJ), dispôs que todas as decisões judiciais devem ser executadas de maneira efetiva e em lapso temporal razoável.[19]

---

[14] CORTE EUROPEIA DE DIREITOS HUMANOS. *Pretto e outros contra Itália*. Petição 7.984/1977. Estrasburgo 08 dez. 1983. CORTE EUROPEIA DE DIREITOS HUMANOS. *Neusmeister contra Áustria*. Petição 1.936/1963. Estrasburgo 27. jun. 1968. CORTE EUROPEIA DE DIREITOS HUMANOS. *Scordino contra Itália*. Petição 36.813/1997. Estrasburgo 29 mar. 2006. No mesmo sentido apontamos a Comissão Europeia para a Eficiência da Justiça sobre a razoável duração dos processos judiciais, que identifica com mais clareza essas características da razoável duração do processo. COMISSÃO EUROPEIA PARA A EFICIÊNCIA DA JUSTIÇA. *Lenght of court proceedings in the member states of the Council of the European Court of Human Rights*. Estrasburgo 2006. p. 4-6.

[15] Idem, p. 5.

[16] Idem, p. 45.

[17] Idem, ibidem.

[18] Idem, ibidem.

[19] COMITÊ DE MINISTROS DA EUROPA. *Resolução 12 de 2002*. Estrasburgo 18 set. 2002. Disponível em: <http://www.coe.int/t/dghl/cooperation/cepej/textes/default_en.asp>. Acesso em: 20 jan. 2011.

Conforme já mencionamos em outro estudo, sobre esse tema são emblemáticos os casos Hornsby contra Grécia, Stan Greek Refinaries and Stratis Andreadis contra Grécia, Société de Gestion du Port de Campoloro et Société Fermière de Campoloro contra França, todos julgados pela CEDH. Neste último, o aludido tribunal deixou expresso que o não cumprimento de uma decisão judicial que condena o Estado a pagar uma quantia viola o direito de propriedade. Ademais, a alegação de insuficiência de recursos não seria idônea para afastar a obrigação estatal de cumprir a decisão judicial.[20]

Aos requisitos já mencionados, presentes na jurisprudência da CIDH e da CEDH, acrescentaríamos outros dois ao conteúdo do direito à execução das decisões judiciais: adequação dos meios executivos e igualdade na previsão dos meios executivos pelo legislador.

A adequação dos meios executivos significa que o órgão jurisdicional deve tomar todas as medidas necessárias à execução do julgado, ocorrendo violação do direito à tutela jurisdicional efetiva no caso de não adoção de todas as medidas possíveis.[21]

Como já apontamos, a jurisprudência da Corte Europeia de Direitos Humanos reconhece que a não execução de uma decisão judicial, como, por exemplo, em razão da insuficiência de meios executivos, viola também o direito de propriedade, na medida em que uma decisão condenatória integra a esfera jurídica patrimonial do credor.[22]

No âmbito da jurisprudência da Corte Interamericana de Direitos Humanos, por ocasião do julgamento do caso Acevedo Jaramillo contra Peru, já se reconheceu que a tutela jurisdicional efetiva implica o cumprimento imediato de boa-fé das decisões judiciais, sem que os jurisdicionados necessitem tomar providências adicionais.[23]

MARCELO LIMA GUERRA sustenta que a exigência de meios executivos adequados para a efetiva execução das decisões judiciais implica os seguintes poderes-deveres ao juiz: interpretar as normas referentes aos meios executivos de maneira a conferir-lhes maior efetividade; deixar de aplicar normas que imponham uma restrição a um meio executivo, sempre

---

[20] CANTOARIO, Diego Martinez Fervenza. *Meios de coerção na tutela específica das obrigações de fazer e não fazer*. Rio de Janeiro: Forense, 2010. p. 299-302.

[21] GUINCHARD, Serge et alii. *Droit processuel* – droits fondamentaux du proces. 6. ed. Paris: Dalloz, 2011. p. 1095.

[22] CORTE EUROPEIA DE DIREITOS HUMANOS. *Burdov contra Rússia*. rel. E. Fribergh, 1.ª S., Petição 59.498/2000. Strausbourg, 07 mai. 2002. CORTE EUROPEIA DE DIREITOS HUMANOS. *Iatridis contra Grécia*. rel. M. de Sálvia, Petição 31.107/1996. Estrasburgo 27 mar. 1999.

[23] CORTE INTERAMERICANA DE DIREITOS HUMANOS. *Caso Acevedo Jaramillo e outros* vs. *Peru*. Sentença 07 fev. 2006. São José, 07 fev. 2006.

que tal restrição não for justificável; adotar os meios executivos necessários à efetiva tutela do direito material, mesmo que sem previsão legal, ou até mesmo *contra legem*.[24]

Nesse mesmo sentido é a opinião de MILAGROS LÓPEZ GIL, segundo a qual o órgão judicial não deve ser responsabilizado em razão da não execução de uma decisão judicial quando os meios executórios disciplinados pelo legislador forem insuficientes.[25]

Para MARINONI, a necessidade de um sistema completo de tutela executiva exige que o ordenamento jurídico coloque à disposição do magistrado meios subrogatórios que permitam a realização do direito material conforme reconhecido no título executivo. Além disso, é preciso que se possibilite ao órgão jurisdicional a utilização de meios coercitivos eficazes, sempre que esta modalidade de execução for a mais eficiente e apta à satisfação do direito do credor.[26]

Modernamente, parece-nos que ganha força a concepção defendida por MARCELO LIMA GUERRA[27] e MARINONI.[28] É justamente a constante preocupação com a efetividade dos direitos fundamentais que tem levado a jurisprudência a afastar o regime excepcional ao qual se submete o patrimônio público (CF, art. 100, e CC, art. 100), permitindo a realização de atos de constrição em situações excepcionais.[29]

A igualdade na previsão dos meios executivos é o último aspecto do direito à execução das decisões judiciais. Apesar de sua semelhança com a adequação dos meios executórios, com essa não pode ser confundida, pois possui alcance autônomo. Enquanto a adequação dos meios executórios sustenta-se na efetividade da tutela jurisdicional, a igualdade na previsão dos meios executórios fundamenta-se na igualdade entre credores situados em situações semelhantes. Significa que um ordenamento não pode estabelecer tratamentos díspares com relação à utilização de meios executivos por determinada categoria de litigantes, apenas podendo assim proceder caso existente alguma situação justificadora. Da mesma maneira, não seria possível a vedação da utilização de determinados meios executivos com relação a determinados credores, quando não existente motivo suficiente.

---

[24] GUERRA, Marcelo Lima. *Direitos fundamentais e a proteção do credor na execução civil* cit., p. 102-105.

[25] LÓPEZ GIL, Milagros. *Avances en la ejecución de Sentencias contra la Administración* cit., p. 33-36.

[26] MARINONI, Luiz Guilherme. *Tutela inibitória* (individual e coletiva). 4. ed. São Paulo: RT, 2006. p. 14.

[27] GUERRA, Marcelo Lima. *Direitos fundamentais e a proteção do credor na execução civil* cit., p. 102-105.

[28] MARINONI, Luiz Guilherme. *Tutela inibitória* cit., p. 14.

[29] STJ, REsp 787.101/RS, 2.ª T., rel. Min. Castro Meira, j. 17.11.2005.

Cap. 20 – DURAÇÃO RAZOÁVEL

A análise da possibilidade da previsão de meios executórios diferenciados, ou de sua não utilização em razão de limitações à responsabilidade patrimonial, pode se dar em razão da natureza do direito subjetivo tutelado ou de alguma qualidade particular do litigante que o coloque em situação diferenciada na relação processual. É o caso, por exemplo, do credor de pensão alimentícia, contra o qual não é oponível a impenhorabilidade do bem de família (Lei 8.009/1990, art. 3.º, III). Nesse caso afasta-se uma limitação oponível à grande maioria dos credores em razão da natureza do crédito alimentar, cujo fundamento está na tutela da existência do alimentante. Também é a natureza do crédito que justifica a utilização da prisão do devedor de alimentos, assim como o desconto em folha de pagamento (CPC, arts. 731, § 1.º, e 734). Destacamos ainda a impenhorabilidade do limite de até 40 (quarenta) salários mínimos da poupança do devedor, que busca garantir o seu patrimônio mínimo (CPC, art. 649, X).

A utilização de meios executórios diferenciados ou as limitações à responsabilidade patrimonial em situações especiais abstratamente previstas na legislação dependem de um exame objetivo com relação as suas justificativas. Nesse sentido mostra-se útil a recente doutrina sobre a aplicação do princípio da igualdade de VINCENT MARTENET.[30]

De acordo com o autor, qualquer análise do tratamento diferenciado conferido a indivíduos, categoria ou grupo pressupõe comparação com outros indivíduos, categorias ou grupos em situação semelhante. Essa constituiria uma primeira etapa para a verificação da possibilidade do tratamento diferenciado, em que a preocupação seria com a semelhança entre as situações, e não com a rigorosa identidade.[31] Há uma preocupação com a semelhança, em detrimento da identidade entre posições juridicamente semelhantes, e nesse ponto reside a diferença fundamental desse critério com relação à conhecida elaboração aristotélica baseada em um juízo de identidade (tratar igualmente os iguais e desigualmente os desiguais).[32]

---

[30] MARTENET, Vincent. *Géométrie de l'égalité*. Zurich-Bâle-Genève: Schulthess, 2003. p. 60. Ver também CANTOARIO, Diego Martinez Fervenza. Perspectivas para o princípio da igualdade e sua aplicação no processo civil brasileiro especialmente quanto à Fazenda Pública. *Revista da Faculdade de Direito de Campo*, ano VIII, n. 10, Campos dos Goytacazes, jan.-jun. 2007, p. 225-254. CANTOARIO, Diego Martinez Fervenza. A paridade de armas como projeção do princípio da igualdade no processo civil. *Revista Eletrônica da Faculdade de Direito de Campos*, v. 3, Campos dos Goytacazes, 2007, p. 1-28.

[31] MARTENET, Vincent. *Géométrie de l'égalité* cit., p. 60. ALBUQUERQUE, Martim de. *Da igualdade*. Introdução à jurisprudência. Coimbra: Almedina, 1993. p. 100.

[32] MARTENET, Vincent. *Géométrie de l'égalité* cit., p. 12. ALBUQUERQUE, Martim de. *Da igualdade* cit., p. 98. O autor menciona o parecer n. 8 de 27 de março de 1979 da Comissão Constitucional Portuguesa, que dispõe o seguinte: " Sendo claro que a igualdade de dois (ou mais) conteúdos, substratos ou relações da vida não pode ser uma igualdade conceitual total – uma 'identidade' que sempre estaria logicamente excluída –, aquela tem de ser aferida em função

A comparação é um dos mais importantes requisitos para a constatação da violação da igualdade, e os tribunais constitucionais e supranacionais a tem considerado elemento essencial para a análise da aplicação desse princípio aos casos concretos. Ela se estabelece de maneira diferente, conforme se analise a igualdade perante a lei, na lei ou em seus efeitos.[33]

De fato, o Tribunal Constitucional francês fornece inúmeros exemplos nesse sentido, como nas decisões 120, de 17 de julho de 1980;[34] 132, de 16 de janeiro de 1982;[35] e 588, de 6 de agosto de 2009.[36]

A segunda etapa do exame da igualdade se refere à justificação do tratamento diferenciado de duas situações, indivíduos ou coletividades *a priori* comparáveis, ou de situações que necessitam de um tratamento distinto, mas que são tratadas de maneira semelhante. Sua importância funda-se na vedação dirigida ao legislador ou magistrado de estabelecer diferenças de tratamento injustificadas e arbitrárias.[37]

A aplicação desse critério pode ser encontrada na jurisprudência do Conselho Constitucional francês, sendo exemplo a decisão 209, de 1986: "Le principe d'égalité ne fait pas obstacle à ce qu'une loi établisse des règles non identiques à l'égard de catégories de personnes se trouvant dans des situations différentes. Mais il ne peut en être ainsi que lorsque cette non-identité est justifiée, compte-tenu de l'objet de la loi, par la différence de situation".[38]

A doutrina tem entendido que essa justificação pode ser situacional, quando considerar situações, contextos ou circunstâncias; e finalista, quando a distinção ou assimilação de duas ou mais situações constituírem um instrumento de objetivo almejado pela autoridade estatal; e mista, quando comportar uma dimensão situacional e finalista.[39]

---

de determinados elementos, que sejam escolhidos ou se devam considerar como essenciais à comparação".

[33] MARTENET, Vincent. *Géométrie de l'égalité* cit., p. 601.

[34] FRANÇA. Conselho Constitucional. Decisão 120 de 1980. Paris, 17 jul. 1980.

[35] FRANÇA. Conselho Constitucional. Decisão 132 de 1982. Paris, 16 jan. 1982.

[36] FRANÇA. Conselho Constitucional. Decisão 588 de 2009. Paris, 17 jul. 1980.

[37] Idem, ibidem, p. 11. PELLISSIER, Gilles. *Le principe d'égalité en droit public*. Paris: L.G.D.J, [S.d.]. p. 55. JOUANJAN, Olivier. *Le principe d'égalité devant la loi en droit allemand*. Paris: Economica, 1992. p. 11. ALBUQUERQUE, Martim de. *Da igualdade* cit., p. 96. O autor traz à colação mais um trecho emblemático do parecer 14 de 4 de maio de 1978, da Comissão Constitucional portuguesa, onde se afirma que "as diferenciações de tratamento de situações aparentemente iguais se hão de justificar, no mínimo, por qualquer fundamento material ou razão de ser que se não apresente arbitrária ou desrazoável, por isto ser contrário à justiça e, portanto, à igualdade, de modo que a legislação, não obstante a margem livre de apreciação que lhe fica para além desse mínimo, não se traduza em 'impulsos momentâneos ou caprichosos', sem sentido e consequência".

[38] FRANÇA. Conselho Constitucional. Decisão 209 de 1986. Paris, 03 jul. 1986.

[39] MARTENET, Vincent. *Géométrie de l'égalité* cit., p. 189.

Esse dever de justificação, verdadeiro ônus da autoridade estatal, não deve ser realizado de ofício pelo juiz.[40] Em decorrência das diferentes espécies de justificação concebem-se métodos diferentes para a análise da verificação da violação da igualdade em cada um deles.

Na justificação situacional, a amplitude das assimilações ou distinções deve se submeter a exame em função do seu escopo, do seu objeto e dos efeitos.[41] O que se exige é que a assimilação ou diferenciação seja justificada por um motivo objetivo, ou qualificado, devendo o magistrado sopesar o elemento comparativo estabelecido na primeira etapa do exame com o motivo da distinção, evocado na segunda etapa do exame. Deve-se também considerar o universo de pessoas atingidas pela sua decisão, realizando considerações acerca do impacto desta.[42]

Na justificação finalista é realizada diferente análise. A amplitude das assimilações ou distinções deve se submeter a exame em função da base legal, objetivo legítimo e proporcionalidade, decompondo-se esta última em três subprincípios, quais sejam, adequação, necessidade e proporcionalidade *scrictu sensu*. Esses princípios derivados da proporcionalidade significam, respectivamente, que a medida estatal deve ser apropriada para atender aos resultados desejados, não deve ser mais rigorosa do que o necessário para atender ao objetivo almejado e precisa estar correlacionada com o objetivo pela perspectiva da razoabilidade.[43]

Nesse sentido, o Conselho Constitucional francês já decidiu que "si le principe d'égalité interdit qu'à des situations semblables soient appliquées des règles différentes, il ne fait nullement obstacle à ce que, en fonction des objectifs poursuivis, à des situations différentes soient appliquées des règles différentes".[44]

Portanto, acreditamos que a previsão de meios executivos capazes de dotar as decisões judiciais de maior efetividade, em casos abstratamente justificáveis, não busca salvaguardar puramente o direito à execução das decisões judiciais, mas também o princípio da igualdade, na medida em que estabelece um trata-

---

[40] Idem, p. 163.

[41] Idem, p. 192.

[42] Idem, p. 289-290.

[43] Idem, p. 192-319. FAVOREU, Louis. *As Cortes Constitucionais.* Trad. Dunia Marinho Silva. São Paulo: Landy, 2004. p. 74, referindo-se ao Tribunal Constitucional Alemão, comenta: "De fato, o Tribunal Constitucional considera que há violação ao princípio da igualdade se ele não encontrar justificação razoável para a discriminação, neste caso ele procede a um controle das medidas arbitrárias". CRETELLA NETO, José. *Fundamentos principiológicos do processo civil.* Rio de Janeiro: Forense, 2002. p. 53. "A questão central não é o critério diferenciador em si, mas sim o vínculo existente entre o critério diferenciador e a finalidade da diferenciação." Fernanda Duarte atenta que "a chave para a compreensão do conteúdo da isonomia reside exatamente na percepção da razão pela qual em um caso o discrímen é ilegítimo e outro legítimo". SILVA, Fernanda Duarte Lopes Lucas da. *Princípio constitucional da igualdade.* 2. ed. Rio de Janeiro: Lumen Juris, 2003. p. 92.

[44] FRANÇA. Conselho Constitucional. Decisão 200 de 1986. Paris, 16 jan. 1986.

mento abstratamente diferenciado não extensível a credores ou devedores cujo direito subjetivo não seja da mesma natureza ou não se encontre em situação semelhante. Adiante, explicitaremos quais são as consequências dessa doutrina com relação à execução contra os entes públicos no Brasil, cuja disciplina encontra-se no art. 100 da Constituição.

3. A EXECUÇÃO POR QUANTIA CERTA EM FACE DOS ENTES PÚBLICOS APÓS A EMENDA CONSTITUCIONAL 62/2009

A Emenda Constitucional 62/2009 trouxe uma série de modificações à disciplina da execução por quantia certa contra os entres públicos. Trataremos adiante apenas das alterações mais sensíveis no tocante à razoável duração do processo, compreendida como elemento integrante do direito à execução das decisões judiciais.

3.1. Créditos de natureza alimentícia

A Constituição de 1988 inovou em relação ao pagamento dos precatórios, prevendo, na redação original do art. 100, regime diferenciado para os créditos de natureza alimentar. A redação desse dispositivo deu origem a duas importantes controvérsias, a primeira referente à submissão dos créditos de natureza alimentícia ao regime de precatórios e a segunda com relação aos créditos que se encaixariam na definição de alimentares.[45]

Com relação à submissão dos créditos de natureza alimentícia ao regime dos precatórios, duas interpretações foram dadas a esse dispositivo. Uma primeira, que reconhecia a expressa exclusão dos créditos alimentares do regime de precatórios,[46] e outra, que afirmava sua submissão a essa sistemática, à diferença que consistiriam uma "fila" de pagamentos em separado, com relação aos precatórios normais.[47]

---

[45] Destacamos que à época o art. 100 da Constituição possuía o seguinte texto: "art. 100. À exceção dos créditos de natureza alimentícia, os pagamentos devidos pela Fazenda Federal, Estadual ou Municipal, em virtude de sentença judiciária, far-se-ão exclusivamente na ordem cronológica de apresentação dos precatórios e à conta dos créditos respectivos, proibida a designação de casos ou de pessoas nas dotações orçamentárias e nos créditos adicionais abertos para este fim".

[46] CARREIRA ALVIM, José Eduardo; CABRAL, Luciane Gontijo Carreira Alvim. *Código de Processo Civil reformado*. 6. ed. Curitiba: Juruá, 2007. p. 659. FERRO, Marcelo Roberto. Execução de crédito de natureza alimentícia contra a Fazenda Pública – Exegese do art. 100 da CF. *Revista Forense*, v. 329, Rio de Janeiro, jan.-mar. 1995, p. 117. VAZ, José Otávio de Vianna. *O pagamento de tributos por meio de precatórios*. Belo Horizonte: Del Rey, 2007. p. 198. "Essa interpretação, no entanto, desvirtuou completamente o sistema de pagamento por precatórios. De fato, após esse entendimento, o que ocorre é que os precatórios comuns não são pagos enquanto não forem pagos, em primeiro lugar, os precatórios de natureza alimentícia e os de pequeno valor".

[47] SOUTO, João Carlos. *A União Federal em juízo*. 3. ed. Rio de Janeiro: Lumen Juris, 2006. p. 304. DANTAS, Francisco Wildo Lacerda. *Execuções contra a Fazenda Pública*. Brasília:

Autores como MARCELO FERRO atentaram para a necessidade de submeter os créditos de natureza alimentar ao pagamento imediato, e não a submissão ao regime de precatórios, porque destinados a garantir a subsistência do credor e de sua família, sendo seu pagamento imprescindível e urgente. Para o autor, o pagamento desses créditos por meio da expedição de precatórios comprometeria sua natureza intrínseca, retirando seu caráter alimentar, na medida em que não seria capaz de suprir as necessidades imediatas do credor.[48]

Por essa perspectiva, exigir a expedição de requisitórios para o pagamento dos créditos alimentares seria conferir um tratamento diferenciado injustificável. Nesse sentido, arremata o autor: "Isso significa que a sistemática normal de pagamento dos débitos da Fazenda Pública, através do precatório, não resguarda os interesses dos credores alimentícios, em benefício dos quais a lei inaugurou forma diversa de pagamento".[49]

Por esse viés, a submissão dos créditos de natureza alimentar ao regime de precatórios obrigaria o credor "à espera por período incompatível com as necessidades que seu crédito visava suprir". Reconhecida a inidoneidade do meio eleito, que consiste no tratamento diferenciado de ocupar posição privilegiada na ordem de pagamentos, não se justificará o tratamento diferenciado, o que impede a própria existência da diferenciação entre créditos normais e de natureza alimentar.[50]

Essa corrente também procurou evidenciar a compatibilidade da execução forçada contra os entes públicos na hipótese mencionada com as regras sobre o orçamento público. CARREIRA ALVIM relembra que a Lei 5.021/1966, que dispunha sobre o pagamento de vencimentos e vantagens pecuniárias asseguradas, em sentença concessiva de mandado de segurança, a servidor público federal, da administração direta ou autárquica, e a servidor público estadual e municipal, permitia o pagamento desses créditos sem necessidade de expedição de precatórios, das prestações que se vencerem a contar da data do ajuizamento da inicial. Havia previsão expressa de que na falta de crédito a autoridade coatora ou a repartição responsável pelo cumprimento da decisão encaminhará,

---

Brasília Jurídica, 1999. p. 85. "Parece-me, no entanto, data vênia do entendimento contrário, que a melhor razão se encontra com aqueles que defendem ter o dispositivo constitucional determinado que os créditos de natureza alimentar fossem excluídos apenas e tão somente da ordem de apresentação dos demais precatórios, criando outra classe. Desse modo, força convir que se estabeleceram, com a nova disciplina, duas classe de precatórios, cada qual com sua dotação própria: a dos vinculados a obrigações alimentícias e a dos vinculados a obrigações de outra natureza".

[48] FERRO, Marcelo Roberto. Execução de crédito de natureza alimentícia contra a Fazenda Pública cit., p. 117.

[49] Idem, p. 116.

[50] Idem, ibidem.

de imediato, a quem de direito, o pedido de suprimento de recursos, de acordo com as normas em vigor (Lei 5.021/1966, art. 1.º, § 2.º).[51]

O Ministro MARCO AURÉLIO DE MELLO, em seu voto proferido na ADI 47, sustentou que o art. 100 da Constituição deveria ser interpretado em conjunto com o art. 33 do ADCT, que excluiu os créditos alimentares do parcelamento de 8 (oito) anos efetivado por meio desse dispositivo. Com relação aos óbices orçamentários, negou que estes fossem óbices à satisfação desses créditos.[52]

No mesmo julgado, o Ministro SEPÚLVEDA PERTENCE sustentou que a exceção colocada ao início do art. 100 seria incompatível com o regime de precatórios. De acordo com o ministro, estaria "implícito, no art. 100, a exigência de dotação orçamentária, calculada segundo os métodos normais de previsão de despesa, bastante a suportar o pagamento, na ordem de sua apresentação, das requisições judiciais para satisfação de créditos alimentares". O sentido fundamental da norma não seria a prioridade, mas a rapidez na satisfação desses débitos.[53]

Por outro lado, alguns enxergavam a impossibilidade da exclusão dos créditos de natureza alimentícia do regime dos precatórios, justamente em razão de suposta incompatibilidade com a elaboração e execução do orçamento.

Em 1992, no julgamento da ADI 47, que impugnava dispositivo do regimento interno do Tribunal de Justiça de São Paulo, o relator, Ministro OCTÁVIO GALLOTTI, reconheceu a submissão dos créditos de natureza alimentícia ao regime dos precatórios, sob o fundamento da igualdade entre credores e da elaboração da execução orçamentária, em especial os princípios da unidade e da universalidade do orçamento.[54]

JOÃO CARLOS SOUTO, sustentando essa tese, defende que o princípio da impessoalidade (CF, art. 37) e o da execução orçamentária (CF, art. 167) são incompatíveis com o pagamento imediato pretendido pelos defensores da primeira corrente. Primeiro porque impediria o retorno à advocacia administrativa, e, segundo, porque o precatório seria a "única maneira viável para se destacar, com antecedência, dentro do orçamento, determinado valor a ser pago, no exercício seguinte, aos credores previamente habilitados".[55]

---

[51] CARREIRA ALVIM, José Eduardo. Precatório, tutela antecipada e crédito alimentar. *Direito na doutrina*. Livro III. Curitiba: Juruá, 2002. p. 79-78.

[52] "Dir-se-á que a Administração não tem como satisfazer créditos fora do orçamento. A visão prognóstica, quando se assenta esta premissa, é afastada, olvidando-se, até mesmo, que na carta de 1988 cogita-se, no art. 165, creio, § 8.º, da abertura de créditos suplementares. De qualquer forma, é possível à Administração programar-se para a satisfação desses créditos" (STF, ADIn 47, Tribunal Pleno, rel. Min. Octávio Gallotti, j. 22.10.1992).

[53] Idem, ibidem.

[54] Idem, ibidem.

[55] SOUTO, João Carlos. *A União Federal em juízo* cit., p. 305.

Essa última corrente foi a que prevaleceu. Em 1995, o Superior Tribunal de Justiça editou o verbete 144 de sua súmula: "Os créditos de natureza alimentícia gozam de preferência desvinculados os precatórios da ordem cronológica dos créditos de natureza diversa".

A Medida Provisória 1.561-1/1997 reforçaria ainda mais essa jurisprudência ao estabelecer, em seu art. 6.º, parágrafo único, "o direito de preferência aos credores de obrigação alimentícia, obedecida, entre eles, a ordem cronológica de apresentação dos respectivos precatórios judiciários". A Lei 9.469, de 10 de julho de 1997, que revogou a Lei 8.197, de 27 de junho de 1991, em seu art. 6.º, também trouxe a mesma previsão.

Em 2003 o STF editou o verbete 655 da sua súmula, que assim dispôs sobre o assunto: "A exceção prevista no art. 100, *caput*, da Constituição, em favor dos créditos de natureza alimentícia, não dispensa a expedição de precatório, limitando-se a isentá-los da observância da ordem cronológica dos precatórios decorrentes de condenações de outra natureza". No mesmo sentido dispôs o art. 10, *caput*, da Resolução 115 do CNJ.[56]

Esse entendimento, que prevaleceu na jurisprudência, parece violar o direito à execução das decisões judiciais. O argumento da suposta existência de obstáculo jurídico de direito interno não é suficiente para justificar a impossibilidade do pagamento imediato. Como vimos na primeira etapa dessa investigação, recentes julgados da Corte Europeia de Direitos Humanos, em especial *Société de Gestion du Port de Campoloro et Société Fermière de Campoloro* contra França,[57] vêm reconhecendo que obstáculos naturais (insuficiência de recursos) ou deficiência do direito interno não são escusas legítimas para o descumprimento de decisões judiciais. Além disso, como já vimos, os créditos de natureza alimentar coincidem, em sua maioria, com aqueles que a Comissão Europeia de Direitos Humanos tem denominado de "casos prioritários", merecedores de uma tutela mais célere do direito material.[58]

Além disso, conforme veremos adiante, as obrigações de pequeno valor são pagas independentemente de precatório, e a doutrina não visualiza, nesse caso, nenhuma ofensa aos princípios orçamentários inscritos na Constituição.

Conforme mencionamos, a relevância do direito material tutelado no crédito alimentar pode justificar tratamento diferenciado com relação aos credores co-

---

[56] CONSELHO NACIONAL DE JUSTIÇA. *Resolução 115*. "O pagamento preferencial previsto no § 2.º do art. 100 da CF será efetuado por credor e não importará em ordem de pagamento imediato, mas apenas em ordem de preferência."

[57] CORTE EUROPEIA DE DIREITOS HUMANOS. *Société de Gestion du Port de Campoloro et Société Fermière de Campoloro contra França*. 2.ª S., rel. S. Naismith, Petição 57.516/2000, Estrasburgo 26 set. 2006.

[58] COMISSÃO EUROPEIA PARA A EFICIÊNCIA DA JUSTIÇA. *Lenght of court proceedings in the member states of the Council of the European Court of Human Rights* cit., p. 45.

muns. É o que ocorre com a prisão civil como meio coercitivo para a cobrança dos alimentos civis (CPC, art. 733, § 1.º); a dispensa de caução na execução provisória até o limite de sessenta vezes o salário mínimo, na hipótese de crédito de natureza alimentar ou proveniente de ato ilícito (CPC, art. 475-O, § 2.º, I); a inoponibilidade da impenhorabilidade do bem de família pelo credor de pensão alimentícia (Lei 8.009/1990, art. 3.º, III).

A segunda controvérsia decorrente da redação original do art. 100 decorreu da necessidade de determinar quais créditos ostentariam "natureza alimentar".

A jurisprudência anterior polemizou sobre o assunto, principalmente em relação aos honorários advocatícios, tendo reconhecido, ao final, sua natureza alimentar. Nesse sentido, o voto do Ministro CARLOS VELLOSO, na ocasião do julgamento do Recurso Extraordinário 146.318/SP:

> Os honorários advocatícios e periciais remuneram serviços prestados por profissionais liberais e são, por isso, equivalentes a salários. Deles depende o profissional para alimentar-se e aos seus, porque têm a mesma finalidade destes. Ora, se vencimentos e salários têm a natureza alimentar, o mesmo deve ser dito em relação aos honorários.[59]

A Emenda Constitucional 30/2000 acrescentou o § 1.º-A ao art. 100 da Constituição, dispondo que os créditos de natureza alimentícia compreendem "aqueles decorrentes de salários, vencimentos, proventos, pensões e suas complementações, benefícios previdenciários e indenizações, por morte ou invalidez, fundadas na responsabilidade civil, em virtude de sentença transitada em julgado".

Mesmo com a redação conferida ao art. 100, § 1.º-A, a doutrina e jurisprudência continuaram a controverter quanto aos créditos que se submeteriam a essa preferência. Alguns passaram a defender que esse rol seria meramente exemplificativo,[60] enquanto outros afirmavam que seria taxativo.[61] A divergência mais relevante ocorreu em relação aos honorários advocatícios, que não constam no rol trazido pelo atual art. 100, § 1.º, da Constituição.

O Supremo Tribunal Federal, em acórdão de lavra do Ministro MARCO AURÉLIO, posicionou-se pela natureza alimentar dos honorários sucumbenciais.[62]

---

[59] STF, RE 146.318/SP, 2.ª T., rel. Min. Carlos Velloso, j. 13.12.1996.

[60] DINAMARCO, Cândido Rangel. *Instituições de direito processual civil*. 6. ed. São Paulo: Malheiros, 2009. v. 2, p. 652.

[61] É a opinião de SILVA, Américo Luís Martins da. *Precatório requisitório e requisição de pequeno valor* (RPV). 4. ed. São Paulo: RT, 2011, p. 222.

[62] STF, REsp 470.407-2/DF, 1.ª T., rel. Min. Marco Aurélio, j. 09.06.2006. "Crédito de natureza alimentícia – art. 100 da Constituição Federal. A definição contida no § 1-A do art. 100 da Constituição Federal, de crédito de natureza alimentícia, não é exaustiva. Honorários advocatícios

Posteriormente, a jurisprudência do Superior Tribunal de Justiça inclinou-se no mesmo sentido.[63]

O Projeto de Novo Código de Processo Civil (Projeto 166/2010), elaborado pela Comissão de Juristas presidida pelo Ministro LUIZ FUX, também seguiu essa orientação, assim dispondo no § 11.º, do art. 73: "Os honorários constituem direito do advogado e têm natureza alimentar, tendo os mesmos privilégios dos créditos oriundos da legislação do trabalho, sendo vedada a compensação em caso de sucumbência parcial".

Atualmente, após a Emenda Constitucional 62/2009, é possível afirmar que os créditos de natureza alimentícia são divididos em três espécies: créditos de natureza alimentícia *lato sensu*, sem limite de valor; créditos de natureza alimentar devidos aos credores com mais de sessenta anos na data da expedição do precatório, respeitando o triplo do limite estabelecido no art. 100, § 3.º, da Constituição; e créditos de natureza alimentícia devidos aos portadores de doença grave, respeitando o triplo do limite estabelecido no art. 100, § 3.º, da Constituição.[64]

A ideia de conferir aos idosos tratamento diferenciado no pagamento de precatórios não é nova. As propostas de emenda à Constituição 1, de 2003, de autoria do Senador Maguito Vilela;[65] 29, de 2005, de autoria do Senador Sérgio Cabral;[66] e 61, de 2005, buscavam estender aos idosos o tratamento diferenciado dado aos créditos de pequeno valor, dispensando-os do regime de precatórios.[67]

A doutrina também já problematizava sobre o assunto, indagando sobre a aplicação do art. 1.211-A do Código de Processo Civil ao pagamento dos precatórios. Contudo, refutava-se essa possibilidade em razão da natureza ad-

---

– natureza – execução contra a Fazenda. Conforme o disposto nos arts. 22 e 23 da Lei 8.906/1994, os honorários advocatícios incluídos na condenação pertencem ao advogado, consubstanciando prestação alimentícia cuja satisfação pela Fazenda ocorre via precatório, observada ordem especial restrita aos créditos de natureza alimentícia, ficando afastado o parcelamento previsto no art. 78 do Ato das Disposições Constitucionais Transitórias, presente a Emenda Constitucional n. 30, de 2000. Precedentes: Recurso Extraordinário n. 146.318-0/SP, 2.ª T., rel. Min. Carlos Velloso, Acórdão publicado no Diário da Justiça 04 abr.1997; Recurso Extraordinário n. 170.220-6/SP, 2.ª T., por mim relatado, Acórdão publicado no Diário da Justiça 07 ago. 1998."

63 STJ, EDiv em REsp 706.331/PR, Corte Especial, rel. Min. Humberto Gomes de Barros, j. 20.02.2008.

64 Para fins de aplicação do dispositivo, são consideradas doenças graves aquelas previstas no inciso XIV do art. 6.º da Lei 7.713, de 22 de dezembro de 1988, com a redação dada pela Lei 11.052/2004.

65 *Diário do Senado Federal. Brasília*, 20 fev. 2003.

66 *Diário do Senado Federal. Brasília*, 29 jun. 2005.

67 *Diário do Senado Federal. Brasília*, 26 out. 2005.

ministrativa do processamento do precatório perante o presidente do tribunal e da não previsão no art. 100 da Constituição.[68]

Importante destacar que a redação do art. 100, § 2.º, parece indicar que a preferência especial conferida aos idosos será conferida no momento de expedição do precatório. Dessa maneira, caso o credor complete 60 (sessenta) anos após a expedição, ele não fará jus ao benefício. O mesmo raciocínio não prevalece com relação aos créditos dos portadores de doença grave, pois nada dispõe o aludido dispositivo. O art. 13, parágrafo único, da Resolução 115/2010 do Conselho Nacional de Justiça reforça esse entendimento, pois dispõe que o credor portador de doença grave pode ser beneficiado "mesmo que a doença tenha sido contraída após o início do processo".[69]

Os credores "beneficiados" por essa nova preferência estabelecida pela Constituição não precisam, para fazer jus a esse tratamento diferenciado, abrir mão do crédito excedente, como ocorre com aqueles que desejam que seus créditos sejam submetidos à execução por menor quantia do art. 100, § 3.º. O art. 100, § 2.º, permite expressamente o fracionamento do requisitório, sendo o restante submetido à ordem de pagamento dos créditos normais.

Não existindo recursos suficientes para atendimento à totalidade dos pedidos de preferência, dar-se-á preferência aos portadores de doenças graves sobre os idosos em geral, e destes sobre os créditos de natureza alimentícia, e, em cada classe de preferência, à ordem cronológica de apresentação do precatório (Resolução 115 do CNJ, art. 14).

Por outro lado, AMÉRICO LUÍS MARTINS DA SILVA afirma que as duas últimas espécies integrariam uma mesma ordem de pagamento, com preferência sobre todos os demais, enquanto os créditos de natureza alimentícia *lato sensu* prefeririam apenas os créditos comuns.[70] Conforme a exposição anterior, não concordamos com esse entendimento.

De acordo com o art. 10, § 2.º, da Resolução 115 do CNJ, o credor cujo precatório ainda não foi apresentado ao tribunal competente deverá, para usufruir da prioridade, apresentar requerimento perante o juiz da execução, que deverá ser instruído com os documentos necessários à comprovação de sua condição. Na hipótese em que o juiz já encerrou sua atividade, e a requisição já se encontra em trâmite perante o Presidente do Tribunal, o requerimento deverá a este ser dirigido (Resolução 115, § 3.º).

---

[68] CUNHA, Leonardo José Carneiro da. *A fazenda pública em juízo*. 8. ed. São Paulo: Dialética, 2010. p. 182. MIRANDA, Gilson Delgado. A execução contra a Fazenda Pública no sistema constitucional brasileiro. In: FUX, Luiz; NERY JUNIOR, Nelson; WAMBIER, Teresa Arruda Alvim (Org.). *Processo e Constituição*. São Paulo: RT, 2006. p. 805.

[69] CONSELHO NACIONAL DE JUSTIÇA. *Resolução 115 de 2010*. Disponível em: <www.cnj.jus. br>. Acesso em: 18 ago. 2010.

[70] SILVA, Américo Luís Martins da. *Precatório requisitório e requisição de pequeno valor* cit., p. 222.

Essa nova sistemática dos créditos de natureza alimentar continua não atendendo às necessidades que justificam a sua existência. Como bem destacou MARCELO FERRO, o recebimento dos direitos desses credores fora da ordem de apresentação cronológica dos precatórios "não é suficiente para representar o cumprimento da função do Estado em garantir direitos inerentes à pessoa humana, já que o benefício é meramente aparente, pois obriga o credor à espera por período incompatível com as necessidades que visa suprir".[71] O tratamento diferenciado dado aos créditos de natureza alimentícia só é finalisticamente justificável por atender aos requisitos da base legal (CF, art. 100), objetivo legítimo (garantir a subsistência do credor) e proporcionalidade (por tratar-se de medida necessária nos limites em que é proposta), se for assegurado a satisfação dos créditos alimentares sem observância ao regime dos precatórios. Subordinar a satisfação dos créditos de natureza alimentícia à expedição de precatório é utilizar medida estatal inapropriada para atender ao resultado desejado, e portanto ilegítima, por estabelecer discriminação injustificável, desnecessária.[72]

Submeter esses créditos ao regime de precatórios compromete a sua natureza intrínseca, isto é, retira da dívida seu caráter alimentar, não suprindo as necessidades do credor, já que o pagamento será feito, no mínimo, sete meses após a atualização do débito.[73] Portanto, não há dúvidas de que o tratamento conferido aos créditos de natureza alimentar é gravemente violador da razoável duração do processo.

3.2. Execução por menor quantia (Requisição de pequeno valor)

A Emenda Constitucional 20/1998 introduziu significativa novidade no regime de pagamento das condenações em pecúnia dos entes públicos. A partir da inserção do art. 100, § 3.º, ao texto constitucional, excepcionou-se o regime de precatórios com relação aos créditos tidos como de pequeno valor. Com relação a esses débitos, o pagamento deveria ser imediato, ou seja, sem expedição de precatório.[74]

A requisição de pagamento não se distingue ontologicamente do precatório, constituindo também uma ordem de pagamento.[75] Contudo, ao contrário

---

[71] FERRO, Marcelo Roberto. Execução de crédito de natureza alimentícia contra a Fazenda Pública cit., p. 117.

[72] A respeito do controle das diferenças de tratamento ver MARTENET, Vincent. *Géométrie de l´égalité* cit., p. 132-319.

[73] FERRO, Marcelo Roberto. Execução de crédito de natureza alimentícia contra a Fazenda Pública cit., p. 117.

[74] FONSÊCA, Vitor. Requisição de pequeno valor. In: SANTOS, Ernane Fidélis dos; WAMBIER, Luiz Rodrigues; NERY JR., Nelson; WAMBIER, Teresa Arruda Alvim. *Execução civil*: estudos em homenagem ao professor Humberto Theodoro Júnior. São Paulo: RT, 2007. p. 375.

[75] STJ, REs 1.143.677/RS, Corte Especial, rel. Min. Luiz Fux, j. 02.12.2009.

daquele, prescinde de dotação orçamentária específica, não sendo necessária a espera da inclusão de verbas destinadas ao pagamento do crédito no orçamento do ente público.[76]

O legislador, nesse ponto, abraçou prestigiosa doutrina, capitaneada por VICENTE GRECO FILHO, que desde antes da Constituição de 1988 defendia que créditos de pequena monta recebessem tratamento diferenciado, de modo a evitar uma espera excessiva para o recebimento de um valor muito pequeno.[77]

A Lei 10.259/2001, que disciplinou os Juizados Especiais Cíveis e Criminais no âmbito da Justiça Federal, estabeleceu, no art. 17, § 1.º, o limite de 60 salários mínimos para tais créditos, ou seja, o mesmo valor estabelecido como limite para sua competência (Lei 10.259, art. 3.º). O *caput* do art. 17 previu o prazo de sessenta dias para o pagamento das condenações, contados da entrega da requisição, por ordem do juiz, à autoridade citada para a causa, na agência mais próxima da Caixa Econômica Federal ou do Banco do Brasil, independentemente de precatório.

Novamente, em 2002, a Constituição foi alterada. Com a Emenda Constitucional 37/2002, a Constituição passou a contar com disposição expressa de que a definição de crédito de pequeno valor poderia ser dada por lei própria dos Estados, Municípios e Distrito Federal (CF, art. 100, § 5.º), sendo que, na ausência desta, o limite seria de 30 (trinta) salários mínimos para os Municípios e 40 (quarenta) para Estados e Distrito Federal (ADCT, art. 87).

Nesse período alguns entes fixaram valores inferiores aos previstos na Constituição. O Estado do Piauí, por exemplo, por meio da Lei 5.250, de julho de 2002, fixou o valor limite das requisições de pequeno valor em cinco salários mínimos. Contra essa lei foi proposta ADI 2.868/DF, em que o Procurador-Geral da República sustentava a violação dos arts. 100, §§ 3.º e 5.º, da Constituição, e do art. 87, I, do ADCT.

O relator, Ministro AYRES BRITTO, posicionou-se pela inconstitucionalidade da lei piauiense, sustentando que a Emenda Constitucional 37/2002 teria instituído uma limitação material para o legislador infraconstitucional, que consistiria na impossibilidade de os Estados e Municípios fixarem o limite dos valores submetidos ao regime do precatório em valor inferior ao previsto na Constituição. Também procuraria evitar-se, com essa solução, que fosse estabelecido valor irrisório às requisições de pequeno valor, violando os dispositivos constitucionais sobre o tema.[78]

---

[76] FONSÊCA, Vitor. Requisição de pequeno valor. In: SANTOS, Ernane Fidélis dos; WAMBIER, Luiz Rodrigues; NERY JR., Nelson; WAMBIER, Teresa Arruda Alvim. *Execução civil* cit., p. 375.

[77] GRECO FILHO, Vicente. *Da execução contra a Fazenda Pública*. São Paulo: Saraiva, 1986. p. 20.

[78] STF, ADIn 2.868-5/PI, Tribunal Pleno, rel. Min. Ayres Britto, rel. p/ Ac Min. Joaquim Barbosa, j. 02.06.2004.

Cap. 20 – DURAÇÃO RAZOÁVEL

Além disso, para o Ministro relator, o pagamento por meio de precatórios deveria ser interpretado restritivamente, na medida em que consistiria tratamento diferenciado em benefício dos entes públicos.[79]

Prevaleceu, contudo, no julgamento da aludida ADI, a divergência inaugurada pelo Ministro CEZAR PELUSO, no sentido de que as normas previstas no ADCT, como é evidente, possuiriam caráter meramente transitório e que poderia o Estado fixar livremente os valores das requisições de pequeno valor.[80]

A reforma manteve essa sistemática (CF, art. 100, § 4.º, e ADCT, art. 97, § 12), prestigiando a diferente capacidade financeira dos entes da federação,[81] mas estabeleceu a necessidade de observância do valor mínimo igual ao maior benefício do regime geral de previdência social, atualmente definido em R$ 3.218,90.[82]

Na Justiça Federal o procedimento da requisição de pagamento do crédito de pequeno valor tem início com o trânsito em julgado da sentença ou do acórdão, quando a devedora for a União e suas autarquias e fundações. O juiz deve expedir o ofício requisitório ao presidente do tribunal regional federal, que organizará mensalmente a relação das requisições em ordem cronológica, com os valores por beneficiário, encaminhando-a à Secretaria de Planejamento, Orçamento e Finanças do Conselho da Justiça Federal e ao representante legal da entidade devedora (Resolução 122 do Conselho da Justiça Federal, arts. 2.º, § 1.º, e 5.º).

Tratando-se de requisição de pagamento de juizado especial federal, o art. 8.º da Resolução 122 do Conselho da Justiça Federal elenca os dados que devem

---

[79] Idem, ibidem. Na doutrina essa corrente esposada pelo Ministro Ayres Britto mereceu a adesão de CORRÊA, Antonio de Pádua Muniz. *Execução direta contra a Fazenda Pública*. São Paulo: LTr, 2005. p. 61.

[80] STF, ADIn 2.868-5/PI, Tribunal Pleno, rel. Min. Ayres Britto, rel. p/ Ac Min. Joaquim Barbosa, j. 02.06.2004.

[81] Como bem destaca Bruno Espiñeira Lemos, "não se pode imaginar 30 (trinta) salários mínimos, como referencial mínimo a título de 'pequeno valor' para um município de pouco mais de 3.000 (três) mil habitantes que se mantém, exclusivamente, com o que recebe do Fundo de Participação dos Municípios". LEMOS, Bruno Espiñeira. *Precatório*. Trajetória e desvirtuamento de um instituto. Necessidade de novos paradigmas. Porto Alegre: Fabris, 2004. p. 151. SILVA, Américo Luís Martins da. *Precatório requisitório e requisição de pequeno valor* cit., p. 173. "Como se vê, o legislador constitucional admite a fixação de valores diferenciados para as entidades de direito público, em razão tão somente da esfera de governo a que estão vinculadas. A esse respeito, atribui-se a capacidade diferenciada dos orçamentos das Fazendas Públicas (a arrecadação de Estados geralmente são inferiores a da União Federal; e a arrecadação dos Municípios, por sua vez, são, geralmente inferiores a dos Estados) para assumir pagamentos em curto prazo (sessenta dias)."

[82] Na sistemática anterior não havia previsão de valor mínimo a ser observado pelos entes públicos, o que deu ensejo a debates doutrinários e ações propostas contra os Estados e Municípios que fixaram valores irrisórios. Ver: LEMOS, Bruno Espiñeira. *Precatório* cit., p. 149. STF, ADIn 2.868-5/PI, Tribunal Pleno, rel. Min. Ayres Britto, rel. p/ Ac Min. Joaquim Barbosa, j. 02.06.2004.

constar no ofício requisitório expedido pelo juiz. O juiz da execução, antes do encaminhamento ao tribunal, deve intimar as partes do teor do ofício requisitório (Resolução 122 do Conselho da Justiça Federal, art. 9.º). Caso algum dos dados indicados no art. 8.º esteja ausente, a requisição deverá ser devolvida ao juiz da execução, para que seja corrigido o erro (Resolução 122 do Conselho da Justiça Federal, art. 10).

Ainda no âmbito da Justiça Federal, quando executados a Fazenda estadual, distrital, municipal, suas autarquias e fundações, conselhos profissionais, bem como a Empresa Brasileira de Correios e Telégrafos, dispõe o art. 2.º, § 2.º, da Resolução 122/2010 do Conselho da Justiça Federal que as requisições serão encaminhadas pelo juízo da execução ao próprio devedor, fixando-se o prazo de sessenta dias para o respectivo depósito diretamente na vara de origem. Essa redação não é contrária à previsão do art. 9.º, da Resolução 115 do CNJ, pois esse dispositivo, já mencionado quando tratamos sobre a atribuição administrativa do presidente do tribunal de justiça, apenas diz respeito aos precatórios referentes às obrigações que não sejam consideradas de pequeno valor.

No Estado do Rio de Janeiro, por exemplo, as requisições de pagamento do débito de pequeno valor ao ente público constituem ordem cronológica própria, sendo inclusive listados de acordo com a sua natureza, em alimentícios e comuns (Resolução 8/2002, art. 1.º).

Esses dispositivos buscam permitir que também com relação às requisições de pequeno valor possa ser observada a ordem cronológica de pagamento, sendo de grande importância para o respeito aos princípios da igualdade e da moralidade administrativa.[83]

A existência desse regime especial para os créditos de pequena monta também merece críticas. A satisfação prioritária dos créditos de pequeno valor não parece atender a nenhuma diferenciação juridicamente relevante. Nesse sentido, MARÇAL JUSTEN FILHO pontua que não há justificativa para se estabelecer um critério diferenciado em razão do valor da dívida, pois não é possível alegar, *a priori*, que os credores de dívidas de pequeno valor sejam mais necessitados (ou vulneráveis) do que os demais. Qualquer verificação desse tipo apenas seria possível mediante avaliação casuística.[84]

Por outro lado, alguns sustentam que o tratamento diferenciado conferido aos créditos de pequena monta se justifica em razão do óbice ao acesso à Justiça que poderia constituir a submissão desses credores ao regime de precatórios. O

---

[83] FONSÊCA, Vitor. Requisição de pequeno valor. In: SANTOS, Ernane Fidélis dos; WAMBIER, Luiz Rodrigues; NERY JR., Nelson; WAMBIER, Teresa Arruda Alvim. *Execução civil* cit., p. 377.

[84] JUSTEN FILHO, Marçal. Estado democrático de direito e responsabilidade civil do Estado: a questão dos precatórios. *Revista de Direito Público da Economia*, ano 5, n. 19, Belo Horizonte, jul.-set. 2007, p. 172.

Cap. 20 – DURAÇÃO RAZOÁVEL

931

longo tempo de espera poderia ser relevante fator de desestímulo com relação ao ajuizamento de demandas contra os entes públicos.[85]

3.2.1. Expedição de precatório complementar e requisição de pequeno valor

A novel emenda repete a Emenda Constitucional 37/2002 vedando a expedição de valor complementar ou suplementar de valor pago, bem como fracionamento, repartição ou quebra de valor de precatório com o intuito de evitar que o pagamento seja feito em parte como dívida de pequeno valor, e em outra pela via do precatório (CF, art. 100, § 8.º).

Para ARAKEN DE ASSIS, caso seja ultrapassada a quantia prevista em lei, caberá ao exequente optar, na forma do art. 17, § 4.º, pelo pagamento integral por meio de precatório, ou pelo pagamento até o mencionado limite, renunciando ao crédito do valor excedente.[86] A jurisprudência do Superior Tribunal de Justiça tem consagrado o mesmo entendimento com relação às custas processuais e honorários advocatícios.[87] A Resolução 122/2010 do CJF previu expressamente a impossibilidade de conferir aos honorários advocatícios como requisições de pequeno valor, enquanto o crédito principal se sujeitaria à expedição por precatórios: "Os honorários contratuais devem ser considerados como parcela integrante do valor devido a cada credor para fins de classificação do requisitório como de pequeno valor" (Resolução 122 do CJF, art. 20, § 2.º).

Contudo, tem-se entendido que essa vedação não alcança os juros de mora e a correção monetária. Isso porque a vedação de expedição de precatório

---

[85] MENEZES, Gustavo Quintanilha Telles de. Observações feitas pelo autor durante debate no grupo de pesquisa observatório das reformas processuais, realizada nas dependências da Universidade do Estado do Rio de Janeiro em 24 abr. 2010. Ver também FONSÊCA, Vitor. Requisição de pequeno valor. In: SANTOS, Ernane Fidélis dos; WAMBIER, Luiz Rodrigues; NERY JR., Nelson; WAMBIER, Teresa Arruda Alvim. *Execução civil* cit., p. 374.

[86] ASSIS, Araken. *Manual da execução*. 11. ed. São Paulo: RT, 2007. p. 973. No mesmo sentido: CUNHA, Leonardo José Carneiro da. *A Fazenda Pública em juízo* cit., p. 321.

[87] STJ, 6.ª T., REsp 736.444/RS, rel. Min. Hamilton Carvalhido, j. 18.08.2005. "Direito Previdenciário e Processual Civil. Execução sem a necessidade de expedição de precatório. Limite previsto no art. 17, § 1.º, combinado com o art. 3.º da Lei 10.259/2001. Exclusão da verba honorária e das custas processuais. Impossibilidade. 1. Os créditos em demandas judiciais que tiverem por objeto o reajuste ou a concessão de benefícios previdenciários, cujos valores de execução não excederem a 60 salários mínimos por autor, poderão, por opção de cada um dos exequentes, ser pagos no prazo de até 60 dias após a intimação do trânsito em julgado da decisão, sem necessidade da expedição de precatório. 2. O limite de 60 salários mínimos tem incidência sobre os valores de execução que, por certo, compreendem não só o valor efetivamente devido ao segurado, mas também os valores a serem suportados pela autarquia previdenciária, a título de honorários advocatícios e de custas processuais. Precedente. 3. A dispensa do precatório só será possível quando os valores da execução, incluídos os honorários advocatícios, não excederem o limite de 60 salários mínimos, sendo vedado o seu fracionamento. 4. Recurso provido." STJ, AgRg no REsp 720.744/RS, 6.ª T., rel. Min. Hélio Quaglia Barbosa, j. 31.05.2005.

complementar ou suplementar do valor pago mediante Requisição de Pequeno Valor tem por escopo coibir o fracionamento, repartição ou quebra do valor da execução, a fim de que seu pagamento não se faça, em parte, por RPV e, em parte, por precatório (art. 100, § 4.º, da CRFB/1988, repetido pelo art. 17, § 3.º, da Lei 10.259/2001), o que não impede a expedição de Requisição de Pequeno Valor complementar para pagamento da correção monetária devida entre a data da elaboração dos cálculos e a efetiva satisfação da obrigação pecuniária.[88]

Diverso é o entendimento de RICARDO PERLINGEIRO: "Depois de efetuado pagamento sem precatório, havendo ainda valores a receber por fato superveniente e do qual não tinha conhecimento o credor, será admissível o fracionamento, porém o pagamento deste remanescente será por precatório".[89]

3.2.2. Litisconsórcio

Ao tratar da hipótese de precatórios relativos a diversos credores em litisconsórcio a doutrina e jurisprudência reconheciam, antes da Emenda Constitucional 62, o direito de cada autor ter seu crédito considerado individualmente, dispensando da expedição do requisitório quem tivesse valores de pequena monta a receber. Esse entendimento pode ser encontrado na Resolução 2/2003 (art. 3.º, § 1.º) do Superior Tribunal de Justiça, na Instrução Normativa 1/2003 do Tribunal Regional do Trabalho da 9.ª Região, na Resolução 438/2005 do Conselho da Justiça Federal e na Resolução 199/2005 do Tribunal de Justiça de São Paulo.[90] Em relação a cada autor considerar-se-ia a totalidade de pedidos eventualmente cumulados.

A doutrina também se posiciona dessa maneira. Afinal, no litisconsórcio há uma cumulação de demandas, e por isso é preciso considerar cada litigante separadamente, sendo possível expedir cada requisição de pagamento.[91]

Contudo, na vigência do regime especial para os Estados, Distrito Federal e Municípios deverá ser aplicada a regra do art. 97, § 11, do ADCT, que desau-

---

[88] STJ, REsp 1.143.677/RS, Corte Especial, rel. Min. Luiz Fux, j. 02.12.2009.

[89] SILVA, Ricardo Perlingeiro Mendes da. Redefinição de papéis na execução de quantia certa contra a Fazenda Pública. *Revista CEJ*, v. 9, n. 31, out.-dez. 2005, p. 71.

[90] MIRANDA, Gilson Delgado. A execução contra a Fazenda Pública no sistema constitucional brasileiro. In: FUX, Luiz; NERY JUNIOR, Nelson; WAMBIER, Teresa Arruda Alvim (Org.). *Processo e Constituição* cit., p. 808. GIORA JÚNIOR, Romeu. Os precatórios. *Revista Tributária e de finanças públicas*, n. 76, 2007, p. 233. CUNHA, Leonardo José Carneiro da. *A fazenda pública em juízo* cit., p. 181. Também a jurisprudência tem reconhecido a necessidade de se considerar cada litisconsorte individualmente. Merecem menção os seguintes julgados: TJSP, Ag Interno 286.532.5/3-00, 2.ª Câm. Direito Público, rel. Des. Lineu Peinado, j. 1.º.10.2001; TJSP, Ag Interno 287.815.5/2-00, 4.ª Câm. Direito Público, rel. Des. Soares Lima, j. 13.03.2003; STJ, REsp 728.163/RS, 1.ª T., rel. Min. Teori Albino Zavascki, j. 20.10.2005. SILVA, Ricardo Perlingeiro Mendes da. Redefinição de papéis na execução de quantia certa contra a Fazenda Pública cit., p. 71.

[91] CUNHA, Leonardo José Carneiro da. *A fazenda pública em juízo* cit., p. 325-327.

Cap. 20 – DURAÇÃO RAZOÁVEL

toriza o pagamento dos litisconsortes que integrarem a demanda por meio da sistemática da execução por menor quantia, na medida em que estabelece não ser aplicável o art. 100, § 3.º, da Constituição. Essa norma não veda o cômputo de cada crédito individualmente, mas impede que os créditos desmembrados de pequeno valor sejam dispensados da expedição do requisitório. Assim, gozarão apenas da vantagem prevista no art. 97, § 7.º, do ADCT, ou seja, terão preferência quando não for possível estabelecer a ordem cronológica com relação a requisitório de menor valor.

O constituinte derivado teria sido mais coerente se tivesse abraçado expressamente a posição, outrora isolada, contrária ao desmembramento do valor por beneficiário do crédito em caso de litisconsórcio.[92]

Além de incoerente com o já esdrúxulo mecanismo de pagamento de débitos dos entes públicos, o dispositivo viola frontalmente a isonomia prevista na Constituição. Afinal, uma vez fracionados os créditos teremos débitos de pequeno valor sendo pagos por precatórios e outros não. Alguns litigantes serão obrigados a "negociar" seus precatórios por leilão, e outros, detentores de créditos da mesma natureza, poderão receber o pagamento rapidamente.

Além disso, a reforma desestimula a cumulação subjetiva de demandas. Em um contexto de explosão de demandas de massa, que os tribunais e legislador enfrentam por meio de agressivas reformas, causa espanto tamanho descaso com o inofensivo instituto do litisconsórcio. Muitas demandas que poderiam ser reunidas em um só processo certamente serão propostas separadamente, o que trará maiores congestionamentos para a máquina judiciária.

O art. 15, § 1.º, da Resolução 115/2010 do Conselho Nacional de Justiça estabelece que os precatórios deverão ser expedidos individualizadamente, por credor, ainda que exista litisconsórcio.

Recentemente, ao julgar o Recurso Extraordinário 634.707, a primeira turma do STF decidiu não caber a junção dos créditos de pessoas diferentes contemplados no título para expedir o precatório, sob pena de desestimular a propositura de ação plúrima. Tal decisão mostra-se acertada e em plena conformidade com o exposto neste estudo.[93]

3.3. Parcelamento

A Constituição de 1988 buscou resolver o problema do grande volume de dívidas dos entes públicos. No período que antecedeu a Assembleia Nacional

---

[92] Para Ricardo Lima esse desmembramento seria uma afronta à Constituição. LIMA, Ricardo Seibel de Freitas. A execução contra a Fazenda Pública. Questões polêmicas dos tribunais. *Revista AJURIS*, v. 31, 2004, p. 228. No mesmo sentido: TSRS, AgIn 70005154703, 1.ª Câm. Cív., rel. Des Henrique Osvaldo Poeta Roenick, j. 18.12.2002.

[93] STF, RE 634.707/SP, 1.ª T., rel. Min. Marco Aurélio, j. 17.05.2012.

Constituinte, inúmeros estudos foram elaborados, tendo como objetivo conferir maior efetividade à execução contra a Fazenda Pública, dentre as quais se destaca a de VICENTE GRECO FILHO.[94] Contudo, a solução escolhida pela Assembleia Constituinte foi a de parcelar o pagamento dos precatórios pendentes na data da promulgação da Constituição pelo período de oito anos. Na vigência desse parcelamento, a satisfação dos créditos deveria ocorrer em parcelas anuais, iguais e sucessivas, ou seja, a cada ano seria depositado 1/8 (um oito avos) do valor total de cada precatório devido.[95] Foram excluídos expressamente os precatórios de natureza alimentar (ADCT, art. 33), pois se partiu do pressuposto de que o pagamento destes estaria sendo realizado pontualmente.[96]

Esse parcelamento, que ambicionava solucionar o *deficit* público mediante o sacrifício dos credores da Administração, não trouxe resultados. Como bem observou GILSON DELGADO MIRANDA: "O poder público continuou devedor de créditos antigos e mesmo aqueles credores que se sujeitaram ao fracionamento ainda não receberam todo o crédito devido".[97]

O constituinte derivado, em 2000, optou por repetir a fórmula que já havia se mostrado equivocada. Assim, a Emenda Constitucional 30/2000, que introduziu o art. 78 do ADCT, renovou a sistemática do parcelamento como modo de protelar o pagamento das dívidas da Fazenda Pública.[98] Tal dispositivo

---

[94] GRECO FILHO, Vicente. *Da execução contra a Fazenda Pública* cit., p. 100-101.

[95] "Art. 33. Ressalvados os créditos de natureza alimentar, o valor dos precatórios judiciais pendentes de pagamento na data da promulgação da Constituição, incluído o remanescente de juros e correção monetária, poderá ser pago em moeda corrente, com atualização, em prestações anuais, iguais e sucessivas, no prazo máximo de oito anos, a partir de 1.º de julho de 1989, por decisão editada pelo Poder Executivo até cento e oitenta dias da promulgação da Constituição."

[96] SCAFF, Fernando Facury. O uso de precatórios para o pagamento de tributos após a EC 62. *Revista Dialética de Direito Tributário*, n. 175, p. 99, São Paulo, abr. 2010. Sobre esse dispositivo o STF já decidiu o seguinte: "Inexiste qualquer relação de antinomia real ou insuperável entre a norma inscrita no art. 33 do ADCT e os postulados da isonomia, da justa indenização, do direito adquirido e do pagamento mediante precatórios, consagrados pelas disposições permanentes da Constituição da República, eis que todas essas cláusulas normativas, inclusive aquelas de índole transitória, ostentam grau idêntico de eficácia e de autoridade jurídicas (*RTJ* 161/341-342). O preceito consubstanciado no art. 33 do ADCT – que não se estende aos créditos de natureza alimentar – compreende todos os precatórios judiciais pendentes de pagamento em 05.10.1988, inclusive aqueles relativos a valores decorrentes de desapropriações efetivadas pelo Poder Público. Precedentes". STF, AgRg no RE 215.107, Tribunal Pleno, rel. Min. Celso de Mello, j. 21.11.2006.

[97] MIRANDA, Gilson Delgado. A execução contra a Fazenda Pública no sistema constitucional brasileiro. In: FUX, Luiz; NERY JUNIOR, Nelson; WAMBIER, Teresa Arruda Alvim (Org.). *Processo e Constituição* cit., p. 810.

[98] "Art. 78. Ressalvados os créditos definidos em lei como de pequeno valor, os de natureza alimentícia, os de que trata o art. 33 deste Ato das Disposições Constitucionais Transitórias e suas complementações e os que já tiverem os seus respectivos recursos liberados ou depositados em juízo, os precatórios pendentes na data de promulgação desta Emenda e os que decorram de ações iniciais ajuizadas até 31 de dezembro de 1999 serão liquidados pelo seu valor real, em

conferiu aos entes públicos o prazo de dez anos para satisfazer os precatórios pendentes até a sua promulgação (13 de setembro de 2000), ou expedidos nas ações propostas até 31 de dezembro de 1999.[99]

Escaparam do alcance da Emenda Constitucional 30/2000 os créditos alimentares, as requisições de pequeno valor, os precatórios já parcelados na forma do art. 33 do ADCT e aqueles precatórios cujos recursos para o pagamento estivessem liberados ou depositados em juízo (ADCT, art. 78, *caput*).[100]

Os créditos decorrentes da desapropriação do único imóvel do devedor mereceram tratamento especial, e nessas hipóteses o parcelamento submeteu-se ao prazo máximo de dois anos (ADCT, art. 78, § 3.º).[101] BRUNO LEMOS[102] visualizou nesse dispositivo violação ao princípio da igualdade, posição com a qual não concordamos. A desapropriação do único imóvel do devedor envolve o direito à moradia, e a tutela desse relevante direito fundamental, previsto no art. 6.º, *caput*, da Constituição, assim como no Pacto Internacional dos Direitos Econômicos, Sociais e Culturais (art. 11), justifica a existência de outras normas em nosso direito, como é o caso do Decreto-lei 1.075, de 22 de janeiro de 1970, que regula a imissão da posse *initio litis*, em imóveis residenciais urbanos, aplicável à desapropriação de prédio residencial urbano, habitado pelo proprietário ou compromissário comprador.

Assim como no parcelamento do art. 33 do ADCT, sob a égide do art. 78, os entes públicos tinham o dever de depositar parcelas anuais referentes aos precatórios parcelados. Contudo, enquanto o parcelamento do art. 33 do ADCT previa oito anos para o pagamento das dívidas, o art. 78 estabeleceu prazo mais generoso, de dez anos. Dessa maneira, os créditos foram decompostos em 10 (dez) parcelas iguais, e a cada ano o ente público deveria depositar a parcela correspondente a 1/10 do valor do débito. Isso é o que podemos extrair da parte final do art. 78: "Serão liquidados pelo seu valor real, em moeda corrente, acrescido de juros legais, em prestações anuais, iguais e sucessivas, no prazo máximo de dez anos (...)".

---

moeda corrente, acrescido de juros legais, em prestações anuais, iguais e sucessivas, no prazo máximo de dez anos, permitida a cessão dos créditos."

[99] RIBEIRO, Antonio de Pádua. Execução contra a Fazenda Pública. *Revista CEJ*, n. 16, Brasília, 2002, p. 109. Para Bruno Espiñeira Lemos o parcelamento das dívidas antigas, anteriores a 31 de dezembro de 1999, e pagamento integral das dívidas novas no exercício seguinte afronta o princípio da igualdade. Para o autor essa distinção é arbitrária, constituindo, portanto, uma discriminação. LEMOS, Bruno Espiñeira. *Precatório* cit., p. 123.

[100] MIRANDA, Gilson Delgado. A execução contra a Fazenda Pública no sistema constitucional brasileiro. In: FUX, Luiz; NERY JUNIOR, Nelson; WAMBIER, Teresa Arruda Alvim (Org.). *Processo e Constituição* cit., p. 810.

[101] Idem, ibidem.

[102] LEMOS, Bruno Espiñeira. *Precatório* cit., p. 128.

Inovação relevante promovida pelo art. 78 do ADCT foi a possibilidade de compensação e sequestro de verbas públicas na hipótese de as parcelas anuais devidas não serem liquidadas até o final do exercício em que deveriam ser pagas.

Essa sistemática acabou por deixar os credores alimentícios em situação de exagerada desvantagem em relação aos demais, titulares de créditos comuns. Isso porque os precatórios alimentares, em decorrência da não sujeição ao parcelamento, apenas poderiam ser pagos em uma única parcela, enquanto os credores comuns receberiam "aos poucos", ou seja, uma parcela de seu crédito a cada ano, sem que isso caracterizasse preterição na ordem de pagamento para fins de incidência do sequestro previsto na Constituição. Por isso, o parcelamento do art. 78 do ADCT tornou a demora em receber a totalidade do crédito "menos árdua" para os credores comuns do que para aqueles detentores de créditos alimentares, que nada recebiam. Em síntese, e relembrando relevante pesquisa realizada por FERNANDO SCAFF, os entes públicos foram levados a mobilizar seus recursos quase que exclusivamente para o pagamento dos créditos normais, que foram parcelados, em detrimento dos de natureza alimentar, excluídos do parcelamento.[103]

Com o intuito de comprovar empiricamente nossos argumentos, valemo-nos de dados fornecidos pela Secretaria da Fazenda do Estado de São Paulo sobre o estoque de precatórios. Constata-se, a partir da análise dos precatórios pendentes em agosto de 2010, que a partir de 2000 há uma desproporção entre o volume de precatórios alimentares ainda não pagos e precatórios comuns. Por exemplo, com referência ao ano de 1999, temos 1.756.583.000,00 (um bilhão, setecentos e cinquenta e seis milhões e quinhentos e oitenta e três mil reais) em precatórios alimentares e 93.997.000,00 (noventa e três milhões, novecentos e noventa e sete milhões) em precatórios comuns. A disparidade entre os valores permanece ao longo da década.

Portanto, a preferência constitucional, que o Supremo Tribunal Federal reduziu a mera prioridade na fila de pagamento,[104] ganhou contornos teratológicos: a preferência estaria configurada desde que o crédito alimentar fosse satisfeito antes do pagamento total do crédito comum, ocupante da posição equivalente

---

[103] SCAFF, Fernando Facury. O uso de precatórios para o pagamento de tributos após a EC 62 cit., p. 96. COÊLHO, Sacha Calmon Navarro; DERZI, Misabel Abreu Machado. Precatórios, tributos e a Emenda Constitucional n. 62/2009. *Revista Dialética de Direito Tributário*, n. 180, p. 183, São Paulo, set. 2010. "O art. 78 do ADCT não poderia ter sido tomado pela literalidade, sob pena de levar a conclusões iníquas, possibilitando ao credor de precatórios comuns a pronta realização, ainda que parcial, de seus créditos (recebimento em parcelas e compensação com tributos etc.), e deixar ao credor do precatório alimentício a via única da espera pelo pagamento 'imediato', que se tornava mediato e incerto na prática." Ver também VAZ, José Otávio de Vianna. *O pagamento de tributos por meio de precatórios* cit., p. 269.

[104] STF, ADIn 47, Tribunal Pleno, rel. Min. Octávio Gallotti. j. 22.10.1992.

Cap. 20 – DURAÇÃO RAZOÁVEL

na fila de pagamento. É dizer, os Estados destinavam, anualmente, valores para o pagamento dos créditos comuns parcelados e deixavam de fazê-lo com relação aos alimentares. Assim, não haveria violação à ordem de pagamento, que se configuraria apenas se o crédito comum fosse totalmente pago antes do precatório alimentar. Como isso não aconteceria em menos de dez anos, prazo instituído pelo art. 78 do ADCT, os credores alimentares apenas poderiam valer-se do sequestro de verbas públicas após o vencimento do prazo de dez anos. Apenas em 2010 o STJ alterou sua jurisprudência para admitir o sequestro nessas situações.

O art. 78 do ADCT, inserido pela Emenda Constitucional 30/2000, como já mencionamos alhures, trouxe uma nova hipótese de sequestro, pois permitiu, aos entes públicos, o pagamento de suas condenações judiciais no prazo de dez anos, por meio de depósitos anuais. O § 4.º desse artigo prevê que, uma vez não realizado o depósito, pode o credor requerer o sequestro da quantia correspondente. Essa hipótese de sequestro é aceita e aplicada pelos tribunais superiores.[105]

Com relação a esse dispositivo há duas relevantes polêmicas. Primeiro, questiona-se quanto à ocorrência de preterição dos precatórios parcelados na forma do art. 33 do ADCT quando o poder público satisfizesse, ainda que em parte, os créditos consubstanciados em precatórios parcelados nos termos do art. 78 do ADCT.

A recente jurisprudência do STJ é pacífica em admitir, para fins de determinação do sequestro, o confronto entre os precatórios expedidos com base nos arts. 33 e 78 do ADCT, seja a parcela apresentada em oitavos (art. 33) ou em décimos (art. 78). Assim, não se tem admitido que uma parcela mais recente, parcelada sob a égide do art. 78 do ADCT, possa ser paga, ainda que em parcelas, antes daquelas submetidas ao art. 33 do ADCT. Como bem destacou a Ministra Eliana Calmon, em seu voto na ocasião do julgamento do Recurso em Mandado de Segurança 28.228/SP, para a configuração da violação da ordem cronológica não se exige que no precatório paradigma todas as parcelas sejam liquidadas, pois, caso contrário, "seria admissível que várias parcelas de inúmeros precatórios mais recentes fossem pagas, sem que a parte pudesse alegar preterição de seu crédito, em afronta à norma constitucional". Em suma, não é possível que precatório anterior, já vencido e sujeito ao parcelamento do art. 33 do ADCT, fosse preterido em benefício de precatórios expedidos posteriormente.[106]

Esse entendimento está em consonância com o direito de execução das decisões judiciais, na medida em que evita a duração ainda maior da execução contra os entes públicos. Além disso, a interpretação dada pelo STJ aos disposi-

---

[105] STJ, Recurso em MS 30.684/SP, 1.ª T., rel. Min. Arnaldo Esteves Lima, j. 21.09.2010.

[106] STJ, Recurso em MS 28.228-SP, 2.ª T., rel. Min. Eliana Calmon, j. 08.09.2009; STJ, RO em MS 31.261/SP, 2.ª T., rel. Min. Castro Meira, j. 11.05.2010.

tivos constitucionais tende a arrefecer a prática de alguns Estados da federação de apenas pagar os créditos parcelados pelo art. 78 do ADCT, deixando de lado os precatórios resultantes do art. 33 do ADCT e os créditos alimentares.

A segunda questão que pode ser extraída do art. 78 do ADCT é quanto à possibilidade, ou não, de ajuizar o sequestro para o recebimento das parcelas inadimplidas. A dúvida se justifica porque o art. 100, § 15, da Constituição, inserido pela Emenda Constitucional 62, dispõe o seguinte:

> § 15. Os precatórios parcelados na forma do art. 33 ou do art. 78 deste Ato das Disposições Constitucionais Transitórias e ainda pendentes de pagamento ingressarão no regime especial com o valor atualizado das parcelas não pagas relativas a cada precatório, bem como o saldo dos acordos judiciais e extrajudiciais.

Em razão da redação desse dispositivo, parte da jurisprudência tem entendido que haveria impossibilidade jurídica do pedido de sequestro, consistente na impossibilidade de o juiz determinar o sequestro para fim de satisfação das parcelas não adimplidas pelos entes públicos e submetidas ao novo parcelamento.[107]

Não é possível considerar que os tribunais superiores tenham uma posição consolidada sobre o assunto, pois a jurisprudência sobre o tema é insipiente, resumindo-se a acórdãos esparsos. Por outro lado, alguns tribunais de justiça, como o de São Paulo, possuem vasta jurisprudência contrária a esse dispositivo, reconhecendo a sua inconstitucionalidade, em face da garantia do direito adquirido, prevista no art. 5.º, XXXVI, de São Paulo.[108]

Atualmente essa questão encontra-se pendente de julgamento no STF, que reconheceu a sua repercussão geral.[109]

Relativamente a esse dispositivo (art. 78 do ADCT) os tribunais se depararam com inúmeras cessões de créditos alimentares, cujos cessionários pleiteavam essa compensação. Sobre essa matéria o STJ consolidou o entendimento de que como os créditos de natureza alimentícia estavam excluídos do parcelamento instituído pelo art. 78, *caput*, do ADCT, não eram alcançados pela regra que previa a compensação em razão do precatório não pago.[110]

O parcelamento das dívidas trouxe outras consequências perniciosas aos credores dos entes públicos, como a não incidência de juros de mora na vigência do parcelamento dos arts. 33 e 78 do ADCT, que encontrou guarita inclusive na

---

[107] STJ, Recurso em MS 30.039/RJ, 1.ª T., rel. Min. Arnaldo Esteves Lima, j. 07.10.2010.

[108] TJSP, MS 0451450-68.2010.8.26.0000, Órgão Especial, rel. Roberto Mac Cracken, j. 23.03.2011; TJSP, MS 0478123-98.2010.8.26.0000, Órgão Especial, rel. Maurício Vidigal, j. 30.03.2011; TJSP, MS 0444901-42.2010.8.26.0000, Órgão Especial, rel. Campos Mello, j. 30.03.2011; TJSP, MS 0123983-90.2010.8.26.0000, Órgão Especial, rel. Corrêa Viana, j. 03.02.2011.

[109] Trata-se do RE 612.707.

[110] STJ, RO em MS 28.327/PR, rel. Min. Castro Meira. j. 02.06.2009.

jurisprudência.[111] Essa situação apenas seria alterada em meados de 2011, com o julgamento das medidas cautelares nas Ações Diretas de Inconstitucionalidade 2.362/DF e 2.356/DF. No julgamento dessas cautelares foi suspensa a eficácia do art. 2 da Emenda Constitucional 30/2000, que introduziu o art. 78 no ADCT da Constituição de 1988.

Esperava-se que após duas décadas de sucessivos parcelamentos da dívida pública se pudesse vislumbrar um fim dos sucessivos parcelamentos. Contudo, no final de 2009 adveio a Emenda Constitucional 62, que repetiu a tradicional estratégia governamental de viabilizar o pagamento de suas dívidas por meio do parcelamento.

Entretanto, dessa vez se permitiu aos entes públicos a opção por dois regimes distintos. O primeiro permite aos Estados, Municípios e Distrito Federal o pagamento de suas dívidas no prazo máximo de 15 (quinze) anos, por meio de depósitos anuais no valor de 1/15 (um quinze avos) do total devido (ADCT, art. 97, § 1.º, II).[112] Já o segundo consiste no depósito anual de porcentagem sobre a receita corrente líquida, que varia entre 1 % e 2%, de acordo com o nível de endividamento e a região do país em que se localiza o ente (ADCT, art. 97, § 2.º). O prazo desse parcelamento será indeterminado, apenas encontrando seu termo quando o valor dos precatórios devidos for superior ao valor dos recursos vinculados (ADCT, art. 97, § 14).[113]

Importante destacar que apenas poderão realizar seus pagamentos de acordo com as normas do art. 97 do ADCT os Estados e Municípios que estejam em mora na quitação dos pagamentos (CF, art. 97, *caput*). Assim, os entes federados que estiverem realizando seus pagamentos em dia não serão abrangidos pelo regime especial.

Parece-me que poucos entes federativos deixarão de aderir às benesses do regime especial de pagamento instituído pelo art. 97, § 1.º, II, do ADCT, que não se submete a prazo, findando apenas quando o valor dos precatórios devidos for superior ao valor dos recursos vinculados (ADCT, art. 97, § 15).

---

[111] STJ, REsp 1.115.604 /RS, 2.ª T., rel. Min. Mauro Campbell Marques, j. 16.12.2010; STF, RE 155.981-1/SP Tribunal Pleno, rel. Min. Marco Aurélio, j. 11.11.1994.

[112] "Art. 97, § 1.º, II – pela adoção do regime especial pelo prazo de até 15 (quinze) anos, caso em que o percentual a ser depositado na conta especial a que se refere o § 2.º deste artigo corresponderá, anualmente, ao saldo total dos precatórios devidos, acrescido do índice oficial de remuneração básica da caderneta de poupança e de juros simples no mesmo percentual de juros incidentes sobre a caderneta de poupança para fins de compensação da mora, excluída a incidência de juros compensatórios, diminuído das amortizações e dividido pelo número de anos restantes no regime especial de pagamento".

[113] "Art. 97, § 14. O regime especial de pagamento de precatório previsto no inciso I do § 1.º vigorará enquanto o valor dos precatórios devidos for superior ao valor dos recursos vinculados, nos termos do § 2.º, ambos deste artigo, ou pelo prazo fixo de até 15 (quinze) anos, no caso da opção prevista no inciso II do § 1.º".

A observar esses percentuais mínimos, o Estado de São Paulo, por exemplo, levaria aproximadamente setenta e dois anos para pagar os precatórios atualmente pendentes.[114]

Ao disciplinar o pagamento de precatórios pelos entes públicos, o Conselho Nacional de Justiça editou a Resolução 123/2010, que alterou a Resolução 115/2010. Dessa maneira, em razão do atual art. 20, § 1.º, da Resolução 115 do CNJ, independentemente do parcelamento adotado a entidade devedora deverá satisfazer os precatórios pendentes no prazo de quinze anos. Na hipótese de os percentuais mínimos vinculados à receita corrente líquida serem insuficientes ao cumprimento desse prazo, deverá ser fixado percentual mais elevado e que garanta a quitação efetiva dos precatórios atrasados no prazo constitucional. Em complemento, o art. 20, § 3.º, da Resolução 115 prevê que o reajuste posterior do percentual de modo a garantir a satisfação dos precatórios parcelados em quinze anos não é obstado em razão do depósito mínimo previsto nos incisos I e II do § 2.º do art. 97 do ADCT pelas entidades devedoras.

A eficácia de tal dispositivo foi suspensa cautelarmente pelo STF, ao apreciar a Ação Direita de Inconstitucionalidade 4.465, ajuizada pela Governadora do Estado do Pará, sob o fundamento de que ao Conselho Nacional de Justiça compete apenas o controle da atuação administrativa e financeira do Poder Judiciário, sendo desprovido de atribuições normativas.[115]

De qualquer maneira, caso não seja alocada a porcentagem prevista para o regime especial a que poderão aderir Municípios, Estados e o Distrito Federal, a entidade devedora será encaminhada ao Cadastro de Entidades Devedoras Inadimplentes, gerenciado pelo CNJ (Resolução 115, de 29 de junho de 2010), não podendo contrair empréstimo externo ou interno, receber transferências voluntárias, bem como receber os repasses relativos ao Fundo de Participação dos Estados e do Distrito Federal e ao Fundo de Participação dos Municípios (art. 97, § 10, IV, "a" e "b", e V, do ADCT).

A Emenda Constitucional 62, diferentemente da Emenda Constitucional 30, não previu prazo diferenciado para o parcelamento em razão da natureza da ação. Assim, créditos oriundos de ação de desapropriação não foram objeto de tratamento diferenciado pela Emenda Constitucional 62, como ocorreu por ocasião da Emenda Constitucional 30, que previu um prazo de dois anos para seu pagamento (ADCT, art. 78, § 3.º). O Conselho da Justiça Federal, por meio da Resolução 122, de 28 de outubro de 2010, previu, no âmbito da Justiça Federal, a aplicação desse dispositivo, oriundo da Emenda Constitucional 30, aos créditos decorrentes da desapropriação do imóvel residencial único (Resolução

---

[114] Tesouro Nacional. Disponível em: <http://www.stn.gov.br>. Acesso em: 15 fev. 2010.
[115] STF, MC na ADIn 4.465 de 2010, rel. Min. Marco Aurélio, j. 17.12.2010.

122, art. 32).[116] Parece-nos que essa resolução padece da mesma inconstitucionalidade que a Resolução 123 do CNJ, pois extrapola a competência desse órgão, dispondo em contrariedade à Constituição.

É de grande relevância determinar quais são os créditos que ingressarão nesse novo parcelamento instituído pelo art. 97 do ADCT.

Para LEONARDO JOSÉ CARNEIRO DA CUNHA o regime especial alcança os créditos de precatórios que tenham sido objeto de parcelamento, tanto no caso do art. 33 como no caso do art. 78, ambos do ADCT, o que significa que os créditos que já tenham sido objeto de parcelamento, mas não tenham ainda sido satisfeitos, poderão sujeitar-se ao regime especial.[117] Essa observação do ilustre processualista pernambucano decorre da redação expressa do art. 97, § 13.

Contudo, há relevante polêmica com relação ao ingresso das parcelas inadimplidas sob a égide do art. 78 do ADCT, e não compensadas.[118] Teriam essas parcelas ingressado no parcelamento da Emenda Constitucional 62? Acreditamos que não. O § 15 do art. 97 do ADCT dispôs que "os precatórios parcelados na forma do art. 33 ou do art. 78 deste Ato das Disposições Constitucionais Transitórias e ainda pendentes de pagamento ingressarão no regime especial com o valor atualizado das parcelas não pagas relativas a cada precatório, bem como o saldo dos acordos judiciais e extrajudiciais". Acreditamos que a única maneira de conciliar esse dispositivo com a garantia do direito adquirido inscrita no art. 5.º da Constituição é entender que os créditos parcelados pelo art. 78 do ADCT alcançados pelo § 15 do art. 97 são apenas as parcelas do parcelamento ainda não vencidas. Assim, um precatório resultante de ação proposta em 1998, cujo precatório foi expedido em 2005, e teve as parcelas de 2006, 2007, 2008 e 2009 inadimplidas, não se submete em sua totalidade ao novo parcelamento. Dessa maneira, subsiste o direito à compensação do art. 78, § 2.º, quanto às parcelas referentes aos anos mencionados, e ingressarão no parcelamento do art. 97 as parcelas restantes, que deveriam ser pagas nos anos subsequentes.

Com relação aos precatórios de natureza alimentar é preciso uma investigação mais profunda. O § 15 do art. 97 do ADCT[119] prevê que ingressarão no parcelamento do art. 97 do ADCT os precatórios parcelados na forma do arts. 33 e 78 do ADCT. Uma interpretação literal do dispositivo poderia apontar

---

[116] CONSELHO DA JUSTIÇA FEDERAL. *Resolução 122*. 28 out. 2010. Art. 32. "No caso de desapropriação de imóvel residencial único, o parcelamento se dará em duas parcelas iguais e sucessivas, na forma do art. 78, § 3.º, do ADCT."

[117] CUNHA, Leonardo José Carneiro da. *A fazenda pública em juízo* cit., p. 353-355.

[118] Ação Direta de Inconstitucionalidade 4.357. Disponível em: <www.stf.jus.br>. Acesso em: 12 fev. 2011.

[119] "§ 15. Os precatórios parcelados na forma do art. 33 ou do art. 78 deste Ato das Disposições Constitucionais Transitórias e ainda pendentes de pagamento ingressarão no regime especial com o valor atualizado das parcelas não pagas relativas a cada precatório, bem como o saldo dos acordos judiciais e extrajudiciais."

para a exclusão dos créditos alimentares anteriores à data de promulgação da Emenda Constitucional 30, de 13 de setembro de 2000, e daqueles decorrentes de ações propostas até 31 de dezembro de 1999, pois esses créditos foram expressamente excluídos pelos arts. 33 e 78 do ADCT. Portanto, de acordo com esse viés, só seriam parcelados os precatórios alimentares decorrentes de ações propostas após 31 de dezembro de 1999, porquanto se enquadram no termo "precatórios vencidos", previsto no *caput* do art. 97 do ADCT. Assim, o § 15 do art. 97 teria ressalvado expressamente quais créditos anteriores à Emenda Constitucional 30 seriam alcançados pelo parcelamento.

Contudo, seguindo o esteio das lições de FERNANDO SCAFF, acreditamos que essa interpretação não é a mais adequada e que o termo "precatórios" vencidos, nos termos do art. 97, deve englobar também os precatórios alimentares, de modo a permitir, inclusive, a compensação com tributos caso inadimplida alguma parcela. Isso permite que o precatório alimentar não seja apenas usado nos leilões, mas que também possa o credor ceder seu crédito no mercado, e o cessionário possa compensar, caso inadimplida alguma das parcelas.[120]

Essa solução é uma alternativa, ainda que insatisfatória, para assegurar o direito à execução das decisões judiciais (que nada mais é do que a aplicação da razoável duração do processo à execução das decisões judiciais), permitindo que o credor possa receber seu crédito em lapso temporal menor. Inegavelmente, os sucessivos parcelamentos violam o direito à execução das decisões judiciais, mas sem dúvida essa vituperação alcança grau mais elevado em relação aos créditos de natureza alimentar, pois estes sequer desfrutam do pagamento parcial importo pelo art. 78 do ADCT.

Além disso, a exclusão dos créditos alimentares que não foram objeto dos parcelamentos dos arts. 33 e 78 do ADCT violaria o princípio da igualdade, na medida em que não existe nenhum critério que justifique a diferenciação com relação àqueles decorrentes de ações ajuizadas após 31 de dezembro de 1999, ou até mesmo na vigência do regime especial do art. 97 do ADCT.

Por fim, é preciso considerar que não há nenhuma limitação expressa com relação aos créditos de natureza alimentar, como ocorreu nos arts. 33 e 78 do ADCT. O art. 97, *caput*, se limita a referir-se a precatórios vencidos, "inclusive os emitidos durante o período de vigência do regime especial".

Os sucessivos parcelamentos, desde a redação originária da Constituição até o art. 97 do ADCT, inserido pela Emenda Constitucional 62/2009, mutilaram a garantia da execução das decisões judiciais em face dos entes públicos. Não se nega que a execução contra os entes públicos possa estar sujeita a um regime jurídico diferenciado, permitindo que seja concedido algum tempo para a en-

---

[120] SCAFF, Fernando Facury. O uso de precatórios para o pagamento de tributos após a EC 62 cit., p. 99.

tidade devedora realizar o pagamento, como ocorre na França.[121] Contudo, a reiteração da técnica do parcelamento no Direito brasileiro tem submetido os credores a um prazo injustificável, que em alguns casos pode alcançar mais de vinte anos, o que viola frontalmente o direito à tutela jurisdicional efetiva em um prazo razoável.

Essa nova sistemática, como atenta MARÇAL JUSTEN FILHO, "é um incentivo à multiplicação do passivo da Fazenda Pública". Realmente, a modalidade de parcelamento sem prazo determinado faz com que o ente público possa prorrogar indefinidamente o pagamento de suas dívidas. Bastarão outras condenações para que esse regime de pagamento não encontre seu fim.[122] Não é por outra razão que LEONARDO JOSÉ CARNEIRO DA CUNHA afirma ser esse novo regime uma ofensa ao princípio da efetividade da jurisdição.[123]

O critério de pagamento baseado em uma porcentagem sobre a receita torna irrelevante o montante das condenações judiciais. Mesmo um aumento significativo nas condenações dos entes públicos não terá impacto algum nas suas despesas, pois os pagamentos serão sempre realizados de acordo com os percentuais das receitas líquidas previstas no art. 97 do ADCT.[124] Esse dispositivo esvazia o dever de o Estado alocar recursos necessários à satisfação de seus credores, "eis que o montante a ser previsto na lei orçamentária para tanto será desvinculado das importâncias contempladas em decisão judicial".[125]

Ademais, é preciso destacar que o regime especial instituído pela Emenda Constitucional 62 é evidentemente violadora do direito de propriedade e da razoável duração do processo. A análise da jurisprudência da Corte Europeia de Direitos Humanos nos forneceu importante arsenal crítico para compreender a legislação brasileira. Assim, um crédito reconhecido pelo Judiciário em uma sentença condenatória transitada em julgado integra o patrimônio do credor. Ao se permitir que este possa ter o gozo de parcela do seu patrimônio frustrado por tempo irrazoável, e imprevisível, não se estaria assegurando o direito de propriedade.

Da violação do direito de propriedade decorre a responsabilidade da União em face dos documentos internacionais por ela ratificados. A Convenção In-

---

[121] RICCI, Jean-Claude. *Contentieux administratif*. 2. ed. Paris: Hachette, 2007. p. 223. ROUAULT, Marie-Christine. *Contentieux administratif*. Paris: Gualino, 2008. p. 482. GOHIN, Olivier. *Contentieux administratif*. 5. ed. Paris: Nexis, 2007. p. 338.

[122] JUSTEN FILHO, Marçal. Emenda dos precatórios: calote, corrupção e outros defeitos. Informativo Justen, Pereira, Oliveira e Talamini, n. 34, Curitiba, dez. 2009. Disponível em: <http://www.justen.com.br/informativo>. Acesso em: 15 jan. 2010.

[123] CUNHA, Leonardo José Carneiro da. *A fazenda pública em juízo* cit., p. 354.

[124] JUSTEN FILHO, Marçal. Emenda dos precatórios cit.

[125] JUSTEN FILHO, Marçal. Estado democrático de direito e responsabilidade civil do Estado: a questão dos precatórios cit., p. 172.

teramericana de Direitos Humanos prevê, no art. 21, o direito de propriedade como um direito fundamental.[126]

Destaque-se que atualmente encontram-se em julgamento no STF as Ações Diretas de Inconstitucionalidade 4.357/DF, 4.372/DF, 4.357, 4.400, 4.425/DF, cuja relatoria coube ao Ministro Carlos Ayres Britto. Em seu voto, proferido em sessão realizada em 6 de outubro de 2011, julgou parcialmente procedente a ação nos seguintes termos:

> Por todo o exposto, julgo parcialmente procedente a ação para o fim de: a) declarar a inconstitucionalidade da expressão "na data de expedição do precatório", contida no § 2.º do art. 100 da Constituição Federal; b) declarar inconstitucionais os §§ 9.º e 10 do art. 100 da Constituição da República; c) assentar a inconstitucionalidade da expressão "índice oficial de remuneração básica da caderneta de poupança", constante do § 12 do art. 100 da Constituição Federal, do inciso II do § 1.º e do § 16, ambos do art. 97 do Ato das Disposições Constitucionais Transitórias; d) declarar inconstitucional o fraseado "independentemente de sua natureza", contido no § 12 do art. 100 da Constituição, para que aos precatórios de natureza tributária se apliquem os mesmos juros de mora incidentes sobre o crédito tributário; e) declarar a inconstitucionalidade, por arrastamento (itens "c" e "d" acima), do art. 5.º da Lei 11.960/2009; f) assentar a inconstitucionalidade do § 15 do art. 100 da Constituição Federal e de todo o art. 97 do Ato das Disposições Constitucionais Transitórias (especificamente o *caput* e os §§ 1.º, 2.º, 4.º, 6.º, 8.º, 9.º, 14 e 15, sendo os demais por arrastamento ou reverberação normativa).[127]

A prevalecer, por ocasião do julgamento, o voto do ilustre Ministro, o parcelamento instituído pela Emenda Constitucional 62 será declarado inconstitucional. Os fundamentos adotados para essa conclusão não deferem dos aqui expostos:

> Daqui se desata a ilação de que o art. 97 do ADCT, incluído pela Emenda Constitucional n. 62/2009, acabou por subverter esses valores (Estado de Direito, devido processo legal, livre e eficaz acesso ao Poder Judiciário, razoável duração do processo). Primeiro, por esticar por mais quinze anos o cumprimento de sentenças judiciais com trânsito em julgado e em desfavor do Poder Público. Cumprimento – acresça-se – que já havia sido prorrogado por um decênio pela Emenda Constitucional n. 30, de 13 de setembro de 2000. Depois disso, pelo sabidamente demorado processo judicial em que o particular vê reconhecido seu direito, a parte vencida simplesmente

---

[126] Decreto 678, de 6 de novembro de 1992. Convenção Americana de Direitos Humanos. "Art. 21. Direito à Propriedade Privada. (1) Toda pessoa tem o direito ao uso e gozo dos seus bens. A lei pode subordinar esse uso e gozo ao interesse social. (2) Nenhuma pessoa pode ser privada de seus bens, salvo mediante interesse social e nos casos e na forma estabelecidos pela lei."

[127] STF, ADIn 4.357/DF, Tribunal Pleno, rel. Min. Ayres Britto, j. 06.10.2011. Disponível em: <http://www.stf.jus.br/arquivo/cms/noticiaNoticiaStf/anexo/ADI4357.pdf>.

dispõe de mais quinze anos para cumprir a decisão. E não se diga que esse novo alongamento temporal do perfil da dívida estatal em nada atingiria a efetividade da jurisdição, por ser o precatório um mecanismo de feição administrativa. E assim não se diga porque a execução da sentença judicial e a consequente entrega, a quem de direito, do bem jurídico objeto da demanda (ou seu correspondente em pecúnia) integra o próprio núcleo da garantia do livre e eficaz acesso ao Poder Judiciário. Doutro modo, a função jurisdicional seria mera atividade lúdica.[128]

3.4. Cessão de crédito e precatórios

Cessão de crédito, de acordo com a tradicional lição de SAN TIAGO DANTAS, "é o ato jurídico pelo qual um credor, dito cedente, transfere a uma outra pessoa, dita cessionária, o seu direito a uma prestação".[129] Trata-se de verdadeiro contrato, pois consiste, essencialmente, em um ato bilateral em que interferem cedente e cessionário. O primeiro para abrir mão de seu direito de crédito em benefício do segundo; o segundo para se constituir credor perante o terceiro, que é o devedor da obrigação.[130]

O devedor no negócio jurídico chamado de cessão de crédito é um verdadeiro terceiro, pois que ele é estranho à transação: "Ele é um *intraneus* na relação de crédito, mas no negócio de cessão é um *extraneus*, não toma parte nem exerce nenhum papel".[131] Por essa razão, no direito civil, o regime de cessão de créditos não exige a concordância do devedor para que a transmissão seja realizada.[132] Contudo, o *extraneus* deve ser notificado, pois é pela notificação que o devedor é advertido que não deve mais pagar ao cedente.[133]

Com a transferência do crédito transmite-se também a titularidade na relação jurídica que o cedente mantém com o devedor, investindo-se, o cessionário, em todos os direitos inerentes ao crédito cedido. Por isso o cedente carece de legitimidade ativa para discutir questões relativas ao crédito em face do devedor.[134]

---

[128] Idem, ibidem.

[129] DANTAS, Francisco Clementino de San Tiago. *Programa de direito civil*. Rio de Janeiro: Rio, 1978. v. 2, p. 113.

[130] Idem, ibidem.

[131] DANTAS, Francisco Clementino de San Tiago. *Programa de direito civil* cit., v. 2, p. 113. Caio Mário da Silva Pereira comenta que, genericamente, terceiro será toda pessoa que não seja parte na mesma relação jurídica, e na cessão de crédito considera-se tal, para efeitos legais, quem não participou do negócio jurídico da cessão. (PEREIRA, Caio Mário da Silva. Op. cit. v. 2, p. 369).

[132] Idem, p. 376. "Sendo o credor, como efetivamente é, livre de dispor de seu crédito, não necessita da anuência do devedor para transferi-lo a terceiro, porque o vínculo essencial da obrigação sujeita-o a uma prestação; e não existe modificação na sua substância se, em vez de pagar ao primitivo sujeito ativo, tiver de prestar a um terceiro em que se sub-rogam as respectivas qualidades, sem agravamento da situação do credor."

[133] DANTAS, Francisco Clementino de San Tiago. *Programa de direito civil* cit., v. 2, p. 114.

[134] STJ, RO em MS 16.034-PR, 1.ª T., rel. Min. Francisco Falcão, j. 05.02.2004.

A regra geral, no direito privado, conforme observa CAIO MÁRIO DA SILVA PEREIRA, é a possibilidade de transferência do crédito, e por isso apenas excepcionalmente será defesa a cessão (CC, art. 286[135]). Assim, as proibições decorrem da natureza da obrigação, da vontade da lei ou da convenção entre as partes.[136] Sobre o tema comenta o aludido autor:

> Pela própria natureza, não podem ser objeto de cessão os créditos acessórios, enquanto tais, sem a transferência do principal, também aqueles que derivam de obrigações personalíssimas; ou quando não seja possível fazer efetiva a prestação ao cessionário sem alteração de seu conteúdo; ou ainda quando a pessoa do credor é levada em consideração exclusiva para a constituição do vínculo. De outro lado, a lei interdiz a determinadas pessoas a aquisição de bens de outras, e embora tais princípios sejam expressos no tocante à compra e venda, e pode efetuar-se *ex venditionis causa*. Outro campo, em que vigoram restrições à cessão, é o Direito Administrativo, no qual o legislador estabelece proibições a benefício da Administração Pública. Nos casos lembrados e em outros mais a cessão de créditos é interdita. Finalmente, podem as partes ajustar cláusula impediente da cessão de crédito, seja de modo absoluto, seja relativo, isto é, vedando qualquer transferência, como, em exemplo corrente, a que proíbe ao locatário ceder a locação; ou estabelecendo restrições, ou somente admitindo-a sob determinadas condições.[137]

Ademais, é preciso ressaltar que em razão de sua natureza de negócio jurídico dispositivo, "não pode ceder seu crédito aquele que não tem o poder de disposição, seja em termos genéricos (incapacidade), seja especificamente em relação ao próprio direito cedido.[138]

Esse regime jurídico de direito privado não é integralmente aplicado à cessão de precatórios, sendo necessária a análise das normas constitucionais referentes ao assunto.

O art. 78, *caput, in fine* do ADCT, incluído pela Emenda Constitucional 30/2000, previu expressamente a possibilidade de cessão de precatórios. Contudo, algumas unidades da federação condicionaram a cessão à homologação em juízo, como, por exemplo, o Estado do Paraná (Decreto 5.154/2001).[139]

A Emenda Constitucional 62/2009 inseriu o § 13 ao art. 100 da Constituição, dispondo que o credor poderá ceder seu crédito consubstaciado no precatório

---

[135] "Art. 286. O credor pode ceder o seu crédito, se a isso não se opuser a natureza da obrigação, a lei, ou a convenção com o devedor; a cláusula proibitiva da cessão não poderá ser oposta ao cessionário de boa-fé, se não constar do instrumento da obrigação."

[136] PEREIRA, Caio Mário da Silva. Op. cit., v. 2. p. 364-365.

[137] Idem, ibidem.

[138] Idem, p. 366.

[139] PARANÁ. Decreto 5.154 de 2001. Disponível em: <http://www.alep.pr.gov.br/>. Acesso em: 10 maio 2010.

Cap. 20 – DURAÇÃO RAZOÁVEL

a terceiros, independentemente da concordância do devedor. Contudo, a nova sistemática condiciona a produção de efeitos à comunicação, por meio de petição, ao presidente do tribunal e à entidade devedora (CF, art. 100, § 14).

Com relação a essa notificação, anteriormente à Emenda Constitucional 62/2009, JOSÉ VAZ comentava que não seria necessário a comunicação da cessão ao ente público devedor, bastando que esta fosse realizada ao Poder Judiciário, pois a verba para o pagamento a este seria consignada.[140] Atualmente, em face da redação do dispositivo, esse entendimento se torna inaplicável.

Além disso, a Emenda Contitucional 62 convalidou todas as cessões de precatórios efetuadas antes da sua promulgação, independentemente da concordância da entidade devedora (Emenda Constitucional 62/2009, art. 5.º). Assim, fica afastada qualquer dúvida quanto à possibilidade de cessão de créditos consubstanciados em requisitórios anteriores à Emenda Constitucional 62.

É de grande relevância saber se a cessão do crédito submetido ao regime do precatório tem o condão de alterar sua natureza, especialmente em relação aos créditos alimentares e requisições de pequeno valor. Com relação aos créditos de natureza alimentar *latu sensu*, temos que o critério diferenciador é objetivo, ou seja, não são consideradas qualidades inerentes ao detentor do crédito. A classificação do crédito como alimentar decorre da natureza do direito material posto em juízo. Assim, o crédito resultante de uma ação proposta para o pagamento de salários não pagos ostentará caráter alimentar, independentemente de qualquer característica pessoal do credor.[141]

Por outro lado, os créditos alimentares especialíssimos, que são os devidos aos maiores de sessenta anos e portadores de doença grave, recebem tratamento privilegiado, não porque o direito material objeto da demanda mereça uma maior proteção, mas sim porque o credor está em situação de vulnerabilidade ensejadora de proteção diferenciada.

Já o tratamento diferenciado conferido às requisições de pequeno valor dá-se em razão de critério objetivo. Não se considera a situação particular do credor, e sim o montante do crédito a ser pago pelo ente público devedor.

Mesmo antes da Emenda Constitucional 62 já prevalecia a posição que defendia a manutenção do caráter alimentar do crédito após a cessão. Em incontáveis julgados, o Superior Tribunal de Justiça negou a cessionários de créditos de natureza alimentar o direito à compensação-sanção, prevista no art. 78, § 2.º, do ADCT. Prevaleceu, na jurisprudência daquele tribunal, a interpretação literal do art. 78, § 2.º, segundo a qual os créditos de natureza alimentar, por não estarem incluídos no parcelamento do art. 78, não poderiam ser compensados no caso

---

[140] VAZ, José Otávio de Vianna. *O pagamento de tributos por meio de precatórios* cit., p. 278.

[141] Essa observação foi feita por Leonardo Greco, em reunião do grupo de pesquisas observatório das reformas processuais, no dia 15 de dezembro de 2010, nas dependências do programa de pós-graduação na Universidade do Estado do Rio de Janeiro.

de inadimplemento de alguma das parcelas, porque sequer haveria quantia a ser depositada, como ocorria com os créditos comuns.[142]

A Emenda Constitucional 62/2009, ao dispor sobre o assunto, no art. 100, § 13, estabeleceu que a preferência geral dos créditos de natureza alimentar *latu sensu* continua sendo desfrutada pelo cessionário, enquanto o benefício atribuído aos créditos especialíssimos e às requisições de pequeno valor não subsiste após a cessão de crédito.

Com relação aos créditos alimentares, tal solução foi correta. A natureza alimentar do crédito é verificada em razão de critérios de natureza objetiva, e não faria nenhum sentido a sua perda quando da ocasião da cessão.[143] Não podemos esquecer, além do mais, que os pagamentos de dívidas dos entes públicos por meio de precatórios é um regime de exceção e que limita direitos fundamentais como a igualdade, propriedade e o direito à execução das decisões judiciais. Por isso, a interpretação deve ser restritiva.

Ademais, não se pode deixar de lado um poderoso argumento de ordem prática: o reconhecimento do caráter alimentar proporciona, aos credores, teoricamente, maior proteção. Isso porque estes poderão ceder seus créditos mediante o pagamento de valores mais altos, devido à "suposta" preferência dada aos seus créditos.

Contudo, não comungam desse entendimento SACHA CALMON e MISABEL DERZI. Para os autores, vencido e cedido o precatório, ele perde a sua natureza de alimentar, pois, "para o cessionário, o direito subjacente não tem o caráter alimentar que se verificava em relação ao titular original, constituindo-se por força da aquisição do direito de crédito originariamente conferido a outrem".[144]

Os créditos e natureza alimentar especialíssima, referentes aos maiores de sessenta anos e portadores de doenças graves, perdem essa dupla preferência, mas permanecem com a preferência geral referente aos créditos de natureza alimentar. Essa nos parece a única interpretação possível do art. 100, § 13, que prevê a perda da natureza dos créditos alimentares especialíssimos, previstos no art. 100, § 2.º, e das requisições de pequeno valor, previstas no art. 100, § 3.º. Como o art. 100, § 13, *in fine*, não menciona o § 1.º, referente aos créditos de natureza alimentar, só se pode concluir que a medida se justifica em razão do caráter subjetivo do critério diferenciador desses créditos. A doença grave e a idade avançada são critérios subjetivos, aferidos caso a caso, de acordo com a situação de cada titular originário do direito de crédito. Por isso o cessionário, em regra, não poderá se beneficiar da transmissão por meio da cessão.

---

[142] STJ, Recurso em MS 26.908/GO, 1.ª T., rel. Min. Denise Arruda, j. 24.06.2008.

[143] Nesse sentido SCAFF, Fernando Facury. O uso de precatórios para o pagamento de tributos após a EC 62 cit., p. 113.

[144] COÊLHO, Sacha Calmon Navarro; DERZI, Misabel Abreu Machado. Precatórios, tributos e a Emenda Constitucional n. 62/2009 cit., p. 187.

Há um forte argumento na defesa da tese de que o crédito não perde a sua natureza alimentar uma vez cedido: a Resolução 115 do CNJ prevê expressamente que a exclusão das preferências dos §§ 2.º e 3.º não obsta o gozo, pelo cessionário, da preferência do § 1.º do art. 100, quando a origem do débito se enquadrar em uma das hipóteses nele previstas (Resolução 115 do CNJ, art. 16, *caput*, e § 1.º). Ou seja, o crédito alimentar perde sua natureza especialíssima, mas não deixa de ser alimentar. Portanto, quando a cessão for comunicada ao Tribunal após o registro da preferência do § 2.º do art. 100, o Tribunal de origem do precatório deve adotar as providências para a retirada de seu caráter excepcionalíssimo, subsistindo apenas o alimentar (Resolução 115 do CNJ, art. 16, § 2.º).

Isso não significa que o cônjuge ou companheiro não possa se beneficiar na hipótese de transmissão *causa mortis*. A Resolução 123 de 2010 do CNJ, que alterou a resolução 115, permitiu que, no caso de morte do credor, a preferência por idade ou doença se estende ao cônjuge sobrevivente, companheiro ou companheira:

Art. 10. (...)

(...) § 4.º Apenas no caso de morte do credor após o protocolo do requerimento, a preferência por idade ou doença estende-se em favor do cônjuge supérstite, companheiro ou companheira, em união estável, nos termos do art. 1.211-C do CPC, não se aplicando a mesma preferência aos cessionários.

Uma terceira questão que pode ser mencionada com relação a essa compensação prevista no art. 78, § 2.º, do ADCT é quanto à possibilidade de a Fazenda Pública devedora instituir requisitos para a sua realização. A jurisprudência dos tribunais superiores admitiu a fixação de requisitos pela legislação local, como, por exemplo, a juntada de documentação demonstrando a cadeia das cessões realizadas, devendo ser suficiente para comprovar se o referido crédito está enquadrado na hipótese do art. 78 do ADCT. Com relação a este último aspecto, reconhece-se como suficiente a juntada de cópia dos autos da ação que deu origem ao precatório.[145] Por essa perspectiva, não se afigura como ilegítima a exigência, pela legislação estadual, de requisitos outros para a realização da compensação, tais como a homologação judicial da cessão de crédito.

3.5. Acordos extrajudiciais e leilão de precatórios

Anteriormente à Emenda Constitucional 62 muito se polemizou quanto à possibilidade de haver acordo entre o credor e o ente público devedor após a expedição do precatório.

---

[145] STJ, RO em MS 30.976/PR, 2.ª T., rel. Min. Eliana Calmon, j. 03.03.2010.

DALMO DE ABREU DALLARI, em relevante estudo, defendeu a possibilidade desse acordo. Para o autor, não existiria qualquer proibição expressa na legislação pátria que impedisse o acordo entre credor e ente público devedor. A legislação apenas vedaria o favorecimento puro e simples, mas permitiria inverter a ordem dos pagamentos em benefício do erário público.[146]

Por esse viés, em razão de alterações no cenário institucional, não haveria mais a necessidade de observância da ordem cronológica. Os sucessivos parcelamentos realizados no passado, assim como a existência de créditos especiais, como os alimentares e de pequeno valor, teriam criado uma nova ambiência, em que não mais haveria de se falar em certeza do recebimento, nem em caráter absoluto da ordem de pagamento.[147] O que prevaleceria, atualmente, seria a cooperação, a parceria e a confiança recíproca, o que exigiria solução diferente da rígida observância da ordem de pagamento, calcada em um ambiente intelectual de oposição de interesses e de desconfiança.[148]

Por essa perspectiva, mediante a realização de acordos entre entes públicos e credores, mesmo quando já expedido o precatório, estar-se-ia realizando o interesse público, na medida em que se alcançariam os objetivos inscritos na Lei de Responsabilidade Fiscal, controlando o volume do endividamento público e disponibilizando mais recursos para investimentos.[149]

No mesmo sentido é a opinião de JOSÉ DOS SANTOS CARVALHO FILHO, segundo o qual o acordo é possível nessas hipóteses em razão dos princípios da economicidade, da eficiência e da celeridade da ação estatal, desde que não haja favorecimento pessoal.[150] Também WANDERLEY JOSÉ FEDERIGHI mostra-se favorável a essa posição.[151]

Entretanto, autorizada doutrina vem sustentando o contrário. VICENTE GRECO FILHO defendeu que, a partir do trânsito em julgado, não seria possível a realização de acordos extrajudiciais, pois estaria sendo violada a ordem de pagamento dos precatórios. Tal medida apenas seria possível caso fossem oferecidas idênticas condições a todos os credores do ente público devedor.[152]

FLÁVIO DE ARAÚJO WILLEMAN aponta que, quando já expedido o precatório, a economicidade e o respeito ao interesse público "não podem sobrepor à regra de isonomia de tratamento cunhada pelo art. 100 da CRFB/1988". Por

---

[146] DALLARI, Adilson Abreu. Acordo para o recebimento de crédito perante a Fazenda Pública. *Revista de Direito Administrativo*, v. 239, Rio de Janeiro: Renovar-FGV, jan.-mar. 2005, p. 180-181.

[147] Idem, p. 182-184.

[148] Idem, p. 186.

[149] Idem, p. 190.

[150] CARVALHO FILHO, J. S. Op. cit., p. 1058.

[151] FEDERIGHI, W. J. Op. cit., p. 69.

[152] GRECO FILHO, Vicente. *Da execução contra a Fazenda Pública* cit., p. 91.

isso, entende o autor que, uma vez expedido o precatório, não é possível a realização de acordo entre o ente público devedor e o credor.[153]

Além disso, o autor refuta a possibilidade de realização de acordo entre entidade devedora e credor após o trânsito em julgado da sentença, mas antes da expedição do precatório judicial. Isso porque a Constituição, em sua redação anterior à Emenda Constitucional 62/2009, dispunha no seu art. 100, § 1.º, que as sentenças condenatórias transitadas em julgado deveriam ter seus créditos satisfeitos pela observância da ordem de pagamentos dos precatórios.[154] A partir desse dispositivo, atualmente reproduzido no art. 100, § 5.º, é possível extrair a conclusão de que uma vez transitada em julgado a sentença, é obrigatória a expedição do precatório. A não observância desse mandamento violaria os princípios da isonomia e da impessoalidade.[155]

Contudo, o aludido autor admite a celebração de acordo entre ente público e credor em duas hipóteses: após o ajuizamento da ação, mas antes de prolatada a sentença; e após a sentença, mas antes do trânsito em julgado.[156] A primeira hipótese decorreria da prerrogativa da Administração de resolver administrativamente questões que são objeto de ação proposta perante o Poder Judiciário.

---

[153] WILLEMAN, Flávio de Araújo. Acordos administrativos, decisões arbitrais e pagamentos de condenações pecuniárias por precatórios judiciais. In: SOUTO, Marcos Juruena Villela. *Direito administrativo*. Estudos em homenagem a Francisco Mauro Dias. Rio de Janeiro: Lumen Juris, 2009. p. 346-347.

[154] "Art. 100, § 1.º. É obrigatória a inclusão, no orçamento das entidades de direito público, de verba necessária ao pagamento de seus débitos oriundos de sentenças transitadas em julgado, constantes de precatórios judiciários, apresentados até 1.º de julho, fazendo-se o pagamento até o final do exercício seguinte, quando terão seus valores atualizados monetariamente."

[155] WILLEMAN, Flávio de Araújo. Acordos administrativos, decisões arbitrais e pagamentos de condenações pecuniárias por precatórios judiciais. In: SOUTO, Marcos Juruena Villela. *Direito administrativo* cit., p. 350. "No que diz respeito à possibilidade ou não de celebração de acordo para pagamento de dívida do Poder Público reconhecida em sentença judiciária transitada em julgado, mas antes da expedição do precatório judicial, item III – supra, temos que não é possível, à luz do art. 100, § 1.º, da CRFB/1988. Isto porque pretendeu o Poder Constituinte de 1988 que as dívidas do Poder Público, objeto de decisões com trânsito em julgado, sejam pagas exclusivamente pela via do precatório judicial, que tem, obrigatoriamente, de ser expedido e entrar na ordem cronológica de preferências. Isto porque há um direito subjetivo de todos os titulares de créditos junto ao Poder Público, representados em precatórios judiciais precedentes, de não verem o débito reconhecido em sentença judiciária posterior, com trânsito em julgado, ser pago na sua frente. Entender de forma diversa é violar os princípios da isonomia e da impessoalidade, uma vez que a expedição do precatório judicial após o trânsito em julgado da sentença judiciária é ato-condição – formalidade constitucional – para a liquidação do pagamento da obrigação pecuniária nela contida."

[156] WILLEMAN, Flávio de Araújo. Acordos administrativos, decisões arbitrais e pagamentos de condenações pecuniárias por precatórios judiciais. In: SOUTO, Marcos Juruena Villela. *Direito administrativo* cit., p. 346-351.

Com relação à segunda hipótese, é necessário uma argumentação mais sólida, dada a sutileza dos argumentos esposados pelo autor, com os quais concordamos. De acordo com essa perspectiva, o atual art. 100, § 5.º, da Constituição, que repete o revogado § 1.º, impõe a necessidade de trânsito em julgado para a expedição de precatório. Ora, se a Constituição submete o credor à ordem de pagamentos quando a decisão transita em julgado, só haverá submissão ao sistema de precatórios uma vez transitada em julgado a decisão. Antes desse momento não há de se falar em expedição do requisitório.[157]

Para que tal solução não viole o princípio da isonomia, como bem pontua FLÁVIO WILLEMAN, é importante que os recursos utilizados para cobrir as despesas com o acordo administrativo não sejam objeto de rubricas orçamentárias destinadas para pagamento de precatórios judiciais.[158]

A tradicional jurisprudência do STF, anterior à Emenda Constitucional 62, negava a possibilidade de subversão da ordem de pagamento dos precatórios em razão da redução do valor oriunda de acordo entre o ente público e o credor. Foi nos julgamentos das Reclamações 1.893/RN e 1.979/RN que o STF decidiu que o acordo, mesmo resultando em vantagem financeira para o ente público, não possibilita a inobservância, pelo Estado, da regra constitucional que estabelece a ordem entre os precatórios, em detrimento daqueles que ocupam localização privilegiada na fila de pagamentos. Haveria, nessas hipóteses, violação ao art. 100, § 2.º, da Constituição, em sua redação anterior à Emenda Constitucional 62/2009.[159]

Em outubro de 2009, quase dez anos após o julgamento das aludidas reclamações, o Conselho Nacional de Justiça (CNJ), na presidência do Ministro Gilmar Mendes, editou a Resolução 92, que dispõe sobre a gestão de precatórios no âmbito do Poder Judiciário. O art. 3.º permitiu aos tribunais instituírem juízo auxiliar de conciliação de precatórios, com o objetivo de buscar a conciliação naqueles já expedidos, observada a ordem cronológica de apresentação.[160]

De acordo com a aludida resolução, a esse juízo auxiliar de conciliação de precatórios pode ser delegado, sem prejuízo de outras atribuições, o controle da listagem da ordem preferencial dos credores, a realização de cálculos, a supervisão e acompanhamento de contas bancárias e a celebração de convênios entre os entes públicos devedores e o Tribunal para repasse mensal de verbas necessárias ao pagamento dos precatórios (Resolução 92/2009 do CNJ, art. 3.º, § 1.º).

---

[157] Idem, p. 351.

[158] Idem, p. 354.

[159] STF, Rcl 1.893/RN, Tribunal Pleno, rel. Min. Maurício Corrêa, j. 29.11.2001; STF, Rcl 1.979/RN, Tribunal Pleno, rel. Min. Maurício Corrêa, j. 16.05.2002.

[160] CONSELHO NACIONAL DE JUSTIÇA. *Resolução 92 de 2009*. Disponível em: <www.cnj.jus. br>. Acesso em: 02 abr. 2010.

Essa Resolução, como já afirmamos em capítulo antecedente, é inconstitucional, pois a Constituição não excepcionava a quebra da ordem de pagamento antes da Emenda Constitucional 62/2009.

De qualquer maneira, essa Resolução legitimou as centrais de conciliação de precatórios já existentes e fomentou a criação de outras.

No Tribunal de Justiça do Estado do Rio Grande do Sul (TJRS) o Ato Regimental 1/2009 alterou disposições do anexo ao Ato Regimental 1, de 13 de janeiro de 1999, introduzindo a Central de Processamento de Precatórios entre os Serviços Auxiliares do Tribunal de Justiça (Ato Regimental 1, de 13 de janeiro de 1999, do TJRS, art. 3.º, I, g), subordinada à Presidência desse Tribunal (Ato Regimental 1, de 13 de janeiro de 1999, do TJRS, art. 4.º, VII).[161]

Esse novo órgão, vinculado ao Gabinete da Presidência, nos termos do art. 10-A do Ato Regimental 1/1999 do TJRS, tem como escopo facilitar as composições amigáveis entre as partes relativamente à atualização dos valores a serem pagos e outras questões que possam ser objeto de acordo para a quitação de precatórios.

As conciliações, empreendidas pela Central de Processamento de Precatórios, são mediadas por um juiz conciliador, designado pelo presidente do Tribunal de Justiça, com a atribuição de promover a conciliação entre as partes em relação aos precatórios, seguindo a ordem cronológica de apresentação, por entidade devedora; elaborar pauta mensal para inclusão dos precatórios nas audiências conciliatórias; homologar o acordo obtido; preparar a listagem dos precatórios que foram objeto de conciliação, para fins de controle, baixa nos registros e remessa à presidência; e determinar a suspensão de precatórios e exercer outras atividades inerentes à sua área de atuação (Ato Regimental 1, de 13 de janeiro de 1999, do TJRS, art. 10-A, §§ 4.º e 5.º).

Por fim, o Ato Regimental 3/2010 alterou o § 6.º do art. 10-A do Ato Regimental 1/1999, passando a dispor que, homologado o acordo, o juiz conciliador expedirá o alvará em favor do credor e/ou disponibilizará o depósito ao juízo da execução dos valores necessários à quitação dos precatórios.[162]

No Tribunal de Justiça de Minas Gerais (TJMG) a Central de Conciliação de Precatórios foi implantada pela Resolução da Corte Superior do TJMG 417/2003, sofrendo regulamentações pelas normas da Portaria da Presidência 1.477/2003 e da Resolução da Corte Superior do TJMG 519/2007.[163]

---

[161] TJRS, Ato Regimental 01/1999, de 13 de janeiro de 1999. Disponível em: <www.tjrs.jus.br>. Acesso em: 06 maio 2010. TJRS, Ato Regimental 01/2009. Disponível em: <www.tjrs.jus.br>. Acesso em: 06 maio 2010.

[162] TJRS, Ato Regimental 03/2010. Disponível em: <www.tjrs.jus.br>. Acesso em: 06 maio 2010.

[163] TJMG, Resolução da Corte Superior 417/2003. Disponível em: <www.tjmg.jus.br>. Acesso em: 06 maio 2010. TJMG, Portaria da Presidência 1.477/2003. Disponível em: <www.tjmg.jus.br>.

A pauta mensal dos precatórios incluídos nas audiências conciliatórias, elaborada por juiz conciliador designado pelo presidente do tribunal, observará a ordem cronológica de apresentação dos precatórios (Portaria da Presidência do TJMG 1.477/2003, art. 3.º).

A audiência de conciliação realizada pela Central de Conciliação de Precatórios será única e definitiva, e presidida por juiz designado pelo Presidente do TJMG. Homologado o acordo e efetivado o pagamento segundo os temos acordados, o precatório será considerado integralmente quitado (Portaria da Presidência do TJMG 1.477/2003, art. 6.º). O precatório em que não houver conciliação será devolvido à Coordenadoria de Precatórios, com informação sobre o resultado da audiência, e será pago dentro da ordem cronológica, pelo valor de face, atualizado monetariamente, de acordo com a tabela de índices de correção divulgada pela Corregedoria-Geral de Justiça (Portaria da Presidência do TJMG 1.477/2003, art. 8.º).

A Emenda Constitucional 62 acolheu os interesses da Fazenda Pública e previu, além do tradicional pagamento integral mediante a observância à ordem de expedição dos requisitórios, a satisfação dos credores por meio de leilão (ADCT, art. 97, § 8.º, I) e acordo (ADCT, art. 97, § 8.º, III).[164] A estas duas últimas modalidades de pagamento os entes públicos não poderão destinar mais do que cinquenta por cento dos recursos destinados ao pagamento de suas dívidas. Essa restrição não existe em relação aos créditos sujeitos à tradicional fila dos precatórios, por isso os entes públicos poderão destinar até mesmo a totalidade de seus recursos ao pagamento das dívidas em observância à ordem de pagamento. Contudo, parece pouco crível que os entes públicos abrirão mão da prerrogativa de obter apetitosa redução de suas dívidas por meio de leilões e acordos.

O dispositivo é polêmico, porque sujeitará os credores que desejarem satisfazer a inteireza dos créditos a uma longa espera, em razão da destinação de cinquenta por cento dos recursos aos leilões e acordos, muito mais vantajosos aos entes públicos. Ademais, os credores hipossuficientes, com menor capacidade de resistir aos efeitos perciniciosos do tempo, acabarão se sujeitando a preços muito baixos.

A Resolução 123 do CNJ, buscando minimizar os efeitos perniciosos que poderiam advir da busca de deságios pelos entes públicos, acrescentou à Resolução 115/2009 o art. 20, § 2.º, b, dispondo o seguinte:

b) a subtração do deságio máximo tolerável, de 50% (cinquenta por cento) sobre a parcela de precatórios pagável mediante acordos diretos e leilões, de 50% (cin-

---

Acesso em: 06 maio 2010. TJMG, Resolução da Corte Superior 519/2007. Disponível em: <www.tjmg.jus.br>. Acesso em: 06 maio 2010.

[164] ADCT, art. 97, § 8.º: "III – destinados a pagamento por acordo direto com os credores, na forma estabelecida por lei própria da entidade devedora, que poderá prever a criação e forma de funcionamento de câmara de conciliação".

Cap. 20 – DURAÇÃO RAZOÁVEL

quenta por cento), o que resulta em 25% (vinte e cinco por cento) a ser abatido do montante global dos precatórios;

Aos credores de créditos gerais de alto valor a espera será ainda maior. Afinal, estes apenas serão pagos após os créditos de natureza alimentícia e de menor valor, quando não se possa estabelecer precedência cronológica entre dois precatórios (ADCT, art. 97, § 7.º).

Além disso, a Emenda Constitucional 62 convalida os acordos realizados antes de sua vigência, estabelecendo que os pagamentos dos precatórios serão feitos "sem prejuízo dos acordos de juízos conciliatórios já formalizados na data de promulgação desta Emenda Constitucional" (ADCT, art. 97, *caput*).

Essa nova disciplina parece atentar contra os fundamentos do regime de expedição do precatório. Ora, um dos argumentos mais convincentes com relação à existência desse regime excepcional, decantado em coro pela maioria da doutrina, é a observância da isonomia entre os credores, que se torna possível pela observância da "fila" de pagamentos.[165] Uma substituição do critério da ordem cronológica de expedição do precatório por um critério de renúncia, que protege o credor que se submeter ao maior desconto, atenta frontalmente contra a *raison d'être* do próprio regime jurídico dos precatórios.[166]

Ademais, conforme já nos manifestamos ao abordarmos o art. 3.º, *caput*, da Resolução 92/2009, também é preciso entender pela inconstitucionalidade do art. 97, *caput*, do ADCT. Isso porque à época da celebração dos acordos administrativos, e criação das "centrais de conciliação de precatórios", vigia a regra constitucional de que a satisfação dos precatórios pela observância da ordem de pagamento seria a única possível. Por isso, qualquer norma editada ou decisão homologatória de conciliação proferida sob a égide da redação do texto constitucional anterior à Emenda Constitucional 62 é inconstitucional, pois a norma ou decisão judicial é inconstitucional em seu nascedouro, perante as normas constitucionais vigentes à época de sua formação.[167] Nesse sentido há

---

[165] Essa é, por exemplo, a opinião de Flávio Willeman, que podemos extrair do seguinte trecho: "Conforme se percebe, o instituto do precatório judicial visa estabelecer e a preservar a igualdade de tratamento entre os credores do Poder Público, assim reconhecidos por decisão judicial com trânsito em julgado, impedindo que subsista violação aos princípios da isonomia e da impessoalidade. Em suma, busca o regime de precatório judicial garantir moralidade no pagamento de débitos do Poder Público, quando oriundos de decisão judicial transitada em julgado, evitando favorecimentos pessoais de credores mais recentes em detrimento de credores mais antigos". WILLEMAN, Flávio de Araújo. Acordos administrativos, decisões arbitrais e pagamentos de condenações pecuniárias por precatórios judiciais. In: SOUTO, Marcos Juruena Villela. *Direito administrativo* cit., p. 345.

[166] JUSTEN FILHO, Marçal. Estado democrático de direito e responsabilidade civil do Estado: a questão dos precatórios cit., p. 180-182.

[167] Mencionamos, como representativa da jurisprudência do STF, RE 357.950/MG, Tribunal Pleno, rel. Min. Marco Aurélio, j. 09.11.2005.

inúmeros julgados do STJ, dentre o qual destacamos acórdão de lavra do Min. Castro Meira:

> ADMINISTRATIVO E CONSTITUCIONAL. PRECATÓRIO. SEQUESTRO DE VERBA PÚBLICA. PRETERIÇÃO. ACORDO HOMOLOGADO JUDICIALMENTE. OBSERVÂNCIA DA ORDEM CRONOLÓGICA.
>
> 1. A ordem cronológica de pagamento de precatórios é absoluta, de sorte que sua inobservância, ainda que em razão de acordo benéfico ao erário, viola frontalmente a Constituição Federal. Precedentes: RMS 31.582/SP, de minha relatoria, DJe 28.10.10; RMS 29.671/SP, Rel. Min. Hamilton Carvalhido, DJe 25.09.09.
>
> 2. O ato coator foi praticado antes da entrada em vigor da EC n. 62/2009, razão pela qual a análise da matéria deve ser realizada em consonância com a legislação aplicável anteriormente à edição da referida norma constitucional.
>
> 3. Agravo regimental não provido.[168]

Relevante é a crítica de MARÇAL JUSTEN FILHO a este novo regime. Comenta o autor que essa metodologia de pagamento, calcada na vantagem obtida pelos entes públicos, implica um tratamento diferenciado não justificável entre credores. Isso porque aquele que detiver um título judicial terá um tratamento mais severo do que os demais credores. Essa diferenciação seria inconstitucional por violação ao princípio da igualdade, na sua vertente material, a vedação da discriminação, porque não é possível encontrar nenhum elemento que possa justificá-la.[169]

Arremata o aludido autor que "se o Estado erigir o critério da vantajosidade como norteador do pagamento de suas dívidas, terá de generalizar a sua aplicação para a liquidação de todas as suas dívidas". Isso se aplicaria às dívidas contraídas com entes da federação e instituições financeiras. Ao submeter os credores a tratamento diferenciado calcado na origem do título há efetiva discriminação.[170]

Acreditamos que os acordos realizados após a expedição do precatório ferem o direito à execução das decisões judiciais, pois o credor que desejar receber a integralidade do seu crédito será submetido a uma longa espera, sendo preterido por aqueles que aceitaram receber quantia inferior à devida. A disciplina trazida pela Emenda Constitucional 62 prejudicará justamente os litigantes em situação vulnerável, e o acordo provavelmente será catalisado pela disparidade entre as partes. OWEN FISS, em relevante estudo, já havia identificado esse problema, referindo-se ao regime geral dos acordos judiciais e extrajudiciais, afirmando

---

[168] STJ, AgRg no recurso em MS 26.681-SP, 2.ª T., rel. Min. Castro Meira, j. 16.12.2010.

[169] JUSTEN FILHO, Marçal. Estado democrático de direito e responsabilidade civil do Estado: a questão dos precatórios cit., p. 183.

[170] Idem, ibidem.

Cap. 20 – DURAÇÃO RAZOÁVEL

que a parte que necessitar, de imediato, da indenização que pleiteia, pode ser induzida a celebrar o acordo, como forma de acelerar esse pagamento[171]

4. CONCLUSÃO

Após as considerações elaboradas ao longo deste breve estudo resta evidente que a nova disciplina da execução por quantia certa contra a Fazenda Pública oriunda da Emenda Constitucional 62/2009 é gravemente violadora da razoável duração do processo. Isso porque a repetição de algumas soluções anteriores, como o parcelamento, a criação de preferências ou até mesmo a busca de outras, como os acordos judiciais para o pagamento de precatórios, acabam sujeitando os credores a um prazo excessivo.

Fica evidente que submeter os créditos alimentares apenas à preferência perante os créditos comuns não preenche os requisitos exigidos para a promoção de um tratamento diferenciado, porque o meio escolhido não é o adequado para tutelar o direito reconhecido na decisão judicial. Isso significa que, para nós, não há razão para o tratamento diferenciado dado aos créditos de natureza alimentícia se não houver pagamento imediato. Essa situação ainda é mais grave quando se considera que os credores alimentares, conforme exposto, têm recebido seus créditos em atraso, quando comparados com os créditos sujeitos ao parcelamento do art. 78 do ADCT. Além disso, a jurisprudência tem sido extremamente restritiva em relação à cessão e compensação desses créditos, havendo até mesmo aqueles que defendam a perda de sua natureza quando da cessão. Portanto, é forçoso reconhecer que a categoria "alimentar" pouca vantagem traz aos credores, que se sujeitam a um prazo excessivo no recebimento de seus créditos, o que viola o direito à execução das decisões judiciais como corolário da razoável duração do processo. Essa violação ganha maior relevância quando se considera que esses credores são aqueles que necessitam de uma tutela jurisdicional ainda mais célere.

Por outro lado, o parcelamento dos créditos na forma do art. 97 do ADCT é especialmente grave, porque sujeita os credores do Estado a uma espera excessiva. Deve-se atentar que essa solução é a adotada desde 1988, quando ocorreu o primeiro parcelamento, com prazo determinado. O novo parcelamento, contudo, permite aos entes públicos aderir a um sistema de pagamento por prazo indeterminado, o que é bastante prejudicial aos credores, que verão frustrado seu direito à tutela célere e eficaz de seus direitos. Essa questão é ainda agravada pelas limitações de cessão e compensação dos precatórios, que poderiam constituir alternativas ao credor para minorar a falta de efetividade do processo contra os entes públicos. Por meio de uma cessão onerosa a terceiros,

---

[171] FISS, Owen. *Contra o acordo*. Um novo processo civil: estudos norte-americanos sobre jurisdição, constituição e sociedade. Trad. Carlos Alberto de Salles. São Paulo: RT. p. 124.

esses credores poderiam obter retorno financeiro em um prazo melhor do que aquele oferecido pelo trâmite ordinário dos precatórios. Por isso, não nos parece correta a oposição de setores da doutrina e da jurisprudência à cessão e compensação de precatórios, porque apenas assim seria possível afastar os efeitos perniciosos da mora estatal.

Por fim, destaque-se que é amplamente violadora da razoável duração do processo a destinação de parte dos recursos destinados ao pagamento dos precatórios aos acordos e leilões envolvendo a satisfação de créditos consubstanciados em requisitórios. Isso porque os credores que desejarem satisfazer totalmente seu direito, recebendo aquilo que lhes é devido pela Administração, serão obrigados a esperar por ainda mais tempo, porque relevante parte dos recursos que deveriam ser destinados ao pagamento em observância da ordem cronológica serão destinados a esses "leilões". Dessa maneira, o credor terá apenas duas opções: receber seu crédito com grande deságio (podendo alcançar 50%) ou suportar a fila dos precatórios por longo período. Essa previsão, sem equivalência em nossa legislação, certamente afronta a razoável duração do processo, pois forçará aqueles que desejam a tutela integral de seu direito a uma *via crucis* sem prazo certo para acabar.

5. BIBLIOGRAFIA

ALBUQUERQUE, Martim de. *Da igualdade*. Introdução à jurisprudência. Coimbra: Almedina, 1993.

ASSIS, Araken. *Manual da execução*. 11. ed. São Paulo: RT, 2007.

CANTOARIO, Diego Martinez Fervenza. *Meios de coerção na tutela específica das obrigações de fazer e não fazer*. Rio de Janeiro: Forense, 2010.

_____. Perspectivas para o princípio da igualdade e sua aplicação no processo civil brasileiro especialmente quanto à Fazenda Pública. *Revista da Faculdade de Direito de Campos*, ano VIII, n. 10, Campos dos Goytacazes, jan.-jun. 2007, p. 225-254.

_____. A paridade de armas como projeção do princípio da igualdade no processo civil. *Revista Eletrônica da Faculdade de Direito de Campos*, v. 3, Campos dos Goytacazes, 2007, p. 1-28..

CARREIRA ALVIM, José Eduardo. Precatório, tutela antecipada e crédito alimentar. *Direito na doutrina*. Livro III. Curitiba: Juruá, 2002.

_____; CABRAL, Luciane Gontijo Carreira Alvim. *Código de Processo Civil reformado*. 6. ed. Curitiba: Juruá, 2007.

COÊLHO, Sacha Calmon Navarro; DERZI, Misabel Abreu Machado. Precatórios, tributos e a Emenda Constitucional n. 62/2009. *Revista Dialética de Direito Tributário*, n. 180, São Paulo, set. 2010, p. 183.

COMITÊ DE MINISTROS DA EUROPA. *Resolução 12 de 2002*. Estrasburgo, 18 de setembro de 2002. Disponível em: <http://www.coe.int/t/dghl/cooperation/cepej/textes/default_en.asp>. Acesso em: 20 jan. 2011.

COMISSÃO EUROPEIA PARA A EFICIÊNCIA DA JUSTIÇA. *Lenght of court proceedings in the member states of the Council of the European Court of Human Rights*. Estrasburgo, 2006.

CORTE EUROPEIA DE DIREITOS HUMANOS. *Pretto e outros contra Itália*. Petição 7.984/1977. Estrasburgo 08 dez. 1983.

CORTE EUROPEIA DE DIREITOS HUMANOS. *Neusmeister contra Austria*. Petição 1.936/1963. Estrasburgo 27 jun. 1968.

CORTE EUROPEIA DE DIREITOS HUMANOS. *Scordino contra Itália*. Petição 36.813/1997. Estrasburgo 29 mar. 2006.

CORTE EUROPEIA DE DIREITOS HUMANOS. *Burdov contra Rússia*. rel. E. Fribergh, 1.ª S., Petição 59.498/2000. Estrasburgo, 07 maio 2002.

CORTE EUROPEIA DE DIREITOS HUMANOS. *Iatridis contra Grécia*. rel. M. de Sálvia, Petição 31.107/1996. Estrasburgo, 27 mar. 1999.

CORTE INTERAMERICANA DE DIREITOS HUMANOS. *Opinião Consultiva n. 11 de 1990*. San Salvador, 1990.

CORTE INTERAMERICANA DE DIREITOS HUMANOS. *Caso Hilaire, Constantine e Benjamin e outros* versus *Trinidad e Tobago*. Mérito, reparações e custas. Sentença 21 jun. 2002. Série C, n. 94, par. 145; *Caso Valle Jaramillo e outros* versus *Colômbia*. Mérito, reparações e custas. Sentença 27 nov. 2008. Serie C, n. 192, par. 154.

CORTE INTERAMERICANA DE DIREITOS HUMANOS. *Caso Gomes Lund* versus *Brasil*. Mérito, reparações e custas. Sentença 24 nov. 2010.

CORTE INTERAMERICANA DE DIREITOS HUMANOS. *Caso Genie Lacayo* versus *Nicarágua*. Mérito, reparações e custas. Sentença 29 jan. 1997. Série C, n. 30, par. 77; *Caso Comunidade Indígena Xákmok Kásek* versus *Paraguai*. Mérito, reparações e custas. Sentença 24 ago. 2010. Serie C, n. 214, par. 133.

CORTE INTERAMERICANA DE DIREITOS HUMANOS. *Caso Valle Jaramillo e outros*, supra nota 326, par. 155; *Caso Radilla Pacheco*, supra nota 24, par. 244; *Caso Comunidade Indígena Xákmok Kásek* versus *Paraguai*. Mérito, reparações e custas. Sentença 24 ago. 2010. Serie C, n. 214, par. 133.

CORTE INTERAMERICANA DE DIREITOS HUMANOS. *Caso Gomes Lund* versus *Brasil*. Mérito, reparações e custas. Sentença 24 nov. 2010.

CORTE INTERAMERICANA DE DIREITOS HUMANOS. *Caso Comunidade Indígena Xákmok Kásek* versus *Paraguai*. Mérito, reparações e custas. Sentença 24 ago. 2010. Serie C, n. 214, par. 133.

CORTE INTERAMERICANA DE DIREITOS HUMANOS. *Caso Acevedo Jaramillo e outros* versus *Peru*. Sentença 07 fev. 2006. São José, 07 fev. 2006.

CORRÊA, Antonio de Pádua Muniz. *Execução direta contra a Fazenda Pública*. São Paulo: LTr, 2005.

CRETELLA NETO, José. *Fundamentos principiológicos do processo civil*. Rio de Janeiro: Forense, 2002.

CUNHA, Leonardo José Carneiro da. *A fazenda pública em juízo*. 8. ed. São Paulo: Dialética, 2010.

DALLARI, Adilson Abreu. Acordo para o recebimento de crédito perante a Fazenda Pública. *Revista de Direito Administrativo*, v. 239, Rio de Janeiro: Renovar-FGV, jan.-mar. 2005.

DANTAS, Francisco Wildo Lacerda. *Execuções contra a Fazenda Pública*. Brasília: Brasília Jurídica, 1999.

DANTAS, Francisco Clementino de San Tiago. *Programa de direito civil*. Rio de Janeiro: Rio, 1978. v. 2.

DERZI, Misabel Abreu Machado. Precatórios, tributos e a Emenda Constitucional n. 62/2009. *Revista Dialética de Direito Tributário*, n. 180, São Paulo, set. 2010.

DINAMARCO, Cândido Rangel. *Instituições de direito processual civil*. 6. ed. São Paulo: Malheiros, 2009. v. 2.

FAVOREU, Louis. *As Cortes constitucionais*. Trad. Dunia Marinho Silva. São Paulo: Landy, 2004.

FERRO, Marcelo Roberto. Execução de crédito de natureza alimentícia contra a Fazenda Pública – Exegese do art. 100 da CF. Revista Forense, v. 329, Rio de Janeiro, jan.-mar. 1995.

FISS, Owen. *Contra o acordo*. Um novo processo civil: estudos norte-americanos sobre jurisdição, constituição e sociedade. Trad. Carlos Alberto de Salles. São Paulo: RT.

FONSÊCA, Vitor. Requisição de pequeno valor. In: SANTOS, Ernane Fidélis dos; WAMBIER, Luiz Rodrigues; NERY JR., Nelson. WAMBIER, Teresa Arruda Alvim. *Execução civil*: estudos em homenagem ao professor Humberto Theodoro Júnior. São Paulo: RT, 2007.

GUINCHARD, Serge et alii. *Droit processuel* – droits fondamentaux du proces. 6. ed. Paris: Dalloz, 2011.

GRECO FILHO, Vicente. *Da execução contra a Fazenda Pública*. São Paulo: Saraiva, 1986.

JOUANJAN, Olivier. *Le principe d'égalité devant la loi en droit allemand*. Paris: Economica, 1992.

JUSTEN FILHO, Marçal. Estado democrático de direito e responsabilidade civil do Estado: a questão dos precatórios. *Revista de Direito Público da Economia*, ano 5, n. 19, Belo Horizonte, jul.-set. 2007, p. 172.

LEMOS, Bruno Espiñeira. *Precatório*. Trajetória e desvirtuamento de um instituto. Necessidade de novos paradigmas. Porto Alegre: Fabris, 2004,

LÓPEZ GIL, Milagros. *Avances en la ejecución de Sentencias contra la Administración*. Navarra: Aranzadi, 2004.

MARINONI, Luiz Guilherme. *Tutela inibitória* (individual e coletiva). 4. ed. São Paulo: RT, 2006.

MARTENET, Vincent. *Géométrie de l'égalité*. Zurich-Bâle-Genève: Schulthess, 2003.

MERINO MOLINS, Vicente; CHOLBI CACHÁ, Francisco. *Ejecución de sentencias en el proceso contencioso-administrativo e inembargabilidad de bienes públicos*: especial referencia a las entidades locales. Valladolid: Lex Nova, 2007.

MIRANDA, Gilson Delgado. A execução contra a Fazenda Pública no sistema constitucional brasileiro. In: FUX, Luiz; NERY JUNIOR, Nelson; WAMBIER, Teresa Arruda Alvim (Org.). *Processo e Constituição*. São Paulo: RT, 2006.

GIORA JÚNIOR, Romeu. Os precatórios. *Revista Tributária e de Finanças Públicas*, n. 76, 2007.

GOHIN, Olivier. *Contentieux administratif*. 5. ed. Paris: Nexis, 2007.

GUERRA, Marcelo Lima. *Direitos fundamentais e a proteção do credor na execução civil*. São Paulo: RT, 2003.

LUCON, Paulo Henrique dos Santos. Garantia do tratamento paritário das partes. In: BEDAQUE, José Roberto dos Santos (Coord.). *Garantias constitucionais do processo civil*. São Paulo: RT, 1999.

PELLISSIER, Gilles. *Le principe d'égalité en droit public*. Paris: L.G.D.J, [s.d.].

RIBEIRO, Antonio de Pádua. Execução contra a Fazenda Pública. *Revista CEJ*, n. 16, Brasília, 2002.

RICCI, Jean-Claude. *Contentieux administratif*. 2. ed. Paris: Hachette, 2007.

ROUAULT, Marie-Christine. *Contentieux administratif*. Paris: Gualino, 2008.

SCAFF, Fernando Facury. O uso de precatórios para o pagamento de tributos após a EC 62. *Revista Dialética de Direito Tributário*, n. 175, São Paulo, abr. 2010, p. 99.

SERMET, Laurent. *Convention europèenne des droits de l'homme et contentieux administratif français*. Paris: Economica, 1996.

SILVA, Fernanda Duarte Lopes Lucas da. *Princípio constitucional da igualdade*. 2. ed. Rio de Janeiro: Lumen Juris, 2003.

SILVA, Américo Luís Martins da. *Precatório requisitório e requisição de pequeno valor (RPV)*. 4. ed. São Paulo: RT, 2011.

SILVA, Ricardo Perlingeiro Mendes da. Redefinição de papéis na execução de quantia certa contra a Fazenda Pública. *Revista CEJ*, v. 9, n. 31, out.-dez 2005, p. 68-74.

SOUTO, João Carlos. *A União Federal em juízo*. 3. ed. Rio de Janeiro: Lumen Juris, 2006.

TROCKER, Nicolò. *Processo civile e Costituzione*. Milano: Giuffrè, 1974.

VAZ, José Otávio de Vianna. *O pagamento de tributos por meio de precatórios*. Belo Horizonte: Del Rey, 2007.

WILLEMAN, Flávio de Araújo. Acordos administrativos, decisões arbitrais e pagamentos de condenações pecuniárias por precatórios judiciais. In: SOUTO, Marcos Juruena Villela. *Direito administrativo*. Estudos em homenagem a Francisco Mauro Dias. Rio de Janeiro: Lumen Juris, 2009.

IGUALDADE NO PROCESSO E FAZENDA PÚBLICA EM JUÍZO
21

Cristiane Rodrigues Iwakura

Sumário: 1. Introdução ao tema – 2. Igualdade no processo – 3. A Fazenda Pública em juízo – 4. Interesse público – 5. Considerações gerais sobre os privilégios processuais da Fazenda Pública em juízo: 5.1. Estudo dos privilégios processuais da Fazenda Pública em juízo à luz dos princípios constitucionais; 5.2. Imunidade aos efeitos da revelia; 5.3. Prazos processuais privilegiados; 5.4. Reexame necessário com proibição da *reformatio in pejus*; 5.5. Isenção de preparo, custas e emolumentos; 5.6. Regras especiais para a execução contra a Fazenda Pública. Regime de pagamento das condenações judiciais via expedição de precatório ou requisitório; 5.7. Intervenção anômala; 5.8. Intimação pessoal dos representantes judiciais do Poder Público com dispensa de apresentação de mandato ou procuração nos autos; 5.9. Restrições à concessão de liminares e tutela antecipada em face da Fazenda Pública (Leis 8.437/1992 e 9.494/1997) – 6. Considerações sobre o afastamento das prerrogativas processuais no âmbito dos Juizados Especiais Federais e Juizados Especiais da Fazenda Pública – 7. Novos mecanismos que influem na análise sobre a constitucionalidade das prerrogativas da Fazenda Pública: repercussão geral, súmula vinculante e julgamento por amostragem de recursos repetitivos – 8. Conclusão – 9. Referências bibliográficas.

1. INTRODUÇÃO AO TEMA

O conceito de justiça está diretamente relacionado com a igualdade entre os homens. No ordenamento jurídico brasileiro, a igualdade entre os indivíduos vem expressamente consagrada no *caput* do art. 5.º, revelando-se, para muitos, como um "cânone de ouro, absoluto".[1]

A igualdade perquirida pelo legislador constitucional, em verdade, consiste na busca de uma situação de equilíbrio entre os homens, tendo em vista a existência de inúmeras diferenças entre os indivíduos de ordem econômica, social e cultural.

A adoção em nosso país de uma forma de governo republicana traz em si alguns objetivos fundamentais no art. 3.º da Constituição da República de 1988 que jamais poderão ser ignorados pelo legislador pátrio, quais sejam: (a) constituição de uma sociedade livre, justa e solidária; (b) garantia de desenvolvimento nacional; (c) erradicação da pobreza e da marginalização, com redução das desigualdades sociais e regionais; (d) promoção do bem geral da nação, livre de preconceitos de origem, raça, sexo, cor, idade e quaisquer outras formas de discriminação.

Resta assim evidente a preocupação legislativa de garantir aos indivíduos a maior isonomia possível, sendo certo que no direito processual a garantia da igualdade revela-se como um dos princípios basilares a serem seguidos, pois a pacificação social tão almejada só será alcançada mediante a garantia da paridade de armas aos litigantes.

Evidenciada a necessidade de garantir igualdade entre os indivíduos, passa-se, em um segundo momento, a se questionar de que modo seria operacionalizado o equilíbrio entre as partes quando estas apresentam claras diferenças entre si, obtendo-se como resposta a esse questionamento a velha lição: "tratando-se desigualmente os desiguais na medida de suas desigualdades".[2]

Todavia, em várias situações concretas, sob o pretexto de garantir a mencionada isonomia entre partes desiguais, o legislador acaba incorrendo em medidas protecionistas que, em vez de equilibrarem a posição dos interessados, invertem o desequilíbrio favorecendo injustamente o indivíduo inicialmente mais fraco.

É sob este enfoque que surgiu em nossa doutrina incansável discussão sobre a criação legislativa de "privilégios em benefício da Administração Pública, com o objetivo de resguardar o interesse público em face de interesses privados, sem prejuízo dos direitos e garantias constitucionalmente previstos",[3] o que será objeto de estudo ao longo do presente trabalho.

---

[1] GODOY, Arnaldo. A igualdade no processo. *Revista de Processo*, n. 76, p. 202.

[2] LENZA, Pedro. *Direito constitucional esquematizado*. São Paulo: Saraiva, 2011. p. 875. Faz referência à "igualdade substancial, muitas vezes idealista" eternizada na oração aos moços, de Rui Barbosa, inspirado na lição secular de Aristóteles.

[3] IWAKURA, Cristiane Rodrigues. Privilégios de empresa pública visam ao interesse comum. *Revista Eletrônica Consultor Jurídico*, 2005.

2. IGUALDADE NO PROCESSO

Inicialmente, cumpre destacar a relevância da igualdade no processo como verdadeiro norteador das regras processuais nos mais variados ordenamentos pelo mundo. Tanto o é que até se registra previsão internacional do direito à igualdade no processo no art. 10 da Declaração Universal dos Direitos Humanos,[4] *in verbis*:

> Artigo X – Toda pessoa tem direito, em plena igualdade, a uma audiência justa e pública por parte de um tribunal independente e imparcial, para decidir de seus direitos e deveres ou do fundamento de qualquer acusação criminal contra ele.

No ordenamento brasileiro, o direito à igualdade no processo relaciona-se com as ideias de processo justo, equânime e efetivo. José Roberto Bedaque salienta que "de nada adianta o processo regular do ponto de vista formal, mas substancialmente em desacordo com os valores constitucionais que o regem".[5]

No ordenamento processual italiano a ideia de processo justo concretiza-se a partir dos princípios do contraditório, da imparcialidade, da duração razoável do processo e da igualdade.[6]

O direito processual francês, por sua vez, contempla "le droit à um procès équitable" a partir da trilogia publicidade – informalidade – celeridade.[7]

Destarte, podemos observar que o ordenamento processual pátrio, nesse ponto, não destoa dos citados ordenamentos europeus na medida em que segue toda essa principiologia garantista, acrescendo a este conjunto de regras outros importantes princípios, dentre os quais podem ser citados os princípios da efetividade, da lealdade processual e paridade de armas.

A respeito da paridade de armas, Jorge Miranda, jurista português, esclarece que:

> O princípio da igualdade das armas significa equilíbrio entre as partes na apresentação das respectivas teses na perspectiva dos meios processuais de que para o efeito dispõem, e, sem implicar embora uma identidade formal absoluta de meio, exige que o autor e réu tenha direitos processuais idênticos e estejam sujeitos também

---

[4] DECLARAÇÃO UNIVERSAL DOS DIREITOS HUMANOS – Adotada e proclamada pela Resolução 217 A (III) da Assembleia Geral das Nações Unidas em 10 de dezembro de 1948.

[5] BEDAQUE, José Roberto dos Santos. *Efetividade do processo e técnica processual*. 2. ed. São Paulo: Malheiros, 2007. p. 26.

[6] Lei Constitucional 23.11.1999, n. 2, em vigor na Itália a partir de 07 de janeiro de 2000. Informação extraída da obra: BEDAQUE, José Roberto dos Santos. *Efetividade do processo e técnica processual* cit., p. 26.

[7] VINCENT, Jean; GUINCHARD, Serge. *Procédure civile*. 23. ed. Paris: Dalloz, 1994. p. 519.

a ônus e cominações idênticos, sempre que a sua posição no processo for equiparável. O princípio impede a introdução de discriminações em função da natureza subjectiva da parte em causa.[8]

A Constituição da República expressamente prevê no art. 5.º o direito à igualdade, estando aí compreendidos os direitos ao devido processo legal, ao contraditório e ampla defesa e à celeridade na tramitação. No âmbito infraconstitucional tem-se a previsão da igualdade processual no art. 125, I, do Código de Processo Civil, ao lado de várias regras que dispõem sobre alguns tratamentos privilegiados, no intuito de garantir o equilíbrio entre as partes litigantes.

Com isso, pode-se concluir que a origem das regras processuais que conferem tratamento privilegiado à Fazenda Pública está na concretização da igualdade no processo, todavia o direito processual moderno reclama por uma revisão dos conceitos sobre o interesse público tutelado, para que então se atinja a real isonomia processual concebida no ordenamento pátrio.

3. A FAZENDA PÚBLICA EM JUÍZO

Primeiramente, vale relembrar o conceito tradicional de Fazenda Pública, nas palavras do ilustre Professor Cândido Dinamarco: "Fazenda Pública é a personificação do Estado, especialmente consideradas as implicações patrimoniais das relações jurídicas em que se envolve".[9]

No direito processual, a expressão "Fazenda Pública" designa a pessoa jurídica de direito público, que pode ser o próprio ente (União, Estados, Distrito Federal e Municípios), algum órgão pertencente à Administração Direta (Ministérios e Casa Civil) ou órgão pertencente à Administração Indireta, que pode ser uma autarquia ou uma fundação. Também integram esse conceito de Fazenda Pública as agências reguladoras e executivas, que possuem natureza jurídica de autarquias especiais.[10]

Leonardo Carneiro da Cunha faz uma interessante observação com relação ao termo Fazenda Pública, no sentido de que esta expressão contém "o significado de Estado em juízo", mesmo quando a demanda judicial não verse sobre matéria estritamente fiscal ou financeira,[11] não trazendo hodiernamente sua concepção etimológica inicial, tradicionalmente relacionada à área da Administração Pública responsável pela gestão das finanças.

---

[8] MIRANDA, Jorge. A tutela jurisdicional dos direitos fundamentais em Portugal. *Direito constitucional*: estudos em homenagem a Paulo Bonavides. São Paulo: Malheiros, 2003. p. 301.

[9] DINAMARCO, Cândido Rangel. *Fundamentos do processo civil moderno*. 2. ed. São Paulo: Malheiros. v. 1, p. 179-180.

[10] CUNHA, Leonardo José Carneiro da. *A Fazenda Pública em juízo*. São Paulo: Dialética, 2011. p. 13-15.

[11] Idem, p. 15.

Cap. 21 – IGUALDADE NO PROCESSO E FAZENDA PÚBLICA EM JUÍZO

Uma das maiores conquistas no Estado Democrático de Direito consolidou-se com a possibilidade de o indivíduo poder ingressar em juízo em face do Poder Público, com o objetivo de obter eventuais prestações e reparações decorrentes da atuação estatal.

Vale destacar aqui o chamado "neoconstitucionalismo", atualmente aplicado com grande destaque em matéria processual. Abandonada a figura de um Estado absolutamente soberano e reconhecida a responsabilização objetiva do Poder Público por danos causados a terceiros, a isonomia passou a ser concretizada além da esfera privada, restando estendida às relações entre Administrador e administrados – fato que certamente conferiu maior legitimidade aos atos administrativos praticados.

Consequentemente, a inserção do Poder Público como um dos principais sujeitos do processo acarretou crescimento quantitativo significativo das demandas judiciais, sendo a Fazenda Pública, indubitavelmente, um dos maiores litigantes da atualidade.

A respeito disso, registra Paulo César Carneiro em importante pesquisa realizada no âmbito da Universidade do Estado do Rio de Janeiro (UERJ), que, de um total de 285 ações civis públicas ajuizadas até o final do ano de 1996 no Foro Central da Cidade do Rio de Janeiro, as pessoas jurídicas de direito público, incluindo as empresas públicas, sociedades de economia mista e autoridades, figuravam como rés na maior parte dos casos. Além disso, a prática processual demonstra que o Poder Público seria um dos maiores violadores de direitos sob a perspectiva individual ou coletiva.[12]

A partir de então, nota-se que o aparelhamento do Poder Judiciário e da Administração Pública para a absorção de demandas envolvendo entidades estatais, em um primeiro momento, revelou-se completamente insuficiente para o processamento das pretensões autorais de modo satisfatório.

Essa dificuldade de operacionalização das demandas judiciais em face do Poder Público serviu como fundamento inicial para que o legislador pátrio editasse normas jurídicas criadoras de tratamento processual privilegiado.

Com isso, pode-se concluir que se, por um lado, a formação de um Estado constitucional de direito, com incremento das garantias fundamentais e uma maior aproximação entre Direito e ética, proporcionou a ampliação do acesso à Justiça, por outro acabou agravando dificuldades de ordem prática para o processamento de demandas judiciais com eficiência e celeridade.

Isso se justifica pelo fato de as novidades inseridas em nosso ordenamento tendentes a ampliar o acesso à Justiça e a participação popular na gestão estatal

---

[12] ALVES, Rogério Pacheco. *As prerrogativas da administração pública nas ações coletivas*. Rio de Janeiro: Lumen Juris, 2007. p. 17.

não virem devidamente acompanhadas de um incremento na estrutura operacional disponibilizada para o atendimento da sociedade.

Os entes públicos até então não detinham uma estrutura suficiente para promover sua defesa em juízo. Para tanto, seria necessário um significativo incremento do número de profissionais da área jurídica, especializados em assuntos da administração pública – e, sabidamente, os concursos públicos para seleção e investidura de servidores públicos leva considerável tempo para sua realização, além de gerarem custos dependentes de prévia dotação orçamentária e trâmites burocráticos bastante demorados.

Essa ausência de aparelhamento prévio fez com que o legislador, temeroso de gerar sérios prejuízos à Fazenda Pública, pela ausência de defesa técnica quantitativa e qualitativamente satisfatória em um curto espaço de tempo, adotasse medidas imediatas no sentido de conter essa desigualdade fática momentânea, que só desapareceria com o passar do tempo, à medida que houvesse o preenchimento do quadro de servidores responsáveis pela sua representação em juízo, em pé de igualdade com os particulares que figurassem no polo oposto da relação jurídica.

Ademais, o bem da vida em discussão nas causas em que a Fazenda Pública figura como parte estará sempre relacionado a um interesse público, portanto indisponível e passível de especial tutela em sua modalidade primária.[13]

A respeito, destaca Sayuri Imazawa que "a Fazenda Pública não pode ser considerada um litigante comum, uma vez que seus representantes não defendem interesses pessoais, particulares e disponíveis, mas interesses que no fundo concernem a toda coletividade".[14]

Desse modo, diante das peculiaridades do Poder Público em juízo, afigurou-se, em um primeiro momento, justificável (sem adentrar no mérito sobre a justiça ou não das prerrogativas processuais conferidas) a criação de um conjunto de medidas processuais e materiais tendentes a abolir eventuais diferenças entre a Administração e os administrados, conhecidas doutrinariamente como prerrogativas ou privilégios da Fazenda Pública.[15]

---

[13] Cumpre destacar aqui a existência da classificação do interesse público como primário ou secundário. O interesse público primário é aquele que traduz em si a atividade estatal relacionada ao bem comum, de natureza indisponível e atrelada diretamente aos interesses gerais da sociedade. O interesse público secundário, não albergado pela proteção especial da soberania e indisponibilidade, relaciona-se com as atividades praticadas pelo Estado como se um particular fosse.

[14] IMAZAWA, Sayuri. Aspectos práticos da atuação da União nos Juizados Especiais Federais. In: PAVANI, Sergio Augusto Zampol (Org.). *A União em juízo*. São Paulo: MP, 2005. p. 98.

[15] Destaque-se que a terminologia "privilégios" tem sido alvo de críticas por parte da doutrina, preferindo alguns referir-se ao termo "prerrogativas". Nesse sentido, Leonardo Carneiro da Cunha entende que: "Não se trata, a bem da verdade, de *privilégios*. Estes – os privilégios – consistem em vantagens sem fundamento, criando-se uma discriminação, com situações de desvantagens.

Pelo exposto, com a devida vênia, afigura-se bastante utópico e surreal o posicionamento de alguns doutrinadores no sentido de que não se sustentariam mais os argumentos sobre a falta de estrutura administrativa do Estado como justificativa para a existência de algumas prerrogativas processuais da Fazenda Pública.

A simples previsão constitucional do princípio da eficiência na Administração Pública não proporciona, por si só, o devido aparelhamento e o funcionamento dos serviços públicos em grau máximo de satisfação dos administrados. É verdade que ao administrador incumbe a obrigação de otimizar os meios disponíveis para que se atinja um resultado com a máxima qualidade. No entanto, não podemos menosprezar o fato de que o incremento das demandas judiciais, decorrente da ampliação do acesso à Justiça, não veio devidamente acompanhado dos recursos imprescindíveis para a correspondente prestação de serviços solicitada. A questão é muito mais complicada do que parece ser, pois também envolve decisões orçamentárias, políticas e sociais.

Seria demasiado injusto cobrar do administrador público um serviço de excelente qualidade sem que haja, concomitantemente, a disponibilização de recursos mínimos necessários para que o servidor desempenhe, com eficiência e qualidade de vida, o seu trabalho. Uma simples previsão normativa sobre a obrigatoriedade de prestação de serviços públicos com eficiência não é capaz de concretizar o princípio nela estatuído, sem que haja uma realidade fática compatível que possa proporcionar sua consolidação na prática.

Acrescente-se ainda a esse argumento o peculiar modo de funcionamento do aparelho estatal, que obriga os advogados públicos a seguirem vários entraves burocráticos, sem a mesma autonomia técnica exercida pelos advogados particulares, o que sem dúvidas gera desperdício de tempo, insuperável pela natureza dos interesses públicos que se fazem presentes na maioria dos casos.

A respeito disso, salienta Sayuri Imazawa que:

> Com a crescente complexidade do aparelho administrativo, cuja atuação emerge em todos os setores da vida nacional, e no emaranhado de órgãos componentes da macroestrutura da Administração Pública, frequentemente torna-se dificultosa a própria coleta de informações necessárias para a elaboração eficiente da defesa, que, não raramente, envolve consulta a órgãos administrativos diversos. Certamente, trata-se de uma realidade muito diferenciada daquela vivenciada pelos litigantes particulares.[16]

As 'vantagens' processuais conferidas à Fazenda Pública revestem o matiz de *prerrogativas*, eis que contêm fundamento razoável, atendendo, efetivamente, ao princípio da igualdade, no sentido aristotélico de tratar os iguais de forma igual e os desiguais de forma desigual" (CUNHA, Leonardo José Carneiro da. *A Fazenda Pública em juízo*. 2. ed. São Paulo: Dialética, 2005. p. 30).

[16] IMAZAWA, Sayuri. Aspectos práticos da atuação da União nos Juizados Especiais Federais. In: PAVANI, Sergio Augusto Zampol (Org.). *A União em juízo* cit., p. 98-99.

Por isso, revela-se mais adequado fazer uma crítica sobre as prerrogativas à Fazenda Pública calcada em dados reais sobre a existência ou não de melhoria no aparelhamento do Poder Público, sob pena de se infringir a isonomia processual.

4. INTERESSE PÚBLICO

A partir da constatação de que o direito à igualdade no processo seria o fator justificante para a existência das prerrogativas processuais, conferindo-se um tratamento desigual aos desiguais para que se mantenha uma relação de equilíbrio com paridade de armas entre os litigantes, observa-se que, em matéria de direito público processual, a necessidade de especial proteção ao interesse público seria outro importante fator para uma melhor análise sobre a constitucionalidade dessas normas.

Como já salientado no primeiro ponto do presente artigo, o direito processual moderno reclama uma revisão dos conceitos sobre o interesse público tutelado, para que então se atinja a real isonomia processual concebida no ordenamento jurídico brasileiro.

Portanto, a conceituação do interesse público no momento atual merece profunda reformulação, não sendo mais concebível ou justificável, em qualquer hipótese, sua definição tradicional a partir da simples presença do Estado como interessado ou titular dos direitos colocados em discussão.

Seguindo a adoção e concepção de um Estado Democrático de Direito, a noção de interesse público passa a se relacionar com a presença ou não de direitos fundamentais inerentes à dignidade da pessoa humana.

Doutrinariamente, ainda não se chegou a um consenso sobre o conceito de interesse público.

A exemplo disso, destaque-se a conceituação de Diogo de Figueiredo Moreira Neto, segundo o qual interesse público é um interesse metaindividual cometido pelo ordenamento jurídico ao Estado, que não pode ser resumido à soma de interesses individuais, sob pena de se adotar uma postura totalitária.[17]

Para Marçal Justen Filho, "o interesse é público não porque atribuído ao Estado, mas é atribuído ao Estado por ser público" com "dimensão essencialmente ética, atenta à pluralidade social e especialmente sensível ao princípio da dignidade da pessoa humana".[18] A partir de tal conceituação, extrai-se a neces-

---

[17] MOREIRA NETO, Diogo de Figueiredo. *Legitimidade e discricionariedade*: novas reflexões sobre os limites e controle de discricionariedade. 4. ed. Rio de Janeiro: Forense, 2001. p. 11-14.

[18] JUSTEN FILHO, Marçal. Conceito de interesse público e a 'personalização' do direito administrativo. *Revista Trimestral de Direito Público*, n. 26, São Paulo: Malheiros, 1999, p. 136.

Cap. 21 – IGUALDADE NO PROCESSO E FAZENDA PÚBLICA EM JUÍZO

sidade de se adentrar no conteúdo do interesse para que então se constate ou não sua natureza pública.

Afigura-se defensável e concebida por grande parte da doutrina a noção de interesse público também inserida nos interesses individuais. A existência de um direito fundamental ou relacionado à dignidade humana seria o elemento identificador de um interesse público, mesmo que presente em uma pretensão individual e não estatal.

Em obra sobre a Fazenda Pública em juízo, Helio do Valle Pereira tece valiosas considerações sobre o conceito de interesse público:

> Na realidade o interesse público aproxima-se dos valores superiormente encampados pela Constituição. Por isso, o interesse público não se opõe ao Estado, mas também com ele não se confunde. O Estado, em verdade, é um vetor do interesse público; instituição que há de estar voltada exclusivamente à sua consecução. Não está acima dele nem é a sua síntese. É mecanismo subserviente do interesse público. O interesse público é a soma impessoal dos interesses de todos componentes do grupo social. Não se trata de mera adição algébrica dos "interesses individuais", pois, sob este ângulo, há colisão e recíproca anulação. Cuida-se de perspectiva idealística, em que a pessoa é enfocada em face de sua inserção no contexto coletivo, jamais em consideração aos seus circunstanciais e isolados predicados.[19]

Destarte, em que pesem as diferenciações terminológicas acerca do conceito de interesse público, preferindo alguns classificá-lo como primário ou secundário, estatais ou particulares, individuais ou coletivos, pode-se afirmar que todas convergem para uma mesma direção, qual seja, a proteção de um direito fundamental ou qualquer direito imprescindível para a garantia da dignidade da pessoa humana.

Partindo-se dessa nova concepção de interesse público, afigura-se inaceitável, no tocante às prerrogativas da Fazenda Pública, admitir a criação ou a manutenção de normas processuais diferenciadoras no sistema jurídico, que tutelem exclusivamente os interesses do Estado, sem que estejam relacionados à ideia de proteção a um direito fundamental ou garantia da dignidade humana. Em igual sentido, dispõe Rogério Pacheco Alves que:

> Conclui-se que a ampliação da esfera pública acaba encontrando nas prerrogativas processuais do Poder Público um movimento de resistência, uma vez que no processo judicial a noção de interesse público se reduz à ideia de interesse de Estado, o que significa um inaceitável retrocesso ou, mais propriamente, uma negativa de avanço. Isso significa, de concreto, que a incidência *tout court* das prerrogativas e a tomada de decisões processuais em vista delas acaba produ-

---

[19] PEREIRA, Helio do Valle. *Manual da Fazenda Pública em juízo*. 2. ed. Rio de Janeiro: Renovar, 2006. p. 41.

zindo um afastamento entre o discurso jurídico e a realidade social, a qual hoje é nutrida, na composição da ideia de interesse público e de esfera pública, por diversos argumentos não estatais.[20]

Pelo exposto, adota-se como premissa para a existência das prerrogativas processuais da Fazenda Pública em juízo uma nova concepção de interesse público, intrinsecamente ligada ao seu conteúdo e aos valores constitucionalmente tutelados, que nem sempre se confundirá com a titularidade de um direito pelo Poder Público.

5. CONSIDERAÇÕES GERAIS SOBRE OS PRIVILÉGIOS PROCESSUAIS DA FAZENDA PÚBLICA EM JUÍZO

Os privilégios da Fazenda Pública em juízo podem estar relacionados a um direito eminentemente processual, dentre os quais se destacam:

a) não submissão aos efeitos da revelia quando a causa versar sobre direito indisponível, situação que alberga a maioria das demandas em face do Poder Público;

b) Regime de pagamento das condenações judiciais via expedição de precatório ou requisitório (em conformidade com as disposições previstas no art. 100 da Constituição da República[21]);

c) Prazos processuais privilegiados (em dobro para contestar e em quádruplo para recorrer,[22] nos termos do art. 188 do CPC[23]);

---

[20] ALVES, Rogério Pacheco. *As prerrogativas da administração pública nas ações coletivas* cit., p. 56-57.

[21] Art. 6.º da Lei 9.469/1997 – "Os pagamentos devidos pela Fazenda Pública federal, estadual ou municipal e pelas autarquias e fundações públicas, em virtude de sentença judiciária, far-se-ão, exclusivamente, na ordem cronológica da apresentação dos precatórios judiciários e à conta do respectivo crédito. § 1.º Parágrafo único. É assegurado o direito de preferência aos credores de obrigação de natureza alimentícia, obedecida, entre eles, a ordem cronológica de apresentação dos respectivos precatórios judiciários" (renumerado do parágrafo único pela Medida Provisória 2.226, de 04.09.2001).

[22] A regra do prazo privilegiado no ordenamento jurídico atual não se aplica aos procedimentos especiais, cingindo-se às demandas judiciais sob o rito ordinário, portanto regidas estritamente pelo Código de Processo Civil.

[23] Vale destacar que a Lei 9.469/1997 estendeu expressamente o prazo em dobro às autarquias e fundações públicas (Administração Indireta): Art. 10 da Lei 9.469/1997 – "Aplica-se às autarquias e fundações públicas o disposto nos arts. 188 e 475, *caput*, e no seu inciso II, do Código de Processo Civil". Também neste sentido, importante mencionar o Enunciado 116 da Súmula do STJ, que dispõe expressamente: "A Fazenda Pública e o MP têm prazo em dobro para interpor Agravo Regimental no STJ".

Cap. 21 – IGUALDADE NO PROCESSO E FAZENDA PÚBLICA EM JUÍZO

d) Reexame necessário das decisões que lhe forem desfavoráveis (art. 475, II, do CPC[24]) sem possibilidade de agravamento da decisão em desfavor da Fazenda Pública;[25]

e) Isenção de preparo recursal, custas e emolumentos (Lei 5.010/1966, art. 46; Lei 6.032/1974, art. 9.º, I; Lei Estadual 11.608/2003, art. 7.º; Lei 8.620/1993; e Lei 9.289/1996, art.4.º, I, e art. 10 da Lei 9.469/1997, que estendeu às autarquias a aplicação do art. 475 do Código de Processo Civil);

f) Regras especiais sobre execução contra a Fazenda Pública (art. 730 do CPC);

g) Intervenção anômala (art. 5.º da Lei 9.469/1997[26]);

h) Intimação pessoal dos representantes judiciais do Poder Público com dispensa de apresentação de mandato ou procuração nos autos;[27]

i) Restrições à concessão de liminares e tutela antecipada em face da Fazenda Pública (Leis 8.437/92 e 9.494/1997).

---

[24] Art. 475: "Está sujeita ao duplo grau de jurisdição, não produzindo efeito senão depois de confirmada pelo tribunal, a sentença: (Redação dada pela Lei 10.352, de 26.12.2001).
I – proferida contra a União, o Estado, o Distrito Federal, o Município, e as respectivas autarquias e fundações de direito público; (Redação dada pela Lei 10.352, de 26.12.2001).
II – que julgar procedentes, no todo ou em parte, os embargos à execução de dívida ativa da Fazenda Pública (art. 585, VI). (Redação dada pela Lei 10.352, de 26.12.2001).
§ 1.º Nos casos previstos neste artigo, o juiz ordenará a remessa dos autos ao tribunal, haja ou não apelação; não o fazendo, deverá o presidente do tribunal avocá-los. (Incluído pela Lei 10.352, de 26.12.2001).
§ 2.º Não se aplica o disposto neste artigo sempre que a condenação, ou o direito controvertido, for de valor certo não excedente a 60 (sessenta) salários mínimos, bem como no caso de procedência dos embargos do devedor na execução de dívida ativa do mesmo valor. (Incluído pela Lei 10.352, de 26.12.2001).
§ 3.º Também não se aplica o disposto neste artigo quando a sentença estiver fundada em jurisprudência do plenário do Supremo Tribunal Federal ou em súmula deste Tribunal ou do tribunal superior competente." (Incluído pela Lei 10.352, de 26.12.2001).

[25] Súmula 45 do STJ – "No reexame necessário, é defeso ao Tribunal agravar a condenação imposta à Fazenda Pública."

[26] "Art. 5.º. A União poderá intervir nas causas em que figurarem, como autoras ou rés, autarquias, fundações públicas, sociedades de economia mista e empresas públicas federais. Parágrafo único. As pessoas jurídicas de direito público poderão, nas causas cuja decisão possa ter reflexos, ainda que indiretos, de natureza econômica, intervir, independentemente da demonstração de interesse jurídico, para esclarecer questões de fato e de direito, podendo juntar documentos e memoriais reputados úteis ao exame da matéria e, se for o caso, recorrer, hipótese em que, para fins de deslocamento de competência, serão considerados partes."

[27] Nesse sentido é o art. 9.º da Lei 9.469/1997 – "A representação judicial das autarquias e fundações públicas por seus procuradores ou advogados, ocupantes de cargos efetivos dos respectivos quadros, independe da apresentação do instrumento de mandato."

Diante de tantas previsões legais conferindo tratamento privilegiado à Fazenda Pública em juízo, não é de estranhar que tais normas sejam constantemente criticadas na doutrina, fazendo-se sempre presentes em inúmeros debates no intuito de se promover sua futura exclusão do sistema processual.

Todavia, esse tema não é tão simples como parece, razão pela qual merece especial estudo para que se possa aferir efetivamente sua razoabilidade no mundo jurídico, na medida em que a exclusão das prerrogativas da Fazenda Pública, verdadeiro desdobramento da busca pela isonomia processual, somente se justificaria a partir de uma eventual constatação do fenômeno da inconstitucionalidade progressiva das normas.

5.1. Estudo dos privilégios processuais da Fazenda Pública em juízo à luz dos princípios constitucionais

Como já aventado anteriormente, a análise sobre a justiça e razoabilidade das normas que conferem tratamento diferenciado à Fazenda Pública depende de um prévio estudo sobre os princípios constitucionais envolvidos, com destaque para a Isonomia e a Razoabilidade.

Ab initio, esclareça-se que em sede processual não se demonstra adequado invocar o "Princípio da Supremacia do Poder Público" como justificativa para a existência das prerrogativas processuais da Fazenda Pública. Isso se deve ao fato de não existir no plano processual qualquer norma nesse sentido, o que torna evidente que a especial proteção do erário em juízo está, de fato, intrinsecamente ligada à necessidade de se conferir equilíbrio às partes litigantes, bem como pela natureza do direito discutido, que, tratando-se de ente público, na grande parte dos casos cuida-se de um interesse público primário, portanto indisponível e acobertado pela garantia da indisponibilidade.

Nesse sentido, Leonardo José Carneiro da Cunha salienta que a inexistência de norma constitucional que contemple a supremacia do interesse público evidencia que sua concepção origina-se "de uma ideia antiga e praticamente universal, segundo a qual se deve conferir prevalência ao coletivo em detrimento do individual".[28]

Para Daniel Sarmento a supremacia do interesse público:

(...) baseia-se numa compreensão equivocada da relação entre pessoa humana e Estado, francamente incompatível com o *leitmotiv* do Estado Democrático de Direito, de que as pessoas não existem para servir aos poderes públicos ou à sociedade política, mas, ao contrário, estes é que se justificam como meios para a proteção e promoção dos direitos humanos.[29]

---

[28] CUNHA, Leonardo José Carneiro da. *A Fazenda Pública em juízo* cit., 2005. p. 28.

[29] SARMENTO, Daniel. Interesses Públicos *vs.* Interesses privados na perspectiva da teoria e da filosofia constitucional. In: SARMENTO, Daniel (Org.). *Interesses públicos versus interesses pri-*

Cap. 21 – IGUALDADE NO PROCESSO E FAZENDA PÚBLICA EM JUÍZO

Desta feita, tem-se que o verdadeiro e único princípio norteador da criação normativa de prerrogativas à Fazenda Pública em juízo é indubitavelmente o da isonomia. Todavia, com o passar do tempo, nada impede que essa situação presumida de desequilíbrio em desfavor do Poder Público seja revista, assim como ocorre em várias outras relações jurídicas processuais. Adentra-se, dessa forma, no questionamento sobre a inconstitucionalidade progressiva das normas, mencionado anteriormente.

Para a melhor compreensão da inconstitucionalidade progressiva das normas, vale relembrar o questionamento sobre a legitimidade do Ministério Público para o ajuizamento de ações "ex delicto", embasadas no art. 68 do Código de Processo Penal. Na medida em que se criou a Defensoria Pública como órgão representativo dos necessitados em juízo, na forma do art. 5.º da Constituição da República de 1988, a norma prevista no citado dispositivo do CPP passou a padecer de inconstitucionalidade progressiva, pois não haveria mais necessidade de intervenção do Ministério Público quando houvesse garantia efetiva de defesa técnica dos economicamente hipossuficientes.[30]

No que diz respeito à Fazenda Pública em juízo, com o passar do tempo a defesa técnica antes promovida exclusivamente pela Procuradoria-Geral da República e advogados particulares contratados pela Administração passou a ser realizada por órgãos de representação judicial especialmente criados para tal finalidade, tendo-se o advento de Procuradorias Especializadas em todas as unidades da federação – federais, estaduais e municipais – com quadro próprio de servidores públicos devidamente investidos na carreira por concurso de provas e títulos, e notória especialização, de acordo com a matéria ou o ente representado.

O aparelhamento da Advocacia Pública em geral ainda se demonstra bastante insuficiente para o atendimento de todas as demandas judiciais, o que se justifica pelo fato de essas carreiras terem sido criadas e expandidas há muito pouco tempo, bem como pelo fato de o Poder Público ser um dos maiores litigantes.

A respeito, salienta Leonardo Carneiro da Cunha que:

> Ora, a Fazenda Pública, que é representada em juízo por seus procuradores, não reúne as mesmas condições que um particular para defender seus interesses em juízo. Além de estar defendendo o interesse público, a Fazenda Pública mantém uma burocracia inerente à sua atividade, tendo dificuldade de ter acesso aos fatos, elementos e dados da causa. O volume de trabalho que cerca os advogados públi-

---

vados: desconstruindo o princípio de supremacia do interesse público. Rio de Janeiro: Lumen Juris, 2007. p. 27.

[30] Nesse sentido: STF, RE 135.328, rel. Min. Marco Aurélio de Mello; STJ, RESP 58.658, rel. Min. Barros Monteiro.

cos impede, de igual modo, o desempenho de suas atividades nos prazos fixados para os particulares.

Demais disso, enquanto um advogado particular pode selecionar suas causas, recusando aquelas que não lhe convêm, o advogado público não pode declinar de sua função, deixando de proceder à defesa da Fazenda Pública.[31]

Por outro lado, não podemos ignorar que, neste intervalo de tempo transcorrido desde a promulgação da Constituição da República de 1988 até o cenário atual, surgiram inúmeras inovações no ordenamento processual brasileiro, podendo-se citar como exemplo o incidente de demandas repetitivas, a repercussão geral no Supremo Tribunal Federal, a implementação do processo eletrônico, o julgamento antecipado da lide com base no art. 285-A do CPC e a criação de Juizados Especiais Federais e Fazendários. Esses fatores certamente alteraram a realidade do Poder Público em juízo, tornando, em alguns casos, questionável a constitucionalidade de normas instituidoras de privilégios ao erário.

Nesse contexto, surge um segundo princípio indispensável para uma análise exauriente sobre a constitucionalidade das normas em questão, qual seja, o da razoabilidade. Por meio desse princípio é possível ao intérprete analisar concretamente a aplicação de uma norma, e sua necessidade, adequação e proporcionalidade, formando-se ao final um juízo sobre sua incidência.

Com isso, resta evidente que as prerrogativas da Fazenda Pública nem sempre ocasionam situação de desequilíbrio, bem como nem sempre promovem a igualdade entre as partes tão perquirida. Todavia, não existe uma fórmula matemática capaz de abalizar quais situações merecem ou não especial proteção do erário, relegando-se tal ponderação ao estudo de casos concretos.

Pelo exposto, torna-se defensável que, em caso de dúvida quanto à constitucionalidade de uma norma diferenciadora, melhor mantê-la em nosso ordenamento, abrindo-se ao aplicador do direito a possibilidade de avaliar sua incidência caso a caso, tendo como norteadores os princípios da isonomia e da razoabilidade, para que se possa aferir, eventualmente, uma situação de inconstitucionalidade progressiva, que, uma vez constatada, justificaria o afastamento da norma protetiva ao erário.

5.2. Imunidade aos efeitos da revelia

A revelia ocorre com a citação válida do réu sem a correspondente apresentação de defesa ou resposta no prazo legalmente estipulado, ou com a constatação de incapacidade processual ou a irregularidade da representação das partes sem que sua regularização seja providenciada tempestivamente.

---

[31] CUNHA, Leonardo Carneiro da. *A Fazenda Pública em juízo*. São Paulo: Dialética, 2012. p. 33.

Cap. 21 – IGUALDADE NO PROCESSO E FAZENDA PÚBLICA EM JUÍZO

Todavia, os efeitos da revelia dizem respeito especificamente à situação em que o réu, regularmente citado, não apresenta sua contestação em juízo.

Nesse sentido, estabelece o art. 319 do CPC que se o réu não contestar a ação, reputar-se-ão verdadeiros os fatos afirmados pelo autor. Cuida-se de um efeito material da revelia, dada sua capacidade de interferir estritamente na apreciação do mérito pelo magistrado.

Além do efeito material, a revelia também é capaz de produzir dois efeitos processuais: o art. 322 do CPC estabelece que ao revel que não tenha patrono nos autos correrão os prazos independentemente de intimação, a partir da publicação de cada ato decisório, e o art. 330, II, do CPC autoriza o julgamento antecipado da lide quando ocorrer a revelia na forma do art. 319 do CPC.

Estabeleceu o legislador no art. 320 do CPC[32] algumas situações em que a revelia não induz os seus efeitos, destacando-se o inciso II do dispositivo, que elenca neste rol os litígios que versem sobre direitos indisponíveis.

Pelos mesmos motivos que não permitem a aplicação dos efeitos da revelia à Fazenda Pública, não se encontra o Poder Público sujeito ao ônus da impugnação especificada, inexistindo, portanto, a hipótese de serem considerados verdadeiros os fatos não impugnados pela parte ré, regra que se depreende da norma prevista no art. 302, parágrafo único, do Código de Processo Civil.

Destarte, considerando que as causas em que figurem a Fazenda Pública em um de seus polos contemplam, em regra, a existência de um direito indisponível, *in casu*, consolidado pelo interesse público que sempre se faz presente nesses casos, admite-se habitualmente, sem ressalvas, que a Fazenda Pública não sofre os efeitos da revelia.

No entanto, tal assertiva merece reparos. De fato, grande parte das demandas em face do Poder Público envolve uma discussão sobre direitos absolutamente indisponíveis.

Por outro lado, como já salientado anteriormente, o conceito moderno de interesse público torna obrigatória uma revisão dessas premissas na medida em que sua identificação não se restringe mais à titularidade de um direito pelo Estado.

Para a maior parte da doutrina, a aplicação do art. 320, II, do CPC restringe-se às causas em que o objeto litigioso esteja relacionado a um interesse público primário, ou seja, a um interesse que se refere às necessidades básicas e primordiais da sociedade. Em contraposição aos interesses primários, os inte-

---

[32] Art. 320. "A revelia não induz, contudo, o efeito mencionado no artigo antecedente:

I – se, havendo pluralidade de réus, algum deles contestar a ação;

II – se o litígio versar sobre direitos indisponíveis;

III – se a petição inicial não estiver acompanhada do instrumento público, que a lei considere indispensável à prova do ato."

resses secundários seriam aqueles de caráter instrumental, ou seja, relacionados à operacionalização das atividades finalísticas do Estado, seus atos, contratação de pessoal, serviços etc.

Vislumbra-se, dessa forma, que a exclusão do efeito da revelia para o Poder Público em juízo limita-se a conferir especial proteção ao interesse público relacionado à realização de direitos fundamentais, em tutela da dignidade da pessoa humana. Não se busca privilegiar, de forma alguma, qualquer interesse particular, mesmo que originário de um ente estatal.

Portanto, não se extrai da norma prevista no art. 320, II, nenhuma prerrogativa exclusiva da Fazenda Pública potencialmente ofensiva à regra da isonomia processual, uma vez que se trata de proteção a direito indisponível, aqui entendido como aquele decorrente de interesse público sob a moderna concepção exaustivamente referida ao longo do presente trabalho.

5.3. Prazos processuais privilegiados

Como regra geral, a Fazenda Pública possui prazo em quádruplo para contestar e em dobro para recorrer (art. 188 do CPC), benefício que é estendido expressamente às autarquias e fundações públicas em função da norma prevista no art. 10 da Lei 9.494/1997.

Leonardo Carneiro da Cunha destaca que, por analogia e raciocínio lógico, considerando-se que o art. 188 faz menção expressa apenas ao termo contestação, deixando de mencionar outras formas de respostas do réu, admite-se pela doutrina e jurisprudência a incidência do prazo em quádruplo à reconvenção, apresentação de exceções processuais e propositura da ação declaratória incidental.[33]

Em sede recursal, o prazo em dobro é concedido à Fazenda Pública, incluindo-se os agravos interno e regimental,[34] não sendo estendido a outros atos impugnativos tais como as ações autônomas de impugnação, da qual o mandado de segurança é espécie.

Importante salientar que a aplicação dos prazos dilatados previstos no art. 188 do CPC restringe-se aos procedimentos regidos exclusivamente pela Lei 5.869/1973, logo, inaplicável aos processos regidos pelo procedimento sumário ou sob rito especial, tais como os procedimentos regidos pelas Leis 10.259/2001 (Juizados Especiais Federais) e 12.153/2009 (Juizados Especiais da Fazenda Pública no âmbito dos Estados, Municípios, Distrito Federal e Territórios).

Mesmo diante de tal limitação procedimental aos prazos dilatados, são inúmeras as críticas doutrinárias ao tratamento diferenciado em favor da Fazenda

---

[33] CUNHA, Leonardo José Carneiro da. *A Fazenda Pública em juízo* cit., 2005. p. 43.

[34] Idem, p. 42.

Cap. 21 – IGUALDADE NO PROCESSO E FAZENDA PÚBLICA EM JUÍZO

Pública em juízo, alegando-se, repetidamente, verdadeira violação à isonomia processual.

Por oportuno, merecem registros as ponderações de Ada Pellegrini Grinover ao expor as razões que justificam a existência dos prazos diferenciados a favor da Fazenda Pública:

> Analisando o benefício de prazo, como prerrogativa concedida à Fazenda e ao Ministério Público, vê-se que é ela instituída exatamente com organização e fins do Estado moderno. Os prazos fixados à Fazenda Pública e ao órgão do MP são mais amplos, justamente em obediência ao princípio da igualdade real e proporcional, que impõe tratamento desigual aos desiguais, para nivelá-los na igualdade substancial. Se as partes não litigam em igualdade de condições, o benefício de prazo se justifica, na medida necessária ao restabelecimento da verdadeira isonomia. A Fazenda, em virtude da complexidade dos serviços estatais e da necessidade de formalidades burocráticas; o Ministério Público, com vistas à distância das fontes de informação e de provas, há de contar com o benefício da dilatação dos prazos, para efeito do equilíbrio processual.[35]

Em defesa do prazo dilatado em favor da Fazenda Pública, Rita de Cássia Zuffo Gregório aduz que, além do fato de se tratarem de direitos indisponíveis, há ainda o notório volume de processos em que são partes os entes públicos, bem como pelo quadro de seus advogados e procuradores, pequeno em proporção ao volume de processos cometidos a cada profissional.[36]

Na mesma direção, afirma Egas Dirceu Moniz de Aragão que a prerrogativa do prazo em quádruplo para contestar "embora constitua uma regalia, (...) em verdade a Administração Pública depende de um complicado e emperrado mecanismo burocrático, que não funciona com a rapidez necessária a possibilitar a seus advogados contestarem uma ação no prazo normal de 15 dias. (...) As mesmas dificuldades, conquanto amenizadas, se apresentam à hora de a Fazenda recorrer, o que explica a duplicação, apenas, do prazo".[37]

A dificuldade de o advogado público realizar a defesa do ente público sem o prazo dilatado torna-se ainda mais evidente em sede de juizados especiais. A ausência da benesse do maior prazo para contestar e recorrer no rito especial só ainda não tornou impraticável a atuação em juízo do advogado público em razão da informatização do processo, que é uma contrapartida capaz de otimizar o tempo dispensado para a protocolização de peças jurídicas, evitando-se

---

[35] GRINOVER, Ada Pellegrini. Benefício do prazo. *Revista Brasileira de Direito Processual*, v. 19, 1979, p. 13.

[36] GREGÓRIO, Rita de Cássia Zuffo. A União como sujeito do processo. In: PAVANI, Sergio Augusto Zampol (Org.). *A União em juízo* cit., p. 124.

[37] ARAGÃO, Egas Dirceu Moniz de. *Comentários ao Código de Processo Civil*. Rio de Janeiro: Forense, 1973. v. 2, p. 113.

o constante deslocamento dos profissionais para efetuar consultas aos autos e diligências. Por isso, também se torna defensável que os juizados especiais, por sua especial tramitação célere e informal, não sejam utilizados para o processamento de pretensões jurídicas mais complexas.

Todavia, os mesmos entraves burocráticos e operacionais que conduzem à defesa sobre a existência dos prazos dilatados em benefício da Fazenda Pública são capazes de tornar questionável a desigualdade de tratamento em relação aos particulares litigantes, que também podem enfrentar dificuldades semelhantes para a formação e instrução das peças jurídicas.

Para Alfredo Buzaid, por ocasião da elaboração do anteprojeto que antecedeu o atual Código de Processo Civil, para falar nos autos deveriam ter o representante da Fazenda Pública e o órgão do Ministério Público prazo igual ao das partes.[38]

Em igual sentido, José Augusto Delgado defende que a isonomia "tem força absoluta e integral", não restando justificáveis tratamentos diferenciados à Fazenda Pública com vantagens exclusivas, como é o caso dos prazos processuais dilatados e o duplo grau de jurisdição.[39]

Não deixam de ter razão os eminentes juristas, pois a diferenciação de prazos para a prática de atos processuais pode realmente causar um desequilíbrio indesejável entre as partes litigantes.

Entretanto, tal crítica não seria suficiente para que fossem elididos os prazos dilatados para contestar e recorrer em favor da Fazenda Pública, tal como estatuídos originalmente no art. 188 do Código de Processo Civil.

A estipulação de prazos curtos para a prática de atos processuais no intuito de se promover a celeridade não é uma prática eficiente, pois a ausência de prazos razoáveis para que ambas as partes façam a colheita de informações e produzam provas acarreta, ao revés, um verdadeiro entrave ao andamento processual, ocasionando constantes idas e vindas na marcha processual para sanar eventuais lacunas.

Por essa razão, resta evidente que seria melhor ao ordenamento processual que, em lugar do combate à prerrogativa da Fazenda Pública de ter prazos dilatados, se defenda a adoção de prazos processuais concernentes à instrução e saneamento do processo em benefício de todos, sejam entes públicos ou particulares, pois só dessa forma serão eliminados atos processuais posteriores desnecessários, propiciando-se uma maior eficiência nas fases imprescindíveis à formação do convencimento do magistrado.

---

[38] ALVES, Rogério Pacheco. *As prerrogativas da administração pública nas ações coletivas* cit., p. 69.

[39] DELGADO, José Augusto. A supremacia dos princípios nas garantias processuais do cidadão. *Revista de Informação Legislativa*, ano 31, n. 123, 1994, p. 43.

Cap. 21 – IGUALDADE NO PROCESSO E FAZENDA PÚBLICA EM JUÍZO

Cuida-se apenas de uma mudança de enfoque. Em vez de se buscar a isonomia processual eliminando um benefício à Fazenda Pública, revela-se mais eficiente e adequada a busca de sua implementação para todos os litigantes, pois, de fato, os prazos processuais atualmente concebidos pelo nosso ordenamento são, em grande parte, insuficientes.

Com isso, conclui-se pela razoabilidade dos prazos dilatados à Fazenda Pública, restando a correção de eventual situação de desequilíbrio solucionada pela extensão da benesse aos particulares litigantes.

5.4. Reexame necessário com proibição da *reformatio in pejus*

Por força do art. 475, I e II, do Código de Processo Civil, as sentenças proferidas contra o Poder Público e aquelas que acolham, no todo ou em parte, os embargos à execução fiscal estão obrigatoriamente sujeitas ao duplo grau de jurisdição, não produzindo efeitos senão após confirmação do tribunal.

Destarte, mesmo que não haja interposição de recurso pelo representante do ente público, os autos serão remetidos ao tribunal por ordem do juiz ou, na ausência desta, por avocação do tribunal, permitindo a reapreciação da matéria em instância superior em razão do interesse público envolvido.[40]

Havendo reexame necessário é vedada a *reformatio in pejus*, conforme estabelece a Súmula 45 do Superior Tribunal de Justiça, uma vez que a ideia da medida repousa em especial proteção ao Poder Público, não havendo falar em prejuízo.[41]

Vale destacar que o Código de Processo Civil exclui expressamente o reexame necessário nas causas em que a condenação for inferior a sessenta salários mínimos,[42] bem como nas situações em que a condenação da Fazenda Pública se fundar em jurisprudência do plenário do Supremo Tribunal Federal, ou em súmula de Tribunais Superiores.[43]

O art. 12 da Medida Provisória 2.180-35/2001 também estabelece exceção ao reexame necessário, dispondo que as sentenças proferidas contra a União, suas autarquias e fundações públicas não se sujeitam ao duplo grau de jurisdição obrigatório quando a respeito da controvérsia o Advogado-Geral da União ou

---

[40] DI PIETRO, Maria Sylvia Zanella. *Direito administrativo*. 16. ed. São Paulo: Atlas, 2003. p. 619.

[41] CUNHA, Leonardo José Carneiro da. *A Fazenda Pública em juízo* cit., 2005. p. 163.

[42] Art. 475, § 2.º, do CPC: "Não se aplica o disposto neste artigo sempre que a condenação, ou o direito controvertido for de valor certo não excedente a 60 (sessenta) salários mínimos (...)".

[43] Art. 475, § 3.º, do CPC: "Também não se aplica o disposto neste artigo quando a sentença estiver fundada em jurisprudência do plenário do Supremo Tribunal Federal ou em súmula deste Tribunal ou do tribunal superior competente". (Incluído pela Lei 10.352, de 2001).

outro órgão administrativo competente houver editado súmula ou instrução normativa determinando a não interposição de recurso voluntário.

Por fim, o art. 19 da Lei 10.522/2002 excepciona a regra do reexame necessário em relação às matérias que, em virtude de jurisprudência pacífica do Supremo Tribunal Federal, ou do Superior Tribunal de Justiça, sejam objeto de ato declaratório do Procurador-Geral da Fazenda Nacional, aprovado pelo Ministro de Estado da Fazenda.

Há uma vertente doutrinária que demonstra a utilidade do instituto, como forma de legitimação das decisões judiciais definitivas. A respeito, ilustra o eminente processualista José Carlos Barbosa Moreira que "a justificativa política do princípio tem invocado a maior probabilidade de acerto decorrente da sujeição dos pronunciamentos judiciais ao crivo da revisão" sendo "dado da experiência comum que uma segunda reflexão acerca de qualquer problema frequentemente conduz a mais exata conclusão".[44]

Pela mesma razão, defende-se na doutrina que as decisões judiciais seriam qualitativamente melhores se proferidas por um órgão colegiado, pois as diferenças de experiências, pontos de vista e opiniões de cada magistrado conduziriam à formação de um consenso sobre a solução de determinada questão jurídica, muito mais aproximada da realidade dos fatos, com maior grau de precisão rumo à pacificação social almejada.

Para Gabriel Rezende Filho, "a apelação necessária não é propriamente um recurso, antes uma providência legal ditada por motivos relevantes de ordem pública", uma vez que os interesses públicos "são, muitas vezes, sacrificados em juízo, seja por descuido de seus procuradores, seja pela morosidade ou displicência dos funcionários encarregados de fornecer aos procuradores os elementos necessários à dedução da defesa".[45]

Para a corrente doutrinária que sustenta a inconstitucionalidade do reexame necessário, esse vício decorre de sua incompatibilidade com a garantia prevista no art. 5.º, XXXV, da Constituição. A função do Poder Judiciário não consiste em fazer prevalecer sistematicamente o interesse do Estado, mas sim daquele que tem o seu interesse protegido por lei, seja ele um ente estatal ou particular.

A sobrevivência do reexame necessário residiria em uma falta de confiança do Estado nos seus juízes e procuradores, razão pela qual, na prática, muitos se referem ao duplo grau obrigatório como "reconhecimento formal de incompetência dos magistrados e representantes públicos", com sério comprometimento à celeridade processual, consequentemente gerando uma sobrecarga de recursos

---

[44] BARBOSA MOREIRA, José Carlos. *Comentários ao Código de Processo Civil*. Rio de Janeiro: Forense, 1973. v. 5, p. 195.

[45] REZENDE FILHO, Gabriel. *Curso de direito processual civil*. 5. ed. anot., cor. e atual. por Benvindo Aires. São Paulo: Saraiva, 1960. v. 3, p. 93.

Cap. 21 - IGUALDADE NO PROCESSO E FAZENDA PÚBLICA EM JUÍZO

levados para apreciação pelos tribunais, que serviriam como verdadeiros órgãos revisores em prol da Fazenda Pública.

Assim, diz-se também que o reexame necessário pode propiciar um movimento de inclusão de demandas inconsistentes por parte dos entes públicos, dada a dúplice garantia recursal que os colocaria em uma posição de conforto e nítida vantagem em relação ao seu *ex adverso*.

Faz todo o sentido a crítica ao reexame necessário. Em igual direção, observa-se que o projeto do novo Código de Processo Civil, oriundo do anteprojeto elaborado por Comissão de Juristas presidida pelo Ministro Luiz Fux, traz consigo previsão normativa elevando o patamar máximo para dispensa do reexame necessário para mil salários mínimos.

E, também em descompasso com a necessidade do reexame necessário no ordenamento processual brasileiro, nota-se que o sistema recursal adotado concede prazo em dobro para a Fazenda Pública recorrer, sendo tal revisão uma vantagem redundante. Se a concessão do prazo em dobro para recorrer já consiste em uma forma de trazer equilíbrio à relação processual envolvendo um ente público, a benesse do reexame necessário, incidente sobre o mesmo aspecto, representaria um excesso, ocasionando ao revés um desequilíbrio em detrimento do particular que litiga com a Fazenda Pública.

Pelo exposto, nesse ponto, revela-se mais adequado à realidade constitucional brasileira posicionamento contrário à existência do reexame necessário, sendo bastante razoável sua expurgação do sistema processual brasileiro, mesmo que de forma gradual, tal como pretende o anteprojeto do Código de Processo Civil.

5.5. Isenção de preparo, custas e emolumentos

Determina o art. 27 do CPC que as despesas dos atos processuais efetuados a requerimento do Ministério Público ou da Fazenda Pública serão pagas ao final pela parte vencida.

O art. 1.º-A da Lei 9.494/1997 prevê expressamente a dispensa de depósito prévio para interposição de recurso às pessoas jurídicas de direito público federais, estaduais, distritais e municipais.

E, no que diz respeito ao depósito especial na propositura de ação rescisória, o art. 488, parágrafo único, do CPC traz expressa dispensa dessa obrigação em favor da União, Estado, Município e Ministério Público.

Em relação aos honorários do perito em caso de perícia requerida pela Fazenda Pública na esfera estadual, não há tratamento diferenciado, logo, resta ao Poder Público a obrigação de efetuar o seu pagamento antecipado em dinheiro, mediante recolhimento à Justiça Estadual de guia judicial de depósito.[46]

---

[46] CUNHA, Leonardo José Carneiro da. *A Fazenda Pública em juízo* cit., 2005. p. 90.

Na esfera federal, esse recolhimento é feito via levantamento de requisitório de pagamento, em valor estimado pelo juízo.

No que tange aos honorários advocatícios, em razão da norma prevista no § 4.º do art. 20 do CPC, a jurisprudência[47] dos tribunais brasileiros vem consolidando entendimento no sentido de ser possível a fixação dos honorários advocatícios contra a Fazenda Pública em valor inferior a 10% do valor da condenação, isto é, abaixo do percentual mínimo.

Entretanto, como bem destacou Leonardo Carneiro da Cunha, não há necessidade de fixação das verbas honorárias em valor inferior ao percentual mínimo, podendo o juiz estabelecer a condenação em valor líquido, limitado a 20% do montante da condenação, desde que seja suficiente para "bem remunerar o trabalho desenvolvido pelo advogado e, de outro lado, apto a não gerar um impacto significativo no Erário".[48]

Por fim, destaque-se a mais nova prerrogativa da Fazenda Pública estatuída pela Lei 11.960/2009, que passou a contemplar no seu art. 5.º que:

> Nas condenações impostas à Fazenda Pública, independentemente de sua natureza e para fins de atualização monetária, remuneração do capital e compensação da mora, haverá a incidência uma única vez, até o efetivo pagamento, dos índices oficiais de remuneração básica e juros aplicados à caderneta de poupança.

Cuida-se de regra especial que torna a fixação de juros de mora e correção monetária muito menos agressiva aos cofres da Fazenda Pública.

Pode-se afirmar que se registra na doutrina certa resistência em relação à isenção de custas recursais em favor da Fazenda Pública, que, embora seja arcada do ponto de vista econômico, em regra, pelo próprio ente estatal ao gerir os órgãos de prestação jurisdicional, gerariam por outro lado, se absolutas, uma suposta onda de interposição de recursos "desarrazoados".

Nesse sentido, aduz Cássio Scarpinella Bueno:

> Não posso admitir, a título algum, que o novo dispositivo [referindo-se ao art. 1.º-A da Lei 9.494/1997[49]] pretenda conceder tal isenção às pessoas públicas que indica, autorizando-as, consequentemente, a interpor recursos os mais desarrazoados possíveis (porque desafinados com as tendências jurisprudenciais e sem motivos novos e relevantes) e com nítido intuito procrastinatório e não responder, imediatamente, por tais atos. (...) Até porque (...) a interposição desarrazoada e desvairada dos recursos – afinal, recorrer não custa nada – significaria, mais concretamente, a inviabilidade de início da "execução" das decisões condenatórias (isto é, pagamento

---

[47] Nesse sentido, ver EDREsp 101.494/SP, rel. Min. Laurita Vaz, j. 19.11.2002.

[48] CUNHA, Leonardo José Carneiro da. *A Fazenda Pública em juízo* cit., 2005. p. 95.

[49] Art. 1.º-A da Lei 9.494/1997: "Estão dispensadas de depósito prévio, para interposição de recurso, as pessoas jurídicas de direito público federais, estaduais, distritais ou municipais".

Cap. 21 – IGUALDADE NO PROCESSO E FAZENDA PÚBLICA EM JUÍZO

de dinheiro) contra o Poder Público, impensável à luz da ordem constitucional brasileira (...) Parece-me que esse depósito prévio não pode ser o preparo recursal. Isso porque as mesmas pessoas de direito público (...) estão dispensadas do pagamento de preparo recursal, como disciplina o § 1.º do art. 511 do CPC. Assim sendo, esse depósito prévio só pode ser o correspondente aos custos relativos ao porte de remessa e de retorno dos autos.

Certamente não é objetivo do legislador, com a isenção de preparo recursal pela Fazenda Pública (incluídos agora também a isenção sobre o pagamento dos custos relativos ao porte de remessa e retorno dos autos), incentivar uma série de recursos interpostos sem qualquer fundamento, dada a benesse em questão.

Até porque, ao lado da possibilidade de interposição do recurso voluntário, na maioria dos casos, os autos automaticamente são remetidos ao Tribunal em reexame necessário. Ademais, a cada recurso interposto e não provido pelo Tribunal, retorna-se ao erário público a obrigação de adimplir uma condenação bem mais onerosa, uma vez acrescida de juros de mora e correção monetária correntes ao longo do julgamento em segunda instância, além dos honorários sucumbenciais majorados.

Justamente por essa razão, com destaque para os processos em tramitação nos juizados especiais federais, que não trazem em si condenação a honorários advocatícios na primeira instância, a Advocacia-Geral da União autorizou por meio da Portaria AGU 915, de 16 de setembro de 2009, e do art. 6.º. § 2.º, do Ato Regimental AGU 1, de 2 de julho de 2008, em determinadas situações, a dispensa de interposição de recursos pelos advogados públicos federais, após análise da relação custo-benefício sobre o recurso voluntário potencialmente manejado.

Em relação à fixação de honorários advocatícios e periciais, sua valoração restringe-se à apreciação equitativa pelo juiz, com correlação da quantidade e da qualidade dos serviços prestados, não servindo a presença do Poder Público como único elemento definidor de sua dimensão.

5.6. Regras especiais para a execução contra a Fazenda Pública. Regime de pagamento das condenações judiciais via expedição de precatório ou requisitório

Ao adentrar no estudo da execução contra a Fazenda Pública no sistema constitucional brasileiro, aduz Gilson Delgado Miranda que o fator determinante para o regramento específico ora aludido reside na "identificação do atributo especial que contém o bem público" motivado pelos princípios da continuidade do serviço público e da isonomia.[50]

---

[50] MIRANDA, Gilson Delgado. A execução contra a Fazenda Pública no sistema constitucional brasileiro. In: FUX, Luiz; NERY JR., Nelson; WAMBIER, Teresa Arruda Alvim (Coord.). *Processo*

Como regra, os bens públicos revestem-se das características da impenhorabilidade e da inalienabilidade por força da própria Constituição, portanto não são passíveis de expropriação.

Nesse sentido, dispõe o art. 100 do Código Civil Brasileiro que "os bens públicos de uso comum do povo e os de uso especial são inalienáveis enquanto conservarem sua qualificação, na forma que a lei determinar". Em igual direção, o art. 649, I, do Código de Processo Civil consolidou que são absolutamente impenhoráveis os bens inalienáveis.

Em apertada síntese, a execução contra a Fazenda Pública difere-se do procedimento executório ordinário pela existência das seguintes regras: a) prazo de trinta dias para propor embargos, a partir da juntada do mandado de citação do ente público na forma dos arts. 741 e 745 do CPC; b) obrigatoriedade de pagamento via expedição de precatório, na forma do art. 100 da Constituição da República, ressalvados os créditos de pequeno valor, que podem ser pagos via Requisitório de Pequeno Valor (RPV) e, por fim, c) vedação à execução provisória em face da Fazenda Pública por força do art. 100, § 1.º, da Constituição da República, que menciona expressamente a necessidade de "sentenças transitadas em julgado".

Com relação à atualização monetária e os juros no pagamento dos precatórios, só é necessária a expedição de precatório complementar para a cobrança de juros moratórios do período posterior ao exercício em que deveria ser pago.

Hodiernamente, já resta pacificado pela jurisprudência do Supremo Tribunal Federal e do Superior Tribunal de Justiça que os créditos de natureza alimentícia também estão sujeitos à sistemática dos precatórios,[51] embora possuam preferência na ordem cronológica de pagamento, formando-se assim duas ordens cronológicas de pagamento: a primeira, para os créditos de natureza alimentícia, e a segunda, para os créditos de natureza diversa.[52]

No tocante ao questionamento sobre a prerrogativa de a Fazenda Pública ser submetida a um regramento especial para sua execução em obrigações de pagar quantia certa, as críticas doutrinárias se voltam de forma mais contundente contra a previsão constitucional do regime dos precatórios, que também impede a execução provisória das sentenças condenatórias.

---

e Constituição: estudos em homenagem ao professor José Carlos Barbosa Moreira. São Paulo: RT, 2006. p. 798.

[51] Súmula 144 do STJ: "Os créditos de natureza alimentícia gozam de preferência, desvinculando os precatórios da ordem cronológica dos créditos de natureza diversa".

[52] Nas lições de Maria Sylvia Zanella Di Pietro, "esse processo não se aplica (...) aos débitos de natureza alimentícia, que compreendem, nos termos do § 1.º-A, (...) aqueles 'decorrentes de salários, vencimentos, proventos, pensões e suas complementações, benefícios previdenciários e indenizações por morte ou invalidez, fundadas na responsabilidade civil, em virtude de sentença transitada em julgado". DI PIETRO, Maria Sylvia Zanella. *Direito administrativo* cit., p. 620.

Cap. 21 – IGUALDADE NO PROCESSO E FAZENDA PÚBLICA EM JUÍZO

Como exemplo disso, no entendimento de Gilson Delgado Miranda:

O Poder Público já é demasiadamente protegido: prazo em quádruplo para responder e em dobro para recorrer, prerrogativa de foro, reexame necessário, intimação pessoal, parcelamento dos créditos em dez anos etc. Urge, como se vê, imediata alteração de texto constitucional. O Poder Público deve ser o primeiro a dar o exemplo. A Constituição Federal não pode ser instrumento para materializar um Estado "aético". Não se pode dar guarida, pois, ao vezo popular de que o Estado, feroz na cobrança de impostos, é mau pagador. O desrespeito à ordem jurídica abala a credibilidade do Poder Judiciário e faz tábula rasa ao princípio constitucional do Estado de Direito. Impõe-se, pois, incentivar, urgentemente, na segunda etapa da Reforma do Judiciário, o debate sobre métodos para se garantir o cumprimento dos precatórios, para, com isso, ainda que a destempo, possamos resgatar a confiança dos jurisdicionados em nossas instituições.[53]

Trata-se de crítica salutar, pois, diante da arrecadação anual de tributos pelo Estado, em um percentual bastante elevado e revelando-se a carga tributária brasileira uma das maiores do mundo, uma gestão adequada e organizada dos recursos financeiros do Estado não justificaria o retardamento do pagamento das condenações judiciais por meio do precatório, o que não raro leva, na prática, os jurisdicionados a renunciarem a boa parte de seus créditos para obterem o seu recebimento via requisitório de pequeno valor, com menores entraves burocráticos, em um espaço bem menor de tempo.

De fato, não pode o Estado cobrar do indivíduo uma postura que nem ele próprio apresenta, e, nesse ponto, revela-se bastante razoável o entendimento de que tal prerrogativa representa uma verdadeira quebra do princípio da isonomia quando não observados os prazos definidos pela Constituição para a previsão orçamentária e lançamento dos precatórios.

Em contrapartida, não se pode ignorar o fato de que a proibição da execução forçada em face do Poder Público revela-se imprescindível para que se garanta a continuidade da prestação de serviços públicos essenciais.

Sob essa mesma ótica, defende-se ardorosamente no direito processual alemão essa prerrogativa da Fazenda Pública, na medida em que se revela necessária uma constante ponderação entre os interesses individuais e o bem comum.

Assim registra Hermann-Josef Blanke, catedrático de Direito Público da Universidade de Erfurt, que no sistema processual alemão todos os Códigos de Processo Administrativo protegem o patrimônio indispensável da Administração contra a Execução, restando defensável um regime especial de "execução contra

---

[53] MIRANDA, Gilson Delgado. A execução contra a Fazenda Pública no sistema constitucional brasileiro. In: FUX, Luiz; NERY JR., Nelson; WAMBIER, Teresa Arruda Alvim (Coord.). *Processo e Constituição* cit., p. 815.

o Poder Público que tenha em vista, de um lado, a pretensão do cidadão à tutela de seus direitos, e de outro, a manutenção da capacidade de funcionamento da Administração Pública".[54]

Por isso, é preferível conceber uma postura intermediária no sentido de que a proteção especial do patrimônio público em execução judicial revela-se constitucional, desde que, certamente, não recaia sobre qualquer interpretação extensiva que possa comprometer a credibilidade do Estado e a lealdade de sua atuação.[55]

5.7. Intervenção anômala

A intervenção anômala é uma prerrogativa da União expressamente prevista no art. 5.º da Lei 9.469/1997, que permite ao ente federal intervir nas causas em que figurarem, como autoras ou rés, autarquias, fundações públicas, sociedades de economia mista e empresas públicas federais.

Para que exerça tal prerrogativa, deve a União demonstrar a existência de interesse econômico, ou seja, tornar evidente ao juízo da causa que a solução potencialmente dada à demanda judicial em questão poderá causar impactos econômicos ao erário federal.

Assim observa-se na prática que questões tarifárias de telefonia, original-mente de competência da Justiça Estadual, foram deslocadas para Justiça Federal com a intervenção da União Federal em razão do envolvimento da Agência Reguladora de Telefonia – ANATEL, autarquia federal especial.

O questionamento acerca dessa prerrogativa reside no fato de a União Federal deter em suas mãos o poder de eventualmente deslocar a competência jurisdicional para a justiça federal, podendo direcionar causas relevantes a um entendimento que lhe seja mais favorável, extravasando-se as hipóteses legalmente estatuídas no art. 5.º da Lei 9.469/1997, uma vez que o conceito de interesse econômico é indeterminado, logo, sujeito a uma apreciação demasiadamente subjetiva, sem parâmetros mínimos para um efetivo controle.

5.8. Intimação pessoal dos representantes judiciais do Poder Público com dispensa de apresentação de mandato ou procuração nos autos

A prerrogativa da intimação pessoal, em sede federal, está prevista expres-samente no art. 38 da Lei Complementar 73/1993 e na Lei 9.028/1995, que são

---

[54] ALVES, Rogério Pacheco. *As prerrogativas da administração pública nas ações coletivas* cit., p. 75.

[55] Idem, p. 76.

Cap. 21 – IGUALDADE NO PROCESSO E FAZENDA PÚBLICA EM JUÍZO

complementados pelo art. 20 da Lei 11.033/2004, que traz previsão no sentido de que as intimações e notificações, quando dirigidas a Procuradores da Fazenda Nacional, dar-se-ão pessoalmente mediante a entrega dos autos com vista.

Por não se tratar de prerrogativa que ocasione qualquer prejuízo expressivo ao outro litigante, não se nota na doutrina qualquer crítica consistente a respeito de sua inadequação ao sistema processual.

Pelo contrário, há vozes na doutrina, em grande parte representadas por advogados públicos, no sentido de que a intimação pessoal revela-se indispensável para o devido acompanhamento processual e recebimento de comunicações processuais pelos órgãos de representação judicial, uma vez evidenciada desproporcional quantidade de processos em face do Poder Público, em relação aos seus defensores, que tornariam praticamente inviável a concepção de uma rotina processual exclusivamente atrelada às publicações no diário oficial.

Na prática, observa-se que diversos cartórios da Justiça Federal, por questões de organização e celeridade, têm dado preferência à intimação dos advogados públicos federais por meio da remessa dos processos físicos judiciais, uma vez que é permitida a manifestação por simples cota nos autos quando se tratar de ato processual de menor complexidade.

Com o advento dos processos eletrônicos, inseridos e regulamentados em nosso ordenamento pela Lei 11.419, de 19 de dezembro de 2006, essa questão da intimação pessoal ganhou novos contornos, pois aos procuradores atuantes em processos virtuais a intimação e a citação passaram a ser realizadas exclusivamente no meio eletrônico (ressalvada a possibilidade de antecipação da intimação via mandado entregue pessoalmente por oficial de justiça), que, mediante o recebimento de uma chave de acesso ou assinatura digital, requerem o acesso voluntário do advogado ao sistema processual, que, se não se intimar no prazo de dez dias a partir da sua publicação, considera-se fictamente intimado na modalidade por omissão.

5.9. Restrições à concessão de liminares e tutela antecipada em face da Fazenda Pública (Leis 8.437/1992 e 9.494/1997)

A concessão de medidas liminares e cautelares contra atos do Poder Público, embora permitida, sofreu em nosso ordenamento uma série de restrições legais.

Como exemplo disso, a Lei 8.437/1992 proibiu a concessão de liminares contra a Fazenda Pública em quaisquer ações de natureza cautelar ou preventiva quando providência semelhante não for passível de concessão em mandado de segurança em virtude de vedação legal.[56] Da mesma forma, tal restrição

---

[56] DI PIETRO, Maria Sylvia Zanella. *Direito administrativo* cit., p. 623.

ocorre em relação a medidas que visem a: a) liberação de mercadorias ou bens procedentes do exterior (art. 1.º da Lei 2.770/1956); b) pagamento de vencimentos e vantagens pecuniárias a servidor (art. 1.º, § 4.º, da Lei 5.021/1966); c) reclassificação ou equiparação de servidores públicos, ou a concessão, ou aumento, ou extensão de vantagens (art. 5.º, da Lei 4.348/1964); e, por fim: d) compensação de créditos tributários e previdenciários (art. 1.º, § 5.º, da Lei 4.348/1964).

Se, por um lado, a concessão de liminares é vedada nos casos em que a medida não puder ser obtida por meio do mandado de segurança, a tutela antecipada em desfavor da Fazenda Pública também é restringida pelo disposto no art. 1.º da Lei 9.494/1997, que impede que a vedação de liminar[57] em sede de mandado de segurança seja ultrapassada por vias transversas.[58]

A respeito do tema, sustenta Luiz Fux que o nosso ordenamento contempla sistema à parte, no que tange ao regramento das liminares proferidas em face do Poder Público:

> No que pertine à Fazenda Pública, (...) algumas liminares, notadamente as que encerram entrega de soma, arrastam a potencialidade de surpreender o erário. (...) Por essas e por outras razões, ao longo do tempo, têm surgido limitações à atividade jurisdicional quanto à possibilidade de concessão de liminares contra o poder público, previstas na legislação infraconstitucional e que, encontradiças na legislação esparsa, restaram por criar um microssistema acerca do tema in foco. Destarte, nessa evolução de proteção ao erário é possível observar-se um aprimoramento do sistema num movimento "para frente e para trás", de sorte que novas leis têm surgido em relação às liminares em ações outras que não no mandado de segurança, mas com regulação extensível ao writ também. Consequentemente, é forçoso concluir que se criou um verdadeiro microssistema regulador das liminares concessíveis contra o Poder Público.[59]

Inicialmente, tem-se como fundamento para a vedação da tutela antecipada contra o Poder Público a obrigatoriedade do reexame necessário das sentenças proferidas contra a Fazenda Pública e a vedação de execução provisória quando houver obrigação de pagar quantia certa, com base na obrigatoriedade do regime

---

[57] Idem, p. 624.

[58] Na Ação Declaratória de Constitucionalidade 4, o Supremo Tribunal Federal decidiu que "as restrições relativas a antecipação de tutela decorrentes do art. 1.º da Lei 9.494/1997 não são aplicáveis a questões previdenciárias justamente pela falta de previsão normativa expressa a esse respeito, vedada qualquer interpretação 'analógica' ou 'extensiva'. Vale, a respeito, destacar a Súmula 729 daquela Corte: 'A decisão na ADC – 4 não se aplica à antecipação de tutela em causa de natureza previdenciária'". BUENO, Cássio Scarpinella. O Poder Público em juízo. 3. ed. São Paulo: Saraiva, 2005. p. 200.

[59] FUX, Luiz. O novo microssistema legislativo das liminares contra o Poder Público. In: FUX, Luiz; NERY JR., Nelson; WAMBIER, Teresa Arruda Alvim. Processo e Constituição cit., p. 828.

Cap. 21 – IGUALDADE NO PROCESSO E FAZENDA PÚBLICA EM JUÍZO

de precatórios,[60] não havendo meios capazes de tornar compatível a indisponibilidade do patrimônio público a ser executado com a concretização de qualquer medida judicial antecipatória satisfativa.

Entretanto, como bem registra Maria Sylvia Zanella Di Pietro, no estudo do direito administrativo brasileiro,[61] tais restrições às liminares em face do Poder Público devem sofrer temperamentos, uma vez que o art. 5.º, XXXV, da Constituição da República não permite que nenhuma lesão ou ameaça de lesão a direito seja excluída da apreciação judicial. Daí decorre a necessidade de afastamento das restrições às medidas liminares ou acautelatórias quando devidamente demonstrado o *periculum in mora*, isto é, quando direitos fundamentais estiverem sendo efetivamente colocados em risco.

Nesse ensejo, Cássio Scarpinella Bueno sustenta que:

> [...] o inciso XXXV do art. 5.º da Constituição Federal de 1988 não autoriza qualquer restrição ao contraste jurisdicional de afirmação de direito. E o dispositivo constitucional vai mais além: nega que a *ameaça* a afirmação de direito não possa ser devida e *eficazmente* neutralizada ou protegida mediante a atuação do Poder Judiciário. (...)
>
> A possibilidade de execução provisória (leia-se: produção de seus efeitos *imediatamente*, independentemente do trânsito em julgado e, até mesmo, em forma *antecipada*) é, pois, decorrência – para evitar a palavra *imposição*, da Constituição Federal, é "direito-garantia fundamental". Mais ainda: o sistema processual civil revitalizado e fortificado pelas mais recentes reformas processuais empreendidas desde 1994 capturou – e muito bem – esse *valor* constitucional, a maior prova da introdução do instituto da antecipação de tutela. Nem sequer o reexame necessário, típica regra de "direito processual público", é óbice para a implementação desse valor imposto pela Constituição Federal.[62]

Assim, conclui o eminente processualista Luiz Fux que, "nas situações de tensão entre valores fundamentais", as regras do "microssistema de proteção do Poder Público devem ceder", "ab-rogando-se as proibições à luz do princípio da proporcionalidade e das cláusulas pétreas constitucionais".[63]

Vale também destacar que, diante da vedação à execução provisória da Fazenda Pública e o duplo grau de jurisdição obrigatório, vários magistrados adotam a prática de conceder a tutela antecipada na sentença condenatória, o

---

[60] SALVADOR, Antônio Raphael da Silva. *Da ação monitória e da tutela jurisdicional antecipada.* São Paulo: Malheiros, 1996. p. 56, apud CUNHA, Leonardo José Carneiro da. *A Fazenda Pública em juízo* cit., 2005. p. 187.

[61] DI PIETRO, Maria Sylvia Zanella. *Direito administrativo* cit., p. 624.

[62] BUENO, Cássio Scarpinella. *O Poder Público em juízo* cit., p. 209-210.

[63] FUX, Luiz. O novo microssistema legislativo das liminares contra o Poder Público. In: FUX, Luiz; NERY JR., Nelson; WAMBIER, Teresa Arruda Alvim. *Processo e Constituição* cit., p. 835.

que, *a priori*, sugere uma contradição, somente justificável pela presença das prerrogativas fazendárias que impedem, em qualquer situação, seu imediato cumprimento.

Pelo exposto, consolidou-se no entendimento dominante na doutrina que, se na confirmação da tutela antecipada a apelação não tem efeito suspensivo, nada impede que essa tutela seja concedida na própria sentença e que os seus efeitos imediatos também não sejam suspensos pela apelação, satisfazendo com efetividade a regra disposta no inciso XXXV do art. 5.º da Constituição.

6. CONSIDERAÇÕES SOBRE O AFASTAMENTO DAS PRERROGATIVAS PROCESSUAIS NO ÂMBITO DOS JUIZADOS ESPECIAIS FEDERAIS E JUIZADOS ESPECIAIS DA FAZENDA PÚBLICA

Os Juizados Especiais Federais são regidos pela Lei 10.259/2001 e os Juizados Especiais da Fazenda Pública (recentemente criados e implementados no âmbito estadual, distrital e municipal) são disciplinados pela Lei 12.153/2009. Vale ressaltar que a disciplina dessa nova modalidade de juizados guarda simetria com o regramento descrito pela Lei 10.259/2001.

A importância deste capítulo se traduz no fato de não se aplicarem à Fazenda Pública algumas das prerrogativas previstas no Código de Processo Civil no âmbito dos juizados especiais.

Em razão da celeridade e da menor complexidade das causas submetidas ao rito dos juizados, que, diga-se de passagem, são de competência absoluta, não podendo o autor eleger a via ordinária se o valor da causa não ultrapassar o teto mínimo disposto em lei, entendeu o legislador ser razoável afastar as prerrogativas da Fazenda Pública, já que potencialmente representariam um óbice à curta duração do processo.

Com isso, pode-se utilizar o rito dos juizados especiais como um verdadeiro "laboratório de pesquisas" no intuito de se contemplar se houve de fato prejuízo à Fazenda Pública pela ausência das prerrogativas processuais tradicionalmente previstas.

De início, esclareça-se que permaneceu intacta a prerrogativa constitucional da Fazenda Pública, qual seja, a do pagamento via precatório ou requisitório de pequeno valor, na forma do art. 100 da Constituição. Como em grande parte as condenações são inferiores ao teto dos juizados, a maioria das obrigações de pagar quantia certa é realizada por meio da expedição de requisitório de pequeno valor, em um lapso temporal bem mais curto em relação às condenações pagas por precatórios.

Quanto à concessão de prazos dilatados, sua supressão no rito dos juizados especiais constitui uma das maiores preocupações dos órgãos representativos da Fazenda Pública em juízo. Nesse ponto, a inserção dos juizados especiais praticamente "pegou a Administração Pública de surpresa", tendo sido observada a criação de uma infraestrutura própria nos órgãos jurisdicionais, sem que os entes públicos providenciassem, no mesmo ritmo, o devido aparelhamento e expansão dos seus órgãos representativos em juízo.

Na verdade, o excesso de entraves burocráticos na Administração Pública impedem, por si só, qualquer adequação célere dos serviços públicos prestados – para tanto, seriam necessárias imediatas contratações de pessoal terceirizado, realização de concursos públicos, licitações, autorização de obras e concessões etc. – e, consequentemente, essa "demora burocrática" revela-se insuperável, o que acabou ocasionando o abarrotamento dos órgãos de representação judicial da Fazenda Pública – que, em um primeiro momento, não suportaram a contento a avalanche de demandas judiciais que se formou com a criação dos juizados especiais "fazendários".

E para superar essa dificuldade inicial, observa-se, na prática, que o aparelhamento do Poder Público é bastante moroso, ineficiente.

Por essa razão, não raro encontram-se registros sobre a dificuldade de atuação dos advogados públicos nos juizados especiais sem as prerrogativas processuais da Fazenda Pública.

Nesse ensejo, a Advogada da União Sayuri Imazawa aduz em trabalho sobre o tema que:

> Entre as prerrogativas da Fazenda Pública afastadas pela Lei 10.259/2001, a diminuição do prazo para apresentação de defesa é a que mais preocupa os representantes judiciais da Fazenda Pública, principalmente por estarem profissionalmente comprometidos a bem defenderem o patrimônio de todos, sob pena de sofrerem as penalidades administrativas, cíveis e penais. Observa-se que a oportunidade para apresentação de defesa e de provas, bem como para colhimento de informações, inclusive contábeis, pareceres e parâmetros para eventual possibilidade de acordo ou reconhecimento do pedido do autor, resume-se, praticamente, a um momento, a data da audiência, ou seja, em média, tem-se um prazo de 30 dias. E não se trata de uma única demanda, mas sim de causas que se multiplicam a cada dia, retratando a credibilidade da sociedade nos Juizados Especiais Federais, em busca de uma justiça mais eficiente.[64]

É, portanto, alarmante e preocupante a forma como os juizados especiais foram concebidos, com especial destaque às demandas em face da Fazenda Pública. Derrubou-se, em um único ato legislativo, todo aquele arcabouço protecionista dos interesses públicos, em um rito especial que padece de sérios problemas quanto à formação das decisões definitivas, dada a inexistência de

---

[64] IMAZAWA, Sayuri. Aspectos práticos da atuação da União nos Juizados Especiais Federais. In: PAVANI, Sergio Augusto Zampol (Org.). *A União em juízo* cit., p. 101.

fases cognitivas suficientes, sistema recursal mitigado, com possibilidade de formação da coisa julgada sem que tenha havido um prévio exaurimento das questões controvertidas.

Ou seja, justamente nos juizados, em que se comprometem várias garantias constitucionais do processo em favor da celeridade e informalidade, ao Poder Público são retiradas as prerrogativas que protegem o interesse público, incumbindo-lhe promover sua defesa em um espaço bastante curto de tempo, sem todos os recursos costumeiramente disponíveis.

Para agravar ainda mais o problema, a irrecorribilidade das decisões interlocutórias em sede de juizados torna praticamente impossível a defesa do erário em face de decisões judiciais que antecipam a tutela, tornando o provimento muitas vezes irreversível, com patente violação do interesse público indisponível.

Nos juizados, dispõe o advogado público o manejo dos seguintes recursos: a) Recurso Inominado, o qual é remetido a um órgão colegiado formado pelos mesmos magistrados de primeiro grau, atuantes nos juizados, inclusive; b) Recurso Extraordinário ou Especial, que possuem hipóteses de cabimento bem limitadas; e c) Incidente de Uniformização das decisões das Turmas Recursais.

Não se revela, dessa forma, suficiente o sistema recursal em sede de juizados, para que haja a devida tutela do interesse público em juízo.

Pode-se até afirmar que o sistema dos juizados é todo contraditório, pois, ao mesmo tempo em que se estabelece maior acesso à Justiça e a interiorização da Justiça, proporcionando-se um maior número de demandas em razão da gratuidade concedida e proximidade dos órgãos jurisdicionais de populações mais longínquas, estabelecem-se menores prazos e um número bem reduzido de oportunidades para que sejam realizados atos cognitivos, aumentando-se as chances de erro nas decisões judiciais proferidas. E o pior de tudo: essas decisões transitam mais facilmente em julgado, ou seja, são acobertadas pela coisa julgada, impedindo sua revisão, de forma bem mais contundente que no procedimento ordinário, que, ao revés, apresenta uma atividade cognitiva bem mais ampla.

O que é mais lamentável nos juizados especiais federais são os sucessivos "mutirões de conciliação", nos quais são prolatadas inúmeras sentenças judiciais condenatórias e são homologadas sucessivas celebrações de acordos a partir de uma cognição extremamente superficial, que, na maior parte dos casos, ocorre em um só instante, de maneira desorganizada, com profissionais exaustos, em razão da quantidade de julgamentos realizados em um só dia, com intervalos curtíssimos entre uma audiência e outra.

Não raro se registram peças jurídicas, sentenças e acórdãos genéricos como forma de enfrentamento do imenso contingente de demandas judiciais que diariamente se renova, com grave comprometimento da ordem pública, gerando-se incontáveis prejuízos aos entes públicos e particulares.

Cap. 21 - IGUALDADE NO PROCESSO E FAZENDA PÚBLICA EM JUÍZO

Pelo exposto, pede-se nesta oportunidade uma pausa para reflexão sobre o sistema dos juizados, com grave risco de perecimento da ordem pública para que se concretize a celeridade idealizada para o rito especial.

Não se ignora o fato de que a criação do processo eletrônico foi positiva para a otimização dos trabalhos nos juizados especiais, porém a agilidade e facilidade geradas ainda não são significativas para a Fazenda Pública, logo, ainda insuficientes para que se alcance o equilíbrio desejado nessas relações processuais.

Uma decisão judicial produzida de forma superficial e rápida pode aparentar ser positiva para o ordenamento, na medida em que retira imediatamente uma demanda da pauta. Todavia, um conflito mal resolvido ocasionará, certamente, outros problemas mais graves no futuro, que, sem a devida pacificação social, multiplicarão as demandas que retornarão ao Judiciário, em um verdadeiro efeito "bumerangue com bola de neve".

Conclui-se, dessa forma, que as benesses em tese obtidas a partir da implementação dos juizados sem que o Poder Público tenha as suas prerrogativas geram uma inverídica contribuição para o nosso ordenamento, comprometendo-se essenciais garantias processuais e princípios constitucionais, relegando-se a um momento futuro o enfrentamento de questões decorrentes da má prestação jurisdicional oriunda dessa busca irresponsável e incessante pela celeridade, com um "desafogamento" do Poder Judiciário instantâneo, desprovido de qualquer segurança jurídica.

7. NOVOS MECANISMOS QUE INFLUEM NA ANÁLISE SOBRE A CONSTITUCIONALIDADE DAS PRERROGATIVAS DA FAZENDA PÚBLICA: REPERCUSSÃO GERAL, SÚMULA VINCULANTE E JULGAMENTO POR AMOSTRAGEM DE RECURSOS REPETITIVOS

Já se discutiu anteriormente que existem criações processuais que proporcionaram a otimização da rotina cartorária e procedimental no ordenamento jurídico brasileiro.

Ao lado da ainda recente implementação dos processos eletrônicos,[65] o legislador processual passou a dispor sobre mecanismos de contenção das demandas judiciais, com a regulamentação de meios alternativos para solução de controvérsias, com destaque para a conciliação, mediação e arbitragem,[66] e ainda proporcionou a criação dos institutos da repercussão geral, da súmula vinculante e do julgamento por amostragem de recursos repetitivos.

Nesse sentido, a Emenda Constitucional 45/2004 introduziu o § 3.º ao art. 102 da Constituição, com a seguinte redação:

---

[65] Vide item 5.8 do presente artigo.

[66] Vide Lei 9.307/1996.

No recurso extraordinário o recorrente deverá demonstrar a repercussão geral das questões constitucionais discutidas no caso, nos termos da lei, a fim de que o Tribunal examine a admissão do recurso, somente podendo recusá-lo pela manifestação de dois terços de seus membros.

Em regulamentação ao art. 102, § 3.º, da Constituição da República foi promulgada a Lei 11.418/2006, acrescendo ao Código de Processo Civil os arts. 543-A[67] e 543-B.[68]

Outra importante modificação consiste na criação das súmulas vinculantes, prevista pelo art. 103-A da Constituição Federal e regulamentada pela Lei 11.417/2006.

Revela-se digna de nota a observação de Leonardo Greco no sentido de que a criação da súmula vinculante padece do vício da inconstitucionalidade, na medida em que tal instituto violaria o art. 5.º, XXXV, LIV e LV, da Constituição, pois ninguém pode ser obrigado a ser submetido a uma decisão proferida em processo alheio no qual não teve oportunidade de se defender, "ou a entendimento adotado em sessão administrativa de um tribunal, sem poder no seu próprio processo fazer chegar até as instâncias que firmaram tal enunciado".[69]

A Lei 11.418/2006, por sua vez, inseriu o art. 543-C no Código de Processo Civil, que disciplinou o julgamento dos recursos especiais com fundamento em idêntica questão de direito, extensível ao procedimento do Superior Tribunal de Justiça por meio da Resolução 8/2008.

Em que pesem eventuais críticas aos institutos em comento, reconheça-se que tais mecanismos propiciam efetivamente a filtragem de recursos nos Tribunais Superiores, promovendo considerável redução no tempo de duração dos processos, dando efetividade à garantia constitucional da celeridade (CF, art. 5.º, LXXVIII).

E mais uma vez nos deparamos com o embate entre a celeridade e as demais garantias processuais, tal como relatado no estudo do procedimento dos juizados especiais federais e da Fazenda Pública.[70] A massificação das demandas, por um lado, compromete a qualidade da prestação jurisidicional e, por outro, proporciona uma agilização incrível na tramitação dos processos. A escolha

---

[67] "Art. 543-A. O Supremo Tribunal Federal, em decisão irrecorrível, não conhecerá do recurso extraordinário, quando a questão constitucional nele versada não oferecer repercussão geral, nos termos deste artigo. (Incluído pela Lei 11.418, de 2006)."

[68] "Art. 543-B. Quando houver multiplicidade de recursos com fundamento em idêntica controvérsia, a análise da repercussão geral será processada nos termos do Regimento Interno do Supremo Tribunal Federal, observado o disposto neste artigo. (Incluído pela Lei 11.418, de 2006)."

[69] GRECO, Leonardo. A reforma do poder judiciário e o acesso à justiça. *Estudos de direito processual*. Campos: Faculdade de Direito de Campos, 2005. p. 616.

[70] Vide item 6 do presente artigo.

Cap. 21 – IGUALDADE NO PROCESSO E FAZENDA PÚBLICA EM JUÍZO

não é fácil, parecendo-nos que, diante do contexto político e econômico atual, a opção do legislador tem sempre primado pela celeridade em detrimento das demais garantias.

8. CONCLUSÃO

A partir do presente artigo podem ser extraídas as seguintes conclusões em matéria de isonomia processual e prerrogativas da Fazenda Pública:

a) A igualdade no processo, princípio basilar constitucionalmente tutelado em nosso ordenamento, traduz-se a partir da concretização da isonomia entre as partes litigantes com paridade de armas, contraditório, ampla defesa, celeridade, efetividade na prestação jurisdicional, razoabilidade e proporcionalidade.

b) No que diz respeito à Fazenda Pública em juízo, o legislador criou uma série de prerrogativas processuais em seu favor no intuito de manter o equilíbrio das relações em que figure como parte.

c) Seriam fatores justificantes para o tratamento privilegiado: o fato de ser o Poder Público um litigante habitual, com um número de demandas desproporcional à sua capacidade defensiva agravada pelos entraves burocráticos inerentes ao desempenho da atividade pública, e a especial necessidade de proteção aos interesses públicos envolvidos que estejam relacionados diretamente ao bem-estar comum.

d) O conceito moderno sobre interesse público não mais se relaciona à titularidade de um direito pelo Estado, identificando-se hodiernamente como aquele que esteja ligado a um direito fundamental ou garantia inerente à dignidade da pessoa humana, podendo estar presente tanto em pretensões individuais, coletivas como em estatais ou não estatais.

e) A partir do estudo dos princípios constitucionais, desmistifica-se a premissa de que a supremacia do poder público seria um princípio norteador das prerrogativas, uma vez que tal entendimento já resta superado pela doutrina e jurisprudência. O princípio que de fato embasa a criação das prerrogativas da Fazenda Pública é o da isonomia, na medida em que se promove o tratamento desigual entre desiguais, na busca de uma relação de equilíbrio entre os interessados.

f) A análise sobre a constitucionalidade das prerrogativas da Fazenda Pública depende de vários fatores, não sendo possível emitir uma opinião a respeito sem que existam prévios balizamentos, restando imprescindível a colheita de dados concretos capazes de aferir a disponibilidade de recursos e capacidade de gestão da Administração Pública em juízo, bem como a constatação de fato sobre a existência ou não de situação de desequilíbrio a ser reparada na esfera processual, abrindo-se a partir daí possíveis ilações a respeito de potencial inconstitucionalidade progressiva das normas protetivas do erário.

g) O estudo detalhado de cada prerrogativa da Fazenda Pública é capaz de conduzir à conclusão de que, a exemplo do sistema processual alemão, seria irrenunciável somente a proteção do patrimônio público, por meio de um regime especial de execução, *in casu*, consolidado no regime dos precatórios, desde que, é claro, sejam respeitadas as regras concernentes ao prazo para expedição e liberação das verbas.

h) As regras que trazem disposições diferenciadoras para a definição de prazos processuais coloca em dúvida a concretização da isonomia, todavia não a contemplamos em favor do Poder Público, mas sim em desfavor do particular que contra ele litiga, razão pela qual se torna defensável a unificação dos prazos para todas as partes, em lapsos temporais maiores que os atualmente contemplados, uma vez que os prazos para defesa atualmente previstos em lei são verdadeiramente insuficientes para a produção de informações e defesa técnica exauriente.

i) A supressão repentina das prerrogativas da Fazenda Pública no âmbito dos juizados especiais trouxe consigo sérios riscos aos interesses públicos tutelados, na medida em que a celeridade, informalidade e ausência de cognição exauriente comprometem gravemente os resultados da prestação jurisdicional, aumentando-se as chances de erro e, com isso, perpetuando-se situações de injustiça que geram total insegurança jurídica, protelando-se para um momento futuro suas consequências negativas.

j) Por outro lado, desenvolve-se na realidade processual mecanismos de contenção e repressão de demandas capazes de compensar as dificuldades oriundas da gradual mitigação das prerrogativas processuais da Fazenda Pública em juízo, com destaque para a implementação do processo eletrônico, a adoção de mecanismos alternativos para a pacificação de conflitos e mecanismos de filtragem dos recursos nos Tribunais Superiores, com a criação dos institutos da repercussão geral, da súmula vinculante e do julgamento por amostragem de recursos repetitivos.

g) Com isso, nota-se que o sistema processual vigente tem primado pela celeridade em detrimento de outras garantias processuais, dentre as quais as prerrogativas da Fazenda Pública, quando plenamente justificáveis também se inserem, restando comprometida a defesa do interesse público.

9. REFERÊNCIAS BIBLIOGRÁFICAS

ALVES, Rogério Pacheco. *As prerrogativas da administração pública nas ações coletivas.* Rio de Janeiro: Lumen Juris, 2007.

Cap. 21 – IGUALDADE NO PROCESSO E FAZENDA PÚBLICA EM JUÍZO

ARAGÃO, Egas Dirceu Moniz de. *Comentários ao Código de Processo Civil*. Rio de Janeiro: Forense, 1973. v. 2.

BANDEIRA DE MELLO, Celso Antônio. *Curso de direito administrativo*. São Paulo: Malheiros, 2003.

BARBOSA MOREIRA, José Carlos. *Comentários ao Código de Processo Civil*. Rio de Janeiro: Forense, 1973. v. 5.

BEDAQUE, José Roberto dos Santos. *Efetividade do processo e técnica processual*. 2. ed. São Paulo: Malheiros, 2007.

BERMUDES, Sergio. *A reforma do judiciário pela Emenda Constitucional n. 45*. Rio de Janeiro: Forense, 2006.

BUENO, Cássio Scarpinella. *O Poder Público em juízo*. 3. ed. São Paulo: Saraiva, 2005.

_____. *Direito processual público*. 1. ed. 2.ª tir. São Paulo: Malheiros, 2003.

_____. Execução por quantia certa contra a fazenda pública – Uma proposta atual de sistematização. In: SHIMURA, Sérgio; WAMBIER, Tereza Arruda Alvim. (Org.). *Processo de execução*. São Paulo: RT, 2001. v. 2.

CUNHA, Leonardo José Carneiro da Cunha. *A Fazenda Pública em juízo*. 2. ed. São Paulo: Dialética, 2005.

DELGADO, José Augusto. A supremacia dos princípios nas garantias processuais do cidadão. *Revista de Informação Legislativa*, ano 31, n. 123, 1994.

DINAMARCO, Cândido Rangel. *Fundamentos do processo civil moderno*. 3. ed. São Paulo: Malheiros, 2000. t. II.

_____. *Fundamentos do processo civil moderno*. 2. ed. São Paulo: Malheiros. v. 1.

DI PIETRO, Maria Sylvia Zanella. *Direito administrativo*. 16. ed. São Paulo: Atlas, 2003.

FUDOLI, Ludmila Tito. A relação cliente-advogado no âmbito da Advocacia Pública. *Jus Navigandi*, Teresina, ano 12, n. 1901, 14 set. 2008. Disponível em: <http://http://jus.com.br/revista/texto/11730">http://jus.com.br/revista/texto/11730>. Acesso em: 25 mar. 2010.

FUX, Luiz; NERY JR., Nelson; WAMBIER, Teresa Arruda Alvim (Coord.). *Processo e Constituição*: estudos em homenagem ao professor José Carlos Barbosa Moreira. São Paulo: RT, 2006.

GODOY, Arnaldo. A igualdade no processo. *Revista de Processo*, n. 76, p. 202.

GRECO, Leonardo. *Instituições de processo civil*. Rio de Janeiro: Forense, 2009. v. 1.

_____. A reforma do Poder Judiciário e o acesso à justiça. *Estudos de direito processual*. Campos: Faculdade de Direito de Campos, 2005.

GREGÓRIO, Rita de Cássia Zuffo. A União como sujeito do processo. In: PAVANI, Sergio Augusto Zampol (Org.). *A União em juízo*. São Paulo: MP, 2005.

GRINOVER, Ada Pellegrini. Benefício do Prazo. *Revista Brasileira de Direito Processual*, v. 19, 1979.

IMAZAWA, Sayuri. Aspectos práticos da atuação da União nos Juizados Especiais Federais. In: PAVANI, Sergio Augusto Zampol (Org.). *A União em juízo*. São Paulo: MP, 2005.

IWAKURA, Cristiane Rodrigues. Privilégios de empresa pública visam ao interesse comum. *Revista Eletrônica Consultor Jurídico*, 2005.

JUSTEN FILHO, Marçal. Conceito de interesse público e a 'personalização' do direito administrativo. *Revista Trimestral de Direito Público*, n. 26, São Paulo: Malheiros, 1999.

NERY JUNIOR, Nelson. *Princípios do processo civil na Constituição Federal*. 7. ed. São Paulo: RT, 2002.

LEMES, Selma Ferreira. *Arbitragem na Administração Pública* – Fundamentos jurídicos e eficiência econômica. São Paulo: Quartier Latin, 2007.

LENZA, Pedro. *Direito constitucional esquematizado*. São Paulo: Saraiva, 2011.

MIRANDA, Jorge. *A tutela jurisdicional dos direitos fundamentais em Portugal*. Direito constitucional: estudos em homenagem a Paulo Bonavides. São Paulo: Malheiros, 2003.

MOREIRA NETO, Diogo de Figueiredo. *Curso de direito administrativo*. 13. ed. Rio de Janeiro: Forense, 2003.

_____. *Mutações de direito administrativo*. 3. ed. Rio de Janeiro: Renovar, 2007.

_____. *Mutações de direito público*. Rio de Janeiro: Renovar, 2006.

_____. Novos institutos consensuais da ação administrativa. *Revista de Direito Administrativo*, n. 231, jan.-mar 2003.

_____. *Legitimidade e discricionariedade*: novas reflexões sobre os limites e controle de discricionariedade. 4. ed. Rio de Janeiro: Forense, 2001.

PEREIRA, Hélio do Valle. *Manual da Fazenda Pública em juízo*. 2. ed. Rio de Janeiro: Renovar, 2006.

REZENDE FILHO, Gabriel. *Curso de direito processual civil*. 5. ed. anot., corr. e atual. por Benvindo Aires. São Paulo: Saraiva, 1960. v. 3.

SALVADOR, Antônio Raphael da Silva. *Da ação monitória e da tutela jurisdicional antecipada*. São Paulo: Malheiros, 1996.

SARMENTO, Daniel. *A ponderação de interesses na Constituição Federal*. Rio de Janeiro: Lumen Juris, 2002.

_____ (Org.). *Interesses públicos versus interesses privados*: desconstruindo o princípio de supremacia do interesse público. Rio de Janeiro: Lumen Juris, 2007.

VINCENT, Jean; GUINCHARD, Serge. *Procédure civile*. 23. ed. Paris: Dalloz, 1994.

Parte IV

COGNIÇÃO PROCESSUAL À LUZ
DA CONSTITUIÇÃO FEDERAL DE 1988

A PRIVACIDADE COMO UMA LIMITAÇÃO DO DIREITO DE PROVA 22

Gustavo Quintanilha Telles de Menezes

Sumário: 1. Introdução – 2. Noções sobre limitações probatórias: 2.1. Evolução histórica; 2.2. Limitações probatórias na legislação brasileira – 3. Privacidade e processo: 3.1. Breve conceito de privacidade; 3.2. Privacidade como limitação ao direito de prova; 3.3. Abuso da alegação de privacidade; 3.4. Análise da validade da prova que interfere na privacidade – 4. Privacidade e processo no direito comparado: 4.1. Doutrina alemã; 4.2. Legislação estrangeira – 5. Níveis de privacidade: 5.1. Privacidade íntima; 5.2. Privacidade particular; 5.3. Privacidade social – 6. Técnicas probatórias em casos de confronto com o direito à privacidade: 6.1. Aplicação do princípio da proporcionalidade; 6.2. Preservação à privacidade no processo; 6.3. Proteção extraprocessual à privacidade da prova; 6.4. Consequências processuais da violação indevida da privacidade; 6.5. Procedimento autônomo de produção de prova protegida pela privacidade; 6.6. Casos de disposição da privacidade – 7. Conclusão – 8. Bibliografia.

1. INTRODUÇÃO

Todos os assuntos objeto de estudo no direito processual civil, em algum ponto, relacionam-se com o acesso à Justiça, haja vista que, sem a pretensão de apresentar uma definição exauriente, é possível afirmar que o processo é o conjunto articulado de atos que instrumentalizam o exercício do direito de acesso à Justiça.

Decorrendo a incidência da lei em tese no caso concreto de verificação de que os fatos abstratamente previstos efetivamente ocorreram, a prova surge no processo como instituto que permite a demonstração de que os fatos que constituem o direito pleiteado realmente se configuraram.

Com efeito, se o acesso à Justiça depende do processo e este depende da prova, não há dúvida de que para efetivação do acesso à Justiça impõe-se como imprescindível reconhecer a existência do direito à prova, ou seja, o direito de provar.

Como qualquer direito, o direito de provar não é ilimitado, sofrendo limitações *intrínsecas* inerentes a sua própria estrutura e formas de efetivação, bem como limitações *extrínsecas*, impostas pela coexistência com outros direitos, dentro do mesmo sistema jurídico, que se restringem reciprocamente à extensão, de modo que todos possam ocupar seu espaço e cumprir sua função dentro do ordenamento.

A prova, núcleo do direito de provar, pode ser analisada sob o aspecto de seus *meios, resultados e atividade de produção*[1] e objetiva atestar a ocorrência ou existência de fatos constitutivos, modificativos, impeditivos ou extintivos de direitos em litígio. A prova é, pois, componente do direito de acesso à Justiça.

Desse modo, todos os limites ao exercício do direito de prova definem os contornos do próprio acesso à Justiça; sendo esses limites legítimos, o direito de acesso à Justiça estará pleno e em harmonia com os demais direitos; se impostos limites ilegítimos ao direito de prova, tolhido estará o acesso à Justiça e, portanto, estará consubstanciada uma violação ao direito fundamental constitucional inserto no art. 5.º, XXXV, da Constituição da República.

Situar o direito de prova no âmago do acesso à Justiça é fundamental para o estudo ora proposto, pois, como se verá, a definição dos limites da prova ora examinados dependerá do cotejo com outro direito fundamental – a privacidade – e, por isso, é importante que se perceba que se está diante de dois direitos fundamentais que, como tais, devem ser harmonizados, sem que nenhum deles seja arbitrariamente reduzido ou relativizado.

Emerge da necessidade de análise conjugada dos dois direitos fundamentais em evidência – acesso à Justiça e privacidade – a utilidade da técnica de ponderação,[2] que adota o critério da proporcionalidade, para que se possa definir adequadamente quando um ou outro deve prevalecer no caso concreto e quais meios podem ser utilizados para tratá-los no processo.

A influência do direito à privacidade surge nessa análise como instrumental, pois se apresenta como uma limitação extrínseca ao direito de prova. Não se analisará, neste trabalho, o direito à privacidade como direito material em que

---

[1] GRECO, Leonardo. O conceito de prova. *Estudos de direito processual.* Campos dos Goytacazes: Faculdade de Direito de Campos, 2005. p. 423-470.

[2] SARMENTO, Daniel. *A ponderação de interesses na Constituição Federal.* Rio de Janeiro: Lumen Juris, 2000.

Cap. 22 – A PRIVACIDADE COMO UMA LIMITAÇÃO DO DIREITO DE PROVA

se funda a pretensão autoral, passível de decisão final de mérito diretamente sobre sua incidência e aplicação na regra jurídica concreta estabelecida pela sentença.

A privacidade comparece no estudo como um fator externo ao direito de prova, que o limita. No âmbito regular do processo, a princípio, para observância do acesso à Justiça dever-se-ia permitir a produção de toda e qualquer prova, a fim de se reunir o máximo de elementos aptos a demonstrar como os fatos se passaram na realidade e, a partir daí, fixar-se o direito aplicável.

Ocorre que a produção de provas tem regras dentro do processo e se sujeita a prazos e preclusões, p. ex., logo não é sempre a qualquer momento que se pode produzir uma prova. Da mesma forma, a produção de prova encontra limites em normas que não são essencialmente processuais, como é justamente o caso daquelas que instituem, definem, regulam e protegem a privacidade. Tais normas, mesmo não sendo, em tese, estritamente processuais, têm efeito processual evidente, na medida em que impõem limites à prática de atos no processo.

Alcança-se, pois, a compreensão de que existem limitações probatórias determinadas pela privacidade, que podem e devem ser compreendidas, para que se lhes dê a correta aplicação, assegurando-se o exercício do acesso à Justiça, pelo direito de prova, tanto quanto seja possível e legítimo.

No primeiro capítulo deste trabalho apresentam-se noções sobre limitações probatórias, traçando uma breve evolução histórica do instituto e apontando aquelas identificadas na legislação brasileira. O segundo capítulo é dedicado à análise do reflexo processual do direito à privacidade, propondo um breve conceito desse direito e apontando generalidades de seu impacto nas normas de instrução processual. A partir das limitações legítimas, destaca-se o abuso da alegação de privacidade.

O terceiro capítulo prepara a imersão da discussão do tema, enunciando a doutrina criada pelo Tribunal Constitucional Federal alemão, denominada "teoria dos três graus", que nesse capítulo é examinada em conjunto com as diversas normas de direito comparado sobre a matéria.

Os níveis de privacidade são definidos no quarto capítulo, que, abordando em ordem de relevância a privacidade íntima, a privacidade particular e a privacidade social, situa e delimita o direito à não autoincriminação, trata a intervenção pessoal invasiva e a não invasiva, bem como rechaça a validade de qualquer prova obtida mediante tortura. A privacidade de comunicação é estudada em todas as suas modalidades – pessoal ou ambiental, telefônica, eletrônica e postal –, assim como são enfrentadas a privacidade domiciliar, familiar e profissional sob uma ótica processual. A privacidade fiscal, bancária, empresarial, cadastral e contratual são tratadas sob um novo enfoque, este mais coerente com o sistema de direito.

As técnicas probatórias para casos em que haja confronto com o direito à privacidade são abordadas no quinto capítulo. São tratadas a aplicação do princípio da proporcionalidade, a preservação da privacidade na produção da prova, a proteção extraprocessual à privacidade da prova, as consequências processuais da violação indevida da privacidade, os casos de disposição de privacidade, bem como é descrito o procedimento autônomo de produção de prova protegida pela privacidade. A conclusão do estudo está no sexto capítulo.

2. NOÇÕES SOBRE LIMITAÇÕES PROBATÓRIAS

A análise dos reflexos da privacidade na instrução do processo civil parte preponderantemente da compreensão de que, apesar de o direito de prova estar inserido no conteúdo do direito fundamental de acesso à Justiça, como qualquer direito, não é ilimitado, sofrendo limitações impostas pelo ordenamento.

Nesse passo, a legislação processual civil estabelece normas para a produção de provas, e sempre que essas normas fixam, por qualquer motivo, uma restrição ao direito de produzir alguma prova, está-se diante de uma limitação probatória.

Adotamos neste estudo, como marco teórico primeiro, as lições de GRECO[3] acerca das limitações probatórias.

Ensina GRECO que a doutrina processual evoluiu desde a edição do Código de Processo Civil de 1973, quando se entendia que apenas o juiz era o destinatário das provas, cabendo às partes tão somente fiscalizar sua produção, para o enfoque garantístico do contraditório participativo, princípio que assegura aos interessados o direito de influir eficazmente nas decisões judiciais, e a ampla defesa, como "o direito de apresentar todas as alegações, propor e produzir todas as provas que, a seu juízo, possam militar a favor do acolhimento da sua pretensão ou do não acolhimento da postulação do seu adversário".

Salienta o autor que o *direito de defender-se provando*, ou seja, o direito de não apenas propor provas a serem discricionariamente admitidas ou não pelo juiz, mas de efetivamente produzir todas as provas que possam ser úteis à defesa dos seus interesses, impõe que a admissibilidade das provas seja apreciada pelo juiz, sob a perspectiva probatória ou da linha de argumentação da parte que a propôs.

Como destaca, não há nisso prejuízo para a celeridade do processo, mas sim uma compreensão humanitária e tolerante da relação entre as partes e o juiz.

Como expôs o mesmo autor em outros trabalhos,[4] "a controvérsia sobre o caráter simplesmente persuasivo, não demonstrativo, da prova, sustentada pela

---

[3] GRECO, Leonardo. *Instituições de processo civil*. Rio de Janeiro: Forense, 2010. v. 2, p. 113.

[4] GRECO, Leonardo. A prova no processo civil: do Código de 1973 até o novo Código Civil. *Revista Dialética de Direito Processual*, n. 15, São Paulo: Dialética, jun. 2004, p. 76-94; GRECO, Leonardo. O conceito de prova. *Estudos de direito processual* cit., p. 423-470.

Cap. 22 – A PRIVACIDADE COMO UMA LIMITAÇÃO DO DIREITO DE PROVA

dialética e pela retórica, perdeu sentido a partir dos novos paradigmas do Estado de Direito Contemporâneo, que promete ser o guardião da eficácia concreta dos direitos dos cidadãos, através da tutela jurisdicional efetiva desses direitos".

Constitui premissa da justa composição do conflito a revelação da verdade real. Por isso o juiz detém o poder de estruturar o acervo probatório do processo, deferindo e indeferindo provas, fiscalizando sua produção e determinando-a, quando imprescindível sua complementação para a descoberta da verdade sobre os fatos relevantes para o julgamento da causa.

A busca da verdade não é autoritária, desde que respeite a liberdade das partes de dispor dos seus próprios interesses e a sua dignidade humana e não seja parcial.[5]

Da mesma forma, a descoberta – ou a aproximação ao máximo – da verdade apresenta-se como meio de acesso à *Justiça*. Em caráter subsidiário, para suprir as deficiências probatórias das próprias partes, a busca da verdade real constitui um importante fator de equalização das desigualdades processuais, conduzindo o processo à sua finalidade.

Assim, a mitigação do princípio dispositivo, aliado ao compromisso com a verdade e com a *Justiça*, permite ao juiz que determine a realização de diligências instrutórias para verificação de outras provas relevantes, que não tenham sido produzidas ou requeridas pelas partes. Não há como negar o acesso à rede mundial de computadores, podendo buscar informação em documento eletrônico e introduzindo-a no processo, incorporando o documento ao acervo probatório.[6]

GRECO conceitua limitações probatórias como "todas as proibições impostas pelo ordenamento jurídico à proposição ou produção das provas consideradas necessárias ou úteis para investigar a verdade dos fatos que interessam à causa".

2.1. Evolução histórica

Ensina a doutrina[7] que nos países que adotam o sistema de *common law* até o século XIII vigorava a admissão ampla de qualquer prova relevante, até surgirem as *rules of exclusion*, impondo proibições ou limitações a determinados meios instrutórios. Adotou-se a partir de então o princípio da *interest disqualification*, que impunha vedação ao depoimento como testemunha de terceiros interessados.

---

[5] GRECO, Leonardo. O conceito de prova. *Estudos de direito processual* cit., p. 423-470.

[6] FABRÍCIO, Adroaldo Furtado. A iniciativa judicial e prova documental procedente da internet. In: MARINONI, Luiz Guilherme (Coord.). *Estudos de direito processual civil.* São Paulo: RT, 2005. p. 296.

[7] GRECO, Leonardo. *Instituições de processo civil* cit., 2010. p. 113.

No Brasil, verificam-se as primeiras limitações probatórias na origem portuguesa das Ordenações Filipinas (livro III, título LIII, § 11), que autores consideram como influência ao art. 554.º do Código português.[8]

A Constituição de 1824 já dispunha que o segredo das cartas é inviolável, o que se aplicava ao processo. Embora o Código de Processo Civil de 1939 já trouxesse a regulação do direito de prova, limitando às legalmente permitidas, foi na Constituição de 1988 que um volume maior de normas processuais alçou patamar de normas constitucionais, entre elas a privacidade, que passa a ser tratada em diversos dispositivos, alguns explicitamente direcionados a limitar atos judiciais.

2.2. Limitações probatórias na legislação brasileira

No direito pátrio despontam limitações probatórias expressas no texto constitucional no art. 5.º da Constituição da República, destacando-se a proteção à privacidade de comunicação prevista no inciso XII, a proteção ao domicílio prevista no inciso XI e a proibição de provas ilícitas estipulada no inciso LVI.

O Código de Processo Civil impõe restrições ao direito de prova, também estabelecendo provas legais de determinados fatos, como a exigência de registros públicos, contida nos arts. 320, III, e 366. Aponta GRECO[9] que também na confissão e no depoimento pessoal há limitações probatórias, notadamente a incapacidade para prestar depoimento pessoal, a proibição de requerer o próprio depoimento pessoal, as escusas de prestar depoimento pessoal, a proibição da presença da parte à tomada de depoimento pessoal da outra, a limitação do depoimento pessoal à forma oral, a proibição de reperguntas pelo advogado do próprio depoente, a inadmissibilidade da confissão de fatos relativos a direitos indisponíveis, a forma escrita da confissão extrajudicial.

No que tange à prova documental, as limitações legais de prova apresentam-se, entre outras, na proibição de juntada de documentos posteriormente aos articulados, as escusas de exibição, proibição de acesso a documentos acobertados pelo segredo de Estado. Quanto à prova testemunhal, verificam-se limitações nas incompatibilidades para depor como testemunha, nas incapacidades para depor, nos impedimentos e motivos de suspeição, nas escusas de depor, na não admissão da prova exclusivamente testemunhal nos contratos de valor superior a 10 salários mínimos, na não admissão da prova testemunhal sobre fato já provado por documento ou confissão ou que só por documento ou exame pericial possa ser provado, no prazo para oferecimento do rol de testemunhas, no número máximo de testemunhas e nas restrições à substituição de testemunhas.[10]

---

[8] FREITAS, José Lebre de. *A confissão no direito probatório*. Coimbra: Ed. Coimbra, 1991. p. 155.

[9] GRECO, Leonardo. *Instituições de processo civil*. Rio de Janeiro: Forense, 2009. v. 2, p. 113.

[10] Idem, ibidem.

Cap. 22 – A PRIVACIDADE COMO UMA LIMITAÇÃO DO DIREITO DE PROVA

GRECO ainda elenca como limitações probatórias específicas da prova pericial os impedimentos, os motivos de suspeição e a carência de conhecimentos técnicos ou científicos, a escusa do perito por motivo legítimo, a limitação temporal aos quesitos suplementares e as limitações ao depoimento oral do perito e antecedência na sua intimação, sem prejuízo de outras limitações pontuais, podem ser observadas em procedimentos especiais.

Há ainda leis não processuais que trazem disposições de suma relevância e produzem o efeito de limitar o direito de prova, como é o caso da Lei 12.527, de 18 de novembro de 2011, que revogou a Lei 11.111/2005 e regula o acesso a informações previsto no inciso XXXIII do art. 5.º, no inciso II do § 3.º do art. 37 e no § 2.º do art. 216 da Constituição da República. A lei, embora assegurando amplo acesso às informações governamentais, atenta para a privacidade inerente às informações pessoais, quando dispõe em seu art. 31 que "o tratamento das informações pessoais deve ser feito de forma transparente e com respeito à intimidade, vida privada, honra e imagem das pessoas, bem como às liberdades e garantias individuais", tendo a norma repercussão processual.

3. PRIVACIDADE E PROCESSO

3.1. Breve conceito de privacidade

A privacidade é um valor instintivo, reconhecido como um direito material, sob diversos aspectos com assento constitucional, que por sua relevância e peculiaridade tem especial reflexo no direito processual, notadamente na instrução processual, no que concerne à atividade probatória.

Privacidade constitui um espaço de autonomia moral, dentro do qual cada indivíduo pode se conhecer, perceber-se e desenvolver-se, sem ser objeto de ingerências de terceiros, salvo se permitir. A personalidade e a identidade de cada pessoa estão diretamente relacionadas com aquilo que existe e acontece em sua esfera privada.

A privacidade é um valor e um direito, tendo o efeito de limitar e conformar o direito de prova de diversos modos, examinados ao longo deste trabalho.

3.2. Privacidade como limitação ao direito de prova

O extenso e detalhado levantamento feito por GRECO[11] permite concluir que a privacidade efetivamente atua como uma limitação probatória, ante a verificação de que sua tutela jurídica restringe os atos processuais da instrução probatória, que passam a ter que observá-la em sua execução, algumas vezes, inclusive, obstada.

---

[11] GRECO, Leonardo. *Instituições de processo civil* cit., 2010. p. 113.

Com efeito, a privacidade pode acarretar uma restrição à prática do ato, exigir uma forma ou método específico para ser praticado ou, ainda, gerar consequências *endo* e *extra*processuais.

A privacidade apresenta-se como limitador constante do direito de prova, sendo imprescindível conhecer seus limites e delimitar sua correta influência, e contribui diretamente para a tutela das garantias, seja a garantia de acesso à Justiça daquele que quer produzir a prova e tem arguido impedimento relativo à privacidade de outrem, seja daquele que tem o direito de não ter determinada prova utilizada contra si, pelo fato de ela violar seu direito à privacidade.

O estudo dessa modalidade de limitação probatória permite a conceituação acerca da legalidade de diversas provas requeridas ou produzidas, que podem ser determinantes do processo. Certo, pois, que a existência de um critério firme para aferição da legalidade dessa prova repercute diretamente no resultado da lide, sendo essencial tanto para o exercício do direito instrumental de acesso à Justiça quanto para a própria definição do direito material cuja tutela se requer ou se contesta em juízo.

Ademais, a sistematização das limitações probatórias, reflexo do direito à privacidade, permite a evolução do estudo para a definição de técnicas processuais para contorno, quando possível, desse direito à privacidade, sem malferi-lo. A delimitação de tais restrições viabiliza a proposição de instrumentos processuais que permitam, de forma alternativa à tradicional, a plena efetivação do acesso à Justiça, por meio de procedimentos próprios e proteções procedimentais à privacidade, para possibilitar a produção de provas que sejam essenciais.

Assim, situar o direito de prova no âmago do acesso à Justiça é o que nos leva à ponderação deste com outro direito fundamental: a privacidade. Abre-se, pois, espaço para a ponderação, a fim de que se harmonizem os dois direitos, sem que nenhum deles seja arbitrariamente reduzido ou relativizado.

A influência do direito à privacidade surge nesta análise, assim, como instrumental, pois se apresenta como uma limitação extrínseca ao direito de prova. A privacidade é, desse modo, um fator externo ao direito de prova, que o limita. O acesso à Justiça, manifestado pelo exercício do direito de provar os fatos alegados na ação, não é afastado, mas conformado pelo direito à privacidade, devendo-o considerar na atividade de reunião de elementos aptos a demonstrar como os fatos se passaram na realidade e, a partir daí, fixar-se o direito aplicável.

3.3. Abuso da alegação de privacidade

O sistema jurídico protege a privacidade em diversas esferas jurídicas e extrajurídicas. No processo civil, a privacidade é comumente invocada como estratégia de defesa, posto que, em última análise, reduz as possibilidades de

Cap. 22 – A PRIVACIDADE COMO UMA LIMITAÇÃO DO DIREITO DE PROVA

produção de prova pela parte adversária, na medida em que, se acolhida a arguição, não terá o adversário como utilizar provas que impactem a privacidade da outra.

Ocorre que essa técnica, como tal, não é legítima. Evidente que a impossibilidade de utilização de uma prova, devido ao fato de ela esbarrar na privacidade de outrem, terá como consequência a restrição dos meios de prova da parte, contudo a arguição não pode ser formulada com esse objetivo: somente é legítima a limitação probatória com fundamento na privacidade, quando está alegada por efetivamente atingir o direito subjetivo da pessoa cuja privacidade será devassada pela produção da prova e não exclusivamente como tática de defesa.

Todavia, não há como conhecer o elemento subjetivo da parte ou terceiro que invoca a escusa de prova fundada em sua própria privacidade, não há como saber se o faz porque efetivamente se sente atingido e exposto pela produção da prova, ou se pretende com isso auxiliar a parte adversária daquela que requereu a prova.

Por isso, patente que é imprescindível que existam critérios legítimos de aferição da situação de violação ou não de privacidade, pela produção de prova, bem como verificação da *intensidade* dessa privacidade, posto que deverá ser ponderada com o direito da parte requerente da prova, tanto de ter acesso à Justiça como com relação ao próprio direito material em litígio.

Forma abusiva de alegação de privacidade, que consiste na oposição indevida à adequada instrução processual, ocorre quando a privacidade é invocada por terceiro que não o titular do direito. A situação observa-se, p. ex., no caso em que é demandado à instituição prestadora de serviço informações sobre a residência de uma testemunha que se quer localizar e a parte que não quer o depoimento alega a privacidade da testemunha. Não se tratando de grave violação à dignidade da pessoa humana – hipótese em que se reconhece interesse universal na defesa do direito –, não pode uma parte invocar a privacidade de outrem, que não se importa com o ato processual realizado nem sente aviltada sua privacidade com ele. Por outro lado, o procedimento deve prever a comunicação desse terceiro, pois esse sim é titular de sua própria privacidade e, conforme o caso, poderá invocá-la ou defendê-la judicialmente.

A boa-fé deve pautar todas as condutas das partes e sujeitos do processo, inclusive o fundamento de suas alegações. Nesse sentido, leciona TARUFFO:[12]

> Alguém pode provavelmente dizer que nenhum sistema legal é completamente indiferente ao ADP (Abuso de Direitos Processuais), mas isto é apenas o começo

---

[12] TARUFFO, Michele. Abuso de direitos processuais: padrões comparativos de lealdade processual (relatório geral). Barreiros, L. M. S. (Trad.). *Revista de Processo*, n. 177, ano 34, São Paulo: RT, nov. 2009.

do problema, não o fim, visto que as abordagens atuais do tópico são numerosas e várias.

Há, de fato, um largo espectro de situações diferentes: em alguns países, como, por exemplo, na França, existem regras claras e gerais concernentes ao ADP e investindo a corte com o poder de sancionar abusos. Tais regras gerais existem também em outros sistemas seguindo o modelo francês (como, por exemplo, a Bélgica e, em alguma medida, a Holanda). Na extremidade oposta do espectro, há sistemas nos quais o direito não fala abertamente do ADP, mas algumas disposições gerais falam de "lealdade e honestidade" como padrões para conduta processual das partes.

O autor ainda esclarece que há regras similares em países latino-americanos, sendo certo que as linhas do instituto, traçadas pelo exímio doutrinador italiano, podem ser reconhecidas no nosso sistema processual. E prossegue Taruffo, apontando traços que reforçam a ideia:

> A cláusula geral de boa-fé é também usada como um meio de colmatar as lacunas existentes em regras processuais. Este caso pode ser difícil de definir especificamente, mas o raciocínio básico é o seguinte: um ato ou uma conduta processual (ou pré -processual) não pode ser especificamente previsto e explicitamente definido como abusivo pelo direito; todavia, é entendido como abusivo porque é injustificadamente nocivo, ou implica abuso de poder, ou é leviano e dilatório, ou é dirigido a pro-pósitos ilegais ou inadequados etc. Na falta de uma regra específica prevenindo ou punindo tal ato ou conduta, uma referência à cláusula geral de boa-fé pode ser o único meio de precisar que um padrão de lealdade foi violado.

Por fim, tranquiliza o autor quanto ao possível receio de que o reconhe-cimento da possibilidade de um eventual abuso de direito de ação macule ou relativize a garantia constitucional de acesso à Justiça:

> Por outro lado, pode-se dizer que não há contradição necessária em se falar de abuso de direitos. Um direito pode ser exercido em muitos modos diferentes e com diferentes propósitos. Por isso, há também a possibilidade de distinguir condutas processuais "justas" e "corretas" daquelas "injustas" e abusivas". [...]
>
> Estes argumentos conduzem à conclusão de que não há contradição inerente en-tre garantias processuais e ADP. Direitos garantidos podem ser usados de formas incorretas e com propósitos inadequados e, portanto, eles podem ser objeto de abuso.[...]

Adotando o mesmo entendimento, ensina PINHO:[13]

> Violando a parte seus deveres éticos, isto é, de lealdade e boa-fé processual (art. 14, II), ela é considerada litigante de má-fé por estar utilizando o processo com o objetivo de vencer a qualquer custo ou de, pelo menos, prolongar deliberadamente

---

[13] PINHO, Humberto Dalla Bernardina de. *Teoria geral do processo civil contemporâneo.* Rio de Janeiro: Lumen Juris, 2010. p. 265.

Cap. 22 – A PRIVACIDADE COMO UMA LIMITAÇÃO DO DIREITO DE PROVA

o seu curso normal, causando dano à parte contrária. Todavia, não é só a parte (do processo ou da demanda) que fica prejudicada. Em verdade, a má-fé processual prejudica todo o processo, na medida em que pode impedir, até mesmo, a solução da controvérsia. Nesse sentido, o Código prevê em seu art. 14, I e II, o dever de veracidade em relação às alegações das partes, bem como o de formular pretensões e alegar defesas fundamentadas, isto é, de acordo com o sistema normativo vigente.

Nesse passo, também no que tange à alegação de limitação ao direito de prova, com fundamento na privacidade, vigora o *dever ético* das partes e seus representantes.

3.4. Análise da validade da prova que interfere na privacidade

Não há dúvida, ante o conteúdo processual do direito à privacidade, no que tange à instrução, que, por seu aspecto garantístico, a prova que o viola indevidamente é ilícita e, portanto, não é válida.

Como ensina MENDES,[14] a licitude da prova é condição de sua admissibilidade e se apresenta como um limite à busca da verdade real pela obtenção de provas:

> A busca da verdade e da justiça, empreendida no processo pelos juízes, encontra, assim, um limite especialmente elencado em relação à prova, mas que decorre do preceito geral do devido processo legal. Não se pode, portanto, admitir que a prova derive de tortura ou de qualquer outra violação de preceitos legais.

Observe-se que a invalidade da prova ilícita tem a dupla finalidade de afastar da apreciação no processo prova que, pelo vício na produção, não seja confiável, bem como evitar que sua aceitação, ainda que com sanção a quem praticou a ilegalidade, torne-se um estímulo a futuras violações.

A prova ilícita, mesmo que confiável do ponto de vista lógico-cognitivo, não é juridicamente válida a respaldar argumento ou decisão judicial.

Com efeito, as normas protetivas da privacidade necessariamente informam as diligências de produção de provas, justamente para que atos instrumentais de produção de prova (busca e apreensão, tomada de depoimentos etc.) não viciem a prova pela violação indevida da privacidade, no momento da obtenção da prova.

Note-se que a violação à privacidade não esvazia todo o acervo probatório, mas tão somente aqueles elementos que tenham sido alcançados utilizando

---

[14] MENDES, Aluísio Gonçalves de Castro. *Teoria geral do processo*. Rio de Janeiro: Lumen Juris, 2009. p. 33.

estritamente métodos que desconsiderem o direito individual da parte ou terceiro de ter sua privacidade respeitada.

A fundamentação da decisão, nos casos em que o juiz tenha acesso à prova ilícita e depois a exclua do processo, ganha singular importância, como destaca GRECO:[15]

> O risco de contaminação precisaria ser afastado, dando o juiz demonstração cabal na sua futura decisão de que de nenhum modo deixou-se influenciar pela prova ilícita eventualmente indeferida. Essa é uma têmpera, um vigor moral, que a sociedade tem o direito de exigir dos juízes, o de saber separar os fatos e provas que podem ou não ser levados em consideração na formação do seu convencimento.

Vale ratificar que apenas o terceiro, que tenha sua privacidade indevidamente violada por ato judicial de produção de prova, é que pode aduzir a ilegalidade do ato, não o podendo fazer a parte a quem favoreça a nulidade, se o terceiro opta por tolerar a violação. A privacidade, como se verá detalhadamente adiante, é disponível, salvo quando violadora do âmago da dignidade da pessoa humana.

Sustenta boa doutrina que há casos em que o bem jurídico em litígio é de tão elevado valor que, por não existirem outros meios de prova, o juiz deve aplicar a regra da proporcionalidade, para afastar o caráter ilícito da prova e admiti-la. Essa situação também pode ocorrer no processo civil. Nesse sentido, leciona CARNEIRO:[16]

> É preciso deixar claro que a possibilidade de utilizar a prova obtida ilicitamente pode também, dependendo dos interesses em jogo, servir a outros tipos de processo que não o criminal. Existem situações que dizem respeito à preservação de determinados interesses difusos, que pela sua relevância e magnitude podem até, excepcionalmente, superar certas situações de natureza penal, em que a pena aplicada seja de multa ou mesmo possa ensejar que o condenado cumpra a pena em liberdade. Basta examinar o exemplo da apreensão ilícita da fórmula de um produto que poderia prejudicar a saúde de milhares de consumidores. Que opção deve o juiz fazer? Julgar improcedente, não aceitando a prova obtida ilicitamente, sabendo que a saúde dos consumidores será prejudicada, ou aceitá-la para manter esse último bem? Em todas essas situações o juiz tem de se valer do princípio da proporcionalidade, fazendo a opção entre normas de natureza constitucional.

Nesse passo, não obstante regra geral que obsta a intromissão na privacidade para a produção de prova, bem como aquelas que regulam os procedimentos

---

[15] GRECO, Leonardo. *Instituições de processo civil* cit., 2009. p. 113.

[16] CARNEIRO, Paulo Cezar Pinheiro. *Acesso à justiça*. Juizados Especiais Cíveis e Ação Civil Pública. 2. ed. Rio de Janeiro: Forense, 2007. p. 109.

Cap. 22 – A PRIVACIDADE COMO UMA LIMITAÇÃO DO DIREITO DE PROVA

para sua produção, há casos extremos em que apenas a ponderação de bens jurídicos, pelo princípio da proporcionalidade, poderá resolver adequadamente a questão relativa à validade ou invalidade de uma prova.

Os procedimentos são, pois, balizas para quaisquer atos processuais, especialmente para a produção de provas, porém não é apenas sua simples não observância que conduz à invalidade da prova; o princípio da instrumentalidade das provas, amparado pela proporcionalidade adotada na ponderação entre direitos fundamentais, pode conduzir à irrelevância da deficiência formal, em casos em que periclitem direitos de elevada importância.

4. PRIVACIDADE E PROCESSO NO DIREITO COMPARADO

4.1. Doutrina alemã

A chamada *teoria dos três graus*, descrita por ANDRADE,[17] originalmente, foi pensada para a área específica dos meios de prova que impactam a esfera da privacidade, tais como fotografias, diários, fichas de paciente, gravações etc., contudo despontou a criação jurisprudencial alemã como uma resposta geral às proibições de prova.

Segundo o Tribunal Constitucional Federal alemão, em aresto proferido em 31 de janeiro de 1973, a privacidade de uma pessoa pode ser classificada em três graus. O primeiro grau "está na esfera da intimidade, área nuclear, inviolável e intangível da vida privada, protegida contra qualquer intromissão das autoridades ou dos particulares e, por isso, subtraída a todo o juízo de ponderação de bens ou interesses", definindo o autor[18] como uma "proibição radical e sem exceções" à possibilidade de produção de provas que adentre esse nível de privacidade.

Situam-se nesse nível de preservação da intimidade as provas que dizem respeito às relações do ser humano consigo mesmo e o direito ao conhecimento do próprio corpo, pois não há interesse alheio ou público, por mais relevante, para cuja prova alguém possa ser obrigado a expor o próprio corpo.[19] Como frequentemente as informações pertencentes a esse núcleo essencial de preservação da dignidade humana se encontram guardadas no domicílio da pessoa, as buscas domiciliares legalmente autorizadas devem sempre respeitá-las.

Para definição do nível mais intenso de privacidade, a Corte Constitucional germânica reconheceu no art. 2.º, n. 1, da Lei Fundamental alemã, o fundamento para situar essa privacidade no campo da dignidade do homem, portanto inviolável consoante o art. 19.º, n. 2, do mesmo diploma.

---

[17] ANDRADE, Manuel da Costa. *Sobre as proibições de prova em processo penal*. Coimbra: Ed. Coimbra, 2006. p. 94.

[18] Idem, ibidem.

[19] GRECO, Leonardo. *Instituições de processo civil* cit., 2010. p. 113.

Aponta a Corte Constitucional como segundo nível de intimidade a vida privada, que também é "projeção, expressão e condição do livre desenvolvimento da personalidade ética da pessoa", assim definida como bem jurídico pessoal e protegido pelo ordenamento jurídico.

Identifica-se esse bem jurídico como vinculado aos compromissos comunitários, não podendo ser valorado isoladamente, pelo que pode, diferentemente da intimidade, sofrer valoração com outros bens jurídicos. Destaca o autor[20] que o seu sacrifício em sede de prova pode ser legítimo, "sempre que necessário e adequado à salvaguarda de valores ou interesses superiores, respeitadas as exigências do princípio da proporcionalidade". Este foi o fundamento técnico adotado pelo Tribunal Constitucional alemão para valorar como meio de prova escutas telefônicas obtidas sem consentimento e apreensão de documentos médicos, quando em apuração crime sensivelmente mais grave.

O terceiro e último grau de privacidade reconhecido na jurisprudência constitucional alemã consiste na indicação de uma "extensa e periférica área da vida normal de relação em que, apesar de subtraída ao domínio da publicidade, sobreleva de todo modo a funcionalidade sistêmico-comunitária da própria interação". A construção teórica jurisprudencial destinava-se principalmente a casos como a gravação por um corretor de bolsa das ordens do investidor, ou de um fornecedor das encomendas de um cliente. O entendimento era que, nesses casos, o conteúdo objetivo e negocial da conversa se sobressaía à personalidade do interlocutor, o que esvaziava seu caráter privado.

Todavia, ANDRADE[21] aponta deficiências na Teoria do Tribunal alemão, por carecer de operatividade normativa e definição prático-jurídica. De fato, é bastante difícil balizar em abstrato a imersão na privacidade de uma pessoa, resultado de uma gravação de áudio.

Como ressaltam Luiz Greco e Alaor Leite,[22] ROXIN[23] observou que "a teoria da proibição de valorar a prova, deve permanecer alheia às ponderações tão em voga no direito constitucional e na jurisprudência do *Bundesgerichtshof* (Tribunal Federal). Vale dizer: os métodos proibidos de colheita de provas e a omissão de informação ao acusado de seus direitos e garantias ensejam sempre, e sem nenhuma exceção, uma proibição de valorar a prova, independentemente de supostos grandes interesses no esclarecimento dos fatos por parte da investigação".

Não obstante as críticas, ANDRADE registra que:

No plano doutrinal, o princípio do tratamento diferenciado dos meios de prova em função da sua maior ou menor proximidade de um núcleo inviolável encontra,

---

[20] ANDRADE, Manuel da Costa. *Sobre as proibições de prova em processo penal* cit., p. 95.

[21] Idem, p. 97.

[22] GRECO, Luís; LEITE, Alaor. Claus Roxin, 80 anos. *Revista Liberdades*, n. 07, maio-ago. 2011, ISSN 2175-5280.

[23] *Roxin*, Anmerkungen zu BGH 3 StR 45/08 (LG Lüneberg), StV 2009, p. 115 e ss.

Cap. 22 – A PRIVACIDADE COMO UMA LIMITAÇÃO DO DIREITO DE PROVA

apesar de tudo, eco, para além de OTTO, em autores como GÖSSEL ou AMELUNG. Embora contestado o paradigma geral que privilegia o momento da proibição de valoração, GÖSSEL adere expressamente à doutrina do Tribunal Constitucional Federal, advogando concretamente um regime diferenciado das gravações ocultas a partir da respectiva localização "topográfica" na área da privacidade.

Alerta GRECO[24] que proteção da privacidade difere fundamentalmente nos sistemas probatórios anglo-americano e continental europeu, conforme observaram diversos autores,[25] sendo o segundo bem mais protetivo do que o primeiro, especialmente no confronto desse direito com o interesse público.

De todo o exposto, observa-se que a teoria dos três graus, no estágio de desenvolvimento apresentado, é alvo de elogios e críticas da doutrina alemã e internacional; todavia, afigura-se interessante ponto de partida para o desenvolvimento de uma análise da repercussão da privacidade da produção de prova no processo civil, valendo ressaltar que a referida teoria, na Alemanha, somente foi inicialmente aplicada no campo processual penal.

4.2. Legislação estrangeira

A Alemanha foi pioneira na elaboraçãoo de lei regulando o armazenamento de informações, com a *Hessisches Datenschutzgesetz*, chamada de Lei do *Land* alemão, em 1970, seguindo-se a Suécia, com o estatuto para bancos de dados de 1973 – *Data Legen* 289. O *Privacy Act* norte-americano de 1974[26] foi o ato de natureza regulatória precursor do assunto na ordem jurídica estadunidense.

O *Privacy Act* de 1974, 5 U.S.C. § 552a, estabelece um código de práticas justas de informação que rege a recolha, manutenção, uso e disseminação de informações sobre indivíduos que são mantidos em sistemas de registros de agências federais. Um sistema de registros é um grupo de registros sob o controle de um organismo a partir do qual a informação é recuperada pelo nome do indivíduo ou por algum identificador atribuído ao indivíduo.

Exige o *Privacy Act* que as agências deem o edital dos respectivos sistemas de registros por meio de publicação no *Federal Register*. O *Privacy Act* proíbe a divulgação de um registro sobre um indivíduo de um sistema de registros sem o consentimento escrito do indivíduo, a menos que a divulgação esteja em conformidade com uma das doze exceções legais. A lei também fornece indi-

---

[24]   GRECO, Leonardo. *Instituições de processo civil* cit., 2010. p. 113.

[25]   TROCKER, Nicolò. Il contenzioso transnazionale e il diritto delle prove. *Rivista Trimestrale di Diritto e Procedura Civile*, Milano: Giuffrè, 1992, p. 475; DENTI, Vittorio. La evolución del derecho de las pruebas en los procesos civiles contemporâneos. *Estudios de derecho probatório*. Buenos Aires: EJEA, 1974. p. 77.

[26]   DONEDA, Danilo. *Privacidade à proteção de dados pessoais*. Rio de Janeiro: Renovar, 2006. p. 203.

víduos como um meio pelo qual buscam o acesso e a alteração de seus registros e orienta a sua aplicação para fins judiciais, como meio de prova.

Na Espanha o Tribunal Constitucional, em sua Sentença 254/1993, chegou a reconhecer como direito fundamental a denominada *Libertad informática*, como destacado em doutrina.[27]

A formação do conceito de privacidade no direito italiano deu-se pela via jurisprudencial, na medida em que não houve internamente a edição de lei com esta finalidade,[28] apesar do avançado estágio do direito naquele país. Posteriormente, a partir da formação da Comunidade Europeia, a Itália ficou submetida à normatização comunitária.

A convenção de Estrasburgo de 1981[29] foi o ponto inicial para a formação do modelo europeu sobre proteção a dados pessoais, culminando com sua inserção na *Carta dos Direitos Fundamentais da União Europeia de 2000*, onde restou estabelecido:

CARTA DOS DIREITOS FUNDAMENTAIS DA UNIÃO EUROPEIA

Art. 7.º Respeito pela vida privada e familiar

Todas as pessoas têm direito ao respeito pela sua vida privada e familiar, pelo seu domicílio e pelas suas comunicações.

art. 8.º Proteção de dados pessoais

1. Todas as pessoas têm direito à proteção dos dados de caráter pessoal que lhes digam respeito.

2. Esses dados devem ser objeto de um tratamento leal, para fins específicos e com o consentimento da pessoa interessada ou com outro fundamento legítimo previsto por lei. Todas as pessoas têm o direito de aceder aos dados coligidos que lhes digam respeito e de obter a respectiva retificação.

3. O cumprimento destas regras fica sujeito a fiscalização por parte de uma autoridade independente.

Observa-se que a vida privada é expressamente resguardada, assim como os dados pessoais, inclusive do próprio governo, conforme o item 3 do art. 8.º. O teor da Carta de Direitos Fundamentais da União Europeia adotou a linha de diretivas anteriores, como a de n. 95/46/CE,[30] relativa à proteção e respeito

---

[27] LUÑO, Henrique Perez. *Manual de informática y derecho*. Barcelona: Ariel, 1996. p. 43.

[28] CUPIS, Adriano De. *I diretti della personalita*. Milano: Giuffrè, 1949.

[29] "'Personal data' means any information relating to a identified or identifiable individual." Convention for the Protections of the individuals with regard to the Automatic Processing of Personal Data., art. 2.a. Disponível em: <http://conventions.coe.int/Treaty/en/Treaties/Html/108.htm>. Acesso em: 21 jun. 2012.

[30] Disponível em: <http://www.umic.pt/images/stories/publicacoes200709/Directiva95_46_CE.pdf>.

ao tratamento de dados pessoais e à livre circulação desses dados. Considerou-se que o tratamento de dados pessoais deve assegurar o respeito aos direitos e liberdades fundamentais, nomeadamente do direito à vida privada, reconhecido no art. 8.º da Convenção Europeia para a proteção dos direitos humanos. Quis-se com o ato ampliar os princípios contidos na Convenção do Conselho da Europa de 28 de janeiro de 1981, relativa à proteção das pessoas no que diz respeito ao tratamento automatizado de dados pessoais. O texto do art. 1.º da Diretiva declara:

DIRETIVA 95/46/CE DO PARLAMENTO E DO CONSELHO EUROPEU, de 24 de outubro de 1995

Art. 1.º

1. Os Estados-Membros assegurarão, em conformidade com a presente diretiva, a proteção das liberdades e dos direitos fundamentais das pessoas singulares, nomeadamente do direito à vida privada, no que diz respeito ao tratamento de dados pessoais.

2. Os Estados-membros não podem restringir ou proibir a livre circulação de dados pessoais entre Estados-membros por razões relativas à proteção assegurada por força do item 1.

A Austrália possui um *Privacy Act* e um *Office of Privacy Comissioner* para atuá-la, todavia a normativa australiana foi considerada "inadequada" para os padrões europeus, segundo o julgamento do Grupo de Trabalho de Proteção de Dados da Comissão Europeia em 2001.[31]

O Reino Unido aderiu à Convenção de Estrasburgo em 1981 e promulgou seu *Data Protection Act* em 1984, contudo não reconhece expressamente o direito à privacidade, embora o diploma determine proteção contra intromissão não autorizada na vida privada, especificamente no que tange a dados pessoais.

Vale lembrar que em todos os regulamentos é ponto comum que a própria pessoa tem acesso ilimitado a quaisquer informações sobre si, pelo que pode utilizá-las como prova ou requerer que sejam oficiados órgãos públicos e privados para esse fim.

Destaca-se atualmente na legislação estrangeira a lei francesa de proteção de dados de 1978, a *Loi n. 78-17 du 6 janvier 1978 relative à l'informatique, aux fichiers et aux libertés*.[32]

Logo em seu artigo primeiro a lei francesa dispõe que a tecnologia da informação e o armazenamento de informações pessoais deve ocorrer sem prejudicar

---

[31] DONEDA, Danilo. *Privacidade à proteção de dados pessoais* cit., p. 223.

[32] Disponível em: <http://www.legifrance.gouv.fr/affichTexte.do;jsessionid=7721B217FF509671D4 9F61220C868B4E.tpdjo12v_2?cidTexte=LEGITEXT000006068624&dateTexte=20120619>.

ou a identidade humana, ou os direitos do homem, nem de privacidade ou as liberdades individuais ou públicas.

A lei define informações pessoais, arquivo de dados, tendo o cuidado de vedar classificações ou finalidades preconceituosas. O diploma regula o tratamento de informações, e a regulação da coleta e o tratamento de dados são feitos por comissão formada por representantes políticos e sociais de diversos segmentos, sendo assegurada a independência da comissão em face do próprio Estado.

Em matéria probatória, o art. 10 da lei francesa expressamente proíbe que qualquer decisão judicial envolvendo uma avaliação do comportamento de uma pessoa possa ser baseada em um tratamento automatizado de dados pessoais destinado a avaliar determinados aspectos da sua personalidade.[33]

Nesse passo, a lei estabelece as hipóteses e legitimados ao acesso de dados, definindo critérios de interesse que, inclusive, podem ser judicialmente invocados. O acesso aos bancos de dados, salvo situações pontual e excepcionalmente indicadas, só pode ser feito por terceiro, mediante autorização judicial.

A lei estabelece responsáveis pelos bancos de dados, fixando providências e sanções para o caso de utilização indevida das informações. A lei é extensa e detalhada, delimitando com precisão o modo e possibilidades de tratamento de dados e uso das informações, abordando utilização médica, proteção a direitos autorais, bem como regula bancos de dados governamentais e tranferências de informações do Estado francês.

Mais recentemente foi editada a Deliberação 2009-042, datada de 29 de janeiro de 2009, do Conselho de Estado, que fez com que, a partir de proposição do Coselho Europeu, pelo Parlamento Europeu (pedido de parecer 1282395), fosse criado um Sistema Estatal de Análise de Ligação de Crimes Violentos, estabelecendo regras especiais de armazenamento e troca de informaçoes pessoais, notadamente para fins processuais penais.[34]

O texto atual do *Codice Civili* italiano, em seu art. 2.711,[35] dispõe sobre a privacidade da comunicação de livros, registros e correspondência, que pode ser ordenada pelo Poder Judiciário apenas em casos relativos à dissolução da sociedade, a propriedade da comunidade e herança por morte, ou *ex officio*,

---

[33] Article 10 Aucune décision de justice impliquant une appréciation sur le comportement d'une personne ne peut avoir pour fondement un traitement automatisé de données à caractère personnel destiné à évaluer certains aspects de sa personnalité.

[34] Disponível em: <http://www.legifrance.gouv.fr/affichTexte.do;jsessionid=7721B217FF509671D4 9F61220C868B4E.tpdjo12v_2?cidTexte=JORFTEXT000020788644&dateTexte=20090625&categ orieLien=cid#JORFTEXT000020788644>.

[35] CODICE CIVILE. Art. 2711. Comunicazione ed esibizione. La comunicazione integrale dei libri, delle scritture contabili e della corrispondenza può essere ordinata dal giudice solo nelle controversie relative allo scioglimento della società, alla comunione dei beni e alla successione per causa di morte. Negli altri casi il giudice può ordinare, anche d'ufficio, che si esibiscano i libri per estrarne le registrazioni concernenti la controversia in corso. Può ordinare altresì l'esibizione di singole scritture contabili, lettere, telegrammi o fatture concernenti la controversia stessa.

Cap. 22 – A PRIVACIDADE COMO UMA LIMITAÇÃO DO DIREITO DE PROVA

os livros que contenham provas relevantes para o processo. O mesmo artigo garante a possibilidade de exibição de registros individuais, cartas, telegramas ou faturas relativas ao caso em julgamento.

O *Codice di Procedura Civile* regula algumas limitações probatórias impostas pela privacidade.[36] No art. 118 trata da inspeção de pessoas e coisas, dispondo que o juízo pode ordenar as partes e terceiros para possibilitar a sua pessoa ou coisas na sua posse as inspeções que são necessárias para conhecer os fatos do caso, desde que isso possa ser feito sem prejuízo grave para o partido ou o terceiro e observados os limites nos arts. 351 e 352 do Código de Processo Penal italiano.

O mesmo artigo do Código de Processo Civil italiano assevera que a parte que se recusa a executar esta ordem, sem justa causa, causa a aplicação da norma de julgamento que enseja a presunção de varacidade dos fatos que a outra parte queria provar com essa prova (art. 116). Sendo um terceiro ao processo quem se recusa a colaborar, pode o juízo aplicar-lhe multa no montante entre 250 e 1.500. euros.

Ainda regulando o dever de colaboração do terceiro com o processo, o art. 210 do *Codice di Procedura Civile* dispõe que o juiz de instrução, a pedido, pode

---

[36] CODICE DI PROCEDURA CIVILE. Art. 118. (Ordine d'ispezione di persone e di cose)
Il giudice può ordinare alle parti e ai terzi di consentire sulla loro persona o sulle cose in loro possesso le ispezioni che appaiono indispensabili per conoscere i fatti della causa, purché ciò possa compiersi senza grave danno per la parte o per il terzo, e senza costringerli a violare uno dei segreti previsti negli articoli 351 e 352 del Codice di procedura penale.
Se la parte rifiuta di eseguire tale ordine senza giusto motivo, il giudice può da questo rifiuto desumere argomenti di prova a norma dell'articolo 116 secondo comma.
Se rifiuta il terzo, il giudice lo condanna a una pena pecuniaria da euro 250 ad euro 1.500. (1)
(1) Le parole: *"non superiore a euro 5"* sono state così sostituite dall'art. 45, comma 15, della Legge 18 giugno 2009, n. 69."
Art. 210.(Ordine di esibizione alla parte o al terzo)
Negli stessi limiti entro i quali può essere ordinata a norma dell'articolo 118 l'ispezione di cose in possesso di una parte o di un terzo, il giudice istruttore, su istanza di parte, può ordinare all'altra parte o a un terzo di esibire in giudizio un documento o altra cosa di cui ritenga necessaria l'acquisizione al processo.
Nell'ordinare l'esibizione, il giudice dà i provvedimenti opportuni circa il tempo, il luogo e il modo dell'esibizione.
Se l'esibizione importa una spesa, questa deve essere in ogni caso anticipata dalla parte che ha proposta l'istanza di esibizione.
Art. 211.(Tutela dei diritti del terzo)
Quando l'esibizione è ordinata ad un terzo, il giudice istruttore deve cercare di conciliare nel miglior modo possibile l'interesse della giustizia col riguardo dovuto ai diritti del terzo, e prima di ordinare l'esibizione può disporre che il terzo sia citato in giudizio, assegnando alla parte istante un termine per provvedervi.
Il terzo può sempre fare opposizione contro l'ordinanza di esibizione, intervenendo nel giudizio prima della scadenza del termine assegnatogli.

pedir a outra parte ou a terceiros para apresentar um documento ou outra coisa do que considera necessário para o processo de aquisição.

Ao ordenar a exposição, o juízo deve dar medidas adequadas sobre o tempo, lugar e modo de exposição. Salienta o dispositivo que se houver custos, correrão por conta de quem requereu a diligência.

O art. 211 da Lei Processual italiana, também tratando da proteção dos direitos de terceiro, estabelece que quando a apreentação for determinada a quem não seja parte no processo, o magistrado deve tentar conciliar o interesse melhor possível da justiça tendo em devida conta os direitos do terceiro, fixando prazo para essa atividade.

A lei italiana assegura ao terceiro, na parte final do mesmo art. 211, a legitimidade para recorrer da decisão que lhe atinge, no prazo estabelecido pelo juízo. Aliás, a legitimidade do terceiro de recorrer da invasão de sua privacidade, perpetrada por ato judicial de produção de prova em processo judicial em que não é parte, consta do art. 22.º da Diretiva 95/46/CE do Parlamento e do Conselho Europeu, referida anteriormente.

> Diretiva 95/46/CE do Parlamento e do Conselho Europeu – art. 22.º – Recursos judiciais, responsabilidade e sanções – Recursos. Sem prejuízo de quaisquer garantias graciosas, nomeadamente por parte da autoridade de controle referida no art. 28.º, previamente a um recurso contencioso, os Estados-membros estabelecerão que qualquer pessoa poderá recorrer judicialmente em caso de violação dos direitos garantidos pelas disposições nacionais aplicáveis no tratamento em questão.

É possível, pois, extrair a ilação de que a preocupação com a privacidade é questão mundialmente considerada e, na maior parte das legislações, há disposições legais acerca do reflexo da privacidade no processo, especialmente no que tange à produção de provas.

5. NÍVEIS DE PRIVACIDADE

Tendo como ponto de partida a percepção do Tribunal Constitucional alemão, que reconheceu a existência de três graus de privacidade, evoluímos para uma melhor delimitação de quais seriam a extensão e as situações, fáticas e jurídicas, abrangidas por cada um desses níveis. Passa-se, pois, a fornecer um arcabouço técnico que municie o operador do direito com critérios objetivos de aferição do nível de privacidade em cada situação posta em questão, de forma a viabilizar uma aplicação coerente das normas de proteção à privacidade, articuladamente com as normas que estruturam a fase instrutória do processo civil.

5.1. Privacidade íntima

O conceito que delineia o princípio constitucional da dignidade da pessoa humana é que o ser humano é *sujeito* de direito e não *objeto* de direito. A partir dessa noção é possível compreender que o sistema de tutela jurídica se estrutura em função do entendimento que a pessoa humana deve, em qualquer situação, ser considerada como titular de direitos, não podendo ser tratada por seus semelhantes como uma coisa inanimada – um objeto – que não tem interesses próprios.

Percebe-se, pois, que por ser a Constituição da República instrumento fundante da ordem jurídica do Estado, institui, pois, direitos; direitos esses que são titularizados por pessoas; ou seja, a Constituição define direitos, e essa é a preciosa importância do princípio da dignidade da pessoa humana: sempre que reconhecida a condição humana a um indivíduo, aplicam-se a ele as normas constitucionais, notadamente aquela que preserva sua condição máxima e que originalmente o fez destinatário da norma, a condição humana.

Em última análise, o princípio da dignidade da pessoa humana informa a aplicação de todas as demais normas constitucionais e infraconstitucionais, para exigir que sua utilização seja feita sempre com a observância da especial condição humana; diferentemente do que é objeto, por isso não tem vida, interesses ou vontade, o homem tem o legítimo interesse de preservação dessa condição humana plena; a condição humana plena – sem relativizações de sua humanidade nem tratamento como objeto – é o que define o conceito de dignidade.

Por esse conceito de dignidade da pessoa humana extrai-se a compreensão de que o homem pode até sofrer restrições a direitos fundamentais, como restrição de liberdade, sem que com isso o sistema esteja olvidando o princípio da dignidade da pessoa humana.

O princípio da dignidade da pessoa humana estará sendo observado, mesmo no caso da pena de prisão, desde que a condição humana tenha sido observada para a aplicação de tal sanção, por meio da observância das garantias processuais (devido processo legal substantivo e adjetivo, ampla defesa, contraditório etc.), bem como por ocasião da aplicação da pena o condenado continue sempre a ser tratado como um ser humano (respeito às suas demandas biopsicológicas e orientação adequada à sua ressocialização), jamais sendo relegado à condição de coisa guardada ou mantida em segregação a outras.

Também no processo o princípio da dignidade da pessoa humana informa a aplicação das normas processuais, sempre lembrando os sujeitos do processo que as partes são, por excelência, sujeitos de todos os direitos previstos na Constituição da República e na legislação infraconstitucional.

Na fase de instrução probatória, a principal influência do princípio da dignidade da pessoa humana, além de sua manifestação procedimental (para reforçar os princípios do devido processo legal, contraditório e ampla defesa, entre outros), consiste em vedar que o ser humano, de qualquer modo, seja *objeto* de prova; ou seja, impedir que a pessoa humana venha a ser degradada à condição de mera *coisa examinada*, com desconsideração de seus interesses e desatenção ao fato de que, como ser humano que é, seu corpo, sua mente, sua intimidade e os traços de sua individualidade são invioláveis, sequer para a produção de provas ou busca da verdade no processo.

O marco para delinear as limitações probatórias com base em direitos materiais é, pois, a dignidade da pessoa humana. É pela condição de pessoa que são assegurados direitos materiais a cada sujeito e justamente por respeito a essa condição de pessoa é que são protegidos direitos materiais, inclusive a busca da verdade real.

Note-se que a pessoa jurídica, por ser ficção legal e não ser humano, não é titular do direito de dignidade da pessoa humana, não gozando de privacidade íntima, nos moldes definidos nesse capítulo; todavia, como se observará adiante, tem sua privacidade protegida em níveis menos intensos de tutela jurídica.

Em verdade, os direitos e princípios definidos na Constituição da República são hierarquizados em escala descendente a partir da dignidade da pessoa humana. Não apenas no que tange à limitação probatória, mas sempre que necessária a ponderação de princípios ou exame de conflito de normas, afigura-se relevante conhecer a hierarquia dos interesses em conflito, sob a ótica dos princípios e direitos constitucionalmente tutelados, para que se possa optar pela preponderância de um princípio em relação a outro, pela seleção da norma incidente ou mesmo prevalência de um princípio sobre uma regra, que consubstancie um princípio de menor hierarquia.

Com efeito, necessário identificar, no campo probatório, esses limites que refletem insitamente o princípio da dignidade da pessoa humana, pois demarcam o campo da *privacidade íntima*, i.e., aquela que caracteriza a essência do ser humano, cuja proteção é razão do sistema jurídico e, portanto, não pode ser violada para a busca da verdade real. Esta é intimidade, contida na vida privada, que é inviolável, consoante o art. 5.º, X, da Constituição da República.

A busca da verdade real é um princípio processual de alta relevância, que senta raízes no acesso à Justiça, como instrumento para efetivação dos princípios e direitos instituídos pela ordem constitucional. Todavia, se o princípio máximo do sistema jurídico é justamente a dignidade da pessoa humana, não é coerente feri-lo, sob o argumento de efetivar a ordem constitucional que impõe sua proteção como norma máxima.

Desse modo, a produção de prova no processo encontra no risco de violação *direta* ao princípio da dignidade da pessoa humana obstáculo intransponível. Contudo, observe-se que a ofensa a esse princípio goza dessa máxima hierarquia, apondo-se como obstáculo pleno à busca da verdade real, somente quando a lesão é *direta* e não *reflexa*.

Cap. 22 – A PRIVACIDADE COMO UMA LIMITAÇÃO DO DIREITO DE PROVA

Como dito antes, o princípio da dignidade da pessoa humana reforça todos os demais princípios e direitos constitucionais, informando sua aplicação, porém, também como já realçado, não têm todos os princípios a mesma hierarquia, e ofensas outras ao sistema não podem ser, como comumente se vê, tratadas como violação à dignidade. Não é toda violação à privacidade de uma pessoa que viola sua dignidade como ser humano, apenas as violações atentatórias de sua condição de pessoa (sujeito de direitos, existência como indivíduo, titular de pensamentos e sentimentos) é que são ofensas diretas à dignidade, inadmitidas sob qualquer argumento pelo sistema jurídico.

A distinção é essencial, pois na classificação proposta neste trabalho, para o fim de estudo das limitações ao direito de prova no processo, considera-se a existência dessa hierarquia de princípios, visto que não raro há colidência entre eles. A violação a um princípio fundamental pode ocorrer ao argumento da observância de outro princípio, também fundamental, e nesse caso caberá ao Poder Judiciário, por meio do processo, conhecer a situação, valorar os princípios e indicar aquele que deve preponderar. Nesse caso, poderá se impor a necessidade de ponderar entre os princípios, inclusive, conforme o caso, admitindo prova que viole um deles, para que se revele aquele que seja mais relevante no caso concreto.

Passamos a examinar os contornos das limitações probatórias fundadas no princípio da dignidade da pessoa humana, consubstanciados na privacidade íntima, para dela desenvolver para os demais degraus de privacidade.

O ser humano somente o é quando está vivo, logo o direito à vida é o ponto de partida da dignidade da pessoa humana. A vida depende do corpo biológico, de forma que a integridade física está compreendida na dignidade. Há inúmeras formas de vida, mas o ser humano distingue-se das outras formas de vida por um traço singular: a personalidade.

A personalidade é o conjunto de elementos que dão unicidade ao ser humano, distinguindo-o de todos os outros e de tudo mais que existe por sua consciência, que é o que define sua forma de perceber o mundo e a si próprio. Esse conjunto é formado por elementos que projetam essa individualidade e a singulariza, tendo como elementos o pensamento livre, o nome, a honra, a sexualidade[37] e a imagem, patrimônio genético,[38] entre outros.

A vida, a integridade física e moral e os direitos da personalidade são os elementos nucleares para identificação de limites à produção de prova no processo.

---

[37] O reconhecimento da sexualidade como expressão da personalidade foi um dos argumentos do Supremo Tribunal Federal para aplicar interpretação conforme ao art. 3.º, inciso IV, da Constituição da República, dando validade jurídica para as relações homoafetivas (ADPF 132/RJ, Tribunal Pleno, rel. Min. Ayres Britto, j. 05.05.2011).

[38] CARNEIRO, Paulo Cezar Pinheiro. Desconsideração da coisa julgada: sentença inconstitucional. *Revista Forense*, v. 384, Rio de Janeiro, 2006.

O primeiro nível de privacidade a ser analisado é aquele em que se encontra o sentimento mais profundo de identidade e humanidade de cada pessoa; a este conjunto de elementos que permite autorreconhecimento como um indivíduo titular de direitos é que chamamos de *intimidade*. Neste trabalho reservamos a palavra *intimidade* tão somente para esse núcleo de sentimentos, bens, condutas e direitos classificados no agrupamento mais intenso de privacidade, ao que reconhecemos a proteção máxima do sistema jurídico, notadamente inserindo-lhes no conceito de dignidade da pessoa humana. A privacidade íntima é aquela *da pessoa consigo mesma*.

Releva enfatizar que a privacidade, nesse nível, é, em tese, indisponível, por compreender a própria dignidade da pessoa. Ocorre que a dignidade é um sentimento pessoal, que é admitido como relacionado com situações objetivas: sempre que verificadas essas situações e invocado o sentimento, o ordenamento deve tutelar a privacidade íntima.

Contudo, em alguns casos a situação fática objetiva pode comparecer, porém devem haver meios seguros de afirmar que a dignidade da pessoa não estará sendo comprometida, caso ela renuncie – excepcional e pontualmente – à proteção legal a que teria direito. Cada situação deve ser analisada caso a caso: o juízo pode admitir que uma pessoa aceite realizar uma perícia médica para provar que tem determinado direito; todavia, sob nenhum argumento deve-se admitir uma prova obtida comprovadamente sob tortura, mesmo que a pessoa vítima da tortura aquiesça ulteriormente. A proteção à dignidade humana é um baluarte do Estado Democrático de Direito e transcende a esfera pessoal da própria pessoa atingida em sua dignidade.

5.1.1. Direito à não autoincriminação

Assumindo como premissa que a condição humana começa com a vida, não há dúvida de que o primeiro interesse de um ser humano é sua própria autopreservação. A característica de querer estar vivo e manter-se bem, na plenitude de seu ser, também é elemento íntimo e integrante do núcleo da dignidade da pessoa humana.

O instinto de preservação projeta-se em todos os atos da vida do ser humano, que passa a ter como móvel cuidar dos bens e direitos que ajudam a manter satisfeitas suas necessidades. Toda pessoa tende intuitivamente a querer preservar seus direitos, vendo nisso sua autopreservação.

A vida humana é organizada em sociedade, porque essa estrutura ajuda cada indivíduo a satisfazer suas próprias necessidades, pelo que a pessoa civilizada vê na preservação da sociedade a sua própria preservação. Não é outra a motivação para atribuição individual de poderes ao órgão coletivo: os indivíduos despem-se de poder em favor da organização pública, porque acreditam que se todos o fizerem, todos serão mais bem protegidos e preservados.

Cap. 22 – A PRIVACIDADE COMO UMA LIMITAÇÃO DO DIREITO DE PROVA

Ocorre que justamente no exercício dessa defesa de um indivíduo a quem a sociedade reconhece direitos, em alguns casos, outro indivíduo pode ser atingido na sua esfera de direitos. É o que ocorre quando uma pessoa busca o Poder Judiciário e, invocando a lei, pede que o órgão que monopoliza a tutela estatal exerça o poder que lhe foi por todos delegados para, no caso concreto, fazer valer a pretensão legítima de um indivíduo contra outro.

Nesse momento, para o indivíduo que terá sua esfera de direitos atingida pelo ato judicial, o Poder Público não o está protegendo, mas sim o *atacando*; emerge o instinto de autopreservação e a pessoa passa a não querer colaborar, no caso concreto, com o coletivo: sua autopreservação instiga sua recusa à autoincriminação.

Cada pessoa sabe que pode ser alvo do exercício do poder de império do Estado quando descumpre suas leis, mas não é natural que goste disso, sendo compreensível que não queira isso.

Com efeito, está na esfera de consciência da pessoa não querer ser prejudicada no processo, com ou sem razão, e ela reconhece esse instinto de não querer se incriminar como um sentimento natural e próprio de sua natureza humana. Embora mencionando o caráter humano do direito à não autoincriminação, a Corte de Justiça das Comunidades Europeias, em uma decisão de 1989, reconheceu até mesmo a uma empresa o direito de não ser obrigada a prestar depoimento contra si mesma, por meio de seu representante.[39] Em 1998, o Tribunal de Primeira Instância, em outro caso, não admitiu essa escusa de prestar informações, admitindo que a Comissão Europeia aplicasse sanções mais severas às empresas que se abstivessem de prestá-las invocando esse direito.[40]

Por isso que o ordenamento jurídico reconhece o direito à não autoincriminação: porque é próprio do ser humano querer se preservar, sendo desumanizante esperar que alguém se dispa desse instinto não essencial e tão profundo. Ressalta GRECO que na Inglaterra o instituto é considerado anacrônico, incompatível com a cultura dominante no processo civil em que as partes têm o direito de produzir todas as provas relevantes, mesmo as que se encontram em poder do adversário.[41]

É fato que a consciência moral do ser humano, produto de seu desenvolvimento pessoal e, principalmente, da evolução civilizatória, comumente ocasiona no indivíduo a percepção de existência de um dever moral de, mesmo se prejudicando, colaborar com a sociedade. Não raro a pessoa internalizou a percepção

---

[39] GRECO, Leonardo. *Instituições de processo civil* cit., 2010. p. 113.

[40] SPITZER, Jean-Pierre. Le procès équitable devant la Cour de Justice des Communautés Européennes. Union des avocats européens. *Le procès équitable et la protection juridictionnelle du citoyen.* Bruxelles: Bruylant, 2001. p. 111-112.

[41] JACOB, Joseph M. *Civil justice in the age of human rights.* Hampshire: Ashgate, 2007. p. 169.

de que colaborar com o coletivo é *a coisa certa*, ou seja, inseriu na sua moral interna o valor coletivo de forma tão profunda – sempre com raízes no fato de que a sociedade é boa para o indivíduo – que aceita sua perda individual para assegurar o ganho coletivo; mas isso não pode ser *imposto*.

O Estado e suas leis não podem exigir da pessoa que não queira se proteger, que não queira preservar um direito impugnado ou que sua consciência a mova a *ter iniciativa* de colaborar com o processo pessoalmente.

Por outro lado, tem ensejo atentar para o caráter dialético do processo e a existência de uma atividade de cooperação entre o juiz e as partes, e entre estas. O denominado *princípio da cooperação intersubjetiva* tem função *legitimadora* da atividade decisória do magistrado. GOUVEIA[42] destaca as duas faces do princípio: 1) dever das partes de cooperar com o juízo e 2) dever do juízo de cooperar com as partes. Acrescentamos, ainda, o dever das partes de cooperar entre si, observadas suas garantias.

A parte que não coopera age em desacordo com o *princípio da boa-fé*, enveredando pela litigância de má-fé e abuso do direito. O princípio da cooperação é expressamente previsto no art. 266.º do Código de Processo Civil de Portugal.[43] Sousa (1997, p. 65) destaca como deveres essenciais de cooperação: o *dever de esclarecimento*, o *dever de prevenção*, o *dever de consulta* e o *dever de auxílio*. As partes e o juiz devem se *esclarecer* reciprocamente e ao juiz seus pontos de vista; o juiz deve *prevenir* as partes quanto às possíveis consequências jurídicas de suas condutas e indagá-las (*consultá-las*) sobre pontos da disputa relevantes para o julgamento da causa, antes de utilizá-los como fundamento de suas decisões, bem como cumpre ao magistrado *auxiliar* as partes, removendo obstáculos ao pleno exercício de seu direito de ação ou defesa.

Nesse ponto tem ensejo duas distinções relevantes: a primeira consiste na diferenciação entre a *manifestação de vontade* e a *guarda de registro de manifestação de vontade*.

A manifestação de vontade só pode ser livre. Ninguém pode ser forçado a *dizer que quer* ou *dizer que aceita* sob pena de haver frontal violação à liberdade de consciência. A coação, nesse caso, não pode ser direta nem indireta, pelo que não pode haver sanção por alguém *não dizer que quer, não dizer que aceita* ou *não se autoincriminar*.

Outra coisa, completamente distinta, consiste na guarda de um registro de uma manifestação de vontade que, quando ocorreu, *deu-se de forma absoluta-*

---

[42] GOUVEIA, Lucio Grassi de. A função legitimadora do princípio da cooperação intersubjetiva no processo civil brasileiro. *Revista de Processo*, n. 172, ano 34, São Paulo: RT, 2009.

[43] Código de Processo Civil Português: "art. 266.º (princípio da cooperação) 1. Na condução e intervenção no processo, devem os magistrados, os mandatários judiciais e as próprias partes cooperar entre si, concorrendo para se obter, com brevidade e eficácia, a justa composição do litígio".

Cap. 22 – A PRIVACIDADE COMO UMA LIMITAÇÃO DO DIREITO DE PROVA

mente livre. O dever de colaboração[44] no processo pode impor à parte que traga aos autos um registro de uma manifestação de vontade passada e livre, mas não que uma nova manifestação de vontade, coagida, seja praticada.

Assim, uma pessoa não pode ser obrigada a depor e dizer que *contratou* com outrem, ou mesmo ser obrigada a falar, se sua vontade, naquele momento, é *calar*. Porém a pessoa pode sofrer uma sanção processual se, tendo a guarda do instrumento escrito de um contrato que celebrou, recusa-se a trazê-lo.

Observe que o ato de manifestação de vontade é um ato de exposição da consciência, o ser humano revela ao mundo exterior o seu pensamento, oralmente, com um gesto, por escrito ou de qualquer outra forma. Esse ato não pode ser imposto nem exigido. Por isso uma pessoa não pode ser obrigada a *falar*, a *assinar*, nem a praticar ato que simule que sua consciência tem aquele entendimento, quando na verdade *não tem* e está praticando a conduta tão somente porque está sendo coagida.

Frise-se que essa também é a situação se for feito um registro sobre si mesmo e *para si mesmo*, como ocorre com o *diário*. Há distinção entre o arquivamento de um documento, para uso futuro perante terceiros, e a guarda de um registro para si próprio, como preservação da própria memória. Nesse caso, como o registro é autorreflexivo e não se direciona a relações com terceiros, é possível reconhecê-lo no âmago da privacidade íntima.

Outro é o contexto quando a pessoa já praticou uma manifestação de vontade inteiramente livre – contratou, escreveu, falou etc. – e simplesmente foi feito um registro físico desse fato, que está em seu poder; nesse caso, a obtenção forçada desse registro não demanda que a pessoa viole sua consciência e simule uma manifestação de vontade, não, nesse caso a entrega do registro é apenas um ato de colaboração com o processo.

A mesma linha de raciocínio vale para qualquer tipo de prova que esteja em poder da pessoa, a quem não interessa trazê-la aos autos, mesmo podendo faticamente fazê-lo. Se uma pessoa afirma que um aparelho está com defeito, deve sofrer consequências jurídicas negativas por não apresentá-lo para exame da outra parte, o mesmo ocorrendo com qualquer documento ou coisa importante para o julgamento da causa que esteja em seu poder.

Entretanto, acentua-se que há manifestação de vontade na *iniciativa* ou *proposição da prova*, i.e., a parte não pode ser obrigada, sob pena de litigância de má-fé, a *sugerir uma prova que lhe seja prejudicial*, contudo, uma vez mencionada a prova do processo, pelo dever de colaboração, tem que colaborar com sua produção, mesmo que isso implique entregar documento ou coisa sob sua guarda.

---

[44] Além dos deveres gerais, o art. 340 do CPC e no projeto de novo CPC, art. 365, dever de colaboração e cooperação. Correta a previsão expressa de colaboração, rol exemplificativo.

O dever de colaboração, no que tange ao seu aspecto probatório, que obriga as partes a trazerem aos autos todas as provas úteis para o julgamento da causa, não se confunde com autoincriminação, sendo apenas esta última uma possibilidade de escusa de depor.[45] Frise-se que o enfoque exposto restringe-se ao processo civil, em que *há dever de colaboração*, diferentemente do processo penal, em que *não há dever de colaboração*, e sim *dever exclusivo do Estado de provar os fatos*.

O Brasil seguiu a tendência mundial de considerar a colaboração com exame pericial médico de código genético – o exame de DNA – ato inerente ao dever de colaboração das partes, tanto que o Código Civil aplica sanção de presunção da paternidade no caso de recusa ao exame.

Registre-se que a norma que aplica a presunção de veracidade do fato desfavorável a quem se recusa a colaborar com a presunção jurídica é efetivamente uma *presunção* e não uma *ficção jurídica*, podendo os institutos serem diferenciados pelo fato de a primeira ser resultado de um raciocínio indutivo, em que a recusa é indiciária da eficiência da prova em demonstrar que quem recusa quer subtrair da cognição do juízo, logo efetivamente se acredita que a presunção reflita a verdade, enquanto a segunda admite alto grau de falibilidade[46] (p. ex., citação por edital).

Do mesmo modo, o exame de DNA tornou-se legalmente obrigatório na Alemanha em processos de investigação ou negação de paternidade.[47] A matéria sempre foi tratada com cautela pela Corte Constitucional alemã, tanto que em processo em que a mãe recusou que o filho fornecesse material genético para exame de DNA, apesar de o pai que pretendia a negação de sua paternidade ter recolhido o material do chiclete do filho, para comparar com o seu, o tribunal entendeu que a conduta violava a privacidade íntima do menor. Ressaltou o tribunal que as informações pessoais sob o pálio dos direitos fundamentais não podem ser usadas como prova sem a concordância da pessoa.

A recusa da parte em concordar com a realização da prova pericial resulta em conduta processual relevante para o processo, que alguma doutrina, inclusive, classifica como modalidade de prova atípica.[48]

O direito à não autoincriminação também não deve ser confundido com o *direito de mentir*. Há evidente distinção entre *não ajudar* e *prejudicar*. A não

---

[45] Art. 406, inciso I, do Código de Processo Civil.

[46] OLIVEIRA, Carlos Alberto Alvaro de. Presunções e ficções no direito probatório. *Revista de Processo*, v. 196, ano 34, São Paulo: RT, jun. 2011, p. 18.

[47] KREILE, Ruber David. Prova nas ações de filiação no direito alemão. *Revista de Processo*, v. 168, ano 34, São Paulo: RT, fev. 2009, p. 67-105.

[48] CAMBI, Eduardo. Caráter Probatório da conduta (processual) das partes. *Revista de Processo*, v. 168, ano 36, São Paulo: RT, nov. 2011, p. 59-100.

Cap. 22 – A PRIVACIDADE COMO UMA LIMITAÇÃO DO DIREITO DE PROVA

confissão da parte faz com que a instrução não evolua, mas a inverdade ou mentira pode fazer com que a instrução retroceda.

A base para essa distinção está no limite imanente da autoproteção: o direito de se autoproteger tem como limite o dever de não prejudicar o próximo. Quem mente prejudica o adversário e, portanto, *abusa* do direito de autopreservação e não autoincriminação. No processo civil, faltar com a verdade dos fatos em documento ou depoimento caracteriza má-fé processual punível.

5.1.2. *Intervenção corporal*

Intervenção corporal consiste em medidas de investigação e produção de prova utilizando e contatando diretamente o corpo de uma pessoa.[49] Com a morte, o corpo da pessoa passa a ser cadáver e, embora ainda tutelado de diversas formas no ordenamento jurídico, não mais recebe a proteção inerente ao corpo de pessoas vivas. O corpo humano recebe do ordenamento especial proteção, que se situa no campo da privacidade, por ser o elemento principal de sua identidade e personalidade, consubstanciando a própria pessoa e sua condição humana.

Há intervenção corporal sempre que se estabelece contato direto com o corpo da pessoa, ainda que o toque se dê sobre a roupa que a pessoa veste. Há intervenção corporal na revista a bolsos, mas não há, para efeito desse estudo, no exame de bolsas e malas, por não estarem em contato com o corpo. A privacidade de objetos pessoais situa-se no campo da privacidade doméstica.

A intervenção pessoal será considerada invasiva quando atingir área interna do corpo da pessoa (sangue, cavidades e similares), quando exigir parte ou fluido do corpo (saliva, unhas, cabelo etc.) e, ainda, quando implicar exame em área em geral protegida da exposição pública (genitália, ânus, seios).

Considera-se intervenção pessoal não invasiva aquela que impõe um contato com o corpo da pessoa, fora das hipóteses da intervenção invasiva, como é o caso da revista a bolsos de um casaco ou o toque de uma mão ou braço.

5.1.2.1. Intervenção invasiva

Nosso ordenamento e jurisprudência, tanto na esfera cível quanto na esfera penal, negam a possibilidade de intervenções invasivas,[50] contudo há casos em

---

[49] FIORI, Ariane Trevisan. *A prova e a intervenção corporal*: sua valoração no processo penal. Rio de Janeiro: Lumen Juris, 2008. p. 105.

[50] CASTRO, Carla Rodrigues Araújo de. *Prova científica*: Exame pericial do DNA. Rio de Janeiro: Lumen Juris, 2007. p. 99.

que são fixadas consequências jurídicas pela não concordância em aceitar a participar da produção da prova e tolerar a intervenção invasiva.

Nesse sentido, o art. 231 do Código Civil dispõe que "aquele que se nega a submeter-se a exame médico necessário não poderá aproveitar-se de sua recusa", sendo complementado pelo art. 232, que determina que "a recusa à perícia médica ordenada pelo juiz poderá suprir a prova que se pretendia obter com o exame". Observa-se em ambos os casos que é aplicada sanção processual à pessoa que não concorda com a realização de intervenção pessoal.

Diferentemente do que ocorre na esfera penal, na seara cível é comum haver em ambos os polos pessoas físicas, estando seus direitos e deveres, portanto, em igualdade de condições.

Com efeito, consideramos que a aplicação dos dispositivos suprarreferidos deve ser orientada pela ponderação entre os direitos em litígio, o acesso à Justiça e a privacidade.

A finalidade precípua das normas referidas foi a recusa pelo réu, na ação de investigação de paternidade, a fornecer material genético para o exame laboratorial, sendo certo que, embora invasivo, o procedimento causa desconforto diminuto e apresenta elevada relevância probatória.

Nesse caso, estarão em conflito a privacidade de quem não quer fornecer o material e o direito à identidade genética e filiação da outra parte, logo dois direitos fundamentais. Em um contexto de ponderação em que ambos os direitos estão inseridos na dignidade da pessoa humana afigura-se razoável atribuir consequências jurídicas para a não aquiescência ao exame, pois do contrário as possibilidades de tutela efetiva do direito do autor estariam sobremaneira reduzidas.

Por outro lado, o dispositivo deve ser aplicado com cautela em casos em que o direito que se quer tutelar no processo seja menos expressivo que o direito à privacidade.

O consentimento, em qualquer caso, supre a eventual restrição à produção da prova.

5.1.2.2. Intervenção não invasiva

Não se confunde a *lesão* à integridade física com o *contato* físico existente em modalidades menos invasivas de intervenção corporal. O contato físico não lesivo pode, entretanto, acarretar ofensa à dignidade pela sujeição da honra, hipótese em que esbarrará em limitação, ainda, em vedação à violação da dignidade.

Assim, mesmo nas intervenções pessoais não invasivas deve haver justificativa legítima para produção da prova, de modo a não se olvidar a especial proteção legal que goza a privacidade pessoal.

Cap. 22 – A PRIVACIDADE COMO UMA LIMITAÇÃO DO DIREITO DE PROVA

Implica intervenção corporal não invasiva a revista feita em aeroportos, especialmente internacionais, em que a pessoa é submetida a aparelho que permite visualização do interior das roupas que a pessoa veste (a evolução dos "raios X") e, ainda, a aplicação de produto químico nas mãos para verificação de indícios de pólvora.

Exames médicos e periciais, em que a pessoa não precise despir partes íntimas, também estão entre as intervenções corporais não invasivas.

Insta consignar que o exame de DNA feito a partir de amostras colhidas fora do corpo (sangue derramado, fios de cabelo soltos, saliva e unhas encontradas etc.) não constitui intervenção corporal nem viola de qualquer modo a privacidade.

5.1.3. Ilicitude inafastável da prova obtida mediante tortura

Como se percebe ao longo deste trabalho, um dos pontos principais que se busca enfatizar consiste no exame da validade de uma prova que interfira na privacidade de outrem, necessariamente demandar a ponderação com o direito de acesso à Justiça e com o direito que se pretende tutelar no processo.

Ocorre que exatamente nessa linha impõe-se concluir que nenhum direito sobrepuja, em uma análise de proporcionalidade, o princípio da dignidade da pessoa humana.

O princípio da dignidade da pessoa humana é uma escolha política do Estado Democrático de Direito e não está adstrito somente ao entendimento do legislador sobre o tratamento que se deva conferir às pessoas, mas se destaca como uma marca identificadora do modelo político democrático, encampado no texto constitucional.

Atentando-se para uma interpretação histórica desse princípio, observa-se em todo o mundo – e de forma especial na história do Brasil – que um dos maiores contrapontos ao modelo democrático e garantístico dos direitos humanos, sem dúvida, é a tortura.

Muitos são os motivos que impulsionaram a comunidade internacional e a própria civilização na busca por modelos políticos de distribuição de poder e riqueza mais equilibrados, porém é certo que o anseio por uma estrutura de governo que impedisse o ultraje máximo da coisa humana, em sua pior manifestação – a tortura –, esteve sempre entre os móveis individuais e coletivos.

Ainda em razão do débito histórico do Poder Público brasileiro, notadamente diante da utilização em passado recente da estrutura estatal para a prática desse mal, o legislador constituinte esmerou-se em construir uma barreira jurídica inexpugnável a essa prática, negando-lhe toda forma de justificativa e cominando-lhe as mais graves sanções jurídicas, entre elas a imprescritibilidade.

Não é por outra razão que no capítulo de direitos fundamentais diversas normas se entrelaçam, reforçando a antijuridicidade da tortura. O art. 5.º, III, da Constituição da República estabelece que ninguém será submetido à tortura, tratamento desumano ou degradante, sendo qualquer conduta dessa ordem inequivocamente ilícita. No mesmo sentido, o inciso XLIX do mesmo artigo assegura aos presos o respeito à integridade física e moral, consistindo em norma que reforça a impossibilidade de procedimentos de tortura física ou mental.

Assim, o inciso LVI do art. 5.º, que expressamente determina a inadmissão no processo de provas obtidas por meios ilícitos, impõe a ilicitude especialmente daquelas provas obtidas pelos meios constitucionalmente havidos como ilícitos, antes referidos. Todas essas normas integram o conceito de devido processo legal previsto no inciso LIV, assim como os §§ 2.º e 3.º, do mesmo artigo, que trazem os muitos tratados internacionais contrários à tortura para o corpo da Constituição.

A toda evidência, os seis itens do art. 5.º, intitulado como rol dos direitos e garantias fundamentais, com índole pétrea, nos termos do art. 60, § 4.º, IV, da Constituição da República, constituem arcabouço sólido que alija do sistema jurídico qualquer possibilidade de tortura, fulminando a validade de qualquer ato jurídico que dela derive, notadamente a obtenção de provas.

Por essas razões, esposa-se neste trabalho o entendimento de que toda e qualquer prova obtida mediante tortura é ilícita.

Trata-se de reconhecer que o Estado brasileiro fez uma escolha política de recusar à tortura qualquer validade ou condão de produzir efeitos positivos. O único efeito jurídico da prática de tortura é subsumir quem a realiza às penas da lei e quem a sofre ao pálio das normas de compensação.

A ilicitude da prova obtida pela tortura tem fundamento transindividual, por ser uma política de Estado impedir que essa prática aconteça. Por isso, sequer é passível de renúncia esse nível de privacidade, não podendo ser utilizada a prova obtida mediante a tortura, nem que a vítima consinta. Nenhum valor ou direito ponderado com a tortura prevalece, de modo a justificá-la ou conferir-lhe validade.

São nulas de pleno direito todas as provas que derivem diretamente da tortura. A vedação à tortura existe para proteger o indivíduo e a coletividade do risco dessa prática, mas não para compensar o criminoso. Se a única prova contra um criminoso for confissão ou depoimento sob tortura, ou outras obtidas a partir dessas, impõe-se a absolvição como garantia do direito individual fundamental e da própria higidez do Estado Democrático de Direito; todavia, se outras provas houver, aptas a demonstrar a materialidade e a autoria do ilícito, não há motivo para a absolvição do delinquente, como que por compensação ao mal injusto e grave que tenha sofrido; a hipótese será de punição também dos culpados.

Cap. 22 – A PRIVACIDADE COMO UMA LIMITAÇÃO DO DIREITO DE PROVA

Alguma doutrina especula o limite da ilicitude da prova obtida mediante tortura, com exemplos como a localização da vítima sequestrada ou a salvação de um grande grupo de pessoas. A proporcionalidade, nesse caso, como dito, deve considerar não apenas esses dois interesses destacados (integridade física e moral do criminoso X vida da vítima ou vida de várias pessoas), mas principalmente o aspecto macro da opção política por um Estado Democrático de Direito, sem tortura.

Um Estado Democrático de Direito não se desnatura pelo óbito de uma vítima ou de um grupo de pessoas, assim como pode dispor de uma infinidade de outros recursos e meios para evitar tais males – e deve fazer tudo que puder para evitá-los –, porém estará ferido em sua essência se, por qualquer motivo, justificar a tortura, conferir-lhe efeitos jurídicos positivos, validar as provas obtidas por meio dela ou relevar a conduta dos que a praticam.

5.2. Privacidade particular

Ultrapassada essa fronteira individual e introspectiva, o ser humano estabelece contato com outros seres humanos. Não se fala mais em intimidade em sua acepção mais intensa, mas em uma *convivência privada* ou *privacidade particular*, que significa que a pessoa estabelece uma relação com outras pessoas específicas com quem se quis estabelecer um contato, com troca de informações,[51] sentimentos, impressões etc. Este é o segundo nível de privacidade.

Nesse nível de privacidade a pessoa exercita livremente a vontade de exteriorizar informações[52] e condutas, mas somente para pessoas escolhidas, com quem se tem diferenciado grau de confiança e, quase sempre, reciprocidade nessa confidencialidade.

A privacidade particular também é tutelada na Constituição da República, que impõe elevada proteção para todas as formas de *comunicação*, que é o ato pelo qual se estabelece e se desenvolvem os atos que são classificados nesse nível de privacidade.

Nota-se, no entanto, que a proteção à comunicação – e consequentemente à privacidade particular – não é um *fundamento* da ordem jurídica (art. 1.º, *caput*, e inciso III), constituindo uma *garantia* fundamental, que respalda o *di-*

---

[51] "O termo que designa o conteúdo daquilo que permutamos com o mundo exterior ao ajustarmos a ele, e que faz com que nosso ajustamento seja nele percebido. O processo de receber e utilizar informações é o processo de nosso ajuste às contingências do meio ambiente e do nosso efetivo viver neste ambiente." WIENER, Norbert. *Cibernética e sociedade*. São Paulo: Cultrix, 1968. p. 19.

[52] Reconhecendo o "direito à informação", Pierre Catala anota que "toda mensagem comunicável a alguém por um meio qualquer constitui uma informação". CATALA, Pierre. Ebauche d'une théorie juridique de l'information. *Informatica e diritto*, ano IX, jan.-apr. 1983, p. 15-31, p. 17.

reito fundamental a esse nível de privacidade. A privacidade particular – entre partes – não está inserida no núcleo da dignidade da pessoa humana.

A diferença essencial é que esse direito fundamental à privacidade particular é de *mesma hierarquia* que outros direitos fundamentais, o que não acontece com o princípio da dignidade da pessoa humana, que, em sua essência, é superior a qualquer outro princípio ou direito.

A eficácia horizontal dos direitos fundamentais[53] insertos na Constituição da República presta-se não apenas para afirmar que tais direitos são exigíveis não só em face do Estado (liberdades públicas) e em face dos demais cidadãos, mas também para afirmar que um cidadão, para ver salvaguardado direito fundamental seu violado por outrem, peça do Estado a proteção de tal direito. Nesse caso, não cabe falar em *direito em face do Estado*, pois o Estado estará apenas atuando na defesa de outro cidadão e não por iniciativa própria.

Nesse ponto, cumpre destacar a crucial distinção entre o processo penal e o processo civil: enquanto no processo penal o cidadão litiga com o Estado, operando-se a eficácia vertical das garantias e direitos fundamentais, no processo civil, não estando o Estado na lide, o litígio dá-se entre cidadãos com os mesmos direitos e garantias fundamentais, logo os limites do processo e da produção de prova *não podem ser considerados sob o parâmetro Estado-Cidadão*, mas sim a partir da ponderação de princípios, direitos e garantias fundamentais na relação *Cidadão-Cidadão*.

É por isso que o processo penal tem mais limites garantísticos que o processo civil: o cidadão tem (e tem mesmo que ter) mais direitos e garantias que o Estado.

No processo civil, sem a presença do Estado nos polos, ambas as partes titularizam direitos e garantias fundamentais semelhantes, não sendo o caso de discutir *quem tem mais direitos e garantias*, mas qual direito deve preponderar, no caso em julgamento.

Evidente que essa análise tem que ser sempre temperada com a consideração do bem jurídico em litígio, que é sempre de alta relevância no processo penal – a liberdade –, mas pode ser de até mais relevância, conforme o caso, no processo civil (que pode versar sobre o direito à vida de uma das partes).

Esse raciocínio auxilia a compreensão da *privacidade particular*, pois enquanto o sistema elege que privacidade das relações próximas (p. ex., por meio das comunicações), como regra, não pode ser violada, diante de alguns valores específicos, pondera esse princípio com outro valor – segurança pública – e,

---

[53] PEREIRA, Jane Reis Gonçalves. In: BARROSO, Luís Roberto (Org.). *Apontamentos sobre a aplicação das normas de direito fundamental nas relações jurídicas entre particulares*. 3. ed. Rio de Janeiro: Renovar, 2008. p. 143.

Cap. 22 – A PRIVACIDADE COMO UMA LIMITAÇÃO DO DIREITO DE PROVA

como ocorre no caso na investigação criminal, afasta-o por norma de igual hierarquia.

Também a casa inclui-se no âmbito da privacidade particular, na medida em que é o morador que seleciona quem pode e quem não pode ter acesso a ela, sendo o acesso à residência *disponível*, diferentemente do que acontece com a vida, a integridade física ou moral.

Da mesma forma, embora a Constituição da República estabeleça proteção à privacidade particular do morador em sua casa, pondera esse direito fundamental com a oposição ao flagrante delito, salvamento em caso de desastre e cumprimento de ordem judicial durante o dia.

Note-se que embora o pensamento seja absolutamente livre, sua manifestação – como forma de comunicação que é – sofre limitação quanto ao anonimato. A liberdade de expressão da atividade intelectual, artística, científica e de comunicação, independentemente de censura ou licença, o que significa que não pode sofrer restrição *estatal*, mas no caso de outro cidadão ter por esta direito de igual ou superior hierarquia atingido, haverá margem para ponderação, podendo ser restringida a liberdade de expressão para tutela horizontal do direito fundamental de outrem.

Adotando-se a lógica ora proposta, não há como dar outra interpretação ao inciso XII do art. 5.º da Constituição da República que não a de que a expressão "salvo, no último caso", refere-se a todo o texto e não somente às comunicações telefônicas. Seria absolutamente incoerente que o legislador constitucional, entendendo que a comunicação fosse inexpugnável, autorizasse a intervenção judicial em uns casos e em outros não. Não há argumentos fáticos para justificar a hierarquia da carta como meio de comunicação em detrimento da ligação telefônica.

Nesse sentido, melhor a redação do artigo similar da Constituição italiana: "La libertà e la segretezza della corrispondenza e di ogni altra forma di comunicazione sono inviolabili. La loro limitazione può avvenire soltanto per atto motivato dell'Autorità giudiziaria con le garanzie stabilite dalla legge".[54]

Por outro lado, a exigência de ordem judicial deve ser, com vem sendo, examinada também sob o prisma da ponderação com direitos fundamentais mais relevantes. Não é razoável negar a validade de uma interceptação não autorizada – que viola direito fundamental à privacidade particular – se ela for utilizada em defesa do direito à liberdade ou à vida, que ostentam hierarquia preponderando sobre a intimidade particular. Diferente é o caso da interceptação não autorizada utilizada contra o direito à liberdade, hipótese em que sempre será ilícita.

---

[54] Em tradução livre: "A liberdade e o sigilo da correspondência e qualquer outra forma de comunicação são invioláveis. Sua limitação pode ser imposta apenas pela decisão judicial, observadas as garantias estabelecidas em lei".

A proteção constitucional à privacidade particular tutela a confiança e informalidade inerentes ao vínculo de proximidade entre duas pessoas, que se escolheram confidenciar reciprocamente. Quando uma pessoa se comunica com uma pessoa conhecida e amiga, despoja-se de cuidados com sua própria situação e direitos, baseada na confiança que nutre pelo interlocutor, não sendo razoável que use contra ela, sem aviso, manifestação que pode exprimir pensamento íntimo, que não revelaria para ninguém mais que não o interlocutor.

A interceptação telefônica *viola o exercício da vontade de externar o pensamento* para uma pessoa, mas não para outras, e por isso deve ser excepcional. Da mesma forma, quem fala com pessoa próxima não toma cuidados formais com termos e afirmações que tomaria se falasse com terceiros, justamente porque sabe que o interlocutor conhece, p. ex., seu verdadeiro pensamento ou limite de suas afirmações.

É exatamente a violação, tanto dessa vontade de não exprimir o pensamento a terceiros quanto a exploração da confiança legítima no vínculo entre os que se comunicam, que deve ser ponderada com outros direitos fundamentais para aferição do cabimento de interceptação. Somente diante de direitos de elevada relevância – não bastando o atendimento formal à lei – é que é cabível a interceptação da comunicação.

Na esfera cível, há casos em que pode estar em litígio direito que se equipare ou até supere em hierarquia a tutela jurídica da privacidade particular, como ocorre no caso da filiação. Em regra, seja pela relevância desse nível de privacidade, seja pelo desestímulo que se deve dar à violação desse direito, há a tendência de se evitar provas que violem a privacidade particular, mesmo que esteja em disputa direito altamente relevante; todavia, deve haver uma análise caso a caso.

5.2.1. Privacidade de comunicação

5.2.1.1. Privacidade de comunicação pessoal ou ambiental

A comunicação, em sua expressão máxima, é pessoal e direta, normalmente oral, mas pode ocorrer com gestos, por escrito e de outras formas. Trata-se aqui da comunicação que ocorre entre duas pessoas que estão física e visualmente próximas uma da outra. Para que haja contexto de privacidade é necessário que tais pessoas tenham buscado alguma forma de *refúgio, isolamento* ou *discrição*, não tendo conteúdo privado conversa ocorrida em local público e em alto tom de voz.

Quando duas pessoas conversam em situação privada, não pode um terceiro, ainda que consiga ouvir ou entender a comunicação, realizar registro do fato para fins de prova em juízo. Nessa hipótese, a prova seria flagrantemente ilegal. Note-se que se o terceiro efetivamente presenciou a conversa, poderá *prestar*

Cap. 22 – A PRIVACIDADE COMO UMA LIMITAÇÃO DO DIREITO DE PROVA

depoimento, sem que a prova possa ser acoimada de nulidade, pelo caráter privado da conversa. A memória humana não é uma modalidade de registro do ponto de vista probatório e a natureza das relações humanas recomenda um tratamento diferenciado entre uma gravação de uma conversa e a versão sobre ela, fornecida por uma testemunha.

Há, contudo, que se distinguir entre a *violação da privacidade particular*, que somente pode ser assim considerada quando praticada por *terceiro*, e o registro efetuado *por um dos interlocutores*. Não há ilegalidade quando o registro de uma comunicação é feito por um dos interlocutores, posto que quem se comunica com outrem opta livremente por transmitir-lhe conhecimento sobre informações que o destinatário pode conservar e registrar como preferir, sem necessidade de comunicar ao emissor da mensagem.

Observe-se que, obviamente, a ciência do emissor da comunicação acerca da gravação de sua exposição é altamente relevante para o exame da prova, tanto sob o ângulo de que não há como saber se houve alteração no ânimo da pessoa de dizer a verdade após tomar ciência de que seria gravada como porque pela natureza informal de relações próximas é possível que uma manifestação sem a ciência de que está havendo registro tenha aspecto jocoso ou descontextualizado.

Todas essas ponderações devem ser feitas pelo magistrado quando examina a prova. Evidente que a primeira decisão é sobre a admissibilidade ou não da prova.

Havendo gravação ambiental por terceiro, esta somente terá validade na esfera cível se houver aviso aos que se comunicam sobre a possibilidade de gravação. Não é por outro motivo que sistemas de segurança de estabelecimentos, em geral, colocam aviso de que há gravação ambiental.

A situação é diferente quando se trata de um evento público ou de amplo acesso, como é o caso de palestras, aulas, discursos e situações similares. Quem realiza exposição para grande grupo de pessoas, havendo na audiência pessoas com quem não tem proximidade, não há como invocar *privacidade particular*. A gravação ambiental, nesse caso, mesmo sem aviso, poderá ser utilizada normalmente como prova no processo civil, sem nenhuma restrição.

5.2.1.2. Privacidade de comunicação telefônica

A comunicação telefônica é expressamente tutelada em nossa ordem jurídica, sendo sua interceptação autorizada na Constituição da República, exclusivamente no caso de investigação criminal. A matéria está regulada na Lei 9.296/1996. Não é permitida a interceptação telefônica por ordem judicial em processo civil, apenas em procedimento penal.

No processo civil, importam especialmente os desdobramentos havidos da regular produção de prova em um processo penal. A doutrina diverge sobre a possibilidade de essa prova poder ser utilizada em outros processos, especialmente na legalidade de sua utilização em um processo civil.

A questão se coloca quando na gravação da interceptação surgem elementos que geram consequências cíveis, não abarcadas no mérito do processo penal em que a prova foi produzida. Não é objeto de análise neste trabalho a possibilidade ou não de utilização dessa prova em outra ação penal, diversa daquela em que a prova foi produzida, ainda que pareça evidente a possibilidade.

De plano, é incontroverso, mesmo para os que aceitam a utilização da prova em um processo civil, que, a uma, deverá ser imposto segredo de justiça no processo, pois a privacidade dos interceptados ou gravados deve ser preservada, e, a duas, a natureza da prova será a de "prova emprestada", ou seja, padece de limitações ao contraditório, o que não quer dizer que esteja, por isso, invalidada sua utilidade.

Consideramos, pois, excessiva posição pela absoluta invalidade da prova emprestada, pelo só fato de ambas as partes não terem participado do processo em que foi produzida,[55] pois embora seja evidente que isso lhe retire força probante, não há como simplesmente lhe negar qualquer força.

Frise-se que a justa preocupação com o exercício do contraditório[56] estará satisfeita no processo que receba a prova, posto que ali também a parte poderá impugnar a prova emprestada, por todos os vícios que apresente no processo original.

Em princípio, a interceptação somente poderia ser trazida a um processo civil por quem teve acesso aos autos no processo penal (o Estado, o assistente de acusação e o próprio réu no processo penal), ou ser requisitada pelo juiz, a pedido de parte no processo civil, que não participou do processo penal, mas soube da existência da interceptação.

Sendo a interceptação trazida pelo próprio réu, ainda que este possa se despojar da proteção legal de sua própria intimidade, há que se perquirir se pode fazê-lo quanto à privacidade dos demais interceptados.

Adotando-se a tese de que se produzida licitamente, a prova é lícita em qualquer processo, em princípio poderia a prova ser trazida para um processo

---

[55] NERY JUNIOR, Nelson; NERY, Rosa Maria de Andrade. *Código de Processo Civil comentado e legislação processual civil extravagante em vigor.* 6. ed. São Paulo: RT, 2002, nota 4 dos comentários ao art. 332, p. 693. Sustentam os autores: "A condição mais importante para que se dê validade e eficácia à prova emprestada é sua sujeição às pessoas dos litigantes, cuja consequência primordial é a obediência ao contraditório. Vê-se, portanto, que a prova emprestada do processo realizado entre terceiros é res inter alios e não produz nenhum efeito para aqueles".

[56] COUTURE, Eduardo. *Fundamientos del derecho procesal civil.* Buenos Aires: Depalma, 1951. p. 160.

Cap. 22 - A PRIVACIDADE COMO UMA LIMITAÇÃO DO DIREITO DE PROVA

civil, contudo vale ratificar as ressalvas que vimos fazendo ao longo de todo trabalho, pois mesmo que se aceite essa possibilidade, o magistrado deverá ponderar os direitos em litígio e analisar se é o caso de trazer ao processo prova que atenta contra a privacidade particular dos interceptados.

Esse entendimento é no sentido de que a vedação constitucional é *à produção* da prova e não *à sua utilização*, se produzida validamente; produzida com a observância da lei, passaria a existir como documento válido.

Não parece que a proteção constitucional tutele somente a produção da prova, porém com base no raciocínio de ponderação, embora como regra a interceptação não possa ser utilizada em um processo civil, se o direito em disputa for de alta relevância, a prova poderá ser admitida.

Apresenta-se como exemplo a vítima de agiotagem, que toma ciência da interceptação do agiota em ação penal em que foi condenado justamente por este crime e requer a utilização da gravação, como prova defensiva no processo em que é cobrado pelos títulos de dívida que emitiu em favor do agiota. Não parece razoável que a vítima, cujo argumento de defesa é que está sendo vítima de agiotagem, não possa usar a gravação em que aparece o agiota realizando o ato. Situação semelhante é aquela da pessoa que pede a anulação do ato por vício de consentimento devido à coação, que, tomando ciência de processo penal em que a coação foi apurada, requeira a utilização de interceptação.

Como dito, a admissão da prova emprestada deve ser excepcional e justificada, tendo como consequência o segredo de justiça do processo civil. Além disso, os sujeitos do processo civil que por essa condição tiverem acesso ao conteúdo da interceptação terão o dever legal de manter o sigilo sobre o teor da prova, fora do processo, em respeito à privacidade dos interceptados.

Anote-se como argumento para reconhecimento da mesma disciplina jurídica de proteção a todas as modalidades de comunicação o fato de serem todas igualmente excepcionadas no art. 136, parágrafo primeiro, inciso I, alíneas *b* e *c*, da Constituição da República, no caso de Estado de Defesa.

5.2.1.3. Privacidade de comunicação eletrônica

O truncado texto do art. 5.º, XII, da Constituição da República ainda gera grande polêmica quanto à extensão da proteção legal aos chamados "dados".

Analisando o dispositivo, observa-se que ele trata, em verdade, de *comunicação*, ou seja, assegura proteção legal às diversas modalidades de comunicação: pessoal, telefônica, eletrônica e por carta. O texto *não trata de documentos eletrônicos* nem traz nenhuma referência que pudesse gerar essa ilação, apesar do que pretendem alguns.

O documento eletrônico é tão *documento* quanto o documento físico, devendo ter o mesmo estatuto jurídico previsto no Código Civil e no Código de Processo Civil, observadas somente as peculiaridades dessa mídia.

Assim, uma nota fiscal eletrônica não merece mais proteção legal do que uma nota fiscal física, um contrato de aluguel ou um livro caixa eletrônicos não devem ter uma proteção diversa de seus equivalentes físicos. Evidente que documentos, em muitos casos, são objeto de proteção legal, para o fim de utilização como prova, mas não há diferenciação legítima na lei, nem se pode extraí-la, por uma interpretação "extensiva" do art. 5.º, XII, da Constituição da República.

Por outro lado, a comunicação eletrônica também é como qualquer outra modalidade de comunicação e, por isso, de fato é objeto de expressa proteção constitucional, no dispositivo antes referido.

A Constituição da República quis, com razão, proteger a confiança legítima que interlocutores têm quando se comunicam, trocando informações, e não uma ou outra via de comunicação em especial. O ordenamento guarnece a tranquilidade que as pessoas devem poder esperar na troca de informações com pessoas próximas, apenas isso.

Desse modo, seja qual for a tecnologia utilizada para comunicação pela via eletrônica – *e-mail, chat*, canal privado de redes sociais, transmissão de áudio e vídeo, ou qualquer protocolo ou conexão eletrônica –, está protegida e garantida pelo mesmo regramento jurídico que vige para a comunicação telefônica.

O sistema jurídico expressamente protege os intercomunicantes da *intercepção*, ou seja, veda que se estabeleça um *desvio* da informação transmitida, no momento em que ela é enviada, para um terceiro que não foi selecionado como destinatário da mensagem e, por isso, não tem o direito de conhecer o conteúdo da comunicação. Se há esse desvio, a prova é ilícita. Esse desvio somente pode ser judicialmente determinado em um processo penal.

Caso haja a interceptação judicialmente autorizada da comunicação eletrônica, incidirão, sobre a utilização dessa prova no processo civil, as mesmas normas para utilização da interceptação telefônica.

No entanto, após efetivada a transmissão de dados, pela natureza da mídia eletrônica, quem recebeu os dados tem duas opções: armazená-los ou apagá-los. Surge outra questão a ser analisada, quando os dados não são apagados e sim são guardados.

Uma vez armazenados como arquivos no computador do destinatário, esses dados podem ou não perder a característica de comunicação. Ocorrendo a transmissão por *e-mail* de um contrato de locação, p. ex., que é armazenado e cumprido pelo locatário, parece bastante claro que houve um envio de documento autônomo em relação à mensagem, que perdeu a natureza de comunicação no armazenamento e pode ser objeto de busca e apreensão em um processo civil. Situação semelhante ocorrerá com o envio de recibos ou notas de serviços pela internet.

O caso é diferente se o destinatário conserva efetivamente as comunicações, ou seja, os dizeres de uma pessoa a outra, não como documentos anexos, mas

Cap. 22 – A PRIVACIDADE COMO UMA LIMITAÇÃO DO DIREITO DE PROVA

como textos do próprio programa de comunicação. Nesse caso, mesmo não apagada, a mensagem não perde a característica, nem a proteção legal, própria das comunicações.

5.2.1.4. Privacidade de correspondência

A proteção legal ao sigilo de correspondência, inclusive para fins probatórios, é a menos controversa das proteções às comunicações. Vale aqui o mesmo registro feito anteriormente, quanto à ponderação entre direitos fundamentais, valendo o exemplo da carta em que o pai reconhece a filiação; não há como deixar de aceitá-la como prova, mesmo que tenha sido interceptada pela mãe. Note-se que se a carta for dirigida ao próprio filho, não se cogita de interceptação, pois é documento entregue voluntariamente ao interessado, que pode usá-la como prova, tanto quanto queira.

A correspondência física é meio de comunicação que sofreu severa redução de utilização, entretanto sempre será muito utilizado, notadamente porque a privacidade de correspondência atinge não apenas as cartas, mas mercadorias e coisas enviadas pelo correio.

5.2.2. Privacidade domiciliar

A privacidade privada está presente também na "casa", sendo esta afirmada no art. 5.º, XI, da Constituição da República. O conceito de casa varia um pouco na doutrina, mas prevalece o entendimento que é qualquer local em que a pessoa permaneça para descansar (domicílio, residência, hotel, alojamento etc.), não sendo local de trabalho.

Interessam ao processo civil as restrições ao ingresso na casa das partes ou de terceiros, ante a possibilidade de medidas de tutela específica ou, no contexto deste estudo, especialmente a busca e apreensão de provas.

Note-se que proteção à privacidade da casa é diferente daquela outorgada às comunicações, pois enquanto à noite é permitida a entrada somente para evitar a continuidade de delito, durante o dia é permitido o ingresso por ordem emanada de processo civil, inclusive para obtenção de provas.

Ademais, há privacidade domiciliar sobre bens que estejam dentro da casa e condutas que ocorram dentro dela. Uma conversa privada dentro de uma casa está duplamente protegida, tanto pelo fato de ser uma comunicação privada como pelo fato de ocorrer dentro de uma casa.

Como salientado antes, a busca e apreensão em casa da parte ou de terceiro deve ser medida excepcional, que somente se justifica se não houver outro meio menos gravoso de provar o fato que constitui o direito da parte. Aliás, por ser medida extrema, somente é cabível quando não for possível a coação indireta (como multa, p. ex.) ou a sanção jurídica suficiente (como considerar provado o que se queria provar com a apresentação do documento ou coisa).

Os bens móveis de uso pessoal, em geral, são bens domésticos, estando alinhados no mesmo nível de privacidade do domicílio; todavia, certos bens encontrados no interior do domicílio podem se situar em diferentes níveis de privacidade, conforme se relacionem com a vida íntima, particular ou social da pessoa.

5.2.3. Privacidade familiar

A lei prevê a proteção da privacidade das relações familiares, haja vista ser a confiança recíproca no âmbito dessa entidade um dos pilares fundamentais da sociedade.

A privacidade familiar constitui um elemento essencial na conservação e no aprofundamento dos laços afetivos que unem os membros de uma família, na participação das pessoas da família no âmbito mais restrito da vida privada de cada um dos seus membros e na assistência recíproca absolutamente desinteressada, especialmente em favor dos familiares, por qualquer motivo, mais necessitados.[57]

Essa solidariedade é um instrumento de proteção da entidade familiar e deve ser respeitada durante a atividade probatória, somente sendo impactada em casos de absoluta necessidade e somente em casos relevantes, relativos aos próprios integrantes dessa entidade.

Como ensina GRECO,[58] as limitações probatórias, consistentes em escusas de depor ou de exibir fundadas em laços de família, destinam-se a assegurar essa proteção e só podem ser invocadas pelos próprios beneficiários das escusas. Observe-se que tais limitações também encontram fundamento na credibilidade da prova, que se torna suspeita pelo vínculo afetivo entre as pessoas.

5.2.4. Privacidade profissional

A relação profissional entre o cliente e o prestador de serviço, em determinados ramos, exige o estabelecimento de um vínculo de confiança e exposição, a que a lei oferece proteção, sob o regramento jurídico da privacidade. Destacam-se a atividade dos profissionais da área de saúde e os advogados, por serem as atividades profissionais com maior envolvimento de questões humanas.

Embora normalmente a doutrina refira-se a "sigilo médico", todos os profissionais da área de saúde podem ter acesso a informações íntimas daqueles

---

[57] GRECO, Leonardo. *Instituições de processo civil* cit., 2010. p. 113.

[58] Idem, ibidem.

Cap. 22 – A PRIVACIDADE COMO UMA LIMITAÇÃO DO DIREITO DE PROVA

com quem lidam, que vão desde conhecimento sobre o corpo da pessoa até histórico de situações pessoais, que vêm ao conhecimento do profissional, em razão do exercício de sua profissão, junto ao paciente.

O médico, seja pela anamnese, seja pelo contato direto com o corpo do paciente e seus exames laboratoriais, sem dúvida, é quem mais informações recebe de uma pessoa, justamente com o intuito de identificar eventual patologia e sua respectiva cura. Não seria razoável que, tendo o paciente se despojado de sua privacidade, por não ter alternativa diante de uma enfermidade, fosse traído pela confiança depositada no médico, por força das normas de produção de uma prova.

Assim, a lei prevê limitação probatória ao profissional da área médica – extensível aos demais profissionais da área de saúde – para depor ou fornecer informações ao juízo. Fundamental a percepção de que a limitação atinge os demais profissionais da área de saúde, pois também fonoaudiólogos, dentistas, enfermeiros, fisioterapeutas etc. têm contato similar com pacientes e suas enfermidades, pelo que também com estes se estabelece relação de confiança tutelável da produção de prova.

Questão sensível é definir até que ponto essa privacidade é protegida. Normas médicas de proteção à saúde pública impõem a comunicação de determinadas doenças, expondo nítida ponderação entre a privacidade da relação médico -paciente e a saúde da comunidade.[59] Normas mais recentes que obrigam a comunicação por hospitais, acerca da internação de pessoas feridas por projétil de arma de fogo, vítimas de violência, especialmente menores e idosos, adotam o mesmo entendimento.

A toda evidência, a privacidade da relação médico-paciente não pode ser ilimitada e deve se coadunar com as necessidades de prova em processos em que estejam em discussão direitos de elevada hierarquia, como o direito à vida. Não é outro o fundamento para a possibilidade de ser determinada a exibição de prontuário médico em juízo. Em uma ação de apuração de responsabilidade médica pelo óbito de um paciente, não há justo motivo para se manter a privacidade da relação médico-paciente, bastando simples ponderação entre o bem tutelado pela norma de privacidade e aquele cuja tutela se pretende com o processo, para perceber que, nesse caso, o direito à prova deve prevalecer.

Situação bastante semelhante existe na relação entre advogado e cliente, sendo ampla a proteção legal às informações passadas pelo representado ao representante judicial. Observe-se que, neste tópico, há duas proteções sobrepostas: a privacidade da relação advogado-cliente e a proteção legal ao exercício da advocacia. Por isso, uma eventual diligência de busca e apreensão em um escritório de advocacia pode gerar uma dupla violação se não for feita em uma situação muito excepcional, que a justifique.

---

[59] Lei 6.259/1975, arts. 7.º a 13.

Observe-se que a proteção ao exercício da advocacia, assim como a proteção legal à privacidade da relação do advogado com seus clientes, também denota característica especial garantística, pois a amplitude de defesa compreende a possibilidade de a pessoa poder informar seu advogado de todo e qualquer fato, sem risco de que isso seja usado contra si. Logo, escritos e conversas entre parte e advogado são tutelados não apenas do ponto de vista individual, mas como garantia sistêmica do devido processo legal e da ampla defesa, daí sua relevância.

Entretanto, não se deve confundir a especial privacidade da relação advogado-cliente com a privacidade inerente à profissão de advogado; embora eventualmente as proteções possam estar sobrepostas, isso nem sempre acontece. O escritório de um advogado não pode ser devassado, nem ser alvo de busca e apreensão, sem justo motivo de elevada hierarquia valorativa, mas também não pode ser visto como uma zona inexpugnável, fora do Estado de Direito, onde tudo possa ser feito e guardado, sem risco de perturbação pela ordem jurídica, por meio de diligências probatórias.

Mesmo a relação advogado-cliente, em alguns casos, pode ter sua privacidade afastada, p. ex., em uma ação com pedido de responsabilização do advogado, por falha profissional, ou na cobrança de honorários, em que o advogado poderá juntar o contrato formulado entre as partes.

Em que pese o respeito à consciência religiosa, incluímos neste item a privacidade tutelada em confissões a padres e outros ministros religiosos, por absoluta similitude desse tipo de atividade com a profissional, no que concerne à matéria de privacidade.[60] Do ponto de vista social, a atividade religiosa é de alta relevância; todavia, não há como compreendê-la fora de um contexto de responsabilidades sociais recíprocas, pelo que se adota a posição de que não é intangível, sendo-lhe aplicável a disciplina da privacidade profissional.

5.3. Privacidade social

O nível mais tênue de privacidade, ainda tutelada como direito fundamental, é a *privacidade social*. A privacidade social concerne à relação da pessoa com as outras que não lhe são próximas, ou seja, *estranhos*. Enquanto a privacidade íntima define a pessoa *consigo própria* e a privacidade particular trata das *relações* da pessoa com outras *próximas*, a privacidade social é o conceito que abrange a proteção que a Constituição da República dá à vida privada da pessoa, *com relação às pessoas com quem ela não escolheu se relacionar privadamente*.

Integra a privacidade social a proteção legal ao sigilo fiscal, empresarial, cadastral e de informações não atinentes à comunicação nem amparadas por outros níveis superiores de privacidade.

---

[60] GRECO, Leonardo. *Instituições de processo civil* cit., 2009. p. 113.

Cap. 22 – A PRIVACIDADE COMO UMA LIMITAÇÃO DO DIREITO DE PROVA

Percebe-se que a privacidade social incide sobre *informações estáticas*, isto é, *armazenadas*, diferentemente da privacidade das comunicações que se dá quanto a informações *em trânsito*. A privacidade social repele o conhecimento de informações pessoais por quem não tenha legítimo interesse nelas. A privacidade social é inteiramente disponível.

A convenção de Estrasburgo de 1981[61] apresentou definição importante para o que seria informação pessoal, conceituando-a como "qualquer informação relativa a um indivíduo identificado ou identificável".

Importante ressaltar que a privacidade social protege registros de informação organizados por instituições com uma finalidade específica, a que não se quer dar ampla divulgação, o que não significa que algumas pessoas tenham acesso a tais informações por outras vias; a proteção incide sobre o registro dessas informações reunidas.

Todos os vizinhos sabem o endereço preciso de uma pessoa, porém o fornecimento desse endereço a um estranho, pela concessionária de telefonia, violaria a privacidade social da pessoa. Os funcionários do Departamento de Trânsito sabem que carro uma pessoa tem, assim como o Registrador conhece seus imóveis, mas nem por isso a Receita Federal pode fornecer a declaração de bens de terceiro a qualquer um que solicite. Há diversos casos de informações que são parcialmente conhecidas por estranhos, mas isso não autoriza os órgãos que detêm o conjunto dessas informações organizadas a divulgá-las.

Insta realçar que tais informações nada têm, em sua natureza íntima, não guardam nenhuma relação com a condição humana ou sua dignidade, e sua eventual exposição, em geral, não causa constrangimentos. A proteção legal existe para preservar certas informações pessoais de alguma importância do amplo conhecimento público, o que, em tese, poderia trazer algum risco de malversação dessa informação por alguém mal intencionado; a norma é um zelo, mas sua eventual violação não enseja grave prejuízo. Todavia, ainda assim, é justo que na vida em sociedade queira-se preservar da ampla exposição pública algumas informações individuais.

Como visto anteriormente, a expressão "dados", constante do inciso XII do art. 5.º da Constituição da República, somente pode ser interpretada como *dados de comunicação* e não dados de outra espécie. Arquivos e documentos eletrônicos, que não estejam em trânsito, mas sim armazenados em determinado local, não gozam de proteção mais densa do que a privacidade social.

Assim, a ponderação entre a possibilidade ou não de utilização de documentos comuns, ainda que mantidos sob a forma eletrônica e, só por isso,

---

[61] "'Personal data' means any information relating to a identified or identifiable individual. Convention for the Protections of the individuals with regard to the Automatic Processing of Personal Data., art. 2, 'a.'" Disponível em: <http://conventions.coe.int/Treaty/en/Treaties/Html/108.htm>. Acesso em: 21 jun. 2012.

denominados de "dados", não deve ser feita com o princípio da dignidade da pessoa humana ou com a proteção constitucional à comunicação, mas apenas cotejado com o princípio igualmente fundamental do acesso à Justiça. Saliente-se que a expressão "dados" apenas define a *mídia*, ou seja, o *meio* utilizado para elaboração e armazenamento do documento, e não a qualidade ou proteção legal de seu conteúdo.

Reconhecendo a condição de mero documento dos dados arquivados em documentos eletrônicos, COMOGLIO:[62]

> La nuova figura probatoria si impone, oggi più che mai, all'attenzione di giuristi e di operatori pratici, dopo che la vorticosa evoluzione (e la non meno rapida obsolescenza) delle tecnologie di elaborazione informatica hanno impresso ritmi addirittura affannosi alla ricerca di presidi elettronici sempre più sofisticati e sicuri, nel campo della documentazione. Se di documento si accoglie (...) una nozione estensiva, che ricomprenda qualsiasi *vox mortua* di eventi, di cose o di dichiarazione, rappresentata con mezzi grafici, visivi o sonori in supporti stabili (anche diversi dalla scrittura su carta), è lecito identificare ed isolare, sul piano sistematico, una sotto-categoria a sè, nella quale confluiscamo le nueve realtà dei c.d. documento informatico (od elettronico) e dei suoi derivati. Per tale si intende, in senso próprio, un documento non cartaceo che sai formato dai programni di archiviato nella memoria fissa di quest'ultimo (hardware) o sai memorizzato in separati dischetti-copia (floppy-discks) oppure, come oggi perlopiù accale, in altri più moderni e sicuri strumenti di 'stoccagio' elettronico (qualli: DVD, CD-rom, pen-drives e cosi via).

Sem embargo, um banco de dados pode ser administrado "com ou sem recurso à informática", sendo certo que bancos de dados informatizados, produto da tecnologia aplicada ao tratamento de informações pessoais, apresentam um potencial superior.[63]

Sendo possível a prova, para o fim de julgamento com justiça e consequente acesso à Justiça, sem a utilização de documento privado (assim considerado documento que contém informação pessoal e relevante da parte), este deve ser dispensado, preservando-se sua privacidade social e seu direito de não ter sua vida privada deliberadamente exposta. Todavia, sendo um documento privado relevante para o julgamento da causa, não poderá ter sua exibição recusada, pelo só fato de ser privado.

Tem a parte, sem embargo, direito de ver suas informações pessoais preservadas, tanto quanto possível, da exposição a terceiros, cumprindo ao juízo limitar o acesso, seja da outra parte, seja de terceiros, exclusivamente ao conteúdo do documento que for essencial para a prestação jurisdicional, tudo na

---

[62] COMOGLIO, Luigi Paolo; FERRI, Corrado; TARUFFO, Michele. *Lezioni sul processo civile*. 4. ed. Utet Giuridica, 2012. p. 529.

[63] DONEDA, Danilo. *Privacidade à proteção de dados pessoais* cit., p. 159.

Cap. 22 – A PRIVACIDADE COMO UMA LIMITAÇÃO DO DIREITO DE PROVA

forma do art. 5.º, LX, da Constituição da República e art. 155, I, do Código de Processo Civil.

Interessante observar que as modalidades de privacidade social são habitualmente classificadas pelo nome da instituição que guarda as informações protegidas por essa espécie de privacidade, no caso, o fisco, os bancos e os órgãos que mantêm cadastros.

A reunião de dados pessoais em cadastros, notadamente pelo poder público, é algo que remonta aos tempos mais remotos,[64] mas hoje mais do que nunca é objeto de atenção, seja quando feita pela atividade estatal, seja quando realizada por instituições financeiras e redes sociais.

5.3.1. Privacidade fiscal

A privacidade fiscal é comumente denominada de "sigilo fiscal", pela cultura nacional de se atribuir a essa espécie de privacidade mais intensidade do que merece. É assim denominada por incidir sobre o conjunto de informações que a autoridade tributária tem o direito de reunir e as pessoas têm o dever de fornecer. Aliás, a primeira justificativa dessa espécie de privacidade é exatamente o fato de que as pessoas são obrigadas a fornecer tais informações, sob pena de sanções penais, pelo que não seria razoável que, tendo o contribuinte despojado-se da informação por dever legal, fosse ela amplamente divulgada, sem nenhum cuidado.

O segundo motivo é o acesso privilegiado que o fisco tem a informações sobre a vida do contribuinte, como sua remuneração. Utilizando o fisco o poder estatal para ter informações, divulgá-las sem critério não parece mesmo legítimo.

Além disso, o fundamento principal dessa privacidade é que a razão pela qual o fisco reúne tais informações é para delimitar todo o patrimônio de cada contribuinte e é compreensível algum recato que se queira ter, sobre sua própria riqueza. Note-se que, ao reunir tantas informações, o fisco acaba por se informar sobre a quase totalidade de relações da vida do contribuinte, de modo que a declaração fiscal é um relatório sobre quase tudo que acontece na vida de uma pessoa, sendo justo que se prefira não ter a vida pessoal indiscriminadamente devassada.

Todavia, não há dúvida de que houve uma exacerbação da privacidade fiscal, a ponto de alguns autores tentarem ombreá-la a valores incertos no núcleo da

---

[64] "Naqueles dias César Augusto publicou um decreto ordenando que fosse feito um recenseamento em toda terra. E todos iam para a sua cidade natal, a fim de alistar-se." Evangelho segundo São Lucas, 2.1.

dignidade da pessoa humana.[65] Não fere a dignidade pessoal ter sua declaração fiscal apresentada em processo civil para o fim de prova de bens e rendimentos, evidente, desde que haja interesse jurídico. Não há escusa legítima para a recusa a essa prova, seja qual for o direito em litígio.

Cumpre destacar que o chamado "sigilo fiscal", assim como o "sigilo bancário", não encontra proteção constitucional, tendo sido uma construção político-doutrinária um tanto questionável, sua interpretação a partir do art. 5.º, XII, da Constituição da República, que, como já examinado, trata apenas da privacidade das comunicações.

Evidente que o magistrado deve estar atento, como em qualquer caso de proposição de prova, à sua pertinência, não podendo o processo servir a fins incomodativos ou indevidos.

5.3.2. Privacidade bancária

Muito do exposto acerca da privacidade fiscal aplica-se à privacidade bancária, notadamente o excesso de intensidade que se costuma tentar reconhecer a essa privacidade, que é da espécie menos densa, embora ainda importante.

A movimentação bancária permite conhecer muito dos atos da vida privada de uma pessoa, razão pela qual é justo o receio de ampla divulgação deles, assim como também é razoável a discrição sobre a própria riqueza. Contudo, o patrimônio de uma pessoa está em questão em grande parte de suas relações, pelo que, havendo em disputa qualquer modalidade de direito, deve prevalecer o direito de acesso à Justiça e, sendo útil a prova, o sigilo bancário pode ser quebrado. Evidente, como qualquer prova que é proposta, seu deferimento só deve ocorrer quando útil para o julgamento da causa em questão.

A expressão "sigilo bancário" foi reforçada pela edição da Lei Complementar 105/2001, que levou ao máximo a intenção de segredar informações bancárias, a ponto de não contemplar em seu art. 1.º, § 4.º, que trata das hipóteses em que o "sigilo bancário" possa ser quebrado em ações cíveis. O tratamento acentuado dado pela lei à privacidade bancária permite questionar a legitimidade e o interesse político que justificou tanta preocupação em ocultar a movimentação bancária, quando se sabe que maioria quase absoluta da população importa-se muito pouco ou nada com seu próprio "sigilo bancário".

---

[65] Ousamos discordar do entendimento de que "por força do regime privilegiado de vinculação entre a informação pessoal e a pessoa à qual se refere – como representação direta da personalidade – tal informação deve ser entendida como uma extensão da sua personalidade" (DONEDA, Danilo. *Privacidade à proteção de dados pessoais* cit.), por endossar a compreensão de que há informações pessoais vinculadas à personalidade – como o nome –, mas há aquelas que, embora relevantes, não se inserem nessa camada mais profunda de proteção jurídica, como o número de linha telefônica ou endereço.

Cap. 22 – A PRIVACIDADE COMO UMA LIMITAÇÃO DO DIREITO DE PROVA

A lei, inclusive, apenas se refere no mencionado artigo à quebra de sigilo na hipótese de crimes muito graves, mais graves até do que aqueles que autorizam a interceptação telefônica, evidentemente pertencente a uma classificação de privacidade mais intensa.

5.3.3. Privacidade empresarial

O principal fundamento para o reconhecimento do direito à privacidade da pessoa jurídica, diferentemente do que ocorre com a pessoa física, em que releva sua autopercepção de caráter eminentemente subjetivo, consiste na aceitação de que certa discrição na gestão de ativos, passivos e pessoal é importante para o bom desempenho da empresa.

Nesse contexto, um fator primordial é a livre concorrência, que exige das empresas permanentes inovações no mercado, que estariam prejudicadas por uma ausência absoluta de privacidade, notadamente diante do risco de plágio. Insere-se no âmbito da privacidade empresarial os direitos autorais, visto que mesmo a pessoa física protege seu invento, mais por questões econômicas do que propriamente por um desejo de recato ou reserva.

Outro ponto de relevo no tema concerne ao reflexo da saúde financeira de uma empresa, na mensuração de risco por terceiros que com ela contratam e na consequente redução de sua capacidade de negócio no mercado.

Insta enfatizar que a privacidade financeira da empresa, assim como as demais, tem limites que devem ser bem fixados. É possível imaginar uma situação em que haja abuso do direito de privacidade empresarial em matéria de saúde financeira, por exemplo, quando uma empresa contrata com outras em situação de plena insolvência, deixando de alertá-las quanto a isso. O impacto que a falência de uma empresa tem perante terceiros justifica a ponderação do direito de privacidade com o direito de terceiros, legitimando, p. ex., as normas reguladoras estabelecidas pelas agências de Estado, especialmente quanto a atividades que impactam um grande número de pessoas, como a securitária e a bancária.

5.3.4. Privacidade cadastral

A preocupação com a manutenção de arquivos e bancos de dados com informações cadastrais genéricas, especialmente com informações pessoais, é um dos temas mais importantes na modernidade, em matéria de privacidade. Evidente que a questão não é a guarda ou conhecimento em si dessas informações, que não são essencialmente sigilosas – endereço, número de telefone, data e local de nascimento etc. –, mas principalmente o uso que se queira dar a esse conjunto de dados, em ações direcionadas, de conteúdo político, econômico ou social.

Historicamente, os governos foram os primeiros a organizar bancos de dados cadastrais, mostrando-se legítima a preocupação com a gestão desses bancos de dados para fins político-eleitorais, autoritários, entre outros. A cautela com esses conjuntos estruturados de informação também existe em organizações sociais, ante a necessidade de se coibir, pela gestão dessas informações, iniciativas marcadas pelo preconceito religioso, racial etc.

Mais recentemente, a questão atinente à privacidade cadastral passou a ser muito relevante em matérias econômicas, ligadas especialmente ao mercado de consumo. No Brasil, veio a lume especialmente com a instituição dos chamados *cadastros negativos* ou *cadastros de inadimplentes*, destacando-se como mais famosos as Câmaras de Dirigentes Lojistas e Serviço de Proteção ao Crédito, o Serasa e o Cadastro de Emitentes de Cheques Sem Fundo do Banco Central do Brasil, que, pela amplitude de sua utilização e sua imbricada rede de abastecimento de informações, se tornaram ainda mais importantes que os cartórios de protesto de títulos e documentos.

Seja para o planejamento de mercado das empresas, seja para sua proteção contra a inadimplência – notadamente ante o caráter restritivo/coercitivo desses cadastros – o interesse nesse tipo de banco de dados aumentou muito.

Em matéria processual, esses bancos de dados passaram a servir não apenas como fonte da principal informação a que se destinam – informar a solvência ou não de dívidas pelos consumidores –, mas também como fonte eficiente de endereço, telefones e até hábitos de consumo. Recentemente, no Tribunal de Justiça do Estado do Rio de Janeiro, a consulta a esses cadastros auxiliou a identificar ações propostas para a obtenção de ganhos ilícitos, por meio de processos judiciais.

Dessa forma, evidente que, ao mesmo tempo em que esses dados não podem ser amplamente divulgados sem a devida cautela com o destinatário das informações nele contidas, também não há motivo legítimo para reconhecer-lhe nível de privacidade que limite o exercício do direito de prova, pois as informações nele contidas não são essencialmente sigilosas.

Como informações sobre insolvência são, na sociedade de consumo atual, um tanto desabonadoras (para fins de consumo) e restritivas, é razoável que, embora possam ser sempre requisitadas pela autoridade judicial, uma vez inseridas nos autos, recebam tratamento adequado à privacidade que lhes é inerente, quando for o caso.

Tratando-se de pessoas físicas medianas, o só fato de constar do processo informações cadastrais negativas não é suficiente para ensejar, p. ex., o segredo de justiça da informação, mas a providência pode ser necessária no caso de uma empresa ou pessoa jurídica.

No que tange aos bancos de dados mantidos pelo Poder Público, em boa hora a Lei 12.527, de 18 de novembro de 2011, que revogou a Lei 11.111/2005 e regulou integralmente o acesso a informações previsto no inciso XXXIII do art. 5.º, no inciso II do § 3.º do art. 37 e no § 2.º do art. 216 da Constituição da República. A lei, embora assegurando amplo acesso às informações governamentais, atenta para a privacidade inerente às informações pessoais, quando dispõe em seu art. 31 que "o tratamento das informações pessoais deve ser feito de forma transparente e com respeito à intimidade, vida privada, honra e imagem das pessoas, bem como às liberdades e garantias individuais", tendo a norma repercussão processual.

A especial preocupação com a privacidade está expressa no § 1.º do referido artigo, em que consta:

§ 1.º As informações pessoais, a que se refere este artigo, relativas à intimidade, vida privada, honra e imagem:

I – terão seu acesso restrito, independentemente de classificação de sigilo e pelo prazo máximo de 100 (cem) anos a contar da sua data de produção, a agentes públicos legalmente autorizados e à pessoa a que elas se referirem; e

II – poderão ter autorizada sua divulgação ou acesso por terceiros diante de previsão legal ou consentimento expresso da pessoa a que elas se referirem.

§ 2.º Aquele que obtiver acesso às informações de que trata este artigo será responsabilizado por seu uso indevido.

§ 3.º O consentimento referido no inciso II do § 1.º não será exigido quando as informações forem necessárias:

I – à prevenção e diagnóstico médico, quando a pessoa estiver física ou legalmente incapaz, e para utilização única e exclusivamente para o tratamento médico;

II – à realização de estatísticas e pesquisas científicas de evidente interesse público ou geral, previstos em lei, sendo vedada a identificação da pessoa a que as informações se referirem;

III – ao cumprimento de ordem judicial;

IV – à defesa de direitos humanos; ou

V – à proteção do interesse público e geral preponderante.

§ 4.º A restrição de acesso à informação relativa à vida privada, honra e imagem de pessoa não poderá ser invocada com o intuito de prejudicar processo de apuração de irregularidades em que o titular das informações estiver envolvido, bem como em ações voltadas para a recuperação de fatos históricos de maior relevância.

§ 5.º Regulamento disporá sobre os procedimentos para tratamento de informação pessoal.

Há uma enorme gama de informações mantidas em sigilo pelo Poder Público, inclusive tratadas nessa mesma lei, que não são restritas sob o argumento de *privacidade*, mas de *sigilo de estado*, que outro bem jurídico, diverso da primeira. A privacidade alude a um sentimento humano e subjetivo de reserva, reconhecido nas pessoas jurídicas, sob o prisma de sua relação com o mercado e a sociedade. O sigilo de estado tem razões político-estratégicas, que transcendem um sentimento estritamente interpessoal e alcança motivações diversas. O sigilo ou segredo de estado também impõe limitações probatórias, que, no entanto, não serão objeto de exame neste trabalho.

5.3.5. Privacidade contratual

A privacidade contratual é aquela estabelecida em contrato particular, sem fonte ou fundamento legal específico. Essa privacidade é oponível somente a terceiros ao contrato, mas não é passível de ser invocada em juízo e não consubstancia limitação probatória entre as partes ou em nenhuma causa em que o contrato seja útil como elemento de prova.

Tem-se observado na prática contratos em que as partes renunciam ao direito de discutir a avença em juízo ou definem sanções para o caso de serem revelados os termos do próprio contrato. Quaisquer cláusulas desse gênero são nulas de pleno direito, por direta violação ao art. 5.º, XXXV, da Constituição da República.

Todavia, as partes têm o direito de estabelecer alguma privacidade no contrato e, logicamente, deveres recíprocos de sigilo nas relações materiais. Havendo um caso em que se apresente a necessidade de utilizar como prova um contrato com previsão de sigilo para terceiros, o juízo poderá, sendo efetivamente o caso, restringir o acesso público ao documento. Note-se que as partes não podem dispor livremente da publicidade do processo, que inclui o livre acesso às provas constantes dos autos e, por isso, em cada caso, o magistrado deverá apreciar o cabimento ou não da imposição de sigilo àquela prova.

Evidente que, fora das hipóteses legais, as partes não podem contratar que, em caso de demanda judicial, essa correrá sob segredo de justiça, por sua exclusiva conveniência, fora das hipóteses legais, haja vista que a publicidade dos atos do processo traduz uma garantia sistêmica e não existe apenas, nem principalmente, em função do interesse das partes.

Observe-se que pode ocorrer que o contrato verse sobre matéria protegida por nível superior de privacidade, em razão de seu conteúdo (profissional, p. ex.); nesse caso, a privacidade dar-se-á pelo assunto e não pela contratação expressa.

Entre as partes o sigilo funciona como uma obrigação contratual qualquer, sem especial peculiaridade, que pode sujeitá-las às sanções contratualmente fixadas e eventuais perdas e danos legalmente previstos. Vale lembrar que contratos somente podem ter objetos lícitos, aplicando-se isso também a eventual cláusula de sigilo.

Querendo a parte afastar o exame jurisdicional para demandas entre elas próprias, podem estipular cláusula compromissória; contudo, mesmo assim, sur-

Cap. 22 – A PRIVACIDADE COMO UMA LIMITAÇÃO DO DIREITO DE PROVA

gindo por qualquer motivo necessidade de produção de prova em juízo (p.ex., ação anulatória de sentença arbitral), não poderão suscitar um eventual pacto de sigilo ou limitação probatória firmado particularmente.

6. TÉCNICAS PROBATÓRIAS EM CASOS DE CONFRONTO COM O DIREITO À PRIVACIDADE

6.1. Aplicação do princípio da proporcionalidade

A primeira e mais importante técnica de decisão, no caso de confronto entre uma pretensão de produção de prova e o direito à privacidade, consiste na proporcionalidade. Tem ensejo verificar se o benefício obtido com a produção da prova é proporcional ao desconforto trazido pela interferência na privacidade; se for, é possível a produção da prova.

Como dito, em favor da produção da prova militam o direito fundamental de acesso à Justiça e a tutela jurídica efetiva do bem jurídico cuja proteção se pede pela via judicial. Contrapondo-se à produção da prova podem estar a dignidade humana, a privacidade, a segurança jurídica, a proteção da confiança profissional e da solidariedade familiar, o interesse público, todos aptos a barrar a busca da verdade, pela imposição de limitações probatórias.

É importante objetivar a aplicação do princípio da proporcionalidade nos conflitos entre direitos fundamentais, pela definição de uma hierarquia entre eles, a fim de evitar o arbítrio, deixando a ponderação ao alvedrio do julgador.[66]

Como ensina GRECO, essa hierarquia pode ser estabelecida por escolhas do legislador, desde que razoáveis, ou pela construção doutrinária ou jurisprudencial. Na impossibilidade da ponderação *in abstracto*, a ponderação *in concreto* deve ser objetiva[67] e por critérios previamente estabelecidos.

Apresentam-se três critérios básicos, que devem ser verificados em sequência, para que se possa admitir com segurança o direito à produção da prova que intervém na privacidade alheia ou, não atendidos os critérios, recusar com imparcialidade a prova, reconhecendo-se limitação probatória determinada pela privacidade, quais sejam, a pertinência, a imprescindibilidade e a equivalência ou superioridade do bem jurídico.

6.1.1. Pertinência

Dentro de uma visão garantística do processo, deve ser assegurado às partes uma ampla produção de provas. Está ultrapassada a concepção de que as provas

---

[66] GRECO, Leonardo. *Instituições de processo civil* cit., 2009. p. 115.

[67] Idem, p. 116.

são produzidas para o juiz e que ele decide as provas que são necessárias para a formação de sua convicção.

As partes produzem provas para induzir a formação da convicção do juiz da causa, assim como elas servirão para influenciar a convicção das instâncias superiores, que comumente não interferem no juízo de admissibilidade da prova. É comum que antes de a prova ser produzida o juízo sobre a utilidade dela não seja pleno, sendo recomendável que se permita à parte a produção de todas as provas que deseje, desde que não retarde injustificadamente o julgamento da causa. A livre produção de provas insere-se, como regra, no conceito de ampla defesa e amplo acesso à Justiça.

Desse modo, tratando-se de provas comuns, não deve o juiz ser rigoroso no exame da pertinência; esse exame somente tem ensejo quando a produção da prova gera algum complicador para o processo ou para outrem.

Ocorre que quando a produção de uma prova impacta a privacidade, deflagra-se o confronto entre o direito de prova e aquela, pelo que passa a ser legítimo que o juiz realize um juízo de pertinência da prova para o julgamento do caso.

O juízo de pertinência não significa o retorno circunstancial à posição superada de que a prova destina-se ao juiz da causa, mas recomenda que o magistrado deva analisar se, *pela linha argumentativa da própria parte*, a prova, se produzida, poderá prover elementos que lhe permitam vencer a causa. Tendo a prova relação com a tese da parte, ela deve ser considerada pertinente, passando-se ao próximo estágio. Não sendo a prova pertinente ao caso, deve ser indeferida.

6.1.2. Imprescindibilidade

Verificada a pertinência da prova, o magistrado, ainda assim, *deve analisar em conjunto com as partes* se há outro meio de prova do mesmo fato e, se houver, deve por esse argumento inadmitir a prova, *momentaneamente*.

Por outro lado, se somente a prova que interfere na privacidade alheia é apta a provar o fato ou se por qualquer motivo não houve como obter outra prova, é porque a prova é *imprescindível*, logo deve ser admitida.

Note-se que, pelo critério da pertinência, mais de uma prova pode ser considerada relacionada com a tese da parte, sendo natural que queira produzir todas as provas aptas a comprovar fato constitutivo de seu direito ou obstativo do direito da autora, porém se há mais de uma prova e uma delas interfere na privacidade, é razoável que se produza, no primeiro momento, somente aquelas que não violam a privacidade de ninguém. Nessa etapa, o direito da parte que pretende a prova não periclita, pois há outras provas que a favorecem; trata-se

Cap. 22 - A PRIVACIDADE COMO UMA LIMITAÇÃO DO DIREITO DE PROVA

de uma harmonização entre o acesso à Justiça e o direito à privacidade, que não traz prejuízo para nenhuma das partes.

Todavia, se não há outro meio de prova, que não o que interfira na privacidade de outrem, *ou se as outras provas foram recusadas pelo julgador ou consideradas inaptas a provar o fato*, como mencionado, a prova que impacta a privacidade deve ser considerada efetivamente *imprescindível*, passando-se ao próximo estágio do critério de proporcionalidade.

6.1.3. Equivalência ou superioridade do bem jurídico

O sopesamento entre bens jurídicos somente é necessário se a prova for pertinente e imprescindível, pois se não tiver esses dois atributos, mesmo que o direito tutelado no processo seja mais importante do que o direito à privacidade, deve o magistrado optar por proteger *ambos*. Nessa situação é possível resguardar ambos os direitos, pois se protege o direito tutelado no processo com outras provas *estritamente pertinentes* e evita-se a violação à privacidade, não produzindo a prova que a impacta, por não ser *imprescindível*. Há, pois, perfeita harmonização entre os direitos.

Contudo, pode ocorrer de a prova ser pertinente e imprescindível, e nesse caso o juiz deve identificar quais bens jurídicos são mais relevantes e devem ser tutelados, se o acesso à Justiça e o bem jurídico tutelado no processo ou se o direito à privacidade.

É nessa etapa que é utilizada a classificação da privacidade em três níveis. O juiz deve avaliar se a privacidade que será atingida pela produção da prova requerida é a *privacidade íntima*, a *privacidade particular* ou a *privacidade plena*, comparando a proteção constitucional e legal do respectivo nível de privacidade com a hierarquia do direito fundamental de acesso à Justiça e do direito tutelado no processo.

O primeiro nível abrange, como examinado, os direitos compreendidos como integradores da dignidade da pessoa humana, constituindo a *privacidade íntima*; logo, se a prova pertinente e imprescindível confrontar com uma privacidade desse nível, lamentavelmente não poderá ser produzida. Nesse nível, a limitação probatória é plena, prevalecendo o direito à privacidade sobre o direito de acesso à Justiça, bem como em face de qualquer outro direito, pois mesmo que fundamental, nada se sobrepõe à dignidade da pessoa humana.

A *privacidade particular* refere-se à relação da pessoa com as pessoas que lhe são próximas – relações escolhidas –, cuja confiança recíproca dos laços é constitucionalmente tutelada, em nível inferior ao da dignidade da pessoa humana, mas ainda com hierarquia de direitos fundamentais. Assim, se a prova conflitar com a privacidade de comunicação, domiciliar, familiar ou profissional, em princípio, deve ser inadmitida, salvo se o bem jurídico tutelado for de igual ou superior relevância.

Com efeito, a privacidade familiar cede à prova das relações familiares, como a privacidade profissional admite sua intromissão para prova das responsabilidades profissionais. A privacidade de comunicação e domiciliar não obstam provas de direitos mais importantes, como a vida ou a segurança pública, podendo nesses casos serem excepcionadas, para fins de prova.

Observe-se que o segundo nível de privacidade veda a produção de prova ao mero argumento do direito de acesso à Justiça, sendo necessário que o direito discutido no processo equivalha ou supere o direito à privacidade desse segundo patamar.

O terceiro e último nível de direito à privacidade *não é superior ao direito de acesso à Justiça*, pelo simples fato de não estar compreendido entre os direitos fundamentais, do mesmo modo que está o acesso à Justiça.

Desse modo, sempre pode ser produzida prova que atinja a *privacidade social*, mesmo que o direito em litígio seja de menor importância que a privacidade, pois nesse caso o direito que prepondera é o direito de acesso à Justiça, neste inserida a busca pela verdade real, por meio da produção de todas as provas possíveis.

Ocorre que, nesse caso, assim como nos demais em que se admita a produção de prova que turbe a privacidade, esta não é simplesmente descartada; cumpre ao juízo restringir o acesso à prova aos sujeitos do processo que necessariamente tenham que ter acesso a ela, negando o acesso imotivado de terceiros.

Desse modo, mesmo que produzida a prova, a privacidade estará ainda parcialmente preservada. Tratando-se da privacidade social, nível em que está a relação da pessoa com outras *não próximas* ou *estranhas*, essa proteção procedimental à prova é suficiente. Como dito no item próprio, os bens jurídicos protegidos pela privacidade social não são *sigilosos*, apenas, por consistirem em informações pessoais, é razoável que a pessoa não os queira ver amplamente divulgados ou acessados por quem não tenha legítimo interesse.

6.2. Preservação à privacidade no processo

A privacidade pode ser protegida com a recusa à produção da prova que a impacta, porém, como visto, há casos em que a ponderação dos interesses em conflito justifica a produção e utilização da prova.

Nesse passo, a privacidade poderá ser protegida no processo em três momentos distintos: 1) na admissão; 2) na produção; 3) na análise; 4) no registro. A proteção da prova perante terceiros é objeto do próximo item deste estudo.

Cap. 22 – A PRIVACIDADE COMO UMA LIMITAÇÃO DO DIREITO DE PROVA

A proteção da privacidade pela inadmissão da prova é evidentemente a forma mais pujante de proteção; a não admissão da prova exclui a prova do exame das partes e não permite sua existência no processo. A seleção e preferência por testemunhas que não vão expor fatos privados também é uma técnica de proteção à privacidade, na fase de admissão da prova.

Na fase de produção de prova, a privacidade pode ser protegida pelo meio adotado para produção da prova. A informação da testemunha suspeita que concorda em depor acerca da inexistência de dever legal de expor fatos privados é uma cautela de proteção à privacidade.

A lei de interceptações telefônicas optou por prevenir futuros problemas na guarda de prova com conteúdo privado, determinando sua destruição. O descarte ou restituição à parte são alternativas à conservação no processo, que pode dar azo a futura violação da privacidade da parte, por falha do Poder Judiciário.

6.2.1. Restrição do segredo de justiça à prova que interfere na privacidade

A prova documental pode ser protegida sem a necessidade de imposição de segredo de justiça, que é um conceito mais amplo, que alcança até as decisões judiciais. Documentos que contenham informações privadas podem ser acautelados ou, no processo eletrônico, simplesmente não ter seu acesso autorizado ao público em geral.

Sobre o registro ou guarda de provas que contenham informações privadas, como ensina DALLA,[68] abordando o tema processo eletrônico, somente encontrado nos manuais mais atualizados, "cabe ao Poder Judiciário proteger os autos dos processos eletrônicos por meios de segurança de acesso, além de armazená-los de forma que seja garantida a preservação e integridade de dados, conforme estabelecido no § 1.º do art.12 (da Lei 11.419/2009)".

O processo eletrônico facilita muito a seleção e níveis de acesso aos documentos do processo, permitindo que se estabeleça não apenas restrições às partes como também liberação de acesso somente aos advogados, conforme o caso.

6.2.2. Autoridade intermediária de produção de prova

Atualmente, o juiz solicita apenas à autoridade tributária ou órgão cadastral exclusivamente a informação necessária (p. ex., endereço da parte), justamente como cautela importante na produção da prova, para evitar que venham ao processo informações pessoais não essenciais.

---

[68] PINHO, Humberto Dalla Bernardina de. *Direito processual civil contemporâneo*. São Paulo: Saraiva, 2012. v. 1, p. 406.

PROCESSO CONSTITUCIONAL

Na França, o exame de informações privadas não cabe ao juiz da causa, mas ao Ministério Público, "que serve de intermediário entre o juiz da execução e todas as instituições públicas ou privadas em que se encontram as informações desejadas, transmitindo àquele apenas os elementos necessários à marcha da execução e preservando o sigilo das demais".[69]

Alerta GRECO[70] que no Brasil "seria utópico e até altamente perigoso adotar esse modelo, porque não temos tradição da criação de órgãos administrativos dotados de verdadeira independência". Completa o autor afirmando que "o único Poder capaz de instituir órgãos com alguma independência é seguramente o Judiciário, em razão da forma de provimento dos seus cargos e das garantias que são constitucionalmente asseguradas aos seus titulares".

A análise das provas é uma questão complexa, pois é natural que as partes queiram ter acesso a todas as provas, de modo a poder opinar quanto ao que seja ou não legítimo de não ser utilizado, em respeito à privacidade. Parte desse problema se resolve com a exclusão do acesso da parte a certos documentos, limitando-o ao seu advogado, que é profissional responsável por sua própria conduta perante o juízo e, nesse mesmo sentido, deve a lei sancionar severamente o advogado que viola o dever de preservar a privacidade, por exemplo, dando divulgação a documentos cuja juntada foi determinada, mas se impôs sigilo judicial.

Está em exame no Congresso Nacional o projeto de novo Código de Processo Penal, o instituto do Juiz de Garantias guarda relação com os pressupostos de imparcialidade que se pretende no processo civil, do órgão que tenha acesso a um número maior de informações e, muitas vezes, a provas ilícitas. Para o escopo da cisão da jurisdição, no que tange à fase de obtenção e exame das provas, tem fundamento justamente em evitar que um juiz que tome conhecimento de provas ilícitas decida o processo. Ocorre que, no processo civil, o instituto não resolve o problema da pretensão das partes de terem acesso à integralidade do acervo probatório.

6.3. Proteção extraprocessual à privacidade da prova

A proteção da privacidade da prova para pessoas fora do processo tem diversas vertentes, que vão desde um registro em separado dos dados pessoais (endereço, telefones etc.) de partes e testemunhas até a clausura de documentos e descarte ao final do processo.

O processo é público, mas limitação do acesso a provas que atinjam a privacidade é perfeitamente legítima e coerente com o sistema legal de proteção à privacidade.

---

[69] GRECO, Leonardo. *Instituições de processo civil* cit., 2009. p. 114.

[70] Idem, p. 117.

Cap. 22 – A PRIVACIDADE COMO UMA LIMITAÇÃO DO DIREITO DE PROVA

A privacidade da parte, perante terceiros, deve ser também considerada no momento da produção da prova, que jamais pode ser feita de forma vexatória, devendo sempre se observar o princípio da produção da prova pelo modo menos gravoso para quem tem o dever de colaborar com sua produção.

6.4. Consequências processuais da violação indevida da privacidade

Todos os sujeitos do processo, magistrados, advogados, partes e auxiliares do juízo devem responder pessoalmente pela violação indevida da privacidade da parte. Evidente que a decisão sobre produzir ou não uma prova, cuja intromissão indevida à privacidade uma parte alega, é questão de direito, somente sujeita ao reexame pelos tribunais, nas vias recursais, mas a divulgação das informações privadas do processo a terceiros é conduta passível de avaliação disciplinar para magistrados, promotores, advogados e servidores.

As partes que circunstancialmente tenham acesso a informações privadas no processo têm o dever legal de preservar-lhes a privacidade, sob pena de responsabilização. Evidente que quando se trata de questão diretamente atinente ao mérito ou inserta em relação jurídica que inclua a própria parte, a informação adentra sua própria esfera e sua divulgação observará as regras normais de direito, sob revelação de fatos pessoais de terceiros.

6.5. Procedimento autônomo de produção de prova protegida pela privacidade

O ordenamento jurídico hierarquiza a proteção legal que confere aos diversos bens jurídicos, atribuindo-lhes normas de proteção em competências variadas. Infrações a leis que protegem bens jurídicos de maior relevância são em geral previstas na lei penal; em grau descendente de relevância do bem jurídico tutelado ou da gravidade da lesão, a lei prevê sanções no direito civil e no direito administrativo.

Da mesma forma, a lei confere níveis de segurança jurídica diversos para a prática de cada ato, conforme reconheça o ordenamento ser necessária segurança em sua prática ou mesmo fiscalização.

Assim, os atos mais simples podem ser livremente praticados, sem qualquer forma ou registro. Segue-se a necessidade de forma escrita para os atos privados de maior relevância, chegando-se aos atos que, além de escritos, devem ser praticados perante órgão público, que exerça essa função diretamente ou por delegação estatal. O nível mais elevado de proteção à prática de um ato é a gestão judicial de atos privados, denominada de jurisdição voluntária ou não contenciosa.

Quando a lei impõe que um ato somente seja válido quando praticado em juízo e simultaneamente exige autorização judicial para sua prática, é porque está evidenciando que o ato interfere em um valor – bem jurídico – que o ordenamento entende que merece especial proteção, pela fiscalização judicial de sua prática.

A sede judicial é dotada de dois atributos que especialmente legitimam a atribuição ao Poder Judiciário de tarefa não jurisdicional que, portanto, em tese, não seria de sua competência: a atividade judicial é imparcial e praticada com observância de amplas garantias.

No Brasil, diferentemente do que ocorre em outros países, serviços públicos em geral não gozam da mesma credibilidade, na opinião popular, que o Judiciário; trata-se de uma questão cultural que o ordenamento considera.

Além disso, administrativamente não se tem cultura nem regras que confiram tanta transparência e garantias aos procedimentos como ocorre na via judicial. Este é outro elemento em transformação, mas até que o procedimento administrativo mostre-se tão seguro ao cidadão quanto o processo judicial, é provável que a lei ainda reserve a este a competência para os atos que interferem em bens jurídicos mais importantes.

Assim, há uma variedade de procedimentos em que as partes não contendem, mas a prática de determinado ato exige autorização judicial, como é o caso da venda de imóvel de incapaz. A cultura jurídica está em transformação e nisso é acompanhada pela lei, tanto que o divórcio e o arrolamento consensuais entre capazes eram procedidos judicialmente e não mais o são.

Sem embargo, a relevância da privacidade individual exige realmente especial proteção, notadamente nos atos que a devassam. Por esse motivo é razoável a exigência de que somente possa se dar acesso a terceiro a dados pessoais de outrem mediante autorização judicial.

No entanto, há casos em que uma pessoa quer determinada informação de terceiro e o guardião da informação não tem outro motivo para recusar o fornecimento que não a necessidade de autorização judicial. Essa seria uma hipótese de um procedimento autônomo de produção de prova, com característica de jurisdição voluntária ou não contenciosa.

Dê-se o exemplo, atualmente rotineiro, de requerimento ao provedor[71] e à concessionária de telefonia de informação sobre os dados pessoais de pessoa que enviou *e-mail* ofensivo a outrem. Tanto o provedor quanto a concessionária dependem de autorização judicial para fornecer a informação, porém é provável que não tenham motivo próprio, diferente deste, para resistir extrajudicialmente à pretensão do terceiro.

Nesse caso, a pessoa que, por justo motivo e comprovado interesse jurídico, pretende obter dados pessoais cadastrais de terceiro perante instituições que os

---

[71] O fornecedor de acesso à internet (em inglês *Internet Service Provider*, ISP) oferece principalmente serviço de acesso à internet agregando a ele outros serviços relacionados, tais como *e-mail*, hospedagem de *sites* ou *blogs*, entre outros.

Cap. 22 – A PRIVACIDADE COMO UMA LIMITAÇÃO DO DIREITO DE PROVA

mantêm tem legitimidade para requerer ordem judicial de acesso. Observe-se que, embora seja razoável que o procedimento seja judicial, tanto porque assim determina a lei, como para que haja adequada fiscalização dos motivos e legitimidade do requerimento, *de lege ferenda*, não havendo resistência do réu, não deveria haver condenação aos ônus de sucumbência. Cuida-se de caso em que o réu não resistiu à pretensão autoral, tão somente cumpriu a lei e aguardou o requisito legalmente imposto: autorização judicial. A situação é diferente se o réu apresenta contestação com outros motivos para não fornecer a informação; nesse caso, sem dúvida, o processo adquire caráter contencioso e deve seguir o procedimento comum.

Nota-se, pois, que não havendo contestação e diante da determinação de apresentação pela via judicial o réu não oferece qualquer resistência, a natureza desse procedimento autônomo de produção de prova em tudo se assemelha à justificação. Há, desse modo, possibilidade de formular, por meio do rito da justificação, a pretensão de produção de prova, para cuja produção seja necessária autorização judicial.

Os procedimentos judiciais específicos para revelação de informações privadas, mantidas por outra parte potencial em processo judicial, não são novidade no direito anglo-americano, constituindo a *mandatory disclosure* justamente nesse instituto que permite a uma parte exigir da outra a exposição de provas relevantes que deixou de trazer ao processo.[72]

Procedimentos probatórios autônomos são uma tendência, tanto que recentemente foi alterado o § 485 da ZPO, introduzindo-se no direito tedesco procedimento probatório anterior ao processo, denominado *selbstämdiges Beweisverfahren*.[73]

Procedimento bastante similar ao ora proposto sãos as *Assets Disclosure Orders*, utilizadas inclusive em suporte a procedimentos de arbitragem[74] para obrigar a parte adversária ou terceiro a apresentar documentos específicos, que por sua natureza estejam sob o pálio da privacidade, normalmente da espécie empresarial.

A justificação serve, outrossim, para terceiro com interesse jurídico efetivo deduzir pretensão de acesso a prontuário médico de outrem, visto ser outra forma de documento protegido (privacidade profissional da relação médico-paciente). Todavia, caso haja resistência do órgão que guarda a informação, o procedimento

---

[72] FOLLE, Francis Perondi. A prova sem urgência no direito norte-americano: um exame do instituto da Discovery. *Revista de Processo*, v. 204, ano 37, São Paulo: RT, dez. 2012, p. 131-151.

[73] GUIMARÃES, Felipe. Medidas probatórias autônomas: panorama atual, experiência estrangeira e as novas possibilidades no direito brasileiro. *Revista de Processo*, v. 178, ano 34, São Paulo: RT, dez. 2009, p. 124-151.

[74] ANDREWS, Neil. Injunctions in support of civil proceedings and arbitration. *Revista de Processo*, v. 171, ano 34, São Paulo: RT, maio 2009, p. 165-192.

deve evoluir para uma modalidade contenciosa, sendo interessante a previsão legal expressa, embora, por ora, seja utilizado o procedimento comum.

6.6. Casos de disposição da privacidade

A possibilidade de renúncia à proteção desse nível de intimidade é restrita. A pessoa pode renunciar ao limite probatório da privacidade íntima somente em situações em que esteja em questão direito seu de alta relevância. É dever do julgador guarnecer a privacidade íntima das pessoas, recusando a produção de provas que a atinjam, salvo se absolutamente pertinentes e imprescindíveis; logo, a proporcionalidade também incide na decisão que autoriza a renúncia à proteção da privacidade íntima, para fins de prova. Entre outros, o magistrado tem nos impedimentos de depor base legal para recusar a violação da privacidade.

7. CONCLUSÃO

As interferências à esfera de privacidade das pessoas devem mesmo ser técnicas e ponderadas, haja vista que se trata de conformar um direito fundamental, que senta raízes no bem mais basilar da ordem jurídica, a dignidade da pessoa humana, embora se manifeste em diferentes níveis de intensidade, que se afastam paulatinamente desse núcleo juridicamente mais protegido.

O acesso à Justiça, inclusive no que compreende sua manifestação na instrução, é um direito fundamental e legitima a busca da verdade no processo civil; todavia, esta deve observar as limitações probatórias, notadamente, *in casu*, a privacidade. Isso não significa que, em qualquer caso, a proteção à privacidade prevalecerá sobre a busca da verdade, mas que sempre que houver, na produção de prova, intromissão na esfera privada de outrem, técnicas processuais específicas devem ser adotadas para assegurar o adequado cotejo destes dois direitos fundamentais: a privacidade e o acesso à Justiça.

A privacidade não é uniforme em todas as atividades e interesses existentes no âmbito de relações de uma pessoa. A privacidade será mais intensa quanto mais relacionada estiver com elementos estruturantes da personalidade.

Sempre que a produção de uma prova exigir intromissão na esfera pessoal, o julgador ponderará o quanto o meio de produção ou o conhecimento da prova em si impactará na privacidade de uma pessoa, atentando especialmente para o quanto o impacto dá-se próximo ou não dos elementos da personalidade.

Aplica-se, nessa etapa, a regra técnica da proporcionalidade. O julgador, diante da proposição de prova que interfira na privacidade, primeiro avalia se a prova é realmente pertinente; sendo a pertinência meramente indiciária ou lateral, a prova não deve ser produzida. Note-se que, em homenagem à ampla defesa e ao acesso à Justiça, em geral, cumpre verificar se a prova é imprescindível, dispensando-a sempre que possível, por poder o fato ser provado por outra via menos gravosa. Não podendo a prova ser dispensada, por ser a única apta a demonstrar o fato constitutivo, modificativo, impeditivo ou extintivo do direito, o julgador deve analisar o bem jurídico que se quer tutelar com o processo e o direito de acesso à Justiça, com o nível de privacidade que será atingido pela produção da prova.

Nenhuma prova pode ser produzida quando violar o nível mais intenso de privacidade, que goza do maior nível de proteção possível no ordenamento: a privacidade íntima. A vida, a integridade física e os demais elementos que consubstanciam a personalidade, como o nome, sexualidade, a consciência etc., não são passíveis de lesão para o fim de produção de uma prova. Não é proporcional violar nenhum desses direitos, sediados sob o pálio da dignidade da pessoa humana, para assegurar o direito de acesso à Justiça de outrem, sendo certo que não há direito que se equipare a este.

Caso o direito que se queira tutelar seja de igual hierarquia àquele que seria afastado pela produção da prova, a lei pode fixar consequências jurídicas razoáveis, como a aplicação de normas de julgamento (p. ex., a presunção de veracidade do fato que se pretendida demonstrar com a prova), mas não pode, sob nenhum argumento, obrigar a produção da prova.

Mesmo a possibilidade de renúncia à proteção desse nível de intimidade é restrita. A pessoa pode renunciar ao limite probatório da privacidade íntima somente em situações em que esteja em questão direito seu de alta relevância. É dever do julgador guarnecer a privacidade íntima das pessoas, recusando a produção de provas que a atinjam, salvo se absolutamente pertinentes e imprescindíveis; logo, a proporcionalidade também incide na decisão que autoriza a renúncia à proteção da privacidade íntima, para fins de prova. Entre outros, o magistrado tem nos impedimentos de depor base legal para recusar a violação da privacidade.

Ocorre que a produção da prova pode colidir com a proteção à privacidade menos intensa, qual seja, a privacidade particular. Este é o nível de privacidade em que estão as relações de uma pessoa com aqueles que lhe são próximos. A privacidade de comunicação, domiciliar, profissional, familiar e empresarial está elencada nesse nível de privacidade. Em todas as situações e ambientes definidos pelas categorias há relação de uma pessoa com outras com quem livremente optou por se relacionar. Como em qualquer relação voluntária, há troca de informações, resultado do interesse e confiança recíprocos, sendo certo que o ordenamento jurídico protege esses laços, mantendo o conteúdo das atividades e trocas de informação que lhe são inerentes, a salvo do conhecimento ou interferência de outrem.

Contudo, há casos em que, aplicando a proporcionalidade, o magistrado verifica que a prova invasiva da privacidade particular é pertinente e imprescindível, situação em que pondera entre o bem jurídico tutelado no processo e o próprio acesso à Justiça e, do outro lado, a privacidade particular. Sendo os bens jurídicos de alta relevância, envolvendo direitos fundamentais ou constitucionais de equivalente ou superior hierarquia, poderá ser produzida a prova; em caso contrário, não.

Razoável que em um processo que verse sobre questões justamente profissionais, domiciliares, familiares e empresariais seja admitida prova que se imiscua nessas searas, por ser a intromissão proporcional ao direito que será tutelado com o processo, prevalecendo o acesso à Justiça.

O nível menos intenso de privacidade é aquele que compreende o sentimento de não ter sua vida pessoal amplamente conhecida por estranhos. A vida de uma pessoa, nas atividades que não são realizadas em absoluto sigilo e que se inserem na vida em sociedade, não pode ser considerada "sigilosa". Não é segredo onde uma pessoa mora, o carro que possui ou as coisas que compra; diversos estranhos – pessoas com quem a pessoa não escolheu se relacionar – podem observar diariamente os hábitos de alguém e saber muito sobre sua vida.

Sem embargo, a situação modifica-se quando, também em decorrência da vida de relação, essas informações pessoais são reunidas e articuladas de forma a permitir o conhecimento da vida privada de uma pessoa, não apenas pelos estranhos que estão circunstancialmente próximos (como vizinhos, colegas de trabalho e vendedores de lojas), mas por qualquer pessoa que tenha acesso a esse conjunto de dados, selecionados e organizados, justamente com a finalidade de prover esse conhecimento. A lei protege a pessoa do amplo acesso, por estranhos, a esses bancos de dados que são facilitadores do conhecimento de suas informações pessoais, para evitar que haja malversação dessas informações.

A autoridade tributária e os bancos, pela natureza de sua atividade, reúnem informações pessoais de uma infinidade de pessoas, informações que, analisadas, permitem amplo conhecimento da vida de outrem, mesmo que não se esteja perto dessa pessoa: basta examinar o banco de dados. Essa situação corresponde à instituição do nível menos intenso, mas também relevante, de privacidade: a privacidade social.

Também estão inseridos nesse nível de privacidade todas as entidades públicas e privadas que, pelos mais diversos motivos, agrupam e organizam informações pessoais, podendo esse gênero ser denominado de *instituições cadastrais*. A elaboração de cadastro com dados de diversas pessoas gera para o guardião dessas informações responsabilidades, entre as quais a observância dos critérios legais para o uso e disponibilização delas.

Não raro em processos judiciais afigura-se necessário o acesso a informações cadastrais de pessoas para diversos fins, especialmente a produção de provas, sendo legal e legítimo que o juízo tenha amplo acesso a tais informações. Contudo, o fato de tais informações serem trazidas ao processo não significa que percam seu caráter privado ou possam, pela publicidade inerente ao processo,

Cap. 22 – A PRIVACIDADE COMO UMA LIMITAÇÃO DO DIREITO DE PROVA

ser amplamente conhecidas por terceiros. A norma procedimental necessariamente deve prever técnicas que viabilizem a preservação da privacidade desses dados pessoais.

Essa compreensão sobre a relação entre prova e privacidade, que parte da análise que vem sendo feita em todo o mundo sobre a proteção à privacidade, resulta em um entendimento ético sobre a produção da prova no processo civil. A produção de prova deve ser feita de maneira responsável e orientada à manutenção da privacidade das pessoas, sem, com isso, negar o acesso à Justiça.

Passa-se, pois, a fornecer um arcabouço técnico que municie o operador do direito com critérios objetivos de aferição do nível de privacidade em cada situação posta em questão, de forma a viabilizar uma aplicação coerente das normas de proteção à privacidade, articuladamente com as normas que estruturam a fase instrutória do processo civil.

O estudo da relação entre direito processual e privacidade, que se manifesta especialmente no campo probatório, é fundamental para que o processo possa continuar a cumprir sua missão de realizar o direito material, apesar das contínuas transformações ocorridas ao longo do tempo. Muitas dessas transformações, que repercutem e se manifestam especialmente no campo das relações humanas, culminam por reestruturar conceitos como a privacidade, que, por estarem em permanente conexão com o direito de prova do processo, impõem ao operador do direito a compreensão dessas mudanças e a evolução do direito processual.

A globalização cultural traz diuturnamente para o processo valores transnacionais, inclusive em matéria de prova e privacidade. O processo em andamento de classificação, organização e armazenamento de todas as informações existentes para sistemas eletrônicos e a migração da instrumentalização dos negócios jurídicos para a mídia digital[75] exigem do processualista administração doutrinária dessa nova realidade, especialmente em razão dos novos conceitos que correlacionam essa transformação tecnológica e a proteção à privacidade.

É nesse contexto que a sistematização da privacidade de níveis que determinam limitações probatórias variadas e a definição de técnicas processuais diferenciadas para a produção de prova, em casos de confronto com o direito à privacidade, apresentam-se como fundamentais.

8. BIBLIOGRAFIA

ANDRADE, Manuel da Costa. *Sobre as proibições de prova em processo penal.* Coimbra: Ed. Coimbra, 2006.

ANDREWS, Neil. *English civil procedure, fundamentals of the new civil justice system.* United States: Oxford University Press, 2003.

---

[75] MOREIRA, Fernando Mil Homens. Observações sobre a eficácia probatória do e-mail no processo civil brasileiro. *Revista de Processo*, v. 193, ano 36, São Paulo: RT, mar. 2011, p. 216.

_____. Injunctions in support of civil proceedings and arbitration. *Revista de Processo*, v. 171, ano 34, maio 2009, p. 165-192.

_____. *O moderno processo civil*: formas judiciais e alternativas de resolução de conflitos na Inglaterra. Orientação e ver. da trad. de Teresa Arruda Alvim Wambier. São Paulo: RT, 2009.

BARBOSA MOREIRA, José Carlos. O processo, as partes e a sociedade. *Temas de direito processual*. Oitava Série. São Paulo: Saraiva, 2004.

BARCELLOS, Ana Paula de. Alguns parâmetros normativos para a ponderação constitucional. In: BARROSO, Luís Roberto (Org.). *A nova interpretação constitucional*: ponderação, direitos fundamentais e relações privadas. 3. ed. Rio de Janeiro: Renovar, 2008.

BEDAQUE, José Roberto dos Santos. O Código modelo na América Latina e na Europa: relatório brasileiro. *Revista de Processo*, n. 113, ano XXIX, São Paulo: RT, 2004.

_____. *Efetividade do processo e técnica processual*. 2. ed. São Paulo: Malheiros, 2006.

BODART, Bruno; ARAUJO, José Aurélio de. *Alguns apontamentos sobre a reforma processual civil italiana*: sugestões de direito comparado para o anteprojeto do novo CPC brasileiro. [s.l: s.n.].

BONÍCIO, Marcelo José Magalhães. Ensaio sobre o dever de colaboração das partes previsto no projeto do novo Código de Processo Civil brasileiro. *Revista de Processo*, n. 190, São Paulo: RT, 2010.

CAMBI, Eduardo. Caráter Probatório da conduta (processual) das partes. *Revista de Processo*, v. 168, ano 36, São Paulo: RT, nov. 2011.

CARNEIRO, Paulo Cezar Pinheiro. *Acesso à justiça*. Juizados Especiais Cíveis e Ação Civil Pública. 2. ed. Rio de Janeiro: Forense, 2007.

_____. Desconsideração da coisa julgada: sentença inconstitucional. *Revista Forense*, Rio de Janeiro: Forense, v. 384, 2006.

CASTRO, Carla Rodrigues Araújo de. *Prova científica*: Exame pericial do DNA. Rio de Janeiro: Lumen Juris, 2007.

CAPELLETTI, Mauro; GARTH, Bryant (Colab.). *Acesso à justiça*: introdução geral aos volumes da série Acesso à justiça do "Projeto de Florença". Trad. Ellen Gracie Northfleet. Porto Alegre: Fabris, 1998.

CATALA, Pierre. Ebauche d'une théorie juridique de l'information. *Informatica e diritto*, ano IX, jan.-apr. 1983, p. 15-31.

COMOGLIO, Luigi Paolo; FERRI, Corrado; TARUFFO, Michele. *Lezioni sul processo civile*. 4. ed. Utet Giuridica, 2012.

COUTURE, Eduardo. *Fundamientos del derecho procesal civil*. Buenos Aires: Depalma, 1951. p. 160.

Cap. 22 – A PRIVACIDADE COMO UMA LIMITAÇÃO DO DIREITO DE PROVA

DENTI, Vittorio. La evolución del derecho de las pruebas en los procesos civiles contemporâneos. *Estudios de derecho probatorio*. Buenos Aires: EJEA, 1974. p. 77.

DONEDA, Danilo. *Privacidade à proteção de dados pessoais*. Rio de Janeiro: Renovar, 2006.

FIORI, Ariane Trevisan. *A prova e a intervenção corporal*: sua valoração no processo penal. Rio de Janeiro: Lumen Juris, 2008.

FOLLE, Francis Perondi. A prova sem urgência no direito norte-americano: um exame do instituto da Discovery. *Revista de Processo*, v. 204, ano 37, São Paulo: RT, dez. 2012. p. 131-151.

FREITAS, José Lebre de. *A confissão no direito probatório*. Coimbra: Ed. Coimbra, 1991.

GOUVEIA, Lucio Grassi de. A função legitimadora do princípio da cooperação intersubjetiva no processo civil brasileiro. *Revista de Processo*, n. 172, ano 34, São Paulo: RT, 2009.

GRECO, Leonardo. Acesso à justiça no Brasil. *Revista de Ciências Sociais da Universidade Gama Filho*, edição especial sobre Direitos Humanos, Rio de Janeiro: Faculdade Gama Filho, 1997.

_____. A prova no processo civil: do Código de 1973 até o novo Código Civil. *Revista Dialética de Direito Processual*, n. 15, São Paulo: Dialética, 2004.

_____. *Jurisdição voluntária moderna*. São Paulo: Dialética, 2003.

_____. Garantias fundamentais do processo: o processo justo. *Estudos de direito processual*. Campos dos Goytacazes: Faculdade de Direito de Campos, 2005.

_____. *O acesso ao direito e à justiça*. Campos dos Goytacazes: Faculdade de Direito de Campos, 2005

_____. O princípio do contraditório. *Revista Dialética de Direito Processual*, n. 24, São Paulo: Dialética, 2005.

_____. A busca da verdade e a paridade de armas na jurisdição administrativa. *Revista CEJ*, n. 35, Brasília: Centro de Estudos Jurídicos, 2006.

_____. O conceito de prova. Estudos de direito processual. In: MARINONI, Luiz Guilherme (Coord.). *Estudos de direito processual*: homenagem ao professor Égas Dirceu Moniz de Aragão. São Paulo: RT, 2006.

_____. Atos de disposição processual: primeiras reflexões. In: MEDINA, José Miguel Garcia et alii (Coord.). *Os poderes do juiz e o controle das decisões judiciais*. Estudos em homenagem à professora Teresa Arruda Alvim Wambier. São Paulo: RT, 2008.

_____. Publicismo e privatismo no processo civil. *Revista de Processo*, n. 164, São Paulo: RT, 2008.

_____. *Instituições de processo civil*. Rio de Janeiro: Forense, 2009. v. 1.

_____. *Instituições de processo civil*. Rio de Janeiro: Forense, 2010. v. 2.

GRECO, Luís; LEITE, Alaor. Claus Roxin, 80 anos. *Revista Liberdades*, n. 07, maio-ago. 2011.

GUIMARÃES, Felipe. Medidas probatórias autônomas: panorama atual, experiência estrangeira e as novas possibilidades no direito brasileiro. *Revista de Processo*, v. 178, ano 34, São Paulo: RT, dez. 2009, p. 124-151.

HAWLS, John. *Uma teoria da justiça*. 4. ed. São Paulo: Martins Fontes, 2002.

JACOB, Joseph M. *Civil justice in the age of human rights*. Hampshire: Ashgate, 2007.

KREILE, Ruber David. Prova nas ações de filiação no direito alemão. *Revista de Processo*, v. 168, ano 34, São Paulo: RT, fev. 2009.

LUÑO, Henrique Perez. *Manual de Informática y Derecho*. Barcelona: Ariel, 1996.

MENDES, Aluísio Gonçalves de Castro. *Teoria geral do processo*. Rio de Janeiro: Lumen Juris, 2009. p. 33.

MOREIRA, Fernando Mil Homens. Observações sobre a eficácia probatória do e-mail no processo civil brasileiro. *Revista de Processo*, v. 193, ano 36, São Paulo: RT, mar. 2011.

NERY JUNIOR, Nelson; NERY, Rosa Maria de Andrade. *Código de Processo Civil comentado e legislação processual civil extravagante em vigor*. 6. ed. São Paulo: RT, 2002.

NEVES, Daniel Amorim Assumpção. *Ações probatórias autônomas*. São Paulo: Saraiva, 2008.

PEREIRA, Jane Reis Gonçalves. In: BARROSO, Luís Roberto (Org.). *Apontamentos sobre a aplicação das normas de direito fundamental nas relações jurídicas entre particulares*. 3. ed. Rio de Janeiro: Renovar, 2008.

PINHO, Humberto Dalla Bernardina de. *Teoria geral do processo civil contemporâneo*. Rio de Janeiro: Lumen Juris, 2010.

_____. *Direito processual civil contemporâneo*. São Paulo: Saraiva, 2012. v. 1.

_____. *Mediação*: a redescoberta de um velho aliado na solução de conflitos. Disponível em: <http://www.humbertodalla.pro.br/arquivos/mediacao_161005.pdf>. Acesso em: 07 jul. 2012.

_____. *Mediação*: a redescoberta de um velho aliado na solução de conflitos. Disponível em: <http://www.humbertodalla.pro.br/arquivos/a_mediacao_e_a_solucao_de_conflitos_no_estado_democratico.pdf>. Acesso em: 07 jul. 2012.

_____. *O novo CPC e a mediação*: reflexões e ponderações. Disponível em: <http://www.humbertodalla.pro.br/arquivos/O_novo_CPC_e_a_Mediacao.PDF>.

Cap. 22 – A PRIVACIDADE COMO UMA LIMITAÇÃO DO DIREITO DE PROVA

RICCI, Gian Franco. Nuovi rilievi sul problema della 'specificità' della prova giuridica. *Rivista Trimestrale di Diritto e Procedura Civile*, ano LIV, Milano: Giuffrè, 2000, p. 1137-1141.

RODOTÀ, Stefano. *A vida na sociedade da vigilância*: a privacidade hoje. Rio de Janeiro: Renovar, 2008.

SANTOS, Moacyr Amaral. *Prova judiciária no cível e comercial*. 2. tir. São Paulo: Max Limonad, 1949. v. 2, p. 166-168.

SARMENTO, Daniel. *A ponderação de interesses na Constituição Federal*. Rio de Janeiro: Lumen Juris, 2000.

TARUFFO, Michele. Abuso de direitos processuais: padrões comparativos de lealdade processual (relatório geral). In: BARREIROS, L. M. S. (Trad.). *Revista de Processo*, n. 177, ano 34, São Paulo: RT, nov. 2009.

_____. Precedente e Jurisprudência. *Revista de Processo*, v. 199, ano 36, São Paulo: RT, set. 2011.

TROCKER, Nicolò. Il contenzioso transnazionale e il diritto delle prove. *Rivista Trimestrale di Diritto e Procedura Civile*, Milano: Giuffrè, 1992.

WIENER, Norbert. *Cibernética e sociedade*. São Paulo: Cultrix, 1968.

A COGNIÇÃO SUMÁRIA E A COISA JULGADA NO PROCESSO JUSTO[1]

23

José Aurélio de Araújo

> **Sumário:** 1. Introdução – 2. Cognição plena e exaustiva, limitada e sumária – 3. O paradigma *garantístico* de que só a cognição plena e exaustiva é capaz de produzir coisa julgada – 4. A existência de uma garantia fundamental à cognição adequada – 5. Os processos formal e materialmente sumários e sua capacidade de produzir coisa julgada – 6. O processo injuncional não embargado e sua incapacidade de produzir coisa julgada – 7. O processo contumacial e a coisa julgada – 8. A sentença de extinção do processo com resolução de mérito sem julgamento e a coisa julgada – 9. A limitação de objeto litigioso do processo da ação possessória – 10. Conclusão – 11. Bibliografia.

1. INTRODUÇÃO

A crítica social à morosidade da prestação jurisdicional é fato em todo mundo e vem impondo aos sistemas processuais de vários países incessante movimento reformista. Pressionado pelo descontentamento da sociedade com a delonga que a *ordinariedade* do processo declarativo naturalmente produz, o legislador, sob a batuta da celeridade, passou a criar meios de solução imediata

---

[1] O presente artigo foi extraído do trabalho de pesquisa e das conclusões alcançadas pela dissertação de mestrado defendida pelo autor e aprovada em 20 de julho de 2009, de mesmo título, no âmbito do Programa de Pós-graduação da Faculdade de Direito da Universidade do Estado do Rio de Janeiro – UERJ, que teve como Orientador o Prof. Dr. Leonardo Greco e como demais Examinadores os Profs. Drs. Hélcio Alves de Assumpção e Eduardo Talamini.

dos conflitos com a entrega *initio litis* do bem da vida, valorizando os provimentos de cognição sumária presentes nas medidas cautelares, na antecipação de tutela e nos procedimentos sumários e especiais.

O modelo tradicional do processo de conhecimento de rito ordinário, produto da influência do direito canônico e do "iluminismo" no direito continental europeu, como provimento jurisdicional definitivo – coisa julgada formada em cognição exaustiva do processo declarativo –, passa a conviver com uma nova forma de tutela, o provimento jurisdicional provisório – em cognição limitada e sumária – que, eventualmente, poderá ser substituído pelo definitivo, mas que é executivo desde já. O processo de conhecimento de rito ordinário vem pouco a pouco deixando de ser a regra procedimental para assumir uma posição residual nos sistemas processuais.[2]

A tendência à expansão da sumariedade vem, inclusive, afastando o histórico dogma processual de que somente a cognição exaustiva é capaz de produzir a coisa julgada e, para além desta, o provimento executivo. Assim, tanto no Brasil[3] quanto em diversos países, a legislação processual vem sendo alvo de intensas e profundas alterações, como, por exemplo, as reformas do processo italiano de 1990, 2003, 2005 e de junho de 2009, do direito processual civil francês dos anos 90, a reforma de 1998 do direito inglês com a criação das *Civil Procedure Rules – CPRs* e a nova *Lei de Enjuiciamento Civil* de 2000 e suas alterações de 2009 na Espanha.

Autores como o professor da Universidade de Pisa, SERGIO MENCHINI,[4] já atestam como realidade a substituição de paradigmas no processo civil: do processo comum ordinário com autoridade de coisa julgada para a regra do sumário sem formação de coisa julgada.

Deve-se compreender, no entanto, que o processo, historicamente, sempre viveu mergulhado nessa dicotomia, do processo romano arcaico à supressão da instrumentalidade no direito italiano, sucedendo a prevalência do modelo plenário para o sumário, dependendo das necessidades e problemas da prestação

---

[2] PISANI, Andrea Proto. Verso la residualittà del processo a cognizione piena? *Studi in Onore di Carmine Punzi*. Torino: Giappichelli, 2008. p. 699-707.

[3] Vide os provimentos antecipatórios com base na tutela da evidência incluídos no Projeto de Novo Código de Processo Civil, elaborado pela Comissão de Juristas formada no Senado Federal e presidida pelo Min. Luiz Fux. Lembremo-nos, ainda, de que tramitou entre nós o Projeto de Lei 186/2005, capitaneado pelo IBDP – Instituto Brasileiro de Direito Processual, de estabilização da antecipação de tutela com formação de coisa julgada material.

[4] MENCHINI, Sérgio. Nuove forme di tutela e nuovi modi di risoluzione delle controversie: verso il superamento della necessità dell'accertamento con autorità di giudicato. *Rivista di Diritto Processuale*, ano LXI, n. 3, Padova: CEDAM, 2006, p. 869: "Il risultato che si intravede, in esito a tale percorso, è il superamento, forse definitivo, nel sistema di tutela giurisdizionale dei diritti, del modello tradizionale, che si fonda sulla centralità della tutela dichiarativa, del processo di cognizione e dell'accertamento con autorità di cosa giudicata".

jurisdicional em cada época, sendo talvez menos um problema da "modernidade" e do "mercado" e mais do próprio processo.

ADOLFO GELSI BIDART[5] recorda que "la preocupación básica – ahora y siempre – está, pues, en evitar o, al menos, disminuir la duración del proceso...". De uma forma ou de outra, os sistemas processuais, ao longo da história, tiveram tal preocupação.

LUIGI PAOLO COMOGLIO[6] encontra no direito romano essa mesma questão acerca da duração do processo, por exemplo, na pena de extinção ao final do termo de um ano e seis meses de duração, como imposto pela *Lex Iulia* aos casos de *legitima iudicia* que *legitimatio iure consistunt*, ou na forma abreviada da tutela interdital, ou, ainda, na evidente necessidade, apontada pelo legislador Justiniano, de melhorar a administração do processo.

Não se pode olvidar que a quebra da tradição romano-canônica do processo ordinário declarativo é um dos caminhos que se pode admitir para a melhoria da prestação jurisdicional efetiva – notadamente pela adoção de tutelas diferenciadas. Por outro lado, não se pode tomar essa afirmação como paradigma único e absoluto do processo, sob pena de que, em razão de necessidade constitucionalmente resguardada e socialmente exigida como a celeridade, outras necessidades ontológica e igualmente ligadas ao processo democrático como o contraditório, a oralidade, a ampla defesa e a coisa julgada sejam sacrificadas.

O mantra que a Magistratura, a Advocacia e a imprensa, esta como *sedizente* oráculo da opinião pública, reproduzem sobre a demora da prestação jurisdicional tem levado a celeridade, garantia processual de quantidade e de valor secundário, a sobrepujar garantias de conteúdo e substância da decisão judicial, como o contraditório e a coisa julgada.

A relação favorável entre o tempo e o processo nem sempre é aquela apressada, rápida e célere. A urgência e a celeridade são facetas da garantia que regula a relação tempo-processo decorrente do que se convencionou chamar devido processo legal ou processo justo. A garantia é da duração razoável do processo.

Há uma gama de conflitos nos quais só o olhar demorado e o passar do tempo são capazes de aplacar a cegueira do ódio e dos desencontros, abrandando os espíritos em direção à pacificação justa do conflito. Mas o discurso da celeridade está aí e sua inimiga declarada é a legislação processual.

Não se está aqui a defender a *ordinariedade* nos moldes atacados por OVÍDIO DE ARAUJO BAPTISTA FILHO, notadamente na sua obra *Jurisdição*

---

[5] BIDART, Adolfo Gelsi. Del tiempo procesal y su manejo. *Revista de Processo*, n. 93, São Paulo: RT, 1999.

[6] COMOGLIO, Luigi Paolo. Durata ragionevole del giudizio e forme alternative di tutela. *Revista de Processo*, n. 151, São Paulo: RT, set. 2007, p. 72-98.

e execução na tradição romano-canônica,[7] em que demonstra magistralmente que a influência do direito canônico e do "iluminismo" no direito continental europeu firmou a compreensão de que a coisa julgada só pode se formar após o esgotamento do contraditório, impossibilitando ou excepcionando a concessão de provimentos liminares e executivos antes daquela. A reflexão deve ser submetida aos parâmetros constitucionais e *garantísticos* que a evolução democrática no país e no mundo exige.

Se por um lado deve-se resguardar o direito do autor de obter provimento imediato ou tempestivo, esse provimento só poderá tornar-se definitivo se conformado ao direito do réu ao contraditório participativo.[8] A celeridade e o contraditório não se excluem à evidência, muito ao contrário, integram-se organicamente no corpo do processo justo, uma como garantia quantitativa de meio, outro como garantia qualitativa de resultado.[9]

O direito do autor de obter provimento executivo em cognição sumária deve estar equilibrado com o direito do réu de exercitar suas defesas em processo regido pelo contraditório participativo, antecipado e pleno. E somente esse e não a cognição sumária possui os elementos capazes de forjar a coisa julgada. Se a cognição sumária deve propiciar efetividade executiva desde já, a coisa julgada somente pode surgir após cognição plena e exaustiva.

Novos parâmetros devem ser avaliados, testados e submetidos a várias formas processuais para se aviventar rumos e limites de efetividade e de garantias. Para tanto o presente artigo testa a valia e eficácia desses paradigmas em casos específicos como os processos formal e materialmente sumários, o processo injuncional, os processos julgados à revelia do réu, as sentenças de resolução do mérito sem julgamento e a ação possessória.

---

[7] SILVA, Ovídio Araujo Baptista. *Jurisdição e execução na tradição romano-canônica*. São Paulo: RT, 1996.

[8] "Na realidade, há, no procedimento comum de conhecimento, enorme conflito entre o direito à cognição definitiva (direito de defesa) e o direito à tempestividade da tutela jurisdicional. Para que o autor não seja prejudicado pela demora do processo, deve atuar, no interior do procedimento comum de conhecimento, uma técnica que permita a antecipação da tutela nos casos de fundado receio de dano (art. 273, I, do CPC) e de abuso de direito de defesa e de direito evidente (art. 273, II, e § 6.º, do CPC)" MARINONI, Luiz Guilherme; ARENHART, Sérgio Cruz. *Manual do processo de conhecimento*. 5. ed. São Paulo: RT, 2006. p. 214.

[9] "Ciò equivale a riconoscere che siffatte garanzie – se concepite nell'otica individuale di chi ne fruisce – concorrono a realizzare non già un generico diritto al processo, bensì um diritto al 'giusto' processo (o, in altre parole, il diritto ad un processo che trae da una specifica qualificazione attributiva la propria identità). Esse, pertanto, non possono più risolversi in diritti statici (al pari dei più ampi diritti di libertà individuale), ma – per effeto di quegli indispensabili aggetivi ('equo' e 'giusto') – vanno interese come garanzie minime 'di mezzi e di risultato', poichè assicurano non solo la sufficienza quantitativa minima dei "mezzi processuali" ma anche un 'risultato' modale (o qualitativo) costante" (COMOGLIO, Luigi Paolo; FERRI, Corrado; Michele, TARUFFO. *Lezioni sul processo civile*. Il Processo Ordinário di cognizione. 4. ed. Bologna: Il Mulino, 2006. v. 1, p. 63).

2. COGNIÇÃO PLENA E EXAUSTIVA, LIMITADA E SUMÁRIA

Para que possamos alcançar as conclusões que pretendemos, é necessário que, preliminarmente, seja identificado o conceito de cognição plena e exaustiva.

Observando a história da *cognitio*, KAZUO WATANABE constata que somente no direito romano a partir de CÍCERO é que a palavra toma seu significado moderno, como atividade necessária anterior ao julgamento.[10]

CHIOVENDA, partindo de sua concepção de jurisdição como a aplicação da vontade concreta da lei, reduz esta atividade prévia apenas ao silogismo, à subsunção do caso concreto, à vontade legislativa: "Antes de decidir a demanda, realiza o juiz uma série de atividades intelectuais com o objetivo de se aparelhar para julgar se a demanda é fundada ou infundada e, pois, para declarar existente ou não existente a vontade concreta da lei, de que se cogita".[11]

Mas a função cognitiva, que se encontra em todo o processo e ao longo dele, nas várias decisões proferidas durante o seu curso, não se limita, à evidência, a esta perspectiva. CÂNDIDO RANGEL DINAMARCO, reconhecendo a amplitude e abrangência da função, enumera algumas de suas facetas: interpretação dos fatos (causa de pedir e fundamentos da defesa) e sua adequação a uma categoria jurídica substancial (responsabilidade civil contratual ou extracontratual, posse, mútuo, locação, comodato), interpretação legal e avaliação da veracidade dos fatos mediante a avaliação das provas.[12]

O *objeto da cognição* está limitado ao *objeto litigioso*, critério aplicado para o acertamento dos limites objetivos da coisa julgada, pois os limites da matéria, que recebem a atenção do magistrado, obtidos por ele e trazidos pelas partes, são muito mais amplos que o objeto litigioso.

É certo que a coisa julgada abarcará os elementos objetivos da demanda, pedido e causa de pedir, não podendo se estender à outra ação ou elementos. É certo, ainda, que o objeto do julgamento estará nos limites do pedido e da causa de pedir trazidos pelo autor: só sobre isso poderá o juiz exercer jurisdição. Ocorre que, para tanto, em razão da bilateralidade do direito de ação, do contraditório, o juiz terá que analisar não só o pedido e a causa de pedir, mas também as questões trazidas pelo réu (defesas processuais e materiais, diretas e indiretas), as provas atinentes aos pontos controvertidos nos limites que o processo lhe permitir, por limitações de rito, de recursos ou de extensão vertical ou horizontal da cognição.

---

[10] WATANABE, Kazuo. *Da cognição no processo civil*. 2. ed. São Paulo: Central de Publicações Jurídicas, 1999. p. 53.

[11] CHIOVENDA, Giuseppe. *Instituições de direito processual civil*. Notas de Enrico Tullio Liebman. São Paulo: Livraria Acadêmica – Saraiva e Cia., 1942. v. 1, p. 253-254.

[12] DINAMARCO, Cândido Rangel. *Instituições de direito processual civil*. 2. ed. São Paulo: Malheiros, 2002. v. 1, p. 164.

Para CÂNDIDO RANGEL DINAMARCO, o objeto da cognição é amplo, englobando "todos os pontos sobre os quais o juiz busca inteirar-se suficientemente para julgar".[13]

Do mesmo modo que o *iudex* romano somente poderia julgar dentro dos limites da fórmula, com a *tria eadem*, criada pelo pretor no processo *per formulas*, a partir da participação do autor e do réu, o juiz moderno vai julgar dentro dos limites objetivos da coisa julgada, mas conhecendo das alegações do réu, evidentemente. O objeto da cognição, além do objeto litigioso, abarca as questões de direito como as fáticas e as provas trazidas pelo demandado.

Torna-se necessário reproduzir a conclusão de LEONARDO GRECO aplicada à hipótese:

> Mas a cognição do juiz ultrapassa o objeto litigioso, porque além desses três elementos, cabe ainda ao juiz examinar conclusivamente as questões de direito material suscitadas pelo réu, a chamada *causa excipiendi*, que em conjunto com aqueles compõem o mérito, ou seja, todas as questões de direito material; vai mais além essa cognição, incluindo ainda as questões processuais e relativas à existência do direito de ação e ao impulsionamento do processo. Temos, pois, de distinguir o objeto da jurisdição (o pedido), o objeto litigioso (partes, pedido e causa de pedir), o mérito, como conjunto de questões de direito material (o objeto litigioso + a *causa excipiendi*), e o objeto da cognição (pressupostos processuais, condições da ação e mérito).[14]

A extensão do objeto da cognição abarca, portanto, as questões processuais, as condições da ação e o mérito, estando englobados, neste, todas as questões trazidas pelo réu ao processo, alegações ou provas.[15]

Possuindo, então, essa extensão, a cognição pode ser submetida a uma classificação que leve em conta a sua extensão e profundidade. Nesses termos é que KAZUO WATANABE,[16] grande autor do tema, organiza o sistema de classificação da cognição em dois planos, superando a qualificação, quase que única, da cognição como sumária, em casos específicos, como para o deferimento de liminares cautelares.

Para o professor paulista, no plano horizontal, que abrange os elementos objetivos do processo, a cognição pode ser classificada por plena ou limitada, também chamada de parcial. WATANABE,[17] em capítulo anterior à classificação, enfrenta

---

[13] Idem, ibidem.

[14] GRECO, Leonardo. *A teoria da ação no processo civil*. São Paulo: Dialética, 2003. p. 47.

[15] Nesse sentido também são as lições de WATANABE, Kazuo. *Da cognição no processo civil* cit., p. 110.

[16] Idem, p. 111-121.

[17] Idem, p. 112.

Cap. 23 - A COGNIÇÃO SUMÁRIA E A COISA JULGADA NO PROCESSO JUSTO

quais seriam os elementos objetivos na variada doutrina, optando pelo trinômio condições da ação, questões processuais e de mérito, incluídas aqui as questões de direito. Para o célebre autor paulista, há a identificação da perspectiva horizontal da cognição com o seu objeto, o objeto cognoscível. Se o juiz necessita, para prolatar suas decisões no processo, conhecer e analisar o objeto litigioso delimitado pelo autor, as defesas, meritória (de fato e de direito) e processual trazidas pelo réu, e os atos probatórios produzidos são exatamente o objeto da cognição.

Na perspectiva vertical pertinente à profundidade, a cognição pode ser classificada de exaustiva ou sumária. Esta é a visão que, apesar de não explicitada pelo autor, leva em consideração a profundidade probatória permitida ou possível ao juiz. Há, ainda, uma cognição chamada de tênue, rarefeita ou eventual que WATANABE[18] indica como aquela presente no "processo de execução".

Temos, então, diferentes níveis de sumariedade, definidos caso a caso de acordo com a cognição adequada: a cognição formal que autoriza o início dos atos executivos na execução de título extrajudicial ou no processo injuncional, a cognição *inaudita altera pars* do provimento cautelar liminar e a cognição com a resposta do réu, mas antes da instrução em audiência da tutela da evidência.

No contexto das reformas processuais brasileiras merece especial atenção os graves inibidores cognitivos[19] impostos ao direito de impugnação às decisões judiciais: as limitações de oralidade,[20] probatórias[21] e de publicidade,[22] os obstáculos ilegítimos impostos aos recursos excepcionais,[23] a supressão da colegialidade (art.

---

[18] Idem, ibidem, p. 112.

[19] "Alcides de Mendonça Lima igualmente adverte para o perigo de uma cognição insuficiente como consequência da obsessão pela celeridade, pois há maior prejuízo no erro dos juízes do que na demora no andamento dos processos" (LIMA, Alcides de Mendonça. *Introdução aos recursos cíveis*. São Paulo: RT, 1965. p. 139-140).

[20] Aí compreendidas, por exemplo, a inexistência da *imediatidade*, a impossibilidade de sustentação oral nos recursos de agravo de instrumento e de embargos de declaração (art. 554 do CPC e art. 208 do Regimento Interno do Tribunal de Justiça) e os julgamentos por "lista".

[21] O direito espanhol, no art. 429 da LEC, permite a produção de provas perante o tribunal: "Artículo 429. Proposición y admisión de la prueba. Señalamiento del juicio. 1. (...) Cuando el Tribunal considere que las pruebas propuestas por las partes pudieran resultar insuficientes para el esclarecimiento de los hechos controvertidos lo podrá de manifiesto a las partes indicando el hecho o hechos que, a su juicio podrían verse afectados por la insuficiencia probatoria. Al efectuar esta manifestación, el Tribunal, ciñéndose a los elementos probatorios cuya existencia resulte de los autos, podrá señalar también la prueba o pruebas cuya práctica considera conveniente" (VÁZQUEZ IRUZUBIETA, Carlos. *Comentario a la Ley de Enjuiciamiento Civil*. Madrid: Difusión Juridica y Temas de Actualidad, 2009. p. 717).

[22] Como na hipótese recém-normatizada pelo Tribunal de Justiça do Rio de Janeiro que cria "sessões virtuais", mediante o julgamento por meio eletrônico, subtraindo qualquer participação democrática das partes e dos seus advogados (Resolução TJ/OE/RJ N. 13/2011).

[23] FARIA, Márcio Carvalho. A jurisprudência defensiva dos tribunais superiores e a ratificação necessária (?) de alguns recursos excepcionais. *Revista de Processo*, n. 167, São Paulo: RT, jan. 2009, p. 250-270.

557 do CPC) e a aplicação massificada de paradigmas consolidados em súmulas de jurisprudência formadas em enunciados genéricos e reduzidos. Utiliza-se, a bem dos tribunais, técnicas que poderiam ser englobadas na expressão "cognição emprestada", ao aplicar a decisão de um processo a outros *repetitivos*.

Assim, admitindo-se precária e provisoriamente um conceito negativo, a cognição que se pode qualificar como plena e exaustiva é aquela que não possui qualquer uma das seguintes limitações: questões de fato e de direito, de prova, de prazos e de recursos.

ANDREA PROTO PISANI define cognição plena como: a) a predeterminação legal da forma e dos prazos processuais, como também dos poderes, deveres e faculdades das partes e do juiz; b) a realização plena do contraditório de forma antecipada, quando o provimento judicial é emanado somente após ser dada toda oportunidade às partes de fazerem valer as formas de defesa (probatórias, exceções, demandas reconvencionais etc.).[24]

É necessário observar que a cognição pode sofrer, em ambas as perspectivas, limitações de natureza voluntária, quando reprimida pela extensão do efeito devolutivo dos recursos, ou, de natureza legal, mediante a vedação ou restrição desarrazoada imposta pela lei ao exercício do direito ao duplo grau de jurisdição, como no caso dos juizados especiais cíveis e dos recursos excepcionais de fundamentação vinculada e a serviço da função nomofilática dos tribunais superiores.

Cada decisão poderá ser avaliada de modo bidimensional, propiciando variadas conjugações de classificação de cognições, mudando-se a forma de avaliação da cognição quanto a cada processo para cada decisão.

As limitações cognitivas propriamente ditas, de questões de direito e de fato, as limitações probatórias ou, ainda, as limitações de prazo e de recursos que importam em restrição à amplitude do contraditório e consequentemente da cognição impedem, portanto, que aquele processo produza coisa julgada material em toda sua extensão. Somente essa forma de avaliação é que poderá dar a correspondente chancela de imutável e estável, a partir da correspondência da coisa julgada com a cognição plena e exauriente.

A atividade cognitiva imediata sumária do juiz, desprovida do devido aprofundamento probatório e de contraditório substancial, sem a plenitude das garantias constitucionais, não pode prosperar como provimento definitivo e final, limitando-se a constituir um provimento jurisdicional provisório. A possibilidade de se obter a coisa julgada deverá estar sempre à disposição das partes como garantia individual constitucional de se alcançar o acertamento definitivo e a fruição plena de seu direito, mesmo que não venha obrigatoriamente a ocorrer. É *garantístico* pensar que só a cognição plena pode produzir coisa julgada ma-

---

[24] PISANI, Andrea Proto. *Lezioni di diritto processuale civile*. Napoli: Jovene, 2006. p. 547.

Cap. 23 - A COGNIÇÃO SUMÁRIA E A COISA JULGADA NO PROCESSO JUSTO

terial, ou seja, provimento jurisdicional definitivo, mesmo que estejamos, aí, a repetir o que alguns entendem por dogma.

3. O PARADIGMA *GARANTÍSTICO* DE QUE SÓ A COGNIÇÃO PLENA E EXAUSTIVA É CAPAZ DE PRODUZIR COISA JULGADA

A doutrina brasileira e estrangeira[25] tradicionalmente entendem, seguindo CHIOVENDA,[26] que só a cognição plena e exaustiva é capaz de produzir coisa julgada, aqui reconhecida com a mesma importância dada por LEONARDO GRECO: como "elemento constitutivo da essência do Estado de Direito e do princípio do primado da lei",[27] apesar da divergência que, recalcitrante, ainda perdura sobre o reconhecimento da coisa julgada como garantia individual, constitucional do processo.[28] É este o entendimento de KAZUO WATANABE:

> Em linha de princípio, pode-se afirmar que a solução definitiva do conflito de interesses é buscada através do provimento que se assente em *cognição plena* e *exauriente*, vale dizer, em procedimento *plenário* quanto à extensão do debate das partes e da cognição do juiz, e completo quanto à profundidade desta cognição. Decisão proferida com base em semelhante cognição propicia um juízo com índice de segurança maior quanto à certeza do direito controvertido, de sorte que a ela o Estado confere a autoridade de coisa julgada.[29]

---

[25] "In generale l'efficacia che opera dando piena certezza ai rapporti giuridici è quella che caratterizza le sentenza, emesse a conclusione di un processo a cognizione piena, sentenze di mèrito che decidono sulla domanda (per le sentenze su questioni preliminari di mérito il problema è più complesso e si dirà tra breve)." COMOGLIO, Luigi Paolo; FERRI, Corrado; Michele, TARUFFO. *Lezioni sul processo civile* cit., p. 693.

[26] CHIOVENDA, Giuseppe. *Instituições de direito processual civil* cit., p. 511.

[27] Conforme GRECO, Leonardo. *Resenha informativa sobre o direito ao processo justo na convenção europeia e na convenção americana dos direitos do homem*. Inédito. p. 5.

[28] Na classificação de LUIGI PAOLO COMOGLIO adotada por GRECO, Leonardo. Garantias fundamentais do processo: o processo justo. *Estudos de direito processual*. Campos dos Goytacazes: Faculdade de Direito de Campos, 2005. p. 225-286. No mesmo sentido da constitucionalidade da garantia BARBOSA MOREIRA afirma que "a garantia da coisa julgada articula-se com a do devido processo legal (art. 5.º, n. LIV). Como é cediço, deve ser interpretada com largueza a disposição que a ele se refere: não é só a privação da liberdade ou dos bens que se subordina ao devido processo legal, mas toda e qualquer ingerência da atividade judicial na esfera das pessoas. A ingerência será legítima na medida em que prevista na lei, e realizada pelos meios e sob as condições que ela estatuiu: fora daí, será ilegítima. Se o Poder Judiciário já interferiu uma vez, não lhe é dado voltar a interferir senão quando a lei a tanto o autorize, e da maneira legalmente prescrita. As pessoas são postas a salvo de ingerências arbitrárias – e é arbitrária toda ingerência não contemplada no ordenamento positivo, inclusive a reiteração fora dos quadros nele fixados" (BARBOSA MOREIRA, José Carlos. Considerações sobre a chamada 'relativização' da coisa julgada material. *Temas de direito processual*. Nona série. 1. ed. São Paulo: Saraiva, 2007. p. 248).

[29] WATANABE, Kazuo. *Da cognição no processo civil* cit., p. 113-114.

No mesmo sentido EDUARDO TALAMINI:[30] "Há vinculação constitucional da coisa julgada à cognição exauriente." A afirmativa é razoável e responde à conformação dialética do processo, teleologicamente direcionado a expressar a verdade na sentença, após o embate entre síntese e antítese. Mas deve-se entender que, além de uma evidência lógica, essa relação entre coisa julgada e cognição exaustiva é uma decorrência da garantia constitucional do contraditório, conforme enfrentaremos a seguir.

O mesmo entendimento está em ANDREA PROTO PISANI quando, ao tratar dos provimentos emitidos sob cognição sumária, afirma que somente a cognição plena – entendida na sua essência como previsão legislativa do contraditório, do procedimento e de seus prazos, bem como pelo desenvolvimento do contraditório, de forma plena e antecipada – é capaz de dar ao julgamento final a imutabilidade que "caracterizza il giudicato sostanziale."[31]

Deve-se anotar, ainda, a doutrina de LUCIO LANFRANCHI:

> ... vale a dire, la rigida garanzia costituzionale, non modificabile in modo peggiorativo neppure con la procedura qualificata dell'art. 138 Cost., della tutelabilità giurisdicionale dei diritti, senza eccezione alcuna, con almeno un grado di cognizione ordinaria piena ed esauriente in fatto ed in diritto, seguita dall'ordinario controllo di legittimità in Cassazione ed idonea, in virtù di questa doppia possibilità di giudizi così strutturati, a produrre il giudicato formale e sostanziale, di cui agli artt. 324 CPC e 2909 c.c.[32]

Poder-se-ia dizer que o contraditório é o meio *garantístico* destinado teleologicamente a influir na cognição judicial nos limites que o processo possibilita tal cognição e, portanto, possibilita o próprio contraditório. E, nesses termos, só haverá consolidação da norma jurídica concreta, a sua imutabilidade, o quanto o processo facultar às partes a influência na decisão.

O ambiente ideal para alcançar a justiça da decisão e legitimá-la democraticamente por meio da participação satisfatória das partes encontra-se, sem dúvida, no provimento jurisdicional formado em cognição plena e exaustiva.

A mesma evidência também é encontrada no direito romano, não livre, no entanto, de controvérsia. É possível afirmar que os provimentos provisórios de cognição sumária sempre conviveram no processo civil romano com provimentos definitivos de cognição exaustiva, havendo em regra, mas não absolutamente, relação destes com a coisa julgada. A dualidade do sistema processual romano,

---

[30] TALAMINI, Eduardo. *Coisa julgada e sua revisão.* São Paulo: RT, 2005. p. 54.

[31] PISANI, Andrea Proto. *Lezioni di diritto processuale civile* cit., p. 547.

[32] LANFRANCHI, Lucio. *Giusto processo civile e procedimenti decisori sommari.* "Pregiudizi illuministici" e "giusto processo" civile. 2. ed. Torino: Giappichelli, 2001. p. 3.

Cap. 23 - A COGNIÇÃO SUMÁRIA E A COISA JULGADA NO PROCESSO JUSTO

nos períodos arcaico e clássico,[33] no sistema da *ordo iudiciorum privatorum*, constitui-se prova disso. Quando o litigante, no antigo período das *legis actiones* ou no período formular, buscava o magistrado, o *praetor*, e obtinha *in iure* uma ordem veiculada por um mandado liminar,[34] como sequestro, nunciação de obra nova e interdito proibitório por exemplo, via a tutela de direitos, considerados absolutos,[35] operar em cognição sumária sem estabilização, pois sujeita a controvérsia à eventual e futura *actio*, quando então poderia obter a *sententia* e, consequentemente, a *res iudicata*.

Esta dualidade procedimental vai, então, *distribuir* atividade cognitiva, *cognitio*, em dois momentos e entre dois agentes diversos: o pretor e o juiz romano.[36] O pretor, no processo *per formulas*, exercia efetiva função cognitiva na identificação da fórmula, na concessão ou denegação do decreto (*iudicium dare*) que redundava na *litis contestatio*, e no deferimento dos *interdicta*. O *iudex*, por seu turno, exercia o *cognoscere*, recebendo as alegações e provas produzidas pelas partes e concedendo o julgamento acerca do conflito de interesses.

É importante notar que os interditos, além de provimentos de cognição sumária[37] (*causa cognitio*), que não solucionavam o litígio de forma definitiva, eram também provisórios, facultando-se ao litigante diante do seu descumprimento a propositura de ação posterior em cognição plena, ou seja, não geravam imutabilidade como a *sententia* do provimento *apud iudicem*.

Nas lições de VITTORIO SCIALOJA é possível encontrar fundamento para adequar os interditos como provimentos provisórios de cognição sumária, pois esses provimentos não solucionavam o litígio, mas, fundados no poder de *imperium* do magistrado, limitavam-se à obediência ou não à ordem emanada.[38]

---

[33] Como sempre ressaltado pela doutrina romanística, é certo que tal distinção entre os períodos é a evidência meramente convencional. Como em PUGLIESE, Giovanni. Giudicato Civile (Storia). *Enciclopédia del Diritto*. Milano: Giuffrè, 1969. v. 18, p. 727: "Com'è noto, si sogliono individuare tre grandi sistemi processuali, quello per legis actiones, quello formulare e quello della cognitio (detta anche extra ordinem). È una distinzione, in una certa misura solo convenzionale, poichè all'interno di ciascun sistema si possono discernere fasi o addirittura ulteriori sistemi particolari".

[34] No conceito de CRUZ E TUCCI e AZEVEDO interdito tratava-se de "uma ordem, requisitada por um particular e emanada de um magistrado, para que fizesse ou deixasse de fazer alguma coisa; ou seja, mais especificamente, a tutela por interdito consubstanciava-se num comando do pretor *in iure*, a pedido de um cidadão e dirigido a outro particular; defendendo, destarte, indiretamente, a parte provocadora" (CRUZ E TUCCI, José Rogério; AZEVEDO, Luiz Carlos de. *Lições de história do processo civil romano*. São Paulo: RT, 1996. p. 112-113).

[35] Se, por um lado, os interditos tutelavam direitos absolutos por meio dos mandados liminares, a *actio*, que se caracterizava pelo contraditório, servia para a tutela de direitos obrigacionais (idem, p. 112).

[36] WATANABE, Kazuo. *Da cognição no processo civil* cit., p. 53-58.

[37] CRUZ E TUCCI, José Rogério. *Ação monitória*. São Paulo: RT, 1995. p. 26.

[38] SCIALOJA, Vittorio. *Procedimiento civil romano*. Buenos Aires: Jurídicas Europa-América, 1954. p. 313.

Certo que o mandado detinha força e coercibilidade de ordem proveniente de autoridade administrativa[39] detentora do poder do Estado romano, o que lhe qualifica com esta natureza administrativa e não jurisdicional. Não nos esqueçamos de que, nessa altura, a atividade de *iuris dictio* era privada do *ordo iudiciorum privatorum*, sendo compreendida a jurisdição só como a atividade de dizer o direito, enquanto a coercibilidade da execução ou da força estatal estava no órgão administrativo, no pretor.[40] Mas disso não decorria a sua estabilização, pois, do descumprimento do mandado, abria-se a oportunidade de uma ação com o fito de, aí sim, identificar em cognição aprofundada a ocorrência ou não do descumprimento da ordem e a própria presença dos elementos autorizadores para a sua concessão.

SCIALOJA confirma essa natureza administrativa e obrigatória do mandado e o classifica como condicionado, pois, não obedecida a ordem do interdito, a questão passava a uma cognição exaustiva acerca da presença ou não das condições autorizadoras da expedição do mandado.[41]

Em sentido contrário, GIUSEPPE GANDOLFI, na sua célebre obra *Contributo allo studio del processo interdittale romano*, entendia que o interdito era uma ordem concreta e incondicional, pois tinha a natureza de processo em que se produzia prova e julgamento (*iudicare*) propriamente dito, muito assemelhado à própria sentença *extra ordinem*:[42] "Ma nella procedura interdittale, se l'assunzione delle prove avveniva senz'altro ad opera del magistrato, non cè ragione perchè l'ordine non fosse incondizionato e concreto".[43]

---

[39] Daí talvez a histórica contenda sobre a natureza administrativa ou jurisdicional do provimento cautelar solucionada em CHIOVENDA, Giuseppe. *Instituições de direito processual civil* cit.

[40] Acerca da jurisdição meramente declaratória sem poder executivo *vide* SILVA, Ovídio Araujo Baptista. *Jurisdição e execução na tradição romano-canônica* cit., p. 26-38.

[41] SCIALOJA, Vittorio. *Procedimiento civil romano* cit., p. 313: "Se debe resolver precisamente determinando si existen realmente aquellas condiciones a las que el magistrado habia vinculado su mandato. Y esta cuestión se tratará en um procedimiento a propósito consiguiente al interdicto ...". No mesmo sentido do *maestro* italiano, MOREIRA ALVES: "Os interditos, em geral, não decidiam, definitivamente, o litígio; tutelavam, de modo provisório, situação preexistente. Eram eles ordens condicionais, que deveriam ser cumpridas se as alegações do litigante que os solicitara fossem verdadeiras, pois o pretor (ou governador de província), ao concedê-los, não examinava as circunstâncias alegadas, mas partia do pressuposto de que fossem verdadeiras. Em vista disso, o litigante contra quem se dirigia o interdito o acatava ou não, conforme entendesse que eram verdadeiros ou falsos os fatos que condicionavam a ordem do magistrado. Se o acatasse o litígio terminava definitivamente; caso contrário, iniciava-se um processo para que o *iudex* (ou os *recuperatores*) verificasse se os fatos que tinham dado margem ao interdito eram verdadeiros ou falsos, e, portanto, se houvera, ou não, desobediência à ordem do magistrado" (ALVES, José Carlos Moreira. *Direito romano*. 8. ed. Rio de Janeiro: Forense, 1992. v. I, p. 297). Também reconhecendo a natureza condicional dos *interdicta* CRUZ E TUCCI, José Rogério; AZEVEDO, Luiz Carlos de. *Lições de história do processo civil romano* cit., p. 113.

[42] GANDOLFI, Giuseppe. *Contributo allo studio del processo interdittale romano*. Milano: Giuffrè, 1955. p. 9.

[43] Idem, p. 70.

Cap. 23 – A COGNIÇÃO SUMÁRIA E A COISA JULGADA NO PROCESSO JUSTO

GIOVANNI PUGLIESE afirmava peremptoriamente que somente a *sententia* era capaz de produzir *res iudicata*, mas não o decreto do pretor nos *interdicta*: "Anche nel processo per formulas solo le sentenze constitutivano una res iudicata, sicché questa efficacia era negata, per esempio, ai decreti del pretore (Cels. 25 dig., D. 42, I, 14)...".[44] No mesmo sentido, CHIOVENDA, citado por TALAMINI, afirma que somente a sentença era capaz de produzir coisa julgada, não ocorrendo o mesmo com as decisões *interlocutiones*.[45]

De uma forma ou de outra, se essa breve exposição de um período limitado da longa história do processo não é suficiente para dar contornos definitivos à questão, soma-se aos parâmetros exigidos pela atualidade dos direitos humanos, do Estado social e substantivo de Direito para ratificar a correlação coisa julgada-cognição plena e exaustiva, como paradigma de respeitabilidade às garantias fundamentais do processo. Só o contraditório participativo é capaz de chancelar a imutabilidade da regra jurídica concreta que incidirá sobre aquele determinado conflito.

Mas ao observador atento a fórmula abstrata da relação cognição plena e exaustiva-coisa julgada pode gerar resultados surpreendentes quando aplicada nas várias formas legislativas específicas em vigor, como nos processos material e formalmente sumários, no processo injuncional, no processo da ação possessória, no processo que tenha transcorrido à revelia do réu, bem como nas sentenças de resolução de mérito sem julgamento.

4. A EXISTÊNCIA DE UMA GARANTIA FUNDAMENTAL À COGNIÇÃO ADEQUADA

Se é sensível que o direito material regula as relações humanas em sociedade e que, portanto, cada regulação específica exigirá uma forma processual também específica, é possível afirmar que é consectário necessário de uma tutela efetiva a existência de formas processuais que possibilitem provimentos cognitivos, executivos e cautelares adequados. No ensinamento de CÂNDIDO RANGEL DINAMARCO: "Às variadas espécies de situações regidas pelo direito material corresponde simétrica variedade de meios processuais *adequados* a dar-lhes solução efetiva em caso de insatisfação...".[46]

Assim é necessário lembrar que, além do que muito se tem dito e escrito acerca da *tutela específica da obrigação* – ou da efetividade como adequação dos meios executivos às obrigações, de modo a aproximá-los do ideário do cumprimento voluntário, como afirmação de uma tutela executiva adequada –, o mesmo

---

[44] PUGLIESE, Giovanni. Giudicato Civile (Storia). *Enciclopédia del Diritto* cit., p. 746.

[45] CHIOVENDA, Giuseppe. *Sulla cosa giudicata*. n. 5, p. 404, apud TALAMINI, Eduardo. *Coisa julgada e sua revisão* cit., p. 207.

[46] DINAMARCO, Cândido Rangel. *Instituições de direito processual civil* cit., p. 147.

deve dar-se quanto ao processo e aos meios cognitivos. Evidente que também a atividade cognitiva está sempre a exigir sua adequação instrumental.

Quando COMOGLIO refere-se à garantia à "tutela giurisdizionale effetiva" informa que "tutti hanno diritto di ottenere dagli giurisdizionali forme adeguate di tutela effettiva (di mero accertamento, di condanna, contitutiva, cautelare ed esecutiva), che assicurino la piena reintegrazione dei diritti e degli interessi legittimi fatti valere".[47] Ou seja, a tutela jurisdicional efetiva diz respeito não só ao provimento executivo, mas também ao cautelar e ao cognitivo. Trata-se da adequação da via processual ao direito material que se pretende tutelar ou da relação entre a cognição adequada e a instrumentalidade do processo, aquilo que MARINONI qualifica de *tutela jurisdicional adequada*.[48]

Do mesmo modo, essa evidência não passou despercebida para KAZUO WATANABE, que reconhece a cognição como uma "técnica de adequação" do processo ao direito material ou à pretensão.[49] Especificamente CÂNDIDO RANGEL DINAMARCO:

> Atuando no campo que lhe compete, o direito processual predispõe meios hábeis à imposição das normas, soluções e resultados indicados pelo direito material. Para tanto, concebem-se técnicas e oferecem-se espécies diferentes de processo, provimentos, procedimentos variáveis mediante a necessidade de cada espécie de situações da vida comum etc. – tudo a partir de uma regra de *adaptabilidade* que é inerente à condição instrumental do processo. A instituição de procedimentos especiais tem a finalidade de adequar às peculiaridades de certas situações regidas pelo direito material o *iter* a ser percorrido entre a demanda inicial e a sentença que julgará a pretensão do autor.[50]

Para LUIGI PAOLO COMOGLIO, a adoção de ritos diferenciados é uma das aproximações metodológicas destinadas à solução do problema da prestação jurisdicional injusta por intempestiva.[51]

Sendo a teleologia do processo de conhecimento a formulação da *norma jurídica* aplicável ao caso, este deve, no seu decorrer, proporcionar uma dilação probatória e uma sequência de atos cognitivos que sejam capazes de possibilitar às partes e à formulação racional do juízo uma apreciação adequada daquela

---

[47] COMOGLIO, Luigi Paolo. *Etica e técnica del giusto processo*. 1. ed. Torino: Giappichelli, 2004. p. 410.

[48] MARINONI, Luiz Guilherme; ARENHART, Sérgio Cruz. *Manual do processo de conhecimento* cit., p. 66-67.

[49] WATANABE, Kazuo. *Da cognição no processo civil* cit., p. 36.

[50] DINAMARCO, Cândido Rangel. *Instituições de direito processual civil* cit., p. 158-159.

[51] COMOGLIO, Luigi Paolo. Durata ragionevole del giudizio e forme alternative di tutela cit., p. 73-74.

Cap. 23 – A COGNIÇÃO SUMÁRIA E A COISA JULGADA NO PROCESSO JUSTO

relação jurídica controvertida. A cognição determina a forma e a extensão do tempo processual.[52]

Portanto, não só o procedimento ordinário de cognição plena pode ser qualificado de justo, pois também aquele rito concentrado, limitado, que em decorrência da urgência ou da celeridade ou de qualquer outra razão imposta pela lei necessite de concisão ritualística para alcançar a sua efetividade, como os provimentos de urgência e os procedimentos sumários, também é classificado como justo. Ambos são necessários ao acesso à Justiça, conforme observa COMOGLIO:

> Occorre, allora, prevenire sottili equivoci. Anzitutto, non può certo dirsi 'giusto' solo quel processo che – al pari di quanto si constata per il processo di cognizioni ordinária – trovi nella 'legge' una regolamentazione analítica e (tedenzialmente) completa delle diverse situazioni di diritto, di potere e di dovere, in esso configurabili, nonché uma preconstituita e 'canalizzata' escazione di forme, di preclusioni e di tempi per il compimento degli atti processuali in cui quelle situaioni, di volta in volta, si tradicono. Ma, simmetricamente, non rischia di essere considerato, in quanto tale, 'non giusto', e quindi solo per questo inconstituzionale, quel diverso processo che, lungi dall'essere analiticamente regolamentato, trovi invece nella 'legge' una disciplina assai scarna e sintética, all'insegna della celeritá, della deformalizzazione e della semplificazione del rito, affindando ai poteri discrezionali di direzione procesuale ed ai poteri di iniziativa d'ufficio, di cui sai munito il giudice, la elástica determinazione delle forme, dei tempi e dei termini in cui gli atti del processo vanno compiuti, a seconda dele variabili caratterictiche delle situazioni processuali configurate.[53]

LEONARDO GRECO ensina que a maior ou menor quantidade de procedimento ordinário ou de procedimento sumário não é proporcional à maior ou menor constitucionalidade do sistema processual. O que importa é a adequação – cognição adequada – do processo ao direito material, no cumprimento de sua instrumentalidade:

---

[52] "... razões de conveniência momentânea e local, com caráter meramente emergencial; até mesmo a simples impaciência do legislador frente à morosidade do aparelhamento judiciário em contraste com a pressão da necessidade social – tudo influi no sentido de se retirar da 'vala comum' do rito ordinário um número crescente de 'ações', em antagonismo com as recomendações dos tipos procedimentais como imperativo da simplificação e da racionalização." FABRÍCIO, Adroaldo Furtado. *Comentários ao Código de Processo Civil* – arts. 890 a 945. 6. ed. Rio de Janeiro: Forense, 1994. v. 8, t. III, p. 6. De acordo com ANDREA PROTO PISANI, historicamente, são criadas tutelas sumárias como forma de satisfazer algumas exigências, resumidas nas seguintes: 1) exigência de economia de juízo, evitando o custoso processo de cognição plena, 2) exigência de evitar o abuso ao direito de defesa por parte do demandado e 3) exigência de efetividade da tutela toda vez que esta fique comprometida pela duração do processo de cognição plena (PISANI, Andrea Proto. *I diritti e le tutele*. Napoli: Scientifiche Italiane, 2008).

[53] COMOGLIO, Luigi Paolo. Durata ragionevole del giudizio e forme alternative di tutela cit., p. 59.

A variedade de procedimentos não equivale necessariamente a tratamento desigual, daí o erro de acreditar que a supressão de procedimentos especiais pudesse contribuir para um processo mais justo. O importante é que o procedimento seja adequado à necessidade concreta da tutela jurisdicional efetiva.[54]

Mas certo que, de uma forma ou de outra, tais procedimentos de cognição sumária deverão, sob pena de inconstitucionalidade, como qualquer outro processo, responder à estrutura mínima das garantias processuais.[55]

Se, por um lado, a pretensão de direito material vai determinar a necessidade desta ou daquela forma procedimental para ver-se efetivo, formando um processo desta ou daquela extensão, com estes ou aqueles limites de contraditório e, portanto, de cognição, por outro essa limitação não poderá afligir o direito da outra parte de exercitar plenamente a democracia participativa no processo justo.

O contraditório participativo[56] decorre diretamente da perspectiva substantiva do Estado Democrático de Direito como única forma de legitimar a decisão judicial, emanada de agente público profissional não eleito, a partir da participação democrática das partes no processo.

Soma-se a essa perspectiva a concepção de decisão justa como aquela dirigida à busca da verdade dos fatos pelo juiz e pelas partes, como destinatários da prova, como vemos a partir da doutrina de MICHELE TARUFFO:[57]

> En el ámbito del valor jurídico de la verdad, es posible resaltar particularmente el valor procesal que se reconoce a la verdad. Este valor procesal resulta evidente si se piensa que el proceso está dirigido no tanto a resolver controversias, sino más bien a resolver controversias por medio de decisiones justas. En efecto, la justicia

---

[54] GRECO, Leonardo. Garantias fundamentais do processo: o processo justo. *Estudos de direito processual* cit., p. 265.

[55] "Ma – è ovvio – e non diverse condizioni e limitazioni si spone qualsiasi modello processuale che possa dirsi diverso da quello di cognizione ordinaria, ove acquisisca – nel nome dell'effettività e delle forme differenziate di tutela – i caratteri della cognizione 'sommaria'." COMOGLIO, Luigi Paolo. *Etica e técnica del giusto processo* cit., p. 62.

[56] "Talvez a mais importante dessas garantias, porque ela própria engloba diversas outras, é a garantia do contraditório, consagrada no inciso LV do art. 5.º da Constituição Federal. Contraditório como implementação no processo judicial do princípio político da participação democrática ou da chamada *democracia participativa*. Contraditório como a garantia que assegura aos sujeitos parciais do processo a mais ampla possibilidade de influir eficazmente em qualquer provimento jurisdicional, especialmente o provimento jurisdicional final, submetendo à cognição do juiz todas as alegações e provas que possam contribuir para essa influência. Contraditório como influência com paridade de armas" (GRECO, Leonardo. *Novas perspectivas da efetividade e do garantismo processual*. Inédito).

[57] TARUFFO, Michele. Verdad y probabilidad en la prueba de los hechos. *Páginas sobre justicia civil*. Madrid: Marcial Pons, 2009. p. 418-419.

Cap. 23 – A COGNIÇÃO SUMÁRIA E A COISA JULGADA NO PROCESSO JUSTO

de la decisión no depende únicamente del hecho de que constituya el resultado de un proceso que se ha desarrollado de manera correcta, es decir; con respeto de todas las garantías relativas a la independencia e imparcialidad del juez y los derechos de las partes, ni únicamente en el hecho de que el juez haya interpretado y aplicado correctamente la norma que se asume como criterio jurídico de decisión. Estas condiciones son necesarias, pero no son suficientes para determinar la justicia de la decisión. Como afirman muchos filósofos, varios procesalistas, e incluso un fact-skeptic como Jerome Frank, ninguna decisión puede considerarse justa si se basa en una reconstrucción errada o no verdadera de los hechos que constituyen objeto del proceso. Desde este punto de vista, la verdad de la decisión sobre los hechos, constituye una condición necesaria de la justicia de la decisión misma. Como ha escrito Mirjan Damaska, "la precisión en la determinación de los hechos constituye una condición previa de una decisión justa".

O processo deve ter duração razoável de modo a possibilitar, por meio do contraditório participativo, a cognição adequada para o encontro da verdade dos fatos e a produção de uma decisão justa. O princípio temporal destina-se a fazer valer o contraditório necessário à solução do conflito com justiça.

MARIA FRANCESCA GHIRGA[58] recorda que o Relatório Magendie I (*Célérité et qualité de la justice. La gestion du temps dans le procès. Rapport au garde de Sceaux, Ministre de la Justice* J. C. MAGENDIE), de onde se originam os *contrats de procédure* na França, apesar de ter como objetivo precípuo a celeridade, não deixou de ressaltar que "... la celerità deve essere al servizio dell'efficacia, dell'effetività e della qualità della giustizia. La celerità è quindi uno degli elementi tra gli altri che favorisce una giustizia di qualità ma non è un valore in sè".

É certo, por outro lado, que a exorbitância da busca pela verdade absoluta[59] e eterna e a possibilidade de produção interminável de alegações e de provas pelas partes podem violar o próprio princípio da inafastabilidade da jurisdição, resultando em um *non liquet*, negando ao final o acesso à Justiça.

Quando, então, as circunstâncias fáticas exigem a urgência, o contraditório pleno e antecipado terá de dar vez à cognição sumária, proferida com fundamento em prova limitada, diante da exigência temporal que o risco de perda do direito impõe sob perigo de a prestação jurisdicional tardia redundar infrutífera. FRANCO CIPRIANI, em trabalho sobre o provimento cautelar, afirma

---

[58] GHIRGA, Maria Francesca. Le novità sul calendario del processo: le sanzioni previste per il suo mancato rispetto. *Rivista di Diritto Processuale*. ano LXVII, n. 1, Padova: CEDAM, 2012, p. 172, nota (21).

[59] "Naturalmente non si parla qui di Verità Assoluta, dato che le verità con le iniziale maiucole sono rimaste patrimônio pressochè esclusivo di alcune metafisiche e di varie religioni integraliste, ma semplicemente della verità che può essere scoperta nel mondo incerto e fragile dele cose umane" (TARUFFO, Michele. Verità negoziata? In: CIPRIANI, Franco (Coord.). *Accordi di parte e processo*. Milano: Giuffrè, 2008. p. 75).

– com base no art. 24, 2.º *comma*, da Constituição italiana, onde está previsto o contraditório – a necessidade de ponderação ou balanceamento entre o contraditório e a duração razoável por se tratarem ambos de garantias fundamentais do indivíduo:

> La necessità di bilanciare efficienza e garanzie si pone nella disciplina e nello studio di ogni procedimento giurisdizionale, ma riveste un´importanza decisamente maggiore allorchè ci si riferisce al procedimento cautelare, che deve si, e ovviamente, essere molto più snello e più rápido di quello ordinario, tanto da assicurare se del caso anche la snellezza e la rapidità siano ottenute a totale scapito delle garanzie, che non possono non essere assicurate in ogni procedimento giurisdizionale.[60]

A cognição adequada é que vai determinar a necessidade do provimento comum, ou do célere, formal ou materialmente sumário, ou de urgência, cautelar.[61] O elemento de maior complexidade da matéria julgada, ponderado com o perigo na demora, é que possibilita a duração razoável do processo justo: o balanceamento e equilíbrio entre celeridade e contraditório participativo é feito pela cognição adequada.

Pela cognição adequada o procedimento ressurge como especial elemento constitutivo do processo, pois, por meio dele, de sua forma e extensão, é que se vai afirmar o processo devido e équo. Nesses termos é que KAZUO WATANABE erige a cognição adequada à garantia constitutiva do devido processo legal,[62]

---

[60] CIPRIANI, Franco. Il procedimento cautelare tra efficienza e garanzie. *Il processo civile nello stato democrático*. Napoli: Scientifiche Italiane, 2006. p. 69-93.

[61] LEONARDO GRECO faz esta importante distinção entre urgência e celeridade: "A urgência também pode ser determinada por circunstâncias objetivas vinculadas à espécie de direito cuja tutela é pretendida e que, pela sua relevância, merece proteção mais ágil do ordenamento jurídico. Nestes casos, o próprio ordenamento predispõe procedimentos específicos mais rápidos e utiliza a técnica das liminares antecipatórias, como ocorre com a tutela dos direitos individuais lesados ou ameaçados por autoridades públicas através do mandado de segurança, ou a tutela do direito à sobrevivência condigna através da ação de alimentos, ou da posse através das ações possessórias. Todavia, o legislador predispõe procedimentos igualmente rápidos para a tutela de outros direitos não necessariamente tão relevantes, como, por exemplo, nos chamados *juizados especiais*, mas apenas em consideração à simplicidade da sua cognição ou à sua pequena expressão econômica e aqui não é mais a urgência que dita esse tratamento especial, mas a celeridade, que com a urgência não se confunde, mas significa apenas o direito à tutela mais rápida possível, para assegurar ao direito material a maior eficácia, condicionada apenas ao respeito às garantias do contraditório e da ampla defesa e às imposições de uma cognição judicial adequada" (GRECO, Leonardo. A função da tutela cautelar. In: ASSIS, Araken de; ALVIM, Eduardo Arruda; NERY JR., Nelson; MAZZEI, Rodrigo; WAMBIER, Tereza Arruda Alvim; ALVIM, Thereza (Org.). *Direito civil e processo*: estudos em homenagem ao professor Arruda Alvim. São Paulo: RT, 2007. p. 829-843. CARNEIRO, Athos Gusmão. Tutela de urgência. Medidas antecipatórias e cautelares. Esboço de reformulação legislativa. *Revista de Processo*, n. 140, São Paulo: RT, out. 2006, p. 72-73).

[62] WATANABE, Kazuo. *Da cognição no processo civil* cit., p. 124.

Cap. 23 - A COGNIÇÃO SUMÁRIA E A COISA JULGADA NO PROCESSO JUSTO

ao instituir, mediante os procedimentos, formas diferenciadas de processo que atendem às mais variadas pretensões de direito material.

É forçoso reconhecer, portanto, a cognição adequada como uma das garantias fundamentais do processo. Antes de ser mera espécie de processo ou de função estatal, a cognição adequada é o método de equilíbrio entre os princípios do contraditório e da duração razoável do processo, tornando-se garantia ao processo justo.

Se não é possível identificar expressamente no conceito de processo como "équo", "justo" ou "devido"[63] uma garantia da cognição adequada, esta é extraída do contraditório como seu consectário lógico e necessário. Na doutrina nacional, LEONARDO GRECO[64] enumera expressamente a cognição adequada dentre os princípios e garantias processuais.

A garantia à cognição adequada é bilateral, positiva e negativa: permite ao autor o procedimento adequado à sua pretensão e ao réu, ou a ambas as partes em verdade, a formação da coisa julgada mediante contraditório participativo, por meio de cognição plena e exaustiva.[65]

---

[63] "È certo, invece, che il 'processo' non possa dirsi 'giusto', se non in quanto la 'legge', da cui è comunque 'regolato', rispetti ab intrínseco le condizioni essenziali (quali sono: Il contraddittorio, la parità delle parti, la terzietà e l'imparzialità del giudice), che sono dettate nel secondo comma, dell'art. 111 (giacché ogni diversa interpretazione sarebbe riduttiva e fuorviante)" (COMOGLIO, Luigi Paolo. *Etica e técnica del giusto processo* cit., p. 58).

[64] "Entre esses princípios indisponíveis, porque impostos de modo absoluto, apontei então: a independência, a imparcialidade e a competência absoluta do juiz; a capacidade das partes; a liberdade de acesso à tutela jurisdicional em igualdade de condições por todos os cidadãos (igualdade de oportunidades e de meios de defesa); um procedimento previsível, equitativo, contraditório e público; a concorrência das condições da ação; a delimitação do objeto litigioso; o respeito ao princípio da iniciativa das partes e ao princípio da congruência; a conservação do conteúdo dos atos processuais; a possibilidade de ampla e oportuna utilização de todos os meios de defesa, inclusive a defesa técnica e a autodefesa; a intervenção do Ministério Público nas causas que versam sobre direitos indisponíveis, as de curador especial ou de curador à lide; o controle da legalidade e causalidade das decisões judiciais através da fundamentação. A esses acrescento agora a celeridade do processo, pois a litigiosidade é uma situação de crise na eficácia dos direitos dos cidadãos que o juiz tem o dever de remediar com a maior rapidez possível (CPC, art. 125), especialmente após a introdução do novo inciso LXXVIII do art. 5.º da Constituição pela Emenda Constitucional n. 45/2004. Acrescentaria também a garantia de uma cognição adequada pelo juiz, pois esse é um dos objetivos essenciais de toda a atividade processual" (GRECO, Leonardo. Atos de disposição processual – primeiras reflexões. *Revista Eletrônica de Direito Processual – REDP*, 1. ed., Rio de Janeiro, 2007, p. 5. Disponível em: <http://www.redp.com.br/arquivos/redp_1a_edicao_rj.pdf>).

[65] "Os fundamentos da tutela diferenciada (simplicidade, celeridade e facilitação do acesso à justiça), justificam muitas vezes um processo com menos garantias, mas a redução destas impõe que, ao eventual prejudicado, seja assegurado um outro meio de lutar pela tutela do seu alegado direito, num processo em que tenha ampla oportunidade de contraditório e de exercício do direito de defesa, pois, repito, se o Estado de Direito não oferecer ao titular do direito material o meio adequado de demonstrar a sua existência e de obter a sua proteção através da cognição que

De qualquer forma, se a urgência ou a celeridade submetem o juiz e as partes à cognição precária e insegura, tal fato não pode ser admitido como hábil a verter contraditório pleno e, consequentemente, a formar coisa julgada material, quer quanto aos requisitos para o provimento cautelar, quer quanto à solução do conflito. É possível afirmar, portanto, que a não formação da coisa julgada no processo cautelar é decorrência não só da provisoriedade e da instrumentalidade, no ensinamento de CALAMANDREI, mas, principalmente, da cognição sumária, como ensina LEONARDO GRECO:[66]

> Da urgência decorre a cognição sumária; da cognição sumária decorre a provisoriedade, segundo a qual a ausência de cognição exaustiva não permite que a medida cautelar tutele definitivamente o interesse por ela resguardado. Daí resulta que a medida cautelar não tem por finalidade e não é apta a tutelar definitivamente esse interesse que, a qualquer momento, poderá ser objeto de um provimento definitivo em um processo de cognição exaustiva.

A não estabilização da decisão então é o "preço", na expressão de TALAMINI, a ser pago em troca da celeridade em cognição sumária.[67]

5. OS PROCESSOS FORMAL E MATERIALMENTE SUMÁRIOS E SUA CAPACIDADE DE PRODUZIR COISA JULGADA

Com a revitalização, no século XI, do estudo das fontes romanas em Bolonha, passou-se a observar que o processo solene (*solemnis ordo iudiciarius*) já não era suficiente em virtude de sua demora e custo.[68]

Durante os séculos XIII e XIV, no auge, portanto, do poder da Igreja Católica e, por via de consequência, do desenvolvimento do direito canônico, os canonistas passaram a afirmar, como princípio, a necessidade de um processo *simpliciter, breviter, de plano ac sine estrepitu et figura iudicii*.[69] Consolidando

---

for necessária, estará descumprindo as promessas constantes do referido inciso XXXV do art. 5.º da Carta Magna e recusando a eficácia concreta e imediata dessa garantia e de quaisquer outros direitos fundamentais, cuja tutela possa ser posta em jogo perante os juizados (art. 5.º, par. 1.º)" (GRECO, Leonardo. *Instituições de processo civil*. Rio de Janeiro: Forense, 2010. v. 2, p. 376).

[66] GRECO, Leonardo. A função da tutela cautelar. In: ASSIS, Araken de; ALVIM, Eduardo Arruda; NERY JR., Nelson; MAZZEI, Rodrigo; WAMBIER, Tereza Arruda Alvim; ALVIM, Thereza (Org.). *Direito civil e processo* cit., p. 829-843.

[67] TALAMINI, Eduardo. *Coisa julgada e sua revisão* cit., p. 52.

[68] CRUZ E TUCCI, José Rogério. *Ação monitória* cit., p. 28.

[69] CRUZ E TUCCI, José Rogério; AZEVEDO, Luiz Carlos de. *Lições de processo civil canônico* (história e direito vigente). São Paulo: RT, 2001. 8. ed. Rio de Janeiro: Forense, 1998. p. 59-60.

esse princípio, duas bulas do papa Clemente V, *Saepe contingit* (1306) e *Dispendiosam* (1311), instituíram o processo sumário, *cognitio summaria*, de ritualística concentrada, nos prazos e atos probatórios, e de natureza oral, diferentes dos *solemnis ordo iudiciarium*.[70]

De acordo com a doutrina, é essa a origem dos processos sumários sem limitação de cognição. Para CRUZ E TUCCI[71] "o termo sumário, nesse contexto, designava, tão só, uma forma procedimental acelerada, que caracteriza, na atualidade, os denominados juízos plenários rápidos. Em tal sede, não havia qualquer limitação quanto à cognição, mas, sim, um encurtamento dos prazos procedimentais e dispensa de certas formalidades inerentes ao rito ordinário".

JORDI NIEVA FENOLL, por outro turno, vê limitação cognitiva nesses processos das *causae summariae*: o procedimento *simpliciter et de plano* não permitia o exercício regular do direito de defesa pelo réu, o que hoje é alcançado por seus "herdeiros", os procedimentos sumários modernos, que fornecem as condições para uma prestação jurisdicional em rito conciso, mas justo e devido.[72] Indica o autor catalão, inclusive, que essa foi a inspiração que, atravessando o direito medieval italiano, alcançou a atualidade, levando alguns autores italianos modernos, como SATTA, a afirmar que tais processos não produzem coisa julgada.[73]

Da controvérsia histórica acerca da extensão cognitiva do processo da *cognitio summaria* é que podemos identificar a diferença entre os atuais sumários formais e materiais e a capacidade de produzir coisa julgada a partir da capacidade de gerar cognição plena e exaustiva.

CHIOVENDA distingue os procedimentos sumários em *determinados* com redução de cognição ou *indeterminados* com mera simplificação de formas.[74] VICTOR FAIRÉN GUILLÉN classifica como verdadeira sumariedade aquela produto de limitações quanto às alegações das partes, às provas e, portanto, às sentenças.[75]

Cremos que a melhor classificação é aquela de ADROALDO FURTADO FABRÍCIO, que distingue a sumariedade em substancial ou formal:

---

[70] NIEVA FENOLL, Jordi. *La cosa juzgada*. Barcelona: Atelier Libros Jurídicos, 2006. p. 155-156.

[71] CRUZ E TUCCI, José Rogério; AZEVEDO, Luiz Carlos de. *Lições de processo civil canônico* cit., p. 60.

[72] NIEVA FENOLL, Jordi. *La cosa juzgada*: el fin de un mito. Problemas actuales del proceso Iberoamericano – Actas de las XX Jornadas Iberoamericanas de Derecho Procesal. Málaga, 2006. t. III, p. 429-440.

[73] FENOLL, Jordi Nieva. *La cosa juzgada* cit., p. 155.

[74] CHIOVENDA, Giuseppe. *Princípios de derecho procesal civil*. Trad. espanhola da 3. edição italiana do professor José Casais Y Santaló. Madrid: Instituto Editorial Reus, 1922. t. I-II, p. 5.

[75] FAIRÉN GUILLÉN, Victor. *Lo "Sumario" y lo "Plenario" en los procesos civiles y mercantiles españoles*: pasado y presente. Madrid: Centro de Estudios, 2006. p. 39.

Com isso se busca atender a que, de um lado, em determinadas situações, a própria cognição é sumária, limitada ou provisória, podendo-se, por isso, dispensar solenidades, abreviar prazos e limitar atuações das partes (sumário substancial); e, de outro lado, a que a urgência da prestação jurisdicional em certas causas, a simplicidade real ou presumida de outras ou a modesta expressão econômica da demanda apresentam-se ao espírito do legislador como incompatíveis com a lenta, solene e onerosa tramitação ordinária (sumário formal).[76]

A doutrina brasileira, em geral, afirma que os procedimentos sumários são, em verdade, de cognição plenária e não sumária, o que afasta a negativa de produção de coisa julgada. Podemos concluir, portanto, como VICTOR FAIRÉN GUILLÉN[77] e JORDI NIEVA FENOLL,[78] que, respeitado o direito de defesa, os procedimentos sumários, ou melhor, os plenários rápidos,[79] formalmente sumários, são de cognição plenária aptos, portanto, a produzir coisa julgada material, pois se desenvolvem dentro do arcabouço de atos e ritos de menor solenidade: processos que possuem proporcionalidade, legislativamente avaliada, entre a complexidade do objeto litigioso e a extensão do rito.

Para FENOLL, há julgamento propriamente dito nos procedimentos sumários e a necessidade de estabilização destes, pois seria inútil um processo cujo mérito pudesse ser, após, novamente decidido,[80] afligindo a seguridade jurídica.

Ressalte-se que essa conclusão é deveras custosa ao direito espanhol, considerando não só a disposição expressa em sentido contrário, presente na norma do art. 447.2 da *ley de enjuiciamiento civil*[81] ("No producirán efectos de cosa juzgada las sentencias que pongan fin a los juicios verbales sobre tutela sumaria etc."), como prestigiosa doutrina capitaneada por MONTERO AROCA,[82] funda-

---

[76] FABRÍCIO, Adroaldo Furtado. *Comentários ao Código de Processo Civil* cit., p. 4.

[77] FAIRÉN GUILLÉN, Victor. *Lo "Sumario" y lo "Plenario" en los procesos civiles y mercantiles españoles* cit., p. 785-849.

[78] "Actualmente se trata de procesos más breves, ciertamente, porque se celebran a través de un procedimiento más conciso de que podría ser normal. Pero en los mismos suele existir una amplia posibilidad de defensa, habiendo tiempo de observar las actuaciones, contratar a un abogado, preparar debidamente la prueba y, finalmente, ejercer una defensa absolutamente aceptable." NIEVA FENOLL, Jordi. *La cosa juzgada* cit., t. III, p. 429-440.

[79] É de recordar a diferença feita por VICTOR FAIRÉN GUILLÉN entre os procedimentos sumários e os plenários rápidos: "Los procedimientos sumarios se diferencian del ordinário plenario, por su contenido, cualitativamente, jurídicamente parcial, siendo indiferente la forma, aunque tende la brevedad, por lo cual se aproximaban – em ocasiones hasta confundirse procidentalmente – com los plenarios rápidos". FAIRÉN GUILLÉN, Victor. Juícios ordinarios, Plenarios Rápidos, Sumario, Sumaríssimo. *Temas del Ordenamiento Procesal*. 1969. v. 2, apud FUX, Luiz. *Curso de direito processual civil*. 1. ed. Rio de Janeiro: Forense, 2001. p. 212-213.

[80] NIEVA FENOLL, Jordi. *La cosa juzgada* cit., p. 163.

[81] Idem, p. 153.

[82] MONTERO AROCA, Juan. *La cosa...*, op. cit., p. 153.

mentando sua tese justamente na limitação cognitiva a brevidade e a rapidez que têm esses processos. Permitir-se-ia, sob essa doutrina, a propositura de processo plenário posterior com o fito de debater de forma exaustiva a questão.

VICTOR FAIRÉN GUILLÉN, acerca desse debate do direito espanhol, esclarece que os autores vinculados a essa tese confundem em verdade a eliminação de elementos instrutórios e probatórios, chamadas de *sumariedade* pelo autor, com a rapidez formal externa do procedimento, plenariedade rápida.

Os procedimentos, por nós chamados sumários e sumaríssimos, do art. 275 do CPC e dos juizados especiais cíveis da Lei 9.099/1995[83] podem ser classificados *prima facie* como plenários rápidos, de cognição plenária em procedimento concentrado, sem limitação de contraditório.[84]

Observe-se que o próprio legislador criou dispositivos que evitam o julgamento nesses procedimentos concisos de causas que necessitem de maior dilação probatória. O art. 277, § 5.º, do CPC prevê a possibilidade de convolação do procedimento sumário em ordinário "quando houver necessidade de prova técnica de maior complexidade". E se a causa proposta nos juizados especiais cíveis for de *maior complexidade*, importará em extinção do processo sem julgamento de mérito.[85] São meios de evitar julgamento a partir de contraditório limitado.[86]

Necessário objetar, no entanto, que o cenário que se descortina nos juizados especiais é de pouca índole *garantística*. São muitos os desvios que o autoritarismo da celeridade e dos compromissos estatísticos vem impondo ao processo

---

[83] KAZUO WATANABE admite expressamente que os juizados especiais são em cognição exauriente (WATANABE, Kazuo. *Da cognição no processo civil* cit., p. 115).

[84] Nesse sentido OVÍDIO DE ARAUJO BAPTISTA SILVA: "A primeira coisa a dizer-se a respeito do procedimento sumário, denominação dada ao sumaríssimo dos arts. 275-281 do vigente Código de Processo Civil, é que ele, ao contrário dos demais até agora examinados, não é um procedimento *materialmente sumário*. As demandas contidas no *procedimento sumário* previsto no art. 275 são *plenárias* e não *sumárias*. Sumário apenas sob o ponto de vista *formal* é o procedimento, o que equivale dizer que o litígio veiculado através dele não sofre absolutamente qualquer restrição em seu campo, não obstante haja um encurtamento dos prazos procedimentais e a dispensa de certas formalidades inerentes ao rito ordinário" (*Curso de processo civil*. 4. ed. São Paulo: RT, 1998. v. 1, p. 147).

[85] Lembre-se aqui da discordância do prof. LEONARDO GRECO com essa desnecessária extinção *in* "não é ocioso dizer que, nos nossos juizados especiais, em que há dispositivo expresso de lei impedindo a continuidade do processo e determinando a sua extinção (Lei 9.099/1995, art. 51, inciso II), será forçoso reconhecer a inconstitucionalidade desse preceito por violar a garantia da tutela jurisdicional efetiva inscrita no art. 5.º, inciso XXXV, da Carta Magna, ou, de modo menos traumático, a sua revogação pelo subsequente advento da garantia do inciso LXXVIII do mesmo artigo, introduzida pela Emenda Constitucional n. 45" (GRECO, Leonardo. *Translatio iudicii* e reassunção do processo. *Revista de Processo*, n. 166, São Paulo: RT, dez. 2008, p. 9-26).

[86] A solução, no entanto, não é aplicável aos juizados especiais federais e aos fazendários quando a competência for *ratione materiae*, evidentemente.

devido. No que é pertinente à cognição, pode-se indicar algumas limitações de natureza probatória e recursal.

Como exemplos da primeira espécie podem ser citadas as seguintes limitações probatórias: 1) a impossibilidade de oitiva de mais de três testemunhas (art. 34 da Lei 9.099/1995); 2) negação de produção de qualquer prova minimamente técnica – o que é vedado pelo enunciado n. 9.3 do Aviso 23/2008 do Tribunal de Justiça do Rio de Janeiro, e não pelos arts. 3.º, 35 e 51, II, da Lei 9.099/1995, nos quais foi apenas mitigada; 3) impossibilidade da utilização das formas de intervenção de terceiros como o chamamento ao processo para os devedores solidários (art. 10).

É de notar a assertiva de FERNANDO GAMA DE MIRANDA NETO quanto à opção pelo procedimento dada ao autor que não é facultada da mesma forma ao réu. Por outro lado, é-lhe imposto o procedimento, criando-se um desequilíbrio de armas, um *processo civil do autor*.[87]

A impossibilidade de interposição de recurso especial, evidentemente, não só limita a revisão da matéria meritória à luz da legislação federal uniformizada pelo Superior Tribunal como da matéria processual.[88] Nesse sentido, impõe-se reconhecer a limitação cognitiva em decorrência da restrição ao duplo grau de jurisdição: impossibilidade do acesso do jurisdicionado à função nomofilática do Superior Tribunal.[89] Da mesma forma, a irrecorribilidade das sentenças terminativas instituída pelo art. 5.º da Lei 10.259/2001 importa em limitação ao direito constitucional ao duplo grau de jurisdição,[90] além de evidente violação da celeridade ao se obstaculizar a correção na mesma relação processual.

De maior gravidade é o que se observa na experiência forense. A aplicação desarrazoada dos princípios da celeridade e da simplicidade vem impondo aprofundada denegação da garantia do contraditório pela imediata convolação da audiência de conciliação em instrução e julgamento, na massificação dos julgados, notadamente quanto às demandas de consumo, no comparecimento de partes,

---

[87] MIRANDA NETO, Fernando Gama de. Juizados Especiais Cíveis entre autoritarismo e garantismo. *Revista de Processo*, n. 165, São Paulo: RT, nov. 2008, p. 190.

[88] Nesse sentido a súmula de jurisprudência 203 do Superior Tribunal de Justiça: "Não cabe recurso especial contra decisão proferida por órgão de segundo grau dos Juizados Especiais", cuja redação original autorizava o recurso especial para dirimir controvérsia em matéria de competência.

[89] Ressalte-se aqui a posição de JORDI NIEVA FENNOLL de que os Tribunais de Cassação europeus e sua função nomofilática devem servir não só ao interesse público da preservação da norma, mas também a solução pacificada do conflito intersubjetivo, valorizando a atividade jurisdicional na perspectiva do direito do cidadão, do seu *ius litigatioris*: "De todos modos, finalmente triunfó esa idea de que la misión de los tribunales de casación es formar jurisprudencia. El derecho del cidadano, el interés social de la casación en una palabra, era lo de menos" (La relevancia social de la casación: la importancia del *ius litigatoris. Revista de Processo*, ano 32, n. 147, São Paulo: RT, maio 2007, p. 97-122).

[90] MIRANDA NETO, Fernando Gama de. Juizados Especiais Cíveis entre autoritarismo e garantismo cit., p. 193.

Cap. 23 – A COGNIÇÃO SUMÁRIA E A COISA JULGADA NO PROCESSO JUSTO

sem advogado na audiência de conciliação perante a outra parte com patronato técnico presente, a supressão de debates orais e principalmente na flexibilização autoritária e consequente não previsibilidade do procedimento em si.

Essa crítica cabe, no entanto, não só ao legislador, mas à administração dos órgãos jurisdicionais que tomaram de assalto a atividade legiferante quanto à matéria, por meio da profusão inconstitucional, dos enunciados *legislativos* resultantes dos encontros dos juízes de juizados especiais cíveis e turmas recursais como os avisos do Tribunal de Justiça do Rio de Janeiro.

Diante desse quadro, a única solução que se pode admitir para manter os juizados especiais no sistema, sem impugnar-lhe a validade constitucional, é reconhecer o direito das partes de promoverem, após o trânsito em julgado da sentença de mérito oriunda desse procedimento sumaríssimo, processo de conhecimento de cognição plena e exaustiva. A coisa julgada produzida nessa tutela diferenciada pode, portanto, ser mitigada mediante a propositura da mesma ação pelo autor ou de ação impugnativa pelo réu para rediscutir o *thema decidendo*, se restar comprovado, preliminarmente, que aquela limitação de cognição específica impossibilitou a prolação de uma decisão justa.

Em razão do princípio da máxima acessibilidade, essa ação poderá ser veiculada mediante o mandado de segurança, a ação anulatória (art. 486 do CPC), os embargos à execução dos juizados (art. 52, IX, da Lei 9.099/1995) ou mesmo por meio da objeção de não executividade.[91]

Quando o processo de conhecimento é materialmente sumário – a lei veda pretensão como a petitória na pendência de ação possessória (art. 923 do CPC) ou a veiculação de algumas defesas pelo réu –, essa limitação de cognição, de direito de ação ou de defesa e, portanto, de contraditório redundará em mitigação de coisa julgada material: aquela ação suprimida poderá ser rediscutida em processo posterior ou aquela mesma ação poderá ser rediscutida sob o fundamento daquela defesa suprimida no processo originário.

Da mesma forma, devem ser analisados alguns procedimentos formalmente sumários, chamados, no nosso Código e na legislação extravagante, de *procedimentos especiais de jurisdição contenciosa*, em razão da sua especialização ao procedimento comum, ordinário e sumário, ao buscar atender procedimentalmente a especificidade de determinadas pretensões de direito material. Conforme a lição de ADROALDO FURTADO FABRÍCIO, há identidade ontológica dos procedimentos chamados especiais com os sumários:

> A rigor, no mais lato sentido da expressão, 'especiais' seriam também esses procedimentos sumários e sumaríssimos, no sentido de representarem, eles, desvios do modelo fundamental que é o ordinário. Contudo, tem-se reservado aquela designa-

---

[91] As soluções são dadas por LEONARDO GRECO (GRECO, Leonardo. *Instituições de processo civil* cit., p. 469-472).

ção, de preferência, a procedimentos instituídos de modo específico e individualizado para o trato de determinadas causas em que a pretensão jurídico-material apresenta peculiaridades exigentes de uma particular forma de tratamento em juízo.[92]

Assim, a ação de consignação em pagamento, a ação de usucapião e a ação monitória embargada,[93] por exemplo, são provimentos jurisdicionais definitivos, de cognição plenária exaustiva, em procedimentos plenários, chamados *especiais*. São os procedimentos diferenciados do ordinário apenas pelo acréscimo de um ato inicial ou procedimentos inicialmente especiais, conversíveis ao ordinário, na classificação de ADROALDO FURTADO FABRÍCIO,[94] e capazes, portanto, de produzir coisa julgada.

Quanto à ação de alimentos, cujo rito está previsto na Lei 5.478/1968, apesar de o art. 15 informar que a sentença não faz coisa julgada, é cediço na doutrina[95] que o que há em verdade é coisa julgada sob a cláusula *rebus sic stantibus*, não havendo falar em violação ao direito de defesa decorrente da concentração do procedimento.

O que causa espécie, no entanto, é a recente Lei 11.804, de 05 de novembro de 2008, que regula os alimentos gravídicos. Trata-se de legislação que, além dos dispositivos de direito material, regula as especialidades procedimentais da hipótese aplicáveis à ação de alimentos da Lei 5.478/1968. Inova de forma surpreendente quando, no parágrafo único do art. 6.º, converte *ex lege* os alimentos anteriormente gravídicos, necessários ao custeio das verbas enumeradas no art. 1.º, em pensão alimentícia para o nascido, o que constitui evidentemente mutabilidade da coisa julgada aplicável à nova causa de pedir, sem sequer exigir ação ou processo para tanto, menos ainda de contraditório. A conversão é evidentemente inconstitucional.[96]

Hipótese interessante diz respeito ao mandado de segurança, cuja impetração só é admitida para a tutela de "direito líquido e certo". Caso a impetração não diga respeito a direito comprovado de plano, a sentença do mandado de segurança deverá redundar em extinção sem solução de mérito. KAZUO WATANABE[97] classifica essa cognição como plena e exauriente *secundum*

---

[92] FABRÍCIO, Adroaldo Furtado. *Comentários ao Código de Processo Civil* cit., p. 5.

[93] A questão é tratada no próximo item. KAZUO WATANABE classifica a ação monitória de cognição eventual, plena ou limitada e exauriente. WATANABE, Kazuo. *Da cognição no processo civil* cit., p. 120.

[94] FABRÍCIO, Adroaldo Furtado. *Comentários ao Código de Processo Civil* cit., p. 31.

[95] GRECO, Leonardo. *Instituições de processo civil* cit., p. 373.

[96] Em sentido contrário DIAS, Maria Berenice. *Alimentos gravídicos?* Disponível em: <http://www.ifg.com.br>. Acesso em: 05 maio 2009.

[97] WATANABE, Kazuo. *Da cognição no processo civil* cit., p. 118.

Cap. 23 – A COGNIÇÃO SUMÁRIA E A COISA JULGADA NO PROCESSO JUSTO

eventum probationis, vinculando a cognição ao resultado do processo segundo a dilação probatória.

Aparenta, entretanto, que ocorre o inverso: não há limitação de tema ou de defesa (cognição plena), o que há é limitação quanto à profundidade da defesa ao não se admitir dilação probatória quanto ao objeto litigioso diversa da documental. A solução do processo, a atividade de acertamento, vai trabalhar, após a admissibilidade do mandado de segurança, com a máxima extensão horizontal, mas sem a profundidade total. A extinção, sem resolução de mérito por falta do requisito de "direito líquido e certo", decorre da limitação em cognição sumária e não o inverso.

Assim, a decisão denegatória de mandado de segurança produz coisa julgada[98] – ao contrário do afirmado pela Súmula 304 do Supremo Tribunal Federal[99] – como qualquer sentença de improcedência, mas não produz aquela que extingue o *mandamus* pela ausência de direito líquido e certo, que será, à evidência, de extinção sem resolução de mérito, permitindo a propositura de "ação autônoma" sobre o mesmo objeto litigioso, em processo de cognição plena e exaustiva. Se, ao contrário, a decisão conceder a ordem, fará coisa julgada material, impossibilitando ação posterior.

A única limitação que o mandado de segurança possui na sua horizontalidade diz respeito ao objeto litigioso, tema da Súmula 271,[100] ao não poder regular os fatos e obrigações pecuniárias pretéritas, mas tão somente aquelas a partir do *mandamus*.[101] Tal não se constitui redução da cognição, mas do objeto litigioso, à evidência.

Quanto mais o procedimento se distancia do ordinário, especializando-se para o atendimento da pretensão de direito material, mais se transporta da cognição plena e exaustiva para a sumária ou limitada.

Ocorre que, em determinadas situações, os procedimentos chamados especiais são, em verdade, procedimentos substancialmente sumários,[102] produtores de limitação cognitiva e probatória (cognição parcial), portanto inaptos a produzirem coisa julgada material ou a produzirem coisa julgada com a extensão da sua eficácia preclusiva.

---

[98] Nesse sentido, TESHEINER, José Maria Rosa. *Eficácia da sentença e coisa julgada no processo civil*. São Paulo: RT, 2002. p. 128.

[99] Súmula 304: "Decisão denegatória de mandado de segurança, não fazendo coisa julgada contra o impetrante, não impede o uso de ação própria".

[100] Súmula 271: "Concessão de mandado de segurança não produz efeitos patrimoniais, em relação ao período pretérito, os quais devem ser reclamados administrativamente ou pela via judicial própria".

[101] Nesse sentido, TESHEINER, José Maria Rosa. *Eficácia da sentença e coisa julgada no processo civil* cit., p. 128.

[102] FABRÍCIO, Adroaldo Furtado. *Comentários ao Código de Processo Civil* cit., p. 4.

Assim, são exemplos de cognitiva parcial ou limitada, mas exauriente, a impugnação ao cumprimento de sentença do art. 475-L do CPC[103] e os embargos de terceiro que também limitam as alegações do embargado (art. 1.054 do CPC). Lembre-se de que com a alteração do § 2.º do art. 3.º do Decreto-lei 911 de 1969 – que limitava a contestação do réu às alegações de "pagamento do débito vencido ou ao cumprimento das obrigações contratuais" – produzida pela Lei 10.931/2004, passando a permitir a apresentação de "resposta" e não mais de contestação, o processo da ação de busca e apreensão de bem alienado fiduciariamente saiu deste rol de cognição limitada para cognição plena e exaustiva, produtora de coisa julgada.

KAZUO WATANABE afirma que, sendo essa cognição limitada, mas exauriente, pois há *"ilimitação quanto à profundidade* da cognição voltada ao objeto cognoscível", a sentença de tais processos "é dotada de aptidão suficiente para produzir coisa julgada material."[104] Mas o autor, a seguir, ressalva que:

> Ao estabelecer as limitações, o legislador leva em conta a natureza do direito ou da pretensão material, a sua disciplina no plano substancial (às vezes contida em dispositivos legais localizados em estatuto processual), ou opta pela proibição de controvérsia sobre alguma questão no processo, com o objetivo de simplificá-lo ou torná-lo mais célere, mas com *ressalva* do direito de questioná-la em ação autônoma.

KAZUO WATANABE, então, compreende que a limitação de cognição a determinadas defesas pode produzir coisa julgada material, mas nos limites do que se permitiu discutir, possibilitando a propositura posterior de ação autônoma.

Portanto, é forçoso reconhecer que a conclusão de WATANABE mantém a formação de coisa julgada material, mas afasta ou *relativiza*, ou, ainda, mitiga a sua eficácia preclusiva: o processo de cognição limitada produz coisa julgada, mas admite-se processo posterior para rediscutir a mesma pretensão de direito material sob fundamentos não permitidos pelo legislador no processo anterior. Ocorre que o professor paulista vai afirmar que essas limitações são inconstitucionais ao violarem o princípio da inafastabilidade da jurisdição,[105] com o qual não concordamos, pois a relativização mantém a possibilidade de rediscussão daquela ação em momento posterior, o que não importa em *non liquet*.

---

[103] Sobre o tema remetemos às lições de GRECO, Leonardo. *Ações na execução reformada*. In: SANTOS, Ernane Fidélis dos; WAMBIER, Luiz Rodrigues; NERY JR., Nelson; WAMBIER, Teresa Arruda Alvim (Coord.). *Execução civil*: estudos em homenagem ao professor Humberto Theodoro Júnior. São Paulo: RT, 2007. p. 850-867.

[104] WATANABE, Kazuo. *Da cognição no processo civil* cit., p. 117.

[105] Idem, p. 118.

6. O PROCESSO INJUNCIONAL NÃO EMBARGADO E SUA INCAPACIDADE DE PRODUZIR COISA JULGADA

O procedimento da ação monitória que se inicia mediante a expedição de um ato executivo produzido em cognição sumária que, mesmo não embargado, adquire, segundo a doutrina majoritária, a estabilidade da *res iudicata* merece especial atenção, pois aglutina em um mesmo processo provimentos provisórios e definitivos, coisa julgada e execução, cognição sumária e exaustiva.

CRUZ E TUCCI, ao identificar, ao lado desses, outro procedimento também sumário, o *mandatum de solvendo cum clausula iustificativa*, chamado simplesmente de *praeceptum cum clausula*,[106] vai descortinar a ontologia do processo injuncional.[107]

Tratava-se de um processo de rito acelerado que buscava a formação antecipada do processo de execução. O credor desprovido de título executivo requer ao juiz a expedição de um *mandatum*, cuja decisão é formada em cognição reduzida, pois antes do contraditório.

Deferido o *mandatum initio litis*, este fazia-se acompanhar por uma *clausula iustificativa*, ou seja, permitia-se ao devedor apresentar suas exceções, o que, ocorrendo, instaurava a cognição plena (*plena inquisitio*), transmudando-se o mandado em citação (*transit vim simplicis citationis*).

Conclui CRUZ E TUCCI que se o devedor não pagasse ou não apresentasse defesa no prazo, a "ordem judicial transformava-se em definitiva", o que pode indicar tanto o entendimento de que produzia uma preclusão endoprocessual, por definitiva naquele processo, quanto a compreensão de que formava coisa julgada, definitiva para além daquele processo.[108]

O mesmo ocorre no moderno processo injuncional e na nossa ação monitória que daquele é espécie, instituída pela Lei 9.079, de 14 de julho de 1995. O deferimento do mandado inicial de pagamento ou de entrega de coisa necessita tão simplesmente da presença na "petição inicial devidamente instruída" (art. 1.102.b do CPC) de "prova escrita sem eficácia de título executivo, pagamento de soma em dinheiro, entrega de coisa fungível ou de determinado bem móvel" (art. 1.102.a do CPC). Com base nisso, segue o legislador, "o juiz deferirá de

---

[106] CRUZ E TUCCI, José Rogério. *Ação monitória* cit., p. 29.

[107] Idem, p. 30-31.

[108] Apesar do silêncio em períodos anteriores, esteve presente na história do direito luso-brasileiro, a partir das Ordenações Manoelinas e até os Códigos Estaduais de São Paulo e Bahia, passando pelas Ordenações Filipinas e o Regulamento 737, como exemplo de técnica de sumarização processual, a chamada ação de assinação de dez dias ou ação *decendiária*. CRUZ E TUCCI reproduz os termos do título 16 do livro 3 das Ordenações Manoelinas: "Devem com muita razão mais brevemente ser acabadas, e para que os credores possam sem delonga cobrar o que lhe for devido, e seu pagamento não delongue com as maliciosas exceções, que os devedores muitas vezes põem ao que por escrituras públicas estão obrigados" (idem, p. 31-34).

plano a expedição do mandado de pagamento ou de entrega da coisa no prazo de quinze dias".

A identificação dos limites da cognição, que forma e embasa a decisão de expedição do mandado inicial, é imprescindível para a avaliação do grau de estabilidade que aquela poderá ter. Como determinado pelo legislador, para o deferimento do mandado, basta a presença daquela prova escrita, sem eficácia de título executivo assinado pelo devedor ou por terceiro, que ateste a existência de obrigação de pagar soma em dinheiro, de entrega de coisa fungível ou de determinado bem móvel.

A divergência doutrinária acerca da natureza dessa decisão não altera a solução da questão: se o intérprete adota o critério do conteúdo ou da topologia para diferir as decisões conceituadas no art. 162 do CPC, ou seja, sentença ou decisão interlocutória,[109] ou ainda, adotando-se CALAMANDREI, qualifica a decisão de *sentença contumacial suspensivamente condicionada*,[110] isso em nada altera os limites da cognição: a presença do documento escrito com seus requisitos.

Assim, na extensão horizontal, a cognição é limitada tão somente à questão processual da presença ou não do documento, de acordo com os termos legais. O juiz não se debruça sobre a existência ou não do crédito, de sua validade ou eficácia, mas sobre a presunção de aquele documento escrito, sem a chancela do contraditório bilateral, ser prova da existência da relação jurídica creditícia. Observa-se essa evidência na ontologia da definição dessa espécie de processo no antigo direito comum italiano: "praeceptum executivum sine causae cognitione".[111] CRUZ E TUCCI, da mesma forma, recorda que a opção legislativa é para a obtenção de um provimento condenatório exigível mediante a sumarização da *cognitio*.

Sendo o documento escrito *condição específica de admissibilidade* da ação monitória,[112] não se pode admitir que essa cognição, limitadíssima na sua extensão – apenas à identificação de elementos processuais –, possa dotar-se de alguma estabilidade que não a mera preclusão interna àquele processo, como no caso das decisões previstas no art. 267 do CPC. Na qualificação de CARLO ALBERTO NICOLETTI, citado por CRUZ E TUCCI, trata-se de verdadeira *cognição formal*.[113]

Para CALAMANDREI, na cognição para a expedição do mandado o juiz deverá "estar convencido", no processo de natureza documental à feição do

---

[109] BARBOSA MOREIRA, José Carlos. A nova definição de sentença. *Temas de direito processual*. Nona série. 1. ed. São Paulo: Saraiva, 2007. p. 167.

[110] CALAMANDREI, Piero. *El Procedimiento monitorio*. Trad. Santiago Sentís Melendo. Buenos Aires: Bibliográfica Argentina, 1946. p. 72.

[111] Idem, p. 60.

[112] CRUZ E TUCCI, José Rogério. *Ação monitória* cit., p. 40.

[113] NICOLETTI, Carlo Alberto. *Note sul procedimento ingiuntivo nel diritto positivo italiano*. p. 979-80, apud CRUZ E TUCCI, José Rogério. *Ação monitória* cit., p. 39.

Cap. 23 – A COGNIÇÃO SUMÁRIA E A COISA JULGADA NO PROCESSO JUSTO

nosso, da existência de prova suficiente da obrigação, e até mais, da verdade dos fatos constitutivos da ação.[114] Assim, em CALAMANDREI, a cognição inicial do mandado de pagamento aproxima-se, em muito, da cognição acerca do mérito, o que se depreende da ponderação, feita pelo autor, de que, em contraposição ao *procedimento* documental, na injunção de *procedimento* puro também há cognição, não aquela quanto ao mérito, mas somente quanto às condições formais para a expedição do mandado.

Deve-se ressaltar, ainda, que não é suficiente para o enfrentamento da questão a simples classificação dada por KAZUO WATANABE[115] de que o processo monitório é de cognição eventual, ou seja, que a cognição exaustiva somente será instaurada no caso de oposição do réu. Essa classificação justifica a estrutura do processo monitório como tendente à execução independentemente de cognição plena e exaustiva, mas não é suficiente para definir a estabilidade que a decisão, que determina a expedição do mandado injuncional não embargado, terá. Para cada decisão, uma cognição deve ser identificada para que, desta, possa ser avaliada a sua correspondente imutabilidade.

Ocorre que essa cognição está desvinculada do contraditório bilateral, o que, se não a desqualifica, pelo menos reduz sua profundidade quanto ao mérito, impossibilitando de produzir uma maior estabilidade. Observe-se que a exigência de assinatura do devedor no título, feita pela doutrina nacional, não concede ao documento a chancela de contraditório participativo, à evidência. Trata-se no máximo de uma comprovação da relação contratual que poderá ser nula, anulável ou mesmo estar extinta, em decorrência de algum dos muitos vícios e causas elencados na lei civil.

Diante dessa cognição sumária, quando a monitória não for embargada, a sentença posterior, que transmuda o mandado de pagamento em título executivo judicial, não poderá adquirir a qualidade de coisa julgada quanto à existência ou inexistência da relação creditícia de direito material.

Certo que o processo monitório dirige-se à formação de título executivo no menor prazo possível, na esperança de se extrair da atividade dos tribunais os processos comumente contumaciais. E isso ocorrerá no caso de não serem ofertados os embargos, passando-se diretamente à execução. Mas se o réu propuser, a seguir, impugnação ao cumprimento de sentença, a esta não poderão ser impostas as limitações cognitivas do art. 475-L do CPC, pois o título foi formado em cognição processual limitadíssima, meramente formal.

O instituto, então, alcançaria sua finalidade de propiciar o início dos atos executivos rapidamente, sem frenar a garantia do contraditório do demandado.

Reitera-se a premissa: se a imutabilidade somente é possível às decisões de mérito proferidas em cognição exaustiva, aquela que determina a expedição de

---

[114] CALAMANDREI, Piero. *El Procedimiento monitorio* cit., p. 61.
[115] WATANABE, Kazuo. *Da cognição no processo civil* cit., p. 120.

mandado somente poderá perdurar até os limites da mera preclusão processual, em razão de não atingir o mérito, sequer obliquamente, restando na superficialidade da adequação processual. Trata-se de fenômeno assemelhado ao que ocorre na execução de títulos extrajudiciais, talvez remontando uma origem comum no direito intermediário dessas duas espécies de processo documental.[116]

Nesse sentido é a doutrina de CRUZ E TUCCI, que, fundada justamente na ausência de cognição exaustiva na expedição do mandado injuncional, compreende não ser possível a produção de coisa julgada, mas de mera preclusão endoprocessual, bem como a viabilidade da posterior cognição ampla em impugnação à execução do título judicial monitório ou a possibilidade de propositura de ação autônoma impugnativa.[117]

No mesmo sentido, EDUARDO TALAMINI também compreende que, na hipótese em tela, não há coisa julgada, mas somente a preclusão quanto à discussão do crédito naquele processo ou a possibilidade de interpor *outros* embargos, sendo possível a propositura posterior de ação impugnativa autônoma quanto à existência ou validade da relação jurídica material.[118]

CRUZ E TUCCI faz referência, ainda, à doutrina de REDENTI[119] e CARNELUTTI sobre o mesmo tema específico e com a mesma posição: sem contraditório pleno e cognição sumária não pode haver coisa julgada.

A posição de REDENTI, em verdade, conforme ressalta TALAMINI,[120] é de uma cor diferençada, segundo a qual a hipótese é de "preclusione pro iudicato" em vez de coisa julgada. ANDREA PROTO PISANI,[121] seguindo REDENTI, afirma que os provimentos de cognição sumária produziriam esse efeito que, apesar de ser qualitativamente assemelhado à coisa julgada, difere desta quantitativamente, pois apenas uma parte ou "fragmento da relação jurídica complexa" é que será abarcada pela imutabilidade do limite objetivo do julgado. Trata-se, então, não da *preclusio pro iudicato*, nos termos que adota a doutrina brasileira, mas do reconhecimento de que há certa quantidade de coisa julgada no decreto injuntivo, impossibilitando a impugnação de certas questões em processo posterior, o que é a verdadeira diferença de extensão entre preclusão e coisa julgada.[122]

A questão também não passou despercebida dos debates para a criação do novo processo injuntivo transnacional europeu. Instituído pelo Regulamento CE

---

[116] CHIOVENDA, Giuseppe. *Princípios de derecho procesal civil* cit., 1922. p. 794.

[117] CRUZ E TUCCI, José Rogério. *Ação monitória* cit., p. 43-45.

[118] TALAMINI, Eduardo. *Coisa julgada e sua revisão* cit., p. 132-136.

[119] REDENTI, Enrico. *Diritto processuale civile*. 2. ed. Milano: Giuffrè, 1957. v. 3, p. 26-27; REDENTI, Enrico. *Istituzioni del processo civile italiano*. [s.l.: s.n.]. v. 3, p. 136, apud CRUZ E TUCCI, José Rogério. *Ação monitória* cit., p. 44.

[120] TALAMINI, Eduardo. *Coisa julgada e sua revisão* cit., p. 134.

[121] PISANI, Andrea Proto. *Lezioni di diritto processuale civile* cit., p. 561.

[122] TALAMINI, Eduardo. *Coisa julgada e sua revisão* cit., p. 132.

Cap. 23 - A COGNIÇÃO SUMÁRIA E A COISA JULGADA NO PROCESSO JUSTO

1896 de 12 de dezembro de 2006, o processo pretende possibilitar a exequibilidade de sua decisão definitiva em todos os países membros, com exceção da Dinamarca,[123] sem a necessidade de *exequatur*.[124]

A pergunta de n. 27 do chamado *livro verde* – consistente em um estudo de direito comparado formulado por juristas de diversos países para instruir o Regulamento – trazia exatamente esta questão: "ritenente che l'ingiunzione di pagamento europea debba passare in giudicato dopo la scadenza del termine di opposizione e/o ingiunzione?".[125]

A tendência inicial da Comissão da Comunidade europeia era a de reconhecer a formação da coisa julgada nessas hipóteses, pois a razão de ser do Regulamento é justamente a de dar força executiva a tais decisões, bem como de compreender estar resguardado o direito de defesa.[126]

Conforme observado no *livro verde*, a realidade, na maioria dos países europeus que possuem o procedimento monitório, é a de conceder a qualidade de coisa julgada aos processos não impugnados, salvo Bélgica e Portugal.[127] Mas a redação final limitou-se a fixar que, no caso de falta de impugnação, o juiz *declara* executiva a injunção.

O que se dá no direito português é a expedição, em uma fase pré-processual, da notificação injuncional pelo secretário da serventia correspondente (art. 12 do Decreto-lei 269/1998)[128] – algo assemelhado à consignação extrajudicial do parágrafo primeiro do art. 890, CPC. Caso não ocorra a impugnação do devedor, este mesmo servidor oporá no requerimento de injunção a fórmula "Este documento tem força executiva" (número 1 do art. 14 do Decreto-lei 269/1998, alterado pelo art. 2.º do Decreto-lei 107/2005), entregando-se ao credor o *novo* título executivo. Não havendo intervenção do juiz, logicamente não poderá advir coisa julgada material.[129]

Em texto sobre o processo injuntivo europeu, ANTONIO CARRATA afirma que a lacuna, se por um lado não indica a formação da coisa julgada, por outro

---

[123] COSTA, Salvador da. *A injunção e as conexas ação e execução*. Coimbra: Almedina, 2008. p. 166.

[124] CARRATTA, Antonio. Il nuovo procedimento ingiuntivo europeo fra luci ed ombre. In: CARRATTA, Antonio (Coord.). *Verso il procedimento ingiuntivo europeo*. Milano: Giuffrè, 2007. p. 27-29.

[125] Idem, p. 27.

[126] COLA, Livia. L'Efficacia Dell'ingiunzione di pagamento europea. In: CARRATTA, Antonio (Coord.). *Verso il procedimento ingiuntivo europeo* cit., p. 286.

[127] CARRATTA, Antonio (Coord.). *Verso il procedimento ingiuntivo europeo* cit., p. 286. Acerca do procedimento português CARVALHO, Filipe Gonçalves. *O procedimento de injunção*. 2. ed. Lisboa: Dislivro, 2005. p. 34.

[128] COSTA, Salvador da. *A injunção e as conexas ação e execução* cit., p. 228-229.

[129] Idem, p. 255.

não parece autorizar a revisão acerca da relação jurídica de direito material pelo juiz do país de origem.

CARRATA vai aplicar, à espécie europeia, a solução do art. 656 do Código de Processo Civil italiano, que estende ao processo injuntivo a norma que permite a rescisão de qualquer sentença – impugnação extraordinária revocatória –, nas hipóteses especiais das alíneas 1, 2, 5 e 6 do art. 395 daquele mesmo diploma,[130] que possui como correspondente o art. 20 do Regulamento, reconhecendo a idoneidade de o provimento não oposto produzir coisa julgada. Reiterando sua conclusão, o autor cita a inafastável obra sobre o tema de GARBAGNATI.[131]

Na doutrina atual italiana, é possível observar esse mesmo entendimento em SERGIO MENCHINI[132] quando compara, em seu texto, o processo injuncional às novas formas de tutela do direito italiano, afirmando que, quando naquele não houver oposição, por ser um processo *declarativo*, há a produção da coisa julgada, o que não é possível nos provimentos antecipatórios não impugnados como a *ordinanza di condanna non impugnata*.

ANDREA PROTO PISANI, apesar de compreender que somente a cognição plena é capaz de produzir a final imutabilidade,[133] e de ainda afirmar que a cognição produtora do mandado injuntivo é meramente parcial e superficial,[134] vai alcançar, a seguir, a conclusão de que, na hipótese, há coisa julgada substancial com base na expressão legislativa "dichiara esecutivo il decreto",[135] operando-se, quanto a ele, a sanatória, impossibilitando, portanto, rediscussão em ulterior demanda. Aqui mais uma vez há relação imprecisa entre execução e coisa julgada: o mandado torna-se executivo mesmo produzido em cognição sumária, mas não é capaz de produzir coisa julgada.

---

[130] Assemelhadas a alguns dos pressupostos específicos da nossa rescisória, as hipóteses dizem respeito às sentenças: 1) produto de dolo de uma parte causador de dano a outra, 2) baseada em prova declarada falsa, 5) violadora da coisa julgada e 6) produto de dolo do juiz reconhecido por meio de sentença transitada em julgado. Tradução do autor do original, BARTOLINI, Francesco; SAVARRO, Pietro (Coord.). *Codice di Procedura Civile commentato con la giurisprudenza.* Piacenza: Casa Editrice la Tribuna, 2008. p. 1355.

[131] GARBAGNATI, Edoardo. *Il procedimento d'ingiunzione.* Milano: Giuffrè, 1991. p. 16, apud CARRATTA, Antonio (Coord.). *Verso il procedimento ingiuntivo europeo* cit., nota 3, p. 28.

[132] "Proprio in ordine a questo punto si coglie la differenza tra decreto ingiuntivo non opposto e ordinanza di condanna non impugnata. Il primo è riconducibile alla tutela dichiarativa, ha funzioni e contenuti decisori; pertanto, l'onere di opposizione riguarda il riconoscimento del credito, che, a seguito della mancata proposizione del giudizio a cognizione piena, diviene incontestabile in futuri processi." MENCHINI, Sergio. Nuove forme di tutela e nuovi modi di risoluzione delle controversie: verso il superamento della necessità dell'accertamento con autorità di giudicato cit., p. 879-880.

[133] PISANI, Andrea Proto. *Lezioni di diritto processuale civile* cit., p. 547.

[134] Idem, p. 556.

[135] Idem, p. 561.

Cap. 23 – A COGNIÇÃO SUMÁRIA E A COISA JULGADA NO PROCESSO JUSTO

No mesmo sentido, é possível localizar algumas decisões da Corte de Cassação daquele país: Cass. civ, sez. I, de 24 de novembro de 2000, n. 15178, Cass. lav., de 19 de julho de 2006, n. 16540, e Cass. II, de 12 de maio de 2003, n. 7272.[136]

Segundo JORDI NIEVA FENOLL, é preponderante na doutrina alemã a afirmativa de que a injunção não embargada que adquiriu exequibilidade (*Vollstreckungsbescheid*) faz coisa julgada material.[137]

Por outro lado, não é possível dizer o mesmo da conclusão dada à questão por CORRADO FERRI[138] a partir da análise da relação da coisa julgada e a cognição. Fazendo referência a um julgado da Corte de Cassação italiana (Cass. 6085/2004), o autor afirma que o processo injuntivo não impugnado não é capaz de produzir coisa julgada, mas somente um efeito preclusivo correspondente a uma coisa julgada formal. A resposta é extraída, justamente, da correspondência entre a coisa julgada e os processos de cognição plena, quer de procedimento ordinário, quer de procedimento especial.

Afirma CORRADO, peremptoriamente, que a imutabilidade da coisa julgada dada às sentenças de acertamento dos conflitos de interesse (art. 324 do Código de Processo Civil combinado com o art. 2.909 do Código Civil italiano) não pode ser estendida aos decretos injuntivos (*l'ordinanza*) produzidos a partir de cognição sumária. A decisão do decreto não oposto não impedirá, portanto, a posterior contestação, pelo devedor, em outra ação da relação jurídica creditícia subjacente à injunção executada.

No Direito Processual português, GERMANO MARQUES DA SILVA também entende que como o título judicial produto da injunção não embargada não se origina de qualquer ato judicial, mas de mero "execute-se", poderá o devedor embargar à execução com amplo espectro cognitivo.[139]

Assim, é possível identificar que a divergência encontrada tanto no Brasil como em outros países diz respeito ao conflito entre a perspectiva garantística de vincular a coisa julgada à cognição plena e àquela que procura no processo injuncional o desafogo dos tribunais, mesmo sob o custo de certa dose de contraditório.

---

[136] BARTOLINI, Francesco; SAVARRO, Pietro (Coord.). *Codice di Procedura Civile commentato con la giurisprudenza* cit., p. 1882-1883.

[137] FENOLL, Jordi Nieva. *La coza juzgada* cit., p. 156.

[138] COMOGLIO, Luigi Paolo; FERRI, Corrado; Michele, TARUFFO. *Lezioni sul processo civile* cit., p. 167-168.

[139] SILVA, Germano Marques da. *Curso de processo civil executivo*. Lisboa: Universidade Católica, 1995. p. 40, apud GRECO, Leonardo. *O processo de execução*. Campos dos Goytacazes: Renovar, 1999. v. 1, p. 117.

Quando LEONARDO GRECO[140] vai sugerir o aprimoramento do processo monitório nacional, notadamente quanto a sua eficácia e celeridade, postula a solução antecipada da controvérsia nos juizados mediante a análise somente das provas documentais e do interrogatório das partes. Mas, nesse caso, em razão da ausência da cognição plena, dever-se-á "ressalvar a reabertura da discussão com provas mais amplas em outro feito".

7. O PROCESSO CONTUMACIAL E A COISA JULGADA

O enfrentamento da hipótese do processo contumacial, julgado à revelia do réu, é imprescindível para que se possa definir se a classificação da cognição em sumária e exaustiva leva em consideração o contraditório possível ou o contraditório efetivamente produzido no processo, notadamente diante da diversidade de tratamento dado em direito comparado.

A doutrina ainda diverge sobre a natureza da revelia.[141] Para LUIZ FUX, acompanhando ROSENBERG, trata-se de ônus processual, cujo descumprimento gera prejuízo ao titular.[142] LUIZ GUILHERME MARINONI e SÉRGIO CRUZ ARENHART[143] compreendem que, após o Estado ter tomado para si o monopólio da jurisdição, a solução do conflito passou a ser matéria de interesse público, sendo exigível, para a justiça da decisão, a participação das partes. Assim, caso o réu se recuse a tal desiderato, deve-se aplicar a revelia como pena. Essa doutrina trata a revelia como *rebelião ao poder do juiz*.

Para os romanos, não era difícil solucionar a questão considerando que, pelo menos no período clássico, o comparecimento em juízo e o "dever de defender-se", mediante participação efetiva, constituíam deveres inerentes a qualquer cidadão romano, ao *civitas*. Em verdade não havia sequer *processo* – não no sentido moderno, claro – sem que fosse implementada a *litiscontestatio*.[144]

Sendo dever descumprido, o que redunda na pena da revelia ou ônus que coloca o réu em situação jurídica desfavorável, o certo é que o sistema não deixa desprotegido o direito do autor de acesso à Justiça. Não há que se admitir *sibi non liquet* decorrente da revelia: há que se prestar jurisdição, pois inafastável (art. 5.º, XXXV, da CR). Ocorre em aplicação ao princípio dispositivo regente

---

[140] GRECO, Leonardo. A crise do processo de execução. *Estudos de direito processual*. Campos dos Goytacazes: Faculdade de Direito de Campos, 2005. p. 35-36.

[141] PASSOS, José Joaquim Calmon de. *Comentários ao Código de Processo Civil*. 8. ed. Rio de Janeiro: Forense, 1998. v. 3, p. 342-346.

[142] FUX, Luiz. *Curso de direito processual civil*. Rio de Janeiro: Forense, 2001. v. 1, p. 539.

[143] MARINONI, Luiz Guilherme; ARENHART, Sérgio Cruz. *Manual do processo de conhecimento* cit., p. 130.

[144] Sobre a história do princípio da não contestação vide CARRATTA, Antonio. *Il principio della non contestazione nel processo civile*. Milano: Giuffrè, 1995. p. 18-30.

Cap. 23 – A COGNIÇÃO SUMÁRIA E A COISA JULGADA NO PROCESSO JUSTO

em nosso ordenamento à hipótese, o julgamento com base nos fatos trazidos pelo autor, sem a extensão, a profundidade e a riqueza decorrentes do debate de afirmativas e de provas colidentes produzido em processo *messa in moto* pelo contraditório real, substancial.

Assim, o sistema processual brasileiro, acompanhando o sistema alemão e o austríaco, adotado pela maioria dos países europeus,[145] utiliza norma *in procedendo* probatória[146] (art. 302 do CPC), de inspiração liberal,[147] como técnica para viabilizar o julgamento do mérito e a concessão de jurisdição ao autor, por meio de um desvio do *iter* natural de distribuição do ônus probatório (art. 333 do CPC), sem a *colaboração* do demandado: é a regra do efeito material da revelia de considerar, presumidamente verdadeiros, os fatos trazidos pelo autor e não contestados pelo réu, ou a conhecida, apesar da criticada nomenclatura, *ficta confessio (Geständnisfiktion)*, também identificada como princípio da não contestação no direito peninsular.

Relembra-se que a incidência da norma depende da disponibilidade do direito e da não incidência das exceções previstas nos arts. 302 e 351 do CPC, tais como inicial desacompanhada de documento indispensável à sua propositura e se estiver em contradição com a defesa em seu conjunto, o que só se aplica para o caso de admissão.

Assim, esses sistemas preclusivos aplicam o princípio dispositivo e da autorresponsabilidade das partes (*judex judicare debet juxta allegata et probata*), imputando a consequência da *ficta confessio* à não participação voluntária do réu no processo. Tratando-se de direito disponível, pode a parte renunciar a ele quer em juízo, quer fora dele.[148]

A questão consiste em avaliar o grau de estabilidade ou de imutabilidade que tais sentenças ou acórdãos transitados em julgado deverão ter quando tiverem apreciado o mérito.

De uma forma ou de outra, sem o réu não há contraditório pleno ou participativo e, portanto, cognição plena. A presunção de veracidade é uma ficção, um irreal, que se utiliza para julgar um fato real. Assim, a sentença que julga o processo decorrente da revelia o faz em cognição sumária.

---

[145] Idem, p. 3, enumera os sistemas processuais europeus e não europeus, dentre eles o brasileiro, que adotam o princípio da não contestação como o alemão, o austríaco, o sistema federal suíço e alguns cantões, o espanhol e mesmo o sistema anglo-americano. Ressalta CARRATA que falta uma disposição expressa na França e mesmo na Itália, sendo que nesta, apesar disso, o princípio é reconhecido.

[146] FUX, Luiz. *Curso de direito processual civil* cit., v. 1, p. 549.

[147] CARRATA refere-se ao CPC italiano de 1865. CARRATTA, Antonio. *Il principio della non contestazione nel processo civile* cit., p. 118.

[148] Idem, ibidem.

Mesmo admitindo a intervenção do juiz na produção probatória, esta jamais será hábil a substituir o produto do contraditório participativo, ao contrário do que afirma TALAMINI.[149]

A norma da presunção, por restritiva, mesmo nos casos de seu cabimento – direito disponível –, deve ser aplicada só excepcionalmente.[150] Somente quando não for possível a produção de prova produzida pelo autor ou determinada pelo juiz. Resta, mantido assim ao autor, o ônus da prova quanto aos fatos constitutivos do seu direito na tentativa de se respeitar o quanto possível o contraditório substancial, conforme entendimento de BARBOSA MOREIRA[151] e CALMON DE PASSOS,[152] sem subjugar a atividade jurisdicional imediatamente ao contraditório formal.

Há doutrina que toma outro caminho, dando por vinculativa ao juiz a presunção, posição monopolística da parte,[153] julgando-se diretamente no caso de revelia do réu sem admitir qualquer *iter* probatório. NELSON NERY JUNIOR e ROSA MARIA DE ANDRADE NERY afirmam que, sob a vigência do atual Código de Processo Civil, não há solução outra após a revelia que não o julgamento antecipado de mérito sem dilação probatória, pois a conjugação dos arts. 319, 331 e 334, III e IV,[154] redundam na vedação de produção de prova quanto a fatos incontroversos. Sob esse entendimento, não haverá qualquer profundidade na cognição, devendo-se reconhecer sua absoluta sumariedade.[155]

É essa a conclusão de TALAMINI quando compara a inação do demandado no processo comum e no monitório: no processo monitório não é possível admitir a formação da coisa julgada, pois não é possível atividade probatória do juiz quando não apresentados os embargos, já que, nesse caso, constitui-se de pleno direito o título executivo.

---

[149] TALAMINI, Eduardo. *Coisa julgada e sua revisão* cit., p. 55.

[150] CARRATTA, Antonio. *Il principio della non contestazione nel processo civile* cit., p. 7-8.

[151] BARBOSA MOREIRA, José Carlos. *O novo processo civil brasileiro*. 22. ed. Rio de Janeiro: Forense, 2002. p. 98.

[152] PASSOS, José Joaquim Calmon de. *Comentários ao Código de Processo Civil* cit., p. 346.

[153] CARRATTA, Antonio. *Il principio della non contestazione nel processo civile* cit., p. 120.

[154] NERY JR., Nelson; NERY, Rosa Maria de Andrade. *Código de Processo Civil comentado e legislação extravagante*. 9. ed. São Paulo: RT, 2006. p. 826.

[155] No conceito de CARRATA: "In particolare, mediante il giudizio di autoresponsabilità vengono imputate al soggetto le conseguenze negative di un comportamento che non influisce direttamente su interessi altrui, ma che esaurisce la propria efficacia dentro la sfera di interessi del soggetto medesimo". CARRATTA, Antonio. *Il principio della non contestazione nel processo civile* cit., p. 121.

Cap. 23 – A COGNIÇÃO SUMÁRIA E A COISA JULGADA NO PROCESSO JUSTO

Abstraindo momentaneamente a controvérsia entre privatismo e publicismo,[156] o que importa notar é que a situação de hipossuficiência do réu revel exigirá a atuação *assistencial* do juiz,[157] permitindo a este ingerência probatória com o fim de garantir a efetividade da garantia estrutural da igualdade concreta.

Esse auxílio do juiz não vai, no entanto, garantir que a cognição seja efetivamente concreta, pois, da mesma forma que o réu não quis participar do processo, pode faltar ao juiz condições de carrear aos autos todo o material probatório necessário ao deslinde da questão, simplesmente por não ser onipotente, ou melhor, onisciente. Pode ocorrer, ainda, de o autor suprimir dolosamente, da inicial, toda a extensão do conflito de interesses. A cognição, como a verdade, não será jamais possível na sua plenitude, pois se pode o réu faltar, da mesma forma o autor e o juiz.

LEONARDO GRECO, quando trata do contraditório, demonstra que essa participação do juiz não substitui a das partes na formação desse contraditório substancial:

> Os poderes investigatórios do juiz não excluem a participação dos interessados. Recupera-se, assim, o caráter lógico-formal e metodológico do contraditório como instrumento da ordem judiciária, daquela ritualidade mínima que legitima o processo como revelador da vontade coletiva, como meio justo para um fim justo, ou melhor, como meio justo sem o qual não haverá possibilidade de reconhecer que o resultado seja justo.[158]

Na doutrina brasileira, a solução da coisa julgada parece uníssona, não havendo voz discordante: o processo julgado à revelia do réu produz coisa julgada. O exemplo que BARBOSA MOREIRA[159] dá para a rescindibilidade da sentença de mérito produzida sob o ardil do autor de ter fraudulentamente induzido à revelia do réu é prova disso.

EDUARDO TALAMINI parece ser o único autor a enfrentar diretamente a questão:

> A sentença de mérito proferida no processo comum de conhecimento em que houve revelia faz, sim, coisa julgada material. Mas não se tem na hipótese cognição sumária.[160]

---

[156] Por todos GRECO, Leonardo. Publicismo e privatismo no processo civil. *Revista de Processo*, n. 164, São Paulo: RT, out. 2008, p. 29.

[157] GRECO, Leonardo. Garantias fundamentais do processo: o processo justo. *Estudos de direito processual*. Campos dos Goytacazes: Faculdade de Direito de Campos, 2006. p. 255.

[158] GRECO, Leonardo. O princípio do contraditório. *Estudos de direito processual*. Campos dos Goytacazes: Faculdade de Direito de Campos, 2005. p. 552.

[159] BARBOSA MOREIRA, José Carlos. *Comentários ao Código de Processo Civil*. 11. ed. Rio de Janeiro: Forense, 2003. v. 5, p. 124.

[160] TALAMINI, Eduardo. *Coisa julgada e sua revisão* cit., p. 55.

O autor fundamenta a sua posição na possibilidade de o juiz, no caso de revelia, ingressar ativamente na instrução probatória, gerando, por fim, a plenitude da cognição, mesmo sem a participação do réu, o que já foi enfrentado anteriormente. Consegue, dessa forma, adequar a hipótese ao paradigma – do qual também participa – de que só a cognição exaustiva produz coisa julgada. Mas, como excepcionado, não há como compreender que, nessa hipótese, com ou sem a participação probatória do juiz, tenha ocorrido a cognição exaustiva.

De uma forma ou de outra, a cognição será ou sumaríssima, sem a ingerência probatória do juiz, ou sumária, com ingerência, ambas incapazes de produzir coisa julgada.

O fundamento definitivo para o tema exsurge da distinção que TARUFFO faz da verdade dos fatos dos enunciados fáticos propostos pelas partes. Quando o réu não contesta, a presunção legal de veracidade não vai transformar o enunciado do autor em verdadeiro ou falso. A ausência de impugnação pelo réu, a não manifestação de vontade, não pode ser interpretada como uma afirmação da verdade ("La contestazione consiste nella negazione esplicita della verità di un enunciato che è stato oggetto di allegazione"[161]).

De acordo com TARUFFO, a contestação ou a não contestação são absolutamente irrelevantes para se afirmar a verdade ou a falsidade de um enunciado: "Risulta dunque chiaro che per quanto attiene alla verità o alla falsità dell'enunciato che è stato oggetto di allegazione, si alla contestazione che la non contestazione di esso sono assolutamente irrilevanti".[162] Nesse sentido, TARUFFO conclui que o demandado possa contestar a qualquer momento do processo, independentemente de preclusão, e que todos os fatos alegados devem ser provados e objeto de decisão, não ficando vinculado o juiz a qualquer presunção de verdade.[163]

Assim, diante das posições apresentadas, duas soluções aparentam possíveis: 1) reconhecer que, apesar de não ocorrer cognição exaustiva, há coisa julgada de qualquer forma, sob pena de se premiar a contumácia do réu, ou 2) reafirmar o paradigma de a cognição exaustiva ser a única a produzir coisa julgada e que, apesar de não ter imutabilidade, a sentença produzida em processo contumacial gera força executiva sem subtrair ao réu nova sentença em cognição exaustiva, em processo futuro ou na impugnação a essa sentença, sem a limitação cognitiva horizontal.

A favor da primeira perspectiva poder-se-ia afirmar com pertinência que não se mostra razoável restar o autor à mercê da atividade ou da contumácia do réu para obter ou não coisa julgada material. Caso assim se entendesse, estar

---

[161] TARUFFO, Michele. Verità negoziata? In: CIPRIANI, Franco (Coord.). *Accordi di parte e processo* cit., p. 87.

[162] Idem, p. 90.

[163] Idem, p. 98.

Cap. 23 – A COGNIÇÃO SUMÁRIA E A COISA JULGADA NO PROCESSO JUSTO

-se-ia incentivando a não participação do demandado, a revelia no processo de conhecimento e a participação tardia na execução e, por outro lado, a imputar penalidade ao autor, ao não lhe conceder coisa julgada em razão da inação de outrem. A cognição, mesmo não tendo sido exaustiva, vai gerar coisa julgada, prevalecendo como direito do autor à estabilização.

Para a segunda perspectiva é possível arrazoar que a coisa julgada material sobrevém somente da cognição exaustiva e plena, o que não ocorre no processo contumacial. A afirmativa decorre da compreensão de que há uma relação sequencial, digestiva e orgânica entre a atividade dispositiva das partes, o poder instrutório e a cognição do juiz. Isso se dá porque a cognição do juiz está, na sua perspectiva vertical, probatória, limitada à atividade dos sujeitos do processo ou a maior ou menor ingerência que o sistema permite ao juiz na atividade probatória. Assim, a cognição *depende* (ou está atrelada) ao contraditório, que, por seu turno, simplesmente pode ou não ocorrer, pois se trata de uma garantia constitucional renunciável pelas partes, notadamente pelo réu.

Sob essa perspectiva, diante do sistema do nosso Código, ao demandante é concedida a execução do julgamento antecipado de mérito, ante os fatos incontroversos, sob o fundamento da presunção relativa de veracidade dos fatos trazidos pelo autor na inicial. É o que ocorre com a nova forma de tutela do direito italiano, em que o magistrado, em decisão de cognição sumária, sem formação de coisa julgada ou qualquer eficácia extraprocessual, forma e entrega ao autor um título executivo, permitindo a formação de cognição plena e exaustiva posterior em outro processo.

Nessa segunda visão, ratifica-se a conjugação harmônica entre o princípio do contraditório e da cognição adequada e o princípio da celeridade. De *lege ferenda* poder-se-ia aplicar aqui a condenação ressalvada do direito alemão ou a limitação da eficácia preclusiva da coisa julgada aos argumentos tratados exaustivamente na fase probatória e na sentença oriunda do processo contumacial, senão vejamos.

O direito processual alemão dá ao réu contumaz, ao revel, um tratamento de efeitos imediatamente gravíssimos, permitindo, no entanto, a sua reversão em momento posterior.

Conforme lição de BARBOSA MOREIRA,[164] apesar de o legislador de 1973 ter se inspirado no modelo tedesco, admitindo no nosso ordenamento os graves efeitos imputados ao réu contumaz, aquele suprimiu ao revel a possibilidade de retomar de forma ampla a discussão meritória após a sentença, mediante um meio de impugnação não ordinário suspensivo dos efeitos da coisa julgada,

---

[164] BARBOSA MOREIRA, José Carlos. A revelia no direito alemão e a reforma do processo civil brasileiro. *Estudos sobre o novo Código de Processo Civil*. Rio de Janeiro: Liber Juris, 1974. p. 144.

o *Einspruch*, mas que não afeta a execução do julgado. Observe-se o modelo alemão.

Quando o réu não comparece à audiência marcada, preliminar ou plenária, para defender-se das alegações do autor, concede-se ao demandante o direito de obter um *julgamento à revelia* ou *sentença contumacial* (*Versäumnisurteile*, na 1.ª alínea do § 331), dispensando-se a realização de audiência.[165]

Esse julgamento será proferido sem os fundamentos normalmente exigidos para os processos em contraditório efetivo,[166] ou seja, em cognição sumária incidindo a chamada *ficta confessio* sobre os fatos alegados pelo autor, dispensando-se a prova. Mas o tribunal deverá observar, antes de prolatá-lo como julgamento de mérito, a presença das condições para a propositura da ação, seus pressupostos processuais, capacidade das partes etc. Para o julgamento de procedência exige-se mais, a correção da tese de direito, pois a sentença contumacial não redunda obrigatoriamente na imediata procedência da demanda. A consequência jurídica dos fatos admitidos como verdadeiros talvez não seja aquela defendida pelo autor.[167]

A falta de resposta ao procedimento preparatório escrito autoriza o julgamento à revelia e, nesse caso, o demandado terá duas semanas para apresentar sua objeção ao todo ou a parte do julgamento. Caso essa objeção contenha alguma defesa substancial que requeira dilação probatória aprofundada, o tribunal suspende os efeitos do julgamento à revelia e marca data para a realização de audiência plenária, procedendo-se de acordo com o procedimento ordinário.[168] No caso da objeção não ser plausível, será julgada improcedente sem a realização de audiência.

Apesar da divergência quanto ao tema, prevalece o entendimento de que, se foi imputada à parte ré alguma preclusão, em momento anterior do procedimento, quanto a alguma matéria de fato deduzida pelo autor, a exclusão da preclusão somente ocorre se o revel provar justo e escusável motivo para a não contestação e que a exclusão do julgamento à revelia não criará maiores delongas ao processo. Caso contrário, as preclusões permanecerão, mesmo no caso de exclusão do julgamento à revelia. Procedente a objeção, o julgamento à revelia será *anulado*.

A objeção proposta no prazo não exige a justificação da falta ou a demonstração de que a parte possui um *bom direito*, mas tão somente a vontade de impugnar a pretensão em momento posterior. Os autores do livro *German Civil*

---

[165] MURRAY, Peter L.; STUNER, Rolf. *German civil justice*. Durham, Carolina do Norte: Carolina Academia Press, 2004. p. 426-317.

[166] Idem, p. 318.

[167] BARBOSA MOREIRA, José Carlos. A revelia no direito alemão e a reforma do processo civil brasileiro. *Estudos sobre o novo Código de Processo Civil* cit., p. 136.

[168] MURRAY, Peter L.; STUNER, Rolf. *German civil justice* cit., p. 321.

Cap. 23 – A COGNIÇÃO SUMÁRIA E A COISA JULGADA NO PROCESSO JUSTO

Justice afirmam que essa "generosidade" em permitir a anulação de julgamentos à revelia decorre da convicção de que é mais fácil rever um caso julgado à revelia do que despender esforços determinando se se trata ou não de um *bom caso* para a revelia.[169]

O mesmo sistema foi adotado pelo direito inglês para o *default judgment* de acordo com a Parte 13 das *Civil Procedure Rules*.[170]

8. A SENTENÇA DE EXTINÇÃO DO PROCESSO COM RESOLUÇÃO DE MÉRITO SEM JULGAMENTO E A COISA JULGADA

A sentença de extinção do processo com resolução de mérito, mas sem julgamento, também não poderia faltar, pois se trata de provimento que, apesar de não conter julgamento e, portanto, cognição quanto ao mérito, como em geral afirma a doutrina, gera execução, sob o fundamento de que produz coisa julgada.

Se há, ou não, participação do juiz no controle do conteúdo avençado ou declarado ou somente no controle dos aspectos formais, pouco importa, pois, de uma forma ou de outra, a cognição não será exercitada plena e exaustivamente, até porque, muitas vezes, os interesses, argumentos e fundamentos estarão acobertados pelas partes. A busca da verdade será descartada por vontade das partes.

A questão reside na escolha entre reconhecer a existência de *res iudicata* por mera opção do legislador ou de afastá-la em razão da inexistência de cognição exaustiva. A solução no direito português é pela sentença definitiva,[171] da mesma forma que, no direito alemão, é entendida como assemelhada ao julgamento.[172]

Não se pode confundir, no entanto, esses atos unilaterais e bilaterais das partes, com seu efeito e finalidade de pôr fim ao litígio e ao processo, notadamente, porque, conforme nos ensina BARBOSA MOREIRA,[173] não é a transação ou a renúncia ou o reconhecimento que extinguem o processo, mas a sentença

---

[169] Idem, p. 322.

[170] ALMEIDA, Diogo Assumpção Rezende de. O *Case management* inglês: um sistema maduro? *Revista do Programa de Pós-graduação em Direito da Universidade Federal da Bahia*, n. 21, Bahia, ano 2010, p. 83-130.

[171] FREITAS, José Lebre de. *Introdução ao processo civil, conceito e princípios gerais*. 2. ed. Coimbra: Ed. Coimbra, 2006. p. 141.

[172] MURRAY, Peter L.; STUNER, Rolf. *German civil justice* cit., p. 317.

[173] BARBOSA MOREIRA, José Carlos. *Comentários ao Código de Processo Civil* cit., p. 109-110; ARAGÃO, Egas Dirceu Moniz de. *Comentários ao Código de Processo Civil*. 9. ed. Rio de Janeiro: Forense, 1998. v. 2, p. 110.

que os homologa, sendo, portanto, duas coisas vinculadas em uma relação de causa e efeito, porém evidentemente diversas.

O art. 269 e seus incisos II, III e V, do CPC, informam que as sentenças homologatórias de reconhecimento do pedido pelo réu, de transação e de renúncia pelo autor do direito material, são espécies de provimentos hábeis a produzir a resolução do mérito, após a alteração introduzida pela Lei 11.232/2005, que afastou o substantivo "julgamento" do texto da referida norma.

A alteração – respondendo a reclamos de basilar doutrina nacional[174] – compreendeu que nas hipóteses do art. 269, ou melhor, em quase todas as hipóteses, excetuadas aquelas dos incisos I e IV, o que ocorre não é julgamento, compreendido como atividade de subsunção da norma ao caso concreto por meio do órgão estatal no exercício da jurisdição,[175] como em uma visão *chiovendiana*,[176] mas simples apaziguamento do conflito pela manifestação de vontade de ambas ou de uma das partes, mediante acordo, reconhecimento do pedido ou renúncia ao direito material. O que importa para o presente momento é saber qual estabilidade poderá advir desses provimentos de *resolução* do mérito em que não há *julgamento*.

EGAS DIRCEU MONIZ DE ARAGÃO, nos seus comentários ao art. 269 do CPC, expressamente vincula *julgamento* à solução adjudicada do conflito de interesses:

> Mas nem todas as hipóteses nele figuradas são de 'julgamento', pois algumas há em que isso não acontece, uma vez que a lide, em vez de composta pelo Estado, através da sentença, é composta pelos interessados por ato próprio.[177]

Reproduzido em nota por BARBOSA MOREIRA,[178] JOSÉ ALBERTO DOS REIS ensina, quanto a essas decisões no direito português, que "o juiz não

---

[174] BARBOSA MOREIRA, José Carlos. *Comentários ao Código de Processo Civil* cit., p. 109-110; ARAGÃO, Egas Dirceu Moniz de. *Comentários ao Código de Processo Civil* cit., p. 420.

[175] Ou nas palavras do mestre BARBOSA MOREIRA, José Carlos. *Comentários ao Código de Processo Civil* cit., p. 109-110: "No sentido clássico do termo (*julgamento*), que é o da aplicação, pelo órgão judicante, da norma jurídica substantiva adequada aos fatos configuradores da situação litigiosa".

[176] "Pode-se definir-se a jurisdição como a "função do Estado que tem por escopo a atuação da vontade concreta da lei por meio da substituição, pela atividade de órgãos públicos, da atividade dos particulares ou de outros órgãos públicos, já no afirmar a existência da vontade da lei, já no torná-la, praticamente, efetiva." CHIOVENDA, Giuseppe. *Instituições de direito processual civil* cit., p. 11.

[177] TALAMINI, Eduardo. *Coisa julgada e sua revisão* cit., p. 54.

[178] BARBOSA MOREIRA, José Carlos. *Comentários ao Código de Processo Civil.* v. 3, p. 534, apud *Comentários ao Código de Processo Civil.* 11. ed. Rio de Janeiro: Forense, 2003. nota 22, v. 5, p. 110.

Cap. 23 - A COGNIÇÃO SUMÁRIA E A COISA JULGADA NO PROCESSO JUSTO

conhece do mérito da causa, não se pronuncia sobre a relação substancial em litígio; limita-se a verificar a validade do ato praticado pelo autor, pelo réu ou por ambos os litigantes".

Segundo LEBRE DE FREITAS, no direito lusitano, em razão da natureza de negócios jurídicos de autocomposição do litígio, tais sentenças têm natureza meramente terminativa.[179]

Ocorre que há cognição e julgamento em todo e qualquer pronunciamento judicial, entendido como decisão no sentido dos §§ 1.º e 2.º do art. 162 do CPC. Então, se a decisão ou pronunciamento judicial é produto de uma manifestação de vontade do ente estatal acerca de um conflito composto por fatos e direitos, e que tal atividade necessita da análise desses fatos e direitos em variáveis de profundidade e extensão de conhecimento, cognição, nesse caso, qualquer pronunciamento pode ser classificado como julgamento.

Assim que o juiz julgue a pretensão ou reconheça a prescrição por meio de uma contagem de prazo ou simplesmente leia e homologue um acordo entre partes capazes sobre direitos disponíveis, analisando a formalidade da avença ou, ainda, defina uma questão processual, o que há são doses variadas de cognição e, portanto, de julgamento e de decisão. Para caracterizar "julgamento", o que há de concorrer é a intervenção do Estado mediante o juiz no processo, sob a ótica da concepção continental europeia de jurisdição como julgamento e não no sentido de pacificação social como na *common law*.

A recorribilidade, como um dos dois elementos componentes do cabimento como requisito intrínseco de admissibilidade dos recursos, trata justamente disto: interlocutórias, ou homologatórias, ou adjudicatórias, o que importa é o conteúdo decisório para nascer o direito à impugnação mediante recurso.

Ocorre que a coisa julgada não decorre imediatamente do trânsito em julgado de uma sentença de mérito, como pode aparentar ao intérprete ligeiro, na conjugação imediata dos arts. 269 e 467 do CPC. Em verdade, o legislador não dá imutabilidade a toda "sentença de mérito", mas somente à sentença "que julgar total ou parcialmente a lide", conforme preceito do art. 468 do CPC, o que se adapta somente aos tipos dos incisos I e IV do art. 269 do CPC.

Não se pode admitir ainda que a *rescindibilidade* das "sentenças de mérito" acorde o art. 485 do CPC seja suficiente para compreender que toda a sentença de mérito produz coisa julgada, pois esse artigo somente admite interpretação conjunta com os arts. 467 e 468. BARBOSA MOREIRA entende justamente o contrário do ora dito: que a expressão "sentença de mérito" encontrada tanto

---

[179] No mesmo sentido FREITAS, José Lebre de; REDINHA, João; PINTO, Rui. *Código de Processo Civil anotado* – arts. 1.º a 380.º. 2. ed. Coimbra: Ed. Coimbra, 2008. v. 1, p. 566: "Nele se consagra de as partes porem cobro a um processo mediante negócios jurídicos de autocomposição do litígio, com os quais é subtraído ao tribunal o poder de decidir a causa mediante a aplicação do direito objectivo aos fatos provados".

no art. 269 quanto no art. 485 deve ser interpretada como sentença capaz de produzir coisa julgada.[180] Nesse mesmo sentido EDUARDO TALAMINI.[181]

O presente trabalho comunga da ideia de GALENO LACERDA, sempre sob inspiração *carneluttiana*, da qual só o julgamento da lide é atividade propriamente jurisdicional e que só as decisões que possuem esse conteúdo são capazes de produzir coisa julgada.[182]

Aduz o autor que a ação rescisória a que se refere o art. 485, VIII, do CPC é aquela em que o juiz efetivamente exerce jurisdição no julgamento da transação efetuada anteriormente entre as partes, manifestando-se sobre ela, declarando-a inválida ou até válida, ou caso, antes da homologação, venha a ressurgir litígio entre as partes. Nesse caso, ocorrendo a homologação quanto à matéria contenciosa ou quando acolhe matéria de defesa em que a parte aduz que ocorreu a transação.

Não há julgamento de mérito na transação. O que há é uma impropriedade do Código no art. 269, eis que, se as partes transigiram, a homologação não julga lide, pois esta não existe mais. A sentença homologatória se equipara aos efeitos da sentença de mérito, sendo um equivalente jurisdicional, razão pela qual não se pode valer da rescisória, que só pode ocorrer quando há efetivo julgamento do mérito. Quando apenas homologa o acordo efetuado entre as partes, na verdade o ato jurisdicional estará dando mais eficácia ao contrato, como ocorre no ato notarial. Havendo qualquer problema nessa transação, deve a parte se valer do previsto no art. 486 do CPC.

A questão é enfrentada pela doutrina e jurisprudência no debate acerca da compatibilidade entre os arts. 485, VIII, e 486, ambos do CPC, cujo trato satisfatório não seria possível na extensão do presente trabalho.[183] Da mesma forma, seria exigível a análise dos artigos pertinentes aos títulos executivos judiciais, que, em muitos casos, apesar da exequibilidade, não se constituem sentenças que julgam o mérito. Também necessário se faria o estudo sob o aspecto da extensão limitada da cognição na impugnação à execução de título judicial, que há justamente por conta da coisa julgada formada anteriormente. E por fim, a eventualidade de adequação de tais sentenças homologatórias aos tipos de jurisdição voluntária do art. 1.111 do CPC.

A coisa julgada é efeito ou qualidade da sentença de mérito que exterioriza a vontade estatal coercitiva quando *determina* o fim do conflito de interesses, ou seja, por meio da solução adjudicada do conflito no exercício do monopólio jurisdicional, o que só pode ocorrer, em respeito às garantias ao justo processo,

---

[180] BARBOSA MOREIRA, José Carlos. *Comentários ao Código de Processo Civil* cit., p. 110.

[181] TALAMINI, Eduardo. *Coisa julgada e sua revisão* cit., p. 140.

[182] LACERDA, Galeno. Ação rescisória e homologação de transação. *Revista AJURIS*, v. 14, Rio de Janeiro, 1978, p. 29-43.

[183] Sobre as várias teses ver TALAMINI, Eduardo. *Coisa julgada e sua revisão* cit., p. 182-188.

quando a decisão for oriunda de cognição plena e exaustiva. Apesar de compreender que todas as hipóteses do art. 269 do CPC[184] produzem coisa julgada, é indispensável nesta altura a advertência de EDUARDO TALAMINI:

> Daí já se vê que a imutabilidade da coisa julgada – qualidade excepcional no quadro da função pública – não pode ser atribuída indistintamente a qualquer ato jurisdicional. O que confere idoneidade para o ato ficar imune à revisão não é só a circunstância de ele ter sido precedido da oportunidade de manifestação das partes, mas sobretudo a profundidade da cognição que se pôde desenvolver.[185]

Se, por um lado, todo e qualquer pronunciamento judicial pode ser considerado como julgamento, por outro só o julgamento quanto ao mérito, como composição adjudicada da lide ou da pretensão, pode adquirir a força de julgado.

Em verdade, se todas as hipóteses do art. 269 são ou não de julgamento, é questão para outra sede. O que é importante observar nesta altura é que somente o julgamento de mérito, do conflito de interesses, pelo juiz (art. 269, I e IV, do CPC), em cognição exaustiva e plena, é capaz de importar em *res iudicata*. LUIZ GUILHERME MARINONI e SÉRGIO CRUZ ARENHART entendem exatamente nesse sentido:

> Por fim, é importante lembrar que, como fixação da lei do caso concreto que é, a coisa julgada somente se manifesta em relação às sentenças definitivas, ou seja, em relação às sentenças que efetivamente examinam o pedido do autor, acolhendo-o ou rejeitando-o (art. 269, I e IV, do CPC). Somente essa sentença certifica e estabelece a vontade concreta do direito em face do caso concreto. *Não se produz, portanto, coisa julgada material sobre as sentenças meramente terminativas, nem sobre as sentenças homologatórias (art. 269, II, III e V).*[186]

Também LEONARDO GRECO compreende que, em razão da inexistência de cognição, as sentenças homologatórias de transação não produzem coisa julgada:

> Por fim, é importante lembrar que, como fixação da lei do caso concreto que é, a coisa julgada somente se manifesta em relação às sentenças definitivas, ou seja, em relação às sentenças que efetivamente examinam o pedido do autor, acolhendo-o ou rejeitando-o (art. 269, I e IV, do CPC). Somente essa sentença certifica e estabelece a vontade concreta do direito em face do caso concreto. *Não se produz, portanto,*

---

[184] Idem, p. 140.

[185] Idem, p. 54.

[186] MARINONI, Luiz Guilherme; ARENHART, Sérgio Cruz. *Manual do processo de conhecimento* cit., p. 636-637.

coisa julgada material sobre as sentenças meramente terminativas, nem sobre as sentenças homologatórias (art. 269, II, III e V).[187]

Ousamos discordar de LEONARDO GRECO somente quanto à sentença que declara a prescrição ou a decadência (inciso IV). Para o Mestre, nem mesmo esta sentença produziria coisa julgada porque não "geraria essa certeza jurídica, porque resultante de cognição superficial e incompleta".[188]

Não há dúvida de que quando o juiz decreta a prescrição ou a decadência, não avança ao julgamento do mérito ou à busca da verdade. Mas isso ocorre por força do direito material: a cognição é suprimida do juiz porque não há mais que perquirir se os fundamentos daquele direito existem ou não, simplesmente porque aquele direito não mais existe, ou não pode mais ser exercitado, em decorrência de um critério objetivo: o decurso do prazo. Falta ao juiz e às partes interesse em discutir direito que não mais existe. Permitir que o Judiciário fique a buscar a verdade dos fatos ou da adequação legal desses fatos se o direito não pode mais ser reconhecido ou exercitado é transformá-lo em mero consultor.

Retornando ao art. 269 do CPC, é de ressaltar que o que produz ou não estabilidade não é a manifestação de vontade em si mesma, a renúncia, o reconhecimento ou a transação, mas a decisão homologatória. Então, independentemente do conteúdo do acordo ou da manifestação unilateral de vontade, é a extensão da cognição que terá ou não força de julgado, e quanto aos outros tipos do art. 269, constantes dos incisos II, III e V, essa profundidade é limitadíssima.

Quando o autor renuncia ao seu direito material ou quando o réu reconhece o direito material do autor, como soluções isonomicamente idênticas, diferençadas somente pelo polo processual em que está o renunciante, o que vai haver não é propriamente a impossibilidade de renovação de demanda idêntica em decorrência do efeito negativo da coisa julgada, mas simples impossibilidade de ver reconhecido, em demanda futura, um direito que não mais possui o autor ou ao qual já se curvou o réu. A eventual ação futura será julgada improcedente, fazendo coisa julgada material, somada à aplicação das penalidades da litigância de má-fé pela demanda temerária.

Solução que se apresenta também razoável é aquela de MARINONI e ARENHART, para quem a hipótese será de "ato jurídico perfeito", o que, se por um lado não se confunde com a coisa julgada, por outro tem a mesma inalterabilidade constitucional:

> Revendo minha posição, estou hoje convencido de que, nem mesmo nos casos de transação ou renúncia (CPC, art. 794), pode falar-se em coisa julgada da sentença que extingue a execução. Embora sujeita à ação rescisória, e não a ação anulatória

---

[187] Idem, ibidem.

[188] GRECO, Leonardo. *Instituições de processo civil* cit., p. 370.

Cap. 23 – A COGNIÇÃO SUMÁRIA E A COISA JULGADA NO PROCESSO JUSTO

(art. 485, inc. III), em decorrência do ato voluntário de disposição do direito material que supre a ausência de cognição exaustiva (*confessus pro iudicato habetur*), essa especial estabilidade decorre da vontade das partes, na medida em que ela é livre e consciente, e não da vontade do Estado, do julgamento propriamente dito. É a mesma eficácia da sentença arbitral e de qualquer outro acordo extrajudicial homologado pelo juiz (atual art. 475-N, inc. V, introduzido pela Lei 11.232/2005).[189]

Nessas situações dos incisos II e V, portanto, a sentença subsequente é meramente homologatória, sem julgamento do conflito de interesses[190] e, portanto, incapaz de alcançar o *status* de *res iudicata* material.

Quanto ao inciso III, não aparenta que o reconhecimento do pedido consista simplesmente na vontade de não litigar naquele momento, entendendo-se essa atitude como incapaz de produzir efeitos materiais, algo equiparado ao *allanamiento* do direito processual espanhol.[191] Na verdade, por isonomia ao autor, essa atitude corresponde bilateralmente à renúncia ao direito material, de indiscutível natureza material.

Após identificar sua origem histórica e suas similitudes com a confissão, EGAS DIRCEU MONIZ DE ARAGÃO vai ensinar que tanto uma quanto outro, confissão e reconhecimento, apesar de distintos, importam em "disponibilidade do direito" controvertido no processo. Distinguem quanto aos efeitos: o reconhecimento produz a extinção do processo com resolução do mérito, enquanto a concordância com a veracidade dos fatos alegados pelo autor não redunda obrigatoriamente nessa extinção.

Há duas posições doutrinárias para o tema: de um lado, CHIOVENDA, LIEBMAN, endossados por MOACYR LOBO DA COSTA, no sentido de que o reconhecimento não vincula o juiz, podendo este julgar à sua maneira o conflito, e de outro lado EGAS DIRCEU MONIZ DE ARAGÃO,[192] que defende tratar-se a sentença posterior de provimento meramente homologatório, restrito aos elementos formais da avença, inclusive como a posição do Código.

Adotando-se o primeiro entendimento, haveria de se reconhecer então que a sentença seria, independentemente do reconhecimento, invasiva ao litígio, formada em cognição exaustiva e plena e acobertada, portanto, pela *auctoritas rei iudicatae*. Mas somos todos sabedores que não é isso que ocorre nos foros: o juiz, diante do acordo das partes, não inicia *sponte propria* a fase probatória do processo.

---

[189] Idem, p. 369.

[190] ARAGÃO, Egas Dirceu Moniz de. *Comentários ao Código de Processo Civil* cit., p. 420-430.

[191] NIEVA FENOLL, Jordi. *La cosa juzgada* cit., p. 150-152.

[192] A contenda está explicitada, ARAGÃO, Egas Dirceu Moniz de. *Comentários ao Código de Processo Civil* cit., p. 434-435.

Pelo que EGAS compreende, que a sentença nesses casos é meramente homologatória, não havendo atividade judicante quanto à lide, mas aos pressupostos de admissibilidade do reconhecimento ou da transação (capacidade das partes e disponibilidade do direito, arts. 840 ss. do CC),[193] não há falar em coisa julgada material.

Na hipótese de transação, com ambas as outras hipóteses do art. 269 do CPC, a cognição será sumária em razão da não ingerência do magistrado nos elementos do conflito, como ocorre quando a solução é adjudicada. Não haverá profundidade na cognição mesmo que a intervenção do juiz chegue à participação ativa na formação do acordo, como ocorre diuturnamente nas varas de família. A cognição aqui é rarefeita, superficialíssima, pois diz respeito somente a aspectos formais, como na injunção e nas decisões do art. 267 do CPC.

Para EGAS, a sentença, nessa hipótese, é meramente homologatória, não podendo o ato estatal afastar a composição pelas partes do litígio, não podendo se falar em julgamento da lide em tais casos, pois isso não houve.[194]

Apesar de NIEVA FENOLL[195] entender que toda decisão produz coisa julgada material – extinção sem resolução de mérito, cautelares, transação, procedimentos sumários etc. –, afirma o autor catalão que, na hipótese de sentença homologatória, em razão da cognição, haverá uma limitação das "fronteras de la cosa juzgada", porque nesses provimentos "tampoco existe enjuiciamiento". Para FENOLL não há como considerar que as declarações firmadas no acordo são fatos provados, pois não o foram.

Assim, finalmente, só restará optar entre uma interpretação constitucionalista, de que a transação e as outras hipóteses do art. 269, excetuados os incisos I e IV, que constituem julgamento de mérito, não vão redundar em *res iudicata*, ou filiar-se à maioria da doutrina no sentido de que, por opção do legislador, por "política legislativa", todas as hipóteses produzem a mesma dose de estabilidade.

Optamos pela verdade dos fatos e não pelos enunciados descritivos:[196] os atos unilaterais ou bilaterais das partes suprimem do juiz a busca pela verdade dos fatos, interrompendo sua atividade judicante e produzindo uma sentença meramente homologatória de cognição formal inábil a constituir coisa julgada.

9. A LIMITAÇÃO DE OBJETO LITIGIOSO DO PROCESSO DA AÇÃO POSSESSÓRIA

Por fim, o processo da ação possessória e sua transformação histórica de provimento sumário para exaustivo gerou a extração da questão petitória de

---

[193] Idem, p. 424.

[194] Idem, p. 424-427.

[195] NIEVA FENOLL, Jordi. *La cosa juzgada* cit., p. 152.

[196] TARUFFO, Michele. Verità negoziata? In: CIPRIANI, Franco (Coord.). *Accordi di parte e processo* cit., p.75.

Cap. 23 – A COGNIÇÃO SUMÁRIA E A COISA JULGADA NO PROCESSO JUSTO

tais processos e, portanto, eventual limitação quanto à extensão horizontal da cognição e formação de coisa julgada com reserva de exceções ou com limitação de sua eficácia preclusiva.

O *ius possessionis* tutelado inicialmente pelos *interdicta* romanos, procedimentos sumarizados por excelência que, se descumpridos, induziam a *actio possessionis*,[197] ao longo dos séculos foram sendo tutelados por demandas de contorno plenário, exigindo dilação probatória e contraditório pleno.

A ação possessória localizada dentre os procedimentos especiais no capítulo V do livro IV do CPC instrumentaliza-se em um processo de cognição plenária quanto à posse e exaustiva (art. 920 do CPC), pois ilimitado o alcance da dilação probatória. Assim, a sentença terá eficácia extraprocessual produzindo *res iudicata*.

Somente as liminares de caráter antecipatório, como a liminar da ação de *força nova* (art. 928 do CPC) ou antecipação de tutela genérica para a ação de *força velha* (art. 273 do CPC), é que redundam de cognição limitada e sumária,[198] formada em documentos ou na prova testemunhal produzida na audiência de justificação (art. 928 do CPC).

A sumariedade é de alto grau, pois *a prova nesse caso é unicamente do autor*, não sendo permitido ao réu arrolar as suas testemunhas, mas unicamente reinquirir aquelas trazidas pelo demandante. ADROALDO FURTADO FABRÍCIO afirma que não seria lógico admitir a produção de prova pelo réu antes que este tivesse a possibilidade de deduzir suas alegações.[199]

Ocorre que essa disposição, além de reduzir por demais o contraditório em decisão que vai afligir diretamente o patrimônio do particular, viola a bilateralidade da ação possessória (art. 922 do CPC) e a isonomia devida a ela, pois somente o autor terá a oportunidade de obter sua liminar *initio litis* e em contraditório mitigado. A objeção de ADROALDO FURTADO FABRÍCIO não merece acolhida, pois se trata do exercício do direito de *contraprovar* os fatos constitutivos do direito do autor à posse, por meio da demanda contraposta, o que não exige a dedução de maiores alegações do que a simples postura de oposição àquele direito.

Essa decisão não possuirá, à evidência, qualquer estabilidade extraprocessual.

Questão que pode afastar a classificação do processo da ação possessória como de cognição plena diz respeito à norma do art. 923 do CPC, que prescreve a impossibilidade de ser deduzida demanda petitória durante o trâmite

---

[197] PEREIRA, Caio Mário da Silva. *Instituições de direito civil*. 2. ed. Rio de Janeiro: Forense, 1991. v. 4, p. 51.

[198] FABRÍCIO, Adroaldo Furtado. *Comentários ao Código de Processo Civil* cit., p. 406.

[199] Idem, p. 411.

de processo possessório: *nec possessio et proprietas misceri debent.*[200] A norma se coaduna com aquela do § 2.º do art. 1.210 do Código Civil, que substituiu o antigo art. 505, de tormentosa incompatibilidade com a norma processual, pois instituía na sua segunda parte que "não se deve, entretanto, julgar a posse em favor daquele a quem evidentemente não pertencer o domínio". Este foi o entendimento, inclusive consolidado no Enunciado 487 da súmula de jurisprudência dominante do Supremo Tribunal Federal.[201]

Segundo VICTOR FAIRÉN GUILLÉN,[202] há evidente inspiração canônica na separação entre posse e propriedade, presente na Lei XXVII, Título II, da *Partida* III e na maioria da doutrina daquele tempo:

> La doctrina casi de consuno – Baldo, Bartolo, Alejando de Imola, Juan Andrea, recogidos por Gregorio Lopes em glosa a esta Ley (Partida) – llega a la consecuencia de que, en primer lugar, se han de promover las actiones sobre la posesion – despojo de la misma – y después las demás, sobre el domínio.

Para o autor espanhol, a disposição resta embasada especialmente na evidência da maior dificuldade de se provar a propriedade no juízo plenário do que a posse em juízo sumário, devendo este preceder àquele.[203]

A função primordial da norma é evitar o esvaziamento da proteção possessória, ao permitir que o proprietário sem posse possa praticar atos de violência e, após, na ação possessória, opor a *exceptio dominii*, subtraindo-se da manutenção da paz social por meio do exercício arbitrário das próprias razões (art. 345 do CP).[204] Assim, por essas razões há de se aguardar o fim do processo possessório para só depois ser exercitada a ação petitória. A diferença entre a posse e a propriedade afasta a litispendência porque, sendo diversas as ações, não haveria limitação quanto à questão possessória naquele processo, mas somente a postergação temporal da solução petitória. O *non-cumul* dos institutos no mesmo processo é prova da presença no ordenamento civil nacional da teoria social da posse, como expressão da dignidade da pessoa humana (art. 1.º, III, da CR) e do direito à moradia (art. 6.º da CR).[205]

---

[200] Idem, p. 372.

[201] Súmula 487: "Será deferida a posse a quem, evidentemente, tiver o domínio, se com base neste for ela disputada".

[202] FAIRÉN GUILLÉN, Victor. *Lo "Sumario" y lo "Plenario" en los procesos civiles y mercantiles españoles* cit., p. 799.

[203] Idem, p. 795-797.

[204] NERY JR., Nelson; NERY, Rosa Maria de Andrade. *Código de Processo Civil comentado e legislação extravagante* cit., p. 992.

[205] MELO, Marco Aurélio Bezerra de. *Direito das coisas.* Rio de Janeiro: Lumen Iuris, 2007. p. 24.

Cap. 23 – A COGNIÇÃO SUMÁRIA E A COISA JULGADA NO PROCESSO JUSTO

A cognição, portanto, seria plena porque teria, quanto à posse, a mesma extensão, ou seja, a extensão total do objeto litigioso. Assim, a limitação de cognição está excluída pela própria limitação da demanda, da *tria eadem*, e consequentemente da eficácia objetiva da coisa julgada. Mas isso só socorre ao autor que limitará a extensão da *res in iudicio deducta*, promovendo a ação possessória somente quando sua posse for desvinculada da propriedade, ou optando pela ação petitória, quando a posse for decorrente da propriedade, o que melhor convier à tutela do seu direito.

O que caberia, então, simplesmente seria a análise da pertinência e constitucionalidade de tal limitação temporal em face do direito de acesso à Justiça. O Supremo Tribunal Federal já se manifestou sobre a constitucionalidade da norma (RTJ 91/594), entendendo NELSON NERY JUNIOR e ROSA MARIA DE ANDRADE NERY[206] como mera condição suspensiva ao exercício do direito de ação da petitória.

A solução, por outro lado, não socorre o réu, pois se sua defesa for fundada na propriedade, não poderá deduzi-la de imediato, considerando que a vedação aplica-se não só à demanda externa ao processo possessório proposto como também à defesa interna veiculada pela *actio duplex*.[207] Teria que aguardar a ação possessória para somente depois promover a competente ação com base na propriedade.

Prevalecendo essa interpretação asséptica do *non-cumul* entre possessória e petitória, como em CAIO MÁRIO DA SILVA PEREIRA,[208] será forçoso reconhecer a limitação ao direito de defesa do réu e consequentemente à cognição na ação possessória donde decorre coisa julgada com limitação de eficácia preclusiva, ou condenação com ressalva ao direito de demandar ação possessória com base na propriedade em processo posterior.

Para EDUARDO TALAMINI,[209] portanto, apesar de concluir pela produção de coisa julgada, essa limitação gera a parcialidade da cognição na possessória:

> Tome como exemplo a ação possessória. A cognição é parcial, uma vez que adstrita, em regra, à disputa possessória, de modo a excluir as questões dominiais. A liminar possessória é fundada em cognição não apenas *parcial*, por força dessa mesma circunstância, como também *superficial*, pois o juiz a concede mediante juízo de mera verossimilhança. Todavia, a sentença final do processo possessório deriva de cognição *exauriente*: a questão possessória é objeto de investigação aprofundada.

---

[206] NERY JR., Nelson; NERY, Rosa Maria de Andrade. *Código de Processo Civil comentado e legislação extravagante* cit., p. 992-994.

[207] FABRÍCIO, Adroaldo Furtado. *Comentários ao Código de Processo Civil* cit., p. 372.

[208] PEREIRA, Caio Mário da Silva. *Instituições de direito civil* cit., p. 51.

[209] TALAMINI, Eduardo. *Coisa julgada e sua revisão* cit., p. 58

Tal sentença faz coisa julgada material nos limites do objeto do processo. Entre as mesmas partes, e enquanto permanecer inalterada a causa de pedir, não se poderá examinar novo pleito de tutela possessória. Será possível, porém, o ajuizamento de outra ação, entre as mesmas partes, para discutir a propriedade do objeto da disputa – e isso, não por ausência ou atenuação da coisa julgada na sentença possessória, mas porque a questão dominial está fora dos limites objetivos do julgado.

A solução é outra quando é adotada a interpretação restritiva da norma do art. 923 do CPC, como restritiva de direito que é, permitindo ao réu a defesa da posse com base na propriedade.

ADROALDO FURTADO FABRÍCIO[210] identifica a tradição histórica de se permitir a *exceptio dominii* no mesmo processo possessório no Assento de 16 de fevereiro de 1786, no Alvará de 9 de novembro de 1754, nos arts. 25 e 27 do Código de Processo Civil francês de 1806 e nos Códigos regionais brasileiros do Distrito Federal, art. 523, do Espírito Santo, art. 433, de Minas Gerais, art. 661, de Pernambuco, art. 539, do Rio Grande do Sul, art. 525, e de São Paulo, arts. 614 e 628. O fundamento é justamente não se permitir a decisão quanto à posse em desfavor daquele que não detém a propriedade, sob pena de se negar vigência ao poder de reivindicar do proprietário.

O autor vai afirmar que a vedação absoluta redunda em "amputação inaceitável", mesmo que temporária, ao direito de propriedade, permitindo um desmedido obstáculo ao exercício da reivindicação mediante a propositura fraudulenta da possessória, prolongando "uma situação de fato talvez francamente contrária a direito".[211]

Essa doutrina, que compreende a impossibilidade de se separar de forma absoluta a posse da propriedade, justamente porque, por vezes, a posse decorre da propriedade e deve ser julgada a favor do *dominus*, perdeu sua força a partir da insubsistência da segunda parte do revogado art. 505 do Código Civil, na nova redação do parágrafo segundo do art. 1.210 do novo Código, que parece ter purificado a relação posse/propriedade. Tornou a *exceptio dominii* irrelevante para o deslinde do conflito possessório.

De uma forma ou de outra, teremos a coisa julgada se a cognição for entendida por plena quanto à posse; admitindo-se a defesa petitória, ter-se-á coisa julgada plena; se, no entanto, não se admitir a *exceptio dominii*, dever-se-á dar tratamento de coisa julgada com reserva de exceções ou limitação ao total alcance de sua eficácia preclusiva.

JORDI NIEVA FENOLL, após a afirmativa, com base no direito romano, de que os interditos têm natureza de direito penal ("Interdictum hoc, quia atroci-

---

[210] FABRÍCIO, Adroaldo Furtado. *Comentários ao Código de Processo Civil* cit., p. 374-378.
[211] Idem, p. 379.

tatem facinorisin se habet...”),[212] vai corroborar a tese, indicando os processos possessórios como aptos a produzirem *res iudicata*, apesar de só decidirem sobre a posse, excluindo as questões dominiais, que não restam julgadas.

OVÍDIO ARAUJO BAPTISTA DA SILVA, referindo-se a CARNELUTTI, também compreende que a ação possessória produz coisa julgada, pois, para este autor, somente as sentenças em processos que solucionam os conflitos de interesse, declarando sobre a relação jurídica ou o ilícito, como no caso da possessória, podem redundar na imutabilidade.[213]

10. CONCLUSÃO

O vasto lapso temporal entre a queda do Império Romano do Ocidente e a invasão dos povos germânicos aos territórios antes ocupados pode ser identificado como o marco inicial da histórica contenda processual que divide, de um lado, os doutrinadores – ou as tendências filosóficas e políticas que pretendem a maior celeridade germânica – e, de outro, aqueles que não se permitem afastar da busca da verdade, independentemente do tempo que isso demande.

A eterna necessidade de alcançar uma prestação jurisdicional célere como forma de pacificação dos conflitos sociais ou como afirmação do poder estatal por meio do Judiciário, sob pena de descrédito ou de ineficiência na entrega do "bene della vita", pode ser encontrada no conflito e, em alguns momentos, na ponderação entre a cognição e a execução ou, modernamente, entre essas duas formas de função jurisdicional.

O conflito entre a execução romana por meio da *actio* e a execução medieval *per officium iudicis* pode representar a fórmula, reducionista como toda fórmula, de demonstrar boa parte das contendas históricas atinentes ao processo. Veja-se aqui no Brasil a execução de título judicial mediante o cumprimento de sentença *per officium iudicis*.

Nessa guerra sem vencidos ou vencedores, convencionou-se identificar a necessidade da coisa julgada pretérita para a ocorrência da execução como núcleo do embate. Para os povos germânicos, na fase inicial da ocupação, não havia necessidade de cognição prévia à execução. Para os canonistas, porém, não era possível a execução sem prévia cognição. Para LIEBMAN, finalmente, a execução deve ocorrer em processo autônomo após o conhecimento, enquanto para OVÍDIO deve-se arquivar o processo de conhecimento "como simples curiosidade histórica".[214]

---

[212] NIEVA FENOLL, Jordi. *La cosa juzgada* cit., p. 157.

[213] SILVA, Ovídio Araujo Baptista. *Curso de processo civil*. 2. ed. São Paulo: RT, 1998. v. 3, p. 185-186.

[214] SILVA, Ovídio Araujo Baptista. *Jurisdição e execução na tradição romano-canônica* cit., p. 213.

É necessário, para apaziguar os ânimos, desmontar o paradigma e recriá-lo mediante elemento conciliador, um *arbitrer*: a cognição. A coisa julgada não deve ser tomada pelo que ela é ou não capaz de produzir (a execução), mas de onde ela advém (da cognição limitada sumária ou da cognição plena e exaustiva). Passa-se da teleologia à ontologia do instituto.

A efetividade do provimento jurisdicional parte da sua instrumentalidade, da sua adequação ao direito material que serve e da capacidade que a forma do processo poderá dar ao reconhecimento do direito. Quanto maior a sumariedade imposta pela urgência ou pela celeridade, menor a capacidade de aquele provimento produzir coisa julgada.

Se o demandante necessita da celeridade, não pode o processo negar-lhe tal direito, mas deve ele ter conhecimento de que o provimento construído às pressas não será capaz de dar-lhe a imutabilidade, mediante a supressão do direito pleno de defesa para o demandado.

Necessário substituir a relação coisa julgada e execução para cognição, coisa julgada e execução.

Se o legislador passa a admitir provimentos provisórios que produzam execução, superando o dogma coisa julgada e execução, as funções cognitivas e executivas não estão mais circunscritas a processos autônomos e independentes que lhes delimitam precisamente a área de atuação, como vemos na estrutura do Código de 1973. Ao invés, é possível observar que, em provimentos como o injuncional e a antecipação de tutela, temos, além da cognição, a própria execução sem formação de coisa julgada.

Tais elementos, coisa julgada, cognição e execução, devem ser tratados à luz dos princípios do contraditório, da celeridade e da instrumentalidade, donde se pode extrair a função orgânica de composição de tais garantias sob a égide da cognição adequada: se a celeridade exige provimentos imediatamente executivos, a coisa julgada somente pode ser entendida como produto da cognição exaustiva.

A aplicação desses paradigmas às formas processuais escolhidas produz interessantes resultados, como a impossibilidade de se admitir a formação da coisa julgada na ação monitória não embargada, na sentença de mérito julgada à revelia do réu, na transação homologada judicialmente e, principalmente, na sentença oriunda de julgamento *prima facie*. No entanto, essa condição não pode ser negada aos processos ou aos plenários rápidos, chamados sumários, em que a cognição é ilimitada e exaustiva, apesar do *deficit garantístico* dos juizados especiais cíveis.

É possível, então, desenvolver técnicas para a adequação garantística de tais provimentos, mediante a aplicação de *lege ferenda* da técnica da condenação, com ressalvas ou com reservas, às ações monitórias não embargadas e aos processos contumaciais, mitigando a coisa julgada. Esses fenômenos exigem a observação, primeiramente microscópica, das funções cognitivas e executivas para identificar essas atividades em cada decisão, nos provimentos e, não mais, em processos estanques. Após, deve-se observar esses elementos sob a ótica constitucionalista, identificando paradigmas *garantísticos* limitadores dos exageros tanto autonomistas como das pretensões de agentes econômicos e sociais, a bem da dignidade da pessoa humana.

Trata-se de técnica apta tanto a analisar os provimentos em vigor quanto os projetos legislativos de duvidosa constitucionalidade e eficiência prática. A celeridade, de anos para cá, tornou-se o motor das reformas e o valor central para a doutrina, para o legislador e para o administrador da Justiça. Ocorre que essa garantia não é, à evidência, a única, podendo ser refreada pelo contraditório. Cabe, por fim, reproduzir a pertinente e sábia advertência de ALBERTO JOSÉ LAFUENTE TORRALBA: "En el Derecho, como así todo en la vida, el camino más llano no siempre es el que conduce a la meta deseada".[215]

Cremos que, em vez de ficarmos criando infindáveis remédios céleres contra o processo comum ordinário e, ao mesmo tempo, antídotos para as patologias que a celeridade pode causar, o melhor caminho é aquele seguido pelo direito continental europeu,[216] tão cansado de suas próprias invenções: a melhora do próprio procedimento comum por meio da estrutura bifásica.[217]

11. BIBLIOGRAFIA

ALMEIDA, Diogo Assumpção Rezende de. O *Case management* inglês: um sistema maduro? *Revista do Programa de Pós-graduação em Direito da Universidade Federal da Bahia*, n. 21, Bahia, ano 2010, p. 83-130.

ALVES, José Carlos Moreira. *Direito romano*. 8. ed. Rio de Janeiro: Forense, 1992. v. I.

ARAGÃO, Egas Dirceu Moniz de. *Comentários ao Código de Processo Civil.* 9. ed. Rio de Janeiro: Forense: 1998. v. II.

BARBOSA MOREIRA, José Carlos. A revelia no direito alemão e a reforma do processo civil brasileiro. *Estudos sobre o novo Código de Processo Civil.* Rio de Janeiro: Liber Juris, 1974. p. 144.

_____. Considerações sobre a chamada 'relativização' da coisa julgada material. *Temas de direito processual.* Nona série. 1. ed. São Paulo: Saraiva, 2007. p. 235-264.

---

[215] TORRALBA, Alberto José Lafuente. La evolución de la tutela cautelar. *Revista de Processo*, n. 156, São Paulo: RT, fev. 2008, p. 77-103.

[216] TROCKER, Nicolò. *La formazione del diritto processuale europeo.* Torino: Giappichelli, 2011.

[217] Idem, p. 321-322.

_____. A nova definição de sentença. *Temas de direito processual*. Nona série. 1 ed. São Paulo: Saraiva, 2007. p. 167.

_____. *Comentários ao Código de Processo Civil*. 11. ed. Rio de Janeiro: Forense, 2003. v. 5, p. 124.

_____. *O novo processo civil brasileiro*. 22. ed. Rio de Janeiro: Forense, 2002.

BARTOLINI, Francesco; SAVARRO, Pietro (Coord.). *Codice di Procedura Civile commentato con la giurisprudenza*. 26. ed. Piacenza: Casa Editrice la Tribuna, 2008.

BIDART, Adolfo Gelsi. Del tiempo procesal y su manejo. *Revista de Processo*, n. 93, São Paulo: RT, 1999.

CALAMANDREI, Piero. *El procedimiento monitorio*. Trad. Santiago Sentis Melendo. Buenos Aires: Bibliografia Argentina, 1946.

CARRATTA, Antonio. *Il Principio della non Contestazione nel Processo Civile*. Milão: Giuffrè, 1995.

_____. Il nuovo procedimento ingiuntivo europeo fra luci ed ombre. In: CARRATTA, Antonio (Coord.). *Verso il procedimento ingiuntivo europeo*. Milão: Giuffrè, 2007.

CARNEIRO, Athos Gusmão. Tutela de urgência. Medidas antecipatórias e cautelares. Esboço de reformulação legislativa. *Revista de Processo*, n. 140, São Paulo: RT, out. 2006, p. 72-73.

CHIOVENDA, Giuseppe. *Instituições de Direito Processual Civil*. Notas de Enrico Tullio Liebman. 1. ed. São Paulo: Livraria Acadêmica – Saraiva e Cia., 1943. v. 1-2.

_____. *Princípios de derecho procesal civil*. Trad. espanhola da 3. edição italiana do prof. José Casais Y Santaló. Madrid: Instituto Editorial Reus, 1922. t. I-II.

CIPRIANI, Franco. Il procedimento cautelare tra efficienza e garanzie. *Il processo civile nello stato democrático*. Napoli: Scientifiche Italiane, 2006. p. 69-93.

COLA, Livia. L'Efficacia Dell'ingiunzione di pagamento europea. In: CARRATTA, Antonio (Coord.). *Verso il procedimento ingiuntivo europeo*. Milano: Giuffrè, 2007. p. 286.

COMOGLIO, Luigi Paolo. Durata ragionevole del giudizio e forme alternative di tutela. *Revista de Processo*, n. 151, São Paulo: RT, set. 2007, p.72-98.

_____. *Etica e técnica del "giusto processo*. Torino: Giappichelli, 2004.

_____; FERRI, Corrado; Michele, TARUFFO. *Lezioni Sul Processo Civile*. Il Processo Ordinário di cognizione. 4. ed. Bologna: Il Mulino, 2006. v. 1.

COSTA, Salvador da. *A injunção e as conexas ação e execução*. Coimbra: Almedina, 2008. p. 228-229.

Cap. 23 – A COGNIÇÃO SUMÁRIA E A COISA JULGADA NO PROCESSO JUSTO

CRUZ e TUCCI, José Rogério. *Ação monitória.* São Paulo: RT, 1995.

_____; AZEVEDO, Luiz Carlos de. *Lições de história do processo civil romano.* São Paulo: RT, 1996.

_____. *Lições de processo civil canônico* (história e direito vigente). São Paulo: RT, 2001.

DINAMARCO, Cândido Rangel. *Instituições de direito processual civil.* 2. ed. São Paulo: Malheiros, 2002. v. 1.

DIAS, Maria Berenice. *Alimentos gravídicos?* Disponível em: <http://www.ifg.com. br>. Acesso em: 05 maio 2009.

FABRÍCIO, Adroaldo Furtado. *Comentários ao Código de Processo Civil* – arts. 890 a 945. 6. ed. Rio de Janeiro: Forense, 1994. v. 8, t. III.

FAIRÉN GUILLÉN, Victor. *Lo "Sumario" y lo "Plenario" en los procesos civiles y mercantiles españoles:* pasado y presente. Madrid: Centro de Estudios, 2006.

FARIA, Márcio Carvalho. A *jurisprudência defensiva* dos tribunais superiores e a ratificação necessária (?) de alguns recursos excepcionais. *Revista de Processo*, n. 167, São Paulo: RT, jan. 2009, p. 250-270.

FREITAS, José Lebre de; MENDES, Armindo Ribeiro. *Código de Processo Civil anotado.* 2. ed. Coimbra: Ed. Coimbra, jun. 2008. v. 1.

_____. *Introdução ao processo civil, conceito e princípios gerais.* 2. ed. Coimbra: Ed. Coimbra, dez. 2006.

FUX, Luiz. *Curso de direito processual civil.* 1. ed. Rio de Janeiro: Forense, 2001. v. 1.

GARBAGNATI, Edoardo. *I procedimenti di ingiunzione e sfratto.* Milano: Giuffrè, 1949.

GANDOLFI, Giuseppe. *Contributo allo studio del processo interdittale romano.* Milano: Giuffrè, 1955.

GHIRGA, Maria Francesca. Le novità sul calendario del processo: le sanzioni previste per il suo mancato rispetto. *Rivista di Diritto Processuale*, ano LXVII, n. 1, Padova: CEDAM, 2012, p. 166-187.

GRECO, Leonardo. *Estudos de direito processual.* Campos dos Goytacazes: Faculdade de Direito de Campos, 2005.

_____. *O processo de execução.* Campos dos Goytacazes: Renovar, 2010. v. 2.

_____. *A teoria da ação no processo civil.* São Paulo: Dialética, 2003.

_____. *Resenha informativa sobre o direito ao processo justo na Convenção europeia e na Convenção americana dos direitos do homem.* 2007. inédito.

_____. Ações na execução reformada. In: SANTOS, Ernane Fidélis dos et alii (Org.). *Execução civil*: estudos em homenagem ao professor Humberto Theodoro Júnior. São Paulo: RT, 2007.

_____. A Função da Tutela Cautelar. In: ASSIS, Araken de; ALVIM, Eduardo Arruda; NERY JR., Nelson; MAZZEI, Rodrigo; WAMBIER, Tereza Arruda Alvim; ALVIM, Thereza (Org.). *Direito civil e processo* – estudos em homenagem ao professor Arruda Alvim. São Paulo: RT, 2007. p. 829-843.

_____. *Translatio iudicii* e reassunção do processo. *Revista de Processo*, n. 166, São Paulo: RT, dez. 2008, p. 9-26.

_____. Publicismo e privatismo no processo civil. *Revista de Processo*, n. 164, São Paulo: RT, out. 2008, p. 29.

_____. Atos de disposição processual – primeiras reflexões. *Revista Eletrônica de Direito Processual – REDP*, 1. ed., Rio de Janeiro, 2007, p. 7-28. Disponível em: <http://www.redp.com.br/arquivos/redp_1a_edicao_rj.pdf>.

_____. *Instituições de processo civil*. Rio de Janeiro: Forense, 2010. v. 2.

_____. *Novas perspectivas da efetividade e do garantismo processual*. Inédito.

LACERDA, Galeno. Ação rescisória e homologação de transação. *Revista AJURIS*, v. 14, Rio de Janeiro, 1978, p. 29-43.

LANFRANCHI, Lucio (Org.). *Giusto processo civile e procedimenti decisori sommari*. "Pregiudizi illuministici" e "giusto processo" civile. 2. ed. Torino: Giappichelli, 2001.

LIMA, Alcides de Mendonça. *Introdução aos recursos cíveis*. São Paulo: RT, 1965. p. 139-140.

MARINONI, Luiz Guilherme; ARENHART, Sérgio Cruz. *Manual do processo de conhecimento*. 5. ed. São Paulo: RT, 2006.

MELO, Marco Aurélio Bezerra de. *Direito das coisas*. Rio de Janeiro: Lumen Juris, 2007.

MENCHINI, Sergio. Nuove forme di tutela e nuovi modi di risoluzione delle controversie: verso il superamento della necessità dell'accertamento con autorità di giudicato. *Rivista di Diritto Processuale*, ano LXI, n. 3, Padova: CEDAM, 2006, p. 869-902.

MIRANDA NETO, Fernando Gama de. Juizados Especiais Cíveis entre autoritarismo e garantismo. *Revista de Processo*, n. 165, São Paulo: RT, nov. 2008, p. 185-200.

MURRAY, Peter L.; STUNER, Rolf. *German civil justice*. Durham, Carolina do Norte: Carolina Academia Press, 2004.

NERY JUNIOR, Nelson; NERY, Rosa Maria de Andrade. *Código de Processo Civil comentado e legislação extravagante*. 9. ed. São Paulo: RT, 2006.

NIEVA FENOLL, Jordi. *La cosa juzgada*: el fin de un mito. Problemas actuales del proceso Iberoamericano – Actas de las XX Jornadas Iberoamericanas de Derecho Procesa. Málaga, 2006. p. 429-440.

_____. *La cosa juzgada*. Barcelona: Atelier Libros Jurídicos, 2006.

_____. La relevancia social de la casación: la importancia del *ius litigatoris*. *Revista de Processo*, ano 32, n. 147, São Paulo: RT, maio 2007, p. 97-122.

PASSOS, José Joaquim Calmon de. *Comentários ao Código de Processo Civil*. 8. ed. Rio de Janeiro: Forense, 1998. v. 3.

PEREIRA, Caio Mário da Silva. *Instituições de direito civil*. 2. ed. Rio de Janeiro: Forense, 1991. v. 4.

PISANI, Andrea Proto. *Lezioni di diritto processuale civile*. Napoli: Jovene, 2006.

_____. *Verso la residualittà del processo a cognizione piena* ? In Studi in Onore di Carmine Punzi. Torino: Giappichelli, 2008. p. 699-707.

_____. *I diritti e le tutele*. Napoli: Scientifiche Italiane, 2008.

PUGLIESE, Giovanni. Giudicato Civile (Storia). *Enciclopédia del Diritto*. Milano: Giuffrè, 1969. p. 727-785. v. 18.

_____. In: SITZIA, Francesco; VACCA, Letizia (Colab.). *Istituzioni di diritto romano*. Torino: Giappichelli, 1998.

REDENTI, Enrico. *Diritto processuale civile*. 2. ed. Milano: Giuffrè, 1957. v. 3, p. 26-27.

_____. *Istituizioni del processo civile italiano*. [s.l.: s.n.]. v. 3.

SCIALOJA, Vittorio. *Procedimiento civil romano*. Buenos Aires: Jurídicas Europa-América, 1954.

SILVA, Germano Marques da. *Curso de processo civil executivo*. Lisboa: Universidade Católica, 1995.

SILVA, Ovídio Araujo Baptista. *Jurisdição e execução na tradição romano-canônica*. São Paulo: RT, 1996.

_____. *Curso de processo civil*. 4. ed. São Paulo: RT, 1998. v. 1.

TALAMINI, Eduardo. *Coisa julgada e sua revisão*. São Paulo: RT, 2005.

TARUFFO, Michele. Verdad y probabilidad en la prueba de los hechos. *Páginas sobre justicia civil*. Madrid: Marcial Pons, 2009. p. 418-419.

_____. Verità negoziata? In: CIPRIANI, Franco (Coord.). *Accordi di parte e processo*. Milano: Giuffrè, 2008.

TESHEINER, José Maria Rosa. *Eficácia da sentença e coisa julgada no processo civil*. São Paulo: RT, 2002.

TORRALBA, Alberto José Lafuente. La evolución de la tutela cautelar. *Revista de Processo*, n. 156, São Paulo: RT, fev. 2008, p. 77-103.

TROCKER, Nicolò. *La formazione del diritto processuale europeo.* Torino: Giappichelli, 2011.

VÁZQUEZ IRUZUBIETA, Carlos. *Comentario a la Ley de Enjuiciamiento Civil.* Madrid: Difusión Juridica y Temas de Actualidad, 2009. p. 717.

WATANABE, Kazuo. *Da cognição no processo civil.* 2. ed. São Paulo: Central de Publicações Jurídicas, 1999.

PROCESSO, PROVA E VERDADE 24

Filipe Guimarães

Sumário: 1. Introdução – 2. Primeiro plano: é possível alcançar a verdade?: 2.1. Modelo persuasivo da prova; 2.2. Modelo demonstrativo da prova; 2.3. Conclusões parciais – 3. Segundo plano: limitações à atividade cognitiva: 3.1. Liberdade das partes na delimitação dos fatos e das provas; 3.2. Limitações probatórias: as provas ilícitas; 3.3. Indícios, presunções e regras de experiência; 3.4. O problema da prova pericial: dependência da confiabilidade dos métodos científicos; 3.5. É possível falar em um dever de veracidade dos litigantes e de seus advogados? – 4. Considerações finais – 5. Referências bibliográficas.

1. INTRODUÇÃO

O objetivo deste estudo é analisar a função da prova no processo e, especialmente, em que medida o processo, e em particular a prova, pode ser considerado um instrumento eficaz para a descoberta da verdade.

O tema é relevante porque afeto ao direito probatório, tão caro à ciência do processo. Além disso, analisar em que medida o processo está estruturado para o alcance da verdade nos permite melhor avaliar a conveniência de se adotar determinados modelos probatórios para o sistema processual – uma das relevantes aplicações práticas seria, por exemplo, admitir ou não a participação ativa do juiz na fase probatória (com efeito, a busca da chamada "verdade substancial" é uma das premissas utilizadas por aqueles que defendem a concessão de amplos poderes probatórios ao juiz).

A verdade (sua descoberta ou seu conhecimento) é assim considerada um pressuposto dos julgamentos justos. Aliás, o próprio sistema jurídico herdado do positivismo e de suas bases iluministas, de certa forma, alimenta esse ideal. Segundo essa visão, ainda tão presente entre nós, o direito mesmo é encarado como instrumento de revelação de verdades por meio do raciocínio silogístico.[1] A razão seria capaz de identificar no arsenal legislativo a norma que se adapta perfeitamente a determinada situação da vida. Nesses termos, a consequência a determinada *fattispecie* é corretamente aplicada (e por isso se diz que essa aplicação foi justa) quando os fatos estão corretamente elucidados. O conhecimento da verdade constitui finalidade instrumental ou intermediária, portanto.[2]

E essa assertiva parece-nos insuperável. Com efeito, quanto maior a porção de verdade revelada, maiores serão as chances de que o julgamento seja essencialmente justo. Seria mesmo ingênuo defender ideia em sentido contrário e nossa tentativa que agora tem início não pretende incorrer nesse equívoco. Não pretendemos dizer que a verdade é prejudicial ao julgamento, ou que a justiça independe do conhecimento o mais amplo e completo possível da verdade. Nossa ideia é analisar o processo, sua estrutura, os valores que espelha e a necessidade de que ele reflita na medida do possível uma situação de harmonia entre todos os valores presentes na consciência jurídica coletiva de nosso povo.

O processo é reflexo da Constituição. O sistema processual deve espelhar aqueles valores que a Constituição consagra como relevantes. Na feliz expressão de Cândido Rangel Dinamarco, uma das relações que se estabelecem entre o sistema processual e a Constituição é exatamente a missão das normas constitucionais que se resolve em ditar o padrão político da vida do processo.[3] De um modo geral, a legislação infraconstitucional representa um desdobramento da forma como a Constituição estabelece o padrão político, social e econômico de um povo. E com o processo não é diferente.

Isso significa dizer que o processo, assim como a Constituição, harmoniza uma série de valores que por vezes colidem. O sistema processual de uma democracia é assim porque a Constituição de um Estado Democrático de Direito se constrói dessa forma. Nessa ordem de convicções, a verdade nem sempre é um valor preponderante – sem embargo, não seríamos capazes de afirmar que a verdade é irrelevante para o processo; definitivamente não. Mas – e sabemos de antemão que a assertiva pode soar antipática – o fato é que, da forma em que o sistema está estruturado, por vezes a verdade é relegada a um segundo plano,

---

[1] CAMBI, Eduardo. Neoconstitucionalismo e neoprocessualismo. *Panóptica*, ano 1, n. 6, Vitória, fev. 2007, p. 1-44, esp. p. 2.

[2] LUNARDI, Soraya Gasparetto; DIMOULIS, Dimitri. A verdade como objetivo do devido processo legal. In: DIDIER JR., Fredie et alii. *Teoria do processo*: panorama doutrinário mundial. Salvador: JusPodivm, 2010. v. 2, p. 815-831, esp. p. 816.

[3] DINAMARCO, Cândido Rangel. *Instituições de direito processual*. São Paulo: Malheiros, 2005. v. 1, p. 208.

Cap. 24 – PROCESSO, PROVA E VERDADE

seja porque sua obtenção é impossível, seja porque, mesmo quando possível conhecê-la, impõe-se a prevalência de outros valores. Em outros momentos, a verdade é mesmo desprezada – o que não significa que ela seja irrelevante, mas apenas que o direito estabelece mecanismos indutivos, dedutivos ou mesmo ficções (sejam essas induções, deduções e/ou ficções já concretizadas pela lei, sejam ainda realizadas pelo intérprete com autorização legal) que atendem a outras finalidades igualmente importantes. É preciso deixar claro: o valor representado pelo conhecimento da verdade não goza de prevalência *prima facie* em relação a outros a que o processo deve prestar deferência.

A análise então se desenvolve em planos distintos. Na primeira parte, investigaremos a função da prova no processo, que diz diretamente com as teorias sobre a possibilidade de a verdade ser revelada ou não pela atividade do homem. No segundo plano, serão analisados institutos de direito processual que limitam a atividade destinada à busca da verdade, o que revela que a verdade é apenas um dos valores presentes no sistema, que deve ser harmonizado com outros de igual importância.

Sabemos da dificuldade em lidar com tema tão espinhoso. A dificuldade decorre da incontornável necessidade de se recorrer a argumentos metajurídicos, porque nos é exigido trabalhar com problemas que não se confinam em regras de direito nem podem ser compreendidos unicamente com recurso a noções e técnicas de interpretação jurídica.[4] Em campo tão vasto e complexo, nossa pretensão não é esgotar o tema, mas apenas apresentar algumas questões que consideramos importantes.

2. PRIMEIRO PLANO: É POSSÍVEL ALCANÇAR A VERDADE?

2.1. Modelo persuasivo da prova

De acordo com o modelo persuasivo, a prova pertence à área da argumentação. Esse modelo trabalha com a ideia de que é impossível atingir a verdade histórica dos fatos. Seu ponto de chegada pretende ser uma reconstrução dos fatos o mais próxima possível da realidade, embora se negue a aptidão da prova para reconstruir a própria realidade. Aqui, a relação que se estabelece entre prova e verdade deixa de ser ontológica para assumir caráter teleológico. Não se chega a ponto de negar que possa existir uma relação entre prova e verdade, apenas se afasta a ideia de que possa haver um vínculo conceitual, porque

---

[4] TARUFFO, Michele. *La prova dei fatti giuridici*: nozione generale. Milano: Giuffrè, 1992. p. 3. Em sentido similar, Danilo Knijnik fala sobre a dificuldade do tema indicando KNIJNIK, Danilo. Caráter refratário da prova a enfoques exclusivamente jurídicos. In: KNIJNIK, Danilo. *A prova nos juízos cível, penal e tributário*. Rio de Janeiro: Forense, 2007. p. 3.

impraticável.[5] Para alguns autores, partidários da teoria da prova como função persuasiva, colocar a prova como instrumento cuja finalidade é o alcance da verdade não passa de um mito.[6]

Esse modo de enxergar o fenômeno não é exatamente novo. Hermes Zaneti Junior, citando Nicola Picardi, revela que a ideia permeou o pensamento de Aristóteles, que distinguiu o silogismo apodítico do silogismo dialético, o primeiro como ciência demonstrativa, partindo de premissas verdadeiras para estabelecer conclusões lógicas e igualmente verdadeiras, e o segundo estabelecendo procedimentos lógicos cujos pontos de partida e de chegada são *opiniões*. A dialética é a arte do diálogo, da persuasão, destinada a alcançar uma verdade provável, justamente a verdade que sobressai de uma discussão.[7] Já estava presente aqui a ideia de que o juízo não se baseia sobre fatos reputados verdadeiros ou falsos, mas sobre uma reconstrução mental que se opera sobre os enunciados fáticos trazidos ao processo.

Emergem na filosofia contemporânea opções de realismo crítico que prestigiam o significado da realidade empírica. Partidários da corrente conhecida como realismo jurídico norte-americano, autores como Jerome Frank e William James atribuem um caráter essencialmente interpretativo e hermenêutico ao que se entende por realidade, assumindo uma postura marcada pelo relativismo cognitivo.[8] O pensamento desses teóricos se afina com uma ideia segundo a qual as decisões dos tribunais estão condicionadas a uma série de fatores externos,

---

[5] KNIJNIK, Danilo. *A prova nos juízos cível, penal e tributário* cit., p.14.

[6] Por todos, v. Juan Montero Aroca, para quem a pretensão de descobrir a verdade mediante a prova é uma aspiração demasiadamente ambiciosa (MONTERO AROCA, Juan. *La prueba en el proceso civil*. Madrid: Civitas, 2002. p. 35). Merece também referência a passagem de obra de autoria de Luiz Guilherme Marinoni e Sérgio Cruz Arenhart (MARINONI, Luiz Guilherme; ARENHART, Sérgio Cruz. *Prova*. 2. ed. rev. e atual. São Paulo: RT, 2011). Para esses dois ilustres juristas, embora a teoria processual esteja calcada na ideia de verdade como único caminho pelo qual se pode chegar a soluções justas, "não se pode negar que a ideia de se atingir, por meio do processo, a verdade real sobre determinado acontecimento não passa de mera utopia" (p. 36). Em outra passagem, os autores consideram que a possibilidade de o juiz atingir a verdade substancial é um "mito", uma "miragem", enfim, algo "sem o menor respaldo" (idem, p. 43). Também Leonardo Greco, embora se posicione francamente a favor de métodos aptos a revelar a verdade no processo e de construir seu discurso com base na premissa de que a verdade é um valor humanitário, chega a afirmar que a verdade real é "utópica e inatingível" (GRECO, Leonardo. A prova no processo civil: do Código de 1973 ao novo Código Civil. *Estudos de direito processual*. Campos dos Goytacazes: Faculdade de Direito de Campos. p. 357-391, esp. p. 367).

[7] ZANETI JUNIOR, Hermes. O problema da verdade no processo civil: modelos de prova e de procedimentos probatórios. *Revista de Processo*, n. 116, ano 29, São Paulo: RT, jul.-ago. 2004, p. 334-371, esp. p. 339.

[8] KNIJNIK, Danilo. Ceticismo fático e fundamentação teórica de um Direito Probatório. In: KNIJNIK, Danilo. (Coord.). *Prova judiciária*: estudos sobre o novo direito probatório. Porto Alegre: Livraria do Advogado, 2007. p. 11-25, esp. p. 12.

Cap. 24 – PROCESSO, PROVA E VERDADE

ressaltando a sua falibilidade (é a ideia de tentar descrever as coisas *como elas são* e não como *deveriam ser*). É destacada a importância da intuição dos magistrados, que estariam sempre dispostos a fundamentar suas decisões valendo-se de uma construção racional forjada para justificar aquela decisão final que seu espírito já sentira nos primeiros contatos com o caso. Essa intuição, absolutamente determinante para o modo como o juiz soluciona as questões que lhes são trazidas, é marcada por uma série de influências pessoais, como a cultura jurídica do magistrado, as suas experiências teórico-práticas, além de fatores externos incontroláveis (como, por exemplo, a jocosa e já conhecida referência ao processo digestivo dos julgadores). O realismo jurídico implica um ceticismo radical quanto ao conhecimento dos fatos do processo, que possui relação direta com uma concepção subjetivista do juízo de fato.[9]

2.2. Modelo demonstrativo da prova

De acordo com o modelo demonstrativo, a função da prova é reconstruir os fatos no processo, supondo a autonomia do mundo fático e a viabilidade de uma atividade empírica capaz de introduzir a verdade nos autos. Seu ponto de chegada é a apreensão do mundo fenomênico, porque pressupõe a possibilidade de ser alcançada a verdade real sobre os fatos em sua inteireza.[10] Definições tão comuns sobre a função da prova no processo,[11] como são as que apregoam a prova como atividade destinada a *demonstrar* ou mesmo a *elucidar* a verdade dos fatos, são consectárias do modelo demonstrativo, fruto da superação da lógica do provável, que correspondeu a uma tentativa de transportar para o direito o raciocínio apodítico.[12] Também aqueles que defendem uma maior ingerência do juiz na atividade probatória, no fundo, estão assentados na premissa de que a prova constitui meio apto para atingir a verdade. Normalmente, justificam sua posição na ideia de que quanto maiores forem os poderes probatórios conferidos a um terceiro imparcial, maiores serão as chances de que a verdade seja revelada – e por via de consequência, maiores seriam as chances de um julgamento justo.[13]

---

[9] Idem, p. 21.

[10] KNIJNIK, Danilo. *A prova nos juízos cível, penal e tributário* cit., p. 11-12.

[11] V. Cândido Rangel Dinamarco, para quem "prova é demonstração" e "provar é demonstrar". Sua definição sobre prova é precisamente esta: "Conjunto de atividades de verificação e demonstração, mediante as quais se procura chegar à verdade quanto aos fatos relevantes para o julgamento" (DINAMARCO, Cândido Rangel. *Instituições de direito processual civil*. 5. ed. rev. atual. São Paulo: Malheiros, 2005. v. 3, p. 43). Além disso, buscando a origem da palavra *prova* (*probus*, que significa *bom, correto, verdadeiro*), o autor sustenta que provar seria então demonstrar que uma alegação é boa, correta, verdadeira (idem, p. 58).

[12] ZANETI JUNIOR, Hermes. O problema da verdade no processo civil: modelos de prova e de procedimentos probatórios cit., p. 340.

[13] Por todos, confira-se BARBOSA MOREIRA, José Carlos. O neoprivatismo no processo civil. *Temas de direito processual*. Nona série. São Paulo: Saraiva, 2007. p. 87-101, esp. p. 97.

É Michele Taruffo quem nos fornece o estudo mais completo sobre a função da prova e sua aptidão para atingir a verdade dos fatos. Quanto a essa possibilidade no plano teórico, adverte que a teoria da verdade material, que nos países socialistas derivou do materialismo dialético (em particular da doutrina epistemológica de Lênin), contém um conceito cardinal da teoria da prova e da disciplina do processo civil e penal. Após citar vários autores, Taruffo sustenta que não é o caso de indicar uma orientação filosófica específica como premissa exclusiva para a análise da verdade judicial. Ao contrário, é suficiente mostrar que existem orientações idôneas a fornecer o fundamento teórico da possibilidade de construir noções sensatas de "verdade judicial". Autores de filosofia do direito que se dedicaram ao estudo da moral já advertiam que a negação de verdades absolutas não corresponde a um relativismo gnosiológico.[14]

Com relação ao que chamou de possibilidade ideológica, Taruffo indica que o escopo do processo é produzir decisões justas. Mas, ainda que seja aceito definir o escopo do processo de outro modo, como o de decidir a controvérsia com satisfação das partes, *tout court*, essa decisão jamais será justa se estiver fundada em um acertamento dos fatos equivocado ou pouco confiável. É dizer: a assertiva seria compatível, inclusive, com a teoria de que o processo se presta a resolver conflitos, porque não é qualquer solução do conflito que se aceita como válida, mas sim aquela que resultar da aplicação de critérios de justiça. Ademais, a norma possui uma estrutura *se F (fato) então C (consequência jurídica)*, pelo que nenhuma norma poderia ser corretamente aplicada se não está definido corretamente o que seja F.[15] Uma justiça "sem verdade" equivaleria a um sistema de arbítrio em que não existem garantias substanciais nem processuais.[16] Defender que o processo civil deve buscar o acertamento da verdade dos fatos pressupõe que esse acertamento seja possível, mas não diz nada a respeito de qual "versão" da verdade se tem em mente. Trata-se de uma escolha ideológica que pode estar fundada em diversas epistemologias. Pode haver uma escolha oportuna porque favorável ao princípio da verdade judicial dos fatos, mas infundada porque embasada em uma teoria equivocada da verdade.[17]

Por fim, depois de concluir que a verdade dos fatos no processo é teoricamente possível e ideologicamente necessária, Michele Taruffo se dedica a demonstrar a sua possibilidade prática. Nesse sentido, haveria várias razões para acreditar que é infundada a tese de que a verdade judicial não tem nada em comum com a verdade de que se fala fora do processo. Em primeiro lugar, porque as regras legais que disciplinam a prova e o acertamento dos fatos no

---

[14] V. FERNANDEZ, Eusebio. *Teoria de la justicia y derechos humanos*. Madrid: Debate, 1984. p. 58-59.

[15] TARUFFO, Michele. *La prova dei fatti giuridici* cit., p. 46.

[16] Idem, p. 48.

[17] Idem, p. 50.

processo não exaurem o objeto, ao contrário, são essencialmente residuais. Em segundo lugar, porque, ainda que as normas de provas legais em sentido estrito possam operar no sentido de vincular o juízo a uma "verdade legal" que tende a ser diversa da "verdade empírica", nem todas as regras jurídicas em matéria de prova são normas desse gênero, eis que também haveria normas que favorecem a determinação da verdade histórica dos fatos, prevenindo erros ou regulando procedimentos específicos de controle sobre a prova.

2.3. Conclusões parciais

Os modelos sucintamente delineados apresentam noções diferentes acerca da função da prova e de seu papel no processo. É natural que essas noções estejam de certa forma ligadas a concepções políticas e históricas do processo, e por isso os processualistas da primeira metade do século XX adotaram concepções céticas em relação à possibilidade de revelação da verdade. A virada dogmática do Pós-Segunda Guerra Mundial (que no Brasil foi tardiamente alcançada com a Constituição de 1988) representou a construção de uma ordem jurídica calcada no primado da dignidade da pessoa humana e dos direitos fundamentais, na qual a verdade assume um valor humanitário, pressuposto necessário para a tutela jurisdicional efetiva. Como salienta Leonardo Greco, "o estado constitucional impõe a verdade como um valor cultural".[18] É preciso que os jurisdicionados confiem na aptidão do processo para gerar certezas, porque, do contrário, prevalece a sensação de insegurança e a descrença nas instituições públicas.

Mas não nos deixamos levar por impressões. A preocupação com a tutela jurisdicional efetiva não pode contaminar a discussão sobre a prova e sua capacidade como fator para o alcance da verdade. É admissível que, nessa nova ordem de ideias, sejam assumidos determinados valores. O processo deve garantir a todo litigante o acesso a todos os meios adequados à prova dos fatos que conferem suporte ao seu direito. Mas outra é a discussão sobre a capacidade de que essas provas têm de proporcionar o conhecimento da verdade.

Assumimos desde logo uma premissa muito clara: não há falar em verdade formal ou verdade material, pelo simples fato de que a verdade não aceita adjetivações.[19] A primeira seria a pertinência absoluta entre uma afirmação e o que se passou na realidade fenomênica, enquanto a segunda seria a verdade meramente

---

[18] GRECO, Leonardo. *Instituições de processo civil*. Rio de Janeiro: Forense, 2010. v. 2, p. 139.

[19] Nesse sentido, MONTELEONE, Girolamo. Principios e ideologías del proceso civil. Impresiones de un 'revisionista'. In: MONTERCO AROCA, Juan (Org.). *Proceso civil e ideología*. Valencia: Tirant lo Blanch, 2006. p. 97-107, esp. p. 106; BARBOSA MOREIRA, José Carlos. Breves observaciones sobre algunas tendencias contemporáneas del proceso penal. *Revista de Processo*, n. 93, ano 22, jul.-São Paulo: RT, set. 1997, p. 110-117, esp. p. 111; MIRZA, Flávio. Notas sobre a questão da verdade no direito processual. In: SILVEIRA, Carlos Frederico Gurgel Calvet da et alii (Org.). *Ensaios sobre justiça, processo e direitos humanos II*. Petrópolis: UCP, 2009. p. 101-

refletida no processo e que se encontra juridicamente apta a fundamentar uma decisão, identificando-se mais com uma ficção da verdade.[20] Essa forma distinta de lidar com o tema da verdade teve início por obra da doutrina alemã, especialmente de Wach, von Bulöw e von Castein, como reação à constatação de que, em muitas oportunidades, fatos declarados provados não coincidem com o que realmente ocorreu no mundo físico, enquanto alguns fatos substancialmente verdadeiros eram considerados como não comprovados.[21]

Tornou-se, assim, comum imaginar que o processo penal estaria relacionado ao conceito de verdade substancial, enquanto o processo civil poderia se contentar com a verdade formal. No entanto, tal distinção parece hoje estar superada. A sua justificativa estava no fato de que o processo penal lida, ao menos em tese, com bens jurídicos mais relevantes, enquanto o processo civil normalmente se dedica a estabelecer as regras de um processo destinado a resolver uma controvérsia patrimonial. O processo penal, assim, demandaria a atuação de ofício do juiz, porque a verdade material se impunha como valor com o qual não se poderia transigir. A gravidade das consequências penais, normalmente restritivas do direito de liberdade, faria com que o direito processual penal não se compadecesse com uma decisão que não refletisse fielmente a verdade (material ou real).

A distinção hoje carece de significado, pois o processo penal não possui particularidade que autorize esse tratamento especial no que diz respeito à reconstrução dos fatos. A premissa que um dia sustentou a distinção se revelou falsa, especialmente quando se leva em conta que o processo penal também é a ferramenta utilizada para resolver controvérsias de menor potencial ofensivo,[22] enquanto o processo civil contém as técnicas de solução de controvérsias que giram em torno de direitos indisponíveis, fundamentais (como alguns direitos de família e relativos à capacidade e ao Estado) e muitas vezes transindividuais – nessa ordem de ideias, parece inequívoco que assume maior relevância, por exemplo, a controvérsia acerca da poluição de um rio que abastece toda uma comunidade do que uma controvérsia a respeito de uma agressão cuja sanção sequer passa pela privação da liberdade do suposto ofensor. Como afirmam Luiz Guilherme Marinoni e Sérgio Cruz Arenhart, o conceito não oferece mais

---

121, esp. p. 105; CÂMARA, Alexandre Freitas. *Lições de direito processual civil.* 14. ed. Rio de Janeiro: Lumen Juris. p. 46, apenas para citar alguns exemplos.

[20] MARINONI, Luiz Guilherme; ARENHART, Sérgio Cruz. *Prova* cit., p. 32.

[21] BELTRÁN, Jordi Ferrer. *Prueba e verdad en el derecho.* 2. ed. Madrid: Marcial Pons, 2005. p. 61.

[22] Marco Antonio de Barros também sustenta que há situações que revelam a aplicação da verdade formal ao processo penal, tais como o perdão do ofendido nas ações penais privadas e a possibilidade de transação penal, prevista na Lei dos Juizados Especiais (BARROS, Marco Antonio de. *A busca da verdade no processo penal.* 3. ed. rev. atual. e ampl. São Paulo: RT, 2011. p. 39).

Cap. 24 – PROCESSO, PROVA E VERDADE

nenhuma utilidade prática e, justamente por isso, vem paulatinamente perdendo espaço nas obras mais modernas.[23]

Francesco Carnelutti há muito destruiu o mito da verdade formal demonstrando que a verdade é una.[24] Nesse sentido, ou a verdade formal coincide com a verdade material (e não será nada mais do que a própria *verdade*) ou se distancia dela, e então será uma *não verdade*.[25] Um fato (ou, se se preferir, a afirmação que se formula a respeito de um fato) é ou não verdadeiro, na medida em que o fato ou ocorreu ou não ocorreu. *Tertium non datur*. Também não há "meias-verdades", porque um juízo não pode ser em parte falso e em parte verdadeiro – a verdade está no todo.[26] Em resumo: não existe uma verdade que não seja *a verdade*.

Quando Michele Taruffo afirma que as limitações e peculiaridades da estrutura do processo civil são incompatíveis com a busca da verdade absoluta, mas que não seria essa verdade de que trata o processo (porque seria o caso de verificar se essas limitações e peculiaridades são incompatíveis com cada forma de verdade dos fatos ou se são compatíveis com qualquer verdade dos fatos[27]), está em última análise compactuando com a ideia de que existe mais de uma verdade (a verdade real, a verdade relativa, a formal, a possível etc.). Mas esta não é nossa premissa. Segundo entendemos, só existe uma verdade (verdade fundamental, se quiser que se adjetive) e ela é ou não alcançada. E definitivamente, o processo não está estruturado para alcançá-la, senão acidentalmente, como passaremos a ver.

Além disso, se é verdade que a contraposição entre os modelos apresentados encampa a contraposição entre os conceitos de verdade e verossimilhança, como afirma Antonio Carrata,[28] pertencendo a verdade ao modelo demonstrativo (lógica analítica cartesiana) e a verossimilhança ao modelo persuasivo (ou argumentativo, de lógica dialética), somos levados a concordar com a ideia de que o processo não possui a verdade,[29] embora a persiga continuamente, aspirando obtê-la por intermédio das provas.[30]

---

[23] MARINONI, Luiz Guilherme; ARENHART, Sérgio Cruz. *Prova* cit., p. 35.

[24] CARNELUTTI, Francesco. *La prueba civil*. 2. ed. Trad. Niceto Alcalá-Zamora y Castillo. Buenos Aires: Depalma. p. 20-21.

[25] MONTERO AROCA, Juan. *La prueba en el proceso civil* cit., p. 36.

[26] Francesco Carnelutti sentencia que "a verdade está no todo, não na parte; e o todo é demais para nós" (CARNELUTTI, Francesco. Verità, dubbio e certezza. *Rivista di Diritto Processuale*, v. XX, Padova: Cedam, 1965, p. 4-9, p. 4-5).

[27] TARUFFO, Michele. *La prova dei fatti giuridici* cit., p. 25-26.

[28] CARRATA, Antonio. Funzione dimostrativa della prova (verità del fato nel processo e sistema probatorio). *Rivista di Diritto Processuale*, ano LVI, Milano: Cedam, genn.-mar. 2001, p. 73-103, esp. p. 85.

[29] Como salienta José Roberto dos Santos Bedaque, "a instrução não tem por fim encontrar a verdade. Destina-se apenas a proporcionar ao juiz o retrato mais fiel possível dos fatos consti-

A prova não demonstra a veracidade de um fato ou de um enunciado fático. Os fatos pertencem ao passado, esgotando-se no exato momento em que acontecem. Depois disso, no instante imediatamente subsequente, são sepultados em definitivo em algum lugar que a inteligência humana não é capaz de alcançar e o que resta são afirmações sobre o que se passou – essas afirmações sim poderão ser verdadeiras ou falsas, mas desvendar o mistério exigiria do homem ressuscitar os fatos, fazê-los sair do seu sepulcro, enfim, fazer uso de uma máquina do tempo (algo que, até a data em que estas linhas são escritas, não há registro de que tenha sido criado...).

3. SEGUNDO PLANO: LIMITAÇÕES À ATIVIDADE COGNITIVA

Neste capítulo tentaremos exibir um apanhado de técnicas comumente utilizadas, algumas *ex lege*, e que revelam como a verdade não é um ideal absoluto no processo. A intenção é justamente demonstrar que o processo se serve de técnicas, assim como legislador e juízes elegem determinados valores, que nem sempre estão voltados à busca da verdade. São comuns, assim, mecanismos como os que preveem a assunção de determinados fatos como verdadeiros a partir de indícios e presunções. Também são comuns as limitações à atividade probatória – supostamente destinada ao alcance da verdade – em prestígio a outros valores, especialmente os constitucionalmente consagrados. Não é ocioso registrar que a verdade encontra limitações na medida em que sequer se impõe como um dever aos litigantes e aos seus patronos. Vejamos.

3.1. Liberdade das partes na delimitação dos fatos e das provas

Fora o fato de a prova exercer uma função meramente persuasiva – e não demonstrativa –, convém notar que o próprio sistema processual está estruturado de forma a tornar a verdade um elemento acidental, nunca essencial. São várias as situações em que o juiz sequer tem acesso à integralidade dos fatos.

De início, basta observar que a atividade cognitiva exercida pelo juiz está irremediavelmente vinculada aos fatos alegados pelas partes, decorrência do princípio dispositivo. A afirmação das partes vincula o juiz quanto aos fatos, de um lado, porque não pode levar em consideração fatos que não hajam sido afirmados pelas partes (vedada a fundamentação por fatos de sua ciência privada);

---

tutivos, modificativos e extintivos do direito afirmado" (BEDAQUE, José Roberto dos Santos. *Poderes instrutórios do juiz*. 4. ed. rev. e atual. São Paulo: RT, 2009. p. 16).

[30] Nas palavras de Luiz Guilherme Marinoni e Sérgio Cruz Arenhart, citando Michele Taruffo, "embora a verdade não constitua um fim em si mesma, insta buscá-la enquanto condição para que se dê qualidade à justiça ofertada pelo Estado" (MARINONI, Luiz Guilherme; ARENHART, Sérgio Cruz. *Prova* cit., p. 28-29).

de outro, porque não pode deixar de apreciar um fato que tenha sido afirmado por uma das partes[31] (*ne procedat iudex ex officio* e *ne eat iudex ultra petitum partium*). Após, com a estabilização da demanda, não é dado às partes suscitar novos fatos, nem ao juiz conhecê-los de ofício,[32] cristalizando-se o arcabouço fático sobre o qual os personagens do processo passarão a verter seus esforços na tarefa de instruir o processo.[33]

Um sistema assim estruturado, moldado pelo poder de disposição dos litigantes sobre a matéria de fato – os fatos que, no fim do caminho, servirão de norte para a resposta do Estado por meio da prestação jurisdicional –, permite que as partes possam determinar o conteúdo da sentença, seja alegando fatos reais, seja aduzindo fatos imaginários. Nesse último caso, o juiz estará constrangido a formular uma sentença que compreenderá uma situação de fato distante da realidade.[34]

Além disso, a própria iniciativa probatória do juiz não deve ser vista como regra.[35] As ressalvas ao ativismo judicial em matéria probatória são muitas e, frequentemente, se lhe antepõem críticas relacionadas à perda do essencial atributo da imparcialidade. Deve-se garantir às partes a iniciativa relacionada à atividade de buscar e apresentar as provas. Mesmo os que defendem a possibilidade de o juiz participar ativamente da fase probatória admitem que este deve fazê-lo com muita prudência e apenas supletivamente, caso constate que a iniciativa das partes não foi suficiente para esclarecer todos os fatos considerados relevantes para o julgamento da controvérsia.[36] Essa iniciativa judicial, se

---

[31] CARNELUTTI, Francesco. *La prueba civil* cit., p. 9.

[32] GRECO, Leonardo. Os atos de disposição processual – primeiras reflexões. *Revista Eletrônica de Direito Processual*, 1. ed., out.-nov. 2007, p. 7-28, esp. p. 22.

[33] Em termos sucintos, é possível dizer que, em determinado momento, a relação se estabiliza, não sendo possível a modificação da demanda – entendida esta como a alteração parcial de qualquer dos elementos que compõem o objeto do processo, como a *causa petendi* (o que se faria mediante a introdução de novos fatos essenciais para que se obtenha a tutela solicitada) e o pedido (mediato ou imediato). Confira-se em PICÓ I JUNOY, Joan. *La modificación de la demanda en el proceso civil*: reflexiones sobre la prohibición de *mutatio libelli*. Valencia: Tirant lo Blanch, 2006. p. 42.

[34] CARNELUTTI, Francesco. *La prueba civil* cit., p. 9.

[35] A justificativa para a investigação *ex officio* dos fatos muitas vezes está na suposta necessidade de descobrimento da verdade para melhor acertamento dos fatos e, por conseguinte, maior justiça do julgamento. No processo penal, especialmente em períodos históricos de governos autoritários, marcados pela supressão das liberdades individuais, a busca da verdade material já levou o Estado a colocar em prática medidas agressivas e ilegais à esfera de direitos individuais do réu, desrespeitando-se direitos e garantias dos cidadãos, tão caras à consciência jurídica contemporânea. A respeito do tema, veja-se MIRZA, Flávio. Notas sobre a questão da verdade no direito processual. In: SILVEIRA, Carlos Frederico Gurgel Calvet da et alii (Org.). *Ensaios sobre justiça, processo e direitos humanos II* cit., p. 104.

[36] GRECO, Leonardo. Publicismo e privatismo no processo civil. *Revista de Processo*, n. 164, ano 33, São Paulo: RT, out. 2008, p. 29-56, esp. p. 45. Em sentido parecido – assumindo posição

admitida, só seria autorizada ao julgador que se envolve no drama do processo e, integrando o contraditório, conduz o feito vigilantemente, demonstrando aos interessados em que medida seu raciocínio está sendo influenciado pelos seus argumentos, bem como expondo a razão pela qual acredita que o material probatório é insuficiente. Na literatura consultada, observamos que mesmo autores confessadamente publicistas, francamente favoráveis a uma postura mais ativa do juiz, veem com certas reservas a atividade probatória judicial.[37]

Logo em seu marco inicial, portanto, o processo define quais são os fatos sobre os quais poderá ser produzida alguma prova. Esses fatos são apenas os alegados pelo autor em sua petição inicial e pelo réu em sua contestação – e, a rigor, a prova só deverá recair sobre os fatos controvertidos, o que se obtém da confrontação entre os fatos alegados pelo autor e os fatos alegados pelo réu, considerando-se confessados (e portanto presumindo-se verdadeiros) os fatos que não foram objeto de contestação. Posteriormente, na fase probatória, comumente apenas as provas indicadas pelas partes poderão ser produzidas. Essa inafastável premissa procedimental vincula o juiz a ponto de não ser possível dizer que o resultado do processo corresponde à verdade. O poder que se concentra nas partes afasta o processo desse resultado.

Nas palavras de Osvaldo Alfredo Gozaíni, que bem resumem a nossa posição,

> las alegaciones son la única fuente para conocer los sucesos; no se pueden incorporar otros hechos que no sean los afirmados por las partes; tampoco se pueden llevar a demostración las cuestiones que no son objeto de prueba, como los acontecimientos reconocidos, admitidos, los que gozan de una presunción, o son notorios etc. Es

---

intermediária entre publicistas e revisionistas, indicado os estreitos limites em que a atividade probatória judicial é autorizada – confira-se PICÓ I JUNOY, Joan. El derecho procesal entre el garantismo y la eficácia: un debate mal planteado. In: MONTERO AROCA, Juan (Org.). *Proceso civil e ideología* cit., p. 109-127, esp. p. 120-121.

[37] Cândido Rangel Dinamarco defende que o juiz "não deve exceder-se em iniciativas probatórias ou liberalizar ajudas às partes, sob pena de transmudar-se em defensor e acabar por perder a serenidade" (DINAMARCO, Cândido Rangel. *Instituições de direito processual civil* cit., p. 56). Em outra passagem, o autor reconhece que a "estática judicial" deve ser a regra na difícil tarefa de encontrar o ponto de equilíbrio entre os modelos dispositivo e inquisitivo, admitindo que o juiz adote iniciativas probatórias apenas em certos casos (idem, p. 55). José Carlos Barbosa Moreira, logo no primeiro parágrafo de seu famoso estudo sobre as provas ilícitas, sustenta que "sem embargo da forte tendência, no processo contemporâneo, ao incremento dos poderes do juiz na investigação da verdade, inegavelmente subsiste a necessidade de assegurar aos litigantes a iniciativa – que, em regra, costuma predominar – no que tange à busca e apresentação de elementos capazes de contribuir para a formação do convencimento do órgão judicial" (BARBOSA MOREIRA, José Carlos. A Constituição e as provas ilicitamente obtidas. *Temas de direito processual*. Sexta série. São Paulo: Saraiva, 1997. p. 107-123, esp. p. 107).

Cap. 24 – PROCESSO, PROVA E VERDADE

decir, los hechos objeto de la prueba se relacionan solamente con las afirmaciones efectuadas en los escritos de demanda y contestación.[38]

Assim, o raciocínio anteriormente desenvolvido se resolve em uma assertiva: o princípio dispositivo relega a descoberta da verdade a uma limitação que podemos chamar de "limitação à terceira potência". Primeiro: porque os fatos do processo são os fatos que as partes livremente escolhem levar ao processo; segundo: as alegações das partes, especialmente as formuladas pelo réu sobre as do autor, definem quais são os fatos controvertidos do processo (fatos aos quais se destinará a prova); terceiro: os meios de prova devem estar limitados aos expressamente indicados pelas partes.[39]

3.2. Limitações probatórias: as provas ilícitas

A Constituição, em seu art. 5.º, inciso LVI, contém a regra que prevê a inadmissibilidade das provas obtidas por meios ilícitos. Também o Código de Processo Civil, em seu art. 332, veda o uso de provas produzidas ou obtidas por qualquer meio ilegal ou moralmente ilegítimo. A ilicitude da prova pode decorrer da ilicitude do objeto, da ilicitude do meio pela qual a prova é produzida e, ainda, da ilicitude presente na forma de sua obtenção.

Trata-se de regra inspirada na evolução da teoria dos direitos fundamentais, que transporta para o processo questões que assumiram relevância para o pensamento jurídico na segunda metade do século XX, notadamente para que sejam prestigiados determinados direitos a que se atribuiu elevado valor do ponto de vista humanitário. O Estado que se reconstruiu a partir dos cacos da Segunda Guerra Mundial redefiniu a sua relação com os cidadãos. Era preciso forjar mecanismos que impedissem o retorno ao modelo de Estado autoritário, que invade a esfera de intimidade dos cidadãos, que desrespeita direitos básicos em nome de um suposto interesse público, confundido com o interesse das próprias instituições públicas. No plano processual, mais particularmente no campo do direito probatório, foram vedados os meios de produção de prova que atentem contra a dignidade da pessoa humana, direitos fundamentais, em especial a intimidade.

---

[38] GOZAÍNI, Osvaldo Alfredo. La verdade y la prueba. In: DIDIER JR., Fredie et alii. *Teoria do processo*: panorama doutrinário mundial. Salvador: JusPodivm, 2008. p. 737-759, esp. p. 740.

[39] Raciocínio muito similar é desenvolvido por Juan Montero Aroca. Com acerto sustenta o professor de Valencia que "*si los hechos controvertidos pueden ser sólo los afirmados por las partes, si los medios de prueba a practicar han de ser únicamente los propuestos por las partes y si todo se reduce a que mediante éstos se trata de verificar aquéllos, no hace falta más para convencernos de que la verdad está fuera del alcance de la prueba procesal*" (MONTERO AROCA, Juan. *La prueba en el proceso civil* cit., p. 35-36).

Mais modernamente, foram ainda vedadas as provas cuja obtenção só tenha se tornado possível em decorrência direta de uma violação a direitos fundamentais, ou seja, provas produzidas como desdobramentos de alguma ilicitude e que, por via indireta, acabam por violar direitos da personalidade – são os chamados frutos da árvore envenenada (*the fruits of the poisonous tree*), criação jurisprudencial norte-americana, hoje enraizada na prática jurisprudencial brasileira, em boa dose à conta de decisões do Supremo Tribunal Federal.[40] A vedação à utilização (*rectius*: tolher a eficácia) das provas derivadas das ilícitas é uma extensão salutar ao Estado Democrático de Direito, porque evita a perpetração de práticas investigatórias desumanas, tão próprias de autoridades policiais cada vez mais marcadas pela truculência e pela autodeterminação, na obtenção, por via oblíqua, de um fim repudiado pela consciência jurídica moderna.[41]

Assim é que provas ilícitas podem ser definidas como as "demonstrações de fatos obtidas por modos contrários ao direito, quer no tocante às fontes de prova, quer quanto aos meios probatórios".[42] Se sob a perspectiva do litigante a vedação se posta como limitação ao direito à prova, sob o ponto de vista constitucional trata-se de importante instrumento democrático a serviço da liberdade, em especial da intimidade, contra atos arbitrários.[43]

A intimidade não alcança somente "a proteção objetiva da privacidade do lar, da privacidade doméstica, mas também a proteção do corpo humano, do pudor e da liberdade de exteriorização das ideias perante interlocutores conhecidos".[44] São ainda dignos de proteção o direito ao sigilo das comunicações (correspondências, inclusive as eletrônicas, comunicações telefônicas etc.) e o direito de estar só. A violação ao preceito constitucional acarreta a inadmissibilidade das

---

[40] Antes mesmo da Lei 9.296/1996, o STF já repudiava o uso da interceptação telefônica aplicando a teoria dos frutos da árvore envenenada. Confira-se o seguinte precedente: HC 69.912/RS, Pleno, rel. Min. Sepúlveda Pertence, j. 16.12.1993, *DJ* 25.03.1994, p. 6.012. Disponível em: <http://www.stf.jus.br/portal/principal/principal.asp>. Acesso em: 20 jun. 2012.

[41] A prática forense tem revelado ainda o surgimento de perigosas sintonias entre o órgão acusador e o órgão julgador, vinculados em praticamente todas as causas por regras de competência, o que tende a fazer com que o juiz, por conhecer a pessoa do representante do Ministério Público, diminua sua atenção ao sopesar os interesses em jogo quando lhe é dirigido um pedido de autorização para a realização de escuta telefônica ou para a quebra de sigilo bancário, por exemplo. Essa "quebra" do princípio acusatório pode ser identificada como um dos motivos pelos quais os direitos da personalidade vêm sendo violados com a chancela judicial. A prodigalidade com que tais medidas são implementadas é uma marca do Estado autoritário que fincou raízes, herdeira de anos de governos e políticas que suprimiram direitos individuais, e cuja eliminação não parece sequer próxima, mesmo em tempos de normalidade democrática como os de hoje.

[42] DINAMARCO, Cândido Rangel. *Instituições de direito processual civil* cit., p. 49.

[43] Idem, p. 50.

[44] GRECO, Leonardo. *Instituições de processo civil* cit., p. 176.

Cap. 24 – PROCESSO, PROVA E VERDADE

provas que tenham sido obtidas por meios ilícitos e, eventualmente, a nulidade da decisão fundada nessas provas.[45]

Na falta de uma regulamentação legal, o direito à intimidade vem sendo construído ao longo do tempo, em especial por obra incansável da doutrina e da jurisprudência.[46] A jurisprudência do Tribunal Constitucional alemão, por exemplo, criou a chamada teoria dos três graus de proteção da privacidade, subdividindo os direitos relacionados à intimidade em níveis correspondentes a uma maior ou a uma menor proteção. Assim, o primeiro nível seria aquele relativo aos direitos insuscetíveis de qualquer ponderação, porque direitos relacionados à própria dignidade da pessoa humana. O segundo nível conteria os direitos relacionados ao vínculo mantido pelo titular com outros sujeitos da comunidade, que podem ser sacrificados se necessário para salvaguardar direitos de primeiro nível ou de igual importância. Os de terceiro nível são os correspondentes a relações comuns entre pessoas de um mesmo grupo social, em que o conteúdo da comunicação prevalece sobre interesses individuais.[47-48]

A consequência processual do reconhecimento de que determinada prova é ilícita é a sua absoluta ineficácia. E nesse sentido parece importante dizer que não se confundem com provas ilícitas – e, portanto, não são fulminadas com a consequência jurídica da ineficácia – aquelas provas cujas fontes apresentam algum defeito, como seria o caso do documento falso ou mesmo a prova que se produziu sem a observância do devido processo legal (sem que o contraditório tenha sido respeitado, por exemplo). Com efeito, o sistema processual possui outros mecanismos para solucionar casos como esses (para os exemplos citados, cogita-se da possibilidade de rescisão da sentença e mesmo da repetição do ato).[49] Na prática, ineficácia quer dizer desentranhamento dos autos.[50] As

---

[45] BARBOSA MOREIRA, José Carlos. A Constituição e as provas ilicitamente obtidas. *Temas de direito processual* cit., p. 114.

[46] Como noticia Leonardo Greco, a jurisprudência brasileira vem se formando com avanços e retrocessos, ora em atenção à produção dos tribunais norte-americanos, ora influenciada pela jurisprudência europeia (GRECO, Leonardo. A prova no processo civil: do Código de 1973 ao novo Código Civil cit., p. 375).

[47] GRECO, Leonardo. *Instituições de processo civil* cit., p. 147-148.

[48] Rogério Lauria Tucci, citando J. J. Gomes Canotilho e Vital Moreira, formula construção semelhante (no sentido de admitir graus diversos de proteção) ao sustentar que a vedação é absoluta quando se tratar da integridade física e relativa nos demais casos, devendo ser considerada abusiva a intromissão realizada fora das hipóteses legais e sem a autorização judicial (TUCCI, Rogério Lauria. *Direitos e garantias individuais no processo penal brasileiro*. 3. ed. rev. atual. e ampl. São Paulo: RT, 2009. p. 326-327).

[49] DINAMARCO, Cândido Rangel. *Instituições de direito processual civil* cit., p. 50. O autor cita ainda como exemplo da testemunha que presta declaração sabidamente falsa.

[50] Assim diz o *caput* do art. 157 do Código de Processo Penal: "São inadmissíveis, devendo ser desentranhadas do processo, as provas ilícitas, assim entendidas as obtidas em violação a normas constitucionais ou legais".

provas reputadas ilícitas, assim, não são destruídas, mas ficam acauteladas, por dois motivos: a necessidade de investigação e responsabilização daqueles que transgrediram a norma e a possibilidade de revisão da decisão por instâncias superiores.[51]

As vedações impostas pela proibição das provas ilícitas geram alguns problemas práticos. Como se pode facilmente observar, uma das consequências é o conflito que se estabelece entre o direito à prova – entendido como direito inerente à garantia da ampla defesa e do contraditório, também assegurada em sede constitucional – e a vedação às provas ilícitas. Há três principais formas de enfrentar o dilema:[52] (i) as provas ilícitas não podem ser admitidas em nenhuma hipótese, porque violam norma constitucional e norma infraconstitucional; (ii) as provas ilícitas devem ser admitidas sempre, ressalvado o direito de responsabilização de quem praticou a ilicitude; e (iii) deve haver uma análise casuística do interesse predominante.

Estando configurado o conflito entre duas normas constitucionais, a terceira via nos parece mais adequada. É que, muitas vezes, a única prova capaz de demonstrar a existência de um direito só pode ser obtida por meio ilícito. Como conjugar esses interesses em jogo é tarefa para o juiz, que deverá fazer uso da proporcionalidade para ponderar esses interesses e/ou valores. Ponderar é avaliar a situação concreta atribuindo pesos aos valores colidentes. Em determinadas circunstâncias, prevalecerá o direito à intimidade, em outras, prevalecerá o direito à produção da prova.[53] Não existe solução recomendável *a priori*. Tudo vai depender dos elementos do caso concreto – em qualquer hipótese, entretanto, é importante que toda restrição a direitos fundamentais seja encarada como medida excepcional, devendo ser suficientemente fundamentada para que seja possível sua revisão por instâncias superiores e até mesmo para dotar a decisão de legitimidade. A atividade de ponderação a ser realizada pelo juiz deverá concluir pela preservação do bem jurídico mais valioso.

Não podemos deixar de fazer referência a interessante fenômeno que surge da utilização de prova posteriormente considerada ilícita: o simples contato com uma prova posteriormente considerada ineficaz (porque produzida por meio ilícito) já compromete a capacidade de o juiz julgar desconsiderando a sua existência. Essa "contaminação psicológica" afeta a sua imparcialidade, eis que o juiz

---

[51] OLIVEIRA, Daniela Olímpio de; TEIXEIRA, Maria Luiza Firmiano. A imparcialidade do juiz a partir do desentranhamento da prova ilícita. *Revista Dialética de Direito Processual*, n. 106, São Paulo: Dialética, jan. 2012, p. 61-72, esp. p. 65.

[52] CARDOSO, Oscar Valente. Provas ilícitas e suspeição do julgador. *Revista Dialética de Direito Processual*, n. 68, São Paulo: Dialética, nov. 2008, p. 78-85, esp. p. 80.

[53] É Leonardo Greco quem alerta para a insuficiência do método da ponderação, que nem sempre oferecerá critérios seguros. No sentir do autor, a falta de uma hierarquia entre os direitos fundamentais ditada pela lei torna inevitáveis o casuísmo e o arbítrio (GRECO, Leonardo. A prova no processo civil: do Código de 1973 ao novo Código Civil cit., p. 376).

Cap. 24 – PROCESSO, PROVA E VERDADE

é levado a julgar cominando as consequências próprias ao fato que conheceu graças apenas às provas ilícitas, embora sem necessariamente fazer referência a ele em sua decisão. A sentença é um ato do sentimento. Um juiz sabedor da culpa do réu por meio de uma prova considerada ilícita seguramente é capaz de indicar na sua decisão bons argumentos para a condenação, mesmo sem fazer referência à prova ineficaz. Em boa parte dos casos, bem sabemos, o juiz sente e quer o resultado primeiro, podendo sempre construir boas fundamentações para justificar uma ou outra decisão (por exemplo, considerando "forte" uma prova que a consciência comum considera "fraca", ou atribuindo peso maior ao parecer de um perito a outro, ao argumento de que está mais convincente ou mais bem fundamentado). A proibição que se dirige ao juiz de não fundamentar a decisão fazendo menção à prova ilícita, assim como a que se dirige às partes para que a ela não façam referências em suas alegações, não deixa de ser mais uma ficção jurídica, porquanto todos os personagens do processo devem agir como se não soubessem de algo que, na verdade, já sabem. Devem considerar como inexistente algo que existe no mundo fenomênico.

Essas provas, mesmo quando desentranhadas dos autos, já terão produzido algum efeito na mente do julgador. A consequência da ineficácia se dá em um plano puramente abstrato, mas a convicção do julgador – que, ao final, é o que realmente importa para os litigantes – já estará formada e dificilmente deixará de influenciar no resultado do processo. O simples desentranhamento da prova não é capaz de expurgar todos os nefastos efeitos da prática antijurídica.

Em razão dessa delicada situação, há quem sustente a suspeição do juiz que já tomou contato com prova declarada ilícita. Essa hipótese poderia se dar tanto quando o próprio juiz de primeiro grau teve contato com a prova e a considerou ilícita, determinando o seu desentranhamento, como quando o Tribunal entende que a prova é ilícita em grau de recurso e determina o retorno dos autos ao juiz de primeira instância, para que às partes seja concedida a oportunidade de produzir novas provas e para que o pedido seja novamente decidido. Procura-se, assim, impedir que o juiz cuja cognição está contaminada pelo contato com a prova ilícita julgue o caso influenciado, ainda que inconscientemente. O resultado da suspeição seria a distribuição do processo para outro juiz, que não teve contato com a prova considerada ilícita e, portanto, estaria em condições de proferir julgamento com base unicamente em provas lícitas e sem qualquer tipo de influência (inconsciente ou não). Trata-se de desdobramento da teoria da descontaminação do julgamento – não apenas as provas ilícitas são retiradas do cenário; para que o processo como um todo esteja devidamente "descontaminado", seria necessário também o afastamento do julgador que teve contato com a prova posteriormente desentranhada dos autos.[54]

---

[54] Posicionando-se contra a suspeição do julgador nesses casos, CARDOSO, Oscar Valente. Provas ilícitas e suspeição do julgador, cit. Para o autor, a adoção do livre convencimento motivado pelo nosso sistema processual impõe que as decisões estejam fundamentadas exclusivamente

Por fim, parece necessário advertir para os perigos de uma generalizada e pouco meditada concessão de medidas autorizativas de supressões de direitos individuais da personalidade. Se escutas telefônicas se apresentam nos dias que correm como importante ferramenta no auxílio da atividade da polícia e do Ministério Público, em especial na tarefa de desbaratar organizações criminosas, também não deve ser esquecido que tais medidas devem ser excepcionais, sob pena de se estabelecer um Estado policialesco incompatível com o Estado Democrático de Direito. Com efeito, a implementação de medidas restritivas de direitos da personalidade deve ser a exceção, sendo imprescindível que estejam devidamente fundamentadas e que sejam fruto de um processo decisório seguro, de uma ponderada análise da presença dos elementos que as autorizam. Até porque os direitos da personalidade, dada a sua especialidade, reclamam mecanismos processuais de prevenção ao dano – ou ao menos mecanismos que impeçam que o dano continue a se produzir – funcionando com eficácia reduzida os métodos repressivos e sancionatórios.[55]

Nesse ponto, a adoção de modelos norte-americanos, ou mesmo da jurisprudência das cortes dos Estados Unidos da América, deve ser encarada com

---

nos elementos constantes dos autos. A explicação não nos parece suficiente – a bem da verdade, muitas concepções publicistas sobre o processo estão igualmente justificadas no dever de motivação das decisões, como se isso pudesse gerar para os cidadãos alguma possibilidade de controle. Em primeiro lugar, e reiterando o que já dissemos, a assertiva não se justifica porque a sentença é ato de sentimento e a eficiente retórica do juiz é capaz de habilmente justificar praticamente todas as decisões possíveis, atribuindo peso maior ou menor a determinado argumento ou mesmo trabalhando com os ônus probatórios. Há sempre uma boa dose de subjetividade que foge ao controle supostamente proporcionado pelo dever de fundamentação. Em segundo lugar, porque a ampla fundamentação das decisões – única possibilidade de controle sobre a persuasão racional do magistrado – não passa de um sonho distante da nossa realidade. Não faz parte da nossa tradição a motivação ampla e pormenorizada. A história mostra que a nossa justiça (e nesse ponto se assemelha aos sistemas dos demais países da América Latina) é a justiça prestada pelo rei, pelo soberano, pelo Estado, ao indivíduo que se prostra diante do trono da majestade. É a justiça prestada por quem não precisa (nem nunca precisou) declinar suas razões. Essa é uma das heranças de nosso passado de colônia, subserviente aos interesses da metrópole. Essa é a tradição que foi ainda covardemente consolidada ao longo das décadas de ditadura no século XX, brevemente intercaladas por suspiros democráticos, incapazes de consolidar instituições de natureza verdadeiramente democrática ou incutir na consciência do povo a noção do quanto é importante receber de quem exerce o poder uma justificativa o mais ampla e abrangente possível. Some-se a isso a preocupação frenética em conferir celeridade aos procedimentos, o que tem norteado todo o processo de reforma do nosso sistema processual ao longo das últimas décadas, e encontraremos a receita perfeita para uma prática forense que não respeita o dever de fundamentação. Essas considerações servem apenas para que estejamos cientes de que nossa tradição não é democrática e que ainda há um longo caminho a percorrer. Nessa conjuntura, qualquer justificativa pelo dever de fundamentação, como se esse dever (ou garantia) fosse plenamente observado, é uma justificativa muito frágil – de rigor, sequer pode ser considerada uma justificativa.

[55] BARBOSA MOREIRA, José Carlos. Processo civil e direito à preservação da intimidade. *Temas de direito processual*. Segunda série. São Paulo: Saraiva, 1980. p. 3-20, esp. p. 5.

ressalvas, dada a reduzida importância que reserva aos direitos da personalidade.[56] Em verdade, e afora a tradição cultural dessa comunidade, o próprio sistema processual do *common law* está estruturado no sentido de facilitar o "alcance da verdade". Muito embora seja reduzida a iniciativa oficial e esteja o controle das atividades probatórias concentrado nas partes e em seus representantes, a especial valorização que recebem as provas orais colhidas sob o sistema do *cross examination* e os mecanismos pré-processuais de compartilhamento das informações (como sejam o *discovery* e o *disclosure*) que se desenvolvem em um ambiente de cooperação, sob pena de severas sanções para atos de deslealdade (*contempt of court*), contribuem para um acertamento mais completo dos fatos. A tradição dos países da *civil law*, por sua vez, é marcada pela prova escrita e pela atenuação das provas legais, preponderando a atividade do juiz sobre a das partes[57] e sem que haja mecanismos pré-processuais tão eficientes de compartilhamento de informações.[58]

Não pretendemos aqui nos alongar na discussão sobre as provas ilícitas (ou mesmo as que somente puderam ser alcançadas pela violação de um direito), assunto que versa temas tão importantes quanto complexos. A intenção é apenas apresentar sucintamente o tema para demonstrar que, também por esse motivo, não parece possível sustentar a tese de que o processo está voltado para a obtenção da verdade. Há outros valores de igual ou maior importância que a obtenção da verdade e que devem ser harmonizados, de maneira que só "a atenta ponderação comparativa dos interesses no caso concreto afigura-se capaz de permitir que se chegue à solução conforme à Justiça".[59]

Com efeito, o sentido das regras que dizem diretamente com a atividade judicial de admissão e de valoração da prova parte da consciência de que o acertamento dos fatos controvertidos não pode ser perseguido a qualquer custo, devendo respeitar os limites que o legislador teve por oportuno fixar.[60]

---

[56] GRECO, Leonardo. A prova no processo civil: do Código de 1973 ao novo Código Civil cit., p. 377. A mesma ideia consta de outro estudo seu, a saber: GRECO, Leonardo. Garantias fundamentais do processo: o processo justo. *Estudos de direito processual*. Campos dos Goytacazes: Faculdade de Direito de Campos, 2005. p. 225-286, esp. p. 285.

[57] Leonardo Greco, citando Nicolò Trocker, em GRECO, Leonardo. A prova no processo civil: do Código de 1973 ao novo Código Civil cit., p. 360-361.

[58] A situação vem se alterando recentemente. A respeito do tema, vide o nosso GUIMARÃES, Filipe. Medidas probatórias autônomas: panorama atual, experiência estrangeira e as novas possibilidades no direito brasileiro. *Revista de Processo*, v. 178, ano 34, São Paulo: RT, dez. 2009, p. 123-152, passim.

[59] BARBOSA MOREIRA, José Carlos. A Constituição e as provas ilicitamente obtidas. *Temas de direito processual* cit., p. 114.

[60] CARRATA, Antonio. Funzione dimostrativa della prova (verità del fato nel processo e sistema probatorio) cit., p. 82.

3.3. Indícios, presunções e regras de experiência

A referência aos indícios, às presunções e às regras de experiência parece-nos de todo pertinente. Todas essas técnicas estão a revelar um modo de ser do processo – e particularmente da atividade judicial – que o afasta da busca da verdade, o que muitos consideram um mandamento imperativo. Parece intuitivo que essas técnicas estão baseadas em evidências, no sentido de que somente serão válidas quando estiverem presentes condições mínimas autorizativas do seu uso. Seja como for, a atividade judicial está irremediavelmente atrelada a exercícios indutivos. O processo está prenhe de juízos que recaem apenas indiretamente sobre fatos probandos, porque formulados a partir da demonstração de outro fato que não necessariamente é o fato controvertido cuja prova se pretende obter.

O processo "como ele é" não está sempre – e não seria exagero dizer que não está quase nunca – calcado em juízos seguros sobre provas que recaem sobre os fatos relevantes para julgamento, o que apenas demonstra por mais um viés que a verdade não é exatamente um objetivo do processo, muito menos o seu fim último.

3.3.1. Indícios

Indício é fato. No sentido popular, indício é usado normalmente como sinônimo de sinal ou vestígio. No sentido jurídico, indício é o fato que, devidamente provado, conduz ao conhecimento de um fato desconhecido a ele relacionado, a partir de uma operação mental.[61]

Os indícios assim não integram os chamados fatos jurígenos. Dessa forma, pode-se dizer que os indícios são fatos em um primeiro momento considerados irrelevantes para o julgamento, mas que constituem uma base a partir da qual poderão ser extraídas conclusões sobre a ocorrência dos fatos efetivamente relevantes. São os fatos a partir dos quais se infere a existência de outros fatos – estes sim jurígenos – a partir de um raciocínio lógico indutivo.[62]

3.3.2. Presunções

As presunções consistem exatamente nessas inferências ou ilações, responsáveis por construir a ponte que liga o indício ao fato jurígeno. Sabendo que

---

[61] MOURA, Maria Thereza Rocha de Assis. *A prova por indícios no processo penal*. São Paulo: Saraiva, 1994. p. 33.

[62] GRECO, Leonardo. *Instituições de processo civil* cit., v. 2, p. 293. O autor distingue o raciocínio lógico indutivo do lógico dedutivo, sendo o primeiro o raciocínio que "se constrói por ilações ou inferências, partindo do conhecimento de fatos particulares para o conhecimento geral ou para o conhecimento de outros fatos particulares", enquanto o dedutivo seria o raciocínio que parte de noções universais para se chegar ao conhecimento de outros fatos particulares.

Cap. 24 – PROCESSO, PROVA E VERDADE

as coisas normalmente se passam de determinada forma, o legislador ou o juiz facilita a prova do fato relevante, dispensando-a quando já demonstrada a existência do indício.[63] Segundo Leonardo Greco, as presunções são provas *indiretas*, porque seu objeto não é o fato probando, mas o indício, ou seja, um fato secundário e *a priori* irrelevante para o julgamento; e *críticas*, porquanto deduzem a existência de um fato valendo-se de operações lógicas, como máximas de experiência e cálculo de probabilidades.[64]

Costuma-se dividir as presunções em *judiciais* e *legais*. As presunções judiciais são aquelas se operam mentalmente de maneira que, provada a existência de um fato, seja possível logicamente inferir a existência ou inexistência de um segundo fato, se não com certeza, "ao menos com forte dose de probabilidade".[65] O processo mental se desenvolve sobre a relação entre o fato provado (indício) e o fato desconhecido, servindo o primeiro de premissa lógica para o segundo.

Presunções legais visam a garantir determinados valores em situações específicas mediante a regulação do ônus da prova.[66] Assim, acabam por criar um desequilíbrio na situação original das partes, uma vez que impõem à parte a quem desfavorece a presunção o ônus de produzir a prova do fato de seu interesse independentemente da posição que ocupa no processo. Uma das partes vem a ser favorecida "em atenção a valores 'ideológicos', distintos da verdade ou da busca de solução para o caso".[67]

As presunções legais poderão ser *relativas* ou *absolutas* (também denominadas *iuris tantum* e *iuris et de iure*, respectivamente). As presunções legais relativas são aquelas que dispensam a prova de determinado fato, admitindo, no entanto, a produção de prova em sentido contrário. Assim, cria-se uma situação em que um fato que até poderia ser falso é tido por verdadeiro, mas abre-se a possibilidade de se produzir prova para demonstrar que o fato é falso. Essa presunção repercute na distribuição do ônus da prova, porque dispensa a produção de prova ao litigante a quem aproveita o fato presumido. Assim como na presunção judicial, também aqui é autorizado falar em relação entre um fato e outro em que se permite inferir com alto grau de probabilidade a existência ou inexistência do segundo pela prova da existência do primeiro. A diferença é que a presunção legal relativa não se opera apenas na mente do julgador, mas vem disciplinada no texto legal. É o próprio legislador quem oferece essa correlação.

---

[63] DINAMARCO, Cândido Rangel. *Instituições de direito processual* cit., p. 119.

[64] GRECO, Leonardo. *Instituições de processo civil* cit., v. 2, p. 295.

[65] BARBOSA MOREIRA, José Carlos. As presunções e a prova. *Temas de direito processual*. Primeira série. São Paulo: Saraiva, 1977. p. 55-71, p. 57.

[66] OLIVEIRA, Carlos Alberto Alvaro de. Presunções e ficções no direito probatório. *Revista de Processo*, n. 196, ano 36, São Paulo: RT, jun. 2011, p. 13-20, p. 14.

[67] Idem, p. 15.

As presunções relativas podem ainda ser classificadas como *de direito* e *de fato*. As primeiras criam presunções acerca de situações jurídicas (por exemplo, o adquirente que é havido por proprietário do imóvel enquanto o registro não é invalidado e cancelado), enquanto as últimas criam presunções a respeito de situações de fato, tendo os fatos por provados (por exemplo, presume-se o pagamento pela entrega do título a devedor).

Por fim, as presunções legais absolutas são as que se estabelecem sem admitir prova em contrário, dispensando o próprio fato em si para que determinados efeitos jurídicos sejam produzidos e repercutindo diretamente no plano de direito material – e aqui cabe um comentário: a presunção absoluta não afasta a prova em contrário, mas apenas a torna juridicamente irrelevante; mais: a presunção legal absoluta (*iuris et de iure*) torna irrelevante a própria ocorrência do fato presumido, no sentido de que o órgão julgador necessariamente fica adstrito a se valer do fato que a lei presume como fundamento da sua decisão. Trata-se de juízo de probabilidade formulado pelo próprio legislador,[68] por razões de sua conveniência e oportunidade, que parte do pressuposto de que, diante da ocorrência do fato *x*, o curso normal das coisas indica que também *deva* ter ocorrido o fato *y*. É que, em grande parte das vezes, e por mais paradoxal que isso possa parecer, é extremamente difícil provar que as coisas se passaram *normalmente*, optando o legislador por estabelecer presunções em atenção aos esquemas que reúnem maiores "condições de verossimilhança e, por conseguinte, de probabilidade".[69] Não se trata de presunção ligada ao ônus da prova. Sua natureza é eminentemente normativa e se vincula aos fatos futuros, aos quais influencia para que a ela venham a se conformar, e não aos fatos passados,[70] operando para transformar em "verdade" aquilo que não necessariamente o é. Exemplo mais significativo talvez seja a da parcialidade do juiz nos casos previstos no art. 134 do Código de Processo Civil[71] – hipóteses de impedimento

---

[68] BARBOSA MOREIRA, José Carlos. As presunções e a prova. *Temas de direito processual* cit., p. 62.

[69] Idem, ibidem.

[70] OLIVEIRA, Carlos Alberto Alvaro de. Presunções e ficções no direito probatório cit., p. 17-18.

[71] Art. 134 do CPC: "É defeso ao juiz exercer as suas funções no processo contencioso ou voluntário: I – de que for parte; II – em que interveio como mandatário da parte, oficiou como perito, funcionou como órgão do Ministério Público, ou prestou depoimento como testemunha; III – que conheceu em primeiro grau de jurisdição, tendo-lhe proferido sentença ou decisão; IV – quando nele estiver postulando, como advogado da parte, o seu cônjuge ou qualquer parente seu, consanguíneo ou afim, em linha reta; ou na linha colateral até o segundo grau; V – quando cônjuge, parente, consanguíneo ou afim, de alguma das partes, em linha reta ou, na colateral, até o terceiro grau; VI – quando for órgão de direção ou de administração de pessoa jurídica, parte na causa. Parágrafo único. No caso do n. IV, o impedimento só se verifica quando o advogado já estava exercendo o patrocínio da causa; é, porém, vedado ao advogado pleitear no processo, a fim de criar o impedimento do juiz".

Cap. 24 – PROCESSO, PROVA E VERDADE

do juiz. Ora, a imparcialidade é um atributo de caráter subjetivo. A lei nada mais faz do que cercar algumas hipóteses objetivas em que, de ordinário, as pessoas comuns tendem a não ser isentas. Mas nada impede que um juiz não tenha qualquer interesse na resolução de demanda em que uma das partes é seu parente, ou que já tenha oficiado como advogado. Essa situação, no entanto, se passa no plano subjetivo. No plano objetivo, a lei o considera impedido de julgar em qualquer hipótese.

Ainda a respeito das presunções legais absolutas, e máxime em vista do que vimos de dizer, não nos parece que possam ser confundidas com o instituto da ficção jurídica, que considera verdadeiro um fato que *necessariamente* é falso. Embora em ambos os casos não se admita prova em sentido contrário, a presunção está sempre ligada a fatos que podem ou não ser verdadeiros, sem que essa situação seja conhecida de antemão.[72]

Importa por ora dizer que as presunções estão sempre relacionadas à *probabilidade*, e não à *certeza* ou à *verdade*.[73]

3.3.3. Regras de experiência

No entanto, é sabido que o juiz não pode se valer de seu conhecimento privado para desempenhar seu mister no processo. Significa isso que não poderá o magistrado invocar como razão de decidir os conhecimentos, que eventualmente possua, adquiridos fora do processo. Em verdade, a vedação se dirige a qualquer informação que não tenha origem no processo, especialmente nas alegações das partes e nas provas ali produzidas. Em síntese: *quod non est in actis non est in mundo*.

A regra obviamente não exclui da atividade judicial o uso de conhecimentos adquiridos ao longo da vida, que não guardam relação com os acontecimentos que dizem respeito ao litígio. Ninguém nasce juiz e, até ser investido nessa função, adquire todo um arsenal de informações. Além de possuir opinião pessoal sobre os mais variados assuntos, o juiz é cidadão, pertence a uma co-

---

[72] Nessa ordem de convicções, somos levados (com todas as vênias, que são mais que devidas) a discordar de Cândido Rangel Dinamarco, que equipara os dois fenômenos (DINAMARCO, Cândido Rangel. *Instituições de direito processual civil* cit., p. 116). Também Leonardo Greco parece equiparar os conceitos, ao dizer que a presunção absoluta transforma-se em verdadeira ficção, "uma mentira que o direito transforma em verdade, mesmo sabendo o juiz que é mentira", embora na sequência cite estudo de Marina Gascón Abellán (*Los hechos en el derecho*: bases argumentales de la prueba) em sentido semelhante ao que defendemos aqui (GRECO, Leonardo. *Instituições de processo civil* cit., p. 296).

[73] Cândido Rangel Dinamarco conceitua a presunção como "processo racional do intelecto, pelo qual do conhecimento de um fato infere-se com razoável probabilidade a existência de outro ou o estado de uma pessoa ou coisa" (DINAMARCO, Cândido Rangel. *Instituições de direito processual* cit., p. 113). Em outra passagem, aduz que "nenhuma presunção apoia-se em um juízo absoluto de certeza" (p. 115).

munidade, comunga dos seus hábitos, seus costumes e de seu conhecimento. Esse conhecimento é adquirido de forma autônoma ao processo que julga e constitui ferramenta que vem em seu auxílio na hora de julgar.

A esse respeito, José Carlos Barbosa Moreira identifica dois tipos de conhecimento: o conhecimento dos fatos a quem têm acesso as pessoas que vivem no mesmo ambiente sociocultural (como que determinada cidade é a capital do País); e o conhecimento dos fatos que se configuram em *regras de experiência*, ou seja, fatos que dos primeiros se distinguem por possuir um mais elevado grau de generalidade e abstração.[74] A elaboração conceitual das regras de experiência é creditada a Friedrich Stein, que teria procurado sistematizá-la para permitir ao juiz valer-se de informações que não estão nos autos, como uma alternativa diante das severas limitações impostas pelo princípio dispositivo. Sob o rótulo "regras de experiência" são reunidas múltiplas proposições, tais como proposições de conhecimento geral que possuem fundamento científico (como, por exemplo, a de que a água ferve a 100ºC) ou relacionadas a atividades comerciais (o aumento da demanda, *et ceteris paribus*, eleva o preço), à tecnologia (quanto maior a memória, maior a velocidade de um computador), a religiões (muçulmanos não comem carne suína), até proposições fundadas no senso comum, sem qualquer base empírica.[75]

Assim é que o juiz lança mão das chamadas *regras de experiência*, previstas no art. 335 do Código de Processo Civil e usadas com frequência para fazer o percurso que existe entre os indícios e as presunções judiciais (ou *de homem*; ou ainda *praesumptiones hominis*), absolutamente necessário para solucionar determinados tipos de questão.[76] As regras de experiência, assim, são noções sobre determinado desenrolar de acontecimentos que permitem, por meio de um raciocínio indutivo, a conclusão no sentido de que, presentes determinados elementos, os fatos tendem a se suceder de determinada forma. É a noção extraída da experiência de vida, daquilo que normalmente acontece. Esse processo intelectual se dá de forma automática na mente do julgador, que se vale das regras de experiência mesmo inconscientemente, aplicando-as não como juiz propriamente, mas como homem, como cidadão inserido em uma sociedade e que dela participa.[77]

---

[74] BARBOSA MOREIRA, José Carlos. Regras de experiência e conceitos jurídicos indeterminados. *Temas de direito processual*. Segunda série. São Paulo: Saraiva, 1980. p. 61-72, esp. p. 62.

[75] BARBOSA MOREIRA, José Carlos. Anotações sobre o título 'Da Prova' no novo Código Civil. *Temas de direito processual*. Nona série. São Paulo: Saraiva, 2007. p. 141-158, esp. p. 155-156.

[76] José Carlos Barbosa Moreira destaca ainda a função das máximas de experiência na fixação do sentido e alcance dos conceitos jurídicos indeterminados (BARBOSA MOREIRA, José Carlos. Regras de experiência e conceitos jurídicos indeterminados. *Temas de direito processual* cit., p. 65 e ss.).

[77] GRECO, Leonardo. *Instituições de processo civil* cit., p. 299.

Duas seriam as categorias de máximas de experiência: ou são definições, juízos esclarecedores, ou são teses hipotéticas que indicam as consequências que naturalmente se produzem quando reunidos determinados pressupostos. As primeiras estão claramente relacionadas ao conhecimento acerca do uso da linguagem e do significado de determinadas expressões em determinadas comunidades ou em ambientes específicos.[78] Quando se trata de máximas de experiência no segundo sentido, fala-se da previsão, da antecipação mental a respeito dos acontecimentos que de ordinário se sucedem. É o conhecimento de determinada sucessão de fatos, de uma cadeia de acontecimentos, que permite ao juiz conhecer o que se passou pela prova de que determinados pressupostos ocorreram.

Antonio Carrata rejeita um sistema silogístico de valoração da prova que se baseia na assunção apriorística de verdades como premissa maior pelo juiz, encampadas pelo argumento da regra de experiência.[79] É de fato perigoso assumir determinadas regras de experiência como verdades absolutas, premissas infalíves. Como já dissemos, sob esse rótulo são agregadas múltiplas proposições, inclusive aquelas que fazem parte da vivência e do grau de cultura do magistrado. É óbvio que cada juiz carrega consigo toda uma experiência de vida, opções políticas e religiosas, e parece igualmente óbvio que essas influências repercutem no seu modo de julgar. Não nos parece seguro, entretanto, que tais valores ou experiências de vida possam servir para que o magistrado construa as suas próprias e particulares máximas de experiência, afinal não pode decidir a causa com base nessas informações.[80] Esses fatores serão determinantes na forma como se estabelecem as suas presunções, o que, por sua vez, diz diretamente com a distribuição dos ônus probatórios e com a fixação de "verdades" a partir de indícios. Mas as regras de experiência são prodigamente usadas mesmo quando os indícios possuem pouco significado.

É preciso, pois, que esse conhecimento do juiz que define as suas máximas de experiência integre o patrimônio cultural comum da sociedade. Mas não podemos descurar que existe o risco concreto de que as máximas de experiência sejam selecionadas pelo juiz não segundo critérios racionais, mas de acordo com seus pessoais juízos de valor ou sua noção equivocada do que seja senso comum ou, ainda, segundo escolhas arbitrárias e não controláveis pelas partes[81] (aqui, assume importância o contraditório participativo e a fundamentação das escolhas realizadas pelo magistrado).

---

[78] BAGGIO, Lucas Pereira. O art. 335 do Código de Processo Civil à luz da categoria das máximas de experiência. In: KNIJNIK, Danilo (Coord.). *Prova judiciária* cit., p. 185.

[79] CARRATA, Antonio. Funzione dimostrativa della prova (verità del fato nel processo e sistema probatorio) cit., p. 84.

[80] GRECO, Leonardo. Garantias fundamentais do processo: o processo justo cit., p. 234.

[81] CARRATA, Antonio. Funzione dimostrativa della prova (verità del fato nel processo e sistema probatorio) cit., p. 95.

Não há garantias de que essas máximas de experiência sejam decorrentes de um patrimônio cultural médio, que se encontra em estreita relação com o senso comum. Se bem observadas, tais máximas de experiência fundadas unicamente em critérios e experiências meramente pessoais conduzem ao arbítrio e à insegurança, situações para as quais a consciência jurídica moderna vem mobilizando forças para repelir. Se assim ocorrer, o raciocínio indutivo do juiz estará comprometido em sua raiz, afetando o resultado da presunção judicial e inviabilizando o alcance da verdade.

3.4. O problema da prova pericial: dependência da confiabilidade dos métodos científicos

O Judiciário encontra grande dificuldade em lidar com a evolução científica. A situação de submissão dos nossos julgadores aos veredictos enunciados por *experts* é causa de extrema perplexidade e vem ensejando, ainda que de forma incipiente, uma revisão dessa relação.

Alguns problemas podem ser pontuados. Em primeiro lugar, convém advertir que a ciência é uma construção do homem e, como ele, é sujeita a falhas. É equivocado imaginar que nossa civilização atingiu o último estágio do desenvolvimento científico e que é capaz de solucionar qualquer problema, desvendar qualquer mistério.[82] A prova baseada unicamente em postulados científicos não se mostra capaz de revelar a verdade, porque tais postulados são instáveis e não é incomum que sejam revistos com alguma frequência. É atribuída a Bertrand Russel a seguinte frase: "Embora isto possa parecer um paradoxo, toda ciência exata é dominada pela ideia de aproximação".

É preciso aqui tentar definir o que se considera enunciado científico, o que se revela necessário para que se compreenda por que tais enunciados não podem ser vinculados à verdade. Prova científica é a mais comumente utilizada para a realização de perícias. A prova científica distingue-se da prova matemática, embora pelo senso comum sejamos levados a acreditar que se trata da mesma coisa e que uma ou outra apresentam grau de confiabilidade máximo. Não é verdade. A prova matemática resolve-se pela assunção de axiomas, verdades incontestáveis e, por isso, evidentes. A partir desses axiomas, ou verdades fun-

---

[82] Nas palavras de Francisco das Neves Baptista, "o imediatismo dessa atitude, centrada na valorização da ciência, tendeu a marginalizar-lhe a validade. A expansão do tecnicismo corresponde, entre outros fenômenos, como acentuou Bunge, a 'uma crescente indiferença pelos problemas clássicos da filosofia', inclusive o da verdade como finalidade do conhecimento. Nisso havia e há, por certo, muito de sobrevivência do cientificismo do século XIX e da ingênua confiança empírico-positivista nas aludidas potencialidades do intelecto humano, fortemente propagada com os sucessos da Revolução Industrial e, mais ainda, com a Revolução Tecnológica que parece transmudar-se, agora, em *Revolução Comunicacional*" (BAPTISTA, Francisco das Neves. *O mito da verdade real na dogmática do processo penal*. Rio de Janeiro: Renovar, 2001. p. 16).

dantes da matemática, aplica-se o método racional dedutivo para extrair outras conclusões também verdadeiras (obviamente, desde que o método lógico dedutivo seja aplicado com rigor). É dizer, se os axiomas forem corretos e a lógica sem falhas, tem-se por necessariamente verdadeira a conclusão extraída. Dessa forma foram construídos os teoremas matemáticos, que não admitem prova em contrário (autênticas provas absolutas). Na ciência em geral, o método utilizado para que se chegue a enunciados (ou postulados científicos) é absolutamente diferente. A prova científica parte da observação de determinado fenômeno, criação de uma hipótese para a explicação desse fenômeno e realização de experiências para testar a referida hipótese – ou seja, por meio desses testes, afere-se a capacidade da hipótese de prever resultados em eventos futuros. Se o resultado é positivo, há uma evidência, cuja força será determinante para a aceitação da hipótese inicial como enunciado científico. No entanto, a teoria científica jamais será provada de modo absoluto. A teoria científica poderá ser, quando muito, altamente provável. E isso justamente porque depende da observação e da experimentação, ambas falíveis. A teoria científica é, ainda, dirigida para a obtenção de determinados resultados, porque a criação de hipóteses já significa a formulação de uma resposta para a indagação inicial, desenvolvendo-se o método no sentido de conferir se aquela resposta é ou não válida.[83] Mesmo as teorias científicas de mais larga aceitação contêm alguma margem de dúvida.[84] Pitágoras morreu sabendo que seu teorema continuaria verdadeiro até o fim dos tempos, enquanto John Dalton, que criou a hipótese do átomo como elemento fundamental do universo, teve sua teoria desmentida apenas alguns poucos anos depois (o que se deu com a descoberta do elétron, a primeira partícula subatômica conhecida pelo homem, por J. J. Thomson, ainda no final do século XIX).

Mesmo o exame conhecido como DNA não oferece resultado que goza de absoluto grau de confiabilidade (hoje, fala-se em 99,99% de êxito). Será possível confiar plenamente nos resultados apresentados pelos laboratórios? Em nosso entender, a resposta deve ser negativa. Em primeiro lugar, porque, como dissemos, se presume que nossa civilização alcançou o último estágio do desenvolvimento científico. É a ideia de que os postulados da ciência gozam de confiabilidade plena. Muitos são os exemplos das "verdades" que foram desmentidas pouco

---

[83] Não por outra razão, Francisco das Neves Baptista pontua que "no domínio da ciência de hoje, talvez não seja exagerado dizer-se que mais se encontram quase-verdades ou verdades pragmáticas, isto é, verdades oportunisticamente adotadas em função dos objetivos da investigação, que 'verdades verdadeiras'" (idem, p. 205).

[84] A distinção está bem expressa pelo professor Simon Singh, Ph.D. em física de partículas pela Universidade de Cambridge (SINGH, Simon. *O último teorema de Fermat*. Trad. Jorge Luiz Calife. 9. ed. Rio de Janeiro: Record, 2002. p. 40-41). O mesmo raciocínio, com recurso à mesma fonte, foi delineado por Alexandre Freitas Câmara (CÂMARA, Alexandre Freitas. A valoração da perícia genética: está o juiz vinculado ao resultado do 'exame de ADN'? *Escritos de direito processual*. Terceira série. Rio de Janeiro: Lumen Juris, 2009. p. 117-128, esp. p. 120-123).

tempo depois. Não é ocioso dizer que a verdade de hoje é a mentira de amanhã, e a história registra o quão instáveis são os enunciados científicos.[85] Em segundo lugar, porque mesmo assumido a premissa de plena confiabilidade do resultado do exame do ponto de vista da aptidão para gerar resultados que guardam correspondência com a realidade da vida, nada impede que haja equívocos na sua realização. Na hipótese do exame de DNA, pode haver mistura de material genético armazenado ou dolosa deturpação do resultado por algum profissional com objetivos escusos. A hipótese parece remota, mas não é. Muitos laboratórios, especialmente os que realizam exames a título gratuito, a pedido de litigantes beneficiados pela gratuidade da Justiça, são vítimas da mesma penúria que já virou marca dos serviços públicos (falamos aqui especificamente do Brasil, mas acreditamos que a realidade seja a mesma em outros países de terceiro mundo). É claro que o exame de DNA constitui importante ferramenta para solucionar demandas importantes, sobretudo as ações de investigação de paternidade, no entanto é preciso que o exame de DNA seja encarado como uma das provas que integram todo um arcabouço probatório. Não pode o magistrado desconsiderar todas as demais provas e julgar apenas com base no resultado desse exame, porque repudiamos a ideia de que possa existir uma prova plena, absoluta e incontestável.[86]

Do que se disse, sobressai uma conclusão: os enunciados científicos são falhos e transmudam-se de tempos em tempos. Os operadores do direito precisam estar atentos à falibilidade dos métodos científicos e impedir que postulados sejam utilizados com quase ou nenhuma atividade crítica. Quando se trata de demandas cuja solução perpassa pela análise de matéria técnico-fática, é natural que os juízes se comportem como verdadeiros "homologadores" de laudos periciais. O fenômeno não chega a surpreender, afinal parece mais fácil aceitar de forma acrítica a ciência do perito e seus métodos, especialmente quando se trata de auxílio eficaz para esvaziar as longas prateleiras de processos, marca do Judiciário do nosso tempo, que experimenta os efeitos de aguda crise causada pela hiperinflação de litígios.

O juiz é homem comum, e os enunciados científicos soam como verdades absolutas para a grande maioria dos homens comuns. À conta dessas razões, não seria exagero dizer que a prova pericial tornou-se, na prática, verdadeira

---

[85] BARBOSA MOREIRA, José Carlos. Considerações sobre a chamada 'relativização' da coisa julgada material. *Temas de direito processual.* Nona série. São Paulo: Saraiva, 2007. p. 235-265, esp. p. 256. Confira-se também Leonardo Greco, para quem o processo deve "precaver-se ou amoldar-se às mutações constantes do estado da técnica, que a todo tempo descobre um novo saber, que desmente a verdade científica mais categórica de um passado recente", no seu já citado GRECO, Leonardo. A prova no processo civil: do Código de 1973 ao novo Código Civil cit., p. 361-362.

[86] CÂMARA, Alexandre Freitas. A valoração da perícia genética: está o juiz vinculado ao resultado do 'exame de ADN'? *Escritos de direito processual* cit., p. 128.

Cap. 24 – PROCESSO, PROVA E VERDADE

prova legal. O magistrado normalmente trabalha com os mesmos peritos e neles deposita toda a confiança, sem exercer nenhum controle sobre a técnica ou os métodos utilizados. Opera-se assim o curioso fenômeno da delegação de jurisdição,[87] em que os pareceres técnicos dos assistentes e as eventuais impugnações das partes quase nenhum efeito produzem, afinal não estão dispostos os juízes a alienar a amistosa relação que mantêm com "seus" peritos.[88]

Nesse ponto, as melhores contribuições, definitivamente, vêm sendo fornecidas pela jurisprudência norte-americana, em especial a jurisprudência da *Supreme Court*. Com efeito, importante passo foi dado quando do julgamento do chamado *Daubert case*,[89] em 1993, ocasião em que o tribunal rompeu com paradigmas ao esposar o entendimento de que era necessário estabelecer novos e mais rígidos meios de controle sobre a prova pericial,[90] superando uma tradição de mais de setenta anos, firmada quando do julgamento do *caso Frye*.[91] Em síntese, o entendimento do início do século XX era no sentido da admissão da prova técnica se a metodologia empregada fosse de aceitação geral na comunidade científica. A ruptura promovida pela Suprema Corte indicou um novo caminho no qual a prova científica passa a ser admitida se, além da aceitação

---

[87] GRECO, Leonardo. A prova no processo civil: do Código de 1973 ao novo Código Civil cit., p. 388.

[88] Curioso exemplo tomamos de nossa experiência forense, em que um juiz se recusou a determinar a complementação de uma perícia ao argumento de que o perito, já conhecido na comarca, desempenhava seu mister em auxílio do juízo já havia vários anos, tendo inclusive se desincumbido da tarefa em casos em que não auferiu remuneração. A verdade é que o perito, mesmo que seja de qualidade técnica inquestionável, não pode se fechar em uma redoma, e as partes não podem ter sonegado o seu direito de contestar um laudo. E, ainda que o juiz entenda dessa forma, deveria ao menos fundamentar sua decisão juridicamente, sem recorrer ao currículo ou ao prestígio de que o profissional eventualmente possa gozar. Nada impede que um profissional competente cometa erros e seja instado a rever seu próprio trabalho à luz de questões técnicas não apreciadas.

[89] A referência é ao caso *Daubert v. Merrell Dow Pharmaceuticals*, em que se discutiu se a ingestão de um medicamento (o *Bendectin*) por uma gestante poderia ter causado deformações nos filhos. Durante o julgamento, o laboratório réu, responsável pela fabricação e comercialização do medicamento, contou com o depoimento de importante médico epidemiologista (Dr. Steven H. Lamm), além de menção a farta literatura médica sobre a questão, toda no sentido de não acusar relação entre as substâncias que compõem o medicamento e as deformidades apresentadas pelos autores. Por sua vez, os autores contaram com os testemunhos de oito peritos, que apresentaram conclusão em sentido contrário com base em testes de laboratório envolvendo animais.

[90] ALMEIDA, Diogo Assumpção Rezende de. *A prova pericial no processo civil*: o controle da ciência e a escolha do perito. Rio de Janeiro: Renovar, 2011. p. 24.

[91] No julgamento do caso Frye (*Frye v. United States*), a Suprema Corte norte-americana admitiu a condenação criminal de um cidadão por homicídio qualificado com base em testes de pressão sanguínea, um precursor do detector de mentiras que, à época, se supunha capaz de identificar com precisão a falsidade ou a veracidade de declarações com base em alterações de pressão sistólica.

geral, há publicações sobre a matéria, se o método é discutido e ensinado nas universidades e em congressos científicos, se o método pode ser colocado à prova e, por fim, se o método permite a avaliação da margem de erro.[92]

Para além disso, há outros problemas que dificultam o acesso à verdade a partir da prova técnica. Convém também pontuar que o sistema processual brasileiro não oferece sequer garantia de que os trabalhos realizados pelo perito em um processo serão remunerados. Pense-se no exemplo de uma perícia realizada em um processo em que um dos litigantes é beneficiário da Justiça gratuita. Havendo a perspectiva de que o hipossuficiente não arcará com os custos da perícia caso saia perdedor do litígio, estará o perito diante da inusitada situação de produzir uma prova cujo resultado pode significar que seu trabalho não será remunerado. Não se está a questionar *a priori* a idoneidade desses profissionais (embora seja certo que em qualquer profissão é possível encontrar aqueles que optam pelo desvio), mas é certo também que, como qualquer ser humano, a simples perspectiva de não ser remunerado na dependência do resultado da perícia pode levar o profissional a se tornar mais zeloso na comprovação de determinado fato e menos para a comprovação de outro.[93]

A igualdade de tratamento das partes e a imparcialidade dos auxiliares da Justiça não se afinam com esse sistema. A situação em que ambas as partes gozam dos benefícios da Justiça gratuita não causa menor consternação, afinal, sabendo que não será remunerado em qualquer hipótese, o perito pode se sentir desestimulado a desempenhar o seu ofício com o mesmo grau de zelo que desempenharia caso houvesse a certeza da percepção de honorários. Ao laborar com grau de zelo reduzido, abre-se margem para toda sorte de erros. Melhor seria se fosse implementado um sistema de custeio da produção de prova em causas em que uma das partes seja pobre, evitando-se assim os possíveis desvios que oferecem obstáculos à tutela efetiva dos direitos de quem tem razão.

A conclusão deste item não pode ser outra senão a de que os resultados lançados pelo perito não podem ser considerados inquestionáveis. O *expert* não é um ser dotado de saber divino, único capaz de lançar luzes sobre os desvãos escuros de uma controvérsia cuja solução depende de saber científico. As premissas e conclusões do perito podem e devem ser postas à prova,[94] sob pena de ser criado um governo da ciência, sem que haja segurança quanto à eficácia de seus métodos (o que mais se assemelha a um "desgoverno").

---

[92] MIRZA, Flávio. Reflexões sobre a avaliação da prova pericial. *Tributo a Afrânio Silva Jardim*: escritos e estudos. Rio de Janeiro: Lumen Juris, 2011. p. 205-223, esp. p. 215.

[93] GRECO, Leonardo. Garantias fundamentais do processo: o processo justo cit., p. 235-234. A mesma ideia encontra-se no também seu GRECO, Leonardo. Acesso ao direito e à justiça. *Estudos de direito processual*. Campos dos Goytacazes: Faculdade de Direito de Campos, 2005. p. 197-223, esp. p. 211-212.

[94] MIRZA, Flávio. Reflexões sobre a avaliação da prova pericial cit., p. 219.

3.5. É possível falar em um dever de veracidade dos litigantes e de seus advogados?

Na análise que ora levamos a efeito, não se pode descartar a influência que a conduta das partes exerce sobre o alcance da verdade e, nessa medida, convém investigar se por meio de seus atos as partes podem contribuir para o seu alcance.

A exigência de que as partes falem a verdade é antiga. O Projeto Chiovenda continha disposição no sentido de que "na exposição dos fatos as partes e seus advogados têm o dever de não dizer conscientemente coisas contrárias à verdade". Por sua vez, o Projeto Carnelutti previa que "a parte tem o dever de afirmar perante o juiz os fatos segundo a verdade e não aduzir pretensões, defesas e exceções sem ter ponderado sobre seu fundamento".[95] Na Alemanha, o dever de veracidade foi estampado no § 138 da ZPO, o que levou Weltzel a extrair as seguintes conclusões: (i) as declarações positivas devem ser conformes à verdade (dever à verdade subjetiva); e (ii) a parte não deve contradizer seu adversário quanto às declarações cuja veracidade desconheça.[96]

De um modo geral, é possível dizer que o fenômeno da publicização do processo consolidou o dever de veracidade, com previsão de punições aos litigantes infratores. A publicização conseguiu colocar freios a determinadas práticas que conspiravam contra a ordem ética do processo, na medida em que desenvolveu aspectos relacionados ao controle judicial, em atenção ao princípio da moralidade, conformando os comportamentos das partes aos ditames da lealdade e da probidade.[97] O Código austríaco, marco na evolução do direito processual rumo à publicização, já previa o dever das partes de alegar detalhadamente todas as circunstâncias necessárias para fundamentar as suas pretensões de acordo com a verdade.

Mais recentemente, um acalentado debate em torno das origens do princípio da boa-fé vem sendo travado na Europa. O debate foi desencadeado por estudos de Juan Montero Aroca, publicados ao longo da última década, que identificam no princípio uma origem autoritária.[98] Sustenta o professor de Valencia que a

---

[95] Confira a respeito LIMA, Patrícia Carla de Deus. O abuso do direito de defesa no processo civil – reflexões sobre o tema no direito e na doutrina italiana. *Revista de Processo*, n. 122, ano 30, São Paulo: RT, abr. 2005, p. 93-129, esp. p. 112-113.

[96] SOBRINHO, Elicio de Cresci. *Dever de veracidade das partes no novo Código de Processo Civil*. São Paulo: Vellenich, 1975. p. 75.

[97] GOZAÍNI, Osvaldo Alfredo. La verdade y la prueba. In: DIDIER JR., Fredie et alii. *Teoria do processo* cit., p. 753.

[98] Vide, especialmente, os seus MONTERO AROCA, Juan. *Los principios políticos de la nueva Ley de Enjuiciamiento Civil*. Valencia: Tirant lo Blanch, 2001; MONTERO AROCA, Juan. El proceso civil llamado 'social' como instrumento de 'justicia' autoritaria. In: MONTERO AROCA, Juan. *Proceso civil e ideologia*. Valencia: Tirant lo Blanch, 2006.

previsão do princípio em leis processuais deita raízes nos Códigos italiano e soviético, em épocas de regimes totalitários (fascismo e comunismo, na Itália e na União Soviética, respectivamente). Diz ainda que as seguidas alusões ao processo como meio para que as partes e seus advogados colaborem com o juiz para o descobrimento da verdade só poderiam ser compreendidas em um contexto ideológico em que se entenda que as partes não têm o direito de lutar pelo que acreditam que seja seu com todas as armas possíveis. Em sentido oposto, o também espanhol Joan Picó i Junoy rebate a tese de Montero Aroca pontuando que não é possível estabelecer uma correspondência entre o princípio da boa-fé processual e determinada ideologia política e destaca quatro principais razões para justificar seu raciocínio: (i) a origem do princípio da boa-fé em legislação processual é muito anterior aos citados Códigos italiano e soviético – a Lei Processual de Castela já previa o referido princípio nos séculos XVII e XVIII; (ii) os Códigos anteriores aos mencionados por Montero Aroca foram editados em um momento em que a ciência do processo ainda não havia sido compreendida como ramo do direito público, espaço no qual o Estado aplica a lei em seu próprio interesse; (iii) sendo certo que o princípio da boa-fé foi reconhecido e aplicado pelo direito romano às relações de direito privado, não se justificaria uma negativa para seu reconhecimento e aplicação na atuação processual dos litigantes (não há explicação satisfatória para que algo que é reconhecido como correto e válido no âmbito do direito privado também não o seja para relações de direito público); e (iv) a qualidade ou não de uma norma processual está relacionada muito mais ao seu conteúdo e ao seu alcance do que à época em que foi elaborada ou à ideologia do seu autor, razão pela qual podem existir Códigos Processuais de grande rigor científico ou tecnicamente incorretos independentemente da sua origem mais ou menos liberal, no que são fartos os exemplos fornecidos pela história do direito processual.[99]

A candente discussão possui outras variáveis, e sua análise no detalhe poderia nos colocar em falsa pista, porquanto o que pretendemos analisar é o conteúdo material do princípio da boa-fé no que diz respeito a um suposto dever de veracidade que se impõe às partes no processo.

E mesmo neste momento inicial da análise, parece-nos que seria um erro supor que as partes ou seus advogados têm o direito de mentir em juízo, sob pena de restarem comprometidos os objetivos da jurisdição.[100]

Questão absolutamente diversa está em saber se o juiz pode exigir da parte que preste determinada informação. Assumindo-se a premissa de que as partes não possuem obrigações processuais, mas tão somente ônus – pelo que deixa de obter determinado resultado caso se furte à prática de um ato –, não nos

---

[99] PICÓ I JUNOY, Joan. El principio de la buena fe procesal y su fundamento constitucional. *Revista de Processo*, n. 196, ano 36, São Paulo: RT, jun. 2011, p. 131-162, esp. p. 136-141.

[100] GRECO, Leonardo. *Instituições de processo civil*. Rio de Janeiro: Forense, 2009. v. 1, p. 562.

Cap. 24 – PROCESSO, PROVA E VERDADE

parece correta a afirmação de que o juiz pode exigir da parte que produza determinadas provas ou preste determinadas informações.[101] Em outras palavras, o dever de veracidade não equivale a um dever de completude da informação,[102] até porque o sistema está estruturado sobre o princípio dispositivo, em que as partes delimitam os fatos sobre os quais incide a atividade cognitiva e, em regra, delimitam os meios probatórios que serão responsáveis pelo estabelecimento desses fatos, não podendo o juiz ir além do que lhe foi apresentado. Também não se vai ao extremo de dizer que, no processo civil, a parte tem o direito de permanecer silente sem que dessa conduta se lhe possa inferir consequências desfavoráveis – já falamos aqui sobre as máximas de experiência e sua função para o estabelecimento de presunções.

Outrossim, a ideia bem serve ao processo penal, em que está em jogo o direito de liberdade, o que por si só justifica um tratamento diferenciado para o instituto.[103] A Constituição, em seu art. 5.º, LXIII, prevê a obrigatoriedade da informação ao preso dos seus direitos, incluindo (mas não se limitando) o direito que lhe assiste de permanecer calado.[104] A garantia é antiga e deita suas raízes no direito processual penal canônico e no *ius commune*, como expressão da ideia de que ninguém pode ser obrigado a se incriminar, figurando ainda na

---

[101] Em sentido contrário, José Carlos Barbosa Moreira sustentava, em 1979 (portanto, antes da reforma do art. 17 do CPC, ocorrida pela Lei 6.771/1980), que a lei teria atribuído às partes um dever de veracidade "concebido com tamanho rigor que chega a colorir de ilicitude e converter em fonte de obrigação de ressarcir o dano não apenas a alteração intencional da verdade pelo litigante (art. 17, n. II), mas a simples *omissão*, também intencional, de 'fatos essenciais ao julgamento da causa' (art. 17, n. III)" (BARBOSA MOREIRA, José Carlos. Processo civil e direito à preservação da intimidade. *Temas de direito processual* cit., p. 3-20, esp. p. 9). Vale a advertência de que a redação do inciso III do art. 17 do CPC, modificada pela Lei 6.771/1980, ficou da seguinte forma: "usar do processo para conseguir objetivo ilegal", não constando mais a expressão "omitir fatos essenciais ao julgamento da causa", que constava da versão original, como se observa do Anteprojeto de Alfredo Buzaid no seu art. 21.

[102] Segundo Osvaldo Alfredo Gozaíni, "*las partes debaten en el proceso contradictorio bajo ciertas reglas (fair play) que les permiten reservas y ocultamientos. A ellos no les exige decir la verdad, sino una pauta de comportamiento basado en el principio de moralidad*" (GOZAÍNI, Osvaldo Alfredo. La verdade y la prueba. In: DIDIER JR., Fredie et alii. *Teoria do processo* cit., p. 756-757).

[103] Sem embargo, e como noticia Jean Pradel, a Corte Europeia de Direitos Humanos já admitiu que, em determinadas hipóteses, o juiz possa levar em consideração o silêncio do acusado como uma admissão implícita de culpa, embora na mesma oportunidade tenha ressalvado que eventual condenação não pode ser fundada exclusiva ou essencialmente no silêncio do acusado, ou na sua recusa de responder às perguntas que lhe são formuladas (v. o caso *John Murray vs. Reino Unido*, julgado pela Corte Europeia de Direitos Humanos em 08 de fevereiro de 1996, citado in PRADEL, Jean. Les systèmes pénaux à l'épreuve du crime organisé. *Revista de Processo*, n. 94, ano 24, São Paulo: RT, abr.-jun. 1999, p. 155-175, esp. p. 159).

[104] Art. 5.º, LXIII, da Constituição da República: "o preso será informado de seus direitos, entre os quais o de permanecer calado, sendo-lhe assegurada a assistência da família e de advogado".

5.ª Emenda da Constituição dos Estados Unidos da América.[105] A aceitação do silêncio do acusado é sinal de respeito do Estado pela esfera de decisão do indivíduo, sem que de sua opção pelo silêncio lhe possam ser extraídas consequências desfavoráveis. A evolução legislativa brasileira reflete bem essa consciência, na medida em que foi suprimida a previsão que constava do art. 186 no sentido de que o juiz deveria alertar o acusado antes do interrogatório de que seu silêncio poderia ser interpretado em prejuízo da sua própria defesa.[106]

No processo civil, de ordinário, a parte tem o direito de não prestar informações ou colaborar para a produção de determinadas provas que sabe resultarão em conclusões desfavoráveis. Essa omissão ou esse silêncio, no entanto, integram o conjunto de elementos de que se valerá o juiz para formar seu juízo de probabilidade.

Também a respeito desse tema, importante lição nos é trazida por Franco Cipriani. Tinha razão o autor italiano ao dizer que não há uma relação necessária entre a divergência e a mentira de uma das partes. Se os litigantes se encontram em uma situação de controvérsia, na maior parte das vezes, é porque cada uma enxerga as coisas de um ponto de vista particular (o mundo do direito é o mundo da dúvida[107]). O advogado não tem o direito de mentir, mas a plena e eficaz defesa dos interesses do seu cliente exige que sustente teses baseando-se na lógica formal, na doutrina, na jurisprudência ou em qualquer argumento que sirva para colocar o adversário em uma situação mais difícil e convencer o juiz da existência do direito do seu constituinte, fazendo-o crer que sua tese é mais exata ou mais coerente.[108] Entre o verdadeiro e o falso há uma série de matizes e não afirmar todos os fatos tais como se passaram não necessariamente implica mentir.[109] Para o advogado, embaralhar as cartas não significa enganar, mas pode significar colocá-las em uma ordem que seja mais útil à sua tese.[110]

---

[105] TUCCI, Rogério Lauria. *Direitos e garantias individuais no processo penal brasileiro* cit., p. 299.

[106] O atual art. 186 do Código de Processo Penal contém a seguinte redação, dada pela Lei 1.072, de 2003: "Depois de devidamente qualificado e cientificado do inteiro teor da acusação, o acusado será informado pelo juiz, antes de iniciar o interrogatório, do seu direito de permanecer calado e de não responder perguntas que lhe forem formuladas; Parágrafo único. O silêncio, que não importará em confissão, não poderá ser interpretado em prejuízo da defesa".

[107] CIPRIANI, Franco. El abogado y la verdad. In: MONTERO AROCA, Juan (Org.). *Proceso civil e ideología* cit., p. 283-291, esp. p. 284.

[108] Idem, p. 289.

[109] Para Joan Picó i Junoy, estabelece-se um conflito de interesses de difícil resolução entre o direitos fundamentais: o direito de defesa de uma parte e o direito da outra parte a um processo em que predominem a tutela jurisdicional efetiva, a paridade de armas e sem dilações indevidas (PICÓ I JUNOY, Joan. El principio de la buena fe procesal y su fundamento constitucional cit., p. 160).

[110] CIPRIANI, Franco. El abogado y la verdad. In: MONTERO AROCA, Juan (Org.). *Proceso civil e ideología* cit., p. 287.

Aqui, no entanto, há que se fazer a devida distinção das situações em que está em jogo valor a que se atribua peso maior do que à liberdade da parte, tais como nos casos de direitos indisponíveis. O caso do direito ao conhecimento da relação de filiação soa como exemplo mais emblemático (embora haja outros casos também dignos de nota). Trata-se da sensível questão de definir se, para fins de realização de uma perícia médica (que, de ordinário, requer a colaboração do litigante), a parte pode ser conduzida *manu militari*, obrigada assim a realizar o exame – e aqui não falamos necessariamente em *silêncio* ou *mentira*, mas em deliberada omissão do litigante, que por alguns poderia ser interpretada como conduta contrária à boa-fé.

Entendemos que, mesmo quando o que está em jogo é o direito ao conhecimento da relação de filiação, pode ser que a recusa do réu em se submeter a exames seja justificada. Recorrendo ao exemplo do exame de DNA: não nos parece que o direito ao conhecimento da relação de filiação se sobreponha à liberdade do réu se as circunstâncias do caso revelam a pequeníssima probabilidade de que este seja pai do autor. Imagine-se a hipótese em que a diferença de idade entre as partes seja muito pequena, que torna pouco provável a possibilidade de o réu ter mantido relações sexuais com a genitora do autor, ou mesmo se o réu logra comprovar por outros exames que é estéril.

Estará aqui o juiz autorizado a extrair consequências desfavoráveis do "silêncio" do réu? Refutamos aqui a máxima popular do "quem não deve não teme" – a lógica encerrada em tal máxima, aliás, sempre caminhou lado a lado com os regimes políticos autoritários e justificou práticas invasivas e violadoras de direitos fundamentais, especialmente os relacionados à privacidade e à intimidade. Existem várias razões pelas quais um cidadão pode se recusar a se submeter a uma perícia médica (questões religiosas figuram apenas como um de tantos exemplos possíveis). Além disso, submeter alguém a uma agressão corporal, ainda que por uma boa razão, é um ato que a consciência jurídica contemporânea não vê com bons olhos, podendo até violar disposições constitucionais.[111]

Seja como for, não escapa à nossa preocupação a possibilidade de que juízes lancem mão em exageradas doses do poder que possuem de sancionar a conduta dos litigantes ou de seus advogados, movidos por paixões e rancores que bem sabemos existirem nessa relação multissecular de tensão com os advogados, enxergando assim mentiras onde há estratégias permitidas pela lei. Esse poder sancionatório conferido aos juízes não pode servir para dar vazão a esses sentimentos que todo homem nutre. Não pode se tornar em instrumento de ameaça e de constrangimento.[112]

---

[111] BARBOSA MOREIRA, José Carlos. La negativa de la parte a someterse a una pericia médica. *Temas de direito processual*. Nona série. São Paulo: Saraiva, 2007. p. 159-166, esp. p. 159.

[112] CRUZ E TUCCI, José Rogério. Repressão ao dolo processual: o novo art. 14 do CPC. *Revista Genesis de Direito Processual Civil*, ano VII, n. 23, Curitiba: Genesis, jan.-mar. 2002, p. 61-75, esp. p. 68.

Com isso pretendemos dizer que não existe prevalência *prima facie* de valores. E são os elementos do caso concreto, cuidadosamente avaliados pelo magistrado, que fornecem os subsídios para a realização de um adequado juízo de ponderação.[113]

4. CONSIDERAÇÕES FINAIS

Processo é cultura. Portanto, prova também é cultura. O conceito de prova mascara opções de caráter político – não é outra a razão pela qual se defende que o sistema processual é o barômetro de uma comunidade, porque está em sintonia com a sua cultura e o seu modelo político, revelando, em última análise, a maneira em que se pautam as relações entre Estado e cidadãos. Os modelos cognoscitivos dos fatos estão irremediavelmente confinados à forma de viver e pensar de determinada comunidade em determinada época e, justamente por isso, são variáveis de um período histórico a outro.[114]

A racionalidade científica dos nossos tempos, ainda herdeira do positivismo, ideologia que parte do pressuposto de que a verdade pode ser sempre alcançada por métodos de observação e experimentação, é apenas a ideologia dos dias de hoje. Fosse esse estudo levado a efeito há alguns séculos, estaríamos ainda em estágio de desenvolvimento científico prematuro, e seria mesmo heresia tecer um discurso sobre prova que passasse ao largo de elementos ligados ao místico e ao religioso. A humanidade está sempre partindo da (falsa) premissa de que atingiu o estágio último do desenvolvimento científico. A ideia apresenta-se válida até o momento em que novos postulados são anunciados, quase sempre negando seus antecessores, fazendo cair por terra premissas que nortearam frondosas construções científicas.

Não se está a duvidar de que a justiça do julgamento será tão maior quanto maior for a porção de "verdade" descoberta. É óbvio que quanto maior for a parcela dos fatos que se torna conhecida, melhores serão as condições do juiz de proferir uma decisão essencialmente justa. José Carlos Barbosa Moreira é preciso ao sustentar que a justiça da decisão depende de um conhecimento tão completo e exato quanto possível dos fatos relevantes para o julgamento por parte do julgador.[115] Mas essa não é a questão – e afirmar o contrário é reduzir

---

[113] Não é à toa que o art. 232 do Código Civil emprega o termo "poderá suprir", e não o termo "suprirá" (confira-se a íntegra do dispositivo: "A recusa à perícia médica ordenada pelo juiz poderá suprir a prova que se pretendia obter com o exame"). Como sustenta José Carlos Barbosa Moreira, compete ao órgão judicial verificar se determinada negativa em se submeter a exames médicos pode ser considerada um indício suficientemente grave para autorizar a presunção de existência da relação de filiação (BARBOSA MOREIRA, José Carlos. La negativa de la parte a someterse a una pericia médica. *Temas de direito processual* cit., p. 163).

[114] KNIJNIK, Danilo. *A prova nos juízos cível, penal e tributário* cit., p. 9.

[115] BARBOSA MOREIRA, José Carlos. Prueba y motivación de la sentencia. *Temas de direito processual*. Oitava série. São Paulo: Saraiva, 2004. p. 107-115, esp. p. 117.

Cap. 24 – PROCESSO, PROVA E VERDADE

ingênua e substancialmente o foco da preocupação dos estudiosos que têm se dedicado ao tema.

Também não concordamos com considerações que colocam a verdade como fator de legitimação das decisões.[116] A verdade está fora de uma decisão e a relação que se estabelece entre ambas é de reflexão apenas – no sentido de que a decisão pode ou não refletir a verdade e será considerada justa na medida em que estiver baseada em premissas fáticas verdadeiras, aplicar a solução jurídica correta e seja o ato final de um processo desenvolvido em total observância às garantias das partes. Há outros fatores de legitimação das decisões e que estão contidos no próprio procedimento. Do ponto de vista da legitimação das decisões, parece-nos muito mais importante observar se uma decisão foi proferida por um juiz subjetivamente imparcial e que, objetivamente, não tenha adotado uma postura assistencialista em relação a uma das partes. Requer-se, ainda, que as decisões tenham sido fundamentadas e originadas em um processo cujos atos foram públicos. Interessa, sobretudo, que a decisão tenha, na medida do possível, se originado de processo que se desenvolveu em observância ao contraditório participativo (ressalvadas as situações de extrema urgência que justifiquem a concessão de medidas liminares sem a oitiva da parte contrária), em um procedimento que não apenas concedeu aos interessados oportunidades iguais de manifestação, mas no qual o juiz tenha estabelecido um diálogo humano com as partes, uma ponte de comunicação, a fim de revelar suas impressões no curso da causa, para que a todos os envolvidos tenha sido concedida a oportunidade de efetivamente influenciá-lo. Esses sim são fatores de legitimação das decisões, pois lhes são intrínsecos e dizem respeito ao procedimento, à realidade sensível do processo e ao alcance de qualquer cidadão.[117] Não a verdade, que com a decisão guarda uma relação de reflexão (relação esta possível, nunca necessária).

Parece-nos fora de dúvida que a verdade constitui pressuposto para um julgamento justo. Temos dúvidas, no entanto, se a busca da verdade é uma tarefa factível ou uma luta quixotesca. Em nosso sentir, a verdade não está ao alcance do juiz, que julga tão somente com base em *probabilidades*.[118-119]

---

[116] A ideia está expressa no já citado estudo de Luiz Guilherme Marinoni e Sérgio Cruz Arenhart (MARINONI, Luiz Guilherme; ARENHART, Sérgio Cruz. *Prova* cit., p. 30).

[117] Como sustenta Francisco das Neves Baptista, "o deslinde desse conflito deve dar-se de tal forma que o povo, e sobretudo a comunidade jurídica, aceite a solução como satisfatória, ou, no mínimo, consiga compreendê-la, conquanto dela discorde, em razão dos argumentos da sua fundamentação" (BAPTISTA, Francisco das Neves. *O mito da verdade real na dogmática do processo penal* cit., p. 212-213).

[118] Juan Montero Aroca sustenta que a convicção do juiz acaba por se referir a probabilidades. A certeza absoluta só pode ser produzida no campo da física ou da matemática, mas não no processo, em que a certeza se resolve em uma *certeza moral* (MONTERO AROCA, Juan. *La prueba en el proceso civil* cit., p. 37).

[119] Segundo Cândido Rangel Dinamarco, "o juiz há de contentar-se com a probabilidade, renunciando à certeza, porque o contrário inviabilizaria os julgamentos" (DINAMARCO, Cândido

Seu raciocínio se desenvolve no seguinte sentido: "pelas provas adunadas aos autos, é mais provável que o fato *A* (fato constitutivo do direito do autor) tenha realmente ocorrido e é mais provável que o fato *B* (fato impeditivo ou extintivo alegado pelo réu) não tenha ocorrido, razão pela qual o pedido deve ser julgado procedente". Fala-se normalmente em probabilidade quando se está a tratar de julgamento de pedido liminar, quando ainda não há atividade probatória, partindo-se do falso pressuposto de que a cognição exauriente e a ampla oportunidade de produção de provas conduzem o juiz à certeza sobre a ocorrência ou não dos fatos veiculados nos autos pelas partes. É que as provas não conduzem seguramente à verdade dos fatos, mas apenas indicam se e como tais fatos provavelmente ocorreram.[120]

E seria mesmo inócuo falar em certeza, porque nos parece que se trata de um sentimento pessoal que se produz no intelecto do indivíduo e que nada tem a ver com a verdade.[121] Aquele que julga ter certeza está firmemente convicto da veracidade ou da falsidade de um enunciado fático. Mas quem se julga sabedor da verdade deve se precaver para o fato de que a "verdade" em que se fundamenta essa convicção não passa de uma verdade aparente,[122] afinal doze mil testemunhas alinhadas em seus depoimentos não representam mais do que doze mil probabilidades, o que equivale a uma forte probabilidade.[123]

A verdade é una. Por essa razão, entendemos equivocada qualquer adjetivação que se queira dar ao termo – pelo que é artificiosa a distinção entre verdade material e verdade formal. Sabemos que a verdade existe, mas pode acontecer – e é o que na maior parte das vezes acontece – que a verdade não possa ser alcançada. E isso por uma série de razões.

Rangel. *A instrumentalidade do processo*. 13. ed. São Paulo: Malheiros, 2008. p. 318-319). Também nesse sentido leciona Hermes Zaneti Junior, ao dizer que "a verdade absoluta no processo civil não pode ser jamais atingida. O que se obtém é, no máximo, um juízo de probabilidade, uma verdade provável" (ZANETI JUNIOR, Hermes. O problema da verdade no processo civil: modelos de prova e de procedimentos probatórios cit., p. 343).

[120] MARINONI, Luiz Guilherme; ARENHART, Sérgio Cruz. *Prova* cit., p. 39. Na sequência, transcrevem passagem de Wach, para quem "todas as provas, em verdade, não são mais que provas de verossimilhança" (idem, p. 39-40).

[121] Jordi Ferrer Beltrán chega a conclusão semelhante quando fala da *convicção*. No seu entender, o termo parece aludir a algum "*tipo de estado psicológico o bien a la noción de creencia*" (BELTRÁN, Jordi Ferrer. *Prueba y verdade en el derecho* cit., p. 34).

[122] "A certeza é, portanto, um estado subjetivo do espírito, podendo não corresponder à verdade objetiva. Certeza e verdade nem sempre coincidem; por vezes, tem-se a certeza do que objetivamente é falso; por vezes, duvida-se do que objetivamente é verdadeiro; e a mesma verdade que parece certa a um, a outros parece por vezes duvidosa quiçá até mesmo falsa a outros ainda" (MALATESTA, Nicola Framarino dei. *A lógica das provas em matéria criminal*. Trad. Alexandre Augusto Correia. São Paulo: Saraiva, 1960. v. 1, p. 22).

[123] CALAMANDREI, Piero. Verità e verosimiglianza nel processo civile. *Opere Giuridiche*. Padova: Morano, 1972. v. 5, p. 615-640, esp. p. 616.

Neste estudo delineamos brevemente alguns institutos que moldam o processo, todos a indicar que a verdade não só pode como, em determinados momentos, deve ser afastada em nome de outros valores. E poderíamos ter ido além. O sistema de preclusões, extremamente rígido, impede que determinados fatos possam ser suscitados pelas partes se superada a fase em que, de ordinário, poderiam fazê-lo (e, por consequência, impede que esses fatos possam ser conhecidos pelo julgador). Há, ainda, situações em que as únicas pessoas que conhecem os fatos controvertidos estão impedidas de prestar depoimento, em razão da presunção de sua parcialidade. Mais modernamente, o princípio da celeridade foi alçado à categoria de princípio processual com assento constitucional, e o Estado vem envidando esforços no sentido de implementar medidas que tornem o processo um instrumento mais rápido de distribuição de justiça. Obviamente, a celeridade tem um preço, e os cidadãos vêm pagando caro por esse projeto, que inegavelmente comporta uma série de restrições a direitos e garantias.

Todas essas limitações encontram razão de ser no fato de que o processo comporta uma plêiade de valores que precisam ser harmonizados.[124] A ciência humana possui limites éticos, políticos e econômicos, pelo que não se impõe ao juiz a tarefa de buscar a verdade a qualquer preço.[125]

Como dissemos, o processo não está a serviço da busca da verdade. Há outros interesses em jogo e que, dependendo do caso concreto, devem ser prestigiados. Quando se fala em proibição das provas ilícitas, o que se quer mostrar é uma predominância de determinados interesses e valores que se sobrepõem à verdade em grau de importância, desde que presentes determinadas condições. Quando se trata da delimitação dos fatos e das provas pelos litigantes, é o princípio dispositivo que assume maior relevo, permitindo às partes que delimitem o campo de trabalho do processo, o espaço fático sobre o qual recairá a atividade probatória.

Além disso, parece fora de dúvida que a atividade humana na busca da verdade está irremediavelmente limitada pelos conhecimentos científicos alcançados em determinada época. As construções científicas oscilam com frequência incomum, por vezes até caindo no descrédito. No entanto, o conhecimento científico do momento acaba por ser o responsável pela "revelação da verdade dos fatos" e os instáveis postulados científicos determinam a sorte de pleitos que envolvem matéria técnica não afeta ao conhecimento do julgador. Por fim, sequer é possível dizer que aos litigantes e seus advogados se impõe um dever de veracidade absoluto.

---

[124] BARBOSA MOREIRA, José Carlos. Breves observaciones sobre algunas tendencias contemporáneas del proceso penal. *Revista de Processo*, n. 93, ano 22, São Paulo: RT, jul.-set. 1997, p. 111.

[125] GRECO, Leonardo. *Instituições de processo civil* cit., p. 141.

E tem razão Michele Taruffo ao dizer que não se sustenta a ideia de que o ordenamento está irremediavelmente vinculado à exclusão da verdade dos fatos dos escopos do processo civil – ideia que não poderia jamais ser demonstrada empiricamente. Com efeito, não vinga uma teoria que exclui a prova em toda e qualquer hipótese. O que sustentamos neste estudo – e, desde logo, perdoe-se a repetição – é que a verdade pode ser alcançada pela atividade probatória, mas esse não é o destino certo de toda atividade probatória.[126] As provas podem ou não indicar a verdade. Em qualquer hipótese, terá o juiz que decidir, porque lhe é vedado o *non liquet*. Em determinadas situações, a decisão estará fundada na verdade dos fatos, em outras tantas não. Como já sustentava Francesco Carne-lutti, o processo envolve uma busca submetida a regras jurídicas que deformam a sua pureza lógica e não pode ser considerado um meio para o conhecimento dos fatos, "*que puede coincidir o no con la verdad de los mismos*".[127]

O juiz não é um ser ungido por uma divindade, capaz de descobrir a verdade em toda e qualquer hipótese e solucionar as controvérsias sempre de forma justa. O juiz é ser humano, e essa inafastável condição não somente lhe sujeita a toda sorte de falhas, mas também a valorações subjetivas da realidade que o cerca.[128]-[129] Se bem pensado, a atividade do juiz no processo não está voltada propriamente à obtenção da verdade. A tarefa do juiz é decidir entre duas versões. Os litigantes apresentam argumentos e provas que servem como vetores, possibilidades de verdade. A atividade do juiz consistirá então em optar por uma das versões apresentadas (por imposição do princípio dispositivo, o juiz, a rigor, não poderá criar e adotar uma *terceira versão*) com base no seu racional acerca das probabilidades de ocorrência ou não dos fatos apresentados, de acordo com

---

[126] "É preciso ter clara consciência de que aquilo que está provado pode ser falso; e o que não foi provado pode ser verdadeiro. À luz dessa consciência, é preciso que o sistema e principalmente o aplicador estejam sempre voltados à prevenção do erro, não confiando, ingenuamente, na possibilidade de reconstruir os fatos tais quais eles ocorreram no passado" (KNIJNIK, Danilo. *A prova nos juízos cível, penal e tributário* cit., p. 14).

[127] CARNELUTTI, Francesco. *La prueba civil* cit., p. 21.

[128] "A figura mítica do juiz, como alguém capaz de descobrir a verdade sobre as coisas e, por isso mesmo, apto a fazer justiça, deve ser desmascarada. Essa fundamentação retórica não pode mais ter o papel de destaque que ocupa hoje. O juiz não é – mais do que qualquer outro – capaz de reconstruir fatos ocorridos no passado: o máximo que se lhe pode exigir é que a valoração que há de fazer das provas carreadas aos autos sobre o fato a ser investigado não divirja da opinião comum média que se faria das mesmas provas" (MARINONI, Luiz Guilherme; ARENHART, Sérgio Cruz. *Prova* cit., p. 38).

[129] Como bem adverte Leonardo Greco, "essa crença no juiz *super-homem* desapareceu por completo. Se é correto que o simples entrechoque dos fatos e provas apresentados pelas partes não assegura a descoberta da verdade, porque cada uma das partes tende a revelar apenas as circunstâncias que lhe são favoráveis, por outro lado, a busca frenética da verdade absoluta pelo juiz, além de comprometer a sua imparcialidade e de cercear a liberdade individual, não garante que o resultado obtido seja melhor do que o que teriam alcançado os próprios interessados" (GRECO, Leonardo. A prova no processo civil: do Código de 1973 ao novo Código Civil cit., p. 366).

as provas produzidas. Precisamente, o juiz deve "arbitrar qual é a narrativa (ou a combinação parcial de narrativas) que corresponde à verdade".[130]

E no que diz respeito à atividade das partes, tem razão Juan Montero Aroca quando sustenta que a atividade do juiz não pode consistir em uma atividade investigadora, mas em uma atividade de verificação das afirmações que são feitas sobre fatos. A função da atividade probatória não é revelar a verdade, mas convencer o julgador, fazer com que se produza em seu espírito a certeza sobre a ocorrência de determinado fato ou, ao menos, a convicção sobre a maior probabilidade de que determinada versão dos fatos esteja correta. Chionvenda já sustentava que "provar significa formar a convicção do juiz sobre a existência ou não de fatos relevantes no processo".[131]

Também o processo penal, que na maioria das vezes lida com bens jurídicos em tese mais relevantes do ponto de vista humanitário, gerando consequências especialmente gravosas para o acusado e eventualmente condenado, não foge aos limites indicados anteriormente, não sendo possível, a nosso ver, falar em alguma diferença em relação ao processo civil no que se refere à aptidão do processo para obter a verdade – a referência ao processo penal de forma destacada é de todo pertinente, afinal sua *ratio essendi* é a instrumentalização da repressão, para limitá-la, conter suas forças a partir de um rígido sistema de direitos e garantias. Não por outra razão o processo penal (e nesse ponto com mais acentuada significação do que o processo civil) é considerado um dos principais barômetros da sociedade, para que se saiba com exação de que modo o Estado conduz suas relações com os cidadãos. Essa particular situação durante muito tempo justificou um tratamento diferenciado no que diz respeito à verdade no processo. Considerava-se que a atividade probatória no processo penal deveria ser dirigida à obtenção da verdade material, enquanto o processo civil (porque normalmente lida com direitos patrimoniais e disponíveis) poderia se contentar com a verdade processual, ou verdade possível, como se fosse possível adjetivar a verdade (sendo ocioso reiterar que essa diferenciação já está superada há algum tempo).

Tem-se, assim, que, mesmo no processo penal – espaço de apuração da chamada verdade material ou real, segundo multisseculares construções dogmáticas (aqui já repudiadas) –, a verdade parece um ideal distante, que não guarda nenhuma relação de obrigatoriedade com o objeto da prova.[132]

---

[130] LUNARDI, Soraya Gasparetto; DIMOULIS, Dimitri. A verdade como objetivo do devido processo legal. In: DIDIER JR., Fredie et alii. *Teoria do processo* cit., p. 821-822.

[131] CHIOVENDA, Giuseppe. *Instituições de direito processual civil*. Trad. J. Guimarães Menegale. 3. ed. São Paulo: Saraiva, 1969. v. 3, p. 91.

[132] De acordo com Francisco das Neves Baptista, "a verdade real, concebida como fatualidade ou 'concordância do pensamento com o objeto', somente se aplica ao fato punível, na sua conceituação dogmática, relativamente a escassíssimos aspectos ou requisitos: à conduta exteriorizada e à eficácia dos meios empregados na produção do resultado, quanto ao tipo; à situação ale-

E nessa sentença pode ser resumida a nossa conclusão: a atividade probatória *pode* conduzir ao descobrimento da verdade. Caso efetivamente a sentença tome por verdadeiro um fato que efetivamente ocorreu, essa terá sido uma consequência acidental, nunca necessária.[133] No processo, verdade é acidente, nunca substância, justamente porque "o processo não está habilitado à busca da verdade substancial",[134] operando apenas em torno de "certezas, probabilidades *e* riscos, *sendo que as próprias 'certezas' não passam de probabilidades muito qualificadas e jamais absolutas porque o espírito humano não é capaz de captar com fidelidade e segurança todos os aspectos das realidades que o circundam*".[135]

Com isso, não se está a negar a possibilidade de que o processo possa alcançar soluções justas,[136] afinal o próprio conceito de justiça é de alguma forma relativo,[137]-[138] devendo ser encarado como a solução mais justa possível já con-

---

gadamente perigosa ou agressiva, para exclusão, no respeitante à antijuridicidade; à inimputabilidade etária e patológica, no concernente à culpabilidade; e a algumas condições específicas de punibilidade, no atinente a esta. Em tudo mais, a verdade buscada é ideal – 'concordância do pensamento consigo mesmo' –, já sob a forma de presunção, já mediante outros construtos puramente racionais" (BAPTISTA, Francisco das Neves. *O mito da verdade real na dogmática do processo penal* cit., p. 137-138).

[133] Francesco Carnelutti, em expressiva passagem de seu lapidar, e já citado, trabalho sobre as provas, fala em "coincidência contingente" e "não necessária" (CARNELUTTI, Francesco. *La prueba civil* cit., p. 22).

[134] MARINONI, Luiz Guilherme; ARENHART, Sérgio Cruz. *Prova* cit., p. 50.

[135] DINAMARCO, Cândido Rangel. *Instituições de direito processual civil* cit., p. 115.

[136] Adverte Leonardo Greco que "se as limitações do conhecimento humano podem impor ao juiz, como a qualquer ser humano, barreiras para o mais completo acesso à verdade dos fatos, essas barreiras não justificam que a verdade não deva ser perseguida e que possamos considerar justas decisões baseadas em fatos inteiramente distanciados da realidade da vida ou que sirva ao direito qualquer reconstrução dessa realidade" (GRECO, Leonardo. Publicismo e privatismo no processo civil cit., p. 46-47).

[137] VELLOSO, Adolfo Alvarado. La imparcialidad judicial y el sistema inquisitivo de juzgamiento. In: MONTERO AROCA, Juan (Coord.). *Proceso civil e ideología.* p. 217-247, esp. p. 221.

[138] Negando ser a justiça a finalidade do processo, vide LUNARDI, Soraya Gasparetto; DIMOULIS, Dimitri. A verdade como objetivo do devido processo legal. In: DIDIER JR., Fredie et alii. *Teoria do processo* cit. Destaca-se a seguinte passagem: "Em nossa opinião, apresentar a justiça como finalidade do processo é indício de um peculiar atraso no pensamento processualista. Se atribuirmos ao termo 'justiça' um sentido intrassistemático (é justo aquilo que estabelece o direito em vigor, logo será justa a decisão que seguir o direito que pode se encontrar na literalidade dos textos normativos ou em outros elementos, tais como os princípios implícitos ou os precedentes jurisprudenciais), temos uma afirmação circular. Se o direito proíbe levar em consideração um meio de prova e se o julgador efetivamente desconsiderar esse meio, sua decisão será justa porque está de acordo com o direito vigente que é sempre justo. Quem afirma isso simplesmente duplica o conceito de direito para legitimá-lo com o emprego do termo 'justo'. Se, ao contrário, atribuirmos ao termo 'justiça' um significado independente do direito positivo (justiça material; justiça procedimental; combinação de ambas conforme critérios que independem do conteúdo das normas válidas), esbarramos na notória e irredutível discordância das concepções sobre o justo. Séculos de reflexão sobre a desmistificação das ideologias jurídicas e sociais deixaram

Cap. 24 – PROCESSO, PROVA E VERDADE

sideradas as limitações cognitivas e probatórias (até porque tais limitações são ditadas pela lei, que supostamente consubstancia o conceito de justo no plano objetivo). De outra parte, é preciso ter em mente que os modelos de processo expressos nas constituições e nos códigos modernos não refletem uma "justiça absoluta", senão aquilo que se entende por justo no atual momento histórico e segundo a cultura prevalente no nosso estágio atual de civilidade.[139]

Isso não significa, no entanto, que estejamos de acordo com a tese de que a verdade é aquela a que a ciência pode chegar com uso dos recursos disponíveis em determinado momento histórico.[140] Definitivamente não. Verdade é uma só e não necessariamente é aquela que a ciência se encontra em condições de desvendar em determinado período histórico. A relação que mantém com o processo (com a prova) é de coincidência apenas contingente, nunca necessária.

5. REFERÊNCIAS BIBLIOGRÁFICAS

ALMEIDA, Diogo Assumpção Rezende de. *A prova pericial no processo civil*: o controle da ciência e a escolha do perito. Rio de Janeiro: Renovar, 2011.

ALVARADO VELLOSO, Adolfo. La imparcialidad judicial y el sistema inquisitivo de juzgamiento. In: MONTERO AROCA, Juan (Org.). *Proceso civil e ideología*. Valencia: Tirant lo Blanch, 2006.

BADARÓ, Gustavo Henrique Righi Ivahy. *Ônus da prova no processo penal*. São Paulo: RT, 2003.

BAGGIO, Lucas Pereira. O art. 335 do Código de Processo Civil à luz da categoria das máximas de experiência. In: KNIJNIK, Danilo (Coord.). *Prova Judiciária*: estudos sobre o novo direito probatório. Porto Alegre: Livraria do Advogado, 2007.

BAPTISTA, Francisco das Neves. *O mito da verdade real na dogmática do processo penal*. Rio de Janeiro: Renovar, 2001.

---

claro que a justiça, por mais que esteja presente nos debates especializados e nas representações populares como sentimento, sonho ou até mesmo reivindicação antropologicamente arraigada, não pode ser definida de maneira objetiva" (idem, p. 818).

[139] VERDE, Giovanni. Giustizia e garanzie nella giurisdizione civile. *Rivista di Diritto Processuale*, 55, n. 2, Padova, apr.-giu. 2000, p. 299-317, esp. p. 307. É o que o autor considera "*o che ci appare 'più giusto' nel momento storico dato*".

[140] Se bem compreendemos, a ideia está presente em BADARÓ, Gustavo Henrique Righi Ivahy. *Ônus da prova no processo penal*. São Paulo: RT, 2003. p. 37. A ela parece aderir Flávio Mirza, quando sustenta que "a verdade é aquela a que qualquer ciência pode chegar, guardadas as limitações inerentes, com todos os recursos e meios disponíveis em determinado período histórico-temporal. Não há outra. Não há uma verdade, *tout court*" (MIRZA, Flávio. Notas sobre a questão da verdade no direito processual. In: SILVEIRA, Carlos Frederico Gurgel Calvet da et alii (Org.). *Ensaios sobre justiça, processo e direitos humanos II* cit., p. 118).

BARBOSA MOREIRA, José Carlos. A Constituição e as provas ilicitamente obtidas. *Temas de direito processual*. Sexta série. São Paulo: Saraiva, 1997.

_____. Anotações sobre o título 'Da Prova' no novo Código Civil. *Temas de direito processual*. Nona série. São Paulo: Saraiva, 2007.

_____. As presunções e a prova. *Temas de direito processual*. Primeira série. São Paulo: Saraiva, 1977.

_____. Breves observaciones sobre algunas tendencias contemporáneas del proceso penal. *Revista de Processo*, n. 93, ano 22, São Paulo: RT, jul.-set. 1997.

_____. Considerações sobre a chamada 'relativização' da coisa julgada material. *Temas de direito processual*. Nona série. São Paulo: Saraiva, 2007.

_____. La negativa de la parte a someterse a una pericia médica. *Temas de direito processual*. Nona série. São Paulo: Saraiva, 2007.

_____. O neoprivatismo no processo civil. *Temas de direito processual*. Nona série. São Paulo: Saraiva, 2007.

_____. Processo civil e direito à preservação da intimidade. *Temas de direito processual*. Segunda série. São Paulo: Saraiva, 1980.

_____. Prueba y motivación de la sentencia. *Temas de direito processual*. Oitava série. São Paulo: Saraiva, 2004.

_____. Regras de experiência e conceitos jurídicos indeterminados. *Temas de direito processual*. Segunda série. São Paulo: Saraiva, 1980.

BARROS, Marco Antonio de. *A busca da verdade no processo penal*. 3. ed. rev. atual. e ampl. São Paulo: RT, 2011.

BEDAQUE, José Roberto dos Santos. *Poderes instrutórios do juiz*. 4. ed. rev. e atual. São Paulo: RT, 2009.

CÂMARA, Alexandre Freitas. A valoração da perícia genética: está o juiz vinculado ao resultado do "exame de ADN"? *Escritos de direito processual*. Terceira série. Rio de Janeiro: Lumen Juris, 2009.

_____. *Lições de direito processual civil*. 14. ed. Rio de Janeiro: Lumen Juris, 2006.

CAMBI, Eduardo. Neoconstitucionalismo e neoprocessualismo. *Panóptica*, ano 1, n. 6, Vitória, fev. 2007, p. 1-44. Disponível em: <http//:www.panoptica.org>. Acesso em 29 jun. 2012.

CALAMANDREI, Piero. Verità e verosimiglianza nel processo civile. *Opere Giuridiche*. Padova: Morano, 1972. v. 5.

CARDOSO, Oscar Valente. Provas ilícitas e suspeição do julgador. *Revista Dialética de Direito Processual*, n. 68, São Paulo: Dialética, nov. 2008.

CARNELUTTI, Francesco. *La prueba civil.* 2. ed. Trad. Niceto Alcalá-Zamora y Castillo. Buenos Aires: Depalma (s.d.).

_____. Verità, dubbio e certezza. *Rivista di Diritto Processuale,* v. 20, Padova: Cedam, 1965.

CARRATA, Antonio. Funzione dimostrativa della prova (verità del fato nel processo e sistema probatorio). *Rivista di Diritto Processuale.* ano LVI, Milano: Cedam, genn.-mar. 2001.

CHIOVENDA, Giuseppe. *Instituições de direito processual civil.* Trad. J. Guimarães Menegale. 3. ed. São Paulo: Saraiva, 1969. v. 3.

CIPRIANI, Franco. El abogado y la verdad. In: MONTERO AROCA, Juan (Org.). *Proceso civil e ideología.* Valencia: Tirant lo Blanch, 2006.

CRUZ E TUCCI, José Rogério. Repressão ao dolo processual: o novo art. 14 do CPC. *Revista Genesis de Direito Processual Civil,* ano VII, n. 23, Curitiba: Genesis, jan.-mar. 2002.

DINAMARCO, Cândido Rangel. *A instrumentalidade do processo.* 13. ed. São Paulo: Malheiros, 2008.

_____. *Instituições de direito processual.* São Paulo: Malheiros, 2005. v. 1.

_____. *Instituições de direito processual civil.* 5. ed. rev. atual. São Paulo: Malheiros, 2005. v. 3.

FERNANDEZ, Eusebio. *Teoria de la justicia y derechos humanos.* Madrid: Debate, 1984.

FERRER BELTRÁN, Jordi. *Prueba e verdad en el derecho.* 2. ed. Madrid: Marcial Pons, 2005.

GOZAÍNI, Osvaldo Alfredo. La verdade y la prueba. In: DIDIER JR., Fredie et alii (Org.). *Teoria do processo*: panorama doutrinário mundial. Salvador: JusPodivm, 2008.

GRECO, Leonardo. A prova no processo civil: do Código de 1973 ao novo Código Civil. In: GRECO, Leonardo. *Estudos de direito processual.* Campos dos Goytacazes: Faculdade de Direito de Campos, 2005.

_____. Garantias fundamentais do processo: o processo justo. In: _____. *Estudos de direito processual.* Campos dos Goytacazes: Faculdade de Direito de Campos, 2005.

_____. *Instituições de Processo Civil.* Rio de Janeiro: Forense, 2009. v. 1.

_____. *Instituições de Processo Civil.* Rio de Janeiro: Forense, 2010. v. 2.

_____. Os atos de disposição processual – primeiras reflexões. *Revista Eletrônica de Direito Processual,* 1. ed., out.-nov. 2007.

_____. Publicismo e privatismo no processo civil. *Revista de Processo*, n. 164, ano 33, São Paulo: RT, out. 2008.

GUIMARÃES, Filipe. Medidas probatórias autônomas: panorama atual, experiência estrangeira e as novas possibilidades no direito brasileiro. *Revista de Processo*, v. 178, ano 34, São Paulo: RT, dez. 2009.

KNIJNIK, Danilo. *A prova nos juízos cível, penal e tributário.* Rio de Janeiro: Forense, 2007.

_____. Ceticismo fático e fundamentação teórica de um Direito Probatório. In: KNIJNIK, Danilo (Coord.). *Prova judiciária*: estudos sobre o novo direito probatório. Porto Alegre: Livraria do Advogado, 2007.

LIMA, Patrícia Carla de Deus. O abuso do direito de defesa no processo civil – reflexões sobre o tema no direito e na doutrina italiana. *Revista de Processo*, n. 122, ano 30, São Paulo: RT, abr. 2005.

LUNARDI, Soraya Gasparetto; DIMOULIS, Dimitri. A verdade como objetivo do devido processo legal. In: DIDIER JR., Fredie et alii. *Teoria do processo*: panorama doutrinário mundial. Salvador: JusPodivm, 2010. v. 2.

MALATESTA, Nicola Framarino dei. *A lógica das provas em matéria criminal.* Trad. Alexandre Augusto Correia. São Paulo: Saraiva, 1960. v. 1.

MARINONI, Luiz Guilherme; ARENHART, Sérgio Cruz. *Prova.* 2. ed. rev. e atual. São Paulo: RT, 2011.

MIRZA, Flávio. Notas sobre a questão da verdade no direito processual. In: SILVEIRA, Carlos Frederico Gurgel Calvet da et alii (Org.). *Ensaios sobre justiça, processo e direitos humanos II.* Petrópolis: UCP, 2009.

_____. Reflexões sobre a avaliação da prova pericial. *Tributo a Afrânio Silva Jardim*: escritos e estudos. Rio de Janeiro: Lumen Juris, 2011.

MONTELEONE, Girolamo. Principios e ideologías del proceso civil. Impresiones de un 'revisionista'. In: MONTERCO AROCA, Juan (Org.). *Proceso civil e ideología.* Valencia: Tirant lo Blanch, 2006.

MONTERO AROCA, Juan. El proceso civil llamado 'social' como instrumento de 'justicia' autoritaria. In: MONTERO AROCA, Juan. *Proceso civil e ideología.* Valencia: Tirant lo Blanch, 2006.

_____. *La prueba en el proceso civil.* Madrid: Civitas, 2002.

_____. *Los principios políticos de la nueva Ley de Enjuiciamiento Civil.* Valencia: Tirant lo Blanch, 2001.

MOURA, Maria Thereza Rocha de Assis. *A prova por indícios no processo penal.* São Paulo: Saraiva, 1994.

OLIVEIRA, Carlos Alberto Alvaro. Presunções e ficções no direito probatório. *Revista de Processo*, n. 196, ano 36, São Paulo: RT, jun. 2011.

OLIVEIRA, Daniela Olímpio de; TEIXEIRA, Maria Luiza Firmiano. A imparcialidade do juiz a partir do desentranhamento da prova ilícita. *Revista Dialética de Direito Processual*, n. 106, São Paulo: Dialética, jan. 2012.

PICÓ I JUNOY, Joan. El derecho procesal entre el garantismo y la eficácia: un debate mal planteado. In: MONTERO AROCA, Juan (Org.). *Proceso civil e ideología*. Valencia: Tirant lo Blanch, 2006.

_____. El principio de la buena fe procesal y su fundamento constitucional. *Revista de Processo*, n. 196, ano 36, São Paulo: RT, jun. 2011.

_____. *La modificación de la demanda en el proceso civil*: reflexiones sobre la prohibición de *mutatio libelli*. Valencia: Tirant lo Blanch, 2006.

PRADEL, Jean. Les systèmes pénaux à l'épreuve du crime organisé. *Revista de Processo*, n. 94, ano 24, São Paulo: RT, abr.-jun. 1999.

SINGH, Simon. *O último teorema de Fermat*. Trad. Jorge Luiz Calife. 9. ed. Rio de Janeiro: Record, 2002.

SOBRINHO, Elicio de Cresci. *Dever de veracidade das partes no novo Código de Processo Civil*. São Paulo: Vellenich, 1975.

TARUFFO, Michele. *La prova dei fatti giuridici*: nozione generale. Milano: Giuffrè, 1992.

TUCCI, Rogério Lauria. *Direitos e garantias individuais no processo penal brasileiro*. 3. ed. rev. atual. e ampl. São Paulo: RT, 2009.

VERDE, Giovanni. Giustizia e garanzie nella giurisdizione civile. *Rivista di Diritto Processuale*, 55, n. 2, Padova, apr.-giu. 2000.

ZANETI JUNIOR, Hermes. O problema da verdade no processo civil: modelos de prova e de procedimentos probatórios. *Revista de Processo*, n. 116, ano 29, São Paulo: RT, jul.-ago. 2004.